綜合金屬礦藏開採部

題解

方以智《物理小識》卷七《金石類》 銀。卄紅亂絲曰老翁鬚，丹房所貴銀筍也，有白如草根、有銜黑石者。《外紀》曷噩剌銀卄至多；金加西蠟有四坑，金銀至賤；伯西爾國有銀河，潮溢而退，布地銀沙。

論説

唐慎微《證類本草》卷四《玉石部中品總八十七種》 《丹房鏡源》：銀生洛平盧氏縣，褐色石打破，内即白。生於鉛坑中，形如笋子。此有變化之道。亦曰自然牙，亦曰生鉛，又曰自然鉛，可爲利術，不堪食，鉛内銀性有毒，可用結砂子。

張萱《西園聞見録》卷九二《坑冶·前言》 沈淮曰：「或問方今國計告絀，經費罔極，宗藩之禄入，屬國之繒帛，屯戍日增，河漕歲溢，種種待用，生生靡給。而又加以天災流行，飛蝗游魃，壟畝爲勞，米薪是急，公私雙頓，入不逮出。天地固有自然之利，出於常賦之外者，下不瘠民，上不損官，孳利鹽田，剷貨銅山，古之人皆用之，今何獨不然？今之鑛洞，誠國家之外帑也。今議者多憚始事之勞，而謬爲迂慮，而委至寶於土壤砂石之内，所可惜也。」對曰：「守恒業者不懷非望之福，慎操柄者不啓可争之隙。人言鑛之利，非如耕耘蠶績，旦旦而守之者也。今所使開鑛之人，又非饒衣食知禮節，類皆飢寒奸宄而偷爲利者也。種桑得衣，種穀得食，猶時有貪邪竊盗之虞，况乎驅羣無籍之人，而開之以非望之利，而予之以必争之路，欲其無爲奸宄，豈可得哉？」或曰：「不然。利與害未始不相附而生，唯在舉事以制，而害自無由而興。今之進説，有願每年納課者，有願官四民六者，雖云坐享其成，實則隱釀其禍，此非吾所敢任。今若於各有鑛地方設官專理，即以旁近衛所官軍戍之，令附籍土著之民取之，而責委各郡邑二千石長吏監督而登記之，毋令流移竄入，毋令豪右夤緣，嚴制其條，薄收其課。而又略法巡鹽之例，分遣各直指，按行糾劾，啓閉有時，出入有程，盈縮有稽，奸貪有刑。人皆尺籍，利皆平衡，則將與鑄山煮海同其奇贏之數矣。」對曰：「金之在鑛，將挈而取之乎？抑有所貫而後成也。地之所生，其多少有無將有額而不爽乎？抑時詘而時贏也。官之稽汰，其得行歟？責之以折額，彼將有辭，有辭，其得懲歟？要以如額，彼將略之，略之，其得勿懲歟？且較銷金之費，於取利之金，十不償一；較無稽之利於不可稽之弊，千不償一；而究論之較哨山呼谷之害，於摶沙煮土之利，又萬不償一。是以本朝二百年來，希興是役，誠慎之重之。」或曰：「昔禹取歷山之金，湯鑄莊山之幣。周大司徒有丱人，掌金玉錫石之地。漢、唐、宋之少府造銅山之錢，司農領鹽鐵之事。本朝文廟世宗間一行之，未嘗有害，何慮之深？」對曰：「太平之世，不尚言利之臣，制國者不使見有不足之形。當今時而談出利之孔，是抱薪傳火，其誰繼之？邊鄙未寧，功役煩興，使度支蒿目，桑孔盈庭，猶將獻貴穀之論，廑賤貨之箴，俾明主弘散財發粟之仁隆，撤樂減膳之勤，内通八貨，外戢五兵，彼山林藪澤之竅穴，方將封閉固塞，洋溢充盈。藏玉於山，遺珠於淵，其斯爲積於不竭之府，流於不涸之源，豈唯如或之所云而已乎！」

陳子龍等《明經世文編》卷七二丘濬《丘文莊公集二·山澤之利》 宋朝金、銀、銅、鐵、鉛、錫之冶，總二百七十一，皆置吏主之。大率山澤之利有限，或暴發輒竣，或採取歲久，所得不償所費，而歲課不足，有司必責主者取盈。臣按宋朝坑冶所在如此之多，而元朝之坑冶，亦比今日加十數倍，何也？蓋天地生物，有生生不已者，穀粟桑麻之類是也。有與地土俱生者，金、銀、銅、鐵之類是也。昔者聖王定爲取民之賦，有米粟之征，有布縷之征，而無有所謂金、銀、銅、鐵之征者。豈不以山澤之利，與土地俱生，取之有窮，而生之者不繼乎。譬如山林之上，有草木焉，有土石焉，其間草木取之者既盡，而生之者隨繼，故雖日日取之，歲歲取之，而不見其竭也。若夫山間之土石，掘而去之則深而成窪，舁而去之則空而留迹，是何也？其形一定故也。是以坑冶之利，在前代則多，在後代則少，循歷至於今日尤甚少焉，無足怪者。我朝坑冶之利比前代不及什之一二，間或有之，隨取隨竭。曩者固已於浙之温、處，閩之建、福，開場置官，令内臣以守之，差憲臣以督之，然所得不償所費，如宋人所云者。今則多行革罷，而均其課於民賦之中矣。雖然，今不徒不得其利，而往往又罹其害。蓋以山澤之利，官取之則不足，民取之則有餘。今處州等山場雖閉，而其間尤不能無滲漏之微利遺焉。此

不逞之徒猶囊橐其間，以競利起亂也。爲今之計，宜於山場遺利之處，嚴守捕法，可築塞者築塞之，可柵塹者柵塹之，俾其不至聚衆爭奪，以貽一方生靈之害可也。

郭起元《介石堂集·古文》卷四《策·廣鑄錢》　國家鑒前代開冶之害，一切銀、銅坑俱封不開，而民間括銅，往往胥吏侵漁，入官者少，故購銅於海洋，道遠費重，至不以時。竊以銅與銀異，銀坑利重啟爭，宜閉；銅坑利輕，用廣宜開。凡雲南、江西、湖廣等處産銅坑場，胥宜以時開鑿，設官募工採煉，以資冶鑄。其民間舊銅，令捐例贖鍰之人，以是充辦，則銅至者多，而出錢必廣矣。

鄧顯鶴《沅湘耆舊集》卷二〇〇《礦徒謡·金三厢銀九場》　明末開礦有害無利，至今遂諱言此事，然桂陽鉛廠，辰州砂廠、鐵廠，固未嘗禁，亦未聞召釁也。吾郡土産瘠薄，生計艱難，專賴一二煤窑、鐵廠，間民無職業者，有所資而得食，然其利甚微。近聞吾楚産金之地頗多，若弛開採之禁，因而乘之，於以濟國用而裕民生，亦未必非救時之急務也。若云畏礦徒滋事，彼終日役役於煤窑鐵廠者，獨皆良善之民，而召募開採之人，必皆頑梗不逞之徒乎？是又不然矣。

張培仁《静娱亭筆記》卷一《論開礦之益》　中華有礦之地，半皆民間産業，山地田蕩，無不納糧於官。礦在地中，官欲取之，是奪民之業也。前明萬曆年間，礦使流毒天下，若彼皆奄竪也，但知責令富户獻金以爲礦中所出而已。若當時特派廉明大員，早有今日西洋機器以之興辦，則明季之富可立而待，何至遼東有警，户部只存銀八萬兩，而束手待斃哉？我朝二百餘年不敢輕言礦務，乾嘉以後上下莫不患貧，道光一朝雖勉强支持，已有難以敷衍之勢，至於咸豐年而力絀矣，開捐抽釐，納粟補官諸弊益甚不可究詰。設令道光之世，查辦鴉片一事，當局者虚中采訪，藉悉中外情形，不至鹵莽滅裂，激成大變。而仿取西國諸法，興地利，以裕民財，以紓國用，則髮逆之亂，何至如此敗壞，而捐輸可以不開，即開亦可以不減成也。迄今會匪、捻匪，南北皆有伏莽，其餘諸弊亦未能盡除，正切杞憂。推原其故，不得不歸咎於辦理鴉片一事起手之諸臣也。乃今大局尚可支持，若仍不變通以擇地開礦而採之，則理財之法已窮，國家大用將安出也？夫歐洲之人講求開礦矣，精矣。乃亞洲之上，如土耳其、阿富汗、印度諸國，則與中華同在一洲，皆仿西法一律開採，何以中國猶謂未可耶？聞阿富汗之鄰邦阿類别諧地方，查出一金礦，爲天下各礦之冠，克期開辦。夫阿類别諧，小國也。國小民貧，安能有巨款興辦，惟習聞泰西風氣，君民通財合力，并作將來餘利，一體均分，故能成此善舉耳。我中華如能派明幹大員，妥立章程，示民以信，則股本之集，尚非難事。採煤鐵以利用，採金、銀以富國，正其時矣。但須敦請西儒之精格致、識礦苗者，審擇既確，無游移，無冒昧，則股分之財自不妄費矣。

又《華地多礦》　東西各國之所以致富强者，全賴礦務。苟不開礦，則煤無所出，鐵無所出，何以行輪船、火車？何以製槍礮、船艦？利國便民胥在乎是。中華地大物博，其利之藴於地者，當倍蓰於東西各國，及今而自取之煤可以供輪船之用，鐵可以供制造之用。若金、銀、銅礦，則其用尤多。明知其有可開之礦，而必拘守成見，使之終祕而不發，此何爲乎？且開辦之法，皆集商糾股而爲之，不費國家一毫之帑。倘開採得法，將來中華可以享無窮之利。而近聞言官有請禁開礦者，以爲除業經奏請開辦各礦仍照常開採外，其餘未經奏請沿江沿海等處之礦一概不准再開。此何爲也哉？度其意必以爲沿江沿海洋人往來之地，設或開礦，恐洋人生心。不知洋人如欲生心，何處不可？即如緬甸已爲英人踞其要害，且欲由旱路以通中國，豈由於開礦之故乎？就江西一省而論，礦苗甚旺，而民間困苦異常，設或開辦礦務，則瘠苦之民皆可招之爲工，日得一二百文，足以糊口養家矣。即現在開平之煤礦佳而且多，該處亦向來瘠苦，現在民間皆有欣欣向榮之意，未聞盜賊竊發。而温、台等處未經開礦，反有黄金滿之匪黨滋事，齋匪等又竊發於清淮、武漢之間。蓋開礦則若輩有利可圖，即有匪徒且爲利所束縛，人人皆有進餉，何肯甘爲盜賊自罹於法網？此理易明，不待智者而後曉然也。

薛福成《庸庵文編》卷一《應詔陳言疏乙亥》　一、開礦宜籌也。中國金、銀、煤、鐵等礦，未經開採者，處處有之，貨棄於地而外人垂涎久矣。似不妨用彼國開挖之器，興中國永遠之利。查有礦苗旺處，由各省大吏諮訪民情，察度地勢，果其毫無妨礙，始許興辦。其開採之法有二：一曰官採。由官酌撥款項，僱洋人買機器，隨宜辦理。一曰商採。仿淮鹽招商之法，查有殷實華商，准其集貲報名，領帖設廠，置備機器，自行採取，官爲稽其廠務，視所得之多寡，酌定收税章程，嚴禁隱漏。如是則地不愛寶，民無棄財，不失中國饒富之權，不啓彼族覬覦之漸，似亦籌餉之一助也。

又外編卷二《書〈周官·卝人〉後壬辰》　余讀《周禮·夏官·卝人》：「掌金玉錫石之地，爲之厲禁，以守之。若以時取之，則物其地圖而授之，巡其禁令。」乃知三代以前，未嘗不修礦政也。假令古之聖王，不以礦務爲兢兢，則荆揚州之金三品，梁州之璆、鐵、銀、鏤，雍州之球琳、琅玕，奚自而納貢？而大宗伯所掌之圭、璧、琮、璋、璜、琥，又奚自而給用哉？《漢書·地理志》州郡有銅官、鐵官者，

凡數十處。迄於唐、宋，未嘗不開採五金。晚明以後，始漸廢不講耳。余謂數百年來，中國礦政之大厄有二：一則明季萬曆年間之征礦税也。當時並未嘗察礦苗，集礦丁，興礦利，不過宦官四出，迫脅官吏，搜括民財，俾若輩盡肥囊橐，而上僅霑其餘潤。是科斂也，非開礦也。一則光緒初年華商之集礦股也。西洋諸國興辦一事，有立公司招商股之法。當時風氣初行於上海，凡稍通聲氣之商人，及無業游民，動輒稟請通商衙門，允其開礦，遂藉爲集股之徽幟，數十萬金一朝可致。彼乃恣其揮霍，飲博聲伎，窮極奢豪。或僅聘一礦師，入山探視；或遠購機器，未及半塗，而商本早罄矣。是售詐也，非開礦也。中國之礦，閲此兩大厄，於是上之有權者，不能不禁開礦，以邀時譽而慰輿情。下之有財者，相率視開礦爲畏塗，不稍出其餘資以博後效，而中國礦政從此無振興之日矣。夫以中國之大，言利者攘臂抵掌，高談礦務，惟開平之煤，漠河之金，稍著微效，其餘則皆已覆轍相循。是何也？彼但知視開礦如掘窖，而不知視開礦如耕田也。今即有一最旺之金礦於此，如欲設立公司，則購地有費，開硐有費，鎔鍊有費，運兑有費，製機器有費，聘礦師有費，造室廬有費，雇夫役有費，必須一一詳審，措注合宜，終歲勤劬，通校出入，始獲稍有贏餘。羣商糾集貲本，所獲不逮什一之利，偶不節用，而折閲且隨之。夫礦産雖豐，視如良田可也，視如金穴不可也。良田一錢不歲，則不能得穀；良礦一日不挖，則不能得金。江源之沙，燦然多金。貧民淘沙者，竭終日之力，所得之金，往往與爲耕農，爲工藝者相等，甚且稍不逮焉。此亦造化自然之理，不明斯道則敗矣。或謂耕田之利最微，若開礦僅如耕田，亦奚以開礦爲哉？應之曰：此乃所以爲天地之美利，國家之大利也。夫開一礦，仰食者不下數萬人，或數千人，果能養數萬人，是不啻得十萬畝良田也；能養數千人，是不啻得一萬畝良田也。當此人多田少，民窮財盡之時，安得廣開諸礦，爲天下多擴良田乎？必能如此，然後窮民有衣食之源，而禍亂於是乎不生，境内之財不流溢於海外，而國家於是乎不貧。

薛福成《出使英法義比四國日記》卷三《〔光緒十六年六月〕初二日記》 雲南礦務開辦有年，以相隔甚遠，未悉梗概。今閲邸鈔，喜其漸有成效。節録如左。巡撫銜督辦雲南礦務唐炯奏稱：宣威、會澤交界之煤山已設廠開辦，其餘各廠亦日有起色。距巧家廠二百里之小水井，經公司接濟鄉民油米，俾自開嘈硐百餘口，數年後可望成一大廠。威寧鉛廠日有起色，現築塘蓄水以備淘洗礦砂，修建爐房以備煎鍊。並於水城梅花山等處相度推廣開辦，所購外洋機器尚未到滬。又奏，據公司稟稱，開辦銅、鉛各廠除巧家、威寧兩大廠外，魯甸、永善、平彝、宣威、寧州、河西、石屏凡産礦之區俱已開辦鉛廠。除威寧州外，又於水城采擇開辦，總計募丁開銅購器僱馬，已用工本六十餘萬金，皆係集股及重慶、漢、滬商號挪借，擬請借發工本，俾趕辦銅斤，無誤京運等情。今已提銀十萬兩發交公司，勒限二年繳還，俾得趕辦京銅。

又《〔光緒十六年六月〕初十日記》 余聞西士之精礦學者稱地中之金、玉、銀、銅、鉛、鐵、錫、煤等物，多係太古以來所含孕，非若五穀草木之隨取隨産也。余於是知宇宙間開闢日久，人民日多，攻取日繁，千萬年後必有銷竭之時。即就中國而論，古之諸侯營築宫室，椅、桐、梓、漆皆可就地取材。今則中原千里，濯濯未聞有巨材可伐，東南數省，民間營造皆用江西、閩、廣之木，遠者運自南洋諸島，足徵腹地之無材。漢蕭何造未央宫，規模閎麗，而終南山鉅木用之不窮，不過藉民力伐之運之而已。明代營造宫殿，始採木於黔、楚、川、滇諸省，迄今觀明舊殿有歎其無從再得此巨材者。竊恐數百年後，川、滇、黔、楚以及江西、閩、廣采伐又將罄竭矣。古者圭、璧、璜、琥，禮數綦詳，雍州貢球、琳、琅玕，梁州貢璆，而大夫士皆佩玉，若不産於中國，豈能供用如此之廣？今徧稽十八行省，未聞有産玉之地，惟雲南尚出翠玉，此外玉料則須採之緬甸、和闐矣。《禹貢》荆、揚二州貢金三品，今則湖廣、江、浙等省未聞有著名産金之地。户部鑄錢專恃滇銅、倭銅，而西洋鋼鐵之歲運中國者，至值銀六百餘萬兩。山西、湖南雖稍出鐵，甚屬寥寥。昔漢惠帝娶宣平侯女，聘以黄金二萬斤。夫二萬斤，則今之三十二萬兩也，當時寶幣之充羡若此。迨平帝立配，一依孝惠故事，然黄金似已不足，以錢代之，爲錢至二萬萬。夫二萬萬，則今之二十萬緡也。若論近今三十二萬兩之金價，約可得錢一千萬緡，其價之高下懸殊又若此。竊意二千年來，中國出金甚寡，僅以前古所有輾轉相嬗而銷磨鎔鑠，日用日少，日少日貴，勢所必然。其尚不至於罄絶者，或以新舊金山及俄羅斯與南美洲諸國出金甚富，外洋時有流入也。【略】若寶物之稀，蓋因中國開闢最早，取之愈盡，用之愈竭。雖西洋礦師謂中國寶藏甚富，然其上層古法所能取者，殆已罄竭無餘，若用機器開挖之力，則中國未洩之寶氣猶多於外洋。蓋因千餘年來卝政不修，轉得藏富於地之道，邇來覬覦者多，勢難久閟，是礦務必將陸續興辦，再到四五千年後，當有告罄之勢，而外洋則必已先罄，彼時物産精華，中外並耗，又將如何，此余所以不能不爲地球抱杞人之憂也。

王之春《國朝柔遠記》卷一九《蠡測卮言十三篇・興礦利》 地不愛寶，久而必宣，此自然之理也。泰西之所以稱富彊者，精於礦務耳。但外洋國雖日富，而山澤之利已窮；中華國儲不充，而山澤之利實富。其故何也？西人以採礦之故，窮山僻壤，搜羅無遺，不徒金礦將盡，即煤鐵之礦亦盡。所以爲西人慮者，恒謂數十年後雖有船，而船不能行，其説實大有所見。中國爲財賦奥區，雲南出銅，山西出鐵，湖北、江西、湖南出錫，齊魯、荆襄出鉛，臺灣出硝，以及伊犂淘金，和闐採玉，礦産之富，誠爲五大洲所未有。所可惜者，産於地而仍棄於地耳，非不知礦利之大有益也。一則因前明殷鑒之不遠，一則因機器款鉅之難籌。查明萬曆廿四年，開曠遍天下，命中官爲礦使，編富民爲礦頭，礦無所得，勒民墊賠，甚至誣爲盗礦，從而傾陷之，所以國脈民命交受其困，流毒者廿餘年。嘉靖三十五年，開礦費三萬餘金，而得銀二萬八千五百，不足償失。成化間，採金於湖廣等郡，役五十五萬人，死者無算，僅得金三千餘兩。前事如此，宜後之開劫辦者之掣肘也。不知明之所採者，金銀礦也，意在聚斂，且任用非人，事之所以易敗也。今之宜開者煤鐵礦也，意在便民，且當務爲急，事之所以必成也。方今海防孔急，不得不用輪船，用輪船，不得不需煤鐵。倘必取給於洋人，是洋人添一利藪，中國又多一漏卮。機器款本甚鉅，措辦爲難，但試辦之初何必賴此，各省防營頗多，若在某省開礦，先倩西人之精於礦學者，或用滇、黔、川邊老民之諳習者，測量衰旺，確有把握，然後以防營開採，果得巨礦，再以機器濟之，豈遂爲晚乎？又或謂開礦於地脈有礙，聚集多人，恐生事端，此又一孔之儒之目論也。伏讀乾隆五十二年十月諭曰：「京城外西山、北山一帶開採煤窑，及鑿取石塊，自元明以來迄今數百餘年，取之無盡，用之不竭，從未聞以關係風水，設有禁例，豈開採硫磺遂至於地脉有礙？即云開採硫磺，恐集聚多人，滋擾地方，則每歲採取煤觔石片，所用人夫不知凡幾，豈皆善良安分之徒？何以並未見有滋生事端之處？」聖諭詳明，最足破世俗疑惑之見。又或謂山澤地塹，無非民業，祖父所遺，子孫世守，即給價而買，此應彼否，奈何？曰：此尤易爲謀也。地不必歸於官。而利轉得分於民。未有窒礙而不行者，或又問曰：開礦之利，其利安在？曰：開礦有礦稅，利於國帑也。鐵可以造船，煤可以行船，利於海防也。開礦用營兵，藉其力，兼習其勞，利於兵也。兵之口糧出於礦稅，利於餉也。開礦之處，多在叢巖，既有營兵，客匪不敢占踞，利於防盗也。冶鐵需匠，運煤需夫，養活不知多人，利於窮民也。火化之宜，人人賴之煤，價既廉，貧民受惠，利於日用也。其利如此，可勝言哉？又况銅、鐵、煤、磺之類，中國之所出者多，則外洋之所入者少，日計不足，月計有餘，富强之基，舍此無他術矣。倘若掘土而得金，破石而得玉，此尤國家之福，而爲天下臣民所額首也。抑又思之，開礦即可開鑄，雖屬緒餘，正可相輔而行。近來洋人收取中國大錢，出洋鎔銷，即中國商民亦多蹈此弊者，故錢價日昂，大錢日少，亦宜一體設法禁止，並於開礦處開局鼓鑄，亦流通國脈之一道也。

鄭觀應《盛世危言新編》卷四《開礦上》 五金之産，天地自然之利，居今日而策富强，開礦誠爲急務矣。夫金、銀所以利財用，鉛、鐵所以造軍械，銅、錫所以備器用，硫磺所以製火藥，石炭所以運輪軸，皆宇宙間不可一日或少之物。初不能雨之於天，要必採之於地，則礦務之興，有益於公私上下者非淺鮮也。《管子》曰：「上有丹砂者，下有黄金；上有慈石者，下有銅、銀；上有鉛者，下有銀；上有赭者，下有銀，此山之見榮者也。」彼時化學未有專門，而礦學已精深若此。歷考泰西各國所由致富强者，得開礦之利耳。國家之督率也嚴，官商之集辦也易，士民之期望也切，礦師之辨别也真。有機器以代人工，有鐵路以資轉運，故能鈎深索隱，興利益於無窮。我中土地大物豐，萬彙之菁華所萃，五金之盤薄鬱積於深山窮谷者，更僕數之未易終也。如雲南出銅、錫，山西、貴州出煤、鐵，湖廣、江西出銅、鐵、鉛、錫、煤，齊魯、荆襄出鉛，臺灣出硝，川蜀出銅、鉛、煤、鐵，人皆知之矣。特以地産之多寡，體質之純雜，礦脈之厚薄，礦洞之深淺，人不得而盡知，大半封禁未開，良爲可惜。惟原其故，由於明時礦稅内監恣横，借開採之名，爲搜括之實，海内流毒，天下騷然，故天下人談虎色變，因噎而廢食，非一日矣！

國朝鑒明覆轍，乃一切封禁，以安民心，此一説也。又或任用非人，辨理不善，激成變故，以致查封，此一説也。又以風水之説深入人心，動以傷殘龍脈爲辭，環請封禁。不知地形之凶吉，本無關於地寶之藴藏，而庸師俗人輒生疑阻，此又一説也。今者漠河之金，開平之煤，臺灣之五金各礦，已有成效。而滇南一省，專設礦務大臣，朝野上下間風氣漸開，拘牽漸化矣。然利害各半，贏絀無憑，終未能有把握者，由於承辦之未盡得人，開採之不皆得法也。約而言之，其事有六：

一曰選礦師。中國舊法，辨薤蔥、識器物雖或偶中，未可爲常，西國礦師辨山色，辨石紋，辨草木，辨礦脈，辨礦苗，鑽礦穴，取礦子，化礦石，驗成色，其言精實，較有可憑。泰西各國中尤以比國爲最，野世城所設學堂規模宏敞，歐美各國

多遣學生往學。今誠延比國頭等礦師勘查礦苗，審慎開採，勿使西人之游手無賴妄相羼雜，虛糜俸糈，則利興弊去矣。

二曰購精器。中國開礦用人工，力費而效遲，西國開礦用機器，事半而功倍，今之言開礦者皆知之矣。或曰：用人工則貧民自食其力，以工代賑莫便於斯；用機器則奪小民之利矣，可奈何？此其間有權衡焉。西人工貴而中國工賤，當以人力爲主。人力所不及者，以機器之力濟之，則一舉兩得。然其中有不得不用機器者。開礦機器亦以比國所造爲良，大要有三：一爲注生氣之器，一爲戽水之器，一爲拉重舉重之器，更有力猛極大之器，尤比國所擅長。苟留心購訂，擇善而從，則運用在心，程功自倍耳。

三曰官督商辦。全恃官力則鉅費難籌，兼集商貲則衆擎易舉。然全歸商辦，則土棍或至阻撓，兼倚官威，則吏役又多需索，必官督商辦，各有責成。商招股以興工，不得有心隱漏，官稽查以徵税，亦不得分外誅求，則上下相維，二弊俱去，與《會典》「有司治之，召商開採」之言亦正相符合也。

四曰購地給價。中國每欲開礦，民間動至齟齬者，以辦事者倚勢强佔，不能盡順民心耳。欲絶其弊，莫如購地時按畝查明，秉公估價，不使山民失業，致起紛爭。其不願領價者，即將地段估價幾何，作爲股本，付給股票息摺，准其按年支取利息。如此持平辦理，則民間有礦地者無不欲獻之於官，尚何阻撓之慮哉？查西例，凡地面産業，其地下不能擅自開採，如知其地下有礦，可准其先鑿一井探之，俟探明可採，即具稟礦政大臣，派員往驗，准其在地下開挖若干界限，可挖至他人産業之地下，不准他人再於自己地而開井，以與之争，因其未有官准也。如二家同在近處，各開一井試探，則先見礦而先報者准給以若干界限，可開至他人地下，而其第二家不准再開矣。蓋地面雖有業主，而地下之礦係公物，不屬地面之業主，故國家可任意給與何人，准其開挖也。

五曰勿定税數。泰西各礦章程不同，然大致視其出産若干，按二十分而取一。或此礦已竭，勘驗得實，即罷採停徵。《會典》言礦法，視出産之多少，歲無常數，則税之多寡應視礦之衰旺以爲衡，此理勢必然，無論中外古今一也。乃有地方官吏不習情形，率請改爲定額，是税減即累官，礦竭更累商，官商均畏累，不敢議開矣。查日本煤礦大小已開六十餘處，其中用機器者十餘處。中國用機器開者，惟有開平、臺灣兩處，所以出數不多。推其故，非但集股難，亦因所抽税釐過重。洋煤出口無税，進中國口岸，每噸止完税五分，三年之内復運出口，不問自用出售，概准給還存票。中國土法所挖之煤，每噸税三錢，機器所挖之煤，每噸税一錢，所過釐卡仍須照納，開平局煤較洋人多納一半税。如出口外國，在一年期内可以取回存票，洋銀只納一正税。如出口別處及輪船用者，三年之内可取還存票。開平局煤如輪船用者不准給回存票，何異爲叢驅爵，爲淵驅魚。諸如此類，商務何能振興？不准給還存票，較外國抽税二十分之一，奚止多至數倍？所以繳費多而價值貴，不敵洋産之廉也。竊思以土法所挖者必是股本不敷，皆賴手足之力，冀獲蠅頭微利，窮民亦藉此謀生，何反重其税，扶植外人，以自遏斯民之生計？允宜斟酌變通，以衛吾民而塞漏卮。夫有治人，斯有治法。督辦之人必能耐勞習苦，身親目擊，因地制宜，審其山川，察其井硐，覈其成本，計其銷場，毋濫用私人，毋苛待工役，毋鋪張局面，毋浪費薪貲。綜計每年出礦若干，銷售若干，提出官息税銀及支銷各項，此外贏餘以若干存廠，以若干均分，以若干酬贈執事，以若干犒賞礦丁，按結報明，張貼工廠，使内外咸知。庶幾在廠諸人皆歡欣踴躍，聯爲一氣，力贊其成矣。西人謂一國盛衰，可以所産各礦定之，此言豈欺我哉？方今各口通商垂六十載，西人之游歷者徧於内地，内地之礦産彼族無不周知，交鄰通市，中外一家。當軸諸公更事既多，成心漸化，凡有益於國計民生者，莫不參仿西法，次第舉行。而但師其製造之精，不知其富强之本，則度支有限，日久何以應之？近聞泰西各處礦苗開採殆盡，惟我中國如川、藏，如滇、黔，如臺灣，如東三省，礦産饒富，莫不欣羨而垂涎。故英之入緬通藏，法之吞越逼暹，俄不惜千萬帑金以開西伯利亞之鐵道，陰謀秘計，行道皆知。與其拘泥因循，慢藏誨盜，何如變通辦理，取之宫中以濟軍國之要需，即以絶外人之窺伺哉！

附録《開平礦事略》

中國風氣未開，積重難返，創辦一事非大力者不能有成。年來稟請開礦者頗不乏人，獨數開平煤礦辦有成效，而銷路猶未暢行。或云價比東洋煤貴，或云經手無利，不願竭力招徠，人言藉藉，非無因也。余於庚寅春養疴羊城，唐景星觀察稟請札委辦理開平煤礦、粤局及建造碼頭事宜，觀察稟請升科。及所購碼頭在粤省城南珠光里至東角三水碼頭左側，久爲老龍船佔踞，而所購林文叔之地，亦以被佔於居鄰，固知填築開辦時不免周折。況粤中官局兵船所用煤斤俱係紳士承辦，設將官煤廠裁歸商辦，省費頗多，若結怨招尤，更所不免，故先稟請當道勘驗升科。及所購之地有無阻礙河道，復稟請督憲委員住局彈壓。余惟潔己奉公，罪我者聽之，謗我者亦聽之而已。幸蒙傅相及兩廣督憲明鑑，各當道維

持，卒至碼頭築成，官廠亦撤，所有官局兵船應用之煤均歸局中承辦。各官紳見余不辭勞瘁，疑余有大股份，大好處，不知受人之託，忠人之事，安得以勞怨交集，遂卸其肩乎？世風澆薄，良可慨矣！粵局既妥，旋應當道之召，復到開平細勘林西、塘山兩礦，并採訪人言，將其中漏卮如洋匠難靠，井内硐木，内外監工稽核收支，採辦材料尚須認真，以節糜費。及查所存各埠進出餘煤有無盜賣等情，現在承平、永平、富平淺水輪船所載不過千噸，運煤到滬到粵均不合算，宜造二千餘噸能入塘沽之船，庶可得利。詳告唐景星觀察，觀察虚懷納善，深以爲然哉，欲稟請傅相留余幫辦。自思才力綿薄，當即婉辭，並力勸速舉賢能赴日本，考究其所開之煤礦如何節省，内外得人，局務必有起色。所最要者，須延老手鐵礦師細勘開平附近各處，如有鐵礦一律開採，則無慮煤末難消、成本日貴。聞金達礦師云：開平煤已有成效，最好就近開一鐵礦，與煤礦相輔而行。煤鐵兩礦亟宜開採，免有事時爲人掣肘。計可日出生鐵二百噸，每噸價二十六七兩。誠使籌款開辦，不但鐵器之漏卮可塞，而開平每年進款可多三四萬金，鐵路公司每年進項可增二十餘萬兩。若添購焦炭爐機器，雖需費銀三十餘萬，而生財之道亦有數端：不獨煉成焦炭供用鐵廠，可以獲利無窮，即煤烟及油提留，亦能點火，其利一；黑油用以結膠使成煤磚，其利二；提出薄油可浸鐵板，其利三；又可提出各種顔色，如青紅藍緑等色，莫不相宜，其利四；又可提出强水，其利五；其油提出用以油船，可壯觀瞻而使堅久，其利六。以上六種，約而計之，每年可得銀五六十萬兩，此亦留心時事者不可不知也。爰附録於此。

又《開礦下》 各國之富全賴礦産，英國礦産最饒，其國亦最富。昔有西人嘗謂山西煤礦共有一萬四千方里，約可得煤七十三萬萬兆噸，以天下各國歲用三百兆噸計之，可供二千四百三十三年之用。且白煤居多，較美國白煤更堅。至於鐵，則光緒二年，曾有英國礦師郭斯敦徧歷楚疆，勘尋礦脈十七年，又有名謝高禮者赴青齊查驗諸礦，皆云礦産甚多，五金徧地皆是，可知中國之礦不亞於泰西，特開採未能得法耳。試觀漠河金礦自李秋亭太守捐館後，經理乏人，所得甚爲有限。青溪鐵礦，潘鏡如觀察督辦時，初用小爐試辦，頗獲利益，及用大爐，諸多窒礙。雲南銅礦雖由唐鄂生中丞悉心開採，而近亦未見起色。開平試辦之綿棉土，俗名紅毛坭。所聘洋匠雖大書院出身，因尚無歷練，以致所燒之土成數甚少，不敵洋産，價廉虧耗停工。朱翼甫觀察所開之三山銀礦，陳崑山司馬所開之潭州銀礦，均爲礦師所愚，虧折頗多。至於直隸、平泉、石門，安徽池州，利國，山東濰縣諸礦，則等諸自鄶以下矣。其有把握者，以開平煤礦、大冶鐵礦爲最。查開平煤礦有九層可開，其煤質之佳甲於他處，南北洋兵輪、招商局船所用大半取給於此，惜糜費頗多，不及日本煤獲利之厚。大冶之鐵，由比國化學師白乃富驗得其苗甚旺，每百分中可得純鐵六十三分，與英之紅色、法之棕色等礦不相上下，惜未能於相近之地尋有煉焦炭之煤礦而後開辦，且鎔鐵廠不設於産鐵之處，而設於漢陽，故亦糜費多而成本重。以上各礦督辦、總辦者，雖然精明，奈非共所長，未能深知礦師之優劣，遂致爲人欺朦。可見剏辦一事，非素精其事而又專心籌慮周密者，必多中蹶也，可不慎歟！夫中國之礦既如此之多且佳，則致富之道，莫善於此。惟是礦産地中，採之非易，而識之更難。礦有層次淺深之别，必先明夫地學而後可以辨。其苗礦有體質純雜之殊，必先諳夫化學而後可以區其類。近來泰西地學較前益精，謂地球土石皆由層累而成，一爲新時石層，二爲白石粉層，三爲魚子石層，四爲得來斯層，五爲比爾米安層，六爲煤炭層，七爲舊紅砂層，八爲昔盧里安層，九爲甘比里安層，十爲老林低安層，十一爲化形石層，十二爲花剛石層。土脈高下各有其位，攷訂既確，能知其礦在某層，不至貿貿然開採，枉費經營。若夫鎔鍊之法則非化學不爲功，蓋各礦皆含雜質如養硫炭磷之類是也。未諳化鍊則不能得其純質，且火候或致不齊，堅脆必難如度。中國開礦往往不明乎此，任意高談，動人聽聞，及至興工開採，每由擇地不善，以致徒勞無功。即或偶有所得，又苦於鎔鍊不精，全不合用，惟有聘請外洋礦師來華指示。然前此中國開礦未嘗不請礦師，惜來者皆南郭先生一流人物，名曰礦師，實則毫無本領。蓋西國上等礦師在彼本國各有職司，安肯遠涉重洋，爲人作嫁？其有甘於小就者，决非上等礦師。然則如之何而可？曰：當由總署咨行出使大臣訪明彼國著名礦師，曾經開採有實效者，不惜重聘延訂來華，則西人亦未嘗不爲我用。如將來中國礦師多而且精，不必求諸外人，自然更無以上等弊矣。有教士由山東致書西字報館云：「邇來中倭和局已成，中國急應興利除弊，力冀自强，庶爲上策。東省地方六千五百英里，人民三十萬，可謂地廣人稠，甲於他處，無如利之所在不知振作。即如開礦一節，獲利最多，乃竟置諸不顧不知者，以爲因民間惑於風水之故，然我則謂大半皆爲官長所誤。蓋華官性最畏葸，而心又貪婪，若令礦務一興，工匠必多，工匠既多，頗易滋事，官甚畏之。如開辦後，礦苗既旺，官又思欲分肥，多方剥蝕，設法侵漁，以致半途而廢者甚多。數年前，離金州三十里之某處銀礦，離本處一百四十里之銅礦，又一年前有友在省所開之

鉛礦，類皆旋開旋止，徒費經營，僅存某煤礦未停，亦以捐稅太重，挑費太鉅，勢漸不支。他如兖州有士人私開銀、鐵各礦，非不得手，奈屢爲官長所阻而止。故以目前礦務而論，東地富商甚夥，固不必官長集貲開辦，無如動輒必爲官長掣肘，遂至有利難圖，有心人甚爲惋惜。且鐵路未建，車價甚昂，每日需洋一角五分，僅能行英路二里之遥，合華路六里。當中倭未用兵以前，有廣甲輪船一艘往來烟臺羊角浦一帶，專運蘆蓆等物銷售，駁力既省，獲利稍豐。近自此輪停駛，貿遷者不便殊多。我西人旅華有年，甚欲使華民同沾利益，奈中國積習已深，苦於愛莫能助，言之不勝扼腕云。」吁！彼教士亦世之有心人哉！中國之官視同秦越，而外國之人代爲惜之，不亦深可慨哉！

中國礦務不興，利源未闢，其故有二：一由於官吏之需索。苟苞苴未至，必先託辭以拒，或謂輿情未洽，或謂勢多窒礙恐致擾民，由是事卒難行，每多中止。一由謬談風水者妄言休咎，指爲不便於民，以聳衆聽，於是因循推諉，動多掣肘。而有志於開礦者不禁廢然返矣。夫開礦爲中國一大利源，奈何任其藴而不宣，坐致窮困，此猶富者積粟滿倉而反嗟無食也。今各省理財之人明知中國煤、鐵、五金諸礦爲至旺至美，而竟不能立時開掘者，皆爲風水所格，謬悠之説信之甚堅，積習相沿，牢不可破。以形家者言，遵守奉行同於聖賢經傳，一孔之人憑其目論，若以爲吉凶之來，其應如響。使其説而誠，何以郭景純爲千古葬師之祖而不能保其身？後世之擅青烏術者，何以其子孫未聞有富貴者？其虚誕僞妄，不待明者而知之矣。試觀法人在越南開煤礦、築鐵路，以裕富國之謀，而其國益强。日人近擬赴臺灣開五金各礦，將來其國必益富，皆不聞爲風水所阻。故欲圖富强必先開礦，奈何徇俗流之見，而甘於自域也哉！中國既不能自開，徒增外人之垂涎，於以歎信風水而阻止開掘者，乃外人之功狗，而中國之蟊賊也。至於西人之所講風水則大異於是，西人所至通商開埠，但擇四山環繞、風静水深，以備停泊，舟艦可冀安穩而無虞。其所居之屋宇，只求其高燥軒爽敞朗，通達街衢，潔净而已。若擇葬地，止卜高原，遠於民居，多植樹木以洩穢氣，且多數十家同葬，俟葬滿再擇別處，從未聞開礦闢路而專講風水以致多所窒礙者也。日本不講風水，國祚永久，一姓相承至數千年。歐洲不講風水，富强甲於五洲，其商民有坐擁多貲富至二三百兆者。由是言之，風水安足憑哉？是宜有以革之。秉國鈞者盍加以剴切諭導，用闢其謬，藉以轉移風氣哉！

馬建忠《適可齋記言》卷一《富民説庚寅春》 治國以富强爲本，而求强以致富爲先。上溯康乾之際，税釐不征而度支充，海市有禁而閭閻足。乃軍興以來，海關釐金歲入多至二千餘萬，商賈互市歲至二萬萬，然户庫形支絀，閭閻鮮蓋藏。前後百餘年間，上與下貧富情形何若是迥異哉？昔也以中國之人運中國之貨，以通中國之財，即上有所需，亦不過求之境内，是無異取之中府而藏之外府，循環周復而財不外散。今也不然。中外通商而後，彼易我銀之貨歲益增，我易彼銀之貨歲益減。而各直省之購礮械、購船隻又有加無已，於是進口貨之銀浮於出口貨之銀，歲不下三千萬。積三十年，輸彼之銀奚啻億萬？寶藏未開，礦山久閉，如是銀曷不罄？民曷不貧哉？然通商非中國獨也。宇内五大洲國百數，自朝鮮立約，而閉關絶使者無其國矣。若英、若美、若法、若俄、若德、若英屬之印度，無不以通商致富。嘗居其邦而考其求富之源，一以通商爲准。通商而出口貨溢於進口者利，通商而出口貨等於進口者亦利，通商而進口貨溢於出口者不利。彼英、美各國皆通商而進出口貨不能兩盈，故開礦以取天地自然之利，以補進出口貨之虧。至地利不足償，乃不憚遠涉重洋，叩關約款以取償於我華民，然則天下之大計可知矣。欲中國之富，莫若使出口貨多，進口貨少。出口貨多，則已散之財可復聚；進口貨少，則未散之財不復散。其或散而未易聚也，莫若采取礦山自有之財。采取礦山自有之財，則工役之散不出中國，寶藏之聚無待外求，而以權百貨進出之盈虚，自無不足矣。爰分陳焉：

【略】

一、欲財常聚而不虞其或散者，則在開礦山自有之財也。礦産不一而爲用，則首推煤、鐵，然煤、鐵所以致富而非所以爲富。所以爲富者，莫金、銀礦若善。夫格物家之言曰：溯汽機之興距今四十餘年耳，縱覽歐美各邦鐵軌綿亘五六十萬里，輪船梭織六十餘萬艘，鐵塔則上摩霄漢，礦井則深鑿九泉，而梁江湖，穴長嶺，闢海渚，製巨礮，若電若火，若光若熱，其爲質一皆微渺恍惚而不可影響，今皆効其靈以供人驅策。而成此開闢來所未有之工程，實計所費奚啻二萬兆兩？果操何術以至此，豈今人之才力遠勝於古人歟？不然，何發洩之暴也？此無他，蓋由道光季年，地不愛寶，先後尋獲新舊金山之金穴耳。第就舊金山而言，自明中葉新得美洲，以迄道光之季約四百年，自道光之季至同治十年不過廿餘年耳。計其間開採金銀已值一萬二千兆兩，視前四百年間所採已過倍矣。又自同治十年以迄於今，開礦之機新奇簡便，所採尤倍焉。四十年間，金、銀之出百倍於前，故能懸不貲之賞，開非常之源，奔走天下之人才不盡，改天下之舊觀不止。

今也中國創設海軍，力求製造，擬開鐵礦，自製盧溝橋至漢口之鐵路，此中國數千年來未有之創舉，若僅恃流通內地區區之金、銀以資之，恐必不可得之數也。

嘗聞礦師之論金礦也，謂一洲大陸必有數萬里之嶺以爲幹脈，幹脈之長，寶礦生焉。南北美洲以石嶺爲幹脈，而舊金山、墨西哥、智利諸金、銀礦皆生其間。澳大利洲以藍嶺爲幹脈，而新金山之礦於是胚胎。亞西亞洲以蔥嶺爲正幹，而西北至烏拉山東南經藏衛以抵滇蜀，寶礦迭爲隱見。蔥嶺北幹經南北天山蜿蜒歷阿爾泰肯持諸山，繞內外興安嶺以抵長白山，由朝鮮之咸鏡、奉天之旅順，南趨渡海，海底高下島嶼差錯，延及榮成、登萊諸嶺，以結穴於泰山，金、銀諸礦所在皆有。

蓋南北天山金沙最富，淘者甚衆，記不絶書。俄人於外興安嶺採金者歲值數百萬兩。我內興安嶺之漠河，今始招工採金頗旺。至古林諸山前有金匪數萬人生聚其中。而朝鮮咸鏡道等處淘金者計七萬餘人，除納官税外，每歲出口之金尚值銀二三百萬兩。又嘗身歷寧海、招遠諸山，見古時所開礦穴長至數十里，深至數十丈，摩挲懸厓，鏟鑿之痕（班班）〔斑斑〕可誌，計其工程必費數百巨萬。即今所棄礦石之次者，與鑪冶之渣滓滿谷滿山，取以分化，皆含金質。歷請礦師爲之勘驗，則金脈紛披綿亘起伏於諸山之脊，長至六七十里，而無有間斷，穴脈鑿石以分化之，大約每噸中數得金一兩强，歐美礦師至比諸舊金山之祖線考之，古人不惜工費既如彼，參之礦師互爲取證又如此，蓋雖山東東三府斗入於海者，南北之袤無踰三四百里，得地不厚，然總計北幹而論其礦之富，殆可鼎峙新舊金山矣。且濱遼海，便於轉運，南北適中，調度自易，以視內外興安嶺，地近冰道，人跡罕至，其施工之難易相去萬萬也。聞者平度金礦開辦之始，成本未集，僅恃陸續借款以爲周轉。又初延礦師不能預算礦脈之淺深長短，與所含金質之多寡，以及分化硫金之難易。而建廠、購機、鑿井任其指揮，及知已爲所誤，而借款之期已屆，再貸無由，主其事者，萬分拮据。局外不察，徒歸咎於金礦之不足恃。不知平度開辦至今，計用機廠二十餘萬，儲料二三萬，工匠之費十餘萬，礦師薪工五六萬，貸款息銀四五萬，而現存硫金三十餘噸，亦值十餘萬。若所有借款轉爲存本，不必克期清還，則以所得浮金、硫金之數核諸已用之款，猶不得謂無利之礦也。中國有利之礦僅開平煤礦耳。開平開辦，未分利息，亦十餘年，亦幾經耗折而始有今日。假令責以盡還股本，則支絀情形亦平度而已。假令平度一如開平，自有貲本，則今雖如開平昔時之危，他日安知不勝於開平今日之安也？若不於此時力與維持，聽其停閉，則功虧一簣。微特平度之礦可惜，恐中國礦務永難復振。

擬請北洋大臣李先將平度之礦通盤籌算，必添貲本若干而後可以續辦，以期日後本利有著。又將寧海、招遠各礦勘驗確實，自開井道、鑿脈、採石、舂沙、合汞、濾分以至烘硫鍊金，日得石若干，舂沙若干，工料若干，石每噸得金若干，而取贏若干，必逐一確估，通數年之贏餘，計用本之多寡，設法創辦，不數年間，金、銀出自泥沙而不窮。金礦倡於先，各礦興於後，而後利源廣；利源廣則南北之鐵路與塞北之耕牧以漸而興矣。

美國立邦僅及百年，居民類皆庸流，英屬澳洲開闢亦僅百年，而兩處鐵路之縱横、耕牧之蕃庶甲於宇內，此皆開採金山後所聚之財爲之也。是則中國不講求西法則已，中國而講求西法以求富，則莫如自開金礦始。不然，民貧於下，財絀於上，徒扼腕於致富之無由，而不知天不棄我中國，固藏金於山，以待我之取用也。殆無異富家之祖若父，窖金於室以貽後人，而其後人不知取用也，不重可惜哉！雖然，綜吾所言三大端，講求土貨則需款，仿造洋貨則需款，開採寶礦則需款，欲聚財先散財，天下固無不耕而穫，不難而獲之利。方今度支匱於上，蓋藏竭於下，國與民皆無力以創此莫大之功，則將上下交困，以安其窮歟？抑操何術以濟其變也？曰：莫若略仿西國設一商務衙門，以統於海軍，在外或由南北洋大臣兼治。或另簡幹練通曉商務者駐通商總口，會南北洋大臣專治其事，然後由商務衙門向外洋各國貸款二三千萬，其契據或自行出名，或另立華商總公司，出名專辦商務，限十年內陸續取用，歲予息四五釐。付息帶本限二十年後分批還訖，否則稍增其息至六釐半，歲僅付息而不還本，至五六十年後停付，即作爲本利清還之法。借款既定，然後由商務衙門將前三端所舉數大事若金礦、若織布、若絲茶，先易後難，次第分辦。其辦理之法，總以商人糾股設立公司爲根本，取具殷實貲本保結，而後以借款相假，歲取其息以還洋款。或事關商務大局，而股商裹足，貲本難集，即以借款爲之提倡。其借與華商之息，當視洋債之息稍昂，昂方足以還洋債之息，與夫往來匯兑之耗，而創辦之始，或有虧折，亦可於此挹注而不竭也。難者或謂以華銀透漏外洋之故，而講求商務，今轉以商務故而歲輸洋債數百餘萬之息，是更增透漏，未利先害，失其本謀。不知商務興則進口貨少，出口貨多，是昔日華商之銀透漏外洋者變爲洋商之銀，溢輸中國。且初以外洋之銀，採中國之金，還以中國之金，售外洋之銀。正所謂以彼之矛陷彼

之盾，區區歲輸之息銀，名雖出於華商，實仍取償於洋商也，何透漏之有？難者又謂外洋各國商人設立公司，振興商務，互相假貸，動輒數千萬，未聞有官出名者，是官爲商借之說從未施行於外洋，何獨創行於中國？不知外洋之商往來他國內地，置產營運，無有限止，又可與本地商人合股設立公司，故英之富商在歐美各國開設行棧不知凡幾。而歐美之鐵路電線公司與金、銀各礦，皆有英商股東董理其事。其歐美諸商之商於英屬地者亦所在皆有，故其商人互相假貸，皆可親理而無事取信於其國之官。中國則不然，洋人既不能置產，又不能改造土貨，而華商亦未能與洋商合本設立公司，彼此相視皆輕，故借款不得不憑官以取信。誠能得信義交孚之大臣，當官一諾，仍奏定章程，國家爲之擔保，則外洋富商無不樂從，可立借數千萬之鉅款。舉凡商務之確有把握者，悉心講貫，竭力推行，自無得不償失之慮。如是，數年之間，即可轉貧民爲富民，民富而國自彊。是則初創之功，其文固官爲民借而終收之效，其實即仍爲國借也，復何憚而不爲乎？故吾嘗謂國債之舉，正居今之世，君民一體，通塞之機不可行之於軍務，必不可不行之於商務。此其一端也。

陳忠倚《清經世文三編》卷六八《工政八・礦務・開礦下》 有教士由山東致書西字報館云：「邇來中倭和局已成，中國急應興利除弊，力冀自强，庶爲上策。東省地方六千五百英里，人民三十萬，可謂地廣人稠，甲於他處。無如利之所在，不知振作。即如開礦一節，獲利最多，乃竟置諸不顧，不知者以爲因民間惑於風水之故，然我則謂大半皆爲官長所誤。蓋華官性最畏葸，而心又貪婪，若令礦務一興，工匠必多，工匠既多，頗易滋事，官甚畏之。如開辦後礦苗既旺，官又思欲分肥，多方剝蝕，設法侵漁，以致半途而廢者甚多。數年前離金州三十里之某處銀礦，離本處一百四十里之銅礦，又一年前有友在省所開之鉛礦，類皆旋開旋止，徒費經營，僅存某煤礦未停，亦以捐稅太重，挑費太鉅，勢漸不支。他如兗州有土人私開銀鐵各礦，非不得手，奈屢爲官長所阻而止。故以目前礦務而論，東地富商甚夥，固不必官長集貲開辦，無如動輒必爲官長掣肘，遂至有利難圖，有心人甚爲惋惜。且鐵路未建，車價甚昂，每日需洋一角五分，僅能行英路二里之遥，合華路六里。當中倭未用兵以前，有廣甲輪船一艘，往來烟臺羊角浦一帶，專運蘆席等物銷售，駁力既省，獲利稍豐。近自此輪停駛貿遷者，不便殊多。我西人旅華有年，甚欲使華民同沾利益，奈中國積習已深，苦於愛莫能助，言之不勝扼腕云」。吁，彼教士亦世之有心人哉！中國之官視同秦越，而外國之人代爲惜之，不亦深可慨哉。

宋賡平《礦學心要新編》卷下《試辦各礦不必概用西法説》 中國言礦務者，動謂機器便利，採驗諦當，分化尤爲神奇。故出洋學生與夫閩粵子弟之粗通洋務者，但能倣效歐洲，衣服言語皆冒充礦師，以干當道，上游徒觀其貌，遂信其果精西法，委任不疑。又有西人學而未成，泛舟來華者，中國亦徒震其名，遂不惜重貲延請，委其開辦。於是購機器，造洋房，派委員，迨糜費既多，毫無成效，始歸咎於礦之不可辦，雖西法無如之何。不知非西法之不可辦礦，實不精西法而冒充西法之過也。夫西人礦師習自學堂，技之精者，由學堂公舉，廠主始得聘請。然高等之礦師最難出境。其學之未精者，即以應華人之聘，高其聲價，故滇、黔、湘、晉、山東各省皆用西法開辦，莫不巨本虧折。此初辦不必用西法之明證也。至於外洋機器出自公司，各廠購買必須保險，稍有破壞即脩理，中國則良窳莫辨，縱不適用，無從修補，況蠶叢鳥道，陡壁懸崖，機器雖精，亦難搬運。其有勉强運載者，一遇山路崎嶇，萬難進步，往往棄置道旁，半途而廢，久而銹爛，誠爲可惜。此用機器不便之實在情形也。今擬試辦之廠，宜先以中法爲主，有應參用西法者，務宜臨時斟酌，斯執兩用中之道得矣。有難之者曰：「開平之煤廠，湖北之鐵政局，現用西法皆著成效，今日宜用土法，不幾荒謬無稽乎？」應曰：「礦之産於廣漠者，宜以西法爲善，其開井汲水之法誠爲至妙也。」故購器之費雖多，薪水之用雖巨，近來外洋之工貲更貴，平常手藝，一工每日以得洋銀一元五角。英之北陲之煤廠皆如是。而所出之數既多，即所獲之利亦倍。若滇黔諸省産礦之處多在萬山之中，此機器之所以不便也。然銅鐵煤廠非大用機器、西人，不能開辦，設有最旺之礦廠，或生於高山峻嶺，或長在偏僻之處，與河道不通，無江河不能運載機器，其廠决意不辦。與修鐵路不便，修路不便之謂，是礙於搬運機器之故。諸如此類亦不能辦。然後再細考該處每年遠近前後其能消售若干煤，照他公司應消八百兆磅稍稱合用。要合所辦之法，亦要合銷路，不能見礦即開，須籌畫再三確實，方能開辦，否則萬萬不能輕舉妄動。計算在先，外人之算學，算進不算出，不似華算只知算出，不知算進。其機器之耗費一旦失錯，勝於土法之賠累數百倍有餘。惟煤鐵之廠，亦必輪船火車往來順便，方爲上計也。故奉天之開元鐵嶺麗金廠，不必機器，惟錦州府寧遠州之夾山所産係馬牙金，土人呼爲線金，則應用機器爲是。蓋吾之所謂不必用機器者，謂不必概用，非謂全不用也。其實土法得當，自能成功，因地制宜，凡物皆然。作事貴有權衡，固不必因流俗俯仰也。

綜述

樂史《太平寰宇記》卷二一《河南道二一・萊蕪監》 萊蕪監，在兖州萊蕪縣之界，古冶鐵之務也。管一十八冶，縣兼，不相統。監境：東西一百一十五里，南北一百一十里。管鐵坑三：礦坑阜在縣北五里，石坑阜在監東一十里，甘土坑在監東南一十五里。管一十八冶：魯北冶在監西南一百步，銅務冶在監西一里餘，杏山冶在監東五里，陽冶在監東六十里，萬家冶在監東五里，安仙冶在監東七里，汶陽冶在監東一十五里，道士冶在監西南七里，何家冶在監西二十九里，汶北冶在監西二十四里，魯西冶在監西三十里，石門冶在監西南十三里，新興冶在監西南十二里，汶城冶在監西五十五里，大叔冶在監西北五十二里，宜山冶在監西北五十二里，汶陽冶在監西南七里。

又卷一〇二《江南東道一四・汀州》 《古圖經》云：「進黄蠟燭紙，出銅并銀。」長汀縣有黄焙場、安豐場，并寧化縣有龍門場，俱出銅、銀。

王存《元豐九域志》卷二《河北路・衛州》 中。共城。州西北五十五里。三鄉。銀錫一場。有白鹿山、天門山、共山、淇水、百門陂。

又卷三《陝西路・商州上洛郡軍事》 中下。洛南。州北七十五里。一鄉。採造、石界、故縣、兩合四鎮。麻池稜冶一銀場，錫定一鉛場，鐵錢一監。有冢嶺山洛水。

又卷三《陝西路・下岷州和政郡團練》 中下。華亭。州南七十里。四鄉。黄石冶河，一鎮，一銅場鐵冶，一茶場，一鹽場，有小隴山。

又卷九《廣南東路・韶州》 縣四。開寶四年以始興縣隸南雄州，五年省仁化縣入樂昌，咸平三年復置。

望，曲江。一十五鄉。濛濃一鎮。永通一錢監。靈源、石膏、岑水三銀場。中子一銅場。

望。翁源。州東北十里。四鄉。玉壺一鎮。大湖一銀場。大富一鉛場。

中。樂昌。州北一百四十里。四鄉。伍汪、黄坑二銀場。太平一鉛場。

中。仁化州。東一百五十里。四鄉。火衆、多田二鐵場。多寶一鉛場。

又《福建路・汀州臨汀郡軍事》 上，上杭。州南　百八十里。四鄉。鍾寮一金場。

又《廣南西路・邕州永寧郡建武軍節度》 太平。州西一百里。場一。熙寧六年置金場。

又《福建路・同下州邵武軍》 縣四：望。邵武。五鄉，營名一鎮。黄土、鄒溪、寺坑三銀場，龍鬚一銅場，寶積、萬德二鐵場。

望。歸化。軍南一百四十五里，二鄉。磜礤一金場，江源一銀場。

望。光澤。軍西八十里，二鄉，清化一鎮。太平一銀場，新安一鐵場。

望。建寧。軍西南二百四十五里，六鄉。青女、蕉坑、龍門三銀場。

望。長溪。州東北五百四十五里。四鄉。黄崎一鎮。玉林一銀場、一鹽場。

望。古田。州西北一百八十里。四鄉。水口一鎮。寶興一銀場。古田一金坑。

緊。永泰。州西南三百五十里。三鄉。黄洋、保德二銀場。

又卷九《福建路・廣州》 中。清遠。州西北二百四十里。四鄉。大富一銀場，靜定一鐵場。

中下。東莞。州東南三百里。一鄉。桂角、香山崖二銀場。

下。新會。州西南五百三十里。四鄉。千歲一銀場。

李燾《續資治通鑑長編》卷四六九《哲宗》 〔元祐七年〕春正月甲辰，户部言：「廣南西路轉運司奏：本路融、柳、鬱、林、廉、邕等州及鄰近全州灌陽縣，各産鐵甚多。已依陝西等路條例，鼓鑄鐵折二錢，與本路銅錢兼行。看詳湖、廣、江、浙銅坑，近年所收僅足上供，而廣西銅錢稍稍流出徼外，歲仰東路銅貨，亦無由永遠應副，若比類陝西兼行，恐通行日久，私下復有陝西輕重之弊。欲令廣西轉運司先且踏逐拘收本路出鐵坑冶，召人採納。

陳均《宋九朝編年備要》卷九《仁宗皇帝》 〔天聖元年春正月〕産金有商、饒、歙、撫四州及南安軍，産銀有桂陽、開寶、龍焙三監，又五十一場，在饒、虔、信、建等州。

談鑰《〔嘉泰〕吴興志》卷二〇《物産》 銀。《吴興記》：烏牛山有古銀、鉛、錫三所。又安吉縣移風鄉銀坊即古採銀之所。

銅。《輿地志》：長興銅官山下有兩坎，深數丈，方圓百丈，云古採銅之所。山墟名銅峴山，即吴王採銅之所。《括地志》云：安吉銅山，吴採鄣山之銅，即此山也。又封山有銅。又趙監採銅而死，廟在銅官山，詳見廟祠。

錫、鉛。《括地志》云：白楊山上有兩穴，古採錫之所，烏牛山有阬鉛。

章如愚《山堂考索》續集卷四七《輿地門・諸路・東南十路》 觀其縣邑之

增、民户之庶即若此其甚，又財貨如山，利源百出，以今擬古，邈焉殊絶。蓋自開闢以來，東南財用之饒，見諸載史者莫盛於唐，而宋朝猶且加增數倍。唐時歲運東南粟以寔關中，不贏二百餘萬石，而宋朝運漕大增，歲至六百餘萬石。唐朝出銅、鐵、銀、錫之冶，凡六州，而五在江、浙。宣、潤、饒、衢、信州。

又後集卷六二《財用門・坑冶》 唐銀、銅、鐵、錫之冶二百六十八。陝、宣、潤、饒、衢、信五州銀冶五十八，銅冶九十六，鐵山五，錫山二，鉛山四，汾州礬山七。【略】德宗時，韓洄言山澤之利，宜歸王者，自是皆歸鹽鐵使。憲宗元和中，天下銀冶廢者四十，歲採銀萬二千兩，銅二十六萬六千斤，鐵二百七萬斤，錫五千斤，鉛無常數。【略】武宗增河湟戍兵衣絹五十二萬餘匹，裴休請復鹽鐵使以助國用，增銀冶二，鐵山七十一，銅冶二十七，鉛山一。天下歲率銀二萬五千兩，銅六十五萬五千斤，鉛十一萬四千斤，錫萬七千斤，鐵五十三萬二千斤。《唐志》。【略】國家産金之所六，産銀之所四十有七，産銅之所三十有六，産鐵之所四十有七，産鉛之所七，産錫之所一，水銀朱砂之所一，此舊制爲然，後有增罷，不止此。《會要》。【略】宋太祖，凡産金有商、饒、歙、撫四州，南安軍。産銀有桂陽、開寶、龍焙三監；又五十一場在饒、虔、信、建、昌、越、衢、處、建、福、漳、汀、南建、邵武、南安、廣、韶、連、英、恩、春、秦、興元等州軍。産銅有三十五場，在饒、處、建、英、信、南、汀、漳、邵武、南劍等州軍；又一務曰梓州之銅來。産鐵有四監，曰徐州之大通、利國，兖州之萊、蕪〔相州之利成〕；廢於大中祥符七年。又河、鳳翔、虢、同、儀、蘄、黄、袁、英州，興國軍有十二冶；晋、磁、鳳、澧、道、渠、合、梅、陝、耀、坊、虔、吉州有十二務；信、鄂、建、連、南劍、邵武等州軍有二十五場。産錫有九場，在河南之長水及虔、南、康、道、賀、潮、循等州軍。産鉛有三十六場，在衢、越、建、南安、英、春、韶、汀、漳、南劍、邵武等州軍。水銀四場，在秦、階、商、鳳州。朱砂二場，在商、宣、道。

李燾《續資治通鑑長編》卷九七《真宗》〔天禧五年十二月戊子〕錢幣之制，有銅、鐵二等。凡鑄銅錢有四監：饒州曰永平，池州曰永豐，江州曰廣寧，建州曰豐國。每千錢用銅三斤十四兩，鉛一斤八兩，錫八兩，成重一斤。惟建州增銅五兩，減鉛如其數。至道中，歲鑄八十萬貫。景德末，至一百八十三萬貫。大中祥符後，銅坑多不發。天禧末，鑄一百五萬貫。鑄鐵錢有三監：邛州曰惠民，嘉州曰豐遠，興州曰濟衆。益州、雅州舊有監，後廢之。大錢貫重十二斤十兩，以准銅錢，歲鑄總二十一萬餘貫。銅錢行於天下，鐵錢止於川峽。

凡産金有商、饒、歙、撫四州，南安軍。《兩朝志》有登、萊、商、饒、汀五州，却無歙、撫、南安。産銀有桂陽、開寶、龍焙三監，五十一場，在饒、虔、信、建、昌、越、衢、處、道、福、漳、河、南劍、邵武、南安、廣、韶、連、英、南恩、春、秦、興元等州軍府。《兩朝志》無處、道、廣、南恩、興元五州府，却增陝、虢、商、隴并衡、泉七州。産銅有三十五場，在饒、處、建、英、信、南安、汀、漳、邵武、南劍等州軍，又一務曰梓州之銅來。《兩朝志》增虔、泉、韶三州，却無處州、南安軍。産鐵有四監，曰徐州之大通、利國，兖州之萊蕪，相州之利成。萊蕪廢於大中祥符七年。又河南、鳳翔、虢、同、儀、蘄、黄、袁、英州，興國軍有十二冶，晋、磁、鳳、澧、道、渠、合、梅、陝、耀、坊、虔、吉、汀州有二十務，信、鄂、建、連、南劍、邵武等州軍有二十五場。《兩朝志》無河南、同、黄、晋、道、梅、耀、坊、鄂九州府，却增登、萊、泉、資四州。産錫有九場，在河南之長水及虔、南康、道、賀、潮、循等州軍。《兩朝志》增商、虢二州，却無長水及南康軍。産鉛有三十六場，在衢、越、建、南安、英、春、韶、汀、漳、南劍、邵武等州軍。《兩朝志》無建州、南安軍、漳州，却增信州、連州。水銀四場，在秦、階、商、鳳州。《兩朝志》云五場。朱砂二場，在商、宜州。《三朝志》云三場。其稱富順監者誤，今從《兩朝志》。至道末，天下歲課金若干兩，此數當求别本。三朝史志偶脱。銀十四萬五千餘兩。銅四百一十二萬餘斤，鐵五百七十四萬八千餘斤，鉛七十九萬三千餘斤，錫二十六萬九千餘斤。天禧末，金一萬兩，銀八十八萬二千餘兩，銅二百六十七萬五千餘斤，鐵六百二十九萬三千餘斤，鉛四十四萬七千餘斤，錫一十九萬一千餘斤，水銀二千餘斤，朱砂五千餘斤，然金、銀除坑冶丁税和市外，課利折納，互市所得皆在焉。

李心傳《建炎以來朝野雜記》甲集卷一六《財賦三》 銅鐵鉛錫坑冶。銅、鐵、鉛、錫坑冶者，閩、蜀、湖廣、江淮浙路皆有之。祖宗時，天下歲産銅七百五萬斤，鐵一百十六萬斤，鉛三百二十一萬斤，錫七十六萬斤，皆有奇。渡江後，其數日減。【略】視祖額，鐵才及四分餘，鉛及六釐，銅及四釐，錫及三釐皆弱。東南鐵悉輸岑水、鉛山、永興、興利四場，浸銅爲泉司之用，惟川鐵以鑄錢云。舊婺州銅，融、福、峽州，南安軍鉛，贛、宜州南軍錫坑皆有。膽銅者，蓋以鐵爲片，浸之膽水中，後數十日即成銅。凡銅場十四，鐵場三十八，鉛場二十四，錫場五云。

又卷一四八〔紹興十有三年閏四月〕丁酉，詔：「金州撥屬利路。直寶文閣、提點江淮荆浙福建廣南路坑冶鑄錢韓球請籍坑場户姓名，約定責納銅數。許之。」先是，贛、饒二監，歲鑄錢四十萬緡，提點坑冶趙伯瑜以爲所得不償所費，遂罷鑄錢歲額，銅鐵積而不用，盡取木炭、銅鉛本錢及官吏缺額衣糧水脚之屬，

湊爲年計。至是，球必欲盡鑄新錢，調民興復發坑，至於發墳墓、壞廬舍而終無所得，郡邑或毀錢爲銅，以應其命，民大以爲擾。其後歲收銅二十萬斤，潼川府，興、利、饒、信、池、潭、連、韶、汀、建、南劍州，邵武軍凡十四場，總二十六萬三千一百六十九斤九兩，係黃膽二色。鐵二十八萬斤，洪、信、饒、池、徽、撫、吉、江、舒、潭、辰、處、建、韶、黃、惠、賓、鬱林州，興國軍，凡三十八場，總二十八萬三百二斤十三兩。鉛十九萬斤，信、舒、潭、衡、峽、衢、處、溫、韶、連、潯、邕、建、賓、南劍、南恩州，興國桂陽軍，凡二十四場，總十九萬一千二百百十九斤十三兩。錫二萬斤，衡、郴、賀州，桂陽軍，凡五場，總二萬四百五十八斤。皆不登祖額。此紹興三十二年虞部數也。祖額銅七百五萬斤，鐵二百十六萬斤，鉛三百二十一萬斤，錫七十六萬斤。

王應麟《玉海》卷一八〇《食貨》《舊史格言》：「九月，廢衢州銀冶。景德元年正月，建州寶通山出銀，以圖來獻。天聖四年十二月乙未，虔州石城産銀，置義豐場。建炎元年八月十六日，依祖宗舊法，山澤坑冶金部轉運。先是，崇寧二年隸右曹及常平。政和六年，有措置東南坑冶寶貨司。乾道二年五月二十五日，命工部侍郎薛良朋措置諸路坑冶。良朋言：「歲鑄錢一百六十一萬七千九百三十五貫，約用銅五百五萬六十餘斤，以銅少，權以五十五緡爲額。韶之岑水銅六十二萬斤，今增爲七十七萬。潭之永興五萬斤，今增爲十五萬。信之鉛山三十八萬斤，潼州利州一萬四千六百六十二斤。」九年閏正月五日，以江淮制潼利路隸饒司，江西湖閩廣隸贛。十月二十三日，李大正言，岑水永興鉛山場銅課最盛。

梁寅《策要》卷四《坑冶》 漢、史金之所産不見於志，惟吳鄧銅山錢徧天下。【略】唐銀、銅、鐵、錫之冶二百六十八，陝、宣、潤、饒、衢、信六州銀冶五十八，銅冶九十六，鐵山五，錫山二，鉛山四，汾州礬山七。宋産金之所六，産銀之所四十有七，産銅之所三十有六，産鐵之所四十有七，産鉛之所七，産錫之所一，水銀朱砂之所一。金歲入五萬餘兩。自景德至寶元，金增至五萬五千斤，銀增至二十一萬斤。

《宋史》卷八八《地理志四一・地理四》 處州，上，縉雲郡，軍事。崇寧户一十萬八千五百二十三，口一十六萬五百三十六。貢綿、黃連。縣六：【略】麗水，望。龍泉，望。宣和三年改爲劍川縣，紹興元年復故。有高亭一銀場。松陽，上。梁錢鏐奏改長松，錢元瓘奏改白龍，咸平二年復故。遂昌，上。有永豐銀場。縉雲，上。青田，户。南渡後，增縣一：【略】慶元，中。慶元三年，分龍泉松源鄉置縣，因以年紀名。【略】

贛州，上，本虔州，南康郡，昭信軍節度。大觀元年，升爲望郡。建炎間，置管内安撫使，紹興十五年罷，復置江西兵馬鈐轄，兼提舉南安軍、南雄州兵甲司公事。二十三年，改今名。崇寧户二十七萬二千四百三十二，口七十萬二千一百二十七。貢白紵。縣十：【略】贛，望。有蛤湖銀場。虔化，望。紹興二十三年，改寧都。有寶積鉛場。興國，望。太平興國中，析贛縣之七鄉置。信豐，望。雩都，望。會昌，望。太平興國中，析雩都六鄉於九州鎮置。有錫場。瑞金，望。有九龍銀場。石城，緊。安遠，上。龍南，中。南唐縣本名龍南，宣和三年改虔南，紹興二十三年改龍南，取百丈龍灘之南爲義。【略】

建昌軍，同下州。舊建武軍，太平興國四年改。崇寧户一十一萬二千八百八十七，口一十八萬五千三十六。貢絹。縣二：【略】南城，望。淳化二年自撫州來隸。有太平等四銀場。南豐，望。南渡後增縣二：【略】新城，紹興八年，析南城五鄉置。廣昌，紹興八年，析南豐、南境三鄉置。【略】

潭州，上，長沙郡，武安軍節度。乾德元年，平湖南，降爲防禦。端拱元年，復爲軍，舊領荆湖南路安撫使。大觀元年升爲帥府，建炎元年復爲總管安撫司，紹興元年兼東路兵馬鈐轄，二年復爲安撫司。崇寧户四十三萬九千九百八十八，口九十六萬二千八百五十三。貢葛茶。縣十二：【略】長沙，望。開寶中廢，長豐縣入焉。衡山，望。淳化四年，以衡山、岳州湘陰並來隸。有黃簳銀場。安化，望。熙寧六年置，改七星砦爲鎮入焉，廢首溪砦。元祐三年，置博易場。醴陵，緊，攸，上。湘鄉，中。湘潭，中。益陽，中。瀏陽，中。有永興及舊溪銀場。湘陰，中。乾德二年自鼎州隸，岳州俄而來隸。寧鄉，中。善化，元符元年，以長沙縣五鄉、湘潭縣兩鄉爲善化縣。【略】

衡州，上，衡陽郡，軍事。崇寧户一十六萬八千九十五，口三十萬八千二百五十三。貢麩金犀。縣五：【略】衡陽，緊。有熙寧錢監。耒陽，中。常寧，中下。熙寧六年，廢常寧縣，獎中砦有茭源銀場。安仁，中下。乾德二年，升安仁場爲縣。南渡後，升茶陵爲軍。

又卷八九《地理志四二・地理五》［福建路］汀州，下，臨汀郡，軍事。淳化五年，以上杭、武平二場並爲縣。元符元年，析長汀、寧化置清流縣。崇寧户八萬一千四百五十四。貢蠟燭。縣五：長汀，望。有上寶錫場，歸禾、拔口二銀務，莒溪鐵務。寧化，望。有龍門新舊二銀坑。上杭，上。有鍾寮金場。天聖二年，徙治鍾寮場東，乾道四年徙治郭下。武平，上。清流。南渡後，增縣一：蓮城。本長汀蓮城堡，紹興三年升縣。

邵武軍，同下州。太平興國五年，以建州邵武縣建爲軍，仍以歸化、建寧二縣來屬。崇寧户八萬七千五百九十四。貢紵。縣四：邵武，望。有黄土等三鹽場，龍須銅場，寶積等三鐵場。光澤，望。太平興國六年，析邵武置縣。有太平銀場、新安鐵場。泰寧，望。南唐歸化縣。元祐元年，改爲泰寧。有磜礤金場、江源銀場。建寧。望。有龍門等三銀場。【略】

福州，大都督府，長樂郡威武軍節度，舊領福建路鈐轄，建炎三年升帥府。崇寧户二十一萬一千五百五十二。貢荔枝、鹿角菜、紫菜，元豐貢紅花、蕉布。縣十二：【略】閩，望。侯官，望。福清，望。古田，望。唐縣。有寶興銀場，古田金坑。永福，望。有黄洋保德二銀場。長溪，望。有玉林銀場及鹽場。長樂，緊。有海壇山鹽場。羅源，中。舊永正縣。閩清，中。寧德，中。王審知時置。懷安，望。太平興國五年析閩縣置，連江，望。【略】

建寧府，上，本建州建安郡，舊軍事，端拱元年升爲建寧軍節度，紹興三十二年以孝宗舊邸升府。崇寧户一十九萬六千五百六十六。貢火箭、石乳龍茶，元豐貢龍、鳳等茶綵。縣七：【略】建安，望。漢縣。有北苑茶焙、龍焙、監庫及石舍、永興、丁地三銀場。浦城，望。有余生、蕉溪、觔竹三銀場。嘉禾，望。本建陽縣。有瞿嶺四銀場，景定元年改今名。松溪，緊。崇安，望。淳化五年升崇安場爲縣。政和，緊。咸平三年升關隸鎮爲縣，政和五年改關隸，爲政和縣。有天受銀場。甌寧，望。熙寧三年廢，元祐四年復。監一：豐國，咸平二年置，鑄銅錢。

《宋史》卷九〇《地理志四三・地理六》 廣州，中，都督府，南海郡清海軍節度。開寶五年，廢咸寧、番禺、蒙化、游水四縣。大觀元年，升爲帥府，舊領廣南東路兵馬鈐轄兼本路經略、安撫使。元豐户一十四萬三千二百六十二。貢胡椒，石髮、糖霜、檀香、肉荳蔻、丁香母子、零陵香、補骨脂、舶上茴香、没藥、没石子，元豐貢沉香、甲香、詹糖香、石斛、龜殼、水馬、鼊皮、藤簟。縣八：【略】南海，望。隋縣，後改常康，開寶五年復。番禺，上。開寶中廢，入南海，皇祐三年復置。有銀爐、鐵場。增城，中。清遠，中。有大富銀場。静定鐵場。錢斜鉛場。懷集，中。有大利銀場。東莞，中下。開寶五年廢，入增城，六年復置。有桂角等二銀場，静康等三鹽場。海南黄田等三鹽柵。新會，下。有千歲錫場，海晏等六鹽場。信安，下。本義寧縣，開寶五年廢入新會，六年復置，太平興國初改信安，熙寧五年省爲鎮，入新州新興縣，元祐元年復爲縣，紹聖元年復省爲鎮，後復爲縣，還隸廣州。南渡後，無信安，增縣一：【略】香山，紹興二十二年，以東莞香山鎮爲縣。韶州，中。始興郡軍事。元豐户五萬七千四百三十八。貢絹鍾乳。縣五：【略】曲江，望。有永通、錢監、靈源等三銀場，中子銅場。翁源，望。有大湖銀場。大富鉛場。樂昌，中。有黄坑等二銀場，太平鉛場。仁化，中。開寶五年廢，入樂昌，咸平三年復置。有大衆、多田二鐵場，多寶鉛場。建福宣和三年，以岑水場析曲江、翁源地置縣。南渡後，無建福，增縣一：【略】乳源乾道二年，析曲江之崇信，樂昌依化鄉，於洲頭津置。監一：永通。

循州，下，海豐郡軍事。元豐户四萬七千一百九十二。貢絹藤盤。縣三：【略】龍川，望。有大有鉛場。宣和三年，改龍川曰雷鄉，紹興元年復舊。興寧，望。晋縣。天禧三年，移治長樂。有夜明銀場。長樂，上。熙寧四年，析興寧縣置。有羅翊等四錫場。

潮州，下。潮陽郡軍事。元豐户七萬四千六百八十二。貢蕉布、甲香、鮫魚皮。縣三：【略】海陽，望。有海門等三砦，三河口鹽場，豐濟銀場，横衡等二錫場。潮陽，中下。本海陽縣地。紹興二年廢入海陽，八年復。揭陽宣和三年，割海陽三鄉置揭陽縣。紹興二年廢入海陽，八年復，仍移治吉帛村。是謂三陽。

連州，下，連山郡軍事。元豐户三萬六千九百四十三。貢苧布、官桂，元豐貢鍾乳。縣三：【略】桂陽，望。有同官銀場。陽山，中。有銅坑、銅場。連山，中。紹興六年廢爲鎮，十八年復。

梅州，下，軍事。本潮州程鄉縣。南漢置恭州，開寶四年改熙寧，六年廢，元豐五年復，宣和二年賜郡名義安，紹興六年廢州爲程鄉縣，仍帶程鄉軍事，十四年復爲州。元豐户一萬二千三百七十。貢銀、布。縣一：【略】程鄉，中。有樂口銀場，石坑鉛場。龍坑鐵場。【略】

英德府，下，本英州軍事。宣和二年賜郡名曰：真陽，慶元元年以寧宗潜邸升府。元豐户三千一十九。貢紵布。縣二：【略】真陽，望。有鍾峒銀場。禮平銅場。浛光，上。開寶四年，自廣州隸連州，六年，自連州來隸。有賢德等三銀場。

賀州，下，臨賀郡，軍事。開寶四年廢蕩山、封陽、馮乘三縣，本屬東路，大觀二年五月，割屬西路。户四萬二百五。貢銀。縣三：【略】臨賀，緊。有太平銀場。富川，上。桂嶺，中。南渡後，屬廣西路。封州，望。臨封郡，軍事。本下郡，大觀元年升爲望郡，紹興七年省州，以二縣隸德慶府，十年復舊。元豐户二千七百七十九。貢銀。縣二：【略】封川，下。開建，下。開寶五年廢入封川，六年復置。

肇慶府，望，高要郡，肇慶軍節度。本端州，軍事。元符三年升興慶軍節度，

大觀元年升下爲望，重和元年，賜肇慶府名，仍改軍額。元豐户二萬五千一百三。貢銀、石硯。縣二：【略】高要，中。有沙利銀場。浮蘆鐵場。四會，中。舊隸廣州，熙寧六年來屬。有金場、銀場。

德慶府，望，本康州，晉康郡軍事。開寶五年廢州及悦城，晉康都城，並入端溪以隸端州，尋復爲州。大觀四年升爲望郡。紹興元年以高宗潛邸升爲府，十四年置永慶軍節度。元豐户八千九百七十九。貢銀。縣二：【略】端溪，下。有雲烈錫場。瀧水，下。舊隸瀧州，州廢以縣來隸。有羅、護峒二銀場。

惠州，下，軍事，宣和二年賜郡名博羅。元豐户六萬一千上百二十一。貢甲香藤箱。縣四：【略】歸善，中。有阜民錢監，西平、流坑二銀場，永吉、信上、永安三錫場，三豐鐵場，淡水鹽場。海豐，下。有靈溪、楊安、勞謝三錫場，古龍石橋二鹽場。河源，緊。有立溪、和溪、永安三錫場。博羅，中。有鐵場。【略】「廣南東路廣州」縣八：南海，望。隋縣。後改常康，開寶五年復。番禺，上。開寶中，廢入南海。皇祐三年復置。有銀爐鐵場。增城，中。清遠，中。有大富銀場、静定鐵場、錢糾鉛場。懷集，中。有大利銀場。東莞，中下。開寶五年，廢入增城。六年復置。有桂角等二銀場，静康等三鹽場，海南、黄田等三鹽栅。新會，下。有千歲錫場，海晏等六鹽場。

韶州，中，始興郡，軍事。【略】貢絹、鍾乳。縣五：曲江，望。有永通錢監、靈源等三銀場，中子銅場。翁源，望。有大湖銀場、大富鉛場。樂昌，中。有黄坑等二銀場、太平鉛場。仁化，中。開寶五年，廢入樂昌。咸平三年，復置。有大衆多田二鐵場、多寶鉛場。

《宋史》卷一八五《食貨志下七》 先是，熙寧七年，廣西經略司言：「邕州右江填乃洞産金，請以鄧闢監金場。」後五年，凡得金爲錢二十五萬緡，闢遷官者再焉。元豐四年，始以所産薄罷貢，而虔、吉州界鉛悉禁之。七年，户部尚書王存等請復開銅禁，各展磨勘年有差。是歲，阬冶凡一百三十六所，領於虞部。【略】時河東礬積益多，復聽入金帛、芻粟。芻粟虚估高，商人利於入中。麟州粟斗實直錢百，虚估增至三百六十，礬之出官爲錢二萬一千五百，纔易粟六石，計粟實直錢纔六千，而礬一馱已費本錢六千。縣官徒有榷礬之名，其實無利。嘉祐六年，罷入芻粟，復令入緡錢。礬以百四斤爲一馱，入錢京師榷貨務者，爲錢十萬七千；入錢麟、府州者，又減三千。自是商賈不得專其利矣。皇祐中，晉、慈入礬二百二十七萬三千八百斤，以易芻粟之類，爲緡錢十二萬六千六百；無爲軍礬售緡錢三萬三千一百。治平中，晉、慈礬損一百九萬六千五百四斤；無爲軍礬售錢歲有常課，發運使領之，視皇祐數無增損；隰州礬至是入三十九萬六千斤，亦以易緡錢助河東歲糴。【略】紹興十一年，以鑄錢司韓球言，撫州青膽礬斤錢一百二十文，土礬斤三十文省，鉛山場所産品高於撫，青膽礬斤作一百五十文，黄礬斤作八十文。二十九年，以淮西提舉司言，取紹興二十四年至二十八年所收礬錢一年中數四萬一千五百八十五緡爲定額。其他産礬之所，若潭州瀏陽之永興場、韶州之岑水場，皆置場給引，歲有常輸。惟漳州之東，去海甚邇，大山深阻，雖有採礬之利，而潮、梅、汀、贛四州之奸民聚焉，其魁傑者號大洞主、小洞主，土著與負販者，皆盜賊也。

陸容《菽園雜記》卷一四 五金之礦生於山川重複、高峰峻嶺之間。其發之初，惟於頑石中見礦脉微如毫髮，有識礦者得之，鑿取烹試。其礦色樣不同，精麄亦異。礦中得銀多少不定，或一籮重二十五斤，得銀多至二三兩，少或三四錢。礦脉深淺不可測，有地面方發而遽絶者，有深入數丈而絶者，有甚微久而方闊者。有礦脉中絶而鑿取不已，復見興盛者，此名爲過壁；有方採於此，忽然不現而復發於尋丈之間者，謂之蝦蟇跳。大率坑匠採礦如蟲蠹木，或深數丈，或數十丈，或數百丈，隨其淺深，斷絶方止。舊取礦，携尖鐵及鐵鎚，竭力擊之，凡數十下，僅得一片。今不用鎚尖，惟燒爆得礦。礦石不拘多少，採入碓坊，舂碓極細，是謂礦末。次以大桶盛水，投礦末於中，攪數百次，謂之攪粘。凡桶中之粘分三等，浮於面者謂之細粘，桶中者謂之梅沙，沈於底者謂之麄礦肉。若細粘與梅沙，用尖底淘盆浮於淘池中，且淘且汰，泛颺去粗，留取其精英者。其麄礦肉則用一木盆如小舟然，淘汰亦如前法。大率欲淘去石末，存其真礦，以桶盛貯，璀璨星星可觀，是謂礦肉。次用米糊搜拌圓如拳大，排於炭上，更以炭一尺許覆之。自旦發火，至中時住火候冷，名窖團。

邢址《邵武府志》卷一〇《物産》 考《宋史・地理志》云：邵武縣有黄土等三鹽塲，龍鬚銅塲，寶積等三鐵塲；泰寧縣有螺磜金塲，江源銀塲；建寧縣有龍門等三銀塲；光澤縣有太平銀塲，新安鐵塲。今郡境金、銀、銅、鐵及鹽皆無所出。詢土人以諸塲所在，則皆不能言矣。又按《前志》云：故老相傳潭水出銀珠，得樵水，濯之，其色鮮紅，百年來無人煎煉，其法遂亡。又云：邵武郡城舊有一二家用黄石、焰硝諸物燒造琉璃器皿及碁子之類最佳，今其法亦亡。由此觀之，是天地氣化生物猶不能常也，而况於人事耶！【略】

邵雄鎮上游山溪廻抱，土雖近瘠，無珠玉瓊瑰之寶，而民間飲食所産常浮於用。邵武附城十里，洋塘下有煤山，周圍十餘里産白煤。其炭精堅，其氣白色，

與金山所出之煤炭並駕齊驅，外國兵船類皆用此。取其氣焰，吐如白練，遠窺不見，便於藏伏機器。各廠凡煉鋼件，多用此煤，以其火色騰實，得以耐久。同治年間貴溪土匠鑿洞開口，迄今尚用此煤，但新洞不開，舊礦勢必傾竭。洋務既興，礦務在所必講，師西法而開之，其鋼鐵諸礦必有接踵而興者。

柯維騏《宋史新編》卷二三《志九・地理下》 福州。大都督府，長樂郡，威武軍節度，端宗即位于此，改爲福安府。縣十二：閩，侯官，福清，望。古田，望。有寶興銀場，古田金坑。永福，望。有黄洋、保德二銀場。長溪，望。有王林銀場及鹽場。長樂。緊。有海壇山鹽場。【略】韶州。中。始興郡軍事。縣五：曲江，望。銀場三，銅場一。翁源，望。有銀鉛場。樂昌，中。銀場二，鉛場一。仁化。中有鐵鉛場。

循州。下。海豐郡軍事。縣三，龍川，望。有鉛場。興寧，望。有銀場。長樂。上。銀場四。【略】梅州。下。軍事。宣和名義安郡。縣一：程鄉。中。有銀、鉛、鐵場。貢。銀，布。

潮州。下。潮陽郡軍事。縣三：海陽。望。砦三。銀場一，錫場二，鹽場一。【略】

連州。下。連山郡軍事。縣三：桂陽，望。有銀場。陽山。中。有銅坑、錫場。懷集。中。有銀場。東莞。中。銀場二，鹽場三，鹽柵三。

峽州。中。夷陵郡，軍事。峽字舊從硤。縣四：夷陵。中。有漢流、巴山、麻溪、魚陽、長樂、梅山六砦及鉛錫場。

廣州。中。都督府，南海郡，清海軍節度。祥興元年，帝居厓山，升爲翔龍府。縣八：南海，望。番禺，上。有銀爐、鐵場。增城，中。清遠。中。有銀、鐵、鉛場。【略】

英德府。下。本英州軍事。宣和名真陽郡，慶元以寧宗潛邸升府。縣二：真陽，望。有銀銅場。浛光。上。銀場三。貢。紵布。

肇慶府。望。高要郡，肇慶軍節度，本端州軍事，徽宗以潛邸升爲興慶府，後改肇慶。縣二：高要，中。有銀鐵場。四會。中。有金場、銀場。貢。銀，石硯。【略】汀州。下，臨汀郡，軍事。縣五：長汀，望。錫場一。銀務二。鐵務一。寧化，望。有龍門新舊二銀坑。上杭。上。有金場。

邵武軍。同下州。太平興國以建州、邵武縣建軍。縣四：邵武，望。銅場一。鐵場三。鹽場三。光澤，望。銀場、鐵場各一。泰寧，望。金場、銀場各一。建寧。望。銀場三。

唐順之《荆川稗編》卷一一〇《户八・唐鹽法・唐志》 元和初，天下歲採銀萬二千兩，銅二十六萬六千斤，鐵二百七萬斤，錫五萬斤，鉛無常數。

《明神宗實録》卷三〇一 〔萬曆二十四年閏八月戊辰〕命太監陳增於山東沂州龍扒山、虎頭溝、三山洞等處開礦。已巳，敕太監陳增並開山東棲霞、招遠等縣金、銀礦。户部奏議：「開採事宜，在江文進，則稱沂州礦有紫白黄三種，紫者最佳，龍扒山米家埠大銀場十三洞次之。郝承爵則并謂費縣、滕縣石井大小銀場皆第一。劉鑒稱登、萊二府棲霞、招遠等縣虎頭溝、三山洞並襍金礦。爲清則稱文登。趙良將稱臨朐。王允中又言蓬萊福山、帥家溝、陳莊、掠口洞、古集項、鄭家庵、金家圳、杏樹坑、石港諸處。其江文進與郝承爵説稍同。而山東一省奏採者六官，其直隸之永平、房山，及河南諸所尚不在是。夫一礦之開，則曰以其半與民，以爲開鑿運送之費，不領於公帑。且云勿擾民，相度山原有關龍脉者勿動，意豈不善？而開採之釁一啟，亦何得而問之。乞以次開鑿，勿并發於一時，如煎採利薄，開隙地方者罪之。」不報。

《續文獻通考》卷二三《征榷考・坑冶》 〔元至元十年〕十一月，增費里沙淘玉户，及採朱砂、水銀於北京湖廣諸處。【略】朱砂、水銀在北京者，是年命蒙古達實以恤品人户，於濟喇敏之地採錬。

在湖廣者，沅州五寨蕭雷發等，每年包納朱砂一千五百兩。羅管賽包納水銀二千三百四十兩。潭州安化縣每年辦朱砂八十兩，水銀五十兩。【略】時〔明成祖永樂十二年〕又開陝西商縣鳳凰山銀坑八年，福建浦城縣馬鞍等坑三所。設貴州太平溪，交趾宣光鎮金場局，葛溪銀場局。雲南大理銀冶，其不産金、銀者，亦屢有革罷。【略】〔明神宗萬曆〕二十四年，詔開各處礦冶。

指揮王允中奏開山東青州府沂水等州縣礦，百户吴應麒奏開山西平陽府夏縣等處礦，指揮陳永壽等奏開河南等處礦，千户鄭一麟等奏開横嶺路礦，千户余潤奏開淶水、房山銀礦，百户李方春奏開永平銀礦，千户陶壽等奏開房縣等礦，指揮袁友松等奏開山東文登縣礦，千户李綸奏開房山縣礦，指揮曾守約奏開山東青州臨朐縣七寶山等處礦，百户王果等奏開山西太原、平陽、潞安、盂、曲沃、翼城、平陸、夏等處礦，百户段大奎等奏開陝西西安等處礦，百户邱繼勳等奏開藍田等處礦，百户曲守正奏開信陽等處礦，太監田進奏開薊永等處礦，皆詔行之。山西巡撫魏允貞奏停開礦之役曰：「開礦一事，大約武臣謂其有利，部臣、科臣謂其無利有害，利少害多，陛下乃從其言開者，而不從其言罷者，豈在廷皆不達國計，獨此武弁數言可信耶？臣竊謂，礦自開闢以來即有，古聖帝、明王不聞開採，良以所寶者，常在善人，不在珠玉。且陛下亦安用此開礦爲也？今富有四海，米帛則取諸吴越，絨紬則取諸秦、晉，金則取之滇，扇則取之蜀，磁器則取

之江西。太倉爲庫，太僕爲廐，光禄爲厨，何求不得，而必以開礦爲利乎？即大工肇興，户、兵、工三部自足給之，其有不敷，四方且開例，百官且開俸，必無藉於礦也。況歲徵多咎，水旱告災，天鼓時鳴，地震不已，流星無度，寇儆日至，小民嗜利而不憚爲盜，若天性然。今言開礦者皆利臣，絶無廉節遠識，所用皆礦徒，習於作奸亡命，安保無事於異日。萬一關中有急，山西近河諸處皆屬可慮，而内地素少兵馬，當此時，内外東西將何以防禦乎？且物産有限，民欲無窮，計開礦近不可過終年，遠不過二三年，彼時差官已去，礦徒猶在，此輩豈能歸故里事農業者？正恐不知所終矣。乞將倡儀之人置諸法，即停其役。如必以開礦爲足國裕民大計，請先開一方以驗之，如果有利，然後盡開，由河南而北，直隸、山東、山西未晚也。倘以諸武臣爲必可信，以臣愚闇書生，不知大利，乞即罷去，別遣有心計善變通者使撫山西，與閹人、武弁、言利之臣共事可耳。」

二十五年二月，又命開採續報礦洞。

山西開礦太監張忠奏進夏縣三岔等洞樣銀及砂，并開各洞事理，及官民續報礦洞，命開採之。五月，百户王遇桂奏開寧國、池州等處銀礦。百户張傑奏開山東濟寧等處金、銀、鉛礦。百户韓應桂奏開湖廣德安等處銀礦及大青銅、錫諸物。嗣是，百户劉心澤奏開浙江衢州等處産金、銀礦。百户張欽奏開河南彰德等處礦洞三十二所。俱命内官一併開採。是年，浙江巡撫劉元霖奏：「全浙地方半濱江海，即有山場，石多土少，前曾開採，得不償失。正統時，礦盜葉宗留等交結福建劇賊鄧茂七，聚衆作亂，殺傷官兵。此皆往事有可徵者。況今倭謀叵測，大汛戒嚴。將備内，則外憂島夷之乘虚；將防外，則内虞奸徒之啓釁。乞念兩浙爲財賦重地，防汛届期，亟停開礦，或待倭款既堅，採木已竣，年歲豐稔，方議奉行。」巡按方元彦亦奏：「兩浙開採之礦利，杭嚴所屬不足償所費十之二，湖衢所屬不足償十之三，金華所屬不足償司礦一日之費，乞權其得失。」河南巡按姚思仁亦言開礦大可慮者八。俱不報。

姚思仁疏曰：「中原八郡實天下樞機，臣自入境以來，巡行郡邑，問民病苦，其開礦之大可慮者有八：礦盜嘯聚召亂，可慮一也；礦頭累極土崩，可慮二也；礦夫殘害流亡，可慮三也；雇民糧缺噪呼，可慮四也；礦洞徧開浪費，可慮五也；礦砂銀少逼買，可慮六也；民皆開礦失業，可慮七也；奏官强横激變，可慮八也。今礦頭以賠累死，平民以逼買死，礦夫以傾壓死，以争鬬死。自初開至今已踰八月，而所解不過四千，及今不止，恐禍起蕭墻，變生肘腋，雖傾府庫之藏，竭天下之力，亦無濟於存亡矣。」

《海防纂要》卷一一《約法》　一、防鑛盜。兩浙鑛山共七十三處，如於潛之金鰲塢、猪狁嶺，昌化之康山，孝豐之俞嶺銅坑，山陰之大焦山，會稽之神山，慈谿之銀山，奉化之菩提嶺，東陽之西甑山，義烏之八寶山，西安之銅山，江山之仙霞并石獅坑，開化之大尖塢，烏哨塢，淳安之老山坑，遂安之十五里坑，泰順之長降尾坑、北山坑、石門下坑、南出坑，松陽之箬寮坑、小蘇坑、際坑、烏壇坑、白碧坑、黄坑，縫尾葉銘坑、净瓶坑、際背坑、姜坑，遂昌之黄岩坑，金鷄石下坑、焦坑、古塘坑、古樓坑、澤樹攔坑、麻竹降坑、梭溪坑，雲和之黄家畲坑，縫尾陰岩坑，宣平之龔坑、俞高坑，景寧之嶺坳坑、渤海坑、陶州坑、下場坑、道化坑、大洋坑、盧茜坑、張坑、大漈坑、十八插坑、吴四坑，慶元之横岩平岡坑、毛洋杉菜坑，縫尾牛扼坑、白雲洞沿坑、黄壇坑、添堂坑、縫尾石演坑、柱場坑，龍泉之温空坑毛坑、漈坑、黄礦井坑、崑崙坑、烏鉛濼坑、白壇腰坑、前突下坑、嶮坑、屏風後坑。先因盜挖起釁，奉例封禁。今編保甲鄉兵，互相守護外，但衢州爲浙直鑛山連脉之地，處州係江福鑛盜隱伏之區，金華又多盜，爲鑛徒出入必由之路，故設總捕都司，統領前、左營二總民兵駐劄衢州，每遇秋末冬初，水涸土堅，恐奸徒垂涎盜掘，督令將二營官兵每月初一十六爲期，輪撥哨隊什兵各三十一名，哨探防禦。前營住府城者，一路往杜澤雙橋銅山上曹，一路往湖南嚴剥，一路往蘭谿永昌街壽昌白沙地方。左營在華埠者，一路役馬金嶺直，抵嚴州遂安交界，一路往開化、四都葉坑、深山下遂安長山交界，一路往雲霧山，由葉谿嶺直，抵江山德興交界，一路往大蓉嶺，三大容田直，抵徽州交界。而江山之石門，另撥兵一哨專守，以扼鑛賊之喉吭。處州設有團操兵二總内，一總屯劄府城，一總汛期出守蒲岐。汛畢掣回防鑛，常輪撥哨兵，前往龍泉、慶元、竹口衝要地方，哨禦以破鑛賊之腹心。金華選練民壯五百名，防守應援，以斷鑛寇之肘腋。三府通賊要路，俱有官兵防截，則外郡烏合之徒自不能入，各道及總捕都司嚴督防禦，以保無虞，各把總哨官不奉令者，不時查訪究革。

陳耀文《天中記》卷五〇《金》　黄銀。辛公義爲并州刺史，山出黄銀，獲之以獻。詔水部郎婁則就公義禱焉，乃聞空中有金石絲竹之響。《北史·循吏》。

不取。陶季直早慧，其祖憨祖，宋廣州刺史，甚愛之。嘗以四函銀列置於前，令諸孫各取其一。季直時年四歲，獨不取。曰：「若有賜，當先父伯，不應度及諸孫，故不敢。」憨祖益奇之。《南史》。

龍膏化液。韓約唐太和中爲安南都護，時土産有玉龍膏，南人用之能化銀液。耆舊相傳，其膏不可齎往，犯者則爲禍耳。約不之信。及受代還闕，貯之以歸。時爲執金吾，果首惟甘露之禍，乃貪利冒貨之所致也。《補録·紀傳》。

寶山黄金。從吐蕃國向雪山南界至屈露多、悉立等國，云從此驛北行，可以九日，有一寶山之中，土石並是黄金，有人取者，即獲殃咎。王榮《西國行傳》。

藏地變土。殷仲文性貪吝，多納貨賄。桓爲劉裕所敗，仲文隨西走，其珍寶玩好悉藏地中，皆變爲土。《晉書》。

螢飛。林邑國有山赤色，其中生金，夜則出飛，狀如螢火。《梁書》。

山出。山上有葱，下有銀；山上有薤，下有金；山上有薑，下有銅、錫。山有寶玉，木傍枝皆下垂。又曰白銀見爲雄鷄。《地鏡圖》。

汝漢起。玉起於禺氏山，金起於汝漢，珠起於赤野，此寶相去各七千里。上有丹沙，下有黄金，上有磁石，下有銅，金。葛盧山發而出金，蚩尤取以爲劍、鎧；雍狐山發而出金，蚩尤取以爲戟。《管子》。

沈德符《萬曆野獲編》卷二《礦場》　今開礦徧天下，生民罹其毒。説者以始禍歸罪張新建相公。因考永樂十三年，太監王房等督夫六千人於遼東黑山淘金，凡九十日得金八兩。又永樂十五年有言廣西南丹州礦發者，命内臣開採，歲餘得九十六金，旋變爲錫，乃止。時胡文穆當國，江西之吉水人。成化十年，湖廣寶慶府開金礦，歲役五十五萬湖南民，爲水淹死及虎豹所食無算，僅得金三十五兩，始報罷。時彭文憲當國，彭亦江西之安福人。【略】今開礦徧天下，爲世亂階，然權屬内璫與無賴奸宄故致紛紜耳。按宋金冶有二十一處，銀冶則登、虢等二十三州，又三軍一監，共冶場四十有八。皇祐中得金萬五千餘兩，銀二十一萬餘兩，其後銀又增九十餘萬兩。蓋所入止此，堂堂天朝安用此刀錐之利？然皆守令爲政閶閈，受害猶淺。今日則敲朴善良，必足其數，發塚夷山，以爲脅取之術矣。宋仁宗皇祐中，金脉大發於登、萊州，其民掘地採取，至有一塊重二十觔者，取之不竭。是時爲宋盛世，豈真地不愛寶耶！

顧炎武《肇域志》卷一二　慶元縣，府西南四百七十里。一作二百四十里。編户五十九里。裁減，山僻，簡淳，有嵐氣。洪武二年，省入龍泉縣，後復置，銀坑五，鉛坑一。《郡志》不載其處。

雲和縣，府西二百一十里。編户五十九里。裁減，山僻，淳，微嵐。景泰三年，析麗水縣置，銀坑四，鉛坑二。郡志不載其處。

又卷四九　沙縣，在鳳岡山南，府西南一百二十里。編户一百一十四里，地僻民悍，微瘴，有山寇。有銀場一、銅場二。

龍巖縣，府西北三百一十里。編户六十八里，無簿，地僻民悍，有瘴及流賊。有銀坑、鐵場、鉛錫場。城周一千九百十二丈五尺。

顧炎武《天下郡國利病書·山東上》　［登州府］蓬萊縣。蘇道溝金礦洞一處，在縣東南八十里；番干嶺金礦洞一處，在縣正東八十里；杏樹溝并羊攔埝銀礦洞二處，在縣西南九十里。以上礦洞四處，有高家、楊家店二巡司督令下班團操快壯十名，登州營每季委官一員帶領旗軍二十名并地方保甲人等巡邏看守。

又《天下郡國利病書·山東鹽法志·山礦》　［青州府］臨朐縣。嵩山在縣西南七十里，與黑山相連，出銀礦。其山下河水中，亦時出礦及沙金、鉛、錫、銅、鐵、石碌、白丹砂之類。署水埠銀礦洞一處，嘉靖間奉欽差，官採三次；黑山河銀礦洞一處，嘉靖三十年奉明文，官採一次；樓青山石滓銀礦洞一處，兩嶺坡上滓銀礦洞一處，老猫窩頂銀礦洞一處。以上礦洞六處俱封塞完固，總設義勇官一員，督率打手十名，并附近總甲二十名，鎗手一千名，巡邏看守。

谷應泰《明史紀事本末》卷六五《礦税之弊》　［神宗萬曆二十八年二月］辛巳，内監魯坤開彰德、衛輝、懷慶、開封等礦洞。以武驤衛百户張欽請也。

馮蘇《滇考》卷下《珍貢》　銀礦約有二十三所，皆置場委官以徵其課。又銅礦十九所，鉛礦四所。

顧祖禹《讀史方輿紀要》卷九二《浙江四》　［天台縣］赤城驛。縣治西南，宋置。【略】赤巖銀場在縣西十里，宋元祐四年，以礦發置場，尋廢，爲鉛坑。縣西九十里又有天柱山，鉛坑東三十里有楢溪鐵坑，元時皆廢。

又卷九三《浙江五》　［西安縣］又有銅山在縣西北百里。宋時山出銅、錫、鉛，明朝産礦，徽、處二郡民羣聚取礦於此。嘉靖中，官兵蕩平之，因設兵戍守。

又卷九四《浙江六》　又雲和縣有銀坑四、鉛坑二，慶元縣有銀坑五、鉛坑一，龍泉縣有銀坑二十五、鉛坑二，皆永樂、宣德間開採處。弘治中，言者以費廣利微，殃民召釁，因封閉，垂爲永制。

顧祖禹《讀史方輿紀要》卷一〇三《廣東四》　［惠州府］梁化城。府東南八十里。梁置梁化郡，蓋治此。隋郡廢，改置循州。《志》云：初立時，有木鵝洲浮至江上，故今尚有鵝洲、鵝嶺之名。阜民廢監，在府城内。宋治平四年，置阜民錢監是也。《宋志》：歸善縣有西平、流坑二銀場，永吉、信上、永安三錫場，又有三豐鐵場，淡水鹽場。元皆廢。【略】［潮州府］柘林塞。府東南百三十里。濱海戍守要地也。今詳見饒平縣。又金山北有摧鋒寨，

宋置，今爲民居。《宋志》：海陽縣有海門等三砦，三河口鹽場，豐濟銀場，橫衡等二錫場。

《歷代制度詳説》 凡銅銀鐵錫之冶百六十，陝、宣、潤、饒、衢、信五州銀冶五十八，銅冶九十六，鐵山五，錫山一，鉛山四。汾州礬山七。元和三年詔：「天下有銀之山，必有銅礦。銅者，可資於鼓鑄；銀者無益於民人。權其輕重，使務專一。自五嶺以北，銀坑並宜禁斷。」《會要》。

汪森《粵西叢載》卷一六《宋時坑冶》 宋時廣西有銀坑，令供銀，置場發賣。又有銅坑、鐵坑、鉛坑、錫坑。鬱林輸鐵二萬七千五百斤，潯州輸鉛二萬二千二百斤，賓州輸鉛五千一百斤，邕州輸鉛五千斤，昭州輸鉛六千斤。賀州出錫尤盛，輸錫一萬二千六百斤，柳州輸錫二千四百斤。《合璧事類》。

談遷《棗林雜俎》義集《物産》 金冶七一：銀廿，宋時産銀之監三，冶場天下八十四。銅山四百六十七，宋銅場三十五。鐵山三千六百六十，宋鐵務二十。宋錫場三十六。

阮元《〔道光〕廣東通志》卷一六七《經政畧一〇・榷税一・宋》 宋興，金、銀、銅、鐵、鉛、錫之貨，凡諸軍産金有五，産銀有三，又有五十一場，内廣州之上雲，韶州之樂昌、螺阬、靈源，連州之同官，英州之賢德、堯山、竹溪，恩州之梅口，春州之陽江。銅産有三十五場，英州一，曰禮平。産鐵有四監，又有十二冶，内英州之黄石二十務，梅州一，二十五場，連州之牛鼻。産鉛有三十六場、務，連、英、春州各一，韶州二。産錫有九場，内潮州之黄岡，循州之大佐。《文獻通考》。

佚名《群書會元截江網》卷一一《錢帛・皇朝事實》 坑冶。太祖開寶三年，上覽桂陽監歲入白金數曰：「山澤之利雖多，頗聞採納不易。」詔減舊額三分之一。《長編》。太宗至道二年，有司言：「鳳州出銅鉎，定州出銀鉎，請置官掌其事。」上曰：「地不愛寶，當與衆庶共之。」不許。陝西轉運使奏：「成州金坑，歲不登，望遣使按行，更立新製。」詔曰：「捐金於山，前聖之盛德，惟實惟穀，舊史之格言。朕緬慕太古之風，不貴難得之貨，何必言利，徒以勤民？其金坑並廢。」真宗祥符九年，李言：「信州鉛山等處銅坑自咸平初興發，商旅競集，官場歲買五六萬斤，採取既多，其後止及二三百萬斤，望酌中定額。」上曰：「嘗記咸平中陳恕以江南銅多請官少市，未幾銅礦漸少，迄今常不豐。天地所欲，皆貴濟用，豈人心可料其增損耶？」國家産金之所六，産銀之所四十有七，産銅之所三十有六，産鐵之所四十有七，産鉛之所七，産錫之所一，水銀、朱砂之所一。此舊制爲然，後增罷不止此。

又《錢帛・名臣奏議》 産銅莫盛於東南。寧宗嘉定十四年，臣僚奏：「産銅之地莫盛於東南，如括蒼之銅廊，南弄直，潢澳，九峰，長技殿，山爐頭，小莊等處，諸暨之天富，永嘉之湖溪，信上之羅銅，浦城之因漿，尤溪之安仁、社唐，江南子坑五十餘所，多係銀、銅共産，悉皆坑源興盛。昔年充鑛出坑，動是爲斤數萬。大場月解净銅萬計，小場不下數千，銀各不下千兩，爲利甚博。至若雙瑞、西瑞十二巖之坑，每月出銀，繁辦、大定、永興等場，銀鉛並産，興盛日見。又信之鉛山與處之銅廊皆有膽水，春夏以釘投之，銅色立變。」

柯維騏《宋史新編》卷二三《志九・地理下》 〔荆湖北路〕峽州，中。夷陵郡軍事峽，字舊從硤。縣四：夷陵。中。有漢流、巴山、麻溪、魚陽、長樂、梅山六砦及鉛錫場。【略】〔廣南東路〕廣州。中都督府，南海郡清海軍節度。祥興元年，帝居厓山，升爲翔龍府。縣八：南海，望。番禺，上。有銀爐、鐵場、增城，中。清遠，中。有銀、鐵、鉛場。懷集，中。有銀場。東莞，中。銀場二、鹽場三、鹽柵三。新會。下。錫場一、鹽場六。【略】〔廣南東路〕潮州。下。潮陽郡軍事。縣三。海陽。望。砦三，銀場一，錫場二，鹽場一。【略】〔廣南東路〕連州。下。連山郡軍事。縣三：桂陽，望。有銀場。陽山。中。有銅坑、錫場。【略】〔廣南東路〕德慶府。望。本康州，晉康郡軍事。大觀升爲望。高宗以潛邸升府後，又置永慶軍節度。縣二：□溪，下。有錫場。瀧水。下。銀場二，貢銀。【略】〔廣南東路〕惠州。下。軍事。宣和名博羅郡。縣四：歸善，中。鹽場一、銀場二、錫場三、鐵場一。海豐，下。錫場三，鹽場二。河源。錫場三。

陳祥裔《蜀都碎事》卷二 朱提山在叙州府西，諸葛亮書：漢嘉金朱提銀，採之不足以自食。

吴士玉《駢字類編》卷七六《珍寶門一一・寶》 《百官志》：金銀場提領所凡七，梁家寨銀場，明世場，密務銀場，寶山銀場，燒炭峪銀場，胡寶峪金場，七寶山炭場，俱從七品。

《明史》卷八一《志五七・食貨五》 成化中，開湖廣金場，武陵等十二縣凡二十一場，歲役民夫五十五萬，死者無算，得金僅三十五兩，於是復閉，而浙江銀礦以缺額量減，雲南屢開屢停。

《清朝文獻通考》卷一四《錢幣考二》 〔康熙元年〕又停工部司官辦銅之例。工部疏言：前令部員與蕪湖等關及蘆政差分辦銅觔，但本部採買仍須赴各關口購運。現在銅觔出産有限，請停止部内辦銅。從之。【略】

定關差任滿未完銅觔禁限。户部疏言：各關差任滿得代，任内未完額銅，

每多因循推諉，應申明禁限。自今差滿回京額辦之銅，俱限兩月內全完。未完五分以下罰半年俸，辦銅人役及原保並領辦商人各杖八十；六分以上罰一年俸，人役各杖百，再限兩月全完，如未完，仍五分以下罰一年俸，停其陞轉。六分以上降一級，留任人役各杖百。該督撫嚴催交納，限一年完解，如不足，令原監督於四月內自行賠補。仍未完，由部題參解任追補，完日復職辦役。原保及商人照侵盜錢糧例治罪。從之又議定辦銅價值。令各關差兼支蘆課銀辦寶泉局額銅。户部議言：銅價每觔定爲六分五釐，見在寶泉局額銅二百四十六萬一千五百三十八觔有奇，各關稅額銀少，銅額銀多，不能如數採買。江南等省各有蘆課額銀，嗣後如關稅不敷，請於蘆課銀內酌撥添補，務照原額辦運，以充鼓鑄。從之。又更定蕪湖、龍江、南新、荆州四關辦寶源局銅數。時以停止部辦銅觔，並蘆課辦銅，復併歸户部撥用。其寶源局額用之銅，工部奏定蕪湖、關龍、江關各辦銅二十九萬二千三百七觔有奇，南新關辦銅七萬三千五百觔有奇，荆州關辦銅六萬一千五百三十八觔有奇。【略】

十二年，議令浙江及臨清局買銅增給水脚銀。時各省鑄局陸續議停，惟存浙江及臨清局。户部議言，各局銅價原定每觔六分五釐，而脚費無出，恐至累民，令浙江與臨清局俱於正價外許增脚價銀五釐。從之。

議行鑄造銅器之禁。時以銷錢作銅者多，九卿議定民間市肆交易，除紅銅鍋及已成銅器不禁外，嗣後一應黄銅器在五觔以下者，仍許造賣，其餘不得濫行鑄造。違禁者係旗人，鞭一百，枷一月；係民，杖一百，流三千里。所獲銅入官。互詳《刑考》。【略】

十四年，定開採銅、鉛之例。户部議准：凡各省産銅及白、黑鉛處所，有民具呈願採，該督、撫即委官監管採取。至十八年，復定：各省採銅、鉛處，令道員總理，府佐分管州縣官專司採得銅、鉛，以十分内二分納官，八分聽民發賣。有不便採取之處，督、撫題明停止。監管官所得稅銅、鉛，准按觔數議敘上官。誅求逼勒者從重議處。其採取銅、鉛，先聽地主報名。如地主無力，聽本州縣人報採，許雇鄰近州縣又行解送廢銅之令。奉上諭：「今聞錢法漸弛，鼓鑄滋弊，以致制錢日少，價直騰貴，著户部、工部、都察院堂官同詣錢局親查，釐剔弊端。至部院衙門各處，所有廢銅器皿及廢紅衣大小銅礮，並直省所存廢銅礮，著盡行解部鼓鑄。」尋議：各關差承辦兩局銅觔，聽買廢銅舊器解送，或將紅銅六十觔、鉛四十觔，折作銅一百觔，不得攙和板塊之銅，以絶毁錢之弊。至二十四年，復議不拘板塊及廢銅，准其一體解送。

又令兩淮、兩浙、長蘆、河東鹽差增辦寶泉局銅。户部疏言：鹽差與關差俱屬一體，各關稅銀先已分撥辦銅，見在銅觔尚屬不敷，應撥鹽課銀兩，淮三萬兩，兩浙、長蘆各萬五千兩，河東五千兩，令各巡鹽御史督催，各運使照部定價直辦銅，解送以充鼓鑄。從之。

又定寶泉、寶源二局收買淘洗餘銅。户、工二部議定，兩局鼓鑄錢文，凡土砂煤炭内有滴流餘銅，應令該監督召人淘洗，所得之銅，照部定價收買。辦銅同購之商販，自分辦以來，責成不專，轉致解運難前，仍應停止鹽差採辦。從之。停廣西鼓鑄定各關承辦局銅仍照原額全行解運。【略】

乾隆二十二年，議減臨清關辦寶泉局銅銀萬兩，改令贛關、太平橋關承辦，並增湖口鳳陽關辦銅之令。臨清關監督高拱乾疏言：關差辦銅應照額稅定數，今臨清關稅止二萬四千餘兩，而所辦之銅已至二萬兩，請酌量裁減。經户部議言，見在崇文門及天津、揚州二關每處各支銀一萬兩，各辦銅十五萬三千八百四十六觔有奇。淮安、北新、湖口、臨清四關每處各支銀二萬兩，各辦銅三十萬七千六百九十二觔有奇。滸墅關支銀二萬三千兩，辦銅三十五萬三千八百四十六觔有奇。蕪湖關支銀二萬二千兩，辦銅三十三萬八千四百六十一觔有奇。西新關支銀五千兩，辦銅七萬六千九百二十三觔有奇。今臨清關稅稍覺不敷，有贛關、太平橋關二處額稅銀三萬餘兩，從不辦銅，應酌減臨清關辦銅銀一萬兩，令二關各支銀五千兩採辦，見在官鑄需銅，宜令充裕。並請再酌增湖口關銀三千兩。又有鳳陽關亦從未辦銅，請派銀一萬二千兩採辦官銅，解交鼓鑄。從之。

又議將各關稅及蘆課銀增辦寶源局銅，令每年開鑄二十四卯。管理錢法刑部左侍郎佛倫疏言：寶源局每月分二卯鼓鑄，每卯需銅五萬觔，現在各關額解之銅尚不無遲延尾欠，每年約止交局六十五萬八千餘觔，僅可供鑄六月有餘。其餘五月，匠役無事，各歸鄉村，安能保其不行私鑄。請將各關稅及蘆課銀增買銅至一百二十萬觔，一年按月鑄足二十四卯，不令匠役出局，可杜私鑄之弊。經工部議言，見今蕪湖、龍江、南新、荆州四關歲辦額銅七十一萬九千六百五十四觔，尚不足銅四十八萬三百四十六觔，應照部定銅價，每觔銀六分五釐，令蕪湖關、贛關各支稅銀一千九百五十兩，滸墅關支稅銀六千一百七十五兩，太平橋關支稅銀二千六百兩，鳳陽關支稅銀一千四百十六兩七錢四分，湖口關支稅銀九百十兩，共辦銅二十三萬七百九十六觔。再撥江蘇蘆課銀一萬一千五十兩，安徽蘆

課銀三千九百兩，湖廣蘆課銀六百五十兩，江西蘆課銀六百二十兩七錢五分，共辦銅二十四萬九千五百五十觔。即以康又定以銅六鉛四配鑄制錢。户部議定，凡銅觔仍由各關辦運，鉛觔由部發銀，交商人承辦解局配用。

國初鑄錢，或聽各關於銅額内兼辦鉛觔，或收用廢錢舊器，分別生熟銅配鑄。至是始酌定成數，是年若湖南省，嗣後若福建、廣東、湖北、浙江等省開局，皆令照例配鑄。惟雲南鑄局是時以本地及貴州等處鉛礦俱未開採，銅賤鉛貴，銅價每觔五分四釐，鉛價每觔五分五釐，准以銅八鉛二配鑄。

臣等謹按鑄錢之法，兼用銅、鉛。蓋銅性燥烈，必以鉛濟之而後錢始光潤。唐錢已用銅、鉛、錫配鑄，故開元時曾禁以銅爲器，及私賣銅、鉛、錫。又《宋史》稱：轉運使張齊賢求舊鑄法，惟永開監用開元錢料最善，即詣闕面陳詔增市鉛、錫。明代錢分別四火黄銅、二火黄銅配鑄，所謂黄銅者，即紅銅與白鉛相和而成，蓋其法相傳已久。

上諭：近來各關差官任意徵收，託言辦銅，價值浮多，將商册改换，重困商民。今欲盡除諸弊，其銅價已久不敷，應酌量增加，著會同九卿科道詳議。尋議言：各省銅産不能充裕，價直漸昂，每觔原價銀六分五釐，誠有不敷，今酌增三分五釐，每觔合計銀一錢。各關辦解户部銅二百六十九萬二千三百七觔有奇，辦解工部銅九十五萬四百五十觔有奇，合計三百六十四萬二千七百五十八觔，應加增銅價銀一十二萬七千四百八十八兩有奇，即於各關税内支給，著爲定額。以本年出差監督到任爲始，如有例外苛索，將商人親填簿册揑造改易，一經察劾，從重論罪。從之。

二十七年，增各省蘆課辦銅價直。工部疏言：各關辦銅價直蒙皇上軫念商民慮差員苛索，已酌量加增，俱係每觔定價一錢。所有蘆課銀辦銅亦請照關税例，每觔增給銀三分五釐，以足一錢。江蘇應加銀五千九百五十兩，安徽、湖廣、江西三省應共加銀二千七百八十四兩有奇，合計增銀八千七百三十四兩有奇，俱於蘆課項内動支購買。從之。【略】

又申定各關差在京城買銅之禁。先是議寶泉、寶源爐頭匠役有將各關差應解銅觔，在京包攬買交，希獲餘利，轉致虧帑誤鑄者，予以杖枷，並妻子流尚陽堡。各關監督知情者革職。嗣後議定：各關額銅有在京城辦買者，代爲辦買人係旗人，鞭一百，枷三月；係民，杖一百，枷三月，流三千里。銅價入官知情之關差，照例議處。各差解銅至臨清，該關官會同知州查驗；至天津，該關官會同天津道查驗；至崇文門，該監督會同科道官查驗，各給印文。若不查而給與虚數印文者，亦革職。至是，奉上諭：各關差於京城託人購銅，及令衙役解銅，俱著嚴行禁止，務於出差地方如數辦買，令同差之筆帖式依期親解送部。【略】

（三十八年）請將蕪湖、滸墅、湖口、淮安、北新、揚州六關額銅專交承辦，不誤運解。下户、工二部會議。尋議言：向例各關差辦銅，仍須經由商販，請照商人採辦額鉛之例，以蕪湖關額銅六十六萬七百六十觔有奇，滸墅關額銅四十四萬八千八百四十觔有奇，湖口關額銅三十六萬七千八百四十觔有奇，淮安關、北新關額銅各三十萬七千六百九十觔有奇，揚州關額銅十五萬三千八百四十觔有奇，每觔照定價給銀一錢，脚價銀五分，竟責成商人令，於六關監督處領銀採辦，按期交納。如税銀已收，而監督借端不給致辦銅，違限將監督議處，如商人領銀而解銅有遲延虧欠，照例追賠治罪。從之。

臣等謹按：自順治二年始令各關差辦銅，嗣經陸續增定，於京城曰崇文門，於直隸曰天津關，於山東曰臨清關，於江蘇曰龍江關、西新關、滸墅關、淮安關、揚州關，於安徽曰蕪湖關、鳳陽關，於浙江曰北新關、南新關，於江西曰湖口關、贛關，於湖北曰荆州關，於廣東曰太平橋關、西新關。併於龍江關監督南新關併於北新關監督，共十四監督，各支税銀採銅解部。至是始以六關銅竟令内務府商人承辦，内蕪湖、滸墅、湖口三關係户工二部額銅，淮安、北新、揚州三關係户部額銅，嗣後各關亦次第改歸商辦。四十年，議以荆州、鳳陽、太平橋關應辦寶源局額銅交商人承辦。【略】

四十二年，議派長蘆、山東、兩浙鹽課，增辦寶泉、寶源二局銅俱交商人承辦。時以制錢改重，需銅甚多，户工二部議定，長蘆鹽課辦户部銅十六萬六千六百六十六觔，山東鹽課辦户部銅八萬三千三百三十四觔，兩浙鹽課辦工部銅二十五萬觔。均照每觔銅價一錢，水脚五分，令商人領銀辦運。

又議派福建、廣東等處鹽課及海關税銀，增辦寶源局銅俱交商人承辦。工部議定，錢局需銅甚急，應酌量速爲分辦。福建、廣東鹽課各辦銅十三萬觔，福建海關税辦銅十萬觔，廣東海關税辦銅七萬五千觔，江南海關税辦銅五萬五千觔，浙江海關税辦銅七萬觔，兩浙鹽課再添辦銅十五萬觔，均令商人領銀辦運。

（四十四年）又議令雲南省城設立官銅店。時雲南廣開銅廠總督貝和諾題定按廠抽納税銅，每年變價將課息銀報部，復請於額例抽納外，預發工本收買餘銅。各銅廠每觔價銀三四分以至五六分不等，發運省城，設立官銅店，賣給官

商，以供各省承辦京局額銅之用。每百觔定價九兩二錢，除歸還銅本及由廠運省脚費等項外，所獲餘息盡數歸充公用。從之。

臣等謹按：雲南地多山礦，在唐宋時越在外服，元、明有金銀之課，而銅之開採尚少，且民間日用多五十一年，議以龍江、西新、南新、贛關應辦寶源局，額銅交商人承辦。【略】

五十二年，議派兩浙、福建、廣東鹽課，增辦寶源局銅，並各省蘆課辦銅銀俱交商人承辦。工部議定。官局所需額銅從前所辦尚多不敷，應於兩浙鹽課增銅二十萬觔，福建鹽課增銅六萬觔，廣東鹽課增銅十萬觔。並從前派定之江蘇、安徽、湖廣、江西蘆課辦銅銀兩均令商人辦運，共解寶源局銅二百五十二萬觔。

又議以各關應辦寶泉局額銅，並增派鹽課海關税辦銅銀，俱交商人承辦。户部議言，各省例辦官局額銅向應解工部者，已定悉令商辦，其應解户部者，查額銅悉責令如數領價採辦，每年可節省銀五萬兩。再於兩淮鹽課辦銅十七萬觔，河東、廣東鹽課辦銅各十萬觔，福建鹽課辦銅六萬觔，福建海關税辦銅四萬觔，均交與内務府商人照定限全交。如遲延虧欠，錢法侍郎指名參究，保結之佐領並從重治罪。從之。

〔五十三年〕管理錢法侍郎崔徵璧疏言：商人虧欠銅鉛不下數百萬觔之多，前蒙皇上准其作十年帶銷，而見在新欠日積，宜立限責其完解，逾限不完，議定處分。至錢法之奏銷，向止對月計算，不按年分，故往往前官經手之銅鉛，後官代爲奏銷，而滿漢監督又參差更換，前後無一定之考成。請照州縣錢糧之例，按年奏銷監督更代，亦宜在奏銷之後。經工部議覆，商人運解銅鉛正宜嚴定限期，應於每年奏銷時，照各商所辦銅鉛額數，以十分爲准，未完不及二分者，免其處分，限一年完足。未完二分至五分以上者，分别治罪。未完六分以上者，照侵欺錢糧例從重科斷，皆限一年補足，不足者變産追賠。至各省錢糧皆定於每年五月奏銷，今錢法亦照此例，無論有閏無閏，總以正月爲始，歲終爲止，次年五月奏銷，滿漢監督於奏銷後更代。每年鑄錢照定限三十六卯。銅鉛不完，責在商人；鑄卯不足，責在監督。或商人限内所交甚少，逾限始行完解，以致卯數不足者，咎不在監督。於奏銷内聲明，統照直省徵收錢糧未完分數之例，交部議處。監督有事故離任者，接任官以六月爲期，不足六月者再令接任一年，多於六月者即於奏銷後報滿更代。從之。

五十四年，議定京局額銅改交江蘇、安徽、江西、浙江、福建、湖北、湖南、廣東八省督撫委員辦解，增定價直。罷内務府商人辦銅之令。先是，以商人虧欠日重，漸至解運不前，有誤鼓鑄，已議仍交各關差官照原數採辦，尋，户部以關差辦銅仍須取之商販，復請照舊例令商人辦運。奉上諭：「商人採買銅觔前已令停止，今復議交辦，必致積欠無了期矣。已經議定之事，豈得再有紛更？若以官辦爲難，則原奏時即應詳慎計處，及事不能行，又欲交與商人，可乎？運銅諸事，著再議具奏。」尋大學士會同户、工二部議言：額辦銅鉛以銅六鉛四計算，每年寶泉局額銅二百九十二萬三千三百八十四觔，寶源局額銅一百五十一萬一千八百十六觔，共需銅四百四十三萬五千二百觔，歷年商人虧空不便，仍交採辦。即以五十五年爲始，分派江蘇、安徽、江西、浙江、福建、湖北、湖南、廣東八省督撫遴委賢能官承辦，每省各辦紅銅五十五萬四千四百觔，解户部三十六萬五千四百二十三觔，解工部十八萬八千九百七十七觔，每觔增定銅價銀一錢二分五釐，給水脚銀三分，俱動正項錢糧銀兩採辦。其辦銅水脚銀，向係各關差鹽差及江南等處有蘆課地方各官從贏餘銀内扣支，以每觔五分計算，内實給三分，節省二分。今既俱動正項錢糧，則此項水脚銀十三萬三千五十六兩，及節省銀八萬八千七百四兩，應令其一併解交户部。至每年寶泉局額鉛一百九十四萬八千九百二十三觔，寶源局額鉛一百萬七千八百七十七觔，共需鉛二百九十五萬六千八百觔，每觔定價銀六分二釐五毫，水脚銀三分，仍令商人領户部銀兩，聽其收買礦鉛，如額解用。從之。

又定各省辦解銅觔分爲兩運，上運以每年四月起解，下運以每年十月起解。

五十五年，令京局暫行收買舊銅以充鼓鑄。時江蘇等八省督撫辦銅，以事在創始，未能依限解交。户工二部議定，先行收買舊器皿、廢銅交局鼓鑄，每觔定價銀一錢，脚費五分，由户部給發銀兩辦買，務令不誤。鼓鑄仍照銅六鉛四合計，將銅六價直併脚費銀兩數目扣明，行文江蘇等八省督撫，照原額扣除減辦，其所減之銅價及水脚銀兩令其彙齊解部。【略】

五十七年，議增各省辦銅價直，預年給發，並准兼收舊銅交納户工二部。議言：見今銅價日昂，應請將從前節省水脚銀二分之數自五十八年爲始，增入額銅正價内，爲每觔價銀一錢四分五釐。向定辦銅四月完半，限期太迫。嗣後採辦次年銅觔，先年即預動正項錢糧給發，以免臨期藉口遲延。八省所辦額銅中如紅銅不能足數，准於十分内兼收三分舊銅器皿交納，其價並水脚每觔給銀一

錢一分九釐有奇。如仍前遲誤，將該督撫一併議處。從之。【略】

五十八年，罷收買舊銅之令。奉上諭：户部見今採買舊銅器皿，工部又行採買京城，焉有如許舊銅採辦不得之時，不肖之徒乘機射利，必致將制錢銷毁轉賣，毁錢則錢價必長，甚與民生無益，著大學士、九卿等確議。尋議言：見今兩局所貯餘銅及各省解到銅觔，可以不誤鼓鑄，其採買舊銅之例應不准行。至江寧等八省舊欠未完銅二百七十二萬八千六百觔有奇，應令各該督撫於文到日勒限十月盡數解部，如有遲誤，將辦銅各官嚴加議處。督催不力之督撫、布政使，俱照承追錢糧例處分。從之。

五十九年，議令湖南桂陽州税鉛解京局配鑄，湖南桂陽州開採鉛礦，所有抽收税鉛，向例逐年變價，將課息報部。至是户部議言：見在局鉛商辦不易，桂陽州有上年税鉛十二萬三千三百十一觔，應令解交京局，並自今五十九年以後税鉛，俱停其變價。每年起運，以十分之七解户部，十分之三解工部，配銅鼓鑄。仍照商人辦鉛之例，每觔給水脚銀三分。從之。嗣後湖南郴州税鉛亦令照例解部。

六十年，議定八省承辦京局額銅，歸併江蘇、浙江二省辦解。九卿等議言，鼓鑄銅觔，惟需東洋條銅，而洋銅進口船隻俱收，江浙二海關是江浙爲洋銅聚集之區。見在八省分辦銅數俱在江蘇、浙江購買，徒滋紛擾，以致解運不前，莫若即歸併江浙巡撫委員辦解。自六十一年爲始，其分辦銅數仍令該撫等自行酌定。尋江浙巡撫奏覆，江蘇辦本省及安徽、江西、福建、廣東五省銅數共二百七十七萬二千觔内，解户部一百八十二萬七千一百十觔有奇，解工部九十四萬四千八百八十觔有奇。浙江辦本省及湖北、湖南三省銅數共一百六十六萬三千二百觔内，解户部一百有九萬六千二百六十觔有奇，解工部五十六萬六千九百三十觔有奇。每觔照定價一錢四分五釐，水脚三分於司庫地丁銀内預撥採辦分解二局。

聽商民得赴安南國採銅，九卿等議言：向聞安南國銅産頗饒，令雲貴、兩廣督撫行文安南國王，凡有客商採買銅觔，務使照常貿易，不時放行，毋得禁止阻留，則内地銅觔自必益加充裕。從之。

又議增辦鉛價直。户部議言：錢局以銅六鉛四配鑄，見在鉛觔價直昂貴，是以商人承辦不前。應酌量照八省銅價增給二分之例，每鉛一觔增價二分爲八分二釐五毫，仍給水脚銀三分，務令勒期解部，不得藉詞遲誤。從之。尋以鉛價漸平，仍復每觔六分二釐五毫之例。

陳道黄仲昭《〔弘治〕八閩通志》卷二四《食貨·阬冶》 〔福寧州〕本州玉林場、初輸銀並鉛，後輸銅。錢馬坑、小葉坑。俱輸銀並銅。

阿桂《滿洲源流考》卷一九《國俗四》 《元史》：「産金之所，遼陽省曰大寧、開元；産銀之所，遼陽省曰大寧；産珠之所曰碩達勒達；産銅之所曰大寧；産硃砂、水銀之所，遼陽省曰北京。至元十三年，於遼東雙城採金。延祐四年，遼陽惠州銀洞三十六眼，立提舉司辦課。又至元十一年，命於松阿哩江、愛呼江採珠。至元十五年，撥採木夫一千户，於遼陽錦、瑞州採銅。硃砂、水銀在北京者，至元十一年，命以率賓人户於濟喇敏之地採煉。

金鉷《〔雍正〕廣西通志》卷二八 廣西有銀坑，令供銀置場發賣。又有銅坑、鐵坑、鉛坑、錫坑。鬱林輸鐵二萬七千五百觔。

屠述濂《〔乾隆〕騰越州志》卷三《山水》 金、銀、銅、鹹、錫。滇省五金之地，舊時明光、阿幸處皆〔開〕採，惟銀、銅有，金則無也。今阿幸等處尚有鐵廠。詳廠課。

《清會典則例》卷四九《户部·雜賦上》 〔雍正〕十二年，題准開採廣西懷集縣汶塘山銀鉛礦廠，二八收課。十三年，題准封閉湖南郴州九架夾黑白銀鉛各礦。乾隆二年，題准廣西懷集縣屬荔枝山礦廠銀鉛並産，准其開採，所收課税按季報部，歲終彙題。【略】又題准封閉廣西懷集縣汶塘山銀鉛礦廠。又題准封閉廣西臨桂縣出産銀鉛銅砂之水槽、野雞二礦廠。【略】〔乾隆〕七年，題准廣西省銀鉛並産之荔枝山礦，礲淺砂竭，難以開採，准其封閉。【略】惠州府博羅等縣出産銅礦十六處，鉛礦十處，有鉛礦兼有銀砂五處，潮州府屬海陽等縣出産銅礦六處，鉛礦七處，銅鉛礦砂十五處。又銅鉛礦砂兼有夾雜金銀砂十四處，【略】嘉應州屬及長樂等縣出産銅礦四處，鉛礦六處，詳加察覈。【略】〔乾隆九年〕又題准廣東潮州府海陽縣水尾白墳坷山廠，銀、鉛並産，應行試採。〔乾隆〕十年，題准廣東惠州府永安縣粗石坑、肇慶府陽春縣莫村，那軟、瓦□等廠，銀、鉛並産，韶州府曲江縣黄崗山銀、銅並産，均應試採。【略】〔乾隆〕十三年，題准廣東曲江縣黄崗山、河源縣藍溪、約銅、鑼灣、凹下、坦薑凹等礦，試採無效，准其封閉。十四年，題准封閉貴州新寨銀鉛礦。【略】又題准廣東惠州府河源縣藍溪約銅鑼灣、凹下坦、薑凹銀、銅、鉛並産。潮州府豐順縣李樹灣、風吹磜、雙山崠，嘉應州大禾坪，均銀、鉛並産，應行試採。【略】又題准廣東海陽縣水尾、白墳坷，豐順縣李樹灣、風吹磜，陽春縣莫村那軟瓦等礦，皆砂微利薄，試採期滿，均請封閉。

洪亮吉《乾隆府廳州縣圖志》卷二八《金華府》 銀銅場在〔東陽〕縣北四十

五里。宋元祐、崇寧間置場於此。

又卷二九《廣信府》 羅銅山在[鉛山]縣南五十里。宋政和中産銅。又有銅寶山在[鉛山]縣西南七里。宋建隆三年置銅場於此。鉛山在[鉛山]縣西四里。山出鉛。先置信州之時鑄錢，百姓開採得鉛，什而税一，建中元年封禁。貞元元年，置永平監。其山又出銅及青碌。

又卷三二《宜昌府》 鉛錫場在[東湖]縣境。《宋史》：「夷陵有鉛錫場」。

又卷三四《桂陽州》 銀坑在[桂陽]州南。李吉甫云：「所出銀至精好，俗謂之偈子銀。他處莫及。亦出銅鑛，俱桂陽監鼓鑄。」王存云：「平陽縣有大湊山、大板源、龍岡、毛壽、九鼎、小白、竹水頭、石笋、大富等九坑。」

又卷四〇《汀州府》 鍾寮場在[上杭]縣西北二十里。王存云：「縣有鍾寮一金場。」又永興場在縣東五十里，通利場在縣南六十里。及金山、利濟、龍山、石門、語口凡七場，皆宋時産金及銅鐵處。【略】銀場在[長汀]縣及寧化二縣。樂史云：「長汀有黄焙、安豐二場，俱出銀、銅。」王存云：「長汀有上寶一銀場，歸禾拔口二銀務。寧化有龍門、新舊二銀場，長永、七庇二銀坑。」又云：「長汀有莒溪鐵務。」按：今屬連城縣。

又《邵武府》 金銀場。王存云：「邵武有黄土、鄒溪、寺城三銀場，龍須一銅場，寶積、萬德二鐵場。建寧有青女、蕉坑、龍門三銀場。泰寧有琮際金場、江源銀場。」《圖説》：「泰寧縣有七寶峯，産金、銀、銅、錫、朱石、黄連、甘草，故名。」

又《建寧府》 [政和縣]東平場在縣西北東平里。又王存云：「縣有天授銀場。」《圖經》又有谷洋場，在縣東南洞宫山。

[龍巖州]東寶山在州東五里。三峯並列，東寶居其右，山麓舊産銀砂。王存云：「龍巖有天濟、寶興二銀場。」今按：寶興鉛錫場在州南。

又卷四一《廣州府》 [東莞縣]銀場在縣及清遠二縣界。王存云：「東莞有桂角、香山茈二銀場。清遠有大富銀場。」

[香山縣][鳳凰山]在縣東南百里山，下雞拍村，舊有銀礦。

[歸善縣]劉宋西平廢縣，在縣西。按：王存云：「歸善有西平、流坑二銀場。」西平疑即故縣。

[海陽縣]銀場。王存云：「海陽有豐濟一銀場，横衡、黄岡二錫場。」

又《潮州府》 銀場。王存云：「海陽有豐濟一銀場，横衡、黄岡二錫場。」

又《廣州府》 錫場。王存云：「[新會]縣有千歲一錫場，又清遠縣有錢糾一鉛場。」

又《惠州府》 錫場。王存云：「歸善有永吉、信上、永安三錫場；海豐有雲溪、楊安、勞謝三錫場；河源有立溪、和溪、永安三錫場；龍川有大有鉛場；歸善有三豐鐵場。」

又《嘉應州》 銀場。在[嘉應]州境。王存云：「程鄉縣有一銀場，石坑一鉛場，龍坑一鐵場。又興寧縣有夜明銀場。」

又卷四二《廣東布政使司》 銀場。在[嘉應州]州境。王存云：「程鄉縣有一銀場，石坑一鉛場，龍坑一鐵場，又興寧縣有夜明銀場。」

穆彰阿《〔嘉慶〕大清一統志》卷三一四《廣信府・山川》 軍陽山。在弋陽縣南三十里。《縣志》：唐貞元中産銀、鐵，宋乾符後不復産。亦名君陽，唐李翱有《信州君陽山》詩。

卷四二五《福州府》 銀場。在永福縣西。《九域志》：永泰縣有黄洋、保德二銀場。《府志》：縣西有保德里。又有張礦在縣西，地名太原。宋元豐中嘗鑿取之。金坑。在古田縣東北六十里。【略】又縣有寶與銀場。《縣志》：銀場在縣西北二百里，近三峰爲溪，當建安、壽寧、松溪、政和諸縣之衝。宋天禧二年開，紹聖二年罷。明初屢開屢罷。弘治五年，設軍防戍。又有龍嶺坑、游家坑、赤巖坑，皆有銀礦。嘉定初，賊據寶興叛。萬曆二十七年復開採，尋以利微而罷。三十三年封閉。

杉洋鎮在古田縣東一百二十里，東去羅源縣一百三十里。舊有巡司。宋元時置，地有銀坑，多礦盗。明正德二年，增設通判駐此。嘉靖十年革巡司，改置捕盗館於此。

穆彰阿《〔嘉慶〕清一統志》卷四三二《邵武府・古跡》 金銀場。各縣俱有，今廢。《九域志》：邵武縣有黄土、鄒溪、寺城三銀場，龍鬚一銅場，寶積、萬德二鐵場。光澤縣有太平銀場、新安鐵場，建寧縣有青女、蕉坑、龍門三銀場。泰寧縣有琮際金場、江源銀場。《舊志》：黄土嶺在邵武縣西南一百二十里，即古銀場。龍鬚山在縣東，即古銅場。寶積村在縣南三十里，又鐵鑪巷在縣東四十五里，皆古鐵場也。大銀場在光澤縣北一百二十里，銀坑保在建寧縣西四十里。金坑在泰寧縣東三十里。又縣西七寶峰産金、銀，宋置銀場。

吴其濬《滇南礦廠圖畧》卷一《硐之器二》 櫝引既審，而後可得鑛矣。鑿山而入隧之中，或九達焉，各尋其脈，無相侵越，故記硐。

凡硐門謂之礌。得鑛於硐口，竪木如門，有框無扇曰楊礌門。疊木門上如博山形，謂之蓮花頂。

中謂之窩路。土曰鬆垙窩路，石曰硬硤窩路，平進曰平推，稍斜曰牛喫水，斜行曰陡腿，直下曰釣井，倚木連步曰攏夷梯，向上曰鑽篷。

左謂之槌手邊。持槌者在左。

右謂之鑿俗讀如撰。手邊。持尖者在右。

上謂之天篷。

下謂之底板。

槌鑿處謂之尖。木礌曰行尖，有大行尖、二行尖之分。討辨曰客尖，分路曰斯尖，以把計數，自一以至十百。

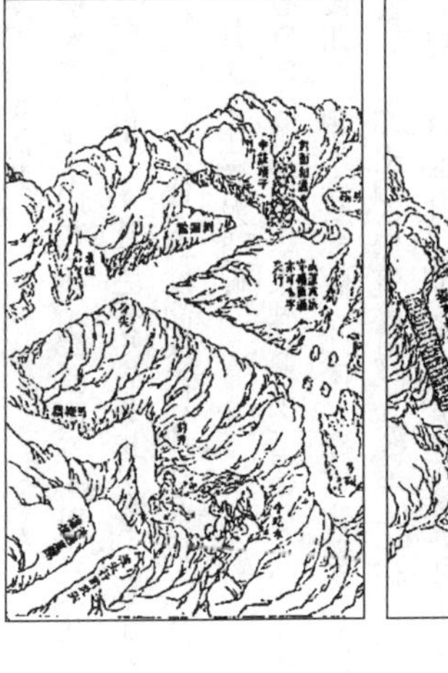

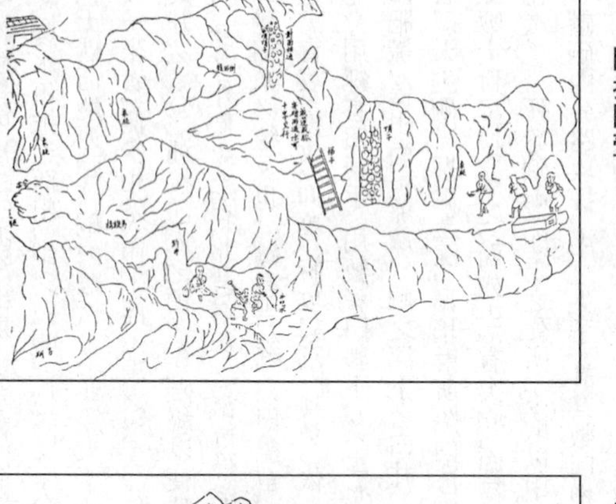

開採圖壹

開採圖貳

開採圖叁

開採圖肆

又卷一《患一三》 利之所在，患即生焉。天地秘藏，不容攜取。示之以僞，乃誘之也。藏之以水，乃費之也。下窮黄壚而無風，則有悶塞之患。硐老崩覆，患斯大矣。濟以人力，是爲預防。故記患。

曰悶亮。初開之硐，窩路獨進，風不能入，火遂不然，必須另開硐口，俾其窩路交通，名曰通風。兼置風櫃，扇風進内，暫可救急。年久之硐，窩路深遠，亢旱則陽氣燥烈，久雨則陰氣濕蒸，皆有此患。待交節候，爲期不過數旬。

曰有水。外而入者爲陽水，或邊箐澗，或逼江河，無法可治之矣。内而生者爲陰水，金水相生，子母之義。有水之鑛，毘分方高。小則皮袋提背，大則安竜遞扯。然竜至十餘閘後，養丁多費，每致不敷工本。得能擇地開辦，水泄礶硐，方爲久遠之計。

曰蓋被。初開之時，不爲立規，硐如篩眼，一經得鑛，競相争取，既虞滋事。硬硤窩路，尚自無妨，若是鬆墭，勢必覆壓矣。

又《忌語一四》 禁忌惟商賈獨嚴，懼其讖也。小説家謂太歲如塊，無見而聰，故上工尤戒之。語爲吉祥豐豫之象，故記語忌。

封謂之豊，忌鑛之封也。

鐙謂之亮子，油捻謂之亮花。

土謂之墭，忌音同吐也。

石謂之硤，忌音同失也。

夢謂之混，忌夢爲虚境也，孟姓亦稱爲混。

好謂之徹，忌音同耗也。

又《物異一五》 雨金尚矣，錢之飛，銀之變，志紀非盡誕也。南中銀窟，劉禪時化爲銅，古有之矣。盛衰有象，爲之朕耳，靈山聖火，安知非金銅氣達霄漢耶。干寶有婢，伏棺再生。硐中之骸，殆未知死，或曰寶氣所育。枯骨不朽，游魂爲變，亦觸生氣而然，故記物異。

曰山吼。在山内聲如殷雷，在空中聲如羣蜂，由内而出者頓衰，由外而入者必旺。

曰鑛火。月明静夜方出，如人持炬，若近若遠，忽分忽合，多在對山，或中隔河。

曰乾麂子。相傳歿於硐内屍不出硐，倚在鑛木之間，年深月久，肉消而皮著骨不朽，亦不仆。後人經過其前，能伸手向討烟吃，與之吃畢，仍遞烟筒還人，衹

不能言耳。

又附浪穹王崧《礦廠採煉篇》 太史公曰：天下熙熙，皆爲利來；天下攘攘，皆爲利往。斯言也，所指甚宏，而於廠尤切。游其地者謂之廠民，廠之大者，其人以數萬計，小者以數千計，雜流競逐，百物駢羅，意非有他，但爲利耳。無城郭以域之，無版籍以記之。其來也，集於一方，其去也，散之四海。揚子雲曰：一鬨之市，必立之平，况幾千萬人之所萃乎？要不過開採煎煉一端，因而百務叢生，設制度，定紀綱，寖以成俗，事至繁碎述之以爲博物之助。

凡廠皆在山林曠邈之地，距村墟市鎮極遠。廠民穴山而入，曰礌曰硐，即古之坑。取鑛而出，火煉爲金，即古之冶。滇之廠銀、銅爲多，其法最詳。鑛猶玉之璞，珠之蚌也。主之者名曰管事，出資本募功力。冶之人無尊卑皆曰弟兄，亦曰小伙計。選山而劈鑿之謂之打礌子，亦曰打硐，畧如採煤之法。礌硐口不寬廣，必傴僂而入，慮其崩摧，搘拄以木，名曰架槶。間二尺餘支木四曰一箱，硐之遠近以箱計。弟兄入礌硐曰下班，次第輪流，無論晝夜，視路之長短，分班之多寡。以巾束首曰套頭，掛鐙於其上，鐵爲之，柄直上，長尺餘，於末作鈎名曰亮子。所用油、鐵約居薪米之半。硐中氣候極熱，羣裸而入，入深苦悶，掘風洞以疏之，作風箱以扇之。掘深出泉，穿水竇以洩之。有泉則鑛盛，金水相生也。水太多，製水車推送而出，謂之拉龍。拉龍之人身無寸縷，蹲泥淖中如塗塗附，望之似土偶而能運動。硐内雖白晝，非鐙火不能明路，直則魚貫而行，謂之平推。一往一來者，側身相讓，由下而上謂之鑽天，後人之頂接前人之踵。由上而下謂之釣井，後人之踵接前人之頂。作階級以便陟降，謂之擺夷。樓梯兩人不能並肩，一身之外盡屬土石，非若秦晋之窑可爲宅舍。釋氏所稱地獄，諒不過是，張僧繇變相未必繪及也。鑛有引線，亦曰鑛苗，亦曰鑛脈，其爲臧否，老於廠者能辨之。直攻，横攻，仰攻，俯攻，各因其勢，依線攻入。一人掘土鑿石，數人負而出之。用鎚者曰鎚手，用鑿者曰鑿手，負土石曰背塃，統名砂丁。土内有豆大鑛子曰肥塃，檢出尚可煎煉。硐之深下者曰井，硐開而平者曰城門硐，硐中石圍土砂者曰天生硐。掘硐至深，爲積淋所陷曰浮硐。攻者不得出，常悶死，或數人，多至數十百，寶氣養之，面如生，有突立，向後入之人索飲食者，啐之則殭仆，名曰乾蠏子。死於礌硐，即委之死所，不取以出。

礌硐内分路攻採，謂之尖子，計其數曰把，有多至數十把者。礌硐鑛旺，他人丐其餘地以攻採謂之斯尖子。斯字之義殆取於《毛詩》「斧以斯之」，斯者，析也。或有東西異絲，其渠各攻一路，迨深入而兩線合一，互争其鑛，經客長下視，定其左右兩造，遵約釋争，名曰品尖子。又有抄尖截底之弊，探知某礌硐有鑛，從旁攻入，預邀其鑛路，謂之抄尖。或從底仰攻上，達於鑛路，謂之截底。相争無已，殺傷亦所不顧。既得鑛而煎煉之名曰做爐火，又曰下罩子。凡廠之初闢也，不過數十人，裹糧結棚而棲曰伙房，所重者油米，油以然鐙，米以造飯也。四方之民入廠謀生謂之走廠，久之由寡而衆漸，有成效，迺白於官司，申請大府飭官吏按驗得實，專令一官主之，稱爲廠主，聽其治，下其訟税。其所採煉者，入於金府，府以一人掌其出納。吏一人掌官文書，胥二人供俏伺之役，游徼其不法者，巡察其漏逸者，舉其貨，罰其人。廠主所居曰官房。以七長治廠事：一曰客長，掌賓客之事。二曰課長，掌税課之事。三曰鑪頭，掌鑪火之事。四曰鍋頭，掌役食之事。五曰鑲頭，掌鑲架之事。六曰硐長，掌礌硐之事。七曰炭長，掌薪炭之事。一廠之礌硐多者四五十，少者二三十，計其數曰口。其管事又各置司事之人，工頭以督力作，監班以比較背塃之多寡。其刑有笞有縛，其笞以荆曰條子，其縛以籐曰揎紮，兩拇懸之梁棟。其法嚴，其體肅。廠民多忌諱。石謂之硖，爲石音近於失也。土謂之塃，爲土音近於吐。好謂之徹，爲好音近於耗也。夢謂之混腦子，爲夢屬虚境也。石堅謂之硖硬，以火燒硖謂之放爆，火鑛一片謂之刷鑛，長伏硖謂之擐，大鑛謂之堂，土石夾雜謂之鬆塃。鬆塃易攻鑿，其鑛不畏久。

凡攻鑿，宜硖硖，硬則久，可獲大堂。凡礌硐畏馬血，塗之則鑛走。畏印封，封之則引絶。凡鑛最善變，積鑛盈山，未及煎煉，或化爲石。佩金器者不入礌硐，有職位者不入礌。礌不鳴金，不然爆，不呵。殿祀西嶽、金天火帝，祀鑛脈龍神謂龍神，故僰夷畏見冠帶吏也。廠既豐盛，構屋廬以居處，削木板爲瓦，編篾片爲墻。廠之所需自米、粟、薪、炭、油、鹽而外，凡身之所被服，口之所飲啖，室宇之所陳設，攻採煎煉之器具，祭祀宴饗之儀品，引重致遠之畜産，畢具商賈負販。百工衆技不遠數千里，蜂屯蟻聚，以備廠民之用。而優伶戲劇、奇衺淫巧莫不風聞景附，覬覦沾溉。探丸胠篋之徒，亦伺隙而乘之。

常有管事資本乏絶，用度不支，衆將瓦解，徘徊終日，寢不成寐。念及明日天曉索負者，支米油鹽柴者紛沓而至，何以禦之？無可如何，計惟有死而已。輾轉之際，硐中忽於夜半得鑛，司事者排闥入室告。管事喜出望外，起而究其虚實，詢其形質高低。踰時更漏既盡，門外馬喧人鬧，廠主及在廠諸長咸臨門稱

賀。俄頃，服食什器，錦繡羅綺，珠璣珍錯，各肆主者贈遺絡繹，充牣堦墀，堆累几榻。部分未畢，慧僕羅列於庭，駿馬嘶鳴於廄，勁慇勤、譽福澤者延攬不暇。當此之時，其爲榮也，雖華袞有所不及；其爲樂也，雖登仙有所不如。凡廠人獲利謂之發財，發財之道有由礌硐者，有由鑪火者，有由貿易者，有由材藝者，有由工力者，且有由賭博者。其繁華亞於都會之區，其侈蕩過於簪纓之第，贏縢履蹻而來，車牛任輦而去。又或始而困瘁，繼而敷腴，久之復困瘁，乃至逋負流離，死於溝壑。是故廠之廢興靡常，甫轂擊肩摩，烟火綿亘，數千萬家倏爲鳥巢獸窟，荊榛瓦礫填塞谿谷，然其餘鑛棄材，樵夫牧豎猶往往拾取之。語曰勢有必至，理有固然。市朝則滿，夕則虛，求存故往，亡故去，其此之謂與！

又附《銅政全書・諮詢各廠對》 問：「金本生水，鑛旺之礌，每多水淹，是以有倒給水洩工費。洩水之法有穴山引水而出者，有向下礌硐，不能出水，鑿池於旁提洩注水者。該廠水洩礌硐若干，是否可以洩水採鑛？提拉水洩係用何法？逐一登覆。」

趙煜宗稟：「金爲水母，無水則火能克金。礌硐多水，則鑛質高而且久，是以鑛旺之廠，每多水淹，多辦水洩。其洩水之法，須看礌硐高低，硐坐山腰，下臨寬展，可以開硐，平推直進，引水下流，鑛砂顯露，此則價廉工省。或礌硐開採本低下臨窄偪，不能自下向上挖穴疏水，祇得於硐內層開水，套用長竹通節作竜，逐層豎立，穿索提拉，使套内蓄水，逐層自下扯上，仍由硐口提出，少者數條，多者十數條，及二三十條不等，工費浩繁。即鑛砂寬大而扯竜費工，竊恐所入不敷所出。今香樹全廠水少，各硐無慮水淹，所以恒論土既克水，不能生金，因之鑛質䞋分較低，而成塘亦少，自開採以來，並無例給水洩之資。按：出鑛之處有無水者，有有水者，至黃金箔鑛，必有水而後鑛大也。養鑛之水可以提拉，泉眼之水無能爲力矣。」

魏源《聖武記》附録卷一四《武事餘記・軍儲篇一》 而中國銀礦開採，則唐以前，史書從無其事。唐憲宗二年，且詔言有銀之山必有銅，銅有資於鼓鑄，銀無益於生人，其自五嶺以來，見採銀坑，並宜禁斷，欲以閉銀而廣銅。【略】是則自明以前，重銅輕銀如此，其採銀貢銀之少如此。而近數百年間，錢糧改銀以後，白金充布天下，謂非閩粤番舶之來，何自得之？是則中國自古開場，採銅多而採銀少，今則雲貴之銅礦多竭，而銀礦正旺，銀之出於開採者十之三四，而來自番舶者十之六七。中國銀礦已經開採者十之三四，其未開採者十之六七。

又《軍儲篇二》 計坑冶之盛，實始於宋代。各道置金冶十有一，銀冶八十有四。自至道至元豐初，大約天下歲課金萬餘兩，銀二十萬餘兩，惟天禧末歲入銀八十八萬三千餘兩。【略】令各路坑冶，皆官主之，故江淮、荊湖新發之礦，漕司慮發本錢，往往停閉。至建炎七年，工部乞依熙寧法，以金銀坑冶召百姓採取，自備物料烹煉，官收十分之二，其法始一變。金世宗大定三年，金銀坑冶許民開採，二十分取一爲稅，此開採最善之法，尤未嘗有礦徒擾民、礦稅病民也。明代又變民採爲官開，陝西商縣銀坑八所，福建尤溪縣爐冶四十二座，浙江温、處、麗水、平陽等縣各設銀場局。永樂中，分遣官赴湖廣、貴州採辦金銀課。又開福建埔城縣、貴州太平溪、交阯、雲南大理銀冶，而福建歲額增至三萬餘，浙江增至八萬餘。宣宗頗減福建課，其後增至四萬餘，浙江增至九萬餘，以尚無礦稅病民、礦徒擾民也。英宗初，下詔封坑穴，撤閘辦官。而奸民私開坑穴相殺，嚴禁不能止，遂封其所不當封。其後言者請復開銀場，使利歸於上，而盜無所容，乃命侍郎王質往經理，分遣御史提督，而奉行不善，供億過於公稅，則開之不得其所以開也。

《明會要》卷五七《食貨五・坑冶》 正德九年，軍士周達請開雲南諸銀礦，因及銅、錫、青、緑。詔可。遂次第開採。《食貨志》。

崇禎九年十月丙申，命開銀、鐵、銅、鉛諸礦。《本紀》。

卞寶第等《〔光緒〕湖南通志》卷二九《地理志二九・關隘一・長沙府・耒陽縣》 上堡市在縣南四十里，多岡陵，産鉛錫，有錫坑三十餘所。

又卷五八《食貨志四・礦廠・總記》 郴、桂二州銅鉛各廠先於康熙五十二年、雍正三年及乾隆四年屢次開採，均因壠深砂遠停止。至乾隆八年，題明復採，召商承辦，歸二州兼管。十七年，巡撫范時綬奏請委員專管。二十一年，巡撫陳宏謀以桂陽鉛礦近在州城，奏請仍歸知州管理，緑紫坳等處銅礦離州窵，遠委員專管。嗣因開採年久，産銅日微，砂户人等觀望不前，兼廠員非地方官可比，一切徵調難應，於嘉慶元年奏准，改歸桂陽州知州管理，與鉛礦均未召商承辦。郴州銅、鉛各礦自乾隆八年復採後，於二十八年封禁。三十二年復據郴商呈請，備本試採。石仙嶺、白砂壠、東坑湖、金川塘、杉樹坑五鉛礦著有成效，題准復採。迨後峝老山空，復於六十年及嘉慶十年先後封閉。

丁韙良《西學考略》卷下《治礦館》 開礦採取五金，自古所有，近年用法與古迥異。蓋古時煤、鐵、金屬並無定法尋求，或於山石間，顯露其苗，遇則開採。

而深藏於地中者，即無由而知，因亦無從而得也。其礦窑既開，雖出産富厚，遇水，人力難施，因而廢棄者有之。即幸無水，每覺有積蓄毒氣，致人傷生，不敢復入，因而廢棄者有之。又有挖至數百尺，其上下提運人力，不能復施，因而廢棄者有之。或金屬不在沙土間，藴於堅石之中，難以取煉，因而廢棄者亦有之。種種窒礙難行，以致無可施措。近代地學振興，格化之學漸精，機器之具漸備，挾其術以用於礦窑，則未識之深藏必顯，已廢之舊窑可復，而無窮之利源出矣。蓋地中層次原有定序，雖深及流火，按：地中非水，皆流火也。堅地在上包括，如卵清而裹黄然。其地面既顯露一層，其不應得何層均可推。且層層所出何石何金，亦可逆料。古者往往鑽鑿搜求，枉費心力，如入寶山，空手而回。蓋必熟諳地學，識其地面内有何等藴藏，始敢破資採取，而不慮有緣木求魚之誚也。因地學如此重要，故各太學均設講席，各省會亦廣設地學一職，以究土脈之利。其覓取地中之寶，更有妙術施焉。係以汽機鑽孔，所用鑿器形如圓筩，筩底周圍嵌金鋼石數十枚，如犬牙相錯，令筩旋轉如磨，雖堅石無不洞穿，層層如圓柱而不破碎，滿於筩中，提而視之，以辨地中體質所藏若何。常有鑽至二千尺之深者，既知地中含有石油、煤、鐵，并知每層厚薄之數。欲鑿井極深，而得自湯深者，亦用此等鑽鑿器具。礦窑既開，不但以汽機運載，即鐵路亦可用以上提諸物，并可以之取水，較千百夫之力倍速。故礦窑有水不足爲患，無如煤毒之氣遇火即燃，烈於火藥，工人每被熛斃轟斃至數十數百之衆。欲防其毒，則用汽機運扇以散之。此等煤窑，工人不敢用尋常燈燭。其燈名曰防火燈，係以極細銅紗罩焰，能過光而不過火。此燈爲格致家達飛者於六十餘年前所創，驗之極靈，故工人賴以生。向用火藥□煤，毒氣因而爆烈者，翁之去歲有格致家創新法，以除此弊。法鑽深孔，以石灰代繫實之，灌水則漲而煤石開縫，是以水而代火也。至金、銀、銅、鐵等物，除以化學煅煉外，其隱於堅石中者，亦能以化學取之。法先搗碎石塊，復研極細，置强水中，則金石遂分，而其寶出矣。古人所開銅、銀等礦，不但既廢者淘水，可以興復，即所棄之渣滓，亦可按化學之理煉而得之，是礦窑深賴地理、格化諸學之明證也。而需機器以取其利，尤爲至要，故廣開礦窑之國，莫不設專館以教焉。

薛福成《出使日記續刻》卷三《光緒十七年辛卯十二月三十日記》 中國已開之礦，開平煤有九層可開，現祇開五層，煤質之佳，甲於各處，南北洋兵輪大半用之，視洋煤尤勝。近又開出佳泥一種，可供塗修鍋爐之用。基隆之煤火力甚猛，可合輪船之用。以上二處皆有鐵路，以便運出海口。濰縣煤質頗佳，開出者日以噸計，惟不用機器，距海口甚遠，又無鐵路，僅供周圍百里之用，積煤甚多，銷路甚緩，入夏遂停開挖。淄川之鉛所出亦饒，可中礮彈之用，近運滬局鎔鍊，其用不亞洋鉛，而價則較廉。雲南銅、錫諸礦，日見起色，京銅不但無欠解，并可豫解。箇舊之錫運至上海雖不甚多，而漢口則銷用甚廣。徐州利國之鐵，礦産雖美，限於資本，未能大舉。漠河金礦如照舊章，所獲必可如前。貴州青溪鐵礦僅開小鑪，尚未能開大鑪，聞因布置未善，運路窵遠，恐亦將以款絀停止，殊可惜也。惟滬局開鑪鍊鋼，極爲得法，前時試鏈所開者小鑪也，而所鍊之鋼與外洋無異，價又廉於洋鋼，故近日大開鑪火，決計自鍊，可勿需洋鋼矣。

《六典通考》卷九五《市政考·山征》 正德九年，軍士周達請開雲南諸銀礦，因及銅錫青緑，詔從之。嘉隆間，因鼓鑄，屢開雲南諸處銅場，語在《泉貨篇》。

《清續文獻通考》卷三七八《實業考一·總務》 又廣西巡撫張鳴岐奏：【略】至於各屬礦産，經臣再派員查勘，見已查得可開之礦共三百餘處。鐵礦最居多數，銻、煤、錫、礦次之，金、銀、銅、晶石各礦又次之。見時成立公司，具稟開辦者，貴縣則有寶興公司辦三義山銀礦，又有振華化司辦天平山銀礦；河池縣則有慶雲公司辦南丹土州錫礦；賀縣則有天脥公司辦養牛冲等處錫礦。振華資本較鉅，鑛師尤爲得人，二三年間當可大著成效。官辦之富賀縣煤礦，亦屬可興美利，該礦煤質前經寄往德國名廠化驗，據稱灰輕油足，可煉上等焦炭。見正從事開井，俟明年井工告竣，産額方可大增。賓州錫礦藴蓄亦宏，臣前經奏明附入富賀官礦局兼辦。因煤礦工程喫緊，尚未克極力兼營，當俟煤礦井工告成，再行推廣採掘。

又卷三八七《實業考一〇·工務》 又湖南巡撫趙爾巽奏略稱：湘省紳商集股設立鍊礦總廠，並設阜湘總公司，承辦中路、南路各屬礦産，設沅豐總公司，承辦西路各屬礦産，經前撫臣俞廉三奏請立案。又據總公司稟請兩公司合併爲一，凡湘省未開各礦，概歸總公司承辦。並設購地總公司，先集華股購買礦地，以保主權，亦經電知外務部、路礦總局，核准有案。惟查礦地綿亘，費鉅事繁，從前招股章程，間有應者，究以名稱不一，權限不定，未能十分踴躍。奴才迭飭公司詳定章程，招股合辦。兹據呈稱，見已合併，銷去阜湘沅豐之名，名曰湖南全省礦務總公司。初次先集三百萬兩，並力籌官股，以資補助。所有全省礦務，除礦務總局見在試辦之新化鐵礦、常寧鉛鑛、平江金礦外，皆歸總公司經理。以後本省、外省各紳商有願承辦湖南礦務者，祇准指一礦作爲總公司之分公司，不得

另設總公司，一切章程必須遵守總公司所定。其總公司辦公區域，仍分爲中南西三路，各設總理一人，分任其事，以專責成。奴才選派監督官一員，專司稽察國家税務股本利息及一切財政各事宜，並附設礦務銀行，以挽利權而昭大信。

又卷三八八《實業考一一·工務》 宋小濂《呼倫貝爾邊務報告書》稱：額爾古訥河右岸各項礦産極爲豐富，其已開及採有苗脈者，如札賚諾爾煤礦，係租歸東清鐵路公司開採。共煤洞十四編，列十四號，有明洞、暗洞之分，內有七號及十號、十一號尚未開窆，其餘有已作畢者，有正在開作者。光緒二十九年，工人不戒於火，將煤然燒，連及第五號煤洞，至今火尚未熄。見在第九及第十二、十三、十四等號，正在開窆，作工者共二百餘名，中俄參用，晝夜分三班，每人工價羌錢六角。明洞出煤用人工，暗洞出煤用機器。有中國煤税局一處，每煤千斤收銀一錢二分。新命名鐵見山之鐵礦，山內有俄人舊燒之石炭窑，其中有將石燒流化成鐵質者。吉拉林金礦山內産金之處尚多，惜資本太少，未能徧採。吉林子河金礦在吉林子河上游名要班，前有華人私淘，後有俄人接採，金廠在山溝中，寬一里，長約十數里。阿木毗河金礦俗名安皮户溝，長八十餘里，寬里許。烏瑪河金礦在烏瑪河吉格大河上游，舊時已作官金廠，今皆廢棄。奇乾河金礦長四十餘里，寬約三里，歸漠河金廠管理。從前甚著名，産金旺時，每人每日所得有至十數兩之多者，刻已窆殘，歸商人包辦。沿邊一帶，礦産甚多，其已經發見者，惟煤、金二礦，而金礦未發見者尚不知凡幾。私作者皆貧苦流民，無力廣採。商辦者資本過微，半途輒廢。官辦則徒事鋪張，礦未開而已多賠累。任事者恐難銷算，不敢放手。此沿邊礦産所以永未振興也。俄界金廠其開辦之初，皆先用礦師採苗，測其地面之土厚若干，金砂厚若干，用工料若干，一一預算決算，然後開辦。雖費極大，資本亦所不惜，若不稱大作，則租與商人包辦，故賠累者少。其作法係將産金之處用運土機器、吸水機器將地面土石全行剗去，其中但餘金砂，然後將金砂取出，上大溜淘汰之，金即沈於溜底。故其出金每日有至數百千兩之多，較中國窆碃實爲勝之。我國礦學尚未發明，然久在金礦作工者，亦能知其梗概。似宜招徠此等人，令其出入覓採，官給衣食，彼出勢力，派一精明篤實之員，督飭之。俟其採有金苗，驗其稱作與否，或官辦，或商辦，或但用人工，或兼用機器，用資本若干，餘利若干，均可酌量財力而爲之。惟採苗之人，必須予以特別利益，藉示鼓勵。抑或限於財力，官不督採亦應明定採金章程，如有能自備食糧覓採者，准其領票入山徧採，採有金苗，報官開辦，照章納税，予以專利期限，期滿如何接辦，臨時酌定。總期有礦必開，於邊務不無裨益。【略】

琿春礦産：琿春礦産之富甲於三省，其發見者有二十餘處，而金礦十居其八。其類有二：金質藏於地中者，是爲線金，如石建坪、二道溝、三道溝等處；是金質隨河流而散布者，是爲沙金，如沙金溝、汪清黑頂子、綏芬甸子及紅旗河流域皆是。而紅旗河流域延長五六百里，尤爲吉林著名金場。土門子塔子溝、狐狸別、瓦崗寨等處，同治初年已經開採。沙金溝則開於光緒初年。此外如西二道溝、西三道溝、西南灑金溝，則於光緒二十五年，曾經華民試採。西北岔香房溝，則於光緒二十六年，曾經委員試辦。七八道溝、汪清溝、東三道溝、東四道溝、柳樹河、蜂蜜溝，則於光緒二十五年至二十九年間，先後經俄商試採，大率旋開旋廢，未著成效。見在商民遵章領牌窆取者，則有東三道溝、西北岔、柳樹河、香房溝、大六道溝、小六道溝、馬蹄塔河幫等處。獨黑頂子之金礦，礦苗雖露，迄未開鑿，金質之佳，均推上品。銀礦則首天寶山，其地西距延吉約一百四十餘里，開於光緒初年，産額旺時，日獲銀八百餘兩，後以積水難除，産額中落，然所採尚不及十分之二，日人垂涎此礦，屢起交涉。興隆溝銀礦，光緒二十六年，曾經委員試採。琿屬採煤頗夥，徒以銷場不旺，未有鳩集巨資實行開採。老頭溝之煤銷於天寶山礦務局及延吉附近，各處礦工約百人。東溝之煤銷於琿城，礦工約二三百人。三道溝之煤銷於頭道溝，礦工約四五十人。其餘各處礦煤，居民多私採，以充薪爨。而稽查處煤産既足，兼産煤油，因密邇會寧，日人時欲開採。凉水泉、石頭河、東廟兒嶺三處，曾經附近居民試採，煤質極佳。而凉水泉、石頭河之煤，并可錬作枯炭。關山嘴子、西山龍王廟兩處亦已開採，煤質稍低。陰陽河、嘎呀河之礦，則未經採鑿。他如天寶山、滚牛磂子之銅，杉松背之鐵，均以交通不便，致同委棄。陳昭常赴琿時，議俟木植辦有成效，再行採礦，或略籌經費，先從煤礦著手。嗣後詳查琿春東溝等處金礦，因從前任意來取，屢易其地，故地面之砂大都已被淘盡。後經山水横流，淘金舊迹悉行淹没，無從辨識，然竟棄此天然之利源，究屬可惜。爰於東溝設一官局，凡有金砂之地，任民領牌，仍如舊法淘取，日有所得，由官公平定價收買，惟不得私運出境，以及商人私收。其金砂成色以老頭溝爲最，柳樹河次之，三道溝、小東溝又次之。收買價值原定每兩中錢一百三十餘串，惟因海參崴定價較昂，小民貪利，往往賣於俄人，於是酌加官價，以免外溢。一面派員稽查，隨窆隨收，使無私積。世昌前曾函致副都統陳昭常，商及酌派專門礦學之人察勘礦苗，以便籌議擴充。旋據覆

稱，金砂隨地皆有，與山礦必須察勘者不同，惟旺否難定，往往有掘數丈而尚無者，亦有掘數尺而甚旺者。若遽聘礦師大爲興作，不但款無所出，且慮得不償失。從前俄人亦曾開挖，以所得無多，不敢大舉。見祇得仍照章先行試辦，俟有成效，再謀推廣。郭宗熙接署琿篆，詳察琿地礦産實非虛名，且强鄰迫處，日謀侵攘，不亟維持，必滋後患。因於籌琿條議，詳述前此失敗之原因，目前籌議之辦法，大致謂琿礦迭次試採，迄未著有效者，其理由有四：一則公司未立。實業大宗，斷非枝枝節節所能取效，向來琿地礦商各區門户不相協助，溝窑星散，所得幾何，既苦轉運之多艱，復虞資本之難繼。其弊一。一則苗綫未晰。礦學乃屬專門，其礦之層次，砂之繼續，非有經驗識力，難於着手，一二商販往往見苗則採，苗盡則停，事多嘗試，款盡虛糜。其弊二。一則器械未備。礦之所患在水，琿春雖地處東北，土厚水深，然鑿孔通溝最易積水，汲水無器，本地人工值又倍蓰，坐是中輟。其弊三。一爲障害未除。琿春東溝一帶，及西南灑金溝、汪洋溝等處，富於産金，極多積匪，東北山溝向有金匪，名目開採，稍有盈餘，往往駢來攘奪，以致已開者束手，未開者裹足。其弊四。因此四弊，以致徘徊觀望，袪弊之法，惟在財力。蓋資本充裕則可大力包舉，不獨良工精器致之靡難。即匪徒盤踞而招工既多，亦可隨時抵禦。當此財力困難，祇有招商一法。南洋羣島，華商擁資千萬者，比比皆是，未嘗不欲輸其所有以襄盛業，特於邊地情形不熟，又恐官長不爲保護，故内渡者絶無所聞。倘遣派專員親往曉諭，許以特别之利，約以優待之條，知必有奔走偕來者，振興商務，保持利權，不外是矣。其言頗爲切要，如欲籌辦琿礦，舍招商集股，實無良策。海南殷商，其有驤首祖國，願觀政化之成者乎？招徠保護，是在經營邊事者。

又卷三八九《實業考一二·工務》 總計十四省礦山共四百三十一，最多爲直隸，至種類則石炭、銅山實占多數。比年採掘，權多被外人攘奪，國人憤之，競思收回。然自農工商部設立以來，礦業公司之註册者，數僅十五，資本亦僅五千餘萬。即幾經艱難，自外人攫奪而回者，亦視若石田，棄置勿顧。綜計開掘之山四百三十一，而中止者三百有奇，銅與石炭尤居多數，是成功少而失敗者多也。固由礦學未精，分化之術、採掘之法未善，而資本不充實爲大梗。夫閉關時代絶無競争，故一切物品雖粗劣，猶足自存。逮世界大通，外貨紛至，以相壓迫，非厚集資本以爲之敵，則内國物品將不能立足於市場。觀我國所鑄銅元，年約二百億，而不能用己國之銅，必遠購諸日本，可以鑒矣。

又諭：「張翼奏開平礦案，見與英人交涉，漸次議結辦法，出入關係甚巨，將大概情形先行陳明，請特派大員切實妥籌一摺，著載澤、盛宣懷按照所奏各節，確切查明，據實具奏。原摺著鈔給閱看。」

又廣西巡撫張鳴岐奏：「桂省礦藏甚富，必須延聘礦師將各屬礦山查勘明確，俾人民知有利可圖，招商乃有把握，亟應籌款舉辦。又官辦之富賀煤礦漸著成效，煤質甚佳，運售廣東，銷場甚暢。惟由礦山至賀縣一段，灘高水淺，運載無多，難期贏利，亟宜敷設鐵路，製備輪拖，擴充舉辦。擬請借用洋款二百萬兩，飭度支部核議遵行。」

又卷三九〇《實業考一三·工務》 福建石竹山鉛銅礦。位於侯官縣東北七十里之鐵坑鄉。礦石爲方鉛礦，含鉛成分百分之七十，含銀成分爲萬分之四十五，伴生礦物爲黄銅、黄鐵。

廣東蕉嶺鉛礦。在蕉嶺縣之文福鄉，距縣城東二十里。礦石化驗内含銀質少許，發見在咸同以前，近年有人組粤興公司，嗣查係洋人資本，將稟准礦權註銷，另由粤省與美商訂約開採，定名爲蕉嶺礦廠。

雲南礦山廠鉛銀礦。雲南開採稍盛者爲東川礦山廠之鉛銀礦，近地面者類多炭酸鋅，一百五十尺下忽變爲方鉛礦。所産鉛歸官商合辦之東川礦業，冶鍊用土法，每鑪一日夜能鍊礦石一萬一千二百斤，日夜收鉛二次，每次約四百斤，每月平均出鉛約八萬斤。

《清宣統政紀》卷一九 〔宣統元年己酉八月〕湖南巡撫岑春蓂奏：「湘省官礦，前以經費不繼，設法清釐。凡試採僅著微效，及需本過重，虧折較多者，均各停辦，專力於常寧縣之水口山、龍王山鉛礦，平江縣之黄金洞金礦，新化縣之錫礦山銻礦等處。水口山鉛礦，尤著成效。自光緒二十二年至三十二年，出砂七萬數千噸，贏餘不下百餘萬兩。其後以所獲餘利，挹注他項，凡應設備諸端，多所欠缺。嗣經切實籌辦，該礦售砂餘利，仍充該礦工本，非要政所需，不得輕易提用。乃得分别採購，次第增設各項機器，出砂較前益多。兩年以來，約二萬數千噸。將來售出，可獲贏餘三四十萬兩。并經派員赴美，購買提鍊黑鉛機器，設廠試辦，以挽利權。至平江金礦、新化銻礦，均經分飭切實辦理，較前亦有贏無絀。此外，停辦各礦，並擬添購鑽石機器，探勘苗綫，擇要開採。又奏，湘省礦山甚多，請圈劃示禁，不得私租私賣，並私行開採，以杜轇轕，均下部知之。又奏，常寧縣屬水口山等處官辦鉛礦，出砂甚旺，現派留美學生江順德開辦提鍊黑鉛

廠，試辦伊始，工繁費鉅，經過關卡，擬請暫免税釐。」下所司議。

宋賡平《礦學心要新編》卷上編上第六章《論礌内工程事由》 夫礦者，山之寶也。辨之之法，固在乎審外以知内，因地以取材。地有肥瘠，礦有淺深，脈有先天後天之别，引有金、銀、銅、鉛等項之分，故開辦礦者，必先察其形體，審其脈絡，若者出金，若者出銀，若者出銅、鉛、鍊、錫、鐵、鈷、鋁、煤、炸硝、磺、砒、硃砂等物，皆可了然心目，毫不可掩者也。至礦之興旺否泰，自有一定不易之理，内能開倉，外頂平現形，而體勢亦屬不同。山爲先天，而地屬後天，故山藏五金之礦。人但知地出黄金，而不知礦實生於先天之山，故有礦山而無礦地者也。礦生有横斜，有厚薄，有淺深，有凝結倉堂、斷頭空窩、鋪山雞爪虚實之别，登高四顧，推量其勢之有無，然後測繪精微，考核度數，估定工程，查此山有礦無礦，看開倉不開倉。此在審外知内，内果開倉，外山頂上必開大坪，左右豎有照牆，下迴環渾固，姑無論其有頂無頂，亦出美礦。設此山礦多，定有天硐。天硐者，風硐也。萬丈深窟不見其底，惟深悉礦務，常走礦山者，知此竅道。見此天硐，或有底板座屏，水必纏環映帶，四面羅列，山山相顧，主山高聳，層層緊密，中尤取其龍包虎者爲佳。水口貴曲忌直斜放，礦之脉絡即鍾於此。如山脚連結，寬厚山腰水流出，流帶泥色稀漿者；或偏山生黄茅，而不長樹者；或此山言語能應響於外者；或山吼在内聲，如殷雷在空中者，即此可辨。聲如羣蜂，由内而出者頓衰，由外而入者必旺，試尋脈絡綫露，即知此山必有礦。

銀礦、金礦，各礦之形象不一，礦之名稱亦殊，故辨礦定要認真尋視櫳口脈頭，然後始行開硐。凡硐門謂之礌，得礦於硐，豎木如門，有框無扇。 撻進數丈，其脈必曲折，上下左右起伏不定。中謂之窩路，平進曰平推，稍斜曰牛喫水，斜行曰陡腿。如脈往下走，則向下掘，名曰落龍。吊井倚木連步，曰擺夷梯。脈往上走，則向上掘，名曰起篷，又曰鑽篷。脈往左右走，則向左右掘，名曰撕尖。每日開挖至底者，名曰尖子。尖子者，攻採之處。本硐各開名行尖，有大行尖、二行尖之分。討辨曰客尖。得礦出完，中空如房屋，名曰撈塘。左右有可採者名親尖。攻採既久，遇有牆壁，破堅直進，忽得大礦，其蓋如房頂，其底如平地，有三五間房屋之大者，爲堂礦。亦有兩邊俱硬，中間獨鬆，幾同巷道，礦之面窄底寬，形如池塘，名爲塘礦。寬大而凹陷者亦爲塘礦。塘礦、堂礦皆形其大，實相仿也。

硐民在領鐵之勤力，鑪民在鑪頭之諳練，廠員在司事之賢否，則皆得人之難，工程之不易也。且一廠之中，出貲本者謂之鍋頭，司庶務者謂之管事，安置鑲木者謂之鑲頭，採礦破硤者謂之錘手，出堍負礦者謂之砂丁，化礦鍊銅者謂之爐户，來廠貿易者謂之面民。廠之大者，其人以萬計，其小者，亦以千百計。所謂約束彈壓，匪易易也。

再論右之削而左右豎立者曰牆壁，石之平而上下覆載曰底篷。大凡礦砂結聚，上下左右總有篷壁包藏。今稱之爲攔門硤。又寬大爲堂，横長爲門，零星者謂之雞爪，挖穴二三丈得有緑末細砂或油滑膩泥，即爲内堂，一層苗引。其工程，製礦則有銼鎔淘洗之法，配礦則有底母帶石之異。尖子上宜管事日日細看，引導工程，即知礦之衰旺。如旺能安拾把錘或二十把錘，每把錘照工口。每工口能供給許多撮箕，許多馬尾筦，即知工之勤惰。如查硐深淺，以龍作計算，龍有定數，每根長二丈四尺，又看落歲龍到底，即知深淺。每日又着管事量清註册，以便稽查硐口，又曰馬門，曰揚礌門，叠木門。上如博山形，謂之蓮花頂。土山用鑲木窩路資以撑柱上頭，下脚横長二三尺左右，兩柱高不過五尺，大必過心二三寸，外用棍木四謂之一架。隔尺以外曰走馬鑲。隔尺以内曰寸步鑲。以木名曰架鑲，又曰一鑲，一鑲之工口深二尺五寸，硐之遠近或又以鑲計。工人入礌硐曰下班。以巾束首曰套頭，掛燈於其上，鐵爲之柄，直上長尺餘，於末作鈎名曰亮子。所用油、鐵居薪木之半。硐中氣候太熱，羣裸而入，入深苦悶，掘風硐以疎之，作風箱以煽之。其形勢另詳。 立柱四根名天四大天王，禁戒不許污穢，不但硐門如是，即硐内亦均要如是。設使污穢，硐内即有響聲，或落硬篷，或催鑲木，或吊牛子等禍，不免於數日之内見之。各總管即鑲頭等宜齋戒速禳，預使工人出，盡用茶葉清香焚薰，解盡穢氣，以格天佑，方免禍戾。

其開礦山之時，既提馬門名爲搭臺子，一山看能搭許多臺子，以礦苗之引導多寡量之硐内，如有水，定要設法開水鞘。如無風，硐内定要設法開風硐。故辨廠開硐者，上要能通風，下要有水鞘，方獲硐礌。清吉要知風硐，先求其通，通者是通其氣，避險患也。如旋轉太遠，窩路太深，而氣稍有不通之處，再必設法妙想。或安地風打進入礌，或安喇嘛頭接仰天風以收入硐中，總使週身通氣，毫無所滯。至於素常所製之風箱，形如倉中風穀之箱後半截。硐中窩路深遠，風不透入，則火不能亮，難以施力。或晴久則太燥，雨久則濕蒸，皆足致治，此之謂悶亮。設此可以救急，仍須另開通風者爲佳。倘開礌，無通風當刻，砂丁頭上之亮子即不能亮，則悶氣迷人，甚至多有毁傷不測，或扯篷，或劈鑲，精光倒塌，傾覆崩潰，此等險患，權在礦師。一切扯篷倒塌，出火溜煙，灌水葫蘆，此皆失利之

類。凡礦脈旺處，内外夾雜，陽氣過重，每多硫磺碌火，工人用錘，劈撻緩漫，在前硐内之風，拍急不行，見亮子即飛。又因陽火衝動，内則潮薰出外，外面之氣風迎送入内，登時滿硐俱火，而工人無一脱者，氣勢復迴，出嚮如霹靂。而硐外數步之遠，或有他物擋之，則必飛衝霄漢。其景象患害如此，開廠者宜知之。風硐如利，即能免害，不然，另要設法使其決無此患。

如外洋開法，見有礌硐者，較之中國開法迥不相同。或一鉅大礦山，由上頂平處開一大大天井，從天井中將機器由天井吊下。如脈起伏結篷有硬崖處，亦雖用頂不撑架梁，衆砂丁負礦送車中入井，車内一車能容數萬觔。天井外高處設安有鍋鑪機器，用桿頃刻提上，般入他處。此等多半是銅、鉛、鐵、煤俱多，惟麗金之處，其法則不然。其又不在此工力講求，其在用人用意用眼力推算而已。惟馬牙金亦須用機器。金多生於底，底即平台之底，非山崖山足山底之底。銀多生於崗，崗即層生之處，又係環斜處之崗，非山腰山阜山崗之崗。此特可辯，如銅鉛之礦多出於半山之上，起包起蕩。俗言銅撻包、鉛撻蕩是也。何以半山上出銅鉛耶？蓋知銅鉛之氣，全山有形有象，有照墻，有拱護座屏水口，有頂坪，有逼面之收局氣行於中而故櫝苗現於外，此礦之安得不藏於内，固宜不墜，必應生於半山也。

風硐之利大有好處，而硐内薰蒸潮濕，山嵐瘴氣均由風硐内吐出矣。開礦者，風硐爲至要之寶。予嘗考試其事，上年曾撻水仗，即辦水班廠也。其用心用力用智用法，俱不下其良，可謂苦矣。一工作數工，一人抵數人，個個血戰，人人拚命。漸漸稍要告竣，偶爾風硐失利，連日淋漓傾盆大雨，面上之土將門掩閉，硐内亮子齊熄，悶氣急來，衆工荒茫無着，概行匍匐俱出。急將風硐門上之土提開，工人復入。予頭前審試水勢形情如何，計及一二點鐘時，水漲數丈左右，潮濕不乾，又得三五日方乾。而將盡三月天際，春水初發，況自所辨之硐通各處，有水六十餘處。全山之水均歸此硐容納，此非按天時不能復辦此廠也。自此失利後，而硐中之水從此爲難矣。如風硐一利，許多捷便，何能有此險患哉？兹皆礌内工程類之要事也。

又卷中編下《各種水機利便説》 中外水横製造既殊，用法亦異，外洋以鍋爐蒸汽發水機者，最爲上品，費用稍鉅，頗適於用，更能耐久，於煤鐵二廠，尤爲得宜。如德利比以斗方龍適環串架，能使水由下升上，外用小鍋爐輪轉擺動助力，使龍轉自如，不需一毫人功。故凡陽水陰水，取之之法，皆以機器爲便。然我中國金、銀、銅、鉛、鐵、煤、硃砂各廠，洞内之水與外面迥不相同，欲去其水，亦甚不易，縱有極妙水機，皆無所用。蓋礌洞窄狹，往還上下不能抽提盡力，即皮袋亦不可恃。何也？洞中陰溼，易於損傷，用即折本也。外洋之廠平地開井，口多寬大，故用過江龍可以汲水。或用螺絲龍長短兼用，接連串上，水入管中，永無停止，與長流水無異，尤爲簡便。然中國水機亦有至便之法，而妙如外洋者。此西南一帶溝渠激流之處，每以竹筒架木圓轉而來，自上自下翻水於礌，成溝而去。其製用圈架如紡車，徑二三丈或五六丈不等，以彼及此，由近至遠，不費人力，亦不用鍋爐，惟酌量流渠汲礌上下，於半徑之間横立一架，中安輥木而周排以長竹，尾向四旁，箍以圈圈。於竹末端，編次水筒。其筒隨水遞下，周而復始，上承於横硐之中，接以直硐，筒由車轉，概用斜排，下則汲水上昇，其水皆注於横硐，而入於直硐，以達於溝，此名爲龍鼓車，又名筒車，用以溉田，最便利者也。若山溪之水通於洞礌，以此治之，最爲利便。池塘田中之水，人多以木作方架，寬五寸餘，厚七八寸長，六尺、八尺不等，俱以三板，外面筐之。板殺入礌，而通以公母之扣，扣以腸連，能使水上，而板翻於礌架，魚貫而上，又魚貫而下。用二人連輓之，可將低下之水運於高處。此省用人力以手輓之龍骨車也。亦有脚蹬水車。如匣六尺，此必八尺； 如匣八尺，此必一丈。車輥在匣前面，匣尾安板於喫水進處，故餘二尺爲伸長之數。與手輓者照加上外，用一長横有輪之車，較水車大四倍，以大車牽引小車，而方板之套環徐徐翻動，似龍之骨節，一般故亦名龍骨車。至脚蹬之處作一十字架，手攀架而脚踏梯，大者四人，小者二人。脚步要齊，如行路之狀。熟者可以盡力奔馳，水即如湧急上，由矮升高，不大費人力而取水極多也。故農人用以溉田最爲妙品，如取山穴與礌洞相通之水，必用此器，乃有功也。至於入礌取水必用通底木龍。其法用圓木一根，剖開，挖去其心，内外光滑無滯，用桐油浸透，合之，用鐵箍包好，長可丈餘，大如中碗。頭與竹龍同樣，亦用掩皮。其出水處亦以龍桿抽提，於龍桿梢上捆豬皮數縷於上，一提則水出，一入則收氣。此龍妙在竪立取水。下安龍窩。龍窩者，以泥蕩成注水之處，出水口外圍以圈釘，使水不致回流。不然，入則喫水無勁，出則有洩泄，反從口皮外隨龍迴竄。製不得法，三龍不敵一龍。但不能過長，依串連扣安之，自然如法。務要多備龍桿、龍頭等物，免致停工廢時。竹龍亦然，惟較木龍可長一倍。若製造得法，尤稱第一。其法以頭等斑竹過心五六寸者，用龍鑽從中透空，竹節務使光滑到底，上下用箍四道，下用杉木長七寸，形如酒提，倒續於下。下空而

上用活頁，外用白蠟木桿亦六尺，下兜以猪皮倒透入龍。桿上則頁開而水進，桿下則頁塞而水從上出。如窩有水則水出，窩無水則龍自叫，甚奇特也。必用白蠟木者，以棉軟而有力也。横插短木於上者，作手提以爲出入也。此洞内取水之妙品也。龍桿必平日多備，壞即另換。穿眼宜用竹釘，方穩妥不動。此龍能長至二丈四尺，故較木龍能深處取水，其力量更大，所以稱第一也。

又卷下《開礦備命險要説》 竊謂五行百産，天地生之，以爲養人之具者，無一不備。而養生之道，則在人之自爲趨避，而天地不能代爲之謀。能知其道，乃可以生生不已也。蓋天地雖生之，必待人力而成之，故待農而後食，待工而後出，待商而後通，出《史記・貨殖傳》。源源不竭，其利溥焉。所可慮者，利之所在，人所其趨，各懷貪利之心，而害即於是生焉矣。夫利之大者，孰不謂開礦爲最哉？而利之大者，其害亦大。今之言礦者止知有利，不知有害，兹特略舉其概，以見開礦之甚非易易也。入山驗苗，衰旺雖有可知，而尋引開礶，深淺則未易測。測之法詳《圖説測繪篇》中。開礶之後，利尚未見，害已先形。何也？産礦之山多在夷地，外則奇峰嶙峋，四出冰雪；内則深邃逼窄，暗無天日，較之兩軍血戰，倍加辛苦。兩班輪换，不分晝夜。進洞之名左曰錘手，右曰鑽手，中曰洞礶。由窩路到堂取礦，左右謂之牆壁，上下謂爲底蓬，前後謂之門。硤石之堅者謂之硬硤，鬆土謂之荒。見礦之處始名爲堂，堂者塘也，言大也。又謂之得倉。開塘上有通風，下有水洩。洞内高低不一，深淺無定。若空高洩漏，常有梭沙下墜，沙内常有大小牛子石不等，最易傷人。若其礦引向下，謂之吊井，又名底板，必用木椿作雲梯，上下有數層，接聯不斷者，隨引綫脈絡開進，始能到堂。礦旺得倉謂之黄花地盤。取礦之處謂之摥塘。摥塘之平臺有樓，樓上重厢，厢上重襯。其蓬此等最易傾倒傷人。窄逼之處，人多匍匐而行，黐身倚側而過，上下多倚硬蓬，不可炸開，開則必有倒塌之禍。有時蓬低，頭上不能著燈，中國之廠多用油壺，西人則有保險燈。窩路之側須置腰燈，愈進愈遠，人每膽慄。此堂之深者，如此其難也。方其功程之半，如遇撕口，隨其脈氣，便有分路，且有分至數十路者。正綫之路，依然不斷。凡談礦務者，平日議論頗覺自誇，到此一看，便無措手，此廠之所以多不成也。

若作工出礶之時，無異地獄之囚，兩眼黑圈，煙泥滿面，赤身草履，水滛淋漓，令人不敢逼視。至於洞外之屋名曰火房，言出必須烤火也。又曰班房，言進班出班也。彼此偎傍，其圍一爐，望之可閔。然馭之則又甚難，過寬則縱，酗酒賭博，無所不至。過嚴則怨，於中使壞，弊端百出。廠衰則欺凌廠主，廠旺則借事散工，諺云：頭纏三尺布，身穿無底褲，賬上若有二百錢，不助就不助。非有大權變之才，不能駕馭此輩也。老於辦廠者，皆曰寧帶千軍不管一廠。又有平時挾有仇怨者，一旦同廠借事報復，所以入礶之時，定要散簽，各依先後，不得越次。恐有仇之人順便掀倒，或用巨石打壓。出則還簽，掛號驗工，若有進無出，定逢險患。劈柴夾掷，時常皆有。此是自己命運。另有條規，由廠主量給資助。至如拉蓬，其害尤大。如昔年滇省之白牛廠，明時川省之天官廠，傷人最多，尤其可畏。雖有定數，亦視其人之心地何如耳。故工人之明利害者，不貪不義之財，不行冤誣之事，使果心地不壞，亦吉祥如意，轉禍爲福矣。故廠内工人最怕犯咒，尤多忌諱。精、光、倒、塌爲四大快。凡遠近之人來廠間遊，均宜謹慎言語，偶有一字冒犯，則工人駭愕，不敢下班，必賽神祈禳，方保無事。蓋性命之相關，未可謂爲無稽也。兼之山嵐瘴氣亦易傷人，或薰蒸潮溼，侵入骨髓；或皮破腿腫，眼目殘廢。此等俱有藥方，現時可治，歸廠主自備，給與工人。種種艱難，不堪枚舉。此礶内之禍患如是也。至於洞外之患，更有多端。廠不興旺，日日折本，謡言四起，是非叠出。一旦周轉不開，挪借無路，至於不能撑持，廠放工停，彼此争訟，不能終局，猶爲禍之小者也。若廠大旺，買賣必多，場市皆起，錢財富足，匪徒蟻聚，人衆紛紛，哥老成會，争鬭兇毆，風聲大震。或夷人出礶，擄掠一空，久而不治，邊患自生。非大有作爲，與喇嘛、土司通氣，利益均沾，粗工即用夷人，忠信相孚，自禍患全消。未易與言辦礦也。夫言礦之利，智愚共知，豈知其利大，其害亦大乎？故識礦不真，股本折，聲名壞，其罪小；生是非，害地方，其罪大。深願世之談礦者，思患預防，慎重人命，體大造好生之心，則礦産興旺，自有層出不窮之利矣。

又《礶内水患情形須知》 開礦者於素無水之洞，忽然有水，頃刻即至，萬難逃避。其故何也？因廠旺人衆，錘鑿雜用，不知旁隙之水，能洩他處以歸此處，恍惚看去，牆壁石硤包護謹嚴，偶爾不覺，一錘劈破，水勢猛湧，瞬息之間，洞内滿溢，救之無法，避之無路，任有多人，盡行淹斃。似此險惡名曰灌水葫蘆，命債必須賠償。而洞内已成澤國，若再開之，必用水班，竭盡心力，終有望洋之歎。夫養礶之水，固不爲患，若礶洞深邃，向下數十餘丈，未經叫龍，未有不浸滛積聚注爲深潭者。謹如泉穴穿漏，尚爲可治，若見有巨眼乍大乍小，其來有源，須以聽水之法審之，於根源處蓄洩，方爲有益。但於漏處填補，則愈塞愈大；一旦漲裂，兇猛突出，傷人必多。譬如船載重貨，一經遇事，即刻落下，勢如梭斗，不

可挽回。夫無水之洞，猶宜加防，而况有水之洞乎？要知山高水高，無洞則無水，有洞則有水，尋常之人，精力不繼，萬不可辦。爲礦師者，亦必曾經歷練，不可借水欺人，冒昧從事。余於水廠一事，已經詳言，兹復不憚煩者，亦以治水之難，不可不慎也。

至於磄外洞口，留柱留磴之礦，名爲剥皮磄子，開進十餘丈，漸漸礦盡，依然現水，誠不易辦。未可仗機器之力，徒費工夫，到頭無成。機器雖靈，人力不能勝天也，此係言中國之土辦法如是。惜當初開辦之時，未預地步，未悉西法，未用外人之工程，未用機器，至艱難之際，方知不能更變轉移也。磄内水火，最是無情之物，防不勝防，若無工程之學，故臨事錯手，莫可若何。中國有許多好廠，均被水淹，竟擱放停止，不敢復辦，辦則恐無成效，將有用之財付之東流，因惜費以至誤事。倘能預防，仿照鑿井用桿，以鍋爐汲水，則萬不至此。今特續連備述水廠，查形識微，論礦旺之洞必生水，人以爲金旺生水，水不旺則礦亦不旺，此皆想像之辭，執五行制化之説，有其理而無其事。非經閲歷之語也。蓋金所生之水乃先天無形之水，非後天有形之水也。先天之金無形，故所生之金亦無形，即所生之水亦無形。由無形而化有形，自生生不已，民生利賴，其源不竭。其有形之金生有形之水，則祇能生養身自然之水，斷不能有滇洞無涯之水。所謂能生水者，亦指在山之礦而言，若十足之金亦決無生水之能。所謂先天之金生先天之水，若後天則未有能生者。故凡初開之廠，始得綫苗，後得倉堂，未見有水。其有水者，皆因到塘之後，其礦甚旺，愈開愈深，或百丈以至數百丈不等，積年累月，或因洞老另開，或因别故停工。當其開時，窩路太遠，其深無際，必用水龍水機汲水令洩，此爲養磄水，不甚礙事。以便取礦。若停止數年，即成空洞，春夏之交，全山水脈概注於此，並無去路，水漲滿腹，洞爲水閉。鄉間父老偶然談及舊廠基址形跡，依然即某人由此發籍，皆可指數，惜爲水淹不能再開。貪者遂以爲金旺生水，添用水班，水盡則礦自出矣，不知水班之用，甚非易事。此名打水仗，晝夜不能停工，有費數萬金而不能成事者，不得法也。精明礦師若遇此等，未可輕許任辦。當水旺之時，無論何等水龍，何等機器，均不能敵。以其太深，故爲衆水脈所歸。即有可取者，亦宜估定功程，然後興功。如造房立規等事。派班取水，及至深處，下龍汲引，漸漸爲難。水龍製法詳《器物圖繪篇》中，其物以伶利者爲佳，起初尚易，至深處有下六七龍及十餘龍者，則愈深愈難矣。水極旺者，往往盡晝夜之力，不過减其尺寸，稍一停手，則前功盡棄。惟有盡無退，有急無緩，不畏辛苦，争以死力。督工前進甚於血戰，故俗名之曰打水仗。將到礦處，其勢稍寬，所謂能要叫不叫之間也。迴合數十次，然後有掃篷水急激而來，當此之時，更難鬆懈，又須一二日一刻不停，方能成功。至於水乾，搶塘打礦，喜出望外，人人奮勇，幾忘其勢。又慮有漏棚水冲來，須用窑巴遮頂，收塘水於龍窩之内，仍用一龍，一面打礦，一面汲水而已。此時改水班爲礦班。更當留心細查，洞中若有漏洩之處，宜速填補，否則又灌滿腹，不易爲力矣。以前汲水有三四龍，品排而下者，晝夜輪流。水班或用三四百人以上，工資飯食頗不容易，萬一不成，咎將安歸，爲礦師者其慎之。開辦之初，要明天時、如春夏之交雨水暢行，則不可辦。地利、如四山高聳，此處獨低。又運道維艱，有紅少黑，有黑少紅，俱甚辣手，亦不可辦。人和，官府阻擾，地方豪霸，人地不宜，管班非人，製造缺乏，以及鄉紳多事，皆不可辦。事有礙，千金虚擲，不容冒昧也，然非概不可辦也。水之爲物，亦有形可像，有脈可尋。細心考察，其大端亦有可據矣。其所謂不能辦者，其水勢活潑，有來有去，一也。激水冲動，有漲無落，二也。通渠連溪，莫知究極，三也。年代久遠，深闊無際，窩路倒蹋，四也。山勢厚大，溪溝常流，由洞取水，出外隨溝，流去或三五里，仍與洞水相會，由溪隙依舊流入，内外同源，取不勝取，五也。動漾之水，泥沙混濁，必有來源，接連不斷，六也。此皆不可取者也。其有可取者，先審其形勢，用石擊下，餘波盪漾，皆其舊跡，此乃停蓄之水，取之易竭，方許承辦。其取水之名，又有牛喫水、水吃牛之分。何謂水吃牛？如堅硬之崖，落龍取水，其勢微斜，或内塘中斷，汲水上翻，翻後仍往卜叫龍，此名牛喫水，其功稍易。若尖子上水深滿溢，龍頭方叫，名曰水吃牛，此則最難。而水洞之外，又有氣眼、空洞、風洞之名。風洞向上趨下，全山之氣皆由上而下，水則其性趨下，而用人功以使之就上，其勢之難人皆知之。然事在人爲，得其法則難而易；失其法則易而難。何以言之？即辦水廠即省開洞之功，是水廠之可辦，又易於生開也。言礦務者，亦知其難，而明其法，以反於易乎。

吴其濬《滇南礦廠圖略》卷一《硐之器三》 曰槌，一以鐵打，如日用鐵槌，而形長七八寸，木爲柄，左手持尖而右手持槌，一人用之。一以鐵鑄，形圓而稍匾，重三四五觔，攢竹爲柄，則一人雙手持槌，一人持尖。

曰尖，以鐵爲之，長四五寸，鋭其末，以籐横箍其梗以藉手。

曰鑿，鐵頭木柄，各長有尺形，似鐵橇。

曰麻布袋，形如搭褳，長四五尺，兩頭爲袋，埦碶鑛皆以此盛用。則一頭在肩，而一頭在臂，硐中多伏行也。

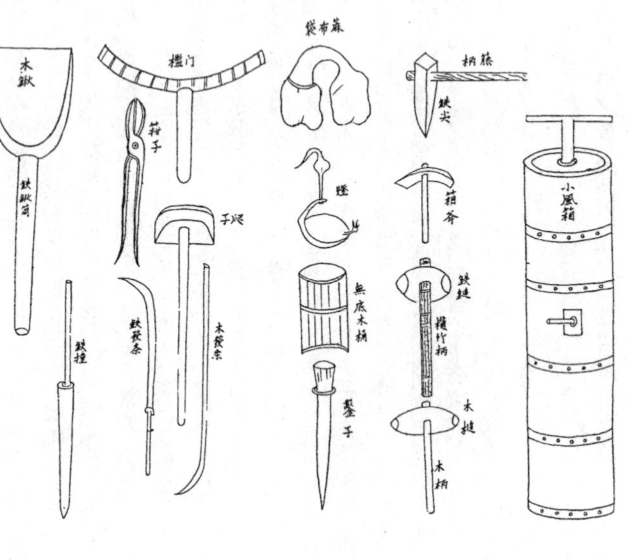

曰風櫃，形如倉中風米之箱後半截。硐中窩路深遠，風不透入，則火不能然，難以施力，或晴久則太燥，雨久則濕蒸，皆足致此，謂之悶亮。設此可以救急，仍須另開通風。

曰亮子，以鐵爲之，如鐙盞碟而大，可盛油半觔。其柄長五六寸，柄有鉤。另有鐵棍長尺，末爲眼以受盞鉤。上仍有鉤可掛於套頭上。棉花搓條爲捻，計每丁四五人用亮子一照。

曰竜，或竹或木，長自八尺以至一丈六尺，虛其中徑四五寸。另有棍，或木或鐵，如其長剪皮，爲墊綴棍末，用以攝水。上行每竜每班用丁一名，換手一名。計竜一條，每日三班共用丁六名。每一竜爲一閘，每閘視水多寡，排竜若干，深可五六十閘，横可十三四排，過此則難施。

傳記

蔡襄《端明集》卷三八《尚書都官員外郎致仕葉府君墓誌銘》　葉氏之先居丹陽。在唐、梁之際，有官於泉州者，屬兵戈起，因留官下，子孫遂爲今興化軍仙遊人。【略】代歸，除通判南劍州事。劍當閩衝，水行持販茶鹽禁物上下，山出銅、銀，冶場凡三十餘所，聚四方游黠，輕剽劫擊殺，黨與牽連，事日下，吏懼滯繫被罪，率不暇精覈。府君專意詰決，民得盡其情，而獄無留焉。

卞寶第等《〔光緒〕湖南通志》卷九三《名宦志二・宋一》　孔延之，新淦人。提點湖北刑獄。即本路爲轉運使，罷鼎州六寨歲戍土丁千餘人。提點刑獄言溪洞南江宜麻稻，有黄金、丹砂之産，遣人諭禍福，以兵勢隨之，可坐取。延之奏以爲不可，乃止。

王令《廣陵集》卷二〇《前左班殿直袁君墓誌銘》　君諱康，字某，世家舒之懷寧，仕於淮南江浙荆湖發運司，積十五年而得三班借職，監瓜洲堰，遷奉職，監虔州稅、某州銀銅場，遷右班殿直。

程俱《北山小集》卷三〇《朝散郎直秘閣贈徽猷閣待制蔣公墓誌銘》　公諱彝，字子有，姓蔣氏，常州宜興人。【略】政和二年，太師魯公自錢塘召還，復當國，即以公權提轄陝西坑冶催促鑄錢事。選人將使指，前未有此。時薦者已及格，改宣德郎以行。公下車，條析所應廢置，言上，皆見施行。居無幾，坑冶鼓鑄之利不貲，及代去，計所鑄息無慮數百萬緡，凡所採金、銀、丹砂、汞、鉛、銅、鐵稱是，寶貨入中都相屬，於是朝廷嘉其能，詔遷通直郎。

胡謐《〔成化〕山西通志》卷一五《集文・陵墓類・張行簡〈張簡獻公神道碑銘〉》　先是，凡有金、銀坑冶處，縱民開採，有司以爲争訟盜賊所由生，而向背者多。使西京、河東提刑司與公計議，皆以設官置場爲便，公獨曰：「山澤之利當與民共，且貧而無業者，雖嚴刑能禁其竊取乎？宜明諭民授地輸課，使游手者有所資，則亦自無犯，官民兩便。」朝廷從之。民賴其賜，至有立碑刻頌以歌德者。

康海《對山集》卷三八《墓誌・明故通議大夫右副都御史范恭惠公墓誌銘》　建昌所屬會川有金、銀、銅、錫礦，分守內官以國課爲名，戍卒採空之苦，不可

勝言，流移死者相望於道。公力爲奏罷之，軍民咸悦。

瞿九思《萬曆武功録》卷一《兩京・北直隸・西山硃窩房山易州諸礦盜列傳》 齊本數，西山礦盜也。先是，守備茨溝者吏唐繼武詳言兩臺，欲以銀河諸流民産没官，以一軍軍黄土溝，一軍軍愁腸寺，禁商賈往來，懼礦徒。而礦徒杜天質等倉卒聞之，皆惶懼，計廼斂金錢數百串，送奉繼武求解免。於是備兵使劉世昌請於部，使者丁惟寧因劾奏其事。是歲萬曆癸酉也。居七八年，辛巳，西山齊本數倔起，阻山公行，官兵湯應科等殊疾力戰，不克而死，本數竟遁，逃走旁近郡。於是乎把總陳經翰及何明、李沛皆罪至不可赦矣。而保定臺御史辛自修、御史李棟請數其罪。事下大司馬梁夢龍，覆奏。上有詔：「罰陳經翰、何明俸凡六月，李沛凡三月。」按：茨溝，西連繁峙，東按倒馬，而西山畿輔重地也。廼於洞口築臺，益列亭障而守矣。

李庸，硃窩村礦盜也。所居在渾河高山之間，常私置爐冶，化礦砂以爲金。而山人王用恐事覺，勢必染己，廼走宛平，微告東廠中貴人馮保。而會守備楊正蒙適旁郡，即與千總劉喬及巡徼吏宛進忠，提邏卒薛萬成等往捕。既行至渾河，庸先已鳴金鼓，聚衆執弓矢，戎兵皆緣河而待矣。庸等唯恐我兵度河，弗可免，並(灣)〔彎〕弓鄉我兵，矢下如雨，而保亦恐我兵中流矢，趨馬首還。即以書請於上，詔兩臺備兵使逮捕。而是時，臺御史吴兑、御史敖鯤，方檄備兵使顧褒捕未獲，以故久不報。有頃，詔書至，而庸等二十五人，悉已就縛矣。廼以李庸等五人適邊，李自得及李萬海等二十人，皆輕重罰治，屬臺御史以疏請。是歲，萬曆辛巳也。而珠窩村，去京師可二百里，宛平去昌鎮可四十里。大司馬梁夢龍抱根本之慮，專欲嚴保甲法，於是以宛平簿李宗廉馳村中也。

水峒兒及朱家山、水峪山、長嶺、湯哥莊，皆房山所部也，常産礦砂，可化以爲金。嘉靖初，邑人王宣請開，季輸課凡三百六十金。後以礦閉，報罷。癸未甲申之間，礦砂復生，居民群輩入山中盜竊，日至千餘斤。大率砂一斤，金不啻一錢也。於是房山人史籍等以爲利廣，而争奪者又盛，唯恐禍發不淺，廼上書請比故事。先是嘉靖中，薊州、歸州皆産礦，而會遼東衛軍餘姜賢以其事奏，頃咨苑馬卿，即以賢爲礦長，屬縣道監之，而以所得金，聽民取什六，而它一切封輸府庫，悉以佐邊。而是時，楚雄亦開礦，上有詔：「歲貢三萬兩。」因著爲令。今行之三十餘載，亦既有效矣。而今者方建慈寧宮、萬壽宮，山川效靈産金，藉唯是敢以死請，竊比於姜賢之後，因效尺寸之利於國家，可乎？上有詔：「詔兩臺問狀。」於是涿州守王道定，及宛平令朱滚、淶水令孫衮，躬馳洞所，見山勢險隘，盜賊易藏，議以爲不便，遂寢。明年，涿州人史錦復奏礦徒隗大海、隗大朝等匿課，送奉縣令馬永亨，公行開盜。而永亨亦上書深辯其冤。是時，兩臺收捕史錦急，錦與郭夏竟遁逃，不可得也，僅得康世貴等四人。前是，山西黄安鎮流賊石賓，亦至水峒盜礦，會邏卒追逐，自相騰踐，跌傾山澗者數人。錦皆奏以爲争礦而死，冤哉誣之也。是後竟以永亨加府同知秩，視事如初。而宛平丞閔汝乾，亦兼視西山礦事，歲時與房山官兵皆巡徼峒中，而令壩州道得察其勤惰而進退之也。

周言、張世才，皆易州人也。庚寅，歲大饑，上虚帑金數千萬，以佐百姓之急。而周言廼乘是時上書，請比開採。而御史邵以仁深言其不可。明年春，張世才復請於上，皆下所司問狀。而是時易州有孤山之礦、長嶺之礦、烟董崖之礦、黄土溝之礦、大曹之礦、柳樹溝之礦、牛心洞之礦、桃樹霍之礦，阜平有秋波之礦，房山有水洞之礦。言以爲常見光閃鑠，而世才亦以爲天獻礦銀，以資陛下。先是肅皇帝從薊州人李昇、嵩縣人刁滕請，遣中貴人崔閔及千户仝爵往薊主事，沈應乾及千户李鉉往嵩。居一二年，薊進金二十萬，嵩進金三十萬，以故言得請以爲比乎始。兩臺因劉儒奏，議以爲礦旁近祖陵，於開不便。於是世才書大略言：孤山、秋波去祖陵五六百里，斷絶居庸、紫荊、倒馬三關，烏能渡渾河，而洩地靈乎？而獨水峒至祖陵百餘里，則其它煤、鑿石、焚灰者，日月相屬，皆不聞有妨，而獨以爲有妨於礦，臣未見其可也。唯陛下財察幸甚。曩者，廣昌、靈丘諸礦，即今所爲孤山、太安、烟董崖、吕家莊、黄土溝也。

讚曰：太史公讀《孟子》書，至「梁惠王問何以利吾國」，未嘗不廢而嘆也。曰：「嗟乎！利誠亂之始也。」邵御史倘亦有此意乎？不然，礦亦天地之利也，而以之助邊，顧不善與？孔子曰：「放於利而行，多怨。」假令西山、珠窩及房、易之間，採礦之使一旦四出，則必竭府庫，起争競，釀無窮之禍，曷勝道哉？

又《礦盜王張住列傳》 桃花溝及温峪山、五虎關，皆芮城、垣曲、夏縣諸礦洞也。先是戊寅，平陸礦徒導河南諸偷既渡河，阻山公行。上有詔，詔比江西、湖廣例，彼此約會協捕，務期盡絶。事寧，一體叙功論罪。居亡何，河南沔池人王張住、小倉觀、朱世安、趙仲保等，常與芮城、垣曲、夏縣人相得甚驩。當是時，夏縣有温峪之礦，芮城有桃花溝之礦，垣曲有五虎關之礦。於是温峪山、二岔溝諸奸民，謀曰：道河南人至，吾等因以爲利，不亦可乎？頃之，王張住、小倉觀聚黨二千人，乘十二月盡，冰堅可度，遂從川里等。廼以羊一、豕一，鳴金鼓，祭河

度，直走温峪山取沙，漸增至六千人。會刁家溝山忽摧裂，有沙，可化爲銀。而王張住等盜心益熾，盡温峪二岔之間，皆爲保姦矣。於是縣備礦簿王寵，請於河東守巡使，即引兵馳蝦蟆口，逐捕諸偷，諸偷犇散。頃之，諸偷大入芮城、桃花溝，簿何志儒追逐，生得礦酋蘭一枝等八人。而垣曲令王文煒，亦從邏卒備五虎關。時礦酋已從上下柳窩，至甕兒口度河矣。守備李材，提邏卒轉鬪中流矢，幾死。於是給諫顧九思上書，請御史臺諭以禍福，令其解散，大略欲重臣爲救荒彌盜策。是後御史臺許守謙，大會御史陳登雲，即移河南都御史衷貞吉，廼從黄河以南，爲營備諸賊。上復有詔：詔兩省巡撫，各嚴督司道，協力驅捕禁戢，毋得疏玩。是歲萬曆丙戌也。於是千户顧託提兵三十人爲一軍，軍於石縫峪、戴家莊。劉思忠提兵三十人爲一軍，軍於李家莊、底塢莊。胡懷遠提兵三十人爲一軍，軍於盤頭鎮。張上提兵三十爲一軍，軍於好羊度。指揮張冠提兵三十人爲一軍，軍於陝州東莊。陳一清提兵三十人爲一軍，軍於三門村。王度提兵二十人爲一軍，軍於茅津。百户李貴提兵三十人爲一軍，軍於太陽渡。趙貴提兵三十人爲一軍，軍於西故村，皆禁它使過賓毋往來。孟津之間，時有操艇而問度者，罕而希矣。後衷貞吉上書，以爲所司餙詞推諉。先是，榜人李公化告芮城礦賊趙利擁衆奪舟而渡，事下靈寶縣。具知趙利，非礦賊也。是時利有麥地濱河，公化廼與南思誠等渡河而盜，毆傷守者陳龍、張朴，賴趙加益扶救得解。而邏使焦旋左驗，於是利與公化對簿芮城。會掾史李子春與化有親識，乃紿言利故礦盜，實擁衆而度也。乃以利繫獄。後靈寶得其奸，以爲曩所請擁衆而來者，非實。頃下平陽同知史自上、洛縣令廖道充，後先雜問，具如靈寶所按驗。於是當公化徒罪，而貞吉亦非以李公化誣趙利，而遂槩謂河南無礦盜，大意欲分界嚴防，效同舟共濟之誼也。

讚曰：語曰：「天下熙熙，皆爲利來；天下攘攘，皆爲利往。」礦徒豈以爲利而來耶？疆吏第堅閉其礦，土人尚不敢爲利，而况於流寇乎？臺御史令黄河以南爲營而守，良有以也。嗚呼！捕盜有如暴勝之、張敞其人，則礦亦天地自然之利也，然何必堅閉哉？

又《河南・礦盜王西庵鹽盜塗四列傳》 王西庵，礦盜；塗四，鹽盜也。先是，汝、鄧、郟、嵩，食河東池鹽已。池鹽不産，食官鹽，官鹽味苦，食河北海鹽，賈始騰湧矣。是時郟人塗四、原武人胡順，專以私販爲務，群數十百輩，執鬪器，白晝走河北，河北人樂爲保姦。於是河北之塗，車擊轂，人肩摩，盡皆鹽徒，殷殷不絶矣。而王西菴廼與塗四嘆曰：「子試度礦孰與鹽？」四曰：「礦利，鹽亦利，利等耳。顧礦利大，鹽利微，然此時則無踰於鹽者矣！盍去鈞、鄭、密陽之間，略鹽賈以爲利，可乎？」西菴對曰：「吾意政欲如是。」旦日即聚黨百餘人，走鄭州鄭店驛、張家莊，詗道上諸鹽徒，每一鹽徒至，西菴等刼人而奪之鹽。鹽徒見爲西菴等亂，桴鼓晝鳴，廼往往從它間道走。西菴於鄭州不得，去密縣；密縣不得，去鈞州；鈞州不得，去滎陽。所過諸村落，西奄必索米麵及牛羊，盡饜飽而後去。行間，有如鹽徒不可得，得行人廼略其橐中裝，不則執而僇之示威，已出所略橐中裝，走河北販鹽。既還，行至磁固堤，會塗四與胡順、胡六，合凡三百餘人，屢西菴等，笑曰：「始吾爲廼衆所略，今廼衆，吾豈顧念哉？」亦執而奪之，已解縛，鹽盜走河北，礦盜走密石。婆山縣尉崔進忠提鄉兵追逐至汜水，我兵張坤、羅訓等數人中流矢死。而是時鄭州守吴敬夫、密縣令蕭文元尚未及請於備兵使田汝穎，以故御史褚鈇、臺御史吴道直皆亡從得聞也。亡何，鈇竟從往來者得其狀。微使開封同知張榮謙，司理侯世卿以覈保甲行縣，果與往來者所言無異。於是御史案田汝穎以下罪以請。時甲戌九月也。而王西菴猶在石婆山，時時欲報塗四、胡六，顧未有路耳。

讚曰：鈞、鄭以河東池鹽未産，食海鹽，遂賈禍至此。然則海鹽於鈞、鄭之間，豈非宜罷乎？余過大梁之墟，求問歲歲爲郡邑所患苦者，皆曰礦盜。且鹽與礦，皆天地自然之利，語曰：「天下攘攘，皆爲利往。」假令疆吏終禁而勿開，柰國計何哉？

又《陝西附寧夏・礦盜楊戬列傳》 楊戬，成縣人也。徽、成、寧、禮間有金銀冶，山林茂密，戬常與寧羌人楊二、熊五，文縣人孫長漢，階州人劉東泉，曾緒、吴九堂、龐友科，伏羌人孟林喜，岐山人劉西泉，專以盜冶爲務，會縣令馮以閑堅閉弗得通。戬等相與謀曰：「冶閉，吾無錢用，盍去略，可乎？」廼造旗幟，去兩當，略晁水。已，去徽州，略袁進。已，去文縣，行至新店，略趙孟支橐中裝，殺其男邦時而去。旦日，直走大小山、麻鞍子、麻園河，略我兵陳興祖等三人。是時，楊戬之衆已一百八十餘矣，出入張旗幟，負牌，往往淫汚人婦女，毋厭。會指揮孟孝臣爲守備使，提邏卒王狗兒等巡徼道上，不可得。廼請於分巡使咸懷良，而徽州銀兵已雙獲旗鼓，得從賊七人。於是，懷良簿責階文偏將軍郭邦急。頃，徽州人廖世鋭復執酋長楊戬等十餘人，箯輿膠致守巡使徐學詩及懷良所，治請讞。戬等叩頭服，實有之，具言孫長漢等六十三人已遁逃走禮野猪山矣。亡何，馬力

坡千户王佐才，言賊自峨州走寧遠擲撒鍾，奪道上諸行人楊萬世、劉世南、楊思明、王世興等諸什物，及僇興妻張一人。是時洮岷備兵使李自强與學詩、懷良議，即請於臺御史傅希摯、御史趙楫，因徵銀兵往正其罪。銀兵生長山壑中，最善登高臨危，尤習地形。於是推擇老户爲鄉導，急使佐才統之，追亡逐北，至胭脂溝，生得張仲勤、劉榮、王世江、張寅四人，斬首一級，而賊亦殺我兵鞏良真三人。左才訊仲勤，仲勤言實遺九十三人，今走岷州。頃縣道皆游徼，於是禮令郝燦生得柳進喜、黄寬，成令馮以閑生得陳邦化及宋邦道妻劉氏，餘黨犇散。先是，隆慶末，頒《捕盗條格》甚備，會希摯奏楊戬事，上問輔臣，責司道兵備使至嚴。乃詔都御史侯事寧之日，從實查參。於是給諫光懋，案咸懷良等罪。故事：郡縣巡徼史盗至十人貶一級，二十人貶二級，三十人坐法免。兵備使所部有盗合至五十人者，貶一級，七十人貶二級，百人以上免官亦如之。有能捕斬得除罪，請論如功。懷良等於是乎有罪矣。是時己卯三月也。其後七月，希摯以轉遷小司農，上舉劾疏。上念礦賊事，希摯竟未復奏，大怒，下兵科問狀。而給諫李選上書，大略謂希摯自三月以至於今，時已半載矣，謾無一言及礦賊，乃獨具舉劾爲市恩循例之舉，請坐摯法，以爲玩旨曠職者之戒。上竟免摯官，下御史問狀。明年春，都御史李堯德輕重當日强等罪以請。上有詔：「罰李自强、徐學詩俸三月，貶郝燦、閻輔臣秩一等，鄭國仕秩二等，楊思學、金斗秩一等。」於是梟斬孟登等，以狥諸礦。

讚曰：上方信詔令，罷一都御史，而百執事豈不凛凛乎。然於舉劾疏猶記憶礦賊事，可謂至明察。而摯乃久不報，何也？語曰：法之不行自上始。上今法必信矣，人臣奉法循理，亦足爲治，何必不信哉。

張萱《西園聞見録》卷九二《工部六·坑冶住行》附《處州賊始末》 處州慶元人葉宗留，盗掘小陽坑，僱礦手二百餘人開坑大作，官不能禁。採數月得鑛不彀食用，棄之。正統十二年九月，領其衆往雲和地方有坑場處，悉發掘，皆無所得。雲和亦萬山中，官府不之計也。還慶元七都山中，住數日，住政和掘小亭坑鑛，薄亦不給用。謂其徒曰：「與我取於山，既勞而無得，孰若與爾取於人，一撑而有餘矣！」衆皆聽從，遂掠政和縣及村落，還慶元住十三都，號召得千餘人。遣召龍泉良葛山人葉七大，師爲教師演習，從浦城劫遷陽，虜財物，燒房屋。魚梁前後小民從之者，皆給財物，從者益衆。掠建寧，官民皆逃避。進劫建陽，住於東峰。分衆於車盤嶺截路，鉛山煓煓，官民逃匿，行旅斷絶。時鄧賊在邵武方熾，福建御史、三司皆在延平，朝廷命都御史張楷等領大軍勦鄧賊，至廣信府不敢進，延平促軍益急。浙江文移請兵，張未有處分。江西御史韓雍、參議夏時、僉事陳昶呈稱，處州賊人葉宗留等搶掠建寧，欲回劫鉛山，近在咫尺，危在須臾，若不往勦，坐遭挫衄，地方失陷，百姓何辜？有指揮戴禮願往，張乃以軍五百使領之以往。十一月初五日，賊至黄栢鋪，戴率其衆與賊交鋒，皆野戰浪殺，死傷相半。宗留穿紅在前，呼衆登戰，爲軍中射死。賊退，奔竄入山，劫車盤驛，悉衆聚十三都，促人挑行李，將回浦城。十一日，都督陳榮領軍三千，并戴禮餘衆同至十二都路口下營，賊悉衆出戰，官軍皆敗没。取其器械，乃回劫浦城縣，燒其縣治民居。過龍泉，住八都。從者益衆，至數萬焉，住雲和山中。麗水楊希、鮑村陶得二各領衆數千往投之。居數日，謂山中虜掠不便，莫若往來湖口，劫掠府城，乃結寨鮑村，義烏取貨，松陽掠人，則官軍雖衆，不能越馮公嶺而入戰矣。衆從之，悉如其言，往來湖口，劫掠府城，官民悉遁。使人從温、台抵省告急，三察院以都指揮沈麟、參議耿定、僉事王晟領軍四千，三月初一日從紹興踰台州萬獲到處州府，擾城月餘，賊從掠日甚。復告急於省，御史盛琦以聞。既數日，御史黄英亦以聞。朝廷命總兵徐恭領軍二千，星夜馳赴，亦從紹興取道。既至處州，亦據城自守而已，惟遣人告急於福建領車都堂張楷。楷未及至城中，軍多糧食不繼，但終日對泣。至五月初一日，賊攻城甚急，總兵徐恭等出禦，三司等官皆爲賊所殺。徐僅以身免，得入城，閉門固守。賊勢愈熾，投入者益衆。初二日，張始自建陽起軍回浙江，十三日到衢州。僉事陶成往接，泣陳此事，若稍遲不進，徐總兵一營官軍勢窮援絶，糧餉不繼，決不可保。本日，將官軍分作水陸二路兼進。十八日，至蘭谿。巡按御史黄英請軍盛琦，巡鹽林廷舉來請兵速進。二十日始到金華，於城中取插竹二百根，令軍人截作鴨兒接笆，共得三百五十面，用白紙畫成獸面，五彩粧飾，賊搶着笆，夾住不得退。次日於教場試笆，以爲破賊上策，乃進。又恐途中有賊，皆於星夜兼程行，至中途方欲下營作飯，忽聞山中放砲吶喊，以爲賊來，遂行至處州界。知府陸忠，指揮馬鍾來接，再行至銅山寺下營。又聞吶喊聲，欲起營過去。少頃，乃是賊差人來乞招撫榜者，方敢作飯，遂給榜，付與賊，差人回寨。二十五日，官軍陣平地，賊衆萬人出山求戰，各戴紅巾，披甲前來。官軍分三陣，賊攻中營。張、劉督令馬軍回回達達箭〔射〕，死三百餘人，左右合擊，又射死二百餘人。執長鎗者，又爲鴨兒笆奪入，赤手被獲。餘賊四散潰逃，得首六百餘級，生擒百餘人，物件稱是。具本報捷。六月初

一日，紹興衛千户沈俊説：「本所軍人多係麗水縣鮑村人，各有父兄弟侄在家，被賊脅從爲盜。前日對陣之時，有何志三認得他父，何受認得姑夫，王勝一認得他男，雖不交言，各曾見面而去。本職前到本處勾軍，鄉民皆熟，如欲招撫，但令本職帶此三人具榜進去，定有消息。」當給榜，差本官帶此三人入山榜文：「照得當職統領大軍，先勦福建沙縣賊首鄧茂七等，復奉勑回浙江處州勦葉宗留一起，五月二十四日到銅山寺，已遵勑書事理給與爾等榜文，招撫復業，不見前來投首。今送到首狀内開，陶得二、楊廷四等供，於本年二月内，請領户帖，復業已定，因官府失信，將復業民人陳諫等起解，以此小民不肯信服，又行激變。今紹興軍人何志三等，俱爾一處鄉里，跟當職福建回還，備知彼處事情，悉憑招撫。雖累次攻城，賊首黄安得亦准自首。今爾本係良民，一時被賊逼脅，後聽招撫，俱已領招復業，止因官府激變，又復不安。今若聽撫出首，吾爲朝廷風憲大臣，豈肯效他失信？況何志三等各有户人口，在家不下一百餘口，若哄爾出來，心懷别意，則何志三等三家人口，上有老母年七十八歲，一家男女五十六口，豈能吉利？今特令沈千户帶何志三等來，本官備知我心，可以細問，若果不信，可留本官在彼質當，爾等出來面露衷情。若不見疑，聽我招撫，與我浙江人增氣，我如何不回護你？我若哄爾，天地昭鑒，爾等不必多慮，早出來，吾備賞賜等待，必學曹彬，必不學曹翰也，爾等其深思之。」初六日，勑到。略曰：「今天氣暑，軍夫日久疲勞，必當急於平賊，以靖地方。星馳奏來區處，切勿遲留，坐待疲弊，或爲賊所乘，非法之善。古人云，殲彼巨魁，脅從罔治，此仁義之師也。爾等其慎之。」又曰：「爾等兵戈所至，須辨别善惡，昭示勸懲，撫安人民，毋令驚變，庶得濟事。欽此。」沈俊、何志三入山，招得陶得三等到營投首，賞賜回山，領出賊佑希、葉仁人、陶秉倫等一千餘名到營，給帖復業。希等言，葉宗留先在建陽被殺，乃知黄柏鋪射死穿紅者即是，悔不表奏。次曰，舍人沈善又同何志三招到賊首余海四、陳川十、余六等，并避難民人三百餘户，給帖復業。一十一日勑到，略曰：「得奏。爾等兩次截殺賊徒，生擒賊者數多，并奪其器械等件，亦見爾等效勞，爾等商議抵巢攻勦等因。然賊徒自畏作惡之甚，懷疑不聽撫散。及官軍壓境，又屢拒敵，其罪固皆可誅。爾等酌量軍謀兵威，足以滅賊，即聽作急搜山攻塞，務在勦滅盡絶，以成全功。或賊散漫，猝難撲滅，即先設計擒獲賊首陶得二等，以去惡本，就乘勢招撫餘賊，俾即退散，仍依前次榜文宥罪。欽此。」二十三日，有李太監領軍從金華往處州中途，聞有賊截路，急求護於張，張遣人數千迎接，不能達。李遂回金華，張復以榜招諭，仍不服，李慎退還杭州。七月初五日，報徐總兵營内勑略曰：「其劉裘、張楷所領皆精鋭官軍，用已獲效，爾等須己計議，會合進兵，不許偏執自進，致成掣肘。欽此。」十五日，龔楷四等砍送楊希首級詣營，遂亟送赴京。十七日，浙江布政司差生員王義賫謄黄詔書到營内一款：「福建、浙江先因强賊作亂，逼脅人民相從爲盜，已命大車征勦，悉獲其賊首，解京處治外，其脅從爲盜人等，畏罪逃避山林，或奔遯海澳，及遞年結聚，因衣食不給，出没爲盜，勢不能散者，不分首從輕重，悉赦前罪。詔書到日，各回原籍復業，所司照例加意優卹，仍免糧差三年。凡遞年但係拖欠公私積負，並令蠲免，不許官吏軍民人等挾讎生事侵害，違者罪之。其脅從之人，敢有詔赦之後，仍敢結聚爲盜不行復業者，仍聽大軍駐彼撥捕，不宥。欽此。」仍謄黄，令本生賫往樊嶺賊巢開讀。是日，查算從招復業人户共九千餘户，男婦二萬餘名口，奏報。陶得二既回山擁衆，如于顈以書召張入彼處面諭，張不敢進，但復書而已。慶元大杜賊從萬餘搬搶糧米，官吏居民悉逃，嚴水青田小民皆往從焉。二十三日，勑書到營，略曰：「爾等須守朝廷恩信，乘此機會，即先遍遣該司府官吏人等，將詔赦恩意廣爲散布曉諭。賊徒退散復業者，即令所司安插，不許下人生事擾害，復致爲非。敢有不遵者，仍依前勑，調軍勦滅，欽此。」遣人賫勑外具榜文，差處州通判焦瑀，嚴水知縣周善、青田典史楊植宋賫捧入山撫諭。陶得二等將木寨及瞭望窩鋪盡行燒毁，焦瑀等出，遂班師回軍金華。其山間餘賊未服者，遣楊廷四等遍歷曉諭，具露布以聞。略曰：「自五月内離福建到銅山寺，正當賊之後門，乃按兵於前路，以疑待疑，將錯就錯，期以來朝之卓玉，悉來此地以投誠，我方將信將疑，賊果乍臣乍叛，驅其烏合之徒來抗鷹揚之陣。賊來如雨，我動如雲，馬躡足而有鎗莫，拖箭洞胸而無函可蔽，自相蹂踐，衆競凌遲，汗顔隣帥，膽落渠魁，遂合衆以投誠，各詣師而請命。」

秦鏞《〔崇禎〕清江縣志》卷八《人物志上》 楊有涵，字能蓄，號養齋。【略】出知雲南順寧府，在户曹垂三十年，勤慎如一日，老吏不能欺以私。及知順寧，地控緬甸，土司餽遺，禁開採銀苗，鎮静撫綏，邊境以寧。攝迤西道篆，督催銅鉛，無停滯短少之患。

阮元《〔道光〕廣東通志》卷二五八《宦績録二八・國朝》 張仕璉，安邑人。雍正三年以進士任海陽縣，縣有豐政都，其地僻遠處萬山中，向有抗公拒捕等習。又有仲坑諸山出産銀、鉛，久爲盜藪。仕璉嚴查保甲，慎選約正，俾互相稽

察，積弊以蠢，一方以靖。

鮑應鰲《瑞芝山房集》卷一〇《行狀・文林郎益都令謙菴吴公行狀》 公姓吴氏，名宗堯，字仁叔，别號謙菴，歙北岸人。丁酉歲，謁選令益都。益都，故山東劇邑，時陳璫增者以採礦，新駐益都，勢張盛。公至邑，【略】而公益於任事，如華遊俗，督樹藝，新文廟，創守藏，立養濟院，未僅期年，靡廢不舉，皆爲益都久遠利。而會增心方唧公，其黨王惟忠、程守訓、金子登輩又相緣爲姦蠱增，增虐日熾，自歷諸礦洞，遽橫索金錢無筭，所荼毒益都之民如湯火。公撫膺頓足曰：「民不堪命矣！寧以死衛民，無寧死民以生。令即死，令職也，吾不能坐視民之魚肉。」乃上封事，數增奸惡諸狀。其略曰：「提督山東礦務太監陳增者，故違明旨，罔上營私，剥官如狼，毒民如虎，山東一省無一揚眉伸氣之官，五府黎庶無一全家完體之民。據勘過，益都止有鉛砂，絶無銀礦，增徒以市貨所聚，便於徵求，如蝗戀羶，據爲窟穴，營建别館，壘造樓臺，池魚盆花，籠禽圈獸，瑣瑣姻婭，同享榮華，土木之工，日增月擴。至於飲食僕御，鋪設供張，動費不貲，用如流水。臣自去年十一月十三日到任，至今共費過銀二千餘兩，雖臣齒蘗飲冰，積數月之俸薪，不足以供一筵，奉一節。雖臣單騎徒行，省半年之皂役，不足以給一行，聽一差。彼所安享，皆百姓之脂膏，縣官之心血。吁一極矣，然猶一不當意，輕則提書，重則笞吏，厮役則背罵，爪牙則面責。驛丞金子登見其威風烈焰，凌鑠有司，則認包採孟坵山洞，每月納銀九十兩。夫孟坵山洞止採鉛煎砂，原非採鉛賣銀也，數月竟無成效，乃揭稱本縣怪責包納以致缺少，且曰懇乞大奮乾綱，以振法紀，增即將原揭批行，稱爲阻撓，要縣包賠。臣思乾者，皇上之大象，綱者，皇上之大權，豈閹宦之所敢奮？乃其爪牙槩以此尊之而不顧，增亦肆然居之而不疑，握筆大批，公行府縣。傳曰：惟名與器不可以假人。如增者雖日進萬金，不可以宥其罪；車裂肢解，不足以盡其辜也。蓋自福山縣官被參之後，氣高志滿，虐焰薰天，奴虜縣官，動借阻撓，以爲騙局。縣官人人福山，重足側目，而不敢抗。其剥官也如此。臣謂山東無一揚眉伸氣之官者，此也。又據七月十四日行牌到縣云：查照户口文册，十丁抽一，派官夫八百名，仍招夫二百名，是益都一縣派夫千人也。人日包銀一分，則日十兩，而歲三千六百兩矣。噫！從何而得哉？皇上未見此輩比較小民之慘酷，臣寔聞而見之矣。或爛人股，或折人足，或登時打死，枷屍三日不許收埋。某日連打十六人，皆支折體爛。某日連打三十餘人，枷三日，皆頸靡股斷。大都所過州縣無不毀體膚，鬻妻子徧滿道路。其毒民也如此。臣謂五府黎庶無一全家完體之民者，此也。陳增牌一到縣，百姓聞知十於抽一，各思逃竄。臣欲少待數日，唤集里老通長計議，安戢百姓。陳增頭日行牌，次日着參隨，五人青衣大帽站立縣堂，立要千夫花名文册，臣稍支吾，五人者即窘辱觸臣。嗟乎！益都山縣蝗澇之餘，荒蕪未闢，流移未返，而當東事孔棘，轉運不休，輓者無停轍，舂者無寧杵，老弱棄塗，婦子嘆室，力已疲矣；歲加餉銀六千兩有奇，財已竭矣。財竭則金銀萬萬不能復包，力疲則人丁萬萬不能加派。今益都一縣拘提數百人，日不下十餘票，單枝、韓文一等皆窮民也，笞杖拶夾，身無完膚，申解數次而不饒，禁監數月而不放。翟攀、徐大亮等皆富民也，初給之批令，其買鉛而輸價。及其價已輸，載鉛而去，則又令守者路劫之，曰此盜鉛也。盜其批而治其罪，爪牙統衆擁入其家而盡掠之，萬金之家、百石之户不終朝而室如懸磬。臣邑僅西河一帶稱富庶，今人縛而户擄矣。妻女樛夾，裸辱醜穢矣，家盡破而身盡糜矣。今又十丁抽一，月一比較，竊恐東郡素稱盜藪，其禍必有不忍言者。且臣縣不産金、銀之縣，歲加派人丁銀三千六百兩，而派於産金、銀之州縣又可推也。臣縣産鉛之洞，月包銀九十兩，則歲一千八十兩，而産金、銀之洞又可推也。故以臣縣歲三千六百兩計之，六州二十九縣，當歲得十二萬六千金矣。以臣縣一鉛洞歲得一千八十兩計之，千二百洞當歲得百餘萬矣。若以金價萬倍於鉛、銅，銀價十倍於鉛、銅計之，則歲得又當不可以數計矣。臣不知增之所進於皇上者，歲幾何也？皇上受開礦之名，增受開礦之利；增享開礦之樂，皇上受開礦之憂，臣不得不冒死哀籲於君父之前也。伏乞勑下撫按勘問。若臣一言無據，甘受斧誅；如果臣言不謬，懇乞聖恩將臣縣小民免其包派，追回陳增等費縣銀兩，抵補長支。而陳增違旨營私，合依追贓正刑，以彰國法，地方官民幸甚！天下幸甚！臣死幸甚！」疏奏，蓋戊戌九月九日，上覽之數四，不報。然無意罪公也。而論增者踵至，激上怒，始奪公俸，次奪公官。最後增疏入，乃逮繫赴詔獄。當是時，上方憂用詘，鋭意興利之臣，增輩挾上重以爲天下惟所虜使，莫敢誰何。公首抗疏極論，盡發其奸。增聞之，皇恐膽落，與一二竪抱頭哭，向母泣曰：「頭非兒有矣！」東省諸上官見公疏，無不人人嘆服者，曰：「山東何可無此奏也？」而公既聞奪職報，指所御帶服付吏曰：「增費不能盡償者，可以此足之。縣官惟留一赤心歸耳。」四顧衙舍，蕭然無一錢寸帛，左右莫不泣下。誰謂官好，其苦如荼。

儲大文《存硯樓文集》卷一三《中丞潘公傳》 中丞潘公，名宗洛，字書原，號

巢雲，別號垠谷。【略】〔永樂九年〕會商王綱明黨請給開採牌。六月，公亟疏題封禁。曰：「户部咨，商人王綱明等稱，鉛山不禁，不獨鉛觔易得，而鼓鑄亦不遲悮，應令其開採。臣亦何容置喙。但臣受恩最厚，理應知無不言，言無不盡。況前受訓旨，首及安静，誠爲至言。大抵興一利，則必生一弊，故治民之道擾之不如安之，動之不如静之也。今部議開採，有大不便者請詳陳之：臣前任學政時，考試湖南，親身徧歷，確見衡、郴等處産鉛地方山深谷邃，境通黔粤，人雜苗猺，惟宜安静，不宜擾動。今臣復檢查開採禁止根繇，蓋自康熙十九年聽民開採，彼時輿情皆言貽害非淺，督撫乃次第封禁。然而奸貪之徒尚有赴部請開者，移查屢覆，案卷炳存，幸賴聖明洞照，於四十二年奉旨：『聞開礦事情甚無益於地方，嗣後有請開採者，概不准行。』然後奸徒絶。想地方寧謐者於今八年，皆賴我皇上特旨之所賜，非督撫諸臣之力所能爲也。今户部頓忘明旨，創爲聽其開採之説，臣不解何故，道路喧傳，以爲商人浪費庫帑，虧欠難完，所以朦混户部，借名採取白鉛，以資鼓鑄，其實希圖偷竊黑鉛、銀礦，以飽囊橐。夫愚民何知，利之所在，身命不顧。彼見雇募工價勝於力耕，必將争趨競赴，田畝拋荒，正賦漸缺。其不便者一。山中多一夫，即田中少一農，生之者寡，食之者衆，米價立見騰貴，貧民立見乏食，無論湖南之米不能下濟江浙，而境内先不足以自贍。倘致失業流離，必須多方救濟，則雖商人之虧欠補清，終屬得不償失。其不便者二。深山封禁有年，不無居民廬墓遷徙損傷，情殊可憫。其不便者三。苗猺生性好利，若見土人開採，必行刦奪，彼此格鬭，必有殺傷。文武官弁私貪陋規，隱諱重案，必釀禍階。其不便者四。且開採一節，竟有挖未深而砂已盡者，如此則必商人之虧欠愈多。自顧不暇，其招集之衆易聚難散，或起盗心，或竄苗穴，地方自此多事，萬一至於興師動衆，則軍需糧餉，商人能任之乎？其不便者五。臣忝任封疆，若畏首畏尾，不敢早言，異日一起事端，乃爲焦頭爛額之舉，則身受譴責，不足蔽辜，誠不得不爲未然之過慮也。是以不避仇怨，密疏入告，伏乞勅部永行封禁，則湖南億萬生靈俱享太平無事之福，而臣區區愚忠愚孝之心亦得少安矣。」蓋山澤之産，至宋紹興而已大竭，明左都御史軒公輗清操，號軒耿，提刑浙江，請停温、處銀場額課，中外胥撓之，遂召鄧茂七之亂。公清類軒公，以卿貳、監司、守令暨猾胥、豪魁所競鶩之金穴，獨敢觝拄計部，且不少憚懾中傷，抗疏力争，而中外訖欲撓之而不得，此以徵國家之仁。逮榛箐蹊徼，而公言業以行，雅可亡憾也。

卞寶第等《〔光緒〕湖南通志》卷末三《雜志三・紀聞三》　明伍袁萃，長洲人，萬曆二十六年，分守寶慶。時稅璫四出，采訪金銀等鑛穴，民不聊生，人心恟恟，幾致激變。袁萃捕其來者，寘之法，其屬奔還，而璫使詬罵之，辭至不可堪。袁萃不少動，竟以是去官，部民涕泣攀留者數萬人。

《明史》卷二五二《列傳一四〇・楊嗣昌》〔楊嗣昌，字文弱，武陵人。〕七年秋，拜兵部右侍郎兼右僉都御史，總督宣、大、山西軍務。時中原饑，羣盗蜂起，嗣昌請開金銀銅錫礦，以解散其黨。

又卷三〇五《列傳第一九三・宦官二》　陳增，神宗朝礦稅太監也。萬曆十二年，房山縣民史錦奏請開礦，下撫按查勘，不果行。

《甘莊恪公全集》卷一六《宦蹟紀畧》　又蒼梧縣屬之芋莢山出産鉛錫，近年兩廣奸民，糾黨偷挖，爲地方害，雖屢經拏獲問擬，終不能禁絶。蓋萬山之中，界連兩省，官兵至則席捲而逃，官兵甫退則又蜂擁而至，而嘯聚日衆，恐生他患，頗厪聖懷。余乃檄飭蒼梧知縣會同梧協守備親詣彼地，相度形勢，作何設法堵禦，可爲一勞永逸計。該二員議於本山高處建造礮臺二座，撥兵駐防，庶可杜其覬覦。余立捐銀三百兩，委員監造，即日興工，閲兩月而告成。即撥梧協兵二十名，屯駐其上，而礦徒之患始息。

紀昀等《〔雍正〕八旗通志》卷一五三《人物志三三・大臣傳一九》〔喀爾吉善〕先是，有直隸藁城縣知縣高蔚者，山東人，請試開臨淄、即墨、平陰、泰安、沂、費、滕、嶧等縣山場銀、銅、鉛、鐵各礦。事下山東巡撫勘奏，至是喀爾吉善奏言：神京拱衛礦洞，久經封禁，東省其地跨四府八縣，形勢遠近聯屬，開採殊多未便。且利之所在，衆必共趨，恐濟武災區，沂曹盗藪，别生事端，應照舊封禁。上韙其言。

陸燿《切問齋集》卷一〇《傳・治河名臣小傳・葉方恒》　葉方恒，字嵋初，號學亭，江南崑山縣人。父重華，於前明崇禎之末任濟寧兵河道副使，禦賊有功。【略】鑛山産鐵，陰涼山産銅。金爲水母，母氣盛，是以泉源得長。開鑛之説，惟萊蕪不可行，挖傷山脉，泉枯礙運，其害匪細。凡所論説，皆非一世之利也。後卒於官所，著有《山東全河備考》四卷，《濟寧州志》稱其在濟四年，口不言功，百姓多陰受其惠云。

章學誠《〔嘉慶〕湖北通志檢存稿》卷三《徐本仙陳良翼傳》〔徐本仙，字佑倫，蘄水人。〕本仙曰：彼乃内地當發，此乃外夷不當發也。因力請任，其後咎顧，無如何而止。後知賀白已渡江，無劫廠事，顧乃心折。孟定、耿馬之間有茂

隆山，産金、銀，土府請開，本仙固不許。奸民乘間請布政使檄開，集衆竟往茂隆。本仙駭曰：「此事果行，殺戮生靈不知凡幾。」孟定、耿馬從此多故矣。」

彭紹升《二林居集》卷一五《故光禄大夫文淵閣大學士李文貞公事狀》 公諱光地，字晉卿，福建安谿人。祖諱先春，義俠聞鄉里。父諱兆慶，明諸生，天秉忠孝，以禮法教於其家。聖祖問近日民情若何，公言方三藩播亂，民心摇摇，未知所歸。今上恩德信於天下矣。往歲閩中旱荒，羣吏不能宣上德，所枉發帑粟多乾没，民飢且死，獨歸怨於有司耳。時有請開礦者，大豪多輦金京師謀首事，聖祖以問公。公對言：開礦以食飢民，無不可。請著令，許土著貧民，人持一銚以往，而越境者誅，則姦人不致屯聚山澤以釀亂。議遂定。

又卷一七《故資政大夫禮部尚書楊文定公事狀》 公諱名時，字賓實。其先在明初，以軍功世襲鳳陽動衛。〔康熙〕五十八年，遷貴州布政使。明年冬，遷雲南巡撫。西藏用兵，大師道雲南，留屯以待命，公建屋百數十間以處之，堅明約束，民用不擾。

【略】滇故多銀礦，官收其課。久之礦衰，課如故。司事者坐缺額，多罷官追徵。公謂礦有衰即有旺，請以道員一人總理諸廠，使盈詘得相衰益，其費多而利少者閉之。諸利民事次弟舉行，軍民悦服。

穆彰阿《〔嘉慶〕清一統志》卷三一五《廣信府》 徐申，崑山人。嘉靖初，知上饒縣。境有銅、鐵二山，姦民時開採滋患，申力遏之。

《林文忠公政書》丙集《雲貴奏稿》卷一〇《訪獲他郎廳廠匪黄應倡等大概供情摺》 奏爲他郎廳間礦事宜，甫將章程立定，兹訪明曾經滋事之廠匪拏獲多名，飭解普洱府嚴行審辦，務使廠民知儆，謹將大概情形，恭摺奏祈聖鑒事。竊臣等前經訪知他郎廳之坤勇箐出有礦硐，當即欽遵諭旨，試行開採，擬選殷實良善之户作爲頭人，招募砂丁，逐層約束，並以前此偷挖滋事驅逐復來者，亦當訪拏究辦，以示懲儆，業經會摺奏聞在案。嗣據委員通判、卓梂知縣文定仲前後會議章程十餘條，並將在廠各項人丁名册查明籍貫、年貌，詳細開報。核其逐層管束之法：每砂丁二十五人，設有丁目一名；每丁目十人，復設丁長一名；積至砂丁一千人，另設總頭一名，而仍選立客長五名，總司稽核。又責成鑲頭報挖新礦，鑪頭請票扯火，課長掌秤抽收，彼此互相稽查，隨時示以賞罰。復以課書練役分段梭巡，雖事務甚繁，而約束尚無鬆懈。并據該委員等稟稱：金砂實極微細，每日淘水摇牀所得，僅以分釐計，勢難按則抽金。惟銀礦漸由子櫝而得正櫝，目下丁力加多，可期進山接礦。請將金課亦核作銀抽解，以免瑣屑畸零。查其所稟，委係實情，當即批准照辦。惟訪聞原先偷挖之人多欲朦混入廠，此内有曾糾衆互鬬，致相殘殺者，亦有擾害邨莊，被人控告者。目下若不先爲訪拏，則此輩自矜得計，必致故惡復萌，而衆人相率傚尤，亦恐逞强滋事。臣等飭據普洱、臨元、他郎等處文武先後密稟，訪有外來滋事之匪首黄應倡，於上年十二月間，未經奉文開採，即欲恃强先來挖礦，率夥盤踞罵泥街，該處居民被其擾害，協力驅逐。本年二月初間，與其黨邱綗移至戞楚地方，復圖占擾。又有臨安匪徒支老五等及元江他郎夷匪楊卜喇等，皆係著名之犯，與外來各匪在麻栗樹、石頭寨等處分類糾鬬，互有殺傷。其乘機分竄偏僻邨寨，句結搶擄者，先經署普洱府崔紹中訪聞，會督思、茅、寧、洱廳縣，拏獲劉大、蒲煞等三十四名，訊出各匪首要姓名，稟請四路圍緝。適臣等因開礦需兵彈壓，已會調普洱、元江官兵各一百名，臨元、新嶍官兵各五十名赴廠駐劄，當飭帶兵各將備順途訪查，並令咨會文員一同實力搜捕。旋據臨元鎮總兵李能臣會同署普洱府崔紹中、署元江州李杰、署他郎通判倭克金布、前署他郎通判沈世良，并督令護元江營參將常興、署新嶍營遊擊察興阿、護臨元鎮都司陳國樑等各分途帶領弁兵差役，先後拏獲外匪黄應倡、邱綗等四十六名，臨安匪徒支老五等二十一名，元江夷匪楊卜喇等十一名，起獲槍礮藥鉛刀矛多件，解至他郎，會同研審。各供認互鬬搶擄數次，其當場致斃屍身或自行燒燬，或彼此殘棄，或尚有掩埋處所，可以刨驗，并搶劫邨寨情形亦據歷歷指認。惟被害事主多未呈報到官，不能知其姓名，現在傳諭各邨寨居民據實補報。計各文武所獲現犯共一百一十二名，已據署普洱府崔紹中稟請，親自馳至普洱，提同前獲各犯確審懲辦。尚恐查拏之時，有匪犯乘間逸出，仍飭各營汛分途嚴緝。其已經到廠之官兵即令留駐鎮壓。經此一番訪拏，廠務頓覺森嚴，所有新招廠民見先前滋事匪徒多被緝獲，咸知觸目驚心，悉就約束，廠内倍形安静。雖金砂現極有限，而銀廠頗有起色，可期成效日臻。除飭迤南道督同普洱府縣審明確供，妥速定擬詳辦，俟定案時由臣等勘明，再行具奏外，謹將現在訪獲舊日廠匪多名緣由，先行恭摺具奏，伏乞皇上聖鑒。謹奏。

歐樾華《〔同治〕韶州府志》卷二九《宦績録・國朝》 田從典，字克五，山西陽城人，進士。康熙三十四年，出宰韶之英德。風裁峻整，品行醇篤。蒞任先夕，齋宿城隍祠，舊制也。【略】邑自清遠、香爐、湞陽三峽迤邐南來，連岡複嶂，林木窅深，不逞之徒盜採銅、鉛。從典洞悉其害，嚴緝長岡嶺、蟒子坪諸處，盜源

以清。

《清史列傳》卷三八《大臣傳續編三・吴其濬》 吴其濬，河南固始人。父烜，禮部右侍郎；兄其彦，兵部右侍郎。其濬，由舉人捐内閣中書。嘉慶二十二年一甲一名進士，授修撰。二十四年，充廣東鄉試正考官。道光元年，充實録館纂修官。旋丁父憂。五年，丁母憂。八年，服闋。九年，充日講起居注官。十一年，入直南書房。十二年，命提督湖北學政。十四年九月，回京，仍入直南書房。十二月，陞洗馬。十五年六月，擢鴻臚寺卿。閏六月，授通政司副使。十六年八月，超擢内閣學士，兼禮部侍郎銜。十一月，充《玉牒》館副總裁。十七年，充浙江鄉試正考官。八月，授兵部左侍郎，命提督江西學政。十二月，調户部右侍郎，兼管錢法堂事務，留學政任。

十九年八月，御史焦友麟疏陳廣敷教化，下各直省督撫、學政議。其濬偕巡撫錢寶琛奏：「查辦教匪，請專責其成於州縣，而分任其事於教官，並添派族正一項，令於各族祠堂宣講《聖諭廣訓》，先報告存案備查。」得旨：「地方官有教養斯民之責，果能除莠安良，何患姦宄不戢，民俗不醇？多設科條，轉滋煩擾。所有該撫等奏請分任教官，添設族正之處，著無庸議。」九月，轉左侍郎，仍留學政任。二十年四月，奏新喻縣生員胡思津鬧漕案内，鞫出訓導劉筠袒護包庇，知縣包世臣有意消弭各情，請飭臬司訊辦，從之。六月，以准補拔貢所遺廩缺，辦理兩歧，經禮部奏定詳補章程，下部議處。【略】

二十三年五月，調浙江巡撫。六月，武岡州痞匪曾如炷聚衆阻米出境，署知州徐光弼往緝被戕。其濬督兵搜捕，獲犯百餘人，分別首從治罪如律。因奏洪巖洞藏匿姦宄，素爲民害，請設卡巡防，編列保甲，以靖地方，從之。閏七月，調雲南巡撫。二十四年，上以「前代開礦官吏因緣爲奸，故國與民交受其病。我朝雲南、貴州、四川、廣西均有銀廠，歲收額課，從無擾累。是官爲經理，不若聽民自爲。計四省可採之地尚多，命各督撫體察情形，聽民采辦，不可假手吏胥。」其濬偕雲貴總督桂良奏：「滇省舊廠現祇存十五處，并新開各廠，歲課四萬餘兩。查礌硐情形不一，往往見有礦苗，呈請開採，商丁甫集，旋以無砂廢散。其設廠之所，先不過數十人，裹糧結棚，略有所獲，則四方商賈，百工技藝，走集日衆，多或至萬餘人。向委廠員彈壓，平其爭訟，擇吏役誠實者數人，司文書出納，官之薪水，吏之工食，皆有一定舊章，並無擾累。至可採礦地雖多，亦有不能盡准者。蓋深林密箐，民、夷雜居，夷人嗜利輕生，動與漢民結訟。若再令宅取銀砂，勢必劫掠鬩爭，釀成事端，即土司境内亦必無礙田廬及附近邊防，始可覈辦。」報聞。八月，以捐輸東河河工，賞加五級。

尋署雲貴總督。二十五年三月，劾奏代理師宗縣知縣試用州判李熙恬非刑斃命，褫職逮問。四月，調福建巡撫。八月，奏：「滇省銅本，每於正額之外，輒以多辦銅斤爲辭，借支銀兩，積成鉅款。請清查銅廠情形，及庫存款項。」上韙之。旋調山西巡撫，兼管鹽政。二十六年五月，奏河東活引課銀短絀，請裁減鹽政辦公銀一萬兩充抵，得旨允行。定例，實缺知縣不准改補教職，其濬以神池縣知縣楊衔才具平常，違例奏請改教，下部議處。十月，奏：「販賣鴉片煙土，例禁綦嚴。近更有不法之徒，伺煙販經過，糾衆爭奪。事發，到官各知罪名甚重，兩造均不吐實，僅以尋常搶奪鬬毆結案。此風不戢，輕則恣行械鬬，重且釀成盜劫。因請將緝捕認真之鳳臺縣知縣蘇元嵗酌加獎勵，以示觀感。」

十二月，以舊疾屢發，陳請開缺，允之。旋卒，諭曰：「山西巡撫吴其濬由翰林修撰，入直南書房，洊躋卿貳，外擢巡撫。學優守潔，辦事認真。兹聞溘逝，殊堪軫惜！著加恩賞加太子太保銜，照巡撫例賜卹。」尋賜祭葬。

紀事

李昉《太平御覽》卷八一〇《珍寶部九・金中》 又曰：貞元元年四月，南詔王異牟尋與其酋長定計遣使趙莫羅眉由南安使凡三輩，致書於韋皋，各賫生金、丹砂爲贄三分，前皋所與牟尋書，各持其一爲信，歲中三至京師。且曰：牟尋請歸大國，永爲藩臣，所獻生金以喻向化之意堅如金也，丹沙示其赤心耳。上嘉之。乃賜牟尋詔書。

又卷八一三《珍寶部一二・銅》 《南中八郡志》曰：「雲南舊有銀窟數十，劉禪時歲常納貢。亡破以來，時往采取，銀化爲銅，不復中用。」

陳道《〔弘治〕八閩通志》卷二四《食貨・坑冶・建寧府》 〔政和縣〕橫林銀錫場。在感化下里四都，宋慶元間發，舊有橫林局，後鑛絶，以官田場補額。

又《食貨・坑冶・漳州府》 〔龍巖縣〕鉛錫場。在縣西南一百五十二步，宋時廢。

胡我琨《錢通》卷三《資採》 鉛山縣地出銅、鉛、青碌，置場以收其利。舊在

寶山，僞唐昇元二年，遷置鵝湖山。

顧炎武《肇域志》卷二〇《山東七・臨朐縣》 嵩山，在縣西南七十里。與黑山相連，近沂水、蒙陰二縣界，山出銀礦。其山下河水中，亦時出礦及沙金。山間又出錫、鉛、銅、鐵，亦時有石碌、丹砂之類，招引礦徒及好利者開礦，爲邑中害。

顧祖禹《讀史方輿紀要》卷一八《直隸九》 龍門關堡。在小白陽堡東南，宣德三年置。嘉靖四十三年、萬曆十三年增築，周二里有奇，關門在堡東五里。【略】志云：龍門堡即故龍門鎮，在司東八十里，元嘗移置望雲縣於此。其南鄉産銅。又司北百二十里，有牙恰村，舊産銀。

又卷二〇《江南二》 鴈門山。府東南六十里。周二十餘里，山勢連亘，類北地鴈門，因名。【略】又銅山在府東南七十里，周十九里，昔嘗採銅於此，因名。

鐵山。縣東南五十里。嘗産鐵，今有坑冶遺址。又東南八里有銅官山。昔産銅，今石中猶瑩然如麩狀。又縣西南七十里有鐵冶山，相傳前代鑄錢處。一名鐵峴山。

又卷二九《江南一一》 盤馬山。州東北九十里。相傳漢高嘗盤馬於此。山産鐵，漢置鐵官，宋置利國監於山下。其陽有運鐵河，元人置利國監橋於其上。又有銅山，在州東北八十里。舊嘗産銅也。

北獨山。縣西六十里。峰巒特起，不與衆山相接。上有古塔。又西十里曰銅井山，一名銅官，上有銅井，舊嘗出銅。

芝山。在縣東南七十里。上有李子洞，泉出沸湧，相去三百步。【略】銅山在縣西南四十五里，山産銅，昔嘗鑄冶於此。

又卷三一《山東二》 冠山。縣西南五十里。脉起泰山，突峙於此。漢元鳳三年，有大石自立，其形似冠山，因以名，蓋宣帝起於民間之象也。韶山，《寰宇記》云在縣西北二十里。山出鐵，漢置鐵官於此。《志》云縣東十三里有大石山，産鐵及大石。又鑛山在縣西北五里，嘗出鐵鑛。又陰凉山在縣北三十里，産銅鑛。《唐志》：「縣有鐵冶十三，銅冶十八，銅坑四，又有錫冶。開元六年，令趙建威於縣西北十五里開普濟渠以運銅鐵，並灌民田。今礦閉而渠亦塞。」

又卷四一《山西三》 喬山。縣西北四十五里。山高五里，長二十餘里，接襄陵縣界，形勢陡峻。其西麓有夢感泉。齊上高緯圍平陽，恐周師猝至，於城南穿塹，自喬山屬於汾水，緯大出兵，陳於塹北，即此。紫金山在縣南十三里，産銅。

澮高山。縣南十五里。《史記・魏世家》：「武侯九年，狄敗我於澮。又惠王九年，我敗韓師、趙師於澮。」《括地志》云：「澮山也，在翼城縣。」《紀勝》：「山形如鳥翼，一名翱翔山。産銅及鐵，唐置錢坊二所於此。」

長樂鎮。州南十里。鹽池上有巡司。又紫泉監在州南。《唐志》：「乾元元年置監，有銅穴十三，後廢。」

洪亮吉《乾隆府廳州縣圖志》卷二八《衢州府》 銅山在〔西安〕縣西北百里，宋時山出銅、錫、鉛，明産鏞。嘉靖三十九年，徽、處二州民羣聚來取，因爲寇盜，官兵盪平之，遂設兵戍守。王存云：縣有南北二銀場。按：南場在鬱豆山下。

吴卓信《漢書地理志補注》卷三九 屬揚州有銅官。本書《吴王濞傳》：「吴有鄣郡銅山，濞招致亡命者鑄錢。」又《食貨志》：「吴東有海鹽、章山之銅。」《鹽鐵論》：「丹鄣有金銅之山。」《括地志》：「銅山，今宣州及潤州，句容縣皆有之，並屬鄣也。」《元和志》：「赤金山在當塗縣北十里，出好銅與金類。」《唐書・地理志》：「宣州貢銀銅器，有鉛坑。池州貢鐵，有鉛坑。」《寰宇記》：「銅陵縣自漢以來皆烹銅、鐵。」《輿地紀勝》：「銅山在繁昌縣東南五十里，出好銅，古所謂丹陽銅是也。」《明統志》：「銅、鐵、鉛、錫皆銅陵縣出。」《方輿紀要》：「銅山在湖州府西南九十五里銅峴山，古稱吴採鄣山之銅是也。又銅官山在武康縣西北十五里。世傳吴王採銅於此，山下有二坑曰銅井。」《清一統志》：「冶山在六合縣東北五十里。産銅、鐵。相傳吴王濞鑄錢於此，坑冶之跡尚存。」

嚴長明《〔乾隆〕西安府志》卷一六《食貨中・清朝鹽錢》 《會典》：康熙十九年差官往陝西臨潼等處，開採銀礦。已上錢法。按：康熙二十二年，復停陝西開採，寶陜局率用滇銅，其不足者於寧羌等處諸山開採增補。乾隆四十年，復以舊廠産銅不旺，於略陽另開新廠，銅觔優裕，足資鼓鑄。

平翰等《〔道光〕遵義府志》卷一九《阬冶》 道光十一年十二月，貴西兵備道周廷授以廠民單永新等呈報遵義縣屬西沙溪里之通達坪、羊腸溝等處山間露有白黑鉛礦，現開礌硐九口，已得礦砂百萬餘斤，爲縣役及地棍佔據私燒，佯以全行封閉，誑縣官札飭遵義府縣嚴查。知府于國琇、知縣繆玉成遵勘得通達坪、黄家彎等處，山形微小，四至俱於民間田園廬墓有礙，即附近之白銀山、九龍崗毘連之馬鞍山一帶地方，俱曾於嘉慶十五、二十兩年先後奉文封禁，應請永遠禁閉，仍嚴私開，役棍另案究辦。

十三年十二月，署貴西兵備道史斌復以遵義縣人周占先等稟報縣屬沙溪里之通達坪、羊腸溝、楓香壩、九嶺崗、乾河壩、白巖溝、茅坪一帶露有白黑鉛礦引，苗民已於道光十年内，合夥曾經開挖礌硐九口，接獲白黑鉛礦八尺餘、高六尺餘

寬，採出礦砂萬餘馱，遭縣役估據中止，請給開牌。斌隨詳巡撫嵩溥咨部，隨札飭遵義府縣給牌，令其試採。一年有餘，所出鉛斤幾不敷工本。至十五年六月，貴西道周廷授詳請咨部，將新廠核銷，札飭知府文明、署知縣石煦將開牌徹銷，所有礌硐永遠封禁。【略】〔道光〕二十一年九月，綏陽縣奸民熊仕宗等糾集游民於綏陽縣、正安州接壤之野茶垻、聚寶山、天緣山、新山等處私採銀、鉛，將置廠。知府黄樂之以多病民間廬墓，且奸宄易藏，滋擾可慮，民食正歉，騰貴堪虞，嚴示禁止。十二月，巡撫賀長齡訪聞，復嚴札飭，令封閉。二十二年二月，樂之親往勘封私礌，並申永禁。

《清朝續文獻通考》卷四四《征榷考一六·坑冶》〔光緒十四年〕又唐炯奏略稱：上年臣赴昭通東川，相度開辦廠務，適東洋礦師亦到，遂同周歷萬山，勘得永善屬之卿父青山、魯甸屬之香杉箐，巧家屬之白錫、臘銅脈豐厚，威寧屬之榨子鉛脈盛大，均經酌定廠規，飭礦務公司商人遵照設廠，次第攻採。其本山及附近數十里、數百里産礦之區，公司不及開採者，咸聽鄉民自採，公司量濟油米，不准設鑪，以杜走私。所獲礦砂，公司按照成分給價收買，俾得見錢周轉。盡力攻採數年後，便成子廠，先用土法，不合始參西法，要以養活窮民爲主。至於廠丁雖衆，均飭厚加撫恤，勒以部伍，不致别滋事端，並遴員駐廠彈壓保護。俟池東銅廠著有成效，以次接辦迤南，威寧鉛廠，再以次接辦水城，庶人皆練習，無虞拮据。惟是新開銅鉛各廠，據東洋礦師面稱，必須深入山腹四五百丈，始得連堂大礦，而石峽堅硬，不用機器，非八九箇月不能成功。臣詢之老於在廠者，亦謂數丈、數十丈即獲礦，係屬草皮，不能結堂以供久遠。其言近理，惟有隨時督飭，以期及早觀成。

藝文

王肅注《孔子家語》卷八　山者不使居川，渚者不使居原。用水、火、金、木、飲食必時。用水，漁人以時入澤梁，乃溉灌。用火，季春出火，季秋納火也。用金，以時採銅、鐵。用木，斧斤以時入山林。飲食各隨四時之宜者也。

《白氏長慶集》卷二《贈友詩五首》　銀生楚山曲，金生鄱溪濱。南人棄農業，求之多苦辛。披砂復鑿石，矻矻無冬春。手足盡皴胝，愛利不愛身。畬田既慵斫，稻田亦懶耘。相攜作游手，皆道求金銀。畢竟金與銀，何殊泥與塵。且非衣食物，不濟飢寒人。棄本以趨末，日富而歲貧。所以先聖王，棄藏不爲珍。誰能反古風，待君秉國鈞。捐金復抵璧，勿使勞生民。

《唐會要》卷八九《泉貨》〔元和〕三年五月，鹽鐵使李巽上言：「得湖南院申，郴州平陽、高亭兩縣界有平陽冶，及馬跡、曲木等古銅坑，約二百八十餘井，差官檢覆，實有銅、錫。今請郴州舊桂陽監置鑪兩所，採銅鑄錢，每日約二十貫，計一年鑄成七千貫，有益於民。」從之。

其年六月，詔曰：「泉貨之法，義在通流，若錢有所壅，貨當益賤，故藏錢者得乘人之急，居貨者必損己之資。今欲著錢令以出滯藏，加鼓鑄以資流布，使商旅知禁，農桑獲安，義切救時，情非欲利。若革之無漸，恐人或相驚，應天下商賈先蓄見錢者，委所在長吏令收市貨物官中，不得輒有程限，逼迫商人任其貨易，以求便利。計周歲之後，此法遍行，朕當别立新規，設蓄錢之禁。所以先有告示，許其方圓，意在他時行法不貸。又，天下有銀之山必有銅鑛，銅者，可資於鼓鑄，銀者，無益於生民。權其重輕，使務專一。天下自五嶺以北見採銀坑，並宜禁斷，恐所在坑户不免失業，各委本州府長吏勸課，令其採銅，助官中鑄作，仍委鹽鐵使作法，條流聞奏。」

宋祁《景文集》卷四五《送張端公轉運兩浙序》　國朝析揚州具區之地爲二，淛以建行臺，北滙三江，東引五湖而注之海，盡淛分也。地殖稻魚，山採鉛銅。熬鹽賦茹，錯出珍貝。飛艫長帆，以輸都藏。號令經營，天下之甲。

《藝文類聚》卷五七《雜文部三》　梁蕭子範《七誘》曰：幽遁公子不由義路，不入禮門，人主焉得爲臣？公侯難以爲客。有暴勢大夫驅美澤之車，策千里之馬，乃至公子之所居。大夫曰：收苗山之鋌，採邪谿之銅，既云時吉，亦曰天中。金英内曜，銀精外通，均如屈楊之舒彩，粲若芙蓉之始紅。七星布而成列，五色變而無窮。寶兼千萬，聲重二都，邁兹巨闕，超彼鹿盧。呈形薛燭，表質風胡。

劉克莊《後村集》卷二九《送明甫赴銅鉛場六言七首·五》　旦市有攫金者，地靈豈愛寶哉？零陵貪而乳盡，合浦清而蚌迴。

佚名《〔洪武〕無錫縣志》卷四上《辭章第四·詠歌四之一》僧明本《題慧山寺》　慧山屹立千仞青，俯瞰天地鴻毛輕。七竅既鑿渾沌死，九龍攫霧雷神驚。何如霹靂聲中崖石裂，銀泉迸出青鉛穴。惟恨當年桑苧翁，玉浪翻空煮春雪。我來扣泉跨龍飛上天，併與挈過崑崙顛。散作大地清涼雨，免使蒼生受辛苦。

泉無聲，一曲冷光涵萬古。殿前鳳檜耆然鳴，日暮山靈打鍾鼓。

鄧顯鶴《沅湘耆舊集》卷二〇〇《礦徒謠》 明末開礦，有害無利。至今遂諱言此事。然桂陽鉛廠、辰州砂廠、鐵廠，固未嘗禁，亦未聞召釁也。吾郡土産瘠薄，生計艱難。專賴一二煤窑、鐵廠，間民無職業者，有所資而得食。然其利甚微。近聞吾楚産金之地頗多，若弛開採之禁，因而乘之，於以濟國用而裕民生，亦未必非救時之急務也。若云畏礦徒滋事，彼終役役於煤窑鐵廠者，獨皆良善之民，而召募開採之人，必皆頑梗不逞之徒乎？是又不然矣。

金三硐，銀九塲。鉛廠鐵廠，鏟遍土壤。金礦銀砂，委諸草莽。莫聽誑，但看旺不旺。莫問財，但看開不開。

黄剑《讀白華草堂詩初集》卷七《封礦行》 鎮平初改縣，建置在明末。維時石窟砦，實寇盜巢穴。崇山叠嶂連，嘯聚時竊發。名爲五總賊，焚掠恣劫殺。大吏日籌剿，不能斬苞枿。乃謀并三都，程平兩縣割。彈丸一子城，咽喉扼閩越。我朝定鼎初，蕩穴掃遺孽。承平百餘年，樂利民安悦。嘉慶丁戊間，山忽産鉛、鐵。地屬高思鄉，酒缸潭面偪。外匪乘間集，聚衆歃牲血。維時觀察林，天培。廉勁見勇仡。煌煌數典刑，大辟並劾刖。無何劇騎箕，厲禁復侵軼。相公松秉節來，萬家號生佛。深慮竄逋逃，嚴檄令封閉。封章達帝座，帝曰卿言切。地寶終不閟，人謀久愈譎。白馬與豐田，又見礦砂出。夤緣到士紳，勾引盡豪猾。民情頗洶涌，匪黨復糾結。關節不能到，復有夏觀察。修恕。觀察甫風聞，旋即得告訐。切責下嚴詞，購訪出密札。火雲爍毒暑，辛巳之六月。星馳赴礦山，汗雨止焦渴。勘封報大府，民害始得豁。善後費籌畫，條辨極切核。自今鎮之民，小康庶可汔。我因礦害除，不憚再申説。鎮邑山路雜，汀贛漳潮達。防範稍不周，群匪所出没。聚此萬餘人，何以得盤詰？地方大可虞，劇害此其一。山多民田少，每歲糧食缺。往往青黄時，米價日高榻。多此萬餘人，必至飯糠麧。劇害此其二，飢飽大關楔。礦砂滲硫黄，水性極克伐。凡水所灌田，青苗變黄髪。久看菽麥死，漸至鷄犬絶。劇害此其三，正供豈能闕。架陂爲灌田，沙飽水汎溢。往年籌水患，尚恐隄防决。掘礦必淘砂，砂多益壅閼。劇害此其四，民共爲魚鼈。土俗婦女貧，擔礦向巃窟。礦徒皆無賴，隧道若幽室。白晝見人妖，誰復敢呵叱。劇害此其五，廉恥一朝汨。凡此五大害，言之盡蹙頞。沴氣見金虎，訛言出旱魃。丁丁山骨鑿，喇喇地皮刮。十室九怨咨，呼叫慘排楔。藉非此數賢，禍竟不可遏。九重自仁聖，四封嚴扃鐍。五材雖並生，百姓期罔咈。安能庇豺狼？尚恐篾蟣蝨。封疆得賢臣，利弊必搜剔。豈惟掃蜂屯，且當除鼠竊。金銀刼已消，麋鹿命亦活。高陂水湯湯，高嶺山巀巀。生祠建桂陽，千秋祀芬苾。

張應昌《詩鐸》卷二五陸師《礦洞開採即事康熙庚子奉命勘驗山東礦務》 皇帝膺大寶，五十有九年。梯航東山海，曆數追羲軒。蠢爾西域醜，恃遠外陶甄。皇帝赫然怒，西顧每睠焉。命將肅天討，出師屯窮邊。健兒馬騰躍，轉粟車聯牽。九牧胥貢金，虞衡爭輸錢。開府紆籌策，入告啟長箋。岱嶽昨效靈，銀甕出重淵。緬惟神禹制，三品貢荆蠻。太公表東海，九府通財源。流傳逮敬仲，府海兼官山。不勞耕與織，有利如流泉。持此佐大農，歲可致億千。皇帝聞之吁，天語遲未宣。咨爾六卿長，慎選郎官前。地果不愛寶，潔齋告山川。期年試無益，遄歸莫遷延。朝奉丹闕詔，夕跨郵亭鞍。是時五六月，暑雨方連綿。鬱蒸肌理炙，沾溼衣裳單。駐足渤海郡，結茅嵩峰巔。屬臨朐縣。投林同鳥雀，宿野伴猴猨。饑餐脱粟飯，渴飲潢流湍。小臣呫嗶士，白首攻陳編。將事滋戰慄，讀史多憂煎。未精貨殖傳，忝竊中官權。山骨巧匠斲，汞訣丹仙傳。穿洞黑穴地，削嶂青摩天。時防海眼裂，復怕陰火然。深阱設桔槔，宛轉車輪翻。一夫操短綆，百丈互迴環。失足落坑塹，枕藉屍難完。民命良可痛，銖錙奚足言。經國有訏謨，大利在桑田。陰陽洵時若，萬寶自騈肩。烏用山澤竭，迺令府庫填。所以孔桑輩，青史多譏彈。矧茲京左臂，血脉相蜿蜒。豈惟洩地氣，亦恐摇天關。皇帝至神聖，夏勤益恭度。水旱廑上念，蠲賑無中慳。和氣格上下，不日靖西番。可笑海填石，枉教山受鞭。恨無折檻力，排闥回天顔。昨聞擲奏牘，兩浙叨安全。侍御有請開浙礦者，命擲還原奏。乾坤自默運，日月長高懸。小臣體明詔，敬獻采風篇。按：公行狀載：公駐臨朐三月，遠近若不知有官者，旋與同事五人暨中丞合疏請停，事遂得寢。詳《馬長淑礦洞小記》。

吴仰賢《小匏庵詩存》卷三《走廠謠滇人藉採礦爲生者曰走廠》 廠有銅，供鼓鑄，採自山，衆匠赴。礦若旺，被紈素。礦忽衰，婦無袴。礦之衰旺恃神護，持酒賽神神毋怒。礦神去，鍋頭懼。一廠之中出資本者謂之鍋頭。礦神云係蠻族，性畏官。凡守令官欲至廠觀覽者，須微行，屏騶從，否則其神逸去，礦即衰矣。荒甲連綿課將誤。廠中多忌諱，謂土爲荒，石爲甲。礦神駐，礦如故，水洩無勞銅滿庫；銅滿庫，亦可怖，君不見銅山下鄧通墓。

銅山已多事，銀生乃有府。景東廳蒙氏立爲銀生府。一夫專其利，眈眈目如虎。石羊銀廠名，在南安州。金牛在會澤縣。山峩峩，上輸國賦歲幾何？豪商大賈

肥馬馱，紛紜揮霍醉且歌。反平覆，蠻與觸，攘臂而起鬬在屋，風吹戰場草肅肅。銀廠尚可，金廠殺我。金江之灣，雜居猓蠻。荒土不犁，淘沙其間。吏虎而翼，督課孔亟。鴻驚而㬱，十户九逃。世無珠玉，乃貴菽粟。世無羅紈，布帛是安。地若愛寶，還我軒皞。

鄭官應《羅浮偫鶴山人詩草》卷一《輓唐景星觀察》

絶人才識濟時心，新法旁參用意深。萬里風雲騰驥足，一時聲譽滿雞林。閫疆獨挫天驕氣，象譯全通海國音。礦務輪船功不泯，凄涼身後費沉吟。

《與西客談時事》

有客談中華，隱抱腹心疾。厥弊誤因循，凡事守迂拙。礦産富五金，匪獨旺煤鐵。雖有采辦者，往往多牽掣。刻舟以求劍，膠柱而鼓瑟。粉飾每自欺，浄華難覈實。羣雄各覬覦，利權暗侵奪。俄德窺北轅，法日界南轍。英復圖中央，闔棋布子密。或借港泊船，或租地築室。或司總税務，或代郵傳驛。或爲開礦謀，或爲訓士卒。鐵路或包工，國債或借撥。措施靡不周，陰謀多詭譎。欲取故先與，亡本翻逐末。怪哉據要津，猶自耽安逸。無復計變通，祇用羈縻術。厝薪卧其上，舉火同迅發。其勢必燎原，其間不容髮。虎視兼狼吞，海疆終決裂。奮筆作此詩，字字含淚血。危言宜深省，聊用告明哲。

《開礦謡》

天惟養斯民，地不愛其寶。彭魄孕萬物，坤靈名富媪。中土饒礦産，朝廷不稽考。尋脈與化煉，素患礦師少。多延礦師履勘各省礦産。蘭山金剛鑽，官民多不曉。賤售德國商，聲名傳八表。列邦更垂涎，風水難阻撓。借端肆兵威，踞地復騷擾。亟修卝人律，舊弊一切掃。章程仿日本，外人無輕藐。招商立公司，欲開先探討。利重害亦多，辦理須有道。太阿若倒持，徒爲他人飽。國家當保護，派員察成效。地給有限數，不准索全島。金銀官自開，例非由我肇。守備乏精兵，家國終難保。譬如獵一獸，羣犬共争齩。各國顧其私，漫謂真和好。時局正艱難，寸心常悄悄。未議如采用，舉首望晴昊。

《時事感懷》

礦産歐洲日告貧，中華元氣尚渾淪。驚聞西士籌分策，欲割東方據要津。鐵軌縱横争建築，練兵防守莫逡巡。勢如一綫懸危卵，日本伊相云：中國現在情形勢如一綫懸危卵。轉弱爲强在得人。

又卷二《答吴瀚濤大令論路礦》

路礦關家國，爲人刼利權。笑吾如傀儡，愧彼任抽牽。欺壓民含怨，呼號孰可憐？地方生計盡爲彼族所奪。開門揖大盗，准外人開礦，承築鐵路。何處是仙村？

《商務歎》

富强由來在商務，商出農工須保護。商律頒行宜認真，精其事者管商部。農工學生雖卒業，未經歷練毋輕僱。中華礦産冠五洲，自然之利天所與。取之不竭用不窮，礦路宏開國自裕。可惜民間習氣深，開採每爲風水阻。風水豈能阻外人，徒爲外人守其土。試看奉天可類推，不識時務惟泥古。且歎開者資本輕，貿然舉辦無次序。不先鑽穴驗礦苗，凡開礦，西法必先請礦師，用機器鑽驗煤層多少厚薄，化看礦質。往往無效失資斧。雖聞漠河獲利厚，無如餉重賊難禦。金匪猖獗，勇糧極重。輪船電報開平礦，創自商人盡商股。國家維持報効多，試看日本何所取。辦有成效倏變更，官奪商權難自主。開平礦股價大漲，總辦擅自合洋賈。

《保主權》

立憲政體重主權，權分上下居民主。太阿不假外人持，上下同心拓土宇。中國專制尚維新，勢同彼德效易覩。如何鼻息仰他人，自衛奚殊倀引虎。引得群虎自西來，佯言爲我守疆土。誰知各自踞一方，遂欲瓜分兼豆剖。拒虎不得復進狼，狼狽爲奸矜跋扈。主權反授虎狼操，薦食何時能飽肚。縱横之術似春秋，權謀險詐悉難數。財政大權在海關，海關税務司兼管郵政。商征郵税供天府。專司總鑰爲赫德，副以華員亦不許。海關税司用西人，不是西人不許雇。西人懷私顧彼族，往往蔑視吾商賈。洋船往往内地免驗，華船須泊關前候驗。關税所入繫度支，國家命脉相依輔。請看印度公班衙，國腦已被英人盬。礦産五金中土饒，權應採挖屬農部。天生寶穴不自開，惟予外人縱斤斧。利權盡爲外人握，國旗變色紛紛樹。幅幀已在人掌中，保護猶煩我卒伍。鐵路築費借外洋，工司工匠由他舉。縱然築得鐵路成，保守何從固吾圉。借款多時如埃及，邦交每易生齟齬。一朝鼙鼓動地來，内外交攻孰能禦？

《感事》

特蘭士化國，礦産五金多。荷族先侵奪，英邦復搜羅。慢藏原誨盗，病弱故招魔。立憲同堅守，强鄰奈我何。

《路礦歌》

路礦之利普而豐，裕民裕國財政隆。泰西富强半由此，獨惜支那瞶且聾。廿二行省多寶礦，五金耀日山色紅。奈無軌道運不出，守府徒嗟國帑空。懷寶

迷邦不自保，開門揖盜來羣雄。外交時復多遷就，與國要求術愈工。藉口爲我承路礦，侵吾疆土邀吾功。當途不察輒輕許，無異割地溝劃鴻。法自越南入滇粵，俄從東北襲滿蒙。德踞膠州䂬齊魯，英承漢口及廣東。所餘各國難枚舉，路礦權歸彼掌中。合興公司尤狡黠，股票私售與比通。洋匠橫行斃民命，工程陋劣違合同。湘人發難争廢約，衆志成城氣貫虹。三省路權思共挽，義舉洵足愧凡庸。從此外人來攬造，我須力拒毋通融。先籌善策儲資斧，勿顧私囊祇顧公。或分地段招商辦，獎賚從優達聖聰。或撥帑藏先建築，功成保息召承充。如無入釐息，國家補足。紳商合股共分利，税仿歐西補正供。中國地大兼物博，股商誰不樂輸忠。總之集股非無法，取信先求有始終。若復予人縱伐斧，何殊授刃滅社宗。感懷路礦歌已輟，茫茫世事將焉窮。

雜録

歐陽修《歐陽文粹》卷六《書·上政府》　自古邦國財産之利，必出山澤，故傳曰：「山海，天地之藏也。」自兩漢以來，摘山煮海之利，必歸公上。今天下諸路山澤，悉以榷之，無遺利矣。獨河北一方，兵民所聚，最爲重地，而東負大海，西有高山，此財利之産，天地之藏，而主計之利，皆不得取焉。祖宗時，哀閔河北之民，歲爲敵國所困，盡以海鹽之利乞與疲民，此國家恩德在民已深，而不可奪者也。西山之長數百里，其産金、銀、銅、鐵、丹砂之類，無所不有，至寶久伏于下，而光氣、苗、礦往往溢發而出地，官禁之，不許取。

蔡襄《端明集》卷二三《富國》　或曰：何以富國？今天下之廣，四維萬里，可謂大矣；農田、商賈、茶、鹽、酒税、銀、銅、金、鐵之類，莫不榷之，可謂察矣。籠天下之利，至纖至悉，宜乎國家富有，府藏充牣，不可勝計，然後爲得。

《明神宗實録》卷三二八　萬曆二十六年十一月丙戌，御史許聞造上言：「臣本年正月内蒙皇上命臣巡按甘肅。臣泛舟回南，由徐至淮八十里，河身全徙而不復爲國家之用；由陸赴任，自梁入秦，四千餘里亢暘不雨，所在有盜賊之虞。及過河南，裕、葉、嵩、盧之礦得不償失，而掊克於大户；入陝西，臨潼、商雒之礦全無所得，而巧取於條鞭。在陛下徒取諸山澤，在礦使實奪諸閭閻。凡所經臨，慘毒萬狀。科臣趙完璧、包見捷等言之，按臣姚思仁繪圖陳説又詳言之，不蒙采納。兩載之間，虎狼半天下，殘民逞欲，以奪造化之權，雨暘焉得時若？運道焉得安流？」不報。

又卷三三一　〔萬曆〕二十七年二月戊辰，遣内監楊榮開礦雲南，陳奉征荆州店税，陳增征山東林步等處店税及馬匹土産，孫隆帶征蘇、松等府税課，魯坤帶征河南，孫朝征税山西。是時諸弁馮綱等望風言利，皆朝奏夕可，其所遣税監皆其所薦也。【略】〔萬曆〕二十七年二月丁丑，大學士沈一貫題：「伏見皇上聖明睿知，動符帝王，竊以爲堯、舜、成、康於今復睹。而乃爲群小所中，競開利端，日遣中使四出，絡繹不絶。至於上激霆怒，逮繫守臣，烈焰益張，邪謀愈進。盛明之朝，豈宜有此？自古財賦之計，未有不與臣工謀而與群小謀者。蓋臣工計其利，復計其害，則能斟酌於利害之際，而處置有方；群小顧其利，不顧其害，則但攘臂於掊克之謀，而攪亂無極。變法征利，何等大事，而乃隨奏隨准，星火促行，不令閣部議擬，不許科道封駁，不傷於太易乎？祖宗定制，錢糧互相覺察，故弊源清而奸竇塞。今獨使一人專敕行事，惟意所爲，憑借寵靈，擅作威福。以勢淩撫按使，不敢一問其出入，以刑劫有司使不得一加其調停，此所謂虎而翼者也。群虎百出，逢人咆哮，寸寸張羅，層層設阱。於是商旅必不行，而賦税無所得，且至於索居民矣！於是居民見索，生理日迫而禍，且至於尋干戈爲盜賊矣。百孔千瘡，良醫莫措其手；土崩瓦解，良吏莫施其力。是皇上斂財之意，本以備不虞，而反以召不虞也。伏願皇上深惟理亂之原，詳審重輕之辨，掣回所差内臣，遣發原奏官民，舉天下財計盡責成户部，俾悉心籌畫，以開財源。明詔内外，修舉政事，無令冗耗，以節財流。則府庫坐見充盈，而田里亦無愁病，大聖人之鴻名盛業垂於萬萬世矣。」疏上不報。

又卷三三四　〔萬曆〕二十七年閏四月庚辰，逮臨清守備王煬。時税監馬堂縱群小橫征，民不堪命。市人數千環噪其門，堂懼，令參隨從内發矢射殺二人。衆遂大譁，火其署，格殺參隨三十四人。堂窘甚，賴王煬救之得免。堂初甚德煬，業以狀聞，而其黨鄭惟明以前嫌故，疑煬陰鼓衆而陽救堂自解，遂詭易堂奏逮煬云。

二十七年閏四月，大學士趙志皋言：「昨山東撫臣揭謂衆怒如水火不可嚮邇，若不及今取回馬堂以安反側，則將來事勢有不忍言者。夫礦税之役，臣亦逆知必有今日。今一見於天津，再見於上新河，然不意臨清一發，若斯之烈也。臨清爲運道咽喉，齊魯扼塞，民俗剽悍，加以東西南北之人貿易輻輳，乘亂一呼，雲

集霧合，此地一摇則三齊震動，京師欲安枕不可得矣。乞速下德音急撤回馬堂，行令撫按加意安撫，或念法不可弛，姑就一二倡亂者懲罰以彌觀望，實宗社無疆之福。」不報。

二十七年閏四月戊子。是時礦使四出，人情汹汹。内而勛戚大僚、詞臣科道，外而各省撫按合詞力諍不能得。於是辦事進士謝廷讚陳内亂外變之形，詞甚激切。而司禮監太監田義亦言之。俱不報。大學士沈一貫復言：「臣惟群臣言礦税者，非直以專利爲戒，而實以釀亂爲憂。我國家如金甌，無有傷缺，何可無故因小利貽大害。夫財者民之命也，取民之財是取民之命也。今窮天索産，罄地伐毛，盡宇宙間靡有留利。黄旗相望於郊原，虎冠遍滿於廛市，撤屋掘墳，搜藏發窖，無論奸民乘機劫奪，即良民亦寧能拱手而授人以命乎？爲抗爲亂，去爲盜賊，勢所必然。今邊兵枵腹以待哺，司農束手而憂死。若脱巾之徒與潢池之盜所在並發，何以待之？皇上勿以爲天下事必不至此而無憂也。」

又卷三三九 〔萬曆〕二十七年九月丁卯，户部言：「今天下各處饑饉，都門米價騰踴，所賴逐末之民轉糴他處。【略】今榷税中使項背相望，密如羅網，嚴如湯火。無論在場在廛，即升斗靡所不索；無論舟載車裝，即負戴靡所不抽。彼逐末者將何利而爲之？勢必人人裹足，家家懸釜，民不轉死於溝壑則弄兵於潢池耳。伏乞敕諭榷官，悉蠲米麥豆穀諸税。」上令免諸肩負者，其商賈興販酌量征取。仍曉示各處墟市地方，毋虧國課，亦無累商民。

又卷三四〇 〔萬曆〕二十七年十月，吏部等衙門尚書李戴等言：「【略】臣觀天下賦税之額比二十年以前十增其四，天下殷實之户比二十年以前十減其五。東征西討，蕭然苦兵，自礦税出而百姓之苦更甚於兵，自税使出而百姓之苦更甚於礦。年來遠邇同嗟，貧富交困。貧者家無宿儲，止憑營運，但奪其數錢之利，已扼其一日之喉。至於富民，需求不遂，立見傾家蕩産，無地可容，有天難訴。利歸群小，怨歸朝廷。皇上神聖，洞知今古，自秦漢以來，天下危亂之由惟有四字，曰『人人嗟怨』而已。天心仁愛，明示咎徵，欲皇上翻然改悟，坐弭倡亂。乃禮部修省之章未蒙批發，而奸民搜括無礙銀兩之奏又見允行矣。此令一下，急如星火，不但指有礙爲無礙，亦將指無銀爲有銀，必將正項公銀俱充進獻，公用無措，又派民間，庫藏既空，閭閻亦敝。有司一有争執，輒謂阻撓，身且不保，何有於官？又如仇世亨奏徐鼒掘墳一節，事之有無誠難懸斷，然以理論之，豈有一墓而有黄金巨萬之理。即使有之，亦當先下撫臣查勘虚實，分别首從，先正其掘墳之罪，而後以掘墳之物入官。未有罪狀未明而先没入資財者也。片紙朝入，嚴旨夕傳，不但破此諸族，又將扳及多人。此風一倡，誰不傚尤？何地不可爲金穴，何人不可爲撲滿？開告緡之令，又開告密之端，臣等方欲陳奏而高時夏、戴君恩之奏又得旨矣。五日之内搜取天下公私銀兩已二百萬，傾府庫之藏豈無盡日，窮天地之産寧有足時？臣等前日猶望其日減，今日乃更患其日增，不至民窮財盡釀成大亂不已。伏望皇上穆然深思，超然玄覽，亟與廷臣共圖修弭，杜中臣攘奪之路，絶群小窺伺之萌，無令結怨清朝而致干天變也。」疏上不報。

又卷三四四 〔萬曆〕二十八年二月丁酉，應天巡撫陳惟芝以王承德詭奏廬州等四府牙税羨余未經征抽，極言徽州、安慶帶山沿江地瘠民困，並無物産可税。况包礦者此民，包税者亦此民，吮髓吸血，民不聊生。若必執奸弁之誣爲竭澤之漁，則寧徽州勉認六千，安慶勉認五千，有司征收類解，不必委官滋擾。不報。

又卷三四八 〔萬曆〕二十八年六月丁丑，鳳陽巡撫李三才上言：「礦税煩興，萬民失業，朝野囂然，莫知所計。如臣境内，抽税者，徐州則陳增，儀真則暨禄；理鹽者揚州則魯保，理蘆者沿江則邢隆。千里之途，中使四布，棋置星羅，如捕叛亡。無賴亡命翼如虎狼，如含山之潘元等，和州之陳所蕴等，淮安之馬如壯等，揚州之蔣柔等，瓜州之酆奔、紀四，儀真之吴大川、汪三等，泰州之郭寔、宿州之顧其禮、戴環等，假雕印信，公行嚇騙，而程守訓尤爲無忌。近來楚中内使沿途掘墳，得財方止，毒虐人鬼。且一人之心，千萬人之心也。皇上欲金銀高於北斗，而不使百姓有升斗糠粃之儲，皇上欲爲子孫千萬年之計，而不使百姓有一朝一夕之計。試觀往籍，朝廷有如此政令、天下有如此景象而不亂者哉？昔元政不綱，黷貨無厭，群小擅命，故高皇帝奮其一劍而取之如摧枯拉朽焉。此殷鑒之不遠也。且所謂巡撫者安撫此一方民，巡按者按察此一方民，知府、知州、知縣知此府、州、縣之民之事也。今采抽踏勘，俱會撫按，少有異同，動蒙切責；起解征收，任委有司，駕言阻撓，便被逮繫。是上自皇上，下至撫按有司，無非爲礦税設也。故謂臣等爲巡擾可也，爲巡害可也，爲知礦、知税、知監可也。豈天所以寄托皇上與皇上所以命官之意哉？乞亟下明詔停罷礦税，盡撤内使。其掘墓殺人事有顯迹者，擒拏正法，傳首四方。由是郊廟之親、朝講之復、輔臣之點、臺省之補、建言斥逐之賜環、無辜被逮之解網，頓然改弦，天下豈不翕然而誦聖德哉？」不報。

又卷三四九　〔萬曆〕二十八年七月，山西道御史李時華等上言：「自有礦税以來，中使激發聖怒，今日奉旨拿一知府，明日又拿一推官，拿知州、拿知縣，甚至鄉官、舉人、生員、百姓無往而非逮繫之人。在中使以爲不激皇上之怒，不足以恐嚇諸人；在皇上以爲不從中使之言，不足以厚集其利；是皇上明示百官以曲順中涓之心而滋百姓之怨毒也。乞將先後逮繫諸官敕下法司分別議處。新扭解廣東吴應鴻、勞養魁，雲南蔡如川、甘學書，陝西王正志等俱令該撫按會同查勘，倘係持正招尤，强項取侮，不妨明白昭雪。至於大貪極惡如中書程守訓者，累經參劾，臟私數千萬，且自謂天子門生，假稱詔旨，搜求寶玩，如此奸貪，罪止奪俸，何以服被逮諸人之心，雪江南江北千百里生靈之怨！」疏入，留中。

二十八年七月癸丑，巡撫鳳陽李三才奏言：「頃臣以礦税殃民，具疏上請，直據見聞明開禍福。自以皇上得臣此疏，將必慨然太息，布下明詔，悉罷各役。今既月餘矣，未之或聞。豈左右有所壅蔽，抑睿覽有所未及耶？數月以來，遠邇傳聞，凡有章奏，但係税務即束高閣。夫天佑下民，作之君，君固民之主也；得乎丘民而爲天子，則民又君之主也。若休慼不關，威力是憑，孤人之子，寡人之妻，析人之産，掘人之墳，奸貪殘賊若近日秦楚所奏，即在敵國讎人有所不忍，況吾衽席無辜之赤子哉！困苦無聊，呼天叩地，奸雄乘機遂生窺竊，如徐州趙古元之類是矣。夫天下非小也，草澤之人至廣且衆也，所欲爲趙古元之所爲者何限？獨以朝廷處置得宜，綱紀有道，故俯首頫心，從教從令耳！今乃驅之使亂，逼之令反，一人背去，百群遂奔，恐百姓之不肯爲朝廷有也。倘皇上猶謂臣言不實，乞先斬臣而後親臨朝宁，果否萬民有水火之災，是否宗社有危亡之憂，各處地方曾否有殺人掘墳之事，賣兒鬻女之慘？大奮乾綱，盡除前令，一應假旨詐威，黨煽虐民，嚴行各處撫按查明勘實，如律究罪，於以報匹夫匹婦之仇，於以泄孝子慈孫之憤。」不報。

二十八年七月己未，真保薊永礦税監王虎疏請征收寶坻等縣葦地、船網税課銀兩及開墾荒地，參百户夏榮作威生事。得旨：「漁葦課依擬征收。其開墾荒田，令會同撫按屯田御史查勘，不許侵越各處税課疆界。夏榮着回衛。」

又卷三五一　〔萬曆〕二十八年九月丁巳，工科都給事中王德完疏參税監陳增、王虎言：「沿江船料，奸民妄奏，簡查虚謬，業經停寢。增搜括淮、徐，益之曹兖貢金七萬，取實前言。夫明旨所稽，原係船料，各庫所貯，實係修河，虚詞罔聽，固云巧矣，得無欺乎？且河流徙決，修築工料費出不貲，多方湊處，猶虞不給，又欲蠶食瓜分，異日缺用將何以湊手耶？寶坻魚葦幾何，税至四萬，明係慫誘。虎聽信奸弁，旁搜蔓引，商船過地，無不波及。甚則倡爲魚閘官地之説，欲拆毁民廬，加派間架。夫落地之税已屬張燁，南來之税又係馬堂，區區一隅，三監並列，重叠征收，商民困累。敕戒夙嚴，如之何其反汗也！祈留修閘歲貯，亟撤魚葦内臣，庶河道無虞，三輔少蘇。」疏入留中。

又卷三五四〔萬曆〕二十八年十二月庚辰，户科給事中田大益疏諫礦税言：「斂巧必厭足。各省直督礦税者穿鑿劫嚇，務實所報。礦不必洞而税不必商，凡民肌髓髑髏，丘隴阡陌皆稱礦税，而官及四民皆列市販。向所爲軍國正供盡竭於此，而正供必不能輸；即令有司刀鋸嚴索，只足驅民而速之亂耳。名僞必敗也。皇上自以礦税裕國足民，名至懿也。然軍餉無給，兵荒莫備，曾不聞以向所進收者給民佐國，而且日夜采榷，增加不止。人皆謂皇上意欲難盈，莫不反唇作色，嗔心詈口，而冀以智計甘言竊天下之譽，可得乎？賄聚必散也。方今内帑收貯無虚歲，無虚時，無虚月，無虚日。夫積而不泄，鬼將作祟，不有脱巾揭竿，借爲鼓譟之資，即恐英雄睥睨，席爲用武之地。此雖家給人散，以見德意，亦且蹴之覆之而不可反，是天地聚散之必然也。怨極必亂，夫衆心不可傷也。今天下自周親豪右，簪纓韋布，以至耕夫販婦，健兒走卒，莫不茹苦荼毒，扼腕惻目，唏嘘而無所訴，已非一日。恐土崩衅成，決而莫制。家爲仇，人爲敵，衆心齊倡，而海内因以大潰，豈不大可懼乎？禍遲必大。國家全盛二百三十餘年，已屬陽九，加以邇來暴斂朘削，種種敗道而猶晏然無事，東征西討，所向快意，蓋將前之掩祖德，後之侈主志，外之生衆心，而内之耗兵食。一豎固而扁鵲走，六神索而大命傾，奈之何甘燕雀而怡堂也。意謎無救，皇上矜奮自賢，沉迷不返，以豪璫姦弁爲心膂，以礦砂税銀爲命脈，雖有苦心藥石之言，聽之猶如蒙耳，即令巫咸治外，倉公治内，逢龍剖心，舜禹籌策，亦安解其徽纆而救敗亡哉！夫此六事者，稽之往古爲必然，驗之當今而不可易，察之天道人事則已極，關之宗社安危則至大。臣畏死不言，則誤皇上；皇上不疾行，禍如發矢不可追矣。願皇上亟罷各省直礦税，以消天下禍亂。」疏入留中。

又卷三五五　〔萬曆〕二十九年正月。是月，天津税監馬堂進銀内庫：新增鹽課銀凡六千五百餘兩，租税銀六萬五千餘兩，助琉璃橋工銀五百兩，無礙官銀四千五百餘兩，節省銀二千兩。四川税監丘乘雲進銀内庫：額外茶鹽税銀四百五十兩，鹽引銀三千八十兩，礦金四十四兩，礦銀五百三十五兩，又銀一萬五千

兩，漏稅一百五十兩。通灣稅監張燁進銀內庫：稅銀八百七十五兩，牧馬子粒等銀二萬四千三十餘兩，長蘆鹽稅銀二千六百兩。

又卷三五六 〔萬曆〕二十九年二月。是月，湖廣稅監陳奉進金銀內庫：金銀樣砂一百一十斤，礦金一十二兩五錢，礦銀三十兩，水晶二十餘斛，掘獲銅錢一千二百三十三文，公費餘剩銀一百二十五兩，罪贖銀一百五十兩。湖廣稅監劉忠進土回青內庫一百三十七斤。廣東珠監李敬進金銀內庫：砂金五百二十五兩，銀五千一百餘兩，又大小珍珠一千二百六十九兩，銀三百三十五兩。

又卷三五七 〔萬曆〕二十九年三月己未，錦衣衛接出聖諭：「朝廷開礦稅課，原因三殿二宮費用不貲，國帑匱竭，固爲權宜之計。一以體察臣庶，一以裕國濟急；稍俟充足，自有處分。何乃內外官員互分彼此，掣肘阻撓，坐視怠玩，故縱唆使，欲實彼言，其如君命何！及朕詳處一二畜物，薄示戒懲，諸司不以尊君體國爲重，要挾君上，徇私市恩，又來奏激，好生蔑旨！張主敬等都革了職，發回原籍，爲民當差，不許朦朧乞推升。湖廣卞孔時着錦衣衛便差的當官旗星夜扭解來京究問。」

又卷三五八 〔萬曆〕二十九年四月癸未，督理雲南礦稅尚膳監太監楊榮進銀一萬五千二百四十餘兩，金二十兩，樣銀一百六十兩；又進紅寶石一百一十三塊，青寶石七十九塊。命內庫查收。仍令同撫按嚴追侵隱課羨，店户黃存等不許推諉遲誤。

二十九年四月乙酉，督理江西湖口等處征收船料稅店御馬監監丞李道言：「臣駐紮之處與湖廣奉御陳奉壤地相接。奉之在楚也，水則阻塞舟商，陸則攔截販賈。所轄十五府，官盡與爲寇讐；周歷數千里，民咸剥其膚肉。且言湖口錢糧一倍而解三倍，奉實征三倍未解一倍。」奉旨：「陳奉征多解少，水陸重征，墊塞商民，欺匿國課，好生可惡。李道請乞更以息怨讟，其湖廣廣寧店租及開礦鑄錢等項，着守備內官杜茂不妨原務兼提督管理，還會同撫按官征收開鑄。陳奉着該撫按差官伴送回京處分。」

〔二十九年四月〕是月，真保開礦指揮張懋忠進銀內庫礦銀三千三百兩，山東稅監陳增進銀內庫稅銀三萬五千兩，金剛鑽二顆。山西稅監張忠進銀內庫六千九百兩。廣東珠監李鳳進銀內庫一萬二千兩。時鳳聽奸民首告，擅拿平民，新會具民哨聚千餘，珠賊橫行海上。江西湖口稅監李道進銀內庫一萬四千兩。廣東稅監李政進銀內庫船稅等銀一萬八百七十兩，年例等銀三千餘兩，鹽稅等銀一萬四千餘兩。雲南稅監楊榮進銀內庫寶珠等及銀一萬五千二百兩；參知府周鋒侵匿寶石，下法司提問。陝西礦監趙欽進銀內庫庫銀一百三十七兩，礦金四百三十九兩。

二十九年四月壬辰，户部尚書陳蕖奏陳三事，略言【略】四海蒼生，皇上之赤子也。自中使咆哮吞噬無厭，礦利些微，創爲包礦買砂，各色頭會箕斂，則礦非地之遺利也；商稅抽於此，仍榷於彼，密如魚鱗，慘於搶奪，則稅非商之餘羨也。征百解一，殺人如麻，豈獨陳奉一人？何怪河流斷絶，赤地如焚，愈禱而愈不應也。臣請身爲犧牲，以謝百姓。」不報。

又卷三五九 〔萬曆〕二十九年五月甲寅，直隸巡按劉日梧上疏言：「包采之議，諸臣蓋爲不得已權宜之計，不知包何從出，勢不得不取之民，與不許加派之明旨背矣。又重征叠稅，明旨叮嚀告戒。以臣所屬，上有湖口，中有蕪湖，下有儀、揚，舊設有部臣，新設有稅監，亦云密矣。湖口不二百里爲安慶，安慶不百里爲池口，池口不百里爲荻港，荻港不百里爲蕪湖，蕪湖不數十里爲采石，采石不百里爲金陵，金陵不數十里爲瓜埠，瓜埠不數十里爲儀真，處處抽稅。長江順流揚帆，日可三四百里，今三四百里間五六委官，攔江把截，是一日而經五六稅地，謂非重征叠稅可乎？應天諸府，徽州夙號殷富，自程守訓橫行詐騙，公私何啻百萬！此外各監互出，諸棍雲從，投匭告密，敲骨吸髓，民間之皮毛穿、脂膏竭矣。伏乞皇上力踐節次裕國恤民之旨，特准罷免其貪殘如程守訓輩，仍革職行臣追贓究問。」不報。

二十九年五月丙寅，浙江礦督劉忠進銀內庫：煤價銀四百三十三兩，石青三百三十四斤。山西礦監張忠進銀內庫：鹽銀凡一萬二千兩，礦銀一萬三千九百六十七兩。

二十九年五月辛丑，户科給事中田大益上言：「竊惟釁自上起者難以忿心尤人，怒由衆積者忌以漫詞掩慝。今皇上嗜利心滋，滿布狼虎，飛而食人，無有空處。使天下剥膚吸髓，剜肉刺骨，亡家喪身，掘塚剖棺，只充皇上私藏而未曾錙銖佐國，皇上所自知也。而天下無如上何！口詈而心嗔，人愁而鬼哭。籲天天災，控地地赤，觸山山崩，觸川川竭，怨不勝而挾不平，聚不逞以幸不可冀，又皇上所備聞也。聖衷幽隱，天下無知愚皆知之，奈何欲塗民耳目以解，謾曰愛民裕國，計權宜爲德意哉！今楚人以陳奉故至沉使者不返矣，且欲甘心撫臣矣。楚藩王匿奉府中而朝廷人不敢入楚偵緩急矣。中外觀變，惟在楚人。臣謂皇上

睹此必曠然改操，罷礦税使而暴其罪，而何猶戀戀忿忿，欲争而不能割也？夫天下見皇上之遇楚事而無變志也，知禍不解，遠近嘯聚，必各殺其閹弁，各劫其金玉，一呼各發，決而莫制；慮且戕守令、戕監司、戕鎮巡、戕督撫，掠地屠城，稱兵飛檄。欲倚京師爲固，而慮且輦轂之變生；欲東西南北以爲他圖，而慮且四方土崩而仇之。當是時，即殲諸璫而傾内帑曷救哉！適足以盛衆怒，輸賊糧耳。且皇上不爲楚人誅陳奉，奉必受誅於楚；夫使奉受誅於楚則柄下持。皇上不爲楚人捐礦税，礦税必自捐於楚；使礦税自捐於楚則不見德。皇上不盡撤天下礦税使，天下必效楚人以要皇上；使天下效楚人以要皇上，天下事尚在皇上掌握哉？」不報。

二十九年五月丁未，吏部尚書李戴等條上旱災封事，言：「自去年六月不雨，至今三輔嗷嗷，民不聊生，草木既盡，剥及樹皮。夜竊成群，兼以晝劫。道殣相望，村室無煙。據巡按汪應蛟揭稱，坐而待賑者十八萬人。過此以往，夏麥已枯，秋種未布。使百姓坐而待死，更何忍言；使百姓不肯坐而待死，又何忍言！加以頻直四夷之警，連興傾國之師，車殆馬煩，行賫居送，按丁增調，踐畝加租，此時税賦之額比二十年以前不啻倍矣。而礦税之議煩興，貂璫之使四出。不論地有與無，有包礦包税之苦；不論民願與否，有派礦派税之苦。指其屋而挾之曰彼有礦，則家立破矣；彼漏税，則橐立傾矣。以無可查稽之數，用無所顧畏之人，行無天理王法之事。大略以十分爲率，入於内帑者一，充於中使者二，瓜分於參隨者三，指騙於土棍者四。而地方之供應，歲時之饋遺，驛遞之騷擾與夫不才官吏指以爲市者不與焉。陛下但知利源易開，中貴易信，豈知彼剥害小民至於如此！亦豈知今日苦礦苦税之民即前日被災被兵之民，重累疊困，咨嗟愁怨至於如此！即如湖廣一省，激變已四五次，而獨近日武昌爲甚。陛下試思無知小民何苦而變，誰非性命，誰無身家，惟其剥削之極無可控告，變亦死，不變亦死，等死耳；求與見害之人比肩接踵而死，死且不恨。故使奸民害良民，大亂之道也。史册所載，剥民之代寧有無後患者乎？行之急則禍亦急，行之稍緩禍亦稍緩；急者既倡，緩者必和之。今閭閻空矣，山澤空矣，郡縣空矣，部帑空矣。國之空虚如秋木，脈液將乾，遇風則速落；民之窮困如衰人，血氣已竭，遇病則難支。天下礦税之額大略百萬，有如一方有警，如寧夏、播州之役，不知所費止此百萬否？天下税額四百餘萬，如一方有警，各處徴允，征之不前，運之無路，此四百萬皆能依期至否？平日惟恐天下之財不盡歸内帑，如遇有事，不知内帑之財亦發以應天下急否？平居無事，奪民數錢以失其心，如遇有事，與民數錢不知即得其心否？臣言至此，不覺肝膽皆裂，聲淚俱下。若謂事必有安無危，則前代所積之財今皆在何處，而獨黷貨之名留於今日。然則人主之寶惟大業，而可傳之後日，獨有令名耳。近時鎮撫司監係官犯及生員，半因陳奉誣奏；今奉之罪狀既明白，則諸臣情節有可矜原。酷旱炎蒸，沈淪黑獄，聖明寧無惻然？臣等備列班行，同國休戚，不忍之言，所慮者萬民之心與萬民之口，所惜者萬世之業與萬世之名。」不報。

又卷三六〇 〔萬曆〕二十九年六月，是月山東税監陳增進銀内庫：銀一萬八千四百餘兩，馬二十四匹，騾一頭。儀真税監暨禄進銀内庫：船料銀二千九百餘兩，遺税銀一萬七千餘兩，又税銀三萬五千四十餘兩，贓罰銀一千九百二十六兩，又遺税銀五千九百三十八兩。河南礦務指揮楊宗吾進銀内庫：廩餼銀六百兩，礦銀六千一百四十一兩。山東税監陳增進銀内庫：礦金一百五十四兩，銀一萬二千八百六十兩，贓銀七千三百六十兩，額外監税銀三千五十二兩，漏税紗羅四百一十一匹。廣東税監李敬進銀内庫：珍珠一千八百五十八兩有奇，贓贖銀二千兩，犒工銀五百兩，礦金一百九十九兩，礦銀一千兩，珍珠變價銀三千一百五十三兩。廣西税監沈永壽進銀内庫：罰贖銀五百五十兩，税銀三千兩，古窑銀二百五兩，礦金二百五兩，礦銀三百二十六兩，丹砂八兩三錢。

又卷三六一 〔萬曆〕二十九年七月，是月天津税監馬堂進銀内庫：税銀五萬三千兩，省費銀二百兩，節省銀八百八十兩，監務銀六千五百二十六兩。兩淮鹽税魯保進銀内庫：税銀一萬六千九百三十九兩，引價銀五萬六千兩，補解銀七百五十兩，輸獻吴時修等銀九萬兩。山西礦監張忠進銀内庫：礦銀一萬八千兩，鹽銀價一萬三千兩，無礙銀六萬九千七百兩。四川税監丘乘雲進銀内庫：礦銀一萬六千五十兩，金四十五兩，額外税銀七千七百兩，贖罪銀三百二十兩，節省餘銀一千兩。

二十九年七月丁未　蘇、杭等處提督織造兼理税務司禮監太監孫隆及巡撫應天右僉都御史曹時聘俱以蘇州民變事上聞。隆疏言：「亂民葛賢等造言聚衆，焚掠劫殺，圍逼織造衙門，要挾罷税，其詞頗激。」時聘疏言：「吴民生齒最煩，恒産絶少，家杼軸而户纂組，機户出資，機工出力，相依爲命久矣。往者税務初興，民咸罷市。孫隆在吴日久，習知民情，分别九則，設立五關，止榷行商，不征坐賈，一時民心始定。然榷網之設，密如秋荼；原奏參隨，本地光棍，以榷征

爲奇貨。吳中之轉販日稀，織户之機張日減。加以大水無麥，窮民之以織爲生者岌岌乎無生路矣。五月初旬，隆入蘇會計五關之税，額數不敷，暫借庫銀挪解，參隨黄建節交通本地棍徒湯莘、徐成等十二家，乘委查税，擅自加增，又妄議每機一張税銀三錢。人情洶洶，訛言四起。於是機户皆杜門罷織，而織工皆自分餓死，一呼響應，斃黄建節於亂石之下，付湯莘等家於烈焰之中，而鄉官丁元復家亦與焉。不挾寸刃，不掠一物，預告鄉里防其延燒，毆死竊取之人，抛棄買免之財。有司往諭，則伏地請罪曰：『若輩害民已甚，願得而甘心焉，不敢有他也。』及湯莘等被責枷示，一揮而散。葛賢挺身詣府自首，願即常刑，不以累衆，其憤激之情亦可原矣。吳民輕心易動，好信訛言，浮食奇民，朝不謀夕，得業則生，失業則死。臣所睹記，染坊罷而染工散者數千人，機房罷而織工散者又數千人，此皆自食其力之良民也。一旦驅之死亡之地，臣竊悼之。四郡額賦歲不下數百萬，何有於六萬之税不亟罷之以安財賦之重地哉。」奉旨：「蘇州府機房織手聚衆誓神，殺人毀屋，大干法紀，本當盡法究治，但赤身空手，不懷一絲，止破起釁之家，不及無辜一人，府縣官並税監出示曉諭，旋即解散。原因公憤，情有可矜。召禍奸民湯莘及爲首鼓噪葛賢等八名，着撫按官嚴究正法具奏，其餘協從俱免追究，以靖地方。」

又卷三六三 〔萬曆〕二十九年九月，是月雲南礦監楊榮進金、銀内庫：凡税銀一萬五千四百餘兩，礦金三十兩，礦銀一千九百三十七兩。河南礦税太監胡濱進古藏銅器。

又卷三六五 〔萬曆〕二十九年十一月，遼東税監高淮進銀内庫：樣銀二百兩，達馬二十一匹，又馬十四匹。湖廣守備太監杜茂進銀内庫：税銀二萬四千四百兩，船料五千兩，積金銀三萬一千五百兩，買辦方物銀一萬三千兩。山西礦監張忠進銀内庫：礦銀一萬五百三十九兩。江西税監潘相進銀内庫：礦銀六百一十兩，金二兩四分，税銀三萬七千五百兩。

又卷三六六 〔萬曆〕二十九年十二月，是月薊永開礦太監王虎進金銀内庫：銀三千一百兩，金十兩。户部奏進慈慶宫子粒銀二萬七千八十七兩，乾清等宫子粒銀二萬四千五百兩。

又卷三六八 〔萬曆〕三十年二月己卯，上有疾，召諭輔臣罷礦税，釋逮繫，補用科道，復建言諸臣職。是日巳時，上急召輔臣及部院等官至仁德門，獨召輔臣一貫入啓祥宫後殿西暖閣。【略】上曰：「沈先生來，朕恙，甚虛煩，享國亦永，何憾？佳兒佳婦今付與先生，輔佐他做個好皇帝，有事還諫正他講學勤政。礦税事，朕因三殿兩宫未完，權宜采取，今宜傳諭及各處織造、燒造俱停止。鎮撫司及刑部前項罪人都着釋放還職，建言得罪諸臣俱復原職，行取科道俱准補用。」

三十年二月庚辰，上遣文書官至内閣取回前諭。大學士一貫題：「昨恭奉聖諭，臣與各衙門俱在朝房直宿，當下悉知，捷於桴響，已傳行矣。頃刻之間，四海已播，欲一一收回，殊難爲力。成命既下，反汗非宜，惟望皇上三思，以全盛德大業，以增遐壽景福，臣不勝忠愛。」

三十年二月癸未，諭内閣：「朕前眩暈，召卿面諭之事，其礦税等項因兩宫三殿未完，帑藏空虛，權宜采用。現今國用不敷，難以停止，還着照舊行。待三殿告成，該部題請停止。其餘卿再酌量當行者擬來。」大學士沈一貫回奏：「今聖體初安，正宜倍加崇攝，凝承天禧，安得以區區外物而妨内養！臣願皇上且勿以此事展轉於懷，寧心淡神，保身保民，幸甚。容臣三思再奏，其事在不疑者，如推補行取科道、起用建言詿誤諸臣、釋放礦税建言詿誤犯人，謹擬聖諭三道，惟即允發，預慰中外懸望。」上報聞。

三十年二月辛卯，重諭内閣：「朝廷開征礦税等項，因兩宫三殿未建，帑藏空虛，權宜采用。昨已有諭，但傳聞未定。卿可傳示該部院即行文與各處欽差内官並撫按等官，都着照舊遵行。待三殿落成，題請停止。如有抗阻者，一體治罪。」

又卷三六九 〔萬曆〕三十年閏二月甲午，保定巡撫汪應蛟疏言：「自榷采以來，家怨人愁，已非一日。彼其思亂而未即逞，徒以報罷有期姑隱忍以待。今報罷矣，而又不果。竊恐人心惶惑，所在擺動。萬一草澤聚衆，揭竿四起，雖有良平之智，不能爲謀。皇上即弗重詔令，奈何以金甌爲戲乎？」詔：「礦税已有屢旨，權宜采取，自有停止之日，不必瀆奏，宜静聽處分。地方事各用心管理。」礦税之未停也，各省直巡撫劉四科、楊時寧、安文璧、黄克纘等，巡按趙標、黄吉士等前後交章爲地方請命。得旨如前議。

又卷三七〇 〔萬曆〕三十年三月癸亥，户科都給事中姚文蔚言：「采榷之役既罷復施，人心惶惶。乃諸璫不務宣佈德意，惟務廣置腹心，衆樹爪牙，委官參隨，多亡命無賴，掘人塚、壞人廬、淫人室、蕩人産、劫人財以濟溪壑之慾，甚至航海通夷，威逼殺令。如潘相之王四、楊榮之張安民、陳增之王桐右等，李風之

斐宗翰等，梁永之杭大賢等，其禍可勝道哉！今四方事變，章交公車，莫非税使委官之惡孽，岌岌乎有河決魚爛之憂。伏乞聖諭切責諸璫，尤甚者如李鳳、梁永輩撤回，其委官干犯法紀，如杭大賢等，悉拿問正法。」不報。

又卷三七六 〔萬曆〕三十年九月丁卯，大學士沈鯉疏言：「臣原籍河南，當中原輻輳之冲，四方民隱無不與聞。而頃者奉召北來，所至皆觀風考俗，悉具情狀，乃知當今時政最稱不便者，無如礦税二事。蓋采榷之始，皇上本以權宜濟之，不欲重征。其分遣内臣，亦似區畫下情便於上達。乃内臣不能仰承德意，濫用群小，布滿川閭，窮搜遠獵；而群小之中又各有爪牙羽翼，虎噬狼貪，無端告訐，非刑考訊。遂激爲臨清、武昌、蘇州之變，而近日廣東、陝西、雲南猶紛紛未已。臣竊觀天下之勢如沸鼎同煎，無一片安樂之地。貧富盡傾，農商交困，流離轉徙，賣子拋妻，哭泣道途，蕭條巷陌。雖使至愚之人，亦知必亂，乃今市井奸民猶復肆爲欺罔。皇上只見其目前所入如此豐盈，寧知其私取充囊十得八九。惟彼假公圖利，一旦生事，地方直甘豢豕自屠，獨使朝廷當百姓之怨耳。皇上豈將謂東征西討，宣捷獻俘，神武赫赫無復可慮乎？以臣愚計，則亂生不同，有逆而亂者，有憤而亂者。逆而亂者如寧夏、播州，彼先據不祥之名，而我爲仗義之伐，故人心用奮，天戈所指，當即芟滅。若憤而亂者，則所謂土裂瓦解者也。以四海之衆而囂然皆怒，皆怨，一唱萬和，朝廷之號令必不可行，官司之法度必不能制，兵於何出？餉於何資？蓋國家連歲興師，行賫居送，按丁增調，履畝加租，瘡痍未瘳，呻吟未息，更有征發，豈不速亂？臣不勝杞憂，以爲方今欲弭大亂，莫先收拾人心；收拾人心莫先停止采榷，撤還中使，繫治棍徒，曠然爲天下更新，上也；即不然，而改畀撫按代爲征輸，則賦額既可無虧，窮人亦得蘇息。目前救弊，亦其次之。在皇上一轉移間耳。」

又卷三九八 〔萬曆〕三十二年七月戊午，次輔沈鯉言：「自礦税興而中使遍天下矣。中使出而四方無籍之徒隨爲爪牙耳目者，或分佈鄉村、城市，或把持關津渡口，或武斷於商賈湊泊；所在樹黄旗，揭聖旨，都輿從，張氣焰，吮人之血，吸人之髓，孤人之子，寡人之妻，内監亦不能盡知也。前方征，後復榷；既征榷，復告訐。或誣爲截斷皇杠，或誣爲容隱罪人，或以爲曾發古塚而得奇珍，或以爲曾開古窑而致巨富。或云某宅有礦，壞其宅；或云某墓有礦，掘其墓。在在不聊其生，人人莫必其命。故總天下之財而以實計之，若十分，則皇上得十之二，内監則得十之三，群小得十之五。利分入於衆手，怨總歸於一人。民安得不窮，心安得不離！民心離散，其勢必反。臣三十年前備員講帷，曾講外本内末、悖入悖出之理，皇上未嘗不虚己以聽，今豈遽忘之耶？」三輔朱賡疏，語亦懇切，俱留中。

又卷四一六 〔萬曆〕三十三年十二月壬寅，諭户、工二部：「朕以頻年天象示警，心常兢惕，責己省愆，不遑寧處。昨覽該部再疏，題請鼎建殿門以完鉅典。因思物力難支，何時就緒？連日熟計，現今河工、城工一時並舉，工程浩大，錢糧數多，内外帑藏俱匱，民窮財盡，困於征輸，致使正供錢糧反無所出，京邊之費一時多乏，朕甚惻然。已遣内官監經管内官查理通灣現貯木植回奏。且大工浩費不貲，其開礦抽税原爲濟助大工，不忍加派小民，采征天地自然之利。今開礦年久，各差内外官俱奏出砂微細，朕念得不償費，都着停免。若有現在礦銀，就着礦差内外官員一並解進，馳驛回京，原衙門應役。凡有礦洞，悉令各該地方官封閉培築，不許私自擅開，務完地脈靈氣。其各省直税課，俱着本處有司照舊征解税監一半，並土産解進内庫，以濟進賜供應之用；一半解送該部，以助各項工費之資，有餘以濟京邊之用。其各處奏帶員役，止着押解催儹錢糧行文差用，不許私設關津，指稱委官，容令地方棍徒肆行攘奪，致民生不安，商旅不行，反虧國家正課。撫按官還同該監不時訪拿治罪。用顯朕仰體上天仁愛，祖宗鑒臨，敬畏修省實政，昭示朝廷權宜濟助大工，愛民固本德意。待大工稍可措辦，便奏請通行停免，爾部概行各省直内外官遵行毋怠。」

又卷四一七 〔萬曆〕三十四年正月乙未，罷征甘肅、延綏二鎮鹽引税銀。真保薊永開礦太監王虎奏繳開采進過金、銀數目，自萬曆二十四年閏八月至三十二年正月，共金五百五十七兩零，銀九萬二千六百四十二兩零，石青一百一十九斤。然計歷年開礦所費工值物料亦至十餘萬，得償不失也。

又卷四一九 〔萬曆〕三十四年三月，是月，儀真太監暨禄進徐州税銀一萬一百兩，山東礦税並折金方物銀五萬一千二百餘兩，積餘引課七千五百兩，五府帶征税銀三萬兩，船料等銀一萬七千五百兩，公費銀三千六百兩。蘇松税監劉成進税課銀二萬一千兩。遼東税監高淮進人參一百三十五斤。江西税監潘相進税銀三萬七千五百兩。天津税監馬堂進長蘆額外增課銀三萬兩，内銀六千五百七十八兩，額税 萬三千兩。河南税監胡濱進礦金二十八兩，銀四千七百八兩。

又卷四二二 〔萬曆〕三十四年六月丙寅，河南太監胡濱進税銀三萬五千八

百餘兩，礦銀四千八十一兩，金十五兩。廣西税監沈永壽進税銀八千九百六十兩，礦銀三百八十兩。

又卷五〇〇 〔萬曆〕四十年十月辛酉，廣東等道御史等官疏言：「邇來見皇上深居高拱，凡政事機宜往往傳托於中涓之口。此輩安得有賢者？自礦税繁興，海宇騰沸。一變而閭閻竭，破人家、掘人墓、剽掠人財，而貂璫之禍中於天下矣。再變而縉紳憂，縣令逮、郡佐逮、青矜之族無不逮，而貂璫之禍中於士類矣。三變而京師空，商役之賠累，解納之需索，細至奔走服供亦有刀俎魚肉之苦，而貂璫之禍中於輦轂矣。四變而懿親辱，即駙馬冉興讓亦横被淩毆、群擊於朝，累訴不達，計無復之，而貂璫恣肆之禍不可勝言矣。聞公主亦數日不得進見，如此壅蔽，殊堪寒心。皇上天縱聰明，無所不照，何不召公主問焉？因戚臣之被辱便可知閭閻縉紳之如何困苦及京師之如何空虛矣！」

又卷五一四 〔萬曆〕四十一年十一月丁卯，户科給事中姚宗文言：「各省直撫按水荒之報，蔑地不然，老羸轉徙，室家仳傐諸狀，不啻寫鄭俠之圖，而流賈生之涕矣。乃榷税歷十五年，延頸跂踵，日望停止，而迄今未停止也。朘削已深，肌髓已盡，勢將走險，何暇擇音？斯時也，岌岌乎殆哉！故請蠲請減折及請發帑金，請給倉糈者，連篇累牘，未可殫述。若以停税請者，在北直則請停真、順、廣、大四府落地税銀矣；在山東則請停六郡包税四萬六百餘兩矣。以留税請者，在湖廣則請留税三萬三千，合贖銀七千，共足四萬以行賑濟矣；在江西則請留二監税銀三萬兩矣。叩閽籲帝，語語嘔心。皇上何不慨發德音，念萬黎待命之苦，將諸疏下部復議，應停者停，應留者留，哀此澤鴻，俾獲蘇活，以延旦夕之命耶！至於罷撤，最急而不可須臾緩者，在腹里則無如廣東之每歲一十八萬，在邊關則無如喜峰口之每歲九百餘兩。一則以大海鄰倭，榷税既多，粤人莫必其命，而或生内潰之憂；一則以窮邊鄰虜，榷税雖少，恐貢夷莫應其求，而或釀外訌之釁。夫語及民命，皇上已悽然動心，況語及倭虜而夷情之觀望，中國之體統於是焉繫，皇上胡可悠悠泛泛不一深長思也。」

又卷五五三 〔萬曆〕四十五年正月辛未，大學士吴道南、方從哲言：「自榷税之政行，而貂璫盈於遠邇，網羅偏於閭閻。始猶取之商税，既則取之市廛矣；始猶算及舟車，既則算及間架矣；始猶征之貨物，既則征之地畝，征之人丁矣。窮天際地，搜括靡遺，由公逮私，挪移殆遍。或借之贖鍰，或扣之各役工食，上下交征，官民並困。臣等私自計之，當礦税並行，每歲所獲誠爲不貲，自開采停而大數已去其半矣，自分解助工而内帑又去其半矣，逮聖母上賓，恩詔減免，而進内解部之數又去三分之一矣。加以留税之請無處不然，一歲之入能有幾何？以些須之物而損朝廷之大體，傷聖主之令名，重小民之怨讟，臣等深爲我皇上惜之。」疏入，不報。

又卷二二七 〔萬曆〕十八年九月辛亥，上令文書官到閣傳聖問：「開礦一事，節經諸人題請，如何不見該部復來？」輔臣申時行等回奏言：「天地生財，本以資國家之用。況今帑藏無餘財，山澤無遺利，則權宜開礦，亦是理財一策。但開礦必當聚衆，聚衆必當防亂。現今山西、河南間礦徒嘯聚，正議驅逐。若官自開煎，恐奸民乘機争利，隱患愈不可測。且朝廷一切事務苟關大體，皆可不惜小費爲之。若開礦止於求利，必須計算工本，募徒之費若干，防兵之費若干，與開煎所得之利若干。果見出少入多，不爲虚費，而後可斟酌舉行，非造次可因民間私情隔境遥度，而朝廷便可議開者也。户部所以遲未回復之意，一者防患，二者惜財，三者恐差官騷擾地方，四者亦不欲宣露國家窘急之狀，傳聞四夷，愈輕中國。既蒙聖問惓惓，容臣等傳諭該部，令各撫按官查議具奏，毋使先事張皇，利未得而先釀患，惟聖明採擇。」

又卷二二九 〔萬曆〕二十四年七月癸酉，户部尚書楊俊民題：「薊、永、真、保、易州等處開礦，恐傷龍脈，乞行封閉。並求治陸松、王應龍言利之罪。」上以其離隔祖陵遠，且曰：「皇祖時已開過，着遵前旨，使差官開采，陸續解進，該地方官不得借言阻撓。」

又卷三〇一 〔萬曆〕二十四年閏八月己巳，户部奏議開採事宜：「在江文進則稱沂州礦有紫、白、黄三種，紫者最佳。龍扒山、米家埠大銀場十三洞次之。郝承爵則並謂費縣、滕縣石井大小銀場皆第一。劉鑒稱登、萊二府，棲霞、招遠等縣虎頭溝、三山洞並雜金礦。馬清則稱文登，趙良將稱臨朐，王允中又言蓬萊福山，帥家溝、陳莊、掠口洞、古集項、鄒家庵、金家圳、杏樹坑、石港諸處。其江文進與郝承爵説稍同。而山東一省奏採者六官。其直隸之永平、房山及河南諸所尚不在是。夫一礦之開，則曰以其半與民，以爲開鑿運送之費不領於公帑，且云勿擾民。相度山原有關龍脈者勿動，意豈不善？而開採之釁一啓，亦何得而問之。乞以次開鑿，勿并發於一時。如煎採利薄，開隙地方者罪之。」不報。

又卷三〇二 〔萬曆〕二十四年九月庚戌，太監王虎參奏保定巡撫李盛春阻撓開採。上嚴旨切責：「朝廷差官開礦以濟國用，李盛春如何玩視不遵，又捏旨

惑衆，擅驅商賈，驚擾居民，好生違慢。本當重處，姑從寬。其所拘執之人，速釋應役。」

又卷三二一 〔萬曆〕二十六年四月，河南巡撫姚思仁進開採圖説。大略謂：「開採之役，利不勝害，得不償失。河雒之民，溺河縊樹，刎頸斷指之狀，皇上目不得而見也；鬻妻賣子、哀號痛苦之聲，皇上耳不得而聞也。臣僅以巡歷所睹記者，付之畫工，謬立標題，潛附貼説，自發帑救荒以至福壽齊嵩，共列二十四幅。每幅必模擬情境，指被害者之姓名。然亦挂一漏萬，有説之所不能盡，繪之所不能描者。乞皇上萬幾之暇，留神披覽，停罷采取，召還遣官。」不報。

李石《續博物志》卷七 生金出長傍諸山。取法：以春或冬先於山腹掘坑，方夏，水潦蕩沙泥土注之坑，秋始披而揀之。有得片塊，大者重一斤或二斤，小者不下三四兩，先納官十分之八，餘許歸私。仍累勞効，免征賦。麩金出麗水河睒川，有罪送淘金所，最爲重役。會同川銀山出銀礦，私置冶，官收十之三。諸睒川有錫，山出錫。

李燾《續資治通鑑長編》卷一〇九《仁宗》 〔天聖八年〕二月戊子，詔：「五代時官三品以上告身存者，子孫聽用蔭，仍須得保官三人。」復置韶州樂昌縣銀、鉛場。

又卷二九三《神宗》 〔元豐元年冬十月己未〕詔：「潭州瀏陽縣永興場，采銀銅礦所集坑丁，皆四方浮浪之民，若不聯以什伍，重隱姦連坐之科，則惡少藏伏其間，不易譏察，萬一竊發，患及數路，如近者詹遇是也。可立法選官推行。」尋詔：「舉京朝官一員監場，管勾本場煙火公事，許斷杖以下罪。」又詔：「坑户限一月首納所藏兵器，限滿不首，依私有法，其保内有犯强盜、殺人、放火、居停强盜，及逃軍私藏兵器、甲弩，知而不告，各減犯人二等，並押出場界，情重者隣州編管，不知情又減二等。有該説不盡事，令提點坑冶鑄錢司立法，其本場地分排保慮未如法，令朱初平依條編排。」癸亥，置監官。十一月甲戌，禁私藏兵器，編排保甲。今并書。

又卷四四一《哲宗》 〔元祐五年夏四月癸丑〕湖南轉運司言：「應金、銀、銅、鉛、錫興發，不堪置場，官監依條立年額課利，召人承買，而地主訴其騷擾。請先問地主，如願承買檢估己業，抵當及所出課額利錢數已上，即行給付。如不願或已業抵當不及，即依本條施行。」從之。

又卷九七《真宗》 水銀四場，在秦、階、商、鳳州。《兩朝志》云五場。朱砂二場，在商、宜州。《三朝志》云三場，其稱富順監者誤，今從《兩朝志》。至道末，天下歲課金若干兩，此數當求别本，《三朝史志》偶脱。銀十四萬五千餘兩，銅四百一十二萬餘斤，鐵五百七十四萬八千餘斤，鉛七十九萬三千餘斤，錫二十六萬九千餘斤。天禧末，金一萬兩，銀八十八萬三千餘兩，銅二百六十七萬五千餘斤，鐵六百二十九萬三千餘斤，鉛四十四萬七千餘斤，錫一十九萬一千餘斤，水銀二千餘斤，朱砂五千餘斤。

章如愚《山堂考索》後集卷六二《財用門・坑冶》 太宗時權萬紀上言，宣、饒二州銀大發，采之可得數百萬緡。上怒曰：「朕爲天子，所少者非財也，但恨無嘉政可以利民。而卿乃以利規我，欲方我漢桓靈耶！」遂黜萬紀。【略】高宗紹興二十七年，湯鵬舉奏：「前日罷坑冶鑄錢司甚善，但户部近日欲檢本錢，兼别差官，所以臺章論列，兼恐坑冶司省罷官在此，唱爲異議，願陛下以鑄錢專委轉運司，必能就緒。」上宣諭曰：「此一事朕詢之士大夫，亦無他説，獨王珪再有章疏。朕謂凡建立，人各以所見相可否，歸之至當後可。若一人唱之，百人和之，事或未當，朕則何取？」《聖政》。

孝宗乾道二年，以饒州貢金千兩，民力不支，遂減十分之七，以蘇一部之民。《饒州貢金記》。坑冶：宋朝舊有官置場監，或民承買，以分數申於官，舊諸路轉運司本錢亦資焉，其物悉歸内帑。崇寧以後，廣搜利穴，賦益備，凡屬之提舉司者，謂之新坑冶，用常平息錢與剩利錢爲本，金錢等物往往皆積之大觀庫，自蔡京始也。《四朝志》。【略】

玄宗開元十五年，初税伊陽五重山銀、錫。

神宗熙寧元年，詔：「天下貨寶坑冶不發，而負歲課者蠲之。」《會要》。

元豐七年，提點江浙等路坑冶鑄錢胡宗師言：「信州鉛山縣銅坑發，已置場冶，乞借江東提舉司錢二十萬緡，以新鑄錢息二分還。福建、二浙有銅坑處准此。」户部言宗師言皆推行。詔借江東提舉司錢十五萬緡，以新鑄錢還。所乞福建二浙借錢不行。《長編》。【略】

太宗興國八年詔：「大通冶歲輸鐵，上方鑄兵器煅煉，十分纔得其四五。自今大通冶鐵先鑄成器，俾官倅治之，無使負重致遠匱民焉。」《會要》。至道元年，廢邵武軍、歸化縣金場。已配買金百姓送納，建以棄命自例者，詔永不得興置，工匠悉放歸農。後本軍復上言請興置是場，真宗以先帝恐害及久已得停廢，可從也。遂罷其奏。

至道二年，陝西奏成州金坑歲不登，望遣使按行，更正新制。詔曰：「捐金於山，前聖之盛德，所寶惟穀，舊史之格言。朕緬慕太古之風，不貴難得之貨，其成州兩處金坑並宜停廢。」又廢衢州銀冶。《會要》。

真宗時，邵武軍上言，請興置舊廢金場。先是，太宗至道元年詔廢是場，永不得興置，遂不從所請。咸平二年，宰相張齊賢上言：今之所患錢貨未多，望擇使臣逐處相度，高價招誘人户採陶鉛、錫，仍按行出銅、錫、薪炭處置場鑄錢。如此三年，歲可得百五十萬貫。乃命馮亮、白承眷度，至明年鑄錢一百二十五萬貫，銅皆有餘羨，乃以亮爲都大提點鑄錢事，以承眷同提點焉。《長編》。祥符元年，帝以京城金銀價貴，以問三司使。丁謂言，多謂戎、回鶻所市入蕃，詔令約束之。祥符九年，發運使李溥奏，饒、江、池、信等州四監共鑄一百二十五萬貫，使銅四百五十三萬餘斤。自景德元年至大中祥符八年，出坑漸少，乞告諭民，有知苗脈興廢處，許令告官烹煉，較其課利優之。《會要》。

仁宗時，三司上言：「恩州陽江縣産金，請選官主其事。」上曰：「毋得乘此重擾遠民，姑務納束之。」《寶訓》。天聖三年，都官員外郎柳宏奏：「朝廷於饒州置金，雖累更條，而其弊尚深，遂使豪商操其權，貧民受其困。雖差衙前户請錢散買，每一次充役遂至破竭家産。又大商富賈多自京師入便饒州錢，此州别無輕貨正買生金，官錢既少，私價轉增，是致一方久罹其弊。今請住諸處商客入便饒州錢，一二年間驗其損益，金價必減，民力稍蘇，其利歸公家，用制商賈。」遂從之。天聖五年，買金逐等第，每兩各添錢一貫，自是金數多，詔獎本州長吏以下。宰臣王曾等言：「獲金雖本州長吏以下雖多，深慮耕鑿之民弛廢農業，爭趨厚利，望諭本州常切體量止絶。」遂從之也。慶曆三年六月甲辰，詔曰：「議者多言天下茶、鹽、礬、銅、銀坑冶之有遺利，朕懼開掊克之政，常抑而弗宣，然尚慮有過取而傷民者，轉運司其諭所部官吏條上利害以聞。」

何夢桂《潛齋集》卷九《記・建德路罷金課記》 大元跨有東南，初榷金課，蓋履山澤之所産而斷取焉。始繇饒、歙諸路，次逮建德。建德，古睦州也。睦爲古揚州分，荆揚貢金，在《禹貢》不廢。睦萬岫千峰，二江，十八瀨，意亦鋈、鏐、鈑、銑之所生也。然考古圖志，金非其土産，如瑶、琨、齒、貝皆産於揚而睦亡。是睦視揚爲最僻陋，其土物之數固亦不得與他壤齒也。夷攷前代，金所於取，秦漢而下，雖冶山鑄海，以竭天下之利，然載之史志，自銅、錫、鉛、鐵之外，無聞焉。唐有陝西暨宣、潤等州歲銀而已，近代固嘗徵陝與宣、饒、歙、撫、南安諸州金，遄亦中廢。試數其地，其隸於揚者，惟饒、歙、撫、南安四州耳，而睦不與數焉。茲豈天産而地藏之，睦固不能化無以爲有也。至元己丑，始籍六邑民爲金户，民翐見且駭，方俛首就事，官授之方，督具器物，使之披沙抉石而汰焉。民喜，殆謂天雨而鬼之輸也。初歲粗給，再歲而虧，三歲而竭，其故何哉？蓋睦居歙下流，歲春夏潦漲，歙之江瀆揚濤吹沙，澎湃而下，故金之瑣屑如糠粃者從之，遇洄汨而伏焉爲洲，矗焉爲嶼，民日爬擿於此，所得蓋錙銖而已。抑不知幾千百年之所積，猶不能以供旦夕之所採取，欲久而弗窮，得乎？況遠鄉下邑，距江踰絶，民棄家輟業，裹糧以從，畚鍤未至而力已困矣。而其所司又重之以掊尅、槌剥、羈紲、笞捶之害，故上下二三年間，大户病，中户貧，下户賣妻鬻子，不足於償，而逮及鄰比親姻，至於流離轉徙者，比比也。郡侯爲民疾苦無所於愬，上之江浙等處行尚書省，省聞於朝。省官阿喇卜丹平章入覲條奏：「凡諸路之不便於民者，如鷹房、河泊除之，商税、酒税輕之，金課特罷建德一路。」從所請也。世之務財用而長國家者，雖竭民力而漁之不卹也。而公之用心如此，其過人也亦遠矣。迺今年二月，旨下省，檄諸路管民官詳究奉行。本府總管朝列管侯承命以歸，與府長貳率其屬登進其民而告之曰：「是公朝之至恩，而省府官之嘉惠也。」民父老感激懽舞，則又曰：「微我侯，不及此。今而後得釋此以耕鑿飲食作息，而免於患者，德至厚也。願鑱石以誌不朽。」雖然，茲固幸吾一路之私也，天地生物止有此數，窮人力乃取之，未有不受其弊者，天子富有四海，所寶固不在此數也。世有觀民風者得焉，推而放之，以幸東南，庶乎其可。遂爲記。至元二十九年四月日記。

魏源《元史新編》卷八八《食貨中・歲課》 天地精英發於山川，以供民用，則有金、銀、珠、玉、銅、鐵、水銀、朱砂、碧甸、鉛、錫、礬、硝、鹻、竹木之材。王者因其自然之利以利民，後世或遂以之病民而利國。於是天愛其寶，貨棄於地，而黄老捐金沈璧之論興焉。元興，因土人呈獻而定其歲入之課，多者不盡收，少者不强取。西中使貴璫采寶監税，四出擾民者，終世無之。其制尚不悖於古。

《宋書》卷二七《符瑞傳上》 金德將盛，銀自山溢。

《宋史》卷一八〇五《食貨下七》 開寶三年，詔曰：「古者不貴難得之貨，後代賦及山澤，上加侵削，下益彫弊。每念茲事，深疚于懷，未能捐金於山，豈忍奪人之利。自今桂陽監歲輸課銀，宜減三分之一。民鑄銅爲佛像、浮圖及人物之無用者禁之，銅鐵不得闌出蕃界及化外。」

至道二年，有司言：「定州諸山多銀礦，而鳳州山銅礦復出，採鍊大獲，而皆良焉。請置官署掌其事。」太宗曰：「地不愛寶，當與衆庶共之。」不許。東、西川鹽酒商税課半輸銀帛外，有司請令二分入金。景德三年，詔以非土産罷之。

《金史》卷七《世宗紀中》 〔大定十二年十二月辛亥〕詔金、銀坑冶聽民開採，毋得收税。

《宋史》卷一八五《食貨志下七》 大觀二年，詔：「金銀阬發，雖告言而方檢視，私開淘取者以盜論。阬冶舊不隸知縣、縣丞者，並令兼監，賞罰減正官一等。」有冶地，知縣月一行點閲。言者論其職在宣導德澤，平征賦獄訟，不宜爲課利走山谷間，遂已之。八月，提舉陝西阬冶司改併入轉運司。

《元典章》卷四九《刑部一一・諸盜一・强竊盜》 〔諸〕犯徒者，徒一年，杖六十七；一年半，杖七十七；二年，杖八十七；二年半，杖九十七；三年，杖一百七。皆先決訖，然後發遣，合屬帶鐐居役。應配役人逐有金銀銅鐵洞冶、屯田、堤岸、橋道一切工役去處，聽就工作，令人監視，日計工程，滿日疏於充警跡人。

楊士奇《東里别集》卷一《郊祀覃恩詔》 一、廣東珠池及各處官封金、銀場，並江西饒州燒造磁器官窑仍前禁止外，其各處山場、園林、湖池、坑冶及菓樹蜂蜜等件，原係民業，曾經官府採取，見今有人看守，及禁約者，詔書到日，聽民採取，不許禁約，如有原看守之人，各還職役。

一、各處閘辦金、銀，抄造紙劄，坐辦靛青，除已閘辦浩完見收在官者，差人送部外，其餘悉皆停罷，以甦民力，原差官員人等，速即回還，如有托故稽延者，以違制論。

胡粹中《元史續編》卷一〇 〔文宗致和元年〕是歲，天下課税之數。金二萬四千四百三十兩，銀七萬七千五百一十八兩，銅二千三百八十斤，鐵九十二萬四千五百四十三斤，課鈔一千八百七十五錠四十八兩，鉛一千七百九十八斤，錫、丹、礬、硝、粉課三千四百十

丘濬《大學衍義補》卷二九《治國平天下之要・制國用・山澤之利下》 太宗至道二年，有司言鳳州山内出銅礦，定州諸山出銀鑛，請置官署掌其事。上曰：「地不愛寶，當與衆庶共之。」不許。

臣按：宋二帝所言，皆所謂仁人之言也。太祖曰「未能捐金於山，豈奪人之利」，太宗曰「地不愛寶，當與衆共之」。後世人主於其臣下有以興利爲言者，宜舉二帝之言以拒之。

又卷三〇《制國用征榷之課》 《元史》額外之課凡三十有二。其一曰曆日，二曰契本，三曰河泊，四曰山場，五曰窯冶，六曰房地租，七曰門攤，八曰池塘，九曰蒲葦，十曰食羊，十一曰荻葦，十二曰煤炭，十三曰撞岸，十四曰山查，十五曰麴，十六曰魚，十七曰漆，十八曰酵，十九曰山澤，二十曰蕩，二十一曰柳，二十二曰牙例，二十三曰乳牛，二十四曰抽分，二十五曰蒲，二十六曰魚苗，二十七曰柴，二十八曰羊皮，二十九曰磁，三十曰竹葦，三十一曰薑，三十二曰白藥。

臣按：《元史・食貨志》有所謂歲課，山林川澤之産，若金、銀、珠、玉、銅、鐵、水銀、朱砂、碧甸子、鉛、錫、礬、鹻、竹木之類。其利最廣者，鹽法、茶法、商税、市舶四者外，此又有所謂額外課，凡三十二。謂之額外者，歲課皆有額，而此課不在其額中也。嗚呼！元有天下，其取之民課額之名目乃至如此之多，當時之民其苦可知也。我朝一切削去，十存其一二，亦不聞國用之不足。

《明英宗實録》卷一五二 正統十二年四月辛亥，監察御史柳華奏：「浙江處州山多田少，民無以爲生，往往於福建、江西諸銀、鐵、鉛場盜采。皇上屢諭復業，不聽，始移師討之。而巡坑右參議竺淵、吴昇專事擒殺，以致各賊懼不敢歸，日加滋蔓。臣今多方立法，漸消弭之。沿途榜朝廷恩意，歷陳禍福，開其自新之路，嚴窩藏給餉之禁；每村置鑼鼓燈竿，懸擊相應；其諸處坑場俱埋以鋭竹片，布以鐵蒺藜，毁其私置之具，窒其私採之穴，塞其私往來之徑，申明私用兵器之律。由是猖獗之勢消，良善之生安。其已降服賊黨嚴開三等二千五百餘人，如詔令復業，人給以花欄牌面爲驗。其政和縣官田場賊徒亦俱向化。願皇上敕府縣善存恤之，蠲其徭役一二年，不得懷其舊惡，仍肆酷害，及縱豪强責其逋負。如此則賊徒感恩思過，相勉爲善，庶無虞矣。」上從之。

《晉溪本兵敷奏》卷三《宣府大同類・爲盤獲姦細事》 又查得見行事例，盜掘銀礦、銅、錫、水銀等項礦沙，但係山洞捉獲，曾經持杖拒捕者，不論人之多寡，礦之輕重，及聚至三十人以上，分礦至三十斤以上者，俱不分初犯再犯，問發邊衛充軍。其私家收藏，道路背負者，止理見獲，照常發落，不許巡捕人員逼令展轉攀指，違者參究治罪。縱使本犯盜礦是實，不在山洞捉獲，況係任用使喚人數正犯，未見面審明白，輒便問以充軍，亦未知本何條例。

康海《對山集》卷三八《墓志・明故通議大夫右副都御史范恭惠公墓志銘》 會川有金、銀、銅、錫礦，分守内官以國課爲名，戍卒採挖之苦不可勝言，流移死者相望於道。公力爲奏罷之，軍民咸悦。

萬表《明經濟文録》卷二《保治上》王鏊《夏原吉傳録》 〔萬曆〕十九年，三殿災，公言：「愛民所以敬天也，乞蠲逋召及務糧採辦金銀課程，優恤流移，以回天意。」從之。

王三聘《事物考》卷三《國用》 銀課：唐開元十五年税伊陽五重山銀錫。

《昭代典則》卷七《太祖高皇帝》 作鐵榜申誡公侯。詞曰：「朕起布衣，賴股肱宣力，平定天下，既已論功行賞，封爲公侯，錫以鐵券，頒以重禄，令傳子孫，共享太平。尚慮公侯之家奴僕人等，習染頑風，冒犯國典。今以鐵榜申明律令，朕諭卿等除親屬别議外，凡奴僕一犯，即用究治於爾家，無所問，敢有恃功藏匿犯人者，比同一死斬罪。爾等各宜謹守其身，嚴訓於家，以稱朕始終保全之意。其目有九：【略】三、凡公侯之家不得强佔官民山場、河泊、茶園、蘆場，及金銀銅錫鐵冶。」

李詡《戒庵老人漫筆》卷五《辨水火炭》 北京諸處多出石炭，俗稱爲水和炭，炭之可和水而燒也，今官吏問罪畢罰炭，即此。或疑爲水火炭者，非。

唐順之《荊川稗編》卷一一〇《户八唐鹽法·唐志》 開成元年，復以山澤之利歸州縣，刺史選吏主之，其後諸州牟利以自殖，舉天下不過七萬餘緡，不能當一縣之茶税。及宣宗增河湟戍兵，衣絹五十二萬餘疋，鹽鐵轉運使裴休請復歸鹽鐵使，以供國用，天下歲率銀一萬五千兩，銅六十五萬五千斤，鉛十一萬四千斤，錫萬七千斤，鐵五十三萬二千斤。

又卷一一一《户九·元歲課》 《元志》山林川澤之産，若金、銀、珠、玉、銅、鐵、水銀、硃砂、碧甸子、鉛、錫、礬、硝、鹻、竹木之類，皆天地自然之利，有國者之所必資也，而或以病民者有之矣。元興，因土人呈獻，而定其歲入之課，多者不盡收，少者不强取，非知理財之道者能若是乎？産金之所，在腹里曰益都、檀、景。遼陽省曰大寧、開元。江淛省曰饒、徽、池、信。江西省曰龍興、撫州。湖廣省曰岳、澧、沅、靖、辰、潭、武岡、寶慶。河南省曰江陵、襄陽。四川省曰成都、嘉定。雲南省曰威楚、麗江、大理、金齒、臨安、曲靖、元江、羅羅、會川、建昌、德昌、栢興、烏撒、東川、烏蒙。【略】産礬之所，在腹里曰廣平、冀寧。江浙省曰鉛山、邵武。湖廣省曰潭州。河南省曰廬州。【略】初，金課之興，自世祖始。其在益都者，至元五年，命于從剛、高興宗以漏籍民户四千，於登州棲霞縣淘焉。十五年，又以淘金户二千僉軍者付益都、淄萊等路淘金總管府，依舊淘金，其課於太府監輸納。在遼陽者，至元十年，聽李德仁於龍山縣胡碧峪淘採，每歲納課金三兩。十三年，又於遼東雙城及和州等處採焉。在江浙者，至元二十四年立提舉司，以建康等處淘金夫凡七千三百六十五户之所，轄金場凡七十餘所。未幾，以建康無金，革提舉司，罷淘金户。其徽、饒、池、信之課，皆歸之有司。在江西者，至元二十三年，撫州樂安縣小曹周歲辦金一百兩。在湖廣者，至元二十年，撥常德、澧、辰、沅、靖民萬户付金場轉運司淘焉。在四川者，元貞元年以來，病民，罷之。在雲南者，至元十四年，諸路總納金一百五錠。此金課之興革可考者然也。【略】銅在益都者，至元十六年，撥户一千，於臨朐縣七寶山等處採之。在遼陽者，至元十五年，撥採木夫一千户，於錦、瑞州鷄山、巴山等處採之。在澂江者，至元二十二年，撥漏籍户於賽音山煽煉，凡一十有一所。此銅課之興革可攷者然也。【略】鉛、錫在湖廣者，至元八年辰、沅、靖等處轉運司印造錫引，每引計錫一百斤，官收鈔三百文，客商買引赴各冶支錫販賣。無引者，比私鹽，減杖六十，其錫没官。此鉛錫課之興革可攷者然也。礬，在廣平者，至元二十八年，路鵬舉獻磁州武安縣礬窑一十所，周歲辦白礬三千斤。在州者，至元十八年，李日新自具工本，於瀏陽永興礬場煎烹，每十斤官抽其二。在河南者，二十四年，立礬課所於無爲路，每礬一引重三十斤，價鈔五兩。此礬課之興革可考者然也。若夫硝、鹻、木課，其興革無籍可考，故不著焉。

陳全之《蓬窗日録》卷一《福建》 福建古閩越地，以温、處、衢、信爲北藩，建、昌、南、贛爲右壁，惠、潮爲外户，海爲門，封壤促甚，而重關内阻，溪山秀美，民用以和。然處人輒用盗鑛，流入政和、壽寧之境，大爲患害。古田、福寧一帶本竊魚鹽之利，山谷邃深，逋寇每憑之而嘯聚，但不常出也。

《明世宗實録》卷四五四 〔嘉靖三十六年十二月〕戊戌，以冬寒，暫停山東、保定、山西採礦。召先差採辦主事張芹、錦衣千户張鉞回京。時一歲先後所入各鑛金銀，王旺峪銀七千五百兩，保定金二十八兩，銀九百二十八兩，山東金八百五十二兩，銀八千一百四十三兩，河南銀一萬五百兩，四川金七百兩，銀一萬一千二百兩，雲南金四百兩，銀一萬兩。

雷夢麟《讀律瑣言》卷五《户律·盗賣田宅》 若强佔官民山場、湖泊、茶園、蘆蕩及金、銀、銅、鐵冶，杖一百，流三千里。

《瑣言》曰：「若有用强佔據官民山場、湖泊、茶園、蘆蕩及金、銀、銅、鐵冶，專取其利，不分官民人等，管業者杖一百，流三千里。此不計畝數，不分官民者，惡其强也。但田宅言侵佔，而不言强佔，設有用强霸佔顯跡者，當比依强佔官民

山場等項律。山場、湖泊等項，皆自然之利，不賴人力爲之者，有其佔之，則皆强矣，其無强者，不過盜取其利而已，當以盜論罪。」

又卷一八《刑律・盜田野穀麥》 凡盜田野穀麥、菜果及無人看守器物者，並計贓准竊盜論，免刺。若山野柴草、木石之類，他人已用工力斫伐積聚而擅取者，罪亦如之。

問刑條例：

一、盜掘銀礦、銅、錫、水銀等項礦沙，但係山洞捉獲，曾經持仗拒捕者，不論人之多寡，礦之輕重，及聚衆至三十人以上，分礦至三十斤以上者，俱不分初犯、再犯，問發邊衛充軍。若不及數，又不拒捕，初犯，枷號三箇月發落。再犯，免其枷號，亦發邊衛充軍。其私家收藏，道路背負者，止理見獲照常發落，不許巡捕人員逼令，展轉攀指，違者參究治罪。

《明世宗實録》卷一八九 嘉靖十五年七月丙寅，福建巡按御史白貴言：「建寧境内故有坑礦數處，浙江温、處礦徒流聚其中盜鑄，而居民爲之接濟藏匿，以故充斥山谷，有司不能制。請將各小坑歸併大坑，以黄栢、上坪二坑爲之總會，每坑擇指揮二人，更番守護。如前官值日，有流徒盜采，必令驅逐寧靖，方許更代。至於近坑居人，悉編成保甲，分番守視，互相覺察。遇流徒嘯聚，即令協力驅逐，有能擒捕，官爲給賞。如有交通接濟諸弊，責同甲首，不首而覺者，十家連坐。建寧兵備歲遣有司巡視坑場，稽其功課。仍下温、處兵備，將龍泉諸縣平時采礦居民，亦立保甲之法。即有流入閩中違禁盜采者，建寧兵備移文温、處，一例將所司連坐，以清奸本。」兵部復奏。報可。

《内閣奏題稿》卷八《揭罷礦税》〔萬曆二十七年〕四月初四日謹題：自礦税事起，諸臣連章累牘，極陳力諫，然中多詞氣過激，語言狂悖，卒無當聖心，觸冒聖怒。臣雖在病次，嘗以此二事耿結胷臆，欲少俟聖意和平，從容陳懇。但近日聞舉朝罪臣叨居首輔，不能盡力謁忠匡救。又屢接各處撫按揭帖，極言地方不勝礦税之擾，小民不堪剥削之害。臣復密訪之在京各省縉紳，俱甚稱不便云。及今不止，將來必致激變，爲禍必烈。即如店税一行，京都民間一應日用粟帛之類，往時價值一倍者，今頓增兩倍。過遣甚難，在在嗟苦。畿輔如此，外省可知矣。臣伏枕展轉思惟，如背負芒刺。臣忝備皇上心膂股肱，休戚榮辱靡不相關，矧臣荷蒙恩寵無比，若真知事之有利無害，臣將順之不暇，何敢求附會諸臣以激撓聖聽。然真知利害安危所係，而隱默不以實告皇上，重貽後日莫大之憂，誠爲負恩溺職，無論外廷罪臣無以自解，即皇上神明睿照，將來必知礦税之爲害。此時追論臣輔導無狀，加以斧鉞之誅，亦晚矣。萬不容已，披瀝血誠具疏以請，臣亦極知皇上礦税之行，不過暫爲之計，然此等羣小既得借假威福，何所忌憚。皇上豈可不加體察，與其横取侵漁於下，斂怨於上，釀禍國家，不若盡行停止，尚有正大權宜之可議者。無如明白勑諭户、工二部，容臣等與之商議，委曲調停，通融酌計，每年或可量動何項無礙錢糧若干，更有何項設處理財之法，不致病民，可以解進内庫，以備上用。候少裕之日，再行議寢。譬之前倭氛未靖，每年未免增派，今若停止礦税之擾，即量取常賦之外，亦官之樂於奉行，民之樂於輸官者也。臣謹僭擬勑諭一道，恭進御覽裁定。臣言出於肝膈，字字可質鬼神，伏祈聖覽，亟賜施行，臣不勝悚息，祈懇待命之至。

又卷八《請罷礦税》 四月初四日謹奏：「爲國計宜周，利害宜審，懇乞聖明睿察，以安萬年宗社事。臣以病廢陳乞以來，一應閣務俱籍次輔沈一貫辦理。至近日國家利病又經多官指陳，無俟臣贅。且臣身叨密勿之任，平時既不能調元贊化，使財用充裕，上下恬熙，以成□□之治。比及國用浩繁，公私告竭，又不能劻勷□□克濟時艱，至仰厪宵旰，不得已爲開礦徵税之計，是臣之溺職，萬死奚辭。【略】但今昏卧床褥間，日聞中外人情洶懼，危岌不安，復見各撫按官揭帖極稱困苦。近又聞南康知府吴寶秀逮繫之時，本府士民擁道哭訴，幾成激變□□因大傷痛自縊，人心大爲惻然。夫導利已非爲政之本，忍使簪笏之士以此獲罪，且不能保其妻子，甚有關於生民之向背，宗社之安危。臣又終不敢以將去之身，隱默顧忌，謹伏枕冒昧披瀝以陳焉。夫我皇上始以征調之煩，繼以工費之夥，不忍加賦於民。若以礦爲天地自然之利，税爲商賈惟正之供，有利無害，是以毅然行之。然亦不過令鑿産礦之山耳。果無礦、無砂則已之，何嘗欲其累及百姓也。亦不過令徵未盡之税耳，果相隔不遠則已之，何嘗欲其横肆需索也。但欽遣之使不能仰體聖明仁民愛物之初心，聽憑原奏，及四方隨從棍徒借竊威福，動稱阻撓。不論礦之有無，遍行開採，致使富户包賠，即小民亦科派，而怨聲載道矣。不論税之規則横行邀截，致使商本消折，即負戴亦需索，而物價騰貴矣。乃近日無知武弁，與遊食羣小因見前遣之使挾官剥民，欺公肥己，所得進上者什之一二，暗入私囊者什之八九，遂欣然艷慕，詭媚迎合，朦朧具疏。皇上深居九重，或未察地方之肥瘠，道里之遠近，生民之痛苦，人情之騷動，供應之煩難，錢糧之耗費，群小之侵漁，地方之攘奪，亦概俞允，以致愈出愈煩，愈煩愈累，

礦税遍天下，掊刻盡閭閻，官不停轍，民不聊生。近且有縣令畏避以匿，商賈棄貨以遁者，此等景象豈皇上所樂聞，亦豈盛世所宜見者？是以病臣五内燔灼，不能已於言也。且頻年以來，四方叠罹災傷，江淮、吴越之間啼饑號寒，賣兒鬻女，見之令人酸鼻。若川、廣、雲、貴、山、陝、薊、遼等處或有採取大木之苦，或有辦金織造之苦，或逼近夷虜用兵之苦。如此，地方即令加意撫摩，尚恐人心涣散，未易收拾，乃忍縱令此輩吮髓舐骨。萬一民不堪命，釀成禍胎，一犬吠形，衆犬吠聲，雲合響附，事起不虞。其關係國本豈淺淺也。語曰：百姓足，君孰與不足？百姓不足，君孰與足？斯言千古明鑒。武弁多不究心經史，豈諳國是，而又出於棍徒之搆成。皇上聽此輩謀利，必非國家之福，祇足以上累聖明，而下遂群小之乾没耳。伏乞皇上俯念宗社大計，並察已遣使臣不能仰遵德意，將礦税等項悉詔罷免。如果内帑匱乏，勑下司計大臣，設法議處，以足上用。至於吴寶秀逮繫至日，更祈皇上俯霽天威，少寬斧鉞，勑下法司問勘虚實，請自聖裁，則德音一布，萬姓歡呼，祝頌我聖壽億萬年無疆之慶矣。臣受恩深重，義關休戚，不敢不昧死一陳，以少盡報國之念，以仰答眷顧之隆，伏祈聖慈俯察，亟賜施行，天下幸甚！宗社幸甚！臣即退没田里，亦不勝大幸矣！臣無任皇悚激切待命之至。」

又《揭罷礦税》　閏四月初四日謹題：「臣於昨日接得山東巡撫尹應元揭帖内開，臨清州抽税監丞馬堂招募棍徒，横肆搜括，以致貧民倡變。臣已不勝驚懼。及讀應元與臣私啓，又謂衆怒如水火不可嚮，擾攘之民今雖解散，猶洶洶揚言，某日搶士夫，某日搶舖行。隣境高堂、莘縣、陽穀、堂邑等處，閉門城守，用備非常，不敢盡載疏中。恐皇上以爲要挾，反怒而不信。若不及今取回馬堂，以安反側，則將來事勢有不忍言者。夫礦税之役，臣等已屢具疏揭請罷，亦逆知必有今日。今一見於天津，再見於上新河，然不圖臨清一發，輒烈若斯之亟也。臣固不敢遥度彼中曲直，爲倡亂者庇護，獨以臨清地方實與他處不同，爲運道咽喉，齊魯扼塞，民俗輕慓，奸宄驍悍。加以東西南北之人貿易輻輳，乘亂一呼，雲集霧合，如此地一摇則三齊震動，密邇京都欲安枕而卧不可得矣。況近報楊應龍猖獗之甚，正費處分，各處小民既困於災傷，復若於征榷生計無聊，人心日漸涣散，萬一舍死助逆，爲患豈小？或各省聞風動摇，何以收拾？且近日雷火焚擊太廟神樹，尤見天心仁愛。皇上若不亟回天變，以慰人心，則國家之事非病臣所能知矣。臣奄奄待盡，誠不能爲皇上復展一籌，然棺一日未蓋，則此心一日未安。況屢荷温綸勉臣以大義，臣感激涕零，誠不忍見金甌之業少有瑕疵，異日皇上翻然省悟，即加臣以輔導不職之誅，亦無及矣。臣惟願皇上鑒此亂階不可復見，速下德音，盡罷税務，仍急撤回馬堂，以消民怨，行令撫按安撫其衆，以消隱憂，或念法不可弛，姑就一二倡亂者懲罰，以弭觀望，實宗社萬世無疆之福。而皇上敬天勤民之政，于此益光，即病臣亦不勝大幸矣！臣不勝迫激待命之至。」

《册府元龜》卷四九二《邦計部·蠲復第四》　及天成二年終已前，諸道銀銅鐵冶，鉛錫水銀坑窟，應欠課利兼木炭農具等場欠負，亦與放免。

王宗沐《宋元資治通鑑》卷三八《宋紀三八·孝宗紹統同道冠德昭功哲文神武明聖成孝聖帝二》　〔乾道八年〕冬十月，金去金銀坑冶之税，不禁民採。

《續文獻通考》卷二三《征榷考·坑冶》　〔金〕世宗大定三年，制金、銀坑冶，許民開採，百分中取一爲税。【略】〔元順帝至正十二年〕五月，罷芃兒棚等處金銀場課。【略】〔明成祖〕永樂十二年，遣提督官採辦湖廣辰州、貴州銅仁等處金銀場課。

自二十五年至是年，諸璫所進礦税銀幾三百餘萬，羣小籍勢誅索，不啻倍蓰。至是，以礦砂微細，不償所費，始停免焉。【略】〔明神宗萬曆〕三十三年二月，大同巡撫張悌請礦課歸税使。不報。

時以礦使弗戢，有廣昌之變，悌因言歲包礦課，業有定數，應歸併税使爲便。疏留中。至六月，禮部以陵寢風雹，郊壇雷火，言第一闕失莫如礦税，每迷惑聖心，以致諸事阻遏不行。乞先罷採榷，以應天變。亦不報。【略】

〔元〕大德元年十一月，禁榷豪僧道及各位下擅據礦炭山場。【略】

〔明孝宗弘治〕十三年四月，申定盜掘礦砂罪，著爲例。

凡盜掘銀、銅、錫、水銀等礦砂，但係山洞，捉獲曾經持杖拒捕者，不論人之多寡，礦之輕重，及聚衆至三十人以上，分礦至三十斤以上者，俱不分初再犯，發邊衛充軍。若不及數，又不拒捕，初犯，枷號發落，再犯，免枷號，亦發邊充軍。其私家收藏，道路背負者，止理見獲照常發落，不許巡捕人員逼令，展轉攀指，違者參究治罪。【略】〔明世宗嘉靖〕九年，令蘭州等處獲盜礦者，照腹里例治罪。

蘭州等隘口，凡渡黄河，出境入境，齎有礦砂及燒成銀兩，並乞礦器具者，不分人之多寡，礦之輕重，及初再犯，或持杖拒捕者，俱依腹里盜礦例充發。其把隘官兵縱放，與守備官不嚴提防者，俱參究治罪。【略】〔明神宗萬曆三十三年〕十二月，諭户、工二部，凡礦差内外官並令回京，其礦洞悉令封閉。

王圻《續文獻通考》卷二四《征榷考・雜征斂山澤津渡》 〔元〕世祖中統二年五月弛諸路山澤之禁。

〔元文宗天曆元年〕煤炭課大同路及煤木所總計鈔二千七百一十五錠二十六兩四錢。

《敬事草》卷二《言礦店揭帖》 二臣題：「昨日臣等條列事件，非敢爲冒瀆，緣天變異常，人心洶洶，深居九重，豈能盡知。臣等待罪股肱，安忍坐視，故擇人心願望之切者，一一開陳，以備聖明採用。今日文書官盧受捧出聖諭云云。欽此。俯納芻蕘，不勝榮慶。事關聖躬者，在皇上必有洗心浴德之盛舉，臣等拭目恭竢，不敢再瀆。若須詔赦諭百官，容臣等開款，具稿進呈，蠲逋負及選推應缺官員，容傳示該部，徑行擬議請旨。至于攄忠贊化，任怨任勞，臣等誓竭犬馬，以報皇上大恩，不敢有負付託。但其間有關係百姓困苦之甚，臣等所爲汲汲效忠者，惟皇店、採礦二事。昨所進言，非欲即請停止，實欲調停于其間，爲善處之策，使上不虧國課，下不累窮民。竊以爲必可行而無疑也。蓋皇店、採礦，據一歲所進，爲數不多，而官民賠貱之繁，有什伯于此者。加以奏官棍徒，假公濟私，侵漁國課，剥削民膏，朝廷但見其進解之來，而不見其爲害之大。故臣等之意以爲採礦當責成于撫按，店課當責成于部臣，即據見今所解定爲常額，每歲徵進不許短少，民間免于騷擾剥削之苦，則欣喜愛戴矣。其視今日愁苦怨嗟，相去豈不懸絶。若以差官可信，撫按、部臣不可信，則國家財賦千萬皆托地方有司徵解，耳目衆多，法度嚴密，誰敢爲欺？其與無籍貪利之徒，漫無統紀，欺罔侵隱者，又豈不懸絶乎？此二事，臣等日夜思惟，籌之至熟，故不厭煩瀆，切切言之。更望特發明旨，將差去採礦、收店内外諸臣盡取回京，責令該部奉行嚴勅，專責撫按部臣管領其事。茲擬諭旨一道，伏乞聖裁發户部議行。其自陳一節，臣等奉職無效，終不能自已，或止令在京二品以上自陳，三品以下及南京與督撫等官，容臣等票擬止免，以省煩擾，使知皇上體悉至意。御札謹尊藏閣中，以昭今日君臣一體交儆盛美。伏候勑旨。」〔萬曆二十五年〕

又卷五《乞罷廣西貴州稅使揭帖》 題：「臣惟礦稅一事，天下皆以爲不便，而皇上獨以爲便；亂端數見，天下皆以爲危，而皇上獨以爲安，豈皇上之心獨與天心通，而能保天下必無事乎？臣愚殆不能曉也。聖意堅定，轉移未聞，臣民日夜禱求，庶幾少減，而乃日甚一日，使人何所歸命？至於廣西乃窮苦百粤之地，諸蠻巢穴，控禦爲難，民無他業，惟田是資。猺獞出没，往往病耕地，促賦逋，一切官俸、軍需皆仰給於廣東。先朝設置總督，兼制兩廣，意正爲此。此地自給且不足，而況可加一稅使乎？四萬之征從何而出？尤不可之大者也。昨日奉旨，又有貴州之差，則滿朝臣子益驚怖而歎息矣。蓋貴州乃古羅施鬼國，地皆蠻夷，山多箐穴，水不涵渟，土無貨殖，通計民屯僅十四萬石，爲天下第一貧瘠之處，官戎歲給全仰於湖廣、四川二省。蓋本非都會之地，從古不入版圖，我朝但因雲南而自此借一綫之路以通往來。一綫之外，悉皆夷峒，鴟張豕突，易動難安。今云産有水銀、鉛、銅、硃砂、雄黄、白蠟等貨，每年可徵稅銀三萬五千兩，名馬四十匹，理所必無，臣不敢信。縱使有之，亦出蠻夷地方。今蠻夷侵田奪貨，逞欲無厭，撫之尚難，豈可復擾？彼稅使安能從蠻夷征乎？況楊應龍正肆猖獗，朝廷方議征討，一新督撫鎮守等官而施爲次第，尚無可言。昨巡撫郭子章交代，以書問臣，内設四策：一曰戰，二曰撫，三曰先撫後戰，四曰先戰後撫。臣心皆以爲難，不能對答。蓋撫則損威辱國，而此酋又非撫之所能定。前事覆轍已爲可鑒，臣故難之。戰則須兵一二十萬，餉一二百萬，假以便宜，寬之歲月，而彼主我客，彼守我攻，難易懸殊，勝負莫料。臣又難之。臣思督、撫、鎮、按等官，正是無米而炊，徒手而搏，千難萬難，不堪展布之日。皇上宜爲之夙宵軫念，發餉處兵，以鋤此酋梟獍之心，聯屬諸夷，招(採)〔撫〕異類，以削此酋羽翼之助，庶可近安楚蜀，遠通滇南，而還太平之舊觀。何爲顧惜小利，妨害大事，又遣此一稅監耶！臣恐彼處久困水火，望救之民將避益深益熱之害，奔迸林藪，助賊爲虐，益難拊循，益難攻討。一綫之路，坐致淪没，而雲南亦將永斷矣！關繫國家安危，豈小小而已哉？且用兵之法，弱當示之以强，饑當示之以飽，貧當示之以富，不足當示之以有餘。今天帑所儲，原無不足，司農出入尚可拮据，而必以窮乏二字遠播夷方，兵戈之場亦皆刮取。楊酋若信朝廷窮乏，則猖獗益甚；若不信朝廷窮乏，必謂方吝兵費，不能用兵，而其猖獗亦甚。非所以昭廣大富實，而讋服蠻夷反側之心也。妨於安攘大計，又非小小。夫各處礦稅，臣每苦諫，未即賜允，猶日庶幾。至於貴州，則萬萬不可，所宜亟收成命。誠欲奮誅楊酋，當示兵力之雄，財力之富，決不可虚示貧弱，爲彼所侮。既不惜兵餉，大發將士，則宜先免此三萬五千，以慰彼軍民之心。權衡于輕重、緩急之間，所蠲者甚少，而所獲者甚多，願毋以反汗爲難，安危之幾在呼吸間也。臣不勝懇竭祈求之至。」

六月二十五日上三十日奉諭：「次輔：朕昨覽卿奏，揭忠君愛國，遠慮深謀，嘉尚不已。且貴州稅課，差官非專爲貨財，欲訪彼中軍民之利病，起釁之由

耳。既卿這等説朕，亦思念正在用兵征討之時，勑諭留中未發，已停寢矣。況大臣義同休戚，尤當仰體調停鎮静，何乃各衙門今又紛紛瀆擾，其如國體何？前遣内官張慶，已不着去了。特諭卿知。」〔萬曆二十七年〕七月初一日上

又卷六《諫礦税揭帖》 題：臣惟礦税之事在廷臣上言者日繼，皇上必厭棄不覽，故寂無荅者。臣備員輔弼，宜裨助皇上，不宜狷隨廷臣。但事勢至于極窮，而明主可以理奪，亦宜俯回天聽，舍己從人。皇上但察諸臣之心，何爲而苦瀆，豈皆沽名？豈皆邀譽？若事不至於召亂啓釁，不可一朝居，必不忍協志同辭，强拂君父而不止也。合文武勳戚，六卿九列，大小臣工，盡天下讀詩書、知古今、歷世故者，無一人敢助皇上，即民間愚夫愚婦亦不敢有助皇上。而皇上獨不回心，蓋未思此事關於國家存亡治亂之幾若是亟耳。且皇上之積財也，出於何意，以爲患貧乎？焉有太平天子而至于貧乏者？非所患也。以待不時供用之需乎？皇上天性甚節儉，未嘗妄費分毫，無待此也。抑爲萬世子孫長久計儲蓄乎？則九州四海之供，歲歲不乏，源源而來，他日之供自足他日之用，何必今日而預作萬年計。殆非也。豈爲深宫燕間，無物可娱，以此充耳目之玩好乎？窮人窶子生不見金寶者，偶見則詫之爲美。天子之視金寶，習見習知，亦與等閒物無異，而豈以是嬰心，遑遑求益不已哉？又非也。若是則甚非所急，何爲而汲汲求也？昔我世宗肅皇帝甚惜福，一衣一履終年不换，手不弄金玉，口不談財貨，故德流四海，家富人給，延福增壽，積慶至今。曷不仰法聖祖，而思所以惜無疆之福哉？夫富有四海，皇上之禄也；節用愛人，皇上之福也。禄不患其不足，而福宜積於有餘。滿招損，謙受益，時乃天道，故曰：「金玉滿堂，莫之能守；富貴而驕，自貽其咎。」蓋財聚則民散，民窮則盗起，此理必然所不易者。燎原之勢已在目前，安可不改圖也？前日貴州礦税蒙賜停止，今四川尤急，安可不停？伏想聖心必已感動，惟早命一日，則早受一日之賜。楊酋介在湖廣、川貴之間，腹心之患，猖獗不休，則無川貴，無川貴即無雲南，此一事者關係三省存亡。三省若失，則内地若陝西、河南、湖廣皆當作邊境，防禦危矣危矣！故川省内使所宜早罷。顧臣猶有憂焉。姑無論中原民心摇動將有亂虞，而大可憂者，又已形之雲南矣。雲南孤懸天末，自唐宋不入版圖，而我朝乃比於内藩，第以處置得宜故也。今遣中使往彼，夷夏交被其殃。臣初猶恃彼撫按，或能調停，庶幾苟延作轉旋之計，不意中使與撫按大相牴牾。彼遠地之民既無撫按足恃，而夷獠之性又苦中使誅求，一旦變告，尤難措手。播方煩兵，又安能以餘力餘財，越貴州一線路而爲萬里雲南計乎？必不暇矣！臣中夜遶床而走，謂四川似猶可爲，雲南必將無救，不敢不早言也。皇上勿以臣爲無端過計而藐忽，勿以臣爲黨助撫按而生疑。撫按於臣何有？苟可以歡皇上，則願窮天極地，效琛貢珍，臣之志也。何苦而屢進煩言？皇上至聖極明，曩所宸斷，有臣下萬萬莫及者，天下莫不敬畏如神明，倚藉如天地，誰敢異同？而惟此求利一事，斷之太過，大拂人心，患害逼前，有如水火。臣未暇爲天下謀，而且爲四川、雲南謀，以救眉睫之急。伏望特發德音，將此二處内臣，比貴州事例，即賜取回，以保全地方。臣才謭力微，雖忠義滿腔，而紙筆有限，惟皇上俯採，非採臣一人之言，乃採天下之公言也。〔萬曆二十七年〕七月二十九日上。【略】題：「臣惟自礦税使出，而天下舉疑皇上爲好貨，臣竊意不然。淵微之中，必有非淺見所能窺者。或謂三殿大工急需在邇，亦非也。殿工雖大，群臣能辦之，何勞聖心經營爲哉？或謂頃歲以來，國家多難，倭虜交訌之餘，楊酋又見告矣，脱復有變，安可無防？蓋爲萬年無窮計耳。顧臣思之，亦有疑焉。乘多暇之時而爲不虞之備，信乎思患預防矣。然設聚斂之策而傷樂生之民，則亂未必弭而反以生亂，憂不能除而反以啓憂，此未可爲遠猷完策也。皇上亦過思過慮，而妨太平之業矣！蓋圖治則亂必除，就安則危必去，定遠則近必靖，宅下則上必寧。天子以天下爲家，天下安，則天子始安；未有天下不安，而天子之家能獨安者。故聖人在上，必使政刑修明，德意翔洽，中外相保，大小相維，盗賊自除，夷狄自服。即有不靖，舉吾大順之民而誅之。若是，則盡四海九州，無不爲一人衛，而無勞一人之自衛。故聖人之身之家，與天下並安，而傳世無窮也。此道也，帝王相傳之常道也。祖宗以來，世世守之。即皇上二十載以前，無非此道。是以四夷來王，萬方頌德。在朝豈無諂訕之臣，特唐虞所謂讒説殄行耳，一滌除之而清矣。城中豈無蠢動之黨，特唐虞所謂寇賊奸宄耳，一徂征之而平矣。臣以爲太平無象，但常守此政，即爲太平；至治無奇，但常存此心，即爲至治。金甌常固，宸極常尊，可萬萬年無他虞。不必更爲一法以防亂，而自無亂可防矣。區區斂財以爲備何爲乎？今不遵循已行之善政，不保持已致之太平，而徒斂財以爲備，是天下本無事，而自爲多事以開亂也，爲計左矣。使天下囂然喪其樂生之心，而懷反側之思。人無老穉，靡不蹙額；家無大小，靡不撫心。日與中使爲仇，時與奏官爲寃，皆幸災樂禍，而思盗賊。誰爲皇上畫此計者，盡改初御之善政，而爲秕政？盡捐初御之仁心，而爲厲心。今日之所爲，是則前日之所爲，非矣。曷爲百姓歌舞於昔，而悲號於今哉？臣聞鹽鐵、均輸不

足以富漢，而漢由此耗；瓊林、大盈不足以富唐，而唐由此危。隋之末年，洛口之倉如山，而適爲群盜之資。唐太宗時，御史權萬紀言銀冶之利，太宗曰：「昔堯、舜抵璧於山，投珠於谷，漢之桓、靈乃聚錢爲私籍，卿以桓、靈待我耶？」即黜萬紀不敘。此貞觀之所以爲隆也。苟有善政，雖無積蓄而國安；如無善政，雖有積蓄而國危。若四海鼎沸，即無一方獨稱寧土；若衆心皆離，即無一隅獨可托身。流人四起，群盜交作，金錢愈多，愈爲身累。雖有穀粟，不能獨食；雖有臺池，不能獨樂。此時此際安知人主之爲尊，九重之爲高，持此將安歸乎？故不若使衆心成城，共爲朝廷守也；不若使百姓皆足，共爲朝廷供也；不若使盜賊不興，無俟征伐之爲大利也；不若使華夷率俾胥歡然如一家之爲大安也。故曰：「未有上好仁而下不好義者也，未有好義而其事不成，府庫之財非其財者也。」昔人喻好利而不顧其民者，如割四肢之肉以充其腹，腹雖暫飽，然肉盡而身已斃矣。又如竭澤而漁，今年取魚，豈不或多，不知魚種絶盡，而明年無魚。皆善喻也。伏望皇上憬然深思，涣然省悟，修明自昔講行之正道，誅絶今日曲竇之邪人。如日方食而復明，如天垂陰而復光。即未能越堯舜，超禹湯，而增光于祖宗，第如萬曆二十年前之所爲，亦還太平之舊觀，爲守成之令主。詩曰：「靡不有初，鮮克有終。」臣竊爲皇上誦之，惜之。臣忝備輔員，義同休戚。主榮臣榮，主安臣安。天下恐咨危亂將逼，臣不啻懾憤，何敢隱默不盡言。臣不勝翹首跂足，灑泣祈天之至。」〔萬曆二十七年〕十月二十七日上。

又《言財計揭帖》 題：「昨晚接得户部揭帖，上請聖明速罷礦税，以延民命，以裕國計。臣看詳此奏，耿耿在懷。人臣言不切直，不能悟主，所望聖明茹納，則政事始有調停，君臣同德，而中外安寧也。今財用實詘，邊供日匱，户部計窮，爲此苦口。然所以匱者有故焉。因以前北伐東討，近日西征及大典諸費，皆出經制之外，難供固宜。夫聖主以儉德先天下，以仁恩育萬民。厚下恤窮，固帝王之美意，然亦須有良法以佐之。不然，而人臣但以空言求君，人主但以嚴旨督臣，何益之有？臣愚以爲户部此疏切直有矣，處置尚疎，似宜出旨督其集文武大小官員共求長策，以暫濟經費之窮，事畢則止，必有善處，豈得坐視以階亂？皇上聖德如天，仁恩似海，亦宜俯加採納，少賜變通。如礦税等事，屢旨不許困商擾民，嚴禁利棍肆毒，可更者更，可止者止，則君臣交修互儆，而和氣自回，財用自足矣。」〔萬曆二十七年〕十二月十五日上。

沈一貫《敬事草》卷八《礦税揭帖》 題：「臣惟朝廷之事，非萬分緊要者，大臣必不合詞以請。昨日六部九卿公疏，爲中使釀亂等事一本，臣願皇上留神省覽。蓋此一事，原旨明言權宜暫行，乃今久而不收，加而益甚，害滿天下，禍迫目前。臣子於君，均同休戚，剖心敷肝，所利于皇上者甚大，不止數千萬銀兩之利而已也。皇上至聖至明，何煩臣下多説，特欲從容詔罷耳。然早罷一日，則國家蒙一日之利，而皇上增一日之福。至如程守訓，一無賴光棍耳。前南北科道各攻之，今六部九卿合攻之，再不拏問，何成朝廷？意者，皇上未見南北科道之疏耳。疏中被害人名至有數百，稍有資本，輒行攫取，贓穢鉅萬，家怨人怒，無不欲食其肉者。皇上若檢出南科祝世禄、南道程燵等本一試清覽，自動霆威，有不待于諸臣之言矣。自皇上臨御以來，德澤深洽，只因一念未回，以致紛紜騷擾，逮官拏士，戕民困商，真非聖明之意，特起於奏民之恣爲奸黨而成于中官之聽信撥置，故至此極，憂國者不得已而設二策焉。其一力請召還中官，而罷礦税，以信權宜明旨，上策也。其一即不遽罷，乞以見在定額，責成撫按，有司照數包徵，轉送中官解進，而盡逐奏民奸黨，不許停留地方，以除百姓餓豺饑虎之害，中策也。上策即未行，中策甚易行，乞斷然行之，以收人心，以存社稷。今原奏奸黨無不起家發富，立致萬金者，轉相歆傚，徒累益繁，而流害愈亟。民窮則變，變即難救；法窮則變，變即可通。惟俯察而善圖之。至于中官典兵，古今大忌。唐之中業殷鑒不遠，此萬萬不可之事。臣知必不許允，兹未極言。臣無任披瀝懇苦之至。」〔萬曆二十八年〕七月二十五日上。

又卷一二《請取回潘相揭帖》 題：「臣等竊惟江西税監潘相，初到任時頗稱安静，官民相安，而上供之需亦甚饒裕。不知今年何故，遽爾改節，致令一省軍民及宗室生儒幾釀大變，身犯衆怒，不知自省，而更爲酷烈，欲以威服人，如水益深，如火益熱，則江西貧瘠之民不能無反側之慮矣。相之諸舛，姑未備論，只主張開廣信封山一事，真爲失計。此山無甚大木，即有一二，亦雜木耳。萬山深處，縣崖難出，若使可採，彼界在江西、福建、浙江之間，人烟甚衆，争相販鬻久矣，豈得留到于今。宣德正統間，葉宗留、鄧茂七等賊巢穴于此，僭王聚黨，殺官害民，大費征討。歷十餘年而僅得招安，未嘗以戰勝也。是以奉有嚴旨封禁，妄開者重治。今若再開，則三省之患，不知所終，利未得于分毫，而害有過于丘山，甚可慮也。潘相身自往勘，履危蹈險，亦明知其不可開，而爲參隨奏民等所挾不敢轉聞，知其不可爲而復爲之，其愚可知。相又奏税監勘合馬牌，不許驛傳有司掛號。此又擅改祖宗成法，大不可之事。國家政務無一不相制相轄，雖御前駕

帖，亦赴該科掛號，豈獨相之差遣，不許各衙門預聞，何奸不可爲，而何亂不可生，所宜亟行禁止者也。相又請添解送磁器船隻，每府各造一隻，每隻當費萬金，江西十三府當費十三萬。夫磁器歲解未聞缺供，何獨今日而議造船，不貲之費又將何出？不惟不可，抑亦不必。即使用船，一船所載亦已無算，何用此多船爲也。皇上聖明，可以洞燭其故矣。至于泰和石膏，其利益微而其害益大，江西習俗尤重風水，此山乃一省龍脈所係，豈忍傷之？彼中士民必不相安，亂虞之作又在眉睫。以上四事，臣等深爲地方危，深爲朝廷危，亦深爲潘相危也。宣正間，葉、鄧之亂起于廣信封山，正德間，宸濠之亂起于南昌省城，當時縉紳士民亦靡然從之爲亂。今相既攖宗室之怒，又開賊巢之釁，業怨太多，釀禍不小，竊恐湖廣覆轍又在茲矣。臣等訪得潘相亦非兇狠奸豪之輩，乃一愚魯無能之人，初到任時虛心與各官和衷行事，故公私皆便，上下咸宜，時日漸久，匪人日多，唆哄播弄，以至此極。邇來司道等官畏其橫噬，概不相接，而巡撫夏良心杜門不出，一意請告，遠近地方益以洶洶。既無文武官員協恭行事，實恐旦晚之間又以變聞。伏望皇上乾剛獨斷，取回潘相，而以其所領諸務交付湖口稅監李道，使之兼管。李道頗有賢聲，必能上體皇上之心，下安軍民之心，兩諧並得，靖亂匡時，庶幾聖慮康寧，而臣等亦得少寬危悚也。」〔萬曆三十年〕十二月初七日上。

沈一貫《敬事草》卷一三《上煤亂揭帖》 臣等昨覩督理煤窑內官監僉書王朝具奏：「豪惡黄大京、王守寛、楊拐子、許近槐私開窑口，欺隱窑課，率領土棍毆打差役，阻撓違法等情。奉聖旨：『這奏內有名人犯，便着廠衛差的當官校會同內官王朝，督率該地方員役杻拏前來究問。該衙門知道。欽此。』臣等竊謂皇上以此儆戒頑民，法應爾也。及出閤至長安門外，滿路擁塞，多人皆黧面短衣，不知其數，呼冤徹天，持揭叩地。臣等取視其揭，詢問來由，且知目下毒害之狀，猶有未載于揭者，如拏人梆樹，石打箭射，淫奸婦女，席卷家資，所帶皆京營選鋒，公行刼掠，家户受害，不忍聽聞之事。臣等咸爲灑泣，而慰遣之云：皇上憐愛小民，此事原非聖意，當爲汝等轉奏，可各安心生理，勿犯王法。再三撫諭，始得開路而行。由此觀之，王朝一面之詞安可盡信，而小民痛恨國家，隱憂念之震慄，何敢不以上聞？竊惟煤利至微，煤户至苦，而其人又至多，皆無賴之徒，窮困之輩，今一旦亂之至此，豈非言利者擁蔽聖聰，搜浚太細，不顧叵測之虞乎？此輩尚未知廠衛拏解之旨，輒已紛然窮迫，若聞拏解則其無聊激變之情，又當何如？皇上以嚴法制服，能拏此四人以立威耳！四人而外，彼群起再發者，可得而盡拏乎？鳥窮則攫，獸窮則嚙，一旦揭竿而起，輦轂之下皆成胡越，豈可不念？據原奏云：一年可得數千金進御，亦甚微矣，柰何爲數千金而亂輦轂之下，爲利爲害，孰多孰寡，誰爲皇上畫此計者，真可斬矣！此輩勃勃悍戾之氣，臣等已見其真，若一生心，京師必無寧居；四散流刧，三輔必無寧居。但只棄業而逃，無煤入城，京師千萬人家息烟絶炊，饑寒交迫，群起爲亂者，亦不知多少？況加之以此輩乎？患在目睫，不待久遠矣！臣等細籌以爲，宜急遏亂虞，先清亂本，乞即下嚴旨留回內官王朝，停止煤税，將馬用力、趙堂、李金、張林、黄大武及原奏官民等俱拏送詔獄打問。其所拏黄大京等四人俱免追問，放釋復業，以見取煤原非皇上本意，乃羣小欺君玩法，假威虐民使萬衆失所，聖心憫惻，今悉處治罷止。如此，則中外歡然，歌誦愛戴，而戢其反側之心，豈不甚盛德事也。不然，而患生肘腋，變起須臾，驚動宸嚴，縱横京國，四方何以觀，九廟何以寧？謹將各揭封上二紙以干聖覽，并擬諭旨一道恭進，乞亟賜乾斷，早見施行。」〔萬曆三十一年〕

又卷一六《免煤税揭帖》 三臣題：「臣等連日見西山煤户百十成群，哀泣于長安門外，口稱窑口盡爲水所渰没，入地深二三里，無力掏挖，生意已絶，本縣監追煤課，從何而出，叩天憐憫，投有揭帖。臣等見之，爲之泣下，伏乞量免課銀二三箇月，少蘇其困。今見發太僕寺銀十萬兩，除給濟京城下户之外，猶可分此濟彼，均蒙恩澤，不費之惠也。雖不能人人霑被，亦使百姓知軫恤弘恩出自聖衷，挽回人心，此一機矣。臣等敢擬一諭上進，望即賜行。」〔萬曆三十二年〕七月十七日上。

諭户部：「西山被災窑户，着比京城下户一體給賞。即于見發太僕寺銀兩內通融分與，務令各霑實惠。水占窑口，免徵課銀二三箇月。」

又《萬壽請罷礦税揭帖》 三臣題：「竊聞五福以壽爲先，積善必有餘慶。恭遇萬壽聖節，聞左右有買雀放生，祝延聖壽者，固是一點忠愛。臣等竊以爲未廣也。區區愚見，欲推廣此意。于十七日在廷文武百官及天下入賀人員，四夷朝貢之使，山呼萬歲之時，皇上特涣綸音，停罷礦税，以示普天同慶之意。此時滿朝萬口必將歡聲如雷，仰徹穹昊，不崇朝而謳歌溢乎四海，協氣塞于兩間，上帝臨之，介以景福，八荒壽域，斂而爲一人之壽矣。而況有本支之燕貽，以昌厥後；有堯舜之鴻名，以傳不朽。其爲利益，何以加此哉！夫當礦税之行也，是以天下爲籠，使萬物一無所逃也。今既徹也，釋倒懸之民，而登春臺之上，猶天空

任鳥飛，而無一在樊籠之中者，何必買而放生也。《天保》之詩，祝天子萬年，而必曰「群黎百姓，徧爲爾德」，意正如此，臣等不勝犬馬下情，輒取以是爲獻。惟念恩自上出，不敢漏泄，謹親自潦草手書，密進御覽。因擬勑諭一道併進，伏候涣發施行，臣等不勝延頸跂望之至。〔萬曆三十二年〕八月十五日上。

諭户部：「朕惟民者邦之本，財者民之命。朕自御極以來，無一念不在愛民節用，欲與同享太平。比因宫殿未成，不忍加派小民，權宜行礦税之策，不意奉行者非人，反致貽害斂怨，朕甚痛之。今值天下華夷朝賀之辰，明示朕心，一切礦税内臣，俱着撤回聽用，以後不許妄奏。復行錢糧已徵在官，着盡數解進；未徵的，不許再徵。布告四方，俾共知悉。」不下。

王述古，河南禹州人，己丑進士，刑部員外郎。作笏記以授歸德，欲歸德于祝壽之日對仗宣讀，必得罷免俞旨，然後起。歸德不可，作此奏授之，俾述古自奏。述古又不可。歸德以語余，余可之，爲改作揭帖。余復手書擬諭以進，竟無益也。

又《請罷礦税揭帖》 三臣題：「臣等謬充大任，過受鴻私，天下之人共攢責于臣等。皇上居深宫之中，不見群臣百姓，則自謂可塞耳掩目，而置人言于弗理矣。若臣等不然，日出入于長安門，勢不能避絶人事，必當與之相見也。兒童走卒，無非鞭策臣等之言；流離瑣尾，無非感悟臣等之狀。乃者賫捧官來，開口即説礦税各處書來，未開緘而知説礦税，令臣等如何抵對。巧舌如簧，不過增謊，章疏可以留中，而臣等書揭不可無荅語。時時户外羅無對業之冤家，日日街前列不欠錢之債主。按劍相視，誶語横加，更至迭來，曾無虚晷。欲解之不能解，欲償之無可償。開口亦罪，不開口亦罪。咸詈臣等之口非口，臣等之心非心。而自頭至足無非可羞可耻之態，又何面孔向人也。君父之過，臣子不宜顯言，於是結舌吞聲，掩袂回面，而使涕泗内流，抑瘉爲病。知臣等者謂臣等忠憤無聊，不知臣等者謂臣等狂惑失志。每日過社壇門，則呼皇天后土而禱；過太廟門，則呼祖宗列聖而禱。願皇上回心向道，無摇不基，放逐臣等，更付能者。此實區區之同情而無一字之假餙者也。謹略攄其危苦憂勞之極慮，冀回聰明剛健之聖心。皇上雖至尊，必不能縱情自便，居深宫以爲安。諺所謂天下人安我亦安，此至語也。必不可塞耳掩目，置人言于弗理。昔麥丘邑人謂齊桓公曰：願主君無得罪于群臣百姓。亦至語也。民者，邦之本；財者，民之命。棄其本，戕其命，而可以長享天下者，未之聞也。臣等悲不自勝，涕如泉湧，謹具題以聞，祈候明命。」〔萬曆三十二年〕八月二十二日上。

又《回聖諭揭帖》 三臣題：「今日文書官傳出聖諭，諭内閣：『朕因文武大小九卿科道官手執公本，齊赴文華門上行禮。前有旨：修省實政静俟次第發行，文武大臣都着安心盡職，共濟時艱。如何又來瀆激奏擾。恭照祖宗制度，朝儀肅静尊嚴，凡有軍國大計，許實封本從會極門投進，聽候裁奪處分。近來不知何物設意作俑，朝廷但行一事，若妨己之私弊，便哄然群起，挾迫君上，要譽沽名，全不思念君臣大義，恣肆成風，是何禮體？卿等爲朕輔弼股肱，可即傳示，省改遵行，諭卿等知。欽此。』宸旨森嚴，天威孔赫，臣等讀之，神魂戰越。竊惟近年以來，天下久罹礦税之苦，而又習聞停止之言，跂望恩綸，以日爲歲，自縉紳至于兒童隸卒，無人不同此意。自都會至于窮鄉僻塢，無處不同此言。諸臣之舉，實迫于天下之公心，發爲天下之公論，莫爲倡首而群然同詞，莫爲結約而翕然並騖者也。不能稍移天心而至上干天譴，誠信未孚，能無悚惕。昔唐虞之時，君曰都而臣曰俞，君曰吁而臣曰咈，上無失德，故下無煩言。假堯舜而有顛危之勢，皋夔必不能守其趨蹌之節矣。語曰：救焚者趨，拯溺者濡。水火方急，而暇爲從容乎？今所行之事，非常之事也。天下莫不失其常心，臣子安能守其常禮？人心離，故人言生，人心急，故人言多。欲朝儀静肅，天位尊嚴，當收天下之心，欲收天下之心，當恤天下之言。百姓不能言，而群臣代之言，怒群臣是怒百姓矣。群臣不敢怒，而百姓皆敢怒，百姓怒則人皆讎敵矣。昔周厲王好利，以榮夷公爲卿士，萬民攻之而出奔於彘。唐玄宗置左藏庫，聚斂無藝而出奔於蜀。唐德宗置瓊林、大盈庫，税間架，除陌錢，而出奔於奉天。當此之時，委朝儀於草莽，争糲飯而不飽，豈復有君臣上下哉？早聽人言必不至此，覆轍在前可爲永鑒。諸臣受國深恩，感時多故，千章萬牘，總出懇誠，迹雖近于迫挾，而原其本心，不過欲安民，欲弭亂，欲皇上爲堯舜，此其迫切處，正是恭敬處。其心切，故不知其迹之至此也。君臣大義正當如此，豈可罪之，爲激爲瀆乎？伊尹告太甲曰：『言有逆于汝心，必求諸道。』伏望恢弘聖度，特賜優容，取逆耳以悦心，圖宗社之永計，曠然改易絃轍，下一罷礦税明詔于群慮不及之時，使言事之口淡而無味，憂國之心化而若忘，朝儀常肅，天位常尊，都俞噓咈之風當不遠矣。〔萬曆三十二年〕八月二十三日上。

又卷一八《元孫誕生草詔先論礦税揭帖》 謹題：「竊惟皇孫誕生，臣等連日奉命草詔，如補官釋罪等項，皆可查照舊例，擬議進呈。惟礦税一事，乃皇上

遲年之所特起，舊詔所無也。天下人心，日夜願望，惟此第一最急。臣等竊惟殿工礦稅，事本相須。近奉明諭，已緩殿工。伏想聖心必有并停礦稅之意，惟以特諭行之，而不概列于詔書，則薄海內外，知出自宸衷，爲非常恩典。至光明，至煊赫，當今一大聖德聖政，可以培社稷之厚澤，垂永久之令譽，收涣散之人心，息窺伺之邪謀。黄童白叟歡欣鼓舞，齊祝萬萬歲無疆之壽矣。今詔事迫近，不得不款款切切恭陳此情，望聖明採行，不勝瞻望之至。〔萬曆三十三年〕

又《回罷礦調稅諭札揭帖》　三臣題：「今日該文書官恭捧聖諭到閣：『諭內閣：朕以頻年天象示警，朕心兢惕，殊切省躬。昨覽工部再疏，題請鼎建殿門，以完鉅典，但物力難支，何時就緒，朕連日熟思，見今河工、城工一時並舉，工程浩大，錢糧數多，內外帑藏俱匱，民窮財盡之時，朕甚惻然，已遣內官監，經管內官查理通灣見貯木植，回奏，且大工浩費不貲，其開礦抽稅原爲濟助大工，不忍加派小民，採徵天地自然之利。今開礦年久，各差內外官俱奏出砂微細，朕念得不償費，都着停免。若有見在礦銀，就着礦差內外官員一併解進，馳驛回京。原衙門應役，凡有礦洞，悉令各該地方官封閉培築，不許私自擅開，務完地脈靈氣。其各省直稅課，俱着本處有司照舊徵解稅監，一半解進內庫，以濟進賜、供應之用，一半解送該部，以助各項工費之資。明顯朕仰體上天仁爱，祖宗鑒臨敬畏，修省實政，昭示朝廷權宜濟助大工、爱民固本德意。待大工稍有次第，奏請通行停免。卿等擬諭來行。欽此。』臣等不勝欣忭，不勝頌仰。恭惟皇上，本具堯舜至聖之資，全體天地好生之德，初御以來，恭儉禮下，取民有制，仁心仁問，洋溢于四海。豈于久御之日，而顧殖貨厲民哉？惟因工役繁多，取資無術，所以出此不得已之下策。顧君有不得已，民亦有不得已，上下交征，而失其樂生之心，至于今日極矣！臣等固謂聖明在上，旦晚轉移，決不令百姓久困也。果爾一旦，恭奉特諭，如重陰之際而日月忽開，如亢旱之餘而甘霖忽降，非常恩澤，濬發宸衷。於是人人曉然知聖主原自仁慈，天下徒多疑慮矣。雖稅未盡撤，而礦已盡停。即稅未盡撤，亦付之撫按徵收，以一半入內供，以一半解該部，令棍徒游手不得漁獵于其間。民間繞出一錢，朝廷即獲一錢。上既享利，下亦甘心，此亦子來之衆愛戴之情也。臣等連日草詔，正苦此條。今奉明諭，手足踴躍。皇上令臣等擬諭來行，臣等何必再贊一詞，惟有稍加潤色，進呈耳伏，候覽裁此事，不獨工部之幸，亦户部之幸。臣等敢并及之使其咸知感激，恭祝萬萬歲，所奉聖諭，謹尊藏閣中，垂示永久，謹奏回奏以聞。〔萬曆三十三年〕十一月三十日上。

又《擬諭》　諭户工二部：「朕以頻年天象示警，心常兢惕，責己省愆，不遑寧處。昨覽該部再疏，題請鼎建殿門以完鉅典，因思物力難支，何時就緒。連日熟計，見今河工、城工一時並舉，工程浩大，錢糧數多，內外帑藏俱匱，民窮財盡，困于征輸，致使正供錢糧反無所出，京邊之費一時多乏。朕甚惻然。已遣內官監經管內官查理通灣見貯木植，回奏且大工浩費不貲。其開礦抽稅原爲濟助大工，不忍加派小民，採徵天地自然之利。今開礦年久，各差內外官俱奏出砂微細。朕念得不償費，都着停免。若有見在礦銀，就着礦差內外官員一併解進，馳驛回京。原衙門應役，凡有礦洞，悉令各該地方官封閉培築，不許私自擅開，務完地脈靈氣。其各省直稅課俱着本處有司照舊徵解稅，一半并土產解進內庫，以濟進賜供用之費，一半解送該部，以助各項工費之資，有餘以濟京邊之用。其各處奏帶員役，止着押解催儹錢糧行文差用，不許私設關津，指稱奏官，容令地方棍徒肆行攘奪，致民生不安，商旅不行，反虧國家正課。撫按官還會同該監，不時訪拏治罪，明顯朕仰體上天仁爱、祖宗鑒臨敬畏、修省實政，昭示朝廷權宜濟助大工、爱民固本德意。待大工稍可措辦，便奏請通行停免。爾部概行各省直內外官，遵行毋忽。故諭。」〔萬曆三十三年〕十二月初二日户工二部接出。

葉向高《綸扉奏章》卷一《再請止礦稅疏宫坊上》　奏爲直陳天下安危第一大機，懇乞聖明亟圖挽回消弭以保治安事。「臣等見臨清告變，戕殺四十餘人，中使馬堂幾乎不免，奉旨逮繫守備矣。中外人情咸謂馬堂平日不能奉宣德意，信任牙爪，虐害商民，斗米寸薪，皆被攘奪，以致小民窮迫無聊，生心倡亂。爲堂者正宜改絃易轍，斂戢兇殘，庶幾可弭。乃計不出此，輒復擅殺立威，致深衆怒，孽由己作，罪復何辭？竊意聖明于此必有處分，決不令奉使辱命之中官晏然無恙，以貽地方之憂。又意聖心必因此悔悟，罷革稅店，與四海享安静之福。乃日復一日，未聞德音。臣等淺陋腐儒，莫知其故。第念臨清去輦轂下不數百里，白晝通都，兵刃交接，此而不問，朝廷之紀綱安在？法度安施？政刑既失，姦宄窺人，是大亂之道也。若店稅猶存，中官如故，而徒欲正法伸威，捕治亂黨，人心不服，禍變必生，一夫號呼，四方響應，又大亂之道也。矧今歲春夏雨澤愆期，近自京畿遠至關陝，赤地焦原，亘數千里。兼之閩、粤苦潦，川貴苦兵，吴越荆揚騷然擾動，今日域中遂無一樂土。即向者通邑大都、市廛喧鬧之處，亦蕭條凋耗，無異窮鄉，曾未有枕戈之虞，暴骨之苦，而景象已若此矣。陛下試思，此等世界如尩羸之人，食以粱肉，猶恐顛仆，尚可榷肌擢髓，以速其斃耶！非獨此也。百姓既

與中使爲仇，留之地方終難展佈，迨其再辱，國體益傷。今臨清之局未完，而山海關三家店又復見告，遠方聞之，孰不傚尤？所在官司無辭以謝百姓，決難約束懲治。今之不從，禁之不止，中官之勢必將大窘，臣恐稅店之名徒存，國家終無分毫之入，於此時而後議罷，則已晚矣！此等事理，人人皆知，而陛下獨若有未釋然者，不過以帑藏空虚，急於補塞，未暇念及耳。以臣等愚慮，天下人情不甚相遠，陛下貴爲天子，享四海九州之奉，尚猶患貧，彼蚩蚩編氓，囊篋幾何，肯甘剥削？最可痛者，有一種窮民營生無計，惟于行賈輳集之區、百貨灌輸之地，肩挑背負，趕脚推車，日覓數錢以資衣食，養父母妻子。一旦生計斷絶，束手無如，千百爲群，椎心飲泣。而其人又皆雄健多力之夫，不閑禮義之輩，挺而從亂，如決水東流，滔滔莫禦，其勢非用兵誅夷，決不能定。陛下受天地付托，爲生靈父母，乃驅迫窮民陷於死地，毋論憂及宗社，即于心能不惻然耶！且明旨屢下，固云敬天、法祖、勤民矣。洋洋聖謨既已如彼，而徵之行事乃復如此。陛下試思年來舉動，以此敬天，天心順乎？以此法祖，祖心安乎？以此勤民，民心悦乎？即如中官奉使，累朝誠有故事，然惟正統以後乃始見之，非二祖之舊章也。世皇英斷，盡行召回，遂爲中興第一美政。陛下爲人子孫，當紹述芳規，發揚大美，乃以一時權宜，使祖宗有信任貂璫，徵求貨賄之名，書之史册，傳之後世，豈國家之光，神靈之所想望哉？大小臣工日夕望陛下改圖，甚于農夫望歲，累牘連章，冀回天聽，而陛下恬若罔聞，甚且以沽名擯斥。夫沽名賣直，臣子大罪，聖明之朝豈容有此？況今所陳列皆事關安危，情同休戚，豈可以此名目概疑群臣，而杜其口哉？直道難行，嚴威易折。自吴宗堯、吴寶秀逮繫以來，縉紳縮氣守士，諸臣上章告難，亦或委蛇其説，無敢直言時事，如此真可寒心。陛下若翻然改悟，不過發數行詔書，與天下更始，薄海内外，懽忻鼓舞，共沐天恩，眼前世界便是唐虞。如仍前不改，群奸日恣，群怨日深，臣恐秦隋之禍不旋踵而至。語云：爲於未亂，今已亂矣；圖于未形，今已形矣。已亂已形，勢不得不旋轉，而旋轉之力又如此其易，陛下何靳而不爲之乎？蓋臣等史臣也，見史傳所載，凡人主意向有所沈溺于臣下之諫，未嘗不怒，及其敗亡，思往日之事，未嘗不悔，至于悔則已無及矣。唐玄宗遷蜀，父老張公謹進言曰：『草野之民知有今日。』玄宗爲之欷歔嘆息而無可奈何。夫禍亂之萌至草野共知，而其主獨不悟，未有不傾覆者。臣等每讀史至此，輒徘徊惋惜，故不勝杞憂，復爾狂瀆。伏願陛下鑒往察來，俯垂採擇，先召還馬堂，盡革稅店，然後責撫按以治亂民之罪。處置得宜，孰不俛首聽命？惟陛下之所欲爲，天下自此有萬世之安矣。如聖意遲回，未欲遽已，亦乞量定稅額，責有司解進，毋令群小得魚肉下民，儻亦急救燃眉之一策乎？臣等干冒宸嚴，不勝戰慄隕越之至。」

又卷九《請罷礦稅密揭》　臣受恩深重，無以報稱，今雖以病苦求去，豈能恝然不以國事爲念。伏枕思惟，我皇上真千古之聖主也，臨御將四十年，乾綱獨斷，海宇乂安，而且仁孝兼隆，寛嚴並用，即黄帝堯舜之盛，何以過之。其少爲聖德累者，惟礦稅一事。皇上爲此受多少煩言，忍多少閒氣，惹天下後世多少説話，其實所積之物，終歸無用，乃將巍巍蕩蕩之聲名，被其玷缺，臣竊惜之。此事行來已久，閭閻膏脂亦已罄竭，故一遇凶荒，百姓便流亡死徙，不自聊生。至于今歲更苦更雪，近而京畿，遠而山東、山西、河南，又遠而四川，百姓餓死無數，樹皮草根無不剥盡，骨肉相食，慘不忍言。官司無計可以拯救，惟有坐視其死，坐待其亂而已。人情嗷嗷，咨嗟怨嘆，皆歸咎于榷稅之害。若一夫作難，必相響應，如漢之赤眉、黄巾，隋之竇建德，唐之黄巢、秦宗權，皆因饑窮倡亂，毒流四海，而國祚隨之，甚可鑒也。今災傷處多，甚難賑濟，惟有亟罷礦稅，可以收拾人心，使其雖餓死，不忍爲亂，而且懽欣鼓舞，感戴皇仁，書之史册，亦永爲千古美譚，豈不盛哉？臣區區愚衷，實以此事爲今日第一義，而不敢露章以請，故力疾手書，密封上聞，並未嘗告之一人。伏望聖明親發德音，頒自内庭，豈但宗社生靈之幸，其於聖德聖治亦大有補焉。若刑部署印無官，獄訟停閣，昨兵部揭帖拿獲強盗許多，無處送問，亦爲可慮。統望聖明即命官署掌，或臣前所擬未當聖意，亦乞發下再擬，恭請聖裁，臣不勝冒昧陳瀆之至。

萬曆三十八年四月初五日。

又卷二七《公請撤稅監高寀揭》　昨日接得福建撫按揭帖，言稅監高寀激變地方之狀，臣等讀之不勝駭異。夫寀權閹日久，播惡多端，怨毒滋深，人心痛恨。近因入粤不遂，益肆誅求，索取金珠寶物，動至千百。又私造雙桅海船，置辦通番諸貨，一切價值分毫不與。小民虧折賠累，憤激難堪。昨四月十一日，因索價不得，群聚鼓譟，寀不能以理諭遣，當令左右執持刀鎗，殺傷多命，舉放火箭，燒燬民居。次日又突入巡撫衙門，並其子劫之以出。復挾道府都司等官，質於署中，兇悖猖狂，勢同反叛。此其心尚知有朝廷，尚知有天日乎？向來稅使貪横，無如楊榮、陳奉等，然止於荼毒百姓，淩辱有司，並未有悍然敢與巡撫重臣爲難者。寀之狂肆若此，則其平日恣睢暴虐，草菅人命，弁髦法紀，又當何如？即今

民情洶洶，衆怒難解，其勢必甘心於宷而後已。若宷一日不去，則衆心一日不安，將來之禍更有大於此者。臣等不暇爲宷惜，直爲八閩安危惜已。伏望皇上亟發明旨，勅宷即日回京，其福建及廣東稅務俱令有司料理，則綸音一布，萬衆歡呼，地方危而復安，人心亂而復定。不惟宷得保其首領，而海濱重地可無杌捏之虞矣。昨午後復接兩廣總督張鳴岡揭帖，亦言宷貪横之狀，聞之令人髮指。至其假汗巇之詞，行脅制之術，則又市井無賴所爲，不足以欺三尺之童者。惟祈皇上速斷，以惠此一方，毋徒視爲尋常，遲疑不决，致貽東南無窮之患也。計宷早晚疏至，必且誣揑地方諸臣，以卸己之罪，尤望聖明洞察，臣等不勝激切懇祈之至。

萬曆四十二年五月十一日。

《明會典》卷三七《户部二四・金銀諸課》 國家所取諸課，皆因各處土産，若金有常例，礬、鐵、水銀、銅、錫有常額，至於銀礦、珠池間，或差官暫取，隨即封閉看守，至今日令更嚴云。

凡金銀課，永樂十三年差御史及郎中等官，益湖廣、貴州二布政司提督委官於辰州、銅仁等處金銀場採辦金銀課。十九年，差御史監生人等閘辦福建、浙江銀課。宣德七年，奏准福建、浙江等處解納歲辦銀課，每年各處會合正解二次，各輪委官一員護送。

又卷一六八《刑部一・賊盜》 一、凡盜掘金、銀、銅、錫、水銀等項礦砂，每金砂一斤折鈔二十貫，銀砂一斤折鈔四貫，銅、錫、水銀等砂一斤折鈔一貫，俱比照盜無人看守物准竊盜論。若在山洞捉獲者，分爲三等：持仗拒獲者爲一等，不論人數、礦數多寡及初犯、再犯，不分首從，俱發邊遠充軍。若殺傷人，爲首者比照竊盜拒捕殺傷人律斬。其不曾拒捕，若聚至三十人以上者爲二等，不論礦數多寡及初犯、再犯，爲首者發邊遠充軍；爲從者枷號三個月，照罪發落。若不曾拒捕，又人數不及三十名者爲三等，爲首者初犯枷號三個月，照罪發落，再犯亦發邊遠充軍，爲從者止照罪發落。凡非山洞捉獲，止是私家收藏，道路背負者，惟據見獲論罪，不許巡捕人員逼令展轉攀指，違者參究治罪。

《明律附例》卷二四《刑律七・私鑄銅錢》 一、盜掘銀礦、銅、錫、水銀等項礦沙，但係山洞捉獲，曾經持仗拒捕者，不論人之多寡，礦之輕重，及聚衆至三十人以上，分礦至三十斤以上者，俱不分初犯、再犯，同發邊衛充軍。若不及數，又不拒捕，初犯枷號三箇月發落，再犯免其枷號，亦邊衛充軍。其私家收藏、道路背負者，止理見照常發落，不許巡捕人員逼令展轉攀指，違者參究治罪。

王士性《廣志繹》卷五 貴州土産則水銀、辰砂、雄黄，人工所成，則緝皮爲器，飾以丹朱，大者箱櫃，小者筐匣，足令蘇杭却步。雄黄一顆重十餘兩者，佩之宜男。土官中有爲盤爲屏，以鎮宅舍者。砂生有底，如白玉臺名砂牀，箭頭爲上，牆壁次之，雖曰辰砂，實生貴竹。

鎮遠，滇貨所出，水陸之會。滇産如銅錫斤，止值錢三十文，外省乃二三倍其值者。由滇雲至鎮遠共二十餘站，皆肩挑與馬贏之負也。鎮遠則從舟下沅江，其至武陵又二十站，中間沅州以上，辰州以下，與陸路相出入，惟自沅至辰陵，止二站。水乃經盈口、竹站、黔陽、洪江、安江、同灣、江口共七站。故士大夫舟行者多自辰溪起，若商賈貨重，又不能捨舟，而溪灘亂石險阻，常畏觸壞。

祝以豳《詒美堂集》卷二四《開採移牒》 看得清遠縣鐵屎坪相傳産鐵，不聞産銀，且在大羅山中，去縣四百里而遥，實猺民穴窟，萬山聯絡，與西粤衡、楚、豫章相通。嘉靖年間，亡命不逞之徒鼓煽諸猺，幾釀危禍，至勤兩省大兵會剿，始得安集，而地方創殘，不忍言矣。此清遠縣礦山之實也。英德縣堯山錫坑相傳産錫，錫乃五金之壽，凡金、銀遇錫無不糜鑠。據理，錫礦無産銀之事，而該縣漫謂錫礦之中或有銀在，蓋亦恐涉阻撓，遷就其説。要之，産錫不産銀，實父老萬口之同辭，而銀不産于錫，乃五金生尅之定理。此英德縣礦山之實也。至於爐甘石山，原在陽山縣，今曰連山，此聽聞之悮耳。據連山縣申稱，並無爐甘石山其在陽山縣者，近該本道親歷其地，詢諸父老，謂甜石山先年曾納稅軍門充餉，聽民採取。蓋浮砂碎石無事開鑿之勞，故不費官帑，不煩督責，而坐收成稅，但取砂多寡不一，而額稅則必取盈，利害相當，旋開旋罷。此陽山縣爐甘石山之實也。相提而論，在英德縣費不貲之帑金，取有限之錫砂，是爲以貴而易賤。在清遠縣，礦坐猺窟，承委員役勢難深入，必且誘之亡賴之徒，攘奪挑釁，關係地方安危不小，是爲利微而害著。倘貴監能慨然相信，除陽山縣爐甘石山聽從收稅外，將清遠、英德二縣礦山特行停止，此實社稷生靈莫大之福，即貴監與本道亦並受其福矣。萬一未肯相信，則如從化等縣礦山俱明開黄村營等地名，故可據實開挖。今兩縣所報皆茫無指實，揣摩以應，如大羅山以鐵屎名，堯山以錫坑名，其不産銀明甚。果否原報人所報之處，今既明知二山之不産銀，舍此又別無指實，而嘗試開挖，虚糜公帑，亦何樂而爲？此貴監與本道同在地方，有同舟之誼，地方安危彼此共之，如必欲以無著落之礦山，冀莫須有之礦銀，竭百姓之脂膏，挑

猺民之爪吻，則惟有解綬納節，以一道生靈，命于貴監而已。

粵東稅監李威餤張甚，初公移達制撫，批云：「該道竟移文稅監，繳。」乃不意李監見之，欣然相信，特罷英德諸處開採，而浛洸、太平二稅最稱要區，亦聽有司徵解，不差稅役一人。孰謂李非賢者，後之決裂，實以地方一二激成之也。

彭大翼《山堂肆考》卷一八四《珍寶一・銀・收稅》 唐掌冶署令丞二人，掌範鎔金、銀、銅、鐵，使人得採，而官收以稅。

又《珍寶一・錫》 受其入征。《周禮・秋官・職金》：「掌凡金玉錫石丹青之戒令，受其入征者，辨其物之媺惡與其數量，揭而璽之，入其金錫於（爲）兵器之府，入其玉石丹青於守藏之府。」

又卷一八五《珍寶二・巡其禁令》 《周禮・冬官・丱人》：「掌金、玉、錫、石之地，而爲之厲禁以守之，若以時取之，則物其地圖而授之，巡其禁令。」注云：物其地者，視其色以別其所產也。利之所在，奸弊百出，既禁之又令之，又從而巡之，然後丱人取之，而入於職金，職金受之而入其金、錫於兵器之府，入其玉石、丹青於受藏之府，所以待邦之大用，而玉府又所以供王之玩好者也。

又《珍寶二・受其入征》 《周禮・秋官・職金》：「掌凡金、玉、錫、石、丹青之戒令，受其入征者，辨其物之媺惡，與其數量，揭而璽之，入其金錫於爲兵器之府，入其玉石，丹青於守藏之府。」注云：受其入則取諸地官所自入者，受其征則取諸民，而官所稅賦者。

《朱太復乙集》卷一九《代浙西守道張朝瑞上諫止開採疏》 近于十一月，復奉聖旨，允聽用把總韓大拯請開採浙江觀海、孝豐、諸暨、八寶、全浙等處礦山。夫天下財賦，江南居十九，朝廷國計所資重，自古四方有變，江南常保全以待，而我祖奠基金陵，澤同豐鎬，勢以相洛，浙江固其三輔要地也。近自萬曆十六年來，水旱頻仍，饑饉薦至，荷皇上蠲賑屢頒，而瘡痍猶未盡，起逋賦日苦追呼，流離未能盡復，且京庫夏絹浙江額供九萬八千餘疋，近年蠶桑失利，新頒絹式改樣改造，賠費尤多，一役牽十餘年，一縣所破數百十家，是民隱可恤也。萬曆二十四年，嘉興、湖州五月大旱，八月大水，杭州黑青爲厲，大火爲災，定海衛雷火燒燬城樓。今歲正月十二日，雷電先作。二十日，大雪如米。二月初二日，雨黑水，初三四日落黃沙，是天變可畏也。不加優恤而又行採礦，騷之乎觀海、諸暨、八寶諸礦，地在浙東，臣不能盡知，孝豐在浙西，正臣轄管地方。臣嘗考之，其縣山深溪邃，民多强獷，上連直隸、徽州、寧國、廣德諸山，下襟帶太湖，盜賊出没，易與爲亂。正德間，廣茗鄉湯毛九、楊昂集衆數千，虎嘯山谷，剽掠居民，流刦旌德縣庫，入城郭如空廬，殺官兵如草芥，猖獗數年，吴越幾危。都御史張津奏聞，起全浙之兵，勦之不勝，知府呂盛身入賊營招諭，多方始能降之。嘉靖間，江天祥以讐家私忿，糾集强徒千餘人，露刃相殺，結營號署，郡縣官招不能平，兵不能制，賴鄉故主事唐樞奮身往説利害，始收兵，泣拜而下，此其喜亂難靖，征事明驗。【略】方今倭虜東窺，兵戎未息，黃河南徙，輓輸不進，礦徒潛伺山之東西，河之南北，中原事勢，已屬多虞。猶幸大江以内，晏然無事，爲陛下二十五年休養生息，遺黎緩急，可恃無恐。今採金命一下，吴越千里囂然，喪樂生之心。倘浙西之亂民與浙東合，江南之亂民與江北合，首尾横決，左右不支，值此無兵無食之時，不知當事何以應之？一處採礦，一處聚礦徒，其憂在民；處處採礦，處處聚礦徒，其憂在國。陛下履至尊而制六合，臣妾億兆，玉帛萬國，即司農告匱，自有生財大道，節流爲源，量入爲出，《王制》「三十年之通」不講求，安用鑿空尺寸之利，以貽不測之憂哉？計又出桑、孔「平准」，秋毫下矣，失計小也，啓戎大也。一日燎原不救，盡案興利之小臣，夷三族無益，四海伏望聖明，惻然長慮。俯念東南重地，民力久竭，危機可畏，勑下該部查勘，特免孝豐開礦，則西浙安，地方之幸，臣之願也。並免觀海等處開礦，則全浙安，則東南安，尤皇上浩蕩洪恩，長慮却顧至計也。惠息生民，計安宗社，紹帝王，法列祖，格天保治，在此一舉，而聖德光于天下後世矣。臣有守土之責，今不預陳，將來萬一事變叵測。臣雖萬死，何益于民，何補于國，是臣希寵，觀望苟容，僥免目前之□而長負陛下也。語曰：「小忠，大忠之賊。」臣何忍焉？謹冒死聞。

李化龍《平播全書》卷一《請罷開礦疏》 題爲直陳地方艱危之狀，以希特恩，以消隱禍事。臣受命總督三省，防勦播酋，衹畏簡書，冒暑入蜀。甫至，則報酋已親統大兵侵犯蜀境。臣方調兵遣將，宵書弗寧。無何又報酋已攻下綦江，漸逼重慶。臣且十道徵兵，寢食爲廢。目今兵漸集，勢漸張，酋亦且劄兵境上，莫測向往。而我兵微將寡，烏合之衆僅足自守，無能撲滅。此積衰之勢，非止一朝。臣不敢不勉竭庸駑力圖底定。乃臣有所大憂者，不在兵糧，不在叛逆，而在内地之人心。此如厝火積薪，而寢處其上，不能一夕安者也。夫巴蜀僻在一隅，夷漢雜居，易動難安，自昔記之矣。治蜀者，必須鎮以静定，綏以寬仁，乃足以和民而懷遠，固圉而安疆。顧今寇在門庭，急於焚溺，勢不得不興師動衆，又不得不勞民傷財。小民固已難之矣。然猶可曰此佚道之使，生道之殺，上爲不得已

之役，而下爲不得已之供。獎以大義，動以至情，猶可使也。乃至有得已而不已，足以摇民而資敵。如徵税開礦之事，及今不止，隱禍且大，臣亦何敢無言。夫礦税之事，奉有成命，差有監臣，而臣與按臣且有調停之責，有阻撓之戒。以故臣一至地方，即與按臣會行該司查議，定爲規條，立爲則例，期於如額，以稱上指。即礦洞亦令隨便開採，各有司止爲防守，無得阻撓。臣爲陛下理財裕國，以爲無遺憾矣。乃節據各府縣申報，多謂播酋内訌，士民流散，商賈不行，坐派税銀，何從出辦？重慶等處，且謂城門已閉，委官已回。將來計數要税，何處賠補？則臣於是乎技窮而無所之矣。夫蜀敝國也，半爲山箐，半爲土司，其稱沃野可耕者僅千里止耳。今東南一帶，兵所至，已爲荆棘，兵所不至，亦爲荒墟。西北一帶方且招兵買馬，運糧製器，不從鬼輸，皆須民力。此何等景象，何等時勢，而尚堪爲額外之徵乎？據言利者必以爲税，取於商不取於民，不知兵戈擾攘之地，顛沛流離之秋，土著者已不安其家，懋遷者肯輕入其地？商不足則不得不取盈於民，以待盡之民供意外之取，其不轉徙而爲寇者幾何？方欲招客兵而先自散其民，方欲攜叛黨而且更借之兵。即有孫吴，何能爲計？此臣所爲焦心勞思，太息而不禁者也。至於蜀之礦山，半在夷地，即在蜀者，亦用力甚難，獲利甚少，益不足爲有無者。臣以爲當與榷税並罷便，然猶奉旨在先者也。臣近日又接邸報，見應天衛百户范倉一本，爲恪遵祖制等事，奉聖旨：「這所奏貴州地方税課，并土産名馬，有裨國用。准差奏内官監左監丞張慶督率官兵前去彼處，會同撫按等官照例徵收銀兩解進，不許擾害地方。寫敕與他。該衙門知道。欽此。」臣一見之，不覺驚愕失措。夫貴州何地，此時何時，而尚可爲此事乎？蓋貴州原非省會，止以通滇一線，因開府立鎮，强名曰省，其實皆高山峻嶺，軍民無幾，尚不能當他省一大府。有何名馬方物，其誰不知之？彼武弁貧窶無聊，又見各省俱有税使，以爲貴州雖稱瘠薄，然但得誑奏聖明，奉旨徵税，傳食萬里，逍遥數月，計至彼處，即不如額，且可充囊，此不過爲身家之計已耳，豈復有一毫爲國之心乎？夫使其爲往日之貴州也，止於無税而已。乃今自播酋造逆，一破偏橋，枯骨偏野；再戰飛練，流血成淵，至今驛路阻絶，人煙稀少。逆酋且狺狺思逞，急於燒眉。臣與撫臣郭子章每算及該省兵糧，計無所之，移書嘆惋。今且驅遺民守危地，小民如坐漏舟，已有違心。驟聞此舉，將謂税無從出，必括於民，轉相驚恐，勢必逃散遐方，孤城誰爲填實？他日必有士卒不戰，城門不守之勢，而一方之事去矣！陛下天縱聰明，必不忍以一方輿圖，易數千税課，或亦未知地方情事，謾然應之云耳。臣以爲貴州税使宜急罷勿遣便。臣爲三方總督，湖廣亦係臣屬，亦有防播之事。然其地去播稍遠，中禍未深，臣不敢多爲不必然之説，以聳動陛下。惟是四川、貴州去播甚邇，受禍甚慘，民心最危，時勢最急，臣若隱默不言，恐禍機竊發，不可收拾。當是時而言之，則晚矣。臣謹會同巡按四川監察御史趙標、貴州撫臣郭子章、按臣宋興祖直陳艱危情狀，乞恩陛下，伏望將貴州中使暫免，遣行四川中使或令姑儘見收税銀，少辦方物，暫取回京，待播事寧静之日另議。庶兩省士民雖在湯火，尚免糜沸。臣得以大義勉之，令爲國家效死禦寇，或底定有期，太平可望矣！臣無任激切仰望之至。緣係直陳地方艱危之狀，以希特恩，以消隱禍，事理未敢擅便，爲此具本，專差承差陳堯化齎捧謹題請旨。

朱國楨《皇明史概・皇明大事記》卷三七《礦賊》 〔嘉靖〕四十五年，浙江開化、江西德興礦賊作亂，劫掠直隸、徽、寧等處，官軍捕之輒敗。二月終突入婺源縣，焚燒縣治，大掠而去。給事中嚴從簡請加浙江巡撫劉畿總督江直軍務職銜，責之剿蕩。南科道甄沛、劉庠等請設兵備於徽，兼管江浙附近州縣。應天巡撫周如斗請增設兵備於嚴、衢，兼管饒、徽。疏俱下，兵部議總督宜暫設，事平即罷，兵備宜設於浙江，以杜盜源，其雲霧山礦洞宜嚴加封閉防守。兵備官事兼三省，毋得參謁撫按，致廢職業。上乃命陞畿兵部侍郎兼僉都總督浙直江西軍務，仍撫浙江，亟徵三省官兵剿賊。設兵備一員，總轄徽、饒、嚴、衢，劄于衢州。陞江珍蒞之，裁革金衢道僉事，歸其事於新設兵備，江西廣信府玉山縣并屬，以防礦賊。賊自婺源流劫玉山縣，還掠遂安，與西安新賊東西相應，勢甚猖獗。畿移駐衢州，遣都指揮陳大成、成大器等分道追剿。檄守備盧相爲援。相用大器破西安賊于紫家村，大成敗遂安賊于樟村，餘黨奔遁，我兵乘勝追擊，盡殲之。捷聞，廕畿一子爲國子生，賞銀幣珍。大成等各陞一級，盧相等賞銀有差。

又卷四四《楚事》 〔萬曆〕二十八年正月，疏聞。然奉尚有良心，謂小民勢窮所迫，且皇木兵餉正在吃緊，恐清查事竣，數難取盈，朋掘故塚，金多遺忘，苛責于民，猖獗復起，特賜矜容，少垂雨露，解進御前數之多寡，難以取必等語。蓋尚戒心于前年臨清馬堂之變也。而更添金銀真鑛之奏，與它遺落之奏，遂遣人至蘄州，參政沈孟化、知州鄭夢禎小加約束，即自往尋覺。孟化加禮曲説，不聽，且含怒。衆共斂五百金，托夢禎餽之求解。此如以片肉投餓虎，咆哮吞噬不可制矣。奏聞，孟化調用，夢禎降三級。又參常寧署印通判楊大烈罰俸。與茂相

表里，其勢愈烈。乘船至承天，凡四十艘，載兵器、火藥，沿江射獵劫奪。自石牌，次金花灘，以淘金爲名，索取金盆、金爐等物，勒居民認償銅鈞，鈞人肉，銅楞楞婦人乳，生員俱不免，被縛被圍者十餘人。并拘鍾祥知縣鄒堯弼，遠近大震。御史王立賢以聞，不報。衆于五月望日訴之守道萬振孫、太守王禹聲求解。忽有衒服賫訪單入城者，士民擒而搜之，單開五十餘家，送府拘空室中，奉持檄詰問之使踵至，城中洶懼巷哭。奉抵城外，茂往迎設宴，夜闌始歸，城外居民隨入呼噪。次日揭竿聚衆，守臣諭之乃解。茂疏已上，並參留守黎國暉、千户謝世爵失于彈壓，當治罪。十八日，衆復變，再諭稍寂。有養馬人稱，疏内士民姓名稿在鍾祥縣，諸生擁入縣，索之不可得。告以稿在藺榮家。榮，茂心腹主筆也。羣往毀門而入，果得之。茂立遣衛官擁衆千餘，凡素有怨者，悉加毆辱，其財物一空。生員沈希孟素有膽氣，與抗辯，捽去，家立盡。諸生避宿玄祐宫，追而縛之，有截耳折兩臂者，傷四十餘人。茂疏再上，坐以殺知縣實救解也，坐以造兵器，其操兵皆衛弁也。旨下，希孟等皆被逮。後死于獄。振孫、禹聲、堯弼先後皆削爲民。

董應舉《崇相集》卷二《疏二·鼓鑄急需切要疏天啓五年六月二十五日上**》** 爲鼓鑄急需，不容少緩，謹條切要事宜，以祈聖裁，以便奉行事。臣本愚蒙，累蒙特遣，屯插未報竣，復命專督鼓鑄，無非爲國家財餉兩匱，以臣承其乏也。奉旨建局荆州，通行天下，工部差遣司官荆南道催趲銅料工程，銅料不許低假，錢式一照嘉靖，嚴禁販銅如販鹽律。詳哉聖畫，皆臣下智識所不及。臣與司官欽奉遵行，曷敢不虔？獨鑄本取資搜括，臣猶虞其未能湊手。目下造局收銅、燒鉛、熔鍊，且無所出，安覬錢利？無已，請就户部搜括，款中有「綱法行盡，應補積引」之説，一釐正可乎？今商人汪重光等僉呈，願輸新綱課銀以興錢利，以速成功。【略】鼓鑄不患無利，而患無銅。陝銅産于鎮虜、蘭州，聚于三原；蜀銅聚于瀘、叙；滇銅聚于永寧、衛奢、酉梗，而滇銅稀矣。若在産銅處所建局，則銅益不下。臣愚以爲宜設一道于聚銅之處，擇商買銅，給引催發，先期申報，刻日到荆，以便催趲查收。此皆急着，大須擇人，臣以爲莫如南京户部員外魏良佐便。良佐，荆人也。善計而守廉，用之造局，必悉情事，辨而不擾。用之發銅，必諳物價，銅集而難欺。若借四川僉憲職銜往督其事，必稱任使。而陝銅或用潼關道，或用商雒道，管理俱便也。銅有高低，新坑最劣，受銅者宜辨。鍊銅有分數，三七最高，監鍊者宜核，錢之肉好，全在于此。此則司官崔源之之責也。至于禁私販，絶旁蹊，不與他漏，則荆南道及潼關主事之責。而荆之施州衛、衡之十八灘及他諸處，産銅可六七十萬。而十八灘銅往往漏與粤夷，可收而括之。鉛出衡州桂陽，宜如銅禁，鼓鑄大作，非厲禁不足以收利權，佐國用。臣欲專設一道，以收荆、衡銅鉛，且于岳州查過湖船有無漏銅漏鉛，兼稽查發運制錢船水程，其事亦重。【略】聖旨：「鼓鑄資本，既商人樂輸，公私俱便。鑄局着到荆日議。銅鉛一併嚴禁。魏良佐准加僉事職銜。【略】其事宜瑣屑者，聽便宜行事，不必奏請。務殫心力，以裨財用。該部知道。」

《度支奏議》卷一五《堂稿·題遵奉聖諭議修鹽政疏》 崇禎三年三月十五日，奉聖旨：「採銅廣鑄，用佐軍興，爾部既已商確，依議行。還着各撫按嚴飭經管官，立法慎防，務使利出於地，害不及民，亦不許影借穵取銀礦，致生他端，屯鹽二項著條便宜具奏。欽此。」

畢自嚴《石隱圖藏稿》卷八《書·答饒黄山》 大疏自是憂時體國一段竑議，所爲敝部佐軍興，以匡不肖之不逮者，良非淺鮮。第此中有利亦有害，政欲仰俟指南，而台教適及，極仞虚衷之雅。招商買銅，多被騙去。開採似屬便計，第銅鑛藏在地下，則銅、錫、金、銀皆在開採之内，誰爲限制。萬一聚衆釀亂，奈何？廣鑛自佳，先年敝部曾通行省直開鑄而取其息，以充新餉，然有不肯行錢地方。錢本賤而貴其價，官自肥而民自瘠，後遂相繼報罷。今欲舉行，先須痛革此等弊端，而後可久。政如來教，所謂爭事理，非爭議論者也。

胡我琨《錢通》卷二《資採》 《越絶書》：「若耶之溪涸而出銅」，《戰國策》「涸若耶溪以取銅」是也。丘濬云：「宋朝金、銀、銅、鐵、鉛、錫之冶，總二百七十一，皆置吏主之。大率山澤之利有限，或暴發輒竭，或採取歲久，所得不償所費，而歲課不足，有司必責主者取盈。」臣按：「宋朝坑冶所在如此之多，而元朝之坑冶亦比今日加十數倍，何也？蓋天地生物有與地土俱生者，金、銀、銅、鐵之類是也。昔者聖王定爲取民之賦，有米粟之征，而無有所謂金銀銅鐵之征者，豈不以山澤之利與土地俱生，取之有窮而生之者不繼乎。坑冶之利在前代則多，在後代則少，循歷至于今日，猶其少焉無足怪者。我朝坑冶之利比前代不及什之一二，間或有之，隨取隨竭。曩者固已于浙之温、處，閩之福建，開場置官，令内臣以守之，差憲臣以督之，然所得不償所費，如宋人所云者。今則多行革罷，而均其課於民賦之中矣。雖然今日不徒不得其利，而往往又罹其害，蓋以山澤之利，官取之則不足，民取之則有餘。今處州等山場雖閉，而其間猶不能無滲漏之微

利遺焉，此不逞之徒猶囊槖其間，以競利起亂也。爲今之計，宜于坑場遺利之處，嚴守捕法，可築塞者築塞之，可柵塹者柵塹之，俾其不至聚衆爭奪，以貽一方生靈之害可也。」《皇明經濟録》

《王忠端公文集》卷二《諫斥劉邦基倖請復鐵廠開鉛洞疏》 謹題爲安静乃可鳩民，言利適以滋害，懇乞明旨嚴斥倖請，以固人心事。臣讀《宋紀》，李沆當真宗朝，西有夏人，北有契丹。上爲兩地用兵方便殿延訪，或至旰食，非無事矣。乃其時於中外所陳利害一切報罷，自以爲少以報國。竊疑其近於坐嘯畫諾，無所事事者。及再繹其言，以爲朝廷防制，纖悉備具，或狥所陳請行一事，即所傷多矣。憸人苟一時之進，豈念厲民耶？因歎其爲大臣謀國，防微杜漸，忠愛之極思。昨臣在科辦事，閱遵化鐵冶廠士民劉邦基等乞稽祖制，復鐵廠，開鉛洞一疏奏，有「該部看議，具奏之」，心竊訝之。夫當此邊腹多虞，餉額缺至二百三十餘萬，苟有一分利源之可濬，少蘇民力而濟國用，謀野則獲，大小臣工方當毅然行之。獨是設廠開洞之事，則覺斷斷難輕議者。查遵化鐵廠歲運京鐵纔三十萬斤，當年額派軍民夫匠計二千五百餘名，附近州衛有力者一丁獨辦，無力者二三丁朋合，又有餘丁幇貼之苦。而遵化、薊州、三河、通州等衛所州縣，夫車轉運之勞又不待言矣。歷朝深仁，遞減遞罷，至萬曆九年，裁革封閉，額設軍民夫匠價地租銀，徵收解部，買鐵支用。畿民蘇息者，垂六十年。當日神祖恤民至意，良自淵遠，非爲裁省一冗員之故，如邦基等所稱惜小而棄大也。況本廠山場已經題准，聽民間開墾永爲世業，徵銀七百八十一兩零，自嘉靖四十五年至今矣。臣按洪武壬戌年，廣平府吏王允道言，磁州臨水鎮産鐵，請置鐵丁萬五千，歲可收鐵百餘萬。太祖以民生業已定，若復設此，必重擾民，是驅萬五千家於鐵冶之中也。杖之，流海外。神祖裁遵化廠之心是即太祖杖王允道之心也。至開礦一事則祖制更有歷歷可誦者。洪武初，有言山東舊有銀場可興舉者。太祖曰：「銀場利官者少，損民者多。況今凋瘵之餘，豈可以此勞民力。昔人有拔茶種桑，民獲其利者。汝豈不知？」言者慙退。又嘗曰：「朕聞故元時，江西豐城民告官採金，其初歲額猶足取辦，經久民力消耗，一州受害，有司貪爲己功而不言，朝廷縱有恤民之心而不知。此爲可戒，豈宜效之？」永樂間，長沙府民言其鄉産銅，發民採煉，可獲厚利。成祖曰：「國家所重在民不在利。」因嚴斥之。宣德初年，河南民言嵩縣白泥溝地産銀礦，宜開官冶。宣宗命鄭誠同三司官覆勘，誠等用人力二千七百工，止得黑鉛五十斤、銀二兩。至是還奏，上曰：「小人獻利之言不可聽，其罷之。」弘治元年，浙江景寧縣屏風山有異物成群，狀如馬，大如羊，首尾相銜，浮空而去。事聞，孝宗爲減銀課，汰坑冶官。又雲南礦脈微細，各衛俱以礦夫包賠，謂之夫丁乾認。後以巡撫有言，上遂諭免之。嘉靖丙寅年，詔令浙江雲霧礦場等處嚴加封閉，不得規利趨寡。神祖朝雖允千户仲春等之奏，然奉旨以糜費騷擾爲戒。又令撫臣調兵防護而叮嚀之，曰：「務保無虞。」至後竟報罷。是時天下昇平，寇警不聞，神祖猶惓惓勑旨如此。況今民窮盜熾，以法繩之猶恐弗戢，苟示以利之所在，必爭必譟，不猶建鼓爲之招乎。即如崇禎三年，宣府舊撫臣楊述程開礦于舊保安山，旋以利微請閉。又四年，該户部尚書畢自嚴爲鑄局大開等事，奉有明旨，開採弛禁尤易釀亂，俱不准行。本年三月十二日，兵部尚書張鳳翼等題覆賊患甚深事，奉旨開礦不准行。乃今忽奉有「該部看議具奏」之旨，在票擬輔臣豈不以此爲皇上清問下民至意，然恐言利小人因而多方觀望，舍鉏耰之本業，伺錐鑿之厚利，該部一日看議未上，言者即一日招摇未已，地方即一日驚煽未寧。此非臣之臆言也。如興屯，美利也。近者計臣方敷奏議行，廢弁劉鎮華一紙條陳，未經批允，公然即以團練屯田。副總兵行事檄行各邑，欲盡拘莊村里老書手、各屯莊頭、各衛銀糧頭花名親詣各地方，以續食吞噬。向非覺察得早，奉旨提問，飃屋飛瓦，何所不至？夫執一紙陳部者，其假借已如斯，況以細民言利叩閽徼有俞旨乎。王安石之議財也，市井屠販之人皆召至政事堂，言利愈褻而召害亦愈速。臣于是不得不丞望輔臣，以李沆之事，凡有礦場處所，俱須請旨一體封閉嚴禁，毋令言利小人乘機巧中，于以清聖心，而防未萌之欲，貽天下寧静之福，非小補矣。惟聖鑒施行。

《撫畿奏疏》卷九《仰遵明旨敬陳加派之礦疊征之税疏》 爲仰遵明旨，敬陳加派之礦，疊征之税，懇乞天恩亟賜裁斷，以免畿民重困事。臣會同巡按直隸監察御史安，竊惟皇上以仁愛育萬民，以節制理財用，不得已而俯從榷採，暫濟大工。一則曰不忍加派小民，二則曰不許重徵疊收，三則曰惟取天地自然之利，與經紀應納羨餘。明旨炳如星日，海内臣民所共睹也。奈中使奉行過當，而中使委用之人又百計侵漁。礦漸微而法愈苛，税已盈而斂愈急。若畿内諸郡窮搜横索，視海内尤甚；民生困蹙，視海内尤苦。其於煌煌綸綍，不啻弁髦之者。臣等敢不據實上陳，以干天聽。夫開礦始自真、保、薊、永，今中使王虎駐浮圖峪，王忠駐湯家莊，又錦衣衛指揮張懋忠駐秋波堡，皆臣撫轄地也。自湯家莊至秋波僅五百餘里，礦脈寧有幾何？幸而張懋忠招夫自採，王忠募夫分砂，皆隨地所出

多寡以進，於地方未甚擾也。惟王虎心無主宰，撥置由人，今日拏富民管爐，明日取驢贏運砂，又明日索鋼油食米。參隨等役乘機詐騙，沿村蹂躪。阜平等處民人向臣告訴者盈庭累牘，而民不勝擾矣。今日以抗阻參官，明日以違玩提吏，又明日以怠緩鎖拏典史。去歲强民散砂，易州民人皆負土石向臣泣訴，知州亦垂涕向臣求罷。不得已動借庫銀五百兩解送方免，而官亦不勝擾矣。計數年來礦洞所出，與公私所費，奚啻十餘萬金。其解進御前者有幾，臣等不能悉知。今礦脈漸竭，煎採日微，民力既窮，需索難施，乃復創爲包派之議。夫皇上命虎取礦於地，豈欲其取之於民也？原議官四民六分砂，俾官民兩利，豈欲其無砂而剥民奉官也。伏蒙聖慈，着會同撫按等官，有礦之處酌量包派。臣等舉手加額，仰見聖主明見萬里。必有礦可採，方令酌包，即陽春布澤，不煦於此矣。隨行據各州縣申報，已經出示近山居民，再三曉諭，但係有礦處，聽其開採，量行派税，而卒無一人應者。蓋有礦之處，虎已招夫自開。其行州縣包派者，皆無砂空洞，或開採數年，徒費工力，竟未見砂者也。有司倉皇無措，議處無策。將派之原編礦夫乎？其人皆力作餬口，家無宿舂，往應役二三年，曾不得分卂合之砂。去歲春夏告饑，臣等另發米粟千餘石、錢二十萬以救之，猶不免於死徙。若逼令出税，必致逃竄，所不忍也。將派之地畝人丁乎？洊饑之後，閭閻虚耗，額賦尚不能完，矧加派明旨所禁，狥中使而明悖聖主德意，所不敢也。惟易州唐縣數處向苦於礦夫之累，各議將官吏師生俸糧、衙役工食捐扣百餘金以解該監，量助夫役。其餘州縣各稱本地曾經該監開採停閉，亦無原編礦夫，無從包派。臣方批各道覆議，而王虎已歸咎於臣矣。臣前巡歷邊關，曾與虎面議，虎向臣言惻隱之心，我所同有。民窮不堪加派，我所深知。第礦竭銀少，恐獲罪譴，不得不委曲議處耳。夫虎所轄有真、保、薊、永四郡，今薊、永以無砂停採，地方已去大半焉，能採解得如舊數乎？且皇上寬仁大度，於名使解進未嘗問多寡有無，何虎敢爲此言，以虧損聖德乎？伏乞皇上俯察礦脈有時而盡，明示王虎以不許加派之旨，責令有礦則開，無礦則閉，毋得妄取諸民。如或以奉有成命，則姑照易州唐縣等處量議供助，此外嚴禁各役不得别有搜索，實沿邊州縣小民之大幸也。夫榷税亦始於通灣、天津兩處，税額不過四萬，商民業已稱病。其後柳勝秋等三日内兩奏：一稱七萬，一稱六萬。伏蒙皇上俯察臣疏，謂兩奏總一地方，除河間先屬馬堂外，其順、永、真、保等七府共定税額七萬，蓋併灣、津兩處共計十一萬矣。又其後馬堂奏增鹽税二萬六千，總之則十三萬六千矣。乃夏榮復奏以銀魚廠爲名，併稱該廠魚葦額税，歲可得四萬。夫魚廠一彈丸地，税能幾何？原奏地方止寶坻、霸州、静海等處，即盡其魚葦而没入之，所得幾何？彼不過多稱虚數，以徼其説之必行耳。時王虎奉命查理，亦明知其勢不能取盈也，而過聽參隨等役肆爲漁臘之計，借寶坻而搜及順、永二府，借静海而搜及保、河二府，又借魚葦而搜及鹽包、渡船、窯井、蔬果等項。四郡之民如在湯火，即同事張燁、馬堂二監不能爲之諱矣。皇上俯從張燁疏，撤虎西還，而以四萬税分屬之張燁、馬堂。臣等亦嘗舉手加額，謂聖主洞悉民瘼，不忍烹鮮而攪之也。顧一時之騷擾暫息，而四萬之數終難取盈。即查王虎與二監交代册，船網、窯井、鹽包、房號等項何所不有，總之止計數一萬八千耳。夫王虎横征所及者，已不能支。況横征所未及者，必不能復益可知也。故張燁既抗疏以暴王虎之失，而鹽場、包草之税旋自蹈之矣。馬堂既出示盡蠲王虎之税，而分屬二萬之額旋推之撫按矣。夫張燁豈樂於自食其言，而馬堂豈不欲自効忠於上哉？彼誠見民窮財盡，無可復加，不得已忍心剥取，而欲令撫按代彼受怨也。查得各州縣地方自有額税七萬以來，市無不榷之貨，家無不税之人，然物價日益騰踴，市井日益蕭條。有司追徵不前，多借官庫銀補解，在保定府庫已借過六七千兩，真定府庫已借過八九千兩。長此不已，未知底極，安能復加以魚葦之税乎？又查得各省税額或四五萬，或七八萬而止，今畿内數郡共税十三萬有奇，此各省所未有而腹心之地獨受其敝也。即鹽税二萬六千，已出於額税七萬外，臣等猶皇皇欲爲百姓請命，矧復能加以四萬乎？伏乞上俯察榷税取數已多，明示張燁、馬堂以不許疊征之旨，止令查復魚廠，歲取銀魚以進。如或以奉有成命，則容臣等會同順天撫臣及張、馬二監，查將王虎原册去其煩苛，量於有魚葦地方，酌派税銀一萬兩，聽兩監解進，此又沿海州縣小民之大幸也。臣等竊見皇上神明英武，高出前代。即近者册婚大典，一旦舉行，天下無不頌聖人之斷。竊計榷採二役處分有期，故不敢爲繁詞激論，以瀆聖聰。第以目前加派疊征民不堪命者，據實陳請。

陳仁錫《無夢園初集·海集一·紀名號决戰勝》　且廣寧復，而右屯錦、義膏腴之區，屯政可興。南衛復，而銅、鐵、鉛、銀山澤之中，礦利可得，餉費於目前者有數，賦增於日後者無窮。是不大費於今，必不大省於後也。

《楊文弱先生文集》卷七《疏·賊患甚深再剖愚忠疏》　臣以爲天不雨金，地則未嘗愛寶也。皇上誠下明詔，令天下撫按行所屬有司，舉各州縣地方有金、銀、銅、鐵、鉛、錫之礦，盡使開之。有司擇其土著身家力量之人，編爲礦甲而聽

甲首自招窮民爲之礦夫，大約礦之所得，官取十三，先抵州縣之加派，有餘則養州縣之鄉兵，再有餘者不妨並抵條編之正額。而其什之七，聽礦甲、礦夫自爲生活計，不之問。如此，而民之窮者大率逃歸深山窮谷之中爲礦夫，以覓錙銖延歲月，而歲月稍久，則又未必不改頭面歸鄉里，買田宅，業工商，爲太平更生之良民也。即不然，而深山窮谷無用之地，金、銀、銅、鐵不竭之源，皇上姑開數年爲一大養濟院，以活數十萬殺不盡、撫不散、不得已而從賊之窮民，不亦可乎？

又卷二二《疏・遵旨確商開採疏》 查臣四年前議欲詔天下撫按行所屬有司，舉該州縣地方有金、銀、銅、鐵、錫礦，盡使開之，爲有司者擇其土著身家力量之人，編爲礦甲，而聽甲首自招窮民爲之礦夫。今求長便之畫，無以踰此。但天下不可通行，姑行之於河南一省，即河南不能盡行，先行之於嵩縣一縣，使其有司士民所見都同，以爲萬死中一分生路，抑且如江罩嶺二十四甲原有成例，可以倣行者也。先令該縣編定礦甲凡若干名，各給印帖爲照，後聽礦甲自募礦夫，每一甲首爲之限制，一夫不得過五百人，如此則綱領易挈，奸釁難萌，即聽民間自採用之，官司一毫不取。而食貨之所需用，商販之所往來，自使泉寶流通，公私利賴，所謂百姓足，君孰與不足者也。一縣如此行之有法，然後鄰近州縣倣而行之。臣計一甲消五百人，十甲可消五千，百甲可消五萬，雖使數十萬衆盡消散於深山窮谷之中，實不爲難。而山谷積聚之多不更可慮乎，則又爲之制曰：凡爲礦甲礦夫者，俱不許挾弓箭，刀鎗，利器及硝黄、火藥入山；其間商販者，亦不許將前物販賣。敢有犯者，本人問罪，枷號三箇月發遣，禁物入官。如是，是又一戢奸弭釁之道矣。但在州縣，必得精明正印行之，有條不擾，斯自有利無弊。其無正印與正印非其人者，撫按亟更易之，毋得留毒養癰，亦毋懲噎廢食。果數年之後，賊氛浄盡，民力從容，仍行封閉可也。至河南而外，原無流賊處所，不得議開，以生他釁，是在聖明責成撫按，嚴禁奸徒，勿借臣部救民之名，而陰行其擾民之實，斯臣之所遵旨商求者耳。臣讀《漢書・刑法志》引劉向之言，謂當時議者敢於殺人，不敢於活人，不勝擊節痛服。今流賊之禍，蔓延七省，十餘年而未已。賊所殘破殺人，官兵對壘殺人，有司轉輸敲朴殺人。轉輸不繼，將士呼庚殺人，朝廷持三尺法按破壞封疆者，殺之無赦。殺人之路如此其多，所謂天地日流血之時也。惟有開採一路可以活人，而持疑不決，不幾蹈劉向敢於殺人，不敢於活人之譏乎。夫開採活人，理至明也。縱不能有利而無害，難保皆弭釁而戢奸，決未有大於七省十餘年流寇之禍者也。臣狗馬苦心，已蒙天鑒，因不敢不盡苦語，伏惟聖明採行臣言，仍立賜臣顯斥，以爲救民無策，苟且權宜者之戒。

崇禎十一年二月初六日奉聖旨：「這開採事宜，既經卿部酌定，依議行。著該撫按導利防害，務期萬全。卿前疏原謂凡出金、銀等礦，如山西、陝西、河南地方，權且開採以散賊，不必拘定嵩縣一處。」

《欲焚草》卷一《民力已竭包礦難堪疏》 題爲民力已竭包礦難堪，懇恩軫念，少寬逋負之誅，以蘇一方生靈事。 頃閱邸報，見陝西開礦御馬監太監趙欽題參：西安府山陽縣拖欠礦金叁拾捌兩有奇，礦銀壹萬貳千貳百餘兩；鞏昌府秦州拖欠礦金叁百陸拾伍兩，礦銀壹萬肆千貳百餘兩，業已奉有嚴旨，勒限追完類進矣。夫山陽，西安下邑，物力凋匱，臣姑勿論。臣秦人也，請言秦包礦之苦。秦州僻在山陬，地瘠民貧，銀礦雖有數處，砂脈微細，迺金礦則絶無也。往年該監奉命開採，至於秦，彼時撫臣駐節隔遠，道臣抱疴静攝，州官代庖有傳舍心，地方無主議之人，惟憑開報，懸坐銀歲幾萬兩，金幾百兩。秦地不產金，顧安所得金而解之？以故額數全逋。礦銀雖有，而出不及額，輒令百姓包納。始於村落，漸及城市，後又派之丁糧，迄於今無人不包，無地不包，猶拖欠若斯之多也。每當比遭，閭閻騷動，鷄犬不寧，箠楚并兼，肢體殘破，父母妻子不相保，狼狽之狀不忍見聞，恨無爲我皇上言之者。夫有司之比追，急於星火，今將更急之。百姓之愁苦甚於焚溺，今將又甚之。民不堪命，不逃則死耳，孰爲我皇上辦納完、進礦課哉！蓋法能行於力之所可勉，而勢難强於地之所本無。秦地糧壹萬柒千零耳，逃絶拋荒，每完不及分數，管糧官罰俸住俸，無歲無之。今又使之包礦包税，是責羸夫以賁育之任也。銀猶家户所時有者，鬻妻子賣田宅可以湊辦。地不產金，而責之包金，是索石田以膏腴之穫也。且有髓則骨可敲，髓枯，敲之何益？有肉則心可剜，肉盡，剜之何益？臣願我皇上念此一方民，勅行撫按查核山陽縣、秦州諸礦銀之多寡，金之有無，量加豁免。庶礦額可完，民困可蘇，地方幸甚！夫天下苦礦久矣，臣不敢請而獨請此兩州縣，即兩州縣之礦臣不敢概望蠲而惟望少蠲不能包之金銀，誠知聖心仁愛，自有停止之日，不敢漫爲激聒也。惟聖慈垂察焉。臣不任屏息待命之至。

《柴菴疏集》卷一五《撫晉・備查開採情形俯瀝愚忠疏》 方今鹵寇交訌，公私告匱，固圉計必增兵，設兵計必添餉，而加派已窮，搜那無術，所在軍需未可停緩，因有量行開採之議。然而聖明軫念元元，恐妨民業，復令諸臣詳勘慎酌，其萬不得已之淵衷，亦既昭示海寓，感沁人心矣。使萬有一焉，可佐仰屋之籌，少

禆軍國之計，臣亦何惜捐糜，愛此髮膚，然撫時慮事，有不得不俯竭愚忠者。今持議者必曰神祖時嘗遣中貴開採矣，何憚不爲，而不知今日時勢實有不同。萬曆年間，海内承平無事，外彝款貢，邊境安寧，盜賊屏息，閭閻殷富，然礦役四出，所至騷擾，臺省撫按，抗疏力諍，章滿公車，神祖晚年亦深悔之，因而報罷。今天下脊脊多事，豺狼出爪，侵辱王命，外則插虜屢躪燕雲，内則寇盜流毒五省，兵荒叠告，民之死鋒鏑、膏原野者不可勝紀，邑里蕭條，田業蕪廢。是故今日之憂，受傷全在元氣，不獨兵寡餉詘也。生聚教訓，根本急務。若議開採於山右，則臣知地方情形甚悉。近據各州縣申文稟牘借箸籌之，大約有不便者五：昔我太祖高皇帝論羣臣曰：「銀場之弊我深知之，利於官者少，而損於民者多。況今凋瘵之餘，豈可以此重勞民力？」夫開創之初已深慮及此，今山右荒盜頻仍，呻吟未復，風鶴猶驚，如久病之人不堪勞作，一旦興事動衆，多一番辦集，必多一番追呼。先臣軒輗有言：「開礦雖一時之利，然凡百器具皆出民間，恐有司横加科斂，及市井無賴之徒因緣爲奸，人心動摇。」山西自奉旨之後，里巷山谷之民私議竊歎，謂從此不復安枕。臣雖曲加諭，愚民無知，難以户曉。夫監臣方慎重其事，未及舉行，而人情如此，甚爲可憂。臣竊謂不便者一也。非獨勞民難動也，然且無利。宣宗時番禺民有私取礦砂，煮之可得白金者，命巡按官開驗，每砂百觔煉銀四錢，因謂夏原吉曰：「朕料鉛砂所得無幾。」遂報罷。今者監臣吕思印差官入夏縣山中採礦砂，五十觔僅煉得銀五分二釐；前督臣張宗衡差官採取銅、鉛；皆以費多少而止。今行開採，計内外官屬、夫丁、爐頭，煤米坑冶，鑿燒種種工費，取給縣官者爲數不貲，得不償失，亦大略較著矣。夫利，不十不興，若有虧折，責何抵補？臣竊謂不便者二也。非獨得不償費也，又恐因而召亂。晉中大寇雖平，而深山窮谷之嘯聚者十百爲羣，一旦趨利如鶩，閧然蟻聚，更費驅除。蓋平時奸猾軍民聚衆偷開，猶互相爭奪，致有殺傷，懲以嚴刑不能禁止，況緑林之豪、潢池弄兵者乎？皇上方遣官頒詔招撫難民，解散未能，拒可令聚？臣竊謂不便者三也。非獨内寇竊發也，又恐外寇乘之，秦豫之賊無慮數萬，眈眈河上，儻風聞礦利，以啖其衆，勢必攘臂争先，千里長河刻刻防禦，爲力恐竭。先朝侍郎王質力主銀場之事，厥後民困盜起，賊首葉宗留率衆稱亂，至議調福兵擒剿，又調浙兵策應，紛紛至十四年，王師戡定，民始安戢。夫無盜尚可誨盜者，銀場也。況隣盜攘攘，皆爲利來，思以弭之，何可復得？臣竊謂不便者四也。非獨患盜也，目前規利有限，而後來貽害無窮。尤溪之礦自永樂納銀，宣德設官後，雖奉詔罷局，而坑首額户猶照舊納税，數年而未革也。礦脈衰歇，至令礦夫包賠，謂之夫丁乾認，或且派八正糧頂補税額，興言流弊必至於此。若夫奸猾横行，指稱有礦，封人房屋，搜人財産，甚爲禍患，萬曆已事，尤可深鑒。三晉之民不堪命矣，本身差徭，敲骨難完，業已挺而走險，可更以此患苦之乎？臣竊謂不便者五也。凡臣所臚列，皆灼見情弊，推測利害，又晉方患鹵盜，人心洶洶未定，勞民動衆更非其時。故約略陳此五不便之説，非敢襲往昔陳言，爲憂危激論也。且聖諭曰：「果不妨民業，酌量採取。」睿慮最爲周詳，今所係地方安危若此，不止有妨民業而已。臣既明知其弊，不及今披瀝肝血，懇請停止，直待異日工役煩興，得不償失，抑或聚衆釀盜，禍患叢生，而後悔言之不早，是皇上原不負地方，而臣深負皇上也。況聖諭酌採，不專在銀併及銅與鉛、鐵。查《通志》，晉不産銅，惟鉛、鐵則隨在有之，小民販鬻餬口，價值甚賤。如户部侍郎吴國仕議令陽城留地畝銀買鉛轉運，業有成説。陽城出鉛，用甘石燒煉，聽從民便，有司者治之耳。即龍固一帶，苦不乏鐵，易買非難，何用鑿山開爐，大費興作。夫使有利而但妨民業，我皇上尚不忍遽見施行，而況有五不便，如臣所言，則山西開採之役，料聖明慨然與民休息，立沛德音，不俟臣喋喋矣。

又《條山關繫甚大開採萬難輕舉疏》 夫制治者貴於未亂，作事者慎在謀始。謂審夫倚伏之先幾，而後可無馴致之後悔也。山右開採一案，鹽臣姜思睿目擊條山關繫甚大，疏請停罷，縷縷數百言，而大意有二：一爲鹽池國課之大利大害，一爲三城氣脈之大利大害，一爲近河引寇之大利大害。其言皆採之士民、商賈、地方長老之陳訴，憂深慮遠，字字血誠，非他摭拾陳言者比也。然晉中處處荒殘，民習獷悍，易於釀亂，礦脈衰歇，利無多，貽禍甚巨，開採之不便，臣甡亦縷悉言之，不獨一條山也。據委官之言，目前得不償失，大略可見。萬一招盜誨亂，如三晉士民所慮，軍興之費當復不貲。見形察影，利害較然，何待再議哉？今海内在在擾動，山西爲畿京右輔，數年以來兵荒叠告，鹵寇交訌，民之死徙不可勝計。邇來盜氛甫息，瘡痍未起，旱魃爲虐，民生憔悴，哀我癉人，俾得休息。以養其元氣，猶恐不給，而復加之以開採之役，聚亡賴不逞之徒於深山大谷之中。衆聚則奸生，事久而變起，脱有意外之虞，斬木揭竿，一呼響應，豈州縣之吏、鄉夫丁壯所能折其亂萌，制其死命也哉？今日時勢原與萬曆年間不同。萬曆時海内承平無事，外彝款貢，邊境安寧，盜賊屏息，閭閻殷富，然礦役四出，所至騷擾，神祖尋亦悔之，因而報罷。今天下脊脊多事，外則插虜屢躪燕雲，内則

寇盜流毒五省，邑里蕭條，田業蕪廢，是故今日之憂，受傷全在元氣。臣前五不便疏中，蓋首及之，雖有劉忠舊案，非所論於今日之晉也。查盂縣平定州翼城、浮山、襄陵、夏縣、安邑、平陸、芮城、絳縣等處採礦之役，自正月至今招商聚衆，晝夜搜鑿，其得幾何？奸民聚之甚易，散之甚難，如襄陵所報，刁僧法憲詭首金礦，聚擁多夫入寺開淘，並無砂跡，闔村驚惶，幾成大害。夏縣所報刁民馬徐光因争洞口，搆起釁端。又奸頑躲避糧差，俱托礦夫名色，影射占役，莫可誰何。如此情景，必釀變亂，可爲寒心。若夫虧鹽課，損氣脈，引外盗，又不待言矣。監臣以礦務爲職掌，委官開鑿，豈不欲多有所獲，用濟軍需，無不智盡能索以供厥役，而得利無幾，隱憂可慮。臣有地方之責，何敢緘默不言。竊以爲此一役也，有害無利，即有小利，終有大害，不如速報罷便。孔子曰：「不患貧而患不安。」語曰：「興一利不如除一害。」《大學》一書，垂訓萬世，其言平天下也，在絜矩與民同好惡，而於用人理財尤三致意焉。願我皇上研究安危之幾，洞察利害之原，深繹《大學》用人理財之義，特出乾斷，早停開採，以杜未然之患，天下幸甚！三晉幸甚！

《萬曆疏鈔》卷二九《礦税類》馬鳴鑾《開礦事在必行敬陳愚慮以備採擇疏萬曆二十四年八月》 七月二十日，准户部咨，臣乃知我皇上特允府軍前衛千户仲春等採礦之奏。該部一疏請勘，再疏差官，俱奉聖旨，以糜費騷擾爲戒。又令撫臣調兵防護，而叮嚀之曰務保無虞。臣仰窺皇上於阜國安民蓋留神慎重之至矣。夫大工方興，經費浩繁，誠得百萬金以佐水衡之急，臣且踴躍爲之，況明旨其嚴如此乎。祇緣關繫地方事體重大，臣欲以利害之説進，而該部及科臣已詳言之，皆苦口之忠言，老成之極思也。聖心斷在必行，臣耿耿亦復何説？即日督行司道查照遵行，肅上命也。但其中事情尚有未可遽然嘗試者，臣昔爲滇南兵備五載，頗知礦事，敬爲皇上陳之：夫礦一也，在滇南何開之易而中土何以難也？滇南越在萬里，諸礦洞又偏在蠻烟瘴雨、深山窮谷之中，其洞夫皆召集於洞頭，而養贍其家，然亦本省貧民，遠則川貴遊食無賴之子。每洞多不過二百餘人止耳，非有蟻聚蠭屯不可散之勢也。而所在有土司勁兵彈壓之，亂安從生？若河南、南陽則所謂四通八達之地也，礦徒偶一嘯聚，輒以千計，今聞此風聚而待採者不下數千人矣，豈皆土著之民如文節等哉？臣查文節本身地不足二頃，更荒穢不治，合一户之地，派糧六十餘石，升合不納也。度其力量豈能自開？令數千人叢集而開，節又未必能管束也。彼不逞之徒知利有所分，豈其以辛苦所得之礦砂而盡歸於鑪冶？將一一使官兵追詰，則抗拒格殺，無日無之，亂從兹起矣。必令礦徒馴於採取，而又樂於輸官，然後可。此臣愚慮之而未有良策者一也。臣觀滇南銀場，大抵視砂之衰旺，每百觔可煎銀若干，委官量抽四分之一或三分之一，定爲則例，而洞長輸焉。有司第以官法治之，禁其棼争，而坐收其餘利耳。故民樂於採而無觖望躑躅之心。今使百姓自採是矣，而一洞所産得礦幾何？三七分之，得銀幾何？彼文節者額徵税糧不以給公上，而一旦自捐工本，歲輸内帑數百萬金，不待智者而知其詐矣。且礦徒聚處，飲食若流，非堉腦所能獨辦也。其勢必接濟於遠近之居民，居民啗其厚利，亦不惜罄所有以供之，接濟窮而米糧絶，雖有金錢無從糴買，饑餓日迫，非刼奪胡以爲資？如近歲裕葉間事可覩矣。此臣愚慮之而未有良策者二也。夫礦開則土著之民釋耰鋤之業而逐錐鑿之利，田疇荒蕪，富歲無望，兹其害猶可言也。惟是礦脈易衰，而人之趨利無厭，異日者，此曹引類呼朋不至，數十萬不止，大衆一集，强者爲雄，有限官兵作何防禦？此臣愚慮之而未有良策者三也。即以調兵一節言之，明旨不許支費錢糧，而各兵行糧則不可少者，採礦非旬月可罷，則調兵非旬月可撤。聞嘉靖間防守官兵一千二百員，名非多也，而廪給口糧所費不貲，彼其時積有餘金，尚堪支用，今饑荒之後，所在庫藏空虚矣。而差官往來，更有必不可省之供應，將取於民乎？抑取於礦乎？此臣愚慮之而未有良策者四也。夫礦不難開也，開之而上有益於朝廷，下有濟於百姓，奸宄不敢煽亂，戍卒不致糜費，則亦何憚而不開。臣與該省撫按所謂當事之臣也，欽奉綸音，敢不悉心經畫，以稱上意。顧所謂經畫者，必熟慮而後得之。今臣徒抱此區區之慮，而計無所出，不及今一陳於君父之前，非忠也。伏乞勑下户部查議長便之策，覆請行臣等遵奉施行。若其間禍患可虞之事，臣不敢具論。皇上聰明天縱，儻穆然深思，必以部科諸臣之言爲是，則成命可以收回，實宗社萬萬年無疆之庥，匪獨中原地方之福也。

又馬鳴鑾《採礦利薄民困難堪懇恩停止以光聖治疏萬曆二十五年五月》 臣竊惟開採之事以利言也，上固欲其利國，而下亦欲兼以利民，此陛下意也。即仲春原奏亦謂可歲供數百萬金於内帑，可急救貧民於塗炭，豈不悦耳足聽哉？今南陽所屬州縣，但稱有礦去處掘空無遺，礦夫深入洞中，爲土石所壓，破腦折骨而斃者若干人矣。煎砂必須搭配，礦頭窘於無資，多有典房、賣産、鬻子女以充費者矣。煎銷既虧工本，不得已而賣砂，又不能即售，則令礦頭包納，而無名之取且百出，於是乎民愈不堪命矣。更有鑿之累月，杳無一砂，空自賠錢，縊死者

相屬。夫此民也，非往歲大荒陛下發帑銀三十萬以賑濟之子遺乎？今若此，是反陷之於塗炭而安在其能救之也。藉令果有厚利，如原奏之言，尚當軫念勞民議罷。今採取八閱月矣，毋論監衛二臣蚤夜拮据，盡地利以圖自效，即仲春等陛下假之以督理巡視之權，彼皆得發舒其能，恐動郡邑，快心雄行千載一時矣，豈其賣狗懸羊，躬自蹈之。然自初至今，解進之數未滿五千，則其利亦甚薄已，百萬之云不令人掩口乎？陛下富有四海，何屑此數千金之入，而小民賠費不下數萬，其哀號之狀則甚可憐矣。防守兵糧既不得照原議取之於礦，近據南陽府申詳，該給銀八千餘兩，分毫無所出辦，各兵枵腹日久，將不免脱巾之呼，寧獨礦徒堪慮哉？臣每訪諸縉紳，詢之父老有識者，皆曰是役也，實無利於官，斂怨於民，祇是仲春輩二三黠者所得不貲耳。陛下開礦爲佐大工、充内藏，而顧使原奏官巧牟其利乎？去歲葉縣舞陽蝗蝻爲災，民有菜色，今裕州内鄉、鎮平諸處異常冰雹，二麥如掃，朝不保夕之民彷徨思亂，而採辦之苦，剥削之害又從而驅迫之。不逞之徒嘯聚日衆，竊恐中原腹心之地，將變爲戈矛戰鬬之場，禍患非眇小也。臣叨有地方之責，明知事勢可虞，若苟避嚴譴不爲君父直陳之，則臣生平自矢之謂何？伏望陛下涣然發德音，召回採礦之使，以慰荅民心，以解消亂萌，則歡聲洋溢於域中，而聖無煩宵旰之憂，國家永享泰寧之福矣。

又劉曰寧《郡邪悮國謹陳利害以固根本疏萬曆二十七年三月》 臣備員詞林有年，進退論思，詞臣之職。竊見近日礦税兩事，羣奸巧辭欺罔，朝疏暮使，發者絡繹，有識寒心。復睹百户王官奸狀，以爲國家之隱憂，莫大于此。其初總以獻利助工揣度上意，陛下鑒一王官，以深惟羣弁之奸，永絶禍亂之本，無如今日。斯是用痛心雪涕齋沐獻言，切以陛下英武蓋世，洞見萬里之外，獨于天下之所共憂，廷臣之所屢争，以爲不可者，甘之如飴。意陛下必有疑于兩事，真便利而莫之解，其疑有六；日增月長，患且滋甚，而其患有四。夫陛下之所疑，夫開礦者必以爲天下之美利，民無與也，又省加賦，而詐騙貽累不聞焉。小民多依山谷，久爲宅墓，而開採之使，偏執宅墓，以張密網，貨行則免，不行爲害，暴骸伐屋，行道心酸。又陰籍富户姓名，投之頑砂，限以賠償，鬻妻賣子，甚者自經，而壓倒之禍及于壯丁，怨咨之民急可爲盜。此臣所欲爲陛下釋疑者一也。夫陛下之所疑于抽税者，必以爲國家之遺利，昔尚脱漏，今收之，而實非也。國家之立法詳矣，船中之貨有貨税所，工部之摧差皆是也。載貨之船有船税，凡户部之摧差皆是也。衙門棋布，道路相接，計一賈人出，多者三税，少者亦二税，非烏無翌，何地可逃？此臣所欲爲陛下釋疑者二也。夫陛下之所以專遣内臣者，必以爲内臣忠直，不好名可無欺也。夫國家之大端有二，曰禮義，曰利害。中官之識見及此者度不欲出，獨一二愚暗之徒，久在閑局，意亦望一執事，以明得意。幸目前無事，後且不恤，其何及于國家？以臣所聞，大都市，人所驅使也，即奉勑行地方掇拾唾餘，業已不能不爲人欺，能不欺陛下乎？近日王朝、李道之事已犯人怒，足爲明鑒。彼特上畏陛下之法，恐阻將來之路，不以明告耳。臣所欲爲陛下釋疑者三也。夫陛下之所以並遣原差官民者，必以爲習于地方之故，無悮事，且曰某以此報，即以此責成，可幸無捏奏，而不知非盡地方之人也，不則其逋逃也。自東征召募亡命集京師，稍窺國家府藏之虚，偏袒扼腕，人人争言，黠者倡爲事端，聚徒括金，鑽刺通神。依武弁而武弁受制，薦中官而中官受欺，此亦奸民之雄者。且中官給事禁中，法不外通，四方官民遠在萬里，何由識其姓名，而廉其忠謹？臣所欲爲陛下釋疑者四也。夫陛下之所以不信地方臣工者，必曰是蒙蔽，是沽名。夫所謂蒙蔽者，利歸于己，而隱于上也。而礦非有司之所敢開，税額非有司之所敢增，此亦難欺矣。即利不歸上，亦不在下，乃其議論之執持，羣奸之齟齬，又自有説。有司爲朝廷牧民，而羣小譬則豺虎也，牧人之不狎豺虎，有司之不狎羣奸，亦萬不得已之計。假令激變召亂，即不死于譖，死于封疆矣。固知有司之非沽名以救過也。臣欲爲陛下釋疑者五也。夫陛下之所以不信廷臣之諍，而堅持于兩事必以爲無損有益也，或者所損少而益大，不知其先已有損，後之益又不救損也。何謂先損？一官有一官之費，勑使出，而驛傳之費十倍，衙門之費又十倍，輿臺廝隸之費又十倍。衆彪前驅，市獪扇焰，一使輒數百人，則（費）數百倍。蓋無礦無税，而先有府庫之耗，亦陛下之財也。且百人而分其利，則進奉者特百分之一；千人而分其利，則進奉者又千分之一。臣以是知其無益有損，欲爲陛下釋疑者六也。以此六疑，實生四患：一曰京師之患。夫京師，腹心也。腹心不能自養，而資咽喉以灌輸，恃腑臟以收納，未有搤咽喉、決腑臟能不病者。京師人稠地瘠，又苦寒，凡絲麻米粟一切之費，都仰給四方。自榷税嚴而商賈絶，則物價貴，百萬嗷嗷，無所托命，饑饉水旱，更復可虞。陛下神武足憑，而愁嘆怨讟，民易生心，欲振無策，欲制無術。又范陽、涿鹿，古稱盜藪。密雲近在北邊，天津密邇海上，蘆溝一舍，有若剥牀。此不可不慮也。二曰四方之患。夫四方，肢體也。人有癢痾疾痛，相救則安，交病則危，未有束左右手足能自支者。乃今礦税之使東漸西及，蓋所在不堪，則所在皆可疑。設有一人誤扞文網之誅，勢窮

情極，則一方騷動；一方騷動，則四方嚮應。天其厚祚我國家，幸而懲創，而生民塗炭，足爲寒心。調度經營，又當萬倍。此不可不慮也。三曰水陸並至之患。大凡奸細之作，多依山澤，憑險阻恣出没，蓋自古皆然。而今之兵，水陸遍布矣。東事稍解，大兵四散。萬一兵適與礦税會，則兵張礦税激；而與兵會，則怨民張，長江密箐都爲寇資，蟻聚蜂屯，近在呼吸。此又不可不慮也。四曰官民交困之患。夫民，官之守；而官，民之命也。官惟將朝廷之德意，乃安民；民惟恃有官之控訴，則安其身。近日郡守、縣長吏中傷膚受，俯首縲絏，後來懲噎，轉相效尤，勢固不能有其民。民失官，如子失慈母，無路可通，闔室待盡，其計畫無復所之。竊恐亂系之益勢而朽索之難馭。此又不可不慮也。抑古人有言，制治于未亂，保邦于未危。此亦所當急圖之時矣。竊見陛下勵精圖治，凡忠邪之分，不久自明，羣口如簧，即蹈斧鑕，已惻曲突之忠。又臣少有狗馬病，近溺血怔忡，亦恐一言未效，卒先朝露，以上負國恩。是以盡捐掇拾，直究安危，不避愚戇之誅。願陛下少察釋一朝之疑，圖社稷之計，收諸道之使，發廷臣之章，寬吴寶秀等之獄，開輔弼補牘之忠，作臺諫折檻之氣。其武弁之欺罔誤國者，罪無赦。則四民樂業，萬國謳歌。臣亦願有太平之頌矣。

又馬鳴鑾《礦税繁興人心惶駭懇乞聖斷亟停以保治安疏萬曆二十七年四月》

臣惟天下無可乘之釁，則奸豪回慮，而禍亂自消。人主慎未然之防，則治道益光，而民生永賴。頃歲宵人言利者，藉口大工日新月異，如湖廣荆州抽分，原設工部主事一員，征商之額定矣。今錦衣衛千户韋夢麒突有店税之請，陛下即差內官陳奉領其事。已而樂綱、王官任各言馬税，則又置梁永於陝西，委魯坤於鄧州。夫荆、襄、南陽與陝之商洛、漢中皆臣撫治地也，一時三遣使，總爲利來，旬日間，遠近歡譁，羣情洶洶。自軍民、商賈以至肩挑小販，皆相視嗟吁，人無固志。此無他，則「條鞭」之害怵之也。夫中州包礦之累，撫臣業陳之矣，臣可畧而勿言。若商洛、漢沔一帶自開採至今，臣不聞某洞出砂，煎銷金銀若干，但聞某州縣坐派條鞭金銀若干，勒限追解，急於星火耳。陛下前有旨不忍加派小民，而今之條鞭乃更烈於加賦。彼啖草根度命之遺黎，何以堪焉？兹爲店税之説者，豈必有馬可市，有貨可居，而中璫奉命，大自氣焰，攘臂，而從之者如蟻赴羶，又豈肯念國家二百餘年仁覆之赤子？臣度其必將竭澤而漁，横奪閭閻之所有，紛然騷動，即雞犬不得寧焉，是亦條鞭之續耳。此小民之所以魂驚魄散，而震恐失措也。夫財者，民之心也，既括其財，必傷其心。況輸內藏者十一，而潤羣小之私橐者十九，未嘗佐國用之急，而民間已盡其脂膏，計惟有轉乎溝壑已耳。然楚故剽輕，秦尤獷悍，宛、鄧間自昔多任俠奸人，或未肯遽甘於死，迫之不已，必且奮鉏梃而與官兵爲敵。有其呼之，百萬衆不難集也。夫斂兆民之深怨，損睿聖之鴻名，啓奸豪煽亂之階，成天下土崩之勢，其究至於使忠臣義士竭智戮力，而無以紓宵旰之憂。當斯時也，陛下雖盡取原奏諸人投諸鼎鑊，亦何及乎？臣草疏至此，聲淚俱下，伏望聖明垂神省覽，建萬世太平之策，將前項礦税亟賜報罷，則並美堯舜，增光祖宗，社稷之福，蒼生之幸矣！臣愚不能將順上意，徒進憂危之苦辭，彼言利者必以爲全盛之朝焉，用杞人之慮，然區區狗馬心不忍不言，又不願其言之有驗也。

又李三才《政亂民離目擊真切懇乞聖明承天念祖救之水火以自盡君道疏萬曆二十八年五月》

竊自礦税繁興，萬民失業，朝野囂然，莫知爲計。閣部、九卿、臺省百執事，無不誦言之，忠臣烈士、孝子仁人亦無不極言之，皇上莫之省也。豈以或出於風聞而不足憑，與抑以或過於激切而不能聽。與臣今所言，何能加於諸臣，顧披肝瀝膽，必欲一效於陛下者，實以得之於目擊之真，申之以和平之説，不敢浮亂蔓語，一味真誠，爲萬民請命。知皇上仁孝神明，當必有灑泣於臣之言者。夫皇上之位，上天所托之位；皇上之天下，祖宗所授之天下也。天以大位托之皇上，豈以崇高富貴獨厚一人，蓋付以億萬生民之命，使司牧之也。故曰天子，言代天子萬民也。則凡寒者衣之，饑者食之，一民不得其所，皆子民者之責也。祖宗以大統傳之，皇上亦豈以崇高富貴私其所親，蓋授以億萬生民之命，使安養之也。故曰嗣君，言繼祖宗，爲民主也。則凡寒者衣之，饑者食之，一民不得其所，皆主民者之責也。乃今則如何哉？不惟不衣之，且併其衣而奪之；不惟不食之，且併其食而奪之。征榷之，使急於星火；搜括之，令密如牛毛。今日某礦得銀若干，明日又加增銀若干；今日某處可税銀若干，明日又加税銀若干；今日某官阻撓礦税，差人拏解矣，明日某官怠玩礦税，罷職爲民矣。上下相争，惟利是聞，遠邇震駭，怨讟載道。子萬民君四海者顧如是耶？如臣境內抽税者，徐州則陳增，儀真則暨禄。理鹽者，揚州則魯保。蘆政者，沿江則邢隆。千里之區，中使四布，棊置星列，如捕叛亡。加以無賴亡命附翼於虎狼，不逞奸徒託名於城社，如含山之潘元等，和州之陳所藴等，淮安之馬如壯等，揚州之蔣季柔等，瓜州之鄭奎等，儀真之吴大川、汪三等，泰州之郭實等，宿州之顧其禮、戴環等，或假雕印信而公行嚇詐，或冒充名色而明肆搶奪。陸續經臣批行該

道，有見問未結者，有已問充軍者，有致書内使求免提解者。至如中書程守訓，尤爲無忌，假旨詐財，動以萬數，破産傾家，十室而九空，屢有告發。臣亦屢批該道行查，手口拮据，日夜調劑，僅僅得此。然禍本不除，竈薪不去，左支右吾，終何底止。昨運同陶允明新自楚來，爲道彼中内使沿途掘墳，得財方止，真有盜賊所不敢爲，不忍爲者。生者含冤，死者被虐，毒施人鬼，莫敢誰何。然此輩實不足責也。夫麒麟之於虎狼，鳳凰之於鴟鴞，固並生於世也。人參之於砒霜，茯苓之於烏頭，固並蓄於肆也。今惟近鴟虎而遠麟鳳，取砒、烏而棄參、苓，乃令之曰：「爾無殺人、無害人也。」有是理哉？故臣無責於此輩也。夫民心之離叛，臣今不暇論，社稷之安危，臣今不敢論。獨念皇上天托以司牧之任，而乃甘爲此掊尅之舉。祖宗傳以安養之衆，而顧使罹此流亡之禍，清宫静夜試一思之，聖心忍乎不忍乎？安乎不安乎？臣知其決不忍且安矣。且一人之心，千萬人之心也，皇上愛珠玉，人亦愛温飽；皇上憂萬世，人亦戀妻孥。奈何皇上欲黄金高於北斗之樞，而不使百姓有糠粃升斗之儲；皇上欲爲子孫千年萬年之計，而不使百姓有一朝一夕之計。試觀往籍，朝廷有如此政令，天下有如此景象，而有不亂者哉？及至於亂，則珠玉之貴，不啻糞土之賤，數年之積，不足一瞬之用，悖入悖出，失衆失國。每誦斯言，心寒魄散，吁可畏也已。夫皇上所居之位非他，乃太祖高皇帝之所相傳也；太祖高皇帝非他，乃臣治内鳳陽之所自起也。元政不綱，黷貨無厭，羣小擅命，横征暴求，是以萬民不忍，共託命於太祖，太祖因而奮其一劍，掃清穢濁，受天大寶，是以得携而傳之皇上。夫胡元盛時，幅員廣大，士馬强壯，無減於今日之天下。而太祖乃以布衣取之，如摧枯拉朽焉。何哉？則仁與不仁之驗也。仁者散財以得民，不仁者亡身以殖貨。先儒之言，豈欺我哉。《詩云》：「殷鑒不遠，在夏后之世。」此善鏡者也。且皇上代天以子萬民，繼祖以保宗社，一人之身不能獨治，一人之力不能獨運，於是設官分理。凡以爲民所謂巡撫者，安撫此一方民也；所謂巡按者，按察此一方民，恐有害之者也。所謂知府、知州、知縣者，知此一府、一州、一縣之民之事，不令之失所也。今采抽踏勘，俱會撫按，少有異同，動蒙切責，起解徵收，任委各司駕言阻撓，便被逮繫。是上自皇上，下至撫按百司，無非爲礦税計也。故謂臣等爲巡擾可也，巡害可也，知税、知礦、知鹽可也，豈上天所以託皇上之意哉？豈祖宗所以授皇上之意哉？亦豈皇上所以設官命名之意哉？嗟嗟！當今時政之闕者亦多矣，郊廟之不親也，朝講之久廢也，密勿輔臣屢推而不用，臺省各官既選而不補，建言得罪者禁錮終身，無辜被逮者幽滯囹圄。臣皆不及，而獨汲汲以礦税爲請，何哉？曰：此病根也。夫人之一心，理欲不並立，公私不同道，此重彼輕，勢固然也。皇上既溺志於貨利矣，故目之所見，身之所接，晝之所思，夜之所夢，無非金寶珠玉者，所謂逐鹿不見泰山也。即有睿哲天真時一發見，而慾海茫茫，隨而撲汩之矣，何能及於政事哉？故古之抵璧投珠，不邇不殖，豈獨非人情耶？誠懼此患耳。伏望皇上超然遠覽，欣然虚受，仰思上天所以付托之隆，俯念列聖所以傳授之遠，察我國家之所以興，鑒彼胡元之所以亡，痛赤子之傷殘，憫海内之鼎沸，亟下明詔，罷天下礦税，其一應内使盡數撤回，明示中外，與天下更始。其掘墓殺人，事有顯迹者，仍嚴勑法司，明正典刑，傳首四方，俾深山窮谷僻鄉下邑皆曉然知我皇上敬天法祖，惠養元元。一應虐政俱屬此輩所爲，則一私不存，萬理明淨，將見郊廟必不可不親，朝講必不可不復，輔臣必不可不重，臺省必不可不信，建言諸臣必不可不用，無辜被逮必不可不釋，大典自將次第舉之矣。由此而紀之史册，傳之萬世，必大書曰：「萬曆二十八年，皇帝用都御史李三才之言，罷天下礦税。」則至德深仁、鴻名徽號行與天壤共永矣。豈不休哉？豈不烈哉？而臣以草茅疎賤，亦得附名不朽矣。若置臣言而不聽，棄臣計而不用，徒令禽視鳥息，坐待亂亡，被豸懷金，誇耀人士，則臣惟有愧而死耳。夫貞臣愛君，惟以效忠；烈士殉節，匪爲圖報。況臣束髮立朝，渥受國恩，已逐而旋收，既廢而復用者哉。則臣之竭力效忠，感知圖報，尤萬萬不能已者。惟皇上留神照詧，臣愚不勝踴躍候命之至。

又李三才《萬民塗炭已極乞賜省覽以救天下疏萬曆二十八年六月》　頃臣以礦税殃民，如沸如羹，竭忠極慮，具疏上請。蓋即臣境内之茹苦，而知天下之荼毒；即臣境内之流亡，而知天下之反側。不敢無稽，不敢過激，直據見聞明開禍福。自以皇上仁孝明決，本於天性，得臣此疏，將必慨然太息，潸焉出涕，曰：「何礦税之流毒四方也如此？何内使之暴虐吾民也如此？又何奸人之乘機詐害也如此？」字字如獲荆山之璧，言言如得夜光之珠。沛下明詔，悉罷各役，不俟崇朝，始於兩畿，達於四海矣。今既月餘矣，翹首跂足，未之或聞，豈左右有所壅蔽耶？皇上神武不測，近習懾畏，誰敢寢格自取罪戾，豈睿覽有所未及耶？皇上聰明天縱，一目十行，又何至不遑，致此耽閣？數日以來，遠邇傳聞，凡有章奏，但係礦税，即東高閣，一切不省。臣且信且疑，且警且駭。信斯言也，是治亂存亡之機也，臣不願皇上有是也。夫天下之患莫大於忌諱而不敢言，尤莫大於固

拒而不受言。忌諱不敢言，罪在下，猶可説也。固拒不受言，責在上，不可説也。臣之前疏非泛常之疏也，國脈民命之所關，天心祖德之所在也。《書》曰：「天視，自我民視；天聽，自我民聽。」蓋言民之視、聽即天之視、聽也。夫民慮之於心，而宣之於口，不可拒也。故臣反覆譬喻，幾數百言，實集億萬人之心爲一心，合億萬人之口爲一口，剖肝瀝腸，痛哭流涕，是即上帝明神，遣臣以告皇上也，是即二祖列宗教臣以告皇上也，而何皇上之未即允行也？且皇上毋以民爲弱也，皇上毋謂民可虐也。天佑下民，作之君，君固民之主也。得乎丘民，而爲天子，則民又君之主也。故省刑薄斂，視之如傷，愛之如子。人主能爲百姓之主，然後奔走禦侮，尊爲元后，戴爲父母，百姓亦長爲人主之主。若休戚不關，威力是憑，劫奪之已耳，斬刈之已耳，孤人之子，寡人之妻，折人之屋，掘人之墓，奸貪殘賊，則人皆知有朝廷，衆畔土崩，則人皆起爲敵國。一旦風馳塵鶩，四方雲擾，介焉之身塊然獨處，即有黄金過斗，明珠填海，誰爲守之，而又誰爲運之？衹以藉寇兵而資盜糧耳。及至於此，即家散萬金，人分雙璧，亦何救於敗哉？夫天下非小也，草澤之人至廣且衆也，其間欲爲古元之所爲者何限。獨以朝廷處置得宜，綱紀有道，欲乘之而無釁，欲挑之而無端，故俛首頫心，從教從令耳。今乃驅之使亂，逼之令反，一人背去，百羣遂奔。臣懼百姓之不肯爲朝廷主也，是故古之人君譬之爲六馬，喻之爲邦本，非直以其同胞一體，不忍殘虐；實以此曹，至弱至强，至微至危，亦不敢殘虐之耳。試觀叔季之世，所以亡人家國者，豈在勍敵外患哉？民心一去，天命隨之，歷代相傳之業斬焉絶矣。漢、唐、宋而下，可歷而數也。吁！可畏哉！可畏哉！語曰：「禍不好，不能爲禍。」今其樂禍也已。夫臣之心亦苦矣，臣之積慮非一日矣。有謂臣職已盡，無復有言者。臣以爲或屬儀文制度之差，或係用人行政之謬，所損無幾，一言可已，此則何等利害，何等喫緊，一日不止，宗社一日不安。若亦以一言塞責，名之曰誤國，是謂不忠，臣不敢也。有謂可遂乞身不必再言者，臣以爲或有不合於時，或有不信於上，或有繫念於子舍，或有牽情於内顧，可以杜門托疾，一辭而去。臣則二親已葬，義當致身。羣工見信於朝，明主委任甚重，當此危急之日，禍亂之興，乃遂苟且避難，全軀自保，名曰棄國，亦謂不忠，臣不忍也。有謂氣數實然，不當乃争者。臣以爲夏暑冬寒，天之氣數也。而衣葛衣裘，乃以人力而回天。山高水深，地之氣數也。而用馬用舟，乃以人力而轉地。即令小民實當氣數之厄，皇上猶當勞心焦思，百計拯救。況此氣數在我自爲之，而自止之，俾各安家樂業，只一轉移之間耳，安得歸罪歲凶，而漠然不之念耶？有謂迹類好名，不可再言者。臣以爲或無病而呻吟，或危明而憂治，或虚誕而不情，或悻直而太戇，有意求名，故曰好名。今則萬民實在倒懸，宗社實在壘卵，日夜咨嗟，聲淚俱盡。惟知有國，何知有身？況曰身外之名乎？倘皇上嘉納臣言，一赦天下，則皇上得堯舜之主之名，臣亦得堯舜之臣之名，亦非臣之所惡也。夫都御史之位不爲卑矣，都御史之禄不爲薄矣，乃從令則富貴長保，不從則貧賤立至。顧臣毫無繫戀，棄之不啻敝蹝焉。豈臣好惡之性與人殊哉？所欲有甚於身榮，所惡有甚於身辱，故舍彼取此，掉頭不顧耳。皇上即此亦可以一思矣。嗟嗟！臣之口舌敝矣，心膽裂矣，無復説矣。倘皇上猶謂臣言不實，臣心有他，乞先斬臣頭，懸之正陽門外，而後親臨朝宁，大集勳戚、文武大小百官，一一面詢，果否萬民有水火之苦，是否宗社有危亡之憂，各處地方曾否有殺人掘墓之事，賣兒鬻女之慘？大奮乾綱，速下臣疏，盡除前令。其一應假旨作威，結黨煽虐，嚴行各處撫按查勘明實，如律究罪，傳首天下，明示中外，于以報匹夫匹婦之讐，于以洩孝子慈孫之憤。皇天后土，二祖列宗實聞臣此言，是臣草茅之微，遂能挽國家無疆之祚。鴻毛之軀，乃能救百萬生靈之命。雖死之日，猶生之年也。豈不幸哉！豈不幸哉！若皇上仍不加察，照前留中，亦望察臣無當，速賜罷歸，别選才賢，以補臣職，臣之願也，然非臣之所得已也。臣不勝泣血椎心，待命之至。

又馮應京《税監違旨剥民乞加誅責以安反側疏萬曆二十九年二月》 臣奉勑湖廣分巡，以撫安民人、平静地方爲職。臣于二十八年三月内到任，目擊内監陳奉萬狀慘虐，逮官司士民無數。黜陟生死之權，一由掌中玩弄。楚省喪亡之形已迫，而勢不復待也。辟之于火燎于鬚眉而欲寬請之，希不焚矣。幸皇上之少留意焉。夫陳奉之所以罔主上者，動稱征税，而所恃以挾官司士民者，動稱奉旨似也。不思主上有征税之旨所當奉，亦有不擾小民以安地方之旨不可違。今奉之違旨極矣，其毒小民以亂地方，臣不能悉數矣。臣武漢黄三府分任也，故得言三府之事。又到任未久，故得言近日之事。二十八年五月内，江西税監陳奉隔省重征，商船罹苦，奉聖旨：「這税課有旨不許重征疊收，湖廣内官陳奉如何重收？至江西小池口，姑且免究。今後各處如有聽信撥置違犯的，一併重治不饒。欽此。」乃陳奉藐旨抗違不改，仍于本年九月初一日，牌委黄州衛哨官杜修曰：

除差百户王體仁、縣丞沈繼韶前來征收，仰本官督同原役速赴清江鎮征收税課。如再遲悮，定行提究。清江鎮即小池口也。杜修原是私設巡攔李三漢等三十名，科派公堂司房等銀二百餘兩，與撫按批仰杜修仍前管哨不聽。陳奉得重征銀兩不可勝記，收入私囊不行解進，而又分外索有司包税。此其違旨一也。武漢黄所屬州縣正例礦税銀兩業十九完矣，更于額外指稱開礦，嚇廣城韓知縣銀七千兩，黄梅縣庫銀一千五百兩，參隨項文科、趙大漢等共得銀三百兩。羅田縣庫銀一千兩，廣濟縣庫銀一千七百兩，黄安縣銀一千三百兩，大治縣銀七百兩，曾主簿銀三百兩，蘄水縣二千兩，畏衆怒而假以五百兩出首，具經被害熊夢松、柯大任、饒明道等告發，卷案可查。收入私囊，不行解進，仍于二十八年十一月初五日妄奏曰：黄州府未完税銀四千九百五十七兩，黄安縣未完礦銀九百六十兩，礦金十二兩，蘄水縣未完礦銀七百八十兩，大治縣未完礦銀四百八十兩。夫不言其私騙之多，而止奏其欠之少，則額外所得作何支銷，朦朧□上，只□重征。此其違旨二也。科索之外，復行挾騙旨開墓金，挾大治縣鄉官胡應辰銀一千三百兩，富民袁朴銀八百兩，徐養正等各五百兩，參隨趙大漢得銀四百兩，蘄州富民吴國倫之子吴其良等銀三千兩，陳奉兄陳萬里、姪陳仲山各得銀五百兩。又挾麻城縣耿天叐賣田銀四千兩，收入私囊，不行解進。此其違旨三也。差李斷事，恐嚇當鋪鹽店吴大成、鮑日昌等十八家，得銀一萬二千兩。錢局立爐一百二十座，各每一座共派銀一千兩。委兄陳兄打造異樣銀器，不記其數。於總府衙門造殿五間，左右住樓一重，小房百間，貯收玩好不行解進。此其違旨四也。此猶斂財之事也。若近日砍屍之罪，則有不忍言者，掘大治等縣民孟華、張棐言、宋朴華、楚賢等祖父塚四十七處，恨無金，喝衆將刀砍細骨屍，抛入江内，一時幼弱懷祖而悲，耆老徹天而哭。過道士，復掘挖古塚，追獲養身銃一個，木鉢盂一個，金舉杖一根，玉碗一個，金絲燈籠一對，金鏡架并金盆珍寶等項，收入私囊，不知解進否？此其違旨五也。此猶砍屍之事也。若近日殺人之罪，則有不忍言者。委白丁劉二借以查税爲名，日日索商蕭繼山等饕恣無忌。于十月二十七日，劉二欲奸武昌民婦吴氏，嗔徐堂阻之，夥棍黄金等三十餘人活將徐堂打死。此其是夜侯同伴秦大賢等押騙銀九揁送陳奉買囑庇護，收入私囊，不行解進。此其違旨六也。又因索私銀不遂，船户沈金以五十打死。馮户、邢思盤兩刀殺死。姚奇以投水死。李老兒賣三兒，丁官兒以夾打死。陳朗婦胡氏懷胎七月，因長隨人等强奸不從，携七歲女投水死。又過黄州河，下手詧蘄州赴考生員田九圍，將刀背砍一百。黄安縣童生陳遂打一百，黄岡縣童生殺三人。蘄水縣童生五人，砍去首足，丢入江中，府縣官哀救不得。此其違旨七也。此猶殺人之事也。若近日欺國主之罪，則有不忍言者。楚國，親藩所居。年正初七日，陳奉與三司臣會飲于省城大觀樓，率盗兵五百餘人，持大刀數十把，攔截街衢耀武，不許人行。銃砲連天，旌旗蔽日，中間騎嚮馬，放火箭，蹤傷人民陳和尚等，激變居民，大費院司約束然後定。此其違旨八也。此猶欺國主之事也。

又九卿公疏《人情屢變怨已在明聖意挽回圖當及早疏萬曆三十年四月》 照得礦税一節，臣等補牘徒勤，不能將順已行之德意，伏而思之，皇上或以臣等之言未足憑，人情之變未必甚也。《書》曰：「怨豈在明，不見是圖。」矧最明可見如今日者而漫不爲之圖乎？姑無論其小者，即關中委官挫辱縣官而致之死，縣官既可殺，而何人不可殺，何事不可爲？又聞各處中使養兵自衛，環甲升堂，既非疆場禦侮之官，而千百成羣，草菅民命，驕恣相成，漸不可制。臣等竊見變之自内作也。又如滇南以火燔委官之居，遼左以衆嚾委官之目。若輩自作之孽，誠不足惜。其如法紀之當惜何？曩三楚之脱歸，幸而漏網，今兩廣之結搆，蔓且難圖。江淮一帶羣小紛紛，東西九邊，饑荒藉藉。臣等竊見變之自外作也。夫國家令甲，殺人有禁，聚衆有禁，私藏甲兵有禁。不幸而有一於此，尚以爲變。乃今無處不殺人，無地不聚衆，無人不操甲兵，不逞之徒寵之使爲盗賊，縱之使爲虎狼，其變爲何如者？在中使銜恨百姓，不殺之不敢休；在百姓結恨委官，不報之不止。

又九卿公疏《東南反側可虞中原民變踵至乞罷榷採以收人心以遏亂暑疏萬曆三十年五月》 自礦税再行以來，臣蓋數數言之，而概未奉俞旨也，今已無可措辭矣。數日前，忽接應天巡撫曹時聘暨河南礦税太監胡濱疏，揭觀之，杞憂愈甚，鰲恤轉深，終不忍持位固寵，束手坐觀，釀成大變，而負皇上特達之知，請再申一言，以竢宸斷，可乎？夫蘇松財賦之藪，京師百萬咸取給焉；中外水陸之衝，萬方職貢咸假道焉。此而安，則天下安；此而危，則天下危。所稱最喫緊最要會者也，其不容一夫作難于其間也明甚。乃蘇松則以機户管文等搶掠報矣，中州則以毛兵、李舉等倡亂報矣。夫管文等何如人也？不過一瑣瑣傭徒耳，千百成羣，閧然哨聚，指稱榷税，匿帖揚言，至有替天行道、可恨可殺等語。賴周知府面許請停劉税監，出示報罷，方爲解散，而怒氣猶勃勃未已也。則税之爲也。故從此實停則可，有如不然，勢且復聚，諭之不信，勸之不從，臣不知其何方

以處之也。李舉等又何如人也？不過一碌碌戍卒耳。數千糾聚，盤據一隅，恣意要挾，數日不解，至有先取東京、救度生民等語。賴地方官多方勸諭，胡大監平氣息咸，方爾寂然，而虎視猶耽耽未已也。則礦之爲也。故從此罷礦則可，有如因仍行且復逞，招之不來，麾之不去，臣不知其何術以待之也。據撫臣曹時聘之疏，自謂首惡已擒，地方稍静。而皇上于湖濱之疏亦勑以嚴究首惡，脇從罔治，似可無虞矣。第首惡云者，無故而發大難之端之爲也。協從云者，智盡能索，無奈而勉從之之謂也。今人人思脱湯火，誰爲首惡？在在圖解倒懸，誰爲協從？所謂雖或殺之，必且繼之者也。皇上將盡人而法之乎？則勢必有所不能；抑盡人而寬之乎？則法又有所不可。蓋至於力窮于施，而法窮於馭，則皇上約束整齊之具亦太顛倒錯亂不可收拾矣。矧數年以來，皇上以礦税之故，赫怒諸臣，曾逮及方面矣，逮及守令矣，逮及士民矣。幽囚囹圄，三木囊頭，泣夜雨而號西風，困縲絏而斃箠楚，即雷霆之摧折，不慘於此也；泰山之覆壓，不烈於此也。固宜鞠躬屏氣，頫首帖耳，任吾糜爛魚肉，而莫敢誰何也。乃今日圍燒某官，明日戕殺某役，清源之燼猶然，而湖湘之流已赤；安民之骨未灰，而東裔之屍已碎；機户之譟正急，而毛兵之焰復張；撫按告變之章接踵道路，而廟堂安戢之旨遍揭閭閻。如此，則皇上之法令與四海之奉行大較居然可覩也。豈其民之敢于無上若此乎？勢窮理極，爲有所以迫之焉耳。語云：「鹿死不擇音。」民之于上，德則其人也，不德則其鹿也。今之礦税，無乃鹿視其民而使之不暇擇乎？故當此之時，不一改弦易轍，而猶以法制禁令從事，是沸而益之以薪也，醉而强之以酒也，尫夫羸子，命旦夕而更投之以毒藥也。此必不可幾之倖也。盍亦撤回中使，明罷礦税，拔本塞源，嘉與天下更始，將膏肓之病一朝頓除，而水火之民一夕衽席。離者合，變者定，不費區處，不煩告諭，不崇朝而措天下于泰山四維之安，回視治而愈棼、解而愈糾者，相去不天淵哉？不然狃敝襲訛，日復一日，挑釁召禍，長此安窮？豈惟吴會，又豈惟中州，蓋無之而非是矣。此外更有臣之所不敢言與所不忍言者在也。伏惟皇上念重地不可屑越，改圖不容再緩，省覽臣疏，慨賜施行。

又九卿公疏《民變踵至萬分可虞聖政改圖時刻難緩疏萬曆三十年五月》 竊惟國家之事，治亂兩端。世之治也，尚憂盛危，明以防其亂，未有既至於亂，而恬不爲之所者。蓋亂之形易見，即常人能辨之；亂之機當圖，即世主能知之。皇上英明出世，睿斷天成，四海情隱，洞悉無餘。將謂今之天下爲亂乎？爲非亂乎？清源楚澤之變，覆轍之在前者，言之寒心。近如關中之慘，徐淮之攘，遼左之激，滇廣之釁，諸臣疏之已詳。未幾，而蘇州之機户以變告矣；未幾，而中土之毛兵以變告矣；未幾，而兩淮之豪商以變告矣。蘇松四郡民無常産，止逐刀錐而奪其子母之利，以致糊口無資，揭竿有自。玄紗觀之約帖，昭昭以税爲據，而内使疏中稱與税事無干，出掩耳盗鈴之智，飾割肉充腹之謀，以東南財賦之區而張數罟以壞繭絲。竊慮所得，不如所失者之多也。中州毛兵習性輕悍，原非良民，國家常示覊縻，每藉調遣。譬之養虎者，不以全物與之，思其裂之之怒也。而明以礦砂之利誘之，成貪工食之，故激之成變。即内使疏中已言起事之由，始於停礦復行之日。虎兕出柙，利器示人，萬一嘯聚山林，爲梗中原，狼子野心何所不至，異日者，將何方以驅之也？兩淮鹽商，身家俱重，安肯甘蹈法網，公爲亂端？緣連年軍實，增及錙銖，以致見行之單引壅矣。而田應璧又創之以超單，每歲之徵納艱矣。而魯登科又挰之以資助，見在者既已椎髓，聞風者又復螫心，進不能逐什一於奇贏，退不能免追呼於閭里。脂膏盡剥，門户凋殘。無論揭竿鼓變如近事可虞，即使散商業而歸四方，國計將安出也？皇上得無以隨即解散爲幸歟！不知所以解散者，由撫按多方勸諭，示皇上不忍加派之仁，傳皇上不日停止之意，故百姓姑聽而姑解之也。今礦税之害日甚於加派，而停罷之旨久等於虚文，再有他變，人又誰肯信撫按之言？即撫按亦何以再辭於百姓。況其所執者已頒之明旨，而其所不足信者，乃撫按之空談乎？人人懷憤，在在皆然，乃欲於解散之後，執一二孱弱無能之人，號爲首惡而寘之法，以了目前故事。其於國體民情，所傷不既多哉？夫國家之法，凡文武各官偶因公事激變地方，俱從三尺，而内使激變數數，卒未聞責及一人者，即撫按有言，監司、府縣有言，百姓有言，科道有言，臣等九卿有言，一切置而不理，豈祖宗之法專爲文武各官而設乎？抑亦内使之賢，人人皐、夔，個個周、孔，有非臣等所敢望下風者乎？且其時勢人情糾棘愈甚，今日告變，明日踵之，此處方散，彼處效之。如在鼎沸，若治絲棼，萌芽滿地，必將圖蔓之難。身臂不調，尤慮噬臍之及。以兹景象，近在几筵，而坐視宴然，將必至如何而後可厪皇上之慮耶？臣等義關休戚，念切安危，萬語千言，不避斧鑕，則其情誠苦，而其心良非獲已者。伏乞皇上留神省覽，毋以人言爲不足惜，毋以民情爲不足畏，毋以禍變爲不足憂，特賜施行，以信前旨，以鬯仁恩，轉亂爲治，在此一機。天地神人，鑒兹一舉矣。

又趙世卿《仰贊聖心仁愛疏萬曆三十二年》 蓋自礦税二務，聖恩賜罷，旋復

遲疑，以致所在紛然，各該撫按諸臣具疏上請，不啻詳矣。伏蒙明旨，一則曰朕心仁愛，一則曰自有停止之日。又以用心撫理巡察責之諸臣，諸臣等益知皇上之心未嘗頃刻忘情于四海臣民也。惟是民罹礦稅，有如湯火，皇上既已出之湯火之中，旋又納之湯火之内，一時人情大覺洶湧。若蒙皇恩播前旨，重申網解湯寬，民沾沃澤，則明旨之所謂仁愛者，莫過于此舉矣。脂膏已盡，閭里蕭然，喪亂可虞，揭竿在即，則明旨之所謂自有停止之日者，無過于此矣！大撫理者惟在安民，巡察者莫先祛蠹。若民無寧宇，其何以安？市有重徵，蠹何由祛？則明旨之責諸臣以撫理巡察者，亦無過于此矣！臣等細觀諸臣之疏，有謂方使之感，復使之怨，則怨必深者；有謂臣無顔以見百姓，百姓亦何心以信臣者；有謂地方之民稱説草野愚民，自幼聞天子口中無戲言者；有謂人心比舊，愈加驚惶，無不日恐決終無了期者；有謂逖遠邊方，從來愚昧，未識三殿于某期落成者；有謂三鎮庫藏俱因礦稅搜括已盡，兵食勢必仰給内帑悖出者。其描寫民情之急，備悉田野之言，思之可爲寒心，讀之令人泣下。矧徐州有頑民之釁，江南有羣小之倡，滇中有圍燒公署之事，廣有處處激亂之疏，關中有致死縣官之慘，一時清平世界，致此地覆天翻，此誠千古之所希聞，人心之所共駭者也。而皇上宴然深宫，尤若未嘗聞者，豈其聞之而姑以爲無傷乎？夫天下之禍福造于皇上之一心，以爲無傷，則其傷立見；以爲有傷，則其傷立消。此理固然，不爽毫髮。臣等愚昧，安敢撫拾煩言以瀆天聽，惟就諸臣疏中得之地方聞見最真最确者，列以上請，期以仰贊聖心，以全仁愛千萬一耳，實非好爲喋喋自取厭惡也。至于停止之日，在今行之爲已遲，在後行之恐無及。統惟我皇上留神省覽，勑下臣等遵照初諭，宣布恩德，則以聖躬之安而奠四海之安，亦將以四海之富而爲國家之富者乎？聖德聖政，所補非淺鮮矣！

又九卿公疏《信諭旨以安聖躬以安天下疏萬曆三十二年》　臣等於十六日夜漏下二鼓接聖諭，盡停礦稅，臣民歡呼，自夜達旦，無不翕然頌祝者。次日復聞聖意尚欲必行，百僚惶惑，萬民愁嘆，無不黯然失望者。臣等於時即議具疏上聞，復以聖躬未寧，未敢輕有陳奏。比見皇上批答章疏如平時，仰諗聖體清安，乃敢合詞以請。夫聖躬由病而就安，臣等所同喜也。聖德已光而復晦，臣等所同惜也。四海水火之民一旦釋之，復一旦增之；千秋堯舜之名，一旦得之，復一旦失之。陛下試觀累朝以來有此政體否？此自聖心所明，不待臣等詞之畢也。夫皇上所敬者，天地。凡有災福，皆天也。皇上寬民之諭一下，海内歡忭感頌者且億兆人。豈有億兆人歡忭感頌，仰天而呼而天不聽聞者乎？取民之旨一下，海内咨嗟愁苦者亦且億兆人，豈有億兆人咨嗟愁苦，仰天而呼，而天不聽聞者乎？財與民孰重？財與天之喜怒災福孰重？則皇上保民保身之策，頃刻而可決矣。人之一身，在身内者爲重，在身外者爲輕。皇上新瘥之後，正當凝神静攝，一切外物勿以嬰懷。試思前日之病，侍御滿前，何人可以代之？珠玉滿笥，何物可以療之？迺知在身外者，與身全不相關，當其急迫，總屬無用。何苦以無用之物，而敝有限之精神以營之？臣願皇上省思慮以養神，平喜怒以養性，布恩惠于天下以養神。夫天下之苦極矣！其望前諭不啻眼穿矣！甫慰其雲霓之望，而又中改之，不敢復望矣！夫二三之令，失億兆人之心，一旦有緩急，有詔命，不敢復信矣。臣等所慮萬端有心不能盡，有辭不能盡，但願皇上力行前諭，以安聖躬，以安天下，臣等不勝懇切仰祈之至。

又温純《亟勑正法以平衆怨以解阽危疏萬曆三十二年》　臣等據廣東、陝西、雲南各省撫按揭稱各稅官激變事情，已該兩京科道相繼參奏。臣等亦同户部等衙門叩闕上陳，豈其得已。竊謂皇上見之必惻然，思急捕諸奸而置典刑也。迺日蒿目以候，未蒙允發，豈以報者爲虚聲，而受者非實禍耶？據臣等所聞，其禍之烈更有出于奏報之外，其安危關係有若無傷，而傷已甚，若無奈何。而在我有不暇謀，不能挽回，爲諸臣所不忍言者。臣等以言爲責，又安忍不言？夫自礦稅肆害民間苦楚之狀，皇上亦聞之數矣，然騷驛内地，魚肉閭閻，已不堪。未有潰而夷狄，棄而君臣，如廣東稅使李鳳所爲者；又有縱殺三命，立斃縣官，如陝西稅務梁永所謀者。嶺南遠在極荒，與倭奴厘隔一海，即加意撫綏，尚慮易揺難撫，何李鳳張牙露爪，藐視明旨，朱璧題扁，妄意興工，内劫粤夷，外鈎紅夷，圖逞私胸，輒開邊釁，飛而食人，甚于虎狼，豈止欺孤虐寡，積寶堆珍，淫穢慘毒，如按臣李時華所陳耶？此而不問，必待冠履倒置，胡越交訌而後爲之，所將無及矣。秦關僻在西壤，與諸虜厘隔一墻，年來軍餉數月不給，礦稅、織造一時並舉，加意奠安，猶懼軍閧于餒，民散于擾，何梁永敢招亡納叛，貽害生靈，置吏張官，擅作威福，殺無辜之三命，死循良之縣官。時聞三秦，攘臂誓不共天，又豈止渭南一縣髪指沖冠，如撫臣賈待問所陳耶？此而不問，必待豪傑解體，人心嚮應而後爲之，將無所及矣。大率邊方之民竊隙易動，乘變難弭，窮則赴海越塞，急則嚮導招呼，靡所不至。今廣南爲東之極邊，關陝爲西之極邊，相繼搏激，冤慘莫控，而萬里雲南、騰越又見告矣。蓋楊榮之淩官虐民，不在李鳳、梁永下也。夫遠近蒼

夷，孰非皇上赤子，平時剥脂膏以償税使之欲，非順税使，順皇上也。而今以草菅視之，民命殘而國家之邦本日薄。郎官宰牧孰非皇上手足，平時殫力以應税使之求，非屈税使，屈朝廷也。而今以贅罷視之，善類敗而國家之命脈日索。總之，税使借皇上之威福以十計，參隨又借税使之聲勢爲聲勢以百計，土棍又借參隨之牙爪爲牙爪以千萬計。宇内生靈之困于賦税，困于水旱，困于採辦造作。轉運者方處處無樂生之心，而能勝此千萬牙爪之吞噬搏擊否？皇上不觀楚事乎？楚在去年此日，是何等景象？在今年此日又是何等景象？楚有一陳奉，則全楚皆陳奉，而楚事危。楚去一陳奉，則全楚無陳奉，而楚事安。纔一更置，楚民之倒懸漸蘇。并礦税盡行停止，不知閭閻之懽呼而頌聖德者又何如？伏乞皇上檢各省撫按之疏，體各省亟救之情，大奮乾剛，毅然獨斷，將李鳳嚴逮下理，梁永、楊榮革任回京，嚴勘官民致死根由，拯四方□□之民，解一時矛戟之勢。礦税一遵前諭停止，尚緩須臾之變亂，在皇上一轉移間耳。不然，恐一呼百呼，一動百動，天下之大事且去，致他日追悔，欲如今日之易税不可得矣。臣等即捐軀而效何益焉。

談遷《國榷》卷二〇　〔宣德三年十月〕己丑，蠲江西德興鉛山銅場夫徭役，各增縣丞一，管銅課。

又卷二六　〔丁卯正統十二年四月庚戌〕巡按福建監察御史柳華上言，處州流民多盗福建、江西諸銀、鐵、鉛場，屢諭復業不聽，臣令每村置金鼓，揭燈擊鼓，諸坑場埋鋭竹鐵蒺藜，窒其徑穴，禁兵器，已復業二千五百餘人，乞免徭役一二年。從之。

又卷五〇　〔嘉靖三十五年八月甲午〕治四川之鑛得銅，工疑，使者不恪。嚴嵩謂鑛産徼外，曲諭蠻獠而得之，最不易，自後其冶金銀以工，工命馳責守臣。

又卷九五　〔丙子崇禎九年十月丙申〕金吾右衛正千户韓伯孝請開採銅礦于平陽、西安、鳳翔、臨洮、鞏昌、懷慶、河南。時命採銅、鐵、鉛、銀等礦。

《倪文貞奏疏》卷一〇《請停開採疏》　題爲民情宜順，開採宜停事。本月初二日，閣臣陳演等傳臣至閣，恭叙上傳二事：「一議開採，一議事例。欽此。」該臣看得爲開採之言者，蓋以此天地自然之利，行之可必無者也。然臣中夜思之，竊猶以爲未便。雖曰鑄山埒稱煮海，原其利害，實相徑庭。其説有六：海挹注而已，山須鑿發，勞費金銀之氣，又未必可望而知。一也。民不處海，多山居者，百家墳墓，千家閭井，或言其下有金銀，則鉏、斸必及之矣。二也。即云北地山少民墳，而山川秀氣拱衛天都，毁掘所加，動傷地脈，非如酌水于海，無關形勢。三也。天下莫不歸利于盥，而歸害于礦。自萬曆年間，礦使爲禍海内，冤痛沸騰，至今故老言之色變，驟聞此議復興，即必驚相告語，訛言四起，羣心動摇。四也。又臣嘗纂修《神廟實録》，據所會計，出入子母大都得不償失，即當時使者别有進奉，總由威脅地方，逼使包承認納，富者蕩産，貧者殞身，盡是民脂，豈爲地寶？五也。有礦卒殃民，即必有礦賊殃礦。向當神廟太平，劫殺屢告，況在今日，誰不生心？此輩一聚，不復可散，漸成形候，與流寇通氣，方當東防西禦，豈可又聚羶招蠅？六也。有此六者，臣不敢議，凡救敝世如理敗檻，若爲求蔽風雨欲以見功，奸人因之生事。天下皆山也，聞風而起，言礦之徒日集輦下，鼎鼎騷騷，安知所底。以臣之見，莫如確循明諭，使該督撫自制財用，聽其便宜。曰便宜，則百事俱在，苟無害吾民，即斟酌行之，非必決意開採也。至于事例内，如准貢義生等議，或不妨暫行，容臣會同禮、工二部酌妥奏聞。崇禎十六年十二月初三日具題。奉聖旨：「覽卿奏，自屬正論，但念國用告詘，民生寡，遂不忍再苦吾民。如以地方自生之財，供地方軍需之用，官不特遣，金不解京，五金隨地所宜，緩急皆可有濟。其視搜括加徵孰爲便益？倘地方官奉行不善，借端生擾，如鉏斸墳閭，逼勒包納等，責成督撫，罪自有歸。發下《坤輿格致全書》，着地方官相酌地形，便宜採取，仍據實奏報，不得坐廢實利，徒括民脂。湯若望即着赴薊督軍前傳習採法，併火器、水利等項，該部傳飭行。」

《盧公奏議》卷二《撫鄖奏議》　一、通山澤之利以濟民窮。鄖屬瘠土，承平之日，勤事耕鋤，僅能餬口。邇經大寇蹂躪，地畝荒廢矣，牛具宰殺矣，子種斷絶矣，不遑供賦，何術資生？聞各山之中，絶磴窮崖，深溝大澤之内，或産銅砂，或産鉛、鐵，或産石緑、石青，縱令所産無多，亦是小民生路，官府姑聽其便，採取貿易以爲生，不必禁阻，庶免弱者饑寒坐困，强者横起盗心，亦因時濟變之術也。

又卷五《宣雲奏議・用人修具飭法治兵疏》　古人煮海鑄山，因民利導，其法可倣而行。臣觀宣、雲一帶地方雖極苦寒，而山澤之間銅、鐵、鉛、硝俱堪採用。若令戰守諸兵於團練之暇，就近採取，以視遠方買運，省便實多。夫銀鑛不可輕開，蓋恐奸民結聚爲患，若鉛、硝、銅、鐵其爲利頗微，盗賊奸民不至生心於此。況邊方與腹裏不同，軍旅之事與有司又不同，省買運之費量給貧軍，使免枵腹之虞，而我收銅、鐵、鉛、硝之利，有益無損，豈不瞭然。

李世熊《錢神志》卷一《靈産第一》 《唐書》云：南詔長川諸山，往往有金，或披沙得之。麗水多麩金，麩金出麗水河。睒川有罪送淘金所，最爲重役。會同川銀山出銀鑛，私置冶官收。

傅維鱗《明書》卷八二《志二〇・食貨二・鑛採》 洪武初，近臣言山東舊有銀場可興舉者，上曰：「銀場之弊我深知之，利於官者少，而損於民者多。況今凋瘵之餘，豈可以此重勞民力。昔人有拔茶種桑，民獲其利者，汝豈不知言者？」慙而退。十五年，有王德亨者，言階州有水銀及銀坑與青緑紫泥，願得兵取其地，以歸利於朝。上謂侍臣曰：「盡力求利，商賈之所爲；開邊啓釁，帝王之大戒。此途一開，勞民傷財，爲害孔鉅，用兵争利，擾攘不休。此人第知趨利，不知釀禍，豈可聽也。」命斥之。

二十年，有老校丁成言陝西有銀礦，前代皆嘗採取，今宜興之，以佐國用。上曰：「君子好義，小人好利，好義者以利民爲心，好利者以戕民爲務。凡言利者，皆戕民之賊也。昔聞故元豐城採金，其初歲額猶足，取辦經久，消耗一州之民，率受其害。蓋土地所産有時而窮，歲課成額徵取無已，有司貪爲己功而不言，朝廷縱有恤民之心，而不能知，可爲大戒，豈宜效之。」已而，臨淄縣丞王基言乞發山海之藏，以通寶路。上詰之曰：「汝云發山海之藏，須人力乎？自發乎？況發之未必得，而勞人莫甚焉。昔唐太宗罪權萬紀，爲其言利而不進善者。汝是也。」杖黜之。永樂十年，河池縣民言縣有銀礦，宜大發民採鍊。上曰：「獻利以圖僥倖者，小人也。國家所重在民，而不在於利。其斥之。」宣德中，上聞廣東番禺民有礦砂，煮之可得銀錫，命三司開驗，每砂百斤得銀四錢，鉛二十斤。因謂近臣曰：「朕預料所得無幾，若果有餘，豈待今日？彼小人竊取以求毫末之利，無足怪，朕皆宥之。」但命官填坑洞，使民免逐末之弊。後河南嵩縣官請於其地開銀礦，上命三司官集民丁發地，得砂四千餘斤，烹月餘，計用人力二千七百工，得黑鉛五十斤，銀二兩，所得不償所費。上曰：「小人獻利之言不可信。」罷之。正統三年，嚴採銀之禁。中年，各銀礦多盜發，相鬬殺，御史孫毓、福建參政宋彰、浙江參政俞士悦各言開銀礦，則利歸於上，而盜無所容。上敕二省三司議，福建復宜開，而浙江按察使軒輗上言：「開場雖一時之利，然凡百器具皆出民間，恐有司横加科斂，揺人心，其患猶深。爲今之計，莫若擇官典守，嚴加禁捕，則盜息矣。」朝廷是其言。已而給事中陳傳復以爲請，中官與言利之臣相附和，乃命户侍郎王質往經理，令福建歲課銀二萬一千有奇，浙江歲課銀四萬一千有奇，至於内外官屬供億之費不啻數倍。厥後民困而盜亦衆，至十四年，大發兵戡定，民始安枕云。既而，直隸、江西、河南、雲南皆開礦。後雲南總兵官左都督沐昴奏言：「銀坑年遠坍塌，即今軍民缺食，用人採辦有妨屯守，況所得不償所失。」上聞之，惻然敕止之。景泰三年，御史左鼎上言：「閩浙採銀，而豪猾貪利，互相殺奪，而鄧茂七、葉宗留之屬乘勢作亂，致煩大軍芟除，而銀課之令遂止不行。未幾，採如故。臣以爲瘡痍之民甫能安業，恐求利未得而害已隨之，乞停採礦以免意外之虞。」不聽。成化四年，以福建副使何喬新奏，免三之一，十年以内費乏金刀，命開寶應等府、武陵等縣金場二十一所，淘煎以進。於是役民夫五十五萬有奇，而民之傷於蛇虎，死於大水者無算，僅得金三十五兩。撫按奏止，命以贓罰銀易金，以充上供。十一年，詔閉宜陽等衛礦洞。十八年，詔閉建昌礦洞。

弘治中，凡礦脈微細者詔閉之，民困稍蘇。正德十年，以神武衛千户王玉報銀礦不實，坐斬。

嘉靖元年，嚴盜礦之禁。十五年，以武定侯勛言開薊州瀑水洞，遣内官及錦衣官督其事。時巡按山東御史李松言：「沂州開礦七十八所，得白金一萬一千有奇，今礦脈將絶，請封閉。」上怒，切責之。十七年，開房山洞及雲南大理府、河南宜陽諸洞，遂命錦衣千户范鏞等分勘天下有銀礦者，報採之。十八年，遣中官崔成等開浙江觀海衛礦。成劾參政曾存仁等奉行怠緩，皆逮赴京訊治。十九年，以給事中曾鈞言採礦得不償失，乞停罷，詔可。三十四年，復開四川、山東諸礦，乃遣制敕房辦事左通政王槐及户部主事任之賢、沈應乾分理煎採事務。時錦衣千户同天爵追礦銀獨多，上謂侍臣曰：「昨玉旺谷之寶大勝於昔，今可承天地之賜，如法取用，不可自誤。各處有未開之場，須查訪取用，以顯金玉露形，經旨火上元風焉。」户部疏稱頌，因言帝錫嘉祉，不當壅閉於無用之地，請宣示天爵，及各委官務實採取。其未開之所，仍嚴督、撫、按等官搜訪，以稱天地降祥，及聖王足國裕民之意。上大悦。四十二年，定《盜礦律》。

穆宗即位，詔撤礦使，封閉諸洞，嚴私採之禁。

萬曆中，諸内官導上封殖，遂命開採。言者交諫，而户部上言，以爲方今宇内偏罹災沴，倭敵交訌，軍餉倍增，帑藏單詘，民力窘困。本部求濟時長策，雖經各衙門開列種種，中多窒礙難行，而請開採者甚衆，但其間利害不一，處置煩難。若果有利無害，則事在可行；其有利亦有害，或害多而利寡，則事在可已。使撫

按酌議。詔可。以奏報遲，奪各撫按官俸。厥後，府軍後衛指揮王允中及指揮陳永壽等、千户鄭一麟等奏開各處礦洞至百餘處，而太監王虎首督礦務。繼而王忠、陳增等數十員分督，驛騷遍天下，而太監魯坤請府縣官應屬所轄，陳增請便宜行事，且得舉刺，以示勸懲。户科給事中程紹諫，以爲：「夫自設官以來，司道轄府，府轄州縣，又特遣撫按督察其上下，而辨別其治行典制，昭然未聞内官而轄有司，以有司而舉刺於内官者也。且有司，皇上之臣工也。内官，皇上之閹侍也。以皇上之臣工而反屬於漫不相干之閹侍，則貂璫揚眉，冠裳俯首，體統謂何？即曰礦務煩重，分理需人，自應移文撫按，轉行委用，誰不聽從，而必欲便宜行事，侵奪撫按之職掌，此意欲何爲哉？至欲專舉刺，尤屬誕妄。蓋有司奉命爲民牧之寄，舉刺者問其操履之廉貪，治才之殿最，使其人誠賢，即治礦不效，不失爲良吏。使其人誠不肖也，即胼手胝足於礦洞之側，奴顔婢膝於内監之前，寧可蓋其穢迹而駕乎賢守令上哉？臣察其意，不過欲操舉刺之權，以恐喝外吏，使莫可誰何耳。」不報。繼而山西巡撫魏允中、給事中程紹、浙江巡撫劉元霖等切諫，以爲礦務宜罷。而河南巡撫姚思仁言尤痛切，以爲：「臣自入境以來，即巡行郡邑，問民疾苦。其間礦夫剥膚竭髓，裂股披肩，溺河縊樹之狀，皇上目不忍見，臣已親聞見之。變動生於眉睫，叛亂起於呼吸，大可慮者有八：一曰礦盗嘯聚召亂；二曰礦頭累極土崩；三曰礦夫殘害逃亡；四曰傭民糧缺噪呼；五曰礦洞遍開浪費；六曰礦砂銀少逼買；七曰民皆開礦失業；八曰奏官强横激變。夫礦兵之所取給，礦頭之所包賠，有司之所借補，驛遞之所應付，孰非皇上之財乎？礦頭以賠累死，礦夫以傾壓死，礦徒以争鬭死，平民以逼買死，孰非皇上之民乎？自開採逾八月，解不過四千，昔以根本重地荒歉，皇上發三萬金以全活之，今以微利及爲四千金，而困苦之，恐變生肘腋，他日雖傾府庫之藏，竭天下之力，無濟於存亡矣。此臣拊心泣血，而哀鳴於皇上之前也。」不報。其時諸内官益横，所委無賴召亡命皆乘傳，天下大擾，而内官陳奉變激楚民，至於焚燒省會，殺傷多命，以富户爲礦頭，至窮困而死。如鄉紳富民墳墓，則指其下爲有礦，任情掘發。或小人報復私怨，誣告家主，誣告親朋，連及士紳，脇以參奏。於是官民困瘵，盗賊多有，徧滿山野。光宗即位，盡罷撤之，而崇禎末年，軍興匱乏，乃漸命撫按開採，每砂一斤，煎不過二三分，得不償失，其事不行。抑以國之將亡，地亦愛寶耶！

又〔嘉靖〕四十二年，定《盗礦律》。

陳子龍《明經世文編》卷一〇三梁材《駁議差官採礦疏開復礦場》　武定侯郭勛奏稱開設礦課以資國用事。已蒙皇上勑下户部等衙門會議，題奉欽依，稱咨山東、河南、順天等府各該撫按等官踏勘，如果礦脈發見，從長集議採取去後。近該巡撫薊州等處，送到礦砂六十斤。工部煎銷，合用蜜陀僧，曰炭工食費過銀七兩一錢，得銀一十五兩二錢四分三釐。題送内府承運庫收訖。臣日夜思惟，礦課一事，無損于民，有益于國，今泛行各處所司不肯體訪下情，拘泥舊案，所以心思徒勞，功難就緒。真所謂良材付與拙工，有用置之無用。古語有曰：「耕當問奴，織當問婢。」欲取山澤之利，豈可不問山澤之人？必須專委官員，統領熟知礦脈人役，藉其力以徵其課，則事易集而民不擾，富國安民，蓋不難矣。近據營州中屯衛後所正千户景時武，下舍餘景時文，具揭稟爲不費在庫錢糧，不勞官擾人夫，取山川未判之財，以犒礦夫，得天地自然之利，以資國用事。

又卷三四二鄖陽《條陳民瘼疏》　一、申明礦禁以免無辜牽累。照得臣所屬五府一州地方間多産有銀礦，每遇礦脈生發，利之所在，附近貧民群起趨逐，召釁啓争，漸不可長，故朝廷之明例具嚴，而有司之防捕甚力，蓋非惟以息其鬭攘之端，而亦所以謹其嘯聚之防也。臣職專撫治，責在地方，刑亂民而用重典，夫復何辭。伏蒿得問刑條例一款，一、盗掘銀礦、銅、錫、水銀等項礦砂，但係山洞，捉獲曾經持杖拒捕者，不論人之多寡，礦之輕重，及聚至三十人以上，分礦至三十斤以上者，俱不分初犯、再犯，問發邊衛充軍。若不及數，又不拒捕，初犯枷號三箇月發落，再犯免其枷號，亦發邊衛充軍。其私家收藏道路背負者，止理現獲，照常發落，不許巡捕人員逼令展轉扳指，違者參究治罪。看得前項例文，首嚴持杖拒捕，次別人礦多寡，分別劑量，本屬詳盡。至如曰山洞捉獲，曰止理見獲，則于懲詰姦宄之中，寓計安反側之術，若有司能師其意，豈愚民盡罹其辜。但例意雖極精詳，而例文可從牽合。如山洞捉獲持杖拒捕，不拘人礦多少，問發邊衛充軍，詞意甚明，引用自當，固無容低昂于其間矣。至謂聚至三十人以上，分礦至三十斤以上，蓋必指二項俱全而後照前戍遣，若人雖及數而獲礦不多，礦雖及數而不係糾衆，則亦應照常發落。況夫既謂分礦，當據已入之贓，如一人分礦三十斤，三十人以上，則共得礦千斤矣。如此而後可擬戍也。緣例内並舉人礦之數，而下即係之，以俱不分初犯、再犯之文，俗吏不識變通，往往首從並坐，且不究分礦之文，而但獲砂數十斤，即引前例，沿習既久，以爲當然。夫充軍下死刑一等，充發一人則合僉解二人，其役亦至破家，若一招而礦徒百人，是一紙

而破三百户也。伏乞敕下法司，申明前例通行禁飭，仍乞將盜礦例文，俯從酌議，量加分別。或曰：礦徒賊類也。禁盜止暴，惟懼不嚴，而今反議寬之者，其若長亂縱姦何？臣竊以爲不然。夫礦，利孔也，不聚衆則群起而攘之，故礦徒之糾聚爲專利計，非爲亂也。今臣所爲第二等者，彼見礦而竊見捕兵至而逃，然首從皆不免戍死。脱有大不逞者，奮臂其間，曰吾輩已共犯重科，若聚則萬一可生，散則悉就縛而死。一鄉聚則衆鄉聚矣，一路聚則諸路聚矣，是動天下之兵也。彼其時，申脅從之詔，寬當與之罪，不已晚乎？臣非敢爲礦徒計也，爲地方計也。

又卷四二五李植《請罷遼左開採疏（**遼東礦稅**）**》** 竊照遼左蕞爾孤邊，關係京師左臂。頃因南倭北虜，並訌交侵，殞將喪師，徵調轉運，閭閻爲之罄竭，士馬日見凋疲。中外臣工，無不爲遼寒心，恐國家左臂，竟成不仁之患。邇者皇上軫念殘敝，不以臣爲不肖，投之節鉞，發帑金二十萬，調援兵六千名，許以便宜行事，從新整頓。臣受事四月，晝夜經營，寢食不遑。求所以受病之源，曲爲劑量調養，而元氣虛耗，百病叢生。狗馬之心力徒殷，地方之瘡痍未瘳，臣方憂懼無措，莫知捄援。忽接邸報，見義勇前衛千户閻大經一本，仰沐聖恩，俯攄忠悃事，奉聖旨：「這所奏遼東地方金銀礦洞，及馬市、方物、税課開採，有裨國用，准差奏内尚膳監左監丞高淮，督率原奏官民，前去彼處，會同撫按等官，照例開採。徵收銀兩及馬匹解進，不許擾害地方。寫勅與他。該衙門知道。欽此。」臣讀之，不勝駭異。

夫遼東不堪重役，此皇上所知也。知其不堪而欲復擾之，豈皇上之本心哉？無乃以閻大經之言，果有厚利爲真，効忠于皇上乎？臣以爲不然也。大經一介武弁，安知國家大計，不過假金銀礦洞，名馬貂參，歆動聖心，欲爲自私自利之媒。其貽禍國家，流毒地方，彼何所顧惜耶！臣請以利害爲皇上言之：夫自古聖帝明王，嘗聞導利布之下矣，未聞專利聚之上也。專利者間亦有之，如鉅橋、鹿臺、瓊林、大盈，非不斂天下之財聚于大内，然藏之未久，散之最速。財未必常守，而害且先之，一時聚斂所積，僅足爲敵國大盜之資耳。故國家之利，在宗社靈長，而不在府庫充盈，在邊鄙不聳，而不在藏蓋孔厚。使邊鄙寧，宗社安，即財用不足，府庫空虛，尊富固自在也，何害於國。倘以搜金括利之故，騷動封疆，禍延宗社，縱積金如山，聚貨如林，一旦民心離散，變起不測，有粟且不得食，財誰與我爲守也。

臣受皇上知遇隆恩，捐糜難報。頃見中使絡繹不絶，開採遍名山，收税盈海内，流言載道，怨氣冲天。中外臣民，惶惶憂亂，莫必其命。臣方欲哀鳴君父之前，冀其停止，與民休息，未遑也。今不意垂危之遼，亦有中使之遣，無論利不償害。臣恐奄奄待斃之遼民，不南走倭，必北走胡，遼自是不復爲皇上有矣。臣領封彊重寄，奉命爲皇上安撫全遼，遼之安危，在臣一身。臣體皇上安遼之心，凡遼有害，必與去之，凡遼有利，必與興之。今遼之大害，孰有踰于開採之騷擾，遼之大利，孰有踰于不開採之安静乎？臣欲默默無言，不可得矣。

夫臣自山海以至開原，邊長一千二百餘里，外無墻垣阻隔，内惟臺圈瞭守，處處虜馬可通，在在需兵防守。見在兵馬，各有信地，地闊兵寡，防守尚苦不足；礦役一興，資何兵以爲護衛？定遼二十五衛，有軍無民，兵糧寡少，全賴餘丁幇貼，每遇清勾，尚苦無人頂補。礦役一興，資何人以爲夫匠？中使出關，官掾從人，動必百數，廩給口糧當以千計。此等錢糧，將何措處？夫匠必給工食，兵馬必增糧餉，搭蓋棚廠，製造器具，必須物料。此等用度，將何支取？諸如此類不可悉數，而遼左庫藏空虛，民力殫竭，欲括之官而官司無措，欲加之民而民力不支，不得已其請之内帑乎？是山澤之利，未見影響而公家已先告困，此其爲利耶，爲害耶，不待智者能辨之矣，然猶其小者也。遼左孤懸天末，南當倭，北當虜，如兩虎争食一物，不虞倭吞，則虞虜噬。頃賴皇上威靈，命將專征，徵兵數十餘萬，費帑藏一千七百萬金，始驅倭渡海，僅能爲遼去其一害。而虜勢猖狂，日甚一日，前年犯遼瀋，去年犯兩河，鼠竊狗盜，無日無之，而本鎮兵馬單怯，見虜輒逃。遼之城堡，臣尚憂其難保無虞。若復以開採虛聲，誘之使來，是爲遼方驅隔境之虎，反延在境之虎矣。

據大經所言，礦洞産于大常山蓋州等處，夫遼地遍爲虜殘，惟金復海蓋巋然靈光，尤爲虜人所最垂涎。賊由三岔河直入海蓋，特半日程耳。開採之役，兵夫數千，露處山隈，虜如以精兵二三千騎，乘夜突襲，數千人悉爲虀粉。而所採礦金，又爲虜人囊中之糗糒矣。中使銜上命，督理徵採，不令出城，則稽察無人，利歸群小，令其出城，則虜犯莫測，意外可憂。去年秋冬，臣與經理撫臣，先後相繼出關，幾不免俱遭虎口，頃者按臣出巡，危險更甚。

夫臣等地方督理兵將之官也，動且履危蹈險如此。中使出入無時，來往催徵，設爲賊乘，咎將誰諉。此其爲利邪，爲害邪，亦不待智者能辨之矣。然猶其小者也，京師腹心也，遼左肩臂也，未有肩臂受害，而腹心不病者。昔金元之禍，

皆起自全遼，遼雖彈丸黑子，諸虜環處其外，安危實與社稷共之，連年災患頻仍，命脈不絶如縷，一聞中使復出，人人驚惶，咸喪生理。倘疑懼不安，必將逃竄遠遁，況版城島嶼素爲逋逃淵藪，每遇差煩，率皆逸去兩地，萬一浮海居夷之念動，東方半臂胥淪爲夷，此其所關于宗社安危，又何如也。臣興言及此，更覺芒刺負背矣。臣昔爲御史，蓋嘗盡忠皇上，感悟聖心，犬馬忠誠，至今尚蒙聖明洞鑒，遼左之役亦惟聖明特簡，皇上知臣不可謂不深矣，故臣私心謬嘗自許，亦願捐此身以報皇上。今皇上以天縱至聖千古明主，一時惑於群小言利之謀，取怨天下，盡失人心，岌岌乎將爲宗社深憂，臣坐視不言，負義孤恩，莫此爲甚。況皇上有轉環之度，如日月之食，見善未嘗不遷，遷未嘗不速也。臣記昔年小臣中，有以酒色財氣四箴諫皇上者，皇上赦之不罪，不惟不罪言者，旋且内殿罷長夜之飲，中壼徹當夕之歡，間或鞭朴左右，近亦聖性和平。三者上智所易溺也，皇上悉能改過，不吝與化俱新，此非千古英君誼辟所絶無而難見者哉。若開採徵榷流害不減三者，皇上顧甘心樂爲之，言者愈衆而持亦愈堅，豈以好貨無損于聖德，釀亂未必如人言乎？不知三者害先一身，故不難見而改之甚速，徵採害在天下，似若無傷而發之更烈，皇上特未之深思耳。臣願皇上併此一件，力爲中止，使天下曉然知皇上原非黷貨之主，前日誤信佞臣之揭而舉，今感悟忠諫之言而罷。如日月之更大明中天，人皆仰之，頌聖明于不朽，則皇上神明神武直駕堯舜，而媲美禹湯文武，陋漢唐宋諸君於下風矣。昔年小臣四箴，何足以誣聖德萬分之一哉。區區遼左一隅，獲旦夕之安，又是皇圖鞏固之餘事耳。臣曷勝隕越懇禱之至。

又卷四三七余繼登《余文恪淡然軒集・止礦税疏》 昨接邸報，見四川巡按御史趙標報稱，六月二十一日，楊應龍提兵八萬，攻陷綦江縣城，遊擊等官盡皆殺死，臣等不勝驚駭。應龍蕞爾小夷，即數年肆虐，未敢遠離巢穴，乃一旦親率苗夷，深入内地，至于攻屠邑城，殺戮將士，此必有川中小民爲之嚮導，爲之内應者，故敢仗羽翼，而狂逞無忌耳。雖此小民皆陛下之赤子也，不爲朝廷用以討逆賊而反爲賊用，此豈樂于從逆哉？蓋蜀之民苦極矣，採木則有砍伐之苦、拽運之苦；採礦則有供給之苦、賠累之苦；榷税則有搜括之苦、攘奪之苦。皇上以爲不忍加派於民而姑取之於地也，不知人固愛財，地亦愛寶，礦砂不足不得不求足於民，故歲進之礦銀什七皆小民之脂膏，而差官之私槖不與焉，此勢之必至者也。皇上以爲不忍加派于民，而姑取之商賈也，不知商賈不通，則財貨不流，物價沸騰，則百姓困敝。京師且然，何況遐方，此又勢之必至者也。愚民何知，既已喪其樂生之心，計無所之，遂謂不若從賊或可延旦夕之命耳。楊酋性本强悍，而又益以無聊之民，則其勢日盛，蜀民久已怨恨，而況附彼方張之寇，則其毒日深。今陛下聞綦江之殘破，重慶之危急，必不肯坐視而不救。夫救急非可以虚聲恐喝也，勢必須兵，兵行必須餉。今何處徵兵乎？欲調之貴州，而貴州已敗傷矣；欲調之陝西，而黠虜積怨。日不忘報，秋高馬肥，防禦爲急，顧此失彼，恐非完計。欲調之廣西、雲南、湖廣諸省，而兵政廢弛之久，在所無兵。若驅烏合之兵，以救燃眉之急，未有能濟者也。欲俟東征之兵，則劉綎所將半多楊姓，恐皆逆族。且綎不能禁其沿途之生事，而乃欲仗之以成事，即綎亦自知其不可。其以病告，非得已也。又何處得餉乎？欲發之官帑，而買辦之需，萬千無措；年例之發，什九未給。欲取之本省，而府庫空虚，閭里蕭條，公私無遺，上下俱困。欲取之隣省，則處處開礦，處處抽税，民生處處憔悴，民心處處悲愁。思亂之民，而復加以重征之擾，是爲楊酋敺民也。故我皇上即日責樞臣以發兵，日責計臣以轉餉，日假督撫之臣以便宜，然無米而炊，難望療飢，徒手而搏，難以赴鬭，此亦聖明之所洞見也。夫兵非天降，餉非神輸，皆民力之所爲也。爲今之計，莫若收拾人心，解散賊黨，停止礦税，使開山鑿石之輩，盡爲稱干比戈之徒，賠礦給税之餘，悉佐秣馬厲兵之費。寬我無知之衆，赦其脅從之誅，則群情慰悦，既喜轉禍又幸更生，將人自爲戰，家與爲敵，或可少須時日，以俟大兵之集乎？不然恐目前之禍，不止綦江而已。且古之禦寇者，嘗不足而示之以有餘，故虞詡增竈，道濟量沙。今逆酋不惜金帛，以約結中國之人，其絡繹道途，潛伏都城者不知其幾。而我今日以匱乏而開礦，明日以匱乏而抽税，彼逆酋聞之，將謂中國果空乏如是，豈不益生輕侮之心，益肆憑陵之志哉？且皇上方將捐數十百萬之餉，以救此一方之倒懸，而何愛於數萬之礦税？況皇上曾念貴州方在用兵，免其榷税，今四川屠戮之慘，危亡之狀，豈但貴州知聖慈必爲之動念也。

又卷四四一馮琦《馮北海文集二・礦税議》 今天下所謂嗷嗷，礦税兩事耳。丁夫之僉派，郡邑之包賠，驛遞之騷擾，參隨之横索，土棍之挾詐，奸民之告訐，官府之繫逮，此皆因礦税而起者也。今日之事，朝廷斂百萬之財猶凛凛不足，而千失億兆之心已自有餘，顧其所得在近，而所失在遠。利在目前，以爲必然，而害在一年、二年、數十年之外，且以爲未必然。當此時而有龍逢、比干之心，濟以蘇秦、張儀之口，有能移上心者乎？固不能也。且當奈何？人臣逢時艱難，欲去不得，且當就目前事勢量爲調停，使無及于大亂，而可以待異日之覺悟。

夫礦税之大害莫甚于中使之權重。中使何權之有？因内外争而激上怒則有權，挾上怒以鉗制恐喝士大夫則有權。争小則權小，争大則權大，操之不急，彼不肯降體以自結于其下，不肯傾槖中藏以乞哀憐于上。下所以爲之謀者不深，上所以護之者不固。則士大夫之禍不重彼之勢，不張與之鬬者，固其交而張其勢者也。今欲減其權，莫若稍杜其争端，而欲杜其争端，莫若分其事任，而無與有司混合而相涉。夫使人與鬼比肩而立于市，其鬼彌害人，人彌畏鬼。若使人鬼不襍揉，則鬼之權滅矣。今使貂璫以礦税督責有司，儼然臨長之，有司盡奔走于其下，此鎮守之勢也。愚請勿靳惜其費而惜其權，若其有制，則其居不過倍于在京之監局，其行不過倍于進鮮進衣之使。若其無制，則今日之勅使遂成他日之鎮守，倘有可以明省小民之錢，而暗節中使之權者乎？此忠臣所以夙夜以圖者也。請以聞于上曰：中外之争，非國家之福也。漢末，中臣與外臣争，外先受其禍而内繼之。唐亦繼之。今日中外諸臣有争端矣，夫中官抽税取礦，而使撫按調停之。調停，中臣不聽也，則何若朝廷先爲調停而使之不争乎？計惟有以礦付内臣而外無與焉，以税付外臣而内無與焉。北直税課以七萬，山東以六萬，舉此而天下可知也。額皆定矣，中臣取不加盈，外臣取不加減，則莫若以付之巡撫，法易行，事易集，類齊而後以付中臣上進。徵者不解，解者不徵，有司雖欲阻抗不可得。中臣即欲加有司以阻抗，亦不可得也。天下所爲歸德歸怨于上者，習見則淺，驟見則深。蠲租賜賑，孰不爲予？惟往歲中州之賑濟，民無不歸德者，特使故也。徵租斂税，孰不爲取？惟近歲之抽税，民無不歸怨者，亦特使故也。若以屬之撫臣，撫臣得便宜從事，通融補輳，民不稱擾。見以爲地方常有之官，行地方常有之事，此則利之歸内帑者不減，而怨之歸朝廷者減矣。礦在山，内臣採之，又使有司採之，採不得則派于人夫，派於地畝，有司不敢不聽，不聽則以阻撓罪之。夫既曰官四民六，上下並享其利，民之趨利如水之赴壑，則又何以派爲？計莫若環有礦之山三數里以予内臣，籍其民以爲礦户，原派夫百名者予百丁，不得舍近山之民，而抽取本縣之富户以滋擾。如上林苑之菜户，南海子之海户，易州山廠之廠户，明立疆界，無相侵奪，有司即欲阻撓而不可得，中官即欲以阻撓加有司而不可得也。夫税有課不辦，責在外臣；礦有額不辦，責在内臣。如此則内外之争，即不能盡無，視今日争端則減矣，丁夫之僉派，郡邑之包賠，驛遞之騷擾，參隨之横索，土棍之挾詐，奸民之告訐，官府之繫逮皆可減十之七，而于内帑之入未有損也。朝廷取郡國山澤之利以實内帑，而留羣小騙詐需索之財以還民間，上不止開一面之網，下不止受一分之賜，此亦一時之計也。若萬世之計，則俟皇上之自悟而自斷，威福不假于下，而恩德盡歸於上。以此關説，亦知其未必入也。倘可僥倖，十得一乎。或曰是説也，其尚出戴盈之下也。論治去其太甚，擇禍莫若稍輕。今有嚴姑于此欲鴆其赤子，爲之婦者，屢諫而不入也，怒益甚而死且益速，不得已而薄其鴆，使須臾勿死以俟尊章之回心耳。愚之爲是説，豈得已哉！

《司農奏議》卷九《冬至請停礦税疏》 題爲一陽來復，解澤當流，懇乞聖明蠲除無藝之征，以甦民生，以永萬年皇脈事。臣聞氣有必至，理有固然，在天地因之爲剥復之機，在萬物乘之爲消長之候。方其剥而消也，一氣之斂爲朔風，爲嚴霜，爲堅冰，舉向日之欣欣向榮者，隕穫摧折而無餘，雖欲留之，而不可得也。及其復而長也，一氣之舒爲化日，爲和風，爲甘雨，舉向日之寂寂枯槁者，胚胎醖釀而莫遏，雖欲閼之而不可得也。故《易》曰：「消息盈虚，天行也。」復其見天地之心乎？臣以爲是復之幾微，獨天道寔君德也。人君爲天地民物之主，凡宇宙之災祥、休咎、榮悴、慘舒盡握其手，是必栽培傾覆，扶陽抑陰，俾君子道長，而小人道消，然後可還宇宙太和之盛，未有普天率土獨純陰用事，而能克當天心者也。若皇上歷年之政可得而臚陳矣。嘗憶萬曆之初，渾灝雍熙，此泰和之景象也，于其時爲春。十年之後，長養滋培，此亨通之嘉會也，于其時爲夏。自丙申、丁酉以來，採榷繁興，天下顫恐，其天時嚴肅之秋乎？迨至於今，貂璫益肆，吞噬不休，流毒之處，不寒而栗，以致陰陽乖舛，所在見告。如楚之雹、梁之水、秦晉之旱、齊魯之蝗，粤地之震，畿内之潦，天壇武庫之鬱攸。他如龍江星墜於兵臺，揚州聲震于晴日，氛氣突入于紫微，此何等景象也？蓋天地不交已閉塞而成冬矣。夫天雖不以人之惡寒而輟其冬，然大寒之後必有陽春，豈以人主代天子，民顧任其銷鑠剥落，而不爲之長育生息，可乎？況皇上聰明神聖陽明也，剛健中正陽德也，旋乾轉坤，既操燮理陰陽之權，亂極思治。又值陽春生脚之會，則一旦耀光明於幽宫，噓温暖于寒谷，非難事也。乃年來徒肆隕穫摧折之威，無復胚胎醖釀之美，彼閶闔蒼赤，翹首跂足以待明日；明日復然，搶地呼天，以需來歲；來歲復然，則海内之雹者、水者、旱者、蝗者、震者、潦者，將來不知竟作何狀！而怨詈日深，災青日甚，陰邪日崇，所謂天地生物之心毋乃幾乎息耶！臣愚以爲天之所怒，或倉惶而難挽，天之所順可嘿體而潛回。陽明來復，猶須于七日之久；聖明轉悟只決於一念之微。試觀今域中彫零鬱結，陰疑之象也，貂璫衆陰之尤

也，群小助陰之類也。日月一照，妖孽潛踪；雷霆一擊，魑魅破膽。撤荼毒之慘，啓維新之運，捐煩去苛，與民休息，則怨恫化爲鼓舞，咨嗟易爲懽呼，而太和元氣後盈宇宙間。昔先正所稱冬至□半天心無改者，又豈岐天道主德而二之哉？是役也，臣屢者連篇累牘，言之已詳，何敢復贅，取厭宸聰。顧臣民部也，此局不結，則窮民必不安生；民不安生，則臣臯終無税駕所矣。適因陽復之期，故以憲天之説進，伏乞聖慈俯鑒愚誠而采納焉。臣不勝隕越待命之至。等因。萬曆二十三年十一月二十一日具題。

又《參河南礦税千户疏》 題爲奸竪説謊欺君，税使飾詞蠹國，懇乞聖明亟行正法，併收前命，以保治安事。户部抄出督理河南礦税御用監、左少監胡濱題爲目擊時艱，謹獻現貯無礙銀兩，以實帑藏，以報國恩事：奉聖旨，原奏千户李承恩聽信審理正徐煒稱言，河南布政司絶王庫内收貯約銀百萬餘兩，有旨：「着内官胡濱會同撫按等官查勘具奏，何乃延遲至今尚未查明。准着李承恩及徐煒前去彼處，聽令内外官員遵奉前旨查理明白，奏請定奪，不許朦朧欺隱。還立限與他該部院知道。欽此。」欽遵抄出到部爲照。國家當多事之秋，苟有可以佐一籌裨國用者，此臣子之所願矢心共濟者也。使李承恩、徐煒所言，果的然可據，臣敢不仰遵明旨，用助時艱。乃其事有大謬不然者，庸可聽其恣詭妄之偏辭，肆揣摩之陰計，熒惑宸極，動摇人心乎？謹據理據實爲皇上剖陳之。凡宗室禄米之制，親王中廢，其支屬存者，照依名位派徵，而本位即行停止。若故絶無支屬者，一概蠲除。赫赫成規，炳如星日。安有藩屏之寄，已孤于維城；采衛之封，尚煩于貢賦者。此其變亂祖制欺君之罪一。河南一省宗室稱繁，臣昔叨巡撫，居官數月，一應錢穀，靡不預聞于時，宗禄不給，衆口紛紜。臣行該布政司，委曲調停，僅給一二季，而該司已無措矣。果有積貯若此之多，則該司亦何困于露肘，而諸宗亦難免于垂涎矣！豈其絶王之庫，宗人不獲聞其畧，而府吏獨得悉其詳乎？抑豈臣在任之日，固罔積于纖毫，而去任之後，遂驟盈于百萬乎？此其淆亂國是欺君之罪二。皇朝誕膺天眷，永綏多福，螽斯麟趾，綿延百世。而省庫以絶王名之，何以傳天下而昭來世？揆以本支之義，理所未安；律以忠愛之心，情亦何忍？此其輕屑天潢，欺君之罪三。有此三罪，已不容誅，又況罷閑官吏，潛在京師，明禁森嚴，不啻三令五申矣，而煒與承恩公然結聚，朋比作奸，視國憲爲弁髦，覷天閽爲利竇，臣誠不忍朝廷法紀陵夷至此極也。至於税使胡濱執有該司手本，則是原奏已虚，但據實陳奏，仰祈雷霆一震，魑魅滅跡，庶不負天語内外一體之義。奈何支詞蔓語，引類呼朋，招要二竪前來共事。夫胡濱之權不減于二竪，二竪之智不加于胡濱。胡濱不能責該司以所無，二竪獨能贊胡濱以所有乎？此其情惟圖表里爲奸，同惡相濟，不迫脅乎司府，則剥削于閭閻。鼠竊狗偷，欲徒盈于谿壑；狼貪虎噬，志寧恤夫國家？暴斂横征，箠楚之威必逞；積怨深怒，萑苻之警何疑？機户毛兵已成戎首，揭竿斬木，馴致亂階，則濱之釀患蠹國之罪，又不在二竪下也。伏乞皇上大奮乾剛，洞燭邪佞，將胡濱掣取回京，李承恩、徐煒俱送法司，從重究擬，明正典刑。則奸宄杜而法紀益明，隱憂消而治安永保矣。臣不勝激切屏營之至。等因。萬曆三十年五月初二日具題。

又《請罷礦税疏》 題爲奸竪奏瀆日煩，小民苦逼已甚，懇乞聖明速回成命，以維國本，以弭亂萌事。臣伏見礦税紛紜以來，斧鑿遍於山谷，搜求及於錙銖，剥髓剜瘡已成，四盡三空之勢，傷心瞋目，將有一呼百應之虞。所賴者祖宗之深仁，累朝培植；皇上之神聖，且暮更移，故苟安于目前耳。此即休息以挽回之，猶恐變生於不測也。乃數月之間，曾登科以兩淮鹽商捐銀妄奏，而得旨令會同撫按查收，仍令之前去莅事矣。徐煒、李承恩以河南絶王庫銀，妄奏而得旨令會同撫按查收，又促之前去莅事矣。今邢隆、袁順時以徽寧税契妄奏，且請士民委用。又得旨，吴良輔准令委用矣。臣一讀之，不勝駭異。夫自開採既行之後，天下曾有一處遺於網羅者乎？曾有一毫遺於権算者乎？馴至今日，礦無可採矣！税無可征矣！爲登科、承恩之徒者，欲以藉威靈而咨吞噬，於是假進奉而惑宸聰，不曰淮商供獻，則曰藩府絶資。不曰積貯數十年，則曰遺契數百萬。駕虚揑空，爲宇宙必無之事；憑城依社，爲天下難攻之援。皇上不察而誤委任之，窟虎豹於麀場，巢豺狼於春囿。彼挾其尺一之詔，縱其無厭之心。飛翼淩人，磨牙擇食，不指虚爲實，則以虐濟貪。高門獲東觀之誅，豐室罹妖叛之罪。生者蹙於窮野，死者號於荒原。淮、豫、徽、寧之民，自此騷然不得寧矣！夫天下駔儈之魁非乏也，其作奸犯慝而藪逋逃者，郡國在在有之也，直以規避無路耳。事涉言利，不復問是非，何憚而不借資哉？效尤彌多，踵行彌巧，脂膏盡竭，剥削日深，彼民之懷忿而不忍發也。夫亦恃有皇上停止之明詔，在今不惟途轍弗更，而又甚之，增於無可增之處，則雖有更始之綸，不敢信矣。搜於無可搜之時，則雖有息肩之日，不能待矣。天下事可不爲之寒心哉！語曰：「不見其形，願察其影。」方今徐沛滇南變生鼓譟，毛兵機户戈弄潢池，斯其爲形影也亦大矣。天下之勢如馬方駭而又鼓之，如絲方絶而又振之。雖國家恭膺天眷，誕受多福，全盛之金甌萬萬

無虞，然夫人之情寧有尺寸無以自容，而猶安於畏法度者乎？寧有頃刻莫能自支，而猶憚於犯大難者乎？此不待中智者而可知也。以皇上之英明，豈其高皇帝問關百戰之天下而忍壞於奸人之手，三十年培養固結之人民而忍涣於掊尅之謀。直以深居穆清，所覩者山輸海貢，而未擊夫流離瑣尾之形；所聞者頌諛稱揚，而未聆夫籲地呼天之狀；所據者豐亨豫大，而未悉夫民財聚散之機。不知夫勢有必至，理有固然，逮其及而後圖之，則雖斬諸豎之首，以謝天下，亦何益於安危之數哉！臣言及此，臣心欲碎，臣涕潸潸下矣。伏願皇上念創業之維艱，軫民生之不易，亟收成命，仍將登科諸人從重議罪，則以儆奸頑，大威也；以拯塗炭，大恩也；以保美業，大榮也：是在皇上之一反掌間耳。臣義切股肱，事關職掌，理難緘默辭過。戇愚不勝屏營待命之至等因。萬曆三十年六月二十六日具題。

題爲聖鑒最聰，臣忠未効，敬剖尊主庇民一念，蘄轉天心，以隆國祚事。臣頃以左右侍郎員缺日久，不避煩瀆上控宸嚴，方懼獲罪，乃荷温綸下逮，諒國用之匱乏，憐臣愚之苦心，臣感激涕零。有君如此，何忍負之？竊復自計國用匱乏有繇，聖明轉移甚易，臣前疏喋喋，計徹重瞳矣。獨臣之苦心，有前疏所未詳者，則以礦稅一事不但奪臣部之業，使無可措手而禍生靈，悞君父。每一念及，臣心直碎，苦何足言。今若料量聖志已定，決無可回，寧隱忠誠，幸安榮禄，此大不敬之臣，祖宗社稷所不容也。矧皇上明諭知臣，臣可默默碌碌無靖獻於知己之主乎？夫閭閻椎膏剥髓之酷狀，海内土崩瓦解之危形，群臣言者舌敝唇焦，無庸臣贅。至於近日風雷示變，陵寢震驚，嘯聚成群，所在見告。脩省之文既舉，汪濊之澤宜新，而淵默難窺，軌轍如故。意者皇上自信必不信大下之能亂也。臣實願天下之長治無亂，何敢故爲不祥以瀆聖聽。試請出於治亂之外而爲皇上籌之。蓋聞太阿之柄不可假人，豈有中涓銜命，任其縱横，歷七八年而不收。天下止知有税使而不知有皇上，彼誠盗皇上之大權，皇上獨不爲大權惜耶？萬乘至尊，俯較錙銖，匹夫熒惑，輒進淫巧，簾堂之分決，而紀綱蕩盡矣。彼誠褻皇上之大體，皇上獨不爲大體惜耶？不察不畜，古有明戒；包礦包税，是何聲稱。財富皆有盡，令名獨無窮。皇上有堯舜之美，而不能將順；無桓靈之誘，而曲爲逢迎。彼誠壞皇上之大名，皇上獨不爲大名惜耶？伏惟皇上曠然回心，焕然更始，亟收前事，毋狃敝規，則大權獨運，大體常尊，大名永保，而民生可遂，國用可足。臣苦心爲國所見，憐於皇上者亦不虛矣。臣極知噤口可以浮沉，多言祇增厭惡。但忝備大臣，復蒙渥眷，休戚之誼，迫於繇衷，故直吐愚忱，冀報聖恩。萬一臣情深詞拙，伏惟聖慈矜原採納。臣無任悚息顒望之至。萬曆三十一年七月二十日具題。

又《九卿機易山開採疏》 奏爲奸徒鑿空言利，結釁外夷，懇乞聖明亟賜報罷，以杜亂萌事。頃者福建土商張嶷等串同羽林左衛百户閻應隆，具奏海澄縣界外機易山土産金、銀，欲自備船隻、人工資本前往貿易淘取，歲進金十萬兩、銀三十萬兩。此疏一上，臣等以爲聖明洞矚，當不啻若觀火。及臺省諸臣言之縷縷，臣等以爲聖明採納，當不啻若轉圜。然旬月之間，成命尚未見收，奸徒尚未蒙譴。臣等待命日久，反覆籌思，竊計張嶷等之所以敢爲是説者，其端不過有五：曰蓄兵也、專利也、弛海禁也、勾倭也、爲逋逃藪也。凡此皆奸人變詐，猝難窮詰，而東南半壁天下安危利害實係于此。臣等敢避煩瑣，而不爲皇上一陳之乎？蓋良民自愛而重隃險，誰肯出没于波濤洶湧之中，必兇徒、逸囚、罷吏、黠僧無行義之尤者。若輩置之里閈，編之保伍，猶慮爲變，豈可令其揚帆海徼，與諸夷人因緣射利，外交内訌，非陰示我之虛實，則潛輸我之利器，樹兵將來，爲國大害。一不可也。吳楚幅幀之内，非荒徼海外比也，其間税使煽虐，民且起而甘心，乃以堂堂天朝，與波斯小醜競駔儈刀錐之利，干溟渤無際之區，無論非體，萬一獷猂之性不可向邇，狼子野心稱亂四出，是我招之，而彼應之，辱國損威。二不可也。説者以爲吕宋、爪哇諸國，棊置海上，歲收番商港泊之饒，流寓貧人，寔生睥睨，而憚於海禁，故托爲媒利之説，以巧取明旨，而憑陵有之。從此連艘往來，糾衆出没，誰敢詰問。二百餘年之海禁，一日而弛，言之寒心。三不可也。如倭自釜山一遁，待時覬釁，何嘗須臾忘我哉？此輩一中其餌，相與反戈内嚮。嘉靖間汪直、徐海輩勾引諸酋，所至剽掠爲患，浙直閩廣幾不可支。此非已事之明鑒乎？四不可也。間者税監輩出，四方亡命厠跡，參隨從□，料聖心仁愛，而礦税之不可以久也，片紙一停，自知竄身無所，故先爲是舉者，毋亦預營兔窟，以爲遁迹嘯聚之鄉。異日憑山環海，掠邑攻城，門庭致寇，腹心遺災。即籍縣官數十萬之丁壯，徵少府數十萬之金錢，以從事于此，有未易以撲滅者。五不可也。夫揆之事情之利害，其不可類如此。奈何任其熒惑，隨言而隨信之，以貽無窮之隱憂哉！且陛下日月之明，靡奸不燭。曩者王官、林章以營伍請，則嘗遣緹騎逮之矣。近者曾登科以捐資請，則又下之理矣。張嶷、閻應隆之謊説，其罪不減諸人，而其心尤不可測。乃獨優容不即重譴，而令揚揚捧檄以出也。聖明在宥，海

內安堵者垂三十年，開採以來，中國之民膏已盡，地利已窮，又別起事端於邊境之外。遼左則稅使侵權，害及馬市；滇南則寶井肇啓，慮深緬酋。明王有道，守在四夷，綏柔懷撫，尚懼不來。乃以朘脂吮髓之術，加之椎髻結胸之輩。儻四方羣起，鼎沸絲棼，圖蔓已遲，噬臍無及。是覬萬無一有之利，而釀萬有一無之憂。臣等雖愚，萬萬知其不可矣。陛下深維宗社至計，毋信奸謀，毋寶遠物，將查勘機易山金銀成命亟賜收回，仍將閻應隆、張嶷等勅下法司，從重究擬。其餘一切言利事，干邊境及軍需要機者，悉行報罷，庶亂萌可杜，外患可消，其於萬世治理之基深有裨矣！臣等不勝激切待命之至。等因。萬曆三十年十月初三日具題。

又《匱乏請罷礦稅疏》　題爲公私交困，時勢難支，仰祈聖明熟察匱乏之繇，亟塞弊源，以裨國計事。臣待罪計曹，有無盈縮，惟臣是操，日與二三司屬竭蹷持籌，乃愈計愈窮，日甚一日。臣心良苦，皇上能憐之；臣力已詘，天下能諒之。而臣部匱乏之繇，則惟臣能言之爾。嘗聞財幣欲其行如流水。臣部太倉所積，歲之所入，即歲所出，故來歲復入之交相灌輸，何至不足。自榷採興，而海內之財一入不出，積而壅之，是源自上窒也，安得不匱？且生財止有此數，臣部歲入正稅三百萬，雜課一百萬，此定額也。榷採所征，豈盡神運？撫按明以雜課抵之，有司又暗以正稅償之，以致內庫積之于無用，外庫欲用而不得，是皇上明爲富益實自損也，安得不匱？臣部專司錢穀，天下有司徵解有期，逋負有責，三尺凛凛，亦惟皇上威靈是藉，然法止降罰已爾。自榷採之使虎眂鴟張，單詞熒惑，天怒遄加，罪者逮者，逐且死者，纍纍踵接。上有所偏重，斯下爭趨之。臣部之權于是乎分，而臣之法窮矣，安得不匱？然榷採之役，皇上第云權宜爾，而今且爲常矣。初止一隅爾，而今且棊置矣。始也有礦則採，有貨則榷，而今不必其有且包礦包稅矣。物力幾何，彼實則此虛，安得不匱？猶未也，皇上遣一中使，而擅附者不啻百也。中使之取諸民者什，而群小之侵漁者不啻千也。其獻之皇上才百，而諸所自攘又不啻萬也。雖曰朘民，實則剥己，又安得不匱？茲五匱者，始繇皇上一念之偏，遂成極重莫反之勢。在內帑求其日增，在臣部且見日減。臣等時值其窮而不爲皇上言之，恐邊疆緩急之用束手無資，宗社安危之機所關非小，彼時即百臣之身奚足贖乎？伏讀高皇帝寶訓有曰：「人君制財與庶人不同。庶人爲一家計，則積財于一家；人君爲天下之主，當貯財于天下。豈可塞民之養，而陰奪其利乎？」大哉聖謨！固聖子神孫所宜世守勿失者。今乃明奪天下之利，而陰釀社稷之害，毋乃非計之得耶？皇上神明天縱，鉅細不遺，豈其時勢阽危至此，不蒙鑒察？故臣不避鐵鉞，備陳原委，伏乞清燕之間，少賜省覽，翻然改圖，亟除聚斂之人，大布公平之政。如是而國用不敷，國儲不裕，寰宇不安，然後討臣溺職之罪，臣愚即死，無所恨矣。等因。萬曆三十一年九月二十八日具題。

又《保順雲南礦變疏》　題爲礦境傷殘已極，亂民窮蹙當原，仰懇聖慈深念釁端，亟賜寬處，以安畿輔，以保遐荒事。臣惟民雖至愚，必不好倡爲亂；民雖至賤，亦各重愛其生。乃若相率爲譁，駢首就戮，亦惟是窮獸之攫有激而然，所望我后明明照茲豐蔀，皇仁蕩蕩，解此倒懸。而或不察其情，重繩以法，彼且天無可籲，地無所之，豈盡肯俛首畢命，則亦挺而走險，不能顧矣。臣謹按巡撫保定右副都御史孫瑋揭帖，爲窮民驚擾有因，肘腋動搖可慮，懇乞聖明霽天威賜勘問等事。又巡撫雲南右都御史陳用賓揭帖，爲場民被激成變，謹具實奏請以憑處分事。兩地並關要害，兩事並切安危，真有聞之動色，念之疚心者。蓋在保順一帶，災沴相仍，蓋藏原寡。自開採以來，閭閻不啻若掃，而礦監王忠復不能仰體安靜屢旨，濫用匪人，縱行淫虐，小民促急甚矣。因百十成聚，比例乞憐，願照浮圖峪一體包礦，計少緩須臾死耳，非敢狡焉稱亂者。當時一加曉諭，許以轉稟議包，隨各解散，不呼而來，一令而去。此其情狀可知也。乃王忠朦朧劾奏，致觸天威，重譴州官，逮繫纍纍，人情洶懼，當復何如？萬一變亂成真，群囂再起，撫諭不信於前，明威震讋於後，豈可不爲寒心哉？至於雲南礦監楊榮保姦納叛，誣訐淫刑，立斃無辜，屢激屢變。一變而在騰衝營矣，再變而在阿迷州矣，又再變而在白鹽井、賓川州矣，又再變而幾動省城矣。乃若場民張文繡、張國臣虛稱委官，節次詐害，人思寢處其皮，已非一日，迨於拿後潛逃，聲勢益熾。來場封硐，虐拷非刑。硐頭鄧迪一等寔不能堪，遂至圍燒官舍。文繡、國臣一時就燬，不盡其辜，而迪一等亦自甘心煨燼焉。此其爲變尤足駭聞。怨每起於傷心，情莫急於隕命。彼豈不知貪生怖死，無人心者乎？業已無生之樂，生不如死，且等死耳，受害而死，又何如死而除害也。悲哉！此情可想見矣。夫易州內近陵京，外連邊徼，誠所稱肘腋重地，宜寬恤，不宜激擾。而滇南萬里孤懸，漢夷雜處，易變動不易繩束。兩撫臣目擊多虞，身肩重寄，疏請前來，計慮良遠。臣愚備員民部，共茲安危，亦安能秦越視之？用是不避瑣瀆，仰懇聖明，軫念兩事寔關邦本人心非小，將王忠奏內事情行令彼處撫按勘鞫，持賜優容，寬其斧鉞。至於橫嶺浮圖，地同法異，委屬非便。或即照例議包，少蘇民力，三輔要地庶幾不至動搖。

其滇南變民，情堪矜宥，明示泣罪之仁，自臻解纏之理。若開採歸之有司，類解屬之礦監。前旨已明，更乞申諭安静，無擾邊民，無開夷釁，將使遐邇均霑，公私兩便，寔宗社無疆之福也。其他利害所關，容臣殫思，再爲皇上縷析之。臣不勝激切祈禱之至。等因。萬曆三十二年三月初九日具題。

《災異請罷礦税疏》　題爲陵園示變非常，聖治改圖宜急，敬陳修弭第一實政，以答天譴，以妥先靈事。臣接得邸報，天壽山守備内官監太監李浚奏稱，本月二十三日亥時，長靈雷火大作，燒燬明樓。臣不勝神悸股慄，以爲從來天變未有若此重者。及讀聖旨：「頻年災異示儆，朕心惕然靡寧。今長陵明樓復爲雷火燒燬，天威孔赫，驚動聖靈，實朕不德所致。哀痛悚慄，誓修實政，以副仁愛之意，宜先行奉慰禮。着禮部擇日具儀，來工部便踏看工程，作速修理。欽此。」臣又不勝舉手加額，以爲皇天后土寔欣此言，從此轉災爲祥，而天心仁愛，不虚聖祖，精英可慰，誠宗社生靈之福也。爲此，除臣滌躬率屬引咎增修，以佐聖政萬一外，竊有感時觸事結臆痛心，知其必至召災願言亟反者，敢苦口爲皇上陳之：蓋國家異常之變，必有異常之感，邇來日食地震，天鼓星孛，以至旱乾水溢，變矣異矣，然猶古今所時有。乃天壽山何地？山川之所效靈，列聖之所儲祉，億萬年聖子神孫之所受釐。而長陵尤神鼎永奠之主，諸陵發祥之源，王氣鍾焉，明神護焉。雷于何施，火于何熾，而令明樓煨燼也？此可不謂變之變、異之異者，皇上得不深思其故乎？夫天之所愛者民，而祖宗英爽所憑藉以爲安者亦惟此民。以今日之民方木方肉而臨之以帝鑒，格之以聖靈，是宜惻然隱、赫然怒耳。蓋自礦税繁興，狼虎四出，年復一年，日甚一日，向猶睥睨國家之法，嘗試威福，而今法無足畏也。向猶依托採榷之名，巧剥脂膏，而今名不必借也。向猶止侮官笞吏，破人産，傾人貲，杵楊桎梏，殘人肢體，而今且關弓挾刃，公然行劫于途，殺人而奪之貨，殞命積骸，動至數十。百姓深恨而不敢言，長吏明知而不敢問，撫按疏請而不得報。民益無所恃，而彼益助之威矣。嗟嗟民疾，痛則呼天，天視聽則惟民，此情此景有不上干震怒者乎？皇上勿謂天遠而庶女叫天，雷擊景公臺損矣；勿謂民輕而梁冀擅殺，雷震憲陵寢屋矣！今虎冠之徒，殺人如戲，而叩心籲帝，寧止一庶女也。祖宗艱難勞瘁，剏造此丕基，授之陛下；又輕刑薄賦，培養此生靈，貽之陛下。乃令此輩毒螫之，虔劉之，使人人阽危，在在稱亂，而二百餘年無缺之金甌漸見瓦解，文皇帝在天之靈安乎？臣竊謂長陵此災非獨天怒，亦文皇帝意也。或者謂日食地震、天鼓星孛與夫水旱之所不能儆，而特捐此明樓以重惕之也。又或者謂羣小之虐焰寔如此雷火，火能燬樓，焰能危國。燬矣必且更新，危矣而安得宴然無事也？仁愛哉！此意乎？皇上誠欲誓修實政，副兹仁愛，計惟有亟下明詔，停採罷榷，撤還監使，嘉與百姓更始，其殺人奪人渠魁大猾悉置于理，以平海内傷心之怨。庶幾拯民生以徼天眷，輯衆志以寧先靈，誠今日修弭第一義也。其他興廢拔淹、釋纍振困種種大政，次第舉行，則驚遠懼邇之威，安知不爲徵瑞迎祥之藉。不然者，而但諰諰責躬，虚語耳；勤勤奉慰，縟儀耳。竊恐皇天聖祖所爲，非常譴告當不在此。且今日猶幸有此譴，而不務悔禍，將使冥鑒者以爲不足譴也，臣有不忍言者矣。朴忠所激，萬死是甘，伏惟聖明詳督施行，山陵幸甚！天下幸甚！等因。萬曆三十二年五月二十七日具題。

題爲天怒人愁，陵震松蝕，謹直陳失政，并引咎刻責，以勵交脩，以弭異變事。臣嘗讀《易》，至于《震》卦，其《大象》曰：「洊雷震，君子以恐懼脩省。」夫恐懼者，畏心也；脩省者，改圖也。繇畏思改，當必有不俟終日者，而豈止申命之虚文耶？六二之爻曰：「震來，厲億喪貝。」夫厲者，患害也；貝者，貨利也。因害散利，當必有惕于其大者，而豈惜聚斂之末計耶？臣謂今之時事，與《震》之象爻適相合焉，頃者，皇陵雷火，陵松蟲食，可不謂震來乎？致警宸衷，屢頒明諭：一則曰「天威孔赫，哀痛悚慄」，可不謂恐懼乎？二則曰「五内如灼，心神恍惚」，可不謂厲乎？然所爲誓脩實政者，至今未見舉行；而所爲少俟次第者，未知舉以何日？臣竊謂兹時宜亟于脩省，而實政莫先于喪貝也。自礦税四出，慘毒萬端，戕生命于三囊，盡脂膏于一網。剜肉竭髓，十室九墟，誠莫必旦夕之生不少緩，須臾之死望脱水，火而無主，將叫閶闔以奚從？焉知窮愁徹骨，而無皇天后土之悲呼者乎？焉知憔悴剥膚，而無祖功宗德之謳慕者乎？所繇玄穹爲之震怒，九廟爲之歆泣，事有漸積，變不虚生。故曰人主之情上通于天。怒氣偏則激爲雷霆，法令枉則多蟲螟。試觀兩者，獨警于祖陵而迭災見告于今日，豈非精氣相感，而幽明共憤耶！以此思震，震可知矣。不寧惟是，即今盛夏届期，涼燠失序，雷電頻仍，霪雨流連，旬日晦冥，天光慘淡，既忒陽明之令，稀瞻開霽之形，此曷故焉？夫皇之不極，厥罰常陰，史所記也。君令不收，則多霪雨，占所示也。今果能皇建其極乎？自有停止之令，果能信如四時乎？以此思震，震又可知矣。我皇上神智仁孝，超軼今往，誠不難灼利害之勢，坐致變災，爲祥之徵亦不難，一轉移之力，立臻易危爲安之理。迺近日以來，徒增惕聖慮，違豫聖躬，固云憂矣。孔子曰：「憂所以爲昌也。」然又不曰「勿憂，宜日中，宜照天下」乎？今但聞憂危

願治之言，未覩畏天敬祖之政，則何益焉？此臣莊誦屢諭，而拊膺痛心，恨不身代，因仰體聖慮，而分憂共戚，不能已于躬責也。蓋今所最失者，黷貨之政。臣所專職者，主計之司，迺目覩無藝之征，日侵惟正之賦，竭舌殫唇而莫必挽回，于上焦心窘計，而莫効伎倆于時。陳力罔忠，格君鮮術，斯無一長而有兩負矣。即鞠躬盡瘁，率屬交儆，亦奚裨脩省之實，而克副休戚之誼乎！皇上當今之時尚不亟解倒懸，以回天怒，誠不能一日自已。臣值此而不亟回聖意，以除弊政，臣亦何能一日已。于皇上爰痛自刻責，更進藥言。臣聞古君人者，其慘怛于民也。國有饑者，食不重味；國有寒者，冬不披裘。歲登民豐，乃始懸鍾鼓、陳干戚，君臣上下同心而樂之，國無哀人。若取民不裁其力，求下不量其積，使民不得事本業，以供上求，力乏積匱，君臣俱困，斯無以被天和而履地德矣。所願我痌瘝自切也。從一時之深畏，而反悔平日之怠玩恬愉，則改圖自猛也。于是亟回時政之貪戾，以收人心。先罷臣愚之曠户，以謝天下，極弊既革，百廢繼興，將德日精明，體逾疆固，迓天休而歆祖庇，端不越此。即《易》所稱「震來虩虩，恐致福」者也。臣不任延頸拭目，伏乞聖明採納，速賜施行。等因。萬曆三十二年六月二十五日具題。

題爲生民糜爛已極，天心示警特嚴，謹循職掌率屬申懇亟行切要實政，以光聖治，以信聖言事。竊惟國家之治，行百善政，不如舉其要；革百弊政，不如去其尤。況乎異常災變，於以轉異爲祥，尤關盛衰理亂之機，毫不可苟。頃者，首陵異變，孽火燒樓，妖蟲蝕樹，近且陰雨連綿，諸陵之神道橋梁衝潰漂淪又見告矣。向奉諭劄再三，屢以切要實政爲言。顧切要之實政原非難見，何俟遠求？今天下之嘉師隅泣而不得沾聖天子休養之恩者，豈非礦税爲之梗哉？則今日實政之當修，更孰有切要于此者，臣等敢臚列其凡。

臣聞古者聖帝見珠璧而投，明主以金玉爲賤，誠見夫瓊瑶在御，原無救于飢寒，精鏐盈箱，初何關于身命？心堅無慾，法作于涼，用能世培永基，人傳令譽。即伯國之主尚能却照乘之珍，鄙白珩之寶，何況巍巍聰明天縱之主，乃至以貨聞哉？斂蒼生之怨氣，剗高世之榮名，竊爲皇上惜之。是以君德之切要論，則礦税宜先罷也。天下之事，害與利相倚，散與聚相因，利小而散之速，則得害尚輕，利大而散之遲，則得害愈重，故聚斂而菑害叢生。《大學》致詳于末簡，好利而不奪不饜；軻氏垂戒於首章，蓋多取所以招尤。慢藏原能誨盗，小之垂棘，屈産不救假道之危。大之鉅橋、鹿臺，自取倒戈之禍，歷數後來，千祼一轍。是以禍本之切要論，則礦税宜先罷也。古者國家無事則講桑土之謀，有事則議金湯之策，君臣殿陛以譚經論道爲常經，薄海黔黎以耕田鑿井爲本業。安有斲空四海之山，榷及三家之市，驚蛟龍之睡窟，剖螺蚌之生胎。操戈挾矢如嚴大敵，毁屋踰城如捕亡子，經十數年而不休者，是何法紀？成何世界？是以治道之切要論，則礦税宜先罷也。自有礦税以來，貂璫漁獵，翼虎炰烋，掘墳墓而枯骨寒心，姦子女而淫汙掩口。素封垂罄，已十室而九空；白骼塞途，且十人而九死。以致恨曲愁歌，人與爲怨；火焚水葬，家與爲讐。此而不已，後將何及？是以人情之切要論，則礦税宜先罷也。天地生財，止有此數；國家正賦，止有此名。自榷採一興，生民之骨肉既多斃于羣虎之爪牙，生民之脂膏又盡潤于羣奸之囊橐。邦有碩鼠，澤無歸鴻。以故數年來催拖欠而拖欠絀，稽關税而關税微，取契鏹而契鏹分，搜庫藏而庫藏絶，課鹽筴而鹽筴薄，求贖鍰而贖鍰銷。外府一空，司農若埽，仰屋而嘆，莫知持籌。是以惟正之切要論，則礦税宜先罷也。王人出令，信比四時。皇上三年以前嘗曰「朕心仁愛，自有停止之日」。夫政虐而後停止，善政則曷用停止爲矣。停止而後稱仁愛，未停止則曷稱仁愛爲矣？不安於心而姑徐俟於後，日以繼日，更待何日？日或可待，而民安能須？玉音且爲反汗，天子而有戲言，赫赫皇綸，豈應如此？是以先後聖諭之切要論，則礦税宜先罷也。前勅諭初頒，有缺官宜補，罪因宜釋之，命識微之士。且曰礦税未罷，則庶官未必補也。何也？天下之監司方面，皆心欲庇民者也。皇上方任貂璫以漁民，而肯使庇民者濟濟布列乎？是庶官之不補也，礦税之一念横之也。又曰礦税不罷，則逮繫未必釋也。何也？緹騎詔獄，强半爲礦税而羅織其中者也。皇上方欲立威以獨行其榷採之意，肯遂釋此輩乎？是逮繫之不釋也，亦礦税之一念横之也。夫皇上之取礦税，爲帑藏之竭耳。臣等素無桑孔之策，而令皇上以礦税朘民生，致使銓部不得補其官，法司不得恤其獄。九列曠官自臣部始，臣罪滋大，臣懼滋深。是以政體相因之切要論，則礦税宜先罷也。

皇上果以蠢蠢小民，服役自我，駕馭自我，刑賞自我，死生自我，唯我所命，而不足介意乎？臣等以爲皇上之所謂不足介意者，正其所當注意者也。姑不敢近陳莫大之憂，遠作不然之慮，即皇上臨御以來三十餘年所矣，所爲供七襄九就之衣者，非民耶？所爲備八珍九鼎之膳者，非民耶？所爲供乾清、坤寧、離宮、列館一切土木之役者，非民耶？修三加之儀，則民備冠服；講大婚之禮，則民備筐篚。上慈闈之聖壽，則民備甘旨；謁天壽之諸陵，則民備羈靮；介弟之分封，諸

王之出閤，則民備輶軒齎裹；黄流爲梗，漕艘愆期，則民備疏鑿牽輓；西征哱拜，東伐倭奴，南滅播酋，北禦强虜，則民荷干戈而供芻粟。以致身亡寧武，首喪九邊，血浸鴨緑之江，而肉填夜郎之窟。哀哉斯民！皇上誠一静思之，自服食之微以至宫闕，自慶吊之類以至征誅，自周廬之近以至海隅，何嘗有錙銖不取之民間？何嘗有晷刻不用之民力？是民亦何負於國者？乃民方懽呼以供皇上之欲，而皇上不少遂其欲；民方奔趨以釋皇上之憂，而皇上不少去其憂；民方賈勇以壯皇上之威，而皇上不少霽其威；民方竭蹶以赴皇上之難，而皇上不少恤其難。竊意皇上靈臺即雖堅如金石，時亦有所不忍矣。夫民心即天意也，祖德即民瘼也，故皇上力能以礦税而傾民之家室，天且以雷火而燬祖陵之明樓；皇上力能以礦税而吸民之脂膏，天且以妖蟲而蝕祖陵之松栢；皇上力能以礦税而轉民於溝壑，天且以霆雨而決祖陵之神道橋梁。夫人雖至昧，未有不念祖宗者；人雖至微，未有不顧墳墓者。故兆不在他，而獨及于皇上最所傷心之地，此非小異也。晨牝未入，而昭陵之墓栢先摧；泥馬初南，而鞏洛之枋題預墮。祖宗陵墓之災祥，其關于國家興亡者若此，今之孽火、妖蟲、淫潦、沉漭恐不止唐陵之摧栢，宋廟之朽題已也。故臣以爲，欲回天意，當先收民心；欲收民心，當先罷礦税，以與民更始，而示天下以修省之實。蓋修省之要躬行，不在多言，而實政之行心決，無勢再計。今日之事，誠當皇皇汲汲，如救焚拯溺而不可須臾緩者。不然，人不可欺，言不可食，況皇上誓發於口，而天地祖宗寔式臨之。祖其可屢誣，天其可屢誑耶？臣等民部也，職在民則言民，觸目激衷，敢同燕雀之處；集思補闕，願輸犬馬之忠。伏望皇上俯鑒羣情，速賜採納施行。臣等曷勝惶恐待命之至。等因。萬曆三十二年七月初七日具題。

又《繳停礦聖諭疏》 題爲傳奉聖諭事。萬曆三十三年十二月初二日，蒙召臣等至文華門，該司禮監太監陳矩等傳奉聖諭：「朕以頻年天象示警，心常兢惕，責己省愆，不遑寧處。昨覽該部再疏題請鼎建殿門以完鉅典，因思物力難支，何時就緒，連日熟計。見今河工、城工一時並舉，工程浩大，錢糧數多，内外帑藏俱匱，民窮財盡，困于徵輸，致使正供錢糧反無所出，京邊之費一時多乏。朕甚惻然，已遣内官監經管。内官查理通灣見貯木植回奏，且大工浩費不貲。其開礦抽税原爲濟助大工，不忍加派小民採徵天地自然之利。今開礦年久，各差内外官俱奏出砂微細，朕念得不償費，都着停免。若有見在礦銀，就着礦差内外官員一併解進馳驛回京，原衙門應役。凡有礦洞，悉令各該地方官封閉培築，不許私自擅開，務完地脈靈氣。其各省直税課，俱着本處有司照舊徵解税監，一半并上産解進内庫，以濟進賜供應之用，一半解送該部，以助各項工費之資，有餘以濟邊京之用。其各處奏帶員役，止着押解催儹錢糧行文差用，不許私設關津，指稱委官，容令地方棍徒肆行攘奪，致民生不安，商旅不行，反虧國家正課。撫按官還同該監不時訪拿治罪，明顯朕仰體上天仁愛，祖宗鑒臨，敬畏脩省實政，昭示朝廷權宜濟助大工愛民固本德意，待大工稍可措辦，便奏請通行停免。爾部概行各省直内外官遵行毋忽，故諭。欽此。」恭捧到部，臣等謹欽遵聖諭，除將各項應行事宜通行遵照外，所有原奉聖諭一道，理合隨本進繳。謹具題知。等因。萬曆三十三年十二月初三日具題。

又《貴州變請停税疏》 題爲税監釀禍可虞，國體陵夷可惜，懇乞聖明深思永慮，拔本塞源，以安天下人心事。臣聞禍機不可嘗試，嘗試者必無善後之圖；亂萌不可先開，先開者必有響應之勢。是惟聰明睿哲之主沉機物先，爲能彌患于將萌，保邦于未亂。即不然，而患至後圖，如所謂亡羊補牢者，其計亦未爲晚。然未有明被其害而玩災樂禍，猶蹈其覆轍者也。則今日榷税一節有不終日而當議盡停矣。臣不敢摭拾陳言，上引六代興亡之鑒，下控四海痛楚之情，以瀆天聽，惟就目前時勢所萬萬難行者，請借前箸而熟數焉。

蓋自有礦税以來，舉朝臣子無不私憂過計，謂禍至之無日，而皇上獨毅然不信也。其所以不信者，何也？以地方小有激變，旋即撲滅，而私憂過計之言不應也。頃者天開宸聰，罷礦調税，中外臣民方徼福祖宗社稷之靈，苟完此局，相安無事，乃未幾而滇南見告矣。向之私憂過計者，適不幸而中矣。夫諸臣之説果盡誕謾，不足信也則可，今既已明效大驗，試細想年來連篇累牘所指陳者，寧獨爲滇南一隅之事哉？比滇南于域中，兩直諸省則其腹心肘腋，而滇南特一足趾耳。比楊榮于諸璫，梁承、李鳳等則其虎豹豺狼，而楊榮特一腐鼠耳。乃兹彈丸小醜，且敢矯命雄行，皇上能保通都大邑再無奸宄頑民之生心乎？孤豚腐鼠且以稔惡殺身，皇上能保窮兇大憝，終得保全首領以生還乎？藉令諸璫膽落滇南，稍斂虐燄，而左右群小，皇上又能保其安静不擾，與民相休息乎？凡此皆事理之必然，可以逆揣者也。萬一臣言復不幸而中于時，皇上雖英明絶世，將何以處之？欲盡人而繩以三尺之條，則法有所不必行；欲盡人而寬以三面之網，則恩有所不必貸。欲復處治一二首惡，以塗愚民之耳目，則生者何幸？死者何辜？而國家之紀綱法度，愈掃地而無餘。其究也，至于戎馬生，潢池動，諭之不信，解

之不從，招之不來，麾之不去，然後誓告天地，翻然悔改曰「今以後不憚與民更始」，亦晚矣。

嗟嗟何物，金玉寒不可以爲衣，饑不可以爲食，乃間關萬里，殺人以求。就皇上所目睹者，不過梯山航海之盛，彼焦頭爛額展轉于煨燼之中者，目必不得而睹也。就皇上所耳聞者，不過豐亨豫大之説，彼屠戮剥割，呼號于刀劒之下者，耳必不得而聞也。雖此輩罪狀滿貫，死輕鴻毛，而投鼠忌器，履霜堅冰之謂何？清夜三思，則此時盡數捐停，當不俟夫臣辭之畢矣。顧停等耳，早決一日，則海内早息肩一日，而恩威出自朝廷，皇上之利與名兩得焉。少延一日，則海内尚塗炭一日，而太阿倒持他人，皇上之利與名兩失焉。得則波及于臣，其身家軀命皆君上之賜也。不則，惟天所授，而覆巢之下固無全耶，不知國步將安所税駕哉。此亦非臣之臆説也。凡人情窮則必變，物理盛則必衰，且皇上獨不聞賈者之于市乎？朝而摩肩以入，日中掉臂以去，何者？前無所求則退無所戀也，今海内之爲日中亦久矣。又獨不聞醉者之于酒乎？祇貪一爵之餘瀝，反併百斗而傾瀉，何者？内無所受則外有所溢也。今時勢之沉酣已極矣。皇上過聽臣計，何不及今人心之久憤，亂形之未成，慨然停罷，一朝而除數年久痼之病，片念而拯四海垂斃之民，仍勅各地方撫按官多遣人役，護送中官出境，務使生還帝里，永脱畏途。庶幾税盡撤則中官安，中官安則地方安，地方安則皇上亦安，享有道之長，而與天無極。此固今日轉禍爲福一大機括也。臣感時憂國，不厭瑣陳，伏惟聖明矜原俞允，亟賜施行，宗社幸甚！臣民幸甚！等因。萬曆三十四年三月二十一日具題。

高汝栻《明續記三朝法傳全録》卷五〔萬曆二十七年八月〕錦衣衛冠帶總旗申敏奏：「湖廣興國州銀爐山原有金銀礦洞，請欽命御馬監右少監李先同去，開採金銀併丹沙等物，悉數解進。」奉旨：「歸併陳奉，督率開採。」【略】

錦衣衛冠帶總旗申敏奏：湖廣興國州銀爐山，原有金、銀礦洞，請欽命御馬監右少監李先同去開採，金、銀併丹沙等物，悉數解進。奉旨：「歸併陳奉督率開采。」【略】功衛右衛百户韓應桂奏：土民夏國瑚報，湖廣一省及京山縣等處，具有真礦鉛砂、大青等物，併進地理圖樣，乞差御馬監右監丞劉恩前往開採。上允其言，而歸併其權于陳奉。是時首開興國州之銀爐山，得鉛未得銀，繼開麻城之李家山，又得砂未得銀，工費浩煩，得不償失，即陳奉亦經營勞瘁，而苦于奉行應對，以武弁狼貪籍口争尺寸之利，國瑚以猾吏蠆毒，假公報睚眦之仇，欺罔聖聽，以圖僥倖，巡撫支可大疏參，欲置韓應桂等于法，上免其罪而撤回焉。雲南道御史葉永盛疏奏，差璫條播虐無窮，乞亟賜停，遣立誅首禍。不報。

《明留臺奏議》卷一四《礦税類》朱吾弼《參横璫辱宗室疏》 臣等聞之詩曰：「懷德維寧，宗子維城。無俾城壞，無獨斯畏。」言宗盟之當篤也。又曰：「匪教匪誨，時維婦寺。」而宋臣朱熹《集註》引歐陽修嘗言，宦者之禍甚於女寵，其言尤爲深切，言閹寺之難任也。履雖新，不可上加於冠；冠雖敝，不可下置於履。故綦隆之世，冠履上下，名分截然，毫不敢干，凡以肅紀綱而尊朝廷耳。何江西礦税太監潘相敢於慘辱宗親，謾肆欺奏，反使冠履易位，紀綱掃地乎？臣等聞之，相顧失色，扼腕傷心，錯愕咨嗟。曰諸璫不敢逆犯宗室，匪直祖宗開國以來所未前有，即近日假礦税作威，煽虐横肆無忌者，誣奏撫按，論逮司府，致死縣令，各官曾無敢於欺君犯分，不顧天潢之親者。詎知麼麼潘相，遂恣其兇狠，竟綑打樂安王府奉國將軍謀托，及宗達二宗，一旦無法無君也。臣等未得江西撫按揭帖，悉其多官參看云何，但從江西來者詢其所見所聞，頗詳頗真。質之潘相、張問達二疏，潘相之下犯上，履加冠，又恣意捏奏，已無朝廷，無紀綱矣。皇上乃下潘相之疏，戒宗室，究首惡，罷知縣李鴻，以同寅協恭示撫按官，而於科臣張問達之疏尚留中未下，豈主潘相先入之言乎？抑待撫按奏至而後併下乎？臣等有所未解矣。皇上試虚心詳閲潘相、張問達二疏，相之飾虚，問達之據實；相之綑杖二宗，二宗之無辜受害，犁然較若黑白者。臣等姑先陳所知之詳且真者，而後據潘相疏語折之可乎？

説者云，五月初三日，潘相列兵持械，高輿八擡，拜客回監，偶至通衢。生童正當考校，雜以諸色人等叢集，望見潘相導引，冠服氣焰異人，挨前争覷。内有儒童少不更事，從旁詫笑，潘相怒其損威，喝令參舍拏來。其時實不知謀托、宗達爲宗室混於儔衆，追虎役李貴等閧然往拏，大衆奔潰，所獲者止四人，二爲童生，二爲宗室。相於座上咆哮盛怒，大呼着實綑打。彼謀托、宗達以宗室不跪，益觸其怒。宗達隨俛首受杖，因未甚傷。謀托自恃宗親，不甘杖撻，遂蒙綑打傷重，幾於喪軀。南昌府縣各官傳聞，倉皇趨赴救視，變出非常，都城震動，諸宗踵至，共駭共憤，不約而聚，群擁潘相衙門，責以無禮。相自知虧無抵捏，稱碎其龍墩，搶其税銀，圖賴衆宗。衆宗中有老成者，輒止衆曰：「潘相綑打宗室，背逆犯分，撫按、司道、郡縣耳目既真，豈能庇護？盍退聽奏請處分，朝廷自有法紀，謀托決不至含冤。」隨各退散，何曾有碎墩搶銀事哉？爲相者稍知畏憚，宜請罪宗

室，乞哀撫按，自諉於誤犯，不至干法紊紀，情尚可原，何敢於欺皇上？如所奏云者，臣等請一一爲相折之。

相謂萬人踵後，勢若反叛，破門毀鼓，勢甚洶涌矣。相乃能遣役於萬人中，執得四人，是萬人何怯，而相之棍役能爲萬人敵乎？此其欺皇上者一。稅銀收貯，豈在公堂？相謂方與撫按講事，而回途遇萬人吶喊，追隨進搶。豈知四人被擊，萬人已退，搶銀四百餘兩者，人乎？鬼乎？此其欺皇上者二。鬨起途遇，無知一笑，童生宗室就縛，知府、知縣隨至，相謂並無一官救護，伊即慌憤中抱守敕印，命力遣參舍，捉拿四人，何萬人退縮，無一敢動手，加相與參舍，而相與參舍，意萬人必往，一無所畏，雖宗室莫必其命乎？此其欺皇上者三。廣信之上饒比鄰，浙界去省千里，相乃以陰謀主使，聚譟駕禍於知縣李鴻波及撫臣等，豈知相已自謂宗室之尊，尤宜自重，值此嘯聚之時，混入臣署，於玉石何分焉？則與謀使宗室聚譟之說，已自相背。此其欺皇上者四。夫潘相明冒犯上之罪，陰逞制人之謀，皇上可欺，宗室何不可淩虐乎？宗室可淩虐，縣官何不可誣陷乎？相一癰腫傀儡，聽奸棍提弄指撥，不知其言之自相矛盾，反成欺君供案耳。彼撫按必合郡縣、王府、司道多官之公議，遲遲以請，蓋欲得真情以服相心，亦或平日爲地方調停，意多不欲盡潘相之惡逆，將爲相求末減耳。寧知相固敢於欺君，何難於欺撫按，陷縣令，而先訐反噬爲自脱地耶？且知縣李鴻當日以相差楊棟等採木事，致激衆憤，不得已收監，權宜退衆，不啻奪棟等於虎口而生之。隨報撫臣夏良心，時良心逆料潘相或偏聽奸棍中傷，縣官求逞，業爲預聞，今突傷宗室，固與李鴻事前後風馬牛不相及，卒倚藉口。臣等知其詭計，匪直假脱毆宗之罪，將因磨牙露爪，必求逞於廣信封禁山耳。不知封禁山當江西、福建、浙江三省之交，長廣數百里，自上古至今，爲荒莽之區，人踪不到，鳥羽獸蹄所不交通。自周季漢初闢地，以迄我二祖列宗，歷見兵連禍結，利不勝害，嚴加封禁，故名曰封禁山。臣等謂李鴻職在弭盜安民，爲地方計利害，不敢輕聽採木釀亂，忠於皇上，遽蒙褫職，以快惡璫之私，得無灰任事者心，而人將化爲繞指聽，頤使於惡璫乎？江省民窮俗悍，不堪搜求，恐成激變，而貧宗數千，又易擾難馴。

嘗考武宗朝逆藩安化王寘鐇起兵寧夏，亦以誅逆璫劉瑾爲名，殷鑒不遠已。臣等謂祖訓森嚴，宗室隆重，潘相必當正法，萬萬不可以閹寺之故，自壞其城，如《周雅》所譏也。伏乞聖察明斷，潘相之犯上欺君，亟嚴繫逮之旨，封禁山之利小害大，亟散採木之徒。李鴻之庇民効忠，應明其誣而亟還之職，則皇上仁昭親睦，義正兇横，智周隱伏，是非紀綱肅而朝廷尊，國家億萬年治安，基此舉矣。臣等無任激切待命之至。

顧炎武《肇域志》卷三三 邵陽之士沃，勤與慵相間也，勇則似其天性焉。新化之用物，博田與植皆利也，訟則似其天性焉。郡邑産金、銀，禁開採。産硃砂、雄黄。産炭，炭有木有煤，人以煤代薪，其利及於隣邑。

《天下郡國利病書・江西》 封禁一山，有内外、新舊二處。其界則始前代永樂、宣德間，鑛徒入山，久之鑛乏山崩，没死者甚衆。今名陷坑，俗名陷人坑，此爲封禁内山之門户也。自此而外，如葉坊、舒里、已坑與永鉛二縣所屬各隘，諸土名不可勝記。則自正統討平宗留之後，概爲設禁，今已盡成宿莽矣。内山深邃，奸宄易于託跡，非設外禁以固護之，則寇盜冒險一入，即可列栅自守。因以其間時出剽掠，爲害滋蔓矣。前自此山徑路稍通之後，即爲亡命淵藪，其始托名採木，實則利于銅、鐵，或妄意其間有銀鑛也。考之往牒，大抵盜首以此誘聚流民，流民不知，從而蠅集。始則各挾所有，以銅、鐵貿易，往往相矜以利。又割取自長之菽粟，或擊鮮烹肥，恣意無禁。初不憂其乏。

又《湖廣下》 至於常寧、桂陽，地産鉛、錫等利，富商大賈貿易其中，四方亡命之徒，往往依之，憑山阻險，實爲盜藪。舊雖設堡於黄煙各處，立營於西關各隘，顧地接鄰壤，勢相倚伏，此撲彼發，彼滅此生，非我族類能保無異志耶。鏡往防來，選練調習，圖之於無事，而不自失其險要，則策之上矣。

谷應泰《明史紀事本末》卷六五《礦稅之弊》 〔神宗萬曆〕十八年九月，易州民周言請開礦，玉田、豐潤民復以請。部未報。上遣文書官至閣速之，輔臣因言開礦之害。御史邵以仁亦力言其不可。

二十四年六月，府軍前衛副千户仲春請開礦助大工。從之。命户部、錦衣衛各一，同仲春開採。給事中程紹工、楊應文言：「嘉靖二十五年七月，命採礦，自十月至三十六年，委官四十餘，防兵千一百八十人，約費三萬餘金，得礦銀二萬八千五百，得不償失。」不聽。

七月，錦衣衛百户陸松、鴻臚寺隨堂官許龍、順天府教授馮時行、經歷趙鳳等，各言開礦助大工。從之。

户部尚書楊俊民言：「真、保、薊、易、永平開礦，恐妨天壽山龍脈。」上謂距陵遠，且皇祖嘗開之，不聽。

命户部郎中戴紹科、錦衣僉書楊宗吾開礦汝南。

八月，詹事府録事曾長慶、錦衣衛百户吴應騏請山西夏邑開礦，府軍後衛指揮王中允請青、沂等開礦。從之。

招礦盜開採，仍編富民爲礦頭。從太監王虎請也。

錦衣衛百户汪文通言沂州礦，指揮郝承爵言費縣礦，指揮劉鑑言棲霞、招遠等礦，指揮馬清言文登縣礦，千户趙良將言沂水、蒙陰、臨朐礦。命太監陳增同府軍指揮曾守約開採。

九月，巡撫山西魏允貞請停開礦。不報。太監王虎論保定巡撫李盛春阻撓開採，下旨切責。【略】

〔神宗萬曆二十四年〕十二月，遣太監張忠往山西，曹金往兩浙，趙欽往陝西，各開礦。

〔十二月〕先是，奸人王君錫奏開易州礦，旨下户部議。尚書林材執奏，且上言：「山冶之害，小則争掠，大則嘯聚，盜之囮，寇之藪也。」遂皤然從之。逐君錫，令勿潛住生奸計。至是，新建張位秉政，以爲利出于天地之自然，可益國，無病民，採之便，上遂從其言。

〔神宗萬曆二十五年春正月〕户科程紹言開礦事變多端，疏凡五上，俱不報。

三月，浙江巡按王業宏言礦税不便者六，乞停罷。不報。

四月，刑部侍郎吕坤言：「採木之害，饑渴瘴疫，死者亡論，乃一木初卧。礦税無利，勒民間納銀，民不能支，括庫銀代，豈開礦之初意哉。誠勅各省使臣，嚴禁散砂，不許借解，而各省之人心收。自趙承勛造四千之説而皇店開，朝廷有内官之遣而事權重。且馮保八店，爲屋幾何，而歲四千金，不奪市民，將安取乎。誠撤各店之内官，而畿内之人心收。」不報。

九月，太監陳增劾福山知縣韋國賢阻撓開採，逮下獄。巡撫萬象春奪俸。山西巡撫魏允貞奏言：「巨璫出領礦税，爲民蟹齒窫窳，而礦爲尤甚。」璫亦反噬，以激上怒。允貞又上書言朝廷得失，譏切宰臣不能輔導，致使刑餘之人播惡。上切責之。

〔神宗萬曆二十六年七月〕户科給事包見捷上言開礦之害：「陛下謂徒取諸山澤，在礦使實奪取之閭閻。搥撃入山者十二載，虎狼出柙者半天下。」科臣趙完璧、郝敬，道臣許聞造、姚思仁，交章言之。不報。

〔萬曆二十七年三月〕户科給事包見捷疏論礦店滋蔓。又疏論臨清税使擾民，必致生變。又疏逮左阽危，礦市爲患尤烈。一月三疏，指數内使切直，時論韙之。謫貴州布政司都事。未幾，臨清百姓變，毆税使馬堂幾死。見捷言若左券。歙縣監生吴養晦投税監魯保言，大父守禮逋鹽課工十五萬，乞追入給占産。從之。左春坊左庶子葉向高請罷礦使。不報。大學士趙志皐病篤，特疏請停礦税。不報。

尋值長至節，上使太監陳矩晏之。語及開礦事，鯉言：「洩山川靈氣，傷陵脈，關係聖躬與聖子神孫不細。」上頷之。

〔神宗萬曆二十八年〕南京守備太監下廬州，問六安州礦有無狀。知府具地圖，上言：「六安有礦，高皇帝恐人盜採，有傷皇陵來脈，故六安衛特重巡山之任，不敢妄議開取。」詔止之。

四月甲申，雲南礦税寶井内監楊榮，參雲南知府蔡如川、趙州知州甘學書等。【略】鳳陽巡撫李三才請停礦税曰：「自礦税繁興，萬民失業。陛下爲斯民主，不惟不衣之，且併其衣而奪之；不惟不食之，且併其食而奪之。征榷之使，急于星火，搜括之令，密如牛毛。今日某礦得銀若干，明日又加銀若干；今日某處税若干，明日又加税若干；今日某官阻撓礦税拏解，明日某官怠玩礦税罷職。上下相争，惟利是聞。」

辛未，三才復奏：「數月以來，章奏但繫礦税，即束高閣。臣前疏非泛常，國脈民命之所關，天心祖德之所在也。人主能爲萬姓之主，然後奔走禦侮。若休戚不關，威力是憑，劫奪之已耳！斬刈之已耳！孤人之子，寡人之妻，拆人之産，掘人之墓，即在敵國讐人猶所不忍，況吾袵席之赤子哉！窮困無聊，遂生窺竊，如徐州趙古元之類是已。夫天下非小弱也，草澤之人至廣且衆也。」

六月戊戌，礦監趙欽劾富平知縣王正志。逮訊。

十二月辛丑，湖廣税監陳奉遣荆州衛王指揮開礦穀城，不獲，責貸主簿脅庫金若干。邑人大懼，羣撃之。指揮走免，餘俱溺江中。

〔二十九年二月〕己丑，武昌兵備馮應京參陳奉大逆十罪，逮至京，下司理，削籍。奉欲開礦青山，棗陽知縣王之翰以近顯陵，拒之。因誣及襄陽通判邸宅、推官何棟如，俱削籍，逮下獄。之翰尋斃。

九月，起禮部尚書沈鯉大學士入閣辦事。鯉陛見，具疏，望上以言致治。又極陳礦税之害。

〔萬曆〕三十年二月己卯，上偶不豫，急召輔臣沈一貫入，諭以勉輔太子併及罷礦税、起廢、釋禁諸事。翌日，上安，諸事遂寢。停税諭已出，上悔，急令追之。

太監田義諫曰：「諭已頒行，不可反汗。」上怒，幾欲手刃義，義不爲動。一貫恐，亟繳前諭，義唾之。始，吏部尚書李戴、左都御史温純約即日奉行，且頒天下。刑部謂弛獄須再請。亡何，而旨格矣。

五月戊辰，太監劉成徵税蘇、松、常、鎮激變。江西税監潘相掠諸生及輔國將軍謀託，各宗大閧，抉門入，相走免。誣劾上饒知縣李鴻報怨，鴻除名。禮部侍郎馮琦上言：「礦税之害，滇以張安民故，火廠房矣。粵以李鳳釀禍，欲剚刃其腹矣。陝以委官迫死縣令，民洶洶不安矣。兩淮激變地方，劫燬官舍錢糧矣。遼左以余東翥故，碎屍抄家矣。土崩瓦解，亂在旦夕，皇上能無動心乎。」不報。

〔三十二年〕八月丙午，武驤百户陳起鳳請採大木。以覬利除名，盡逐其黨。礦税時大雨，都城崩壞。户部尚書趙世卿言：「蒼生糜爛已極，天心示警可畏。礦税貂璫，掘墳墓，奸子女。皇上嘗曰：『朕心仁愛，自有停止之日。』今將索元元于枯魚之肆矣。」不報。

九月戊申，翰林簡討蔡毅中上《皇明祖訓節略》，内關礦税者，爲注疏二十二卷。不報。

三十三年春正月壬辰，廣東撫按戴燿、林秉漢奏税監李鳳，憾潮州推官姚會嘉，遮辱于廣州。不報。【略】

〔萬曆〕三十四年春正月癸巳，逮咸陽知縣宋時隆下獄。時命停礦。【略】二月丙午，巡按廣西楊芳國言：「税監沈永壽以土産金、銀、鉛、錫派有司包解。永康、思、恩等州原無礦洞，亦派多金，宜免。」不報。

八月，禮部侍郎馮琦上言：「礦使出而天下苦更甚于兵，税使出而天下苦更甚于礦。皇上欲通商而彼專欲困商，皇上欲愛民而彼必欲害民，皇上戒以勿信撥置而撥置愈多，皇上責以不報繹騷而繹騷更甚。皇上之心，但欲裕國，不欲病民。羣小之心，必自瘠民，方能肥己。」疏留中。

〔萬曆三十四年〕三月己巳朔，大學士沈鯉、朱賡言：「秦人恨梁永甚，宜撤。」不報。乙亥，江西礦務太監潘相以停税移景德鎮請專陶。從之。丁丑，仍以江西湖口税務歸税監李道。己卯，雲南礦務太監楊榮被殺。榮久于滇，恣行威福，杖斃數千人，榜掠指揮樊高明等，盡捕六衛官，人人自危。指揮賀世勳、韓光大遂倡衆焚其署，徒黨輜重皆燼。事聞，上怒不食，曰：「榮不足惜，何紀綱頓至此！」罪其首事。罷中使不遣，以税課歸四川税使丘乘雲。世勳下獄死，光大戍邊。【略】

〔萬曆〕四十七年五月，吏部候選儒士蔣定國奏採山西夏縣等礦。疏不由通政司，通政使姚思仁糾之。時遼東三路敗，兵餉告急，歙人曹致廉等奏乞同内監搜江南富家，借餉數百萬。思仁復疏爭之。

四十八年七月，上崩，遺詔罷一切礦税并新增織造、燒造等項。建言廢棄及礦税詿誤諸臣，酌量起用。奉皇太子令旨，盡行停止，税監張煜、馬堂、胡濱、潘相、丘乘雲等撤還京。

程開祜《籌遼碩畫》卷三四　至于銅、鉛，産自滇黔巴蜀，而運之至南者，乃以奸商要截蕪湖去處。

馮甦《滇考》卷下《珍貢》　江滸沙泥，金麩雜之，貧民淘而煅焉，日僅分文，售蜀估轉諸四方。永平山中亦有金沙，色赤而利更微。明初，歲貢金二千兩，官償價銀一萬一千四百有奇，皆蜀賈有力者先期受值，走四遠裒入之。然金少價高，率賠其三之一。間有窮極而逃者，因舉殷實土著以當金户，寶石、琥珀等珍皆責其供辦，産盡則更舉一家。萬曆十八年，又增金三千，歲共貢五千兩，公私益困。末年始減二千。天啓水烏之亂，奉旨暫停。事平，再進銀礦約有二十三所，皆置場委官，以徵其課。又銅礦十九所，鉛礦四所，萬曆二十年命内監楊榮至滇督理礦税。榮又使千户張國臣赴京上疏，請開寶井於猛密。先是，寶石之取，盛於成化，然止在京購買。嘉靖丁亥，始遣官至滇，歲動布政司及永昌府銀八千，散之民間。民間鬻男販婦不充所值，因而逃亡。其後六慰變亂，猛密寶井已爲緬所據，國臣又倡此議，巡撫陳用賓懼開邊禍，連疏陳諫，始仍舊例。然猶每歲布政司獻寶石三百六十兩有奇，礦金四百兩，礦銀一萬兩。税監楊榮竟以貪酷激變，於三十四年正月八日，爲衛軍所殺，舉火焚公署，闔府百餘人俱死焉。琥珀出孟養山中，價不甚昂，而蠻漢阻絶，商賈難通。萬曆二十二年，奉旨責輸二百餘觔，遍派滇西諸郡，雖不通緬者，亦行責買。時惟騰衝庫内舊貯二十餘觔，悉送上供，他郡無以應命，搜括士民，有即舉首，多以破家亦竟不能完數也。

顧祖禹《讀史方輿紀要》卷九九《福建五》　清溪城即今縣，故小溪場也。南唐保大十三年，詹敦仁監場事，請於清源節度劉從効曰：「小溪西距漳汀，東濱溟海，地廣二百餘里。三峯玉峙，一水環通，黄龍内顧以騰驤，朱鳳後翔而飛翥。土之所宜，桑麻穀粟。地之所産，麞麂禽魚。民樂畊蠶，冶有銀、鐵。税有竹林之征，險有溪山之固。地實富饒，足以置縣。」從之，名縣曰清溪。

又卷一一八《雲南六》　〔順寧府〕矣堵寨。在府西南。【略】《志》云：府境有錫鉛

寨巡司，又有董甕寨，亦壁嶺蟒水寨，錫臘四巡司，萬曆中裁。

徐乾學《資治通鑑後編》卷一二三《宋紀一二三・孝宗》〔乾道八年十二月〕辛亥，金詔：金銀坑冶，聽民開採，毋得收税。

又卷一七一《元紀一九・順帝》〔至元元年〕六月辛酉，有司言甘肅撒里畏産金銀，請遣官税之。

王士禛《香祖筆記》卷六　户部覆江西護巡撫印南贛道徐某覆商民蕭宗章等開採鉛錫疏，畧云：「南源山係附近名山之總名，庾、崇二縣接壤，雖山間石土産有鉛、錫，然地處荒僻，民居寥落，兼之米價騰貴，有無生事地方，難必其無云云。」奉旨：開礦事情甚無益於地方，嗣後有請開採者，俱不准行。

徐元文《含經堂集》卷一九《備陳滇南民困疏》　題爲備陳滇南民困，仰祈預議除豁事。逆賊三桂負恩煽亂，荼毒生民，滇南受禍尤酷。今大兵過險，勢若雷霆，彼中翹首王師，如望雲霓，救民水火，宜亟與更新。有應預敕將軍、督撫入境之日即爲蠲除、即爲規畫者，爲我皇上陳之：一、礦廠之害。滇雖僻遠，地産五金，逆藩皆委官採鑿，無論銅、鉛，悉歸私庫。今宜敕該撫察驗，聽民自行開採。銅、錫散滿民間，公家自得其用，不致爲邊方寇盜之資矣。

《明史》卷一〇四《志七八・食貨一〇》　天啓三年，順天巡撫岳和聲請復深州偏山鉛礦、銅礦，遵化鐵礦。崇禎時，楊嗣昌亦請開金、銀、鉛、銅、鐵、錫諸礦，誘散流賊。時論非之。帝頗採用其言。

陳廷敬《午亭文編》卷三〇《制錢銷燬滋弊疏》　侍郎田六善條奏，令天下産銅、鉛地方聽民開採，行令直省督撫於産銅、鉛處，令道官總理，府佐官分管，州縣官專責，税其二分，分别紀録加級，至今開採寥寥，皆因地方官征收其税，滋爲弊端，以致徒爲收税之名，而無開採之實。此後應一切停罷，聽民自便，或有開採，則銅日多，而錢價亦因可以得平也。

朱奇齡《續文獻通考補》卷二四《食貨補三・金銀課》　永樂中有採辦金銀之課，差官領之，湖廣、浙江、福建、貴州皆設。其後或封閉，正統初閉，未幾即開，以後屢開屢閉。或開礦，事例不一，而私煎偷採，掊斂民財，課不及額者派於民。皆有嚴禁。偷採者首犯至死，其餘充軍，輕者止於徒。故雖添設官司，正統中，添設奉議一員，又指揮僉事一員，專理巡礦等務。規利甚析，民猶未病也。自天順初，差内使一員煎辦，而令鎮守大提督，於是，四川、雲南各處採辦而騷擾之患甚矣。成化中，復有開採新生礦脈以補缺額之令，而弊竇愈滋。弘治中，復有折買金千兩以解部之令，雲南每年額辦金六十六兩六錢七分，銀八千八百九兩五分，今令以銀易金。而賠累益甚。正德中，因監此弊，各處銀場多令封閉，雲南凡九處額課免辦，善矣。至嘉靖，而徵輸如故。迨萬曆年間，内官四出，税使紛然，民不堪命矣。

按：山海之利發於管仲，而盛於桑弘羊、孔僅之徒，然不過曰鹽曰鐵，以適國用而已。至唐而設金銀鐵錫之冶，凡一百八十有六，宋又增至二百七十有一，榷利至矣。要而論之，大率山澤之利有限，或暴發輒竭，或採辦艱辛，工多費重，所得不償所出，徒滋騷擾而已。善乎明太祖之諭曰「利於官者少而損於民者多」，是以山東請開銀場則不納，磁州請置鐵冶則流之，廉州請取水銀坑則黜之，誠知利端一開，則小人乘間而進邪謀，争民施奪，爲害甚大，故拒之如此其嚴也。繼世不明此意，往往惑於小人規利之言，則設場開礦，由兹興矣。極其弊也，中使四出，以漁民之利，奪民之財，甚者發墳墓，毀廬舍而不以爲殘，攤派之里甲，勒索之人户而不以爲困。斂怨於下以開亂源，莫此爲甚。萬曆中，礦使之害可爲千古炯戒。夫仁人在上，方且欲糞土金珠，泥沙寶玉，奈何求利於不常有之地，以重累吾民耶！況金銀之流行於世者，固自有餘，但慮其藏而不出爾。上之人誠有以操其利權，而立法以疏通之，詳見錢法。則公私上下當無不足於用，又豈必開場立冶，然後爲利哉？

李遜之《三朝野紀》卷一《泰昌朝》　萬曆四十八年庚申七月，神宗寢疾，不食且半月，皇太子未得見，閣中止方從哲一人，科道各官叩闕請對。御史左光斗謂從哲宜率百官問安。從哲曰：「上諱疾，即問左右不敢傳。」給事中楊漣曰：「昔文潞公問宋神宗疾，内侍不肯言。潞公曰：天子起居，汝曹不令宰相知，將無他志？下中書省行法。公誠日三問，不必見亦不必上知。第令宫中知廷臣在門，且公當直宿閣中。」從哲曰：「無故事。」漣曰：「潞公不訶史志，聰乎？此何時尚問故事？」從哲不答。明日壬辰，九卿、臺省入思善門候問。甲午，召見閣部大臣，尋即出。皇太子尚踟躕宫門外，漣、光斗語東宫伴讀王安曰：「上病亟，不召太子，非上意。今日已暮，明晨當力請入侍嘗藥視膳，向夜無輕出。」丙申，神皇崩。次日丁酉，以大行賓天告於奉先殿，頒遺詔，罷天下礦税。諭云：「先年礦税，爲三殿二宫未建，權宜採用，今盡行停止。各處管税内官張燁、馬堂、胡賓、潘相、邱乘雲等俱撤回，其加派錢糧以本年七月前已徵者起解，餘悉蠲免。」

是時，税監遍天下，小民塗炭已極。廷臣請撤者月無虚牘，概行留中。辛丑冬，神宗抱病甚篤，追悔礦税事，夜半御筆親書片紙傳免，内閣沈一貫既承旨，未

即發，忽有内閣二十餘輩踉蹌來追一貫，猶豫未定。閣輒自相撲，流血被面。一貫懼，隨以封進。自是海内重受荼毒又二十年。至是首詔傳免，民間歡若更生云。

《明熹宗實録》卷六八　〔天啓六年閏六月丙辰〕四川巡按吴尚默因貢扇允折，並議將茶蠟各項俱請改折。得旨：「扇柄已有旨折價助工，其生絹、銀硃、生漆、銅、錫、牛角、藥材、蠟、茶等俱上供急需，仍宜徵解本色應用。吴尚默何得輕議改折？姑不究。」

朱國楨《皇明史概・皇明大事記》卷四四《礦税》　太祖初定常賦，商税三十取一。有請開山東銀礦及發山海寶藏與階州畛外金坑者，皆斥之。惟盜礦者多，官或設或停，封閉不常。于是有浙閩之寇，用兵十年而後定，税則歸于各關增設鈔關，七抽取爲艚舟之用。成化中開礦，尋止。嘉靖三十五年，開薊州玉望峪等礦，差太監崔閔，錦衣千户全爵開採。明年，户部主事沈應乾、錦衣千户李鉉開河南嵩縣礦，皆奸民題奏，謂天錫至寶，脈潤氣騰，以應聖瑞。上方求長生，從之。官四民六，所得甚微，不久即停。萬曆初，西山、渾河、房山、涿州等處礦盜數起，逐捕或逃或擒，嚴保甲，築臺于洞口，列障守之，顧盜者終不已。約砂一斤，得銀五六分止耳。

十一年，房山民史籍又請開，下撫按查實，報山險無可用力，得寢。

十八年，易州民周言、張世才奏本州湯家莊、黄土溝等洞生成奇瑞，每砂一石約煎銀五十六兩，沉埋年久可惜，乞差官採取，民願効力，並不干預有司。御史邵以仁奏其三不可，且言：「臣黔産也，與滇爲鄰，熟聞彼中銀礦利弊，大率利少而害多，其説起于無賴之徒。當其未開，派擬爐户科料使用，小民貪利，竭力赴之，成則奸民飽□，不成則小民傾家，生事害人，惟此爲甚。」乃下言法司贖杖。言等再以法祖爲言，上不無心動。而大臣中有内養籍真砂養汞者，暗主其説。會連歲有寧夏、朝鮮兵事，未暇及，而奸人財用靡裕之疏數上。給事中楊應文疏：洪武十五、二十等年，王德亨、丁成言開礦。太祖以言利之人皆戕民之賊，斥之不聽。成化十一年，郭鍾、楊鼎言礦。憲宗以銀礦在山谷，道路險阻，礦脈微細，所得不多，徒費民力，閉之不開。嘉靖十五年開河南盧氏、裕葉等州縣礦，凡六月得銀二萬五千兩。二十五年又開，凡年餘，得銀二萬八十五百兩。兩次費用反倍之。後因洞深泉湧，礦夫困憊，逃亡過半，遂議停止。萬曆十八年，易州民時儻奏開，部覆奉旨：「礦洞既稱開究有礙，害多利少，着照舊封閉。」

二十一年，葉縣礦徒二千餘人掠文馬二峒。上謂：「礦開則賊亦可化爲兵，且在外可救饑，在内可備用。」尚持之未發。

二十二年，御史何倬請開河南礦。

二十六年六月，郎中戴紹科、後改貞永。錦衣楊金吾往河南，内臣王虎、錦衣張懋中往順、薊、永各開礦。時指揮王勳請罄産助工求改衛，上惡之，下法司提問。給事中侯廷佩疏：勳當嚴刑，凡報礦，武官宜令兵部盡數查審，以正欺誑之罪。不報。自是開礦之使紛紛四出，皆挾原奏官鑿空行事。山東則陳增請便宜行事，承委文武，同撫按舉刺。河南則魯坤請各聽臣所轄，爲給事中戴士衡□駁。上皆不報。二人之説亦寢。于是，湖口則李道，昌平則王忠，昌黎田進，真定王虎，山西孫朝、張忠，陝西梁永、趙欽，天津王朝用、王濟，河南復有胡賓，通灣張煒，臨清馬堂，廣東珠池李敬，廣州王相，雷州李鳳，兩淮鹽魯保，儀真暨禄，浙江劉成、曹金、劉忠初掾隆帶管，後并于成。江西潘相，湖廣陳奉，雲南楊榮，廣西沈永壽，四川丘乘雲，遼東高淮，福建高宷，貴州張慶，南京一帶守備邢隆兼理。凡一省有二人三人者分礦税，或死而代，續奏與獻遺租遺産省就近帶管。

二十七年三月，龍江百户王官請于黄天蕩等處設兵衛立營抽税。閣臣沈一貫密奏，此地當江洋最闊處，留都右腋，大盜易集，必生窺伺，官等竟欲招兵立營，陰蓄異謀。上然之，未發。官等數十人遮一貫于端門，尾而詈之。以聞，乃逮官究問。它請開者率多失職弁流，殆遍中土。甚者，謂海外吕宋機易山，金豆生樹上可取，遣官驚悸而死，上亦不問也。

被害者。二十八年庚子五月，給事中王德完疏：扭解知縣自福山韋國賢始，而益都吴宗堯、星子、吴一元，富平王正志接跡矣。扭解知府自南康吴寶秀始，而尋甸知府蔡如川繼踵矣。扭解荆州推官華鈺，經歷車任重，巡備杜茂，向高賜歸，復遣少監劉用。

其廠屋被燒者在在見告，而景德鎮爲甚。鎮在江西饒州府浮梁縣，以陶窑爲業，四方總聚且數萬人，税官立威肆虐，衆共焚之，原駐有通判千户力救得免。通判被逮，即陳奇可也。而採珠激變不與焉。

是時，上號嚴明，能撿制内臣，張誠等俱籍没降奉御，其中賢者，如陳矩稱最，多所救正，爲上所憚。又別見。田義連進二疏：其一請發章疏。其二御前執事官人内官，聖怒責處，發遣死者無虚日。近尋訪楊山女一事，連斃幾命，耳聞目見，哭聲震天，非聖世所宜有。上亦不罪他，藉勢恣行者甚多。壬寅，禮部侍郎敖文禎過宣武門，内使三人跑馬衝轎，爲扇柄所驚，遂碎扇捶從者。文禎見辭

狂不較，反大罵，亟走民家避之，擁逼嗥嗔不解，錦衣遣人勸諭，亦被毆。事聞，令司禮查明重處。丁未，廣渠門内使遇泰興知縣龍鏜覲回索貨，捽而毆之，傷重死，下司禮治之。其餘爲害，不可勝數。

總考礦税差内官在二十五年，明年收店租。又明年徵各税，其停礦在四十三年十二月。税行之十餘年，半濟部用，半進内府，凡諫止者，言雖痛切，皆不聽。内官訐撫按者亦不聽。惟孫朝于山西撫臣魏允貞最甚，下部議覆，覆上得免。然内臣一經撫按彈疏，上故持之，俟竭所有以獻乃得安。又時進士宜納賄同輩，而輩中所得，上又借事括取，故此輩無論留者、差者皆匱。群棍詐取之財，浪費外，或敗而靡爛，或携至中途，多劫殺，無一人善後。此天道甚明，而上樽節不妄用。天府之藏，冠于千古，似與國課若分爲二。課約四百餘萬，止供一歲之出。近年征哱費二百餘萬，征播一百二十餘萬，征倭五百九十六萬餘，鋪宫、典禮三百六十餘萬，添進買辦三百餘萬，各省直袍價、䌷價扣留及濟邊一百九十五萬。雜課歸内使者，每年十四萬餘。鹽課每年十八萬五千餘兩。以上皆本色。真公私俱竭，而天下宴如，則上獨運權不旁落，徵倖必裁，諂諛必拒，浮汎汙垢之言必寢，百司庶府罄力支撑，各盡其情與力也。

汪森《粤西叢載》卷一六《慶遠諸坑》 宜山縣在宋時有寶積監，在坡西二百五十里。乃河池州西境，設監官二員管坑户，穴地深五七丈或至十餘丈，取礦砂入爐煉一晝夜，始成鉛汁，又入小爐再煉之，始成銀以充貢。時已末歲，其坑崩陷，坑丁皆壓死，遂罷不敢採，而廢其監。今地皆屬土官。又有玉田場，在城西南一百五十里，爲河池州東北境，其設官管坑丁採礦以貢，皆如寶積監，其廢亦同。又有富安監，在城南一百六十五里。宋設監官，管坑户採砂以貢。其砂脈延綿白石中，坑户以火煅石，鑿而取之，得砂凡四等，大則顆塊，次則箭頭，又次則顆粒，餘皆末砂，價以是爲等差。自後猺賊叛亂，坑丁逃散，砂脈亦盡絶，遂罷不採，而廢其監。又有樂耕場，在府西北二百三十里，去普義寨五里，宋時設坑丁開鉛坑，以應經略司取需，後以猺獞叛亂，坑户逃竄，遂罷不採，而廢其場。《慶遠府志》。

《清聖祖實録》卷二三一 〔康熙四十六年丁亥冬十月〕己亥，户部議覆：「雲南貴州總督貝和諾等疏言，雲南金、銀、銅、錫等礦廠，自康熙四十四年冬季起，至四十五年秋季止，一年之内共收税額銀八萬一百五十二兩零，金八十四兩零，應駁回，令該督據實嚴查加增。」上諭大學士等曰：「雲南礦税一年徵銀八萬兩零，用撥兵餉，數亦不少，若又令增加，有不致累民乎？此所得錢糧即敷所用矣。本發還，著照原題議結。」

謝儼《〔康熙〕雲南府志》卷一八《藝文二・奏疏》石琳《進呈編輯全書疏》 查新平縣明直銀場、易門縣老場、銅廠自明至今，開採年久，今苗斷礦絶，商匠逃散，課税無徵，官民賠累不堪，經臣援詔具題，部議未允。但礦廠非同田地，有耕有穫，錢糧易辦；此乃全憑造化，有無難必。今既硐老山空，而課税不免，節年俱係各官捐賠，但年復一年，焉知不派累小民，豈可以賠補之項，刊載全書？今議將新平之明直場課銀三百三十兩九錢六分，遇閏加銀二十七兩五錢八分；易門之銅課銀二兩、老場爐課銀二十一兩六錢，一併於全書内除免者也。

《清律例總類》卷五《邊衛充軍》 一、盜掘金、銀等礦砂，若在山洞捉獲，不曾拒捕，聚衆至三十人以上爲首者。《盜田野穀麥例》。

一、盜掘金銀等礦砂持仗拒捕者；不曾拒捕，人數不及三十名，再犯爲首者。《盜田野穀麥例》。

又卷七《户律・錢法・條例》 增例一：各省開採銅鉛，令道員總理，府佐官分理，州縣官專管其事，凡産銅鉛之處，聽民採取，税其二分，造册季報，所剩八分，任民照時價發賣，有墳墓處所，不許採取。如有不得銅鉛及不便採取之處，該督撫題明停其採取，道府佐貳官，得所税銅鉛十萬斤以上，州縣官得五萬斤以上，俱交該部照例分別議叙。若上司誅求逼勒者，事發從重議處。其各州縣産銅鉛之山，令地主報名採取；地主無力開採，聽本州縣報名採取；州縣無匠役，許於隣近州縣雇募，該州縣自行稽察。如有别州縣民人越境採取，並衙役恣意攪擾，致人裹足者，爲首者，斬立決，爲從者，絞監候。

儲大文《存硯樓文集》卷一三《中丞潘公傳》 今臣復檢查開採禁止根繇，蓋自康熙十九年聽民開採，彼時輿情，皆言貽害非淺。督撫乃次第封禁，然而奸貪之徒尚有赴部請開者，移查屢覆，案卷炳存，幸賴聖明洞照，於四十二年奉旨，閒開礦事情，甚無益於地方，嗣後有請開採者，概不准行。然後奸徒絶想，地方寧謐者，於今八年，皆賴我皇上特旨之所賜，非督撫諸臣之力所能爲也。今户部頓忘明旨，創爲聽其開採之説，臣不解何故，道路喧傳，以爲商人浪費庫帑，虧欠難完，所以矇混户部，借名採取白鉛以資鼓鑄，其實希圖偷竊黑鉛、銀礦以飽囊橐。夫愚民何知，利之所在，身命不顧。彼見雇募工價勝於力耕，必將争趨競赴，田畝抛荒，正賦漸缺，其不便者一。山中多一夫，即田中少一農，生之者寡，食之者

衆，米價立見騰貴，貧民立見之食。無論湖南之米不能下濟江浙，而境內先不足以自贍；倘致失業流離，必須多方救濟，則雖商人之虧欠補清，終屬得不償失，其不便者二。深山封禁有年，不無居民廬墓，遷徙損傷，情殊可憫，其不便者三。苗猺生性好利，若見土人開採，必行劫奪，彼此格鬭，必有殺傷，文武官弁，私貪陋規，隱諱重案，必釀禍階，其不便者四。且開採一節，竟有挖未深而砂已盡者，如此則必商人之虧欠愈多，自顧不暇，其招集之衆易聚難散，或起盜心，或竄苗穴，地方自此多事，萬一至於興師動衆，則軍需糧餉，商人能任之乎，其不便者五。

沈青峰《〔雍正〕陝西通志》卷一二《山川五》　松朵山在〔雒南〕縣西南九十里。產銀錫。舊爲州境所攘，奸民匿其中，兩不得詰。明萬曆中，清釐疆界，復歸本縣，洞始塞。《縣志》。

《清朝文獻通考》卷一七《錢幣考五》　又定沉失銅、鉛處分。户部議定：運京銅、鉛偶遇中途覆溺，限以一年撈獲。運員於限內遇有陞遷事故，仍留沉失之處打撈，俟事竣之日分別赴任回籍。如限滿無獲，及獲不及數，即題參革職，限一年內照數賠補，准予開復。所失銅、鉛仍聽其自便撈取，報官給價收買，如逾年始賠完者，免罪，不准開復。二年不完，照例治罪嚴追。至運銅之船，令地方官雇覓，倘以不諳行船之人塞責，致有覆溺者，將地方官罰六月俸，照漕船失風例仍停陞轉一年。責令協同運官實力打撈，限內獲半者免議，全無撈獲，與數不及半者，各罰一年俸。

又卷一八《錢幣考六》　臣等謹按：伊犂素不產銅，其各處以糧折納紅銅，每觔約銀四錢九分有奇。又採挖黑鉛，每觔約銀四錢。合計銅、鉛二項，每鑄錢一千約需銀三兩八錢有奇，但均非動項採買。至白鉛必須由西安遠赴湖北漢鎮搭買遞運，陝西轉運哈密，又由驛站遞解伊犂，核計脚價所費頗重。今以體質堅硬之紅銅配以柔軟之黑鉛，微加點錫，輪郭肉好，即可適用。

鄂爾泰《〔雍正〕雲南通志》卷一〇《田賦》　實徵礦課，鉛課、錫課共銀二百二兩二錢五分。

又卷一一《廠課》　世祖至元十四年，雲南諸路總納金一百五錠。十九年，遣使括雲南所產金，以博囉爲打金洞達嚕噶齊。二十年，罷雲南造賣金泊規措所，禁管課官於常額外多取餘錢。二十二年，撥漏籍户於澂江路煉銅，凡十有一所。二十七年，尚書省遣人行視雲南銀洞，獲銀四千四十八兩，奏立銀場官，秩從七品。

明景泰元年，罷採辦各處銀課。

又卷二九之四蔡毓榮《籌滇第四疏議理財》　鶴慶之南北衙，金沙江則有金銀廠，或封閉有年，或逆占既開，尋復荒廢。目今固米珠薪桂，用力爲艱，然有此自然之利，而終棄之，良可惜也。宜請專責臨元、洱海、永昌三道，各按所屬，親行察驗，分別某廠可開，某處廠不可開，報部存案。一面廣示招徠，或本地殷實有力之家，或富商大賈，悉聽自行開採。每十分抽税二分，仍委廉幹官監收，務絶額外誅求、額內侵隱之弊。凡有司招商開礦，得税一萬兩者，准其優陞；開礦商民上税三千至五千兩者，酌量給與頂帶，使知鼓勵。又嚴禁別開官硐，嚴禁勢豪霸奪民硐，斯商民樂於趨事，而成効速矣。蓋官開則必派取民夫，民開則自雇覓礦夫。民夫各有本業，或力不能深入礦硐，往往半途而廢，且恐派夫擾民，朝廷未見其利，而地方先見其害也。若礦夫多係游手無籍，有膂力而無衣食之人，彼知利不專於官，而與民共之，未有不趨赴如市者。礦夫既集，礦税自盈，且予此輩以逐利之途，而漸息其非爲之念，是以理財而兼弭盜之一法也。

藍鼎元《鹿洲初集》卷一四《潮州風俗考》　或入山招匪，盜挖礦砂，金、銀、銅、鐵、鉛、錫，擅爲私家之故物，逞强相奪，霸踞壟口，流毒地方，爲害靡有涯焉。

甘汝來《甘莊恪公全集》卷一六《宦蹟紀略》　又蒼梧縣屬之芋莢山出產鉛、錫，近年兩廣奸民糾黨偷挖，爲地方害，雖屢經拏問，擬終不能禁絶。

《清奏議》卷三九《請開山林之利疏乾隆九年》　巡撫江西等處地方提督、軍務兼理糧餉都察院右副都御史臣陳宏謀謹奏：爲請開山林之利，以養民生事。竊惟盛世滋生户口日繁，小民衣食之源所宜急講。我皇上宵旰勤求，孜孜罔懈，特頒諭旨，廣山澤之利，飭令因地制宜，及時經理，無非爲民籌日用飲食之事。臣仰體德音，凡有地利可以養民者，悉心體訪，設法興舉，不敢畏難苟安，坐失地利。江西一省，惟廣信一府間曠之山地最多，而窮民無業者亦多，所有地利可開二事，敬爲我皇上陳之：

一、廣信府有銅塘山，坐落上饒、廣豐二縣，週遭數百里，自明正統間有奸匪盤踞，賊平之後，遂將此山盡行封閉，因名曰封禁山。自此耕鑿芻牧之地，盡爲鼯鼪麋鹿之場矣。臣到江西採訪，輿論咸以此山允宜開禁，以惠窮民。上年三月，臣檄行廣南饒九道，李根雲帶同廣信府知府陳世璔，並上饒令汪文麟，廣豐令詹廣譽，守備劉福等入山細加親勘，知封禁山之內，草木蒙密，路徑崎嶇，山

深廣闊，澗水縈紆。內中有田地邱段尚存者，儘可爲田，其餘亦可種靛栽麻，並植蔬果。雖無杉、楠佳木，而雜樹、竹木極其繁茂。山澗水溝順流而出，皆可運至大河。今久經封閉，民生有用之物置之無用，已覺可惜。且查從前封禁之地，原屬廣闊，我朝承平日久，附近居民漸於四圍墾植，以資生計。今樹藝已蕃，漸成村落。現在所立界牌封禁者，較諸從前已窄，非復舊時廣闊。夫四圍既可開闢，中間亦可墾治。若得弛其封禁，聽民認界開採，始則採伐竹木，竹木既盡，其地即可種植。有水可以成田，無水可以成地。十年之後漸成沃壤，然後陞科。此外藝麻、種靛、栽植蔬果之類，均可獲利資生。目下招墾須擇本地良民取具甘結，其外來奸匪不許混入。且江西民風勤儉，人多地窄，得業最難，山谿嶺側尺寸必争。今將數百里之地聽民爲業，人孰不踴躍争奮，養活窮民不知凡幾。至其如何約束，使人不敢争佔，如何稽查，使奸匪無由託足，皆可熟籌經理。現在各隘口原有官兵汛防，將來事有成效，人煙漸廣，然後相其形勢移官添汛，以資彈壓，庶幾事不繁而民不擾，亦無藏奸匿匪之患。且蒙茸盤結之氣俾之開通，得耀於光明，亦昇平之盛事也。臣查從前奏請開禁者，率以開墾挖銅採木充公爲言，及查無銅礦可開，無杉楠大木可取，又以此山界在浙閩二省，可藏奸匪，故其議皆格而不行耳。臣愚以爲此山若爲開礦取木充公，則滋擾無益，可以不開，若聽民爲業資生，則開之實爲有益也。至於此山離浙尚遠，只有南界連接閩省，均係懸崖壁立，攀藤附葛，亦不能入，必取道江西，並無浙閩通路之處。如謂本省藏匿奸匪，此等深山大壑各省皆有，際此昌期，邊遠苗疆在在開闢，此一隅腹內之地，永遠封禁，棄爲廢壤，未免因噎而廢食矣。凡此皆從前封禁之由，臣已一一籌及者也，合併附陳，伏候聖鑒。一、廣信府之玉山縣廣平山地方，産有鉛礦，居民屢請開採。臣行布政司飭勘，嗣經廣信知府陳世增帶同玉山令李鴻翔前往查勘。廣平山離城一百四十里，並與上饒、德興二縣交界，相離二縣均在一百數十里之外。山之前後左右凡二三十里，並無村莊墳墓，亦無妨礙之處，督令工匠先後開挖五硐，俱有礦砂，面加煎試，銀、鉛夾雜，實有成效。若准其開採，所得礦砂無論銀、鉛，照二八抽課，餘者聽民自相運售。慎選本地殷實良民爲硐頭，招募本地民夫開採。以本地之民開本地之廠，不慮其來歷不明。江西本産米之鄉，今以本地之人食本地之米，可無米貴之患。又不動支工本，聽民出資開採，有利而來，無利而去，亦無易聚難散之患。雲貴各省礦廠甚多，歷無廠徒生事之處。近者廣東亦復開廠，而各省礦廠大半皆江西之人。今本省開廠更無滋事之慮也。以天地自然之利，爲民生衣食之資，所養窮民不少矣。

《清朝文獻通考》卷三〇《征榷考五・坑冶》 康熙十四年，定開採銅鉛之例。户部議准，凡各省産銅及黑白鉛處，如有本地人民具呈願採，該督撫即委官監管採取。至十八年復定，各省採得銅、鉛，以十分内二分納官，八分聽民發賣，監管官准按觔數議叙。上官誅求逼勒者，從重議處。如有越境採取及衙役擾民，俱治其罪。

臣等謹按：嗣後各廠之開閉，視山礦之旺衰。康熙年間，如奉天、浙、閩諸省，皆曾開採，續經停止。今則湖南、雲貴、川廣等處並饒礦産，而滇之紅銅，黔楚之鉛，粤東之點錫，尤上供京局者也。大抵官税，其十分之二，其四分則發價官收，其四分則聽其流通販運。或以一成抽課，其餘盡數官買。或以三成抽課，其餘聽商自賣。或有官發工本招商承辦。又有竟歸官辦者，額有增減，價有重輕，要皆隨時以爲損益云。

十九年，定雲南鉛廠通商之例。詳見《市糴考》。

四十六年，定雲南礦税，毋許加增。户部議，雲南金、銀、銅、錫等礦廠税額，應令該撫據實查核加增。上諭大學士等曰：雲南礦税，一年徵銀八萬兩零，用撥兵餉數亦不少，若又令加增，有不致累民乎？此所得錢糧即敷所用矣！本發還，著照題議結。

卞寶第等修曾國荃等纂《（光緒）湖南通志》卷五八《食貨四・礦廠・總記》

乾隆八年題准，郴州桃花壠、甑下壠、銅坑衙等處出産銅、鉛等礦，每銅砂百斤抽税二十斤。又桂陽州馬家嶺、雷破石及石壁等處出産銅、鉛等礦先抽二八砂税，鍊出銅、鉛，照例二八抽收。所有餘銅每百斤給銀十二兩收買供鑄。又黑鉛渣内每年約可鍊渣銅二三萬斤，例銷折耗鉛二百五十斤外，給火工銀二兩二錢八分。

國朝康熙十九年，覆准衡、永等府屬産銅、鐵、錫、鉛處，招民開采輸税。

《天方典禮擇要解》卷七《課賦・鑛窨所得抽其五一》 金鑛、銀鑛、銅鑛、錫鑛、鐵鑛、水銀等凡自行開採所得，無論自然成或燒煉成，俱抽其五分之一，入官或給貧。掘地得窨物如金、銀、錢物等，輸五分之一給貧。若窨物中有穆民跡記如本教經書名字等，則如失物，不得自用，當訪原人而歸之。不得其人，將以給貧可也。自己無力自用可也。鑛窨之課，父子兄弟若貧，俱可受之。開鑛得煤礦、硝、鹽、硃砂、寶玉等，俱無課。

《清朝文獻通考》卷三〇《征榷考五·坑冶》 康熙五十二年，奏准久經開礦地方，分别開採，其未經採者禁之。大學士、九卿等議奏開礦一事，除雲南督撫及湖廣、山西地方商人王綱明等各雇本地民人開礦不議外，他省所有之礦，向未經開採者，仍嚴行禁止。其本地窮民現在開採者，地方官查明姓名記册，聽其自開。若别省之人往開，及本處殷實之民有霸佔者，即行重處。

上曰：「有礦地方初開時，即行禁止乃可。若久經開採貧民，勉辦貲本，争趨覓利，藉爲衣食之計，而忽然禁止，則已聚之民，毫無所得，恐生事端。總之，天地間自然之利，當與民共之，不當以無用棄之。要在地方官處置得宜，不致生事耳。」【略】

〔乾隆〕七年，奏定川省銅鉛開採事宜。户部議覆：四川巡撫碩色奏言：「建昌道所屬之迤北沙溝紫古哵三銅廠，川東道所轄雲陽界連奉節縣之銅鉛礦廠，永寧道所轄長寧縣之茶山溝鉛廠，並無妨礙田園廬舍，取礦煎試，每礦一觔約可煎浄銅、鉛三四兩不等，實屬旺盛，應准其開採。所出銅、鉛除抽課之外，商民所得銅、鉛照例收買，以供鼓鑄。至開採礦廠，人衆事繁，若不委員專司經理，難免滋事透漏。應准其酌委佐雜幹員，分廠經管，專司抽課，稽查約束。并於建昌、雲陽、長寧三處各委官一員，一年期滿，於要隘處所不時巡查，并將各商煎出銅觔給票登記。如與抽課印簿不符，及私煎等弊，即將本商爐頭責革，另募殷商充補。再，黑白鉛觔俱係鼓鑄所需，長寧、雲陽等處應准其招商開採，照例二八抽課，每年將細數按季造報，歲底具題。仍將廠名處所預行造册送部，以備查核。」得旨如議行。

九年，准粤東開採銅礦。兩廣總督那蘇圖等奏稱：「粤東開採礦廠，自康熙三十八九年以來，議開議停，已非一次。第以錢文日少，民用日絀，鼓鑄一事萬難緩待。粤東現有礦廠棄而不取，是猶坐守倉廩而無術療饑，非計之得也。況粤東山多田少，應募工丁，斷非有田可耕，有地可種之農圃，是開採礦廠，兼可爲撫養貧民之計。似宜將現在報出銅、鉛各礦，先行試採。自廣州、肇慶二府起，由近至遠，以少及多，砂旺即開，砂弱即止，陸續酌量抽課。至於金、銀二礦，民多競趨，恐轉於鼓鑄有礙，應請照舊封閉。凡銅礦内有夾帶銀屑爲數甚微者，仍准開採抽課。」下部議行。

十二年，以粤西礦廠飭委道員查核。廣西巡撫鄂昌奏：「粤西一省地居邊徼，向來額賦無多，所有各處礦廠，原爲湊充兵餉之用，雖各廠出砂之多寡，抽課之盈絀，自有不同，而走漏侵隱之弊，所在不免。請令分守蒼梧道及分巡左江、右江二道員，將所轄各廠抽收課銀，就近稽查確核。」從之。【略】

乾隆十六年，定湖南郴、桂二州礦廠事宜。湖南巡撫楊錫紱奏稱：「湖南省開採礦廠奏銷案内，所有礦夫採獲銅沙，以及黑白鉛砂俱應納税。惟黑鉛礦内銀、鉛並産，康熙雍正年間，銀氣旺盛，是以從前京商開挖時報抽銀税，後經封閉。迨至乾隆七年，原任巡撫許容奏請復開，以黑鉛砂内出銀無幾，不過滴汁成珠，止堪賞給爐户，請將銀税改爲砂税。現今銀氣復旺，自應隨時更正，以復銀税之名。然不另立科條，誠恐砂税、銀税無以區别。嗣後，除銅砂、白鉛砂及無銀氣之黑鉛砂所抽税銀仍名砂税，照舊辦理外，其有銀之黑砂，定爲銀税，另立科條，照例抽收，列入奏銷册内，以備稽考。又查郴、桂二廠礦夫採獲銅、鉛礦砂，賣與商人煎煉，每年砂税共銀七八千兩，商人廠卡各處丁役、辛工飯食等項，歲需三四千兩，以砂税之半取給，已屬充裕。請自乾隆十六年起，抽收砂税，每十分内先歸官税五分，餘五分爲商人廠卡公費。既於商本無虧，又於課務有益。」從之。【略】

十七年，派專員董理郴、桂二州礦廠事宜，加增收買餘銅價值。湖南巡撫范時綬奏言：「楚省開採礦廠，税課攸關，立法稽查，理宜嚴密。湖南郴、桂二廠據前撫楊錫紱於題請開採事宜案内，請於各處設卡巡防，令該二州爲監督，衡永郴桂道爲總理，經臣部覆准在案。茲復據稱，該二州駐劄州城，離廠窵遠不能親赴督查，轉委親友家人料理，舞弊營私，勢所不免。請遴委專員彈壓，凡一切領價報銷，及抽收税課辦解銅鉛，俱歸經手。一年期滿，新舊更替，造册題銷。並令該二州互相查察，及州同、州判，隨從協辦，乃責成該道總理，是責任各有攸歸，防範更爲嚴密。應如所請辦理。至郴、桂二廠所出銅觔，原議每煉銅百觔，除抽課二十觔外，餘銅八十觔給價九兩六錢收買。據該省巡撫以定價不敷商本，採辦維難，請照前撫楊錫紱所奏，每餘銅八十觔給價銀十一兩二錢八分收買。」部議：「以湖南産銅之區，祇宜量爲加增，請照粤省定例，每出銅百觔，除抽課二十觔外，餘銅八十觔給價銀十兩四錢，則採辦自必從容，不致有虧商本。應令該撫自題准之日爲始，照數支給報銷。」從之。

《續通典》卷一三《食貨一三·錢幣下》 〔正德六年〕南京吏部司務朱希皋奏稱，户、工二部請開納銀入監，開礦煎銀，不若採銅鑄錢。下户部議。尚書梁材奏曰：「兩京見有寶源局設官鑄錢，良法美意固未嘗廢。至於嚴禁僞錢，使歷

代好錢與制錢相兼行使，具在律令。」

是時巡撫山西都御史靳學顔上書議鑄錢曰：「臣聞人之所由生，衣食爲大，王者利用厚生，必先乎此。此出於天時、地利、人力相待，而共成三才之用者也。有此三才，即有此布帛五穀，增虧相乘，有無相貿，而非有水旱之災，兵革之奪，癘疫之妨，以一歲之功而供一年之用也。今民愁居懾處，司計者日夜憂煩，遑遑以匱乏爲慮者，豈布帛五穀之不足哉？謂銀不足耳。夫銀者，寒不可衣，飢不可食，不過貿遷以通衣食之用爾。而銅錢亦貿遷以通用，與銀異質而通神者。猶雲南不用錢而用海巴，三者不同，而致用一焉。今獨奈何用銀而廢錢？惟時天下用錢者曾不什一，而錢法久矣其不舉矣，錢益廢則銀益獨行，銀獨行則豪右之藏益深，而銀益貴。銀貴則貨益賤，而折色之辨益難，而豪右者又乘其賤而收之，時則貴而糶之，銀之積在豪右者愈厚，而銀之行於天下者愈少。再踰數年，臣不知其又何如也，則錢法不行之故爾。計者又欲開礦。夫礦不可開，開無益也。一禁而不可弛，弛則亂矣。臣試根極錢説，而司計者擇焉。臣聞錢者，泉也，如水之行地中，不得一日廢者。從成周漢唐宋以來，史籍可覩，未有用銀廢錢，如今日之甚者也。而用錢之多，鑄錢之盛者，尤莫如宋，故宋太祖欲集錢至五百萬而贖山後諸郡於遼。靖康中，趙良嗣奉使，歲加税銀一百萬餘金，其平時賂契丹、寧夏也，歲幣率有常額，其外國亦用錢可知。又宋之饒州、處州、江寧等處皆其鼓鑄之地，今江南人家嘗有發地得窖錢者，則無南北，皆用錢可知。其餘書史所嘗言幾百萬、無慮鉅萬、累鉅萬之説，率多以錢計。今去宋不遠，故所用錢多宋之物。夫用錢則民生日裕，鑄錢則國用益饒，惟人主得爲之。故曰聖人之大寶曰位，因位而制權，因權而制用。故又曰，錢者權也，一代之興則制之，一主之立則制之，改元則制之，軍國不足則制之，此經國足用之一大政也，奈何廢而不舉。臣竊聞江南富室有積銀至數十萬兩者，今皇上天府之積亦不過百萬兩以上，若使銀獨行而錢遂廢焉，是不過數十里富室之積足相擬矣。皇上試一舉其權而振之，則彼富室之知勇豪俊者將奔走於吾權之不暇，彼敢冒萬死而盜鑄一文者哉？故曰權也。權者，立之無形，而達之無窮，用之則天下求我而有餘，不用則日擾擾焉求天下而不足爲驗，甚明也。且夫富貴，其權一也，皇上今出數寸之符，移片紙之檄，以匹夫而拜將相焉。又能使同姓王異姓侯焉，於公帑未有損也。此馭貴之權若是乎其易也。若乃今日與人以千金焉，明日與人以萬金焉，曾不踰年而太倉告匱矣，夫何馭富之權若是乎其不侔與？誠以有權而不用，與無權等爾。昔漢文帝寵鄧通也，曰吾能富之，賜以蜀山之銅，而鄧氏之錢滿天下。吴王濞擅鑄山之利，而輒稱兵，與漢廷抗。夫以竊一日之權，尚足以得民而抗漢，況以萬乘而自振，其權可勝用哉？今之爲計者，謂錢法之難有二：

一曰利不酬本，所費多而所得鮮矣。臣愚以爲此取效於旦夕，計本利於出入，蓋民間之算非天府之算也。夫天府之算以山海之産爲材，以億兆之力爲工，以修潔英達之士爲役，果何本而何利哉？此所謂本猶不免用銀之説爾。臣所謂本蓋無形之權是已，何則？鑄錢之須，一曰銅料，一曰炭，一曰轉致，一曰人工。夫此四者在民間計之，銀一分而得錢四分，誠不酬五矣。自臣愚計之，皆可不用銀而取辦者。誠將天下出産銅料之處，贖軍徒以下之罪而定其則，以收銅於西山；産煤之窯，以法司有罪之人而準其罪，以納炭。其運炭則請出府庫見有之錢，或於京城或於近縣，或於營軍。如係官身，則量給以工食，如係民户，則平給以脚價。如是，而患無材與夫轉致之難，臣不信也。至於人工取之見役而皆足，則又不煩銀兩而可辦也。臣不知工部及寶源局額匠役若干，見今坐食否耶？即以營庫九萬人論之，抽用其一二千人足矣，而謂妨訓練耶？今京城之内鍛金刺繡、聲技力作之徒，與夫靠衙門而衣食者，孰非營軍，奚啻一二千也，而未嘗聞其妨。凡此皆不用銀而可以成務，固無本利之足較矣。

其二曰民不願行，强之，恐物情之沸騰也。臣愚以爲，歷代無不用之。至稱爲錢神，我朝又用之，祇見其利，不聞其病。正德、嘉靖以前猶盛行之，蓋五六百而值一兩，今七八十歲人固多，尚可一召而訊也。獨至於今屢行而屢廢，甫行而輒輟焉，何哉？臣竊詳之。錢比鈔異，於小民無不利也，獨所不便者，姦豪耳。一曰盜不便，一曰官爲姦弊不便，一曰商賈持挾不便，一曰豪家蓋藏不便。此數不便者，與小民無與也。臣竊聞往時但一行錢法，則輒張告示，戒廠衛不先於賣菜之傭，則責之以荷擔之役，愚氓相煽，既閉匿，觀望之不免。而姦豪右族依托城社者，又從旁簧鼓之，以濟其不便之私。一日而下令，二日而閉匿，不三四日而中阻矣。務大計者，宜若是之易動哉？臣聞施恩澤者自無告始，行法令者自貴近始，豈惟貴近自朝廷始可也。請自今以後追抵贖者，除折穀外而責之以納錢，上事例者，除二分納銀外，而一分以納錢，存留户口，則兼收錢穀，商税課程則純用收錢，此謂自朝廷始。又因而賜予之費，宗室之禄，百官之俸，則銀錢兼支，又因而驛遞應付雇夫雇馬，則惟錢是用。又因而軍旅之餉則分其主客，量其遠近，或以代花布或以充折色，此謂自貴近始矣。此數者有出有入，而民間無底

滯之患，誠以上下交會，血脈流通故也。輕斂輕散，官府有餘積之藏，誠以正賦之銀既以無減於常額，而一切之費又取辦於一權故也。此權不可通之於天下，以啓盜權之釁。請於寶源局或西倉專設侍郎，或即用左右侍郎一員督於上，以十三司員外或主事分理十三省事於下，以科道各一員監之，銅料工材各有攸掌。各省斂散悉照分司，先以區畫條議計定而行，而又輕重適均，無駭於俗，仍唐宋以來舊錢兼之，或上施下，或下納上，著之以必行之令，遲之以歲月之效，久之而本末兼利，公私循環，可以輟鼓鑄之勞，而罷工作之使也。昔我祖宗先制鈔時，下令甚嚴，有以金、銀貨物交易者輒没給告者，然不徒責之下也。後又令各處稅糧課程贓罰俱折收鈔，此固血脈流通之意，所謂泉也，而法以佐之，所謂權也。

神宗萬曆四年，命户工二部准嘉靖錢式，鑄萬曆通寶錢，金背及火漆錢一文重一錢二分五釐。又鑄鏇邊錢，一文重一錢三分，頒行天下，俸糧兼給銀錢。

莊烈帝崇禎三年，御史饒京言：「鑄錢開局，本通行天下。今苦於無息，旋開旋罷。各局所鑄之息不盡歸朝廷，復苦無鑄本，蓋以買銅而非采銅也。乞遵洪武初及永樂九年、嘉靖六年例，遣官各省鑄錢采銅於産銅之地，倣銀礦法十取其三。銅山之利，朝廷擅之，小民所采仍予以直。」從之。

《清朝奏疏》卷四一王士俊《請開礦鑄錢疏雍正六年》 廣東布政使臣王士俊謹奏，爲恭請開礦鑄錢事。竊廣東各屬山場所在皆産銅，鐵爐現在開煽輸稅，未奉停止，惟銅礦久經封禁。但粤省田少人稠，民無常業，自銅礦奉禁以來，附近居民仍復羣聚偷挖。在地方文武各官視銅礦爲小民衣食之地，明知偷挖，不行攔阻。督撫、提鎮知有礦徒聚集，雖檄飭官弁驅逐，無如伊等聲息甚通，官弁未到之先，則已另往他處。官弁既去之後，旋回壠口挖砂。其實礦徒究未嘗一日逃散也。臣查肇、高、雷等府民間貿易行使悉係唐宋舊錢，廣、韶等府俱用低薄砂錢，相隔三百里之間，錢有行使不行使之别，故錢法之壞莫甚於粤東。倘蒙勅令督撫勘明各屬山場，照雲南湖廣之例一體開礦採銅，並歷年收買之銅器設局鼓鑄，所有唐宋舊錢及低薄砂錢，令各州縣於收買銅□處所發價收買，新鑄制錢分運各府换銀行使，支放兵餉，搭定銀七錢三，將見舊錢、砂錢自然無適於用。而現在偷挖之礦徒轉爲開採鼓鑄之夫役，國寶流通於薄海，羣黎食力於銅砂，是誠一舉而兩得也。或以開採銅礦疑夫役易聚難散，但銅礦與鐵廠無異，今鐵廠所需夫役頗多取結互保，並無難散之慮。銅礦夫役照鐵廠一例編查，止用附近居民，不許外人混入，聚雖易，散亦不難，又何意外之慮耶。臣從錢法起見，因敢敬陳芻蕘之言，伏乞皇上睿鑒。

又鄂彌達《請開礦採鑄疏雍正十二年》 廣東總督臣鄂彌達謹奏爲恭請開礦採鑄事。竊粤東界連數省，一帆可通，若得就近開鑄，不但本地錢文流通，兼可資兩江、三楚、浙閩等省之用。伏思粤東開採之議屢奉諭旨嚴禁，礦口悉封。臣職任海疆，自應杜漸防微，況利弊相因，豈容輕舉妄動。但臣莅粤數載，遍察情形，熟思審計，有可保其有益而無害者。粤東山多田少，生齒日庶，生計倍艱。查惠、潮、肇、韶等府礦産甚多，原係天生之寶，以資小民之生，固宜應時變通，以疏衆貨之源。若謂人衆堪虞，易聚難散，恐滋生事端。查廣省鐵爐不下五六十座，煤山、木山開窄亦多，傭工者不下數萬人，俱各相安無事。粤東向稱多盜，邇來仰賴天威，前此窠巢已成樂土，民情漸知畏法，苟得開礦營生，方見踴躍思赴，各立家室，實無他慮。查滇南開採多年，並無他患。湖南郴、桂等處從前歷年開採，粤西亦現在開採，並無異説。且銅、鉛、金、錫皆地氣凝成，此衰彼旺，彼衰此旺，更遞開之，實可不匱不竭。若以人多則穀價易昂，試思以本地之利養本地之民，即以本地之人食本地之穀，未開採之先，人不少而穀不加多，既開採之後，人不多而穀豈見少？見在連年豐收，穀價年減，惟不令外省游手冒入充工，固萬無人滿之患。況本地居民各愛其生，豈肯利歸他境，更可不禁而自杜。臣請酌量倣照各省開廠事宜，就本省地方招殷實商民，取具該地方官家道殷實印結，令其自備資本開採，專委廉正之員董理巡查。其召募人夫各州縣官查樸實窮民取具户隣保結，編立保甲，填明户口住址，連名互結，併可察匪彌姦，實有利而無弊。如蒙俯准，就近開鑄，則上裕國課，下養窮黎，流布錢文，通濟鄰省，莫有便於此者矣！

《通鑑輯覽》卷一一二《明·神宗皇帝》〔萬曆甲辰三十二年〕十二月，詔罷天下開礦，以稅務歸有司，中使仍留不撤。

自礦稅使設，廷臣諫者不下百餘，悉寢不報。自二十五年至是年，諸璫所進礦銀三百萬兩，金珠、寶玩、貂皮、名馬，雜然進奉，帝以爲能。會長至日，沈一貫在告，沈鯉、朱賡謁賀仁德門，帝賜食。司禮監陳矩侍。鯉因極陳礦稅害民狀，且言礦使破壞天下名山大川靈氣盡矣，恐于聖躬不利。矩乃具爲帝道之，帝悚然遣矩咨鯉所以補救者。鯉言急停開鑿則靈氣自復，帝爲首肯。一貫慮鯉獨收其功，急草疏上，帝不懌，復止。踰月，始下停礦之命，以稅務歸有司，歲輸所入之半于内府，半户、工二部。然中使不撤，吏民尤苦之，其害遂終帝世。

嵇曾筠《〔雍正〕浙江通志》卷八七《錢法》 康熙十四年議准，各省産銅及白黑鉛處所，有民具呈願採，該督撫選委能員監官採取。

康熙十八年覆准，各省採銅、鉛處，令道員總理，府佐分管，州縣官專司，任民採取，八分聽民發買，二分納官，造册季報。其近墳墓處，不許採取，或事有未便，該督撫題明停止，道廳官如得税銅鉛，每十萬觔，紀録一次；四十萬觔，加一級。州縣官得税，每五萬觔，紀録一次；二十萬觔，加一級。所得多者，照數議叙。上司誅求逼勒者，從重議處。其採取銅、鉛，先聽地主報名採取，如地主無力，聽本州縣人報採，許雇隣近州縣匠役。如有越境採取，並衙役擾民，照光棍例治罪。浙江開採銅、鉛共六縣，富陽採銅、白鉛，餘杭採銅，武康採銅、黑鉛，山陰、會稽採白鉛，諸暨採銅、黑鉛，聽民開採，官爲抽税。屬杭州者，杭嚴道總理；屬湖州者，嘉湖道總理；屬紹興者，寧紹道總理。

《東華録》卷二八 雍正五年正月，奉天將軍噶爾弼疏言：「奉天金、銀、銅、鉛等礦難久禁，開採而竊掘尚多，恐其中潛藏匪類，致生事端。除盃犀湖等處所産鐵爲居民犁鉏必需，無須禁止外，請將遼陽屬之黄波羅峪、開原屬之打金廠等處，均照錦州大悲嶺例，永禁開採。」允之。

戴震《〔乾隆〕汾州府志》卷三一《藝文五》謝汝霖《永寧州開礦詳文》 開採病民，得不償失。況礦徒易聚難散，小則争掠，大則嘯聚，關係地方不小。我皇上連歲蠲免數十萬之錢糧，欲四海富贍，至於開採之議，屢格不行，聖慮誠周詳也。有內務府商人王綱明者，因欠鉛斤得擅礦利，詐言節省，實恣花銷，若伊果能節省，何至積欠纍纍，即使歲進萬金，奚裨耕桑正賦？乃盡趨遊手、獷悍之徒，散布晉楚深山之中，雖今昇平日久，保無意外之虞邪。明季科臣上言，自萬曆二十五年十月開採，至三十六年費過三萬餘金，得礦銀二萬八千五百。此開礦無利可知也。礦既無利，旋而散砂，砂有盈縮，旋而均派，民情愁抑，謂槌鑿入山者十二年，虎狼出柙者半天下。此開礦病民可知也。往事昭然，足爲殷鑒。今開採既寬，費用難省，分肥人衆，礦利自微。初則冒領庫銀，繼必誘傾人産，節省未知何日，將來虧欠更多。但患之在事後者，卑州不敢妄陳；患之在目前者，卑州豈能緘默。玆有王允治、劉承基、王恕等到州，皆王綱明之商夥也，呈稱州屬骨脊山之黄帝廟、卧羊山等處，有礦可採，人馬赫奕，繹騷往來。骨脊山即古吕梁地，接交城，綿跨數縣，高山大林，積賊盤踞。今交山之寇焰甫息，吕梁之白骨猶横，新設營盤駐兵防守，名靖安營，此易亂難靖之區也。礦商網利三晉，何惜留此寸土，以慰甫靖之遺民，乃必求礦於舊賊之巢，聚衆於營盤之內，騷擾防兵，驚逐殘黎，就使十倍礦利，尚且不可，況未必有利乎？伊謂開礦係奉旨之事，卑州奉職撫民，亦係奉旨之事，但礦商志在營利，卑州職在靖民，事各不同，勢難共處。礦商來則卑州必去，毋滋亂萌階爲晉禍，即加卑州以阻撓國課之罪，亦所不辭。

黄洪憲《碧山學士集》卷一一《己卯擬時務策一道》 《禹貢》惟金三品，宋朝金、銀、銅、鐵、鉛、錫之冶揔二百七十一，皆置吏焉，我朝獨有厲禁。曩嘗于閩浙開場置官，而得不償費者，由遺內豎耳。誠聽民採之，而官收其税，有則與下同利，無則不取盈焉，何利如之？且今日金花之税不取于山，而取于田夫。田既因耕而出税，又爲山而征銀，甚非制也。若謂礦不可開，則舜不甄陶，禹不貢金，《周禮》礦人以時取之者皆非歟？《管子》曰：「國有沃野之饒而民不足于食者，器械不備也；有山海之貨而民不足于財者，商工不備也。故王者外不鄣海澤，以便其用；內不禁刀幣，以通其施。」此之不爲，而往往藉輸納之例，開鬻爵之鍰，恃一切權宜之術，曰可以足國也，豈不謬哉？

趙翼《廿二史劄記》卷三五《萬曆中礦税之害》 萬曆中，有房山民史錦、易州民周言等言，阜平、房山各有礦砂，請遣官開採，以大學士申時行言而止。後言礦者争走闕下，帝即命中官與其人偕往，蓋自二十四年始。其後又於通都大邑增設税監，故礦、税兩監遍天下。兩淮又有鹽監，廣東又有珠監。或專或兼，大璫小監，縱横繹騷，吸髓飲血，天下咸被害矣。其最横者，有陳增、馬堂、陳奉、高淮、梁永、楊榮等。增開採山東，兼徵東昌税。縱其黨程守訓等大作奸弊，稱奉密旨搜金寶，募人告密，誣大商巨室藏違禁物，所破滅什伯家，殺人莫敢問。又誣劾知縣韋國賢、吴宗堯等，皆下詔獄。凡肆惡山東者十年。堂天津税監，兼轄臨清。始至，諸亡命從者數百人，白晝手鋃鐺奪人財，抗者以違禁罪之。僮告主者，畀以十之三，破家者大半。遠近罷市，州民萬餘縱火焚堂署，斃其黨三十七人，皆黥臂諸偷也。事聞，詔捕首惡，株連甚衆。有王朝佐者，以身任之，臨刑，神色不變，州民立祠祀之。陳奉徵荆州店税，兼採興國州礦砂。鞭笞官吏，剽劫行旅，商民恨刺骨，伺其出，數千人競擲瓦石擊之。至武昌，其黨直入民家，奸淫婦女，或掠入税監署中。士民公憤，萬餘人甘與奉同死，撫按三司護之始免。已而漢口、黄州、襄陽、寶慶、德安、湘潭等處民變者凡十起。奉又誣劾兵備僉事馮應京等數十員，帝皆爲降革逮問。武昌民恨切齒，誓必殺奉，奉逃匿楚王

府，衆乃投奉黨耿文登等十六人於江，以巡撫支可大護奉，焚其轅門，而奉倖免。高淮採礦徵稅遼東，搜括士民財數十萬，招納亡命，縱委官廖國泰虐民激變，誣繫諸生數十人，打死指揮張汝立，又誣劾總兵馬林等，皆謫戍。率家丁三百人，張飛虎旗，金鼓震天，聲言欲入大内，遂潛住廣渠門外。御史袁九皋等劾之，帝不問。淮益募死士出塞，發黄票龍旗，走朝鮮，索冠珠貂馬。又扣除軍士月糧，前屯衛軍甲而譟，誓食其肉，錦州、松山軍相繼變，淮始内奔。梁永徵稅陝西，盡發歷代陵寢，搜摸金玉。縱諸亡命，旁行劫掠，所至邑令皆逃，杖死指揮縣丞等官，私宮良家子數十人。稅額外增耗數倍，索咸陽冰片五十斤，麝香二十斤。秦民憤，共圖殺永，乃撤回。楊榮爲雲南稅監，肆行威虐，誣劾知府熊鐸等，皆下獄。百姓恨榮入骨，焚稅廠，殺委官張安民。榮益怒，杖斃數千人，又怒指揮樊高明，榜掠絶觔以示衆。於是指揮賀世勛等率冤民萬人，焚榮第殺之，投火中，並殺其黨二百餘人。帝爲不食者累日。此數人其最著者也。他如江西礦監潘相，激浮梁景德鎮民變，焚燒廠房。相往勘上鐃礦，知縣李鴻戒邑人，敢以食物市者死，相竟日饑憊而歸，乃劾鴻罷其官。蘇杭織造太監孫隆激民變，遍焚諸委官家，隆走杭州以免。福建稅監高寀，在閩肆毒十餘年，萬衆洶洶欲殺寀，寀率甲士二百人，突入巡撫袁一驥署，劫之令諭衆，始退。此外如江西李道，山西孫朝，張忠，廣東李鳳、李敬，山東張曄，河南魯坤，四川邱乘雲輩，皆爲民害，猶其次焉者也。是時廷臣章疏悉不省，而諸稅監有所奏，朝上夕報可，所劾無不曲護之，以故諸稅監益驕，所至肆虐，民不聊生，隨地激變。迨帝崩，始用遺詔罷之，而毒痛已遍天下矣。論者謂明之亡，不亡於崇禎，而亡于萬曆云。

《〔雍正〕八旗通志》卷一五三《人物志三三・大臣傳一九》〔雍正九年五月〕先是，有直隸藁城縣知縣高葑者，山東人，請試開臨淄、即墨、平陰、泰安、沂、費、滕、嶧等縣山場銀、銅、鉛、鐵各礦，事下山東巡撫勘奏。至是，喀爾吉善奏言，神京拱衛，礦洞久經封禁，東省其地跨四府八縣，形勢遠近聯屬，開採殊多未便。且利之所在，衆必共趨，恐濟武災區，沂曹盜藪，別生事端，應照舊封禁。上韙其言。

又卷一六一《人物志四一・大臣傳二七》〔雍正二年〕十二月〔鄂爾達〕疏言：「准部咨，廣東開採銅礦。查惠、潮、韶、肇等府州礦山甚多，若一時俱開，不但需員料理，即殷實之商亦難驟得，請先開惠州府屬之歸善、陽春，韶州府屬之英德、曲江四處，歲可得銅三四百萬觔，於京局鼓鑄有益，迨積有餘銅，廣東亦可開局鼓鑄，銅價自平。」報聞。

又卷一七三《人物志五三・大臣傳三九》〔雍正〕五年正月〔噶爾弼〕疏言，奉天金、銀、銅、鉛等礦，雖久禁開採，而竊掘者尚多，利之所在，聚集多人，恐其中潛藏匪類，致生事端。除盃犀湖等處所産鐵爲居民犁具所必需無須禁止外，請將遼陽屬之黄波、羅峪，開元屬之打金廠等處，均照錦州大悲嶺例，永禁開採，以靖地方。

又卷二〇五《人物志八五・大臣傳七一》〔雍正七年〕十一月，〔黄廷桂〕請開採黄螂等處銅、鉛資鼓鑄。諭曰：「此奏識見殊屬庸愚之至，所謂守突奥之熒燭，未仰天庭而覩白日者也。雷波黄螂一帶地方，與新撫涼山諸夷壤疇交錯，第宜示以静鎮，胡可興起利端？若聽民開採，各處流亡無藉之徒勢必羣相趨赴，萬一釀生事故，所關匪淺。汝其會同憲德速將金竹坪、白蠟山等處凡出産銅、鉛礦廠概行封禁，嚴加防範，稍有奉行不力，脱至紛紜，黄廷桂、憲德之身家性命未足以償厥辜也。」廷桂奏謝聖訓。得旨：「向後一切事宜，務須詳慎爲要，率爾之見，何可瀆陳？朕覽所奏，倘亦如汝，遽即見諸施行，竟至滋擾地方，其害曷勝枚舉？豈引咎頌聖數語所堪了結者。如云曾經審思，原非率爾，則己之才識，實屬不逮，可知愈當加勉詳慎。」

《清律例》卷四一《工律・吏例》一夥衆越境，採取銅、鉛，聚至三十名以上，爲從者枷號三個月。不及三十名，爲首者枷號三個月。不及三十名爲從者，錢法例。

《清刪除新律例》卷下《刑律賊盜》一、産鑛山場，山主違禁勾引鑛徒潛行偷窆者，照鑛徒之例，以爲首論。若係約練勾引，接濟夥同分利者，照引領私鹽律，杖九十，徒二年半。得財者計贓，准竊盜從重論。如因官兵往拏漏信使逃，及陰令拒捕者，俱照官司追捕罪人而漏泄其事者，減罪人所犯罪一等律治罪，保甲地隣知情容隱不報者，均照强盜窩主之隣佑知而不首例，杖一百發落。

一、在熱河承德府所屬地方，偷窆金、銀鑛砂，無論人數砂數多寡，爲首俱枷號三個月，係民人實發雲、貴、兩廣極邊煙瘴充軍；係蒙古人發四省驛站當差。爲從係民人枷號三個月解回内地，杖一百，徒三年；係蒙古人枷號三個月，調發隣盟，嚴加管束。如被獲時有拒捕殺傷人者，仍照盜掘鑛砂本例，分別科斷。其得錢招留之蒙古地主與首犯同罪，地方官不行嚴拏者，交部議處。

趙宏恩《〔乾隆〕江南通志》卷八二《採銅條例》〔康熙〕五十四年議准，江

蘇、安慶、湖南、湖北、江西、浙江、福建、廣東八省額辦銅觔，遴選能員出洋採辦，定限於四月完半，十月全完，倘逾限不完，照例議處。

雍正八年覆准，江蘇、安徽、浙江、江西、福建等省各遴委道府大員承辦，每年上下兩運銅觔，上運銅觔寬至次年八月起解，下運銅觔寬至次年十二月起解。准令滇、洋並採，滇銅定價每擔不得過十四兩五錢，洋銅每擔十三兩，赴滇者委員至雲南所屬産銅地方價買，出洋者招商給批，至日本國採取。

朱國標《明鑑會纂》卷一〇《明紀·神宗顯皇帝》〔萬曆〕〔乙丑十七年春三月〕房山人史錦請開礦，國上聲。金、銀、銅、鐵璞石曰礦。命下撫按。

〔丙申二十四年閏月〕編：府軍前衛副千户仲春請開礦助大工。從之。紀：命户部錦衣衛各一同仲春開採，給事中程紹工、楊應文言：嘉靖三十五年七月命採礦，自十月至三十六年，委官四十餘，防兵千一百八十人，約費三萬餘金，得礦銀二萬八千五百，得不償失。不聽。

編：命户部郎中戴紹科錦衣僉書楊宗吾開礦汝南。

編：九月，詹事府録事曾長慶、錦衣衛百户吳應騏，請山西夏邑開礦。府軍後衛指揮王中允，請青沂等開礦。從之。

編：編富民爲礦頭。太監王虎請也。

編：冬十二月，遣太監張忠往山西，曹金往兩浙，趙欽往陝西各開礦。紀：先是，奸人王君錫奏開易州礦，下户部議，尚書林材上言，山冶之害，小則争掠，大則嘯聚，盗之囮，訛。鳥媒也，以來生鳥。寇之藪也。遂逐君錫。及張位秉政，以爲利出於天地之自然，可益國，無病民，採之便，上遂從其言。礦使之害，幾徧天下。

《清高宗實録》卷六三〔乾隆三年戊午二月壬子〕兩廣總督鄂彌達奏報：「拏獲博羅縣横山地方偷挖礦徒。」得旨：「知道了。奸徒聚衆至八九百人之多，爲日有半年之久，始行發露，拏獲到案，汝等地方大吏竟恬不爲怪，亦可笑之事也。」

又卷二一五〔乾隆九年甲子四月丁丑，署廣東巡撫廣州將軍策楞〕又奏：「粤省番禺等三十州縣俱有産礦山場，大概鉛砂多於銅砂，微有金、銀夾雜，粤東地處濱海，民間生計窘迫，非無小補，又可供本地鼓鑄。惟查從前礦廠規條，委員經理，定以二八抽課，另收餘銅以供養廉，誠恐未開廠以前，先已那動帑項，既開以後，所收不敷公用，而抽收太多，有虧商本，仍前隨採隨停，轉致與民無濟。計惟令本地有司督同商人先行試採，其作何抽課，應否設立廠員，俟辦理就緒，酌量題奏。」得旨：「所奏俱悉。」

又卷二二〇〔乾隆九年甲子秋七月乙酉〕户部議覆：「兩廣總督馬爾泰、署廣東巡撫策楞條陳粤東開採礦廠召商抽課各事宜：一、據廣州府屬番禺等縣報銅礦十二，鉛礦二十二，銅鉛礦砂三；韶州府屬曲江等縣報銅礦五，鉛礦二十七，銅鉛礦砂三；惠州府屬博羅等縣報銅礦十六，鉛礦十，鉛礦兼有銀砂者五；潮州府屬海陽等縣報銅礦六，鉛礦七，銅鉛礦砂十五，又銅鉛礦砂雜有金銀砂者十四；肇慶府屬鶴山等縣報銅礦二，鉛礦五，又銅鉛礦砂九，金礦九；羅定州屬西寧縣報銅鉛礦砂五；連州及連山縣報銅鉛礦十七，銅礦一；嘉應州及長樂等縣報銅礦四，鉛礦六。現勘明於田廬無礙，即召商試採。第每銅百觔實需工本十二兩有奇，若照洋銅每觔一錢四分五釐交官收買，除百觔内抽課二十觔外，工費不敷，應如所請，飭該督定議報部。一、銅礦原本無銀，間雜銀屑爲數甚微，現酌議何等以上抽課，何等以下免抽，應如所請，俟確查定議。其餘銅、鉛仍照例二八抽課。一、定例每縣召一總商承充開採，聽其自召副商協助，一縣中有礦山數十處，遠隔不相連者，每山許召一商，倘資本無多，聽其夥充承辦。應如所請。如礦少砂微，并令居民開採抽課，一并按季按月彙報。一、每山設一山總，每隴設一隴長，約束稽查。每工丁十人設一甲長管領，應募者取保互結。亦應如所請，飭該管官嚴行防範。」從之。

又卷二二七〔乾隆九年甲子十月癸酉〕兩廣總督那蘇圖等奏：「承准廷寄御史衛廷璞、歐堪善條奏二件，請停緩開採礦山，奉旨交臣等定議。臣抵任後，即與臣策楞詳查案卷，並備詢屬員，博採輿論。竊惟粤東礦廠自康熙三十八九年以來議開議停，已非一次。臣等身膺重寄，何敢好大喜功，創此無益之舉，第敷政有體，當衡其輕重緩急，補偏救弊，而歸於至當。若兩御史所奏，雖因息事寧人起見，而臣等仰承下問，不敢不據實上陳。查粤省山海交錯，五方雜處，兵民商賈在在需用錢文，鼓鑄一事萬難緩待。而銅觔之産於東洋者，江浙等省紛紛購買，尚慮虧缺。其産於滇南者，額解京局及供應本處，與川黔等省鼓鑄，豈能源源接濟？今粤東現有礦廠棄而不取，非計之得也。議者謂礦廠一開，奸良莫辨，海寇黎猺，刦壠踞山，事屬可慮。伏惟久道化成，數十年來，鯨鯢絶跡，必無意外之慮，即如雲南夷猓雜處，粤西苗獞交錯，頻年開礦，並未滋事，惟在司事文武彈壓有方，便可杜絶。況粤東山多田少，民人雖有胼胝之能，苦無耕作之地，與其

飄流海外作奸爲盜，何如入山傭趁，使俯仰無憂，是開採非特爲鼓鑄計，兼可爲撫養貧民計也。若云本省米穀有限，丁衆食指浩繁。查產米地方，遠則江楚，近則粵西，皆一帆可達，購鄰省之米，養本省之人，有何食貴之慮？臣等隨時調劑，斷不使粵民向隅，如臺臣所云，因開礦而米價即貴也。似宜將現在報出銅、鉛各礦，先行試採，自廣州、肇慶二府起，由近至遠，以少及多，砂旺即開，砂弱即止。其衰旺緣由，及應開應停作何抽課之處，容試採之後，陸續奏聞。至金、銀二礦，民多競趨，恐其先金、銀而後銅、鉛，轉於鼓鑄有礙，應請停止，照舊封閉。其餘各項事宜，悉照户部議定章程辦理，毋庸更改。」得旨：「大學士會同該部議奏。」

又卷二六五 〔乾隆十一年丙寅四月己未〕山西巡撫阿里袞奏：「交城、陽城、平定、盂縣、平陸等州縣勘有銅、鉛礦所，飭屬招商試採，俟有成效，再將開採鼓鑄事宜列款具題。」得旨：「開礦固屬便民之舉，而滋擾則不可，一切留心，毋致生事可耳。」

又卷四一八 〔乾隆十七年壬申秋七月辛未〕又諭：「據陳宏謀奏稱，雲貴銅、鉛、銀、錫等廠工作貿易多係江楚之人，向聞犯罪脱逃者，往往竄入藏匿。馬朝柱籍隸楚省，壤址毗連，設或竄匿各廠，鄉民類聚，殊難辨識，請勅雲貴總督嚴密稽查等語。此奏似有所見。馬朝柱身爲逆首，自知罪大惡極，本地難容，潛竄隣省各廠，希冀偷生，亦情之所必有。著傳諭碩色、愛必達、開泰，令將馬朝柱年貌詳悉開列，督率廠員嚴密查察，妥協辦理，毋俾首惡得以容隱，致有漏網。」

又卷三八五 〔光緒二十二年丙申二月甲戌〕諭軍機大臣等：「開礦爲方今最要之圖，疊經諭令各直省督撫等設法開辦。茲據御史陳其璋奏，奥國博物院謂，中國煤產以江西樂平、浙江江山等處爲最，而莫多於山西。比利時議院謂，中華金、銀、銅、錫四金之礦，所在多有。外洋《時事新編》謂，山西煤鐵之礦，品居上上，多至十三萬餘英方里。見於西人稱述者如此。其見諸臣工奏報者，如前兩江總督沈葆楨覆陳洋務事宜疏內，謂福建古田等處產鐵甚旺。前福建巡撫丁日昌海防條議内稱，磁州、平陸、大同、太原、米脂等處皆煤多而佳，鎮江之東南山煤鐵五金皆有可採，浙江之金華，福建之永定皆有煤井各等語。覽該御史所奏，或採自西歐各國紀聞，或考自從前疆臣奏疏，所指有礦處所，歷歷可數，斷不至一無影響。著王文韶、劉坤一、邊寶泉、趙舒翹、德壽、廖壽豐、胡聘之、張汝梅揀派熟悉礦務、辦事實心之員，按照所指各地名，逐一認真履勘，擬定辦法，據實具奏。至該御史另片所稱，官辦不如商辦，凡各省產礦之處，准由本地人民自行呈請開採，地方官專事監管彈壓，其一切資本多寡，生計盈虧，官不與聞，俾商民無所疑沮等語。所奏亦頗中竅要，並著各該督撫酌度情形辦理。又據翰林院侍讀學士文廷式奏，各省開辦礦務疆臣，任意遷延，或藉端阻撓，推原其故，皆由畏難等語。當此國用匱乏，非大興礦務，别無開源良策，疊寄諭旨業已剴切詳明，各該督撫身膺重寄，與國家休戚相關，儻狃於故見，仍以空言搪塞，捫心自問，其何以仰對朝廷耶？將此由四百里諭知王文韶、劉坤一、邊寶泉、趙舒翹、德壽、廖壽豐、胡聘之，並傳諭張汝梅知之。」

又卷四七五 〔乾隆十九年甲戌十月乙亥〕調任安徽巡撫衛哲治奏：「前奉諭，以滇黔等省運京銅、鉛過境，波濤險惡處，派員豫防。查銅、鉛船行安境，由長江南岸順流而下，係安、池、太三府，屬其險惡處，則有貴池縣之欄杆磯、太子磯，銅陵縣之洋山磯等處，請嗣後船入境時，派該三府同知專司防。如同知出差，即派通判至沿江營汛，應飭安慶遊兵、奇兵等營酌派守備或千總各一員，協同丞倅辦理。倘猝遇風暴及險磯，帶同沿江救生船保護搶救。」得旨：「如所議行。」

又卷五一五 〔乾隆二十一年丙子六月丙辰〕諭軍機大臣等：「從前傳諭各省督撫，令將銅、鉛船隻過境有無事故之處，隨時具摺奏聞，乃各督撫不過將守風守凍、有無逗遛之處循例奏報，而沿途或有盜賣銅、鉛等弊，未能實力查察，及至交官短少，則往往挂批，俟下屆補解，稽延拖欠，動逾歲月。其遭風沉溺，或以少報多，虛取結諸弊皆所不免，是則經過地方之督撫，以隔省委員漫不經心所致也。現據拏獲解官家人，於未交局前盜賣銅觔一案，通州密邇京師，尚有骩法犯科者，則他省途次更難謂其必無矣。況解官餘銅餘鉛，原許其售賣以濟民間之用，至沿途射利透漏，致啓虧缺之漸，則斷乎不可。著再傳諭各省督撫，嗣後銅鉛過境，務須嚴密稽查，毋得視爲具文，玩忽從事。可通行寄諭知之。」

又卷六三六 〔乾隆二十六年辛巳五月己亥朔〕吏部議准：「署安徽巡撫常鈞奏請，嗣後銅、鉛船入境，或有沿途偷盜謊報沉溺等弊，一經發覺，將該地方官及派委員弁，照失察盜賣漕糧例議處，一起罰俸六個月，二起罰俸一年，三起降一級留任，四五起以上降一級調用，知情故縱參革審究。委員不親往稽查，混差書役結搪塞者，照徇庇例，降三級調用，一年内如能獲盜賣銅、鉛人犯，亦照拏獲盜賣漕糧例議叙。」從之。

又卷六五一 〔乾隆二十六年辛巳十二月甲午〕廣西巡撫熊學鵬奏：「隣省

採辦銅、鉛經過，例不奏報，請嗣後各省督撫照運京銅、鉛遇有事故奏聞外，其並無疏失事故，仍於歲底將某省採解若干觔，並委員出入境期彙奏。」得旨：「具見留心。」

又卷六五二 〔乾隆二十七年壬午春正月丙午〕諭軍機大臣等：「據熊學鵬奏，隣省辦運銅、鉛，經過地方，請照運京銅鉛之例一體稽查，隨時具奏一摺。向來各省於運京銅、鉛經過，已降旨令將該境内有無偷漏盜賣情弊查明具奏，至隣省銅、鉛經過，事同一例，歷來並不奏聞辦理，原未畫一。嗣後凡遇隣省採辦銅、鉛經過，飭各州縣一體實力稽查，如有偷盜沉溺情弊，隨時具摺專奏。若查明並無事故者，衹令於歲底將某省辦運銅鉛若干，並入境出境日期彙齊摺奏，各該督撫其留心飭查妥辦，毋得視爲具文。著於各督撫奏事之便，傳諭知之。」

又卷七七一 〔乾隆三十一年丙戌十月〕乙卯，户部議覆：「署兩廣總督楊廷璋等奏稱，奉准部議，酌定採辦銅、鉛限期。查廣東委員運鹽至雲南辦銅，回廣東前，請統限二十箇月，以八箇月運鹽，十二箇月運銅，今仍照定限辦理。至採買白鉛，原定限四箇月，今改限一百日，應如所請。」從之。

又卷九一七 〔乾隆三十七年壬辰九月甲寅〕湖南巡撫梁國治奏：「常寧縣屬大脥山白泥塘等處銅、鉛礦廠砂苗已盡，難以開採，應請封閉。」從之。

又卷一三七三 〔乾隆五十六年辛亥二月甲子〕諭軍機大臣等：「户部奏，川省各廠出産銅、鉛，前據李世傑請，照滇省辦銅之例派員專管，三年更换，覈其獲銅多寡，分别勸懲，業經議准，遵行在案。嗣届三年限滿，節次查催，先後據李世傑、保寧咨稱，毋庸獎勵議處，而孫士毅在任時，造送管廠各員獲銅數目清册，覈計所獲多少盈絀不齊，必須明示勸懲，方足以期廠務振作，請勅下該督仍恪遵原奏辦理等語。川省銅、鉛各廠既據李世傑等請，照滇省向例，視所獲之多寡，於三年後分别勸懲，業經定有章程，何以該督等又咨請毋庸獎勵議處。其所稱三年中獲銅較多者，係礦苗偶旺所致，即爲數漸少者因礦砂將竭，硐老山空，並非有意廢弛，是否係該處實在情形？孫士毅曾任該省總督，必能知其詳細，且該督所造廠員銅數清册，衹係比較盈絀，並未如李世傑、保寧等以毋庸優奬議處之處聲明，或亦另有所見，究竟川省廠務能否照滇省之例計所獲之多寡，分别等第按限覈實題奏，以重考成之處。著孫士毅即行覆奏，勿庸代爲迴護也。將此傳諭知之。」

又卷一四六二 〔乾隆五十九年甲寅冬十月丙辰〕又諭：「御史王城奏，寶泉、寶源二局現已減卯，雲貴、四川、湖廣等省亦停止鼓鑄，請暫行停減採挖銅、鉛，以杜私鑄等語。雲貴、四川等省現在正需籌辦停鑪及私繳小錢各事宜，頭緒紛繁，若復封閉礦廠，地方官何暇常川前往查驗。且封廠之後，奸民惟利是趨，勢必有潛往採挖等事，是所謂封廠仍屬有名無實。況廠徒人數衆多，礦廠一經封閉，此等無業貧民，糊口無資，更恐滋生事端。王城所奏，止知其一，不知其二。但該御史既有此奏，著交與雲貴、四川各督撫，將所言是否可採，或應如何在各該廠設法稽查，倍加嚴密，以防透漏，於廠務更爲有益，一併悉心妥議具奏。」

卷一四七〇 〔乾隆六十年乙卯二月辛酉〕又諭：「前因御史王城奏，現在雲貴、四川、湖廣等省停止鼓鑄，請暫行停減採挖銅鉛，以杜私鑄，特降旨交該督撫等，將所言是否可採，或應如何設法稽查，悉心妥議。嗣經孫士毅、姜晟覆奏，四川、湖廣兩省銅、鉛各廠，均請照舊開採，經部議覆準行。今據福康安奏稱，滇省採辦銅觔，雖京局各省分别減卯停鑄，而年額仍須照舊解運。且廠民尋苗躧獲一廠，費本開挖，始能成獲礦，若封閉停採，即成廢硐，將來開挖，更爲費力。況每廠砂丁不下千計，一旦失業無歸，必致流而爲匪，甚或潛蹤私挖，又圖私鑄，是杜弊轉足啓弊等語。此事，王城陳奏時，朕早慮及。現在籌辦停鑪及收繳小錢各事宜，頭緒紛繁，若復封閉礦廠，奸民惟利是趨，勢必潛往採挖，仍屬有名無實，況廠徒人數衆多，一旦失業，更恐滋生事端。王城止知其一，不知其二。今據福康安等奏到各情形，果不出朕之所見，是該御史所奏於事斷不可行。所有滇省各銅廠自應照舊開採，毋庸封閉，惟當飭各廠員實力整頓，加意稽查，不使稍有短絀透漏，庶諸弊可以肅清，而廠徒亦不至失所，於廠務實有裨益，方爲妥善。」

《清德宗實録》卷一六六 〔光緒九年癸未秋七月戊子〕又諭：「雲南素産五金，乃天地自然之利，該省銅政久經廢弛，本應整頓規復，以資鼓鑄，而利民用。此外金、銀、鉛、鐵各礦，亦復不少，均爲外人覬覦，自宜早籌開採，以廣中土之利源，即以杜他族之窺伺，實爲裕國籌邊至計。惟經費較鉅，籌款維艱。近來各處開採煤礦，皆係招商集股，舉辦較易，若仿照辦理，廣招各省股實商民，按股出資，與官本相輔而行，則衆擎易舉，事乃克成。前據岑毓英等奏《整頓銅政章程》五條，業經户部議覆准行。昨據署左副都御史張佩綸奏稱，招集商股，開採滇礦爲富强本計，不爲無見。岑毓英、唐炯身膺疆寄，於滇省礦務必能留意講求，實

心經畫，著即詳細會商，妥速籌辦。新任藩司龔易圖到後，並著飭令將籌款招商等事妥爲經理，總期事在必行，毋得視爲不急之務，日久辦無成效，坐失事機。至各處礦苗應如何先行相度，或仍應購買外洋機器，以利開採，均著豫爲籌議，一俟款項集有成數，即可剋期興辦，不至遲誤。張佩綸原片著鈔給閱看。將此由四百里各諭令知之。」

又卷一八三 〔光緒十年甲申五月乙亥朔〕諭內閣：「户部奏籌議雲南礦務請飭即時開採一摺。雲南素産五金，乃天地自然之利，銅政關繫錢法，運京鼓鑄具有成規。此外金、銀、鉛、錫各礦均應廣爲開採，以裕利源。上年疊據岑毓英等奏定章程，並擬招集商本，次第興辦，節經飭令實心經理。該督撫籌畫有年，當已漸有起色。現在岑毓英駐紮邊關，一切應辦事宜，張凱嵩責無旁貸，著即遴選廉幹之員，廣集商力，及時開採，力杜因循侵漁積習，以期無弊不革，有利必興。國家度支有常，從不輕於言利，此乃因地之利以爲民用，惟不棄貨於地，庶可藏富於民。該督撫當仰體朝廷實事求是之至意，大加開拓，實力奉行，並將近來採辦情形先行據實具奏。」

又卷二二四 〔光緒十二年丙戌二月〕癸酉，署貴州巡撫潘霨奏：「遵籌採礦章程：一、規復鑪鉛；一、擴充煤鐵；一、弛禁硝磺；一、厚集股分；一、豫籌銷路；一、明定課票如所請行。」

又卷二六六 〔光緒十五年己丑二月己丑〕諭軍機大臣等：「上年四月間，據唐炯奏，督同東洋礦師開辦昭通等處銅、鉛各廠，迄今將及一年，未據續行陳奏。該前撫督辦礦務，專司其事，自應竭力籌畫，並將辦理情形隨時奏聞，何以久無奏報，殊不可解。永善等屬銅廠、威寧屬鉛廠，據稱苗脈豐盛，究竟開採情形若何，東洋礦師能否得力，所稱必須深入四五百丈始得連堂大礦，非八九箇月不能見功。現距設廠之期，計已逾時，究竟有無成效，即著一一詳晰覆奏。京師改鑄制錢需用銅鉛甚鉅，前經該部奏催辦解，必須逐漸增運，規復舊額。該前撫務當督飭公司，責力採辦，次第推廣，以期礦務日有起色，毋得日久宕延，糜費曠時，致負委任。將此由四百里諭令知之。」

又卷二六九 〔光緒十五年己丑夏四月辛巳〕巡撫銜督辦雲南礦務唐炯奏：「滇礦開采漸著成效，巧家白錫、蠟山産銅尤富，迆南所屬寧州，及曲靖府屬之平彝，昭通府屬之大關等處，銅苗甚旺，請推廣采辦，並續延日本礦師購買機器。」下部知之。

又卷三二一 〔光緒十九年癸巳二月〕乙丑，諭軍機大臣等：「前據御史吴光奎奏，四川雅州、寧遠兩府屬五金並産，請飭查勘開辦，當經諭令李鴻章咨商劉秉璋，派員勘驗，現尚未據覆奏。兹據給事中方汝紹奏稱，寧遠府屬之鹽源縣等處銅質極佳，運道尤便，請飭開採等語。著李鴻章、劉秉璋一併派員確查，迅速覆奏。原摺均著摘鈔給與閱看，將此各諭令知之。」

又卷三八五 〔光緒二十二年丙申二月甲戌〕又諭：「新疆和闐金礦前據陶模覆奏，業已派員前往查勘。兹據御史陳其璋奏，近日出使大臣許景澄所譯俄圖，稱和闐至羅布淖爾一帶共有金礦十七處，皆經俄人測繪可憑。又光緒六年，西報稱，西伯利亞與中國接壤每座界石相距三百里，界間有二水，直注俄境，而發源則在中國境內，近得金礦之總脈亦在江水發源之處。如界綫作弓背形，則江水之源應歸俄國。又英人卞卜登議云，中俄之隔僅界一綫提封，迆邐而南，五金之礦徧於地中各等語。際此庫儲匱乏，全在廣開礦産以濟急需。俄國現與中、朝倍敦睦誼，亦未可因開礦一事致礙邦交。和闐金礦係屬內地，俄人自無可藉口。俟查勘之員回省，如果礦産實係暢旺，即著饒應祺酌度情形，官辦商辦，究以何者爲宜，迅速定議具奏。至所稱中俄界間二水發源之處，及提封以南之五金各礦，著長庚、饒應祺密派妥實可靠之員前往，确切查明，究竟如何情形，再行奏明，請旨辦理。將此由四百里各諭令知之。」

又卷四〇一 〔光緒二十三年丁酉二月丙寅〕廣西巡撫史念祖奏：「招商開採貴縣等處金、銀各礦，未動公帑，並酌定《監爐抽税章程》。」下部知之。

又卷四一三 〔光緒二十三年丁酉十二月甲戌〕諭軍機大臣等：「左都御史徐樹銘奏，請特派大員督辦礦務一摺。據稱四川金礦之旺，與西藏通，若使治蜀之大臣與西藏聯絡爲一，直將全藏治之，他人不得從而覬覦，則中國之大利可以保全等語。開辦礦務，爲當今要圖，全在地方大吏認真辦理，方有成效，即著恭壽遴派幹員，確切查勘，實力舉辦，禄到任後，該將軍仍著會同辦理。將此各諭令知之。」

又卷四三四 〔光緒二十四年戊戌十一月庚午〕烏里雅蘇台將軍連順奏：「蒙古地方金苗暢旺，亟宜招商開採，以裕財源，而盡地利。」得旨：「著總理各國事務衙門會商礦務大臣妥議具奏。」

又卷四三八 〔光緒二十五年己亥正月戊寅〕又諭：「饒應祺電奏，新疆與俄商商辦金礦大概情形等語，是否可行，有無窒礙，著總理各國事務王大臣，會

同督辦礦務大臣迅速覈議具奏。」尋奏：「一、塔城等係外蒙古地方，應先行商明該部落劃清界址，以免日後爭論。一、新疆金礦甚多，原可隨時奏開，不應籠統載入合同，致啓俄商把持挾制之漸。又納地租一層，覈與奏定章程不符，應令酌覈更正。一、再有，銀、銅、鐵、煤有利可開，地方奏明夥辦此條，該撫應隨時另行奏辦，不應於開辦合同叙入，以致全省礦産包括殆盡，請飭饒應祺，與俄領事等妥議改訂，以期有利無弊。」從之。

又卷四六三 〔光緒二十六年庚子五月壬寅〕諭軍機大臣等：「崑岡奏查明庫倫礦務據實覆陳一摺。開礦本爲興利，仍須利害兼權，地屬蒙疆，尤應慎之又慎。既據崑岡詳晰查明，所有鄂爾河五處金礦，即著停止開辦，協理台吉蘇隆果爾固齊於重要事務，未報盟長，輒具甘結，實屬輕率，罔識大體，著交理藩院議處。已革盟長密什克多爾濟，前副盟長、現任正盟長棟多布札拉布帕拉木多爾濟，平日未能查察，亦屬疏忽，均著交理藩院分別察議。烏里雅蘇台將軍連順先事未經詳細推求，驟商集股，實屬巃疏冒昧，連順著交部議處。並著將俄人柯樂德妥爲遣散。庫倫大臣統轄全境，即著豐陞阿會同圖、車兩盟長永遠將礦務封禁，不准民人私窆。儻洋人亦有偷窆之處，並著連順設法驅遣，若仍有越境覬覦情事，惟該大臣是問。」

褚廷璋《〔乾隆〕皇輿西域圖志》卷三九《風俗一·回部》 阿奇木以下犯小罪，奪其職，當苦役，或派課耕，或派監畜牧，或責令入山取銅、鉛，三年、五年而復之。

又《政刑》 回部諸城大事，則阿奇木遣一人，伊沙噶遣一人，共理之。其小事，則各有主者。每歲汗設大宴會三次，牲牽果品之屬，鄂克他克奇掌之，阿奇木設宴兩次，各村莊明伯克供之，以大饗僚屬。回人有小罪，或褫其衣，墨塗其面，遊行以徇。次重者繫之，又重者枷之，最重至鞭腰而止。阿奇木以下犯小罪，奪其職，當苦役，或課耕，或監畜牧，或責令入山取銅、鉛，三年五年而復之。

《清會典則例》卷五《户部·雜賦下》 〔雍正〕八年，題准四川開採紅白黄青銅礦、鉛礦，大廠於各府通判内、小廠於各府經歷内，選擇賢能者管理，一年期滿，造册交代，别選能員接管，如有侵那盜賣等弊，即行題參。又題准四川開採各處銅鉛等礦，廠務既多，若不設立專員，恐致漫無統率，應於寧遠府特設同知一人，專管各廠税務，如有民夷溷雜生事，及出多報少情弊，許其揭參，並於通廠路逕設汛安塘，駐兵巡察，各廠内委把總一人，率兵彈壓。

〔康熙〕十八年，覆准産銅鉛廠，任民採取，徵税銀，二分按季造報，八分聽民發賣，先盡地主報名開採，地主無力，許本州縣民採取，雇募鄰近州縣匠役，如别州縣越境採取，及衙役攪擾，皆照例治罪，有墳墓處，不許採取，倘有不便，督撫題明停止。

又卷一六《考功清吏司·解支》 〔乾隆〕十六年，遵旨議定各省委官運辦鹽、銅、鉛、錫等項，令該委官領解之日，一面申報原委督撫，一面申報沿塗督撫，一俟入境，即報地方官察驗。至出境時，該地方官驗明無事，即具出境印結申報該管上司，並知會接省地方官一體嚴察。

卷四八《關税下》 〔乾隆〕六年，奏准嗣後各關領帑委官採辦銅錫鉛，經過關口，察驗文批數目相符，立即放行，不得收納税課，其有額外多帶餘銅及夾帶别項貨物，則照例徵收，如有偷漏情弊，令該監督報參，其運載船既照時價給發水脚，仍輸納税料。

又卷四九《雜賦上·引式》 一、金銀礦課。雲南永北府屬金沙江金礦，每年額課金七兩二錢六分，遇閏加金一兩二錢一分。永昌府屬上潞江金廠，額課金二十五兩五錢六分，遇閏不加。開化府屬錫版金廠，額課金三十四兩，遇閏加金二兩四錢。貴州思南府屬天慶寺金礦，每兩收課金三錢三分。【略】〔康熙〕十九年覆准，各省開採所得金、銀，四分解部，六分抵還工本，按月報銷。

〔雍正六年〕又題准，開採廣西臨桂縣屬水槽、野雞二礦廠，出産銀、鉛、銅砂，二八收課。【略】〔乾隆二年〕又題准，封閉廣西臨桂縣出産銀、鉛、銅砂之水槽、野雞二礦廠。【略】九年覆准，廣東廣州府番禺等縣出産銅礦十二處，鉛礦二十二處，銅、鉛礦砂三處；韶州府屬曲江等縣出産銅礦五處，鉛礦二十七處，又銅、鉛礦砂三處；惠州府博羅等縣出産銅礦十六處，鉛礦十處，有鉛礦兼有銀砂五處；潮州府屬海陽等縣出産銅礦六處，鉛礦七處，銅鉛礦砂十五處，又銅鉛礦砂兼有夾雜金銀砂十四處；肇慶府屬鶴山等縣出産銅礦二處，鉛礦五處，又銅鉛礦砂九處；羅定州屬西寧縣出産銅、鉛礦砂五處；連州屬及連山縣出産銅、鉛等礦十七處，銅礦一處；嘉應州州屬及長樂等縣出産銅礦四處，鉛礦六處。詳加察覈，如果實無妨礙民田廬墓，確有成效，即行招商開採。倘採出金、銀，捏作銅、鉛，扶同侵隱情弊，立即嚴參究追，將採獲銅、鉛仍照定例二八徵收，按季造報，歲終具題。各廠所收銅、鉛、金、銀，令該管道員發給地方官循環流水印簿連五串票，將每日所出銅、鉛、金、銀各若干，填注流水簿，分截串票，一繳該

管道員衙門，一存地方官稽察，一付商人存照。其串根流水一月一繳，該管道員衙門察覈，仍十日一次，申報督撫及司道衙門稽考，按月造具採鍊鉛、銅、金、銀支銷公費各册，繳報該管道員衙門察覈，仍按季造册分送督、撫，及該有司衙門稽考。凡日逐採出礦砂，挨次堆貯，如某日煎鍊某礦，某日礦砂若干斤。鑪頭報明官商，督同煎鍊。該管官一同驗明，分別銅、鉛、金、銀，分記塊數，斤兩，註册登填串票。督、撫仍不時訪察，如有偷漏情弊，分別究追參處。其各州縣礦山多者十數處，少者亦有數處，若止招一總商，令其自招副商協辦，恐資本浩繁，一時不能獲招副商，轉致躭延時日。令一縣之中，如有礦山數處及數十處者，惟於連界之處，許一商兼承；其隔遠不相連之山，每山許招一商承充，則在山工丁便於管束。倘有資本無幾者，仍聽其合夥同充。至承充之人，先令其將本銀親赴該管道覈實，或二千兩或三千兩，總以足敷用度爲率，不必拘執定數。覈實之後，仍令齎赴該州縣，就近呈驗貯庫發領。州縣於結報文內聲明驗貯本銀若干，出具並無捏飾印結，詳報督撫衙門批准承充，由司給與商人印照，赴山開採。如礦少砂微之處，不能客商開採，許附近人民報官開採，照例收課。倘商人因開採無利，及工力不繼，自願告退，别招殷實商人接辦，日後所得礦砂悉與退商無涉。又覆准廣東開礦事宜，應於廣州、肇慶二府近處山場，擇其礦砂旺盛，無礙民田廬墓，酌量二三處先行試採，如果有成效，再奏請定議，漸次舉行，照原定章程辦理。至金、銀礦於鼓鑄無涉，應停止開採，照舊封閉，嚴飭地方官弁不時巡察，倘有盜開私煎之徒，即嚴拏究治。其銅、鉛礦有夾帶金、銀屑者，仍准開採，照例收課。十年題准，廣東惠州府永安縣粗石坑，肇慶府陽春縣莫村、那軟、瓦盎等廠銀、鉛並産韶州府曲江縣黄崗山銀、銅並産，均應試採。

一、銅鐵錫鉛礦課。山西交城縣馬鞍山鉛礦二八收課，又交城縣屬新開子洞金溝鉛礦二八收課，又平定州屬銅題山鉛礦照例收課。湖南郴州、桂陽二鉛廠二八收課。陝西同州府屬華陽川鉛廠二八收課。福建延平府屬州縣鑪户每年輸銀二百六十二兩四錢有奇。湖北宜都縣横磧、漢洋二鐵礦二八收課。四川樂山縣屬老洞溝、梅子凹銅礦均二八收課。迤北建昌鎮會川屬沙溝嶺廠出産黄礦，青礦，黄礦燒鍊點化紅銅，青礦燒鍊點化黑鉛。又興隆銅廠三分收課，建昌鎮寧番營屬紫古哵銅廠三分收課。又黄鐵山高鑪六座，照例收税，變銀盡收盡解。廣東惠、潮、韶、肇等府銅、錫礦廠二八收課。又廣東鐵鑪二十四座，年納餉銀千二百十有六兩。廣西恭城縣屬山斗岡銅礦每百斤收課十有五斤。又廣西臨桂等府州鐵礦五十四座，每座歲輸銀十兩。廣西宣化縣屬渌生嶺鉛礦二八收課，又恭城縣屬上陡岡蓮花石銅鉛礦廠二八收課，又恭城縣屬大有朋山鉛廠每百斤收課十有五斤。雲南永平縣青陽銅廠、羅次縣三才銅廠、宜良縣大石硐銅廠、和曲州芹菜箐銅廠、會澤縣湯丹銅廠、大水溝銅廠、碌碌銅廠、多那銅廠、東川府阿壩租銅廠、鎮雄州長發坡銅廠、元江府青龍銅廠、寧洱縣白龍銅廠、蒙自縣金釵銅廠、易門縣寨子山銅廠、昆陽州子母銅廠、趙州二郎銅廠、永平縣銅礦箐銅廠、文山縣者囊銅廠，順寧府寧臺山銅廠、路南州鳳凰坡銅廠、紅石巖銅廠、宣威州龍寶大山銅廠、騰越州安庫山銅廠、平彝縣白石巖銅廠、南安州香樹坡銅廠、馬龍銅廠、麗江府日見汛銅廠、廣通縣雙象銅廠、平彝縣半箇山銅廠、新平縣太和銅廠，以上各廠年額共課銀一萬八百二十五兩七錢九釐有奇。定遠縣媽泰白銅廠，茂密白銅廠，每年課無定額，彙入銅息册内造報。雲南鐵鑪十六座，年額課銀一百三十四兩四錢有奇。又蒙自縣屬箇舊錫廠，每年額課銀三千一百八十六兩。又羅平州屬卑浙鉛廠，每百斤收課十斤。平彝縣屬塊澤鉛廠，每百斤收課十斤。貴州大定府屬格得正廠、八地子廠，每銅百斤收課十斤。威寧州屬銅川河銅廠、水城屬法都鉛廠、威寧州屬蓮花塘砂硃鉛廠、都匀府屬濟川鉛廠、思南府屬天星扒泥洞白鉛廠，均二八收課。

康熙二年題准，四川黎漢紅卜苴二洞白銅舊廠，令民開採輸税。十九年題准，浙江富陽等縣任民採取銅、鉛，照例收税。又覆准，湖廣衡、永二府産銅、鐵、錫、鉛處，招民開採輸税。二十年，停止浙江富陽等縣開採。【略】四十九年題准，雲南昆陽州有子母廠，易門縣有寨子山廠均爲銅礦，令開採以收課息。【略】〔雍正〕六年題准，開採廣西臨桂縣滂江、煙竹枝二銅廠，懷集縣上富銅廠，二八收課。又題准，廣西恭城縣屬申家猺、禾木嶺等廠，二八收課。七年題准，湖南桂陽州大凑山白銅礦廠應准開採，照舊二八收課，按季造報。又題准，貴州威寧所屬齊家灣鉛廠，永行封閉。又覆准，貴州畢節縣大雞廠出産倭鉛，威寧府屬猓木果地方出産銅礦，煎試有效，准令開採，照例二八收課。又題准，開采廣西宣化縣屬鐃鈸山鉛廠，二八收課。又臨桂縣屬水槽、野雞二礦廠，出産銀、鉛、銅砂，准其開採，二八收課。八年題准，四川建昌所屬會川之迤北興隆二廠，寧番之紫古哵沙基二廠，並九龍廠出産紅白銅礦，本省商人不善開礦，應招募四方殷實商人，自備資本，赴廠開採，所出紅銅三分收課。又會川沙溝嶺廠出産黄礦、青礦，黄礦燒鍊點化紅銅，青礦燒鍊點化黑鉛。公母廠出産紅銅，黎溪廠出産白

銅，均准開採收課。【略】十年題准，貴州大定府格得、八地二廠，産有銅礦，請將格得爲正廠，八地爲子廠，照例開採，每百斤收課十斤。【略】又題准，封閉四川沙基、九龍、公母、黎溪等銅廠。又題准，封閉四川沙溝嶺銅鉛廠。十一年題准，貴州威寧府屬猓木果銅廠礦汁漸淡，出銅無幾，准其封閉。【略】

〔乾隆〕三年題准，廣東開採礦廠原爲鼓鑄需銅起見，應責成地方官詳細察勘，辨明砂色，如果實係産銅山礦，始准結報開採，其金銀等礦悉行封閉。至黑鉛即係銀母，未便蒙溷開採，應嚴行禁止。其各州縣礦山原屬多寡不等，應招募總副各商，務責本地殷實良民自備資本赴廠開採，不許外省游手間民溷雜冒充。所收銅鉛除照例二八收課外，仍將所餘銅鉛每百斤別收三釐，又加收三斤，以備般運折耗及在廠官役養廉工食之用。每年所收課餘銅鉛並動用工本等項，照例造册題銷。四年奏准，山西絳州垣曲縣之毛家灣銅礦，苗線旺盛，四至均無關礙地方，准其開採，其鍊出銅照例收課。又題准，廣東英德縣屬長崗嶺等山，陽春縣屬鸚鵡等山，歸善縣屬石門仔等山，永安縣屬慶牛窩等山，曲江縣屬礬㟲、蘆溪等山，大埔縣屬東山下坑等山，博羅縣屬分水凹等山，准其開採，所出銅照例收課。【略】六年題准，山西垣曲縣毛家灣銅礦，礦砂淡薄，開採無益，准其封閉。又題准，貴州威寧州屬銅川河廠，崖有銅礦，准其開採，照例二八收課。又題准，雲南羅平州之卑浙、塊澤二鉛廠，准其照例開採。七年題准，四川建昌道所屬之迤北沙溝、紫古哵三銅廠，川東所轄雲陽界連奉節縣之銅鉛礦廠，永寧道所轄長寧縣之茶山溝鉛山，並無妨礙田園廬舍，准其開採。又題准，四川會川所屬之沙溝嶺銅、鉛並産，仍准開採。又題准，貴州威寧州屬銅川河銅礦，並無干礙民間田園廬墓，採試有效，題請開採，每銅百斤收課十斤。【略】又題准，廣東曲江、英德、歸善、博羅、永安、大埔、陽春等縣之銅山，准其封閉。又題准，開採廣西恭城縣山斗岡銅礦，每百斤收課十斤。【略】〔十年〕又題准，四川建昌紅銅各廠見採獲銅，尚不足鼓鑄，勢難又爲酌撥點化白銅，請將黎溪白銅一廠暫行封閉，俟各廠紅銅盛旺，鼓鑄有餘時，再請開採。又題准，福建延平府屬州縣所轄山場均産鐵砂，准鑪户設鑪開扇，照例收課。又題准，廣西開採各屬銅廠，除二八收課外，商民所獲餘銅，若照部定九兩二錢之價官買，商民難免賠墊，請將動帑收買餘銅，概行停止。其各屬銅廠改爲三七收課，餘銅聽商自行售賣。試行一年，如果敷用，即永遠辦理，倘或不敷，再爲設法變通。又題准，四川川東道屬雲陽界連奉節各銅鉛礦廠，永寧道屬之長寧鉛廠苗絶，准其封閉。【略】十年題准，廣東韶州府英德縣洪磜山銅礦應行試採。十一年題准，四川開採沙溝、紫古哵銅廠，長寧鉛廠内煎獲銀，委官煎驗，分晰銀、銅、鉛，計算有虧商本，仍以二八收課，俟將來礦砂旺盛，仍照四六收課。【略】又奏准，廣西銅廠開採年久，礶路深遠，採取維艱，原與從前情形不同，工費實屬浩繁，若照原定二八收課，每餘銅百斤給價八兩三錢及九兩二錢之數，收買實在不敷商本。准以十有三兩之價作爲定價收買。俟將來礦廠旺盛，銅、鉛充裕之日，據實覈減題報，將餘銅收買一半，其一半給商自行售賣。【略】又奏准，廣東開採銅、鉛礦廠，每鉛百斤除徵收課鉛公費外，餘鉛七十斤，以三十五斤交官給價收買，其餘三十五斤聽商自行售賣，以濟各商工本。【略】〔十二年〕又奏准，雲南禄勸州接壤之多那廠，復行開採，照湯丹廠例收課，每餘銅百斤給銀六兩，即作湯丹廠子廠報銷。又題准，封閉廣東英德縣洪磜山銅礦。十四年奏准，開採粤西賀縣所屬百應山銅廠，抽收課餘之銅，按年造報。【略】〔十六年〕又議准，貴州威寧州屬勺录地方産有銅礦，應准開採，一九收課，餘銅每百斤給價銀八兩，官爲收買，以供鼓鑄之用，辦事人役月支銀十兩五錢，於所收課銅内變價，按名給發。

〔十七年〕又題准，四川滎經縣之吕家溝出産銅砂，礦苗旺盛，見可開採，每净銅百斤照例收課二十斤，耗四斤八兩，餘銅半給商賣，半歸官買，每百斤照依商本給價銀九兩八錢。【略】十八年題准，四川天全州屬之大川廠銅礦，准其開採，每銅百斤照例收課二十斤，耗四斤八兩，餘銅半歸官買，以供鼓鑄。又議准，川省冕寧縣沙雞鉛廠，准照銅廠之例畫一收課，每净鉛百斤收正課二十斤，收耗鉛四斤八兩，餘鉛盡歸官買，每百斤給銀一兩六錢。【略】

〔康熙〕十九年，覆准各省開採，所得金銀，四分解部，六分抵還工本，按月報銷。【略】

其銅、鉛礦有夾帶金、銀屑者，仍准開採，照例收課。【略】

〔雍正五年〕又題准開採廣西臨桂縣屬水槽、野雞二礦廠，出産銀鉛銅砂，二八收課。【略】

〔乾隆〕三年，題准廣東開採礦廠，原爲鼓鑄需銅起見，應責成地方官詳細察勘，辨明砂色，如果實繫産銅山礦，始准結報開採，其金銀等礦，悉行封閉。黑鉛即繫銀母，未便蒙溷開採，應嚴行禁止。其各州縣礦山，原屬多寡不等，應招募總副各商，務責本地殷實良民，自備資本赴廠開採，不許外省游手間民溷雜冒充。【略】

〔乾隆九年〕又覆准廣東開礦事宜，應於廣州、肇慶二府近處山場，擇其礦砂旺盛，無礙民田廬墓，酌量二三處，先行試採，如果有成效，再奏請定議，漸次舉行，照原定章程辦理。【略】

〔乾隆〕十七年，題准廣東豐順縣地脚下鉛山，又山焦窩鉛山，均繫礦砂旺盛，煎鍊鉛銀，已有成效，應准開採，照例收課，按季册報，歲終具題。【略】

又臨桂縣屬水槽、野雞二礦廠，出産銀、鉛、銅砂，准其開採，二八收課。

《雜賦下》　一、雜賦考成。〔雍正〕八年題准，四川開採紅、白、黄、青銅礦、鉛礦大廠，於各府通判内小廠，於各府經歷内選擇賢能者管理，一年期滿，造册交代，别選能員接管，如有侵那盜賣等，即行題參。又題准，四川開採各處銅鉛等礦，廠務既多，若不設立專員，恐致漫無統率，應於寧遠府特設同知一人，專管各廠税務，如有民夷溷雜生事，及出多報少情弊，許其揭參。並於通廠路逕設汛安塘，駐兵巡察，各廠内委把總一人，率兵彈壓。又題准，四川各處鉛、銅礦廠收買輓運以及鼓鑄事務，於省城各道中委一人總理。〔乾隆〕三年題准，廣東開採銅礦，設廠稽察，勢須委員經理，令該管道員統理，廳官兼轄，佐雜專管，嚴禁廠内一應匠役人等毋許滋事擾民。

一、雜賦禁例。〔順治〕十八年覆准，産銅、鉛廠任民採取，徵税銀二分，按季造報，八分聽民發賣。先盡地主報名開採，地主無力，許本州縣民採取，雇募鄰近州縣匠役。如别州縣越境採取，及衙役攙擾，皆照例治罪。有墳墓處不許採取，倘有不便，督撫題明停止。

又卷五二《俸餉下》　一、直省兵餉。〔康熙〕四十六年諭：「雲南金、銀、銅、錫等礦廠，自四十四年冬季起，至四十五年秋季止，所收税銀八萬一百五十二兩，撥給兵餉。欽此。」

《清通典》卷八《食貨八·賦税下》　雍正元年，定雲南廠課造册題報限期，將元年正月起至十二月止，繳收課項，於二年五月内册報，後著爲例。

乾隆三年，申定礦廠事宜。例凡係産銅山礦，令地方官辨明砂色，實有裨於鼓鑄，始准結報開採，其金銀礦悉行封閉。至黑鉛即係銀，毋亦嚴禁，朦混開採。募招各商設總副名目，使本地殷實良民承充，禁外省游民冒報。所收銅、鉛照二八收課外，所餘者每百斤别收銀三釐，加收銅、鉛三斤，以備折耗及官役養廉之用。

彭紹升《二林居集》卷一五《故光禄大夫文淵閣大學士李文貞公事狀》　民飢且死獨歸怨于有司耳。時有請開礦者，大豪多輦金京師，謀首事，聖祖以問公，公對言：開礦以食飢民，無不可。請著令，許土著貧民，人持一銚以往，而越境者誅，則姦人不致屯聚山澤以釀亂。議遂定。

洪亮吉《乾隆府廳州縣圖志》卷四〇《汀州府》　錦豐場在〔永定〕縣西南五十里。又有端利、嘉興、興濟、浮流四場，皆宋時採金及銅、鐵處，並在縣界。

卷四五《臨安府》　蒙自縣麒麟山在〔蒙自〕縣東二十里，與縣西北象鼻山相接，左右前後産銀、錫諸礦。每歲課有定額，而礦多盈縮。又西溪在〔蒙自〕縣南，一出銀礦，一出錫礦。

《清仁宗實録》卷二九七　〔嘉慶十九年甲戌九月甲辰〕又諭：「御史陶澍奏湖南山田旱歉一摺。據稱該省澧州、慈利、桃源、安化及寶永所屬歲旱歉收，沅陵、瀘谿、麻陽等處尤甚米價騰踴，穀多之家不肯零糶，沿江無賴游民阻守米船搶奪等語。地方偶遇歉收，全賴商販流通，俾小民得資口食，若囤積遏糶，甚至乘機攘奪，殊干例禁。著該撫即飭各該地方官查明，出示曉諭，積穀殷户毋許居奇，嚴禁匪徒阻遏米販，如有搶奪情事，立挐重懲。據該御史奏，沅陵縣大油山金礦有聚衆偷挖之事，安化等處鐵礦深曲窩藏盜竊等語。開採礦廠易滋事端，並著該撫轉飭該屬，即將大油山偷挖金礦匪徒設法遣散，仍將該礦永行封禁，其各處應採鐵礦不時彈壓稽查，毋致藏奸滋事。」

阮元、陳昌齊《〔道光〕廣東通史》卷一七九《經政畧二二·鼓鑄》　乾隆八年，布政使託庸奏請將本省所屬銅、鉛各礦廠招商開採，抽收餘銅斤開爐鼓鑄。《司册》。

又卷一六七《經政畧一〇·肇慶府》　政和元年，廣東漕司復奏：「端州、高明、惠州、信宜、立溪場，皆宜停閉。韶州曹峒場、英州銀岡場，皆併入英之清溪場。惟黄坑場欲權存，俟歲終會取入。别奏惠州楊梅、東阬，康州雲列，潮州豐政，連州元魚、銅阬、黄田、白寶，廣州大利、宜禄，韶州伍注、岑水、銅岡，循州大佐、羅翊，英州鐘銅，凡十六場，請並如舊。循之夜明，英之竹溪，韶之思溪，連之同安，請更遣攝官。」從之。《宋史·食貨志》。

九年，按察使張嗣昌奏以招商試採銅鉛，尚未就緒，請買滇省銅斤。《司册》。

《明留臺奏議》卷一四《礦税類》陳煃《乞停礦店税疏萬曆二十五年十月上》　臣待罪留臺，連接邸報，倭情日急一日。有稱其一鼓而克閑山戕三帥者，有稱其以二十衆掠慶尚，犯全羅而襲王京者，有稱其三路並進，直逼南原者。迨不久而報

南原破，全州失矣。朝鮮君臣挈家欲走，而人民争越城逃矣。計其瓦解之勢，旦夕必折而入於倭矣。倭得朝鮮據爲穴，其肯晏然不執兵與我相從事乎？自此而登、萊、天津，而淮、揚，而閩、浙，處處逼迫，人人恐惶。不待倭兵至前，而先聲已奪之魄矣。此何時哉？尤泄泄然不思恤民困，固人心而計安内地耶？除任驍將，練士兵，理餉務，諸凡喫緊事宜，已經廷臣疏請見在行外，所有亟宜停止。如礦店者，陛下既不允諸臣之請，而尚爾因循，豈以此爲細故，無關於今日之亂機乎？臣請爲陛下極言之：臣聞明王御宇，不患無以戡亂，而患有以釀亂；不患國有亂形，而患民有亂心。臣據目前之張皇，亂形兆矣，而使人心尤未思亂焉，則率以戡亂，亦無難者，孰知其礦役之釀民亂也。彼其撼山靈、傷地脈，無論已，到處驛遞騷然，逢人横肆詐騙，而掘人墓，折人居。及所輸以進者，又先括庫銀以代，藉口賣砂以抵償。殷實者財盡不能勝其求，貧窮者力疲不能勝其役。逃亡載道，冤號徹天，是以礦爲怨藪也，而各省之人心思亂矣！又孰知夫店税之釀民亂也？彼其朘富商，剥巨賈，無論已。甚至惡少成羣，把截隘口，斗粟尺布有抽，一菜一魚有抽，取盡錙銖以潤囊橐，俾煢煢小民藉負販求升合以延旦夕命者，莫可營活。相與搥胸頓足，呌地呼天，而飲痛無所愬，是以店爲怨府也，而畿輔之人思亂矣。夫以倭奴之倡亂既如彼，人心之思亂又如此，假廣、勝之徒乘釁而起，一呼萬應，雲影合從，臣恐今日之憂，不獨島夷，而在蕭墻之内矣！陛下尤以爲細故，以致天心示儆，災異洊臻，去年兩宮焚，今年三殿燬，繼以雷擊，繼以地震，蓋上天仁愛之至，明示陛下以改弦易轍之圖，特儆以耳目之所聽覩，而陛下亦以爲細故耶？忽天變而不畏，忍民困而不恤，屏人言而不信，一切興亡炯戒，憂危苦詞，多至留中。今日報開採則開採，明日乞賣砂則賣砂，陛下爲此，豈以萬方之財非其財，而斂爲内帑之財，迺其財耶？藏富於民未爲富，而藏富於内帑，迺爲富耶？請以漢喻：漢文尚恭儉，屢詔蠲民租賦，而其後貫朽粟紅，煙火萬里。武帝用桑弘羊輩言，利析秋毫，而不佐國家之急，海内虚耗，幾續亡秦。此其利害得失，係非眇小，陛下尤以爲細故耶？況財貨悖入悖出，自古云然。臣不憂其聚之難，而憂其散之難。頃陛下藉店以佐大工，命仲春輩聚之，而天以回禄散之，計其所聚不能佐十分大工之一，而較其所散，有萬倍於所聚之數矣。然此猶散之患也。而其不善者，臣不忍言也。陛下亦念及此乎？奈何忽以爲細故耶？誠思財貨之所以聚散，鑑漢治之所以盛衰，思天心之仁愛已窮，憫人心之思亂已極，惕然省，幡然改，將差出開採監税諸臣悉取回京，亟罷各省礦役，而以防礦者防倭。至於店税額銀，責之有司，代爲征解。出民於水火之中，而全其樂生之願，固結人心，誠在此舉，庶幾安内可以攘外，而宗社無虞矣。臣故因倭之孔棘，而亟以停礦店爲請也。乃若今日之禦倭，臣尤有隱憂焉。夫朝鮮爲我藩籬，勢在必救，即使折入於倭，尚當爲彼恢復。顧自數年來，封事誤國，彼之備日飭，而我之備日踈，乃今主客異形，衆寡異勢。且也朝鮮不爲我用，而我固分兵深入焉，真孤注也。即幸而一勝，彼尤與我相持，未即退舍，況未必勝乎！爲我軍計，莫若聯合近處，共守要區，蓋分則力益單，合則勢自壯，聲援相倚，拒敵不難。一面堅壁清野，一面征糧募兵。聞倭不耐寒，隆冬未必狂逞，俟我兵大集，而大創之，斯蕩平可期，而藩籬可固矣。斯言一出，必有指臣爲緩兵計者。然臣非效謬悠之談，置朝鮮於度外也。知彼知己，兵法所貴。計出萬全，方無一失。當此秋深虜横之候，邊兵既不可調，而所調内兵又難猝至，使不自量而急以進勦爲事。萬一無濟，如國威何？此臣所爲隱憂也。至於募兵則必增餉，臣非不知當局之難，局面既開，必須結局。今日治兵，無非爲中國生民計，即履畝加餉，奚而不可？苟狃於跼蹐之見，而不爲一勞永逸之圖，禍將愈久愈蔓，費寧有紀極乎？此在謀國者早見而亟圖之。陛下倘不以臣言爲謬，將礦店二事斷自聖衷，特旨停罷，仍以增兵增餉之説勅下該部，議覆施行，未必無補於今日云。臣愚不勝懇切待命之至。

又王藩臣《乞遵祖訓以停抽採疏萬曆二十七年閏四月上》 臣伏惟皇上神聖英斷，同符太祖，上契世宗，自即位以來，動遵成憲，闓澤汪穢，流洽寰宇，稱盛治矣。頃緣東征，師旅内興，鼎建煩集，業不得已而爲採礦店税之役。先後南北諸臣之所建白，其於利害治亂之分晰，不啻若别黑白矣。臣又仰頌皇上，聖度淵涵，一念愛民之切，羮墻聖祖，一則曰不忍加派小民，一則曰不許擾害地方，蓋非徒托之空言，實欲見之行事也。第諸臣叨蒙皇上厚恩，不辭碎首，以仰裨萬一，乃一切留中，置之不問。夫諸臣之言不用，天下將何以戴皇上之澤乎？臣不敢爲再三之瀆，以聒聖聰，蓋常莊誦皇祖實訓，敬摘其切于時務，爲聖子神孫萬世之龜鑑者，爲皇上陳之：我太祖高皇帝，經綸草昧，創業艱難，民情利病至周至悉，藉令鑿山鬻海之利，可爲當筭無遺策矣。然而聖訓嚴切，炳若日星，事爲之制，而曲爲之防。洪武二十四年，近臣有言理財者，上曰：「人君儲財與庶人不同，庶人爲一身之計，則積財於一家；人君爲天下主，當散財於天下，豈可塞民之養，而陰專其利乎？」又謂侍臣曰：「人君不能無好尚，要當慎之。蓋好功則

貪名者進，好財則言財者進，好術則遊談者進，好諛則巧佞者進。夫偏於所好，鮮有不累其心，故好功不如好德，好財不如好廉，好術不如好信，好諛不知好直，好得其正，未有不治好；失其正，未有不亂，所以不可不慎也。」大哉王言，與成湯不殖貨利之心，《大學》財聚民散之説，若合一轍。列聖相承，遵用此訓，暨我世宗肅皇帝，聖武中興，信任賢相，將各總鎮内臣盡召還京，天下翕然太平。嘉靖十五年七月，郭勛請設礦以助工費，山東、河南、順天等處，原有礦場可採者，下撫按採辦輸納，以助宫建之費，工畢停止，蓋未嘗輕遣一使也。此皆載在《實録》，班班可考。臣惟皇上昭事祖宗，躬閲訓録，始末沿革，必甚留神。乃今礦税之使，一時並遣，布滿天下，騷驛道路，諸以利端進者，朝奏而夕報可，恐非皇祖在天之靈所望于繼述之盛也夫。太祖以神武創基，撥亂反治。嘉靖四十餘年，海宇帖然，民生樂業，非我朝一大盛時，陛下所欲追宗而媲美者耶？獨正德年間，太監分佈各省，剥下擭上，於時民不堪命，起而爲盜。蜀陝則有廖麻子、藍鄖，中原則有劉六、劉七。窮民響應，各聚黨數萬，流毒遍天下。用兵數年，僅僅而定，則已大壞不可支矣。方今皇上總攬乾綱，雷霆約飭，所遣内臣仰體德音，凜凜奉法，固斷無此景象。然而所遣既多，則人不能盡賢，即使其賢，而所委之牙爪皆赴站之棍徒，亡命之猾賊，倚竊假狐，自營私槖，罔顧國家之大體，生民之休戚也。即以天威赫赫，臨之在上，彼且偷竊目前，肆其欺罔。一旦有事，若輩皆鼠竄，即其妻子且不暇恤矣。此高皇帝所以禁絶其源，而肅皇帝所以慎重差遣者，直洞見乎此也。且海内臣民，皆曉然知聖意，暫爲一時權宜之計。如明旨所諭，稍俟充足自有處分。信我皇上一念恤民，同符二祖，原非以抽採爲久計也。但差遣盛行，而人人反目，在在離心，風聲所至，悲號載道。似此情狀，誰爲陛下陳焉？天地之氣苞孕亭毒，固之以深山大澤，渾淪不泄，乃能滋息雨露，發育萬彙。今處處鑿掘，發露無遺，譬之人之一身，千瘡百孔，體無完膚，則元氣流灕，未有不顛斃者。山崩川竭之異，水旱災沴之變，由此而臻，草竊奸宄之心，四夷跳梁之觀望，種種並作。近日報薊鎮星落如斗，常熟地震有聲，已見其端矣。方今倭氛雖暫息，而綢繆之計尤當遠慮。若三殿之工又萬萬不得已者，所需之材，必數百年遠於斤斧之地，故必嶔巖絶磵，爲西南叢箐之中，乃可採辦。比臨水次，而夫役顛踣壓斃者十而二三，衝冒癘疫而死者十而五六。故蜀人語曰：「入山一千，出不五百。」亦云幸也。今又驅而礦洞之役夫，以蕞爾之民，採大木，採礦，一時俱作，將胡適從？臣謂二務未可兼舉也。孟軻曰：「用其二而民有殍，用其三而父子離。」煢煢細民，疾首蹙額而無所控籲矣。遠方之困斃者，固無論。即今輦轂之下，物價騰貴，問其所由，皆税務之多也。皇上明見萬里之外，獨不可以近而推遠乎？臣頃從蜀來，道經數千里，遇中使之出，所經一驛，夫馬廪糧，費用不貲。大率明旨所節省郵傳一歲之積，不足以充一朝之用。則其所至地方，供應煩滋，又可知矣。雖曰不加派，勢焉得而不加派乎？雖曰不許擾害地方，能卒無擾乎？管子有言曰：「堂上遠於百步，堂下遠於百里，門庭遠於萬里。」今步者一日百里之情，通堂下有事十日，而君不聞此所謂遠於千里者，步者百日萬里之情，通門庭有事期月，而君不聞此所謂遠於萬里者也？今臣以萬里之情，得於所步者獻之丹宸，伏望皇上永鑒二祖之芳規，俯憐生民之疾苦，穆然深思，憣然獨斷，早賜處分，以信明旨，以光聖德。上篤宗廟社稷之祐，而下慰四海蒼生之望。天下幸甚！臣愚幸甚！

又馬嗣武《乞止税疏萬曆二十七年五月上》 臣前巡視西城，目擊馬百户初至抽税，一時人心憤怨，聚至萬餘夫。此萬餘人者，意何爲哉？見之可畏，念之可憂。臣已具疏題知，意皇上明見萬里，洞察萌芽，必將憮然感動，不終日而下詔停止，乃至今寂然未昇施行。臣食不下咽，卧不帖席，復敢冒死爲皇上陳之。竊惟人君貴爲天子，富有四海，而尊無二上，非以其有財，以其有民也。誠能培養保愛，德澤固結乎民心，則任土作貢，何患無財？若重征厚斂，民不堪命，心懷携貳，將土崩瓦解，不可收拾。雖盡斂天下之財，而歸之于内府，亦無所用矣！此理昭昭，從古以來，未有易者。我皇上即位之初，軫念元元，何常不以培養保愛爲事，如救荒則發内帑，禱雨則步南郊，即堯舜之仁，不加于是。頃因國用不足，聖心偶有所著，言利之臣遂巧爲迎合，以中皇上，榷税中使紛紛四出。即以南京根本之地，亦所不免。臣待罪南臺，見數年以來水患相仍，百姓貧困，京城内外盜賊蜂起。今又加之以横税，環四境之内立旗抽分，近而上新河、龍江關，稍遠而浦口、六合、瓜埠、蕪湖、儀真等處，凡商人船隻所載，驢騾而負，甚至肩背所挑，被囊、梳匣、皮箱、竹簣無一不檢，無一不抽，竭澤以漁，焚林以獵。數旬以來，閭閻罷市，商賈不行，柴米布帛之數騰貴稀少，百姓日用之費遠倍曩昔。居者愁苦，行者悲嗟，怨嘆之聲，遍陌盈衢。或有中夜驚呼者，或貼匿名榜，或戕害税官者，或將收税官蓬黑夜放火燒燬者，意氣洶洶，無所底止。獸窮則攫，此等景象，安可常保無事？萬一有奸雄無賴之徒，乘民心之怨，鼓舞煽惑，揭竿持挺而起，其爲禍可勝道哉？夫南京爲高皇帝定鼎之地，所屬皆湯沐邑。三十五年

之間，聖澤優渥，常賦屢蠲，故今百姓謳歌之不衰。我皇上英明仁厚，同符高祖，何獨于斯民而重征之。伏望俯念根本重地，商人困苦已極，地方隱憂不測，急下止税之詔，取回收税之官，慨然與民休息，則人心安而太平有道之治將永保于萬萬年矣。語曰：「不見其形，願察其影。」又曰：怨豈在明，不見是圖。惟皇上洞察幾微，深思極慮，勿以小益致大損，勿以近利忘遠憂，勿以積于無用之物輕祖宗相傳之大寶，社稷生民幸甚！

又蕭如松《乞洞察利害曲體臣工疏萬曆二十七年九月上》 臣等待罪留臺，閲邸報「湖廣徵税奉御」陳奉一疏，致蒙皇上嚴旨將知府李商耕等降級，推官華鈺等被逮，一時人心駭愕，以爲湖廣按臣曹楷曾劾陳奉諸不法疏何寂若罔聞，而陳奉一言輒動天威，即楷亦不能安位，引疾以去，相顧失色，莫知其解。臣等仰思皇上尊居九重之上，明見萬里之外，豈不知設官分職，各有攸司。宫中、府中當聯一體，乃偏聽中使，言聽計從，至外臣則草芥之乎？臣等以管窺天，或知其必不然矣。蓋自開礦榷税以來，中使争言利，外臣争言害，兩者若皂白不相侔也。然中使言利而利隨之，如某省以礦銀進，某省以税銀進，某省更以金進，黄白輝煌，接踵道路。皇上豈不曰中使其忠我乎？外臣言害，而害不見。如臨清一激變，湖口一激變，上新河一激變，人心洶洶，隨起隨滅。皇上豈不曰外臣其欺我乎？以故聽中使如轉圜，聽外臣如沃石，則以利害之説未明，而上下之情隔也。豈知鹿臺、鉅橋終非商有；悖入悖出，自古記之。利害相因之效，遲速無定，毫髮不爽。人臣有心，豈願害至以信其言？惟願皇上蚤見而預圖之耳。皇上以今日之礦，果出於山税，果出於商，謂天地有常利，民間有餘羨乎？信如此，則一時權宜，足濟緩急，亦奚不可。顧各省礦税，原無大利，中使奉差，動以阻撓，聳惑宸聽。郡邑諸臣，纍纍逮繫。當事者既欲惜民，又欲惜官，萬不得已，設法徵斂以助不給，或攤富户，或派丁口，依然條鞭之法，重復再舉，算盡錙銖，地無遺利。其初若剥皮毛，民雖痛猶可堪。久之若剜心肉，民極痛不可忍。横征不休，肉消骨立，民肯甘心就斃乎？饑寒困苦之極，方欲苟且旦夕之生乎？昔怙恃之官，又罹謫逐，拘繫之慘，官因民累，民因官忿，脱或激而成變，奮臂揭竿，草澤姦雄相爲援應，地方貽害將不止。如臨清等處之紛紛者，當是時，責礦税之使以消弭之策，臣等知其萬萬不能，又將以外臣當其禍矣。臣等不忍以未至之害，曉曉君父之前。惟望皇上恭默静思，恍然覺悟，則知中使之言利非忠，而外臣之言害非欺也。彼中使識非遠大，計止目前，承順君顔之外，更不關閭閻疾苦。故敢率意妄爲，肆言無忌。若在外諸臣仰受皇上之命，以愛養斯民，上之得君，下之得民，皆其分願。民苟離心，身與俱退，欲効事君之忠得乎？皇上以此諒諸臣狗馬之心，則知其言害不言利，乃其所見者大，而所慮者遠也。矧各省礦税之進，雖藉于中使，而外臣設法措派，備極艱辛。臨清等處之變實起釁中使，而外臣相機撲滅，殊費心力，則外臣何負中使，而中使動欲傾外臣乎？臣等悉閲陳奉之疏，自述遍歷楚地，人情諠騰，投石拋甎，吶喊鼓譟，無處不然。此非楚人獷悍不聽命於奉，則奉之舉動乖戾不心服於楚人。乃其疏中所指諸臣陰害之説，奉蓋託此以飾其罪也。頃因播酋倡亂，舉兵大征，荆楚接壤地方摇動，大小諸臣連篇累疏，請寬礦税收拾人心。臣等日望寬恤之令從天而下，乃皇上僅以協恭調停責之楚臣。夫協恭調停可，聲音笑貌爲哉？昔有虞盛時，明良協恭，以成和衷。商宗命□可否相濟，乃爲調停。若令中使設心傾陷外臣，意向相左，皇上任法偏重，總不可以言協恭。抑或中外雷同，專務益上，不顧損下，無所糾察，以孤皇上裕國愛民德意，亦不可以言調停。臣等竊意各省撫臣、司道，守土牧民，分宜同心會議，酌量開採。若按臣持斧代天，揚清激濁，宜畀以糾察之責。如遇外臣阻撓、中使剥削，咸得秉公持法，指名參究，皇上聽斷一任虚懷，則上下四旁均齊方正，匪獨三湘七澤之民共樂無偏無黨之治，雖通之各省，在在協恭調停，亦庶幾補偏救弊之微權矣。儻蒙皇上洞察利害，曲體臣工，肯以協恭調停之念，念今日礦税得罪之臣，則舉李商耕、趙文煒，高則巽復其官，華鈺車任重免其逮，是皇上今日之新恩也，人心所共幸也。再推協恭調停之念，念在前礦税得罪之臣，則舉吴寶秀、吴一元、吴宗堯，赦其過，宥其罪，是皇上曠世之殊恩也，尤人心所共幸也。臣等仰望皇上爲虞帝，爲商宗，快覩協恭調停於開礦榷税之外，與天下更始，以光聖德，以安人心，以延宗社億萬年無疆之慶，非徒爲此數臣者惜官希宥而已。伏乞聖裁施行，天下幸甚！臣等不任惶悚，懇切待命之至。

又李雲鵠《災異請停礦税疏》 竊惟天下之患，莫大乎上失天心，下失人心。天人之心一失，則禍不旋踵，而天下之大事去矣。今日生民之塗炭已極，礦税之停止無期，亂形已兆，危在眉睫。舉朝臣連篇累牘，靡不人人憂亂，瀝血披肝，靡不言言欲皇上止亂。乃皇上未即報可，豈以百姓尚可支持，諸臣之言爲過計乎？臣等謹爲我皇上直陳之。頃自宫殿被災，舉陛下朝會燕處之所一朝而灰燼之，天心警告，豈曰細故？不意皇上且藉之以爲利媒也。姦黨簸弄，惡璫四出，假九重之威靈，吸萬姓之膏血，世上無樂生之人，地下皆不安之鬼，流毒海宇。

黎庶之蹈湯火者業已數年，而人之數窮，天心仁愛，譴告紛紛。太白經天，五山出地，黄河時竭時溢，妖星乍散乍聚，邇且爲鍾山孝陵之火，爲鳳陽祖陵之雷雨拔木，無象不告，而天之變亦窮，嗟嗟勢已窮矣！窮而通焉，世之幸也；窮而不爲之通，尚可言乎？乃今海宇黎庶皮骨僅存，吞噬未休，萬口嗷嗷，止欠一死。且今歲大江以北苦水，大江以南苦旱，饑饉之象已成，衣食之路已絶，思亂之民尚能忍旦夕之死乎？近聞睢州大盜中有異人，儻一摇動，禍將不測，恐非趙古元、李大榮之易與也。此時將欲徵兵乎？則吾民皆寇，爲兵者誰？將欲徵餉乎？則吾民皆窮，爲餉者誰？興言及此，大可寒心。況遼左大壞於高淮而東藩撤，雲中盟寒於黠虜而西釁開，蠻莫計失於賓井而滇南危，兩廣騷擾於珠池而嶺南困。他如倭寇方生心未已，而機易山之使若或招之，九邊方脱巾可慮；而石嶺關之税若或促之，中外隱禍，明在目前。譬之人之一身，病根未除，元氣久虚，尚舍藥餌而縱酒色，一旦四肢百骸諸病發焉，而身危矣。今日時勢，何以異此？固知天祚聖明，必萬萬不如臣等之言。萬一不幸如臣等言，皇上以爲可救藥乎否耶？皇上試一思之，其停止礦税，當不俟臣等言之畢矣。蓋當此時而報罷，則百姓見德，可以忘怨，朝廷收利，併以收名，計之上也。倘不然，則財已盡而索之無益，民已離而迫之無已。在朝廷空受不停止之名，在國家且中不停止之禍。至于禍至而始議罷，臣等知其無及也。況四海蒼赤，皆上天所愛，祖宗之所遺者。頃宫殿之警，上天不能得之於皇上，而今且陰示之於祖陵。則天與祖宗之心可知。皇上至仁至孝，縱不爲生民計，寧不亟爲順天妥祖計乎？且數年以來，諸臣之爲礦税而被逐者老錮丘園，爲礦税而被逮者幽斃囹圄，何者不上干天地之和，何者不仰厪祖宗之慮，則又何可不蚤爲之計也？臣等一念朴忠，垂涕上請，語語剖心，冀回天聽，寧甘鳴仗之罪，不敢恃處堂之安，冒瀆宸聰，誠非得已。伏望皇上上畏天變，下憫人窮，薄無用之財，消已形之亂，速罷礦税，與民更始。仍將諸璫與姦黨之害民者悉治之以法，使天下曉然知礦税之行原爲愛惜小民，則聖德之虧可以復完，民心之涣可以復萃。策無有急於此者，再乞亟沛綸音，將被逐之臣盡賜召還，被逮之臣即賜釋用，則天下臣民咸舉手加額，交口頌如天之恩，齊聲祝無疆之壽，而國家億萬年有道之長，端在此一舉矣。臣等無任隕越待命之至。

又蕭如松《蜀興大兵乞罷礦税寬採木疏二十七年上》 臣惟古今論治者，必准諸孔孟。孟子論布縷粟米力役之征，用一緩二。其曰「用其二，而民有殍；用其三，而父子離」，蓋恐征之無節，或以戕民命也。孔子論足食足兵民信之政，終不去信。其曰「自古皆有死，民無信不立」，蓋恐聯之無術，或以離民心也。格言垂訓，凡以重民，世代相傳，守爲成憲。頃自大工鼎建，師旅東征，國費浩繁，司農告匱，皇上採取礦税徧天下。蜀僻西南一隅，亦經遣使，不克以窮荒希免，矧自閣、部、院、寺、臺、省内外諸臣，憂治危明，連章累牘，悉由中格。臣雖抱赤衷，何敢妄意悟主，以煩天聽。惟是西蜀連年水旱頻仍，民窮財盡，採取大木之役，已與他省不同。況加以用兵，而兵事又復孔棘乎！當此之時，猶然兵、木、礦税一概併興，竊恐暴征無已，民命不堪，地方之禍，將有不忍言者。臣自起家復補留臺，荷國厚恩，懼無以報，矧臣蜀人，習熟鄉閭疾苦，兼以惡酋倡亂，患切剥膚，知而不言，言而不盡，上無以通國家之壅蔽，下無以消地方之隱憂，不忠不直，何辭以逭？謹先陳繁役之苦，而後望皇上以寬恤之仁，可乎？

夫蜀之大木非常産也，每在夷方深箐之中，斧斤不入之地，更歷數百十年之久方成巨材，乃可供用。此無論夷人索直百倍，尋常即輓運艱辛，萬夫併力，如臨溪澗，必伐木填滿方可轉輸，一遭顛壓，多不保命。夫役露處深山，裹糧充飽，偶冒瘴癘，半屬死亡。初次兩運，雖經報完，三運届期，無木可採。即有之，多不合式。官之催督，急於星火；民之供辦，拋命山林。此採木之苦可爲流涕者一也。蜀之四面皆夷，其土止可種植，曾未聞有礦可採。縱有，或在近夷之地。夷性驚猂，每乘隙以生端。夷心貪殘，必垂涎而快意。若礦山一開，彼決不甘心利我，而操戈構黨，共起爭奪，勢所必至。矧開山必用夫役，煎沙必資工本，窮山瘦谷，所煎幾何？工費浩繁，得不償失。老羸不堪，壯丁有數，勞者弗息，睊睊胥讒。此開礦之苦可爲流涕者二也。蜀之土産原無異物，蜀錦造自王府，銅錫來自滇南，非民間有也。即如報税者所開楠木、杉板、藥材、生漆、白蠟、紅花等項，爲利幾何？矧省城舊有税局，瀘州、重慶、合州、永寧、烏撒等處各有税額，其杉板沿江而下，荆州一税，九江再税，蕪湖與下新關又税，商人夙指爲苦，今復從何加征乎？中使奉差而出，不克神輸鬼運，豈肯束手便民？當事諸臣心雖恤民，勢難相左，若比照别省設法措派，未免剥民膏以充商課，風聲所動，人人疾首蹙額，罔知所終。此抽税之苦可爲流涕者三也。【略】兵連不息，商旅戒行，男不得耕，女不得織，蜀人將廢業從事，而身家之莫保。奚此雖無他徭役分其心力，俾之一意從戎，猶恐不贍，而況加以採木開礦抽税之役乎？公役繁興，民力有限，時方疲神於木廠，又欲劾勞于軍前，尚未脱足於礦山，又復竭膏於税局，此而不能支

持，不無展轉溝壑，一或誤被摇惑，寧保不投夷方？解體離心，禍亂大作，雖有善者，末如之何。譬諸人身，手足病則可療，耳目病則可療，脱或四肢百骸一時俱病，則精血耗盡，身命隨之，即盧、扁復出，胡以救其生哉？儻以蜀民此時景象獻之圖畫，皇上必有恍然惻、愓然隱而不忍安然於懷者，此正賈生所謂可爲痛哭，可爲長嘆惜而不止于流涕者矣。夫皇上之惡播酋，非以其好殺人乎？而以刃與政無以異也。則舉征斂而稍寬之，是今日保民之急務也。皇上之征播酋非以重疆場乎？而民惟邦本，本固邦寧，則舉疲民而休養之，是今日保邦之先圖也。伏望皇上加意元元，酌量緩急，遵孔氏之敦信結心，體孟氏之用一緩二，宸衷獨斷，破格施仁。至礦税之採，原非遠猷，須知止足，則收回成命，撤還中使，以少節民財。如謂採木之役所關大工，終不可罷，則准其折筭，寬其期限，以少舒民力。俾蜀人得免椎骨刻髓之擾，專一干戈甲冑之場，萬民戮力同心，叛夷斬首獻馘，一方既靖，鄰省皆安，四方無虞，皇圖鞏固，億萬年無疆之慶端在是。奚臣一念樸忠，不敢逞臆高論，惟以蜀民迫切之情，備呈上覽，伏乞皇上亟賜施行。蜀民幸甚！天下幸甚！

又陳煃《乞禁開鑿疏萬曆二十七年十一月上》 近接邸報，見大興左衛中所百户王遇桂奏，爲敬獻奇異銀礦兼征遺漏錢糧，以助大工事。奉聖旨：「這奏内，南直隸寧國、池州府等處舊産銀礦，封禁開採，有裨國用。准差南京守備司禮監太監邢隆、劉朝用不妨原管事務，帶管督率原奏官民，前去會同撫按等官照例開採，銀兩解進，不許擾害地方。寫勅與他，其鋪面門房比照順天府例，每月征銀三分，便着南京内外守備會同部科及撫按等官查議明白，奏請定奪，立限與他。該衙門知道。欽此。」隨該應天撫臣陳惟芝、按臣牛應元交章請罷。臣等顒望聖明燭察，當必有惕然省悟也者。而且近奉旨刻印矣、降勅矣。臣等有不容默默者，請備陳其不可，陛下試垂聽焉。

我國家之根本在皇陵，而皇陵之發祥自南服，相延二百年來，聖子神孫綿綿嗣續，所垂爲千萬禩不拔之基者，端在於是，以王氣所鍾者厚也。王氣如人元氣，元氣宜固不宜虚，宜培不宜泄，泄之則百病乘虚而入矣。今日之舉傷泄必多，所干國脈匪渺小也。近據徽州等府揭稱，孝陵來龍自徽州府大彰山發脈，由寧國等處迤邐而來，不過數百里，載在地理諸書。及今堪輿家歷歷可稽其間，有起爲少祖者，如人之有頭額有束爲過脈者；如人之有頸項，有布爲撓掉者；如人之有手足，精連氣貫，一傷百傷，此其關孝陵不甚重乎，而忍於加鎚鑿耶！況太平爲高皇帝開天第一郡，而徽、寧、池三府則又皆争先款附，竭輸輓佐軍興，高皇帝所用以平一寰宇者也。故鴻業既成之後，屢勤詔旨特爲蠲租，且曰朕世世子孫毋忘此郡民也。天語皇皇，播在簡册等因。又據廬州府揭稱，本府與鳳陽連界，去皇陵僅二百里而遥，按皇陵龍穴自岷發脈，蜿蜒而來，江界乎南，淮界乎北，由英、霍至於野城，復起少祖之山，高矗連雲，名曰猪頭尖，折而左則爲武涉諸山，而盡於六安。折而右則爲鹿起諸山，由廬江、無爲而盡於裕溪江口。其中抽一枝則爲紫蓬溪、鷄鳴諸山，横亘合肥而爲遠障。復行百里，起平頂、大紅諸山，雄視定遠而爲近障。乃出洋三十里方結禁穴，以鍾王氣，而肇子孫萬世帝王之業。譬人一身，丹田其結穴之處，而咽喉其過脈之衝，咽喉受傷則呼吸不續，而命蒂其能固乎？萬曆二十五年間，詹事府録事曾長慶妄以己意，疏請霍丘、六安之間可以開礦，奉旨下部。該户部覆議謂廬州去皇陵不遠，恐傷來脈，題奉欽依停止在卷等因，具揭前來。臣等三復讀之，伏念南畿勝地，相傳爲南龍所結，真帝王都，三國吴都之，東晉都之，宋、齊、梁、陳、南唐皆都之。而真龍正穴獨歸皇祖，此天之所留以貽神聖而弘丕基，昌後嗣者也。陛下仰承聖祚，豈不思本源所自，豈不顧國脈靈長？區區以大工，故一旦下開採之令，而不顧皇陵之所盤礴，不察氣脈之所自來，不審利害之關繫最大。此皆王遇桂奸膽彌天敢於嘗試陛下，而陛下悮聽之耳。夫使南畿果可開採，方今言利煩興，礦使四出，頻年以來且及極邊與荒亂之境矣，獨遺此不言而待王遇桂始言乎？蓋諸人之不言者，誠畏有祖陵在，而王遇桂輒言之，臣等故知其嘗試陛下，不意陛下遂聽之也。屬聞南畿士民見説開採，旦夕號奔，相揣揣焉，以毁其墳墓、傾其室廬爲懼。嗟嗟彼自爲一家計者，猶如此其急，而況自爲宗社計者獨不念傷陵脈乎？意者見小利不虞大害耳。不然，陛下聰明仁聖，海内著聞，如往年淮水汎漲可憂在泗陵也，陛下赫然震怒，罪河臣而輒褫其職。去年孝陵守臣失事被劾在私署也，陛下亦赫然震怒，至降級而尋奪其官。凡若此者，皆明知祖陵爲根本至重也。乃今於皇陵過脈之所，聽其穿鑿，任其震撼，虧根本，損元氣，截地維，傷國脈，震摇皇祖在天之靈，莫此爲甚。就令開採其間，山陵盡礦，沙土皆金，可輸而實諸内帑，誠恐陵脈損傷，事變叵測，即瓊林大盈，土苴棄之矣。陛下又何利焉而爲此耶？且陛下既聽王遇桂之請，擬有中官矣而必督以守備，太監邢隆、劉朝用豈非以老成任事，不致輕舉妄動滋擾害乎？夫二臣老成公慎，臣等稔知，獨計奉命以開採爲事，將惟礦是求，一切龍脈攸關，如各府諸山所稱爲少祖者、過脈者、遠近障

者，頭額頸項手足者，恐不暇顧，聽同原奏官民偏行開挖，則根本必至動摇，王氣必至散洩。異日者變故叢生，臣等不知其所終也。陛下安可不早辨乎？如以爲皇陵禁地離各府稍遠，臣等考之經云：「尋龍千里非迢遞。」又云：「大龍千里費推尋。」蓋帝王之穴，其來龍延蔓廣袤極其遼遠。今所開採，近止一二百里，遠不過數百里，安能保其無傷龍泄氣之患也。伏願陛下反覆思維，權度利害，猛念祖陵爲重。於此竭其仁孝敬慎之心，以爲安固久遠之計，亟收開採成命，而重懲原奏官民。夫刻印銷印，非豁達大度之主，至今傳爲盛事者乎？陛下以此同符漢帝，上可以安皇祖之神靈，下可以延子孫之福祚，王氣攸長，國脈綿遠，而皇圖其鞏固矣。此臣等所大願也。臣等身司言責，目擊事端，不得不披瀝血誠，冒干天聽。儻不以所言爲謬，將寧、池等處持旨免行開採。萬一惑干先入，牽於垂成而不能自決，伏乞勑下户部、都察院覆議上請，可否施行。地方幸甚！宗社幸甚！

朱吾弼《明留臺奏議》卷一四《礦稅類》蕭如松《乞推官民並苦以寬逮臣疏萬曆二十八年十月上》　臣等待罪留臺，職司言路，民情吏治咸得與聞。顧事有知未真而驟言者，謂之誕。事有知既真而不言者，謂之隱。誕也，隱也，皆欺也，臣等所不敢也。本年四月，接閱邸報雲南督理礦稅太監楊榮一疏，爲異常暴虐兇狠郡官等事。奉聖旨：「這奏内，知府蔡如川、知州甘學書横行酷暴，抗擾開採，並書手陳其蘊及有名生員人等，都着錦衣衛便差的當官校拏解來京究問，不許連累無辜，以安遐荒地方。該衙門知道。欽此。」臣等仰見皇上盛怒中，惓惓以遐荒爲念，不許連累無辜，此其矜民之心，即古帝王泣罪開網之心，天下臣民所共快也。夫遐荒地方，原與中州不同，小郡偏州，改土新設，夷落雜處，多有姦徒棍惡，射利構禍於間，處置調停最爲不易。匪獨民有苦，官亦有苦，匪獨民有無辜，官亦有無辜。緣萬里滇雲，耳目遲滯，故被逮知府蔡如川，以國朝理學名臣蔡清之後，由南部陞轉尋甸，其守官行已，臣等夙見其賢。知州甘學書，治趙州有聲，臣等夙聞其賢。獨其與礦使相軋，卒不得其所以，未敢以眢臆爲之解也。今事以久明，論以久定，始知知府蔡如川以稽查舊洞夫役，稍有牴牾，被委官吴江從而媒孽，遂起責逐洞夫之議；知州甘學書以學官風水争釁，地方偶火，被委官王棟乘機陷害，遂倡州官燒燬之謡。委官以此激怒中使，中使以此激怒皇上，形之參牘，不無甚其説，而實有大謬不然者。嗟嗟二臣，奉命受職州郡，上供國課，下恤民生，自其職業偶值不幸，與中使不相能，横被中傷。若中使奉命開採，惟欲礦稅溢額以悦上意，其於民生休戚、吏治賢否、事體難易，毫不關心。矧遐荒士庶，素不習中使設施，而中使初至彼中，欲示威稜以行其計術，遂滋愛憎之情，謬張毁譽之口，惟恐言之不足，以聳聖聽，至貽禍無辜，彼安所恤？此中使之毁言，誠不足憑，而二臣之苦情所當鑒察也。矧聞二臣被逮之日，郡邑百姓千百成羣，攀轅卧轍，哭聲載道，天日爲黯，此非平時撫摩百姓，痛癢相關，臨難之際，何以得此！今以一中使之言，傷兩循吏，恐非聖世所宜有矣。此非臣等故爲瀆也，科臣王德完爲二臣訟言之而不解，科臣陳維春又爲二臣訟言之而不解。猶曰官評抑未詳彼中事情。至按臣劉會一疏具悉顛末，謂楊榮與二臣始雖相左，繼則相信，委托蔡知府以礦洞，優異甘知州以獎語。則被參者非真有不可原之情，即參之者不任駟不及舌之悔。而皇上猶然中格，不爲少解，豈明旨不許連累無辜，止及百姓，獨靳於官僚耶？不知窮邊絶域，俗薄風澆，撫之則夷而民，虐之則民而夷。之二臣者，爲百姓與中使左，隨而中使之意解，惟是中使之疏入，而皇上之意不解，中使復不能爲二臣解。所稱無辜，莫此爲甚！倘以毁至而繫之，復以事明而宥之，原無損於天威，大有光乎聖德，奈之何其不然也？臣等嘗聞之，人臣身當言路，毋守隱默。凡事關吏治民情，人已言之，上未行之，不妨再言，是以不避煩瀆，冒昧上請。伏望皇上念官民之並苦，推浩蕩之洪恩，勑下部院，將知府蔡如川、知州甘學書從輕議宥，或量加罰治發落，則匪獨一時臣工士庶欣戴皇上，驚霆甘澍，威惠並流；即傳之後世，莫不仰大聖人之作爲不可及，而雍熙悠久之盛治，將與唐虞三代比隆矣。臣等不任懇切，惶悚待命之至。

又朱吾弼《參粵璫勾夷疏萬曆三十年閏二月上》　夫礦之害，軍民稅之害，商旅礦稅中官之肆害，無上下大小遠邇之遺，諸臣耳聞目擊，形之章奏者，言人人殊，不啻燭照數計，皇上亦既洞悉。曾未聞有放肆無忌，無君無法，勾夷釀亂，如廣東稅使李鳳，又甚於陳奉者。臣等待罪南臺，得之風聞，意不其然，乃詳質之官於廣、商於廣及廣之官吏、商賈南來者，莫不縮頸吐舌，懼廣人禍將不測。或曰李鳳公署扁字擅改聖旨之賜，朱其户壁，僭擬王者之居，而堂題華夷，貢賦侈然，若九重尊嚴矣。或曰李鳳藐視詔旨，高坐不出趨迎，任委官市井之輩峩冠高輿，輕侮詔使，即萬壽諸賀大禮，皆公然不行矣。或曰聽信姦棍誘説，挖寶掘地，得大鐵貓一箇，重數百斤，乃昔大盜黄蕭養等叛亂事敗而埋藏者。李鳳輒示人以爲天賜興王之兆，迎至殺牲，吉服行祭，民間喧傳，無君之人得反賊之物，大爲駭怖矣。或曰香山濠鏡澳有三巴和尚者，巨富，李鳳親往需索，激變黑夷，干戈相向，不得志而歸。口增兵增船，又打死羅通事，香山軍民，澳門漢夷，恐大兵剿

洗，非署印湯同知出示安撫，人心驚惶，幾成大亂。上年八月，突有海船三隻，其船與人之高大皆異常，而人又紅髮紅鬚，名曰紅毛夷，將至澳行劫。澳夷有備，執殺紅夷二十餘人而去。皆謂李鳳深恨澳夷，曾遣人啗之以利，勾來滅澳。此實澳門前所未有。李鳳仍遣船追送不及，澳夷且日懼紅夷，必懷報復，再擁衆至矣。或又曰，李鳳時時有人往來暹羅、日本等國，示以澳門殷富，餌其來澳，一雪三巴和尚不遂索騙之恥。至於珍寶奇貨堆如山積，美婦艾女聚如市門，弁髦文武百官，草芥漢夷衆命。冠帶之濫給等於天官部，刑罰之慘施酷於鎮撫司，征歛之横暴甚於劫奪盜。所任用左右非逋寇亡命之輩，則積蠹漏網之徒，真虎而翼，飛而食人，故珠使李敬以同類，且甚惡而痛絶之。蓋罄南山之竹，莫寫其贓罪者。臣等訪詢既真，質證甚确，憂切於衷，義形於色，竊謂鳳之無君無法，辱官虐民，惡既貫盈，皇上赫怒，徐置典刑，自足伏辜。惟是紅夷、暹羅、日本之勾引，萬一諸夷輕信，倚鳳爲内應，鳳之意雖在滅澳夷，逞其雄心，不知澳夷騷動，全廣漸無寧日；全廣騷動，天下漸無寧日。在在實苦礦稅，人人易與爲亂，其時縛鳳寸斬以謝天下晚矣。臣等切思，欲杜亂萌，礦稅必不可不罷，中使必不可不撤，逆惡釀亂如李鳳又不可不亟逮正法，以安澳夷，寧全廣，杜紅夷羣醜之窺伺也。且聞李鳳所進正稅，及孝順土儀諸物，不過數十萬，其所私藏寶玩、金銀、珠幣，不下數百萬，皇上試行該省撫按官查而籍之。於大工之助非小，何故任其剜人脅肉，填鳳谿壑，爲國家禍本耶！李鳳贓私旅戾，臣等遠已知其概，撫按官近必知其詳，伏乞敕下錦衣衛，杻解李鳳入京正罪，着落撫按官籍其所有造册，差官解進，撥置羽翼惡黨一一提問，追贓究擬，庶中夏更生，外夷懾服，懽聲徧海隅，祝聖天子萬壽無疆，而億萬年治安之慶端在是矣。臣等無任懇切待命之至。

朱偓《郴州總志》卷三五王檣《封坑冶疏》 竊惟郴蕞爾郡，居楚上游，而溪峒環之。前人有云：「郴安，湖南九郡始可奠枕。」真知本之論也。撫綏鎮静，猶懼不安，況可啡衆生事，以貽目前至切之患，而啓他日無窮之害乎？臣謹按：《郡志》有曰：漢桂陽郡出鐵管，故《唐十道志》貢赤錢。聖朝既分平陽置監，而郴之支邑猶有冶穴，産鐵與錫，姦民無賴窟其中以爲患。建炎後坑場廢。觀此數語，知所由來，則中興至今，所以爲郴防患者至矣。又考郡冶石刻，謂坑之利於官者少，害於民者多。有葛藤坪在郴縣兩鄉之間，其地磅礴百里，所謂茭塘等處特小地名，實皆葛藤坪也。守臣累嘗有請，乞遂停閉。嘉定間郡守羅克開首陳其害，開禧間從趙彦裧之請，而郡解緡錢。端平初，從蔡籥之請而包解課額。淳祐間，陳乘之嚴羅二十一之罪罰。寶祐間，趙師光伐羅武諒之計謀。朝旨封閉，歷歷可考。詳此委折，則累次申嚴，所以爲民除害者悉矣。臣之至州，嘗考其故，咸謂坑一開則患立見。蓋郴田磽确，郴民匱窮，歲荒姑置未言，年豐亦僅自足。今乃聚千百輩游手，日增千百升糧食，糴價驟長，細民阻機，勢使然也。烹淘惡水損人田畝而不問，穿求苗脈壞人墳墓而不顧。群聚惡少率皆外鄉無賴之徒，結連峒苗，便成不測之變。況所産者類皆鐵、錫，所得者不過錙銖，是以累朝獨置郴之坑利而勿取者，爲此也。景定三年，有永興縣姦民鄧雷玉，妄指郴縣葛藤坪坑之左右，經衡州分司請佃，既而委官究實，具見其害，不敢保明，於是雷玉之謀沮。至今年五月内，又結其族夢魚窺伺興寧縣紹興已停之浦溪坑、東思洛坑，又欲開黄岑白石之坑，脱漏分司，委官究實。便集惡少二百餘人，文身利刃，私採其間，剽劫鄉民，盜竊殺傷，訟詞紛起。況上件事並不經由治司，初無採取明文，又不申明本州，徑就衡州分司投詞。計囑委官體究，並緣開鑿，居然便與州縣敵，官吏畏縮，末如之何。臣濫司民社，忱不容已，節次申聞諸司外，竊謂旁郴皆積年盜區，非他可比。是以中興以來，嘉惠兹土，嚴行停閉，寧捐國課，力遏利源，防微慮密，萬世永賴，其可不奉行而宣布之乎。且坑穴開則郴民饑，亡命聚則盜竊作，盜竊作則湖南不安，其課利之有益於國者幾何？而關係者甚大，脱有不意，咎將誰執？臣是以一飯三嘆，長慮却顧，而不能止於言也。是用串累任守臣之請、千里士民之情，歷數其由，上干天聽。欲望聖慈明見遐郡，體建炎、紹興、嘉定弭患之德意，舉端平、寶祐愛民之實心，併請行下本州，嚴加防禁。後有姦民於境内安指地名開鑿者，坐以違制。仍著爲令，併下治司照應，庶使田里得以安其生，而姦盜無所容其窟。不惟黎民之利，抑亦國家之福。臣不勝大懼。奏聞。

貼黄：臣乃者便民之奏已常首及此事，今姦民窺伺未已，勢須申嚴防禁。若不赴愬於君父，則民命所係，後將噬臍。是用再瀆天威，仰祈原赦，臣不勝大懼。

陳鶴《明紀》卷一〇《成祖紀三》 〔永樂二十二年〕八月甲辰，榮等至京師，太子以下皆易服，宮中設几筵，朝夕哭奠，即日遣皇太孫瞻基迎喪於開平，召陳懋、薛禄帥精騎三千，馳歸衛京師，命榮與蹇義、楊士奇議諸所宜行者。丁未，太子走夏原吉等繫所，呼原吉，哭而告之，原吉伏地哭不能起。太子令諸人俱出獄，原吉與議喪禮，復問赦詔所宜，對以振饑、省賦役、罷西詳取寶船，及雲南、交阯采辦諸道金銀課。悉從之。

又卷四四《神宗紀三》〔萬曆十四年冬十月〕乙酉，始命中官榷稅通州。是後各省皆設稅使，高寀於京口，暨祿於儀真，孫隆於蘇杭，劉成於浙江，李道於湖口，李鳳於廣州，沈永壽於廣西，邱乘雲於四川，梁永於陝西，孫朝於山西，馬堂於臨清，張曄於盧溝橋。而密雲、河南、南昌、荆州則以王忠、魯坤、陳增、陳奉兼領。凡店租、市舶、珠榷、木稅、船稅、鹽茶、魚葦，及門攤商稅、油布雜稅，無不領於中使。又納姦民賄，給指揮千户劄，用爲爪牙。水陸行數十里，即樹旗建廠，視商賈懦者肆爲攘奪，没其金貲，負戴行李，亦被搜索。又立土商名目，窮鄉僻塢，米鹽雞豕，皆令輸稅。羣小藉勢誅索，礦稅交横，吸髓飲血，以供進奉。大率入公帑者不及什一，而天下騷然，生靈塗炭。

又卷四四《神宗紀六》〔萬曆二十四年秋七月〕乙酉，始遣中官開礦於畿內，自是廢弁、白望獻礦峒者日至，無地不開。中使四出：真定則王虎，昌黎則田進，昌平則王忠，遼東則高淮，山東則陳增，河南則魯坤，山西則張忠，陝西則趙欽，湖廣則陳奉，江西則潘相，浙江則曹金，後代以劉忠，廣東則李敬，雲南則楊榮，皆給以關防，并偕原奏官往，礦脈微細無所得，勒民償之。姦人假開采名，乘傳横索民財，陵轢州縣。有司卹民者，罪以阻撓。淮至遼東，即劾參將梁心，逮繫詔獄。閏八月乙丑朔，日有食之。丁卯，趙志皋請視朝發章奏，罷采礦。不報。【略】

〔二十五年六月〕戊寅，火起歸極門，延皇極、中極、建極三殿，文昭、武成二閣，周遭廊房，一時俱燼。趙志皋在告，張位、沈一貫請面慰，不許。乃請帝引咎頒赦，勤朝講，發章奏，躬郊廟，建皇儲，録廢棄，容枉直，宥細故，補缺官，減織造，停礦使，撤稅監，釋繫囚。志皋亦疏陳定國本、罷礦稅等十一事。帝皆優詔報聞，而不能盡用。位又言：「臣等請停礦稅非遽停之也，蓋欲責成撫按，使上不虧國，下不累民耳。」給事中張正學劾位逢迎，遷就宜斥。」帝亦不省。張養蒙上疏曰：「近日之災，前古未有，自非君臣交儆，痛革敝風，恐虚文相謾，大禍必至。臣請陛下躬謁郊廟，以謝嚴譴；立御便殿，以通物情；早建國本，以繫人心；停皇店銀礦之役，杜四海亂階；減宦官宮妾之刑，弭蕭牆隱禍。」【略】

〔二十七年〕秋八月甲午，陝西狄道城東山崩，其下衝成一溝，山南耕地湧大小山五，高二十餘丈。楊天民言：「平地成山，惟唐垂拱間有之，而唐遂易爲周。今虎狼之使，吞噬無窮，狗鼠之徒，攘敚難厭。不市而征稅，無礦而誅銀，甚且毁廬壞冢，籍人貲產，非法行刑，自大吏至守令每被譴逐。郡邑不肖者，反助虐交歡，藉潤私橐，嗷嗷之衆，益無所歸命。懷樂禍心，有土崩之勢，天心仁愛，亟示譴告，陛下尚不覺悟，翻然與天下更始哉！」不報。【略】辛卯，太白經天，禮部尚書余繼登言：「頃者星躔失度，水旱爲沴，太白晝見，天不和也。鑿山開礦，裂地求砂，致狄道山崩地震，地不和也。」

〔萬曆二十七年九月〕辛卯，太白經天。禮部尚書余繼登言：「頃者星躔失度，水旱爲沴，太白晝見，天不和也。鑿山開礦，裂地求砂，致狄道山崩地震，地不和也。閭閻窮困，更加誅求，帑藏空虚，復責珠寶，奸民蟻聚，中使鴟張，中外壅隔，上下不交，人不和也。戾氣凝而不散，怨毒結而成形，陵谷變遷，高卑易位，是爲陰乘陽，邪干正，下叛上之象。臣子不能感動君父，言愈數愈厭，故天以非常之變，警悟陛下，尚可恬然不爲意乎？」不省。辛亥，太白、太陰同見於午。吏部侍郎馮琦草疏，偕李戴上之，曰：「近見太陰經天，太白晝見，已爲極異。至山陷成谷，地湧成山，則自開闢以來，惟唐垂拱中有之，而今再見。竊惟上天無私，惟民是聽，欲承天意，當順民心。比來天下賦額，視二十年以前，十增其四，而民户殷足者，則十減其五。東征西討，蕭然苦兵。自礦稅使出，而民間之苦更甚。加以水旱蝗災，流離載道，畿輔近地，盜賊公行，此非細故也。諸中使銜命而出，所隨奸徒，動以千百，陛下欲通商而彼專困商，陛下欲愛民而彼專害民。蓋近日神奸有二：其一工伺上意，具有成奏，假武弁上之。其一務剥小民，畫有成謀，假中官行之。運機如鬼蜮，取材盡錙銖，遠近同嗟，貧富交困。貧者家無儲蓄，惟恃經營，但奪其數錢之利，已絶其一日之生。至於富民，更蒙毒害，或陷以漏稅竊礦，或誣之販鹽盜木，布成詭計，聲勢赫然，及其得財，寂然無事。小民累足屏息，無地得容，利歸羣奸，怨萃朝宁。夫以刺骨之窮，抱傷心之痛，一呼則易動，一動則難安。今日猶承平，民已洶洶，脱有風塵之警，天下誰可保信者？夫哮拜誅，關白死。此皆募民丁以爲兵，用民財以爲饟，若一方窮民倡亂，而四方應之，於何徵兵，於何取饟哉？」

又卷四五《神宗紀七》〔萬曆三十年秋七月〕奸人張嶷等言，呂宋機易山素產金銀，採之歲可得金十萬，銀三十萬，帝即納之。命下，舉朝駭異。温純言：「近中外諸臣，争言礦稅之害，天聽彌高，今楊榮汙辱婦女六十六人，私運財賄三十大舟、三百大扛，勢必見戮於積怒之衆，何如及今撤之，猶不失威福操縱之柄。緬酋以寶井故，提兵十萬，將犯内地。西南之蠻，岌岌可憂。而閩中奸徒，又以機易山事見告，此其妄言，真如戲劇。不意皇上之聰明，而誤聽之，異時變興禍

起，其患有不可勝言者。臣聞海澄市舶，高寀已歲徵三萬金，決不遺餘力而讓利，即機易越在海外，亦決無徧地金銀，任人采取之理，不過假借朝命闌出禁物，句引諸番以逞不軌之謀而已。昔年倭患正由於此。況以朝命行之，害當彌大，諸奸效汪直，曾一本輩故智，必爲國家大患，乞急置於理，用消禍本。」給事中御史金忠士、湯兆京、曹于汴、朱吾弼等亦連章力争，皆不聽。

又〔崇禎九年十月〕丙申，命開銀、鐵、銅、鉛諸礦。

梁章鉅《浪跡叢談》卷五《開礦議》 礦利之興古矣。《周禮》有丱人之職，丱即礦也。掌金玉錫石之地，而爲之厲禁以守，若以時取之，則物其地圖而授之，巡其禁令。此即後代廠税之始。《漢書・地理志》言：「朱提山、益州山皆出銀。」後魏延昌中有司奏長安驪山有銀礦，又恒州白登山有銀礦。唐貞觀初，侍御權萬紀奏宣、饒二州銀大發，採之歲可得數百萬。東漢劉承鈞國用日削，五臺山僧繼容募民鑿山取礦，烹銀以輸，劉氏賴以足用。宋太宗至道末，天下歲入銀十四萬餘兩。真宗天禧末，天下歲入銀八十八萬餘兩。神宗元豐初元，冶銀二十一萬餘兩。金世宗大定間，許民采銀，二十分取一爲税。明洪武間，陝西商縣有鳳凰山銀坑八所，福建尤溪縣有銀屏山坑冶八所，浙江温、處等屬有銀場。永樂間，福建浦城縣有馬鞍等銀坑三所，貴州有葛溪銀場，雲南大理銀冶。萬曆間，歲有進礦税銀三百餘萬兩。今人無不言開礦有害者，大都鑒於前明之用宦官監收礦税耳，不知委用宦官，則凡事皆有害，何獨開礦。我朝康熙五十二年，大學士九卿議禁開礦。上諭曰：「天地自然之利，當與民共之，不當以無用棄之。要在地方處置得宜，毋致生事。」又乾隆四年，兩廣總督奏英德縣銅坑鍊出銀，該縣洪磜礦出銀過多，請封閉。上諭曰：「銀亦天地間自然之利，可以便民，何必封禁。」煌煌聖諭，仁義並行，固不欲興利以擾民，亦未嘗閉地而塞利。嘉慶年間，英煦齋師亦嘗抗疏云：「中國銀有日減，無日增，安得不短絀？則莫如取諸礦廠，或官爲經理，或任富商經理。即使官吏難保侵漁，富商或飽囊橐，總係取棄置之物以濟生民之用，且可養贍窮民。雖聚集多人，而多人即藉以謀生，未始無益。」皆通達政體之言，非迂儒所能識。斯固籌國用者所宜體察而施行也。

《陶文毅公全集》卷二四《奏疏・請嚴湖南礦禁摺子》 奏爲奸民盜開礦廠，請旨嚴行封禁事。竊臣聞湖南辰州屬之沅陵縣，有地名大油山，在清浪灘之上，山險水惡，數十里人烟絶少，最利藏奸。前年，此山偶出金礦，輒有奸民乘機盜窃，數月之間，聚衆數千。地方官往捕，當經嚇散，而根株未靖，仍有偷窃之事。本年，辰、沅饑饉，百姓乏食，咸以此山有金可採，冒死争赴，並有他處聞風而往者。日聚日多，其勢復將犯禁。查大油山蕞爾一區，爲山甚小，無論礦竭之日難於遣散，而此時辰、沅荒歉，穀米騰貴，本地之民尚且乏食，安能供此日益月增之衆？況礦徒兇横者多，往往不顧身家性命。沅陵偪近苗疆，山深地阻，聚此千百無籍之徒於險惡之區，爲聚而難散之勢，其爲害誠非淺鮮。現雖有官駐守，誠恐員微力弱，難資彈壓。應請敕下湖南巡撫，速飭該府親往設法遣散，毋使奸民嘯聚，致釀事端。仍將此山永行封禁，以絶希冀之心，而杜將來之患。再者，湖南所屬，如安化、攸縣、新化、邵陽、武岡、新寧、東安、辰谿、瀘溪、石門、慈利、永定、桂陽、桂東、臨武各州縣，向産鐵礦。有題明開採者，亦有私行開窃者。因係内地，尚無妨礙。然礦洞幽深曲折，易於窩藏盜竊。且穿崖越嶺，長至二三里及四五里不等，往往洞口開於此山，而偷窃彼山之礦。甚者，斷山截脈，壞及墳塋、住址，殘毀可傷，争端易起，聚衆械鬬，涉訟釀命者不一而足。竊思此等礦山雖未能盡行封禁，亦宜妥爲防範，毋使滋生事端。應並請賜諭該地方官剴切出示，毋許偷窃。如有鑿毁人家墳地及窩藏盜竊者，從嚴辦理，有犯即懲，於以澤枯骨而靖奸藪，地方幸甚。臣爲預防礦徒爲害起見，是否有當，伏祈皇上睿鑒。謹奏。嘉慶十九年九月十七日奏。本日奉諭旨：「一道寄交湖南巡撫查禁。」

《宋會要輯稿・食貨三四・坑冶雜録》 大觀二年，荆湖南路提舉常平司狀：「承省札：訪(問)〔聞〕潭州湘陰縣、岳州平江縣地界出産金寶去處甚多，只是百姓地主私召人淘採貨賣，官司不爲措置，枉失寶貨。札付本司相度措置。今相度應有金銀坑冶發泄，雖告言，或檢踏未了輒私發坑口淘取者，計價以盜論贓，輕者杖一百，鄰保知而不糾者減二等，所貴人知有禁，可以杜絶私採之弊。」詔從之，諸路應有坑冶處並依此。

三年，原書「三年」前有「建炎」二字被塗去。虞部言：「江淮等路提點坑冶鑄錢司張澄奏，乞將管下坑場專責監官點檢(遇)〔過〕銀坑興發，其見元銅、鉛等如願採作，即先經官認定逐時所賣銅、鉛課額，比舊數增羨，方得採作。銀坑或未經行使銅、鉛坑冶之人，願作銀坑，亦令兼使銅、鉛坑冶。如不願趁辦銅、鉛課利，即不得專使銀坑。仍乞逐月置曆抄上賣過銅、鉛、銀數，如銅、鉛及得元立定額，其銀價即盡數支給；若或所賣銅、鉛不及元立定額數，即未得全支銀價，候次月賣定銅、鉛，方得盡行支給。其有銀坑興發浩瀚去處，亦乞依此施行。」從之。張澄又言：「乞將韶州曲江、潭州(劉)〔瀏〕陽、信州鉛山三縣知縣依舊來饒州德

興、信州弋陽知縣體例，銜位帶主管銅鉛等事，責令同監場官協力收趁歲額。如弛慢之人，從本司按劾，取旨重行停降。」從之。【略】

三年，晁公愚言：「諸路出產坑冶之處，往往五金雜出，如銅坑有鉛，鉛坑有銀，銀坑有鐵之類，蓋是所產礦脈厚薄不等。自來銅、鉛、錫、鐵即隸提點司，金銀坑即隸轉運司，故事不歸一。今乞盡委提點司拘轄，將諸路轉運司逐年所收金、銀數目，令提點司抱認，實爲兩便。」從之。【略】

乾道七年，權發遣處州姚述堯言：「被旨措置銀銅坑，緣當來銀、銅興發之初，本州就令業主開采，却別令豪户請佃，又所差監官多用本土進納等人，以致互起争訟。今本州龍泉等縣見有石堰等銀坑十處，庫山等銅坑九處，合將銀、銅分作兩所，銀坑即令採銀官監折合以分數與坑户，銅坑即令取銅官監烹煉，以銀作本，立定價值，就坑户收買，使採銀者不爲銅課之迫，採銅者別無意外之望。兩處合差監官兩員，互相提督，並用監轄使臣兩名往來譏察，庶無日前土豪稍勾乾没銷燬錢寶之患。」方言「稍勾」，謂利上取利之意。從之。

又《職官四三·提點坑冶鑄錢司》〔政和七年〕七月二十三日，奉議郎、措置荆西坑冶時君陳奏：「詢究得坑冶利原，招置窑户請射，檢察兵匠開採，已置成官冶，催督收趁。採到金七百兩、銀五千兩，差勾當官劉充管勾，赴都省呈納。」詔時君陳轉一官。【略】

〔宣和〕七年正月二十四日，詔：「陝西坑冶見差提舉官一員，巡按不能周遍，可分京西別爲一路。」【略】

〔高宗紹興〕六年四月十八日，提點坑冶鑄錢趙伯瑜奏：「被旨興復坑冶，今先詣鉛山場措置，詢訪得管下(責)〔青〕碌坑場見今封閉。竊(責)〔以青〕碌係銅之母，發爲精英，其名有浮淘、青頭、青二、青大碌之類，皆是價高值錢之物。請康初住罷採打，今來雖別無所用，而民間裝飾服用亦有合用青碌去處，往往被人户私採盜賣，暗失錢本，誠爲可惜。今相度，乞將管下坑冶出產青碌去處，從來本司措置召(入)〔人〕興採，委自坑冶場拘收，立價抽買入官，量行搭息變賣，資助銅本。如朝廷許依所請，即乞早賜指揮施行。」詔令鑄錢司依已降指揮召人興採抽買，即不得抑勒騷擾。【略】

〔孝宗乾道九年閏正月〕十二日，王楫、李大正言：「今來雖將見管坑場分隸兩司，所有舊坑多係江西贛州一司管內，竊慮江東饒州一司無所措置，今欲於江西管內取撥江州、吉州、撫州、興國軍、隆興府，却隸饒州司。」從之。

《清一統志》卷五一六《新疆統部·職官·伊犂》管理挖鐵，七品，玉資，伯克一員，管理臺站卡倫，文武各員即於駐防官員内派撥，或山、陝、甘省調往兼理銅、鉛廠等務，無常員。分理克勒底雅城。四品阿奇木伯克一員，五品採鉛伯克一員，六品哈子伯克一員。

《林文忠公政書》丙集《雲貴奏稿》卷九《查勘礦廠情形試行開採摺》奏爲遵旨查勘滇省礦廠情形，請將舊廠核實清釐，新礦試行開採，以期弊去利興，行之有效，恭摺奏祈聖鑒事。竊准部咨，奉上諭：「前因户部奏籌備庫款一摺，當派宗人府大學士、軍機大臣會同妥議具奏。兹據另議章程五條，無非就自然之利，斟酌損益，惟在該督撫等各就地方情形熟商妥議，立定章程具奏等因。欽此。」臣等跪誦再三，仰見聖主裕國足民利用厚生之至意。復查新定章程五條内，如河工、漕務本爲滇省所無，鹽務則向有定章，並無懸引墮課，自應遵旨，無庸更易。至錢糧年清年款各税儘收儘解，均無蒂欠。除將應造清册飭屬依限據實造報，聽候稽查，以昭劃一外，計滇省所應辦者，首在開採一事，敢不詳慎籌維。復思有土有財，貨原惡其棄於地，因利而利富，仍使之藏於民。果能經理得宜，自可推行無弊。考之《周禮·卝人》「掌金玉錫石之地」。注云：卝之言礦也。其曰「爲之厲禁以守」者，爲未經開採言之也。曰「以時取之，物其地圖而授之，巡其禁令」，此即明言開採之法，爲後世所仿而行焉者也。【略】前因土内産有金砂，遂有外來游民私挖淘洗，致相争鬬，禀經前督臣委員會同他郎、元江廳州前往查逐，該游民各即逃散，遂將該山封閉，但金砂仍不時湧現，挖淘較易，難免游民旋復潛來。如蒙奏明開採，雖豐嗇難以遽定，究足以裨公課而杜私争。臣等隨復批飭各員親詣該山勘明實在情形。旋據禀覆，山頂寬平，周圍約七八里，掘土尺餘，即見細碎金砂閃爍耀目。官員到山，游民先已躲避。勘有私硐四口，詢訪附近邨人云挖起金砂，取水屢淘，復以木板爲牀，竟日摇盪。一人之力，日可得金幾釐，多亦不出一分。又離該山數里有名爲三股擂及小凹子二處，勘有草皮銀礦，微夾金砂，現亦有人偷挖，但未進山成硐等情。臣等當即批准，將此三處試行開採。但先前既因私挖致釀鬬争，此次官爲督辦，亟應選擇殷實良善者作爲頭人，責令招募砂丁，逐層約束。前此偷挖滋事驅逐復來者，亦當訪拏究辦，以示懲儆，且必須先派員弁多帶兵丁，始足以資彈壓。容臣等斟酌調遣，一俟佈置定局，再行縷析奏聞。

又據鎮沅直隸同知暨文山、廣通二縣先後稟稱：前因奉文廣覓銅廠，疊經

示論民人訪尋子廠呈報。嗣有鎮沅廳民羅梓鵬等報，有距城百餘里之興隆山麓獲銀礦引苗，當令招丁試採。該廳時往履勘，其礦砂忽接忽跳，未能定準，如數月內堪以接採，擬即酌定課程。又文山縣民萬雲隴等以距城一百八十里之白得牛寨地方出有礦苗，該民等已各出備油米，呈縣開採。經該縣報府委勘，山勢豐厚，惟四圍包欄不甚緊密，所出草皮壙礦成色較低，兼以時有時無，不免旋作旋輟，請加察看，可否抽收銀課，儘收儘解。又廣通縣民李集之等以象山地方距城九十七里有礦可採，報經該縣，准令試辦。嗣採得門礦所出無多，業經揸爐分計，無如銀微色低，唯將所出黑鉛藉作底母之用，尚須再行試准，量請抽課。各據實具禀前來。臣等查該三廠開採，雖尚未見成效，然總須該地方官激勵廠民奮勉從事，不可任其半塗而廢。現已札令速將礦砂煎樣解驗，應抽課銀先許儘收儘解，俟試辦一年察定情形，再將抽解效目入額清撥至

此外，更令廣爲覓採，有苗即力求獲礦，有礦即務使成堂。如能採辦數多，應先遵照朝議，商給優獎，官請議叙，以期率作興事，感奮争先。至舊額老廠，雖據逐細查訪，實係衰歇者多，然習於廠事者必能明其消長之機，以籌修復之法。或拉龍扯水，或旁路抄尖，或配合分計。如錘手、背夫及揸爐、下罩之人，所見既多，諒亦能知補救。即或需費工本，但能先難後獲，亦當設法爲之。倘實係硐産全枯，徒勢無益，則名是實非之廠似應據實開除。即於儘收儘解各廠中奏明抵補，總須比較原定舊額，無絀有贏，方爲核實整頓之道，不得因廣採新山而轉置舊廠於不問。至於官辦、民辦、商辦，及如何統轄彈治稽查之處，仰蒙恩諭，不爲遥制。凡在官商士庶無不感激倍深，自當按地方之情形籌經久之善策。

查辦廠先須備齊油米柴炭，資本甚鉅，原非一人之力所能獨開。官辦呼應雖靈，而在任久暫無常，恐交代葛藤滋甚，倘或因之虧空，參辦則有所藉口，籌補則益啓效尤。況地方官經管事多，安能親駐廠中，胼胝手足，勢必假手於幕丁胥役，弊竇愈多。似仍招集商民，聽其朋資夥辦，成則加獎，歇亦不追，則官有督率之權，而無著賠之累，似可常行無弊。臣等與在省司道及日久在滇之正佐各員，下逮商旅民人，無不虚衷採訪。竊以此次認真整頓，令在必行，所宜先定章程者，約有四事：

一曰寬鉛禁。查銀礦惟炸礦爲上，爲其塊頭浄潔出銀多，而成色高。然廠中似此之礦百不得一，其習見者名爲大花銀礦、細花銀礦，其實皆鉛礦也。鉛礦百斤煎鉛得半，即爲好礦。而好鉛十斤入鑪，架罩其上者，得銀六七錢，次者僅二三錢。除抽課工費之外，只敷半本。其裏出鉛汁名爲銷團鉛，浸灰内名曰底母，皆可溜成黑鉛，以此售賣，始獲微利。滇省向因黑鉛攸關軍火，曾有比照私賣硝磺辦罪之案，故鑪户所餘底銷，皆爲棄物，虧本愈多。臣等查黑鉛一項或錘造錫薄，或炒煉黄丹顔料，所用亦廣，原非僅爲製造鉛彈之需。律例内並無黑鉛不准通商之文，且貴州之柞子廠、四川之龍頭山黑鉛均准售賣，滇省事同一律，如准將底銷出售以補廠民成本之虧，庶不至於退歇。況售賣底銷，必有行店。其發運若干，令廠員驗明編號，填給照票，俟運至彼處，即將照票赴該地方衙門繳銷，既可杜其走私，於軍火無所妨礙，藉得霑有利益，於廠民實獲補苴。

一曰減浮費。查雲南各屬無論五金之廠，皆有廠規。其頭人分爲七長。每開一廠，則七長商議立規，名目愈多，剥削愈甚。查歷辦章程，迤東各廠硐户賣礦，按所得礦價，每百兩官抽銀十五兩謂之生課；迤西各廠硐户賣礦不納課，惟按煎成銀數，每百兩抽銀十二三兩不等，謂之熟課。售批解造，報之正款，必不可少。此外有所謂撒散者，則頭人、書役、巡查之工食薪水出焉。有所謂火耗、馬脚、硐主、硐分、水分以及西岳廟功德、合廠公費等名目，皆頭人所逐漸增添者。雖不能盡裁，亦必須大減。現在出示曉諭，務令痛删無益之規銀，以辦必須之油米，庶不至因累而散。

一曰嚴法令。查向來廠上之人殷實良善者什之一，而獷悍詭譎者什之九。又廠中極興燒香結盟之習，故滇諺有云：無香不成廠。其分也，争相雄長；其合也，併力把持，恃衆欺民，漸而抗官藐法。是以有礦之地不獨官懼考成，並紳士居民亦皆懔然防範。今興利必先除害，非嚴不可，即如所用鐵器，除鎚鏨、鍋鏟、菜刀准帶外，一切鳥槍、刀械全應搜浄，方許入廠。其駐廠彈壓之印委員弁，皆准設立枷杖等刑具，有犯先予枷責，或插耳箭遊示，期於小懲大戒。若廠匪膽敢結黨仇殺多命，鬧成巨案，或恃衆强姦、盗劫，擾害平民，責令該府州廳縣會同營員立即兜拏務獲，審明詳定之後，請照現辦迤西匪類章程，就地請令正法，俾得觸目警心，庶可懲一儆百。

一曰杜詐僞。查礦廠向係朋開，其股分多寡不一，有領頭兼股者，亦有搭股分尖者，自必見有好礦而後合夥。滇省有一種詐僞之徒，慣以哄騙油米爲伎倆，於礦砂堆中擇其極好浄塊，如俗名墨緑及硃砂、蕎麪之類作爲樣礦示人，啗以重利慫恿出貲，承攬既多，身先逃避。愚者以此受累，黠者以此詐財，良民不敢開採，多以此故。又廠上賣礦買礦之時，復有一種積蠹插身説合，往往私抽釐頭，

爲之裝蓋底面，顛倒好醜，爲貽害廠務之尤。兹先出示諭禁，嗣後訪獲此等匪徒，皆即加重懲辦，庶可除弊棍而示勸懲矣。

臣等在滇未久，於礦廠情形本不諳習，仰荷聖慈委任，日蒙訓諭周詳，謹就察訪實情先籌大概，雖成效尚未能豫必，而任事斷不敢畏難。此外續查利弊情形，總當據實直陳，以仰副宵旰，疇咨於萬一。所有查勘籌辦緣由，是否有當，臣等謹合詞恭摺具奏，伏乞皇上聖鑒訓示。謹奏。【略】

「以時」云者，註疏但釋其大意。今以臣等在滇所訪聞者證之，似指冬春水涸之時而言。蓋金爲水母，五金所産之硐，皆須戽水而後取礦，故辦銅例有水洩之費，銀鑛亦然。夏秋礌硐多水，宣洩倍難，往往停歇。若水過多而無處可洩，則美礦被淹，亦成廢硐。乃悟「以時」二字，古人固早見及此也。「物其地圖」云者，亦如今之覓礦，先求山形豐厚、地脈堅結、草皮旺盛，引苗透露，乃可冀其成廠。滇中諺云：「一山有礦，千山有引。」引之初見者曰子櫃。漸而得有正櫃，乃可進山獲礦。礦形成片者，謂之刷。礌硐寬廣者，謂之堂。由成、刷而成堂，始爲旺廠。若土石夾雜，則謂之鬆荒，旋開旋廢，易虧工本。甚至下開上壓，滇諺謂之蓋被，則非徒無益矣。故認勘必須詳細。所謂「物其地圖」者，正以此耳。「巡其禁令」云者，誠以開採人多，須有彈治之法。如今之廠內，各設課長、客長、硐長、鑪頭、櫃頭、鍋頭，皆所以約束礌户、尖户及鑪丁、砂丁之類。又須多派書差、巡練以杜偷匿漏課，並禁奪底争尖，此皆「巡其禁令」之遺意。是開礦之舉，不獨歷代具有成法，而《周禮》早已明著爲經。況滇省跬步皆山，本無封禁，而小民趨利若鶩，礦旺則不招自來，礦竭亦不驅自去，斷無盤踞廢硐，甘心虧本之理。其謂人衆難散，非真知礦廠情形者也。滇人生計維艱，除耕種外，開採是其所習。近年因銅斤産薄，唯恐京運不敷，但有能覓子廠之人，廠員無不亟令試採。若輩行山望氣，日以爲常，於地力之衰旺盈虚，大都能知梗概。見有可圖之利，或以紅單而報苗引，或以僉呈而請山牌，當其朋集鳩貲，人人有所希冀。要之人事居其半，天事亦居其半。據本地人所言，開而能成，成而能久者，向實不可多得。然第就目前而論，如其地可聚千人者，必有能活千人之利；聚至數百人者，亦必有能活數百人之利。無利之處，人乃裹足。故凡各屬礦廠衰旺興閉，地方官皆不能隱瞞，惟設法經理之人能使已閉復興，轉衰爲旺者，實難其選耳。

又卷一〇《他郎廳新礦酌更營汛摺》　奏爲普洱府屬之他郎廳地居邊要，現在督辦開採更宜駐以重兵，擬移遊擊大員並請酌更營制以資彈壓，而重邊防，恭摺奏祈聖鑒事。竊臣等於本年二月會奏遵旨試行開採摺内，聲明他郎通判所轄之坤勇箐曾出金砂，因游民私採鬭争，將山封閉，但金砂不時湧現，難免去者復來。又近處勘有草皮銀礦，現亦有人偷挖。此次官爲督辦，必須多兵彈壓，容臣等斟酌調遣，一俟布置定局，再行縷析奏聞在案。維時營制未經議定，先於附近該廳之普洱、臨元二鎮，元江、新嶍二營共派兵三百名，交護臨元鎮左營都司陳國樑帶往駐劄，暫爲彈壓。並委候補通判卓椥、永平縣知縣文定仲各齎告示令箭，前往會同他郎通判倭克金布選充頭人、課長，議立約束章程，並責成鎮將、道、府各大員就近稽查督辦。惟念兵雖暫駐，究非經久之謀，而地在沿邊，尤在藩籬之固。查他郎地方遼闊，東南兩境遠，與老撾、交阯、暹羅、緬甸有路相通，就邊防而言，本應以重兵扼要駐守。今該處文員係普洱府之通判分駐，而同城之武汛千總又不歸於普洱鎮管轄，而係臨元鎮所屬之元江營參將分弁赴防。是文武雖在一城，而一則隸於臨元，一則隸於普洱，通有要事，爲文職者固可於駐劄普洱之道府稟請遵行，而武職營汛事宜，普洱鎮不能過問，須由元江營轉稟臨元鎮指示辦理。道路既多，紆折核轉，更致躭延，在無事之時，或尚不甚緊要。值此新開礦廠人數日見衆多，尤應文武和衷，聯爲一體，始免事權歧出，呼應不靈。且查滇省額設六鎮總兵，本皆有中、左、右三營以符規制，惟普洱鎮左營遊擊因與威遠、新嶍兩營屢次互相改换，故現在該鎮只存中、右二營，與各鎮殊不一律，似應復還普洱左營遊擊，以昭體制，而重邊防。惟營缺未敢擅添，自應量爲移改。因查新嶍營遊擊向係駐劄元江州屬之新平縣城，而其分防之嶍峩縣汛，則又屬於臨安府，是彼處文武所轄亦復兩歧。查新平係在元江，腹内又有他郎當其東南，以爲屏蔽。前因境内有魯魁、衷牢兩山易藏匪類，是以曾設專營。今新平地方較之昔時大爲安静，其嶍峩尤爲腹地，更可將汛務歸入臨元鎮標。所有新嶍遊擊一缺似可移駐他郎，作爲普洱左營遊擊。

廠務既資彈壓，邊防亦更森嚴。以視目前派往客兵祇係暫時駐劄者，自必倍形得力。第遊擊既移，其中軍守備一員自應隨往。又左右哨兩千總亦應酌帶一人，與原駐他郎城内之千總各分左右哨。至元江營本有把總一弁，帶兵四十五名，分駐他郎之阿墨汛。又有分駐邦轟宿南兩汛之外委二人，共帶元江兵六十五名，今應移歸新設遊擊管轄。又普洱中營亦有一把總、一外委帶兵七十九名，分駐通關哨汛，距他郎較近，亦應歸於該遊擊管轄。此外尚有應帶弁委及酌添馬步各兵，或由新嶍原營移撥，或由普洱鎮標改添，均俟該鎮將議覆至日，另

咨兵部立案。惟新平舊分十汛，地勢亦屬綿長，若遊擊移駐之後，僅以千把總領其汛地，恐職分太微，難資管束，應另移守備一員作爲總轄。行據臨元鎮總兵李能臣稟覆，該標左營本有都司可以經營錢糧等事，其左營守備尚可通融移駐新平，作爲元江營右軍守備，仍隸該鎮統轄。其元江營參將應即改名元新營，以符名實。以上擬更營制大概情形，經臣等飭，據藩臬兩司暨督糧道轉移臨元普洱鎮道，並行該處府、州分别籌議詢謀僉同。兹據該司道等會詳請奏前來，相應仰懇聖恩俯念邊疆營汛因時制宜，準將原設新嶍營遊擊移駐他郎，作爲普洱鎮左營遊擊，其新平汛駐劄守備等員弁歸於元江營管轄，將嶍峩汛歸入臨元鎮標。如此量爲轉移，則文員之該管道府與武員之該管鎮將悉歸畫一，似公事可免歧悞，而邊境更冀肅清。如蒙俞允，所有衙署兵房凡可彼此互换者，皆毋庸另議。惟他郎城内應添蓋遊擊守備衙署，及自他郎城外至坤勇箐礦廠等處如有扼要控制，應須建蓋汛房者，一切工料所需，均由臣等督屬籌捐辦理。惟營分職名有應酌改之處，應再咨部酌换關防等項，以昭信守。至官兵係遣融移撥，並無格外加添，其原支俸餉廉費各銀無所增損。惟查鎮標官兵領餉例由中營照數請領轉給開支，而他郎距省程途較之普洱中營稍近數站，若將該管俸餉解回中營之後，又解左營，未免徒多往返，擬令嗣後該鎮標遣官來省領餉回鎮，即於路過左營之便，先將該營俸餉等銀交給該遊擊具領收放，以省重疊來回。又兵米一項，從前他郎駐兵本少，該廳徵放本色之外，尚有餘存本折分别撥解，今移駐兵數既已增多，該處糧販本稀，自應責令他郎通判概徵本色以資散放。其由普洱、元江撥出之兵，該原營應減本色改折徵解。至各營汛軍裝器械亦可酌量抵换，彼此互改營名，毋庸紛紛搬移，以歸省便。其餘未盡事宜，另容隨時酌核，分别題咨辦理。總期開廠籌邊兩有裨益，以仰副聖主整飭營伍，綏靖地方之至意。所有會籌移駐緣由，臣等謹合詞恭摺具奏，伏乞皇上聖鑒，勑部核覆施行。謹奏。

賀長齡等《清經世文編》卷二六《户政一》蔡毓榮《籌滇理財疏》　目今固米珠薪桂，用力爲艱，然有此自然之利而終棄之，良可惜也。宜請專責臨元、洱海、永昌三道，各按所屬親行察驗，分别某廠可開，某處廠不可開，報部存案。一面廣示招徠，或本地有力之家，或富商大賈，悉聽自行開採，每十分抽税二分，仍委廉幹官監收，務絶額外誅求，額内侵隱之弊。

凡有司招商，開礦得税一萬兩者，准其優陞。開礦商民上税三千至五千兩者，酌量給與頂帶，使知鼓勵。又嚴禁别開官硐，嚴禁勢豪霸奪民硐，斯商民樂於趨事，而成效速矣。蓋官開則必派取，民開則自顧覓礦夫，民夫各有本業，或力不能深入礦硐，往往半途而廢，且恐派夫擾民，朝廷未見其利，而地方先見其害也。若礦夫多係游手無籍有膂力而無衣食之人，彼知利不專於官，而與民共之，未有不趨赴如市者。礦夫既集，礦税自盈。且予此輩以逐利之途，而漸息其爲非之念，是以理財而兼弭盗之一法也。【略】

一、礦硐宜開也。滇雖僻遠，地産五金，先經廷臣條議開採，部覆將可否開採之處，令督撫查明具題，誠重之也。臣愚以爲雖有地利，必資人力，若令官開官採，所費不貲，當此兵餉不繼之時，安從取給？且一經開挖，或以礦脈衰微，旋作旋輟，則工本半歸烏有，即或源源不匱，而山僻之耳目難周，官民之漏卮無限，利歸於公家者，幾何哉？是莫若聽民開採而官收其税之爲便也。

又英和《開源節流疏嘉慶十九年吏部尚書》　其地向有金礦、銀礦，恐聚集多人滋生事端，久經封閉。竊思天地生財，原以供生人之用，開之而礦苗旺盛，裕課足民，固屬全美。即或礦苗消乏，不敷工本，而工本自散在民間，究竟天地間多此一項流通，亦爲有益。况新疆礦廠自開闢以來，未經發泄，旺盛可知，如辦理有效，足敷該處兵餉，則内地經費日見寬舒，其他各省礦廠亦俱久經封閉，棄同泥沙。臣伏思天下大計，東南洋貨，西北皮貨，以貨易貨固多，而以銀易貨者亦不少，兼之器皿首飾裝飾等項，消耗金、銀之處不一而足，中國金、銀有日減無日增，安得不致短絀？則莫若取諸礦廠以補消耗之數，應請無庸封閉。或官爲經理，或任富商經理。無論所得多少，取之於天，並非取之於民，即使官吏難保侵漁，富商或飽囊橐，總係取棄置之物，以濟生民之用，實屬有益無損。且可贍養貧民，雖聚集多人，而多人即藉以謀生。人有謀生之路，即無滋事之心。慮其滋事，不令謀生，未免因噎廢食。如蒙俞允，請敕伊犁將軍，並各直省詳查奏聞辦理，仍須敕諭，不得畏難苟安，寬其罰賠，俾有贏餘，則人皆樂從，上下交益。

又卷五二《户政二七・錢幣上》何世璂《請收礦税煎鹽疏雍正二年》　竊臣履任時，黔西商民，紛紛具呈請開礦廠，臣初慮有利不能無害，不敢輕率准行。既而思之，黔省土瘠民貧，不習織紝之業，復不擅商賈之資，止藉耕稼營生，而山高嶺峻，轉運維艱。惟礦廠一項，乃天地自然之利，但能經畫有方，防範得法，上可益課，下可便民。商之督臣鄂爾泰亦以爲可。遂行查驗羊角、柞子、白蠟三廠，已有成效。其餘所報之處現在飭司清查，一有實效，議定作何抽收之法，再會同督臣确議具題。至民間食用鹽觔，最爲急需，而黔省向資川鹽，山嶺崎嶇，馱載

不易，小民往往食淡。臣思鹽乃天地所産養人之物，川滇皆有，何獨黔省無之？故到任後，徧加訪察，乃知黔省非不産鹽，止緣煎試無法，故致湮没。因原任安順府知府管承寵，先因廠課被參，今已賠補完足，在黔日久，熟悉地方情形，頗知煎鹽之法，故會同督臣鄂爾泰咨部暫留煎試。今據禀稱，躧有數處，其中地名白果樹、小河二處者，原係當年舊開之井，但灰石填塞年久，今雇覓井匠探驗，大有鹵氣，確係鹽井，業經置備器具，雇夫開挖已深五六丈，只待鹽鹵一出，即可煎鹽呈驗，等因前來。伏思凡事難於圖始，而易於樂成，但得一二處有效，其餘即可漸次而求。幸賴皇上如天之福，儻得每歲出有鹽觔，足以接濟食用，則民力更舒，而課餉亦不無裨益矣。

又《田峻〈陳粵西礦廠疏雍正五年〉》 竊臣查南丹土州地方，舊有錫礦，間出銀砂，自明時開採以至於今，係湖廣、江西及本地人偷挖。近又於附近各山，開有新山、水龍、北鄉等廠，經前督撫提臣令廣西近廠地方官，嚴禁油米鐵器不許入廠，意在絶其日用，自必散去，立法可謂嚴謹。無如此廠與黔省獨山州黄坭哨狗塘寨土司連界，油米等物，俱在獨山州搬運，由黄坭哨、蠻尾塘入廠，日用終未缺乏，礦徒仍未驅盡。臣細訪礦廠情形，富者出資本以圖利，貧者賴傭工以度日，惟利是圖，不敢擾民滋事，是以旋驅旋聚，無所底止。臣愚以爲不如明令開採，設立廉幹文員，駐劄廠地，定議作何抽收，并設弁兵彈壓。如礦砂未絶，則照例抽收，至礦盡山空，則利徒不驅自散矣。

又《鄂彌達〈停止開礦事宜疏雍正十三年〉》 竊查粵東惠、潮、韶、肇等府礦産甚多，原係天生自然之利，與其封禁，使無知貧民偷挖而罹於法，毋寧竟行開採，明予以資生之路。且工商俱用本地，可無易聚難散之虞，食口並不加增，又無人滿糧貴之患，實於地方有利無害。臣等是以奏請開採，自蒙聖恩俞允，臣等即遴委能員，會同各該地方官將屬内有礦山場，確勘煎試，示召本省殷商，取具地方官印結，令其自備貲本，前往開採。其需用人夫工丁，飭令各州縣查出樸實窮民，取具甲鄰户首保結，開明住址，備造清册，移送管理之員。如有面生可疑之人，潛匿在山者，即行拏究。并於附近廠地之村莊，飭令各保甲，嚴行稽察，如有外來之人歇宿，務須根究，毋得容留匪人，潛行窺探。地方文武，以及委理之員，稍有疏忽，即行參處。如此立法嚴密，將來礦旺人多，固不虞其滋事。即礦竭之時，此項人夫，原有姓名住址可稽，仍可令地方官按册，著令原保之甲鄰户首領回，照舊安插。

臣等於未經陳奏之先，先已再三籌畫，實無難散之虞。茲據條陳内稱，康熙三十七八年間，督撫奏請開採，而各處道路村莊，因受劫掠之害，至康熙五十一年，餘孽仍復猖獗，刦掠英德、翁源、曲江等處，名爲山賊，實係礦徒等語。臣等檢查原卷，康熙五十一年，行刦英德縣民鍾上位等家，係鐵爐停煽，工丁闕鳳生等夥同行刦，並非礦徒餘孽。至所稱翁源、曲江二縣，五十一年，並無盗案可稽。且查康熙三十七八年間開礦，至五十一年，已十有餘載，封礦既久，如何尚有礦徒聚集。據云礦徒亦不過數十餘人，粵東文武官弁，並兵丁數萬，所司何事，竟任其猖獗，至十有餘年不息。又條陳内稱，入山傭工者，即係無賴之窮民。今礦山一開，則無賴姦徒，號召雲集，誠恐將來滋事等語。臣等查盗賊多屬游手好閒，焉肯傭工開礦？至於礦徒，雖不能保其全係良民，但其中傭工受值者多，游手好閒者少。且窮民入山傭工，既得生計，尚恐其爲無賴而滋事，如並不與以資生之路，豈反能保其不滋事乎？又條陳内稱，粵東一年所收之穀，不足供本省半年之食。第查粵省雖屬山多田少，若無旱潦，所産米糧，亦可敷一年之食，再藉西穀，即能充裕。是以臣等奏請建倉貯穀，無非爲充裕民食，預備荒歉之計。今乃云不足半年民食，未免言之太過。又條陳内稱，鼓鑄之事小，臣等請開礦鼓鑄，原非專爲國家經費起見，祇因天地所産金、銀有數，民計艱難，今將銅、鉛鼓鑄，使官鑄流通於各省，而山場所出，皆成有用之金、銀，粵東百姓，增出金、銀無數，自然家給人足，於國計民生，均有裨益，似非細事。但查礦山既開，將來各場需用人夫工丁，以及買賣食物人等，口角爭鬭之事，固所不免，儻或傳聞附會，借此以實其言，臣等將何辭以自解。況即不開採，通省盗案，亦不能保其必無，設將來一有盗案事發，盡歸罪於開採，臣等身家性命，固不足惜，究無補於地方窮民，且深負我皇上矜全之隆恩。臣等再三籌議，停止開採，實屬安静，且恭繹聖諭，數年以來，粵東年穀順成，米價平允，盗賊漸少，地方寧謐，爲大吏者，當以静鎮處之，不當引之於動。大哉皇言，誠帝王治世安邦之至理，千載不易之良謨，臣等不勝感激之至。查粵東開採之事，奉行未久，惟惠州府屬已開三四處，在廠人夫，不過一二千人，辦理少有頭緒。其餘各府現在查辦，尚未開採，停止甚易。似應仰懇聖恩，將開採之事，勅部暫行停止。理合遵旨據實陳明。

吴其濬《滇南礦廠圖略》卷上《丁第九》 打廠之人名曰砂丁。凡廠衰旺，視丁衆寡，來如潮湧，去如星散，礦之將旺，麾之不去，勢之將衰，招之不來。故廠不慮鑛乏，但恐丁散。合夥開硐，謂之石分，從米稱也。雇力稱硐户曰鍋頭，硐

户稱雇力曰弟兄。雇力名目亦各不同，故記丁。

曰管事。經管工本，置辦油米一切什物。

曰櫃書。亦曰監班書記，獲鑛方雇。每硐一人，旺硐或有正、副。每日某某買鑛若干，其價若干，登記賬簿，開呈報單。

曰鑲頭。每硐一人，辨察櫃引，視驗壙色，調撥槌手，指示所向。鬆壙則支設鑲木，悶亮則安排風櫃，有水則指示安竜，得鑛則覈定賣價。凡初開硐，先招鑲頭，如得其人，硐必成效。

曰領班。專督衆丁。硐中活計，每尖、每班一人，兼幫鑲頭支設鑲木。

曰槌手。專司持槌，每尖、每班一人，掛尖一人。持槌隨時互易，稱爲雙換手，選以年力壯健。

曰背塃。每尖每班無定人。硐淺硤硬，則用人少，硐深鑛大，則用人多。

曰親身。常時並無身工，得鑛共分餘利。

曰月活。不論有鑛無鑛，月得雇價。

曰草皮活。硐之外雜事皆係月活。

又《銅政全書・諮詢各廠對》 問：老廠開採日久，原藉子廠以資接濟，乃現在報開子廠者甚屬寥寥。或稱廠一報開，遂即詳奏定額，及至出鑛無多，不敷成本，爐丁已散，銅額難除，地方官畏累不報。查現報銅廠者日久並未定額，則地方官無累可畏也。或稱新廠試採三月，展限三月，再無成效即行封閉。硐民恐費工本，限内不能著效，不敢報開。察現報開新廠有至一二年尚未煎樣解驗者，仍未飭合封閉，則硐民不畏試採限促也。或稱開廠之處，鑪民、砂丁、商賈雲集，油米菜蔬日見昂貴，居民往往阻禁開採。察以該地所產油米因開廠而獲重值，未始不足以裕生計，居民何故阻禁，其作何踊勘，如何勸諭鼓舞，多報子廠，俾銅豐額裕之處，臚列以聞。趙煜宗稟：踊覓子廠原以接濟老廠，且可行銷就近油米、蔬菜，若非有礙田園廬舍，官民最爲樂從，斷無阻禁之理。然亦看其形勢若何。倘山勢豐厚，著見引苗，抑或附近居民見有物象出現，否則霞彩團結冥晦之中，光采動人，即官未先知而早已哄傳，遠近居民欲禁阻而亦勢所不能。惟開採之後，或山皮過厚急遽未能見功，草皮鑛微不免煎煉折汁。甚之鑛引入山，愈攻愈遠，棄之不甘，攻之遲緩。又或廠員更換，接替無從，輾轉躭延，一二年之久未能煎樣報額者有之，非盡官民之畏累不報也。

又《禁一二》 物無主則必争，況聚千萬烏合之衆。令之不行，禁之不止，則斧鑿强於耰鋤矣。申嚴號令，法宜約而豫。故記禁。

曰争尖奪底。兩硐相通，並取一鑛，曰争尖。此硐在上面，彼硐從下截之，曰奪底。廠所常有之事也，禁之於始，即無效尤。

曰執持兇器。一察於丁衆進廠之時，一嚴其鐵匠打造之罰。

曰燒香結盟。諺曰無香不成廠，或結黨而後入，或遇事而相邀。其分也，争爲雄長。其合也，必至挾持，𢭏而摧之，決無爲蛇之患。

魏源《元史新編》卷五《本紀四上・世祖上》 至元〔九年〕五月戊午朔，立和林轉運司兼提舉交鈔。癸亥，遣拔都軍於怯鹿難之地開渠耕田，罷西番圖魯干諸處金、銀礦户爲民。

又卷八八《志八中・食貨中・歲課》 礬課。腹里三十三錠二十五兩八錢。江浙省額外二千四百十四錠三十三兩一錢。【略】

鉛錫課。江浙省額外鉛粉八百八十七錠九兩五錢，鉛丹九錠四十二兩二錢，黑錫二十四錠十兩二錢。江西省錫十七錠七兩。湖廣省鉛千七百九十八斤。

又《古微堂集・外集》卷八《軍儲篇二》 故雍正、乾隆中，騰越邊外爲桂家銀場，爲緬夷所憚。永昌邊外有茂隆銀場，爲猓夷所憚。及桂家場之宫里雁爲邊吏誘殺，茂隆場之吴尚賢獻場於朝，反爲官所捕治。於是，兩場之練勇皆潰散，緬夷遂猖不可制。乾隆末，威遠廳同知傅鼒結礦場之練勇以禦猓夷，斬馘數百，亦稱奇捷。凡開礦之地曰場，邊人諱言爲廠，今並改正。是則有礦之地，不惟利足以實邊儲，且力足捍外侮，何反畏其生内患。從來但有饑寒之盜賊，豈有富足之盜賊乎。且銅、鐵、鉛、錫、煤炭、硝磺諸場，何一不聚衆者？國家大兵大役，何一不在得人？而可委之閹宦，行以苛暴者？秦隋黷武亡國，後世不聞禁用兵；元代開河致叛，後世未嘗廢治河；明季加賦致寇，本朝未嘗不徵租税。豈有懲色荒而禁昏姻，惡禽荒而廢蒐狩乎？【略】

英宗初下詔封坑穴，撤閘辦官，既而奸民私開坑穴，相殺嚴禁不能止，言者請復開銀場，則利歸於上而盜無所容，乃命侍郎王質往經理，分遣御史提督，而奉行不善，供億過於公税，是則閉與開兩失之矣。自是以後，礦事遂屬於中官。天順四年，始命中官分赴雲南、四川、福建、浙江，於是雲南十萬有奇，四川萬三千有奇，浙閩如舊總四十八萬三千有奇。成化時，中官開湖廣武陵等縣金場，則得不償費，一小擾。武宗時，復聽内官奏開閩浙銀場，再小擾。至萬曆二十四年，衛千户仲春奏請開礦助大工，於是河南之汝南，川東之沂州、沂

水、蒙陰、臨朐、費、滕、棲霞、招遠、文登，山西之夏邑，中使四出，計十年間，共進礦税銀三百萬兩，每歲亦不過三十萬，而奸璫乘勢誅索，中飽不啻倍蓰，利歸下，怨歸上，爲任璫之極弊。回思洪、永、宣德時何政，唐、宋、金、元時何政，乃以此爲封禁之口實，開冶者之厲戒哉。

更考國朝列聖之詔令，康熙五十二年，大學士九卿議奏，久經開礦之地，如雲南、湖廣、山西等縣處本地窮民自開，地方官查明記册，其別省人往開，及本處富户霸占者罪之，其他省未開採者禁之。上曰：「有礦之地，初開即禁則可，若久經開採，貧民措貲覓利藉資衣食，忽然禁止，則已聚之民，毫無所得，恐生事端。總之，天地自然之利，當與民共之，不當以無用棄之。要在地方吏處置得宜，毋致生事。」乾隆三年八月，諭曰：「兩廣總督鄂彌達議覆提督張天駿『礦山開采，恐滋聚衆』之奏，據稱：銅礦鼓鑄所需，且招募附近居民，聚則爲工，散則耕作，並無易聚難散之患。地方大吏，原以整頓地方，豈可圖便偷安，置國計於不問。張天駿藉安靖之名，爲卸責自全之地，其交部議處。」四年六月，廣督馬爾泰奏，英德縣長岡嶺銅坑，近有煉出銀礦，請給商人工費。惟該縣洪磜礦出銀過多，及河源縣銅礦偪近銅山，均請封閉。諭曰：「銀礦議閉之説，豈因開銀獲利者多，則開銅者少乎？不然，銀亦天地間自然之利，可以便民，何必封禁？其詳議以聞。」【略】此皆列代聖訓，未嘗不許開礦之證，與《會典》載雲南礦課相表裏。或曰：雍正中，世宗不有慎重開採之諭乎。曰：是時朝廷百廢備舉，方興直隸水利，清耗羨歸公，户部庫貯六千餘萬，直省倉儲三千四百萬石。外洋無透漏之銀，司農無竭蹶之歎，天子不言有無，本强不問標末。帝王之道，張弛各因其時也。故普賜田租之事，可行於文景，不可行於宣元；礦課開採之事，可不行於雍正，斷不可不行於今日。

歐樾華《〔同治〕韶州府志》卷一一《輿地畧·物産》 明正德間，湖廣人在五石番嶺堯山各處偷採鉛、錫，官司察害捕禁。嘉靖間復行開採，民訟於當道，知縣劉慎坐罷，自後嚴禁。

《續文獻通考》卷二三《征榷考·坑冶》 〔明〕仁宗時，命坑冶官設守禁者悉予民。

至宣德三年閏四月，廣東奏採番禺鉛砂。六年九月，河南奏開嵩縣銀礦。八年九月，四川奏開粱山銅冶。始皆詔行之。尋以所得不償所費，而止。【略】〔明宣宗宣德〕四年三月，命巡禁四川會川所屬諸礦。

黔國公沐晟言：「東川府會川衛所屬山内産青碌、銀、銅諸礦，軍民往往潛取之。其地與雲南武定府金沙江及外夷接境，恐生邊患，乞令四川、雲南三司巡禁。」從之。【略】〔明宣宗宣德〕十年正月，時英宗已即位。詔各處金、銀、硃砂、銅、鐵等課悉停免，坑冶封閉，其開辦内外官員即赴京。

時命金、銀、硃砂辦收在官者，俱即解京。銅、鐵所在寄庫。惟係洪武年舊額歲辦課銀，并差發金，不在停免之例。至八月，管銀坑太監山壽奏：「雲南新興等七場及四川密勒山場，以封閉坑冶，鉛礦在庫，旁近盜起，每至焚燬藏庫，戕害守者，劫掠鉛礦。乞嚴禁捕。」令總兵三司捕誅之。明年正月，又罷貴州銅仁金錫局。

《明史·食貨志》曰：「歲辦皆洪武舊額也。開辦者，永、宣所新增也。」【略】〔明世宗嘉靖〕四十三年三月，浙江、江西礦賊作亂，命設兵備官禁閉山場。

時開化、德興礦賊劫掠徽寧諸處，其勢日熾。二月，終乃突入婺源，焚燒縣治，大掠而去。兵部議設兵備副使一員於浙江，駐劄衢州以杜盜源。其雲霧山礦洞，宜嚴加封閉。從之。【略】〔明神宗萬曆〕二十九年三月，湖廣開礦内官陳奉激民變，命回京。

先是，開採礦銀中使四出，昌平則王忠，真、保、薊、永、房山、蔚則王虎，昌黎則田進，河南之開封、彰德、衛輝、懷慶、葉縣、信陽則魯坤，山東之濟南、青州、濟寧、沂州、滕、費、蓬萊、福山、棲霞、招遠、文、登則陳增，山西之太原、平陽、潞安則張忠，南直之寧國、池州則郝隆、劉朝用，湖廣之德安則陳奉，浙江之杭、嚴、金、衢、孝豐、諸暨則曹金，後代以劉忠，陝西之西安則趙鑒、趙欽，四川則邱乘雲，遼東則高淮，廣東則李敬，廣西則沈永壽，江西則潘相，福建則高宷，雲南則楊榮，皆給以關防，并偕原奏官往，礦脈微細無所得，輒勒民償之。而奸人假開採之名，乘傳横索民財，陵轢州縣。有司卹民者，罪以阻撓逮問罷黜，暴横酷虐，帝縱不問。至是，奉在湖廣參逮僉事馮應京，激變地方，殺傷多命，百姓喧譁，甘心於奉，奉避匿楚府得免。又疑巡撫支可大庇護，焚其公廨，科道連章奏請，未下。尋以湖口征税太監李道奏，始令巡撫遣官送奉回京處分，而以守備内官杜茂兼理礦税。至七月，巡撫湖廣趙可懷疏論奉，不報。

趙可懷疏曰：「楚地困苦極矣！以礦言之，初議四六分，而山不皆出礦，礦不皆出銀，年年開窋，生長難繼，是以不能四六分，而買砂而賠銀矣。既而賠礦産盡，遂令合縣包賠。復有奸人乘機借勢，指富家大族，則曰因私開礦，取其貲

入官，不從，禍立至。良宅好墳，則曰下有礦，取其貲方免，不從即掘窆，再抗禍立至矣。此皆土著者報復嫌怨，或誣告家主，或其親朋，小民徑拏紳士，脅以參奏，家家破碎，人人受怨。而羣奸猶未厭也，或執砂地名，派定歲納金若干，或發零銀買金若干，或指稱有金、銀二窖，欲掘之而詐銀二千兩。又或指家有金帛、有奇玩，或墓金，以數百人圍而搜之，有司睥睨不敢救。男子幸脱而縛其婦女，甚至斷人手足，没之江流。夫奉固一虎耳，委官之爲虎者，又數百人，參隨各役之爲虎者又千數百人，楚人幾何日受吮嚼，至數年久也。乞念根本重地，曲加哀憐，即罷礦税，則無疆之福也。」

《籌辦夷務始末》同治卷五五 〔李福泰又奏〕一、洋人拖帶鹽船，情近販私，誠屬違禁。第被獲之後，懔遵議罰，似尚自知過誤，未敢恣意横行。此時祇有不分華洋梟販，一律嚴拏，不能因洋人漏網尚多，稍弛其禁。且屆期條約，祇能就向所准行之事，量爲推廣變通。其向干例禁之條，似不在修改之列也。窆煤一事，中國定例，勘明無礙田園墳墓，准商人開採，官徵其餉。所窆之煤，仍飭平價出賣，不准任意居奇。至有礙民居風水，則嚴行封禁，不准開採，所以便民也。此外尚有五金山場，勘辦之法，與煤炭略同。而中國地土瘠薄，礦苗有限，當其旺時，窮日所採，僅供食用，甚或不敷工本。是以作輟無時，與西土迥異，非中國官商，不知採辦，而待外國爲之謀也。

《清宣宗實録》卷二九〇 〔道光十六年丙申冬十月己未〕又諭：「給事中寅德奏，江西上高縣已革廪生陳泰來於道光八年間，呈報開採袁州府宜春縣登坊里等處銅、鉛，經委員勘明無礙田廬，前任巡撫韓文綺不願辦理，坐以呈詞不實，革去廪生，以致宜春等縣諸山所産銅、鉛、鐵、錫匿不具報等語。著陳鑾詳查原案所稱開井取砂，煎出銅、鉛，解存藩庫是否有案，前任巡撫何以不願辦理，或有窒礙難行之處，確切查明，據實具奏。將此諭令知之。」

王培荀《聽雨樓隨筆》卷六 自里塘以西，山有出金、銀礦者，夜現火光如星晝。有白雲圍山腰，喇嘛僧以爲彼教風水所係，約束土司以死守之，有采取者抉雙目，或斷腕。唐人詩云：不貪夜識金銀氣。此間寶氣有目共覩，而獨置諸外夷，華人不敢覬覦，造物之意未易測也。

王培荀《鄉園憶舊録》卷二 盧雅雨先生名見曾，字抱孫，由庶常改官知洪雅縣事，任八月，除不便於民者數事，著有《雅江新政》，人多傳誦。加意士林，建書院與諸生講論不倦。尤切於地方者，莫如詳禁開礦一事。略云：「瓦屋山，外環雅州，榮經峨眉，夾江諸州縣内通各洞生蠻。山則確乎有礦，礦則斷不可開。洪屬瓦屋山、梯九溪等處田地不足養贍，聚數千百開礦之人坐食其中，米價日增，且絶糧矣，害一。米價增則生計日窘，逃亡日多，一開礦而遂至失業，害二。洪邑地瘠民貧，一切斫柴、汲水、負米、豢豕，皆婦女往來山谷，一旦聚數千無籍之徒於人迹罕到之處，城市既遠，法令難施，姦淫盜竊，弱者受其魚肉，强者或觸兇鋒。不但盜案盈牘，而且人命如草菅，肆毒於民而即貽累於官，大害三也。查明季碑文，稱地産銅、鉛，奸民糾黨開礦，擾害鄉民，輕惹蠻患，害已見於前車矣。高山峻嶺，奔騰超躍，華民之所難，山蠻之所易，大利所在，鼓勇而來，邊釁一開，不但種禍於末吏，而且貽慮於各憲，大害四也。凡此四者，有一於此，縱使金、銀爲山，猶不忍爲，況白鉛乎？」大憲善其議，遂止。

《李文恭公遺集·行述》 如礦廠可廣開採一條，臣所轄江西省舊有封禁山，與浙江、福建接壤，每歲三省總兵會哨巡查。現在有無礦苗，能否開採，應與江西撫臣、閩浙督臣、撫臣體察情形，會商妥辦，亦非臣所能遽議。臣所兢兢持議者，實願天下大利聖主爲民開之，民爲聖主守之。即興利以除弊，斯利賴者無窮。事前防範愈周，事後推行愈廣。自知蠡管無補高深，而犬馬愚誠亟思竭千慮之一得。可否，籲懇鴻慈飭下廷臣，復加採擇，核議施行。如臣言一無可取，徒煩聖聽，併求俯賜罷斥，以爲莠言亂政者戒。

王慶雲《石渠餘紀》卷五《紀礦政》 天下之礦政，掌於户部廣西司，凡五金之廠，銅、鉛、銀、金、鐵。曾經開採納課者，《會典》皆詳載之。顧金與水同性，其氣行於地中者，流而不停焉，能汲而不竭，或先無而後有，或昔旺而今微，非可按籍而索也。本朝懲前代礦税之害，與礦徒之擾，每内外臣工奏請開採，中旨常慎重其事，雖或抽税，以充鼓鑄，亦不設之專官，防滋擾也。康熙十四年，定各省開採銅鉛，抽税十之二。按：抽税隨時不同，大抵官税十分之二，四分發價，官收四分，聽民販運。或一成抽課，餘皆官買。或三成抽課，餘聽商自賣。或官發工本，招商承辦。又有竟歸官辦者。四十六年，户部議增雲南廠税。諭以雲南年徵八萬兩兵餉已敷，此外不得增加。【略】

康熙五十一年，四川總督能泰奏請開礦，又稱江中有銀，派官監視撈取。諭曰：「朕爲人君，豈有令江中撈銀之理？觀此二事，即知能泰必貪。」次年，四川提督奏報一盌水地方聚集萬餘人開礦，差官力行驅逐。諭：「以此等偷開礦廠，皆係貧民，若盡行禁止，何以爲生？地方文武官作何設法，使窮民獲有微利，但

不得聚衆生事。」乃令廷臣集議，諭曰：「有礦地方初開時禁止乃可，若久經開採，貧民藉爲衣食之計，忽然禁止，恐生事端。總之天地間自然之利，當與民共之，不當以無用棄之，要在地方官處置得宜耳。」乃定未經開採者仍行嚴禁。

雍正元年，巡撫金世揚奏貴州漢苗雜處，每場市貿易，少則易鹽，多則賣銀，行錢不便，請停採銅鼓鑄。二年，總督孔毓珣請開採以濟窮民，諭曰：「昔年粵省開礦，聚集多人，致盜賊漸起，是以永行封禁。夫養民之道惟在勸農務本，若舍本逐末，游手望風而至，豈能別其姦良？況礦砂乃天地自然之利，非人力種植可得焉，保其生生不息。今日有利聚之甚易，他日利絶散之甚難，若招商開廠，以致聚衆藏奸，則斷不可行也。」三年，江西巡撫裴度奏，廣信府封禁山相傳産銅，舊名銅塘山，明代即經封禁，其中樹石充塞，荒榛極目，無沃土可以資生。康熙五十九年捡獲匪類之後，搜查並無藏匿，請仍封禁爲便。尋又封禁雲南中甸銅廠，又以湖南撫臣布蘭泰疏奏開礦事宜，亦諭以逐末之民，易聚難散。六年，賜安南國鉛山四十里。時粵西請採銅以供鼓鑄。梧州芋莢山報産金砂，旋准開滇蜀銅、鉛各廠。八年，湖廣總督孫嘉淦奏會同宜昌金礦及各縣礦廠或屬苗疆，或妨田園廬墓，或産砂細微，應嚴加封禁。惟郴、桂二州既非苗疆，又無妨礙，應聽開採抽税，於鼓鑄有裨。九年，總督那蘇圖以粵東鼓鑄難緩，見有礦廠可開，兼爲撫養貧民之計，宜酌量試採，砂旺即開，砂弱即止，至金、銀二礦民多競趨，恐轉礙鼓鑄，應照舊封閉。〔乾隆〕十六年，湖南巡撫楊錫紱奏，黑鉛礦内銀、鉛並産。康熙、雍正間銀氣旺盛，是以經商開挖報抽銀税，後經封閉，乾隆七年復開，出銀無幾，改爲砂課。今銀氣復旺。應復銀税。另立科條。二十六年，甘肅開騷狐泉礦礦，自後滇之通海、彌勒，黔之清平，廣西融縣先後報開鉛廠。五十一年，總督福康安奏開甘肅沙州金砂。嘉慶四年，廣東於黎地試採石碌銅斤，總督吉慶以地濱海洋，且額已短缺，奏准停止。《聖訓》。

《清文宗實録》卷一三一 〔咸豐四年甲寅五月壬戌〕又諭：「王慶雲奏陝局鼓鑄大錢進呈錢樣一摺。陝西省局鼓鑄當十至當千各種大錢，既已漸次流通，商民便於行用。著即照所議辦理。其南山一帶銅、鉛等礦，並准民間開採，惟不得招集外來游民，致令奸宄溷跡。著王慶雲妥定章程，督飭所屬認真稽察，以裕鼓鑄，而杜流弊。」

又卷一四〇 〔咸豐四年甲寅閏七月〕乙未，諭軍機大臣等：「前因扎拉芬泰等奏稱，採獲似銀等礦苗，請飭部試鍊辨認，當交户部驗明具奏。茲據該部詳細驗明，遵旨覆奏，現在銅、鐵兼資鼓鑄，需用浩繁，必須廣爲採辦，以裕度支。著扎拉芬泰等悉心體察情形，一俟安肅道和祥到日，即飭該員帶同熟悉礦苗煎鍊之人詳細查勘，設法開採。如辦有成效，即酌量分鑄銅、鐵各錢，以資兵餉。並著派員徧歷所屬地方，將産銅綫道多開礌硐，以冀採獲正礦。如查有金、銀各礦，即速行籌議開採，酌定章程，據實具奏。原片著鈔給閲看，將此諭令知之。」

又卷二七八 〔咸豐九年己未三月庚辰〕封禁熱河鉛硐溝銅礦。從都統常清請也。

沈垚《落帆樓文集》卷五後集二《都統銜工部右侍郎前太子太保武英殿大學士謚文清松筠公事略》 今使小民舍賤價適用之鹽，而買貴價攙雜之鹽，此豈人情所願？至于硝、磺、銅、鉛，多産川楚地方，取攜甚便，今使無衣無食之小民，忍飢忍寒，見利不取，以士君子之所庶幾者，責之趨利如騖之小民，無怪其抗違而不遵也。故巡邏愈密，私販者愈接踵。向聞達州一帶皆鹽梟出没之區，自夔州以至宜昌，大艑連舸，乘夏秋水漲，放砲開船，順流直下，關吏不能訶止。石砫以東達於黔楚，到處有銅有柴，就山鑄錢，窮民以此爲生者不可勝數。【略】一課之後，不問其所之，聽民自便，則私鹽皆官鹽也。有銅有柴之處，聽民自行採鑄。

夏燮《明通鑑》卷二二《紀二二・英宗前記》 正統元年春正月丙戌，罷銅仁金場。初，永樂間，遣官湖廣、貴州採辦金銀課，復遣中官御史往覈之。又于浙江、福建開金銀場，歲額日增。上即位，欲封閉坑穴，以次罷之。

又卷八五《紀八五・莊烈帝》 〔崇禎九年十月〕丙申，詔開銀、鐵、銅、鉛諸礦。是月，起楊嗣昌爲兵部尚書。嗣昌鶴子也。初以兵部侍郎總督宣大山西軍務，請開金、銀、銅、鐵礦，以解散賊黨。屢疏陳邊事，規畫稱旨。上異其才。

史澄《〔光緒〕廣州府志》卷七八《前事略四・明》 〔仁宗洪熙元年春正月〕十五日，詔廣東珠池及各處官封金、銀場仍前禁止外，其各處山場、田林、湖池、坑冶及果樹、蜂蜜等，聽民采取，不許禁約。

鄭珍《〔道光〕遵義府志》卷一九《阬冶》 〔道光〕二十一年九月，綏陽縣奸民熊仕宗等，糾集游民於綏陽縣正安州接壤之野茶垻、聚寶山、天緣山、新山等處，私採銀、鉛，將置廠。知府黄樂之以多病民間廬墓，且奸宄易藏，滋擾可慮，民食正歉，騰貴堪虞，嚴示禁止。十二月，巡撫賀長齡訪聞，復嚴札飭令封閉。二十二年二月，樂之親往勘封，私礌並申永禁。並《檔册》。

馮桂芬《〔同治〕蘇州府志》卷一九《田賦八・錢法》 〔康熙〕十年，《江南通志》

作九年。停江寧、蘇州、江西等省錢局。《乾隆志》。十八年覆准，各省採銅、鉛處，令道員總理，府佐分管，州縣官專司，任民採取，八分聽民發賣，二分納官，造册季報。近墳墓處，不許採取，事有未便，該督撫題明停止。道廳官如得税銅、鉛，每十萬斤紀録一次，四十萬斤加一級。州縣官得税，每五萬斤紀録一次，二十萬斤加一級。所得多者，照數議叙，上司誅求逼勒者，從重議處。其採取銅、鉛，先聽地主報名採取，如地主無力，聽本州縣人報採，許雇鄰近州縣匠役。如有越境採取，並衙役擾民，照光棍例治罪。

徐時棟《烟嶼樓讀書志》卷一六《集・朱子大全集》 宋孝宗時，有以四明銀礦獻者，上命守臣詢究，且將召冶工即禁中煅之。陣俊卿奏曰：「陛下留神庶務，克勤小物至於如此，天下幸甚。然不務帝王之大，而屑屑乎有司之細。臣恐有識者有以窺陛下也。況彼懼其言之不副，則其鑿山愈深，役民愈衆，而百姓將有受其害者。又不可以不慮乎。夫天地之産，其出無窮，若愛惜撙節，常如今日，則數年之後，自當沛然，但愿民安歲稔，國家所少者豈財之謂哉。請直以其事付之明州，使收其贏餘，以佐國用，則亦不至於甚擾民矣。」時以爲名臣之言。朱子採之正獻狀中。愚按：陳正獻公但謂帝王不當親此細務耳，猶未嘗謂不當開鑿也。凡金、銀、銅、鐵開礦等事，並是厲民之政，往往國家不曾收一毫實用，而民間騷動已遍，發掘冢墓，報復恩怨，糜財久役，損傷地脈，督視之官僚吏胥皆飽其欲以去，而朝廷則但有損而無益也。其後四明復以鐵礦發見，豪民謀利獻之泉司，校官方萬里以山隸學宮，力請罷免，其申詳劄子，剴切詳明。見《寶慶四明志》卷十二，較之正獻奏劄尤爲洞悉流弊。

薛允升《讀例存疑》卷二九《刑律賊盜中之三・條例》 一、凡盜掘金、銀、銅、錫、水銀等礦砂，每金砂一斤，折銀二錢五分；銀砂一斤，折銀五分；銅、錫、水銀等砂一斤，折銀一分二釐五毫。俱計贓，准竊盜論。若在山洞捉獲，持仗拒捕，傷非金刃，傷輕平復者，不論人數砂數多寡及初犯再犯，俱發邊遠充軍。若殺人及刃傷折傷，爲首者，照竊盜拒捕殺傷人律斬；爲從並減一等。不曾拒捕，若聚至三十人以上者，不論砂數多寡及初犯再犯，爲首發近邊充軍，爲從枷號三箇月，照竊盜罪發落。若不曾拒捕，又人數不及三十名者，爲首初犯枷號三箇月，照竊盜罪發落，再犯亦發近邊充軍；爲從者，止照竊盜罪發落。非山洞捉獲，止是私家收藏、道路背負者，惟據見獲論罪。不許巡捕人員逼令，展轉扳指，違者參究治罪。

此條係前明問刑條例，順治三年修改。乾隆五年節刪，近邊原係邊衛，三十二年改，道光十九年改定。

集解：此例爲禁山【略】而設，非係禁山，即非盜，既曰盜則應刺字矣。即不刺字亦應曰免刺。此不言免刺者何？天地自然之利，朝廷亦不得私而有也。上不在官，下不在民，無字可刺，故不言及，所以示天下以無私也。輯註：凡産礦砂之山，俱經官封禁，非奉旨不得開採，故有採者即謂之盜，俱照盜無人看守物准竊盜論者，天地自然之利，雖有封禁，終與盜取於人者不同也。拒捕最重謂其有强意也，故不分首從，俱發充軍，如有殺傷，則斬其爲首者，雖不拒捕而聚至三十人以上者次之。爲首充軍，爲從枷號，若既不拒捕又不及三十人，則枷爲首者而已，再犯則遣爲首者而已。照罪發落者，計贓准竊也。此等亡命聚於山洞，恐致謀爲不軌，故特峻其法，然必在山洞捉獲者方坐，故又云「凡非山洞捉獲」云云也。

一、産礦山場，山主違禁，勾引礦徒，潛行偷挖者，照礦徒之例，以爲首論，若係約練勾引，接濟夥同分利者，照引領私鹽律，杖九十，徒二年半。得財者，計贓准竊盜從重論。如因官兵往拏漏信使逃，及陰令拒捕者，俱照官司追捕罪人而漏泄其事者，減罪人所犯罪一等律治罪。保甲地鄰知情容隱不報者，均照强盜窩主之鄰佑知而不首例，杖一百發落。此條係雍正九年定例。

謹按：與上條參看，山洞捉獲數至三十人以上擬軍，不及三十人，枷號三月。非山洞捉獲，計贓准竊盜論，若拒捕殺傷，應否亦以爲首論，尚未叙明。漏信使逃，减罪一等尚可，若陰令拒捕，而亦減罪一等，未免太輕。

《漢書・景帝紀》：後三年，詔吏發民，若取庸採黄金珠玉者，坐贓爲盜，與《貢禹》所論相同。從前開礦之禁甚嚴，蓋恐其聚衆滋事，亦不言利之一端也。今則情形迥殊矣，或鬱久必開，豈亦天運使然耶？

一、在熱河承德府所屬地方，偷挖金銀礦砂，無論人數砂數多寡，爲首俱枷號三箇月，係民人實發雲、貴、兩廣極邊烟瘴充軍，係蒙古人發四省驛站當差。爲從係民人枷號三箇月，解回内地，杖一百，徒三年。係蒙古人枷號三箇月，調發鄰盟，嚴加管束。如被獲時，有拒捕殺傷人者，仍照盜掘礦砂本例，分別科斷，其得錢招留之，蒙古地主與首犯同罪，地方官不行嚴拏者，交部議處。

此條係道光十六年，熱河都統嵩溥奏准定例，咸豐二年改定。

謹按：新疆既定有嚴例，此條仿照辦理，自屬必然之事。此條烟瘴充軍，

原定之例，仍係以四千里爲限。咸豐二年，節去此句，自在實發煙瘴之列矣。而同治九年，續纂實發煙瘴之例，又無此條，殊屬參差。偷窃金、銀等砂，通例係計贓。

《丁文誠公奏稿》卷二六《遵旨查覆川省礦務情形摺光緒十　年十月初三日》　臣思今日之謀富國濟用，誠莫善於開廠，無論金、銀、銅、鐵，但使得地均可攻取。臣曾於上年由滇雇募熟習廠事之工師數人來蜀，捐給川資，偏於內地及各夷疆，行山望氣，廣爲覓採，歷年餘之久，查看各處山形，外面似有礦苗，一經切實，考較地脈，均不堅結，開辦徒糜工本，難望成效。故數年來，極欲舉行而未果者，職此之由。嗣於本年，覓得天全州所屬大歇山一處，似屬銀礦，據言形勢頗厚，露有礦苗。當即前往雲南，雇覓礦師，並派切實可靠之員弁前往，由臣捐備工本試辦，自四月開辦起，其初尚覺可觀，當將試辦情形，附片具奏在案，隨飭盡力攻採。詎料愈挖愈深，概係峽石不能成刷連堂，迨六月以後，則杳無所得，僅初辦之一二月內獲生毛銀二千餘兩之譜，均飭令煎鍊，解存司庫，備充軍鑲。隨又飭令，多開礦巢，而進山愈深挖出之硐，多出冷風陰寒之氣，砭人肌骨，錘手勇夫，觸之輒病，以故均不敢再行深入，且一無所獲，徒糜工本，只好飭令停挖。此外，實難覓可以開採之處。論者謂此乃天地自然之利，得失不定，變化多端，絶非人力所可强求，亦似近理。臣欽奉明諭諄諄，惟有再行悉心搜尋，但得其地，無論金、銀、銅、鐵，可以開採，必當奏明興辦，以仰副聖主力圖富强至意。至雲南廠務，臣未親歷其境，其情形亦不能深悉，該省督撫臣辦事結實，見聞較真，現已招商開辦，又經部撥有款，自能盡竭心力，設法謀維，可不待臣旁參。除恭録諭旨，咨明督臣岑毓英、撫臣張凱嵩，切實查明近來各廠能否豐旺，招商能否得力，候咨覆到川再行會商覆奏外，所有查明川省礦務開辦情形，據實覆陳緣由，謹恭摺具奏，伏乞皇太后、皇上聖鑒訓示。謹奏。

《明會要》卷五七《食貨五·坑冶》　〔永樂〕十三年，差御史及郎中等官至湖廣、貴州，於辰州、銅仁等處金銀場採辦金銀課。

天順七年，詔封閉各處坑場。

成化七年，令浙江、福建、四川、雲南採辦銀課。

九年奏准，各處山場有新生礦脈者，從各鎮巡三司等官勘實開採。【略】

金銀課：〔洪武〕十三年，差御史及郎中等官至湖廣、貴州，於辰州銅仁等處金、銀場採辦金銀課。〔成化〕九年，奏准各處山場有新生礦脈者，從各鎮巡三司等官勘實開採。已上《王圻考》。

十年，户部檄所司開黑山金場。遼東巡撫彭誼奏，永樂中，太監王彦等開是山，督夫六千人，三閲月止得金八兩，請罷之。遂止。《彭誼傳》。時命湖廣寶慶等郡採金，役五十五萬人，死者無算，僅得金三十餘兩。撫臣劉敷奏請已之。《三編》。

成化十七年，令封閉雲南路南州銅坑。《王圻考》。

正德九年，軍士周達請開雲南諸銀礦，因及銅、錫、青緑。詔可。遂次第開採。

嘉靖隆萬間，因鼓鑄屢開雲南諸處銅場，久之，所獲漸少，崇禎時遂括古錢以供爐冶焉。已上《食貨志》。

〔嘉靖〕三十五年五月丁亥，遣左通政王槐採礦銀於玉旺峪。六月己丑，户部主事張芹進山東寶山諸礦金二百十七兩，銀二百兩有奇。上以爲少，命從實開取，嚴禁官民隱匿侵盜者。《實録》。

四十五年，令浙江雲霧山場等處嚴加封閉。《王圻考》。

隆慶初，罷薊鎮開採，南中諸礦山亦勒石禁止。《食貨志》。

萬曆二十四年，營建兩宫，府軍前衛副千户仲春請開礦助大工，帝允之。自是獻礦洞者踵至，無地不開，中使四出，皆給以關防，併偕原奏官往。礦脈微細無所得，勒民償之。而奸人假開採之名，乘勢横索民財，有司稍忤意，罪以阻撓，富家巨族則誣以盜礦，良田善宅則指爲下有礦脈，卒役圍捕，辱及婦女，其横暴如此。

二十八年，鳳陽巡撫李三才再疏陳礦稅之害，言：「陛下愛珠玉，民亦慕温飽；陛下愛子孫，民亦戀妻孥。奈何崇聚財賄，而使小民無朝夕之安。」又言：「近日章奏凡及礦稅，悉置不省，此宗社存亡所關，一旦衆畔土崩，小民皆爲敵國，陛下即黄金盈箱，明珠填屋，誰與守之。」不報。已上《三編》。

光宗即位，以遺詔盡罷天下礦稅。

崇禎九年十月丙申，命開銀、鐵、銅、鉛諸礦。已《上本紀》。

崇禎九年十月丙申，命開銀、鐵、銅、鉛諸礦。已《上本紀》。

銅鐵課：明初，唯江西德興鉛山有銅場，其後四川梁山、山西五臺、陝西寧羌、略陽及雲南皆採水銀、青緑。太祖時，廉州巡檢言州界西戎有水銀坑冶及青

緑、紫泥，願得兵取其地。帝不許。【略】

銅鐵課：明初，唯江西德興、鉛山有銅場。其後四川梁山、山西五臺、陝西寧羌、略陽及雲南皆採水銀、青碌。太祖時，廉州巡檢言：「州界西戎，有水銀坑冶及青碌、紫泥。願得兵取其地。」帝不許。《食貨志》。【略】

金銀課：初，徐達下山東，近臣請開銀場，太祖謂，銀場之弊利於官者少，損於民者多，不可開。其後有請開陝州銀礦者，帝曰：「土地所産有時而窮，歲課成額，徵銀無已，言利之臣皆戕民之賊也。臨淄丞乞發山海之藏，以通寶路。」帝黜之。《食貨志》。永樂中，藺芳爲吉安知府，吉水民詣闕，言縣有銀礦，遣使覆視。父老遮芳訴曰：「聞宋季嘗有言此者，卒以妄得罪，今皆樹藝，地安所得銀礦？」芳詰告者，知其誣，奏上。帝曰：「朕固知妄也。」得寢。《宋禮傳》。

二十八年，鳳陽巡撫李三才再疏陳礦税之害，言：「陛下愛珠玉，民亦慕温飽。陛下愛子孫，民亦戀妻孥。奈何崇聚財賄，而使小民無朝夕之安？」又言：「近日章奏，凡及礦税，悉置不省。此宗社存亡所關，一旦衆畔土崩，小民悉爲敵國。陛下即黄金盈箱，明珠填屋，誰與守之？」不報。已上《三編》

光宗即位，以遺詔盡罷天下礦税。《本紀》。

李鴻章等《（光緒）畿輔通志》卷六五《輿地二〇・山川九・張家口廳》　青羊山在獨石口東一百里。土名興陽溝，舊有鉛礦，今封禁。

香爐山在獨石口東南一百八十里。山産鉛、錫，奉文封禁。

《李文忠公朋僚函稿》卷一九　寧遠、越巂必有五金佳礦，官爲試辦，需費無多，幸早籌及。此間現派員分辦灤州開平煤鐵礦，順德及張家口外銀鉛礦，二三年後，冀有成效。蓋中土窮極無聊，非從地産討生活，别無開源之術也。洋員分往西藏、越巂窺探路逕，經大力設法勸阻，藉伐其謀，以後當無妄想。

黄鈞宰《金壺七墨・金壺遯墨》卷二《鐵礦》　滇南銅廠既不旺，又以長江賊阻，運載維艱，乃議於熱河試行開採，得銅三萬餘觔，銀礦升課銀萬兩而已。

王韜《弢園文録外編》卷二　或謂開礦則足以擾民，是監於明代之失而因噎廢食也。夫豈無善法以維持之歟？或曰機器行則奪百工之利，輪船行則奪舟人之利，輪車行則奪北方車人之利。不知此三者皆需人以爲之料理，仍可擇而用之。而開礦需人甚衆，小民皆可藉以餬口。總之事當刱始，行之維艱，惟能不惑於人言，始能毅然而爲之耳。諸利既興，而中國不富强者，未之有也。

王韜《甕牖餘談》卷三《煤礦論》　天下至寶之物，足以富國强兵者煤而已矣。其寶實有逾於金、銀，而世人多弗察之，何也？英國不過蕞爾三島，而富强甲於海外。其所恃者，惟煤鐵二物耳。煤之爲用甚廣，凡行駛舟車製造器械，無不需之而成。山之有煤礦者，西人可以一望而知，并能決其多少、美惡。無者不必虚費疏鑿之功，有者自得實收贏餘之利。蓋西人於考察地質之學最精，測山則必先究石理。産煤之山，其石理必有異乎他山者，惜乎華人未能明此也。自英國欽差大臣額羅金伯爵與中國修和立約，後西人蹤跡所至乃得遍歷燕、齊、楚、晉、秦、蜀、黔、滇之地，於是尋獲煤礦殊夥。而其煤質率多佳者，西人始遣測煤者，曰朋庇利，先於北方諸山考察煤質若何。迨後朋庇利曰：遍驗天下之煤，而所産之佳當以附近中國京師諸礦爲最，誠未見有再勝於此者矣。其地約三百里許，皆煤礦也。繼考察中國産煤者又得二人焉，曰威林臣，曰烈士科焚男爵。此二人並言中國煤質佳者居多，按《英國史》所載，備記歐洲諸國産煤多寡之數，如大英國島産煤之礦量，其四周計有三萬六千方里，法蘭西六千方里，比利時一千五百六十方里，西班牙一萬二千方里，普魯士三千六百方里，布謙美亞三千方里，總計之約六萬二千一百六十方里，此歐洲産煤之大畧也。中國幅員廣大，疏於搜山採海之術，故地寶所藴未能盡洩，今僅就西人所已行測知者述之，則其所藏之富亦畧可知矣。湖南六萬三千方里，山西九萬方里，直隸山東、滿洲之南境二十五萬二千方里，四川二十一萬方里，陝西七萬五千方里，甘肅六萬方里，河南三萬方里，貴州四萬二千方里，廣西三萬九千方里，廣東六萬九千方里，湖北一萬五千方里，福建七萬五千方里，江蘇四萬二千方里，浙江一萬八千方里，江西十萬五千方里，安徽一萬二千方里，雲南六萬方里，總計之約得一百二十五萬七千方里，其多於歐洲不啻二十倍有餘。舉湖南一省之所産，已可當歐洲列國之所出，其充足饒裕地球中幾無能與之匹，而奈之何終以自域也。又西人知産煤之地亦必産鐵，蓋鐵礦、煤礦自必同藴於一山，共出於一處。珍石瑋寶，亦錯雜於其中，此在乎人之善採耳。中國所産之鐵，俱係上等，業經西人朋庇利驗有成效，其言所出礦鐵自六成至八成或至八成半不等，其潔浄無渣垢者可以充代喻鐵之用。由此觀之，中國煤、鐵二物其富如是，宜乎可以鑄鎗砲，作舟車，製造一切機器，坐致富强，以凌駕乎歐洲。乃言利之臣，或有以採鑿山礦進者，羣以爲多事擾民，無少益而有大損，斥之。不知昔者礦務之壞，乃有明任用廠臣之咎，而開採者亦非真能測驗之人，鑒於其弊，而概抑不行，不幾乎因噎而廢食哉。

《新增刑案匯覽》卷一《赦款章程》　一、盜掘金銀等礦砂，及偷盜園場案

內，罪在徒流以上者。

崔國因《出使美日秘國日記》卷二〔光緒十五年〕十八日，晴。英報云，亞洲各礦西人不能盡知，然中國、日本之多礦産，則固人人知之。中國泥於風水者，論及開礦，則羣非之，今稍去故見。中國果以西法開採煤鐵，則足以行銷天下，并奪西國市利。其各礦徧於國中，僅以蒙古地方而言，已有一百八十處矣。磁石大礦五處，美國所有著名之磁石各礦不及。其大煤礦亦多，八十英里之中皆是也。汽機所用之煤亦與鐵相間而生，有一二英里之廣。即就蒙古之礦而開之，所獲已不可勝計矣。熱河則多銀礦，向爲土人開採，所出之銀曾值英洋二百萬圓，皆用土法鎔煉者也。今有華人在彼開採，已向美國定購機器。黑龍江南岸亦有華人在彼開採金礦。彼處産金本多所用機器，亦向英德兩國購用。試考中日兩國礦産之數，日本之煤有三萬至四萬見方英里，然較中國則渺乎小矣。中國有煤層四十萬方英里，較歐洲全洲之煤爲多，開採數百年可無煤乏之憂。臺灣有一萬方英里之煤，煤層極厚，計有英尺百尺，足供天下數年之用。中國誠地大物博哉！

《張文襄公全集》卷二一六《書札三》 再，現在款議雖定，邊防益無了期。弟與鑑堂護院皆經電奏，請以沿邊之地爲甌脱，各不駐兵，遠敵固防，於計甚便。聞交北洋與法人妥議，未知能否挽回。至越界遊勇太多，李揚才滋事以來，何止數萬，亟宜預籌安插，擾邊擾越，固屬切近之災。即嘯聚擾法，亦爲中國之累，大有關繫。薇卿采諸衆論，或議安置於太原、高平間，令以開鑛自給。鑛雖越官所禁，但華人向有潛開之者，此時剴切曉諭，越宜無不聽允。但經費固須略籌，鈐束亦復不易。滇越界上情形，不審亦相類否？黑旗、黄旗餘衆必甚紛紜，不知滇關以外，保勝沿江亦有鑛苗，及他地可開否？前已電商，計當入鑒。閣下老謀遠識，必有良籌，望速賜教爲幸。光緒十一年三月十九日。

又卷二一八《書札五》 前聞湘省鑛務委員有在上海與華利公司洋人戴瑪德訂立約字，將衡州府屬水口山所産之黑白鉛砂專銷與華利之事，弟以疊奉來函來牘，均未提及，未之深信。近始展轉索得所訂約字十三款稿，又似確有其事。閲其合同，不勝駭異，不勝焦急。

開鑛爲遵旨舉辦之要務，原爲興利起見，若利尚未興而權不我屬，殊乖本意。查此約字第七、第八、第十一等款，均有無窮之害，不敢不爲台端陳之。查各種五金鑛，所難在開採，不在化煉，更不在銷售。所費亦在開採，不在化煉。今第七款定價每石洋例銀一兩二錢，自必永遠照辦。初開時鑛砂浮淺，工價不鉅，石售一兩二錢，或有微利。至開久窿深，必然遇水，須用機抽乾，且須支持撐架，購機鑿石，所費均屬不貲。今售價預登，約字一定，不可復移，將來工本遞加，而售價既定，必致虧折。儻開至深處，鑛質漸佳，其鑛砂內之鉛、銀日多，所值愈貴，又因定價過少，不能另沽，豈非兩失其利。查白鉛現價洋例銀七兩數錢，一石黑鉛亦三四兩。一百零五斤之鑛砂酌中計算約含鉛四十斤，亦值銀三兩外，是洋人必有盈而無虧矣。而此一石之鑛，其開採人工及運費釐税，恐目前所需，其去一兩二錢之數，已不甚遠。以後費用，有增無減，是在我必有虧而無盈矣。反覆思之，不解此合同用意之所在也。

第八款水口山金鑛均歸戴瑪德一人承買，不得藉詞封禁，不得希圖高價。是此鑛華人出貲出力，而洋人坐收全利，將來欲罷不能，欲另售又不能，自困孰甚？第九款鑛砂非與原驗不符，戴瑪德不得無故不受，如有此情，一切用費棧租唯戴瑪德是問。看似防弊，然彼若稍不合算，即稱與原驗不符，我無從辯也。況所罰過輕，彼亦何惜此區區棧租等項乎？總之，此鑛如愈開愈好，每石鑛砂內提出之鉛甚多，而鉛質內提出之銀亦甚多，彼必執第七款之定價以限我；如鑛砂內提出鉛質、銀質漸少，彼又執第九款與原驗不符之説以困我。我欲不辦，彼更執鑛苗未盡之説以責我，是我何所利而開此鑛乎？鉛本中外通用之物，銷售甚易，化驗亦不甚難，又何必專仗洋商一人爲銷路，而受此奇窘乎？

又第十一款兼及湘省他鑛，亦與戴瑪得交易，是不啻舉全湘鑛産歸諸戴瑪德一人，尤駭聽聞。看其語氣雖似平淡，然與洋人交涉之事，稍有一點根株，將來即成牢固不拔，蔓延無窮之害，其爲湘省禍患更不勝言矣。查戴瑪德即戴馬佗，該洋人自上年來華，圖罔中國全利，弟所深知不止一事。觀其公司以華利爲名，能無懍懍。朱道濂、歐陽棟兩委員，不知係何官？何處人？並不詳細，稟請尊處酌奪。遽在上海與洋員訂字畫押，且有法領事印押，實屬荒謬萬分。此等大事並無地方大員蓋印押字，亦屬怪事，或可藉此將此押作廢。且第一條寫明請湖北化學官局就爐鎔驗，如與第一次原樣相符等語。此等事並無一字稟知鄙人，而將來須令湖北化學官局爲之，任此牽連膠葛之事，尤爲可怪。至所列見議陳季同者，其人著名荒唐，罪惡極大極多，海内海外皆知。前經薛叔耘星使參辦，尤非善類。戴瑪德與陳季同相比久矣，不可不防。上年陳戴同赴漢口變幻招摇，意欲攬辦湖北鑛務，動輒許以重賄。其許賄動以數十萬，計經弟飭江漢關

查傳禁止，旋即遁去。此次朱、歐兩委員並未奉有尊處予以畫押之權明文，乃如此膽大率謬，難保不墮其術中。以上各種情節，竊恐閣下未及周知，弟既有所見，用敢飛布，務請設法挽救，以杜無窮之患，大局幸甚！度閣下不以越俎見責也。此約訂於二月十八日，三箇月彼此照辦，則五月十八日以後，即須開辦，尤盼速行更正，不勝翹企。此事關繫太大，弟悚懼萬分，但盼該委員手中無上司切實印文，則出自該委員專擅假託，或可挽回。如鑛務總局係紳作主，即請將此函發與諸紳閱看，此等大事總應由官作主也。光緒三十三年三月。

《張文襄公奏議》卷六五《奏議六五・進呈擬訂鑛務章程摺光緒三十一年十一月二十八日》 竊照光緒二十八年七月，欽奉上諭：「鑛務爲今之要政，昨經劉坤一、張之洞電奏，採取各國鑛章，詳加參酌，妥議章程等語。所見甚是。即著該督等將各國辦理鑛務情形，悉心采擇會同妥議章程奏明請旨。務期通行無弊，以保利權，而昭慎重。欽此。」嗣劉坤一因病出缺，經臣遴委華洋各員，購取英、美、德、法、奧、比利時、西班牙等國鑛章，詳加譯録，於二十九年冬咨送外務部，交侍郎伍廷芳參酌編輯。三十年十一月，由該侍郎將《擬訂中國鑛章》稿本郵寄來鄂，綱領具備，惟似覺近於簡略，其所定鑛地界限不得過三十方里，亦覺限制太寬。復經臣交在滬之英國鑛師布盧特重加增訂，書成後又復委派多員暨遊學日本法政科畢業學生等，並采取《日本鑛章》，細心參校。臣覆加酌核，其中條款凡於中國情形稍有不宜者，必再三研求詳審酌定，冀免流弊而保利權，謹纂成《中國鑛務正章》七十四款，《中國鑛務附章》七十三條，分訂兩册。

查各國通例，凡屬土地，分爲地面、地腹兩層，民間産業止能管及地面，其地腹則概爲國家所有，故雖本國人民開鑛，其准駁之權，咸聽命於官。至五金之屬及寶石等貴重鑛質，更非官不得開採。至他國人民斷不准承辦本國鑛務，或設立公司，間有外國人附股，而事權仍是本國人爲主股分，仍是本國人爲多。日本律法尤嚴，開鑛公司直不准外人附股，惟中國於未定鑛章以前，已准洋商在內地開鑛，此時自未便概加拒絶，第從前所訂合同，每有損礙華民生計，及侵我主權，妨我治理之處，現在中國與各國議訂商約，均有鑛務一條。其文云中國政府允願招致華洋資本興辦鑛業，凡各國人民能遵守中國所定鑛務章程者，均准其在中國開采鑛産，惟須比較諸國通行章程於鑛商，亦不致有虧等語。是此次所訂鑛務章程無論新舊鑛商，但使於洋商不致有虧，其於華民生計中國主權地方治理必當設法保持，修改完善，用資補救，不宜過於遷就，坐棄遠大無窮之利權。

查中國所富有者，鑛地所缺乏者，資財自無妨藉資於外國富商，要之必令其有利可圖，而不令外人獨專其利，斯爲最平最妥之方。故現訂鑛章，聲明各國人民必能遵守中國法律，乃准其承充鑛商。又洋商非與華商合股，斷不准其獨自開採，其合股之法則，無論官地民地、華商洋商，業主以鑛地作股，鑛商以銀作股，若係丙字類之鑛，其股分之數，有地之業主，與出銀之鑛商各占其半。除川費歸鑛商自籌外，餘利均分。蓋大宗緊要之鑛，全在丙字一類，至如乙字類鑛質較賤，得利較薄者，地股只作全股十成之三，以示區別。其作股一半之辦法，現有直隸臨城縣煤鑛成案可援，一切可資仿辦。其真正華商有資本者，儘可自充銀股之鑛商，與業主商允合辦。力不能獨任一鑛者，仍准其附入銀股之洋商，並設立專條，令洋商力加優待，具詳章程之內。誠以開鑛一事，資本甚鉅，學問甚深，專恃華商之微資，土法之淺嘗，斷無大效，惟以鑛地與洋商合股，則業主與出資本之人分享其利，最爲簡要公平。然必俟除盡用費得有餘利之後，以地作股者，方能分潤，則洋商自不致有虧。竊惟中國今日定章，明准外人在內地開鑛，此固足見聖朝寬大惠民之政，超越環球諸邦，亦可藉以鼓舞愚氓，不致狃於積習沮撓大利。果能上下相信，中外相安，將來地利大興，窮民有養，百貨日通，農工商賈利益交資。此乃經國久大之遠謀，豈在目前區區之租税！微臣區區之意，實注於此。上年二月，商部奏定鑛務暫行章程摺內，聲明仍俟臣處輯有專書歸併辦理，以免歧異等語。自應參互考訂，歸於畫一。兹謹將擬訂《中國鑛務正章》、《鑛務附章》各一册，繕寫成帙，恭呈御覽，擬請敕下外務部、商部詳加覆核，俟核定後，其正章即作爲鑛律，附章即作爲詳細條目，請旨頒行，俾鑛業日興，利源日濬，實於國計民生，均有裨益。硃批：「外務部、商部議奏，書併發。欽此。」

又卷六八《奏議六八・請早定鑛務章程摺光緒三十三年五月二十一日》 竊查鑛務章程，經臣遵旨悉心妥擬，於光緒三十一年十二月具奏，十二月二十六日，奉硃批：「外務部、商部議奏，書併發。欽此。」嗣因外商兩部久未議覆，經臣於上年六七八等月，三次電咨催詢，至八月杪始接外商兩部覆電，大致謂鑛章有關交涉各條，由外部酌核，餘由商部核定，必俟詳細核明方能奏定等語。本年三月，臣復經電詢，准農工商部覆稱本部應核各條已定，惟有關交涉各節，應由外

部酌核改定，如外人遵守中國法律等類，儻不能辦到，似與定章本旨相違，除咨催外務部外，先此電覆等語。查比年以來，鄂湘鑛務之案甚多，臣因鑛章未定，無從批示，於是商民有未奉批不敢開鑛者，有土客爭開致成鬬訟者，亦有恃鑛章未定私自挖運致多中外轇轕者。或洋商冒稱華商，或華商假託洋商，辦理甚形棘手。新章若再不速定，鑛務交涉必致愈久愈難辦理，且外人涎我鑛利者，皆恃部議未定，枝節横生，現在義國商約，又欲我採擇非洲紅海義國屬地之鑛章，議論愈出愈奇，此後每有一國議約，皆有干預鑛務條款，應付之策將窮。義國更有特款索鑛一條，權利所關，非早定大局，必多意外要挾瀆擾。現在惟有關交涉各條，專待外務部核定，想外務部不乏學識通博，諳悉外情之員，微臣所擬可採者採，可改者改，可删者删，儘可分别准駁。至鑛務有關交涉者，固須審慎周詳，然大率不外乎嚴防於將來，而稍寬於既往，或略展年限，再照新章，或權衡輕重，酌與抵補。總以無礙中國鑛務全局爲主。若外人志在隴斷横行，必欲破壞中國法律，則我自當堅持慎守，静以待之，斷不受其欺愚。地實聽其暫閟，並無妨礙，俟華人學識漸開，資力漸裕，從容開採，成效漸彰，則外人圖得鑛商一半之利，亦必就我範圍。儻使定章稍疏，則主權一失而難收，利權一棄而難復。大計所關，不可不慎。在部臣自能審度機宜，似不難早日定議，若僅懸宕不定，實非長策。相應請旨敕下外務部及農工商部，將此項鑛章迅即妥爲核議覆奏，請旨裁定頒行，俾中外商民早資遵守，且免多生枝節，愈難補救。硃批：「該部議奏。欽此。」

薛福成《庸庵文編》卷一　一、開鑛宜籌也。中國金、銀、煤、鐵等礦未經開採者，處處有之，貨棄於地，而外人垂涎久矣。似不妨用彼國開挖之器，興中國永遠之利。查有礦苗旺處，由各省大吏諮訪民情，察度地勢，果其毫無妨礙，始許興辦。其開採之法有二：一曰官採，由官酌撥款項，僱洋人買機器，隨宜辦理。一曰商採。仿准鹽招商之法，查有殷實華商，准其集貲報名，領帖設廠，置備機器，自行採取，官爲稽其廠務，視所得之多寡，酌定收税章程，嚴禁隱漏。如是則地不愛寶，民無棄財，不失中國饒富之權，不啓彼族覬覦之漸，似亦籌餉之一助也。

薛福成《出使日記續刻》卷三《光緒十八年二月二十五日記》　官設礦局委員監銷，無論紳商准自集資本採販，去臘帆檣絡繹，運出之煤數百萬石，載往湖南、江、皖銷售。黄石港下游道士洑設有官局，監督銷售，以兼顧運出長江之總口。黄石港内數十里某山銅苗極佳，富池口有銀山者苗亦甚旺，均議籌款採鍊。去年英國各口岸與東方互市之數，由英運華花紗比上年約少一百五十萬磅，疋頭約少三千六百萬碼，惟羽毛織造之物比上年略增，錫及鐵路等料亦遠遜於前。華茶運英以銀數計，比前年約少四十萬磅，華糖停止運英已兩年矣。【略】

湖北江夏縣之馬鞍山煤礦，自辛卯夏開採以來，出煤極旺。大冶縣之界山出煤亦佳。又興仁港地方煤苗頗旺，現正開挖。用泰西機器鑿孔之法，做井字架掘採而下，工省利倍。各礦煤炭質極佳，可供輪舟生火之用。

《歷代刑法考·充軍考中》　刑律：盜田野穀麥。一、盜掘金、銀、銅、錫、水銀等項礦砂，在山洞捉獲者，計贓准竊盜論。分爲三等：持仗拒捕者爲一等，不論人數、礦數多寡，及初犯、再犯，不分首從；邊遠。其不曾拒捕，若聚至三十人以上者爲二等，不論礦數多寡，及初犯、再犯，爲首者；邊遠。不曾拒捕，又人數不及三十名，爲三等。爲首者，再犯。邊遠。

陳康祺《郎潛紀聞》卷一四　權開銀、鐵、煤礦，以取地寶，生之者衆，食之者寡，計以中國之大利，供中國之支應而有餘，疆域四五萬里，歲入五六千萬。順治一朝，以十七年入款二千五百餘萬爲最多。

王之春《國朝柔遠記》卷一九《蠡測卮言十三篇·興礦利》　地不愛寶，久而必宣，此自然之理也。泰西之所以稱富疆者，精於礦務耳。但外洋國雖日富，而山澤之利已窮。中華國儲不充，而山澤之利實富。其故何也？西人以採礦之故，窮山僻壤，搜羅無遺，不徒金礦將盡，即煤、鐵之礦亦盡，所以爲西人慮者，恒謂數十年後，雖有船而船不能行，其説實大有所見。中國爲財賦奥區，雲南出銅，山西出鐵，湖北、江西、湖南出錫，齊魯、荆襄出鉛，臺灣出硝，以及伊犂淘金，和闐採玉，礦産之富，誠爲五大洲所未有。所可惜者，産於地而仍棄於地耳，非不知礦利之大有益也。一則因前明殷鑒之不遠，一則因機器款鉅之難籌。查明萬曆廿四年，開礦遍天下，命中官爲礦使，編富民爲礦頭，礦無所得，勒民墊賠，甚至誣爲盜礦，從而傾陷之，所以國脈民命交受其困，流毒者廿餘年。嘉靖三十五年，開礦費三萬餘金，而得銀二萬八千五百，不足償失。成化間，採金於湖廣等郡，役五十五萬人，死者無算，僅得金三千餘兩。前事如此，宜後之開辦者之掣肘也。不知明之所採者金、銀礦也，意在聚斂，且任用非人事，之所以易敗也。今之宜開者煤、鐵礦也，意在便民，且當務爲急事，之所以必成也。方今海防孔急，不得不用輪船，用輪船不得不需煤鐵，倘必取給於洋人，是洋人添一利藪，中國又多一漏卮。機器款本甚鉅，措辦爲難，但試辦之，何必賴此？各省防營頗多，若在某省開礦，先倩西人之精於礦學者，或用滇黔川邊老民之諳習者測量衰

旺，確有把握，然後以防營開採。果得巨礦，再以機器濟之，豈遂爲晚乎？又或謂開礦於地脈有礙，聚集多人恐生事端，此又一孔之儒之目論也。伏讀乾隆五十二年十月諭曰：「京城外西山北山一帶開採煤窑及鑿取石塊，自元明以來，迄今數百餘年，取之無盡，用之不竭，從未聞以關係風水。設有禁例，豈開採硫礦遂至於地脈有礙？即云開採硫磺恐集聚多人滋擾地方，則每歲采取煤觔石片所用人夫不知凡幾，豈皆善良安分之徒，何以並未見有滋生事端之處？」聖諭詳明，最足破世俗疑惑之見。又或謂山澤地墊無非民業，祖父所遺，子孫世守，即給價而買之，此應彼否，奈何曰此尤易爲謀也，地不必歸於官，而利轉得分於民，未有窒礙而不行者。或又問曰：「開礦之利，其利安在？」曰：「開礦有礦稅，利於國帑也。鐵可以造船，煤可以行船，利於海防也。開礦用營兵，藉其力兼習其勞，利於兵也。兵之口糧出於礦稅，利於餉也。開礦之處多在叢巖，既有營兵，客匪不敢占踞，利於防盗也。冶鐵需匠，運煤需夫，養活不知多人，利於窮民也。火化之宜，人人賴之，煤價既廉，貧民受惠，利於日用也。其利如此，可勝言哉？又況銅、鐵、煤、礦之類，中國之所出者多，則外洋之所入者少，日計不足，月計有餘，富强之基，舍此無他術矣。倘若掘土而得金，破石而得玉，此尤國家之福，而爲天下臣民所額首也。抑又思之，開礦即可開鑄，雖屬緒餘，正可相輔而行。近來洋人收取中國大錢出洋鎔銷，即中國商民亦多蹈此弊者，故錢價日昂，大錢日少，亦宜一體設法禁止，並於開礦處開局鼓鑄，亦流通國脈之一道也。」

盛宣懷《愚齋存稿》卷二三《電奏三・詳陳磋議約内礦務情形電奏光緒二十八年六月二十一日在武昌發外務部代奏，鄂督張吕大臣會銜》 前接外務部真電，以馬使必欲在鄂議礦務。查礦務一款，馬使抵鄂即以爲言，洞照滬議力駁，以此事不應列入商約，且路礦設有專官、章程，已照會各駐使。即有應行修改，須向部商辦。馬使堅以礦事有關商務，修改係屬兩益，此次加税本非英商所願，故必須列入商約，以慰英商之望，俾英議院不致有所扞格，若不議礦務，則一切罷議。相持許久，洞等再四密商，馬使交來之款，係欲中國允照英國指出之意修改章程，如此自然不可與議，莫若由我自出一辦法，與之商訂。須由我采取各國通行章程，酌量仿照修改，改定後令各國開礦洋商一律照辦，則於我主權、利權必無所損，且不致爲一國獨擅其利。蓋西國與中國立約，不免恃强攘利，若西國與西國通行之約，必是公平，斷不肯令本國自損權利。是照各國通行章程，已將馬使照英國之意一語，全行化去。蓋照外國指出之款修改，則人爲政，而利在人矣。我采各國章程改定後，令洋商照辦，則我爲政，而利在我矣。幸彼無詞可駁，居然照允。此次美國開來應議條款，有美國人應得在中國無論何處購租礦地開辦各礦一條，漫無限制，必應駁阻。且將來法必争川滇礦，德必争山東礦，若藉英約議有限制，以後即可據爲駁阻美法德之標准，且可將從前礦章未經想到防到者，補訂周密，此乃將彼所索有益於彼之款，變爲我所索有益於我之款，實於中國有利無害。事機可謂湊巧，嗣接外務部治電：章由我改，不失自主之權，惟另議不入商約更妥，希詳核辦理。洞等公同商酌，此舉既於中國有益無損，莫如入約爲妙，恐狡黠洋商不願受我範圍，甘守公道，挑播馬使將有翻悔，他國更難繩削。馬使又請議立期限，慮我允而不行，因與訂爲第九款，其文曰：中國國家因知振興礦務於國有益，應招徠中國及外洋資本興辦礦業，是以由簽立此約之日起，允於一年内自行將現行章程修改妥定。中國應即認真迅速考究礦務，採擇英國、印度及各國通行礦務章程中之於中國情形相宜者，將現在之礦務章程從新修改，以期一面於中國主權毫無妨礙，於中國利權有益無損；一面於招致外國資財無礙，比較外國通行章程，於礦商亦不致有虧。俟中國所定之礦務新章一經頒行，凡承辦礦務者即須照新章辦理等語。查《印度開礦章程》乃英國自爲印度主人定此礦章，以待各國來開，是印度之礦即英礦也。其章程已經譯出，地主之權甚重，限制甚多，分利甚優。並聞他國礦章各有佳處，儘可由我博采。當即分投訪尋，曾與馬使切實聲明，須采用各國通行章程，不能專采一國。馬已應允，請代奏。

又卷二五《電報二・寄李傅相光緒二十二年十二月十三日》 摩賡條陳：一、請宣諭中國各礦除已奏准開採外，均爲國家之産，不得租賣與他國。一、請立礦務總公司，派大員督辦，摩賡爲參贊。一、請勘定各礦，具報核准，招股開採。一、請股票由總公司出售，或祇准華人承受，或酌提若干，准各與國人民購買，一餘利股，商與國家各一分半。一、准摩賡自備資本，代勘全境與藩屬之礦，分門别類，繪圖帖説，呈報國家勘驗；以三年爲度，每年計用若干磅，或由各礦獲利提還，或作股分歸還。一、國家可派員稽查各礦開銷獲利各帳。一、礦務成議，可將國家應得五成餘利，指礦抵借洋債，供造路之用等語。其志注重金鑛，謂豐寧、灤平已有英人勘明多金。徐雨之朝建、撫寧各礦，彼亦願勘議。昨夔帥電意，必須總署主持，方可遵辦。摩賡在此已久，究竟能否議辦，總以准否洋股爲斷。現已磋磨再四，如不准洋股，只好直捷回復，未可拖延。如准其所請，或

別款須酌改，擬請總署電諭遵照。

又卷三〇《電報七・寄王夔帥劉峴帥張香帥陳右帥〔光緒二十四年〕正月二十四日》 接傅相敬電，海靖堅請築膠至濰縣、青州往濟南，又膠至沂州兩路。又中國在東築路，先與德商不允，則下旗回國，勢難允行。署奏准容閎造津鎮幹路，爲不得已抵制。西國幹路恒數道並行，非必有礙，盧漢何至因此停辦？容謂與德商必受脅制，美商亦爲難，欲即中止，執事請改換，豈有術制德耶？來電當軸均不謂然，仍照舊籌辦爲要云。維縣及博山、淄川各縣煤鑛、銀鑛，沂屬金鑛甚美，且富近鐵路處，皆可造支路，以就鑛。聞德將立膠東總督，照香港免税，則烟台關税無矣。大連灣必照辦，則天津、營口關税無矣。悉畢路通，恐南洋税亦必減。是全局敗壞均肇於膠事矣，豈特鐵路一事已哉？言之痛心。

又卷三四《電報一一・寄總署總局光緒二十五年二月十三日》 美國特派津師坎理到滬議立正約，大致不出伍使所訂草約範圍，惟送來鐵路相近處開礦章程，意在必辦。伍使前因美公司必欲兼辦礦，如不允礦則，路債不成。其時法欲勒造粵路，亟圖美成，故商之香帥，允立專條，語尚活動。此次對坎理云，礦路總局奏定新章，路礦不能兼辦。坎理云，美約在前，不應阻止。竊思湘、粵礦甚多，英法皆覬覦，與其用英法而礙大局，尚不及用美款，但管見中國財産莫大於礦，目前雖不得不借資洋力，將來學堂人材輩出，不難自辦，轉貧弱爲富强，實有關係。若照山西、四川一紙合同，即以全省六十年無限地利悉歸外人，名曰華股，實皆洋股，且恐藉開礦而漸及派兵保護佔利，竟致佔地，恐貽後悔。擬請嗣後洋款辦礦不得擅指全省，止可就礦言礦，譬如辦開平煤礦，只就開平而言，推及一郡一縣，則已多矣。至路礦勿兼，自係杜洋人索路併索礦也。若中國自造路自開礦，想不在禁例，如美議路約，必欲請借款開礦，擬由總公司另舉華商就近路處所指明若干處，酌照山西章程嚴定界限，所收礦利悉歸路礦總局。倘路利不足還路債，可將礦利補湊，免累公中，似亦有益無損。乞鈞裁示復。

又卷五七《電報三四・寄外務部路礦總局〔光緒二十八年〕四月二十七日》 鼓鑄需用銅、鉛甚急，查四川巫山、大寧兩縣有銅鉛佳礦，恐稍遲必爲洋人所得。現擬由敝處派員帶領自僱之英礦師，前往試挖，如果佳旺，再當奏咨，專集華股開辦，以保利權，而杜覬覦。應請貴部核准，轉電川督查照。

又《寄川督奎樂帥〔光緒二十八年四月二十九日〕》 巫大銅礦本擬專集華股開辦，以資鼓鑄，若稍遲，必爲洋人所得。敝處辦事向來不用洋股，以後各省佳礦恐悉讓外人，似應保得一分是一分。台端請緩，是否慮及有洋股，抑另有他意，除電商外務部外，乞再核示。

又卷六二《電報三九・寄太原張中丞、開封陳中丞〔光緒二十九年〕十一月二十四日》 晉帥漾電敬悉。聞羅沙第賄華員得合同，旋以重價售與英商，不因交涉白送兩省佳礦，最爲可歎。洋人辦事處處佔先著，開礦必先買山，尊處尚無請給憑單，恐彼已由教士暗中收買，並不遵照合同。州縣但知教士買地，而不知其地産礦，近來各省皆坐此弊。望公迅速嚴飭州縣，凡有礦之地，不奉院札，不准買賣。晉、豫兩省佳礦最多，雖無礦師，民間亦知大概。産礦之山，多屬荒地，決非膏腴，買價極賤，決不難於籌款。所難者，礦師薪費需二三萬金，然以數萬金費用，博千百萬厚利，且免將來多少交涉，何樂不爲？承公虛衷垂詢，用敢直陳，請速電商兩部，遲則無可補救。

又《商部來電〔光緒二十九年〕十二月初七日，並致太原張中丞、開封陳中丞》 上月盛宮保禡電、陳中丞敬電、張中丞有勘兩電均悉。查河南山西礦務，按照原訂合同均係向福公司借款一千萬兩，凡調度礦務、開採工程、用人理財各事，均派總辦與公司會同辦理。自庚子後，兩省礦務停辦，福公司以合同訂定在先，遂爲自行開辦之計，主權因之盡失。查二十七年十一月間，外務部奏晉豫路礦請飭開辦一摺，欽奉上諭：「着遴選殷實公正紳商定章妥辦等因。欽此。」現在兩省籌辦情形若何？究竟公司借款曾否借到若干？嗣後能否酌派員紳仍設豫豐晉豐公司，一切按照原訂合同辦理，以資鈐束，而收主權之處，希速妥籌電復盛宮保與哲美森。議索紅股各節，哲詞云何亦希隨時電知。再，礦地由官收買，確係正辦，惟本部現在尚無礦師可派，俟物色得人再行奉達。並希察照。

又《寄開封陳中丞〔光緒二十九年〕十二月十一日》 江蒸電悉。照原合同，開礦資本由福公司代借千萬，足敷所用，豫豐公司重在照約會同辦理，須查其實到實用資本若干，礦利若干，使國家實收餘利二十五分，似不必另籌華本。張筱帥來電原稿，二十五分之外，尚有二十五分歸商局公費及晉豐公司，嗣爲總署删改。惟有餘歸公司分給一語，意雖含混，從此索分紅股，不能謂原議所無等語。鄙見豫豐必宜設立，只要略籌數萬金，勘買礦地，如福公司需用時，可索紅股。至公司總辦韓道最宜，總董宜汴人。如不願入股，以官款作商股，將來獲利必厚。弟意中無汴省殷實紳商，聞有陳君向開汴省銀號，請物色之。

又卷六八《電報四五・寄袁宮保〔光緒三十一年〕七月二十二日》 尊意用機器

大辦，非百萬不濟事，竊恐尚不止百萬，且必不止一礦。該處白煤、烟煤兼産至少一處兩礦，彼既執合同，聞我大舉，勢必爭先。鄙見全在搶買佳地，如得唐山亦要得林西，且恐唐山至林西沿途皆可開採，所以必須廣購也。土挖明知無用，但因原合同載民人先經開採者不得侵佔，故出此下策。總之，鄺道擇地購地，最關緊要，如能獲到有一無二之礦，足以包括一區。公可密飭該道，估計本利，開具説帖，另行商辦，乞鈞裁，酌復筱帥，敝處不另電致，以歸一氣。丁衡甫本是好手，宜與同鄉世交，擬即切實函託。安帥到津，公可面商，派令暗中料理。

又卷六九《電報四六・寄岑宫保(光緒三十二年)七月十四日**》** 奉蒸電，即轉萍礦。據張道等元電稱，萍鄉土法挖煤工人有妙手，惟恐遷地勿良，且此等粗人必須有熟諳土法開礦之員友督率前往方妥，應如何辦法，乞電示遵。至採鍊銻礦之華工，萍本無人等語，萍礦平直，斜度不多，故易挖，遷地勿良，似亦可慮。

又卷七二《電報四九・寄南昌瑞鼎臣中丞(光緒三十三年)正月初十日**》** 農工商礦總局原詳江省土法試辦各礦，向未議抽萍鄉。雖用西法而費本較土礦重，獲利較土礦難，股商無息，即其明證。仲帥原咨應收出井出口税項，飭據該礦總辦等歷陳困難情形，請俟華洋欠款清還，再遵新章一律普完，務懇照准，俾資維護，至紉公誼。

又《寄南昌瑞鼎帥(光緒三十三年)二月二十日**》** 前奉銑電，以贛省庫儲支絀，百端待舉，撥兵駐礦，正費蓋籌，無論礦商如何艱難，總應竭棉遵辦。況尊電井口完税後，照章免釐，尤符概不重徵之義，體恤實深，當飭林道親帶完釐案。據出井成本來滬酌核，刻已略有端緒，擬三月中專員趨叩面議，一切屆時務祈曲賜維護，並先飭知農工商廣局查照。

又《寄南昌瑞鼎帥(光緒三十三年)四月初五日**》** 頃接漢廠李郎中電轉，據萍鄉採錳委員陶令德光稟，江西税務總局批飭比照礦章銻砂一項，完納出井口兩税，乙查案電咨免抽等語，查張宫保漢廠招商接辦奏案生鐵一噸，抽提官捐銀一兩。凡煤焦礦石種類及地税等均在内，别無另外捐款。奉旨照准有案。錳爲入爐煉鐵時配用材料，其值甚微，較銻砂西名安得摩尼，每噸值銀百餘兩者，貴賤懸殊。該廠先採興國，後採大冶，亦均無税。可向鄂署查詢，祇緣該處土厚苗薄，不得已改就萍廠。試辦以來，尚無成效。税務局比照銻砂，自係未悉錳石品值，及漢廠官捐外别無捐款之案，應懇台端札局准援興、冶採錳成案，一律免税，俾不致羈滯鍊冶，實紉公誼。漢廠結虧實銀二百五十餘萬兩，咨部有案。正擬奏請，設法維持，籌款推廣新廠，以濟時艱。公素關懷大局，諒能鑒此苦衷也。

卷一四《奏疏一四・請推廣中央銀行先齊幣制摺宣統元年閏二月**》** 奏爲立憲最重理財，擬請推廣中央銀行先齊幣制，以裕財政，恭摺具陳，仰祈聖鑒事。一、金、銀、銅礦宜速廣爲開采，以資鼓鑄也。外國以開礦致富强，中國數十年來，條陳開礦者不少，所收效者能有幾處？誠以此事窮年殫力，險阻極多，有祖父破産而子孫發財者，有甲姓謀始而乙姓圖成者，華民畏難，孰肯冒險？漢冶萍煤鐵礦，臣承辦十餘年，備歷艱辛，已覩成效，然尚以難籌鉅款，未能盡力擴充。光緒十三年，張之洞督粤時，試辦鑄錢摺内，即請大興礦務以供鼓鑄。迄今二十餘年，各省舉辦均無成效，固由於集款之難，亦由於擇礦不易。華人礦學未明，外國重聘而來者仍鮮能手。臣榷津海關時，曾設北洋大學堂督辦鐵路，後曾設南洋公學堂，派令卒業學生赴英、美國分習各項，現有王寵佑專習礦務，已爲湖南聘用。從前出洋學生亦僅有鄺榮光在開平臨城辦礦，著有成效。可見此項人才實不多覯，應請飭下學部，查明已派出洋肄業專門之學生，及各學堂普通卒業之學生，選擇百名分習各種礦務；另派百名分習機器工程，以便陸續調回任用。並請飭下農工商部，調查各省産礦所在。臣前任會辦商務大臣時，奏明設立勘礦總公司，籌款聘請英國地學礦師來華，擬徧勘全國礦廠，大興礦政，嗣因裁撤，無款籌辦，遣回礦師，停止辦理。現若坐待學生辦礦，至少須七八年，光陰可惜。應請飭下各督撫，每省選聘外國地學礦師一人，將本省五金各礦勘查明確，據實奏報，即著各督撫將該礦地籌買歸官，編列字號，由農工商部刊布，民間招商領辦，官僅取其地税。如商辦開有成效，或短少資本接濟，准其將已開之礦産股本取具保證，向官商各銀行抵押，以助其成。以臣所知，東三省、青海、西藏産金不少，四川、江西、陝西産銅不少，熱河、湖南、河南、浙江均有銀礦，即所謂鎳礦，亦或可尋覓。造物無盡之藏，實爲富國强兵之根本，豈特足供鼓鑄而已哉？

《六典通考》卷九五《市政考・山征》 河南巡按姚思仁亦言開採之弊可慮者八：礦盜哨聚易於召亂，一也；礦頭累極，勢成土崩，二也；礦夫殘害，逼迫流亡，三也；僱民糧缺，飢餓嗥呼，四也；礦洞徧開，無益浪費，五也；礦砂銀少，强科民買，六也；民皆開礦，農桑失業，七也；奏官强横，淫刑激變，八也。今礦頭以賠累死，平民以逼買死，礦夫以傾壓死，以爭鬭死，及今不止，雖傾府庫之藏，竭天下之力，亦無濟於存亡矣。疏入，皆不省。識者以爲明亡蓋兆於此。

孫詒讓《周禮政要》卷下《礦政》 卝人，中士二人，下士四人。注云：卝之

言礦也，金玉未成器曰礦。卝人掌金玉錫石之地，而爲之厲禁以守之，若以時取之，則物其地圖而授之，巡其禁令。注云：物其地，占其形色，知鹹淡也。授之，教取者之處。巡其禁令，行其禁，明其令。

葛士濬《清經世文續編》卷二六《户政三》謝光綺《請開粵西礦利條陳》 如果山靈效順，旺礦連開，則部庫有需，亦可通籌匯解。此外如臨桂縣撈江暨義寧縣銅礦，平樂府馬江金礦，賀縣、富川縣煤礦、錫礦，慶遠府河池州思恩縣銀礦、錫礦、鐵礦、硃砂礦，横州博白縣等處金銀礦，百色奉議州等處硝磺礦，菁華久蓄，洩露時聞，應請一併分投開採。

孟樨《刺字統纂》卷上《免刺條款》 一、盗掘金、銀、銅、錫、水銀等礦砂，不曾拒捕，若聚至三十人以上者，不論砂數多寡，及初犯再犯，爲首擬軍爲從，枷號三個月，免刺。

楊以貞《志遠齋史話》卷六 英宗時，中官及言利諸臣争請開礦，乃命户部侍郎王質經理之，定歲課福建銀二萬餘，浙江四萬餘，而官屬供億所費較課銀尚過之。自是民困，而盗益衆。案開礦有二害：未開之日，廣募人役，厚給薪糧，糭耡之衆，見利而趨，鱗萃麕集，常數千人。多一礦夫，少一農民，田疇荒棄，所在多有，徵賦徵糧，歲形不足。至其性成桀黠，方務搆煽亡匿山谷，劫略道路，甚或黨徒日益，盗弄潢池，此一害也。人物所産，全資地靈，菁英結聚，多歷千歲，一興礦務，攻鑿窮施，氣脈大傷，地靈全失，異人偉士，自斯而杳，此一害也。洪武初，王允道請開磁州鐵冶，太祖曰：「朕聞治世無遺賢，不聞無遺利。」杖之，流海外。英宗何不一誦祖訓邪。

陳忠倚《清經世文三編》卷一六《治體四》康祖詒等《上皇帝書第二》 《周官》卝人，漢代鐵官，開礦之法久矣。美人以開金、銀之礦，富甲四海；英人以開煤鐵之礦，雄視五洲；其餘各國開礦均富十倍。而藏富於地，中國爲最，如雲南銅，錫，山西、貴州煤、鐵，湖廣、江西銅、鐵、鉛、錫、煤，山東、湖北鉛，四川銅、鉛、煤、鐵。其最著者，亘古封禁，留待今日。方今國計日蹙，雖極節儉，豈能濟此艱難哉？家有重寶而仰屋嗟貧，無策甚矣！山西煤鐵尤盛，星羅棋布，有百三十萬方里，苗皆平衍，品亦上上，德人以爲甲於五洲，地球用之千年不盡。又外國蒙古阿爾泰山即金山也，長袤數千里，金産最，又苗亦平衍，有整塊數斤者，俄人並爲察驗繪圖。至滇、粵之礦，尤爲英、法所窺伺，我若不開，他人入室。今雲南已專設礦務大臣，熱河、開平亦設官局，並著成效，而未見大利者，皆由礦學之未開，採辦之非人也。礦學以比國爲最，自山色、石紋、草木、苗脈、子色皆有專書，宜開礦學，專延比人教之，且爲踏勘。購機器以省人工，築鐵路以省運轉，二十取一而無定額税，選才督辦而無濫私人，則吾金、銀、煤、鐵之富可甲地球。

又卷三一《户政九》李鼎頤《中國土産銅鐵棉花論》 從來興天下之大計者，必求其利；立天下之大本者，必圖其終。誠以興利始，可以自强慎終，乃可以持久。未有弗慮而獲，弗爲而成者也。鐵政爲天下自然之利，卝人之職見於《周禮》，鹽鐵之使列於專官，可以利民生，可以裕國用，富强之基，實賴於此。英國屹然三島，獨能雄峙歐洲，雖資於貿易，而開礦之功實居其半。試即其往事言之，西曆一千八百八十九年，取鐵三百七十一萬二千九百零四墩，又於一千八百九十年取鐵三百七十四萬一千九百二十九墩。英國煤鐵之利，遞年皆有紀籍，兹不過略舉，以見一斑耳。至於織造，亦致富之大宗。貿易總其成，開礦與織造各居其半。英國織紡，其流甚廣，近來所銷各國棉花四百五十萬磅至五百萬磅，物産之富，爲諸國冠。中國地備五金，且産棉花，若以機器開礦務，且行織造，必獲重利，然必如招商局之法，官商合力，方易爲功。近年漢陽設立鐵政織布局，上海亦有織布紡花各局，規模宏遠，謀畫周詳，寰中之寶藏已興，海外之漏卮漸塞。中國於此實能收回絶大利權，惟開採如何合法，銷路何如推廣，辦法能否經久，章程何者盡善，辱承明問，願效芻蕘之獻焉。

又卷三三《户政一一・錢幣》李鼎頤《通行銀元八議》 泰西諸國以金、銀、銅三品鑄錢，由來尚矣。自闢地至美洲覓得銀礦，西班牙用以鑄錢，流行中土，即今之吕宋銀圓是也。嗣墨西哥改鑄鷹銀，三十餘年通行於闤闠間，貿易場中稱爲便捷，商賈往來如取如攜，輕而易舉。往時惟行於閩粵市舶出入之所，自與泰西通商以來，其行漸廣，不特權利爲外洋所握，抑且奸商舞弊之日多，市面益形敗壞。若再不由官經理，自鑄金、銀各錢，恐利源溢出，日多僞銀，且日甚一日，此所以銀圓莫如自行鎔鑄，而自鑄必求通行無弊也。謹繕八條以對，伏祈憲鑒。一曰廣開礦産，所以裕利源也。中國開礦産之富，四洲之上莫與比倫。十年前有遊歷内地之西人測得一二省之礦可敵歐洲全土，雖未必盡實，然幅員如此廣長，地利所藴，應亦有此。向所未開之礦，但使礦苗顯露，測驗真實，不妨招股舉辦，其民間本有之礦亦買歸而大開之，用人力者改以機輪。蓋任民開採，其利終微，用機器取之，其出乃旺也。五金之出，煤、鐵之礦常多，而金、銅之礦輒

少，以金、銅蘊結地下較煤、鐵更堅且深，人力之施無過入地二三丈，所以不能到者，即亦置之弗取。測驗之法既不講求，鎔化之術又非素習，是以入寶山而空手也。西人之於礦學較華人爲優，宜聘識礦西人，購開礦機器，自行開採，所得金、銀各質即爲鑄錢之用，以中國自有之礦鑄爲中國自造之錢，利不外溢，權可獨操，此中國絶大之轉機也。

又《錢幣》于鬯《行使金銀銅錢議》 今水旱之迭告，較甚夏商，而金、銀之時時透漏，更爲夏商之所無，亟法前王以救貧窮，猶虞無濟。顧令坐滇粵等省之銀礦棄而不開，漠河數處之金廠，開而未用，徒仰番舶所載，以濟目前，以便豪强之積聚居奇，而朝野至交困，而拱手退聽，恐勢又不能久支已。

後世於中朝裕國富民之道，裨益實多，即今各處開採金、銀礦之以洩寶藏，以借商本而濬利源者，不又可取不竭而用無窮哉。

又卷三七《户政一六》楊毓輝《節餉減釐議》 然則節流之道，既應講求開源之計，不得以事涉言利，概行斥駁。夫損下益上謂之言利，若取天地自然之利公之天下，且可贍養貧民，取朝廷固有之利還之朝廷，不致侵吞官款，有害商民者，惟在開礦之一端最爲要務。竊觀泰西各國之富强亦全賴乎礦産。英國礦産最多，質亦甚佳，故其富甲於歐洲，既富斯强，此亦自然之勢，必然之理也。中國欲闢利源，宜仿泰西之法，糾集資本，尋覓礦地，大興採辦，富國强兵，要不難加乎泰西之上也。夫以中國地大物博，五金煤礦何處無之，而承辦者不得其人，皆少實事求是之效。泰西之所以克致富强者，半恃礦産爲入款之大宗。蓋國家無不竭之財，天地有自然之利，苟能以天地之所生，應國家之所給，則取之無窮，用之不竭，閭閻日見其富，府庫日見其充，如是而備凶荒，籌餉項，償續費，源源接濟措置。如一旦朝廷度支忽需巨款，理財者有恃無恐，以有餘而補不足，斷不至左支右绌，掣肘堪虞。中國金礦遼瀋之地最多，而雲南銀、銅各礦尤早著名，當雍、乾之間，每歲例貢三百餘萬兩，然皆以工力開掘，斧斤畚鑿，在在需人，銷耗過巨，每年必有積欠緩解者。現在辦理得人，日見起色，年清年款，不但無欠解，并可以預解，此其用西法然也。光緒初年，相國李鴻章即採開平煤礦，十餘年來，若基隆，若金州，若濰縣，若貴州，若利國，若淄川，若漠河，若平度等，或煤，或鐵，或鉛、錫，或金銀，其質不一而出，皆先後開辦，官本不足，集商股以成之。開採之法多參用泰西機器，人工既減，所得又豐，苟辦理得宜，自可獲利。今臺灣又有金礦，曾經撫臣邵友濂派委員前往看驗，意欲開採。據云臺、疆金礦較印度金砂化煉更易數倍，此又一裕國之地也。方今西法盛行，當局諸公動以富强謀國，若更知人善任，推廣章程，則獲益自可操券矣。且以中國所出之礦産，用之中國所開之製造局，正與中國開辦礦務及開設製造局之本意均相符合。中國既有自開之礦産可用，自不必資用於外洋，而銀錢之流出外洋者亦必日漸見少，開源節流，孰有大於是者乎？況開礦之舉，本爲裕國便民之大計，可以致富，可以致强，泰西各國成效，具在我中國固已倣而行之者乎。至新疆一域，自古未入版圖，我朝平定之後，歲支兵餉百數十萬，内地頗受其累。其地向有金礦、銀礦，恐集聚多人滋生事端，久經封閉。竊思天地生財，原以生人之用，開之而礦苗旺盛，庫足民富，固屬全美。即或礦苗消乏，不敷工本，而工本自散在民間，究竟天地間多此一項流通，亦爲有益。況新疆礦産自開闢以來，未經開發，旺盛可知，如辦理得人，足敷該處兵餉，則内地經費日見寬紓。其他各省礦産亦俱久經封閉，棄同泥沙，或開之而未經鍊用。伏思天下大計，東南洋貨，西北皮貨，以貨易貨固多，而以銀易貨者亦不少，兼之器皿、首飾等項消耗金、銀之處不一而足，中國金、銀有日減無增之數，安得不致短絀？則莫若取諸礦産，以補其數。急宜設法開採，或官爲經理，或任富商經理，或督商辦而以官統之，或官商合辦。無論其所得多少，取之於地，並非取之於民，即使官商，或難保無弊，總係取棄置之物以濟生民之用，實屬有益無損，且可贍養貧民。雖聚集多人，而多人藉以謀生，人有謀生之路，即無滋事之心。慮其滋事而不令謀生，未免有因噎廢食之譏。然則礦苗流露之所，是可隨地開採，若得煤與五金，有裨國用，嚴提交代，藩庫充足，則度支餉項有恃，盈餘無憂支絀，是不必抽取釐金以困商力者也。以上二事，一則天地自然之利，一則朝廷自有之利，並非取之於民，雖爲數不能預定，是亦開流節流之大端，或經列聖創垂而爲良法，或係大臣籌措而迭見成功。愚不過聞見所及者略加參引伸之義，冀可推行乎海内，先期斟酌乎時宜，實不敢以抽釐金目爲久遠之善政也。夫國家大政雖不止此二端，然苟非大肩關乎國計與民生兩有裨益者，亦不敢掇拾細故，冒昧以陳之。

又卷四五《兵政一》李元《敬陳海防疏》 奏爲敬陳海防事宜，仰懇飭議施行，以張國勢事。竊惟時局艱難，海防多故，幸仗天威遠被，鯨浪粗平，藉得與民休息，然正宜及時明政，力圖發奮自强，縱外洋能永遵條約，而籌兵籌餉之計總宜及早議行。蓋戰守愈講而愈精，才力愈用而愈出，合中國之物力人材，斷無不敵外國之理，但宜未雨綢繆，庶免臨渴掘井。臣不揣冒昧，謹擬籌餉之策十、籌

防之策十。敬爲皇太后、皇上密陳之。

籌餉之策。

一曰開礦廠。《周禮》卝人之職主開採金玉，外國有礦師能知五金之礦，按法開採，有機器以省人工。近聞各國之礦開採將盡，見中國礦產富有，莫不垂涎，因而潛生覬覦。蓋中國地氣最厚，向未發洩，五金煤礦各省皆有，且煉鉛可以得銀，煉銀可以得金，一則無所不有，所謂地不愛寶也。特以山多封禁，不敢議開，譬如家有窖金困粟，不知取用，而徒仰屋憂貧，豈不困哉？今宜專請礦師，分途勘驗採試，確有把握，有把握即行開辦。試辦之初，當用人力，既獲利益，則購機器。仍分官辦、商辦兩種。商辦由巡撫給與印帖，令該商邀集股分，聯絡公正紳士，如法開採，地方官就近照料，或酌撥兵勇彈壓，俟　年之後，出產既旺，照章抽釐。如有奸人藉開礦爲名，騙吞股分，即行重究。官辦則全在委員得力，不辭勞苦，不貪小利，毋任用私人，毋虐視礦夫，辦有成效，滿三年即行破格升擢，營私誤公者罪之。如此，則地寶出矣，無論金、銀也，但使煤、鐵皆漸出土，其利已不可勝言。蓋礦中有煤，則必有鐵。中國既設船砲局，機器需鐵甚多，皆購之於英，是以利外人也。今自開鐵礦，則機器造鐵砲，造鐵船，造輪車鐵路，皆取諸官中，且可售之西人，以奪其利。西人嘗言中國一省所產之煤可抵歐羅巴一洲而有餘。西人輪船東來，所用之煤皆自遠運至，一日不給，船即不行，若中國有煤，則取資甚便，西人所以每請中國開煤礦，而不請開鐵礦也。今我有煤、鐵則出口之價稍昂，彼亦無如我何，而我得收其利矣。至五金之利，則雲南產銅，山東、山西產金，而燕台一帶尤旺，四川產銀，廣東水銀。西人皆周歷其地，繪圖貼說，以告其國，必我能自行開辦，庶彼不至生心也。或謂礦稅爲前明弊政，安可效尤，然彼以聚斂爲心，任用閹宦，此興自然之利，期厚民生，拒可因噎而廢食哉？

又卷四六《兵政二》彭玉麟《海防善後事宜疏》　吾華地大物博，礦藏極多，金、銀、銅、錫、鉛、鐵、煤礦無所不有，乃棄之於地，不知取用，詎不可惜？今或至擾民者，皆由辦理不善，遽謂礦不可開，無乃因噎廢食。請旨飭下各省疆臣，查察境內有礦之處，設廠開採，或由官辦，或招商辦，務須經畫盡善，期於必行，由是地不愛寶，取不竭而用不盡，富强之道，孰有便於此者哉？

《約章成案匯覽·乙篇》卷三八上《章程·吉林議定華俄合辦新舊礦務章程光緒二十八年》　案照本年正月二十五日，吉林將軍長與駐吉外部大臣劉所定礦務草約，曾奉旨允准在案，查草約第六條所載，各處礦務如已經開辦，集有舊股者，另行詳議等語。今吉林將軍長、俄國駐吉外部大臣劉會同議定章程列後。

第一條，吉省已經開辦之礦，集有舊股者，與現時新採之礦不同，仍專歸華人自行集股採辦。

第二條，吉省舊礦，如華人情願與俄合辦，或交俄國人專辦，均須先立合同爲憑，呈吉林將軍並外部大臣閲定允准後方准開辦。

第三條，舊礦如華俄合辦，或歸俄專辦，所出金等各礦，無論多寡，悉按所出之數，每百兩抽收十五兩作爲中國稅課。

第四條，舊礦係華人專辦，仍照中國章程，如係華俄合辦，或願交俄國人專辦，華人須稟明吉林將軍，俄國人須稟明駐吉外部大臣。

第五條，如辦礦滋生事端，吉林將軍與外部大臣會同查辦，其并無俄人入股之舊礦，應由中國官長清理。

第六條，所定章程分爲漢文、俄文兩分，吉林將軍與駐吉外部大臣畫押鈐印。

大清國欽命鎮守吉林等處地方將軍長。

大俄國欽命駐吉外部大臣劉。

大清光緒二十七年十二月日。

大俄一千九百二年正月二十二日。

又《外務部奏申明礦務章程摺光緒二十八年》　奏爲申明礦務章程，恭摺仰祈聖鑒事。竊臣部於光緒二十八年二月初八日具奏酌定礦務章程一摺。本日奉硃批：「依議。欽此。」欽遵。由臣部照會各國使臣，并通行各直省一體遵辦在案。旋據各國使臣照復，均將礦章轉達各本國政府，其文內指陳，大概祇言抽稅太重，恐將來礦務未能興旺，此外并無指駁之處。現據商約大臣呂海寰、盛宣懷來電，謂馬凱以礦務新章，無論華人洋人均可開辦，遂據爲洋人入內地貿易居住之證。復據南洋大臣劉坤一電稱，前定礦章，本須華洋股各居其半，方准開辦，新章洋人亦准承辦，得以藉口，自應遵照舊章，必須華洋各半，仍由華商出爲領辦。又湖廣總督張之洞電稱，開礦新章，渾言洋人可開礦，必應改各等語。臣等伏查近年各省華商承辦礦務，名爲籌集股本，其實仍係洋商串通包辦，弊難究詰。此次所訂新章，無論華洋商人，均可承辦，原期開濬利源，不分畛域，惟洋人來華辦礦，仍須稟明地方官，咨由臣部核准後方可爲准行之據。新章第五條內固已切實聲明，地係中國之地，舉辦係由中國准行，無論何人承辦，均應遵守中

國定章，是於推廣之中，仍寓限制之意，并非洋人承辦即可任便。臣爲礦師入內地辦礦不遇，與鐵路工程師辦路相同，以視內地雜居貿易情事迥殊，况礦務係中國主權，定有專章，尤與商約無涉，何得牽連影射。馬凱藉端援引，自當力駁，其非堅持不允，至礦稅輕重，如將來有應行變通之處，再由臣部隨時體察情形，奏明辦理，所有臣等申明礦務章程緣由，理合恭摺具陳，伏乞皇太后、皇上聖鑒。謹奏。光緒二十八年四月二十一日，具奏，奉硃批：「依議。欽此。」

又《外務部奏酌定礦務章程摺光緒二十八年附章程》 奏爲酌定礦務章程恭摺，仰祈聖鑒事。光緒二十七年十二月二十五日，政務處具奏開辦礦務一摺。奉旨：「依議。欽此。」欽遵抄摺，知照前來。臣等當即按照原奏內所稱，延聘礦師，查勘礦山，及豫購機器，廣招商股各節，詳加籌議，復於本年正月十六日，欽奉諭旨，派張翼總辦路礦事宜。臣文韶、臣鴻禨仍奉命督同辦理，自應仰體朝廷振興之意，悉心籌畫，以濬利源。臣等竊維中國礦產之富，甲於五洲，特以地質素昧講求，開採未能如法，鳩貲試辦，成效茫然，近來風氣漸開，始知西國礦學之精良，機器之利便，然必有能識礦師之人，而後不爲下等礦師所惑。有自製機器之廠，而後不以廣購機器爲難。際此庫款空虛，經費萬難籌措，自不得不借資商力，廣爲招徠。顧華商見小欲速勢散力微，集累萬之鉅資，收效在數年以後，勢必遷延觀望，裹足不前。而奸詐嗜利之徒，又往往以一紙呈詞，希圖攬辦，斥之則有所藉口，准之則益啓傚尤，甚且勾結外人，輾轉售賣，其弊必至於利權盡失。爲今之計，惟有明定畫一章程，使人人曉然於厚生利用，但能上下交益，國家固無所私，無論華洋各商，皆可照章承辦。其有違背定章，任意要索者，仍應堅持駁阻，杜絕弊混，即所以鼓舞商情。臣等博訪周諮，公同商酌，謹擬《礦務章程十九條》，恭候欽定。如蒙俞允，即由臣部通行飭遵，其有未盡事宜，應由礦務總局隨時體察情形，奏明辦理。所有酌定礦務章程緣由，謹繕摺具陳，伏乞皇太后、皇上聖鑒訓示。謹奏。光緒二十八年二月初八日，具奏奉硃批：「依議。欽此。」

又《外務部奏酌定礦務章程摺光緒二十八年附章程》

一、凡擬開辦礦務者，或集華股，或借洋款，均須先行稟明外務部，其稟或自行投到，或由該省州縣詳請督撫專咨到部，俟奉批准後方可爲准行之據，未奉批准以前，不得開辦。

一、此項稟咨如外務部核奪以爲可行，即知照路礦總局，詢以此事可否批准，俟接到可准之復文後，即由外務部知照總局發出准行執照，此照奉到，方可開辦。其照費視成本多寡，酌提百分之二繳局，以資辦公。

一、開辦之人，必須係原稟領照之人自行舉辦，不得私將執照轉賣他人。倘欲售賣，或在開辦以前，或在已辦之後，須由原稟之人，會同接辦之人，照上兩條復行稟請立案，領據方可轉交接辦。

一、該處地主原有不從之權，須由原稟之人向其先行説明，商定價銀，報明立案，不得私行交易。倘該地有關係國家必須開辦之故，其地主雖有不從之權，亦應聽順國家之意，由官公平發給地價，任憑開辦。

一、遞稟開辦者，或華人自辦，或洋人承辦，或華洋人合辦，均無不可，惟地係中國之地，舉辦係由中國准行，無論何人承辦，均應遵守中國定章，倘出有事端，應由中國按照自主之權自定。

一、礦產出井視品類之貴賤，以別税則之重輕，現酌定煤、鐵、銻砂、白礬、硼砂等類，值百抽五。煤、油、銅、鉛、錫、硫磺、硃砂等類，值百抽十。金、銀、白鉛、水銀等類，值百抽十五。鑽石、水晶等類，值百抽二十五。均作爲落地税。其有税則未載之礦質，應視物類之相近，比照抽收，其出口税仍應照章在税關完納，自納出口税以後，內地釐金概不重徵。此項出口礦税，爲新增之款，應在税關另款存儲，聽候撥用。

一、各公司承辦礦務，自發給執照之日起，限十二箇月內開工，如逾期不開，執照作廢，該礦即由總局另行招商承辦，並登中外各報聲明：某省某礦現因逾期，執照作廢。

一、礦山准造枝路，以便轉運礦產，惟只准造至最近水口，如與幹路相近，即准接連幹路爲止。

一、附近開礦處所，應設礦務學堂爲儲材之地，該學堂一切薪水經費，均由該公司自行籌給。

一、凡開辦所需機器材料等件，除運自外洋，照章歸海關收税外，內地釐金概不重徵。如在內地採買材料，經過關卡查明，實係運往開礦處所，准給執照，免釐放行，惟不准夾帶別貨，違者照章罰辦。

一、公司僱用礦師赴各處勘礦，應呈報外務部，咨明各該省督撫，劄飭地方官，實力保護，如有意外之事，惟該地方官是問。至購地開辦，如遇百姓阻撓及工匠滋事，由公司呈報，地方官即應隨時曉諭彈壓，尤應嚴禁胥吏需索，倘有前

項情事，一經查出，或被控有據，嚴參不貸。

一、礦産地畝，民地則照市值購買，官地則令備價承租。惟民地雖購買過户，執業仍須照中國原定田則完納錢糧，以符賦額。至各礦所用地段，只准足敷挖井、蓋廠各用爲限，不得多佔。

一、公司購用地畝，自應公平給價，不得强佔，抑勒地主，亦不得擡價居奇，並不准以有礙風水藉詞阻撓。如該地主不願領價，願入股分，即按照原值給予股票爲憑。

一、採驗礦苗，應須打鑽掘井，遇有田舍墳墓所在，務須設法繞越，如實在無法繞越，應商明業主，由公司優給貲費，以便遷移。

一、礦廠如須安設巡兵護廠，專用華人，所需教練、經費、口糧，均由該公司自行籌備。廠内除管理機器、經理賬目必須聘用洋人外，其一切執事工作人等，均應多用華人，該公司從優給予工價。如礦洞有壓斃人口等事，亦應由公司優恤。

一、華人在外洋礦務學堂卒業，學生願回華充當礦師，及外洋各埠華商願回華開礦者，准其赴外務部呈明，如該生等勘礦確有見地，資本實在充裕，俟辦有成效後，由外務部奏請給奬，以示鼓勵。

一、各公司承辦某礦所有華洋股東，國家擔任保護，如有虧折成本，國家不認賠償，倘因資本不敷，借用洋款，亦應商借商還，與國家無涉。

一、開採以後，每年結賬除提還本息外，如有盈餘，以十成之二五報效國家。

一、此次新章未定以前，凡已開辦各礦及曾經議定之處，除出井税課合同内聲明按照奏定專章者，應照此次所訂第六條辦理外，其餘仍照合同核辦，以示大信。嗣後華洋各商，欲承辦礦務者，均照此章辦理。此外未盡事宜應俟隨時增損，以期盡善。

又《福建華裕公司會同大東公司合辦建邵汀屬礦務章程光緒二十八年》

一、閩浙總督現要開採閩礦，設立礦務官局、派員督辦官局，務要籌議便宜之法，開採閩屬之建寧、汀州、邵武三府地方礦産，招致華裕、大東兩公司，各集華洋商股，統歸官局查核。華裕公司專司購地，歸華員經理，洋人附股，只得稽查股利，不得干預事權。大東公司專司開採，限三年内，准在以上所列三府屬内覓礦，無論覓得幾處，皆准開採三年。限滿後，凡未經該公司指定者，准别項公司尋覓開採。其已經該公司指定者，予限一年，如未開辦，亦准他項公司接辦。

二、華裕公司現與大東公司另訂合同，籌集一切貲本，招商集股。華裕先備款八萬元爲購地之用，大東先備款七百四十萬元爲開採之用，均係初備貲本，俟定地開採，再行逐廠估計數目，招集華洋股分，華人購買股票，如有力量儘可購至過半，至應享權利，華洋一律不得畸重畸輕。

三、大東公司准於批准之後，未開辦之先，派外國總監工或礦師前往尋覓試驗，惟須官局派員會同前往。

四、大東公司查勘試驗之後，要開何礦，須明白指出，繪圖註説，由華裕公司呈交官局詳奏准行。如礦地係民業，或公産，如祠廟等類，或買或租，華裕公司須向業主商議舉辦。華商已開之礦，公司不得侵佔，該商如願出售，亦准華裕與該商妥議歸伊接辦。如遇華裕與業主商議不合，無論公業私業均可由官局派員勘估，酌給公道數目，業主不得居奇，官局亦不得抑勒。公司願按照業主所索價目，先行備款繳局，再由官局與之議定付給，業主如願入股，即將此款折給股票。

五、華裕公司坐得大東公司所送每百張抽五張股票，應即將半數轉送官局。又按大東公司所得紅利項下每百抽八之紅利，即每百張抽八張之紅利股票，呈繳官局。

六、華裕公司將大東公司所得紅利項下每百抽二十五之紅利，即每百張抽二十五張之紅利股票，以報效中國。國家官局有稽核之權，開礦所用物件，或礦務所屬工程應用物件，以及礦産所出之貨，均免完釐金，及内地各税至海關税，則仍應照章完納。

七、所有五、六兩條所載華裕公司轉送官局之每百張抽二張半之股票，及應繳官局每百張抽三十三張之紅利股票，均應於大東公司開售股票之時，首先照額抽送官局。

八、所開之礦，倘係官業，應由官局委員與華裕公司總辦議定，公司應完租税之額。

九、官局所委隨同礦師之員，及護送兵勇一切費用，均歸大東付給，所有載運機器事件，則歸官局委員巡視保護。

十、大東公司要打鑽掘井，及開辦勘驗各工程，須預先通知華裕公司，禀明官局，並與該管業主妥議，毋庸全買礦外地段。如所辦工程有傷地主權利，則公

司當與地主商定賠償款目。倘遇墳墓廟宇，可以遷移者，公司與其家屬或該管地方官商議妥協辦理。倘彼此不合，再由官局派員估價償還，如實在不願得價遷移，必須設法繞越，毋得毁掘損壞。官局亦極力設法方便開採工程，該管地方官或省中官府須約明，凡礦務辦事人員，以及礦工之器具物件，皆極力妥爲保護，勿使稍有驚擾。

十一、大東公司可於礦井處所疏通河道以便行運，並修造小支鐵路至最近水口，或與礦工有聯屬之處，惟言明所造僅係支路，不得造幹路，此種港路，只能專作裝運礦産之用，如要裝載客商貨物，須妥議章程，另訂條約，並須先將所開港路繪圖貼説，禀請官局，查明地方情形，有無窒礙，分咨外務部路礦局核定，電行閩省照辦。如未核定，不得開工。如須購地，應仍由華裕公司查照奏定章程辦理，若爲通達礦廠運棧屯棧消息，須用電綫德律風，亦准禀明官局，候示辦理。

十二、一切礦務工程均歸大東公司管理，聽憑官局查核，每廠應設華洋董事各一人，薪水由公司籌給，所有執事人員但華人所能勝任者，均派華人並盡心教授，務使熟悉礦務工程一切礦工丁役，極力多用土人，章程從優辦理。

十三、一切礦廠棧房，該管地方官須遵照官局意指，實力保護，該礦廠棧房，亦恪守禮法，並切實稽查，不容藏匿匪類。

十四、大東公司每年開礦所獲利息，除開銷各項費用外，提取三項：第一項，支付各股本息，長年七釐，從付本日起算，未付之息，一併補還；第二項，從餘息中再提百分之十，陸續收回股票，其收票之價，按照原價加一償還。第三項，酌提一款爲公積本銀，限定數目，以備添换器具之用。除三項之外，所剩餘利作爲實在紅利，即在此紅利上先行提取應繳國家及閩省官課，海關課税不在此内，其餘均分應享紅利，各股友至所有公司承辦，各礦應完一切課税銀數，應聲明悉願遵照中國外務部及路礦局奏定新章辦理。

十五、各處礦廠分廠，各立出入賬簿，此廠盈餘不得抵彼廠虧折。

十六、每逢年終造具四柱清册，由華洋兩董事會算覆核，並會集股友核定之後，呈送官局，再加核算，然後刊列報章申報，政府詳呈省憲，如虧折與中國國家官局無涉。

十七、公司承辦限期，從批准開辦日起算，以五十年爲限，限滿後所有礦廠以及所屬之道路、橋梁、電綫、鐵路各項，一概繳還官局，除所租礦地由官局給還原主外，餘物並廠所房屋一切歸中國官局，勿庸給價。

十八、公司股票，本係華洋合股，倘華商於限内收買開採股票至四分之三，則官局即可收回各礦以及廠所房屋各等項，按照條款所載價值償還，所剩股票並購回紅利，股票按照末三年匀分紅利統併估算得中價值二十倍償還。

十九、凡公司開採需用之機器物件，當照納關税，惟祗准免完内地釐金。

二十、所開各礦係中國物産，倘有與别國争戰之事，開採公司須遵中國政令，不得資助敵國。

二十一、凡礦務總局現定章程條例，華裕、大東兩公司均應遵守。

二十二、現訂之合同共繕華文六分，應候奏請批准後，由閩浙總督派員與公司籤押，再行照辦。一分交法國領事，一分交大東公司，一分交華裕公司，一分呈總督存案，二分由總督分咨外務部路礦總局存案。如有疑惑，以華文爲憑。

謹按：以上合同章程，經外務部核明改定，於光緒二十八年九月二十日奏准咨行，閩省照會法領事與法商魏池簽押施行。

《福建華裕公司會同大東公司合辦建邵汀屬礦務合同光緒二十八年》

一、現經閩浙督憲奏，奉中國國家批准，華裕公司承辦閩産建、汀、邵三府礦務，並准其與大東公司訂約集本開採，所有勘選礦地，除華裕准行外，别項公司概不得預聞。

二、大東公司願立約設立分公司，其辦事人員法人居大半之數，並遵照與印度銀行所立成約，凡有舉事，皆應商之此項，銀行如有不肯出力相助，乃可與他家法國銀行商議。該分公司應籌備貲本，爲勘選礦地之用，並於此約簽押後，派員至承辦礦工地，所試依合同辦理，不得違背。其選派人員辦理礦工，與人立約購辦器具，或售賣礦産各等事，大東公司均得承辦。至所有礦工差事，凡華人可以勝任者，均派華人充當，西國礦師須加意教導，俾練習礦務。各工程礦務官局可以隨時稽查工程，並派員查勘各廠。

三、華裕將分公司所勘可開之礦，交付此項開採公司辦理，並創設廠所棧房寄屯礦産，又專爲運送開礦器物修濬江河，以便船行。專爲聯絡礦工，起造小支鐵路，至最近水口，應遵照華裕公司與官局所訂章程創設開採公司數處逐漸運送。此外，華裕更應於開採公司開售股票之時，先得每百張抽四十之紅利票，以備日後支取礦工，凡百抽四十之實在紅利，華裕於此應得紅利項下，立即提取所有應完租課，即開採公司值百抽八、值百抽二十五之紅利票，遵照與閩督憲立

約承辦礦務章程辦理，惟完納海關稅則不在内。

四、每處開採公司貲本，應分作股票若干，又紅利票若干，每遇創設一處開採公司，則華裕公司均應首先坐得每百張抽五張之股票，勿庸給值，即以其半轉送福建礦務官局查收，亦勿庸給價，或官局願收現銀，即按股票價兑給現銀，此種股票或現銀，按照辦期，限以三年爲度。三年限滿後，未經公司指定，應准別項公司開採。此項限期由簽押之日算起，一經勘選人員具報，公司斟酌，如果有利可開，即設立開採公司，或一處或數處。其開採公司股票，應儘華商購買過半，所有應享權利，華洋一律不得畸輕。其已經公司指定之礦，予限一年，如未開工，亦應准他項公司承辦。

五、所有開礦利息，開除一切經費外，應提取三項款目：第一項，償還開採公司各股票利息，長年七釐，並於付銀日起算，所有未還利息，一併補還。第二項，於餘利中再提百分之十，陸續償還股票本銀，其償還之價照股票原價，再加一成。第三項，提取一款在百分之十爲公積本銀，添換器具之用。除提取以上三項之外，所餘利息作爲實在紅利，照股匀分各紅利股友。

六、所有股票本銀利息，即以承辦之礦與所屬之房棧、道路、橋梁、器具、礦産爲質，首先償歸。

七、華裕轉交開採公司承辦礦務之期，定五十年爲限，限滿後所有各礦並所屬廠所橋路，電綫各等項，均歸華裕，聽其遵照與閩浙督憲訂立之合約章程辦理。

八、每季開採公司，均應鈔送賬目一分，此外，每年終各公司更應鈔送四柱清册交官局查核，並另送華裕一分，官局暨華裕公司均可隨時派員稽查礦工及各廠所棧房等處。

九、此項合同須禀請閩浙督憲批准，並允保護，所有派往勘選礦地及辦理開採工程各人員，凡派往勘礦之員，須由官局委員同往，並派弁勇隨同彈壓。官局委員及弁勇一切費用，均歸大東分公司付給。

十、華裕公司與閩浙督憲所定承辦礦務合同，大東公司均願一律遵守，不得歧異。所有大東公司承辦各礦，應完一切課税銀數，應聲明悉願遵照中國外務部及路礦局奏定新章辦理。

十一、倘三年限内，大東公司未將願辦之礦務及所屬之鐵路工程等類繪圖註説，呈請官局及華裕公司，此項合約即廢而無用。

十二、此項合同，應遵例合繕華文、法文各四分，鈐蓋關防。一分存礦務官局，一分存領事衙門，一分交華裕公司。一分交大東公司。倘有疑誤，惟以法文爲憑。

《外務部奏英法隆興公司承辦雲南七屬礦務改定合同章程摺光緒二十八年附章程》

奏爲遵議滇省礦務章程，恭摺覆陳，仰祈聖鑒事。光緒二十八年二月初五日，准軍機處鈔交雲貴總督魏光燾等會奏法員來滇辦礦，現與議定章程一摺。奉硃批：「外務部議奏單一件、片一件併發。欽此。」當經臣等查照該督等原奏，先將辦礦章程悉心查核，仍俟該省勘定礦廠奏報到日，再行一併議覆等因，於本年二月二十六日附片奏明，奉硃批：「知道了，欽此。」欽遵各在案。臣等伏查滇省原訂章程，經魏光燾等與法員彌樂石磋磨數月，始克定議，如原奏内縷陳商議情形，兢兢焉以防患、保權、均利三事爲滇省所必争，洵爲扼要之論。以全滇礦産允給英法公司專辦，恐他國有所藉口，勢必相率傚尤。臣等詳核章程，正擬咨商駁改，適法員彌樂石由滇入京，向臣部催訂合同，當告以礦地未定，未便先議章程，應俟礦師在滇勘明礦廠，由滇省開單，奏咨到日，再行核辦。彌樂石則謂全滇礦地非一二年所能勘徧，未經定章以前，該公司豈肯輕擲鉅貲聘請礦師往勘。臣等堅持初議，不准攬辦全省，迭次磋磨，彌樂石始允指澂江、臨安、開化、雲南、楚雄等府，及元江州、永北廳，凡七處，載入章程第一款内，將原議「嗣後別國公司概不准來滇辦礦」，改爲「嗣後別國公司概不准在該公司所指之地勘採，以清界限」。彌樂石又恐所指地段未必均有礦産，如無礦可辦，仍請另擇一處互抵，並將來辦有成效，應請逐漸推廣。臣等核其所擬辦法，尚屬可行，故於第一款内叙明准其互抵，惟先後統計，仍以不得逾七處爲率。除此之外，俟各礦開辦有效，税數報效，並無短絀，方可推廣辦理。蓋既破其專利之計，自不得不量予擴充。彌樂石又以原議包辦全省礦利較豐，故願歲繳京銅一百五十萬觔，並津貼員弁、兵勇護廠銀二萬兩，現既改爲七處，應請減去京銅三分之二，並免繳津貼銀兩。臣等以京銅係解部要需，保護礦廠亦在在需費，未便遽議減除。再四磋商，彌樂石仍以體恤商情爲請，始與議定，歲繳京銅一百萬觔，護廠費用由公司給發，不拘定二萬兩之數。電商滇督等均無異議，即將原議第六款第二十款照此改定，入於十八款内，添叙「弁勇費用由公司給發，惟該款原議公司可在附近地方招募土勇，遴選中西武官各一員，會同管帶」，現改爲「公司可禀請地方官，在附近地方招募土勇，遴選武官一員管帶，以杜争競，干預之弊。」其餘均已

逐款推敲，以期妥洽，謹照録章程，恭呈御覽，如蒙俞允，即由臣等派員與彌樂石畫押，並咨行雲貴總督等遵照辦理。所有臣等核議滇省礦務章程緣由，理合恭摺覆陳，伏乞皇太后、皇上聖鑒訓示。謹奏。光緒二十八年五月初十日具奏，奉硃批：「依議。欽此。」

附録《雲南隆興公司承辦七屬礦務章程》

查滇省開礦之法，不精不全，未能推廣，現法、英兩國設立隆興公司，擬糾集貲本，採用善法，藉工程司機器及一應專家從事開採，由雲貴總督、雲南巡撫及礦務大臣與隆興公司所派之總辦，法國總領事官彌樂石議訂辦礦章程如下：

第一款，雲貴總督、雲南巡撫會同督辦雲南礦務大臣允奏，請國家准隆興公司尋採各項礦産如下：一、公家現在荒廢之銅礦，並公司尋出之銅礦；一、曾經開採，現在荒廢之金、銀、煤、鐵等礦；一、公司尋出之金、銀、煤、鐵、白金、白銅、錫及火油、寶石、硃砂，如雲南府、澂江府、臨安府、開化府、楚雄府、元江直隸州、永北廳七處礦産。雲南大吏允奏，請國家給該公司承辦，嗣後別國公司概不准在隆興公司所指之地勘採，惟中國官民增開各項新礦，應聽照舊辦理，隨處可以開採。再，中國自立公司，籌集中國股本，呈請開礦，若比較隆興公司，分別完税，章程不再輕減，應仍准與採辦。設或以上所列各府州縣境内無礦可辦，則應由中國國家以隆興公司另指他州縣相爲互抵，惟先後統計，仍不得逾七處爲率。除此之外，俟在上開各府州縣境内尋獲各礦，均已開辦有效，税數報效並無短絀，彼時隆興公司如欲推廣，再向雲南大吏商訂後，方可推廣辦理。

第二款，除開採官礦外，凡民間未開及荒廢各礦，在公司所指之地内，如公司願開，可呈報雲南大吏，飭查如無窒礙，地方官應向業主商議租山租地，其租價由公司認給。惟公司不得徑向民間租賃，亦不得購買山地，永爲業主，無論山地何時起租，均不得逾此章二十一款所定年限。凡礦山奉准開辦後，倘三年之内，公司未能開工，應將礦山及租券交滇官歸還業主。

第三款，公司在指定地段内，查有可開之礦，註明界址，繪圖呈報大吏，飭查果無礙，然後將地租定撥交公司開辦。

第四款，隆興公司可在礦廠附近荒地酌修必需之鐵路，並開水陸各道，以便工人來往，及轉運器具礦質等用，如此項道路佔用民地，應呈請大吏，查無窒礙，飭知地方官向業主公平議租，其租價由公司認給。至於修築鐵路以接幹路，係爲運銷礦質及轉運器具人工益臻利便起見，應俟幹路告成，商議專章，奏奉中國國家核准，然後開辦，惟公司永不得攬載客、貨。

第五款，開礦需用工人，公司應在雲南省内覓僱，不敷則由鄰省招補。凡招用工人，視其勤能，無分民教。如工人爲工作受傷殘廢殞命，公司可公平償恤。廠地詞訟、命盗争毆等案，均查照章分別辦理。

第六款，公司開辦銅礦，倘有起色，應歲繳京銅一百萬觔，以表感忱。如下開辦銅礦三年期滿，即按年繳交京銅六十萬觔，再二年期滿，按年加繳京銅四十萬觔，以後即以歲繳銅一百萬觔爲定額。公司應交之銅，含净質八成半，每百觔給價庫平銀二十兩。每歲所出之銅，除按照以上年限交足京銅外，公司可以餘銅照市價先售與滇省官用，並中國各省採買。再有餘銅轉運出口京銅，免完税課。其餘售與雲南及各省，並轉運出口之銅，應按本質每百抽五完落地税。

第七款，公司勘指礦山，道路，凡有礙房屋、田地、墳墓、風俗，及中國國家商民現仍開辦原有利益各礦産，公司概不開辦侵佔，永杜驚擾。

第八款，公司願創學堂一所，或數所，教授華人，以造就開礦及百工之材，嗣後公用需用之工程師及專門各工頭等，應先儘學成諸生中酌量選用。

第九款，查礦地廣濶，轉運艱難，中國國家爲推廣礦務，溥開利源起見，准隆興公司在所指境内，分設開礦公司，將所得之權利，交託承辦，或讓與自辦。惟各該公司無論代辦自辦，務須遵守現定之章程，中國國家既不擔任虧折，則每礦應分立賬目，不得以此礦之盈餘，抵彼礦之短耗，年終按股分利，應各歸各礦核算。公司將來發售各礦股票時，應將竭力設法廣招華股，凡官紳工商均可與公司合夥生理，與外國股東一律看待，出售股票，應在歐洲及中國各大埠同時舉行。

第十款，隆興公司開礦之股本，不過關平銀五千萬兩，將來倘需加增，可商允雲南大吏，酌添股本。

第十一款，公司進款除去下開各項，即爲净利。一、各項費用及應完税課租地價值；一、按股本銀數提付八釐利息；一、按所購器件原價並修造學堂、棧房等原價，提還一成，提足停止；一、按所餘之款，提出一成作爲公積，以備公司要需。此項公積日後提分應照第十二款所定股分，公平均沾。

第十二款，除去上開各項所餘之款，即爲净利，應攤分如下。一、中國國家得百之三十五，内百之十雲南省留用；一、公司各股東得百之六十五，每屆年終，雲南大吏及公司各派一員查核每礦各賬，分領應得之款。

第十三款，公司事業虧累自行擔任，與中國國家、雲南大吏毫不干涉。

第十四款，公司開辦諸礦所出各項礦産，分別出爐出井，均按本色每百抽五繳交雲南省作爲落地税，由駐廠委員隨時查記礦産出爐出井賬目，核對廠内出數賬簿。每届三箇月計數，抽收公司辦運進口之開礦器具，及出口之礦質，均照海關税則，分別完税。公司進口之辦礦器具及出口之礦質，衹完關税，而概免内地常税釐金。惟公司應遵守中國定章，不得違背條約，夾帶應完税釐常貨及私運禁物。

第十五款，倘此章程講解有異，及照辦時或有争執，應由中國國家、雲南大吏、法國公使、英國公使各一員，會議剖斷，一俟斷定，即用明文分别知照遵行。

第十六款，中國國家既分公司餘利，則公司之礦務關繫國課，自應盡力保持，俾收實效。所有章程各款，皆應令地方官切實遵行。

第十七款，公司應與地方官敦好修睦，誠信相孚，如執事人等有失敬傷誼情事，經地方官指告後，查明屬實，即行撤退。二年之内，不得録用，倘公司此後仍需此人，亦永不令在原廠辦事。

第十八款，開礦處所人類甚雜，公司可稟請地方官，在附近地方招募土勇，遴選武官一員管帶，駐紮保護彈壓，俾中西執事人等，均得安居，免滋事端。其弁勇費用由公司給發，倘遇事故，土勇不敷彈壓，雲南大吏酌派官兵，公司永遠不得藉故招調洋兵入境。

第十九款，公司之礦師人等，來滇查勘礦苗，或從事開礦，或由廠行往各處，應先期知照地方官，派兵保護，倘未預知而生意外之事，則雲南官員不任其咎。

第二十款，鎮省派員赴廠動支薪水火食，由該公司給發，至礦師人等尋勘礦地，滇省派兵隨護，公司可酌給賞賚。

第二十一款，此章程從畫押日起，以六十年爲期限。期限届滿，所有已開礦無論新舊及成效如何，均連同公司名下之田地、房屋、器具、鐵路，並水陸各道等，概由公司經理人移交雲南大吏，無庸給價。倘限滿後礦務興旺，公司願意接辦，中國可允准展限，所展至多不得過二十五年。

第二十二款，雲南爲中國行省，如中國與歐美亞諸國有開戰情事，該公司應聽中國號令，不能接濟敵人。

第二十三款，此章程由外務部奏請國家批准畫押後，作爲允辦之據。

第二十四款，此章程繕備華文、法文各三分，如講解有異，以法文爲正。

又《外務部奏熱河擬定礦務章程摺光緒二十九年附章程》 奏爲遵旨議覆，恭摺具陳，仰祈聖鑒事。光緒二十九年正月十一日，熱河都統錫良奏《酌擬熱河礦務專章》一摺，本日奉硃批：「外務部議奏單併發。欽此。」當經軍機處欽遵鈔交前來。原奏内稱熱河山多田少，礦産甚豐，近年風氣大開，民蒙趨之若鶩，漸啓争端，若不妥籌良法，釐定章程，不惟於地方有所不宜，即礦商亦大不利等語。查臣部於上年四月奏定《礦務章程》，係中國辦礦通章，業經通行各直省，令其一律遵守在案。若各處地方情形各有不同，由各該管地方官詳慎體察，另訂專章與通章相輔而行，亦未始非因地制宜之計。今該都統所擬熱河礦章大綱四條，細目二十四條。臣等逐條細核，與臣部奏定通章尚無出入，惟開礦條規第七條所載「由官試辦，礦産所需成本，即在礦税項下動支，作正開銷」等語。應令該都統於派員試辦時，先行估計徵存礦税已有若干，現擬提撥成本若干，咨明户部核辦，以重課款。第九條所載「舊有各礦，業經封閉，若易人承辦，自與舊商無干」等語。查礦山經官封閉，舊商原不得據爲己有，惟所置機器廠屋等件，皆係舊商實在成本，應令查明，若未經抵作官款，又委係尚堪使用者，自應秉公核實估計，令新商備價接收，以示體恤。第十一條所載「照給蒙地山分」一節，查熱河地方，多與蒙旗犬牙交錯，如礦山四至向爲蒙古王公徵收錢糧之地，除照章給與山分外，應將所收課税酌定提歸各旗成數，以補錢糧之不足，其餘各條均屬可行，應請旨飭下該都統遵照辦理。所有臣等議覆緣由，謹繕摺具陳，伏乞皇太后、皇上聖鑒。謹奏。光緒二十九年二月二十七日，奉硃批：「依議。欽此。」

附録《熱河擬定礦務章程》

第一節，開礦條規

一、呈報總局。熱河現經奏設求治總局，礦務胥隸其内，所有商人稟請開礦，呈驗資本合同，皆赴該局投遞，不准向委員私宅請謁，科房關説，以絶弊端。凡稟報事件，批解課銀，亦如之。

一、咨明外務部。凡稟開各礦，應由都統查明，一切均與定章相符，方予咨明外務部，查核俟覆准後始准給照開辦。其在外務部呈請者，亦須咨熱河都統委查，果無矇混窒礙，俟咨覆核准始作爲准行之據，無論蒙民，一體遵守。

一、聲明股資。凡開礦資本，應先於呈内將是否已資或集華股或有洋股若干，詳細聲明，不准隱匿矇混，致滋流弊。

一、呈驗合同。凡借用洋款及招集洋股，議訂草合同後，稟請都統暨外務

部復核。倘與定章不符，礙難照准，不得以草合同作據。

一、詳明四至。從前開礦者，往往假借地名，希圖狡賴。如平泉已有舊礦，而請辦八溝；赤峰亦有舊礦，而請辦哈達之類。遂致易啓訟端，糾纏難結。嗣後稟請初辦，必須於呈內詳細註明四至及距縣里數，繪圖貼説，俾可派委查明，以杜爭競。

一、委員查勘。凡稟開各礦，無論在外務部呈請咨文到本都統及先在都統呈請，均須劄由總局轉飭地方官，詳細查明，是否在他人承辦界内，及有無各項情弊。如距縣治窵遠，亦可委員往查，均俟稟復核定。倘有瞻徇，稟復不實，則惟原查之員是問，委員盤費由總局發給，不准向該商需索饋遺，違則究辦。

一、由官試辦。熱河礦産，所在多有，現在需款孔亟，若僅恃商辦，不足以興利源。嗣後採有礦苗旺盛之處，並無商人開辦，及辦而報賠停閉者，即由總局派員，暫按土法試辦，所需成本，即在礦税項下動支，作正開銷，一切利益均歸國家。俟有成效，酌量擴充，統俟一年，彙奏委員，優給薪水。倘查有絲毫弊端，即行參究。

第二節，礦産限制

一、指明地段。礦地標佔跡近壟斷，嗣後陳請開礦，應指定地名，大礦在二十里限内，小礦在十里限内，不准同時預指數處在限制之外。如開辦之處已報升課，方許復請他處，查明無礙，方准開辦。

一、劃清界限。礦地界址，務須分明，倘有兩礦毗連，難免互相侵越。嗣後新開之礦，不准在舊礦窿口相距二十里之内，以杜爭端。

一、區別新舊。凡舊有各礦，或因苗錢隱閉，或因無力開辦，業經封閉者，是已歸公家，不得據爲己有。若易人稟辦，自與舊商無干。惟新請開採之人，亦須據實聲明，以便查核舊卷因何封閉，有無別項轇轕，方免争訟。

一、禁私易承辦官商。凡批准開辦之礦，或因財力不足，或因礦老山空，即應呈請封閉，不得私相授受。如有添股易人之事，果無絲毫弊端，亦須先行呈明，遵照新章，按照初請試辦之法，咨候外務部復准給照，另繳押課銀兩，方准接辦，違則究治。

一、照給蒙古山分。熱河東四處率皆蒙地，向章辦礦，國家抽收課銀外，仍給蒙旗應得山分。今應仍照舊章，凡開新礦，須向蒙旗商定山分，稟局存案。

一、限制官吏開採。凡就近在官之人開辦各礦，流弊滋多，嗣後概行禁止，如有願辦者，官即先行咨部離省吏，即飭令罷役，方准開辦，至乾股一項尤當嚴禁，違則查出究懲。

第三節，税課科則

一、升課期限。向章試辦礦務，予限升課，多則半年，少則三月，限内已煉金銀，即應升課，往往隱匿不報，狡黠者爲日既久，僞報停採，其實並未停工。一經催令請封，復報開採，弊竇甚多。嗣後批准各礦，自給諭日起，統限半年，呈報升課，如或逾期，是必礦苗不旺，難期開採，即令呈請封閉。倘實因土深石硬，並非有意偷漏，准其先報驗明，酌准展限，至多不得再逾半年。至原限内已煉金銀，即行升課，不得拘定期限。

一、押課銀兩。舊章金、銀各礦，每處僅交押課銀三百兩；煤窑一處，僅交押課銀五十兩。嗣後宜變通酌增，每報華洋合辦大礦一處，應令預交押課銀一千兩；至報開土法小礦一處，仍准照交押課銀三百兩。自給諭後，凡報開各礦，半年未報升課，呈請封閉者，給還一半押課銀兩；呈請展限，限滿又復請封閉者，給還押課銀十分之二；逾限不報封閉者，一面勒令封閉，仍將押課銀歸公。倘升課拖欠課銀，即將此項作爲正課，另飭補繳押課。煤窑包課，如有欠課款者，惟承保人是問。

一、呈繳照費。准外務部奏定新章，凡開礦領照，均納照費。嗣後稟開各礦，一經批准給照，擬視資本多寡，酌量繳費，大礦一百兩，小礦五十兩，以資辦公，如日後該礦停辦，應將原領執照，即行繳銷，以杜影射朦混之弊。

一、暫輕礦課。熱河向章礦課，每十成抽收二三成不等，因課款過重，非隱漏即閉歇，毫無實濟。復經奏請，每出金百兩，收課金六兩；出銀百兩，收課銀八兩。由礦路總局咨准，現熱河境内金、銀各礦，抽課數目，應暫照所擬通融辦理，作爲現行試辦章程。以後查看情形，如果各礦辦有起色，再行酌升收數。

一、體恤貧民。熱河地瘠民貧，礦多脈淺，小本商人呈請開礦，就山設廠，賒借食用，得砂償還。貧民費終日挖淘之力，僅敷餬口，商人獲利甚微，礦盡停工，旋開旋閉，非擁厚資辦巨礦者可比。若一律責令赴部領照，勢必無力經營，窮苦小民謀生無路，恐致流而爲匪，應請酌量變通，資本充足者，遵章請領部照，其小本營生者，遵照舊章呈交押課金銀礦三百兩，查係實屬安分良民，別無朦混窒礙，即由都統發給執照，以示體恤。

一、懲儆隱匿。金、銀各礦，最易蔽混，嗣後凡有隱漏税課，按應報之數，加

五倍罰收，無論民蒙華洋，一律遵照，如敢故違，勒令封閉。

一、酌提局用。設局經費，委員薪水，查礦川資等項，前經奏明，無論收課多寡，提局費二成，請免報銷在案，自應循舊辦理。

一、抽提贏餘。礦務贏餘，應仍照礦務總局奏定章程，按十成之二五提出繳部。

第四節，查護事宜

一、嚴查匪類。礦廠用人較衆，良莠難齊，遊勇盜賊往往混跡其間。辦礦者豈能盡識根柢，緝匪者又難入礦搜查，致礦廠竟爲逋逃之藪。嗣後嚴定章程，凡有前項匪類逃入，經勇役訪明，即著密稟地方官，或營官，嚴密知會，准勇役前赴該礦查明確實，臨時斟酌情形，或責成該礦交出，或由該勇役緝拏，不得暗通消息，致令逃匿，尤不得藉詞袒護，或恃衆抗拒，違則究辦。

一、派員稽察。尋常小礦，委員周流巡查，大礦派員專駐，由廠撥給房間作委員公所，礦產賬目委員有查閱之權。凡每日出金、銀若干，共月出金、銀若干，照章應繳課銀若干，由該廠會同委員按月呈報，如有不實，委員單銜密稟，以憑究罰。倘貪利扶同隱飾，查出重究。稅課收有成數，即行批解，毋得拖延致干催提。至委員薪水一切總局支發，不准向廠需索絲毫供應，違則參辦。

一、撥兵巡護。各礦夫匠雲集，必須有弁兵巡查保護，稟請都統委派，所需教練經費，口糧，均由該公司籌備，按月支給。如係自募護勇，應先稟明，按季造送花名細册，以便稽考。以上各條，謹就熱河情形擬定，餘仍遵外務部礦路總局奏定章程辦理。其有未盡事宜，隨時斟酌損益，分別奏咨妥辦。至熱河地廣礦薄，里限課額，稍從寬大，他處不得援以爲例。合併聲明。

又《外務部奏熱河續定礦務章程摺光緒二十九年附章程》奏爲遵旨議奏恭摺仰祈聖鑒事。光緒二十九年七月二十日，熱河都統松壽奏續修礦章，推廣辦法一摺。本日奉硃批：「外務部議奏。單併發。欽此。」欽遵。由軍機處將原奏清單鈔交前來，查原奏内稱《熱河辦礦章程》，大綱四條，細目二十四條，經前都統錫良開單奏明在案。近日官辦商辦，各有遵循，以故風氣大開，呈請開採者接踵而來，課款亦日有起色，然利之所在，弊即生焉。細繹原定章程，本爲至周且密，但近來辦礦黠商，往往從指明地段限制之外，任意侵踰，其經手之人，又或以多報少，冀圖朦混隱瞞，若不先事預防，流弊必種種不絶。至蒙旗山分之外，前經外務部核議，酌提礦稅以示體恤，擬由官課内提給一成，並不取之礦商，以昭大信，此皆原奏未盡事宜，悉心酌議，應即續行添入。若銅、鉛、錫、鐵等礦口外採者，向屬寥寥，故原定章程稅則止及金、銀、煤礦，並未議及此項。若不明定章程，一經開辦，必多狡執，應酌定辦法，俾有遵循，謹續擬礦章四條，應請敕下外務部核議等語。臣等查《熱河辦礦章程》，業經臣部於本年二月間核議奏明在案，惟開辦礦務，關繫緊要，如有未盡事宜，自應隨時釐訂，以期妥善。茲據熱河都統松壽續擬章程四條，臣等詳加查核，其第一條所載「開礦地界，以圍圓計算一節，礦地界址本應劃清，以防侵佔。」現擬將原定大礦二十里，小礦十里之界，均以圍圓計算，並標明四至，繪圖立案，自足杜礦商影射侵踰之弊。其第二條所載「礦局賬目檢簿核對」一節。礦產採取多寡，原以礦局賬目爲憑，非詳細核算，經手之人即不免以多報少，希圖漏稅。現擬將每月出數若干，核實登簿，蓋用戳記，聽候委員檢簿查核，庶就礦徵稅，不至稍有隱匿。其第三條所載「礦稅一成提給蒙旗」一節。臣部於議覆前熱河都統錫良奏擬定礦章摺内，業經聲明，應將課稅酌定提歸各旗成數，以補餉糧之不足，現擬以稅課一成提給蒙旗，核與臣部奏案相符。該款出自公家，於礦商課稅並無加增，尚屬公允。其第四條所載「銅、錫、鉛、鐵各礦分別大小呈交押課銀兩，並照值百抽十升課」一節。熱河金、銀各礦押課章程，大礦交銀一千兩，小礦交銀三百兩，現擬將銅、錫、鉛、鐵各礦，分交押課銀，大者六百兩，小者二百兩，較金銀各礦爲輕，應令如數交納。至以值百抽十升課，則較河金礦出百抽六、銀礦出百抽八章程爲重，不足以昭平允，應令均照值百抽五升課，作爲暫行試辦章程，俟另定通行稅章，仍令一律照辦。以上各條，除銅、錫、鉛、鐵抽收稅課應照臣等所擬辦理外，其餘均可補原章所未備，自應准如所請，如蒙俞允，即由臣部咨行熱河都統，歸入前定章程，一併遵照辦理，所有臣等議覆緣由，謹繕摺具陳，伏乞皇太后、皇上聖鑒，謹奏。光緒二十九年八月初九日具奏。奉硃批：「依議。欽此。」

附録《熱河續定礦務章程》

一、原定指明地段，大辦以二十里爲限，小辦以十里爲限，並不准在限制之外，同時預指數處一條。向來辦理皆以圍圓合算，誠恐刁黠之徒藉口章程無圍圓字樣，任意狡展，暗事侵踰，自宜先事預防，嗣後無論官辦商辦，或官商合辦華洋合股，一經稟請，即由總局派員同往查勘，如與廬舍墳墓皆無妨礙，即會同承辦之人酌定礦界，自放撐處起丈，大辦以圍圓二十里計算，小辦以圍圓十里計算，務將四至標記明晰，繪圖立案，以免侵佔。

一、原定稽查賬目，最關緊要，小礦委員周流巡查，大礦則派員專駐，並會同按月呈報一條。查從前開礦，均係零星，集資經手者，往往以多報少，冀圖隱漏課税，朦混股東。嗣後如有呈請開辦者，擬飭該廠經手之人，將每月出數若干，核實登簿，月有月結，年有年總。蓋用戳記，聽候本總局遴員稽查，檢簿核對，倘委員扶同隱飾，一經查出，定將該廠重罰，該員重懲。

一、原定照給蒙民山分，經外務部核議山分，即是地租課税，取諸礦産，所得礦税自應酌量提給蒙旗，以示體恤一條。查蒙古山分向本不豐，而蒙民困苦實在年甚一年，若飭礦商另行提給，有似加課，不足取信礦商，只有暫由官課金礦出百抽六、銀礦出百抽八内提給一成，以示體恤，一俟奉准部覆，以後所收課税，再行提給。

一、原定金、銀各礦，一切開辦章程，均經奏明遵行在案，查銅、鉛、錫鐵等礦，尚無定章，若不預爲議定，將來稟辦各項礦産押課升課亦遂無所遵守。擬請嗣後無論銅、錫、鉛、鐵，每大礦一處，交押課銀六百兩，小礦一處交押課銀二百兩，均照值百抽十升課，現經部覆奏准，按照值百抽五升課，作爲暫行試辦章程，其餘一切限制辦法，均照金銀煤礦新章二十四條一律辦理。

又《奉天將軍增奏義勝鑫公司承辦遼陽等處礦務擬定甘結章程摺光緒二十九年附章程》 奏爲華洋合辦礦務，請旨飭部立案，以昭慎重，恭摺具陳，仰祈聖鑒事。竊於光緒二十八年八月十九日，據商人梁顯誠、梁芳雄稟，奉省各礦富於他省，現由商等集得南省殷實富商股本銀二十萬兩，復集入奉天華俄道勝銀行股本銀十五萬兩，作爲試辦各礦之用，並擬請撥給官款銀若干兩，在瀋先立一礦務總公司，名曰義勝鑫礦務總公司，所有開採支給各項事宜，均由公司經理，官祇督查保護，稽徵税課。兹探得遼陽州等屬共計礦區四十五處，應請查照新章，先行咨請外務部核議，俟奉准之後，即當次第興辦，至一切辦理及納課章程，悉遵奏定新章，決不敢稍有違礙。將來部章如有更定，仍隨時遵照勿違。所有股票，不准售與外人，除現在華俄款項外，並未攙入他款，即將來尚須擴充添款，亦祇准現在各股友添入，謹出具甘結二紙，請咨行存案。至一切詳細章程辦法，俟奉准後，再由公司分晰繕單，呈候鈞定，並應繳股本抽款，亦俟核准後呈繳等情。當以礦務新章，凡開採各礦，均須咨行外務部核議，始准開辦。曾經咨行外務部核覆，以華洋合股辦礦，自應先定章程，聲明權限，以杜轇轕。該商所稟並未擬定合股辦法，無憑核准，其單開礦地四十五處，包佔太多，亦難照准。嗣據該商等遵駁於原報四十五處之中，減去三十五處，續添二處，共報十二處，並擬章程十條，稟請核辦。復經奴才等一面分飭地方官查明所報礦産十二處，有無窒礙實在情形，並飭取該商等所報礦産，將來經地方官查出，如有窒礙，遵飭封禁。限定華人股票，祇准售與在股華人，不得售與外人，亦不得售與在股俄人，俄人股票亦不得售與外人，惟在股華人可以承買。所有華股均係華人，並無洋人影射各項甘結，一面派署驛巡道景賢分別提驗華洋股本，取具道勝銀行存銀單據，暨籌撥官款五萬兩，以爲稽查地步，先後咨請外務部核議在案。兹准覆稱，既據該商梁顯誠等出具切實甘結，並經飭道提驗股本暨撥官款五萬兩，以資稽查，自可准行。惟事關華洋合辦礦務，應奏明辦理，以昭慎重，未經奏准以前，仍不得作爲允准之據等因，咨行前來。查商人梁顯誠等，此次所辦礦務，係屬華洋合辦，既經外務部核准咨令，奏明辦理。自爲慎重起見，相應將華洋合辦情形詳細奏聞，並將該商等所呈條款甘結，及開辦礦産處所繕清單，恭呈御覽，可否飭部立案之處，伏候聖裁。除分咨查照外，謹合詞恭摺具陳，伏乞皇太后、皇上聖鑒。謹奏。

附録《奉天義勝鑫公司承辦遼陽等處礦務章程》

一、商人梁顯誠、梁芳雄，前經集妥股本銀二十萬兩，稟請在奉省設立義勝鑫礦務公司，並添招華俄道勝銀行股本銀一十五萬兩，又懇請盛京軍督部堂，飭撥官款若干兩，合爲開辦。現將股本已如數妥備存儲，聽候呈驗，俟蒙外務部核准各礦區，再行次第舉辦。

一、本公司開辦各礦，及納課一切章程，悉遵外務部奏定新章辦理，將來部章如有更定，仍隨時遵照，毋敢稍違。

一、本公司所有礦廠司事人役，均用華人，但礦師、機器師等現或華人未能充當，亦可選用洋人，惟須商妥各股友允肯，方能録用。

一、保護礦廠及護送車輛，由本公司招募中國洋槍巡勇，或稟請盛京軍督部堂飭撥兵隊，所需餉糈，均由本公司供給。

一、本公司所有用款開辦各礦，購買機器，起造房屋，僱用司役等項，務須會同各股友商議妥協，始准照辦。

一、商議各事務要和衷共濟，不得自逞私見，但議事以股本多者爲主定，入股各款均按股發給股票。

一、所有股票均限定不准售與外人，惟現在公司内之股友可以承買，亦不

得以股票抵押銀款，以杜轇轕。

一、本公司賬目以每年結一總算，倘有餘利，除股本週息七釐，及司事花紅，併報效國家各款外，其餘溢利，或按股均分，或留添置機器等件，均須會同各股友，妥商辦理。

一、蒙准各礦區，仍求軍督部堂，劄飭該地方官，實力保護。如廠內人役遇有口角忿争，小則由公司秉公處置，大則送官究治。然地方官務一秉大公，持平辦理，庶足以維商務，而免争端。

一、以上各條乃屬合股開辦章程，如有未能盡善者，仍隨時酌量損益，稟請盛京軍督部堂轉咨外務部查核。

兹將辦礦甘結及開礦處所列左：

辦礦甘結：

商人梁顯誠、梁芳雄、華俄道勝銀行爲出具切結事。前尚等請辦弓長嶺等十二處各項礦産，兹奉劄飭以外務部查訊各節，除另稟聲明外，所有承辦弓長嶺各處礦産，於地方情形，並無窒礙，並於陵寢風派無關，倘有關礙等情，將來查明，情願遵飭封禁，不敢抗違。至入股華俄應領股票，凡華人股票，祇准售與在股華人，不得售與外人，亦不得售與在股俄人。俄人股票係華俄道勝銀行入股，亦不得售與外人，惟在股華人可以承買。其所有華股，均係真正華人所入股本，並無洋人影射冒名等弊。倘有各情，一經查明，甘願認咎，聽候核辦，所具簡明公結是實。

遼陽州界屬：弓長嶺，金礦。石河寨，金礦。商家臺，金礦。雞頭峪，金、銀礦。韓盤嶺。煤礦。

鳳凰廳界屬：弟兄山，金礦。白水寺。金礦。

興京界屬：灣甸子，金礦。肥牛，金礦。西大林子，金礦。灘州堡子。金礦。

蓋平縣界屬：神樹山。金、銀礦。

又卷三八下《成案·總署等奏開辦礦務杜弊辦法摺光緒二十四年》 奏爲遵旨覆陳，恭摺仰祈聖鑒事。光緒二十四年九月初十日，准軍機處抄交出使美日秘國大臣伍廷芳具奏開辦礦務條陳，杜弊章程各摺片。本日奉硃批：「著王文韶等會同總理衙門議。奏片併發，欽此。」臣等查原奏内稱中國地大物博，各國環伺，乘間要求，非第利其土疆，實亦羨其礦産。我誠定計於先，廣爲籌辦，既可貽我民之樂利，即可杜他族之覬覦。從前礦務辦法大約有三：曰官辦，曰商辦，曰官商合辦。但官辦則公款難籌，商辦則私財不給，官商合辦則商惟恐受制於官，亦難取信於民，瞻顧徘徊，事機坐失。是惟華商承辦，許附洋股，互相維制，此法誠良。若内地商民或因資本不足，或因礦師難延，或因機器難購，欲求速效，且資熟手勢，不能不轉任洋商，既任洋商，則必須善訂章程，始可有濟。杜弊之要，約有數端條陳：清地界，定年限，明抽分，占華股，公稽核，防後患，以備採擇等語。臣等查中國礦産，富饒甲於五洲，爲外人所覬覦，已非一日，特以華人資本不裕，向用土法開採，收效無多，近來風氣既開，華商亦多糾集公司，思效西法開採，每以資本不足，請借洋款。事當開辦伊始，利之所在，弊即隨之，自非善訂章程，誠不足以杜後患。該大臣條陳各節，洵屬杜漸防微之道。此次臣等議定章程，已將該大臣陳奏各條，酌爲採入。至原片又稱西人遊歷來華，探測礦産殆徧，人皆洞澈，我反茫昧，應由總理衙門延僱上等礦師，並招致曾經出洋肄習礦務學生，隨同總局委員周歷各省，按址履勘，詳細記載，列册備查。並行知各疆臣，檄下地方官各就本轄境内博訪周諮，確查礦産所在，呈報總局，庶幾披圖按籍，一一可稽等語。臣等查局中擬設礦務學堂，延請礦師，曾經奏明在案，祇以經費難籌，一時尚未及舉辦。至肄習礦務學生，亦經奏明，由南北洋大臣遴派聰穎子弟出洋，尚未據該大臣咨報。從前學生有選派出洋肄業者並無專習礦務之人，現尚無從招致。惟二十一行省，産礦地方所在多有，與其由總局派員往勘勢不能周，不若由各該地方官就地查明，較爲切實。應如該大臣所請，由各省將軍、督撫轉飭各該地方官於所轄境内察訪産礦處所，無論已開未開，及開而復開者，詳細查明確勘，繪圖貼説，於六箇月内咨報總局，以憑核辦。如蒙俞允，即由臣等咨行各直省遵照辦理。所有議復各緣由，理合恭摺具陳，伏乞皇太后、皇上聖鑒訓示。再，此摺係礦務總局主稿，會同總理衙門辦理，合併聲明。謹奏。光緒二十四年十月初六日具奏。奉硃批：「依議。欽此。」

又《外務部奏吉林礦務華俄合股辦法摺光緒二十八年》 奏爲遵旨覈覆，恭摺仰祈聖鑒事。竊查吉林將軍長順等前奏俄員請合辦吉林礦務議定草約摺内，聲明請旨飭下議和全權大臣及礦務總局速議覈覆等因。光緒二十七年三月初五日，奉硃批：「著照所請。該衙門知道。單併發。欽此。」維時因東三省大局未定，未暇議及，現在事機就緒，自應照章覈議。臣等伏查吉省礦産富厚，亟宜開濬利源，第華商貲本不敷舉辦，尚無成效，誠如該將軍原奏所云，專恃華股終難集事。惟草約十四條語意簡略，尚有應行聲明之處。如第七條載新採礦苗，須

指明地方段落，約定界限，再行開辦等語。既云約定界限，自應聲明，指出礦地若干處所，除所指地段外，如華人自辦，或願與他國人合辦，均聽其便，似此劃清界限，則第一條不准他國入股一語，係專指此次所言礦地界内而言，俾將來不至有所牽混，而外人亦不至疑其專利。至原奏内稱，所有開辦詳細章程，俟核定後，再當隨時擬議奏明辦理。又約内第八條載，應商之件尚須俟查明開單再議，第十四條載以上所議章程，須俟奏明奉旨，及咨礦務總局照准接到回文再行開辦各等語。是此次草約，尚不能作爲開辦之據，相應請旨飭下長順等與俄員切實磋商，將原約第七條添叙明晰，並令指定礦地，再與妥議詳細章程奏明辦理，以期詳慎。所有臣等覈覆緣由，理合恭摺具陳，伏乞皇太后、皇上聖鑒。謹奏。光緒二十八年四月初三日，奉硃批：「依議。欽此。」

《外務部咨廠子溝等處礦産應准試辦文光緒二十九年》　爲咨行事。案查商人李樹滋與美商劉承恩合辦柳條溝等處礦産一案，接准咨稱：據商人李樹滋稟稱，商人前與美商劉承恩稟請開辦灤平縣屬金鈎屯、豐寧縣屬鐵匠營兩處銀礦，並續稟開採之灤屬廠子溝、豐屬波倫諾兩處金礦，均蒙前都憲色批，准賞發示諭在案。嗣因華洋合辦，未將合同呈送外務部咨催，奉前都憲松諭飭令，將所訂合同呈驗，奉諭後遵即回京邀同美商劉承恩來熱，並赴各該礦，詳加勘驗。據稱廠子溝、波倫諾兩處金礦，較金鈎、屯鐵匠營銀礦，砂綫豐旺，堪以經久，現擬先行開辦廠子溝、波倫諾兩處金礦，俟將該礦開採升課後，再行遵章，稟請開採兩銀礦。所有一切局規升課章程，悉遵熱河現定章程辦理，均惟華商是問，不敢有違，照録議訂合同二分，呈送查驗，應將送來合同，咨送查照核辦等因前來。查商人李樹滋等請辦廠子溝等處礦産，既據前任色都統批准給諭，復准貴都統迭次查明實在情形，咨覆到部，並取具該商所訂合辦合同，本部詳加查核，尚屬可行，自應准其試辦。相應咨行貴都統轉飭該商等，遵照此次熱河奏定新章，妥爲辦理，並將開辦情形咨報本部可也。須至咨者。右咨熱河。

姚明煇《〔光緒〕蒙古志》卷三　蒙古鑛産富饒，惜政府惟准採鐵，故未悉詳，今舉所已知者，列如左：

金類有金、銀、銅、鐵、鉛，興安嶺山脈、阿爾泰山脈所産最多。唐努烏梁海、庫蘇古爾泊附近山谷中産沙金。俄國鑛師某曾發見庫蘇古爾泊之沙金，謂所産甚富。内蒙古喀喇沁部産鉛鑛，跨直隸平泉、建昌境，故政府定例，各得採掘，不准越界。鄂爾多斯部之麥垛山亦産鐵。

宋賡平《礦學心要新編》卷上《坤生新廠普照寺礦山掘煤誌》　吾儕讀聖賢書，孰不欲堂皇勳業，得志當時，然有天在不可强，强則必罹不祥。故樂知天之士莫不避不祥，藏身農賈，上而耕莘釣渭，下而賣漿屠狗，皆其自存焉者也。吾儕生今日，竊比賣漿屠狗輩，於是欲偕舉端行方、少知時務大義者，相結納焉，若劉若郭若徐若楊合。麟與宋君賡平適成坤六之義，而賡平則矯然特出者也。賡平年三十有五，青眸爽齒，語貌精神，自謂其比賣漿屠狗似不爲難，因出嶺南軍而幾死者再，爰而之閩之基隆，詳勘該島，五金礦外尤有最旺之煤礦焉。甲申秋，麟於鮑爵勳第遇之，而佩其能嗣以後先。迺歸未久，劉、郭數君欲業煤廠，乞麟約賡平入夥，賡平欣然赴約，而廠事遂就。麟在廠盤桓數月，始知天地愛物無不備至，方吾儕之掘煤洞也，膚以淺沙，肌以堅壤，少進則成石硤。每硤之厚也丈尋，而各色各異，有所謂馬卵者，火石者，骨牌片者，磨刀石者，黑棉泥者，類皆如合户閉扉，層層包裹，若人護珍物，然不易掘而得也。再進即得棚底，少深，棚底中有煖氣蓊鬱，層煤壁露。而煤之多名目，以數十計：有砂煤、鐵煤、大花煤、小花煤、花雞公煤、煤兒子、大火煤、小火煤、薄薄煤、矮子煤者。此就一地言之，而通山悉以大火煤爲最。惟煤易着火，少不慎則轟裂傷人。蓋天地之氣烈莫如火，凝注於地，有形迹可見，則爲煤。煤與硝、硫均未焚之物也，而硝、硫形氣皆輕，煤則氣輕而形重。緣其初，木之未化氣，飛揚者注爲硝、硫，渣滓雜質積久成煤。古之人掘其質以代薪，今之人蒸其氣以代燭。日之精華，電之靈光，人物之動，草木之生，皆藉資之也。故煤愈旺者，火愈難防，非然者即有水。賡平知其然，而能令人全避，又非賣漿屠狗輩所得比擬也。而麟與數君藉賡平而煤業旺，並知煤之所由生，所由名，與各石硤及一切水火運用之宜，陰陽造化之妙矣。麟轉思之，倘如法全川俱採，一旦外侮之來，而恃飈輪馳騁者，無從得煤，或亦可以坐制之焉。惜吾蜀之煤利溥且多，吾數人不能盡攬，又惡知天意果何在耶？吾儕讀書明義，惟避不祥而可。若此可爲之業，猶勝賣漿屠狗，而利濟民生，亦何不可？於國家無事時，而自存自裕也；如謂天意若何位置，則吾人謀利遠且大，實未敢知之。時光緒十三季歲次丁亥仲夏月，萬春稅昌麟熙宇氏謹識於灌江梅花書舍之西窗。

又卷中《録掌湖廣道監察吴侍御奏稿》　奏爲四川五金並産，礦苗豐旺，謹循例請旨飭辦，以佐圜法而裕餉源，恭摺仰祈聖鑒事。竊維三幣之重莫若金、

銅，九府所需兼資鉛、錫。《周官》丱人掌金玉錫石之地，守則厲其禁，取則授以圖。昔禹湯之救災，猶採金而鑄幣，誠以大地寶藏取之不竭，百物利源阜之則通。我國家自咸同用兵以來，時事多艱，帑藏日掘，度支之數既倍出於昔時，歲入之常非增多於往日。朝廷勵精圖治，力求自强，創立海軍，規模宏遠，但需餉孔多，籌畫非易。雖隨事撙節，捐例再開，而有限之輸，將何如無窮之挹注。況京局鼓鑄，首在採銅，由礦所開，海航所市，歲以千百萬計。現在各直省銅、鉛礦廠大半山空苗稀，如雲南舊有各廠開採日久，礦砂漸少，銅價漸增，每歲額解京銅錢局，不敷鼓鑄，不得不兼購洋銅，以資接濟。

臣恭讀咸豐三年三月上諭：「朕聞四川等省向産有金、銀礦，自雍正以後百餘年來，未曾開採，地脈休養日久，所産勢必暢旺。上年大學士等會議籌備軍餉章程內，開採以裕軍需，已依議行矣。道光二十八年，王大臣會議開礦一條，曾通飭各督撫履勘查辦。間有二三省分奏請開採，旋復借口於硐老苗稀，輒行停止，或以聚衆生事爲辭，畏難苟安，因循不辦。朕思開採礦廠，以天地自然之利還之天下，較之一切權宜弊政，尚屬無傷體制，有裨民生。在地方官經理得宜，自不致别滋流弊。即如現在各直省，舊有礦廠，按年開採抽課，官民日久相安，豈非明驗等因。欽此。」仰見聖明遠燭，洞悉利弊，惟不棄貨於地，乃可藏富於民，凡百臣工皆宜仰體朝廷實事求是之心，力圖經國垂久之計。

現在雲南、廣東、漠河、平度、開平金、銀、銅、煤各礦，次第開辦，迭著成效。四川礦苗豐旺，甲於他省。以臣所聞，如雅州府屬之大穴頭山，寧遠府屬之麻哈母雞溝等處，廣袤數百里，五金並産，砂質呈露，不獨臨邛鐵冶、嚴道銅山著名漢史已也。溯查雍正年間，金川用兵，僅開冕寧縣馬頭山復興硐一處，得金鉅萬，故蹟猶存。蓋蜀在井鬼分野，位正西方。西方屬金，金行生水。語云：「天下名川三千，其惟首在隴蜀。」《地理志》言，益州朱提山多出銀。稽諸載籍，驗其山川，西蜀産礦之旺，似較他省猶稱最。臣恭閲《皇朝文獻通考》「坑冶」一門，臚載各省礦廠事宜，至詳且備。又查康熙十四年，定例開採銅鉛之例，户部議准，凡各省産銅如黑白鉛處，有本地人民具呈願採，該督即委員開採取礦。十八年，復定各省採得銅斤，以十分内二分納官，八分聽民發賣等情。又查户部則例，各省開採銅廠，令督撫遴選幹員，會同地方官據實勘驗，並無干礙民間田園廬墓者，准其題請開採等因。近年迭奉諭旨，整頓錢法，籌備餉需，部臣先後條奏，經畫多方，有利皆興，無用不節，惟四川礦務未議開採，棄貨於地，誠爲可惜。光緒十六年，臣同鄉京官刑部主事鄭寶琛曾經招集鉅貲，擬辦四川金銅各礦，稟由北洋大臣李鴻章，咨明四川總督，核辦有案。嗣因寶琛物故，未及舉行，可否請旨飭下北洋大臣，查照前案，就近遴選殷實紳商，熟習礦務之人，前往勘驗。一面咨會四川總督妥議章程，通行曉諭該省富户土著，有願集貲者，聽其一同開辦，必能踴躍從事。俟有成效，即行呈報，照例抽課，總期有裨錢法，力裕餉源，亦未始非裕國便民之一端也。臣籍隸西蜀，確有見聞，當此籌餉孔急之時，何敢憚惜己見，緘默不言。所有四川礦苗豐旺，擬請開辦緣由，愚昧之見，是否有當。謹恭摺具陳，伏乞聖鑒訓示。謹奏。

右係同鄉綦江縣吴聚垣先生於光緒十八年九月九日在京主奏之稿，續又有兵科掌印給事中方芷塘先生亦以請辦川礦佐滇礦入奏，上諭均嚴飭督辦，而比時之當道者均聽之而已，尚何望哉？

又《録前建昌道張霽卿觀察致龔方伯書》 仰蘧姻世丈方伯大人閣下：前奉環章，深慰蕪悃，辰維勛祺茂介，升祉蕃綏，引企鈞暉，良深忭頌。去歲吴侍御礦務條陳，當據天全胡牧、蘆山濮令稟復咨達冰案，彼時該牧令等緣事多窒礙，未便率行，致滋流弊，無非仰體督憲息事安人之意，故爲一體議駁。近有本籍宋副將仔鳳號賡平來雅接見，攜有都下周部郎維綸函信，並有《議辦礦務章程》一本。據稱寧遠各屬礦質之美，礦苗之旺，迴非他處所能及。即天蘆之大歇頭山，前因開辦未得其人，又未得法，故未收成效。其實該處實爲難得之美礦。伊等曾親至該處探驗兩月之久，確知有取之不盡，用之不竭之利。奈前督憲丁以營勇開辦，於礦引之情形，礦務之利弊，均毫無講求，無怪其試辦輒止，復爲封禁也。昨敝處適調天全胡牧來雅會審要案，遂令宋副將偕胡牧回天全，復密至礦廠重加履勘。茲據實，確有把握，並密取礦質數塊呈驗細查。宋副將曾在中外各礦廠學習有年，精通洋學，礦務尤爲擅長，其爲人穩慎老成，鄉評極佳。及覽其所訂章程，亦尚井井有條。從來礦務之弊，一曰借端騙詐。邀集公司各股友，並不實心任事，中途席捲而去，甚至上虧公帑，下累商貲，縱令參追控告，而巨貲已入其手，亦無可如何。一曰易滋事端。招募四方無賴聚於一隅，得利則此攘彼奪，愈聚愈衆，需兵彈壓；不得利則此怨彼尤，東走西逃，又須貲遣散；若無利猶聚而不散，更恐地方釀成大害，故歷來知治體者，往往以礦務爲戒。一曰礦産不真。誤認似是而非之礦，擲鉅萬金錢於無用之地，則所得不償所失，公私交受其累。一曰礦師難得。本無真正之卓識，妄自矜誇，徒騙薪水，以惡爲美，以美爲惡，不

能識真礦之所在。而一切開挖煅煉均不得法，以致需費多而成功少，即有佳礦亦同石井，此洞悉情形者所以不肯輕於嘗試也。

今查該首人等明澈積弊，所選皆公正殷實之人，所立皆穩慎正大之法，迥不蹈從前窠臼。其股分皆首人所自措辦，不糾集事外之貲，則無慮其公私各款之累。其礦丁皆由有股分之人所自募選，互相鈐束承保，如有不守本分反犯法誤公等事，即由承保人股分扣除示罰，其去留皆由選募首人主之。無論或聚或散，無須另籌兵款彈壓資給。至礦産已由該省人等測驗再三，確而又確。該首人等既不安心爲騙人之計，豈肯自浪擲鉅款以任此虛而莫必之事。至礦師之職，衆首人等即以宋副將充之，渠既集有股分，又憑衆寫立包單，如所行不踐所言，或不能按時成效，則衆首人已用之款，均歸其一人罰賠。該副將既素有鄉望，非狡詐者流，非自操左券，亦何敢妄爲承認。

又向來廠務地面，人衆口衆，日用飲食不得不借資商賈，而匪徒無賴因得側身。今議廠中日用所需西貨，均由本廠首自行籌備，不須外來接濟，則匪徒無從混迹。所需一應器具均自行因時製造，不用西洋機器，尤爲爽捷。據稱，凡有礦之處，大都荒僻險隘之區，遠於人迹，故精華得以蓄積。並令該省人等審察雅寧各礦形勢，皆有一夫當關，萬夫難越之處，由該省人等自爲設防，亦不慮外匪闌入矣。

以上畧舉數端，似尚確實可信。蜀中五金並産，漢唐以來歷著成效，寧雅各礦久未開採，鬱久必發，理或有之。今該省人等所仰藉於我蜀中上游者，惟在准其開採一言耳，此外均一無所需，且承保力除積習，不致別生事端，成則公私共享其利，不成若輩甘受其累，更何妨聽其一爲試辦。況已將一切稟請北洋大臣，聞北洋大臣亦頗動聽，又公舉李伯行星使來川督辦，取其與我輩情誼聯絡，用心亦屬良苦。而中朝樞府達官要人，又均早有見聞，尤爲注念殷勤，有在所必辦之勢。萬一我等竟以議駁請奏，彼建議者及當道諸公，既有先入之言爲主，決不信爲事實，必將歸過我等，故爲阻撓，矇稟憲聽，斷難遽行甘服，或至另生枝節，不可不爲慮及。正躊躇間，適奉督憲來札，以方御史續奏，請開辦川南銅廠，並推廣金、銀各礦，已行由尊處選派大員馳往會勘。默揣憲意，似亦絶無成見，擬請執事將此詳細情形婉爲陳説，或可上慰政府籌畫之殷，下遂衆首人之願。萬一辦有成效，其利國利民固自無涯涘也。至選派大員會勘，此係第一關頭，必宜諳練通達之員，方能勝任愉快，想高明知人善任，必能慎加遴選也。茲乘宋副將赴省晉謁之便，特將此舉始末瀝陳，並囑宋某將章程京信及礦質數塊面呈。想執事曩在滬上，於此道講之久矣，必能精爲鑒核。可否之處，並乞示覆卓裁爲荷。

右係前張觀察據紳首稟轉致龔方伯書。緣川礦創於光緒十三年，羅公星潭夥辦天寶洞鍊銀廠起，次年，同鄉鄭公寶琛、吴公光奎、方君汝紹各京官後先奏請開採。外達喇嘛潘建侯亦力贊辦藏衛之礦，伍崧生先生俱再三説合當道，俱報罷，由勒限先行繳存三十萬金之故。愚猶憶持前函及圖並礦進謁方伯時，當面驗圖驗礦考試，愛不釋手，向上游争執不果行，惟率子太史公送殿試策，回拜禮貌周洽而已。

又《上榮中堂書》 竊觀奉省山水奇特，體勢蜿蜒，魄力雄厚，地大物博，五金暢旺，較之山、陝超出百倍，與蜀西三邊不相上下，而深厚過之。惟礦務一端利大弊多，近復人心叵測，明大義而知報本者，殊不易覯。近查遼瀋鐵嶺一帶，不少豐旺之山，又由北轉東，經寬甸、蓋平、復州、大連灣等處，皆産佳礦，不下數十餘所。有私開而不報課者；有暗夜偷挖者；有派員開採，收課微末而全數中飽者；有委員同地方官子弟幕友出股夥辦，漏課無稽者；自冒充委員私開，兼收商課不報者；有最好礦山稟報局費外，書吏差役需索不足，不准開辦者；亦有商人採得銅、鉛、煤礦，稟請查勘，批飭而不得辦者；有官自當商霸，開金廠敷衍報課，利歸私囊者。以上所呈皆係實情，其地方各節容另開清單呈上。而其獲利最多，蒙蔽最大者，莫如通化之二道溝，素所著聞産金極旺。有候選縣丞阮紹樓迎合上意，於光緒二十三年串通開辦已經年，餘得金數十萬兩，在事人役及外費共百餘萬兩，然所繳經費不過萬金而已。訪之近處，百口同音，驗之山脈，萬寶所聚。而究其實際，概歸烏有。而爲其所愚者，反謂礦不可開，分其餘潤者，更以含糊了事。雖有蘇張之舌，莫能與辯，而礦政遂不可問，則安得不太息痛恨於若輩也。夫此一隅之地，尚獲金若是之多，而奉省全局，其藏富豈可計算？苟使官商一氣，滴滴歸公，每歲之課，約計可得千餘兆，而國債軍需，可不外求而自足矣。夫昔日英國之貧更不堪問，因開江海之礦，每年進課千餘兆鎊，二三年内漸自富强，故外洋皆以開礦爲第一要務。況官督商辦，既不動用庫款，亦不暗虧商本，祇須得人辦理，靜以俟之，不數月而大利自源源不竭矣。即如鐵開之廠，前月奉命查勘，化私爲公，議定本局給路貲若干，並無經費，即行委員接辦，一切薪水局用，皆由本廠自備，一並出具甘結，永不滋事，是以得收成效。自今以後，每月報課六十兩，合之銀數，全年計算已成巨款。如能盡除前項弊端，

統歸一律，俟酌定章程，再爲稟請，迅速辦理。以此無窮之利濟北洋軍餉，确有把握，故敢冒瀆，縷悉陳明，伏祈鈞裁。

右係光緒廿六季春季上榮相書。余因查勘礦務蒇事回京，歷叙礦脈豐旺、現在利弊情形，不遺累黍，乃書上竟留中。幾更寒暑，今偶檢行篋，底囓幾橐，不忍艱辛之汩没也，故附録焉以公諸世。

又《上川督奎樂帥書》 敬稟者：前因辦礦需員，望速來省。叠准礦務總局陳道暨汪部郎奉憲命，函電催歸，面謁敬陳管見，並將開辦礦務情形並英法聘爲礦師之約，不至有礙地方，卓有把握各緣由具稟。復接礦務總局移開，蒙批巴底、巴旺屢議開採，均未果行，是否與夷地有礙，抑或實無把握，現在應否開辦，仰即查案妥議詳覆，以憑察奪飭遵等因。奉此。伏查巴底礦産應行開採，舊案不録外，光緒二十五年，復經前藩司王賴道鶴年會詳奉批，並札飭懋功五屯，示諭委徐令鶴基、陳令培倬按單開礦地，前往詣勘，開導番衆，務使悦服，期速集事，立案照辦等因。何意徐陳兩令，除取懋功結外，巴底夷結未行入手。歸來，鳳始奉署提督軍門夏札，往會同署崇化張都司遇枚，妥籌查勘開導後，取具該夷悦服甘結，並繪圖貼説，稟奪移存，礦務總局均有案可稽。兹奉憲台辦礦需員，望速來省云云。鳳遵命，刻即由夔不遠千餘里奔馳進省，仰體各大憲認真講求礦務至意，乃静候數月，未聞成命。意者巴底係屬夷地致厪憲慮乎？竊謂懋功五屯礦産素饒，不僅巴底、巴旺，如崇化兵地營盤左側土山、乾牛斯底橋、磨子溝，懋功之汗牛屯，綏靖之雙栢樹，撫邊之長嶺崗等官地，金苗引（導）均極豐旺，並與夷地無涉，應由官便開採何礙，即以巴底、飛水崖、木楠溝夷地而論，鳳往勘後，取具汪根多立屯弁伍、定邦團紳潘生富等漢夷相安甘願保護切結，各在案。該夷等既服悦樂從，開辦卓有把握之證，又何礙焉。鳳前在夔，前單呈明，曾經法商俞得樂面試，英商立得樂延聘。如使果無把握，外人何信之不疑，英聘而法亦聘？今中華聘外人比比，不以爲嫌，豈外人偶聘中人，竟生疑阻。況約章訂明，將來開礦，我能獨辦，則任憑自主。力有未逮者，則華洋合辦，股數多寡則任憑搭派，均無異言。此制人而不制於人之微意。鳳卓有把握之又一證也。方今財困民窮，皇上宵旰憂勞，籌款實關緊要，非亟講求礦務，殊難以應要需。與其取有限之民財，何如取不盡之地藏，裕國課，蘇民困，用力少，成功多，何憚不爲。昔《管子》府海官山，作内政而寄軍令。商鞅變井田之法，開墾盡利而齊秦已富强。當創辦之始，事雖艱鉅，而政在必行，朝興工而暮可奏效。矧懋功各礦僻在一隅，並不棘手，惟在憲鑒之鋭意舉行，宏濟時艱。鳳確有把握，決不至有礙地方，稍辜任用之意。如恐所學未精，試可乃已，願竭駑駘，藉酬知遇，不勝惶恐待命之至焉。

又《奉録上諭二則》 光緒十八年正月初十日，奉恭録咸豐三年四月十七日接到軍機大臣字寄。三月二十八日奉上諭：「朕聞四川等省向産金、銀各礦，自雍正以後百餘年來未開採，地脈休望日久，所産自必暢旺。上年大學士等會議籌商軍餉章程，彙請開採，以裕軍需，已依議行矣。道光二十八年，王大臣會議開礦一條，曾通行各省督撫履勘查辦，間有一二省分奏明開採，旋復藉以硐老山空苗稀，輒行停止。或以聚衆生事爲詞，畏難苟安，因循不辦。開採礦廠，以天地自然之利還之天下，較之一切權宜敝政，尚屬無傷體制，有裨民生，惟在地方官經理得宜，自不致别滋流弊。即如各省舊有礦廠，按年開採抽課，官民日久相安，豈非明驗？當此軍需浩繁，庫藏支絀，各省督撫務宜權衡緩急，於礦苗豐旺之區督派幹員，悉心履勘，各就地方情形奏明試辦，毋得狃於積習，仍聽不肖官吏名爲封禁，暗取陋規，但以有礙風水，聚衆生事等語一奏塞責。將此諭令各省督撫通諭知之。欽此。」欽遵等因，承准。

恭録咨會事。光緒十九年三月初四日，准直隸總督部堂李咨，二月十三日准兵部火票遞到軍機大臣字寄。大學士、直隸總督、一等肅毅伯李，四川總督劉，光緒十九年二月十二日奉上諭：「前據御史吴光奎奏，四川雅州、寧遠兩府屬五金並産，請飭查勘開辦。當經諭令李鴻章咨商劉秉璋派員勘驗，現尚未據覆奏。兹據給事中方汝紹奏稱，寧遠府屬之鹽源縣等處銅質極佳，運道尤便，請飭開採等語。着李鴻章一並派員確查，迅速覆奏。原摺均著摘抄給與閲看，將此各諭令知之。欽此。」欽遵。

光緒二十八年正月十六日閣抄：上諭：「中國地大物博，礦産無窮，實天地自然之利。十餘年來屢經降旨通飭開採，而各省舉辦迄今尚無成效，亟應切實講求。著派張翼總辦路礦事宜，仍著王文韶、瞿鴻禨督同辦理。所有親歷查勘並籌款定人及應如何招商集股之處，著即責成張翼認真經理妥議，隨時具奏，務當悉心籌辦，以開利源，不准敷衍因循，空言塞責。欽此。」

又卷下《廠工利弊説》 千軍易得，一將難求。將也者，三軍之司命，存亡之關鍵也。將果智勇，則全軍皆智勇；將果愚懦，則全軍皆愚懦。孔明指揮三軍，司馬懿歎其爲天下奇才。蓋將得其人則旗旗變色，而壁壘一新，故選將難。愚

謂礦師亦將也，工人亦兵也，礦師之指授無法，則工人之紛亂亦甚。諺曰：寧管千軍，不管一廠。人衆心多，最難整齊。欲治其紛，必視乎其人，必服其心，方能得其力。則凡言辦礦者，又當以礦師爲要矣。嘗見開廠之處，其用人之數多寡不等，少則百餘人，多則千餘人。爐頭、錘手、沙丁、厢刀、管班，領頭之人謂之管班，所管或二三十人不等。名目不一，囂囂衆口，最難駕馭。稍有差池，百弊叢生。於中使壞，種種刁難不可枚舉。嚴以繩之，則議其刻薄；於賬上長支短撥，不如意則在外捏造謡言，以壞其名。寬以撫之，則生其怠玩。作事偷懶，謂外行可欺。喜則任事，怒則散班。一齊停工，謂之抬營。即有樸實之人來廠傭工者，彼等一用，惡言阻止。即使官辦，以法從事，衆論沸騰，全廠皆潰矣。官以勢壓，其弊更甚於商。惟撫之恩，一之以法，各班視如弟兄，不准聚會而又令其相親。入礌與共生死，遇險相救，遇難相助。有功者賞，有過者罰。其在礌内得力者，果真勤謹，即提升頭目。其作事偷懶者，或罰其口勢，或即行開除。每日之内，礦師必親身進洞檢視一遍，查其功過，如遇撕口，即當指授要道，分其支幹，不得由工人任意開挖，以致差錯。計其尺寸，以量功程。工人用物，按時給發，皆有定準，不得任意多寡。入礌之時，每人頭頂亮子。見亮子發油一杯，廠内謂油爲清水。過脈之處，更爲緊要，指尺挖尺，指寸挖寸，絲毫不可移易。鑽山抵水，摹地擦梁，入扼冒險，惟礦師得法者，如前趨赴敵，人自不敢言苦。礦師爲衆人之心腹，頭目爲礦師之爪牙，衆工爲礦師之手足，如身使臂，如臂使指。一得倉堂，進洞取礦，黄牛取背，青牛取腹，皆有定式。如不親身檢點，頭目任意顛倒，正脈既斷，支脈愈多，紛紜錯亂，百年無成，始歸咎於管班頭目，而彼皆不任咎。雖有張、蘇之舌，亦不能折服其心，而回已去之功也。

蓋我以一人智力，役千百人，彼即以千百人之智力，反而欺我，彼此相欺，雖王章軍法不足以制之。諺曰：隔行休貪利。而礦廠其甚者也。然則何爲而可？曰：以仁以恕，以公以平。其最要者曰待人以誠，則人自樂爲我用，而不我欺矣，願以告世之談礦務者。若夫泰西之廠更與華異，其在井洞之人，謂之苦工。其工資視中國恒加數倍，苦工祇能肩挑負荒而已，如稍有手藝者，又當别論工資，愈加數倍。由五六角至七八角不等，且作工時刻，每日不過八點鐘之久。其開挖全用機器，以代人工，初時或用强水及火藥，及驢馬，以代人力，如用汽機，則事更佳。惟負荒出礦，則非全是機器之力。初開探視取礦之法，亦係中國之法，用麻繩動鑿，美國初仿效之。自中國通商之時，傳至西國。日耳曼之人用一寸方之鐵桿標，或大於寸者，此桿以十尺至十二尺爲一節，用螺絲連之。然用此法，經費極大，故機器雖精，人力亦不能盡廢。一礌之内，人多弊大，不能盡述也。

其銅、鉛、鐵、煤之廠，鐵煤之廠，外國最重最喜開辦。上年英吉利地上開一煤廠，以年計不過二十年之甫，二夥友算賬，除盡人工，賺得紅息，每一人應獲八千萬。此昔年登諸公報，五洲商賈皆知。於兹常例之外，工資更重，而商人不致吃虧者，則本大利亦大也。光緒初年，美國所開新舊金山，人工愈貴，於是來華招集工人，閩粤之人初尚不肯遠適，既而知獲利甚厚，飲食起居無不精好，於是出洋者盈數十萬。頭目管班照應不到，往往滋事。人數日衆，呌嗓喧譁，或喧賓奪主，跋扈難馴，有時夥同串通洋匠一齊鼓躁，幾釀巨禍，乃更照會中國政府，禁止華人出洋。於光緒十年，總理衙門有案可稽。而現在已有難制之勢，則廠務之不易辦，又誠中外一轍矣。外國礦師權勢更大，教習礦師多俱兼總經之權力。不惟全廠工作聽其指揮，即商人股友亦憑其調度，故能制服一廠，而事皆有成，則勢權一而運動靈也，礦師不誠要哉。查西人開礦，由平地鑿井，無論土石爲何種，其法與器亦略同，凡疑地下有礦藏之層，當試驗之。向下至底，然後及旁，廣闊無度，窮盡乃止。其法較中國從旁開礌用力更加數倍。土木沙石動用器物，皆需人力。而井外之化學房、機器廠、大小鍋爐、司事所，上下人夫須用數千人。井口外近廠左右皆成市面，加以小鐵路運礦，來往人數更衆，一廠既成，可容萬餘人。井内則造架頂蓬，吸水取礦，氣燈鱗次，儼同白晝。亦有蓋造房屋，縱横接連，偶入其内，别有天地。

其保險最要之事，則以汽機接引空氣入内，空氣充盈與地無别。若一刻空氣不至則人皆悶。井口外又設立有車架，爲最要之件，多以熟鐵爲之，取乎輕而且堅。其車之架有一層至四層者，方起架上升時，及上層已平，井上鐵路即撤重車而入，空車俟第二層上升，或至第四層上升，皆與撤上層重車同法，毋一息停，留架隨下落，如是循環不已，故運礦上升甚速。井口之外，又設立有機器，升提上下，運動物件極其自然，不費人力。世謂機器奪人工，豈知機器盛行，乃添人功無算也。其井之深，約一千五百尺。每開一井，至易者，約用洋銀二十五萬圓，稍難者，則費至四五十萬圓不等。此西人包工承辦之大概情形，非有重本者，不敢輕言辦礦也。予親見而詳考之，故弁誌其巔末云。

又《中外公司異情説》 集衆思，廣忠信，始能成事。未有專利專欲，獨力撑持而成者。歷觀往古，得衆者昌，失衆者亡，固自有毫髮不爽，又何怪專利無成，專欲者亦無成乎？西人有鑒於此，故政治則出於議院，商務則統以公司，是以朝

無失政，商無遺策，而富强之業遂勃然興焉。嘗考公司之義，公者去私之謂也。集衆之貲，則事必愜乎衆意也。司者，股友公舉以司其事，非得自專也。年終總計，將賺折之數俾衆咸知，如有辦理不善，無論何等股友，皆得指摘。司事者亦不得任意偏執，所以有利無弊，商務自然暢旺。妙處在與國家一氣相通，商務所在，國家爲之保護。廣州之役即因洋藥入口，澳門失事，皆由商務啓釁，餘可概見。國家有事，可借公司之力以助軍需；公司有事，可借庫款以貲周轉。上下同心，利益共享。凡於商務有礙國家，以全力争之，此外洋公司所以日盛也。其有借公司之票以作貲本者，必由領事承當，方能允許，遇有虧短，領事即將其人並夥者一概追繳。若猶不敷，則立案報窮，永遠不得當商，然後免追。我華之公司，則與大異。每有侵蝕，無從追問，一也。商人搆訟，多受拖累，二也。浮報虚糜，胥吏舞弊，三也。任人狥私，不論才具，四也。故我華人之每言集股，人皆畏縮，即有一二能成者，亦舉動受制於人，不能如西人之長袖善舞也。

至於官爲集股，更覺萬難。中國官民接談非易，勿論賺折，無從商議，所以各處公司，人皆願入洋股，而不願入華股。今欲立公司之名，莫如行公司之實，舉向日之四弊而力反之，誠信不欺，人皆樂從，商途無窒，大利自興矣。至於欲與外人同利，則莫若與外人釋嫌，接之以誠，布之以公，以公司之例，新出英公司定例條理詳悉各國行之最爲妥善。通商務之脈，庶幾我華之一大轉機也。或曰我華之貧今日已極，外洋商務動以巨萬，今即照章倣行，亦猶駑駘之追驥，足有望塵弗及之勢。今則礦務大開，需本愈大，機器廠房皆需巨款，欲讓人以獨辦，則喧賓而奪主；欲與人以共辦，則無本以求利。至是始議集股，集股不足，議借洋債，豈知洋債易借，而實不可借也。今日立約即今日起息，礦之成否，尚未可知，而息則計日按算，萬一無成，官借者即爲國家之累，民借者即有喪家之虞。西人公司之例最爲緊嚴，我不知而違其例，如瞽者之自蹈陷穽，豈不危哉？

不特此也。前所言者商務之皮毛，未識商務之細節也。查英國公司之例，一曰有限公司，一曰無限公司。何謂有限？譬如辦礦，與西人共夥，各出資本若干，或成或衆，皆以此數爲限，再不添集，全數虧折，亦無怨言，雖不得利，而害則無從至也。至於無限公司，計現本若干，不足又集，至再至三，決無止息，一有虧折，領事即照會大吏賠繳，大吏飭下州縣，層層追索，迫不容緩；傾一人之家不足，復傾衆股友之家，必至毫無虧欠，然後休止。此無限公司之利害，不可預測者也。誠明其利害，而豫爲之所，不可含糊了事，不可强勉應承，否則爲害不淺。安見西人之不可與共利哉？總之，鐵路輪舟有工可估，即有限公司也。開礦立行，無有定章，即無限公司也。包工承辦，大利均沾，敗則任咎，皆無限公司之類也。統領薪水，份得紅股，不管賺折，皆有限公司之類也。其不明交涉之道者，每有一字含糊，致使暗吃大虧，後雖追悔，業已無及。自互市以來，因簽字不清，釀成禍端者，不可勝數。西人近亦頗知無限之害，多是有限公司，但條例不熟，動輒得咎。凡言洋務者，不可不細心講求，如《公法會通》、《公法纂要》、《公司定例》，皆當寓目。不然，彼因我不知，於中取利，後有違言，屈即在我。力臻無弊也。

西人最重者信，恪遵道理，一字之微，科之最嚴，争之必力。我華之人與之交涉，不可過卑，亦不可過亢，惟執理不違，利權自守，彼自悦服。如冒昧從事，鮮有不自貽伊戚者矣。竊見三門島之役，主政席慶雲與義國訂立合同開辦礦務，意商運貲入島，爲浙紳民所阻，意國遂以兵相脅，席無法調和，事聞政府，席即下刑部獄，凡在事人員皆得重處，賠款兵費，動累宵旰。在京諸人有偶言此事者，皆爲齒冷。席刑部主事，雲南司行走，係四川彭縣人，故予知之特詳。此不知商例，故立約不清，臨事無法，禍不旋踵而至也。前山西胡中丞聘之與西人立約開辦山西礦務，委監司大員充當總辦，初則與西人意見不合，不識礦務，故意執拗。繼又與地方不協，事果無成。西人執約相詰，無詞以應。中丞以此去官，在事諸人皆不免咎，從此共凛畏途，徒兹笑柄。豈非辦理不善之過也？竊謂事不難爲，誠明其法，而自量其力，於交涉之始盡翦葛藤，即辦事之時毫無窒礙，借彼之力舒我之困，何不利之有？西人來華，本是共利，並非專利，豈有客利而主不利者？無識者皆以爲必窮之道，有識者則以爲致富之由。何也？人以重貲來華，掘取地中之礦，此本華人欲辦而不能也。華人不取，與棄何異？而西人取之，不必其利盡在西人，華人亦可分取之，則利自在華人矣。況税課加增，其利在公；佃地開採，其利在民；消貨日多，其利在商；功價倍漲，其利在工。合辦則可以坐享其成，分辦亦可共獲其利。深恐仍蹈故轍，是以欲人知公司之所以異，即知公司之可以同。能中西合一，豈不懿歟？惟在首事者臨事權宜而已。

又《渝城礦務學堂小引》　聞之金玉諸寶，天鐘其秀，地藴其質。間考地球五大部洲，中土在亞細亞洲東部之西南，礦氣之旺，天下以中土爲第一，中土尤以吾蜀爲第一。爰蜀據正西，蜀庚辛，良金産焉。金生水，故江水之源出川之草地，達藏衛荒野大漠，綿延萬里，建南一帶金、銀、銅、鉛尤稱美礦。憶前百餘年，美開新舊金山，英開古耳斯島山，國富兵强。現英之三島掘挖殆盡，今又覓一地

較三島更旺，已毗連藏衛後矣。查歐洲英美皆在亞洲之西，伊犂於中國亦傍西方，黑龍江傍西之東南，而漠河之金，盛京之東玗溝、開平鐵嶺均稱極盛之礦產焉。是五金所出，不離庚辛，歷歷可考。蓋由五行生尅，二曜精其妙，合而凝也，而况地之居其正位者乎？本堂掌院宋君賡平教習深知其蘊，故不憚寒暑，跋涉考究，測繪精詳，據案立説。蜀之礦山西接南通，崢嶸嶕嶫，融會胸中，瞭如指掌。

山有上中下之分，而上中下復有三等之别，析而爲九，累黍不遺。於九等之中，有無上上品，元氣渾然，天珍地秘，即巴底、巴旺、飛水崖、燈盞窩、孔玉三道橋、木里光光山是也。掌院奉委，重復查勘，自以爲中西遊歷得所未見，洵稱有一無二之礦地焉，於是虚心折節，與土人朝夕周旋，所有一切漢夷頭目，咍以利益，動以時勢，莫不傾心歸服，鼓舞歡欣，出具悦服甘結。並另出有喇嘛勘布山主合約，夷漢字樣可憑。若除川省西南夷地金銀礦山外，川東夔州府屬之奉巫雲開萬大忠州三屬，及重慶屬之石柱、西秀、黔彭、南川、綦江、銅梁、江北、合州、鄰水等處，建南寧雅各屬，天盧交界之大穴頭山，嘉定府之樂山峩邊，叙州屬之南六縣，雷波兩廳，保寧府屬之昭化廣元，川北界連龍安府屬平武、江油、石泉、綿五屬之安縣、綿竹外，及松潘之茂州，汶川彭灌、仁壽各處，均應推廣，由小辦理。毋論外國何項公司，同華益公司租賃不到之處，及租賃入手之山，本堂並能道其某山之爲何礦，某礦之旺否，能辦與否，利害分明，無欺無隱。如有礦旺而不能租賃之地，並能設法照料，斷不使黄礁隱秘，寶藏埋光。今本堂已諏吉於七月望二日開堂講求此道。泰西均以此致富，吾蜀焉能以自有之利，視同敝蹝，况朝廷赫然振興，派礦務大臣經緯有礦之省。今庚子歲皇上之龍飛二十六年，恭逢三旬慶典，復以利溥五行，探礦苗以資國用，詔示臣工海澨山陬，同兹軒翥。加以上届殿試即取《周禮》「卝人以時取金玉錫石」爲題，均冀收利用厚生之猷，誠當今急務也。本堂激昂慷慨，已見風行草偃之機，因總宋君足跡所經，爰弁小引，叙其顛末。其苦心孤詣，留心時務者願聞其詳，亦不憚誥誡殷殷，全蜀迤邐之山均可聚米爲之。迄後次第舉辦，當不無裨於大局也夫。因綴數語以與天下有心人共證云。

附録《本堂條約》

興創是邦礦學，山川毓秀含英。金玉錫石惟掌，簿書案牘同衡。自行束修以上，其猶醴禮相迎。佳如培斯子弟，賢故樂有父兄。鈎探循途守轍，錘鍊衆志成城。安土豐財利用，育材樹藝取精。開洞之天福録，聚寶藏之晶瑩。别業從新供税，清白勿渝此盟。

外附録《本堂舊章》

一、遵昌明正道。一、遵品行磨礪。一、遵培養根本。
一、遵土先器識。一、遵訓迪鐸鼓。一、遵職勤考校。
一、遵開物成務。一、遵循名核實。一、禁扳指勾通。
一、禁潛匿侵吞。一、禁霸佔横豪。一、禁狎暱爲非。
一、禁狥隱容留。一、禁阻滯行私。一、禁扣尅偷挖。
一、禁攬擾縱恣。

駐渝本堂同人甫訂。

趙藩《岑襄勤公年譜》卷七 癸未光緒九年，公五十五歲。【略】八月初一日，奉到上諭：「雲南素産五金，乃天地自然之利，該省銅政久經廢弛，本應整頓規復，以資鼓鑄，而利民用。此外，金、銀、鉛、鐵各礦亦復不少，均爲外人覬覦，自宜早籌開採，以廣中土之利源，即以杜他族之窺伺，實爲裕國籌邊至計。惟經費較鉅，籌款維艱。近來各處開採煤礦皆係招商集股，舉辦較易，若仿照辦理，廣招各省殷實商民，按股出資，與官本相輔而行，則衆擎易舉，事乃克成。前據岑毓英奏《整頓銅務章程五條》，業經户部議覆准行。昨據署左副都御史張佩綸奏稱，招商集股開採滇礦爲富强本計，不爲無見。岑毓英、唐炯身膺疆寄，於滇省礦務必能留意講求，實心經畫，著即詳細會商妥速籌辦，總期事在必行，毋得視爲不急之務，日久辦無成效，坐失事機。至各處礦苗應如何先行相度，或仍應購買外洋機器，以利開採，均著豫爲籌議，一俟款項集有成數，即可剋期興辦，不至遲誤等因。欽此。」是日會摺奏查明各案出力人員勞績，分别開單請奬。

陳澹然《權制》卷五《軍餉述·鑛幣·鑛務》 攷滇鑛皆有場主，以七長佐理其間。曰客長，司賓客聽斷；曰課長，司出納貨財；曰厨長，司工匠飲食。是三者，場以内皆聽治焉。有爐長、鑲長、銅長、炭長，分司採煉之宜。有胥役捕偷漏以防奸宄，令嚴制肅，萬夫無譁。故雍正間騰越邊外桂家銀廠抗拒緬夷，永昌邊外茂隆銀廠爲猓夷所憚，威遠廳同知傅鼐則嘗結銀廠以禦猓夷，故礦務之衰微，特國用日虧，亦邊徼干城之患也。

自《周官》法廢，礦政設於官，則得難償失，設於民，則大小咸宜。宜令巨商專集公司，召游勇災民以土法開採，毋煩機器，貴池縣以機器開鑛，折耗尤多，卒以土

法獲利，此親見者。以蹈覆車。至於應撤之營，則令營官以恩餉聚其勇爲之，就礦爲營，更番工練，以哨弁經商，而均其利於上下，名曰礦軍，則朝廷無養兵之勞，而收山澤無窮之利，此一舉而數善者。

江淮以南礦務既開，急宜就場鼓鑄，免致解京擾民耗費，銅船所過，無異寇賊，以招寇盜。近北通州事。山、陝、河南之礦專解京師，以防内渴，此經權之宜辨者。【略】

礦者，天地自然之利，迄無盡藏，金、銀、銅、鐵、錫、煤、硝、磺皆可利民利國，閉之則國與民皆困，而外洋之覬覦尤深。且巨利所存，絶未有真能閉者。如甘肅甘州八寶山金礦，湖南辰州大油山金礦，提督派兵駐守。伊犂塔爾巴哈台金礦，將軍派兵駐守。兵民皆暗爲採取，以濟其私，何如以中飽之資足國用，以甦民困？且近時安徽池州煤礦上官嚴禁，幾釀禍階，禁錮既弛，商民始相樂業，而釐税頓增，此則近事之明驗者。

攷礦政，唐置爐冶五十八，宋置金冶十一，開採六州。銀冶八十四。開採二十三州。後以官採利微，聽民自採，收十二之税於官。金時許民開採，而税其十一，惟明宣宗以後，礦屬中官，而天下始病，因噎廢食，豈得謂知大計者哉？

康熙間廷議禁開礦。上曰：「天地自然之利，當與民共，不當以無用棄之，要在處置得宜，毋致生事耳。」乾隆間，提督張天駿奏開礦，恐聚衆生事，令粤督鄂爾泰議之。奏稱，招募居民，聚則爲工，散則耕作，不至別生他患。上諭張天駿議處焉。粤督馬爾泰奏，英德縣銀礦逼近銅山，請閉。上諭：「銀亦天地自然之利，可便於民，何必禁？」故劉秉恬奏開金川礦務，特詔允行。嘉慶間，伍彌泰奏塔爾巴哈台金礦，查辦私開。上諭斥駁，皆未有不准開礦明文。雖雍正間有慎重開採之諭，其時直隸水利方興，庫貯六千餘萬，直省倉儲三千四百萬石，非若當今邊防日警，庫款日虧，游勇災民無從安置。時艱孔亟，而猶拘守前明弊政而禁止焉。將來各國環起而争，何能禦此，尤勢之不可緩者。

又《礦學》 洋人礦學實爲專門，宜於招商局專開礦學，聘西師爲總教，擇子弟指授。其間礦師以得礦苗多寡爲賞罰。凡有開採，必令礦師勘明，具結存案，以備論功。不效者辭去，則不至有濫竽耗費之虞。二十一年上諭准令各省開礦，不准藉端阻撓。然礦學不興，每至多耗，而無實效，此其可歎耳。

《清新法令第二類》 第九條，通阜司掌事務如左：

掌稽核各省所有金、銀、銅、鉛礦務，雲貴等省銅、鉛運務。

一、産鑛山場山主，違禁勾引鑛徒潛行偷窃者，照鑛徒之例，以爲首論。若係約練，勾引接濟，夥同分利者，照引領私鹽律，杖九十，徒二年半，得財者計贜准竊盜從重論。如因官兵往拏，漏信使逃，及陰令拒捕者，俱照官司追捕罪人而漏洩其事者，減罪人所犯罪一等律治罪。保中地鄰知情，容隱不報者，均照强盜窩主之鄰右知而不首例，杖一百發落。

一、在熱河承德府所屬地方，偷窃金、銀鑛砂，無論人數砂數多寡，爲首俱枷號三個月，係民人實發雲貴、兩廣極邊煙瘴充軍，係蒙古人發四省驛站當差；爲從，係民人枷號三個月，解回内地，杖一百徒三年，係蒙古人枷號三箇月，調發鄰盟，嚴加管束。如被獲時有拒捕殺傷人者，仍照盜掘鑛砂本例，分别科斷。其得錢招留之蒙古地主，與首犯同罪，地方官不行嚴拏者，交部議處。

端方《大清新法令第一〇類·鑛務·商部奏商民私賣鑛地應請申明約章以維權限摺》 竊維路鑛農工諸政，泰西各國皆以此爲開通商務之基，故其通國人民靡不殫精竭思，合力營置，然其於轄制之權限、境土之尺寸，則必競競焉自保主權，他國人民萬不能侵損其毫末。可見權限所在，不容須臾忽也。中國商民不知此義，往往圖目前之小利，不顧日後之隱憂。近年以來，各省私占鑛地、鑛山之案層見疊出，至各處租界之外，民間農田房産亦寖假而售諸外人，若不設法查禁，流弊何可勝言。查各國通商條約，外國商民只准在通商口岸租地建置。又從前總理衙門成案，傳教士買地建堂，其賣契内只可載明賣作本處教堂公産字樣，若係洋人在内地置買私産，與條約不合，仍應禁止。是洋人在内地置買産業，原非條約所准行。又總理衙門通咨各省文稱，嗣後各教堂置買産業不必先行報明地方官等因。可見，若非教堂置買産業，均應先報地方官查核，且教堂置買産業雖不必先報地方官，而買妥之後，則仍由地方官蓋印税契，其是否教堂置買，原不難確切稽查。臣等參攷約章，界限本極分明，徒以姦民貪圖重價，私自售賣，而地方州縣不加深察，或吏役人等私受賄託，朦准税契。光緒二十一年五月日奉旨：「依議。欽此。」

又《外務部咨南洋嗣後鑛務須奏明辦理不得擅立合同文光緒二十九年十一月二十九日》 查光緒二十四年八月間，欽奉諭旨：「各直省如有開鑛、築路、借款及一切交涉事件，均須於事前將辦法詳細奏明，聽候朝廷酌奪，毋得擅立合同，致多窒礙等因。欽此。」查近來各省辦理鑛務未能畫一，現本部申明向章，於光緒二十九年十一月二十三日具奏，請旨飭下各省將軍、督撫，嗣後無論華洋商人

訂立合同，請辦礦產，務須遵照前奉諭旨，先行咨明本部暨商部詳細覈議，俟將合同覈定後，照案奏明，請旨遵行，毋得遽將所擬合同擅行訂定，致多窒礙等因。本日奉硃批：「依議。欽此。」相應恭録諭旨，咨行貴大臣欽遵查照。遇有華洋商人請辦礦務，應將所擬合同先行咨部核辦可也。

《商部新定查報礦務總表》光緒三十年　月。

例言：

一、表中言里數，統以長三百六十步爲率，言畝數以積二百四十步爲率，每步合部尺五尺。

一、凡一局一公司而開礦至十餘處、數十處者，應逐處分填，以免含混。

一、凡有已勘未開，已開今閉及已報未勘各礦，皆可用格式填寫，惟應將議辦、停辦情形略叙於後。

一、無論局廠公司，凡設立已逾一年者，其礦税、礦産價值、銷運及贏虧情形，應用比較表逐年分載；其開採未逾一年者，可以月計或以季計，分别填報。

一、表中有未及條舉者，應另編一表，照原表尺寸詳細補入，送部備查。表目，分司名目、坐落某屬、距治方向、四至界限、占地若干方里、官地民地若干畝、礦線道幾處、礦質若何、官辦商辦人數、姓名籍貫、何時由何衙門奏准批准開採、礦師何人、用何法開採、官款幾何、華洋商股幾何、每股銀數股息若干、借款幾何、息金幾何、餘利分法、報效成數、有無自備輪船鐵路。以下五表各以年計，礦税比較表、礦産比較表、價值比較表、礦産售數比較表、礦廠出入贏虧比較表、運至市場里數貨數運費售價表，至某處若干里，礦質若干，運費若干，售價若干，應隨表咨送者，批准案據、議定章程、礦山圖説、招股章程、股票式樣、購地章程、合股合同、借款合同、雇用礦丁章程、洗鍊礦法所産礦質。

以上各款，應按照本部發去紙樣謄寫，俾歸一律，以便彙訂成册。

又《李國杰奏振興礦務宜設法招徠以泯商人疑慮摺》光緒三十四年二月初十日，准軍機處鈔交副都統李國杰奏振興礦務宜設法招徠以泯商人疑慮一摺，奉旨：「該部知道，欽此。」查原奏内稱，農工商部奏定礦務正章七十四款，附章七十三條，條理精密，將來礦務興盛當可實行無弊。惟現在有不能不稍予通融以去商人疑慮者。興辦礦務當先招勸股商。華僑之經營於南洋羣島者，大半以開礦爲業。閲歷已深，觀摩益善，外人服其精敏，不惜優給利益以羈縻之，近聞華僑眷念桑梓，亦頗有思展所長，爲祖國濬利源者，祇以適彼樂土、久安於章程寬簡之習，今欲遷地爲良，自不得不格外慎詳，期保將來之名譽。礦業苟能開辦，事權無所掣肘，則鳩集鉅款勝算原有可操，所慮者按照現章商人承辦之後，或不免與官吏多所交涉，若措施偶有窒礙，不惟難與人争衡，且將無以保血本。此中關係實啓商人疑慮，擬懇飭下農工商部會同外務部，將現定礦章再行詳細查核，通盤籌畫。如有現時須行變通之處，應即斟酌損益，請旨施行等語。臣等伏查興辦礦務，誠宜招勸股商推廣開採，而華僑挾資内嚮，尤賴維持保護，俾得一意經營。上年奏定礦務章程條理，周密防閑，限制實較精嚴，若果礦務繁興，未始非殷實商民之所利賴。原奏以華僑習安寬簡，若照新章嚴定範圍，恐商人之疑慮滋多。臣等體察情形，華僑歸辦礦務，苦文法之束縛，畏官吏之苛擾，原屬實情。即各省商民辦礦現在風氣尚未大開，雖經竭力提倡，或猶不免觀望疑阻。既據該副都統奏稱礦章宜酌予變通，擬請將新定礦章詳加查核，如有可以變通與商民多資利益，於公家並無妨損，亦不至别滋事端之處，即斟酌損益，量予通融，以順商情而資鼓舞。其有關涉外交之處，外務部查新章於洋商辦礦各事均屬周密，惟與從前洋商承辦礦務奏定各章程間有歧異之處，若不量予通融，恐不能一律推行，未免轉多轇轕。所有關係交涉各節，亦應酌量變通，以期融洽而免争論。臣等公同商酌，意見相同，如蒙俞允，當由臣等會同詳細查核，重加釐定，再行奏明，請旨辦理。謹奏。光緒三十四年五月十九日奉旨：「依議。欽此。」

又《商部新定探礦開礦部照格式光緒三十年月》照根商部爲存根事。兹據某省某縣人某某稟請探勘開採，某省某縣所屬某某礦地，當經中叙案由，應即准其探勘開採。某礦自給照日起，扣至某年某月某日止，著即將此照繳銷，須至存根者，計開坐落四址，産質線道深廣保單。光緒某年某月某日，騎縫某字第某號，探開礦執照，騎縫某字第某號。商部爲給發執照事。光緒三十年二月初一日，本部具奏礦務章程一摺。本日奉旨：「依議。欽此。」欽遵。並通行各省將軍督撫，一體祇遵辦理在案。查奏定章程内第二條開，凡稟請辦礦，應由本部給發執照爲憑，未經發照以前不得舉辦，今將執照分爲二等：一爲探礦執照；一爲開礦執照等因。兹據某省某縣人某某稟請探勘開採某省某縣所屬某礦地，當經中叙案由，應即准其探勘開採，某礦自給照日起，扣至某年某月某日止，著即將此照繳銷，務須遵按部定探開礦各條章程，妥慎辦理，爲此特給執照，以資信守。須至執照者，計開坐落四址東西南北，産質線道深廣保單右給某某收執。光緒

某年某月某日。

又《商部咨南洋土法開採柴煤小鑛減輕領照費作爲鑛章附件文光緒三十年十二月初八日》 本部綜綰路鎮所有鑛務章程，業於本年二月具奏，奉旨允准，並通行各省將軍、督撫，一體欽遵辦理在案。查本部前訂鑛章係指五金各鑛，及機器開煤成本在萬金以上者而言，至於土法開採柴煤一項，資本在萬以下者，均未列入。嗣准熱河都統以該處地瘠民貧，凡小本經營必須量加體恤，先後咨請變通鑛務辦法。又據辦理安徽蕪湖晉康煤鑛公司吴德懋先後禀稱，皖省鑛產甚多，柴煤一項尤爲日用炊爨所必需，嗣經前巡撫王定章非資本十萬金者不准開辦，是以小本經營者聞風裹足，貧民生計維艱，反多私賣，應請變通照費章程各等因前來。當以本部責在保商，所有商民艱苦之情，自宜量加體恤，折中酌定。凡五金鑛及煤鑛成本在萬金以上者，一律尊照部章辦理，至於土法開採柴煤各項小鑛所有擔保銀兩一節，如萬金以下者領採鑛照，統立案，並知照安徽巡撫援案辦理各在案。此外各省鑛務紛繁，倘有柴煤小鑛，自應一律照辦，免致歧異。且内地各處開鑛用土法者較多，尤應廣爲提倡，俾小民減輕成本，實於鑛務有裨。相應咨行貴督查照立案，作爲本部鑛章附件，一體飭遵辦理可也。

又《商部奏清釐鑛產請飭各省設局援照江督奏案辦法摺》 竊臣部於光緒三十一年七月二十七日，准軍機處鈔交兩江總督周馥奏：查明三江鑛產所在，擬招商試辦，並出示禁止私售一片，奉硃批：「商部知道。欽此。」欽遵鈔交到部。查原奏内稱，前准商部咨，商民私賣鑛產，流弊滋多，請嚴密查禁，奏奉諭旨：「依議。欽此。」咨行欽遵在案。兹據查勘，三江鑛務補用道陳際唐禀稱，奉委查勘鑛務，經委員帶同鑛師歷抵各處詳細指勘，現將江、皖、贛三省著名鑛産逐一開呈，計所産銀、銅、煤、鐵各鑛苗質甚旺，且係官山居多，現擬招商集股試辦，飭地方官查照前案，欽遵諭旨，出示諭禁私賣，明定限制，庶幾弊源可清，免滋後來糾葛等語。臣等查，鑛人之利，載在古經，徒以研究無人，以致千百年來菁華未洩，若不早爲整理，則藏富於地而不自知，殊爲可惜。今兩江督臣首先遵旨，派命專員將江寧、江蘇、江西、安徽等省鑛產之區一一勘明，以期招商試辦。洵屬挈領提綱，有裨要政。除由臣部咨行該督臣將詳細辦理章程送部核訂通行，並派員再加勘探詳細里數外，其餘各省不乏著名鑛産，自應一律援照辦理。相應請旨通飭各直省將軍、督撫，迅即籌設鑛政調查局，專選諳練廉正之員，咨由臣部加札，作爲鑛務議員，令其酌帶熟識鑛産之工師，周歷各府廳州縣，詳爲探勘。凡鑛地坐落、官民界址、鑛質苗線、隱顯短長均一一記載明晰，隨時報部，並由臣部擬刊各省鑛産表，令按表填送，與臣部前飭各省填送已開各鑛之鑛務總表相輔而行，庶各省寶藏瞭然心目之間。而每歲辦鑛情形有無趁色，臣部即可藉以稽核。夫辦事之要在專其責任，尤必嚴其考成，否則多設一局，多委一差，循名而未嘗核實，其於商政仍無裨補。擬請自此次奉飭辦理後，由臣部咨行各將軍、督撫，嚴飭所屬，除將已開各鑛照前給之表式填送外，其未開之鑛即按照兩江總督所奏辦法迅速籌辦統計。三年之内，如查有切實探勘、力事提倡确著成效之員，准由臣部擇尤奬勵；其敷衍塞責，探勘未能确鑿，致民間仍私相售賣者，應請與該管地方州縣一併懲處。如此，懲勸兼施，或於整頓鑛務不無裨益。謹奏。光緒三十一年八月十七日奉旨一道，已恭録卷首。

又《商部奏陳鑛政調查局章程摺並清單》 竊臣部於光緒三十一年九月二十七日，會同外務部、户部覆奏兩江總督周馥等擬請特簡大員，督查三省鑛産，招商試採摺内聲明，仍照商部八月十七日奏，奉諭旨，各省籌設鑛政調查局，遴派專員妥爲辦理，並將派往查鑛之員開真履歷，咨部酌量加劄，作爲鑛務議員，以符奏案。至詳細章程自應由商部訂定奏明，咨行遵照，並通行各省照辦，以歸劃一各等語。奉旨：「依議。欽此。」欽遵行知在案。查各省風氣通塞不同，而於調查鑛産一事，雖風氣較開之省其程度亦尚與歐洲各國相去懸殊，若不妥訂專章，遴選熟諳鑛産之工師，則各省委派辦理之員，勢必茫無措手，所勘鑛質不過憑土人之舊説，所填表册亦僅成紙上之空譚，其於鑛政安有裨益？臣等熟思深念，竊謂此項勘鑛章程必須迅速訂定頒行，庶足以一事權而開風氣。謹公同商酌擬定章程二十四條，分列辦事之法凡十五條，勘鑛之法凡九條，提綱挈領，大致粗具。苟能循章妥辦，似尚足以資實驗，而核與臣部《奏定鑛務章程》，亦屬相輔而行。謹具清單，恭呈御覽，如蒙俞允，應由臣部通咨各直省將軍、督撫，一體遵照辦理。謹奏。光緒三十一年十一月初一日奉旨：「依議。欽此。」

謹擬《鑛政調查局章程二十四條》，恭呈御覽：

第一條，現在欽奉諭旨，飭各省將鑛政調查局迅即籌辦，毋稍延緩，各省將軍、督撫自應一體欽遵辦理。儻各該省如有前經設立之鑛務總局及查鑛公所等，即應一律改作鑛政調查局，以歸劃一。

第二條，調查鑛政，得人爲先。應由各該省將軍、督撫遴選諳練廉正之員，足以勝該局總協理及鑛師之任者，開具詳細履歷，加具切實考語，咨由商部酌量

加劄，作爲商部鑛務議員，以符奏案。

第三條，各省鑛政既已派有各該鑛務議員認真經理，亟應欽遵諭旨，迅即酌帶鑛師周歷各屬，切實探勘，按照商部所頒表式，將已開未開各鑛逐一詳晰註明，隨時咨報。如果能於該省舊有鑛場處所設法改良，而又逐漸勘得新鑛，招徠開採，使鑛廠日見其多，裕課利民，卓著成效，三年考績，應由商部分别奏請獎勵。儻或敷衍塞責，致民間仍多隱匿偷挖及爲奸徒勾結、設謀售賣、輾轉影射者，一經覺察，亦由商部據實參辦，以示勸懲。

第四條，調查已開之鑛無論官辦民辦，及華洋商承辦，均應檢取案據圖册，逐細詳查。除遵照部頒表式按年詳填，暨將鑛質案據等隨表送部外，其尤要者一應稽查，按年鑛税若何抽取，及歷年比較各若干，一應分别官荒民地各占若干方畝。儻有外人已開之鑛或租定之鑛，其所占地址更應查照章程合同，予以限制，並一律繪圖貼説，送部備查。其餘苟有可以剔除弊竇，收回利權，裨益税課之處，該員皆應隨時設法整頓，並具報商部及本省督撫，互相維持，期收逐漸改良之效。

第五條，凡各省未開之鑛，及開而已廢之鑛，除由該局自行查獲外，必須有人呈報，始能知悉。知其詳者莫如該處士人，應由各省將軍、督撫飭下各府廳州縣，剴切曉諭所屬紳耆，如有深知某處有鑛與得有鑛苗者，應報由該府廳州縣，迅即申送該局，或由本人自送到局，均宜聲明該苗得自何處，該處係何地名，以便查勘。設鑛産處所現有土人私挖，地方官不加查禁，或業經紳商稟知地方官，而地方官匿不查明，或延玩不報該局，即應分别稟知商部，察核辦理。

第六條，凡有鑛産處所，一經各地方官及各紳民呈報到局，或由該局自行查獲，應先覓取鑛苗，如法化驗屬實後，迅即帶同工師訪查履勘。除按照部頒鑛産表式填明外，並應按照下開勘鑛各章程逐一登記清册，繪圖貼説，連同所得各種鑛質裝封標識，一併呈送商部考驗。

第七條，凡勘有鑛産處所，查係官山，該局即應查照兩江總督光緒三十一年七月二十七日奏案，會同地方官出示曉諭，不准民間私賣，即民間鑛産衹准賣與本地居户，須憑中證報官，查無頂冒諸弊，始准立契過割。此外，尚有未查各鑛，自應照此一體辦理。倘有朦混私賣情事，惟該管地方官是問，該局如扶同徇隱，應由商部按照此次奏案，一併奏參懲處。

第八條，凡有偷挖鑛産，私售鑛地，或已領有鑛照，擅自轉售他人，及力生棍從託言風水龍脈等説，故意阻撓辦鑛者，一經查出，應由該局迅速稟報商部，一面逕稟該省將軍督撫，轉飭地方官從嚴懲辦，毋稍寬貸。

第九條，該局如延請外洋鑛師，務須嚴定權限，與訂合同，並先將尚未簽字之合同呈由商部查核無礙，方可簽字准行。該鑛師如入内地勘鑛，應由本省將軍、督撫飭屬曉諭，妥爲保護，以免滋生事端。惟該鑛師亦應自守禮法，認真從事，儻不知檢束，一經發覺，該局即應撤退。至勘鑛時一切川資費用，均由該局發給，不准要索地方官供應，並不准絲毫擾累商民，亦不得任意逗留，致生事端。

第十條，凡商民有稟開鑛産，無從僱覓鑛師，呈請該局派員帶同鑛師前往探勘者，所有一切旅費應酌量道里遠近、時日多寡，定一酌中數目，由該商民備辦，惟勘畢後，須將詳細情形一一記載，分别存局報部。

第十一條，各省鑛政調查局辦公經費，或在鑛税項下提用，或另行籌撥，均由各該省將軍、督撫酌量情形籌款支撥，惟不得過事鋪張，致多糜費。每年撥定的款，每月動支經費，及該局辦事員司名目，均應由該局於年終造具清册，詳由本省將軍、督撫咨報商部備核。

第十二條，鑛務議員專司一省鑛政，而與商部有直接之關係，凡各該將軍、督撫奉准部咨，飭查一切鑛務，或由部逕札該議員調查之件，視路之遠近、限定期日迅速查明報部，自文到之日起，至遲不得逾三個月。

第十三條，各省鑛政調查局内均應設立化驗處，一爲分析室，一爲分析爐及附屬器具。凡遇鑛苗化驗，必須詳細分析清楚，再往查勘，庶免往返徒勞。

第十四條，調查鑛産時，須隨處測勘試挖地，而儻係民地，必須通知地主，其地主即不得拒絶。設有損失該地所産物件，由該局照數補償，毋得苛刻，所帶丁役尤當嚴禁騷擾。

第十五條，各省紳商士民遵照商部奏定鑛章赴局呈請辦鑛，該局即應派員會同地方官查勘明確，具報商部，一面仍詳由本省將軍、督撫咨部酌核辦理。儻爲官辦之鑛，亦須將圖説案據及辦理情形詳細報部備核，不得漏略。

右十五條爲辦事章程。

第十六條，凡勘鑛時，先須取具該廳州縣地圖，查明鑛山距離城邑及附近之鎮市各若干里，鑛界所占之地爲若干方里，其中官荒若干，民業若干，民間有無影射侵佔情事。如係民業，應會同地方官驗明圖契糧串，以徵信實，更應分别記註繪圖貼説，存案備查。

第十七條，凡勘鑛時，須分別高山平壤，地基高過水面若干尺，地內附近苗脈之處有無泉水，挖至若干尺方見泉水，泉水出有多少，勘畢均應詳載報部。

第十八條，凡勘鑛時，須詳細審察苗脈入地深淺，係何種類，或團脈，或聚脈，或絡脈，或散苗。更須驗明其苗脈來自何方，去向何處，苗脈共有若干條，各條相距若干尺寸，或遠或近，或深或淺，及其長寬厚各若干尺寸，均應詳細記載報部。

第十九條，凡苗脈有入地淺者，有入地深者，有鑽過數層山石始發見者，均應審察苗脈之上下係何種鑛石，何種山石，土石分若干層，每種每層有若干尺寸，均須按其層次，繪圖備載報部。儻鑛石名目爲中國文字所無，准以外國文字記寫。

第二十條，凡勘鑛時，採得鑛苗鑛石仍須詳細化驗，分別其實質有百分中之若干分，若含有雜質，其種類若干，每種爲百分中之幾分，均應詳細記載報部。

第二十一條，凡鑛務發達，全恃運道通暢，故勘鑛時，凡水路運道皆應詳查，旱路之道或平坦，或崎嶇，水路或上水，或下水，其距銷售處所各若干里，運費各約需若干，附近有無大江大河，應否修築小枝鐵路以資轉運，或預備小輪，均須通盤核計，詳細備載報部。

第二十二條，凡勘鑛時，應分別上、中、下三等，如脈旺質佳，運道近便，銷售暢旺，提鍊所用之煤或柴炭易於購辦，並可在山場設立鍋爐就近提鍊者，爲上等；運道不便，煤炭難購者次之；苗脈不旺，入地太深，雜質太多者又次之。並須估計某鑛需款較鉅，某鑛需款較廉，其應需資本各約若干，均應詳核備載，並於圖説內載明某鑛應速辦，某鑛暫應緩辦，一併呈報商部，由部核定，分別次第飭開。【略】

第二十四條，凡勘鑛時，遇有民間業經私挖之鑛，及曾經開採中止之鑛，應詳查舊峒共有若干處，每峒有若干深，是否因泉水過多，或資本不足，或因別生事端，或因辦不得法，以致中止，均應考察情形，查取案據繪圖貼説，詳細記載報部。

右九條爲勘鑛章程。

以上各條係斟酌大概情形訂定，應由各省將軍、督撫轉飭各該局員及地方官一體遵照辦理，如有未盡事宜，仍應查照本部《奏定鑛務章程》辦理。

又《商部咨各省柴煤小鑛占地在一方里以內者請領探鑛開鑛執照照章減繳半費文光緒三十二年二月二十六日》 案查本部《奏定鑛務暫行章程》，凡請領探鑛執照，每紙繳費五十兩，開鑛執照所領之地在十方里以內，應繳照費一百兩。多一方里，加費十兩，以三十方里爲限。凡發給探鑛執照，應繳呈存殷實行號保單擔承銀五千兩、開鑛執照擔承銀一萬兩。嗣經變通《柴煤小鑛章程》，凡成本在萬金以下者，領探鑛照其擔保銀兩應按資本四分之一，開鑛照應按資本之半，由領照人呈交保單各等因，歷經咨行辦理在案。查各省柴煤小鑛所在多有，均係居民小本經營，用土法開採，誠宜廣爲提倡，以興地利。近查開採柴煤小鑛所佔鑛地多有不及一方里者，雖已將擔承銀兩酌予變通，而應繳照費若仍飭令一律遵章呈繳，恐民力猶有未逮。本部體念商艱，現議將照費章程再行量爲變通，凡用土法開採柴煤小鑛，占地在一方里以內者，請領探鑛、開鑛各執照，均按照定章照費銀數減繳一半，如此分別辦理。除開採五金各鑛及機器開煤成本較鉅者，仍一律遵照定章外，所有土法開採柴煤小鑛，均可減輕成本，易於集事，實於鑛務不無裨益。

又《商部咨各省鑛税按季具報文光緒三十二年四月初九日》 上年十一月間，本部具奏各省煤鑛收税，請飭一律遵照部章一摺。奉旨：「依議。欽此。」業經分行欽遵在案。查原奏內稱本部奏定鑛章第三十四條內，開鑛產出井視品類之貴賤以別税則之重輕；第三十五條內，開鑛產出口關税仍照税關章程徵收，納此税後其內地釐卡概不重徵等語，自宜一律遵守。應請飭下各省一體遵照，所屬鑛地不得於完納出井出口税外別有徵收，以恤商艱各等因，本部意在聲明定章提倡鑛政，俾鑛税咸歸一律，而承辦商人有所遵守。估計資本較有把握，庶羣情鼓舞，各省鑛務自必日有起色。現在各省均經設立鑛政調查局，遴派鑛務議員，於鑛政應辦事宜照奏案分別開列清單，按季具報本部，以備查核。

又《商部咨各省嗣後凡發鑛照各省及該商將給領日期具報並出示曉諭文光緒三十二年四月初九日》 案查本部奏定鑛章內開，凡稟請辦鑛，應由本部發給執照爲憑，一爲探鑛執照，一爲開鑛執照，業經通行各省，故凡稟請辦鑛者一經核准，呈領探鑛執照或開鑛執照，即行填發，咨由各省督撫飭屬轉給歷經辦理在案。乃本部風聞，邇來各省所屬往往接到此項執照，並不隨時轉發，任意稽壓，間有一二官吏於給照時甚至藉端需索，多方刁難。該管地方官於該商民等探開時未能極力保護，或因事阻撓者有之，或因此擾累者有之，或因居民疑阻遇事，未能維持調護，以致別生詞訟爭較滋事者有之，種種擾害，言之深堪痛恨。中國

地大物博，鑛産饒富，秖以各省興辦尚屬寥寥，遂致利源未闢，成效卒鮮，本部綜司鑛政，不惜極力提倡。凡商民請辦各鑛，仍以地方官确查爲辦事關鍵，維持保護，共此責成。且開鑛爲目下要政，與地方上均有密切之關係，是以上年八月間奏明，請飭各省設立鑛政調查局，遴派鑛務議員，原爲慎重鑛産開闢利源起見。當此風氣初開，商業競争之世，地方官宜如何提倡保護，埽除從前積習，藉以興實業而挽利權。嗣後本部擬定辦法，凡所發鑛照等件咨行各省督撫飭屬轉發，各督撫接到部文應即飭屬轉知該商，立即具領，並將發給日期專咨報部，一面令該商於承領鑛照後出具結單，填明何月何日領到，由該商逕行郵寄本部，以便核對而肅鑛政。

又《農工商部等會奏核議鑛務章程摺附片并清單光緒三十三年五月二十八日》 准軍機處鈔交湖廣總督張之洞奏請早定鑛務章程一摺。奉旨：「該部議奏。欽此。」又於六十六日准軍機處鈔交張之洞附奏補録英國商約第九款請敕部核辦一片。奉硃批：「該部知道。欽此。」臣等伏查，該前督前於光緒三十一年十二月間具奏遵擬鑛務章程一摺。奉硃批：「外務部、商部議奏。書併發。欽此。」由軍機處鈔交到部。據原奏内開，光緒二十八年，欽奉上諭：「鑛務爲今之要政，昨經劉坤一、張之洞電奏采取各國鑛章，詳加參酌妥議章程等語，所見甚是。即著該督等將各國辦理鑛務情形悉心採擇，會同妥議章程，奏明請旨，務期通行無弊，以保利權而昭慎重。欽此。」嗣劉坤一因病出缺，經臣遴委華洋各員購取英、美、德、法、奥、比利時、西班牙等國鑛章，詳加譯録，咨送外務部，交侍郎伍廷芳參酌編輯。該侍郎擬定稿本郵寄來鄂，復經臣重加增訂，書成後又派多員並采取日本鑛章，細心參校，臣復加酌核，謹纂成《中國鑛務正章》七十四款，附章七十三條，繕册恭呈御覽等語。臣等查，興辦鑛務爲大利所在，而措施失當，亦貽害靡窮，故纂訂章程於寬嚴操縱之處，條款繁簡之中必須體察情形，斟酌盡善，始能通行無阻，而有事關華洋交涉者尤宜審慎周詳。該前督原擬章程所有區別地面地腹，釐定鑛界鑛税，分晰地股銀股，暨於華洋商辦鑛一切限制防閑之法，條理至爲周密，而尤注意於中國主權、華民生計、地方治理。據稱係采取各國鑛章，遴派多員參校編輯審定，良具苦心，惟此項鑛章關係重要，既經訂定，必期實行。當以農工商部前奏鑛務暫行章程，數年來各省遵行尚無流弊，一面仍遵守舊章辦理，一面即將新訂章程逐細研求，務期益臻妥協。所有原章内關係交涉各條，應由外務部核議，其餘概歸農工商部查核。據原奏内稱，上年商部奏定鑛務暫行章程摺内聲明，俟臣處輯有專書，歸併辦理，以免歧異，自應參互考訂，歸於畫一等語。臣等當將新舊章程詳細比較查核，所有前訂章程立法較嚴之處，各省遵行已久，自應查酌增改，免致紛歧。又臣部有綜核鑛務之責，凡辦鑛應行報部核奪各事，宜亦應參酌前章，劃清辦事權限，俾内外互相維持，藉收統一事權之效。再查，臣部前經奏令各省設立鑛政調查局，遴派鑛務議員經理全省鑛務，並擬訂章程奏准遵行在案。現在新訂官制尚未通行，應即派令鑛務議員遵照此項鑛章，並原訂鑛政調查局章程辦理全省鑛務，以專責成。至原章内關係交涉諸條，暨該前督附奏英國商約第九款各節，外務部查該前督片奏内聲稱，改定鑛章一事曾於英國商約内詳切聲明，一則曰擇他國章程與中國相宜者，再則曰期於中國主權無礙，於中國利權無損。此次所擬鑛章較之各國通行章程但有加寬，並無加嚴，議准之原約具在，似不必過於遷就等語。臣等詳加查核，此次原章内關係交涉各條，既經該前督參酌商約訂定，自可按照所擬辦理，現已將原擬正附章程由臣等會同核明，謹繕具清册恭呈御覽，伏候欽定。至此項章程宣布施行日期，應俟奉旨允准後，由農工商部酌定咨行各省查照辦理。謹奏。光緒三十三年八月十三日奉旨：「依議。欽此。」

再，本年八月十三日，臣部會同外務部具奏核議鑛務章程一摺。奉旨：「依議。欽此。」欽遵在案。原奏内稱，此項章程宣布施行日期，應俟奉旨允准後由農工商部酌定咨行，各省查照辦理等語。現已將奏定章程刊印成書，頒發各省遵照，惟展轉佈告周知頗需時日。且按照新章，各省應行預備事宜，均須在定期施行之前，次第布置周妥，届時方能一體遵行。臣等體查情形，擬請自本年八月十三奉旨之日起，限定六箇月，算至明年二月十三日作爲宣布施行日期，届期一切遵照新章辦理。如蒙俞允，即由臣部通行各省欽遵查照。並將應行籌備各事宜遵章妥速辦理，務於奏定施行日期之前，先行報部查核，以重鑛政。謹奏。光緒三十三年九月十四日奉旨：「依議。欽此。」謹將《鑛務正章》七十四款，《附章》七十三條開具目次清單，恭呈御覽。

計開《鑛務正章》目録

第一章　總要

第一款　新章頒行舊章收回

第二章　管理

第二款　農工商部綜理鑛政之職掌

第三款　各省分理鑛政之職掌
第四款　鑛務委員之職掌
第五款　清查鑛地，考覈鑛商均必須先經各省鑛局及地方官查明詳咨，以爲根據
第六款　鑛務繳款分三項
第三章　舊商限制
第七款　清理舊商鑛界
第八款　舊鑛商之章程不妥者宜設法修改增補
第四章　新商限制
第九款　外國鑛商不能充地面業主
第十款　中外人承充鑛商之區别
第五章　鑛質分類
第十一款　鑛質分三類
第十二款　續出之鑛質
第六章　地權
第十三款　地面地腹釋義
第十四款　地面地腹權利之區别
第十五款　銀股地股之區别
第十六款　甲字類鑛專歸業主開採
第十七款　乙字類鑛合股辦法
第十八款　丙字類鑛合股辦法
第十九款　稽查鑛産總數
第二十款　鑛業不得私自换賣及質押
第七章　以地作股
第二十一款　鑛地作爲紅股斷
第八章　執照
第二十二款　辦鑛須請執照及其限制質辦法
第二十三款　執照分兩種
第二十四款　請領勘鑛執照辦法
第二十五款　勘鑛執照期限及其限制
第二十六款　履勘鑛産限制
第二十八款　勘鑛界限
第二十九款　開鑛界限
第三十款　鑛地面積界限
第三十一款　請領毗連鑛界辦法
第三十二款　减鑛棄鑛辦法
第三十三款　請領開鑛執照辦法
第三十四款　酌定業主自開期限
第三十五款　需用地面有糾葛應聽官
第三十六款　分别一鑛有乙丙兩類鑛
第三十七款　覈准鑛地辦法
第三十八款　填發執照須憑實據
第三十九款　給照後立可興辦鑛工
第四十款　開闢隧峒所關事項
第四十一款　詐領執照應予懲處
第九章　鑛界年租
第四十二款　鑛界年租等差
第四十三款　繳租期限
第四十四款　勘鑛地租及免租事例
第十章　鑛税
第四十五款　鑛産出井税等差
第四十六款　鑛産出井税繳納期限
第四十七款　出井鑛税延逾之罰
第四十八款　出口鑛産進口開鑛機器物料之税則
第十一章　鑛商應遵之禁令
第四十九款　開辦停辦之判斷
第五十款　公同利害之處置
第五十一款　鑛地洩水法
第五十二款　洩水受害者應予賠償
第五十三款　鑛局有迫令除患之權

第五十四款　不准施工之界限
第五十五款　帳册宜遵格式
第五十六款　鑛圖宜遵格式
第十二章　樹木水道
第五十七款　鑛地樹木
第五十八款　鑛地水利
第十三章　外人合股
第五十九款　外國商民之名籍職業及保證限制
第六十款　外國商民訴訟法
第六十一款　外國商民犯罪處置法
第六十二款　外國商民上控限制
第六十三款　保護開鑛外國商民各條
第六十四款　宣示有鑛地方阻礙事由
第十四章　鑛工
第六十五款　鑛商所定鑛工規條須經官准
第六十六款　鑛工須有詳細簿籍
第六十七款　鑛工罷役各條
第六十八款　體恤鑛工各條
第六十九款　辭退鑛工各條
第七十款　懲辦鑛工各條
第七十一款　修改鑛工章程
第十五章　鑛務警察
第七十二款　鑛務警察之責任
第七十三款　鑛務警察之權限
第七十四款　停工開工之辦法
附各國鑛地限制備考

《清鑛務正章》

第一章　總要

第一款，新章頒行舊章收回。

此章自宣布之日起即當奉行所有從前頒行鑛章一概收回。

第二章　管理

第二款，農工商部綜理鑛政之職掌。

農工商部管理鑛務一切事宜，並一應辦鑛人員，令各遵照此次奏定之鑛章，以歸畫一。並以後增修章程，推擴鑛務，核給勘鑛開鑛執照，兼録用鑛師，並延聘鑛務律師，以資輔助。遇有華洋商合辦，應於核給開鑛執照之先，叙明該洋商來歷及現住處所，咨照外務部。

第三款，各省分理鑛政之職掌。

各省鑛政應於省城各設一彙總承轉辦理之區。現在外省官制尚未通行，仍暫由奏設鑛政調查局之鑛務議員遵照此項章程辦理各項鑛務。各州縣境内如需派設鑛務委員，即由該議員遴選妥員，詳由本省督撫咨報農工商部核准施行。凡關涉鑛務事宜，均須詳請咨部核奪。

第四款，鑛務委員之職掌。

凡總局即鑛政調查局所派駐各州縣之鑛務委員，凡關係鑛内之事無礙於地方者，准由該委員秉公辦理，或勸解調處，或執法判斷，均由該委員酌辦，總以無礙法律，有益鑛務爲主。若一經牽涉鑛外，該委員應會同地方官訊辦，不得擅自裁判。各省總局所用委員皆以中國官員承充，惟選擇通曉鑛學之人爲鑛務顧問官，則不拘華洋，均可任用。該鑛務顧問官如係洋員，應遵守中國法律，聽總局節制調遣，奉行總局照章派任之職事。鑛務總局並可特派委員偕同鑛務顧問官巡歷有鑛各地，以便考察。鑛工回省時，詳确稟報總局核奪。惟顧問官只有稽察鑛務利病，條陳應辦事宜之權，並無裁判定斷行文之權。

第五款，清查鑛地，考核鑛商，均必須先經各省鑛局及地方官查明詳咨，以爲根據。

凡各省鑛地與地方有無關礙，其産業有無糾葛，又鑛商之籍貫來歷及其資本是否充足實在，有無影射含混，均非在本省就近确查，不能清晰确實。如鑛商願請勘鑛執照者，無論華洋均應在本省鑛政總局遵章呈報，候行地方官查明實在情形，是否合例，有無糾葛，據實稟覆，方能核辦。其應行核准者，總局即詳請本省督撫核准，由督撫咨報農工商部查考，如有鑛商徑赴農工商部具呈者，應由農工商部咨行該省督撫，轉飭鑛政總局查明核辦。

第六款，鑛務繳款分三項。

凡鑛商請領開鑛執照，應繳照費，應全數報解農工商部充用。凡鑛商呈繳

之鑛界年租一，及鑛産出井税二，並官地與鑛商合股應分之紅利三，其銀兩統由各省總局彙收，以一半解農工商部，以一半解司庫，充本省餉需。每年年終將收數彙造清册，呈由本省督撫，轉咨農工商部查核。勘鑛執照公費應留充本省總局局用，其鑛務委員所收之局費應報解總局，分别撥充各州縣鑛務委員之局用。

第三章　舊商限制

第七款，清理舊商鑛界。

凡現在開鑛之鑛商與已經准領鑛地之人，必須將原有鑛産禀報本省總局，照現定章程立案，核明數目，劃分鑛界，准自此章頒行之日起，儘二年之内一律辦清，一切須遵照本次所定鑛章辦理。

第八款，舊鑛商之章程不妥者宜設法修改增補。

凡現在開鑛之鑛商與已經准領鑛地之人，若以新章之某一款或若干款與其已得之權利有所損礙者，准自新章頒行之日起，儘六個月内將其損礙之情形具禀本省總局，詳請督撫，轉咨農工商部察核定奪。其關繫洋商者，並咨外務部會核，必須於華民生計及中國主權地方治理均無侵奪妨損，方可酌予通融。如從前所訂合同條款有占奪華民生計，及有礙中國主權地方治理者，仍應妥爲修改，期與新章不致違背。此外各商凡於新章頒行後呈請開鑛者，一切均按新章辦理，概不得援舊日鑛商爲例。

第四章　新商限制

第九款，外國鑛商不能充地面業主。

中國人民遵照國法向例執有地面者爲該地業主，與華商合股之洋商在中國地方合股開鑛，止准給予開採鑛務之權，以鑛盡爲斷，無論用何方法，不得執其土地作爲已有。

第十款，中外人承充鑛商之區别。

凡爲鑛商者，除中國人民自應准其承充外，凡與中國有約之各國人民允願遵守中國之法律，皆得在中國與華商合股，禀請承辦合律之鑛産作爲鑛商。其外國人民與華人合股者辦法有二：

一、業主以鑛地作股與洋商合辦，則專分餘利，不認虧耗。如業主願得地價，不願入股，則該地應由官收，買租與鑛商合辦，官即作爲業主，照後開乙字丙字等差，分别三成五成兩辦法分收餘利，外國人民概不准收買鑛地。

一、華商以資本入股與洋商合辦，則權利均分，盈虧與共，華洋股分以各佔一半爲度。如洋商但與地面業主合股，即以鑛地作股，而别無華商銀股者，洋商應留股分十成之三，聽華商隨時入股，照股本原價付銀。留五年，華股無人，准將所留三成股票售去一成五，仍留一成五股票，聽華商仍照原價付銀入股。又五年，華股如尚未招足，聽其將餘股儘數售去。惟十年後，如有華商按照時價收買洋股，與之合辦者，隨時皆可入股，洋商亦不得拒絶。

凡華洋商民禀請辦鑛，如犯下開各項者，不得有此權利。

一、中國人民曾違犯法律者。

二、僧道及各教會教徒以其教爲業者。

三、外國人民其國未與中國立有條約者，與其國不以同等開鑛權利予中國人民者。

四、外國人民不守中國法律者，及曾違犯中國或本國法律者。

五、外國國家及國家所使令者。

六、任外國國家職事尚未交卸者。

七、中國國家特發禁令禁止者。

第五章　鑛質分類

第十一款，鑛質分三類。

鑛地所出之鑛質，或在地腹，或在地面，無論如何變質，綜分三類，以便分别辦理。

甲、凡土性之鑛質如矽石、青石、沙石、巒石、土灰、白石即灰石、雲石、元精石即石膏、駄羅美石、沙類含鈣養之土、韌泥、火泥及一切有關建造應用材料各種鑛質，由開坑而取者分之爲第一類。

乙、所有散鑛、流積鑛、鐵養鑛即無名異、錳養鑛、寶砂、可倫都末即寶沙石、不灰木、千層石或千層紙鑛、紅黄土類、紅土礬石波格歲得、雪形石、含淡養五之質、燐養灰、鋇養鈣、弗石、肥皂石、石脂即漂白家泥、貝里底亞司土、錢養土、開所嘉爾、梯來波勒特、燒瓷泥、筆鉛鑛、水類、鹽水不計、琥珀、美耳山末石、硼砂比得浮石分之爲第二類。

丙、所有金屬鑛質如銻、鉮、鉍、銅、鉻、鈷、金、鉢、鐵、鉛、錳、錳養不計。汞、鉬、鑷、銑、鉑即白金、銀、錫、流積不計釉、鋅、無論原質或構質皆包在内。輭石油、鑛油類、阿司佛辣得、柏油、硬煤、煙煤、木煤、硫磺、寶石綜分之爲第三類。

凡各種鹽係歸國家專司，不在右三類鑛産之内。

第十二款，續出之鑛質。

設有鑛質爲本章第十一款所未詳載者，其應列歸何類，如不能辨别詳确，應咨送農工商部核定，通咨各省，嗣後照辦。

第六章　地權

第十三款，地面、地腹釋義。

按照第十一款凡有鑛質各地應分爲兩層：

甲、第一層指地面而言，其厚至業主平日所用之深處，以耕種、築造並其他土工所及不關於鑛務者爲限。

乙、第二層指地腹而言，即第一層之下其厚所及之深處，並無限制。

第十四款，地面、地腹權利之區别。

地面權利除業主准其自用外，至承辦地腹各鑛之鑛商，並不能有地面業主應有一切之權利，惟於執照所准之地界，按章業已奉官局允准遵繳各費，則所有開鑛應辦一切事宜，該業主及他人亦均不得阻礙。

各國通例地腹皆爲國家所有，凡五金之屬及一切貴重鑛質，非官不得開採，業主民人不能霑地腹之利。中國政崇寬大，務在體恤民生。所有地腹鑛産之利，除照章徵收鑛界年租及鑛産出井税外，其合股餘利，惟丙字類之鑛質，國家應酌提紅股一半，歸地面業主分霑一半。總之，國與民共分此全數餘利十成中之五成，以示與民同享樂利之意。凡合格之鑛商繳費，合辦者無論華商、洋商，均不能將地權給與該鑛商掌管。

鑛商如係華洋合股，應先將開鑛需用之地面與業主商明，是否願以鑛地作股，其不願以地入股而願得地價者，准業主呈報總局，按照相當價值由官收買，再與鑛商合股開辦。如業主不願將鑛地出售，可由官查詢原委，斟酌辦理，鑛商不得絲毫抑勒强迫，致拂民情。其由官核准給照之鑛地，該鑛商止有權辦理鑛上一切事宜，不得管及地面，官亦不以定章以外之科條阻礙鑛事。俟開鑛事竣，仍將地面交還官局，官局收回地面，即將該商所領開鑛執照註銷。

開採之權屬之國家，無論官辦民辦，或華洋商人合辦，均以奉有部照始准開辦。倘有民間私將鑛産賣於外人者，由官局查明，除鑛地充公外，並將該業主照盜賣律治罪。如無華人合股，斷不准他國鑛商獨自開採一鑛。

第十五款，銀股地股之區别。

凡華洋合資開採一鑛謂之銀股，或中國鑛商力有不足，官家助以資本者謂之銀股。

凡業主有地無資開採，願與鑛商合力呈請領辦者，民業主應分之利謂之地股，或官家之地，官不自開，准給鑛商。

領辦者，官家應分之利謂之官地股。

第十六款，甲字類鑛專歸業主開採。

第十一款，甲字類鑛質如在民地，應准地面業主任便開採，如在官地，應稟明總局批准，方可開採，一切税捐仍照本省舊章辦理，勿庸徵收年租及出井税。

第十七款，乙字類鑛合股辦法。

第十一款，乙字類所載各鑛質如在官地，應由官辦，如在民地，准業主儘先開採，如業主無力自開，准其以地作股，與鑛商合股開辦。所得鑛利，除開除一切用費外，淨存餘利，此類鑛質利息不多，業主應得十成之三，鑛商應得十成之七，官但照章徵收鑛税年租，不提業主餘利。

第十八款，丙字類鑛合股辦法。

第十一款，丙字類所載各鑛質辦法，悉與上條乙字類相同。惟所得鑛利除開支一切用費外，淨存餘利，業主應得十成之二五，國家酌提十成之二五，鑛商應得十成之五。

第十九款，稽查鑛産總數。

無論官地民地，公用民用所開出之鑛質，數目按季呈送鑛務委員轉遞總局，詳咨農工商部以備核算，統國每年鑛産總數。

第二十款，鑛業不得私自换賣及質押。

鑛商不得將鑛中産業私行買賣交换，及作爲借貸抵押，必至原給照處呈明事由，經鑛務委員查明批准，方可遵辦。違者依私自買賣鑛地律治罪，惟該鑛商此外所有産業不在此列。

第七章　以地作股

第二十一款，鑛地作爲紅股。

凡業主所有鑛地，准其以鑛地作爲成本，與情願租辦之鑛商合股經營，其鑛地即作爲紅股，應占本鑛股本若干，視鑛質爲定。如係丙字類鑛，則所得餘利，鑛商七成，地面業主三成。如係乙字類鑛，則所得餘利，鑛商一半，地面業主二成五，國家二成五。無論鑛之大小難易，總以除去地租鑛税、用餐、公積外，其地股之業户與銀股之鑛商照上列成數各分餘利爲斷。如鑛係官地，則除鑛商所得

外，統歸國家所得。如鑛商不允照此辦法，即不能承辦各種鑛務。凡以鑛作股與他商合辦，一切開鑛事宜，均歸出資之鑛商經理，如有虧耗，專歸鑛商承認。惟既報虧耗，則業主自無餘利可分，應准地股之業户得隨時查考該鑛商出入款目帳簿，俾可知是否虧耗、有無餘利實情，以免争執。

凡官地即作爲官股，無論華洋商民稟請給領官地開鑛者，其股分只許占一半，不得逾於官股之數。官股應分餘利悉照上節辦理，並須由官派員駐鑛，隨時稽核款目，考查鑛工。

凡地股之業户，如兼有銀股，除地股不認虧耗外，其銀股仍一律按股公認，民股、官股皆同。

第八章　執照

第二十二款，辦鑛須請執照及其限制。

除甲字類鑛質外，凡欲請辦第十一款乙、丙字下所載之鑛質者，必須先行具稟該省總局，請領辦鑛執照，方准開採。至各種鹽，乃國家專有之權利，中國向不作爲鑛額，領執照者不准以鹽作鑛，領執照者不得將其執照上之權利轉授他人。

第二十三款，執照分兩種。

執照分爲兩種，一爲勘鑛執照，由農工商部豫發各省總局填給，一爲開鑛執照，由農工商部核准填發各省總局轉給，領照者無論獨辦或數人合辦，或合股公司，均可稟領。

甲　勘鑛執照

第二十四款，請領勘鑛執照辦法。

呈請勘鑛執照之人須開明履歷，並所擬履勘之地址，及所擬探之鑛質，詳稟陳明，並須將擬勘之地繪圖貼説，稟呈總局，聽候總局行查，該地方官及鑛務委員俟其稟復核奪。倘該請領勘鑛執照之人不能合格，或所領之鑛地别有違礙，即不能准給執照，或别有可疑之處，可令其呈具保單。

第二十五款，勘鑛執照期限及其限制。

勘鑛執照定以一年爲限，如因要事，可准展期六個月爲止。若領到執照後兩個月之内，不派有鑛務學校畢業文憑之鑛師前往履勘，不論何故概不准展限。每張勘鑛執照所准履勘之地，至多不得逾三十方中里，並須坐落一縣界内，如係數人均稟請勘鑛執照而同指一地者，該執照只予首先具稟之人所領。勘鑛執照不准典押，不准互换，不准出售，並不准假託他項變動辦法。

第二十六款，履勘鑛産限制。

凡公地並非官家留作别用者，及與地方毫無關礙者，准頒勘鑛執照之人在界内履勘第十一款乙丙字下所列之鑛質，如開坑驗鑛，其深闊處均不得過中國官尺三十尺。惟在勘鑛執照限期之内，若須用鑽石打鑽驗鑛者，其深處則不能豫定限制，但至深不過官尺五百尺，如再需鑿深，須與業主商允方可。凡民地如須擬勘，皆須先商業主或其代表人應允，不得絲毫勉强，致啓争端。

第二十七款，續請勘鑛限制。

凡鑛地所有已經稟領鑛界在案者，隨後有人稟請勘鑛，至少須離前領界外六百官尺，惟已經廢棄之鑛，則准其履勘。

乙　開鑛執照、鑛界

第二十八款，勘鑛界限。

凡勘驗乙丙兩項之鑛質，其所開之坑長處、深處有逾三十官尺者，即作爲開鑛論，必須加領開鑛執照，方准辦理。

第二十九款，開鑛界限。

凡開採第十一款乙丙兩類之鑛質，須將所領鑛地劃成鑛界計算，准地面平方每邊三百官尺、横直相等者爲一鑛界，領辦者於地中採鑛之界線，須與地面所劃界線不得横斜出所准領地面以外。

凡所採鑛質無論乙丙兩項何類鑛砂，其深處至鑛質竭盡爲止不得再向下掘。

第三十款，鑛地面積界限。

所請開鑛執照或爲一界或爲數界，均可併載一張之内，所請之地如不止一界，其毗連之邊徑，必須相連，不得隔斷，惟一人所領鑛地，無論若干界，每人至多不得過面積九百六十中畝，即一百六十英畝，其領地不及九百六十畝者，鑛照批發後，如續行請展鑛界，須再稟候核奪，與請領新鑛同。

第三十一款，請領毗連鑛界辦法。

如有未領之地坐落兩三鑛界之間，其形式大小與本章所定鑛界不合，准毗連此地鑛商中之先具稟者領之，如不願領，准此外合格之人先具稟者領之。

第三十二款，減鑛棄鑛辦法。

設使領有開鑛執照之人，欲減去若干鑛界，或全行捨棄，准照《鑛務附章》所

定辦法，在總局具稟聲明。

第三十三款，請領開鑛執照辦法。

凡已領勘鑛執照，於勘畢後，擬稟請開鑛執照者，須遵定章在鑛務總局具稟。該具稟人無論獨辦或合辦，或公司，須將來歷詳細聲明，獨辦或合辦，須將出資本者及諸經理人之履歷開呈。若係公司，須開呈各董事及領袖辦事人履歷，並開呈資本數目，用何法開採，所請鑛地四至及界石，並鑛界若干，擬辦何項鑛質，均須一併聲叙明晰。並應取具殷實行號保單銀一萬兩隨稟呈送，此項保銀係擔承領照人遵守照内及鑛章所載各款，違者罰令充公。

第三十四款，酌定業主自開期限。

凡稟請鑛地，准其先請先得，但第十一款乙字所載各鑛質若在民地，其業主自願開辦，應准業主儘先開採。惟總局可豫定一期，諭令於期内開工，過期不開，可由總局將該鑛地給價收買歸官。

第三十五款，需用地面有糾葛應聽官斷。

設若所請鑛地中之某段在民地之内，具稟人如需此段地面以作附屬鑛地之用，或需全段地面以作開採散鑛或流積鑛質之用者，務與業主商辦。其如何商辦之處，亦應聲明稟内，如業主不允與具稟人商辦，應由總局确查情形，如與民間別無妨礙，而又爲開鑛必不可少之地，可按官斷規條辦理。

第三十六款，分別一鑛有乙、丙兩類鑛質辦法。

一鑛地之内有第十一款所載乙、丙兩類之鑛質，而不能同時開採者，可准首先合格之具稟人領辦。儻稟請開採丙字内鑛質者，可准兼採乙字類鑛質。如只請開採乙字類鑛質者，則不准兼採丙字類鑛質。若欲兼採丙字類鑛質，必須另行具稟。

第三十七款，核准鑛地辦法。

總局收到呈請鑛地之稟，查明係未領之地，並與地方毫無關礙，即將原稟事由榜示局前，以備或有轇轕即便核辦，嗣後總局飭測繪委員定立界址，無論彼處有無鑛質，已未施工，均照立界，界内如有房屋道路及營造等事亦無礙。惟開採工程須遵守《鑛務警察章程》及第四十四款，並附章第四十二條辦理。

第三十八款，填發執照須憑實據。

所請鑛地一經測量定界之後，且經證明實係未領之地，並查與地方毫無窒礙，及曾領得勘鑛執照在先，總局即可照章詳請咨部核發開鑛執照，給具稟人收領。

第三十九款，給照後立可興辦鑛工。

凡遵守條例請領鑛地，一經領到開鑛執照後，該鑛商可以立時興工，將照内指定之鑛開採。

第四十款，開闢隧峒所關事項。

因開闢隧峒洩水通氣，或轉運，而其地工程乃在所領地界以外，如彼處有未領之地可資開辦本款所載之工程者，則須遵照稟請鑛地之例，另行請領所需之地。儻該工程須越別人鑛界者，該具稟人必須先與別界之鑛商妥商，並須議明。設因上開工作而獲鑛質，理應如何分派，儻與別界之鑛商未經議妥，除經總局按官斷規條斷准外，則不得擅行開工。

第四十一款，詐領執照應予懲處。

凡稟領執照由詐術者，一經訪查得實，應將所給執照立刻收回，從嚴懲辦。

第九章　鑛界年租

第四十二款，鑛界年租等差。

所領之鑛地應按年遵照下開各條納鑛界租：

乾、按第十一款乙字所載各鑛質，按年每一鑛界繳租銀一兩五錢，合每畝銀一錢。

元、按第十一款丙字除黄金、白金、銀、寶石外，其餘各鑛質，按年每一鑛界繳租銀三兩，合每畝銀二錢。

亨、黄金、白銀、寶石各鑛，按年每一鑛界繳租銀四兩五錢，合每畝銀三錢。

利、按元字所載之鑛質，每年本應納租銀三兩，如其鑛質中含有黄金或銀若干成數，則應納鑛界之年租，須照亨字一條交納，即每年每一鑛界繳租銀四兩五錢，合每畝銀三錢。

貞、此項鑛界年租乃在地面錢糧之外。

第四十三款，繳租期限。

此項鑛界年租分爲兩季先繳，如有短繳，無論若干，但逾六箇月者，則註銷執照，封閉該鑛，如領官地，即行收回。

第四十四款，勘鑛地租及免租事例。

凡准履勘之鑛地，民地應由鑛商與業主商妥稟官立案，如在官地應繳納勘鑛地租，每一鑛界銀二兩，展限半年者，應加納半數，均於批准或准展以前交納

總局或鑛務委員。凡專爲開闢隧峒洩水通氣，或轉運之用，稟請應需之地者，免納鑛界年租。

第十章　鑛税

第四十五款，鑛産出井税等差。

除納鑛界年租外，尚須按照所採獲鑛産之數交納出井鑛税，其數如下：

一、凡煤炭或煙煤，或硬煤每噸納銀一錢。

二、鐵苗每噸納銀一錢。

三、凡此鑛導係黄金或白金，或銀，按照市價抽取百分之十。

四、凡他項鑛質中含有黄金或白金，或銀，其成數多少無定，應臨時查其所得金、銀實數，按照市價抽取百分之五。

五、凡汞苗與錫苗及銅苗，按其價值抽取百分之三。

六、凡各色玉類並寶石類，按其價值抽取百分之十。

七、其餘第十一款乙類所載之鑛質，按其價值抽取百分之一，丙類所載之鑛質，按其價值抽取百分之三。

第四十六款，鑛産出井税繳納期限。

鑛産出井税銀兩乃按上月所出之鑛産，於本月十五日交納。凡鑛税銀兩並鑛界年租皆在所設鑛務委員處交納，呈解總局。

第四十七款，出井鑛税延逾之罰。

儻於每月十五日應繳上月出井鑛税，未經全繳而延至三箇月之久者，即註銷執照，將鑛封閉，如領官地即將鑛地收回。

第四十八款，出口鑛産進口開鑛機器物料之税則。

凡鑛産裝運出口者，無論其爲鑛苗之原質，或提淘之粗胚，或製煉之浄質，須按海關税則交納出口税；凡機器料件裝運進口爲辦鑛之用者，亦須按海關税則交納進口税

第十一章　鑛商應遵之禁令

第四十九款，開辦停辦之判斷。

凡有約各國人民既願與華人合股充爲鑛商，即作爲已允遵守中國法律並歸中國官員節制，及按照現定鑛章辦理，或他日續訂開鑛新章，或别項有關繫法律，如公司法律之類亦允遵守照辦。如果切實遵守，即任其興辦應需之工業，即如開採之緩速，或因需工之多寡，不免暫時停工，如停工一年不採鑛質，即作爲鑛商永遠停辦該鑛，鑛務委員即可准他人按章稟請接辦，至設辦溝渠風穴、探運鑛苗悉從其便。惟因工程不善以致有險害等事，該鑛商承任責成，應速講求豫防之法，又因别種辦法致損别人産業之利益者，均歸該鑛商賠償，並由地方官及鑛政總局體察情形，責令該鑛商暫行停辦，另籌妥善之方，再行開辦。一經總局知照，立即停工，不得借故延誘，或恃强不遵。凡因停辦所損失之利由該鑛商自認，鑛務總局一概不理，即領事公使均不得干預。

第五十款，公同利害之處置。

道路、溝渠、水道、氣道或其鑛地之内，或在毗連鄰産之内，均同獲其利，或同受其害，如欲勒令遵行本款義務，或欲估計賠償之數，除照鑛務附章載明辦法外，均應遵行該省通行律例。

第五十一款，鑛地洩水法。

鑛中之水屬鑛商者，應由鑛商自行設法挹注，惟挹注時不得損礙别人産業，如在地面挹注，照本地向例，放水不得阻礙現有水道。

第五十二款，洩水受害者應予賠償。

倘因鑛中積水或因别故，該鑛商雖已得知，仍不遵照章程所定期内設法疏洩，以致鑛内鑛外别人之利益受損，該鑛商應訂立合同賠償，或由本省總局斷賠。

第五十三款，鑛局有迫令除患之權。

設使數家鑛産同在一處，因有水患以致被災不能開採，如果各該鑛商曾經倡議設法除患，而未能協商定議者，總局應即迫令各該鑛商公同捐資，設法除患，酌量定斷辦理。

第五十四款，不准施工之界限。

無論何項鑛工，倘無該業主切實允許，均不得在其本宅業産界綫外一里之内施工，倘無該處地方官明文准可，亦不得在衙署、會館、公所等類及緊要水利之處，公用道路、鐵路、運河等類之界綫外三里之内施工。至若礮臺營寨及一切軍用局廠所在之地，除該管官員特行圈劃施禁，不論遠近外，凡鑛務工程不得於距其界綫三十里以内施工。

第五十五款，帳册宜遵格式。

所有辦鑛人，或獨辦或合辦，或公司須遵妥定帳册格式，隨時紀載辦鑛确實帳目，以備總局委員隨時查閲。

第五十六款，鑛圖宜遵格式。

各鑛須遵頒行格式預繪地腹工程之準圖，以備總局隨時委員稽查驗看。

第十二章　樹木水道

第五十七款，鑛地樹木。

砍伐樹木或因清道之故，或因開鑛之用，均不列在勘鑛及開鑛執照准行之內，如所在係官地，應在鑛務委員處請領伐樹准單，所伐之樹按照該處市價納繳。如係民地，則須備價向業主商購，經業主允許，方能砍伐，或由地方官按律定斷准行方可。

第五十八款，鑛地水利。

各省内地之江河湖港可行舟艇之處，均歸國家管轄，官民公用，所有江河等處水道，鑛商不得藉故擅擬更改，亦不得分注上流之水，致奪下流居處之水利。

第十三章　外人合股

第五十九款，外國商民之名籍職業及保證限制。

凡合股洋商照章具稟領辦，須投有該國領事公文證明，其人能切實遵守本章及附章所有已載未載各條款，並須由該省鑛務總局查實其人果合第五款鑛商格式，然後發給執照，准令照章辦鑛。該總局並應令具切實保單，保其遵守本章及附章，斷無違背，果於定章毫無窒礙違背，方能核准令其承辦。除鑛商承辦鑛務外，至於外人入内地須領護照，及外人不准在内地租地賃房造屋，設立行棧暨經營他項事業。諸類條款仍舊施行，絲毫未有更改，即因勘鑛或開鑛外人入内地，須照舊請領護照。

第六十款，外國商民訴訟法。

凡合股洋商在内地辦鑛，如與中國人民或他國人民有錢債爭訟，關係兩造私自權利者，中國執法官吏可按照國律向例秉公剖斷。如有案情別出，爲現在律例所未備載者，並可按照現今各國通例，並參酌中國法律情形公平斟酌辦理。

第六十一款，外國商民犯罪處置法。

凡合股洋商在中國内地辦鑛，如有犯罪事件，中國執法官吏可往查問案情，搜檢證物，若遇該國領事遠隔犯人有逃走之虞者，並可暫時捕拘移送就近領事官，仍按照條約照會該國領事官，用該國律例處斷，中國官吏並不强行干預。如領事處斷不能得中國官吏許可，商民悅服，以後該國民人即不准在本省再請開鑛執照。

第六十二款，外國商民上控限制。

凡關係鑛務事件受斷者，無論何國人不服鑛務委員所判，准至本省鑛政總局上控，如仍不服，至本省提法使司、督撫衙門及至農工商部爲止。無論何國領事及公使，均不得干預。但無論控至何處，均宜按此鑛章剖斷，惟於此項鑛章未經著有明條者，方可援引外國鑛律，仍不得與中國鑛章意義觸背。

第六十三款，保護開鑛外國商民各條。

外國人民既與華民合股辦鑛，不拘何時如有打獵跑馬及種種游戲事件有危險之虞者，須稟明該處地方官指定地界，限定時日遵照辦理，其餘仍按外人游歷内地章程從優管待。

外洋合股鑛商除本人外，暨延訂鑛師及管理機器者數人，非與該鑛確有關係，未經總局允准有合格護照，地方官不認保護之責。

第六十四款，宣示有鑛地方阻礙事由。

鑛政總局如以某處地方尚未安謐，或經地方官隨時稟明有礙地方安謐不宜外人入内辦鑛，可將事由宣示領稟鑛照者，即不批准。

第十四章　鑛工

第六十五款，鑛商所定鑛工規條須經官准。

凡開採鑛物及從事開鑛業務之華人謂之鑛工，鑛商所定之鑛工規程，必先稟明鑛務委員，然後施行。

第六十六款，鑛工須有詳細簿籍。

鑛商宜備鑛工名簿記，載其姓名、年歲、籍貫、職業及被僱辭退之年月日，以備查考。

第六十七款，鑛工罷役各條。

如犯下開各項者，鑛工無論何時，可以罷役：

一、鑛商及其使用夥友有虐待之事件；

二、工銀不按時支給或有尅扣等情；

三、鑛工作工時刻過多有不勝其勞苦，以致多成疾病者。

第六十八款，體恤鑛工各條。

鑛商其體恤工人，其體恤規條必先稟明鑛務委員：

一、非鑛工之過失，因就業時負傷，應補給醫藥培養等費；

二、因負傷得培養時給與相當之火食費；

三、或因負傷以致身故者應優給埋葬費；

四、或因負傷以致殘廢者，應酌定期限給與補助費。

以上四項，鑛商與鑛務委員公同商酌給發。

第六十九款，辭退鑛工各條。

如犯下開有礙鑛商各款，無論何時，鑛商可以辭退鑛工：

一、違犯中國律例，擾害地方人民者；

二、窩藏匪類混作鑛工者；

三、投身教堂自稱教民，混作鑛工，不受地方官員約束者。

第七十款，懲辦鑛工各條。

如犯下開有害地方各款，無論何時，鑛務委員亦可迫令鑛商清查此等工人，交地方官懲辦，不准鑛商庇護：

一、不聽鑛商指揮使用者；

二、對於鑛商及其夥友有横暴之行爲者；

三、鑛商並無虐待尅扣情事藉端罷工要挾者。

第七十一款，修改鑛工章程。

凡國家保護鑛工及查禁鑛商虐待工人情弊條款如有應行修改增益之處，可由本省督撫隨時咨明農工商部核定辦理。

第十五章　鑛務警察

第七十二款，鑛務警察之責任。

鑛務警察事務由總局飭知鑛務委員攝行其事，大端列左：

一、關於坑内及鑛地所施設之工程有無危險事；

二、關於鑛工之生命及其他衛生事；

三、關於保護公益事。

第七十三款，鑛務警察之權限。

鑛務委員如實見所管鑛地有危險之虞，或有害公益者，應稟請總局，命其停工，如事迫不及稟請總局者，該委員亦可命其暫行停工。

第七十四款，停工開工之辦法。

鑛地因事故停止開採，如果加工設法改正後，由鑛務委員勘實即，仍准開工。

附各國鑛地限制備考。

英國：

第一等鑛地四百英畝。

第二等鑛地二百英畝。

第三等鑛地一百英畝。

美國：

每人所請鑛地不得過二十英畝。

或數人同請在八人以上，不得過一百六十英畝。

法國：

自二十英畝起，至多以六方里爲限。

德國：

十一英畝至二百二十英畝。

奥國：

十一英畝。

日斯巴尼亞國：

至少領縱横各四百米。

計開《鑛務附章》目録

第一條　各省鑛政局派員分理鑛務

第二條　鑛務委員應迴避條款

第三條　鑛務委員之責任

第四條　鑛務委員開鑛小工巡查兵役三項均不得用外國人

第五條　呈請勘鑛執照法

第六條　允許勘鑛字據

第七條　勘鑛次第

第八條　允許勘鑛期限

第九條　勘鑛期限

第十條　呈請開鑛執照法

第十一條　補領鑛照辦法

第十二條　接充鑛商辦法

第十三條　業主自行開鑛應立期限

第十四條　業主悔議應償還勘鑛人工

第十五條　鑛務委員有詰問開鑛人之權
第十六條　鑛務委員應註明收稟日期次序
第十七條　鑛務委員不收同地未批之稟
第十八條　開鑛次第
第十九條　測繪鑛界期限及其費用
第二十條　測繪委員呈報鑛圖期限及禁止阻撓辦法
第二十一條　測繪鑛界定限法
第二十二條　鑛界標識法
第二十三條　測繪委員標定界誌辦法
第二十四條　測繪委員圖説錯誤責任
第二十五條　開鑛人宜恪守鑛界
第二十六條　鑛務委員經理告發事件辦法
第二十七條　告發開鑛人期限及其條款
第二十八條　鑛務委員處置訟案權限
第二十九條　測繪委員對於訟案權限
第三十條　鑛務委員據稟不實駁還辦法
第三十一條　鑛務訴訟期限
第三十二條　鑛務訴訟案卷歸結法
第三十三條　鑛務訴訟審斷法
第三十四條　開鑛執照給領法
第三十五條　請發開鑛執照法
第三十六條　外人稟請合股開鑛辦法
第三十七條　鑛章不載者應遵律例
第三十八條　鑛質與鑛照不同之辦法
第三十九條　處斷鑛商與該地業主轇轕辦法
第四十條　鑛界以外鑛質之辦法
第四十一條　隧峒承領人之利益及其限制
第四十二條　正章第五十款所指辦法
第四十三條　鑛務册報
第四十四條　册報格式
第四十五條　鑛務特別册報
第四十六條　册報考查法
第四十七條　鑛界租完納法
第四十八條　完納鑛界租劵格式
第四十九條　鑛産出井税銀兩辦法及格式
第五十條　鑛産出井税價格豫報法
第五十一條　出井税數目核准法
第五十二條　短納鑛界相及出井銀兩懲治法
第五十三條　鑛局簿記法
第五十四條　鑛務註册辦法
第五十五條　註册之件作爲合例證
第五十六條　鑛政局公費
第五十七條　鑛務局費
第五十八條　鑛商帳簿格式
第五十九條　鑛地各圖之準備
第六十條　鑛圖之比例尺
第六十一條　捨棄鑛界辦法
第六十二條　鑛商應存圖一分於總局
第六十三條　鑛商呈圖之期限
第六十四條　鑛商不呈圖之辦法
第六十五條　保存鑛圖禁令
第六十六條　鑛圖不完全之罰
第六十七條　防護種土傾場
第六十八條　防護開鑛有妨礙之地面
第六十九條　防護工程
第七十條　保護地方墳墓民業生計
第七十一條　鑛界減少法
第七十二條　鑛界減少之布置
第七十三條　鑛照註銷法
《大清鑛務附章》

第一條，各省鑛政局派員分理鑛務。

各省鑛政局應就本省産鑛之區配派委員，分理鑛務所派委員歸總局節制，凡有呈請勘鑛開鑛各執照之禀者，該委員應照定章經理其事，凡正章、附章所定委員應辦各項軌事均應遵辦。

第二條，鑛務委員應迴避條款。

凡有關涉下開各事者，鑛務委員應當迴避：

甲、凡有關涉委員之利益者，無論直接間接應當迴避；

乙、凡事有涉委員之宗族親戚者，查照《大清律例·吏部則例》應迴避者，均照例迴避之時，應當迴避；

丁、如鑛務委員與兩造中素有交誼及錢財交涉者，均應迴避。

第三條，鑛務委員之責任。

鑛務委員之責任如左：

一、應照鑛章所定辦法代具禀開鑛人轉達各事；

二、應照鑛章所定辦法代具禀勘鑛人轉達各事；

三、如具禀人願請註銷所具之禀，或禀加減，或禀改正，所請鑛界應照定章代爲禀達辦理；

四、以上各禀除應隨時轉達外，按每月初十日之内，仍應將上月所辦一切鑛務事宜詳細具報總局；

五、鑛務委員應將駐紮辦公地方，並每日辦事時刻宣布鑛商，俾各周知；

六、遵奉鑛務警察法律，隨時查勘已經施工之鑛區。

第四條，鑛務委員、開鑛小工、巡查兵役三項均不得用外國人。

派駐各州縣之鑛務委員專係中國官員充當，但須選擇事理通達、略知鑛學，或於鑛務曾有閲歷者，外國官商人民不得充當。其鑛政局選用之鑛務顧問官則不拘此例，所有鑛工及執役巡查人等皆專用中國人民，不得攙用外國人民。

第五條，呈請勘鑛執照法。

呈請勘鑛執照之禀必須謹遵《鑛務正章》二十四款所載，照具正副兩件送呈該處鑛務委員及該省鑛政局查核。所請勘鑛之地由總局飭知地方官查核，禀復合格者，詳禀本省督撫批准，即行照章填給勘鑛執照，再飭該處鑛務委員即於副禀標明收禀之日期備録，督撫及總局批准，全文蓋印，發還原禀人收執。

第六條，允許勘鑛字據。

呈請勘鑛禀内，須將擬勘鑛界或係官地、或係民地聲叙明白，如爲民地，必須酌給津貼，妥商該地業主，給予允許字據，方予批准。業主允許勘鑛字據格式如下：

立允許勘鑛字據人某某某，今有坐落某某省某某縣境内自己鑛地段，編列第號，計地畝分釐毫，東至、西至、南至、北至，允許某某某於上開界内探勘鑛質，所有應給津貼及賠償該地損失之項，業經彼此議明付清，今欲有憑，立此存照。

地主某某某簽押

中證某某某簽押

此項允許字據應須繕寫兩分，一分給勘鑛人收執，一分由勘鑛人送呈該處鑛務委員查核備案。所勘之地無論官地、民地，當批准時，鑛務委員務須批明勘鑛人所掘之地，應在所准勘鑛界内，無論横直寬深不得逾官尺三十尺以外。

第七條，勘鑛次第。

設使禀請勘鑛執照者有數人皆指請一處之地，其最先具呈之禀應當儘先核奪，如果該禀不能核准，即按各禀次序先後核奪。

第八條，允許勘鑛期限。

倘業主或其代表人與領有勘鑛執照人所商未協，該勘鑛人可向本地鑛務委員處具禀聲請，並具保單以備津貼業主、賠償損失兩項用費。該委員即將勘鑛人所禀之事知照該業主，儘兩個月内可以來局申訴不允之故。如業主並無事故，期内不來申訴，逾期即作已經允許論。且於期滿以後，該委員應即妥定辦法，如須妥計保單數目，即應按照所估之數妥定，惟不得逾於實應津貼賠償之數，俟保單填寫明白呈請批准後，該委員即按下開格式批註在正、副兩禀之尾：

某某縣鑛務委員某某某爲批註事。照得某某省某某縣境内段鑛界東至、西至、南至、北至，編列第號、計地畝分釐毫，現經該地業主允許某某某前往該地，勘鑛人呈送保單一紙，計銀兩交存本委員處代收，以備將來應賠該地損傷之用。至應賠若干，再由本委員估計估定之後，即在此項保單内提付。須至批註者。

此項副禀既經批注後交還具禀人收執，與所領勘鑛執照均不得遺失。

第九條，勘鑛期限。

自發給勘鑛執照之日起，於限定一年期内，除原請勘鑛執照之人外，鑛政局不得於已准履勘界内另准别人請領開鑛執照。

第十條，呈請開鑛執照法。

凡欲具呈請領開鑛執照之稟，須繕兩分，並須將下開各項填入：

甲、該具稟人姓名、住址、行業，籍屬何省或何國，如係公司，亦應遵中國法律註册；

乙、所請之地共計鑛界若干，必須填寫明準；

丙、所有鑛界坐向；

丁、該地坐落縣内何處；

戊、所請之地有何種極顯之天然標記，以便認識；

己、擬採何種鑛質；

庚、所覓鑛積之形勢地位，或脈種，或層積，或散鑛，或或别式，均須聲明；

辛、所請鑛地在該處鑛務委員所管界内何處；

壬、應取具殷實行號保單隨稟呈送。

第十一條，補領鑛商辦法。

鑛商如將第五條及第十條之鑛照或有毁損或遇意外遺失之事，必將其事由稟明鑛政局，再行補領。

第十二條，接充鑛商辦法。

鑛商或因身故，應由合格之接替人承充，限六十日内必將承充人姓名稟明鑛務委員，轉詳總局。

第十三條，業主自行開鑛應立期限。

凡稟領開採鑛章第十一款内乙字之鑛質者，若在民地界内，該處委員或本省鑛政局應自收稟之日，始於十日内，行知該鑛地業主，該鑛地業主應自奉諭之日起，儘一個月内即須聲明，或願自辦，或因何故不允具稟人辦理。如該業主欲留爲自己開採之用，鑛政局即可酌定期限，飭令該業主應在期内興工開採，仍將前稟存案，以觀該業主是否切實施工，然後爲斷。如該業主奉諭後於所定一個月内，並不聲明其意見如何，即爲該業主自己放棄不辦。

設使該業主並不稟復，抑或推却不願自辦，又不許别人承辦，或聲明自辦，又不如期開辦，鑛局可按附章第三十九條妥爲商辦。如再不聽商酌，可詢訪該地方紳民公論，是否宜開，秉公定斷。

第十四條，業主悔議應償還勘鑛人工費。

地面業主如已得受津貼賠償，給予允許勘鑛字據，自總局發給勘鑛執照准予别人履勘之日起，於一年期内決定自辦該業主應償還該勘鑛人所用之工費，設使兩造不能互相妥商工費之數目，即按本附章第三十九條所載公斷之法辦理。

第十五條，鑛務委員有詰問開鑛人之權。

如所呈請領開鑛執照之稟未曾妥遵本附章第十條章程，詳叙明白，即不得核准，亦不得註册，即使業經妥遵叙明而鑛務委員尚有疑惑之處，仍可詰問具稟人，並將其所答之詞當面記入正、副兩稟内，並註册備案。該委員備呈案卷與總局時，須將疑惑之原由及與具稟人之問答呈明總局察核批斷。

第十六條，鑛務委員應註明收稟日期次序。

鑛務委員收到請領開鑛執照之稟，應當具稟人之面，將收稟日期並案卷號數登入所備專記開鑛執照之註册簿内，並批於正、副兩稟之尾爲憑。

凡註册稟件必須确按收稟日期之次序登入册簿，先後勿紊，不得間留一行空白。

第十七條，鑛務委員不收同地未批之稟。

呈請開鑛執照之稟既收之後，當鑛政局未經批發以前，所有别人呈請開此鑛地之稟概不接收。

第十八條，開鑛次第。

如係數人同時請領開鑛執照，所請或方形或角式，皆在一地，則按本附章第七條辦法參酌辦理。

第十九條，測繪鑛界之期限及其費用。

自稟領開鑛執照呈請註册之日起，於十日内應由鑛務委員飭派測繪委員照測所請鑛界形式，並繪界圖。其鑛界之界誌與周圍最少三百尺内鄰界均須標明圖内。測繪費用每日不得過五兩，統共不得過五十兩，由鑛務委員估定，由具稟人照付，如測繪委員有意遷移時日，准具稟人呈訴核實減給。

第二十條，測繪委員呈報鑛圖期限及禁止阻撓辦法。

鑛務委員應准該測繪委員儘六十日内，將所測繪之鑛地圖式所具之詳細説帖各備三分如期呈核，並由委員給與該測繪委員文據一件載明。倘有官已批准而該處民人有藉端阻撓該測繪委員鑛場所作工程者，即當交地方官按律懲辦。

第二十一條，測繪鑛界定線法。

凡奉委測繪鑛地之測繪委員，當在鑛地測量之時，須定該鑛邊界直線，再由所定直線，按準子午線以定角線。

第二十二條，鑛界標識法。

在地面分別鑛界須按以下各節，以界牌或界石爲標記：

甲、所立界牌或界石既經定爲鑛界標記，如鑛界一日不改，則此界牌界石一日不得移動；

乙、所立之界牌或界石必須工作堅固，並須隨時修理，不得聽其毀壞；

丙、所立界牌或界石之號碼及地位，不論由何號界石以及前後所立者務須顯而易見，石上務須刻有該鑛商姓名，並挨次號碼。

第二十三條，測繪委員標定界誌辦法。

測繪委員應在地面標明豎立界誌之地位，且須將所定之地位標繪圖内，與説帖一併呈送。

第二十四條，測繪委員圖説錯誤責任。

凡測繪委員所作工程、所呈圖説報告如有錯誤，均須擔承其責。

第二十五條，開鑛人宜恪守鑛界。

凡領開鑛執照之人係按鑛照所載之地爲準，不得增多減少，設因測量不準，或因誤豎界牌界石，致與鑛照不符，須照更改，若係有意朦混、多佔地段者議罰。

第二十六條，鑛務委員經理告發事件辦法。

請領開鑛執照如有他人具稟不服，應由鑛務委員將具稟人之姓名及所以不服之故，一面行知具稟請領開鑛執照之人，一面稟報總局。

第二十七條，告發開鑛人期限及其條款。

如有與稟領開鑛執照者因不服之故竟擬興訟，須在該領照人稟批榜示之日起，儘四個月内具稟聲訴，但其所以不服之故，最少須有下開之一端方可准稟：

一、有與業主不合者；

二、侵佔毗連方形角式鑛界者；

三、設有已領之地或全段，或一隅在其所請方形或角式或鑛界之内者；

四、藉執照爲護符，魚肉鄉民者；

五、所領開鑛執照與該地情形不合者；

六、領執照之人不合鑛商資格者；

七、所領執照有正章第二十款所開各弊者；

八、領執照之人一切行事有故違此次定章者。

第二十八條，鑛務委員處置訟案權限。

除具稟人得悉之後自行來局，請將原稟註銷外，鑛務委員應將其不服之情節確切訪查核辦，如有關係鑛界者，即飭測繪委員前往該處查勘，具呈圖説，再行核奪。

第二十九條，測繪委員對於訟案權限。

當查勘鑛界時，或有人來與之争論，無論係領照之人，或係已稟不服之人，或係擬稟不服之人，該測繪委員務須留心聽記，祇可具詳細説帖，呈遞鑛務委員查核，不可自爲評論。

第三十條，鑛務委員據稟不實駁還辦法。

如有業主具呈不服之稟，聲稱並無鑛積在其地内，惟據測繪委員之報告所稱鑛積，顯然暴在地面，或顯有探峒，或顯有探勘工程，如此則鑛務委員可以駁還所具不服之稟。

第三十一條，鑛務訴訟期限。

鑛務委員於第二十八條訟案查明後，即行傳諭兩造儘於十五日内到局飭令合商。

當合商時，鑛務委員應剴切勸導兩造以免涉訟，倘竟不能遵勸，即應停議，並將所有情形立時移知地方官。如於四個月内原告並不到案，鑛務委員即可稟明總局，請發開鑛執照。

第三十二條，鑛務訴訟案卷歸結法。

如四個月期限已滿，並無人具稟不服，或所不服之事不在第二十七條各節所應准者，又或不服涉訟，經地方官審察斷結者，則所有涉訟一切案卷，鑛務委員應儘十五日内將案卷全分，並圖稿一切，鈔送該省鑛務總局查核。

第三十三條，鑛務訴訟審斷法。

如所呈之案卷不合批准格式，其不合之處並非具稟人應執其咎，即由總局將不合之處批明案卷之後，定一期限，飭令鑛務委員遵照所指之處速爲更改。

假如不合之處咎在具稟之人，應予懲罰。

第三十四條，開鑛執照給領法。

總局察核所呈案卷後，如可批准，即按照本附章第三十五條，請發鑛照一紙，並將測繪委員所繪界圖照描一分發交鑛務委員，轉給該具稟人收執，爲批准之據。

第三十五條，請發開鑛執照法。

請領開鑛執照之禀由，鑛務總局查驗合格，即詳禀本省督撫，轉咨農工商部核准，將鑛照填發該局，轉給該領鑛人收執。

第三十六條，外人禀請合股開鑛辦法。

凡禀請開鑛，如係合股而兼有外國人民具名者，鑛政局應按照《鑛務正章》第九款查明合股辦法，是否地面業主允准以鑛地作股，與外國人合辦，抑係華商出資附股，與外國人合辦，如係業主以鑛地合股，須呈驗合股字據，确與《鑛務正章》第十款之内所載辦法相符，方准請給鑛照。如僅係華商出資合股，而地面業主不願合股，願得地價，則應由官將該鑛地收買作爲官地股，照《鑛務正章》第十款所載辦法，與該鑛商議訂合同，彼此允洽，再行請發鑛照。

第三十七條，鑛章不載者應遵律例。

辦鑛所有産業合股人或有争執，如不在《鑛務正章》《附章》所載條款之内者，皆按國家向定産業之律例交地方官辦理。

第三十八條，鑛質與鑛照不同之辦法。

按照《鑛務正章》第三十六款，領照人在其禀准之界内開採各種鑛質，設使所開鑛質並不在所具之禀與所領鑛照之内所載者，則須另行禀明，由總局核准，方可開採别種鑛質。

第三十九條，處斷鑛商與該地業主轇轕辦法。

設加領有勘鑛執照之人，或係領有開鑛執照之人，因勘鑛開鑛或取散鑛所需地面業主不止一人，而其中有一段地面或因該地價之高低，與該地業主不能商妥，地方官即按照下開辦法妥爲商辦，如全地業主皆不允願，應由官體察情形，另行酌辦，不得拘定下開辦法：

元、應由兩造各派一估計人代爲估計，該估計人應自派定之日起，於十日内將其所估之數覆呈地方官察核。譬如兩造之估計人所估不一，即由地方官另派一估計人公斷，該公斷人亦應將其意見於十日内具覆。

地方官既將各估計人之意見及兩造與各估計人所言詳細察核，證據明确，亦應於十日内判定所需該處地面之廣狹，及應賠償之多寡。

亨、設該地業主既經地方官飭知後，於十日内不派估計人，即由地方官員派一人估計，該估計人無論業主或執照之人，爲華商洋商，必須秉公核估，儻有受賄或偏袒之處，一經查出定行議罰。

利、若不知該地業主究係何人，抑或知而不實，即由地方官代派一估計人，儻辦鑛人所派之估計人與地方官代業主所派之估計人所定賠償之數目不相符合，由地方官自行斷定，其斷定賠償之款，應代留存備，交應得之業主。

貞、凡爲估計人，應將下開三則作爲估計鑛界之底本：一則估計地價，二則估計該地所受損之處，三則按照本附章第四十二條所載應爲之事。

第四十條，鑛界以外鑛質之辦法。

設如原案僅准開通隧峒，只作洩水、通氣、轉運所用之地，界内見出鑛質者，應在動工之前，按照請領開鑛執照條款，禀由總局核准，另請給照。

第四十一條，隧峒承領人之利益及其限制。

凡有禀請地段僅開隧峒以作洩水、通氣、轉運之用者，如經批准，則所領地段界内，准該隧峒承領人有先請開鑛執照之權。如有别人擬於該處請領開鑛執照，或全領或分領者，總局應即知照該隧峒承領人，是否有意添請此地以爲開鑛之用。該隧峒承領人應自知照之日起，於三箇月内具禀聲覆。如該隧峒承領人覆稱不願添領，或不如期禀覆，則期滿之時，總局可將此地准予别人領照。惟該隧峒承領人所有禀准開通隧峒之利，仍舊不失，而後來鑛商亦不得損壞或更改，或干預其原有地腹之工程。

第四十二條，正章第五十款所指辦法。

按《鑛務正章》第五十款所指本章附款詳列於下：

一、溝渠之合例義務，即云設若甲主不防護硔内溝渠，以致乙主産業受損，或甲主不如法極力防護該溝渠，以致其水流至乙主産業者，甲主應當賠償乙主；

二、如鑛商未經彼此商定，除實在不得已外，不能穿越别人鑛界以開隧峒；

三、按本條第二節所載之情形，如隧峒所經之地之鑛商因得隧峒洩水之益，應照硔工所沾之益貼補該開隧峒之人。其如何貼補，乃按各硔體質及當下情形爲定；

四、凡擬開隧峒者必須先行禀明，俟由總局批准給照，方許動工。但總局須在給照之前詳核鑛務委員所陳之附禀及所呈之圖，其擬開隧峒之横直各段工程，應詳(晰)[細]分載。

五、當開隧峒經過某硔之時，某硔商可派一人監工，如見其辦理不合，只能報知鑛務委員，或該處地方官查核，不能干預工程。

六、設該隧峒與硔工交通者當開通時，應自行妥設隄防，以免阻運道及路徑；

七、按照本條第三節所開公共隧峒，若非各有關涉之人公同依允並立約據，且在鑛務委員處註册存案，該隧峒不得另作別用，按照本條第六節所開運道路徑以及一切詳細情形，於所立約據之内應聲明，如有不遵者應將此約作罷；

八、如有新開之硔亦在已設總隧峒之處，而亦可以分沾該隧峒之利益者，即須遵照本條之第三、第五、第六、第七各節辦理；

九、鑛商若須耗費巨款始能在本界内設辦通氣峒者，其鄰近鑛商即應准該鑛商就近其界内租用通氣峒，以免耗費巨款。

十、除由此界鑛商與其鄰界鑛商互相立約，並將該約在鑛務委員處註册存案外，彼此應在本界之内隨時妥設隄防，以免阻運道及路徑通行；

十一、除本條第九節所載外，本界鑛商所開硔工若令數家之硔工受其通氣之益，本鑛商不得索取酬資，而此家受通氣之益者亦不得干預本鑛商硔工之利益；

十二、凡開闢通氣工程，並陸續保存通氣工程所有費用之款項，應由請領開闢工程執照之人自行開支；

十三、凡爲建造鑛章所載之地腹工程專爲轉運之需者，須當遵照第二、第三、第四、第五、第六、第十二各節方法辦理；

十四、凡爲開隧峒而在掘起之土沙中得獲值價鑛苗，若由批准鑛地之界内而得者，應將該苗歸還該鑛原主，若僅由准開隧峒界内而得者，應歸開峒之人領受。設此工程係屬數家合辦者，即按合辦分數照派；

十五、凡於甲鑛利便而於乙鑛阻礙，必須照下開辦法方爲合例，或由該鑛主將其許可之事訂立合同，呈請鑛務委員註册，或由鑛務委員會同地方官審結，或由鑛政局斷結。若乙鑛主不許可，甲鑛商應先稟請鑛務委員裁判，若不服其裁判，再行稟請該地方官判斷，如再不服，即儘兩個月内上控鑛政局斷結；

十六、如有擬按本條第四、第九、第十二各節造地腹工程者，必須先具一稟，隨同所擬建造工程之全圖及段圖併呈鑛務委員，轉詳總局，請領執照方爲合例。所呈之圖須按訂準之級數爲程度，且將所擬建造工程之分段及其餘詳細情形標明圖内，以憑查核。

第四十三條，鑛務册報。

辦鑛各廠、化鑛各廠、提鍊金屬各廠、煅鑛各廠、鑛内各廠、及其餘工業各廠之承辦商人，自開辦起每月應將上月所辦工程、所用人工、所獲功效悉行開具校正册報三分，送呈本處鑛務委員查核。

此項册報務須按月儘初十日以前送到本處鑛務委員處，並須遵照鑛政局隨時頒行之格式填寫明白。

即使本月之内並未出有鑛砂，亦應據實具報。

第四十四條，册報格式。

按照上條所載，所有應具月報之人可向鑛務委員發册處預先請領一月或數月册報格式，該項應需册報格式儻不先期預爲備領，則所有干係應歸該具月報之人自行承擔。

第四十五條，鑛務特別册報。

本附章第四十三條所載各廠商，除呈送月報外，凡有本省鑛政同應需之別項鑛務情形，以備編造册報之用，有應當隨時稟呈鑛政局。

第四十六條，册報考查法。

按照本附章第四十三條、第四十五條所載之册報於送呈後，查無錯誤，即將所呈三分中之一分交還呈報之人，並將收到日期批於所還册報之末。

如所呈册報查出所報不實不盡，或含混不明，該呈報之人應當科罰，惟所罰之銀不得過二十五兩。此款若不照繳，該呈報人應當監禁，惟監禁之期不得逾兩個月，並將所呈册報退還，飭令從速更正呈核。

第四十七條，鑛界租完納法。

鑛界年租分爲兩季先繳，即二月十五日與八月十五日兩期，鑛界年租應在鑛政局繳納，或照正章第四十六款辦理。

所有稟准承領鑛照之人必須如期親到鑛局繳納鑛界年租，無須預先知照，以免藉端推諉延誤。

第一次應繳半年鑛租不論何日發照，應在發照之日繳納。

第四十八條，完納鑛界租券格式。

年租既經繳納，即由該局發給印板收單與繳租人收執，該收單應載之文如下：

甲、單名鑛界年租收單；

乙、某省某縣；

丙、鑛名、鑛地坐落地方、鑛商名姓、應納鑛租之鑛界數目、鑛照註册號碼；

丁、每半年應納鑛租若干；

第四十九條，鑛産出井税銀兩辦法及格式。

按《鑛務正章》第四十五款所載，鑛産出井税項應於每月十五日按上月所出鑛産之數目，如數在鑛務委員處或在本省鑛政局繳納。鑛政局所給出井税銀兩收單，與鑛界年租之收單格式相同，另加戊字一款，載明何種鑛砂並出産數目及總值若干。鑛政局收得各項年租鑛税銀兩，應以一半解呈農工商部，一半留呈本省充餉。

第五十條，鑛産出井税價格豫報法。

鑛政局應於每年正月、七月發一諭單，通飭各鑛商，此後每半年之内某鑛砂應按某價值爲收取鑛税銀兩之準則，酌定各項鑛質價值，應按前六個月各省會之市價折中核算爲定率。

第五十一條，出井税數目核准法。

每月出井税之多寡，應照該鑛商或其代表人報呈鑛政局該鑛每月所産鑛砂數目定奪，如有不實之處，即按懲治條款科罰。

第五十二條，短納鑛界租及出井税銀兩懲治法。

如鑛商短繳鑛界年租，或鑛産出井税銀兩者，應由該處鑛務委員立即申稟鑛政局，以便按照《鑛務正章》第四十三款或第四十七款辦理。

第五十三條，鑛局簿記法。

鑛政局及鑛務委員處應備註册簿記，詳載辦鑛事務，此項註册簿記，應按收到文件日期時刻先後登記，所有下開各款務，須查詢明白詳註備考：

一、具稟人姓名、職銜或公司名號或獨辦或合辦或公司；

二、擬用何種辦法；

三、擬以何日興工，若已興工，即應指明係在何日興工；

四、具稟人住處與所有各處分廠，其分廠雖在别處已經註册，亦應在該處鑛政局聲明存案；

五、訂約、更約、廣約，無論合辦及合股公司皆應聲明；

六、凡用授權文件委派總理人、代表人或執事人或由以上各人繳回該文件者皆須報明註册；

七、無論合辦及合股公司凡有加減股本者皆須報明註册；

八、鑛業所有一切契據；

九、典押鑛業。

第五十四條，鑛務註册辦法。

鑛務註册應在本省鑛政局或鑛務委員處辦理。

第五十五條，註册文件作爲合例證據。

所有遵章註册存案之文件，自註册之日起，即認爲合例證據，不得因有在前在後未經註册之文件，以致此項已經註册之件成爲無用。

第五十六條，鑛政局公費。

鑛政局應收公費開列於左：

一、凡呈請開鑛，經鑛政局發給鑛照，如所開鑛質係黄金或白金，或銀或寶石者，按每鑛界收公費銀十兩。雖非此等鑛質，其中含有若干分數，係黄金或白金，或銀或寶石者亦同。其不及十鑛界者，仍應收足公費百兩之數；

二、凡呈請開鑛，經鑛政局發給鑛照，如所開鑛質並非黄金、白金、銀及寶石，亦無此等鑛質夾雜在内者，按每鑛界收公費銀二兩五錢。其不及四十鑛界者，仍應收足百兩之數；

三、凡呈請勘鑛，經鑛政局填給鑛照者，每執照一紙收公費銀五十兩；

四、凡補領執照暨請領隧峒工程執照者，每執照一紙收公費銀三十兩；

五、凡請減少改正鑛界，經鑛政局批准者，每紙收公費銀二十兩；

六、所有各項文件鑛圖應呈鑛務委員或鑛政局批驗者，每紙收公費銀二兩。

此條以上各項公費均歸鑛政局經收，其開鑛執照之費應由該局照章代收，全數解交農工商部。

第五十七條，鑛務局費。

鑛商除在總局繳存公費外，按照外洋通例，尚有隨時零繳之費用，由該管鑛務局就地收納，即名曰局費。但此項費用由鑛務委員經收，應按月彙報總局，以便查核。所有該委員薪水、夫馬應得津貼暨委紳司事吏役薪工川資，並局中燈火雜用，均由總局詳定章程，按月支給，此外不得私自向鑛商需索分毫。惟鑛務委員甚屬勞苦，或周歷山溪，或深入井底，種種艱苦危險，非同尋常差事，總局必須從優核給薪水、夫馬局費雜支，以示體恤而清流弊。其局費條目列下：

一、凡呈請勘鑛執照之稟，須經鑛務委員加簽與註册者，各應納局費銀一兩；

二、凡因業主不允請照人勘鑛以致來局交涉者，應納局費銀二兩；

三、凡稟請承領或加添或更改鑛界者，每呈一稟應納局費銀一兩；

四、凡有代書事件、核對事件、加簽事件，無論驗准與否，每千字或不滿一千字者，應納局費銀一兩；

五、凡有呈請鑛務委員出局辦理公事者，應按往來路程每里收取局費銀二錢；

六、凡須鑛務委員出局履勘地面情形並開具稟報者，須納局費銀五兩；

七、凡須鑛務委員往勘硐内情形者，應按深處每三百尺或不滿三百尺納局費銀五兩；若須開具稟報者，另須加局費銀五兩；

八、凡校對加簽測繪委員所呈之圖者，納局費銀一兩；如來局描畫局中所存圖稿，另須局員校對加簽者，亦納局費銀一兩；

鑛局只能照以上各款收取局費，如有格外事件，本條所未載及者，須稟鑛政局核定數目。

第五十八條，鑛商帳簿格式。

辦鑛者無論華商獨辦或華洋商合辦，或合股公司，最少須備帳簿三本，一爲記載所有産業物件與贏虧帳目，一爲流水簿，一爲各户往來總帳簿。另備帳目一本，記載各分理處辦鑛用費與所出鑛苗、浄鑛之數目，並出售數目及價值，該帳簿必須由鑛政局頒發一定格式，以歸一律，且裝訂完善。

第五十九條，鑛地各圖之準備。

除批准鑛地之時由測繪委員所繪之圖外，各開鑛處均應備存下開各圖以便隨時查看：

甲、按測繪委員之原圖預備一張，或由原圖描出須經校準者，亦可指明所准鑛地之界限、之路徑、之通氣溝渠，及安置機器之處、設廠之地址，並別項地面所占各鑛界之界限、鑛界之數目、邊徑之角度。此圖應與乙圖之程度相同，自圖成之日起，最遲於六個月内，即應隨時將情形添註更正。

乙、鑛産所屬地面之總圖，或由原圖描出已經校準者，指明所屬鑛産界限，脈槽之斜形與面層，或冲積面層，或壤鑛，所有地面工程成孔穴井眼鑽孔，屋宇、水道、水壍，貯存雜質之處，官路、鐵路、車路通電力線，電報線，電話線，接電拖繩，大小陰溝圍棚及地面所見之物，須當保護，不許其下面掘空者。此圖自告成之日起，最遲於一年内即須隨時改正。

丙、鑛圖或由原圖描出校準者，指明鑛産界限，各種穴口隧道横徑、内井凸形穴横徑、鑛掘撐柱，地腹之路站，火藥庫，現採之鑛脈、鑛槽、鑛牙，所有隔斷鑛積之石，並突入鑛積之石，凡遇槽脈緊要之更變，亦應標明所有別式之鑛脈或鑛積之層次。迭復者應照鑛務委員所囑，將其遞層所作之工程別圖載明。

此圖應自告成之日起，最遲於三個月内，即須隨時更正。丁硔工段圖應由鑛井起指明分段硔工，或全段硔工，並層脈槽，各種形勢暨所有離位之層次及衝突石等類。

此圖自告成之日起，最遲於一年内即應隨時更正。

第六十條，鑛圖之比例尺。

所有各圖定以十百千萬之級數爲比例，前條甲、乙兩節所載之圖乃按鑛地大小爲定，或五百分之一，或千分之一，或二千五百分之一，或三千分之一爲限，但丙、丁兩節所載硔圖或以五百分之一，或以千分之一爲限。

第六十一條，捨棄鑛界辦法。

有擬捨棄其鑛者，無論全界或分界，須將硔圖先行辦竣，直至捨棄之日。如有棄硔工者，必須先將各處硔工詳細測量妥當，然後方准捨棄鑛商。若因事故廢棄其鑛，則當呈報鑛務委員，限六十日内將其因鑛業所建設之房屋及其他之建造物一律撤去，若踰期不撤，即將所有者歸地面原主，但鑛務委員應履勘窿内外，凡有關地方安全之物則不得撤去。

若鑛商逃亡不知蹤跡則亦依此條之法辦理。

第六十二條，鑛商應存圖一分於總局。

各鑛商應將第五十九條所載原圖描出校準各具一張，呈交鑛政局備查。

第六十三條，鑛商呈圖之期限。

按照第五十九條所載乙字之圖，應由鑛商每年六月初一日以前校準，交與鑛政局，計每年一次。又丙字之圖應於每年六月初一日並十二月初一日以前校準，照呈鑛政局，計每年兩次。

第六十四條，鑛商不呈圖之辦法。

假如鑛商不按章程備存校正各圖者，或不按章程將以上所載各種鑛圖呈送鑛政局者，或應須減註之處而不添註者，鑛政局即另飭繪圖或添註所漏繪之處，

令鑛商照繳繪費。

第六十五條，保存鑛圖禁令。

鑛政局不得將以上各條所載之鑛圖，給與不應給與之人，或圖中所載之事告知不應告知之人，亦不得將此項鑛圖與未經該鑛商許可之人觀看。

第六十六條，鑛圖不完全之罰。

如鑛商將某段之鑛圖不呈送，或某段之工程隱匿不報，或故知各圖有錯而不更正者，該鑛商應當科罰，惟罰款最多不得過銀二千兩。如不繳此款即當監禁，惟監禁之期最遠不得過一年。

第六十七條，防護積土傾塌。

凡因勘鑛開坑者，應將所掘之土堆在兩旁如山脊式，並須不令坍塌，且須設法妥爲防護，以免行人傾跌坑内，限滿並不開採，應須一律填平。

第六十八條，防護開鑛有妨礙之地面。

設使鑛務委員查有已勘之地，有妨生命或與大衆往來有礙者，該委員當飭令該勘鑛人或該地業主即將此坑填滿，與地相平，或妥設隄防防護。

第六十九條，防護工程。

凡有井口或進硔之道暫時不用，或只爲通氣之用者，與各種工作口門非尋常驗鑛之小坑，並提高臺墩及提高梯路，皆應查察形勢妥設隄防。

第七十條，保護地方墳墓民業生計。

鑛地如有墳墓，須儘力保護，所有一切工程應在距離該墳定章尺寸以外方許施工。歷代有名帝王、聖賢陵墓相距三十里，先賢、名宦墓相距三里，尋常士紳墓相距五百官尺。地下亦不准横斜侵入限内，萬一墳墓於鑛有礙，勢難兼顧者應稟明地方官，並知照該墳主直屬子孫，妥爲商辦，量其情形，從優酌給遷費。

凡鑛産，該處地方不能以有關風水積習空談阻止開採，惟於民間營業生計實有妨礙，民情不能允服者，不得稍有强迫，准由該鑛商稟請官局詣勘，再行酌辦。

第七十一條，鑛界減少法。

鑛商如欲所領鑛界減去若干，應稟明鑛政局，並將原領鑛照與鑛圖隨稟繳呈，所擬減去鑛界若干，亦應註明圖内。當將鑛界減去若干時，務須按照《鑛務正章》第三十二款所載照減，不可隨意劈分畸零，所畫定鑛界不可割分互相毗連之處。

第七十二條，鑛界減少之布置。

鑛務委員收到呈請減少鑛界稟件，即派測繪委員一人測繪所賸鑛界之圖，並遵章安置應立之界誌，且須遵章六十日期限之内告竣，測繪委員用費應由具稟人照付。圖工告竣呈進，該委員應在請領開鑛執照註册簿内及鑛照之上載明所減鑛界之數目，然後將原照交還原人收執。

第七十三條，鑛照註銷法。

設使鑛商欲將所領之地全行註銷者，應即稟明鑛務委員，或徑稟總局，總局收稟，應即照稟註册備案，仍當遵照本附章第六十一條辦理。

《清續文獻通考》卷二一《錢幣考三》 〔光緒〕二十二年，户部議覆：御史王鵬運奏【略】開利源，其策有二：一曰鑄銀圓。【略】一曰開礦政。中國五金各礦藏地下者不可勝數，徒以封禁大利不開。比年來，西士考察，及中國士人所知者，如川藏之金礦、銅礦，江西、湖南之金礦、銅礦、煤礦，雲南、兩廣之五金各礦，山西、河南之煤、鐵礦，奉吉之金礦等，皆以官吏貪圖省事，不願開採，小民本少力微，亦無由上達。應請特諭天下，舉凡有礦之地，一律准民招商集股，呈請開採，地方官吏認真保護，不得阻撓。俟礦利既豐，然後按十分取一酌抽税課，一切贏絀，官不與聞。期以十年，礦産全開，民生自富。

又卷四三《征榷考一五・坑冶》 〔乾隆〕五十九年，諭：「四川等省見須籌辦停鑪及收繳小錢事宜，頭緒紛繁。若復封閉礦廠，地方官何暇、常川前往查驗且封廠之後，奸民惟利是趨，勢必有潛往採挖等事，是所謂封廠仍屬有名無實。況廠徒人數衆多，礦廠一經封閉，此等無業貧民糊口無資，更恐滋生事端。著雲貴、四川各督、撫，將是否可採，如何設法稽查，以防透漏，妥議具奏。」【略】六十年，諭：「四川、湖廣等省銅、鉛各廠，均請照舊開採。今滇省採辦銅斤，年額仍須照舊辦運。且廠民尋苗踹獲一廠，費本開挖始能成礶獲礦，若封閉停採即成廢硐，將來開挖更爲費力。況每廠沙丁不下千計，一旦失業無歸，必至流而爲匪，甚或潛蹤私挖，又圖私鑄，是杜弊轉足啓弊。此事朕早慮及，於事斷不可行。所有滇省各銅廠自應照舊開採，毋庸封閉。」【略】〔咸豐三年〕又諭：「趙光奏遵查礦山情形，開單呈覽各等語，所有宛平縣屬珠窩山等處業經招商開採。此外單開各屬勘有礦苗處所，著直隸總督、順天府按照該侍郎所擬，分別試行開採。至各商呈報遷安縣屬桑園山，房山縣屬礦硐坡、匣兒嶺、毗盧寺溝，懷來縣屬之閻家、石盆、牛站窪等處，據奏稱風水攸關，不應試採，即著嚴行封禁。」【略】又

諭：「朕聞四川等省向産有金、銀礦，自雍正以後，百餘年來，未嘗開採，地脈休養日久，所産自必暢旺。上年大學士等會議籌備軍餉章程内，請開採以裕軍需，已依議行矣。道光二十八年，王大臣會議開礦一條，曾通行各省督撫履勘查辦，間有一二省分奏請開採，旋復藉口於硐老苗稀，輒請停止。或以聚衆生事爲辭，畏難苟安，因循不辦。朕思開採礦廠，以天地自然之利，還之大下，較之一切權宜弊政，尚屬無傷體制，有裨民生，惟在地方官經理得宜，自不致別滋流弊。即如見在各省舊有礦廠，按年開採抽課，官民日久相安，豈非明驗？當此軍餉浩繁，庫藏支絀，各省督撫務宜權衡緩急，於礦苗豐旺之區，督派幹員悉心履勘，各就地方情形，奏明試辦，毋得狃於積習，任聽不肖官吏名爲封禁，暗取陋規，但以有礙風水聚衆滋事等語，一奏塞責。」【略】又諭：「奕湘、恒春奏遵查礦山情形一摺。所有承德府屬之遍山綫及平泉州屬之錫蠟片地方，據該尚書等查勘，銀苗透旺，即係訥爾經額賡福奏請試採之處，業據該處商人承認，予限一月，酌定升課。即著該督會同新任熱河都統毓書妥爲辦理。又據該尚書等奏，熱河金銀礦硐雖多，勢不能驟集人衆，同時並開。除實係有礙風水，毋庸置議，先將遍山綫等二處開採外，仍著該督暨該都統等於曾經開採，及向有偷挖處所派員詳加履勘，如有可採之處，奏請開採。另片奏應行封禁之處，應飭該地方官，嚴密稽查等語。著照所議辦理。」【略】〔咸豐〕九年，諭：「上年因給事中清安奏，山東平度州三座山、雕化澗等處，發露金苗堪以開採，並稱有商人薛普等情願自備資斧，前往承辦，當諭令崇恩派員查勘。本年，據崇恩覆奏，勘明該處並無金苗發露，該處民人紛紛呈請免開。薛普等又查，傳不到顯係情虚避匿，奏請封禁。茲復據該給事中奏稱，薛普等因在京貿易，未得即時投案，得信後赴省呈請妥辦，知該處已奏明封禁，茲仍願承辦等語。著文煜即傳該商薛普等到案，派委妥員帶同前往平度州確實查勘，如果礦苗豐旺，除費用外，尚有贏餘，堪供課税，即責令該商等試行開採。倘係一面之詞，諸多窒礙，亦著據實具奏，照舊封禁。」【略】〔咸豐九年〕又諭：「光禄寺少卿端昌奏，請飭度地開礦協濟新疆兵餉一摺，據稱伊犂、烏魯木齊所屬等處聞有金銀礦，久經封閉，難保不有私挖情弊，莫若招商開採升課，以濟甘餉，惟未曾指名何地。著扎拉芬泰飭查伊犂、烏魯木齊所屬有無礦苗發露，堪以招商開採之處，再行具奏。」【略】〔光緒〕二十八年，諭：「開礦之舉，以天地自然之利還之天下，仍是藏富於民，如果地方官辦理得宜，何至藉口於人衆易聚難散，因噎而廢食。著四川、雲貴、兩廣、江西各督撫於所屬境内，確切查勘，廣爲曉諭。其餘各省督撫亦著留心訪查，如有苗旺之處，酌量開採，斷不准畏難苟安，託詞觀望，倘游移不辦，朕不難派員前往履勘。如果不便於民，或開採之後弊多利少，亦准奏明停止。於官辦、商辦、民辦，其應如何統轄彈壓稽查之處，朕亦不爲遥制，惟在該督撫等各就地方情形，熟商妥議，定立章程具奏。」【略】三十年，諭：「王大臣等遵議，給事中王東槐奏封禁礦廠一條，開採山礦原期裕課便民，除貴州一省仍令開採外，其餘各省，著該督撫確切查明，如果於民未便，著即遵照前奉諭旨，奏明停止。」

又卷四三《征榷考一五·坑冶》〔嘉慶〕六年，諭：「民間炊爨石煤在所必需，自宜隨時斟酌，廣爲開採，以濟民用。乾隆二十六年、四十六年兩次奉諭，因京城煤價漸昂，令各衙門察看煤旺可採之處，酌量辦理。迄今又隔二十餘年。煤窑刨挖愈深，工本脚價愈重，以致煤價漸貴。著步軍統領衙門會同順天府、直隸總督派委妥員察看産煤山場，於可以開採之處，招商採挖，以期煤價日平，於閭閻日用均有裨益。」

又，奏准宛平縣之門頭溝各煤窑，舊有洩水石溝，長六百八十丈有奇，傾圮淤塞，難以開採，請借給帑銀五萬兩，交窑户承領興修，以利民用。其所領之項，分作七年完繳。【略】又題准廣西長安馬鞏等廠煤炭盡絶，准其封閉。【略】又開採雲南鎮沅州青龍銀礦，；封閉邦發銀礦，北衙蒲草廠金礦。【略】十五年，封閉雲南慢梭廠金礦、募迺銀鑛，開採邦發銀礦。【略】〔道光二十四年〕諭：「自古足國之道，首在足民，未有民足而國不足者。天地自然之利，原以供萬民之用，惟經理得宜，方可推行無弊。即如開礦一事，前朝屢行而官吏因緣爲奸，久之，而國與民俱受其累。我朝雲南、貴州、四川、廣西等處，向有銀廠，每歲抽收課銀，歷年以來照常輸納，並無絲毫擾累於民。可見官爲經理，不如任民自爲開採，是亦藏富於民之一道。因思雲南等省除見在開採外，尚多可採之處，著寶興、桂良、吴其濬、賀長齡、陸之琦體察地方情形，相度山場，民間情願開採者准照見開各廠一律辦理，斷不可假手吏胥，致有侵蝕滋擾阻撓諸弊。該督撫等必能仰體朕意，妥爲籌辦。」【略】〔咸豐三年〕又諭：「昨據毓書奏，開挖遍山綫地方銀礦，每砂百斤得銀二十餘兩等語。是該處礦苗頗形豐旺，若認真採辦，多覓綫道，廣開礦硐，必能速見成效。第恐該商等以試辦爲名，稽延時日，先飽私槖，置課税於緩圖，不可不防其弊。著毓書督飭總辦礦務之委員穆翰，會同該地方官飭令商人廣開礦硐，加工採辦，毋得延遲日久仍無實效。其錫蠟片、牛圈子溝等處，

亦著迅速開挖，並責成該道府委員等隨時确切詳查，不至以多報少開、隱匿侵欺之弊。至户、工兩局銅斤見當缺乏，所有礦硐三處一併趕緊開採，以濟要需。」【略】

又〔道光〕十年，奏准盛京及直隸地方煤窑，均各該處具題，經部議准後，始行開採。惟廣東省煤窑，向係招商承開，後具題山場有無關礙覈覆，於設窑之後不若妥議於開採之先。嗣後粤省窑座請照盛京直隸開採之例，先行題明，由工部局議覆後，方准開採，以昭畫一。【略】〔道光〕十六年，覆准宛平縣入官中興煤窑，每年交納課銀六十兩，解交户部查收。如有短少，著該縣賠補，仍交部議處。

又奏准：嗣後盛京各屬請開煤窑，飭令確切詳查，實係原奏產煤山場，並無關礙，繪圖奏明，方准開採。【略】又奏准過街塔封禁各煤窑除東尾子一窑仍不准開採外，所有東風口、興貴、西盛等窑悉弛其禁。

又〔道光三十年〕又諭：「有人奏江西袁州府屬山礦，上年曾經原任巡撫費開經奏請禁止，近來各處流民開挖偷採，聚而不散，並有差役分肥，地方官驅逐不力情事。著陳阡到任後，速派幹員前往履勘，是否該處礦苗豐旺，致有流民聚集私採，該撫務須酌量情形，認真查辦，毋令滋生事端。」

又〔同治〕十一年，題准廣西桂平縣吉一里界田水邊地方山場產有鐵礦，設鐵鑪一座，每年納鑪税銀二十兩，自同治九年爲始，按年由縣徵收。

十二年，議准桂平縣屬千子嶺接壤大潤嶺一帶山場鐵礦，招商開採，設鐵鑪一座，每年輸納税銀二十兩。

十三年，開採喀拉心王旗地方羅圈溝銀礦。【略】〔光緒〕二十八年，又熱河都統宗室壽蔭奏，略稱：「查熱河礦務招商採辦，始自咸豐三年，奏定章程，儘採儘解，並無定額。每得沙鍊銀一兩，以十成計算，三成爲正課，三分爲耗銀，一分爲解費，餘銀歸商工本。礦苗豐旺加增課額，沙綫隱閉奏明封禁。其蒙古地方各礦得銀亦按十成計算，係以二成五分爲正課，三分五釐爲耗銀，一分五釐爲解費，一成爲蒙旗抽分。如礦係民地，按畝給與地價，蒙古地畝則給抽分。民礦設局招商，由熱河道給照，詳明都統核辦。蒙古旗分之礦，由各該旗自行招商，呈明都統，給照升課，民礦課銀解交熱河道衙門兑收，聽候撥用。蒙古礦課解交都統衙門兑收，就近抵撥兵餉，年終統歸都統奏銷。其金礦係由商人易换銀兩，照章納課；銅鉛各礦抽收課耗，派員解交户部兑收；餘銅餘鉛官爲收買，併解部庫。此係熱河礦務例章，歷久遵行在案。先年開採之礦，如承德府屬之遍山綫、窑溝等處銀礦，平泉州屬之錫蠟片銀礦，銀洞子溝銅礦，豐寧縣屬之牛圈子溝銀鉛並出之礦，喀拉沁王旗土槽子、羅圈溝蒙古銀礦，喀拉沁中旗蒙古金礦，均經先後奏明升課，嗣因洞老山空，或商力未逮，陸續奏明封禁。僅有遍山綫、土槽子兩處升課銀礦，前因商力不支，經直隸督臣李鴻章派員接辦，照章納課，曾經奏明立案。此外尚有補用道徐潤請開平泉州屬之轉山子、建昌縣屬之金廠溝梁，候補道李宗岱請開灤平縣之寬溝、豐寧縣之大營子等處金礦，均因出沙不旺，尚未具報升課。並有翁牛特王旗呈報開採該旗之紅花溝、水泉子溝、拐棒溝等處金礦，機器尚未運到。經奴才札催趕緊開採，分飭所屬及蒙古各旗，無論金銀，凡有可採之區，迅速呈明開辦。兹據熱河道湍多布以勘得建昌縣屬之各里各，並與寧連界雙山子、朝陽縣屬之五家子等處金礦，詳情核辦。除見在升課之遍山綫、土槽子暨已經呈明開辦，各礦照章另行辦理外，所有各里各、雙山子、五家子等處金礦，即由該道府招商集貲，刻期興工採辦，予限一年之内，照章升課。至熱河煤礦，由熱河道給照，按年納課。其已經領照納課之礦，毋庸再行查辦。凡有可開之煤礦，一併躧勘試辦。」【略】

又題准直隸延慶府屬黄土梁地方銀、鉛礦廠准其開採，照黔省銀、鉛礦廠抽課之例辦理，餘銀全行給商，餘鉛照川省之例，一半官爲收買。【略】

又卷四四《征榷一六・坑冶》〔光緒十二年〕又，《礦屯議》：今天下日趨於貧之故，大端有二：一則商務不盛，利輪於外，猶水之漸洩而人不知也。一則礦政未修，貨棄於地，猶水之漸涸，而人不知也。蓋天地生人養人之具，火化之用，莫大乎煤；轉移之用，器械之用，莫大乎五金。此中外不易之勢也。中國於取煤之法，雖研之未精，而民間猶或務之。其取五金之法，則廢而不講久矣。《周禮》廾人一官，「掌金玉錫石之地，若以時取之，則物其地，圖而授之」。知古聖人經緯天下，所以爲斯民利用厚生者，籌之蓋詳。《漢書・地理志》州郡有銅官、鐵官者凡數十處。迄於唐宋，未嘗不採取五金，其事時見於史傳。自明之晚季，以礦税爲厚斂之端，宦竪四出，徵求無藝，有司因之，苛派百姓，海内騷然。當時既受其弊，後世遂相戒不敢復議，此礦政所以不修也。近數百年來，天地菁英之氣，鬱而不發，鄉曲土豪與無業游民，遂敢糾黨開礦，作奸犯科，抗拒官吏，幸而逐之。當事者慮其易集難散，不得不封閉礦硐，垂爲厲禁，而礦政益以不修矣。由前之説，弊在所任非人，藉其名以漁利，而並無其實，固不

當因噎而廢食也。由後之説，弊在委棄寶藏，故玩法者欲起而攘之，將防玩法之民，先棄自然之利。苟上有治之之法，而民自難遁於法之外也。然而猶有狃於故見，而或疑爲多事者，亦可謂不審於時與勢之宜者矣。夫民於五金之用，一日不可缺，一人不可無。今以天下之大，而所用銅、鐵皆仰給外洋，至於金、銀，如英美所屬之新舊金山，每歲出於礦者數千萬，奚啻取之如泥沙。中國無生之之道，僅以古昔所有互相轉輸，又已用之盡錙銖。通商以來，僅三十年，而外國日富，中國日貧，復數十年，則益不可支矣。是可不籌所以振之哉？且中國礦産之饒，甲於地球諸國，苟善取而善用之，固大可爲之資也。而論採取之道，則官商分辦之外，惟礦屯一法爲最善。何以言之？今天下額設緑營之外，每省各有防營，無事坐食，既縻鉅餉，去之又不足以建威銷萌，益示弱於鄰敵，是以新疆之豫軍，畿輔之淮軍，莫不經理屯田，以裨軍食。其他如河防、水利、礮臺、城垣、諸工亦往往借助於各營，此誠撙節財用，酌劑盈虚之要道也。竊聞西南滇黔楚粤隴蜀諸省五金並産，寶氣充積，誠擇礦苗最旺之山，每省先撥一二營試行採鍊，於以創開風氣，逐漸推廣。有六利焉：向聞傭工開礦，一人所獲，每敷一人之食，如得佳礦，即有贏餘。營勇開礦，計每丁終歲所獲，即不能抵所支之餉，如或僅抵十之五六，亦可省營餉之半也。若礦屯漸多，即所節甚鉅。其利一。勇丁游間無事，浸至習成驕惰，騷動閭閻。今於操練之餘，課以礦務，使之勤動於山谷之間，猶得葆其樸勇之氣。其利二。礦産皆在窮巖絶嶠遼廓之區，於此分屯各營，則苗蠻有慴服之心，客匪絶佔踞之望。其利三。官商開礦，籌本最難，本之難籌，尤以工費爲大宗。營勇有額支之餉，經始之初，祇須講求機器，延訂礦師，成本既輕，事乃易集。其利四。礦務既興，則運送必有舟車，淘鍊必有工匠，未始非小民謀食之資。其利五。無論金銀、銅、鐵，中國之所出漸多，則外洋之來者漸少，一年計之而不足，數十年計之而有餘。其利六。有此六利，則礦屯之舉，尤勝於官商之經營也審矣。若夫選將領，擇官吏，聯民情，定規制，則恃乎各省大吏之體察情勢，訪求人材，視其意之輕重，而效之大小判焉。昔宋蘇軾治徐州，以利國監爲鐵官，商賈所聚凡三十六冶，冶各百餘人，採礦伐炭多强力鷙忍之民，欲使冶户各出十人，籍其名於官，授以刀槊，教之擊刺，每月庭集而閲試之，以待大盜。此寓强於富之術也。而礦屯之説，則足以寓富於强，推而行之，富一方可富天下，亦可譬猶導水者之引其原，將滾滾而不竭也，而豈有消涸之患也哉？

又〔光緒十四年〕又，熱河都統謙禧奏，略稱熱河土槽子、遍山綫兩處銀礦，自咸豐三年暨十一年先後奏准開採，土槽子定章由都統派員督徵課銀，按月存儲。遍山綫定章由熱河道派員徵收課銀，解交道庫存儲，均係候部撥用。近年各礦銀苗不旺，徵課少減，前因商人李文耀賠累，私自回籍措資不返，經保充之直隷候補道朱其詔稟請勒追，嗣因限滿未回，經直隷督臣李鴻章雇來外洋礦師，即飭該道帶往各礦查勘。尋稟各礦鉛多銀少，土法不能取鉛，因而賠累。所出青鉛可令製造鎗礮彈子，及配鑄制錢之用，惟須參西法，另購鎔鑪方能鉛銀並取。舊礦積水深至百尺，非起乾不能細察，擬就近將平泉礦中起水鍋鑪機器運往起水。一面仍用土法擇淺處沙綫逐日開採，以顧國課。一俟水乾勘明，估定成本，再行妥議章程奏辦。李文耀既限滿未回，應由該道朱其詔兼辦，畫清界限，所有兩礦課銀，自光緒十三年四月起，歸該道朱其詔按月呈繳。應請飭部立案，如有拖欠，即向該道追賠，以免推諉。【略】

〔光緒十五年〕又，詳麟車林多爾濟奏：「查烏里雅蘇臺所屬三扎兩盟，游牧西南，界内有金山、翁滾山兩處，出有礦砂，向設卡倫二十二處，由該兩盟分派官兵駐派梭巡，輪派扎薩克一員經管。每年秋季由奴才等派員往查，有無偷挖情弊，據實具奏，屢經遵辦在案。今届查勘之期，派筆帖式薩克什納等往查。旋據稟稱，查得二處並無偷挖礦砂情弊。」【略】

〔光緒十六年〕又奏：略稱：「宣威、會澤交界之煤山，已設廠開辦，一面先將該處居民鍛就之煤，儘數購買，源源運廠。距巧家廠二百里小水井地方，前經公司接濟油米，令鄉民自行開鑿百餘口。本年有四十餘硐，接煤數年後，該處可成一大廠。威寧鉛廠日有起色，再數月便可成功。並於水城、梅花山等處，相度推廣開辦，仍催令將九起二批京銅，趕緊煎鍊，陸續起解。」

又卷四五《江西知縣惲積勛查勘萍鄉煤礦條陳》 一、萍鄉煤苗發源共有兩處，一在縣治西北之陽岐山，一在東南之武功山。陽岐以北至上栗市所産之煤，可鍊焦者十居二四，土人於爛泥湖、觀音巖、蕉源等處初次開挖，暫時難期暢旺，若能擴充，再開河下、里竹、筲林各窿，年可得油煤二三萬噸。該處距城八十餘里，離湖南瀏陽縣境二十里，至陽岐以西之蕉源庵、庵坡、里仙巖、石窑、榨窩、花坑坡等處。曾據化學生試驗，磷磺較重，合鍊焦者甚少。此陽岐西北兩路之實情也。武功山發源縣延百餘里，自高坑經龍家沖、紫家沖、小坑、里天、滋山、雙峯凹、五坡下至義下沖，止爲東路，由小金山經張公塘、巖嘴寨、鍋坑、風車凹、

壩善沖之坵田五公頂至安源，止爲南路，總計大小煤窿五十九座，年約出油煤十餘萬噸。其中灰輕能鍊焦者十居八九，最佳者可與開平焦炭相伯仲，此武功兩路之實情也。一、萍煤向有兩種：一曰白煤，供民間薪爨之用，年約出二十萬噸。一曰油煤，可鍊焦炭，年約出十餘萬噸。一、油煤之厚薄，東南各異。東苗第一層曰小矸板礄，又名隔壁礄，厚一尺。二層曰大釘板礄，厚一尺五寸。三層曰大礄，厚四尺五寸。四層曰硬子礄，厚一尺五寸。五層曰白花礄，厚四尺。南苗第一層曰老礄，厚一尺五寸。二層曰裂皮礄，厚二尺五寸。三層曰大礄，厚五尺。四層曰大底板礄，厚三尺。五層曰小底板礄，厚二尺。總查各礄取至二百餘丈，僅及第三層大礄者，約五分之二；深挖至第五層白花礄者，僅龍家沖之昇福井一處。一、訪問開煤老户云，萍煤有深至十五層者，每開至二三層，或遇水廢棄，且至六層下，石壁厚一兩丈，人力難施，如用機器鑿開，煤可層出不窮。一、萍俗一山産煤租買者，每十餘户零星開挖，向無大井。彼此隧道相遇，便起争端。即如三家沖之多福井，與沙子界之平福井，搆訟停工，故煤窿雖夥而出煤無多。一、東南一帶有水廢窿，統計大小四十八座，産煤最稱上品，每因開至二百餘丈，至第三層煤，見水停挖，深爲可惜。如能將吸水機器戽水，月約可出油煤七八千噸。一、煤窿在山腰者爲斜井，在山麓者爲横井，並無直下井口，起重機器無用，窿内宜用小鐵軌運煤，較人力爲易。一、萍煤鍊焦頗得法，推原出焦不多之故，因鑪座太少。此次查勘大甎鑪已成者二十四座，月計出焦七八百噸。外尚有土造八卦鑪二十餘座，所出焦炭較遜甎鑪，如欲焦炭多出，須廢土鑪。造甎鑪乏貲，改造由承辦總商借本，飭立合同，改造甎鑪，所出之焦概歸鐵廠收用，不准私售。如此舉辦，月可得鍊成焦炭五六千噸。一、采辦、轉運二者，貴得其時。宜集商股，先於秋冬農閒廣採儲積鍊焦，待春夏水漲，分批運鄂，免致臨渴掘井，緩不濟急。一、萍煤質佳，到鄂均變劣煤，由船户沿途攙假，故至鐵廠，半皆泥土。不如將油煤停采，全數鍊焦，運鄂既杜船户攙假，又免鐵廠冶鍊，一舉兩得也。一、江省溯江而上一百九十里入袁河，至袁州府城，其水程六百二十里，沿途淺灘九十餘處，水壩八十餘處，最深約三四尺，淺約三四寸不等。由府城百二十里至萍鄉縣屬之蘆溪，雖有小河可通舟楫，惟河身淺窄，且地勢高如建瓴，灘壩又多，三日不雨，則水涸，舟行膠滯。該處至縣有旱道五十里，此次往萍，由府起，旱計程百四十里。自高岡舖以往，或山路陡險，或田塍曲狹。以水道論，運煤重載不能銜尾而下。以旱道論，收買民田築鐵道，計費不貲，不如仍由湘潭過載，取道湘河運鄂爲妥。一、萍鄉習狃形家之説，墳墓與煤窿相距數里，如往開挖，鄉人多方覇阻，甚至械鬬。即如官山水口一山，向稱風水所關，至今仍然封禁，此外封禁者亦不少。果能吸水重開廢井，則煤不可勝用矣。一、萍煤向用土法開採，遇水即廢，另開他井，工人終年勞苦，所得無多，不如仿西法，用機器。惟業户俱非殷實，無力購買，意欲向官借用，又不願洋匠襄助，此鄉愚習俗之見也。一、煤由萍鄉東門下河至湘潭，計水程二百九十里，其間灘壩雖多於袁河，而河水發源陽岐，源流頗暢，經冬亦水深二三尺，小船轉運似無窒礙。一、煤炭飭各户采樣送局，由礦師用竹筒分裝，標明字號，帶回漢廠化驗灰之輕重，分別炭之等差，以憑去取。一、西路之湘東至醴陵、湘潭，民染楚習，强悍異常，且駁煤船户盡屬楚産，洋礦師欲往查勘，沿途恐遭意外，具函力阻，故未前往。

翰林院庶吉士彭樹華、内閣中書文廷楷籌辦萍鄉礦務稟略稱：「袁郡舊多煤礦，兼産五金，如萍鄉屬之半山、白竺之内村葉絲坑陽，又封功山等處，宜春之登佈里、霞塘、龍下等處，前曾辦有成效。擬租買山場，邀礦師勘驗，掘取礦苗，銅、鉛、鐵、錫均可采辦。惟事歸官督，廠務始資保護，權由紳董，商股益切信從。由附近居民察看於墳墓田廬無礙，一面集股興工，俟有成效，再由官公估，酌量抽納税釐，藉伸報效。」

臣謹案：此爲萍宜礦務利加有限公司，經江西巡撫德馨批准，先辦鐵礦鎔鍊分銷，倘著成效，有利可沾，再行擴充推辦各礦。方今海禁大開，外族狎至，軍械舟車之屬，耕織器用之具，殊形詭制，日異月新，一言蔽之，惟鐵是賴，禁山錮海，雖愚者亦知其不可矣。【略】又商部咨各省柴煤小礦領照，減繳半費。略稱：查本部《奏定礦務暫行章程》凡請領探礦執照，每紙繳費五十兩，開礦執照所領之地，在十方里以内，應繳照費一百兩，多一方里加費十兩，以三千方里爲限。凡發給探礦執照，應繳呈存股實行號保單，擔承銀五千兩，開礦執照擔承銀一萬兩。查柴煤小礦，各省所在多有，不及一方里者，雖已將擔承銀兩酌予變通，而應繳照費若仍飭令一律遵章呈繳。恐民力猶有未逮，本部體念商艱，見擬將照費章程再行量爲變通，凡用土法開採柴煤小礦，占地在一方里以内者，請領探礦、開礦各執照，均按定章減繳一半。如此分別辦理，所有柴煤小礦均可減輕成本，易於集事，實於礦務不無裨益。【略】又署歸化城副都統三多，奏請將公費一成提半撥作學費。略稱：「查歸化城土默特屬境内萬家溝、巴圖溝、五常溝一

帶，昔年奏准開辦煤炭小窑舊章，由歸化城副都統衙門領照採挖，嗣准商部咨開礦務章程第二條，凡稟請辦礦，應由部給執照爲憑，未給以前不得舉辦。當經前副都統以該處採挖煤炭者，均係三五貧民湊合錢米，尋苗挖取，無力承領部照，是以變通辦法，會同前將軍貽穀奏請改歸官辦，按窑所售煤炭，每價一分抽提二釐，將從前山主陋規一律裁革。自光緒三十四年起，派員設局試辦，所收釐款按三成均分，一成作各處公費，一成作學堂經費，一成另款存儲，專作開廣礦務請領部照之需。奴才到任後，改訂章程，大加整頓，釐〔款〕雖未能照案抽足，而已略有成效。自三十四年正月起，至是年底，除去各局員役薪費計共收銀五千五百餘兩，奴才於該旗創設高等、初等小學堂常年經費約共需銀四千兩，除高等小學堂經費銀九百兩外，不敷銀三千一百兩之譜。擬將此項釐款照案分作三成，但學費僅得一成，實屬不敷開支，擬即於各處公費應得之一成項下，暫行移緩就急，提出半成撥作學費，俟學費充足再將公費半成畫還。其一成派員赴部請領開礦執照，以符定章，仍另款積儲，作爲推廣礦政之需。」

又《征榷考一七・坑冶》〔光緒〕二十二年，諭：「雲南向産五金，貴州出鉛素旺，山西所出之鐵夙稱精良，見雖未據覆奏，均宜及時攻採，以期逐漸推廣。著即將籌辦情形，據實迅速覆奏。總之開辦礦務，以金銀礦爲最先。各該省如能實力訪查，確有金銀礦地，設法興辦，自較煤礦等項得款爲鉅。」【略】光緒二十八年，外務部奏：「英法隆興公司承辦雲南礦務改定合同章程，略稱：查滇省原訂章程，經魏光燾等與法員彌樂石磋磨數月始克定，議如原奏，以防患、保權、均利三事爲滇省所必争，洵爲扼要之論，以全滇礦産允給英法公司專辦，恐他國有所藉口，勢必相率傚尤。臣等正擬咨商駁改，適法員彌樂石由滇入京，催訂合同。當告以礦地未定，未便先議章程，應俟礦師勘明，由滇奏咨到日，再行核辦。彌樂石則謂全滇礦地非一二年所能勘徧，未經定章以前，該公司豈肯輕擲鉅資，聘請礦師往勘。臣等堅持初議，不准攬辦全省，迭次磋磨，彌樂石始允指澂江、臨安、開化、雲南、楚雄等府，及元江州永北廳凡七處載入章程第一款内，將原議嗣後别國公司概不准來滇辦礦，改爲嗣後别國公司概不准在該公司所指之地勘採，以清界限。彌樂石又恐所指地段未必均有礦産，如無礦可辦，仍請另擇一處互抵，並將來辦有成效，應請逐漸推廣。臣等核其所擬，尚屬可行，故於第一款内敍明，准其互抵，惟先後統計仍以不得逾七處爲率，此外俟各礦開辦有效，税數報效並無短絀，方可推廣。蓋既破其專利之計，自不得不量予擴充。彌樂石又以原議包辦全省礦利較豐，故願歲繳京銅一百五十萬斤，並津貼員弁兵勇護廠銀二萬兩，見既改爲七處，應請減去京銅三分之二，並免繳津貼銀兩。臣等以京銅係解部要需，保護礦廠亦在在需費，未便遽議改除。再四磋商，彌樂石仍以體卹商情爲請，始與議定，歲繳京銅一百萬斤，護廠費用由公司給發，不拘定二萬兩之數。電商滇督等均無異議，即將原定第六款、第二十款照此改定。又於十八款内，添敍弁勇費用由公司給發，惟該款原議公司可在附近招募士勇，遴選中西武官各一員，會同管帶。見改爲公司可稟請地方官在附近招募士勇，遴選武官一員管帶，以杜競争干預之弊。其餘均已逐款推敲，謹録章程二十三章呈覽。如蒙俞允，即由臣等派員畫押，並咨照雲貴總督等遵照辦理。」【略】〔光緒〕三十二年，熱河都統廷杰奏：「據華商王紹林、洋商伊德等合辦霍家地等處礦務一案，查原訂合同内集股分利，招工購地各事，雖與部章無背，語意究多含混。即如所指礦地六處，除霍家地一處外，其餘五處將來如推廣開辦，自應遵章，另請執照，另交礦費，另起課銀，並訂明開辦期限，逾限不辦，礦産仍歸還國家，原訂合同並未敍及。又合同十三條有無意中採得别種礦質，即應稟請給照辦理等語，雖經稟准有案，然祇能在稟准礦地界圖内，照章開辦納課，方免牽混。原訂合同亦未詳細聲明。正在傳詢該商重加商訂，適王紹林偕英商譚華，即伊德之代表人來熱，因將合同内語意含混之處分别摘出，飭該商等另議附約三條，以發明原訂合同所未備。當經遵飭議呈，以爲永遠存據之證。奴才爲慎重礦政，預杜交涉起見，未便以原定合同業經送部，稍涉疏略，致滋流弊。」

附《合同》

一、部章指開各條，理宜遵辦，兹特揭出數條，開列於左：

集股。所有續招股銀均須華洋各半。分利。原訂合同第八條業已載明，收取課銀當再由都統派員監收。招工。原訂第十六條業已聲明，礦廠除管理機器外，一切概用華人，不准招雇洋工。購地。山主契據應全呈驗，原訂十七條所載應造枝路，所佔民地，如地主願將地價作股，應由地主之便，不得擅用壓力，如願出賣，糧租仍照原訂第五條完納。一、原訂合同内所指六處礦地，除所稟請霍家地一處外，其餘有城子山、王家杖子、五臺山、白山、吐柴火欄子五處。如該商等推廣開辦，務須遵章請照，並另交礦費，另起課銀。以上各礦，三年内如不開辦即須歸還。一、原訂合同内第十三條有無意中採得别種礦質，即應稟請都統給照，照章辦理等語。祇准在已經稟請批准開辦礦地界圖内，照章開辦納課。

尋據外務部、商部奏，查王紹林稟原案祇請開辦霍家地等三處礦地，嗣經推廣至五臺山等處，業經外務部核，與原案不符。見在核訂合同，自應仍照原案准辦霍家地等三處，此外不得預爲指定多處，致滋弊混。至霍家地一處，既經前任都統給照准其開辦，應由熱河都統即將該礦佔地里數、四至界限繪圖送部查核，飭令取具保單，照費换領部照，以符定章。其城子山、王家仗子二處將來如推廣開辦，應即一切遵照商部奏定礦章，呈候核准，由部頒領執照，再行開辦。仍照熱河都統原定附約，如有他商請辦，該公司不得干預。又原合同第六條所指各礦，必須由官發給執照，應改爲呈明都統，咨請商部發給執照，方准開辦。第七條不得私將執照轉賣一節，應照商部礦章，改爲如欲將執照轉授他商，應具稟商部聽候准駁，倘私相授受，一經覺察，即將礦照撤銷，礦工入官。第八條常年課銀認交一千兩，礦產出井之金按值百抽六，銀按值百抽八，呈交課款，應改爲礦產出井金、銀均按值百抽十完納井口稅，其出口之稅仍遵海關稅則照章交納。查原訂各節雖係按照熱河礦務專章辦理，惟見定部章均值百抽十，自應改歸一律。熱河原議每年認交課銀一千兩，應予删除，先交之銀，並准抵完礦稅。第十二條日後如各國與中國定立各項礦務新章，亦應援章辦理，應改爲日後中國國家定立各項礦務新章，該公司亦應遵照辦理。第十七條修造枝路以便運銷礦產，應照商部礦務章程改爲轉運礦產，欲造小枝鐵路，應查明相距水口，是否在十里以内，與該處地方有無窒礙，稟候商部核奪，若程途在十里以外者，應另案辦理。於第十七條後添叙一條，聲明此項合同未經賅載，各事概照商部奏定礦章辦理。【略】又諭：「載澤、盛宣懷奏查明開平礦務始末情形及見擬收回辦法一摺。庚子之後，該公司改爲中外合辦，奏明有案。張翼赴英涉訟得直歸國，英使願爲調處。袁世凱狃於成見，不肯實行助力，以致始終不克收回，實屬失機太甚。該商本係華商公司，此次陳夔龍遽議發給國家重利債票，並不預先請旨，殊屬非是，應毋庸議。至所擬灤州礦局加招商股，即就開灤兩礦發給公司債票歸併辦理，如有把握尚爲可行。惟中外公司從前款目轇轕甚多，張翼爲原經手之人，屆時仍應赴北洋會商辦理，毋得置身事外。倘或英公使要求無厭，該大臣等不妨堅持定見，徐籌抵制。總之，此礦被佔，英公堂判爲誆騙，公道自在，當無慮其久假不歸。著外務部、北洋大臣及張翼按照載澤等所奏各節，妥籌辦法。」

又 〔光緒〕二十三年四川總督鹿傳霖奏略稱：「川省礦務，上年經臣委員往勘明冕寧縣屬麻哈等處金礦可以開採，議官商合辦，由成綿道士釐項下湊撥銀十五萬，招商集股十五萬，共三十萬兩，奏明在案。本年運到機器，足供開辦。此外試辦各處銀、銅各礦，均無成效，惟打箭爐銀礦尚敷工本，稍有利益。又大穴山銀礦，據礦師查勘，另設新法尚可開辦，惟機器轉運維難，尚未到齊。附片具陳。」

又 光緒二十四年，依克唐阿奏：「據辦理鳳遼、安東等處礦務鑲黄旗漢軍副都統榮和稟稱，遼陽界内青山背一帶爲産礦之區，見已派山西候補經歷韓炳文招集官商資本銀四千兩，採鍊礦砂，成色甚佳，擬請每成提歸官中若干外，即在奉天、營口等處設局售礦抽稅。又據辦理錦州府屬礦務升用佐領成憲稟稱，府屬大北嶺、筆架山、黑漁溝、白楊水溝等處黄礦苗綫暢旺，在大北嶺試採燒驗，色碧質精，非東西洋出産所能及。見招股銀五千兩，擬再續募銀一萬五千兩，以資暢辦，並分路設局銷售等情。查硫黄爲製造軍火所必需，亟應及時開採。惟奉天向設官黄窑，商民資薄採少，照章抽釐，爲數甚微。自宜稍予變通，擬於奉天省城設立官黄總局，錦州營口並天津、吉林齊哈爾各設分局，將各處所出之黄擇其精美者按成提留，備造軍火，餘黄悉歸局中銷售。仍將設廠設局並充公黄數妥議章程奏辦。」

又 〔光緒二十八年〕又，雲貴總督崧蕃奏略稱：「雲南五金各廠計有六十餘處，兵燹後，除銅務特派唐炯督辦外，其餘金、銀、錫、鐵各廠，計尚有三十處之譜，見擬遴委熟悉礦務之員分赴各屬，先將舊有金銀各廠會同各該地方官一律查勘，再籌辦官本在礦苗最旺之處開採，一面集商加股逐漸擴充，並將錫鐵各廠亦次第興辦。查雲南礦務從前均用本地工匠開採煎鍊，歷著成效，此次亦擬不設機器廠，不用外洋礦師，以節糜費而杜後患。」【略】

又 二十九年，外務部奏：議覆熱河都統松壽奏續修礦章推廣辦法，略稱：原奏稱熱河辦礦章程大綱四條、細目二十四條，經前都統錫良開單奏明在案。近日官辦、商辦呈請開採者接踵，課款亦日有起色。然利之所在，弊即生焉。細繹原章，本爲周密，但辦礦黠商往往從指明地段限制之外，任意侵踰，又或以多報少以冀混瞞，若不先事預防流弊，必種種不絶。至蒙旗山分之外，前經外部核議，酌提礦税以示體恤，擬由官課内提給一成，並不取之礦商，以昭大信。此皆原奏未盡事宜，應即續行添入。若銅鉛錫鐵等礦，口外採者，向屬寥寥，故原定章程税則止及金銀煤礦，此項並未議及，若不明定章程，一經開辦，必多狡執。謹續擬礦章四條，請飭核議。查第一條所載開礦地界，以圍圓計算一節，礦

地界址本應畫清，以杜侵佔，見擬將原定大礦二十里、小礦十里之界，均以圍圓計算，並標明四至，繪圖立案，自足杜影射侵逾之弊。第二條載礦局帳目檢簿核對一節，見擬將每月出數若干核實登簿，蓋用戳記，聽候委員檢查，庶就礦徵税，不至隱匿。第三條礦税一成提給蒙旗一節，核與臣部奏案相符，該款出自公家，於礦商課税並無加增，尚屬公允。第四條銅錫鉛鐵各礦分别大小呈交押課銀兩，並照值百抽十升課一節，熱河金銀各礦，押課章程：大礦交銀三百兩，見擬將銅錫鉛鐵各礦分交押課銀，大者六百兩，小者二百兩，較金銀各礦爲輕，應令如數交納。至以值百抽十升課則較熱河金礦值百抽六，銀礦值百抽八章程爲重，不足以昭平允。應令值百抽五升課，作爲暫行試辦章程，俟另定通行税章，仍令一律照辦。【略】又奏：「湘省礦山甚多，請圈畫示禁，不得私租、私賣、私採，以杜轇轕。」下部議。尋税務處會奏：「近來各省如唐山洋灰公司、大冶水泥廠等，均准於出口時按值百抽五例完納正税一道，沿途概免重徵。湘省所出黑鉛砂、白鉛砂，原定照值百抽五完一，出口正税辦法正相符合。此次應照成案辦理，於出口時值百抽五完納正税，沿途不再重徵，未便給發護照，概免税釐，致出兩歧。」

又兩廣總督張人駿奏：「廣東新出礦産，擬請援案，暫免井口兩税，及官股紅利各五年。」如所請行。

又卷六九《國用考七・會計》 查新疆地方，古未入版圖。朝平定之後，支兵餉百數十萬，地頗受其累，其地向有金礦銀礦，恐聚集多人滋生事端，久經封閉。竊思天地生財，原以供生人之用，開之而礦苗旺盛，裕課足民，固屬全美，即或礦苗消乏，不敷工本，而工本自散在民間，究竟天地間多此一項流通，亦爲有益。況新疆礦廠自開闢以來，未經發洩，旺盛可知，如辦理有效，足敷該處兵餉，則内地經費，日見寬舒。

三十年，閩浙總督李興鋭奏：「設福建全省礦務總公司，以寧福延建二道所屬爲北路，泉汀漳龍二道所屬爲南路，兩路各派總理一人，分任其職，分委馳赴各屬，确查礦産，報明註册所出五金礦砂，概歸總公司作價收買，應抽礦税即就礦砂價内扣解，以重國課。」

又卷三八七《實業考一〇・礦産》 又〔光緒二十四年〕直隸總督榮禄奏：直隸順德、内邱、臨城等縣産有煤礦，經前督臣李鴻章派員試辦，兹據稟稱，遵飭招商集股，購置機器，開窑井硐十二處，計在内邱者四處：曰上坪、磁窑、溝南、陽寨。永固在臨城者八處：曰岡頭、石固、膠泥溝、楊家溝、新莊、竹壁、牟村、與高贊交界之處曰焦村。其煤以上坪、永固、岡頭、石固爲最佳，牟村、南陽寨、焦村、竹壁、磁窑溝次之，膠泥溝、楊家溝、新莊又次之。辦理以機器汲水，開硐窑煤悉用人工，俾附近窮民藉謀生計。惟因銷路未暢，未敢擴充。而該處銀鐵各礦，亦可逐漸試辦，奏明立案，自應飭令認真經理，以開利源。【略】又商部咨：「南洋土法開採柴煤小礦，減輕領照費作爲礦章附件。查本部前訂礦章係指五金各礦，及機器開煤成本在萬金以上者而言，至於土法開採柴煤一項，資本在萬金下者，均未列入。嗣准熱河都統以該處地瘠民貧，凡小本經營必須量加體恤，先後咨請變通辦法。又據安徽蕪湖晉康煤礦公司吴德懋先後稟稱，皖省煤礦甚多，柴煤尤爲日用炊爨所必需，經前巡撫王之春定章，非資本十萬金，不准開辦。是以小本經營者，鬨風裹足，貧民生計維艱，反多私挖，應請變通照費章程。當以本部責在保商，所有商民艱苦之情，自宜量加體恤，折中酌定，凡五金礦及煤礦成本在萬金上者，一律照章辦理。至於土法開採柴煤各項小礦，所有擔保銀兩如萬金以下者，領探礦照，應按資本四分之一開礦，照應按資本之半，均由領照人交呈保單，咨復在案。此外各省礦務，倘有柴煤小礦，自應一律照辦。内地各處開礦，用土法者較多，尤應廣爲提倡，俾小民減輕成本，實於礦務有裨。作爲本部礦章附件，一體飭遵。」【略】

〔光緒〕二十五年，諭「有人奏，大理寺少卿盛宣懷辦理江西萍鄉煤礦、鐵路，以招商局、洋涇浜各産抵保洋行借款之説。若如所奏，因萍鄉一隅之礦，輒以招商局各産抵保，殊屬有擬大局。著張之洞詳細查明，即行知照盛宣懷，毋得輕許，致滋流弊。」【略】

【略】〔光緒二十四年〕諭：「總理各國事務衙門奏，遵議四川礦務並該省京官等呈請派員前往會辦一摺，四川礦務、商務經前派往之翰林院檢討宋育仁開辦，業已稍有頭緒。惟該省産礦處所甚多，商務亦極繁盛，非大加興辦，不足以拓利源。著即派雲南補用道韓銑，記名道李徵庸會同宋育仁妥籌辦理，並准於新設商務局外添設礦務局。所有集款開辦一切章程，即著韓銑等報明總理衙門暨鐵路礦務總局核定，切實妥辦，以專責成。」

又諭：「礦務鐵路總局著派刑部左侍郎趙舒翹會同王文韶督辦。」

又諭：「鐵路礦務爲時政最要關楗。見在津榆、津蘆鐵路早已工竣，由山海關至大淩河一帶，亦籌款接辦，大段已具，礦務以開平、漠河兩處辦理最爲得法，

成效已著，見在一律推廣。惟路礦事務繁重，誠恐各省辦法未能畫一，或致章程歧出，動多窒礙。亟應設一總匯之地，以一事權。著於京師專設礦務鐵路總局，特派總理各國事務大臣王文韶、張蔭桓等專理其事，所有各省開礦築路一切事宜，俱歸統轄，以專責成。」

又諭：「慶親王奕劻等奏晉豫鐵路礦務請飭開辦一摺，山西、河南鐵路、礦務亟應早自開辦。著岑春煊、錫良遴選殷實公正紳商，迅速定章，妥爲籌辦，以免利權旁落。」【略】又諭：「開平煤礦係國家籌撥巨款刱辦，秦王島爲我自開口岸，疆土利權均關重要，豈容擅賣？前責成張翼設法收回，如有遲誤，惟該侍郎是問。至今數月之久，仍敢支吾拖延，迄未收回，實屬罪有應得。張翼著先行革職，仍著袁世凱嚴飭勒限收回，不准稍有虧失。倘再延宕，將該革員從重治罪。並著該督切實挽回，以重疆土，而保利權。」【略】又大學士孫家鼐等奏：「臣等生長皖邦，習知本省礦務外人覬覦已久。前撫臣王之春、聶緝槼在任時，與外人立約定章，紛紛勘驗，居民震動。經臣潘錫慶奏交皖撫誠勳查辦。旋據覆奏，以皖境銅官山業被英商凱約翰訂定，因前定章程原有無論華洋字樣，是以難杜外人之干預。然查見在商部訂定新章，無論華洋會辦，必須該省督撫查明有無窒礙，由部酌覈准駁，是前項合同按部章應行作廢。但當此奸商林立，若不自行集股開辦，先占地方，深恐羣起垂涎，句引無業外人，巧取豪奪。事權一屬，壓制萬分，墳墓田廬無所顧忌，必致民心不服，釀成交涉巨案，隱患無窮。惟有預行自謀興辦，則利權有屬，疆圉自安。查福建興泉永道袁大化，安徽渦陽縣人，素爲原任大學士李鴻章所倚任，辦理黑龍江漠河金礦，歲增款項幾至百萬。若以辦理安徽全省礦務，誼關桑梓，信從者衆，必能籌集鉅款，無庸借資洋股。惟袁大化係實缺道員，未敢擅便。查從前候補道李徵庸督辦四川礦務，長蘆鹽運使楊宗濂督辦直隸織布局，今請派袁大化辦礦，事同一律。」奉諭：「袁大化著發往安徽辦理全省礦務。」【略】

〔光緒〕二十八年，外務部奏：「吉林將軍長順等奏俄員請合辦吉林礦務。略稱原奏所云專恃華股，終難集事，惟草約十四條，語意簡略，尚有應行聲明之處。如第七條載，新採礦苗須指明地方段落，約定界限，再行開辦等語，既云約定界限，自應指出礦地若干處所，除所指地外，華人自辦，或願與他國人合辦，均聽其便。似此畫清界限，則第一條不准他國人入股一語，係專指此次所言礦地界內，俾將來不致有所牽混，而外人亦不至疑其專利。至原奏稱開辦章程，俟核定後奏明辦理。又約內第八條載明應商之件，尚須俟查明，開單再議。第十四條載，以上所議章程，須俟奏明奉旨及咨礦務總局照准，接到回文再行開辦各等語，是此次草約尚不能作爲開辦之據。請飭長順等與俄員切實磋商，將原約第七條添叙明晰，並指定礦地，再與妥議章程奏辦，以期詳慎。」【略】又奏：「酌定礦務章程，遵由臣部照會各國使臣並通行各省遵辦，旋據各大臣照覆，將礦章轉達各國政府。其文內祇言抽稅太重，恐將來礦務未能興旺，此外並無指駁之處。見據商約大臣吕海寰、盛宣懷來電謂，馬凱以礦務新章無論華人、洋人皆可開辦，遂據爲洋人入內地貿易居住之證。復據南洋大臣劉坤一電稱，前定礦章，本須華洋股各居其半，方准開辦，新章洋人亦准承辦，得以藉口。自應遵照舊章，必須華洋各半，仍由華商出爲領辦。又湖廣總督張之洞電稱，開礦新章，渾言洋人可開礦，必應改訂各等語。查近年各省華商承辦礦務，名爲集股，其實仍係洋商串通包辦，弊難究詰。此次所訂新章，原期開濬利源，不分畛域。惟洋人來華辦礦，仍須禀明地方官，咨由臣部核准後方可爲准行之據。新章第五條內，固已切實聲明，地係中國之地，無論何人承辦，均應遵守中國定章。是於推行中寓限制之意，並非洋人承辦，即可任便自爲。礦師入內地辦礦，不過與鐵路工程師辦路相同，以視內地雜居，貿易迥殊。況礦務係中國主權，定有專章，尤與商約無涉，何得牽連影射？馬凱藉端援引，自當力駁其非，堅持不允。至礦税重輕，如將來有應行變通之處，再由臣部隨時體察情形，奏明辦理。」〔光緒二十八年〕又諭：「中國地大物博，礦産無窮，實天地自然之利。十餘年來屢經降旨，通飭開採，而各省舉辦迄今尚無成效。亟應切實講求，著派張翼總理路礦事宜，仍著王文韶、瞿鴻禨督同辦理，所有親歷查勘，並籌款擇人及應如何招商集股之處，著即責成張翼認真經理妥議，隨時具奏。」【略】

光緒二十九年，外務部奏議覆浙撫任道鎔奏紳商辦礦改定章程，略稱：「原奏稱浙紳高爾伊請設立浙東寶昌公司，開採衢、嚴、温、處煤、鐵等礦，向義國惠工公司商人沙鏢納貸款銀五百萬兩，訂立合同。並義國公使薩爾瓦葛保款單，擬議開辦章程，禀經前撫臣廖壽豐，以高爾伊所擬礦章與奏定通行章程不符，應令釐正。茲據該紳於原請承辦各礦外，又請兼辦浙西杭、湖兩府礦務。當飭將前議章程查照部章重訂，並將昔年惠工公司原訂貸款合同及義使保單呈驗，禀請奏咨。查浙省所産煤、鐵等，多有苗質顯露之處，果能集貲開採，得人經理，自足開濬利源。惟本年部定新章，凡開辦礦務應由外務部核奪，咨照礦路總局發

出准行執照，方可開辦，自應遵照辦理等語。查杭、湖兩屬雖爲前撫原奏所已及，然祇爲將來推廣之計，並非同時興辦。見據該員所擬章程二十條，其第一條係指六屬礦務，並將原奏未及之煤油礦産任意列入。臣等酌核改定，將杭、湖兩屬礦務及煤油礦産一併剔除，擬令該員專在衢、嚴、温、處四府境内指明煤、鐵礦山數處，繪圖貼説，呈報地方官，查無窒礙，咨部核准先行試辦，不得預佔該四府全境。如將來辦有成效，准其設法推廣，仍不越四屬，以清界限。」【略】

〔光緒二十九年〕又，外務部咨，南洋礦務須奏明辦理，光緒二十四年奉旨：「各省如有開礦、築路借款及一均交涉事件，均須於事前將辦法奏明，聽朝廷酌奪，毋得擅立合同，致多窒礙。」查近來辦理礦務，未能畫一，見本部申明，向章奏請，飭各省將軍督撫，嗣後無論華洋商人訂立合同，請辦礦産，須遵旨先行咨明本部暨商部，詳細覈議，奏明請旨，毋得遽將所議合同擅行訂定。奉硃批：「依議。」相應恭録咨行。【略】

又，外務部奏：「議覆熱河都統松壽奏喀拉沁王，請在該旗右翼巴達爾胡川地方，華洋合股開辦金礦。略稱，查華洋合股辦礦，原爲奏定章程，所訂合同，間有與部章未符之處，已准來文聲明，悉聽改定，自屬可行。惟查光緒二十八年間，喀拉沁王與逸信公司華商孫樹勳、德商俾爾福訂立合同，開辦喀拉沁右翼全旗五金各礦，前熱河都統錫良以全旗字樣有違定章，飭該旗將所指礦地畫清界限，不得包占全旗。嗣據呈稱，此案既須指明地段，逸信公司商人見令來旗，請預定一處地方名雞冠山，周圍二十里，飭該商試辦等語。綜核前後情節，預指雞冠山一處，僅出自喀拉沁王一面之意，逸信公司是否允願，尚難預定。若遽允荷蘭商人白克耳，在該旗右翼之巴達爾胡川地方開辦金礦，將來難保不滋轇轕，不得不慎之於始。」

〔光緒三十年〕又，閩浙總督李興鋭奏：「閩省連山千里，礦産頗饒，外人豔稱，已非一日。近年湘、鄂各省經營礦務，大都先行派勘，擇地圈購，即無款興辦，亦可留俟後圖。湖南所設總公司章程，較爲妥善，亟應變通仿照。擬就省城設立福建全省礦務總公司，派總辦商政局楊文鼎、鹽法道鹿學良爲監督，分委馳赴各屬，會同地方官确查境内礦産，共有若干，分别官地民地，已採未採，詳細報明註册。除先經奏定暫歸華裕公司限内覓地之建、汀、邵三府礦産，另行核辦外，其餘通省産礦山場統歸總公司管理，不准他人包攬。辦礦區域分爲兩路，以寧福、延建二道所屬爲北路，泉汀、漳龍二道所屬爲南路，兩路各派總理一人，分任其職，兼任本路購地鍊礦各事宜，均受成於總公司，應需本銀即歸官商合籌。此外，民間資本無多，用土法就礦自行開採者聽，惟所出五金礦砂，概歸總公司作價收買，應抽礦税，即就礦砂價内照數扣解，以重國課。似此變通推廣，庶足以隱杜侵越，開闢利源。」【略】〔光緒三十一年〕又商部奏：「商民私賣礦地，請申明約章，以維權限。查路礦農工各政，泰西各國皆以爲開通商務之基，然其於轄置之權限，境土之尺寸，則必自保主權，他國人民不能侵損其毫末。中國商民不知此義，往往圖目前之小利，不顧日後之隱憂。近年各省私占礦地、礦山之案層見迭出，至租界之外，民間農田房産，亦浸假而售諸外人。若不設法查禁，流弊何可勝言？查各國條約，外國商民只准在通商口岸租地建置。傳教士買地建堂，其賣契内只可載明賣作本處教堂字樣。若係洋人在内地置買私産，與條約不合，仍應禁止。參考約章界限，本極分明，徒以奸民貪圖重價，私自售買，而地方州縣不加深察。或吏役人等私受賄託，朦准税契。迨至事成後，商令退讓，洋人亦不無虧累，反復相持，往往釀成交涉。臣等籌度，與其事後争執，何如事先防維，爲拔本塞源之計。擬請飭各省將軍、督撫等，嚴飭各該地方州縣，於商民税契事件，澈底查明，勿稍含混。倘有將地産私售外人，未經查出輒予税契者，即將該州縣參處。地土及吏役人等，如查有串通朦混情事，一併治罪，以儆效尤。」【略】

又卷三八八《實業一一·礦産》〔光緒三十三年〕又，農工商部等奏：「湖廣總督張之洞奏請早定礦務章程，附補録英國商約第九款，請敕部核辦。查原奏内，開礦爲今日要政，經臣遴委華洋各員購取英、美、德、法、奥、比、西等國礦章，詳加譯録，咨送外務部，交侍郎伍廷芳參酌，編輯書成後，又派多員採取日本礦章細心參校，謹纂成《中國礦務正章》七十四款，《附章》七十三條等語。臣等當以農工商部前奏《礦務暫行章程》，年來各省遵行，尚無流弊。應將新章逐細研求，益臻妥協，所有舊章立法較嚴之處，查酌增改，免致紛歧。至臣部奏請各省設立之礦政調查局，見在新官制尚未通行，應責令礦務議員遵照此項礦章，並原訂礦政調查局章程辦理。其原章内關係交涉各條，既經該前督參酌商約訂定，自可按照辦理。見已將原擬正附章程繕册呈覽。此章宣布施行日期，應俟奉旨允准後，由部酌定，咨行各省查照辦理。」

又〔光緒〕三十四年，農工商部奏：「據廣東副都統李國杰奏稱，富國善策，莫如振興礦務，不拘何項礦質，官山民業，報官給照開採，不許占地。不辦領

照，半年尚未開辦者，將照註銷，另准他人承辦。一面招商開築道路，並勸設提化公司，收躉礦質行棧，遇有争執，官爲裁判，曲直不必干涉。商權部定礦章，限制周密，見今風氣未開，商人不免疑慮等語。查臣部設立以後，首訂辦礦暫行簡章，奏設各省礦政調查局，董勸商民分投開採試辦，頗形踴躍。向來南洋各處華僑，多以採礦致富，近多攜資内嚮，招致礦業起家。之前，檳榔嶼領事梁廷芳辦理廣東儋州等處錫礦，復招致著名辦礦之鉅商胡國廉辦理閩粵等處礦地，業經發給執照，並咨行地方官保護。升任湖廣督臣張之洞擬訂礦務正章、附章，均採各國礦章，折中損益，視各國屬地所行之法則較密，視其本國所行之法則較寬。復經臣部遵旨核議，奏准頒行在案。該副都統所請各節，均與礦章條款互相發明，惟定章請領執照，須稟明各省礦局辦理，勘礦以一年爲限，展限以六月爲斷，限滿不開，可由他人承辦，應請仍照定章辦理。提化公司及收躉礦質行棧，應由地方官招商，擇地設立，或籌集官本以爲倡導。其僻遠之礦，或以路就礦，或因礦修路，應如何妥定章程，擬咨郵傳部籌畫辦理。臣部爲礦政總匯，執行之權，仍惟各疆臣是賴。請飭各將軍、都統、督撫認真提倡，將礦章各條款擇要曉諭，俾人人共知簡易，不至視爲畏途。至所稱廣東籌款，以賭餉爲大宗，請飭督臣實力振興礦務，將礦税所入，比較賭餉，逐漸禁賭。請飭督臣俟礦務稍有規模，即將礦税、賭餉互相比較，酌劑盈虚，次第禁止。」

又覆奏：「李國杰奏振興礦務，宜設法招徠，以泯商人疑慮。查興辦礦業，誠宜招勸股商，推廣開採，而華僑挾資内嚮，尤賴維持保護。上年奏定礦章，限制較嚴，原奏以華僑習安寬簡，若照新章範圍，恐滋疑慮。臣等體察情形，華僑歸辦礦務，苦文法之束縛，原屬實情即。各省商民辦礦，雖經竭力提倡，或猶不免疑阻。既據奏稱礦章宜酌予變通，擬請將新章詳核，如有於商民多利益，於公家無妨損，即斟酌損益，量予通融，以順商情，而資鼓舞。其有關涉外交之處，外務部於洋商辦礦各事，均屬周密。惟與從前洋商承辦礦務，奏定各章，間有歧異之處，若不量予通融，恐不能一律推行。所有關係交涉各節，亦應酌量變通，以期融洽。如蒙俞允，當由臣等會同詳核，重定奏明。」

又山東礦政局簽定華德採礦公司合同八條。【略】

〔光緒三十四年〕又，兩廣總督張人駿奏開廣東花縣煤礦，允之。

又，直隸總督楊士驤奏井陘煤礦照臨城煤礦辦法，與德商井陘公司訂立合同，互换函稿。

又，四川總督趙爾巽奏設立全省礦務總公司，除見在官辦各礦及華洋商人稟准已開之礦外，凡川省未開礦産概歸總公司承辦經理。

又，兩江總督端方奏裁撤兩江礦政調查局，改設江南礦政總局，應設法另行籌款，以濟要需。又奏寶華公司領地併入阜寧煤礦，開採礦地均係官荒，擬暫用土法人力開採，並擬章程圖説，懇恩立案。

又，會辦商約大臣、郵傳部侍郎盛宣懷奏：「商辦漢冶萍煤鐵廠礦宜擴充股本，合併公司。」得旨：「著責成盛宣懷加招華股，認真經理，以廣成效。」

又，庫倫辦事大臣延祉等奏：「金礦開辦二年，報效三次，擬請將姚始委員酌保數員。」得旨：「准其擇尤酌保。」【略】

興東礦務。興東金、煤礦産甚多，惜乎有土無人，利棄於地。光緒三十四年春間，於興東道治之西，距黑龍江沿十餘里之平山探得煤礦一處，復探得景星山煤礦一處，苗綫礦質與平山相埒，地傍黑龍江沿，輪船便於載運，由黑龍江順流而下，南通伯力，北達黑河，運路銷場較之鐵山、包甘河煤窑，事半功倍。該處與俄屯僅隔一江，尤宜早日開辦，免致外人覬覦，藉此招徠丁壯，並可寓殖民之策。祇以限於財力，見僅用土法開採，辦有成效，籌撥官本，抑或集合商資，推廣礦務，亦以固東方之邊圉也。

又《東三省政略·紀奉天礦政》 東三省礦産林立，就奉天一省論，菁華發越者已不下四百餘處，其韞而未發者，尚不知凡幾。曩則封禁綦嚴；道咸以降，礦質之顯露者，如河金、煤礦等類，始稍有採掘。然淘河金者，類皆無賴游民，作輟靡定，從無課以什一之税。煤礦則以報領龍票，由地方官或總管衙門約略課税，並無定章。其中奸商隱匿，胥吏侵蝕，到官者僅十之一。光緒甲午戰後，始弛礦禁。前將軍依克唐阿奏准試辦，迄未收效。貴鐸、阮毓昌集股開採，亦未見尺寸之利。二十七年以後，東清鐵道漸通，日俄覬覦於東南，無知愚民又時有以舊領龍票私售外人者，於是礦利之相競者日迫。前將軍增祺始陸續招商，設法開採，並皆奏准立案。如撫順尾明山等礦是，然課無定章，管無專員。三十一年，前將軍趙爾巽飭商務局兼管礦税，適值農工商部奏令各省設立礦政調查總局，而奉省礦務較盛，事務尤繁。是年冬，即飭設局，嗣改行省，設勸業道，即以礦政局總辦、道員祁祖彝兼署勸業道僉事。明年，祁道調任東邊，以道員徐廷爵接辦局務，乃飭整頓尾明山官辦煤礦，並改訂章程。五月，以新頒部章不便於商，請部酌量變通。旋准覆飭，俟歸併改定章程，參酌辦理。九月，請給諭商人

周從龍勸導海外華僑組織奉省礦務。十一月，酌擬河金收課章程。期年之間，發出開礦照四張，探礦照十三張，共收各項税款銀一萬九千二百九十八兩，較上年長徵銀八千四百餘兩。東省幅員寥廓，物産富饒，宜爲繁盛之區，而居民寥落，榛莽未闢，遂致五金寶藏無人過問。矧强鄰逼處，涎視於旁，不得不急謀生聚，以爲守邊之計。論者謂地處邊陲，風日高寒，氣候較遲於腹地，似非殖民所宜。此直一隅之見耳。夫邊之所實者，民；而民之所趨者，利。大利莫如礦。奉省礦産發見四百餘處之多，向以礦禁未弛，咸不敢舉以爲請。今礦局既設，招商提倡，三年之内報開採者已不下七十餘處。頃復招徠海外華僑，以謀擴充，繁富之象，翹足可待。昔英之經營南洋諸島，美之經營舊金山，及俄售於美之恶拉斯加，其始非猶是深山窮谷之區，蠻煙瘴雨之鄉哉？迨礦務既興，置輪路，通郵電，交通既便，商賈輻輳，士庶雲集，廣漠之野瞬爲繁衍之場。若吾國之大冶、萍鄉、唐山，猶其小焉者耳！南非洲之礦，未必多於東三省，並未必勝於東三省，而趨之者如歸市。則異時東三省礦務發達，四方之民將有不待舉辦墾屯襁負而至者，則籌辦礦政即爲移民實邊之嚆矢也可。

又卷三八九《實業考一二·礦産》〔宣統元年〕又，山東巡撫孫寶琦奏：「收回德商勘辦沂州、沂水、諸城、濰縣、烟臺五處礦産，議廢合同，並簽條款。」

又，外務部奏議：「以五萬二千磅，向英商贖回安徽銅官山礦地，一切機器、房屋均交還中國，原定合同全行作廢，以免再有轇轕。」【略】又諭：「外務部代奏，張人駿、朱家寶電稱籌還銅官山礦案津貼，數日内恐未能籌清等語。此事前經外務部奏准，應由該省籌還。張人駿等身任地方，責無旁貸，即應照數籌撥，以免外人藉口。所有議定礦案津貼銀五萬二千磅，著於本月司庫内先行墊借匯滬，由滬大清銀行交麥加利電匯英倫，毋稍稽遲。倘再推諉誤期，致礙交涉，即惟張人駿等是問。至收回礦産各節，著外務部知照英使，迅速收回，以清積案。」【略】

又 又諭：「前據都察院代奏，河南紳士等呈稱，交涉局破壞礦務，與福公司擅訂續約等語，當經諭令外務部、河南巡撫會同妥籌辦理。兹據外務部奏稱，與英公司再四磋商，擬訂：嗣後華商赴該廠購煤，總須以一百噸爲度，以定限制，經該使電商福公司應允。似此變通辦理，俾大批購自公司而零售仍在民户，所擬法漢尚屬妥協。著吴重憙即照此議行。並嚴飭所屬撤銷福公司售煤之禁，一面曉諭商民，毋得阻抗，倘有無知之徒，藉端滋擾，定惟該撫是問。」

又，四川總督趙爾巽奏准：重慶江北廳境英商開採龍王洞煤鐵礦，由華商江合公司收回自辦，原訂合同租約一概作廢。【略】又諭：「富國之道，礦政爲先。我國礦産富饒，近年各省漸有開採，而成效總未昭著者，或以財力未充，或以運售不易，甚有藉集股以圖誆騙，遂至股實紳商虧折於前，不復踴躍於後。有利不興，殊爲可惜。見在百事待舉，總以開濬利源爲第一要義。凡有産礦之區，該都統、督撫等當於平日派員查勘，設法興辦，無使利棄於地。其風氣未開者，多方以勸導之。貲本富有者，竭力以鼓舞之。動以歆羡，破其疑慮。果能盡集華股，固屬甚善。設力有不足，亦可附入外股。惟須妥擬條款，慎防流弊，隨時咨送外務部詳核，方准實行。凡兹興利大端，著農工商部會同各都統、督撫等，調查詳悉，熟籌辦法。將來有關於集股籌款等事，並著咨商外務部、度支部會同辦理。將此諭令知之。」【略】

又，御史黄瑞麟奏：「湘省礦産豐富，亟宜提倡新法，厚集資本，以興大利。謹陳辦法三端：一、礦學人材亟宜培養任用；一、分化礦質局與測量，礦山區域宜及早興辦；一、指定官礦爲保息經費，以大招商股。」下部議，尋農工商部奏請，飭湖南巡撫體察情形，妥籌酌辦，以昭詳慎。

又奏：「開平礦産關係主權，除以國家名義收回外，別無辦法。今擬由灤礦公司自行籌款收回，則是墮入商業問題，兩公司列於平等地位，國家無從强迫。即隱認從前騙約爲正當，著手一差，毫釐千里。祈飭外務部臣妥慎研究，以期至當。」【略】

又，御史陳善同奏：「河南修武礦務交涉關係重要，惟有按光緒二十八年中英商約第九條所稱，中國見行礦務章程修改妥定，凡於此項新章頒行後始准開礦者，均須照新章辦理，力與磋商。依三十三年奏定礦務正附章程，切實辦理，並將該公司原訂合同通盤規畫，重行妥訂，以爲收效桑榆之計。」【略】又農工商部奏：「請旨飭各省督撫、都統清查商辦各礦，凡領有探礦執照者，如有勘定即換領開礦執照；領有開礦執照者，如已開採，應查明礦産衰旺，運銷暢滯，出入盈虧，先行報部。仍飭礦商將礦質、礦税按月呈報勸業道或礦政局彙核詳部。如領有執照，並不興工，須查看情形。果係認真籌辦，或資本不敷，或辦法未善，或礦地爭執，或特別事故，應由官代爲清理維持，並即限令開工。仍先將見情報部。倘領照後並不切實籌辦，更有招摇撞騙情事，除將礦照繳銷外，並將礦地另行招商。至從前商辦舊礦暨各處小礦，本應一律補領礦照，見各省多以商力薄

弱，或作輟無常，請予通融。惟各商所占礦地，所採礦質，亦應清查彙報，既可杜絶私受，且藉以週知全國礦山區域暨各省每年礦産總數，以備編訂統計之需。」

又，外務部奏：「酌擬續定礦章，凡華商、洋商合辦各條，覆加簽改，計正章十四章八十一款，附章九章四十六條。嗣後辦礦遇有需用外股之處，以此定章爲矩矱。」【略】

又，御史史履晉奏：「唐山礦務前爲英商騙占，延不交還。見在北洋開辦灤州新礦，出煤甚旺，唐山已受抵制英人，遂請將灤礦併於唐山，中西合辦。外務部因有將唐山礦本改爲債票，年息七釐，由中國國家擔任之議。臣惟灤州、唐山截然兩事，何得混而爲一？彼見我灤礦漸有成效，知唐山不能居奇，欲我買回，外務部何得過求速了，自取喫虧。查從前張翼赴英理論，係挾個人資格前往。雖經控訴得直，然祇係張翼一人之交涉。見張翼老病，亦應籌及異日歸何人接辦，存立證據，預防他人接手，英人不復承認，方爲周備。」【略】臣謹案：二年，直隸京官會奏，史履晉亦列名，有北洋大臣所議，籌給債票，實爲正當辦法，其數雖鉅而取資礦利，綽有餘裕語。此云自取喫虧，何以前後兩歧？蓋聞英使照會稱，按百七十八萬磅數目，英商所得債票，年息不及十二萬五千磅。而此礦獲利上年有二十四萬七千磅，故以爲可取資也。不知英人代辦開礦，實交華商股票三十七萬五千磅，又交張翼德璀琳五萬磅，交北洋大臣銀三十一萬，交少還多。喫虧一。開平佳礦、五槽九槽開掘逾卅年，五槽將空，九槽亦希，煤道愈深遠，成本較重。煤質遜則賣價薄。喫虧二。辦灤礦以逼開平，未始非策，但欲收復開平、灤礦，不應大舉，又糜數百萬。唐山、林西、灤州咫尺間，三礦齊舉，銷路必滯，如抽停一二，虛糜更多。喫虧三。直省有臨城、井陘，奉省有撫順、本溪，湖東省有博山、嶧縣，豫省有新德、福公司，長江有萍鄉煤，上海有日本煤，諸路受擠，非比從前。開平煤利斷難再延二三十年，而英人欲我包二三十年之利。喫虧四。直紳不仔細考核，壹意收回，萬一英商詗知，盡力要索，適中詭計，何如稍緩須臾，徐籌抵制。見聞該礦票價已跌，數年後更將大落，屆時續收股票，百萬磅之票不過百萬磅之值，全盤歸我，免受鉅虧。國有人焉，馨香祝之。又護理雲貴總督、雲南布政使沈秉堃奏：「滇省籌辦錫礦，請援廣西成案，暫免出井稅項，並免提官股紅利各五年，以紓商力。」得旨：「邊省籌辦維艱，著均允所請。」【略】

又，外務部奏：「直隸唐山開平煤礦，經前督辦張翼赴英控訴得直，而英商始終占據，不允歸還。復由直隸督臣袁世凱另籌開設灤州礦務公司，以救煤荒。而英使又以開辦灤礦，侵害開平利益，迭請停辦。直隸各紳則謂開平舊界不過十里，灤礦既在界外，爲中國自辦完全之礦。一則援成約以詰責，一則據舊界以立言。各執一詞，兩不相讓。臣部外迫交涉，内顧輿論，兼權併計，應付寔窮。竊思開灤兩礦同在直境，同爲直隸所倡辦，與其由臣部空言支拄，而事機逼處補救終難爲功。何如由直督就近詢商，俾事情瞭然解決，或易爲力。擬請旨敕新任督臣陳夔龍妥籌辦法，以息争競而杜轇轕。尋陳夔龍奏，開平礦案非有熟悉情形大員隨同籌辦，仍慮難得要領。張翼係關繫此案之員，原難置身事外。前署直隸臬司周學熙總辦開平礦局有年，於此案始末極爲明悉，請派隨同籌辦。」從之。【略】

又，都察院奏：「翰林院修撰劉春霖等呈稱，開平礦産煤鐵，縱横地居要點，海陸交通，爲東亞著名佳礦，實國家軍備要需。自庚子拳亂，前礦務督辦張翼受外人欺騙，擅訂私約，舉數十里之礦産，並秦皇島通商口岸以及天津、烟台、牛莊、上海、廣州、杭州、蘇州各省碼頭地畝，悉移交外人掌管，主權喪失，於今十年。朝廷極力維持，飭令外務部、北洋大臣妥籌辦理。近聞已有由國家發給債票，將礦産及各處口岸並他項利益實行收回之議。乃張翼疊上封奏，迴護前失，謂責認副約，即可中外合辦，並以發給債票，收回礦産有損無益。聞之詫異。查張翼所定合辦副約，係承接移交約賣約而來，且在倫敦註册，受英例保護，其他條款多本此爲根據。是其所謂中外合辦者，不過英國公司内有華人之少數股本而已。中國各通商口岸，限制洋商，不准於界外置産。若以礦産而引外人施其律例於内地，此端一開，則中國徧地皆礦産，徧地皆可行外國律例，後患胡底。此案爲中外所注目，關係全國，影響甚大。張翼以經理股分營業之人，竟自私賣礦産疆土，若國家因而承認，將來各省相率傚尤，外人援以爲例，更有何説以善其後？此關係國家主權，亟應收回者也。强國之道，尤重海軍；欲興海軍，非有大煤礦不能濟事。中國沿海礦産無多，濰縣、撫順等礦均非我有，海軍命脈，僅此開平一帶煤礦爲一綫生機，若並此永屬外人，一旦海疆有事，處處受人挾制。且秦皇島不凍佳港，最爲海軍根據之地。該島係自開口岸，爲開平産業，佔地計一萬三千五百英畝，合中畝九萬四千六百餘畝。故欲利用該島，益宜力保開平，此關係軍備要需，尤應收回者也。綜之，此案爲目前大局與將來之隱患計，勢在必争，理無委棄。北洋大臣乃奉特旨委辦之人，其與外務部所訂辦法，係懔遵先朝諭旨實行收回，若不發給債票，則英商股本斷難取消，註册之案何由作廢？且

礦產美富，每年債票本息取資礦利，實屬有盈無絀。英人自接辦以來，每年歷獲厚利。以上年論，已有二十四萬七千磅。即礦產之餘利還債票之本息，確有把握。見與外人磋磨就緒，既不可聽其破壞，亦不可稍事遲延，此礦存亡大局所繫，非僅直隸一省之利害已也。請飭度支部，迅速派員前往確查擔任發行債票，一面飭北洋大臣迅速議結，以保利權而維大局。」奉諭：「開平礦案關係重大，亟應完全收回，以保疆土而復主權。著載澤、盛宣懷歸併前案，確切查明覆奏。原呈著鈔給閱看。」

臣謹案：主權疆土，係據袁世凱奏參張翼之言。秦王島口岸有開平公司，地產一萬三千五百英畝。不知島自我開，自有主權，斷非外國商辦公司所能侵損。查開平局於光緒三十四五年在秦皇島圈地四萬一千三百零九畝，除去未買熟地、民地等，實購九千九百四十二畝零，一萬三千五百英畝，或指最初圈地而言。歸業主耕種，公司收租，紅契糧串悉存張翼處。能將轇轕清理，地契即可取回，不至有礙主權疆土。至謂礦利可還債票本息，恐未必然。上海招商局言，開平煤質百分中有灰三十分，本局已經少用。又美國律師林文德説帖，自灤礦開後，地位甚險，各處煤礦復相競爭，大非昔比。是以華人議買，英人樂從，是開平礦產雖旺，累年開採，煤質已差，銷場漸滯，獲利實無把握。此皆載澤等覆奏所陳，節録以資印證云。【略】〔宣統三年〕又直隸總督陳夔龍奏：「開平礦案，遵飭令灤礦公司妥議列爲《開灤公司招股章程二十一條》、《借款辦法四則》，并豫算表一紙，呈請查核，奏明立案。一俟款目核定，交涉議結，再由公司按照所擬酌量情形，分別籌備。查所擬各節，辦理尚無不合。惟交涉一日未結，則所有招股、借款辦法均屬空言。請飭外部迅飭張翼遵照查辦大臣原奏，剋日與英公司核算歷年帳目，並磋商核減債票之數，俾臣等得接議收回，免致要案久懸。至該公司總理周學熙，經營灤礦，苦心籌畫，未便准其辭職，仍應責成經理，以竟全功。」又奏：「灤礦開辦數載，成效卓著，如能加意維持，與開平實力競爭，於收回之議，必有裨益。近聞英商恃其資本雄厚，鋭跌煤價以圖傾軋，若不速籌維繫灤礦之策，後患不可勝言。據該公司股東會請廣籌銷路，寬備行車，擬在東南各埠及外海等處徧設分銷處，租賃輪船以資運輸。並擬由公司自行擔保發給實業債票，商借商還。查核所籌辦法與各國實業債票通例尚屬相符，自可照准。」【略】趙爾巽奏：「江省附近東清鐵路一帶煤礦甚多，亟應及時開採。查有省西太平山煤礦一處，距東清鐵路車站約十七里。經前署布特哈總管純德等集資開辦，設立隆平煤礦有限公司，嗣因商股迄未集有成數，飭司先行墊銀二萬圓，廣信公司官銀號各墊銀一萬圓，俟辦有成效，再行續撥。又臚濱府屬察漢敖拉卡倫原有煤礦一處，距東清鐵路十八里。曾經商民集股開採，嗣以財力竭蹶中止。見由臚濱府請發官股提倡，以便招集商股接續開辦，定名曰察漢敖拉煤礦有限公司，飭司撥銀一萬二千兩，羌帖二萬元，俾資應用。查以上兩處煤礦，均在東清鐵路附近，主權、利權關係均極重要，無論庫款如何支絀，自應興辦。」【略】臣劉錦藻謹案：《周禮》卝人設職，煤礦在地迄未發明，漢鑿昆明池得劫灰，礦學家謂「劫灰」即煤，惜當時不經試驗。《説文》：「灰炱，煤也。」《玉篇》釋炱煤爲烟塵。《廣韻》釋炱煤爲煙集屋。大抵所指不離煙墨，非近代之煤料。惟班書《地理志》：「豫章出石可燃爲薪。」雖不明言曰煤，而煤之作用，良可推測。《正字通》謂石炭即今西北所燒之煤。西北不舉地名，燒煤者究屬何地之人。西儒以煤爲洪水時壓土樹枝所化，或謂千年薪炭入地凝結而成。要之，地殼愈堅，煤苗愈厚；地心愈熱，煤質愈豐。我中華徧地皆煤，有此富源，亦從事於煤礦可爾。【略】

又，東三省總督錫良奏：「收回奉天本溪湖煤礦，作爲中日合辦，訂定合同，中日各派總辦一人，以交涉司爲督辦。定股本二百萬元，各出其半。中國除地股作三十五萬元外，應籌六十五萬元，其餘一百萬元即歸日商擔任。將來股本年息八釐外，餘利分作十份，以二份五作報效，一份作公積，六份五歸中日股東平分。其釐金、礦税等項，均仿井陘臨城合同辦理。」【略】

〔宣統〕二年，東三省總督錫良奏：「收回奉天本溪湖煤礦，作爲中東合辦，訂定合同，其釐金礦税，均仿井陘、臨城合同辦理。」【略】三十一年，商部奏：「自中外互市以來，工商各業全恃天然礦產，以資補救，華商所辦之礦僅有開平、萍鄉兩處，見開平尚與英商涉訟未結，萍鄉亦貲本未充。煤炭爲輪船、鐵路所必需，正待竭力擴充以免利權外溢。臣部奏定礦務章程第三十四條内開，礦產出井，視品類之貴賤以別税則之重輕。第三十五條内開，礦產出口關税，照税關章程徵收，納此税後，内地釐卡概不重徵等語。原寓體恤華商之意，惟各省所收釐税未盡遵照定章，往往於出井、出口兩項外藉詞加徵。即如山東嶧縣之華德中興煤礦公司，每煤一噸在山東淮關兩處共納税釐銀二錢七分，已較臣部定章每噸溢收銀二分。而江督蘇撫復據寧、蘇、滬各釐局議，詳擬徵落地釐金每噸一錢。臣部近接山東巡撫咨稱，嶧煤飭收落地捐項，銷數因之大減。又山西陽曲縣之王封山黃礦，臣部批准開辦，一切照章辦理。而晉撫以原定章程有出礦之

後，每斤完納釐局六文之語，不得續請邀免，當經駁令仍照礦章完納，概不重徵，以歸畫一。而晉撫來咨，仍以晉省無常洋各關，此項黄斤毫無關税可收，自無重徵之慮，礦産免釐，應俟商約加税免釐通行以後爲辭。不知臣部定章原有抽納出井税之條，本省不慮無税可收，内地行省未設常洋各關者甚多，若皆引此爲言，則部章幾同虚設。明知各省庫藏支絀，疆臣注兹挹彼，亦不得已之苦衷，而定章自宜一律遵守。且查長江一帶向銷英日煤焦，山東則多用德煤，洋煤之税既輕，華商之力又薄，爲叢驅爵尤可隱憂。應請飭各省將軍、督撫一體遵照，無論所屬礦地開辦在臣部定章先後，不得於完納出井出口税外，別有徵收，以恤商艱，而照定制。」【略】

又，農工商部奏核明湖南官礦支款畫清舊案銷結，略稱：「湖南官辦各礦，於光緒二十一年設立官礦總局，經前撫臣陳寶箴奏明，委派員紳辦理。至三十一年，該局改爲礦政調查局，嗣以局係統轄全省商辦礦務。又於三十二年，前撫臣岑春蓂設立官礦總處，仍辦各項官礦，以專責成在案。查該省辦理官礦，動支各款，歷年均未報部。兹准湖南巡撫咨，將礦務總局暨官礦總處收支各款，按照清理財政新章，作爲舊案造册咨部核銷。查原册自光緒二十一年起，至三十三年底止，計共支過湘平銀二百五十五萬六千三百四十四兩一錢八分五釐七毫，按册核算，總散各數均屬相符。並准度支部片復，分銷數目亦屬符合，擬請准其支銷，以清款目。」【略】又，直隸總督陳夔龍奏：「開平礦案迭經派員向英使解釋，並派洋員馬尼爾等赴英向英外部詳陳，始尚偏袒。繼謂事閲十載，難言收回。臣當洋員赴英時預定條件兩項：第一爲礦産收回後，所有公司股本一百萬磅换給國家擔保之債票，並接還舊債約四十餘萬磅，均以七釐行息，五年後二十年前將債票全數贖還。第二，爲收回後仍准洋商附股，所有公司股本换給中國股票，遵照中國礦章辦理。抗議半年，英外部及英公司恫喝要挾，變幻多端。臣商承外部，内外堅持，英公司始願收受債票，將産業交還，索價至二百七十萬磅之多，減至一百七十八萬磅，要求贖還債票，期限展長至三十年以後。核與第一條件所定款數差三十餘萬磅，期限差十餘年。准外務部知照，以中英友誼素敦，總宜互讓了結。臣電飭洋員謹守斯意，並函商度支部，將來債票擬由大清銀行發行，以昭大信。如能全數收回，國家暫時擔任債票，而礦産年利足抵本息有餘。至秦皇島通商口岸，關係國家疆土，尤非礦産可比，請飭部分别預爲妥籌接收礦産碼頭、發行債票辦法，以資準備，而免貽誤。」

臣謹案：「條約二項當時未先請旨，英使照會外部，頗不滿意。夫以大清銀行立債票，國家擔保，此即國債票也。以商辦煤礦而出國債票擔認，重利已屬不合，況以大清銀行代出外洋債票，無論煤礦有利無利，度支部決不肯爲。載澤等據此覆奏，第一條件難行，惟有就第二條件籌商辦法。適灤州煤礦總理周學熙條陳，添集資本，兩礦統歸商辦，有「酌盈劑虚價格，得整齊畫一，合則兩益，分則兩難」語。揆諸各國實業，債票相符，惟須先查帳目。蓋英使見索三款，一爲股票一百萬磅，一爲舊債四十二萬磅，一爲公債三十六萬磅，共一百七十八萬磅。加三十年七釐重息，需英金五百五十二萬餘磅，照金價約合銀四千四百萬兩左右。爲數過鉅，必當商減。在英人以不可必得之礦息股票，换我必不能少之重息債票，以詐騙始，以美利終，計亦狡哉。」

又，熱河都統誠勳奏：「熱河提倡礦務，瀝陳開辦官礦，並見辦商礦暨商礦未能遞臻暢達實情，其未能暢發之原因，實由部章過嚴，稟辦一礦動多窒礙。竊以爲辦法大綱試採宜寬，則招徠自廣；調查宜嚴，則隱匿無虞。方今强鄰逼處，衆目咸視，亟應設法提倡。遇有礦商稟辦五金礦業，隨時變通章程，妥議條款，咨商各部，執中辦理。」【略】又諭電寄雲貴總督李經羲：「據奏，試辦滇礦，公債請本由部認，息由滇認，由大清總銀行出票，加蓋雲貴總督、雲南藩司印信，由各省大清分行擔任兑款，票主向銀行直接等語，著度支部議奏。」【略】又，吉林巡撫陳昭常奏：「吉省礦産無窮，强鄰挾其國力相逼，華商資本薄弱，實有急不能待之勢。擬援均勢主義輸入外資，查明吉省礦産，無論大小同時舉辦，但使主權無失，除日俄兩國外，歐美列强均可投資合辦。並擬借外債二千萬兩，專爲興辦各項實業之用。與督臣錫良會商，意見相同。見有北洋稽察機器各廠委員德人巴士來華，借調來吉，令其親赴各國糾合資本，以圖集事。如有成議，或作投資，或爲借款。所有章程條款自當悉心釐訂，慎防流弊。」下外務部議。尋議：「該撫意在投資均勢，並蓄兼收用意，不可謂非是，惟東三省總督有統轄總理之責。此次所擬辦法，電詢錫良，始知未經商定。則是否合宜，應請飭東三省總督，會同籌畫，再行具奏。」【略】

〔宣統三年〕又〔熱河都統誠勳〕奏：考察口外礦務，敬陳管見：一、特派專員分投設局，切實舉辦。一、預籌的款將熱屬著名大礦先用土法開採，招集蒙漢股本，以期擴充。一、另定專章由專派大員通盤籌畫，期無阻礙。以上三端爲目前切要之圖，擬請飭廷臣迅議施行。【略】臣謹案：光緒初年，法據西貢後，

遣員游歷雲南，專測礦脈，紀述甚詳。歸與越南約，陽通滇商，陰覬礦利也。當時張佩綸奏稱，開東南之礦不如西北，一卑溼近水，一嚴凝多山也。開西北之礦又不如滇黔，一風氣未化，一習俗不驚也。滇省金、銀、銅、鐵各廠何止二三百所，三池之産足敵歐洲，即無法人眈逐，亦當振興銅政，收安邊足用之效，況藉地利以遏敵謀耶！請招商集股，與官本相輔而行，見功更速。曾奉旨，飭岑毓英、唐炯妥速籌辦。迄今三十年，已採者什一，未採者什九，豈寶藏之未興乎？亦人謀之不臧耳。【略】

又卷三九〇《實業考一三·礦産·吴承洛調查礦冶誌略》 我國各大煤礦公司有爲本國人經營者，有爲外國人經營者，兹將最近中外所投資本及生産力列表如左：

國籍	資本	生産力
中國	五〇·〇〇〇·〇〇〇元	七·〇〇〇·〇〇〇噸
英國	二二·〇〇〇·〇〇〇元	四·〇〇〇·〇〇〇噸
日本	二七·五〇〇·〇〇〇元	四·五〇〇·〇〇〇噸
德國	二五〇·〇〇〇元	三〇〇·〇〇〇噸【略】

又 順天宛平煤礦。宛平之重要煤礦爲門頭溝及齋堂。前者在京師西約五十里，有京門鐵路相聯。後者在宛平之西境，距京約百里。因在衆山之中，交通頗爲不便。門頭溝之煤質爲無煙煤，儲量爲三千萬噸，若掘至更深，可得六千六百萬噸。有大公司一，名通興，中英合辦。小窑七十二，每年約出煤九萬噸。齋堂煤礦之儲量在五萬萬噸以上，窑徧地皆是，開採均用土法，遇水不能下掘。自門頭溝以新法開採後，入京銷路遂爲所奪。

直隸灤州煤礦。礦在天津、山海關間之京奉路綫中。其著名礦地爲唐山及林西二處。唐山車站距天津約二百二十九公里，距塘沽百公里，距秦皇島九十公里。林西車站距唐山約二十七里。煤之儲量爲四億萬噸，見在採掘祇一千五百萬噸。開灤公司煤坑凡四處，即唐山、林西、趙各莊、馬家溝等坑是也。唐山在光緒四年時，即用新法採煤，我國新式煤礦業此爲嚆矢。

直隸臨城煤礦。礦質係煙煤而佳，可鍊焦煤，每日出煤，最多時三千噸，最少時僅五百噸。由臨城礦局經營，礦産跨有高邑、臨城、內邱三縣，計高邑全境合二十五方里，臨城六十三方里，內邱七十方里，共有礦十二處。並規定三縣礦脈相接之地，均歸開辦，旁人不得私採。故昔時土窑已一律停止。

直隸磁縣煤礦。礦在縣境西北五十里之鼓山麓，距磁縣車站六十五里。山之東麓，地質整理，此帶自北而南煤窑疊見，尤以怡立公司礦區爲最大。其西麓則以在王家莊者爲優，境內煤窑不下三十餘。怡立公司共有十三窑，每年産量約三四萬噸。

直隸井陘煤礦。在本省西部井陘縣一帶，地當要衝，交通便利。大煤田南北二部：南部分五區，北部分六區。北部第一區在横間鎮及西村之北與北寨及王舍之南，井陘礦務局礦區之西部，及寶昌公司礦區之東部均屬之，面積爲六·三〇〇·〇〇〇方公尺，儲量爲九八·二八〇·〇〇〇噸。第二區在北正村、南正村之間，面積爲五·一〇〇·〇〇〇方公尺，煤之儲量五三〇四〇·〇〇〇噸。第三區在鳳山村之西，面積約一·五六二·五〇〇方公尺，煤量爲二四·三七五·〇〇〇噸。第四區在西王舍村及賈莊之西至西邊大山之麓面積約一·五〇〇·〇〇〇方公尺，煤層厚五公尺，當得煤量九·七五〇·〇〇〇噸。第五區在小趙村至小寨一帶，面積約一·八七五·〇〇〇方公尺，以煤一層厚五尺假定，應有煤量一二·一八七·五〇〇噸。第六區在第一第二兩區之間，面積頗廣。惟舊窑林立，恐已採盡。南部第一區爲南井溝、王家莊及水子村一帶，面積約爲五〇〇·〇〇〇方公尺，儲量四·五五〇·〇〇〇噸。第二區在井陘縣城之北，面積約一·〇〇〇·〇〇〇方公尺，儲量約九·一〇〇·〇〇〇噸。第三區在荆蒲蘭村之西，面積約二二五·〇〇〇方公尺，因地層變動，開採頗難。第四區在井陘城南黄溝與水子村之間，爲正豐公司礦區，面積約五〇〇·〇〇〇方公尺，煤量約三·三八〇·〇〇〇噸。第五區在郝家台村之四周，面積約五六二·五〇〇方公尺，煤量五·一一八·七五〇噸。礦務局及正豐公司均築有輕便鐵路，與正太鐵路聯絡。

直隸臨榆煤礦。在臨榆縣西境，距秦皇島三十八里，東至山海關六十里。在京奉路綫北，有輕便鐵路相聯絡。煤礦可分柳江、凹炸窑、長春寺及上莊坨之小窑溝，板長峪之干家山，黄米屯之夏家峪六區。柳江有柳江公司，聯接京奉鐵路，轉運最便。凹炸窑在柳江鐵路北，運煤須假道柳江、長春寺，北限於大石河，

南限於凹炸窑，範圍較窄，且地勢崎嶇，轉運不便。四、五二處俱在石河之東北，多雨時水勢暴漲，運輸尤難。柳江公司礦區爲四千三百十三畝，煤量爲一八・七一七・〇七五噸。以地勢言之，西由鐵路達京津，東出山海關往遼東，南經秦皇島抵沿海各埠。水陸之便，運費之廉，非他礦所可比擬也。

奉天撫順煤礦。在撫順縣南渾河之左岸。以渾河支流分爲東西二部，東部爲楊伯堡、老虎台、龍眼河、搭連咀子，西部爲千金寨、古城子、小瓢屯，煤田面積東西長約三十里，南北寬約六里。儲量極富，除萬達屋河以東暫不計算外，估計該地點以西儲量約八百二十兆噸。煤礦見歸鐵道株式會社經營，產額最多時爲四・七八二・二〇〇噸，數量之巨，在國内稱第一。

奉天本溪湖煤礦。在本溪縣地。有小河與太子河相匯，煤礦位於河西河道外，又有鐵路交通極便，面積爲八十九方里。可分三區，東爲本溪湖區域，中爲柳塘，西爲新洞。煤量本溪湖最富，約有一百十八兆噸，柳塘約七十七兆噸，新洞約三十兆噸。礦見歸中日合辦之本溪湖煤鐵公司經營。

黑龍江鶴岡煤礦。在湯原縣東北鶴岡鎮。由煤礦至松花江北岸蓮江口，陸路約百二十餘里，可行馬車。冬季雪橇俗名犁扒。暢行較速，至松花江，則舟楫暢通。由佳木斯乘輪溯江而上，二日達哈爾濱，順流而至同江縣入黑龍江，可達俄屬沿岸各埠。煤質約有六層，開採者僅二層，煤之儲量約爲一萬四千四百萬噸。

山東嶧縣煤礦。在嶧縣滕縣之間。距臨城車站六十餘里，有輕便鐵路聯絡。礦分三區：一在嶧縣郭李集西北棗莊、大小甘林、山家林、陶莊一帶，面積計三百零六方里；二在郭李集東北安成村，面積五方里餘；三在郭李集東南安成村，面積五方里。餘煤之儲量約有八百兆噸，可採者僅得六成。見歸中興公司經營，工程用新舊兩法，產量最多爲七十二萬七千九百六十噸。

山東淄博煤礦。在淄川、博山兩縣間。向北延長至距淄川城三十餘里之處，向西延長至博山城，約十里。黑山煤田在博山城東，西河煤田在博山城東北，有輕便鐵路與張博鐵路聯絡，煤礦儲量：淄博四萬一千餘萬噸，黑山六千一百餘萬噸，西河二千五百餘萬噸。舊用土法開採，光緒二十三年，德占膠州，組織德華公司開採。淄博本部北部之黌山煤礦，自膠州入於日人，礦權亦爲攫取。除黌山外，其他自辦小礦亦與日人發生關係。逮收回膠州，而黌山煤礦及濰縣坊子村煤礦均改歸中日合辦之魯大公司經營。

河南六河溝煤礦。在安陽縣距城西北六十五里。見歸六河溝煤礦公司經營，產量年旺一年，初爲十一萬八千四百九十噸，增至四十四萬四千四百四十一噸。該公司造有輕便鐵路，與京漢路豐樂站相接。

河南清化煤礦。又稱焦作煤礦。在修武縣清化鎮附近，道清鐵路由此以達道口。豫省礦產，六河溝外，此爲最要。北起太行山基部，南至黃河北岸附近。英商福公司就二千六百畝區域内，估計儲量爲三千萬噸。礦區分紅黃二界，其附近爲華商中原公司，有礦區三處，老吾廟、桐樹溝、寺河村，廣五十九方里，產量最多，爲五六八・四〇四噸。同年福公司產量爲六九四・一四三噸。

山西平盂壽昔煤礦。在山西中部平定、盂縣、壽陽、昔陽一帶，正太鐵道通過其間。煤之儲量據農商部地質調查所估計，爲一千兆噸。平、壽煤田多緊靠正太路綫，昔、盂則距路稍遠，將來發達，前者較易。煤礦除保晉、建昌、廣懋三公司用機器開採外，餘悉用土法。

山西大懷左煤礦。在大同左，雲、懷、仁三縣接壤處，距大同車站自三十里至七八十里，面積約二千五百餘方里。可分三區。雲岡堡、馬營窪、二道溝、三道溝、白廟村、黃土陂、高山鎮一帶爲北區，煤峪口、口泉、大溝、千金峪、黑溝、官窑村、大小馬林澗爲南區，青陽灣、張家峰、秦家山、萬家咀爲西南區。煤量豐富，如馬營窪、千金峪每畝地内所含應有四・三五二噸，全區可得五千八百六十七兆噸。公司較大者爲保晉、廣興、裕晉、寶豐、晉華。

山西晉陵煤礦。又稱澤州煤礦。距河南清化煤礦至近，二礦脈絡有關。儲量之富，足與大懷左煤礦頡頏。大部分在晉城縣境，小部分在陵川縣境。因太行山脈崎嶇難行，故交通不便。見參用新法開採者，惟保晉公司一家。餘用土法。陵川在晉城東北，運輸更難。

江西萍鄉煤礦。在萍鄉縣東南安源鎮之安源山，距縣城約十五里。其脈來自蓮花縣之馬迹嶺。見歸漢冶萍公司開採，有禁阻他人在附近開採之特權。礦區長二十里，寬十里，近年產量爲九四六・〇八〇噸。自萍礦至株州築有株萍鐵路，與粵漢路湘鄂段相聯。

江西吉屬煤礦。指吉安、安福、永新一帶而言。煤田分三區，一敖城，二天河，三楓田。敖城在永新東，面積約三千零四十餘萬方公尺，儲量一萬五千八百

餘萬噸。天河在吉安西，目前產煤最旺，面積長約十餘里，公司林立，工人達萬餘。楓田在安福西北，延長八十餘里，廣袤約三十餘里，儲量在一萬萬噸以上，開採多用舊法。

安徽涇宣煤礦。分布於涇縣、宣城縣，爲皖南重要煤礦。涇縣煤田分東區及西北區。東區又分五段，一摇頭嶺至王村、茅田，二晏公堂至石山鋪，三古樓鋪，四畫眉嶺、方家沖，五牌子嶺。宣城煤田分水東、九里、孫家埠、水巷嶧山、南湖北岸鳳凰山五區。水東區又分三段，一大汪村，二汪胡村、大茅山，三大郭村、雙廟岡、大彬山、牛皮榻。九里區又分三段，一青田山、劉家灣，二金家邊，三九里山。各礦區有舊坑甚多。宣城各公司當推水巷之安平，採用新法，每日出煤約六十噸。金牌公司在九里山西南數里，採用土法，每年約出煤九百噸。涇縣古樓鋪有土法開採之煤坑二，其一屬於涇銅公司。

安徽懷遠煤礦。在舜耕山及上窑鎮一帶，距懷遠西南約六七十里，見大通公司在舜耕山開採。各煤田西界斷層起於小徐家附近之九岡凹，東入平原至九龍崗村之東，長約二十四里。上窑村煤分南溝、北溝，北溝較佳，南溝次之。北溝長約十五里，南溝長約七里。

江蘇賈家汪煤礦。在銅山縣城東北八十八里。西距津浦路車站二十八里，敷有輕便鐵路，東西長三十里，南北十五里。煤量約一萬四千餘萬噸，歸徐州賈汪公司用新法開採，在青山一帶礦區約廣一萬五千畝。

浙江長興煤礦。在縣城西之合溪鄉及西南之下澗溪合溪鎮，在城西二十里。鎮西北二十七里爲礦，礦地至鎮有張家澗可浮竹筏。下澗溪在小溪口鎮東南十二里，鎮距縣城五十里。自下澗溪至港口鎮十二里，有小汽船由龍溪直達吴興。下澗溪煤田面積不大，據地質調查所之估計，設入地深三百公尺，可得煤六百四十八萬噸。合溪鄉煤田歸長興公司開採，礦區爲南臯、四畝墩、南寶村、張家澗、趙家村、千井灣等處，面積共廣五十方里，用新法採，每月出煤一萬噸以上。

湖北香溪洩灘、巴東煤礦。爲鄂西最重要礦產。二礦均在宜昌上游，水路交通尚便。香溪煤田北起興山縣之響灘市，南迄秭歸縣之香溪窑。自大峽口東北起迄香溪止，煤田最廣，見有公司七家。總計本煤田之延長自響灘起至袁家沖止，約有百里之遥。響灘、興山等處小礦每月產量約三千噸。煤質以香溪爲優，洩灘、巴東煤質遜於香溪，開採者俱係土著，每月產量約二千噸。若用新法開採，則全區產量當有一萬萬噸。

湖南耒陽煤礦。在耒陽縣東鄉。南延入永興縣界，東延入安仁縣界，運輸頗便。爲湘省產煤最富之區，儲量爲八千七百八十六萬噸，惟開採悉用舊法。

湖南狗牙洞煤礦。位於宜章縣與廣東乳源縣交界處，距縣七十里，距坪石一百五十里。坪石當湘、粵間要道，爲轉運中心。見歸地利公司用新法開採。煤田在湖南二千九百四十二畝，在廣東二千四百五十五畝。

熱河北票、南票煤礦。朝陽爲熱河產煤中心，北票、南票煤田在該區內。北票煤田爲四處：小扎蘭營子在朝陽城北三十里，煤脈長約三里許；興隆溝在城北六十里，煤脈約長三里；木多土鄂賴在城北九十里，自尖子山起經三義站至姚家溝，約長二十餘里，而岳家溝西南十餘里之臺家營子亦有開掘者；大梁岡子距城北一百六十七里，礦區約長五里，寬二里，歸北票煤礦公司經營，煤量約四千餘萬噸。南票煤田長約十六里，寬三里，面積四十餘方里，儲量爲六千萬噸，歸京奉路局所有。開採三四年，以翳匪多進行困難，乃停工。

《東華續録·光緒三〇·金銀課》 永樂中，有採辦金銀之課，差官領之，湖廣、浙江、福建、貴州皆設。其後或封閉，正統初閉，未幾即開，以後屢開屢閉。或開礦，事例不一，而私煎偷採，掊斂民財，課不及額者派于民。皆有嚴禁。偷採者，首犯至死，其餘充軍，輕者止于徒。故雖添設官司，正統中添設參議一員，又指揮僉事一員，專理巡礦等務。規利甚析，民猶未病也。自天順初，差内使一員煎辦，而令鎮守大監提督，于是四川、雲南各處採辦，而騷擾之患甚矣。成化中，復有開採新生礦脈以補缺額之令，而弊竇愈滋。弘治中，復有折買金千兩以解部之令，雲南每年額辦金六十六兩六錢七分，銀八千八百九兩五分，今令以銀易金。而賠累益甚。正德中，因監此弊，各處銀場多令封閉，雲南凡九處。額課免辦。善矣！至嘉靖而徵輸如故，迨萬曆年間，内官四出，稅使紛然，民不堪命矣。

按：山海之利發于管仲，而盛于桑弘羊、孔僅之徒，然不過曰鹽曰鐵，以適國用而已。至唐而設金、銀、鐵、錫之冶凡一百八十有六，宋又增至二百七十有一，榷利至矣。要而論之，大率山澤之利有限，或暴發輒竭，或採辦艱辛，工多費重，所得不償，所出徒滋騷擾而已。善乎！明太祖之諭曰：利于官者少而損于民者多。是以山東請開銀場則不納，磁州請置鐵冶則流之，廉州請取水銀坑則黜之，誠知利端一開，則小人乘間而進邪謀，爭民施奪，爲害甚大，故拒之如此其嚴也。繼世不明此意，往往惑于小人規利之言，則設場開礦，由茲興矣。極其弊

也，中使四出，以漁民之利，奪民之財。甚者發墳墓毀廬舍，而不以爲殘；攤派之里甲，勒索之人户，而不以爲困。斂怨于下以開亂源，莫此爲甚。萬曆中，礦使之害可爲千古炯戒。夫仁人在上，方且欲糞土金珠，泥沙寶玉，奈何求利于不常有之地，以重累吾民耶？況金銀之流行于世者，固自有餘，但虞其藏而不出爾。上之人誠有以操其利權，而立法以疏通之，詳見《錢法》。則公私上下當無不足于用，又豈必開場立治，然後爲利哉？

又〔光緒五年九月庚子〕王先謙奏：「方今紀綱整肅，寰宇粗安，切要之圖莫如洋務。【略】一、籌經費。洋人入中國爲時已久，朝廷深思密計，求所爲制勝之方，而尚未大收成效，蓋以度支匱乏，挹注無資，則經費之籌亟已。其要約有數端，敬爲聖主陳之：

一、墾荒。臣前奏經費宜摺中詳言之，已蒙勅部議。【略】

一、開礦。此中外臣工屢請舉行者。泰西皆用開礦至富强，中國産煤鐵少，則輪船所用必取給外洋，是中土添一漏卮，外洋增一利藪。故從前可以不辦，今日勢難緩圖，國家無事之日動不如静，有事則當與時勢爲變通。且地不愛寶，秘久必宣，亦自然之理也。前李鴻章試辦於磁州等處，不聞成績如何，劉長佑亦請在滇籌辦，以費絀而止。臣常求各省難於剏始之故，特以機器費鉅，事無把握。竊意開辦不必先用機器，外洋多精地質學者，即中土亦不乏其人，滇黔川邊老民尤爲諳習，測量衰旺十不失一。由各督撫雇募試採，果得巨礦，再以機器濟之，則費不虚糜，而事有實效。滇黔道遠運艱，東北諸省可開之地頗多，當以漸舉辦，官啓其端，招商繼之，購買機器，商力不及，則官借貲本，分年扣還。大抵興利之事，官辦不如民辦，則糜費甚而中飽多，不啓其端，商民難與慮始，亦必疑懼裹足。但期推行漸廣，不必利益歸官，而國家受益甚大，所謂以美利利天下，不言所利也。或以前明流弊爲疑，臣又嘗深求明代之失。

萬曆二十四年，開礦徧天下，命中官爲礦使，編富民爲礦頭，礦無所得，勒民納銀，民不能支，富家巨族誣以盜礦，良田美宅指爲礦脈。征榷之使急如星火，搜括之令密如牛毛。其時諫臣言，陛下謂取諸山澤，礦使實弃之閭閻，切論危言，神宗不悟，流毒廿載，國脈大傷。嘉靖三十五年開礦，一歲中費三萬餘金，而得銀二萬八千五百，不足以償失。成化十年，採金於湖廣寶慶等郡，歲役五十五萬人，死者無算，而得金三十餘兩，官吏欺謾，適成笑柄。此明事歷歷可指者。

大凡國家舉事先問本意何在，則能行與否可以直決。爲國聚斂，雖小且易，事無不敗；爲民興利，雖大且難，事無不成。明所採者，金、銀礦也，以聚斂爲急。現在臣工所請開者，煤、鐵礦也，以爲民興利爲重。今天下所用煤、鐵、銅、鉛無一非礦，舊者可用而新者不可增，似非情理。各省山礦因硐老而奏封閉，得綫而請開採者，載在列朝實録，史不勝書，從未聞別生異議。今但混言開礦，不復別白，而前代民間隱痛猶在人心，亦無怪人之致疑耳。乾隆五十二年十月，給事中孟生蕙奏請停止直隸總督劉峨所奏昌平州開採硫礦，諭曰：『京城外西山、北山一帶開採煤窑及鑿取石塊，自元明以來迄今數百餘年，取之無盡，用之不竭，從未聞以關繫風水，設有例禁，豈開採硫礦遂至於地脈有礙？即云開設礦廠恐聚集多人，滋擾地方，則每歲採取煤斤石料所用人夫不知凡幾，豈皆良善安分之徒，何以並未見有滋生事端之處？』聖諭詳明，實足破世俗迂惑之見。現在各省有留防兵，即多人足資彈壓，可無他慮，惟商辦之後必令該督撫選廉正之員專司其事，不由州縣官經手，以免朘削滋弊。至採取金、銀，我朝向無此事，伊犁淘金，和闐採玉，皆於乾隆、嘉慶年間定制，聽民自流通，官爲譏禁，約定税則，蓋以一歸官辦，流弊無窮，將來寶藏之興，倘有自然呈露者，則貨不棄地，亦在疆臣之辦理得法耳。

一、嚴汰冗員。各省道府州縣佐貳少或數百員，多則千數百員，其中儘有奇特秀穎可成就之材，既驅而納之仕途，則專意圖謀，差委爲衣食計，材力銷於放逸，心計閑於鑽營，此節義之士所以不興，而捐輸減成之後，不獨於國帑無益，即人才亦因之日就敝壞也。各省差委之事，本司數計候補人員既多，疆吏不能無勉强加派，情面酬應之舉聖徑言生財大道，首在生衆食寡，今舉可自謀生之人群袖手仰食於公家，即天子富有四海，亦自力不能給。堯舜所以病博施也。可否飭令各督撫，將差委認真裁汰。

又《光緒五二》〔光緒九年癸未二月甲戌〕岑毓英奏：「據藩司唐炯詳稱，滇省承平之時額運京銅，及各省採辦本省鼓鑄不下數百萬，廠務之盛如此。軍興後，遂爾廢弛，同治十三年奏請試辦，無異創始。歷年以來，加本脚，免抽課銅，籌復經費，體恤調劑不爲不至，而每年湊運五十萬猶復拮据，非必硐老山空，其故略有數端：一則砂丁招集不易。從前大廠動輒十數萬人，小廠亦不下數萬，非獨本省窮民，凡川、湖、兩粤，力作攻苦之人皆來此以求生活，滇諺所謂『丁由利集，銅由丁出』也。自經兵燹，加以疾疫，户口凋殁，僅存十分之一，而商賈不能流通，田土又多荒蕪，凡百生計艱難，外省客民遂爾裹足。砂丁既少，雖有美

礦，無憑攻採。一則爐户虧折太甚。向例銅砂煎出，每百斤徵課十斤，耗銅四斤二兩，餘銅歸官收買，乃法久弊生，於是銅本則扣減平色，留難守候，收銅則私製大秤，重兑浮收，加以看銅改煎，種種需索，每銅百斤，爐户獲價有僅得銀四五兩者，不敷開銷，勢必填舊挪新，日久積成巨欠。而本省市價每百斤值銀十餘兩，鄰省二十餘兩，小民趨利，罔知犯法，良善歇業，狡黠走私，而廠務日形棘手矣。

一則民間資本不厚。向來辦廠見功遲速，不能預期，如置備器具、修橋開路，以及油米柴炭需費甚鉅，從前賴外省富商挾資來滇開採，百物流通，民間生計藉以裕饒。至於本省户鮮殷實，不過零星湊集，朋充夥辦。軍興後，常年衣食率多不給，更無餘資以謀廠利，各廠爐户既無實本以開新山，又不忍舍舊時硐，但淘荒洗燥，藉領官項，圖混目前，而承辦之員大都見小欲速，不謀久遠。長此不變，冀復額運，恐竟無期。

一則地方官辦理弊多。從前定章本有駐廠委員，原以地方官事務繁多，不能親駐廠中，勢必假手親幕丁胥，官商情隔，徒滋弊竇。自前署藩司倉景愉請改歸地方官辦理，東川、永北等處爐户虧折拖欠日深，不獨民間視爲畏途，不肯與官交涉，即其餘有廠各屬地方官，亦皆畏累卻顧，率以硐老山空一稟搪塞。此時若不改併更張，勢必江河日下，以後益無從整頓。

該司抵任以來，凡遇官紳商賈稍知廠務，即向其諮訪利弊，各令條陳。並派員弁徧歷東昭、永北各廠，就詢熟悉廠務老民，既得悉受病之源因，考求補救之法。咸謂銅非丁不出，丁非利不集，現在蜀患人多，滇患人少，宜先開辦附近川邊之東昭、永北、武定各廠，以次及於曲靖、楚雄、順寧、開化、臨安，庶便招集。惟人情轉徙無常，必使其謀生有資，然後視爲樂土，相率而至。是宜復還運道，俾商賈流通，口岸日開，謀生路廣，遠近窮民移家就合，生聚滋多，不但目前廠務有益，而各屬田土亦可冀次第開墾，此實事理相同有必然者。至於裁革使費以絶弊端，預借底本以示體恤，寬予年限以資調劑，開新廠以圖久遠，官商並辦以期合作，得以順協人情，鼓舞興作，一年之間，必有起色，三年之後，決著成效。該司非確有把握，萬不敢遽議更張等情，詳請具奏前來。

臣覆查，滇省銅務開辦已將十稔，迭經督同各任藩司竭辦，幾於寢食俱廢，法經屢變而效尚難期。推原其故，求循法之人易，求核實籌畫善於行法之人難。茲該司視力既堅，體察亦均，真切所議各條，經臣等逐加商度，意見皆同，立論已具端倪，辦理當收實效，自未便稍拘更張之見，致誤整頓之方。謹將詳到章程五條另繕清單，恭呈御覽。並請旨飭部核議立案，以便遵行，其餘一切事宜，容飭司隨時體察情形，再行酌議辦理。」下部議奏。【略】

〔光緒九年癸未二月〕癸酉，杜瑞聯奏：「據藩司唐炯詳稱，滇省産銅各廠山勢豐厚，初開硐尚不爲難，每至進山深處，將見連堂大礦，輒有積水潛蓄，又有生成銅壁，形質較大，鎚鑿難施，若不參用西法，雖屬美礦，直同廢硐。擬動撥庫銀四萬兩，委雲南試用通判張長耀留閩，委用通判周德溥前赴上海、香港兩處，又查道銜候選知府卓維芳身家殷實，辦事可靠，兼能明曉機器，堪以委令，選雇精通機器工匠前往，會同張長耀等向外洋購買抽水、鋸銅兩種機器，由該守留心查看，分別購買。所有銀錢事務均歸該守經管，如所買不能合用，惟該守責成。一經購就，即交張長耀等運回滇省，發給該廠俾利開採。在目前雖不無多費，然廠利既開，將來所獲不啻倍蓰，實於經費有裨。所有此次動撥銀兩，應歸採辦銅斤本脚案内核實造銷等情，詳請附奏前來。臣等覆查，該司所擬係爲整飭銅務起見，合無仰懇天恩，俯准動款辦理，歸於銅斤本脚案内核實造報。」得旨：「覽。」

又《光緒五四》〔光緒九年癸未五月〕甲申，岑毓英等奏：「前據藩司唐炯詳請，委候選知府卓維芳等採買機器來滇辦理銅廠，凡附近省城之東川、易門、楚雄各處均已遴委官紳，分（投）〔頭〕採辦，惟順寧、麗江、永昌各府屬銅廠因庫存銅本無多，本省又鮮殷實紳商，故未能一律開辦。若機器購來，而工本匱乏，仍恐躭誤。擬仿照直隸開平廠務設立公司，湊集股份，來滇開辦，庶衆擎易舉，可期速收實效。查有籍隸廣東、請假在籍之廣西補用知府張家齊及候選通判關桐春家道殷實，辦事勤能，請札飭該員招集商股迅速來滇承辦順寧等處銅廠，以顧京運等情詳請具奏前來。臣等覆查該司所請實於銅務大有裨益，除咨兩廣督撫臣，並札飭張家齊等遵照外，謹會同陳明報聞。」

又《光緒五五》〔光緒九年七月戊子〕諭軍機大臣等：「雲南素産五金，乃天地自然之利，該省銅政久經廢弛，本應整頓規復，以資鼓鑄而利民用。此外金、銀、鉛、鐵各礦，亦復不少，自宜早籌開採，以廣中土之利源，實爲裕國籌邊至計。惟經費較鉅，籌款維艱，近來各處開採煤礦，皆係招商集股舉辦較易，若仿照辦理，廣招各省殷實商民，按股出資，與官本相輔而行，則衆擎易舉，事乃克成。前據岑毓英奏整頓銅務章程五條，業經户部議復准行。昨據署左副都御史張佩綸奏稱，招集商股開採滇礦，爲富強本計，不爲無見。岑毓英、唐炯身膺疆寄，於滇礦務必能留意講求，實心經畫，著即詳細會商，妥速籌辦。新任藩司襲

易圖到後，並著飭令將籌款招商等事妥爲經理，總期事在必行，毋得視爲不急之務，日久辦無成效，坐失事機。至各處礦苗，應如何先行相度，或仍應購買外洋機器以利開採，均著豫爲籌議，一俟款項集有成數，即可尅期興辦，不致遲誤。張佩綸原片著鈔給閱看，將此由四百里，各諭令知之。」

又《光緒五六》〔光緒九年冬十月乙丑〕岑毓英奏：「臣等於光緒九年八月初一日，接准軍機大臣字寄。光緒九年七月初十日奉上諭：『雲南素産五金，乃天地自然之利，該省銅政久經廢弛，本應整頓規復以資鼓鑄而利民用。此外金、銀、鉛、鐵各礦亦復不少，自宜早籌開採，以廣中土之利源，實爲裕國籌邊至計。惟經費較鉅，籌款維艱。近來各處開採煤礦皆係招商集股，舉辦較易，若仿照辦理，廣招各省殷實商民，按股出資，與官本相輔而行，則衆擎易舉，事乃克成。前據岑毓英奏整頓銅務章程五條，業經户部議復准行。昨據署左副都御史張佩綸奏稱，招集商股開採滇礦爲富强本計，不爲無見。岑毓英、唐炯身膺疆寄，於滇礦務必能留意講求，實心經畫，著即詳細會商，妥速籌辦。新任藩司龔易圖到後，並著飭令將籌款招商等事妥爲經理，總期事在必行，毋得視爲不急之務，日久辦無成效，坐失事機。至各處礦苗應如何先行相度，或仍應購買外洋機器以利開採，均著豫爲籌議，一俟款項集有成數，即可尅期興辦，不致遲誤。張佩綸原片著鈔給閱看，將此由四百里各諭令知之。欽此。』臣等跪誦再三，仰見聖主裕國足民、利用厚生之至意。

伏查雲南銅政廢弛已久，籌畫規復實目前萬不可緩之務。臣前在藩司任内博訪周諮，詳求利弊，酌議章程五條，詳由臣等奏，蒙勅部議覆，准行在案。惟是開辦礦務，誠如聖諭，經費甚鉅，籌款維艱，現值庫帑支絀之際，恐不能辦理裕如。是以前議章程即請仿照公司廣招商民湊集股分，復因招徠尚需時日，京運未便暫停，不得不先由官辦於東川、永北等處，遴委官紳分投開採銀銅各礦。究之兩權其利，官辦則廠員扣平加秤，爐户積欠走私，種種弊竇，防不勝防。商辦則探苗開廠，置器措爐，悉由各商出資自爲經理，官不過隨時保護體恤，採獲銅斤除供京運外，餘銅止收税釐，聽其售賣。至於銀、鉛、錫、鐵亦止照例納課，既免虧欠之弊，復省稽察之勞，以簡馭繁，有利無害。此商辦便於官辦之實在情形也。從前滇省採礦概用土工，承平時民繁財富，每廠砂丁動至數萬人，力强盛不藉機器亦可開採千百萬斤，今則本省户口凋殘，招集不易，丁力既薄，而一切洩水通風等事亦實非人力所能施者，若不參用西法，恐難收事半功倍之效。臣等前請動撥庫款置買機器，經户部以搬運不易，且虞損壞無用，議駁在部。臣爲慎重庫款起見，自屬遠慮深謀，惟國帑不可虛糜，而成法亦難過執。臣等再四思維，現既辦理招商一切置買機器及應如何僱募匠人施用修理之處，即由商局自行籌畫，官不過問。商情嗜利，遇有奇巧省工之器自必多方購求，既不輕用庫儲，復能有裨廠務，募砂丁以待流亡之集，備機器以補工力之窮，實屬並行不悖，此土法宜參用西法之實在情形也。臣等忝膺疆寄，值此時事多艱，凡可以利國利民之，自當實力講求，況礦廠爲滇省當務之急，責無旁貸，往復商酌，意見相同。查富商大賈多在閩、粤、上海一帶地方，而上海尤爲總匯之區，須於彼處設法招徠，始克迅速集事。至現在本省商民零星湊集者，亦許附入股份，以期衆擎易舉。應請於雲南省設一礦務招商局，綜理開採各務，並於上海設一駐滬辦理雲南礦務招商局，專司招集轉運。各務除前委廣西補用知府張家齊、候選通判關桐青承辦招商外，擬添派候選知府卓維芳、前江蘇候補道胡家楨等分別辦理，由臣等刊刻木質關防給予札委，飭令迅速妥辦，庶群策群力較易圖功。此外，如尚需添設子局，及往來奔走之員，仍隨時察酌情形，遴委官紳經理，藉收臂指，惟事屬創始，頭緒繁多，應俟三四月後辦有規模，再行詳擬章程具奏立案，用紓宸廑。」得旨：「據奏雲南礦務擬設局招商開辦，即著該督撫妥爲經理，詳擬章程具奏。」

又《光緒六〇》〔光緒十年五月〕乙亥朔，户部奏：「光緒十年四月十四日，軍機大臣奉諭旨：『雲南礦務迭經諭令，該督撫等妥速籌辦，應如何廣爲開採之處，著户部妥籌辦理。欽此。』由軍機處交出到部。竊維滇省出産銅片自乾隆以來每年部撥銅本銀一百萬兩，歲運京銅六百三十餘萬斤，而本省之鼓鑄資焉，各省之採買資焉，此外蒙自、建水各屬兼産五金，民利賴之，通商惠工利至溥也。肅清以後，巡撫岑毓英請撥工本以資採辦，由臣部先後撥銀二百萬兩，自光緒元年試辦起，已歷十載，運辦京銅只有五百萬斤，尚不及常年一年之額。上年正月間，署督臣岑毓英、撫臣杜瑞聯等奏整頓銅政事宜，據稱裁革使費，預借底本，寬予年限，別開新廠，官商並辦各條均細。臣部議覆，請旨飭令督飭承辦各員實力奉行，以求絶弊興利。上年九月間，後據督臣岑毓英、撫臣唐炯等奏，滇省礦務仍擬招商集股並購買機器以補官本，而利開採，奉旨：『著該督撫妥爲經理，詳擬章程具奏等因。欽此。』本年三月間，内閣學士周德潤奏請以開井之法興辦滇礦，亦經臣部議覆在案。是開礦一事上關國用，下利商民，中外臣工亦既熟慮而

審籌之矣。惟是方今各省均有防務，令如常年歲籌工本一百萬兩，則餉力刻尚不繼，若如上年該督撫所奏，廣招商民湊集股分購備機器，既不輕動庫儲，復能有裨廠務，且稱一年必有起色，三年可著成效，是必確有把握，言大非誇。當此時勢多艱，餉需支絀，以天地自然之利爲地方富庶之資，生財大道孰愈於是？果能開採暢旺，辦運足額，即不妨於商銅多與成數，至金、銀、鉛、錫各廠亦可仿照舉辦，毋令棄貨於地，乃可藏富於民，相應請旨飭下雲貴總督、雲南巡撫廣集商力，及時採辦，欽遵上年九月諭旨，詳擬章程具奏，並將採辦成效隨時奏報，仍督飭承辦各員實力講求，毋致始勤終怠，以足國用而裕餉需。上諭：『户部奏籌議雲南礦務請飭及時開採一摺。雲南素産五金，乃天地自然之利，銅政關係錢法，運京鼓鑄具有成規。此外金銀鉛錫各礦均應廣爲開採，以裕利源。上年迭據岑毓英等奏定章程，並擬招集商本，次第興辦，節經飭令悉心經理，該督撫籌畫有年，當已漸有起色，現在岑毓英駐紮邊關，一切應辦事宜，張凱嵩責無旁貸，著即遴選廉幹之員廣集商力，及時開採，力杜因循侵漁積習，以期無弊不革，有利必興。國家度支有常，從不輕於言利，此乃因地之利以爲民用，惟不棄貨於地，庶可藏富於民。該督撫當仰體朝廷實事求是之意，大加開拓，實力奉行，並將近來採辦情形先行據實具奏。』」

又《光緒一三一》〔光緒二十一年十二月〕辛卯，雪。王鵬運奏：「而開利源，其策有二，請爲皇上縷晰陳之：『一曰鑄銀圓。【略】二曰開礦政。』中國五金各礦藏地下者不可勝數，徒以封禁，大利不開。比年西士考察及中國士人所知者，如川、藏之金礦、銅礦，江西、湖南之銅礦、金礦、煤礦，雲南、兩廣之五金各礦，奉、吉之金礦，山西、河南之煤鐵礦，皆以官吏貪圖省事，不願開採，小民本小力微，無由上達，藏金銀於地下，而懷寶啼饑，甚無謂也。應請特諭天下，凡有礦之地，一律准民招商集股，呈請開採，地方官吏認真保護，不得阻撓，俟礦利既豐，然後按十分取一酌抽税課，一切贏絀官不與聞，如礦産微即行裁撤，認真辦理，則把持壅遏諸弊一掃而空。期以十年，礦産全開，民生自富而國用猶有不足，國勢猶有不强者，未之有也。此變通之法二也。夫窮則變，變則通，通則久。苟非時勢所迫，人誰不欲習故安常，坐享無事之福？無如民窮國匱，財用不足，尚有日本及西洋各國虎視眈眈，倒持太阿之柄，不籌一救弊之法，何以安我蒸黎，保固疆宇？惟希宸斷採納，迅賜施行，天下幸甚。」得旨：「著户部總理各國事務衙門議奏。」

又《光緒一四一》 光緒二十三年冬十月丁巳朔，時享太廟，上親詣行禮。上幸頤和園，詣慈禧端佑康頤昭豫莊誠壽恭欽獻崇熙皇太后前請安。還宫，鹿傳霖奏川省礦務：「上年經臣延聘精於礦學之廣東人候選同知唐星球，委令前禮部主事捐陞知府曹穉、試用知縣吕森會同前往勘明冕寧縣屬麻哈等處金礦可以開採，議定官商合辦，由成綿道士鳌項下湊撥銀十五萬，招商集股十五萬，共三十萬兩，購運機器來川開辦，前經奏明在案。現已於本年八月運到機器，足供開辦之用，當飭唐星球前往開辦，派委補用道賴鶴年、候選知府徐麟光充當礦務總辦，一俟試辦果否有效，再行詳細具奏。此外試辦各處銀、銅各礦，均無成效，惟打箭鑪銀礦尚敷工本，若以後辦理得法，尚可稍有利益。又大穴山銀礦，據礦師查勘，若另設新法，改用機器，尚可開辦，惟機器轉運維艱，尚未到齊。所有運到機器、開辦冕寧縣屬麻哈載谷塲金廠及試辦各礦廠緣由，謹附片具陳。」下所司知之。

朱壽朋《東華續録·光緒》一三二 諭軍機大臣等：雲南向産五金，貴州出鉛素旺，山西所出之鐵，夙稱精良，現雖未據覆奏，均宜及時攻採，以期逐漸推廣，著即將籌辦情形，據實迅速覆奏。總之，開辦礦務，以金銀礦務爲最先。各該省如能實力訪查，確有金銀礦地，設法興辦，自較煤礦等項，得款爲鉅。將此各諭令知之。

朱壽朋《東華續録·光緒一三九》〔光緒二十三年，二月〕依克唐阿奏：據翰林院編修貴鐸、散館分部呈改知縣繆潤紱等會銜呈稱：竊維利國，首在富强，而富强以開採爲急務。奉天礦産，饒裕甲天下，如岫巖、寬甸、懷仁、通化一州三縣，礦山林立，五金並産。貴鐸等祖居奉天，曾眼同礦師詳勘，得邊外寬甸縣屬之小荒溝、小湯石，北弔幌子一帶，山勢蟬聯，十數餘里，鉛苗顯露，膚面皆是。

朱壽朋《東華續録·光緒一七八》〔光緒二十九年癸卯春正月〕丁丑，趙爾巽奏：查接管卷内承准軍機大臣字寄欽奉上諭：「慶親王奕劻等奏晉豫鐵路礦務請飭開辦以保利權一摺，著遴選殷實公正紳商妥爲籌辦，以免利權旁落等因。欽此。」欽遵轉行到晉，當經升任撫臣岑春煊轉飭布政司、洋務局、農工局妥議去後。竊維晉省礦脈深厚，甲於環球，西人遊歷所周，測繪所及，至謂苗綫平衍，星羅棋布，多至十三萬餘英里，而山河四塞，又非鐵路無以爲轉運之方，獲懋遷之利，此山西路礦所以爲外人之所覬覦。若不亟早籌維，誠有如原奏所慮，利權旁落，不能操縱自如者。茲承訓諭，仰見睿慮精深，先事豫防之至意，跪聆之下，欽

佩莫名。惟是晉省路礦自與華俄銀行福公司立約借款以後，已肇外人窺伺之端。而近來時局變遷，復有逐漸擴充之勢，正太鐵路現經督辦鐵路大臣盛宣懷與華俄銀行更訂合同，派員來晉開辦，較之原訂合同種種受虧不勝枚舉。查前奉光緒二十八年十一月十四日上諭：「各處開辦鐵路關繫重大，盛宣懷如與他國公司議立各項合同條款，著先由各督撫核定，始可簽押，以期周密而免疏誤等因。欽此。」足見鐵路條款其得失之所判，利害之相關，非各該省之督撫不能明晰，聖慮所及，何等精詳。無如正太合同定議在先，奉旨在後，約款已就，夫復何言？至礦務之關繫較鐵路爲尤巨，若不即爲籌畫，必至又蹈覆轍。查福公司前在總署所訂承辦山西礦務合同第一條，載明專辦盂縣、平定州、潞安、澤州與平陽府屬煤鐵，以及他處煤油各礦等語，是福公司所辦之煤鐵僅止平、盂、潞、澤、平陽府而止，雖他處二字漫無限制，然係僅指煤油而言。其餘煤、鐵、金、銀、銅、鉛各種礦産以暨平、盂、潞、澤、平陽府屬之金、銀、銅、鉛等項礦産均不在福公司認辦之内，應由晉省另行招商承辦。當經奴才與司道等籌商議，設礦務公司廣集商股，無論本省外省各富商，凡願有意附股，或指定一處認定一礦者，均准於該總公司報明呈驗股本，妥定章程，核准辦理。茲據司局詳稱，遵即招商設立公司，請予奏明開辦。復據晉紳内閣中書梁本翹、常棣華，翰林院庶吉士蔡侗，刑部郎中楊履晉、吏部主事李廷颺、户部主事谷如墉、工部主事成連增、直隸候補道董崇仁、前甘肅平涼府知府龐璽、直隸試用知府曹潤堂、江南即用知縣李作楷，舉人常麟書等聯名禀稱，願意籌集股本設立豐晉礦務總公司前來。奴才竊查，前撫臣胡聘之奏設商務局，本擬招集晉商股本籌辦礦路並工藝各業，以濬利源，祇以設局期年，迄無應者，遂有招借洋本，與義、俄各商訂約之事。時至今日，外交愈棘，時局愈難，在彼則日充其勢力之範圍，在我則日困於因應之乏術。該紳等懲前毖後，亟願籌資集股，力保礦權，冀爲晉民留一綫之生機，並爲大局泯無窮之隱患，自應趕飭將晉省礦産除福公司認辦各礦外，均准歸該總公司承辦。應先請旨飭下外務部、礦務總局立案，嗣後無論何項公司呈請認辦晉礦者，均須先儘豐晉礦務總公司辦理，不得率准，實與晉民大有裨益。」得旨：「外務部、路礦總局知道。」

黃鴻壽《清史紀事本末》卷四三《開礦之弛禁》 宣宗道光二十四年夏四月，詔雲貴、四川、廣西等省弛礦禁，任民自爲開採。上世無坑冶封閉之禁，《周官》有丱人之職。丱即礦也，掌金玉錫石之地，而爲之厲禁以守之，若以時取之，則物其地圖而授之，巡其禁令。此即後代廠税之始，歷漢、唐、宋、金，皆踵而行之無害。至明代，始變民採爲官開，遂致利不勝弊。中葉以後，事屬諸璫，貂璫四出，迫脅搜括，諸道騷然，不獨非宋金民採之制，亦且失洪、永、宣德官開之意。後之人不歸咎於璫採，反援爲封禁民採之口實。曰：「礦税病民也，礦徒擾民也，乃率行封閉，懸爲厲禁。」溯康、雍、乾、嘉四朝，雖屢有「天地自然之利，當與民共之，不當棄之」之諭，然議開議禁，張弛不一致，蓋時值昇平，奕葉倉庫豐儲，僅以歲賦所入，已足供左藏之轉輸。惟乾隆一朝，征討頻仍，巡遊不息，昔日取之如泥沙者，時則用之盡錙銖，耗全國之財，以逞一己之欲，而帑藏乃大絀矣。至嘉、道間，内亂外患紛至沓來，軍事浩繁，國用日削，始不得不從事於坑冶，固亦知非濬源無以治標也。至是，諭軍機曰：「開礦一事，前朝屢行，雲南、貴州、四川、廣西等省除見在開採外，尚多可採之處，著寶興、桂良、吴其濬、賀長齡、周之琦體察地方情形，相度山場，民間情願開採者准照見開各廠一律辦理，斷不可假手吏胥，致有侵蝕滋擾阻撓諸弊。」五月，廣西開採北流縣鐵礦，時廣西銀礦有蕉木、南丹、挂紅三廠。貴州鉛礦有威寧等屬之柞子、硃砇塘、猓布戛三廠，福集、媽姑等十一廠，清平縣屬之永興寨廠。水銀礦有貴筑縣屬之紅巖、白巖廠，興義府屬之迴龍廠，八寨廳屬之羊五加河廠。雲南銀礦有角麟、太和、悉宜、白羊、東昇、砇山、白達母、石羊、土革鎮銅廠坡、金牛、三道溝等十一廠。金廠有開化府鶴慶州永北廳之四廠。又奏請開採之金礦，有他郎通判所轄坤勇箐、三股墻、小凹子三廠，銀鑛有鎮沅廳屬之興隆山，文山縣屬之白得、牛寨，廣通縣屬之象山三廠。湖南奏請開採之金廠，有辰州府屬大油溪之煙包峒、陝老峒二廠。二十八年冬十一月，詔各省督撫查勘礦廠，酌量開採。自道光二十四年四月，詔弛礦禁以後，間有一二省分遵旨招商開採者，然以經理不得其人，藉名漁利而並無其實，疆臣每因噎而廢食，籲懇停辦。帝深知其故，因下詔曰：「開礦之舉，以天地自然之利還之天下，仍是藏富於民，如果地方官辦理得宜，何至藉口於人衆易聚難散。著四川、雲貴、兩廣、江西各督撫於所屬境内确切查勘，廣爲曉諭。其餘各省督撫亦著留心訪查，如有苗旺之區酌量開採，斷不准畏難苟安，託詞觀望。倘游移不辦，朕不難派人前往履勘也。」

文宗咸豐三年春二月，通諭各省督撫履勘礦苗，奏明試辦。時各省奉旨開採礦廠，甫經試辦，旋復藉口於硐老苗稀，輒請停止。或以聚衆生事爲詞，畏難苟安，因循不辦。至是帝以軍餉浩繁，左藏支絀，通飭各疆吏務宜權衡緩急，於

礦苗豐旺之區派員履勘開採，毋得狃於積習，飾詞欺隱，一奏了事。是月，江西採高安縣屬之古樓岡鄧姓荒山五嶺金礦。秋七月，直隸開採宛平縣屬之珠窩山，承德府屬之徧山綫，及熱河平泉州屬之錫蠟片、牛圈子溝等處銀礦，鉛銅溝銅礦。五年春正月，新疆開採烏魯木齊所屬之羅布淖爾、三個山等處銅鉛兩礦。三月，以辦理新疆伊犂雅瑪圖銅礦出力，予回子商伯克阿布都蘇爾等升敘有差。夏六月，甘肅開採寧夏道迤西之哈勒津、庫察山銀礦；喀爾喀開採達拉圖、噶順二處金礦。冬十一月，熱河開採古地界之紅花溝等五處金礦。

六年春三月，以辦理熱河礦務出力，予主事龐際雲等升敘有差。夏四月，新疆開採迪化州屬之福壽山鉛礦。

七年春三月，以辦理烏魯木齊銅礦出力，予游擊廉禄等升敘有差。夏四月，詔開雲貴各屬礦禁。

八年冬十月，熱河開採熱水塘金礦。十一月，諭都統倭什琿布查察都蘭哈喇鉛礦能否開採。穆宗同治七年春三月，諭湖北施宜等處銅礦能否開採，著郭柏蔭、何璟迅飭妥議，奏明辦理。

德宗光緒元年夏五月，福建船政大臣沈葆楨奏請開採臺灣基隆煤礦，如議行。

六年春二月，直隸開採灤州所屬之開平鎮煤、鐵礦。

十一年春正月，福建開採福建省城附近西洋島城北之石竹山、十排山二處鉛礦。

十二年秋九月，臺灣開採樟腦、硫磺兩礦。

十三年夏五月，督辦雲南礦務巡撫銜唐炯奏請招集商股，延聘東洋礦師，以期久遠。報可。

十四年冬十二月，黑龍江開採漠河山金礦。漠河金礦出產甚旺，前有俄人越境開採，光緒十一年秋間，中國派兵驅逐，十二年冬間。將軍恭鏜迭接駐俄公使劉瑞芬函稱，俄國官商仍思集股採取，若不及早籌辦，久必爲人佔據。恭鏜以聞。十二年冬間，令直督李鴻章派員勘辦。鴻章覆奏，請仿照西國公司之法招股開採。至是，命道員李金鏞前往總辦廠務，督飭開工。兩廣總督張之洞奏陳粵省礦務，擬招集商股，置辦機器，並仿照洋鐵鑄成各種合用材料，以期推行盡利。報可。

十六年夏六月，雲南開採宣威、會澤交界之煤山，巧家、小水井、威寧、魯甸、永善、平彝、宣威、寧州、河西、石屏、水城等處銅鉛礦；湖北開採大冶縣一帶鐵礦。秋七月，臺灣開採基隆獅球嶺之暖暖煤礦。基隆煤礦老井俱在八斗，而有圓井、方井之分，圓井於法兵入境時衝壞，方井自改歸商辦後，石閘太多，採取不便，乃於暖暖地方新開一井。湖北開採大冶沿江地方之明家灣煤礦。

十九年春三月，湖廣總督張之洞奏報開辦鐵廠。

二十二年春正月，湖南巡撫陳寶箴奏請設立湖南礦務總公司，盛京將軍依克唐阿奏設奉天礦務總局。

二十三年春二月，熱河開採建昌縣屬之各里各、雙山子、五家子等處金礦。三月，直隸開採磁州煤礦。夏四月，黑龍江開採都魯河金礦。

二十四年春正月，盛京開採遼陽界内青山背一帶錦州府屬大北嶺、筆架山、黑魚溝、白楊、水溝等處磺礦。二月，江西開採萍江縣煤礦。三月，河南巡撫劉樹棠奏請設立河南礦務公司，名爲豫豐公司。夏四月，四川總督奎俊奏請設立四川礦務總局，諭江蘇試用道張翼著督辦直隸全省及熱河礦務。六月，設立礦路總局於京師，以總理各國事務，大臣王文韶、張蔭桓專理其事。七月，諭前江西巡撫德馨賞布政使銜，會同編修貴鐸辦理奉天礦務。浙江巡撫廖壽豐奏請設立浙東礦務公司，定名寶昌公司，開採衢、嚴、温、處四府煤鐵礦。又奏，據寶典公司紳商何良棟等，寶華公司紳商朱佩珍等禀請，合資開採寧波府屬之鎮海、奉化、象山，台州府屬之寧海、太平等縣鉛礦。

二十五年秋九月，賞朱徵鏞三品卿銜，充督辦四川礦務商務大臣。

二十六年夏六月，開採古鄂爾河等五處金礦，及賀連溝、大小槽碾溝、除虎溝、朱家溝、板橋子五處金礦。冬十月，烏里雅蘇臺將軍連順奏請開採鄂爾河等處，及唐努烏梁海各界内金礦，下部議。

二十七年冬十一月，諭秦晉豫鐵路礦務著岑春煊、錫良遴選殷實公正紳商迅速籌辦，以免利權旁落。

二十八年春正月，派侍郎張翼總辦路礦事宜，仍著王文韶、瞿鴻禨督同辦理。

二十九年秋七月，設立商部，裁撤路礦總局，歸併商部。冬十一月，因開平煤礦與英人交涉貽誤，褫張翼職責，令設法收回。

康敷鎔《青海志》卷二《礦産》 煤産於剛咱地方，番人取以然火，尚未開採。

其他未經發現之處不知凡幾。

《礦務檔・一般礦政》外務部收王之春文《咨送安徽省路礦檔案》附件一四　安徽省各礦清摺《勘開安徽繁昌等縣各礦清摺》 照録清摺。謹將各屬礦商填註表譜抄録清摺，呈送鑒核。計開：「繁昌縣屬現開各礦：晉康公司，屬太平府繁昌縣。出繁昌縣南門外十五里，五華山東西二山，約占地面四方里。光緒二十四年二月，稟奉安徽撫部院鄧批准，係商辦，係安慶府太湖縣監生王希仲。礦師無，工人約四五十名不等，洋人無，柴煤之質，官款無，親友五人，共集銀五千兩，未招外股，已經收齊，利息八釐，借款無。土法開採，窿口四處，局廠四處，每日約出柴煤二百餘石。旱路十五里，至鄭家渡河口，用船駁運出江，附近無城鎮。蕪湖總棧日售煤二三十擔，鎮江分銷日售煤四五十擔。山廠日支本洋約十二元，鄭家渡堆棧日支洋二元，及駄力日約支洋十五元，蕪湖總棧日支洋三元，鎮江分棧日支約四元。本省坐釐，每石完錢十文。由蕪湖新關出口，每噸完稅銀一錢。試辦未及一年，尚無比較。已勘未開各礦。晉康公司，屬繁昌縣仍有七處，屬廣德州礦山三處，屬寧國府宣城縣礦山三處，屬池州貴池縣一處，商人慶成領辦，未立公司名目。屬太平府繁昌縣，在繁昌北門外繆家銅山。該商已租山田約四畝餘，光緒二十五年二月，奉蕪湖商務分局委員會縣勘驗明確開辦。係商辦，商名孫謀，礦師無，工人約三四十名，洋人無，柴煤之質，官款無，據稟邀集親友，集銀二千兩，尚無利息。借款無，土法開採，窿口一處，局廠一處，每日約出柴煤二十餘石不等。離水口五里，用船駁運出江，附近無城鎮。運至蕪湖銷售，每日多寡不等。每日用款二百餘千不等。本省坐釐，每石完錢十文。由蕪湖新關出口，每噸完稅銀一錢。試辦未及一年，尚無比較。商人益太合義領辦，未立公司名目，屬太平府繁昌縣，在繁昌縣東門外小信冲山。該商已租山地約九畝餘，光緒二十五年三月，奉蕪湖商務分局委員會縣勘驗明確開採。係商辦，商名李允蘭。礦師無，工人約四五十名，洋人無，柴煤之質，官款無，據稟邀集親友，集銀二千兩，尚無利息。借款無，土法開採，窿口二處，局廠二處，每日約出柴煤三十餘石不等。離水口十里，用船駁運出江，附近無城鎮。運至蕪湖銷售，每日多寡不等。每日用款二百餘千不等。本省坐釐，每石完錢十文。由蕪湖新關出口，每噸完稅銀一錢。試辦未及一年。尚無比較。商人烈登領辦，未立公司名目。屬太平府繁昌縣，在繁昌縣南門外大朱冲山。該商已租山地約六畝，光緒二十五年三月，奉蕪湖商務分局委員會縣勘驗明確開採。係商辦，商名樊貞金，礦師無，工人約四五十名，洋人無，柴煤之質，官款無，據稟邀集親友，集銀一千兩，尚無利息。借款無，土法開採，窿口一處，局廠一處，每日約出柴煤三十餘石不等。離水口三里，用船駁運出江，附近無城鎮。運至蕪湖銷售，每日多寡不等。每日用款一百餘千不等。本省坐釐，每石完錢十文。由蕪湖新關出口，每噸完稅銀一錢。試辦未及一年，尚無比較。銅陵縣屬現開各礦：商人利康合記領辦，未立公司名目。屬池州府銅陵縣，在銅陵縣東門外鐘鳴耆羅家冲山，該商已租山地約十餘畝。光緒二十五年三月，奉蕪湖商務分局委員會縣勘驗明確開採。係商辦，商名利康合記，礦師無，工人約四五十名，洋人無，柴煤之質，官款無。據稟邀集親友。集銀三千兩，尚無利息。借款無，土法開採，窿口二處，局廠二處，每日約出柴煤四十餘石不等，離水口七里，用船駁運出江，附近無城鎮。運至大通銷售，每日多寡不等，每日用款三百餘千不等，本省坐釐，每石完錢十文。由蕪湖新關出口，每噸完稅銀一錢。試辦未及一年，尚無比較。宣城縣屬現開各礦：商人安平福記領辦，未立公司名目。屬寧國府宣城縣。在宣城縣東門外東冲團狗毛頭山，該商已租山地約七畝。光緒二十五年三月，奉蕪湖商務分局委員會縣勘驗明確開辦。係商辦，商名吳德輝，礦師無，工人約三十五名，洋人無，柴煤之質，官款無，據稟邀集親友，集銀一千兩，尚無利息。借款無，土法開採，窿口一處，局廠一處，每日約出柴煤十餘石不等。離水口十餘里，用船駁運至蕪湖，附近無城鎮。運至蕪湖銷售，每日多寡不等。每日用款一百餘千不等，本省坐釐，每石完錢十文。由蕪湖新關出口，每噸完稅銀一錢。試辦未及一年，尚無比較。商人來源領辦，未立公司名目。屬寧國府宣城縣，在宣城縣北門外馬山團大牛山，該商已租山田約五畝。光緒二十五年四月，奉蕪湖商務分局委員會縣勘驗明確開採，係商辦，商名洪鑾。礦師無，工人約二十名，洋人無，柴煤之質，官款無，據稟邀集親友，集銀一千兩，尚無利息。借款無，土法開採，窿口一處，局廠一處，每日約出柴煤十餘石不等。離水口三里，用船駁運至蕪湖附近無城鎮。運至蕪湖銷售，每日多寡不等。每日用款一百餘千不等。本省坐釐，每石完錢十文。由蕪湖新關出口，每噸完稅銀一銀。試辦未及一年，尚無比較。商人義生廣記領辦，未立公司名目。屬寧國府宣城縣。在宣城縣北門外西覺團鳳凰山，該商已租山田約五畝。光緒二十五年四月，奉蕪湖商務分局委員會縣勘驗明確開採。係商辦，商名胡炳成，礦師無，工人約三十名，洋人無，柴煤之質，官款無，據稟邀集親友。集銀一千兩，尚無利息。借款

無，土法開採，窿口一處，局廠一處，每日約出柴煤二十餘石不等。離水口四里，用船駁運至蕪湖，附近無城鎮。運至蕪湖銷售，每日多寡不等，每日用款一百餘千不等。本省坐釐，每石完錢十文。由蕪湖新關出口，每噸完稅銀一錢。試辦未及一年，尚無比較。商人利生領辦，未立公司名目，屬寧國府宣城縣。在宣城縣南門外九里團灣路口山，該商已租山田約八畝。光緒二十五年四月，奉蕪湖商務分局委員會縣勘驗明確開採。係商辦，商名張世德，礦師無，工人約二十名，洋人無，柴煤之質，官款無，據稟邀集親友，集銀一千兩，尚無利息。借款無，土法開採，窿口一處，局廠一處，每日約出柴煤十餘石不等。離水口十里，用船駁運至蕪湖，附近無城鎮。運至蕪湖銷售，每日多寡不等。每日用款一百千不等。本省坐釐，每石完錢十文。由蕪湖新關出口，每噸完稅銀一錢。試辦未及一年，尚無比較。商人恒茂領辦，未立公司名目。屬寧國府宣城縣，在宣城縣南門外花田團陳家邊山，該商已租山田約十餘畝。光緒二十五年四月，奉蕪湖商務分局委員會縣勘驗明確開採。係商辦，商名張克亨，礦師無，工人約一百名，洋人無，柴煤之質，官款無，據稟邀集親友，集銀五千兩，尚無利息。借款無，土法開採，窿口二處，局廠二處，每日約出柴煤一百餘石不等。離水口五里，用船駁運至蕪湖，附近無城鎮。運至蕪湖銷售，每日多寡不等。每日用款五百餘千不等。本省坐釐，每石完錢十文。由蕪湖新關出口，每噸完稅銀一錢。試辦未及一年，尚無比較。巢縣屬現開各礦：商人王步森領辦，未立公司名目。屬廬州府巢縣，在巢縣南門外開門山口被囊場，該商已租山田約十畝。光緒二十五年五月，奉蕪湖商務分局委員會縣勘驗明確開採。係商辦，商名王步森，礦師無，工人約二十名，洋人無，柴煤之質，官款無，據稟邀集親友，集銀一千兩，尚無利息。借款無，土法開採，窿口一處，局廠一處，每日約出柴煤三十石不等。離水口五釐，至巢縣，用船駁出江，附近無城鎮。運至裕溪口銷售，每日多寡不等。每日用款一百餘千不等。本省坐釐，每石完錢十文。由蕪湖新關出口，每噸完稅銀一錢。試辦未及一年，尚無比較。商人周行敬領辦，未立公司名目。屬廬州府巢縣，在巢縣南門外董家山静土庵，該商已租山田約九畝。光緒二十五年六月，奉蕪湖商務分局委員會縣勘驗明確開採。係商辦，商名周行敬，礦師無，工人約十餘名，洋人無，柴煤之質，官款無，據稟邀集親友，集銀一千兩，尚無利息。借款無，土法開採，窿口一處，局廠一處，每日約出柴煤十餘石不等。離水口三里，至巢縣，用船駁運，附近無城鎮。運至裕溪口銷售，每日多寡不等。每日用款一百餘千不等。本省坐釐，每石完錢十文，由蕪湖新關出口，每噸完稅銀一錢。試辦未及一年，尚無比較。商人鍾鴻賓領辦，未立公司名目。屬廬州府巢縣，在巢縣南門外胡家山具興廠，該商已租山田約八畝。光緒二十五年六月，奉蕪湖商務分局委員會縣勘驗明確開採。係商辦，商名鍾鴻賓，礦師無，工人約二十名，洋人無，柴煤之質，官款無，據稟邀集親友，集銀一千兩，尚無利息。借款無，土法開採，窿口一處，局廠一處，每日約出柴煤十餘石不等。離水口三里，至巢縣，用船駁運。附近無城鎮。運至裕溪口銷售，每日多寡不等。每日用款一百餘千不等。本省坐釐，每石完錢十文。由蕪湖新關出口，每噸完稅銀一錢。試辦未及一年，尚無比較。」

又總署收錫珍等抄片《開辦礦務應由商任其事官考其成》〔光緒十年〕七月初二日，軍機處交出錫珍等抄片稱：再開礦一事，西洋用以致富，藏富於商，隨時取派，而不以爲苛，中國歷代皆置官冶，自明季秕政，專採金銀，無裨民用。又任用非人，擾害滋多，此法之不善也。我朝五金金礦，聽民開採，官徵其稅，載在《會典》。近年行駛輪船，設製造局廠，煤鐵之需益夥。顧歷年試辦開礦，率少成效。何也？蓋由官辦而不由商辦也。事經官辦，積習難除，繁費既多，虧挪不免。或兼攝他務，不能專壹。派員經理，漫不經心，何能持久，至以公款難籌，招商入股，流弊滋多，甚且買空賣空，專視票價漲落，以罔市利。積久無成，竟同廢紙，一轉移間，乾没商本大半，商人一再受虧。設遇有事，即欲廣爲招徠，而無應之者矣。查從前商人領帖，其費不貲，故請者絶少。似宜變通其法，擇礦苗旺處，招商承領。一人能具數萬貲本者，爲之總。官給印單，不先徵課。以本地殷商爲之佐，或湊集附本，俾分餘息。以本地公正熟練者，爲之夥，分勸其事，酬以勞膳。除延礦師礦匠外，概傭土人爲工，地方官隨時彈壓，或委首佐雜一員，督察照料，而不掣其肘。遇有土棍及宵小滋事，爲之報緝，由商總月致薪水。倘有藉官挾制者，立予參處。開得煤鐵，以十分之一充稅。就煤鍊鐵者，稅亦如之。稅入煤鐵，彙報司局指撥應用。商人聽其轉運，不限所之。然銷售總以中國爲斷，試辦得效，方准逐漸廓充。招商集股，發票收銀，官不過問。但將清册具報，如何付利，如何歸本，較若畫一，不得參差。有舞弊者，官爲懲治。盈之與虧，商自任之。必能辛苦經營，衆擎易舉。如是庶可以工権算，致精良，節浮費，審寔效，亦公私兩便之道也。蓋向來統歸商辦，而官不助其經理，則勢弱而利微。近時名爲商辦，而官獨專其事權，則弊多而利少。故不如令商任其事，而官

考其成，以期有利無弊，風氣亦可漸開矣。至税課滿萬兩以上，其商總委員，似宜量予獎叙，以資鼓舞。一切章程，應否飭下部臣，詳細核定，俾可通行各省，以興民利之處，恭候宸裁。臣等管見所及，附片具陳，是否有當，伏乞聖鑒。謹奏。

光緒十年七月初一日。軍機大臣奉旨：「該衙門議奏。欽此。」

又總署收户部文《議覆錫珍等奏片應由總署主稿》〔光緒十年〕七月二十九日，户部文稱：准總理衙門片稱，左都御史錫、内閣學士廖，前於天津差次，具奏開礦令商任其事官考其成一片，奉旨：「該衙門議奏，欽此。」查原片内稱，一切章程，飭部臣詳核通行等語，應請貴部主稿核議，如須本衙門會同覆奏，應俟貴部定稿後，再將本衙門堂銜開送等因。查左都御史錫等原奏，所稱歷年試辦開礦，率少成效等語。近年外省試辦開礦，均未據該省咨知本部，從前一切開採章程，本部無從查悉。此後應由官辦，或由商辦，及招商領帖，延募礦師礦匠等項，本部院既無成案可稽，未由悉其利弊，無從核議，應如何辦理之處，應由貴衙門主稿，會同本部覆奏，茲奉前因，相應片覆查照可也。

八月初五日。發户部文。文缺。

又總署收户部文《議覆錫珍等開礦當由商任其事奏稿送請核議並出具會語》〔光緒十年〕九月十四日，户部文稱：「本部會議左都御史錫等奏，前於天津差次，奏請開礦令商任其事官考其成一摺，前准貴衙門片稱，應由户部主稿，會同覆奏等因知照前來。今本部擬定奏稿。查原奏所稱，礦師礦匠併銷售以中國爲斷，及委員量予獎叙各節，應由總理各國事務衙門及吏部核議之件，相應將奏稿片送貴衙門查收核議，並出具會語，俟議結畫齊，希即轉送吏部，仍俟吏部議結後，並開列滿漢堂銜，一併送還本部，以憑繕摺會奏可也。」

又總署行户部片《送還議覆錫珍等開礦當由商辦奏稿》〔光緒十年〕九月二十五日，行户部片稱，准貴部片稱：「會議左都御史錫等奏請開礦令商任其事官考其成一摺，今本部擬定奏稿，查原奏所稱，礦師、礦匠併銷售以中國爲斷，及委員量予獎叙各節，應由總理衙門及吏部核議，相應將奏稿片送等因前來。本衙門現已出具會語，畫齊粘連原稿，送還貴部查收。此件既係，貴部主稿，其應會吏部之處，即希由貴部轉送，俟吏部議結後，仍知照本衙門，再將堂銜開送，以便會同具奏可也。」

又總署收户部文《咨送議覆錫珍等奏請開礦宜令商任其事摺暨硃批》〔光緒十年〕十一月十八日，户部文稱：「准北檔房傳付内稱，本部會議具奏都察院左都御史錫等奏，開礦一事，宜令商任其事而官考其成一摺。光緒十年十一月初十日具奏。本日奉旨：「依議。欽此。」傳付江南等司鈔録原奏，應行各處欽遵等因前來，相應鈔録原奏。恭録諭旨。行文四川總督欽遵辦理，並知照貴衙門查照可也。照録鈔摺，户部等衙門謹奏。爲遵旨會議具奏事，都察院左都御史錫珍等奏，開礦一事，宜令商任其事而官考其成一片。光緒十年七月初一日，軍機大臣奉旨：「該衙門議奏，欽此。」欽遵由軍機處交出到部，查原奏内稱，我朝五金之礦，聽民開採。官征其税，載在《會典》。近年行駛輪船，設製造局廠，煤鐵之需益夥。顧歷年試辦開礦，率無成效。蓋事經官辦，積習難除，繁費既多，虧挪不免。或兼攝他務，不能專一，派員經理，漫不經心，何能持久。至於公款難籌，招商入股，流弊滋多。甚且買空賣空，專視票價漲落，以罔市利。似宜變通其法，擇礦苗旺處，招商承領。一人能具數萬貲本者，爲之總管。官給印單，不先征課，以本地殷商爲之佐，或湊集附本，俾分餘息。以本地公正熟練者，爲之夥，分勸其事，酬以勞膳。除延礦師礦匠外，概傭土人爲工，地方官隨時彈壓。或委首領佐雜一員，督察照料。而不掣其肘。由商總月致薪水，倘有藉官挾制者，立予參處。開得鐵煤，以十分之一充税，就煤煉鐵者，税亦如之。税入煤鐵，彙報司局指撥應用。商人聽其轉運，不限所之。然銷售總以中國爲斷，試辦得效，方准逐漸擴充。招商集股，發票收銀，官不過問。蓋向來統歸商辦，而官不助其經理，則勢弱而力微。近時名爲商辦，而官獨專其事權，則弊多而利少。故不如令商任其事，而官考其成。以期有利無弊等語，户部謹查《會典》内載，凡礦政即山置廠，辦五金之産而采之。一曰銅廠，二曰鉛廠，三曰銀廠，四曰金廠，五曰鐵廠。皆因其産之衰旺，而征課焉。固以天地自然之利，生民日用之資，必無棄貨于地，乃能藏富於民。裕國通商，利至溥也。中外通商以來，各省船局機器局，需用尤多，而煤礦鐵礦，更爲急務，屢經言官條奏。近年各省頗有用西法開採者，有無成效，未據咨報，臣部無案可稽。惟查光緒七年四月間，據直隸總督李鴻章奏直境招商購器仿用洋法開辦礦務一摺，内稱：光緒三年八月，檄派前任天津道丁壽昌、津海關道黎兆棠，會同候補道唐廷樞，熟籌妥辦。旋據酌擬設局招商章程十二條，刊刻施行。查初定章程擬招商股銀八十萬兩，開採煤鐵，並建生熟鐵鑪機廠，就近鎔化。繼因招股驟難足額，鎔鐵鑪廠成本過鉅，非精於鐵工者，不能位置合宜，遂先專辦煤礦。唐廷樞奉檄設局後，勘得灤州所屬距開平西十八里之唐山，山南舊煤冗多，經理數年，規模粗備。轉瞬運煤

銷售，實足與輪船招商機器製造各局，相爲表里。開煤既旺，則鍊鐵可以漸圖。開平局務振興，則他省人材，亦必聞風興起等語。迄今三年有餘，究竟所採幾處，每年共用商本若干，可得煤鐵若干，併其所定設局招商章程十二條，均未據咨部有案，户部無從知其利弊如何。至各省礦苗，衰旺不一，採辦情形，亦有不同，臣等謹就從前舊案而申論之。查坑冶一事，在前代實爲秕政。續通考載明臣姚思仁八可慮之奏，論之最詳。順治初年，鑒於明代流弊，礦禁最嚴。康熙十四年，始定開採銅鉛之例，其後時行時止，大抵官税其十分之二，其四分則發價官收，其四分則聽其流通販運。雍正乾隆以後，或以成收課，其餘盡數官買。或以三成抽課，其餘任商自賣。或曾官發工本，招商承辦，或曾竟由官辦，並不經商，以湖南雲貴川廣等省，最爲經久。佗如奉天浙閩諸省，或偶一舉辦，旋即罷停，尤以開採銅鉛，最爲得宜。佗如金、銀、煤廠，或間開採，卒無大利。然今昔情事迥異，道光年間，臣部籌備庫款，已有廣行開採條奏。奉旨飭下宗人府大學士軍機大臣會同妥議，旋議令各省督撫熟商妥議舉行。維時以雲貴總督林則徐覆奏，最爲明備。其議以減浮費，嚴法令，杜詐僞爲大端，而其論商辦官辦之損益，爲尤明。其曰官辦雖靈，而在任久暫無常。恐交代葛藤滋甚。倘或因之虧空，參辦則有所藉口，籌補則益啟傚尤。況地方官經管事多，能安親駐廠中。胼胝手足，勢必假手募丁胥役，弊竇孔多。似宜招集商民，聽其集資夥辦。成則加獎，歇亦不追，似可常行無弊。其要尤在經理得人，斂從徒其薄獎多利少亦雖停止爲最中肯棨。復查咸豐三年，臣部議覆御史慧城開礦章程，曾議令各商於認礦廠之始，先行呈驗資本，試採礦硐之地。如係官地，則報官開採。若係民地，則每開一硐，酌給民人地價銀兩。一月無效，即行封閉，地歸本主。如礦苗大旺，令商人報官，再行驗資給照，承認開採。再議加地價，居民不得抑勒，商人亦不許籍端擾害。如廠旺人多，則令其五人十人連環互結，尤必本地籍貫，審音查明，方准入廠。不得招留外省無籍遊民，倘有不法，許管廠商人，送官究治。若容隱或另生他弊，惟該管廠商人是問。立法亦屬詳明，是皆從前開辦礦務，可以參政見諸施行者。今據左都御史錫珍等奏稱，令商任其事，而官考其成，以期有利無弊。各直省是否可以通行，相應請旨飭下各直省督撫，各就本省情形。參酌成規，悉心妥議。其有業已舉辦開採，即將開採成效如何，一併詳細奏報。並將一切章程，咨部備考。至所稱延覓礦匠併銷售以中國爲斷，試辦得效，方准逐漸擴充等語，總理衙門查外洋各國於開礦事宜，講求不遺餘力。雖採挖之機器，愈出愈精。亦由所用之人，竭慮殫思，各有心得。是以中國近年辦公務者，必以聘雇洋人爲先路之導。惟洋人薪工，爲費甚鉅。其稱爲礦師者，身價尤昂。然聞其所測算挖掘深淺若干，應獲地産多寡之數若干，往往仍有不驗，以致工本徒虧。故延覓礦師，必須訪求切實可靠之人。或先立合同聲明，如測驗不符，並無成效，如何議罰。庶可懲騙冒，而節産糜。此外一切工作，自宜多用土著之人，較易鈐束。又西人記述之書，外洋諸國産煤漸竭，其價日增。貧民無力置買，間或斷炊。即織布造器之工，有因煤乏而歇業者，其議院籌畫，每思將中國之煤運往，以濟要需。他如五金之礦，惟鐵需用最廣，一切舟車器械，各國逐年有增無減，出産亦虞匱乏。中國地大物博，名山奧區，蘊儲深厚，果經理得人，自可菁英畢獻。但所有出産，務先儘中國官民收買供用，勿貪利私售外人。宜於開辦之初，妥立章程，責成商人遵守。俟出産較多，可以擴充銷售，亦須核定成數，以示限制，應請飭下各直省督撫妥議辦理。又原奏内稱，税課滿萬以上，其商總委員，似宜量予奬敍一節，吏部查定例雲南報開新廠，督辦之地方各官。有每年獲銅二十萬斤以上者，准其紀録一次；三十萬斤以上者，准其紀録二次；四十萬斤以上者，准其紀録三次；五十萬斤以上者，准其加一級。均於歲底查明分别議敍。如能獲銅八十萬斤以上者，該撫專摺奏請陞用。如報開之廠，迄無成效，視年月之久近，查明廠員若有玩忽，即隨時查參議處等語，是銅斤事關鼓鑄，亦祇准地方官議敍。此外開辦礦務，即地方官並無獎敍明文，亦無請獎成案。至商人集資開採，原爲牟利。其身家是否清白，亦須細加考察，未可漫邀獎敍。如原奏税課滿萬以上，亦屬爲數無多。遽予獎敍，未免過優。應俟辦有成效，由該督撫分别奏請酌量給獎，再行核辦。所有臣等會議緣由，恭摺具陳。再此摺係户部主稿，會同總理衙門、吏部辦理。臣錫珍臣廖壽恒係原奏之人，是以未經列銜，合併陳明。是否有當，伏乞皇太后、皇上聖鑒。謹奏。

又附件八路礦總局文《請抄送路礦案件》 欽命統轄礦務鐵路總局。爲咨行事：光緒二十四年六月十五日，奉上諭：「著於京師專設礦務鐵路總局，派王文韶、張蔭桓專理其事，所有開礦築路一切公司事宜，俱歸統轄，以專責成等因。欽此。」本大臣等，遵於本年六月二十四日具奏，設立礦路總局情形一摺，奉硃批：「知道了。欽此。」同日又附奏，請鑄造關防一片，奉硃批：「依議。欽此。」相應恭録，並鈔奏咨行貴大臣欽遵辦理。查各省礦務，累年以來，或業經開採，或開而復封。或已勘未開，或礦苗顯露。未經查勘，情形不一。今既奉設專局，

自應綜其綱領，詳爲稽核，以免輕率。從此應請貴大臣通飭所屬，將已開未開各礦，歷年等辦情形，繪圖貼説，撰爲表譜。及一切詳細章程，務於文到三月内，彙齊咨送本總局備核。至圖表尺寸格式，俟本總局酌定體例，續咨咨寄。嗣後關涉礦路文件，除咨報本總局外，仍分咨户部總理衙門，以備查考。此文係借用總理衙門關防辦理。合併聲明，須至咨者。右咨粘單。庫倫辦事大臣。光緒二十四年七月初四日。

又附件九路礦總局奏文《遵旨設立路礦總局情形》〔光緒二十四年六月十五日〕謹奏：「爲遵旨設立礦務鐵路總局，謹將路礦大畧。開局日期，並派定司員，恭摺仰祈聖鑒事：本年六月十五日，恭奉上諭：鐵路礦務，爲時政最要關鍵。現在津榆、津盧鐵路，早已工竣。由山海關至大淩河一帶，亦籌款接辦，大段已具。礦務以開平漠河兩處，辦理最爲得法。成效已著，現在一律推廣。惟路礦事務繁重，誠恐各省辦法未能畫一，或致章程歧出，動多窒礙。亟應設一總匯之地，以一事權。著於京師專設鑛務鐵路總局，特派總理各國事務大臣王文韶、張蔭桓，專理其事。所有開礦築路一切公司事宜，俱歸統轄，以專責成，欽此。臣等竊維中國疆圉之廣，民物之饒，甲於諸洲。指日鐵路星羅，礦工雲集，若漫無歸宿，則利未溶而害已潛。滋欽奉諭旨，京師專設總局。所以保國權而息紛擾，畧如各國鐵路礦務設部之例。經權妙用，深佩聖明。此中籌辦之道，或官辦、或商辦、或官督商辦，宜有區別。即中西商合股，亦屬商辦，與他國國家無涉。又鐵路公法，凡車載脚價，均由政府覈定，從無公司自定者。現在津榆津盧鐵路，車行漸暢。而每噸貨物，收數幾何，上等中等下等客位，收數幾何，户部與總理衙門，均無案可稽。即車路起訖，工程分數，開車次數，車行時刻，車上條規，車棧處所，車路車棧、所占地畝，爲官地，爲民地，並車路車棧車頭車内所用工匠，華洋人各幾名，客車貨車各幾輛，亦均無可考。將來盧漢粵漢甯滬津保四路，推而及之，他處亦復如是，則國家予公司以莫大利益，而公司視國家漠不相關，所謂開鐵路以拓富强者安在也。及今整理，尚不致叢脞日積，不可收拾，此鐵路之大畧也。」

至各省鑛務，漠河、開平成效已著。漠河歲解户部銀約二十萬兩，幾經駁查而得，而其鑛山界址，採鑛章程，與沙丁畫分四六成生金，猶是藏頭露尾。黑龍江將軍開鑛，又尤而效之。無非以距京遥遠，驟難稽核。自非令和盤託出，不足以拓商務而垂久遠。又開平煤鑛，初辦甚疲累，近年經理如法，出煤日多。時或運銷南洋，煤質之佳，遠勝日本。果能推行盡利，足爲國家生財。現在商款若干，官款若干，從前兼辦塞門德土，能否不致虧本。每月每年出煤數目，局廠幾處，各用華洋人幾名，應令據實具復，此鑛務之大畧也。

本年山西、河南鑛務章程，經總理衙門核議具奏。其第六款鑛質出井值百抽五，仍完出口税各節，於國帑不無裨益。他省煤鐵鑛可援照辦理。至五金之鑛，則值百抽五，不足以盡之。自宜另訂抽收之法，以重公帑。現在遵旨設立京師總局。臣等先就户部總理衙門，調查檔案。分行各省各公司，查取現辦章程，詳爲核訂，請旨遵行。未經奉旨設局以前，無論官商擬辦未確之事，均不得作爲定案。緣此數年間，謀辦路礦者，紛至沓來，大都欲得一准辦之據，以自爲謀。其於國計民生無與也，於路鑛成敗利鈍無與也。其所臚舉，甚至松竹齊一紙鋪，亦可擔認八十萬銀貲本。江浙鐵路，竟有借銀行期票作保，驗訖發還。僅與該行訂認一次月息，空中樓閣，百出不窮，駮之則業謗，准之則誤公。臣等仰維朝廷設局之意，惟當實事求是，何敢委曲遷就。然此中情形，臣等既有見聞，不能不豫爲防範，以免魚珠淆混，貽笑外人。設局伊始，端緒甚繁。另覓公所，恐曠時日。現擬就總理衙門西院，權爲總局。選派提調管股章京，先將路鑛檔案，分別清釐，以憑核辦。即於七月初一日開局。一切應辦事宜，容臣等隨時商議具奏。所有遵旨設立鑛務鐵路總局各緣由，謹繕摺具陳，伏乞皇上聖鑒訓示，謹奏。

又總署收礦路總局印領《支領七八兩月經費》〔光緒二十四年〕八月初一日，礦務鐵路總局印領稱，本總局自本年七月初一開局之日起，每月應領經費庫平銀一千兩，業經奏明知照貴衙門在案。所有七月應支經費，尚未請領。現屆八月初一日應領之期，應請貴衙門將本局應領七八兩月經費庫平銀二千兩，如數兑交支領可也。

又《支領九月份經費》〔光緒二十四年〕九月初二日，礦務局印領稱，本總局自本年七月初一開局之日起，每月應領經費庫平銀一千兩，業經奏明知照貴衙門在案。現屆九月初一日應領之期，應請貴衙門將本局應領九月份經費庫平銀一千兩，如數兑交支領可也。

又《支領十月份經費》〔光緒二十四年〕十月初一日，礦路總局印領稱，自本年七月初一日開局之日起，每月應領經費庫平銀一千兩，業經奏明知照貴衙門在案。現屆十月初一日應領之期，應請貴衙門將本局應領十月份經費庫平銀

壹千兩，如數兑交支領可也。

又附件六路礦總局《奏定路礦章程二十二條》 礦務鐵路總局奏定礦務鐵路公共章程二十二條。

一、礦路分三種辦法，官辦、商辦、官商合辦，而總不如商辦。除未設總局以前，業經開辦者不及外，此後總以多得商辦爲主。官爲設法招徠，盡力保護，仍不准干預該公司事權。

一、總局奏准未奉旨設局以前，無論官商擬辦未確之事，均應報明。聽候分別准駁，不得作爲定案。所有設局以後各省開辦礦路，無論官商華洋，均應按照本總局奏定章程辦理。其有援引設局以前各省礦路章程請辦者，概不准行。

一、東三省、山東、龍州三處礦路事務，均與交涉相關，此後無論華洋股分，概不得援案辦理。

一、礦路本係兩事，准分辦不准合辦。凡鐵路公司所有沿路開礦章程，不得援案請辦。即礦山准造支路到水口，以便載運礦産，亦衹准造至最近水口，併不得搭客載貨，暗佔鐵路利益。其有應造支路運礦之處，並須先行繪圖，報明本總局查核。

一、凡承辦礦路，俱須設立學堂，以爲儲材之地。業已奏明通行，自應一律照辦。

一、各省紳商有遞呈該省地方官，請辦礦路事宜者，該地方官先察其人，如果公正可靠，家貲殷實，其所請辦，無背奏定章程，即咨報總局核奪辦理，不得率行批准。其有在總局遞呈者，亦必咨查該紳原籍地方官，確實無疑。然後批准，以杜招摇等弊。

一、礦路公司勘定某處必經之地，應由地方官先諭，俾衆周知，不得故意抗玩。至公司買地遇有廬墓所在，務當設法繞越，以順民情而免争執，不得勉强抑勒。

一、凡經總局批准承辦礦路者，自批之日起，無論華股洋股，至多不得過六個月。

一、批准開工，倘遷延未據呈報開辦日期，所有批准之案作廢。如實有意外之事，不在此列，亦須預行報明。

一、集股以多得華股爲主，無論如何興辦，統估全工用款若干，必須先有已資及已集華股十分之三，以爲基礎，方准招集洋股或借用洋款。如一無已資及華股，專集洋股與借洋款者，概不准行。

一、借用洋款，必須先稟明總局。由局核定給予准照，該商方能有議借之權。仍聲明商借商還，中國國家概不擔保。其未准照，私與洋商議借者。雖稱已經畫押，總局概不作據。

一、公司借用洋款，議訂等合同後，先送總局復核。如與總局奏定章程不符，仍不能以草合同作據，應飭令再議，如再議始終意見不同，可與他國商人另議。如洋商私相借貸，設有虧累，不得向總理衙門及總局控追。

一、設立公司，有准借洋款者，應照成案由總局咨明總理衙門，照會該國駐京大臣照復後，方爲定准。即洋商有情願借款與該公司者，亦須稟明該國駐京大臣照會總署，由總署咨詢本總局，是否准該公司訂借洋款。照復後，方能作據，否則作爲私借辦理。

一、凡辦礦路，無論洋股洋款，其辦理一切權柄，總應操自華商，以歸自主。惟該公司所有帳目，應聽與股洋商查核。以示公平。

一、有人興辦礦路，聲稱已集貲本及股分若干者，應先將銀款呈明驗實，以杜冒混。

一、各省凡有礦路地方，必有借重地方官之處。如有地主阻撓，工役聚衆等事，一經公司呈報該地方官，即妥爲曉諭彈壓，毋得推諉。尤應嚴禁胥役訛索情弊，如不切實保護，准公司呈訴總局，查實奏參。

一、凡公司彼此争利，或他事有礙公司利權者，應就近由地方官持平判斷，免致兩傷。或因判斷不公，准稟由總局詳細核辦，以示保護。如係華洋商彼此争執，應由兩造各請公正人理論判斷。倘實判斷不服，准其另邀局外人秉公調處，兩國國家不必干預。

一、凡礦路所用洋人，前往各處勘驗，應責成地方官切實保護，不得推諉，倘遭意外之虞，惟該地方官是問。

一、華人承辦礦路，獨力資本至十萬兩以上，查明實已到工，辦有成效，或出力勸辦，實係華股居半者，應照勸辦賑捐之例，請給予優獎，以廣招徠。

一、無論督辦集股，均唯專利，至年限長短，臨時查看資本輕重，獲利難易，再行酌定。

一、鐵路經過地方，應設關徵税。及礦産出井出口各税，應由總局會同户部另定專章，奏明辦理。至盈餘歸公之款，鐵路應按十成之四，礦務應按十成之

二五，提出繳部。

一、各公司一切情形及帳目等事，應聽總局隨時調查，或派人前往閲看。

一、各處礦路所有現行一切細章，統應彙送總局核定，局中另繕表譜格式，分行各省。所有各公司，辦理礦路情形，應於每年年終如式填寫，送總局查核。

光緒二十四年十月初六日奏准。

又附件一〇路礦總局文《抄送議覆伍廷芳奏陳路礦事宜摺暨硃批》 欽命統轄礦務鐵路總局，爲咨行事，本總局議覆出使大臣伍奏，條陳礦務事宜一摺，於光緒二十四年十月十六日具奏。本日奉硃批：「依議。欽此。」相應恭録，并粘原奏，咨行貴大臣欽遵辦理可也。須至咨者。粘單。右咨庫倫辦事大臣。

又附件一一路礦總局奏文《議復伍廷芳奏陳路礦事宜》〔光緒二十四年十月二十三日〕謹奏：「爲遵旨覆陳，恭摺仰祈聖鑒事：光緒二十四年九月初十日，准軍機處抄交出使美日祕國大臣伍廷芳具奏，開辦礦務，條陳杜弊章程各摺片。」本日奉硃批：「著王文等會同總理衙門議奏。片併發，欽此。」臣等查原奏內稱，中國地大物博，各國環伺，乘間要求，非第利其土疆，實亦羡其礦產。我誠定計於先，廣爲籌辦，既可貽我民之樂利，即可杜他族之覬覦。從前礦務辦法，大約有三，曰官辦、曰商辦、曰官商合辦。但官辦則公款難籌，商辦則私財不給，官商合辦，則商惟恐受制於官，亦難取信於民，瞻顧徘徊，事機坐失。是惟華商承辦，許附洋股，互相維制，此法誠良。若內地商民，或因資本不足，或因礦師難延，或因機器難購，欲求速效，且資熟手，勢不能不轉任洋商。既任洋商，則必須善訂章程，始可有濟。杜弊之要，約有數端，條陳清地界，定年限，明抽分，占華股，公稽核，防後患，以備采擇等語。臣等查中國礦產，富饒甲於五洲。爲外人所覬覦，已非一日。時以華人資本不裕，向用土法開採，收效無多。近來風氣既開，華商亦多糾集公司，思效西法開採。每以資本不足，請借洋款。事當開辦伊始，利之所在，弊即隨之。自非善訂章程，誠不足以杜後患。該大臣條陳各節，洵屬杜漸防微之道。此次臣等議定章程，已將該大臣陳奏各條，酌爲採入。至原片又稱，西人游歷來華，探測礦產殆徧。人皆洞澈，我反茫昧。應由總理衙門延僱上等礦師，並招致曾經出洋肄習礦務學生，隨同總局委員，周歷各省。按址履勘，詳細記載，列册備查。並行知各疆臣，檄下地方官，各就本轄境內，博訪周諮，確查礦產所在，呈報總局。庶幾披圖按藉，一一可稽等語，臣等查局中擬設礦務學堂，延請礦師。曾經奏明在案，衹以經費難籌。一時尚未及舉辦。至肄習礦務學生，亦經奏明由南北洋大臣遴派聰穎子弟出洋，尚未據該大臣咨報。從前學生有選派出洋肄業者，並無專習礦務之人，現尚無從招致。惟二十一行省，産礦地方。所在多有，與其由總局派 員往勘，勢不能周。不若由各該地方官就地查明，較爲切實。應如該大臣所請，由各省將軍督撫轉飭各該地方官，於所轄境內，察訪産礦處所。無論已開未開，及開而復閉者，詳細探明。確勘繪圖貼説，於六個月內咨報總局，以憑核辦。如蒙俞允，即由臣等咨行各直省遵照辦理。所有議覆各緣由，理合恭摺具陳，伏乞皇太后、皇上聖鑒訓示。再此摺係礦務總局主稿，會同總理衙門辦理，合併聲明。謹奏。光緒二十四年十月二十三日。

又附件一二路礦總局文《抄送奏請明定路礦章程通飭遵行摺暨硃批》 欽命統轄礦務鐵路總局，爲咨行事，光緒二十四年十月初六日，本總局會同總理衙門具奏，明定礦務鐵路章程，請旨通行飭遵一摺。本日奉硃批：「議依，欽此。」相應恭録，並附原奏暨章程。咨行貴大臣查照欽遵，轉飭一體遵照可也，須至咨者，附原奏章程。右咨庫倫辦事大臣。光緒二十四年十月貳拾叁日。

又附件一三路礦總局奏文《奏請明定路礦章程通飭遵行》 謹奏，爲明定礦務鐵路章程，請旨通行飭遵，恭摺仰祈聖鑒事：「本年六月二十四日，遵旨開設礦務鐵路總局摺內，聲明應辦事宜，隨時具奏。九月初十日，議覆胡燏棻條陳礦路事宜摺內，聲明另行核定章程各在案。臣等查礦務鐵路，誠能辦理得宜，可以益國計裕民生。然天下事利與弊恒相困。況此事至爲繁重，設辦法稍有參差，將使奸商劣紳串通影射，壟斷把持。而公正妥實之紳商，反退縮向隅，無以自效。且既辦以後，利益稍有端倪，不肖官吏，又或從而覬覦，百端魚肉。利源未擴，弊竇叢生，斷無可以持久之理。今欲興利蠲弊，自非慎始圖終不可。如遴派公司，嚴核股本，示洋股之限制，保華商之利權。及用人購地，選匠鳩工，徵收税課，稽查出入等事，亟應明定畫一章程。以資遵守，而垂久遠。臣等博訪周諮，就華洋成式中斟酌採擇，謹擬礦務鐵路公共章程二十二條，恭候欽定。如蒙俞允，即由臣局通行飭遵。此後因時制宜，有應行增減之處，再由臣等體察情形，隨時奏明辦理。所有明定礦務鐵路章程緣由，理合恭摺具陳，伏乞皇太后、皇上聖鑒訓示。再此摺係礦務鐵路總局主稿，會同總理各國事務衙門辦理。合併聲明。謹奏。」光緒二十四年十月初六日具奏。奉硃批：「依議，欽此。」

又附件一六路礦總局文《咨送路礦表册請查填彙送》 欽命統轄礦務鐵路

總局，爲咨行事：「案查光緒二十四年十月初六日，本總局奏定礦路章程二十二條，業經通行知照在案。查該章内載，局中另繕表譜格式，分行各省，所有公司，辦理礦路情形，應於每年終如式填寫，送總局查核等因。茲本總局業將礦路表譜格式，刊印成册，相應咨送貴大臣查收。照繕分交各該局司，一體遵照辦理。其從前未經查報之案，希飭迅速查明，照式填送。無庸俟至年終彙送，以免遲延。仍將此次收到日期，咨復本總局備案可也。須至咨者。附礦務表二鐵路表一分。右咨庫倫辦事大臣。光緒二十四年十一月叁拾日。」

又附件二〇路礦總局奏文《請旨飭催填送路礦表譜以備查核》 奏爲請旨飭催填送礦路表譜，以備查核，恭摺仰祈聖鑒事：案查礦務鐵路總局，於光緒二十四年十月初六日，會奏礦務鐵路章程第二十二條内載，由總局另頒表譜，分行各省，所有各公司局所，辦理礦路情形。應於每年年終，如式填寫，具送總局查核。旋經總局將礦路表譜刷印成册，於是年十一月三十日通行飭遵。並聲明凡從前未經查報之案，迅速查明，如式填送，無庸俟至年終，以免遲延各等因在案。是已經查報之案，其表譜填送，原可俟至本年年終。而現時距年終亦已不遠，若未經查報之案，亟應先將表譜填送，方昭慎重。乃自行文之日，扣至現時，僅據吉林將軍咨送辦理三姓礦務道員宋春鼇填寫未經查報之金礦表譜一分，兩江總督咨送辦理徐州礦務候補知府吴惇蔭填寫煤礦表譜一分，而此外概未之見。

臣等伏思國家開辦礦務鐵路，原期足國裕民，漸收成效。臣等頒行表譜，俾各礦路將開辦後，事體衰旺，課款盈虧，一切情形，明列表册，方能有所稽考。若該公司局所承辦之員，如式照辦，亦足以昭著心跡，不至處於嫌疑之間。在精白乃心，實事求是者，似應樂於從事。乃遲之許久，而從前未經查報之案，迄未據列册具報，誠不知是何居心。應請旨飭下各省將軍督撫，及各督辦大臣，轉飭各該公司局所承辦之員，迅將未經查報之案，填列表譜送核。其已經查報之案，亦一律於年終將表譜照式填送。至此次奏催之後，倘仍前玩泄，即行查明承辦之員，據實奏參。所有催送礦路表譜緣由，理合恭摺會陳。伏乞皇太后、皇上聖鑒訓示。再此摺係礦務鐵路總局主稿、會同總理各國事務衙門辦理，合併聲明。謹奏。

又附件一四總署文《抄送通籌鐵路辦法分別緩急次第摺暨硃批》 欽命總理各國事務衙門，爲咨行事，光緒二十四年十一月初一日，本衙門會同礦務鐵路總局具奏，通籌鐵路辦法，分別緩急次第一摺，本日奉硃批：「依議。欽此。」相應恭録，並鈔原奏，咨行貴大臣欽遵可也。須至咨者。粘鈔。右咨庫倫辦事大臣。光緒二十四年十一月拾肆日。

又附件一三致總署電《電陳安徽省礦務情形》 一、光緒二十五年三月十八日電咨總理衙門稱，承准銑電，奉旨：「近年各省多有創設機器，製造槍砲彈藥，並紡紗織布各工廠商務等局。由官開辦者，著各督撫查明該省各局所共有幾處，即將現辦情形，詳細電奏，欽此。」遵查安徽省未曾設有機器製造槍砲彈藥，並仿紗織布等工廠。惟在安慶省城，設立商務總局，蕪湖通商口岸，設立商務分局，經理本省紳商採鍊鐵砂，開挖礦煤等事。開辦大概情形，於上年十一月奏咨在案。現潛山、太湖等縣淘沙鍊鐵爐户，繁昌、宣城等縣商人租買産煤礦山，均經該局派員勘明，分給執照。各以土法試開，関卡照收税釐。商出資本，官爲維持，現出鐵出煤，爲數無幾。商本無洋人入股，湊集亦復無多。其餘各屬商民請開煤礦者，地近省城，由商務總局委員會勘。地近蕪湖，由商務分局委員會勘，以期迅速而便民。苟其地無窒礙廬墓，無别項糾葛。均准給照試開，以闢地利。飭照礦務鐵路總局咨行表譜格式，填寫呈送查核。其餘各項商業，由局員勸諭商董，查訪講求。但以煤鐵二端，導其先路。如能辦有成效，商情觀感奮興，堪以逐漸推廣。再隨時奏明辦理，所有現辦商務情形，謹請貴署代奏。

又總署收李鴻章文《路礦檔案已咨張京堂等查送》 〔光緒二十七年〕四月二十一日，北洋大臣李文稱：准王爺咨。京城自上年猝遭兵燹，所有鐵路礦務局檔案，全行遺失，遇有應辦事件，無從稽核。相應咨行貴督，將有關鐵路礦務來往奏咨文件，以及表譜合同，一律補送，以憑核辦。務於文到兩箇月内，迅速咨送本衙門可也等因。到本閣爵大臣督部堂。准此。查天津衙署被佔，此項卷宗，亦已燬失，無從查造。張、盛京堂當有存檔，除咨請查造，咨俟送到，再行咨達外，相應咨復王爺，請煩查照。

又外務部收豐陞阿等《抄送庫倫礦務檔案》 〔光緒二十七年〕七月十五日，庫倫辦事大臣豐等文稱：本年五月初三日，承准貴衙門來咨内開，爲咨行事。京城自上年猝遭兵燹，所有鐵路礦務局檔案，全行遺失，遇有應辦事件，無從稽核。相應咨行貴大臣，將有關鐵路礦務來往奏咨文件，以及表譜合同，一律補送，以憑核辦。務於文到兩箇月内，迅速咨送本衙門可也等因，承准此，遵將庫倫礦務來往奏咨文件，一律照鈔補送，以憑查核。所有鐵路事務及表譜合同，本處既未開辦，並無添寫之件。相應將礦務各件，依限鈔録。咨呈貴衙門，請煩查

用工匠，華洋人各幾名，客車貨車各幾輛，亦均無可考。將來盧漢、粤漢、甯滬、津保四路，推而及之，他處亦復如是，則國家予公司以莫大利益。而公司視國家漠不相關，所謂開鐵路以拓富强者安在也。及今整理，尚不致叢脞日積，不可收拾，此鐵路之大畧也。

至各省礦務，漠河、開平，成效已著。漠河歲解户部銀約二十萬兩，幾經駁查，而得其礦山界址，採礦章程，與沙丁畫分四六成生金，猶是藏頭露尾。黑龍江將軍開礦，又尤而效之，無非以距京遥遠，驟難稽核。自非令和盤托出，不足以拓商務而垂久遠。又開平煤礦，初辦甚疲累。近年經理如法，出煤日多。時或運銷南洋，煤質之佳，遠勝日本。果能推行盡利，足爲國家生財。現在商款若干，官款若干，從前兼辦塞門德土，能否不致虧短。每月每年出煤數目，局廠幾處，各用華洋人幾名，應令據實具復，此礦務之大概也。本年山西、河南礦務章程，經總理衙門核議具奏。其第六條礦質出井值百抽五，仍完出口税各節，於國帑不無裨益。他省煤鐵礦，可援照辦理。至五金之鑛，則值百抽五，不足以盡之。自宜另訂抽收之法，以重公帑。現在遵旨設立京師總局，臣等先就户部總理衙門，調查檔案，分行各省公司，查取現辦章程，詳爲核訂，請旨遵行。未經奉旨設局以前，無論官商擬辦未確之事，均不得作爲定案，緣此數年間，謀辦路礦者，紛至沓來，大都欲得一准辦之據，以自爲謀。其於國計民生無與也，於路礦成效利鈍無與也。其所臚舉，甚至松竹齋一紙舖，亦可擔認八十萬銀資本。江浙鐵路，竟有借銀行期票作保，驗訖發還，僅與該行訂認一次月息，空中樓閣，百出不窮。駁之則叢謗，准之則誤公。臣等仰維朝廷設局之意，維當實事求是，何敢委曲遷就。然此中情形，臣等既有見聞，不能不豫爲防範。以免魚珠淆混，貽笑外人。

設局伊始，端緒甚繁。另覓公所，恐曠時日。現擬就總理衙門西院，權爲總局。選派提調管股章京，先將路礦檔案，分別清釐，以憑核辦。即於七月初一日開局，一切應辦事宜，容臣等隨時商議具奏。所有遵旨設立礦務鐵路總局各緣由，謹繕摺具陳，伏乞皇上聖鑒訓示，謹奏。」光緒二十四年十一月初三日，准。

又外務部收聶緝槼文《咨送江蘇省礦物案件》〔光緒二十七年〕八月初二日，江蘇巡撫聶文稱：「據江南塩巡道徐樹鈞詳稱，竊准江藩司咨，奉院台札開，光緒二十七年四月二十四日，承准欽命全權大臣總理各國事務和碩慶親王咨。

照可也。

又《礦務檔・一般礦政》外務部收王之春文《咨送安徽省路礦檔案》〔光緒二十七年〕七月二十二日，安徽巡撫王之春文稱：據督辦商務總局布政使呈稱，奉憲台札開，光緒二十七年四月二十五日，承准欽命全權大臣管理總理各國事務衙門和碩慶親王咨開，京城自上年猝遭兵燹，所有鐵路礦務局檔案，全行遺失。遇有應辦事件，無從稽核。相應咨行貴撫，將有關鐵路礦務來往奏咨文件，以及表譜合同，一律補送，以凴核辦。務於文到兩月内，迅速咨送本衙門可也等因，到本部院。承准此，合行札飭，札到該局，即便遵照指飭事理。刻日查明，抄録詳送。以凴咨復等因，奉經移會蕪湖商務分局。並准抄録前由分局所填表譜，開摺移送到局。並將歷奉憲行鐵路礦務來往奏咨文件，查明造册呈送。仰祈鑒核，俯賜彙咨。再本局前送東流縣晉陽鄉商民宋瑞庭表譜，已於二十六年稟明。窿内水多，停挖封閉在案，似可無庸抄送。合併聲明等情，計呈送清册清摺各一分到院。據此，相應將送到册摺，備文呈送。爲此咨呈王大臣，謹請查照施行。

又附件二路礦總局奏文《遵旨設立礦路總局情形》 謹奏，爲遵旨設立礦務鐵路總局，謹將路礦大畧，開局日期，派定司員，恭摺仰祈聖鑒事：「本年六月十五日，恭奉上諭，鐵路礦務，爲時政最要關鍵。現在津榆、津盧鐵路，早已工竣。由山海關至大凌河一帶，亦籌款接辦，大段已具。礦務以開平、漠河兩處，辦理最爲得法。成效已著，現在一律推廣。惟路鑛事務繁重，誠恐各省辦法未能畫一。或致章程歧出，動多窒礙，亟應設一總匯之地，以一事權。著於京師專設鑛務鐵路總局。特派總理各國事務大臣王文韶張蔭桓，專理其事。所有開鑛築路一切公司事宜，俱歸統轄，以專責成，欽此。」

臣等竊維中國疆域之廣，民物之饒，甲於諸洲。指日鐵路星羅，礦工雲集，若漫無歸宿，則利未溶而害已潛，滋欽奉諭旨。京師專設總局。所以保國權而息紛擾。畧如各國鐵路鑛務設部之例，經權妙用，深佩聖明。此中籌辦之道，或官辦，或商辦，或官督商辦，亦宜有區別。即中西商合股，亦屬商辦，與他國國家無涉。又鐵路公法，凡車載脚價，均由政府核定，從無公司自定者。現在津榆、津盧鐵路。車行漸暢，而每噸貨物收數幾何，上等中等下等客位，收數幾何，户部與總理衙門，均無案可稽。即車路起訖，工程分數，開車次數，車行時刻，車上條規，車棧處所，車路車棧，所佔地畝，爲官地。或民地，並車路車機車頭内，所

京城自上年猝遭兵燹，所有鐵路礦務局檔案，全行遺失。遇有應辦事件，無從稽核。咨行貴撫，將有關鐵路礦務來往奏咨文件，以及表譜合同，一律補送核辦。務於文到兩個月内，迅速咨送本衙門可也等因到院。除咨總辦鐵路事務盛丞堂查照外，札司查明江南礦務局章程，抄録來往奏咨文件，以及表譜合同，刻日詳候咨送等因到司。奉此，查江南礦務局，係由道經辦。咨煩録送等因，奉此。准此，遵查江寧試開各礦，胡前道家楨任内，因公款不繼，稟明招商承辦。據紳商婁國霖等，與英商揚子公司德貞，擬章集股，繳款承領。當經胡前道稟蒙督院，咨准總理衙門，會同礦路總局，以江寧水土卑薄，山形顯露，非若西北等省有利可圖。咨行駁斥，各礦遂即停辦。職道抵任，當將德貞所繳官款紅票，稟明發發所山機件器具。並即派員提起存儲，分别歸蔡道世保等領辦。元山一帶商礦，亦因機器礦師未到，至今並未興工。奉飭前因，理合照録奏咨文件，同蔡道録送領辦元山原案，一併詳請咨達總理衙門查照。再查礦務表譜，寧屬未據照填送道，亦無華洋合同章程，應行照送。此後如查有應録文件，遵當隨時補録詳咨，合併聲明等情，到本部院。據此，相應咨送。爲此咨呈貴衙門。謹請查照施行。照録清摺，謹將礦務奏咨文件，録呈鑒核。」計開：南洋商憲劉。爲抄稿飭遵事。照得本大臣於光緒二十二年九月初十日，會同江蘇巡撫部院趙，專差具奏，籌辦江寧等處礦務大略情形一摺，除俟奉到硃批，另行恭録咨行外，合行抄摺札飭，札到該道，即便遵照毋違。此札，光緒二十二年九月十二日。計抄摺。會銜。

又外務部收陶模文《咨送路礦檔案》〔光緒二十七年〕八月十七日，兩廣總督陶文稱：「據廣東海防善後局司道詳稱，案奉札開。光緒二十七年四月二十六日，准總理各國事務衙門咨開。京城自上年猝遭兵燹，所有鐵路礦務局檔案，全行遺失，遇有應辦事件，無從稽核。相應咨行貴督，將有関鐵路礦務來往奏咨文件，以及表譜合同，一律補送，以憑核辦。務於文到兩箇月内，迅速咨送本衙門可也等因，到本部堂，准此。合就札飭，札局照依准咨事理。速即查明有關鐵路礦務來往奏咨文件，以及表譜合同，一律刻日抄録齊全，詳請咨送核辦，勿稍違延切速。又於五月初六日，奉廣東巡撫部院德案驗同前事。仰局會同布政司遵照，將有關鐵路礦務來往奏咨文件，及表譜合同等件，一律抄録。依限補送，毋違各等因到局。奉此，并准藩司移局抄録主稿，會同詳請咨送前來。」

查京都礦路總局，係設於光緒二十四年六月，本局近年奉到憲台，與户部總署礦路總局來往奏咨文件，有関鐵路礦務事宜者，共計四十件。另鐵路表一本，礦務表一本，路礦章程一本。茲總署以京城上年猝遭兵燹，礦路總局案卷，全行遺失。奉飭將有關鐵路礦務來往奏咨文件，及表譜補送核辦等因，自應遵將本局奉行來往奏咨文件，抄録成册。并表譜章程，詳請咨送核辦，以期迅速。除將所抄案卷摘由列單。備移本藩司核對。司署所奉文件，有無現單未抄者，另行由司抄呈，而免挂漏。及詳報撫憲外，理合將本局所抄案件，彙釘成册。並表譜章程，詳請察核。俯賜咨送户部外務部衙門礦路總局察收等由，同册到本部堂。據此，除將各册及鐵礦表譜章程，分别咨送户部礦路總局察收外，相應咨送。爲此合咨貴衙門，請煩察照施行。

又外務部收奎俊文《咨送四川省路礦案件》〔光緒二十七年〕九月十八日，四川總督奎文稱：「據礦務總局存記道陳光弼補用道李壽田韓銑曹穗會詳稱，案奉總督部堂札開。光緒二十七年五月十一日，准欽命全權大臣便宜行事管理總理各國事務衙門事務慶親王咨開。京城自上年猝遭兵燹，所有鐵路礦務局檔案，全行遺失，遇有應辦事件，無從稽核。相應咨行貴督，將有關鐵路礦務來往奏咨文件，以及表譜合同，一律補送，以憑核辦。務於文到兩箇月内，迅速咨送本衙門可也等因。承准此，除行藩司知照外，合行札飭該局，即便分晰查明，造具清册，詳請咨送。如局案不全，即開清單，呈院檢發，毋稍遺漏等因。奉此，職道等遵即查明有關鐵路礦務往來奏咨文件，以及表譜合同。業已一律分晰照抄，造具清册，理合具文申送，詳請察核轉咨外務部暨鐵路礦務總局等情。據此，除分咨外，相應咨送。爲此合咨貴局，請煩查核施行。」

又外務部收長順等文《咨送吉林省路礦案件》〔光緒二十七年〕九月二十九日，吉林將軍長順等文稱：「案准貴全權大臣咨開。京城自上年猝遭兵燹，所有鐵路礦務局檔案，全行遺失，遇有應辦事件，無從稽核。相應咨行貴將軍，將有關鐵路礦務來往奏咨文件，以及表譜合同，一律補送，以憑核辦。務於文到兩個月内，迅速咨送本衙門可也等因。准此，理合將有關鐵路礦務奏咨各件，逐一抄摘案由，備文咨送。爲此咨呈貴全權大臣，謹請鑒核施行。」

照録鈔案由。計抄案件録目：

第一號，總理各國事務衙門，爲奉旨著派許景澄總辦黑龍江吉林鐵路公司事宜等諭，咨行查照事。

第二號，出使大臣許，爲鐵路公司續派造路工員工頭匠目等二十四員，由俄京赴吉江兩省地方勘辦造路工程，抄單咨行查照事。

第三號，總理各國事務衙門，爲接俄國巴署使函，醫士薩洛美，隨往東省鐵路，繕發護照。咨行查照事。

第四號，吉林將軍延，爲華俄銀行承造東省鐵路，勘地興工，亟應派員照料保護一摺，咨行總署查照事。

第五號，總理各國事務衙門，爲總辦鐵路公司許奏選派總監工，前往吉江兩省地方勘路，請旨飭行該省會同辦理等因一摺，咨行查照事。

第六號，出使大臣許，爲開用總辦鐵路公司關防日期，咨行查照事。

第七號，出使大臣許，爲公司函報頭起勘路委員，現派俄紳士尼果賴底哈諾夫等十四員，由俄入吉查勘路程，發給護照，抄粘銜名，咨行查照事。

第八號，出使大臣許，爲酌派繙譯委員李鴻桂、劉鏡人二名，隨同總監工查勘路程，咨行查照事。

第九號，總理各國事務衙門，爲出使大臣許文稱，頭起勘路委員起程日期，並酌派繙譯委員，隨同勘路各等因。咨行查照事。

第十號，總理各國事務衙門，爲鐵路公司設電運料二事，經許大臣酌議辦理，暨總署復電等因，抄録函電，並執照稿，咨行查照事。

第十一號，出使大臣許，爲醫士波底喀一名，工程分股副頭目奧分備爾五名，前赴吉江兩省，發給護照等因，咨行一體保護事。

第十二號，出使大臣許，爲擬定應用旗式衣帽記號等因，咨行一體查照事。

第十三號，總理各國事務衙門，爲許大臣擬定應用旗式衣帽記號等因，咨行查照事。附旗式衣帽記號各一紙。

第十四號，總署來電，爲與俄烏使商改吉江兩省路線等因電請核復事。

第十五號，吉林將軍延電覆，爲奏路線入吉，無論道出南北，多係民田，均須照定合同議價，電復查照事。

第十六號，黑龍江將軍恩電復，擬請仍照初議之路建修。有可旁通，未妨徐增支路，如果不謬，即請總署電奏事。

第十七號，出使大臣許，爲公司需用造路料件，由陸路轉入吉境，暫由總辦給照等因，咨行查照事。

第十八號，總理各國事務衙門爲俄巴署復函稱，鐵路總副監工茹格維志依格納齊烏斯，由京赴往吉江兩省工次，分給護照，咨行照約保護事。

第十九號，出使大臣許，爲鐵路公司先後六次派出工員工頭醫士匠目等八十二名，前赴吉江勘路，抄單咨行，一體保護事。

第二十號，總理各國事務衙門，爲將俄國巴署使函稱前項圖樣，咨行轉發事。

第二十一號，出使大臣許，爲公司水運料件，發給行船執照，咨送轉飭卡倫員弁遵照辦理事。

第二十二號，出使大臣許，爲議妥公司造路購買房地，暨申理公私案件等項憑照，抄粘憑稿，咨行查照事。

第二十三號，出使大臣許，爲鐵路公司派設總巡查暨頭目人等銜名一單，咨行飭屬一體保護事。

第二十四號，吉林將軍延奏，爲吉省礦務全局，擬先設公司，以期集股興工，保持利權事。摺一件，片二件。

第二十五號，出使大臣許，爲迭次派出鐵路工頭九名，巡查委員二員，前赴吉江地方，開送名單，咨行飭屬一體保護事。

第二十六號，總理各國事務衙門，爲鐵路經過蒙古地方，事屬創舉。自應札飭哲里木盟長，飭屬一體遵照，抄粘理藩院原奏，咨行查照事。

第二十七號，總理各國事務衙門，爲二十四年十一月初一日，本衙門會同礦務鐵路總局具奏，通籌鐵路辦法，分别緩急次第一摺，抄粘原奏，咨行查照事。

第二十八號，統轄鐵路礦務總局，爲吉省所屬已開未開各礦，歷年籌辦情形，繪圖貼説，撰爲表譜，咨送總局事，隨帶一摺一片。

第二十九號，户部爲抄録礦務鐵路總局奏設總局情形一摺，抄粘咨行查照事。

第三十號，統轄鐵路礦務總局，爲將開用總局關防日期，咨行查照事。

第三十一號，統轄鐵路礦務總局，爲條陳礦路事宜一摺，奉硃批：「依議。」恭録並抄粘原奏，咨行欽遵辦理事。

第三十二號，統轄鐵路礦務總局，爲總局會同總理衙門，明定礦務鐵路章程一摺。奉硃批：「依議。」恭録並附原奏及章程，咨行欽遵事。

第三十三號，統轄鐵路礦務總局，爲將礦路表譜格式刊印成册，咨送查收，照式填送由。

第三十四號，統轄鐵路礦務總局，爲總局會同總理衙門，申明增礦務章程一摺。奉硃批：「依議，欽此。」恭録並抄粘原摺，咨行欽遵事。

第三十五號，統轄鐵路礦務總局，爲總局會同總理衙門催送礦路表譜，並按月呈報收數各摺片。奉硃批：「依議，欽此。」恭録並抄粘摺片，咨行欽遵，轉飭趕造事。

第三十六號，吉林將軍延，爲奏鐵路工段綿長，交涉繁鉅，擬請扼要設局一摺。奉硃批：「著照所請。並恭録抄粘原奏，咨呈總署查照事。」

第三十七號，吉林將軍延，爲擬定哈爾濱鐵路交涉總局章程十條，抄粘咨呈總署查照事。

又外務部收薩保文《抄送鐵路檔案》〔光緒二十七年〕九月二十九日，署黑龍江等處地方將軍齊齊哈爾副都統薩文稱，本年五月二十九日，准全權大臣便宜行事兼總理各國事務衙門和碩慶親王咨開。京城自上年猝遭兵燹，所有鐵路礦務局檔案，全行遺失。遇有應辦事件，無從稽核。相應咨行貴將軍。將有關鐵路礦務來往奏咨文件，以及表譜合同，一律補送，以備核辦。務於文到兩個月，迅速咨送本衙門可也等因前來。伏查署中所存檔案，自康熙年間起，至光緒二十六年止，均被俄人强行搜取一空。礦務之案，向在署中，並被搜去，無憑查送。惟交涉處向在署外租賃民宅，作爲公所，經亂之時，雖挪移藏避，尚未全失。已飭該處澈底清查。僅將接到來文自光緒二十二年起，至二十五年，現有關繫鐵路表譜合同，以及奏咨要件，並呈復之文，自光緒二十三年起，至光緒二十六年止，查明抄録清册二本呈送。相應咨呈欽命總理各國事衙門鑒奪施行。

又外務部收許應騤文《咨送福建省路礦案件》〔光緒二十七年〕十月十七日，閩浙總督許應騤文稱，案查前承准貴王大臣咨開。京城自上年猝遭兵燹，所有鐵路礦務檔案，全行遺失。遇有應辦事件，無從稽核。咨行將有關鐵路礦務各件，於文到兩箇月内，一律補送等因。當經本部堂檄飭福建善後洋務兩局，依限造送。詳咨去後。兹據該局具詳遵將福建省有關鐵路礦務奏咨文件表譜，逐一抄録齊全，裝釘成帙，詳請咨送等情前來。除詳批示外，相應將送到各件咨呈。爲此咨呈外務部，謹請察收，備案施行。

《礦務檔·一般礦政·移送貴州巡撫咨送黔省路礦案件》〔光緒二十七年〕十月二十五日，行在外務部文稱：「光緒二十七年十月十一日，准貴州巡撫咨送黔省近年有關鐵路礦務往來奏咨文件，以及表譜格式，相應將原咨并各鈔件，移送京城本部查照可也。」

照録原咨。貴州巡撫鄧華熙，爲咨呈事。據善後兼礦務總局藩司邵積誠臬司林紹年糧儲道黄元善詳稱，光緒二十七年五月十六日，案奉院行。光緒二十七年五月初十日，承准欽命全權大臣便宜行事管理各國事務衙門和碩慶親王咨開。將有關鐵路礦務來往奏咨文件，以及表譜合同，一律補送，以憑核辦。務於文到兩箇月内，迅速咨送等因到院。承准此，行局迅速查明，鈔録詳送，以憑核咨等因。奉此，查黔省並未開辦鐵路，亦無合同之案。惟礦務來往奏咨文件，除早年辦結各陳案，遵照前次部咨。將來本部如有查核，再行隨時咨取。此次仍免鈔録外，所有近年來往奏咨文件，以及光緒二十四年十二月奉准欽命統轄礦務鐵路總局咨送礦務鐵路表譜格式，均已由局鈔訂成册，理合具文詳送。伏候查核轉咨等情，到本部院。據此，除批示外，相應咨呈。爲此咨呈總理各國事務衙門，謹請查照施行。須至咨呈者。右咨呈總理各國事務衙門。光緒二十七年七月二十六日。

又外務部收行在外務部文《移送雲貴總督等咨送滇省路礦案件》附原咨〔光緒二十七年〕十月二十五日，行在外務部文稱：「光緒二十七年十月十五日，准雲貴總督雲南巡撫咨送滇省近年路礦檔册，相應將原咨并各鈔件，移送京城本部查照可也。」

照録原咨。總督雲貴巡撫雲南等處地方魏、李爲咨呈事。案准貴王大臣咨，京城自上年猝遭兵燹，所有鐵路礦務局檔案，全行遺失，遇有應辦事件，無從稽核。行令將有關鐵路礦務來往奏咨文件，以及表譜合同，一律補送，以憑核辦。務於文到兩箇月内，迅速咨送本衙門可也等因咨滇，當經分别轉行司局遵辦去後。兹據雲南布政使林紹年會同鐵路金銀礦務各局司道詳稱，查滇省鐵路，自光緒二十三年夏間。法員吉理默等來滇勘辦起，所有中國派員會勘一切情形，均經先後奏咨在案。嗣將鐵路經過地方，分段勘畢。尚未定章開辦，亦未訂立合同。適值北直拳匪事起，法總領事方蘇雅率同修路法員回越，路工停辦。現在方總領事等回滇，鐵路事宜，仍未議定。彌領事來滇辦礦，現雖照會商議，亦未訂定章程。兹奉前因，理合將從前鐵路及礦務來往奏咨一切文件，並各屬申送鉛鐵各廠礦表，暨礦務總表鐵路礦務章程，分别鈔齊呈送前來，本部堂院覆查無異。除銅廠礦表及來往奏咨文件，應由礦務大臣鈔送外，所有鐵路礦務檔册，相應咨呈，爲此咨呈貴王大臣，謹請查核備案施行，須至咨呈者。

計咨呈照鈔鐵路檔册一本，礦表二十九本，鈔刷奏咨五分，鐵路礦務章程一本，礦務總表一本。右咨呈欽命全權大臣總理外務部事務慶親王。

又外務部收奎俊文《抄送四川省路礦案件》〔光緒二十七年〕十月二十八日，四川總督奎俊文稱，據布政使員鳳林詳稱，案奉督部堂札開，准欽命全權大臣便宜行事管理總理各國事務衙門慶親王咨開。京城自上年猝遭兵燹，所有鐵路礦務局檔案，全行遺失，遇有應辦事件，無從稽核。相應咨行貴督，將有關鐵路礦務來往奏咨文件，以及表譜合同，一律補送，以憑核辦。務於文到兩箇月內，迅速咨送本衙門可也等因。奉此，當經附入清查部册局，請發憲卷，核明鈔録。茲據該委員等查出礦務鐵路五十二案，照卷抄齊，呈請申送等情。據此，本司復查無異，理合將所抄各案，分晰開具案由，造册賫呈，具文詳請查核咨送等情。據此，相應咨呈。爲此咨呈貴部，請煩查照。

又路礦總局收丁振鐸文《咨送廣西省礦務案件》〔光緒二十七年〕十二月二十三日，廣西巡撫丁文稱：「據廣西善後總局司道詳稱，光緒二十七年五月十八日，奉前撫部院札開，光緒二十七年五月十一日，承准欽命全權大臣和碩慶親王咨開。京城自上年猝遭兵燹，所有鐵路礦務局檔案，全行遺失，遇有應辦事件，無從稽核。相應咨行貴撫，將有關鐵路礦務來往奏咨文件，以及表譜合同，一律補送，以憑核辦。務於文到兩個月，迅速咨送本衙門可也等因，到本部院。承准此，合行札飭。札到該局，即便遵照，迅將有關鐵路礦務來往奏咨文件，以及表譜合同，一律抄録，刻日詳院，以憑咨送等因。奉此，遵即由局檢查檔案，凡有関礦務往來奏咨文件，逐一查檢，共有十一件，彙鈔成册。其開礦表譜，未據各屬繳報完竣，容俟報到之日，再行彙報。至鐵路奏咨文件合同表譜，局中無案可稽。應請咨明督辦蘇軍門查明，抄録咨送。奉札前因，理合將彙録礦務清册一本，具文詳請察核咨送等情，到本部院。據此，查鐵路奏咨文件，該局無案可稽。除咨請蘇督辦查明抄録徑行咨送查核外，茲據繳到礦務清册，相應咨送。爲此咨呈貴總局，謹請查核施行。」

又外務部《奏定礦務章程十九條》附《礦務章程》〔光緒二十八年〕二月初八日，外務部具奏，謹奏爲酌定礦務章程，恭摺仰祈聖鑒事：「光緒二十七年十二月二十五日，政務處具奏開辦礦務一摺，奉旨：『依議，欽此。』欽遵抄摺知照前來，臣等當即按照奏內所稱延聘礦師，查勘礦山，及豫購機器，廣招商股各節，詳加籌議。復於本年正月十六日，欽奉諭旨，派張翼總辦路礦事宜。臣文臣鴻仍奉命督同辦理，自應仰體朝廷振興之意，悉心籌畫，以濬利源。臣等竊維中國礦産之富，甲於五洲，特以地質素昧講求，開採未能如法。鳩貲試辦，成效茫然。近來風氣漸開。始知西國礦學之精良，機器之利便，然必有能識礦師之人，而後不爲下等礦師所惑。有自製機器之廠，而後不以廣購機器爲難。際此庫款空虛，經費萬難籌措，自不得不借資商力，廣爲招徠。顧華商見小欲速，勢散力微。集累萬之鉅貲，收効在數年以後，勢必遷延觀望，裹足不前。而奸詐嗜利之徒，又往往以一紙呈詞。希圖攬辦。斥之則有所藉口，准之則益啟傚尤。甚且勾結外人，輾轉售賣，其弊必至於利權盡失。爲今之計，惟明定畫一章程，使人人曉然於厚生利用，但能上下交益。國家固無所私，無論華洋各商，皆可照章承辦。其有違背定章，任意要索者，仍應堅持駁阻，杜絶弊混，即所以鼓舞商情。臣等博訪周諮，公同商酌，謹擬礦務章程十九條，恭候欽定。如蒙俞允，即由臣部通行飭遵。其有未盡事宜，應由礦路總局，隨時體察情形，奏明辦理。所有酌定礦務章程緣由，謹繕摺具陳。伏乞皇太后皇上聖鑒，訓示遵行。謹奏。」奉硃批：「依議。欽此。」

謹擬籌辦礦務章程十九條，恭呈御覽。

一、凡擬開辦礦務者，或集華股，或借洋款，均須先行稟明外務部。其稟或自行投到，或由該省州縣詳請督撫專咨到部，俟奉批准後，方可爲准行之據，未奉批准以前，不得開辦。

一、此項稟咨，如外務部核奪以爲可行，即知照路礦總局，詢以此事可否批准。俟接到可准之復文後，即由外務部知照總局，發出准行執照，此照奉到，方可開辦。其照費視成本多寡，酌提百分之一繳局，以資辦公。

一、開辦之人，必須係原稟領照之人，自行舉辦。不得私將執照轉賣他人，倘欲售賣，或在開辦以前，或已辦之後，須由原辦之人，會同接辦之人，照上兩條復行稟請立案領據，方可轉交接辦。

一、該處地主原有不從之權，須由原稟之人，向其先行説明，商定價銀，報明立案，不得私行交易，倘該地關係國家必須開辦之故，其地主雖有不從之權，亦應聽國家之意，由官公平發給地價，任憑開辦。

一、遞稟開辦者，或華人自辦，或洋人承辦，或華洋人合辦，均無不可。惟地係中國之地，舉辦係由中國准行。無論何人承辦，均應遵守中國定章。倘出有事端，應由中國按照自主之權自定。

一、礦産出井，視品類之貴賤，以別税則之重輕。現酌定煤鐵銻砂白礬硼砂等類，值百抽五。煤油銅鉛錫硫礦硃砂等類，值百抽十。金銀白鉛水銀等類，

值百抽十五。鑽石水晶等類，值百抽二十五，均作爲落地稅。其有稅則未載之礦質，應視物類之相近者，比照抽收。其出口稅，仍照章在稅關完納。自納出口稅以後，内地釐金，概不重征。此項出口礦稅，爲新增之款，應在稅關另款存儲，聽候撥用。

一、各公司承辦礦務，自發給執照之日起，限十二個月内開工。如逾期不開，執照作廢。該礦即由總局另行招商承辦，並登中外各報，聲明某省某礦現因執照作廢。

一、礦山准造枝路，以便轉運礦產，惟只准造至最口。如與幹路相近，即准接連幹路爲止。

一、附近開礦處所，應設礦務學堂，爲儲材之地。該學一切薪水經費，均由該公司自行籌給。

一、凡開辦所需機器材料等件，除運自外洋照章歸海關收稅外，内地釐金，概不重征。如在内地採買材料，經過關卡，查明實係運往開礦處所，准給執照，免釐放行。惟不准夾帶别貨，違者照章罰辦。

一、公司顧用礦師，赴各處勘礦，應呈報外務部，咨明各該省督撫札飭地方官實力保護。如有意外之事，惟該地方官是問。至購地開辦，如遇百姓阻撓，及工匠滋事，由公司呈報。地方官即應隨時曉諭彈壓。尤應嚴禁胥吏需索，倘有前項情事，一經查出，或被控有據，嚴參不貸。

一、礦産地畝，民地則照市值購買，官地則令備價承租。惟民地雖購買過户執業，仍須照中國原定田則，完納錢糧，以符賦額。至各礦所用地段，只准足敷蓋廠各用爲限，不得多佔。

一、公司購用地畝，自應公平給價，不得强佔抑勒，亦不得抬價居奇。並不准以有礙風水，藉詞阻(拒)。該地主不願領價，願入股份，即按照原值，給予股爲憑。

一、採驗礦苗，應須打遇有田舍墳墓所在，設法繞越。如實在無法繞越，應商明業主，由公司優給貲費，以便遷移。

一、礦廠如須安設巡兵護廠，專用華人。所需教練經費口糧，均由該公司自行籌備。廠内除管理機器，經理賬目，必須聘用洋人外，其一切執事工作人等，均應多用華人。該公司從優給予工價，如礦峒有壓斃人口等事，亦應由公司優卹。

一、華人在外洋礦務學堂卒業學生。願回華充當礦師，及外洋各埠華商，願回華礦者，准其外務部明。如該生等勘礦確有見地，貲本實在充裕，俟辦有成效後，由外務部奏請給獎，以示鼓勵。

一、各公司承辦某礦，所有華洋股東，國家擔任保護。如有虧折成本，國家不認賠償。倘因貲本不敷。借用洋款。亦還與國家無涉。

一、開採以後，每年結賬。除提還本息外，如有盈餘，以成之二五，報効國家。

一、此次新章未定以前，凡已開辦各礦，及曾經議定之處，除出井稅課。合同内聲明按照奏定專章者，應照此次所訂第六條辦理外，其餘仍照合同核辦，以示大信。嗣後華洋各商欲承辦礦務者，均照此章辦理。此外未盡事宜，應俟隨時增損，以期盡善。

又外務部收康格照會《奏定礦務章程過於繁瑣難期振興礦務》〔光緒二十八年〕二月二十五日，收美康使照會稱，二月二十日，准貴親王照會，以貴部具奏酌定礦務章程，奉硃批：「依議。」並將刷印章程。照送前來等因，當已轉送本國政府查照矣。」本大臣查此礦章過於繁難，恐不能鼓勵礦商。振興各礦。中國政府與商民難期獲利。直與禁止開辦，所差無幾。寔爲可惜之至，相應照復貴王大臣查照可也。一千九百二年肆月初三日。

又路礦總局收張德彝咨《咨寄代購洋文路礦原書四種》〔光緒二十八年〕九月初二日，收出使英義比國大臣張咨礦務鐵路總局稱：「案照光緒二十八年六月二十七日，接准貴總局咨開。查本總局奉命籌辦礦務事宜。經緯萬端，責任重大，必須博採各國國家現行礦務鐵路兩項章程，俾資考證。英國屬地最廣，如澳大利亞及南洋海門各屬土礦路章程，尤賴參互考證。相應咨行迅速採購該國洋文原書，咨送本總局。書價若干，由本局照數寄還等語。茲購得洋文原書四種，一曰查勸礦務大臣之禀報礦稅册，全書四册；一曰英議院頒行之鐵路章程全書一册；一曰各國礦務條例撮要全書一册；一曰法比兩國之礦稅册全書一册。以上統計七册，分成三包，郵寄貴總局，請煩詧收。墊付書價，共英金兩磅五先四本。望即寄還，以清款目。發單兩紙附上，須至咨者。附發單兩紙，外洋書三包。」

又外務部收盛宣懷抄奏《請設勘礦總公司以保礦利》〔光緒二十八年〕九月二十五日，收軍機處交抄奏稱：「太子少保會辦商務大臣工部左侍郎臣盛宣

懷跪奏：爲礦地亟宜自守，擬請設立勘鑛總公司，藉保主權而收礦利。恭摺密陳，仰祈聖鑒事：竊惟强國之道，必先富國。歐洲多以開礦致富。而中國礦産尤爲繁盛，歷來成見拘泥。或官禁，或民禁，精華秘而未發。此天之留以界我聖清蔚成中興之業，實不可假手於人者也。近今風氣始開，知礦務不可以遏。但迫於時局，礦權礦利，幾不能由我自操。於是海内寶藏之區，輒爲他人攘而有之。或因案交涉，一入條款，而某省之礦柄。暗授彼國矣。或被人勾引，一給字據，而某府某州縣之礦産，多屬他商矣。外務部鑒於前弊，重訂章程，無論華洋商，皆可承辦礦務，均須先禀外務部，俟批准後方可爲准行之據。原欲於推廣之中，竭力設法限制。聞外國頗以准其購用地畝，自行舉辦爲喜，而尤以抽税過重爲憾。臣於去年五月曾接准軍機大臣電告，礦務所關甚鉅。誠如所論，亟宜以開爲守。各國合式律例，望即擇要採取。其應如何抵制之處，亦望熟籌電知。以便核議，請旨辦理等因。嗣英使馬凱來議商約，内有礦務一條，臣等以事關内政，拒不入約。到鄂後，馬凱猶堅持礦事有關商務，必欲列入商約，以慰英商之望。臣思要在保我地權，方能以開爲守，督臣張之洞頗以爲然。當臣等會商允於一年内，自行將英國、印度連他國現行礦務章程，迅速認真考究。採擇其中所有與中國相宜者，將現行章程，改修妥定。以期主權無礙，利權無損。並於招致外洋資財無礙，於礦商亦不致有虧等語。」

美國雖甚和平，亦索礦務條款。並密告臣曰，中國地産之精華，將悉爲各國有矣，吾美國亦當分沾其益。蓋歐洲覬覦中華礦利，極想一網打盡。按照英約，一年内自行修改。若不預爲商籌，猶恐臨時周章，或藉端要挾，仍不免墮其術中。臣既奉軍機處諮詢在前，又身在議約大臣之列，晝夜焦思，悉心討論。中國既無辦礦之人才，又無開礦之資本。自李鴻章等議辦礦務以來，合南北計之。集中國資本師西法開採，以見成效者，僅有開平大冶萍鄉三礦而已。開平以李鴻章北洋大臣之魄力，唐廷樞一身之苦心孤詣，越二十年，而始成之。然一經變亂，已爲外人乘機攫取。大冶、萍鄉，一鐵一煤。互相濟用。臣與張之洞先後持堅忍之力，經營締造，勉力圖成。萬里版圖，祇此兩礦，良可慨已。其他無窮無盡之地寶，若不早爲設法保全，一聽外人明取暗索，數年之後，盡屬他人。將來中士人才輩出，能自舉辦，而産礦美地，已非我有。徵諸五洲大邦，斷無如此辦法。然默究其所以不能自辦之故，以辦礦之人才，非十餘年不能造就；開礦之資本，非數百萬不能動手。若必欲强華商自辦，誠如外務部所言，暗中必仍是勾結外人，輾轉售賣矣。臣年來訪察中外情形，終欲思一補救之法，斷非空言大言，所能濟事，而必須量我權力財力所能辦到。惟有將民間産礦之地，由公中籌款自購，力爭先著而已。然欲得知何地産礦，必先有人代爲選礦，而後可行。三十年前，德國有一地學師勒妥芬，徧查中國礦地，著爲圖説。近來各國謀辦礦者，遊歷内地，或以教士出名，或以華人出名，購得各省礦地，已屬不少，甚有一洋人而購數十礦者。近日上海、武昌均有洋人設立驗礦廠，凡内地覓到各鑛均歸代驗。彼已布置齊備，而我仍漠然置之，真可爲天下後世所痛惜。今當掃除空言，力求實事。提綱挈領，保地權，亟宜設立勘礦局。遴選地學師勘明何地實在産礦，自行購買，以歸中國公司。事機已迫，萬難再遲。臣不揣鄙陋，一面諄勸各省紳商先籌華股本銀一百萬兩，擬在上海設立勘礦總公司。去年函商出使大臣羅豐禄，訪求頭等地學礦師。一年之久，始得一人，名瓦里士布魯特。每年薪水英金二千磅，一切用費在外。羅豐禄交卸後，即由張德彝代訂合同。已於八月内到滬，臣親與考究。其鑛學確係諳練地學，在歐洲專門勘驗礦地，與尋常祇知開礦之學者不同。臣已飭令先往湖南省勘查各礦，先經電商撫臣俞廉三，深以此舉爲保礦善法。一面函商各督撫派員赴各省預查産礦處之地，所再行陸續派往勘驗，無論出産煤鐵五金可資開採者，即與地方官妥定公平之價，由局購買。再令該礦師將所勘之礦，擇尤繪圖立説。某礦應如何開辦，約需資本若干，能獲餘利若干，分作等差，編立字號。再行次第招商認辦，俟外務部路礦總局議定新章，務令遵照欽定礦例辦理。所有勘礦公司購到礦地編號之後，如有合例商人承辦，即當會同該省督撫，咨明外務部路礦總局。請給牌照，方准開辦。臣愚中國所有者，産礦之基地也。外國所有者，開礦之資本也。我能守我之地，不爲他人所奪。將來以我礦地，或作資本，或採租息，皆當權自我操。總之，礦商之利，外人不妨共之。而地主之權，中國當自守之。亡羊補牢，尚未爲晚，曲突徙薪，豈容再誤。所有擬設勘礦總公司，藉保主權而收礦利各緣由，理合據實密陳。是否有當，伏乞皇太后皇上聖鑒訓示。謹奏。光緒二十八年九月二十四日，奉硃批：「外務部户部知道，欽此。」

又外務部收盛宣懷抄片《勘礦總公司擬官商合辦並撥官款十萬兩爲股本》

光緒二十八年九月二十五日，收軍機處交抄奏稱：「再，臣擬設勘礦總公司，目前以驗礦購地爲要義，將來即以礦地作股本爲指歸。臣之愚見，若能仿照阿非利加，將産礦之地悉歸諸官，再由官出租，發給牌照，准令中外商人遵照例章

註册，領地開辦，實足爲朝廷籌鉅餉，不特保主權已也。本年三月，臣電商外務部，將來承辦洋人到部遞稟時，能否將該商買地仍歸中國官買。或租給若干年，或以地作股。當接部電，官爲買地。川省有此辦法。各省能否多籌官款，以備購地之需。俟隨時釐訂礦章，再行詳酌等語。臣以爲購地不難，而難在勘礦。如勘度非人，必至劣者爲我所取，美者爲人所得。是以選擇礦師，調度勘驗，均關緊要。現在上海擬設勘礦總公司，並化驗司、鑽地司、繪畫司。至少集股本銀壹百萬兩。每股銀一百兩，共成一萬股。每股每次收銀二十兩，分作五次收齊。若全歸官股，恐如外務部所言，各省能否多籌官款，尚無把握。倘再牽掣擔延，勢必盡落後著。並恐歸官之後，仍難免爲外人藉端力索。若全歸商股，其權操自朝廷，其利亦不致外溢。法、德、美藏富於商，皆是其意。惟國家現以籌款爲急務，似此振興美利之舉，應爲上下相共之謀。泰西路礦大舉，有國者每多入股，既可爲臣民之倡，亦足厚官府之需。中國欲圖富强，似不可不除迂拘之見。臣再四籌維，該公司股份，莫善於官商各認其半。譬如官股五十萬兩，應認五千股。第一次每股付銀二十兩，計銀十萬兩。如蒙俯采芻蕘，准如所請。臣查代辦陝西義賑獎款。除遵旨撥濟各省賑濟外，尚存銀十萬兩。可否仰懇俞允。即以此項捐獎餘款，撥作勘礦總公司官股第一次本項，較爲迅速。俟刊印票式，恭呈御覽。嗣後應付第二、第三、第四、五次股銀，各十萬兩。隨時容臣接續奏請。或由部撥，或由各省分籌。萬一試辦無效，臣當責成該公司華商賠繳銀十萬兩。毋庸續領，以重公款。臣爲保守礦地推廣籌餉起見，是否有當，謹附片密陳，伏乞聖鑒訓示。謹奏。」

光緒二十八年九月二十四日。奉硃批：「外務部户部議奏，欽此。」

又外務部《遵議盛宣懷請設勘礦總公司並先撥官股十萬兩事》〔光緒二十八年〕十月二十八日，外務部奏稿稱：「謹奏爲遵旨會議具奏，仰祈聖鑒事：光緒二十八年九月二十五日，軍機處鈔交商務大臣盛宣懷奏擬設勘礦總公司請撥官本一片。本日奉硃批：「外務部户部議奏，欽此。」查原奏内稱，該總公司目前以驗礦購地爲要義，將來即以礦地作股本爲指歸。現在上海擬設總公司，並化驗司、鑽地司、繪畫司，至少須集股本銀壹百萬兩。每股銀一百兩，共成一萬股。每股每次收銀二十兩，分作五次收齊。泰西路礦大舉，有國者每多入股。既可爲臣民之倡，亦足厚官府之需。中國欲圖富强，自應官商各認其半。譬如官股五十萬兩，應認五千股。第一次每股付銀二十兩，計銀十萬兩。查代辦陝西義賑獎款。除撥濟各省外，尚存銀十萬兩。擬即以此項捐獎餘款。撥作勘礦總公司官股第一次本項，較爲迅速。嗣後應付第二、第三、第四、五次股銀，各十萬兩，容隨時接續奏請。或由部撥，或由各省分籌。萬一試辦無效，當責成該公司華商賠繳銀十萬兩。毋庸續領，以重公款等因。臣等查各省請辦礦務，洋商居多。欲保利權，莫若由官購地出租，發給牌照。准令遵章註册，領地開辦。際此庫儲奇絀，若必全歸官辦，各省均覺爲難。勢必輾轉遷延，終難集事。該大臣所請集股一百萬兩，官商各認其半。又分五次撥付，輕而易舉，自屬可行。至挪撥陝西義賑餘款，户部查勘礦總公司現在上海擬設，自須酌發官款，以爲商民之倡。該大臣代辦陝西義賑，既稱尚存餘款銀十萬兩，應准其全數撥給該公司，作爲官發股本。將來如試辦無效，即責成該公司如數賠交，以重公款。所有臣等遵議緣由，謹繕摺具陳。伏乞皇太后、皇上聖鑒。再此摺係外務部主稿，會同户部辦理，合併聲明。謹奏。」

又外務部收饒應祺文《咨送新疆省礦務案件》〔光緒二十九年〕二月初三日，新疆巡撫饒應祺文稱：「案據署新疆布政使李滋森詳稱，案奉憲台札開，光緒二十八年八月十六日，准欽命統轄礦務鐵路總局咨開，案照本總局疊奉諭旨，飭令認真籌辦礦路事宜，自應檢查成案，因時制宜，博訪各處礦路情形，以期擴充辦理。惟從前礦路總局設在總理衙門，一切案卷，兵燹半多散失，無從查考，且各省礦路已辦未辦，有無窒礙，亦無憑稽核。惟有通咨各省，迅將從前已經開辦之礦路各卷，及已訂之合同，無論現在開辦與否，希即飭鈔各案全卷，及繪圖貼説，咨送本局。並希通行各屬，查報某地有何礦產，苗綫如何，或未經開辦，或已辦復停，或現在試辦，通省計有礦産若干處，逐一查明咨覆，俾資考核，以副朝廷開拓利源之至意。相應備文咨請貴撫部院查照，速賜施行等因，到本部院。准此，合行札飭，爲此札仰該司，即便遵照辦理。此札等因，奉此，本署司遵即飭承查案照鈔，現在一律鈔齊，裝訂成本，理合備文詳請鑒核，分別轉咨等情，到本部院，據此，除分咨外，相應咨呈。爲此咨呈貴部，謹請鑒照施行。照録粘抄。計咨呈照鈔奏咨與俄商夥辦塔城金礦各案一本，新疆礦務表譜一本。」

又商部《奏定礦務暫行章程三十八條》〔光緒三十年〕二月初一日，商部奏摺稱：「謹奏爲擬訂礦務暫行章程，繕具清單，恭摺仰祈聖鑒事：竊臣部於光緒二十九年十月間，奏定鐵路章程摺内聲明，礦務章程前經欽奉諭旨，飭令劉坤一、張之洞採擇各國礦章，詳加參酌。現在張之洞尚未議定，應由臣部先擬試辦

章程等因。奉旨：「依議，欽此。」欽遵在案。今張之洞業經回任，聞其於泰西礦務各書，購置甫齊，編譯尚需時日。臣部自奉旨綜綰礦路事宜，責有專歸。目前風氣漸開，各商紛紛請辦礦務。若無定章，准駁難期畫一。況事關華洋交涉，尤宜審慎周詳，藉資遵守。查光緒二十四年十月間，路礦總局曾經奏定礦務鐵路公共章程二十二條。二十八年二月間，外務部又經奏定礦務章程十九條。以上各項章程，覈諸現在情形，均有應行修改增補之處。臣等公同商酌，擬定礦務暫行章程三十八條。開具清單，恭呈御覽。如蒙俞允，即由臣部通行各省遵照。並咨明外務部照會各國駐京大臣備案。嗣後俟張之洞輯有專書，仍應歸併辦理，以免歧異。所有重訂礦務暫行章程緣由，理合恭摺具奏，伏乞皇太后、皇上聖鑒訓示。謹奏。」光緒三十年二月初一日具奏。本日奉旨：「依議，欽此。」

又《礦務暫行章程》 奏定礦務章程三十八條：第一條，本部欽奉上諭，飭將礦務鐵路歸併管理。欽遵在案。其鐵路章程，業經本部奏定。所有礦務，光緒二十八年二月，外務部所定章程聲明。此外未盡事宜，隨時增損，以期盡善。現經本部酌訂，作爲暫行章程。除以前已辦各礦及業經議定之處，仍照原定合同辦理外。其有援引前章及前准各省辦礦成案請辦者，概不准行。

第二條，凡稟請辦礦，應由本部發給執照爲憑。未經發照以前，不得舉辦。今將執照分爲二等，一爲探礦執照，一爲開礦執照。

第三條，礦地無論係産何種礦質，必須爲國家官地。方能發給執照。若係有主之地，則須與該地主商允地價，或願作股分，報明立案，方准稟請給照。如該礦地爲國家必須開採之處，應由官公道給價購買，地主不應抗違。

第四條，無論中國商民承辦，或華洋商合辦，如欲請領探礦執照或開礦執照者，應照下列各款，詳細稟明本部。或稟由該省地方督撫，聽候確查於地方情形有無窒礙，並有無違背定章，由部酌核准駁。各款列後，一，稟內須載明請辦人之姓名，並何省何縣人，或一人，或數人。的係自辦，並不轉售他人。二，華洋商合股者，應聲明該洋商係何國人，佔有洋股實數若干。三，稟內須將所指礦地四至遠近大小若干方里，合計若干畝，繪圖貼説，以備查核。四，稟辦人係採掘何種礦産，應開列清楚。

第五條，請辦之礦地，不得逾三十方里。其地須彼此連屬，且長處不得逾闊處四倍。遇有墳墓所在，其打鑽掘井，須設法繞越。萬不能繞越者，應行優給遷埋之費。

第六條，稟辦之礦地，如有人稟准在先，或係公家應用要地，均不能給予執照，由本部查明批駁。

第七條，以下爲探礦。凡請領探礦執照，領照後，非遽准其開採。但許在照内所指之地，就其浮面探驗苗綫。不得過於深邃，亦不得過於廣闊。

第八條，探礦執照以一年爲期。期滿如實未探竣，應具稟呈明，查無虚誑，准予展限，至多展至一年爲度。

第九條，探礦照内所領之地，民地仍按賦則，由地方官收納錢糧。其官地則每畝每年輸租，以庫平銀一兩爲則。所領探礦執照，每紙繳費計庫平銀五十兩。領照後，先向地方官將全年官地租銀繳足，方准開工。如准展期，並於批准後續繳一年。

第十條，請領探礦執照者，須將該地四至界限，坐落何處，廣闊若干，就近稟由該省地方督撫察驗。該地是否與民間無礙，其人是否公正，家貲是否殷實，請辦各節，有無違背奏定章程。如查與上項無所違礙，應即咨明本部覈辦。或該商逕行具稟本部，聽候咨行該地方督撫，查明有無違背上列各款，俟咨覆到部，分别准駁。

第十一條，如礦地實爲他人私産，未向地主商允，朦准給領探礦執照，任意勘探者，一經地主告發，應計所失，照值賠償。

第十二條，領有探礦執照者，於限滿四個月内，須將該地鑽掘處，一律填平。其屋宇樹木，或勘探時致有損壞，並須修葺如舊。倘届四個月續領開礦執照者，不在此例。

第十三條，以下爲開礦。

無論華商承辦，及華洋商合辦，如欲請領開礦執照，必須將探礦執照繳銷，呈明集有的實股本若干，請開何種礦産，並聲明股款現存該省殷實銀行票號，由該行號出立保單至驗，以憑查核。

第十四條，原稟領照人，無論開辦以前，或已辦之後，如欲將執照轉授他商，應具稟本部，聽候准駁。倘私相授受，一經本部覺察，將原稟領照人從嚴懲罰，礦照撤銷，礦工入官。

第十五條，凡經領有開礦執照者，應准領照人在執照所指之地，掘取礦産。並准將工程所需各機器各材料，運至開採之地。除照章完納關税外，其内地釐卡，概免重徵。惟夾帶並非開礦應用之貨，應照章罰辦。

第十六條，集股開礦，總宜以華股占多爲主。倘華股不敷，必須附搭洋股，則以不逾華股之數爲限。具稟時，須聲明洋股實數若干，無得含混。并不准於附搭洋股外，另借洋款。倘有朦准開辦者，查實即將執照註銷，礦地充公。

第十七條，請辦礦務應先估計礦工大數，需用若干萬。探礦既有把握，一面即應招集股本，須股額足數，方准請領開礦執照。至開辦後，若因工艱費鉅，爲集股時意計所不及，致有不敷，並難於續集股本。擬暫借洋款，以資周轉。如稟辦全係華股者，應准以機器房産等抵借若干年期，概不准以礦地抵借。其借款之數，不得過原估用款十成之三。應先稟明本部，聲明借數年期及何國商款，並聲明商借商還，國家概不擔承字樣，候本部核准辦理。至訂立合同，應加繕一分，呈部備案，不得私有更改。

第十八條，嗣後華商請辦礦務，如未經稟明本部，逕與洋商議訂合同，以礦地抵借洋款，一時朦准，或開辦後，將該礦工密售他國人民，原領照人坐收出名之利益。凡此情弊，經地方督撫及本部查實，即視案情輕重，照第十四條一律辦理。

第十九條，請辦礦務，如係附搭洋股者，不論領照係探礦，係開礦，除稟呈本部聽候批示外，應稟由外務部查核，以定准駁。至洋商既願附股，即爲甘認此項各款章程，一律遵守勿越。

第二十條，華商公司如業將執照所領礦工，辦有成效，續請展辦附近礦務，而股本不敷，擬附搭洋股展辦者，應具稟本部詳晰照章聲叙，以便分別准駁。批准後，應另給執照辦理，不得與前辦之華公司，有所牽混。

第二十一條，礦廠如須安設巡兵護廠，應先稟明地方官核准。巡兵應專用華人。除管理機器經理帳目外，一切工作，尤應專用本地之人。如本地人或有齊行罷工等事，方可招雇鄰近郡縣之人，仍不得用他國人。至所需巡兵口糧教練經費，均由礦廠籌備。若欲附設礦務學堂，以儲人才，並准該廠酌量辦理。

第二十二條，轉運礦産，欲造小枝鐵路，以資利便，應查明相距幹路或水口，是否在十里以内，與該處地方有無窒礙，稟候本部核奪。若程途在十里以外者，應另案稟辦。

第二十三條，開礦執照所領之礦地，在十方里以内，應繳照費，計庫平銀壹百兩。多一方里，加費十兩，以三十方里爲限，並向地方官呈繳第一年每畝之額租。開辦後，無論華商及華洋商，地方官均應一體保護。惟不得干預該商辦事之權。遇有虧折，悉照中國國家所定條律辦理。國家例不償補。

第二十四條，請領執照人經部准辦後，無論華洋商應自批准日起，限六個月開工，並將開辦日期報部。逾限不報，即將執照註銷，招商另辦。倘實爲意外事端所阻，亦須稟明本部，查無虛飾，方准酌展。

第二十五條，領照人須將所領礦地周圍，竪立界石，以示界限。並須設立合宜防備之法，以免礦師及礦工有意外之虞。如既設法防備，仍遇意外各事，當就近稟知地方官查訊。若有傷斃礦工人等，須妥爲撫卹，其卹銀多寡，應衡情從優酌斷。

第二十六條，探採礦産，現時中國尚鮮專家。應准領照人聘用外國礦師，該地方官應實力保護。如有膜視，立予參處。該礦師亦當有守禮法，倘不知檢束，咎由自取，准地方官知會該經理人斥退另聘，不得徇庇。

第二十七條，各省礦務地方，該管上司應飭屬曉諭彈壓。遇有土人因事爭執，或工役滋事，准由就近州縣持平辦理，尤應嚴禁胥吏藉端訛索。該地方官如辦理不善，經人稟控，由本部確查得實，從嚴參處。

第二十八條，凡因事爭執，若全係華商，就近地方官當秉公剖斷。倘兩造不能平允，准具呈本部核辦，不使兩有虧損。至華洋商遇有糾葛，應由兩造各舉一人，持平判斷。如判斷人意見，彼此未洽，應再合舉一公正人，不論局内局外，皆可從中調處。兩國國家均無須干預。

第二十九條，稟准給照後，即可訂立開礦合同。所有未盡各事宜，均准詳細開載。惟不得與所定章程，稍有違礙。訂立時，應先照繕一分，呈部核准，方可簽押。

第三十條，開礦執照以三十年爲期。如欲稟請展限，須於期滿六個月前，呈候本部核斷。除該礦地爲國家另有要需，不准再展，應行酌估津貼收回外。其准予展期換照者，照費如前照納。

第三十一條，領照人業准於照内所領地界開採礦産。惟該地界内，如有他人物業及他人已有之利益，則應將此處畫開，不入界内。並應於請領開礦照時稟明，俾註明照内，以免爭執。若一時朦准，經人控訴，查實議罰。

第三十二條，礦地所産之林木，有爲公家所需者，不得任意砍伐。若領照時聲明酌伐，以供工程之用等情，應候本部審察地勢，以定可否。如可照准，即將該地廣狹，載明照内，此外不得擅動。所砍林木，應照時價納值。

第三十三條，礦地額租，第一年既先行繳納。第二年如未得礦産，仍應照納如額。得礦産後，則照輸出井税。而租税例不并徵，以示國家恤商之至意。惟無論租税，逾期三月不能照輸者，應將礦産及物業一併封禁，俟繳楚揭封。延至六個月仍未清完者，即註銷執照，將礦地收回。

第三十四條，礦産出井，視品類之貴賤，以别税則之重輕。等次大畧列後，其税則未經載明者，比照後開之類抽收。至從前已定合同各礦，内有税則未經議定者，亦一併照此徵收。煤、銻砂、鐵、白礬、硼砂，值百抽五。煤油、銅、錫、鉛、硫黄、硃砂，值百抽七五。金、鉑、銀、水銀、白鉛，值百抽十。鑽石、水晶、各種寶石，值百抽二十。

第三十五條，礦産出口關税，仍照税關章程徵收。納此税後，其内地釐卡，概不重征。此項税款，應由税關另儲，聽候撥用。

第三十六條，礦務公司應隨時將所得礦産列表，登記各種所産之確數。並載明運出某口若干，産物幾種，或美或劣，每季開具清册報部備案。本部或派員至該礦地稽查，或向税關核對數目，如與册報不能符合，應量予懲罰。

第三十七條，凡發給探礦執照，應由領照人繳呈著名殷實行號保單擔承銀五千兩，開礦執照擔承銀壹萬兩。此項保銀，係擔承領照人遵守照内及部章所載各款，違者罰令充公。

第三十八條，華商請辦礦務，倘能獨出貲本至五十萬兩以上，查明礦工辦有成效，由本部專摺請旨給予優奬，以示鼓勵。

以上各款，按照光緒二十八年奏定章程，略有增減，作爲承辦礦務暫定章程。應俟參訂礦律編輯成書，再行因時損益。

又外務部收商部咨《德約礦務專條經電復商約大臣悉照美約原文磋商》附《復商約大臣電》〔光緒三十一年〕九月十九日，收商部咨呈稱，接准商約大臣滬寒二電稱，德約礦務專條各節，業經分電貴部在案。本部查核此條與美約第七款文義，疏密懸殊，關於中國主權利權者甚大。當經電請該大臣等，悉照美約原文磋商。相應抄録電文，咨呈貴部查照。並希將貴部如何電覆之處，知照本部可也。

電文：「寒二電悉。細勘開礦條約文。於外國出資本者，不致有虧句字面，似側重貲本上説。英美約礦商二字，係指承辦商人而言，較有限制。今易以外國出貲本數字，字面過寬。倘將來因開礦而致耗折，恐更多所轇轕。似仍易礦商二字爲妥，至美約載美國人民若遵守中國云云一段，於主權利權，所在包括，尤関重要。祈將中國政府可允德國人民請領執照下，至所應安置之事止，仍與克磋商，悉照美約美國人民起，至礦務内總辦之事止原文爲要。仍候卓裁，商部，嘯。」

又外務部收商部文《詳酌德約礦務專條字意》〔光緒三十一年〕十月初五日，收商部文稱，光緒三十一年十月初一日，接准上海商約大臣勘三電開，與德國克領磋商礦章及礦商二字各節，業經分電貴部在案。玆本部復電稱。滬勘三電悉，第四款參仿句；克既不允删去德國二字，擬請於他國礦律句下，酌照英美約，改爲自行採擇其行於中國最相宜者。至礦商二字，比照英文既難與争，則下文不致有虧句，近於擔保，似不如仍照德國原文。且待外國出資者，不使比較按他國通行章程有所不利云云，稍覺靈空。惟未知德文語意輕重若何，希詳譯無訛。再與磋商。餘請查照外部及津鄂電參酌，仍候卓裁等因。除分電直鄂二督外，相應咨呈貴部查照可也。

又外務部收農工商部文《咨送礦務正附章程請核定有關交涉各款》附《覆湖廣總督電暨礦務正章礦務附章》〔光緒三十三年〕三月二十一日，收農工商部文稱：「案查遵旨議奏湖廣總督張擬訂中國礦務章程一案，前准貴部將礦章一函，咨送到部。嗣復准咨稱，該章程第二章第四款等條，與交涉有關，應由本部酌改。其餘各章，多係華商之事，自應由貴部核定等因在案。玆准鄂督電請早日議奏等因前來，本部查此項礦務章程，關係至爲重要。本部業經簽注修訂。其有關交涉各條，均應由貴部主持核定，以重礦政。除已電復鄂督，並將原文鈔送外，相應將礦務正副章程正本、改本兩種，一并送呈貴部查照。俟酌改定後，咨送本部，以便定日具奏可也。黏鈔件附送礦章原本改本，各貳册。」

擬覆湖廣總督電：「

真電悉。釐訂礦章，原爲各省礦務交涉日繁而設。現本部應核各條已定。惟有關交涉各節，應由外部酌核改定。其間如外人遵守中國法律等款，倘不能辦到，似與訂章本旨相違。除咨催外部外，先此電覆。農工商部，寒。」

大清國鑛務正章：

第一章，總要。

第一款，新章頒行舊章收回。

此章自宣布之日起，即當奉行，所有從前頒行礦章，一概收回。

第二章，管理。

第二款，商部設立專司之職掌。商部設立專司，專管礦務一切事宜，令各省遵照此次奏定之鑛律鑛章，以歸畫一。並以後增修章程，推擴鑛務，核給開礦執照，及收掌咨移照會，呈奉圖册一切文報，兼録用礦師，並延聘外國鑛師律師，以資輔助。遇有洋商合股，應於核給開鑛執照之先，敘明該洋商來歷，及現往處所，咨照外務部。

第三款，鑛務總局之職掌。各省城設立鑛務總局一所，例應歸該省藩司摠辦。如因藩司事繁，本省督撫亦可另委本省道員一人，駐局會同辦理。該局事務所司，係發給勘鑛執照，畫分鑛界，增減鑛界，派委稽查鑛務委員等事。並收驗圖册，隨時詳由本省督撫。核定咨報商部。及章程所載各項礦務，均歸該總局管理。各縣境内，如需設派鑛務委員，即由總局總辦詳委妥員，會同該地方官按照律章遵守辦理。凡關涉礦務事宜最要者，須詳候本省督撫核定准駁。次要者，歸鑛務總局核定。其尋常事件，即歸各州縣鑛務委員核辦。其開鑛執照，應由各省咨明商部核准給發。如係洋商合股開辦之礦，並應咨明外務部立案。

第四款，鑛務委員之職掌。凡總局所派駐各州縣之礦務委員，凡關係礦内之事，無礙於地方者，准由該委員秉公辦理。或勸解調處，或執法判斷，均由該委員酌辦。總以無礙律法有益礦務爲主。若一經牽涉礦外，該委員應會同地方官訊辦，不得擅自裁判。各省礦務總局所用委員，皆以中國官員承充。惟選擇通曉鑛學之人，爲鑛務顧問官，則不拘華洋，均可任用。該鑛務顧問官如係洋員，應遵守中國法律。聽總局節制調遣，奉行總局照章派任之職事。鑛務總局並可特派委員，偕同礦務顧問官巡歷有礦各地，以便考察鑛工。回省時，詳確稟報總局核奪。惟顧問官只有稽察礦務利病，條陳應辦事宜之權，並無裁判定斷行文之權。

第五款，清查礦地，考核鑛商，必須先經各省礦局及地方官查明詳咨，以爲根據。

凡各省鑛地，與地方有無關礙，其産業有無糾葛，又鑛商之籍貫來歷，及其資本是否充足實在，有無影射含混，均非在本省就近確查，不能清晰確實。如鑛商願請勘鑛執照者，無論華洋，均應在本省鑛務總局遵章呈報。候行地方官查明實在情形，是否合例，有無糾葛，據實稟復，方能核辦。其應行核准者，總局即詳請本省督撫核准，由督撫咨報商部查考。如有鑛商徑赴商部具呈者，應由商部批飭該鑛商，自赴本省鑛務總局呈候行查核辦，以杜欺朦。

第六款，礦務繳款分三項。

凡鑛商請領開鑛執照，應繳照費，應全數報解商部充用。凡鑛商呈繳之鑛界年租，一、及鑛産出井稅。二、並官地與鑛商合股應分之紅利，三、其銀兩統由各省鑛務總局彙收。以一半解商部，以一半解司庫，充本省餉需。每年年終，將收數彙造清册呈院，轉咨商部一次。

勘鑛執照公費，應留充本省鑛務總局局用。其鑛務委員所收之局費，應報解總局，分别撥充各州縣鑛務委員之局用。

第三章，舊商限制。

第七款，清理舊商鑛界。凡現在開鑛之鑛商，與已經准領鑛地之人，必須將原有鑛産，稟報本省總局，照現定章程立案。核明數目，劃分鑛界。准自此章頒行之日起，儘二年之内，一律辦清。一切須遵照本次所定礦章辦理。

第八款，舊鑛商之章程，不妥者，宜設法修改增補。

凡現在開鑛之鑛商，與已經准領鑛地之人，若以新章之某一款，或若干款，與其已得之權利有所損礙者。准自新章頒行之日起，儘六箇月内，將其損礙之情形，具稟本省鑛務總局，詳請督撫轉咨商部察核定奪。其關繫洋商者，並咨外務部會核。必須於華民生計，及中國主權，地方治理，均無侵奪妨損，方可酌予通融。如從前所訂合同條款，有占奪華民生計，及有礙中國主權地方治理者，仍應妥爲修改，期與新章不致違背。此外各商，凡於新章頒行後，呈請開鑛者。一切均按新章辦理，概不得援舊日鑛商爲例。

第四章，新商限制。

第九款，外國鑛商不能充地面業主。

中國人民遵照國法向例執有地面者，爲該地業主。與華商合股之洋商，在中國地方合股開鑛，止准給予開採鑛務之權，以鑛盡爲斷。無論用何方法，不得執其土地，作爲己有。

第十款，中外人承充鑛商之區别。

凡爲鑛商者，除中國人民自應准其承充外，凡與中國有約之各國人民，允願遵守中國之法律，皆得在中國與華商合股，稟請承辦合律之礦産。作爲鑛商，其外國人民與華人合股者，辦法有二。

一，業主以鑛地作股，與洋商合辦，則專分餘利，不認虧耗。如業主願得地

價，不願入股，則該地應由官收買。租與礦商合辦，官即作爲業主。照後開乙字丙字等差，分別三成五成兩辦法，分收餘利。外國人民，概不准收買礦地。

一，華商以資本入股，與洋商合辦，則權利均分，盈虧與共。華洋股分，以各佔一半爲度。如洋商但與地面業主合股，即以礦地作股。而別無華商銀股者，洋商應留股分十成之三，聽華商隨時入股，照股本原價付銀。留五年華股無人，准將所留三成股票，售去一成五。仍留一成五股票，聽華商仍照原價付銀入股。又五年華股如尚未招足，聽其將餘股儘數售去。惟十年後，如有華商按照時價收買洋股與之合辦者，隨時皆可入股，洋商亦不得拒絶。

凡華洋商民稟請辦礦，如犯下開各項者，不得有此權利。

一，中國人民曾違犯法律者。

二，僧道及各教會教徒，以其教爲業者。

三，外國人民，其國未與中國立有條約者。與其國不以同等開礦權利，予中國人民者。

四，外國人民不守中國法律者，及曾違犯中國或本國法律者。

五，外國國家及國家所使令者。

六，任外國國家職事尚未交卸者。

七，中國國家特發禁令禁止者。

第五章，礦質分類。

第十一款，礦質分三類。

礦地所出之礦質，或在地腹，或在地面，無論如何變質，綜分四類，以便分別辦理。

甲，凡土性之礦質，如矽石、青石、沙石、巒石、土炭、白石即灰石、雲石、元精石即石膏、駄羅美石、沙類含鈣養之土、靭泥、火泥及一切有關建造應用材料，各種礦質由開坑而取者，分之爲第一類。

乙，所有散礦、流積礦、鐵養礦即無名異、錳養礦、寶砂、可倫都末、即寶砂石。不灰木、千層石、或千層低礦。紅黄土類、紅土礬石波格歲得、雪形石、含淡養五之質、燐養灰、鋇養鈣弗石、肥皂石、石脂、即漂白家泥。貝里底亞司土、鎂養土、開所嘉爾、梯來波勒特、燒瓷泥、華鉛礦、水類塩水不計、琥珀美耳山末石、硼砂比得浮石分之爲第二類。

丙，所有金屬礦質，如銻、鉀、鉍、銅、鉻、鈷、金、銥、鐵、鉛、錳、錳養礦不計。汞、鉬、鑷、鉄、鉑、銀、錫、流積不計。鈾、鋅，無論原質或構質皆包在內，輭石油、礦油類、阿司佛粹得、柏油、硬煤、煙煤、木煤、硫磺、寶石，綜分之爲第三類。

凡各種塩，係歸國家專司，不在此律之内。

第十二款，續出之礦質。

設有礦質爲本章第六款所未詳載者，其應列歸何類，如不能辨別詳確，應咨送商部核定。通咨各省嗣後照辦。

第六章，地權。

第十三款，地面地腹釋義。

按照第六款，凡有礦質各地，應分爲兩層。甲，第一層指地面而言，其厚至業主平日所用之深處，以耕種築造並其他土工所及，不關於礦務者爲限。

乙，第二層指地腹而言，即第一層之下，其厚所及之深處，並無限制。

第十四款，地面地腹權利之區別。

地面權利，除業主准其自用外，至承辦地腹各礦之礦商，並不能有地面業主應有一切之權利。惟於執照所准之地界，按章業已奉官局允准遵繳各費，則所有開礦應辦一切事宜，該業主及他人，亦均不得阻礙。各國通例，地腹皆爲國家所有。凡五金之屬及一切貴重礦質，非官不得開採，業主民人不能霑地腹之利。中國政崇寬大，務在體恤民生，所有地腹礦産之利，除照章征收礦界年租，及礦産報效銀兩外，其合股餘利。惟丙字類之礦質，國家應酌提紅股一半，歸地面業主分霑一半。總之，國與民共分此全數餘利十成中之五成，以示與民同享樂利之意。凡合格之礦商繳捐合辦者，無論華商洋商，均不能將地權給與該礦商掌管。礦商如係華洋合股，應先將開礦需用之地面，與業主商明，是否願以礦地作股。其不願以地入股而願得地價者，准業主呈報礦務總局。按照相當價值由官收買，再與礦商合股開辦。如業主不願將礦地出售，可由官查詢原委，斟酌辦理。礦商不得絲毫抑勒强迫，致拂民情。其由官核准給照之礦地，該礦商止有權辦理礦上一切事宜，不得營及地面，官亦不以定章以外之科條阻礙礦事。俟開礦事竣，仍將地面交還官局。官局收回地面，即將該商所領開礦執照註銷。開採之權，屬之國家。無論官辦民辦或華洋商人合辦，均以奉官局批准爲度。倘有民間私將礦産賣於外人者，由官局查明，除礦地充公外，並將該業主照盜賣律治罪。如無華人合股，斷不准他國礦商獨自開采一鑛。

第十五款，銀股地股之區別。

凡華洋商合資開採一鑛，謂之銀股。或中國鑛商力有不足，官家助以資本者，謂之官銀股。凡業主有地，無資開采，願與鑛商合力呈請領辦者，民業主應分之利，謂之地股。或官家之地，官不自開，准給鑛商領辦者，官家應分之利，謂之官地股。

第十六款，甲字類鑛專歸業主開采。

第十一款甲字類鑛質，如在民地，應准地面業主任便開采。如在官地，應稟明鑛務總局批准，方可開采。一切稅捐，仍照本省舊章辦理，勿庸征收年租及報效銀兩。

第十七款，乙字類鑛合股辦法。第十一款乙字類所載各鑛質，如在官地，應由官辦。如在民地，准業主儘先開采。如業主無力自開，准其以地作股，與鑛商合股開辦。所得鑛利，除開除一切用費外，净存餘利。此類鑛質利息不多，業主應得十成之三，鑛商應得十成之七。官但照章征收鑛稅年租，不提業主餘利。

第十八款，丙字類鑛合股辦法。第十一款丙字類所載各鑛質，辦法悉與上條乙字類相同。惟所得鑛利，除開支一切用費外，净存餘利。業主應得十成之二五，國家酌提十成之二五，鑛商應得十成之五。

第十九款，稽察鑛產總數。

無論官地民地公用民用所開出之鑛質數目，按季呈送鑛務委員，轉遞總局詳咨商部，以備核算統國每年鑛產總數。

第二十款，鑛地不得私自換賣及質押。

鑛商領辦鑛地，不得私行買賣交換。及作爲借貸抵押，必至原給照處呈明事由，經鑛務委員查明批准，方可遵辦。違者，依私自買賣鑛地律治罪。惟該鑛商此外所有産業，不在此例。

第七章，以地作股。

第二十一款，鑛地作爲紅股。

凡業主所有鑛地，准其以鑛地作爲成本，與情願租辦之鑛商，合股經營。其鑛地即作爲紅股，應占本鑛股本若干，視鑛質爲定。如係乙字類鑛，則所得餘利，鑛商七成，地面業主三成。如係丙字類鑛，則所得餘利，鑛商一半，地面業主二成五，國家二成五。無論鑛之大小難易，總以除去地租鑛稅用費公積外，其地股之業户，與銀股之鑛商，照上列成數各分餘利爲斷。如鑛係官地，則除鑛商所得外，統歸國家所得。如鑛商不允照此辦法，即不能承辦各種鑛務。凡以鑛作股與他商合辦者，一切開鑛事宜，均歸出資之鑛商經理。如有虧耗，專歸鑛商承認。惟既報虧耗，則業主有無餘利可分。應准地股之業户，得隨時查考該鑛商出入款目帳簿。俾可知是否虧耗，有無餘利實情，以免爭執。凡官地即作爲官股，無論華洋商民稟請給領官地開鑛者，其股分只許占一半，不得逾於官股之數。官股應分餘利，悉照上節辦理。並須由官派員駐鑛，隨時稽核款目，考察鑛工。凡地股之業户，如兼有銀股，除地股不認虧耗外，其餘股仍一律按股公認，民股官股皆同。

第八章，執照。

第二十二款，辦鑛須請執照及其限制。

除甲字類鑛質外，凡欲請辦第六款乙、丙字下所載之鑛質者，必須先行具稟該省總局，請領辦鑛執照，方准開采。至各種塩乃國家專有之權利，中國向不作爲鑛類。領執照者，不准以塩作鑛。領執照者，不得將其執照上之權利，轉授他人。

第二十三款，執照分兩種。

執照分爲兩種，一爲勘鑛執照，一爲開鑛執照。領照者，無論獨辦，或數人合辦，或合股公司，均可稟領。

甲，勘鑛執照。

第二十四款，請領勘鑛執照辦法。

呈請勘鑛執照之人，須開明履歷。並所擬履勘之地址，及所擬探之鑛質，詳稟陳明。並須將擬勘之地，繪圖帖説，稟呈總局。聽候總局行查該地方官及鑛務委員，俟其稟復核奪。倘該請領勘鑛執照之人，不能合格，或所請之鑛地，別有違礙，即不能准給執照。或別有可疑之處，可令其呈具保單。

第二十五款，勘鑛執照期限及其限制。

勘鑛執照，定以一年爲限。如因要事，可准展至十八箇月爲止。若領到執照後，兩箇月之内，不派有礦務學校畢業文憑之鑛師，前往履勘。不論何故，概不准展限。每張勘鑛執照所准履勘之地，至多不得逾一百方中里，並須坐落一縣界内。如係數人均稟請勘鑛執照，而同指一地者，該執照只予首先具稟之人。倘另有未經稟勘鑛地，仍准一人兼領數張勘鑛執照。惟勘鑛執照不准典押，不准互换，不准出售，及不准他類變動辦法。

第二十六款，履勘鑛產限制。凡公地並非官家留作別用者，及與地方毫無

闢礙者，准領勘鑛執照之人。在界内履勘第六款乙、丙字下所列之鑛質，如開坑驗鑛，其深濶處，均不得過工部尺三十尺。以後凡言丈尺里數畝數，俱係按工部尺計算，省丈即曰中尺。惟在勘鑛執照限期之内，若須用鑚石打鑚驗鑛者，其深處則不能預定限制，但至深不得過工部尺五百尺，如再須鑿深，須與業主商允方可。凡民地如須擬勘，皆須先商業主或其代表人應允，不得絲毫勉强，致啓争端。

第二十七款，續請勘鑛限制。

凡鑛地所有已經稟領鑛界在案者，隨後有人稟請勘鑛，至少需離前領界外六百中尺。惟已經廢棄之鑛，則准其履勘。

第二十八款，勘鑛界限。

凡勘驗乙丙兩項鑛之質，其所開之坑，長處深處有逾三十中尺者，即作爲開鑛論。必須加領開鑛執照，方准辦理。

第二十九款，開鑛界限。

凡開采第六款乙、丙兩類之鑛質，須將所領鑛地，劃成鑛界計算。准地面平方每邊三百中尺横直相等者，爲一鑛界。領辦者於地中採鑛之界綫，須與地面所劃界綫，不得横斜出所准領地面以外。凡所采鑛質，無論乙、丙兩項何類鑛砂，其深處至鑛質竭盡爲止，不得再向下掘。

第三十款，鑛地面積界限。

所請開鑛執照，或爲一界，或爲數界，均可併載一張之内。所請之地，如不止一界，其毗連之邊徑，必須相連，不得隔斷。惟一人所領鑛地，無論若干界，每人至多不得過面積九百六十中畝。即一百六十英畝。鑛照批發後，如續行請展鑛界，須再稟候核奪，與請領新地同。

第三十一款，請領毗連鑛界辦法。

如有未領之地，坐落兩三鑛界之間，其形式大小，與本章所訂鑛界不合，准毗連此地鑛商中之先具稟者領之。如不願領，准此外合格之人，先具稟者領之。

第三十二款，減鑛棄鑛辦法。

設使領有開鑛執照之人，欲減去若干鑛界，或全行捨棄，准照鑛務圳章所定辦法，在總局具稟聲明。

第三十三款，請領開鑛執照辦法。

凡已領勘鑛執照，於勘畢後，擬稟請開鑛執照者，須遵定章在鑛務總局具稟。該具稟人無論獨辦，或合辦，或公司，須將來歷詳細聲明。獨辦或合辦，須將出資本者及諸經理人之履歷開呈。若係公司，須開呈各董事及領袖辦事人履歷。並開呈資本數目，用何法開采，所請鑛地四至，及界石，並鑛界若干，擬辦何項鑛質，均須一併聲敘明晰。

第三十四款，酌定業主自開期限。

凡稟請鑛地，准其先請先得。但第六款乙字所載各鑛質，若在民地，其業主自願開辦，應准業主儘先開采。惟總局可豫定一期，諭令於期内開工。過期不開，可由總局將該鑛地給價收買歸官。

第三十五款，需用地面有糾葛，應聽官斷。設若所請鑛地中之某段，在民地之内。具稟人如須此段地面，以作附屬鑛地之用。或須全段地面，以作開采散鑛或流積鑛質之用者，務與業主商辦。其如何商辦之處，亦應聲明稟内。如業主不允與具稟人商辦，應由總局確查情形，如與民間别無妨礙，而又爲開鑛必不可少之地，可按官斷規條辦理。

第三十六款，分别一鑛有乙、丙兩類鑛質辦法。

一鑛地之内，有第六款所載乙、丙兩類之鑛質，而不能同時開采者，可准首先合格之具稟人領辦。倘稟請開采丙字類鑛質者，可准兼采乙字類鑛質。如只請開采乙字類鑛質者，則不准兼采丙字類鑛質。若欲兼采丙字類鑛質，必須另行具稟。

第三十七款，核准鑛地辦法。總局收到呈請鑛地之稟，查明係未領之地，並與地方毫無關礙，即將原稟事由，榜示局前，以備或有轇轕，即便核辦。嗣後總局飭測繪員定立界址。無論彼處有無鑛質，已未施工，均照立界。界内如有房屋道路及營造等事，亦無礙。惟開采工程，須遵守鑛務警察章程，及第四十四款，並附章第四十二條辦理。

第三十八款，填發執照須憑實據。所請鑛地一經測量定界之後，且經證明實係未領之地，並查與地方毫無窒礙，及曾領得勘鑛執照在先。總局即可照章填發鑛照，給具稟人收領執業。

第三十九款，給照後立可興辦鑛工。凡遵守條例請領鑛地，經總局核准，領到註册之鑛照後，該鑛商可以立時興工，將照内指定之鑛開采。

第四十款，開闢隧峝所關事項。因開闢隧峝，洩水通氣，或轉運，而其地工程乃在所領地界以外。如彼處有未領之地，可資開辦本款所載之工程者，則須

遵照稟請鑛地之例，另行請領所需之地。倘該工程須越別人鑛界者，該具稟人必須先與別界之鑛商妥商，並須議明。設因上開工作而獲鑛質，理應如何分派，倘與別界之鑛商，未經議妥，除經總局按官斷規條斷准外，則不得擅行開工。凡開隧峝遇見乙、丙類鑛質，鑛商應即稟報鑛務委員，並按第四十五款交納報效銀兩。

第四十一款，詐領執照，應予懲處。凡稟領執照由詐術者，總局訪查得實，應將所給執照，立刻收回，從嚴懲辦。

第九章，鑛界年租。

第四十二款，鑛界年租等差。所領之鑛地，應按年遵照下開各條。納鑛界租。

乾，按第六款乙字所載各鑛質，按年每一鑛界，繳租銀壹兩五錢，合每畝銀壹錢。

元，按第六款丙字除黃金、白金、銀、寶石外，其餘各鑛質，按年每一鑛界繳租銀叁兩，合每畝銀貳錢。

亨，黃金、白金、銀、寶石各鑛，按年每一鑛界，繳租銀肆兩伍錢。合每畝銀叁錢。

利，按元字所載之鑛質，每年本應納租銀叁兩。如其鑛質中含有黃金、白金或銀若干成數，則應納鑛界之年租，須照亨字一條交納。即每年每一鑛界，繳租銀肆兩五錢。合每畝銀叁錢。

貞，此項鑛界年租，乃在地面錢糧之外。

第四十三款，繳租期限。

此項鑛界年租，分爲兩季先繳。如有短繳，無論若干，但逾六箇月者，則註銷執照，封閉該鑛。如領官地，即行收回。

第四十四款，勘鑛地租及免租事例。

凡准履勘之鑛地民地，應由鑛商與業主商妥稟官立案。如在官地，應繳納勘鑛地租，每一鑛界銀貳兩。展限半年者，應加納半數。均於批准或准展以前，交納鑛務總局或鑛務委員。凡專爲開闢隧峝洩水通氣或轉運之用，稟請應需之地者，免納鑛界年租。

第十章，鑛稅。

第四十五款，鑛產出井稅等差。除納鑛界年租外，尚須按照所采護鑛產之數，交納報効銀兩，作爲出井鑛稅。其數如下，

一，凡煤炭或煙煤或硬煤每噸納銀壹錢。

二，凡鐵苗每噸納銀壹錢。

三，凡此鑛專係黃金或白金或銀。

按照市價抽取百分之十。

四，凡他項鑛質中，含有黃金或白金或銀，其成數多少無定，應臨時查其所得金銀實數，按照市價抽取百分之五。

五，凡汞苗與錫苗及銅苗，按其價值抽取百分之三。

六，凡各色玉類並寶石類，按其價值抽取百分之十。

七，其餘第六款乙類所載之鑛質，按其價值抽取百分之一。

第四十六款，鑛產出井稅繳納期限。

鑛產出井稅銀兩，乃按上月所出之鑛產，於本月十五日交納。凡鑛稅銀兩，並鑛界年租，皆在所設鑛務委員處交納，呈解總局。

第四十七款，出井鑛稅延逾之罰。

倘於每月十五日應繳上月出井鑛稅，未經全繳，而延至三箇月之久者，即註銷執照，將鑛封閉。如領官地，即將鑛地收回。

第四十八款，出口鑛產進口開鑛機器物料之稅則。

凡鑛產裝運出口者，無論其爲鑛苗之原質，或提淘之粗胚，或製練之净質，須按海關稅則，交納出口稅。凡機器料件裝運進口，爲辦鑛之用者，亦須按海關稅則，交納進口稅。

第十一章，鑛商應遵之禁令。

第四十九款，開辦停辦之判斷。凡有約各國人民，既願與華人合股充爲鑛商，即作爲已允遵守中國法律。並歸中國官員節制，及按照現定鑛章辦理。或他日續訂開鑛新章，或別項有關繫法律，如公司法律之類亦允遵守照辦。如果切實遵守，即任其興辦應需之工業。即如開采之緩速，或因需工之多寡，不免暫時停工。如停工一年，不采鑛質，即作爲鑛商永遠停辦該鑛，鑛務委員即可准他人按章稟請接辦。至設辦溝渠風穴，采運鑛苗，悉從其便。惟因工程不善，以致有險害等事，該鑛商承任責成，應速講求豫防之法。又因別種辦法，致損別人產業之利益者，均歸該鑛商賠償。並由地方官及鑛務總局體察情形，責令該鑛商暫行停辦，另籌妥善之方，再行開辦。一經總局知照，當立即停工。不得借故延

諉，或恃强不遵。凡因停辦所損失之利，由該鑛商自認，鑛務總局一概不理。即領事公使，均不得干預。

第五十款，公同利害之處置。

道路溝渠水道氣道，或在鑛地之内，或在毗連鄰産之内。均同獲其利，或同受其害。如欲勒令遵行本款義務，或欲估計賠償之數。除照鑛務坿章載明辦法外，均應遵行該省通行律例。

第五十一款，鑛地洩水法。

鑛中之水屬鑛商者，應由鑛商自行設法挹注。惟挹注時，不得損礙别人産業。如在地面挹注，照本地向例放水，不得阻礙現有水道。

第五十二款，洩水受害者，應予賠償。

倘因鑛中積水，或因别故，該鑛商雖已得知，仍不遵照章程所訂期内，設法疏洩，以致鑛内鑛外别人之利益受損。該鑛商應訂立合同賠償。或由本省總局斷賠。

第五十三款，鑛局有迫令除患之權。

設使數家鑛産，同在一處，因有水患，以致被灾不能開采。如果各該鑛商曾經倡議設法除患，而未能協商定議者，總局應即迫令各該鑛商公同捐貲，設法除患，酌量定斷辦理。

第五十四款，不准施工之界限。

無論何項鑛工，倘無該業主切實允許，均不得在其本宅或其附屬業産界綫外一里之内施工。倘無該處地方官明文准可，亦不得在衙署會館公所等類，與井泉及緊要水利之處，公用道路鐵路運河等類，以及别項公産之界綫外三里之内施工。至若礮台營寨及一切軍用局廠所在之地，除該管官員特行圈劃施禁，不論遠近外，凡鑛務工程，不得於距其界綫三十里以内施工。

第五十五款，帳册宜遵格式。

所有辦鑛人，或獨辦，或合辦，或公司，須遵妥定帳册格式。隨時紀載辦鑛確實帳目，以備總局委員隨時查閲。

第五十六款，鑛圖宜遵格式。

各鑛須遵頒行格式，預繪地腹工程之准圖，以備總局隨時委員稽查驗看。

第十二章，樹木水道。

第五十七款，鑛地樹木。

砍伐樹木，或因清道之故，或因開鑛之用，均不列在勘鑛及開鑛執照准行之内。如所在係官地，應在鑛務委員處，請領伐樹准單。所伐之樹，按照該處市價納繳。如係民地，則須備價向業主商購，經業主允許，方能砍伐。或由地方官按律定斷飭令交出方可。

第五十八款，鑛地水利。

各省内地之江河湖港可行舟艇之處，均歸國家管轄，官民公用。所有江河等處水道，鑛商不得藉故擅擬更改，亦不得分注上流之水，致奪下流居處之水利。

第十三章，外人合股。

第五十九款，外國商民之名籍職業及保證限制。

凡合股洋商照章具禀領辦，須投有該國領事公文，證明其人能切實遵守本章及附章所有已載未載各條款。並須由該省鑛務總局查實，其人果合第五款鑛商格式，然後發給執照，准令照章辦鑛。該總局並應令具切實保單，保其遵守本章及附章，斷無違背。果於定章毫無窒礙違背，方能核准令其承辦。除鑛商承辦鑛務外，至於外人入内地，須領護照。及外人不准在内地租地賃房造屋，設立行棧，暨經營他項事業諸類條款，仍舊施行，絲毫未有更改。即因勘鑛或開鑛外人入内地，須照舊請領護照。

第六十款，外國商民訴訟法。凡合股洋商在内地辦鑛，如與中國人民，或他國人民，有錢債争訟，關係兩造私自權利者，中國執法官吏可按照國律向例，秉公剖斷。如有案情别出，爲現在律例所未備載者，並可按照現今各國通例，并參酌中國法律情形，公平斟酌辦理。

第六十一款，外國商民犯罪處置法。

凡合股洋商在中國内地辦鑛，如有犯罪事件，中國執法官吏，可往查問案情，搜檢證物。若遇該國領事遠隔，犯人有逃走之虞者，並可暫時捕拘，移送就近領事官。仍按照條約，照會該國領事官，用該國律例處斷。中國官吏並不强行干預。如領事處斷，不能得中國官吏許可，商民悦服，以後該國民人，即不准在本省再請開鑛執照。

第六十二款，外國商民上控限制。

凡關係鑛務事件，受斷者無論何國人，不服鑛務委員所判，准至本省鑛務總局上控。如仍不服，至本省按察使司，督院撫院，及至商部爲止。無論何國領事

及公使，均不得干預。但無論控至何處，均宜按此鑛律剖斷。惟於此項鑛律未經著有明條者，方可援引外國鑛律，仍不得與中國鑛律意義觸背。

第六十三款，保護開鑛外國商民各條。

外國人民既與華民合股辦鑛，不拘何時，如有打獵跑馬及種種遊戲事件，有危險之虞者。須稟明該處地方官，指定地界。限定時日，遵照辦理。其餘仍按外人游歷内地章程，從優管待。外洋合股鑛商，除本人外，暨延訂鑛師及管理機器者數人。非與該鑛確有關係，未經總局允准，請有合格護照，地方官不認保護之責。

第六十四款，宣示有鑛地方阻礙事由。

鑛務總局如以某處地方尚未安謐，或經地方官隨時稟明，有礙地方安謐，不宜外人入内辦鑛，可將事由宣示。稟領鑛照者，即不批准。

第十四章，鑛工。

第六十五款，鑛商所定鑛工規條，須經官准。

凡開采鑛物及從事開鑛業務之華人，謂之鑛工。鑛商所定之鑛工規程，必先稟明鑛務委員，然後施行。

第六十六款，鑛工須有詳細簿籍。

鑛商宜備鑛工名簿，紀載其姓名、年歲、籍貫、職業，及被雇辭退之年月日，以備查考。

第六十七款，鑛工罷役各條。

如犯下開各項者，鑛工無論何時，可以罷役。

一，鑛商及其使用夥友有虐待之事件。

二，工銀不按時支給，或有克扣等情。

三，鑛工作工時刻過多，有不勝其勞苦，以致多成疾病者。

第六十八款，體恤鑛工各條。

鑛商宜體恤工人，其體恤規條，必先稟明鑛務委員。

一，非鑛工之過失，因就業時負傷，應補給醫藥培養等費。

二，因負傷培養時，應給與相當之火食費。

三，或因負傷以致身故者，應優給埋葬費。

四，或因負傷以致殘廢者，應酌定期限，給與補助費。

以上四項，鑛商與鑛務委員，公同商酌給發。

第六十九款，辭退鑛工各條。

如犯下開有礙鑛商各款，無論何時，鑛商可以辭退鑛工。

一，違犯中國律例擾害地方人民者。

二，窩藏匪類混作鑛工者。

三，投身教堂，自稱教民，混作鑛工，不受地方官員約束者。

第七十款，懲辦鑛工各條。

如犯下開有害地方各款，無論何時，鑛務委員亦可迫令鑛商清查此等工人，交地方官懲辦，不准鑛商庇護。

一，不聽鑛商指揮使用者。

二，對於鑛商及其夥友有橫暴之行爲者。

三，鑛商並無虐待克扣情事，藉端罷工要挾者。

第七十一款，修改鑛工章程。

凡國家保護鑛工，及查禁鑛商虐待工人情弊條款，如有應行修改增益之處，可由本省督撫隨時咨明商部核定辦理。

第十五章，鑛務警察。

第七十二款，鑛務警察之責任。

鑛務警察事務，由總局飭知鑛務委員，攝行其事。大端列左，

一，關於坑内及鑛地所施設之工程，有無危險事。

二，關於鑛工之生命及其他衛生事。

三，關於保護公益事。

第七十三款，鑛務警察之權限。

鑛務委員如實見所管鑛地，有危險之虞，或有害公益者，應稟請總局命其停工。如事迫不及稟請總局者，該委員亦可命其暫行停工。

第七十四款，停工開工之辦法。

鑛地因事故停止開采，如果加工設法改正後，由鑛務委員勘實，即仍准開工。

各國鑛地限制備考。

英國：

第一等鑛地四百英畝。

第二等鑛地二百英畝。

第三等鑛地一百英畝。

美國：

每人所請鑛地，不得過二十英畝。

或數人同請，在八人以上不得過一百六十英畝。

法國：

自二十英畝起，至多以六方里爲限。

德國：

十一英畝至二百二十英畝。

奥國：

十一英畝。

日斯巴尼亞國：

至少須縱横各四百米式。

大清國鑛務附章：

第一條，各省鑛務總局派員分理鑛務。

各省鑛務總局總辦，應就本省産鑛之區，酌派委員分理鑛務。所派委員，歸總局節制。凡有呈請勘鑛開鑛或餘地執照之禀者，該委員應照定章，經理其事。凡正章附章所定委員應辦各項執事，均應遵辦。

第二條，鑛務委員應廻避條款。

凡有關涉下開各事者，鑛務委員應當廻避。

甲、凡有關涉委員之利益者，無論直接間接，應當廻避。

乙、凡事有涉委員之宗族親戚者，查照大清律例吏部則例應廻避者，均照例廻避。

丙、如委員或其宗族親戚，因在所管界内争執地産，聽候審官判斷之時，應當廻避。

丁、如鑛務委員與兩造中素有交誼及錢財交涉者，均應廻避。

第三條，鑛務委員之責任。

鑛務委員之責任。

一、應照鑛章所定辦法，代具禀開鑛人轉達各事。

二、應照鑛章所定辦法，代具禀勘鑛人轉達各事。

三、如具禀人願請註銷所具之禀，或禀加減，或禀改正所請鑛界，應照定章代爲禀達辦理。

四、按每月初十日之内，應將上月所收呈請勘鑛開鑛執照之禀，詳細具報總局。

五、鑛務委員應將駐紮辦公地方，並每日辦事時刻，宣布鑛商，俾各周知。

六、遵奉鑛務警察法律，隨時查勘已經施工之鑛區。

第四條，鑛務委員開鑛小工巡查兵役三項，均不得用外國人。派駐各州縣之鑛務委員，專係中國官員充當。但須選擇事理通達，略知鑛學，或於鑛務曾有閲歷者。外國官商人民，不得充當。其鑛務總局選用之鑛務顧問官，則不拘此例。所有鑛工及執役巡查人等，皆專用中國人民，不得攙用外國人民。

第五條，呈請勘鑛執照法。呈請勘鑛執照之禀，必須謹遵鑛務正章第二十四款所載，照具正副兩件，送呈該處鑛務委員，及該省鑛務總局查核。所請勘鑛之地，由總局飭知地方官查核禀復。合格者，詳禀本省督撫批准。再飭該處鑛務委員，即於副禀標明收禀之日期，備録督撫及總局批准全文，蓋印發還原禀人收執。此發回副禀，即可認作勘鑛執照無異。

第六條，允許勘鑛字據。呈請勘鑛禀内，須將擬勘鑛界，或係官地，或係民地，聲敘明白。如爲民地，必須酌給津貼，妥商該地業主給予允許字據，方與批准。業主允許勘鑛字據，格式如下。立允許勘鑛字據人某某，今有坐落某某省某某縣境内自己鑛地　段，編列第　號，東至　，西至　，南至　，北至　，允許某某於上開界内，探勘鑛質。所有應給津貼及賠償該地損失之項，業經彼此議明付清。今欲有憑，立此存照。

地主某某，簽押。

中證某某，簽押。

此項允許字據，應須繕寫兩分。一分給勘鑛人收執，一分由勘鑛人送呈該處鑛務委員，查核備案。所勘之地，無論官地民地，當批准時，鑛務委員務須批明勘鑛人所掘之地，應在所准勘鑛界内。無論横直寛深，不得逾工部尺三十中尺以外。

第七條，勘鑛次第。設使禀請勘鑛執照者，有數人皆指請一處之地，其最先具呈之禀，應當儘先核奪。如果該禀不能核准，即按各禀次序先後核奪。

第八條，允許勘鑛期限。儻業主或其代表人，與領有勘鑛執照人，所商未協，該勘鑛人可向本地鑛務委員處，具禀聲請。並具保單，以備津貼業主賠償損

失兩項用費。該委員即將勘鑛人所稟之事，知照該業主。儻兩箇月内可以來局申訴不允之故。如業主並無事故，期内不來申訴，逾期即作已經允許論。且於期滿以後，該委員應即妥定辦法。如須妥計保單數目，即應按照所估之數妥定，惟不得逾於實應津貼賠償之數。俟保單填寫明白呈請批准後，該委員即按下開格式，批注在正副兩稟之尾。

某某縣鑛務委員某某某爲批注事，照得某某省某某縣境内　　段鑛界，東至　　西至　　南至　　北至　　編列第　　號，現經該地業主允許某某某前往該地，勘鑛人呈送保單一紙。計銀　　兩，交存本委員處代收，以備將來應賠該地損傷之用。至應賠若干，再由本委員估計，估定之後，即在此項保單内提付。須至批注者。

此項稟單既經批注後，交還具稟人收執，與所領勘鑛執照，均不得遺失。

第九條，勘鑛期限。自發給勘鑛執照之日起，於限定一年期内，除原請勘鑛執照之人外，鑛務總局不得於已准履勘界内，另准別人請領開鑛執照。

第十條，呈請開鑛執照法。凡欲具呈請領開鑛執照之稟，須繕兩分，並須將下開各款填入。甲，該具稟人姓名，住址，行業，籍屬何省，或何國，如係公司，亦應遵中國法律註册。乙，所請之地，共計鑛界若干，必須填寫明准。丙，所有鑛界坐向。丁，該地坐落縣内何處。戊，所請之地，有何種極顯之天然標記，以便認識。己，擬采何種鑛質。庚，所覓鑛積之形勢地位。或層積，或散鑛，或別式，均須聲明。辛，所請鑛地，在該處鑛務委員所管界内何處。

第十一條，補領鑛照辦法。鑛商如將第五條及第十條之鑛照，或有毁損，或遇意外遺失之事，必將其事由稟明鑛務總局，再行補領。

第十二條，接充鑛商辦法。鑛商或因身故，覓有合格之接替人，限三十日内，必將其承充人姓名，稟明鑛務委員轉詳總局。

第十三條，業主自行開鑛應立期限。凡稟領開采鑛章第六款内乙字之鑛質者，若在民地界内，該處委員或本省鑛務總局，應自收稟之日始，於十日内，行知該鑛地業主。該鑛地業主應自奉諭之日起，儘一箇月内，即須聲明或願自辦，或因何故不允具稟人辦理。如該業主欲留爲自己開採之用，鑛務總局即可酌定期限，飭令該業主應在期内興工開采。仍將前稟存案，以觀該業主是否切實施工，然後爲斷。

如該業主奉諭後，於所定一箇月内並不聲明其意見如何，即爲該業主自己放棄不辦。設使該業主並不稟復，抑或推卻不願自辦，又不許別人承辦，或聲明自辦，又不如期開辦，總局可按附章第三十九條，妥爲商辦。如再不聽商酌，可詢訪該地方紳民公論，是否宜開，秉公定斷。

第十四條，業主悔議，應償還勘鑛人工費。

地面業主如已得受津貼賠償，給予允許勘鑛字據，自總局發給勘鑛執照准予別人履勘之日起，於一年期内，決定自辦，該業主應償還該勘鑛人所用之工費。設使兩造不能互相妥商工費之數目，即按本附章第三十九條所載公斷之法辦理。

第十五條，鑛務委員有詰問開鑛人之權。

如所呈請領開鑛執照之稟，未曾妥遵本附章第十條章程，詳敘明白，即不得核准，亦不得註册。即使業經妥遵敘明，而鑛務委員尚有疑惑之處，仍可詰問具稟人。並將其所答之詞，當面記入正副兩稟内，並註册備案。該委員備呈案卷與總局時，須將疑惑之原由，及與具稟人之問答，稟明總局察核批准。

第十六條，鑛務委員應註明收稟日期次序。

鑛務委員收到請領開鑛執照之稟，應當具稟人之面，將收稟日期，並案卷號數，登入所備專記開鑛執照之註册簿内，並批於正副兩稟之尾爲憑。凡註册稟件，必須確按收稟日期之次序，登入册簿。先後勿紊，不得間留一行空白。

第十七條，鑛務委員不收同地未批之稟。

呈請開鑛執照之稟，既收之後，當鑛務總局未經批發以前，所有別人呈請開此鑛地之稟，概不接收。

第十八條，開鑛次第。

如係數人同時請領開鑛執照，所請或方形或角式，皆在一地。則按本附章第七條辦法參酌辦理。

第十九條，測繪鑛界期限及其費用。

自稟領開鑛執照呈請註册之日起，於十日内，應由鑛務委員飭派測繪委員，照測所請鑛界形式，並繪界圖。其鑛界之界誌，與周圍最少三百中尺内鄰界，均須標明圖内。測繪費用，由鑛務委員估定，由具稟人照付。

第二十條，測繪委員呈報鑛圖期限及禁止阻撓辦法。

鑛務委員應准該測繪委員儘六十日内，將所測繪之鑛地圖式，並所具之詳細說帖，各備三分，如期呈核。並由委員給與該測繪委員文據一件，載明倘有官

已批准。而該處民人有藉端阻撓該測繪委員鑛場所作工程者，即當交地方官按律懲辦。

第二十一條，測繪鑛界定綫法。

凡奉委測繪鑛地之測繪員，當在鑛地測量之時，須定該鑛邊界直綫。再由所定直綫，按准子午綫，以定角綫。

第二十二條，鑛界標識法。

在地面分別鑛界，須按以下各節，以界牌或界石爲標記。甲，所立界牌或界石，既經定爲鑛界標記，如鑛界一日不改，則此界牌界石，一日不得移動。乙，所立之界牌或界石，必須工作堅固。並須隨時修理，不得聽其毀壞。丙，所立界牌或界石之號瑪及地位，不論由何號界石以及前後所立者，務須顯而易見，石上務須刻有該鑛商姓名，並挨次號瑪。

第二十三條，測繪委員標定界誌辦法。測繪委員應在地面標明豎立界誌之地位。且須將所定之地位，標繪圖内，與説帖一併呈送。

第二十四條，測繪委員之圖説。

凡測繪委員所作工程，所呈圖説報告，如有錯誤，均須擔承其責。

第二十五條，開鑛人宜恪守鑛界。凡領開鑛執照之人，係按鑛照所載之地爲准，不得增多減少。設因測量不准，或因誤登界牌界石，致與鑛照不符，須照更改。若係有意朦混，多佔地段者，議罰。

第二十六條，鑛務委員經理告發事件辦法。

請領開鑛執照，如有他人具禀不服，應由鑛務委員將具禀人之姓名，及所以不服之故，一面行知具禀請領開鑛執照之人，一面禀報總局。

第二十七條，告發開鑛人期限及其條款。

如有與禀領開鑛執照者，因不服之故，竟擬興訟，須在該領照人禀批榜示之日起，儘四箇月内，具禀聲訴。但其所以不服之故，最少須有下開之一端，方可准禀。

一，有與業主不合者。

二，侵佔毗連方形角式鑛界者。

三，設有已領之地，或全段。或一隅，在其所請方形或角式鑛界之内者。

四，藉執照爲護符，魚肉鄉民者。

五，所領開鑛執照，與該地情形不合者。

六，領執照之人，不合鑛商資格者。

七，所領執照，有第二十款所開各弊者。

八，領執照之人，一切行事有故違此次定章者。

第二十八條，鑛務委員處置訟案權限。除具禀人得悉之後，自行來局請將原禀註銷外，鑛務委員應將其不服之禀，留存局内，即飭測繪委員前往該處考查。該測繪委員查明禀覆，俟具呈圖説，再行核奪。

第二十九條，測繪委員處置訟案權限。當測量鑛界時，或有人來與之争論，無論係領照之人，或係已禀不服之人，或係擬禀不服之人，該測繪委員務須留心聽記。祇可具詳細説帖，呈遞鑛務委員查核，不可自爲評論。

第三十條，鑛務委員據禀不實駁還辦法。如有業主具呈不服之禀，聲稱並無鑛積在其地内，惟據測繪委員之報告。所稱鑛積，顯然暴在地面。或顯有探峝，或顯有探勘工程。如此則鑛務委員可以駁還所具不服之禀。

第三十一條，鑛務訴訟期限。鑛務委員收到該測繪委員覆禀，即行傳諭兩造，儘於十五日内到局，飭令合商。當合商時，鑛務委員應剴切勸導兩造，以免涉訟。倘竟不能遵勸，即應停議。並將所有情形，立時移知地方官，如於四箇月内，兩造並不到堂，鑛務委員即可禀請總局發給開鑛執照。

第三十二條，鑛務訴訟案卷歸結法。如四箇月期限已滿，並無人具禀不服，或所不服之事，不在第二十七條各節所應准者。又或不服涉訟經地方官審察斷結者，則所有涉訟一切案卷，鑛務委員應儘十五日内，將案卷全分，並圖稿一切，鈔送該省鑛務總局察核。

第三十三條，鑛務訴訟審斷法。如所呈之案卷，不合批准格式，其不合之處，並非具禀人應執其咎。即由總局將不合之處，批明案卷之後，定一期限，飭令鑛務委員遵照所指之處，速爲更改。假如不合之處，咎在具禀之人，律應反坐。

第三十四條，開鑛執照給領法。總局察核所呈案卷後，如可批准，即按照本附章第三十五條，填發鑛照一紙，並將測繪委員所繪界圖，照描一分，發交鑛務委員轉給該具禀人收執，爲批准之據。

第三十五條，開鑛執照格式。請領開鑛執照之禀，由鑛務總局查驗合格，即詳禀本省督撫，轉咨商部。一經核准，即由總局按照下開格式，填發鑛照一紙，給該領鑛人收執。格式如下，某某省鑛務總局爲發給鑛照事，照得本省某某縣境

內編列第　　號鑛界，現據某某於　　年　　月　　日具禀請領開采鑛質前來。業經從細考核，並無鑛章第十款不合律法格式之處，合行填發鑛照一紙，發給該具禀人收執。准其於附開來禀所指四至之界內。開采鑛章第十一款第　節所載　　鑛質。惟只有權開鑛，並非給與地權。並須於鑛務正章附章所開條款，切實遵守，須至鑛照者。

第三十六條，外人禀請合股開鑛辦法。

同禀請開鑛，如係合股而兼有外國人民具名者，鑛務總局應按照鑛務正章第九款，查明合股辦法，是否地面業主允准以鑛地作股，與外國人合辦，抑係華商出資附股，與外國人合辦。如係業主以鑛地合股，須呈驗合股字據，確與鑛務正章第五十一款所載辦法相符，方准填給鑛照。如僅係華商出資合股，而地面業主不願合股，願得地價。則應由官將該鑛地收買，作爲官地股，照鑛務正章第五十一款辦法，與該鑛商議訂合同。彼此允洽，再行給發鑛照。

第三十七條，鑛章不載者，應遵國家律例。

辦鑛所有産業，合股人或有爭執，如不在鑛務正章附章所載條款之內者，皆按國家向定産業之律例，交地方官辦理。

第三十八條，鑛質與鑛照不同之辦法。

按照鑛務正章第三十六款，領照人在其禀准之界內，開采各種鑛質，設使所開鑛質，並不在所具之禀與所領鑛照之内所載者，則須另行禀明，由總局核准，方可開采別種鑛質。

第三十九條，處斷鑛商與該地業主轇轕辦法。設如領有勘鑛執照之人，或係領有開鑛執照之人，因勘鑛開鑛，或取散鑛，所需地面，業主不止一人，而其中有一段地面，或因該地地價之高低，與該地業主不能商妥。地方官即按照下開辦法，妥爲商辦。如全地業主皆不允願，應由官體察情形，另行酌辦，不得拘定下開辦法。

元，應由兩造各派一估計人，代爲估計。該估計人應自派定之日起，於十日内，將其所估之數，覆呈地方官察核。譬如兩造之估計人，所估不一，即由地方官另派一估計人公斷，該公斷人亦應將其意見於十日内具覆。地方官即將各估計人之意見，及兩造與各估計人所言，詳細察核，證據明確。亦應於十日內，判定所需該處地面之廣狹，及應賠償之多寡。

亨，設該地業主既經地方官飭知後，於十日内不派估計人，即由地方官自派一人估計。該估計人無論業主或執照之人爲華商洋商，必須秉公核估。倘有受賄或偏袒之處，一經查出，定行議罰。

利，若不知該地業主究係何人，抑或知而不實，即由地方官代派一估計人，倘辦鑛人所派之估計人，與地方官代業主所派之估計人，所定賠償之數目，不相符合。即由地方官自行斷定。其斷定賠償之款，應代留存。備交應得之業主。

貞，凡爲估計人，應將下開三則，作爲估計鑛界之底本，一則估計他價，二則估計該地所受損之處，三則按照本附章第四十二條所載應爲之事。

第四十條，鑛界以外鑛質之辦法。設如原案僅准開通隧峝，只作洩水通氣轉運所用之地界內，爲出鑛質者，應在動工之前，按照請領開鑛執照條款，禀由總局核准給照。

第四十一條，隧峝承領人之利益及其限制。

凡有禀請地段，僅開隧峝，以作洩水通氣轉運之用者，如經批准。則所領地段界內，准該隧峝承領人，有先請開鑛執照之權。如有別人擬於該處請領開鑛執照，或全領或分領者，總局應即知照該隧峝承領人，是否有意添請此地，以爲開鑛之用。該隧峝承領人應自知照之日起，於三箇月内具禀聲覆。如該隧峝承領人覆稱不願添領，或不如期禀覆，則期滿之時，總局可將此地准予別人領照。惟該隧峝承領人所有禀准開通隧峝之利，仍舊不失。而後來鑛商，亦不得損壞，或更改，或干預其原有地腹之工程。

第四十二條，正章第五十款所指辦法。按鑛務正章第五十款所指本章附款，詳列於下。

一，溝渠之合例義務。即云設若甲主不防護礦内溝渠，以致乙主産業受損，或甲主不如法極力防護該溝渠，以致其水流至乙主産業者，甲主應當賠償乙主。

二，如鑛商未經彼此商定，除實在不得已外，不能穿越別人鑛界，以開隧峝。

三，按本條第二節所載之情形，如隧峝所經之地之鑛商，因得隧峝洩水之益，應照礦工所沾之益，貼補該開隧峝之人。其如何貼補，乃按各礦體質及當下情形爲定。

四，凡擬開隧峝者，必須先行禀明，俟由總局批准給照，方許動工。但總局須在給照之前，詳核鑛務委員所陳之附禀，及所呈之圖。其擬開隧峝之横直各段工程，應詳細分載。

五，當開隧峝經過某礦之時，其鑛商可派一人監工。如見其辦理不合，只能

報知鑛務委員，或稽查委員，或該處地方官查核，不能干預工程。

六，設該隧峝與礦工交通者，當開通時，應自行妥設隄防，以免阻運道及路徑。

七，按照本條第三節所開公共隧峝，若非各有關涉之人，公同依允，並立約據，且在鑛務委員處註册存案，該隧峝不得另作別用。按照本條第六節所開運道路徑，及一切詳細情形，於所立約據之内，應聲明如有不遵者，應將此約作罷。

八，如有新開之礦，亦在已設總隧峝之處，而亦可以分沾該隧峝之利益者，即須遵照本條之第三第五第六第七各節辦理。

九，鑛商若須耗費巨款，始能在本界内設辦通氣峝者，其鄰近鑛商，即應准該鑛主就近在其界内，租用通氣峝，以免耗費鉅款。

十，除由此界鑛商與其鄰界鑛商互相立約。並將該約在鑛務委員處註册存案外。彼此應在本界之内。隨時妥設隄防。以免阻運道及路徑通行。

十一，除本條第九節所載外，本界鑛商所開礦工，若令數家之礦工，受其通氣之益，本鑛商不得索取酬資。而此家受通氣之益者，亦不得干預本鑛商礦工之利益。

十二，凡開闢通氣工程，並陸續保存通氣工程所有費用之款項，應由請領開闢工程執照之人，自行開支。

十三，凡爲建造鑛章所載之地腹工程，專爲轉運之需者，須當遵照第二第三第四第五第六第十二各節方法辦理。

十四，凡爲開隧峝而在掘起之土沙中，得獲直價鑛苗，若由批准鑛地之界内而得者，應將該苗歸還該鑛原主。若僅由准開隧峝之界内而得者，應歸開峝之人領受。設此工程係屬數家合辦者，即按合辦分數照派。

十五，凡於甲鑛利便，而於乙鑛阻礙，必須照下開辦法，方爲合例。或由該鑛主將其許可之事，訂立合同，呈請鑛務委員註册。或由鑛務委員會同地方官審結，或由鑛務總局斷結，若乙鑛主不許可，甲鑛商應先稟請鑛務委員裁判。若不服其裁判，再行稟請該地方官判斷。如再不服，即儘兩箇月内，上控鑛務總局斷結。

十六，如有擬按本條第四第九第十二各節，造地腹工程者，必須先具一稟，隨同所擬建造工程之全圖，及段圖，並呈鑛務委員轉詳總局請領執照，方爲合例。所呈之圖，須按訂准之級數爲程度。且將所擬建造工程之分段，及其餘詳細情形，標明圖内，以憑察核。

第四十三條，鑛務册報。辦鑛各廠，化鑛各廠，提煉金屬各廠，煅鑛各廠，鑛内各廠，及其餘工業各廠之承辦商人，自開辦起，每月應將上月所辦工程，所用人工，所穫功効，悉行開具校正册報三分，送呈本處鑛務委員查核。此項册報，務須按月儘初十日以前，送到本處鑛務委員處。並須遵照鑛務總局隨時頒行之格式，填寫明白。即使本月之内。並未出有鑛砂，亦應據實具報。

第四十四條，册報格式。按照上條所載，所有應具月報之人，可向鑛務委員發册處，預先請領一月或數月册報格式，該項應需册報格式，倘不先期預爲備領，則所有干係，應歸該具月報之人，自行承擔。

第四十五條，鑛務特別册報。本附章第四十三條所載各廠商，除呈送月報外，凡有本省鑛務總局應需之别項鑛務情形，以備編造册報之用者，應當隨時稟呈鑛務總局。

第四十六條，册報考查法。按照本附章第四十三條第四十五條所載之册報，於送呈後，查無錯誤，即將所呈三分中之一分，交還呈報之人，並將收到日期，批於所還册報之末。如所呈册報，查出所報不實，不盡，或含混不明，該呈報之人，應當科罰。惟所罰之銀，不得過二十五兩。此款若不照繳，該呈報人應當監禁。惟監禁之期，不得逾兩箇月。並將所呈册報退還，飭令從速更正呈核。

第四十七條，鑛界租完納法。鑛界年租，分爲兩季先繳，即二月十五日與八月十五日兩期。鑛界年租，應在鑛務總局收租處繳納。

第四十八條，完納鑛界租券格式。年租既經繳納，即由該局發給印板收單，與繳租人收執。該收單應載之文如下，

甲，單名，鑛界年租收單。

乙，某省某縣。

丙，鑛名。鑛地坐落地方，鑛商姓名，應納鑛租之鑛界數目，鑛照註册號碼。

丁，每半年應納鑛租若干。

第四十九條，鑛産出井稅銀兩辦法及格式。

按鑛務正章第四十五款所載鑛産出井稅項，應於每月十五日，按上月所出

鑛産之數目，如數在鑛務委員處，或在本省鑛務總局繳納。鑛務總局所給出井稅銀兩收單，與鑛界年租之收單，格式相同。另加戊字一款，載明何種鑛砂，並出産數目，及總值若干。鑛務總局收得各項年捐鑛稅銀兩。應以一半解呈商部，一半留存本省充餉。

第五十條，鑛産出井稅價格豫報法。鑛務總局應於每年正月七月發一諭單，通飭各鑛商此後每半年之内，某礦砂應按某價值，爲收取鑛稅銀兩之准則。酌定各項鑛質價值，應按前六箇月各省會之市價，折中核算爲定率。

第五十一條，出井稅數目核准法。每月出井稅項之多寡，應照該鑛商或其代表人，報呈鑛務總局該鑛每月所産鑛砂數目定奪。如有不實之處，即按懲治條款科罰。

第五十二條，短納鑛界租及出井稅銀兩懲治法。如鑛商短繳鑛界年租，或鑛産出井稅銀兩者，應由該處鑛務委員立即申稟鑛務總局，以便按照鑛務正章第四十三款或第四十七款辦理。

第五十三條，鑛局簿記法。鑛務總局及鑛務委員處，應備註册簿記，詳載辦鑛事務。此項註册簿記，應按收到文件日期時刻，先後登記。所有下開各款，務須查詢明白，詳註備考。

一，具稟人姓名，職銜，或公司名號。或獨辦，或合辦或公司。

二，擬用何種辦法。

三，擬以何日興工，若已興工，即應指名係在何日興工。

四，具稟人住處，與所有各處分廠。其分廠雖在别處已經註册，亦應在該處鑛務總局聲明存案。

五，訂約，更約，廢約。無論合辦及合股公司，皆應聲明。

六，凡用授權文件委派總理人，代表人，或執事人，或由以上各人繳回該文件者，皆須報明註册。

七，無論合辦及合股公司，凡有加減股本者，皆須報明註册。

八，鑛業所有一切契據。

九，典押鑛業。

第五十四條，鑛務註册辦法。鑛務註册，應在鑛地所在之州縣衙門，並在本省鑛務總局辦理。

第五十五條，注册文件作爲合例證據。所有遵章注册存案之文件，自注册之日起，即認爲合例證據。不得因有在前在後未經注册之文件，以致此項已經注册之件，成爲無用。

第五十六條，鑛局公費。鑛務總局應收公費，開列於左。凡呈請開鑛，經鑛務總局填給鑛照，如所開鑛質係黄金，或白金，或銀，或寶石者，按每鑛界收公費銀十兩。雖非此等鑛質，其中含有若干分數係黄金，或白金，或銀，或寶石者，亦同。其不及十鑛界者，仍可收足公費百兩之數。凡呈請開鑛，經鑛務總局填給鑛照。如所開鑛質，並非黄金，白金，銀，及寶石，亦無此等鑛質夾雜在内者，按每鑛界收公費銀二兩五錢。其不及四十鑛界者，仍可收足百兩之數。凡呈請勘鑛，經鑛務總局批准者，每執照一紙，收公費銀百兩。凡請減少增加改正鑛界，經鑛務總局批准者，每紙收公費銀二十兩。凡請勘鑛執照之稟，須經鑛務委員加簽者，每紙收公費銀五兩。所有各項文件鑛圖，應呈鑛務委員或鑛務總局批驗者，每紙收公費銀二兩。此條以上各項公費，均歸鑛務總局經收。其填給開鑛執照之費，應由總局照章代收，全數解交商部。

第五十七條，鑛務局費。鑛商除在總局繳存公費外，按照外洋通例，尚有隨時零繳之費用，由該管鑛務局就地收納。即名曰局費，但此項費用，由鑛務委員經收。應按月彙報總局，以便查核。所有該委員薪水夫馬及應得津貼，暨委紳司事吏役薪工川資，並局中燈火雜用，均由總局詳定章程，按月支給。此外不得絲毫向鑛商需索分毫。惟鑛務委員甚屬勞苦，或周歷山溪，或深入井底，種種艱苦危險，非同尋常差事，總局必須從優核給薪水夫馬局費雜支，以示體恤，而除流弊。其局費條目列下，

一，加簽呈請勘鑛執照與注册者，應納局費銀一兩。

二，凡因業主不允請照人勘鑛，以致來局交涉者，應納局費銀二兩。

三，凡稟請承領，或加添，或更改鑛界者，每呈一稟。應納局費銀一兩。

四，凡有代書事件，校對事件，加簽事件，無論驗准與否，每千字，或不滿一千字者，應納局費銀一兩。

五，凡有呈請鑛務委員出局辦理公事者，應按往來路程，每里收取局費銀二錢。

六，凡須鑛務委員出局履勘地面情形，並開具稟報者，須納局費銀五兩。

七，凡須鑛務委員往勘礦内情形者，應按深處每三百尺，或不滿三百尺，納局費銀五兩。若須開具稟報者，另須加局費銀五兩。

八，凡校對加簽測繪委員所呈之圖者，納局費銀一兩。如來局描畫局中所存圖稿，另須局委校對加簽者，亦納局費銀一兩。鑛務局只能照以上各款，收取局費。如有格外事件，本條所未載及者，須禀請鑛務總局核定數目。

第五十八條，鑛商帳簿格式。辦鑛者無論華商獨辦，或華洋商合辦，或合股公司，最少須備帳簿三本。一爲記載所有産業物件，與贏虧帳目，一爲流水簿，一爲各户往來總帳簿。另備帳目一本，記載各分理處辦鑛用費，與所出鑛苗浄鑛之數目，並出售數目及價值。該帳簿必須由鑛務總局頒發一定格式，以歸一律，且裝訂完善。

第五十九條，鑛地各圖之准備。除批准鑛地之時，由測繪委員所繪之圖外，各開鑛處均應備存下開各圖，以便隨時察看。

甲，按測繪委員之原圖，預備一張。或由原圖描出須經校准者，亦可指明所准鑛地之界限，之路徑，之通氣溝渠，及安置機器之處，設廠之地址。並别項地面所占各鑛界之界綫，鑛界之數目，邊徑之角度。此圖應與乙圖之程度相同，自圖成之日起，最遲於六箇月内，即應隨時將情形添注更正。

乙，鑛産所屬地面之總圖。或由原圖描出已經校准者，指明所屬鑛産界綫脈槽之斜形與面層，或冲積面層，或壞鑛所有地面工程，或孔穴井眼鑽孔屋宇水道水塹貯存雜質之處，官路鐵路車路，通電力綫電報綫電話綫接電拖繩大小陰溝圍棚，及地面所見之物，須當保護，不許其下面掘空者。此圖自告成之日起，最遲於一年内，即須隨時改正。

丙，礦圖或由原圖描出校准者。指明鑛産界限，各種穴口隧道横徑，内井凸形穴横徑，鑛堀撑柱，地腹之路站，火藥庫，現采之鑛脈鑛槽鑛牙，所有隔斷鑛積之石，並突出鑛積之石，凡遇槽脈緊要之更變，亦應標明所有别式之鑛脈，或鑛積之層次叠覆者，應照鑛務委員所囑，將其遞層所作之工程，别圖載明。此圖應自告成之日起，最遲於三箇月内，即須隨時更正。

丁，礦工段圖應由鑛井起，指明分段礦工，或全段礦工，並層脈槽各種形勢，暨所有離位之層次，及衝突石等類。此圖自告成之日起，最遲於一年内，即應隨時更正。

第六十條，鑛圖之比例尺。所有各圖，定以十百千萬之級數爲比例。前條甲乙兩節所載之圖，乃按鑛地大小爲定。或五百分之一，或千分之一，或二千五百分之一，或三千分之一爲限。但丙丁兩節所載之礦圖，或以五百分之一，或以千分之一爲限。

第六十一條，舍棄鑛界之辦法。有擬捨棄其鑛者，無論全界或分界，須將礦圖先行辦竣，直至捨棄之日。如有捨棄礦工者，必須先將各處礦工，詳細測量妥當，然後方准捨棄。鑛商若因事故，廢棄其鑛，則當呈報鑛務委員，限六十日内，將其因鑛業所建設之房屋，及其他之建造物，一律撤去。若踰期不撤，即將所有者，歸地面原主。但鑛務委員應履勘窿内外凡有關地方安全之物，則不得撤去。若鑛商逃亡，不知蹤跡，則亦依此條之法辦理。

第六十二條，鑛商應存圖一分於總局。各鑛商應將第五十九條所載原圖，描出校准，各具一張，呈交鑛務總局備查。

第六十三條，鑛商呈圖之期限。按照第五十九條所載乙字之圖，應由鑛商每年六月初一日以前校准，交與鑛務總局，計每年一次。又丙字之圖，應於每年六月初一日，並十二月初一日以前校准，照呈總務總局，計每年兩次。

第六十四條，鑛商不呈圖之辦法。假如鑛商不按章程備存校正各圖者，或不按章程將以上所載各種鑛圖，呈送鑛務總局者，或應須添注之處而不添注者，鑛務總局即另飭繪圖，或添注所漏繪之處，令鑛商照繳繪費。

第六十五條，保存鑛圖禁令。鑛務總局不得將以上各條所載之鑛圖，給與不應給與之人。或圖中所載之事，告知不應告知之人。亦不得將此項鑛圖，與未經該鑛商許可之人觀看。

第六十六條，鑛圖不完全之罰。如鑛商將某段之鑛圖，不呈送，或某段之工程，隱匿不報，或故知各圖有錯，而不更正者，該鑛商應當科罰。惟罰款最多不得過銀二千兩。如不繳此款，即當監禁。惟監禁之期，最遠不得過一年。

第六十七條，防護積土傾塌。凡因勘鑛開坑者，應將所掘之土，堆在兩旁，如山脊式，並須不令坍塌。且須設法妥爲防護，以免行人傾跌坑内。

第六十八條，防護開鑛有妨礙之地面。設使鑛務稽查委員查有已勘之地，有妨生命，或與大衆往來有礙者。該稽查委員當飭令該勘鑛人，或該地業主，即將此坑填滿，與地相平，或妥設隄防防護。

第六十九條，防護工程。凡有井口或進礦之道，暫時不用，或只爲通氣之用者，與各種工作口門非尋常驗鑛之小坑，並提高臺墩，及提高梯路。皆應察奪形勢，妥設隄防。

第七十條，保護地方墳墓民業生計。鑛地如有墳墓，須儘力保護。所有一

切工程，應在距離該墳定章尺寸以外，方許施工。歷代有名帝王聖賢陵墓，相距三十里。先賢名宦墓，相距三里。尋常士紳墓，相距一百步。地下亦不准橫斜侵入限內。萬一墳墓於鑛有礙，勢難兼顧者，應稟明地方官，並知照該墳墓下直屬子孫，妥爲商辦。量其情形，從優酌給遷費。凡鑛產，該處地方不能以有關風水積習，空談阻止開采。惟於民間營業生計，實有防礙，民情不能允服者，不得稍有强迫。准由該鑛商稟請官局詣勘，再行酌辦。

第七十一條，鑛界減少法。鑛商如欲將所領鑛界，減去若干，應稟明鑛務總局。並將原領鑛照與鑛圖，隨稟繳呈，擬減去鑛界若干，亦應註明圖內。當將鑛界減去若干時，務須按照鑛務正章第三十二款所載照減，不可隨意劈分畸零，所劃定鑛界，並不可割分互相毗連之處。

第七十二條，鑛界減少之布置。鑛務委員收到呈請減少鑛界稟件，即派測繪委員一人，測繪所謄鑛界之圖，並遵章安置應立之界誌。且須遵照總局所定六十日期限之内告竣。測繪委員用費，應由具稟人照付。圖工告竣，呈進該委員，應在請領開鑛執照注册簿内，及鑛照之上，載明所減鑛界之數目，然後將原照交還原人收執。

第七十三條，鑛照註銷法。設使鑛商欲將所領之地，全行註銷者，應即稟明鑛務委員，或逕稟總局，總局收稟，應即照稟注册備案，仍當遵照本附章第六十一條辦理。」

又外務部收張之洞抄摺《礦務章程請敕由外務部農工商部迅妥核議》〔光緒三十三年〕五月二十八日，收軍機處交鈔摺稱：「太子少保協辦大學士湖廣總督臣張之洞，跪奏懇請早定鑛務章程，以保利權而杜滋蔓，恭摺仰祈聖鑒事：竊查鑛務章程經臣遵旨悉心妥議，於光緒三十一年十二月具奏，十二月二十六日奉硃批：「外務部商部議奏，書併發，欽此。」嗣因外商兩部久未議覆，經臣於上年六七八等月，三次電咨催詢。至八月杪始接外商兩部覆電，大致謂鑛章有關交涉各條，由外務部酌核，餘由商部核定，必俟詳細核明，方能奏定等語。本年三月，臣復經電詢。准農工商部覆稱，本部應核各條已定，惟有關交涉各節，應由外部酌核改定。如外人遵守中國法律等類，倘不能辦到，似與定章本旨相違，除咨催外務部外，先此電覆等語。查比年以來，鄂湘鑛務之案甚多，臣因鑛章未定，無從批示。於是商民有未奉批不敢開鑛者，有土客争開，致成鬥訟者，亦有恃鑛章未定，私自挖運，致多中外轇轕者，或洋商冒稱華商，或華商假託洋商，辦理甚形棘手。新章若再不速定，鑛務交涉，必致愈久愈難辦理。且外人涎我鑛利者，皆恃部議未定，枝節横生。現在義國商約，又欲我采擇非洲紅海義國屬地之鑛章，議論愈出愈奇。此後每有一國議約，皆有干預鑛務條款，應付之策將窮。義國更有特款索鑛一條，權利所關，非早定大局，必多意外要挾瀆擾。現在惟有關交涉各條，專待外務部核定。想外務部不乏學識通博諳悉外情之員，微臣所擬，可采者采，可改者改，可删者删，儘可分别准駁。至鑛務有關交涉者，固須審慎周詳，然大率不外乎嚴防於將來，而稍寬於既往。或畧展年限，再照新章。或權衡輕重，酌與抵補。總以無礙中國鑛務全局爲主。若外人志在壟斷横行，必欲破壞中國法律，則我自當堅持慎守，静以待之，斷不受其欺愚。地寶聽其暫閟，並無妨礙。俟華人學識漸開，資力漸裕，從容開采，成效漸彰。則外人圖得鑛商一半之利，亦必就我範圍。倘使定章稍疏，則主權一失而難收，利權一棄而難復。大計所關，不可不慎。在部臣自能審度機宜，似不難早日定議。若僅懸宕不定，實非長策。相應請旨敕下外務部及農工商部，將此項鑛章，即妥爲核議。覆奏請旨裁定頒行，俾中外商民早資遵守。且免多生枝節，愈難補救。理合恭摺具陳，伏祈皇太后、皇上聖鑒。謹奏。光緒三十三年五月二十八日。奉硃批：「該部議奏，欽此。」

又外務部收農工商部文《張之洞奏請早定礦章請酌核會同奏覆》〔光緒三十三年〕六月初三日，收農工商部咨文稱：「光緒三十三年五月二十八日，軍機處片交湖廣總督張之洞奏請早定礦章一摺，奉硃批：「該部議奏，欽此。」欽遵到部，查此項礦章，前經本部將應核各條，先行核定。咨呈貴部查核在案，應請酌核見復，會同議奏可也。」

又外務部收端方電《劉鶚以浦口開埠來此應否即行拏捕》〔光緒三十四年〕六月十八日，收南洋大臣端方電稱，楊道文駿本日到甯，面述尊諭，屬拏革員劉鶚即劉鐵雲解京。刻查該革員適因浦口議開商埠來此，具呈聲明應用地段，全行報効公家。其鐵路車頭應用地畝，亦全行報効。是否即行捕獲，請示遵行。再該革員就獲後，應如何奏明起解，並解交何處，乞示。方，篠。

又外務部發南洋大臣電《劉鶚罪案確鑿希密飭查拏》〔光緒三十四年〕六月十九日，發南洋大臣電稱，甯密，篠電悉。華員劉鶚，係光緒二十四年四月都察院據雲南舉人沈鋆章、山西京官鄧邦彦等，先後聯銜具呈代奏稱，該員壟斷礦利，貽禍晉滇。請查拏遞解回籍，交地方官嚴加管束各摺片，軍機大臣面奉諭

旨：「著總理各國事務衙門查明辦理，欽此。」當經查拏未獲。庚子之亂，伊更名在京，勾結外人，盜賣倉米。上年六月，據駐韓總領事馬廷亮稟，韓在甑南浦私設塩運會社，合同內載華人劉鐵雲、劉大章均爲發起，又勾結外人營私罔利，迄未悛改。該革員既在江甯，希密飭查拏，先行看管，獲後電復。俟酌定辦法，再電達，外務部。

又外務部收端方電《劉鶚經已拏獲》〔光緒三十四年〕六月二十日，收南洋大臣端方電稱：外務部鈞鑒，甯密，十九日電悉。華員劉鶚已派巡警總監何道黻章，帶同委員許炳璈設法在甯拏獲，交巡警局看管。應如何辦理，候電示祗遵。方，二十日。

又外務部《劉鶚營私罔利勾結外人請旨懲辦》〔光緒三十四年〕六月二十二日，外務部奏摺稱，再已革知府劉鶚，即劉鐵雲。於光緒二十四年間，朦混山西巡撫胡聘之允許福公司借款辦礦，並希圖承辦雲南礦務。經山西京官鄧邦彦、雲南舉人沈鋆章等，先後聯銜具呈都察院代奏。以該員壟斷礦利，貽禍晉滇，請查拏遞解回籍，交地方官嚴加管束各摺片。軍機大臣面奉諭旨：「著總理各國事務衙門查明辦理，欽此。」歷經查拏未獲。本年正月十一日奉上諭：「已革知府劉鶚，膽大貪劣，狼狽爲奸。着永不叙用等因，欽此。」伏查該革員貪鄙謬妄，不止一端。當庚子之亂，更名來京，盜賣倉米。上年夏間，復在韓國私設塩運會社，購運遼塩出境。種種行爲，均係營私罔利，勾結外人，貽患民生，肆無忌憚。若任其逍遥法外，實不足以懲奸慝而儆傚尤。現接准南洋大臣端方電稱，該革員因浦口議開商埠，來甯具呈報効地畝。經臣等電復密飭查拏，先行看管。應如何懲辦之處，伏候命下，即由臣部電知南洋大臣遵照施行。爲此附片具陳，伏乞聖鑒訓示，謹奏。

又外務部收軍機處交片《上諭著解劉鶚前往新疆監禁產業充公》〔光緒三十四年〕六月二十二日，收軍機處交片稱，交度支部、外務部、法部、兩江總督、新疆巡撫。軍機大臣面奉諭旨：「外務部奏已革知府劉鶚貪鄙謬妄，不止一端，請旨懲處一片。革員劉鶚違法罔利，怙惡不悛，著發往新疆永遠監禁。該犯所有產業，著兩江總督查明充公。辦理地方要政，該部知道，欽此。」相應傳知貴部、督、撫欽遵可也，此交。

又外務部收端方電《劉鶚業經拏獲即遵旨解辦》〔光緒三十四年〕六月二十四日，收兩江總督電稱，軍機處外務部鈞鑒，申密，二十三日奉電旨：「革員劉鶚違法罔利，怙惡不悛，著發往新疆永遠監禁。該犯所有產業，著兩江總督查明充公。辦理地方要政等因，欽此。」遵查前接外務部電，業經飭派巡警局道員何黻章，委員許炳璈，設法在甯將劉鶚拏獲看管。謹即遵旨派員將劉鶚解往新疆永遠監禁，並查明產業充公。除起解日期另行咨報軍機處外務部查照外，所有拏獲革員劉鶚緣由，謹請代奏。端方叩，漾。

又外務部收端方電《劉鶚經押解赴鄂並駁拒日領干預請電沿途督撫派員》〔光緒三十四年〕六月二十七日，收南洋大臣端方電稱，袁宫保鑒，密，劉鶚一犯，今日已派員乘坐福安官輪，押解赴鄂，咨請鄂督派員接解前進。頃接日本駐滬永瀧總領來電，以據本國人鄭永昌電稟，劉鶚前因鹽務貿易，尚欠伊銀四十萬元，懇請電商北京緩解，以免巨款與著等語，方現已電復該總領，告以劉鶚係奉旨飭拏要犯，業已起解，未便轉請去後。惟查該犯素與外人勾結往來，蹤跡詭秘。現雖電復日領，難免不復來干預。若由一處派員長解，治裝遠征，不無耽延。擬請鈞處電知沿途經過鄂豫陝甘各督撫，預派妥員。一俟該犯解到，即日接護押解前進，以期妥速而免枝節。邸相前祈轉致，並盼電復。方徑印，六月二十六日到。

又外務部發湖廣陝甘總督河南陝西新疆巡撫《往新疆監禁希派員接護押解》〔光緒三十四年〕六月二十七日，發鄂甘督，豫陝新疆巡撫電稱：「已革知府劉鶚。奉旨發往新疆永遠監禁。頃准江督電稱，劉鶚一犯，二十五日已派員乘福安官輪押解赴鄂，咨請鄂督派員接解前進。頃駐滬日領來電，劉鶚因塩務欠日商銀甚鉅，請電商北京緩解。復以劉鶚係奉旨飭拿要犯，業已起解，未便轉請。該犯素與外人勾結往來。蹤跡詭秘。若由一處派員長解，治裝遠征，不無耽延。請電知沿途經過鄂豫陝甘各督撫，預派妥員，一俟該犯解到，即日接護押解前進，以期妥速，而免枝節等語，希即預派妥員於該犯解到時，迅速接護，妥慎押解，勿稍延誤爲要，並電復。」

又外務部收兩江總督文《咨報劉鶚起解日期》〔光緒三十四年〕七月初六日，收兩江督咨文稱：承准貴部電開，軍機大臣面奉諭旨：「外務部奏已革知府劉鶚貪鄙謬妄，不止一端，請旨懲處一片。革員劉鶚違法罔利，怙惡不悛，着發往新疆永遠監禁。該犯所有產業，着兩江總督查明充公。辦理地方要政，該部知道，欽此。」查此案前准貴部電，當經飭派江南巡警總監候補道何黻章，帶同委員候補知縣許炳璈，將該革員劉鶚在甯設法拏獲，暫交巡警局看管在案。欽奉

前因，茲經飭派巡警局參事候選知縣趙椿林，副將李東武，管解該革員劉鶚，於即日起程解赴湖廣督部堂衙門。投候飭派員弁接解前進，取道河南陝甘，赴新疆撫部院衙門投收，聽候飭發永遠監禁。除飭造年貌箕斗清册點交起解，並分咨湖廣督部堂陝甘河南陝西撫部院一體飭派員弁接解前進外，所有該革員劉鶚起解日期，相應咨呈。爲此合咨貴部，謹請察照施行。須至咨呈者，光緒三十四年六月二十三日。

《礦務檔・山東礦務・蓬萊煤礦》總署收崇厚文《美教士干預蓬萊縣查禁挖煤請嚴行制止》附《美教士函蓬萊縣告示、致美領事照會暨蓬萊縣稟》〔同治七年八月十七日，三口通商大臣崇厚文稱，同治七年八月初一日，據東海關監督登萊青潘道稟稱：「本月初三日據署蓬萊縣任令稟報：該縣生員盧鳴韶，勾串美國教士高第丕，恐嚇阻止私挖煤井一案。查稟内所稱：距城南二里之來王溝東山，有生員盧鳴韶私挖煤井，經紳士趙元章等呈控，由縣出示諭禁，刊立石碑。即有美國教士高第丕來書稱，盧鳴韶係該國先生，不應將其姓名刊入碑内，壞他名氣，明明借端報怨，限四日内將碑毀壞移去，不然要告領事官，彼此大傷和氣等語。並抄録高第丕原信，及禁止刻碑告示各等情到關。職道查盧鳴韶係登州府學生員，其私開煤井經本地紳士趙元章等告發，該縣出示立碑。禁止告示内，並無一字干涉外國。盧鳴韶恃仗喫教，膽敢唆使教士高第丕出頭，擅用書信到縣，干預地方公事。並稱盧鳴韶係該國先生，不應將其姓名刊入，明明借端報怨。且有限令四日内將示禁石碑毀去，不然要呈告領事官等語。顯係挾制官長，擾累地方，有違條約。業將以上各情照會該領事花撒由查辦去後，尚未據有照覆。唯該領事係商人兼充，不能管事，職道交卸在邇，不得不抄録照會，及該縣原稟暨禁止告示，并高第丕書信各清摺，稟請詧覈。應否咨明總理各國事務衙門，行知該國駐京公使飭令該領事嚴禁高第丕不得違約干預之處，悉出鈞裁。除稟報山東撫台覈辦，並檄飭蓬萊縣仍行嚴禁私挖煤井匪徒，並派役看守石碑不准移動外，肅此具稟。計録呈照會，並該縣稟送抄件清摺共六扣等情。據此，查傳教士高第丕既係有違條約，自應咨請總理衙門照會美國駐京公使，行知領事官嚴行禁飭，以示懲儆。茲據前情，除稟批示，並將送到各清摺存留一分備案外，理合將清摺一分備文咨呈。爲此咨呈王大臣請煩查照，祈即照會美國駐京公使飭令該國領事官遵辦。仍希賜覆，以便飭遵。望速施行。」

照録清摺。謹將駐登美國牧師高第丕來信，並禁止挖煤告示稿，抄呈鑒覈。

敬啟者：「大美國牧師高第丕今早聞衆人轟傳，説南門外大道西邊設立石碑一筒，爲禁止挖煤井之事，不知據何起見。其中説有我的干係，所以我親往看視，業將碑文抄録，以作憑証。看其中文意，雖未刊我姓名在内，但刊我們内先生的姓名。此係明明借端報怨，偕衆旁擊，敗壞我的名氣，誣我爲貪徒惡棍，爲非犯法，我實在不願有這個事。若是我真係犯法，我有領事官在烟台，應該告我在領事官處，不當這樣敗我名氣，誣告我良人，此係明明不按和約辦事。我算此事是大得罪我，欺我美國人太甚。因我願意和平辦事，所以從前置之不辯，茲先與大老爺商議明白，四日内若將碑毀壞移去，好莫如之，不然我必將要告我領事館處。恐事已經官，不敢保大老爺與趙元章往返費事費錢，彼此大傷和氣矣。爲此特泐，並候升安。伏乞台鑒。」

爲出示嚴禁事：「照得蓬境環山負水，地勢窄挾，非村落棋布，即墳墓重叠，從未准開礦開窑，歷經禁止在案。近聞有等貪圖漁利之徒，在來王溝一帶刨挖煤井，意欲肥己，經本縣將該地方拘案研訊禁止，未及出示。茲據職員趙元章等以生員盧鳴韶等在來王溝東山上私開煤窑，稟請示禁前來。除稟批示外，合行出示嚴禁。爲此示仰閤邑軍民人等知悉，自示之後，倘有無知之徒，勾串盧鳴韶私行開採，或經訪聞，或被告發，定行一律照律究辦，決不寬貸。各宜凛遵毋違，特示。」

爲照會事：「案據蓬萊縣稟稱：該縣境内城南二里之來王溝，有生員盧鳴韶私挖煤井，希圖漁利。經該處紳士等告發，由縣出示諭禁刻碑，即有貴國教士高第丕寫信到縣内稱：禁止挖煤碑文，雖無刊我姓名在内，但刊我們先生的姓名，此係借端報怨，壞我的名氣，誣我爲貪徒惡棍，爲非犯法，我實在不願有這事。限四日内將碑毀壞移去，不然必要告領事官，彼此大傷和氣等語。查私開山礦，中國例禁甚嚴，生員盧鳴韶私挖煤井，被人指名告發，經縣出示立碑諭禁。查告示内並無一字干涉貴國教士。該教士高第丕何得寫信到縣，率請將石碑毀壞移去，實屬有違條約。除飭蓬萊縣仍行嚴禁私挖煤井匪徒，並派役看守石碑不准移動外，擬合照會貴領事速飭該教士高第丕安分傳教。毋得聽信内地不法之徒，出頭干預，恪遵條約而敦和好可也。」

敬稟者：「本年閏四月間，經卑職訪聞卑縣境内來王溝，有私開煤井，當經差傳地方曲原興到案。訊據原差地方查得文案頂西坡南溝頭有挖坑之處，約有一丈餘深，現據周近村莊人等口稱，不知何人私挖，即著該地方填平稟覆取結。

嗣據卑縣四方紳士趙元章等按蓬邑境内環海負山，地勢窄狹，非村落棋布，即墳墓重疊，不便開礦開窑。從前爲採煤採鉛，屢經照例出示嚴禁在案。今有生員盧鳴韶竟向城南二里之來王溝東山上私開煤窑，希圖漁利。查來王溝山上去城二里，正是城南奎山結郡城縣城龍脈，闔郡闔縣數百萬生靈風水攸關，且四圍盡是鄉城居民墳墓，斷不可挖傷龍脈，破壞風水，陷害墳塋。伊爲一己之利，竟害闔郡闔縣之人，斷不能束手聽命。況既開之後，奸匪雲集，難禁争端，情形有不可問者，所以久干例禁。爲此稟明，伏祈詳查究辦，出示嚴行禁止等情。當經出示禁止，該紳士等甫經刻碑接據大美國牧師高第丕來信。因禁止挖煤刊我門内先生的姓名，此係借端報怨，四日内若將碑壞移去，如不然，要告領事官，彼此大傷和氣等語。茲將原信並出示禁止原稿，抄録呈請鑒核。查該生盧鳴韶係卑縣生員，膽敢勾串美國高第丕恐嚇地方官，挾制不按和約辦事，理合稟報，俯賜批示遵辦，實爲公便。」

八月二十日，致衛廉士函稱，昨接三口崇大臣來咨，據東海關監督稟稱，轉據署蓬萊縣稟報，該縣生員盧鳴韶在來王溝山私挖煤井，經紳士等呈控，由縣出示諭禁，刊立石碑。即經貴國教士高第丕函稱，盧鳴韶係該館先生，不應將其姓名刊入碑内，致壞名氣，限四日將碑毁壞移去等因。查中國例禁私挖煤井，與私挖金礦之案一律科罪。即中國商民非奉地方官飭准，不得私自開採，致干禁令。且蓬萊縣地方負山抱海，來王溝山係闔郡龍脈攸關，四圍盡是居民墳墓，該縣飭令不准開挖，立碑永禁，自係遵照成例，永禁亦爲闔邑民情起見。該生員盧鳴韶希圖漁利，犯禁私開煤井，地方官不遽加罪懲辦，已屬寛容。今教士高第丕復出頭干預中國地方公事，力爲盧鳴韶申辯，並勒限令地方官將碑記毁移。中國地方應辦之事，既非教士分所應預，且直言勒限，尤屬無禮。除由本衙門行文該省飭令地方官照例辦理外，爲此函達貴大臣查照。即希轉達新任勞文大臣，即日行知該處領事官轉飭教士高第丕，不可再爲出頭干預中國地方公事，尤不可無禮於地方官，以符條約。是爲至要。至勞大臣甫經接任，未便徑行函知，尚望代爲轉達爲荷。此佈。即頌日祉。

又總署行崇厚文《蓬萊縣私挖煤井案當按例辦理已知照美使嚴禁教士干預》〔同治七年〕八月二十五日，行三口通商大臣文稱，同治七年八月十七日，接准貴大臣咨據東海關監督稟稱：「據署蓬萊縣任令稟報，該縣生員盧鳴韶在來王溝東山私挖煤井，經紳士趙元章等呈控，由縣出示諭禁，刊立石碑，即有美國教士高第丕來書稱，盧鳴韶係該國先生，不應將其姓名刊入碑内，限四日將碑毁壞移去等語。謹將告示書信抄録，呈請照會該國駐京公使轉飭嚴禁等因前來。本衙門查私挖山礦，例禁綦嚴。今該生員擅自開挖，希圖漁利，該地方官并未按例懲辦，已屬寛縱，猶敢慫恿教士出頭干預，實屬不法。且現在挖礦之案，層見疊出，若不嚴行懲禁，何以能警將來？除業經由本衙門知照美國公使，迅飭該國領事官嚴禁高第丕不准干預地方公事外，相應抄録給美國公使信函，咨行貴大臣轉飭該地方官將盧鳴韶照例辦理。嗣後再有此等事件，如係洋人，應按約送交該國領事官懲辦。如係中國人，即由地方官按例辦理，毋得寛縱，即希貴大臣查照辦理可也。」

九月初三日，山東巡撫丁寶楨文稱，據升任登萊道潘道稟稱，本月初三日據署蓬萊縣任令稟報，該縣生員盧鳴韶勾串美國教士高第丕，恐嚇阻止私挖煤井一案。查稟内所稱，距城南二里之來王溝東山，有生員盧鳴韶私挖煤井。經紳士趙元章等呈控，由縣出示諭禁，刊立石碑。即有美國教士高第丕來書稱，盧鳴韶係該國先生，不應將其姓名刊入碑内，壞他名氣，明明借端報怨，限四日内將碑毁壞移去，不然要告領事，彼此大傷和氣等語。並抄録高第丕原信及禁止刻碑告示各等情到關。職道查盧鳴韶係登州府學生員，其私開煤井，經本地紳士趙元章等告發，該縣出示立碑禁止，内並無一字干涉外國。盧鳴韶恃仗喫教，膽敢唆使教士高第丕出頭，擅用書信到縣，干預地方公事，並稱盧鳴韶係該國先生，不應將其姓名刊入，明明借端報怨，且有限令四日内，將示禁石牌毁去，不然要呈告領事官等語。顯係挾制官長，擾累地方，有違條約。業將以上各情，照會該領事花撒由查辦去後，尚未據有照覆。惟該領事係商人兼充，不能管事。職道交卸在邇，不得不抄録照會及該縣原稟，暨禁止告示，並高第丕書信各清摺，稟請督核。應否咨明總理各國事務衙門行知該國駐京公使，飭令該領事嚴禁高第丕不得違約干預之處，悉出鈞裁。除稟報三口大臣覈辦，並檄飭蓬萊縣仍行嚴禁私挖煤井匪徒，並派役看守石碑不准移動外，肅此具稟等情到院。據此，查内地習教之人，除習教准免查禁外，如有他事犯法，仍應照例究辦。即各國傳教士如但安分傳教，該地方官應加保護，若與内地奸民勾串，犯法爲非，即應拘禁送交各國領事官懲辦。均係載明條約，不能牽混。今蓬萊文生盧鳴韶私挖煤窑，顯違例禁，該縣並未將其斥革問罪，僅止刻碑諭禁，已屬從寛辦理。至碑文所載，不但無一字干涉外國，亦無一字干涉傳教，且係地方官應辦之事，乃美國

教士高第丕即行函致該縣，以爲將伊先生刊入碑內，明明借端報怨，壞伊名氣，並限令四日內將碑移去等語。顯係無端干預，有意挾制，實屬自違條約。若內地作奸犯科之徒，但係習教，即可藉端袒護，而傳教士於作奸犯科之徒，地方官一行禁止，不關習教，均欲從中干預。則地方官辦事，何所適從？現經該道照會美國花領事轉飭該教士毋得干預，未據照覆。惟據稱該領事係商人兼充，未能管事，恐該教士未必聽從其言。除批飭該道仍飭嚴禁挖窑，如有奸徒復行勾串，仍應立即拘拏究辦外，擬合咨明。爲此咨呈貴衙門謹請查照，即據所稟實在情形，照會美國駐京公使，轉飭該領事官嚴諭各傳教士安分傳教，於內地不法之徒，及地方一應公事，凡不關教事者，不得無端干預，以遵條約而敦和好。望切切施行。

照録原抄蓬萊縣稟。

敬稟者：本年閏四月，經卑職訪聞卑縣境內來王溝有私開煤井，當經差傳地方曲元興到案。訊據原差地方查得文峯頂西坡南溝頭有挖坑之處，約有一丈餘深。現據周近村莊人等口稱，不知何人私挖，即着該地方填平稟覆取結。嗣據卑縣四坊紳士趙元章等按蓬邑境內環海負山，地勢窄狹，非村落棊布，即墳墓重疊，不便開礦開窑。從前爲採煤採鉛，屢經照例出示嚴禁在案。今有生員盧鳴韶，竟向城南二里之來王溝東山上私開煤窑，希圖漁利。查來王溝山上去城二里，正是城南奎山結郡城縣城龍脈，闔郡闔縣數百萬生民風水攸關。且四圍盡是鄉城居民墳墓，斷不可挖傷龍脈，破壞風水，陷害墳塋。伊爲一己之利，竟害闔郡闔縣之人，斷不能束手聽命。況既開之後，奸匪雲集，難禁爭端，情形有不可問者，所以久干例禁。爲此稟明，伏祈詳查究辦，出示嚴行禁止等情，當經出示禁止。該紳士等甫經刻碑，接據大美國牧師高第丕來信，因禁止挖煤，刊我門內先生的姓名，此係借端報怨，四日內若將碑毁壞移去，好莫如之，如不然要告領事官，彼此大傷和氣等語。兹將原信並出示禁止原稿，抄録呈請鑒核。查該生盧鳴韶係卑縣生員，膽敢勾串美國牧師高第丕，恐嚇地方官，挾制不按和約辦事，理合稟報，俯賜批示遵辦，實爲公便。

《礦務檔·山東礦務·博山煤礦》總署收丁寶楨函《英人請開採博山煤井業經阻禁》〔同治九年〕六月初八日，山東巡撫丁寶楨函稱：「竊洋人去歲秋間，在東府平度州一帶開挖金鑛，當經設法阻禁，幸未滋事，本年來業經絶跡。忽於月之初一日，接據博山縣王令維鶴稟稱，英人馬克德珂在該縣價買封禁山地，意圖開採煤井等情。寶楨以買地開採煤井，爲條約所不載。且開井一事，種種窒礙，萬不准行，當據稟明晰批示該縣遵照辦理去後。嗣據該縣續稟，該洋人已經該令理阻中止，復經據稟批示。正在發行間，適該洋人馬克德珂來省，專人先行持帖訂時拜會。寶楨查其係屬游歷執照，并非職官，突然拜會，似不宜遽行令見，致失體制。當經傳諭該洋人因何來省，有何事情請見，令其言明，再行傳見。旋據該洋人呈遞一函，所言即係因欲在博山開井一事。寶楨當令首縣孫令前赴伊寓，剴切傳示開採煤井一切窒礙甚大，且有違條約，萬不准行。該洋人似覺理屈，頗有畏懼，並與言此事博山縣稟到，已經批飭阻止。該洋人欲抄批稟一看，寶楨以此事既不准其妄行，必應明白宣示，當飭將批抄給閲看，並令首縣孫令向言令其將所買之地退回，仍照原價付還。其賣地之人，應由中國治以欺哄之罪。該洋人以自向退銀爲言，查看目前，似覺無事。惟聞該洋人需煤甚殷，其注意採煤，已非一日，將來恐難免不再行嘵舌。而此事貽患甚深，斷不能不慎之於始。是以寶楨所批博山一稟，特將日後一切地步預爲踏實，以便異日即別有舉動，渠自無可置喙，諸事較易辦理。除備公牘咨呈外，合將一切情形，專函奉聞。」

又總署收丁寶楨文《英人請開採博山煤井業經阻禁》〔同治九年〕六月初八日，山東巡撫丁寶楨文稱：「前因博山縣王維鶴稟稱，洋人馬克德珂價買夏家莊封禁地畝，意圖開採煤井等情，當經咨呈貴衙門查照在案。正咨行間，續據該縣稟稱：敬稟者：竊卑職前因洋人馬克德珂價買卑縣夏家莊封禁地畝，圖開煤井，諭止不服，恐致激成事端，當經馳稟撫院，一面知會該洋人候示遵行在案。卑職以夏家山杌子嶺一帶，上下周圍山塲，封禁多年，不准開採，遠近無人不知。而該處苗較旺，地土淺薄，開鑿甚易，遠近亦無不垂涎。近十數年來，圖開之人，或糾約當道巨紳，或勾結隣境勢豪，無法不設，靡計不施，皆未准其開採。今該洋人突如其來，亦竟注意此地，其中必有奸徒勾結。遂細加查訪，祇以賣主非本地人民，一時無從查其實迹。惟訪得該洋人承買此地，雖已立和，尚未交價。卑職因思地價既未交付，必緣勾結之人明知准否不可預定，主令洋人出頭先來試探，洋人素性躁急，恐未必肯静候撫院批示。若一味敷衍，反增該洋人之桀驁，亦且有失中國體統，似宜曉以利害，當可易於止息。查同治七年間，奉到《禁止開礦章程》內，曾有洋人因游歷前來，如有開礦之事，該地方官即告以中國例禁，據理明言，妥爲勸阻。倘該洋人不聽阻止，則是非所應爲之事，任意妄爲，按諸條約，即爲犯法，該地方官即將該人照約妥爲拘禁，解送海關監督，移知領事官

會同辦理等語。開採煤井，與開礦事一律，僅可比照辦理。當于二十五日飭傳該通事等到署，諭之以理，懾之以威，并將章程及該處封禁碑文抄給閲看，令其轉爲傳述。如果該洋人必欲開採，則顯違中國禁令，即爲犯法，定即照約辦理。若能翻然悔悟，不聽奸徒之煽誘，從此中止，即當妥爲護送出境，以全和誼。該通事等均願力爲勸止。至二十六日申刻，該洋人來署，接見之下，似覺頗懷震惕，非復前日情狀。卑職復又開誠布公，再三勸導，互用恩威，該洋人始行喜悦。據通事傳述情願作爲罷論，並情願不要此地，次日即行赴省，由省回天津，求爲代顧車馬等語。旋即起身作道謝辭别之狀，並從懷中取出契據，立時撕裂，與卑職拉手而去。其托僱之車馬，因卑縣僻處偏隅，並無轎車，騾馬可僱，當經告知情形，代爲覓得小車數輛，裝載行李。該洋人自行雇驢騎坐，于二十七日早起身，由卑職派役妥爲護送出境訖。除仍確查卑縣境内有無勾結之人，分别辦理外，所有洋人馬克德珂價買卑縣封禁地畝，圖開煤井，業已阻止護送出境緣由，理合稟報查核。至賣主甯瑞閣，即甯興至等，雖尚未得價，第擅敢將中國禁地立契賣與洋人，幾至釀事，究屬膽大妄爲，更恐其中另有别情，應否仍飭濟陽等縣分别查明究辦。應請憲裁等情，到本部院。准此，查該洋人既經起意買地開井，雖一時中止，究恐日後難免生心。而開採煤井一事，關係甚大，萬難准行。如日後該洋人仍復意存覬覦，惟有據理阻止，斷不使其擅行開採，致釀後患。除稟批飭該縣查照前稟批示，妥爲辦理外，擬合咨呈。爲此咨呈貴衙門，謹請查照施行。」

《礦務檔・山東礦務・中德交濟路暨山東五處礦務交涉》總署收張汝梅文《德商禮和洋行在濰縣購地開挖煤井》〔光緒二十四年〕六月初六日，山東巡撫張汝梅文稱，光緒二十四年五月二十九日，據濰縣知縣李務滋稟稱：「竊查本年閏三月初七日，蒙本府轉奉本道札飭，以准德國總領事函稱：本國商人斯美德赴山東直隸游歷，令即照約妥爲保護等因。隨經卑職訪聞該洋商斯美德已來卑境，旋又他往，留其司事廣東高要縣人黄國香，住居卑縣東關客寓，代該洋商購買地畝。嗣在南鄉甯家溝、儉疃莊，購妥民地四十餘畝，均係公平論價，賣户尚屬相安。該洋商時來時去，並未常住卑縣，卑職即飭派妥役隨時查探。一俟該洋商入境，照約保護，以期周妥。兹於五月二十一日，該洋商斯美德復又來縣，並帶其司事黄國香入署拜會，卑職以禮接見。據斯美德面稱：伊在上海等處開設禮和洋行，現在議修鐵路，由青島以達德州，爲伊行包辦。鐵路兩旁准其開採煤礦，載有條約。前在淄川縣購買民地百餘畝，兹來濰境南鄉二十里堡南坊子北擇地而買，現已買妥甯家溝莊西地二十一畝八分二毫，儉疃莊西地二十三畝九分七釐九毫，尚擬陸續添購，共成一百餘畝之譜。先在所買地内，開挖井筒三箇，每井約深百丈，年半挖成。與淄川縣煤井比較，何處産煤深逾四十丈，即在何處開採，以供鐵路火車之用。卑職以條約内載鐵路兩旁雖准開採煤礦，然須距鐵路二十里以内，方可開辦，今膠澳鐵路尚未勘定地基，先行買地開井，設距鐵路較遠，豈不有違條約。該洋商又稱鐵路雖未明定界址，而伊已有成竹在胸，所買地畝，預已估定，尚未出鐵路兩旁十里之外，決無舛誤。若無確實把握，遠過鐵路二十里，與條約不合，伊亦不敢妄買。至所購甯家溝、儉疃莊共地四十五畝七分八釐一毫，均已眼同中人賣户立契交價，契内註明賣於禮和洋行名下，開採煤井。四至科步，皆已註明，毫無别項違礙，請爲税契撥糧等語。應否照准，卑職未敢擅便，理合稟請鑒核，迅賜批示祇遵，實爲公便等情，到本部院。據此，除稟批示外，相應排遞咨呈。爲此咨呈貴衙門，謹請查照迅賜核復，以便飭遵，望切施行。」

又總署行張汝梅文《駁拒禮和洋行在濰縣購地開挖煤井》六月初八日，行山東巡撫張汝梅文稱：光緒二十四年六月初六日接准咨稱：「據濰縣知縣李務滋稟稱：五月二十一日禮和洋商斯美德來縣，並帶其司事黄國香入署拜會，面稱伊在上海等處，開設禮和洋行。現在議修鐵路，由青島以達德州，爲伊行包辦。鐵路兩旁准其開採煤礦，載有條約。前在淄川縣購買民地百餘畝，兹來縣境南鄉二十里堡南坊子北擇地而買，現已買妥甯家溝莊西地二十一畝八分二毫，儉疃莊西地二十三畝九分七釐九毫，尚擬陸續添購，共成一百餘畝之譜。卑職以今膠澳鐵路尚未勘定地基，先行買地開井，設距鐵路較遠，豈不違約。該洋商又稱雖未明定界址，而所買地畝，尚未出十里之外，決無舛錯，請爲税契撥糧等語。應否照准，卑職未敢擅便，稟請示遵。爲此據情轉咨迅賜核復飭遵等因前來。查中德專條第二端鐵路礦務等事第四款，於鐵路附近相距二十里内准開挖煤斤，德商、華商合股開採，其《礦務章程》亦應另行妥議等語。今禮和洋行雖有議修鐵路之説，本衙門尚未允定。該商赴濰縣勘路購地，亦未據駐京海大臣照知有案。即在二十里内開煤，並無華商合股，亦未與本衙門照約妥議章程，擅自前往購地開井，殊於條約不合，應不准其税契撥糧。相應咨行貴撫轉飭遵辦，並由縣轉行該洋商遵照可也。」

又總署收張汝梅文《禮和洋行私開煤井請照會德使飭禁》附《濰縣知縣致禮和洋行斯美德函》　九月二十一日，山東巡撫張汝梅文稱：光緒二十四年九月十六日，據濰縣知縣李務滋禀稱：竊查本年五月間，據德國禮和洋商斯美德帶同司事黄國香，在卑縣南鄉寧家溝、儉疃莊購買民地，開挖煤井，請爲税契撥糧一案緣由，當經禀蒙咨准總理衙門覆文内開：查《中德專條》第二端《鐵路礦務等事》第四款：於鐵路附近相距二十里内，准開挖煤斤，德商華商合股開採。其礦務章程，亦應另行妥議等語。今禮和洋行雖有議修鐵路之説，本衙門尚未允定，該商赴濰縣勘路購地，亦未據駐京海大臣照知有案。即在二十里内開煤，並無華商合股，亦未與本衙門照約妥議章程，擅自前往購地開井，殊於條約不合。應不准其税契撥糧，行令轉行該洋商知照等因到縣。遵經轉行該洋商遵照去後。乃現在該洋商不達卑縣知曉，輒自私運機器、木料前往所購地内，紮竪木架，意在開井探煤，詎於本月初八日甫紮至三丈餘高，因植基不固，遽爾倒塌，壓傷工匠八名。經卑職訪聞親往查驗，受傷八名内有一廣東人，係該洋商自帶來者，傷勢甚重。其餘七名均係卑縣人，内有四名受傷較重，二名最輕，業經該洋商飭人分别抬往卑縣東關外美國醫院中療治。據洋醫云：「除廣東人傷重難保外，下餘七人，均不致有性命之虞。」卑職當諭令受傷家屬静候醫調，不得藉端滋事。一面傳知該洋商嗣後不得再行私往工作，如果不遵，卑縣即諭飭鄉民不准受僱，以示限制。」乃該洋商面稱：此事係奉伊國駐京海大臣示諭辦理，現在若無海大臣禁令，斷不能停止。如本境鄉民不肯受雇，伊自向上海帶人前來做工。並向卑職索要信函，由伊達知海大臣核示等語。卑職伏查總理衙門復文既不准其税契撥糧，自不應擅自紮架開井。卑職有管理地方之責，何敢任令私自從事。現雖查照總理衙門原文書予一函，不許工作。竊恐伊復倔强從事，非卑職所能查禁。理合將致伊信稿，開具清摺，粘連排單，由馬遞四百里飛禀鑒核。俯賜迅咨總理衙門轉商海大臣行令停工，統俟議定章程，招有華商合股，行文到東，再行辦理。以符條約而免滋事，實爲公便等情，並呈清摺，到本部院。據此，除禀批示外，相應咨呈貴衙門，謹請查照迅賜照會德使轉飭該洋商停止紮架開井，並請速議《礦務章程》，頒發來東，以便飭遵。望速施行。

照録清摺。謹將卑縣致德國禮和洋行商人斯美德信稿，繕摺呈電。

敬啟者：竊查貴商前在敝縣南鄉寧家溝、儉疃莊購買民地，開井探煤，囑爲税契撥糧一案，當經據情禀蒙撫台咨准總理衙門復文内開：查《中德專條》第二端《鐵路礦務等事》第四款，於鐵路附近相距二十里内，准開挖煤斤，德商華商合股開採。其礦務章程，亦應另行妥議等語。今禮和洋行雖有議修鐵路之説，本衙門尚未允定。該商赴濰縣勘路購地，亦未據駐京海大臣照知有案。即在二十里内開煤，並無華商合股，亦未與本衙門照約妥議章程，擅自前往購地開井，殊於條約不合，應不准其税契撥糧。相應咨行撫院轉飭遵辦，並由縣轉行該洋商遵照可也等因到縣，遵經照會貴商在案。伏查敝縣辦理一切緊要交涉事宜，均須禀請各大憲來文照准，方敢興辦。今總理衙門文内以章程尚未議定，又無華商合股，不准税契撥糧，敝縣自不能任令竪架開井。乃貴商未達敝縣知曉，逕往所購地内竪立木架開井探煤，以致壓傷工匠等人，敝縣有管理地方之責，若仍聽其辦理，倘蒙上憲詰責，其將何辭以對？現已將前項情節，禀請撫憲咨請總理衙門核示。應請貴商静候來文，再行辦理。如仍逕往工作，敝縣惟有親往查封，以免違背條約。其不得已之情，尚祈原諒爲荷。手此，祗頌旅安，惟照不一。

又總署收張汝梅文《禮和洋行在淄川開挖煤井當照約辦理》〔光緒二十五年〕正月二十八日，山東巡撫張汝梅文稱：案據淄川縣知縣王秉愨禀稱：「竊本年十二月十一日，接禮和洋行德商斯美德帶同司事黄國香來署拜會面稱：伊在上海等處開設禮和洋行，茲來淄境城北承租塘子地山場一處，攻做煤井。計官畝八百二十八畝，租價一萬二千五百吊，携帶合同二紙，請爲蓋印，以免日後有争差違礙等情。卑職查閲合同，該處山場前出縣境人畢文承等租做，嗣因無力停止，現經畢文承等轉相租出，並非原地主自行出租。而山場之地，既有八百餘畝之多，地主自屬不一其人。誠恐人心不齊，違願紛争。且該洋商租地做井，並無執照，豈不與約章有違，即以婉言相覆。該洋商以曾在博山濰縣租做煤井，均如此辦理等語。卑職即以應將該山場各原地主邀齊議明，再行商辦，以免日後見利争趨，影射生端，徒滋轇轕。所有禮和洋商來縣租做煤井，請爲合同蓋印，應否照准，事關大局，非卑職所敢擅專，理合禀請鑒核，批示祗遵，實爲公便等情，到本部院。據此，查濰縣鑽煤一案，前准貴衙門以准德使照稱：開礦須先鑽煤，請飭縣無庸攔阻等語，電令轉飭該縣照約准行等因，當經轉飭照約遵辦在案。本部院以爲照約而論，應俟章程議定再辦，方與中德專條相合。且前准貴衙門咨開：即在二十里内開礦，並無華商合股，亦未與本衙門照約妥議章程，擅自前往購地開井，殊於條約不合，應不准其税契撥糧等因。是禮和洋行既未招華商合股，自不得違約行事，今章程尚未議定，該洋商復藉濰縣開井之言，前赴

淄境租地，又無執照可驗。若不照約商租，將來租做煤井者，皆可託爲禮和洋商之名，亦必無從查察。且該縣畢文承等將地轉相租出，並非原地主自行出租。其從前有無轇轕，均不可知。誠如該縣所稟，人心不齊，羣起紛争，轉多阻礙，似未便將洋行合同遽行含混蓋印。除飭縣照會該洋商先將該山場各原地主邀齊議明，一面聽候咨請貴衙門示復，再行飭遵外，相應咨呈。爲此咨呈貴衙門，謹請查照，迅賜照會德使轉飭該洋商照約辦理，並速議中德合辦礦路章程，頒發來東，以便飭遵。望速見復施行。」

又總署收德使海靖照會《濟南至山東南界鐵路可爲津鎮官路惟路側三十里內煤礦應准德商開挖》〔光緒二十五年〕三月二十八日，收德國海使照會。爲照會事：「所有自天津過濟南府至鎮江將造鐵路一事，屢經本大臣在貴署面談在案。至該鐵路所用借款章程，現已由督、幫辦大臣向德華匯豐兩銀行商定，惟本大臣先奉本國政府特令，應告明與貴王大臣知之。據云所有自濟南府至山東南界一段，按去年二月十四日訂定專約，應歸德國蓋造，兹因總理衙門所言，此段亦應爲中國官路，德國國家體查情形，甚願表彰和睦之心，擬即應允如中國所願。該鐵路中段，將來可爲津鎮官路，惟德國政府如此相讓，中國亦必有以酬報，方可施行。即如按去年二月十四日專約，德國應得他項利益，如於濟南府至山東南界鐵路附近之處相距三十里內，允德商開挖煤斤等項，及須辦工程各事一節，中國應爲認真辦理，盡力保護相助等因前來。本大臣查前於貴署面談之際，貴王大臣業已應允。本大臣將來以此事照會貴署，即可以允許之意回復。兹者相應照會貴王大臣，請即照辦，並請轉致督、幫辦大臣，將業經向銀行總辦商定之合同，速行畫押，以便貴王大臣早爲具奏請旨允准爲要。須至照會者。」

又外務部發德使海靖照會《山東鐵路附近德商挖煤暨承辦工程物料事當遵約辦理》 光緒二十五年四月初二日，發德國海使照會。光緒二十五年三月二十八日，接准貴大臣照稱：津鎮鐵路一事，所有自濟南府至山東南界一段，按去年二月十四日訂定專約，應歸德國蓋造。因總理衙門所言，此段亦應爲中國官路，德國國家體查情形，甚願表彰和睦之心，擬即應允如中國所願，該鐵路中段，將來可爲津鎮官路，惟德國政府如此相讓，中國亦必有以酬報，方可施行。即如按去年專約，德國應於濟南府至山東南界鐵路附近之處相距三十里內，允德商開挖煤斤等項，及須辦工程各事，中國應認真辦理，盡力保護，請即照辦。並請轉致幫、督辦大臣，將商定之合同速行畫押，早爲奏准等因前來。查津鎮鐵路經過山東南界一段，經貴國國家體查情形，允如中國所願辦理，具徵貴國國家顧全睦誼，本大臣等甚爲紉佩。至去年專約所准，一由膠澳經過濰縣青州、博山、淄川、鄒平等處，往濟南及山東界，二由膠澳往沂州經過萊蕪縣至濟南府鐵路，附近相距三十里內，允德商開挖煤斤。及山東省內如有開辦各項事務，先問德商願否承辦工程，售賣料物各節，本衙門自應照約認真辦理，盡力保護，以盡酬報之誼。除轉致督、幫辦大臣，將業經商定之合同，速行畫押，以便早日具奏外，相應照復貴大臣查照可也。須至照會者。

《礦務檔・山東礦務・中德膠濟路暨山東五處礦務交涉》外務部收洪用舟稟《抵制德人攘奪濰縣煤礦暨曹倜條陳路礦集股事》 四月初五日，山東候補道洪用舟稟稱：「竊職道自違鈞霽，時閱兩年，夙荷恩培，感縈五内。祇以新勞依舊，遂致蕪牘多疏，恭維宫保中堂勛隆樞府，福媲籛年，翹首崇輝，傾心鄙祝。職道前在東昌府任内，遇庚子拳匪之變，當以東昌界連直隸，匪徒出没，時有滋擾之虞，職道督同營縣剿撫兼施，幸得地方安静。迨冬間事平，適因感受風寒，賤軀委頓，遂力請開缺，擬俟小愈，即行旋川。乃上年正月交卸府篆，就醫濟南。仰邀庇蔭，病體漸痊。復蒙袁慰帥一再慰留，奏派勘辦東省路礦事宜。竊思東省煤礦最優，利源亦最鉅，今德人經營路礦，不遺餘力，利權所至，要挾多端。即如濰縣之丁家井原有之煤礦，土人稱之爲烟煤，可作機器鍋爐之用。初爲張勤果出貲開辦，旋爲王鳳西等接辦有年。因上年拳匪滋擾，且貲本短絀，暫行停歇，前公司派洋員赴該處詢問地主擬爲購買，地主未允。查膠約内本有『華人不願價賣，即作罷論』之條，自應援以爲例。乃德人復以此井與公司所開之井相近二里許，恐有危險，致函職局多方阻擾。職道竊以爲距鐵路三十里内，已准其開辦煤礦，而紳民舊有之礦，再任其攘奪而有之，則東省利權豈非全行旁落。現奉張安帥面諭商務局籌款三萬金，擬與原辦之人，合股接辦，以期抵制公司。然公司垂涎丁井之煤質極優，利之所在，恐未必果能甘心也。曹令倜爲江陰曹恭慤之姪，前年赴行在解餉回東，旋經職道稟派鐵路當差。因見路礦爲德人把持，恐利權全失，後患滋多，條陳路礦集股辦法，擬與德商合辦，藉可挽回利權，已蒙安帥飭司局核議。兹曹令請假二十日，赴京措貲。職道屬其順將條陳各節，繕摺恭呈鈞誨。」

照録附稟。謹將條陳山東路礦集股稟摺各稿，繕具清摺，恭呈鈞鑒。

稟稿。敬稟者：「竊維膠澳定約路礦開辦，已歷兩年，名曰華德公司，而華

人並未入股。環界以西，派兵設局，爲之保護，與商公事，隔閡仍多。將來路礦日增，華官有保護之責，設有疏虞，要挾立至。恐洋兵不越環界之約，終不足恃。是有利則德商專之，有害則華官任之。且不僅此也。膠濟鐵路原估五十二兆馬克，德商既費此鉅本，則於濟南定租界，開商埠，設領事，增枝路，以期網羅利益，亦勢所必至。卑職奉憲檄撫憲委派鐵路當差，於德商路礦情形，稍知底藴。竊見華人一日不入路礦股份，即一日不能參預公司之事。且凡事仰其鼻息，不能聽我指揮，坐失利權，早留後患。徒勞勞於派兵設局，歲糜帑金，甚無謂也。今欲求挽回利權，消彌後患，是非籌款與德商合股不可。欲與德商合股，是非籌鉅款不可。欲籌鉅款，是非勸令通省紳民合力湊集不可。合力湊集之法，如俟紳商樂從，東省風氣未開，決難集事，唯有取諸民，以入商股，即收其利，以治民事，不失爲立法之平。夫紳民之有田畝，原係有力之户，應責成各牧令按照地丁每兩合收錢數，外帶收京錢五百文，名曰路礦股本，五年以後，即行停止，可得銀三百萬兩。在各户分年攤繳，所損無多，而衆擎則易成，永爲子孫之利。既非加增賦額之累民，又非昭信股票之失信，且從此紳民均有路礦股本，人人均有愛護路礦之心，尤於大局有裨。迨至得有利息，分解各州縣，即作爲小學堂常年經費，以教其子弟。取之於民者，仍還之於民，衹須各牧令慨切勸導，俾知不附股則有害無利，附股則有利無害。利害相形，民覺其便，自然樂從。兹卑職謹擬大概辦法恭呈鈞鑒。可否即乞飭交商務、洋務、路礦各局司通憲局台核議，酌定妥善章程，詳請奏咨立案飭屬施行，藉挽利權而弭後患。卑職愚昧之見，是否有當，祇候大人訓示飭遵。專肅。恭叩崇安。伏乞垂鑒。」

摺稿。一、我朝承明代加賦之後，悉除一切無名賦額，厚澤深仁，曠古未有。雖各省公帑空虚，入不敷出，仍不肯輕言加賦，誠善政也。今者時局多艱，東省膠約後，藩籬已失，路礦爲德商專利，彼操壟斷之柄，我無分潤之權。以後德人借保商爲名，洋兵深入內地，偶有釁端，則東三省、天津可爲前車之鑒。如再不早爲之地，利權全失，後患何可勝言？卑職愚昧，竊以爲非與德商合辦，不足以保全大局。伏查四川於徵收地丁外，有津捐一項，每年約得銀一百餘萬兩，充作公作，行之已五十餘年。卑職以爲加賦充公，均屬累民之舉，擬請略仿川省辦法而變通之，既非有加賦之名，亦不留充公之弊，仍照地丁每兩帶收路礦股本京錢五百文，以錢易銀，每年上下兩忙，各州縣搭解銀六十萬兩，五年爲期，共得銀三百萬兩。其銀分十期解局，由局轉付華德路礦公司，陸續入股。取有股利，按照各州縣股銀若干，分利若干，仍發各州縣，充作小學堂常年經費。此款應由商務總局、憲局一手經理。

一、帶收股本銀項，飭令各州縣照市價易銀解局兑收，所需解費，准其造報請領。按照現時銀價，除每年兩期各付公司銀三十萬兩外，每年尚可餘銀數萬兩，所有一切解費及商務局員津貼，均由此項銀内開支。其餘銀擬請撥入省城大學堂充作加增經費，添訂德文教習招考學生，俟學成後，可備路礦差委之用。

一、第一期入股銀三十萬兩，即由局與德商議立合同，分收股利，應照約内集股在十萬兩以外，章程由本省委派妥員，入公司會同辦事。以後路礦應辦事宜，亦須事事預商各局，詳請院示辦理。

一、華德既均有股份，營局均辦公司之事，一切勇糧局費，自應與公司議定，由公司陸續等加津貼，不得全由本省墊賠，以昭公允。

照録附件。具禀商人王鳳錫、劉惠林等，係黄、濰縣人，爲開採煤井，以濬利源而便民生，懇請轉禀立案事。竊查光緒二十四年三月間，蒙仁天轉奉藩憲札飭出示招商集股，廣興礦務，以收地利等因。仰見各憲慨念時艱，力圖富强之至意，欽感莫名。商等查外洋致富，雖以商務爲大宗，而推本溯源，要以礦務爲歸宿。良由制造必需機器，機器非煤不能行駛，是以煤礦爲用最大，實加於五金諸礦之上。今欲自圖富强，非廣開煤礦不可，濰邑南鄉一帶，夙稱産煤之區，祇因内地風氣未開，籌款又難，以致美利弗彰，徒爲外人垂涎。誠如藩憲示諭，若不亟思變通，自失其利，何異懷寶帝饑，殊爲可惜。今商等仰體各憲軫念民生之意，籌集資本試行開採，以收尺地自然之利。查得南鄉柳溝莊，舊有前撫憲張勤果公派員開挖之井，封閉業已數年，尚有戽水機器一付，亦多銹壞。勤果公哲嗣廣東南韶廉道張子頤觀察，屢欲招商復開，同沾利益，祇以未得其人，致使機器久廢。商等現與張觀察商妥，准以機器作爲股本，夥開舊井，獲利均分。業已訂立合同，寄往廣東南韶廉通署各執爲憑。惟是商等雖與張觀察議定，究不敢不禀明立案。且商等未招外股，資本無多，良以該井煤質厚薄若何，能否獲利，毫無把握，不敢放手開辦。應請先行小試其端，果有成效，再行禀請查奪。所有請開舊井以憑試辦緣由，理合禀請正堂大老爺施行。

光緒二十五年十二月二十日具候據請轉禀。

禀撫藩道府。敬禀者：「竊查光緒二十四年閏三月十三日，蒙本府憲台札飭，以蒙藩司前憲、藩憲札發告示，招商試辦礦務等因。當將奉到告示，偏貼衙

要處所，咸使周知在案。茲據卑縣商人劉忠林與黃縣商人王鳳錫同稟稱：竊維五金礦産，爲民生日用所需，實天地自然之利，嘗考泰西致富之道，雖以商務爲大宗，而推本溯源，要以礦務爲歸宿。良由制造必需機器，機器非煤不能行使，是以煤礦爲用最大，實加五金諸礦之上。今欲自圖富强，非廣開煤礦不可，濰邑南鄉一帶，夙稱産煤之區，祇因内地風氣未開，籌款又難，以致美利弗彰，往爲外人垂涎。誠如藩司、前憲、藩憲示諭，若不亟思變通，自失其利，何異懷寶啼飢。今商等謹遵示諭，籌集資本，試行開採，以仰副各憲軫念民生之意。查得濰邑南鄉柳溝莊，舊有前院、撫院張勤果公派員開挖之井，業已封閉數年，尚有戽水機器等物，亦多銹壞。勤果公哲嗣廣東南韶廉道張道、道憲屢欲招商復開，同沾利益，祇以未得其人，致使機器久儲成廢。商等現與張道、張道憲商妥，以機器作爲股本，夥開舊井。獲利均分，業已訂立合同，寄往廣東南韶廉道署各執爲憑。惟是雖已議定，究不敢不稟明立案。且商等未招外股，資本無多，良以該井煤質厚薄若何，能否獲利，毫無把握，不敢放手開辦。應請先行小試其端，果有成效，再行稟請核定章程等情。據此，卑職伏查柳溝煤井，光緒十六年間，蒙張勤果公派員開採，出煤甚旺，嗣因辦理失宜，官民不洽，奉飭停歇。現存戽水機器一付，價值數千金，乃張勤果公所置，非同官物，卑職屢奉張道、張道憲函諭，以機器封存已久，囑爲趕緊招商開採。曾經卑職據情稟蒙前憲、撫憲批准，由卑職代爲酌奪，或將機器作價，或租賃均可行等因。今該商等稟請試辦，業經卑職稟奉張道、張道憲回諭。准以機器入股夥同辦理。是該商等所稟，均屬實情，自應照准。惟現在創辦伊始，尚難遽議章程，應俟將來著有成效，再行稟報。至該商等身家均屬清白殷實，并無别項情弊，所開又係舊井，與莊村廬舍墳墓橋梁亦無違礙。除由卑職飭令同心協力，認真試辦，以開風氣而收地利外，所有商人請開柳溝煤礦緣由，理合縷晰稟報大人查考。肅此，恭請鈞安，伏乞垂鑒。除稟各憲外，卑職謹稟。」

稟卑縣商人開採柳溝莊煤礦由。光緒二十五年十二月二十一日發，光緒二十六年二月二十二日奉到藩批：「查此案現據該縣稟奉撫憲批示到司，當經札飭該府轉飭該縣遵辦在案。仰即遵照前檄辦理，毋稍違延。切切此繳。儘先都司張玉珠，年四十六歲，係安徽人，呈爲繪圖呈明懇准採煤。竊職邀同王鳳錫、劉惠林等在柳溝莊西租到劉樂香等地内開井採煤，業經劉惠林等呈明轉稟在案。其開採之處，並無妨礙村莊廟宇墳墓道路橋梁情事。爲此繪圖呈明，懇准採煤。上呈，計粘繪圖一紙。二十六年三月初九日。」

抄呈。立聯名合同。張貽穀堂、王雙桂堂、劉寶善堂，因貽穀堂舊在濰縣南鄉埠頭莊東南開設煤井，歇業後存機器一具，井口九個，今有雙桂堂寶善堂等，各出股分六千兩，復行開採，貽穀堂將機器井口作價銀六千兩，願行入股。計每股銀六千兩，三股共銀一萬八千兩，開設祥順煤廠。日後獲利，除去資本開銷以外，所有利息，按三股均分。如有虧折，與貽穀堂無干。同心合力，各無反悔。恐後無憑，立合同存証。中証人崔福田代字、金瑞昌。光緒二十五年十月二十日同立。

儘先都司張玉珠，係安徽人，呈爲遵批呈明再懇電鑒事。竊前任山東巡撫張勤果公委員開採丁家煤井，歇業後存有機器一具，井口九個，招商劉寶善堂、王雙桂堂，各出股分六千兩，張貽穀堂井口機器，作價銀六千兩，計三股共銀一萬八千兩，由舊井口九個内，現在擇用六個，攻採煤炭，開設祥順廠。日後獲利除開銷外，所有利息按三股均分。如有虧折，與貽穀堂無干。於去年業經劉惠林等呈明，蒙李前天批准轉稟在案。現在該井雖已見炭，水勢過旺，能否獲利，尚在未定。茲業批飭，理合抄粘合同，另行呈明，懇請電鑒上呈。計粘抄合同一紙。

《礦務檔・山東礦務・中德交濟路暨山東五處礦務交涉》總署行袁世凱文《鈔送德商瑞記洋行請辦山東五礦案與德使來往各件》附德使克林德照會暨覆照等九件 〔光緒二十七年〕三月初四日，行山東巡撫袁世凱文稱：「現准德國駐京大臣穆函開：本大臣於光緒二十七年二月二十八日赴貴廨時，貴中堂提及德商瑞記洋行代德國公司稟請在山東開礦一事，並請本大臣將論及該公司從前原任克大臣與總署彼此往來各文件，録送查閱等語。本大臣除聲明該公司已立有採礦製造公司名目外，相應照貴中堂所請，將從前往來各文件照録一分送閲。計開：一、原任克大臣於光緒二十五年七月初二日，致總署照會一件；一、總署於光緒二十五年七月十九日，致原任克大臣照復一件；一、原任克大臣於光緒二十五年九月初九日，致總署信一件；一、總署於光緒二十五年九月十二日，致原任克大臣回信一件；一、原任克大臣於光緒二十六年三月十二日，致總署信一件；一、總署於光緒二十六年三月二十七日，致原任克大臣回信一件；一、原任克大臣於光緒二十六年四月十一日，致總署信一件；一、總署於光緒二十六年四月十九日，致原任克大臣回信一件；一、原任克大臣於光緒二

十六年四月二十八日，致總署信一件。查末次請貴中堂一爲披閲，即可知此事已有頭緒。若非拳匪滋事，即底於成。溯查前駐青島德國總督派德國鐵路公司總辦錫樂巳，前往濟南府，向山東撫及所派副都統廕昌商訂章程，內開在鐵路兩旁三十里一帶開挖煤礦，該公司已得一大利權，與該公司之利權相等。且東撫與德國辦事屢次悉可見均按德國所願之意辦理，故此次製造公司所開各節，皆係按理，本大臣決然無疑，東撫必可照前按製造公司所開允辦。本大臣甚望貴中堂將此意轉達東撫，以便東撫與烟臺領事官會商時，得以大加通融辦理。貴中堂誠能如此，本大臣甚爲感激不盡等因。並鈔録往來函稿，及鈔照會函稿九件送閲前來。准此，查摺內第三號信函中，作光緒二十五年九月初九日，鈔摺作是月初八日。第九號信函中，作光緒二十六年四月二十八日，抄摺作是月二十五日。是函與摺，註日不符，未知是何舛錯。又末次之信，總署未及致復，想因拳匪已起，未及定議作答。茲准前因，應即照鈔咨送，察酌辦理。爲此合咨貴部院，請煩查核辦理。」

照録鈔件：「致總署照會。大德國欽差駐紮中華便宜行事大臣內大臣克，爲照會事。照得天津德商瑞記洋行，前於本年二月間，以山東省內開礦一事，稟呈礦路總局大臣，嗣於五月初一日，經本國貝署大臣將該行新備稟帖附送查閲。旋由貴署批行該行，內開：『據擬集華股承辦山東省礦務，所指五處地段太廣，未便准行。應先准其擇定一處，限四箇月勘明某地可以開辦，稟由總局核議。其所指擇定之處，於查勘期內，暫不准他商承辦，以免兩歧。』等因各在案。茲據該行稟稱：『本行業已將總署所批各節，電知德國所設公司各董事查照。現接該董復稱：「蒙總署批准擇定一處，無不感謝。惟揆度情形，不能不仍請准本公司在五處概行開礦。」』等語前來。查此事已由本國政府批准，本大臣茲接本國外部咨行飭令將瑞記洋行所稟，須盡力照料，向貴署商辦等因。本大臣奉此，應特爲照會貴王大臣，請將該行所稟各節，再爲酌核，以便照本國政府所願准行。據本大臣所見，應准該公司在五處概行開礦，寔爲公道，亦頗妥善。且查該公司本銀甚大，力量較厚，所以在所指五處一並准其開礦，似非太廣。其將來可否得利，先期難以預定。惟勘驗之費，一定需用甚多，又須派本國工程司赴中國。設或僅在一處承辦，而勘明其地內無礦可開，其船脚川資並各項經費，豈非虛費。不如准與一公司在五處一並開礦，不准他商承辦，殊爲公允。若以中國可得利益，亦不如照該行所請，以廣大之地段，准本銀大之公司承辦，勝於以零碎小段，准數本銀較小之公司承辦。再，大公司妥寔可靠，必按成法開挖，無虞中止。且因須用工人甚多，不惜小費，所以於附近居民有益。或因新事開辦，民情不洽，大公司不難設法，以順輿情。又查該德國公司並不欲占去他人應得之利，業已言明。所有鐵路附近相距三十里內，允德商開挖煤斤之地，自係在該公司所指之地外，至於貴署批定限四箇月，勘明某山可以開辦一節，未免太促。查所需勘驗之地廣大，道路難通，所派工程司來華，在路兩月，已逾定限一半。其餘兩月，何能勘竣，應請貴署展限一年，並准設若期限不足勘明竣事，可否再展之處，應由本大臣向貴署議定。如此辦理，該公司既有寔基，可指望出招帖之時，華商入股，本大臣遵照所奉外部咨令，請貴署查照以上各節允許，並請照復文內，祈開明德商瑞記洋行代德國公司稟請在山東省五處開礦：其一在山東沂水地方，東至黃海邊，南通江蘇界，西由沂水轉而向南，直抵江蘇界，北由沂州府向東，直達海邊；其二在沂水縣地方，自城外一百二十里爲界；其三在諸城縣西北十里路開算，順三十六度向東，直抵德國租界，西由諸城縣之西北十里開算處，轉而向南，直抵海邊，東南兩面，均至黃海並德國租界爲界；其四在濰縣西南一百一十里之温河北大地方，該處以五十里爲界；其五在烟臺周圍二百五十里爲界。惟中國已允他國商人承辦之處，自應在外。開辦各礦，總署現即准其限一年勘明，限滿仍可議展，於查勘期內，暫不准他商承辦，以免兩歧等情。爲此照會，即請早以允許之意見復爲盼。須至照會者，光緒二十五年七月初二日。一千八百九十九年八月初七日。

總署致克大臣照會。大清欽命總理各國事務王大臣，爲照復事：光緒二十五年七月初二接准來文，以天津瑞記洋行稟請在山東開礦一事，前於本年二月間，奉批示所指五處地段太廣，未便准。應先准其擇定一處，並限四箇月，勘明某山可以開辦，稟由總局核議。其所指定之處，於查勘期內，暫不准他商承辦，以免兩歧等語。茲該行擬請仍在五處概行開礦，並請展限一年，此事已奉本國政府批准，現奉外部來咨，令照請貴署允許等因前來。本衙門奏定章程內載，各商請辦礦地，應指定一處，不准兼指數處等語，業經照會貴大臣在案。今瑞記洋行仍請在山東開辦五處礦務，地段太廣，核與奏定章程不符，未便辦理。惟來照所稱，工程司赴中國，設或僅在一處承辦，而勘明其地內無礦可開，豈非虛費川資船脚各項等語，亦係寔在情形。應准其在五處內指定一處，勘驗開辦，如所指一處內查無礦產，仍准其另指某山某礦一處勘驗開辦。是限制之中，仍寓通融

之意。惟第五處寧海州以東，逼近英國租界，將來如須勘驗，應體察情形，以免轇轕。其展限一節，亦應按照此次定章，以十箇月爲期，無須展至一年。至該行何時派工程司前往，並先由何處勘驗，應令呈明礦務總局，以便咨行該處地方官照約保護。相應照復貴大臣，轉飭該行遵照可也。右照會大德欽差駐紮中華便宜行事大臣内大臣克，光緒二十五年七月十九日。

致總署信稿。逕啟者：德商瑞記洋行代德國公司稟請在山東開礦一事，前於八月二十七日，本大臣赴署與礦務大臣面談之際，彼此議定：此公司由德華各商合夥設立，所有本年七月初二日，本大臣照會貴署文内指明五處，應准其先擇定一處，勘明某山可以開辦，以十箇月爲期，期滿再另指一處勘驗開辦，以此類推。至五處陸續概行勘驗興辦，如先指之一處内查無礦產，亦准其另指一處勘驗開辦，亦以此類推。五處内陸續概行勘驗，共以五十箇月爲期，在所指之五處，一概不准他國商人承辦。設有他德商請准開工之事，未經德國駐京大臣知會礦務大臣在先，亦應置之無議。至於所指五處地内，華商現已開辦之礦，以及中國已允他國商人開辦之處，自應在該公司可擇之地外。立合同之後，以十箇月爲限，如逾限在先，所指一處，未經開辦，或由礦務總局查明，該公司之力量不足以辦礦務，以上所允推廣諸處一節，即可撤銷等因在案。以上各節，茲經瑞記洋行電知駐德國各紳董，現據復電均已應允，即派田夏禮代該公司，向貴署礦務大臣稟商議定應立之合同及章程等事，並按照膠澳條約，應將所招入股之華商姓名，細爲呈報。爲此專函特致貴署，請即示復言明以上所開各節，現已議定爲要。此佈，順頌日祉。克。九月初八日。

總署來函。逕復者：昨准函稱：瑞記洋行代德國公司請在山東開礦一事，曾於八月二十七日在署面談。此公司由德國中國各商合夥設立，指明五處應准先擇定一處，勘明某山可以開辦等因，請即示復前來。本衙門查來函内開：開辦以十箇月爲期，期滿後，該處内已經開辦，仍准其另指一處，勘驗開辦。亦以十箇月爲期，期滿再另指一處，勘驗開辦。以此類推。至五處陸續概行勘驗興辦一節，查當日所談，係先指定一處，以十箇月爲期，期内必須勘驗開辦，辦有端倪，或盈或虧，准其再行另指一處開辦，以此類至五處爲止。並非此處開工後，即行開辦第二處也。又來函謂：按照膠澳條約，應將所招入股之華商姓名，細爲呈報一節。查此處礦務，一經准其德商會同華商開辦之後，即與膠澳條約無涉，當日所談，只須有二三股實體面之華商，倡首出名，與德公司妥立合同章程，呈由總局核明，奏准開辦。則一切事宜，有所轉承，並非謂只須將零星入股之華商姓名，細數開報也。其餘各節，均與八月二十七日在署面談無異，昨日田夏禮來署，亦經面告。應請貴大臣轉飭該商等遵照可也。特此佈復，順頌日祉。九月十二日。

致總署函稿。逕啟者：德商瑞記洋行代德國公司稟請在山東開礦一事，前於光緒二十五年九月初八日，函致貴王大臣，於九月十二日，接准復函各在案。本大臣現將該洋行所議章程底稿一分，送呈貴衙門查照允准。查該章程似可招集華股，致公司出産茂盛，並免拂附近百姓之情。如此在該五處開礦，不但山東省該處民人常沾其澤，即中國亦可廣其財源。爲此佈函。並請示復爲盼。此佈，順頌日祉。克。三月十二日。

總署來函。逕復者：接准來函，并將瑞記洋行代德國公司所議《山東開礦章程》鈔送底稿前來。本大臣等詳加披閱，尚有應行增改之處，現已改章，較原送章程爲詳，并與迭次文函之意相符。相應録一紙，函送貴大臣，轉飭該公司遵照。並希見復，以便奏請可也。此復，順頌日祉。三月二十七日。

致總署函稿。逕啟者：前瑞記洋行代德國公司所議《山東開礦章程》，本大臣曾鈔録底稿，送呈貴衙門查閱。旋於三月二十七日接准復函，並鈔送改訂章程。又於三月二十八日，本大臣親赴貴署，與諸位大臣當面言明，改訂章程詞意，尚有諸多不便之處，務須再行更改。諸位大臣曾云，猶可商酌將總署所擬之意稍爲輕減。緣彼此所鈔送，皆係章程底稿，故可變通。茲者本大臣務請將該章程第一款，按照本大臣與貴署以前商定者改訂。更須指明山東省五處，除華德礦務公司外，暫不准他商請辦。其餘各款，瑞記洋行擬派該公司經理人田貝，詳細會商定妥。本大臣現將該章程第一款，按照兩相情願及前所商定者改訂，鈔録貴衙門，并請示復允准。而後田貝即行與貴署所派之員，將他款逐一會商可也。此佈，順頌日祉。附改訂章程第一款。克。四月十一日。

總署來函。逕復者：接准函稱，前接改訂瑞記洋行所議山東開礦，詞意尚有不便之處，務請將該章程第一款，按照本大臣與貴署以前商定者改訂。更須指明山東五處除華德礦務公司外，暫不准他商請辦。其餘各款，瑞記洋行擬派該公司經理人田貝，詳細會商定妥。現將該章程第一款，按照兩相情願及前所商定者改訂鈔送，並請示復允准等因前來。本衙門查上年七月間，瑞記洋行稟請開辦山東礦務，當以所指五處地段太廣，核與奏定章程不符，應准其在五處

內，指定一處勘驗開辦。如所指一處內，查無礦産，仍准其另指某山某礦一處，勘驗開辦。是於限制之中，已寓通融之意。曾於上年七月十九日照會貴大臣轉飭該行遵照在案。此次改訂章程，仍係此意，未便將所指五處地名，全行列入，致與總局定章不得預先標佔之條違礙。茲將所改之第一條，再加斟酌，另鈔清摺，送請貴大臣查照，轉飭該行遵辦可也。此復，順頌日祉。四月十九日。

致總署函稿。逕啟者：四月十九日接准復函，並附送擬再改華德礦務公司合同第一款，均已閱悉。然本大臣所不能允准者，猶有三焉。依舊仍照光緒二十五年六月二十九日照會貴署内開列者，指明五處開礦。如此定限後，於九月十二日曾准復函允諾一節。此其一也。所云允准開礦，不得定明界限，與去歲七月初五日照送奏定章程，兩不相符。究竟應確指地名里數爲限，且該公司並不願於五處扦標等物爲界。此等辦法，亦不相宜。此其二也。查山東省於光緒二十四年二月十四日條約另有議者，並於先訂鐵路礦務總局章程第三款内聲明，本大臣自須再爲言及。該章程與山東華德公司，及所有山東他項德國公司，毫無干預。此其三也。合即備函，並請貴王大臣以合同第一款照以上聲明各節，即行更正。並將始准首款，函送本大臣查照爲盼。此頌日祉。克。四月二十五日。

又總署收袁世凱文《德商請辦山東五礦案與德領事磋議情形》附《中德山東礦務公司章程暨致烟台德國領事電暨函》〔光緒二十七年〕五月初一日，山東巡撫袁世凱文稱：光緒二十七年四月十九日，准駐紮烟台領事官連梓函開：前函貴部院篠電，拜悉一切。前因本國欽差函召本領事赴都，面示公事，今甫回署。致遲裁答，抱歉殊深。奉示事内，亦有議論德礦務製造公司之事，本領事曾將貴部院養電，帶呈本國欽差鑒核，此電内貴部院未言，應允照准與德礦務製造公司，定准約章辦理。本國欽差細審之下，道謝盛意。再爲篠電内事，本領事尚有陳情。去年四月間，本國原任欽差克大臣與貴國總署函商情節，亦不過爲專訂詳細章程，毫無關涉於原准條約。此項原准在五處按照訂定情形勘行，本經定妥大綱無疑，須後議詳細各事。似此貴國總署實經允准，而貴部院即可照行，毋庸爲難，逾限貴國成例。且前來養電内所允之情，亦屬妥協暫時彀用，惟緊要之事，向有規章，須立永遠作據字據。以故深望貴部院即將養電之内總諾之言，特須立一作憑字據，就與本領事互相簽押該項章程。此樣會訂章程作憑，本國欽差亦所深欲也。另有須向申明之事：貴部院所謂指定他界，又無全權，而今並無欲要此項之意情。因貴國總署又已允准德礦務製造公司，在該五處按照貴部院所知情形勘辦。況且此節全非讓地之事，不過爲給該公司指明開辦之處。再，該章程亦非新定之事，祇願與山東礦務公司所訂章程，亦與礦務製造公司照行。總之，毫無與貴部院爲難之意，貴部院可深信之。本領事又極欲將此事照舊情睦，與貴部院辦明，此是實情，亦係照奉本國欽差之命。本領事常承貴部院垂愛，遇事格外關照，此事亦望賜力助辦妥協，俾速報復本國欽差之命爲感等因，到本部院。准此，當即復以昨准西曆五月二十八號惠函，備悉種切，承示養電所允一節。查上年本部院廕都統與山東礦務公司所訂章程，備極詳細，亦永遠可作憑據。現允礦務製造公司援照先行辦理，應將該章程照録二分，末附養電一紙，先由本部院加章簽名，送請貴領事簽押。發還一分，存本署案内，留一分存在貴署，即飭該製造公司遵照辦理。並請由貴領事傳知山東礦務公司查照。自不須另立字據，以期簡便。核與貴領事所願，與山東礦務公司所訂章程，亦與礦務製造公司照行之意，仍相符合。至本國總署與貴國原任克大臣所議指定五處各節，有在上年訂章以外地段，業經養、篠電一再聲明，仍應俟總署行文到東，方可另議等語。並抄送山東礦務章程二本，一併札發東海關道，轉交該領事查收。除咨呈行在貴衙門查照外，相應詳敘來往函牘，並鈔送山東礦務章程一分，末附養電一紙，一併咨呈貴衙門，謹請查照施行。

照録粘單。大清國兵部侍郎兼都察院右副都御史山東撫提部院兼理各國事務衙門大臣袁、大清國記名副都統幫辦山東交涉總理路礦事宜廕、大德國駐紮青島礦務公司總辦山東礦務米海里、與司米德，爲辦理迅速安静起見，按照原約，在鐵路附近三十里内，准德人開採煤觔等項，商訂章程各條如下：此項章程，係用華文、德文繕就，其中語意，彼此相符，並須由駐德京之總管礦務處簽押，以昭慎重。

第一款　按照《曹州教案條約》第二端第四款，在鐵路附近三十里内，指定各地段，允准德商開挖煤觔等項，及須辦工程各事，亦可華商、德商合股開採一節，應設立山東華德煤礦公司，並照公司章程，招集中國官商股分，先由德人暫時經理，所收華人股分，按季呈報本省交涉局。俟招股在十萬兩銀以外時，再由本省選派妥員入公司，訂立章程，稽查華股應得一切利益。

第二款　該公司應設局在何處，招股及若干處，俟查看情形，隨時商定。

第三款　該公司應辦勘查開採，以及試辦各事，應由本省派定妥員，會同商

辦，或並約紳衿幫同辦理。該公司倘在一處先欲試辦，所用地段，不欲購買，則應先商明發給租價。至所傷禾稼等項，應照該處情形，給價作賠，以免百姓喫虧。再，每次試辦開採，應在半箇月以前，通知該處地方官，以便轉達百姓，俾杜生疑。

第四款　開挖煤礦應用地段，如建築礦井、修蓋機器等廠，以至工人住房與貨棧等項，須會同官紳，彼此商辦，以期無損於百姓。所爲平安順手起見，是以山東巡撫時派大員，幫同買地及料理一切。惟凡講礦學處與採擇地勢各節，應歸礦師作主。而購租地段，須會同特派之員妥商辦理，或租或買，不得強抑勒索。每次查定地段後，應繪一作二萬五千比例之布置形勢圖，送呈山東巡撫，以備稽查。呈圖後，始准買地。俟地買妥，方准修蓋所需各處。至地下所作一切，除第七款所云不計外，不與上面人相干，故不得攔阻，亦不得爭討，以昭公允。再，買地一事，應秉公迅速妥辦，以免躭延開採礦產。地價應照該處情形，核實付給。所購地段，衹准購得將來修蓋礦井與各項房屋煤棧、裝車運煤處所等項，足敷應用爲止。

第五款　凡廟宇房屋樹木及衆多齊整之墳塋等項，均應顧惜謹慎躲避，不使因辦礦務，令其受傷。萬不得已，必須遷移以上所指各物，則請地方官在兩箇月以前，通知該主人，以便妥商賠償，總使該主人在他處能照原樣另行置辦，並於錢財上不致喫虧。

第六款　辦理礦務須蓋各房，及開挖礦井等項，地位均須合宜，總使於本省城壘公基，及防守各要害，無所妨損。

第七款　朝廷所屬各祠廟、行宮、園廠等項之下，概不准辦理礦務。

第八款　該公司因開礦買地，無論保處，應用官弓尺丈量地畝。每弓合五尺，每尺合三百三十八米里密達。每地一畝，按三百六十弓計算，合九千方尺。至所購地段，應納國課一節，須照他國人在中國他處開礦章程辦理，以昭公允。

第九款　該公司倘請地方官派人前來幫同作事，則應給辛工銀兩，另行開發，不准與地價稍有牽涉，以清眉目。所發地價，應妥交地方官代收，以便轉給各該地主。一面由地方官發給公司買地執照。發照後，始准動工。

第十款　或在勘查礦苗時，或在開採礦産修蓋礦廠時，在百里環界外，倘須稟請山東巡撫派兵前往保護一切，届時查度情形，見稟隨即照准。並派敷用之兵數，以應所需。至該公司應給此項衛兵若干津貼，應另行商議，惟不准請用外國兵隊。

第十一款　該公司購買物件，應照本地市價交易，不准强買，亦不准故意貴賣，以昭公允，或請地方官代購亦可。

第十二款　在開礦處附近一帶，倘欲租賃住房或辦公處所，應請地方官代租，並代立租房合同。

第十三款　該公司辦理礦務，應攙用本處土人，使之工作。所需物料，凡本處所有之物，亦應在本處購買，並須公平給價。倘公司所用之工人，與本處百姓滋事，應由地方官拏辦。再，公司所用各工人，無論如何，不准擅入百姓住家。如敢違禁，定必從嚴究辦。

第十四款　該公司開採礦産時，萬一遇意外不測之事，致傷人命或物件，理應撫卹賠償。除此以外，尚有應定詳細章程。凡因辦理礦務被傷各物，均照詳細章程賠償。至在試辦時，倘因公司之過，致傷人命或物件，亦應撫卹賠償。

第十五款　辦理礦務，准保不傷民田房屋水井等項。若因公司大意粗心，致傷以上所指各物，定當按照該處情形認賠。至礦内若有泉水，應謹慎引出，總以不傷民田等項爲率，否則議價賠償。

第十六款　凡礦務公司所用各洋人，須請領中國地方官與礦務公司會印憑單，以便隨時稽查。如不領會印憑單，中國官不認保護之責。此項洋人若欲他往游歷，均應請領中國官與德國官會印護照，以便飭屬加意保護。倘無此項護照，中國官不認保護之責。該公司在勘查礦苗時，應由地方官派差跟隨，藉資保護。該公司應酌給此項差人酬勞津貼。倘遇假冒公司之人，並無憑單作証，則應由地方官拏辦，以杜含混滋事。

第十七款　在鐵路附近三十里外，無論誰何，倘未經山東巡撫允准，不准私自開礦。在三十里内，除華人外，衹准德人開採礦産。凡經華人已開之礦，應准其辦理，惟不得使下面之德人礦務，實有危險。倘該公司深恐冒險，則可請地方官查明，向華礦主人公平議價，或將礦賣與公司。倘華人在某處已開大礦，該公司意欲購買，在商定價值後，聽礦主自便，或將購價折作股分，領取股票亦可。如華礦主人不願將所開之礦賣出，則應作罷論，不得攪擾其事。

第十八款　倘該公司所辦礦務，實係日有起色，所得礦産，實係茂盛，則附近居民日用所需煤觔，應准以較廉之價購買，惟不得轉賣，致於公司生意有礙。

第十九款　凡德租界外各處，其地主大權，仍操之於山東巡撫。公司所用

華人，應歸中國地方官稽查。倘有違犯華例等事，亦歸地方官究辦。至所用各洋人，倘有不合之處，應照條約秉公辦理。

第二十款　此項礦局，將來中國國家可以如何購回，與於何時時可以購回，應將來另議。

以上各款，俟畫押蓋印後，應頒行山東各州縣與辦礦各員，以便按照各款所云辦理。此後彼此若有應行增損之處，祇能由山東巡撫特派大員，與山東礦務公司彼此商訂。

煙臺大德國連領事官鑒：箇電拜悉。承示二十五年九月間，貴國欽差與總署商妥各節，遍查本署檔案，並無此項文據。全案始末，初無所聞。且本部院職權有限，遇有重大案件及指定地界各事，只能遵守本國政府議定頒行之約章，無自行商訂約章之權。應請貴領事轉達貴欽差，仍照原案，向北京總署商訂，以符通例，而昭慎重。至上年本部院曁都統與山東礦務公司所訂章程，亦作爲德礦務製造公司章程，並商訂緊要兩款各節。查山東礦務公司，亦係德人按照曹州教案條約辦理，該章末款有此後彼此若有應行增損之處，祇能由山東巡撫或特派大員，與山東礦務公司彼此商訂等語。該兩公司名目雖異，然同爲德人，又屬一事，如有商訂要款之處，應請貴領事商囑山東礦務公司先爲商訂，庶不至有違原章。如礦務製造公司亟欲開辦，自可援照上年定章，先行辦理，期歸簡便。撫院袁。養。印。

照録來函。照録山東撫院袁來函。敬復者：昨准西曆五月二十八號惠函，拜悉種切。就諗貴領事因公赴都，舟車往返，賢勞可想，無任貢念。並承貴欽差及貴領事誼敦友睦，毫無與本部院爲難之意，可深信之，亦深感之。至養電所允一節，查上年本部院曁都統與山東礦務公司所訂章程，備極詳細，亦永遠可作憑據。現允礦務製造公司援照，先行辦理，將該章程照録二分，末附養電一紙，先由本部院加章簽名，送請貴領事簽押發還，一分存本署案内，留一分存在貴署，即飭該製造公司遵照辦理，並請由貴領事傳知山東礦務公司查照。自不須另立字據，以期簡便。核與貴領事所願，與山東礦務公司所訂章程，亦與礦務製造公司照行之意，仍相符合。至本國總署與貴國原任克大臣所議指定五處各節，有在上年訂章以外地段，業經養、篠兩電一再聲明，仍應俟總署行文到東，方可另議，尚祈涵亮。專此佈復，並請勛安。

又總署收袁世凱文《咨送奏留楊晟等辦理礦路洋務片》　五月十五日，山東巡撫袁文稱：「光緒二十七年四月二十四日，附片具奏留楊晟等辦理礦路洋務一片。除俟奉到硃批，另行恭録咨呈外，擬先抄稿咨呈。爲此咨呈貴衙門，謹請查照施行。」

照録粘抄。再，東省自上年拳匪倡亂，交涉日繁，加以膠州、濰縣等屬開辦礦路各工，尤須通曉德文人員隨同料理。正慮乏人任使，適有同文館學生工部候補員外郎楊晟、總理衙門繙譯官分省補用道馬廷亮，由京來東措資。臣查該兩員熟悉洋文，洞諳交涉，遂暫留襄辦路礦洋務事宜。除已經咨呈留京總理各國事務衙門查照外，理合附片陳明，伏乞聖鑒。謹奏。

又外務部收德使穆默照會《派員議商山東五礦案照會一件請轉交魯撫》附德使致山東巡撫照會　〔光緒二十七年〕七月十八日，德國公使穆默照會稱：「本大臣今有致山東袁部院照會一件，請煩貴親王飭令轉交爲荷。並請貴親王將此文一閱，則所有本大臣現擬派駐紮烟臺德國領事官連梓前赴濟南府，以便與巡撫袁世凱當面商議，並解明德國礦務製造公司，已於光緒二十五年七月間，山東省五處得有開辦礦務之權各節，自可了然矣。爲此照會貴親王查照。須至照會者。」

照録抄件。照録德穆使照會。照會事。查礦務製造公司在山東辦礦一案，接准代貴部院護理山東巡撫布政使司胡大臣，本年五月二十九日照會一件，閱悉之下，本大臣即知該公司由貴國政府所得何權，貴部院與本大臣竟致意見不同，良深可惜。除來文所提之美商田夏禮，于此事早經出無干涉外，溯查前年西曆八月，即華曆光緒二十五年七月間，已定五處該德國公司得權開礦一節，照來文之義，亦置之疑似之列。且此案貴部院曁護理胡大臣，致烟臺德國領事官連梓前後所發各信函，亦均足知該德國公司所得何項權利，貴部院難免誤會。因思向來往來文信，既未能免貴部院誤會之意，則連領事不日將遵本大臣之命，親自前赴濟南府，與貴部面商一切。本大臣定知該領事將此中實情，於貴部院之前解明後，貴部院決不遲延，即認明礦務製造公司應享之權矣。連領事前赴貴轅時，自可設法統俟貴部院服滿任山東巡撫事宜後，再爲抵省。至何日自烟臺起程，及經過何處各節，連領事自必隨事定妥奉知。查此舉連領事係遵本大臣之命，因公前進内地，應請貴部款洽接待，並設法沿途將該領事及跟隨人等，妥爲保護是盼。相應照會貴部院查照。須至照會者。右照會大清國欽命本任山東巡撫部院袁。大清光緒二十七年七月十七日。大德國一千九百一年八月三

十日。

又外務部收胡廷幹文《德商請辦山東五處礦務事請查明原案詳晰示復》〔光緒二十七年〕七月二十六日，山東巡撫胡文稱：光緒二十七年七月初八日，准德國駐紮煙台領事官連梓電稱：「正任撫院袁大人鑒：查中國國家立約，設有德商請准在山東一省開挖煤觔等項，未經德國駐京大臣知會在先，應置之無議。此節在光緒二十五年九月初八日，由前欽差克大臣函致總署述明，此函貴部院亦必見知。現如德商田夏禮在濟南請准開挖煤觔等事，請將前途立約示明，毋庸理會爲要等因，由袁撫院送交到本護院。准此，卷查本年六月初五日，承准大部咨開：查德商瑞記洋行請勘辦山東五處礦務，前准該行代辦田夏禮具稟到署，迭次面商，並開送章程十條，因核與礦務局章不符議駁。上年四月二十八日，德使又函請商辦，適因拳匪事起，未及作答。其爲未經定議，自無疑義。現德使既復申前請，自應仍照原議妥商，希即照復德領事，轉飭該商田夏禮赴本衙門商辦等因。當於是月初九日，照復德領事查照辦理各在案。茲准前因，核與前案，似屬兩歧。究竟光緒二十五年九月初八日，克使是否曾有函致大部，述明此節。又克使原函所述，是否專就商辦沂州等五處礦務而言，抑併曹州教案條約所載各節，亦在其內。又由田夏禮赴大部稟請勘辦，是否聲明即係礦務製造公司。抑於田夏禮之外，另有德商稟請勘辦沂州等五處礦務案據。相應咨呈大部，謹請照查明前案，暨克使函牘，詳晰示復，以憑遵照辦理。望切施行。」

又外務部收胡廷幹文《德使派員來商勘辦五礦已照復赴京商辦》附復德使照會復德使函〔光緒二十七年〕八月初七日。山東巡撫胡文稱：「光緒二十七年七月二十六日，承准大部咨送德國穆使致袁部院照會一件內開：查礦務製造公司在山東辦礦一案，接准代貴部院護理山東巡撫布政使司胡大臣本年五月二十九日照會一件。閱悉之下，本大臣即知該公司由貴國政府所得何權，貴部院與本大臣竟致意見不同，良深可惜。除來文所提之美商田夏禮，於此事早經出無干涉外，溯查前年西曆八月，即華曆光緒二十五年七月間，已定五處該德國公司得權開礦一節，照來文之義，亦置之疑似之列。且此案貴部院暨護理胡大臣致烟臺德國領事官連梓前後所發各信函，亦均足知該德國公司所得何項權利，貴部院難免誤會。因思向來往來文信，即未能免貴部院誤會之意，則連領事不日將遵本大臣之命，親自前赴濟南府，與貴部院面商一切。本大臣定知該領事將此中寔情於貴部院之前解明後，貴部院決不遲延，即認明礦務製造公司應享之權矣。連領事前赴貴轅時，自可設法統俟貴部院服滿接任山東巡撫事宜後，再爲抵省。至何日自烟臺起程及經過何處各節，連領事自必隨時定妥奉知。查此舉連領事係遵本大臣之命，因公前進內地，應請貴部院款洽接待，並設法沿途將該領事及跟隨人等，妥爲保護是盼等因。並附德文一件，事同前由。袁部院因假期未滿，不便另具公牘，仍將原件一併送交，到本護院。准此，當即商承袁部院查得此案係由德國原任克使與大部商辦之件，本省照例不能擅自接商。況前奉大部文電擬令德商赴京商辦，業經照會穆使暨連領事查照在案，自應援照前案照復穆使，請其仍赴大部就近商辦，以便檢齊前卷，妥與磋商，藉維大局而保利權。茲謹將袁部院復穆使函一件，又本護院復穆使照會一件，一併備文咨呈大部，謹請飭弁送交穆使查收。此次照會稿、函稿。隨文鈔呈，以備查核。並希賜復施行。」

照録粘單。計咨呈復德國穆使照會信函各一件，又照會信函底稿各一件。

復德國公使穆大臣照會稿。爲照復事。光緒二十七年七月二十六日，承准本國外務部遞到貴大臣致正任袁部院照會一件，內開：查礦務製造公司在山東辦礦一案，接准代貴部院護理山東巡撫布政使司胡大臣本年五月二十九日照會一件，閱悉之下，本大臣即知該公司由貴國政府所得何權，貴部院與本大臣竟致意見不同，良深可惜。除來文所提之美商田夏禮，於此事早經出無干涉外。溯查前年西曆八月，即華曆光緒二十五年七月間，已定五處該德國公司得權開礦一節，照來文之義，亦置之疑似之列。且此案貴部院暨護理胡大臣致烟台德國領事官連梓前後所發各信函，亦均足知該德國公司所得何項權利，貴部院難免誤會。因思向來往來文信，既未能免貴部院誤會之意，則連領事不日將遵本大臣之命，親自前赴濟南府，與貴部院面商一切。本大臣定知該領事將此中實情於貴部院之前解明後，貴部院決不遲延，即認明礦務製造公司應享之權矣。連領事前赴貴轅時，自可設法統俟貴部院服滿接任山東巡撫事宜後，再爲抵省。至何日自煙台起程及經過何處各節，連領事自必隨時定妥奉知。查此舉連領事係遵本大臣之命，因公前進內地，應請貴部院款洽接待，並設法沿途將該領事及跟隨人等，妥爲保護是盼等因。並附德文一件，正任袁部院因假期未滿，不便核覆，仍將原件一併移送，到本護院。准此，當即商承正任袁部院查得貴國礦務製造公司在東境辦礦一案，係貴國原任克大臣與本國外務部商辦之件，本省照例不能擅自接商，且前奉外務部文電，擬令德商赴外務部商辦，業經奉達冰案。袁

部院暨本護院理應遵守，又何敢違外務部之命，仍請貴大臣就近與外務部商辦。尚祈原諒爲荷。至連領事如將來有事來省，袁部院定當格外優待，妥爲保護。以副貴大臣相屬之意。除咨呈外務部查照外，相應開復貴大臣，請煩查照。須至照會者。

復德國公使穆大臣信函稿。敬復者：本年七月二十六日，承准本國外務部寄到貴大臣照會一件，又德國文一件，拜悉種切。棘人丁憂給假，尚未屆滿，來往公牘仍不便核復，已將貴大臣來文移送護理撫院查照另復矣。至連領事將來如有事來省，敬當格外優待，妥爲保護，以副雅囑。專此佈復，祇請勛安，諸希亮涵。

又外務部行胡廷幹文《德商請辦山東五礦案德領事牽涉條約不符原案》〔光緒二十七年〕八月初七日，行山東巡撫文稱：「【略】本部查德商瑞記洋行代辦田夏禮請勘沂州等五處礦産，原係承辦商務，與中德兩國國家所訂膠澳條約，本不相關。田夏禮係瑞記洋行代辦商人，亦與礦務製造公司無涉。即二十五年八月間克使來函，但云設有他德商請准開工之事，未經德國駐京大臣知會在先，亦應置之無議。是其意應先儘瑞記洋行代辦田夏禮承辦，其他德商亦應俟該國大臣知會之後，方准請辦。現在田夏禮之外，並無德商另行請辦該處礦務，乃該領事輒據膠澳條約，謂田夏禮請准開挖煤觔等事，請將前途立約示明，毋庸理會。是其甚牽涉約文，欲將商務併入交涉，與克使來函之意，並不相符。相應抄録來往函件，咨復貴撫查核，並知照該領事可也。」

又外務部收胡廷幹文《德商請辦山東五礦案與德領事議商情形並咨送來往函》附德領事來函　八月初十日，山東巡撫胡文稱：「光緒二十七年七月十四日，准德國駐紮烟臺領事官連梓照會内開：案准貴護院照會以准總理各國事務衙門咨，案查德商瑞記洋行稟請在山東開礦一事，現德使復申前請，自應仍照原議飭令該商將章程妥定。除電達外，相應抄録彼此商訂原章，咨行貴撫查照。并希照復德領事，轉飭該商田夏禮赴本衙門商辦可也等因，到本護院。承准此，除商明正任袁撫院外，相應粘鈔原件，一併照會貴領事查照轉飭該商田夏禮速往北京總理各國事務衙門商辦，並希賜復施行等因。准此，因貴護院欲令照復，故作此答。惟來文語言内有一處，本領事須明道之。貴護院所提洋商田夏禮，查與此事毫無干涉，且礦務製造公司章程，前經正任袁撫院與該公司總辦業已商訂，於五月二十六日，本領事曾行函致袁撫院，深望速得函復也等因，到本護院。准此，查德商礦務製造公司指勘山東沂州等五處礦務一案，迭准德國駐京公使穆大臣暨連領事先後照會，並函電馳商，均經袁撫院鈔録原文，咨呈大部。謹請查明原案，咨行到東，以便遵照辦理。旋於本年六月初五日承准大部咨復：此案係由德商瑞記洋行呈請勘辦，由該行代辦田夏禮具稟到署，迭次面商，並開送章程十條，因核與礦務局章不符，未經允准。上年四月二十八日德使又函請商辦，適因拳匪事起，未及作答。其爲未經定議，自無疑義。現德使復申前請，自應仍照原議，飭令該商將章程妥定，並希照復德領事轉飭商田夏禮赴本衙門商辦等因。又先於五月二十五日承准大部電同前因，當即先後照會穆大臣暨連領事查照辦理。旋於七月初八日准連領事電稱：如德商田夏禮在濟南請准開挖煤觔等事，請毋庸理會爲要等語。當以來電語意，核與大部鈞咨查示情形，不甚相符，恐其別有牽混規避情事，即經鈔電咨呈大部，另請迅賜核明示遵各在案。茲准前因，仍與該領事來電語意，大致相同。復經本護院商承袁撫院備文照復，仍援大部鈞咨議駁，請其查明前案，轉飭該商遵照辦理。謹將照復底稿隨文鈔呈大部，以備查核。至來文所稱，礦務製造公司章程，前經袁撫院與該公司總辦業已商訂一節，查接管卷内載明，係於本年四月十八日袁撫院任内，接准連領事四月十一日來函内稱：貴部院所謂指定地界，又無全權，而今並無欲要此項之意。再，該章程亦非新定之事，祇願與山東礦務公司所訂章程，亦與礦務製造公司照行。總之，毫無與貴部院爲難之意等語。當經袁撫院查核原函，既有祇願與山東礦務公司所訂章程，亦與礦務製造公司照行等詞，同係德商，又同一章程，仍係按照曹州教案條約辦理，事屬可行。因於四月二十日函復連領事，並鈔寄上年與米海里等議定山東礦務公司章程兩本。又恐該領事誤會其意，特將本年二月二十二日養電一紙附列章程之後，以免牽混而杜口實。其辦理原極慎重，蓋祇援用山東礦務公司章程，並未另行商訂，自與指勘沂州等五處礦務之案，毫無干涉。旋於六月十八日，本護院又接准連領事五月二十六日來函：内稱鈔送山東礦務公司章程，以爲礦務製造公司援用，尚有應改之處，是以另附更改之處德文一紙，即請留存貴署。此德文内，其山東礦務公司名目，已改作礦務製造公司之名，而鐵路附近三十里，即改爲允准開辦五處，惟似此將山東礦務公司章程與礦務製造公司援用，不過暫行辦法。現在應請貴部院將來商定其餘尚未會議之處，彼時在華文章程内，須改明德礦務製造公司，而其内他處，亦須照現送之德文更正，即可還用該章程與礦務製造公司爲妥。深望速辦。再，該華

文章程內本領事簽押，亦與貝總辦同意。祇是章程，並不關於養電內事也等語。並附寄譯改章程華文一紙，復經本護院商承袁撫院，於六月二十日函復連領事，告以此案祇能照曹州教案條約第二端第四款，在鐵路附近三十里內，指定各地段允准德商開挖煤觔等項一節核辦。故視山東礦務公司與礦務制造公司同係德商，應同照上年二月間所訂章程援案辦理。至該公司另指五處，係在曹州教案條約之外，亦在上年原訂章程之外，本省斷無置議之權。貴領事在原鈔章程後附註議妥五處一節，敝處亦礙難存案等語。是五月二十六日來函，早經查案駁復。連領事來文所云礦務製造公司章程，業於該領事總辦商訂一節，殆即指此。實則由彼自行譯改，並未商訂，亦並未允其譯改，其爲意存牽混可知。是以此次照復連領事文內，即將六月二十日復函暨六月初五日承准大部鈞咨，一併詳晰叙入，請仍查明前案，轉飭遵辦，俾免別生枝節。再，正在彙案咨呈間，旋於七月十九日，又接准連領事七月初七日來函內稱：查此事如斯躭擱，未行立據辦妥，本領事甚惜彼此有失利益等語。仍經本護院商承袁撫院函復，告以前承准大部咨文，飭令照復貴領事查照轉飭該商田夏禮赴京商辦。當即遵照辦理。本護院奉有本國外務部文飭，不敢不遵。猶之貴國外部頒有訓條，貴領事亦不能違。請仍查照前次文牘核辦等語。此次復函係於七月二十一日遞寄，更可爲此案並未商定之明證。惟此案究竟是否由田夏禮一人代瑞記洋行呈請勘辦，其呈請時是否即用礦務製造公司名目，抑或另有別項案據，相應咨呈大部迅賜查核原案，咨復到東，以便援案妥籌遵照辦理。所有袁撫院暨本護院與連領事來往函稿，並鈔送內附養電之山東礦務公司章程，暨連領事自行譯改章程華文一紙，一併鈔録咨呈大部，謹請鑒核施行。」

敬啟者：「前准西曆六月六號惠函，並附章程二本，敬已收悉。曾於六月十五號由電奉復，並道謝忱，計早鑒及。因貝總辦在內地辦公許久，現甫回烟，本領事已將該公司之事，與其再三議論，該項章程，已經貝總辦簽押，現在應將一分送還貴部院。查山東礦務公司章程以爲礦務製造公司援用，須有應改之處，是以另附更改之處德文一紙，即請查照一併留存貴署。此德文內，其山東礦務公司名目，已改作礦務製造公司之名。而「鐵路附近三十里」即改爲「允准開辦五處」，惟似此將山東礦務公司章程與礦務製造公司援用，不過暫行辦法。現在應請貴部院將來商定其餘尚未會議之處，彼時在華文章程內，須改明德礦務製造公司，而其內他處亦須照現送之德文更正，即可還用該章程與礦務製造公司爲妥，深望速辦也。上項德文，另送暫譯華文一紙，以便貴部院鑒核。至章程內要綱之處，並無改換。再查第四款末言，解其語意，准買行辦礦務須用之地，如其開挖煤礦要用地面之處，亦須准其購買。又第十七款內，凡經華人已開之礦，應准其辦理等語。此意不過准其照舊辦理，不准另倩洋人幫助，亦不准使用外國機器及洋法。情因在允其五處內礦務，不過准該公司使用洋法開辦也。至爲五處各節，近來已由本國駐京欽差大臣函致貴部院，故想此事時下全無礙難之處，因貴部院友睦甚敦，允准該項章程，俾礦務製造公司即得開辦。如此辦法，足見貴部院亦欲允其開辦地處，緣公司若無地處，即不能開辦矣。查該五處貴部院先所議論，全係因想無可足倚之據，現在貴部院與本領事等所見大綱相符，既允其開辦，亦必欲該公司速能興旺。惟先應將其要重各節(訂)〔商〕訂詳明，就可期日見起色。貴部院尚未詳允該五處，是以該公司不能盡力開辦。處處如被束阻，資本既不能得利，而所用人亦是半事半間。諸所躭擱，喫虧甚鉅。而不但該公司，即山東全省及民人亦然，因民人即失其准得厚利之機會。此係最要之事，因種地收禾，難望一定之利，而本大之公司所給工價，常遠可得，尤無關於旱潦各災。以故又請貴部院將該五處亦行妥詳説明，以免該公司喫虧，而期民人得利。極望高明詳念彼此特利，速照如願辦妥。若得電達前來，不勝欣幸，而該公司亦深感激。如期該公司將來與地方官及民人有交涉各事，定可想念矣。本領事尚有不能不言之事：貝總辦在沂州府辦公之時，承地方官相待甚周，各事力助，亦毫無怨言。該處民人之事，各處之人，均屬平善，亦甚欲助辦其事，本領事屢道感佩之忱。現又須言之，諸承厚意，實銘肺腑，確非虛意套言，望貴部院嗣後公司各事，照常友睦，一律關垂爲幸。再，該華文章程內本領事簽押，亦與貝總辦同意。祇是章程，並不關於養電內事也。肅此，敬請禮安。名正肅。華五月二十六日。西七月十一號。」

計附礦務章程一本。

華德文一紙。

大清國兵部侍郎兼都察院右副都御史山東撫提部院兼理各國事務衙門大臣袁、大德國駐紮青島礦務製造公司全權總辦貝德司。

按照原約，大清國家允准德國礦務製造公司在山東五處開採煤觔等項，並須由駐德京之總管礦務製造公司處簽押。

第一款，按照原約在山東五處內。

第十七款，在山東允准五處外，在五處内，除華人外，祇准德礦務製造公司開採礦産。未論與礦務製造公司彼此商訂。

又外務部收德使葛爾士照會《礦務製造公司勘辦山東礦務五礦案與瑞記洋行無干請飭東撫妥與議結》〔光緒二十七年〕九月二十六日，德國公使葛照會稱：「光緒二十五年間，德商瑞記洋行代礦務製造公司得權在山東省興辦礦務一事，欽差穆大臣於本年五月十四日，照會山東袁部院，請貴中堂慶親王將該照會轉交，嗣於五月二十六日袁部堂示復各等因在案。詎料袁部院不願將從前本國原任克大臣與總署相定各節認辦，後經欽差穆大臣於七月十七日，再行照會袁部院聲明，烟臺德國領事官連梓，不日將遵穆大臣之命，親自前赴濟南府，與袁部院面商一切。並解明礦務製造公司之代理人，已於光緒二十五年七月間，在山東省指定五處，得有開辦礦務之權等因。此照會亦係慶親王轉交。同時烟臺德國連領事，與袁部院及胡護院，亦有彼此來往函件。因胡護院意見，每欲插入美國人田夏禮在内，而連領事屢次解明，田夏禮於此事早無干涉，並瑞記洋行前僅爲礦務製造公司代理，現祇有貝總辦一人。代理礦務製造公司辦事等因。查本參議今接連領事呈稱，何人代理礦務製造公司一層，中國官員似尚有懷疑不明之處。本參議相應於貴中堂之前，再行剴切解明，現今在濟南府，僅有貝總辦一人，代理礦務製造公司辦事。其瑞記洋行及美國人田夏禮，均與該公司事宜迥然無干。查五月十四日欽差穆大臣照會貴中堂慶親王時，切實明告定須固守前向原任克大臣剴切認准各事等因。兹本參議與穆大臣亦意見相同，諄請貴中堂立刻電飭袁部院，與現在濟南府之連領事，及礦務製造公司之貝總辦，速爲開辦相商該公司於光緒二十五年所得開辦礦務之權，定爲細目。本參議除已飭令連領事，將此日久懸而未結之事，務須妥善辦結外，相應照會貴中堂查照，并請速爲示復。須至照會者。」

又外務部收袁世凱電《德商辦理山東五礦章程諸先與開議》〔光緒二十七年〕十月初二日，山東巡撫電稱：「德領事連梓等，在省糾纏不已，謂總署曹允許在前，如不肯議定詳章，惟有自行開辦。屢告以須待大部文飭，伊急不可耐。聞已僱礦師四十人，將抵東境，勢亦騎虎。凱交卸在即，推宕不難，但怕凱離東後，伊果自開辦，轉增枝節，所損非細。愚見宜電飭東撫，姑按礦務總局定章及東省現行礦章，先與開議。所議章稿呈請大部核准後，再行簽定，免其任意勘採，致損利權。是否有當，尚祈裁酌。」

十月初四日，行在電稱：冬電悉。山東五處礦務原係德商另案請辦，與膠約無涉，前已由署電咨東撫。現連領事既催辦甚急，祇可先與開議，惟須扼定原議商辦辦法，由東撫派員督辦，以收事權。至征收税課及礦務交涉等項，亦須酌照總局及東省現行礦章，分晰訂明，咨部核定，奏明辦理。

又外務部收德使葛爾士照會《德商辦理魯省路礦應享格外權利請電飭魯撫遵照》〔光緒二十七年〕十月十四日，德國公使葛照會稱：「本月初五日，本參議照請貴大臣等電飭山東巡撫，與連領事及礦務製造公司貝總辦開議。嗣於初七日接准照復，業經電達東撫，按照原議商辦各等因在案。兹於十一日接任濟南府之連領事電稱：目下雖已開議，而該省執政所要索者，甚出情理之外，如索新設公司，如索納各項税費，以致辦礦伊始，即無從獲利，並索該公司屬京都礦務總局，及濟南府洋務局所管等因前來。查此電誠惜濟南府之執政，尚未以去年之事，爲一開眼界，仍舊籌將早經抛棄者拾起，復行索討，並將前經已准者，置之不論。本參議先應請貴大臣等牢記於心，照光緒二十四年二月十四日本國與貴國相定專約第三端，在山東全省辦事，如礦務德商應享格外權利。因此山東省内德商擬辦礦務事宜，於光緒二十四年貴國奏定鐵路礦務章程，不得援以爲例。此係前任海大臣於光緒二十四年十一月初八日，照復當日總理衙門，並原任克大臣於光緒二十五年八月初一日，照復總署文内，叠次言明在案。即如該《鐵路礦務章程》第三款所開：山東礦路事務，均與交涉相關之意符合，是自不能派京師礦務總局，或濟南府之洋務局，管理德商在山東省辦此項事務。至《礦務章程》一層，則東撫袁部院，前於本年四月二十日致連領事函内，亦已聲明從前與山東礦務公司所訂章程，現允礦務製造公司援照辦理等因。故絶不能准山東省執政擬將袁部院前經明允者化爲烏有，並設立新章，勉令礦務製造公司遵辦。應請貴大臣等電飭山東省執政與連領事議商時，務須遵守前本國與貴國相定之約。是爲至要。爲此照會，即請查照。須至照會。」

又外務部收袁世凱文《咨送奏訂山東煤礦章程一摺》附奏摺〔光緒二十七年〕十月十五日，山東巡撫袁世凱文稱：竊照本部院於光緒二十七年十月初五日，專弁具奏爲上年商訂山東煤礦章程，業經德員簽押，謹照録補行進呈一摺，除俟奉到硃批，另文恭録咨呈外，擬先抄奏咨呈。爲此咨呈貴部，謹請查照施行。

照録粘單。奏爲上年商訂山東煤礦章程，業經德員簽押，謹照録補行進呈，

恭摺仰祈聖鑒事：竊臣於上年二月間，會同奏調來東之記名副都統廕昌，在省與德員商定本省煤礦章程二十款，當由臣會同廕昌簽押，交由膠濟鐵路公司德國總辦錫樂巴，携回青島。由該國礦員簽押各緣由，業經臣於上年三月間，進呈鐵路章程摺內，分晰奏陳。並聲明俟礦務章程押定後，恭録奏進在案。嗣經該礦員米海里、司米德，將章程簽押送還。未幾匪亂大作，礦務暫停，是以前項章程，未敢遽行奏進。迨和議漸次就緒，德人復來興工，幸有上年商定章程，尚可照章辦理，俾就範圍，已由臣遴委二品頂戴候補道洪用舟，前往經理，認真商辦，務期地主之事權，不至盡行旁落，庶足仰慰宸廑。所有上年商定《山東煤礦章程》，謹照録恭呈御覽。理合繕摺具陳，伏乞皇太后、皇上聖鑒訓示。再，此次章程係照録簽押原本，因未便更改，故與奏摺體例未符。合併聲明。謹奏。

又外務部收胡廷幹電《山東五礦案辦理情形請電賜訓示》〔光緒二十七年〕十月十六日，護理山東巡撫胡電稱：「宙寒電諒邀鑒督。德國連領事於十三日赴洋務局商辦五處礦務一案，語多挾制。一不允派華總辦。二報効儘允值百抽五。三於未定章程前，須先辦三處：第一處，沂水東至黄海邊，南通江蘇界，西轉而向南，直抵江蘇界，北由沂州向東達海；第二處在沂水地方，自城外一百二十里爲界；第三處在煙臺周圍二百五十里爲界。以二十五年八月，克使函致總署之日，即爲允准之期，故須先辦三處等語。當經洋務局查照大部迭次文電，逐款駁詰，並寒電請大部核示在案。十五日，該領事又來署面商，並遞説帖，堅執如前。廷幹當以前奉大部文電，均云此案未經允准，並無簽字合同章程，何能先辦三處。况此係商人承辦，又何能不照路礦總局定章辦法。力争一點鐘之久，該領事聲色峻厲，不容婉商。去後又函訂十六日接晤商辦，旋又照會即行開辦三處，請轉飭地方官遵照各等語。揣其語氣，大有不待議章，自行開辦之勢，不但與大部文電不合，且與穆使照會飭派該領事會同妥商之意，亦不相符。允則盡失利權，後患滋大；不允則强行開辦，挽救無方。現經廷幹復以已電請大部訓示，應俟復電到時，再行訂期商辦答之。該領事急不能待，日内必再催詢。究應如何酌量商辦之處，應請速賜電復遵辦。並請照會穆使轉飭該領事，須俟新任張撫院二十一日到東，查照原議，妥訂合同章程，再行開辦，以維大局，而敦睦誼。曷勝禱盼。廷幹謹肅。諫。」

又外務部收張人駿文《咨送山東煤礦章程摺硃批》〔光緒二十七年〕十一月二十日，山東巡撫張文稱：竊查接管卷内，於光緒二十七年十月初五日，由升任撫提部院袁，專弁具奏，爲上年商訂《山東煤礦章程》，業經德員簽押，謹照録補行進呈一摺，當經抄稿咨呈在案。兹於本年十一月初七日賫回原摺，内閣奉硃批：「外務部知道。欽此。」相應恭録咨呈。爲此咨呈貴部，謹請欽遵查照施行。

又外務部收德使穆默照會《德使有權開辦山東五礦請飭魯撫迅與議結》〔光緒二十七年〕十二月初六日，德國公使穆照會稱：「德國礦務製造公司一案，連領事遵本大臣之諭，赴濟南府商議，爲時已久，迄未了結。於本月初一日，本署葛參議接准貴部丞參等函稱，議設華總辦，以均事權，並議改礦務製造公司爲華德採礦貿易公司。此兩節均經彼此商准。惟另有他項各端，尚未議妥等因。查同時本大臣接閲連領事稟呈，足見報効抽税二節，東撫之索所不能允者，並直梗不認前東撫袁宫保所允准者，何則前與山東礦務公司所訂章程，現允礦務製造公司援照辦理。兹屢接連領事電文稱：自己無論如何親善和衷商榷，而張撫台甚覺有失禮，所去信函照會等件，均置之不答，且設千方百計，總期以延宕了事等語。查此案本大臣向貴王大臣不僅屢次致信照會，且當面解明催辦，是此事早已了然，明顯無疑。雖然如此，本大臣仍將緊要關鍵，再爲提出申明如下：光緒二十五年七月十九日，總理衙門照會，以原任克大臣允准該公司在山東省指定五處專行開辦礦務等因。至辦礦務章程一節，因光緒二十六年春季拳亂事起，尚未議妥，惟前任東撫袁，於本年四月二十日致連領事來函内，聲明從前與山東礦務公司所訂章程，現允礦務製造公司援照辦理等因。情形如此，則自無須他事，僅須於事平之後，將從前所允之權認准，并准該公司及早開辦礦務。詎料貴王大臣暨山東巡撫，不但不如此，至今仍行力爲直駁開辦。查前任東撫毓賢整頓拳黨，並貴國政府當時亦護庇仇洋之舉等事，諒貴親王必知此實非該德國公司之咎，又何能使該公司因拳禍轉受虧損耶！假使中國從來安靖，則該公司已開辦將及二載之久，至今可有三處蔚然盛興。故連領事所索簽押章程後，即行在三處開辦者，亦屬按理。東撫所索者，係照挖煤之價，值百抽五，並報効值百抽二十五，此係照光緒二十四年間奏定礦務章程所定。惟本大臣離京時，葛參議於本年十月十三日已照會貴部大臣等，以山東省内德商擬辦礦務事宜，貴國奏定礦務章程不得援以爲例等因。前云連領事呈内又稱：初辦五年内，該礦不能望有盈餘，因此節而久延商議，徒費日時，並延擱開辦，毫無裨益，惟欲和衷相應。故已言明情願議妥此節，並擬將報効之款，照盈餘之數，次第逐漸增

長，乃東撫不解此算法，致停商議等因。查邇來貴國國家屢次諭明有意嗣後較前更加敦篤邦交，倘德國公司所得之權，早經了然無疑，而貴王大臣並東撫仍照從前總理衙門之舊習，設詞藉口，期以延纏結案，則貴國所謂敦篤邦交之語，必視爲虛文而後可。本大臣屢奉國諭，飭令將德國礦務製造公司所辦各事，竭力相助，並設法承認已得之權，早在貴親王洞鑒之中。儻貴親王不速令妥結此案，則本大臣無奈，惜欲稟報本國政府，以尋常商辦之法，必不得承認所得之權。如此則有失體統，諒貴親王必不願以致於此。希貴親王設法以明白曉暢，飭令東撫迅速了結此事。至該公司應納税等費，暫行無關緊要，可嗣後再爲議定。本大臣甚望貴親王照本大臣所請，轉令東撫遵行，並速爲示復。須至照會者。」

又外務部收張人駿電《德商開辦山東五礦章程與德領事議商情形》 光緒二十七年十二月十一日，收山東巡撫張人駿電稱，外務部鈞鑒：宙密飭楊道晟與連梓等開議，係援照總署原訂章程，並採擇山東礦務公司現行章程，共酌擬三十條，交由楊道特與議辦，連等堅不承認總署原章，將所擬章程交回。並云由彼另擬章程，送請核定，仍係堅執同時開辦三處之説。抽税報効，亦祇允提出歸大部與德使另議，不肯列入此項章程中。並云此事前由總署與克使會商，仍係按照交涉事件商辦，自與商務情形不同。迭經磋商，狡執轉甚，且謂如延不定議，即須從西曆一千九百一年六月起，每月索賠萬金，語多挾制，殊出情理之外。經駿據理駁復，並告以此事仍須遵照大部文電核辦，東省斷無擅改原議之權，一面仍飭楊道竭力磋磨。連等始終悍執不肯，並云東省如不照辦，即電告德使，仍向大部轉商，要挾多端，殊難結束。除將東省現擬章程由驛咨呈外，特電達議辦棘手情形，謹請酌核電示，以便妥籌因應。再駿自到任以後，與連等往來，待以優禮，原冀和平商辦，俾可勉就範圍，詎料未定章程以前，彼云東省延不開議，追開議以後，甫將章程送去。連等並未與楊道會議，輒即退回，可見是彼自行阻延，並非東省不與議辦。至彼云另擬章程，送請核定，現時尚未據送來。設若所擬章程，内中仍多不便照允條款，可否立即退還。囑令另行會同妥商之處，並請核示遵辦。人駿謹肅。蒸。

又外務部給德使穆默照會《德商開辦山東五礦章程已飭魯撫酌中核議》 〔光緒二十七年〕十二月十二日，給德國公使穆照會稱，光緒二十七年十二月初六日，接准照稱，德國礦務製造公司一案，連領事赴濟南府商議，迄未了結，仍將緊要關鍵再爲提出。光緒二十五年七月十九日，總理衙門照會以原任克大臣允准該公司在山東省指定五處，再行開辦礦務。至辦礦章程一節，因二十六年春季，拳亂事起，尚未議妥，假使中國從未安靖，則該公司已開辦將及二載之久，至今可有三處蔚然興盛，故連領事所索簽押章程後，即行在三處開辦。東撫所索者，係照挖煤之價，值百抽五，並報効值百抽二十五，此係二十四年奏定礦務章程。山東省内德商擬辦礦務事宜，不得援以爲例。連領事呈稱，初辦五年内，該礦不能望有盈餘，因此節而久延商議，徒費日時，毫無裨益。故已言明情願議妥此節，並擬將報効之款，照盈餘之數。次第逐漸增長，乃東撫不解此算法，致停商議。希即設法飭令東撫迅速了結，並示復等因前來。查山東礦務久未議結，本部已按照來文電達東撫，准該公司先在三處查勘，以免延擱。至應納税項成數，及盈餘報効之款，亦經電飭東撫，與連領事分別酌中核議。除俟復到再行知照外，先此照復貴大臣查照可也。

又外務部收德使穆默函《德商開辦山東五礦章程請飭魯撫按前允者議結》 〔光緒二十七年〕十二月十四日，德國公使穆函稱，本月十二日接准照稱，已電達東撫，准礦務製造公司先在三處查勘，以免延擱。至應納税項成數，及盈餘報効之款，亦經電飭東撫，與連領事分別酌中核議等因前來。查現接連領事電稱，東撫雖遵貴部所飭，已准查勘三處礦苗，惟不欲准於章程未定之先，開辦礦務等因。查前任東撫袁宫保早允前與山東礦務公司所訂章程，現允礦務製造公司援照辦理，此係本大臣向貴部已屢次不但致信照會，並當面解明不一而足者也。此似無將章程再行商議，而重新延擱開辦之故。又接連領事電稱，東撫索税項一成，並另有盈餘報効等因。乃照聯侍郎面允者，僅應納税值百抽七而已。相應再請貴王大臣立即電飭東撫，使其迅速認允將前與山東礦務公司所訂章程，礦務製造公司援照辦理，以便刻即開辦礦事。並照聯大臣向本大臣面許者，請飭東撫應納税按值百抽七爲足，甚望貴王大臣照本大臣按理所欲者應允，庶將此久懸未結之案，終竟完結，不稍延擱。是所切盼。此佈。順頌日祉。」

又外務部收張人駿電《開辦五礦章程抽税報效兩項請另定專章》 〔光緒二十七年〕十二月十五日，收山東巡撫張人駿電稱，外務部均鑒：宙密。前奉青電，當飭楊道與連領往返商訂，其抽税報効一節，連領堅稱，大部已與德使議定，該公司連抽税報効，共納贏餘百分之七，不肯分項議加。叠飭楊道竭力磋磨，連狡執不移。現據楊道商，惟有仍照前與連領所商辦法，於現訂章程中載明，將此節提出，分兩項歸大部與德使在京另訂專章，或俟礦務總局核定各礦税

則，再行據以較轉商德使，俾與各省華洋公司，事同一律。似較此時在東商訂，易於就範。況貝德司係該公司總辦，與連同居一處，遇事把持，得步進步，極難婉商，似不如俟大局定時，在彼既無可要挾，在我亦不虞牽掣。但扼定章程內載有提出抽稅、報効兩項，另訂專章一款，與之確訂，不但德使無可諉卸，即連貝等亦無可阻難，似於礦務全局有裨。而且該公司須待查勘明確，始行開採，此節留俟從容商訂，亦尚不遲。謹再電商，是否可行，即請酌核電示，以便轉飭楊道稟入章程與連領妥速商訂，再行摘要電請核復遵辦。再，愚見以彼既將抽稅、報効兩項牽混爲一，似不如俟在京另訂專章，明逕將報効一節删去，專與妥訂稅章，並就德使所允銅、鉛等類值百抽七，酌中定議。勿論金、銀、煤、鐵等礦，概以值百抽十訂算，以贏補絀，似亦不至喫虧，且可杜其牽混，管窺所及。併候鑒核。人駿肅。咸。」

《礦務檔·山東礦務》外務部收張人駿電《摘要電陳開辦五礦章程》〔光緒二十七年〕十二月二十四日，收山東巡撫張人駿電稱：「連日飭楊道與連領等商訂礦章，狡執如前，經駿督飭楊道竭力磋磨，始允不將五處地名，列入章程，以圖爲據，並商訂詳細章程二十一款，謹摘要電陳。計開：該公司名目，德文內仍用德京原訂編入商籍之名，華文內改爲華德採礦貿易公司，以定界限。此項章程，須候大部核准。第一款略謂：該公司業已奉中國國家允開礦五處，內任十個月開辦一處爲限，陸續指定地段開採。如限內不開，即將此一處。作爲罷論。華股招至十萬兩以外，應由本省派員入公司辦事，稽查華股一切利益。第二款略謂：該公司如何設局招股，俟查看情形，隨時商定。山東巡撫允將該公司與山東礦務公司一律優待。第三款略謂：該公司勘查開採，應由本省即行派員會同辦理。所用地段，倘公司不欲購買，則應商明發給租價。所傷禾稼等項，應給價作賠。每次試辦開採，應在半個月以前，通知地方官轉達百姓，華總辦及其所差之員辦公費用，該公司查照山東礦務公司，一律供給。第四款至十九款，大致與山東礦務章程相同。查山東礦章，係袁世凱升撫於上年二月議訂，曾經咨呈大部有案。其第四款至十九款多係限制公司之事，如先行繪圖呈核，始准購地，所購地段，以敷用爲止。購租民地，秉公給價；廟宇墳塋，均須繞避。本省城壘公地基防守要害，均須無所妨損。朝廷所屬行宮、祠廟、園廠、寢等項之下，均不准辦理礦務。所購地段，應納國課。照他國人在中國他處開礦章程辦理，仍由地方官發給買地執照，發照後，始准動工。動工之時，宜多用本處人。本處所有之物，亦應在本處購買。人物致傷，應撫卹賠償。華人已開之礦，應准其辦理，稟請派兵保護，該公司應議給津貼，不准請用外國兵隊。公司所用洋人，應請領憑單護照，有不合之處，應照條約辦理。所用華人，應歸地方官稽查。地主大權，仍操之山東巡撫。各條均已包括在內，連允援照辦理。第二十款係擬載抽稅報効兩節，今暫將此款空出，俟奉准大部復電，議定辦法，再與連領妥商補入。第二十一款略謂：此項礦局，中國將來如何購回，並何時購回，將來另議。至該公司係屬商務，其籌借洋款，如有虧折，與中國國家無涉。以上各款，應繕華德文各三分，以一分呈大部備案，一分存東撫署，一分存該公司。此後若有應行增損之處，祇能由山東巡撫，或特派大員，與公司商訂各等因。連允照此定議簽押，是否有當，恭候大部核復電示遵行。再，抽稅報効兩節，不知已與德使議妥否？並乞核示。人駿謹肅。養。」

又外務部收德使穆默照會《議商山東五礦抽稅報效事》〔光緒二十八年〕正月初六日，德國公使穆默照會稱：「照得本大臣於光緒二十七年十二月二十七日，赴貴部與貴中堂、大臣等面談時，由聯大臣面交單一件，內按貴國之意，礦務製造公司在山東省開礦，應納何項稅銀等款。據載開採之後，除應完地租、井口稅、出口稅外，每年所有盈餘，先儘提還股息七分。尚有盈餘，勻作十分，以一分派還股本，以三分報効中國國家，其餘六分，歸公司分派股友等因。本大臣當經將此意電知連領事去後，茲據復電稱：辦礦已應完地租與出口稅兩項，並須聘一華官爲總辦，開支薪水。此三項出款，已覺加重異常。至井口稅一項，已包在出口稅之內，如另外照採出之斤數，仍索他項稅款，以致採礦之費用過昂，實難照允。倘如此辦理，則決無獲利之期，更無華人入股之望。且照貴國所索者，則譬如照採出之斤數計算，煤礦應納稅值百十五，金礦應納稅值百二十五，似此重稅，實屬力所不逮。故應將井口稅一項删除，作爲罷論。惟礦務製造公司願由盈餘提還股息五分後，將報効之款，次第逐漸增長如下：一如盈餘係股本之五分至七分，則提息後，報効尚有盈餘之五分二；如盈餘係股本之八分，則提息後，報効尚有盈餘之十分三；如盈餘係股本之九分至十分，則提息後，報効尚有盈餘之二十分四；如盈餘係股本之十一分至十二分，則提息後，報効尚有盈餘之三十分五；如盈餘過，股本之十二分，則提息後，報効尚有盈餘之一半等因前來。查前在貴部經貴大臣等議論納稅時，提明其餘承辦開礦各國之人，業均允明按照所索各款完稅一節，本大臣查其承辦開礦他國之人，內中迄今並無一人

動手開採。諒此等人本無意將來照所承允者，興辦礦務。且此等人既羣相慫慂，必云即使索税過豐，亦可以獲利，而動人聽聞。一經該管各華官允准開辦後，永無他意，不過竭盡心力，希圖以設立股分公司，爲厚吞首倡勞金之計，到手即退出事外而已。因此項公司起首即無實在開礦之意，祇輕心應允完納重税，堵截獲利之途，德國礦務製造公司情形則大相徑庭，蓋此公司實有意請華友人入股，迅速開興礦務。且本大臣於光緒二十七年十二月初六日照會内，業已分解明晰，貴國所索者，係藉光緒二十四年間奏定礦務章程爲詞。惟山東省内德商擬辦礦務事宜，貴國奏定礦務章程不得援以爲例等因。故礦務製造公司開辦礦務，理應另定納税之章，則開礦始得獲利，以符德商所享利權。乃如貴國現所擬索井口税，而塞辦礦獲利之源，則此辦法，與本國同貴國光緒二十四年二月十四日訂立條約之本意相背。何則？照該條約之意，應給德國富厚之人，得一機會，俾可振興山東省財源，以利民生。現貴國有意過逾索税，則必致損傷德商已得之利權。此節本大臣不能不嚴行辯駁。除以上所言之專干德人辦礦各節外，另有他項與索納井口税不符公共之故。查昔年在德國每遇開礦時，亦索井口税，照採出之斤數，值百抽二。乃即此甚輕之税，早已删除。何則？一面查出此税不公不允，其各礦無論開辦之情形善否，均應一律納税。一面約畧採出之斤數價值，並監督採出之斤數多寡，各事周折甚多，以致易生各項弊端。且辦礦一事，並無在中國較歐美各國多索税項之故，況揆度各情形，則查他國較中國往來各路通暢易行，並國富民豐，是以理應在中國較他國納税須輕。如納税過重，以致將利全行享受，而華人確知所入股本，永不能得息，則豈望華人入股，以辦此等事件。此理甚易明者也。照以上所解各情，應請貴親王立即電飭東撫，將井口税作爲罷論，以便此一簣垂成之舉議定後，俾久懸未結之案，迄底完結也。並請速爲示復是盼。須至照會者。」

又外務部收德參議葛爾士函《開辦山東五礦計算贏餘報效方法並奉告各國礦税數》 正月初九日，德國參議葛爾士函稱：「本參議於本月初七日前赴貴部，經貴大臣面云：貴大臣初六日照會内所述，由盈餘將報效之款次第逐漸增長一節，不甚分晰明白等因。本參議現遵穆大臣之諭，將此節畧爲解明，即請貴大臣鑒閲。計開：設使該公司股本，係一百萬兩銀之數，譬如一年之盈餘，係六萬兩。合股本之六分計算，則先提股本之五分，合五萬兩。還股息後，尚賸盈餘一萬兩。將五分合五百兩，作爲報効。如一年之盈餘，係八萬兩，合股本之八分計算，則提股本之五分，合五萬兩。還股息後，尚賸盈餘三萬兩。將十分合三千兩，作爲報効。如一年之盈餘，係十萬兩，合股本之十分計算，則提股本之五分，合五萬兩。還股息後，尚賸盈餘五萬兩。將二十分合一萬兩，作爲報効。如一年之盈餘，係十三萬兩，合股本之十三分計算，則提股本之五分，合五萬兩。還本息後，尚賸盈餘八萬兩。將一半合四萬兩，作爲報効。查當日面談時，亦提及辦礦各國索納何項税款一節，今本參議考考《國政録》查明如左：一、在德國辦礦，不過索納進項工伎兩等税款。一、在美國合衆國辦礦，無論何項税款，均不索納。一、在英國，除金、銀各礦專歸國家自辦不計外，其餘各礦，無論何項税款，均不索納。一、在俄國辦礦，自開辦起，十年内不納税項。自第十一年起，照録出之斤數，應納税自值百抽十，至值百抽十五。一、在比國辦礦，納税按盈餘之二分。一、在和國辦礦，納税按盈餘之二分五。照以上所述各細目，貴大臣一覽而見在他國辦礦所納各税款，均比貴國現在所索者較輕。穆大臣又飭本參議轉請貴大臣，如偶經此過，得便駕臨本館一談爲盼。此佈。順頌日祉。」

又外務部給德使穆默照會《開辦五礦應收井口税請電飭訂入章程》 正月初十日，給德國公使穆默照會稱：「光緒二十八年正月初六日，接准來照，以山東礦務一案，請電東撫將井口税爲罷論等因，本爵大臣詳晰言之。如來照内稱：據連領事電，辦礦已應完地租與出口税兩項，並須聘一華官爲總辦，開支薪水。此三項出款，已覺加重異常。至井口税一項，已包在出口税之内，如照採出之觔數，仍索他項税款，以致採礦之費用過昂，實難照允。且照貴國所索者，譬如照採出之觔數計算，煤礦應納税值百十五，金礦應納税值百二十五。似此重税，實屬力所不逮，故應將井口税删除等語。查井口税應納之數，前貴大臣謂該礦係産銅、鉛，應按值百抽七，本部允即作爲暫章。并聲明煤、鐵值百抽五，金、銀礦值百抽十五，於上年十二月十九日函復在案。應請貴大臣仍照前次復函，電飭連領事遵辦，不得將井口税包在出口税内。緣礦産出井以後，儘有在内地銷售者，不必盡是出口。若不納井口税，是礦産之漏税日多，利益之所損者大矣。來照又稱：中國有意過逾索税，必致損傷德商已得之利權。查中國允德商承辦礦務，原期彼此有益，中國有地主之權，即有應得之利。如謂該公司開辦礦務，理應另定税章，以符德商所享利權，而於中國所定井口税，强令删除，以致中國利權有損。殊與彼此有益之言不符。來照又稱：昔年德國每遇開礦時，亦索

井口税，值百抽二，乃即此甚輕之税，早已删除，并中國理應較他國納税須輕各節。查礦産出井，他國礦章亦須納税。至貴國開運産股票有税，印花有税，所收税項，較中國並不見輕。中國現尚無此等税項，自不得指井口税爲獨重。現在該礦章程，大致已由東省與連領事議妥，祇留此款在京定議，應請貴大臣准此納税與報効兩節，電達連領事訂入章程，以憑核辦，庶久懸未結之案，藉此完結，相應照復貴大臣查照飭遵，並希見復，以便電知山東巡撫妥速議結可也。」

又外務部張人駿函《商改山東五礦草約事辦理情形並咨送德領事論礦産出井税説帖》附德領事説帖 正月二十二日，山東巡撫張人駿函稱：「前於上年十二月二十二日，與德國連領事等商訂五處礦務章程，共二十一款，其第一、第二、第三、第二十一各款，係查照總署原議，暨《山東礦務章程》參酌議訂。其第四至第十九各款，則係專照《山東礦務章程》辦理。惟第二十款係預備詳載抽税報効兩項，聲明留俟大部與德使在京商訂，俟訂妥電復到東，再行補入。當日與連領事等議明後，即經電達鈞聽，並聲明須俟大部核復，始可彙繕簽押。本年正月間，連領事因久未奉復，催詢多次，十一日遞來照會。又以耽延日久，索賠用費等詞相挾，並將前訂之第一、第三、第二十一各款，一併改擬，照送前來，當經人駿據理駁斥，即將所改各款送還。十三日，連領事又送來照會，仍申前請，復經人駿駁斥如前。並告以此項章程，既已彼此商允，電達大部，敝處實無擅自商改之權，須俟大部復電到東，再行妥商辦理。旋於十四日奉到鈞電，敬悉一切。當即督飭楊道晟按照鈞電擬改各節，竭力磋訂。連領事等不但不允照改，並欲照彼所改擬者，載入章程。彼此相持，勢難兩就。正在籌畫因應間，是日午後，連領事又率同貝德斯來署請見，詞氣極爲謙和，迥非前日狡悍氣象。談及極以提出抽税報効，留俟大部商訂爲悔。並呈遞申論礦産落地税出井税各節説帖一紙，請將抽税報効，改歸東省酌定。人駿當以此項既已電請大部，與貴國公使在京商訂，斷毋中途改歸東省另議之理。且東已議定多次，即接議亦萬難就緒等語拒之。連領事旋又請將此項説帖電達大部，據云其中皆係論説礦産抽税實在情事。如承電達，必邀鑒察。貝德斯亦從旁極力陳説。窺其情狀，一似此事由大部與德使議有成説，於該公司甚有不便也者。或已接到德使密電，亦未可知。然照會則挾以峻詞，晤談又餂以甘語，其狡譎殊不可測。復經人駿告以説帖字句太多，電達亦不甚便。連領事等又請將説帖排遞寄呈大部。人駿未便過卻，聲明祇能將原件寄呈，至於如何訂商，仍應俟大部與德使在京妥議，決非敝處所能越俎代謀。連領事等遂再三稱謝而去。十五日，又具函續申前請，詞尤謙遜。並有大部不以爲然，自可再擬別項税法之語，惶急情狀，溢於言辭。人駿雖未奉到大部續電，不知抽税報効兩項，已否分別議定。大約所議，必甚得手，否則，連領事等何以如是惶急，諸藉藎籌，佩慰無似。兹將連領事等所呈説帖，寄呈大部，恭備查閲。其説帖中所論净利報効，雖有抽百分之五、百分之十、百分之二十、百分之五十等項辦法，然祇是就近利之百分而言，所抽仍屬有限，似不如仍按照原議值百抽幾議訂，較爲合算。且彼既認抽税是抽税，與報効自是兩事，亦未便任其牽混，致礙利權。究應如何酌量議訂之處，仍謹請大部與德使按照原議，商訂妥洽，迅賜電示，以便查照彙載第二十款内，連同各款，一併從速簽押。人駿現函復連領事，告以將説帖寄呈大部，仍一面優禮款待，妥爲因應。俾彼無所藉口，庶可從速議結。至承示擬改第一、第三、第二十一各款，前次議訂底稿，本與鈞電大概相同，因連領事堅不允從，彼此磋改多次，始於十二月二十二日議訂就緒。今連領事既擬乘隙悔議，爲另訂抽税報効地步，偶不經意，即墮術中。所有第一、第三、第二十一各款，似仍照前議核定，不再商改爲是。再查第一款載明，本省派員入公司辦事，所派之員，即是華總辦。既入公司辦事，即屬有權。因恐不甚顯明，故又於第三款内，標列華總辦名目，以相印合。鄙意並擬俟該公司招股時，勿論如何，必由本省凑集本銀十萬兩以上，以便届時派員入公司辦事，似亦較有實際，且與鈞電指示辦法，亦尚相符。至第三款所載辦公費用一節，該公司本允供給，因爲數較少，是以改照山東礦務公司一律。查《山東礦務章程》雖未提明公費，而礦務公司曾允每月送給津貼四五百金，經楊道商令改爲公費，兹令援照辦理，似於事理亦尚相合。又第二十一款祇重在「此係商務」四字，藉以區别並非交涉、籌借洋款一語，似亦包括股本在内。連領事等概不允照改，似亦無甚出入，兹已專電奉商大部。如可以照准，亦希從速電復，俾與連領事等先將各款議定，一俟抽税報効兩項，由大部與德使議定，電復到東後，即可彙繕簽押，俾免別生枝節。鄙意總以商訂抽税報効兩項，多得分數，爲挽回利權緊要關鍵。其餘各款，似可畧予通融，以便從權議結。是否有當，恭候鈞裁。祇請勛安，伏維臺鑒。」

照録清單。《論礦産抽出井税事》。

一、在各西國久免出井一税，因非公平之法，並出井税難處甚多，是以均無有此。舊時雖有此出井税，亦不過抽百分之一、二，且舊時出井税，祇爲由國家

幫助礦務公司各事，及派差役保護，並准用官路各節，國家方抽此出井稅也。

二、各西國及美國，按照國家律例，礦務事祇收净利之稅，每百分抽四，比此稍多則均無之，礦務及農、工、商業均同。

三、所出礦産及礦質，非是净利所得，各樣礦質，應挖窟井及蓋造房屋棧廠修道路，並設貴重機器等事。且在山東省各等礦質，非在地面之上易取，惟均係在硬石之内，須將此硬石用機器磨碎，磨碎之後，又須用最費心費財之法，方能分清石、金。如此各樣化費鉅款，應須扣除，餘者可算净利。平常所得净利極少，比在山東所得金礦質，每噸内，多至不過百萬分之一是金。

四、所得出井金、銀、鐵、煤等礦質之價，如何核算，豈可中國國家抽金、銀礦質百分之十五、鐵之七、煤之五、自行出售乎？或該公司自賣所得價值，應納百分之五、七、十五乎？如該公司出井之各礦質，不能沽出，亦要納此五、七、十五之數乎？若該公司不能賣出，或者賣出虧本，如何核算價值耳？且出井礦質，移放棧地，則定無價值。再所有出井礦質之多少，中國國家何法可以查考，抑可派官員在該處守待用秤量乎？

五、按照中國國家所擬，該公司應納錢糧地賦、進口出口各稅，及山東省所派官員公費，此係實爲格外極重之則例。該公司應用各樣物料機器，不能在山東省購買，其各礦質亦不能在山東省出售，必須出口運往他處。因此，所應納進口出口各稅，亦爲甚大數目，在各西國均有極好道路，而在中國則無此等好路，該公司須自行修路及小鐵道，以便裝運機器等件到開礦各處，並將礦質運往鐵路棧處，或通商埠出口。如該公司再納重稅如斯，該公司定不能期得净利，此等公司定無人給其資本耗用，並不能招入華股西股。中國國家既允准該公司開礦，亦有欲令該公司可得净利之意。

六、專論出口一事，全地球各國，定均無出口稅，更無五金出口稅。全球各國均出有金、銀、銅、鐵等各樣，出賣於全球互市之場，如該公司在山東所得金、銀、銅、鐵等物，送往高價之大市出售，即其金等之價，再加有此百分之五出口稅則，即無人買此貴貨。若該公司必須賣出，定致喫虧。在全地球商市，多此百分之五，少此百分之五，最關緊要。如想以上所説，就知出口稅是甚重之事。出井稅與出口稅，名異稅同。

七、落地稅或出井稅，該公司實屬不能允准。應請將此落地稅、出井稅，一概除卸，無庸置議。各國祇有收净利稅之法，公司祇能允准完納净利之説。兹擬如下，除出本得百分之五不計外，如得利在百分之五以外至百分之七，即抽百分之五報効；自百分之七至百分之八，即抽百分之十報効；自百分之八至百分之十，即抽百分之二十報効；自百分之十至百分之十二，即抽百分之三十報効；至百分之十二以外，抽百分之五十。

八、中國國家欲在中國擴充礦務，惟似此如何擴充，各等稅如此之重，何人敢承開辦。該公司尚未得有净利，而中國國家要收重稅，該公司之意，以其資本在山東開礦，要用認真從實就新之法，與山東百姓大有益處，並從豐發給作工人等工價。至該公司能得净利與否，不能預知，若得净利，情願抽提報効中國國家。未得净利以前，定不能納稅。該公司所有虧賠之處，亦不與中國國家相干。

九、中國國家既允該公司在山東開礦，因此，中國國家亦必允導公司能得净利之路。無此導路，並向公司要落地稅，出井稅。該公司定不能開工，想中國國家必不欲窒礙該公司開工，及阻其不得净利也。

《礦務檔·山東礦務·嶧縣煤礦》外務部收張翼文《辦理嶧縣煤礦不違〈中德山東礦務章程〉》　光緒二十八年七月十一日，路礦大臣張文稱，光緒二十八年六月十一日准貴部咨開：准德國穆使照稱，接准復稱，嶧縣煤礦設立公司時日，尚在光緒二十六年間議定之山東礦務公司章程以前，核與礦務公司章程第十七款所載，并無不符，應仍准其辦理等因前來。查本大臣決無意争論嶧縣煤礦公司之理續辦煤礦，本大臣之意，祇係特爲提明山東礦務公司章程德文第十七款，内載山東鐵路兩旁三十里内，凡經華人已開之礦，僅准按照向來辦礦之法，仍行續辦，亦不能礙難山東礦務公司所辦之礦務等語。此意在該款德文内言明，本大臣僅視德文爲主，今不能不將此意再爲聲明等因前來。相應咨行查照等因，到本大臣。准此，當即照録貴部咨文，並照抄來往照會，札行山東嶧縣華德中興煤礦公司去後。兹據該總辦張道蓮芬禀稱：竊查原照會云本大臣決無意争論嶧縣煤礦公司之理，此語甚爲公平。德使既無争論之意，則該照會中所云各節，本公司亦毋庸置辯。然有不得不聲叙者：德使兩次照會所引《山東礦務公司章程》第十七款，均與原章程之華文，不甚符合，該照會乃稱僅視德文爲主。查原章程首節内載明，此項章程用華文、德文繕就，其中語意，彼此相符等語，此外並無專以德文爲主字樣。查該章程華文第十七款内，載有凡經華人已開之礦，應准其辦理等語。又有倘華人在某處已開大礦，該公司意欲購買，如華礦主人不願將所開之礦賣去，則應作罷論，不能攬擾其事各等語。是華人已

開之礦，該公司不能攙擾其事，章程載有明文。本公司於光緒二十五年議添新股，改稱嶧縣華德中興煤礦公司，當經北洋大臣會同奏明。附近百里內，他人不得再用機器開採，附近十里內，民人不得另用土法開採，並由本公司棗莊礦局修造運煤鐵路九十里，至台兒莊運河，以便轉運等因。均經奉旨批准在案。此本公司奏案之界限，有不得不聲明者也。德使照會云決無意争論嶧縣煤礦，本公司亦甚爲紉佩，惟特爲提明本公司毫無違背之處，應請咨明轉復查照等情前來。本大臣查該道所禀，均係實在情形，相應咨呈貴部，請煩查照備案，並轉復德使可也。

《礦務檔・山東礦務・中德膠濟路暨山東五處礦務交涉》外務部收周馥函《德商開辦膠濟路附近礦務應納出井等税請咨會定議並附抄與德往復文函等件》〔光緒二十九年〕正月十二日，山東巡撫周馥函稱：「謹奉書於前，查鐵路附近三十里之濰縣地方，經德人開井出煤，運往青島不少，當經飭其納税。旋准德國暫駐濟南商辦事件委員梁凱函稱，奉本國駐京欽差來札内開，山東礦務一節，膠州條約，該公司章程，都無出井税之語，德國國家一定不與等因。查山東膠濟鐵路附近三十里内，准德人開煤，載在曹州教案膠澳約章，並未載明收税字樣，想係待後商訂，並非漏落。即山東與該煤礦公司訂明試採章程，亦指明租地雇工，與地方交涉各事，亦未載明税務。當時亦因税則未定，姑俟後議。天下無無税之國，中國亦無無税之物。兹據梁凱函稱前因，係專指出井口税而言，復經委員洪道用舟，面問該公司總辦米海利，據稱：煤出海口，照章納税，至出井税應還與否，須聽柏靈總公司核議云云。竊思出井税不納，將來煤銷内地，必致無税可收。華商在内地採礦，尚須在廠交税，各國商人在他省議定礦章，亦載有出井税。若德人於膠濟路旁三十里内開礦，不交出井税，勢必牽動大局。且此三十里並無限制，德人言，照約章，應做兩道鐵路，接江南界，又有引礦之枝路。三十里内，亦須開礦。且凡有礦皆開，不必專採煤斤，因約内有開礦等字，包括一切礦産在内。又鐵路並無一定界線，遇有佳礦在三十里外，彼即移路就礦。是山東礦産，除煙臺、沂州、沂水諸城、濰縣五處不計外，即此路旁三十里，已佔礦産不少，若出井税不納，是皆爲無税之産，似未便輕易允許。竊思礦路總局税章，各國總謂出井口、出海口兩税太重，又疑華商礦税太輕，擬請大部一面轉達德使，飭山東路旁三十里採煤公司，照納出井口税。若運出海，仍照海關税則納税。彼縱未能即許，我究未予允許之據。並一面咨會上海議商約大臣吕尚書等，參照各國礦章核議，以期早日定局。税章本宜各省一律，若由山東與該公司商議，徒費筆舌。特將膠濟原約、《山東礦務章程》，並此次來往函件、洪道禀復摺件，一併抄呈鈞座察核施行。謹此肅陳，祗請勛安，伏維台鑒。」

照録函稿。致梁凱函。敬啟者：現在濰縣坊子地方，經華德煤礦公司開礦出煤，已經運往青島售賣，未經報税。其出海口是否完税，尚未查明。查天下無無税之國，亦無爲人保護，不收保費之理。至應納地畝國課，及津貼衛兵等項，皆係章程所有。除行洪道台向華德煤礦公司總辦米海里，商訂收税詳細章程，報明核奪外，相應叙明節略一紙，專請閣下查照轉行知會該公司遵照辦理，以符公例，而免争論。特此佈達，順頌日祉。名正具。十二月初二日。

山東華德煤礦公司，在濰縣坊子開井出煤，並運往青島不少，何以不見該公司報税？查中國各省開礦章程，煤鐵出井，值百抽五，作爲落地税，至出口税，仍照章在海關完納，從未見有不完税者。又查光緒二十六年二月二十一日，袁升院與華德煤礦公司商訂礦章二十款，僅係試辦開採章程，所有開採以後，如何完納税項，如何酌提餘利，如何派員經理稽查，概未詳細訂明。特於章程後幅附載，此後彼此若有應行增損之處，祇能由山東巡撫，或特派大員，與山東煤礦公司彼此商訂等語。是開採出煤以後，自應照章納税。天下無無税之國，亦無代人保護，自賠經費之理。華德煤礦公司自應按煤觔出井口之數，照值百抽五完税。俟出海口時，再照海關章程，納出口税。至該公司獲有餘利，中國仍應收保護費。查該公司自在山東開辦礦務以來，歷經特派大員，會同勘辦。又派防營駐紮辦礦各處，妥爲保護，每年所費甚多，保護費自不可少。再查《山東華德公司礦務章程》第八款所載該公司所購地段，應完國課一節，須照他國人在中國他處開礦章程辦理，以昭公允等語。係專指地畝完納錢糧而言，亦應另行訂明。凡係官地，則令備價承租，民地仍照原定田則，完納錢糧，以符賦額。此項錢糧應仍歸地方官征收，或由該公司彙送山東礦務局代收，轉交各地方官掣付糧單，亦無不可。至《山東礦務章程》第十款，内載山東巡撫派兵保護，該公司應給此項衛兵津貼等語，現在亦應訂明，此與保護費，係屬兩事，未便牽混。以上出井税、出海口税、保護費，以及完納地畝國課、津貼衛兵等項，應請一併飭該公司早日訂明照辦，免煩辨論，以固兩國邦交，以聯中外官商情誼。不勝企盼。

梁凱來函。敬復者：「昨奉來函，内言山東礦務一節，一切均悉。又奉本國駐京署理欽差來札内開，如周撫院必索山東公司出井税，請照會周撫院，言膠州

條約，該公司章程，都無出井税之語，德國國家一定不與。查此語則出井税無庸置議。貴部院所云第八款内，應加一語，照他國極有利益之國，在德國文章程内，亦明載此語。本前署領事不明貴部院何以將保護費及兵勇津貼分爲二事。照條約，中國應保護外國人，無所謂保護費用。如該公司自應與衛兵津貼，但須該公司請中國派兵保護，方有此款，章程内亦甚明晰。兹已將貴部院來函，及本前署領事復函，抄送北京署理欽差大臣。至該公司應飭其照章應辦之處，必如貴部院之意辦理也。復頌勛祺。」名正具。中十二月初八日。西十二月初六日。

候補道洪用舟稟敬稟者：「竊於光緒二十八年十二月初八日，奉憲台札開：照得山東華德煤礦公司，在濰縣坊子地方開井出煤，並運往青島不少，何以不見該公司報税？查中國各省開礦章程，煤鐵出井，值百抽五，作爲落地税。至出口税，仍照章在海關完納，從未見有不完税者。又查光緒二十六年二月二十一日，袁升院與華德煤礦公司商訂礦章二十款，僅係試辦開採章程，所有開採以後，如何完納税項，如何酌提餘利，如何派員經理稽查，概未詳細訂明，特於章程後幅附載，此後彼此若有應行增損之處，祇能由山東巡撫，或特派大員，與山東煤礦公司彼此商訂等語。是開採出煤以後，自應照章納税。天下無無税之國，亦無代人保護，自賠經費之理。華德煤礦公司自應按煤觔出井口之數，照值百抽五完税，俟出海口時，再照海關章程，完納出口税。至該公司獲有餘利，中國自應收保護費。查該公司自在山東開辦礦務以來，歷經特派大員，會同勘辦，又派防營駐紮辦礦各處，妥爲保護，每年所費甚多，保護費自不可少。再查山東華德煤礦公司章程第八款，所載該公司所購地段，應完國課一節，須照他國人在中國他處開礦章程辦理，以昭公允等語。係專指地畝完納錢糧而言。亦應另行訂明，凡係官地，則令備價承租，民地仍照原定田則，完納錢糧，以符賦額。此項錢糧，應仍歸地方官征收，或由該公司稟送山東礦務局代收，轉交各地方官掣付糧單，亦無不可。至該章程第十款内載山東巡撫派兵保護，該公司應給此項衛兵津貼等語，現在亦應訂明，此與保護費，係屬兩事，未便牽混。以上出井税、出海口税、保護費，以及完納地畝國課、津貼衛兵等項，除由本部院函告德國派駐濟南商辦事件委員前署烟台領事梁凱，轉飭該公司遵照外，合亟札飭札到該道。即便遵照向華德煤礦公司米海里，商訂經收細章，報明候核，以便轉報外務部、户部各衙門查照，此札等因到局。奉此，遵即電約該公司總辦米海里，訂期十三日，在坊子相候。職道即於十二日，由青起程赴濰縣，十三日行抵坊子，該總辦亦於是日到坊，當即將應議各款，先行開列清單，督同礦務提調候補知縣孫令昌純，前赴公司，與米總辦海里會晤妥商。據該總辦面稱：出口税海關向有定章，自應照納。其餘各款，容俟商請柏靈總公司如何辦理，再行見覆等語。職道當將憲檄之意，往復申説，示以此項出井税、保護費、及衛兵津貼等項，必不可免。該總辦亦不敢謂各項非所應有，但總以必須商請柏靈定奪，不敢專主爲詞。職道當將所開清單，交該總辦，囑其速商見復。除俟復到，另行稟辦外，所有奉飭與礦務公司會議税釐情形，理合將擬開清單，繕摺馳稟鑒核，訓示祇遵。」

計稟呈清摺一扣。敬再稟者：「竊查礦務公司地畝錢糧一節，該公司在坊子陸續購置地畝，業於上年分別税契，應完上下兩忙錢糧，均係按照田則完納。黄莊所購地畝，亦於本年税契。此次所開清單，仍遵飭開列。緣經此一議，則將來沂州、博山等處，均可照此一律辦理也。合併附陳。謹將遵飭與礦務公司議税釐所開清單。鈔摺呈鑒。」

計開。會同勘辦山東華德礦務公司，爲會議事：「查光緒二十六年二月二十一日，山東巡撫與華德礦務公司，訂定章程二十款，附載以上各款，俟畫押蓋印後，應頒行山東各州縣，與辦礦各員，以便按照各款所云辦理。此後彼此若有應行增損之處，祇能由山東巡撫，或特派大員。與山東礦務公司彼此商訂等語。現在濰縣坊子公司礦井業已出煤，運往青島等處銷售，本局奉撫院札派，與公司商訂税則及辦事章程。兹將應議各條，開列於後。」

一、出井税。查中國各省開礦章程，煤鐵出井，有值百抽七者，有值百抽五者，出井落地税。今公司礦井出煤，自應議定成數抽納，通行辦礦辦税各員，彼此遵守。

一、出口税。查煤鐵等項出口税則，海關均有定章，公司煤斤運載出口，應由山東巡撫咨請外務部，飭知總税務司，由海關照章抽税，公司遵章完納。

一、地畝税。查公司開礦處所，凡係官地，應由公司承納租價，民地由公司購買後，照章完納錢糧。此項租價錢糧，應由公司按季按忙，封送地方官掣付糧單。

一、保護費。查各國開礦章程，獲有餘利，均應繳交國家保護費。今華德公司在山東採礦，應俟獲利過五釐之後，中國國家自應收保護之費。查各國繳交保護費，其最爲公允和平者，係按照所獲之利。如自五釐至七釐，則繳交二十分之一；自七釐至八釐，則繳交十分之一；自八釐至一分，則繳交五分之一；

自一分至分二，則繳交三分之一；自一分二以外，則繳交其利之半。此項銀兩，或一月一繳，或一季一繳，或半年一繳。

一、官員弁兵保衛津貼。查光緒二十六年二月二十一日訂定章程第十款載明，或在勘查礦苗時，或在開採礦産、修蓋礦廠時，在百里環界外，倘須稟請山東巡撫派兵前往保護一切，届時查度情形，見稟隨即照准，並派敷用之兵數，以應所需。至公司應給此項衛兵若干津貼，應另行商議，惟不准請外國兵隊等語。公司自試採礦産以來，山東巡撫特派大員，並各委員會同勘辦，又派防營分紮辦礦各處，妥爲保護，每年所費甚鉅。此項費用，應由公司籌給津貼若干，按月送交本局，轉呈山東撫院，以符原議。

一、派員稽查前項出井税，及所獲餘利分數，應由山東撫院特派專員，准赴公司稽查出井煤數，及餘利分數，以免遺漏，而昭信守。此外公司用人、卹傷、懲犯等事，查光緒二十六年二月二十一日所訂章程内，本已載明，應俟前款議定後，另行增訂詳細章程，彼此遵守。

總理衙門議訂山東曹州府教案條約。山東曹州府教案，現已商結，中國另外酬德國前經相助之誼，故大清國國家、大德國國家，彼此願將兩國睦誼，益增篤實，兩國商民貿易，使之格外聯絡，是以和衷商定專條，開列於左：

第一端，膠澳租界。

第一款，大清國大皇帝，欲將中、德兩國邦交聯絡，並增武備威勢，允許離膠澳海面，潮平周遍一百里内，係中國里。准德國官兵無論何時過調，惟自主之權，仍全歸中國。如有中國飭令設法等事，應與德國商定。如德國須整頓水道等事，中國不得攔阻。該地内派駐兵營，籌辦兵法。仍歸中國先與德國會商辦理。

第二款，大德國大皇帝，願本國如他國，在中國海岸，有地可修造排備船隻、存棧料物、用件整齊各等之工，因此甚爲合宜。

大清國大皇帝已允將膠澳之口南北兩面租與德國，先以九十九年爲限。德國於所租之地，應蓋砲台等事，以保地棧各項，護衛澳口。

第三款，德國所租之地，租期未完，中國不得治理，均歸德國管轄，以免兩國争端。兹將所租各段之地，開列於後：一、膠澳之口北面，所有連旱地之島，其東北以一線，自陰島東北角起，至勞山灣爲限。二、膠澳之口南面，所有連旱地之島，其西南以一線，自離齊伯山島西南偏南之灣西南首起，往笛羅山島爲限。三、齊伯山陰島兩處。四、膠澳之内全海面，至現在潮平之地。五、膠澳之前，防護海面所用羣島。如笛羅山、炸連等嶼。至德國租地，及膠澳周徧一百中國里界址，將來兩國派員，查照地情，詳細定明。在膠澳中國兵商各船，與德國相交之國各船，德國擬一律優待，因膠澳内海面，均歸德國管轄，德國國家，無論何時，可以定妥章程，約束他國往來各船。此章程，即中國之船，亦應一體照辦，另外決無攔阻之事。

第四款，膠澳外各島及險灘，德國應設立浮樁等號，各國船均應納費，爲修整口岸各工程之用。其餘各費，中國船均無庸納。

第五款，嗣後如德國租期未滿之前，自願將膠澳歸還中國，所有在膠澳費項，中國應許賠還。另將較此相宜之處，讓與德國。德國向中國所租之地，德國應許永遠不轉租與别國。租地界内，華民如能安分，併不犯法，仍可隨意居住，德國自應一體保護。倘德國需用地土，應給地主地價，並中國原有税卡，設立在德國租地之外，惟所商定一百里地之内，此事德國即擬將納税之界，及納税各章程，與中國另外商定無損於中國之法辦結。

第二端，鐵路礦務等事。

第一款，中國國家允准德國在山東省蓋造鐵路二道：其一、由膠澳經過濰縣、青州、博山、淄川、鄒平等處，往濟南，及山東界。其二、由膠澳往沂州，及由此處經過萊蕪縣，至濟南府。其由濟南府往山東界之一道，應俟鐵路造至濟南府後，始可開造，以便再商與中國自辦幹路相接。此後段鐵路經過之處，應於另立詳細章程内定明。

第二款，蓋造以上各鐵路，設立德華商公司，或設立一處，或設立數處，德商華商各自集股，各派妥員領辦。

第三款，一切辦法，兩國迅速另訂合同。中、德兩國自行商定此事，惟所立德商華商公司，造辦以上鐵路，中國國家理應優待。較諸在中國他處之華洋商務公司辦理各事，所得利益，不使向隅。查此款專爲治理商務起見，並無他意。蓋造以上鐵路，決不占山東地土。

第四款，於所開各道鐵路附近之處，相距三十里内，如膠濟北路，在濰縣、博山縣等處，膠沂濟南路，在沂州府、萊蕪縣等處，允准德商開挖煤觔等項，及須辦工程各事，亦可德商華商合股開採。其礦務章程，亦應另行妥議。德國商人及工程人，中國國家亦應按照修蓋鐵路一節所云，一律優待。較諸在中國他處之華洋商務公司辦理各事，所得利益，不使向隅。查此款亦係專爲治理商務起見，

並無他意。

第三端，山東全省辦事之法。在山東省内，如有開辦各項事務，商定向外國招集幫助爲理，中國應許先問該德國商人等，願否承辦工程，售賣料物，如德國不願承辦此項工程及售賣料物，中國可任憑自便另辦，以昭公允。

以上各條，由兩國大皇帝批准。中國批准之約，到德國柏林之後，德國批准之約，交給中國駐德國大臣收領，作爲互换之據。此專條應繕四分，華文、德文各二分，由兩國大臣畫押蓋印，各執華、德文一分，以昭信守。

大清國總理各國事務衙門大臣協辦大學士户部尚書翁。大清國總理各國事務衙門大臣尚書銜户部左侍郎張。大德國駐紮北京全權大臣海。大清光緒二十四年十二月　日。大德一千八百九十八年正月　日。大清國兵部侍郎兼都察院右副都御史、山東撫提部院兼理各國事務衙門大臣袁。

大清國記名副都統幫辦、山東交涉總理路礦事宜蔭。大德國駐紮青島礦務公司總辦山東礦務米海里、與司米德，爲辦事迅速安静起見，按照原約，在鐵路附近三十里内，准德人開採煤觔等項，商訂章程各條如下：此項章程，係用華文、德文繕就，其中語意，彼此相符，並須由駐德京之總管礦務處簽押，以昭慎重。

第一款，按照《曹州教案條約》第二端第四款，在鐵路附近三十里内，指定各地段。允准德商開窆煤觔等項，及須辦工程各事，亦可華商德商合股開採一節。應設立山東華德煤礦公司，並照公司章程，招集中國官商股分，先由德人暫時經理，所收華人股分，按季呈報本省交涉局，俟招股在十萬兩以外時，再由本省選派妥員，入公司，訂立章程，稽察華股應得一切利益。

第二款，該公司應設局在何處，招股及若干處，俟察看情形，隨時商定。

第三款，該公司應辦勘查開採，以及試辦各事，應由本省派定妥員，會同商辦，或並約紳衿幫同辦理。該公司倘在一處先欲試辦，所用地段，不欲購買，則應先商明，發給租價至所傷禾稼等項，應照該處情形，給價作賠，以免百姓喫虧。再每次試辦開採，應在半月以前，通知該處地方官，以便轉達百姓，俾杜生疑。

第四款，開窆煤礦，應用地段，如建築礦井，修蓋機器等廠，以至工人住房，與貨棧等項，須會同官紳，彼此商辦，以期無損於百姓。所爲平安順手起見，是以山東巡撫特派幹員，幫同買地及料理一切。惟凡講礦學處，與採擇地勢各節，應歸礦師作主。而購租地段，須會同特派之員，妥商辦理，或租或買，不得强抑勒索。每次查定地段後，應繪一作二萬五千比例之布置形勢圖，送呈山東巡撫，以備稽查。呈圖後，始准買地，俟地買妥，方准修蓋所需各處。至地下所作一切，除第七款所云不計外，不與上面人相干，故不得攔阻，亦不得争討，以昭公允。再買地一事，應秉公迅速妥辦，以免耽延開採礦産。地價應照該處情形，核實付給。所購地段，衹准購得將來修蓋礦井，與各項房屋煤棧，裝車運煤處所等項，足敷應用爲止。

第五款，凡廟宇房屋樹木，及衆多齊整之墳塋等項，均應顧惜謹慎躲避，不使因辦礦務，令其受傷。萬不得已，必須遷移以上所指各物，則請地方官在兩個月以前，通知該主人在他處能原樣另行置辦，並於錢財上，不致喫虧。

第六款，辦理礦務，須蓋各房，及開窆礦井等項，地位均須合宜，總使於本省城壘公基，及防守各要害，無所妨損。

第七款，朝廷所屬各祠廟行宫園廠等項之下，概不准辦理礦務。

第八款，該公司因開礦買地，無論何處，應用官弓尺丈量地畝，每弓合五尺，每尺合三百三十八米里密達。每地一畝，按三百六十弓計算，合九千方尺。至所購地段，應納國課一節，須照他國人在中國他處開礦章程辦理，以昭公允。

第九款，該公司倘請地方官派人前來幫同作事，則應給辛工銀兩，另行開發，不准與地價稍有牽涉，以清眉目。所發地價，應妥交地方官代收，以便轉給各該地主，一面由地方官發給公司買地執照，發照後，始准動工。

第十款，或在勘查礦苗時，或在開採礦産，修蓋礦廠時，在百里環界外，倘須稟請山東巡撫，派兵前往保護一切，届時查度情形，見稟隨即照准。並派敷用之兵數，以應所需。至該公司應給此項衛兵若干津貼，應另行商議，惟不准請用外國兵隊。

第十一款，該公司購買物件，應照本地市價交易，不准强買，亦不准故意責賣，以昭公允，或請地方官代購亦可。

第十二款，在開礦處附近一帶，倘欲租賃住房，或辦公處所，應請地方官代租，並代立租房合同。

第十三款，該公司辦理礦務，應攙用本處土人，使之工作。所需物料，凡本處所有之物，亦應在本處購買，並須公平給價。倘公司所用之工人，與本處百姓滋事，應由地方官拏辦。再公司所用各工人，無論如何，不准擅入百姓住家，如敢違禁，定必從嚴究辦。

第十四款，該公司開採礦産時，萬一遇意外不測之事，致傷人命或物件，理應撫卹賠償。除此以外，尚有應定詳細章程，凡因辦理礦務被傷各物，均照詳細章程賠償。至在試辦時，倘因公司之過，致傷人命或物件，亦應撫卹賠償。

第十五款，辦理礦務，准保不傷民田房屋水井等項，若因公司大意粗心，致傷以上所指各物，定當按照該處情形認賠。至礦内若有泉水，應謹慎引出，總以不傷民田等項爲率，否則議價賠償。

第十六款，凡礦務公司所用各洋人，均須請領中國地方官與礦務公司會印憑單，以便隨時稽查。如不領印憑單，中國官不認保護之責。此項洋人，若欲他往游歷，均應請領中國官與德國官會印護照，以便飭屬加意保護。倘無此項護照，中國官亦不認保護之責。該公司在勘查礦苗時，應由地方官派差跟隨，藉資保護，該公司應酌給此項差人酬勞津貼。倘遇假冒公司之人，並無憑單作證，則應由地方官拏辦，以杜含混滋事。

第十七款，在鐵路附近三十里外，無論誰何，倘未經山東巡撫允准，不准私自開礦。在三十里内，除華人外，祇准德人開採礦産。凡經華人已開之礦，應准其辦理，惟不得使下面之德人礦務，實有危險。倘該公司深恐冒險，則可請地方官查明，向華礦主人公平議價，或將礦賣與公司。倘華人在某處已開大礦，該公司意欲購買，在商定價值後，聽礦主自便，或將購價折作股分，領取股票亦可。如華礦主人不願將所開之礦賣出，則應作罷論，不得攬擾其事。

第十八款，倘該公司所辦礦務，實係日有起色，所得礦産，實係茂盛，則附近居民日用所需煤觔，應准以較廉之價購買，惟不得轉賣，致於公司生意有礙。

第十九款，凡德租界外各處，其地主大權，仍操之於山東巡撫。公司所用華人，應歸中國地方官稽查。倘有違犯華例等事，亦歸地方官究辦。至所用各洋人，倘有不合之處，應照條約秉公辦理。

第二十款，此項礦局，將來中國國家可以如何購回，與於何時可以購回，應將來另議。

以上各款，俟畫押蓋印後，應頒行山東各州縣，與辦礦各員，以便按照各款所云辦理。此後彼此若有應行增損之處，祇能由山東巡撫，或特派大員，與山東礦務公司彼此商訂。

大清光緒二十六年二月二十一日。大德一千九百年三月二十一日。

又外務部收周馥函《籌議德商辦理山東五礦税則暨酌改章程條款》〔光緒二十九年〕十月初二日，收山東巡撫周馥函稱，九月十六日，接奉鈞電内開：以德使面稱山東五處礦務章程内抽税一節，現與東撫商議，不出口之煤，擬以值百抽五，作爲出井税。至出口之煤，既照關章納税，即不能再納出井税等語。經大部答以出井、出口，本係兩層，各省礦廠均允照納，東省未便獨免。屬將與該公司所議若何，查明電復等因。查五處礦章，係於光緒二十七年十二月，經前任張安帥與德國領事官連梓議訂二十一款，因第二十款内，載有華德採礦貿易公司除照章完納地段國課外，所有抽税若干，報効若干，及抽税報効之專章，應由德國駐京欽差，與大部公同商議訂定，彼此遵照辦理等語。是以恭候大部與德使定議，東省並未再與該公司接續商議。昨經摘要電復，諒蒙垂鑒。至於議訂税則一節，馥謹貢其愚，以供採擇。查光緒七年，《續修中德條約》第四款之一，載有中國允德國人裝運中國土煤出通商各口者，應完出口正税銀兩，定爲每噸三錢。並允如有某口前定不及三錢者，將來仍照不及三錢之數徵收。又現據膠海關税司阿理文電稱，出口税則，廣西、湖北、安徽、直隸開平土煤，每噸一錢，四川新定税則二錢，其餘未列名各省三錢。復進口，均減半，無論内地已否完税，按噸照則徵收等語。又查直隸開平煤礦從前定章，凡在廠出賣碎煤，價本合銀三兩内外，收井口税銀一錢，又收釐金津錢一百六十八文。約合銀七分餘。其運海口者，收釐不收税。皆係塊煤，每噸約價本五兩，由海關收税銀一錢，其出海口復進別口者，收復進口税五分，另每年報効五萬兩。聞近來煤價漸昂，税則未改，以噸合價，連出井出口税釐併計，不及值百抽五，將來或須加增。又查山東嶧縣煤礦，現在本輕利薄，尚未辦穩，亦係酌照開平成案，每噸收税銀一錢，又收釐銀五分。在廠統徵，運赴内地各處，不再抽收税釐。又查膠濟鐵路兩旁三十里内煤礦，現華德公司不允完出井税，詢據膠關税司電稱：將來出口，應每噸收税三錢。以上皆係各省土煤抽收税釐現行之章程也。再查《通商税則》，土煤出口，每百斤徵收税銀四分，今以一千六百七十斤合一噸計之，每噸約收税銀六錢六分有奇。洋煤進口，税則載明，每噸只收税銀五分，是土煤較洋煤竟加重至十三倍之多。歷年以來，各疆臣奏請將土煤減税，以期抵制洋煤，而各省税則不一，總比洋煤加重。查德人在山東五處開礦，本係尋常商務，非如鐵路附近三十里内之礦務，特沾利益者可比。且係華德合辦，若照阿理文所稱，出口每噸三錢，復進口減半，内地税釐照常徵收，似亦可行。即援照光緒七年中德續約，每噸出口三錢，亦並無免徵内地税釐明文。惟約中原文，又有某口前定不及三錢

者，即照不及三錢之數徵收之語，是彼亦援照極輕之開平章程辦理，恐煩口舌，難以定議。愚見以爲土煤出口，總以暢其銷路爲主，而欲其暢銷，自非減輕成本，少收稅課不可。惟准洋商開採土煤，輕減其稅，恐奪内地煤户之利，勢必一律輕減，加重又恐阻土煤出銷之路，難以抵制洋煤。查路礦總局於光緒二十八年二月初八日，奏定章程第六條内載有礦産出井，酌定煤鐵等類值百抽五等語。四川礦章中，亦載有按礦質出井，值百抽五，作爲落地稅一節。此外各處礦廠，亦有援照路礦總局奏定章程，出井煤稅，以值百抽五計算者。路礦總局礦章，現因復議，未能作準。要分出井出口爲兩稅，大部扼定兩稅，自是一定不易之法。若將出井之稅，援路礦總局所定值百抽五章程，將出口之稅，又援光緒七年中德條約，每噸三錢章程，恐德使未必遽允。馥愚見以爲出井之稅，不妨稍輕，恐其銷於内地爲多，有関華民生計。出口之稅，仍照每噸三錢，先與磋磨，總以按噸計算爲便。大致能如土貨出口正稅，值百抽五。子口半稅，值百抽二五，共合值百抽七五，亦甚合算，未知德使能慨允否？究應如何分別議訂之處，恭候大部鈞酌，或與商部總稅司裁度施行。再前訂五處礦章草底，第二十款内，聲明抽稅若干，報効若干，是抽稅、報効，亦是兩事。其報効一節，曾經德使向鈞署允許，但未訂明數目，似可一併議及。合併陳明，肅此復陳，祇請鈞安，伏維垂鑒。周馥謹肅。九月二十五日。

敬再肅者：查開平土煤，向係華商專辦，自完井口稅釐之後，如赴内地售賣，任其所之，沿途關卡，概不重徵稅釐。現在開平煤礦改爲中英合辦，上年英商運煤赴德州租棧出賣，經馥查明煤船插有英國商旗，遂不准上岸，英商遂將煤船運回。蓋洋商不准在内地開設行棧，條約固有明文也。現在德商在五處開礦，既收井口稅，勢必在内地賣煤。既准其賣煤，恐在各市鎮開設行棧，既開行棧，必兼帶賣食用各物，殊於條約有背。此節似須訂明，或只准其在本廠售賣，若運赴内地各處，應聽華商販運，不准該公司自設行棧。聞開平礦煤現販内地，皆係華商販運，未豎英旗，有人謂掩耳盜鈴。是英是華，無可考察，然面子究與條約不背，特併附陳，伏乞鈞署酌度施行。再請台安。」

敬再肅者：「聞各國抽收出井礦稅，皆由管稅委員坐廠按噸監收，廠中給予房屋居住，并准稽查一切。開平縣華商辦理，向由北洋派員駐廠管理，故事皆順手。今五處礦係德人辦理，是否由山東派人經收，抑由總稅司派人抽收，似應在礦章内先應聲明，以免臨時掣肘。伏乞鈞酌施行。再請台安。周馥謹再肅。

敬再肅者：山東五處礦章，雖未簽押，其草底業經前任張安帥與德領事連梓商訂二十一款，屢次電商鈞署酌定，德人不願再有更改，祇因第二十款内，所載稅則報効兩節未曾定議，專候鈞署與德使議定後，咨行到東，即可彙繕簽押。愚見尚有兩事，應行聲明，恭備採擇。」

一、第一款載有華德採礦貿易公司，業奉中國國家允開礦五處之内，以十箇月開辦一處爲限，陸續指定地段，開採礦産。如限内不開，即將此一處作爲罷論等語。現在該公司遵奉鈞署電飭，此礦章未經簽押以前，祇准查勘，不准開採之諭，已將五處礦産通行查勘，如租地鑽穴探苗等事，均已擇定地段，次第勘過。在彼之意，以爲五處全境，雖未勘過地段，亦不讓與他人。此事雖未明言，而其處心積慮，實屬如此壟斷。然細繹第一款語意，係以十箇月爲限，准其開辦一處，必須預先勘定地段，將來始准開採。凡未經勘定者，自不與彼相涉。若將五處全境，勿論已勘未勘，永遠歸該公司勘辦，未免佔地太寬，與已賣已租何異。將來華民若在此五處内開礦，必致饒舌。可否於第一款内添載，凡該公司已經指勘之礦，應用地段，准該公司租買，以敷用爲止。其未經指勘地段，不與該公司相涉，即該公司已租已買之地，雖經查勘，而十箇月内不開採者，當作罷論，亦不准作別用，並賣於他國。如中國官民願意將該地收買，或贖回，該公司不得阻撓等字樣，藉示限制。伏候鈞核。一、第五處勘礦之界，係以烟臺爲中心，周圍以二百五十里爲界，除海面不計外，登州一府所屬，文登之威海衛，榮成之成山頭，以及福山、寧海、蓬萊、萊陽、海陽、棲霞、黄縣、招遠各州縣境，又沿海行駛小輪船民船碼頭，如蓬萊縣之天橋口、黄縣之龍口等處，一概包括在内。其第一處勘礦之界，則在山東省沂州地方，東至黄海邊，南通江蘇界，西由沂州轉而向南，直抵江蘇界，北由沂州府向東，直達海邊。第二處則在沂水縣地方，自城外一百二十里爲界，雖比第五處較小，然亦佔地甚寬。再合以第三處諸城，第四處安邱，昌樂，臨朐等縣，連界之汶河白塔地方，幾佔東省全境四分之一。有人謂德人此舉，不僅爲勘礦而設，不爲無因。惟第五處包括威海租界在内，實難允許。況英人租威海在先，自應劃除在外。且查威海租約載明，在格林尼址東經一百二十一度四十分之東，沿海暨附近沿海地方，均准英人擇地建台駐兵。另設應行防護之法，以及鑿井開泉修築道路等事。今按經緯度測算，其外界，東抵榮成成山頭，西抵寧海州福山縣境，俱在德人第五處勘礦界中。將來五處礦章簽押，如不將此節聲明，萬一英人詰責，我將何詞以對？況煙臺爲通商大埠，租地不

少，即五處之內，難保無教士已買已租之地，卷查鈞署前於光緒二十五年七月十九日，照會德國克使，曾經聲明第五處寧海州以東，逼近英國租界，將來如須勘驗，應再體察情形，以免轇轕。旋准克使照復，所指五處地內，華商現已開辦，以及中國已允他國人開辦之處，自應在外。又德領事連梓亦言，凡中國已允他國人之處，皆不在內各等語。惟前議礦章草底，未經列入此節，似亦應於礦章內，補列一款，聲明凡五處勘礦界內，如有已租已賣，及許與他國人之地，及華商已經開礦之地，俱不在華德公司勘礦界內。惟探德國委員梁凱之意，頗以從前礦章草稿，視爲定本，不允更易一字。伏乞鈞署與穆使商明，仍照前議，分別添載，以免後來彼此棘手，叢生枝節，似穆使不致拒阻。是否有當，恭候鈞酌施行。再請台安。周馥謹再肅。九月二十五日。

敬再肅者：「前據德國委員梁凱送來五處勘礦草圖一幅，云由華德採礦貿公司總辦貝得司繪呈，祇是草圖，不能作準，仍須詳細校正等因。當經馥函寄楊道晟轉呈大部，諒邀台鑒。茲又照繪一張，並將膠濟鐵路路綫附入，隨函寄呈，恭備鑒核。大部前與克使議辦此事，不知是否存有五處礦界細圖，如有原圖存查，即請派員詳加校對。圖中地段若有不符，或尚有應行修改增減之處，並請飭令加簽註明，或照原圖另繪一張，一併賜寄回東，以便遵照辦理，不勝感盼。再請台安，伏冀鈞鑒。附呈五處礦圖一幅。」

敬再肅者：正封函間，據德國委員梁凱閒談言及五處礦煤，如係出口販賣，只願完出口稅。如在內地販賣，即完出井稅等語。惟各省礦煤，均完出井出口兩稅，不問其內地銷售與否，若許五處免出井稅，恐致牽動大局，且與鐵路三十里內之礦，特沾利益，不完出井稅者何異。梁凱之言，大概與穆使相同，而偏執尤過於穆，馥不便與辯，特併奉達，請察奪施行。再請台安。周馥謹再肅。九月二十七日。

《礦務檔·山東礦務》外務部收周馥函《德商勘辦濰縣温河礦界請檢查原案示復》附梁凱來函暨復梁凱函 〔光緒二十九年〕十二月十一日，收山東巡撫周馥函稱：「山東巡撫周馥謹奉書於王爺殿下、大人閣下。敬肅者：竊於光緒十月初五日，准德國派駐濟南商辦事件委員梁凱函稱：華德採礦貿易公司查勘第四處礦界，兩邊直算五十里。現經細查章程內語，係自中至邊五十里，寫法與他處一律，總辦貝德司並未細查，常以二十五里爲二千五克盧米達，一克魯米達將近二里，故云。查章程可知前信之誤，章程現尚未畫押，則前信之誤，不難更正各等因。准此，查此事前於本年四月十八日，准梁凱函稱：該公司總辦貝德司呈請勘辦第四處礦務，並聲明每邊二十五里，又於四月二十二日，續准梁凱函稱：該公司所稱二十五里，係自中至邊二十五里，合計共五十里各等因。當經馥查照前奉大部電飭，祇能通融允其先行查勘，勿遽開辦。又查明原案所載各節，先後函復梁凱查照，並咨呈大部鑒核各在案。茲准前因，查府於光緒二十七年六月初五日，承准大部鈔咨德國克使與總署議訂五處礦務來往文件，內有克使函送章程底稿十條，即將五處地名附入第一條中，一再函請總署核復。旋經總署將擬送章程底稿，增改爲十四條，並將第一條內所列五處地名，全行删去，始終並未照允，其爲未經商定可知。勿論如何寫法，本不足據以爲憑，況即以克使擬送章程底稿原文言之，亦祇載有第四處在濰縣西南一百一十里温河北大地方，該處以五十里爲界字樣，並無每邊二十五里，又自中至邊二十五里，合計共五十里，以及自中至邊五十里各字樣。若如梁凱此次來函所云，自中至邊五十里，是該處以一百里爲界矣。再、山東續議五處礦章草底，亦未將五處地名列入。梁凱來函謂：寫法與他處一律，核與原案，均不相合。彼請更正前信，馥復以來便置議，並告以此事卷宗，皆存大部，應候照抄來往函稿，呈請大部查查底案，俟與德使議定五處礦章時，一併妥議。繪一詳細准圖，咨行到東，彼此遵照辦理。梁凱接此函後，未及具復，旋即據報病故。茲特照抄來往函稿，恭備鑒核施行。再、前據委辦會勘華德路礦局道員洪用舟禀稱：查得第四處原文「温河」係「汶河」之訛，「北大」係「白塔」之訛。白塔距濰縣西南一百一十里，係在昌樂、臨朐、安邱三縣境中，應准該公司先在該處查勘礦苗，俟簽定章程時，再行妥訂地址等情，當經據情函復梁凱查照。旋准梁凱函稱：以該公司在昌樂高瞻莊購地勘礦，實在界內無疑，地方官不以直綫丈量，故相去甚遠。現在馥遴派測量，尚未禀復。大抵查礦德人，因勘汶河白塔地方直綫五十里內，別無佳礦，是以欲擴其勘礦界至一百里之遠。惟所云一克盧米達將近二里，是否當初竟使送圖與公文到總署時，確有此字樣，敬祈一併檢查，不勝盼禱。專肅。祗請鈞安，伏維垂鑒。」

照録抄件。抄梁委員來函。敬啟者：華德貿易公司第四處礦務，貴部院與本委員屢次有文牘往來辯論，彼時查出北大寫法，章程錯誤，即爲更定。亦以該處礦界，兩邊直算五十里。現經本委員暨貝總辦，細查章程內語，係自中至邊五十里，寫法與他處一律。貝總辦並未細查，常以二十五里爲二十五克盧米達，一

克盧米達，將近二里，故云。查章程可知前信之誤。如章程一經畫押，自難改易，現尚未畫押，則前信之誤，不難更正。想貴部院當時亦未細閱章程，此係兩邊疏略，即請貴部院轉飭知照爲要。此頌台祺。名正具。中十一月初四日，西十二月二十二日。

復梁委員函。敬復者：前接惠函，承示華德採礦貿易公司查勘第四處礦界，兩邊直算五十里，現經細查章程內語，係自中至邊五十里，寫法與他處一律。貝總辦並未細查，常以二十五里爲二十五克盧米達，一克盧米達將近二里，故云。查章程可知前信之誤，如章程一經畫押，自難改易，尚未畫押，則前信之誤，不難更正各等因。查此事前於本年四月十八日，准貴委員函稱：該公司擬派人赴濰縣西南一百一十里溫河北大地方，勘辦第四處礦務，每邊二十五里，又於四月二十二日，准貴委員函稱：該公司所稱每邊二十五里，係自中至邊，合計共五十里，查與定章相符。又於閏五月二十七日，准貴委員函稱：北大地方每邊二十五里，中國官必能查知各等因。當經本部院檢查外務部咨抄貴國前任欽差克大臣函送章程底稿，原文寫明，其第四處在濰縣西南一百一十里溫河北大地方，該處以五十里爲界，並無每邊二十五里，暨自中至邊二十五里，合計共五十里各字樣。函復貴委員查照，一面檄行會勘路礦局洪道台，督飭地方官查復。旋據復稱：原指第四處查礦之界，係在安邱、昌樂、臨朐三縣境中，溫河即是汶河，北大即是白塔。白塔距濰縣西南一百一十里，原文未經聲敘明晰，譯音又復錯誤，以致誤會在濰縣境中。今既查明，應准該公司在該處先行查勘，俟將來簽定章程時，再行妥爲商訂。又以該公司在昌樂境內之高瞻莊，租地勘礦，該縣以高瞻莊距白塔四十里。恐不在原指查礦界內。擬候查明界址，再行試辦各等情，並經先後據情函復。旋於九月十五日，又准貴委員函稱：據該公司云，該地實在界內無疑，地方官丈量，不以直綫，乃由曲路，故相去甚遠。此乃地方官丈量之誤，應請照章辦理。復經本部院飭由洪道台遴派熟悉測量人員，前往該處，會同地方官，暨該公司礦員，按照直綫詳細測量，如該地果在原指查礦界中，自應准其查勘，並函復貴委員查照在案。茲准函開前因，查前於光緒二十七年六月初五日，承准外務部咨送責用前任欽差克大臣與總理衙門議訂五處礦務往來各文件，係於二十六年三月十二日，由克大臣抄送第一次章程底稿一份，共計十條。即將五處查礦地名，列於第一條內，函請核復。旋於三月二十七日，經總理衙門將克大臣原送章程底稿，酌量增改爲十四條，並將第一條內，所列五處地名，全行删去，復請查照。四月十一日，又准克大臣函送第二次改訂章程底稿，仍將五處地名列入第一條內，並將第一條酌量改訂，函請先行核復。其餘各條，再行派員會商。總理衙門又於四月十九日函復克大臣，以所指五處地段太廣，核與奏定章程不符，上次曾經照復，此次改訂章程，仍是此意，未便將五處地名全行列入，致與路礦總局定章，不得預先標佔之條違礙，特將所改第一條，再加斟酌。並將五處地名，全行删去，函請查照。旋於四月二十五日，又准克大臣函稱：雖與定章不符，究應確指地名里數爲限，且該公司並不願於五處杆標爲界，此等辦法亦不相宜各等因。嗣因五月間拳匪滋事，此事遂即懸擱未議，然遍查檔案，五處地名，祇係克大臣自行列入章程底稿第一條內，一再函請總理衙門核訂，總理衙門始終並未照允。詳繹克大臣來函，內有彼此所抄送者，皆係章程底稿，故可變通等語。其爲未經商定可知，即係未經商定之事，則章程底稿內，所列五處地名，本不足據以爲憑，自可無庸深論。今准來函云：詳細章程內語，係自中至邊五十里，寫法與他處一律，不知係指何項章程而言？如係指克大臣所送章程底稿，則原稿具在，實係寫明其四在濰縣西南一百一十里溫河北大地方，該處以五十里爲界，若由中至邊五十里，則是以一百里爲界矣。此項章程底稿，暨來往函件，均係用華文繕寫，並未另配德文，亦無二十五克盧米達之說。來函所援引者，僅據該公司之語，與本署所奉外務部抄咨章程底稿不符。惟此事係歸外務部主持，且係未經商定之事，本部院自亦不便遽行辯論。再查光緒二十七年十二月二十二日，經前任張撫院與貴國連領事議訂章程草底，共計二十一款，亦並未將五處地名列入。至章程首端，雖載有按照原擬五處地段，繪就地圖之語，而此項地圖，迄今亦未商定繪就，章程既未簽押，地圖又未繪妥，如彼此各執一詞，往復辨論，於事仍屬無益。況此項章程雖未簽押，曾經張前撫院咨呈外務部核復有案。如擬更改，仍須咨由外務部核定，亦非本部院所能擅專。以鄙意言之，此事既由克大臣與總理衙門議訂多次，未經議成，東有續訂章程草底，又於第二十款內聲明，須候貴國欽差與外務部妥商議訂，迄今亦未定議。所有第四處查礦界址，以及第一、第二、第三、第五等處礦界，究應如何核算，迄無定章可據，准圖可查，似不如由本部院摘抄來往函件，呈報外務部，仍由外務部詳查底案，與貴國欽差大臣於議訂章程時，一併妥議，繪一詳細准圖，咨行到東，彼此遵照辦理，以昭劃一，而杜紛更。諒尊意亦必以爲然也。再，貴委員與本部院，到東在彼，均未與議此項章程，如僅據該公司所言，核與原案不盡相合，本部

院前允該公司在第四處先行查勘，亦是查照外務部前次電文，格外通融辦理。又以五處查勘地界，即使將來商訂妥協，亦不遇准於五處之内，查勘礦産，以便將來指定一處地段開採，顯非五處地段之内，悉准該公司開採也。該公司此時甫經查勘，並未勘定地段開採，似可不必預定礦界。即就查礦之界而論，似亦不能預爲標占，但候貴國欽差大臣與外務部商定礦務章程，繪就查礦界圖，咨行到東之後，自可彼此援照辦理，似不必再行具函辨論也。再，上次飭由洪道台，遴派測量人員，赴昌樂一帶測繪，迄今尚未據稟復前來，應俟稟復到日，再行函復貴委員查照。特此佈復，順頌台祺。

《礦務檔・山東礦務・中德膠濟路暨山東五處礦務交涉》外務部收德使穆默照會《華礦違背中德山東礦務章程請再定續章四款》〔光緒三十年〕十一月初十日，收德國公使穆照稱，按照光緒二十四年二月十四日所定膠澳條約第二端第四款内開，於所開各道鐵路附近之處相距三十里内，允准德商開挖煤斤，中國國家亦應將德商一律優待，較諸在中國他處之華洋商務公司辦理各事所得利益，不使向隅等因。按此項條約在光緒二十六年二月間，經山東大吏及山東礦務公司商訂礦務章程，照第十七款所定，在鐵路附近三十里内，凡經華人已開之礦，僅准照向來辦法，仍行續辦，毋致礙損山東礦務公司所辦礦務。此項章程，既係幫辦山東交涉副都統蔭昌及總工程司錫樂巴先商定德文，即顯係以德文爲主，所有他項各約章，亦係以洋文爲主，不以譯出華文爲主。如有因第十七款華德兩文不符而批評者，不足爲憑。且照光緒二十八年七月十七日貴親王致葛署大臣照會内稱：已准山東嶧縣中興煤礦公司附近百里内，他人不得再用機器開採；附近十里内，民人不得另用土法開採等因。既照以上所提條款，不准將德商較諸他項華洋公司簿待，則山東礦務公司理應在三十里内索得利益，同中興公司所得者一律情形。如此確無疑義，所有在三十里内之華礦，僅准按照光緒二十六年春間所用辦法續辦，乃仍不免時有新開及用機器所辦之礦，以致山東礦務公司所辦之礦務，時有窒礙，至今屢次在中國官場申訴，均屬無益。譬如山東礦務公司於本年十月十二日稟本大臣文稱：在商定膠澳條約時，博山一帶中國煤礦無一採辦者，及至光緒二十五年夏間，在南堡附近一山脚下煤井上設一機器，以便由井内取水，並免較高處各華礦受水浸之患。而商訂礦務章程時，仍如此用法，至光緒二十八年間停辦，並將該機器又挪至南約十里之他礦安設。即此挪用，亦係違背章程之舉。且歷不多時，在紅山又照此辦法設二機器，因此本公司在礦務委員馮道處稟訴。經該道先云不過將已有之礦廠修理，並添補一轆轤等語，如此措詞及他項與寔情不符之語，從可知華官有意決不照膠澳條約所應辦者認辦。如華人所開各礦，與本公司礦務無險無礙，雖其所辦之礦，在本公司有權辦礦之地，則本公司並無意向華人照向來常用之法，使之爲難，或勉强令其停止。惟理應使中國官員認明，各該華礦在三十里内無採辦之理，如本公司請停止時，即應停辦。查現時三十里内，並無華礦在商定礦務章程時開辦，至今接連採辦者等因。據山東礦務公司稟請本大臣轉請貴國國家議定礦務續章四款，開列如下：一、在三十里内僅准山東礦務公司用機器開礦。二、華人准將在三十里内至今所辦之礦，用土法照向來之大小續辦，不許用機器。三、倘山東礦務公司擬在三十里内，用新法開礦，須於未開辦以前，稟報山東巡撫設法，以便自稟報日起二年内，所有在新開之礦周圍十五里内，各華礦一律停止。並德礦採辦時，在此周圍十五里内，再不得開華人礦井。四、在三十里内，山東礦務公司用機器辦礦之法，中國官場無辯駁之權。以上山東礦務公司所擬各節，均按約照理而行，請貴親王設想該公司係因信心誠服我兩國政府議定諸端，始湊足資本數百萬兩，興辦此舉。如准仍開華礦，並准舊礦用機器開採，則欲此巨資源源生息，不綦難哉？再諸多無業貧民在山東礦務公司礦内做工度日，並居民得用賤價之煤，因此倘不妨礙該公司之舉，誠於華民有益。本大臣已飭令駐紮濟南本國委員，與山東巡撫商定妥善辦法，惟望貴國政府轉飭東撫與貝委員商議時，盡心竭力和衷共濟，俾我兩國邦交，愈加敦篤，是所厚望。特此照會貴親王查照。

《礦務檔・山東礦務》外務部收英使薩道義函《德商承辦山東五礦盡括威海衛租界地事請明晰示復》〔光緒三十一年〕九月二十二日，收英國公使薩道義函稱：「一千九百二年，山東巡撫赴威海衛時，本國辦事大臣與其商議開礦之處，英名虎山，半在英界之内，半在華境。該大臣擬定開採章程，由東撫暨該大臣兩面允准，方能開採，如有興旺，國課東省與威海衛均分。當時東撫以爲無不可行，先應派員查勘地情。所派之員查勘後，謂該大臣所擬辦法，亦可照行。旋經該大臣擬就草稿，送請東撫查閱。一千九百三年四月間，聞知東撫雖願按所擬草稿，訂立章程，惟因德國署使臣爲此事函致外務部，未果照辦。據德使函稱：德國礦務製造公司蒙准在山東辦礦五處，内有一處，指定在烟台周圍二百五十里内，有開採礦産之權等語。查烟台周圍二百五十里，非止包括一千八百

九十八年七月初一日所定《威海衛條約》英文第三段所指之地，且將該約所有租與英國之地，盡括其中。惟本大臣聞德國署使臣函内所稱五處辦法，貴國尚未允准。此語是否屬實，應請貴親王明晰示復。是爲切盼。此布。」

又外務部收德參贊夏禮輔遞貝哈格禀《辦理山東五礦應允納税並請辦寧海州屬礦務》〔光緒三十一年〕十月二十六日。收德國參贊夏面遞貝哈格禀稱：「原任本國欽差克大臣，前與總理衙門於光緒二十五年九月間，互换照會，允准敝公司在山東五處辦礦。惟敝公司雖得此權，業經墊出巨款，預辦有年，然至今尚無從行用此權，致獲礦利，而償已墊巨款。敝公司辦事總公司設在柏林，時囑在華代表人設法迅速挽回此項情勢，並詢及因何公司僅有出項，並無進項，代表人無詞以對。祇云公司與中國官府間，尚有誤會隔膜之處，以致不敢擴充其勢，廣爲開辦等語。溯查庚子亂後，爲存官民及敝公司互相和睦起見，由袁宫保立意，敝公司辦礦，用前與山東礦務公司議定章程辦理，敝公司感激應允，並照此項章程迄今續行預辦。乃從來尚未定礦税之章，必須先有此章，始能辦礦得利。故照公司代表人所請，由濟南德國領事署，屢次行知該省人吏，甚願議商税款，並請定地定時開議。因山東大吏每以未奉大部訓條爲詞，故尚未得確復。且預先面商函商税事之時，由該省稱爲意想不及，而使公司詫爲歉惜，煩滋疑慮。譬如云，該章程但係預先所准破格之益，俾敝公司可以辦理預查，並非決定之義。將來再議商時，匪但税款事宜，即他項章程亦應商定。且公司有權辦礦之地，佔全省約五分之一，係屬太過各等語。此項疑惑之詞，是否擬妨礙公司所得之權，現姑不論議，而欲論者，係願呈大部一寔據，甚思用和睦之法，將懸而未結各節議定，並盡力通融，擬先將税款一節，暫且置之不論。通俟中國全國礦務新章施行，經德國使署允後，再行議定。敝公司兹特明允，遵照此項新章所定税款照辦，並望此新章所定者，足以全代舊章行用。敝公司如此相讓，即請大部至非允准其煙台一處寧海州屬猫山一小地開辦，僅請賜予一益。敝公司可呈出確據，在開礦不獲利之時，請准免税，俟逾二年，始可獲利，彼時大約新定礦務章程，業經施行。其餘各處，擬照現在情形，僅辦預查之事。至山東大吏疑權地過大一層，查所得並非地産，乃僅係地皮以下所有礦務，故寔在辦礦之地，或不及現在權地十分之一，乃即此小地，將來敝公司永不擬全行佔用。其故維何，凡有各礦地之物。並非全係辦即獲利，所有查看預辦各工完竣後，不過存賸六七小地，堪以辦礦。其餘之權地，敝公司所得各權利，悉行退回，仍歸中國政府自有。如此則中國政府向來懷疑，而不願襄助敝公司之故，化爲烏有矣。故禀請大部在各處小地陸續允准開辦礦務，先請在寧海州開辦，以期相助敝公司之美意，速爲出力，俾五處權地，收縮數處小地，以辦礦務而已。」

又外務部收軍機處交片《兵部尚書徐會澧等密陳山東礦務情形》〔光緒三十一年〕十一月初三日，收軍機處交片，兵部尚書臣徐會澧等跪奏，爲密陳德人干預山東礦務情形，久未簽押定議，懇恩飭查原案，援照約章礦章，嚴詞拒絶，以弭巨患而收主權，恭摺仰祈聖鑒事：「竊准環球各國，於路礦要政，皆由本國人民籌款自辦，未聞有他國人民出而干預者。即間有附股貸款夥同籌辦之事，必遵照通行章程，與本國人民所辦商務無異。亦未聞有他國公使領事，代其人民出而干預，至以尋常商務牽入交涉者。若山東五處礦務，則大不然，此臣等所爲不能不披瀝直陳者也。查光緒二十四年冬間，總署與德人議定曹州教案專約，允准德人在山東修築膠濟北路暨膠沂濟南兩路，附近三十里内開挖礦産，德人遂於二十五年春間，先修膠濟北路，立華德礦務公司，於附近三十里内陸續開挖。經升任撫臣袁世凱援照專約，分訂路礦詳細章程，奏明頒行有案。此路二十九年秋間修成，延袤七八百里，何處遇有佳礦，即紆路綫以就之，礦處已網羅殆盡。他日議修膠沂濟南路，襲用以路就礦故智，更在意中，是東省利權損失已甚矣。初不料德人於專約之外，更謀握五處特權，以壟斷我全省礦利也。竊查五處礦務，係由天津瑞記洋行轉屬華商吴熙麟、吴熙賢，洋商田夏禮等，光緒二十五年春間，赴路礦總局禀請集股創設採礦製造公司，勘辦山東五處礦務。第一處在山東省沂水地方，東至黄海邊，南通江蘇界，西由沂水轉而向南直抵江蘇界，北由沂州府向東直達海邊。第二處沂水縣地方，自城外一百二十里爲界。第三處在諸城縣西北十里路開算，順三十六度向東直抵德國租界，西由諸城縣之西北十里開算處，轉而自南直抵海邊，東南兩面均至黄海並德國租界爲界。第四處在濰縣西南一百一十里之温河北大地方，該處以五十里爲界。第五處在煙台周圍，以二百五十里爲界。路礦總局以所指地段太廣，有違奏定章程，批駁不准。是議辦之始，不過一尋常商務耳，詎意是年夏間，德國使臣克林德出而干預，輒一再代公司商人向總署議訂辦法。二十六年春間，又代公司擬送章程。當時總署既不查明路礦總局批駁原案，立予駁斥，又不行查山東公司原指五處地段，究於本省地方有無窒礙情形，僅就同時開辦五處暨先行開辦一處兩項辦法，斷斷剖辦。而於迴環數百里之礦界，應如何照章駁斥，明定限制之處，始終

未置一詞。再，既名爲華德公司，即應按照尋常商務，遵奉本國通行礦務章程辦理。而草議礦章内，並未詳晰載明五處地名，殊堪詫異。二十七年夏間，德國使臣穆默又出而干預，即援總署草議，以相詰難，並據以照會全權大臣原任大學士李鴻章，請録全案咨行山東撫臣接續商辦。一面又派德國駐烟台領事官連梓來省會商，並挈公司總辦貝德司同來，謬謂此事曾由總署議准，其實並無議准明文，不過當時未曾議及，彼即誤爲默許耳。夫以尋常商務，本與交涉無關，乃任其公使、領事先後代爲干預，事後追論，不能不爲之長太息也。連梓係於是年九月由烟台來省，撫臣張人駿旋於十月莅東。十一月，外務部又特派現出使德國之道員楊晟來東會商，磋磨累旬，要挾備至。迨十二月由楊晟與連梓續行草議五處礦章二十一款，前撫臣又從而增易之，不過略圖補救，仍未顯予拒絶。所幸者，總未簽約耳。然總署草議，彼仍誣爲成案，援以要挾，而由商務牽入交涉之害，至此益照然著明矣。是以礦章草議後，一面咨呈外務部核奪，一面詳告連梓，此次續議五處礦章，暫時祇能作爲草底，須候外務部咨復到東，再行彙繕簽押。此二十八年正月之事，迄今四年，迭經外務部議定專章，迄未議成，而五處礦章因亦尚未簽定。倘非外部堅持定見，極力維持，則此項礦章，一或允准，即無以爲今日挽回之地矣。前兩年正撫臣周馥在東時，德國派駐濟南商辦事件委員梁凱，曾屢次催迫。今年春間，現署臣楊士驤莅東，德國派駐濟南領事官貝斯，又經催詢五處礦章何時可以簽定。撫臣楊士驤鑒於前失，力持大體，告以必須另外務部核議，一時恐尚未能簽押。貝斯則仍促問弗已，並謬謂此項利益並爲前任東撫暨總署已經議准之案。查該公司於二十七年十二月，禀由外務部允准查勘第一處、第二處、第五處礦産，二十八年四月，又禀由外務部允准查勘第三處礦産；二十九年閏五月，又禀由正任撫臣周馥允准查勘第四處礦産。並經外務部聲明，祇是通融查勘，與尋常游歷相等，未經簽定礦章以前，仍不准開採，以示限制。該公司自奉准後，即派礦師分五處陸續查勘，仍先以簽定礦章爲請，蓋礦章一日未經簽定，即一日不能開採。聞前一二年間，已將沂水、寧海州兩處金礦金沙，私得若干携歸。蓋五處地段甚廣，其中佳礦頗多，東南兩路附近貧民，向恃土法採礦，藉資生計。今該公司查勘之始，即與附近華礦屢有責言，繼因租民地民房，又滋攪擾。並聞公司謬謂如有華人已開之礦，公司欲併則併之，其公司所素地段，亦只准華人用土法開採，既不准運用機器，更不得與他國人合股。尤可異者，華人未開之礦，及先開而今停之處，或有附近貧民試用土法勘辦，公司亦即出而干涉。是其陰謀侵佔，處處以擯拒華商、禁遏華礦爲得計，總令華人絶無主權而後已。果如所議，是東省礦利胥爲德人壟斷矣。查五處礦産，既係華德合股勘採，自應由華商、德商夥同籌辦，事事平權，方與原擬辦法相符，萬無專歸德人把持之理。乃詳核該公司現在辦法，所謂華德合股，不過徒存其名，實則並無華股。亟華商出名之吴熙麟、吴熙賢，從未出面，公司中亦並無議事華董辦事華商，惟每處由華官通派員弁勇役，代爲保護照料。而常年經費約需數萬金，概由公家墊支。人享其利，我承其害，其失策不亦甚乎！懲前毖後，惟有將未經簽定之草議，一併撤銷，仍速傳華商吴熙麟、吴熙賢到案，澈底根究，從嚴追辦。一面設法勸諭華商，迅速籌款自辦。商力不足，更以官力補助之，總期華礦日多，藉保本省礦政利權。否則德人催促弗已，萬難久待，事機一失，補救更難。久則空穴來風，喧賓奪主，不但五處礦産，終歸該公司一律壟斷，山東全省礦利，非復我有。更恐各國從而生心，援爲利益均沾公例，必致中國礦産，盡爲外人攘奪。再查公司原指五處地段，包括登、萊、青、沂、膠四府一直隸州屬境在内，英人議租文登縣屬威海衛附近地界，亦在其中。西南兩面遠接江蘇，東北兩面近抵黄海，沿海險要咸隸焉。約略測算，幾佔山東全境之半。勘辦礦産界址，向未聞有如此廣且大者。核與商部上年奏定礦章所載，請辦礦地不得逾三十方里之限，迥不相符。人謂其標佔地段太多，逼近海疆，密通租界，似非專爲辦礦起見，其言不爲無因。況德人自議租膠澳以來，修繕經營，不遺餘力。鐵路達於内地，礦廠幾偏全省。如謂專爲振興商務，更孰信之？兹但就租約而言，一則劃分膠澳租界，以據我東海地權；再則勘辦鐵路礦務，以侵我内地利權；三則限制我辦事之法，以損我全省主權。乃猶不饜足，更以尋常商務，攘我五處絶大利源。揣彼私心，殆以彼路礦所及之地，即彼兵力所及之地，亦即彼勢力範圍所及之地。而我之地權利權主權，悉爲彼所覬覦。因應不善，後患滋深。至於抉礦政之藩籬，攘商民之膏血，猶其小焉者。臣等籍隸本省，見聞較確，既有切膚之痛，無忘嘗膽之誠。側見日俄現甫締和，東三省善後事宜，尚無端緒，山東與東三省僅隔一海，聲息相通，德人租借膠澳，與俄人前租旅大，情形相若。築路勘礦，事亦略同，及此日俄甫和之際，而以此等尋常商務，與之和衷妥商，當易就範，以維持礦政，亦即慎固封守，是誠兩利之策也。爲此披瀝密陳，籲懇天恩飭下外務部詳查原案，知此五處礦務均不在條約之内，不能混入交涉，德人萬無干預之理。至所指礦界之荒謬，與華股之虚妄，尤顯違商部奏定礦章，

既未簽押定議，即應立予駁斥，一併撤銷。並請飭山東撫臣查明情形，詳權利害，援照約章礦章，嚴詞拒絶。如此內外堅持到底，德人自無從違理干預。總期東省礦利，由本省商民籌款自辦，以弭巨患而收主權，則山東幸甚！大局幸甚！謹恭摺具奏，伏乞皇太后、皇上聖鑒訓示。謹奏。」

又外務部發楊士襄電《咨送兵部尚書徐會澧等密陳山東礦務情形摺硃批》 光緒三十一年十一月十四日，發山東巡撫文稱：光緒三十一年十一月初一日，准軍機處片交，本日兵部尚書徐會澧等奏密陳山東礦務情形一摺，奉旨：外務部知道。欽此。並將原奏抄交前來，相應恭録諭旨，抄録原奏，咨行貴撫欽遵查照可也。

又外務部楊士驤電《開辦五礦議就章程底稿八條請飭德商回魯續論》〔光緒三十二年〕二月十一日，收山東巡撫楊士驤電稱：「前奉鈞咨，附抄件敬悉。查五處礦章，因井税未訂妥，迄未簽押。東紳一再來函，欲將此事全廢，改歸本省自辦，萬難做到。惟有與之另訂合同，聲明此係商務，應照商部礦章辦理。並設法縮小礦界，抽收井税，處處維持礦利，保守主權，即是極力補救要策。現傳德商貝哈格來省面訂合同八條：第一條，聲明係尋常商務，與鐵路附近三十里內礦務，載在膠約者不同。第二條，勘礦久逾限，姑准通融，再展限兩年，逾限即應停勘。如限內有華商呈請開採，應先知照公司於兩個月內呈覆。倘公司不願開採，或逾期不復，即將該地退出，任華商開辦。第三條，原議探礦地段甚大，今議明於兩年內，呈款開辦。應於五處共指定礦地五小塊，呈候查明。如無窒礙，照章發給開礦執照，以六個月爲限。倘逾限毫無開辦實據，即將執照註銷作廢。第四條，公司遇有商辦事件，報由礦政局調查核辦，並議明所用地段，只能租用，並不購買。如該地實有關係違礙，地主不願出租，公司亦不能强行傷損。第五條，公司共集股本若干，分招華德股分。應設華德總辦一員，入公司辦事，與德總辦平權，並能事遇與礦政局官員協商。招股辦事等項章程，亦商由礦政局妥訂。第六條，允認分完出井、出口兩税，出井税照礦章税則完納，並派員駐廠監收。第七條，公司辦法，以現定合同爲憑，凡在合同以外所不載者，於礦務新章未定以前，均應遵照商部奏定礦章辦理。如將來另訂新章，再一律遵照。自此項合同簽押後，所有從前議而未定之各項章程草底，一併作廢。第八條，公司請開辦寧海州貓山礦地一小塊，應俟此項合同簽押後，方准會勘地段，發給開礦執照。倘此合同未經簽押，即不得先行開採，以上八條，係摘敘所議合同原文，已與該德商大致磋磨，允寄柏靈總公司核覆，再來省續商，方能定議。緣據稱穆使將行，必須面送，在省只能會議兩日，即回青島，航海北上。揣其詞意，雖未能遽行作准，甚願和平妥商，只三、五、六條，尚小有還價，將來續議之時，當易於就範。惟恐該德商到京見穆使後，又赴鈞署有所瀆陳，特乘其未到之先，趕將議辦情形，撮重電達。萬一該德商再有糾葛，請告以東省另議合同底稿，已達鈞署。現既粗有端倪，應仍從速回東議定簽押，較易結束。是否有當，伏候鈞示遵行。合同原文，謹另具函肅陳。驤。蒸。」

又外務部收楊士驤函《議定山東五礦合同底稿咨請核示》附《山東五處礦務合同底稿》〔光緒三十二年〕四月初八日，收署山東巡撫函稱：「王爺、中堂、大人鈞座，敬肅者：竊於上年十一月初五日，承准鈞咨，飭與華德採礦公司總辦貝哈格續訂五處礦務章程等因。貝哈格旋於本年二月初六日來省，驤當即派礦政調查局道員朱鍾琪、唐榮浩、知府李德順等，與貝議訂合同草稿八條，撮要電請核示。旋奉鈞電，承示貝此次到京，已蒙大部飭令從速回東續議，並承鈞諭，應於合同內添載，所訂各條須候大部核定，方能作爲准辦之據各等因。具徵碩畫周詳，至爲欽佩。貝現於本月十六日來省，復飭該議員等與之接續議訂，彼此磋磨兼旬之久，直至二十八日始行定議，仍與前電所陳各條，大致相符，惟將第八條所載請辦寧海州貓山礦地一節删去。因第三、第四兩條，業已詳載辦法，俟請辦貓山礦地時，即可一律援照辦理，勿庸另列專條。特將撫卹賠償等事，另行添載，即作爲第七條。並將原有之第七條，改作第八條，以符原數。各條中彼此均有增删改易之處，並於合同後幅，遵示添載。所訂各條，須候大部批准，作爲准辦之據，方可施行等語。藉昭慎重，兹謹照録合同原文，隨函附呈，恭候鑒核。伏查此次議訂合同辦法，係重在聲明祇是商務，不是交涉。先將前次所訂礦章草稿作廢，改令遵照通行礦務章程辦理，謹與商訂合同，勿庸另議專章，俾與華商辦礦一律，是爲今案最要關鍵。而又注重收縮礦界，認繳礦税兩大端，藉以挽回礦政利權，故於第三條內，特爲訂明，祇准該公司於原指探礦地段內，共擇定開礦地畝七塊，依限呈請開辦。每塊礦地界限不得逾三十方中里。其地須彼此連屬，長處不得逾闊處四倍等語，均係遵照商部奏定礦章辦理。查該公司原指五處礦界，約計共有十二萬方里之多，今祇准指辦礦地七塊，每塊不得逾三十方里，合計祇有二百一十方里，較諸原指礦界小五百七十餘倍，似已收回礦政利權不少。再，驤原意只准指辦五塊礦地，貝再三堅執，謂至少必須指辦十數塊，否

或請將每塊礦地界址量予展拓，驟飭議員告以彼在大部所遞原呈，曾經聲明祇辦七塊礦地，何得議加至十數塊之多。至每塊礦地限定三十方里，亦係遵照商部奏定礦章，更何得量予拓展，所請均斷難照准。復經再三磋訂，始以准辦七塊礦地定議。至第六條所載礦税一節，貝初頗堅執，謂須俟兩年後，或俟礦務新章頒發，再照新章所載税則，先納礦税。驟當飭議員告以此事萬辦不到，該公司既經開採礦産，即應完納出井税，既允完出井税，即應遵照現行章程税則辦理，何得再候兩年，往返辨駁多次。貝始允暫照商部奏定礦章所載税則完納，惟須於合同内聲明，將來頒發礦務新章所載税則，如比較現行税則從減，應准將盈付之款，抵作下次付税之用等語。此節驟初未照允，嗣經該議員等再三陳請，謂此項合同磋議及此，實已不易。各條内維持主權挽回礦利之處頗多，貝既於此節持議甚堅，如不量予通融，事將因此中阻。況且礦務新章尚未經鄂督奏准頒發，究竟比現行税則是否從減，尚未可知。且該公司現仍從事查勘，並未開採，完納出井礦税，須在開採以後，遷延展轉，再遲一兩年，礦務新章即可頒發，届時自應改照新章完税。合同内所載允將盈付之款，留抵下次付税之用，祇是贅詞，究於現行礦章税則，並無妨礙，似可通融照准。維事關通行奏案，驟究未便擅專，現已飭議員與貝言明，所載各條，仍須呈候大部核示，方能作爲准據。此時不過權且定稿，設使其中尚有應行斟酌之處，彼此均可另商。貝即將合同譯成德文，轉達柏靈總公司。該商自候總公司回信，一面恭候大部核復。再，貝意總以第三條所載准辦七塊礦地，第六條所載准將現先礦税，如有盈餘，留抵下次税款兩節爲重。並謂此事議辦已六、七年，屢議屢輟，此次既經和平妥商，到此地步，深願就此辦成。又謂祇要第三條、第六兩條可以照准，其餘各節，即使柏靈總公司有不願承認之處，彼可儘力擔任云云。揣其語意，似已不留餘地，無可再商。即該議員等亦謂連日竭力磋磨，實已辦到盡頭地步，其餘無關緊要之事，自不能不相機因應，妥爲結束。即如該公司所用名目，華洋文恐有不符，惟既係招集華德股本，在中國請辦五處礦務，所用名目，自應仍以華文爲准。特於合同第一條内載明，該公司招集華德股本，即係華德公共商務，又於合同後幅載明：以上八條，係用華文，共繕兩分，彼此簽押作據。另譯德文作爲譯件，核對條款，語意相符。設華德文彼此解釋或有歧異之處，則應以華文之義爲主各等語。似此切實聲明，專以華文爲准，則該公司在柏靈註册如何名目，自可置之不理，較省周折。是否有當，併候核奪。再、貝現擬回青島候示。據云柏靈回信，四月内必可寄到青島。茲謹將繕就合同底稿，專弁賫呈，敬祈俯賜酌核，並請就近咨商商部。可否照此定議畫押，抑或尚有增删改易之處，恭候核定，從速賜復。仍發交去弁賫回，以便及時轉復貝哈格查照，俾免日久别生枝節，曷勝禱企。再、按照商部定章，須請領探礦執照，惟該公司係於光緒二十七年，即奉大部准其先行查勘，事在商部奏定礦章以前，現雖展限兩年，仍是援據前案辦理，似可勿庸補領探礦執照，惟飭該公司補繳照費，按五處礦務應領五張執照計算，共補繳照費銀二百五十兩，呈由礦政局核收轉解。迨將來呈請開辦之日，應赴商部請領開礦執照，再飭該公司查照定章辦理。謹請大部咨明商部，一併核復，以便轉飭遵照。合併陳明。專肅。敬請台安，伏維鈞鑒。楊士驤謹肅。四月初二日。」

附呈《五處礦務合同底稿》一件。爲訂立合同事：案據華德採礦公司呈請勘辦山東五處礦務，曾經外務部允准先行查勘在案。茲准外務部咨開，以據該公司稟請續議前來，現奉山東巡撫部院楊，札委礦政調查局與該公司議訂合同如下：

第一條，該公司招集華德股本，即係華德公共商務，現在勘辦五處礦産，祇應按照尋常商務辦法，與膠濟鐵路附近三十里内之礦務載在膠澳條約者，迥不相同，並與國家交涉無干。至該公司係專辦礦務，除此次合同所載各條以外，均不得牽涉别項商務。

第二條，外務部前允該公司於原指五處地段内，查勘礦産，原議每處以十個月爲限。今逾限已久，據該公司稟稱：實未探竣，現特格外通融，准自此項合同簽押之日起，再酌予加展探礦期限兩年，由礦政局詳請撫院咨明外務、商部立案。俟呈請開辦時，再請商部核發開礦執照，未發執照以前，不遽行開採礦産。如兩年限滿，仍未呈請開辦，即將該公司查勘礦産之權，全行停止，其地統歸中國辦理。至兩年限内，倘有華商在原指五處，凡非公司恰正查勘之地段以内，呈請勘採礦産。則須先行知照該公司於兩個月内呈復。如該公司必須指用此地開採，即應劃定礦界，依限辦理。倘逾兩個月定限，該公司並未呈復，或呈明不願開採，則此塊礦地即歸華商領照承辦，該公司不得干預。至原指五處地段内，凡有華商已經勘辦，及暫時停工尚未全行廢棄之礦，應仍歸華商辦理，該公司允認概不過問，亦不攬擾其事。倘該公司於華礦有所詢問，礦政局允爲查明知照。

第三條，該公司原指五處地段，係爲探礦而設，是以佔界甚大，今爲辦事和平迅速起見，於兩年探礦期限内，准該公司於原指探礦地段内，共擇定開礦地畝七塊，依限呈請開辦。每塊礦地界限不得逾三十方中里，其地須彼此連屬，長

處不得逾濶處四倍。該公司於呈請開辦之時，須繪具礦地詳細圖説，候礦政局派員會同地方官查明果無違礙情形，再行詳請撫院轉咨商部核發開礦執照，領照後，應按照部定章程第二十四條，限六個月內開礦，仍以修礦井洞、蓋造廠房等事，作爲開辦實據，不得僅以呈報開辦日期，空言搪塞。倘逾限仍未開辦，即將執照註銷作廢。至礦地四至界限，應於地面周圍立石爲誌。該公司在地底採礦，深處不立限制，其四旁不得挖過地面界址直垂之線。如界外有華商指辦礦地，與該公司礦地相距較近者，亦應各將界址劃明，以免争執。該公司如將指辦礦地轉交他人接辦，仍應稟由礦政局呈候撫院核明批准，咨請商部另接執照，不得私相授受，隱匿不報。

第四條，礦政局總理山東省礦政，該公司遇有應辦公事，應稟明礦政局查核定奪，該公司已辦之各項工程，礦政局可隨時派員稽查。惟派員之時，須預知照該公司，以期接洽。如遇有租地賃房招工購料等事合同，應預期稟請礦政局，飭派委員或飭地方官派人幫同照料，妥爲商辦。總期辦事簡便公平，庶於公司及地方公共利益，兩無妨礙。至該公司探礦採礦應需地畝，現經彼此訂明，衹可租用，不得購買。從前已購之地，該公司亦允一律改爲租用。其業經劃定礦地，如該公司一時尚無布置，仍准地主照常耕作。如該公司租用地畝，應各就本地情形妥議租價，彼此無稍抑勒。應於開礦以前，先付一年租價，由礦政局委員眼同交與地主查收。倘係官山河灘無主之地，即係中國國家公産，應照民地一律議租，呈繳礦政局照收。如有廟社、墳塋不便遷讓，以及防損農田水利各項公益善舉，實有關係違礙之處，地主決意不願出租，仍聽其自便，該公司不得强行租用。再如朝廷所屬相廟、行宫、園廠等項之下，暨逼近城壘以及防守各要害之處，均不准呈請租地辦礦。除此以外，該公司租用地畝，該地主即應公平議租，不得藉詞推托。如該公司於礦界附近河道，欲立引水機臺，取用河水，應預先稟請礦政局派員會同查勘，酌核辦理，總以無礙農田水利爲主。該公司如在内地欲租棧房，暫存辦礦料物，亦應稟請礦政局查照條約酌核辦理。

第五條，該公司創設公司緣由，並招集股份章程，應呈送礦政局詳請撫院咨報外務、商部存案備查。如有違背條約妨礙公法之處，中國政府應有飭令更改之權，即如該公司在所指地段，只准開礦，不准製造，亦係遵照條約之一端。如該公司擬在商埠暨指定辦礦界内，設立分局或分公司，應預先稟報礦政局查考。所有出售該公司新舊股票，華德人均可購買，所享利益，華德一律，無稍軒輊。共招股本若干，隨時赴礦政局報明，將來華股至十萬馬克，應設華總辦一員，入公司辦事。凡遇稽查華股應享一切利益等事，均與德總辦平權，倘華總辦遇事故意阻難，准該公司稟請礦政局查核更换。如德總辦辦事不能和平，確有不合理法實據，亦准華總辦據實稟揭。凡公司一切事件，總須彼此互商，持平辦理，均不得無端争執。又凡該公司所用各洋人，均須請領礦政局憑單，以便遇有查問，隨時呈驗。此項洋人若欲他往遊歷，均應照約請領護照。

第六條，該公司凡領開礦執照，在十方里以内者，須繳照費庫平銀一百兩，以外每多一方里，加費十兩，以三十方里爲限。其佔用地畝，已照發公平租價，則該地應納錢糧，仍歸業主自行完納。惟所出礦産，應繳兩税，一係出口税，即按照税關章程完納；一係出井税。暫照光緒三十年二月初一日《商部奏定礦務章程》所載税則完納，俟礦産出井後，即由該公司核計逐日出井實數，照則計税，按公司每年結賬時，彙呈礦政局核收。將來另訂礦務新章内中所載完納名目，定則輕重，如中外遵行，該公司亦應一律改照新章辦理。如新章所載税則比較現行章程從減，礦政局允將該公司盈付之款，抵作下次付税之用。又該公司裝運礦産出口，既已分完出井、出口兩税，沿途即可免抽釐金。惟該公司必須將逐日出井暨裝運出口之各項礦産，隨時按照實數列表登記，並各造詳細數目清册一份，按年呈送礦政局核明，轉詳撫院咨送商部，以備查考，並可由礦政局隨時派員赴該公司礦廠，稽查出井礦産暨應納礦税各實在數目。凡與礦産出井運銷及與税務確有關係之各項正副賬册，委員均可隨時調查。

第七條，該公司開採礦産，如挖掘井峒、抽引泉水等事，總以不傷附近民田房屋水井爲主，若因公司大意粗心，致傷以上所指各物，定當按照該處情形認賠。倘萬一遇有意外不測之事，致傷人命及物件，均應從優撫恤賠償。

第八條，該公司辦理諸事，首以此次簽定合同爲准。凡此合同有關採礦各事而未及詳載者，於礦務新章尚未頒發以前，均應遵照光緒三十年二月初一日商部奏定《礦務暫行章程》辦理，俟將來頒發礦務新章。除此項合同所載仍應遵守外，其餘各事，該公司即應統遵新章照辦。自經此項合同簽押之後，所有從前議而未定之各項礦章草底，應即全行作廢。

以上八條，係用華文共繕兩份，彼此簽押作據，另譯德文，核對條款，語意相符。設使華、德兩文彼此解釋或有歧異之處，則應以華文之義爲主。此項合同，須由礦政局呈候撫院核明，咨請外務部批准，作爲准辦之據，方可施行。

《礦務檔・山東礦務・中德膠濟路暨山東五處礦務交涉》外務部收楊士驤電《請示德商請改製煤磚煉鐵等事》光緒三十二年四月二十八日，收山東巡撫楊士驤電稱：「前聞華德礦務公司有在濰縣坊子運機改製煤磚之事，當飭局嚴密查阻。近因附近鐵路三十里與該公司爭展華礦利權，力圖補救，該公司又浼貝領事來函，以煤磚、焦炭、鐵鐵三事爲請，擬允附近三十里内，華人用土法任便開採，意在互換利益。查此三事迹近製造，自應據約駁斥。惟青島密邇，濰縣周村均係自開商埠，能否阻其不設分廠，亦未敢必。此時爲礦章計，在我萬無准理。爲華礦計，寔又一好機會。權衡利害輕重，不得不請鈞部主持，伏候訓示遵辦。驤。沁。」

又外務部收德使雷克司函《山東坊子煤礦傷斃人命》〔光緒三十三年〕七月十二日，收德雷使信稱：逕啟者：頃據駐濟南府本國領事電稱，山東坊子德華煤礦公司炭氣炸裂，致傷斃德人二名，華人約百名，本領事已前赴該處調查，並相助一切等情。本大臣驚聞之下，不勝惋惜，用是先爲函達，以伸悵惘。一俟該領事詳禀到署，即行細佈一切。專此奉達，即請日祉。名另具。

又外務部收外寶琦函《籌議收回膠沂濟路礦權暨駁拒德人干預大汶中華礦事咨送與德人來往函牘等件》〔宣統二年〕二月十六日，收山東巡撫信稱：「迭准鈞部來咨，以德雷使照復東省路礦事宜一案等因。查雷使照復五款、第一款，係意在妥求以下各款而言。第二、第四各款，應由津浦鐵路大臣議覆。及第三款已另文咨呈，無庸重敘外，其第五款所稱劃清礦權一節，及雷使照稱，德國政府極願通融辦理等語。較之上年該使照稱，仍舊施行不移，似已稍有退讓，此皆仰賴盡籌默運，補救無形，始克及此。但寶琦更有陳者：劃清二字，語尚含渾，並非將礦一律讓還。膠沂路線所經，如諸城、莒州、沂水、蘭山等處，礦產甚富，惟山多地瘠，商務蕭條，彼不還礦，我何取乎還路？且此路須由沂州西展至嶧縣，使與津浦銜接，方爲完全之支路。以中國官修之路，誘我以借款，要我以用人，迫我以年限。路成之後，運道便利，彼之礦產，銷路四達。而且按照該公司礦務章程第十七款，壟斷阻撓，使路旁三十里内華礦，盡行封禁而後快。竊思礦務因鐵路而發生，膠沂濟鐵路，既已先後商允，改歸中國官路，或已借款興辦，或限期成工，可見原約未嘗不可商改。今礦務一節，彼既有通融辦理之説，可否仰懇鼎力斡旋，與雷使聲明，所有沿膠沂濟路綫三十里内礦務，指定地段，由東省地方官招商，即行開辦。如需借款招股，先儘德人商辦。如需用工程司，必聘德人相助。倘彼要求不已，只有議定一二處，借用德款，妥訂合同，由我派員督辦，權自我操，與鐵路辦法相同，於主權、利權稍稍挽回。敢祈大部相機磋商，東省幸甚。再，查礦務章程第十七款内，凡經華人已開之礦，應准其辦理二語。德人即指爲未開之礦，不准辦理，且德文作爲當時正在開辦之華礦，仍照向來辦法辦理。德人指爲係向來用土法者，不准用機器。只此兩端，爭執多年，當時實欠研究，將來必須與該公司力爭，將第十七款修改一二語，庶可以保存華礦。至另咨德使干預大汶口礦務一案等因，查曹州教案條約第四端第一款載：其二由膠澳往沂州，及由此處經過萊蕪縣，至濟南府。又第四款載：膠沂濟南路在沂州府、萊蕪縣等處，允准德商開挖煤斤等項各等語。大汶口在泰安縣南境，距津浦路線甚近，若膠沂濟路經過萊蕪，即使折而西向泰安，亦距大汶口尚遠，豈能牽混爲一。光緒三十四年春間，德礦務公司擬在大汶口安鑽探礦，經勸業道蕭應椿以膠沂濟路既不修，礦權何在，堅詞駁阻。上年夏間，及本年正月，該公司又干預大汶口礦權，請禁止華人在該處開礦，均經該道議駁，兹又據德領事貝斯以前情照會，業經據約駁阻。謹將本省迭次議駁各件，鈔録郵呈鈞鑒。寶琦亦知東省路礦兩端，成約在先，爭持不易，第以近年民智民權，非同昔比。若過用壓力，斷絶華礦生機，竊恐釀出事端，更難收拾。用敢冒昧瀆陳，惟祈鈞部主持，曷勝企禱。再德領事所稱，光緒二十五年四月初二日總理衙門大臣照會德使公文，本署並無案據，是否確實，並祈示復爲盼。肅此，恭請勛安，伏惟垂鑒。孫寶琦謹肅。」

計呈清摺一扣。

敬再肅者：「昨日德國駐濟貝領事來謁，面詢東省路礦各節，寶琦援據約章，再三辯駁，告以大汶口各處現辦之礦，萬無查禁之理。伊亦謂，從前礦務章程，中德文詞不符，致彼此屢有齟齬，自應另行妥議辦法，以免彼此誤會。寶琦答以所有約内所載膠沂濟鐵路，既歸中國自辦，則礦務亦可仿照辦理，聲明如需借用洋款，當向德華銀行商借；如需洋工程司，當僱用德人，似較公允。寶琦並謂，中國煤礦需用日多，華商招股不易，日後必不能免借用外款之事。伊謂不知德政府以爲然否。伊又謂，德商並非欲攬盡三十里内之礦權，亦不過擇定數處地段。看來如指定數處，聲明將來需款借德款，需人僱德人，與德使所稱劃清礦權之意，亦可相符。至膠沂鐵路以膠州城爲起綫，與膠濟路線相連，又可免青膠之並行綫，亦與該領事言明，伊謂此節料可照准。該領事又謂，德州至正定一

路，郵傳部有改爲濟南至順德之議，如果照辦，實於東省有益等語。昨見《濟南日報》載濟順路綫情形，不知是否郵傳部業已派人測勘。德使照會内第二款所載，願與中國政府通融辦理所勘定之三鐵路線，及其起路綫點與訖路綫點等語，實隱寓改正德爲順濟之意。順濟勝於正德，不待彼族之請而可決。至兗豫一路，現聞督辦津浦大臣已定議先築兗州至濟寧一段，以後自可接續築造，無庸另行築路。以上各節，自當由郵傳部，暨督辦津浦大臣，妥籌議復，合併陳明。再請鈞安。寶琦謹再肅。」

謹將東省迭次與德領事、暨礦務公司。爲礦權事，往來函牘各件，照録清摺，恭呈鈞鑒。

計開：「勸業道蕭應椿詳文。光緒三十四年四月。爲詳請立案事：光緒三十四年三月二十二日，准德國駐濟署領事官麥照會内開：照得華德礦務公司派人赴大汶口一帶地方鑽驗煤礦，繕就憑單，轉請貴局蓋印一節，昨准復函，以查泰安大汶口一帶地方，並不在膠濟鐵路三十里以内，查照約章，礙難照辦等語。准此，本領事查《膠澳條約》第二端第一款，載有鐵路二道，一由膠澳至濟南，一由膠澳往沂州，及由此處經過萊蕪縣至濟南。第二端第四款載有該鐵路二道，中國允准德商在鐵路附近三十里内，開挖煤斤等項。查大汶口一帶，係沂州濟南鐵路附近三十里内之地，彼時定約以後，德國國家允許華德礦務公司除别處外，在大汶口一帶地方有採礦之權。且光緒二十五年，會商濟南府至山東南界鐵路爲官路之事，本年四月初二日，貴國總理衙門王大臣照會本國駐京欽差大臣，特意再爲訂明，以由膠澳往沂州，經過萊蕪縣，至濟南府鐵路附近相距三十里内，允德商開挖煤斤，自應照約認真辦理，盡力保護，以盡酬報之誼等語。查照《膠澳條約》及此照會，是以華德礦務公司在大汶口一帶地方，有辦礦之權。除將照録照會送閲外，憑單二紙，特照送貴局，請煩照章蓋印發回，以便轉給前往爲要；並附照録照會一紙各等因到局。准此，職局查此案先准麥領事函稱，以據礦務公司派監鑽司怡爾哈、華人繙譯劉鴻逵等，前赴泰安府大汶口，並章邱縣等處，鑽驗煤礦，繕就憑單，囑爲蓋印等因。當以泰安大汶口一帶地方，並不在膠濟鐵路三十里以内，礙難照辦。至章邱縣地方本可照准，因憑單内統填兩處，覆令另繕憑單送局蓋印在案。接准前因，覆查膠沂至濟南一路，現已併入津浦鐵路之内，所有光緒二十五年總理衙門照會，及現在華德礦務公司在大汶口一帶，應否尚有辦礦之權，職局未奉政府命令，仍難照辦，並將憑單送回去後。玆准麥領事函稱：以礦務公司派監鑽司怡爾哈鑽驗煤礦，暫且不過在章邱縣境普集埠村，暨周村鐵路附近三十里内地方，另繕憑單，送請蓋印前來。職局查普集係章邱縣境，周村係長山縣境，均在膠濟鐵路附近之處，尚與約章相符。除將憑單蓋印函覆，並分飭章邱長山等縣，妥爲保護會勘外，所有此案辦理情形，擬合詳請撫院鑒核，俯賜立案。再麥領事録送之光緒二十五年總理衙門照會，職局並未奉有此項明文，玆特照録附呈，合併聲明。爲此備由具呈，伏乞照詳施行。須至詳者。

附録光緒二十五年四月總署照會德使原文。爲照覆事。光緒二十五年三月二十八日，接准貴大臣照稱：津鎮鐵路一事，所有自濟南府至山東南界一段，按去年二月十四日訂定專約，應歸德國蓋造，因總理衙門所言，此段亦應爲中國官路。德國國家體查情形，甚願表彰和睦之心，擬即應允如中國所願，該鐵路中段將來可爲津鎮官路。惟德國政府如此相讓，中國亦必有以酬報，方可施行。即如按去年專約，德國應於濟南府至山東南界鐵路附近之處，相距三十里内，允德商開挖煤斤等項，及須辦工程各事，中國應認真辦理，盡力保護，請即照辦。並請轉致督、幫辦大臣，將商定之合同速行畫押，早爲奏准等因前來。查津鎮鐵路經過山東南界一段，經貴國國家體查情形，允如中國所願辦理，具徵貴國國家顧全睦誼，本大臣等甚爲紉佩。至去年專約所准：一、由膠澳經過濰縣、青州、博山、淄川、鄒平等處往濟南，及山東界。二、由膠澳往沂州，經過萊蕪縣，至濟南府鐵路附近相距三十里内，允德商開挖煤斤，及山東省内如有開辦各項事務，先問德商願否承辦工程、售賣料物各節，本衙門自應照約認真辦理，盡力保護，以盡酬報之誼。除轉致督、幫辦大臣將業經商定之合同，速行畫押，以便早日具奏外，相應照覆貴大臣查照可也。須至照會者。

袁升院札文。宣統元年三月。案據華德礦務公司總辦畢象賢等函稱：敝公司近聞有官商多人，創設公司，擬於大汶河附近之大汶口東南兩面，開辦煤礦等事。竊查此項礦地，係在津浦鐵路三十里界内，敝公司客歲派員前往該處查看，并未見有開辦之井。前津浦鐵路商借德款，曾訂明保存敝公司在此路左右三十里内辦礦之利權。今已有所聞，不得不函請將敝公司應得之利益，轉飭宣佈，俾辦者皆知，並禁止他人在大汶口處開採煤觔，實爲公便等情，到本部院。據此，查大汶河附近之大汶口地方，現在是否有人創設公司，擬於該處開辦煤礦等事，亟應飭由該道妥速查明，詳候核奪。除函復外，合行札飭札到該道，即便遵照辦

理毋違。此札。」

勸業道蕭應椿詳文。宣統元年三月。爲詳覆事。案奉撫院札開：「案據華德礦務公司總辦畢象賢等函稱，敝公司近聞有官商多人創設公司，擬於大汶河附近之大汶口東南兩面，開辦煤礦等事。竊查此項礦地，係在津浦鐵路三十里界內，敝公司客歲派員前往該處看查，並未見有開礦辦之井。前津浦鐵路商借德款，曾訂明保存敝公司在此路左右三十里内辦鑛之利權。今已有所聞，不得不函請將敝公司應得之利益，轉飭宣佈，俾辦者皆知，並禁止他人在大汶口處開採煤觔，實爲公便等情，到本部院。據此，查大汶河附近之大汶口地方，現在是否有人創設公司，擬於該處開辦煤礦等事，亟應飭由該道妥速查明，詳候核奪。除函復外，合行札飭札到該道，即便遵照辦理毋違，此札，等因到道。奉此，遵查大汶口係泰安縣境，並無設立公司請辦礦務之人，惟有寧陽縣屬東西磁窑煤礦，前據在籍江蘇候補知縣宋汝厚稟請探礦。本年二月，職道詳蒙撫院批准，填發探礦執照有案。磁窑村北距大汶口二十餘里，畢象賢等所稱，或即指此。至大汶口係在膠沂濟路線内，自津浦鐵路訂立借款合同後，上年三月間，據德領事麥令豪函稱，礦務公司將派員赴大汶口、普集兩處，安鑽探礦，囑印發憑單，并將兩處合併一單，希圖朦混。當查普集係章邱縣境，在膠濟路線內，照約准其辦礦，大汶口不在膠濟路線內，未便照准。函復去後，旋據麥領事照會，並抄録光緒二十五年四月間，前總理衙門致德使照會一件，仍肆要求職道以膠沂濟路既不修，礦權何在？且此項照會未奉政府命令，堅詞拒絕，幾致決裂，曾於四月間，將大概情形，並抄録照會詳報在案。該公司計未得遂，乃赴洋務局請領護照，前往遊歷。職道復密飭泰安縣察查，如有人私往探礦，立即禁止。此上年礦務公司請領憑單赴大汶口探礦，職道駁阻之實在情形也。兹查津浦鐵路並無三十里礦界章程，該公司所稱，前津浦鐵路商借德款，曾訂明保存敝公司在此路左右三十里内辦礦之利權各節，東省未奉政府允許明文，無憑認可。縱使奉有明文，亦斷無禁止華人開礦之理。華德礦務章程，並不禁華人開礦，何況膠沂濟係未修之路，何況津浦爲國家官修之路，又何得援三十里礦界章程，影射壟斷。職道更有過慮者，省南華礦，如果禁止一處，則是我已認公司有應得之權利。南路礦産，節節可危，應如何駁阻之處，伏乞鈞裁。奉飭前因，所有查明緣由，理合詳請鑒核，批示祇遵。爲此備由具呈，伏乞照詳施行。須至册者。

勸業道蕭應椿詳文。宣統二年正月。爲詳明事。案於宣統二年正月十七日，據駐濟德領事貝斯函稱，兹據山東礦務公司函稱，大汶口東南相距十八里本公司礦界以内東瓷窑一帶，現有華人開挖煤井，均用土法，該井已挖至第一層，將近出貨，如此辦法，有違定章，應請封禁，祈查照辦理等情。據此，本領事查大汶口鑛地，在鐵路附近三十里内，查照鑛章，華人不准在此開挖新鑛，已開之井，只准以向用之土法辦理，不得改用機器。以公司所稱，核與定章不符，請貴道飭下迅速封禁，並希玉復爲荷等情。據此，查此事於光緒三十四年，據前德領事麥令豪函，轉據鑛務公司請領憑單，赴泰安縣屬大汶口，安鑽探鑛。經職道以有背約章，堅詞駁復阻，幾至決裂，始獲中止，前經詳報有案。該公司復於上年三月間，干預津浦鑛權，請禁止華人在大汶口開鑛等情，函經升院袁札飭職道詳復，旋遵批致函議駁各在案。兹據前情，除再函駁外，謹將上年與貝領事及鑛務公司往返函稿，及此次復函稿，繕具清摺，恭呈鈞鑒。所有駁阻德鑛務公司干預大汶口鑛權緣由，理合詳請鑒核，批示備案，實爲公便。爲此備由具呈，伏乞照詳施行。須至册者。」

附録勸業道蕭應椿所呈清摺。致青島華德礦務公司函。上年三月。逕啟者：「本道現奉撫院諭，以據貴總辦函請禁止華人在大汶口開辦煤鑛等因一案，令本道致函議駁等因。奉此，查津浦鐵道路係中國官修之路，並無三十里鑛界章程。貴總辦所言，公司在此路有三十里鑛權一節，東省未奉政府命令，無憑認可，即使奉有明文，亦斷無禁止華人開鑛之理。華商在大汶口創設公司，乃華人固有之利權，未便禁止。緣奉撫院之命，用特奉佈，順頌日祉。」

德領事貝斯來函。上年三月。敬啟者：「兹據山東鑛務公司稟稱：泰安縣境大汶口東南相距三十五里之北固城，現有華人在該地試驗挖小煤井一處等因。據此，查該處正在濟嶧路綫附近三十里内，照章華人不得在此新開煤井，與其聽伊試辦，後再禁止，以致虧損資本，不如早飭停辦爲愈。本領事用特函請貴道早日轉飭查禁，並希見復爲荷。專此奉佈，順頌台祺。」

《礦務檔・山東礦務》楊士驤《密陳改訂山東五處礦務合同辦理情形》附《華德採礦公司勘辦山東五處礦務合同》〔光緒三十三年〕八月十三日，收軍機處交抄楊士驤奏摺稱：「爲改訂山東五處礦務合同，遵奉外務部、商部函電，速即妥訂，現經德員簽押，謹照録進呈，並將先後辦理情形，恭摺密陳，仰祈聖鑒事：竊查東省五處礦務，前經東省京官以損失利權太大，擬請設法補救等詞，聯銜具奏，恭奉諭旨飭查在案。臣奉旨後，遵即督飭礦政局員，與華德採礦公司德員磋

議累月，始將已失利權，設法挽回，當經改訂合同，咨由外務部、商部核復到東，飭局會同德員簽字畫押，茲已訂換事竣。謹將先後商辦情形，爲我皇太后、皇上密陳之。查自議訂膠澳條約以後，德人即在東省設立華德煤礦公司，勘辦相距鐵路附近三十里内礦産，侵損本省礦利已多。光緒二十五年春間，又有德商於三十里礦務之外，另立華德採礦貿易公司，呈請勘辦沂州、沂水、諸城、濰縣、烟台五處礦務，稟由德國駐京使臣，與總理衙門商辦此事。總理衙門以所佔地段太廣，核與定章不符，初次未經核准。復經德使擬送礦章十四條，總理衙門旋即酌量改訂，僅以先准開辦一處，暨同時開辦五處，彼此斷斷辨論，迄未定議。而於礦界之大小，主權之得失，則概未議及也。二十六年夏間，拳匪搆禍，遂即懸擱未議。二十七年秋間，德使又派駐烟領事連梓來省接商，經前撫臣張人駿、商由外務部飭派道員楊晟來東，酌照原議，續訂礦章二十一條，電由外務部核准。嗣因抽税、報效兩項專章，一時不能議妥，全章遂亦未及簽押，移交後任撫臣周馥接辦，磋商多次，仍未就緒。此五處礦務原案之大概情形也。臣到任後，詳核原案，始知德人前在總理衙門所指五處礦界，約計共有十二萬方里之多，而又處處均援照三十里礦章辦理，所損本省礦政權利甚大。今欲設法補救，首在聲明祇是商務，不是交涉，先將前兩次所訂礦章草底作廢，改令遵照商部奏定通行礦章辦理，僅與商訂合同，勿庸另訂專章，俾與華商辦礦一律，是爲全案緊要關鍵。而又注重收縮礦界，認繳礦税兩大端，藉以挽回利權，舍此别無辦法。爰於三十三年春間，督飭礦政局道員朱鍾琪、李德順等，與該公司德員貝哈格，另行妥議合同八條：第一要義即重在明定礦界，祇准於五處内，擇定開礦地畝七小塊，每小塊不得逾三十方中里，合計亦只有二百一十方中里，較諸原指礦界約收小五百七十餘倍。又將該公司名目改爲華德採礦公司，聲係按照尋常商務辦法，與膠濟鐵路附近三十里内之礦務，載在膠澳條約者，迥不相同，並與交涉無干。而又明定辦礦限期，完税規則，並須分招華股，添設華總辦，以期華德合辦，遇事平權。其餘一切事宜，悉令遵守通行礦務章程辦理，仍歸礦政局隨時查核。處處防損取益，似已挽回利權不少，磋磨兼旬之久，始獲勉就範圍。當經臣照鈔合同底稿，咨商外務部、商部，升任北洋大臣直隸督臣袁世凱，先後核復到東。貝哈格亦將所議合同，函商柏靈總公司，旋即因事他去，未及簽押。迨後復准商部函稱，所訂各條，詳細周妥，應即照准。旋於本年六月，又准外務部電稱：此項合同，現經詳加查核，均屬可行。應俟該公司代理人到東時，飭局畫押蓋印，並由臣處奏明辦理各等因。該公司代理人郭思曼，旋即來東簽字。復經臣督同局員，逐條詳加删訂，並聲明以華文爲主。遂於七月十四日，分繕華德文合同各二分，彼此簽字畫押，五處礦務全案，遂即就此辦結。伏查德人呈請勘辦五處礦産，原指礦界，幾及東省沿海三分之一，而所索利權，亦與三十里内礦務相埒，論者謂其蓄意甚深，似非僅在辦礦一端，不爲無因。今幸仰托朝廷威信，設法補救，改訂合同，俾獲挽回損失利權，仍與尋常商務無異。即使將來集資勘辦，自可飭照通行礦章辦理，既不至别釀重要交涉，亦尚可維持本省礦權，藉以仰慰宸廑。除咨軍機處、外務部、農工商部查照外，所有《改訂山東五處礦務合同》，謹照繕清單，恭呈御覽。理合恭摺密陳，伏乞皇太后、皇上聖鑒諭示。再，此項合同係照録簽押原本，未便更改，故與陳奏語氣，稍有未符，合併陳明。謹奏。」

光緒三十三年八月十三日。奉硃批：「該衙門知道。單併發。欽此。」

附鈔謹將議訂《華德採礦公司勘辦山東五處礦務合同》照繕清單，恭呈御覽。

爲訂立合同事：案據華德採礦公司呈請勘辦山東五處礦務，雖經外務部允准先行查勘在案，茲准外務部咨開，以據該公司稟請續議前來。現奉山東巡撫部院楊札委礦政局與該公司議訂合同如下：

第一條，該公司招集華德股本，即係華德公共商務。現在勘辦五處礦産，祇應按照尋常商務辦法，與膠濟鐵路附近三十里内之礦務，載在膠澳條約者，迥不相同，並與國家交涉無干。至該公司應辦之事，係僅限於開礦一端。此次合同所載各條，均不得推及别項商務。

第二條，外務部前允該公司於原指五處地段内，查勘礦産，原議每處以十個月爲限，今逾既限已久，據該公司稟稱，寔未探竣，現特格外通融，准自此項合同簽押之日起，再酌予加展探礦期限兩年，由礦政局詳請撫院，咨明外務部、農工商部立案。俟呈請開辦時，再請農工商部核發開礦執照，未發執照以前，不得擅行開採礦産。如兩年限滿，仍未呈請開辦，即將該公司查勘礦産之權，全行停止，其地統歸中國辦理。至兩年限内，倘有華商在原指五處，凡非公司恰正查勘之地段以内，呈請勘採礦産，則先知照該公司於兩個月内呈復。如該公司必用此地開採，即應劃定礦界，依限辦理。倘逾兩個月定限，該公司並未呈復，或呈明不願開採，則此塊礦地即歸華商領照承辦，該公司不得干預。至原指地段内，凡有華商已經勘辦，及暫時停工，尚未全行廢棄之礦，應仍歸華商辦理，該公司

允認概不過問，亦不攬擾其事。倘該公司於華礦有所詢問，礦政局允爲查明知照。

第三條，該公司原指五處地段，係爲探礦而設，是以佔界甚大。今爲辦事和平起迅速起見，於兩年探礦期限內，准該公司於原指探礦地段，共擇定開礦地畝七塊，係依限呈請開辦。每塊礦地界限，不得逾三十方華里。其地須彼此連屬，長處不得逾濶處四倍。該公司於呈請開辦之時，須繪具礦地詳細圖説，候礦政局派員會同地方官，查明果無違礙情形，再行詳請撫院，轉咨農工商部核發開礦執照。領照後，應按照部定章程第二十四條，限六個月内開礦，仍以修砌井洞、蓋造廠房等事，作爲開辦寔據，不得僅以呈報開辦日期，空言搪塞，倘逾限仍未開辦，即將執照註銷作廢。至礦地四至界限，應於地面周圍立石爲誌。該公司在地底採礦，深處不立限制，其四旁不得挖過地面界址直垂之線。如界外有華商指辦礦地，與該公司礦地相距較近者，亦應各將界址劃明，以免爭執。該公司無論因何原故，如欲將指辦礦地轉售他商接辦，應首儘華人，次儘德人，屆時仍應禀由礦政局呈候撫院核明批准，咨請農工商部另換執照，不得私相授受，隱匿不報。

第四條，礦政局總理山東全省礦政，該公司遇有應辦公事，應禀明礦政局查核定奪。該公司已辦之各項工程，礦政局可隨時派員稽查。惟派員之時，須預先知照該公司，以期接洽。如遇有租地賃房、招工購料等事合同，應先禀請礦政局，飭派委員或飭地方官派人幫同照料，妥爲商辦。總期辦事簡便公平，庶於公司及地方公共利益，兩無妨礙。至該公司探礦採礦，應需地畝，現經彼此訂明，祇可租用，不得購買。從前已購之地，該公司亦允一律改爲租用。其業經劃定礦地，如該公司一時尚無布置，仍准地主照常耕作。該公司租用地畝，應各就本地情形妥議租價，彼此無稍抑勒。應於開礦以前，先付一年租價，由礦政局委員眼同交與地主查收。倘係荒山河灘，查無業主之地，即係中國國家公産，應照民地一律議租，呈繳礦政局照收。如有廟社墳塋，不便遷讓，以及防損農田水利各項公益善舉，寔有關係違礙之處，地主決意不願出租，應仍聽其自便，該公司不得强行租用。再如朝廷所屬祠廟、行宫、園廠等項之下，暨逼近城壘以及防守各要害之處，均不准呈請租地辦礦。除此以外，該公司租用地畝，該地主即應公平議租，不得藉詞推托。如該公司於礦界附近河道，欲立引水機台，取用河水，應先禀請礦政局派員會同查勘，酌核辦理，總以無礙農田水利爲主。該公司如在內地欲租棧房，暫存辦礦料物，亦應禀請礦政局，查照條約，酌核辦理。

第五條，該公司創設公司緣由，並報集股份章程，應呈送礦政局，詳請撫院咨報外務部、農工商部存案備查。如有違背條約，妨礙公法之處，中國政府應有飭令更改之權，即如該公司在所指地段，只准開礦，不准製造，亦遵照條約之一端。如該公司擬在商埠，暨指定辦礦界内，設立分局，或分公司，應預先禀報礦政局查考。所有出售該公司新舊股票，華德人均可購買，所享利益，華德一律，無稍軒輊。共報股本若干，隨時赴礦政局報明。將來華股集至十萬馬克，即應設華總辦一員，入公司辦事。凡遇稽查華股應享一切利益等事，均與德總辦平權。倘華總辦遇事故意阻難，准該公司禀請礦政局查核更换。如德總辦辦事不能和平，確有不合理法寔據，亦准華總辦據寔禀揭。凡公司一切事件，總須彼此互商持平辦理，均不得無端争執。又凡該公司所用各洋人，均須請領礦政局憑單，以便遇有查問，隨時呈驗。此項洋人，若欲他往游歷，均應照約請領護照。

第六條，該公司凡領開礦執照，在十方華里以内者，須繳照費庫平銀一百兩。如在十方華里以外，則每多一方里，加費十兩，以三十方里爲限。其佔用地畝，已照發公平租價，則該地應納錢糧，仍歸業主自行完納。惟所出礦産，應繳兩税，一係出口税，即按照税關章程完納；一係出井税，暫照光緒三十年二月初一日，商部奏定礦務暫行章程所載税則完納，俟礦産出井後，即由該公司核計逐日出井寔數，照則計税。按公司每年結帳時，彙呈礦政局核收，將來另訂礦務新章，内中所載完税名目，定則輕重，如中外遵行，該公司亦應一律改照新章辦理。如新章所載税則，比較現行章程從減，礦政局允將該公司溢付之款，抵作下次付税之用。又該公司裝運礦産出口，既已分完出井、出口兩税，沿途即可免抽釐金。惟該公司必須將逐日出井，暨裝運出口之各項礦産，隨時按照寔數，列表登記，並各造詳細數目清册一份，按年呈送礦政局核明，轉詳撫院，咨送農工商部，以備查考。並可由礦政局隨時派員赴公司礦廠，稽查出井礦産暨應納礦税各寔在數目。凡與礦産出井運銷，及與税務確有關係之各項正副帳册，委員均可隨時調查。

第七條，該公司開採礦産，如挖掘井峒、抽引泉水等事，總以不傷附近民田房屋水井爲主。若因公司大意粗心，致傷以上所指各物，定當按照該處情形認賠。倘遇有意外不測之事，致傷人命及物件，均應從優撫卹賠償。凡開礦之處，均須就近設立病院一所，以便華人在工患病及受傷者，前往醫治調養。所有在

院因病因傷費用，概由公司備給。若竟因傷病身死，公司須出貲卹其家屬。

第八條，該公司辦理諸事，首以此次簽定合同爲主。凡此合同有關採礦各事，而未及詳載者，於礦務新章尚未頒發以前，均應遵照光緒三十年二月初一日商部奏定《礦務暫行章程》辦理，俟將來頒發礦務新章。除此項合同所載，仍應遵守外，其餘各事，該公司即應統遵新章照辦。自經此項合同簽押之後，所有從前議而未定之各項礦章草底，應即全行作廢。

以上八條，係用華文，共繕兩份，彼此簽押作據，另譯德文，核對條款，語意相符。設使華德兩文，彼此解釋或有歧異之處，則應以華文之義爲主。此次所議各條，公司允願確寔遵守，山東撫院亦允辦理諸事，永以和平友睦爲宗旨，俾使礦務日有起色，而華德人民互受裨益。此項合同，現經外務部、農工商部允准，俟彼此簽字後，即可施行。

光緒三十三年八月十三日，奉硃批：「覽。欽此。」

七月十四日簽押。

又外務部收農工商部咨《山東華洋各礦魯撰擬援照奏定礦務新章變通辦理》附山東巡撫文 〔光緒三十四年〕二月二十九日，收農工商部咨稱：「准山東巡撫咨開：據礦政局詳稱：載在條約，與專案奏准之各礦務，如何辦理，新章未經議及，謹陳東省華洋各礦情形，請示辦法。並乞咨請農工商部，查該局所陳華洋各礦情形，並所擬辦法，於東省礦政，具有關繫，究應如何變通辦理之處，應請大部轉咨外務部會同查核，酌定辦理，見復施行等因前來。查原咨內載之華德礦務公司，本關涉曹州教案條約，光緒二十六年復經援照專約，訂立詳細章程，奏明頒行。其華德採礦公司請辦之五處礦務，上年七月間，經井任東撫楊，與之訂立合同，奏咨有案。該鑛政局所陳，華德採鑛公司本以尋常商務，牽入交涉，幾至不可收拾。此次合同挽回甚大，於中國主權尚無侵害，似當與新章並行，而不能偏廢等語，自係實在情形。至所擬援照新章第八款，商改華德鑛務公司原訂合同一節，陳義甚高。揆之目前情勢，能否提議，貴部諒早經籌及。相應鈔録原文，咨呈核奪，並請見復可也。須至咨呈者。附鈔件。

照録山東巡撫文。爲咨呈事：案據鐵路鑛政局詳稱：竊照職道應椿奉農工商部札開：光緒三十三年九月十四日，本部具奏擬定鑛務章程施行日期一片，本日奉旨：「依議。欽此。」相應恭録諭旨，刷印原奏，札行該議員札到，仰即遵照可也。此札。並片奏一紙等因。奉此，遵照原奏內開：明年二月十三日，作爲宣布施行日期，各省即將應行籌備各事宜，遵章程妥速辦理，務於奏定施行日期之前，先行報部查核，以重鑛政等語。竊以立法須通籌全局，任事當握其大綱。新章第七款之清理舊商鑛界，第八款之限制洋商，此二者寔爲全書關鍵，必從此二者入手，而後餘事可次第推行，而後舊章可收回作廢。夫所謂舊章者，想係光緒二十四年路鑛總局奏定之鑛務鐵路公共章程，及二十八年外務部、三十年農工商部先後奏定之鑛務章程而言。若載在條約，與專案奏准之各鑛務，如何辦理，新章未經議及。謹將東省華洋各鑛情形，爲憲台縷陳之：一、華德鑛務公司所辦鐵路附近三十里內之鑛務，載在曹州教案條約，光緒二十六年，州任憲台袁、州任副都統廕援照專約，與該公司訂立詳細章程二十款，奏明頒行。該公司以路就鑛，凡沿鐵路每邊三十里，延長七八百里，皆其礦權所及，占地之廣。全球所無。現在濰縣之坊子、淄川縣之馬莊煤鑛，久經該公司開採，約章無完稅之條，華官無稽查之責。而且三十里內，華商開新鑛，則阻之，用機器，又阻之。東省之鑛權盡失，華商之生計已窮。目擊情形，共深憂憤。查新章第八款內載，其關係洋商者，如從前訂合同條款，有占奪華民生計，及有礙中國主權地方治理者，仍應妥爲修改，期與新章不致違背等語。鐵路三十里內，鑛務公司章程第十七款，語似平常，實則妨害甚大。即如凡經華人已開之礦，應准其開辦一語，德人即指爲不開新鑛之鐵證。争執多年，迄未就緒。今幸新章宣布，固不能違背條約，而争已失之利權，似應商改原章，藉保將亡之華礦。惟茲事體大，斷非職道輇材所能擔任。可否照新章第八款，請農工商部難咨外務部會核，照會德國公使，轉飭該公司將十七款字句酌改，期與新章不背之處，伏乞鈞裁。一、華德採鑛公司請辦之五處鑛務，本年七月間，訂立合同，奏准有案。該公司原指辦鑛地段，在沂州、沂水、諸城、濰縣、烟台五處，約占界十二萬方里之多。本年合同第二條、第三條，准該公司在原指五處地段內，加展探礦期限兩年，並於兩年探礦期限內，在原指地段，共擇定開礦地畝七塊，依限呈請開辦。每塊礦地界限，不得逾三十方華里各節，較原指礦界，已收小五百七十餘倍。然核與新章第二十五款、第三十款，仍未能合。蓋論新章，不但將未開辦，不得占地三十方里，探鑛亦不得照原指五處地段之大，且不得展限至兩年之久。惟查合同第八條載，礦務新章尚未頒發以前，均應遵照光緒三十年二月初一日商部奏定礦務暫行章程辦理。除此項合同所載，仍應遵守外，其餘各事，該公司即應統遵新章照辦等語。細繹此條語意，是合同以內之事，仍遵守合同，合同以外之事，即遵照新章，

且該公司原案，以尋常商務，牽入交涉，公使領事羣起干預，要挾多年，不可收拾。今查合同內，首聲明商務，無干交涉，廢原議草底，遵部頒鑛章，磋議極難，挽回甚大。是此項合同於中國主權，尚無侵奪妨害損。況既有仍應遵守明文，似當與新章並行，而不能偏廢。除合同所不載者，統遵新章辦理外，其探礦地段年限，及將來開辦占地里數，可否仍照合同辦理之處，伏乞裁奪。一、中興煤礦公司張運司蓮芬承辦之嶧縣礦務。查該公司股本二百餘萬，辦理數年，極有成效。近又修築運煤鐵路九十里，礦務日形發達。新章頒行之後，該公司自應遵照辦理。該公司礦界周圍百里，係光緒二十五年前北洋大臣奏准之案。其後兩次頒行礦章，該公司原案，未嘗更改。上年九月間，又遵繪礦界全圖，由職局呈部在案，但與新章第三十款所定礦界，大小懸殊。然以公司二百餘萬之資本，縮小礦地，僅占九百六十中畝，勢必不敷展布。遵查新章，方以公司集股之多寡，定爵賞之高卑。乃近風聞該公司股友，因新章限制，退股者甚多，所定鐵路材料，洋商日索價值，應付甚難，深虞倒閉，中國礦產多入外人之手，礦界漫無限制。華礦辦有成效，可以抵制洋商。如中興公司者，通國有幾，況東省佳礦祇剩嶧縣一隅，當此振興礦務之時，該公司百里礦界，究應如何辦理，憲台與大部自有權衡，職道未敢擅議，以上三端，皆東省現辦之大礦，核與新章未能盡合。或應設法酌改，或應仍舊辦理，或應竭力維持，辦法又似難於一律。竊思中國礦政，素乏講求，一旦而欲掃除一切，改就新章，條目繁多，事體重大，似當通盤籌畫，握要以圖，庶幾綱舉目張，有條不紊。除由職道應椿逕呈農工商部外，所有奉到礦務新章，敬陳山東華洋各礦情形，並請示辦法緣由，理合詳請鑒核，俯賜咨請農工商部查核，寔爲公便等情，到本署院。據此，查該局所陳華洋各礦情形，並請示三端辦法，於東省礦政，具有關繫。新章宣布在即，究應如何變通辦理，以保礦權，而昭法守之處，大部自有權衡。除詳批示外，相應咨請大部，轉咨外務部會同查核，酌定辦法，迅賜見復施行。須至咨呈者。」

又外務部發農工商部咨《核復山東華洋各礦魯撫擬援助奏定礦務新章變通辦理事》〔光緒三十四年〕三月初九日，發農工商部咨稱：「接准來咨，以山東巡撫咨據礦政局詳稱：載在條約與專案奏准之各礦務，如何辦理，新章未經議及，謹陳東省華洋各礦情形，請示辦法等情。鈔録原文，咨呈核奪見復等因。本部復查核原咨，如所稱華德礦務公司辦理鐵路附近三十里內之礦務，其章程十七款，妨害甚大。可否照辦新章第八款，照會德使，轉飭該公司將字句酌改一節，自係爲爭回利權起見。惟此項章程，係援照專約訂定，非尋常章程可比。上年德使照復奏定鑛章照會，即聲稱該項章程，於違礙洋商與華人合資開鑛，及有背條約之處各條，斷難經本國允准等語。是其不顧遷就新章之意，業已顯揭，豈能再受商改。至華德公司請辦之五處鑛務，於上年七月訂立合同，既據稱於中國主權，尚無侵奪妨損。除合同所不載者，應參酌新章辦理外，所有地段年限各節，自應仍照合同辦理，以免紛歧。又稱中興煤礦公司承辦嶧縣礦務，股本二百餘萬，辦理極有成效，但與新章所定礦界、大小懸殊，該公司股友退股者甚多，應如何辦理云云。查新章第三十款：一人所領鑛地，至多不過面積九百六十中畝，原係預爲限制，藉防壟斷。如嶧縣礦務爲業經奏准之案，開辦在先，且極有成效，若以有背新章，强令縮小地段，至股友星散，殊非保護華商，鼓舞振興之本意。總之，鑛章既經奏准，自應切實遵行。惟各國使臣紛紛照駁，多謂有違條約，堅請展緩施行，其於兩國已經訂定之章程合同，不能移改，已可概見。若不待商妥，即經實行，勢必枝節橫生。現在東省華洋各鑛，如章程合同，均係奏准之案，自可照舊辦理，一俟新章實在施行後，再行核議。相應咨復貴部查照轉行可也。須至咨者。」

又外務部收袁樹勛電《膠沂濟路礦權請主持挽回》〔光緒三十四年〕六月十四日，收山東巡撫電稱：「洪密。膠沂濟一路，仰賴大部先創津鎮官路之議，現又將津鎮改爲津浦，借款造路，分爲二事，救正已訂之條約，挽回已失之路權，志慮之公忠，手腕之靈活，薄海內外，疇不欽仰。惟是東省礦產，自膠濟路成以後，東路華礦，澌滅殆盡，方幸膠沂鐵路作罷，南路礦產當有留貽。乃本年正月間，前駐濟麥領，聞津浦合同簽押，輒藉口舊案，以膠濟沂舊綫，即津鎮中權，路權雖遠，礦權仍在等語，屢來爭執。經前署撫電達鈞聽。樹勛出京時，亦准吕大臣函議及此。到東後，調查案卷，接見司道紳董，詳加考察。東省南界，山多地少，户鮮蓋藏，小民無大宗土地可耕，大率倚山爲活。而其間礦產，又以泰安、新泰、萊蕪、甯陽、嶧縣、蘭山、費縣爲最佳，郯城、莒州、蒙陰等處次之，適在津浦中權，爲德人所最注意，若聽其開採，則小民生計立窮。且膠沂濟路既不修，約內所指開礦之路綫，皆成虛綫，認之。則移綫就礦，所謂附近三十里者，全無定形。不認，則任彼指開，勢必至漫無限制，東南礦產且將囊括無遺。現在德人要索礦權，日甚一日，東省紳民惶駭迫蹙，亦日亟一日。開會演説，佈發傳單之事，已有所聞。雖經諭飭府縣勸導解散，嚴密查禁，然生計所迫，恐終非壓力之所能止。

伏查山西福公司、安徽銅官山礦務，俱賴大部維持之力，或已將原合同作廢，或電駐使與之堅争。東省情事迫切，尤與晉、皖不同，蓋晉、皖均係紳商主持，能爲文明之辯論。東省紳商尤可開導，而民間風氣强悍鬥很，習與性成，礦産爲衣食性命之源，一旦盡奪於人，蚩蚩者氓，急何能擇？外釀强鄰之交涉，内增伏莽之淵叢，國步方艱，豈能堪此？並非遠慮，實有近憂。種種情形，諒邀蓋鑒，竊念交涉最要之關鍵，莫如條約合同，以膠沂濟有條約之路，與晉、皖有合同之礦，均仰蒙大部不憚煩難，次第設法挽救，則此附屬改約，並無專訂合同之礦，又當事機逼迫之秋，大部之謀所以補救挽回者，必較他省爲尤切。務懇秉與德使會議枝路之案之際，力爲磋商，能收回自辦，因東民之幸。即萬難就範，亦務使縮小礦界，照條約第四端第四款指明之地，如萊蕪縣、沂州府、蘭山縣，劃定兩三處，作一直綫。所有直綫附近三十里内，由彼開採，仍准華商或用土法，或用機器，一律挖取，庶於民情鄰誼，兩無所妨。利害兼權，計無逾此。不僅多留一分礦利，即多留一分民業已也。樹勛上維國計，下念民生，不敢不披瀝直陳，敬祈俯賜主持商改。東省幸甚！樹勛謹肅。元。」

又外務部收袁樹勛電《東省民人學生倡廢五礦合同已飭嚴禁》〔光緒三十四年〕七月二十六日，收山東巡撫電稱：「前因東省人民散布傳單，開會演説，擬保津浦鐵路附近礦産，曾將情形電達在案。一面飭令在省官紳，婉爲開導，以期早日解散。詎兩月以來，更變本加厲，牽及五處礦務，議將合同作廢。細查發起者，乃知爲東人陳翰、周樹標等，内中在各處學堂畢業生爲多。名爲熱心公益，其實無理取鬧。禁之不聽。尤復一唱百和，開具理由，斤斤辨論。畧謂五處礦務，係商務性質，宜用國際私法，不當用國際公法；簽押宜用商人名，不當用山東礦政局總辦名；勘礦年限，不應展至二年；指定礦地，不應每塊三十方里。種種悖理違法，非議廢不可。又謂訂合同時，東省人民，全未預聞，斷不承認等語。竊思五處礦務發端於光緒二十五年，及二十七年聯軍在京，德人乘機要挾，促訂草章，幸未簽押。至三十三年，經楊升院咨商大部，改訂合同，挽救不少。其先後爲難情形，早在大部洞鑒之中，並經楊升院奏咨有案。今春商部頒發礦務新章，又經吳前院援照正章内第三章第八款，咨明商部請示辦法，旋准咨復。東省華洋各礦，如章程合同均係奏准之案，自可照舊辦理等因。現在該公司合同簽字，已及一年，勘礦之期，尚未逾限，無故議廢，將何致詞！且中國辦事，向由官家主持，民人本無議政之責。如該生等所云，乃立憲國辦法，非預備立憲國所可比擬也。樹勛初念該生等未諳情勢，但能解散，即可毋庸置議。不意該生等昨呈節略，及謂如不能廢，當限制開礦，抵制德貨，以爲後盾。若置之不理，則嫌疑叢生，難保無釀成不穩舉動等語。竊思該生等如果熱心桑梓，何不争於合同未經簽押以前，而於此時逞無意識之行爲，悍然不顧，其居心叵測，難保無藉端摇惑，擾害治安起見。如不即時嚴禁，萬一暴動，必致釀成交涉，損失國權而後止。查民政部章程，凡學堂教習學生集會結社，均于例禁。現已將此情形，電達山東同鄉京官，并嚴諭官紳，切實查禁。倘再抗不解散，惟有執法以繩，懲一警百，以息後患。特此電陳，伏乞鈞鑒。樹勛肅。有。」

又外務部收袁樹勛電《傳聞德將轉售五礦礦權請預籌收回》〔光緒三十四年〕十二月初七日，收山東巡撫電稱：「頃據勸業道蕭應椿密稱：華德採礦公司總辦石謐德，自十月二十一來省，至今未行。風聞該總辦因柏林總公司現請駐京德使要求鈞部，將五處礦産，售與中國政府自辦，或中國購回，租與該公司代辦，或轉售他國商人承辦，尚未決議，是以命其在省暫留等語。洵如該道所陳，是五處礦質不佳，該公司資本之絀，已可忱見。查該公司探礦期限，合同原訂兩年，明年七月即已届滿，限内如不開辦，即可照合同將礦權全行收回。縱該公司以成本折閲，未肯輕棄，勉强開辦一處，度其財力，必難久支。且合同第三條内載，該公司如欲將指辦礦地，轉售他商接辦，應首儘華人，次儘德人，其不准轉售他國，已在言外。倘德使果有前項要求，伏望鈞部主持，即購回轉租公司代辦之理。至轉售他國，既爲合同所無，尤不可允。萬一德使援次儘德人之語爲請，我國仍宜扼定兩年探竣之限，俾杜覬覦，而免轇轕。樹勛爲抉彼族隱謀起見，既有所聞，用敢密佈，惟希賜察。樹勛肅。魚。」

又外務部收孫寶琦電《五礦合同逾限請切實籌議保全利權》〔宣統元年〕八月二十三日，收署山東巡撫電稱：「申密。聞山東旅京官商，因膠沂諸路礦事，開會廣告。又接京官王埒等電稱：五礦合同逾限，應聲明作廢，毋庸議收買等語。查華德公司三月即呈請開辦，並未逾限，自不能無端作廢。膠沂諸路礦事，由三月德使照會而來，未知鈞署曾否照復。總之，利權所在，必應切實磋議，以期保全。但恐東人遇事張皇，惹出交涉，更難措手。伏祈大部默察主持幸甚。寶琦。箇。」

又外務部發孫寶琦函《函論五礦合同逾限暨收回膠沂等路礦權事》〔宣統元年〕八月二十四日，發山東巡撫函稱：「接准尊處箇電，藉悉壹是。五處礦務

事，已於本年七月初十日詳細函達，諒邀青睞。華德公司既於三月間，呈請開辦，自不能無端議廢。惟據前電稱：其所請開辦者，僅係甯海州屬茅山金礦，其他四處，如未經勘定，現已逾限期，自應分别辦理，按照合同作廢，以免牽混。究竟如何情形，執事權衡在握，諒能操縱得當。至膠沂諸路礦事，前接德使照會，援引膠澳條約第二端第四款，允准德商開挖煤斤等項之權，謂此兩段鐵路，雖歸爲中國官路，此權仍舊施行不移。本部當以此項鐵路既歸爲中國官路，所有煤斤，德商實無所用之。若將開挖之權，一併退還，則辦法較爲畫一，於七月間照復德使，詳達彼國政府，現在尚未得復。總之，利權所在，固應竭力保全，但彼祇允讓路，未允讓礦，即允讓之路，亦未定議，我則因路及礦，要其一併退還。能否達到目的，實無把握，若過爲激烈，恐彼變而加厲，更難措手。此中消息，想執事已見及之，務希於地方明白紳士，相機開示，免致張皇受累，是所至盼。合併鈔録來往照會，函達台端查照。再，德使前次來照，經北洋登入官報，該使嘖有煩言，而無知者，復從而生議。此項復照暨所商辦法，務希格外慎密爲要。此佈。並頌勛綏。」

又外務部收楊毓泗、石金聲稟《五礦除茅山一處外均逾開辦限期毋與德人續議》附蕭應椿《復華德採礦公司總辦函》〔宣統元年〕九月初三日，收山東議員翰林院編修楊毓泗、紳民度支部主事石金聲等謹稟：「外務部王爺、中堂大人鈞鑒：敬稟者：前於七月十三日，因山東五處礦産事件，電達座右，諒邀朗鑒。若不詳細陳述，則上下隔閡，既無以定内外惟一之方針，又恐生國際上意外之交涉。茲謹將五礦合同締結原委，及紳等決定對待意見，一一爲大部敬述之。竊查光緒三十三年七月十四日，山東礦政局與華德採礦公司續訂五處礦務合同：第一條云，該合同照尋常商務辦法。又云，與兩國國家交涉無干，曾經大部允准在案，經前任山東巡撫部院楊，札委礦政局，與該公司續訂合同，謂准自此項合同簽押之日起，再探礦期限兩年。准此期限，扣至本年七月十三日，兩年限滿，當然作廢。據該合同第二條有云，俟呈請開辦時，再請農工商部核發開礦執照，未發執照以前，不得擅行開採礦産。第三條又云，該公司無論因何原故，如欲將指辦礦地轉售他商接辦，應首儘華人，次儘德人云云。乃該德商竟於光緒三十四年十二月間，至本年，屢請以未曾呈請執照之第五處茅山礦地，售與中國，索價二百五十萬馬克。而呈請執照，反在本年四月下旬，是其違背合同，以未曾指辦礦地轉售，已屬無理之勒索。此山東官民所以不能認贖者，其理由蓋在於此。爾時因德商來函，預言若中國情願贖回，其他四處，即可作廢，否則來此期限内，必於其他四處，多請開礦執照。蓋德商用計，名爲出售茅山一處，而開來價目，實包有二年之五處勘礦費。又慮限滿，伊無所恃，故先以作廢四處以紿我，又以多請開礦執照，爲要挾地步。其主意在合同滿期，而請執照有效，以逼我茅山之贖回。若五處礦苗果真興旺，在德商當必開辦久矣，不過藉此爲贖費之具耳。山東官民知其用意，故雖開議數次，只就價目磋商，并未涉及不贖問題。此中對待作用，諒在大部洞鑒之中。詎該德商竟於七月初九日，忽續請三處開礦執照，距七月十三日滿期，僅有四日。查合同第二條有云，如兩年限滿，仍未開辦，即將該公司勘礦産之權，全行停止。在德商因以此條爲呈請執照之依據。但案合同第三條又云，該公司於呈請開辦時，須繪具礦地詳細圖説，候礦政局派員會同地方官，查明果無違礙情形，再行詳請撫院轉咨農工商部，核發開礦執照云云。據此條文，細玩呈請二字之意義，是我國官府對於德商呈請之件，原有完全可准可駁之權，必官府核准，其呈請之形式，方爲完全，効力然後發生，非謂但經該公司一爲呈請，無論官府之准駁與否，即發生滿期後繼續之効力也。乃德商於此次呈請文内，竟有種種謬誤，及要求修築鐵道便路，造橋至官島等事，希圖私利，顯背合同。故於期限内呈請執照之文件，業經勸業道據理駁覆。今已滿期多日，其呈請執照之三處，既經逾限，已無再請之權利，自應與未經呈請開辦者，同時作廢。此後事實上之問題，惟有茅山一處，當否議贖而已，況該公司開辦一處，必先呈請執照一處。該合同第六條有云，凡領開礦執照在十方華里内者，須繳照費庫平銀一百兩。在限期以内，五處執照既未全行呈請，五處執照亦未一概全繳。且查該合同内，并無但經呈請開辦一處，即連帶發他若干處逾限後効力之明文。由此觀之，則限期呈請開辦某處，即某處查勘之權，可繼續於逾限之後，其呈請無効及未經呈請者，而查勘之權，決不能繼續於逾限之後。可以斷言，此茅山外四處當然作廢之理由，在德商自無可狡展矣。紳等竊有慮者，但恐德商處此，計無所施，轉而横肆圖賴，或以續請開礦，或藉茅山勒贖，慫恿該國駐京公使出首，向大部要求，以便牽入兩國交涉，私人合同，變爲公法性質，爲患不可勝言，此種事實，不可不豫杜其漸。據該合同第一條觀之，德商本無要求大部開議之權利，大部亦無開議之義務。且查此合同訂自山東礦政局，山東巡撫所准，亦未經大部簽押，於國際公法性質上，毫無關係。若該國公使儻有妄事要求，懇祈大部據合同第一條，嚴詞拒絶，無論續請執照，或議贖茅山，始終聽山東

官府自行交涉。但據該合同條文處理，亦無別項事端發生，惟事關重要，最宜祕密，并懇大部格外惠愛，幸勿登載官報，致令德國知覺，則東人實感德無既矣。敬念王爺、中堂大人公忠體國，規畫周詳，芻蕘來議，俯望採納。議員、紳民等不揣冒昧，用敢直陳。謹將所有山東從前與華德採礦公司續訂合同，及現時交涉情形各緣由，具禀陳明，恭請勛安，伏光垂鑒。議員敏泗、紳民金聲謹禀。」

附呈山東勸業道蕭應椿駁覆華德採礦公司總辦石謚德續請開礦執照原函。

宣統元年八月二十七日山東紳民議員

王諾、杜朝賓、李繼璋、于瀛、安茂寅、緒思、王鳳者、彭芝芳、于善源、常全、馬步元、叢連珠、呂上智、趙英秦、邱桂喬、方作、范德如、丁象辰、蔣鴻斌、曹宗漢、王昱祥、李瀛海、鞠英、劉聞、金毓珍、周廷弼、孔廣淇、高、郭連科、王常翰、于洪起、唐义、陳命官、宋紹唐、張百源、李、張介禮、彭蘭琪、張漢章、張。

勸業道蕭據華德採礦公司總辦石謚德函稱：「貴國買回茅山，現尚會議未面敬請三塊開礦執照，在本年四月二十號，開呈條款，已有成例。茲所共三塊，一在茅山第五處採界内，從前已請過二處附近之處金礦。一在第三處採界内青撤山旁之瓦落子譯音。漢白玉礦。一在第一處採界李家莊之千家川。譯音。假如從前已經請過二處附近之處，運路不便，則改請在沂水採界内之連望莊。譯音。所有條款章程，於本年四月二十號者，一律不復贅開。今寄上地圖，大小十方華里，與山無異。按合同第六款，出庫平銀一百兩合英洋一百四十六元八角，並隨保單寄上。請撤山旁之瓦落子，在王台去膠州五十里，乃漢白玉礦也。欲開此礦，擬一鐵道便路，造橋連官島。譯音。可運至青島等處。地之形勢大小，圖已繪明。並呈庫平銀一百兩、保單二紙。其第一處採李莊鑛，欲取此礦，須用洗法。假處不便，則改請沂水礦界内之連望莊，乃金沙礦。圖已繪明，並呈庫平銀一百兩，保單一紙。以上三塊，望懇速爲批准等情。勸業道當查所開各節，有礙難免許者數端，逐一答復如左：一、本年三四月間，貴公司請領茅山礦照，實係三塊。來函言一在茅山第五處採界内，從前已經請過二處附近之處一節，二處兩殊與案不符，是否筆誤，無從知悉。本道轉禀，必幹部駁。一、合同内無准公司設鐵道之條，來函擬安一鐵道便路，造橋至官島，可運至青島等處一節，此事有背合同，本道轉禀，必幹部駁。一、上次請開茅山三塊，函中未曾聲明有續領之説，本國商部以山三塊今兹續請，農工商部部必不允准。

一、上次請開茅山三塊。事在三月初一日，來函多不完備，至四月十三日，始據貴總辦將地圖、照費保單齊送，本道方得派人查驗，禀撫帥咨請執照。今七月初十日貴總辦甫經來函，距滿限僅止四日，派查萬來不及，礦地散在各處，至速亦須一兩月方能查竣，彼時到部，逾限已久，亦幹部駁。覆函并謂。此次貴總辦來函，多不合格，係由自誤。即便正誤字删鐵路一條，已在期限以外，東省紳民。斷斷不能承認，本道亦斷斷不能代轉禀云。」

《礦務檔·山東礦務·嶧縣煤礦》外務收農工商部文《嶧縣中興煤礦公司禀請頒刊關防》〔光緒三十四年〕九月十二日，收農工商部文稱，准北洋大臣咨開，據山東嶧縣中興煤礦有限公司股東朱道鍾琪等禀稱：竊查山東嶧縣中興煤鑛，係光緒六年經前北洋大臣李奏明開辦，因資本不足，未見成效，二十一年奉文停止。二十五年，復經前北洋大臣、直隸督憲裕、前内閣侍讀學士督辦直隸礦務張會同奏請改爲華德中興煤鑛有限公司，鍾琪等先後入股，原期擴充鑛務，多出煤斤，築造運路，推廣銷數，即可抵敵洋煤，亦得開我利源，所幸十年以來，逐漸起色，成效已著。近閱《京師自來水公司章程》係由農工商部提倡，刊發關防，札委總協理招股辦，嗣後更易總協理，均由各股東公舉，呈部札委，立法極爲妥善。中興公司自應仿照辦理，惟中興公司原奏，係由張前閣學督辦，籌招六成華股，德璀琳認招（六）〔四〕成德股爲洋總辦，張運司蓮芬爲華總辦。詎料尚未開招，即值北方拳亂，張前閣學與德璀琳均因開平鑛事不能兼顧。二十七八年間，全賴張運司東挪西貸，勉力支持。迨二十九年，張運司調授兖沂曹濟道任，經前升任山東撫憲叠論職道鍾琪幫同籌招股本，經費始漸充裕。張運司既會同創辦於前，復竭力經營於後，倍嘗艱苦，百折不回，凡在股東莫不欽服，應請轉咨農工商部札委張運司爲山東嶧縣中興煤礦有限公司總理。指分山東試用道戴緒萬，駐鑛多年，辦理始終不懈，鑛有成效，其力居多，擬請派爲協理。嗣後凡遇總協理更易，仍由各股東開會公舉，具禀呈請農工商部加札委派，以昭慎重。更有請者，原奏改爲華德中興公司，本因德璀琳認招德股四成，庚子後，德璀琳以定章太嚴，德商不願附股，以致久未招有一股。現在路股已足，亦無庸再招洋股，應請咨明農工商部允准註銷華徒字樣，刊頒關防，名曰山東嶧縣中興煤鑛有限公司關防，以資信守而垂久遠。至德璀琳離未招有德股，念其從前隨同創辦，代邀德鑛師富里克等至嶧查勘之勞，原議給與酬股三萬元，連利股共合四萬七千元之股，准其與華股一律分利，以示優異。如蒙恩准轉咨，大局幸甚，公司幸甚。理合具禀鑒核批示祇遵等情，到本大臣。據此，除批示並分咨外，相應

咨會貴部，請煩查照咨商外務部核辦見復施行等因前來。准此，相應咨呈貴部查核見復，以憑辦理可也。

又外務部收農工商部文《咨送請援案發給嶧縣中興煤礦公司關防摺暨諭旨》附奏摺 〔光緒三十四年〕十一月二十八日，收農工商部文稱：「光緒三十四年十一月二十四日，本部具奏華商籌辦山東嶧縣中興煤礦公司，著有成效，請援案發給關防一摺。同日奉旨：『依議。欽此。』相應恭録諭旨，抄粘原奏，咨呈貴部欽遵查照可也。附原奏一件。

謹奏爲華商等籌辦山東嶧縣中興煤礦公司，著有成效，請援案發給關防，恭摺仰祈聖鑒事。竊准北洋大臣楊士驤咨稱，據山東嶧縣中興煤礦有限公司股東朱道鍾琪等禀稱，嶧縣中興煤礦係光緒六年經前北洋大臣奏明開辦，因資本不足，奉文停止。光緒二十五年復奏請改爲華德中興煤礦公司，以山東鹽運使張蓮芬爲華總辦，前津海關税務司德璀琳爲洋總辦，議添足股本二百萬元，華六德四，分認籌招。嗣德璀琳以定章太嚴，德商不願附股，致日久未招一股，全賴張蓮芬籌招華股，獨力支持，十年以來，成效已著。現在華股已足，毋庸再招洋股，應請咨明農工商部允准註銷華德字樣，刊頒關防，名曰山東嶧縣中興煤礦有限公司，並請咨部札委張蓮芬爲公司總理，指分山東試用道戴緒萬爲協理，以昭慎重等語。應請咨商外務部核辦等因前來。當經臣部咨商外務部查核，旋准外務部咨復，業經據咨備案。竊查山東嶧縣中興煤礦公司，自奏明開辦，垂三十年，先因資絀停工，未覩鉅效。嗣經前山東鹽運使張蓮芬添招股本，艱苦經營，逐漸起色，近來出産日豐，銷場日旺，洵足抵制洋産，自保礦權。查山西保晉礦務公司前經臣部奏准，頒給關防在案，中興公司事體相同，擬准如所請，由臣部刊刻本質關防一顆，文曰「商辦山東嶧縣中興煤礦有限公司關防」，發給該公司鈐用。並札委前山東鹽運使張蓮芬爲總理，指分山東試用道戴緒萬爲協理。恭候命下，即由臣部欽遵辦理。所有頒給山東嶧縣中興煤礦公司關防緣由，理合恭摺具陳，伏乞皇上聖鑒訓示，謹奏。

《礦務檔·山東礦務》外務部收孫寶琦電《議定廢止五礦合同》 〔宣統元年〕十一月十三日，收山東巡撫電稱：「東省五處礦務，德公司催速定議，現飭勸業道洋務局議定七條，摘録如下：一、先將光緒三十三年合同作廢。二、償還勘礦等費。庫平銀三十四萬兩，分四年交清。三、該款應由接辦之新商承認，先由東撫擔保挪墊，按期撥付。四、畫押後，即將所有勘礦圖器及所置地畝、房屋契據等項，點交接收。五、已呈請領照開辦之寧海州茅山礦地三塊，應毋庸議，所交照費，毋庸退還。六、合同簽字後，奏明立案。七、款項付清後，即將此條款交還註銷。此案轇轕多年，今始議有結局，可否照此定議，祈示遵，以便飭即畫押。寶琦。元。」

又外務部發孫寶琦電《廢止五礦合同可以照辦》 〔宣統元年〕十一月十六日，發山東巡撫電稱：「元電悉。五處礦務，既經尊處議結，自可照定。外。」

又外務部收孫寶琦文《咨送奏陳議廢五礦合同另訂條款摺暨硃批》 〔宣統元年〕十二月二十八日，收山東巡撫文，爲恭録咨呈事：「竊照本部院於宣統元年十一月二十八日，專弁具奏收回山東五處礦産，議廢合同，並將簽定條款照繕進呈一摺。兹於宣統元年十二月十五日，差弁賫回原摺，奉硃批：『該部知道。單併發。欽此。』相應恭録咨呈鈞部。謹請欽遵查照施行。須至咨呈者。奏壹紙，清單壹紙。」

奏爲收回山東五處礦産，議廢合同，並將簽定條款照繕進呈，恭摺仰祈聖鑒事：竊自光緒二十五年，德商採礦公司在路礦總局及總理衙門呈請勘辦山東沂州、沂水、諸城、濰縣、烟台五處礦産。庚子以後，内而使臣，外而領事，交相干涉，多所要求。至三十三年，前撫臣楊士驤始與議定合同八條，奏明辦理。該合同於主權利權，極力補救，自是操縱在我，漸就範圍。其沂州、沂水、諸城、濰縣四處，從前查勘，早已停工，近年但在第五處烟台礦界内寧海州屬茅山一帶，查勘金礦。上年夏秋間，東省士民倡立保礦會，該德商知東人不願外人開礦，遂乘機有轉售茅山之議。本年三月，德領事貝斯照稱：「奉本國外部命令，以茅山礦産售與中國爲請，索價德幣二百二十五萬馬克，並聲言此外四處一併歸還。」前撫臣袁樹勛以合同第三條有准其轉售之語，自以中國購回，較無流弊。一面邀集紳商，議就地方籌款。一面派員赴茅山勘估礦産，及歷年所費工本。旋回禀稱：該公司歷年勘礦一切費用，約用過四十二萬餘兩，事經數月。尚無成議。五月間，德領事照會前撫臣袁樹勛聲稱：如不收回，則該公司必在此外四處礦界内，多指數處，意存要挾。適臣奉撫東之命，經德國駐京使臣面述德政府令該公司將該礦售還中國，合同作廢，係該政府格外和好之意等語。臣到任後，調查案卷，體察情形，竊維東省自膠澳立約，路礦繁興，復加以五處礦務，隨機因應，諸費周章。前項合同，既有准其轉售明文，彼豈肯無端作廢，與其由彼轉售，另生枝節，自不如早日由我收回，永消隱患。且本年三月，該公司已遵照合同，在探

礦兩年限内，呈請領開辦茅山執照。若日久延宕，彼必催領礦照，前往開辦。且將另索四處礦界，日後商購，彼更居奇，如安徽銅官山之案，必多糾葛。臣熟權利害，明知庫款奇絀，不能不設法收回。旋准德領事照請速將此事辦結，臣當派勸業道蕭應椿、候補道余則達、在籍江蘇候補道汪懋琨，先後與該德商石謐德開議，以廢合同與購回礦産，合爲一事。該公司原索價值二百二十五萬馬克，合銀八十餘萬兩，送飭該員等磋磨議減。嗣余則達代理登萊青膠道，汪懋琨以議員聲請迴避，臣另派候補道劉崇惠會同妥議。該公司讓至三十四萬兩，堅持不肯再讓，以三年爲期，兼請照市價合金算付利息。經德領事從中調處，改爲四年分還，按照庫平足銀不計息。電達德外部轉飭柏林礦務總公司，旋得回電：遵照允從。當由該員等擬就條款，經臣詳加覈定，其要領在原定合同作廢，茅山礦産歸中國另招華商，該公司永不過問。所有五處礦産地畝房屋器具，一概交由東省派員接收，償給歷年用費庫平銀三十四萬兩，分四年付清。以上各節，臣與外務部函電商榷，意見相同，隨即飭該員等照繕華文二分，於十一月十九日經臣批准，該員等與該德商石謐德，以次簽押，以一分存臣署備案，一分交石謐德收執，俟款項付清之日繳銷。臣維五處礦務紛擾將及十年，兹幸永遠退還，和平議結，堪以仰慰。原議應由接辦之礦商承認，惟現在驟難招定有人，先由東撫擔保設法挪墊，按期交付。每年計需銀八萬餘兩，東省財政困難，委無的款可撥，臣惟有督飭司道設法妥籌，務期上可濟公，下不擾民，以裨要需，而免貽誤。除分咨軍機處、外務部、農工商部查照外，所有議廢山東五處礦務合同，另訂條款，謹照繕清單，恭呈御覽。現合恭摺具陳，伏乞皇上聖覽訓示。謹奏。」

謹將收回山東五處礦産。簽定條款。照繕清單。恭呈御覽。爲訂立條款事：案照華德採礦公司現與山東官府商訂《退還礦權條款》如下：

第一款，華德採礦公司願將本年三月在採礦二年期限内，呈請領照開辦之寧海州茅山礦地三塊退還，不再開辦，聽憑中國官府另行招商接辦，永遠不得過問。

第二款，所有光緒三十三年七月十四日所訂華德採礦公司合同，聲明一律作廢。自此件畫押之日，公司即將前項合同，交還山東官府。

第三款，公司從前在山東五處勘礦工本，及繪圖、買地、房屋、器具一切費用，現經彼此商允，付給公司庫平銀三拾四萬兩，分爲四年交清。每年匀作二期，第一期自西曆一千九百十年正月起，每期交庫平銀四萬二千五百兩，於西曆每年正月及七月以内，照數兑交。

第四款，此項銀兩，應由接辦各礦之新商承認。惟現在驟難招定有人，是以由山東巡撫擔保，先行設法挪墊，每期交由濟南或青島德華銀行照收。

第五款，自此件畫押之後，公司即將下開各件，交還山東官府。甲、公司勘礦所繪詳細礦圖，以及勘礦各項器具。乙、公司在五處礦地内，置買地畝房屋器具。丙、公司價買之地畝房屋印契或白契。丁、地畝房屋器具，開列清單，以憑點交接收。

第六款，此項合同簽字後，應請山東巡撫奏明立案。

第七款，至第八期款項付清後，公司即將此項條款，交與山東官府註銷。以上七款，蒙山東巡撫批准，並咨請外務部農工商部允准施行，以華文爲主，共繕兩分，彼此簽押，各執一分作據。

大清大國總辦山東洋務局候補道劉、大清國山東勸業道蕭、大德國總辦山東華德採礦公司石、大清國山東巡撫部院孫。

大清國宣統元年十一月十九日。

又外務部收孫寶琦文《五礦地畝器具圖説諸項接收竣事》附清册 〔宣統二年〕

六月初五日，收山東巡撫文，爲咨呈事：「案據勸業道蕭應椿詳稱：案查收回五處礦務簽定條款内載，該公司礦圖及地畝房屋器具，均交還山東官府接收等語。自上年十二月間，蒙奏明行知後，當即遴委候選知縣王令夢松馳往甯海州，會同署知州曹牧光楷，邀同公司總經理石謐德，將寧海州屬茅山房屋地畝器具等件，並圖説一百張，逐一點收。其餘四處礦界，分隸於蘭山、郯城、沂水、諸城、安邱、昌樂六縣境内，本年正月，繳飭各該縣查明接收，日久未據報齊，迭經札催。兹據先後稟報接收，開具册摺，呈送前來。又於本年三月間，據石謐德由柏林來稱：前在濟南面允地契等紙，仍應交回貴道收執，兹因由濟赴烟台尋此契據，尚未檢出，想係仍存柏林收儲，回至柏林，遍處尋找，仍未檢出。定想此據係一千九百零八年未到差以前，將此契據失落，所有地契，未能查出。尚祈諒之爲叩。再於契據遺失，與山東政府毫無關涉，因一千九百零九年十二月三十一號定立合同内，載明所有地畝房産一切，均退回山東政府，有據可查。特此奉聞等語。據此，職道查該公司查勘五處礦務，將及十年，總理不止一人，曩年購買地畝，均係書立白契。今礦地已交還東省接收，原契即無效力，既據聲稱契據已失，與山東政府毫無關涉，自應無庸置議。兹查收回各地，第一處蘭、郯兩縣，于

家泉、三峯山一帶間産鑽石，該德商從前探採無效而止，其地均可耕種，應飭該縣招佃完租。第二處沂水金礦，其房屋地畝，已詳請檄飭該縣，交現辦沂水礦務朱道照作爲開礦之用。第三處諸城縣時家河花皮連礦。第四處安邱縣白石嶺鉛礦。第五處寧海州茅山金礦。以上礦地，擬即設法招商，一俟承辦有人，再行詳報。其房屋器具，仍由各該縣封儲，或派人看守。除將地圖百張呈案備查外，所有接收採礦公司地畝器具暨礦地圖緣由，理合造具清册，詳請鑒核批示，並乞分咨外務部、農工商部查考，實爲公便等情，到本部院。據此，除詳批已據詳將所呈清册，分別咨送矣，仰即轉飭各該州縣，將收回各項妥爲經管，毋稍疏失，並候分行布政司，及兖沂曹濟、登萊青膠兩道，分別移行查照，餘如所詳辦理。此繳印發，並分別咨行外，相應咨呈鈞部，謹請查核施行。須至咨呈者。五月二十七日。」

計咨呈清册一本。山東勸業道爲造送事：今將收回五處礦務内地畝房屋器具地圖，造具清册，呈請鑒核施行。須至册者。

計開：第一處礦界内，係在蘭山、郯城兩縣境内。

地畝項下，蘭山縣于家泉後莫町等處地七百三十一畝九毫。郯城縣境内地一百八畝五分五釐一毫。

房屋項下，無。

器具項下：方木棹帶鐵大拿一張。白八仙棹一張。方木箱一個，無蓋。白抽屜棹一張。大木盆一個。鐵腿機器棹一張。鐵抽屜一個。長本櫃一個，帶抽屜。白色木衣架一個。方藤椅四把。小高橙二條。木筒一個。地爐木蓋一個。帶隔木方盤二個。小木匣三個。大木箱一個，無蓋。洋式地琴棹一張，帶抽屜。洋式地琴櫃一張，帶抽屜。洋式長地櫃一張。洋式洗澡木盆一個。長條木板三塊。小塊零星鐵器十件。粗細長鐵筒三十六件。小螺絲帽十二個。小鐵門十四塊。大小鐵機器螺絲四十九件。鐵板二十二塊。大鐵圈四個。機器輪子九個。大秤一秆，帶秤錘。圓鐵節片二個。三甲鐵架子四個。機器鐵八件。長短小鐵道二十四捆。四塊二十二捆。五塊二捆。大方鐵架子八塊。輪節機器四個。大鐵節片三十二個。小鐵節片七十三個。洋鐵片十六塊。鐵簸箕四個。洋爐子一個。外國紗紙五張。白木地棹二張。洋式賬櫃一張。外國扁一架。風匣二個。茶几一個。小地棹一個。銅板一塊。小木筒三個。小木匣一個。小蓆風門二個。洋鐵片四塊。四輪小車一個。大拿萩二個。小鐵篩三個。小鐵釘三匣。大磚印十個。銅鑼一面。大小鐵筒二十個。鐵楸四十六張。機器螺絲一箱，共二十四塊。外國油二十八筒。洋油筒二十六，小筒二。鐵蛋五個。木匣一個。大小鐵螺絲二百九十塊。大小鐵筒二十八塊。大木箱五個。小螺絲三匣。長木匣一個。水龍頭一個。鐵絲四捆。黄香一箱。大螺絲二箱。洋鐵條一捆。洋鐵水龍筒五塊。圓眼大鐵節二把。機器鐵爐子一個。鐵匠用零星鐵器一箱，共六十一件。洋鐵帽一個。鐵道横鐵扒一百九十七個。小鐵板一百八十四個。共一大箱。小螺絲一匣。黄丹二箱。外國銅油十鐵筒。共一大箱。大繩一根。電鈴一個。共一箱。洋鐵絲二捆。大千斤輪子二箱。共九件。内有鐵萩子二把。鐵千斤坐三塊。小火車道鐵四十三條。鐵滑車一個。木千斤柱一料。木卡子四個。大小鐵筒四十六個。

以上器具，均在蘭山縣于家泉莊存儲登明。

第二處礦界内。係在沂水縣内。

地畝項下：沂水縣小安莊地一畝九分二釐，内有屋四間，已坍塌。

又金場地六分。

又銅井街地九分二釐二毫。内有屋二十間。

房屋項下：銅井街地内房屋二十間。

器具項下：木照壁一架。三足木架一個。係照畫圖用。小鐵車二架。長木箱一個。破鐵方大火爐一個。四方木蓋一對。上帶鐵標四條。木瓦架一件。鐵板二塊。木瓦模子二十八對。井一個。上有木蓋並機三件。大小坯模子四個。公司牌一塊。石槽四面。抽屜棹一張。鐵器架一封。厨房木架一個。木剁墩一個。鐵燈掛一對。破木梢一個。方石被一塊。上帶鐵架一個。原兑陰暗來用。竹棚條四條。破水斗十二個。卧水流子七個。新水三十個。破水龍二截。大新水斗四個。木交把三截。小破水斗七個。木架子十個。大麻繩二條。土斗子一個。小油簍一個。破鐵水龍頭一個。簸箕二個。木棒一支。木板一條。木架三塊。大小木板六塊。松棒一支。木水架一條。木皮三塊。破鐵水龍脖一個。鐵圈三件。

第三處礦界内，係在諸城縣境内。

器具項下：鐵鑪帶小烟筒一個。鐵絲床一張。木槽一個。椅子一把。四方棹帶一眼抽屜一張。大掛鏡一個。磁水壺一個。磁匙子一把。鑌鐵盤帶洋人像一個。小洋釘子三兩。棕刷子三個。木頭板子十一頁。菜棹帶三眼抽屜

一張。洋蠟照一個。小磁筒一個。螺絲釘子一小盒。外國賬片一百四十九張。筆杆二支。白色紙一包。黄色紙一包。小紙盒盛鑌鐵片二十七片一個。皮頂釘一個。密蠟油瓶一個。洋紙片十八張一包。小鑌鐵盒盛鑌片十五片一個。信紙一包。小木鐘盒一個。大小信封三十一個。小紙盒盛洋賬片百一十張一個。外國布一綹。洋鎖二把帶鑰匙。地雷炮子四盒半。洋鐵板一個帶瓏帶鼻。洋棉花四盒。洋紙片九張。木盒一個，盛細麻經一扎。紙殼筒一箇，盛府城面。大小瓶四個，盛顔色。帽架一個。鑌鐵盒一個，帶鐵架。洋鐵盒二個，盛洋鐵機器物件。木盒一個，盛錘一把。堿碟子一個。大小空木盒八個。布氣布袋四盤。鉗子二把。鐵錯三把。大木盒二個。碌碌頭一個，帶繩子。麻布一疋。鐵板二頁。烟筒，五股節。沐浴木盆一個。架框一個。大鉗子一個。大鋮子一個。大小風扇二個。洋火爐子一個。大洋燈一個。洋磁燈籠一個。大小洋鐵螺絲一箱。小洋燈一個。鐵鉎二盤，帶木架。钁把十根。大小鐵條二十八。鐵鍁頭七個。鐵鍁六張。扁擔三根。大小鐵板二捆。人鋸一張。小鑌鐵燈三個。鐵筒二個。鐵絲羅底一捆。木鎚把二十個。老掛鼻子十個。洋暗鎖一把。木盒一個，盛鋼鑽子十三根。錘頭大小二十一個。鉗子七把。鑪條五根。木箱一個，盛鐵钁頭十五個。小手鋸一把。小鐵條二根。鑌鐵筒一個。地雷信子一箱。四方刀二把。大小刀四把。大錘一個。鋼鑽子四個。鑌鐵匙子二個。老虎鉗子八把。鋼鑽子三根。錘六把。小錯二十五把。大錯十五把。玻璃鏡子一箱。沙皮紙一百一十張。洋藥一箱。地雷藥二箱。鏡瓦三頁。碎花皮連石二堆。鐵筒二個。

地畝房屋項下，均無。

第四處礦界内，係安邱昌樂兩縣内。地畝項下：

地一畝六分一釐七毫。在安邱縣白石嶺地方，即下蓋屋之地。

器具項下：帶爐風車一輛，帶老虎鉗子一把、木轆轆一個、木櫃一個、鐵錘大小六把、鉗子七把、紫銅烙鐵一把、螺絲搬手一把、鐵筒鑽頭一盒、木鑿三把、起釘鉗子一把、木螺絲五包半、木鑽六把，寸半之五分。鋼條一塊、活螺絲搬手一個，螺絲板一付。全。新舊大小錯三十三把、搬手大小五把、錯頭五個、印子二十一個、小鉗子三把、鏨子四把，以上十九條，皆用木櫃成之。

截管鋼鋸一把、抽水機汽二付。全。鐵砧子一個、起重架子一付、鋼繩一盤，又二盤、象皮進水管子七根、白鐵筒二米達長，二十二個、鐵管九生特五生特徑元，大小一百三十五根，鎖杆用。三角鐵架大小十根、鐵板大小十七根、鋼撬二根、釘子水管三個、棚布三綑、木葫蘆二個、開管鉗子二把，帶煉條。大鐵滑車二個、輪子三個、機器架子二個、地雷信子一盒、地雷藥一盒、器具箱子八個，内成零星物件。螺絲拴子一個，内有象皮墊圈一捆。大梁五根、木架子三個、鐵梯子三個、煱爐釘一盒、小風扇一個、舊棕繩一根、大粒黑火藥半箱、方鐵一根、圓鐵一根，以上各項器具，均在昌樂縣泰家莊借房存儲登明。

堂屋内竹簾一懸，已碎。玻璃窗七個，内二個所帶兩撻已碎。木門二扇，内有一扇所帶兩撻已碎。北邊大紙雨撻一個，均碎。木牀一張、油簍二個，空。木厨二個、大棹四張、牀面一個、菜厨一座、書厨一座、站厨一座、木箱一個、菜厨二個、厨房内玻璃窗二個、木門一扇、西南角南屋内大小玻璃窗四個，内有二扇者，二個玻璃已破碎剥萎。木門二扇、小南屋内小木窗二個、木門一扇、紙門一扇、小毛房内紙門一扇、盛尿桶一個、馬棚内木槽二個，已碎。馬夫屋内紙門一個、木窗一個、草屋内紙門一扇、東邊屋内紙門一扇、木窗一個、炭屋内紙門一個、木窗一個、北邊東頭屋内玻璃窗一個，二扇。紙門一扇、西北角北屋内玻璃窗二個，均碎。木門一扇、紙門一扇，均朽爛。木窗一個、西邊房内紙門二扇、西邊玻璃窗五個，每個玻璃四片，少八片。東邊玻璃窗五個，仝上，少九片。俄元大小鐵板二十二頁、大小鐵板二頁、洋鐵板四頁、風櫃一個、板櫈二根、轆轆頭五個、大小鋸二條。鐵條繩一根、木板四頁、小鐵架二個、木斗子三個、鐵犂一張、紙板三頁，已碎。小土車一個、木筲二隻、方圓木桶八個，一桶内有釘子。大小木箱七個、大梯子一架、大木盆二個，内有一個破碎無存，上餘鐵圈二道。洋磁盆一個、鐵爐子二個、洋鐵烟筒二箇、鐵钁頭七個、鐵鍁三張、洋燈一個、洋油筒一個、破鞍子一個、碎鐵四塊。洋藥五箱，内有一滿箱，餘四箱均止有少許。鐵鍘一口、小木架二個、木鍁一張、墻上木架一個、鐵板一頁、大小鐵條三根、小鍘一口、大秤一稈、木櫃一個、小磁罈四個、鐵瓦四頁、大鍋一口、小鐵板一頁、筲把梁一根、洋鐵板一頁、油信子一盤，即燃放地雷之藥線。洋鐵箱三個、木箱二個、院中井一眼、轆轆架一付、轆轆繩一根、石碾一盤、木鐵車二個，此車係木胎，四圈環以鐵，下有四鐵輪，寬工尺一尺餘，長工尺二尺餘。現因在院中，木胎將近朽爛，即鐵輪亦近銹爛。大甕二個、小甕一個、木狗屋一個、紙板四頁，朽爛。以上各項器具，均在安邱縣白石嶺房屋内存儲登明。

第五處礦界内，係寧海州境内。地畝項下：地十畝一分五釐，在茅山地方即下蓋屋之地。

房屋項下：附礦洞鐵路礦質等項。 橋北紅磚樓一座八間，門窗玻璃具全。底屋一間。東邊平房五間。橋南洋式房二十五間，門窗玻璃具全。馬棚一處。苦力房三間。厠所四間。厨所四間。沐浴房三間。鐵匠房二處。 機器井一個，上帶機器。

鐵欄杆石橋一座、金牛山礦廠洞一個，山頂有氣眼一個、東邊有木架一個，洞內存鐵車四輛，木車壹輛；洞內洞子十九號，山坡有上蓋小房氣眼一處，洞內外有鐵路長八百米達，洞外有各種礦質多堆。

器具項下：洋釘大半筩、鐵螺絲半匣、鐵堆臼二個、大小木架子三個、化金沙鍋四箱半、木梯子一架、窗框一件、棚杆子棚布一捆、木櫃一件、油筒十八個，內有帶油者十五個、空木箱子一個、煤爐式洋油爐子一個、煤斗子二個、大小鐵鉗子七把、大小鐵錘二把、大小鐵銼七把、小鐵鋸一把、鐵螺絲一筒、碎窩軟鐵一箱、鐵車輪二件帶軸、廢炸藥二箱、鐵破水龍頭一個、割螺絲刀大小十七把、鐵圈大小二串、開鐵筒鉗子二把、砂鍋蓋十八對、細鐵絲子二圈、鑽鐵機器二個、鐵拐尺三把、鐵鑽半小木盒、破碎大小鐵鍁九把、鐵軌螺絲一匣、拿鐵筒鉗子二把、鐵烙屜一把、擦鐵砂四包、各樣螺絲丁子，約十五斤、帶鼻機器釘子，約十五斤、小水龍嘴子一木盒、大螺絲釘子一箱半、大小鐵錘十一把、鐵拐把錘頭一箱半、斧子一把、傷損木推坡二十三件、鐵鋤三張、測量木架子二個、鐵火鈎大小四把、量鐵圈大小二件、鐵火釵大小二件、全鐵鋸大小四件、大小機器釘一箱、水龍所配鐵圈大小十八個、頂大螺絲釘一箱半、大機器鑽一套、機器車耳破三個、機器車鏈子十三件、車上鐵造褓物二十件，全付水龍二條，帶布管，約三丈長、測量杆子二根、木把鐵鍁七把、大小鐵凹條十五根，約二丈長、鈎物鐵機器二件、輾砂鐵機器一件、焚金爐一件、厨房廢鐵爐壹件、大小洋式木床二張、帶輪小鐵車五輛、鐵梢五個、木梢二個、圓鐵管十一件，約長一丈，徑三寸五分、鐵板四頁，長六尺，寬三尺，厚二分、外國磚一垛，約三百個、大鐵風車三座、抽水機器一件、機器油二筩、白鐵管十根，長約一丈，徑一寸五分、方鋼條粗細六十七塊，長一丈至一丈五不等、洞內工作洋燈六十七盞、鐵條圓方二樣，共十二條，長約一丈、鐵包車輪六個、木棹子一張、木頭車輪六個、銅勺半盒、盛水洋磁餅三個、大小磁碗半盒、磁堆臼大小四個、小洋玻璃筒十三個，高六寸，圓五分、化金小泥碗十四筩、量藥表三件、螺絲刀三件、大小玻璃盤三十個、帶把小銼二把、擦機器油一餅、大小玻璃各種，水、麵餅二百三十四個、大小玻璃筒十九個。 大小玻璃管三十四根，長三四尺不等。 大小玻璃缸四十個，高半尺至一尺，徑五寸、玻璃火油燈二個、掛玻璃筒小鐵架三個、掛玻璃筒小木架二個、銀蘆式玻璃餅兩種，八十二個、拉扒式玻璃器三十三個、圓玻璃管長短三捆，粗細不等、大小粗細玻璃一箱、小白泥碗一箱零七盒、化金大泥碗二百八十二個、泥簸箕七個、木羅圈三個、洋火酒爐三個、秤金洋天秤一架、藥料二木箱、燒水機器一件、化金用藥料二木箱、化金用藥三罈、粗木棹子三張、小橱一個、大小木架五個、鐵作焚金爐二個、焚金用鐵器具，大小三十一件、篩金羅三個、洋稱一架、大白泥碗四箱、銅燒酒燈四個、紅砂餅一大箱、大木椅子二把、鐵剪子一把、外國鐵錛子二件、大鐵機器鉗子三件，在室外一件、粗木架子三個。 鐵風匣一件、木牌一面、鐵軌二條，長一丈五尺、木架子二個、鐵車架子二件，在屋外、磅稱一件、中國抬稱一杆、鐵板大小二塊、鋼條七塊，長一丈八尺不等，在屋外、藥洞一間，內有炸藥十一箱、鐵米達盤尺大小二件、布盤尺大小二件、出外測量架子大小十二件、紅色大橱一口、杌子一把、椅子一把、煤爐子一個、畫圖銅尺一件、畫圖木尺二件、畫圖木盤子一件、印字機器二盤、出外測量木鐵物四件、木箱子二個、外國木床一張、煤火爐子一個、作飯鐵路一個、木板橙二個、鐵路凹條二十件、窩軟筒大小二十件、推煤鐵車兩輛，又破車一輛、關東松木三塊，長一丈，方一尺。

五處礦圖項下：蘭山于家村礦圖一張、甯海銅錫山礦圖一張、金牛山礦圖一張、金錢嶺礦圖一張、哈狗山礦圖一張、沂水銅井礦圖一張、昌樂白石嶺礦圖十一張、膠州窩礦圖張、招遠礦張、甯海鬼道山礦圖三張。

房圖：甯海茅山房圖一張。

機器圖：甯海茅山井張。

地理圖：甯海茅山地圖三張、蘭郯兩縣所買之地圖二張、諸城石門子地圖一張、甯海茅山地圖四張、登屬全地圖一張、萊陽地圖一張、海陽地圖一張、甯海屬地圖。

山圖：安邱峠山山圖一張、茅山相連各山山圖一張、道圖：萊州府圖。萊州道張。沂州迤南道圖三張、于家村道圖四張、嶧縣道圖一張、沂水銅井口道圖一張、沂水道圖五、沂水金山道圖張、昌樂白石嶺道圖四張、膠州窩洛子道圖一張、諸城石門子道圖一張、膠州道圖一張、諸城道圖三張、甯海茅山道圖一張、甯海道圖二張、石島道圖二張、海陽東道圖一張、黃縣東道圖一張、萊陽道圖二張、棲霞道圖一張、即墨道圖一張、福山道圖一張、萊陽東道圖二張、平

度道圖一張、威海道圖一張，以上共圖一百張登明。

又外務部收孫寶琦函《建築膠沂嶧鐵路籌辦內地捐商借公債暨收回礦權事辦理情形》附《致諮議局札》暨《諮議局復呈》〔宣統二年〕十月三十日，收山東巡撫函稱：「敬密肅者：東省建築膠沂嶧鐵路，擬辦內地捐，抵借公債，並收回礦權各事，前於九月十一日，專函詳達大部，當邀鑒察。借公債一事，已分向大清德華兩銀行商詢，大清但認售票，而不認墊款。德華則已函詢柏林總行，候回信再議。劃清礦權一事，已飭勸業道與礦務公司開議，擬指定津浦、膠沂兩路綫內煤礦二處，由我自辦；膠濟路綫內，合辦金嶺鎮鐵礦，並限制濰縣已開礦界，彼族似願和平了結。雖細目尚待磋商，大綱當可就範。寶琦任重才疏，雖欲勉竭庸愚，稍圖補救，多方籌畫，漸可就緒。無如事權不一，內地捐事，屢被司農駁詰。九仞之山，將虧一簣，必須鼎力主持，內外相維，庶可達其目的。本年諮議局通常會期，以上諸端，屬於國家行政範圍，實與地方有密切之關係，自應先事諮詢，藉收集思廣益之效。茲據該局申覆前來，謹將往來文牘鈔呈查核，即希密存。所議各節，是否可行，尚祈賜覆，俾有遵循，無任叩禱。專肅。祇請崇安，伏希垂詧。孫寶琦謹肅。十月二十六日。」

附呈鈔摺二件。謹將諮詢議局原劄，抄呈鈞鑒。爲密劄諮詢事：照得籌集公債，建築膠沂嶧鐵路，係本部院上年提交之案，本年舉行第二次通常會，復將勘路報告圖說，劄發公同研究，嗣據臚舉新舊兩案疑問事件，呈請批答。內有關於外交案之路礦稅捐各條，業經逐一答覆。其認爲秘密者，亦將大致原由，聲明在案。所有以上籌議路礦、稅捐公債等事，無一不牽涉外交，均屬於國家行政，但處處與地方有密切之關係。本部院忝撫東邦，雅願挽從前之失敗，爲地方謀久遠之利益，籌畫經年，漸有端緒。其中得失利害，不憚詳求。爲此密劄諮議局查照後開各條，密加研究，公議申覆，以備採擇施行。須至劄者。

計抄發諮詢事宜四條，估計膠沂嶧鐵路建築費，並《說略》。膠諸第一段，計一百二十里，每里合銀二萬四千九百一十兩，共估價銀二百九十八萬九千二百七十六兩。

諸莒第二段，計一百四十三里，每里合銀二萬八千四百四十六兩，共估價銀四百零六萬七千七百二十五兩。

莒沂第三段，計一百四十五里，每里合銀二萬四千三百二十一兩，共估價三百五十二萬六千六百三十兩。

沂嶧第四段，計一百五十里，每里合銀一萬三千八百一十九兩，共估價銀二百零七萬二千八百六十七兩。

以上四段，共計五百五十八里，按里均攤，每里合銀二萬二千六百八十二兩，總共估價銀一千二百六十五萬六千四百九十八兩。

嶧縣至臨城驛。接通津浦鐵路，直綫計六十八里，繞棗莊則八十二里，如歸津浦修築，即無庸併入膠沂估計。

沂州至青口驛程計一百八十里，草勘約一百五十里，地勢平坦，工程簡易，與沂嶧一段相等。

高密至諸城，計一百零一里，每里合銀一萬七千一百五十七兩，共估銀一百七十三萬二千八百七十兩。比較膠州至諸城所估之二百九十八萬九千二百七十六兩，約省一百二十五萬六千四百餘兩。高密至嶧縣，共計五百三十八里，按里均攤，每里合銀二萬一千一百九十八十九兩，總共估價銀一千一百四十萬零九十二兩。

以上據勢必之常估計，係約畧之數。開工時，辦理得法，尚可格外撙節。查《曹州教案條約》，早經傳布，德人路礦特權，通國皆知。自津鎮改名津浦，簽定合同，始有膠沂一段，一併作爲枝路，由官辦理之議。宣統元年三月，德使照會外務部，聲明膠沂鐵路，總須儘西曆一千九百一十五年正月初一日造成。外務部業已承認，五年之期，爲時甚迫。若再遷延，必致又生枝節。本部院內爲國勢，外顧邦交，派員測勘，亟謀興築，實欲保主權，而杜口實。現在郵傳部派員來東覆勘路綫起訖，尚須由部核定。惟建築之費，郵部一無准備，本部院是以有擬辦內地捐，抵借公債之說舉。其說如下：

《籌辦內地捐說略》：東省擬辦內地捐，就東海膠海兩關，於洋稅常稅外，按照值百抽二五之數，分別代收，以抵內地釐捐。所有內地釐卡，均移設邊界，務使東省腹地貨物，暢行無阻，此項捐款，每年約可收銀五百六十餘萬兩，全數留歸本省支用。除青島租界照章於進口貨內地捐內，酌提二成，津貼租界之用。威海衛租界，應添設分關，歸東海關兼轄，一律照青島辦理。烟台近議建築海埧，中外各商，原有加抽貨捐之議，今既開辦內地捐。勢難重徵，應由該關所收內地捐項下。提給二成，以助工費。此係山東特別議辦之件，如將來《中英商約》第八款加稅免釐實行，此項內地捐，比照各省釐金，一律停止。其津貼各款，屆時另議。此事先與德政府商議，往復再三，始獲贊成。英國亦無異議，烟台各

國領事，亦均贊同。其中周折甚多，難於罄述。此事關係數國交涉，且目下究竟尚未定議，務望諮議局同守秘密，暫勿宣布。

《籌借公債說略》：查內地捐每年約可收六十餘萬兩，除烟、威、青三處扣留二成，約可凈收四十萬兩左右，抵擬以此抵押公債八百萬兩，由銀行代售債票，按九六扣交實銀，利息以周年五釐計算，十年以內，逐年付利，不還本。十年期滿，如山東政府另有款可撥，即將債票全數收回，否則，自十一年起，至三十三年止，按二十年逐年分還本利。十年之內，內地捐收款，恰敷抵付債息，十年後，鐵路進款必漸發達，可以提撥湊還本利，不至失信。此項公債，擬由大清、德華兩銀行分認。如大清銀行承認二百萬，德華銀行即承認六百萬兩，能平均擔任更佳。惟山東巡撫將此款如何撥用，銀行不得過問。立定合同，簽字後三個月，該銀行即應先墊付債項十分之一。三年內，將全數繳清。債票售盡與否，東撫不復過問。此項債票範圍甚廣，既與國內公債不同，更與地方公債迥別，東省紳商儘可向銀行認購。以本省之人，任本省之債，更屬相宜。查膠沂嶧路工，原估共約需款一千二百六十五萬餘兩，若由高密起點，可省一百二十五萬餘兩。今僅據公債八百萬兩，九六扣，實收七百六十八萬兩，撙節動支，勉敷由高密至沂州之路工。其沂嶧、沂青兩段，或續借公債，或由部補助，或有商家承造，屆時另議。再如由高密起點，係爲目前省費起見，必當與德人聲明，將來由諸城接至膠州，或由莒州接至濰縣，中國皆有自主之權，隨時皆可興築。

《收回礦權說略》：查德人按照條約，訂定礦務章程，設立礦務公司，開採坊子、馬莊兩處煤礦。凡膠濟路線三十里內，淄川一帶，所有礦產，概行壟斷，動輒要求封禁。當光緒二十五年津鎮鐵路議起，德使照會前總理衙門，要求自濟南府至山東南界礦權，以爲酬報，總理衙門照准。三十三年十二月，《津浦合同》簽押，膠沂歸入津浦辦理，德使復聲明所有路旁礦權，仍施行不移。次年四月，礦務公司欲往泰安大汶口探礦，德領事執前照會爲據，勸業道以未奉政府命令，堅詞駁阻。此後公司復屢要求封禁大汶口華礦，均經議駁。總之，東路、南路礦權，我雖竭力爭持，無如成約在先，頻頻爭執，筆舌俱窮。現擬與德領事商議，援照鐵路成案，在膠沂、津浦兩路綫內，勘定煤礦兩處，由中國國家或招商克期開辦。如需借款，當向德國銀行商借；如需礦師，當用德國人。其膠濟路綫內濰縣金嶺鎮鐵礦，早經德公司勘採，近聞將設廠大辦，擬與訂明由中德兩國合辦，彼此平權。此外三路綫礦務，均任憑中國官商自辦，德公司不得過問。從前所訂礦務章程，作爲無效，現正設法磋商，並密請外務部主持，但能內外全力妥籌，冀可達此目的。謹將諮議局呈覆，抄呈鈞鑒。

山東諮議局爲呈覆抄呈事：本局頃奉密劄，內開：関於外交案之路礦稅捐事件一案，鈔發諮詢事宜四條：一、爲估計膠沂嶧鐵路建築費。二、爲籌辦內地捐。三、爲籌借公債。四、爲收回礦權等說略。且一再告誡諭示本局查照後開各條，密加研究，公議申復，以備採擇施行各等語到局。奉此，當即開會公議，僉謂上屆會期內，曾蒙撫劄提交建築膠沂嶧鐵路一案，後附籌集公債方法，並於本局提議質問茅山鑛產賠償勘鑛費案內撫批云：「欲加子口稅，以爲抵補膠沂嶧路募集公債之的款。」先後兩案，實與路礦稅捐事宜，有相互之關係。在上屆會期，已經逐一質問，並呈覆，均蒙撫部院一一批答各在案。現時茅山礦產，業經收回，惟分年賠償勘礦費三十四萬。五礦問題，無從發生，獨至膠沂嶧鐵路案內，關於外交案之路礦、稅捐、公債各事項問題，至今未曾解決。惟念東省之鐵路鑛稅捐公債等事，無一不牽涉外交，雖屬在國家行政範圍之內，實在在與地方上有密切之關係。今幸蒙撫部院澤惠東省，經畫多方，欲挽從前失敗之政策，並爲地方上謀久遠之利益。並蒙密劄交局，令議員等詳加研究，仰見撫部院於路礦、稅捐、公債等事中，得失利害，不厭求詳之至意。議員等再四討論，謂東省從前曹州教案發生膠澳條約，綜膠濟路線附近三十里之礦權，均歸德人掌握，通國皆知，無待再述。嗣因津鎮改名津浦，簽定合同，始有德人讓給膠沂一段，一併作爲枝路，定爲五年限期。其他若正德鐵道，由德州至直隸正定府。開濟鐵道，由濟南經兗州，至河南開封府。定爲十五年期限期，謂中國踰限不能修築，仍歸德人辦理。現時正德、開濟兩路線，俟後再爲續議。至膠沂鐵路一線，五年期限，爲時甚促，由官辦理之議。即從此起。況宣統元年三月，德使照會外務部聲明，膠沂鐵路總須西曆一千九百一十五年正月初一日造成，外務部業已承認。惟此事既欲保主權，而杜口實，則膠沂鐵路一段，更需亟謀修築，幸勿再事延緩，以失機宜。但此事既議定官辦，現經郵傳部派員來東覆勘，路線起訖，均由部核定。是爲國家行政經費，不在地方行政經費範圍之內。至估計膠沂嶧鐵路建築費數目一節，權限所關，本局亦未敢妄爲酌定，但據勞丞之常約略估計，並云：開工時，辦理得法，尚可格外撙節，實堪欽佩。至鈞劄《籌集公債說略》內云：查膠沂嶧路工，原估共約需款一千二百六十五萬餘兩，若由高密起點，又省一百二十五萬餘兩，今僅借公債八百萬兩，九六扣，實收七百六十八萬兩，撙節動支，勉敷由高

密至沂水之路工。又云：再如由高密起點，係爲日前省費起見，必當與德人聲明，將來由諸城接至膠州，或由莒州接至濰縣，中國皆有自主之權，隨時皆可興築等語。惟念此路興修之原因，本因外交關係而起，果使異日與德人聲明時，確有把握能保存中國後日自有興築之權，無論由膠州爲起點，由高密爲起點，均無不可。此事諒撫部院自有成算，曾無庸議員等豫爲慮及，但使外交得宜，於中國自主之權無傷。嗣後沂嶧、沂青兩段，或續借公債，或由部補助，或有商家承造，均可屆時另議。至於籌辦內地捐，以抵押公債之議，內地捐者，即爲子口税之别名。內地釐卡，均移設邊界，東西洋各國關税制度，所謂國境關税是也。東省擬內地捐，就東海、膠海兩關，於洋税常税外，按照值百抽二五之數，分别代收，以抵內地釐捐。此項捐款，每年約可收銀六十餘萬兩，除烟台、威海衛、青島三處，扣留二成，作津貼租界之用外，約可净收四十萬兩左右，抵以此抵押公債八百萬兩。按此種税捐辦法，所有內地釐卡，既移設邊界，腹地貨物仍自暢行無阻，惟東省出口貨物，與外洋輸入貨物，方有此種税捐。查近時外洋貨物輸入東省者，日有增加，若興辦內地捐於東省邊界，實徵收外洋之税捐居多，俟將來《中英商約》第八款加税免釐實行，此項內地捐，比照各省釐金，一律停止津貼，亦屆時再議。果使此項內地捐之議，德政府、英國及烟台各國領事，均無異議，已屬難得。議員等甚樂贊同。惟希望此種交涉，速爲定議。本局已告誡同人，均守秘密，勿妄宣示，恐負撫部院殷殷告誡之盛意。至大清、德華兩銀行，對於路款，如何擔任，債票如何代售，利息如何扣交，本利如何付還，銀行如何墊付各事項，均係撫部院與大清、德華兩銀行，簽定合同商酌之條件，本在行政範圍之內，本局亦無庸妄議。至議收回東省礦權一節，查東省自中德兩國簽定膠澳條約後，膠濟路線三十里礦權，盡爲德人據有，是以德人按照條約，訂定礦務章程，設立礦務公司，開採坊子、馬莊兩處，並淄川一帶礦產，概行壟斷，動輒要求封禁。嗣後津鎮鐵路議起，德使照會前總理衙門，要求自濟南府至山東南界礦權，以爲酬報，總理衙門照准。後於光緒三十三年，津浦合同簽押，膠沂一段，歸入津浦辦理，德使又復聲明，所有路旁礦權，仍施行不移。次年四月，礦務公司欲往泰安大汶口探礦，德領事仍執前照會爲據，此後礦務公司又屢求封禁大汶口華礦，雖經勸業道迭次阻駁，竭力争持，究之成約在先，即筆舌俱窮，交涉所関，亦事之無可如何。上年因五礦七處之礦產，東省士紳發起保礦會，至去年因逾限六處聲明限滿作廢，追賠償茅山勘礦費，始將此礦權收回。去歲東省京官，又發起路礦會，皆因膠沂。津浦兩路線礦權，及大汶口華礦，至今争議不休。東省礦權，實爲東省財源上之命脈所關，此種重大問題，甚望及早解決，免生異日紛擾。議員等顧慮此事久矣，今幸撫部院擬與德領事商酌，援照鐵路成案，在膠沂、津浦兩路線內，勘定煤礦兩處，中國國家或招商克期開辦，如需借款，當向德國銀行商借；如需礦師，需用德國人。其膠濟路線內，益都金嶺鎮鐵礦，德公司久經勘採，近又將設廠大辦，仍擬與計明，由中德兩國合辦，彼此平權。此外三路線礦務，任憑中國官商自辦，德公司不得過問。從前所訂礦務章程，作爲無效。議員等僉謂，我東省因《膠澳條約》、《津鎮鐵路草約》、《津浦合同》，種種交涉，東路、南路礦權，業經損失已久，果使綜從前失敗之事於此，起而争議，能收回完全礦權，此固東人所甚願，無如成約在先，勢固有所不能，人皆知之。若如撫部院擬於德領事設法磋商之説，德人未勘採者，國家自辦，或招商開辦，德國已勘採大辦者，中德合辦，不過犧牲東省兩路處礦產，需款向德國商借，需礦師用德國人而已，其餘礦務，均任憑中國官商自辦，德公司不得過問。並取消德人所訂鑛務章程，是將從前看着失敗之礦權，一掃而空，實際上仍爲東省完全礦權，免生異日紛繁之問題，此真撫部院所謂爲我東省謀久大之利益者，實在乎此。議員等不獨均爲贊同，並深爲感激。甚望撫部院速爲密請外務部主持，內外全力妥籌，但願早成此議，以達此種目的。東省利權所在，久已千瘡百孔，此際内維國勢，外固邦交，救弊補偏，以收回完全主權，甚賴行政長官維持於上，我東人不勝禱祀求之矣。至大汶口華礦開辦，有係屬商辦性質。在國家素本利與民共之意，除有别項原因外，亦不忍任意封禁，或收回，況關於中外交涉，查國際公法，凡本國人已開辦之礦產，外國人得據條約或合同而封禁之，公法並無此條。況《津鎮草約》、《津浦合同》，均屬國際私法上契約性質，即舊時經德使照會前總理衙門，及《津浦合同》簽押後，德使之聲明，均屬報部存案成例，實與國際公法上正式條約之照會迥殊。且津浦、膠沂兩路線，此時並未修築成立，尚未臻履行契約時期，實無封禁已開華礦之例。將來議訂指定鑛產時，大汶口已開之華礦，不應在兩處指定之內，不得不先事聲明。又查鈞劄內云：其膠濟路線內，濰縣金嶺鎮鐵礦，查濰縣境內，僅有德人所開坊子煤礦，至金嶺鎮鐵鑛，係屬在益都縣境內，此中恐有錯悮。亦合併聲明。議員等平素調查，益都金嶺鎮鐵鑛，德人雖經勘採，並無利益，不如令德人自開，無須擬定中德合辦。愚見如此，是否有當，惟候鈞裁是幸。兹經全體密議，公同議決，爲此將諮詢路礦、税捐、公債等事贊同各緣由，理

合呈覆，呈請撫院鑒核施行。須至呈者。

又外務部收孫寶琦函《酌議挽救山東礦權辦法並函呈與德人議商情形》〔宣統二年〕十一月初七日，收山東巡撫信稱：「敬密肅者：東省各路線內，礦務交涉棘手情形，歷經寶琦函達鈞鑒在案。德人藉口約章，禁阻華礦，東省盡力争執，筆舌俱窮。終非久計。寶琦悉心籌度，不如與德礦公司，痛陳利害，另商彼此兩利辦法，以期永遠相安。前飭勸業道蕭應椿酌擬大概辦法四款，係就已失之礦權，設法挽救，並按照膠約第三端，僅予借款用人之利益，雖據稱與該公司磋商，大致似可就範。惟彼族居心叵測，難保無異議橫生，寶琦惟有勉竭愚誠，力持妥慎，以冀稍副鈞部實事求是之至意。除督飭該道相機妥辦，隨時函請指示外，謹將東省酌擬補救礦權大概辦法，及勸業道禀函，繕具清摺，恭呈鑒察。是否可行，務祈鈞示，俾有遵循，無任感禱。肅此。虔請崇安，伏維垂鑒。孫寶琦謹肅。月初四日。」

計呈清扖一扣。謹將東省與德人磋商補救礦權條款，及勸業道蕭應椿禀函，繕摺恭呈鈞鑒。

計開：一、膠濟鐵路礦産，除坊子、馬莊兩處，仍歸礦務公司自辦外，其金嶺鎮鐵礦，擬由中德集股合辦。

一、膠沂路未築，津浦路未成，現議由此兩路中，勘定質厚煤佳兩大礦，歸中國招商辦理。若華商無此厚資，應向德國銀行借用，至延聘礦師，購買機器，均先儘德國商辦。南路礦産，皆先經礦務公司履勘，沂州一帶，並購有地畝，所有地價及履勘各費，查明曾費若干，由中國給還。

一、此議成後，所有已成之膠濟路，未成之津浦路，與甫勘之膠沂路，從前總理衙門允許距路兩旁之三十里礦權，均作無效。

《勸業道原禀》：敬密禀者：職道前奉憲諭，以東省各線內已失之礦權，令與礦務公司磋議挽回辦法等因。敬聆之下，欽佩良深。伏思東省礦權，約章具在，挽救極難。職道迂愚，竊恐無補萬一。第念中德邦交，近甚輯睦，我憲台涖東以來，行政用人，外人傾服，乘此機會，或有可圖。因就東省利害得失，熟權輕重，酌擬辦法四條，先經録稿，呈請鈞鑒。隨即商之德領事，尚無異言。嗣職道奉差赴青島，晤礦務公司總理畢象賢、斯美德等，適外務部所頒寶星，寄到該公司，職道宣布朝廷德意，傳述憲台命令，連日與該公司磋商，似可就範。彼但請將已開之坊子、馬莊兩礦，劃定界線，尚非無理要求。惟是界線出入，關係於華礦者頗多，非詳加測勘，未敢議決。兹查濰縣礦産，距坊子洋礦甚近，久無土人開採，自難收回。淄川縣除光緒三十三年，職道與該公司議定，劃出東北境十四里，歸華人開辦，公司永不過問外，其餘柴煤小礦，距馬莊洋礦，遠近不等，擬即派妥員赴淄川周歷測勘。所有華礦各距洋礦遠近，某處應劃歸界内，逐一考查，方能續議。除隨時禀請鈞示辦理外，所有職道與礦務公司磋議收回礦權大概辦法四條，理合繕具清扖，禀請鑒核訓示。再，昨日德副領事霍才豪，以他事來晤，便詢將來坊子、馬莊兩處礦界，如何劃法，職道答以有益公司，無損華民爲宗旨，蓋隱示淄川華民礦，不欲公司攘奪之意，該副領事頗以爲然。合併附陳。

又外務部收孫寶琦函《磋商補救礦權事辦理情形》附《勸業道蕭應椿與德礦務公司總辦問答清摺》〔宣統二年〕十一月二十四日，收魯撫信一件。王爺、中堂、大人鈞鑒，敬密肅者：「日前肅函敬陳東省與德人磋商補救礦權辦法四款，業奉電復在案。當即轉飭勸業道蕭應椿遵照辦理。并將日前在青島，與德礦公司總理畢象賢所談如何情形，詳細禀復。兹據開具問答各語，并鈔呈致德國駐濟領事函稿前來。寶琦查閱該道所答各節，措詞尚有斟酌，謹照録清摺，恭呈鑒詧。畢象賢既將此事轉達柏林總公司，自應候其復信，再與續議。除督飭該道妥慎辦理，隨時報告外，肅此密陳，恭請鈞安，伏維垂鑒。孫寶琦謹肅。十一月二十日。」

計呈清摺二扣。《抄録問答各語清摺》：謹將勸業道蕭應椿在青島與德礦務公司總辦畢象賢、斯美德二人問答各語，照録清摺，恭呈鈞鑒。

職道於十月初八日晚車到青島，因畢、斯二人赴濰縣坊子礦井，十一日方回，十二日巳刻，將寶星送去，即宣布朝廷德意。畢斯皆握手爲禮，並云隨後去函，托領事代謝。坐定，斯美德能爲中語，即云：「昨貝領事來信，言貴道奉撫台命令，欲收回三路三十里礦權，有是事乎？」答：「有。」

斯即取領事譯成德文之礦約四條，口述一過，一一詰問：「是否與撫台暨貴道之意相符？」答：「符。」

斯即述畢語云：「以下凡斯之所云，皆係述畢語。司近年屢次函索大汶口及沂州礦産，貴道何以屢次駁回？」答：「礦隨路有，今津鎮、膠沂兩路皆歸中國自辦，公司豈復能有礦權？」

斯云：「正惟路讓中國自修，所以從前總理衙門允以礦産酬謝，今日何能消滅？且前年預事麥令豪曾將總理衙門復德使照會，抄與貴道閲看，兹事豈還有

假？」答：「敝道亦知不假，但撫台未接正式公文，敝道未奉撫台准給命令，豈能憑領事一言，遽令公司開採。」斯云：「爲甚今日又要消滅此事？」答：「撫台索還之意，係爲與公司要好起見。」斯云：「何故？」答：「自膠濟路成，公司已將此路兩旁各三十里礦權，盡行佔去，然辦了十年，終止辦了坊子、馬莊兩處，其餘小礦尚多，公司既不肯多用資本，一齊開採，華民偶然用土法小辦，公司又請領事要挾封禁，以致窮民無以爲生，人人怨恨。前年淄川業已聚衆，欲與公司爲難，經敝道親自開導，舌敝唇焦，始行解散，公司豈無所聞？今又索津浦、膠沂兩路之礦，勢必至激動全省公憤，釀成暴舉，恐非公司之利。況大汶口及沂州兩礦，華人已開辦在先，公司欲來攘奪，與礦務章程第十七款，亦不符合。撫台欲公司在山東營業，永遠平安，感情日好，礦務自然興旺，故有此意，實爲公司長久計也。」

斯云：「金嶺鎮鐵礦，兩國合辦，究竟中國能出資本若干？章程如何？」答：「礦務學問，五金與煤，有無分別？」斯云：「有別。」

職道詰斯將來開採該鎮鐵礦，總公司是否即派兩君辦理，抑須另選精於五金之礦師，來東勘驗，斯云：「須另有人。」

職道言：「既云須另有人來，將來此礦如何辦法，能否獲利，共須用資本若干，二君尚不能知，敝道此時豈能預揣。」

斯云：「撫台欲合股開採，是否另立公司，另定章程？」答：「此亦難定。只要公司現行之章程，能合撫台之意，似亦不必另立公司，另定章程。」斯云：「必須就地設廠鍊鐵，方能有利。」答：「鍊鐵是製造之事，條約僅准開礦，有華股在內，將來或可商酌辦理，但此時未便提議。」斯云：「索回三路三十里礦權，只須公司辦坊子、馬莊兩處，又不將兩處礦界指明畫清，設將來公司開一井，華人於附近又開一井，不第冒險，且公司受虧過大。」答：「此係初商，果公司能照此辦理。將來自須另畫界址，以免轇轕。」言至此，畢、斯二人操德國音，互語良久，斯復向職道云：「既撫台與貴道之意如此，我即函達柏靈總公司，候復信如何，再行商量。或貴道來青島，或畢總辦往濟南，均無不可。」答：「自然在濟南爲是，以茲事不能離開領事也。」言畢，復寒暄數語，遂與握別。

又外務部收山東巡撫文《山東鐵路各線礦權議定劃清合同事辦理原委》附《山東各鐵路線内劃清礦權合同》 〔宣統三年〕閏六月十一日，收山東巡撫文咨稱，爲咨呈事，案據調補奉天勸業道蕭應椿、會同候補道佘則達詳稱：「竊照東省自膠濟路成，德商礦務公司照約在坊子、馬莊開礦兩處，屢禁華人在附近開礦，爭執有年，迨津浦借款合同簽定，又要索膠沂、津浦路内礦權，並請封禁大汶口華礦，迭蒙外務部及憲台始終堅持，密圖補救，于是德使照會始有劃清礦權之語。」上年十月間，我憲台即本此意，諭令職道應椿，與該公司悉心磋議，遵即參考歷年礦務交涉，統籌東省礦産全局，酌擬大概辦法四款，畧謂該公司除現辦之坊子、馬莊兩處煤礦，及未辦之金嶺鎮鐵礦外，其餘各路線内礦權，均行取消，酌償給從前勘礦購地費。及東省日後開礦，如借款用人購機器，均先儘德國。致書德領事，説之以事理，動之以輿情，囑與公司婉商，並禀蒙憲台函達外務部。奉十一月庚電開：礦務辦法四款，藎籌極佩，應飭該道照此與議。如議有眉目，再行咨部核定等因。嗣因公赴青島，晤該公司總辦畢象賢，彼此問答，剴切陳説，宣布朝廷德意，傳述憲台命令，畢象賢頗爲感動。旋據德領事貝斯函送公司節略三款，在彼雖有退讓，在我仍多妨損。此後屢經談判，筆舌幾窮，始將大綱議定，其餘細節，尚待磋商，均經職道應椿禀呈鈞鑒在案。本年四月杪，交卸勸業道本任，復蒙憲台温諭有加，殷殷慰勉，旋奉札飭將此案一手經理議結，並檄委職道則達會同辦理。竊維此案在我以收回三路礦權爲最要之著，利害棄取，要在權其輕重，且彼亦必須以相當之利益互換，所議始克有成。謹將數月以來，磋議爲難情形，爲我憲台縷陳之：一、淄博礦界爲該公司所注重。淄博礦産豐饒，公司第一次繪送界圖，係淄川全境，並毗連博山。職道應椿深知淄博窮黎向以挖煤爲衣食，若兩境全爲公司所有，勢必至華民無以爲生，因議博境全留，淄境各半。以天台、崑崙兩山爲界，山北歸公司，山南歸華人，公司未允。因親赴淄川，會同畢象賢查勘，並邀集紳董礦商，詢以何處宜存，何方可舍，僉謂縣南境礦産多佳，貧民所賴，只求酌爲留出等語。旋議定淄川東南境，由大奎山起，斜線經龍口鎮西北，至淄川東境爲界，界南礦産，歸華商辦理，博山亦全行讓還。一、淄川華礦。該公司爲專利起見，請將劃入界内華礦，全行封禁。查淄川全境，既經劃界，則各辦各礦。凡淄川南境，及博山南境内，已開之礦，可永遠保全，未開之礦，亦足敷開採。質之該紳商等，咸謂此次去瘠留腴，爲初念所不及。其北境附近洋礦者，久無人開，稍遠者，雖有小礦數處，夏令水大，不禁自停。因議定此後界内小礦，不令重開，以杜爭勢。一、濰縣礦界。公司繪送濰縣一圖，將昌樂縣之荆山窪，安邱縣之西北境，劃入圖内，當經致函詰問，一面派員測勘。旋據函復，謂坊子礦脉，與昌樂、安邱連絡，斷不能分割，且全在三十里路線内等

語。查荆山窪礦地，當光緒二十九年，該公司迭請禁華人在該處開礦，經前憲台周飭縣封禁有案。公司早已據爲已有，華人至今未能再開，且確在三十里路線内，距坊子洋礦十里，勢難争回。該公司情願讓出安邱西北境，以易荆山窪，似可照允。一、金嶺鎮鐵礦。公司前曾探苗，現尚未開，意欲開辦時，兼辦鐵廠。查開設鐵廠，屬于製造，有背約章，斷難照准。如公司獨辦，則須移設於青島，公司亦不允。嗣議定中國如願在該礦附設鐵廠，亦可合股辦理，言外如中國不願附設，則公司不能獨辦，隱施限制。一、償給勘礦購地費。公司前在膠沂、膠濟路内，勘礦多次，蘭山、郯城兩縣，購地一千五百餘畝，索償其費用二十八萬餘元。再四磋磨，讓至二十一萬，不肯再減。因與議定，以一年爲限，分兩期付給。其餘各條，無大出入，均與一律議明。于是公司允已成之膠濟鐵路、未成之津浦鐵路，甫勘之膠沂鐵路，凡曹州教案條約許與公司之三十里礦權，均行取銷。職道等酌擬條款五條，先請憲台鑒核，俯准諭令照辦。隨即繕就華德文各四分，並繪礦界圖四分，每分四張，於六月二十九日，職道等與德領事貝斯、德公司畢象賢，簽字，畫押並據該領事函稱：「斯美德請假回國，是未能簽字，畢象賢代山東礦務公司，有獨自簽字正當之權，斯美德自無庸簽字等語。」統觀全案，公司之所取者，濰、淄、金嶺三處，而仍不越路線三十里範圍。我之所取者，三路礦權，從此收回。職道等所謂利害棄取，當權其輕重者指此，是皆仰賴外務部主持於内，我憲台籌畫於外，指授機宜，始克將東省已失之利權，大半挽回，和平議結。惟查此案係德使發起，照會外務部，咨行東省遵辦。茲既辦結，擬懇憲台咨請外務部查核奏明，並照會德使，以符原案。謹呈簽字華德文條款，及礦界圖各二分，以一分存憲署，以一分請咨送外務部；其餘二分，歸德領事與礦務公司收執。並照繕華文條款一分，乞分咨農工商部備案。至償款二十一萬元，數巨期迫，且在本省預算案之外，可否奏請飭下度支部指撥的款，以濟要需，而免貽誤之處，伏乞鈞裁。蘭、郯兩縣地畝，應請檄飭勸業道童道，飭縣收回具報。除將職道應椿交卸以後，往返函牘，移交童道存案外，所有遵飭與德商礦務公司，議結收回各路礦權一案，簽定條款，並繪具礦界圖緣由，理合詳請鑒核，批示祇遵，寔爲公便。再，職道前遵諭在條款之末載明，倘日後他國在中國辦礦者，皆認遵中國礦務新章，公司亦一體承認等語。據德領事與該公司稱：「如華礦章與德礦章大略相符，自應遵守，惟此係兩國國家行政，未便載入條款，應俟此案辦結後，由憲台照會領事，轉稟公使核辦等語。」合併陳明等情，到本部院。據此，除詳批示，並分咨外，相應咨呈鈞部，謹請查核辦理，見復施行。須至咨呈者。」

計咨呈華德文條款各一分、礦界圖四張。為訂立條款事，今山東官府，與華德礦務公司，將山東省各鐵路路線内礦權，會同劃清，商訂辦法，彼此議定各款如下：

第一款，一、山東官府與礦務公司議定，坊子礦場與淄川縣礦場，暨自金嶺鎮沿膠濟鐵路迤北三十里，至張店止，爲礦務公司獨自留辦之礦界。

二、礦務公司指明自辦之礦界，另繪詳細圖攷，爲此合同以内之要據。凡指定礦以内之礦産，歸礦務公司獨自開辦，華人不得在此開採。

三、除此次劃歸礦務公司自辦之礦産外，凡中國從前允許礦務公司，已辦之膠濟鐵路、未成之津浦鐵路，暨甫勘之膠沂鐵路，所有沿路兩旁之三十里礦權，均行取消。

四、淄博兩縣，原在三十里礦權以内，公司本擬全行留辦，茲因格外敦睦，將博山礦産，全行讓還。其淄川礦場南境，由大奎山起，斜綫經龍口鎮西北，至淄川東境止，所有礦地，亦讓歸華商自由開辦。其餘照第一款，均公司礦界。

五、濰縣坊子礦場，按三十里路綫，昌樂、安邱兩縣境，亦有毗連，今公司情願讓出安邱之西北境，以昭睦誼。其昌樂荆山窪礦産，距坊礦直綫十里，仍歸公司。

六、東省官府，與礦務公司，劃清礦界，繪圖四張如下：

甲、淄川暨金嶺鎮至張店礦界圖。乙、淄川礦界南綫圖。丙、濰縣昌樂境内礦界圖。丁、劃分礦界總圖。

第二款，一、沿膠濟鐵路内，章邱、淄、博三縣，凡礦務公司歸還礦界内，西曆一千九百二十年以前，暫不准華人開最大之礦，過限聽中國官商自便。

二、礦務公司礦界内，凡現尚開採之華井，應俟此合同呈經中德兩政府允准，用正式公文互換之後，限一月以内，一律停止。

三、礦務公司開採各礦，中國官員仍照光緒二十六年，即西曆一千九百年簽訂礦務章程，切實保護。

四、今次讓還礦界内，中國官商開礦，倘若資本不足，應向德國借用，若用外國物料機器，須用德國所産，聘用外國工師，須聘用德人。

第三款，礦務公司從前履勘礦産，查定界址，購買地畝各費，中國允認償給鷹洋二十一萬元，以合同簽字之日起，限一年内，分兩期付清。合同簽字後，礦

務公司即將勘礦圖攷説略，並所買地畝，均交還中國。

第四款，金嶺鎮鐵礦，應照二十六年礦章辦理，中國如願在該礦坿近創設鐵廠，亦可合股興辦，約股在五十萬兩之譜，届時另定詳細章程。

此合同照繕華德文各四分，彼此校對，語意相符，並繪礦界圖各四分，分別存送，以憑遵守。

大清國留委辦劃收礦界事宜調補奉天勸業道蕭山東即補道余。

大德國總辦華德礦務公司畢、斯。

大德國駐濟領事官員。

大清國宣統三年六月二十九日。

大德國西曆一千九百十一年七月二十四號。

又外務部收山東巡撫文《償付德商勘礦等費辦法》〔宣統三年〕閏六月二十一日，收山東巡撫文稱，爲咨呈事：案據調補奉天勸業道蕭道應椿、會同候補道余道則達詳稱：「竊照職道等現與華德礦務公司，議結收回礦權，簽訂條款，業經詳請憲台核咨在案。茲據該公司函稱：按宣統三年六月二十九日，即西曆一千九百十一年七月二十四號，山東官府與山東礦務公司，議定劃清沿山東各鐵路路線内礦務條款第三款，中國允認將礦務公司從前履勘礦産，查定界址，購買地畝各費，償給鷹洋二十一萬元。以合同簽字之日起，限一年内，分兩期付清等語。」至於該兩期暨付清辦法，敝公司擬請定明如左：一、宣統三年十一月十三日，即西曆一千九百十二年正月一號，爲第一期。宣統四年五月十七日，即西曆一千九百十二年七月一號，爲第二期。每期付鷹洋一萬零五千元，如數繳濟南德華銀行。二、若中國政府於該兩期付清以前，將當下通行之鷹洋幣，改爲國幣，須以此項國幣照付。以上兩項，山東官府能否照辦，即希貴道查照見復是荷等情。據此，查該公司所稱付款之期，一在本年十一月，一在來年五月，似應照准。至條款所載付給鷹洋一節，將來國幣施行，我自不便仍付鷹洋，自紊幣制。但國幣與鷹洋重量，倘有不同，或盈或絀，應俟届時扣算，以昭公允。除將此意函復該公司查照外，理合詳請憲台鑒核批示，並咨明外務部、農工商部查照，實爲公便等情，到部本院。據此，除詳批示，並分別咨行外，相應咨呈鈞部。謹請查照施行，須至咨呈者。

《礦務檔・山西礦務》總署復英使竇納樂函《開辦晉礦事俟核議妥協再奉約晤商》〔光緒二十四年〕三月十六日，復英國公使竇納樂函稱：「接准函稱，山西開礦一事，本月十二日在署面談，承允欲擬立章程，來函未將本國電詢此事一節提及，應請速行擬立章程，定期會晤等因。此事迭經面談，祇以山西京官及各御史屢次奏駁，其中確有爲難之處，無煩縷述，乃正在核辦間。昨又據都察院代奏山西閤省京官公呈，將該公司所訂章程，逐條駁論，奉旨并交核議，勢不能不薈萃羣言，妥籌辦法，豈能倉卒定議。至貴國政府電詢此事，無非催辦之意，早經本署面請貴大臣將此中爲難情形，先行電達。總之，國政民情必須統籌兼顧，仍應候本衙門核議妥協，再行奉約來署晤商，無煩再事催迫。頃義國大臣亦以此事促請定期，本衙門業將以上情形答復，仍望貴大臣再行轉達可也。」

又總署收軍機處交片附張官等呈《都察院代奏山西舉人張官等呈訴晉省路礦當由自辦毋輕借洋款》〔光緒二十四年〕閏三月二十四日，軍機處交片稱：「交總理各國事務衙門，本日都察院代奏，山西舉人張官等呈訴晉省礦務情形摺原呈一件，軍機大臣面奉諭旨：該衙門知道。欽此。相應傳知貴衙門欽遵可也。」

照録原呈。

具呈山西舉人張官等，爲礦務將興，利權旁落，請旨飭令自辦，以杜隱患而安人心，呈請代奏事：「竊維山西産礦，金銀絶少，煤鐵爲多。初祇聽民自採，官抽其釐，公私原兩便也。自撫臣急於興利之舉，外洋遂起窺伺之端，而欲便私圖者，若劉鶚、方孝傑、賈景仁、曹中裕，遂羣起而力成之，不計國家利害，不顧輿情順逆，只期自飽貪囊，實已隱傷國本。幸而朝廷洞鑒萬里，斥去劉鶚、方孝傑。晉省士民，莫不忭頌，以爲國計可以自操，生民可以安堵。乃現聞方、劉、賈、曹四人，羣集都門，賈景仁屢請義、俄兩國人及方、劉二人暗中慫恿，挾外洋以自固，必欲爲所欲爲。而洋人亦憑藉該員等之詭謀，以逞其驕志。設無該員等，則洋人之欲攫吾利者，如夜行無燭，實無能爲。張官等確見其蠹國病民之實，敢揭其欺君罔上之情，爲我皇上披肝瀝膽陳之，礦務之興，貴在利國，今章程所載，四分其百分之利，洋商得其二，局員得其一，而國家乃以自有之礦，亦僅得其一，何輕重之不倫也。利中國乎？抑利外國及貪墨之紳商乎？不待辯晰而知矣。彼其巧於欺飾者，特以商借商還一語爲詞，意謂朝廷雖無大利，亦無大害也。然試問該員等與義國所訂條款，果係借洋債乎？抑實集洋股耶？章程具在，豈能幸逃宸鑒。況六十年爲期，礦利已被挖盡，祇餘空洞與破壞器具，我朝廷將安用之？且借洋債以還清借款爲主，豈有必待六十年，始准還清之理乎？其所以如

此者，洋人可以久假不歸，該員等厚利坐擁，及六十年期滿，人已隔世，利害均與彼無與也。又況礦利總難預期，成數不難酌定，至問每歲歸本提若干成，公積提若干成，章程内不得而稽。該員等莫得而答也，豈真當局者迷，以一爲提明，則商借商還之詞，洋人不肯通融開載，該員等即不得行其欺矇也。掩耳盜鈴，誑誣實甚。夫以非我中土之人，一旦據我利産，痛癢既不相關，則利之所在，勒索民業，横佔民田，必非所恤。百姓既震驚於异言异服，復不忍其侵奪之苦，設激而生變，恐心腹之疾，更甚於外洋。張官等，晉籍也，知晉甚悉。其俗素知秉禮，其民懷刑守法，是以二百餘年，教匪捻匪幾徧天下，而晉省不聞貽朝廷西顧之憂。然其怯於私狠者，正其勇於公義者也。方張官等來京之際，聞各處百姓，多有相聚而議者，謂礦地一質六十年，並民礦稍礙於彼者，必勒買而後已。商局其賣我乎，是以膠旅視我也，我等當捨九死，以壯聖代山河之色，不能忍一息，以希外洋奴隸之顔。其情可憫，其愚亦可慮也。張官等受二百餘年養士之恩，深見愚民之心，固結如此，設無一言上達，士風不其埽地乎！因於萬不得已之中，籌一猶足自全之策，莫若以土人行土法，勸之以地方官長，而不設局員，董之以本處搢紳，而不籌局費，試辦於至微至小，以騐其盈虧。約計三年後，試之而利，爲之者必多。然後録其微勞，加以奬勵，使歲主其事，以責其嬴餘，國之肥也。設其不利，而亦無損於國，豈不甚善。即不然，籲懇明降諭旨，飭令晉省紳商自行籌辦，其所借洋款，未成交者，可以勿論，既成交者，設法籌還，庶利權自執，不至受制於人。該紳商食毛踐土，戴朝廷厚德，自當踴躍從公。彼洋人知我自爲，亦當無辭以退，山西幸甚！天下幸甚！至鐵路不過爲煤鐵運銷之計，鐵爲軍械之資，而晉産質堅，尤甲天下，絶非洋鐵所能及，保而用之，實國家之武庫也。今以制人死命之物，甘假乎於人，無論不能求利，即盡聚各國之利，而無利器以衛之，致令他人挾此利器，反而制我，則其利又豈能終保乎？是鐵路之必不可開，盡人皆知。礦利固可興，必當熟籌利害，而興辦礦務之人，要由公同選舉，方無流弊。何也？廉潔之士，必不貪求，其急於自獻者，皆其藉以自私者也。有不攘奪而刻薄者乎？總之，洋款萬不可輕借，鐵路必不可輕開，民心絶不可輕失。張官等實因消隱患，順輿情起見，用是不避忌諱，叩懇據情代爲具奏，籲懇我皇上宸衷獨斷，以保國家自有之利權，不勝惶悚待命之至。抑張官等猶爲陳者，現在局紳賈景仁、曹中裕，曾於局内挾妓宴飲，揮金如土，商股因此不能再勸，僅集七十餘萬金而止，小民以其首禍也。側目已久，尚懇代陳皇上，應如何辦理以維商務，並應否飭五城御史，將特旨撤退之劉鶚、方孝傑，逐令出京，交地方官管束，以免日勾洋人，攬擾大局之處，出自宸斷。張官等未敢擅請，謹聯名叩懇一併奏聞，實爲德便。」

光緒二十四年閏三月二十日。

又總署議定章程《與福公司議定山西開礦製鐵及轉運文邑礦産章程》及硃批

〔光緒二十四年〕閏三月二十七日，本衙門與福公司議定山西開礦製鐵以及轉運各色礦産章程十九條，開列於左：

計開：

一、山西商務局稟奉山西巡撫批准，專辦孟縣、平定州、潞安、澤州兩府屬，與平陽府以西煤鐵，以及他處煤油各礦。今將批准各事，轉請福公司辦理，限六十年爲期。應先由礦師勘定何鄉何山，何種礦産，繪圖貼説，稟請山西巡撫查明。

果與地方情形無礙，一面次明總理衙門備案，一面發給憑單，准其開採礦地，勿稍躭延。如係民産，向業主議明，或租或買，公平給價。如係官産，應照該處田則，加倍納賦。

二、山西商務局稟奉山西巡撫批准，自借洋債，不得過一千萬兩之數。如所派勘礦師，以此數不敷於用，山西商務局仍專向福公司續借。

三、凡調度礦務與開採工程，用人理財各事，由福公司總董經理，山西商務局總辦會同辦理。

四、各處礦廠，應用華洋董事各一人，洋董管工程，華董理交涉，一切帳目皆用洋式銀錢出入，洋董經理，華董稽核，各礦廠總以多用華人爲是。所有薪水，皆由公司發給。

五、勘驗礦地，或應打鑽掘井，探視礦苗，應先與地主商明，踏損田禾，酌量賠償。若定辦一礦，有佔民地，必須會同地方官或向地主租用，或備價購買，秉公定價，務使兩不受虧，方昭公允。所開礦地，無論或租或買，但遇有墳塋祠墓，必須設法繞越，毋得發掘。

六、所辦礦務，每年所有礦産，按照出井之價，值百抽五，作爲落地税，報効中國國家。每年結帳盈餘，先按用本付官利六釐，再提公積一分，逐年還本，仍隨本減息，俟用本還清，公積即行停止。此外所餘浄利，提二十五分歸中國國家，餘歸公司自行分給。以後中國他處，有用洋款開採煤鐵礦者，應請一概倣照

此章，將所有礦產，值百抽五納税，以歸劃一。再此係商人籌借開辦礦務，如有虧折，與中國國家毫不干涉。

七、盂平澤潞，地面甚廣，開辦不止一處，然各礦出入與所有盈餘，各歸各礦清理，如或彼虧此盈，不得以此礦之盈，補彼礦之虧，致使國家應得餘利，因之少減。

八、凡開礦所需料件機器等物進口，照開平各礦現行章程，完納海關正半税項，内地釐捐概不重徵。至開出礦産，運出口時，仍照關章納税。

九、公司所開之礦，以六十年爲限，一經限滿，公司所辦各礦，無論盈虧如何，即以全礦機器，及該礦所有料件，全行報効國家，不求給價，屆時由商務局稟請山西巡撫派員驗收。

十、每處礦廠，總以聯絡官民，預息紛争爲要，應由商務局稟請巡撫，酌派照料委員一人，又設照料紳士一員，由公司聘請，該員紳薪水，均由公司籌備。

十一、礦師工頭，開辦之始，自應選用洋人，倘日後華人中，有精礦學諳習工程者，商務局會同公司派充此項要職。至其餘司事照料等職，無關重大責成者，皆用華人，尤宜多用山西人，以開風氣。

十二、礦丁亦宜多用晉人，其工價應從公酌定。至礦丁受傷，應如何撫卹，與使用數十年後，應如何酌給養老之費，又平日作工，每日若干時刻各節，統俟開礦後，再由商務局會同福公司，採擇歐美各礦妥善章程，商請巡撫定奪。

十三、福公司於各礦開辦之始，即於礦山就近，開設礦務鐵路學堂，由地方官紳，選取青年穎悟學生二三十名，延請洋師教授，以備路礦因材選用。此項經費，由公司籌備。

十四、山西商務局所借福公司銀一千萬兩，係約估之數，將來每開一礦，實需資本若干，由福公司撥用後，准福公司按照所用之數，造印借款股分票，刊刻章程，定期發賣，如華商於期内，願買此種股票者，有則無論多寡，聽其買取。

十五、華商收買此項礦務股票，應由商務局按照時價漲落，照章代爲收買，或自行買賣，均聽其便。如華紳富商，於六十年限内，將某礦股票收至四分之三，即將該礦先期收回，由商務局查報，飭交該華商自行經理。

十六、凡於所准礦地，遇有民人先經開採者，不得侵佔，如原主自願租賣，應由商務局會同公司，秉公給價，但不得稍有抑勒。

十七、各礦遇有修路造橋，開濬河港，或須添造分支鐵道，接至幹路或河口，以爲轉運該省煤鐵與各種礦產出境者，均准福公司稟明山西巡撫，自備款項修理，不請公款，其支路應訂章程，屆時另議。至正定至太原鐵道，已由商務局另行借款修理，該路左右各一百里内，福公司不得另造鐵道，以杜争端。凡爲以上所准各事，其須用民地之處，亦照各局已定章程租買，不得少佔民地，仍求地方官代爲保護。

十八、每至年終，或盈或虧，各分礦造具清册，應各請華洋公正人一名，核算無訛，然後刊刻報單，送至商務局眘核。各礦盈虧，會造總册呈報巡撫，以憑分咨總理衙門、户部查核，並將報効國家各項，一併呈繳。

十九、兹章程華洋文繕具兩分，各執爲憑。

四月初一日，給山西商務局紳士曹中裕札稱：「本衙門會同户部具奏遵議山西鐵路礦務辦法，鈔録合同章程呈覽一摺。」光緒二十四年閏三月二十七日，奉硃批：「依議。欽此。」相應鈔録原奏合同章程，劄行山西商務局紳士曹中裕欽遵辦理勿違。

又外務部收山西巡撫岑春煊稟附福公司合同應行簽議各條暨福公司原訂合同《籌議修改福公司礦務合同》〔光緒二十八年〕三月二十一日，山西巡撫岑春煊稟稱：「斗轉星迴，屢肅音緘之問；黄樞紫閣，同欽調爕之功。仰止槐階，彌深葵向，敬維動崇魏丙，化溥瀛寰，運策中樞，奏海晏河清之績。綏戎外徼，聯珠盤玉敦之歡。眷篤丹楓，頌延函夏。煊忝領并州，於今一載。撫瘡痍於兹土，愧綏輯之無方。況值新政之初頒，尤賴教言之頻錫。竊以富國之本，路礦爲先，礦爲生利之源，路乃通利之具。晉省礦苗林立，山路崎嶇，工藝未興，財源未濬。豐亨之歲，已有懸磬之虞；矧當雕敝之秋，宜建衛民之策，欲圖豐於既匱，在慎始以要終。上年曾與此邦官吏，籌議及此，適於十一月間，接奉廷寄上諭，慶親王奕劻等奏，晉豫鐵路礦務，請飭籌開辦，以保利權一摺等因。欽此，欽遵寄信前來，並賫到大部奏稿一件，捧讀之下，具徵碩畫藎懷，無任欽佩。惟兹事體大，既未可操切以圖，而原訂合同之流弊宜防，尤不得不綢繆未雨。昨復詳加察閲，俄商所攬鐵路合同，尚無違礙，其義商福公司礦務合同，則祕計陰謀。伏於不覺，偶一大意，即已墮其術中。在當時總署諸君，熟悉外情，或以其時國力尚强，別有操縱之術。今則時艱愈亟，抵制愈難。若不預籌補救之方，則全晉利權將爲佔盡，不獨礙華人生計，且恐啓英俄争端。謹就鄙見所及，另摺簽呈，而尤以第一條暨第十七條爲最甚。夫既專辦平盂潞澤與平陽府屬煤鐵，乃又加入

他處煤油各礦數字，究竟他處二字，所指何處，與十七條修路造橋，開濬河港，添造分支，皆不指明地方，不預定處所，同一用意。下文又云，正定至太原鐵道，已由商務局另款修理，該路左右一百里內，福公司不得另造。是除此一條鐵道外，儘可任其所爲，已於言外顯露，故不旋踵，即有澤襄之請。及上年又有浦口之情，愈規愈廣，詎有窮期，其餘似此者尚多，除瑣屑不計外，餘悉開具另摺，備呈鈞覽。查公法會通第二百七十八章，邦國佔據地土，若徒示以佔據之意，不足爲憑。又二百八十一章，若邦國廣據地方，無力設施，而仍欲視爲己有者，即爲無理。蓋佔據地方，必其權力實能施行，方可作爲己有。凡此皆指荒地不屬邦國管轄者而言。今明明爲中國管轄之地，而該公司於平盂潞澤等處礦務，迄今數年，並未有實行政策，即澤襄、浦口，亦祇徒示其意。依公法論，彼即有名無實。我若先期開辦，即不得謂爲違背。再查二十四年總署奏定通行章程，凡商民承辦路礦，先令呈驗資本，雖係爲限制洋股起見，足見必實有資本若干，斷無空言之理。當時福公司承借一千萬，亦先經英公使給予保單，呈驗後，始與訂議。但所保之一千萬，專指平盂潞澤而言，平陽係屬後添，即不應在內。今忽於此外攬及澤襄，又謀及浦口，既未請驗資本，又未呈交保單，依公理論，亦可不認以上兩層。我若據理力争，或可挽回一二。但國勢如此，操縱尤難，自顧庸愚，未能補救。思維再四，惟有奉懇鈞右轉請慶邸，並商之燕謀侍郎，與英使切實磋商，倘福公司以成約在先，堅執不允，亦祈設法令其指定一二處，以免籠統。總之，合同不改，則中國利益全被侵佔，目前之計，但能争迴一分，即免受一分虧損。煊既有所見，不敢不貢其所知於執事之前，用備採擇。至此外本省所應籌改者，則太原至潼關之路，太原至大同，東抵張家口，西達歸化之路，以及大同甯武一帶礦産，均應預佔先著。惟需款約在數千萬以上，財力如此，又未便再用洋款，以致利權旁落。聞南洋華商類擁巨資，且多熱心愛國之士，以種族論，與其授之外人，何如給與華商，但究竟能否招集，殊無把握。鈞石睠懷君國，中外同欽，如有可以指誨之處，伏乞示以周詳，不勝大願。肅此。即請勛安。」

照録清摺。

福公司合同應行簽議各條。

計開：

第一條、六十年期限，是否從立約時起，抑從開辦時起，詞語含混，似應聲明。又平盂潞澤，地面既寬，則所開不止一處，如此礦期滿，彼礦未滿，即須先將此礦交還，不得藉口總數，致逾限期。又平、盂、潞、澤與平陽府屬煤鐵，既歸福公司承辦，即應就此爲限，以及他處煤油各礦字樣，太無限制，似宜訂明將他處等六字删除，以杜侵佔。

第三條、調度礦務與開採工程，用人理財各事，似應添由福公司商務局隨時稟請山西巡撫酌定字樣。

第六條、所有餘利下，應添作爲百分四字，再查華俄銀行章程，餘利作爲十成，以四成報効國家，即每百分之四十分也。同一洋債，彼以四十分報効，此以二十五分報効，事出兩歧。似應統改爲四十分，以昭一律。

第十七條、修路造橋，開濬河港，添造分支，皆不指明地方，不預定處所，實有規佔利益無限之意。且下文又言，正定至太原鐵道，已由商務局另款修理，該路左右各一百里內，福公司不得另造。是除此一條鐵道外，處處皆可興造之意，已露言外。故不旋踵，即有澤襄之請，又有浦口之請，紛至沓來，幾于應接不暇，皆由此條作之俑也。此條與第一條互相激射，流弊甚大，後患甚深。若不明定限制，將來三晉利益，勢必全被佔盡。又晉省河道不能行船，似亦可預爲聲明，不必開濬，以免將來膠葛。以上各條，僅舉合同中之大疵。關係極爲緊要者而言。續有所見，容後續陳。

照録清摺。

山西商務局與福公司原訂合同。

一、山西商務局稟奉山西巡撫批准，專辦盂縣、平定州、潞安、澤州與平陽府屬煤鐵。以及他處煤油各礦，今將批准各事。轉請福公司辦理，限六十年爲期，應先由礦師勘定何鄉何山，何種礦産，繪圖貼説，稟請山西巡撫查明，果與地方情形無礙，一面咨明總理衙門備案，一面發給憑單，准其開採礦地，勿稍躭延。如係民産，向業主議明，或租或買，公平給價。如係官産，應照該處田則，加倍納賦。

二、山西商務局稟奉山西巡撫批准，自借洋債，不得過一千萬兩之數。如所派勘礦師以此數不敷於用，山西商務局仍專向福公司續借。

三、凡調度礦務與開採工程、用人理財各事，由福公司總董經理，山西商務局總辦會同辦理。

四、各處礦廠，應用華洋董事各一人。洋董管工程，華董理交涉。一切賬目，皆用洋式銀錢出入，洋董經理，華董稽核。各礦廠總以多用華人爲是，所有

薪水皆由公司發給。

五、勘驗礦地，或應打鑽掘井，探視礦苗，應先與地主商明，踏損田禾，酌量賠償。至開礦以後，或因礦塌陷，損傷民命房産，應歸公司撫恤賠償。若定辦一礦，有佔民地，必須會同地方官，或向地主租用，或備價購買，秉公定價，務使兩不受虧，方昭公允。所開礦地，無論或租或買，但遇有墳塋祠墓，必須設法繞越，毋得發掘。

六、所辦礦務，每年所有礦産，按照出井之價，值白抽五，作爲落地稅，報効中國國家。每年結賬盈餘，先按用本付官利六釐，再提公積一分，逐年還本，仍隨本減息，俟用本還清，公積即行停止。此外所餘净利，提二十五分歸中國國家，餘歸公司自行分給。以後中國他處有借用洋款開採煤鐵礦者，應請一概倣照此章，將所有礦産值百抽五納稅，以歸劃一。再，此係商人籌借開辦礦務，如有虧折，與中國國家，毫無干涉。

七、盂平澤潞，地面甚廣，開辦不止一處，然各礦出入與所有盈餘，各歸各礦清理。如或彼虧此盈，不得以此礦之盈，補彼礦之虧，致使國家應得餘利，因之少減。

八、凡開礦所需料件機器等物進口，照開平各礦現行章程，完納海關正半稅項，内地釐捐概不重征。至開出礦産運出口時，仍照關章納稅。

九、公司所開之礦，以六十年爲限，一經限滿，公司所辦各礦，無論新舊，不問盈虧何何，即以全礦機器及該礦所有料件，並房産基地、河橋鐵路，凡係在該礦成本項下置辦之業，全行報効中國國家，不求給價，届時由商務局禀請山西巡撫派員驗收。

十、每處礦廠，總以聯絡官民預息紛争爲要，應由商務局禀請巡撫，酌派照料委員一人。又設照料紳士一員，由公司聘請。該員紳薪水，均由公司籌備。

十一、礦師工頭開辦之始，自應選用洋人，倘日後華人中，有精礦學諳習工程者，商務局會同公司派充此項要職。至其餘司事照料等職，無關重大責成者，皆用華人，尤宜多用山西人，以開風氣。

十二、礦丁亦宜多用晉人，其工價應從公酌定。至礦丁受傷，應如何撫恤，與使用數十年後，應如何酌給養老之費，又平日作工，每日若干時刻各節，統俟開礦後，再由商務局會同福公司採擇歐美各礦妥善章程，商請巡撫定奪。

十三、福公司於各礦開辦之始，即於礦山就近，開設礦務鐵路學堂，由地方官紳選取青年穎悟學生二三十名，延請洋師教授，以備路礦因材選用。此項經費，由福公司籌備。

十四、山西商務局取借福公司銀一千萬兩，係約估之數，將來每開一礦，實需資本若干，由福公司撥用後，准福公司按照所用之數，造印借款股份票，刊刻章程，定期發賣。如華商於期内願賣此種股票者，有則無論多寡，聽其買取。

十五、華商收買此項礦務股票，應由商務局按照時價漲落，照章代爲收買，或自行買賣，均聽其便。如華紳富商於六十年限内，將某礦股票收至四分之三，即將該礦先期收回，由商務局查報，飭交該華商自行經理。

十六、凡於所准礦地，遇有民人先經開採者，不得侵佔。如原主自願租賣，應由商務局會同公司，秉公給價，但不得稍有抑勒。

十七、如各礦遇有修路造橋，開濬河港，或須添造分支鐵道，接至幹路或河口，以爲轉運該省煤鐵與各種礦産出境者，均准福公司禀明山西巡撫，自備款項修理，不請公款。其支路應訂章程，届時另議。至正定至太原鐵道，已由商務局另行借款修理。該路左右各一百里内，福公司不得另造鐵道，以杜争端。凡爲以上所准各事，其須民地之處，亦照各局已定章程租買，不得少佔民地，仍求地方官代爲保護。

十八、每至年終，或盈或虧，各分礦造具清册，應各請華洋公正人一名，核算無訛，然後刊刻報單，送至商務局詧核。各礦盈虧，令造總册呈報巡撫，以憑分咨總理衙門、户部查核，並將報効國家，一併呈繳。

十九、該礦爲自主之産，將來中國有與別國戰争之事，該公司應聽中國號令，不得接濟敵國。

二十、兹章程華洋文繕具兩分，各執爲凴。

大清光緒二十四年四月初二日，即西曆一千八百九十八年五月二十一號。

山西礦務局

福公司羅沙第

《礦務檔·山西礦務·寧武朔平大同煤鐵各礦》段允昌《遵章籌借洋款開辦晉北各礦》〔光緒二十八年〕五月十二日，補用知縣段允昌呈稱，爲遵章援案備借洋款，開辦晉北各礦，懇請奏咨立案，給憑勘採事。竊查晉南潞澤等礦，已經奉准華洋合辦在案。此外太行迤北，甯武同朔平等屬地方，夙産煤鐵等礦，層厚綫寬。卑職曾經游歷，留心考查詢訪，參之西人勘驗著載，所稱洵屬不誣。現奉

憲部奏定新章，准借洋款。卑職確知甯朔大等地煤鐵礦産之厚，可以支路運達幹路，銷售必旺，且晉南路礦舉行有年，現在福公司已經開辦，籍紳士著，見聞已久，豁然開化，毫無窒礙。因向北商默涉訂借公砝足銀叁百萬兩，立有允借草合同存據，擬與合夥開辦，藉以裕國用而富民生。理合先行呈懇中堂、王爺大人批示奏咨立案，給予准憑，以便延借礦師前往(屢)〔履〕勘，擇其最旺，指明山廠地段，繪圖貼説，簽正合同呈請核驗後，依限開辦。所有遵章援案備借洋款，勘辦晉北甯武、朔平、大同三屬煤鐵等礦各緣由，謹取具同鄉京官印結呈懇，伏乞俯准施行。」

《礦務檔·山西礦務·孝義》路礦總局《張文福與丹人合辦孝義煤礦呈請立案》〔光緒二十八年〕十二月十八日，收路礦總局文稱：「據商人張文福、丹國商人慕乃士禀稱，緣商人張文福係山西汾州府孝義縣人，有祖遺礦山一連三座，坐落在本縣境内。業於光緒初年開井取煤，煤質甚好，銷路亦廣，僅只挖至六七年，井内即被淹，遂用本處土法出水，辦理年餘，水終不竭，人力難施，以致佳礦廢棄，實屬可惜。嗣聞各處開礦，遇有水患，多是仿照西法用機器吸取，將井底之水可以吸清。所以商人張文福至津咨訪，遇有丹國商人慕乃士通曉機器，精明礦務，平素以商爲業，人性和好，遂將以上開礦被淹各情形，向伊聲明，並不招商，亦不積股，只是丹商慕乃士情甘自出資本，購買吸水機器，與商人朋辦，復興舊業。遂將一切事宜，同中言定，書立合同，各執爲據。惟丹商慕乃士因未見礦山，不能冒昧即辦，必須與商人一同先至礦山，詳勘明確，應用何項機器，返津再定。惟念此項礦山在山西汾州府孝義縣境内，距京千有餘里，關津阻隔，遄行不易，況借洋商，尤不敢私行潛往。除該丹商慕乃士約同商人，徑禀代管丹國大法國駐京欽使暨天津府明允在案外，今商人理合再約丹商慕乃士，叩懇局憲大人恩准立案，恭候鈞批。並祈或賞護照，以保洋商，或行知沿途，以免疏虞，伏望垂察等情。據此，除批據禀已悉，仰候咨呈外務部核奪，俟覆到再行批示祇遵外，相應咨呈貴部，請煩查照核覆施行。」

又外務部行路礦總局文《合辦孝義煤礦案應光咨晉撫查明》〔光緒二十八年〕十二月二十二日，行礦務總局文稱，光緒二十八年十二月十八日准咨稱：「據商人張文福、丹國商人慕乃士禀稱，張文福係山西汾州府孝義縣人，有祖遺礦山一連三座，坐落本縣境内，業於光緒初年開井取煤，嗣於六七年間，因井内被水停辦。至津與丹國商人慕乃士商允，由丹商出資購買吸水機器，與該商朋辦，復興舊業，書立合同。現丹商欲與該商同往勘礦，請給護照。或行知沿途地方官，以免疏虞等情，請查照核覆等因前來。查該商張文福所稱，礦山一連三座，是否係該商祖遺私業？光緒初年開井取煤，曾否報明地方官立案，應由貴局咨行山西巡撫確切查明，俟覆到再行咨部核辦。相應咨覆貴局查照可也。」

《礦務檔·山西礦務》外務部收軍機處交出趙爾巽抄摺《籌辦山西礦務並設立豐晉公司》〔光緒二十九年〕正月二十一日，軍機處交出趙爾巽抄摺稱：「跪奏爲遵旨籌辦山西礦務，以保利權，恭摺仰祈聖鑒事。竊查接管卷内，承准軍機大臣字寄，欽奉上諭：慶親王奕劻等奏，晉豫鐵路礦務，請飭開辦，以保利權一摺，著遴選殷實公正紳商，妥爲籌辦，以免利權旁落等因。欽此。欽遵轉行到晉，當經升任撫臣岑春煊轉飭布政司洋務局農工局妥議去後，竊維晉省礦脈深厚，甲於環球，西人游歷所用，測繪所及。至謂苗淺平衍，星羅棋布，多至十三萬餘英里，而山河四塞，又非鐵路無以爲轉運之方，獲懋遷之利。此山西路礦所以爲外人之所覬覦，若不及早籌維，誠有如原奏所慮，利權旁落，不能操縱自如者。」

茲承訓諭，仰見睿慮精深，先事豫防之至意。跪聆之下，欽佩莫名。惟是晉省路礦自與華俄銀行福公司立約借款以後，已肇外人窺伺之端，而近來時局變遷，復有逐漸擴充之勢。正太鐵路經督辦鐵路大臣盛宣懷與華俄銀行更立合同，派員來晉開辦，較之原訂合同，種種受虧，不勝枚舉。查前奉光緒二十八年十一月十四日上諭：「各處開辦鐵路，關繫重大，盛宣懷如與他國公司立議各項合同條款，著先由各督撫核定，始可簽押，以期周密而免疏誤等因。欽此。」足見鐵路條款。其得失之所判，利害之相關，非各該省之督撫，不能明晰。聖慮所及，何等精詳。無如正太合同定議在先，奉旨在後，約款已就，夫復何言。至礦務關繫，較鐵路爲尤巨，若不即籌畫，必至又蹈覆轍。查福公司前在總署所訂承辦山西礦務合同，第一條載明專辦盂縣、平定州、潞安、澤州，與平陽府屬煤鐵，以及他處煤油各礦等語。福公司所辦之煤鐵，僅止平、盂、潞、澤、平陽府而止，雖他處二字，漫無限制，然係僅指煤油而言，其餘煤、鐵、金、銀、銅、鉛各種礦産，以暨平、盂、潞、澤、平陽府屬之金、銀、銅、鉛等項礦産，均不在福公司認辦之内，應由晉省另行招商承辦。當經奴才與司道等籌商，議設礦務公司，廣集商股，無論本省外省各富商，凡有願意附股，或指定一處認定一礦者，均准於該總公司報名，呈驗股本，妥定章程，核准辦理。茲據司局詳稱，遵即招商設立公司，請予奏

明開辦。復據晉紳內閣中書渠本翹、常棣華，翰林院庶吉士蔡侗，刑部郎中楊履晉，吏部主事李廷颺，户部主事谷如墉，工部主事成連增，直隸候補道董崇仁，前甘肅平涼府知府龐璽，直隸試用知府曹潤堂，江南試用知縣李作楷，舉人常麟書等聯名稟稱，願意籌集股本，設立豐晉礦務總公司前來。奴才竊查前撫臣胡聘之奏設商務局，本擬招集晉商股本，籌辦礦務並工藝各業，以濬利源。只以設局期年，迄無應者，遂有招借洋款股本，與義俄各商訂約之事。時至今日，外交愈棘，時局愈艱，在彼則日充其勢力之範圍，在我則日困於因應之乏術。該紳等懲前毖後，亟願籌資集股，力保礦權，冀爲民留一綫之生，並爲大局泯無窮之患。自應趕飭將晉省礦産，除福公司認辦各礦外，均准歸該總公司承辦。應先請旨飭下外務部路礦總局立案，嗣後無論何項公司，呈請認辦晉礦者，均須先儘豐晉礦務總公司辦理，不得奏准，實於晉民大有裨益。除批飭該紳等照辦，暨委令署理冀寧道吴匡，商務局道員鄭景福、志森，兼辦該公司事務，並分咨外，所有遵旨籌辦山西礦務，以保利權緣由，理合恭摺具奏，伏乞皇太后、皇上聖鑒。再，礦務總公司現需經費，擬即於直隸購晉紗機項下動支，先由司庫籌墊，合併陳明。謹奏。

光緒二十九年正月二十一日。奉硃批：「外務部、路礦總局知道。欽此。」

又外務部收護理山西巡撫吴廷斌文附奏片《咨送復設晉省商務局並遴委員紳入局任事片》〔光緒二十九年〕二月十一日，護理山西巡撫吴廷斌文稱：「案照前護部院於光緒二十九年正月十二日，附奏山西路礦，將次興辦，擬將商務局復設，暨遴委員紳一片，未及繕咨，卸事移交前來。除俟奉到硃批，另行恭録咨呈外，擬合抄奏咨呈，爲此咨呈貴部，謹請查照施行。」

照録原奏：

「再查山西商務局，前於光緒二十二年，經前任撫臣胡聘之奏明設立，向委紳士管理，嗣於二十五六年間，所委各紳先後因事出局，續委之前貴州按察使田國俊(鈞)，迄未到差，遂將該局暫撤。而山西鐵路礦務兩項，則係總署奏准，督飭商務局紳與福公司華俄銀行畫押，咨飭照辦之件，其時值拳教滋鬧，兵釁交乘，該洋商等迄未興辦，是以尚可暫置。二十七年秋間，准大學士李鴻章電稱，英義商人福公司，擬來晉開辦礦務，升任撫臣岑春煊當即奏調原定合同之晉紳候選道賈景仁，來晉襄辦，嗣以該紳復被參劾，經岑春煊查明復奏，並委令該紳前往天津，將紡織等機器設法轉售，歷經奏明在案。現華俄銀行承辦之正太鐵路，經督辦鐵路大臣盛宣懷與該銀行更定合同，奏經外務部查明，該路與蘆漢相聯一氣，應作爲蘆漢分支，改歸盛宣懷經管，與山西商務局無涉。而一切勘路購地各事宜，仍應由晉委員會同辦理。至福公司承辦之平盂潞澤等處煤鐵礦産，現該公司已於河南道口，興築鐵路，將次抵晉，時有礦師來晉測勘，自應查照合同，將一切調度礦務，開採工程。用人理財各事，由商務局與福公司總董會同辦理，以符原約而保權限。是晉省商務局亟須復設，俾資因應。奴才與司道等籌商，查有候補道鄭景福，試用道志森，堪以委令會同各司道辦理，並飭即籌覓局所，遴派委員，妥爲布置。兹復准北洋大臣袁世凱咨稱，正太鐵路業經盛宣懷仍委賈景仁經管，並稱其甚有才識，晉省商務路礦諸事，本係該紳經手，擬俟該紳到晉，仍委令入局，會同籌辦，以資熟手。懇請飭下外務部照會英、義、俄各國公使，轉飭福公司華俄銀行遵照，所有山西路礦將次興辦，擬將商務局復設，暨遴委員紳各緣由，除咨行外，理合附片具陳，伏乞聖鑒。謹奏。」

又外務部收護理山西巡撫吴廷斌文《咨送復設晉省商務局片硃批》〔光緒二十九年〕二月二十日，護理山西巡撫吴廷斌文稱：「案照前護部院趙於光緒二十九年正月十二日，附奏山西路礦將次興辦，擬將商務局復設，暨遴委員紳一片，業經抄奏咨呈在案。兹於本月二十七日，准前護院趙移知差弁賫回原奏，欽奉硃批：「外務部知道。欽此。」擬合恭録咨呈，爲此咨呈貴部，謹請欽遵查照施行。」

又外務部收委辦山西礦務姚文棟呈附節略暨福公司礦師格那士估單《論福公司辦礦合同流弊》〔光緒二十九年〕三月二十九日，委辦山西礦務姚文棟呈稱：「晉省爲京師右臂，又爲北數省之中權，形勢最關緊要。近年洋人駸駸內侵，欲攬教育權者，議奪省城大學堂，欲扼咽喉要害之地者，議築柳太鐵路，欲握上游形勢之全者，議開潞澤礦及平盂、平陽等礦，局勢緊迫，萃於晉地。蓋此時洋人全力所注，即在於此，利權被奪，猶其餘事。夫膠威、旅大，譬猶身軀受傷，至平盂潞澤，則害及心腹矣，此當早籌補者也。學堂一事，上年所訂合同，嚴定權限，尚尠流弊。惟福公司礦務一節，雖經總署改定章程，挽回主權，乃因趙護撫近日奏案，措詞不慎，不免自將主權推失。況福公司所辦之路礦，跨晉、豫兩省，事權歸一，呼應靈通。而我則兩省各一巡撫，分疆畫界，不相爲謀，實未得抵制之要。至合同第七條，有添築支路，届時另議之文，今該公司不俟議而逕行，蔓延偏於腹地，權力所至，愈推愈廣，尤覺漫無限制。且既云借款開辦，則用

數幾何，及銷售獲利之數幾何，皆當令華員與聞，稽其盈虧，而合同內槩未載明，是又一罅漏也。以上各條，今皆可補救，倘遷延不問，必有反客爲主之虞，大局何堪設想矣！職道杞慮所及，不敢隱默，兹將福公司合同流弊，開具節略，恭呈鈞鑒，虔敏爵安。」

照録節署：

論山西福公司合同，流弊甚大。

福公司訂開平盂、潞澤及平陽府五處之礦，查平盂即古井陘，爲天下喉隘最要之區。潞澤即古上黨，爲天下形勢最勝之地，此皆於中國大局極有關礙。平盂入其手，可遂其阨吭之謀，潞澤入其手，則如挈一領以振全裘。天下大勢亦隨之而去矣，可慮一也。

附前人論潞澤形勢。

上黨形勢，雖始著於戰國，然考之劉中壘記武王克商，已欲築宫於此，周公謂恃德不恃險，亦以此爲天險之所在。

上黨，《荀子》謂之上地。《晉志》釋之曰：「居太行之巔，地形最高，與天爲黨也。故自河内觀之，則萬仞壁立；自朝歌望之，如黑雲在天半。河東、河北、河南，皆旋趾而處於山之下，右稱上地，良有以也。」

張儀稱：「上黨爲天下脊，以太行一山，千里片石，綿延崒嵂，直溯雲代，亘自西北，繚界東南，河流因之爲委蛇，蓋中原門限也。」秦時有兩上黨之名，澤與潞之謂。

自秦取上黨，而山東諸國盡俘繫於暴秦之庭，説者謂，暴秦以詐以力之功，其得算萃竭於兩上黨，故其致死力者，亦於兩上黨。後人考尋其用意之所在，無不歎其全注之巧焉。長平之役，所以極詐力而痛毒之特甚者，蓋亦爲此。按長平在府境晉豫兩省門户，全恃太行天險，潞州、上黨，在山脊最高處，爲太行總會。論天下戰守之形勢，此居其半也。

以其餘力，南下太行，可以援中州；東出磁、邢，可以援趙魏；由間道可以援平陽；由驛途可以援太鹵，故上黨常爲天下之中堅，天下常倚上黨爲磐石。

自東晉逮於五季，皆以此爲必争之地，得者昌，失者蹙；先者勝，後者覆，形勝之圖，豈曰無據。

福公司既佔潞、澤兩地，以作根本，乃借運道爲名，欲造火車鐵軌，西南通至湖北之襄陽，東南通至江寧之六合，東北通至直隸之天津，西北通至陝西之西安，其間蛛網層層，分支密布，以聯綴腹地各村鎮。論者謂如百足之蟲，縈迴散子於人之腹中，可慮二也。

附福公司洋礦師格那士佑單摘要。

一、宜以轉運礦産暢銷礦産爲名，因而謀在中國内地徧處之利益，并在南北各海口及運往他處之利益。

一、自開礦之區，指山西潞澤等處。應先築鐵路一段，至道口。屬河南滑縣。長八十英里，由道口出衛河，入運河，至天津，約五百七十英里。一水可通，設立駁船拖帶，則可往來直達矣。

一、築鐵路，至極近之衛河岸，再興設駁船拖帶，則可運往衛河運河兩旁各村鎮，況衛河運河之支派甚多，可以無處不到。

一、自開礦之區，直達海船來往之處，查有浦口江蘇六合縣境，地勢最爲相宜，應築鐵路一條，直達浦口，以便轉運該礦産出口按此路歸其掌握，則由海道運兵入内地，亦甚易。

一、擬造澤浦鐵路自澤州至浦口。長逾四百英里，所過村鎮，皆通都大邑，人煙稠密之區。大河小引，四通八達，不獨行銷於所過村鎮，且能徧運至幽僻之鄉。

一、澤浦鐵路，由澤州至新店、至懷慶，懷慶至黄河，過黄河至河南府，河南府至浦口，皆有支路分出。

一、由開礦之區，通至海輪可抵之口岸，東北一路至天津，東南一路至浦口，共陸路長六百英里，水路五百七十英里。或建築鐵路，或設立駁船，於水陸緊要各碼頭，均駐有專局經理，以便分支聯絡各村鎮，及於幽僻之鄉。

一、本公司鐵路所至，及鐵路左右水道可通之處，佔地甚廣，約計不下五千萬人。

一、由浦口入江至上海。

一、出口煤鐵，如舊金山，新加坡，檀香山，香港等處，尤爲銷路大宗。

一、他時另築支路，即由河南府過潼關，直達西安府，以通西北一路。

一、合計成本約在六百萬磅，或七百萬磅之譜。

福公司合同内，議借洋債一千萬兩，如礦師勘後，此數不敷，再行續借。惟聲明一切賬目，皆用洋式銀錢出入。此層亦大有流弊，不但彼國銀元，銷流通省，耗我足色之銀。即彼之鈔票，亦必闌入境内，逐漸浸灌。久之通省現銀，盡

入於彼矣。況利權爲彼所持，本省官商皆無自主之權，可慮三也。

按銀元銷流，利權暗奪，恐不但晉豫爲然，凡其水陸所至之處，亦必不免。福公司合同內，有開礦餘利歸公司自行分給一語，亦太含糊。夫既云借債，又云每年結賬，先按用本付官利六釐，何以分紅時，仍槩歸公司，殊未可解。合同內又云，款係商人籌借，如有虧折，與國家不涉，然則有利則歸洋公司，而虧折則歸商務局耶。此亦欠公平之至矣。況虧與不虧，只憑洋董口説，華員全不過手，從何得知。及至虧折之時，把持境土，以要索抵償，又將奈何，可慮四也。

按細味福公司合同，雖稱借款一千萬兩，實則並不需有此現銀，何也？一則用款任其調度，華員全不過問，彼可以少數冒多數。二則運銷礦產，華員亦不與聞，彼又可以售出之利銀，充作貲本。且轉以取我官利。況合同內，有准福公司造印借款股分票，發華商等語，則是彼仍以華股作借款也。窺其用意，乃是以三百、數百萬兩之實銀，盤旋往復，仍取償於華股，而即可以謀佔我形勝最要之區，陰爲一網全收之計，想明眼人必能辨之也。

《礦務檔・山西礦務・孝義》外務部行路礦總局文《合辦孝義煤礦案係詭名影射當勒令與洋商退約》〔光緒二十九年〕七月初七日，行路礦總局文稱，光緒二十九年六月二十七日准咨稱：「民人張文福與丹商慕乃士，稟請開辦山西孝義縣煤礦一案，經本總局咨查山西巡撫去後，兹准復稱，查張文福並無其人，所稱祖遺煤礦在賢者村泉則山等處，均各有窑主。差傳該窑主那延壽等八人到案訊據，僉稱係伊等祖遺之業。光緒二十二年，有汾陽縣人呂秉鉞擬與各窑主同夥開礦取煤，以貲本難集，議遂中止。二十六年拳匪肇亂，呂秉鉞被耶蘇教師指控，不知逃往何處，後潛回，向各窑主言，在天津與丹國商人訂約，朋夥開採。各窑主以煤窑並非呂秉鉞祖遺之産，先時又未言明與洋商同做，均不情願。追出所立合同底稿，又係託名張文福，實則並無其人，均令退約。伊亦自知理屈，衆情不服，已託人赴津與丹商退約。嗣又准咨稱，呂秉鉞即呂振三，所託赴津退約之張濟人，由津回歸，持有王建功寄呂振三之信稱：『兄台不來，作爲廢事』等語。此事乃呂振三一人所爲，而王建功爲當日説合之人，備悉原由，若飭令就近解説，洋商必退約了事，咨請核辦等因前來。本部查民人張文福與洋商慕乃士請辦孝義縣煤礦，既經晉撫查明，該民人等所指礦地均各有主，並非祖遺私産，且確查張文福並無其人，係呂振三詭名影射，由王建功從中説合，與洋商私立合同，應不准行，相應咨行貴局轉咨山西巡撫，勒令呂振三等自與洋商退約，以斷葛藤可也。」

《礦務檔・山西礦務・寧武、朔平、大同煤鐵各礦》外務部發英使薩道義照會《平定州開挖煤井斷難禁止》〔光緒三十一年〕八月二十三日，發英國公使薩道義照復稱，光緒三十一年八月二十日接准照稱：「准福公司總董哲美森稟稱，晉省平定州平潭地方，距州城西北二十華里左右，有孫汝陽暨正太鐵路朱委員，並該處不知姓名紳士等，現開煤礦。煤井已挖深四丈，工作正殷，此事有違本公司合同明文，請爲核辦。本大臣查按照光緒二十四年四月初二日畫定之合同章程，第一條允福公司專辦平定等府州煤礦，而十六條所准，惟指當時民人已開之礦而已，是以孫汝陽暨朱委員等所爲，明與該合同相悖。合請貴政府轉咨晉撫飭即停工，並將此等違背合同之舉，一律禁止等因前來。查山西商務局與福公司所訂礦務章程内第十六條載明，凡於所准礦地，遇有民人先經開採者，不得侵佔等語。按照此條語意，本係指所准福公司礦地内，如公司未經開辦之先，遇有民人先經開採，自不得侵佔。現福公司前往該處查勘礦産，尚未稟准地方官指給礦地，孫汝陽等於福公司未經開辦之先，集款自辦，並非違背合同，斷難禁止。相應照復貴大臣查照可也。」

《礦務檔・山西礦務》外務部收袁世凱文《晉紳公立同濟公司開辦晉省礦務已咨商部暨晉撫立案》〔光緒三十一年〕九月十二日，收北洋大臣袁世凱文稱：「前據山西紳商直隸補用道董崇仁、軍機章京吏部郎中孫笥經、刑部郎中段振基、户部主事李慎修、翰林院庶吉士梁善濟等聯名稟稱，竊維晉省礦産富饒，甲於各省，查商部奏定礦務章程，准中國商民承辦礦務。職道等現由直隸、山西、上海共集華款三十萬兩，並無洋款，業於本年正月間公立同濟礦務公司名號，擬開辦晉省各屬礦務，係晉民已開各礦毗連之地，推廣開採。以本省紳商而開辦本省礦務，核與商部章程相符，況晉辦於大局不無裨補，爲此公懇採辦，咨會商部並山西撫部院立案，以便勘購礦地。俟辦有端倪，當遵商部章程，請領執照，即行開採。職道等爲保持本省利權起見，叩乞俯准批示施行等情，到本大臣。據此。除批據稟該紳商等共集華款三十萬兩，公立同濟礦務公司，擬開辦晉省各屬礦務，晉礦晉辦，洵爲保守本省利權起見，事屬可行，應准照辦。候分咨商部並山西撫部院立案，并候咨明外務部暨盛大臣查照。此繳印發外，相應咨呈貴部，謹請查照。」

《礦務檔・山西礦務・寧武、朔平、大同煤鐵各礦》外務部收山西全省學生禀附福公司與商務局來往函件《晉礦請議賠款購回自辦》〔光緒三十一年〕十一月廿四日福公司與商務局第一信。輔臣仁兄大人閣下，敬啓者：「前接敝公司蕭君密德手函，讀悉閣下爲山西商務局特委，與福公司代理人商議開辦平定州界内煤礦之事，閣下既爲山西商務局代表人，茲特奉告閣下，福公司已派測量師蕭君密德，至平定州地方將該處之礦繪圖，以備將來連貼説以並送呈山西撫台查閲。再奉告閣下，西曆八月十四號前後，敝公司擬令薩斐理君爲代辦之員，前往平定州商議開辦平定州境内敝公司所勘定各鄉各山之礦。前五月間，余路過平定州之時，曾見本地人打井挖煤，該井工務須立即止住。緣光緒二十四年福公司蒙准專辦煤鐵礦，惟伊時以前所開之礦，准其照舊興工，此外無論洋人或本地人，概不准在平定州境内，及蒙批准章程内所載福公司他處開礦之地，再開新窑。務請閣下將此事轉禀山西撫台并商務局，以便由山西撫台及商務局札飭各處地方官是禱。專此，敬請升安。福公司礦路總工程師利德頓首。華曆六月十三日，西曆一千九百零五年七月十五號，自澤煤盛廠發。」

商務局復福公司第一信。敬復者：前接惠書，遵即回明敝局總辦。奉示諭，貴公司既擬西曆八月十四號前後派薩君到平定州商議開辦，届期敝局亦即派員前往會商。福公司與商務局本屬休戚相關，凡事自宜竭力，以後應辦一切事宜，尚須彼此商定，方可禀請山西撫台批示祇遵。至閣下函稱本地人打井挖煤，務須立即止住等語，此係本地人自務本業，何能禁止。又函稱二十四年蒙批准，概不准地方人在平定州境内及他處再開新窑等語，查原訂合同款内，并無不准晉人自行開採字樣，今突然禁民開窑，恐致民人不服，與合同内聯絡官民預息紛争之意相背。所請札飭禁止之處，礙難照辦，屬在同事，故直言之，希即查照。肅此奉復，祇頌時祺。

福公司與商務局第二信。山西太原府商務局委員徐輔臣仁兄大人閣下，敬啓者：七月初五、十八兩日惠函，均已奉到，茲敬復初五日惠函。讀來示首段，祇悉貴局亦派員至平定州，與薩君會商福公司按照光緒二十四年所立合同第一款所批准一切事件，薩君甚願與所派委員會商一切。第二段係論平定州境内新近在平潭開辦之窑，據閣下函稱，敝公司所謂立即禁止該窑工程一節，礙難照辦，茲將敝公司所以請禁止該新窑之故，敬爲閣下補敘之。請看原章程第一款内言明山西商務局禀請奉山西巡撫批准，專辦平定州煤鐵礦等語，此語極爲顯明，斷不至有看錯之處。專辦者，獨辦也，即他人不得再辦之謂也。更請閣下細閲，禀請山西巡撫專自開辦煤鐵等礦者，係山西商務局禀請蒙准後，數華人爲伊等又專請福公司辦理。由此觀之，此專辦開礦之權，即在批准之數華人。此外華人由伊時起，直到限期滿時，不准開辦新窑，所請山西商務局禁止附近平潭新窑工程，係敝公司之工程師蕭君到後纔開辦者。如山西商務局不能准敝公司所請，則敝公司必由大英國欽差處，禀請北京政府保全敝公司照原合同所准之權利。以上所請之事，余不能謂與原合同相背也。再復十八日惠函」第一段云，商務局總辦有調度會辦之權，茲指告閣下，此與原合同第三款不相符矣。該第三款云，凡調度礦務與開採工程用人理財各事，由福公司總董經理，山西商務局總辦會同辦理。第二段係閣下申論前函，即敝公司未曾禀告貴局，要派工程師到平定州測量等語。閣下未免誤矣。

《礦務檔・山西礦務》李廷颺、劉懋賞《晉礦由地方紳民自辦福公司當照章退讓》〔光緒三十一年〕十二月十八日，收代表山西全省紳民吏部主事李廷颺、學堂舉人劉懋賞等呈稱：「爲地方遵章自辦礦務，呈請大部作主，飭令福公司照章退讓，以挽利權而伸公理事。竊職等考各國於路礦一事，所採主義凡三：其一爲官廳時許，官廳特許之事，則在彼時許者，必有應享之特與同所負相當之義務。查原章程於辦礦，曰巡撫批准，於借債，曰巡撫批准。則即採地方官廳特許主義，批准爲商務局，其特權亦必歸商務局，商務局之特權，在得轉請福公司辦理，及由福公司借一千萬之洋債，而所負之義務，即不得再請他國人及另借他公司之洋債。違此定章，巡撫即有取消其特許之權。福公司與商務局，祇代理與貸借關係，寔祇就一礦，有代商務局辦理并撥用資本之權，必不能涉及商務局採礦權之範圍。申言之，商局爲主體，公司爲客體，客體從主體爲存滅，乃法律之公例。商局若失其採礦權，公司必同時失其代理與代借關係。是原章程，無論不得爲兩國家合意所訂之條約章者。二、礦務爲國家公産，其與商務局以請求開採之權，非私該局也，爲地方公益也。爲地方公益，而反禁地方人自爲開採，非特原章十無此特權，亦且各國間無此公理，故第一款於巡撫給憑，必先查明果否於地方有礙。夫有礙莫大於有礙地方自辦，必地方不自辦，商務局始得請求開採，否則必不能稍侵地方之優先開採權也。地方優先權發生，商務局請求權即消滅，此原章所定爲明文者，非因解釋而故爲深義也。況十一條固言多用山西人，以開風氣，所謂風氣，即自辦風氣也，是商務局之請求，正所以提倡地方之

自辦。近宋汝陽在平定開採一事，即佔地方地位，非惟福公司無禁止之權，即商務局且負有退讓之義務。今該公司屢函禁止，則是其違章者。三、且不但地方而已，即以華紳富商論，山西爲中國一部分，晉礦亦宜爲中國人所同享之利益。但其與地方稍異者，地方與商局爲先後之關係，而獨立於該局之上級，必地方無礙者。該局始有開採之權。華紳富商乃與福公司爲内外之區別，而平列於商局之左旁，苟有自辦寔力，亦得與商局同享内國人開礦之利益。但其對於商局，無借款轉請之特權，則與地方所負之義務一也。故第十五條華紳富商收回股票四分之三時，可由商務局查報收回股票四分，公司已開採者若此，則未開採前，紳商得以四分之股本，自請開採，固可推定無疑也。今同濟公司之設立，即屬此意。但商務局得調查其有無借洋債之事，有則不惟損該局之特權，亦且減爲其公益之義務。對於官廳要求停止，固其職也。但係紳商籌款自辦，則商局以借洋債之故，不但不得禁止，並且負移讓開採之義務。綜上所陳，地方與紳商出而自辦，則在我爲遵章，並非廢約。寔可對抗一切關係人，而不容稍奪者也。而該公司乃欲禁我有辦，是在彼對商務局爲已背豫約，矧復違章。蓋特許與條例，皆國家爲公益所設，即商局遵章，苟於公益，國家尚得以主權所在，取消其特許，變更其條例，而況背約違章，有害公益，若福公司所爲者乎！是以闔省紳民，有犯萬死而不敢强以相從者。爲此籲懇王爺、中堂、大人，俯念大局攸關，生命所繫，保全地方自辦，飭令該公司照章退讓，以伸公理而挽利權，無任屏營迫切待命之至。謹呈。

《礦務檔·山西礦務·寧武、朔平、大同煤鐵各礦》外務部收山西巡撫文附山西同濟礦務公司章程暨同濟公司呈《同濟公司擬定推廣開採章程勘就礦界繳呈註册銀兩》 〔光緒三十一年〕十二月二十一日，收山西巡撫文稱，案據山西同濟礦務公司紳商直隸補用道董崇仁、吏部郎中孫筍經、刑部郎中段振基、户部主事李慎修、翰林院庶吉士梁善濟等稟稱：「爲擬定推廣開採章程，指定礦地肆至里數，公懇俯准立案，呈解部費，請咨商部註册，頒發開礦執照，暨咨外務部查核事。竊職道等於本年正月間，公立山西同濟礦務公司，擬擴充開採本省平、盂、澤、潞、平陽等處煤礦，先將勘定平定平潭、河南北各礦地，測繪成圖，呈請核准。並經商部批飭指定處所，訂期開辦事章程，礦地肆至，呈部核定，以憑給照等因各在案。茲謹遵部章，將職道等公司指定第壹次開採河北礦地，東北至漢河溝，正東至石圪疊，東南至甘河溝，正北至劉家莊村北，西北至後山村，正西至段家碑溝里，西至段家碑溝中，正南至莊莊溝，共計三十方里。第二次開採河南礦地，東至小陽泉村，西至南溝，北至河堰，南至尖山，又連尖山並天山之南椿樹樓溝，尖山之西南菜凹山、共山，共計三十方里。第三次開採河北礦地，北至蒙村溝，南至蘇地港，東至虎尾溝，西至前莊村之水清凹背坡，共計二十方里。第肆次開採河北礦地，北至火窑溝，南至馬王溝，西至西北大山，東至蔭營村東河堰，共計地三十方里。凡職道等公同指定礦地，均有現開舊廢等窑，皆係毗連處所，曾經各村莊共立合同，作爲開礦公産，稟明在案。合並註册稟呈，隨部費庫平銀壹千壹百兩，條規章程清摺，呈請鑒核立案，並請咨商部註册，頒發開礦執照，暨咨外務部查核，寔爲公便。至開礦日期，現擬土法開井試辦伍陸處，俟領到開礦執照推廣開採，再行稟報，合併聲明等情。並呈註册稟呈摺二扣，條規章程摺二扣，隨解註册部費庫平銀一千一百兩到院。據此。除註册銀兩現由本部院填給解批交商號大德恒匯京，轉繳商部註册局外，理合咨呈。爲此咨呈貴部，請煩查照核辦施行。計送註册稟呈摺一扣，條規章程摺一扣，照録條規章程清摺。謹將山西同濟礦務公司擬土法試辦開採平、盂、澤、潞及平陽等處煤礦條規章程十四則，開具清摺，恭呈鈞鑒。」

計開：一、宗旨宜先聲明也。本公司係遵照商部奏定章程，稟請北洋大臣袁，山西撫院張批准立案，鐵路大臣盛查核，並請咨商部立案，外務部查核，名曰同濟礦務公司，先行推廣開採煤炭，次第舉辦五金煤油各礦。

二、條規宜先立定也。本公司係山西紳商承辦本省礦務，先在山西、直隸、上海籌集股本銀三十萬兩，並無外洋股份，不用外省人員，事無大小，悉照生意規矩辦理，不得別開面目，所有官場習氣，一概删除。

三、礦地宜先指明也。本公司以山西紳商，先開本省平、盂、澤、潞以及平陽等處煤礦，係將舊廢等窑毗連之處，推廣開採。每開一礦，縱横三十方里之内，他人不得開採，以杜爭端。

四、釐税宜遵部章也。本公司開礦之地，應納糧銀，均照賦則完納。至煤礦出井，應納釐税，遵照章商部定章，值百抽五。如礦産出口，仍照關税章程辦理。

五、工程宜定辦法也。本公司現係創辦之初，擬先用土法開採，暫購抽水機器及活鐵路小鐵車等件，以應急需，並遵本章自造枝路，俟有成效，再用大機器開採。

六、餘利宜提報効也。本公司所集成本，並無利息，每年積帳盈餘，先提一分爲公積，逐年還本，俟成本還清，即停公積，此後所餘净利，提二十五分報効國家，餘歸公司除再提紅股外，按股分利。

七、添股宜儘晉人也。公司所集之股，係由山西、直隸、上海三處，各籌十萬，此後如山西紳商願添入股份者聽，但不得過原集股數。

八、帳簿簿宜遵定章也。出入銀錢，最關緊要，應立帳簿，遵照商部奏定章程，立流水簿，照記每日出入各項收支；月記簿，照記積日成月收支各項；總清簿，照記全年出入之寔在，以爲公司總册。由總辦及股東所派查察人，協同司事核算，算年清年款，登載函報，俾衆咸知。

九、司事宜分内外也。除總辦、坐辦、幫辦外，内司事有公事處，專管公文書信，收支處專管銀錢帳目，考工處專管工匠夫役勤惰，發給工食等事；機器房專管車路抽水等物，收管房專管出入煤炭；雜處專管火食雜用及牲口等事，並木植甎灰等件，外司事有監工、領班、管工抛手工人、司册、路工。

十、辦事宜求認真也。事無大小，各有專司，專司事件，按日清理。即與同事交涉，亦須和衷共濟，視局事如己，毋得推延。如生意規矩，互相照應不得玩視膜置，倘有偷閑草率者，一經察覺，定必開除。

十一、工匠宜嚴挑選也。一切工程全憑此輩，做作得人，則工程加倍；不得人，則工程減半，故宜留心挑選。如有吸食洋煙，貪嬾身弱，帶疾喜争，不聽約束者，不用也。

十二、司事宜給力股也。公司一切規矩，既按生意辦理，凡總辦、坐辦、幫辦以及司事人等，或開辦基始，備極艱辛，寔心任事，積勞有年，擬倣照生意規矩，酌給人力股份，俾霑利益，以酬勞勩而勵辛勤。至此等人力股份之司事，或因他故，或年老，不再入局，除薪水開除外，應酌給股利年限，以昭獎勵。

十三、用人須立限制也。跟人護兵夫役，在所必須，除總辦跟人酌用外，坐辦、幫辦並大司事，各用人一名，食局飯工錢司事自發護兵夫役，應按公事多寡，隨時酌定。

十四、工人宜籌卹賞也。礦井之深，一二十丈、三四十丈、五六十丈不等，工人出入最爲危險，如有傾跌，或爲礦土坍塌壓傷，以致殞命等情事，應各安天命。惟工匠夫役，多係貧民，因公致傷，情殊可憫，自應由公司體察情形，分别給賞，以示體卹，並預請地方官立案。

以上各條，係本公司以土法開辦簡明規則，所有未盡事宜，以及機器開採礦廠辦事詳細章程，隨時議定，續行禀明。

照録註册禀呈清摺。

謹將山西同濟礦務公司禀請轉咨商部註册禀呈，繕摺恭呈鈞鑒。

謹開：具呈山西省同濟礦務公司爲呈請註册事，竊公司照章程内載所應聲明各款，呈請註册，伏乞商部註册局查核施行。須至呈者。

計開：

名號：山西同濟礦務公司。貿易：開辦煤礦以及五金各礦。有無限：有限。設立年月：光緒三十一年正月初六日設立。營業年月日：無限期。

總號設立地名，如有分號，一並列入。總局現設山西省城，名曰山西同濟礦務總公司。分局兩處，一設平州，名曰同濟礦務公司平盂分局；一設澤州府，名曰同濟礦務公司澤潞分局。均有木質圖記，以昭信守。至平陽等處分局，俟擬立定，再行續報。

股份總銀數：共集款銀三十萬兩。每股銀數：紅封平足寶銀一百兩。每股已交銀數：交到頭批股本銀三萬兩。創辦人及查察人姓名住址：創辦人：山西紳商直隸補用道董崇仁，忻州人；吏部郎中孫篙經，平定州人；刑部郎中段振基，臨汾縣人；户部主事李慎修，介休縣人；翰林院庶吉士粱善濟，崞縣人；查察人，山西直隸上海各股東隨時派充。合同：無。規條章程：共七十四則，另摺附呈。布告。函告。

又外務部收商部文附山西巡撫文暨咨山西巡撫文《晉紳公立同濟公司開辦本省礦務咨送與晉撫往來文件》〔光緒三十二年〕正月二十二日，收商部文稱：「山西紳商董崇仁等禀請集款公立同濟公司，開辦本省礦務一事，迭准北洋大臣、盛大臣、山西巡撫據情咨達本部，並稱已咨明貴部在案。兹准山西巡撫咨稱，該公司指定礦地，呈解經費，請咨部給照開辦，除由本部核覆外，相應鈔録往來文件，咨呈貴部查照備案可也。」

照録山西巡撫文。

爲咨呈事。案據山西同濟礦務公司紳商直隸補用道董崇仁、吏部郎中孫篙經、刑部郎中段振基、户部主事李慎脩、翰林院庶吉士粱善濟等禀稱，爲擬定推廣開採章程，指定礦地四至里數，公懇俯准立案，呈解部費，請咨商部註册，頒發開礦執照，暨咨外務部查核事，竊職道等於本年正月間，公立山西同濟礦務公

司，擬擴充開採本省平、盂、澤、潞、平陽等處煤礦，先將勘定平定州平潭、河南北各礦地，測繪成圖，呈請核准。並經商部批飭指定處所，訂期開辦，即將辦事章程礦地四至，呈部核定，以憑給照等因各在案。兹謹遵部章，將職道等公司指定第一次開採河北礦地，東北至漢河溝，正東至石圪疊，東南至甘河溝，正北至劉家莊村北，西北至後山村正西至段家碑溝里，西南至段家碑溝中，正南至莊莊溝，共計二十方里。第二次開採河南礦地，東至小陽泉村，西至南溝，北至河堰，南至尖山，又連尖山並尖山之南椿樹樓溝，尖山之西南茱凹山，共計三十方里。第三次開採河北礦地，北至蒙村溝，南至蘇地港，東至虎尾溝，西至前莊村之水清凹背坡，共計二十方里。第四次開採河北礦地，北至火窑溝，南至北馬王溝，西至西北大山，東至蔭營村東河堰，共計地三十方里。凡職道等公司指定礦地，均有現開舊廢等窑，皆係毗連處所，曾經各村莊共立合同，作爲開礦公產，禀明在案。合並註册禀呈，隨部費庫平銀一千一百兩，條規章程清摺，呈請鑒核立案，並請咨商部註册，頒發開礦執照，暨咨外務部查核，寔爲公便。至開採日期，現擬土法開井試辦五六處，俟領到開礦執照，推廣開採，再行禀報，合併聲明等情。並呈註册禀呈摺二扣，條規章程摺二扣，隨解註册部費庫平銀一千一百兩到院。據此，除註册銀兩，現由本部院填給解批交商號大德恒匯京，轉繳貴部註册局外，理合咨呈。爲此咨呈貴部，請煩查照核辦施行。

照録咨山西巡撫文。爲咨覆事。接准咨稱，據山西同濟礦務公司紳商董崇仁等禀稱，職等公立山西同濟礦務公司，擬擴充開採本省平盂澤潞平陽等處煤礦，先將勘定平定州，潭河南北各礦地，測繪成圖，呈請核准。並經商部批飭指定處所，即將礦地四至，呈部核定，以憑給照等因各在案。兹謹遵部章，將公司指定第一次開採河北礦地三十方里，第二次開採河南礦地三十方里，第三次開採河北礦地二十方里，第四次開採河北礦地三十方里，凡公司指定礦地，均有現開舊廢等窑，皆係毗連處所，曾經各村莊共立合同，作爲開礦公産，禀明在案，合並註册，並呈隨部費庫平銀一千一百兩，條規章程清摺，呈請咨部註册，頒發開礦執照到院。據此，除註册銀兩填給解批，交商號大德恒匯京轉繳外，爲此咨請查照等因，並據該號商將匯解銀一千一百兩赴部呈交前來。查此案前准北洋大臣會同盛大臣貴撫，咨報該紳等禀辦同濟礦務公司情形，繪具圖説，一併咨部立案。查原送圖説，僅稱勘定平定州河南北礦地，當以未經指定處所，咨令將礦地四至查明，咨部核辦。今准來咨，該紳等擬擴充開採平、盂、澤、潞、平陽等處煤礦，核與前案不符。查平、盂等處礦地，現與福公司正在磋商，尚未就緒，該紳等等禀請擴充開採，自係抵制爭先之意。惟查安徽銅官山礦務，前據皖紳以英商逾期未辦，禀請自行集股開辦，請發探礦執照等因，當經本部咨准外務部覆稱，現與英使正在磋商，該紳請領執照，未便遽爲發給等情在案。今同濟公司請辦平、盂等處礦地，與銅官山情形，大致相同，自應查照暫緩辦理。再查晉省礦産宏富，該公司既集有巨款，不妨先就他處趕緊擇要開辦，亦足以自挽利權。若必指定平、盂等處，恐輾轉籌商，不免曠日持久，轉致難收速效，務望權衡緩急，審慎辦理。除將號商大德恒匯到庫平銀一千一百兩，連同解批，仍交該號商領回呈繳外，相應咨覆貴部院查照，轉飭該公司遵照可也。須至咨者。

又梁恪思信《續記開辦山西礦務事會商情形並照呈礦圖》〔光緒三十二年〕七月初五日，收福公司致唐大人信。敬啟者：「六月二十日，蒙貴大臣與朱大人會於外務部商議山西合同，以其事關重要，當將事實畧爲紀載。本公司之總工程師利德君，蒙貴大臣允許隨同本總董，以便詳釋擬請開辦礦地之面積及其性質。利德君呈出地圖，表明地之形勢，及其與鐵路並道河所佔之位次，又經指明界線之所以不齊，係因欲避開各舊礦及村莊之故。所請之地，多係崎嶇瘠地，祇有數礦即近爲同濟公司所開者，該公司並未停辦。而且正在本公司所選定之地，常開新窑。貴大臣擇下擬請開辦礦地之大幅面積圖一張，並請要重畫兩張，當經本總董應承力爲速辦照呈。查該圖已於六月二十四日在外務部妥交矣。該圖有一張係送去現任山西巡撫者，有謂巡撫尚未思及照發憑單之事。本總董聞之，深爲駭異，當即聲明於西曆去年十月請發開辦礦地憑單時，已有一圖送呈巡撫，故新任巡撫當有多時，以明所請之憑單，係屬合理。貴大臣要請具保本公司實欲新辦礦務，並非祇藏憑單而已。本總董乃引河南礦務，以證其真誠之心。查本公司在河南歷經艱難，用去巨款約計二百萬元，利德君遂呈出估單，表明擬撥一百萬元，作爲在山西開辦經費之用。本總董提出新開土窑之問題，並謂凡以土法所開之窑，出煤不多，以爲本地之用者，皆不禁止。至於能與本公司爭勝者，實不能寬容。又謂聞有人曾向天津外國商行，請代購外國機器，以供土窑之用，此事經貴大臣堅不認有其實。當時又告明貴大臣等，謂一得憑單，當即開工，於七尺線路處，當可見煤。一月後，本公司每日可出煤一百噸，由英國辦來之特色機器未到之先，即由河南移用，以便即刻開辦。礦地圖又經詳細查閲，貴大臣問有何可保本公司他日辦礦不出現定界線之外，以在地下侵佔，不能

即見也。本總董乃力保必定盡力提防，以免侵佔，所辦之工程，可以隨便稽查。又謂商行如本公司之程度者，不用怕有妄爲之事也。至論礦地之廣闊若何，利德君即指明河南之黄界憑單，有六十方里，尚有紅界憑單，面積有二百餘方里，以爲備用。今所請之山西憑單，祇有三十九零二七方里，倘開大工，於十三年内，或當採盡。利德君又謂本公司所擇定作爲開窑之地，全係山地，無房屋墳墓或民人貴重産業。貴大臣等乃應承即咨照山西巡撫立該憑單。俟收到後，即將所有限制該憑單各條規，一并知照本總董。至時或納或拒，本總董可以自定。本總董謂，望該條規可以永免一切争端，此亦係貴大臣之願也。又謂，此次會議未得即行議結，深覺不安，倘此時仍不能妥結，當作嚴厲舉動矣。貴大臣又謂，該憑單及其條規，當早日知照爲是。議至此，遂停。本總董深望該條規收到之時，可以表明中國國家，實係有意使本公司按照合同，享其應得一切利益，有各大員誠心扶助，以其不用出費，又非冒險，而坐收其大份之利，亦有山西民人之好意。以其由本公司所辦之事，可得長久大利也。所有經此一切會議，諒貴大臣當見本總董皆係依理寬容忍耐，並以多時使外務部及新任山西巡撫恩中丞，可得明白此事之一切。本總董自覺已盡其力，以得一公平妥洽之決斷，現惟安心静候而已。如所争之事，不能即時完結，則所受之大虧，本總董已明告貴大臣等矣，其責任固不在本總董也。兹謹另具以上所云大幅礦地圖一張，比圖乃木日早始得，其鉛筆所號者，係擬作爲開窑之地，面積約共三百畝。肅此，順頌勛祺，名另具。光緒三十二年七月初一日。

《礦務檔·山西礦務》袁世凱《平定州有礦各村入股同濟公司請查照立案》〔光緒三十三年〕三月十三日，收直隸總督袁世凱文稱，據山西同濟礦務公司紳商直隸補用道董崇仁，軍機章京吏部郎中孫笥經，刑部郎中段振基，户部主事李慎修，翰林院庶吉士梁善濟等禀稱：「竊紳商等於上年正月公立山西同濟礦務公司，所勘平定、平潭河、北河沙堰、西北大山一帶礦地，並河南神峪溝西大山一帶礦地，於上年三月間，經賽魚等村莊三十三村社保長牌頭等，將各村莊地畝，通共四百三十五頃一十六畝，均寫明四至畝數，情願各入爲公司開礦公地。公司遂給與各村莊開礦公股，通共一百五十三箇，其地畝多寡不一，所給股分亦多寡不一，俾開採時獲有利益，均須稍沾。公司同公社互立合同，各執一紙，並粘條款，共立濟字合同十八號，計三十六件。自立合同之後，凡入公股公地，公司開採應用何地，本地紳民公平議價，或入股，或價售，公司不得勒買，地主不得居奇。且公司既與股分，則各村莊地畝，凡在礦綫之内者，不得私賣。倘有私賣者，照條款辦理，以昭公允而保利權。查紳商等勘定礦地，曾經呈送圖説，禀請立案，咨部在案。理合將上年三月間，共入公股村莊地畝，暨認定股分，造具清册，並合同條款式樣，禀呈查核立案，並懇咨商部外務部立案等情，到本大臣等。據此。查該公司所禀，自係以晉省紳民保守晉省礦地起見，除批准暨分咨外，相應咨呈貴部，謹請查照立案。須至咨呈者。」

照録合同條款式樣。

立認股合同，山西同濟礦務公司情因本公司在村社勘就礦地，照四至合算，共有　頃　畝，本公司情願與該村保甲鄉牌合力舉辦礦務，公司内認與　村社公股　箇，日後獲利，按股分爲該社内之利益，若有虧折，毫不累村。本公司自應謹遵商部奏定章程，無論買到何村地畝，永不轉售外人。本公司原係本省紳商，凡在地居民自立合同之後，應聯爲一體，無論何人地畝，不得賣與外人。至於公司開採時，應用何人地畝數若干，或以地作股，或給錢買用，本公司通知該村保甲鄉牌偕地主到公司面議。既昭公允，且可永久。恐口無憑，立合同爲証。

每股作銀一百兩，共銀　兩。

光緒三十一年三月十二日。濟字第　號。

趙熙廷。張士林。任忠。李搢笏。

蔡蓉田。李作楷。朱承鈞。李澍堂。平定紳商。

陳鍾義。商畛。王守正。廉士昇。平定紳商。

《條款六則》

一、礦綫内之村莊，公司既與股分，該村即當遵照商部奏定嚴禁私賣礦産章程，凡在該村綫内之地，不得私自賣與外人，及外州縣人，以防流弊，即或自村買賣，必須通知本村保甲鄉地會同公司查明，實非外人及外州縣人，方准出賣。

一、礦線内之村人，如有將自己地畝私售外人者，其所得地價，盡數歸公。仍由公司合各村保甲鄉地公議重罰，並將賣主一家，逐出社外，從中説合之人，亦照此辦。

一、凡在村莊土人舊有之窑，仍由土人採取，其餘公司未經買到之地，亦准土人自己開採，並不禁止。

一、公司之窑與土人之窑，設於地内，兩家掘通，由本地紳民驗明劃界，將

掘通之處，作爲甌脱公地，東家不得西侵，西家不得東佔，以昭公允。

一、綫内礦師勘定應用之地，公司不得勒買，地主不得居奇，由本地紳民公平估價，有願以地作股者，亦由紳民公平作價入股。

一、公司出銀買到之地，凡内地應出賦稅錢糧，由公司完納，其以地入股之賦稅錢糧，仍由地主完納，照録清册。

謹將本年三月十二日，公司勘定平定礦地合同，各村莊公社立定入公股合同，開具清册，呈請鈞鑒。

計開：

濟字第一號：賽魚村保長張士選，牌頭張琮成，公立合同兩件。

共入公股地二十三頃五十三畝，認公股八箇，作銀一百兩，共銀八百兩。

條款附後。

濟字第二號：前莊村保長趙萬運。牌頭馮攀。公立合同兩件。

共入公股地十五頃三十畝，認公股八箇，每股作銀一百兩，共銀八百兩。

條款附後。

濟字第三號：蒙村保長荆山起，牌頭荆山緑，公立合同兩件。

共入公股地三十頃，認公股十箇，每股作銀一百兩，共銀一千兩。

條款附後。

濟字第四號：上蔭營村保長任忠，地方史根惠，公立合同兩件。

共入公股地四十八頃五十畝，認公股十箇，每股作銀一百兩，共銀一千兩。

條款附後。

濟字第五號：馮家莊等村保長李紹唐，地方李繼宗。

公立合同兩件。

上馮家莊：共入公股地十頃十畝，認公股五箇。

下馮家莊：共入公股地八頃十八畝，認公股五箇。

黄沙岩村：共入公股地三頃二十五畝，認公股三箇。

漢河溝村：共入公股地七頃一十五畝，認公股四箇。

荆家掌村：共入公股地五頃一十五畝，認公股四箇。

魏家峪村：共入公股地六頃二十五畝，認公股四箇。

石圪疊村：共入公股地七頃二十畝，認公股七箇。

桃林溝村並後山：共入公股地十五頃二十畝，認公股九箇。

狐子窩村：共入公股地二頃十五畝，認公股三箇。

甘河村：共入公股地四頃十畝，認公股三箇。

每股作銀一百兩，共銀四千七百兩。

條款附後。

濟字第六號：石卜嘴紅土坪保長石潤，牌頭白玉堂，公立合同兩件。

共入公股地五頃九十畝，認公股五箇，每股作銀一百兩，共銀五百兩。

條款附後。

濟字第七號：石卜嘴東莊保長白萬倉，牌頭白富昌公立合同兩件。

共入公股地十頃五十畝，認公股五箇。每股作銀一百兩，共銀五百兩。

條款附後。

濟字第八號：石卜嘴西莊保長姚正栻，鄉約馮吉，公立合同兩件。

共入公股地十一頃二十畝，認公股五箇，每股作銀一百兩，共銀五百兩。

條款附後。

濟字第九號：義井村保長劉鳳藻，地方王鳴盛，公立合同兩件。

共入公股地二十二頃六十六畝，認公股三箇，每股作銀一百兩，共銀三百兩。

條款附後。

濟字第十號：義東溝村保長張連元，地方楊日金，公立合同兩件。

共入公股地三十一頃八十六畝，認公股四箇，每股作銀一百兩，共銀四百兩。

條款附後。

濟字第十一號：西峪掌等村保長郄恭銘，地方楊旺。

公立合同兩件。

西峪掌入公股地十二頃。

西峪入公股地十頃。

牛家峪入公股地四頃。

核桃入公股地一頃。

楊家莊入公股地三頃。

以上共入公股地三十頃，共認公股五箇，每股作銀一百兩，共銀五百兩。

條款附後。

濟字第十二號：南莊保長張維榜，地方王萬玉，公立立合同兩件。共入公股地二十六頃，認公股九箇，每股作銀一百兩，共銀九百兩。條款附後。

濟字第十三號：小陽泉村保長楊沁，地方楊巨川，公立合同兩件。共入公股地二十五頃十三畝，認公股七箇，每股作銀一百兩，共銀七百兩。條款附後。

濟字第十四號：大陽泉等村保長郄步堂，地方劉科。公立合同兩件。

大陽泉入公股地二十一頃一十畝。

王家峪入公股地八頃。

神峪溝入公股地九頃。

以上共入公股地三十八頃一十畝，認公股八箇，每股作銀一百兩，共銀八百兩。條款附後。

濟字第十五號：平潭鎮保長牛莆田，牛薪田，荆棫，郭萬鈞，沈以廉，鄉約郭占豐，王川鰲，地方郭有慶，公立合同兩件。共入公股地十四頃三十畝，認公股六箇，每股作銀一百兩，共銀六百兩。條款附後。

濟字第十六號：平潭惱保長李齡東，地方李如玉。

又外務部收山西巡撫文《福公司背約開礦晉人公纂意見書請廢原約》〔光緒三十三年〕四月二十九日，收山西巡撫文稱，案據山西農工商局詳，光緒三十三年四月十四日蒙憲台札開。案准外務部咨，案查福公司以在晉開礦受虧索賠一事。英使與本部迭次來往函照，業於上年十二月十一日，鈔録咨行在案，本年正月二十日，復經本部就上年十二月初五日該使來照，逐層駁覆去復。茲准英使復照稱，抵制公司之舉，仍望竭力禁止，以便平安執業。該省大吏至今竟未照辦，已令公司大受虧累。復行聲明奉有本國訓條，仍向貴國政府索償等語。查該使以福公司在晉辦鑛未發憑單，致有自西曆本年正月爲始，按日索償之語。雖經本部迭次照駁，迄未改易前説，往返辯論，毫無裨益，相應鈔録往來照會，再行咨送貴撫查照一併核復可也等因。准此。合亟札知札到該局，即便查照此札並粘單一紙等因。蒙此。查福公司背約開礦，輿情憤激，生命財産之所繫，共表同情，既非有人主持。即難强爲抑勒。雖經該公司刁難層生，而晉民據公理原約。自爲聲明輿論所關，堪爲質証。茲將晉民公纂對於該公司意見書十四條，繕具清摺，具文詳請查核，俯賜咨覆，寔爲公便等情。據此，擬合咨覆，爲此合咨貴部，請煩查核立案施行，須至咨者。計鈔送清摺一扣。

附鈔謹將晉人公纂對於福公司意見書，繕具清摺，恭呈鑒核。

計開：

一、光緒二十四年合同，經總理衙門批准，係山西商務局紳曹中裕，與義國商人羅沙第，在總理衙門所訂，是總署批准，乃係批准商務局轉請義商羅沙第，並非批准現在辦礦之人。

一、義商羅沙第以合同私售與人，賣者買者。均未通知晉人，晉人故不能承認，蓋義商變爲英商。晉人固不知，總理衙門外務部亦均未立有案據。且該公司屢請英公司向外部交涉，義商承辦之件，與英有何交涉，晉人最注重此層。

一、正太道清鐵路，本該公司承辦。該公司屢次轉售，不遵合同，不顧原議。不商之晉人，不知照晉省商務局，晉人均謂該公司名譽已壞，信用已失，是合同應廢之確據，設與之合辦礦事。該公司再暗中盜賣，或私自另售與人，晉人又將如何辦理。

一、山西商務局所存之原合同，雖在總理衙門所訂，總理衙門並無關防在上。商務局亦未蓋用關防，僅曹中裕一私人畫押，豈能强全晉紳民承認。

一、合同言借款一千萬，晉人至今並未借過分文，且借款之後，由該公司辦礦，晉人亦沾不著好處。試問晉人何必借此有害無利之債款，現在晉人已有集巨款，自行開採。

一、原合同第十條載明，該公司須聯絡官民，預息紛争爲要。今該公司屢次無理取鬧，索專辦，禁民開窑，令封禁舊窑，索石灰礦，皆違背合同之確據，以致激怒商民，群情憤洶，學生蹈海罷市罷學。此後危險。恐將波及教會游歷並旅晉各國人員。

一、原合同第十六條載明，山西人多以挖煤爲生，遍地煤窑煤洞。合同言明，先經開採者，不得侵佔，亦不得稍有抑勒。該公司乃令外部照會山西巡撫，令將民人宋汝陽煤窑封禁。因此全晉譁然，群思抵抗。

一、合同第六條載明，此係商人借款辦礦。如有虧折，與中國國家無干，夫

虧折且與國家無干。焉有動輒向外部交涉之理，是亦違背合同之證據。

一、合同是商務局員所訂。合同處處載明，事事須會同局紳議辦。乃該公司至今無一事與商務局商辦，一味欺壓强覇，尤爲背合同之大者。該公司既有不遵合同，晉人遂視合同爲已廢。

一、合同所指平盂潞澤平陽府，係各就一處而言，非全州全府皆在其內也。該伍屬地方廣大，礦産又占全省十分之九，晉人斷不能全舍。況盂縣本平定州屬縣，觀於言平復言盂，則平定非全州可知。該公司貪多務得，無理壟斷。復又於伍屬之外，揚言專辦全省礦權，尤無情理。又云不准本省人用機器開礦，尤爲原合同之所無。山西稍有知識者，無不視該公司爲讎敵。

一、請發憑單，合同載明須山西巡撫查明與地方情形無礙。若地方人均稱有礙，是明與地方民人生計有關。係則山西巡撫即不能發給，毫無疑義。該公司忽稱發憑單遲延，每日須索償巨款，尤駭人聽聞，行同訛詐，山西全省人民決不甘受。

一、合同第九條言，所開之礦，以陸拾年爲限。六十年自何時算起，亦無明文。此皆當時一二私人隨便誆騙羅沙第，愚弄山西人。作此遮掩耳目之計，此種合同，何能作爲証據。又何能强山西全省人民承認，誆騙者僅止一二人，遂謂全省人民生計，全省地主血産。可以不顧，可聽攘奪。萬萬無此公理。

一、原合同第十五條，華紳富商收買股票至四分之三，即將該礦先期收回，自行經理。此可爲晉人在法律上有籌款自辦權之確証，蓋惟因紳商不知籌款自辦，始有向該公司借款代辦之事。然合同中固明言，壹日紳商能籌款自辦，即一日該公司失其借款代辦之權矣。今已延遲八年之久，俟晉人已集有巨資自行開採。該公司既未開一礦，即無收買股票之可言，而顧欲妄行封禁。横肆要挾。是在晉人本爲遵章，而該公司寔屬違約，以故稍明理者，無不目該公司所爲，爲野蠻舉動。

一、原合同第十一條，宜多用山西人，以開風氣。此中証原合同爲在風氣未開時而始有效者，今越時既久，晉省風氣大開，人知自辦。山西人將自爲用，何待用於福公司，故此原合同因該公司自後於風氣，而當然作廢，昭昭可不待辦晰。

照鈔另條。

一、既曰批准，即不得謂與現在辦礦之人無涉。

二、義英同一福公司，若何至不能交涉。

三、仍是福公司名目，不能指其盜賣。

四、第一條言明由總署批准，不能以未蓋関防，即不能承認。

五、合同已定，不償彼即不甘休。

六、波及教會仍是晉人吃虧，豈能恐嚇他。

七、如有權禁他不向外交部交涉，確是上策。

八、英使却説過商務局不同他商辦，後數條有理可採。

《礦務檔·河南礦務·安陽煤礦》總署收户部文附劉樹棠奏片《豫撫劉樹棠奏明安陽煤礦官督商辦》〔光緒二十二年〕九月初十日，户部文稱，河南司案呈，內閣抄出河南巡撫劉樹棠奏，總理各國事務衙門議令四川等省有礦之地，一律招商集股等語，豫省煤礦自試辦煤釐至今，收數無甚把握。商人高向棻等自購外洋機器，將安陽礦務作爲官督商辦，由鹽糧道庫暫行籌動銀二萬兩，發給該商承領，責成開採，按四年歸款，照章認息，按年隨本呈繳等因一片，光緒二十二年八月初七日奉硃批：「該部知道。欽此。」欽遵抄出到部。相應抄録附片，恭録硃批，咨呈總理各國事務衙門可也。

照録粘單：劉樹棠片。再前准總理各國事務衙門咨，以御史王鵬運條陳開辦礦務內稱，四川等省五金各礦，山西河南煤鐵礦，皆以官吏貪圖省事，不願開採，小民本小利微，無由上達，應准有礦之地，一律招商集股，呈請開採，地方官吏不得阻撓等語。該衙門議令各省釐定章程，切寔奏明報部等因，咨照到臣，亟應遵照辦理。查豫省煤礦西北近山州縣，所在有之，居民開採，多用人功，遇夏秋大雨時行，礦被水淹，輒又閉歇，故自上年奏請試辦煤釐至今，收數尚無甚把握，必須購用機器，出煤既速，兼可戽水，方無時作時輟之虞，釐收即可隨之而旺。且值議開蘆漢鐵路。將來經由豫省地段甚長，銷運煤斤亦必日暢，是用機器開辦煤礦，寔爲豫省目前第一大利，所苦境乏富商大賈，集股殊難，司庫又無大宗間款，可辦此項機器，以濬利源。前查商人高向棻、譚士禎等，自購外洋機器，由天津來豫，在安陽地方開採煤窑有年，近因成本太重，難以再期大舉。臣擬就其已成之局，貸以官本，將安陽礦務作爲官督商辦，可期事半功倍，已飭由糧鹽道庫暫行籌動銀二萬兩，發給該商人承領，責成廣爲開採。仍令分按四年歸款，並照章認息，按年隨本呈繳，庶商務漸興，官款亦不致虛懸。臣爲力開風氣起見，是否有當，謹附片具陳，伏乞皇上聖鑒，敕部立案施行。謹奏。

《礦務檔・河南礦務・福公司河南礦務案》羅沙底《請照准河南礦務章程》〔光緒二十四年〕四月初一日，福公司商人羅沙底稟稱：「竊職商於去冬山西礦務合同訂立後，以河南爲山西出路，且兩省礦脉毗連，適豫豐公司商董來議借款，開辦該省礦務。旋即請其馳往河南稟請巡撫，仿照山西辦法，往返數月，頗費周章。幸河南巡撫深信敝公司殷實可靠，即允以懷慶左右，並黄河以南西南諸山各礦，准敝公司與豫豐公司合辦，奏請在案。職商於閏三月初二日，蒙總理各國事務衙門傳到議改山西礦務章程時，王爺、中堂、大人深明國計，諭令礦産出井，加值百抽五之税。並將官利減至六釐各節，當查歐美各國礦章所征之税，皆取之於經費既除之後，從未有於經費未除以前，即征以值百抽五者，似此重税，職商遲疑未敢遽允。迺承鈞諭，謂河南巡撫所請開辦該省各礦，亦允敝公司照辦，以資補償，職商方敢遵諭。後經華俄銀行争請原議准辦正定太原鐵路，職商又承中堂重申前諾，故爾相讓。至河南礦務章程，迭蒙王爺、中堂、大人允於山西章程簽定後，即可照辦。今山西礦務章程既已簽字，用特鈔呈河南礦務章程一摺，呈請鑒核施行，實爲公便。敝公司不勝感激待命之至，肅此，敬請鈞安，伏乞垂鑒。」

《礦務檔・河南礦務》總署行户部片《會奏河南礦務一摺請開明堂銜並註寫送署》〔光緒二十四年〕四月十四日，行户部片稱：「所有本衙門會奏河南礦務辦法摺稿一件，業於四月十一日片送會畫在案。現本衙門定於本月十八日會奏，務希貴部將稿畫齊，即日送署，并將堂銜開明，有無註寫，一併聲明，以便繕摺會奏可也。」

又總署收户部片《片送會議河南礦務奏稿》〔光緒二十四年〕四月十六日，户部片稱：「准總理衙門片稱，會議河南礦務辦法，改訂合同，請旨遵行一摺，並將會稿片送會畫，又會議詹事府左中允黄思永奏通商口岸路礦各事一摺，又附奏礦路關繫緊要，應切實保薦一片。均定於本月十八日具奏，前送堂銜，有無註寫，務於十七日午前，知照本衙門，以便繕摺會奏等因前來。相應將本部各堂註寫，並會議河南礦務會稿，一併片送貴衙門查照可也。」

又總署收軍機處交出鄭思贊鈔片《參糾吴式釗等攬辦豫省礦務》〔光緒二十四年〕四月十九日，軍機處交出鄭思贊鈔片稱：「再，河南懷慶一帶，前聞有人私結黨援，議辦礦務，其中情弊顯然。臣確加訪察，議辦之人，係翰林院檢討吴式釗，候選道員程恩培實主其事。聞二人朋比爲姦，借集股之名，從中漁利。自春間到河南省後，狎優宿妓，無所不爲，而該處不肖官員，因其擅有利權，趨之若鶩。吴式釗與河南撫臣劉樹堂，係雲南同鄉，潛在巡撫衙門居住，又托言寄居省城鼓樓街客店内，以掩飾衆人耳目。程恩培時而在京，時而在豫，僞持洋人執照，煽惑人心，其鬼蜮情形，尚難枚舉。查河南七省通衢，民情半多浮動，無論開礦之事，窒礙難行，且吴式釗托故來京，既非奉旨特派之員，又非撫臣奏調前往，今竟擅至豫省，孳孳爲利，實屬寡廉鮮耻，有玷清班。程恩培少年浮動，係福建陸路提督程文炳之子，生長紈袴，聲色貨利之外，一無所知，此等劣員，如何能經理礦務？倘或允其開辦，勢必委之洋人，將來糾葛紛紜，於大局殊有關礙。臣既有所聞，不敢安於緘默，用特據實糾參，請旨懲辦，謹附片具陳，伏乞聖鑒，謹奏。」

光緒二十四年四月十九日，奏旨。

《礦務檔・山西礦務》馬存仁《籌議廢止福公司辦礦章程》〔光緒三十三年〕十一月初三日，收山西同鄉官内閣中書馬存仁等稟稱，謹呈王爺、中堂、宫保、大人鈞座：敬呈者：「竊維國際交涉，公法與私法不同，條約與契約迥別，晋省福公司事，所訂者，章程耳，合同耳，非條約也。所簽字畫押者，洋商耳，山西商務局耳，非中英兩國家全權代表之名義也。雖盛大臣有續訂之件，亦屬私人與私人之契約。而不得混入公法，雖國家有批准臣下入告之詞，亦是我内政之體例，而不得牽入國際。此等法例，乃各國所通行者也。伏查光緒二十四年，福公司與晋人訂立合同，旋經總理衙門議將原約作廢，改訂章程，而奏案中聲明，事關商務，應逕與洋商磋商，使臣不得攙預等語。可見當日總署對於此事，早已視爲私法，而非公法矣。然始終逕由總署居中調停，易啟外人以要挾之媒，遇事苦無退步。及至本年八月，朝廷特派丁臬司來京會商礦事，鈞部不顯爲干涉，由丁臬司召集兩方，自相集議，辦法極爲得體。蓋以鈞部有保護外人之責，而礦章亦有限制洋商之條，朝廷兼籌並顧，特派地方長官以辦理之。按諸新定礦章所稱關係洋商者，並咨外務部會核，關係礦務事體者，無論何國人准至本省提法使司上控，至農工商部爲止，領事及公使等，均不得干預諸條，亦暗相符合。是於辦理外交之中，兼寓裁判兩方之意，邦交無礙，國法益尊，一舉而數善備，非鈞部之苦心籌畫，曷克有此。兩月以來，談判已經多次，在晋人遵守章程，毫無排外無理之言，亦無失信外人之處，但按照原章續約，寔有可以取銷作廢之理，謹舉大端，爲鈞部陳之。查原訂者號稱章程，在私法中，亦非完全形式之契約，特一

共同辦事之規條耳。無合同而空有章程，則契約之要素未備，應歸無效，此可廢者一。章程之末，署名者，一爲商務局，一爲羅沙第，羅係義商，以章程轉售英商，當事者之國籍既更，晉人有可以不承認之理，此可廢者二。華洋文義岐出，各執爲憑，遇有争執，無從折衷，按諸契約通例，亦未爲合，此可廢者三。雙方結約，必有期限，若未附入，則應按普通之法行之。查英國契約逾十八個月不履行者，即行解除，他國有採一年期間主義者，乃福公司自訂章後，時越六年，不來踐約，則前章例應解除，此可廢者四。契約必雙方遵守，一方違背，一方即可作廢。今該公司於前到晉時，轉請解爲獨專權獨辦，禁民自辦，嗣又准用土法，禁用機器，此皆章程之所無，尤爲章程之所禁，因之激怒商民，幾釀大釁，此可廢者五。章程第十五條載明，每開一礦後，始得按照寔需資本刊章定期發賣股票，儘華商收買。今該公司一礦未開，據倫敦調查報告，已賣山西股票至一百二十餘萬磅之多，斯尤背章程之大者，此可廢者六。章程第一條稱，地方情形無礙，方能發給憑單，准其開採。該公司前歲到平定勘礦繪圖，呈經巡撫查明，就中於溝渠河道有礙，且佔及新舊民窑甚多，未經允准，乃該公司返京，仍持其原勘圖説，要鈞部咨照晉撫發給憑單。此等舉動，與强迫侵佔何異，此可廢者七。原章於調度礦務理財用人各事，商務局有會同辦理之權，乃該公司勘礦聘匠，皆獨斷獨行，反客爲主，視章程如弁髦，此可廢者八。章程性質歧雜，以山西商務局與福公司議定爲標題，而第六條則謂，他省有借洋款開礦者，應請概仿照此章。據此，則此章程雖爲兩私人之議定，而尤含有普通之效力，是又無異國定之章程矣。以奏定礦章第一條新章頒行舊章收回例之，則此章萬無獨存不廢之理，此可廢者九。然此就原章言之也，若以續合同論，尤爲無理，蓋原章明稱山西商務局轉請福公司辦礦，則商務局不得再請他公司辦理，福公司亦不得另與他人合辦。不料該公司據晉礦爲已有，不商之晉人，不知會商務局，竟轉向鐵路總局續立合同，是即爲大背原章程之證據。訂一背一，兩者應皆歸無效，此可廢者十。凡此數大端，晉人共見共聞，理直氣壯，此次談判，在代表人轉述衆意，曾經論辯及之，而丁臬司極意調停，恐累及鈞部爲難。歸到贖回章程合同一層，該公司亦已允認，惟索款甚鉅，無理要挾，迭經磋商，尚未成議。商務局曲從丁臬司之意，允以百萬金了之，揆諸晉省財力，寔屬不支。此條辦法，地方一般紳民均未認可，謂礦權自在，何待乎續；章程合同應廢，何須乎贖。即使不廢，而照章皆礙難寔行。雖有空文，已同廢紙，贖之亦屬無名。此等輿論，亦非不合公理，而一時尚未公然大起反對者，因丁臬司官晉日久，辦事甚多，群情素協，故半皆隱忍不發，而寔非其本心也。然兩利相形取其重，兩害相形取其輕，合辦與價款，二者利益孰大，在洋商心計精密，乃竟願舍此就彼者，則利害得失之數，亦可自對鏡而知之。而山西全省人民，於合辦則誓死不認者，此中尤有絶大之關係也。蓋各國以投資手段，隱擴其勢力範圍，此日商力所及之地，即異日國權所及之地，晉人爲此大懼，不敢冒然使外人握我礦權者，爲國家大局，非僅爲一省利權計也。而且晉礦雖豐，民智尚淺，一聞洋人合辦之説，則群情疑阻，恐難相安無事。職等從長籌議，覺合辦之阻力較大，流弊較多，乃者同鄉董道崇仁奉調來京，手出臨城借款合辦之合同，囑公司籌商，能否仿行，董道亦自言不易做到。職等閱看之下，不知臨城礦務當年以何原因，歸到合辦，惟晉省情形懸殊，福公司之事體亦異，寔難相提並論。自來王道必順人情，而立憲尤重輿論，此職等所以敢於冒昧而據情瀆陳也。伏思鈞部保持晉礦，已越兩年，顯以維主權，即隱以重民命，晉人聞風興起，群思以自辦相激勵。年來奏設保晉公司，業已辦有規模，而股分尚未十分踴躍者，徒以福公司事未了，商民恐將來出於合辦借款耳。若此次收回自辦，則風氣所趨，勢必群策群力，大舉自辦，集通國之資本，助晉力所不逮，完璧歸而寶藏興，是鈞部之大有造於晉省矣。伏祈王爺、中堂、宫保、大人俯念晉省生計艱難，財力支絀，福公司事，寔曲在彼不在我。有鈞部主持於上，彼族自不敢恣意要求。仍懇一面飭丁臬司勿藉詞推諉，從速力磋，俾得早日了結，則晉人感戴，曷其有極。抑尤有請者，頗聞英公使屢向鈞部嘵瀆，按諸國際私法，與總署奏案，及新定礦章，皆有未合。縱謂使臣有保護自國之商人之權，而丁臬司主持償款，已屬逾格優待，且該公司亦已允認，而使臣反越俎代謀，其果何説之辭，鈞部但以婉辭謝之，已足關其口矣。是否有當，謹合詞上陳，不勝迫切待命之至。謹呈。」

《礦務檔·河南礦務》總署收軍機處交出李盛鐸片《清飭豫撫詳商河南礦務》〔光緒二十四年〕四月十九日，軍機處交出李盛鐸片稱，再風聞河南、山西，均有商人稟請開礦。山西業經議准，其大端流弊，姑不具論，河南則聞由總理衙門議照山西章程辦理。自係爲畫一起見，惟河南原議章程比之山西原議，較爲妥善，若將原議妥善之處删改，比照山西，似非節長棄短之道，即如由華董會同洋商辦理一語，改爲由洋商會同華董辦理。在華文語意，無甚懸殊，而就西文觀之，則洋商有權，而華商無權，大有妨華商之權利，即有妨中國之權利，事關華洋

商人合股辦事，與交涉無異，自當不厭求詳，且河南、山西隔省，情形未必全同，可否飭下總理衙門，知照河南巡撫，詳商辦理，以保利權而免流弊。臣愚昧之見，是否有當，伏乞聖鑒，謹奏。

又總署收户部片《會奏河南礦務情形一稿清片送本部補畫》〔光緒二十四年〕四月二十六日，户部片稱，所有會議河南巡撫奏河南礦務情形一摺，前經會畫在案，今榮中堂管理本部事務，會稿應行補畫，相應片呈貴衙門，即將會稿片送本部，以便補畫，因用印不及，逕行白片可也。

又總署奏摺附河南礦務章程《豫豐公司向福公司借款承辦河南礦務》〔光緒二十四年〕五月初二日，本衙門奏摺稱：「爲遵議河南礦務辦法，改訂合同，請旨遵行，恭摺仰祈聖鑒事：光緒二十四年二月十六日，准軍機處鈔交河南巡撫劉樹堂奏豫省礦務請歸商人自借洋款承辦一摺，奉硃批：『著總理各國事務衙門會同户部議奏，單併發，欽此。』查原奏内稱，現據翰林院檢討吴式釗，分省補用道程恩培，呈請與義商羅沙第立定合同，借款一千萬兩，設立公司，請辦豫省礦務，名爲豫豐公司，聲明所借之款，商借商還，如有虧折，歸該公司自理，所得礦利，以百之三十五分報効朝廷，開辦六十年以後，所置辦礦産業，全數報効，謹照繕該商等議定合同，呈請聖裁，如蒙俞允，再行加蓋關防，分别存發，指派地方，以便開辦等語。臣等正在核議間，復准軍機處片交給事中鄭思賀等奏河南礦務請飭禁借洋債一摺，軍機大臣面奉諭旨：該衙門知道，欽此。臣等就原定合同逐款查核，内惟第二款所獲餘利，以百分之三十五分報効中國朝廷，雖較之山西礦利，多得百分之十，而其餘各款，於應征地賦及礦産落地税出口税等項，均未開載，周息八釐，亦嫌過重，給事中鄭思賀等請飭禁借洋債，與御史何乃瑩條奏山西路礦停借洋款，同一用意。劉樹堂原奏，則以華商貲本難集，成效茫然，必須借資外人，亦不爲無見，臣等公同商酌，山西礦務既經臣等將合同章程逐加添改，奏准開辦，豫省事同一律，義英駐京使臣日來催詢，自應照案辦理，當即督飭義國商人羅沙第仿照山西辦法，另擬合同章程二十條，與前定山西合同均屬相符。惟劉樹堂原擬第一款，准該公司承辦懷慶左右黄河以南西南諸山各礦，地段過廣，應改爲懷慶左右黄河以北，以示限制，謹照録合同章程，恭呈御鑒。現准劉樹堂電稱，已派商董吴式釗、程恩培來京備問，擬俟命下之日，即令該商董等與義商羅沙第在臣衙門畫押，以憑開辦。所有遵議河南礦務辦法緣由，理合恭摺覆陳，伏乞皇上聖鑒訓示遵行。再此摺係總理衙門主稿，會同户部具奏。合併聲明，謹奏。」

光緒二十四年五月初二日，奉硃批：「依議。欽此。」

照録章程。謹將改訂河南礦務合同章程，繕單恭呈御覽。

豫豐公司與福公司議訂河南開礦製鐵以及轉運各色礦産章程，條列於左：

一、豫豐公司稟奉河南巡撫批准，專辦懷慶左右黄河以北諸山各礦，今將批准各事，轉請福公司辦理，限六十年爲期，應先由礦師勘定何鄉何山何種礦産，繪圖貼説，稟請河南巡撫查明，果與地方情形無礙，一面咨明總理衙門備案，一面發給憑單，准其開採礦地，勿稍躭延，如係民産，向業主議明，或租或買，公平給價，如係官産，應照該處田則加倍納賦。

二、豫豐公司稟奉河南巡撫批准，自借洋債不得過一千萬兩之數，如所派勘礦師，以此數不敷於用，豫豐公司仍專向福公司續借。

三、凡調度礦務與開採工程用人理財各事，由福公司總董經理，豫豐公司總辦會同辦理，其出入數簿，請由河南巡撫隨時派員稽查。

四、各處礦廠應用華洋董事各一人，洋董管工程，華董理交涉，一切帳目皆用洋式銀錢出入，洋董經理，華董稽核，各礦廠總以多用華人爲是，所有薪水，皆由福公司發給。

五、勘驗礦地，或應打鑽掘井，探視礦苗，應先與地主商明，踏損田禾，酌量賠償，至開礦以後，或因礦塌陷，損傷民命房産，應歸福公司撫卹賠償。若定辦一礦，有佔民地，必須會同地方官，或向地主租用，或備價購買，秉公定價，務使兩不受虧，方昭公允。所開礦地，無論或租或買，但遇有墳塋祠墓，必須設法繞越，毋得發掘。

六、所辦礦務，每年所有礦産，按照出井之價，值百抽五，作爲落地税，報効中國國家。每年結帳盈餘，先按用本付官利六釐，再提公積一分，逐年還本，仍隨本減息，俟用本還清，公積即行停止，此外所餘净利，提二十五分歸中國國家。餘歸福公司自行分給。以後中國他處有用洋款開採煤鐵礦者，應請一概倣照此章，將所有礦産值百抽五納税，以歸劃一，再此係商人籌借開辦礦務，如有虧折，與中國國家毫不干涉。

七、公司所開之礦，不止一處，然各礦出入與所有盈餘，各歸各礦清理，如或彼虧此盈，不得以此礦之盈，補彼礦之虧，致使國家應得餘利，因之少減。

八、凡開礦所需料件機器等物進口，照開平各礦現行章程，完納海關正半

稅項，內地釐捐，概不重征，至開出礦産運出口時，仍照關章納稅。

九、福公司所開之礦，以六十年爲限，一經限滿，福公司所辦各礦，無論新舊，不問盈虧如何，即以全礦機器及該礦所有料件並房産基地河橋鐵路，凡係在該礦成本項下置辦之業，全行報効中國國家，不求給價，届時由豫豐公司禀請河南巡撫派員驗收。

十、每處礦廠總以聯絡官民預息紛争爲要，應由豫豐公司禀請巡撫酌派照料委員一人，又設照料紳士一員，由福公司聘請，該員紳薪水，均由福公司籌備。

十一、礦師工頭，開辦之始，自應選用洋人，倘日後華人中有精礦學諳習工程者，豫豐公司會同福公司派充此項要職，至其餘司事照料等職，無關重大責成者，皆用華人，尤宜多用河南人，以開風氣。

十二、礦丁亦宜多用豫人，其工價應從公酌定，至礦丁受傷，應如何撫卹，與使用數十年後，應如何酌給養老之費，又平日作工每日若干時刻各節，統俟開礦後，再由豫豐公司會同福公司採擇歐美各礦妥善章程，商請巡撫定奪。

十三、福公司於各礦開辦之始，即於礦山就近開設礦務鐵路學堂，由地方官紳選取青年穎悟學生二三十名，延請洋師教授，以備路礦因材選用，此項經費，由福公司籌備。

十四、豫豐公司所借福公司銀一千萬兩，係約估之數，將來每開一礦，實需資本若干，由福公司撥用後，准福公司按照所用之數，造印借款股分票，刊刻章程定期發賣，如華商於期内願買此種股票者，有則無論多寡，聽其買取。

十五、華商收買此項礦務股票，應由豫豐公司按照時價漲落，照章代爲收買，或自行買賣，均聽其便，如華紳富商於六十年限内，將某礦股票收至四分之三，即將該礦先期收回，由豫豐公司查報飭交該華商自行經理。

十六、凡於所准礦地，遇有民人先經開採者，不得侵佔，如原主自願租賣，應由豫豐公司會同福公司秉公給價，但不得稍有抑勒。

十七、各礦遇有修路造橋開濬河港，或須添造分支鐵道，接至幹路或河口，以爲轉運該省煤鐵與各種礦産出境者，均准福公司禀明河南巡撫自備款項修理，不請公款，其支路應訂章程，届時另議，凡爲以上所准各事，其須用民地之處，亦照各局已定章程租買，不得少佔民地，仍求地方官代爲保護。

十八、每至年終，或盈或虧，各分礦造具清册，應各請華洋公正人一名核算無訛，然後刊刻報單，送至豫豐公司察核各礦盈虧，會造總册，呈請巡撫，以憑分咨總理衙門、户部查核，並將報効國家各項，一併呈繳。

十九、該礦爲中國自主之産，將來中國有與别國戰争之事，福公司應聽中國號令，不得接濟敵國。

二十、兹章程華洋文繕具兩分，各執爲憑。

又總署奏片《呈式鈖等被參各事應由豫撫查明河南礦務合同當先畫押》〔光緒二十四年〕五月初二日，本衙門奏片稱：「再正在核奏間，准軍機處片交御史鄭思贊奏，翰林院檢討吴式鈖、候選道程恩培，在河南攬辦礦務，借端漁利等語，軍機大臣面奉諭旨：該衙門查明具奏。欽此。復准軍機處片交御史李盛鐸奏河南礦務請詳商辦法等語，軍機大臣面奉諭旨：著該衙門查明辦理。欽此。查鄭思贊原奏内稱，河南礦務，吴式鈖、程恩培實主其事，二人朋比爲姦，從中漁利，該處不肖官員，因其擅有利權，趨之若鶩，吴式鈖托故出京，擅至豫省，孳孳爲利，程恩培生長紈袴，一無所知，此等劣員，何能經理礦務，用特據實糾參。李盛鐸原奏内稱，河南開礦由總理衙門議照山西章程辦理，自係爲畫一起見，惟河南原議章程，比之山西原議，較爲妥善，即如由華董會同洋商辦理一語，改爲由洋商會同華董辦理，則洋商有權，而華商無權，事關華洋商人合股辦事，不厭求詳，可否飭下總理衙門知照河南巡撫詳商辦理各等語。臣等查吴式鈖、程恩培二員承辦豫省礦務，是否從中漁利，此外有無劣跡，臣等無從訪查，應咨行河南巡撫劉樹堂查明覆奏，至河南原訂礦務合同，於應完各項賦稅，均未聲敘，臣等既議照山西章程一體征收，非將合同各款概照山西辦理，無以折服洋商，惟合同第三款凡調度礦務開採工程用人理財各事一節，既據李盛鐸指稱有妨華商利權，不厭求詳。臣等復與英義兩國使臣論及，均以概照山西辦法，本甚公平，再四磋磨，該使等以爲事有波折，持之愈堅，擬就該款内添敘，出入數簿，由河南巡撫隨時派員稽查，尚不致利權旁落。總之，各省礦務果能自集華股，自行開採，原無取招致洋商，致增轇轕，無如股本既難猝招，礦務又未便停辦，不得已而借資異地，勢不能不予以利益，以覲厥成。現英義使臣屢向臣衙門催促畫押，臣等以吴式鈖等既經被參，當電商劉樹堂另擇妥員來京商辦。旋准覆稱，豫省官紳拘守故轍，風氣尚未大開，强求恐滋貽誤，仍由臣等酌量辦理等語，臣等公同商酌，只可令吴式鈖先與羅沙第畫押，一面由劉樹堂隨時察看，如果有從中漁利情事，即行撤换，以肅礦政。謹附片具陳，伏乞聖鑒。謹奏。」

光緒二十四年五月初二日奉硃批：「依議。欽此。」

又總署收豫豐公司商董檢討吴式釗呈附福公司代理人函《呈復福公司勘測襄澤鐵路事該洋董不願與盛大臣商辦》〔光緒二十五年〕八月十九日，收豫豐公司商董檢討吴式釗呈，奏設豫豐公司商董翰林院檢討吴式釗，謹呈王爺、中堂、大人閣下，敬呈者。竊本月十三日奉鈞署傳詢，商董既與洋商福公司訂立合同，自當永遠恪守，何以辦理不符。以至有越界勘路之舉，商董當即面陳，現未開辦，實無與合同不符情事，至勘路一節，前據福公司函稱，于去秋曾奉鈞署照會英使明文，准其由礦山修築鐵路，通至襄陽，乃聘洋礦師工程師等前來勘路，函催商董同往籌辦，並將鈞署發給洋礦師工程師等護照傳示，其上批明准在山西、河南境内測勘礦山並鐵路字樣，商董既蒙鈞署奏准承辦河南省河北礦務，所訂合同内，又有修築運礦鐵路之條，事關交涉，不得不派人隨同照料，並親身馳赴與礦山相迅之懷慶，布置一切，期與官紳預商妥籌，庶免意外之虞，而爲開辦之地，今春二月曾向鈞署路礦總局呈明在案。商董何人？豈敢於奏定合同外，稍有侵越，惟該洋商既奉有鈞署修築鐵路通至襄陽明文，並執有鈞署發給勘路測礦護照，商董實無權向其禁阻，即如該洋工程師等擬由潼關向陝西遊歷，商董曾執護照與争，阻其出境之行，該洋工程師等旋即返轡。若護照既已允准前往之處，商董雖力争，渠亦不聽，且轉執護照以脅商董矣，商董人微權輕，必須仰藉鈞署之力，方能與其辯論，所有委曲下情，均經在署面陳矣，復處傳諭飭商董轉告福公司洋董，以後總須恪遵合同辦理，並飭澤襄鐵路一節，商董儘可推諉，由該洋董逕與督辦蘆漢鐵路盛大臣商辦等因，遵此。商董當即趨詣福公司，其原訂合同之洋董羅沙第，現赴英京倫敦，唔代理洋董沙鏢納，縷述前情，據沙鏢納云，渠亦不能專斷，當即致電倫敦，往返辯論，據該洋董云，合同自當恪守，無論辦至何時，不敢稍有不符，至於澤襄鐵路一節，雖經商董推諉，該洋董等因始終未與盛大臣交涉，不便往商，既蒙鈞署傳諭，以爲有礙蘆漢權利，該洋董等不敢固執前議，懇祈鈞署另指一路，但求運道通暢，庶於商款無虧，而且中朝每百抽五出井税課，及二十五分之餘利，乃能豐裕，聊竭報効之忱，隨致洋函一件，懇爲代呈等情前來，至可否另指一路，商董豈能妄參末議，謹將傳諭洋董代呈洋函各緣由，繕具節畧，陳請督核，伏候鈞裁，謹呈。外附呈洋函一件。

豫豐公司總董吴楚生先生執事，昨蒙傳總署、王爺、大人諭令敝公司開辦必須恪守合同，其澤襄鐵路須與盛大臣商辦等因，按合同爲永遠信守之據，何敢不遵。惟現辦各事或有合同所署者，亦必奉有總署明文，方敢從事。至澤襄鐵路一節。查敝公司與貴公司自議立草合同起，及在總署换清合同，并申叙接至長江鐵路，即是襄陽等情，始終與盛大臣無涉，兹令與盛大臣商辦之處，礙難遵行，又云河南撫台裕奏稱，澤襄鐵路有妨蘆漢利權，與原定合同不符等因，查合同所載河口，原指可以通達長江足駛輪船之處，因煤鐵皆笨重之物，非谿河小船所堪運載，查河南河口北岸只有衛河，南岸只有淮河，雖皆通行小艇，不能駛行輪船，故不得不以長江爲限。二十四年七月二十九日蒙總署照會敝國欽差，亦稱英國承修中國鐵路一事，其山西、河南至長江一條，查該河口即在襄陽，可以通達長江足駛輪船之處等云，足證所謂河口，即是長江，毫無疑義，現在既蒙河南撫台奏稱，有妨蘆漢鐵路利權，自應遵照妥籌改道，已經電告倫敦敝公司恪遵辦理；并請閣下轉禀總署、王爺、大人或另指一路無妨於蘆漢利權而能通至長江之處，自應籌酌謹遵辦理。伏以敝公司承辦各礦，實於貴國國計民生，大有裨益，即如合同所載礦産出井值百抽五之税，無論公司盈虧。而此税則先行抽報，各處礦章所無，倘有盈餘，又有二十五分報効國家，故鐵路必須通至長江者，爲礦産可以暢銷，礦産暢銷。值百抽五之税自多，而二十五分之餘利自厚，況煤鐵爲民生日用所必需，運道便則價值輕，價值輕則萬民隱被無疆之惠矣，肅此奉白，敬請升安。

福公司代理人沙鏢納啟。

又總署收河南巡撫文附原稿《咨送覆奏查明辦礦檢討吴式釗被參各款摺》〔光緒二十五年〕九月十二日，收河南巡撫文稱，竊照本部院於光緒二十五年七月二十一日，具奏查明辦礦檢討被參各款覆陳壹摺，除俟奉到硃批，另行恭録咨送外，相應抄摺咨送。爲此合咨貴衙門，請煩查照施行，須至咨者，計粘抄摺稿一紙。

光緒二十五年八月初九日，奏爲查明辦礦檢討被參各款，恭摺覆陳，仰祈聖鑒事：「竊奴才於光緒二十五年六月二十二日承准軍機大臣字寄，光緒二十五年六月十五日奉上諭：有人奏檢討吴式釗、候選道程恩培承辦河南礦務，冒稱欽差，擾民牟利，請飭查辦等語。著裕確切查明，據寔具奏等因，欽此。當經飭委候補知府沈傳義前往黄河南北，逐一密查。兹據查明禀覆前來，復以奴才訪詢所得，互相印證，謹爲我皇太后、皇上據寔陳之。如原參吴式釗、程恩培均少年無賴，御史鄭思贊專摺糾劾，經總署議奏，令吴式釗一人承辦，不准程恩培與聞，孰知程恩培詐言與義大利之福公司交厚，非伊不能合夥，吴亦樂與朋比，同往開

辦，議在懷慶一帶設局招股。可知借允洋債之虚一節，查程恩培先於本年二月初間來豫，由孟津縣渡河至懷慶府郡城，借寓陳姓房屋，建議設局，並與該府縣商訂河内縣副貢王聯五暨周姓一人承充局紳，繕給憑單。迨二月下旬，吴式釗由京抵懷，另居府署西首萃豫堂客寓，將程恩培所訂之王聯五等辭退，改約河内縣候選訓導李伯恭接事，因是彼此齟齬，幾不相下，旋奉總署來文，令吴式釗一人承辦，不准程恩培與聞。程恩培即於是月杪進省，三月間折回安徽原籍，吴式釗亦於三月二十日赴省，四月初回懷慶，旋由道口坐船回京。該二員迄未重來，局務亦未定議，似此互争權勢，甫合即離，謂二人之少不更事，則有之，謂爲少年無賴，未免過甚其詞。且二人意見齟齬，兩不相下，所謂朋比同謀，亦不確寔，至原議借本銀壹千萬兩，而詢諸懷慶府縣，均稱未見有兑到此宗鉅款，亦無本省紳商入股，僅聞吴式釗自言每月薪水銀四百兩，聘請礦師及盤費等項，已用銀百萬兩。其寔帶來票據，但知有孟縣存義公號匯到吴楚生銀六百兩，不免張大其詞，究其如何集股支用，帳由洋人沙鏢納經管，踪跡秘密，堅不示人，無從查其確寔，又原參吴式釗冒稱欽差，程恩培稱爲副使，由懷慶而南渡黄河，復由黄河而南行七八百里，直抵湖北交界。其曰勘黄河以南礦苗，兼辦鐵路，州縣不知其僞，皆竭力供應，餽送從豐，伊等因此獲利，往返數次一節。查吴式釗初到懷慶，尚屬謹飭，迨移入公所，門首懸掛奏設懷慶豫豐公司大牌，又於照會隨員文内，官銜列有奏辦字樣，與府縣頗爲争論，少年科第不免自視過高，官紳往還，略存傲睨。且隨帶文武有鹽大使劉文烺、千總王仁楷，聲勢稍振，於商務規模不合，啟人議論，委無冒稱欽差之事，程恩培與吴式釗意見齟齬，不久即散，其無副使之稱，亦復不辦自明。至吴式釗等先後進省一次，南渡黄河往返不過拾餘日，寔未南行七八百里直抵湖北交界，惟有本年二月起至四五月，懷慶府城陸續到有洋礦師葛拉斯格壘等拾餘人。自漢口襄陽而來，分帶通事委員，各由懷郡至孟縣南渡黄河，以後有自孟津沿河西行者，有達大道自洛陽西去直抵潼關六七百里者，並有由洛陽汝州等處勘至襄陽者。此項礦師來豫，雖曾准總理衙門咨照飭令地方官妥爲保護有案，而該礦師等或稱查勘礦苗，或云測量鐵路，詞多閃爍，吴式釗却未同行，其吴式釗由懷赴省往返，均係自帶坐車食用，沿途並未知會，亦無州縣供應餽送，訪諸經過所住客店，衆口僉同。其無騷擾地方情事，尚屬可信。即各礦師行走往返州縣，官僅止派人保護，一切食用車馬，亦係自行開發，並無供應。又原參所至之處，無論墳墓廬舍，往往插一紅旗，揚言國家需用，不准稍動，動則治以死罪一節。查各礦師勘過處所，不論高山平地，往往隔數十丈，或十餘丈，插一木橛，長二尺餘，以作記認。亦有不插之處，究竟是礦是路，該礦師並不明言，無從探寔，目下工未開辦，於民間墳墓廬舍，有無妨礙，難以指定，詢諸附近民人，皆稱未見插過紅旗，即所插木橛，礦師走後，間或被人拔棄，迨其續來，亦未追問。所云不許稍動，動則治以死罪之語，自係傳聞之誤。以上各節，均經逐款查明，並無其事，似可毋庸置議，而奴才竊有所慮，而不能已於言者，查該公司承辦河南礦務。總理衙門改訂合同第壹款内，止准其專辦懷慶左右黄河以北諸山各礦，自不應侵越至黄河以南，乃各礦師到豫以後，並不僅在懷慶左右一帶踹勘，紛紛過河，遍至洛陽新安澠池以至陝州矣，且由陝州達大道過靈寶閿鄉，以逕抵潼關矣，並有由孟縣渡河而南，經河南府至汝州測量，過襄城以抵南陽，而達樊城矣。地方官但能照約保護，固不便稍有阻攔。而吴式釗既爲豫豐公司商董，乃亦不聞出一言以救正，況開礦與造路，本屬兩事，即便爲轉運礦産起見，參造支路，亦應按照合同，止准接造至最近水口，或接至蘆漢幹路爲止，未嘗許令長途興築，跨州連邑，自成一家，核與前定合同。迥不相符，似此牽混影射，不特大河南北煤鐵之利，悉歸壟斷，將使蘆漢鐵路之利權，亦必爲所侵攘，而後患無窮。吴式釗係華商出名領辦，何以盡任洋人所爲，又與原定合同不符，是以豫省紳民羣相疑訝。謂其設局招股，借允洋債，盡屬影射虚詞，又慮本省利權爲外洋侵奪，衆口交訟，咸鄙薄其爲人，該檢討屢被彈章，寔由於此。本年五月間，福公司擬辦山西、河南等處轉運礦産鐵路，經總理衙門駁令會商商務局，稟明各省巡撫，查明妥議咨覆，再行核辦。奴才接准總署來咨，當經飭司遵照辦理，現在該公司並未來省稟商，無從與之定議，吴式釗現在都中，可否請旨飭下總理衙門，傳該檢討到署詢問，所辦因何與合同不符，以後礦務應如何遵照原定合同辦理，毋使稍有侵越，俾得保我利權，以杜後患。而順輿情，愚昧之見，是否有當，伏候宸斷施行，所有查明辦礦檢討被參各款緣由，謹據寔恭摺覆陳，伏乞皇太后、皇上聖鑒訓示。謹奏。」

又總署收豫豐公司商董吴式釗呈附福公司洋董函《福公司俟運路改道事議就即遵示依限勘礦》〔光緒二十五年〕九月十三日，收豫豐公司商董吴式釗呈稱，敬呈者：「竊商董前奉鈞署劄催開辦，並飭轉催福公司洋董毋得延玩逾限等因，遵此。當即照録轉催。今據福公司洋董沙鏢納來函，瀝陳諸事已備，惟改道一節，尚未定議，以故無從措手，祈商董代陳一切。商董不敢壅蔽，謹將該洋董

沙鏢納原函，附呈鈞覽，仰希督核施行，寔爲公便。敬請崇安。伏乞垂鑒，商董吴式釗謹呈。」

附呈福公司洋董原函一件。

楚生先生執事，前日接得轉行總署催敝公司開辦公文一角，當即摘取大旨，電告倫敦公司，旋接回電稱：「諸事均已齊備，款項亦俱籌足，專候奉到總署指示所改之路，即派工程師立即來華詳勘，繪圖貼説，禀報開辦。按自前月十四日由執事傳總署鈞諭，河南撫憲奏稱，澤州至襄陽鐵路，有妨蘆漢利權等云。當即電告倫敦。招集衆董事股友議定遵示籌改。當請貴公司轉禀王爺、大人。另指一路能通長江之處，自應恪遵辦理。其時倫敦衆股友翹首跂足鵠候示下，至今已近一月，未蒙指示，查此路是貴國已經允准敝國之利權。載在敝國政策，兹又遵示改道，並非額外要求，故倫敦隔三兩日必來電詢一次，敝處實有難以對答苦衷，仍請貴公司轉禀總署垂念敝處爲難情形，迅賜指示，不勝欣感，專肅，敬請升安，福公司代理人沙鏢納謹啓。」

光緒二十五年九月十二日，即西曆一千八百九十九年十月十六號。

又外務部行河南巡撫文《請保護福公司赴豫工程師》〔光緒二十七年〕九月二十一日，行河南巡撫文稱，前准英國薩使函稱：「本國福公司現派鐵路工程師柯瑞，隨帶從人，至豫省河北查看，以冀明春重復興工，該工程師由鐵路至保定正定後，起旱過開封信陽，赴漢口，在衛輝懷慶兩處，請發護照等因。當經繕發護照，並咨行各省督撫在案。兹准該使函稱，據該工程師禀稱：現值回鑾，程途多有未便，擬改由鐵路至天津，水路至臨清衛輝，旱路至懷慶，抵懷慶與地方官議後，方能定行何道。與照内所指地名不符，請爲改繕等語，除照所請改繕護照外，相應咨行貴督撫查照轉飭沿途地方官，於該工程師及隨從人等到境時，妥爲保護，並飭懷慶地方官届時接晤可也。」

同日行北洋大臣。

又外務部收候選知縣徐本華呈《照料英礦師赴懷慶府勘礦事》〔光緒二十八年〕正月十二日，候選知縣徐本華呈稱：「於九月十一日接奉前商務大臣李札開，據英商福公司代辦前上海總領事哲美森禀稱，竊公司現派礦師柯瑞、繙譯常彦，帶同夫役人等，前往河南、山西等處勘估礦路，已經由外部請有護照在案。惟大亂之後，山區僻地，時有亂萌，且與地方官交涉，慮有格格不入之處，查有前河南河内縣知縣候選知縣徐本華，於該處地方情形熟悉，名望甚優，倘得同行，實爲兩益。爲此懇求中堂可否札委該員伴送照料，以資妥協，至該員夫馬等費，由公司供給，是否可行，伏乞訓示祇遵等情。到本閣爵大臣。據此。合行札飭札到該員，即便遵照伴送，沿途妥爲照料，隨時調護，勿任藉端滋事，切切此札等因。蒙此。卑職遵即偕同英國礦師柯瑞出京，於十月抄到懷慶府，該礦師先於修武縣之老牛河一帶察勘礦地，至府城佈置一切，卑職先期邀集城鄉紳民，曉朝廷懷柔遠人之意，英商素重信義，既來取利於我，必能使我同利無害，相處日久，自能中外一家。該紳民等尚知大義，疑團水釋，猜忌毫無，來春開辦定保平安。現在柯瑞已赴信陽州，彼回滬約同衆商，明年三月偕來興工。卑職即赴豫省，將一切情形，面禀河南撫憲，理合禀明中堂、大人考，肅此具禀，恭請勛安，伏維垂鑒。」

又外務部收英使薩道義照會附福公司豫豐公司呈豫撫禀《福公司請辦脩武老流河左右煤礦並脩造支線鐵路事請飭豫撫發給憑單》〔光緒二十八年〕二月初六日，英國公使薩道義照會稱：「頃據福公司總辦哲美森函稱，山西、河南開礦合同第一款載，該公司於未經開採時，應先行繪圖貼説，將開礦地址所在，一一註明，呈交該省巡撫查照，請爲出諭，允其開工。如查於地方情形無礙，應即發給憑單准行開採，勿稍耽延，又第十七款所載，修枝路亦應如此辦理各等語。查上年九月間，本公司總工程師柯瑞奉領護照，前往河南查勘，擬繪圖説，以期今春開辦，旋經柯君將圖説蒇事，就近交由修武縣轉呈撫院查照，並請示復於豫豐公司董事方鏡，因令方君在豫守候，乃時閲三月，竟無回音。本總辦遂電致豫省署撫院，以本公司所派各工程師定於本年二月初五日，由國起程來華，詢其憑單何時可出云云，旋於正月二十二日接奉回電，以豫礦事，由松中丞在京與張督辦商訂等語，惟松中丞已經會晤，談及豫礦一節，中丞云、錫大人現署該缺，則事權即在掌握各等情前來，本大臣據此，合將柯瑞方鏡所具禀詞，抄送貴親王查閲，其禀内叙述詳明。與合同各節無不相符，此事經錫撫延宕三月，似屬毫不在意，比至催詢，竟將署任之責，諉之他人。該撫如此有意攔阻福公司開辦礦務，勢必滋生轇轕，實非所望，應請電咨豫撫令將柯、方二君所禀各節，均行照准。並於該公司承辦各事，竭力相助，是爲切要。爲此照會，並希早日賜復。須至照會者，照録抄件。」

福公司總工程師柯瑞、豫豐公司幫董事方鏡謹禀：

「大人閣下：敬禀者。竊福公司前承豫豐公司，將禀奉前河南巡撫劉批准，

專辦懷慶左右黄河以北諸山各礦事，轉請福公司辦理，當在總理衙門定立合同，業經王大臣奏奉諭旨准辦在案。按合同第一款云，應先由礦師勘定何鄉何山，何種礦産，繪圖貼説，稟請河南巡撫查明於地方情形無礙，一面咨明總理衙門備案，一面發給憑單，准其開採礦地，勿稍躭延。又第十款云，每處礦廠，總以聯絡官民，預息紛争爲要，應由豫豐公司稟請巡撫，酌派照料委員一人，又設照料紳士一員，由福公司聘請。又第十七款云，各礦遇有修路造橋，開濬河港，或須添造分支鐵路，接至幹路或河口，以爲轉運該省煤鐵與各種礦産出境者，均准福公司稟請河南巡撫，自備款項修理，不請公款等因。茲柯瑞承福公司特派來復勘礦地，已定先開修武縣屬之老流河左右煤礦，並先由該礦地起，經修武獲嘉新鄉等縣，至衛輝府屬之道口鎮止，修造分支鐵路一條，以便轉運該礦出産，擬於明春二月開工。理宜預將開辦情形，遵照合同先行稟明大人。並繪圖貼説，恭呈鈞鑒，即乞賞發憑單，以便届時開工。照料委員亦乞預先酌派，庶明春礦師到豫，即可舉辦一切，不致躭延。如蒙賞派已定，即請飭知豫豐公司，憑單亦請飭交豫豐公司收存，實爲公便，肅此。合詞稟懇，敬請勛安，伏乞垂鑒。柯瑞、方鏡謹稟。」

又外務部行英使薩道義照會《福公司請領開礦憑單已電豫撫酌辦》〔光緒二十八年〕二月十一日，行英國公使薩道義照會稱，光緒二十八年二月初六日接准照稱：「據福公司總辦哲美森函稱，山西河南開礦合同第一款載，該公司於未經開採時，應先行繪圖貼説，將開礦地址所在，一一註明，呈交該省巡撫查照，請爲出諭允其開工。如查於地方情形無礙，應即發給憑單，准行開採，勿稍躭延。又第十七款所載，修枝路亦應如此辦理各等語，查上年九月間，本公司總工程師柯瑞奉領護照，前往河南查勘，擬繪圖説，以期今春開辦，旋經柯君將圖説蕆事，就近交由修武縣轉呈撫院查照，并請示復於豫豐公司董事方鏡，因令方君在豫守候，乃時閲三月竟無回音。合將柯瑞方鏡所具稟詞，鈔送查閲，其稟内叙述詳明，與合同各節，無不相符。此事經錫撫延宕三月，似屬毫不在意，如此有意攔阻福公司開辦礦務，勢必滋生轇轕，應請電咨豫撫，令將柯、方二君所稟各節，均行照准，並於該公司承辦各事，竭力相助等因前來。本部已按照來照各節，電咨河南巡撫酌覈辦理。除俟復到再行知照外，相應先行照復貴大臣查照可也。」

又外務部給英使薩道義照會《福公司請辦修武礦務豫撫已飭查明地方情形並委韓國鈞爲豫豐公司總辦》〔光緒二十八年〕三月初一日，給英國公使薩照會稱，前准照稱：「福公司在河南開礦，豫撫有意攔阻，應請電請豫撫照准等因。當經本部電咨河南巡撫酌核辦理，並照復貴大臣在案，茲准電復。前據豫豐公司幫董方鏡等稟，福公司礦師勘得修武礦産，請派員勘驗該處地方有無窒礙等情，已飭該管道府速查，並委方鏡總司照料，至豫豐公司總辦。現委韓道國鈞接充，於礦務民情，均無隔閡，該道現在京；已電飭就近與哲美森晤商，以期接洽等因前來，除俟河南巡撫飭屬查明地方情形續行咨報到日，再行知照外，相應先行照復貴大臣查照可也。」

又外務部行河南巡撫文《英使請飭韓道與福公司代辦晤商礦事並保護辦礦人員》〔光緒二十八年〕三月初九日，行河南巡撫文稱，光緒二十八年三月初五日，准英國薩使函稱：「前接來文，以福公司在河南開礦一事，當即轉達該公司總董哲美森，據稱韓道國鈞業已出京，前往開封，未能按照豫撫之意，與其晤商等情，本大臣應請轉飭該道前往道口，在彼等候福公司代辦柯瑞到時，與其面晤妥商一切，以免再行延宕。該代辦柯君及西國工程司四人，於四月初十日左右，必能至道口也。」再據哲君函稱：「應由地方官立即出示，曉諭居民，將該工程司來意，並所欲辦之事，一一叙明，以免滋生事端。並派兵丁五十名，駐紮道口，以資保衛等因前來，相應咨行貴撫查照酌核辦理，並希見復可也。」

《礦務檔·河南礦務·南陽汝州礦務》吴炳南《請辦南陽汝州兩屬礦務》〔光緒二十八年〕三月初九日，候選知府吴炳南稟稱：「敬稟者，竊職等恭讀奏定礦務章程，祇悉一是。伏查南陽汝州兩屬，除平原州縣地方不計外，其餘岡嶺起伏，重巒叠巘，各處皆有礦苗，而地界毗連，犬牙相錯，難以劃分某州某縣，所産之盈虚衰旺不一，此處不成，又須移往別處，惟以南汝兩屬爲界，庶免窒礙。近年洋人不時周歷踏勘，覬覦尤切，華人若不開辦，必爲洋人佔據。此等處所，均係不毛之土，於常年應完錢糧正額無損，地主亦視爲間田，不願受價，情願入股。職等生長斯土，商同本地紳富，均恐權歸洋人，諸多不便。議以百金爲一份，以一百份爲額，先集成本一萬兩，次第開辦，應交照費照章呈繳。遵以十二箇月爲限，逾限不開，執照作廢。至産之品類貴賤，尚難預定，俟有成效，就近稟地方官詳由撫院照章抽收落地出口等税，以符定則，仍以十成之二五報効國家，其餘悉遵定章辦理。職等緣候選在京，理合自行投到，稟請查核批示。除徑稟總辦礦務大臣外，肅此具稟，恭請鈞安，伏乞垂鑒。」

《礦務檔·河南礦務》外務部收英使薩道義照會《催發福公司開礦准單並酌定開礦造路價讓地段辦法》〔光緒二十八年〕三月二十八日，英國公使薩道義

照會稱：「照得福公司在豫省開礦一事，曾於本年二月初五日照請貴王大臣轉致錫撫，照該公司合同第一條發給准單，旋於三月初一日接准復文，據錫撫電，已飭該管道府速查本地情形，並飭豫豐公司幫董方鏡總司照料等語各在案。查以上准單是否已經發出，應行照請電詢。且因該公司之柯總工程司所呈指明擬開各礦及向道口之支路圖説，呈交錫撫已經半載，兼之現在該公司各工程司業至天津，不日起程前往内地。伊等一至道口，凡應辦各節，皆須先期預定，以便即時興作，並請貴王大臣電知豫撫立將該公司開礦造路所用地段，必須按照盧漢等鐵路辦法，公價相讓，不准有藉端措阻等弊，凡有墳地，如能繞越，即按他項路礦成章辦理。若委無他法，即由業主移讓，公司應照例妥爲酬報各節，出示曉諭俾衆周知，是爲切要。」

《礦務檔・河南礦務・籌辦河南礦務》錫良抄片《創設豫南公司專辦豫省黄河以南礦務》〔光緒二十八年〕三月二十九日，軍機處交出錫良抄片稱：「再查河南省礦務，其在黄河以北懷慶在右諸山之礦，經前撫臣劉樹棠於光緒二十四年奏准，由豫豐公司與福公司會辦。現據福公司催請開辦修武縣之老流河礦産，奴才已飭查地方情形，並委候補道韓國鈞接充豫豐公司總辦，均經奏明在案。惟查黄河以南各山來脈，皆由嵩嶽分支，根柢磅礴，包孕富厚，礦産誠爲不乏，亟應及早圖維，以保利權。奴才督同司道等熟商，現經創立豫南公司，派委候補知府于滄瀾專辦黄河以南礦務，籌貲集本自行開採。除咨明外務部暨路礦總局外，理合附片陳明，伏乞聖鑒訓示。謹奏。」

光緒二十八年三月二十九日，奉硃批：「知道了。欽此。」

《礦務檔・河南礦務》外務部《遵議豫撫遴員接辦豫豐公司暨福公司請辦修武礦務事》〔光緒二十八年〕四月初三日，本部奏摺稱，爲遵議河南礦務派員接辦，並飭查河北礦産情形，恭摺覆陳，仰祈聖鑒事：竊臣部於光緒二十八年三月十五日，准軍機處鈔交河南巡撫錫良奏開辦豫礦遴員接充豫豐公司，暨飭查地方情形一摺，奉硃批：「外務部議奏。欽此。」臣等查原奏内稱，上年十一月間，奉旨開辦礦務，嗣於本年正月據福公司總辦哲美森來電，以勘辦脩武老流河礦産，請發憑單。復准外務部電，福公司工程師柯瑞勘明老流河左右礦産，應飭查地方情形無礙，即行給單。並酌派員紳照料，當即委派豫豐公司幫董方鏡妥爲照料，並派使補道韓國鈞接充豫豐公司總辦等語。查上年十一月間，臣部具奏，以豫省礦務，前經設立豫豐公司，與福公司議訂借款章程，專辦懷慶左右黄河迤北諸山各礦，請飭派員紳接辦，以符原議而保利權等因，奉旨：「依議。欽此。」欽遵在案。現既據該撫選派候補道韓國鈞接充豫豐公司總辦，核與臣部原奏相符，應由該道督飭商董與福公司妥爲商辦，以期浹洽，至原奏所稱，修武縣屬礦産，民間煤窑鱗次。若准公司開採，恐妨民業，又據電稱老流河地方煤産，居民集貲開挖，工本甚重，礦師機器巧速，民煤勢必滯銷等語。查豫省河北礦産，福公司既奉有准辦明文，勢難概從推宕，且按照合同第十六款所載，遇有民間已開之礦，如業主自願租賣，由豫豐公司會同福公司秉公給價，是臨時仍可商明辦理。應請飭下河南撫臣轉飭該管道府，再行詳查酌度情形，切實籌議，期於礦務有裨。所有臣等遵議緣由。理合恭摺具陳，伏乞皇太后、皇上聖鑒。謹奏。

又外務部收河南巡撫錫良文《派員妥商福公司辦礦事宜暨保護英國礦務人員》〔光緒二十八年〕四月初三日，河南巡撫錫良文稱，竊照光緒二十八年三月二十三日，承准貴部咨開，爲咨行事：「光緒二十八年三月初五日准英國薩使函稱，前接來文，以福公司在河南開礦一事，當即轉達該公司總董哲美森，據稱韓道國鈞業已出京，前往開封，未能按照豫撫之意，與其晤商等情。本大臣應請轉飭該道前往道口，在彼等候福公司代辦柯瑞到時，與其面晤，妥商一切，以免再行延宕。該代辦柯君及西國工程司四人，於四月初十日左右必能至道口也。再據哲君函稱：應由地方官立即出示，曉諭居民，將該工程司來意並所欲辦之事，一一敘明，以免滋生事端。並派兵丁五十名駐紮道口，以資保衛等因前來，相應咨行貴撫查照，酌核辦理。並希見覆可也等因，到本部院，承准此。當經札飭派充豫豐公司總辦韓道國鈞，並札飭河北道馮光元馳赴道口守候該公司柯瑞到時，妥商一切應辦事宜，並已轉飭地方官出示曉諭居民。復由河北鎮派撥兵勇五十名，前往保護。相應咨明，爲此咨覆貴部，請煩查照施行。」

又外務部發英使薩道義照會《福公司請發開礦憑單已飭豫撫酌辦運礦支路以改道爲便》〔光緒二十八年〕四月初五日，給英國公使薩道義照復稱，光緒二十八年三月二十八日，接准照稱：「福公司在豫開礦一事，曾請轉致錫撫照該公司合同第一條發給准單，旋准覆文。據錫撫電，已飭該管道府速查本地情形，並飭豫豐公司幫董方鏡總司照料等因各在案。查以上准單是否已經發出，應行照請電詢，且因該公司之柯總工程司所呈指明擬開各礦及向道口之支路圖説，呈交錫撫已經半載。兼之現在該公司各工程司業至天津，不日起程前往内地，伊等至道口，凡應辦各節，皆須先期預定，以便即時興作。並請電知豫撫立將該公

司開礦造路所用地段，必須按照盧漢等鐵路辦法，公價相讓，不准有藉端指阻等弊。凡有墳地，如能繞越，即按他項路礦成章辦理。若委無他法，即由業主移讓，公司應照例妥爲酬報各節，出示曉諭，俾衆周知等因前來，本部已按來照各節，咨行河南巡撫，於該總工程司所指擬開各礦，查明地方情形，即行發給准單，至道口支路一節，昨據該撫電稱：查明道口地方，與老流河相距太遠，不若新鄉之楊樹灣，較爲近便等語，業經本部電達該撫轉飭韓道商令柯總工程師前往勘明，除俟復到再行知照外，相應照復貴大臣查照可也。」

又外務部行錫良文《福公司辦礦事難再延宕運礦支路改道應與英員商辦》〔光緒二十八年〕四月初五日，行河南巡撫錫良文稱，光緒二十八年三月二十八日，准英國薩使照稱：「福公司在豫省開礦一事，曾於二月初五日照請轉致錫撫，照該公司合同第一條發給准單，旋接准復文。據錫撫電，已飭該管道府速查本地情形，並飭豫豐公司幫董方鏡總司照料等因各在案。查以上准單是否已經發出。應行照請電詢，且因該公司之柯總工程司所呈指明擬開各礦及向道口之支路圖説，呈交錫撫已經半載，兼之現在該公司各工程司，業至天津，不日起程前往內地，伊等一至道口。凡應辦各節，皆須先期預定，以便即時興作，並請電知豫撫，立將該公司開礦造路所用地段，必須按照蘆漢等鐵路辦法，公價相讓，不准有藉端指阻等弊。凡有墳地，如能繞越，即按他項路礦成章辦理，若委無他法，即由業主移讓，公司應照例妥爲酬報各節，出示曉諭。俾衆周知等因前來，查福公司已派各工程司前往豫省開辦礦産，勢難再行延宕，如查與地方情形無礙，即應按照合同，發給准單。至修築運礦支路，既據貴撫來電查明修至道口，恐有關礙，擬改道楊樹灣地方，應飭韓道與柯瑞商明。令其前往勘定，并將商辦情形見復，以憑轉復英使可也。」

又外務部致英使薩道義函《豫撫派員妥商福公司辦礦事宜並撥兵保護英礦人員》〔光緒二十八年〕四月初六日，致英國公使薩道義函稱：「逕啟者：前准函稱，接准來文，以福公司在河南開礦一事，當即轉達該公司總董哲美森，據稱韓道國鈞業已出京，應請轉飭該道前往道口在彼等候，該代辦柯瑞於四月初十日左右必能至道口」。再據哲美森函稱：「應由地方官出示曉諭，將該工程司來意并所欲辦之事，一一敘明。並應派兵丁五十名，駐紮道口，以資保衛等因。本部即按照來函各節，咨行豫撫並函復貴大臣在案。茲據豫撫復稱，接准來咨，當即派豫豐公司總辦韓道國鈞，并劄飭河北道馮光元馳赴道口守候該公司柯瑞到時，妥商一切事宜，併已轉飭地方官出示曉諭居民，復由河北鎮派撥兵勇五十名，前往保護等語前來，相應咨據函達貴大臣查照可也，此佈。順頌日祉。」

又外務部收河南巡撫錫良文《豫豐公司股本應統歸福公司名下》〔光緒二十八年〕四月十三日，河南巡撫錫良文稱：「照得豫省河北礦務，經本部院遴委候補道韓國鈞接充豫豐公司總辦，奏奉諭旨允准在案。茲據韓道禀稱，伏查豫豐公司自吴式釗撤退後，並未將所集華洋股分移交接辦，職道既非原辦之董，更非股實之商，若徒負虛名，怵於商借商還之原約。若另籌巨款，苦於華股洋股之難招，再四思維，毫無依據。查光緒二十七年十一月十八日，經貴部具奏請旨飭下山西、河南巡撫，遴派股實公正紳商，照案任辦，抑或酌派司道大員按照原訂合同，妥籌辦理等因。細揣部意，所謂派商任辦者，係指接辦公司而言；所謂派員籌辦者，係專指與公司交涉而言，兩不相蒙，各有主義。職道所辦之事，係以交涉爲重，於福公司開採礦務。但有稽查照料之責，而無用人理財之權，應請咨明更正，以昭核實。又查光緒二十四年五月初二日總理衙門會同户部奏稱，洋商出財，隱其名於華商，名爲自借洋款，實則以洋商而借洋債。據吴式釗等亦直言不諱等因，是此一千萬之股本，當時已知爲洋商所借，而必欲隱名於華商，萬一虧累，何從歸還。應並請咨明貴部，將此項股本統歸福公司名下，以清界限而專責成，且與本年礦務新章第五條准許洋人承辦之議，亦相符合等情。據此，除本月初三日奉到貴部江電，即飭韓道馳赴道口，與福公司柯瑞等逐細籌商議定各節，再行分別奏咨外，相應咨明貴部查照立案核覆施行。」

又外務部收英使薩道義照會《請飭豫撫速發開礦准單運礦支路無需改道》〔光緒二十八年〕五月初二日，英國公使薩道義照會稱：「接准本年四月初五日來文，以福公司在豫省開礦一事，貴部已咨豫撫，於該總工程司所指擬開各礦，查明地方情形，即行發給准單等因。當經飭行去後，茲據該公司總董哲美森復稱，柯總工程司具禀豫撫指明擬開各礦，請發給准單開辦，已經七月之久，夫該工程司等可於本年二三月間到華。彼時豫撫曾已聞知，且該工程司等由本國起程時，迭蒙轉照外務部，一面繕發護照，一面咨行豫撫，將所有出示曉諭各節，均請預爲之備，以免臨開辦時稍有躭延。是該撫於查明地方情形，頗可從容將事，乃該工程司等於四月二十日至道口時，非但准單未出，而於測量鐵路尚有推阻之處，柯總工程司又謂，聞得如豫撫未接外務部令其出准單明文，該撫即不發出。本總董應請速行核辦等情前來。本大臣查福公司於光緒二十四年五月初

三日所立合同，第一條載明，礦師勘定礦産，繪圖貼説，稟請河南巡撫查明，果與地方情形無礙。即行發給憑單，准其開採礦地，勿稍躭延云云。今該撫已有七月之久，足能查明礦地情形，應請嚴電豫撫，令其遵照合同第一條速發准單爲是。又道口鐵路一事，據原合同第十七條，准該公司修造支路，或與幹路或與河口接聯。現經該工程司等測定，道口極爲合宜，是無需豫撫費神代查楊樹灣較爲近便之處。蓋因哲君告知楊樹灣河道，僅能用最小之船，與載運礦産萬難將就，故應備文照請貴親王切催豫撫，務須將應爲各事，速行照辦，該工程司等得以按照已定各處測量鐵路，是爲切要。」

又外務部收河南巡撫錫良文附試辦禹州礦務擇要章程《籌議開辦禹州礦務並核定擇要章程》（光緒二十八年）四月二十二日，河南巡撫錫良文稱，竊照本部院於光緒二十八年四月初十日據交涉局司道詳稱，光緒二十八年三月二十三日，奉批據禹州曹牧廣權礦務集股試辦章程請示稟由，蒙批據稟及另單均悉，仰交涉局稟入前稟，一併核議詳奪，勿延切切，此繳，摺存等因到局。奉此，卷查光緒二十七年十一月十八日，曾奉諭旨：「以山西河南鐵路礦務，亟應早自開辦，以保利權，著即遴選殷實公正紳商，迅速定章，督飭妥爲籌辦，以免利權旁落。將此各諭令知之。欽此。」當經遵旨籌辦，奏設豫南公司，並札委于守滄瀾總辦豫南各屬礦務，適據禹州曹牧稟，據該州紳商呈請集股試辦三峯山煤礦，遵批核議具詳蒙准試辦，由局轉行遵照各在案。竊維富强之計，莫要於開闢利源；鼓舞之機，莫切於維持彫敝。泰西理財之政，條例紛繁，而獨於農礦各端，則保護扶持，如恐不及，以故上下交足，美利日增。華人資本極微，見聞極隘，情見勢絀，竄敗隨之。即間有華洋合辦之礦工，大都依附洋商，有名無實，精華外溢，勢所必然。現當經營締造之初，急圖救弊補偏之術，非大興礦政，不足以挽利權，非曲體商情，不足以資觀感。況既奉諭旨，於晉豫礦務垂注殷殷，尤宜上體朝廷欲發之機緘，下開地方無窮之利賴，是遵旨籌辦礦務，固莫急於此時者也。司道等正在會商間，適禹州曹牧因公進省，來局接晤。當經詳詢該處確切情形，並符原擬章程，細加核議，大段切實可行。復擇其中最要者四條，以爲先行試辦之準。惟光緒二十八年三月初一日，鐵路監工洋員錫樂士亦曾稟請開辦禹州煤礦，幸蒙批駁，並立公司自辦，用意深遠，關係匪輕，今既有該紳商呈請開辦，亟宜趁此多方勸導，以遂其向往之忱。復查外務部奏定礦務新章程原奏内稱，華人遷延觀望，裹足不前，奸詐嗜利之徒，甚且勾結外人，展轉售賣，其弊必至於利權盡失等語。是立法之初，用意本有偏重，苦心酌劑，昭若發蒙。今該紳商等已知觀望之非計，復慮勾結之可危，願竭棉力，以挽頹波，深合外務部力挽利權之議。司道等體察商情，兼權利害，將來該礦收效後，自當因時制宜，飭令遵照路礦定章，而目下甫植初基，委實有難於刻責者。此次禹州礦務應否准其稍事變通之處，伏祈核奪施行。至禹州曹收擬請仿照安陽縣酌借官本二萬兩一節，卷查確實，似屬可行。擬請俯允撥發銀二萬兩，以示提倡而便招徠。惟該礦係屬商辦，此次借款，不得誤認官商合辦。其利息應照七釐計算，本銀尤須依限繳還，均應札行曹牧轉飭承辦商人遵辦，並將該州礦務併入豫南公司督辦，以符奏案而歸劃一。所有籌議禹州礦務情形，並擬定擇要章程四條，理合具文詳請鑒核。至應否咨明外務部路礦總局立案之處，伏候鈞裁等情。據此，除批候咨明立案，所請酌借官本銀二萬兩採買機器之處，仰布政司核明籌撥，隨時查核情形，陸續給領，此繳摺存印發外，相應咨明。爲此合咨貴部，請煩查照立案。

照録粘單。

謹將禹州礦務試辦情形，酌擬四條，繕呈鑒核。

一、禹州三峯山礦務，現因洋人錫樂士稟請開辦，雖經批駁，電致北京路礦局及盛宫保在案。惟遵查本年二月初八日新章第一條，有准洋人自請在京局投票一款，誠恐洋人徑稟，或邀批准，將來於豫南公司權利有礙，擬請咨明立案。所有禹州全境礦産，現經禹州紳商稟請開辦，自應由禹州紳商統歸豫南公司一手經理，不准民間私售，以免攙越而杜争端。

一、禹州前稟招集股本一萬兩，并先由該州籌墊二千兩，即時開工。并擬仿照安陽，酌借官本二萬兩，以便採買機器。現擬即在上海訂立合同，購定探鑽、吸水、起重機器各一具，俟機器運到時，再行稟明領款。本擬定官督商辦，現在商酌，將來領借此項官本，即由商人認領，分年帶還。

一、禹州三峯山煤礦，暫用土法先行試辦，應即將開工日期稟報，俟見煤之日，再行續報，以便每月將所出煤斤及一切用費，按照四柱清册，開摺申報，以便查考。

一、禹州運路，擬由州城東關外潁水，造簰船，駛駕順流，運至周口，應即時會勘，由許境繁城杜曲王曲等處，所有礙舟橋柱勘明修拆後，即試行裝運，以便煤斤暢銷。惟此條運路不專爲運煤而設，所有造船修拆橋柱等費，應由禹州商民集貲另辦，不在礦務公司項下動用。

《礦務檔・河南礦務・安陽煤礦》外務部收商人王弼臣稟《請准接辦安陽縣孟姓煤礦》〔光緒二十八年〕四月二十四日，收商人王弼臣稟稱，竊商現年三十歲，係直隸天津縣人，本年正月恭讀上諭：「中國地大物博，礦産無窮，實天地自然之利，十餘年來，屢經降旨通飭開採，而各省舉辦，迄無成効，亟應切實講求。應如何招商集股之處，著即認真經理，以開利源等因。欽此。」旋奉奏定章程内開，無論華洋各商，皆可照章承辦等語。伏查豫省大河以南各山礦務，已經河南巡撫派員開辦。但大河以北，尚有煤礦可以開採之處，係漳德府安陽縣所轄地名堆兒溝一帶，所産煤礦甲於全境。上年有孟姓在該處呈請開採，經地方官批令試辦，旋即置地挖井，計已挖成煤井三十餘座，内惟林頭村及閆寨兩處，業經出煤，其餘各井尚未出煤之際，而孟姓以貲本不足，竟行中止。正進退維谷間，適奉諭旨通飭准令華洋各商承辦開採礦務，欽遵之下，憑中説合，願將孟姓自行試辦之安陽縣境内煤井三十餘座，及當日承租各礦地段，一併全行租與商人接辦開採。議定租價銀一萬五千兩，於立字之日，先付現銀七千五百兩，其餘欠交七千五百兩，言明俟稟奉批准領照到豫。自開工之日起，分作三年爲限，每年歸還銀二千五百兩，憑中立具合同，兩無翻悔，并聲明如虧折不與孟姓相涉等語字據。當即約同前往履勘一次，勘明漳德府安陽縣境内煤礦，實係暢旺，惟因孟姓力有未逮，功虧一簣，半途停歇。現既欽奉諭旨開礦務，且經勘驗明確，并已立據承租，擬請遵照新章，承辦安陽縣煤礦，以期上下交益。再商人此次在豫業經招集華股伍千兩，議明統俟領照到豫，給予股票憑單，方可兑收此款。以上租價集股併計，共合成本銀貳萬兩，將來開工之時，用項煩多，如果貲本不敷，再爲籌措，以收掘井及泉之效。所有豫省大河以北，漳德府安陽縣境内現有煤礦，已經承租集股，懇請批准給照，以便遵章承辦原由，理合稟請俯賜核示遵行，爲此具稟。

《礦務檔・河南礦務・禹州煤礦》外務部行路礦總局文《准辦禹州礦務》〔光緒二十八年〕四月二十七日，行礦路總局文稱，光緒二十八年四月二十二日接准咨稱：「據交涉局司道詳稱，禹州曹牧廣權稟據該州紳商呈請集股試辦三峯山煤礦，遵批核議具詳蒙准試辦，由局轉行遵照各在案。司道等正在會商間，適禹州曹牧因公進省，來局接晤。當經詳詢該處確切情形，並將原擬章程細加核議，大段切實可行。復擇其中最要者四條，以爲先行試辦之準，體察商情，兼權利害，將來該礦收效後，自當因時制宜，飭令遵照路礦定章，而目下甫植初基，委實有難於刻責者。此次禹州礦務應否准其稍事變通之處，伏祈核奪，至禹州曹牧擬請仿照安陽縣酌借官本二萬兩一節，卷查確實，似屬可行。擬請允撥二萬兩，以示提倡，惟該礦係屬商辦。此次借款，不得誤認官商合辦。其利息應照七釐計算，本銀尤須依限繳還，均應劄行曹牧轉飭承辦商人遵辦，並將該州礦務併入豫南公司督辦，以符奏案而歸劃一。所有籌議禹州礦務情形，並擬定擇要章程四條等情，應咨明立案等因前來。查禹州礦産，既據該處紳商呈請開辦，自應准予立案，除咨復河南巡撫外，相應咨行貴局查照可也。」

同日行河南巡撫。

《礦務檔・河南礦務》外務部發英使薩道義照會《福公司修造支路當專運礦産開礦准單已催豫撫核發》〔光緒二十八年〕五月初六日，發英國公使薩道義照會稱，光緒二十八年五月初二日接准照稱：「福公司在豫省開礦一事，據該公司總董哲美森稱，柯總工程司具稟豫撫，指明擬開各礦，請發給准單開辦，已經七月之久，是該撫於查明地方情形，頗可從容將事。乃該工程師於四月二十日至道口時，非但准單未出，而於測量鐵路尚有推阻之處。柯總工程司又謂，聞得如豫撫未接外務部令其出准單明文，該撫即不發出，應請速行核辦等情。本大臣查福公司所立合同第一條載明，礦師勘定礦産，繪圖貼説，稟請河南巡撫查明，果與地方情形無礙。即行發給憑單，准其開採礦地，勿稍躭延云云。今該撫已有七月之久，足能查明礦地情形，應請嚴電豫撫令其遵照合同第一條速發准單爲是，又道口鐵路一事，據原合同第十七條，准該公司修造支路，或與幹路或與河口接聯。現經該工程司等測定道口，極爲合宜，是無需豫撫費神代查楊樹灣較爲近便之處，蓋因哲君告知，楊樹灣河道僅能用最小之船，與載運礦産萬難將就，應請切催豫撫務須將應爲各事，速行照辦，以便該工程司等得以按照已定各處測量鐵路等因前來。本部查福公司運礦支路。前據豫撫電稱，楊樹灣水口較道口爲近，當經本部電復飭查並照會貴大臣在案。嗣據查明楊樹灣水淺，不便重運，准其造至道口，但只專運礦産，不得載貨搭客，已飭韓道國鈞偕柯總工程司前往查勘，並按照合同第十七款另議支路章程，再行核辦。至開礦准單，業經咨達豫撫查明地方情形，即行發給，現尚未據咨復，除再電催外，相應照復貴大臣查照可也。」

又外務部收河南巡撫錫良文《運礦支路禁搭客貨事議商情形》〔光緒二十八年〕五月十一日，河南巡撫錫良文稱，光緒二十八年五月初五日，據總辦河北

礦務候補道韓道稟稱，敬稟者：「竊職道接奉院札，以據外務部電開，楊樹灣水道既據查明淺狹，不便重運，應准其築至道口。但須議明專運礦產，不能搭客載貨。希飭韓道偕柯瑞往勘，擬議咨部核辦等因。」蒙此，職道遵即照會柯瑞連日切商，柯瑞終以合同第十七條中，無搭客載貨字樣，不肯添入，往返駁詰，至再至三，始據覆稱：「該公司所造支路，係按合同第十七條，以爲轉運煤鐵並各種礦産之用，並無意思做別項生意，以致損礙蘆漢幹路云云。似此措辭，雖於外務部來電大意渾括其中，惟究未明言，刻竟無可再商，是否允行，抑由外務部就近照會英公使與之議明之處。職道未敢擅便，理合稟請轉咨外務部核奪施行等因，到本部院。據此。相應咨明。爲此合咨貴部，請煩查照見覆施行。」

《礦務檔・河南礦務・禹州煤礦》礦務鐵路總局《准辦禹州礦務》〔光緒二十八年〕五月十三日，礦務鐵路總局文稱，光緒二十八年四月二十二日接准河南巡撫咨開，據交涉局司道詳稱：「光緒二十八年三月二十三日，奉批據禹州曹牧廣權稟呈礦務集股試辦章程請示稟由，蒙批據稟及另單均悉，仰交涉局彙入前稟，一併核議詳奪，勿延切切，此繳摺存等因到局。奉此，卷查光緒二十七年十一月十八日曾奉諭旨：『以山西河南鐵路礦務，亟應早自開辦，以保利權，著即遴選殷寔公正紳商，迅速定章，督飭妥爲籌辦，以免利權旁落，將此各諭令知之。欽此。』當經遵旨籌辦。奏設豫南公司，並札委于守滄瀾總辦豫南各屬礦務，適據禹州曹牧稟據該州紳商呈請集股試辦三峯山煤礦，遵批核議具詳蒙准試辦，由局轉行遵照各在案。竊維富强之計，莫要於開闢利源，鼓舞之機，莫切於維持彫敝。泰西理財之政，條例紛繁，而獨於農礦各端，則保護扶持，如恐不及，以故上下交足，美利日增。華人貲本極微，見聞極隘，情見勢絀，窳敗隨之。即間有華洋合辦之礦工，大都依附洋商，有名無寔，精華外溢，勢所必然。現當經營締造之初，急圖救弊補偏之術，非大興礦政，不足以挽利權，非曲體商情，不足以資觀感。況既奉諭旨，於晉豫礦務垂注殷殷，尤宜上體朝廷欲發之機緘，下開地方無窮之利賴，是遵旨籌辦礦務，固莫急於此時者也。司道等正在會商間，適禹州曹牧因公進省，來局接晤，當經詳詢該處確切情形，並將原擬章程細加核議，大段切實可行，復擇其中最要者肆條，以爲先試辦之準，惟光緒二十八年三月初一日，鐵路監工洋員錫樂士亦曾稟請開辦禹州煤礦，幸蒙批駁，並立公司自辦，用意深遠，關係匪輕。今既有該紳商呈請開辦，亟宜趁此多方勸導，以遂其向往之忱。復查外務部奏定礦務新章原奏內稱，華人遷延觀望，裹足不前，奸詐嗜利之徒，甚且勾結外人，輾轉售賣，其弊必至於利權盡失等語。是立法之初，用意本有偏重。苦心酌劑，昭若發蒙。今該紳商等已知觀望之非計，復慮勾結之可危，願竭棉力以挽頽波，深合外務部力挽利權之議。司道等體察商情，兼權利害，將來該礦收效後，自當因時制宜，飭令遵照路礦定章，而目下甫植初基，委寔有難於刻責者。此次禹州礦務應否准其稍事變通之處，伏祈核奪施行。至禹州曹牧擬請仿照安陽縣酌借官本二萬兩一節，卷查確寔，似屬可行，擬請俯允撥發銀二萬兩，以示提倡而便招徠。惟該礦係屬商辦，此次借款不得悞認官商合辦，其利息應照柒釐計算，本銀尤須依限繳還，均應札行曹牧轉飭承辦商人遵辦，並將該州礦務併入豫南公司督辦，以符奏案而歸劃一。所有籌議禹州礦務情形，並擬定擇要章程肆條，理合具文詳請鑒核。至應否咨明外務部礦路總局立案之處，伏候鈞裁等情。據此，除批候咨明立案，所請酌借官本銀二萬兩採買機器之處，仰布政司核明籌撥，隨時查核情形，陸續給領，此繳摺存印發外，相應咨明立案，等因前來。本總局正核辦間，復於四月二十七日，准貴部咨同前由，行局查照等因。准此，查禹州礦産既據該處紳商呈請開辦，并由藩庫酌借官本，原爲開通風氣力挽利權起見，自應准予立案。除咨復河南巡撫外，相應備文咨呈貴部，請煩查照可也。」

《礦務檔・河南礦務》外務部收錫良文《福公司運礦支路搭載客貨事當預籌防範》〔光緒二十八年〕六月二十二日，河南巡撫錫良文稱，光緒二十八年六月十二日據總辦河北礦務候補道韓國鈞稟稱，敬密稟者：「竊職道蒙委辦河北礦務，事事有關交涉，措手爲難。福公司因開礦而謀造支路，舍楊樹灣而謀至道口。雖爲礦務應有之義，然節節擴充，步步求進，難於限制，已可想見。自道口造路議起，職道偕柯瑞赴省會議，旋奉貴部電示，准其造至道口，惟不得侵佔蘆漢幹路利權。在省時與柯瑞晤商，欲將不准搭客運貨列入章程，彼堅執合同第十七款並未言搭客運貨，無論如何辨詰，此語總不肯添入，往返磋磨，唇焦舌敝。始據覆函言稱：此項鐵路專爲轉運礦産之用，並無意思做到別項生意一語，當時未敢擅主，稟明咨請貴部核定。旋於五月十六日奉扎録示貴部庚電，飭將柯瑞所稱：所造支路，專爲轉運礦産之用，並無意思做別項生意等語，列入章程。現又往復相商，伊僅允於章程第十三條中列入照五月初四日來信，不得已另稟請咨詢貴部定奪。論福公司造路初意。專爲轉運礦産，尚非飾辭，容貨生意，本在可行可止之間。所慮者鐵路成後。時日方長，道口、清化兩處貨物甚多，

將來通道山西，其貿易更當繁盛，即使勉强列入，而內地商民貪鐵路之便捷省費，樂於附運，將來防不勝防，人情甚便之事，雖禁令有所不從。合同所無之語，即責言亦屬無濟，則此時費盡苦心，恐他日仍爲虛語，職道再四思維，合無仰懇密咨貴部，體察情形，早爲防範自保利權之計，職道管見所及，不敢不詳加籌畫，是否有當，伏乞訾核密咨等情，到本部院，據此。除批據稟福公司事事擴充，難於限制，請密咨早爲防範等情，具見該道慮遠思深，所言洞中肯綮，候據稟分別密咨。仰交涉局轉移知照繳稟鈔發外，查此事創辦伊始，不得不預防流弊，保我利權，韓道所稟。不爲無見，相應密咨，爲此合咨貴部請煩查訾，早爲防範施行。」

《礦務檔・河南礦務》外務部收河南巡撫錫良文《支路運載客貨事福公司請俟後另議》〔光緒二十八年〕七月初十日，河南巡撫錫良文稱：「案據交涉局司道詳稱，爲詳請事：竊查前奉批示，據總辦河北礦務韓道稟，福公司節節擴充，難於限制，請密咨早爲防範稟由，奉批候據稟分別密咨等因，業蒙分咨貴部暨路礦總局、鐵路大臣並電致福公司在案。茲於光緒二十八年六月十八日奉札開，光緒二十八年六月十六日本部院在鄭工五堡行轅，接據福公司哲電稱，元電悉。原訂合同祇十七款，言甚明晰，不必有所增改。嗣後如有華商請由公司鐵路轉運貨物，此係屆時應與外務部商訂之件，終訂支路章程，可以無庸議及。哲。等情。據此。查此案前據韓道稟報商辦各情，曾經據咨貴部暨路礦總局、鐵路大臣在案，除俟復到再行飭遵外，合先將福公司復電札行札到該局，即便轉移知照，此札等因到局。奉此。除移知總辦河北礦務韓道知照外，所有哲美森來電緣由，擬請分咨貴部暨路礦總局、鐵路大臣查照，理合具文詳請伏候鑒核等情，到本部院，據此。相應咨明，爲此合咨貴部，請煩查照立案。」

又外務部行路礦總局文《福公司運礦支路章程業經照准》〔光緒二十八年〕七月二十五日，行路礦總局文稱，案查福公司運礦支路改至道口一事，本年七月十四日准河南巡撫咨稱，據總辦河北礦務韓道國鈞詳稱：「與福公司總工師柯瑞會議，由衛輝府屬濬縣之道口起，至懷慶府屬武陟縣之寧郭驛附近礦地止。築造運礦支路章程，茲奉批示。遵與柯瑞定議，並繕華洋文章程各兩分，面同簽字各分收執等情，咨請查照立案，並將章程坿送前來，本部當以該章程所擬各條，均屬可行。應即照准等情。咨復河南巡撫查照飭遵在案，相應鈔録原訂章程，咨行貴局查照備案可也。」

《礦務檔・河南礦務・安陽煤礦》外務部收路礦總局文《秀蔭等請辦彰德府屬煤礦》〔光緒二十八年〕八月二十八日，路礦局文稱，據職員秀蔭、商人王朝珍、武舉張振綱等呈稱：「河南大河以北彰德府所屬一帶地方，煤礦最旺。上年曾經有人挖井取煤，祇(有)〔因〕財力不足，半途中止。職商等目覩該郡煤礦之富，甲於全境。今擬遵章開採，以盡地中之利。現已邀同本地紳商，鳩集同志，暫湊華股銀二萬兩，以爲創立公司開辦基礎，將來經費不敷，再爲遵照借用洋款章程，商借商還，不與國家相涉。至報效納税成數，悉遵新章辦理，不敢稍涉違延。以及各該地户業主或租或購，或給股分，均聽其便，決不勉强抑勒。總期天地自然之利，上與下均受其益，如蒙恩准，給發執照，准予開辦，遵即馳往該郡，設立公司，先行開辦。以期逐漸擴充等情，據此，除批該府一帶礦務，是否在福公司承辦河北諸山之內，該職商等是否身家殷實，辦事切實可靠，仰候咨查河南巡撫，俟復到再行核辦外，相應咨呈貴部查照備案可也。」

《礦務檔・河南礦務・禹州煤礦》盛宣懷《查明禹州煤質不適火車之用》〔光緒二十九年〕閏五月初二日，收鐵路大臣盛宣懷文稱：「前准貴部咨開，主事宋淑信等招集商股，在禹州境内開辦煤礦，出産極旺，銷路不廣，欲與鐵路公司訂立合同，專購禹煤應用，咨行查明核辦等因。當經本大臣札行鐵路總公司漢口分局魏道轉飭車務洋總管查明禹州煤質是否堪適火車之用，尅日具復核辦去後。茲據該局總辦魏道詳稱，遵經飭據洋工司開單覆稱，化驗得禹州之煤含灰質三十五分半，氣質十五分；密縣之煤含灰質三十七分半，氣質十四分半。查火車用煤，灰質不過十分者，方爲合用。該礦所出之煤，灰質逾此分數二三倍之多，想因開採不甚得法，或所交樣煤，係該礦浮面取出，實尚不合火車之用，理合詳覆查核，轉覆施行，等情前來。除俟該礦採挖加深，西法化驗，果係灰輕油足，屆時再行飭局督率車務洋總管酌量試用外，相應咨呈貴部，謹請查照轉飭遵行。」

《礦務檔・河南礦務》外務部收英署使熹納里照會《福公司開礦地界在京商辦請豫撫哲向將豫北諸礦尤准他人》〔光緒二十九年〕六月十九日，收英國署公使熹納里照會稱，據福公司揔辦稟稱：「茲有本公司在河南開煤礦之礦師，因該省北境開礦地界，與豫撫有意見不合之處。開此礦之合同，係光緒二十四年五月初三日所立。漢英文各二分，均由前總理衙門蓋印允行。按照英文所准開礦之地，係所有懷慶府左右及在豫省黄河以北諸山之礦。而豫撫之言，以該公

司只能在懷慶一府開辦等情，本署大臣查此事除遲日另行詳細陳明外，應請電咨豫撫以此案現在京都商辦。暫勿將豫北諸礦允准他人，庶免多有轇轕，是爲切要。」

又外務部給英署使焘納里照會《福公司辦礦界址應與豫撫商定》〔光緒二十九年〕六月二十三日，給英國署公使焘納里照復稱，光緒二十九年六月十九日接准照稱：「據福公司總辦禀，有本公司在河南開煤礦之礦師，因該省北境開礦地界，與豫撫有意見不合之處。開此礦之合同，係光緒二十四年五月初三日所立，漢英文各二分，均由前總理衙門蓋印允行。按照英文所准開礦之地，係所有懷慶府左右及在豫省黄河以北諸山之礦。而豫撫之言，以該公司只能在懷慶一府開辦等情。本署大臣查此事除遲日另行詳細陳明外，請電咨豫撫以此案現在京都商辦，暫勿將豫北諸礦允准他人，庶免多有轇轕等因前來。查福公司承辦豫省礦務合同第一款内載，專辦懷慶左右黄河以北諸山各礦。其時未經礦師查勘，故未明定礦地界址。該款内復載，先由礦師勘定何鄉何山何種礦產，繪圖貼説，禀請河南巡撫查明，果與地方情形無礙，發給憑單。准其開採各等語。是該礦界址與地方情形，應由福公司與河南巡撫商明定奪，未便在京商辦。現新任陳撫台到任在即，自能體察地方情形，與福公司總辦分别妥議。除咨行豫撫外，相應照復貴署大臣轉知福公司總辦遵照可也。」

又外務部致河南巡撫陳夔龍函《福公司礦界應由豫省議定》〔光緒二十九年〕六月二十四日，致河南巡撫陳夔龍函稱：「小石仁兄大人閣下：密啟者：昨准英使來照，以福公司承辦河南礦務，應照合同開辦懷慶左右黄河以北諸山。當經本部以原訂合同本未劃清礦界，應由該公司商請貴處定奪等因，照復在案。除咨行張中丞查照外，兹將來往照會，録送台端詧核。此佈，順頌日祉。」

又外務部行新舊河南巡撫陳夔龍、張人駿文《福公司辦礦界址已照復英使在豫商定》〔光緒二十九年〕六月二十四日，行新舊河南巡撫陳夔龍、張人駿文稱：「光緒二十九年六月十九日准英國焘署使照稱，據福公司總辦禀，有本公司在河南開煤礦之礦師，因該省北境開礦地界，與豫撫有意見不合之處。開此礦之合同，係光緒二十四年五月初三日所立，漢英文各二分，均由前總理衙門蓋印允行。按照英文所准開礦之地，係所有懷慶府左右及在豫省黄河以北諸山之礦。而豫撫之言，以該公司只能在懷慶一府開辦等情，本署大臣查此事除遲行另行詳細陳明外，請電達咨豫撫以此案現在京都商辦，暫勿將豫北諸礦允准他人，庶免多有轇轕等因。查此事先於本年三月初八日接准來函，福公司意在攬辦河北三府礦務，尊處以合同祇載懷慶，力與辯駁，深佩藎籌。惟合同但言懷慶左右黄河以北諸山各礦，界限本未劃清，現屆開辦，自宜明定礦地界址，以免漫無限制，事爲地方利息所關。究應如何勘定，本部礙難懸斷。現經照復英使，仍飭福公司向貴撫商明定奪，未便在京商辦。相應抄録來往照會，咨行貴撫查照辦理可也。」

又外務部收英使薩道義信《磋議福公司礦路運脚暨浦信川漢等路事》〔光緒二十九年〕七月二十五日，收英薩使致王爺信稱：「逕啟者：數日前邸駕辱臨時，言及貴親王與焘署大臣商定鐵路各節，擬由本大臣備函立案，當承允諾。兹將所定各節，逐一叙函奉達。

一、福公司道口至澤州之路，仿照俄國正定至太原鐵路辦理，此約如何遵行，現由哲美森在滬與盛大臣議商。

二、福公司之礦產，由蘆漢鐵路轉運，應定公平運脚。

三、蘆漢鐵路中國無受虧之處，如願修築由郾城至浦口鐵路一段，可由福公司承修。

四、信陽至浦口鐵路，原立草合同尚存，其正合同應由璧理南在滬與盛大臣商定。

五、川漢鐵路將來中國擬行修造，倘資本不敷，所需用之外國資本，皆在英美二國借用。至所借資本，如何劃分，及應借之國不得轉行乞貸他國之處，曾經焘署大臣將本年六月十七日面談各語，録存册籍。嗣於六月二十二日抄送貴部聯大臣，而本大臣亦經閲看矣。以上五節，合行備函縷述，即希貴親王見復，以資備案可也，此布。順頌爵祺。七月二十四日。」

又外務部收陳夔龍文《請轉飭福公司勿再添募印度夫役》〔光緒二十九年〕八月二十三日，收河南巡撫陳夔龍文稱，據河南交涉局司道呈，案查光緒二十九年八月初三日奉本部院批，據河北礦務局禀：印度更夫已經呈驗執照，惟逐漸增多，請示遵禀由，奉批禀悉。印度兵既領有護照，自應聽其在彼充役，該道函致甘實勒擬令不再增添，免滋事端，所見甚是。應否咨會外務部查核限制之處，仰交涉局核明詳奪，並轉移該道知照繳等因，奉此。並准咨同前由，本司職道等查福公司在修武縣下白作地方開辦礦廠，業由河北鎮撥派營勇爲之保護，沿途造路興工。地方官復派兵丁隨時照料，至需雇工役更夫人等，自有土人

可用，何須遠募印人。茲據礦務局咨稱：名爲更夫，寔即印兵，若聽其源源而來，漫無限制，將來逐漸增多，誠難保不藉端生事。雖經該局與商不再增添。該公司未必遂能遵守，應請咨明外務部照會英公使轉飭福公司總董，除已來印度人十二名聽其在彼充役外，以後不得添募來豫，充當夫役，以示限制而防流弊。奉批前因。除移礦務局知照外，所有核明緣由，理合具文詳請查核，是否有當。伏乞批示祇遵等情，到本部院，據此。除詳批示外，相應咨明，爲此咨呈貴部，請煩查照核禁施行。

又外務部發英使薩道義函《福公司開辦礦務事哲美森誤會豫撫之言》〔光緒二十九年〕十月初三日，發英國公使薩道義函稱，逕復者：前准函稱：「據福公司董總哲美森言，豫撫近與總監工言明，如公司按照合同應得利益開礦，民間必有滋鬧之事。本大臣查彈壓滋事爲巡撫專責，乃公然言明。即如聳恿民間滋事無異，應請立電該撫，倘竟滋事，其責即歸於該撫等因前來，本部當即電詢河南巡撫去後，茲准復稱：上月巡河至武陟，總監工利德來見，面商購地給憑單事，當飭韓道與之和平商辦，並告以彼此按合同辦理。將來商民均有利益，可期相安。利德甚以爲然。現據韓道來稟，所議礦地界址，業已商定。正在酌發憑單，是彼此尚稱款洽。英國駐京大臣傳述哲美森之言，並無是説，想係誤會等語，相應函復貴大臣查照可也。此復。順頌日祉。」

又外務部收陳夔龍函附與福公司總礦師問答《福公司礦界事磋議情形》〔光緒二十九年〕十月二十四日，收河南巡撫陳夔龍函稱，前奉鈞電。以英使函稱：「據哲美森言，豫撫近無總監工明言，如公司按照合同應得利益開礦，民間必有滋鬧之事等語。當將巡河在武涉工次與利德面言及近日商辦情形，撮要電復，計達冰案。茲再將八月二十五日彼此問答之詞，抄録清摺，呈請鈞核。應否函致英使轉給福公司哲美森閱看，以釋其疑，伏候藎裁。然此事辦理爲難情形。有不能不瀆塵鈞聽者，查福公司在豫開辦礦務，節次争索權利。迭經前撫飭令交涉局司道暨河北礦務局韓道國鈞。隨時隨事與之反覆磋商，得以弭患未形。本年七月初四日奉鈞處咨，以英使照會暫勿將豫北諸礦允准他人，現屆開辦。飭即明定礦地界址，以免漫無限制等因，夔龍抵任後，復飭韓道與利德議定礦界。以澤煤盛廠爲中心點，東南北各三里，西五里半，擬給第一次憑單。日内正在磋商。惟此事關係地方利害綦重，若不慎之於始，聽其婪索，不特失自有之主權。抑且貽將來之隱患，乃稍注意權限，即不滿彼族之意，動輒憑空結構。嗾動欽使肆其恫喝，以冀遂所要求，夔龍惟有按照原訂合同，不激不隨，相機因應。務使上維國體，下順民情，於守經之中，仍委婉行權，以期就範。知關廑系，用敢縷陳，專肅。敬請鈞安，伏惟垂鑒。」

照録清摺。

八月二十五日下午六點鐘在武陟縣木欒店，福公司利德來見問答：「在座者，公司翻譯英人金輔仁，豫省翻譯阮志范，河北礦務局韓道國鈞。」

利德云：「貴撫台遠來勘工，多有勞乏。」

答云：「我事不少，甚形忙迫。」

利德云：「今日初見貴撫台，可否畧談公事。」

答云：「有何要公，不妨面談。我在北京曾會過貴洋董哲君，彼此談得合式。」

利德云：「哲美森君有不日來豫之説。」又云：「敝公司現在最要緊事，莫過於先請憑單一節，前上貴撫台之圖，所圈各地，蒙覆信以爲太寬。經韓道台屢次熟商，稍爲減少，現擬之界。東南北三里，至河内修武交界，萬難再讓。」

答云：「地方無須寬大，只求足用而已。總要貴公司同百姓彼此相安，我心亦安。」

韓道云：「撫憲之意，以爲西六里似乎太寬，恐致民人驚疑，復告以總期公司與民人永遠相安，彼此方有利益。韓道乃替我辦事之人，他説即同我説一般，總要無窒礙爲要。」

利德云：「敝公司用鉅款開辦此礦，如地界太窄，所獲不敷所費，是以未能再減。」

答云：「我知開礦如此地界，足敷應用。」

利德云：「余在敝國，從幼學習礦務，閱歷甚多，比貴撫台知之深矣。南北東各三里，西六里，似此不能再讓。」

答云：「地面太寬，不無窒礙。」

韓道對云：「利君既允縮小，惟西路尚要六里，請交職道到下面再商。」當告利德云：「我明日尚須各處查工，貴公司有話可與韓道台和衷商酌。」

利德云：「貴撫台今日甚忙，余不敢再行煩瀆，可否到敝廠一遊。現在機器安齊，兼有電燈。」

答云：「我初到任，一切公事甚忙，無前往。但我甚願到貴公司，只好候明

年查工之便。」

利德云：「余等願辭，貴撫台可請休息。」

答云：「今日天晚，明早擬去答拜。」

利德云：「不敢勞動。當面擋駕，遂別。」

又河南巡撫《咨送奏設豫省礦務總局片》〔光緒三十年〕正月初四日，收河南巡撫文稱：「竊照本部院於光緒二十九年十二月十七日附奏設礦務總局遴員經理一片，除俟奉到硃批，另行恭録咨送外，相應遵用預印空白抄片咨呈。爲此咨呈貴部，謹請查照施行。」

照録抄片。

再查豫省地脈沃衍，不乏礦産，多係土人零星開採，資本不裕，作輟靡常。前撫臣錫良於光緒二十八年設立豫南公司，曾經奏明有案，現值振興礦政之際，似宜規及全省，設法推廣，保我利權。況近准商部來咨，殷殷以開拓礦利爲言，自應加意圖維，一律籌辦。現經臣與司道熟商，於省城設立礦務總局，將豫南公司事宜歸併兼辦，所有全豫各屬已辦擬辦未辦各礦，除福公司現在請之處不許外，餘悉歸該局經理。派委布政司瑞良，按察使覺羅鍾培爲督辦，並查有現辦豫南公司之候補道于滄瀾，於礦務頗有熟悉。堪以委充總辦，用專責成。由臣督同該司道詳議章程，集股籌資，次第勘查開辦，除咨部立案外，理合附片具陳。伏乞聖鑒。謹奏。

又外務部收河南巡撫文《咨送奏設豫省礦務總局片硃批》〔光緒三十年〕正月十二日，收河南巡撫文稱，竊照本部院於光緒二十九年十二月十七日附奏設礦務總局遴員經理一片，業已抄片咨呈在案。茲於光緒三十年正月初一日奉到硃批：「商部知道，欽此。」相應遵用預印空白恭録咨呈，爲此咨呈貴部，謹請欽遵查照施行。

《礦務檔・河南礦務・福公司河南礦務案二》外務部收河南巡撫陳夔龍文《福公司礦地議定黄界紅界並刊給憑單請查照立案》光緒三十年七月初四日，收河南巡撫文稱：光緒三十年六月十六日，據河北礦務局候補道韓國鈞詳稱，案查光緒二十四年，豫豐公司商董吴式釗稟請前部院劉奏准，向英國福公司借款開採懷慶左右黄河以北諸山各礦，訂立合同，在前總理衙門簽字。嗣吴式釗因案撤退，又值拳匪之亂，遷延未辦。迨光緒二十七年十一月，該公司工程師柯瑞勘明修武縣老牛河左右煤礦，援照合同第一條，繪圖貼説，會同豫豐公司幫董方鏡稟請給發憑單，由修武縣轉稟前部院松未及核辦。二十八年四月，旋據該公司派來礦師利德，遵照合同第五條，在老牛河以南下白作村，試探礦苗購地建廠，名曰澤煤盛廠，歷經稟明在案。二十九年七月，該礦師議自該廠起，繪具紅線礦界圖説，呈請給憑單。當因所索礦地大寬，遵奉訓示駁令改減，往覆再肆，舌敝唇焦，而利德堅執前議，謂地界縮小，實不敷用。復經力與磋磨，始允以現在所用者爲黄界，先領憑單。然必仍存紅色界綫，爲日後不敷開採續請憑單之用。查澤煤盛廠東西一百四十五丈九尺，南北三十九丈九尺，當即議定自澤煤盛廠牆外起，東南北三華里西六華里内，除許文正公墳南北三里八分，東西半里，合扣一方里又二萬九千一百六十方丈，實計面積六十方里零五千六百六十八方丈又肆十一方尺。其中村莊十處，祠廟四座，舊窑四箇，合三方里又一萬零六十二方丈。並礦界内所有墳墓，遵照合同，悉數設法繞避，其餘作爲礦地，由前代理修武縣愛令仁文明四至，豎立界石。所有黄界以此爲限，倘日後不敷開採，於紅界内續請憑單。仍准遵照合同稟請查明，果於地方情形無礙，再行核辦。所有礦圖並議明憑單稿一紙，理合詳請查核，刊發憑單，並懇轉咨外務、商部立案，實爲公便。再查商部奏定礦務暫行章程第一條内開，以前已辦各礦及業經議定之處，仍照原定合同辦理等因。福公司原訂合同，係在光緒二十四年，故礦界核與新章，稍有未符。又憑單載明黄界四至，俱屬中里，其比例尺以英里折合，係遵會典館圖式，每一英里合中里二里八分一釐九毫五絲二忽。合併聲明等情，到本部院。據此，當經批飭交涉局覆核詳奪去後，茲據該局司道會詳，遵即細加覆核，尚無舛誤，應請照發憑單，並分咨立案等情前來。除刊發憑單給領外，相應將礦圖暨憑單稿樣咨呈，爲此合咨大部，謹請查照立案，望切施行。

又外務部收陳夔龍函《議就福公司礦地黄界紅界事原委》〔光緒三十年〕七月初四日，收河南巡撫陳夔龍函稱：「前承大咨詢及公司礦路情形，當將現辦各節咨呈鈞案，茲該公司請發憑單。繪具礦界圖説，由河北礦務局韓道國鈞詳請咨送查核。除另文咨送外，謹將籌議礦務原委，敬爲縷陳。查福公司初訂合同，原有准福公司開採大河南北諸山各礦等語。後經前總理衙門核改爲專辦懷慶左右黄河以北，然福公司遂藉爲口實，謂河北三府。應歸該公司專辦，別人不得擅行開採，歷飭韓道再三辯論，又經貴部與英使磋商，迄無成議。光緒二十八年，福公司在修武屬試探礦苗，而彰衛兩府屬有土人新開煤礦，公司尚嘖有煩言，謂河北三府礦務，係公司專有之利權，倘別人集股開採，須先與公司商准，乃

能承辦等語。韓道又與力爭，謂以本土之人開本土之礦，各有權限，公司不得干預。彼恐土人煤窑愈多，則公司礦地愈少，故先在修武屬下白作蓋造廠房，指定礦地，繪具圖說，以紅線爲界，呈請核發憑單。當因礦界太寬，飭由韓道駁令改減，磋磨數月，始允在下白作廠外起，東南北三華里，西六華里内，再除許墳東西半里，先行開採，繪作黄線，請發憑單。如將來地不敷用，仍准在紅界内遵照合同辦理，與黄界同作一礦。因思當時如不允在紅界續請，彼仍以河北三府爲詞，勢必軼出範圍，多端要挾。值此時艱孔亟，萬一別生波折，轉有難以收束之虞，不得已姑爲羈縻之策。先與商定日後准在紅界内，遵照合同續請憑單，但仍應稟候查明，果於地方情形無礙，再行核辦，是在彼雖可續請。而曰查明，曰無礙，在我亦尚有操縱之權，且於憑單中載明，未經購地租地以前，仍係各民人自主，黄界如此，紅界更不待言。似此辦法，於地勢民情，尚無大礙。所謂黄界，係准其現在開辦之地，所謂紅界，係准其將來續請之地。雖黄界外，畫有紅界，爲地不免稍寬，而紅界非一時所能開。於河北三府中先爲劃此界限，且係懷慶府屬，轉若有所範圍，而使之暫不踰越，中委曲求全之苦心，自愧不能再有縮減，尚懇裁成而督教之，臨穎無任企盼之至。專肅，敬請鈞安，伏希賜鑒。」

《礦務檔·河南礦務·福公司在河南礦務案》外務部發陳夔龍文《福公司礦地界址發給憑單准予立案》〔光緒三十年〕七月初七日，發河南巡撫陳夔龍文稱：「光緒三十年七月初四日接准文函，以福公司工程師柯瑞勘明修武縣老牛河左右煤礦，繪圖貼説。會同豫豐公司幫董方鏡稟請給發憑單，旋據該公司派來礦師利德在老牛河以南下白作村，試探礦苗，購地建廠，名曰澤煤盛廠。該礦師議自該廠起，繪具紅綫礦界圖説，呈請發給憑單，當因索地太寬，駁令改減，利德堅執前議，謂地界縮小，實不敷用，復經力與磋磨，始允以現在所用者爲黄界，先領憑單，然必仍存紅色界綫爲日後不敷開採續請憑單之用，丈明四至，豎立界石，所有黄界以此爲限，倘日後不敷開採，於紅界内續請憑單，仍准遵照合同稟請查明。果與地方情形無礙，再行核辦。當批飭交涉局細加復核，尚無舛誤。除刊發憑單給領外，應將礦圖暨憑單稿樣，咨請查照立案等因前來。查福公司請辦老牛河地方礦産，既據貴撫查明與地方情形尚無窒礙，議定礦地界址，發給憑單，准其開辦，本部自可准予立案，相應咨行貴撫查照，並將開辦情形，隨時咨報本部可也。」

又外務部收陳夔龍函《炸藥廠被毁案辦理情形》　光緒三十一年十一月二十三日，收河南巡撫陳夔龍函稱：「月之十四，接奉十三日電示，隨將福公司炸藥廠被燬獲犯大概情形，先行馳電奉覆，諒荷垂詧。查此案前據該公司來電並修武縣稟報，當經分飭營縣緝匪防護，一面委員馳往查明，存藥處所在修武縣境焦作澤煤盛礦廠迤北五里許，係屬山頂，就山鑿洞，四無人居。察看山洞炸亂石紛雜，洞外小屋，亦被轟燬。又山坡下遺有撬損藥箱板片一小堆，並整散炸藥十三包，似係被竊遺火焚燬所致。」據該公司工程師利德聲稱：「洞内約存炸藥噸半，洞外雖原建有小屋一間，却無派人看守。本月初四日晚六點鐘時，遥見該處火起，遣人查探，報係屋被火焚，現經熄焰。至十一點鐘，該炸藥洞陡然轟炸，聲震數里，火光四射。顯係被竊擾害，懇請緝究等語。旋據派出防營稟獲形迹可疑一犯名張三者，前曾在廠傭工，隨即批交該縣研訊確情，並飭加緊查緝逸匪，務獲質審究辦。因恐日久各犯聞風遠颺，現復派員赴縣幫同催緝，總期有犯必獲，以杜藉口。惟炸藥爲至危至險之物，各國懸有厲禁，按照條約本不准洋商販運進口。該公司究於何時運至，並如何鑿山存儲，均未據知會有案。且存藥荒山，既自不僱人看守，又並不聲請地方官派兵防護，猝然失事，縱由於匪徒竊發，而事前疏忽，咎將誰歸。幸所燬尚僅一藥洞，倘或貽禍地方，損傷民命，尤爲妨害治安，衡以公法，亦萬國所不許。今豫省因輯睦邦交，格外優待，不加駁詰，復爲緝匪嚴究，辦理不謂不力。乃閲該公司致修武縣函，詞多要挾，并因廠中工匠損壞機器，自不咎其用人不當，反疑爲官民阻撓辦礦，甚有此次須索償之語，尤爲非理狡辯。推原其故，蓋以前次索地製鐵，不允所請，擅運炸料，又經查議，慾壑未遂，故爾喋喋。然中國權利所在，不得不據理力爭，此中委曲情形，當邀藎察。現在礦廠業經挖井得煤，公家正可藉取報効，其保護一應事宜，自無不竭力爲之。第該公司得寸望尺，難保不再慫恿英使復來饒舌，除仍嚴催營縣勒緝此案逸匪，務獲究辦，並派員前往彈壓外，用特詳陳顛末，敬祈大力維持，相機抵制，以免別生枝節，是所叩禱。」

又外務部收軍機處交出陳夔龍奏摺《奏請裁撤河北礦務局》〔光緒三十一年〕七月二十三日，軍機處交出陳夔龍奏摺稱，再光緒二十八年，前撫臣錫良奏派候補道韓國鈞，接充豫豐公司總辦。與福公司互相浹洽，力保利權。嗣據該道稟稱：「豫豐公司自吴式釗撤退以後，並未將所集股分移交，此項礦務股本，應統歸福公司名下，該道專司稽查照料之責等情，復經前撫臣咨呈外務部，並改派該道辦理河北礦務總局各在案。頻年以來，該道與福公司按照合同籌商一

切，尚能悉就範圍，惟交涉之事，以勘地築路二端爲最重。幸賴該道竭力維持，諸臻妥洽。現在礦地業經定界，發給憑單。其運礦之道清鐵路，已由國家收回。並經鐵路總公司前工部侍郎臣盛宣懷，會臣委派福建候補道程祖福爲行車監督，專司道清鐵路行車事宜。此後礦務交涉事件較簡，應即責成該管地方官就近經理，遇有要件經理省城交涉局及礦務局核辦。所有原設之河北礦務總局，飭俟程祖福到差，即行裁撤，以節經費。除分咨查照外，理合附片具陳，伏乞聖鑒。謹奏。」

光緒三十一年七月二十三日奉硃批：「該部知道。欽此。」

又外務部收英使朱邇典函附修武縣廣告《修武縣民抵制福公司開礦請飭嚴禁》〔光緒三十三年〕二月初一日，收英朱使信稱，逕啟者，據本國福公司稟稱：「本公司在豫省修武縣境内開礦，近在該縣城内及他處出有廣告，定於本年正月十六日聚會演説。抵制洋商開礦等情前來，除將所出廣告抄送查閲外，本大臣查各該處准出如此廣告，關係寔爲重要。若地方官未能覺察，自屬失職，倘地方官縱容無知之徒，煽惑輿情，則是甘心自負重責。合行函請貴部電咨豫撫，速將此等抵制福公司情事，嚴行禁止，是爲切盼，此頌鈞祺。附件。」

附照録豫省修武縣境内所出廣告。特别廣告，今日我修有一件要事，能大家好好辦理則生，不能辦則死。吾邑父老子弟都知道麽，這事是甚麽，就是礦務事，白作英人開煤礦，知道者説洋人奪我們煤利，不知者説咱不管他。豈知洋人得了煤礦，就要奪我們太行山了，金銀各礦待取净了，我河北人都要死了。當下又不敢與洋人糊鬧，大家想一個好法子，洋人開，總不能不教咱開。所以約定本月十六日一同到東關教場商量這件事，請有衛輝人都來演説，大家萬不可不聽聽，並與山西李烈士開一追弔會。他亦是爲礦務而死，與咱河北一樣，所以與他開了追弔會。大家看看，大家聽聽，都明白了這件事，然後再辦，好辦了。

《礦務檔·河南礦務》外務部發河南巡撫咨《修武縣民抵制福公司開礦事請速查禁》 光緒三十三年二月初五日，發河南巡撫咨稱，呈爲咨行事，本年二月初一日准英朱使函稱：「據本國福公司稟，本公司在豫省修武縣境内開礦，近該縣城内出有廣告，定於本年正月十六日聚會演説，抵制洋商開礦。查如此廣告關繫寔爲重要，若地方官未能覺察，自屬失職。倘縱容無知之徒，煽惑輿情，是甘心自負重責。請電咨豫撫速將此等抵制福公司情事，嚴行禁止等因。並將所出廣告鈔送前來，查修武縣民人出具廣告，聚聚演説，有無其事，相應鈔録原件，咨行貴撫查照，轉飭該地方官查明情形，速行禁止。勿令滋生事端，並希見復爲要，須至咨者，附鈔件。」

又外務部收河南巡撫文《查禁修武縣民抵制福公司開礦事辦理情形》〔光緒三十三年〕三月二十一日，收河南巡撫文稱，案准大部咨，准英國朱使函稱：「據福公司稟，本公司在豫省修武縣境内開礦，近該縣城内出有廣告，定於本年正月十六日聚會演説，抵制洋商開礦。請電咨嚴禁等語，並將所出廣告鈔送前來，相應鈔録原件咨行查照，轉飭該地方官查明情形，速行禁止，勿令滋生事端。並希見覆等因，到本部院。承准此。當飭交涉局會同按察司委員會縣確查有無其事，並嚴飭該地方官認真查禁去後，兹據該司局會詳，遵即遴委候補知縣張令國賓馳赴修武縣會同該署縣林牧桂芳查禁去後。兹據會稟，查得該縣本年正月十五六等日，城關習俗迎神會期，有無知之徒，在肆城墻外張貼廣告，詞與札發粘單相同，當經該令查知，登時分飭撕揭無痕，並各處密查，一無張貼。其廣告内既有十六日約到東關教場商量演説之語，遂加意查禁，至期該處亦毫無聲息，均安如常等情。具禀前來，本司局詳加查核，尚屬寔在情形。除飭仍隨時嚴密查禁免滋事端外，所有遵飭委查緣由，理合詳請鑒核咨覆等情。除批示外，相應呈覆，爲此合咨貴部，謹請查照施行，須至咨呈者。」

又外務部發英使朱邇典函《查禁修武縣民抵制福公司開礦事辦理情形》

光緒三十三年四月初二日，發英朱使函稱，前准函稱：「據福公司稟：本公司在豫省修武縣境内開礦，近該縣城内出有廣告，定於本年正月十六日聚會演説，抵制洋商開礦，請電咨嚴禁等情。並將所出廣告鈔送前來，當經本部鈔録原件，咨行豫撫轉飭查禁去後，現准復稱。飭據交涉局會同按察司詳稱：遵即委員馳赴修武縣會縣查禁，查得該縣本年正月十五六等日，城關習俗迎神會期，有無知之徒，在四城墻外張貼廣告，詞與札發粘單相同。當經該令查知，登時分飭撕揭無痕，並各處密查，一無張貼。其廣告内既有十六日約到東關教場商量演説之語，遂加意查禁，至期該處亦毫無聲息，均安如常等情，具禀前來。除飭仍隨時嚴密查禁免滋事端外，咨請查照施行等因。相應函復貴大臣查照可也，專此佈達，順頌日祉。」

又外務部發英使朱邇典函《河内縣揭帖謡言因售煤而起已飭妥商辦法》

宣統元年閏二月初十日，發英朱使函稱：「本年閏二月初一日接准來函，以河内地方現有私張揭帖，煽惑人心，排擠福公司，邀人聚會。請電知豫撫設法消除，

隨時保護等情。當經本部電行河南巡撫確查禁止去後，玆准復電稱，昨聞懷慶有傳單造言情事，當電飭府縣查禁，據該府縣電禀，地方安謐，傳單謡言，係因河内紳商議銷售礦廠煤斤，賤買賤賣，有妨民窑生計，致起謡傳，實與福公司無涉等情。承准前因，又經電飭嚴密防護，并令印委各員與洋董妥商售煤辦法，務使礦廠民窑兩無妨礙，各安生業等語前來，爲此函復貴大臣查照可也。」

又外務部收河南巡撫吴重憙電附福公司議單《福公司擬就地售煤請堅持力阻》

宣統元年閏二月十二日，收河南巡撫電稱：「英商福公司在焦作地方開辦煤礦，刻已見煤。按照原訂合同應抽出井税，豫省派員與該公司總董白來喜再四磋議，始將派員抽税。及遵照條約不在内地開設行棧賣煤各節，逐一商妥，訂立議單，商經簽字。乃白洋董又謂華商如願赴廠購煤，中國不得禁阻，且須地方官示諭居民等語。查河内縣各煤業中人，風聞有福公司就地銷煤之説，恐公司奪利，民窑生計殆盡，欲傳單聚議，隱爲抗拒。該礦師堪睿克頗爲驚惶，曾請派隊彈壓，現經電飭地方官切實查禁，妥爲保護，並由鎮派隊彈壓。據該府縣禀稱：傳單聚衆之事，查無實據，該公司礦廠，安静如常。如公司如在内地售煤，各煤窑生計攸關，誠慮致起衝突，所請就地售煤之處，既與通商條約及此次議單違背，尤恐有妨小民生計，易釀事端，勢難照允。已飭該委員婉切阻駁，刻正磋商，能否就範，尚無把握。倘該公司逕請英使向鈞部曉舌，伏乞堅持力阻，以符原議，而保主權，地方幸甚。並將議單電呈核鑒。」

一、阻議宗旨，要在引伸原訂合同章程，將見煤之後辦事專條，逐節商訂，庶彼此各有遵守。

二、福公司應納值百抽五之出井税，議定自見煤之第一日起算，不分整碎，不問漲落。各噸納税銀五分，按月照報告總公司洋文賬單，開送省城總局一分，以憑核計進出煤數目，結算税銀，稽核員有隨時到廠調查之權，賬單税銀交稽核員收納轉交。

三、福公司所出之煤，議定遵照通商條約，不在内地開設行棧賣煤。

四、公司之煤納出井税後，祇售他埠，經過河南釐卡，或由水路或裝火車，議定仍照中國通行章程完納税項。

五、豫豐公司現已裁撤，至原合同第二條所載借用福公司成本一千萬兩，實屬紙上空談，議定一併作廢。福公司交涉事件，統歸河南交涉局管理，其原有之豫豐公司幫董薪水，自本年正月起，即改爲交涉局駐礦委員薪水，照舊由福公司按月支給。

六、福公司須用界内民地，向章由地方官公平代購，惟見煤以來，各地主多不願賤賣。現議定按照原合同第五條租地辦法，凡不願賣絶之地，分别地底地面，每年給以售價若何，仍歸地方官詢明地主持平定價。

七、所訂六十年期，附議定以簽立合同之日，即西曆一千八百九十八年算起。

八、礦路學堂議定本年春季開辦，除飯食由學堂自備外，所有堂中寢息舍宇、遊戲場。以及教習員司夫役薪工、書籍、文具、器械標本、燈火煤水，統歸福公司籌給。

九、現議各條，係暫引試辦。將來如有未盡事宜，隨時續議增入。議定專條照繕華文三份，一存河南洋務局，一存修武縣署，一存福公司。均以華文爲憑。

大清宣統元年二月初六日

西曆一千九百零九年二月二十五號訂立。

河南交涉局議員候補知府楊敬宸，候補知府方鏡，署修武縣知縣嚴良炳均蓋章。福公司總董白來喜，總礦師堪睿克均簽字，謹此電聞。

又外務部收英使宋邇典函附福公司議單《豫省阻撓福公司售煤請飭豫撫保護》

〔宣統元年〕閏二月二十二日，收英朱使函稱：「玆據福公司總董將與豫省地方官定立之合同抄送前來，此合同係爲保持和平免生糾葛而立。查按合同所載，應由豫撫出示禁止阻撓人民購買該公司之煤，并由地方官允許認真施行。惟據福公司總董禀稱，合同雖經定立十日，而仍有阻購公司煤斤之事，且告示并未張貼云云，應請電飭豫撫即將允出之示，速爲張貼。於公司在河南之生意，妥爲保護，是爲至盼。」

附抄件。

按河南交涉局與福公司於宣統元年二月初六日所訂草約第九條内載：現議各條，係暫行試辦，將來如有未盡事宜，隨時續議增入等因。查有原議第三條内中，尚有不甚完善之處，亟宜添入，以免日後誤會。

計開：

一、華商如有自願赴福公司購煤者，他人不得阻撓買煤。如有此種情事，中國地方官自應就近立行禁止查究。惟每人至少以二十噸起碼，應禀明河南撫

帥，地方官出示曉諭。

二、福公司不得令華商包賣本省煤斤，恐本地民人疑爲專利，致起紛爭。

大清宣統元年閏二月十一日

西曆一千九百零九年四月一號訂立。

河南交涉局議員候補知府楊敬宸、候補知府方鏡，署修武縣知縣嚴良炳、福公司總董白來喜、總礦師堪睿克。

又外務部收河南巡撫吳重憙函附福公司開礦節略《福公司擬在內地售煤請力持駁拒》 英商福公司在河北開辦煤礦，係光緒二十四年間劉前撫據商董翰林院檢討吳式釗呈稱：「與洋商羅沙第訂立合同，借洋款一千萬兩，設立公司，請辦黄河以北懷慶左右諸山各礦，名爲豫豐公司。聲明所借之款，商借商還等情，奏奉諭旨交總理衙門，會同户部議會奏，嗣經總署議准，以原訂合同有不甚妥協之處，另擬合同章程二十條，飭豫豐公司總董吳式釗與洋商羅沙第在總署畫押，以憑開辦。吳式釗旋被言官參劾鐫職，豫豐公司總董遂無人接充，嗣因時事變遷，福公司礦務延擱停辦。迨二十七年間，時局大定，該公司復申前議，派礦師柯瑞來豫勘礦，勘定修武縣境焦作地方，試探礦苗，購地建廠，名曰澤盛煤廠。於二十八年春間開辦，經錫前撫奏派候補道韓國鈞爲豫豐公司總辦，飭令恪守原訂合同，與福公司會商辦理。嗣據韓道禀：以豫豐公司總董吳式釗既經撤退，該道所辦之事，係以交涉爲重。於福公司礦務，但有稽察照料之責，並無用人理財之權，於是銷去豫豐公司名目，改爲河北礦務局。該道智慮周詳，數年以來，於該公司購地開礦以及雇用華工各事宜，相機因應，操縱得宜。二十九年七月間，該礦師繪具礦圖，請發憑單，當因占地太寬。經韓道再四駁令縮減，該公司始允以現在所用者爲黄界，先領憑單，然必仍存紅色界線，爲日後不敷開採續請憑單之用。查黄線礦界，計東南北各三華里，西六華里，實計面積六十方里零五千六百六十八方丈。於光緒三十年六月發給憑單，均經先後咨明鈞部有案，嗣以該公司發給憑單後，交涉事件無多，儘可責成該府縣就近經理，禀商省城交涉總局核辦。遂將河北礦務局裁撤，以節經費。該公司經營礦務已逾六年，至三十四年秋間始開挖出煤。查原訂合同第六條内載，福公司見煤後，應納值百抽五之出井税等語。當經遴委候補知府楊敬宸、候補知縣嚴良炳先赴焦作與礦師睿堪克接洽，再行赴津，晤商該公司總董白來喜，將應議各條，妥慎提議，在津數月，幾費磋磨，始將見煤後辦事各條，逐節商訂簽定議單。昨經電咨鈞部在案。刻惟内地售煤一節，正在竭力磋商，尚未定議，俟議妥再行函陳，理合登明。」

《礦務檔》外務部《皖豫兩省礦務辦理爲難情形》〔宣統元年〕四月二十一日，本部具奏摺稱：「謹奏爲皖豫兩省礦務，中外互争，遽難定議，謹瀝陳辦理爲難情形，恭摺仰祈聖鑒事：竊維安民先宜和衆，必措施得當，而後可長保治安，經國首重睦鄰，必外侮不生，而後可專修内政。方今時勢孔艱，利源日蹙，宜廣發達開通之策，斷非深閉固拒之時，臣部職掌外交，深維大計，於民生權利所在，尤必兢兢維持，不遺餘力，曷敢稍涉放棄，坐失機宜。然有時格於成議，窮於理解，非一意堅持所能諉卸，不能不設法轉圜者，如安徽銅官山礦産與河南福公司售煤兩案是也。謹將案情始末，爲我皇上分晰陳之。光緒二十八年四月間，前任安徽巡撫聶緝槼飭商務局與倫華公司代表英商凱約翰，訂立歙縣、銅陵、大通、甯國、廣德、潛山等六處勘礦合同。至二十九年十一月，英國駐京使臣薩道義鈔録原訂合同，函送臣部，堅請核准。經臣部據安徽巡撫復咨，與凱約翰另行磋議，删除原訂五處，改爲開辦銅陵縣之銅官山一處，名爲安裕公司，資本一百萬鎊，減見方三十里爲二十里，減期限一百年爲六十年，報効地方銀五萬元，以凱約翰爲總董。自簽字之日起，限十二箇月，逾限不開，即行作廢，報效銀亦不得索還。改訂合同二十三條，於三十年四月十一日奏准，四月二十二日簽字，呈繳商部英金一百二十鎊，發給開礦執照。迨三十一年四月二十三日，臣部接安徽巡撫電稱，凱約翰至今未來，礦已逾限，應遵章作廢。當經臣部據情函致英使，並用照會聲明，迨該使先後復照稱，本國外部以此合同係西曆一千九百零四年六月初五日簽字，外務部函乃在限期未滿以前。且該公司已派礦師德孚、繙譯張翥雲，暨馬礦師兩次到礦勘驗，並經代理人哈華托函致商務總局籌備一切。礦師到礦之日，以華曆算，尚欠二十二日。安徽巡撫飭令歸休，足微不顧情誼，急欲廢約。而該撫查復則謂，哈華托來函於知照派員購地一層，並未提及，礦師到礦，已在限外，詳陳違背合同者數端。核與英使來照所稱各節，辯論紛歧，各有理由。皖省官紳亦函電交馳，並呈由都察院代奏，務期按照合同堅持作廢，勿稍通融。英使則置臣部逾限作廢之説於不顧，或面駁，或照催，直源源不少替。三十二年四月，該公司又派令礦師麥奎赴山居住，搬運機器招工修路，運引火釘，運炸藥，運開挖之礦石，並有種種騷擾情事，歷經臣部照會英使阻止，飭令麥奎離山。該使迄不承認。三十三年出使英國大臣李經方抵任後，英外部面交節

略，謂中國政府實行允准各事，惟責望設法速行。銅官山此其一。比臣部屬令與凱約翰就近商辦，而凱於議購回，則須四十萬鎊。議合辦，則地段年限不能改，磋商數月，毫無端緒。本年三月，凱約翰奉彼政府之命，來京與臣部直接提議，皖省亦公舉代表翰林院方履中等赴部備議。經臣部派員會同安徽委員任廷枚暨方履中等，兩次與凱約翰接晤，均執定逾限未辦合同應廢之説，與之反復辯論，而凱則謂，此項合同，英國政府早不認廢，並給有訓條爲據。兩國政府爭至四年之久，文牘不下數十件，毫無效力，豈至今尚能言廢。如言廢，是皖人將彼大注金錢攫之囊中，恣意吞騙也，英人豈能忍受，彼此堅執，無可再議。方履中等乃電致本省，宣播報章，竟謂凱理屈詞窮，事機將轉，要請臣部主持。比電達該省督撫妥籌辦法，准復稱，皖人均聽方履中等意旨，愈形激烈。在京皖紳翰林院侍讀李經畬等復聯名具呈臣部，暨皖省紳商學界逐日紛紛來電，莫不以廢約爲辭。而凱約翰則以爲費十年之心力，擲數十萬之鉅款，秉英政府之訓令，遠涉重洋，來此訂議，於方履中等與言廢約，疾首拍案，並不稍讓。若置不與議，聽其長去，積忿之後，更難收拾，此銅官山礦務辦理爲難之實在情形也。英商福公司在河北開辦煤礦，係光緒二十四年五月間，總理各國事務衙門會同户部議覆河南巡撫劉樹堂原奏，允准翰林院檢討吴式釗與洋商羅沙第訂立合同，借洋款一千萬兩，名爲豫豐公司。迨二十七年該公司勘定修武縣境焦作地方，試探礦苗，購地建廠。二十八年春間開辦，經候補道韓國鈞與福公司會商，銷去豫豐公司名目，改爲河北礦務局，繪定黄紅色礦界，發給憑單。至三十四年秋間，開挖見煤，河南巡撫遴委候補知府楊敬宸等與該公司洋董白來喜商立議單，載明遵照約章，不在内地開設棧賣煤，並納出井税後，運赴他埠等條。簽定後，又續議兩條，有華商自願赴廠買煤，不得阻撓等語。本年閏二月間，英國使臣朱邇典函致臣部，請飭豫撫出示禁止阻撓人民購買該公司之煤。經臣部函復該使，謂福公司在内地售煤，與小民生計有損，自應仍照原議，並商令白來喜赴汴另議。詎白到汴後，與交涉局會議多次，豫省讓至准華商赴廠購煤，運出河南境界爲止，白來喜讓至赴廠購運出河内縣境出售爲止，彼此相持，遂至白來喜不再與議，由汴來京。英使照會臣部内稱，自續議單簽字日始，每日索賠一千兩，而該撫吴重喜奏稱，現擬辦法，退步已臻極點，勢難再事通融，惟有一意堅持，以期就我範圍，全民生計。河南紳士翰林院編修杜嚴等具呈都察院代奏，則詳陳十害，懇飭撤銷楊敬宸擅訂之約。欽奉諭旨：「著外務部、河南巡撫會商妥籌辦理。欽此。」當經臣等電達河南巡撫，謂若一味堅持，不特不能就範，且恐變本加厲，不及挽回，應保全土窑生計，妥籌了事辦法。緣豫豐公司借款合同批准在先，至銷去豫豐名目，變我之借款而爲彼之自辦，彼經營六年之久，始得見煤，若轉阻其就地出售，彼固不允，我亦失宜。蓋煤賤則於通省百姓有益，不能因關礙少數之土窑，而强令全省均用貴煤。且直隸、山東各礦，均係隨處出售，河南何能獨異？現英使以阻止出售，按日索賠，要挾加劇，此福公司售煤辦理爲難之實在情形也。伏查臣部中英交涉未結者多端，類皆頭緒複雜，枝節叢生，致英使有臣部辦理外交，一似獨與英國爲難。並政府無權，徒使紳商學界不擔責任之人，從而阻撓干預之語。英外部與李經方接晤時，亦輒以此詰難，見諸詞色，兩國感情日形澹薄。安徽、河南兩礦務均係奏明允准之案，不得謂非國際交涉，迺蘊積至今，同時並舉，兩省紳民謂關係地方生計，方疑臣部以不力爭。在英使謂中國情理不明，更譏臣等以不守約，偏於彼則似拂輿情，偏於此則有傷國體，兩相環逼，因應俱窮。邇來憲政初基，凡在民生，均思自保權利，然或意氣激於一時，而難期結束。或理法出於空論，而不切事情。臣等仰體朝廷德意，但有力能斡旋之處，斷不敢畏難遷就，置吾民之呼籲於不聞。惟時勢所值，事理所在，利害所關，其得失輕重之間，有不得不審量權衡，未可自行其是者，在相機以補救，不敢謂我是而人皆非。在合盤以統籌，不敢因一端而誤大局。以上兩事，但能取益防損，操縱得宜，未嘗不可挽已失之利權，消目前之嫌釁。若一味抗執，設或釀成意外，咎將誰歸？臣部責無旁貸，自當勉任其難，權其輕重，設法磋商，俟稍有定議，再行請旨施行。所有皖豫兩省礦務中外互爭辦理爲難情形，理合恭摺密陳，伏乞皇上聖鑒。謹奏。」

《礦務檔·河南礦務·福公司在河南礦務案》外務部收河南巡撫吴重憙函附福公司開礦節略《福公司擬在内地售煤請力持駁拒》　宣統元年閏二月二十四日，收河南巡撫信稱：「福公司在焦作地方開礦，於去年秋間見煤。應議抽税各節，經委員楊守敬宸與洋董白來喜會議辦事專條，訂立議單。昨曾電咨鈞部，並抄録議單，諒邀鑒督。查此案原係商董吴式釗向英商福公司借用洋款，承辦豫省礦務，名爲豫豐公司，實則洋商辦礦，託名華商。所謂借用洋款一千萬兩，實屬紙上空談，所立豫豐公司，不過徒擁虚名，毫無用人理財之柄。嗣經豫省委韓道國鈞設立河北礦務局，專司稽查照料事宜，遂將豫豐公司名目銷去。蓋因前有借款之議，既將豫豐名目銷去，將來福公司如有虧耗，可與豫省無涉。現在

該公司開挖見煤，經敝處派委楊守與白來喜提議抽税各節，在津數月，幾費磋磨。始將辦事各條，逐一商妥，訂立議單，彼此簽字。其第五條内開，豫豐公司現已裁撤，至原合同第二條所載借用福公司成本一千萬兩，本屬空談。議定一併作廢等語，是借用洋款一節，自福公司開辦，以迄於今，從未揭明。今則議定作廢，未始非此次提議之力，至豫豐公司幫董方鏡改爲河南交涉局駐礦委員，名實亦屬相符，惟該公司售煤一層，業經議定載明議單第三條，福公司所出之煤，議定遵照通商條約，不在内地開設行棧賣煤，乃白洋董仍以内地銷煤爲請。查河修兩縣煤窑鱗次，小民業此爲生，如允該公司所請，一則與通商條約及此次議單顯有違背，一則有礙民窑生計。查懷慶一帶礦工窑户，不止十餘萬人，現未准賣，已人心惶惶，一經出賣，深慮激成事端。且福公司用機器採煤，工省價廉，運售通商口岸，尚可獲利，與民窑土法開採，工本較昂，只能行銷近地者不同，公司遠售，民窑近銷，利益分霑，始可相安無事。倘或該公司輕聽奸商慫恿，竟在内地出售，不過利歸販運華商，於公司得利有限，從此結怨於民，日後恐多後患，貪小利而受大損。該公司亦未免失算，爲該公司計，亦以運銷外埠爲有利無害，再四籌思。内地賣煤一節，斷難照允，已飭楊守等婉切拒駁，力與磋商。該公司能否就範，尚無把握。總期不背議單，不拂輿情，不失主權，方爲至當不易之辦法。倘該公司逕請英使向鈞處提議此事，務祈鼎力主持，據理駁阻，以符條約而保主權，地方幸甚。謹將福公司開礦全案，開具節略上呈，伏乞查核備案爲禱。」

　　敬再肅者：正繕函間，復據該委員楊守等稟，白洋董因不允在内地售煤，虚聲恫嚇，百端要挾。又續訂草議兩條，不顧輿情，不計後患，於一日内要求委員等立單簽字，業經敝處電飭作廢，並令該委員等仍壹意堅持，妥爲議辦矣。合併奉聞。

又外務部收河南巡撫吴重憙電《福公司續立草約擅自售煤請照會英使飭禁》 宣統元年閏二月二十六日，收河南巡撫電稱：「福公司要求在内地賣煤一案，前於本月十一日電陳大概情形，又於二十二日續函詳達。頃據河北三府礦商豫益公司等聯名公稟，以河北煤窑爲數十萬小民生計所關，福公司欲在内地賣煤，將土窑推倒，壟斷居奇，籲求飭縣禁止，以保民生而免暴動等情。查此案業經援照約章，議定不准在内地開設行棧賣煤，載明議單，乃該公司洋董白來喜於原議甫經簽字後，忽翻前議，續立賣煤草議兩條，迫令委員楊守敬宸等權宜簽字，當時聲明。未經撫院允准，不能實行，即經敝處電飭將此議作廢。近該公司不候允准，擅將煤斤在礦廠出賣，該處附近一帶窑户居民，人心惶惑。現經敝處竭力主持，飭屬徧行勸諭，尚未暴動。倘任令該公司賣煤，則後患誠不可測，除飭縣查禁，並責令委員楊守敬宸等將未經允准之續單，立即銷廢外，應請鈞部迅賜照會英使，轉飭該公司毋得違約在内地賣煤，以保治安而弭事變，仍祈賜复。」

又外務部收英參贊甘伯樂函《豫撫應示諭不再阻止福公司售煤以免請索賠款》 宣統元年三月十三日，收甘伯樂致周參議函、英館參贊甘伯樂致周參議函，逕啓者：河南福公司售煤事，朱大臣鑒及開平、江北、安徽各礦之交涉，確以爲豫撫之對於此事，與各該處地方官之對於以上各問題，必無稍異。其一切事宜，均經白來喜與各委員熟商，此外並無應與豫撫議商之事。其四月一號所定之辦法，退讓已達極點。白君萬不肯再允通融，白君將於明日來京，與朱大臣商酌公司應索之賠款。如豫撫按照一月前委員所允之辦法，連爲施行，尚能阻止索賠。此外實無阻止之法，貴部若能明告敝館西四月一號之辦法，豫撫必將施行。其所以願見白君者，係爲按照所訂辦法，直接商議一切，則僕可以勸令朱大臣轉飭白君再赴河南。惟必須先與貴部訂明，豫撫與白君面談後，即行按照所請，出示曉諭不得阻止公司售煤，僕方能按所擬辦理。此佈，順頌日祉。

又外務部收吴重憙文附福公司售煤案交涉節略呈外務部文暨福公司議單等《委員晋京詳陳駁拒福公司就地售煤案辦理情形》 〔宣統元年〕三月二十一日，收河南巡撫文稱，竊照福公司一案，因委員楊守敬宸等擅簽續議，致成交涉，歷經函電詳陳貴部在案。頃據交涉局呈送楊守等由津來電稟稱：「元盥電悉，今該董述朱使語，決計向部力索償款，内地准售各節，如允飭地方官出禁阻撓示，即令使署漢務參贊甘伯樂與白來汴等因。該董之意，出示後，所索各節，即可作罷，乞電復，敬鏡叩删等語。查電内所稱禁止阻撓之告示，係楊守等與白董在廠擅簽續議時所擬，未經本部院允准，且關係較大，未便遽准照辦。此案非白董來汴另議，難得持平辦法，現在白董未能即來，殊難速了。其中爲難情形，電牘恐有不盡，特委特用知縣王宰善赴京，謁見貴部丞泰堂呈遞節署，詳陳顛末。由丞參堂轉達，並請指示機宜，俾可遵照辦理，相應咨呈，爲此合咨貴部，請煩查照施行。」

　　附王委員呈節署一件，議單二件。

　　謹將福公司在豫開礦見煤後交涉情形，開具節署，録呈鈞鑒。

　　一、查光緒二十四年豫豐公司與福公司原訂章程第六條載明，每年所有礦

産，按照出井之價，值百抽五，作爲落地税等語。光緒三十四年福公司開挖見煤，經交涉局詳委候補知府楊敬宸、候選知府方鏡、候補知縣嚴良炳，與該公司洋董白來喜會議收税各節，擬具議單。稟准後，於本年二月初六日簽字，當經電咨鈞部立案。按議單内載明，遵照通商條約，不在内地開設行棧賣煤，及納出井税後，運售他埠等語。閏二月初十晚，據改委駐廠稽查煤税委員楊敬宸等電稱：白來喜要挾内地賣煤，擬請設立官局代銷等情，當以顯背原議，並有礙通商約章，於十一日電令磋拒。乃是月二十日，據交涉局呈到楊守等擅與該洋董另訂定賣煤續議兩條，已於十一日簽字，並擬禁止阻撓買煤告示稿一紙。稟内聲明簽字係屬權宜，必俟撫院通飭曉諭，方准華商赴廠購煤等語。當以該守等並無代表長官簽字之特權，並與前次請開官局代銷之電，亦不相符，即日電飭將續約作廢，而福公司即據以爲口實，是此案交涉之所由起也。

一、原議單載明不在内地開設行棧賣煤，又納出井税後，運至他埠等語。按賣煤二字，係包括整賣零賣而言，亦係遵守通商約章，洋人不得在非通商口岸經商之意。續議載如有華商自願赴廠買煤，他人不得阻撓等語。華商赴廠買煤，與洋商賣煤於華商，殊無區别，若續議實行，是河南一省皆可視爲商埠。將來他國援以爲例，不啻内地皆成爲自由之商埠，夫尋常洋人在内地採買土貨，尚且非約有專條不可。福公司准在豫省開礦，立有專約，准在内地賣煤，並無明條。開礦乃採取之權，賣煤係通商之事，權利不同，性質各異，勢難相混。雖開平等礦並無不准就地賣煤之條，然福公司前訂議單載明不在内地開設行棧賣煤，立有專款。似未便援開平等礦以爲例，致失本議單之效力。至福公司現據續議兩條，以爲要挾，此兩條未奉長官允准，委員擅行簽字，例應作廢。蓋中外議訂之件，均以代表簽字爲憑，代表之有無全權字樣，關係甚大，楊守等並無簽字之權，此續議之未便承認者也。

一、豫省煤礦甚多，西人稱爲煤田，河北一帶民窑叢集，尤爲數十萬小民生計所關，與開平、臨城、井陘等處情形，迥然不同。該處窑户居民，前聞欲在内地賣煤，即有傳單聚衆之謡，本年二月間，英使據該公司電，曾向鈞部請飭地方官保護公司身命財産。又據該公司總礦師堪睿克電請派隊彈壓，維時尚未續訂賣煤之議，民氣已囂然不靖，即經飭屬遍切開導，諭以静候丰持，毋得暴動，幸免滋事。河北商民來省籲懇主持者，公司窑户聯名至百餘家之多，紳士聚議抵拒，亦經剴切勸諭，毋稍激烈，聽候酌辦。現在地方尚屬安静，然民心惶急，加以天久不雨，旱象寖成，深爲可慮。目前交涉情形，止福公司藉續議爲要求，如輕允内地賣煤，深恐民怨滋深，匪徒乘隙生事。無論地方遽遭蹂躪，萬一傷及福公司身命財産，恐交涉更形棘手，此不能不統籌前後，未敢允許内地賣煤之實在情形也。

一、此案原立議單，彼此均係遵照約章，並無糾葛，只以委員擅簽續議，致成交涉，現在亟宜妥籌辦法，以免再生枝節。查原訂議單第九條載明，將來如有未盡事宜，隨時續議增入等語。如有可商事件，本可妥行續議。現在該洋董已離礦赴津，致豫省無從着手，熟權情勢，非鈞部鼎力主持，仍令白董來汴，另開正式會議，妥商辦法，不能了結。應請鈞部照會英使迅飭白董來汴，以便持平辦理。

附件。

前奉鈞部三月初八日電，英使以福公司所用郭振清、王連武二人，無故被拏，請飭釋放。並要求出示，如不照辦，將開單索償損失等語。查王姓並未查拏，郭振清因違犯營規，傳營查詢，即經電復鈞部在案。嗣經查明王連武即王星堂，係河内縣人，癸未副貢候選知縣，向在福公司礦廠開設寶泰順錢舖。掌櫃廉可銘，亦係河内縣人，該舖素與福公司來往交易。本年二月間，礦廠查見匿名傳單，指稱王星堂並其掌櫃廉可銘包銷煤斤，定期聚衆扒拆王、廉二家房屋等情，適署祥符縣知縣正任河内縣苗夔，前在河内任内與王星堂相識，因有此謡傳，密電囑令來省查詢情形。該紳王星堂已至裕州，旋即自行來省謁見苗令，自稱恐犯衆怒，深知悔悟等語，此並未查拏王連武之情形也。郭振清係北鎮哨弁，派駐礦廠，前經訪聞該弁所帶哨内，良莠不齊，恐有比匪情事。電令北鎮傳營查詢，旋北鎮將該弁送省，經祥符縣訊明該弁哨内，並無匪人，因即飭令取具切結，銷案回營。此查辦郭振清與福公司並無干涉之情形也。王星堂在省時，曾稱郭振清從前代福公司買進柴煤，於寶泰順號内，短欠銀四千六百兩，屢索未償，因此互有嫌隙。時有該處民人謡傳扒毁王、廉二姓房屋之事，恐該弁亦在附和之列等語，而郭振清則稱傳單聚衆一節，實未從中播弄。由觀之，王、郭二人，平日積不相能，究竟傳單聚衆之事，郭振清是否附和，毫無實據，無從深究。英使以此兩事爲藉口，實未詳悉此事之實情，且官長查辦軍民，係屬内政。如王、郭二人果有違犯法律情事，即在福公司辦事，福公司亦未便干預，況王姓並未查拏，郭姓亦已訊明銷案，更屬無可藉口。此英使節外生枝，無足深論者也。

河南交涉洋務局與福公司會議見煤後辦事專條，開列於後。

一、提議宗旨，要在引伸原訂合同章程，將見煤之後辦事事條，逐節商訂，庶彼此各有遵守。

二、福公司應納值百抽五之出井稅，議定自見煤之第一日起算，不分整碎，不問漲落，每噸納稅銀五分。按月照報告總公司洋文賬單，開送省城總局一分，以憑核計進出煤數，結算稅銀，稽核員有隨時到廠調查之權，賬單稅銀交稽核員收納轉交。

三、福公司所出之煤，議定遵照通商條約，不在內地開設行棧賣煤。

四、福公司之煤，納出井稅後，運售他埠。經過河南釐卡，或由水路或裝火車，議定仍照中國通行章程完納稅項。

五、豫豐公司現已裁撤，至原訂合同第二條所載借用福公司成本一千萬兩，實屬紙上空談，議定一併作廢。福公司交涉事件，統歸河南交涉局管理，其原有之豫豐公司幫董薪水，自本年正月起，即改爲交涉局駐礦委員薪水，照舊由福公司按月支給。

六、福公司需用黄界内民地，向章由地方官公平代購，惟見煤以來，各地主多不願賤賣。現議定按照原合同第五條租地辦法，凡不願賣絶之地，分別地底地面，每年給以租價若干，仍歸地方官詢明地主持平定價。

七、原訂六十年期限，議定以簽立合同之日，即西曆一千八百九十八年算起。

八、礦路學堂，議定本年春季開辦，除飯食由學生自備外，所有堂中宿息舍宇、遊戲場、以及教習員司夫役薪工、書籍、文具、儀器、標本、燈火煤水統歸福公司籌給。

九、現議各條，係暫行試辦，將來如有未盡事宜，隨時續議增入。

十、議定專條，照繕華文三分，一存河南洋務局，一存修武縣署，一存福公司，均以華文爲憑。

大清宣統元年二月初六日，西曆一千九百零九年二月二十五號訂立。

河南交涉局議員候補知府楊敬宸，此處蓋章簽字。候選知府方鏡，此處蓋章簽字。署修武縣知縣嚴良炳，此處蓋章簽字

福公司總董白萊喜

總礦師堪睿克

此處蓋章簽字

按河南交涉局與福公司於宣統元年二月初六日所訂草約第九條内載，現議各條係暫行試辦，將來如有未盡事宜，隨時續議增入等因。查有原議第三條内中，尚有不甚完善之處，亟宜添入，以免日後誤會。

計開：

一、華商如有自願赴福公司購煤者，他人不得阻撓買煤，如有此種情事，中國地方官自應就近立行禁止查究，惟每人至少以二十噸起碼。應稟明河南撫帥，飭地方官出示曉諭。

二、福公司不得令華商包賣本省煤斤，恐本地民人疑爲專利，致啟紛争。

大清宣統元年閏二月十一日，西曆一千九百零九年四月一號訂立。

河南交涉局議員候補知府楊敬宸，此處蓋章簽字

候補知府方鏡，此處蓋章簽字

署修武縣知縣嚴良炳，此處蓋章簽字

福公司總董白萊喜

總礦師堪睿克

此處蓋章簽字

又外務部收河南紳士畢太昌等呈《福公司内地售煤流弊滋深請力持撤銷私約》

〔宣統元年〕四月初三日，收河南紳士畢太昌等呈稱：「河南在籍翰林院檢討畢太昌，編修杜嚴、張成修，禮部主事方貞，法部主事李時燦，彭運斌、楊源懋，中書科中書胡汝麟，前陝西鳳邠道鄭思賀，在京禮部右參議李擢英，法部左參議魏聯奎，翰林院侍講景潤，編修顧瑗、史寶安、顧承曾，檢討余炳文、林東郊，内閣中書顧顯曾、嚴家琨、趙庭鼎、彭葆珊，吏部主事祝嘉聚、邱樹梓，民政部主事吴之杭，度支部郎中梁振炎，主事荆性成、王慧潤、邢汝霖、彭端、寇輔仁，筆帖式清芬，禮部郎中王士傑，主事居爾敏、王廷襄，筆帖式桂斌，學部主事李馥，陸軍部主事夏和清、李聯琦、張叙乾，法部參事張家駿，郎中李焜墀，員外郎劉蘇生，主事呂慰曾、萬之一、陳延修、羅汝鑫、黄恩憲，郵傳部主事顧準曾，大理院推事史緒任、陳善同、黄顯聲、馬耀宗等，呈爲局員違章私增議單擅行簽字，公懇設法維持，以保利權而全大局事。竊惟海禁大開以來，沿邊各省利權多入外人掌握，而吸内地之膏血，妨民病國，則以礦務爲尤甚。河南爲中原腹心地，開通較晚，破壞亦較遲，而隱肇禍端者，則自福公司始。查福公司之來豫也，因光緒二十四年

吴編修式釗、程道恩培爲之作伥，虚捏一豫豐公司之名，與該公司合辦。最初所訂合同，係辦理大河南北懷慶左右諸山各礦，嗣由京紳奏參，以範圍太廣，僅改爲大河以北懷慶左右。爾時所訂合同第二條稱豫豐公司向福公司借款千萬云云，不過借爲引線，並非實事。當日豫撫劉樹棠未加詳察，即行奏准立案。迨光緒二十六年，前豫撫錫派韓道國鈞督辦河朔礦務，經該道與福公司劃定紅黄二界，範圍較小。至本年二月初六日，河南交涉局與該公司議定見煤後辦法十條，經豫撫吴認可批准，其最重要者，爲第三條所云福公司所出之煤，議定遵照通商條約，不在内地開設行棧賣煤。詎局員楊守敬宸輒於閏二月十一日，私與該公司增訂兩條，其一條即許華商就地購買，如有他人阻撓，地方官員禁止查究之責，夫買賣雙方行爲也，豈有不准賣而准買者乎。且所謂不在内地開設行棧者，爲普通約章，不在内地開設行棧賣煤者，爲河南特別之契約，文理易明，毫無疑義。斷不能謂不在内地開設行棧爲截句，賣煤二字另爲一句也。況不准開設行棧之目的，爲恐奪小民生計也，若名義上雖無行棧，而所賣貨物之額，更遠超過於開設行棧所賣貨物之額，且可省開設行棧之一切開銷，是並不如直許其開設行棧之爲愈也。若云開平、臨城等處，原無不准華商就地購買之條，然遍查近來各華洋合辦礦務合同，及近年農工商部奏定礦務正附章程，亦並無允准洋商就地賣煤之明文。若凡未載明不准者，一概作爲允准，則又何事不可允准乎？就令他省容或允准，而礦務本於屬地主義，兩河煤窯林立，百萬小民生計所託，情形各有不同。他郡自有平原，自無未可概爲比例，譬如割讓臺灣，不得謂他行省均宜援例割讓，削平天津城壘，不得謂他城壘均宜援例削平，此尤顯而易見者也。況就新議第五條觀之，豫豐公司並借款千萬，實屬紙上空談，一併作廢等語。是河南無豫豐公司，亦無借款，業經確實證明，以法理論之，私法人之性質一部分消滅，他之一部分，亦隨之消滅。兹既無豫豐公司，福公司何所附麗而獨存，既無借款，福公司更何所依據而開採。按之各國公理，盗挖他人地質，理應損害賠償，豫省對於福公司當就所盗挖區域，從公估值，按數索償，而後從容遣其出境，英商文明人格，諒亦無所措詞。揆諸國家柔遠之人，並非刻薄，縱以强權時代，事實難與理論相符，姑就新議批准各條，彼此遵行，無許任意出入，猶可收之桑榆。即如第九條所云，現議各條係暫行試辦，將來如有未盡事宜，隨時續議增入。然契約須雙方合意，是否必須續議，是否可以增入，封疆大吏自有權衡，非一委員之所得而專也。楊守敬宸續訂之條，大與本約第三條反對，不俟院批，擅自簽字，其爲英商計，則得矣，如國體何？如民命何？就上下階級而論，無論何等國家，皆有當然之統屬，況事關交涉，以一委員資格，未經大吏認可，擅行增訂簽字。即於我全無損失，已屬藐玩官常，致爲壞法亂紀者所藉口。況本有莫大之損失乎？解之者曰，既准内地開採，不准内地售煤，採出之煤，將何所用。然舊約第八條不曰礦産出口照章納税乎，新約第四條不曰納出井税後，運往他埠乎。是彼已承認開採與發賣，判爲兩事，内地只有開採權，惟商埠乃有發賣權，毫無可以混同之理。又有解之者曰，福公司就地銷煤，價值較減，本地燒煤之家，自可均霑利益，而不知如此正墮其術中也。彼既恃其貲本之厚，機械之靈，減價出售，本地煤窯，勢必漸次歇業。衆窯倒閉之後，彼必猛抬煤價，故爲居奇，煤爲日用必需之品，舍此别無可購之區，勢不至吸收膏血净盡不止，此爲世界上商戰最劇手段。日本煤油公司被美國煤油公司推倒，其殷鑒也。尤可慮者，本地煤窯果皆倒閉，向日工人無所事事，弱者轉徙溝壑，强者恐致蠢動，甚或以聚衆洩憤爲名，别生枝節，非但有妨内地治安，並將使外交決裂。恐爾時國際上之交涉，較今日商人之交涉，其困難當更有倍蓰而無算者。雖蚩蚩齊氓，居我權力之下，無難痛芟之以謝外人，無如業已上厪憂勞，中費唇舌，下剥元氣，洵非計之得也。以上各種情節，事有必至，理有固然，若遷就於一時，必貽禍於久遠，言之殊堪沉痛。伏查大清礦務正章總要第七款，凡關係洋商所訂合同條款，有佔奪華民生計及礙中國主權地方治理者，皆准禀請部核，妥爲修改，此指已成之契約而言也。矧以私相授受，擅增約文，効力既未發生，文字原無價值，其當然作廢，自不待言。太昌等以地方生計所關，衆情危迫，是以公懇大部鼎力主持，撤銷私約，重訂妥條，以保利權而全大局，實爲公便。謹呈。」

又外務部收農工商部文附豫紳畢太昌等呈福公司見煤後辦事專條暨續條

《豫紳請撤銷福公司就地售煤私約》〔宣統元年〕四月十一日，收農工商部文稱，接據河南在籍翰林院檢討畢太昌等公呈稱：「本年二月初六日，河南交涉局與福公司議定見煤後辦法十條，經豫撫吴認可批准。其最重要者爲第三條，所云福公司所出之煤，議定遵照通商條約，不在内地開設行棧賣煤。詎局員楊守敬宸私徇該公司無理之要求，輒於閏二月十一日將原議後擅增兩條，其一條即許華商就地購買，如有他人阻撓，地方官負禁止查究之責，大與本約第三條反對，不俟院批，擅自簽字。公懇鼎力主持，撤銷私約，重訂妥條，以保利權而全大局等情前來。查河南交涉局與福公司議定見煤後辦法十條，豫撫曾否咨明貴部

有案，至閏二月十一日增訂兩條，已未允准，本部無憑查核，相應抄録原呈，及原訂辦事專條，咨行貴部，希即查明見覆可也。」

又外務部收英使朱邇典照會《豫省干預福公司就地售煤要求償款》〔宣統元年〕四月十三日，收英朱使照會稱：「福公司在豫省開礦一事，兩月有餘迭與貴部往返文牘及面商，以期和平了結，乃迄今毫無效果，故本大臣惟有將此事情由備文立案，并將該公司因豫憲無理相待所受之虧，代爲索償。查福公司於光緒二十四年五月初三日，定立豫省礦務合同後，期照合同而行，歷年用出巨款，始於上年夏季開採煤觔巨數，現時每日已抵七百噸，且工作日廣，噸數日加。至本年二月間，所出之煤，常以善價售出，惟彼時煤客忽被官場及紳士嚇阻，致生意頓減。閏二月初一日據該公司電，河内縣地方現有私張匿名揭帖，招人聚會，煽惑人心，排擠公司情事。當經本大臣函達，旋經貴部於初十日復以准豫撫復電，據懷慶府河内縣電稟，傳單謡言，係因河南紳商議銷售礦場煤觔，賤買賤賣，有妨民窑生計，已電飭該府縣嚴密防護，并令即委各員與公司英董妥商售煤辦法，務使兩無妨礙，各安生業等因。又查公司總董白君迭與豫省洋務局委員楊、方、嚴三君，在天津河南等處，會商公司事宜。因二月初旬，新鄉、獲嘉兩縣，亦有專恃他項民窑之人，慫恿地方宣布同類之示諭，經白君何委員等駁論，因委員等常以民窑甚慮公司與零貿以減價争利，致妨民窑生意。是以白君謂，若將揭帖收回，并許公司在本礦隨意出售煤觔，毫不干預，則公司應允每次至少出售二十噸，當經委員等面許照辦，旋於二月初一日白君將此意備函立案。後聞閏二月初一日本大臣向貴部函内所叙之揭帖，白君復往豫省，至本大臣接到貴部初十日復函時，已與該處委員等商議一切，於十一日定立續議單兩條。其文如下：按河南交涉局與福公司於宣統元年二月初六日所訂草約第九條内載，現議各條係暫行試辦，將來如有未盡事宜，隨時續議增入等因。查有原議第三條内中，尚有不甚完善之處，亟宜添入，以免日後誤會。計開：一、華商如有自願赴福公司購煤者，他人不得阻撓買煤，如有此種情事，中國地方官自應就近立行禁止查究。惟每人至少以二十噸起碼，應稟明河南撫帥，飭地方官出示曉諭。二、福公司不得令華商包賣本省煤斤，恐本地民人疑爲專利，致啟紛争。大清宣統元年閏二月十一日，西曆一千九百零九年四月一號訂立。河南交涉局議員候補知府楊敬宸。押。候補知府方鏡。押。署修武縣知縣嚴良炳。押。福公司總董白萊喜、總礦師堪睿克。竊思白君商議此事，無非盡力與豫省官民和平辦理，并於體貼地方生計，已達極點。是以閏二月十八日據聞豫撫不但不肯按續議單第一款所載，飭地方官出示曉諭而行，且以爲公司在内地并無出售煤觔之理。又以凡有在公司礦場買煤者，必將治之以罪，難怪白君心有不服。三月初二日公司常用之華夥二名，忽被撫院傳去，被營官押禁其一，至今該二人尚未釋回。又三月初七日，有委員張少白通知一帶鎮縣各處，轉飭商民禁買公司煤觔。豫省如此無理干預公司貿易，迭經本大臣向貴部聲明，以此舉關係重要，難免向中國政府詰問。豫撫暨貴部欲令白君赴汴，與撫院面商，屢由本大臣以爲中英政府未經先行設法，速將前誤更正，何益之有。并以所有因豫憲無理相待受虧之處，本大臣必飭福公司開單索償，然因貴部再三諄請，白君先晤梁尚書後，方於三月二十二日前赴汴梁往見撫院，以期盡力和平商結。白君到豫徒勞情狀，已於本月初十日在貴部面陳，無庸贅述，此時白君已歸京師，據將公司索償之清單呈到。查本年西曆四月，公司所出之煤係二萬噸，乃每日七百噸左右。據白君稱，若官場不行干預，將准人買煤之告示張貼，則此項煤斤，均可就地售出，所獲餘利，每噸二兩，故公司估算虧累每日一千兩，實屬公允。且所受虧累，本起自西曆三月間，但因委員等於四月初一日，即閏二月十一日，方將續議單簽字。是以公司即以此日爲始，俟至撫院發出告示不行干預爲止。若六個月後，尚未照辦，則每日應增至二千兩。本大臣兹奉本國外部大臣電囑，即行照此索償。豫省大吏似此行爲，本國政府不得已之辦法，諒貴國政府亦必承諒也。」

又吴重憙《福公司售煤案磋議情形》 宣統元年四月十四日，收軍機處交鈔河南巡撫吴重憙摺稱：「奏爲英商福公司開礦見煤，就地售賣。在豫磋議情形，恭摺具陳伏乞聖鑒事，竊照英商福公司在河南修武縣開礦見煤，查照原訂合同，應納出井税，當經交涉局詳委候補知府楊敬宸、候選知府方鏡、候補知縣嚴良炳，與該公司洋董白來喜商立議單，稟准簽字，載明該公司應遵照約章，不在内地開設行棧賣煤，并納出井税後，運赴他埠等條。乃該洋董於議單簽定後，要求就地賣煤，另立續議兩條，有華商自願赴廠買煤，不得阻撓等語。該委員等不候訓示，擅與簽字，經臣將該委員楊敬宸等分別摘項記過，并將辦理大概情形，於三月初七日電請軍機處代奏在案。維時該洋董已赴天津，臣即電飭楊敬宸等赴津，將擅簽續議聲明作廢。乃該洋董已逕請英使向外務部交涉，即經臣電由外務部向英使拒駁，并派員赴部將此案顛末詳細陳達，并請協力主持。嗣經外務部商允英使轉飭該洋董來汴，將續議兩條看鬆另議辦法，當經臣札飭交涉局司

道另委員與該洋董切實磋議。該洋董允將續議暫時擱起，另議辦法。惟以光緒二十四年原訂合同並無不准賣煤之條，故內地須准售賣，復經該局司道並各委員再四磋商，該洋董允讓出河內一縣，他處仍須銷售，磋令冉擬讓步。該洋董堅稱未奉英使訓示，未便擅專。查通商約章載明洋商不在內地開設行棧長住，又第一次議單亦載明不在內地開設行棧賣煤。按賣煤二字，係包括整賣零賣而言，亦係遵守約章洋人不得在非通商口岸經商之意。如准華商赴廠買煤，與洋商賣煤於華商，有何區別。設使續議實行，是河南一省，皆可視爲商埠，將來他國援以爲例，內地皆成口岸，後患何可勝言。節經電商外務部，疊奉部電，以開平等礦並無華商不准赴廠買煤之條，囑令和平定議，免生枝節。臣查河南全省近山之處，無不産煤，西人稱爲煤田，民間農業之外，多係採煤，小民生計，類多仰給於此，與他省情形不同。前者河北商民聞福公司將就地賣煤，生計被奪，即有傳單聚衆之謡，經臣飭屬遍切勸諭彈壓解散，幸未暴動。近日士紳僉以原合同載有聯絡官民預息紛争之語，原因權利所關，中外均須兼顧，故抵制賣煤，持之甚力，連日會議，意頗憤激。臣撫此土，責在保民，審度情形，何敢稍有遷就，惟念時局孔艱，外交尤棘，加以英使要求之切，部臣交涉之難，不得不稍予變通，和平辦理。當於無可設法之中，力求兼顧，因議通融辦法，准華商赴廠買煤，運銷商埠，不得在內地銷售，該洋董未肯應允。又經電部磋商，英使仍未認可，不得已再籌退步，准華商赴廠買煤，運赴外省，因豫省煤窑獨多，未便在本省銷售，致凝民間生計，由交涉局與該洋董切商。該洋董在汴旬日，亦深知豫省爲艱情形，及當事和平辦理之意，惟須商之英使及倫敦股東，始敢定議。現該洋董奉英使電飭赴京，於本月初七日起程，瀕行有再來妥議之語，當經電達外務部，並聲明俟該洋商來汴，再行開議，或由豫派員赴部，隨同與議，俾得持平議結。此福公司一案在豫磋商之實在情形也。臣維此案現擬辦法，退步已臻極點，勢難再事通融，惟有一意堅持，以期就我範圍，全民生計，所有福公司要求賣煤在豫磋議緣由，除咨明外務部，仍請協力堅持外，理合恭摺具陳，伏乞皇上聖鑒。謹奏。」

宣統元年四月十四日，奉硃批：「外務部知道。欽此。」

河南交涉局與福公司會議見煤後辦事專條。

一、提議宗旨，要引伸原訂合同章程，將見煤之後辦事專條，逐節商訂，彼此各有遵守。

二、福公司應納值百抽五之出井稅，議定自見煤之第一日起算，不分整碎，不問漲落，每噸納稅銀五分，按月照報告總公司洋文帳單，送省城總局一分，以憑核計進出口煤數，預算稅銀。稽核員有隨時到廠調查之權，帳單稅銀，交稽核員收納轉交。

三、福公司所出之煤，議定遵照通商條約，不在內地開設行棧賣煤。

四、福公司之煤，納出井稅後，運售他埠，經過河南釐卡，或由水路，或裝火車，議定仍照中國通行章程，完納稅項。

五、豫豐公司現已裁撤，至原合同第二條所載，借用福公司成本一千萬兩，實屬紙上空談，議定一併作廢。福公司交涉事件，統歸河南交涉局管理，其原有之豫豐公司幫董薪水，自本年正月起，即改爲交涉局駐礦委員薪水，照舊由福公司按月支給。

六、福公司需用黄界内民地，向章由地方官公平代購，惟見煤之後以來，各地主多不願賤賣。現議定按照原合同第五條租地辦法，凡不願賣絶之地，分别地底地面，每年給以租價若干，仍歸地方官詢明地主，持平定價。

七、原定六十年期限，議定以簽立合同之日，即西曆一千八百九十六年算起。

八、礦路學堂，議定本年春季開辦，除飯食由學生自備外，所有堂中宿息舍宇、遊戲場，以及教習員司夫役薪工、書籍、文具、彝器、標本、燈火、煤水，統歸福公司籌給。

九、現議各條，係暫行試辦，將來如有未盡事宜，隨時續議增入。

十、議定專條，照繕華文三分，一存河南洋務局，一存修武縣署，一存福公司，均以華文爲憑。

河南交涉局議員候補知府楊敬宸、候選知府方鏡、署修武縣嚴良炳、福公司總董白萊喜、總礦師堪睿克。

按：河南交涉局與福公司，於宣統元年二月初六日所訂章程單約第九條內載，現議各條，係暫行試辦，將來如有未盡事宜，隨時續議增入等因。查有原議第三條，內中尚有不甚完善之處，亟宜添入，以免日後誤會。

計開：

一、華商如有自願赴公司購煤者，他人不得阻撓買煤，如有此種情事，中國地方官自應就近立行禁止查究。惟每人至少以二十噸起碼，應稟明河南撫帥飭

地方官出示曉諭。

一、福公司不得令華商包售本省煤觔，恐本地人民疑爲專利，致起紛爭。

大清宣統元年閏二月十一日

西曆一千九百零九年四月一號

訂立。

楊敬宸、方鏡。

又外務部收軍機處交豫紳杜嚴等《豫紳請代奏撤銷福公司内地售煤私約》

〔宣統元年〕四月十五日，收軍機處交鈔呈稱，具呈河南在籍翰林院編修杜嚴、張成修、檢討畢太昌、禮部主事方貞、法部主事李時燦、彭運斌、楊源懋、中書科中書胡汝麟、前陝西鳳邠道鄭思賀、在京禮部右參議李擢英、法部左參議魏聯奎、翰林院侍講景潤、編修顧瑗、趙東階、史寶安、顧承曾、檢討余炳文、林東郊、内閣中書鄭其藻、顧顯曾、嚴家琨、趙庭鼎、彭葆珊、易樹植、吳壽平、陳繼修、軍機員外郎萬雲路、吏部主事祝嘉聚、邱樹梓、民政部主事吴之杭、李學鈞、度支部郎中王樹森、梁振炎、員外郎李蘭馨、主事荆性成、王慧潤、邢汝霖、寇輔仁、彭端、劉薊生、張家巽、王乃安、筆帖式清芬、小京官沈秉鑑、禮部郎中王士傑、主事屠爾敏、毛慈望、王廷襄、王乃鑫、筆帖式桂斌、學部主事李馥、陸軍部主事李聯琦、張叙乾、郭銘鼎、李燿鼎、法部郎中李焜墀、員外郎張文瀚、劉蘇生、主事吕慰曾、陳延修、羅汝鑫、黄恩憲、張樹屏、陳廷贊、尚萬斌、雷善昜、羅天樞、張偁身萬之一、宋庚蔭、黄桂芳、小京官李士驩、前法部郎中申同揆、郵傳部主事顧凖曾、夏和清、大理院推事史緒任、陳善同、黄顯聲、馬燿宗、易樹鵠、前大理院推事韓永成等，呈爲交涉局員破壞礦務，違章擅訂續約，貽誤大局，請飭部臣疆臣，據理力争，亟予撤銷，以保主權而安民心，恭摺呈請代奏，仰祈聖鑒事。竊惟河南地居腹内，扼京漢潼汴縱横路綫之衝，爲談形勝者之所必争，而關係於一省之生命者，尤在礦産。頃者福公司據有懷慶煤礦，權力範圍，日見擴張，全省人心岌岌，所關非細。謹將此時失敗之原委，以及目下危迫之情形，縷晰陳之。查福公司採取河南煤礦，始於光緒二十四年豫豐公司轉請辦理，其時前巡撫劉樹堂輕聽吴式釗、程恩培之邪説，託名豫豐公司借款承辦，而實則以洋商借洋債，原奏中固已直言不諱。雖總署改黄河以南等字樣，以示區别，要亦不過五十步、百步之見，同一無所限制，當經前給事中鄭思賀、前御史李擢英、鄭恩贊、李盛鐸等，以原辦紳商借端漁利，列款糾參，查明徹換。給以事有成議，未能撤銷合同，此籌辦時之失敗一也。

國家礦務定章，礦界准地面平方每邊三百中尺，横直相等，而福公司所勘修武老流河之紅綫礦界，外務部累次駁減，始允以現在所用者爲黄界，然必仍存紅界，爲後日不敷開採續請憑單之用。考福公司所謂黄界地面，實占五十四中方里，顯違定章。而前年且有要索界外礦地之事，經該縣令苗燮力争中止，候選知府方鏡本福公司之私人，盤踞把持，民商側目，恃有豫豐公司幫董名目，肆無忌憚，此二十七年至三十年勘定界址改派紳董之失敗二也。

然猶曰承辦者係豫豐公司，華商出力，洋商出貲，操縱之權，究屬在我。且所出之煤，照章完納井口各項税銀，國家尚可藉裕餉源，猶未爲大失也。詎本年二月交涉局與福公司所定之見煤專約，其二條則聲明每噸納税銀五分，顯違農工商部奏定礦章每噸一錢之例，且與值百抽五名實不符。又其第五條所稱，豫豐公司現已裁撤，原合同借用福公司成本一千萬兩，實屬紙上空談，議定一併作廢。福公司交涉事件統歸河南交涉局管理云云，則儼然置原辦之豫豐公司於不問，而承認福公司矣。夫始之奏准承辦者，是豫豐公司，非福公司，福公司不過借貸上之關係，遇有交涉事件，猶必須假名豫豐公司，實雖出而名尚存，即終望有恢復之日，今併豫豐公司之名而亦去之，福公司可以明張旗鼓直接與交涉局爲難。來日方長，烏知後患之所終極乎？此本年二月訂立專約之失敗三也。

經此三次失敗，懷慶礦利剗削盡矣，幾無復可收拾矣。然猶謂福公司所出之煤，運售他埠，議定並遵照通商條約，不在内地開設行棧賣煤，已於專約中第三條、第四條切實聲明，合意公認彼此永遠遵守，或者即爲豫民留一綫生機，亦未嘗非萬一之補救。不意至閏月十一日，而又有交涉局委員候補知府楊敬宸與福公司增訂續約私行簽字之事。續約之第一條云：華商如有自願赴公司購煤者，他人不得阻撓買煤，如有此種情事，中國地方官自應就近立行禁止查究。又云：每人至少以二十噸起碼。第二條云：福公司不得令華商包售本省煤斤。推測增訂續約之意，蓋福公司深以前約不准在内地賣煤運售他埠爲不便，故推翻前議，約令華商自行赴購。華商可以購，即公司可以賣，原約已於暗中取銷，而又慮華商之有力者，包售該公司煤斤，以爲抵制，利終有所弗能專，於是設爲第二條之規定，其用心亦可謂狡矣。而其危害之所及，有可得而指數者。洋商財力雄厚，每不恤耗巨貲，以企奇功，抵以煤必運售他埠，轉輸有費，寄頓有費，而又關乎各國需要供給之數，斯價不得獨賤，若就地發賣，則成本一輕，彼必將

勸抑煤價，以推倒本地各煤礦公司，而後再逞其壟斷居奇之計。是河南之民，用賤煤者一時，而用貴煤者無窮期矣。其害一。

煤之運售他埠也，須照章納税。國家猶可資以彌補漏巵，至就地發賣，則無此項出口税而免之，而又爲之開赴購之例，申阻撓之禁，定起碼之額，較之開設行棧，尤屬漫無稽查，以視開設行棧之尚須一切開支者，更爲便利，是待洋商反視華商爲獨優也。其害二。

懷慶一帶礦苗盛旺，居民窯户數十百萬資以爲生，福公司若專就地賣煤之利，居民窯户勢必失業，百萬生靈盡將坐斃，有土無人，復誰與守。其害三。

百姓所賴乎國家者，謂能保護其身家性命耳，我不能力爲保護，萬一有不逞之徒，挺而走險，從中糾煽，出與福公司爲難，將爲國家生絶大之交涉。其害四。

即令百姓不敢暴動，而福公司或刦之以威，誘之以利，勢必令河北一帶居民，盡入其勢力範圍之下，奉東已事，足爲殷鑒。其害五。

太行山脈蘊煤最富，自河北直走山西直隸，即焦作一處，礦學家謂可供全球六十年之用，故原辦合同，亦即以六十年爲限，惟其出産多而銷路不廣，庶幾令彼經營太行之野心，久而坐倦。若令就地賣煤，則分供本省居民及各鐵路之用，行銷既廣，利益日饒，逐漸拓張，勢必堅據懷慶左右黄河以北之約，更肆無厭之要求，其影響將及於山西直隸，不獨紅界之續請開採也。其害六。

中國礦産華洋人合辦者，居其大半，徧查各處開辦合同，及奏定礦章，并無明許赴公司購煤之條，設此次續約成立，各國必將援利益均沾之説，争求照辦。拒之則疑於偏厚英人，許之則以有限之土地，供各國之臠割，後此將何以自存。其害七。

就令各國篤念睦誼，不肯爲此，而内地礦産，所在皆是，各直省交涉之員，如楊敬宸其人者，正復不可少，此風一倡，縱能料人之不取，而不能禁我之不與，抑亦防之不勝防矣。其害八。

不止此也，更有言之可爲心悸者，東西各國講求商戰，凡商力之所至，即其國力之所至，英人長駕遠馭，商戰尤其所長，其取印度、緬甸，皆用此術。我國長江上下之商業，已被英人剥奪殆盡，今又假手於福公司進規河北，河北入握，則津漢一氣，首尾銜接，而牢不可拔之勢成矣。其害九。

東西各國之謀人國也，軍事往往與礦路等事，相因而至，向來各國用兵於中國，皆在沿江沿海各口岸而不入内地者，亦以煤米轉運之艱，勢不可以持久耳。若福公司據有懷慶煤礦，蓄謀囤積，而又有道清、正太、潼汴、京漢各鐵路之便，設我與各國或有戰争，福公司接濟敵人煤觔，誰能禁之，是腹地將成爲敵人根據地也。藉曰二十四年之合同，固已聲明將來有與别國戰争之事，福公司自應聽中國號令，不得接濟敵國煤觔。不知該公司狡詐無信，既可以違約而就地賣煤，獨不可以違約而齎煤濟敵乎？其害十。

以上十害，情形昭著，凡具知識者類能見之，而委員楊敬宸獨悍然擅行簽字，殊不解其是何居心。當增訂續約之前一日，河南巡撫電飭該委員以不背議單，不失主權，不拂輿情爲宗旨。而該委員乃於簽字後數日，始稱接到覆電，當經河南巡撫電飭廢約，至於再三。該委員始終狡展，刻下福公司總董白來喜到汴，竟執楊敬宸擅專簽字之約，恃强要挾，迭經開議，迄難就緒。我方退讓不遑，彼則要求無厭，然則我中國所有之利權，其不淪胥以亡者亦僅矣。查各國通例，凡條約合同等，如内有一部分不完全而失其效力者，全部即當然作廢。今該委員與福公司所訂未經河南巡撫批准之續約，實與本年二月專約第三條反對，專約各條，自應同歸於無效。福公司本係豫豐公司之債權者，與河南無直接關係，豫豐公司既已裁撤，借用成本之説，係屬空談，業經證明。河南即不能承認福公司而管理其交涉之事件，應請將此項礦務收回自辦，所有福公司假託豫豐公司名目，採掘礦産，按之各國法理，實屬詐欺行爲，應向該公司要求損害之賠償。即福公司專恃强權，不講公理，國家必不得已，曲予包容，亦祇可就已經河南巡撫批准之專約，彼此恪遵，亦豈有執私人擅行簽字之續約，而是非並存，即發生同籌效力之理。況賣煤係商業性質，全與國際無涉，今白來喜在汴動稱該國公使之命，虚聲恫喝，以促其所議之必行，蔑視我國主權，莫甚於此。長此容忍，後患安窮。近月餘來，河南全省紳民震動，函電交馳，而河北一帶，張皇尤甚。事關大局，惟有籲天恩飭下外務部、農工商部、河南巡撫妥速辦理，將委員楊敬宸擅訂之約，亟行撤銷，不准福公司在内地售賣煤觔，以保主權而安民心。職等目擊危迫情形，不敢坐視，恭摺呈請代奏，伏乞皇上聖鑒。謹呈。宣統元年四月十五日。

又外務部收吴重憙文附奏摺《咨送福公司就地售煤案磋議情形摺》〔宣統元年〕四月二十九日，收河南巡撫文稱：「竊照本部院於宣統元年四月初七日具奏，爲陳明福公司要求賣煤，在豫磋議情形一摺，除俟奉到硃批，另行恭録咨呈

外，相應抄摺咨呈。爲此咨呈貴部，謹請查照施行。」計粘抄摺稿一紙。

奏爲英商福公司開礦見煤，要求就地售賣，在豫磋議情形，恭摺具陳，仰祈聖鑒事。竊照英商福公司在河南修武縣開礦見煤，查照原訂合同，應納出井税，當經交涉局詳委候補知府楊敬宸、候選知府方鏡、候補知縣嚴良炳，與該公司洋董白來喜商立議單，稟准簽字。載明該公司應遵照約章，不在内地開設棧賣煤，並納出井税後，運赴他埠等條，乃該洋董於議單簽定後，要求就地賣煤，另立續議兩條，有華商自願赴廠買煤，不得阻撓等語。該委員等不候訓示，擅與簽字，經臣將該委員楊敬宸等分别摘頂記過，並將辦理大概情形，於三月初七日電請軍機處代奏在案。維時該洋董已赴天津，臣即電飭楊敬宸等赴津，將擅簽續議聲明作廢。乃該洋董已逕請英使向外務部交涉，即經臣電外務部向英使拒駁，並派員赴部，將此案顛末詳細陳達，並請協力主持。嗣經外務部商允英使，轉飭該洋董來汴，將續議兩條看鬆另議辦法。當經臣札飭交涉局司道另委派員與該洋董切實磋議，該洋董允將續議暫時擱起，另議辦法。惟以光緒二十四年原訂合同，並無不准賣煤之條，故内地須准售賣，復經該局司道並各委員再四磋商，該洋董允讓出河内一縣，他處仍須銷售。磋令再擬讓步，該洋董堅稱未奉英使訓示，未便擅專。查通商約章載明，洋商不在内地開設行棧長住，又第一次單亦載明，不在内地開設行棧賣煤。按賣煤二字，係包括整賣零賣而言，亦係遵守約章，洋人不得在非通商口岸經商之意。如准華商赴廠買煤，與洋商賣煤於華商，有何區别？設使續議實行，是河南一省，皆可視爲商埠，將來他國援以爲例，内地皆成口岸，後患何可勝言。節經電商外務部，迭奉部電，以開平等礦並無華商不准赴廠買煤之條，囑令和平定議，免生枝節。臣查河南全省近山之處，無不産煤，西人稱爲煤田，民間業農之外，多係採煤，小民生計，類多仰給於此。與他省情形不同。前者河北商民，聞福公司將就地賣煤，生計被奪，即有傳單據聚衆之謡，經臣飭屬偏切勸諭，彈壓解散，幸未暴動。近日士紳僉以原合同載有聯絡官民預息紛争之語，原因權利所關，中外均須兼顧。故抵制賣煤，持之甚力，連日會議，意頗憤激。臣忝撫此土，責在保民，審度情形，何敢稍有遷就。惟念時局孔艱，外交尤棘，加以英使要求之切，部臣交涉之難，不得不稍予變通，和平辦理。當於無可設法之中，力求兼顧，因議通融辦法，准華商赴廠買煤，運銷商埠，不得在内地銷售，該洋董未肯應允。又經電部磋商，英使仍未認可，不得已再籌退步，准華商赴廠買煤，運赴外省。因豫省煤窑獨多，未便在本省銷售，致礙民間生計。由交涉局與該洋董切商，該洋董在汴旬日，亦深知豫省爲難情形，及當事和平辦理之意，惟須商之英使及倫敦股東，始敢定議。現該洋董奉英使電飭赴京，於本月初七日起程，瀕行有再來妥議之語。當經電達外務部，並聲明俟該洋董來汴，再行開議。或由豫派員赴部，隨同與議，俾得持平議結。此福公司一案，在豫磋議之實在情形也。臣維此案現擬辦法，退步已臻極點，勢難再事通融。惟有一意堅持，以期就我範圍，全民生計，所有福公司要求賣煤，在豫磋議緣由，除咨明外務部，仍請協力堅持外，理合恭摺具陳。伏乞皇上聖鑒。謹奏。

又外務部《福公司就地售煤案議定辦法》〔宣統元年〕六月二十四日，本部具奏摺稱：「奏爲福公司在豫省礦廠售煤，現與英使磋商辦法，業經定議，擬請諭旨飭遵，以專責成而靖地方，恭摺仰祈聖鑒事。」竊本年閏二月間，英國使臣朱邇典函致臣部，内稱福公司總董白來喜，業與豫省地方官定立合同，應由豫撫出示禁止阻撓人民購買該公司之煤。經臣部一面函復該使，令該總董赴汴另議，一面電致河南巡撫吴重憙，謂洋商在各省所辦煤礦，均無限定將煤運至通商口岸售賣之條，河南恐難獨異，應飭與商和平辦法，勿再堅執，致難收束。迨白來喜到汴後，與交涉局會議多次，彼此相持，不能合攏。英使復照會臣部，自續議單簽字之日始，每日索賠一千兩，而該撫吴重憙亦奏稱，勢難再事通融，惟有一味堅持，以期就範。四月十五日，欽奉上諭：「都察院代奏據河南紳士翰林院編修杜嚴等呈稱，交涉局破壞礦務，違章擅訂續約，貽誤大局等語。著外務部河南巡撫會商妥籌辦理。欽此。」當經臣部籌擬兩全辦法，電商該撫核復，旋准該撫派員到京備議。臣部亦即派員會同與白來喜續商多次，並就該撫所擬上、中、下三策，逐條磋論，白來喜均不肯照辦，又將出河北三府出售，暨緩至一二年後再售等節，與英使朱邇典當面提議，該使亦均不照允。略謂該公司就廠售煤之權，實發生於訂約辦礦之日，能開礦即能售煤，並非開設行棧，不得以議單第三、第四兩條相牽制。況各國商人在中國所開煤礦，莫非徧地銷售，福公司不在内地設棧，祇由華商躉購轉銷，已屬格外通融。該處百姓均以福煤價賤，情願購買，惟窑户争利，故聳動三數紳士，號稱輿論，出以相抗，豫省地方官漫不加察，並且附和隨同出示禁阻，致令該公司坐耗巨貲，惟有向中央政府索償云云。催詰臣部，毫不鬆勁。臣等以出境銷售，彼既不允，祇有多加噸數，俾零售仍在華人，尚可各不相礙。由臣等與該使切實面商，若准令華商赴廠購煤，總須以一百噸爲度。該使當允電商福公司核酌，旋照會臣部，内稱前議已知照白來喜電達倫敦

福公司，據復稱由二十噸推廣至百噸，雖已應允，實非情願。該公司異常退讓，實逾恒情，足爲與中國官民敦睦之據。即希按照原議，請旨飭下豫省官員通行曉諭，撤銷福公司售煤之禁等語。經臣部兩次電致河南巡撫，略謂該撫迭次來電，所有理解，均不足與外人辯論。若不收束，則賠償日加一日，枝節橫生，仍是地方之累。又謂議到如此地步，已達極點，萬難再事依違。業與英使定議，無可再延，應即會銜奏陳。准該撫先後復電稱，豫省民窑林立，河北尤多，近日仍有聚議抵拒之事，擬籌一委曲求全之策，准華商赴廠買煤，至少以一百噸爲度。如在河北三府内，無論轉售幾次，仍須以一百噸躉售，不准零銷。又稱若准華商赴廠購煤百噸，即在本地零銷，仍屬有礙民窑，難免後患，同一零銷，與二十噸似亦無别，擬即派員赴部妥議各等語。是雖允華商赴廠躉購已經加至百噸，仍須運出三府始准零銷，較前之英使所不允認者爲尤甚。臣等萬難照此再商英使，且既經臣等與英使面定辦法，何能復由該撫派員翻異。伏維此事初起時，該撫即電傳議單十條，引爲依據。又謂楊敬宸等擅簽續議，未經允准，堅請臣部協力與争。臣等詳察案情，即深慮理由不足，不能争持到底，迭次電令轉圜，詎該撫固執前言，以致騖名好事者流，聚衆演説，多所要求，該撫身膺疆寄，爲閤境觀聽所繫，若就事理所在，剴切開導，不令以無意識之舉動，徒形滋擾，則相機操縱，歸結無難。亦何至一再上聞，重煩廑慮。臣部職司外交，但有理解可言，斷不肯稍涉遷就。現經磋商至三閲月之久，無可再争，始與商訂躉售百噸辦法，俾大批購自公司，而零銷仍在民户。有此限制，兩不相妨，庶可藉以結束。迺臣部與河南巡撫吴重憙屢次電商，該撫始終多所顧慮，不允會同具奏。自未便再事延擱，是以徑由臣部將現議情形據實覆陳，恭候命下，即由臣部照復英使轉飭該公司遵照。至蚩蚩者氓，或不免爲浮言所惑，藉端生事，則先期防範，責在有司，併請飭下河南巡撫嚴飭所屬撤銷福公司售煤之禁，一面曉諭商民，切實勸導，勿令有抗阻滋擾情事，以靖閭閻而安生業。所有福公司就廠售煤商定辦法緣由，是否有當，理合恭摺具陳，伏乞皇上聖鑒訓示祇遵。謹奏。宣統元年六月二十四日具奏。奉電旨一道。

《礦務檔·河南礦務》外務部發英署使麻穆勒照會《駁拒福公司請發採鐵憑單》〔宣統二年〕四月十七日，發英國麻署使照會。爲照復事：「宣統二年二月十九日接准來照，以薩前大臣照會福公司按照光緒二十四年五月初三日原訂合同條款，請豫撫發給開礦辦礦製鐵各憑單等語。按該合同第一款辦法，福公司於光緒三十四年業已遵行，地方官未肯照請發給准單，故薩前大臣文請轉飭照辦。又嘉署大臣催請頒發各在案，嗣後該公司注意於煤礦，以爲採鐵之先著，今因出産之煤，足敷所用，是以該公司甚願致力於鐵礦，請豫撫按照合同第一款發給准單等因前來。查華商豫豐公司與福公司訂立借款合同，承辦懷慶礦務，原係自借洋債，商借商還，嗣後華商涣散，豫豐公司消滅無存，福公司之款，亦即無人承借。迺福公司勘定老牛河礦産，仍由該省礦務局發給憑單，訂定紅黄界綫，現在見煤獲利。凡合同内所載中國應得之利益，無不落空，是福公司並未借款於華商，而獨坐享開礦之利，於原訂合同，節節均未照辦。中國待遇英商，不爲不優，何能再事要求，所請發給憑單開採鐵礦之處，本部礙難允認，相應照復貴大臣查照飭知可也，須至照會者。

又外務部收奉諭旨附御史陳善同奏稿《陳善同奏請妥籌河南礦務交涉著外務部知道》〔宣統二年〕四月二十三日，收奉諭旨一道。軍機大臣欽奉諭旨：「御史陳善同奏河南修武礦務交涉，關係重要，請飭設法妥籌一摺，著外務部知道。欽此。」

軍機大臣署名：

臣奕劻、臣世續、臣鹿傳霖、假。臣那桐、臣吴郁生。

掌新疆道監察御史臣陳善同跪奏爲：「河南修武礦務交涉，關係重要，請飭設法妥籌，以毖後患，恭摺仰祈聖鑒事：竊河南修武煤礦，自光緒二十四年革職檢討吴式釗架名豫豐公司，盜賣開採權於福公司，爲梗至今。上年革職候補知府楊敬宸擅訂合同，許該公司在廠賣煤，豫人合詞力争，經外務部議定，限以百噸起碼遵行在案。頃聞該公司復要求在該處開辦鐵礦，得隴望蜀，本外人狡啟常情，固無足怪。以今日國勢之弱，財力之絀，徒恃口舌與之争衡，或稍有補救。臣誠亦知其難，然正惟知其難而僉不能不强自振勵者，蓋公理所在。且以進拒爲退守地步，其勢不得不設法一善其得也。查該公司原訂合同闕失之處甚多，而其貽後來無窮之害者，尤莫甚於第一條懷慶左右黄河以北諸山各礦等語。三十年該公司工程師柯瑞勘明修武縣老流河在右煤礦，繪具紅綫礦界圖説，呈請開辦，外務部以其索地太寬，駁令改减，由候補道韓國鈞力與權商，始約定以現在所用者爲黄界，黄界以内，許其開採，文明四至，竪立界石。並咨行該公司聲明，倘後日不敷開採，准於紅界内續請憑單，查明果於地方情形無礙，再行核辦。該公司礦師利德，當時曾函覆韓國鈞聲稱，福公司認定在黄界内有開礦權各照

辦在案。是原合同範圍雖寬，而有此一限制，所挽救抑亦不少矣。細繹部咨之義，不敷開採云者，對於已經開採之煤礦而言，故著其辭曰續請，曰再核，解釋至爲明確。且仍必查明有無妨礙，則准否之權，固自在我。其黄界外未經開採之他種礦產，不能另請，自在言外。該公司現在所用之黄界地面，已佔至五十四中方里，確非不敷開採可知。縱該公司於黄界外紅界内續請採煤，我尚須查勘地方利害情形，借鑒前車，力予拒駁，何況違背部咨之限制，於黄界外另請採鐵乎？此時若一徇其請，則黄界之限制，自行放棄。臣恐自山東、直隸、東三省、山西、甘肅以至内外蒙古之地，凡在懷慶左右黄河以北者，無論何鄉何山何種礦產，該公司皆可援照原合同第一條，任便擇勘，要求開採，其交涉正未有已時矣。論者或以原合同未經聲明作廢，輕殊不知三十年畫定礦界時，利德本力主拓張，經部臣多方磋商，始以黄界立案。該公司數年以來，並無異議，凡對於交涉上限制之事而無異議者，即作爲默認，萬國之公例也。該公司豈得以一商人而獨異，執此相拒，何患無詞。或又有謂恐以此重外人之交惡者，不知邦交之離合，全視我國之能否自强爲斷，於區區一礦，固無大關係也。是二説者，皆非臣之所慮，臣所慮者，原合同既未標明煤鐵字樣，設黄界以内有鐵可採，該公司於部咨限制範圍中，請求採鐵，我實無詞以拒之，於無可奈何之中，爲維持萬一之策，惟有按照光緒二十八年中英商約第九款所稱，中國現行礦務章程從行改修妥定，凡於此項礦務新章頒行後始准開礦者，均須照新章辦理等語，力與磋商一切辦法。用始准開採鐵礦之例，依三十三年農工商部會同外務部奏定礦務正章切實辦理。並將所有該公司原訂合同，乘此機會，通盤籌畫，重行妥商改訂，以爲收之桑榆之計，是亦一特別辦法。也事爲中國全局安危所繫，應請飭下外務部、農工商部會同河南巡撫妥慎籌辦，以保國權而維礦政。再，河南礦產富饒，甲於他省，除修武外，其最著者，如濟源河内等縣之銅、鐵、煤，彰德、衛輝兩屬之煤、鐵，河、陝、汝三屬之白金、黄金、煤、鐵，南、汝、光三屬之銀、鉛、玉石、水晶、硃砂、煤、鐵等，並皆利棄於地，不免爲慢藏之悔，應一併由河南巡撫督飭勸業道確予調查，實力提倡，聯合各該地方紳商組織公司，迅速集股開辦，勿得任外股羼入，動釀交涉，致蹈修武覆轍。地方幸甚，大局幸甚，事關我國主權與人民生計，臣職在敷陳，不敢緘默，是否有當，伏乞皇上聖鑒。謹奏。四月二十三日。」

又外務部收農工商部文《豫紳創設佈豫鐵礦公司勘採河内修武鐵礦》〔宣統二年〕四月二十四日，收農工商部文。農工商部爲咨呈事，接准河南巡撫電稱，據紳士范守元澍等禀稱：「河内修武兩縣境内，鐵鑛甚多，現經勘定鑛地，於宏豫公司之外，再設佈豫鐵鑛公司，先集款伍拾萬圓，不足續招零股。公司占地除宏豫公司已占外，所有河内修武境内宏豫未占者，統歸佈豫公司開採。該公司已與各地主商明，立有合同，業經札飭勸業道發給勘照，以憑開辦。除俟該公司擬訂章程，再將詳情咨達外，特先電請立案，並移會外務部等因前來。查此案業經本部電覆河南巡撫，轉飭將該公司所占鑛地，繪具詳圖送部查覈。再行覈辦外，相應咨呈貴部查照可也，須至咨呈者。」

宣統二年四月二十四日。」

又外務部收福公司代表函附李鴻章函《李鴻章會函福公司股東允招外資辦礦》〔宣統二年〕十一月十三日，收福公司代表致施右丞信稱：「福公司合同訂立之時，貴國名望大臣李鴻章曾有函致羅士佳爾爵紳，兹照前允，將該函鈔呈台閲。再閣下所言擬籌辦法，有無消息否，公司董事亟願聞知其中條款。如蒙示及，則無任感激。」

附鈔函一件。

照譯福公司鈔送李文忠公前致該公司股東羅士佳爾爵紳函。

逕啓者：兹以英意公司代表盧沙第君在京已將合同訂妥，行將帶返歐洲，藉便修函順問閣下安好。尤憶前在英國得識閣下，至爲榮幸。今聞閣下亦係英意公司股東，故將此次所訂合同之事，向閣下言之。中國開通政策，前經多方籌議，今則改定方針，專意注重實業工藝，實深欣幸。總理衙門王大臣今於初次試辦此事，深望鼓勵外洋資本，輸入中國内地，藉爲益國益民之計，並可藉以開放門户，以免空言無補。此次與貴公司所訂兩件合同，經歷舊黨多方梗阻，始能成功。其中所包富饒礦地，既大且廣，起自直隸省境，西至山西，南至河南，兼有建造枝路以連幹路，以及接通鄰近水道之利權。其煤鐵之富饒，與地勢之相近，中國無出其右者。據礦學專門家言，即地球上之各礦地，亦鮮能與之比擬，且煤油礦亦經發見。公司在所得礦地左近，無論資本大小，均可開採。鐵與煤出產既賤且豐，公司自可就近建設製鐵廠，製造各式鋼鐵，以供中國現在及將來之需用。公司現在所得礦地，如能切實開辦，將來自可推展於河南省黄河之南。貴爵辦理環球財政，歷練最大，當能灼見。公司所得之地，果如專門家所云，祇須派立公正幹練之人，經營其事，何患無成，惟見小識淺孳孳是圖之輩，不可任用。蓋如此大業，必得誠實經理謹慎擴充，庶與大家有益。鄙人斤斤於此，蓋曾力贊

合同之成，深冀公司不負吾言。貴爵如能相助爲理，以使公司信義成效昭然並著，是則至禱者也。敬頌勛祺。

李鴻章署名用印。

光緒二十四年西六月二十號自北京發。

又外務部收河南巡撫文《河内修武兩縣民人呈請駁拒福公司開辦鐵礦》

〔宣統二年〕十一月二十一日，收河南撫文稱，案據河内、修武兩縣民人王鳳蘭等二百二十四人聯名呈稱：「爲外人採鐵，有礙民生，公懇作主，以保利權而活性命事。竊河内、修武採煤爲業，已數百年。自煤礦被福公司採掘後，土窑倒閉，實無以度日，因死中求生，漸事鐵礦。除光豫、宏豫各公司開辦外，謀開採者甚多。乃方行著手，忽聞福公司又向外務部要求，來河修兩縣開採鐵礦，是又欲致人民死命於鐵。身等山野愚民，何敢冒懇，第爲衆所迫，安居不能，不得不將窒礙情形，爲我大人陳之。當福公司來修採煤，原謂減輕煤價，厚給工資，詎意在拉倒土窑，制民死命。如每斤煤價，初數分，今壹文有餘。每人工資初四百，今扣至百二三十文。且福公司採煤之地，名曰租買，實則强佔。福公司已買之地，不過四五百畝，而陸硐地面地底及水溝道路所佔之地，不下四五十頃，並未按畝議價。控官不理，尋洋人不見，來轅泣訴，地價未得，而身家已破。尤可恨者，洋人開礦純用炸藥。去歲福公司炸藥陡轟，山石飛落數里之外，左右居人大受損害。煤礦聚在一處，閭閻已不堪擾。鐵鑛散在各處，若燃藥開採，人民豈能安居。身等再三思維，洋人來此採鐵，若不嚴行禁止，恐仍用採煤慣伎，再制人命一死，居民不忍甘受，必至鬧出非常巨禍等情，到本部院。據此。除批榜示外，相應咨明，爲此合咨貴部請煩查照施行。」

又外務部收河南巡撫文《河内修武二縣紳民請力拒福公司開辦鐵礦》〔宣統二年〕十二月二十四日，收豫撫文稱，據修武縣姚令啟瑞詳稱：「宣統二年十月二十九日，據河修兩縣紳民王鳳蘭、韓嘉玉、靳禄俊、毋正業、邵學純、劉恒林、靳天學、連起春、王天魁、王子玉、張觀春、梁兆慶、梁天祺、連士禄、范乃功、馮成緒、周全文、姬脉傳、劉賡颺、張華清、楊貞元、王奠邦、姬慶懷、廉全文、李銘勳、董金桂、崔寅生、盧含英、孔傳心、趙永芳、毋得富、毋得有、毋存文、王燕、王鳳祥、劉恒德、宋清芳、娘娘廟長儒洞寺覺倫馬佩玉、水慶宫柴鳳朝等聯名禀稱，爲風聞外人要求開採鐵礦，情形日急，公懇轉詳力争，爲民請命，以固人心而維大局事。竊河内修武沿山一帶，石厚土薄，人心依礦爲命，依食煤利者數百年。自去歲煤礦利權被福公司攫去後，不及一年，土窑倒閉已盡，數十萬人民無以爲生，嗷嗷待哺，不保終日，不得已漸漸趨重鐵礦，奔走呼號，不遺餘力。除宏豫光豫業已組織公司，禀咨立案，克期開辦外，具赴山西、湖南等處調查土爐，意在仿辦者，亦多有其人。滿擬數年後風氣大開，製造漸近精良，乃條聞福公司又向外部要求劃割地方，開採鐵礦，是欲並人民一線生機而絶之也。傳播之餘，人心憤憤，勢不肯捐棄生命財産，甘於一死。生等山村伏處，愚陋寡聞。不識所謂邦交，所謂約章公法，第思民爲邦本。古有明訓，部臣代朝廷保民，豈忍以人民脂膏，供外人谿壑。但恐簾遠堂高，或以諳於下情，誤墮外計，不得不據經過事實爲賢父母瀝血陳之：當外人之交涉煤礦也，豈不曰減輕煤價以利煙户，厚給工資以贍貧民，不知其所以減輕煤價厚給工資者，意在拉倒土窑而後，得獨操其盈絀。至今僅年餘耳，已多方抑勒煙户工人，孰不任其所爲。如其初煤價每觔錢數分，今則由一文漲至一文餘矣；如下井工人，土窑每工二百文，彼則初爲四百，今則由四百落至百二三十文矣。窮民辛苦終日，饑不能一飽，其尤可異者，井内取煤甚遠，危險特甚，數年來壓斃工人，殆難僂指。其公司人等時任意徧山遊覽，把塌田埂者有之，蹂躪田禾者有之，踐踏墳墓坵壟者有之。凡其所經，風聲鶴唳，羣情爲之震駭。夫煤礦根深蒂固，猶被一掃而空，鐵礦事方萌芽，焉能勝其摧挫。煤礦最易爲力，尤不能不任其低昂；鐵礦事體重大，何敢輕言抵制。煤礦聚在一處，閭閻已不堪其擾；鐵礦散在各處，若聽其開採，人民庸有安居之日。勢必悍者制挺相向，弱者盡室以逃耳。伏念河南爲中國腹心，太行爲中州肩背，世有剖忍腹心、割裂肩背而人不死者乎？顧瞻將來，毛髮悚栗，我父臺大人痛癢在抱，愛民如子，務懇據實轉詳，籲請力争，俾可挽回利權，則人民幸甚！大局甚幸！無任盼切，肅此上叩等情到縣。據此，查卑縣僻處山陬，民貧地瘠，惟與河内縣接壤沿山一帶，礦産甚豐，小民藉以謀生，莫不依礦爲命。煤礦既爲福公司佔去，小民大失倚賴，所持者鐵礦未開。現經宏豫等公司組織開辦，冀收桑榆。兹據該紳民等以風聞外人要求，來案公懇，自應力爲保護，俾不致再失利權。正詳請間，接奉本府批據河内、修武兩縣紳民公禀前情，抄發原禀飭即查明禀辦等因。除飭該紳民等静候詳辦外，理合據情詳請查核，俯賜咨請外務部查明。如果外人要求，務懇堅持定力争回自辦，以保利權，實爲公便等情，到本部院。據此。相應咨明，爲此合咨貴部，請煩查照辦理施行。」

《礦務檔・河南礦務・福公司礦界里數暨購地煤價約數》　謹將福公司礦

界里數暨購地煤價約數。開呈憲鑒。

一、查利礦師繪呈紅界圖綫，因所索地面太寬，東西計長三十餘里，未能允許，是以縮小，另定黄界爲限制也。

一、查福公司礦界自澤煤盛廠墻外起，以現在所用者爲黄界，原定正東南北三中里，西面六中里，嗣因西面地段較長，經韓道台與利德礦師竭力磋商，始允劃出田澗一村，東西半里，南北三里，是以正西地界仍有五中里五分，四面均栽立石界可憑。

一、查修武縣境内之老流河地方，在太行山角根之下，沿山一帶，先已開有煤井八座，相隔約二三四五里不等，其中有舊礦三百七十四個，久廢礦六十七個，現定之黄界，全屬修武管轄。

一、查憑單於光緒三十年冬間，始行發給開辦。

一、查該公司購地辦礦，既經劃定地界，以黄綫爲限，界内之地，准其租買，界外則不准逾越。

一、查當時虚擬紅界名目，恐日後黄界内不敷一礦之用。再行續請憑單，仍要照原訂合同，查明果與地方情形無礙，方准核辦。

一、查紅界内如有續請憑單。仍需與黄界所發憑單，同爲一礦。

一、查光緒三十三年據署修武縣林牧桂芳稟稱，福公司在礦廠左近，續購白振峯地一頃零九畝餘，又購母國義地四十九畝餘。均經該牧親往勘明在黄綫界内，照章准其立契購買，當即蓋印税契註册在案。

一、查光緒三十四年據代理修武縣林令有賡稟稱，福公司又在黄綫界内購地四段，均經該縣查勘明確，核與定章相符，准其購買立契蓋印送還收執在案，此外別無續購地畝，合併聲明。

一、查福公司煤礦，自光緒三十四年七月見煤之日起，截至宣統元年八月正，照現在何守摺開出煤噸數，以四成碎煤六成整煤，約核煤價，計整煤九萬四千九百二十九噸，七成按每噸三兩，該銀二十八萬四千七百八十九兩，零碎煤六萬三千二百八十六噸，四成按每噸一兩，該銀六萬三千二百八十六兩零，二共約合煤價銀叁拾肆萬八千零柒拾伍兩有奇。

再查福公司礦井現出之煤，係在第四井第六井，上年見煤後，經河内、修武兩縣稟明有案，至界内之地，前經委員查明，現在已購者，僅有十之一二，理合登明。拾月初十呈。

按黄線礦界，照圖上比例尺合成我國常尺，以東西長萬八千零六十七尺，南北長萬二千七百九十七尺，作整長方形，其面積合七十方里有奇。唯凹凸屈曲之處，應行截補，用三角形或梯形法算。故只餘六十方里五千六百六十八方丈四十一方尺，合諸畝數，應得三萬二千四百九十四畝四分四方丈四十一方尺，折算之法列下，以長千八百尺爲一里。

以千八百尺平方之，得三百二十四萬方尺爲一方里。

以一尺之平方爲一方尺。

以六千方尺爲一畝。

以六百方尺爲一分。

以一百方尺爲一方丈。

《礦務檔·江蘇礦務·句容寶華山煤礦》總署收上海通商大臣曾國藩文及各附件〔同治七年〕七月二十二日，上海通商大臣曾文稱：「案據鎮江關道蔡世俊稟，據英美領事請開挖句容縣屬之寶華山一帶煤礦一案，當經照案批駁，嗣據英領事具文申陳，又經批飭去後。業據該關道呈報，已將應毋庸議緣由，照會該領事查照在案。所有辦過各件，相應抄録彙案補行咨明，爲此合咨貴總理衙門，請煩查照施行。」

照録鎮江關初次來稟。

敬稟者：鎮江英領事官馬安，美領事官散查鏊，前於八九月間，迭次來職道衙門，述及句容縣屬之寶華山一帶煤礦甚旺，可以開挖，屢懇稟請中堂，准其招商辦理。經職道執定條約，峻辭拒絶。嗣該領事等署以此事因非條約所載，唯中國有自然之利，聽其廢棄，殊爲可惜，開具試辦章程，一再瀆請，并云准駁應由中堂酌定，堅請職道即行請示辦理。職道以此事各口均未開辦，未便由此間先議創行，是以迄未答應。兹復據該領事等來署，述及奉派出使外洋之美國公使蒲安臣，以明春將赴外國，定日内由滬赴寧，謁見中堂，擬將挖煤一事，順便自行請示，如果邀准，再行商辦，否則作爲罷論等語。謹將前次送來章程，鈔呈憲鑒，日内蒲使到寧，應否婉言回復，抑或先飭江寧府派員先到寶華山一帶，察看地方情形，再定准駁。咨明總理衙門辦理之處，伏候鈞定。專肅密稟云云。

照録附呈清摺一扣。

酌議按照西法挖煤章程。

查江寧府句容縣寶華山、湖山，均有煤礦，直至江寧太平門外，俱係氣脉相

連，煤斤多旺。現聞江寧煤價甚爲昂貴，復聞此山在咸豐年間，曾經挖開，因賊亂停止。數年以來，變爲水泉，日久水深，恐無法開挖。茲有洋人，向係開挖煤窑，精於識認者，前去看驗。據云，所出之煤，甚合輪船等項之用。今擬照西人開挖之法，不但煤好而旺，且價廉工省，可免有用之物，置於無用之地。再查出煤之山，近於長江，實屬轉運利便，又離鎮江通商口岸不遠，若著洋人開挖，距領事官相近，方可照顧彈壓。今所看各山，俱可有煤，惟先未用器具探驗深淺高低，是難料定切實處所。查當年寶華山雖開有舊窑門，因離河道較遠，旱路盤運赴船，有費周折。現訪湖山近小村處，覺有便宜，因地近河口，轉運便捷，惟望大憲俯准，著人在是處及界限處所，遍行探採揀擇。謹將章程擬呈。

一、擇定開窑之處，窑門係上而下，類似井形。出入均用火輪機器，窑下再往各處分路。窑外租數十畝之地，起造房屋，以備應用。價由窑廠籌給，房屋作爲中國官屋，以備收藏機器，及中外人役居住，不得作爲別用。下面開窑，其上仍可種田，總期不與禾稼有損。

一、延募外國總辦一人，總理窑廠各等事件；看管火輪機器師一二人，經理機器等事；窑廠副辦二三人，督率匠人做工等事。欲延總辦及機器師，必須素行端方，副辦亦須性情純善。無論何人，倘有乖舛錯誤，任性凶狂，隨時更換，保無滋擾各事。

一、凡窑廠工匠一切人等，須雇附近及各處有來歷民人，取具鋪户保結充當，斷不准招集閩廣游民。

一、酌議請派候補道府大員一位，作爲督辦，稽察窑廠一切公事；另派佐雜二員，聽候差遣。薪水費用，每年由窑廠自行供給銀五千兩，不准另行開支國帑。

一、凡窑廠工匠人等，如有應告事件，赴督辦處呈明，聽候就近訊斷，如意見不合，中國人由鎮江關道會商領事官辦理；查係洋人，照外國例先交傳呈銀元，再由領事官會同關道辦理。

一、完納窑課之事，查各窑出煤多寡，年年不同，未便限定每窑每年完課若干，今擬按照每窑出煤之多寡計數，出煤一噸，即納窑課銀一錢五分，將來稅則改輕，再加銀一錢，完交督辦兑收報解。

一、由窑廠將煤運至江邊轉運。此段運路，最爲緊要，務須深淺平正合宜。今擬凡來裝煤之船，按照定章抽捐，由督辦給票登簿，其票爲由廠運鎮沿途免捐之據。煤船釐捐，由總辦洋人抽收，抵支修造此路之用。該路式樣基界，由窑廠總辦洋人指定，由督辦勘明無礙，再行修造，倘所抽之銀不敷，應由窑廠籌墊，及廠外之路如須添用，聽總辦洋人揀擇。用及民業田地，應償價值若干，由督辦查明户名畝分，公平定議，不得互相勒掯。

一、凡窑内所出之煤，必須廠内自行買雇船隻，徑行運至鎮江銷售，不得在窑廠地方銷售，亦不准中途私售，以免窑廠處所人船擠混，并期鎮江生意興旺。

一、凡廠内做工人等工價數目，均聽匠人與窑廠自行議定，不准事外人等勒掯攪擾。

一、凡窑廠挖運所用地基應納錢糧，由縣查明數目，由廠照例完納，歸督辦收解，胥役人等不得額外需索。

一、開窑各章，俟奉大憲核准，即在該處遍行探驗，仍須諸無妨礙，方能定准開挖處所。凡有關礙水道旱路，及居民房屋墳墓等項，難以補償者，自應一律讓出，不准隨便開挖。

一、此章俟奉大憲准行，即由鎮江關道會同各領事，定期與華洋各商公議，隨力出資，共成是舉。仍俟議有成局，將此外未盡事宜，隨時酌議請示。此舉不但毫無損害，並可上裕國課，下利商民，誠全美之策也。

本署大臣批：「煤礦係自然之地利，借洋人之機器，俾華人倣效，而永收其利，未始全不可行。前應道所議條約册内，以爲可許，本部堂亦從而韙之。昨總理衙門函開與蒲公使訂約各條，則煤窑亦中國礙難辦理之事，囑蒲公使往各國將礙難情形，細爲道達。頃蒲公使來金陵，與本部堂相見兩次，并未提及煤窑一事，是於總理衙門所囑，已恪遵而謹行。該領事等所請，應無庸議。繳。」

照録鎮江關二次來稟。

敬稟者：竊職道正月間趨叩憲轅，因聞奉派泰西星使行抵鎮江，恐有商辦公務，遂即稟辭，未獲再聆渠訓，悵歉殊深。比赴蘇垣，適值撫憲新舊交替，爲留數日，於本月初四日旋回。抵署以來，地方公務如恒。唯英國領事馬安來署，問及前請句容縣挖煤一事，曾否奉有批示。經職道告以業於在寧時面行請示，未經奉准，婉言覆絶，馬領事始以此事必須自行來寧商辦，經職道再三開導，始行中止。旋云，此舉實有益於中國，如不願外國人辦理，中國亦可自行招商開辦。頗疑職道前次未曾稟請憲示，徒以空言回覆。於二十一日，送到呈遞中堂申呈一件，求爲轉遞。職道詳加查閲，措詞尚屬馴順，謹抄録馬領事致職道照會一

件，並原遞申呈一件，一併恭呈憲鑒，敬請俯賜批示，發交職道轉給，實爲公便云云。再密稟者：洋人於挖煤一事，垂涎已久，此時若執定條約，峻辭回覆，彼固不能强中國以必行。唯今年係屬换約之期，風聞上年冬間，外國已將此事與總理衙門言及，求爲列入新約，將來能否禁絶，殊未可必。職道前閲上海應道所議約本，以爲可許。竊謂此事如由中國商人自辦，尚無十分流弊。所可慮者，洋人性情向來得步進步，一經准行，勢必借用外國機器，僱用外國人相幫，日久弊生，終恐利少而害多也。事關重大，應否請中堂先行密咨總理衙門商辦之處，伏候鈞裁。再此事正月間曾奉憲批一件，因内有數語未便宣播，是以職道不敢抄付洋人閲看。合并陳明。職道世俊謹再稟。

本署大臣批：此件正月間據該關轉稟前來，當即明白批示，該道自必摘要録示該領事知照，何以將前批概不宣示，仰將蒲公使前次來寧，並未提及挖煤一事，自應恪遵總署所云，約訂之意，礙難再議，告知該領事可也。繳。申呈一件存。

英領事申呈大英署理鎮江領事官馬安，爲申陳事。竊以在貴國生理火輪船每年需煤甚多，其價甚貴。數月前本署領事曾至句容縣寶華山、湖山等處探看，聞得日前有人在該處得過煤，想貴爵中堂應聽人説過。貴國所用輪船，用過該等處之煤。今署領事看過，自鎮江至南京各地方，南岸沿江一帶，出煤很多，嗣經再往察看，該等處不獨出煤多，且有鐵等項。當時取了煤鐵樣子，將煤樣送與諳練之人看視，據稱係好的，且合輪船之用。本署領事聽該人所言，殊深欣慰，因前取之樣，係在開出舊窑内取出，並係面上所出，多年風吹雨打，尚恐人説不好耳。想該等處所出煤礦很大，如有人設立公所開辦，必不吃虧。因此當與常鎮道會商，其時有美國鎮江副領事暨康税務司在坐，詳細告知。如能開辦添出售煤生意，與本省本馬頭一定大有益處，因每年有許多篷船前往上海，均無出口貨，如有煤，則各船俱有回載出口之貨。常鎮道亦以爲然，並云相助辦理，當於去冬酌議開挖章程，常鎮道亦允代爲轉請貴爵中堂指示。所擬章程，係照西法設立外國公所開辦。因該地方離鎮江甚近，該公所洋人，鎮江各國領事官不難就近約束。本月初九日，再會常鎮道，詢問回示，據稱未經奉准，本署領事曷勝悵然。爲此具文申陳貴爵中堂，祈明鑒本署領事建議，開挖煤礦不獨有利外國人，實欲有益中國人，並與旺本省人口，如能得此天賜財源，想本省自有許多利益。試思關税既可日漸增大，且兵亂後失業窮民甚多，如能日日僱伊等做工，該窮民亦不無利益。該地方即可一體興旺，煤礦辦得好，與銀礦很不相同，開銀礦皆係窮惡人想立刻發財，似此故難免生事。煤礦係歸很體面人經管，僱工辦理，自能約束，不致滋生事端。該地方現在均屬荒野，將來能得生意富庶，自然不至再有鬧事。再聞南京軍火局，現用皆係洋煤、洋鐵，左近既多煤鐵，與外洋一樣好，何必多費銀錢，購買洋煤、洋鐵。又聞中國人不精開礦之法，每多吃虧，爲何不請諳練之人，相助開辦。至天賜財源，無論在中國、外國，向來官民固受利益，而財源最大者，則莫如煤礦。如貴爵中堂不喜洋人開辦，此事何不明白曉諭，勸勉華人僱用洋人，並外國機器開辦。如果照此出示，必有華人肯出頭辦理。本署領事意見在於多得煤，但能得用附近地内所生之煤，無論洋人、華人開辦也。務請貴爵中堂或准洋人自己開辦，或准洋人代華人開辦，如准洋人自己開辦，即希核奪酌議章程，請看章程内所擬各條，均各安妥，斷不至攪擾百姓。此事頗關緊要，倘貴爵中堂有話面詢，或行文垂問，本署領事自當切實陳覆。爲此恭繕章程，具文申陳，立候鈞批，俯准施行，須至申陳者。

附呈章程清摺一扣。

酌議按照西法挖煤章程。

查江寧府句容縣寶華山、湖山，均有煤礦，直至江寧太平門外，俱係氣脉相連，煤觔多旺。現聞江寧煤價甚爲昂貴，復聞此山咸豐年間，曾經挖開，因賊亂停止，數年以來，變爲水泉，日久水深，恐無法開挖。兹有洋人向係開挖煤窑，精於識認者，前去看驗。據云，所出之煤，甚合輪船等項之用。今擬照西人開挖之法，不但煤好而旺，且價廉而工省，可免有用之物置於無用之地。再查出煤之山，近於長江，實屬轉運利便，又離鎮江通商口岸不遠，若著洋人開挖，距領事官相近，方可照顧彈壓。今所看各山，俱可有煤，惟先未用器具探驗深淺高低，是難料定切實處所。查當年寶華山雖開有舊窑門，因離河道較遠，旱路盤運赴船，有費周折。現訪湖山近小村處，覺有便宜，因地近河口，轉運便捷。惟望大憲俯准，著人在是處及界限處所，遍行探採揀擇。謹將章程擬呈。

一、擇定開窑之處，窑門係由上而下，類似井形。出入均用火輪機器，窑下再往各處分路。窑外租數十畝之地，起造房屋，以備應用，價由窑廠籌給，房屋作爲中國官房，以備收藏機器，及中外人役居住，不得作爲别用，下面開窑，其上仍可種田，總期不與禾稼有損。

一、延募外國總辦一人，總理窑廠各等事件；看管火輪機器師一二人，經

理機器等事；窑廠副辦二三人，督率匠人做工等事。欲延總辦及機器師，必須素行端方，副辦亦須性情純善。無論何人，倘有乖舛錯誤，任性凶狂，隨時更换，保無滋擾各事。

一、凡窑廠工匠一切人等，須雇附近及各處有來歷民人，取具鋪户保結充當，斷不准招集閩廣游民。

一、酌議請派候補道府大員一位，作爲督辦，稽察窑廠一切公事；另派佐雜二員，聽候差遣。薪水費用，每年由窑廠自行供給銀五千兩，不准另行開支國帑。

一、凡窑廠工匠人等，如有應告事件，赴督辦處呈明，聽候就近訊斷，如意見不合，中國人由鎮江關道會商領事官辦理；查係洋人，照外國例先交傳呈銀元，再由領事官會同關道辦理。

一、完納窑課之事，查各窑出煤多寡，年年不同，未便限定每窑每年完課銀若干，今擬按照每窑出煤之多寡計數，出煤一噸，即納窑課銀一錢五分，完交督辦兑收報解。

一、由窑廠將煤運至江邊轉運，此段運路，最爲緊要，務須深淺平正合宜。今擬凡來裝煤之船，按照定章抽捐，由督辦給票登簿。其票爲由廠運鎮沿途免捐之據。煤船釐捐，由總辦洋人抽收，抵支修造此路之用。該路式樣基界，由窑廠總辦洋人指定，由督辦勘明無礙，再行修造，倘所抽之銀不敷，應由窑廠籌墊，及廠外之路如須添用，聽總辦洋人揀擇。用及民業田地，應償價值若干，由督辦查明户名畝分，公平定議，不得互相勒指。

一、凡窑内所出之煤，必須廠内自行買僱船隻，徑行運至鎮江銷售，不得在窑廠地方銷售，亦不准在中途私售，以免窑廠處所人船擠混，并期鎮江生意興旺。

一、凡廠内做工人等工價數目，均聽匠人與窑廠自行議定，不准事外人等勒捐攪擾。

一、凡窑廠挖運所用地基應納錢糧，由縣查明數目，由廠照例完納，歸督辦收解，胥役人等不得額外需索。

一、開窑各章，俟奉大憲核准，即在該處遍行探驗，仍須諸無妨礙，方能定准開挖。處所凡有關礙水道旱路，及居民房屋墳墓等項，難以補償者，自應一律讓出，不准隨便開挖。

一、此章俟奉大憲准行，即由鎮江關道會同各領事，定期與華洋各商公議，隨力出資，共成是舉。仍俟議有成局，將此外未盡事宜，隨時酌擬請示。此舉不但毫無損害，並可上裕國課，下利商民，誠全美之策也。

照録英署領事馬照會。

爲照會事：本月初九日，面談擬開江寧府句容縣煤礦一事，承貴道告知，已面禀曾督憲，未經奉准。現在本署領事繕具申陳曾督憲公文一角，備文送交貴道，請煩飛即轉送南京，務望格外出力，助成此事，請曾督憲再爲詳細核奪。因此事關礙本省本馬頭，萬分緊要，兹將煤礦如果辦好，將來有大益之處奉告。上海現有許多火輪船，出口前往各處，需用煤炭甚多，只照一個行長江各處火輪公所而論，每年即需煤炭二三十萬墩，每墩計十六擔八十觔，該煤每墩價銀九兩，有時昂貴，每墩價銀十五兩不等。本馬頭每年有如許多煤出口，再能年多一年，則鎮江關税，可期日旺一日。現在有許多船，並去年二十六個外國篷船，在鎮江來往，無貨出口。又因兵亂無生意人甚多，自鎮江至南京一帶地方，窮苦已極，如煤礦辦成，則人與地方皆能興旺。煤係必需之物，天賜生於我們門口，何得棄而不用，不論煤礦歸中國人開，歸外國人開，本署領事之意，惟望多得煤，但要得煤多煤好，必須要用頂好機器。至許多益處，是一定有的，不知有何妨礙。且該處往年業經開過，此次再開，並非創辦，況該地方人很望開辦，諒不致有鬧事，該地方人斷不肯自己壞自己的生意。該地現在不值分文，所取内中所生之物，如能開出，一定與該地主有益。要知開煤礦與開金銀等礦十分不同，因開金銀礦皆係窮惡之人想立刻發財，故多生事；開煤礦係歸很體面人經管，僱工辦理，自能約束，不致滋生事端。查叛亂之源，多由民窮所致，如能開辦，則地方人人受益，日漸富庶，不致再思叛亂。況辦理此事，必不要關税費銀，定與關税有益，地主亦無甚妨礙。開此煤礦，定於關税民人生意等項，均有大益。本署領事所見如此，務請貴道再爲詳核，如以鄙見爲然，即祈飛速轉禀曾督憲定奪。該事與本馬頭很有關礙，倘能助成，定當有補，再請詳記。本署領事總以得煤爲重，如不用機器，則不能得好的，亦不能敷用。須知外國人深知開煤礦之事，自有上好妥善法則，因此本署領事想最好請外國人開辦，如不能，即請外國人相幫中國人辦理亦可。爲此繕具申陳，照會貴道，請煩加禀轉呈，立候批准施行。望切望切。須至照會者。

計送申陳曾督憲公文一角。

照録鎮江關申覆。

爲呈報事：奉憲台批：「職道禀呈英領事申陳請開句容寶華山等處煤礦由，奉批：『此件正月間，據該關轉禀前來，當即明白批示。該道自可摘要録示該領事知照，何以將前批概不宣示。仰將蒲公使前次來寧，并未提及挖煤一節，自是恪遵總署所云，約訂之意，礙難再議，告知該領事可也。繳。申呈一件存。』奉此，查職道奉憲批，未敢遽行宣示，實緣事涉洋務，不敢不慎之又慎。蒙批前因，除遵照摘要録示外，理合將職道繕給英美領事照會底稿一件，録呈憲鑒。再美領事散查鼇於本月初三日，交來申陳一件，與英領事前申大略相同，因已奉到憲批，當即發還。據該領事面稱，無庸再爲轉遞，請存職道衙門備案。合併呈明云云。」

照録鎮江關給英美領事照會。

爲照會事。照得議開煤窑一事，本道禀奉欽差大臣爵閣督憲曾批開，此事經總理衙門囑蒲大臣往各國，將礙難情形，細爲道達。蒲大臣來金陵，與本部堂相見兩次，并未提及煤窑之事，自是恪遵總署所云，礙難再議。該領事等所請，應毋庸議。繳。奉此，相應照會貴領事查照可也。須至照會者。照會英美領事馬、散。

又總署收上海通商大臣曾國藩文《咨報英領中請挖煤等案》及附件〔同治七年〕八月二十日，上海通商大臣曾國藩文稱：「案照英國麥領事接見，另有申請三件，一係言及挖煤之事；一係請加給英人意來斯游歷執照，以六個月爲期；一係英商怡和行轉押姚以舟徽州田地，申請飭辦各等情前來。除挖煤及轉押田地二件，均已分晰劄復轉行查辦外，其所請執照，按照條約，并無應由督撫加給之條。因查咸豐十一年間，曾有英國都司薩爾等各赴西藏，直至天竺游歷，必欲赴川前進，道經湖北，請由前湖廣總督部堂官憲加給印照，咨會在案。當照此案，用本衙門向有刊刷照式，填入事由，并將截止日期，届期繳銷，逐一註明，飭發交收。所有辦過各案同照式相應録送，爲此合咨貴總理衙門，請煩查核備案施行。」

照録清册。

麥領事申陳。

爲申陳事。照得今日本領事面晤貴爵閣部堂，談及准聽洋人在内地挖取煤斤一事，以業經移咨總理衙門，現未奉到回文，未敢擅定。又云即使總理衙門准行，亦須謹慎辦理，免致稍有把持之弊，并須會同各國駐京公使及各口領事官，議定妥當章程，曉諭招商領照辦理等因。查本領事前經奉到本國駐京大臣劄飭，即爲以上情節，令詢明貴爵閣督部堂意見若何，爲特申陳查照。即請將尊意備文示復，以便轉詳爲荷。須至申陳者。

七月二十日申。二十六日到。

本署大臣劄復稿。

爲劄復事。據貴領事申陳内稱全裝云云等情。據此，查挖煤一事，上年九月間，本署大臣曾與總理衙門商論，是否可行，尚無回信。本年正月，蒲公使同志、孫兩大臣奉命出使時，總理衙門將中國礙難辦理各事，開單囑其道達，阻止挖煤，亦在阻止之利，曾經咨行本署大臣有案。現在京中正議修約事宜，挖煤一事，當必議及。如其准行，都中自必照會各國公使，行知各口領事官知照。昨日會晤時，本署大臣所説，即係如此，貴領事未能聽清。本署大臣於中外交涉道事，不敢遽定主見，均咨請總理衙門主持。爲此劄復貴領事查照可也。

七月二十六日。

麥領事來函。

啟者：「頃接來文，爲洋人挖煤一事，查文内所復，與本領事原文之意，尚有未盡。緣本領事在滬聞貴爵閣督部堂，有已准專給一别國人辦之事，而前日面謁時，貴爵閣督部堂云，非但章程未定，斷無此事。即使總理衙門議准洋人挖煤，亦須商一妥當章程，出示招商，不能歸一國或一人獨辦，以免把持之弊。應請貴爵閣督部堂將此數語，或文或函，再行繕明送下，以便備細轉詳，庶不虚此一行爲荷。再承給發洋人意來斯護照一紙，不勝感謝，當轉給該洋人收執，並飭知其須格外謹慎，不准借用，有負盛意也。手此鳴謝。敬頌台祺。」

七月二十七日發到本署大臣復函。

啟者：「頃接本日來翰誦悉。查挖煤一事，前於接晤時，及公牘内，均已分晰致復矣。現在京中尚無准辦明文，本署大臣豈有預爲派給一别國人經辦之理，即使將來總理衙門議准，尚須商一妥當章程，出示招商，不能歸一國或一人獨辦，以免把持之弊。兹荷見詢，再泐奉復。順頌台祉。」

七月二十七日。

麥領事來函。

敬啟者：「現有英人意來斯住居上海，本領事素知其係體面之人，該英人擬

往内地觀看新舊黄河形勢，但所至之地，係游歷洋人所不常到，恐地方官懷疑，或有攔阻。稟請除照常給照外，另請移請貴爵閣督部堂查照，請煩俯允飭繕移給爲荷。敬頌台祺。」

本署大臣覆函。

啟者：「頃接來翰誦悉。所言英人意來斯一名，擬往新舊黄河游歷，已有照常給照，自足爲憑。約内無由督撫加照之説，本衙門亦無加照成案。既係貴處素知有體面者，已照尊囑填就護照一紙，希爲查收轉給，仍俟六個月限滿，由尊處送銷，以昭信實。切切。順頌台祉。」

附來護照一紙。照内填。

照得現據英國麥領事申稱，有英人意來斯一名，素知其係體面之人，擬往新舊黄河游歷。業已照約給照爲憑，另請給發護照，限六個月爲期等情。

截止日期。今於七月二十六日給填，限至八年正月二十六日爲止。

限六個月爲期，由領事官具文繳銷。

麥領事申陳。詳見安徽英人租地。

《礦務檔·安徽礦務·宣城煤鐵》盛宣懷文附宣城煤礦公司合同暨專條《中日合辦宣城煤礦並訂立合同》（光緒二十八年）四月二十二日，商務大臣盛文稱：「案查前因長江上下游輪船機廠梭織林立，設非自覓佳礦，必致盡購洋煤，禁遏堪虞，漏卮更甚，逐省搜訪，幾閱歲時。旋查得安徽寧國府宣城縣犬形、牛形、簸箕等山，産煤豐旺，責令輪船招商局資聘礦師，擇要鑽驗，土法粗淺，深入爲難，曾將暫時停辦。俟招集股分，仿照西法開採緣由，於光緒二十五年八月十七日，咨明總理各國事務衙門，暨統轄礦務鐵路總局查照在案。上年八月，據日本股商土倉鶴松遣派代理人楓原孫藏來請合辦，查照前案，派會辦招商局鄭道官應、鐵路總公司英文參贊陳道善言，妥與籌議，旋據呈送草合同二十款，又專條八款，詳加覆核。計合股開辦宣城煤礦，期限不得逾五十年，資本約需五百萬元，由土倉與華公司各籌其半。出煤日起，按噸抽繳公司地租銀五仙，並照售價，值百抽五，完納國課，礦局進款，除各項開銷外，先給股息一分。下餘之數，提出二成，即每百分之二十分，名爲還本公積，本銀清還，即將二成撥歸報効。另訂專條，華公司應交一半資本銀二百五十萬元，土倉允代籌借，以煤礦股票作保，年息六釐。如中國日後新設商股則例，各西國悉可依行，宣城亦願遵照。核准草合同後，先派礦師鑽驗，仍俟繪圖估價，奏奉諭旨，方能簽印作准各等語。詳核各條，操縱在我。飭由鄭道、陳道與土倉代理人楓原孫藏，於光緒二十七年八月二十九日，會同簽押，分別存執。事在本年二月，貴部未經奏定專章以前，業經測驗，並訂草約。查與新章末一條凡已開辦及曾經議定之處，仍照合同核辦，以示大信各節，悉相符合。一俟鑽驗確實，定准開辦，磋議正約時，仍應專案奏咨辦理。除分咨外，相應抄粘合同專條，備文咨呈貴部，謹請查照備案施行。」

照録合同。爲立合同事：

一、爲宣城煤礦公司，合同中稱公司。

一、爲日本商人土倉，合同中稱土倉。日音日多古拉。

一、宣城煤礦公司，有煤礦生在安徽省寗國府宣城縣，曾經礦師勘明煤層甚富，煤質甚佳，惟開採及建造鐵路，置購駁船等，所需資本浩鉅，因邀日本商人土倉合辦，其章程開列於後。

二、合股資本，不逾五百萬元爲準，各科一半，即二百五十萬元歸公司籌，又二百五十萬元歸土倉籌科。

三、公司所應籌科之二百五十萬元，擬發股票，並由盛大臣作保籌辦。

四、彼此所籌之資本，須依期交出無誤，以充開礦築鐵路造大小輪船，及一切需用機器藝具等類之費，照礦師工程司所開之單，應需多少，隨時支用。

五、礦硐每出煤一噸，抽繳銀五仙，交付公司，以爲礦場地基之租價。

六、所出之煤，按礦場售賣價值，百元抽五元，繳交中國國家，以爲國課。此項國課，按作礦局日用經費開銷，每月一繳。

惟開辦伊始，出煤日期尚遠，而現在皖省款項支絀，擬由礦局先預繳國課七萬元，由合同奏明核准之日，三個月内繳交，將來出煤時，按噸數應納之國課，逐日抵扣，至清繳七萬元爲止，然後按噸現繳。其所預繳之七萬元，不計利息。

七、附近煤礦之處，公司允願稟請商務大臣，與皖撫會銜奏明立案，不許別人在周圍三十里之内，另開煤礦。其礦局所擬建之鐵路，祇可專爲煤礦運煤運料之用，不得做鐵路運客運貨之生意，所需用鐵路之地，須向地主商購。

八、礦場所用之緊要員司，兩造所應選派者如左：

一、總辦係中國人，管理全局事務。

一、礦師工程師，係日本人，管理採煤礦工造路等一切工程。

一、總管帳係中國人。

一、司事兼管帳，係日本人，管理各事及管局帳。

以上所用各人，兩造妥商，然後録用，或可添減其數，如有不稱職，彼此商准易換。

九、除第八款所載用之員司外，上海須設一總局，以爲辦理各處運售煤炭，兑匯帳目，及轉運機器物料各事，其所應用之人，兩造隨時商定。

十、礦局所入之項，除各項一切開銷外，先支給股分周息一分，此外所餘之數，作爲净利，分派如左：每百分撥二十分，即二分爲還本積項；又撥一成爲公積，以備修理及不時之需；又撥一成爲花紅，分給各司事人等；此外所餘六成之數，兩造均分。礦局所入之項，如不敷經費開銷，其所缺之數，須由資本項下提支。倘敷開銷，而不足支給周息一分之數，則所餘之項，盡作股息，若二成還本之積項，積至本銀之總數，則此二成積項，撥歸報効中國國家。

十一、合辦之期限，以取盡礦地之煤苗爲止，但不得逾五十年之期，如五十年期滿而此礦仍復開採，則須從新再訂第六款所言之國課。

十二、此合同先由公司與土倉代理人槭原先行簽押後，須商務大臣與土倉核准，並由商務大臣會同安徽撫台奏准後，方能簽字蓋印，乃作定實。但此合同簽押後，六個月之内，土倉即可打鑽探礦，繪圖估價，俟詳細報章圖説價單由公司呈送盛大臣查核，如果准行，方能入奏，俟奉諭旨，方能簽印作准。屆時以簽印之日起，限定一年之後乃開辦，准定井位採掘，及建造屋宇，與凡舉行一切應辦之事，如不按期照辦，此合同作廢。所有打鑽探礦，繪圖估價，及一切創辦之費，並以前所用過各費，概由土倉支理。如果合辦成功，其費則歸合辦公用，作正開銷。

十三、於合同奏明核准之日，土倉須隨即交入正金銀行五十萬元，作爲兩造合辦頭次所需之資本。倘逾三個月不將銀交入銀行，及不預繳第六款所言之國課，此約及專條即行作廢。

十四、此礦係中國疆土，今雖與外國人合辦，須歸中國轄治，是以所有税釐，均須照現在煤礦章程繳納。日後税釐若有改章，或礦路總局立有新章，須照更改章程辦理。此合同是公司與土倉合辦，如無盛大臣允准外，彼此不得將此合同之利權，無論明暗，均不得讓授他人，及抵押與他人，尤不得讓授抵押與別國藉之人民。如土倉欲招集商股，只准招中國、日本國之商股，倘有私相、受授，合同作廢。私授者自任其咎，並須賠償彼此一切虧損之處。

十五、宣城煤礦既在中國境轄，如有華人犯事，則交華官，按華律辦理，倘中外人有争執之處，則照現在和約章辦理。

十六、此礦須設巡丁，日夜梭巡，該巡丁係用中國人，其頭目參用別國人亦可，其雇用章程，由兩造妥議，倘遇大事，故須請中國地方官派兵彈壓，日本不得藉端派兵前來。

十七、如中國日後新設商股例則，各西國可依行者，此宣城煤礦允願一律遵依。

十八、宣城煤礦之礦地，或道路橋梁等，如有礙田園墳墓祠廟屋宇，其業主不願讓出，毋得勉强，但地主亦不得藉風水之説，以阻撓買地之事。倘礦局所用人役，因公遇有意外等事，致有性命或身體傷害之虞，礦局須補給撫卹，照開平礦局成案辦理。

十九、倘因合同事宜兩造争執，須彼此派人會商，如商不妥協，則倩公正人剖斷，一經公正人剖斷如何，兩造均要遵依。

二十、此合同用華文英文併繕四分，如有争執，以英文爲主，簽押後由商務大臣與土倉必須此合同與專條一起核准，再由盛大臣會同安徽撫台奏明奉准後，方能簽字蓋印，如奉駁即作爲罷議。

附訂原約，擬繕具華英文共四分，兹因英文現尚未備繕，彼此允願將華文二分簽字，各執一分爲據。俟核准奏明後，乃照合同第二十款辦理。

總辦宣城煤礦公司陳善言、鄭官應、知見人陳猷。光緒二十七年八月二十九日。

一千九百零一年十月十一日，明治三十四年十月十一日。

日本商人土倉代理人槭原孫藏：

爲立專條事：一爲宣城煤礦公司，專條中稱公司；一爲日本商人土倉，專條中稱土倉。日音多古拉。

一、兹因兩造合辦開採安徽省寧國府宣城縣煤礦，議定合股資本，不逾五百萬元爲准，各科一半，即二百五十萬元歸公司籌科，又二百五十萬元歸土倉籌科。

二、公司所籌科之二百五十萬元，擬按商例凑集華人股分，按股科本，惟恐一時未能如數凑集，特與日商土倉商允，土倉願將公司面份隨時按需用所應交之數目，借與公司，專爲辦此煤礦之用，公司將面份之股票交與土倉收執，作爲擔保。每次所借銀多少，即交股票多少作按，借款擬計回周息六釐算，每年清交

一次，士倉收執作按之股票，可隨時分次贖還。此股票作按之外，盛大臣允願擔保清還借款，並所應納之利息。

三、按上款所云，作保之股分，如未贖還時，煤礦每年分派之股息，歸公司所得，但先扣除六釐周息，給與士倉。如股息尚有盈餘，即歸公司所得；倘股息不足，周息六釐之數由公司補足，若礦局派股息之外，尚有餘利，該股份所應得之餘利，可作贖還股票之用。

四、以上借款，除由盛大臣擔保外，公司立據，將礦場地畝產業一併作保。

五、此專條商定之後，隨即擬合辦，宣城煤礦之合同，同時由公司與士倉之代理人槭原一齊簽字，仍須候盛大臣與士倉在簽字後，六個月之内核准，再由盛大臣會同安徽巡撫奏明定准，方作定實。

六、奏明核准之日，士倉即須將面份所應交之款，並借與公司之款，共五十萬元，交入正金銀行，以爲頭次即行開辦之用。倘自核准之後，三個月内不將銀交入銀行，或不預繳合同第六款所載之國課，又或於奏明核准一年之後，如不照合同第十二款按期辦理，合同即算停廢，此專條亦同時作廢，所有創辦及以前所用過之費，概歸日商士倉支理。

七、此專條用華文英文併繕四分，以英文爲主。

八、倘因此專條意義兩造互有争執，須彼此派人會商，如商不妥協，則請公正人剖斷，公正人剖斷如何，兩造均要遵依。

附訂專條，原議繕具華英文共四分，兹因英文現尚未繕備，彼此允願先將華文二分簽字，各執一分爲據，俟核准奏明後，乃照專條第七款辦理。

總辦宣城煤礦公司陳善言、鄭官應。

知見人陳猷。

光緒二十七年八月二十九日。

一千九百零一年十月十一日，明治三十四年十月十一日。

日本商人士倉代理人槭原孫藏。

此專條在大日本駐滬署總理事小田切萬壽之助前簽押。

明治三十四年十月十一日。

《礦務檔·安徽礦務·廣德煤礦》義使嘎釐訥《義商請辦安徽廣德州煤礦》〔光緒二十八年〕七月二十六日，義國公使嘎照會稱：「照得安徽省内廣德州牛頭山、平岡山煤礦，即係潘之偉及啓蘊公司之業，本年正月二十九日，經義國公司董事堨希費，與潘之偉及啟蘊公司訂立開採此礦合同，先將洋文鈔録一分送閲，貴爵查照。惟該義國公司董事前往該省撫院，請領批准，俾得創辦查勘。該撫台聲稱已有英國公司請承開辦合省之礦，日前已與該公司畫押爲據，因此不能允准照辦等語。今准該義國公司禀稱以上情形前來，本大臣查安徽撫台應許英國公司日期，係在義國公司與該礦主妥定合同日期之後，則此礦自然不可歸入英國公司所承之礦内。本大臣相應請貴爵費神飭令安徽巡撫，將此節與英國承辦之商人即行説明，並行發給允准之字據，交與義國公司董事收存，俾得委派自己礦師前往查勘。以上所提數處，仍請見復爲荷。須至照會者。」

又外務部《請查英義商人承辦皖礦情形》〔光緒二十八年〕八月初二日，行安徽巡撫文稱，光緒二十八年七月二十六日，准義國嘎使照稱：「安徽省廣德州牛頭山、平岡山煤礦，即係潘之偉及啓蘊公司之業。本年正月二十九日，經義國公司董事堨希費，與潘之偉及啟蘊公司訂立開採此礦合同，先將洋文鈔録一分送閲。惟該義國公司董事前往該省撫院，請領批准，俾得查勘。該撫台聲稱已有英國公司請承開辦合省之礦，日前已與該公司畫押爲據，不能允准照辦等語。本大臣查安徽撫台應許英國公司日期，係在義國公司與該礦主妥定合同日期之後，則此礦自不可歸入英國公司所承之礦内。應請飭令安徽巡撫，將此節與英國承辦之商人即行説明，並發給允准之字據，交與義國公司董事收存，俾得委派礦師前往查勘等因前來。查英、義兩國商人請辦牛頭山等處煤礦，本部均未據該省咨報有案，相應咨行貴撫詳晰查明咨復，以憑轉復該使可也。」

又聶緝椝《廣德州礦產應歸英商凱約翰承辦》附英國總領事來函〔光緒二十八年〕九月十六日，安徽巡撫聶文稱，光緒二十八年八月十一日，承准貴部咨開，光緒二十八年七月二十六日，准義國嘎使照稱：「安徽省廣德州牛頭山、平岡山煤礦，即係潘之偉及啟蘊公司之業，本年正月二十九日，經義國公司董事堨希費，與潘之偉及啟蘊公司訂立開採此礦合同，先將洋文鈔録壹分送閲。惟該義國公司董事前往該省撫院，請領批准，俾得查勘。該撫台聲稱已有英國公司請承開辦合省之礦，日前已與該公司畫押爲據，不能允准照辦等語。本大臣查安徽撫台應許英國公司日期，係在義國公司與該礦主妥定日期之後，則此礦自不可歸入英國公司所承之礦内。應請飭令安徽巡撫，將此節與英國承辦之商人即行説明，並發給允准之字據，交與義國公司董事收存，俾得委派礦師前往查勘等因前來。查義、英兩國商人請辦牛頭山等處煤礦，本部均未據該省咨報有案，

相應咨行貴撫詳晰查明咨復，以憑轉復該使可也等因，到本部院。承准此，查英商凱男爵約翰議設安裕公司，在安徽省開辦歙縣、寧國、銅陵、大通、廣德、潛山等陸處礦産。上年冬間，王前部院任内，即經開議，未及定約，旋即交卸。本部院蒞任後，迭准駐滬英總領事函催，一再督飭皖省商務總局布政使湯壽銘，會同凱男爵約翰，按照頒發礦務新章，逐細推敲，妥定合同底稿二十三條，於本年四月初伍日訂定。彼此簽印畫押，聲明此項合同只可作爲准其勘驗礦質憑據，俟凱約翰勘明礦質，將各事料理妥洽，仍由本部院將是項合同，咨呈貴部核定，知照路礦總局，給予執照，再行開辦。至義商堨希費與潘之偉及啟藴公司議開廣德州煤礦，究於何時，如何訂立合同，先未呈報，本部院衙門，無案可稽。迨本年陸月間，始據義商來皖面請，並接上海義領事來函，當將廣德州礦産已先與英商訂定，未便再行更改，分別評告函覆各在案。查洋商來華開採礦産，自應呈由公家核准，方可議訂合同。此次義商堨希費與潘之偉自行訂立合同，地方官暨省中商務局，均未先稟明有案，未便以業主私訂在先，藉詞爭執，所有廣德州礦産，自應仍歸合同業經簽押之英商安裕公司承辦，以昭誠信。除俟該公司勘明礦質，將各事料理妥洽，呈報到日，再行專案奏咨，並行藩司商務局查照外，擬合先録合同底稿咨覆，爲此咨呈貴部，謹請察覆施行。照録合同。」

英國總領事霍函致安徽巡撫部院聶稱：「凱約翰係殷實誠正英商，代華倫公司來皖商開礦務，奉安徽巡撫部院聶飭辦理，安徽商務總局布政司湯與凱約翰議訂合同，開列於後。」

計開：

壹、此次所開後載六處之礦名，爲安裕公司公舉凱約翰爲總董，經理其事。

貳、合同議訂後，由商務總局呈送安徽巡撫部院聶核定飭知，准凱約翰於後載六處擬開之礦，派人前往勘驗。

叁、安裕公司先糾資本伍萬兩，以二拾捌辦士每兩算，合英金約陸千鎊。派人勘驗後開各礦，資本隨後酌加，以不出柒百萬兩爲額，照開礦應需銀兩之數而定。所糾之股，俟議定每股若干，登列報章，華洋兼收。公司應設華總辦一員，英總辦一員，互相稽查帳目。凡與中國官紳商民交涉，歸華總辦管理，凡開礦工程、銀錢進出，歸英總辦管理。廠内除管理機器，必須聘用洋人外，其一切工作執事人等，均應多用華人，該公司從優給與工價。每礦應設華分局，派華人勘租地畝，隨時稽查完納稅餉等事，各員薪水開支，均由該公司按月支送。

肆、指明開礦地方，附繪圖説一張：計徽州府所屬之歙縣一處，池州府所屬之銅陵、大通兩處，寧國府所屬之寧國縣一處，廣德州一處，安慶府所屬之潛山一處，共計陸處。此陸處由合同蓋印日起，俟礦師勘定後，留租與安裕公司之用。每礦峒暨造廠路需用之地價，俟有成説，由該公司備款交商務總局購租承受，或交地方官核實發給，不得私相授受。其地段劃定界址，以足敷造廠挖峒所需爲限，不得任意多佔。該公司廠峒外之餘地，未經租購者，與公司無涉，仍應由原業主造屋種植，作各項正用，惟不准在界址内開採礦質。

伍、此合同由安徽商務總局、凱約翰簽字後，由凱約翰即備資約五萬兩，以便勘驗各礦。並於壹百貳拾日内，凱約翰應派礦師至各礦勘驗勘明，再於壹百貳拾日内，將各事料理妥洽，應請安徽撫院將是項合同咨呈外務部核定，再由外務部知照督辦路礦總局核給執照，方准作爲開辦之據。其時再由安徽撫院照會英總領事，轉致該商凱約翰，應將報効銀兩於一禮拜内照數交付現銀，由安徽撫院驗收，解繳中國國庫。即將所繳銀數與開辦情形，恭摺具奏，以昭慎重。此報効銀兩，照公司將來加定成本壹分計算，將來成本由伍萬兩加增陸百玖拾伍萬兩，則報効銀兩照柒百萬兩壹分計算。倘陸續增添資本，亦照百分之壹照繳報効之款，由給發准辦劄文與凱約翰之日起，再限拾貳個月内開辦。如逾限未開，即將合同作廢，其報効銀數不得索還。

陸、所開之處，煤、鐵礦産，壹切所出之貨，壹經出峒，按照賣價，照以下抽稅：煤、鐵、銻、砂、白礬、硼砂等類，值百抽五；煤油、銅、鉛、錫、硫磺、硃砂等類，值百抽拾；金、銀、白鉛、水銀等類，值百抽拾伍；鑽石、水晶等類，值百抽貳拾伍。均作爲落地稅，其餘出口銷售，經過洋關，應遵章納稅，不在此例。

柒、倘須築造鐵路，以便轉運礦産，應准造至最近水口，如與幹路相近，即接連幹路爲止，所造之鐵路，不准載客運貨。

捌、附近開礦處，應設礦務學堂，壹切薪水經費，均由公司自行籌給。

玖、凡開辦所需機器材料等件，除運自外洋照章歸海關收稅外，内地釐金，概不重征。如在内地採買材料，經過關卡，停船聽候查驗，如查明實係運往開礦處所，准給執照，免釐放行。如有夾帶別貨走漏，一經查出，照章罰辦。

拾、該公司開辦之後，每年除支銷各項費用，並納完租稅外，所獲淨利，照公司成本寔數，先提出股利壹成，即值百抽拾，倘除外仍有餘利，再以貳成伍報効中國國家，解交安徽藩庫。

拾壹、所指陸處地方，如先有華民在界内已開之礦，准公司與商務總局商民向業主妥議，或租或買，或給票作爲股分，各聽其便。定界之後，敢有在界内私挖者，應即由地方官禁止。所有傭工夫役人等，倘有損傷致命，由該公司給資，從優撫恤。

拾貳、該公司所開礦場，地方官應保護，如有需兵力彈壓者，中國只代就地招募華兵，其餉械各費，均由該公司自認，不得藉端自行請本國兵，或請別國兵挾制。

拾叁、該公司所開各礦地方，爲壹百年爲限，限滿之後，即將所有各礦房屋基地機器材料等件，壹切全行報効，交商務總局管理；其壹百年限内已開各礦，每礦各有清帳，盈虧不得混淆，中國國家祇按所出礦産之貨征收税租。凡遇年終，各礦帳目繕寫肆季清册，先經華英總辦核明畫押，壹分送交商務總局，壹分詳呈安徽巡撫部院，轉達北京路礦總局暨户部查核。或有虧折之處，與中國國家及商務總局無涉。至所議壹百年年限，礦務章程未經載明，應否改少改近，候路礦總局核定遵辦。

拾肆、各擇定開礦處所，如係民地，則照市值購買，官地則備價承租，惟民地雖購買過户執業，仍須照中國所定田則，完納錢糧。

拾伍、公司所應用地畝，或租或購，自應公平給價，不得强佔抑勒，亦不得抬價居奇，並不准以有礙風水，藉詞阻撓。如寔有關礙，該公司應和平妥商，優給遷移資費，或設法繞越，以期融洽，不得勉强。如該地主不願領價，願入股分，即按照原價給予股票爲憑。

拾陸、此合同經商務總局簽字，並凱約翰代該公司簽字後，即在上海麥加利銀行取存銀憑單一張作保，俟外務部路礦總局核准給照後，將合同分繕送各衙門備案。此合同現用華、英兩文繕寫，應以何文爲准，仍候路礦總局核定遵辦。如將來安徽撫院在皖省給予別商利益，所訂合同不得優於此合同，至定限交款開辦日期，已於第伍條内言明，壹經逾限，即作廢紙無用。

拾柒、此合同訂立，係照光緒貳拾捌年貳月初捌日，西曆壹千玖百零貳年叁月拾柒號，外務部議奏奉旨批准礦務新章酌定。倘有未盡事宜，合同内未及備載者，均遵照奏定礦務章程辦理，以後此項新章如有增改，此合同再行照改遵辦。

拾捌、合同内專留與安裕公司凱約翰礦地陸處，凱約翰願每處報効銀壹萬元，呈交安徽巡撫部院聶，以便愜洽輿情。此款壹萬元，每處提出伍千元，交該處地方官，作本地善舉義舉之用，其餘一半撥歸藩庫，共陸處應報効銀共陸萬元。此款於凱約翰呈成本百之壹時，壹同呈繳。

拾玖、合同内指明陸處，其每處擬用之地下礦路，由該公司派來華之礦師勘定，於地面插標誌明，留備該公司開採礦産之用。惟不得出叁拾捌萬肆千畝以外，即陸萬肆千英畝，其地面雖准原業主作別項正用，惟原業主暨他人均不得於插標界内開採別礦，致礙該公司礦利。再所議開採之地下礦路叁拾捌萬肆千畝數，礦務章程未經載明，應否改少，須候路礦總局核定遵辦。

貳拾、該公司在各處所開之礦，倘獲有利益，願以除去股息，並報効中國國家貳成伍之餘利。每年酌助該處學堂積穀經費，交地方官轉給，以聯情誼。但此項經費，須俟餘利之多寡，由公司酌定，地方官紳不得勉强。

貳拾壹、該公司既在中國境内開礦，如有華人犯事，應交地方官，照中國律辦理，該公司毋得干與，倘有與外國人交涉事，照約章辦理。

貳拾貳、此合同目前祇可作爲准其勘驗礦質憑據，俟外務部核准，路礦總局給照後，經安徽巡撫部院聶照會英總領事知照，並將路礦總局執照給與該公司之手，始得作爲准其開辦憑據，未經執照以前，不得開辦。倘奉外務部路礦總局議駁，安裕公司應照議駁之事，遵改照辦，倘不遵辦，即作爲罷論。

貳拾叁、此項合同分繕華英文各貳分，商務總局與凱約翰各存華、英文壹分。

辦理安徽商務總局布政使司布政使湯。

安裕公司總董世爵凱約翰。

大清國光緒貳拾捌年肆月初肆日。

西曆壹千玖百零貳年伍月日。

又外務部收日國署公使賈思理《日商請合辦皖省煤礦》〔光緒二十九年〕

七月十八日，收日國署公使賈照會稱：「茲有本國人佛郎希斯高、戛而利來斯曾，近來同貴國人寧清洪彼此設立一公司，名曰裕通公司，在上海本國領事官報明存案，其本銀五萬兩，爲開辦安徽省屬煤礦，按照新訂礦章第一款并第二款所載辦理。本署大臣兹特懇祈貴親王允准該公司可以開辦，并准該公司可以修造一小鐵路，以爲載運材料並煤礦出産。兹將戛而利來斯曾所呈之信稿，一併送請貴親王查閲，爲此照會貴親王查照。」

照録稟稿。

大日署理欽差駐劄中華全權大臣賈，爲照會事。照得戛而利來斯曾呈駐上海日國總領事官信稿：「敬啟者，今本商人懇祈總領事，將我以下所説各事照准，并請將我所説各事轉送本國駐京欽差大臣，求其幫助。此事於西曆一千九百零二年三月十七日，奉中國國家明發上諭一道，爲開辦中國所有一切礦務，按照所訂礦務章程，准其開辦各礦。因此本商人派令華洋各礦師，前往安徽省内查勘煤礦，旋由該省查回稟稱查有礦山。其後本商人又派煤礦師前往，持有致安徽巡撫之信，求安徽巡撫准令該礦師前往各處查看，并准隨帶各處礦苗。煤礦師即往下開三縣地方查看：懷寧縣之賢保、高懷舖保，太湖縣之思常保、冷家舖，宿松縣之荆橋、莊馬灣、莊赤岡莊，其後所開之兩處山場。本商人已由本地主承允永遠租妥，其租契已經按照規矩，彼此立妥畫押。因此本商人即行告知各友，共立一公司，名曰裕通公司，所有股本上海規平銀五萬兩，旋與本地人徐安瀾彼此訂立草合同。爲容易辦理煤礦，本商人詳細訪探此地，並無有他國人到過，亦無有别人買租其地煤礦。今本商人係首先到該地者，可以有此情理，或買或租，該處之礦山，由赤岡莊、高家窪、傅家巃各本業主人手中議定，按照章程，先要求准中國國家准本公司火辦以後，本商人再求准開以上所説各處他礦。因此本商人懇求總領事咨行安徽巡撫公文，准本商人開辦其礦，并請飭令該處地方官出示曉諭民人，并保護礦産，再求總領事將本商人之信，送於駐京本國欽差，請照會外務部路礦總局，准其裕通公司開辦所陳各礦。并由礦山修造一小鐵路，至附近之大路，以便載運礦山所出之煤。今特懇求總領事將本商人所請之事，早爲辦好，以便早日開工。所有報効允准銀兩，請總領事告知本國商人，即便付交。本商人先行與總領事同欽差道謝。

上海西曆一千九百零三年七月二十五日。

佛郎希斯高戛而利來斯曾畫押。」

《礦務檔・安徽礦務》外務部《希查復日商請辦皖省煤礦案》　光緒二十九年七月二十四日，行安徽巡撫文稱，光緒二十九年七月十八日，准日國賈署使照稱：「兹有本國人佛郎希斯高、戛而利來斯曾同貴國人寧清洪彼此設立一公司，名曰裕通公司，在上海本國領事官報明存案。其本銀五萬兩，爲開辦安徽省屬煤礦，按照新訂礦章第一款并第二款所載辦理，本署大臣特懇貴部允准該公司開辦。并准該公司修造一小鐵路，以爲載運材料並煤礦出産。兹將戛而利來斯曾所呈信稿，一併送請查閲等因。本部查日商佛郎希斯高、戛而利來斯曾與華人寧清洪設立公司，請開安徽省屬煤礦。閲其所呈稟稿，内稱本商人派礦師前往查勘，持有致安徽巡撫之信。查得懷寧、太湖、宿松三縣集賢保等地方，已由本地主承允永遠租妥，其租契已經彼此畫押，旋與本地人徐安瀾彼此訂立草合同等語。以上各情是否呈報有案，未准貴撫咨達，相應鈔録照會稟稿，咨行貴撫，轉飭切實查明，詳細聲復本部，以憑核奪。」

《礦務檔・安徽礦務・廣德煤鐵》外務部行日國署公使賈思理照會《日商請辦皖礦事已飭皖撫查復》〔光緒二十九年〕七月二十四日，行日賈署使文稱，光緒二十九年七月十八日，准照稱，本國人佛郎希斯高戛而利來斯曾與華人寧清洪設立公司，請開安徽省屬煤礦，並造一小鐵路，兹將該商所呈信稿送閲等因。查貴國人佛郎希斯高戛而利來斯曾與華人寧清洪設立公司，請開安徽省煤礦，未據安徽巡撫咨報有案，本部未便允准。除咨行安徽巡撫查明聲復，俟復到再行知照外，相應先行照復貴署大臣查照可也。

又誠勳《日商請辦懷甯、宿松、太湖三縣煤礦礙難照准》　光緒二十九年九月十七日，收安徽巡撫誠文稱，竊查接管卷内，承准貴部咨，光緒二十九年七月十八日，准日國賈署使照稱：「兹有本國人佛郎希斯高戛而利來斯曾，同貴國人寧清洪彼此設立一公司，名曰裕通公司，在上海本國領事官報明存案。其本銀五萬兩，爲開辦安徽省屬煤礦，按照新訂礦章第一款并第二款所載辦理。本署大臣特懇貴部允准該公司開辦，并准該公司修造一小鐵路，以爲載運材料並煤礦出産。兹將戛而利來師曾所呈信稿，一併送請查閲等因。本部查日商佛郎希斯高戛而利來斯曾與華人寧清洪設立公司，請開安徽省屬煤礦。閲其所呈稟稿，内稱本商人派礦師前往查勘，持有致安徽巡撫之信，查得懷寧、太湖、宿松三縣集賢保等地方，已由本地主承允永遠租妥，其租契已經彼此畫押，旋與本地人徐安瀾彼此訂立草合同等語。以上各情是否呈報有案，未准貴撫咨達。相應鈔録照會稟稿，咨行貴撫，轉飭切寔查明，詳細聲復本部，以憑核奪，附抄件等因。承准此。聶前部院未及核辦，移交前來，查定章開辦礦務，無論華洋各商，均須先行稟報，然後勘驗。安徽懷寧、宿松、太湖三縣礦務，本年三月間，據商務總局呈報，與英商伊德訂立合同，准其鑽驗。並載明不得另許他商，或别公司開辦礦務，及勘驗權利。是以閏五月間，准駐滬日國正領事閩照會，以日商曹福來昔思島開與華商徐安瀾訂立合同，擬往安慶、池州二府勘礦，當經聶前部院飭屬保

護，一面據寔照復。嗣於七月間，又准閩領事照會，以曹福來、昔思葛開已租定宿松縣之赤崗莊村内商家窪、傳家壠兩處礦地，擬集資興辦。聶前部院復以宿松縣礦産據商務總局呈報，已與英商伊德訂立合同，准其鑽驗，合同内聲明不得另許他商開辦礦務，及勘驗權利。即已訂定，自應查照合同辦理，該商請辦宿松礦務，礙難再允。即經照復各在案。至懷寧、太湖二縣礦産，日領事先後來文，皆未提及，亦無另有信函，本部院覆查懷寧、宿松、太湖三縣礦務，既經商務總局與英商伊德訂立合同，聲明不得另許他商開採，自應循照辦理，以昭信義。承准前因，相應咨復，爲此咨呈貴部，謹請察照施行」。

《礦務檔·安徽礦務》誠勳《張榮舜稟辦涇縣窑頭嶺煤礦》 光緒二十九年十月初四日，收安徽巡撫誠勳文稱，據辦理蕪湖商務局候補道許鼎霖詳稱，據候選縣丞張榮舜稟稱，竊職商於去秋在涇縣窑頭嶺地方，自購荒山一座，計地二十餘畝，係柳祝孔三姓出賣，均係董保居中，契内註明開礦字様，其間界址分明，並無廬墓等項違礙情事。附近居民，亦無異言，業經呈縣税契，衹因股本難籌，是以遷延時日。近聞報章，叠奉明詔，振興商務，爰邀各親友集成資本銀二萬兩，在股均係華人，並無洋款，擬設立萬安煤礦公司，先行試探煤様。將來即用土法開採，俟有成效，再行擴充。届時或添股本，或借洋款，自當劃清界限，另備添股合同，稟明存案，不敢取巧朦混。惟是人心不古，奸詐之徒，每見他人獲利，竊取私挖，無所不至，若不稟定礦界，難免轇轕纏訟。擬懇轉請准以五里爲限，俾安礦業，所有一切事宜，均照礦務章程辦理。爲此呈驗資本，稟乞詳咨，核准給照。再皖省向章開辦礦務，應先繳二成押税，於所得煤數，值百抽伍，出井税内，逐漸扣抵。又部照費銀，應按百分之一呈繳。今如數備齊，解清察收等情到局，職道覆加查核，該商所稟，於部定新章，本省辦法，均屬相符。其資本二萬兩，業經驗明屬實。即里數一節，亦爲杜紛争起見，且僅衹五里，並無多佔。揆之礦章，亦尚脗合，自應俯如所請辦理。除將繳到押税銀四千兩，照費銀二百兩，另文轉解外，理合據情詳請鑒核，俯賜轉咨外務部核准，頒發執照。給該商具領開辦，並請札飭地方官實力保護，以維商礦等情，到本部院。據此，除批示飭遵外，相應咨呈，爲此咨呈貴部，謹請查核給照，迅賜示覆施行。

《礦務檔·安徽礦務·涇縣煤礦》外務部《張榮舜請開涇縣窑頭嶺煤礦應由商部核辦》 光緒二十九年十月十二日，行商部文稱，光緒二十九年十月初四日，准安徽巡撫文稱：「據辦理蕪湖商務局候補道許鼎霖詳稱，候選縣丞張榮舜稟稱：竊商於去秋在涇縣窑頭嶺地方，自購荒山一座，計二十餘畝，契内註明開礦字様。其間界址分明，並無廬墓等項違礙情事，業經呈縣税契，爰集資本銀二萬兩。在股均係華人，並無洋款。擬設立萬安煤礦公司，先行試探煤様。將來即用土法開採，俟有成效，再行擴充。所有一切事宜，均照礦務章程辦理。爲此謹請查核給照，迅賜示復，等因前來。查候選縣丞張榮舜所請試辦涇縣窑頭嶺地方煤礦，係屬招集華股，由華商承辦，應由貴部核奪辦理。相應抄録原文，咨行貴部查照核辦，俟核定後，仍咨復本部備案可也。」

《礦務檔·安徽礦務》薩道義《英商凱約翰請轉售倫華銀公司在皖開礦權》 〔光緒三十一年〕四月初八日，收英薩使信稱：「頃據倫華銀公司代理人凱爵約翰稱，現擬設立安裕有限公司，在倫敦註册，轉購倫華銀公司上年所獲中國政府允許在皖開礦合同之權利資本英金五十萬鎊。惟查光緒二十八年二月初八日，礦務章程第三條内載，開辦之人，必須係原稟領照之人自行舉辦，不得私將執照轉賣他人。倘欲售賣，或在開辦以前，或在已辦之後，須由原辦之人會同接辦之人，復行稟請立案領據，方可轉交接辦等語，應懇轉請外務部批准立案等情前來。本大臣查該爵所請，其本意不過係改換名號，與所立合同内第一款所載之公司，未爲不符，合行函請貴部查照，將倫華銀公司轉售與安裕公司一節，批准立案。並希早日見復，以便轉電遵行。是爲切盼。順頌鈞祺。薩道義。」

《礦務檔·安徽礦務·銅官山煤礦》誠勳《請轉飭英商凱約翰將承辦銅官山礦執照作廢》 光緒三十一年五月初五日，收安徽巡撫文稱：「竊照案准貴部咨，光緒三十年四月十一日，本部具奏，英商凱約翰請辦安徽銅官山礦務，繕呈改定合同一摺，本日奉硃批：『依議。欽此。』抄録原奏，並將畫押合同礦圖咨送，欽遵辦理。其迭次展限應交報効銀兩，即由該商照數呈繳收存，分别辦理等因，到本部院。承准此，查合同第五款載，開辦限期，自奏准簽字之日起，限十二箇月，如逾限不開，即將合同作廢，報効銀兩亦不得索還。又第十六款載，定限交款開辦日期，已於第五款内言明，一經逾限，即作廢紙無用。又第十七款載，此合同係遵照光緒二十八年二月初八日，西曆一千九百零二年三月十七號，外務部奏，奉旨批准礦務新章酌定，倘有合同内未及備載者，亦均遵此項奏定礦務章程辦理各等語，當經轉行遵照。嗣准駐滬英總領事來電謂，凱約翰在申候付開礦合同所定之五萬元，又經派委商務局提調任守廷枚赴滬收取，並照合同札飭該員兼充華總辦，以資熟手，各在案。茲據商務總局詳稱，此案合同，係光緒

三十年四月二十二日奏准，是月二十二日簽字，扣至三十一年四月二十二日，十二箇月限滿。伏思英商凱約翰果欲開辦此礦，自必按照合同於未動工以前，詳備圖說，將開礦地段逐一註明，知照商務局，派員會查。如無窒礙，即議購租。乃一載於茲，該商並未來皖料理，其爲不能遵照合同開辦，似無疑義。現在限期已逾，自應按照條款，將合同作爲廢紙無用，詳請註銷畫押合同，咨達外務部、商部查照，並照會英領事飭遵，等情前來。查該公司請辦銅官山礦務，既逾限不開，自應將合同作廢，報効銀兩照章充公，另行招商承辦，以符案章。除詳批示，並分别咨行照會外，相應咨呈。爲此咨呈貴部，謹請察照，並祈轉飭凱約翰將執照作廢施行。」

又南洋大臣《皖紳請將英商所訂銅官山礦合同作廢》附安徽紳士原呈　光緒三十一年五月十八日，收南洋大臣文稱，咨呈事。據安徽商務局詳稱：「竊查上年五月奉撫憲誠札准外務部咨，光緒三十年四月十一日，具奏英商凱約翰請辦安徽銅官山礦務一摺，本日奉硃批：『依議。欽此。』抄録原奏並畫押合同礦圖，咨院轉行到局，奉經録飭遵照，仍將奉發之合同礦圖，申繳撫轅在案。伏查合同第四條内載，開礦地段，應於未以前，詳備圖説，將開洞蓋廠挖溝處所，逐一標註明白，知照商務總局，派員會同地方官查明，果無窒礙，即向民間議購或租，俟有成説，該公司即備款，交商務總局購租承受，或交地方官核實發給，不得私相授受。又第五條内載，開辦限期，自奏准簽字之日起，限十二個月，如逾限不開，即將合同作廢，報效銀兩不得索還。又第十六條内載，定限交款開辦日期，已於第五條内言明，一經逾限，即作廢紙無用各等語，是該英商凱約翰果欲開辦此礦，必須按照合同，將開礦地段，於未動工以前，詳備圖説，並將開洞蓋廠，挖溝處所，逐一標註明白，知照本局，派員會查，如無窒礙，始議購租，乃該商於限内未見到皖料理，其爲不能遵照合同開辦，彰彰明矣。此案既奉大部行知，係光緒三十年四月十一日奏准，所訂合同係於是月二十二日簽押，今扣至光緒三十一年四月二十二日，已爲十二個月限滿之期，該英商凱約翰簽押後，始終並未來皖，亦未將開礦地段，知照本局，派員會查，自應按照該商與外務部原訂合同第五條及十六條所載，即將合同作爲廢紙無用。除詳請撫憲查核奏定原案，註銷畫押合同，並一面咨明外務、商部查照，暨照會駐滬駐蕪英領事，轉飭該商遵照外，理合詳祈鑒核等情，到本大臣。據此，正在核辦間，並據該紳士以前情呈請核辦前來，除電咨安徽撫部院核明辦理外，相應抄録原呈咨呈，爲此咨呈貴部，謹請查照核辦施行，並咨明商部立案。須互咨呈者。計抄紳士原呈。照録紳士原呈。具呈二品銜江蘇候補道蒯光典、【略】江蘇候補知縣查宗仁、單琳、陳樹涵、胡廷琛、劉廷鳳、程菊齡、陳應綬、林介鈞、陳壽康、查鍾泰、程慶明、王雲章、王元輔、石鐘等，爲洋商承辦銅官山礦産，逾限不開，應請作廢，自行開辦，以保利權事。竊光典等上年請設安徽礦務總局，業蒙奏准在案。查光緒三十年四月二十二日，外務部與英商凱約翰改訂勘礦合同，將光緒二十八年安徽商務總局原訂合同内之歙縣、大通、寧國、廣德、潛山五處删除，專辦銅陵縣屬之銅官山一處。其合同第五條内開，開辦限期，自奏准簽字之日起，限十二個月，如逾限不開，即將合同作廢，報効銀兩不得索還。第十六條復經申明此議，今自奏准簽字之日起，算至本年四月二十二日止，業已滿足十二個月期限，該商仍未開辦，應請咨明外務部，所有光緒三十年四月二十二日，洋商凱約翰改訂銅官山合同，急應作爲廢紙。至光典等前請設立礦務總局，原爲自保利權起見，今該商所訂合同既經作廢，銅官山礦産，即應歸併總局，自行開辦，俾免利權之外溢。擬請飭知三江查礦總局，先行前往銅官山查明，如果易於開采，即由此入手，以期收速效而免覬覦。愚昧之見，是否有當。伏乞大帥鑒核施行，迅賜咨部立案，批示祇遵，實爲公便。除呈撫憲外，肅此上呈。」

又誠勳《詳陳英商凱約翰狡辯銅官山礦務情形》〔光緒三十一年〕十月初二日，收安徽巡撫誠文稱：「光緒三十一年八月二十六日，准駐蕪英領事孫照會内開，頃接上海總領事霍來文，奉駐京欽差大臣札開，准外務部照復，光緒三十一年六月初九、七月初九等日，疊准貴大臣函照，以英商凱約翰請辦銅官山礦務一事，皖撫作廢合同，未免太急，應於該公司開礦事宜，竭力襄助等因。請爲咨行該撫，當經本部電行該撫，並函復貴大臣在案。兹准該撫咨據商務總局詳稱，凱約翰自上年四月二十二日，與外務部簽押合同之後，一年之久，並未來皖，且無片紙音信。本年四月間，雖接到一函，然信尾係填倫華公司代理人哈華托之名，僅稱接凱約翰倫敦來電，飭派人至銅陵開辦工程，前派礦師德孚，繙譯張翥雲二君，及隨從人等，赴銅官山勘視開辦，懇查明轉稟撫憲，並飭知銅陵縣等語。又接哈華托來信謂，德礦師已回滬籌辦一切，俟齊備運山，屆時再請派員照料等語。當以兩次來函，均與原訂合同第四條不符，遂詳晰函復，並聲明不敢照此上達等因去後，張翥雲旋在上海覓圖一幅，附以説畧一紙，補送到局，均經據理駁阻，並將圖送還。詎哈華托復朦稟駐滬領事，領事未察其實，遂先後電請保護，

蒙憲台電復各在案。今英國駐京大臣又以蕪湖領事報告各情爲辨駁，殊不知所指各節即足爲不依合同應行作廢之據。蓋此案合同應否作廢，以限内是否切實開辦爲斷，而開辦之切實與否，以有無知照派員購地爲斷。查原訂合同第四條内，載明開礦地段，於未動工以前，詳備圖説，將開洞蓋廠挖溝處所，逐一標註明白，知照商務總局，派員會同地方官查明，果無窒礙，即向民間議購或租，俟有成説，該公司即備款交商務局購租承受，或交地方官核實發給，不得私相授受等語。原訂合同，重在知照派員購地，而哈華托兩次來函，絶不提及此層，則來函與合同不符。哈華托函中既未提及派員購地，而駐蕪領事添報此層，則領事之報，與哈華托之函，又不相符。合三層比較參觀，開辦之虚實立見，應請據理力争，以符原案。現皖省紳民因凱約翰訂約逾限，紛紛禀請銷廢合同，以便自設公司，集股開採，未便重拂輿情等因。查此項合同，係奏准作爲開辦之據，今據該局詳稱，該公司限内不遵合同第四條而行，限外復任情捏飾，其蕪湖領事所報，又與哈華托之函未符，是該公司違背章程，逾期不開，案據確鑿，自應將合同作廢，執照註銷等因前來，相應照復貴大臣查照，轉飭英商凱約翰遵照等因。囑本總領事將來文各節，轉諭倫華公司知照，俟該公司禀復，照送蕪湖領事，轉致安徽巡撫查照，到本總領事各在案。旋據該公司禀復，奉到貴總領事抄録外務部照會駐京大臣公文一件，均經詳閲，商務局禀，凱約翰一年之久，並未來皖，且無片紙音信等語。查合同内，並無凱約翰於一年内，定須來皖來信之言。又該局謂，曾詳晰函覆，聲明不敢上達一節，敝公司詳查四五兩月。並未接到商局一信，所稱函復，實無其事。又稱張簫雲在上海覓圖，查該圖係馬礦師在銅官山所繪，交張簫雲送局，並非張簫雲在滬所覓，所謂在滬所開説畧，敝公司並不知之，想商務局因見合同内必須繪圖，而特謂其在上海隨便覓圖，其殆有意貽害也。又謂按合同應派員購地一節，四月底五月初。張簫雲屢次赴局請派，該局不允，五月初一，又蒙貴總領事電請該局派員，亦復置之不理。該礦未經開辦之前，應先請派委員，係敝公司所知之事，至未辦之前，先當購地，按之合同，並無是言，商務局自不能以未請派員爲辭。張簫雲曾同凱約翰赴皖，且係公司中辦事之人，況德馬兩礦師赴山，均係張簫雲同往。又經公司函知商務局，該局不能不知張簫雲爲公司中有權辦事之人。張簫雲既已屢經赴局，請派委員，則公司所致之函，自可毋庸提及。至謂紳民因凱約翰逾限，禀銷合同，以便自設公司，集股開採，未便重拂輿情一層，查馬礦師來報，該處民人，每日有紛紛求做小工者，亦有將礦地求售者，是民人並無不願敝公司開辦情形。總而言之，敝公司查閲合同所言，本已彰明顯著，去年西曆六月初五起，至今年西曆六月初五止，一年之限方滿，敝公司於六月初五以前，曾已兩派礦師前往查辦，並呈地圖，請派委員，均在限内。按照合同舉辦，地方官謂爲延遲未辦，然不逾六月初五之日，總不得謂有違合同，故將各情禀請貴總領事查核，想貴總領事知敝公司並無不合之處也。現在敝公司礦務，業已轉交安裕公司，該公司備有股本五十萬金鎊，爲開辦礦山之用等因，照請貴領事，轉照安徽巡撫等情，到本領事。准此，相應據情備文照會，爲此照會貴部院查照可也等因，到本部院。准此，當經札飭商務總局查明詳覆去後，兹據該局詳稱，遵來文所據該公司禀復各端，詳加察閲，如所稱本局四月間詳晰函復，聲明不敢上達，該公司詳查四五兩月，並未接到商局一信一節，查張簫雲曾於四月三十日，在省寓致本局函，有頃由上海發回接獲四月二十一日大函之語。五月初三日，又復一函内稱，頃奉大函，並送還地圖説畧等情。是本局於該公司屢次來書，均經隨時裁奪，有張簫雲覆書可証。張簫雲既係有權辦事之人，何以該公司未知之也。又稱該圖係馬礦師在銅官山所繪，交張簫雲送局，並非張簫雲在滬所覓。想商務局因見合同内必須繪圖，而特謂其上海隨便覓圖，有意貽害一節，查張緒譯由上海覓圖之説，係前奉憲台札准外務部電開，據蕪湖領事報告，並非本局憑空臆度，何得謂之有意貽害。又稱馬礦師來報，該處民人，每日有紛紛來求做小工者，亦有將礦地求售者一節。查馬礦師到山之時，爲四月農忙之際，力田不暇，誰求做工，且礦師及隨從人等，共止數人，偶來一看情形，有何小工可做。況租購地段，按合同應於未動工以前，知照本局，派員會同地方官查明辦理，不得私相授受，豈有民人直向礦師求售之理。又稱四月底五月初，張簫雲屢次赴局請派，該局不允，五月初一日，又蒙總領事電請派員，亦復置之不理一節，查張簫雲來省聲請派員，係在中曆四月二十六日，已逾二十二日十二箇月限滿之期，本局因其一切與原訂合同不符，是以未敢擅允。五月初二晚間，接獲上海總領來電，此經本局於初三日詳晰電復，從未置之不理。況來文已自認四月底五月初，何得猶稱限内雖合同内無凱約翰於一年内定須來皖來信之言，然亦無派礦師前往勘視，即應作爲開辦之語。總之，此案合同應否作廢，以開辦是否已逾十二箇月限期爲斷，而開辦日期以是否實在開工爲斷。該公司明知有背合同，無可置喙，一味强詞奪理，嘵嘵辯論，是該公司直視合同若弁髦，有意取鬧。本局職司礦政，不能不遵守外務部原訂合同辦理，以

昭信義。據稱該公司礦務，已轉交安裕公司，該公司備有股本五十萬金磅，作爲開辦礦山之用等語，乃事後添砌空言，本局未便承認。所有遵飭查明緣由，理合詳祈鑒核，分別咨達照復，以符原案等情前來。查合同第四條載，開礦地段，應於未動工以前，知照商務局，派員向民間議購或租，俟有成説，該公司即備款交商務局購租承受。又第五條載，開辦限期，自奏准之日起，限十二箇月，如逾限不開，合同作廢，報効銀兩亦不得索還。又第十七條載，此合同係遵光緒二十八年外務部奏准礦務新章酌定，倘合同内未及備載者，均遵此項奏定礦務章程辦理各等因。又載二十八年准貴部咨行奏定礦務章程，聲明地係中國之地，舉辦係由中國准行，無論何人承辦，均應遵守中國定章等因各在案。夫合同既云：「未動工以前，則限滿之後不能開辦」可知，既云奏准之日起限，則以華曆扣算可知。且未盡事宜，合同已載明均遵奏定礦務章程辦理，則開辦日期應以光緒三十年四月二十二日起，至三十一年四月二十二日止，爲十二箇月限滿，毫無疑義。今該公司於限滿以後，至四月底五月初，始派張簫雲來皖，有違合同者一；明知逾限，復以西曆月日混爭，有違合同者二。且商務局致函，既有張簫雲收信復書可據，由上海覓圖之説，又係出諸蕪湖領事報告，乃該公司一則曰實無其事，再則曰有意貽害，其爲任意狡飾，更有明証。至稱該公司礦務，已轉安裕公司一節，尤與二十八年定章不符，應毋庸議。除飭商務總局查照礦章第七條辦理，並照復英領外，相應咨呈，爲此咨呈貴部，謹請查照，並祈照會英使，飭遵施行。

又外務部《擬准英商展期開辦銅官山礦》 光緒三十二年正月十七日，發安徽巡撫電稱：「銅官山礦事，與英使磋商，堅不肯允，現擬於兩箇月內，限令該公司照約開辦，如逾限即行作廢。希查照電復。外洽。」

又外務部收皖紳呈電《請堅持將銅官山礦約作廢》 光緒三十二年正月二十二日，收皖紳呈電稱：「外部鈞鑒，銅官山礦約，久應作廢，近聞有擬展之説，查約載逾限不開，即行作廢，部章亦無限後請展之條。該商任意狡瀆，已逾半年，若再延展，既與部章有妨，該商轉有所藉口。況此約實關全省利害，一令立足，勢將滋蔓，貽患必多。伏望大部，終始成全，堅持作廢，全皖幸甚！皖紳公叩。」

又英使薩道義來署談話《銅官山礦案請見復》 〔光緒三十二年〕二月十五日三點鐘，接見英薩使云：「銅官山事，前經本大臣照會貴部，何以許久未復？」答以昨王爺已有交派，呼我們與薩大人商箇和平辦結的法子。或令安徽將前所收辦善舉之款退還，或另想別的辦法。」薩云：「我奉本國政府電訓，不能允准。」答以前擬展限一箇月，安徽不肯遵依，現在所擬辦法，你又不能照允，兩頭合不攏，便無辦法了。薩云：「請貴部將貴政府壓不住安徽官紳的意思，照復我們，以便轉復本國政府。」答以並非我們政府壓不住安徽，因安徽所論尚爲近理；若安徽有違背條約，説話無理，我們政府何嘗壓他不住。薩固請照復。答以此事總須先行商妥，始能照復。

又誠勳《全皖紳士力請廢除銅官山礦約》附全皖紳士呈 光緒三十二年二月十八日，收皖撫誠勳函稱：「接奉公函，以銅官山礦務一事，皖省紳商力請廢約，英使堅持成議，不肯作罷，恐遷延日久，別生枝節，希開導紳商，勿以空言爭執等因，仰見指示周詳，莫名欽佩。查此案前承大咨，並抄録英使照會，當經轉飭商務局遵辦去後。准函前因，復督該局集紳妥商，而皖紳堅稱關係全省利害，多方勸導，未能融洽。嗣據商務局查復謂，該公司逾限，確有實據。正在核辦間，又接全皖紳士公函，並據呈由該局轉詳前來。竊思銅官山礦務，英商逾限未開，按照合同作廢，確爲中外公理。且直在我，而曲在彼。其中違約之處，節經據詳咨呈，早邀洞鑒。今又據皖紳合詞公懇，其惶惑憤激情形，溢於言表，若操之過切，恐生枝節。惟日久遷延，亦非善策，勳細加揆度，倘令該紳等籌還報効之款，似較易就緒，所有原詞，謹録呈察核，可否仍照原訂合同，據理力争，俾順輿情而保利權，伏候鈞裁。除將該局所詳指明逾限實據，另備公牘咨呈外，肅此奉復，敬請鈞安，伏維慈照。」

照録清摺。

謹將全皖紳士公呈，照録清摺，呈請鑒核。

竊查皖省礦産，前經各洋商訂定草約至十餘縣之多，合省爲之震駭。自撫憲莅任，將限滿者，一律作廢。惟銅官山一區，經該商赴部訂約，遂爲全璧之瑕。今幸逾限未開，例應作廢。且皖省又奏設礦局，自保利權，安能再事遷就。此次争約，非争一礦之得失，實關全省之利害，既關全省之利害，即關大局之利害。蘇浙之路，晉豫之礦，尚且呈請收回自辦，安有皖省應廢之約，當争而反不争。夫中外交涉，祇論曲直，約不應廢，雖全省之礦不能争。約既應廢，雖一區之礦不能讓，理之所在，非空言也。此案節經貴局逐層詳覆，已甚明晰，無待再言。惟既奉外部公函，合就函内所指，再爲申辦。部函謂借款股票，向以西曆計算，

合同應歸一律，此正英使狡執之言，以爲未逾西曆之限也。無論借款付息，主權在彼，應就彼之範圍，辦礦合同，主權在我。應用我之曆日。股票係彼自製自售，更與公訂合同無干，不得引以爲比。即就西曆而論，較華曆止多千日，彼亦不得有辭。蓋此次合同所定之限，係專指開辦而言，逾限與否，應以是否開辦爲斷；開辦非可空言，應以動工爲斷；動工須先購租地段，應以合同第四款所載爲斷。第四款載明開礦地段，於未動工以前，詳備圖説，將開洞蓋廠挖溝處所，逐一標註明白，知照商務總局，派員會同地方官查明，果無窒礙，即向民間議購議租，俟有成説，即備款交商務總局購租承受，或交地方官覈實發給，不得私相授受等語，是必限前照行，方有動工之處，否則地爲民間之地，未經查明有無窒礙，未經議購議租，將從何處動工，此一定之理也。哈華托、張簫雲既係凱商所派之人，豈有不知合同所訂之事。乃三月二十七日一函，只稱派礦師德孚，繙譯張簫雲，至山勘視開辦。四月十六日一函，只稱德礦師已於初十日回滬，籌備一切，購辦機器，俟齊備運赴上山，屆時再請派員照料，絶不提及請委會同地方官，查明購租，是全不照合同所載辦理。張簫雲四月二十六日到省，亦止言已派德礦師是日到山，作爲開辦，並未預備請委，因總局不認開辦，始於五月初二日由上海遞到圖説一紙，試以西曆計之，非在限外乎。職等查外務部來文，照録英使照會，其中辨論，均是强詞奪理。因皖省咨覆，駁其不照合同請委，無可遁飾，遂謂張簫雲有特請選派委員之責。一俟張簫雲到省，係爲請委而來。試思果係請委，必已備有圖説，何以遲至五月初二日，始行送局，且當時無一請委字據，顯係事後抵賴空言。照會既謂該公司無一不遵照辦理，又謂我國不應以因有數端具文未照總局所欲辦理，欲將合同註銷，試問該商所照辦者何事，總局所欲者何事，此項合同，乃外務部與該商所訂，總局遵守者惟此。若謂合同所載爲具文，何必有訂立合同之舉，其未照合同辦理，業已自認。西曆限内，遂可認爲開辦乎？逾限作廢，合同載有明文，乃中外之公理。至稱有礙該商資財，是該商違背合同，自誤非我誤之也。何得以此藉口？此約若可不廢，將來我國佳礦彼皆欲訂立合同，任意遷延，我國商民將無可辦之礦，且無可廢之約矣。事雖銅官山一區，影響甚遠，職等正爲權衡利害，關乎大局，不能不争起見，非第爲本省計也。今外部專就皖紳自開利源，另擇佳礦立論，毋亦未之深思。如恐别生枝節，邇來議廢之約，尚有大於銅官山者，獨於皖省不能甘心，則非職等所敢知也。謹合詞呈覆，請速轉詳咨達，竭力與争，始終勿懈，必至廢約而止，皖省幸甚！大局幸甚！

又外務部收英使宋邇典照會《安裕公司願撥股售與華商並請李大人爲公司董事》〔光緒三十三年〕二月初一日，收英朱使照會稱：「英商凱約翰皖省開礦合同一事，本大臣曾於上年十二月十二日，將該商向李大人經方所請辦法節略，呈交貴部查閲，當以該公司願照此意辦理。足平。並請貴國若非專欲阻止洋商相助振興中國財源，欲不顧成約，則該公司所擬之辦法，自應從優首肯。經唐大臣答以此辦法，既李大人欲交皖省官紳核奪，莫如聽其如何定斷。又謂皖無若允照辦，外務部自不反對云云各在案。兹李大人現已回滬，向該公司代表人云，皖省紳士無論何事，概不願與公司議商。查公司之辦法，如此被却，實屬可惜。意復述如下：安裕公司受本國外部諭飭，以皖撫准其開工一個月内，情願於公司二十五萬一分息之尋常股分内，撥出十萬股，及公司二十五萬額外股内，撥十萬股，售與華商，並願請李大人作爲公司董事。本大臣查公司情願照此辦理，實屬通融。合行照請貴政府或咨皖省允諾照辦，或准公司按照合同獨行開辦。是爲切盼。須至照會者。」

又外務部發安徽巡撫恩銘咨《英商凱約翰擬與華商合辦銅官山礦》 光緒三十三年二月初五日，發皖撫咨稱，爲咨行事。光緒三十三年二月初一日，准英朱使照稱：「英商凱約翰皖省開礦合同一事，本大臣曾於上年十二月，將該商向李大人經方所請辦法節略，呈交貴部查閲，該公司願照此意辦理，寔屬和平。今將其意復述如下：安裕公司受本國外部諭飭，以皖撫准其開工一箇月内，情願於公司二十五萬一分息之尋常股分内，撥出十萬股，及公司二十五萬額外股内，撥十萬股，售與華商，並願請李大人作爲公司董事，寔屬通融，請咨皖省允諾照辦，或准公司按照合同獨辦等因前來。相應照鈔原節略暨照會，咨行貴撫查照核奪，並聲復本部，以便轉復該使可也。須至咨者。」

又恩銘《請照會英使廢除銅官山礦約並發給皖紳礦照》 光緒三十三年五月十一日，收安徽巡撫恩咨稱，據翰林院編修李經畬、方復中，江蘇淮揚海道蒯光典，山西河東道陳際唐，前江蘇常鎮道郭道直，江蘇候補道吴學廉、陳惟彦、周家駒、徐乃昌、馬聲煥、汪嘉棠、慶錫庚、趙曾槐、汪廷棟、倪世熙、李經邦、吴頤，候選道陳樹涵，候補知府吴炳，前兵部主事龔心銘，浙江候補知府吴學莊等呈稱：「竊以皖省銅陵縣銅官山英商凱約翰逾限之合同，久經大公祖暨前大公祖主持作廢，並經紳等於三十一核咨領照開辦在案。查英商限滿之合同，在光緒

三十一年四月二十二日，至本年四月，限滿已及兩年，其間該商藉口之處，節經官紳迭次辨駁，至於理屈詞窮。近該商乃復藉口合辦，嘵嘵不已。其實該商合同既應作廢，宜有仍聽合辦之理，致啟將來無窮之交涉。查該礦前有麥奎者，在該山左近驅擾，掘人墳墓，無所不至，居民飲泣，迫於官法，不敢抗違。然蠢茲小民，受屈愈深，恐將來釀禍愈大。脱一旦官法不能禁制，一成暴動，將成國際交涉。言念及此，可爲寒心。故今欲免銅官山礦將來之交涉，則必自皖人實行開辦始。紳等前已會同全省紳商，籌集股本銀十萬兩，擬行開辦，股本不足，再爲續籌。茲該商又復藉詞狡展，若不速行開辦，則遷延愈節愈多，事勢益形迫切。用特合詞籲請大公祖咨部，將該英商合同切實照會作廢，並請查照紳等三十一年冬間請領執照成案，補發執照。一面驅令麥奎離山，俾紳等得以實行開辦，以興地利，而免交涉。所有紳等擬請開辦銅官山礦之處，除呈督憲外，理合具詞呈乞大公祖，俯賜鑒核，並咨飭遵辦。實爲公便等情，到本部院。據此，查此案山礦，凱約翰逾限未辦，合同早應作廢。且全皖紳民，亟欲自行開辦，股本已集，立志極堅，別無調停之策。若延期過久，恐枝節横生，益難收拾。除先行電達外，相應咨請，爲此咨呈貴部，請煩查照主持，照會英使，即行作廢，電飭麥奎速離該處，毋再逗遛。並請發給皖紳開礦執照，以便給領舉辦。即希見復施行。」

又外務部發英使朱邇典照會《照阻英礦師麥奎搬運機器》 光緒三十三年六月三十日，發英朱使照稱，准安徽巡撫電稱：「銅官山一案，麥奎前有强運機器入山之語，當飭蕪湖文道按約理阻。據該道稟稱，英領事不允電阻，亦不復函。請照會英國駐京大臣，電知駐蕪領事，轉飭麥奎勿强搬機器，免肇衅端等語。查此案山礦，凱約翰逾限未辦，該省紳民迭次請將合同作廢，該商麥奎自未便遽運機器，致生枝節。相應照會貴大臣查照，速行電飭禁止，並望見復爲荷。須至照會者。」

又外務部發總税務司函《希飭大通税務司勿替英商代運機器》 〔光緒三十三年〕七月初三日，發總税務司函稱，接准安徽巡撫電稱：「銅官山礦事，據銅陵縣張令及朱丞等電禀，麥奎今在周家沖由大通税務司代雇船夫，硬搬機器，現暫阻止未開等語。查此事與税司無涉，何以越俎代謀，應請知照總税務司，電飭大通税司，勿庸干預等因前來。查銅官山礦案，現正磋商，尚未決議，自不得强運機器。恐該税務司未知情形，特此函達台端，轉飭勿庸干涉。專此。順頌時祉。」

又外務部收安徽巡撫馮煦咨《請飭英礦師速離銅官山》 〔光緒三十三年〕十一月二十五日，收安徽巡撫馮咨稱，據署銅陵縣知縣張令鑑泉禀稱：「竊照英商礦師麥奎，前於六月二十八日，並七月初三及二十七等日，暨八月初三日，先後率領原雇工人，强搬存放大通周家沖地方機器，運至銅官山廟中存儲。迭經知縣會委理阻【略】禀奉憲鑒在案。伏查周家沖所存機器，係於光緒二十九年間。該公司因來開【略】租定基地，設立柵欄，安置機件。並於柵外蓋有房屋，自雇周姓司事，常川駐管。縣中派往一差，亦自另搭草棚住宿，幫同照料。其所存大小機件，由該公司張繙譯憑同郭前署縣點交，訂立合同，載明共同看守，歷任交接，均由後任知會礦師點明機件，另立合同。知縣到任，亦即循案辦理。現在周家沖所存機器，既經該礦師自雇工人，一再運往銅官山安放，並不經由知縣之手，則是知縣已無看守之權，萬難再任共同看守之責，當經商諸該礦師麥奎，告以前立合同，因係機器存在大通周家沖地方，須縣派差同守。現既由貴礦師自行雇工，先後運往銅官山，【略】所載之地，名實不符，應即註銷作廢。該礦師亦以爲然，答稱周家沖存放機器，因離銅官山路遠，所以須縣派人同看，今既一律運到銅官山，我可就近自行看守。合同本屬無用，如若不信，我寫一字與你收執，爲不必按照合同之確據。遂出自己名片，即書一條，內開周家沖機器，搬到銅官山，有人看，無用加人等語。後面蓋銅官山安裕書柬戳記，以示與尋常往來拜片有别，交給知縣，作爲周家沖已無機器憑據。是該礦師來片既稱銅官山機器，已有人看，毋庸加人，是不必按照合同，派差看守，嗣後機件或多或少，實與知縣毫不相涉。惟是礦約久廢，該礦師竟藉游歷爲名，居住銅官山，逗遛不去。現雖並無添招工人，開採煤礦情事，而防範不可不用，業由知縣切諭華人，勿受奎雇。一面密派幹役往探情形，以期相安無事。除隨時禀報外，合將收執函據合同作廢緣由，據實禀陳，仰祈鑒核，俯賜批示立案。一面將麥奎逗遛情形，咨達外務部，會商駐京英國大臣辦理，實爲公便等情，到本部院。據此，除批銅官山礦案逾期本應作廢，正在磋商，而麥奎逗遛不去，强將機器搬運赴山，誠恐另生枝節。據禀前情，仰候咨明外務部照會英使，飭令麥奎離山，以免糾葛。該縣仍隨時妥爲防範，勿令滋生，並將密探情形報查。此繳印發外，相應咨明，爲此合咨貴部，請煩查照。希即照會英使，飭令麥奎速離銅官山，毋任逗遛，免生糾葛，望切施行。須至咨者。十月二十七日。」

又外務部收安徽巡撫馮煦電《英人麥奎逼民造房修路》 〔光緒三十三年〕

十二月二十五日，收安徽巡撫電稱，午前奉鈞電，以英使所稱：「麥奎築路轟礦各節，屬查近日實在情形電復等因，當經電飭蕪湖文道派委確查，並先行電復在案。茲據文道稟稱，麥奎前寓寶山廟，於今秋移住施家郢，自在路旁建造洋房，尚未落成。開鑿山石築路，日約五六十人，開聞擬修至水口，尚未竣工。山腰一窟，有人看守，並未開挖。亦無礦質，虛張施放炸藥，實無炸藥轟攻之事。麥奎遇事，皆用强迫欺壓，商民百姓，銜恨甚深，因畏其暴横，故多隱忍不言，地方官紳，絕不和睦等情，合肅電復。煦叩。」

又外務部收本部司員曾述棨致鄒左丞信《函陳赴皖籌議廢除銅官山礦約情形》 光緒三十四年十月二十九日，收本部曾司員致鄒左丞信稱：「敬啟者：張劉兩供事到京奉上一函，想邀青覽。述於十八日三鐘抵蕪湖，即時往晤楊彝卿觀察，得悉銅官山事近日情形。渠議論此事，酌擬辦法，亦極明透。據稱，凡係安徽公正紳士，莫不知此礦甚劣，若亟亟議贖，適入彼之彀中，既不能贖回合辦，亦無此財力。彼又始終不認廢約，惟有借目下阻止礦石出口之時，想一轉圜之法，藉以下臺。惟皖人不明此旨甚多，紛雜不一，任其淆説，終無了期。計惟與全省代表之三二人議定，若紳無善法，官即主持。若由官作主，不能再抗，至應由何處了結，應如何斡旋，尚待籌策。述謂皖省官界如能如此明斷，此事自輕而易舉，阻止礦石出口，我之理本足，即定銀亦用不著。楊、朱兩公，皆向述商及，先收定銀，允其出口一節，緣我已認廢，斷無再讓出口之理。不應出口，即無需定銀作押。皖省不稍鬆勁，轉灣必較容易。其轉灣之法，似應仍由李欽使與凱約翰在英京接議。前是議廢，此是議辦，與英之意旨合，萬不致拒而不商。若能開議，自先以撤去麥奎，改换妥人，爲皖省留地步，再改定合同，或仿照臨城井陘煤礦辦法，俾得利權、礦權，仍自我操，是在内外妥商，相機操縱。述與彝翁議商兩日，彼此無不合處。彝翁亦竊喜收效之有期，當因朱經帥行將出省，十九日未刻，電准復稱，二十日午刻起程。此時又苦無上水船隻，遂於晚間乘鴻安船赴省，二十日兩鐘始到時。經帥正擬開行，已在江干候至三小時矣，咄嗟立談。祗撮要言，英不認廢，我不便贖之理由。經帥亦深幸内外見解均同，不至隔閡。俟與午帥商訂，再行電部，瀕行時，並諄囑子培方伯，與述籌議。此述到蕪到皖之大概情形也。此事内外既無異旨，收束自較容易。述仍淹留在皖，未免無謂。二十一日早間，謹電陳左右，請代回各堂憲，恐或另有交派，不能接洽。候至二十二日夜間，未接回電，遂於二十三日，登輪北旋，約月之初間可抵固始。俟將祖塋祭掃畢，即趕緊回京供職。恭讀二十一二兩日上諭，焦急莫名，君父之感念，當盡人皆然也。以上各節，希酌回各堂憲爲荷。此泐，敬請勛安。惟照不具，諸同仁統此致候。」

再二十四日午刻，行至漢口江上，見各處都下半旗，即極驚異。不期抵岸時，聞兩宫先後大行，天地崩裂，人心惶惑。述一時無措，竟不知或里或京，將何適從，是以電達請示。迨午後接奉養電，又有經帥回省，時日久暫，兩層辦法。述即函達子培方伯，詢問經帥是否回省有期，尚待與述晤商，當俟接回信後，再定行止。如需回頭，漢皖一水可達，亦可再往也。述昨日之行，實因在皖無可商處。且沈方伯亦以北行爲然，故不便久候也。電報費極昂貴，用密碼尤加倍，如仍回皖，可否由梁燕翁函致各局，免收電費，希酌之。隨同欽使，沿途有人，支應頗不爲苦，自抵蕪湖以後，到處人地生疏，上下船以及各旅館，大有舉步爲難之勢。北望燕雲，慘淡無色，凡屬臣子，當如何擢痛耶。

再密啟者：「經帥行後，又與沈方伯暢談竟夕。據云，此事開車極難，不能收回，不能作廢。礦産既劣，無妨任辦。種種情形，不特在京之皖紳洞悉，即本省之紳士亦大半知之。所難處者，各社會議論紛紜暨神州報館耳。端、朱兩帥，未必肯干冒不韙，而徑擔任也。果若沈公之説是，又大可慮，而仍無了期矣。述與沈接商，而所得之説若此，更不能一朝居矣。但盼沈之言不驗耳。謹以附陳，再請鈞安。」

又外務部收南洋大臣電《擬借款合辦銅官山礦》 〔宣統元年〕正月初三日，收南洋大臣電稱：「銅官山事，前奉沁及有感電，比已函商經帥，尚未得復。頃又奉卅電，仰見維持補救，蓋畫周詳，至深欽佩。伏思此事，皖紳之堅請廢約者，無非爲保守主權起見，此層苟能辦到，縱有一二紳士别騰異議，則責任所在，方與經帥亦決不敢稍存避謗之心。況孫、楊兩公，此次函復，洞悉當事苦衷，不加責難。即皖中正紳，亦必能相喻共諒。惟准辦與合辦兩層，就表面論，合固勝准，所慮權不我操，則有名無實，合辦亦同讓棄。臨城與比公司所訂合同，最爲完善，但該礦係以産業作股，借款合辦。此則除礦地外，别無所有，若招紳商入股，恐應者卒少。惟有切實磋議，由安徽礦局購地作股，另由官或紳酌籌股本若干，悉照臨城辦法，作爲借款合辦。嚴定礦界年限，華洋各派總辦，歸督撫節制，遵督撫指示，限滿本利全清，礦産收回，合同作廢，所借之款，仍以本礦産業及股本作押。倘將來不足償還，與中國國家及官府無涉，即與股東除以礦利抵完外，

亦不再干涉，並與訂明該英商未經督撫允准，不得將合辦權利並股分轉讓他人承辦。如此則與主權無礙，皖紳似亦不至再有異辭。頃已將此法電商經帥，俟得復奉達。此事懸宕已久，非妥圖轉圜之辦法，難期速了。鄙處即經電函皖紳，並託開明之紳士，多方勸喻其中明理者。終有數人混沌未鑿，一味堅持。此次得孫、楊二公持平立論，並謂主持宜在公家，於事局不無小補。鈞部所允，尤爲確切不易之論。舍此實別無良策，惟乞鈞部就近密商，未便即在北京議結，似易就範，尚希酌之。謹先電復，餘容續陳。」

又南洋大臣《燕道查復銅官山礦務情形》〔宣統元年〕正月初六日，收南洋大臣電稱：「冬電想呈覽。銅官山事，前經方電商經帥，飭由燕道密委同知劉望，前往銅官山逐細查詢，該地紳耆並無一人附和。惟麥奎所買之女，係吴姓生女，徐姓養女。吴姓則有女兒吴德傳，徐姓則有女父徐國選，女兄徐加善，均係粗人，爲之奔走。銅官山主雖有余、潘、羅、楊、白、徐各姓，而麥奎所有開洞造房，均係徐姓之地。開洞既未買有地址，造房地基係吴姓出面向姓徐價買，亦未憑有中証。至於造路硬行破人田地，皆敢怒而不敢言，此麥奎在銅官山私行造路造房開洞之實在情形也。查麥奎現住在徐姓屋後，在山開洞約有兩三處。只山腰一洞，見礦深約十餘丈，寬約丈餘。取出礦石約千石左右，即前運蕪湖，被留者現已填封，所開各洞均在。銅官山在銅陵東，離城十里，高約四五里，周圍約七八里，左連寶山，右連筆架山。麥奎意欲將左右兩山俱籠入銅官山内，故右邊所造住房，即近筆架山後。前次所取出之礦石，則由小車裝載至周家橋，在東門外，距山五里。用小船由玉帶河駛至余家橋，在西門外，距周家橋約二三里，再由大船裝運，由新洲湖出江，距余家橋十里。所造之路，陸續分勻，距到山總計不上五里，並未完備。用工約七十餘人，多係江北流民，衹造房修路，不開山洞。備有修馬路車三四乘，小車一百三十餘乘，仿佛火車形機器兩架。左邊工人所築房屋早經造好，右邊徐姓屋後麥奎自住樓房，尚未修成等情。查麥奎在山强佔田地，擅自開洞造房修路，實屬不循情理，大違公法，無怪皖人忿忿不平，争執不已。案懸已久，若不稍予圓融，終無了期。」

又外務部《具奏銅官山礦務節略》〔宣統元年〕四月初三日，本部具奏，銅官山礦務節略。

謹查安徽銅官山礦務一案，自光緒二十八年四月間，經前任安徽巡撫聶緝槼，飭商務局與倫華公司代表英商凱約翰，訂立歙縣、銅陵、大通、寧國、廣德、潛山等六處勘礦合同二十三條，載明地下礦路三十八萬四千畝，開礦限期一百年，八箇月爲限，先後連展四限，每限三箇月，至二十九年十一月，尚未滿限。英國駐京使臣薩道義抄録原訂合同，函送臣部，堅請核准。經臣部據安徽巡撫復咨，與凱約翰另行磋議，删除原訂五處，改爲開辦銅陵縣之銅官山一處。減見方三十里爲二十里，減限期一百年爲六十年，名爲安裕公司。資本一百萬鎊，以凱約翰爲總董，報効地方銀五萬元。自簽字之日起，限十二箇月，逾限不開，即行作廢，報効銀亦不得索還。改訂合同二十三條，於三十年四月十一日奏准，四月二十二日簽字，當呈繳商部報効款英金一百二十鎊，發給開礦執照，迨三十一年四月二十三日，臣部接安徽巡撫電稱，銅官山礦，凱約翰至今未來開辦，現已逾限，應遵章作廢。當經臣部於是月二十七日，據情函致英使，並用照會詳晰聲明。嗣准該使先後復照稱，本國外部以此合同係西曆一千九百零四年六月初五日簽字，外務部函乃在限期未滿以前，且該公司已派礦師德孚、繙譯張翕雲暨馬礦師兩次到礦勘驗，並經代理人哈華托函致商務總局，聲明籌備一切。礦師到礦之日，以華曆算，尚欠二十二日。安徽巡撫以合同業已作廢，飭令歸休，足徵不顧情誼，急欲廢約。如以該省措詞爲確，是與條約本意大相剌謬。而安徽巡撫查復，則謂哈華托來函，於知照派員購地一層，並未提及，礦師到礦，已在限外，詳陳違背合同者數端。臣部核與英使來照所稱各節，辯論紛歧，莫衷一是。自此以後，皖省官紳函電交馳，並呈由都察院代奏，務期按照合同，磋磨作廢。堅持到底，勿稍通融，迺英使置臣部逾限作廢之説於不顧，或面駁或照催，仍源源不少替。臣部擬以展限兩月，令照約開辦，而皖省不認，擬以退還報効，將合同作廢，而英使不允。彼此互争，調停無術，而麥奎佔據礦山之事起矣。三十二年四月，英商凱約翰派令礦師麥奎，赴銅官山居住，搬運機器，招工修路。歷經臣部照會英使，請飭速離該處，而該使照復，則云合同未廢，未便停工。迨後運引火釘，運炸藥，運開挖之礦石，均經各税關扣留未放。英使則每遇一事，必嘵嘵置辯不已。迭准皖省電稱，麥奎擅挖有主墳墓，近且有誘佔婦女，鎗傷行人之事。麥奎若不離山，衆情益增憤怒，惟地方官既未能驅之使去，彼亦以爲挾持之具，決不令其輕去。長此對抗，烏有已時。英使謂，該公司情願於尋常額外各股分，撥出售與華商，以爲合辦。而臣部駁之謂，該公司業與日本三井洋行訂立合同，籌辦斯礦，復由日本使臣來照聲叙，而臣部又駁之，駁則駁矣，而英商辦理該礦之意，究固結未能解也。三十三年，出使英國大臣李經方抵任後，英外部面交節

署謂，中國政府實行允准各事，惟責望設法速行，銅官山此其一比。臣部囑令就近與凱約翰商辦，而凱於議購回，則須四十萬鎊，議合辦則地段年限不能改。晤商數次，毫無端緒。英外部又愈逼愈緊，屢有責言。本年三月，凱約翰竟奉彼國政府之命令，由英來京，與臣部直接提議矣。臣等伏查此案之緊要關鍵，全視乎合同之應廢與不應廢，我以爲十二月之限已滿，應廢也；彼則謂一年之期，應照西曆三百六十五日計算，不能按照華曆，不應廢。我以爲限内並未知照派員會同購地，應廢也。彼則謂迭派礦師到境，禀請勘驗，並將地圖呈交總局，於合同毫無違背，不應廢。轇轕不已，枝節雜糅。紳民爭之，方以爲輿情難拂；與國詰之，更以爲成約難違。因此累彼動相牽制，兩國感情，大受影響。臣等百思而不得其要領，夙夜兢兢，日益滋慮。上年十二月間，將此事辦法函商皖省在京鉅紳大學士孫家鼐、農工商部右侍郎楊士琦，准復稱，礦産雖在皖省，土地自屬國家，爭執數年，既成國際交涉，部臣疆吏，實主持之，紳士雖可參預，非有准駁之權，請仍責成督撫，決定宗旨。即使一二紳士稍有異議，絶不隨聲附和，致礙邦交。當據此函電達該省督撫，旋准兩江總督端方復電稱，皖紳堅請廢約，無非爲保守主權起見，臨城煤礦，與比公司所訂合同，最爲完善。若由安徽礦局購地作股，另籌股本若干，悉照臨城辦法，作爲借款合辦，期與主權無礙，皖紳似不至再有異辭各等語。揆諸内外各臣之意，向所見大畧相同，前以凱約翰將次到京，特電達該省督撫，派員來京備議。旋准復文稱，已電請湖南清理財政總監理官陳維彦，就近擔任備議。又安徽路礦公會全體會員，公舉翰林院編修方履中等九人，公同赴部，並派員候補知府任廷枚隨同備議。迨方履中等到臣部陳明意見，但云廢約自辦，不知其他，亦不願與凱約翰接商。竊查凱約翰此次來京，英政府祇予以十四日之限，積慮已深，爲期愈迫。萬不肯空手而回，徒勞往返。況此項合同成之者非一日，爭之者已數年，環逼至今，勢難首鼠。即使一味抗阻，未必遽起釁階，而以一礦糾葛，重傷兩國交誼，中英交涉繁重，設將來事之大於此者，舉難措手。又將何以善其後，臣部職任外交，不敢不統籌全局，加意慎重。現擬酌派委員，會同委員任廷枚，與英商凱約翰先商令麥奎離山，再與另行磋商辦法，務期竭力斡旋，取益防損，外全友誼，内保利權。所有辦理銅官山礦務爲難情形，謹具節畧以陳。

又外務部《擬備款收回銅官山礦》〔宣統元年〕五月十七日，發英朱使照會稱：「案查英商凱約翰承辦銅官山礦務，逾限未辦，應將合同作廢一事，自三十一年四月起，皖省大吏以及各紳商，均言限期已過，凱商並未遵照合同所訂辦法辦理，原訂合同應行註銷作廢，報効不得索還，歷經本部向貴館具文聲明。數年以來，辯論滋多，迄無成議。本年三月，安徽紳商等聞凱商來京，提議亦公舉代表數人，到京與凱商晤談一次，逐節駁辯，力言援照合同所載，除議廢外，別無可商之處。近兩月間，該省紳商散居各處者，又逐日紛紛來電，異口同聲，均以廢約爲辭。本部查此事，凱商於合同簽定後，逾限未辦，實不免於自誤，皖省官紳謂應廢而不議，理自滿足。惟念中英邦交敦篤，凱商經營此事，頗費心力，現既航海遠來，未便任其徒手空回，致嫌向隅。據凱商面稱，前後共用至三萬鎊，據兩江總督暨安徽巡撫所調查，則稱在山機器約值三萬金，建造房屋約值數千金，修治路工約用三萬金，合之麥奎及赫礦師等薪資，連原來報効之五萬元，總計不過十餘萬金。是所查實數，並未及該商所稱之數。現本部顧全友誼，格外體量，擬從優津貼凱商五萬鎊，以補還從前所有用費，並可多得贏餘。一經議定之後，所有銅官山之房屋機器，均歸中國，與凱商無涉。原定合同，亦即作廢。似此公平辦法，諒貴大臣必表同情，而凱商亦可滿意。爲此照會貴大臣查照，即煩轉達凱商遵照。並見復爲盼。」

又外務部奏摺《議結皖省銅官山礦案》〔宣統元年〕十二月二十六日，本部具奏，爲議結皖省銅官山礦案，恭摺具陳，仰祈聖鑒事。竊光緒三十年間，英商凱約翰與安徽巡撫議訂開辦銅官山礦務，經臣部改定合同，嗣皖省官紳以逾限未辦，堅請作廢，英商執意不允，以致爭持經年，枝節横生。臣部所有辦理爲難情形，業於本年四月二十一日，奏明在案。伏查此案英商凱約翰以並未逾限，不認作廢，令礦師麥奎强踞礦山，造房修路。歷次由英國使臣照會臣部，聲稱英商不能停辦，若由中國購回，則須四十萬鎊。本年凱約翰到京，經臣等派員商減，仍索至二十七萬五千鎊。臣等以該省官紳既竭力與爭，誓不讓辦，而英使又迭奉政府命令，來相催詰，勢不能不籌一了結辦法，電商兩江總督、安徽巡撫，均以收回爲然。遂由臣部於五月間，照會英使朱邇典，略稱中英邦交敦篤、凱約翰經營此事，其招僱礦師，安置機器，建造房屋，修治路工，連原繳之報効五萬元，所費實爲不貲，現擬津貼該商五萬鎊，以補從前用費。一經議定，所有銅官山之房屋機器，均歸中國，與英商無涉，原定合同，亦即作廢。詎凱約翰以爲數相去甚鉅，不肯照允，悻悻回國，以致暫行輟議。逮十月間，英使又照稱，英商已加派工人，再行開工，有鐵礦二萬噸，請飭蕪湖關發給准單出口，當經臣部切實駁阻。

而該使迭來臣部晤商，迄以時日愈久愈難了結爲言，臣等堅持原議，返復辯論，兩月之久，提商多次。雖該使於所索之價，由多而少，逐漸減縮，而臣等迄未加添，争到盡頭，始增給二千鎊，該使亦即允從。惟稱欲顧全中英交誼，祇得勉强照辦，此款須從速交付，不能再延時期。竊維此案自三十一年四月起，至今四年之久，彼此互持，各不相讓。英商執守成約，據定礦山要素，鉅款不償，其奢願不止。而皖省京外官紳，挾全力以争，逾限應廢之説，又始終不移，邦交輿情，兩相關礙。現英使朱邇典既允以五萬二千鎊作爲了結，自可照此定議，以清宿案。如蒙俞允，應請飭下安徽巡撫，將此款從速籌備，如數撥交臣部照付。並由臣部與英使互换照會，聲明英商所佔銅官山礦地，暨一切機器房産，均交還中國，原訂合同全行作廢，原繳報効不再退還，以免再有轇轕。所有臣部議結皖省銅官山礦案緣由，理合恭摺具陳，伏乞皇上聖鑒。謹奏。

宣統元年十二月二十六日奉硃批：「依議。欽此。」

又外務部收度支部片《籌撥礦案津貼情形》 宣統元年十二月二十八日，收度支部片稱，准安徽布政使沈曾植電稱：「奉外務部電，銅官山津貼定案，飭趕籌五萬二千鎊，限兩禮拜交付等語。查五萬二千鎊合銀四十餘萬兩。皖庫現存七十餘萬，内務部内銷款五十餘萬，報院外銷款十餘萬。明年正、二、三、四月應解京餉二十萬、洋款十餘萬、協餉二十萬，皆取諸此。本省軍餉，一切行政經費尚不在内。萬一案定，急催此等指定之款，案關部撥，未敢任便挪移。理合先行請示，伏候電諭祇遵，等因前來。查前項銅官山原案始末，未據貴部知照有案。現在如何定議，應給津貼是否由該省地方自籌。兹據該藩司電稟前因，該省庫儲只有此數，實難驟添鉅款。且此款亦不應由公家籌給，本部立待核辦，相應片呈貴部，希將此案情節，及如何定議給與津貼之處，迅速片覆，以便電覆該藩司可也。」

又外務部收度支部文《撥還司庫墊款等情》 宣統三年四月二十六日，收度支部文稱，制用司案呈，准安徽巡撫咨據布政使連甲詳稱，案查前因銅官山礦務一案，奉外務部奏准議結，應付津貼五萬二千鎊，行令由皖籌撥。續又欽奉電旨，著於司庫内先行墊借匯滬。遵經前署司在於庫存正雜項下墊放。鎊價需用規元折合庫平銀四十一萬二千五百五十五兩五錢，匯交上海大清銀行，代買金鎊，交麥加利銀行，電匯英倫。並將動用正雜各款開摺詳奉奏咨。嗣據該行以所購金鎊按照彼時鎊價，寔需規元折合庫平計多餘銀八千四百三十九兩三錢五分，照數繳還司庫，兑收歸統，計司庫寔墊放庫平銀四十萬零四千一百十六兩一錢六分五釐。此項借墊銀兩亟應照數籌補。現奉憲飭，於奏辦募借公債内如數撥還。並准官錢局撥解公債庫平銀三十萬兩前來，以之撥還前項墊款，計尚不敷銀十萬四千一百十六兩一錢六分五釐，自當另籌彌補，惟查沈前署司任内，曾因公債募集需期，庫儲空虚，墊款難以久懸。於本年四月間，先向大清銀行訂立合同，借得庫平銀二十萬兩。除提撥銀五萬兩作爲辦理平糶之用外，餘銀十五萬兩暫行收還司庫墊款，以應急用，造入夏季報告册内在案。現在提撥公債銀三十萬兩，儘數歸還前墊銅官山礦案津貼，既不敷銀十萬四千一百十六兩一錢六分五釐，自應即就前次所收大清銀行借款十五萬兩彌補足數。除撥補外，計餘銀四萬五千八百八十三兩八錢三分五釐。即於現收公債銀兩照數提存，作爲息借大清銀行餘剩之款，聽候另行撥用。其原收大清銀行息借銀兩，歸還司墊各款，業已入册造報，毋庸再行改收，以省周折。具文詳祈鑒核，咨部查考等情。據此，相應咨部查照等因前來。查皖省應付銅官山鑛務津貼五萬二千鎊，原由藩庫墊放庫平銀四十萬零四千一百十六兩一錢六分五釐。據稱奉外務部奏准議結，並奉電旨，著於司庫内先行墊借。本部查無此項案據，應令抄録原案送部。至所稱官錢局撥解公債庫平銀三十萬兩，撥還司庫墊款。究竟該省募集此項公債是否祇有此數，又所稱於息借大清銀行庫平銀二十萬兩内提撥銀五萬兩作爲辦理平糶之用，餘銀撥還司墊，計餘銀四萬五千八百八十三兩八錢三分。究竟該省息借大清銀行款項常年利息若干，將來係指何款歸還。又提撥平糶銀五萬兩有無先行報部核准案據。至補足司庫墊款所餘銀兩，於現收公債銀内照數提存，另行撥用。查該藩司先因此項墊款以致庫儲空虚，始向大清銀行息借庫平銀二十萬兩。現既悉數歸還，何以此項餘存銀兩並未歸還大清銀行，仍復另儲聽候撥用？再查本年預算，業經奏准寔行。該省於此項餘存銀兩，已未於本年預算册内列收。統應一律查明聲復，以憑核辦。相應咨行安徽巡撫查照辦理，並知照外務部可也。

又銅官山礦務節略 銅官山礦務節略。銅官山礦務合同，係光緒三十年四月十一日奏准，二十二日簽字，聲明以十二箇月爲限，逾期將合同作廢，報効充公，由英商凱約翰呈繳皖省報効五萬元。至三十一年四月二十二日，該商逾限未開，皖撫及紳民人等，迭來文電請按合同即行作廢，當經本部照會英使。旋復稱，據蕪領詳稱，該公司代理人哈華托律師，三月二十七，函致安徽商務總局稱，

遵照合同派礦師德開辦，德孚等於四月初一日到礦。二十二日，又派礦師等赴山勘量，並與地方官商議租購地段。二十六日，張繙譯赴皖，請派員會辦一切，蒙示先具地圖，當即由上海覓到，於五月初一日交商務總局。何以皖撫謂，限滿以前，無人前來開辦，嗣經電由皖撫查復。謂此案合同，應否作廢，以限內是否切實開辦爲斷。而開辦之切實與否，以有無知照派員購地爲斷。原合同第四款，重在知照派員購地，而哈華托來函，絕不提及此層，則與合同不符。哈函既未提及，而蕪領捏報此層，則與哈函又不相符。現在限滿已久，紳民稟請廢約，以便本省自辦。該公司理窮詞屈，又引西曆月日，强詞混爭。部內以案日久，恐别生枝節，擬發還凱約翰報効一款，即將合同作廢，英使仍未承允。及李京卿出使英國，遂囑其到倫敦與凱直接商辦，此迭次磋商廢約尚未決議之情形也。上年該公司派礦師麥奎，赴銅官山修路，發掘民間墳墓，激動公憤，幾釀衅端。經部電行皖撫，飭縣開導彈壓，始得無事。本年六月間，准皖撫來電，麥奎又復强運機器入山，蕪湖道按約理論，英領事堅執不允。部內當以山礦逾限未辦，該省紳民迭請廢約，麥奎自未便遽運機器，應電飭禁止等語，照會英使。旋准先後照復，合同並未作廢，不得請飭停工，並請設法照料，日後概勿攔阻。本部昨電令李大臣，與駐滬英領晤商，兹准電復，此事歸蕪領直接英使，該領無權。英使係奉外部訓條辦事，若大部婉商英使，逕電凱，或可緩運云云。此商阻私運機器之情形也。現英使又以該礦場須用引火釘，滬關不肯放行，迭此來函，請飭速放，尚未答復。

銅官山礦務節略。

英商凱約翰承辦銅官山礦務合同，係光緒三十年四月十一日奏准，二十二日簽字。其第五款聲明，自奏准簽字日起，限十二箇月，如逾限不開，即將合同作廢，報効銀五萬元亦不得索還。至三十一年四月二十二日，該商逾限未開，江督皖撫及紳民人等，迭來文電，請按合同作廢。當經本部照會英使，飭將合同作廢，並將執照繳回。旋准復稱，電據本國外部大臣復電，以此合同係西曆一千九百零四年六月初五日簽字，外務部函仍在，限期未滿以前。且據該公司稟稱，已派工程司前往該山，令其於西曆五月間開工，是已均照合同辦理。惟該工程司因被嚇阻，未能開工等情。奉此，當電本國駐滬總領事等確查。旋據復稱，准皖撫電，以此合同已廢，請轉該工程司二名歸休云云。本大臣查該公司已派工程師，至皖辦理合同事宜，而皖撫咨報未提，殊堪詫異。皖撫既請領事飭令工程師歸休，則該公司業已派人開辦無疑。且皖撫故將十二箇月之限期，以華曆扣算，並不以西曆爲據，實屬不合等情。復經電據皖撫復稱，據銅陵縣稟，礦師於四月二十五日到縣，已在限期之外，且凱約翰並未先行知照。該礦師貿然而來，於未購未租之地，空言開工，亦有違定章。況開辦限期，合同內並未聲明以西曆扣算，而在華辦礦，應按華曆辦理。英使所云，良因限期已逾，曲爲推展，但合同既所未載，定章亦無明文，此端若開，竊恐從前逾期作廢各商，皆將冷灰復燃，務祈據理争阻等因。正核辦間，又准英使照稱，據蕪領詳報，倫華公司駐滬代理人哈華托律師，三月二十七日，函致安徽商務總局稱，遵照倫華公司礦務合同，現派礦師德孚、繙譯張簡雲，及隨從人等，赴銅官山開辦，請轉稟撫院，飭知該地方官，德孚等於四月初一日到礦。按是日以華曆算，尚欠二十二日，若以西曆算，尚欠三十二日，方至限滿之期。張繙譯並赴銅陵縣，請以礦師現已到境開礦，轉稟商務總局。礦師等勘驗數次，即於四月初十日回滬。十六日，哈華托律師，復行函致商務總局，聲明現在籌備一切，購辦機器，一俟齊備，即運上山，請派員照料。二十二日，又派馬礦師偕張繙譯，赴銅官山勘量，並與地方官商議租購地段。二十六日，張繙譯赴安慶，請派員會同辦理一切，蒙示須先具地圖。當即由上海覓到，於五月初一日，將地圖呈交總局。以上各情，爲本大臣駁辯皖撫謂限滿以前無人前來開辦之大端等因。本部當即電令皖撫，確切查明。嗣准電復，飭據商務總局詳稱，凱約翰自上年簽押合同後，應即預爲籌備，乃一年之久，並未來皖，且無片紙音信。本年四月初四，雖接到三月二十七日一函，然信尾係填倫華公司代理人哈華托之名，且僅稱接獲凱約翰由倫敦來電，飭派人至銅陵開辦工程。前於本月二十七日，派礦師繙譯等赴山勘視開辦，懇查明轉稟撫憲，並飭知該縣等語。維時適據銅陵縣來稟，謂該公司應辦之事，諸尚未定。其礦師雖於四月初一日到縣，然僅止一勘情形，旋即回滬，並無開辦確期。本局於四月二十日，又接四月十六日哈華托來信謂，德礦師已於初十回滬籌辦一切，俟齊備運赴上山，屆時再請派員照料等語。當以兩次來信，均與合同第四款不符，遂於二十一日函復聲明，不敢照此上達。旋張簡雲於五月初二日在上海覓圖一副，附以說略一紙，補送到局。揆厥情形，明係有意搪塞，均經據理駁阻，並將圖送還，詎哈華托理屈詞窮，朦稟滬領，今英使又以蕪領報告各情爲辯駁。殊不知此案合同應否作廢，以限内是否切實開辦爲斷，而開辦之切實與否，以有無知照派員購地爲斷。查原合同第四條載明，開礦地段，於未動工以前，詳備圖說，將開

洞蓋廠挖溝處所，逐一標明，知照商務總局，派員會同地方官查明，果無窒礙，即向民間議購或租，俟有成説。該公司即備款交商務局購租承受，或交地方官核實發給，不得私相授受等語。哈華托既稱爲代理人，何以不照合同舉行，且伊兩函與蕪領報告均有未符。而領事所稱，豐屬子虚，即以圖説而論，應於未動工以前預備。今張繙譯於五月初二日始由上海覓到，其非真實辦事可知。況限內違約之事甚多，何能以限外之一圖作據。總之，此事按合同，重在知照派員購地，而哈華托兩次來函，絶不提及，則來函與合同不符。哈函既未提及派員購地，而蕪領添報此層，則與哈函又不相符。合三層比較參觀，開辦之虚實立見。現皖紳因該商逾限紛紛禀請銷廢合同，以便自設公司，集股開採，未便重拂輿情等語。據此，查該公司違背章程，案據確鑿，自應將合同作廢，執照註銷等因。本部遂據情照會英使，嗣准復稱，飭據哈華托禀復，商務總局於來文內，認明本年三月二十七及四月十六兩日之信，均已收到，當因兩函均與合同第四條不符。遂於二十一日詳復，並聲明不敢上達等語。查初函雖於四月初三接到，而總局於四月二十日方行函復，致延宕十七日之久。且明知張覲雲正在銅陵，乃故將信函寄滬轉送安慶，以故又延至四月三十日，始獲接到。又謂張於五月初一在滬覓一圖説，補送到局云云。查此圖即説略，並非在滬覓辦。乃接到總局四月二十七日索圖之信，即行就地備辦。旋於四月二十六日，張向總局請派委員，經局復以先須呈圖，張即照遵。五月初一，禀請滬領代電礦務局派員，而該局並未照辦。夫照合同辦理，須先派委員，本公司甚可承認，惟第四款並未載先須購買地段。張君係公司經理人，本有請派委員之責，而總局以本律師函內並未特請派委員，殊屬有欠誠實。又稱皖省紳民屢禀總局，請廢合同一節，據礦師云，到山時工人來投者無數，地主欲將地出售者亦絡繹不絶，至該處現停工作，乃因顧全安慶官場之意，俟欽憲與外務部議定公司是否按照合同第四款辦理後，方能接續開工。查第四款之語，實屬明晰，惟此款内公司於未開工以前，應辦各事，自至知照總局派員爲止。以下之語，何能以第五款所載十二箇月限期内，除抽取資本設立公司外，仍須將所用之地全行付價購妥。且購租地段各事，照第四款均應由華官承辦。其所載十二箇月限期，應以西曆爲憑算。公司奏准之限係一年，自以三百六十五日爲期，中外入股者亦同此。凡合同如有互異之處，向有成規寬待受益之人等語。玆奉本國訓條，以滬領於五月初一日代請派員，及該公司將圖説送局，似係公司滿照第四款辦理等因。本大臣查本年四月初八日，以該商現設安裕公司資本英金五十萬鎊，承辦此項礦産等語，函致貴部在案。即以此函爲憑，凱約翰並無事不盡力遵辦，如貴國政府欲將合同註銷，明係不但不欲按照二十八年中英商約第九款辦理，於一年之内將礦章從新修改妥訂，於招徠外洋資財無礙，乃反欲有所抵制等因。本部又咨准皖撫復稱，飭據商務總局詳稱，此案該公司限内未遵合同，事後無理取鬧。查英商與外務部訂立合同，係蒙中國朝廷俞允，則地係中國之地，礦係中國之礦，其日期應中曆計算，乃一定之理。且中英商約第九款所載，亦以於中國主權毫無妨礙，於中國利權有益無損爲宗旨。如該公司所稱應照西曆計算，則有妨中國主權矣。又謂合同如有互異之處，係寬待受益之人，則更損中國利權矣。似此重違條約，本局曷敢照辦。況合同第四款所載各節，該公司全未實行辦理，僅以空言搪塞。迨五月初二日，張繙譯補送圖説，已在限滿之後，是其逾限未開，確有明證。該公司既欲以三百六十五日爲期，何以原訂合同不先行註明，至英使所稱各事，現在逐一確查，該公司微特自相矛盾，且一味强詞奪理。若不堅持議廢，竊恐交涉合約，從此藉口效尤，而奏定礦章亦無足以昭大信等情。迨三十二年閏四月間，該公司忽派礦師麥奎，赴銅官山修路，發掘民間墳墓，激動公憤，幾釀衅端，經本部電行皖撫，飭縣開道彈壓，衆始紛紛散去。但相持日久，難保不別生枝節，遂與英使當面聲明，擬通融發還報効一款，即將合同作廢，英使堅持不允。嗣麥奎又强運機器入山，屢照英使電阻，英使仍不承允。至十二月間，忽接該使節略内開，凱約翰與李大人經方函，情願撥售華股。嗣又照稱，李大人現已回滬，向該公司云，皖省紳士不願與公司議商，實屬可惜。安裕公司受本國外部諭飭，以皖撫准其開工時，一箇月内情願於公司二十五萬一分息之尋常股分内，撥出十萬股，及公司二十五萬額外股内，撥十萬股，售與華商，並願請李大人作爲公司董事云云。此即電達皖撫核奪。旋准電復，咨據李京堂復稱，合辦之説，與皖紳廢約宗旨不合，皖紳決意不允，已告知哈華托矣。及李京卿出使英國，本部囑其與凱約翰面商贖礦辦法。嗣接來電，凱久不來，無從與議。現英使函稱，該公司兩年内，已修築該山道路，並擬用炸藥轟礦，須購運引火釘，滬關不肯放行。又迭請轉飭速發護照，尚未答復。

銅官山礦務節略。

光緒二十九年十二月，英使薩道義函致本部，請將英商凱約翰與安徽巡撫聶緝槼所立驗礦合同核准。該勘礦合同計二十三條，係皖撫飭商務局於光緒二

十八年四月，與訂歙縣、銅陵、大同、寧國、廣德、濳山等六處地下礦路三十八萬四千畝，限期一百年，以八箇月爲限，先後連展四限。至二十九年十一月，凱仍執定原約，經本部駁阻，磋商多次，始改訂承辦銅官山一處，見方二十華里。定立合同二十三條，於三十年四月十一日奏准，四月二十二日簽字，限十二箇月，逾期不開，即行作廢，報効銀亦不得索還。名爲安裕公司，以凱約翰爲總董，資本一百萬鎊，由商部發給開礦執照。凱當呈繳商部報効款英金一百二十鎊，又交報効地方銀五萬元。三十一年四月二十三日，皖撫致本部電稱，銅官山礦，凱約翰至今未來開辦，現已逾限，應遵章作廢。是月二十七日，本部據電函致英使作廢。五月初八日，又據皖撫來咨，照會英使，合同作廢，報効銀兩照章充公，飭凱將執照繳回銷案。五月十一日，英使復照內稱，准本國外部復電，以此合同係西曆一千九百零四年六月初五日簽字，外務部函乃在，限期未滿以前。且據該公司稟，已派工程司前往，今於西曆五月間開工，因被嚇阻，未能開工。又電據駐蕪領事復稱，皖撫以合同業已作廢，請飭該工程司二名歸休，是該公司已派人至皖辦理，而皖撫報部，於此層毫未提及，且故將限期以華曆扣算，足見該撫不顧情誼，急欲速將合同作廢。是以奉本國訓條，照請電咨皖撫，竭力襄助開礦。六月初九日，又准英使照稱，倫華公司派礦師德孚等到礦之日，爲本年四月初一日，以華曆算，尚欠二十二日，以西曆算，尚欠三十二日，當經函致商務局聲明。二十二日，又派馬礦師再赴勘量，並與地方官商議租購地段。二十六日，張繙譯赴省請派員會同辦理，蒙示先具地圖。五月初一日，將圖交還商務局，以上各情，爲本大臣駁辨皖撫謂限滿以前無人前來開辦之大端。皖撫以合同作廢，未免太急。七月十八日，本部復英使照會稱，據皖撫咨，商務局接到三月二十七、四月十六哈華托兩次來函，於知照派員購地，絕不提及，與合同不符。駐蕪領事添報此層，與哈函又不符，是該公司違背章程，案情確鑿。九月二十六日，英使來照稱，奉本國訓條，該公司滿照第四款辦理，應向中國政府切實聲明，此合同仍須實行照辦。如中國政府仍以爲因有數端具文未照商務局所欲辦理，並以皖省措詞爲確實，欲將合同註銷之，料是於中英條約本意大相刺謬。自此以後，皖撫暨皖省紳商函電紛陳，並於三十二年二月二十六日，由編修呂佩芬等呈由都察院代奏，請飭下外務部，按照合同，磋商作廢，務期堅持到底，勿稍通融。是年四月初二、二十一等日，英使又照催核復。閏四月十四日，本部據皖撫電，致英使函稱，英礦師麥奎在銅官山修路，擅挖有主墳墓，恐激衆怒，請飭速離該處。旋准復稱，指陳麥奎行止，未免言過其實。又稱由蕪領查明，毫無其事。是年五月初五日，本部致英使照會稱，銅官山礦務，案懸日久，誠恐別生枝節，惟有仍照曆次面商辦法，發還報効一款，將原訂合同全行作廢。是年六月十八日，英使復稱，發還報効，本館未許，此時亦無允諾之望。並切實聲明，此項合同，仍視爲確據。麥奎又强運機器入山，屢照英使電阻，英使照復，合同未廢，勿得請飭停工。又照稱，凱約翰致李經方函，情願於公司二十五萬一分息之尋常股分內，撥出十萬股，及公司二十五萬額外股內，撥出十萬股，售與華商。並願請李經方作爲公司董事。當即電准皖撫復稱，合辦之説，與皖紳廢約宗旨不合，決意不允。三十三年，李經方出使英國，囑到倫敦與凱約翰商辦。十月間，英外部面交李大臣節略內開，實行允准各事，有銅官山一案，政府責望設法速行。英商又先後運到引火釘兩箱，炸藥四箱，請照允進口，均始終堅持未准。三十四年四月，李大臣電稱，凱約翰稱，銅官礦産，探實採出鐵質，可得利八十萬金鎊，約萬不能廢。倘中政府欲購回，至少須四十萬鎊。英使又照稱，現在倫華公司與日本三井洋行，訂立合同，籌辦礦質，代安裕公司經理。日本公使，亦迭次來照聲叙，均經本部切實駁阻。九月間，又用民船裝運礦石，在蕪湖關報税，經該關扣留未放。英使又迭次催請放行，亦經堅持未允，並電催李經方與凱提議。本年二月，先後接李使電稱，凱堅不退讓。英外部亦謂，改開辦爲合辦，係格外通融。礦界地段年限，均不允改，無可再議。外部又稱，銅官山案，移至倫敦商辦，冀可早了，今多方延擱，本政府視此案極爲緊要，久懸不結，已格外容忍。貴大臣當就力所能及者，切告中國政府，又凱函稱，無論如何擬議，貴大臣均不肯允，萬難再商，現蒙英皇允准，親往北京議結。又外部稱，凱赴京與中政府直接商議，只能擔擱十四日，即須回英，供御前侍衛差使，務將本政府欲此案速結之意，切實詳達各等語。又函寄凱所送擬合辦草合同洋漢文各一份，並准英使函請，達知江督皖撫，以便凱到京時，即可議結。此銅官山案轇轕多年之大略情形也。伏查此案彼此各執之關鍵，在皖省謂至三十一年四月二十二日，已屆十二箇月之期限内，並未請派員購地，合同應廢。在英商謂一年之期，應照西曆三百六十五日計算，不能按照華曆。且已遣派礦師至皖，一切均照合同辦理，合同萬不能廢。相持至於四年之久，不特毫無成議，且令麥奎佔踞該山，蓋房修路，運機器，運炸藥，運礦石，甚至誘佔民間妻女，鎗傷行路，枝節橫生，無所不至。其用意惟在激出事端，便可格外要挾，此麥奎一日不去，一日可慮。而凱約翰稟承英政府之意旨，亦決不令其

輕去者也。麥奎不去，案不能了，案不了，恐終有決裂之一日。現在本部交涉所至棘手者，惟英國爲最。而與英國交涉之繁重，總不外路、礦兩事。約章定之於前，方責我以不守，紳民爭之於後，又力陳其可廢。以致因此累彼動相牽制，兩國感情日益淡薄。目下凱約翰不日到京，而皖省代表方履中等，亦來京陳議，堅持廢約自辦之說。謂此係商務，我有理由，果克堅持到底，英政府斷不能因此一事致啟釁端，不知兩國交涉宜在統籌全局，揆其大者，不能以一隅之見，一方面之事，致生障礙。即云我能堅持底，不至開釁，而積之愈深，發之愈烈，必至波及他事，舉難就範。中英强弱異勢，亦將何以繼其後。況經英政府暨凱約翰再四聲明，所決不能鬆勁者耶？且貨惡其棄於地也，中國之風氣雖已開通，而人民貲本有限，議論者多，成功者少。始爭之，而終棄之，亦殊可惜。現凱既遠來，萬難徒手而去，酌擬持平辦法，莫如仿照井陘臨城等合辦章程，與之訂議，如能就原訂合同將礦界年限一切收縮，凡關乎權利之事，由我分別主持，而國家得收其税釐，民人得資其生業，其裨益良非淺鮮。此中機要，皖省在京巨紳，暨本省大吏，莫不洞悉之矣。知之而不敢言之，亦謂輿論難犯，公議不敢違耳。可否具奏，或開單陳請，准由本部堂憲毅然核斷，與凱約翰決議，以顧大局，而全邦交。謹具節略以陳。

《礦務檔・江西礦務・萍鄉煤礦》穆默函《萍鄉運礦支路所需材料應由禮和洋行承辦》〔光緒二十八年〕四月二十三日，德國公使穆默函稱：「逕啟者：禮和洋行與萍鄉煤礦公司訂立合同一案，於三月二十八日接准來函，拜悉一切。欣悉貴王大臣雖身荷重任，仍未忘笑談趣味，殊深羡慕。諒貴王大臣決不能度本大臣將三月二十八日之來函，不作笑談觀也。查本年正月十七日業已泐函，以光緒二十五年四月間，該公司總辦盛侍郎議定萍鄉至湘河鐵路，届西曆一千九百年五月十五日，即中曆光緒二十六年四月十七日，經美國公司尚未開辦，必可儘先與禮和洋行商借款項辦理等因，現查該美國公司直至今日並未興辦，嗣於本年正月二十九日准函稱，煤礦公司因此枝路需款無多，現已籌款自造。將抵醴陵等語。本大臣於二月二十四日函復禮和洋行。又據稟稱，該枝路擬由自造，原無可駁之處，惟所需各材料，總應經禮和洋行手購買等因各在案。查前經萍鄉煤礦公司向禮和洋行確允，所需鐵路材料，均歸該洋行承辦購買，是以該洋行所云應需各料，總應歸禮和洋行經手購置節，自覺無不按理，則此次再不能照西國用開標之法，不言而喻。緣照光緒二十五年四月間所立合同，萍鄉煤礦公司斷無權招徠他行承辦材料，假使仍用開標之例，則與違犯合同無異，必致禮和洋行理應索要賠款。似此情形，本大臣應請貴王大臣與總辦盛侍郎詳細解明，不如恪守合同定辦，毋失前言。將所需各料，須令禮和洋行承辦購買，免生枝節。該洋行名馳中外，所開之價，實係公道，且必須自保其名。專此布泐。」

《礦務檔・湖北礦務・長陽煤礦》張之洞《開辦長陽煤礦與法商訂立墊辦機器招雇礦師等合同》附《長陽煤務局招商合股章程暨墊辦機器合同僱用洋員合同》〔光緒二十二年〕九月二十九日，湖廣總督張之洞文稱，竊照本部堂前在署兩江總督任内，據委辦湖北長陽縣煤鑛都司張金生稟稱：「長陽㙮坵地方煤質極佳，鑛苗極旺，現在新招商人湊集股本，已有成數，擬雇募洋鑛師，仿用西法，廣爲開採。並援照馬鞍山章程，添設鐵線，並將灘路汙塞處一律開通，以便轉運；又買小輪船兩隻，專爲拖鑛之用，請通飭地方官妥爲照料彈壓，隨時保護等情，由湖北加抽川監局江蘇補用道沈瑜慶轉遞前來。當查詢該道，據稱實係股實商人集股合辦。本部堂以漢陽鐵廠鍊鐵鋼需煤甚急，此事係爲廣興商務，裨益鐵政起見，即經批准此鑛即作爲官督商辦，所出煤斤，照納釐税。並飭委該道兼充督辦長陽煤鑛，督飭都司張金生及各商人將應辦一切事宜，審度形勢，參酌成法，悉心籌畫，妥議詳細章程，一面稟請本部堂核示，一面趕緊興辦。旋因傳聞有招附洋股情事，與定章不符，當經嚴札飭查並調驗合同，如有暗附洋股，及以鑛山抵押，定必從嚴究辦。兹據督辦湖北長陽鑛務江西補用道沈瑜慶稟稱，竊職道前奉憲札，飭將長陽煤鑛集股若干，並僱募何國洋匠，添設線路，疏通灘河，商人有無暗附洋股，及以鑛山抵押情事，如何完税各節具報等因。奉此，當將所查墊辦梗概，並無洋股，及以鑛山抵押各情，馳陳在案。復將該商董等與洋人訂立購器僱人合同，呈請察閲，蒙訓誨周詳，莫名欽佩。職遵即轉飭都司張金生暨商董等核議章程，援照成法，慎重辦理，以臻妥協。兹據商董等呈繳章程，援照洋商墊綫路小輪船招僱洋師合同，鈔繕一分，彙呈憲察核備案。復據商董林意甫、沈次裳等稟稱，近來辦鑛招股，往往侈張失實，無一觀成，幾同撞騙，集股之難，多處皆然。商人血本求利，成則子孫之業，不成則身家之累，而人情妒忌，少得佳處，謡諑蠭起，所求不遂，要挾滋多，辦事之難，尤貽後悔。長陽煤鑛開辦業已三年，多方周旋，地方人情尚稱相安，然以疑忌之故，不敢放手辦理。去歲稟蒙憲恩，准予官督商辦，永遠保護。兹又叠奉諭旨，准各省商人自行稟報開採，官爲彈壓，變通盡利。誠千載一時之會，商情勇躍，籌款較易，一切拘牽留

難之説，可以一起掃除。故就已成之局，購器僱人，以圖展拓。除前籌三萬五千兩業經動用外，茲復湊集新股六萬兩，存儲待用。各商顧慮周詳，購買線路各項，計款十萬餘金，慮非適用之器，及無用器之人，則有器與無器同。及無成效，莫適任咎，款已過付，無從追問。以故約明墊辦各項機器，到時須一併雇人，代爲安設。就所購之器，所雇之人，辦所勘之鑛，一年出煤，以六萬噸爲則。果能合用，陸續還款，雖爲暫抒商力起見，亦似畧有操持。視向來一經交易，誠否不問者，較爲穩著也。此後如有還款不清情事，惟商董等是問。開辦果有成效，籌款先清墊項，尚屬不難。現在鑛師月底可到，線路來往，自鑛山以至塨坵，計長有十五里之遥，租地安設機器，頭緒甚多。雖經平時聯絡，而本地土豪惡棍要挾居奇，在所不免。請轉稟憲台札飭長陽縣會同商董等，援照馬鞍山、大冶各處辦理鑛務成案，公平給價購買，毋得刁難，以昭公允，而恤民情。更有請者，商人不惜工本，修路濬河，而此項鑛苗，約有二十餘里之長，誠恐附近人等，不免因利乘便，希圖開採，將來轇轕轉費唇舌。應請轉稟憲台，一併飭縣出示，於附近三十里之内，此項煤苗所及者，均歸長陽局辦理，不准另行開採，以歸一律。商等爲顧全鑛務起見，並墊款雇工購器開辦各緣由，遵札直陳，稟請立案，並具無暗附洋股及以鑛山抵押切結前來，職道查核無異。可否仰懇憲恩，分别批示轉飭宜昌府長陽縣一體遵照保護彈壓。所有職道遵札稟復墊辦機器，並目下開辦各情形，是否有當，伏候憲示遵行。又據另單稟稱，長陽鑛務訂僱洋匠挂路挑河成本既重，煤價增鉅，若釐税加重，其勢必不能暢銷。長陽地處上游，煤船下水，長江一帶，釐卡林立，過關過卡，節節爲難。有空船過境，船鈔索至百數十千者，視强弱爲高下，無一定章程。而各卡應完釐金，尚不在内，風色潮信，迫不及待，不能買関放行，船户因而夾帶私貨，爲墊補地步，致滋口實，亦所不免。鑛局既開，轉運必多，若不稟請定章，恐不勝煩擾。查光緒元年基隆開辦煤鑛，奏請減税，以廣招來，每噸税銀一錢。光緒七年開平開辦煤鑛，經北洋大臣奏請援照基隆之例，兩處煤鑛，均賴此著有成效。謹將奏案兩通，另摺開呈，以備查核。茲基隆之鑛，既非我有，開平之煤，所出亦不及從前。東洋煤冲銷日廣，因内地之煤，税釐太重，成本不足以相勝故也。茲奉特旨飭各省廣行開採煤鐵各鑛，實爲富强始基。合無仰懇憲恩，准援開平、基隆奏准成案，每噸或於宜昌關，或於沙市關，報完税銀一錢，通行無阻。其餘經過釐卡，凡運長陽煤觔，均無庸再完釐金船鈔，照驗放行，如有附載他貨，仍照常完税。倘船户有私匿情弊，照章科罰，以免影混。其各處不用機器之鑛開採者，不得援以爲例，以示限制。此項煤觔，從前本未暢行，於各釐局進款，毫無窒礙。而減税以敵洋煤，運多税多，於税務亦大有裨益。據商董等禀請援案懇恩前來，可否准予奏請援案免釐減税，以敵洋煤之處，伏候憲示遵行，各等情，到本部堂。據此，除批據禀及核議章程，並託洋商墊辦線路、小輪船、招雇洋鑛師合同各摺均悉。長陽煤鑛既據該道查明，並無洋股及以鑛山抵押情事，應請准其照辦，以興鑛務。該商董林憙甫沈次裳係何處籍貫，應即補禀存案。將來如洋人墊辦款項，別滋事端，自應責成該道及林沈二商董分認歸還，以免轇轕。所置小輪船，應照章報關領照，以便稽查。至所請飭縣出示於附近三十里之内，此項煤苗所及，均歸長陽局辦理，不准另行開采一節，查西法開煤，每辦一井，購機修築，爲款甚鉅，井内取煤，周圍不過數里，太遠即須另開一井。現在長陽准其開辦一井，試看成效何如，應以附近十里爲限，此項煤苗所及，不准他人開采，如該局辦有成效，續議添井擴充，自應專案禀辦，屆時再行體查情形，批飭遵照。至該煤廠需用地段，自應公平給價，向業主購讓，彼此不得稍有抑勒。將來井内所開巷道深遠，或於農田水有礙，或致地面房舍坍塌，亦應由該煤廠量爲賠償，以昭公允。除飭宜昌府長陽縣一體保護彈壓，毋許地方居民滋生事端外，仰即遵照辦理。至另禀請援案減税免釐，光緒三年廣濟地方試用洋法開煤，曾經奏請援照台灣減税成案辦理，將來由輪船販運出口，或可援減。惟民船販運土煤，應完釐卡向有定章，自當照常完納，未便准免。此繳摺存等因印發外，相應鈔録招商合股章程，及洋商訂立墊辦機器招雇鑛師合同，咨呈總理衙門，謹請查照。希即酌核示覆飭遵施行。」

照録粘單。

長陽煤務局招商合股章程

一、慎重資本，以廣招徠。本局蒙署理南洋通商大臣兩江總督部堂張委辦該局鑛務，除前租鑛山，並開路運煤，已用三萬五千兩。另帳開列外，茲一應購機設廠，及添置線路等事，需款浩繁，定議招集商資，合充經費，事事務實，在在節縻，用人理財，力除徇縱。

一、分局運銷，以專責成。由山上設局，專管開採發運；塨址設局，收山上之煤，僱船運宜都；宜都設局，收塨坵之煤，僱船運漢陽；漢陽設局，收宜都之煤，或就地售賣，或運各埠分售。臨時看市面情形，斟酌辦理，其大宗則運往上海售賣，數目銀錢，按月册報，年終結帳，備造清册，分送各股友，以憑稽核。

一、核定本利，以昭劃一。每股庫平紋銀一百兩，共擬招三千股，合銀三十萬兩，分給股票息摺，按年七釐起息，届周期携摺向總局支取。除官及正款開銷外，作十五分勻攤，以十分歸股，餘五分留作局中辦事股友紅利。

一、賣山安置機器，或購地建立廠舍，均應公道給價，以昭平允。

一、本局股分，無論大小。認票不認人，所有股本，專爲鑛務要需，不得移作别用。如股票有遺失，須將號數開明，交局登報，以便另行謄給，其遺失作爲廢紙。

一、撙節局用，以示限制。自董事以及匠人，按月除支薪水辛工外，不得挪借，至應酬等項，及僕從人等，亦不準開報，以重公款。

一、線路小輪船並各機器，均由洋人墊辦，所墊之款，計銀十九萬兩，約明按年起息七釐，限十年攤還。惟此鑛係已著成效，與平空開辦者不同，集股愈多，則成功愈速。若股分能先期集齊，墊辦之款，可以提前撥還，利益亦不至外溢。倘一時未能凑足股分，則墊辦十九萬之款，歸董事林喜甫、沈次裳分認，以免轇轕。

一、事屬商家，當求簡易。本局係官督商辦，並無領取帑本，一切章程，均照買賣常規，已奉憲批准予保護，所有事件，當隨時會同地方官妥爲辦理。

一、鑛中所出煤炭，先供官廠兵輪，持平交易；次運各處埠岸。經過關口，自應照例納税。如將來開採大旺，當稟請援照基隆、開平章程，以輕成本。

一、延聘洋師，以求熟悉。計鑛師一人，匠首二人，薪水盤川，由局支銷，約法另詳合同。

一、公舉董事二人，總理局務。用人理財，均歸一手經理，各股不得干預，如董事有數目不清，及辦事失當等情，由各股公同議罰。

立合同：長陽煤鑛公司董事沈次裳、林喜甫、法國來華辦事公司戴馬陀，今因湖北長陽煤鑛公司增添股本，廣爲開採，稟請奉准安設線路，修築水道，募用洋師等事，應購用線路一道，淺水輪船二隻，起重機器二架，及開煤滰河各器，俱議由戴馬陀墊辦，分年攤還，價值子母。計立合同如後：

計開：

第一款　戴馬陀允代長陽煤鑛公司墊購線路一條，來回長三十里，照法國亞爾涂格伯最新之式，並配運煤桶車足用一切全備。小輪船二隻，淺底可行内河，每隻機器馬力七十五匹。鑛内運煤德固非小鐵路一條，長十二里；起重機器二架，各可重三噸。開煤滰河各手用機器，照另單全備。

第二款　線路價銀四十八萬佛朗；小輪船二隻，共十五萬佛朗；小鐵路，價六萬佛朗；起重機器二架，並開鑛滰河器具，共價五萬佛朗。

以上共價七十四萬佛朗，約合銀十九萬兩。

第三款　所有線鐵各路，并淺水輪船，均由馬陀包運到長陽交付，其保險運脚，並在價值之内。

第四款　所有第二款價，由馬陀墊辦，由公司勻十年在於售煤項下提還，其未還者，按照年息七釐交付。

第五款　煤鑛工程，即由馬陀代僱洋師三人辦理，另立合同，其代僱亦以十年爲限，俟墊款還清而止。

第六款　煤鑛出炭，每年估計可至六萬噸，如公司自行躭誤出煤，致不足數，或無故停閉，公司須將墊款全數清還，并加貼二成，津貼歷年包銷應得之利，及墊款全數利息，以昭公允。

第七款　鑛中所出之煤，除供官廠兵輪及内地銷售，由公司自理不計外，其銷賣各埠各國兵船，應由馬陀代照市價發售，一手經理，提出用錢五釐，作爲酬勞，其帳每半年算結一次。

第八款　馬陀代購各機件，應於立此合同後四個月，全數運至長陽，由局派人驗收，即由所僱洋匠，代爲布置安設，不另給辛工，惟中國人工，則由公司供給足用。

第九款　各件機器運長陽後，即係公司之物，應由公司自行保護，如有蹧蹋損壞等事，與馬陀無涉。

第十款　鑛局所有應完釐税各節，均照中國律例辦理，并與地方官交涉事，統由公司自理。

此合同立華洋各兩分，各執一分爲據。

光緒二十一年十二月二十五日，林喜甫、沈次裳。

西曆一千八百九十五年二月初八日，戴馬陀。

立合同：長陽煤鑛增添股本，廣爲開採，與戴馬陀訂立合同，墊辦機件，並約明由戴馬陀代僱洋員，管理工程，並將僱用洋員合同，開列於後：

計開：

第一款　戴馬陀允代長陽煤鑛公司僱用洋總監工一員，洋鑛工匠首一名，洋機器匠首一名。凡此三人，由戴馬陀盡心挑選，不論何國之人，但求熟習鑛務，名稱其實者。

第二款　公司允與洋人訂立合同，以三年爲期，期滿亦可再展一期，或二期，至於十年爲度。

第三款　公司允給薪水，如洋總監工，每月英金八十磅；鑛工匠首，每月英金三十磅；機器匠首，每月英金三十磅；并各給由外國到鑛往返川資。

第四款　三年期滿，公司如不留洋人，須加給一年薪水，并回國川資，惟三年期内，不得無故遣散。

第五款　如洋人身故，允給其家二年薪水，以示體卹；若疾病，則給予醫藥之費。

第六款　洋人住房，由公司指給潔浄之所，不納房租。

第七款　洋人但管工程，其與國家及地方官交涉事宜，則公司自理。

第八款　洋人應與公司董事司事人等，和衷共濟，其待中國工匠，亦應和平公道，如有魯莽行兇之事，則視其事之重輕，議罰薪水。

第九款　長陽煤鑛據戴馬陀估勘，每年可開出煤炭六萬噸，如開不足數，查係洋人辦理不善之故，則可將辦理不善之洋人剔退，不必津貼，不必俟至合同期滿。

第十款　所雇洋人，應於立此合同後，四個月到鑛。

第十一款　洋人到鑛後，即將戴馬陀墊辦機件，先行安設完妥，不另給工費，但照支薪水。

第十二款　公司現奉准保護在鑛洋人，并宜隨特會同地方彈壓照料。

第十三款　如公司欲開採他鑛，須派洋人往勘，則另行酌量加給出差津貼。

第十四款　洋人僱定，由戴馬陀先行墊給三個月薪水，并來華船票，俟各洋人到鑛後，即由公司將此墊款繳還戴馬陀。

第十五款　如鑛山無故停閉，或公司本銀不足，或工料不應手，以致停工，將各洋人辭退，則須將合同期内薪水并路費全數算給，并加津貼一年薪水，若係礦苗忽盡者，不在此例。

此合同立華洋各一分，各執一分爲據。

光緒二十一年十二月二十五日，林憙甫、沈次裳。

西曆一千八百九十五年二月初八日，戴馬陀。

《礦務檔·四川礦務·籌辦四川礦務》總署收駱成驤等奏《四川礦務關係大局乞據情奏明》附公呈　光緒二十四年七月十六日，收修撰駱成驤等呈：竊職等公呈鈞署，所舉辦理四川商務礦務之花翎二品頂戴候選道李徵庸，現經兩江總督劉奏保，請以道員遇缺即選，并交軍機處存記，遇有道員缺出，請旨簡放。七月十二日奉硃批：「著照所請。欽此。」前銜應否更換，理合呈明，修撰駱成驤等謹呈。

具呈四川京官翰林院修撰駱成驤，編修趙尚輔、高枏、王乃徵、余堃、胡峻，庶吉士李稷勳、傅增湘、施愚、羅琛、謝緒璠，内閣侍讀楊鋭，中書李之實、李植、王麟燊，吏部主事陳鍾信、蒲明發，户部主事淩心坦、聶興圻、蔡鎮藩、杜德輿，刑部主事喬樹枬、劉光第、胡安銓、曾鑑、曾光岷、周鳳翔、張堯桑、汪世杰、郭燦、李若堃，工部員外郎甘大璋，主事王荃善、何肇勳等，遺抱會館長班安順，爲瀝陳四川礦務關係大局情形，公懇據情代奏事。竊職等屢接川省鄉人來信，僉稱重慶城外老君山等處煤礦，有英領事以稱兵生事等語，脅制署撝督，請以英商開辦，尚未准行；又風聞京城内有敀某，在總理衙門呈請開四川敘州、雅州兩府煤礦；又西陽州秀山縣等處士子在京，僉云該處礦產有法人窺伺等語。職等竊維四川一省，上通西藏，下達長江，又爲陝西、湖北之後路，根本所繫，早在朝廷廑念之中。而雅州一府爲西藏入川之要路，舍此别無通衢。敘州一府則承金沙江下游，爲雲南入川之大路。查雲南一省爲英法兩國所共窺，沿金沙江而下，修建鐵路，外人早有此議。至英人上窺西藏全境，下攬長江重權，獨四川一省，從中梗阻，俾不得收全勝之勢。今獨在敘雅兩府開辦礦務，臣等深知該二府並非礦產極旺之地，英人獨注意於此，是其借礦進步，一通西藏，一通雲南，不問可知。而重慶一府又爲全川水陸重鎮，上承敘州，下由夔州天險，以達於長江。西陽直隸州所屬三縣，通湖南之辰州。湖北之來鳳，尤爲天險要區。外人以商立國，凡商力所到之地，即兵力所到之地，若聽其開挖礦產，必以用兵保商爲名，牽動陝西、雲南、湖南、湖北、西藏等處全局，而我大清上自西藏，下至長江海口，一萬里完全輿圖，恐在在皆成危地，凡此皆四川礦務關係全局之實在情形也。職等復查四川之礦務，雖經官設總局，並經欽派回川留辦商務之檢討宋育仁，另設商辦礦局，究屬本單力少。近日職等復公呈總理衙門，請以雲南補用道韓銑、候選道李徵庸辦理四川商務礦務，無非爲厚集資本自保利權起見。特再合詞具呈詳陳

四川礦務關係大局情形，伏乞據情奏明，應如何未雨綢繆，預防外患，懇請皇上迅賜乾斷。職等區區血誠，實爲國家根本起見，並非止關心桑梓，謹據杞憂所及，呈請迅速代奏。謹呈。

又裕德等《四川舉人劉宣等京官駱成驤等公呈奸商請辦叙雅二州礦務有礙大局》 奏告都察院左都御史臣裕德等跪奏，爲據呈奏聞事。據四川舉人劉宣等以奸商請開礦務，有礙大局等情，赴臣衙門懇請代奏，臣等公同查閲。據原呈稱：「竊舉人等聞有啟某在總理衙門呈請開辦四川敘雅兩府礦務，尚未批准，係由屢滋事端之劉鶚主使。查敘州爲入滇要路，雅州爲入藏通衢，川省產礦之地，較該二府豐旺者甚多，獨注重敘雅二府，其意安在。一旦釀出事端，即將劉鶚碎骨粉身，亦不能償此重咎等語。臣等詳閲舉人劉宣等所呈，實因敘雅二府係雲南西藏要道，而劉鶚暗通洋商，但知利己，罔顧國是，爲此迫懇代奏。查劉鶚前在山西滋事，又潛行來京，復煽惑雲南舉人錢用中被控，經臣等附片奏請飭交查拿在案。兹劉鶚又復勾結洋商，覬覦要隘，以朝廷講求礦務之時，原期商民鼓舞，刻日觀成。而劉鶚竟至輾轉煽惑，致使羣情疑阻，其有損於礦務者甚大。應如何懲儆之處，恭候聖裁。正繕報間，又據四川京官駱成驤等公呈請奏，亦以敘雅二府礦產，並不豐旺，實爲天險要區，凡商力所到之地，即兵力所到之地，若聽其開挖，必以用兵保商爲名，牽動全局等語，最爲切要。餘與劉宣等所呈，大略相同。謹鈔録四川舉人劉宣等、京官駱成驤等原呈，恭呈御覽，伏乞皇上聖鑒訓示。謹奏。」

《礦務檔・廣東礦務》外務部收阿梅達照會《請准葡商開採南海縣煤礦》附容良及南海知縣稟 （光緒二十九年）九月三十日，收大西洋署公使阿照會稱：光緒二十九年九月二十五日，准廣東領事官穆愛斯照稱：「本國商人容良請開南海縣屬大嶺山煤礦一案，業經該縣奉批親赴該山勘明，委係官荒，確無干礙田園廬墓。隨將勘明情形，並取該商親供山圖，暨山鄰甘結，稟覆廣東督撫藩善後局在案。兹復稟請礦路總局給發執照，俾得開採等因前來。本署大臣據此，合行照會貴部轉咨礦路大臣，請煩據稟查照施行可也。」

照録原稟。

具稟商人容良，稟爲開採煤礦，以濟民用，叩乞恩准咨給照示開辦事。竊商籍隸西洋，熟習礦務，因去年自備資斧，在粵留心探礦。查有廣東省廣州府南海縣屬大嶺山，煤苗暢旺，堪以開採。該山與花縣毘連一帶，係屬官荒，並無干礙田園廬墓。經於去年二月，遞稟廣東善後礦政局，暨南海縣請勘，至本年三月十九日，經蒙南海縣主親詣該山勘明，委係官荒，確無干礙田園廬墓。旋蒙將勘明情形，稟覆廣東督撫藩善後局各憲在案。商承辦此礦，係由自備資斧銀一十萬元，自應遵照憲台定章，酌提成本百分之一繳局，除遵將照費銀一千元，繳由兩廣督憲，轉送憲台核收外，理合稟明，兹照抄南海縣稟覆稿，並繪具山圖呈電，伏乞恩准核明，咨行礦路總局給發執照，俾商祇領開採。再，此次在貴國地方開辦礦務，自當遵照憲台奏定礦章辦理，合併稟明。伏乞恩准施行，寔爲德便。切赴大人爵前恩准施行。

光緒二十九年九月　　日稟。

廣東廣州府南海縣知縣裴景福，謹稟大人閣下，敬稟者：「案奉善後局札開，光緒二十九年二月十六日，奉憲台，督憲批，據該縣具稟，先將容良請採大嶺山煤礦辦理情形，稟覆督核等因，奉批據稟已悉。仰廣東善後局飭將大嶺山煤礦復勘明確，可否開採，督酌情形，另稟核辦。一面差傳該處鄉民周旺祖等到案，詳細開導，曉以利益，勿任阻撓。仍候撫部院批示繳等因。又奉善後局札開，光緒二十九年二月十八日，奉撫憲批，據該縣稟同前由，奉批據稟已悉。該縣往勘大嶺山煤礦，石塘鄉竟敢鳴鑼抗拒，并將族人周壯楠細毆，殊屬蠻橫。惟民智未開，亦須妥爲勸導，方免疑阻滋事。仰善後局會同布按二司，飭即凱切出示曉諭，一面定期復勘明確，究竟開採之處，有無干礙田園廬墓，另稟核辦。並差傳主使之周旺祖等到案，訊明酌懲，以儆刁風，仍候督部堂批示繳等因。札縣遵照分別辦理，一面復勘明確，稟覆核辦各等因，轉行下縣。奉此，遵即示期飭差傳查引勘，隨據差役以查得大嶺山係屬官荒，距花縣銅鼓嶺田螺坑諸山，約十餘里之遥，大嶺不在封禁之内等情稟覆。並據傳出鄉民周建祥等，暨該商容良等候勘。卑職當即親詣該商容良稟請開辦大嶺山煤礦處所，勘明該處係產煤之區，煤苗已露，可以隨手撿取。況煤質成塊，似乎頗佳，惟綫苗内藏是否暢旺，寬深厚薄，未能開視，不能深悉，無從知其底蘊。據該商人帶來英國礦工，曾在開平唐山煤礦，傭工四年，於煤苗及開礦辦法，言之頗悉。同往看視，亦言此煤甚佳，蓋山外煤苗凝結成塊，油水甚好，似勝於開平所產，并云該山可開煤井兩口挖取。至煤苗暢旺否，亦必須開視方知，不能憑空懸揣。所言甚爲切寔。該商人所呈開挖山圖界内，卑職遂細履勘，尚無墳墓。從來產煤之區，煤須鬱積日久，一經爆烈，便成火山，故西人凡驗出產煤之山，必盡力挖取，不但利國利民，

并可免硫質噴出之患。故凡煤質在內，其山土石枯焦，或成黑色，草木不生，堪輿家一望即知，從不用以葬墳。故今大嶺東向一面，凡有煤之處，絶無墳墓，可見此山産煤無疑也。其附大嶺最近東邊，即係石塘，周姓本族爲開煤一事，族人已分爲兩黨。周旺祖於去年七月，聞卑職往勘，已噉衆鳴鑼抗拒，並擄族人周壯楠以逞刁。而到案之周建祥等供稱，周旺祖惡彼等勾引商人開煤，已將其田標封充公，革去胙肉，請爲查究。又妄稱開煤礦一案，業已稟官註銷，化銷多金，欲派族人攤還，呈出長紅可據。迨卑職勘後，親到周姓宗祠，周旺祖不敢出頭，又噉出同姓不宗之廣西舉人周維宗、武生周振鴻來見。又有花縣職員駱勒潤、生員駱朝選，遞稟求見。並據王仕强及周許養等分詞控阻，或言此山不能開挖，於石塘風水有礙，或言駱文忠公早已封禁，或言干礙田園廬墓，工丁雲集，易滋事端各等語。殊不知王仕强等粘呈駱文忠公奏稿，祇聲明花邑象山脚等處煤窑，並未指明南邑大嶺山，自不能含混影射。且勘明該山開煤，於附近田園廬墓，並無干礙。若謂工丁雲集，良歹難分，此則在辦理之人，從嚴彈壓防範，自不致別滋弊端。經由卑職明白批示，是石塘周姓又串出別姓爲之羽翼，阻力愈大。總之，周旺祖出頭抗阻，固是私心，而周建等請開甚力，亦未必出於公心也。當即面諭周維宗等，速傳諭周旺祖將標封建祥等之田數十畝，趕緊交出給建祥領回開耕，並飭差同往點交。周旺祖如再敢抗違，定即嚴拏究辦。此卑職勘辦之情形也。伏查近日屢奉諭旨，舉行新政，以理財爲急務，以開礦爲大宗。而各礦之中，煤礦尤資民用，開辦最易，獲利最宏，乃風氣未開，民智未濬，偶有舉動，紛紛藉詞抗阻，遂使天地自然之利，置之無用，誠爲可惜。今人嶺勘明係産煤之所，如果該商人容良集股開挖，必須傳集石塘鄉及各鄉紳耆諄切開導，使之理明勢出，羣知開礦爲利國利民之大端，並不惑於有礙風水之邪説，則此礦可開，而民情相安，亦不致滋生事端矣。再，正在具稟間，又准西洋領事官將該商人容良親供山圖各一紙，照送前來。究竟山隣甘結內列明人等，是否均係出自各人情願，須查訊明確，方能加結詳辦。除暫存案外，合將勘明大嶺山開礦情形，繪圖註説，稟繳憲台察核，批示祇遵。除稟督撫憲暨臬藩善後局外，肅此具稟，伏乞垂鑒。卑職景福謹稟。」

一具稟督撫臬藩

廣州府

善後局

光緒二十九年五月初三日稟。

《礦務檔·廣東礦務·南海煤礦》外務部收岑春煊文《葡商請辦南海煤礦事辦理情形請酌核復》〔光緒三十年〕五月十三日，收署兩廣總督岑文稱：案准廣州口西洋總領事照會，西洋籍商人容良擬請承開南海縣屬大嶺山煤礦，請飭地方官查勘，給照開採等由，當經前署部堂德飭據南海縣查復。該商容良擬請承開之大嶺山煤礦，勘明於附近田園廬墓尚無關礙，惟風氣未開，民智未濬，附近各鄉紳民，紛紛藉詞抗阻，必須傳集諄切開導，民情相安，方不致滋生事端。該商容良所呈山隣甘結列名人等，究竟是否出自各人情願，亦須查訊明確，方能加結詳辦等情。稟經前署部堂德批飭，傳集查詢，稟局核明，詳候咨請貴部暨礦路總局核辦，並照復西洋總領事查照去後。本部堂蒞任後，復准西洋總領事以案經由縣勘明爲詞，迭准照請批准承辦，並請援照粤省舊章，先行給照開採。當以本案業經前署部堂德飭縣查訊，尚未據復，自應静候查訊明確，再行核辦。按照洋商開礦章程，應先咨部核奪，方能給照，未便擅准開採，致違定章等因。先後照復該領事查照，並飭南海縣照案復勘，查訊稟局核詳，以憑轉咨。於上年十月間，因西洋阿署使照會貴部，請准給發執照開採，咨粤查辦。當將本案詳細情形，先行咨復，一面行催南海縣，將復勘查訊情形，稟局核明具詳在案。兹據廣東海防善後局詳稱，據南海縣姚紹書稟稱，竊照商人容良擬請承辦卑縣屬大嶺山煤礦一案，前經卑職將傳到山鄰結內有名之周朝安等，訊供情形，通稟憲鑒，一面飭差傳集覆勘。經於上年十二月二十三日，親詣大嶺山，詳加履勘。查該山袤延數千丈，係屬官荒，山面煤苗透露，隨手可以取拾。向東一面有煤之處，並無墳墓；東邊即石塘周姓，相離約二三里。嶺背西面係花縣境，界北爲銅鼓嶺、田螺坑諸山，相距約十餘里之遥。開採煤礦，於田園廬墓，尚無干礙，亦非從前封禁之山，惟查訊該處山鄰，均屬周姓，各爲黨援。前出結之周朝安等，内有情願具結開採者，亦有冒名列結者。至周許養等，則堅稱開鑛與伊村鄉田園廬墓有礙。卑職于履勘既畢，前赴該鄉，所有周姓大小男婦，齊集祠內，將及千人，環乞禁止。經卑職再三開導，反復究詰，而阻撓頑固之情，始終不化。其餘情節，與彼前縣裴革令景福前勘大致相同，已詳於裴革令前稟繪圖，毋庸再爲贅述。卑職復查開鑛爲生財要務，辦有成效，利溥無窮。此次商人容良請開大嶺山煤鑛，就履勘該山形勢而論，本可開採，乃周許養等迭控不休。其爲民智未開，易惑難曉，偶有倡言不利風水之説，則羣相附和，聚衆阻撓，積習相沿，牢不

可破，一經開採，難保不滋生事端。所有卑職遵札覆勘大嶺山煤礦情形，理合據實稟覆察核。應如何辦理之處，伏乞批示祇遵等由，稟覆前來。本司道等伏查奉行外務部奏定礦章，內開：該處地主，原有不從之權，須由原稟之人，向其先行説明商價銀，報明立案各等因。今容良擬承辦大嶺山煤礦，既經姚令親詣履勘，就該山形勢而論，本可開採，惟前出結之周朝安等，其中尚有冒名列結，而山鄰周許養等，又堅稱開鑛與伊村鄉田園廬墓有礙。該鄉男婦復齊聚千人，環乞禁止，經姚令再三開導，反復究詰，而阻撓頑固之情，始終不化。是此案經地方官再三開導，該處民情，尚未允洽。地雖官荒，而附近山鄰既相率阻撓，倘將就核准開採，必致另生事端。應否俯順輿情，以免枝節之處，理合詳請察核，咨復外務部查照，並請批示祇遵等情，到本部堂。據此，查南海縣屬大嶺山礦地，既經勘明，係屬官荒，開採煤礦，於附近田園廬墓，並無干礙，亦非從前封禁之山，自未便任聽周許養等聚衆抗阻，致塞利源。惟礦務章程現經商部重加釐訂，奏准頒行，該商所請承辦大嶺山煤礦，是否悉與新章相符，自應呈候貴部暨商部核奪辦理。除詳批發暨照會西洋總領事查照，並咨呈商部外，擬合咨呈。爲此合咨貴部，謹請查照核奪辦理，迅賜見復施行。」

又外務部收岑春煊函《南海煤礦當由官辦並籌議保全兩廣礦務利權》〔光緒三十年〕五月十三日，收署兩廣總督岑春煊函稱：「西洋籍商容良請辦南海縣屬大嶺山煤礦一案，前於光緒二十八年十二月間，即由廣州口西洋總領事，照請查勘給照開採，業經德静山制軍允爲飭地方官勘辦。事閲年餘，迭次飭據南海縣查覆，均稱於附近田園廬墓，並無妨礙。雖地方紳民未盡允洽，而西洋總領事總以開礦爲利所在，未便任聽紳民阻撓，並疑地方官有意聳動百姓，與之爲難，堅求咨請貴部核辦，不得不姑徇所請。其實該商容良，本係粤産，並非真正洋商，亦無股實之名。此次請辦大嶺山煤礦，先由該商以職員容良出名，赴局稟承未成，始浼西洋總領事，爲之出頭干預，圖批准。一經給照開採，不特輿情不合，抑且流弊滋多。所幸礦務章程現經商部重加釐訂，該商容良所請承辦礦務，與新章不符之處甚多，務乞貴部按照定章，切實駁斥，俾可轉圜。如能飭將該礦由官設法籌辦，以杜覬覦，更爲直截了當。竊維粤省礦産饒富，外人垂涎已久，自我與法訂有兩廣雲南開礦，可先向法國礦師廠商商辦之約，頗招各國疑忌。在法則以爲訂有條約，兩廣、雲南開礦權利，已入其勢力範圍，是以近年遇有開礦之事，往往援據專條，阻止各國承辦。在各國則又以獨許法國專利，於最優待之例未合，不肯承認，必欲令本國商人邀准開採一二礦以破壞，拒之既有不能，應之亦多未便，種種束縛，對待之術幾窮。上年五月間，經德静山制軍將以上情形，咨呈貴部查照在案。煊抵任以來，察看此事，法與各國意見極深，此次容良之事，西洋總領事持之甚堅，亦因預挾成見。法約問題，一日不能解決，則兩廣礦務，一日不能放手開辦，亟須妥籌抵制之法，庶免坐失利權。煊之愚見，以爲目前辦法，祇有兩途：一則將兩廣礦地，概行圈出，由官自辦，無論華商洋商，均不准報承，以杜各國要求。暫擇易開之礦數處，先用土法開採。一面選派聰穎學生，分往各國專習礦師製造，並在內地廣開礦務學堂，以資造就。則數年之後，人材輩出，礦師機器均可無待外求，法約不廢而自廢。目前如須延請外洋礦師，亦可令其先在中國入籍，再行聘用，法人自無可藉口。一則酌准各國擇開一二礦，應何國礦師，及向何廠購買機器，悉聽商人自便，公家概不過問。法人如無間言，則以後如有華商，即可援照辦理。法人如仍執前約，與我詰難，亦可請各國出頭公斷，乘機更易前約。較之因循坐誤，究亦稍勝一籌。惟以上兩種辦法，窒礙之處，亦復甚多。由前之説，則兩廣礦務利益，外人永不能沾，難保各國不羣起相争，際此國勢孱弱，恐難堅拒。且選派學生，開設學堂，費鉅效遲，能否如願相償，亦覺毫無把握。由後之説，固可借各國勢力與法抵抗，惟法人於兩廣雲南，蓄志圖逞，已非一日，設竟藉端別肆要求，因應稍或失宜，誠恐立釀重大交涉。輾轉思維，殆無良策。事關重大，未敢冒昧嘗試。貴部統籌全局，必能策畫無遺，用敢密佈腹心，縷陳梗概。究應如何設法維持，統希詳加裁奪，密示機宜，俾得有所遵循，不勝感幸。」

《礦務檔・廣東礦務・番禺煤礦》外務部發兩廣總督文《南海煤礦當由粤省籌款開採》光緒三十年六月初十日，發兩廣總督文稱：「光緒三十年五月十三日，接准文函，以商人容良請辦南海縣屬大嶺山煤礦，將詳細情形查復前來。查承辦礦務，必須公正可靠之人，方能有利無弊。兹容良本係粤人，前以職商請辦該礦，未邀批准，即冒入洋籍，慫恿葡領代爲請辦，意圖挾制。其人之不安本分，已可概見，未便稍事遷就，即希由貴督設法駁斥，以免傚尤。至該處礦務，既經貴督查明，堪以開採，並無別項關礙，應由粤省籌集款項，飭局自行開採，以杜覬覦。相應咨行貴督查照辦理，並聲覆本部可也。」

又外務部收農工商部文《請堅拒法商合辦番禺卜參崗煤礦》光緒三十三年十月十八日，收農工商部文稱：「准兩廣總督電開，華商余維壎接辦番禺縣屬

石馬鄉卜參崗煤礦，名爲廣利公司，聲明並無洋股，忽接廣州法領函稱，法商辛貝羅與中國公司商人，合辦番禺石馬鄉卜參崗煤礦，將資借給公司，以煤及機器作抵等語。當查照原案，並奏定礦章，函復法領，請飭法商切勿與立合同，一面札縣嚴傳華商訊究。乃法領函復，候法使核辦等語。查粤東礦産，法人注意已久，此次狡串華商合辦，自係意在嘗試，萬難遷就。倘法使向部曉舌，務請堅持駁復等因前來。相應鈔録原電，咨呈貴部查照備案可也。」

又外務部收巴思德照會《駁辦粤督禁法商合辦礦務》 光緒三十三年十一月十三日，收法國公使巴照會稱：「照得現有法商聖碧爾，擬以己之貲本，在華創辦事業，已與承辦廣東番禺縣卜篸崗礦務華公司會商，願將其貲本撥借該公司，以資開採，業已擬訂合同，呈送粤督核准。詎料該督藉以該礦須華商華股自行辦理，駁未批准。尤稱華商與洋商議商，罪有應得，當飭地方官審辦等情。本大臣查我兩國商人合力營業，本係我兩國理應同情欣悦，而粤督以華法商人會商，視爲獲罪之舉，恫喝其人，實屬有傷交誼。在本大臣可毋庸贅叙，惟該督擅於禁止法人在粤經營礦務一節，在本大臣不得不力爲駁抗。蓋光緒二十一年五月二十八日，續議商務專條附款第五條内載，法國商人礦師，可在雲南、廣東、廣西三省開辦礦務，有明文可稽。查此附款，係貴爵簽字者，本大臣惟有照請貴爵，轉行粤督，務當恪遵辦理。並向該督提憶，開礦若係遵照中國本土礦政章程辦理，毫無禁阻之理，相應照會貴爵查照可也。」

又外務部發巴思德照會《番禺卜參崗煤礦私借法款與原案部章不合請飭法商罷議》 光緒三十三年十一月二十二日，發法國公使巴照會稱：「接准來照，以法商聖碧爾，與廣東番禺縣卜篸崗礦務華公司會商，願將貲本撥借該公司，以資開採，粤督駁未批准等情，照請查照前來。查此事前准兩廣總督電稱，二十九年間，有華商萬合發請集華股十萬元，用土法試辦番禺縣屬石馬鄉卜篸崗煤礦，出具甘結，聲明並未招入洋股，經岑前督批准試辦。嗣於三十一年間，原商萬合發請退，有原同集股華商余維壎等，自願接充新商，再行集股開採，改名廣利公司，一切均照前章辦理，亦經出結聲明，並無招入洋股在案。前月忽接廣州法領事函稱，法商辛貝羅，久與中國公司商同合辦番禺石馬鄉卜篸崗煤礦，議將應用開辦之資，借與公司，認明以該礦所出之煤，並現在及將來所用之各樣機器作抵。監工人應由法商選擇，俟合同決定，再行選請等語。當查該處礦産，祇准華人開採，不准招集洋股，原案聲叙極明。此次法領來函，忽稱華公司與法商合辦，顯係華商狡串弊混。查商部奏定礦務章程載明，華商請辦礦務，如未經稟明本部，逕與洋商議定合同，以礦地抵借洋款，或開辦後，將該礦工密售他國人民，一經察覺，將原稟領照人，從嚴懲罰，礦照撤銷，礦工入官等語。華商余維壎等現忽私與法商借款合辦，非特顯背原案，且違商部章程，即經詳晰函復法領，請飭法商切勿與立合同，一面扎縣嚴傳華商訊究，現法領已允飭法商緩議等因。本部查該處礦務，既經華商余維壎等出具甘結，聲明不招洋股，今忽私向法商借款合辦，並未稟由地方官咨部，輒以該礦所出之煤，及一切機器作抵，核與原案部章，均有未合，相應照復貴大臣飭令該法商罷議可也。」

《礦務檔·四川礦務·英商辦礦交涉》外務部收四川總督趙爾巽電《英商勘辦龍王洞礦務事》 〔光緒三十四年〕十月十七日，收四川總督電稱：「外務部鈞鑒，申元電悉，委員回云，同英商會勘。龍王洞在南，石牛溝在北，論界則隔段汪兩姓業，界本不連。論山則隔石牛二里餘，挖不能通，且借道應向南開，今擬向北，應斜入，今擬直挖，而英總辦直認非借道，但云此煤係龍王洞三十里内而已。查租約言明，租界外不得開採，合同載明，現有華商開辦，不必重提。今所指距江合現開處甚近，同一鑛脈，同一目的，不但與前言不符，並與告英使借道之言不符，即英領亦深爲詫異，彼已自向英商詰問，將來必又有變計。總之，石牛溝斷不能通龍王洞，無道可借，無詞可託，紳民公呈忿極，先密陳，容與英領商明再聞。巽，望。」

《礦務檔·四川礦務》外務部收趙爾巽電《勘量龍王洞礦界與英人議商情形》 〔宣統元年〕正月二十五日，收川督電稱：「二十三日電敬悉。二十四日，閲江合寄省第一次會議問答，並非無理。江北未將辦法開出，亦未説到辦法，兩公司祇是辯論權利，自難決其將來能否就緒。惟查此事，若論合同租約，本可不待會議，所以令兩公司會議者，原爲中英國家交誼甚篤，故爲遷就。江合初不願意，經再三勸導，始肯舉人與議。兩公司各顧利害，本非一次兩次所能就緒，方冀緩緩磋商，彼此諒摯，或得公平了結之法。今江北一味迫促，是有不願議結，曲不在我。且江北採煤已暗中挖出界外，又將龍王洞停工數月，致使保富公司地息無著，均未索其賠償。江合自開已礦，與江北并不相干，更何賠償之有。據聞彼處衆論，若英商不講公理，直可佔據石牛溝，何用會議，但礦産我商人身家性命所關，必以死力相争等語。似此情形，若不令彼此俱過得去，斷難相安。該公司股東數百人，皆重區族，官即强令劃給江北，然地權乃江合多年購得，必不

承認賣出，彼時無可轉圜，不特欲速反遲，且恐有害無利。巽難負此責，仍請大部酌復英使，勿過爲主張。并轉告英商，勿過爲任性，彼此從容議結，免生事端，豈祗兩國商民之幸！再，兩公司論到三十方里一層，江北要照長方畫整，與大部初五日電開量法迥異，方是强人所難，併請大部早籌應付。」

《礦務檔·廣西礦務·富川煤礦》外務部收陶模文《德商魯麟洋行請辦富川縣狗母嶺煤礦》〔光緒二十八年〕七月十七日，兩廣總督附文稱，光緒二十八年六月二十日，接廣州口德國領事照稱：「茲據本國商人魯麟洋行稟稱，該行現備足資本，擬開採廣西富川縣小狗母嶺煤炭坑煤礦。此舉係該行所辦，並無華人股份，亦非華商冒名影射，求轉請督憲准予開採等情前來。本領事據此，查各省礦務前經外務部擬定新章頒行在案，今該洋行自備資本，請開小狗母嶺煤礦，核與新章亦屬相符，況該行擬用新式機器開挖，不集華股，所有一概事情，均由該行一手經理，將來辦有成效，實於貴國大有裨益。相應照請貴部堂查照新章，准將小狗母嶺煤炭坑煤礦給予魯麟洋行承辦開採。如蒙允准，所有事款，悉遵部頒章程辦理，並請札行該處地方官隨時保護。如何之處，即希示覆，以便轉飭該洋行知照等由前來。查前此承准貴部咨行奏定礦務章程内載，凡擬開辦礦務者，或集華股，或借洋款，均須先行稟明外務部，其稟或自行投到，或由該省州縣詳請督撫專咨到部，俟奉批准後，方可爲准行之據，未奉批准以前，不得開辦。又該處地主原有不從之權，須由原稟之人，向其先行説明，商定價銀，報明立案，不得私行交易各等語。現德商魯麟洋行擬開採廣西富川縣小狗母嶺煤炭坑煤礦，曾否與該處地主商定報明立案，應請廣西撫院查覆。至該處煤礦能否准令德商魯麟洋行承辦之處，應由貴部核示辦理。除照復德領事外，相應咨呈。爲此合咨貴部，謹請察照核覆施行。」

又外務部行兩廣總督文《富川縣狗母嶺煤礦案請咨桂撫詳查並先與法領事妥商》〔光緒二十八年〕七月二十二日，行兩廣總督文稱，光緒二十八年七月十七日接准咨稱：「接廣州口德國領事照稱，據本國商人魯麟洋行稟稱，該行現備足資本，擬開採廣西富川縣小狗母嶺煤炭坑煤礦。此舉並無華人股份，亦非華商冒名影射，求轉請督憲准予開採。【略】查廣西狗母嶺地方煤井，前據德使函稱，華商蔡萬樂代時利和公司向狗母嶺煤井原主租妥，一同開挖，與魯麟洋行詳定合同，以煤炭坑狗母嶺兩煤井所出之煤，均歸該商經手銷賣。詎富川縣紳縉另立寶裕公司，捏稱狗母嶺煤井係伊等租妥，嗣因時利和與德商不允，遂託英國泰和洋行入股等語，當於二十五年三月間行查在案。狗母嶺煤井前項轇轕，已否了結，且應由貴督一併咨行廣西巡撫詳晰查明聲復到部，再行核辦。且廣西礦産，照約應先向法國商辦，茲德商魯麟洋行擬請開採，已否先與法領商明，應相應咨行貴督查照可也。」

又外務部收葛爾士函《德商請辦富川狗母嶺煤礦案請飭粤督速爲辦結》〔光緒二十八年〕九月初六日，署德國公使葛爾士函稱，總理衙門致署欽差貝大臣復函内稱：「俟廣督查復到日，再爲函復等因各在案。現據德國駐廣州領事函稱，魯麟洋行復稟稱，請中國允准該洋行在狗母嶺煤炭坑兩處開採煤炭等因。嗣准兩廣總督復文内稱，三處煤礦曾否與該處地主商定，報明立案，應俟咨請廣西撫院查復。至該處煤礦能否准令魯麟洋行承辦，應請外務部酌核辦理等因前來。本署大臣查該二處煤礦，究應何人開採，此節早已定明。現經廣督復文稱，應俟咨請廣西撫院查復，此語不過爲延緩時日起見。茲據該魯麟洋行稟請兩廣總督速爲定明該洋行爲地主，以免躭延事務等因。廣督復稱，俟富川縣知縣查復到，再爲函復等因。本署大臣應請貴王大臣轉飭兩廣總督，將此富川煤礦一案，速爲辦結。如再延擱，該洋行必須索討賠款，想近年德國與中國睦誼甚敦，而德國相待甚厚，中國自必格外保護德國所得利權也。此布，順頌日祉。」

又外務部致葛爾士函《德商請辦富川狗母嶺煤礦案俟粤督查明再行核奪》〔光緒二十八年〕九月十一日，致德國署公使葛函稱，逕復者，接准函稱：「德商魯麟洋行請開廣西富川縣狗母嶺煤炭坑兩處煤礦，【略】應請轉飭兩廣總督將富川煤礦一案，速爲辦結。如再延擱，該洋行必須索討賠款等因前來。富川縣煤礦一案，前於光緒二十五年間，准海大臣來照，狗母嶺煤炭坑兩處挖出煤斤，由魯麟洋行經手銷售等情，經總署咨行粤督飭查在案。本年七月間，復准兩廣總督以德商魯麟洋行請開該處煤礦，咨請核辦，並一面咨行廣西巡撫查復。當經本部咨覆粤督，將此案原委詳細查明，以憑核辦。現在尚未接復，一俟復到，即行核奪。至此案往返行查，自需時日，該洋行不得指爲延擱，索討賠款。相應先行函復貴署大臣查照可也。此佈，順頌日祉。」

又外務部收德壽文《德商請辦富川狗母嶺煤礦案當遵礦務新章辦理不得牽涉前案》〔光緒二十八年〕九月二十五日，兩廣總督德文稱，查接管奏内，光緒二十八年八月初九日，承准貴部咨開，光緒二十八年七月十七日，接准咨稱：「接廣州口德國領事照稱，據本國商人魯麟洋行稟稱，該行現備足資本，擬開採

廣西富川縣小狗母嶺煤炭坑煤礦。【略】准此，卷查時利和與寶裕互爭小狗母嶺煤礦一案，先因山主蔣枋、蔣桂將該礦批與李梅軒，復由李梅軒轉批與時利和，並未遵照礦章赴局領照承商，遽行開辦。後因奉札行查，山主蔣枋、蔣桂復將該礦批與寶裕公司，遵章赴局領照繳費開辦，以致互相結訟。由德國領事以魯麟洋行曾與時利和訂有合同，將該處礦煤交該洋行銷售爲言，迭次照請查辦，並由德國駐使函請前總理衙門咨行查辦。光緒二十六年四月間，經閣爵李前部堂飭據廣西富川縣印委，調集兩造人証契據，核訊明確，以時利和與寶裕互爭小狗母嶺煤礦情形，各有後先，各有是非。時利和以小母狗嶺煤礦雖未遵章赴局領照，但先繳過花銀五百兩，由袁故令給示開辦，並非私挖，始終不允與寶裕合辦，亦不肯分辦。寶裕則以伊係遵章赴局繳費領照之後，方行開辦，並無不合，萬難因訟退讓。彼此一味堅執，未便任聽纏訟，致使案懸莫結。當斷令將煤礦封禁，兩造均不准開挖，以杜忿爭而斷訟蔓。李梅軒與鄒興鵠合借時利和之花銀一千一百四十四兩，勒令李梅軒按照借單分償一半，以清轇轕。蔡萬樂租與時利和之煤炭坑地，本不在小狗母嶺界内，現將小狗母嶺煤礦封禁，則煤炭坑之山地太窄，時利和亦不願辦，斷令將收過時利和租銀四百二十九，如數退還。蔣枋、蔣桂一地兩租，究屬有心貪利，當堂責懲完案，取具遵結附卷等情，稟經批飭遵照，並照會德領事查照。嗣據廣西善後局將地契等件詳繳，又經德前兼署部堂批飭，就近發縣分別發還註銷在案。上年十二月間，接德國領事來文，以時利和公司前將承批富川縣小母狗嶺煤礦山契，向魯麟洋行辦房按揭本息一萬三千九百元一案，旋因時利和與寶裕互相結訟，經富川縣委集訊，即以各有是非，含糊斷結，將山封禁，致使血本無歸。請將所按之小母狗嶺，准令該行買辦周張照章開採承辦，並將繳案地契交還。倘要將該山永遠封禁，懇飭富川縣及承訊委員備填所欠等由，當經陶前部堂以遍查全卷，當日時利和管事阮榮安等，始終並未供有揭欠魯麟洋行銀元，將山契作按之事，德國各前領事節次來文，亦從未提及。魯麟洋行謂時利和管事阮榮安，前此曾向該行辦房周張揭欠本銀一萬元，將山契九張作按。如果實有其事，該辦房何以早不呈明，直至事隔年餘，阮榮安又已物故，始行告知洋東稟請照會，其不足憑信可知。時利和與寶裕互爭小母狗嶺煤礦一案，早經辦結。山契等件，並經發還註銷。魯麟洋行辦房所稱阮榮安揭欠銀元一節，無論是否屬實，均與本案無涉。該洋行請准將小母狗嶺煤礦，交由該行辦房周張開採，並將繳案地契交還，礙難照允。至請飭令富川縣及當日承訊委員，填還時利和所欠該行本息，尤屬無此辦法等因照復。旋復接該領事文稱，當時該辦房借與時利和公司銀一萬元，係將地契作按，因其有煤交伊銷售，無虞負欠。嗣因其與寶裕公司纏訟，未曾言及此款者，以時利和承辦在先，並非私採，一經繳呈契示，定必飭令承辦。詎承審委員含糊斷結，致阮榮安失業虧本，氣憤成病，未能回東，該辦房一時未能知覺。未幾拳匪肇釁，無暇及此。今所按地契，業被註銷，血本無著，未免難堪。請飭准予魯麟行辦房周張，遵照礦章承辦時利和公司原承小母狗嶺煤炭坑煤礦開採等由，又經覆以此案當日兩造搆訟，數年之久。如果阮榮安等確有揭欠魯麟洋行辦房銀元，將山契作按之事，該辦房何至默無一言，德國各前領事節次來文，亦斷無不提之理。至上年拳匪肇事，粤省交涉各案，均照常辦理，該辦房所言無暇及此，明係遁飾之詞。至礦務一事，現經貴部酌定章程奏咨行，周張如果欲承辦小母狗嶺煤礦，應遵新章自行具稟到官，聽候核奪。前此時利和公司與寶裕公司爭訟一案，業經註銷，不得藉口，致滋淆混。該領事亦無異言，是前此時利和與寶裕互爭小母狗嶺煤礦之案，早經註銷，並無轇轕。現魯麟洋行請承辦小母狗嶺煤礦，自應遵照新章，聽候貴部核示辦理，斷不容其牽涉前案，致滋淆混。至來咨所言廣西礦產，照約應先向法國商辦一節，前據德領事稱，中法所訂續議商務專條第五款内載，中國將來在雲南、廣西、廣東開礦時，可先向法國廠商及礦師人員商辦等語，自係指中國國家自行開礦，僱用洋人而言，與商民承辦者無涉。准開礦產，係中國自主之權，不應與法國商辦等語。該領事既有此言，必不肯自向法領事商辦，似應由貴部與法使將條約辯明，以免藉口。承准前因，除咨廣西撫院查照外，相應咨呈。爲此合咨貴部，謹請察核辦理賜覆行。」

又外務部行兩廣總督文《富川狗母嶺煤礦應招商自辦》〔光緒二十八年〕

十月十一日，行兩廣總督文稱：「【略】查光緒二十一年中法商約第五條，所訂雲南、廣西、廣東等省開礦事宜，並未敘明官辦商辦，若此時遽允他國人在廣西省辦礦，難保法人不有所藉口。又查光緒二十五年二月，英商欲在廣西境内，請照勘礦，經前廣西巡撫黄電稱，西省礦務章程，恐洋商與土人不習，致滋事端，並無招洋商開辦之條等語。是廣西礦務，本係自行招集華商承辦，並不攙入洋股，現時利和與寶裕互爭之案，既經議結註銷，如果該礦興旺可採，自應仍由廣西巡撫按照原定章程，另招華商自辦，以免枝節。相應咨行貴督轉咨廣西巡撫查照辦理，並酌復德國領事可也。」

《礦務檔・廣東礦務・番禺煤礦》外務部收張人駿電《番禺卜參崗煤礦未借法款粵省辦理該案亦未違約》 光緒三十四年正月十八日，收粵督電稱：「外務部鈞鑒，辰十四日電祇悉。番禺卜參崗煤礦事，前據番禺縣傳訊承辦商人余維壎等供稱，該商等並無招入洋股，及與法商辛貝羅合辦，暨私借抵押情事，出具甘結繳案。是法商所稱撥借用款，將煤斤機器抵押各節，與余商所供不符，現已飭縣檢查究辦。至該礦係該商自集華股試辦，曾由余維壎等出具甘結，聲明不招洋股，自應照案辦理，並無違約。仍乞大部堅持駁拒爲感。人駿。篠。」

又外務部發巴思德照會《番禺卜參崗煤礦借用法款事已飭查究實情》 光緒三十四年正月二十三日，發法國巴使照復稱：「案查番禺卜參崗煤礦一事，**【略】**本部查粵督所稱該商余維壎等自集華股試辦礦産，曾經具結聲明，並無招入洋股，暨私借抵押情事。則法商撥借款項一節，難爲定案，業經該督飭令番禺縣查辦，當可究出實情，公平了結。相應照復貴大臣查照可也。」

《礦務檔・雲南礦務・籌辦雲南礦務》 外務部收沈秉堃咨《滇省煤炭賣與鐵路公司》附《售煤章程》 〔宣統元年〕九月十二日，收護滇督咨稱，宣統元年七月十四日，據雲南勸業道劉李祚會同交涉使世增詳稱，案准法總領事寶如華照請查明附路産煤之區，曉諭礦商，賣供鐵路公司，於滇省廠商深有利益。並引《中法商約》第十四條「可以任便貿易，不准結行包攬」等語，照請出示施行一案，當經司道會商。竊以滇省煤炭豐厚，爲礦産大宗，火車既通，爲用更鉅。鐵路公司與各炭户議購，自應查照《中法商約》第十四條，得以任便貿易，以期均利。惟商民見利爭趨，罔知輕重，若不嚴予限制，將來盜售礦産，賤價求沽，諸多流弊。且中國業已頒定礦章，飭令遵守，尤應查照辦理，以保利權。查礦章内載，凡礦地有無窒礙民間田園廬墓，及有無山主允許字據，均應由官查明，合例填給部照，方爲准辦之據。礦税爲自有利權，應飭炭户必俟報關納税後，鐵路公司驗有税單，方可交易。其炭商與公司訂立合同，應呈就近地方官，或局所委員驗明，簽字呈報，並須以現炭售現銀，不得預借公司炭本。各條均關緊要，倘不慎之於始，將來更滋轇轕。當由職道擬定章程五條，咨由本司照會法領去後，隨准照復，詢明章程第二、第三、第五各節意義，亦經本司按照所詢，逐節與之剖釋，照復在案。茲准照開，本月二號准貴司照開，雲南煤炭，逕由民人自由賣與鐵路公司一案，已承允准，毫無阻礙。凡商人與公司訂立合同，雖須送交地方官查核，然於價值，一切全不干涉。本領事殊深感謝，承交來之章程，現已鈔送北京，敝國欽使查照。如尊處禁止結行包攬告示辦就，乞見賜一分爲盼。准此，復查司道會擬章程五條，既經法領認許，足杜奸商影射私賣流弊，自應出示曉諭，遠近咸知，俾有遵守。謹酌擬告示，呈請衡核，如蒙允准，即乞咨部立案，並由司道通飭各屬，一律曉諭，嚴札地方官隨時訪查。遇有請辦煤礦，及售煤與鐵路公司，務須遵照告示章程，切實維持，認真查察，以保利權而杜弊混。所有司道擬定售煤章程五條，已准法領事照復。出示曉諭各緣由，是否有當，理合會文詳請核示，計呈示稿一紙等情，到本護督部堂。據此，查所擬章程，尚屬周妥，既經法領認可，自應照辦。除分咨農工商部外，相應抄録咨呈，爲此咨呈貴部，謹請查核立案施行。

計咨呈章程示稿一紙。爲示諭開採煤炭售賣章程事：「照得煤炭爲雲南自有利權，現在滇越鐵路將通，需煤尤鉅，昨准法總領事寶照會，請出示曉諭，炭商開採煤礦，售與鐵路公司等由。准此，查開煤售賣，固開滇省之利源，但商民不盡通曉礦章及中國法律，設有誤會，日後轉滋轇轕，亟應擬定售煤章程五條，照會法總領事照辦。」茲准照復内開：章程現已抄送北京法欽使查照等因。合行出示曉諭，爲此示仰開煤售煤各商，必先查照後開訂定五條章程内各節遵辦，倘有違背，即違中國礦章，當援中國法律辦理。惟不准結行包攬，以符約章。所有章程五條，開列於後：

一、大清礦章，凡開煤、鐵、銻、錫各礦，先由地方官查明無礙田園廬墓，及有山主允許字據，方能開辦，原以杜爭端。以後炭商欲開煤礦，須遵章呈報勸業道衙門，核明准辦，方能開挖。不能藉售炭與鐵路公司，不先稟報查勘，違者以私開礦産論。此係中國礦權，與鐵路公司無涉。

二、礦税爲中國應有權利，以後炭商售煤與鐵路公司，須先將售賣噸數報關納税後，得有税票，鐵路公司可以收買，按照議價，聽炭户任便交易，惟不得抑勒。

三、炭户與鐵路公司訂立合同，該炭户須將噸數價值逐一登載，呈就近地方官認明簽字，如距地方官衙門稍遠，即呈就近局所委員認明簽字。如有違背合同情事，官處可以隨時查究。

四、炭户售煤與鐵路公司，概以現炭賣現銀，不得向公司先領價銀，後交煤炭，以免奸商逃騙之弊。

五、民間組織公司，開採煤炭，其煤炭願否賣與鐵路公司，一聽其便。中外

向無禁止民間不立公司之法律，中國官自應聽其設立公司，開採煤炭。惟結行攬賣一節，自應照約出示禁止。

以上五條，仰煤商一體遵照勿違。特示。

《礦務檔·奉天礦務·籌辦奉天礦務》依克唐阿《關外鐵路煤礦請歸商辦》

〔光緒二十三年二月〕奴才依克唐阿跪奏：「爲關外鐵路煤礦，現據富紳集資，呈請歸商開辦緣由，恭摺仰祈聖鑒事。竊據錦州協領文楷、署錦縣知縣增韞轉稱：在籍丁憂知縣用江蘇補用縣丞黎耀森稟稱：竊維保邦本以求賢爲先，闢利源以通商爲最。憶自外互市，舉凡招商立埠設電綫、建鐵路諸大政，無不講求美備，日異月新，然數十年，內地所用沙布、鉛、鐵、軍械等物，仍不免購自太西，即如上海等埠煤炭之需，亦皆由英日運售，良以中國素不重視礦務，遂致銀錢外溢，莫塞漏卮。今幸逢朝廷因時制宜，令弛礦禁，其蘆漢鐵路，准由商人資集承辦，現復簡派京卿督辦，而維持之，是於振興商務之中，隱寓體恤商艱之意。凡在食毛踐土，益當鼓舞奮興，力圖報稱。耀森曩昔遊幕各省，究心礦務，而於奉天道里之紓曲，礦産之富饒，有所素悉。上年四月間，由江蘇回旗守制，聞悉奉天開礦章程，招商承辦。伏查煤礦一項，爲內地要需，而錦州北山，及暖池塘一帶，處處煤苗顯露，庸積深潤，若仿用洋法辦理，似覺金銀各礦，更有把握。然通盤籌算，煤資鐵路運銷，鐵路資煤行鑄，二者必須兼籌並作，方有利益。但慮近海口岸不通，勢須由錦州起，建築鐵路，直達東南營口，造至旅順之搭連灣止，計程八百餘里。以此間水不封凍，可以設棧儲運，暢銷遠省，廣與開平運煤鐵路，兩無窒礙，且便官商冬夏往返。刻一再擬由營口鐵路建至瀋陽東北，達吉林省城，計程千有餘里，不獨接運俄國及該處土産貨物、大宗稅課，且南北聯爲一氣，可護根本而固邊圉，一。設遇有軍務，轉運兵餉器械，均加減收半價，二。轉伸投效，況一日千里，更不煩民而不擾利，三。核實約結礦路兩項資本，計開山造橋，建立碼頭車站，購用鐵木地基，並各項機器薪工等費，共需銀三千八百萬兩。奉省現值兵荒，而後商力維難，苦無同志會議，曾於京中會晤舊識紳商數人，談及一切，概允分款籌集。現已備成股本銀一千六百萬兩，僉欲耀森出名，稟請作爲商辦，即以此款開礦，並先請築造錦州營口及搭連灣一帶鐵路，並不在奉天招集外股。俟辦有成效，售股已多，再擬由營口造至瀋陽、吉林，擴充辦理。計期二年半，便可一律告成。如准開辦，擬即回京先提資本若干，偕同股友，就近由津購機器，延請洋匠礦師，匯款到奉備用。並祈飭知沿途地方官，及查礦委員，會同勘驗礦路地段，藉以保護。謹擬章程繪圖，懇請奏咨立案。暨聲明煤礦先行試辦二年，遵章納稅等情，協領等會詳前來。奴才因查該紳所集股款，爲數甚鉅，深慮其併合洋股，致將來收回官辦，轉多轇轕，批飭指明股商何人，款存何處，旋據該紳將分認集股各商姓名，及集股情形，據寔稟報。並據該紳謁見，面陳開礦造路辦法，具有條理。且稱股商悉係華人，並無洋股在內，惟求商本商辦，俾免掣肘等語。奴才伏查關外鐵路，實爲防邊要務，不容置爲緩圖。上年官修鐵路，甫至前所工岡台地方，遂以款絀從緩，若不改歸商辦，竊恐成效難期。現查蘆漢鐵路，已准設立公司，官督商辦，東陲邊備愈嚴，尤宜同時並舉。黎耀森所稟礦路兼興，先修錦旅，再造瀋吉，蓋以爲錦旅通，則銷煤之路暢；奉吉接，則邊地之勢聯，其意固在牟利。而國家因商造路，因路防邊，轉覺兩有裨益。惟核閱所擬章程，一切用人理財，商等自行經理，官不與聞，係欽遵光緒二十一年十一月二十日諭旨辦理。而每歲進款，除去利息經費，以十成之二作爲正稅，又以二十年爲商辦之限，是否與蘆漢鐵路章程相符，奴才無案可稽，相應請旨飭下總理各國事務衙門王大臣核議覆奏，以昭慎重。如蒙俞允，再由奴才查明該商股本，飭令出具並無洋股切結，並妥議詳細章程，奏明辦理。謹將黎耀森所擬奉吉鐵路，並錦州北山煤礦章程八條，敬繕清單，恭呈御覽。除咨呈總理衙門查核外，所有關外鐵路擬請歸商集資開辦緣由，理合恭摺具陳，伏乞皇上聖鑒訓示。謹奏。」

光緒二十三年二月十五日奉硃批：「該衙門議奏，單併發。欽此。」

謹將紳士黎耀森所擬奉吉鐵路，並錦州北山煤礦章程八條，敬繕清單，恭呈御覽。

一、籌議本利。此次所集貲本銀一千六百萬兩，訂以百金作股，長年官利六釐，由提銀開辦之日起，扣足一年，憑股摺支息一次。每年進款，除開支官利，及一切薪工經費外，以十成之二，爲鐵路正稅，按季解交奉天督署，報充軍餉，其餘爲股東及總事各總商等紅成，按分攤派。至煤稅一項，應即遵照奉省礦務章程，就近由查礦委員收解。所有礦路兩項簿據，按月一小結，周年一大結，無論贏絀，總期眉目清楚，以便公司查核，而免致弊混。

一、和協官商。查錦州爲官商兩路相接之區，凡有客貨運費，按里數計之，似宜官商一律。由錦州東去三十里之大凌河甸，尚有官局儲備石料房間，或由公司照現存木石件數議還價值，或宜商路取直另築，仍由官局自用，均須預爲籌及。其鐵路左右，向有民間道路橋梁之處，仍由公司自備工料，墊修完固，以便

行旅。

一、禁毁廬墓。查鐵路應用民田地基，自應遵章由官按畝給租，挖煤佔用山場，按畝給價。凡值廬墓，尤須擇地繞越，其無可繞越之廬墓，及無主孤墳，擬由公司厚給遷葬費用，或代擇地掩埋。倘有土匪藉端攔阻，糾衆滋鬧情事，應即由查礦委員會同地方官，彈壓究辦，公司人等不得恃强欺侮，以冀民商相安。

一、擇友任用。自總公司以至各路司帳友人，銀錢所關，自應慎重，准由萬金以上之股東，保薦老成穩練、精於核算者用之。總商務破除情面，推誠相與，不可任用私人，致滋弊竇。各友薪水勞金，仍須依照舖户條規，統俟年燈節後，公議量材撥給，分别去留。至礦師司事，及各項司役人等，先儘中國人擇用，倘違局規及不得力，無論華友洋友，均須秉公辭换，毋得瞻徇。

一、請發關防。查總商出名承辦，更兼用人理財，有統籌礦路全局之責。道途遠隔，呼應難靈，設遇有變通未便擅專之事，自應稟請上憲批示，或移商地方官辦理。擬請刊給總辦奉吉鐵路兼錦州煤礦商務木質關防一顆，俾昭信守。

一、預定年限。查承辦奉吉鐵路，現係商集資本，所有用人理財，暨一切辦法，並將來得利賠累，應由商等自行經理，官不與聞。現擬以二十年爲限，届期國家欲將全路收回，應請先期諭知商等，予限一年，趕將經手事件，料理清楚，聽候飭還股票價值，即將所有全路車站碼頭，及一切産業，如數交劃，不得遲延推諉。

一、兼辦義舉。查奉天自兵荒以後，地方貧户甚多，施粥捨衣，每歲費鉅甚。礦路如果開辦，沿海一帶貧民，可即以工代賑，商股負販，更因碼頭興旺，有利可圖，惟錦州讀書寒畯，專攻舉業，罕識時務。每歲議由礦路贏餘項下，先提百分之二，以一半撥充書院，獎賞膏火，並設洋務學堂，招選聰穎子弟，分習格致、算學等業，以一半津貼各署經理礦務書吏心紅紙張，兼充各項善舉經費。由本省所興自然之利，仍使本省分潤之，庶人以觀感，元氣自培。

一、明定保奬。查建路開礦，事體重大，殊非尋常商務可比，既須保全貲本，尤宜歲輸大宗税課，量材分任，各有責成。在不得用者，既准辭换，而辦事實心，真能得力者，尤貴有以勸之。現議工竣，及以後每届三年，如有成效可觀，自當遵照光緒二十一年十一月二十日上諭，擇其尤爲出力者，會同地方官詳請保奬，以示鼓勵。

光緒二十三年二月十五日奉硃批：「覽。欽此。」

又總署收户部文《會議盛京將宣奏陳關外鐵路煤礦請歸商辦事開列滿漢堂銜》〔光緒二十三年〕三月二十日，户部文稱，爲片呈事。准總理各國事務衙門，將會議盛京將軍依奏奉天關外鐵路煤礦請歸商辦一稿，送部會畫前來。本部現經畫齊，相應將會奏稿一件，並開列滿漢堂銜，片呈貴衙門查照。俟定有具奏日期，務於五日以前，知照過部，徑投山東司，以便會奏可也。

照録堂銜：

大學士管理户部事務宗室麟書，經筵講官户部尚書宗室敬信，户部尚書翁同龢，降二級留任又降一級留任革職留任户部左侍郎立山，户部左侍郎張蔭桓，出差。署户部左侍郎吏部左侍郎宗室溥良，户部右侍郎陳學棻。

又外務部收增祺等文《俄員催訂奉省煤礦合同》附《開辦煤礦合同十二條》〔光緒二十七年〕九月初十日，盛京將軍增祺等文稱，竊本年七月二十三日，接鐵路總監工吉利時滿函稱：「奉天全省煤礦，請照總監工茹格維志、幫辦依格那其烏斯，與吉林長將軍定妥合同章程，一律辦理等因。旋准寄到所訂合同章程十二條，請爲仿辦。當經派員前往抄録合同章程，核對尚屬相符。正在核復間，兹於九月初三日，該監工吉利時滿來省會晤，仍申前議，請即照訂合同。祺等當告以現在一切事件，均須聽候北京妥議遵行，未敢擅自擬辦。且奉天三陵所在，開礦一事，亦與吉林情形不同，現在自應緩辦。而該監工堅請照允，且謂渠在奉多年，深知奉省煤礦垂涎者多，中俄邦交，現在和好重敦，自宜彼此盡力維持，以保利權。若不早爲訂立合同，恐稽時日，將有他國闌入，難以阻止之虞，否則由俄提派武官來辦，此事日後亦更棘手。又謂如於陵脈有關，三十里内，決不開採等語。查煤固爲鐵路必需之物，此次合同所開，亦係專指煤礦一項而言，從前鐵路章程雖准附近採煤，惟此則關涉全省。據稱吉林合同業已訂立，究竟是否奏經飭議核准，並未奉有明文，固不敢擅允照辦。而彼乃催促甚亟，若輒與齟齬，又恐於勢局不無關礙，自應欽遵諭旨，隨時商請王爺指示如何辦法，期臻妥協。用特照抄合同章程，耑員賫呈，敬懇迅賜核示，俾有遵循，是所切禱。」

照録清摺。謹將吉利時滿送到吉林與俄員茹格維志所定《開辦煤礦合同章程》，照抄呈鑒。

計開：現應節省保守吉林全省林木，俾鐵路公司及吉省居民得有裨益。大清東省鐵路公司總監工茹格維志，於俄曆一千九百零一年七月初二日，華曆光

緒二十七年五月三十日，特令全權代辦達聶爾，與欽命吉林將軍長，改定俄曆一千八百九十八年，英真聶爾亞乃爾脱所定考查煤苗，開採煤斤合同，應定各款，開列於下：

第一條，中國東省鐵路公司有權不有阻攔採看開挖吉林省於該路便益之煤礦，興工開挖，應用何法，均由鐵路公司酌奪自定。

第二條，採看煤苗，開挖煤斤，鐵路公司有獨擅之權。如煤在鐵路兩旁各三十里之內，或華人，或洋人，或華洋同辦人欲行採開，無鐵路應允，均不得准行。鐵路兩旁各三十里外，如華人請辦煤斤，由將軍主持，不必知照鐵路公司。如洋人，或他項公司，或華洋人同辦，均須知照鐵路公司，俟公司復稱不用該處，始可允准。其鐵路兩旁各三十里，如遇煤礦，鐵路欲行開挖，應先知照吉林將軍，或鐵路公司獨辦，或中俄合辦。

第三條，凡鐵路公司自開之煤，左近居民可至煤窑，價買煤斤，惟各處情形不同，價值自難一律。某處何價，均應由哈爾濱鐵路公司酌定，開單通示，一面知會哈爾濱交涉總局，亦行通示華民。

第四條，如遇尋得煤苗之處，相近或房子三五所，或小塊墳塋不過十墳之塋地，而其地必須應用，則鐵路公司可向地主房主商酌移房移葬等事。該價值必須兩相情願，而哈爾濱交涉局員均當幫助。

第五條，開挖礦洞，遇有大塊墳塋，須離半里外開採；大村莊計十數家往上者，應於一里外開作；多大商大户之村鎮，當於二里爲限矣。

第六條，凡損壞種植之地，鐵路公司照買地處章程之價，付給地主。如踐壞青苗，鐵路公司應以公司與業主彼此酌定價值之數償給。

第七條，凡已經開挖而詳考不能合用之地，除鐵路公司自置外，均當仍爲填平，或不必填平，則將所毁之地按照鐵路買地處章程之價償給，償錢後其地仍歸原業主。

第八條，開挖煤礦興工時，如應建造房屋，其應砍木料，或在所指地段之中，或在界址之外，如係民地，應償價值，均以彼此酌定之數償價。如係官地，則坎下之樹，每株價值，應照光緒二十四年五月初七日，俄曆一千八百九十八年六月初十日，吉林將軍與威勃爾定立合同第六條所定之價償給。並砍伐本料其餘一切章程，亦按該合同所定辦理。

第九條，開出之煤，每千斤鐵路公司交納吉林銀八分，每年分四季交納：第一次，俄三月底；第二次，俄六月底；第三次，俄九月底；第四次，俄十二月底。又每一作工煤洞，每年交納山課銀十七兩六錢四分，此項山課，於俄六月底一次交清。

第十條，凡鐵路公司與各該處華民有膠膈不清，商議不合之事，均歸哈爾濱鐵路交涉總局查核定辦。

第十一條，以上章程，係專爲鐵路公司自開之礦而定，其華人自辦之礦，無論新舊，無論何處，均仍歸中國舊章辦理，鐵路毫無干預。

第十二條，以上合同，應繕兩分，用華、俄文字。吉林將軍長與全權代辦達聶爾畫押畢，仍送總監工茹格維志、副監工依格納齊烏斯畫押，然後吉林將軍存查一分，總監工存查一分。

又外務部收增祺文《劉春溥等與俄商私訂開採五湖嘴煤礦合同》附合同十條

〔光緒二十八年〕五月十八日，盛京將軍增祺等文稱，據復州五湖咀西票商劉春溥劉春陽稟稱：「商等曾祖父於乾隆年間，曾請領有龍票一張，承辦復州五湖咀西界煤礦。現因無力開辦，情願將龍票一張，與俄商汝華托扶司克、俄紳利倭夫合夥開辦。所有開辦合同，現已議定，其一切辦法，均遵從礦務新章辦理，商等與俄紳商均無異言。再此次龍票係從前業經奉准開辦之案，現在自應仍照前開辦，以免躭延時日等情。」復准辦理交涉事務俄員廓羅潤洛弗照會：「敝國瓦詩禮國福第一等商人汝華托扶司克，並代理俄紳利倭夫事務，現於俄曆本年五月十二日，會同五湖咀煤礦業主劉春溥、劉春陽，訂妥開採該處煤礦合同，鈔請蓋印立案等因。准此，查合同蓋印，向來無此辦法，已與俄員商明，勿庸蓋印。除批飭暨照覆外，相應鈔粘合同並批，備文咨呈貴部，謹請查核。希即見覆，以便飭遵施行。」

照録合同。

立合同華商劉春溥、劉春陽，俄商汝華扶司克俄紳利倭夫會訂合同如左：

一、劉春溥、劉春陽情願將從前承辦之復州五湖咀地方西界煤礦龍票，與俄商汝華托扶司克，暨俄紳利倭夫合夥開辦，所有議定章程各條，開列於下。

二、開挖地段，均照龍票所載四至，不得多佔。其挖出之煤，或運售或存廠，均歸汝華托扶司克利倭夫酌奪辦理。或開或止，劉春溥、劉春陽均不得阻止。

三、挖出之煤，按百分之八提歸劉春溥、劉春陽，作爲股分應得之利。其繳中國税課，統由俄紳商汝華托扶司克等，按照中國外務部奏定章程，自行籌繳，不得抗阻。

四、此項煤礦，或集股合辦，或設股票公司，均由汝華托扶司克等酌奪辦理。如欲推廣辦理，建造廬舍、廠房、作房及小車運道，均可隨時由汝華托扶司克等酌辦。惟如欲添造鐵路，須稟明中國國家，聽候核准，始可開辦。

五、未定合同以前，在出煤地段界内，劉春溥、劉春陽原有之華式房屋及別項廬舍，自在興工採煤限内，均歸汝華托扶司克及利倭夫住用，一俟該紳商開採完竣，仍行歸還業主劉春溥、劉春陽收管。

六、所有開採一切章程，均應按照中國外務部奏定章程辦理，不得別生異議。

七、此項煤礦地段，原係中國土地，汝華托扶司克等不得藉開採之故，佔據該地。如不開採時，應將所有地段，交還劉春溥、劉春陽，轉交地方官，報明立案。

八、此項龍票，係從前承領，現在雖可照前開採。惟定有礦務新章，應請盛京軍督部堂據情轉咨外務部，聽候核辦。外務部覆到時，應如何改定，並應遵照辦理，不得別有異議。

九、此項煤礦，本係華商原領，現在該紳商夥辦，應由華商稟明立案。

十、以上所訂合同，照繕華俄合璧四分，遇有辯論，則以俄文爲證。

大清光緒二十八年四月十八日，俄曆一千九百二年五月十二日。訂於省奉天。

批據稟該商等以龍票一張。與俄紳商汝華托扶司克利倭夫合夥承辦復州五湖咀西界煤礦，其一切辦法，均照礦務章程辦理，請仍請照前開辦各等情。姑如所請，暫准照前開辦。惟現既定有礦務新章，自應查照咨行外務部聽候核辦。一俟部覆到日，再行飭遵。其合同所開各節，並應遵照，不得別生異議。繳。合同結存發。

又外務部行增祺文《五湖嘴煤礦合同應飭劉春溥等與俄商詳細商訂》〔光緒二十八年〕六月初一日，行盛京將軍文稱：「【略】本部查該商劉春溥等所訂合同，既係華俄合辦，何以第二、第四條銷售煤斤設立公司等事，均歸俄商酌奪辦理，華商不得與聞？第三條挖出之煤，按百分之八提歸劉春溥等，作爲股分應得之利。究竟該礦約估股本多少，劉春溥等所交地段值抵股分若干，均未分晰聲叙。第四條建造廬舍廠房作房小車運道，均可隨時由俄商酌辦，此項地段，如係界外之地，應行分别完納租課。第七條劉春溥等原有房屋及所交地段，俟俄商開竣後，仍歸還業主，而於該礦開採若干年限，並未載明。究以何時作爲開竣，事關華洋合辦礦產，亟應切實聲明，以免弊混。相應咨行貴將軍，查照本部所指各節，轉飭該商與俄員詳細商訂，聲復到部，再行核辦可也。」

又外務部收增祺函《俄員請辦礦務暨木植情形》〔光緒二十八年〕十月初三日，盛京將軍函稱：「東三省礦産，久爲外人所羡，俄尤不肯鬆手。吉江兩省礦務，曾各訂有草約合同，奉省幸賴隨時指示，藉得稍有補救，無如拒之屢而請者不休。計自上年以來，初有廓米薩爾照會，仿吉林開採全省礦務之請；繼則該鐵路監工，復有擬照吉林開採煤礦之請，均已奏奉諭旨，飭議在案。本年三月，哈爾濱總監工，仍遣其代辦來商，又擬照黑龍江現定煤礦辦法，訂有合同，雖經力辭，而該代辦總懇轉達貴部，如不允，即可作爲罷論。並據函稱：未經訂立合同之先，除道勝銀行而外，請勿許與他人開辦等語。祺等以屢次瀆請，事涉爲難，是以爲之延擱，迨於四月，承准議復。上年九月，該監工所請在奉天全境開採煤礦鐵路三十里爲限，以外無論何人開採，該公司不得預聞。隨即轉告，頗不謂然，且云：東三省現爲俄佔，豈能一毫利益不得。未幾駐奉俄員，即以俄商指採各礦，屢次照會前來，雖儘駁而儘請，蓋有預爲指佔之計，倘日後或別許他人，彼將有所藉口。昨於七月，又奉到議復上年五月具奏，仿照吉林礦約，應按照部議改訂辦法，再與俄員商改等因，當經一面咨詢吉林，一面知照俄員。而前辦通懷礦務委員阮毓昌，已合英商遠來洋行，入股稟請開辦前來。該俄員乃亦以道勝銀行與商人梁顯誠合股設立公司爲請，並云奉省各礦四百餘處，此不過十之一二，其中亦未必盡屬堪作之礦，或再於他處另覓數處，便可了此一局，不惟瞽口可以早交，即宫殿亦可克期交出。當查所指處所，雖屬較多，究與包括全境大不相同，是以不得不據稟轉咨。現奉駁查，已經札飭該商人，聲復酌減，俟稟到日，再爲咨呈核示。此俄員近來商辦礦務情形也。【略】至於此時外交政策，究應如何措置，因應攸宜，仍祈藎籌，迅賜指示，以免別滋釁端，易爲切禱。專此肅布，敬請崇安。」

再，本年三月，哈爾濱鐵路總監工代辦達聶爾照會一件，暨所請仿照江省訂立合同稿底一件，附録呈閱，用備查核。

照録清摺。大清東省鐵路公司全權代辦達，爲照會事。照得數日前會晤貴將軍時，承示鐵路在奉省各處開採煤礦合同，於未奉北京明定奉天通省煤礦章程之前，一時未便畫押等因，敝代辦當即照遵。惟當此鐵路貯待北京允准回文之時，竊恐較好煤礦，他人或得准予開採，然貴將軍洞悉鐵路應用煤斤，關係兩國利益，故面允敝代辦，於未奉到北京回文之前，無論中外人民，概不准予開採煤礦。並承示設或鐵路指明欲在何處開採煤礦，則貴將軍當立行批准等因。敝代辦即將以上各節，密電茹總監工。當接復電謂：鐵路關係兩國國家之事，開辦時定立通行合同。故此次開採煤礦，亦須定立通行合同，不必指定何處。茹總監工深爲感謝貴將軍允於鐵路煤礦合同未定之前，不准別人開採，惟道勝銀行係爲商務而設，應請貴將軍於奉省煤礦獨准其開採。無論專指何處，該行均可承辦也。爲此照請貴將軍准予道勝銀行開採伊路煤礦，並請貴將軍於未定鐵路煤礦合同之前，除道勝銀行外，不准別人開採煤礦各節，照復敝代辦，以便轉呈總監工存案可也。

右照會欽命鎮守盛京等處將軍奉天總督部堂增。

光緒二十八年二月二十二日，俄曆一千九百零二年三月十八日。

大清東省鐵路公司全權代辦達，爲照會事。照得敝代辦上次抵省，與貴將軍商訂鐵路開採煤礦合同時，貴將軍面允敝代辦，於鐵路煤礦合同未經北京政府核准之前，不給他人開採各處煤礦。其時貴將軍函致總監工，聲明於鐵路煤礦約章尚未奉到明文之前，不給他人開採煤礦等語。而華俄銀行亦未提及，敝代辦意爲此函語氣或有遺漏之處，爲此照請貴將軍續行函致總監工，聲明于鐵路煤礦合同未經北京核准之前，除道勝銀行以外，所有奉省煤礦，他人概不給予開採，爲此照會。須至照會者。

右照會欽命鎮守奉天將軍盛京總督部堂增。

光緒二十八年三月二十七日，俄曆一千九百零二年四月二十一日。

照録清單。大清東省鐵路公司總監工茹格維志所派全權代辦達聶爾，於俄曆一千九百零二年正月初一日，即華曆光緒二十七年十二月初五日，與欽命署理黑龍江將軍薩訂定現時合同各條列後：

第一條，茲因欲保江省林木，由黑龍江將軍給予鐵路公司勘挖煤礦無阻之權，其勘挖應在何處，應用何法，均由公司自行擇定。

第二條，勘挖煤礦之時，應照下附三條辦理：一、在鐵路路綫兩旁各不過三十華里，鐵路有勘挖煤礦之專權。二、如遇洋人或別項公司，或華洋合股，欲在鐵路兩旁各三十華里以外勘挖煤礦，將軍允於未准之前，先與鐵路公司商議。三、如鐵路公司欲在路綫兩旁各三十華里之外勘挖煤礦，鐵路有儘先之別，惟須遵照中國通行之開辦煤礦章程辦理。

第三條，爲不失煤礦一帶居民礦産燒料，鐵路煤礦周近之村民，可向鐵路公司購買煤斤，惟各處礦情不同，應按總公司定價辦理。其價目俟總公司酌定後，一面布告大衆，一面知會哈爾濱黑龍江鐵路交涉總局証驗。

第四條，如所擇挖煤地方鄰近一帶村屯有院落不過五家，或墳墓不過十塚之數，鐵路公司可向地主墳主商酌遷移及給價等事，應給價值必須兩相議允，並由哈爾濱黑龍江鐵路交涉總局從中協助，以資公平定價。

第五條，凡煤礦如有大塊墳墓，至近可讓華里半里；如遇村屯有院落十家以上者，至近讓出華里一里；如遇商務大鎮市，至近讓出華里二里。

第六條，凡損壞種植之地，鐵路公司按購買鐵路路綫內地畝價值付給地主。如損壞青苗，鐵路公司應與地主和衷再議價付給。

第七條，凡在某處已經開挖之坑，後經停止工作者，應由鐵路公司出貲填平，或由公司將損壞之地給價，其地亦仍歸還原地主。

第八條，凡一切木料爲建造應用及與別項應用者，並所指勘挖煤礦界址內外砍伐木植，如係民地，應與地主和衷議價付給。如在官地砍伐木植，應照買價或包工之價交給黑龍江官課每百分之八分。

第九條，所有鐵路公司應用開出之煤，每千華斤交給江省官庫江秤銀八分，每年按俄曆三月底、六月底、九月底、十二月底分四次交付。此外每開一煤洞，鐵路公司每年於六月底交納江秤銀十七兩六錢四分。

第十條，凡鐵路公司與官民未能辦結之一切事件，及挖煤工次所出誤會等情，均歸哈爾濱黑龍江鐵路交涉總局辦結。

第十一條，以上章程，係專指鐵路公司自開之煤礦而定，其華人自辦之煤礦，無論新舊，無論何處，均仍中國舊章辦理，鐵路毫無干涉。此項章程，係專爲關涉産煤地方，並不兼涉一切別項礦産。

第十二條，現立合同用華俄法文字繕寫兩分，經署黑龍江將軍薩及總監工全權代辦達聶爾畫押畢，應由東省鐵路總監工茹格維志、副監工依格納齊烏斯一體畫押，然後黑龍江將軍與總監工各存一分。

倘遇辨論，以法文爲准。

大清光緒二十七年十二月初五日，大俄一千九百零二年正月初一日，欽命署理黑龍江將軍薩押，特派東省鐵路公司總監工茹押，副監工依押，總監工之代辦達押。

又外務部收增祺等文《李席珍擬請華俄合辦尾明山煤礦》〔光緒二十九年〕二月十八日，盛京將軍增祺等文稱，案據候補知府李席珍、副都統銜協領連中稟稱：「竊維奉省辦理善後，需款浩繁，凡有地方自然之利，自應即時興辦，以裕餉源。職等採勘得遼陽屬界尾明山舊有煤礦一處，東至五頂山，西至打魚溝，南至車道，北至張家溝，煤質尚好。商人李順清等開採年餘，只緣資本太少，不甚得利。職等現備實銀一萬兩，並據俄員紀道夫願入實銀一萬兩，共集股本銀二萬兩，開設天利公司，妥爲接辦，所有應納落地之税，報効國家之款，以及提繳礦務總局辦公之項，悉照外務部奏定礦務章程，隨時呈交。職等已與俄員紀道夫代辦事務之記名提督周蘭亭商訂明確，按年所得花利，按照兩股均分，倘有虧賠，亦照兩股均攤，此係兩相情願，各無返悔。除公立畫押騎縫合同二紙，華洋兩股各持一紙收執外，理合稟請憲台鑒核。如蒙恩准，該處係曾經奉准開辦之礦，擬請先行接辦，並懇咨照外務部立案，分飭遼陽旗民地方官實力保護，實爲公便等情。據此，除批示並分行外，相應鈔粘合同并批咨呈大部，謹請鑒核賜覆施行。

照録合同。立合同人李席珍、連中、紀道夫、周蘭亭爲公立畫押騎縫合同事。情因華員李席珍、連中出瀋市平實銀一萬兩，俄員紀道夫代辦周蘭亭出瀋市平實銀一萬兩，共集股本實銀二萬兩，開設天利公司，接辦商人李順清等所遺遼陽屬界尾明山煤礦一處，東至五頂山，西至打魚溝，南至車道，北至張家溝。合同議明，礦場一切事宜，華人經理，洋人稽查，總期有益無弊。所有應納税則，提成報効，均遵外務部奏定礦務章程完交。每年所得花利，除支銷外，按照兩股均分，倘有虧賠，亦照兩股分攤。此係兩相情願，各無返悔，除稟明盛京將軍奉天總督部堂增，鑒核批准，咨照外務部立案外，爲此公立畫押騎縫合同二紙，華洋兩股各存一紙爲執。須至合同者。

計開：

一、尾明山現有商人李順清等，所遺煤井八處、水井三處、風井三處、草房四十餘間，暨煤井内架木。議於初年結賬時，秉公酌給價值。至所遺一切應用器俱，核實估價，於開工時照數給發，以昭公允。

一、承辦礦務，議設總董一人，月給薪水銀八十兩；幫董一人，月給薪水銀五十兩；礦長二人，各月給薪水銀三十兩；司事四名，各月給薪水銀十兩；書手四名，各月給薪水銀六兩；丁夫二十名，各月給工食銀五兩；伙夫二名，各月給工食銀四兩。

一、在場稽查礦務之洋人，無論幾名，每月共支之薪水，不得逾八十兩之外。

一、公司應需房租日用膏火糜費，以及派人外出辦事車價盤費，一切襍支等項，實用實銷，不准稍有浮冒。

一、公司所用一切人夫，務須取具妥實承保，如有舞弊滋事侵欺等情，均由承保包賠。

一、華洋股東以及執事人等，均不准挪借公款。

一、本銀二萬兩，作股二十分，總董作股一分，幫董作股八釐，礦長作股五釐。按月所支薪水，於結賬時由應分利銀兩扣還，若所分利銀不敷扣還，從寬免追。

一、應納落地之税，報効國家之款，均照外務部奏定章程交納。

一、每年結賬時，除開支一切花銷外，於所得利銀内，提還本銀二千兩，利銀四千兩。其餘利銀，再按銀股身股分潤，倘所得利銀不敷提還本銀，隨時再行公議也。

一、此外如有未能議盡事宜，遵照外務部奏定章程，參酌本公司礦務情形，隨時增損，以期盡善。

公立合同人：李席珍、連中、紀道夫、周蘭亭。

光緒二十八年八月　日公立。

批據稟該職商等既稱李順清所開尾明山煤礦，資本太少，不甚得利，現與俄商紀道夫共合股本銀二萬兩，接辦此礦，并將公同訂立合同底呈閲，懇請咨行外務部立案，及飭該地方官保護等情。查礦務新章，凡開採各礦，須咨行外務部核議，俟覆准方能開辦。惟該礦廠係屬舊辦之處，已經李順清將前領票照繳銷，准其先行接辦。至應納税款，一切務當遵照奏定新章辦理，不得稍有玩違，及隱匿以多報少等弊。仍將接辦日期呈報備查，候咨行外務部查核，一俟覆到，再行飭遵。并候照會駐奉俄交涉大臣查照。繳。合同存發。

《礦務檔・奉天礦務・奉天中俄礦務交涉》總署收增祺文《東省鐵路公司擬在奉天狼洞溝開採煤礦》 光緒二十五年十二月初六日，收盛京將軍增咨稱：「案查東省鐵路公司，擬在奉天遼陽州屬界狼洞溝開採煤礦一事，本年四月，接奉三月二十日盛字十三號密示，並與格使來往照會，及寶全德末次稟劄各抄件。當經護理將軍文等，將此案商議辦法，以及印委各員覆稟，衆商呈詞，録呈鈞鑒。聲明俟此次委員查覆，再行據實奏聞，隨飭交涉局派員前往，會同遼陽尉州查訊。旋據該員等稟稱：訊據煤商李潤、劉禄秀、祝恩隆、赫松林、趙曲氏、王心、王會、韓潮聲稱：先人領票開採，不願租給俄人，亦無稱有停辦之處。稟覆經本軍督部堂會同副都統晉，前府尹恒晤商俄國鐵路監工吉利時滿，以狼洞溝恐歸彼開採不便，再四婉商，未能就緒，於五月間業將此情電達貴衙門在案。嗣據交涉局稟報，吉利時滿聲稱，在狼洞溝租票兩張，開採煤觔。又准提督周蘭亭送到公司所立礦産字據，内開李祝赫趙四姓，將大窑樊盛堡化家窪老虎嶺四段山場，作價四萬吊，情願兑與公司，永遠爲業。復經節次派員會同地方官確查，據稟傳訊煤商李潤、劉禄秀、祝恩隆、赫松林，據稱實因賠累不堪，公司願爲包賠，情願租給開採等語。該委員等與吉利時滿酌擬抽税一切大概章程十條，稟送前來。查吉利時滿在狼洞溝採煤，當因歸彼開採不便，且所佔俱係有主之窑，雖鐵路所需，亦不能奪我地方人民之利益，故與設法磋磨，以期駁阻。乃煤商李劉祝赫四姓，既因賠累不堪，租給開採，自可查照《鐵路條約》，通融辦理。現在照抄印委各員查覆原稟，並將委員與吉利時滿酌擬抽税一切大概章程十條，備文咨呈貴衙門，謹請查核，分別備案示覆，以便飭令委員再與吉利時滿復商，畫押開辦。須至咨呈者。」

計咨呈照抄印委各員查覆原稟。委員酌擬章程。光緒二十五年五月十一日，據奏辦奉天交涉事務總局爲呈報事。案據提調委員寶陞、署遼陽城守尉廣齡、署遼陽州知州陶懋恭等稟稱：「奉委會查狼洞溝煤山票商，是否現僅五家開挖，其餘三家停辦之處，迅速查訊情形，詳細稟覆。以憑詳報等因稟辭後，遵即馳赴遼陽。職齡卑職懋恭，亦奉札示，遵即會傳到案。訊據該煤商李潤、祝恩隆、赫松林、趙曲氏、王心、王會等聲稱：先人領得龍票，歷年開採煤觔，賠累若干，現時工廠均不能租與俄人等語，大略相同。惟韓潮稱，於本月十一日，有俄通事李植昭，率領多人，硬行刨挖，業經赴案喊控，未蒙示遵，現時雖暫停工，秋季仍復自做等語。劉禄秀稱係孫錫章、劉玉盛二人，因先刨挖賠累，暗將洞孔私招俄人工做，伊不知情，然亦始終不願租給俄人等語。職等研訊再三，均無異詞，亦無稱有停辦之處。隨分晰取具押結四紙，理合聯銜稟送查核，轉詳批示等情。據此，除批示並將呈到煤商原結四紙，附卷備查外，理合具文呈報憲台鑒核施行。須至呈報者。」

光緒二十五年六月二十四日，據奏辦奉天交涉事務總局爲呈請事。竊奉憲台交據提調委員候補協領佐領寶陞、署遼陽城守尉副都統銜協領廣齡、署遼陽州事鐵領縣知縣陶懋恭等稟稱：「竊職陞於五月三十日，接奉交涉局札飭，案奉督憲面諭，昨據吉利時滿聲稱，在狼洞溝租票兩張，開採煤觔，以應鐵路需用等語。查狼洞溝票商八家，究係何人租給，派員速爲查明，稟覆核奪等因。奉此，派職馳往遼陽，會同尉州立將該處舊有煤票若干張悉數驗明，究係某張租與俄人，是否原票領名後人經手，其中有無別情，詳細查訊明確，迅速稟覆，立待呈報等因。蒙此，職齡卑職懋恭，亦蒙札飭前因，遵即會傳該票商等，並令隨帶官票，呈驗去後。茲據原派兵役，將票商韓潮之孫韓玉綬、劉禄秀、王心、王會、李潤、赫松林、祝恩隆、趙曲氏傳到，訊據韓玉綬供稱：生伯祖韓穆，於道光二十年，領得磨臍山龍票一張，自作煤礦，賠累八十餘萬，國課不欠。去歲冬間，有俄人因設鐵路，欲開煤礦，屢經各憲派員查訊，生祖韓潮以賠累若干，礙難退讓。歷次堂訊，疊具供詞。至今春俄通事李植昭，率領數百人，未商生片語，硬在票内界址開作土工，本地居民與舊有窑户，意在械鬥。生祖以事出情急，屢行勸解，雖蒙尉州兩署稟請上憲，事經兩月，未奉批回。生祖韓潮於六月初三日，赴省呈請，刻下未歸。而李植昭來生家，自投名片三次，並未與伊覿面，伊反在省捏稱生祖兑與票山等情。今蒙查訊驗票，生家龍票實係未租未兑，懇恩永守原業，免被覇佔等語。訊據劉禄秀供稱：伊先人劉恩明，於同治四年間，領得茨兒山東北煤山一座，發給龍票收執，歷年照章納課。自伊先人領票以來，至今賠累三萬餘兩。去歲九月間，伊招得山東客民孫天成、劉玉勝窑户二人，採做煤觔，言明按股給伊抽納，並未寫立租做等據。是年冬間，鐵路公司俄人欲將伊一帶煤山，開採煤觔。蒙傳伊與各商等審訊，業將不願租給俄人等情供明在案。詎於本年四月間，孫天成等背伊偷將此山退給俄人開採，並聽聞孫天成等受得俄人銀兩幾錠。伊情急找向孫天成等，以伊煤窑不應私租轉兑，如不願做，理應交還原業之言，向其理論。孫天成等橫不講理，俄人當在此山硬行開採，伊阻止不服，赴案供明，迨後劉玉勝逃逸無踪。五六月間，俄國李通事向伊商懇數次，稱

欲租兑此山，伊總未應允。今蒙會訊，俄人入山開採，實係孫天成等私行退給，伊委無應允租兑情事，龍票既蒙驗明，惟求詳明，俾免失業等語。訊據王心供稱：伊先人王志芬，於嘉慶十七年，領得鏵子嶺龍票一張，於光緒二十一年冬間，租與復昌義、同合義、萬盛德等號，開做煤觔，並未租與俄人。據王會供稱：伊先人王志廣，於嘉慶十七年，領得茨兒山西南龍票一張，向係自行開做，後招佃户合夥採挖。每年夏季，雨水連綿，難以開採，迨至秋後興工，並未出租他人。又據同供，伊等不願租與俄人，前經供明在案。今蒙傳訊，伊等即持龍票兩張，呈請會驗，惟求轉詳，俾伊等各守本業，以資生活，免被俄人覇佔等語。訊據李潤供稱：伊先人李申，於嘉慶十七年，領得大窑煤山一座。據赫松林供稱：伊先人希拉布，於嘉慶十七年，領得化家窪煤山一座。據祝恩隆供稱：伊先人祝天福，領得樊盛堡煤山一座。據趙曲氏供稱：伊故夫先人趙卓峰，領得崔家溝煤山一座。又據同供，伊等先人自領票後，開採煤觔，每年照章輸課，均無拖欠。上年十二月間，俄人因修鐵路需煤，欲在伊等票山一帶，派工興作，當蒙派員查訊。伊等因賠累若干，不願退給俄人，業經供明在案。本年三月間，俄人硬在伊李潤票山埋樁，欲作煤觔。又於六月初間，俄通事李植昭，行至伊等家中，説奉鐵路公司總辦之諭，租作煤窑，每張票願給押租銀一千兩，令伊等出立字據，伊等均未應允。今蒙會訊，實有李植昭向伊等欲租煤窑，伊等未敢應承，祇求伊等煤山不令他人强佔等語。並據各商等將所領官票八張，當堂呈驗。職等因思官票既在各商等自行收執，且訊無出租情事，其爲並未租給，毫無疑義。當將原票分别發還，除分禀交涉局外，所有職等會同驗訊狼洞溝等處八家票商，並未租與俄人開採緣由，理合會同禀請查核，俯賜批示祇遵，實爲德便。再職陞於發禀後，即行回省銷差，合併聲明等情，交局核辦前來。查前因鐵路幫辦俄員吉利時滿來省面稱在狼洞溝租票兩張，開採煤觔等語，當經詳請委員，前往會查。今該委員與旗民地方官等所禀，會同驗訊狼洞溝等處八家票商，並未租與俄人開採。正在核辦間，又准周軍門蘭亭，於本日送到大窑等處與鐵路公司所立礦産字據，内開立字據人李雨田、祝恩隆，兹擬將名下大窑樊盛堡山廠二處龍票二張，又赫松林名下化家窪山廠一段龍票一張，又赴舜臣名下老虎嶺山廠一段龍票一張，統計龍票四張，山廠四段，作價東錢四十萬千整，情願兑與大清東省鐵路公司礦務總局名下，永遠爲業。現蒙莫里礦師發電總辦，一俟回電，如准承頂，即時定奪，錢票兩兑，無得臨時反悔。當時收到東錢四萬千整，作爲定錢。今欲有憑，立此存證。光緒二十五年六月初七日，李雨田、祝恩隆。如德昌義有爲難，由礦務總局妥辦，此據等語。綜核情形，殊屬兩歧。查條約内，原有准鐵路公司就近開採取煤之説，惟不得弗與商民議妥，硬行覇佔。此事未可粉飾塞責，揜耳盗鈴，應請再飭該尉、州速傳該村鄉約，暨各窑户附近之鄰右數人，訊明究竟煤窑果否租給鐵路公司，各窑户商售價銀及已受定銀若干，現在該窑如何工作情形，諭以據實聲明。倘暗中業允租兑，陽復託辭不願，致憑衆供出示封禁，轉多窒礙，好言開導，真情據實詳報。若該票商等始終並未將煤窑租與鐵路工作，亦即會同加結聲覆，以憑核辦。理合具文呈請憲台鑒核，轉飭遵辦施行。須至呈者。光緒二十五年九月二十七日。據遼陽城守尉唐齡、遼陽州知州陳衍庶、委員補用道朱樑濟謹禀：督憲將軍麾下：敬禀者：竊職齡、卑職衍庶、職道樑濟等，於二十四日，將窑商業主李潤、劉禄秀、祝恩隆、赫松林傳集到案，會同訊供。據稱，實因賠累不堪，公司願爲包賠，情願租給公司採辦，並無年限。惟祝恩隆供稱：銀兩尚未敢領，俟訊供後，再行往取不悮。具有供結四紙，由卑職衍庶遞送交涉局存查。此外窑商業主四家王心、王會、韓潮、趙曲氏，亦皆到案，訊稱煤礦各家，均有界限，不致牽混。又據韓潮云，公司甚不説理，並未議定租價，硬來刨挖，如該公司不願租辦，求將其身窑趕爲讓出，或將身歷年賠欠之項，公司代爲包賠，身等亦願租給公司云云。昨並有礦師莫理，帶通事一名，經卑職衍庶會晤，據稱，現係做大清國東省鐵路之礦務，並無俄人字樣，先行試辦，尚未運到機器，實與該業主説明，並非覇佔强租，催請軍憲派員收税出示云云。卑職衍庶答以該窑願租給公司與否，全在百姓自行情願，官不能勉强勒允等語。除由職道樑濟函請周軍門來遼會商外，先此公同具禀，祇請福安。伏乞鈞鑒。職齡、卑職衍庶、職道樑濟等謹禀。」

兹將交涉局委員等酌擬抽税一切大概章程十條，抄呈鈞鑒。

計開：

第一條，公司採煤，原爲東省鐵路火車需用，與民間售買，納課報税，無違開礦章程。應由奉天交涉總局派員，於煤廠要處分立局所，總司鐵路礦務事宜，以專責成，而免賠悮税課，並藉資保護公司。

第二條，凡公司指定開採之煤窑，有業者先須與業主商明，或租或兑，議妥價值，作立合同，再由該局會同地方官，驗明查核禀詳，如果兩相情願，始准照辦。煤廠包圍之畝以及毗連之窑廠，如業主不願出售，即聽其自便。如情願

售與公司，公司自應公平給價，照章核辦。

第三條，公司踏定之煤廠，地基不得過寬，以敷用爲是，必先與局員商明勘定，埋立界樁。自開辦後，界樁以外之地，不准公司侵佔，凡有關龍脉風水禁地禁山，均不得包圍在內。至民間廬墓田園，應遵約設法繞越，其萬不能繞越者，公司與該員核定，照鐵路定章購買。

第四條，開辦之後，若遇佳礦，勢必盡力深挖，地中旁通里數靡定，惟不得向陵寢城地方向探採。

第五條，公司情願每段煤票每年遵例納課銀庫平十七兩六錢零八釐，再採出之煤，應仿照《吉林鐵路礦務章程》，每千觔納税銀八分，以出洞堆積廠內之煤觔合算。惟本廠內自燒機器之煤觔，免其報税。限十日將出煤數目報局一次，至交納課銀税銀限期，課銀以每年十二月初一日爲限，税銀以每月初一日爲限，均由該局查收解報，不准逾限。凡出售價值，由公司自定，無論火車需用，民間購買，均須價歸一律。火車每次裝煤數目需用若干，發運若干，及民間購買數目，均隨時報局登簿，予給出運執照，以憑查核銷售情形。

第六條，查奉省煤廠無多，民間需用，莫不以遼陽等界煤礦是賴，公司只准供奉省火車需用，不得運往外省。又鐵路車站地方，有應設煤棧處所，自應開立，以便出售。民間照常需用，惟值須照公司定章，不得額外取利。至該棧之人工辛力，准由出售定價外，按每千觔加收辛力錢若干，與該局員臨時核定，以期便民，而恤商業。

第七條，煤棧所卸之煤觔，原爲供民間需用，自應遵照奉天煤捐章程，按售煤市價二釐報捐，歸買主出報，由該棧經理，按月報知該地方會徵委員，查核轉詳，以期捐歸一律。

第八條，公司自開辦之日起，予限三個月，統將辦理情形，遵照京都統轄鐵路礦務總局章程，移送表譜格式，俟開辦時，由該局照會發給，以憑填報立案。此後每届年終，如式填表，彙報一次，均由該局轉詳，以便查核，而符定章。

第九條，公司所用之洋工，自礦師及服役人等，務於開辦時按名照會該局，以憑保護，如不到局，先行報知，倘在廠內於華工滋事，或有華工欺虐情形，該局不管。至於夫役通事人等，本係華民，遇有不服廠規，滋生别事，自准公司送交該局審辦，公司不得自行責打。該局有約束華人之責，公司亦不得庇護華人，以致該局遇事掣肘，如事關重大，准將該工人由局移送地方官衙門治罪，此係修好固交起見，以免生隙。

第十條，公司居駐之洋工，原爲修理機器，踏看煤道；該局招募之夫役，原爲彈壓地面，保護公司，均宜在廠內常川駐守，惟一切華洋兵勇，不得同居廠內，以免彼此滋事，有礙礦務。

以上議定各條，繕立華文、俄文合同字據各一分，由奏辦奉天交涉事務總局與總署派辦東省鐵路委員記名提督周、鐵路公司俄幫辦吉互爲畫押鈐印，遇有講論，以華文爲證。

光緒二十五年　月　日。

《礦務檔・奉天礦務》外務部行增祺文《准李席珍等試辦尾明山煤礦》〔光緒二十九年〕三月十六日，【略】查遼陽屬界尾明山煤礦，曾經李順清等開採，因資本太少，不甚獲利。現在李席珍等與俄員紀道夫訂立合同，稟請接辦，既據貴將軍批示該礦係屬舊辦之處，已經李順清將前領票照繳銷，准其先行接辦，本部自應准予立案。相應咨行貴將軍查照，飭該商等妥爲試辦，並將開辦情形咨報本部可也。

《礦務檔・奉天礦務・華商稟辦奉天各礦》外務部收增祺文《俄商將天利煤礦公司股份賣與華商公裕堂》附俄商紀道夫函等五件　光緒二十九年八月初八日，收盛京將軍文稱：案查前據職商李席珍等，與俄商紀道夫共合股本銀二萬兩，訂立合同開設天利公司，請接辦尾明山煤礦等情一案，當經咨呈大部核覆准予立案。兹准俄外務部駐奉辦理交涉商務委員珀佩五百六十五號照會，俄商紀道夫願將天利煤礦公司之利權，退賣與華人公裕堂等因，經飭傳公裕堂訊明，現在俄商紀道夫情願將天利煤礦公司合夥股份，全行退賣與該堂永遠執業，仍與職商李席珍等夥開天利公司，此後該公司一切事務，概與紀道夫無涉，絶無翻悔。計紀道夫共入股本銀一萬兩，兹經公裕堂合數還給，除股本之外，又議定加給銀五千兩，於華曆光緒二十九年七月初二日全數付清。至於未退賣以前應得餘利，已由紀道夫自向天利公司清算劃去銀圓五千元。自此次賣斷之後，公司以後餘利及盈虧一切，均歸公裕堂管理，紀道夫不得過問各等情。據此，除照覆，并飭東邊道袁道大化知照外，相應抄粘信稿合同等件，咨呈大部，謹請鑒核備案，并希見覆施行。

照録信稿合同。字據二紙。繙譯紀道夫來信：奉懇貴大臣轉，爲照會軍督部堂增查照：余願將天利煤礦公司之利權，讓與華人公裕堂，業經夥友等允許，

俄曆一千九百零三年八月初九日，立約據人俄紳米海依兒戞福利羅維志紀道夫、華商公裕堂所定約據各條列下：

一、我米海依兒紀道夫賣與公裕堂，按照光緒二十九年三月三十日，奉到盛京軍督部堂增札諭内開：外務部核准開辦遼陽州界屬尾明山天利公司之煤礦，所有我名下之股份，今我紀道夫所賣與公裕堂之股份，自行管業，並無牽連等弊，將來或有盈虧，均與我無涉。由立此賣約之日起，以後各事公裕堂均歸天利公司商理，並前我紀道夫交出股本銀一萬兩，及現在該公司所有物產，均不能向公裕堂索回，兼俄曆一千九百零三年照股所得之餘利，亦歸公裕堂收領。但我公裕堂所買得此股份，將來該煤礦或須擴充加本，均由我自行會同該公司商辦。惟該股份自我公裕堂由紀道夫買到，立此約後，將來如何處置，由我自主。

現我紀道夫退賣與公裕堂之股份，訂明瀋平銀一萬五千兩，經照妥收，嗣後不得再爲多索，所有合同公文等件，均照點交公裕堂收執管理。此係兩家情願，恐口無憑，立此正副字約兩紙，各執一紙存據。

俄曆一千九百零三年八月初九日，光緒二十九年六月三十日。

俄紳米海依兒戞福利羅維志紀道夫、華人公裕堂仝立。

查此約據經俄紳米海依兒戞福利羅維志紀道夫畫押，於具約定章，均屬相符，應准簽字蓋印存繳。

俄曆一千九百零三年八月初十日，自奉天省城發。

再，此約據鈔存案卷第三册第一百零七頁，按照税則第八款抽取官費金圓兩元並瀋平銀三十兩。商務大臣珀。

一、收到瀋平銀一萬五千兩整。

俄曆一千九百零三年八月十二日。

紀道夫具。

立字據人俄紳米海依兒戞福利羅維志紀道夫、中國官員李席珍、連中、周蘭亭各給字據事。現照得我紀道夫收到遼陽州界屬尾明山煤礦天利公司經我手賣出之煤四百萬觔，合洋銀五千圓，作爲由開辦之日起，至今日賣去此煤礦股份與公裕堂之日止，應得之餘利。嗣後該公司所有之物產，均歸該公司所有，我紀道夫斷不再爲索取，或索我錢價等事。

二、我等李席珍、連中自願交給前股友米海依兒戞福利羅維志紀道夫洋銀五千圓，作爲紀道夫由開廠之日起，至紀道夫賣與公裕堂股份之日止，應得之餘利，嗣後所有本公司之物産帳目，均與紀道夫無涉。此係兩家情願，各無異言，恐口無憑，立此各執一紙存據。

俄曆一千九百零三年八月初九日，光緒二十九年六月三十日。

訂於奉天省城，李席珍、連中。

立字據人米海依兒戞福利羅維志紀道夫，現照結賬應經我手賣去營口尾明山之煤四百萬觔，計洋銀一萬五千圓，除我所得餘利五千圓外，其餘多少，應照交還天利公司，繳收無悞。恐口無憑，立此爲據。此照。

俄曆一千九百零三年八月初十日，光緒二十九年七月初一日。

米海依兒戞福利羅維志紀道夫具。

五千圓于即日俄曆八月十一日交妥，其餘五千二百元，准遲兩禮拜，照數交還，即是八月二十六日爲期。此據。紀道夫具。

俄曆一千九百零三年八月十一日，光緒二十九年七月初三日。

譯合同一件。

立合同人俄紳紀道夫、華人公裕堂于一千九百三年八月初九日，立訂合同如下：

一、紀道夫有業蒙軍督部堂增允准，按照外務部定章，在遼界尾明山地方採辦煤礦，于光緒二十九年三月三十日，開設天利公司，今情願將公司内自己應得股分，賣于公裕堂爲業，嗣後無論獲利多寡，虧累若干，均歸買主，與賣主無涉。自立合同之日起，紀道夫即將天利公司自己應得之權利，始終盡行歸于公裕堂爲主。其紀道夫曾入該公司股本紋銀一萬兩，並公司現有死活各産，亦于一千九百三年一併轉歸公裕堂管業爲主。而公裕堂承受紀道夫所讓股分，應將開辦煤産之本，並原約股東應入之款，酌量交還。公裕堂既由紀道夫買有股分，即係股東，可以按照原約有查辦自主之權。紀道夫將自己所有股分讓賣公裕堂爲主，言明價銀瀋平一萬五千兩，紀道夫不得再行額外索值。並將所有一切字據合同等件，全交公裕堂收存，以便將來酌辦一切。立此合同，均宜遵辦勿違，恐後無憑，立此存照。

立合同人紀道夫押字、公裕堂押字。俄曆一千九百三年八月初九日。

又外務部收增祺文《俄商出售天利煤礦公司股份准予立案》 光緒二十九

年八月十二日。【略】查俄商紀道夫，情願將天利公司股分，賣與華商公裕堂永遠爲業，立有合同字據。既據貴將軍查詢明確，並無別項轇轕，本部自應准予立案，相應咨行貴將軍查照可也。

又外務部收增祺文《尾明山煤窑無礙端莊固倫公主園寢風脉》 光緒二十九年九月三十日，收盛京將軍增祺文稱：「案照本軍督部堂，於光緒二十九年八月二十五日具奏，爲遵旨查明尾明山煤窑，與端莊固倫公主園寢風脈無関情形，據寔覆陳等因一摺，除俟奉到硃批，再行恭録咨呈外，相應抄奏咨呈貴外務部，謹請鑒核施行。」

照録奏底。 奏爲遵旨查明尾明山煤窑，與端莊固倫公主園寢風脈無関情形，據實覆陳，恭摺仰祈聖鑒事。竊於光緒二十九年六月初八日，承准軍機大臣字寄，光緒二十九年六月初二日奉上諭：普齡奏：盛京遼陽地方，有硝磺局委員劉永海，勾通匪人，在端莊固倫公主園寢後開挖煤窑，請飭封禁；並嚴拏懲辦等語。著增查明封禁，並將匪徒拏辦。原摺著抄給閱看，將此諭令知之。欽此。遵旨寄信前來。遵即遴派記名副都統奉天試用道景賢前往遼陽州，會同城守尉文詒、署知州廖彭親詣該處，按照原奏各節，逐一詳查去後。茲據該道等查明稟覆，如原奏內稱，據墳達劉萬順面稟，硝磺局委員劉永海，勾通匪人李廣和，在園寢後近在五里五頂山平峙之尾明山左右，開有煤窑數座，有礙龍脉一節。查尾明山原係大窑舊有煤洞，在八張龍票煤山之尾，由該處窑洞南至端莊固倫公主園寢，約計十里許，中隔五頂山大山一座，登山南望，園寢尚在恍惚之間。其山南北，各橫大溝一道，旁間小溝數道。北坡接起小崗一條，往西北曲折蜿延，約有二里許，達入尾明山。以山勢遠近而論，沙石各別，脉絡似不相屬。且現挖煤苗，皆在尾明山北麓，相距園寢尚遠。訊據職員劉永海、李順清、李廣和親供：光緒二十二年間，經票商雍萬珠在督署報領煤票，嗣因墳達索股未遂，串唆胡兆祥，控蒙派員查明無礙，准其開採，復因虧本繳票。二十五年，李順清遂報由督署委員會同遼陽尉州查覆，設局收税，發票開作，伊等各有股分。至二十六年，俄人入境，即被劉萬順勾串通事，將窑霸去，伊等並非私開。又如原奏內稱：光緒三年，在尾明山私開煤洞數座，經已故散秩大臣三等勇勤公阿那洪阿，呈報前將軍崇寔，並呈遼陽城守尉，立即查封一節。查光緒二年間，有李運祥在尾明山開礦，與煤商韓潮等涉訟，曾據世襲勇勤公阿那洪阿遣抱以挖斷風脉等情控，由遼陽城守尉詳經前署將軍崇實，委員會同尉州查明，以該處產煤無多，徒有輸課之名，並無收税之寔，因而禁止開採，非因有礙風脉，始行封禁。原奏所稱光緒三年，想係誤記。又如原奏內稱：劉永海等見前次未封，更覺任意傚尤，肆行無忌，偏處橫掘一節，詰據劉永海等稱：該山煤窑於俄人入境時，被劉萬順勾通俄人霸去，後經李順清在俄官處控告，查明呈請督署，另換新票，未經發給，即歸天利公司合辦，伊等何能肆行橫掘。當查現開煤洞，均係舊辦之礦，並無偏處橫掘。又如原奏內稱銷毁御碑砍伐樹木一節，查墳前石碑，均各完全，僅一碑背腳因年久剥落兩小塊。至墳後樹木，逐細履勘，現無被砍形跡。惟查光緒二十六年普公曾遣抱胡兆祥以墳丁袁寶奎等合謀伐樹，控告有案。詳詰劉永海等，實無毁碑伐樹情事。密訪相符各等情稟復前來。查尾明山煤窑，自光緒二年即經涉訟，迨二十三年，復有該公墳達于寬、胡兆祥、馬如意等以雍萬珠霸開煤窑，有礙風脉，先後在州呈控。而雍萬珠亦以于寬等因商入空股未允，勾結馬如意，挾嫌捏控各情，呈經前仁將軍依克唐阿辦理遼鳳礦務副都統榮和節次派員，查與風脉無関，准其開採，繼由李順清即李廣和接開。二十六年亂後，李順清呈請換票，即經歸此次該委員等親往履勘，尾明山距端莊固倫公主園寢尚遠，且中間隔有大山及大小溝澗，脉絡本不相連，並無関礙風脉，按之卷宗，前後相同。並查明劉永海、李順清即李廣和亦無毁碑伐木情事，自係劉萬順捏詞朦稟，應請毋庸置議。除飭該地方官嗣後如有附近園寢開礦致礙風脉者，仍當嚴禁外，所有查明尾明山煤窑，與端莊固倫公主園寢無関風脉緣由，謹恭摺覆陳，伏乞皇太后、皇上聖鑒。謹奏。

光緒二十九年十月初五日，收盛京將軍增文稱，案照本軍督部堂於光緒二十九年八月二十五日具奏，爲遵旨查明尾明山煤窑，與端莊固倫公主園寢風脈無關情形，據實覆陳等因一摺，當經抄奏咨呈在案。茲於九月十四日奉到硃批：「知道了，欽此。」除欽遵。並分行外，相應恭録，咨呈貴外務部。謹請欽遵鑒核施行，須至咨呈者。九月十八日。

《礦務檔·奉天礦務·奉天中俄礦務交涉》外務部收趙爾巽文《咨報茨兒山煤礦案》 光緒三十二年三月二十六日，收盛京將軍趙文稱，案據牛莊美國領事官撒照稱：「前有廣津本國人滿濟東，曾在遼陽茨兒山下蘆家屯地方開作煤窑，該處煤窑產業，均歸滿某承管。茲據滿某信，聞有王正綱茨兒山龍票，經貴軍憲奏請飭銷之説。查滿某蘆家屯之窑，已被日本軍務司佔用長久，爲作該窑，已與同夥人用去款項甚巨，故已曾追請交還在案。現滿某查悉該窑自日本軍務司退

去後，未經伊等接手，即被華人佔去，其人乃遼陽州之兄。本總領事既承貴軍憲厚意，允以公道待美人，則滿某所有該窑之利益，定不致有所損失，是本總領事之所深信也等因。准此，當經札飭礦政調查局查明具覆。旋據遼陽州武生王振綱呈訴前來，復將該武生發局查訊。茲據該局覆稱，遵即提訊武生王振綱。即王正綱供稱：伊先人於嘉慶十七年間，在盛京將軍衙門領有礦照二張，一坐落茨兒山，一坐落鏵子嶺，其盧家屯即盧家墳、大榆溝，均不在内。近因無力辦礦，憑中翟朗齋、孫掘臣説合，將茨兒山煤礦租與曾充俄國工頭之山東人吕仁成承辦，每出煤一百觔，伊按一二抽分，並得有押租洋一千五百元，立有合同，聲明不准轉租别人。伊與美國人滿濟東，並不認識，亦無託其承管情事等語。調驗原領礦票二張，並合同一紙，均與所供相符。查奉發商部礦章内載，凡領有礦照擅自轉售他人，一經查出，應由局報明，轉飭地方官從嚴懲辦等語。此案武生王振綱即王正綱，私將遠年祖遺礦照，租與曾充俄國工頭之山東人吕仁成，私立合同，開辦煤礦，雖與領有開礦部照轉售他人者有間。第所租與之人，既非當地民户，又係充過俄國工頭，即難保無暗中勾結洋股情弊。擬請憲台飭將王振綱並礦票合同，札發遼陽州，拘傳吕仁成等，查訊明確，照章詳辦。至美國人滿濟東，既據王振綱供，與該美人並不認識，亦未託其承管礦産。滿濟東以美國客民，按照約章礦章，自不能與民人直接辦礦，即使果有私相授受情事，尚應照章將原稟領照人，從嚴懲罰，礦照撤銷，礦工入官。現既訊明與滿濟東無涉，應請勿庸置議。此外盧家屯，即盧家墳、大榆溝，查無准其開辦煤礦案據，概勿庸議等情。據此，本軍督部堂覆核無異。除札飭遼陽州拘提王振綱、吕仁成等懲辦，并照覆美領事轉飭遵照外，相應咨呈大部，謹請備案。」

《礦務檔・奉天礦務・華商稟辦奉天各礦》外務部收增祺文《王本錫等請辦張家溝煤礦》　光緒二十八年七月二十三日，收盛京將軍增祺文稱，案據辦理遼鳳安岫寬礦務委員儘先即選知縣張壽華稟稱：「竊據商人王本錫、曹名榮稟稱：竊維天地自然之利，大莫過於礦務，近來叠讀示諭，整頓礦，以開利源，商等有志報効，用敢瀆請。茲商等踏得遼界張家溝煤礦，苗質甚佳，於民間廬墓風水毫無關礙，又兼無人開辦，現已招足資本，擬請試辦。所有應徵税課，情願遵章繳納，懇乞轉請等情。據此，卑職遂即帶同商人王本錫、曹名榮，前往張家溝查勘四至界址，有無煤苗，當傳該堡鄉長房君泉爲之鄉導。查照原稟計開：内載東至山崗路界；西至崇寧寺，南至台子，北至山崗松樹嶺界，周圍約四里。其界内有往年做過煤渣數處，均經房君泉指勘確實。並據房均泉稱：此處煤旺，與廬墓風水俱無關礙。卑職伏查無異，自應給予所請。竊思餉源支絀，多開一礦，與公家多籌一分餉需，是否有當，卑職未敢擅專，理合稟請鑒核示遵等情。」據此，除批示外，相應備文咨呈貴部，謹請核覆施行。」

又外務部行增祺文《准王本錫試辦張家溝煤礦》　〔光緒二十八年〕七月二十九日，行盛京將軍文稱：【略】查商人王本錫等稟請試辦張家溝煤礦，既經委員親往查勘，於地方情形並無窒礙，自應照准。應由貴將軍核發劄諭，飭令該商遵照部章，妥爲試辦。並令出具切結，永不得售與外人，以防轇轕。相應咨行查照辦理。並將該商現籌資本若干，及將來開辦情形，隨時咨報本部，備案查核可也。查照辦理，仍詳細聲復可也。

又外務部收增祺等文《林長植稟辦柳樹泉眼溝煤礦》　光緒二十八年十月初一日，收盛京將軍增祺等文稱，案據花翎分省試用同知林長植稟稱：「竊以奉省礦産雜出，而煤砟爲多，現在鐵路修成，銷用頗廣，憲台興利籌餉，鼓舞商情，振興庶務，以開來源，而握利權。卑職生長奉地，仰瞻之下，曷勝欽企。現查西流水依蘭木哈達圍内柳樹泉眼溝地方，有煤砟礦苗數處，前經候選知縣李國昌冒稱爲吉林界，在吉林稟准開辦。已經查明，本係奉界，咨覆吉林飭其撤退，繳銷原札告示在案。迄越六七月之久，無人再請承辦，時下洋人紛至沓來，四處踏尋，若不早爲接辦，必爲洋人所據，而利益外溢矣。卑職延請礦師，前往驗看，煤鐵礦質，皆堪採取，已湊集股本銀一萬兩，立爲利生公司，仍先試辦。若果煤質大佳，能以運至火車站銷售，即行多添股份，儘力開採，庶於税課報効之端，有所增長。其地面屬新設之西安縣界内，東至三道河，西至大水缸東山，南至長水泡子，北至三道河，詳閲部頒礦務新章，敬謹一一遵照。至於蓋廠挖井，以敷各用爲限，不敢多佔。其礦山均係圍荒初闢，並無關礙之處。且經吉林批准，候選知縣季國昌，業已開辦撤退之山，卑職擬早舉辦，以杜外人覬覦。合將股本銀一萬兩，呈請查驗，恩准接辦，咨部發照，俾得迅速操作，寔爲公德兩便等情。據此，除批示外，相應抄批，並將礦圖備文咨呈大部，謹請鑒核賜復施行。十月十一日，發盛京將軍文稱：【略】查該員請辦西安縣界内圍場柳樹泉眼溝地方煤礦，指定界址，呈驗貲本，並聲明遵照部定新章辦理，既據貴將軍批准，應即飭令認真開辦，永不得私售外人，以防轇轕。相應咨行查照辦理可也。」

又外務部收增祺、玉恒文《丁汝寯等稟辦石門案煤礦》　光緒二十八年十月

二十一日，收盛京將軍增奉天府尹玉文稱，據候選知縣丁汝寯等稟稱：「竊職等於光緒二十八年五月，謹將二十七年十一月内呈報營盤地而之石門寨煤廠四至覆稟在案。八月初七日，蒙批前據該員商等稟請開採營盤地方煤礦，當經札派孫守葆瑨前往查勘，據實稟覆核奪在案。兹據該守稟稱：遵往營盤地方，據鄉牌聲稱：石門寨與營盤相隔十五里，係興京廂紅旗界屬，本村人八十餘户，東南大排子山下秃尾把溝，聞有煤礦，此地係盛京户部催徵供應三陵祭祀牛羊口分官地。四十五步外，有金家墳一座，上至永陵一百一十里，下至福陵九十里。曾有俄人勘驗一次，並未開採。具結一紙，據此遵查永陵至石門寨，實隔一百二十二里，福陵至石門寨，實隔一百二十里。皆沿途確查實在里數，在百里之外，與陵寢風脈實無關礙。至就近金家墳，不能無礙民舍，相隔在二里之外，尚不相妨。惟既爲盛京户部供應牛羊口分官地，是否有礙官地田園，應請核奪。至産煤之地，商董等稱：在南山屬廂紅旗官地，與千山台同脈。查問該處鄉耆云：所報之地，並無影響，惟前日有俄人到該處南大排子山下秃尾把溝，開挖煤苗，俄人謂不合用。此山在渾河之北，千山台在渾河之南，並不同脈。所開四至，東至新屯嶺，西至石門寨西嶺，相去約十三里；南至漥渾木北嶺，北至本山後。查漥渾木屯，在渾河北岸，所云北嶺，土人不知是否即土口子相連之嶺。本山後，即南大排子山後，抑石門寨之後，聲敘皆未明白。該商董等稟請，亦已經年，即於煤苗之處，未有實據，而四至仍未明白，究竟有無親歷其地，尚不可知，況煤層只有六七寸，不合開採。既有煤苗，必有其地，似須按脈搜尋，以盡地利。應否請飭下該商董等，再行詳細確查合採之煤苗，明晰詳註四至，再行稟報，聽候查辦等情。據此，除批示並圖説存查外，合行示仰該員商等遵照辦理。此示等因。奉此。仰見軍督維持商務之至意，職等曷勝感激。伏查職等所報煤廠，委在營盤所屬石門寨南山，係廂紅旗官地，東至新屯嶺，西至石門寨西嶺，南至窪渾木北嶺，即土口子相連之嶺；北至本山後，即驛馬寨、石灰窑、勾掌，總名曰大排子。其煤苗係屬燋炸，可備本地之需，不能供俄人火車之用，故煤層雖少，尚可開挖。且其地係屬荒山，並非官家田園，如果爲盛京户部供應牛羊口分官地，職等自願按畝完納，以顧正供。至金家墳有無關礙，自應遵照部頒礦務新章辦理。惟職等經營此廠，將届一年，歷聘礦師考驗，均以爲佳，與其好大張皇，啟外人之争釁，何如慎微謹小，保在我之利權。況有不肖紳商，平日並不採求，一聞有人呈報，即爲明奪暗争，此職等所爲，未敢遽詳之實在下情也。所有職等遵批呈驗煤苗，詳註四至情由，理合具稟。再，此廠係職商丁汝寯、叢德昌、魏豐兆、閻襄泰、佟福公五人集資合辦，此外並無招股，合併申明等情。據此，除批示並咨盛京户部查照外，相應抄批咨呈大部，謹請鑒核賜覆施行。」

照録抄批。批據稟該商等所報煤礦，尚可開挖，如果係盛京户部官地，自願按畝完納，以顧正供等情，姑准咨行外務部核議，一俟覆到，再行飭遵，並候咨行盛京户部查照。繳。

又外務部收增祺文《准丁汝寯等承辦石門寨煤礦》〔光緒二十八年〕十一月初六日。行盛京將軍文稱：【略】查職商丁汝寯等請開營盤地方之石門寨煤廠，先經貴將軍派委往勘，批飭詳查稟復。據該商等呈驗煤苗，詳註四至，並聲明官地按畝納課，均照部定新章辦理，應即責成該商等認真開採，嗣後永不准售與外人，以防轇轕。相應咨行貴將軍查照，並將所集貲本確數，聲復本部備案可也。

是實。候選府經歷金桂葆押，光緒二十八年　月　日，具甘結驍騎校錫綬押。

又外務部收增祺、玉恒文《林長植稟辦杉松岡煤礦》 光緒二十八年十二月初十日，盛京將軍增祺奉天府尹玉恒等文稱，案據分省試用同知林長植、候選府經歷張秀奎稟稱：「竊以新設海龍府界杉松岡地方，舊有煤炸礦窑十餘處，向係礦户任便開採，委員給照，按礦收課。彼處運路頗不通順，小本礦户，所得有限。庚子亂後，賊匪充斥，歇業逃散者不少，時下洋人多有探確，僉稱爲可靠之礦，並可採取煤油，意欲佔據。此礦本非官亦非私也，洋人不知其詳，故未遽爾興詞，卑職奎在廠目覩其情。卑職等深恐似此佳礦，爲外人所據，耿耿微忱，誠爲不安。倘使俄人所知，即是官礦，勢必致詞相索。詳閲部頒礦務新章，均應遵照，内有開辦礦務，均須稟明咨部核准，方可爲准行之據。卑職等現有華商股本銀二萬兩，作爲試辦成本，至於購買機器，另行籌辦。立爲潤生公司，情願將杉松岡請領承辦。擬將各礦歸籠爲一，所有礦户，有本者儘其入股，礦夫皆可作工，公家收税，亦易稽查，實於公私兩有裨益，可以杜却外人覬覦。其界東至腰鞍子河，西至黄泥河子，南至黄榆廟，北至大揚山前，四至圖内繪清。此礦係舊有將廢之區，併無一切關礙等情，久在明鑒之中。卑職等欲爲整頓起見，出具永不售與外人甘結二分。謹將股本銀二萬兩，即呈憲驗，恩准承辦，咨部核發執照，俾得及早開辦，以顧利權，實爲公便等情。據此，除批示並分行外，相應抄

批，並將圖結一併備文咨呈大部，謹請見核賜覆施行。」

照録原批。批稟悉。該丞等備股本銀三萬兩，請承辦杉松岡煤砟礦務，與定章尚屬相符，應准核咨。惟前據海龍總管呈稱：已將從前各窑商票銀核收放餉，請换新票前來。查各窑商所换之票，均係二十五年所領者，何以遲至二十八年，始行請换，核與從前章程一年换票一次，逾限不换者。查出送官嚴懲一條不符，不能仍以爲憑。據稟前情，所有各窑舊商，姑准由該丞等按其股本，並此次各所繳之票銀，酌量入股。其不願合股者，仰將票銀如數繳還，不得復行開採。候咨呈外務部，並海龍礦務局依總管遵照。圖結存送。

照録甘結。花翎，分省試用同知林長植□□、藍翎五品頂戴候選府經歷張秀奎□□□□，今於與甘結事，依奉結得。卑職等現稟請承辦海龍府界杉松岡地方煤礦，四至界址，圖内繪清。自准承辦之後，只有卑職等認領承辦，永不得售與外人，倘有私售情事，甘領重處。所具押結是寔。照録圖説。

又外務部發增祺文《准林長植等試辦杉松岡煤礦》 光緒二十九年正月二十七日，發盛京將軍增祺文稱：【略】查林長植請辦海龍府界杉松岡地方舊有煤礦，既據指明界址，繪具圖説，經貴將軍驗明股本，並取具永不售與外人甘結，自應照准。相應咨行貴將軍查照，飭令該員等遵照部章，依限妥爲試辦，並將開辦情形，隨時咨報，以便備案。如有逾期尚未開辦，即將前案註銷。

又外務部收增祺等文《鄭文彬等稟辦盧家屯煤礦》 光緒二十九年十月二十九日，盛京將軍增祺等文稱，案據辦理遼鳳安岫寬礦務委員張壽華呈稱：「光緒二十九年八月十一日，據商人鄭文彬、鄭文泰、鄭明亮等稟稱：竊維天地自然之利，大莫過於礦務，近閱外務部新定礦務章程，凡各直省所屬界内産礦之區，均准報請開辦，以濬利源。查奉省産礦最多，而商人報請開辦者已復不少，當此兵燹之後，庫儲支絀，需款孔殷，凡屬食毛踐土，自應竭力報効。商等籍居遼陽城東盧家屯，距城六十里，各有祖遺册地。四至界址，東至大榆溝東嶺，西至嶺，南至大道，北至盧家墳，周圍約二里，礦質甚佳，於房園廬墓均無関礙。商等既居王土，不敢據爲己有，現已招足資本銀五千兩，擬請開辦，所有應征税課，情願照章繳納，懇乞賞准轉禀軍督憲恩准咨行外務部發給執照，至應繳之部費，遵章呈繳。如蒙允准，請即勘驗界址，以便早爲籌畫，爲此備由具禀等情前來。據此，卑職覆查此處，早有人偷做。今年三月間，前往張家溝、尾明山煤窑，催征税款，當將偷做之把頭傳到開導，伊稱有王家票頭承擔，不許上税。旋傳該票頭未到，及回省交款，面禀憲台。盧家屯大榆溝二處，煤苗極旺，所做之人，均指王家票内，抵騙税課，請示遵行。當奉憲台面諭，需款孔殷，外人在中國辦礦，尚照中國章程納課，飭令查明，有票無票，既在做煤，自應納課等諭。奉此，爾時夏令，快在停工。卑職出往東邊，查察各處金廠，須將此礦緩議，現届秋令，興工在即。卑職正在籌畫，禀請憲台恩准賞給告示，飭令卑職前往，將盧家屯私做之煤窑收回，或歸官辦，或招商辦，以期税課有著。適有商人鄭文彬等具禀前來，願將自己册地，不敢據爲己有，禀請開辦，遵章納課，事屬可行。伏乞憲台俯念輿情，准其開辦，俾化私爲公，並懇咨行外務部發給執照。至應繳之部費，該商照章呈繳。令其取具圖書妥保，不准售與外人切結，呈送備案。是否有當，敬候訓示。所有卑職呈請商人鄭文彬等開辦盧家屯煤窑，遵章納課情形，理合呈請鑒核等情。據此，當經札飭遼陽州確切查明，與民間田園廬墓有無関礙，覆再行核奪去後。玆據該署州廖彭詳稱：卑職遵即飭派妥差，確切查勘去後，玆據該差以奉派前往該處，協同鄉耆程洪生、施有慶、程萬才及鄭姓户長鄭洪治、鄭萬良、鄭萬永、鄭文簡、鄭文興等，逐細履勘，據該鄉耆等指稱：鄭文彬、鄭文泰、鄭明亮等，呈報開辦煤礦，四至界址，周圍約二里許，南至大道，西至嶺，北至盧家墳，均伊等自己册地界内。惟東至大榆溝處，係荒山，亦屬伊屯管界。今鄭文彬等所報採煤之處，並無妨礙田園廬墓，亦無別人争阻攬擾情事，甘願出結等語。隨訪詢輿言，與鄉耆所稱相符，取具切結，繪圖貼説，禀覆前來，卑職復加訪查無異。所有奉飭查勘緣由，理合抄結繪圖，具文詳覆查核等情前來。除批示外，相應抄批，並將圖結備文咨呈大部，謹請鑒核賜覆施行。」

照録押結。具切實押結呈盧家屯者老施有慶、程洪生、程萬才，鄭姓户長鄭洪治、鄭萬富、鄭萬良、鄭萬永、鄭文簡、鄭文興，今於與切實押結呈事。依奉結得。今奉差查鄭文彬、鄭文太、鄭明亮等，在身屯前伊之册地内，首報煤礦，有無関礙田園廬墓等諭。身等遵查鄭文彬等所報煤礦界址，東至大榆溝東嶺，西至嶺，南至大道，北至盧家墳，四至界址，周圍約二里許，與廬墓田園毫無関礙。惟大榆溝係屬荒山，又無他人領報，攬擾争阻。今蒙查詢，理合出具切結備案是實。

光緒二十九年十月　日，具切實押結呈盧家屯者老：

施有慶，左手食指箕。

程洪生，左手食指斗。

程萬才。左手食指箕。

鄭姓户長：

鄭萬良、左手食指斗。

鄭萬富、左手食指斗。

鄭洪治、左手食指箕。

鄭萬永、左手食指斗。

鄭文簡、左手食指箕。

鄭文興。左手食指箕。

《礦務檔・奉天礦務・撫順等礦與日俄交涉》外務部收增祺文《請將奉天各礦推廣開辦》 光緒二十七年九月二十九日，收盛京將軍增祺文稱：案照本軍督部堂，會同奉天撫尹堂玉，於光緒二十七年八月二十六日具奏，爲請將奉天各礦，分別推廣開辦，以保利權而資籌款等因一摺，除俟奉到硃批，再行恭録咨呈外，相應抄奏，咨呈貴全權大臣，謹請鑒核施行。

照録奏底。爲請將奉天各礦，分別推廣開辦，以保利權而資籌款，恭摺仰祈聖鑒事。竊查奉天各礦林立，數年以來，雖節經開辦，而風氣未開，作輟靡常。上年變亂，又復多有停止，現當兵燹之餘，辦理善後一切，在在需款，自應仍舊招商，妥爲開辦，以期有利皆興，藉補不足，況經華商承辦，國家政令，罔敢違越。果爲風脈所関，覺察所及，尤易禁止，非爲利源無外溢之虞，且亦操縱之由我。茲據候選知縣翁壽、候選府經歷王承堯，各請報效充餉銀一萬兩，領辦撫順界内之千山台煤礦，當經遴選委員同知劉朝鈞等，帶同該商人，前往查勘。以楊柏堡河東歸翁壽開採，河西歸王承堯開採，取結請核前來。奴才等伏查千山台舊係封禁之地，惟詳考輿圖，該處實距福陵四十餘里，且中有一河之隔。又查東省鐵路條約，凡鐵路所造，須在陵寢三十里外。茲該商等請開之煤廠，核與鐵路條約較爲寫遠，且該處煤苗顯露，其質亦佳，若不及時開挖，亦有起而收其利者。合無仰懇天恩，准予弛禁開採，以擴利源，風氣流開，各商自必興起。其餘礦廠所在，除實有関風脈者，仍舊封禁。其距陵寢較遠，無礙風脈之處，亦可隨時奏請開辦，如蒙俞允，再行詳訂章程，奏明立案。除飭令翁等先行前往試辦，並分咨全權大臣外務部礦路總局查照外，所有請收將奉省礦務，推廣開辦緣由，謹合詞恭摺具陳，是否有當，伏乞皇太后、皇上聖鑒訓示。謹奏。

又外務部收增祺等文《王承堯與華俄道勝銀行訂立開採千山台等處煤礦合同》 光緒二十九年七月初七日，收盛京將軍增、奉天府尹玉，文稱，據分省試用同知王承堯禀稱：「竊卑職禀蒙鈞札，開辦千山台等處煤礦，遵札自二十七年八月十六日，開採各情，業經禀明在案。伏查由開採之日起，至二十九年三月十五停工之日止，共做十九個月，均用土工開採，已著成效。華興公司所有銀股一千六百股，每股瀋平銀一百兩，當經先後集華股銀十萬兩，嗣復添招華俄道勝銀行股銀六萬兩，共銀十六萬兩，除報效銀一萬兩，其餘資本銀十五萬兩。另有身股四百股，每股作銀一百兩，統計二千股，銀身各股票，現在一律發齊。除認真操辦煤礦一切事宜，應交課税，以及秤捐，遵章完納，弗敢稍有疏懈，以期勿負憲恩委任外，謹將開辦千山台等處煤礦，用土工開採，已著成效等情，曾與華俄道勝銀行訂立合同章程，前已呈閲，刊刻成本。今復照録底稿一分，附禀呈請俯賜備案存查，仰懇批示遵行等情。據此，除批示外，相應抄粘合同並批咨呈大部，謹請鑒核備案施行。」

照録合同。立合同人中國官商王承堯 華俄道勝銀行聶沙必多士忌等。本公司查得奉天撫順界内，千山台之楊柏堡河西煤礦甚旺，經禀請開辦，並報効銀壹萬兩，藉充餉需。蒙軍督部堂增據情奏請，於光二十七年十月二十四日，奉到硃批：著照所請，該部知道。欽此。奉札飭准開辦。當經先後集華友股本瀋平銀拾萬兩，嗣復添招華俄道勝銀行股瀋平銀陸萬兩，共計股本銀拾陸萬兩，除報効銀壹萬兩外，其餘存銀壹拾伍萬兩，均作開辦資本之用。經衆議明，仍名曰華興利煤礦公司。所有會定章程，開列於左：

計開：

一、本公司共合股本銀拾六萬兩，按銀一百兩，作爲一股，每股發給股票壹張，息摺壹扣，合同章程壹本。除銀股外，另有身股肆百股，銀股身股共計二千股。身股作爲酬勞本公司創辦各友，及尤爲出力之用，不領息摺，只發股票。經衆議明，所有各身股，只能按股與銀股公分公司所得餘利，不得按銀轉售，以示區别。

一、發出股票，其入股銀兩，不得隨時提取。如領票之人欲將股票轉售，須先儘股友憑衆收買，不得私相售受。如果股友無人接買，方准賣與他人，然亦當衆股友言明，以免濫售，致滋流弊。

一、立合同後，所有股本，均存道勝銀行，隨時提取。其各股官利，按年柒釐由道勝銀行付給。届取利時，由總董先期一月知會各股友，持摺往取。如無

盈餘官利，均一概不付。

一、華俄股友公議各舉總董一人，但以品行端正者充當，若遇尋常細故，即由總董酌核辦理。其餘礦廠用人，自應會商酌用，無論何項司事人役，如不得力，即由總董隨時更換。如總董因有別事，未能親履其事，可自請妥實人替辦。遇有関重事件，應由總董隨時知會就近及股本較鉅者各股友，赴總公司，齊集會議，妥議舉辦。仍以股本多者爲決定，並置册一本，所議之事，均書明其上，請各股友簽字，以憑查核。如有事不到，及道路較遠一時未及周知者，即由所到之友定議，不得異言。

一、礦廠應用辦事人等，均須圖書妥保，倘有侵蝕等弊，即令保人包賠。所支薪水，應按能否出力及事之煩簡，核實商議酌給，不得礙於情面，以期得人。

一、本公司需用護廠礦丁，所需口糧，歸公司開銷。

一、在省城設一總公司，及煤棧等處，礦廠設一分公司，其餘別處如須再設分公司，可隨時商辦。但各分公司，均歸總公司管理。

一、礦廠應用糧貨，俱由本公司自備，以免利源外溢。

一、現在煤礦，係土工挖做，已有成效，將來擴充改用機器，應隨時會商斟定。

一、載運煤觔，將來如修鐵路，應聚衆商辦，務與本公司利便，得有餘利，無論華股洋股，俱按股均分。

一、應抽稅課，仍遵照奏定章程辦理。

一、每年除公司費用，並股本官利周息柒釐外，其餘盈餘，先提出壹釐伍毫，分給辦事出力之人。如有盈餘壹萬，即先提銀壹百伍拾兩，作爲稿勞之費，視人之勤惰分給。餘款商明如何分給股友，或留爲下年添置機器房棧等用，屆期集衆會議，公平辦理。一年後並將收支四柱清册，刊刻成本，分送股友，以示大公而昭徵信。

一、凡與股各友，有利固利益均霑，倘有虧賠，亦應按股攤派。

以上各條，均係當衆議明，均皆情願。此後如有未盡事宜，應俟隨時增損，以期盡善。

稟悉。查該員商前經稟請開辦千山台煤礦，並未聲敘附有洋股，已經奏明在案。茲據稟稱：添入華俄道勝銀行股本銀六萬兩，自應咨行外務部備案，以昭慎重，仰候查核咨呈。繳。合同抄送。

又外務部收商部文《王承堯所辦千山台煤礦被日人佔踞稟懇保護》 光緒三十一年十二月初八日，收商部文稱，光緒三十一年十二月初三日，接據職商王承堯稟稱：「竊職商前稟華興利煤礦公司，查此項煤山，奉天將軍原奏以楊柏堡河分界，職商所領河西千山台等處礦廠，名華興利公司。翁壽廠在河東，名撫順公司，決不相涉。今春二月初旬，日軍入境，因公司有華俄道勝之股，稟請將軍照會日軍，復在日軍政署詳細聲明。迄今十閱月，竟未示復，由三月初七日起，不准公司工做。日人小山田淑助等，先後佔踞，又招集遊民，任其包做，致將煤硐燃燒數處，屢次分斷，不容理論。職商雖有道勝之股，主權甚嚴，與河東撫順公司俄人經理者，毫無牽混。乃日人不分事理原委，强阻工做，十月之久，賠累萬分等情；並附鈔呈日軍政署原稿，稟懇設法保護前來。相應鈔録原稟各件，咨呈貴部酌核辦理，並見復可也。」

照録鈔件。二月初十日，呈已蒙交交涉局稿，謹稟：竊查千山台煤礦，原係招商集股，先後集華股銀十萬兩，嗣復附入華俄道勝銀行股銀六萬兩，業經稟明在案。現在僅收該行股銀三萬七千五百兩。又因俄人建修鐵路，覇買煤斤，肆行挖做，種種强横，均已隨時稟請憲鑒。茲於二月初五日，日本到境，初六日張貼曉諭，體恤民艱等情。緣此礦係屬招商集股，華商創辦，附入華俄道勝股銀，應即聲明先行照會，庶免詰問。理合據實稟請憲台查核，俯賜照會，實爲公便施行。二月十八日，呈軍政署稿。敬肅者：竊緣光緒二十七年五月間，經紳商創辦，稟請開採千山台等處煤礦，呈繳報効銀一萬兩，八月十七日試辦。蒙盛京將軍增、奉天府尹玉會同具奏，奉旨著照所請，該部知道。欽此。欽遵。並分咨外務部路礦總局各在案。先後招商，共集華股銀十萬兩，嗣因翁壽與俄人陸賓諾夫、俄商紀鳳台等覇争地址，纏訟不休，仗勢欺人。區迫無奈，經中人汲引附入華俄道勝銀行股銀六萬兩，公司實收銀三萬七千五百兩，其餘未交。從前均係華商主政辦理，迨經俄人，意在强覇，公司概未准提。所有種種情形，均經稟明將軍在案。今將原稟鈔録附閱，現觀大日本貴軍到境，張貼曉諭，體恤民艱，莫名欽佩，仰見韜略素嫻，聲名卓著，展良策而恢復滿洲，商民感頌。興義師而匡扶鄰國，恩德並施，翹瞻台轅，彌殷忭祝。公司係屬華商創辦，復經附入華俄道勝銀行緣由，理合先行具寔聲明，庶免隱匿。謹此恭賀鴻禧，敬請鈞安。應如何辦理之處，敬候裁示施行。

謹呈：竊照大日本興仁義之師，貴軍到境，紀律彰明，商民深爲感激。是以

公司情願報効煤五百萬斤，以資需用。惟此煤係屬千山台煤礦坐山報効，驗收後應請自行裝運。理合具實聲明，敬請鑒核，允准報効施行。

照録花翎分省試用同知王承堯禀。貝子爺爵前、大人台前，敬禀者：竊職商茲於十一月初十日，曾具寸禀，恭呈鈞鑒，理宜聽候批示遵行，曷敢再瀆。職商因事関利權，情急所迫，不得不縷晰陳之，前禀華興利煤礦公司。查此項煤山，係在撫順界，奉天將軍原奏以楊柏堡河分界，河東歸翁壽開採，河西歸職商開採，並經派員勘明，各立界石爲限。職商所領河西千山台等處礦廠，名曰華興利公司，翁壽廠在河東，名曰撫順公司，決不與職商相涉。至職商創辦華興利，集華股銀十萬兩，後經附入華俄道勝銀行股六萬兩，僅收三萬七千五百兩，其餘未交。管理礦務一切事宜，均歸華商主政，向不准該銀行干預。及日俄構釁後，俄人率行在礦騷擾，業經禀明將軍在案。旋於今春二月初旬，日軍入境，商礦仍舊工做，因有華俄道勝之股，即禀請將軍照會日軍，以免詰問，蒙批交交涉局存案，猶恐未逮，復於十八日在日軍政署詳細聲明。迄今十閲月，竟未示覆。由三月初七日起，不准華興公司工做，日人小山田淑助、加藤熹助、衛門大巴木等，先後佔踞礦廠，又招集遊氓，任其包做，致將煤硐燃燒數處，屢次分晰，不容理論。伏思日本堂堂大國，慨興義師，何故爲此商民之礦産，豈能任爲己有，想必一時權宜之計，和約後仍然交出。況日本以衛商爲重，焉能忍病商累重也？嗣緣光緒二十七年九月間，河東撫順公司翁壽、顔之樂勾串俄人陸賓諾夫、俄商紀鳳台等，恃强侵佔河西地址，纏訟不休。逼迫情形，不堪言狀。始經中人汲引華俄道勝銀行，以爲抵制，實非職商與衆股商所甘願。惟股内附華俄道勝之股，該銀行亦不盡俄商，即閲中外礦章，准其招商集股。道勝僅附其股，並非合辦。初創時，均經華商承辦，華商主政。但該行附股在後，與華商入股無異，始終利權未失，猶非俄一國之財産可比。大凡招洋股者，則爲華洋合辦，其權歸之洋人。職商雖有道勝之股，主權甚嚴，若違華興公司章程，立時將股退出，實與合辦大不相同。而河東撫順公司，俄人經理，與華興利毫無牽混。乃日人小山田淑助等，不分事理原委，强阻華興利工做。現今礦産，尤爲當務之急，上関國課，下繫商情。如將千山台華興利溷入撫順公司案内，仍行阻礙，曷以慰商艱而申大信。十月之久，職商賠累萬分，無可奈何。查東西各國，彼此相戰，彼勝於此，則此之官産，應歸於彼。商民之産，則不能歸，和約定即官産尚可退還。今職商係屬民産，復在中國，更宜區別。公法煌煌，人所顯見。若以威勢迫之，未免難昭公允。正當中日議約平和，而職商十數萬之資本，利權所関，性命繫焉，是以不揣冒昧，披肝瀝膽，逐節詳陳，理合叩懇大部恩准設法保護，應如何收回利權之處，以保商業而恤商艱，實爲德便。前在日軍政署原稿，粘鈔呈閲，謹肅再禀，伏乞鑒核，示遵施行。職商承堯謹禀。計呈軍政署原稿一件。

又外務部收商部文《千山台礦廠日人應照約交還》 光緒三十二年三月二十七日。收商部文稱：【略】查該職商所禀礦廠被佔，賠累萬分，自係實情。此次新定中日會議東三省事宜條約，既有交還佔用産業之條，該職商礦廠被佔，自應照約商令交還，以蘇商困。現據該職商一再陳請，情詞迫切，除再咨行盛京將軍查酌外，仍應咨請貴部查明原案，體察現在情形，酌核見覆，以憑飭遵可也。

光緒三十二年四月初二日，發日本國公使内田康哉照會稱：【略】查職商王承堯所辦華興利煤礦公司，既在河西千山台等處，並無俄人經理，自係中國人民産業，日軍入境，本不應强爲佔踞。茲准前因，相應照會貴大臣，轉飭該處日人，迅將此項煤礦交還該公司接收，以昭公道。

又外務部收趙爾巽電《請禁止日人私挖遼陽大榆溝等處煤礦》 光緒三十二年六月二十三日，收盛京將軍趙爾巽電稱：外務部鈞鑒、袁宫保鑒。東查中日條約會議節録第一節内載，附屬鐵路之礦産，無論已開未開，均應妥訂公允詳細章程，以便彼此遵守等語。此項章程現未提議，而人昨於遼陽大榆溝、張家溝、茨兒山、缸窑村、樊韓堡等處煤礦，勒令一律騰出，並將煤堆限二十日搬盡。又鳳凰廳城北山煤礦，前有日人私挖，業已禁止，現又强行開採。疊與該領事等磋商，據稱：現奉政府之命，軍用所需。並引東清鐵路俄約第四條稱：「該鐵路公司有開礦之權，其實該條内係准公司開採煤礦，并非不准他人採煤，且有所徵税項不得逼他人在該處採煤税章一語。」足見他人可以開採，且遼陽各礦在煙台鐵路三十里以外，今日人强行佔據，顯失情理之平，亦與約章未合，應請大部與日使詰阻，並請速擬詳章辦法，仍聲明章程未定以前，日人不得阻華人採煤，亦不得遝自行開做，以免滋生事端。仍乞卓裁示遵，詳情咨達。巽叩。馬。

又外務部收趙爾巽文《請向日使詰阻日人佔踞遼陽煤礦》 光緒三十二年七月初七日，收盛京將軍趙文稱：案查奉省遼陽州尾明山一帶，産煤豐旺，向有礦窑數所，尾明山一礦，由天利公司承領官本開辦，奏准有案。附近大榆溝、張家溝兩處，係官督商作之窑。茨兒山缸窑村等處，或領票未作，或甫經報領，均與交涉無干。惟毗連該處有摩箕山一煤礦，曾經票商鬻於俄人開採，現日人已

據爲戰利品。維時尾明山、張家溝、大楡溝三處煤窑，亦在日人所據之内，旋經礦税委員向日本駐紮烟台司令部官理論領回，立有証書爲據，此上年冬月之事。詎於本年五月二十八日，天利公司忽來有日本兵五人，口稱摩箕山憲兵大尉，奉大島男爵之命，勒將大楡溝大窑、張家溝、茨兒山、樊神堡、缸窑村各煤礦，一律停工，交由日本人經理。並迫令將所存煤堆，限期拉運，祇留尾明山一處，歸我局開採。仍將我局劃界等情，迭據礦政調查局陸續呈報，當向日本總領事萩原詰問，屢次磋商，僅允再讓出張家溝一處。並據照稱：該總領事奉有該國政府回訓内稱，烟台煤礦，全部係與露戰役中，由帝國軍隊之手，因軍事必要上採掘所得之物。帝國軍隊撤退期中，無妄許他人採掘之理。且加以《日露媾和條約》，長春以南之鐵道，已讓歸帝國政府，則該煤礦依東清會社續約第四條之規則，應歸南滿洲鐵道會社採掘。貴國政府於北京條約内，既依《日露媾和條約》，承認帝國政府之權利，則南滿洲鐵道會社於烟台煤礦之權利，自無不認可之理。雖來示所言之尾明山、張家溝二處，亦無可許。貴國官民專管採掘之事，依來談所云，客歲十二月，因貴奉天遼鳳安岫寬礦務總局張氏之請求，我烟台兵站司令官，一時權宜與以許可。帝國政府酌量事情，特將尾明山及張家溝二處，於他日南滿洲鐵道會社始認爲必需撤止之前，決定許其接續採掘。特以奉告。至於此二處煤礦，若放任之，聽其用貴國普通不知規則之採掘方法，必竟於貴國無所利益，尚希以適當方法，禁止其私行採掘爲幸，祈注意焉等因。復由本軍督部堂派員往查，便道前往旅順，適值大島回國，晤見參謀官，亦稱係日本政府之命，且以我之不報告政府爲疑。查上年中日正約内開第一條，中國政府將俄國按照日俄和約第五款及第六款，允讓日本國之一切，概行允諾。又早年東清鐵路公司俄國續約第四條，凡盛京省准公司在此枝路經過地方開採需用之煤礦，計斤納價，不得過別人在該地採煤所納之税數各等語。此即日總領事所據爲争辯之底本也。惟是上年中日條約會議節録第十節内開，凡附近鐵道礦產，無論已開未開，均應妥訂公允詳細章程，以便彼此遵守等語。既有此項專條，即應俟另議章程，不得以東清續約第四條爲據。且開作在甲辰日俄宣戰以前，正節録内所指已開之礦，現當未經提議以前，似非日人所得過問，而況强行佔踞。其地遠在烟台三十里外，未可籠統牽指。即東清舊約，亦容他人在該處採煤，顯有明文，并無指許俄人不許中人之語。此次日人勒佔遼陽各煤礦，甫發其端，以二三憲兵，即可横據五六礦產，他日蔓延所及，恐不獨遼陽一處爲然。若不及早議定章程，誠恐我之權限既有所不清，即民間生業亦因之莫保，所繫殊非淺鮮。據礦政調查局詳請轉咨前來，亟應由貴部照會日本駐京公使。轉達該國政府：一面據約先行詰阻，聲明章程未定以前，中國礦商照舊工作，日人勿得於各礦强阻强採；一面提議公允詳細章程，以保利權而符條約。除分咨並照復日總領事外，相應咨呈貴部，謹請查照施行。須至咨呈者。

又外務部收商部文《王承堯稟請收回千山台煤礦》 光緒三十二年八月初四日，收商部文稱，案查職商王承堯稟請設法收回撫順千山台煤礦一事，前准盛京將軍咨稱：「屢經飭局與該處日本軍政官磋商，並函商大島，據復此事難以直接答復，希由貴國外務部照會敝國公使等因，當經本部咨准貴部復稱，已照會日本阿部署使，請其再飭該處軍政官，迅即照約交還，俟復到再行知照等因，鈔録先後照會咨覆在案。現又據王承堯來部稟稱：迄今又閲數月，仍然佔踞，總無交還之期，請速爲設法收回等情前來。查此案既經貴部迭次照會日本公使，請其照約交還，未知現在已否得復。茲據該職商呈稱前因，情詞迫切，相應鈔録原稟，咨呈貴部酌核辦理，並希見復可也。」

照録抄件。照録分省試用同知王承堯稟。貝子爺爵前，大人閣下：敬稟者：竊職商因奉天千山台華興利煤礦公司被日人侵佔，具情稟明，蒙批核辦在案。於三月二十日，又具情稟懇收回利權等情，復蒙批據稟已悉。所稱千山台煤礦，被佔日久，稟請設法收回各節，前已具情咨請外務部，暨盛京將軍體察情形，酌核見復在案，尚未准咨復。茲復稟稱前因，除再咨行外務部，暨盛京將軍查照稟請各節，迅即查酌見復等因。奉此理宜静候，曷敢再三冒瀆，自干罪戾，緣蒙盛京將軍趙咨覆内稱：函致大島，商令交還。據大島復稱：千山台炭坑，係貴國商人所有，請照清日協約第四條交還，本處難以直接答復，由貴國外務部照會敝國公使各等語。商頃聞之下，不勝雀躍，以爲賠困指日可蘇，迄今又閲數月，仍然佔踞，總無交還之期。商之賠累，伊于胡底？又兼衆股東逐日嗷嗷，幾有不相容而相戕之勢，性命攸関。惟日本夙稱文明，出師仁義，歐洲皆知，實乃自許，何以因華興利之礦產，頓改素行，不亦失信於中外，貽笑於中外乎！伏思當今之時，鼎新革故，百度俱興，日謀富强，推廣利源，以期日臻工理，而礦務尤爲當務之急。未開之礦，遵章開採。數年來奉天採煤礦者雖多，而報成効者甚少，商煤礦已著成效，誠爲葆我遠東利權之一端，而又可隱分西北利亞鐵路之一半財政者也。乃自日俄事起，戰局既殷，和約未簽，奉天蹂躪之際，商礦依然工

做。及日軍進省，即在軍政署小山處，聲明原委，並不示覆，率爾侵佔，不容理論。彼時無可如何，迨至小村奉使，和議既成，彈雨硝煙，化爲槃敦。中日協約第四條所載，軍務所需用與無需備用者，次第交還，獨商礦至今佔踞不還，藉口遷延。若不以中日新約爲定評，以何爲定評乎？總商不足惜，其如國體繫焉，公法昭焉。況此礦於利權有密切關係，勢有不得不冒昧再三具情，叩懇大部恩施格外，速爲設法，俾得及時收回，以免久溢，則不僅職商一人之幸福，抑亦奉天大局之幸福也。伏乞鈞鑒，示遵施行。職商承堯謹稟。

又外務部收盛京將軍文《請向日本索還遼陽張家溝煤礦》 光緒三十二年十一月初四日，收盛京將軍文稱，案查前准商部咨開：據商人王鍾泰等稟稱：「奉天遼陽州所屬之張家溝煤礦，經委員何厚啟無故稟請歸入天利公司辦理，忽又被日人在礦地内强爲劃界立樁，懇恩保護等情。查王本錫開辦煤礦，在本部未設以前，并未咨部有案，僅咨劉天民稟辦張家溝煤礦一案。此次該商人王鍾泰等所稟各節，是否屬實，無從懸斷，咨行飭查。並希將王本錫辦礦全案，咨送本部等因。准此，當經札飭礦政調查局遵辦去後。茲據該局覆稱：查遼陽州屬張家溝煤礦，突被日本憲兵封佔，經職局先後呈報憲台，先行照會日本總領事萩原，旋又據情查約咨請外務部、商部，向日本公使提議索還，以保商産。續准外務部咨覆，業已據情照覆日公使，尚未據覆。其未經退還以前，勿任日本人開做，行知下局各在案。此次王鍾泰呈訴之意，自係重在承領窑照，而其與王本錫是否嫡親一家，暨王本錫當年領札開礦，職局均無底案可查。當即遵飭遼陽礦政分局委員確查去後，茲據委員熊壽籛、尹福海呈稱：遵傳張家溝窑商祝恩榮、丁玉珍到局查訊，據供本窑股商確係王本錫、曹明榮二人，於光緒二十八年，在前將軍增案下領有札諭，開做張家溝煤礦，當邀張文德入股，續資本不足，添邀察張鄭丁四姓，均立有合同。計做至三十年止，共賠錢七萬八千餘吊。是年秋季，日本軍隊到窑，指身等窑煤爲俄産，突被封佔。經向理論，呈出增將軍諭札爲証，日人并將諭札拏去。後因託人説合，將煤窑退還，諭札未給，給予收單作據。身等甫能續作半年，又於本年六月間，被日本憲兵强佔後，將煤堆退還，既不許售賣，又不許開工，還與不還無異。身等賠累無奈。迭在委員及總局呈請索還，均蒙批示：俟奉到部示，遵照飭辦。至曹明榮，於三十年臘月病故，王本錫於本年三月病故，均無子嗣。張文德股本較多，歸伊執管，合同在伊手内，現回天津原籍，有來信呈閲。至在部遞呈之王鍾泰，實不知其何人？求作主等語。委員訪查無異，呈覆到局。職局覆查張家溝煤商所領前將軍諭札，應飭援領部照，原領人王本錫、曹明榮先後病歿，均無子嗣，更應著落承領之人，方昭核實。應俟日本議明退還，再行飭辦詳報。至王鍾泰既非王本錫嫡親子系，窑商祝恩榮等亦不承認，顯與該窑無涉，擬請勿庸置議。應仍附案詳請催向日本索還張家溝等處煤窑，以保礦商，理合呈請分別咨覆咨催等情前來。除批示並咨覆商部外，所有張家溝煤礦突被日本憲兵封佔一案，相應咨請催詢。爲此咨呈貴部，謹請轉催日公使，飭令交還施行。」

又外務部收王承堯稟《王承堯稟請向日交涉收回千山台煤礦》 光緒三十三年三月初六日，收職商王承堯稟稱：敬稟者：竊職商因奉天千山台華興利煤礦公司被日人侵佔各情，疊經稟請農工商部設法保護，收回利權，均蒙據情咨呈大部，酌核辦理各在案。理宜静候，曷敢冒瀆？無如勢迫萬難，不得不叩懇於大部之前，以爲保守主權之地。查千山台煤礦，奏准歸職商開採，所有先後案據，及被日人佔踞情形，均在大部洞鑒之中。惟閲各報，日本將千山台煤礦，溷入撫順案内，充作南滿洲鐵路資本等情，聞之殊堪詫異。查中日協約第四條載明，日本政府允因軍務上所必需，曾經在滿洲地方佔用之中國公私各産業，在撤兵時悉還中國官民接受等語。夫華興利既屬私産，則撤兵時即歸民人接受無疑。條約煌煌，斷無自言自食之理。又日俄和約第六條載明，俄國政府將長春、寬城子至旅順口之鐵路，及所有枝線該地方一切之權利特權財産，並爲鐵路所採之各地煤礦，不須償價，祇須清國政府允認，方可一切割讓與日本等語。是已認明滿洲之地方主權，原係清國所自有，倘未經允認，則斷不能割讓也。且一國財産，有官有民有之分，華興利煤礦，係屬民有之類，即政府允認割讓，按民事訴訟法，尚非日人所能奪，況並未經允認乎？況此礦又非俄人之專利乎？如日本恃日俄新約第六條，藉詞牽制，詳究此條語意，俄國和約全權璞科第，亦未敢漫將職礦讓與日本。璞公使現在駐京，何難公同環質，務期水落石出，可免日本藉詞之蔽，以全五洲之信。查撫順枝路，原不在東清鐵路應修路線之内，當時日俄戰事既開，俄人任意添修便路，已屬違約，職商因其有礙礦廠，曾經稟明奉天將軍在案。是俄人既不應修此枝路，則日人即不應指爲鐵路枝線所採之煤礦，若含混附入鐵路財産之内，是咎俄人而蹈其轍也，度日人必不出此。前蒙奉天將軍函致大島，商令交還，據大島覆稱，千山台炭坑，係貴國人所有，請照清日協約第四條交還，本處難以直接答復。由貴國外務部照會敝國公使可也。是日人亦知該

煤礦爲職商所應有，亦知協約第四條之不能更變，特此推彼讓，故作宕延之計耳。夫日人夙負文明，洞達公理，興仁義之師而征俄，俄所不忍覇佔之産，自當仍舊璧還。惟列國外交手段，每於本國應享之權利，則竭力以護持之，於他國應享之權利，則朦混而希冀之，然果其事有可朦混，則希冀猶可也。千山台煤礦，既經職商報効鉅款，蒙前奉天將軍增奏准在案，數年來開辦已有成效。迨三十一年二月，日軍入境時，即稟請將軍照會，並在日軍政署小山處詳細聲明，當時若有違詞，宜早明白示覆，何以彼時寂無一言，直待佔據二年，忽欲擅入鐵路資本，奪人之産，益已之私，戰勝之國，即用此强硬腕力，其無乃爲環球差乎？且大巴木等先後侵佔，亦未必出自日本政府之意，一轉移間，原非難事。現今日俄軍事早停，和約已定，中日邦交從此輯睦，區區一礦，何事頭等强國挾全力以争之耶？職商性命財産與此礦相關繫，衆股商之性命財産，亦與此礦相關繫，即我國之商業利權，未嘗不與此礦相關。今日本多佔一日之礦，多獲一日利權，即職商多損一日之利權也。自乙巳三月初七日起侵佔礦産，迄今二十五閲月，賠累甚鉅，何日底止？現值日本撤兵，伊邇交還，尚無明文，内受股東督責，外受强隣逼迫，左支右絀，焦灼萬分。援中日新約，南滿洲開通商埠之區，指有定地，千山台地方，並不在商埠之列，日人恣意蹂躪，顯與新約違背，人所共鑒。如再推延時日，藉口侵佔，不惟職商損失利益，實難甘心，即中國之礦政主權，且恐由此漸失，不可不加意預防也。爲此悚惶流涕，冒昧叩懇大部，設法照會日本政府，訂期從速交還，以免利權久溢，則職商幸甚！股商幸甚！大局幸甚！除已分稟農工商部外。肅此，伏乞鈞鑒，核示遵行。

又外務部收日使林權助照會《拒絶交還千山台暨尾明山煤礦》 光緒三十三年三月二十九日，收日本公使林照會稱：撫順煤礦内之千山台礦地，及烟台煤礦内之尾明山外二處，均須交還一事，上年迭准來照，均已轉達本國政府。兹准回復節略，照録如左：千山台煤礦，中國政府主張謂，該礦係職商王承堯所有之産，按照《滿洲條約附約》第四條，應於撤兵時同時交還等語。查千山台煤礦，與撫順煤礦之其餘之各處，均爲俄國所經營，顯有明証。現在俄國自蘇家屯向東，添築一枝路，通至礦區界内，專爲採取礦煤，以供東清鐵路之用，無論何人不能不認。按照《日俄和約》，該礦即約内所謂爲鐵路利益所經營煤礦之一，現應歸屬於日本。而中國政府乃照請交還，按之《滿洲條約》第一條之所載，日本政府實不能解其何意也？或謂千山台礦産，俄國並非與中國政府立有合同，然俄人干預該礦，距日俄開戰前數年，即光緒二十七年以來，既投以經營之資金，復獨佔管理之實權。今日所稱爲原主之王承堯，不特不能自稱爲其所有，以實行其權利。即自光緒三十年以後，俄人添接鐵路，設置衛兵，其經營規模，非常宏大。中國政府未嘗否認，其地方當局者，更助其所爲。准此以觀，俄國在該礦之地位，不可不謂中國所承認，即謂該礦未嘗訂有明文之契約，然國際間權義不必定要有明示約諾。即彼此行爲因默認而設定者甚多，此亦爲一般公認之通例，此事之正合此例明矣。《日俄和約》所稱日本收受俄國允讓之一切，係指俄國由中國明認，或默認現享之一切權利利益而言，不可忘也。至中國政府所稱該礦在鐵路沿線三十華里以外，故不得目爲鐵路財産等語。所謂鐵路，果指何線而言，兹姑不論，惟鐵路附屬權利之礦産，限以里數一節，不特中俄原約素無明文，即徵之實事，前東清鐵路公司所採之煤礦，多在該里數以外。即最近在北滿洲中國政府有允許東清鐵路公司在鐵路沿線三十里外開採煤礦，爲日本政府所確知。且日本政府於限制里數一節，並未接中國政府何等之交涉，日本政府之未嘗同意，自不待言。乃中國政府獨斷獨行，據條約而限我權利，日本政府斷不能容忍也。至中國政府對於尾明山外二處礦産之主張，日本政府自亦不難承認。此等礦地，均係烟台煤礦中之一部。烟台煤礦之爲東清鐵路公司之附屬事業，孰不知其爲俄國經營之事業。前日本官憲於尾明山外之礦産，曾以一二區許土民採挖，此爲救濟地方起見，出於一時之權宜，故無論何時，均可註銷，業經日本總領事照會奉天將軍，聲明在案。乃中國即藉此以爲更改我權利之張本，日本政府尤屬出之意外。總之，俄國從前爲東清鐵路所開之煤礦，無論其名義如何，總以按照《日俄和約》，並《滿洲條約》，理應歸屬於日本，該礦亦屬此類。至所謂三十華里限制一層，條約既無明文，揆之實際慣例，亦不相符，日本政府實不能應中國政府之請。以上所録，俱係本國政府回復節略。並准文稱，此節略係爲日本政府之確答，萬一中國政府重申前議，日本政府決不能更變此旨，並希聲明等語。相應遵照政府訓令，照復貴王大臣查照可也。

又《撫順煤礦不能歸日所有》 光緒三十四年三月初七日三點，日本林使。偕阿部小田兩參贊，高尾通譯來署，那中堂、袁宮保、唐中丞接見。

唐中丞云：「撫順煤礦，貴國前囑令王承堯與南滿洲鐵路公司面商，嗣據王承堯稟稱，該公司擬償還若干，勒令退股，請示前來。當諭以該礦係國家之鑛，非係私人所有，不過許你開採，你不便允許日本公司。現貴國對於此礦究擬如

何辦理？」

林云：「該鑛係俄人所辦，已歸日本經理，前因王承堯損失太甚，故擬償還若干。」

答：「以如已歸日本，何必要問王承堯？條約並無將該鑛歸日本之語。且筆記内載有無論已開未開各鑛，須訂詳細辦法云云。所云已開，係指當日俄人經理東清鐵路所開之鑛而言。當時所開者，祇此一鑛，則撫順煤鑛之亦應訂章辦理，不能視爲日本所有，毫無疑義。」

林云：「日本於經理東清鐵路以後，並無擬開沿路各鑛之意。至筆記所載云云，我尚曾攷察，容查明再復。」

又外務部收徐世昌、唐紹儀文《日人在大榆溝等處礦地私立標樁暨攪擾尾明山礦務請飭禁阻並將岡延藏等懲辦》 光緒三十四年三月二十九日，收東三省總督徐、奉天巡撫唐咨稱，案據奉天交涉局、礦政調查局呈稱：「案查日人在大榆溝等處一帶礦產，私立標樁，及屢次攪擾尾明山煤礦一案，前蒙憲台批飭本司職局會同派員查明等因。當經本司派委界約科科員金萃康，職局派委分析正委員工科舉人沈均，一同馳往該處查勘，一面會銜呈明在案。」玆據該委員等查明尾明山大榆溝等處礦產，自摩箕山起，至尾明山止，山脉綿延十餘里，煤礦甚多，因與煙台相近，故日人統名曰煙台炭坑，並非煙台另有煤礦，與東清鐵道相距尚有三十餘里，不能作爲鐵道附近礦產。現在日人除尾明山外，北自摩箕山起，南至大榆溝止，四面均釘立標，上書南滿洲鐵道礦業預定地字樣，將大榆溝官礦及張家溝民礦北段，一併圈入標内，其圈内礦產，領有龍票未租與俄人者三處，領有龍票已租與俄人者五處。至各處界址，曾於光緒二十六年間，經遼陽州及正白旗官劃分清楚，立有封堆。張家溝煤礦雖無龍票，已據礦商曹佩文等領有開採部照，傭工開挖，現被日人屢次阻撓，將該礦商房屋木植等物一併焚燬。並將曹佩文綁毆凌虐，不准再行開採，是以半途中止。所有奉委調查尾明山大榆溝等處各礦，被日人攪擾，暨釘樁各情形，擬合繪具圖説，呈請查核等情，呈覆前來。據此，本司等查遼陽尾明山大榆溝等處一帶煤礦，開辦已百數十年，乾嘉年間，即有窑商請領龍票，自摩箕山起，至大榆溝止，接連十餘里，計龍票八張，各歸各界。至光緒二十六年，有俄商自向該領票商人租採摩箕山、尖山子、田家溝、盤道嶺、化家窪等五處，經遼陽州及正白旗官劃分界限，立有封堆。其餘如尾明山，係奏明官辦。大榆溝、張家溝、華子嶺、老虎嶺等四處，亦向由中國官商自行開採。至光緒三十年，日俄戰際，日人誤視該處各礦，均以爲俄人經營之產，照《北京條約》爲日人應享之利權，屢次阻撓攪擾，意欲佔爲己有。經前軍督憲趙屢以尾明山等五處煤礦，向係官督商辦之礦，既未租與俄人，而俄人亦並不前來干預，實非俄人經營之產，叠次據約反覆辯駁，彼終置之不理。嗣於去年九十月間，有日人岡延藏等，撤去礦政分局龍旗，及綁毆礦商曹佩文，並燒燬房屋窑木等情事。又經本司先後據約向日總領事照詰，而日總領事迄未一覆。今則私自釘樁，將該處除尾明山外，所有煤礦，不論其有票無票，已租未租，是否官辦，是否商辦，一併圈入標内，殊屬獨行獨斷。竟將中日會議時聲明之第十節，置若罔聞，實屬背約妄行。除由本司照會日總領事，速將該處標樁一律拔去，並飭嗣後毋向該處攪擾外，理合繪具圖説，聯銜呈請憲台查核施行等因。據此，除仍由奉天交涉司照會日領，轉飭查禁外，相應咨呈，務飭拔去樁標，將各鑛產一律退還。查照約章，劃明界限。並將行凶撤去礦政分局龍旗，綁毆礦商曹佩文，燒燬房屋窑木之日人岡延藏等，嚴加懲辦，治以應得之罪。並議服禮賠償辦法，以維礦政，而保國權，實爲公便。須至咨者。三月二十五日。

又外務部收王承堯稟《千山台礦產案請與日人在京交涉》附王承堯稟 光緒三十四年四月初三日，收職商試用同知王承堯稟稱：竊職商於光緒三十三年九月間，稟奉批稟悉。查此案前據七月間稟稱各節，當即咨行駐日本楊大臣，請該國外務省飭催後藤，迅與面議交還，復於本月初十日電催速復。現准該大臣復電稱：前次據情照會，屢催未復，奉來電，復往晤催，彼允飭後藤早日與議，仍由李星使照催等語。除再由本部咨行東三省總督、奉天巡撫照催後藤與議外，仰該職商即行回奉，候與面議等因。遵即回奉謁見交涉司陶司使大鈞，面陳部批，蒙諭候後藤來奉，再與面議等因。忽閲十一月二十九號《北京日報》及《盛京時報》載，日人佐藤少佐，赴千金寨勘測地址，購買民地一事。緣千金寨之民地，即千山台之地址。職商礦產正洞，均在千金寨，日人巧避千山台之名，而勒購千金寨之地，恃强用事，陰懷得寸則尺之心，難以杜防，當經具情稟東督、奉撫兩憲，懇請將此項民地阻止購買，抑或暫由中國官買等情，旋蒙批斥。聞命之下，曷勝惶惑。果謂民不聊生，以民之恒產准售於外人，而民即可相安於無事，未爲不可。乃日人在千金寨界内迫買地外，又霸佔若干，被民呈控，蠶食之心，何所底止？遵查《中日協約》第四條，載明清國公私產業，理當照約交還。《日俄和約》第六條，確載鐵路所採之各地煤礦，不須償價，祇須清國政府允認，方可一

切割讓等語。是指俄之專利而言，非指千金寨華興利煤礦而言，我政府實未嘗允許也。自佔踞職礦，遲延不還，又難藉口，故假盛京報紙宣傳。日外務大臣林伯爵言，該礦爲俄國政府讓與日本；又宣傳日外務省政務局長山座言，千金寨礦產，係爲俄國所讓。報紙佈揚，以聳職商之觀聞，以動職商之畏懼。日人用心，無所不至。詳細推求，樸茲莫斯條約，悍然不顧公法。胥泯奉省，時局危迫，弱肉强食，忍垢含寃，任其佔據，以致職商奔走呼號，三年之久，方幸仰託部憲據約力争，始得有日外省允與後藤新平面議之文，是已明認此礦爲職商應享權利。奈何未經與後藤面議，又復伸張礦界，即被日人以經營礦事爲詞，詎不知此礦正在交涉之中，故示以勢力鋪張，侵我國之主權。迨職稟明，蒙批礦事所用，祇能行使地面，與地中礦質不相關涉。衆股東見批，既有地面地中之分別，即令土工赴礦挖做。此礦自被日人佔據以來，積不能平，儻藉地面地中之情，羣起而攻，難免節外生枝，於事無益。職不得已，苦苦勸慰，宜深體督憲值此顛危之際，雖欲補救，無可如何，應聽命守法，以待面議後，自有安業之道。按此交涉，自始迄今，仰蒙部憲盡籌碩畫，竭力維持，叠次照會日政府交還，並電駐日大臣，與日外省磋議，始有今日。職商謹遵部示，又蒙部文咨奉，保商之苦心，至周至渥。如東督批飭，令自向後藤定期開議一節，籌思至再，實無自向後藤面議之權，即强爲要索，設有齟齬，易滋意外之交涉，我部憲更爲棘手。況前執趙督憲札見，後藤推故不面，僅著佐藤安之助接晤。詢以礦事，含混支吾，前禀已聲明在案。知此交涉，在奉實無議結之期，諒在洞鑒。伏思中國商民財產，顯有中日、日俄各條約，爲萬國共見。且日本爲文明頭等强國，煌煌文牘，當不屑因兹一礦，應侵我主權之名。現在國家立憲時代，而列强環伺，奉省自日俄戰後，適當其衝，凡屬國權利權，東西列强，莫不注視。千山台礦產，爲東亞第一佳礦，産厚質美，環球皆知。職商爲國民之一份，一人之得失，爲全體之公憤所關；一礦之得失，爲全國之主權所繫。日人縱操得隴望蜀之謀，職商終懷完璧返趙之志。日人既恃强硬手段，挾全國之力，上下一心詭謀中國一商之礦產。職商勢雖孤弱，理直氣壯，雖死斷不敢以中國自有之主權利益，稍事退讓。前據大島覆前趙督憲稱，接准照會內開：千山台炭坑，係屬貴國商人所有，請照《清日協約》第四條交還等情。查此事本處難以直接答覆，希由貴國外務部照會敝國公使可也；亦聲明在案。今又日外省承認與後藤面議，互相推委，不一而足。斯時東西報紙紛紛議論，方覩此結果。若久在奉省交涉，不唯無交還之日，且亦無面議之由，展轉數年，貲斧已罄，賠累甚鉅，居家之生命。旦夕不能自保。言念及此，零涕無地。惟有仰懇部憲，俯恤商艱，既蒙主持力争於前，尤望格外保護於後。懇請允將此交涉提歸北京開議，庶職商有所遵循，不致別滋枝節。近讀《海牙第二次平和會記畧》所載，箇人權利，當極注重，凡交戰國中立國，皆有赴裁判所控告之權。又凡關係中立國利益事件，亦可控告等語。兹當奉省交涉繁難之秋，一日不結，即利權坐失一日，民産攸關，利權外溢，真爲可惜。爲此萬出無奈，干冒鈞嚴，復爲具情，叩懇大部，恩准將此交涉，提歸北京開議，以維主權而重邦交，非爲職商一人利權計，實爲國家大局計也。並附東三省總督原稟暨批，抄黏呈閲，臨禀不勝悚惶之至。肅此，伏乞鑒核施行。職商承堯謹禀。

敬禀者：竊職商前經禀奉外務部批禀悉。查此案前據七月間禀稱各節，當即咨行駐日本楊大臣，請該國外務省飭催後藤，迅與面議交還，復於本月初十日電催速復。現准該大臣復電稱，前次據情照會，屢催未復，奉來電，復往晤催，彼允飭後藤早日與議，仍由李星使照催等語。除再由本部咨行東三省總督、奉天巡撫，照催後藤與議外，仰該職商即行回奉，候與面議等因。奉此，遵於十月間回奉，禀見交涉司使陶，面陳部批，蒙諭候後藤新平回華，訂期面議等語。職商理應静候，曷敢多瀆。緣閲《北京日報》十一月二十九日附張載有佐藤少佐在千金寨至古城子，指購民地若干萬坪一案，覩之曷勝驚駭。如無其事，報章焉敢率登？至於勒買他處地址，置之不論，而千金寨之民地，即千山台之地址，係職商華興利公司礦產。自三十一年日人强佔後，屢經禀蒙外務部照會日政府，叠次請其照約交還。後電經駐日楊大臣請准日外省照覆，業已承認，准令職商與南滿鐵路總裁後藤面議等情，奉有部批在案。是職商奔走呼號，舌敝唇焦，費三年之苦心，始得日外省之一語。幸將就我範圍，必能照約交還，故此凛遵部批，静候後藤回華，公開談判，據約磋議，默幸收回利權之有期。乃忽有佐藤在職商礦界指購民地之風説，但幸報章妄載，可無其事，獲如天之福。若果有之，實有礙於礦産，是明違《中日協約》第四條、《日俄和約》第六條，又背日外省之前案。彼文明强國，常以敦重邦交爲言，料其決不出此。職商係國民之一份，千金寨爲華興利之礦產，此案正在交涉間，明明係中國民人産業，恃强延宕，不能開議，何又遽垂得隴望蜀之涎？抑或我政府別有條約，准其購地，不知置職商礦產於何？所令職商惜然不解。若仍復啞忍，其如大局何？其如利權何？況千金寨係職商開採，奏准有案，嗣因附入華俄道勝之股，隨時禀明前督增在案。悉遵我國

礦章，而主權仍操自華商，有華興利納稅底卷，以及始末詳細情形，前案載列分明，請我憲台調查卷宗，方可証信。不料日俄啓釁後，日人悍然霸佔，釀成國際交涉，實爲萬念不到之事。即如俄人興修任便浮路，本向楊柏堡河東煤窑而去，經過華興利礦廠，當時據情禀請增督憲向俄阻止，其曾否照會，能否阻止，權操長官，職商之發言，只能到此止矣。誰知禀爲具文，視如無物，姑息養奸，至今大錯鑄成，誰屍其咎？果日人豔此礦之美富，不免借此礦爲口實，交涉三年，甫經認爲面議，又有購地之舉。如再不言，但有負股東之初心，實甘失我國之權利，微末如職商，又何足數？非不知內爲虎攫，何能擅棄？唯念此礦爲亞東有名美礦，環球皆知，職商力雖不足，尚有公理可據，所以干冒萬死，決不甘爲委棄利權之罪魁。每覩日本與日俄新約，日法協約，條條以尊重中國主權，保全中國領土爲詞，天下共見。華興利之礦產，非中國之主權，千金寨之土壤，非中國之領土乎？煌煌條約，縱不爲我用，而日人亦不宜强迫肆行，始佔千金寨之時，何不公道購買民地？待佔民地之後，恣意建造修蓋，屢經民控，纔能勘測地址，評定價格。此番舉動，憑據何詞，依何條約，喧賓奪主，蔑視公法。惜職商中國一匹夫耳，明知瘏口饒舌之無益，尚能終守志不可奪之訓。仰我憲台奉命東來，内治外交，爲兩宫紓宵旰之憂勞，對兩强邦交之睦誼，區區千金塞一礦，屬在私人權界，當必提出列入外交議案，保護職商之私產，即挽回東省之利權，箇人幸甚！大局幸甚！固意中事也，又何敢嘵嘵瀆請。所最難忍者，緣日本外務省既已承認准與後藤面議，是明認此礦爲私人之民產，應俟與後藤磋商議定，各有應擔之務義。彼日人曷不諳此，預出購地强權，激我衆股東之怒，志再釀意外之交涉。職商若不禀請阻止，緘默不言，恐交涉中又任其出一層困難。猶是當年俄修服路，並不在條約之内，禀請阻止，束諸高閣，案卷空存，悔如噬臍。前車不遠，覆轍尚在。適觸前機，詎容侵害，此所以不甘默忍者也。想日人斯時購地，備抵開議索礦地步，暗運機關，詭秘莫測，是爲外交之慣伎。近世競争劇烈，强弱雖分，公法難容。職商於此案之起點，自有方針，該礦已認爲國際交涉，藉資國力，以伸公理。倘不便與之直接，又嘆時局艱難，列强環伺，各省立定條章，路礦權利，羣思收回自辦，彰明昭著，中外咸聞。職商自有之利權，豈容坐失？阻而不止，甯甘隨晉省殉礦、浙省殉路之烈士，同甘身殉。彼縱忝然不顧，職商宜留此紀念，俾知中華大國，尚有民氣，前蹼後繼，蹶而復振。萬一天心悔禍，啟彼洋洋鄰國，顧念邦交，不屑侵私人之利益，却指鹿爲馬之故智，仿秦璧返趙之遺風，遂職商之熱心，聳全球之耳目。移山填海，不過愚人之苦衷。前因此礦不讓給俄人，俄黨所忌，雖有異常之勢，難登保案。迨日人霸礦告退，差使與彼争執，以致賠累鉅款，遺憾畢生。言念及此，痛心流涕。仰賴我憲台折衝撙俎，施旋乾轉坤之力，挽回利權。職商竭盡愚誠，自干冒瀆，勢逼萬難，迫不得已，是以叩懇憲台，俯念商艱，攸關全局，礦産微細，主權宜尊，伏乞恩准援案據約争回利權。一面駁詰佐藤緩買民地，一面照會後藤來奉訂期開議，以重邦交而決議案。現日人佔踞千金寨民地若干畝，請由中國暫行發價，以慰民望，俟將礦産議明，即請定奪。臨禀不勝悚惶切禱待命之至。理合備由，恭請鑒核。三十三年十二月二十日呈。

禀爲指購民地，有礙礦產，請暫由中國發價由。批禀悉。查千山台煤礦，自應與日人交涉，據約力争，以期挽回利權。至千金寨地畝，係被日人佔用，民不聊生，叠控前來，是以派員丈勘，向日人索價，按畝分給，實爲救恤小民起見。且聲明此項地畝，專爲經營礦事鐵道所用，祇能行使地面，與地中礦質不相關涉。將來煤礦交還，此地亦應一併交還。該職商不知其中爲難情形，率以狂言上瀆，殊屬非是。姑念此礦係該職商集股自辦之産，無怪出言激烈，尚可曲爲原宥。仰候後藤新平回奉，迅即自向後藤定期會議可也。此批。

十二月二十六日。

又外務部收稅務處文《撫順土煤應照則收稅》 光緒三十四年五月十九日，收稅務處文稱，前准咨稱：「准阿部代理使照稱：貴國海關稅定章，以貴國所産石炭之輸出稅，向分二種：一以開平、河南、安徽、湖北及廣西之炭，每一噸課稅一兩，其他均以一噸課稅三兩。但照此定章，撫順炭之出産，以及販路，均與開平炭相同，而課稅竟至三倍之多，販運商人未免受困。似應按照開平炭課稅章程，以每一噸課稅一兩爲宜。且本代使尚知於西曆千九百五年以來，凡青島輸出之石炭，已與開平炭同等課稅，以每一噸課稅一兩。然則由大連營口及其他所輸出之石炭，亦當享受同一之待遇，方爲公平。爲將以上各節陳明，請照此辦理等因。查海關稅章，於各處所産石炭之稅課，是否分爲二種，撫順炭稅課因何與開平等處歧異，應咨行查核聲復，以便轉復該使等因，當經本處劄飭署總稅務司查復去後。兹據申復，以土煤一項，咸豐八年，《天津條約》出口稅則內載，每百斤應完稅銀四分。旋於光緒六年，《中德續修條約》第四款内載，中國土煤出通商各口，完出口正稅銀減爲每噸三錢。除四川土煤奉准每噸完納稅銀一錢，並湖北、安徽、廣西、直隸、開平、江西、閩省建寧及魯省青島各土煤，前後專案奉

准每噸完納税銀一錢外，所有未經專案減税之土煤，歷經照辦有年等情前來。查現行《通商税則》内載，土煤每噸徵收税銀三錢，開平等處土煤減税，係專案奏准之條，他處不得援以爲例。前項撫順土煤，自應照則徵收税銀三錢，方昭允協。相應咨復貴部查照轉復該使可也。」

又外務部發日代使阿部守太郎照會《撫順煤礦徵税等情》 光緒三十四年五月二十七日，發日本代使照復稱：前准來照，以開平等處煤炭出産税，每噸一兩，其他均三兩，撫順炭與開平相同，課税多至三倍，應按照開平課税等因，當經本部咨行税務處查核去後。旋准復稱：現行通章税則，土煤每噸徵收税銀三錢，開平等處土煤減税，係專案奏准之條，他處不得援以爲例等語前來。查撫順界内煤礦，原係華商開採，自光緒三十一年，爲日本軍營佔用後，迭次照索，迄未交還。該處所出煤炭，自應按照税則徵收，凡係專案奏准減税之條，不足援引，以相比例。除該處煤礦仍應交還中國另案辦理外，相應照復貴代理大臣查照可也。

又外務部《日使仍堅持撫烟兩礦應歸日人開採》 宣統元年七月初九日，日本伊集院使，偕本多參贊、高尾通譯，到那中堂宅會晤，那中堂、梁大人、鄒大人、陶署左丞、曹參議接見。伊云：「近接各處電報，據云，間島地方，中國官吏因此案將結，領土權已屬中國，對於日韓官民，時有刻待情事，應請貴部發電禁止。」答：「以此案議至如何地步，我們尚未宣布。該處兩國官吏，原有主客之分，彼此均應以禮相待。我們彼此均發一電，飭其不得另生事端。」伊云：「撫順煤礦，日本政府看得極重，梁大人亦曾屢次聲明，日本如於間島案讓步，該礦總好商量。現在又接外務省訓電，務請貴國政府，允我所請。」答：「以我們於會寧路事，格外讓步，亦不能不提。現擬有節略，貴大臣以爲如何，隨將節略交給閲看。」伊云：「節略内行政權一層，此時終不便提議，因我於此事奉有政府訓條，將來各案議結時，由貴國提出另商，亦無不可。現在我亦擬有一節略，務請照此節署定議。」答：「以你節署所開，中國認明日本國按照日俄講和條約第六條，及中日東三省事宜條約第一款，應有開採上開兩處煤礦之權一條，終難照允。」緣該礦係中國顧全兩國友誼，讓與日本開採，非日本照約應有之利益。則按照《日俄和約》一語，似應删去。認明二字，亦萬不能。擬改中國政府允許日本政府，開採上開兩處煤礦，按照中國他處煤礦，一律辦理云云。至行政權應歸中國，於理毫無疑議，亦須提出聲明。伊云：「該礦原係日本照《日俄和約》得來之利益，與他礦性質決然不同。如嫌面子不好，可將按照《日俄和約》一語删去。再如恐於主權有礙，可將我節署内第二款内，添加日本國政府，尊重中國主權一句。至認明二字，改爲允許，實難商議。」答：「以照你主張，云係照約應得之利益，然查照會議録所載，日本所得之利益，以已經讓於俄國，何得謂中國政府認明日本國政府，有開採兩處煤礦之權。我擬改爲中日兩國，顧念邦交。」關於撫順、烟台兩處煤礦，彼此聲明如左：（甲）、中國政府許以日本政府，可在以上兩處開採煤礦之權。（乙）、日本政府承允尊重中國一切主權，并承允上開兩處煤礦，挖採煤觔，向中國政府應納各項。惟該税率，按他處煤税最惠之例，另行協定云云。如此則已格外讓步。至認明二字，無論如何，斷不能允。駁辦再四，伊使堅持該礦係日本照約應有之利益，非現在始由中國讓與者，不得變更宗旨，始終不讓。伊後云：「此事尚須彼此詳細考量考量，今日似難定議，後日即十一日三鐘，仍在此處續議如何。」答：「可以，伊遂去。」

又外務部《允日人開採撫煙兩礦》 宣統元年七月十一日，日本伊集院使，偕本多參贊，高尾通譯，赴那中堂宅會晤，那中堂、梁大人、鄒大人接見。伊云：「撫順、烟台煤礦事，前次會議，互相争持不下，現在我擬格外通融，前開四款内乙、丙、丁三款，允照貴國所擬辦理。但甲款内中國政府認明日本政府，應有開採之權一語，萬勿再改。」答：「以既係如此，我們亦竭力退讓，即改爲『中國政府認日本政府，開採兩處煤礦之權』，將『應有』二字删去。」伊云：「照此定議亦可。又告以所有應納税項，自應由日本開辦時起算，此節應於約内聲明。」伊云：「自日本開辦該礦以來，出口税已經照章繳，該税率過重，今日尚應找還逾納之數，此節我們亦不再提。至出井税，數目既未算定，繳亦頗費事，照日本政府意，萬無補納之理。」答：「以不在約款内聲明，可議定歸于詳細章程内，由委員臨時協定，現在可將此節記于問答之内如何？」伊云：「歸入詳細章程内，臨時商議亦可。又詢以該礦地段，有王承堯已經購定者，有未經購定者，應如何辦理。」伊答云：「此層亦可歸入詳細章程内，由委員協商。」又問：「王承堯所出資本，及一切費用，實在確數，究係若干？」答：「以該商之資，就所知者而言，統計二十一萬兩，此外有無用去之數，尚不得知。貴國應如何償給，須先商明。」伊云：「此節可用寫明日本政府，允給該商銀若干，其數目按出資之數，從優付給，即以信爲據。」答：「以亦可。」

又外務部《摘録中日東三省交涉原訂合同》附《東三省交涉五案條款》 宣

統元年七月二十四日，發郵傳部、農工商部咨稱：案查中國與日本在東三省交涉各案，業經彼此定議，訂立合同，於本年七月二十日簽押，二十一日奏奉諭旨允准。內有關於新法鐵路、大石橋至營口枝路，京奉鐵路造至奉天城根，撫順、烟台煤礦，暨安奉南滿洲鐵路沿綫礦務等案。相應摘録合同原文，並天寶山礦務另文照會，咨行貴部查照可也。附抄《東三省交涉五案條款》

《東三省交涉五案條款》

大清國政府及大日本國政府，兹將在東三省地方，彼此有所關涉五事定明，以免將來誤會，俾兩國鄰交益加鞏固，議訂各條款，開列於左：

第一款，中國政府如築造新民屯至法庫門鐵路時，允與日本國政府先行商議。

第二款，中國政府認將大石橋至營口支路，爲南滿洲鐵路支路，俟南滿洲鐵路期滿，一律交還中國，並允將該支路末端展至營口。

第三款，撫順、煙台兩處煤礦，現經中日兩國政府和平商定如左：

甲、中國政府認日本國政府開採上開兩處煤礦之權。

乙、日本政府尊重中國一切主權，並承允上開兩處煤礦開採煤觔，向中國政府應納各項，惟該税率應按中國他處煤税最惠之例，另行協定。

丙、中國政府承允上開兩處煤礦開採煤觔出口外運時，其税率應按他處煤觔最惠之例徵收。

丁、所有礦界及一切詳細章程，另行派員協定。

第四款，安奉鐵路沿線及南滿洲鐵路幹線沿線礦務，除撫順、煙台外，即應按照光緒三十三年，即明治四十年東省督撫與日本國總領事議定大綱，由中日兩國人合辦。所有細則，届時仍由督撫與日本國總領事商定。

第五款，京奉鐵路展造至奉天城根一節，日本國政府允無異議，其應如何辦法，可由該處兩國官憲及專門技師妥爲商定。

爲此兩國大臣，各奉本國政府合宜委任，繕備漢文日本文各二本，即於此約內簽名蓋印，以昭信守。

宣統元年七月二十日。

明治四十二年九月四日。

大清國欽命外務部尚書會辦大臣梁敦彦押。大日本國特命全權公使伊集院彦吉押。

又外務部發俄使廓索維慈照會《否認撫順煤礦有俄商利益》 宣統元年八月初十日，發俄廓使照會稱，按准照稱：「准本國政府訓條，中日所立滿洲五案件協約第三條內，並無保護商人關涉撫順煤礦之利益之句，本國政府則以此項協約若有不保護俄商及公司之利益者，仍留隨時索取賠補之權等語。查撫順煤礦，係光緒二十七年盛京將軍奏准中國商人王承堯承領開採，迨二十九年，該處因有戰事，被日本佔據，迭經商人王承堯禀陳本部，照會日本索還。至本年七月，始行定議，綜計前後六年之久，並未准貴國駐京使臣來照，聲明此項礦產，有俄商之利益，亦並無俄商來部呈明，此項礦產，有俄商之股本。是本部於撫順煤礦，祇知爲華商王承堯所承辦，並不知其他。該華商之利益，如何保護，應由中國斟酌辦法，自無庸於協約內增入。兹協約簽定以後，始准貴大臣來照，以爲若不保護俄商及公司之利益，仍留隨時索賠之權，本部未便允認。相應照復貴大臣查照，轉達貴國政府可也。須至照會者。」

又外務部收王承堯禀《請示中日議結千金寨煤礦辦法》 宣統元年八月二十二日，收職商王承堯禀稱：竊職商前爲奉天千山台之千金寨煤礦，自光緒三十一年三月初七日起，被日本覇佔，已越四年之久，並不照《中日協約》第四條退還。已將一切詳細情形，歷經禀請大部，據約力争；並祈提歸北京開議等情各在案。復於本年閏二月初三日，又具懇禀部憲，早爲開議催交亦在案。旋於四月間，因延候無期，回奉措資，忽於七月二十五日，閱《盛京時報》登載東三省中日交涉，議定全案第二款，係撫順煙台煤礦，允許日本開採，但未載明職商之千金寨煤礦如何辦理，以致衆股東羣相毫異，紛紛詰問，幾有不相容之勢。幸前蒙我部憲屢次照會日外省，力争交還，所以職商據此主持安服衆股東之心，始終静候鈞命。現在撫順交涉，既有成議，千金寨必在和議之條列，詳細章程之內，未蒙指示，無所遵循。緣撫順在渾河之北，實無煤礦。若以全境而論，周圍百十里，煤礦均在渾河迤南，各有地名，礦産最多，官有民有，不可備述。日本若專指撫順公司，則係楊栢堡之河東老虎台，職之千金寨，則係楊栢堡河西華興利公司，界限清楚。而並不指明千金寨老虎台，獨以撫順含混牽涉，其心術之欺詐，曷待言矣？乃如東沙島之交涉，日政府諉於西澤箇人事業，要求賠償。譯日本横濱英文報載，西曆九月四號，第二百八十八頁，所有千金寨煤礦，已由兩國政府，彼此通融訂定，日本承認中國在千金寨煤礦有收税之權，並承認該礦産屬中國主權。除此外，日本允許賠償王姓之損失，因伊在千金寨有自己之産，故此有

要已業之權耳等語。東西各報，昭然宣佈，實難怪衆股東以性命財産向職訾議，職亦無可回答。四年之餘，值此艱難，諒邀部憲於叠次禀牘中，可以燭照無遺。時至今日，人言嘖嘖，職商縱即有言，奈衆情弗相信實，雖然責無可諉，亦難以一身障此狂瀾。萬出無奈，只得匍匐來京，叩乞大部列憲，逾格恩施，飭將千金寨煤礦，究係交還抑或賠償，明白指示，俾得持以轉達股東，庶免苦累。爲此備由，禀懇憲鑒，批示施行。職商王承堯謹禀。

又外務部發王承堯批《日允許撫順煤礦償款事希赴東省禀辦》　宣統元年八月二十八日，發職商王承堯禀批：禀悉。據稱辦理千金寨煤礦，損失甚鉅，股東詰問等語，自係實情。惟撫順煤礦，業經定議，認日本有開採之權，前經本部與日本公使互函聲明，日本國政府，允付給當初撫順煤礦之中國人王承堯銀若干，可按該民出資之數，從優協商酌給等語。現此事正由奉天督撫遴選妥員，與日本所派之員，協商辦法。該商開辦此礦，實在出資若干，徑赴奉省，禀明大憲，由中日兩國所派人員，公同核算，從優酌定日本政府應行付給該商銀數若干，以符原議而免轇轕。除由本部電達奉天督撫外，仰即遵照可也。

又外務部收美署使費照會《中日協約是否規定安奉暨南滿洲鐵路沿線礦務除中日外不許他國辦理》　宣統元年十月初四日，收美費署使照會稱：西九月四號，中國與日本政府所定立之合同第四款內載，安奉鐵路沿線及南滿洲鐵路幹線沿線礦務，除撫順、烟台外，即應按照光緒三十三年，即明治四十年，東省督撫與日本國總領事議定大綱，由中日兩國人合辦。所有細則，届時仍由督撫與日本總領事商定等語。兹奉本國政府訓令，飭向貴國詢問，中政府係何意見，是否沿線礦務只准中日開辦，不准美國與他國之人在此寬濶地方公同辦理，據想中國大約無此意見。兹請貴親王查照，即希將貴政府確有何意聲明，速爲見復可也。須至照會者。附洋文。

又外務部發美署使費照會《安奉暨南滿鐵路沿線礦務並未專允日人開辦》　宣統元年十月初六日，發美費署使照稱，宣統元年十月初四日，接准照稱：「西九月四號，中國與日本政府所定立之合同第四款內載，安奉鐵路沿綫，及南滿洲鐵路幹綫礦務，除撫順、煙台外，即應照光緒三十三年，即明治四十年東省督撫與日本國總領事議定大綱，由中日兩國人合辦。所有細則，届時仍由督撫與日本國總領事商定等語。兹奉本國政府訓令，飭向貴部詢問，中政府係何意見，是否沿綫礦務只准中日開辦，不准美國與其他國之人在此寬濶地方公同辦理，據想中國大約無此意見。即希將貴政府確有何意聲明，速爲見復等因前來。查此項合同，按照中國政府解釋，該約所載中日兩國合辦該兩鐵路一帶之礦務一節，並未專給日本國人民在該處獨有開礦權利，而各該境內礦務，如經中國政府允許，亦可由他國人民開辦。相應照復貴署大臣查照，即希專達貴國政府可也。須至照會者。」

又外務部收俄使廓索維慈照會《請賠償華俄道勝銀行撫順煤礦股本》　宣統元年十月初六日，收俄廓使照會稱：撫順煤礦一事，本年八月初四日，准復内開：綜計六年之久，並未准貴國駐京使臣來照，聲明此項礦産，有俄商之利益，亦並無俄商來部呈明。此項礦産，有俄商之股本，是本部於撫順煤礦，祇知爲華商王承堯所承辦，並不知其他各等語，照復前來。查貴部所列各情，似不屬實，係所共知。華俄道勝銀行，於該公司入股瀋平銀陸萬兩，光緒二十九年三月初九日，該銀行與承辦煤礦王承堯，訂立合同。其先於光緒二十八年八月間，刊刷撫順華興利煤礦總公司章程內，載明華俄道勝銀行入股，並將此項章程，經王承堯呈報前任盛京將軍增，以便批准，報明北京政府。該公司集股本銀共計拾陸萬兩，其內有華俄道勝銀行股銀六萬兩。該公司共發出股票二千張，其一千三百二十二張，先後歸華俄道勝銀行。每股票一張，按一百兩計算，所以至光緒三十年二月間，華俄道勝銀行已共入股瀋平銀一十三萬二千二百兩。迨光緒三十一年初，該煤礦歸入日本，華興利公司停業，道勝銀行該股本及煤礦進款，均行失去。本國政府兹視爲公道商議賠償華俄道勝銀行，應按照所開歸還股本外，並有由日本佔據該礦之日起，以至按照本年七月二十二日日本協約所認賠補礦商之利益之日止，此數年間，應按煤重每華三十斤，抽給俄錢一戈比，統爲議償。相應照會貴王大臣查照，即希見復。須至照會者。

又外務部收俄使廓索維慈照會《請賠償華俄道勝銀行煤礦股本二十萬兩》　宣統元年十月初七日，收俄廓使照會稱：本月初六日，本處照會撫順煤礦一事內開：光緒三十年二月間，華俄道勝銀行共計股票一千三百二十二張，合瀋平銀一十三萬二千二百兩等因在案。惟頃准華俄道勝銀行總行電禀，本行儘末結算，已積二千張，共合瀋平銀二十萬兩等因，禀報前來，相應照會貴王大臣查照。於昨照會內更改議償華俄道勝銀行股票之數，按照二千張核算，共合瀋平銀二十萬兩可也。即希見復。須至照會者。

又外務部發東三省總督奉天巡撫文《俄索煤礦賠款事請委員協議》　宣統

元年十月初十日，發東三省總督、奉天巡撫文稱：【略】查撫順煤礦一案，前經電達貴督、撫派員協議，并飭令王承堯赴省聽候商辦，復准俄使照索賠補，當經駁復各在案。茲准該使照稱，前因究竟該使所稱俄商股本數目，是否屬實，相應抄録來往照會，咨行貴督、撫查照。轉飭議員詢明實在情形，妥爲協議，並聲復本部，以憑照復該使可也。須至咨者。

又外務部收錫良電《請核示撫順煤稅》 宣統二年七月初一日，收東督致外務部、稅務處電稱：交涉司案呈：會議撫順煤礦事，據日議員要求，該礦所出煤斤，由安東運赴韓國，援照《中俄陸路通商章程》第十四款，完納出口稅二分之一，當由該司函詢。據奉省稅司轉准安總稅司函稱：俄約第十四款，係專指俄商在張家口購買中國土産出口而言，是以中文添有張家口一處字樣，例如俄商在張家口購買撫順煤運入俄國，則可完納半稅，否則不能照行等語；並經該司據以駁復。惟安東一埠，轉瞬鴨緑江橋告成，將來即係陸路，此項稅則，既不得照二分之一完納，是否按照滿洲里陸路通商章程三分減一辦理，抑或如何定擬，謹電請鈞部尊處酌核示遵。良。初一日。

又外務部收錫良電《日領拒償華俄道勝銀行礦股損失》 宣統二年七月初二日，收東督文稱，案查承准鈞部先後咨開：准駐京俄廓使照稱：「撫順煤礦一案，華俄道勝銀行所入股本，儘末結算，共發股票二千張，計銀二十萬兩，並由日本佔據該礦之日，以至日本協約所認賠補礦商利益之日止，此數年間，應按煤重每華三十觔，抽給俄錢一戈比，統爲議償等因。當飭交涉司照知駐奉日領事去後，茲據該司呈准日領事照覆内開：查撫順、煙台等煤礦，按照《朴茲茂斯條約》，俄國係以無價讓與我國者，我國對之實無賠償之義務。明治四十一年六月，俄國政府以我國如對王承堯賠償，則合辦之俄清銀行，亦應與以相當之賠償金等因照會我國時，我國即以帝國政府無賠償何等之損害等語照覆。去年九月，中日訂立協約時，因關係撫順、烟台煤礦，駐日俄國大使，又用公文聲明，有必要之時，俄國臣民及會社有要求賠償金附與之權利。我國又以該兩處煤礦，《朴茲茂斯條約》中，已明白決定，《北京條約》又復確認，《中日協約》中，於從來所定之事，亦毫不變更等語，用公文答覆。由此觀之，我國於此事已不能認賠償之責，是以貴使所云，北京俄國公使要求之事，我國難以應命也。至去年《中日協約》附件内所聲明，帝國政府應給與王承堯之銀，係屬撫恤金，毫無類於損害賠償之性質，是以此之付與王承堯，俄清銀行必不能因此爲要求賠償之論據也。特此附告，以備查照等因。相應咨呈鈞部，謹請鑒照核轉施行。須至咨呈者。宣統二年六月二十八日。」

又外務部收錫良文《華興利公司損失應由俄政府賠償》 宣統三年正月初三日，收東督文稱：案准鈞部咨開：俄使索償撫順煤礦俄商股本利益一案，接准來咨，轉據駐奉日領事照復，以撫順、煙台等煤礦，按照《朴茲茂斯條約》，俄國以無價讓與日本，故日本對之實無賠償之義務。至給與王承堯之銀，係屬撫恤金，毫無損害賠償之性質。是以俄清銀行，必不能因此爲要求賠償之論據等因。正核辦間，又准俄使照稱：華商王承堯，承辦撫順煤礦，因資本不敷，是以成立華興利公司，發行股票二千張，此項股票，先後由道勝銀行用銀二十萬兩購置，論理該礦應歸該銀行所有，方昭公允。中日議約之時，因恐中國政府爲難，故未干涉，且該約未訂以前，不知向誰索賠，故不能向貴部照知。又王承堯奉旨開礦，並無期限，中國政府遽將該利權讓與日本，以致股本家即道勝銀行盡失其資本利益，而中國政府仍獲報効及出口等稅之利，則中國政府自應先儘賠償該銀行，始爲平允。又五年間爲日非久，雖未呈索賠款，而索賠之權，不能消滅，據此情形，中國應按照前開之數賠償，希見復等因。查光緒二十九年，盛京將軍據王承堯稟稱：承辦撫順煤礦，先後集華股銀十萬兩，嗣復添招華俄銀行銀六萬兩，又身股四萬兩，訂立合同等情，咨部有案。本年俄使迭次來照，請轉知駐俄薩大臣，查點華俄銀行所執華興利股票，是俄商執有撫順股票，確無疑義。日領雖稱據約不能照賠，而日本國政府既允按王承堯出資之數，從優協商酌給，則俄商所執之股票，即在王承堯出資之内，且係實在憑據，理應由所派之員，督同王承堯，與日領詳核俄使來照所索之款，是否相符，三面提議和平了結，以清款目而踐前言。現在所議如何，有無端倪，相應抄録俄使來照，咨行查照，轉飭從速核議聲復，計附抄件一紙等因。承准此，當經轉飭奉天交涉司韓國鈞、祁道祖彝去後，自本年五月起，與日領會議，至今二十一次，於礦稅礦界以及償還王承堯所出貲本各節，均已將次就緒，惟俄使索償一節，日領堅執《朴茲茂斯條約》無從置詞。本大臣就俄使來照，反覆詳閱，覺來照所言，不惟將當日事實任意混淆，且於法意曲加解釋。茲按該使原照，詳爲指駁如次：一、華商王承堯，承辦千金寨撫順煤礦，因資本不敷，是以成立華興利公司，發行股票二千張一節。查該公司實在銀股本，只華股十萬兩，道勝銀行六萬兩，共十六萬兩，計股票一千六百張外，有身股四百股。雖發股票並無寔銀，該公司股票全額，須合之此項身股

票四百張，始有二千張之數。然據該公司章程第一款，此項身股股票，不淂按銀轉售，是則該行除當日入銀六萬兩，得有六百張股票。及按照公司章程第二款，經股友與聞轉行購入他股友之銀股股票少數之外，從何得將其餘之一千四百張，均經購置。既無從購置，則安得有用銀二十萬兩內入股之事？一、中日議約之時，因恐中國政府爲難，故未干涉，且該約未訂以前，不知向誰索賠，故不能知照一節。查該礦雖有俄商之股本，然自《朴茲茂斯條約》成立，該商股本，已爲俄政府讓與日人，該商即有不甘，祇有向彼政府索償。且來照亦知道勝銀行僅係入股，則當日立《朴約》時，彼國政府何以不向日本先行區別此礦爲中國人之業，迨中日協議，何以又不出而聲明此礦不在《朴約》範圍之內。今見中日議定，乃曰免致中國益形棘手，曰静俟該煤礦所有權，仍歸中國政府。夫曰：「静俟」，是明知該礦之所有權，本屬中國也。曰：「仍歸」，是又豫知該礦所有權之必歸中國也。既明知該礦所有權本屬中國，又豫知該礦所有權必仍歸中國，則雖該約未訂以前，向誰索賠，有何難知，而不先爲知照，不過恐一出干與，日本必以戰衂之《朴約》反唇相稽，無辭自解耳，然則是非恐中國之棘手，實恐自己之棘手。茲反以此等無責任言辭，卸責中國，以圖取償，不知自有朴約，而該礦無論歸中歸日，該使總已無容喙之權利，則該協約無論已訂未訂，中國總不生代償之義務。今該來照尚侈口稱係按照法律，本大臣正不知其所按照者何法也？一、中國政府遽將該利權讓與日本，則中國政府自應先儘賠償該銀行，始爲平允一節。查去年《中日協議》第三款所規定者，只關於該礦之界區及稅則，若將華俄商人之利權擅行讓與日本者，立《朴約》者之責，非協議者之責。今不自反省，尚諉爲由中國讓與，庸有是理？且該來照前文，既言道勝銀行僅係入股矣，夫該行既僅係入股，則該礦所有權固在中國。既在中國，則至此何又言該煤礦彼時實歸該行所有，只一所有權也。於前則推歸中國，惟恐不及，於後又攘歸該行，惟恐不及。至中國之獲報効及出口稅等之利，此自中國對於該礦原始之權利，未有協議之前，中國之出口稅，無論在何國人之手，無不可以征收，初不自今日始也。一、五年間爲日非久，雖未呈索賠款，而索賠之權，不能消滅，據此情形，中國應按照前開之數賠償一節。查華俄商人，固有權向政府索償，第該俄商所應向索償之政府，當在該商之自國政府。其索償權之是否消滅，該商亦只應問之自國之法律。蓋一國政府損失自己人民利益，該人民向自國政府，准據自國法律，以決索償權之消滅與否，此亦各國通行之例也。至該俄商雖在華興利公司有入股之事，惟該商本國政府倘立約時，不將該商股本及利益一并讓人，則該商之股本及利益，至今於公司應有關係，無如俄政府立約時，已將該商股本及利益一并讓人，則該商之股本及利益與公司關係斷絶。中國政府只有保護已國商人股本及利益之義務，無代他國商人更向其他一國索其本國政府已甘心絜該商所有讓諸他一國之股本及利益之義務，來照所稱前開之數，請轉向俄國政府索償可也。除駁以上各節外，本大臣尤有聲明者：千金寨撫順煤礦，本係中國商人之業，因日俄媾和之際，俄國與日立約之時，拱手送人，不行區別，致日本藉口該約，至今尚承辦該鑛，應請俄國政府代爲索回，並賠償自日本佔據該鑛之日起，至索回之日止，華興利公司所受之損害，及應得之利益。又卷查華興利公司，當日實只收道勝銀行股本銀三萬七千五百兩，其餘二萬二千五百兩，該行竟未交出。又該行取用公司炸煤價值，及經手售煤未清之款。共尚欠公司三萬九千餘兩，除該行未交之股本銀二萬二千五百兩一款，已經該行本國政府甘願讓送日本外，其餘該行所欠公司之售煤款，亦應請俄國政府照數賠給。爲此備文咨呈鈞部，謹請鑒照，轉復俄使。再，會議不日可竣，應請從速施行。須至咨呈者。宣統二年十二月二十八日。

又外務部發俄使廓索維慈照會《撫順煤礦事俄商索償與事實不合》 宣統三年正月十二日，發俄廓使照會稱，千金寨撫順煤礦一案，上年七月間，准照稱：「代俄商索償股本利益各節，當經本部咨行東督，轉飭從速核議去後。現准該督復稱：查華興利公司，雖售與道勝銀行六萬兩股票，當日實只收道勝銀行股本銀三萬七千五百兩，其餘二萬二千五百兩，該行竟未交出。並且取用公司炸煤價值，及經手售煤未清之款，共尚欠三萬九千餘兩，應請俄國政府照數賠給等因前來。查此案本係道勝銀行與華商王承堯，按照商業性質，直接辦理之事，茲經東三省總督飭屬查明道勝銀行，實欠華興利公司三萬九千餘兩，除應將該銀行所存股票三萬七千五百兩扣抵外，尚欠該公司二千餘兩。迺俄商轉向該公司索償，殊與事實不合，礙難再議。相應照復貴大臣查照飭知可也。須至照復者。」

又外務部收錫良電《撫順煤礦俄股事請商俄使》 宣統三年三月二十九日，收開缺東督致本部電稱：申。二十二日電敬悉。撫順煤礦，俄使要求賠償俄商利益一事，其種種不合情形，先經咨蒙鈞部駁復，佩仰無既。惟俄使如何回答，未奉飭知。此事前承鈞部向日使聲明，以王承堯所出之資，統計銀二十一萬，日

使承允，按照所出之數，從優酌給等因。嗣經該司道等迭次提議，日員聲明不認賠償名目，但因王承堯情形可憫，允給日金二十萬元，而王承堯抱定部文從優酌給一語，冀求多於二十一萬之數，日員堅執未允。若僅止二十萬元，以之償給俄商股票，幾無餘賸，是王承堯原資無着，寔不足以折服其心。此案會議幾及一年，日員種種狡展。現礦界礦稅大致就緒，所差只此一款，日員主張提開另議，恐將來更無了期。總之，俄商利益，日員堅不認賠，決非東省委員所能議結。即使由王承堯款内補償，亦必日人能出貳十一萬兩。尤必與俄聲明，股款可以照償，華俄銀行前欠王承堯各賬，亦應照算。而每三十觔一戈比之要索，必應取銷，方可秉公議結。除仍飭司委議外，謹此電請鈞部察核，轉商俄使，是否仍乞指示。良。貳十八日。

又日本高尾亨通來署談話《撫順煤礦問題請在錫督任内解決》附《小村外務大臣來電》 宣統三年三月三十日，日本高尾亨通譯來署，曹大人接見。高云：現接小村外務大臣電云，據小池總領事電稱：撫順煤礦問題，錫總督若有不能在任内了結之勢，該問題商議已久，至今始漸就緒，如此際不能解決，新總督接任，必將該問題重新開議，前功盡棄，請中國政府電致錫督務，於交卸以前，將此案了結方好云云。伊集院公使亦謂：此案久經商議，迄今將見結局，如由趙總督到任後重新議商，易生枝節。且該省此案一了，此外別無懸案，小池總領事亦可回國養病，請貴國政府速電錫督，囑其務於未來京以前，將此案解決爲要。現將小村大臣來電帶來，請即閱看。隨將電稿呈出。答：以此案亦經東督報告，現在祇有兩層凝難准行：一層係該礦納税。貴國要求照滿洲里例貨出口章程三分之一完納，此係擬照中俄陸路通商章程辦理。該章程係中俄所訂，日本似不便援引。一層係王承堯之賠償金額。此事前經商允按照王出資之數，從優酌給，按出貲之數，實係二十一萬兩，業經調查明晰。貴國現僅允給二十萬元，是尚不敷其出貲之數。且俄政府曾向我政府爲俄商要求賠償，雖經拒絶，但道清銀行萬不能不向王索償。如僅止二十萬元，以之償還俄商後，一無餘賸，所出之貲，依然無着。此層請伊集院公使仍照原議從優一語，酌量加增。本部可電致錫督，請其將此事從速商結，亦請伊集院公使電飭小池總領事，和平讓步，此案即不難速了矣。高云：「納税係照東清鐵道章程第十條辦理，中日約章所訂，所有滿洲鐵路一切權利，均依照前中俄所訂章程辦理。是此案納税一節，係照約辦理，並無疑義。至王承堯恤款，容商明公使，或可電飭小池領事酌量加增云。」遂去。

附録小村外務大臣來電：據駐紮奉天小池總領事來電，藉知撫順炭礦問題，錫總督在任中若有不能結決之勢。查該問題費多日調查，幾經商議，始得至於今日，此刻若不能解決，遽行更換總督，誠恐該問題有必從新籌議之虞。即希貴公使轉向中國政府酌商，務祈於總督更換以前，先行解決，是爲至盼。

又外務部收東三省總督文《咨呈與日員議結撫順煙台煤礦細規暨礦圖請備案》附清摺 宣統三年五月初二，收東督文稱：案照宣統元年七月二十日，奉鈞部與日使訂定東三省交涉五案條約第三款内開：撫順、煙台兩處煤礦，現經中日兩國政府和平商定如左：

甲、中國政府認日本國政府開採上開兩處煤礦之權。

乙、日本國政府尊重中國一切主權，並承允上開兩處煤礦開採煤觔，向中國政府應納各項，惟該税率應按中國他處煤税最惠之例另行協定。

丙、中國政府承允上開兩處煤礦開採煤斤，出口外運時，其税率應按他處煤斤最惠之例征收。

丁、所有礦界及一切詳細章程，另行派員協定。當奉鈞部飭派祁道祖彝爲會議委員，會同奉天交涉司韓國鈞，與日派議員駐奉日總領事小池張造，及南滿鐵道會社社員阪口新圃在奉開議，并據開送細則底稿前來。查閲原文，於礦税、礦界兩事，多所出入，即據該司道等查明現辦各礦征税情形，切實核議。所有該兩礦之煤，按照出井原價百分之五，本係普通礦章，日人不能獨異，惟原價無定照井陘辦法，每噸作銀一兩。日員以撫順煤礦，每日出井之數，現已倍於井陘，將來更多，不允照辦。故議定三千噸以内，照一兩；三千噸以外，照日金一元計算。其有海關輸運出口者，即照協約所定最惠之例，每一英噸，以關平銀一錢納税。無可置議，由陸路輸運出口者，先經日員提議，擬照《中俄陸路通商章程》第十四款，完納出口税三分之一。初甚堅持，經該司道等再三駁拒，繼請照東清鐵路合同第十款，三分之二完納。歷經電請鈞部核示，未便援引，故議俟將來另行協定。又據日員聲稱：已完出口税之煤，不再課出井税一節，該司道等堅不承認，日員始允將出井、出口兩税一律照納。惟云出口税現尚照三錢繳納，須自協約訂定之日起，至細則簽印之日止，所有多納之二錢出口税，應照補還，出井税亦同時並納，並允每年按四次分繳。至海關出口税，按每月彙總繳納一次。日員持之甚堅。當以此條無大關係，前經電請鈞部核示，亦謂可以照辦。

故照定議應請鈞部轉咨税務處，飭關遵照。此外免納内地釐金各税，日員允每年出日金五萬元，作爲報償。此議定礦税之大概情形也。其礦界一事，卷查王承堯、翁壽當時分領撫順煤礦，原定河以東歸翁壽開採，河以西歸王承堯開採，具見奏案。惟東西以何處爲界，並無明文，當經該司道等派員勘明實在情形，及考諸紀載，與日員迭次會議。日員初甚堅持，其所主張，幾至包括撫順全境礦産，絲毫不肯相讓。經該司道等再三駁拒，始允西以古城子河爲界，東以龍鳳坎爲界，該司道等仍未允許，乃允將煙台礦内讓出二區，以期互换。其煙台礦區，查明共有龍票八處，其中磨箕山、尖子山、田家溝即化家窪、盤道嶺、華家溝即張家溝五處，已先售與俄人。華子領、大榆溝兩處，本爲王振綱所有，雖未售賣，然曾租給俄人，按照朴約，日人視爲應得之權利。惟老虎嶺一區，屬趙沛恩所有，歷經派員查訊，係未租未賣，本不在《朴約》範圍之内，然龍票遺失無存。且其地夾在貴子山、化家窪之間，日人允出日金一萬元收買。此八票以外，尚有尾明山一區，向係官辦天利公司開採，乃日人先亦認爲曾經租給俄人，爲伊權利所應有。迭經該司道等往復辦論，始允以尾明山歸我，此外仍視爲已有。嗣因撫順一礦，必欲以龍鳳坎爲界，堅持不下，方允將該礦内之大榆溝、華家溝即張家溝兩區讓出，以示互换利益。彼此派員勘定界線，附圖爲准。並於煙台礦圖内註明東西之界，以龍票弓尺之數爲定等語。但據日員聲稱：所有該兩礦附近各礦，應不准第三國人或以其資本開採。又關於礦山所用，購買民地，或建築鐵道，應照納地丁，均經交涉司與日領彼此用公文聲明。此議定礦界之大概情形也。以上兩事，爲此次所議細則，最關緊要之件。自宣統元年五月十五日開議起，至本年四月十四日細則簽印之日止，計共會議至三十一次之多，始克議定細則十四條，按諸現行税章，及關乎我國主權，尚無虧損。此外王承堯一款，允出庫平銀二十萬零五千兩，並另用公文，聲明決不認補償名義，均經將大畧各情，先後電陳鈞部在案。兹據該司道等將議定細則礦圖，呈送前來，除俄商所入銀股飭由王承堯自行清理，並分別咨行外，相應抄同細則繪圖，咨呈鈞部鑒核備案。再，此項細則，彼此聲明各守秘密，保存勿宣。至俄使要索每華三十觔，抽俄洋一戈比一節，如果必須責成王承堯歸償，即罄其所得，亦難取盈，恐非王承堯所能了結，曾於前電陳及。又原訂細則及原訂礦圖，因祁道在請假期内，尚未簽字，擬俟該道簽字後，另行呈送，合併聲明。須至咨呈者。計議定細則一扣、圖二紙。

宣統三年四月二十五日。

清日兩國委員，各奉本國政府委任，按照宣統元年七月二十日，明治四十二年九月四日，大清國政府與大日本國政府，在北京所訂滿洲案件協約第三條，議定關於撫[順]、烟台兩煤礦之細則如左：

第一條，南滿洲鐵道株式會社，（以下單稱會社）對於撫順、烟台兩煤礦（以下單稱兩煤礦）所出之煤，允以出井原價百分五計算之出口税，繳納於清國政府。但出井原價，在每日出煤未滿三千噸（英噸以下同）期内，每噸定爲庫平銀壹兩。又每日出煤過三千噸，定爲日本金幣壹圓，以此計算税額。

第二條，會社對於由海口運出兩煤礦之煤，允每噸以海關銀拾分之壹兩，即銀壹錢計算之出口税，繳納於清國海關。對於由陸路運往朝鮮或俄國兩煤礦之煤，其出口税日後另行協定。

第三條，前兩條載明所納之税，適用於在北京所訂滿洲案件協約成立日，即宣統元年七月二十日，明治四十二年九月四日以後之煤。會社對於同日以後採煤之出井税，繳納清國政府。又會社在同日以後，向清國海關多納每噸貳錢之出口税，由清國政府交還會社。將來之出井税，會社允每年分四次，於日曆一月、四月、七月、十月，將前三月分之税額，繳與清國所指定之收税委員。至出口税，每月一次，將前一月之税，從速繳於所在地之清國海關。

第四條，兩礦煤之煤，如艦船因自己消費而裝載出口時，按照海關章程辦法辦理。

第五條，會社自用之煤，免納出井税，但其數量每日定爲柒百噸。

第六條，兩煤礦之煤，除按照第一條、第二條徵税外，所有内地税賦、鈔課、釐金、雜派，一概豁免。但對於他處之煤，有較該煤礦減輕課税時，亦允會社一律均霑。前項釐金等。既經豁免，會社對清國政府，每年當繳納日本金幣伍萬圓，以爲報償，照第三條第二項，分四期繳納。清國官憲，將對於兩煤礦煤觔豁免釐金等之意，通知各省，俾使周知。

第七條，兩煤礦之礦界，以兩國委員會同勘定之附圖爲准。

第八條，清國政府允兩煤礦礦界以内之煤，除會社外，不論何人，均不許其試掘或採掘，其已許可者，即當取消。

第九條，在礦界内遇有不受會社之許可或允許，而採掘煤或擬採掘煤者，由會社即行通知清國官憲，嚴行禁止。

第十條，關於兩煤礦採煤運煤或傭僱礦夫等事，清國官憲，允竭力照料。

第十一條，會社如在礦界内，因礦業上必須收買民地，或延長鐵道時，當通知清官憲，雙方協議後決定。會社如採煤完竣時，當將礦業上所使用之土地，交還清國政府。

第十二條，會社承允在礦業用地内，遇有墳墓或房屋，必須遷移時，當與所有主協商，酌給遷移費。又此等物件，如因礦業生損害時，亦應酌給賠金。

第十三條，會社承允關於礦夫之取締及救濟等事，必設相當之規定。

第十四條，此細則自成立之日起，以六十年爲限，如至期煤尚不能採盡，再行延期。本細則繕就中日文各四份，兩國委員署名簽印，兩國政府暨東三省總督南滿洲鐵道株式會社各存中日文一份爲憑。

大清國奉天交涉司韓國鈞印。

大日本國總領事小池張造印。

撫順炭坑次長阪口新圃印。

又外務部收王承堯呈《華興利煤礦公司案請照俄使飭該總理澗里斯特拉洛夫等面議賠款》附稟奉天交涉司原稿三件 宣統三年六月十九日，收職商王承堯呈稱：部憲大人鈞前：敬稟者：竊職商前爲奉天千金寨華興利煤礦公司與日本交涉各情，歷經稟明在案。自宣統元年八月二十八日，蒙批日本國政府允付給該民出資之數，從優協商酌給等語等因。奉此，遵即回奉，静候核辦。兹於本年四月間，始准交涉司使傳諭，屢向日本開議，始終不認賠償。據《樸兹莫斯日俄和約》第六條，註明鐵路附近之煤礦，有俄之財産，割讓與日本，不須償價等情，所以日本僅認撫卹職商一人銀二十萬零五千兩。此款不但並未從優酌給，即出資之數，尚虧甚鉅。查此礦係職商業主，又兼創辦，原招華股銀十萬兩，附入華俄道勝銀行股銀六萬兩。按公司定章，仍歸華商主權，究非俄之專利財産可比。俄大臣樸科第，與日本大臣小村和約第六條，載註明確煤礦不須償價証據，俄大臣將俄商之股，讓與日本。曷可將職商礦産永遠之利益，一併讓於日本，殊非情理。今奉交涉司札，始知又有俄人總理公司之澗里斯特拉洛夫，電詢一切。接閱之下，曷勝欣慰。惟日俄接戰北退時，該總理如何將華興利之財産利益損失，迄已六年之久。竟不詳細達知，而日本既稱實係俄大臣讓給，不須償價，自應向俄理論追索，俄政府應照公法賠償，方屬平允。乞請照會俄公使，迅即飭知該總理澗里斯特拉洛夫，前經理來往賬目馬穆諾夫，在山包買煤觔之俄人嘎禮特拉斯多夫，訂期晤面。詳議俄政府因何擅將職商業主礦産，讓與日本，有無職商認可字樣。所失職商永遠之利益，究應如何賠償？一俟議有就緒，再將俄軍燒燬公司糧石貨物等項如何賠補，以及與道勝來往賬目，一概清結，而昭大公。所有燒燬糧石貨物，暨來往賬目，於光緒三十一年間，均行稟請奉督存卷備查。現有奉天交涉司原稟三分，抄粘附呈。再，查澗里斯特拉洛夫與嘎禮特拉斯多夫，字異音同，究其是否二人？理合肅此恭請鈞安，伏乞垂鑒。職商承堯謹稟。

謹稟：竊職商前于光緒二十七年間，呈請開採千金寨華興利公司煤礦，當經增督奏准在案。原招華股銀十萬兩，續入華俄道勝銀行股銀六萬兩，開辦三年，已著成效。嗣因日俄戰爭，即被日軍佔據，而道勝銀行，隨同俄軍，全行敗北。迨俄大臣樸科第、日本大臣小村，在《樸兹莫斯和約》第六條内載：鐵路附近之煤礦，内有俄之財産，割讓與日本，不須償價等語。但此礦係職商創辦，道勝銀行僅屬附股，主權仍歸華商，究非俄之專利財産可比。俄大臣與日本和約時，事前並未與職商研究，約成後亦未告知底蘊。委因華股東苦累難堪，屢向日本追還礦産各情，外部與督署交涉，歷歷有案。今遵司憲傳諭，現經日本僅認撫卹職商一人銀二十萬零五千兩，並不認賠償。迄已開議多年，祇宜遵辦，遂與創辦榮股東籌商至再。而日本雖係撫卹一人，曷若收回銀股票據？當將擬辦情形，稟明存案備查。職商本擬將銀領訖，即赴京師，與俄欽使晤面，清結賬目。緣簽押未齊，以致延宕兩月于兹。今復奉札示内開：案准俄總領事照稱：兹接華興利公司總理澗里斯特拉洛夫電知，轉告職商，將華興利存在俄亞銀行之款，按照公定章程清結等情。查華興利公司與道勝銀行來往，以及礦務事件，均經該行總管俄人馬穆諾夫經手，並不知有澗里斯特拉洛夫爲總理。今既有總理之人，自應懇乞轉詳咨部，照會俄欽使，電知該總理，速到北京晤面，以憑辦理。日俄接戰北退時，如何將華興利房間貨物料件一切等項焚燒，如何將煤礦損失。至於樸兹莫斯議約，如何不索賠償，由損失日起，至今六年之久，該總理公司澗里斯特拉洛夫，並不將所失情形，詳細聲明，致職商無所措手。前詢總管道勝銀行馬穆諾夫無踪，利益所關，事迫情急，暫問佔據之日本，索還礦産。據日本稱：日俄條約載明所有之煤礦，不須償價字樣，故此日本僅能撫卹職商六載之勞怨困苦，既俄國有不須償價之語。實係俄國將此礦産損失無疑，損其自己之利益則可，損職商之利益則不可。況日本撫卹與賠償頗不相同，確爲指明撫卹，

而俄國不獨失已之利益，兼失職商之利益，萬不能再貪索職商撫卹之款。此礦産係職商業主，又係創辦，自有應享之利益。按照日俄和約第六條論，應如何賠償業主暨創辦人之利益，所有來往賬目，一併清理，務期該總理速行到京面議，以免轇葛而昭核實，伏乞憲鑒施行。

謹密稟：竊查華興利原招華股銀十萬兩，續招華俄道勝銀行股銀六萬兩，共計股票一千六百張。現奉憲諭，此案交涉議決，華俄股銀，日本均不認賠償，僅認撫卹職商王承堯一人各項花費。事已至此，祇宜遵辦。職商等籌商至再，雖係撫卹一人，曷若收回銀股，擬俟與華俄道勝銀行清算賬目後，按照原續所招股銀十六萬兩，查照存根底册，將銀股票如數收回，以免後累。所有身股票四百張，按公司原定章程，應作勿庸議外，合將擬辦情形，先行密陳，伏乞垂鑒。

謹稟：竊查職商前於光緒二十七年間，呈請開採千金寨煤礦，曾經增督奏准有案。當即招集華股銀十萬兩，續招華俄道勝銀行股銀六萬兩，華商身股四百股，當立合同章程，如獲餘利，按股均沾。銀股票不准私相售受。業經稟明在案。而身股票不得按銀轉售，以示區別。現已釀成國際交涉，理宜稟明備案，而昭核實。伏乞憲鑒，轉詳咨部，實爲公便。

又外務部收王承堯稟《稟陳與俄代表開議千金寨煤礦並將所議各條繕呈核辦》附開議事由 宣統三年八月二十六日，收職商王承堯稟稱：堂憲大人鈞前，敬稟者：竊查千金寨煤礦，前經日俄協約，被俄全權大臣璞科第割讓與日本，不須償價。又據日本照會，實係俄國割讓，所以不認賠償，理應向俄索要賠償，據情請咨部照會俄欽使在案。嗣准大部電咨，於七月初十日，據俄使覆稱：該國已派公爵庫叶社福來奉，與職商詳議一切。迨至八月十二日，伊始到奉，職商刻即往晤，並非公爵庫叶社福，乃稱王爵庫古壽。其中用意，無從懸揣。當定於十三、十四、十六、十八、十九等日，同面詳議，逐條希伊答復。迄今五日，尚未據覆。僅云先行算賬一節，顯係避重就輕，一味逼索日本撫卹職商之款，混入賬內，權限未清，希圖分潤，實非情理。職商所問之二十條，算賬係在末條。最關緊要者，該國如何損失職商礦産，應如何賠償職商永遠之利益，始而推諉，繼而置之不論，理由不明，焉能率爾算賬？職商不但不允分日本撫卹職商之款，定向俄政府索要賠償，方昭公允。除呈奉天交涉司，轉詳咨照外，謹將現在開議大概情形，並將所議各條，另繕清單呈閱。併乞照會俄欽使，以昭核實，理合稟請電鑒，核辦施行，虔請垂鑒。職商承堯謹稟。

計稟呈《開議事由》一紙。

宣統三年八月二十一日。

謹將與俄開議事由，繕具清單，恭呈憲鑒。

計開：

一條，華興公司，係奏明王承堯之礦，現貴國公使覆稱，華興公司派公爵庫叶社福，有代表資格，與予詳議一切等語。究係公司係何人之公司，公爵係何人所派，權限分明，以孚公論。

二條，貴公爵與予面議，應辦事宜，能否擔任解決。

三條，該行係屬附股，稟明有案。

四條，該國全權樸科第，與日本全權小村，在樸兹莫斯和約，俄股割讓日本，不須償價。該行股本，已在此四字内消滅無疑，予股應行分明，不當擅自讓與日本。

五條，日本始認賠償，因貴國屢次照會中國外務部，言千金寨華興公司，有附俄股，日本知情，不認賠償。

六條，日俄和約第六條載明，將鐵道附近之煤礦，割讓與日本，不須價償，正爲確據。

七條，因予有六年之奔波勞碌，異常辛苦，所耗資財甚鉅，以有用之身力，專爲此事，貽悞别項營業，躭擱功名，故此撫卹一人，非賠償可比。又有日本不認賠償証據。

八條，嘎裡特拉斯多夫，不知何人派爲總理。

九條，嘎裡特拉斯多夫，既係公司總理，因何將礦産損失六年之久，並不詳細通知，是何居意。

十條，嘎裡特拉斯多夫忽然來電，索撫卹之款，是何緣故。

十一條，因嘎裡特拉斯多夫將礦産損失，查詢無踪，故向日本暫行索要。

十二條，日本既已聲明日俄和約已定，不能不向貴國理論。

十三條，礦産係予永遠之利益，嘎裡特拉斯多夫損失，由伊賠償。

十四條，和約第六條，並不聲明華股一併割讓與日本，貴國理宜賠償。

十五條，日本尚有天良，撫卹與予。貴國較與日本文明勝强百倍，應如何賠償，應如何鼓勵。

又外務部發趙爾巽文《撫順煙台稅事已咨稅務等處遵照原訂細則辦理》

宣統三年九月十一日，發東三省總督文稱：「接准來咨，以據日總領事來照，天津、龍口兩關，徵收撫順、煙台兩煤礦釐金稅鈔，應按照議定細則辦理，勿再徵收，並將從前所收者算清，全數交還。請通咨各省，轉飭遵照等因。查此項細則，業於本年五月間通行在案，茲准前因，除再咨行稅務大臣、並北洋大臣、山東巡撫，轉飭遵照外，相應咨復貴督查照可也。」

《礦務檔·奉天礦務·義州高力井子煤礦》外務部收美商劉承恩稟《請將義州煤礦租契致換部照》 光緒三十一年十一月二十九日，收美商劉承恩稟稱：於光緒二十九年，在奉天義州北大平，同華職商吳楨，憑該管本旗印文，租煤礦一處，立有華洋合辦字據，他方官早經存案。現因貴國設立商部，奏准「礦務新章」第一條：凡在新章之先，各礦仍照舊合同辦理在案。今因水大，勢須添購機器，又約華職商郭連山儒業，招妥華股五萬兩，劉承恩復招妥洋股四萬兩，於十一月二十六日，已稟商部在案。劉承恩情願遵照新章納課，求賞換部照等因。除同華商彙稟商部，劉承恩並稟明駐京本公使外，合行稟明大部，咨行商部查照施行。爲此上稟，統乞鈞鑒。

又外務部收商部文《抄送美商劉承恩等租辦義州煤礦案件請查復》 光緒三十一年十二月初四日，收商部文稱，光緒三十一年十一月二十六日，據職商吳楨、美商劉承恩等稟稱：「職商等於光緒二十九年間，曾在義州鑲紅旗界，租得北大平高力井子毗連出煤山廠一處，協同礦師，勘驗屬實。該旗立有租契一紙，均經在旗民地方官稟明存案，隨即招股試辦。嗣因礦中多水，復招集華洋股本，添購機器開辦，懇准添舉承辦二員，將原領租契，賞換部照，遵新章交課。其美商劉承恩，由美使臣自行照會外務部存案，附呈圖説合同保單，暨鈔録租契等件前來。查該職商吳楨與美商劉承恩，合辦奉天錦州府屬義州廂紅旗界內，北大平高力井子山廠煤礦。券查上年十月間，曾准前任奉天將軍、府尹來咨，以廂紅旗界官佐領象新，私將有票煤窑租給該職商等承辦，迭飭追銷租契，封禁窑地，尚未承繳等情，咨請備案。茲據該職商等稟內聲稱：美商劉承恩，由美使臣自行照會外務部存案等語。究竟此案曾否准駐京美使署照會有案，貴部如何照復，除另文咨行盛京將軍查覆核辦外，相應抄録原稟各件，咨呈貴部，請煩查照見復可也。」

照録粘抄。

十六條，礦地係予己業。其主權他人不得干預，況附股之人，豈能擅自割讓，此理無疑。

十七條，此礦確係貴國割讓與日本，不須賠償，何以事前並不商議華商主權之人，事後又未通知報告，殊非情理。

十八條，先前不向貴國索要，彼此東夥，義理所關，礙難失和。因貴國屢向外務部照會，觸日本之機關，所以不認賠償，公理所在。予亦無可如何，自應向貴國索要賠償，以全永遠之利益。

十九條，礦山公司所存貨物糧草木植等件，均被俄軍焚燬，迄未賠償。

二十條，彼此清結賬目，以孚予望，而昭公允。

第一節，該行所存款項，當年携款北往，並不預先言明。

第二節，按照該行存款定章，每月生息若干，計存此款出携走日起，數年之久，按月計算，自應生息。

又外務部收趙爾巽文《撫順煙台煤稅事請通知各省遵照原訂細則辦理》

宣統三年九月初五日，收東督文稱，案據奉天交涉司呈稱：「案准日總領事照稱：對於撫順、煙台兩煤礦之煤，除按照本年五月十二日蓋印之細則第一條及第二條所載稅金，令其完納外，其餘內地稅賦、鈔課、釐金、雜派，一概豁免，此爲貴處之所知也。乃現准南滿洲鐵道會社來函，知該礦之煤，當輸入貴國各處時，其輸入地之稅關，今尚依然有向其徵收釐金及其餘稅鈔者。如由天津運入內地時，每噸向其徵收海關兩一錢二分五釐，名爲內地稅；在龍口時，每噸又向其徵收輸入稅海關兩一錢五分及釐金五釐，此即其明證也。用特備文照會貴司，務請查照，轉致各處，令速按照撫順、烟台兩煤礦細則辦理，勿再徵收此等不法之稅，並將從前所收者，於此時算清，全數交還爲荷等因。准此，查該兩礦煤稅，業經韓前司分別議定細則十四條，抄録呈經憲台轉咨外務部、稅務處，通咨各省督撫憲，飭令各海關一體遵照辦理各在案。此次日領來文，以天津、龍口兩處，仍照向章徵收釐金及其餘稅鈔情事，亟應查明發還。除由司逕咨直隸津海關道、山東登萊青膠道查明核辦外，理合具文呈請憲台鑒核，轉咨直隸、山東兩省，飭令各海關稅局遵照，並咨請外務部、稅務處，通知各省，轉飭各海關一律按照訂定細則辦理，以免外人藉口等情。據此，除批示並分咨外，相應據情咨呈大部，請煩通知各省，並轉飭遵照。須至咨呈者。」

宣統三年九月初二日。

承幫辦奉天錦州府屬義州北大平煙煤礦，候選知縣吴楨，年四十九歲，係山西太谷縣人。劉承恩，年三十四歲，係美國人。謹案：爲情願將煤礦租契，請換部照，交納國課事：竊職商等於光緒二十九年間，曾在義州廂紅旗界，租得北大平高力井子毗連出煤山廠一處，協同礦師，勘驗屬實。所有該礦廠之房屋傢俱器物等件，統共合價銀五千五百兩，每年應交租課銀二百兩。該旗立有租契一紙，蓋用印信，係在新章之先，均經在旗民地方官稟明存案。商等隨即招股各三百股，每一股洋錢一百元，共六百股。先用土法試辦，已及兩載，嗣因礦中多水，出煤不旺，非添購機器抽水不可。商等因款不敷，又約出前山西直隸州用即補通判郭連山、四品典儀儒業二員，共招集股本銀五萬兩，洋商劉承恩招股本銀四萬兩，以期添購機器開辦，情願舉二員爲承辦。所有一切事宜，均歸華洋主權，及幫辦董事等員，悉聽着派，不准擅專。再查貴部奏定礦務新章第一條内載：所有在新章之先，華洋合辦各礦，仍照原合同辦理等因。商等所辦之礦，雖在新章之先，因思國家百計維艱，情願照新章交納國課。惟有叩懇貝子爺大人爵前，准予將原領租契，賞換部照，遵新章交課。美商劉承恩，由美使臣自行照會外務部存案外，所有商等添舉承辦，賞換部照，遵章納税各緣由，謹具稟上呈，伏乞貝子爺、大人俯准施行。至開辦一切章程，謹遵貴部先後奏定新章辦理，合併聲明。

計呈送：繪圖説帖一紙，抄録租契一紙，原立合同一紙，烟煤礦樣二塊，擔承保結一紙。

立合同中美國商人吴楨、劉承恩，因租得奉天錦屬義州界内北大平高力井子煤礦，情願合股開辦事。查此處山廠，國家向有龍票，准商認領，納課開採。今由商人吴楨、劉承恩公同承租，業經領有租契爲據，遵照奏明礦務章程，准其華洋合辦，招集中外股份各半，議定股票六百張，每張洋元一百塊，應各處三百股，於開工之先交齊，不得延誤，交款當給股票作憑。日後漸次推廣開作，如款不敷用，彼此商議再加股票。倘必須修造鐵路運煤，應稟明礦務大臣存案。需用款項，遵章公同續招，所有應得薪金，公同議定開支，與日後開辦得利，彼此應得紅股，亦俟公同議定照分，不得挾私争執。倘有彼此意見不合，即各請公正中人論斷。凡有因公用項盤費等事，均由公司開支。特此謹立合同爲據。具擔承保結北京和華銀行，令保得職商郭連山、儒業吴楨、美商劉承恩等，開辦奉天錦州府屬義州北大平高力井子烟煤礦，例有領照，押款銀一萬兩，取具妥保，具結備案。查該職商等並美商，均家道殷實，所招華股五萬兩，洋股四萬兩，足敷接辦，敝銀行因備案押款銀一萬兩，今情願出具擔承保結，決不敢扶同隱飾，所具擔承保結是實。

立兑租帖義州廂紅旗界官世管佐領象新，今光緒二十九年九月間有華美公司領事人吴楨，同幫辦公司美商劉承恩，前到敝旗所屬義州廂紅旗界内，北大平高力井子出煤山廠。兩處毗連，跴驗舊有荒閉煤窑數孔，出有烟煤，苗值甚旺，即欲試辦開採，照章納課等情前來。此項山廠，原係有票主，皆因水勢極大，無力開作，拖欠票課銀若干，遠避無踪，經上憲交敝旗經管票課銀兩。現查礦務奏定新章，准其華洋合辦開採，自應允諾。所有租課銀，議定每年二百兩，分兩季呈交，十月、二月初一日交完。按年應交票課銀，仍歸該界轉交。山廠四至，已着派領催穆京阿親至山廠，照前存山圖，指交清楚。惟内有單行道路堆廠，均歸公司外另納租，不與山主干涉。言明自出租公司之後，如不拖欠租課，不准增租奪佃。倘日後煤盡山空，准其該公司繳回租帖外，有上年荒閉積欠二年税銀，仍歸公司代爲完結。此係彼此言明，若有返悔，有立帖爲証。

計開：

内至四至。南孔字二號，東西寬六十五弓，南北長壹百零二弓。孔字八號東西寬十三弓，南北長四十四弓。

北孔字七號，東西寬十九弓，南北長二十一弓。孔字六號東西寬十九弓，南北長八弓。

向陽坡：孔字三號，東西寬八十二弓，南北長一百九十二弓。

外大四至：南至缸窑勾屯，北至向陽坡北山崗，東至大山，北至釣魚台，西至大山根。

光緒二十九年九月十四日，立兑執照人象新。

又外務部收盛京將軍文《美商所立義州煤礦租契應飭繳銷作廢》 光緒三十二年二月初三日，收盛京將軍文稱，案據准補興京同知署義州知州馬俊顯稟稱：「光緒三十一年十二月十九日，接准華美公司美國商人劉承恩，即劉頌普函稱：於二十九年春間，同貴國商人吴楨等，跴勘礦産，在貴界城守尉所屬之廂紅旗佐領象新名下，租得北太平山高力井子烟煤礦山，領有租契，蓋押印信，指明四至，並交山圖一紙。當將國課銀二百兩交足，將華洋股分，均交吴商，遵華洋合辦之例，先行試辦。乃今春吴商來津云，商部又有新章，伊閲新章第一條内載，以前已辦各礦，及業經議定之處，仍照原合同辦理等語。原應遵照開採，誠恐本地官商，或有異議，遂請敝國欽使照會商、外兩部，轉咨奉省，尚照原立合同

試辦。適值敝欽使公務紛繁，是以遲延至今，目下日俄業已議和，伊不久亦即來奉。惟敝公司與山廠，均在治下，務懇費神保護，勿使滋生事端。又聞本地土人現有在界偷挖者，更望嚴爲禁止。至山廠詳細情形，俟到義時，再爲暢叙等情。准此，卑職查州屬西南北太平山高力井子煤礦，前於三十年三月初十日，據總辦建平金礦華美公司劉延科等稟請開採，當經卑前署州端承安，詳蒙前憲台批示詳悉。查劉延科等開辦煤礦，並未據該商等來轅稟請咨部，僅前據義州尉稟稱：界官象新私將窑地租與華美公司劉延科等開辦煤礦，當查與礦章不符，已經嚴批該尉轉飭速將租契追銷作廢，窑地照章封禁，不准私自開辦。又據該員商顧之樂等稟稱：華美商人劉頌普私開伊等承認稟內之地，復經批飭義州尉速將華美公司在義界開烟煤股章，一併查銷作廢各等情在案。據詳前情，合將義州尉前抄給查照，所請可否准劉延科等開辦礦務之處，應毋庸議。計抄給義州尉稟批內開：查前經迭次通飭，將舊領煤票呈繳，以憑核辦，迄今爲日已久。該界官佐領象新，竟敢視爲具文，匿不呈報，並敢不遵礦章，私自將官票之窑，租給華美公司開礦，事先並不稟明，擅自寫立不拘年限租契，其糊塗謬妄，殊堪詫異。查前准外務部礦務章程內載，無論華洋各商，如欲開辦礦務，均須稟請咨部核准後，方能開辦。現又准商部新定礦章內載，請辦礦務，如係附搭洋股者，不論領照探礦、開礦，除稟呈聽候部示外，應稟由外務部核准，以定准駁各等語。此項舊票窑地，業經逾限，亦應歸官封禁，註銷税銀，斷不容該佐領任意招商，致生枝節。仰即轉飭將租税追銷作廢，窑地照章封禁，不准私自開辦。仍將通飭繳票之案，查照各前札，專案詳覆，毋再宕延，致干未便。在佐領象新，現已另案撤任，應責成該尉督飭署任界官，遵照批示辦理等因。蒙此，瑞丞遵即移知尉署在案。茲准洋商劉承恩不遵定章，亦未奉有憲台明文，仍欲前來開辦，卑職恐阻則生事端，不阻則事關礙，應作如何辦理之處，未敢擅便，理合稟請查核，批示祇遵，並札飭義州尉遵照等情。據此，查該商劉承恩，即劉頌普，租賃義州北太平山高力井子烟煤礦山，並未先行稟請咨部核准，殊與定章不符，未便任其開採。惟事關交涉，應請大部照會美國欽使，飭令該商將原立租契追銷，以符定章。除咨行商部，並批示札飭外，相應咨呈大部，請煩查照賜覆施行。」

又外務部行盛京將軍文《美商所立義州煤礦租契應由盛京將軍飭令繳銷作廢》 光緒三十二年二月初八日，行盛京將軍文稱：光緒三十二年二月初三日，接准來咨，以署義州知州馬俊顯稟，華美公司美國商人劉承恩，即劉頌普，租賃義州北太平山高力井子烟煤礦山，並未先行稟請咨部核准，殊與定章不符，未便任其開採。惟事關交涉，應請照會美國欽使，飭令該商將原立租契追銷等因前來。查美商劉承恩不遵定章，私賃太平山高力井子烟煤礦山，自不能准其開採，應將原立租契追銷作廢。惟此案事前既未咨報本部，未便由本部照會美使飭令繳銷，應仍由貴將軍轉飭義州知州，速飭該商將原立租契繳銷作廢，以符定章。相應咨行貴將軍查照辦理，並聲復本部可也。

又外務部發美署使固立之函《美商劉承恩私賃義州礦產未便照准》 光緒三十二年十月初七日，發美國署公使固函稱：逕復者：本年九月十九日，接准來函，以美國商人劉承恩同華商吳楨，在奉天省義州境內，租得北大平高力井子煙煤鑛山一處，現商部將原稟批駁，請查核如何情形。若照劉承恩稟內所列，應請囑該管官員，按其所請給照等因，並將稟件附送前來。本部查此事，前准盛京將軍來咨，以礦商吳楨等私賃義州境內煙煤礦產，係已革佐領象新私立租契，當飭該義州尉追銷原契，並將象新送州監禁。至追問吳楨手存之契據，供已交商部等因。迨本部咨查商部，據復稱，本年五月間，吳楨等來部請給執照，已據案批駁。吳楨手存契據，並未呈繳到部等情。是此項煤鑛確係吳楨等，與象新彼此私賃，象新既將所立對契呈繳該管官員，並獲罪監禁，該吳楨手存租契，又僞稱呈交商部，不復繳銷，種種朦混，顯然易見。此案業經盛京將軍究辦，商部批駁，本部自難照准。相應函復貴署大臣查照飭遵可也。

《礦務檔·奉天礦務·本溪湖煤礦》外務部收陸軍部片《請查復本溪湖煤礦日人購買炸藥事》 宣統元年正月二十六日，發陸軍部片稱，接准片稱：「日本採掘本溪湖煤礦，本部無案可稽，應否准其購買炸藥，以資採掘之處，查明見覆等因。查本溪湖煤礦，應否由日本採掘，本部亦無案可據。」惟光緒三十三年八月，曾准東三省總督電稱：現與日本商定安奉鐵路沿路煤、鐵、錫、鉛四種礦業辦法五款，其第三款云：「俟經彼此派員勘驗後，以爲可合辦者，預先指定何處，由該商人稟請督撫核定批准，請旨施行。至應如何辦法，可仿照臨城合辦合同辦理云云。」該合同雖經商定，尚未簽字，本溪湖煤礦，是否即安奉沿路礦產之一，應由貴部電詢東三省總督，聲覆明晰，再行酌核辦理。爲此片復查照。須至片復者。

又外務部收陸軍部文《本溪湖煤礦日人所需炸藥應否准其購用》 宣統元年二月初六日，收陸軍部文稱：軍實司案呈，前准東三省總督電稱：日本採掘

本溪湖煤礦，需用櫻印炸藥，現由大連灣火藥商購買一千八百七十五觔，經過大連税關，分作三次進口，運至本溪湖應用，特請轉咨税務處，轉飭大連税關查照放行；電咨前來。當經本部以無案可稽，片查外務部，旋據復稱，日本採掘本溪湖煤礦，本部亦無案可據。惟光緒三十三年八月，曾准東三省總督電稱：現與日本商定安奉鐵路沿路煤、鐵、錫、鉛四種礦業辦法五款，其第三款云：俟經彼此派員勘驗後，以爲可合辦者，預先指定何處，由該商人稟請督撫核定批准，請旨施行。至應如何辦法，可仿照臨城合辦合同辦理。該合同雖經商定，尚未簽字，本溪湖煤礦，是否即安奉沿路礦産之一，應由陸軍部電詢東三省總督，聲復明晰，再行酌核辦理等因前來。復經本部電詢東三省總督，兹准該督電稱：本溪湖煤礦，係安奉沿鐵路礦産之一，合辦條件，大致議定，現正商議細目。前據日領照稱：日本股東大倉組由日本運來櫻印炸藥千八百餘觔，預備開採之用，電請陸軍部轉知税務處，轉飭大連海關查照放行等因；電復前來，相應片行貴部，日本採掘本溪湖煤礦，所需炸藥，應否准其購用之處，希速見復，以憑辦理可也。

又外務部收陸軍部片《本溪湖煤礦日人購運炸藥已准放行》 宣統元年五月十四日，收陸軍部片稱：軍寔司案呈，准外務部咨，日本伊集院使函稱：本溪湖炭坑應用炸藥並坿屬物件，由大倉公司聲請輸運進口，業於日曆五月十一日，經奉天敝國總領事照會貴國地方官去後，至今尚未接到批准回文件。因此事頗多障礙之處，兹准該處來電，仍望即由總税司飭令大連税關，作速許可，應請貴部轉催陸軍部税務處照辦爲望等語。查日本前爲本溪湖煤礦需用炸藥，應准購運，經本部於本年二月初六日咨復陸軍部在案。此次所請輸運炸藥進口之處，是否准行等因前來。查此次所請輸運炸藥一案，前經東三省總督錫電達到部，經本部查明，該省前督徐正月效電，日領照稱採掘本溪湖煤礦，購用櫻印炸藥一千八百七十五觔，分作三次進口。又前督閏二月青電，日領函稱：前購櫻印炸藥已進口，並有附屬品電管三萬發，導火綫六萬尺，請飭大連關驗放等語。此次來電，日商運到櫻印炸藥七百五十觔，電管一萬二千發，導火綫二萬尺，前後數目不同。是否此次電内炸藥一項，在前效電所購之外，電管火綫兩項，是否即青電内分批運到之件，希查明速復去後。嗣據該省電復，前次巧電聲明日商運到櫻印炸藥七十五觔，電管一萬二千發，導火綫二萬尺，仍是本溪湖煤礦需用之物，在正月效電、閏二月青電以後等因到部。當經本部於本月初九日，據電知照税務處，並准該處復稱：前項炸藥、電管、導火綫既經核准，自應由大連關於其報運時驗明照貨相符，完税放行等因在案。兹准前因，相應片行貴部轉知飭日使查照可也。

又外務部收錫良抄摺《收回本溪湖煤礦作爲中日合辦》附《中日合辦本溪湖煤礦合同》 宣統二年五月初二日，收軍機處交鈔東三省總督兼奉天巡撫事錫良奏摺，奏爲收回本溪湖煤礦，作爲中日合辦，訂定合同，恭摺密陳，仰祈聖鑒事。竊查宣統元年七月，准外務部咨行議訂東三省交涉五案，第四款内載：安奉鐵路沿綫，及南滿洲鐵路幹綫沿綫礦務，應按照光緒三十三年，即明治四十年，東省督撫與日本國總領事議定大綱，由中日兩國人合辦等語。奉天本溪縣所屬之本溪湖煤礦，係安奉沿綫礦産之一，光緒三十一年，日俄戰起，日商大倉因軍用佔據開採，迨戰事既罷。經前督臣趙爾巽、徐世昌等，先後按約令其交還，卒未照允，嗣議改爲中日合辦，以開放爲保全之計。並據呈請前礦政調查局，將附近之廟兒溝鐵礦，准其開採，出具保單存案。卒以本溪湖礦事未定，亦復令屢議屢阻，曠日無功。臣到任後，體察情形，該礦自日人經營布置，規模日擴，獲利亦日見其豐。與其爭執而坐失主權，孰若照約以平分利益，當飭交涉司照會日領事，妥議收回，作爲中日兩國商人合辦事業，大致仿照井陘臨城兩礦辦法，商訂合同，設立公司，名爲本溪湖中日商辦煤礦有限公司。中日各派總辦一人，以交涉司爲督辦。其合同内載，議定股本北洋龍圓二百萬圓，中日商人各出其半。中國政府將煤礦作權利股本銀三十五萬圓，另再籌足六十五萬圓，其餘一百萬圓，即歸日商大倉擔任。惟該礦經日商獨力開採，已及五年，所有現存機器、房屋，并開辦時掘井工程所投入之一切款項，准其查明，即以之抵作股本；歷年售得煤價，亦照數交與公司存儲。除股本年息八釐外，餘利分作十份，以二份五爲報効，一份作公積，六份五歸中日股東平分，其餘釐金礦税等項，均仿照井陘、臨城合同辦理。該礦本在日人掌握之中，前後磋議，將近五年，其間波折横生，不啻筆舌俱敝。現與訂定收回合辦，所議合同，既(于)[與]部定礦章，無大出入。而地股作爲三十五萬圓，從前售得煤價，悉數交出，均較井陘爲優，即于公家權利，實爲保持不少。但公司開辦之始，免收釐金三年，仍于此三年中，照納出井税一錢二分五釐。又該礦所出之煤，煉成焦炭，即可用以鍊鐵。廟兒溝去該礦不遠，産有鐵質，將來公司發達，即照該商前此呈請礦政局原議，准令公司開採，仍作爲中日會辦，以期公司營業日有起色，亦與外務部議結之前案相符。以上二事，另由交涉司與日領事彼此用公文聲明，未載入正合同之内。據

試署交涉司韓國鈞，將議定合同呈送前來，飭由該司先與簽押，理合開單，奏請聖裁，恭候命下之日，即由臣轉飭照辦。除將原訂合同分咨外務部、農工商部查照外，所有本溪湖煤礦作爲中日合辦各緣由，謹繕清單，恭摺密陳，伏乞皇上聖鑒訓示。謹奏。

宣統二年五月初二日奉硃批：「該部知道。單併發。欽此。」

謹將議訂《中日合辦本溪湖煤礦合同》，繕具清單，恭呈御覽。

計開：奉天交涉司使，現奉東三省總督派委，督辦本溪湖煤礦一切事宜，茲特與日商大倉喜八郎，訂立合同如左：

第一款，一、此合同訂定，得中國政府批准後，本溪湖煤礦，即作爲中日兩國商人合辦事業，定名爲本溪湖商辦煤礦有限公司。以下本溪湖煤礦有限公司，稱爲公司，大倉喜八郎，稱爲大倉。

第二款，一、中國政府茲允將本溪湖煤礦，作權利股本銀北洋大龍圓三十五萬圓，准公司開採。經此合同批准開辦之日，公司即須將此項礦股三十五萬圓之股票，呈交中國政府收執管業。

第三款，一、公司辦理本溪湖煤礦，其股本限定二百萬圓，以北洋大銀圓爲准，中日商人各出其半。中國商人現已有中國政府所出之礦股銀三十五萬圓，應再出股本銀圓六十五萬圓，其餘一百萬圓，歸大倉擔任。所有礦股及股本之利息，由開辦及交股銀之日起算。

第四款，一、本溪湖煤礦開辦後，每年所得餘利，照後開章程辦理。

甲、先付二百萬股本之利息，按常年八釐計算，即每百圓付利息洋八圓，每年一付。如公司所得盈餘不足付八釐利息之時，可付八釐以下之利息。

乙、即支利息之後，所餘之款，分作十份，以一份提作公積，以二份五付交中國政府，作爲公司報効中國國家之款，其餘六份五，歸中日股東平分。此項公積金，將來由股東察覈情形，如認爲十分充足時，可即停止。惟此項公積，不能分得利息。

第五款，一、公司總辦，中日各任一員，其他各員，由兩總辦協商，務期平均委派。所有該礦各項新舊工程，以及支付款項，須由兩總辦商妥簽字後，方可舉行，並須隨時報告督辦。各項賬目，以及一切證據書類，須用合格中日公司員，照至善方法辦理，以中日兩文繕寫，俾兩總辦易於閲核，凡有應行事務，均由中日兩總辦辦理，或委員代理，由公司出名，公同署押。公司計算賬目，以及分配利益，一切均按中歷辦理。

第六款，一、公司開辦日期，即以奉到中國政府批准合辦之日爲始。

第七款，一、公司開辦以後，如必須加添股本，或借債時，由兩總辦協商後，再商允兩國股東，方可舉辦。其款中日股東各認一半，惟不得借用中日兩國以外之款，至公司除必須借債時外，所有一切財產，不得抵押與人，股東亦不得將股票任意售賣。所用開礦工人，以僱用中國人民爲主。

第八款，一、此合同以三十年爲限，由奉到中國政府批准之日起算，計至第三十年底止，即此合同滿了之期。至期公司即行解散，中國政府即將所得礦股之股票，交還公司，將礦區收回。所有公司之一切動産鐵軌坑木及建築物，應從速公平估價折售，將售得款項以及公積之款，中日股東各得一半，即將本合同作廢。所有公司發給股東之股票，均應於合同滿了時繳銷作廢。但本合同滿期之後，中日股東皆願續約，則可商議展長期限。惟本合同滿期之後，無論何時，政府如欲自辦，其礦區即由中國收回。公司所有之動産鐵軌坑木及建築物，由中國國家按照公平估價收買，公司即行解散。

第九款，一、公司應納之税，每出煤一英噸，納釐金庫平寶銀六分，又税銀庫寶銀一錢。所有公司使用之官有地面，每畝每年納庫平銀二錢。公司如將煤運輸出口，每一英噸，應納海關税庫平銀一錢。以後如中國各省准予中外合辦之煤礦，其所納税銀有較以上更低者，公司亦可稟請援照完納。將來農工商部《礦務新章》宣布實行後，此合同如有應行增改之處，經東三省總督飭知，即當遵照辦理。

第十款，一、公司應用之材料物件，除須完納海關例税之外，其餘釐金，一概豁免。

第十一款，一、本溪湖煤礦，自光緒三十一年，至宣統元年閏二月底止，經大倉獨力開採，所有投入之一切款項，中國政府准予作股本銀北洋銀圓一百萬圓，即作爲大倉名下交付公司之股本。所有一切機器房屋工程倉庫物料等件，即於此合同批准之日，由大倉切實點交與公司收管，公司即將此項股本一百萬圓之股票，交與大倉收執。此期間内大倉所投入之一切款項，即經中國政府准予作爲股本，則大倉在此期間内所有售得之煤價，應由中國政府派員，協同大倉詳細切實調查清楚，即由大倉儘數交付與公司。自宣統元年三月以後，至公司開採之日止，大倉添置機器及其他必需之工程等項投入之各款，應由公司確實

查明，認爲正當之款者，即由公司付給。此種機器工程等項，即由公司收管。大倉並應將三月以後歷來售得之煤價，協同公司詳細結算清楚，由大倉儘數交付與公司。其現存礦地之煤觔，亦應如數交與公司管理，不得索取價值。

第十二款，一、公司開採煤礦之區域，應於此合同批准後，由總督派員詳細丈量，繪定四至詳圖，交給公司遵照採辦。倘公司於工作時尋獲古物，應歸中國國家所有。

第十三款，一、公司開採煤礦，其區域内所用之地土，應出公平之租價。如遇必需拆房及遷移墳墓等事，應稟由地方官轉飭該業主辦理，公司當出公平之賠補費及遷移費。

第十四款，一、此合同簽印後，由督辦委員會同大倉之代表人，預備一切開辦事宜，並限於三箇月内，訂立營業詳章程，呈候督辦核定，報明總督批准照辦。

第十五款，一、此合同以中日兩國文字，繕寫五份，以一份呈總督憲存案，以一份呈交涉司，一份交大倉，一份交公司，一份交日本總領事館。遇有誤解時，專以中文字意爲憑。

宣統二年四月十四日。

明治四十三年五月二十二日。

奉天交涉司韓國鈞。

總領事小池張造。

大倉喜八郎。

宣統二年五月初二日奉硃批：「覽。欽此。」

又外務部收增祺文《俄商將天利煤礦公司股份賣與華商公裕堂》附俄商紀道夫函等五件〔宣統三年〕閏六月初七日，收農工商部文稱：「宣統三年六月二十五日，接東三省總督咨據奉天交涉司呈稱：據本溪湖煤礦公司華總辦吴鼎昌呈稱：竊照本公司之煤，運輸出口，每噸均按照合同，完納海關税庫平銀一錢。此次由營口運出碎煤六百噸至芝罘，已照章在營口納税每噸一錢。乃芝罘海關聲稱：本溪煤特別税率，未奉北京行知，須照章完納出入口税，經交涉至再，仍迫令補足營口出口税每噸二錢，芝罘入口税一錢五分。查本公司合同第九款載：公司如將煤運輸入口，每一英噸，應納海關税庫平銀一錢。此合同既奉批准，所定税率，自應遵照。擬請呈請督憲，咨請農工商部，轉咨總税務司，將此合同所定税率，行知各海關，以便遵守等情。據此，查本溪湖煤礦，作爲中日合辦，訂立合同，當蒙前憲台錫分别奏請在案。在現撫順礦所定之出口税，已蒙憲台咨請轉行各省，本溪事同一律，應請轉咨，以免歧異等情。據此，咨部查照等因前來。查該公司運煤出口税額，載在合同，並經東三省總督奏咨在案，自應通飭各税関遵照辦理。相應咨呈貴部查照辦理，並希見復可也。」

《礦務檔・吉林礦務・吉林中俄礦務交涉》總署收吉林將軍德英文《俄人聚集俄界圖挖阿穆爾達賚等地金礦》〔同治四年〕十二月二十八日，吉林將軍德英文稱：「本年六月准黑龍江將軍衙門咨稱，俄界額蘆畢拉地方，聚集俄羅斯國兵八百餘名，携帶軍器，聲稱將該國獲罪之人，擬定發往何穆爾達賚地方，永令挖金種地等因，知照前來。查該夷將此悖逆其君作亂大叛，並未誅殺，僅以擬發阿穆爾達賚地方，種地挖金之語，殊難憑信。俄人之性詭詐最甚，保無托故，轉向地方滋事等情，當即行飭各屬，一體探防去後。兹據琿春協領台飛英阿查報，據二道河等處巡防卡官六品藍翎德明等陸續報稱，奉飭密探得於本年八九月間，俄人大船陸續送到男婦八九百名口，分撥綏芬、海參崴、摩潤崴、棘心河等處安置。船内有無軍器，並不容見。惟有馬鞍八九盤，卸於海參崴、摩潤崴。計其陸續由船送到口糧，約有數萬口袋。又查俄人招引朝鮮國人，比先益多。現在棘心河地方，聚有男婦一千數百人。該處山坡曠野，俱經高麗開墾。近日又經姜姓民人，崔姓高麗，同引俄官，抵至圖們江口上下。遥望朝鮮地勢，繪畫地圖。又屢向朝鮮地方官約求通商，未知曾否應允。並聲明俄人屢向本處詢問明年與朝鮮交易情形等因，具報前來，除劄令該協領隨時探防，毋涉大意外，理合呈報總理各國事務衙門，謹請查照可也。」

又總署收禮部文附吉林將軍德英來咨《請查辦俄人圖挖金礦事》 同治五年正月初五日，禮部文稱：「主客司案呈。准吉林將軍咨稱，俄界聚集俄羅斯兵，携帶軍器，聲稱將獲罪之人；發往阿穆爾達賚地方，挖金種地。又據琿春協領探得俄人大船陸續送到男婦八九百名口，分撥綏芬海參崴摩潤崴棘心河等處安置等因前來，查俄國事宜，應由總理各國事務衙門辦理。相應抄録該將軍原文，移咨貴衙門查照辦理可也。照録粘單。」

本年六月，准黑龍江將軍衙門咨稱：「俄界額蘆畢拉地方，聚集俄羅斯兵八百餘名，携帶軍器，聲稱該將國獲罪之人，擬定發往阿穆爾達賚地方，永令挖金種地等因，知照前來。查該夷將此悖逆其君作亂大叛，並未誅殺，僅以擬發阿穆爾達賚地方，種地挖金之語；殊難憑信。俄人之性詭詐最甚，保無托故，轉向地

方滋事等情，當即行飭各屬，一體探防去後。兹據琿春協領台飛英阿查報，據二道河等處巡防卡官六品藍翎德明等陸續報稱，奉飭密探得於本年八九月間，俄人大船陸續送到男婦八九百名口，分撥綏芬海參崴、摩潤崴、蝀心河等處安置，船內有無軍器，並不容見。惟有馬鞍八九盤，卸於海參崴、摩潤崴，計其陸續由船送到口糧，約有數萬口袋。又查俄人招引朝鮮國人，比先益多。現在蝀心河地方，聚有男婦一千數百人。該處山坡曠野，俱經高麗開墾。近日又經姜姓民人、崔姓高麗，同引俄官，抵至圖門江口上下，遥望朝鮮地勢，繪畫地圖。又屢向朝鮮地方官約求通商，未知曾否應允，並聲明俄人屢向本處詢問明年與朝鮮交易情形等因。具報前來，除劄令該協領隨時探防，毋涉大意外，理合咨報禮部，謹請查照可也。」

又總署行吉林將軍德英文《俄人挖金事應酌照部議辦理》〔同治五年〕正月初七日，行吉林將軍文稱，同治四年十二月二十八日，准貴將軍咨報，據琿春協領報稱：「密探得本年八九月間，俄人大船陸續送到男婦八九百名口，分撥綏芬、海參崴等處安置。又查俄人招引朝鮮國人，在蝀心河地方，聚有一千餘人，開墾曠野。又在圖門江口上下，遥望朝鮮形勢，繪畫地圖。又屢向朝鮮地方官約求通商，未知曾否應允等情。除劄令隨時探防，毋稍大意外，理合咨呈等因前來。查來咨所稱俄人男婦分撥綏芬等處，是否即係黑龍江將軍前次所咨獲罪挖金之俄人，未據聲敘明晰。其分撥安置，及招引朝鮮開墾等處，如在俄國本境，祇有加意防範，各管各境，自未便越界阻止。如在中國内地，自應查照續增條約第八條所載，俄羅斯國人私住中國人家，或逃往中國内地，中國官員照依領事官行文，查找送回等語。由貴將軍行文俄國邊界官，令其領回嚴加管束，免致藉口收納逃人。是爲至要。」

又總署收吉林將軍長順等文附寧古塔副都統覆俄官照會《請照阻俄員越界採煤》〔光緒十五年〕五月初二日，吉林將軍長順等文稱：「邊務承辦處案呈，光緒十五年四月十三日，准寧古塔副都統咨開，於本年四月初七日，准琿春副都統衙門轉送到俄官廓米薩爾遞行寧古塔副都統衙門清字照會一件。拆視譯漢内稱，查本上大官輪船需用計與商人等有益者，由本内處特派出教官依瓦諾伏等，往地方内處山林曠野，尋看煤物差遣。現該員依瓦諾伏由廓米薩爾我處給與文照。本年夏季，查造煤物等件，經過許多地方，欲越兩國邊界，若不越界去查，他之差遣，不致有益矣等因，書寫前來。查該依瓦諾伏所稱差官甚是平善，如貴界得有好煤等物，與中國人等亦大有裨益之計，廓米薩爾本躬與咱兩國彼此定約合誼矣。教官等遊玩可去。票照已寫俄國滿漢文字，該員去帶從人或三四名，惟恐樹木深山等處有禽獸兼有匪人，是以隨帶護身器械等件行矣。望祈貴副都統轉飭各所屬邊界卡倫，並曉諭邊界相近有村屯者，如本教官依瓦諾伏等來到，望勿阻止，妥爲照料放行外，如沿途旅店食物引路之人應需者，祈照定價取給。望將此事照廓米薩爾我書之樣辦理。祈爲文報照覆，爲此照會。本一千八百八十九年，阿普勒哩月十二日，等因前來。查該俄官廓米薩爾照稱，伊國特派教官依瓦諾伏等，於本年夏季，往地方内處查造煤物，欲越兩國邊界往查，如塔界得有好煤等物，與中國人等亦大有裨益之計等情。惟查寧古塔所屬山場各處，遵文按年派出官兵等實力查禁，並無私開煤窑，亦無產煤之區興販煤物。又查咸豐十年定約内載，亦未註有俄國越界採煤之條。此次該俄官越界一節，未便准行。是以照覆俄官，自應遵照條約辦理。而敦合誼等情，擬補清漢照會，抄粘呈請咨報查核示遵等因。准此。查該俄所請既與條約相背，自應據理照阻，俾免藉端生事。除咨覆該城副都統，即行照覆按約阻止外，理合照抄照會，咨請貴衙門查核。請煩照會駐京俄大臣，轉飭該國邊吏，毋得任意越界查造煤物，以符約章而敦和好可也。」

照録粘單。

大清國寧古塔副都統照會

大俄國烏蘇哩境廓米薩爾，爲照覆事，於本年四月初七日，准貴俄官廓米薩爾清文照會譯漢内稱，查本上大官輪船需用計與商人等有益者，由本内處特派出教官依瓦諾伏等，往地方内處山林曠野，尋看煤物差遣。現該員依瓦諾伏由廓米薩爾我處給與文照，本年夏季查造煤物等件，經過許多地處，欲越兩國邊界，若不越界去查，他之差遣，不致有益矣等因，書寫前來。查該依瓦諾伏所稱差遣甚是平善，如貴界得有好煤等物，與中國人等亦大有裨益之計，廓米薩爾本躬與咱兩國彼此定約合誼矣。教官等遊玩可去，票照已寫俄國滿漢文字。該員去帶從人或三四名，惟恐樹木深山等處有禽獸兼有匪人，是以隨帶護身器械等件行矣。望祈貴副都統轉飭各所屬邊界卡倫，並曉諭邊界相近有村屯者，如本教官依瓦諾伏等來到，望勿阻止，妥爲照料放行外，如沿途旅店食物引路之人應需者，祈照定價取給。望將此事照廓米薩爾我書之樣辦理，祈爲文報照覆，爲此照會等因前來。查貴俄官照稱特派教官依瓦諾伏等，於本年夏季往地方内處查

造煤物等件，欲越兩國邊界。如塔界得有好煤等物，與中國人等亦大有裨益之計等情。惟查中國塔屬山場各處，按年出派官兵等實力嚴查，並無私開煤窑者。亦無産煤之區。惟本地方居民人等，日需均係燒柴，並無煤物。查咸豐十年定約内載，亦未註有俄國越界採煤之條。此次欲越邊界造煤一節，與約不符。自應遵約辦理，而敦合誼。相應照覆貴俄官廓米薩爾查照可也。須至照會者。

《礦務檔·吉林礦務·吉林以三十里内爲限》外務部《鐵路兩旁開礦應中俄礦務交涉》〔光緒二十八年〕四月十二日，本衙門遞奏片稱：「再准軍機處抄交吉林將軍長順奏，鐵路公司議辦煤礦，訂立合同一摺，光緒二十七年十月二十一日奉硃批：『外務部知道。單併發。欽此。』查原奏内稱，目下吉林界内鐵軌已通，火車暢行，以商民所開煤窑尚少，難以敷用。悉砍林木代煤，不特難資經久，將通省林木悉作火柴，亦於地方有推。礙是以俄總監工茹格維志前遣其代辦達聶爾來省。請在附近地方開挖煤礦。以保林木。當以煤爲鐵路必需之物，不得不允其開採。現與定立合同十二條，彼此畫押存查等語。臣等伏查此項合同，已經盛京將軍與俄監工援照訂立，奏交臣部核覆。經臣等以合同第二條所載鐵路兩旁三十里外之煤礦，漫無限制，請將該合同無庸置議，應令與俄監工另議辦法。就三十里爲限，并聲明三十里以外，無論何人開採煤礦，該公司不得與聞。業於本日議覆增祺等摺内，請旨飭遵，伏候命下。由臣部咨行吉林將軍，一體遵照辦理，謹附片具陳。伏乞聖鑒。謹奏。」

光緒二十八年四月十二日，奉硃批：「依議，欽此。」

《礦務檔·吉林礦務·長春火石嶺煤礦》外務部收東三省總督趙爾巽吉林巡撫陳昭常文《瑞商請辦火石嶺煤礦》〔宣統三年〕四月十二日，收東督、吉撫文稱：「竊維吉省區域荒遠，岡嶺亘連，鑛産最爲饒富，而産煤之鑛，已經開採暨呈露苗綫者，共計一十六處。現值機器時代，興辦寔業，宜以開採煤鑛爲亟圖。而濬闢利源，尤以厚集資本爲要義。上年准大部會同農工商部奏，爲續定鑛章摺稱，遵奉諭旨：凡関於産鑛之區，當於平日派員查勘，設法興辦，果能盡集華股，固屬甚善。設力有不足，亦可坿入外股等因。欽遵在案。查吉林府屬火石嶺子地方煤鑛，苗旺質佳，且密邇吉長鐵路，尤易推廣銷場。上年有本地商人鍾謙，禀請探勘該處煤鑛，當因資本太少，誠恐款竭停工，轉致遺棄厚利，未遽准予探勘。適據瑞商比路者。禀稱恩准先給探礦執照，前往長春府屬之火石嶺探勘煤礦。俟探勘明確，續請發給開礦執照，並咨部立案事。竊查吉林府屬之火石嶺一帶，發現煤礦，擬懇准發給探礦執照，前往該處探勘。所領執照，以六個月爲限。俟奉批准給照後，商人即由歐洲聘請礦師，前來勘驗。如探得該礦果堪開辦，應即籌集華瑞資本銀三百萬佛郎，設立礦務公司，切寔開辦。如款項不敷，仍擬加增股本，以期辦有成效，届時應擬訂章程，禀請立案，並換給開礦執照，俾資遵辦，仍照奉天華日合辦之本溪湖煤礦章程辦理。如將來礦務章程須發，倘較本溪湖更優，仍應准本公司遵照辦理。自奉到開礦執照後，如一年内未能招集資本開辦，應即將所領礦照註銷，作爲無效。所有擬請先給探礦執照，前往長春府屬之火石嶺探勘煤礦，俟探勘明確，并請立案，續發開礦執照，並取具德領証書，証明該商股寔等情。據此，本大臣、撫院查鑛務正章第二款，遇有華洋商人合辦，應於核給開鑛執照之先，敘明該洋商來歷，及現住處所，咨照外務部。又第十款，凡與中國有約之各國人民，允願遵守中國之法律，皆得在中國與華商合股，禀請承辦合律之礦産，作爲鑛商各等語。該商所請是否可行，相應備文咨商大部核准承辦，再飭該洋商繕具章程，呈送核辦，另行咨報。除分咨外，爲此合咨大部查核見覆施行。」

又外務部發農工商部咨《瑞商辦礦應遵現定礦章》〔宣統三年〕四月十九日，發農工商部咨稱，准東三省總督吉林巡撫咨稱：「吉林府屬火石嶺子地方煤礦，苗旺質佳，且密邇吉長鐵路，尤易推廣銷場。上年有本地商人鍾謙，禀請探勘該處煤礦，當因資本太少，誠恐款竭停工，轉致遺棄厚利，未遽准予探勘。適據瑞商比路者，禀請發給探礦執照，前往該處探勘。所領執照，以六個月爲限，俟禀批准給照後，即由歐洲聘請礦師，前來勘驗。如探得該礦果堪開辦，即籌集華瑞資本銀三百萬佛郎，設立礦務公司，切寔開辦。如款項不敷，仍擬加增股本，以期辦有成效。届時應擬訂章程，禀請立案，並換給開礦執照，俾資遵辦，仍照奉天華日合辦之本溪湖煤礦章程辦理。如將來礦務章程須發，倘較本溪湖更優，仍應准本公司遵照辦理。自奉到開礦執照後，如一年内未能招集資本開辦，應即將所領礦照註銷，作爲無效。並取具德領証書，証明該商股寔等情。查礦務正章第二款，遇有華洋商人合辦，應於核給開礦執照之先，敘明該洋商來歷，及現住處所，咨照外務部。又第十款，凡與中國有約之各國人民，允願遵守中國之法律，皆得在中國與華商合股，禀請承辦合律之礦産，作爲礦商各等語。該商所請是否可行，請查核見覆等因前來。查華洋商人合股辦礦，在章程原有核准之條，惟上年八月間，貴部會同本部具奏修改礦章，其第一款内稱，本章自

宣布施行之日起，所有從前頒行之礦章，一概收回，不得再行援引等因。此次該督撫原咨所引第二第十各款，仍係光緒三十三年原訂之舊章，與現定章程似不相符。又該商所請照本溪煤礦章程辦理之處，於情形有無窒礙，事關礦政，相應咨行貴部查核見覆，以憑轉覆可也。」

《礦務檔・吉林礦務・蜂蜜山煤礦》外務部收東三省總督錫良吉林巡撫陳昭常文《法商請發探勘蜂蜜山煤礦執照請核復》〔宣統三年〕五月初五日。收東督錫、吉撫陳文稱：「交涉司勸業道案呈：據法商高路沙稟稱，請准先給探礦執照，前往蜂蜜山探勘煤礦，俟探勘明確，續請發給開礦執照，并咨部立案事。竊查蜂蜜山一帶，發現煤礦，擬懇准發給探礦執照，前往該處探勘。所領執照，以一年爲限。俟奉批准給照後，商人即由歐洲聘請礦師，前來勘驗。如探得該礦果堪開採，應即籌集華法資本銀一千萬佛郎，設立礦務公司，切實開辦。如款項不敷，仍擬加增股本，以期辦有成效，屆時應擬定章程，稟請立案，并換給開礦執照，俾資遵辦，仍照奉天華日合辦之本溪湖煤礦章程辦理。如將來鑛務章程頒發，倘較本溪湖更優，仍應准本公司遵照辦理。自奉到開礦執照後，如一年內未能招集資本開辦，應即將所領鑛照註銷，作爲無效。所有擬請先給探煤執照，前往蜂蜜山探勘煤礦，俟探勘明確，并請立案，續發開礦執照等情。據此，查吉省產礦區域，最爲饒富，只以官家財力艱難，未能提倡開採，間有本地商人集資探勘，大都小本經營，拘守舊法，終致款竭停工。現該法商擬籌華法資本銀一千萬佛郎，設立鑛務公司，先行試採，以期獲佳鑛，而濬利源。是否可行，相應咨商大部核覆，再飭該洋商遵照礦章辦理。除分咨外，爲此合咨，請煩查核見覆施行。四月二十七日。」

《礦務檔・黑龍江礦務・察漢敖拉煤礦》外務部發俄使廓索維慈照會《請撤退黑省察漢敖拉煤礦俄工及俄兵》黑龍江礦務〔宣統二年〕四月初二日，發俄廓使照會稱，宣統二年三月二十八日，准東三省總督電稱：「准江省周撫台電，臚濱府察漢敖拉煤鑛，前據張守壽增稟准開辦，並勘界定樁，聲明不准他人越采在案。乃三月十七日，忽來俄工二名，帶車輛土鑚。聲言在坑界外采勘，當經該守據理力爭不聽，竟將華商采出煤鑛，用四木橛插認，稱係霍總辦派來，即在出煤地打鑚采勘。請派員會同，否即自行開工等情。該處煤鑛華人，即開辦於先，該公司即不得强行干預，電請照會俄國駐京大臣，速即轉飭該公司撤退俄兵等因。正在核辦間，又准東督二十九日電稱，俄人强佔臚濱府華鑛一節，昨接黑龍江續電，俄派兵五名，帶有槍械，在該窑支帳駐守，以照料爲詞，攔阻不聽等因前來。查察漢敖拉煤鑛，在滿洲里車站以西，係屬華人自辦之鑛，且經臚濱府張守稟准在先，該公司擅自派工，强行干預，且有派兵駐守情事，實屬不合。相應照會貴大臣查照，希速轉飭該公司，迅將俄工及俄兵撤退，以免滋生事端，並見復可也。」

又外務部發東三省總督咨《俄人强佔察漢敖拉煤礦事請就近查辦》〔宣統二年〕五月初四日，發東三省總督咨稱，宣統二年四月二十八日准電稱：「俄人强佔臚濱府察漢敖拉煤鑛，請照俄使速飭該公司，迅將俄工撤退。又准二十九日電稱，俄派兵五名，帶有槍械，在該窑支帳駐守，以照料爲詞，攔阻不聽。又准電稱，另飭于道與俄員磋商，並電江省速行勘定各等語。當經本部照會俄使去後，兹准該使復稱。詢據霍總辦復稱，東省鐵路工程師查勘距鐵路路綫十二里內之煤礦，達知滿洲里車站張華官，同往驗明，而該華官言以該處一帶所有煤礦，已准他人開辦，鐵路公司不能查勘等語，推故不往。旋工程師請該華官確定所准煤礦地界，呈出畫圖，或指出勘界定樁，而該華官答以並無畫圖，其定樁尚未安設，是以不能指出各等情。查光緒三十三年所定黑龍江省採開煤礦章程內載，鐵路路綫兩旁三十華里內之煤礦，其開挖應在何處，鐵路公司自擇等語。此次鐵路公司採勘察漢敖拉煤礦，達知華官同往驗明，有無防礙之處，如鄉村墳地禁林，均係按照該章程辦理。惟該華官推故不往，據來照所稱鐵路公司强佔華礦一節，因無畫圖定樁等據，殊與事實不符，本署大臣斷不能以鐵路公司舉動，視爲强行干預。再，該華官所稱該處一帶煤礦，已准他人開辦等語，實屬違背採開煤礦章程。緣第二條內開，華人應商准華官及該公司，方能辦理。此次顯見並未商准鐵路公司名情，是鐵路公司並無不合之舉，請轉飭該管地方官，不得阻礙鐵路公司。在察漢敖拉煤礦，該代使援引煤礦章程，爲鐵路公司争辦，究竟情形如何，本部無從懸斷，相應咨行貴督查照，轉飭查明，就近與該公司磋商勘定，仍聲復本部可也。」

又外務部收東三省總督文附臚濱府張壽增呈文等十四件《張壽增創辦察漢敖拉煤礦暨俄人强佔該礦情形》〔宣統二年〕六月十四日，收東督文稱：「案准鈞部咨開，宣統二年四月二十八日准電稱，俄人强佔臚濱府察漢敖拉煤礦，請照俄使速飭該公司，迅將俄工撤退。又准二十九日電稱，俄派兵五名，帶有槍械，在該窑支帳駐守，以照料爲詞，攔阻不聽。又准電稱，另飭于道與俄員磋商，並

電江省速行勘定各等語。當經本部照會俄使去後，茲准該使復稱，詢據霍總辦復稱，東省鐵路工程師查勘距鐵路路綫十二里之内之煤礦，達知滿洲里車站張華官，同往驗明。而該官言，以該處一帶所有煤礦，已准他人開辦，鐵路公司不能查勘等語，推故不往。旋工程師請該華官確定所准煤礦地界，呈出畫圖，或指出勘界定樁，而該華官答以並無畫圖，其定樁尚未安設，是以不能指出各等情。查光緒三十三年所定黑龍江省採開煤礦章程内載，鐵路路線兩傍三十華里内之煤礦，其開挖應在何處，鐵路公司自擇等語。此次鐵路公司採勘察漢敖拉煤礦，達知華官同往驗明，有無妨礙之處，如鄉村墳地禁林，均係按照該章程辦理，惟該華官推故不往。據來照所稱鐵路公司强佔華礦一節，因無畫圖定樁等據，殊與事實不符。本署大臣斷不能以鐵路公司舉動。視爲强行干預。再該華官所稱該處一帶煤礦，已准他人開辦等語，實屬違背採開煤礦章程。緣第二條内開，華人應商准華官及該公司，方能辦理。此次顯見並未商准鐵路公司各情，是鐵路公司並無不合之舉，請轉飭該管地方官，不得阻礙鐵路公司，在察漢敖拉採開煤礦等因前來。查俄人强佔察漢敖拉煤礦，該代使援引煤礦章程，爲鐵路公司争辦，究竟情形如何，本部無從懸斷，相應咨行貴督查照，轉飭查明，就近與該公司磋商勘定，仍聲復本部可也等因。承准此。當經轉咨黑龍江巡撫遵辦去後，茲准復稱，查察漢敖拉煤礦，係光緒三十四年冬間，經護理呼倫貝爾副都統飭由該卡弁試辦，嗣因煤洞見水，時值隆冬嚴寒，艱於挑洩，暫請停工，來年再行續挖。宣統元年秋間，署臚濱府張守壽增到任後，經卡弁王文興招集商人穆長清等開採，定名該礦爲察漢敖拉煤礦有限公司，均經該府去今兩年先後禀准開辦，並勘定界址，繪呈圖説各在案。是此處煤礦久經華官招商開採，挖有礦硐數處，做出煤觔，現尚堆積徧地。本年四月十三日，由鐵路交涉局派員，會同俄員查勘無異。是華商開採在先，已有明證。溯查新訂鐵路公司煤礦合同第二條，載有鐵路路線兩傍三十華里内之煤礦，由公司勘辦，但中國人民亦可享在該路兩旁三十里内，挖採煤觔之利益，祇要於公司已開煤礦無礙，該公司即不得攔阻等語。今察漢敖拉煤礦有限公司，係由中國自行開採，既非合同稱他項洋人可比，亦與華洋合股在三十里内挖煤者迥不相同，是我自開之礦，並非准他人開辦，亦無商准鐵路公司明文。俄人突來侵越，實爲强横之舉動。乃俄代使不引第二條華洋合股字樣，而曰華人應商准華官及該公司，不言俄阻攔華商，而曰地方官不得阻礙，實屬多所廻護。至該礦界址定樁各節，前准微電，已轉飭遵辦，並據張守另劃定界限，詳繪圖説，敘明標樁，及擬訂辦法，呈准轉飭鐵路交涉局，速與該公司切實提議等因。准此。相應連同摘抄文批圖説，咨呈鈞部鑒核施行。」

計抄送文批圖説。

三月初十日，臚濱府呈文。

爲呈請事：「竊前以呈爲察漢敖拉煤礦，擬招集股本羌洋二萬元，仍歸商辦，設立公司，並刊刻公司圖記，精造股票等情一案，於宣統二年二月二十八日，奉憲台批：呈暨規則均悉。所擬察漢敖拉煤礦，招集股本，仍歸商辦各節，尚屬妥協，應准照辦。公司圖記，應定名察漢敖拉煤礦有限公司。一俟該公司開辦後，即遵照部章，將公舉董事及領袖辦事人履歷，先行開呈。將來股本集齊呈驗，再發勘礦執照。所有礦界礦質，一併繪圖貼説，詳爲呈報，候飭提學司知照，繳規則存等因。奉此。查察漢敖拉煤礦，前擬招集股本羌洋二萬元，本應如數趕緊招齊，祇以邊地殷寔絶少，殊難速集，而開辦又屬勢不容緩，午夜徬徨，莫名焦急。惟有趕緊設法招集，以免曠延時日，致使外人覬覦，且此處礦界四至，業經親往周歷履勘，樹立木樁爲記，兹既已呈蒙憲台批准立案，訂爲察漢敖拉煤礦有限公司。嗣後凡屬本公司礦界之内地址，概不准他人開踹佔侵，以清界綫而免轇轕，應請俯賜迅飭鐵路交涉局遵照備案，實爲公便。所有附呈四至礦圖，呈請備案，作爲公司開礦之地緣由，理合備文呈請憲台鑒核施行。須至呈者。」

計呈公司礦界圖説一紙。

批呈圖均悉。所有該公司礦界地址，既經勘定標記，不准他人踹佔，以清界綫而免轇轕，候飭鐵路交涉局提學司查照備案。圖繪發。此繳。

三月二十七日臚濱府呈文。

爲呈請事：「竊察漢敖拉煤礦，於去年十月間，有原採商人唐松年、王文興等，呈請招股開辦，並請官中發給招股執照等情，當經知府呈請在案。於去年十一月十四日，奉到憲台批示呈悉，勘礦執照，係由農工商部頒發。該府應先查明該卡弁王文興等所禀礦界，係官地抑係民地，如與地方毫無關礙，飭其開明履歷，並所擬履勘地址，劃定界限，繪圖貼説，詳禀陳明，再飭提學司兼勸業事務核准，填發農工商部所頒勘礦執照。至開採資本，應由該卡弁等自行籌集呈驗，無庸發給招股執照。此繳等因。奉此。當即札示該商知照遵辦，並查明該處係官地，於地方實無妨礙，静候該商集股，以便開工。於去年十一月十九日，接准唐松年呈稱，竊礦商等前經禀請開採察漢敖拉煤礦，並請發給開辦招股執照等情，

當奉憲台諭飭，照得前據卡弁王文興暨礦商唐松年等禀，以察漢敖拉煤礦，業經採確，請先行給予開辦招股執照等情一案，業經本府據情呈蒙督、撫憲批呈悉。勘礦執照，係由農工商部頒發，該府應先查明該卡弁王文興等所禀礦界，係官地抑係民地，如與地方毫無關礙，飭其開明履歷，並所擬履勘地址，劃定界限，繪圖貼說，詳禀陳明，再飭提學司兼勸業事務核准，填發農工商部所頒勘礦執照。至開採資本，應由卡弁等自行籌集呈驗，無庸發給招股執照。此繳等因。奉此。合亟諭仰該礦商唐松年、穆朝清等，遵照批內事理，並將所擬履勘地址，劃定界限，繪圖貼説，以凴核辦，切切特諭等因。奉此。謹聆之下，仰見我憲體恤商艱，提倡實業之熱心，莫名欽佩。礦商等業已破資四百餘元，將煤線採確，專候將股集竣，即行開辦。凝滿站實屬邊疆，街面亦無富大商賈，其股實爲難集。故此特具寸蕪，叩懇憲台請發公款，作爲官督商辦，試辦人等，情願各承責任作事。如蒙允准，即祈轉請督、撫憲核行外，將煤鑛地址繪圖貼説，隨禀呈覆，伏乞府尊大人鑒核施行。事隔多日，因該商禀請集股未成，知府於去年十二月二十四日，又招集滿洲里各商家，勸令集股。據各商家云，事關錢款，應須大衆自行會議再給回信。於本年正月二十九日，據滿洲里各商家回覆，大衆會議，實無餘款集此股本等語。知府再四思維，莫名焦灼，因各商知識不開，集股多日，終未就緒。知府遂擬自行在各處招股，創立有限公司，於本年二月十一日，呈請在案。於二月二十八日，奉到憲台批示：呈暨規則均悉。所擬察漢敖拉煤礦，招集股本，仍歸商辦各節，尚屬妥協，應准照辦。公司圖記，應定名察漢敖拉煤礦有限公司。一俟該公司開辦後，即遵照部章，將公舉董事及領袖辦事人履歷，先行開呈，將來股本集齊呈驗，集再發勘礦執照。所有礦界礦質，一併繪圖貼説，詳爲呈報，候飭提學司知照，繳規則存等因。奉此。遂刷印股票，勘立界址，繪具圖説，於三月初十日，呈報備案。現有孫敬堂願出股三百股，合羌洋三千元。伏思此項鉅款，雖派各處招集，恐未能一時齊備，知府遂飭孫敬堂，先將股本三百股，湊齊驗明後，即擬先行開辦。其餘各股，隨招隨入。並擬總董即派孫敬堂充當，工程頭擬用原採之穆長清。不料於三月十八日，即有俄人前來，除知府一面交涉外，一面安撫孫敬堂，飭其安心，萬勿惶恐。奈該商因有俄人現在侵佔，不願入股。據云商本非富人，既有衝突，實未敢將款放在不安之處等語。知府再三勸慰，並云有知府承當，奈該商膽小固執，決意不入。前於初十日，呈送界址圖説禀報時，即擬開辦。據孫敬堂稱，伊之股本，三五日即可由哈匯到。不意突然生此交涉，該商即因之改變，一意退縮，回覆其餘各處招集。現既出此交涉，衆商聞之，俱皆生畏，亦恐股本難期踴躍。於三月二十六日。奉到憲台批示呈悉，據該守十八日呈文，暨號電各情，已先後文電交飭鐵路交涉局遵照，迅與該公司據理交涉，并先將俄工人從速撤回在案。茲復據稱前情，候再札飭該局遵照，仰仍隨時妥爲攔阻。並迅飭承辦商人速行開工，以絶覬覦爲要，並候飭交涉局提學司知照，仰即將前後批飭各件，録報呼倫道查照繳等因。奉此。知府查現在因此交涉，衆商畏懼，股本必難招集，自是實在情形。然關係交涉緊要，非速行開辦不可，酌量輕重，自應先其所急。知府擬請官股五千元，做爲官入股本，先行蓋房開辦，以爲抵制之法。至於此項股本，即爲官股，俟將來開辦，可由官中派人經理，賠賺均歸官家承認，倘俟開成後，如再有商股願入，亦可以商股抵還此項，但如無商股，此事即歸官産，賠賺均歸公項承擔。如蒙府允。即請派員經理開辦，爲抵制俄人起見，所有呈報商人因俄交涉，均皆惶恐。股本寔難招集情形，並先請官辦，發給羌錢五千元緣由，理合具文呈請憲台鑒核批示祇遵。須至呈者。」

批呈暨另禀均悉。察漢敖拉煤廠，請附官股羌帖五千元，事屬可行。仰於呼倫及該府税款項下，截留動用，礦事即由該府經理。并傳華商等趕速開辦，勿得解散團體，是爲至要。候飭鐵路交涉局遵照前札，轉照該公司，迅將該俄工等撤回，勿得用强侵佔，違背合同，並飭交涉局提學司民政司，暨呼倫税局知照。繳。

三月二十八日鐵路交涉局呈文。

爲呈覆事：「本年三月二十四二十六等日，先後奉憲台札，據臚濱府張守壽增呈報，俄人在察漢敖拉卡倫侵採華商已開煤礦，業經張守攔阻等情，飭令職局遵照，迅與鐵路公司據理交涉，並將俄工人從速撤回，免生轇轕及各等因，並奉憲台有電飭諭前因。查此案前據臚府張守呈報前由，已經職局照會該公司，查照辦理，除逕先移覆該府查照，並俟該公司照覆到日，再行呈報，並移會外，理合抄録照會文稿，先行具文呈覆，爲此呈請憲台鑒核施行。再職局與公司交涉磋辯情形，業經職局提調陸倅是元，於二十七日感電，及二十八日勘電詳禀憲座矣。合併聲明。須至呈者。計呈録照會文稿一紙。」

爲照會事：「華曆本年三月二十二日，准臚濱府文開，以察漢敖拉煤礦前經華商集股，設立有限公司，於華曆去年十月間，呈奉黑龍江行省衙門批准，該公

司當將礦界地段四至勘明，植立本樁，並經飭派卡弁豐林，妥爲看守。華曆本年三月十六日，忽有俄人魯然四基，帶領工人多名，到察漢敖拉踏看礦線，並運來土鑽、木板、木樁等多件，堆積在華商已定礦界之旁，意欲搭蓋窩棚，動工開礦。經本府詢悉，該俄人魯然四基，係札蘭諾爾煤窑俄總管所派等情。由公司勘辦，但中國人民亦可享在鐵路兩旁三十里内，挖採煤觔之利益，祇要於公司已開煤礦無礙，該公司不得攔阻各等語。今察漢敖拉一礦，既經華商集股，稟准設立有限公司，勘定界址，植立木樁，並挖出煤坑多處，是我已經開採之礦，他人自不得越界侵佔。本府已將以上各節，告知該俄人，並攔阻不得開工，一面由府就近照會煤窑總管，飭令將工人撤回，該俄人現回札蘭諾爾，並未開工。除呈報江省督、撫憲鑒核外，應請貴局照會鐵路公司，請將該俄工人迅速撤回，以免誤會，及各等因，到敝總局。准此。並奉江省督、撫憲札同前因。查察漢敖拉煤礦，既有華商集股，設立公司，開採在前，並經稟准有案。按照合同，俄人似不便前往勘辦，致啟争端。應請貴公司查照合同，從速將札蘭諾爾煤窑俄總管所派採勘察漢敖拉煤礦之俄工人，盡數徹回。以符合同而敦睦誼，是爲至要。爲此照會貴公司，請煩查照文内事理辦理，希即見復，望速施行，須至照會者。批呈悉。此案前據局提調電稱，業經該公司允將該俄工程師調回，面詢情形在案。兹據録呈文稿，均屬周妥，仰即查照合同，據理力争，務期速將該俄人撤回，免生轇轕。仍一面將磋議各節，隨時具報，候飭交涉局提學司民政司知照。繳。」

四月初二日臚濱府呈文。

爲呈報事：「竊知府於三月二十八日，與俄人商允察卡煤窑，暫不開工，俟公司回電，業於勘電稟報在案。旋於四月初一日，據看守煤窑卡弁豐林稟報，竊卡弁於本年三月二十八日未刻，面會俄監工得魯布年古，伊説東煤窑總管索魯古板，二十七日回窑未回，有何事即向我説。卡弁即告以我們卡倫東二里，有煤崗四箇，又偏至西南十餘里，舊有煤崗兩箇，此煤礦兩處，於宣統元年，經華商採辦，剛見形迹，賠錢若干，無奈至十二月間，稟請地方官設法籌辦，已立有界限，緊擬開辦之時，你們即來争辦，我奉我們府憲公文。看守阻攔，候哈爾濱和議，回頭准其開工，現在尚未議妥，可速將兵撤回，停止蓋房煤工。該監工説，既汝們未奉公文，我今日與哈爾濱去電，明日二十九日，即有回電，停工二日，兵不能撤，必須看守料件，俟哈爾濱回電，如歸華商開辦，我們立時撤回，並不侵佔。卡弁只可與彼約候回電。不料兩日未滿，二十九日，該俄人不但打鑽，並督飭華工人十五名，在煤礦東南一里大路北，大開挖房基一尺餘深，卡弁隨即赴俄人處會面説，既約停工。與哈爾濱去電，我已稟明我們府憲，應候哈爾濱回電，照會我們府憲，是否再行商辦。該監工即抗言説，是奉我們哈爾濱專辦鐵路交涉總辦公文，在此開工，滿站張大人不叫動工，我們非要開工不可，你更攔阻不了。卡弁見他抗拒，只得帶兵回卡。正擬稟呈間，正黑之時，該俄兵手持快槍，衝西面水泡，連施幾槍。卡弁次日尋問工人，寅夜因何連放幾槍，據工人説，俄兵取樂打把。卡弁只見煤礦離卡一俄里之遠，一水泡之隔，倘或駐守卡倫目兵，持槍巡更，因夜兩疑。恐其犯交涉之重，謹請府憲照會俄官，是否辦理，並繪具礦界草圖一分，暨現在工人十五名，俄兵五名。合併聲明。爲此飛報，稟請鈞裁等因。據此。查俄人强佔煤窑，派兵入境，不聽攔阻，已屬不合，且又擅自放槍，尤爲有心違背公理。我卡兵弁相距甚近，且獵獺工人，左近亦復不鮮，俄人如此横行放槍，誠恐滋生誤會。查該俄人，既允暫行停工，電請公司回信，現在又復開工，究不知公司據何理由，如此用强。除知府仍飭卡弁看守，兼飭該卡弁謹慎嚴管兵丁。勿生衝突，復飭華商静候交涉，勿得起譟。並分報外，爲此叩懇憲台俯賜速飭交涉局，與公司交涉。須至呈者。」

批呈悉。此案前據鐵路交涉局電稱，該公司允將俄工程師調回，面詢情形。昨復據該局電稱，該公司擬會同查勘，劃分地面等語，當即電飭嚴詞拒駁等因在案。兹復據稱前情，候再飛飭鐵路交涉局，轉照將俄工暨俄兵先行撤回，再行核議。即由該守轉飭該卡弁，妥爲攔阻，並自守礦廠，勿與衝突。仍一面飭諭華商等，趕速開辦，不得解散團體，是爲至要。候飭交涉局提學司民政司知照，覆于道電，隨批抄發。此繳。四月十六日臚濱府呈文。

爲呈報事：「竊於四月初九日，奉到憲台庚電，據于道電稱，霍請與彼會勘，係不認華商獨佔察漢敖拉全境，故請勘定界限，俾彼于界外開採。現擬酌定華礦地段，擇煤線所在，東西南北各展若干里，惟亦不可過於廣長，至仍不了等因。查該守前所呈界圖，地面甚狹，祇能作爲公司建築地段，惟渾言察漢敖拉，所包太廣，應如何酌定華礦地段之處，請迅速具報院等因。奉此。查知府擬按原界外留餘地，周圍各四華里辦法，業於四月初七日呈請在案，兹奉前因，知府即當趕緊繪具細圖，呈請核示。查有限公司原呈草圖，係就煤窑自爲方向，既非三角，又非方圓，且標樁六根，内有一根，方向里數相符；有一根方向相符，里數不相符；其餘四根，方向里數，均不相符。據該公司云，此係草圖，原未開方，里數

方向，均係估計，故不能相合等語。知府現在親查原安標樁，東西橫有十華里有餘，南北縱有二十五里，視前繪草圖，註有十八里寬四里餘字樣。查該圖雖未開方，然就目力所觀，該圖南北與東西長短相仿，可証原註寬四里餘，寔係不符。嗣經知府詢問有限公司原安界樁華商穆長清，據稱原註之圖，由標樁起至標樁止，六標樁對畫三線形，所云寬四里，係以由線至線算，按三線相距共合三箇四里，共寬十二里。查該公司所安界樁，橫寬寔有十里有餘，雖華商所繪草圖不合，然據稱係由線至線算，原圖寔註三線，所稱尚係寔在情形也，不過該圖既未開方，方向里數自不能確定。知府現帶同測繪委員曲觀海，親行履勘二日，將里數開方勘寔繪詳圖，所有方向里數類別，均詳圖例，謹呈憲鑒。此呈報前據有限公司華商所畫草圖，未經開方，里數不符，及現在繪具詳圖之情形也。查前次所呈草圖界限，不成圓方，係該公司就煤線所至之處，任便竪立，此次謹按長方劃出限界，而原圖所畫之煤線及煤峝，仍在其內，不過將四角作成整齊長方形，且遠近與原標樁大致不差。又查前圖，係自爲方向，此次所劃之界，雖仍是前圖之界，而作成長方形，且以鐵路軌線爲方向，以爲易於查勘。知府查此煤界，由鐵路相距二華里有餘，東西作橫直線十華里，由鐵路往南，自圖上註明紅色標柱起，南北作縱直線二十華里，比較原畫草圖，東西仍舊，南面縱線，照標樁改近五里，因原圖註十八里，現經華商穆長清云，西南面有原採礦峝二峝，自應在有限公司界内等語。惟因前圖東北寬，西南狹，作尖錐形，此次將界限整齊劃方，查看該處地勢及煤線，在現在所定縱二十里之處，均係相宜。此呈報現在所繪詳圖，按照舊圖地界，作成長方形，以鐵路軌線定方向之情形也。與公司定界一節，按照煤礦合同，内有中東公司採礦。可在三十華里之内，此次知府所劃煤窑界圖，以鐵路作方向，即爲與公司易於規定。查察漢敖拉有限公司所做之煤礦，係沿鐵路横作十里界内，自應歸華商開做，中東鐵路公司，可以在界外採勘。惟兩家做煤，恐有挖通轇轕之獘，應在界外東西兩面，各留四華里餘地，别人不得採勘。其北面距鐵路二里餘，即以至鐵路止爲餘地，其南面亦可留四華里餘地，此外之地，均與該有限公司無涉。又查此界縱算，由鐵路至煤礦北面界樁二里餘，由北界樁至南界二十里，往南再留餘地四里，由鐵路共該南北二十六里餘，以三十里算，僅餘四里。中東公司在此縱後面四里餘之地，即可不採，可與公司商議。緣有隨地形勢，各不相同，不得不有變通。如知府原請周圍各留四里，及查北路距鐵路二里餘，即以鐵路自然爲界。如後面除有限公司所定之界，尚餘四里，在鐵路三十里之内，雖公司仍可採勘，然餘地無多，兩相滯礙。擬請縱面北線由鐵路算三十里，均爲有限公司之地，公司即可不採，抑或仍照除界外南面留四華里辦法。如何之處，懇請憲台鑒核。查界圖内有紅色標樁一根，係經有限公司早已安竪，此樁並與原圖所畫方向，亦屬相符，且正對鐵路，爲北面界邊，惟原安並非作長方形，此樁未在東西居中。現勘該界，由此紅色標樁，沿鐵路横直線往西七里，由此紅色標樁，沿鐵路横直線往東三里，由此紅色標樁，縱直線往南二十里，共作四角平線長方形。知府此次所繪之圖，仍是有限公司舊界，有寔勘六根標樁爲凴，不過做成四角形勢，以與公司商議，易於查閲，並未稍有增改。此呈擬與中東公司辦法之情形也。查中東公司，於四月十二日，又復派工蓋房，開工打鑽，知府當即電告哈局，速行攔阻。現在華商業將工人招集，撥赴察漢敖拉居住，惟華商原所採之煤峝四箇，現均爲俄人佔住打鑽，華之工人無從開工。該工人日日閑住，所費甚大，懇請憲台札飭交涉局，與公司速商，先將華商原做煤峝讓出，以便華商開工，一面再行核議完結辦法。現在中東公司工人，已蓋成地穴土房一箇，前次公司所允停工，成爲虚話，知府設法多方攔阻，一概不聽。華商又日赴知府處，催語辦法，反覆籌思，莫名焦灼，惟有叩懇憲台恩賜俯飭交涉局，速將停工議定，並將煤峝先行讓出，以便華商開工，再行商議完結辦法。此呈請憲台飭令公司先行停工，讓出華商原採煤峝，再議其餘辦法之情形也。所有呈報詳繪察漢敖拉界圖，及擬辦法，並請飭先行停工，讓出華商煤峝各緣由，是否有當，理合具文，呈請憲台鑒核批示祇遵。須至呈者。」

計呈詳細礦圖　紙。

批呈圖均悉。據稱此礦華商開採之始，方向里數，均係估計等情，自屬寔在。此次經鐵路公司派工踹勘，自應整齊界限，免致日後轇轕。所擬縱面南北線，由鐵路計算三十里，均歸有限公司，或仍照除界外南面留四華里各節，候飭鐵路交涉局查核，速與該公司切寔提議，仍一面照會迅飭停工，讓出華商煤峝，以便磋議爲要，並飭交涉局提學司民政司知照。繳。圖繪發。

四月十六日臚濱府呈文。

爲呈報事：「竊於十二日，由滿洲里交涉分局錫丞知會，據哈局電飭該丞，會查煤窑，因公司謂知府報告不寔，又於本月亥刻，接奉哈局文電内開，頃奉撫帥盛急電開，稟及蕭電均悉。仰飭張守錫丞，前往會同俄員確查，並飭將應留地段，速行劃出，繪圖貼説寄哈，以凴磋議，院真等因。奉此。查此事詳情，在稟稿

內，該稟稿於十一日，由郵加快寄上，希查照，並轉贅臣知照。興等因。奉此。查繪細圖，擬辦法，爲辦結交涉，係爲一事，公司謂知府查報不寔，由交涉總局派員，會同俄員，查勘一切，係又爲一事。查哈局電告滿洲里交涉分局內開，公司謂並無限樁，且煤坑亦淺，亦未放槍，故須會查。該俄人十二日來滿，知府已於是早，因公赴倫。十四日知府趕回，業由錫丞查完，知府未得會查。所有錫丞會查情形，附詳清單，謹呈憲鑒。唯俄人前謂並無界樁，現已查明，又謂界樁係新安豎，并與界圖不合，據有限公司商稱，該商所畫，本係草圖，故方向不等，但里數大致不差，且安置木樁時，只知察漢敖拉煤礦，均歸該商開採，并不知公司來佔，故未測繪等語。查木樁周旁，均長有青草，並無挖散土迹，自非新立可知，且該俄人一經到察漢敖拉時，知府即當面詳告，此處勿得採勘，應由哈爾濱兩面議明再辦，以免誤會。並有照會知照札賚諾爾煤窑總管，該俄人照會不覆，攔阻不聽，煤坑及煤塊亦不爲憑。查煤坑係不動物，今該公司一概不論，偏欲沾沾界樁，論其有無。現既查明，寔有六樁。又論新舊以及圖畫不符各事，該俄人既不允停工，現又添人蓋房，不聽攔阻，不論理諭，又故意以開文會查，故作遲延。惟懇憲台恩飭鐵路交涉總局，速與中東鐵路公司交涉，飭其先行停工，讓出煤嵩，實爲德便。除另文繪具詳圖，並擬辦法分報鐵路交涉總局外，所有呈報知府因公赴倫，未得與俄人會查，並呈送錫丞會查清單緣由，理合具文，呈請憲台鑒核施行。須至呈者。」

計呈清單一紙。

宣統二年中四月十三、四兩日，同倭拉果夫會查察漢敖拉煤界事列後：

一、查北煤井四個，詢有限公司工頭穆長清稱，言上年八月作出煤。

一、查煤井旁有俄工棚一架，詢俄工人稱，俄四月二十二日來。

一、查帳棚相連，有小帳棚內俄兵五名，亦俄四月二十二日來。

一、查華煤井外，有俄工師立煤鑽木架四個，詢稱俄四月二十三日起，俄二十九工司來信止工，五月初七日又開工。

一、查煤井東，有俄修木地窨，相連三處。

一、查南山口里煤井二個，詢穆長清稱，上年八月作出煤。

一、查北煤井深，現丈餘不等，煤堆口邊，屬實華人原作。

一、南煤井深，現丈餘，堆口邊，屬實華人原作。

一、查周界木樁六根，與草圖稍差，詢卡弁豐林，工頭穆長清稱云，前草圖約計而畫，且不諳畫法，安置部分，不無稍差，但以全界爲定，南北總在十八里，東西約在斜四里餘不等。又詢樁何日何人樹立，穆答云，於本年正月二十六日親自立，豐弁因屬管界，並監視標立。

一、查俄工、華人，現有二十九名，打鑽修房，並作原有煤井。

一、查木樁六根，標記察漢敖拉煤礦有限公司字據四至。

一、查詢穆長清云，北至鐵路二里由樁算。

一、查詢穆長清云，現在卡倫往西廂房，工人都在那里，因他們來了，只得靜候。

一、查放槍事，倭云：「問兵云未放」，問豐云：「屬實。」

一、圖式不解作定，須另畫，因前係草圖。

一、樁樣倭云似新埋半月，穆豐均堅云正月無虛，且樁邊土痕已舊，上面長草。

一、廉簽俄文，押以華文爲主，此字互换，先行各自押記，以憑日後改正辨論，再此字在火車急書，因無水筆，故用鉛筆。

委員錫廉押。

委員趙均仁譯。

俄員倭拉果夫押。

俄工師薩拉古板押。

批呈單均悉。此案既據錫丞會同俄員等履勘，確係華商開採在先。姑無論標樁新舊，俄工程師即不得妄思越佔。候抄粘原單，札飭鐵路交涉局，轉照該公司，先行停工。速將華商煤嵩讓出，是爲至要，候交涉局提學司民政司知照。繳。

《礦務檔》附録《大事年表》（節選一）（同治七年戊辰）閏四月，生員盧鳴韶私開山東蓬萊來王溝煤礦（禁之）。

七月初一日（八、一八），英商及合美萬乃稟請上海通商大臣曾國藩，准在鎮江試探煤礦。

同治九年，庚午，五月二十四日（一八七〇、六、二二），英人馬克德珂唔博山縣令，請開博山煤井（拒之）。

光緒元年乙亥七月，直隸補用道盛宣懷請開湖北廣濟縣陽城山煤礦。

〔光緒三年丁丑〕八月，李鴻章札委前任天津道丁壽昌、津海關道黎兆棠會

同候補道唐廷樞開辦開平煤鐵礦（旋商定先辦煤礦）。

〔光緒五年己卯〕八月二十三日（一〇、八）華商段益三禀准開辦直隸門頭溝通興煤窑。

是年，李鴻章札委馬文龍開辦宣化府獨石廳煤礦。

光緒六年，庚辰，是年（一八八〇），李鴻章委員開辦嶧縣煤礦。

光緒七年，辛巳，四月二十八日（一八八一、五、二五），直隸開平唐山煤礦，旨准官督商辦。

〔光緒十八年壬辰〕是年，（一）川人鍾毓靈禀准開辦四川煤油。

〔是年〕，（二）開平礦務總辦唐廷樞卒。

光緒二十一年，五月十三日（一八九五、六、五），鍾毓靈與法商雷達利私訂開採四川煤油合同。

十二月二十五日（二、八），湖北長陽煤礦公司沈次裳、林憙甫與法國來華辦事公司戴馬陀簽訂借款購辦機器及代雇洋礦師合同（借款七十四萬佛郎，折華銀十九萬兩）。

〔光緒二十二年丙申〕六月二十八日（八、七），鹿傳霖奏，鍾毓靈勾引法人開採四川煤油，爲害甚大，在籍刑部主事喬樹枬等呈請力阻。

〔光緒二十二年丙申〕八月初七日（九、一三），河南巡撫劉樹棠奏准安陽煤礦官督商辦。

八月二十四日（九、三〇），法使施阿蘭請准法商雷達利等開辦四川煤油礦（總署拒之）。

〔光緒二十二年丙申〕九月二十九日（一一、四），總署收張之洞咨，已委江蘇候補道沈瑜慶督辦湖北長陽煤礦。

〔光緒二十三年丁酉〕九月十二日（一〇、七），開平礦務局試挖灤州馬家溝無水莊趙各莊等處煤井。

九月十四日（一〇、九），德使海靖請准德商瑞豐洋行郜魯夏克承辦灤州榛子鎮煤礦（總署拒之）。

〔光緒二十四年戊戌〕二月，華商張鳳起請辦直隸井陘煤礦。

〔光緒二十四年戊戌〕三月初十日（三、三一），華商張慶餘等禀呈總署，請築北京至西山運煤小鐵路。

三月二十五日（四、一五），刑部候補主事席慶雲借用義國洋款，請開西山大安山煤礦（總署拒之）。

〔光緒二十四年戊戌〕五月，德商禮和洋行在山東濰縣試挖煤井。

〔光緒二十四年戊戌〕七月初五日（八、二一），直隸總督榮禄奏請試辦臨城等處煤礦。

〔光緒二十四年戊戌〕七月十七日（九、二），法使畢盛照請批准法商雷達利開採四川煤油合同（總署拒之）。

〔光緒二十四年戊戌〕十二月十一日（一、二二），德商禮和洋行斯美德請在山東淄川試挖煤井。

〔光緒二十四年戊戌〕十二月二十二日（二、二），華商鼎盛昌李文展、永和公張志清，和成利俄商紀鳳台，盧賓諾夫，合訂疏通愛琿煤礦合同。

是年，張之洞盛宣懷奏准開辦萍鄉煤礦，委張贊宸爲總辦。

〔光緒二十五年己亥〕二月二十八日（一八九九、四、八），萍鄉煤礦公司與德商禮和洋行簽訂合同，借款四百萬馬克。

〔光緒二十五年己亥〕十月三十日（一二、二），文生張鳳起與德商漢納根訂立合辦井陘縣横西村煤礦草合同。

〔光緒二十五年己亥〕十二月十六日（一九〇〇、一、一六），總署奏准嚴禁華洋合辦京師西山煤窑。

十二月二十日（一、二〇），商民王鳳錫、劉惠林請續辦濰縣柳溝莊煤礦。

〔光緒二十六年庚子〕四月，德商時利和公司與華商寶裕公司争辦廣西富川小母狗嶺煤礦，粤督李鴻章斷令封禁。

〔光緒二十六年庚子〕七月初五日（七、三〇），德璀琳與胡華簽訂出賣開平礦局合同。

〔光緒二十六年庚子〕冬，華商劉焕章閆介亭等私採京師西山過街塔煤礦（順天府禁之）。

〔光緒二十七年辛丑〕正月初一日（一九〇一、二、一九），（一）張燕謀、德璀琳與胡華吴德斯訂立開平礦務副約。

（二）開平礦務督辦張燕謀與墨林公司代理人胡華訂立移交開平礦局合同。

〔光緒二十七年辛丑〕四月十八日（六、四），德璀琳與嚴幼陵、梁鎮東、吴德斯簽訂開平礦務有限公司試辦章程。

〔光緒二十七年辛丑五月〕華商王承堯請辦奉天千山台等處煤礦。

〔光緒二十七年辛丑〕五月三十日(七、一五),吉林將軍長順與東省鐵路公司總監工佽員茹格維志特派全權代辦達聶爾訂立開辦吉林煤礦合同。

〔光緒二十七年辛丑〕七月,盛宣懷電呈議和大臣暨路礦總局,磁州臨城兩處煤礦,已歸由蘆漢鐵路公司承辦。

〔光緒二十七年辛丑〕八月二十九日(一〇、一一),鄭官應、陳善言奉商務大臣盛宣懷命,與日商士倉鶴松代理人槭原孫藏簽訂中日合辦安徽宣城煤礦合同暨專條。

〔光緒二十七年辛丑〕〔秋〕英駐重慶領事韋禮敦索辦四川全省煤油礦(川督拒之)。

九月初三日(一〇、一四),候選通判葛宗翰等請辦直隸宣化府獨石廳煤礦。

(三)法商雲南公司代辦福滿禮與候補知縣劉文治私訂勘辦直隸臨城煤礦合同(是年十月二十三日法使照請批准,外務部拒之)。

〔光緒二十七年辛丑〕十月,福公司總礦師柯瑞與豫豐公司幫董方鏡稟呈河南巡撫,請辦修武縣老流河左右煤礦,並請修築鐵路支線,接往道口。

〔光緒二十七年辛丑〕十二月初二日(一、一一),外務部准京師五城都察院咨,華商劉鐵懸掛義國旗幟,私開西山過街塔煤礦。

十二月初五日(一、一四),署黑龍江將軍薩保與東省鐵路總監工全權代辦達聶爾訂立東省鐵路公司在黑龍江省開採鐵路兩旁煤礦合同。

〔光緒二十八年壬寅〕正月二十五日(三、四),外務部收候選布政司理問謝秉鈞稟,請辦宛平齊堂山煤礦。

〔光緒二十八年壬寅・二月十三日(三、二二)〕外務部收華商張曉堂等稟,請辦臨城同仁煤窑。

〔光緒二十八年壬寅〕二月,粤人容良請辦南海縣大嶺山煤礦(粤督拒之)。

〔光緒二十八年壬寅〕三月初一日(四、八),蘆漢鐵路監工錫樂士請辦河南禹州煤礦(外務部拒之)。

〔光緒二十八年壬寅〕三月初九日(四、一六),奉天將軍增祺、府尹玉恒與東省鐵路總監工全權代辦達聶爾訂立東省鐵路公司在奉省開採鐵路兩旁煤礦節略。

〔光緒二十八年壬寅〕三月二十九日(五、六)外務部收鐵路大臣盛宣懷咨,臨城煤礦應歸由蘆漢鐵路公司承辦(允之)。

〔光緒二十八年壬寅〕四月十九日(五、二六),户部主事宋淑信等請辦河南禹州煤礦。

〔光緒二十八年壬寅〕四月二十一日(五、二八),英商賓士與華民趙在位、王福先私訂合辦曲陽縣靈山馬家溝煤礦合同(北洋大臣袁世凱駁拒之)。

四月二十三日(五、三〇),德使穆默請准禮和洋行承購萍鄉到湘潭鐵路材料(盛宣懷拒之)。

四月二十四日(五、三一),華商王弼臣稟請接辦河南安陽孟姓煤礦。

四月二十七日(六、三),湖北試用知縣丁其忱創設寶隆公司,請辦京兆西山馬家溝煤礦(外務部駁覆之)。

〔光緒二十八年壬寅,四月〕福公司於河南修武縣老流河下白作地方購地建廠,開辦煤礦。

(三)河南禹州煤礦開始出煤,日産十萬觔。

〔光緒二十八年壬寅〕六月初八日(七、一二),日商三谷未治郎、華商王端士稟請合辦宛平門頭溝煤礦。

六月二十日(七、二四),德駐廣州領事照會兩廣總督,德商魯麟洋行請辦廣西富川縣小狗母嶺煤礦(拒之)。

〔光緒二十八年壬寅〕七月十八日(八、二一),德署使葛爾士以山東嶧縣煤礦奉准百里内專用機器開採,認係有違膠澳條約(外務部駁覆之)。

〔光緒二十八年壬寅〕八月初五日(九、六),華商寶隆公司新任商董龔守仁稟請承辦京師西山煤礦(被駁)。

〔光緒二十八年壬寅〕八月二十四日(九、二五),外務部奏准華法和成公司開辦四川巴萬煤油礦務合同。

〔光緒二十八年壬寅〕十月初四日(一一、三),護浙江巡撫任道鎔奏,請准寶昌公司開辦杭湖衢嚴温處各屬礦務。

〔光緒二十八年壬寅〕十月十一日(一一、一〇),外務部咨兩廣總督,請招商自辦廣西富川縣狗母嶺煤礦。

〔光緒二十八年壬寅〕十二月初四日(一九〇三、一、二),法使呂班請准法商展限一年開辦四川五金煤礦(外務部只允展限半年)。

〔光緒二十九年癸卯〕〔正月十四日(二、一一)〕四川保富公司與英商普濟公

司總辦立德樂簽訂合辦樂山、射洪煤油礦務合同。

〔光緒二十九年癸卯〕〔正月二十日(二、一七)〕井陘橫西村煤礦設局動工開井。

二月初二日(二、二八)，候選員外郎宋裕等創設富華公司請辦宛平西山王平溝煤礦。

二月十一日(三、九)，盛宣懷電奏，請將通商銀行商股二百五十萬兩改作萍鄉礦股，部款一百萬兩歸由漢陽鐵廠動用(尋經户部外務部議覆，前者允行，後者被駁)。

〔光緒二十九年癸卯〕〔二月十二日(三、一〇)〕德署使葛爾士請准德商魯麟洋行開辦廣西富川狗母嶺煤礦(外務部拒之)。

〔光緒二十九年癸卯〕三月初九日(四、六)，華商王承堯與華俄道勝銀行簽訂合辦撫順千山台煤礦合同。

〔光緒二十九年癸卯〕四月十六日(五、一二)，文生張鳳起與德商漢納根續訂合辦井陘縣橫西村煤礦正合同。

〔光緒二十九年癸卯〕閏五月十五日(七、九)，外務部函請日使内田康哉禁阻日人私訂合辦昌平天橋山煤礦合同(日使允依約章辦理)。

七月初三日(八、二五)，法使吕班再請允准法商展限開辦四川五金煤礦(外務部允再展半年)。

〔光緒二十九年癸卯〕九月初一日(一〇、二〇)，英商培樂、華商崔藍田呈請合辦直隸曲陽縣煤礦(外務部拒之)。

是年，華商萬合發奉准試辦番禺卜參崗煤礦。

〔光緒三十年甲辰〕六月二十四日(八、五)，盛宣懷與福公司總董哲美森會議晉豫路礦，議由中英合辦山西煤礦(哲堅持獨辦)。

九月，商民張文炳、張茂等稟請承築京西門頭溝運煤鐵路。

〔光緒三十一年乙巳〕三月，張鳳起與德商漢納根議定井陘煤礦改訂合同。

八月二十日(九、一八)，英使薩道義照會外務部，山西平定州華紳新開煤井，應令停辦(拒之)。

三月初七日(四、一一)，奉天千山台煤礦被日軍佔據。

〔光緒三十一年乙巳〕十月二十五日(一一、二一)，晉省京官渠本翹等請外務部駁拒福公司干預華民自辦平定州煤礦。

〔光緒三十一年乙巳〕十月二十六日(一一、二二)，德商山東採礦貿易公司總辦貝哈格稟呈外務部，請辦寧海州茅山礦務。

〔光緒三十二年丙午〕三月二十日(四、一三)，華商王承堯稟請商部照會日使，轉飭日人交還千山台礦煤。

九月二十二日(一一、八)，外務部電允德在山東坊子製造煤磚焦炭。

〔光緒三十三年丁未〕五月初二日(六、一二)，設立灤州煤礦有限公司。

〔光緒三十四年戊申〕七月初六日(八、二)，直隸總督楊士驤奏，中德簽訂合辦井陘煤礦合同。

〔光緒三十四年戊申〕七月，河南修武縣福公司煤礦開始出煤。

〔光緒三十四年戊申〕十一月二十四日(一二、一七)，農工商部奏派張蓮芬總辦山東嶧縣中興煤礦公司，並以戴緒萬爲協理。

〔宣統元年，己酉〕閏二月初一日(三、二二)，福公司以河内縣紳民揭帖抵制該公司售煤，電英使求援。

〔宣統元年，己酉〕閏二月十一日(四、一)，楊敬宸、方鏡、嚴良炳與白來喜、堪睿克簽訂「福公司見煤後辦事專條附款」，准公司就地售煤(豫撫吴重憙拒予批准)。

〔宣統元年，己酉〕閏二月，豫省礦商豫益公司等請禁福公司就地售煤。

〔宣統元年，己酉三月初一日〕豫紳杜嚴等電請外務部撤銷福公司就地售煤續約(是月初五日再次電請)。

〔宣統元年，己酉〕三月初四日(四、二三)，河南巡撫吴重憙電請外務部駁拒福公司就地售煤續約。

〔宣統元年，己酉〕四月初三日(五、二一)，豫紳畢太昌等請外務部撤銷福公司就地售煤續約。

〔宣統元年，己酉〕四月十三日(五、三一)，英使朱邇典以豫省不允福公司就地售煤，要索賠款(自四月初一起，每日索銀一千兩)。

〔宣統元年，己酉〕四月十五日(六、二)，(一) 豫紳杜嚴、畢太昌等呈請都察院代奏撤銷福公司就地售煤續約。

(二) 吴重憙委候補知府何雲霨、特用知縣王宰善晉京，陳商福公司内地售煤辦法(尋又委項城知縣朱寶璇晉京)。

〔宣統元年，己酉〕四月二十四日(六、一一)，外務部收河南巡撫吴重憙咨，

豫紳鄭思賀等三十一人公舉代表張成修、杜嚴、胡汝麟、王錫彤等晉京，議商福公司售煤辦法。

（宣統元年，己酉）四月二十五日（六、一二），翰林院侍讀學士楊捷三奏請撤廢福公司就地售煤續約。

（宣統元年，己酉）四月，（一）豫北學生分路演説抵制福公司售煤。（二）福公司修武縣煤礦，日産七百噸左右。

（宣統元年，己酉）六月二十四日（八、九），外務部奏准福公司在豫省售煤，以百噸爲起數。

（宣統元年，己酉）十月初六日（一一、一八），外務部接俄使廓索維慈照會，千山台煤礦事，請賠償華俄道勝銀行股銀。

（宣統二年，庚戌）三月十七日（四、二六），東省鐵路公司派兵强佔黑龍江省臚賓府察漢敖拉煤礦。

（宣統二年，庚戌）四月十四日（五、二二），奉天交涉司韓國鈞與日商大倉八喜郎簽訂中日合辦本溪湖煤礦合同。

（宣統二年，庚戌）十一月二十八日（一二、二九），豫省代表王宰善函外務部，福公司如願歸還已辦煤礦外之權利，豫省允予償費，或向該公司貸款。

（宣統三年，辛亥）正月十四日（二、一四），灤州礦務公司總理周學熙等擬定開灤煤礦有限公司招股章程，收回開平息借外款辦法，暨分年攤還本息之預算表。

（宣統三年，辛亥）三月二十七日（四、二五），華商吴熙庚與英商袁基紀爾馬議定合辦門頭溝通興煤窑，以英人賓客司爲礦師。

（宣統三年，辛亥）四月十四日（五、一二），祁祖彝、奉天交涉司韓國鈞與日本駐奉總領事張造、撫順炭坑次長阪口新圃簽訂撫順煙台煤礦細則暨礦圖。

【略】

（節選二）（同治七年戊辰）五月十五日（七、四），總署章京陳欽呈請查禁開礦。

（同治七年戊辰）五月，上海《字林西報》建議中國開礦。

六月初六日（七、二五），東海關監督潘霨照請英、法、布、丹、荷蘭、美、瑞瑙等國領事，禁阻洋人挖礦。

六月初八日（七、二七），上海《西報》建議强開中國沿海礦産。

（同治七年戊辰）六月十三日（八、一），上海各國領事示諭洋人，暫禁進入中國内地開礦。

（同治七年戊辰）七月十一日（八、二八），總署收丁寶楨函，請於修約時，添載洋人不得私租礦地一條。

七月十七日（九、三），總署函請丁寶楨選調勁旅，查禁洋人挖礦。

八月初五日（九、二〇），總署奏派天津洋槍隊前赴烟台。

八月十二日（九、二七），總署收丁寶楨咨，山東頒行禁止開礦章程六條。

八月二十九日（一〇、一四），總署照會英、法、俄、美、布、日等使，已調派洋槍隊前往山東，查禁挖礦。

九月十四日（一〇、二九），美使衛廉士再度建議中國開礦。

十二月，寧海州挖礦洋人分别遣散。

（光緒元年，乙亥）四月二十六日（一八七五、五、三〇），旨准試辦磁州、臺灣煤鐵礦（從李鴻章、沈葆楨奏）。

十二月十九日（一八七六、一、一五），北洋大臣李鴻章、南洋大臣沈葆楨、湖廣總督翁同爵奏派盛宣懷試辦廣濟、興國煤鐵礦（共籌集資本三十萬串制錢）。

光緒二年，丙子，五月（一八七六），雲貴總督劉長佑，請准滇省開礦練軍，以重邊防而裕餉源。

（光緒五年己卯）四月（一八七九），署貴州巡撫林肇元奏請開辦馬鞍山等處砂礦（旋停辦）。

（光緒八年壬午）十二月二十六日（一八八三、二、三），李鴻章札委候選郎中鈕秉臣試辦順德内邱臨城銀、煤各礦。

（光緒十年甲申）閏五月十六日（六、三〇），雲貴總督岑毓英接奉總署函示，請及時開辦礦務，以杜外人覬覦。

（光緒十年甲申）七月初一日（八、二一），以左都御史錫珍、内閣學士廖壽豐奏請開礦，宜由商任其事，官考其成，旨命總署户部等議覆（尋奏由各省督撫酌情辦理）。

（光緒十一年乙酉）七月二十四日（九、二），户部奏飭各省查禁吞侵礦股。

十一月初一日（一二、六），署貴州巡撫潘霨奏請開辦黔省銅、鉛、煤、鐵、硝礦各礦（旨准）。

是年，粵省設置礦政總局，頒訂招商開採礦務章程。

光緒十二年，丙戌，二月初九日（一八八六、三、一四），貴州巡撫潘霨奏准黔省開辦銅、鉛、煤、鐵、硝磺各礦章程。

〔光緒十三年丁亥〕五月初六日（六、二六），中法簽訂商務專條附章。

五月十三日（七、三），總署照會法使，粵桂滇三省礦務，可延用法國礦師廠商辦理。

〔光緒十五己丑〕三月十二日（四、一一），督辦雲南礦務唐炯，奏派巡檢高啓文，赴日購辦開礦機器。

〔光緒二十一年〕五月二十八日（六、二〇），中法簽訂續議商務專條附章。

〔光緒二十一年〕十二月初一日（一八九六、一、一五），英法協議設謀共享四川貿易及他項利益。

〔光緒二十年〕是年，湖南置設礦務局。

光緒二十二年，丙申，正月三十日（一八九六、三、一三），旨准各省商民開採金、銀礦地。

〔光緒二十二年丙申〕三月二十九日（五、一一），四川總督接奉諭旨，官督商辦礦務，當以紳董通上下之情。

〔光緒二十二年丙申〕夏，宋春鰲派員試辦寗琿及吉林府屬等處礦産。

〔光緒二十二年丙申〕九月初十日（一〇、一六），兩江總督劉坤一奏請開辦江寗等處礦務。

〔光緒二十二年丙申〕十月，湖南巡撫陳寶箴會同湖廣總督張之洞奏准湘省礦砂免釐運銷。

〔光緒二十二年丙申〕十二月十五日（一八九七、一、一七），黑龍江將軍恩澤奏参周冕未遵新章辦礦。

〔光緒二十二年丙申〕〔是年〕山西巡撫胡聘之奏設晉省商務局。

〔光緒二十三年丁酉〕二月初七日（三、九），廣西巡撫史念祖奏明勘得貴縣、富川、臨桂、全州等銀礦六處，蒼梧、武緣、向武金礦三處，富川、蒼梧銅礦二處，百色、臨桂煤礦二處。

六月十四日（七、一三），命山西巡撫胡聘之籌辦路礦，應酌定詳細章程奏明辦理。

〔光緒二十三年丁酉〕九月初三日（九、二八），山西巡撫胡聘之批准晉豐公司劉鶚獨辦盂縣、平定、潞安、澤州各屬礦務，並准其自借洋債。

〔光緒二十三年丁酉〕九月三十日（一〇、二五），北京福公司羅沙第與晉豐公司劉鶚簽訂借款辦礦草合同。

十二月十九日（一八九八、一、一一），命成都將軍署四川總督恭壽查勘四川礦産，實力舉辦。是年，甬商何良棟等開採寧海王試聰山各礦。

〔光緒二十四年戊戌〕二月十四日（三、六），翁同龢張蔭桓與德使海靖簽訂膠澳條約。

二月十六日（三、八），以河南巡撫劉樹棠奏，翰林院檢討吴式釗、補用道程恩培創設豫豐公司，借用洋款，承辦豫礦，旨命總署户部議覆（尋議可）。

〔光緒二十四年戊戌〕三月初五日（三、二六），總署大臣面告英使竇納樂，中法商務專條附章，未允法人專辦滇粵桂三省礦務。

〔光緒二十四年戊戌〕閏三月初六日（四、二六），福公司私訂合同，將山西平定至盧漢幹線之鐵路修築權，讓歸華俄銀行。

閏三月二十三日（五、一三），都察院代遞山西舉人張官等公呈，晉省路礦，洋款不可輕借，鐵路不可輕開，人心不可輕失。

〔光緒二十四年戊戌〕四月十七日（六、五），御史鄭思贊奏劾吴式釗、程恩培攬辦河南礦務，借端漁利。

四月十八日（六、六），御史李盛鐸奏請詳酌福公司河南辦礦章程。

五月初二日（六、二〇），（一）總署奏准豫豐公司借款福公司承辦懷慶左右黄河以北礦務章程。

（二）李鴻章致書福公司股東羅士佳爾，聲明中國願開放門户，鼓勵洋商承辦礦業。

〔光緒二十四年戊戌〕六月十五日（八、二），（一）旨命設立礦務鐵路總局。

（二）道員啓紹臯呈總署，借用洋款請辦四川雅敘等處礦務。

六月二十四日（八、一一），礦務鐵路總局奏准，所有官商辦礦未奉批准明文，均不作爲定案。

七月初一日（八、一七），礦務鐵路總局開局辦公。

七月初四日（八、二〇），候選道高爾伊創設浙東公司，借用惠工公司洋款，請辦浙江衢嚴温處各府煤鐵礦務。

〔光緒二十四年戊戌〕七月初六日（八、二二），命張燕謀（張翼）爲督辦直隸全省及熱河礦務幫辦關内外並津鎮鐵路事宜大臣。

(光緒二十四年戊戌)七月二十五日(九、一〇),礦務鐵路總局奏派韓銑、李徵庸督辦四川礦務(尋旨命李徵庸以三品卿銜專充督辦四川礦務商務大臣)。

八月十二日(九、二七),浙江巡撫廖壽豐奏,請將杭湖兩府暨衢嚴温處等屬煤鐵各礦,俱歸寶昌公司開辦(寶昌公司係浙東公司改名)。

八月二十四日(一〇、九)義使薩爾瓦葛請准義商承辦廣西貴縣天平山礦務。

(光緒二十四年戊戌)十月初四日(一一、一七),護浙江巡撫任道鎔奏,寶昌公司高爾伊請辦杭湖衢嚴温處各府礦務。

十月初六日(一一、一九),礦務鐵路總局奏定礦務鐵路公共章程。

十月十二日(一一、二五),四川華益公司李戴清與英商會同公司摩賡簽訂合辦四川礦務草合同。

十月十六日(一一、二九),李徵庸呈路礦總局,四川設立華益公司,專任購買礦地,轉租洋商開採。

十一月十八日(一二、三〇),總署收山東巡撫張汝梅函,請早與德使妥議開辦山東路礦章程,以弭事端。

(光緒二十四年戊戌)十二月十九日(一、三〇),四川礦務局華益公司總辦李戴清與英商會同公司華總辦劉學詢簽訂四川礦務華洋合辦章程(華益主購地,會同主開採)。

(光緒二十五年己亥)二月,德商瑞記洋行稟呈路礦總局,請辦山東五處礦務:沂水東北至海,南西至江蘇界;沂水城外一百二十里界内;諸城;濰縣西南汶河北塔地方;烟台周圍二百五十里界内。

(光緒二十五年己亥)五月,法商達瑪德請辦富順巴縣萬縣煤油礦(川督議將富順删除)。

(光緒二十五年己亥)六月,四川礦務局設立保富公司,專辦購買礦地事宜(原設華益公司併入)。

六月初四日(七、一一),保富公司與法商福安公司,簽訂合同,合辦灌縣、犍爲、威遠、綦江、合州、重慶等處煤鐵礦。

(光緒二十五年己亥)七月初二日(八、七),德使克林德照請批准瑞記洋行辦理山東五礦(總署允先查勘一處)。

七月初四日(八、九),義使薩爾瓦葛向總署遞送節略,要求:開辦西山各礦,並承修西山至北京鐵路;請辦奉化寧海礦務,並修築運礦支路;承修長江至浙江海港間鐵路;開辦廣西貴縣天平山礦務;北京大學設立義語學科。

七月十一日(八、一六),(一)京畿道御史胡孚宸奏請拒絕義使要索。(二)山東道御史葉慶增奏請拒絕義使索辦寧波礦路。

七月十三日(八、一八),内閣侍讀學士高燮曾奏請力拒義使五項要索,寧闢上海義國租界,以爲抵换地步。

七月二十四日(八、二九),義使薩爾瓦葛再度索請承辦京師西山、浙江寧海路礦。

八月十三日(九、一七),總署函俄使格爾思,准俄紳阿思達攝福面晤黑龍江將軍恩澤談論礦務。

八月十四日(九、一八),四川總督奎俊奏派陳光弼會辦川省礦務商務。

(光緒二十五年己亥)九月十八日(一〇、二二),路礦總局請旨飭催各省填送礦路表譜,以備查核。

(光緒二十五年己亥)十一月十二日(一二、一四),總署照准法商遵照礦務章程議商合辦廣東高、廉、雷各屬礦務。

(光緒二十五年己亥)冬,督辦四川礦務大臣李徵庸札委鄒兆麟開辦夔州、酉陽州各礦。

是年,命宋春鰲辦理吉林通省礦務。

(光緒二十六年庚子)二月二十一日(三、二一),山東巡撫袁世凱、記名都統蔭昌與德商米海里、司米德簽訂山東礦務公司章程,開辦鐵路三十里内礦務(該公司名爲中德合辦,實由德人操縱)。

二月,四川保富公司與法商福安公司增定合同,准辦灌縣、犍爲、威遠、綦江、合州、重慶等六處煤鐵礦。

三月十一日(四、一〇),程光第與公利公司美商薩達理議立吉林天寶山美公司辦礦合同。

(光緒二十六年庚子)五月初一日(五、二八),督理黑龍江漠河等處礦務直隸候補道錢鑅抵漠接事(因徐傑病故)。

(光緒二十六年庚子)六月初二日(六、二八),華商岳福永等稟呈總署,請承築京師西山運煤小鐵路。

六月初十日(七、六),濰縣知縣請緩議該縣南鄉煤礦輸税章程(魯撫允之)。

〔光緒二十六年庚子〕六月二十七日(七、二三),黑龍江愛琿礦局被俄兵佔踞。

〔光緒二十六年庚子〕是年,礦務鐵路總局路礦檔案,以拳亂全行遺失。

〔光緒二十七年辛丑〕正月二十五日(三、一五),吉林將軍長順與駐吉俄外部大臣劉巴議定礦務草約十四款。

二月二十二日(四、一〇),山東巡撫袁世凱電德駐烟台領事連梓,允准德國礦務製造公司遵照中德山東礦務公司章程在膠濟路沿線辦礦(按德國礦務製造公司係接繼瑞記洋行請辦山東五礦)。

二月二十八日(四、一六),四川煤油煤礦公司與英商普濟公司簽訂借款辦礦草合同。

三月二十二日(五、一〇),留京總署收袁世凱咨,德商請辦山東五處礦務一案,應在京師續商。

四月初二日(五、一九),外務部咨飭各省,補送路礦檔案。

〔光緒二十七年辛丑〕四月二十四日(六、一〇),袁世凱奏留楊晟、馬廷亮襄辦山東路礦洋務事宜。

〔光緒二十七年辛丑〕五月,(一)兩廣總督陶模咨請議和大臣奕劻、李鴻章,籌議修改中法商務專條續章第五款,准由粵桂滇三省商民自便辦礦。

〔光緒二十七年辛丑〕六月初八日(七、二三),署黑龍江將軍薩保與俄外部官科洛特科夫訂立俄人在江省境内採辦金鐵煤各新礦草約。

七月十七日(八、三〇),德使照會山東巡撫袁世凱,已派烟台領事連梓赴濟南議商開辦山東五處礦務。

〔光緒二十七年辛丑〕八月二十日(一〇、二),署黑龍江將軍薩保與俄員科洛特科夫訂立中俄黑龍江採礦草約。

〔光緒二十七年辛丑〕十月初五日(一一、一五),山東巡撫袁世凱奏請批准中德山東礦務公司章程。

十月十三日(一一、二三),(一)四川保富公司與英商普濟公司簽訂開辦煤油煤炭銻砂各礦草約(准辦六廳州縣之煤油,六縣之煤炭,二縣之銻砂)。

(二)德署使葛爾士照會外務部,德商辦理山東各礦,不與中國礦章相涉。

〔光緒二十七年辛丑〕〔十月〕徐麟光、唐星球請批准四川官商合辦公司與英商會同、蜀江兩公司所訂合辦寧雅兩府礦務章程(川督以係徐、唐私訂,拒絕允認)。

〔光緒二十七年辛丑〕十一月二十七日(一九〇二、一、六),義使羅瑪訥照會外務部,京師西山礦務不得再允他人開採。

十二月初一日(一、一〇),詔命整頓路礦,以王文韶爲督辦大臣,瞿鴻禨爲會辦大臣,張翼幫同辦理。

〔光緒二十七年辛丑〕十二月十七日(一、二六),義使羅瑪訥請准義商承辦浙江天台山礦務,並修築運礦支路。

十二月二十二日(一、三一),山東巡撫張人駿與德領事連梓簽訂開辦山東五處礦務章程草約。

十二月二十六日(二、四),四川總督奎俊奏保沈翊清爲四川礦務商務大臣。

十二月,(一)吉林將軍長順與駐吉俄外部大臣劉巴議訂華俄合辦新舊礦務章程。

(二)連梓照會山東巡撫,德國礦務貿易公司(原山東礦務製造公司改名)請開辦沂州、沂水、寧海三處礦務(魯撫允先勘礦)。

是年,雲貴總督魏光燾,滇撫李經羲,與法國總領事彌樂石訂立雲南隆興礦務公司章程。

〔光緒二十八年壬寅〕正月初六日(一九〇二、二、一三),德使穆默照會外務部,德商辦理山東五處礦務,應免納出井税(拒之)。

〔光緒二十八年壬寅〕正月十七日(二、二四),詔命路礦大臣招集商股辦礦。

正月二十日(二、二七),福公司總董哲美森電請河南巡撫發給開礦憑單。

〔光緒二十八年壬寅〕二月初五日(三、一四),英使薩道義照請發給福公司豫省開礦憑單(旋再度照請)。

二月初八日(三、一七),外務部路礦總局奏定礦務章程(尋詔命劉坤一、張之洞及商約大臣覆議)。

二月十三日(三、二二),北洋大臣袁世凱奏請委派道員劉焌,重辦黑龍江漠河觀音山等礦。

〔光緒二十八年壬寅〕二月二十九日(四、七),德使照會外務部,新頒礦務章程,不得妨損德在山東礦權。

〔光緒二十八年壬寅〕三月初二日(四、九),軍機處交出閩浙總督許應騤奏,請招法商大東公司開辦福建邵武、建寧、汀州三府礦務。

三月初四日(四、一一),河南巡撫錫良奏派候補道韓國鈞爲豫豐公司總辦。

(光緒二十八年壬寅)三月初九日(四、一六)外務部收候選知府吴炳南禀,請辦豫省南陽汝州兩府礦務。

(光緒二十八年壬寅)三月二十一日(四、二八),外務部收山西巡撫岑春煊函,福公司辦理晉礦合同第一、三、六、十七等款,應妥籌修改。

三月二十九日(五、六),河南巡撫錫良奏設豫南公司,專辦該省黄河以南各礦。

(光緒二十八年壬寅)三月,記存海關道宋春鰲擬定吉林礦務添招新股簡明章程。

四月初三日(五、一〇),外務部奏,福公司請發河南修武縣開礦憑單,難再延宕。

(光緒二十八年壬寅)四月初四日(五、一一)外務部咨四川總督,英商普濟公司承辦煤油煤炭銻砂各礦,以不逾八縣爲度,並請在川省填註地名。

四月初五日(五、一二),外務部收山東商務局道員洪用舟禀,知縣曹倜條陳籌集華款,中德合辦山東路礦,以保利權。

(光緒二十八年壬寅)四月初八日(五、一五),直隸順德内邱臨城礦務總辦郎中鈕秉臣,會辦龔照瑛與比國路礦公司代理人沙多訂立合辦直隸順德内邱臨城等處礦務草合同。

四月十三日(五、二〇),外務部收河南巡撫錫良咨,豫豐公司洋債股本,已議定統歸福公司名下。

(光緒二十八年壬寅)四月二十日(五、二七),福公司代辦柯瑞偕工程司四人,抵達道口。

(光緒二十八年壬寅)四月,(一) 德駐濟南委員梁凱照會山東巡撫,德國礦務貿易公司請辦諸城礦務。

(光緒二十八年壬寅四月)五月初五日(六、一〇),河南巡撫收韓國鈞呈,福公司承允運礦支路不作别項生意,免損蘆漢幹路利益。

五月十二日(六、一七),補用知縣段允昌借用洋款,請辦寧、朔、大同等屬煤鐵礦。

五月十六日(六、二一),外務部與法國總領事彌樂石,將英法承辦雲南七屬礦務改訂合同畫押。

(光緒二十八年壬寅)七月二十一日(八、二四),外務部收職商劉堯興英商立德樂等禀請華洋合辦雲南東川昭通兩府屬各礦。

八月初四日(九、五),簽訂中英商約。

(光緒二十八年壬寅)九月初三日(一〇、四),法使賈斯訥照請批准法商大東、華裕兩公司承辦福建建、汀、邵屬礦務合同。

九月十一日(一〇、一二)義使嘎釐納照請批准義商勘查京兆西山各礦(外務部拒之)。

九月二十日(一〇、二一),程光第與美商薩達理續訂吉林天寶山美公司辦礦合同二十款,並聲明將二十六年三月十一日之合同作廢。

九月二十一日(一〇、二二),外務部奏准華法合辦閩省建寧、邵武、汀州三府礦務合同。

九月二十二日(一〇、二三),命督辦鐵路大臣盛宣懷,飭鈕秉臣等交還沙多銀兩並將臨城礦約作廢。

九月二十三日(一〇、二四),英商普濟公司總辦哲美森請將該公司四川礦地改爲十四州縣,並索辦寧遠、雅州兩府礦務(外務部拒之)。

(光緒二十八年壬寅)十月初一日(一〇、三一),外務部收江西巡撫柯逢時咨,已議定江西礦務公司章程,並將先辦樂平煤礦、清江鐵礦。

(光緒二十八年壬寅)十月二十八日(一一、二七),署四川總督岑春煊奏,請飭三品卿銜陳光弼交出保富公司墊款十萬兩。

十月,通懷礦務總辦阮毓昌與全利公司商董英人魏尼士等訂立華洋合辦奉天通懷臨柳輯等處礦務章程十三條合同一分暨條規十三款。

十一月十四日(一二、一三),詔命盛宣懷如與各國議訂鐵路合同,須由各該省督撫核定,始可簽押。

(光緒二十八年壬寅)十二月十三日(一、一一),湖南巡撫俞廉三奏派洋務局道員蔡乃煌赴漢滬各地,籌商廢禁洋商私訂湘礦合同。

是年,(一) 華商梁顯誠梁芳雄與華俄道勝銀行簽訂開辦遼陽礦務章程。

(二) 湘人鄔世英與英商私訂合辦湖南礦務合同(湘撫拒絶允認)。

(光緒二十九年癸卯)正月十二日(一九〇三、二、九),山西巡撫趙爾巽奏,晉紳渠本翹、常棣華等創設豐晉公司,承辦盂平澤潞各屬以外各礦。

(光緒二十九年癸卯)正月十九日(二、一六),命江蘇候補道鄭孝胥隨同四

川總督辦理商務礦務。

正月二十日(二、一七),(一) 外務部奏准寶昌公司借用義國洋款開辦浙江衢嚴温處四府煤鐵礦。

〔光緒二十九年癸卯〕二月十三日(三、一一)華商劉堯興等與英商立德樂訂立雲南東昭兩府屬地華洋商合辦各礦合同。

二月十九日(三、一七),英使薩道義抗議兩廣礦務中國允准法人儘先承辦。

〔光緒二十九年癸卯〕二月二十三日(三、二一)福公司總礦師利德請在河南懷慶、彰德、衛輝三府專辦礦務(豫撫拒之)。

二月二十五日(三、二三),俄商柯樂德呈路礦總局,請准續辦蒙古車、圖二盟礦務,否則應予籌還原辦股本。

〔光緒二十九年癸卯〕三月十六日(四、一三)四川總督岑春煊奏請仍派陳光弼總辦四川保富公司。

三月十七日(四、一四),安徽商務總局與英商伊德簽訂勘驗懷甯、宿松、太湖、東流、繁昌、婺源、涇縣七處礦産條約。

三月十九日(四、一六),兩廣總督德壽收英駐廣州領事薩允格照會,抗議中國允法優先承辦滇粵桂三省礦務。

四月初七日(五、三),吉林將軍長順等將中俄吉林礦務草約十四款改訂爲二十款,咨請外務部立案。

〔光緒二十九年癸卯〕四月十八日(五、一四),(一) 德署使葛爾士照會外務部,德國礦務貿易公司開辦山東五處礦務,願招華股不逾百分之四十(外務部要求華德各半)。

(二) 德駐濟南委員梁凱請准開辦濰縣汶河北塔礦務(魯撫允先勘礦)。

〔光緒二十九年癸卯〕七月二十日(九、一一),英駐重慶總領事謝立山照會四川總督,請准英商立德樂獨辦江北廳各礦。

七月,韓國鈞與福公司總工程師利德議定該公司河南修武縣辦礦地界,分爲黄界紅界,黄界内准即開採,紅界内准續請開礦憑單開採。

〔光緒二十九年癸卯〕十二月二十八日(二、一三),英駐漢口領事請修改湖南全省礦務章程(湘撫拒之)。

十二月二十九日(二、一四),德使穆默請廢止湖南礦務章程(外務部拒之)。

〔光緒三十年甲辰〕十月二十八日(一二、四),法使吕班請商訂法商嘉三黎(嘎薩雷)開辦湖北鄖陽銅礦合同(外務部拒之)。

〔光緒二十九年癸卯〕八月初二日(九、二二),署四川總督錫良奏派成綿道沈秉堃督辦四川商礦總局,並代辦武備學堂。

八月十八日(一〇、八),簽訂中美商約。

八月二十七日(一〇、一七),(一) 外務部照會俄使雷薩爾,請轉海濱總督及駐齊齊哈爾辦事大臣,飭令俄商速將漠河等礦交還劉炇接辦。

(二) 日使内田康哉照會外務部,勘辦福建龍巖州一帶礦務,日人有最先權(拒之)。

九月初三日(一〇、二二),法駐重慶領事安迪照請批准法商戴瑪德與候補知縣劉鵬所訂合辦夔州府屬五縣銅煤合同(川督拒之)。

九月十五日(一一、三),湖南巡撫趙爾巽奏設湖南礦務總公司,委黄忠浩爲西路總理,蔣德鈞爲南路總理,黄篤恭爲中路總理。

九月二十二日(一一、一〇),英駐重慶領事謝立山再度照會四川總督,請准立德樂獨辦江北廳各礦。

十月初三日(一一、二一),日使内田康哉照會外務部,日人石井八萬次郎請辦龍巖州附近礦務(拒之)。

十一月二十一日(一九〇四、一、八),閩浙總督照會英領事,安溪龍巖各礦,當歸華商自辦。

十一月二十三日(一、一〇),外務部奏准各省如欲華洋合辦礦務,須先將合同咨明外務部商部覈議。

十一月,(一) 華民張德春私與禮和亨達利洋行簽訂合辦湖北興國州龍角山礦務合同(鄂督駁拒之)。

(二) 湖南巡撫趙爾巽奏准湖南全省礦務總公司章程。

十二月初九日(一、二五),德使穆默照請批准禮和洋行專辦湘江上游衡永郴桂五金礦務合同(外務部拒之)。

十二月十一日(一、二七),外務部照會日使内田康哉,龍巖礦務當歸閩省自辦。

十二月十七日(二、二),河南巡撫陳夔龍奏設全省礦務總局,以布政使瑞良、按察使鍾培爲督辦,候補道于滄瀾爲總辦。

十二月二十日(二、五),德駐漢口領事請廢止湖南全省礦務章程(湘撫拒

之)。

〔光緒三十年甲辰〕正月初七日(一九〇四、二、二二),日本駐漢口領事照會湖南巡撫,湖南全省礦務章程有妨洋商辦礦權利。

正月二十日(三、六),英駐漢口領事照會湖南巡撫,湘省礦章應予作廢(拒之)。

正月二十二日(三、八),奥人璞老克抵長沙,執持私訂合同請辦礦務(湘省洋務局拒之)。

正月二十三日(三、九),德使穆默再請廢止湖南全省礦務章程。

正月二十八日(三、一四),英使薩道義請廢止湖南礦務章程(外務部拒之)。

正月三十日(三、一六),(一)美使康格請廢止湖南礦務章程(外務部拒之)。

(二)美駐漢口總領事照會湖南巡撫,湖南礦章有違中美新約。

二月初一日(三、一七),商部奏定礦務暫行章程。

二月初八日(三、二四),德駐漢口領事照會湖南巡撫,否認湘省礦章有效。

二月初九日(三、二五),法駐漢口領事抗議湘省擅訂礦務章程。

二月十二日(三、二八),日本駐漢口領事照會湖南巡撫,湘省礦章有違華洋條約及部頒章程。

二月十五日(三、三一),外務部收湖南巡撫趙爾巽函,部擬礦務新章請妥籌華民自辦權利。

三月初三日(四、一八),江西農工商礦總局開局辦公。

三月十一日(四、二六),德駐漢口領事照會湖南巡撫,決不承認湘省礦章。

三月十五日(四、三〇),四川礦務局與英商立德樂簽訂開辦江北廳礦務草合同。

四月初四日(五、一八),四川總督錫良奏明開辦川省金銅礦務,設總局於寧遠府鹽源縣,分局於瓜別、麻哈,並札委知縣沈克剛辦理彭縣銅鑛,知府朱大鏞辦理天全、蘆山銀礦。

四月二十二日(六、五),皖省商務總局與倫華公司代表英商凱約翰將銅官山礦務合同簽押,並聲明以十二個月爲限,逾限該合同即行作廢。

四月,(一)以各國使領抗議,湘省改訂湖南礦務總公司章程。

(二)法使吕班請准大東公司免納礦照照費(外務部拒之,尋議就免納他税辦法)。

五月初一日(六、一四),美使康格函請註銷湖南礦章(外務部拒之)。

五月十一日(六、二四),德使穆默請允准禮和洋行承辦湖南衡、永、彬、桂及貴州梵净山等處礦務(拒之)。

五月十六日(六、二九),美使康格函請删改湖南礦務章程。

五月二十九日(七、一二),德駐漢口領事照會湖南巡撫張紹華,請批准禮和洋行合辦龍王山礦務合同(拒之)。

六月十六日(七、二八),韓國鈞詳請河南巡撫發給福公司黄界開礦憑單。

六月二十日(八、一),江西巡撫夏旹奏派黄大壎赴日本考察實業,並率學生分往肄習農業礦商等學。

八月初十日(九、一九)德駐漢口領事抗議湘省自辦水口山龍王山礦務。

八月十七日(九、二六),德使穆默請删改湖南礦務章程。

九月初六日(一〇、一四),德使穆默抗議閩皖二省自訂礦務章程。

九月十八日(一〇、二六),商部奏,開展商務請自閩廣入手,並委張振勳爲考察外埠商務大臣,兼辦閩廣農工路礦事宜。

九月二十八日(一一、五),署湖南巡撫陸元鼎奏准設立礦化學堂。

十月十二日(一一、一八),(一)山東礦務公司(名義上中德合股)以博山華礦添設機器,呈禀德使認係違背約章。

(二)商部奏准張振勳在廣州設立閩廣農工路礦總公司。

十月二十一日(一二、二七),外務部奏准華英合辦四川江北廳煤鐵礦務合同。

礦之法,中國無權辯駁(外務部拒之)。

十二月十五日(一九〇五、一、二〇),寶昌公司高爾伊與英義惠工公司依德私訂合辦浙江衢嚴温處四府礦務合同(外務部以與奏案不符,拒絶允認)。

十一月初八日(一二、一四),法使以閩省逼令大東公司繳納礦照照費,聲明擬向中國要求賠款(外務部駁拒之)。

十一月初十日(一二、一六),德使穆默請將山東礦務公司章程續增四款:鐵路三十里内僅准德商以機器開礦;鐵路三十里内,華礦禁用機器;鐵路三十里内德商開辦之新礦,周圍十五里内不得再開華礦,已開華礦於二年内一律停辦;鐵路三十里内德商機器辦。

〔光緒三十年甲辰〕四月十一日(五、二五),英商凱約翰承辦銅官山礦務合

同，旨准立案。

〔光緒三十一年乙巳〕九月初六日(一〇、四)(一) 外務部收北洋大臣袁世凱、山西巡撫張人駿、鐵路大臣盛宣懷咨，山西同濟公司勘就平定州礦地，並擬修築運礦鐵路。

(二) 英使薩道義請准英商立德樂展限一年開辦四川江北廳礦務(外務部允展限半年)。

十月初八日(一一、四)，英使薩道義照會外務部，福公司有權專辦晉省盂平澤潞暨平陽府屬煤鐵礦(拒之)。

〔光緒三十一年乙巳〕正月初六日(一九〇五、二、九)，晉紳董崇仁等創設同濟礦務公司，置總局於太原，分局於平定、澤州。

正月二十六日(三、一)，英公堂察司卓候士判定張燕謀應責令墨林英國開平公司，遵守副約，否則同日所訂之移交約亦當作廢。

二月十一日(三、一六)，(一) 直隸總督袁世凱奏准中比合辦臨城礦務合同。

(二) 袁世凱奏准撤去鈕秉臣臨城礦務局總辦差使，龔照嶼發往軍台效力。

二月二十六日(三、三一)，外務部電令浙江巡撫聶緝槼撤銷高爾伊承辦衢嚴溫處礦務之權。

三月十二日(四、五)，以抵制福公司辦礦，山西同齊礦務公司與平定州賽魚等三十三村訂立礦地入股合同。

三月十三日(四、六)，英使薩道義請准福公司礦師蕭密德、利德，赴平定州盂縣勘礦(旋以薩福禮代利德)。

〔光緒三十一年乙巳〕十月二十二日(一一、一八)，奉天將軍趙爾巽奏請奉省設立商務局，調查全省礦產，以便派員試辦。

〔光緒三十一年乙巳〕十月二十八日(一一、二四)，(一) 福公司總辦哲美森與山西商務局總辦劉篤敬、會辦馬覲辰等會議，力主福公司有權專辦盂平澤潞暨平陽府屬礦務(劉篤敬等駁拒之)。

(二) 商部收山西巡撫張之駿電，晉省士紳學生請廢止福公司辦礦合同。

〔光緒三十一年乙巳〕十一月初一日(一一、二七)，(一) 哲美森與劉篤敬、馬覲辰等續議開辦晉省礦務事(未獲協議)。

(二) 英使薩道義抗議山西平定州成立礦產公會。

〔光緒三十一年乙巳〕十一月初十日(一二、六)，外務部收山西巡撫張之駿咨，晉省紳士解榮輅、梁善濟等三百四十三人，各學堂學生張寶麟等一千〇三十四名公請廢止福公司辦礦合同。

〔光緒三十一年乙巳〕十一月十五日(一二、一一)，吏科掌印給事中熙麟奏，福公司無權禁止晉民自辦礦務。

〔光緒三十一年乙巳〕十一月二十四日(一二、二〇)，外務部收山西大學堂、武備、商礦、警務等學堂學生一千〇三十四名公稟，請贖回福公司山西礦權。

十二月十八日(一九〇六、一、一二)，(一) 晉紳代表吏部主事李廷颺、學堂舉人劉懋賞等請外務部廢止福公司晉礦合同。

(二) 商部收山西巡撫張之駿函，福公司請辦山西礦務，違背原約，有礙地方，晉籍留日廪生李慶芳等二百五十三人、平定州士商曹書田等紛請廢止該公司辦礦合同。

十二月三十日(一、二四)，英上控法堂判定墨林英國開平公司應遵守副約各款。

是年，津海關道梁敦彦與比國公司代理人沙多議訂直隸臨城礦務局與蘆漢公司借款辦礦合同。

〔光緒三十二年丙午〕正月初六日(一九〇六、一、三〇)，福公司總董梁恪思與晉紳代表李廷颺、劉懋賞會議開辦晉礦事(梁力主福公司有權專辦盂平澤潞及平陽府屬礦務，李等拒之)。

正月二十二日(二、一五)，(一) 商部咨外務部，山西同濟礦務公司開辦盂平澤潞平陽等處煤礦，暫緩發給礦照。

(二) 太原紳商電請贖回福公司在晉礦權。

二月初二日(二、二四)，商部咨外務部，川紳潘樹嘉等請辦夔州府各礦。

二月初七日(三、一)，外務部收留日學生總會稟，請撤銷福公司辦理晉礦合同。

二月初八日(三、二)，外務部收北洋大臣袁世凱咨，晉紳留學日本翰林院庶吉士解榮輅等稟請撤廢福公司辦理晉礦合同。

二月十二日(三、六)，德駐漢口領事照會湖南巡撫，禮和洋行所獲衡、永、彬、桂各府礦權，不得剥奪(湘撫駁拒之)。

〔光緒三十二年丙午〕四月十九日(五、一二)，英駐成都領事請准英商立德

樂開辦江北廳煤鐵礦。

（光緒三十二年丙午）十月二十六日（一二、一一），北洋大臣札督理黑龍江漠河等處礦務道員劉焌，速赴黑省整頓漠河等處礦務。

十月二十八日（一二、一三），外務部請庫倫大臣查明柯樂德辦礦股本。

（光緒三十二年丙午）三月二十日（三、一四），豫秦晉三省留日學生電請撤銷福公司辦礦合同。

三月二十八日（四、二一），山東巡撫楊士驤與德商採礦貿易公司貝哈格簽訂開辦山東五處礦務草約。

四月初一日（四、二四），英使薩道義請准會同公司摩賡依約開辦川礦（外務部以久逾限期，拒之）。

四月十三日（五、六），外務部收北洋大臣袁世凱函，勘購山西礦地抵制福公司事，應由晉省專辦。

（光緒三十三年丁未）三月初十日（三、二三），外務部照知德使雷克司，禮和洋行無權過問四川礦務。

三月初六日（四、一八），外務部照會俄使璞科第，請速飭俄商，交還黑省新舊各礦。

三月二十八日（五、一〇），英使朱邇典抗議晉撫撥用公款補助保晉礦務公司。

四月初二日（五、一三），軍機處交出四川總督趙爾豐奏，請裁撤四川保富公司。

四月二十三日（六、三），倫敦泰晤士報評論福公司山西礦案，反對英政府向中國索償。

四月二十九日（六、九），外務部收山西巡撫咨，晉省紳民公籑意見書，請撤廢福公司礦約。

七月十四日（八、二二），中德簽訂華德採礦公司勘辦山東五處礦務章程。

七月二十五日（九、二），英使朱邇典請准摩賡依約開辦川礦（外務部拒之）。

八月十三日（九、二〇），（一）命山西按察使丁寶銓來京磋商福公司山西礦案。

（二）農工商部外務部奏定礦務章程暨附章（詔命明年二月十三日起施行）。

八月二十九日（一〇、六），御史李春溥奏，議商福公司山西礦案，請飭丁寶銓勿稍退讓。

九月十三日（一〇、一九），山西平定州紳民聚會，籌商抵制福公司辦礦（十五日再次聚會）。

（光緒三十一年乙巳）三月，（一）英人布魯特奉盛宣懷命，編成礦律六十二款、礦章九十二條。

（二）商部電請山西巡撫張曾敭籌款速購礦地，抵制福公司辦礦。

四月初九日（五、一二），商部收張曾敭電，晉民自開各礦，無論土法、機器、福公司不得侵佔禁止。

四月二十三日（五、二六），皖撫誠勳電，銅官山礦，凱約翰逾期未辦，應將合同作廢。

四月二十五日（五、二八），張曾敭電盛宣懷，福公司無權侵禁晉省商民辦礦。

四月二十六日（五、二九），德使穆默再次照會外務部，請准禮和洋行在湘省辦礦（旋經德駐漢領事放棄要求）。

四月二十七日（五、三〇），外務部致電英使薩道義，銅官山礦合同，已逾期限，應即作廢。

五月初八日（六、一〇），外務部照會英使道薩義，銅官山礦，逾限未開，請轉飭凱約翰，將合同作廢，執照撤銷。

七月二十三日（八、二三），河南巡撫陳夔龍奏准裁撤河北礦務局。

七月二十五日（八、二五），浙紳樊恭煦、金兆豐等電請撤銷高爾伊私訂礦務合同。

八月，（一）詔各省設立礦政調查局。

（二）商部再電山西巡撫，促請籌款速購礦地，抵制福公司辦礦。

（光緒三十三年丁未）九月二十五日（一〇、三一），英使朱邇典以晉紳段雨田等煽動民人抵制福公司辦礦，請予拏捕懲辦。

（光緒三十三年丁未）九月二十八日（一一、三），太原紳民大會，決議撤廢福公司辦礦章程。

（光緒三十三年丁未）十月初五日（一一、一〇），天津《日日新聞》載，山西紳民議定自辦礦務，已集股二百餘萬金。

〔光緒三十三年丁未〕十月二十七日(一二、二),外務部以法商承辦福建建、邵、汀三府礦務合同限滿作廢,知照法使。

〔光緒三十三年丁未〕十一月初二日(一二、六),外務部收庫倫大臣延祉電,新頒礦務章程,柯樂德礙難遵辦(外務部允依該廠試辦章程辦理)。

〔光緒三十三年丁未〕十一月初三日(一二、七),山西京官内閣中書馬存仁等呈請外務部贖回福公司山西礦權。

〔光緒三十三年丁未〕十一月十八日(一二、二二),軍機處交出翰林院侍讀學士惲毓鼎奏,請贖回山西礦權,婉拒英使干預。

〔光緒三十四年戊申〕正月十四日(一九〇八、二、一五),外務部奏准贖回山西礦權合同。

〔光緒三十四年戊申〕二月初十日(三、一二),外務部收閩浙總督松壽咨,華商胡國廉、吴梓才請辦泉州安溪煤、鐵、鋁各礦。

〔光緒三十四年戊申〕三月初八日(四、八),農工商部侍郎楊士琦奏陳興辦瓊崖地利辦法。

〔光緒三十四年戊申〕三月十四日(四、一四),直隸井陘礦務總局與德商漢納根簽訂直隸井陘礦務合同。

〔光緒三十四年戊申〕四月二十三日(五、二二),郵傳部尚書陳璧、署禮部侍郎郭曾炘函外務部,閩紳公舉三品卿銜胡國廉總辦全省礦務。

〔光緒三十四年戊申〕四月二十四日(五、二三),閩紳學部左參議林灝深等公請農工商部派胡國廉總理閩省商辦礦務。

〔光緒三十四年戊申〕六月初四日(七、二),德使雷克司請禁華商在濟南至山東南界鐵路三十里内辦礦。

〔光緒三十四年戊申〕七月初八日(八、四),山西巡撫寶棻以渠本翹、劉篤敬贖礦有功,奏請獎敍。

〔光緒三十四年戊申〕七月初九日(八、五),直隸井陘礦務合同,奉旨允准。

〔光緒三十四年戊申〕七月二十三日(八、一九),農工商部奏委胡國廉督辦瓊崖墾礦事宜。

〔光緒三十四年戊申〕九月二十四日(一〇、一八),四川總督趙爾巽奏設川省礦務總公司。

〔光緒三十四年戊申〕十月十五日(一一、八),庫倫大臣延祉以柯樂德辦礦得力,奏請賞給頭品頂戴。

〔光緒三十四年戊申〕是年,山東紳民組保礦會,維護本省礦權。

〔宣統元年己酉〕二月初六日(一九〇九、二、二五),河南交涉局議員楊敬宸、方鏡與福公司總董白來喜、礦師堪睿克,簽訂「見煤後辦事專條」,議定納税等項。

〔宣統元年己酉〕三月初七日(四、二六),吴重憙以楊敬宸等擅簽續約,奏予摘頂記過處分。

〔宣統元年己酉〕德駐濟南領事貝斯請封禁大汶口華商各礦(山東勸業道拒之)。

〔宣統元年己酉〕五月十八日(七、五),吴重憙奏請將楊敬宸革職,嚴良炳、方鏡分别議處。

〔宣統元年己酉〕五月二十三日(七、一〇),《神州日報》載,福公司行賄中國官員。

〔宣統元年己酉〕七月初十日(八、二五),德商華德採礦公司請開辦沂水諸城及寧海州礦地(山東巡撫拒之)。

〔宣統元年己酉〕七月十一日(八、二六),外務部面許日使伊集院彦吉,中國政府承允日本有開採撫、煙兩礦權。

〔宣統元年己酉〕七月二十日(九、四),外務部梁敦彦與日使伊集院彦吉簽訂圖們江中韓界務條款暨東三省交涉五案條款。

〔宣統元年己酉〕八月初七日(九、二〇),外務部接俄使廓索維慈照稱,中日所立滿洲五案協約第三條内,並無保護俄商之利益,仍留隨時索取賠補之權。

〔宣統元年己酉〕八月十三日(九、二六),山東議員楊毓泗、紳民石金聲等電請外務部依限廢止德商開辦五礦合同。

〔宣統元年己酉〕十月,英使朱邇典以川省拒絶摩賡辦礦,要求賠款(外務部拒之)。

〔宣統元年己酉〕十一月十九日(一二、三一),山東勸業道蕭應椿、洋務局候補道劉崇惠與華德採礦公司簽訂贖回山東五礦合同。

〔宣統元年己酉〕是年,山東京官組織路礦會,力謀收回膠沂津浦二路礦權。

〔宣統二年庚戌〕正月十六日(二、二五),德使雷克司照會外務部,擬即派員考查山東各路礦業。

〔宣統二年庚戌〕正月十七日（二、二六），德駐濟南領事貝斯請封禁大汶口華礦（山東勸業道拒之）。

〔宣統二年庚戌〕二月十九日（三、二九），英署使麻穆勒請發給福公司開辦鐵礦憑單（外務部拒之）。

〔宣統二年庚戌〕五月二十九日（七、五），諭井陘礦務公司，在京漢鐵路運費，照臨城礦務公司運費相同辦理。

〔宣統二年庚戌〕七月初七日（八、一一），詔命各省設法興辦礦政。

〔宣統二年庚戌〕七月初九日（八、一三），英使朱邇典以川省拒絕摩賡辦礦，要求賠款二十萬五百鎊（外務部拒之）。

〔宣統二年庚戌〕十月初一日（一一、二），順直諮議局議決，開平礦産亟宜完全收回，以保本省利權。

〔宣統二年庚戌〕十二月初五日（一九一一、一、五），旨准開灤兩礦歸併辦理。

〔宣統三年辛亥〕正月（一九一一），福公司請領修武縣紅界内開礦憑單（豫撫拒之）。

〔宣統三年辛亥〕六月二十六日（七、二一），四川諮議局電川省京官，摩賡久逾辦礦限期，無權索賠。

〔宣統三年辛亥〕六月二十九日（七、二四），山東勸業道蕭應椿、余則達與華德礦務公司畢聚賢、斯美德簽訂劃清山東各路礦權合同（德商除保留膠濟沿線部分礦權外，餘均歸還中國，由中國付償廿一萬元）。

〔宣統三年辛亥〕閏六月二十七日（八、二一），四川京官御史趙熙、編修胡駿等請外務部力拒摩賡無理要求。

〔宣統三年辛亥〕七月十四日（九、六），諭廢除滇省隆興公司辦礦合同。

〔宣統三年辛亥〕九月初九日（一〇、三〇），外務部電河南巡撫寶棻，請派兵保護福公司産業。

〔宣統三年辛亥〕十二月初九日（一九一二、一、二七），灤州礦務公司代表李士偉、周學熙、李士鑑與開平礦務公司代表那森簽訂開灤礦務總局聯合辦理草合同暨附件。【略】

〔宣統三年，辛亥〕八月十五日（一〇、六），奉天交涉司許鼎霖與日商大倉八喜郎簽訂中日合辦本溪湖煤礦有限公司合同附加條款。

《礦務檔・甘肅礦務》外務部收崧蕃文附奏摺《咨送勘查礦務情形摺》 光緒三十一年正月十五日，收陝甘總督崧文稱：「爲照本督部堂於光緒三十年十二月初七日，專差具奏爲遵旨查明委勘礦務情形一摺，除俟奉到硃批，恭録另呈外，相應鈔稿呈明，爲此合咨呈貴部，謹請查照施行。」

照録鈔摺。

全銜崧奏，爲遵旨查明委勘礦務情形，恭摺復陳，仰祈聖鑒事。竊奴才光緒三十年九月初五日，承准軍機大臣字寄，八月十九日奉上諭：「准良奏西寧礦務委員不務化導，但示兵威，番衆阻擾等語，著崧酌派熟悉番情之員，體查情形，妥籌辦理。原摺著鈔給閲看。欽此。」遵旨寄信前來。奴才卷查礦務屢准外務部商部奏准，咨行設法開辦，以擴利源，先後轉飭司道等查明。甘肅西北各屬，金、銀、煤、鉛礦産儘有，因邊地風氣未開，化學不精，礦師難得，辦理迄無成效。且有礦地方大都毘連番境，番漢言語不通，習尚亦異，動以礦産地寶，關係風水，不許開採。奴才前據司道等詳請，札委候補知縣張樹杭等，馳赴西寧各屬查看礦産，究係如何情形，以憑設法辦理，並咨商西寧辦事大臣准良曉諭番衆，遇有委員到境查看礦務，勿得疑阻。該委員等行抵西寧碾伯等處一帶番地，番衆驚疑，因距省太遠，知青海衙門向有馬隊，就近稟請准良，酌派通丁並熟悉番情馬勇數騎，鄉導護送，准良誤會請勇咨商到省。奴才深知番民愚頑，只宜善爲開導，不可狹以兵威，亦恐該委員等深入滋事。亟飭兩司迅將委員調省，一面咨復，詎准良未接復文，即以前情具奏，迭奉諭旨，該委員已奉飭回省銷差矣。奴才現飭司道另派熟悉番情委員，分赴有礦之肅州、敦煌、玉門，並漢番交界之循化、碾伯、大通、西寧各處，會同各地方官曉諭番目，詳細查勘，繪圖貼説，妥擬章程，再行奏明試辦。所有查明委員勘礦情形暨現在籌辦緣由，謹恭摺復陳，伏乞皇太后、皇上聖鑒訓示。謹奏。

《礦務檔・江蘇礦務・籌辦江蘇礦務》總署收南洋大臣劉坤一文附籌辦江寧等處礦務原奏稿《籌辦江寧等處礦務大略情形》 〔光緒二十二年〕十月十一日，南洋大臣劉坤一文稱：「於光緒二十二年九月初十日，會同江蘇巡撫部院趙專差具奏，籌辦江寧等處礦務大略情形一摺，所有摺稿，相應咨送。爲此咨呈貴總理衙門，謹請查照施行。」

照録奏稿。

奏爲籌辦江寧等處礦務，謹將大略情形，恭摺具陳，仰祈聖鑒事。竊查光緒

二十二年二月初九日，欽奉諭旨：「據御史陳其璋奏，鎮江之東南山，煤鐵五金，皆有可採。著派熟悉礦務，辦事實心之員，按照所指地名，認真履勘，擬定辦法，具奏等因。欽此。」臣等伏查目下時局日艱，財用日匱，非廣興礦產，不足以資利用。年來風氣漸開，雖商民亦知開礦之利，特以辦理未能得法，以致有名無實。現擬開礦必須先行由官勘驗確實，然後再分官商辦法，步步從實，庶免復蹈故轍。當經臣等分委江甯塩巡道胡家楨，常鎮通海道呂海寰招延礦師，各就轄境分投履勘。又以沿江一帶，前因群情疑阻，曾禁開挖，復將法示諭居民，俾知此事實爲利國便民之舉。嗣據呂海寰勘得鎮江丹徒縣屬西面曹王山中段，山名中德古，有石如鉛，似炭質與鐵所成。鎔去炭質，而見鐵渣，其質似佳。又離江十餘里，山名西德古，有千層紙石，其色黄，土民誤以爲金，並有鐵石露出。又毘連曹王山之光頭山，有吸鐵石露出，約含鐵六七分。可鍊精鐵。試挖察看，似產鐵較厚。惟須附近覓有礦煤，方便鎔化，現在委勘，尚未覓到煤礦。又據胡家楨勘得句容縣屬之龍潭，上元縣屬之棲霞山、林山、祠山、胡山、圓山、青龍山、馬扒井、石瀾山等處，均有煤苗。當飭設局，派員僱夫，分別試挖，雖煤層厚薄不等，煤質優劣互異，然均係可採之礦。惟龍潭一處，試開兩井，煤層忽有忽無，斷續無定，尚須另行探驗。現就各礦酌定官商辦法。查青龍石瀾兩山，驗係烟煤，煤質有油，火力亦足，堪供輪船、機器廠之用。南洋廠船用煤，多資洋產，該兩處現定酌撥經費，由官開採，將來煤層果能寬厚，即可供廠船之用。其餘各礦，或產柴煤，或係鐵煤，種類不一，定爲商辦。現已由紳民分請承領，飭令騐資接辦，仍由官局隨時稽察。將來各礦出煤，應完税釐，按照利國貴池各礦定章，分別征收。據各該道等將籌辦情形，詳請核奏前來，查煤礦之利，雖不若金銀諸礦之優，近來商務盛興，機廠林立，需煤至鉅，苟能廣爲開採，亦屬收回權利要圖。惟南方地勢低窪，土脉薄弱，濱江之處，開採尤易見水，現飭酌購應用機具，妥定章程，寔力籌辦。俟有頭緒，再赴各屬，次第履勘。如有可開之礦，仍當接續酌辦。鐵礦需費較鉅，且必就地產有合用之煤，方便取以鎔鍊，仍飭俟覓有煤礦，即行鎔化試驗，分別禀辦。除咨部查照外，謹合詞恭摺具陳，伏乞皇上聖鑒。謹奏。

《礦務檔・浙江礦務・衢州嚴州温州處州煤鐵礦》總署收義使薩爾瓦葛面述節略《要索承辦礦務鐵路等五款》〔光緒二十五年〕七月初四日，義國公使薩爾瓦葛面述請辦各條稱：「照録義國薩使會晤，面述請辦各條：

義國公司開西山各縣之礦，由礦地修蓋鐵路至京城。中國允准義國公署將指之公司，開辦寧波府所屬奉化、甯海兩縣之礦，仍修鐵路，以便運出礦產。中國允准本公署將指之公司，修蓋鐵路一股，由揚子江起行，至浙江省大船駛到海邊之處。義國商人自聽卸貨上岸，絕無妨礙，仍可修造棧房存貨後以便鐵路裝運内地。允准義國公署所指之公司，開辦廣西省潯州府貴縣所屬天平山之礦，此礦業於光緒二十四年八月二十三日請總署允准開辦。本大臣查去歲本國請北京大學堂内設立義語學科，而至今尚未允准。」

《礦務檔・浙江礦務・義人請辦浙江礦路案》總署收軍機處交片附胡孚宸奏摺暨葉慶增奏摺《御史胡孚宸葉慶增奏請力拒義人需索各款》〔光緒二十五年〕七月十一日，軍機處交出交片稱：交總署，本日御史胡孚宸奏，意人需索五款，萬難俯從。葉慶增奏意人垂涎寧波礦路請勿輕允各一摺，軍機大臣面奉諭旨：「該衙門知道。欽此。」相應傳知貴衙門欽遵辦理可也。此交。

照録抄摺。

京畿道監察御史臣胡孚宸跪奏，爲意人需索五款，萬難俯從，請旨飭下總署極力扼絶，以杜後患，恭摺仰祈聖鑒事。竊意大利於本年春間行文總署，欲踞三門灣口岸，我皇太后、皇上不允其請，將照會擲還。數月以來，相安無事。乃近聞意人復肆要求，臚列多款，有西山至京礦路、揚子江至浙鐵路、寧波府屬礦路、潯州府天平山礦務、大學堂教習五條。前者所索三門灣，猶屬一隅之地，今則任意貪索，欲踞我首善之區，膏腴之壤。有於一此，皆足貽禍無窮。即學堂教習，似與鐵路礦務有間，而去取之柄，當自我操，亦不應太阿倒持。以彼區之島夷，肆無忌憚，竟欲效英俄法德上年之所爲，若不竭力阻止，則環球各國，如葡萄牙、瑞典、哪威，凡在内地通商者，皆將紛紛傚尤，勢將何以應之。且前者此索一海口，猶且力與之争，今此五條中，其重大較之三門灣不啻倍蓰，而尚可曲從乎？但意人此次冒昧瀆求，勢必多方挾制，即其聯盟與國，亦必代爲説項。總之，利權者在不可假人，稍一通融，即有不能自立之勢。相應請旨飭下總理各國事務大臣，堅心持之，婉有謝之，積日累時以挽回之，即或執迷不悟，有失和局，亦必一意維持，多方布置，不得以虚詞恫喝，而圖旦夕之苟安，且彼遠涉重洋，決難支久，未必遽敢興戎。又兵端一開，有礙商務，亦豈各國者欲聞，況意在中國者。得通商利益亦復不少，如山西礦務承辦之福公司，即屬意人，萬一彼此交鋒，則棄已有之利益，而於兵凶戰危中，求未有之利益，亦何樂而爲之。彼特見我中國兵單餉絀，不過藉端嘗試，以僥幸於一時。而在中國今日之情形，虎視鯨吞，羣

相仿効，一與一拒，實係宗社安危，此則近日急務，決不可不竭慮殫精以争之者也。臣爲挽回大局起見，謹就愚慮所及，繕摺具陳，伏乞皇太后、皇上聖鑒。謹奏。

光緒二十五年七月十一日。

掌山東道監察御史臣葉慶增跪奏，爲義人垂涎寧礦，冀開鐵路，較索三門灣地，狡譎更深，請詳慎定約，勿輕允准，恭摺仰祈聖鑒事。竊臣聞本月初旬義使會總署王大臣，以三門灣業作罷論，請中國與以商務利益，其詳臣不得知。惟聞各使館、各洋行傳言所索五款，内有請辦寧波礦務，並開鐵路各等事。就一端論，害已匪細。臣請敬爲我皇太后、皇上陳之：夫三門灣僅屬海濱一隅地耳，假與義人，義即得步進步，逐漸内侵，爲患不過至台寧甌各郡邊界而止。今以開辦寧波礦務爲請，則闌入内地，且疆域毗連者廣，一許開礦，不啻舉浙東列郡之腹心而剖裂之，所棄者小，所圖者大。其害一也。礦産多在深巖絶壑人跡罕到之區，其民即係古稱山越一種，獷悍輕生，與番猺苗蠻無異。上年官督商辦，甫經察看，尚未開採，民猶抗拒不遵，幾至釀亂。猝覩義人至止，勢必驚擾異常。萬一起而讎殺相尋，地方官彈壓保護不及，勦之則生靈慘遭荼毒，釋之則洋人豈肯干休，其害二也。礦由官辦，經理得人，使利源滴滴歸公，誠策之最善者也。即使目前苦無經費，招商合股，隨宜辦理，官權礦産所出之衰旺，抽其税課，定其額征，公私均屬兩利，國家亦不失藏富於民之道。一許義人開採，利權旁落，後難收回，其害三也。通商條約舊有利益均霑一言，以致每逢換約之年，各國紛紜羣起而協以謀我，寧波礦若許義人開辦，或有約諸邦合詞共結，皆思霑潤其間，將用何詞以爲拒絶。至争端起而外侮内訌，局勢萬難措置，後悔噬臍，補求安及，其害四也。若鐵路無益浙江商務，御史陳其璋從前曾經條奏，仰蒙降諭停止，當已早在聖明洞鑒之中。今因義人圖運礦産之便，而仍議開之，至聚貨馬頭，則奪輪船招商之利，至暢銷口岸，則啟海寇侵掠之門，且害尚不止此而已也。寧波爲浙江海防第一要門户，年來通商各國，准兵輪停泊内港，海險已共之。洋人倘再開鐵路，是既失海險，又失陸險，日後和局設有變更，藩籬盡撤，重門洞開，防務將從何措手。況鐵路由山徑屈曲貫穿，力量之雄，足以四通八達，閩浙接壤，是受其害者不獨浙江，兼可波及閩省。可否請旨飭下總署王大臣詳慎定議，折衷至當，能竭力與之磋磨，杜絶狡謀，固爲上著，否則權衡輕重，或以他端利益與之商換，義國在泰西非盛强，有以饜其欲而給其求，當亦不難就範。臣鰓鰓過慮，何當機宜，惟思患預防，有不敢安於緘默者，謹恭摺具陳。伏乞皇太后、皇上。

又薩爾瓦葛《續請承辦鐵路礦務等五款》 七月二十四日。義國公使薩爾瓦葛面遞節略稱：照録節略。

一、所有西山礦務，貴署所提窒礙，本大臣不必回達，該礦業已去歲冬令允准開採，上次本大臣前往貴署。慶親王面認此事。且合同内可添一條言明礦地必須該公司與業主同議平價置買，不准稍有强令之端，如此礦主及百姓不至受虧，中國政府自必得利心悦。

一、至於西山鐵路，足見貴國誤會此事，所請之路款不過五十里地之長，暨與他鐵路並不相通，究係小鐵路，以運西山之礦産，不運貨物人民，與中國不准通京城之路，概不相同。

一、所有奉化縣之礦，既有中國公司稟請承辦，中國即可允准華公司，若義國公司情願或將此事讓交辦理，或同行合辦，此合同内，亦可添明一條，内稱不可强令，義國公司如欲置地，即應平價置買，與山西合同無異。

一、至於寧海縣一事，貴署允准義國公司開採該縣内稟請承辦之礦後，義國公司即行委派礦師查勘指明欲辦之礦，如承辦該礦尚未確實允准，則該公司不可冒添派礦師查勘鉅費。若先行查勘，甚懼有人乘用所勘之論，即行請辦義國公司所勘之礦。總理衙門應必許所有寧海縣内義國公司將請之礦，均行允准，決不至轉給他人。

一、至於浙江鐵路，應請詳查此路與英公司所承之路，稍無窒礙，其實實屬英國鐵路之接款，且所請之路，應至海邊大船駛道之處。該處義商自聽卸貨外，如此該省之民，及英商鐵路，均霑大利。至於礦務總局章程，雖此道尚非在應修鐵路之内，而查由光緒二十四年十一月初一日至今，諒足能明白必須添造他路，故此如奏明大皇帝，此事政民均有裨益，將上海寧波一道推長他處，則未嘗大皇帝不批准也。

《礦務檔·浙江礦務·義人請辦浙江礦務路案》總署收浙江巡撫函《義人探勘寧海礦山宜限定人數該處礦地已有華商開採》（光緒二十五年）十二月十九日，浙江巡撫函稱：「敬肅復者：本月二十八日，按奉十七日浙字四號公函，以義國薩使知照，有礦師宓銑、海沙地二人，赴浙游歷，以便考察礦學等因，自應飭司知照，一俟該礦師抵浙，酌派委員會同前往，妥爲照料，並飭地方官加意保護。惟寧海縣與奉化毘連，該民情素稱强悍，尤爲浙省之冠，該礦師前往游歷，測驗

礦山，至多不宜過三人。蓋地多荒僻，當此辦理海防之時，土民若知該礦師係屬義人，不免多生疑慮，似亦不可不防。查光緒二十二年有寧海縣境内王試聰山，已爲寧波職商何良棟等設立寶興祥公司購租開採，曾經廖中丞批准有案。爲時雖届年餘，尚未見有成效，第該礦師既爲寧商購租試採在先，應請貴署預爲知照，以杜牽涉，並祈酌裁是荷，先肅奉復，敬請勳安，統希亮察。」

又薩爾瓦葛《寧海礦地已准義國勘辦》〔光緒三十六年〕正月初九日，義國公使薩照會稱：照得義國工程司擬往寧海勘驗礦地一事，於去歲十二月三十日，准貴王大臣照復，本大臣閲悉之餘，查本國工程司往寧，既於二月之内，中國該地方官不能保護其身命，本大臣不難令其暫緩，俟二月之期方可前往。至照復内所云，據浙撫復稱，寧海縣屬王試聰山地方，已有寧波某公司購租開採等語此一節。本大臣查寧海所有礦地，業由去歲春季起，經本大臣常請承辦。去歲七月間，亦蒙慶親王當面與本大臣言明，除奉化一帶礦地，因已准他商公司開辦，難以商酌外，所有寧海礦地，足可商妥，惟義國工程司應指明何處欲行開採，即准其在該處開採等語。彼時本大臣慎爲預防，先行陳明，如商定此事躭延時日，恐其間他人可獲此開辦之權，乃慶親王言及該處礦地可否准義國工程司開辦，在未定妥之先，決不能准他人奪其利權。其後慶親王與本大臣面談，亦提及寧海礦地，復蒙允准義商開採。按以上所言，本大臣思現在寧波某華公司所得之權，與義國工程司應得之權，毫無干涉。本大臣厚望此事貴王大臣與本大臣係屬同意，故令本國工程司二月間前往寧海可也。」

又羅馬訥《請辦浙省天台礦務暨承修鐵路運道事》〔光緒二十七年〕十二月十七日，義國公使羅馬訥照會稱：昨日與貴中堂面揖義國通商公司總董事請辦商事，今將以上情形，備文照會貴中堂，合將節略開列於左：一、請承辦浙江省台州府所屬天台縣之礦。二、請將該礦無論修鐵路或用河道連一氣，及將開礦與他公司鐵路通連。所有開採此礦章程，均可將來酌定，且由今可定准有報効中國進利幾分，及開採年限，以六十年爲止，及中國政府無用籌畫出款。查現時值遇風寒大開之時，中國朝廷迭經降諭，表明宸心急力推擴礦路起見，必得國家財源興旺，惟望貴中堂將以上所請數事，加意查核，以順貴國能享巨利之舉。俟應立章程妥定後，即請貴中堂奏明允准，即希照復可也。

又外務部照會《請辦天台礦務事已咨浙撫查復》　十二月二十四日，給義國公使羅　照會稱：光緒二十七年十二月十七日，接准照稱，義國通商公司總董事請承辦浙江省台州府屬天台縣之礦，並請將該礦無論修鐵路或用河道。通連一氣。及將開礦與他公司鐵路通連。所有開採此礦章程，均可將來酌定。且由今可定准有報効中國進利幾分，及開採年限以六十年爲止。及中國政府無用籌畫出款，惟望將以上所請數事，加意查核，俟應立章程妥定後，即請奏明允准，并希照復等因前來。除電達浙撫飭查地方情形，俟覆到再爲奉達外，相應先行照復貴署大臣查照可也。

《礦務檔・浙江礦務・衢州、嚴州、温州、處州煤鐵礦》外務部收候選道高爾伊禀附合辦章程《寶昌公司商借義款請辦杭、嘉、衢、嚴、温、處六府礦務》〔光緒二十八年〕四月十三日，候選道高爾伊禀稱：竊職道於光緒二十四年七月初四日，禀辦浙江衢、嚴、温、處煤鐵各礦。借惠工公司義商沙鏢納洋款五百萬兩爲資本，請立浙東公司。十一日經前浙撫憲廖商電鈞署，十三日准電開將合同章程保單録咨，即可核准等因，旋於八月十二日據情專摺具奏。因查核杭、湖兩屬亦有煤鐵礦産，飭令職公司一併開辦，曾於原摺内聲明因將浙東公司改名寶昌公司各在案。十一月初九日奉撫憲廖劄開，十月二十八日准鈞局咨開，本總局議復應將所擬章程，按照奏定通行章程，妥籌釐正，總期毋相背戾，切實可行，俟聲覆到日，再行核辦，以昭慎重。具奏奉硃批：「依議，欽此。」相應恭録咨行等因。准此。合就轉行，仰遵照妥議籌辦等因。奉此。職道伏查定章有須集華股三成一條，遵即照章補招華股。乃三載以來，迄未能招集一二，兹據義商沙鏢納抄録鈞署照會義國使署奏定礦務專章催辦前來。職道恭讀此次新定專章，係華股洋款均可開辦。惟第十九條載明此次新章未定以前，凡已開辦各礦，及曾經議定之處，除出井税課合同内聲明按照奏定專章者，應照此次所訂第六條辦理外，其餘仍照合同核辦，以昭大信。按第六條酌定出井税則，煤鐵係值百抽五，謹當照章納税。理合將原訂章程繕具清摺，禀請奏明立案，准予開辦。爾伊謹禀。

照録章程。

奏辦浙江礦務寶昌公司與惠工公司訂立合同章程二十條，以便兩公司遵照辦理。

一、寶昌公司初名浙東公司，禀辦浙江衢、嚴、温、處各府屬煤鐵以及煤油各礦。嗣奉前撫憲廖查明浙西杭、湖等屬亦有礦山，飭令一併開辦，改名寶昌公司，因向惠工公司貸款辦理，經撫憲廖奏請以六十年爲期，應先遣礦師勘定何鄉何山，何種礦産，繪圖貼説，詳報撫憲查明果與地方情形無礙，一面咨外務部暨

路礦總局備案，一面發給憑單，准其開採礦地，不得稍有躭延。如係民産，向業主議明，或租或買，公平給價，如係官産，應照該處田則加倍納賦。

二、寶昌公司向惠工公司借洋債庫平足銀五百萬兩，如所派勘礦師以此數不敷於用，寶昌公司仍專向惠工公司續借。

三、凡調度礦務與開採工程，用人理財各事，均由寶昌公司會同惠工公司辦理。

四、各處礦廠，應用華洋董事各一人，洋董管工程，華董理交涉。一切帳目雖用洋式銀錢出入，歸洋董經理，而華董有稽核之權。各礦廠總以多用華人爲是，所有薪水，皆歸礦務用本項下支給。

五、勘驗礦地，或應打鑽掘井，探視礦苗，應先與業主商明，蹈損田禾，酌量賠償。以及開礦後，或因礦塌陷損傷民命房屋，理應賠償撫卹。每定辦一礦所用地畝，必須會同地方官向業主租用，或備價購買，秉公定價，務使兩不受虧，方昭公允。再，礦地無論或租或買，遇有墳塋祠宇，必須設法繞越，毋得發掘，倘開挖隧道於地面無礙，而土棍有意阻撓，以山背龍脈風水之説，摇惑愚民，寶昌公司自應呈請地方官嚴辦。

六、所辦各礦煤鐵出井，遵照新章，值百抽五，作爲落地税，報効中國國家。每年結帳盈餘，先按用本付官利六釐，再提公積一分，逐年還本，仍隨減息，俟用本還清，公積即行停止。此外所餘净利，提二十五分歸中國國家，其餘歸公司自行分給，如有虧折，與中國國家毫不干涉。

七、杭、湖、温、處、衢、嚴各屬開辦不止一處，然各礦每年所有盈餘，各歸各礦清理，如或彼虧此盈，不得以此礦之盈，補彼礦之虧，致使國家應得餘利，由此少减。

八、凡開礦所需料件機器等物進口，照開平各礦現行章程，完納海關正半税項，内地釐捐概不重征，至開出礦産運出口時，仍照關章納税。

九、公司所開之礦，既懇請撫憲奏明六十年爲限，一經限滿，所辦各礦，無論新舊不問盈虧如何，即以全礦機器，及該礦所有料件，並房屋基地、河橋、鐵路，凡係在該礦成本項下置辦之業，全行報効中國國家，不求給價，届時由寶昌公司禀請撫憲派員驗收。

十、每處礦廠，總以聯絡官民預息紛争爲要，應由寶昌公司禀請撫憲酌派照料委員一人，又設照料紳士一員，由寶昌公司聘請，該員紳薪水，亦歸礦務用本項下開支。

十一、礦師、工頭開辦之始，自應選用洋人，倘日後華人中有精於礦學請習工程者，寶昌公司會同惠工公司派充此項要職。至其餘司事照料等職。無關重大責成者，皆用華人，尤宜多用本地人，以開風氣。

十二、礦丁亦宜多用本地人，廣開貧民謀食之路，其工價應從公酌定。至礦丁受傷，自應從優撫卹，而使用數十年後，更當酌給養老之費。至早日作工，每日若干時刻，統俟開採後，採擇華洋各礦妥善章程，禀請撫憲定奪。

十三、各礦開辦之始，即於礦山近處或於省垣，開設礦務鐵路學堂，選取青年穎悟學生二三十名，延請洋師教授，以備路礦因材選用，此項經費，亦歸礦務用本項下撥付。

十四、寶昌公司所借惠工公司款項，係約估之數，將來每開一礦，實用借款若干，由惠工公司撥用後，准惠工公司按照所用之數，造印借款股份票，刊刻章程，定期發賣，如華商於期内願買此項股票者，無論多寡，應聽其買取。

十五、華商收買此項礦務股票，或由寶昌公司照章代收，或自行收買，聽其自便，均按照時價漲落，如華商於六十年内，將某礦股票收至四分之三，及將該礦先期收回，由寶昌公司查報飭交該華商自行經理。

十六、凡於所准礦地，遇有民人先經開採，不得侵佔，如原主自願租賣，應秉公酌價，不得稍有抑勒。

十七、各礦遇有修路造橋，開濬河港，或須添造分支鐵道，接至幹路或河口，以爲轉運該處煤礦與各種礦産出境者，均宜禀明撫憲，由礦務用本項下提款修理，不請公款分文。以上所准各事，其須用之官地民地，仍照礦山章程，仍須會同地方官或租或買。

十八、每至年終，或盈或虧，各礦廠由華洋董事造具清册，應各請華洋公正人一員核算無訛，然後刊刻報單，送至寶昌公司查核各礦盈虧，會造總册，呈報撫憲，以憑分咨外務部、路礦總局查核，并將報効國家各項，一并呈繳。

十九、該礦爲中國自主之産，將來中國有與别國戰争之事，應聽中國號令，不得接濟敵國。

二十、兹合同章程，華洋文繕具兩份，寶昌公司、惠工公司各收爲憑。

《礦務檔・浙江礦務》外務部行浙江巡撫文《高爾伊請辦礦務應俟浙省咨復再行核辦》〔光緒二十八年〕五月十二日，行浙江巡撫文稱，光緒二十八年四月

十三日，據候選道高爾伊禀稱：「前於光緒二十四年七月初四日，禀辦浙江衢嚴温處煤鐵各礦，借惠工公司義商沙鏕納洋款五百萬兩爲資本，請立浙東公司，經前浙撫憲廖據情專摺具奏。因查杭、湖兩屬亦有煤鐵礦産，飭令一併開辦，曾於原摺内聲明，因將浙東公司改名寶昌公司各在案。」嗣經路礦總局議復，應將所擬章程，按照奏定通行章程，妥籌釐正，俟聲復到日。再行核辦等情，奏奉硃批：「依議，欽此。」鈔奏咨行到浙，轉飭遵照妥議籌辦。伏查定章有須集華股三成一條，遵即照章補招華股，乃三載以來，迄未能招集一二。兹據義商沙鏕納鈔録外務部奏定礦務專章，係華股洋款均可開辦。惟第十九條此次新章未定以前，凡已開辦各礦，及曾經議定之處，除出井税課合同内聲明按照奏定專章。

又外務部收任道鎔抄奏《紳商高爾伊設立寶昌公司請辦杭湖衢嚴温處各府礦務》〔光緒二十八年〕十月二十七日，收任道鎔抄奏稱：跪奏爲紳商承辦礦務，改定章程，恭摺仰祈聖鑒事。竊照光緒二十四年浙省紳商高爾伊請設立浙東寶昌公司，開採衢、嚴、温、處各屬煤鐵等礦，向義國惠工公司商入沙鏢納貸款銀五百萬兩，訂立合同，並取義國公使薩爾瓦葛保款單，擬議開辦章程，稟經前撫臣廖壽豐據情具奏，九月十四日恭奉硃批：「著統轄礦務鐵路總局大臣會同總理衙門妥議具奏，欽此。」嗣經路礦大臣覆奏，以高爾伊所擬礦章與奏定通行章程不符，應令妥籌妥釐正。十月十六日奉旨：「依議，欽此。」咨行到浙，當經轉飭去後，兹據該紳商候選道高爾伊於原請承辦浙東衢嚴温處各礦外，又請兼辦浙西杭湖兩府礦務，當飭將前擬章程，查照部定新章，重加釐訂，並將昔年與惠工公司原訂貸款合同，及義使保款單呈驗，禀請奏咨前來。臣查浙省所産煤鐵等礦，多有苗質顯露之處，若能集資開採，得人經理，自足開闢利源。惟本年二月間部定新章，凡開辦礦務，應由外務部核奪，知照礦務總局復准，俟發出准行執照，方可開辦。今該紳商貸款請開各屬礦産，自應遵照辦理。除將呈送新章咨明外務部路礦總局查核外，理合恭摺具奏，伏乞皇太后、皇上聖鑒，敕部核覆施行。謹奏。

光緒二十八年十月二十六日，奉硃批：「外務部議奏。欽此。」

又外務部奏摺附寶昌公司礦務章程《浙紳高爾伊辦礦應以衢嚴温處四府煤鐵礦爲限》〔光緒二十九年〕正月二十日，本部奏摺：謹奏爲遵旨議奏，恭摺仰祈聖鑒事：光緒二十八年十月二十六日，准軍機處鈔交浙江巡撫任道鎔奏紳商承辦礦務改定章程一摺，奉硃批：「外務部議奏。欽此。」嗣於十二月初一日，准浙江巡撫將章程咨送前來。查原奏内稱，光緒二十四年浙省紳商高爾伊請設立浙東寶昌公司，開採衢、嚴、温、處煤鐵等礦，向義國惠工公司商人沙鏢納貸款銀五百萬兩，訂立合同，並取義國公使薩爾瓦葛保款單，擬議開辦章程，禀經前撫臣廖壽豐據情具奏，奉硃批：「著統轄礦務鐵路總局大臣會同總理衙門妥議具奏。欽此。」嗣經路礦大臣覆奏，以高爾伊所擬礦章，與奏定通行章程不符，應令妥籌釐正，奉旨：「依議。欽此。」咨行到浙，當經轉飭去後。兹據該紳商候選道高爾伊於原請承辦浙東衢、嚴、温、處各礦外，又請兼辦浙西杭、湖兩府礦務，當飭將前擬章程，查照部定新章，重加釐訂，並將昔年與惠工公司原訂貸款合同，及義使保款單呈驗，禀請奏咨前來。查浙省所産煤鐵等礦，多有苗質顯露之處，若能集貲開採，得人經理，自足開闢利源。惟本年二月間部定新章，凡開辦礦務，應由外務部核奪，知照礦務總局復准，俟發出准行執照，方可開辦。今該紳商貸款請開各屬礦産，自應遵照辦理等語。臣等查候選道高爾伊擬設寶昌公司，向義商沙鏢納訂借銀五百萬兩，請開浙省衢、嚴、温、處各屬煤鐵礦産，禀由前任浙江巡撫廖壽豐奏奉諭旨，飭交路礦總局會同總理衙門議奏，當經路礦大臣以高爾伊所擬章程，核與礦章不符，應令妥籌釐正等因議覆在案。今該員復申前請，并於衢嚴温處外，又請兼辦杭湖兩府礦務。查杭湖兩屬，雖爲前撫原奏所已及，然祇爲將來推廣之計，並非同時興辦。現據該員所擬章程二十條，其第一條係統指六屬礦務，並將原奏未及之煤油礦産，任意列入。經臣等酌核，改定將杭、湖兩屬礦務及煤油礦産，一併剔除。擬令該員專在衢、嚴、温、處四府境内，指明煤鐵礦山數處，繪圖貼説，呈報地方官查無窒礙，咨部核准，先行試辦，不得預估該四府全境。如將來辦有成效，准其設法推廣，仍不越衢、嚴、温、處四屬，以清界限。其餘各條，與臣部奏定新章，均屬相符，應請准如所請辦理。兹將章程繕具清單，恭呈御覽，如蒙俞允，即由臣部咨行浙江巡撫轉飭該員，（與該員）與義商沙鏢納訂立合同，依限開辦，如有遲延，即將合同作廢，以符定章。所有臣等遵議緣由，理合恭摺具陳，伏乞皇太后、皇上聖鑒訓示。謹奏。

光緒二十九年正月二十日具奏，奉硃批：「依議。欽此。」

照録清單。

謹將寶昌公司承辦浙江礦務章程，繕具清單，恭呈御覽：

一、寶昌公司向義商惠工公司貸款庫平足銀五百萬兩，指辦浙江衢、嚴、温、處四府境内煤鐵礦數處，按照光緒二十八年二月初八日外務部奏定礦務章

程十九條，議訂章程，兩公司均應遵守。

一、查定章第一款開辦礦務者奉批准後，方可爲准行之據，公司經前浙江巡撫奏請有案，兹以釐正章程，稟請浙江巡撫復奏，俟奉國家批准，始作爲全允辦理之據。

一、查定章第二款礦路總局發出准行執照，方可開辦，照費視成本多寡，酌提百分之一繳局，公司遵議奉國家批准後，即稟明浙江巡撫，派礦師履勘各府屬，查明何處有礦可開，並估算每礦需本若干，按單呈報，以備隨時咨礦路總局查核，請發唯行執照，按百分之一作爲照費，隨咨並繳。再各礦所需成本，倘或不敷五百萬之數，酌量添本，應稟明浙江巡撫立案，仍按所添之本，繳一成照費。

一、查定章第三款不得私將執照轉賣他人，倘欲售賣，須由原辦之人會同接辦之人，稟請立案領據，方可轉交接辦。公司遵議即使公司因礦地廣濶，轉運維艱，於所指境内分設開礦公司，將所得之權利，交託承辦，或讓與自辦，各分公司無論代辦自辦，亦均須遵守現定之章程。

一、查定章第四款商定價銀，報明立案，不得私行交易，由官公平發給他價，公司遵議將所指境内勘得有可採之礦，並民間未開之荒廢各礦，註明界址，繪圖呈報浙江巡撫，飭地方官會同公司向業主商議租山租地。其租地由公司認給，公司不徑向民間租賃，如有不願租願賣者，聽業主之便。再，中國商民已經開辦原有利益各礦，公司概不開辦，他公司亦概不准於公司所指境内勘採，以杜紛争。

一、查定章第五款地係中國之地，舉辦係由中國准行，無論何人承辦，應守中國定章，公司遵議將來倘出有事端，應由中國按照自主之權自定。

一、查定章第六款礦産出井，煤鐵值百抽五，作爲落地税，其出口税仍應照章在税關完納，内地釐金概不重征。公司遵議煤鐵出井，繳值百抽五落地税，如由通商口岸轉運出口，按海關章程完納税課。

一、查定章第七款自發給執照之日起，限十二個月内開工，公司遵議決不逾限。

一、查定章第八款礦山准造至最近水口，如與幹路相近，即准接連幹路爲止，公司遵議此項鐵路原爲運銷礦質，及轉運器具，以便工人往來之需，以造至最近水口，或接幹路爲止。所佔民地，應稟明浙江巡撫飭由地方官會同公司向業主公平議租，其租價由公司認給。

一、查定章第九款附近開礦處所，應設礦務學堂，公司遵議開辦後擇相宜之處，設礦務學堂一所，爲儲材之地，以備公司將來選用，其一切經費，由公司自行籌給。

一、查定章第十款開辦所需機器材料等件，除運自外洋，照章歸海關收税，内地釐金概不重征，如在内地採買材料，經過關卡，查明實係運往開礦處所，准給執照免釐放行。公司遵議運自外洋之機器材料，按海關章程完納，内地採買材料，既邀給免釐執照，斷不敢夾帶别貨，自取罰辦。

一、查定章第十一款僱用礦師，赴各處勘礦，應呈報外務部咨飭地方官保護，如遇百姓阻撓，及工匠滋事，由公司呈報地方官，即應隨時曉諭彈壓。公司仰蒙國家盡力保持，俾收實效。遵議以礦師來浙，先行呈明外務部暨浙江巡撫，札飭地方官派兵保護，倘未預知而生意外之事，則地方官不任其咎。再，公司執事人等有失敬地方官情事，一經指告後，查明屬實，即行撤退，二年之内，不得録用，倘此後公司仍需此人，亦永不令在原廠辦事。

一、查定章第十二款礦産地畝，官地應備用承租，民地雖購買過户執業，仍須照中國原定田則，完納錢糧。各礦所用地段，只准足敷挖井蓋廠各用爲限，公司遵議除租官地外，所有購買礦地，每年照例完糧，挖井蓋廠地畝足敷用外，決不多佔。

一、查定章第十三款公司購用地畝，自應公平給價，不得强佔抑勒；地主亦不得抬價居奇，以有礙風水，藉詞阻撓；地主不願領價，願入股分，即按照原值給予股票。公司遵議購買地畝，會同地方官向業主公平議價，願領價願入股，悉聽業主之便。

一、查定章第十四款採驗礦苗，打鑽掘井，遇有田舍墳墓所在，務須設法繞越，公司遵議勘指礦山承造支路，凡有礙田舍墳墓者，一律繞越，以免驚擾。

一、查定章第十五款礦廠如設巡兵護廠，專用華人；除管理機器經理帳目外，一切執事工作人等，應多用華人；礦峒有壓斃人口等事，亦應優卹。公司遵議如設護廠巡兵，專用本地人執事工作，尤必悉用本地人，優給工價，以廣貧民謀食之路。設有礦峒壓斃人口，或致殘廢等事，酌量優卹。以上各款。均由公司自行籌給。

一、查定章第十六款，與公司無涉。

一、查定章第十七款華洋股東，如有虧折成本，國家但任保護，不認賠償，

借用洋款，亦應商借商還，與國家無涉，公司遵議設或事業虧累，自行擔任，與中國國家及辦事人員毫不干涉。公司將來發售各礦股票時，凡中國官商工商，均可與公司合夥生理，與外洋股商一律看待，出售股票，應在歐州及中國大埠同時舉行。

一、查定章第十八款每年結帳除提還本息外，如有盈餘，以十成之二五報効國家。公司爲本省籌款起見，格外多籌報効，議以每年進款除去開銷四款外，即爲凈利：一、各項費用及應完税課租地價值；二、按股本銀數提付八釐利；三、按所購器件原價，並修造學堂棧房等原價，提歸一成，提足停止；四、按所餘之款提出一成公積，以備公司要需。此四款開銷後，所有凈利，以百分之三十五分報効中國國家，百分之十浙江省留用，公司各股商得百分之六十五。每届年終，公司辦事人員禀請浙江巡撫派員會同查核每礦各帳，分取應得之款。

一、查定章第十九款承辦礦務者，均照此章辦理，此外未盡事宜，應俟隨時增損，以期盡善。公司仰求國家將來如有恤商之處，應請一律均霑。

右合同章程二十條，繕備華文英文各二分，如講解有異，以英文爲正。

又外務部收浙江巡撫聶緝椝文《高爾伊承辦礦務迄未開辦暨撤銷原案辦理情形》 光緒三十一年六月初九日，收浙江巡撫聶文稱：爲咨呈事：案准商部咨查貴部議准浙省紳商高爾伊設立寶昌公司，向義商沙鏢納貸款五百萬兩，專在衢、嚴、温、處四府境內開辦煤礦、鐵礦數處一案，現在該公司指明礦地，共有幾處，究竟已否開辦，咨請飭局速將高紳辦礦一切情形，詳細報部，以備考查而資接洽，此外已未開各礦，務將前發礦表填送等因，當即轉飭遵辦，兹據商礦局司道詳請轉咨前來卷。查浙東寶昌公司紳商高爾伊，自向義國惠工公司商人沙鏢納訂立合同，貸款五百萬兩，開衢、嚴之煤，鍊温、處之鐵。光緒二十四年夏間，即據來院具呈查核，當時原訂章程，浙東寶昌公司並無股本，悉取給於義國惠工公司，雖有借款之名，仍須發賣股票。是年八月廖前部院具奏，十月十六日，奉路礦總局以既借洋款，又須售票，究竟有無的款，奏請轉飭按照通行章程，妥等釐正，再爲核辦。二十五年自夏迄今，屢經該紳商以退減債三成，招集華股補足，其餘堅請仍照原章，均經劉前部院飭議未辦。二十六、七兩年，並無禀辦卷據。二十八年秋間，復據高爾伊遵照貴部礦務新章，逐款改定，禀請兼辦杭湖二屬及煤油礦産，股本則又稱義商沙鏢納貸英國惠工公司洋款五百萬兩，續議退減三成，不復提及。經任前部院委驗所籌貲本，十月間，僅據委員呈驗高爾伊與義商惠工公司沙鏢納原訂合同一紙，並伊使薩爾瓦葛原保款單一紙，當即奏請敕部核復。究竟有無現款呈驗，沙鏢納本爲有款出借之人，因何又爲轉向借款之人。惠工公司本係義商，因何忽又歸之英商，卷内均無可考。原奏亦未聲明，無從懸揣。二十九年正月，奉貴部議復剔除杭、湖二屬及煤油礦産，奉請飭令專在衢嚴温處四府境内，指明煤鐵礦數處，咨部核准，先行試辦，不得預佔四府全境，並令高爾伊與義商沙鏢納訂立合同，送部備案，抄摺咨行到浙轉飭遵辦。是年五月間，該公司禀由商礦局詳請給護美國頭等礦師詹美生，義國頭等礦師薛爾槐分赴勘驗。八月間，據商礦局轉報偕同該礦師等勘驗已畢，繳銷護照。並另摺報明已到者，衢屬之龍游、西安、江山三縣，嚴屬之建德、桐廬二縣，温屬之永嘉一縣，處屬之麗水、縉雲、青田三縣，指定何處，如何開辦，迄未到。及三十年二月，奉貴部以奏准年餘，曾否將礦産處所查勘明確，請領執照，咨行查明聲復。當經飭查，三月間，忽又報稱，由倫敦惠工公司專派代理人依德，帶同英國礦師賓鋭克來浙屢勘，照案呈請給護。五月間，復由商礦局呈復，據稱詹美生等前赴勘礦，因傳染紅瘢痧時疫，未能遍歷，現在礦師賓鋭克已由嚴歷衢，請俟四府勘畢，再行呈報領照等情。核與前文所稱詹美生等業已勘畢，先後歧異，且部咨係飭查勘明礦所，來申僅稱礦師染症，未能遍歷，諸空語殊難憑以轉達。既經另聘賓礦師由嚴歷衢，並聲稱另呈繳費領照，則未到者不過温、處二府，自應俟其另禀請辦，再行據以聲復，乃延宕十數月之久，絶無隻字禀報，遲至三十一年二月間，奉貴部電，此案奏准已逾兩年，迄未照章勘明，請照開辦，飭令撤銷原案。始據該紳商高爾伊禀由商礦局詳稱：礦師甫經勘畢，並以前經申復，未經領照，不得謂逾限違背藉口請咨。當經本部院以此係奉貴部特飭銷案之件，未便再行咨請，批飭遵照。嗣又接准英總領事照送惠工公司西蒙帖依德所訂衢、嚴、温、處礦務合同到院，又經本部院以高爾伊原向惠工公司義國商人沙鏢納貸款，並經取有義國公使薩爾瓦葛保款單呈驗，與現送合同所載英、義二國商人不符，且案經奉部撤銷，自可毋庸再議，送還合同，照請飭銷各在案。此高爾伊衢、嚴、温、處四府礦務，迄未指定處所開辦，暨續奉撤銷之一切詳細情形也。兹奉咨查，除咨復商部查照備案，并將此外各礦，另飭填表速送外，理合一併咨呈，爲此咨呈貴部，謹請察照備考施行。

又薩道義《高爾伊承辦礦務並未逾限亦無違章》 光緒三十一年七月二十一日，收英國公使薩道義照會稱：本年四月間，據本國駐滬總領事官將代表惠

工公司英商依德與寶昌公司候選道高爾伊所立合同一分詳送，請轉致外務部立案等因在案。查此合同係承辦浙省衢、嚴、温、處四府鐵煤礦産，於三十年十二月十五日訂立，由浙江農商工礦局蓋印。惟浙撫已將該合同咨部與否，本大臣未得詳悉，當經復飭本國駐滬總領事官查報去後，兹據復詳。光緒二十九年正月二十日，奉有硃批：「准寶昌公司向惠工公司借款，承辦該處礦産。」該公司即與惠工公司代表人依德商定，聘用工程師前往勘視，領有護照，並請農商工礦局轉致外務部各在案。乃於光緒三十年春間，浙撫准外務部咨詢高觀察辦理成效如何，經高觀察已向農商工礦局聲明一切，惟浙撫似於此事並無咨復，故外務部於本年春間，又咨浙撫以該公司既未勘視地方，復逾期限，應將全案註銷等語。高觀察即於三月十七日函復農工礦局，以所聘之工程師，一年以來，屢次往返勘視，且按照奏准章程第七款，並未定限勘視，只訂自發給執照之日起，限十二個月内開工，而公司尚未請領開工執照，何能謂其違章逾限云云。旋於本年四月初七日，經本總領事官將該合同照送浙撫，當准復稱，以外務部既飭將此案註銷，自應勿庸再議。又本月初三日，本國駐甯波領事官帶同英商依德，前往浙省面晤撫憲，亦經浙撫以上各語相答各等情前來。本大臣查以上各節，貴部於此案似有誤會之處。高觀察係奉旨准其代寶昌公司與惠工公司訂立合同。經該公司等先派工程師，領有農商工礦局所發護照，前往勘視，所辦各事，當由高觀察隨時報明該局。上年十二月間，已訂立正合同，訂明惠工公司籌備銀五百萬兩承辦礦務。此合同由浙江農商工礦局蓋印，該省撫憲似不能不知其情事，並應將合同咨部。倘經咨部，則貴部必能知該公司並未違章，亦無逾限，合行將該合同鈔送貴部查照，即希電咨浙撫，以前咨註銷之語，勿庸施行，是爲切要。

照録合同。

《浙江衢、嚴、温、處礦務正合同》

此係末次正合同。於光緒三十年十二月十五日，即西曆一千九百零五年正月二十日，由寶昌公司代表人候選道高爾伊，與英義惠工公司代表人英商依德所定。此案業經光緒二十九年正月二十日，由外務部覆奏，奉硃批：「依議。欽此。」按奏准高爾伊創立寶昌公司承辦浙江衢、嚴、温、處煤鐵礦産，兹將原案鈔録。

一、寶昌公司向英義商惠工公司貸款庫平足銀五百萬兩，指辦浙江衢、嚴、温、處四府境内煤鐵礦數處，按照光緒二十八年二月初八日外務部奏定礦務章程十九條，議訂章程，兩公司均應遵守。

一、查定章程第一款開辦礦務者，奉批准後，方可爲准行之據，公司經前浙江巡撫奏請有案，兹以釐正章程，稟請浙江巡撫復奏，俟奉國家批准，始作爲全允辦理之據。

一、查定章第二款礦路總局發出准行執照，方可開辦，照費視成本多寡，酌定百分之一繳局，公司遵議奉國家批准後，即稟明浙江撫巡派礦師履勘各府屬，查明何處有礦可開，並估算每礦需本若干，按單呈報，以備隨時咨礦路總局查核。請發准行執照，按百分之一作爲照費，隨咨並繳，再、各礦所需成本，倘或不敷五百萬兩之數，酌量添本，應稟明浙江巡撫立案，仍按所添之本，繳一成照費。

一、查定章第三款不得私將執照轉賣他人，倘或欲售賣，須由原辦之人會同接辦之人，稟請立案領據，方可轉交接辦。公司遵議即使公司因礦地廣潤轉運維艱，於所指境内，分設開礦公司，將所得之權利，交託承辦，或讓與自辦，各分公司無論代辦自辦，亦均須遵守現定之章程。

一、查定章第四款商定價銀報明立案，不得私行交易，由定公平發給地價，公司遵議將所指境内勘得有可採之礦，並民間未開之荒廢各礦，註明界址，繪圖呈報浙江巡撫飭地方會同公司向業主商議租山租地，其租價由公司認給，公司不徑向民間租賃，如有不願租願賣者，聽業主之便。再中國商民已經開辦原有利益各礦，公司概不開辦，他公司亦概不准於公司所指境内勘採，以杜紛争。

一、查定章第五款地係中國之地，舉辦係由中國准行，無論何人承辦，應遵中國定章，公司遵議將來倘出有事端，應由中國按照自主之權自定。

一、查定章第六款礦産出井煤鐵值百抽五，作爲落地税。其出口税仍應照章在税關完納，内地釐金概不重征，公司遵議煤鐵出井，繳值百抽五落地税，如由通商口岸轉運出口，按照海關章程完納税課。

一、查定章第七款自發給執照之日起，限十二個月内開工，公司遵議決不逾限。

一、查定章第八款礦山准造枝路，衹准造至最近水口，如遇幹路相近，即准接連幹路爲止。公司遵議此項鐵路，原爲銷運礦質，及轉運器具，以便工人往來之需，以造至最近水口或接幹路爲止。所佔民地，應稟明浙江巡撫，飭由地方官會同公司向業主公平議租，其租價由公司認給。

一、查定章第十款開辦所需機器材料等物，除運至自外洋，照章歸海關收

税，内地釐金概不重征，如在内地採買材料，經過關卡查明實係運往開礦處所，准給執照，免釐放行。公司遵議運自外洋之機器材料，按海關章程完納，内地採買材料，既邀給免釐執照，斷不敢夾帶别貨，自取罰辦。

一、查定章第十一款僱用礦師赴各處勘礦，應呈報外務部咨飭地方官保護，如遇百姓阻撓及工匠滋事，由公司呈報地方官，應即隨時曉諭彈壓，公司仰蒙國家盡力保持，俾收實效。遵議礦師來浙，先行呈明外務部暨浙江巡撫札飭地方官派兵保護，倘未預知而生意外之事，則地方官不任其咎。再，公司執事人等有失敬地方官情事，一經指告後，查明屬實，即行撤退，二年之内，不得録用。倘此後公司仍需此人，亦永不令其在原廠辦事。

一、查定章第十二款礦産地畝，官地應備價承租，民地雖購買過户執業，仍須按中國原定田則，完納錢糧。各礦所用地段，只准足敷挖井蓋廠各用爲限，公司遵議除租官地外，所有購買礦地，每年照例完糧，挖井蓋廠地畝足敷用外，決不多佔。

一、查定章第十三款公司購用地畝，自應公平給價，不得强佔抑勒，地主亦不得抬價居奇，以有礙風水藉詞阻撓。地主不願領價，願入股份，即按照原值給予股票，公司遵議購買地畝，會同地方官向業主公平議價，願領價，願入股，悉聽業主之便。

一、查定章第十四款採驗礦苗，打鑽掘井，遇有田舍墳墓所在，務須設法繞越，公司遵議勘指礦山，承造枝路，凡有礙田舍墳墓者，一律繞越，以免驚擾。

一、查定章第十五款礦廠如設巡兵護廠，專用華人，除管理機器經理賬目外，一切執事工作人等，應多用華人。礦峒有壓斃人口等事，亦應優卹。公司遵議如設護廠巡兵，專用本地人，執事工作，尤必悉用本地人，優給工價，以廣貧民謀食之路。設有礦峒壓斃人口，或致殘廢等事，酌量優卹，以上各款，均由公司自行籌給。

一、查定章第十六款，與公司無涉。

一、查定章第十七款，華洋股東如有虧折成本，國家但任保護，不認賠償，借用洋款，亦應商借商還，與國家無涉。公司遵議設或事業虧累，自行擔任，與中國國家及辦事人員毫不干涉。公司將來發售各礦股票時，凡中國官商工商，均可與公司合夥生理，與外洋股商一律看待。出售股票，應在歐洲及中國大埠同時舉行。

一、查定章第十八款每年結賬，除提還本息，如有盈餘，以十成之二五報効國家。公司爲本省籌款起見，格外多籌報効，議以每年進款除去開銷四款外，即爲净利。一、各項費用及應還税課租地價值。二、按股本銀數提付八釐利息。三、按所購器件原價，並修造學堂棧房等原價，提歸一成，提足停止。四、按所餘之款，提出一成公積，以備公司要需。此四款開銷後，所有净利，以百分之三十五分報効中國國家，内百分之十浙江省留用，公司各股商得百分之六十五，每届年終，公司辦事人員稟請浙江巡撫派員會同查核每礦各賬，分取應得之款。

一、查定章第十九款承辦礦務者，均照此章辦理。此外未盡事宜，應俟隨時增損，以期盡善。公司仰求國家將來如有卹商之處，應請一律均霑。

右合同章程二十條，繕備華文、英文各二分，如講解有異，以英文爲正。

本公司開採煤鐵各礦，如在各府内查有包含别樣礦質，須按照光緒三十年八月初一日，浙江農商礦總局司道照會寶昌公司之公文辦理，始有開採之權。此項公文附録於後。

兹寶昌公司向英商依德貸款，作開採礦用，經依德應允，此款由公司集股。此公司即名惠工公司，遵照以下所訂章程，兩面均已允准：

一、惠工公司允集股銀伍佰萬兩作爲股本，專備開礦之用，以期盡善盡美。

二、所有集成股本，如何用法，均由兩公司會同布置。

三、伍百萬之股票，乃集股所成，倘發出之股票未經收回之前，則寶昌公司所奉奏准及各項奉准公文之權，均仍歸惠工公司代理，俟股票收回後，全歸寶昌公司管理。

四、惠工公司必須竭力遵依所有一切奏定章程辦理。

五、此合同繕就華、英三分，如講解有異，以英文爲准。

又外務部收英使薩道義照會附浙江衢嚴温處礦務正合同集股章程暨浙江農工商礦總局照會等《高爾伊承辦礦務並未逾限亦無違章》 光緒三十年十二月十五日，寶昌公司代表人候選道高爾伊，西曆一千九百零五年正月二十號，惠工公司英商依德代表人馬海，浙江農工商礦總局司道爲照會事：據貴紳呈稱：上年五月敝公司派礦師詹美生等赴衢、嚴、温、處等屬勘礦，呈請通飭各縣一律保護在案。兹由倫敦惠工公司專派代理人依德，帶同英國礦師竇鋭克來華履勘，並選舉董事候選府經歷姚慶鏞，並乞填給護照飭屬保護等因。准此。除詳請移知外，合將札屬文件先行照送，並奉照發護照一紙，請煩查照各等因。當將

文件護照轉交勘礦董事姚慶鏞收執，偕同礦師竇鋭克前赴各府縣投文履勘去後。兹據姚董事慶鏞函稱，於三月初六日偕礦師竇鋭克赴嚴州府屬勘起，逐縣履勘，先從舊開復廢故礦入手，較爲事半功倍。兹已將嚴、衢二府屬勘訖，天氣漸熱，草木葱鬱，履勘甚爲不便，礦師堅稱將温、處二府，俟秋凉接勘。慶鏞於五月下旬偕同礦師返滬歇夏，理應將已勘之礦，先行呈報。按建德、淳安、分水、壽昌、龍游、江山、常山等縣，均有煤礦，惜天然層次已亂，且大半與紅坭、紅紗石層相合。其質則烟煤少而石煤多，如用西法開採，恐屬不值。或另有佳礦，目下尚未勘及，亦不可知。惟桐廬西北鄉皇甫村之煤礦可採。遂安西北鄉之查樹坑、西安西北鄉行坑及行洞背，開化東北鄉八都富貴嶺之東，均有鐵礦，惟鐵與硫礦糅雜，幸千分鐵質中，含有金質一分，銀質八九分，銅鉛質十餘分、二十餘分不等，因此尚足開採等語。查鐵與硫磺愛力最深，分化極爲不易，一經火鍊，硫成廢料，鐵亦加工數倍，成本較大。幸有金銀銅鉛雜質參和其中，開採尚爲合算，所謂鐵硫礦是也。合將衢嚴二府已勘各礦情形，先行呈明備案，餘俟該董偕同礦師接勘，陸續查出，另行呈報等情到局。據此。查貴紳指辦衢、嚴、温、處四府山礦，原奏案内係指煤鐵二種，現在既稱查勘衢嚴二府屬山礦内，有數處鐵礦含有雜質，究竟是否勘明，應先備文照會，倘將來開採鐵礦時，如果提有别項礦質，必須按質分别遵照部章税則辦理，統俟温、處二府屬查勘完竣，一併明晰具報，以憑詳咨。爲此照會貴紳，請煩查照施行。須至照會者。右照會候選道高。

光緒三十年八月初一日。

寶昌公司候選道高爾伊

惠工公司西蒙帖各依德

訂立。

《礦務檔・安徽礦務・籌辦安徽礦務》聶緝椝《皖紳擬設礦務總公司并議訂章程》附《礦務章程二件》 光緒二十九年二月初一日，安徽巡撫聶緝椝函稱：查皖省跨長江，中權南北，諸山藴饒。礦産若銅鉛礦、礬、水晶、紋石等項，所在發露，而煤、鐵尤居大宗。其内河出江，近者數十里，遠者不過三四百里，運道便捷，亦他省所無。外商考察有年，至周至悉，羣思攬辦，至計營不得，則勾串奸民影混租買，或藉教堂出面蒙佔礦山，以待時會。蓋前此並無准許洋商在内地開礦之條約，雖垂涎者衆，而得手實難。近奉諭旨：無論華商洋商，皆可開採。於是彼族咸知華商絀於貲力，兼昧礦學，驟難擎舉，遂秉機而起，指地索憑，承辦者先後踵接。而本省紳商之通明時務者，亦以此事辦理得失，關繫重大。現既力難自舉，又勢難距人，若再輾轉遷延，恐致别生枝節。不如及時定計，酌照湖南近章，設立全省礦務公司，提挈綱領，先行奏咨立案。無論華商洋商，分辦合辦，已未立約，概歸總公司官紳按照定章管理。如此則主客之形定，一切張弛機括，咸自我操，利權可不至遽失，而齟齬挾逼之釁患，亦得預防消泯，地方可冀幸安全。並以緝椝撫皖年餘，民情信服，宜於未赴調任以前，辦理就緒，不勝感禱等語，稟求核奪。緝椝當查該紳等所陳，係爲收挽利權，保全地方起見，辦法似頗得要領。惟一期開辦，彼紛紛來索者，必疑設局爲虚文，甚或以有意把持相詰難。將何以閒執其口，爰密諭各紳等，先行議章集股。一面訪察諸洋商，究以何人品望較優，貲力較裕，如果可與共事，即與議明合辦大畧章程。呈復察奪去後，旋據在籍紳士余成格、王念祖等函稱，訪得現在上海管理保安水險公司，歷充工部局總董英商伊德，辦事慎重，住滬二十餘年，中外商人，並深信服。接談數次，聽其議論，切實平允，與所訪相符。伊既願承領，招股合辦，因即與議定大畧辦法數條，另録呈核前來，緝椝復查不謬。惟此事關繫重大，必慎始乃克圖終。且總局新章尚未宣示，未便據議，率行奏咨。特照録原擬大畧章程，肅函呈候鈞裁示復。虔請勛安，諸維霽照。

照録章程。

安徽紳商與英商面議合辦礦務大畧章程稿。

安徽商董、英商董，同在上海保安公司會議，擬各集貲本，合辦安徽内地開礦事宜，所議大畧章程列後：

一、華、英商董公議設立安利礦務公司牌號，遵照《全皖礦務公司總局章程》，在安省長江南内地，租置礦産，開採營運，俟稟請全皖礦務總公司局憲批准，再行訂約開辦。

一、設立安利礦務公司之華、英商董，即總公管本公司之人，彼此認明權力平等，所有本公司開礦一切事宜，必由兩總管協商，彼此允洽簽字作准。

一、安利礦務公司，係華、英商合辦，所需貲本，由本公司華、英總管各半分任，招集匯存銀行，開票存驗。

一、本公司開辦時，先派礦師分赴長江南北内地，周歷查驗，遇有合宜之礦産，即與業主議價租置，先立草約，俟總局委董會查劃界，立契成交後，再行酌議開採。

一、本公司開採各項礦産，先儘礦苗最旺，出江最近之礦，試開一二處，俟出貨得利後，再行推廣開辦。

一、本公司議定先開某處礦，即就某礦估計，需用工本銀數，由華、英兩總管核定，應製股票若干張，各半分領出售，續開如例。

一、本公司俟訂約簽字後，即應定期開辦，所需租置礦廠，購運機器，一應開辦經費，先由華、英總管商籌墊款，議明俟礦産出銷結算時，於所得餘利項下扣還。

一、礦務事繁任重，全賴經理得人，所有聘僱華、洋執事人等，務須斟酌咸宜，以副衆望，兩總管提挈綱領，尤貴精白一心，不得偏執徇私，致有礙公理公利。

一、本公司係欽遵朝廷詔旨准行，禀奉安徽礦務總公司局憲批准開設，凡礦廠坐落所在，及華、洋執事諸人，均應照約歸各地方官妥爲保護，至礦務辦理得法與否，本息或盈或虧，均由華、英商人照總公司章程自理，與國家不涉。

一、本公司華、英總管，及執事諸人權限所及，一以本公司應辦事宜爲斷，至有關國家交涉事件，一概不得干與。

以上章程十條，係創議大畧，一切細目，均俟奉准開辦時，再行會議詳訂。

安徽省紳士擬設立《全皖礦務總公司章程》原起：（一則）

一、安徽省紳士公議設立全皖礦務公司，遵照京師礦務總局新章，管理本省境内開礦事宜，禀請安徽撫憲奏咨照准立案，頒發關防開辦。

宗旨：（一則）

一、本總公司經管安徽全省礦務，係爲開廣利源，伸長國力，消民釁禍，保全地方起見，一切辦法，皆就本省内地情形，斟酌擬議，總期公允，盡善盡美。

用人：（一則）

一、本總公司係官紳合辦，紳主陳議，官主判行，擬設總辦二員（官紳各一），幫辦一員（聘請洋人），提調一員（官紳均可），律師一員（聘請洋人），文案四員（一、公牘書劄，一、稽收租税，一、測繪，一、繙譯），值局經董四人，本省八府五直隸州，每屬公舉總董正、副各一人，差遣人員隨時酌委。

設局：（一則）

一、本總公司先於安徽省城内設立總局一所，以便常川會議辦公，俟各公司礦廠開工，再擇適宜之地，或大通、蕪湖增設分局，以便就近接應公事，各礦廠或須專委莅巡彈壓，届時由各公司禀請核詳辦理。

度支：（一則）

一、本總公司開局伊始，所需薪資局費，擬請撫憲核定籌撥，俟各礦開工出産後，於經收租税餘利項下，酌提開支，届時會議，詳請定案。

職事：（二十則）

一、本總公司管理全省礦務章程，係就安省内地情形，公同酌議，自禀奉安徽撫憲核定奏咨立案後，即有實行之權力。嗣後無論華洋礦商，禀請分辦合辦，必將此管理章程，先行詳譯認明，情願遵照辦理，敘訂牘約，乃可批准。所有從前他省成案，毋庸援瀆。

一、本總公司開局，首先通查本省礦産，倣照京局頒發礦務格式表譜，刊印多簿，遴派委員協同董事礦師，分赴長江南北各屬内地，周歷查勘，某縣有礦産幾處，某礦係某質，已開未開，並經由水陸道里，逐細查明，登表填譜，呈局蓋印存案，並分行各州縣存照備考。

一、本總公司清查本省礦産，係爲保護商業，以杜紛争。所有從前華洋各商租置之礦業，無論曾否禀准有案，已未立約，通限於三箇月内報明呈契，聽候查勘劃界，蓋印交執。開局以後租置者，必先報請勘驗訂界，方准立契蓋印交執，如有私相授受，查出概不作准。

一、本總公司委員經董查勘礦廠，必傳集業主他鄰中證人等，詳詢原主有無執業的憑呈驗，四至界址有無糾葛影混，逐一理明，方准劃界立契，蓋印交執，以杜日後争端。

一、各商租置産業，凡有關礦務之用，必先經本總公司查勘劃界，成契蓋印，方准持契赴各該地方衙門投税。過户若無本總公司查勘印憑，私赴各地方衙門朦混投税者。查出祇准作尋常置産，不得作爲礦務之用，以杜奸弊。先由本總公司行知州縣，一體查照辦理。

一、各礦廠相距道里，必有定限，不宜逼近争開，致互相妨礙。兹酌定歸併辦法，凡各商先後租置礦業，同在定限之内，應歸先租者接受，後租者收回價本；若係同時租置，則歸資本較大者接受，本小者收回價本，如不願領回價本，則將原值估作股本，附入接受之公司合辦。另立附約存照。此爲兩全之策，應俟本總公司將相距之定限酌擬，詳請撫憲核定飭遵。

一、各公司租置礦業，祇准指定坐落某府某州縣境内，某鄉地名，礦産幾

處，不得混稱某府某州縣礦産概歸某公司開採，以免事外諸人驚疑誤會。

一、各項礦廠行年租金，概由本總公司查照京局章程抽税等級，並參考道里遠近，工程難易，秉公酌定。業主不得居奇，礦商不得捺賤，本總公司官紳自有之礦業産出租，均視此例。

一、各礦産税則，均遵照京局新章征收，由本總公司幫辦協同税務委員，調查各廠逐日出貨底册，核收填票，按月結報。（票式另呈）。

一、各公司礦廠所得盈餘凈利，除遵章以百分之二十五分報効國家外，再提十分歸本總公司存作開設礦務學堂經費，有餘則擴推廣地方善舉，所餘六十五分，由各公司自行照章分派，每届盤結，須將通年出入細册，送交本總公司查核。

一、各公司礦廠開窿工作，及出貨經過道途，或有廬墓關礙，或有妨水利農田之處，本總公司委員經董於查勘時，必關白租商，設法繞越挪讓，儻勢難兩全，祇可停罷，不得僅顧一面便利，致礙衆人生理。和平利益，所獲良多，無論華洋商人，必喻斯旨。

一、各公司礦廠僱用本地工人，由各公司酌定工價，每日工作以幾點鐘爲度，均須大書牌示，去就聽各工人自願，不得强制。倘有怠惰誤公，口角爭吵等情，輕則革退，重則送交莅委懲辦。該廠監工諸人，不得恣行凌虐，致肇釁端，本總公司仍不時派董前往查勘照管。

一、各公司租置之礦廠，既經本總公司委董會勘，並無關礙，倘有刁徒意存挾索，藉口風水，阻撓滋事，由各商指名禀局，立飭各地方衙門嚴提究辦，以懲刁風而安商業。

一、各公司礦廠，或有工人結黨滋鬧，及地方聚衆爲難等事，應由莅委飛報地方文武衙門，立行會同彈壓解散；一面報由本總局遴派幹委，會同地方印官，傳提人證查訊，秉公判斷，各公司商人，須考察是非，期從平允了結，不得任意迫挾，致拂衆情而貽後患。

一、全省礦務，關繫重大，力藉衆擎公議，八府五州，各舉總董正、副二人，由本總局照請就近考察礦務利弊，每年春初，由局訂期，齊集會議，各抒所見，彙録一册，以備採擇施行。至管理章程，或須脩改之處，均俟會議時酌訂，以昭劃一。

一、本總公司聘請幫辦律師洋員，專任監察各公司劃界訂約，並稽核租税盈餘結報等事，無論華洋各公司，一律照章辦理，無少偏徇，乃爲稱職，其聘用年限久暫，一以能否稱職爲斷，另詳聘約。

一、本總公司責任，在興除利弊，稽徵租税，至各公司用人辦法當否，本息或盈或虧，概與本總公司無涉。

一、本總公司開局出示通知後，倘有奸刁勾結外商，私賣礦産，或捏稱領有官憑，招摇圖騙，一經察出，立飭該地方官嚴拏究辦。至受騙之商，既未先到本局查明，即有損失，概與本總公司無涉。

一、本總公司官紳自有之礦産，現時俱允歸入總局出租，俟將來積有厚貲，再酌用新法自行開採，除照章納租税外，所得盈餘净利，以百分之三十分歸本省課吏館，以三十分歸本省大學堂協充經費，以十分爲辦事人花紅，餘三十分作爲公積，以備擴充礦務之用。

一、本總公司綜管全省礦務，事繁任重，全賴經理得人，至辦理數年後，如果國税日增，地方蒙利，著有成效，擬請奏明，准予擇尤獎敘，以示鼓勵。所聘洋員實在出力者，一併奬給勳章，用昭激勸。

又外務部《請飭皖紳妥議礦務章程》 光緒二十九年三月初六日，致安徽巡撫聶函稱：仲芳中丞閣下：接誦來函，并礦務章程兩分，備悉壹是。皖省土脈雄厚，礦産富饒，不早自圖，恐爲外人所奪，閣下先事防維固已，慮之詳而籌之熟矣。現經紳商等擬設全皖礦務公司，自行經理一切，原爲挽回利權，保全地方起見。但所訂章程，尚有未盡妥洽之處，即以用人而論，自總辦以至正副總董，計有三十九人，差遣人員，隨時酌委，尚不在此數。該公司所需局費薪貲，從何籌措，即俟各礦出産後，在經收租税餘利項下酌提開支，但開礦非剋期所能奏效，餘利有無，多寡尚不可知。而該局歲耗鉅貲，何以持久，開辦伊始，應令務從撙節，一俟辦有成效，再行逐漸擴充。至幫辦律師，均用洋人，果其駕馭得宜，則異地借才，未必不樂爲我用。惟專任以監察各公司劃界訂約，稽核租税盈餘結報等，是舉該公司一切權利盡弊，自不如專用華紳，以免牽掣，不僅以洋員薪水過昂，斤斤爲惜費計也。他若官紳自有之礦，歸入總局出租，並未酌定收回年限，寔於商業有礙。商人租地開礦，固已幾費經營，設乘出産興旺之時，遽行收回自辦，是使商人坐失其利，而總局安享其成，殊不足以昭公允。至於議定專章以後，無論華洋各商，皆可遵章辦理。原期開濬利源，不分畛域，乃此章尚未准行，即與英商伊德議訂合辦章程，設立安利公司，將皖省長江南北内地礦産，全歸該

公司開採，已與總公司章程内載各公司租置礦産，不得混指某府某縣一條，自相矛盾。且全省礦産，爲英商包佔，他國公司或起而相争，或在别省相率傚尤，又將何辭以拒。幸草約尚未簽字，不難商明作廢，應俟總公司議定妥章，咨部核准後，再行招商照章承辦，庶免兩歧。統希裁酌，並飭紳商等另行妥議，以防流弊。耑此佈復。順頌勛綏。

又外務部《皖省商務總局與英商私立礦約有違部議》 光緒二十九年九月二十二日，發安徽巡撫文稱，光緒二十九年九月十七日，准咨復稱：「日商佛郎希斯高戛爾利來斯曾與華人寧清洪設立公司，請開懷寧、太湖、宿松三縣集賢保等地方煤礦一案，飭據商務總局呈報，前與英商伊德訂立合同，准其鑽驗，並載明不得另許他商，或别公司開辦礦務，及勘驗權利。本年閏五月間，准日國駐滬領事閤照會，以日商曹福來思昔葛開與華商徐安瀾訂立合同，擬往安慶、池州二府勘礦，當經聶前部院據實駁復；七月間又准閤領事照會，以曹福來昔思葛開已租定宿松縣之赤岡莊村内商家窪、傅家壠兩處礦地，擬集資興辦，聶前部院亦據實駁復各在案。至懷寧、太湖二縣礦産，日領事先後來文，並未提及，亦無另有信函。本部院覆查懷寧、宿松、太湖三縣礦務，既經商務總局與英商伊德訂立合同，聲明不得另許他商開採，自應循照辦理等因。本部查皖省商務總局與英商伊德訂立礦務合同，並未報部核准立案。惟本年二月間，聶前撫函送全皖礦務總公司及與英商合辦大畧章程，函内聲明事關重大，未便率行奏咨，先録擬章，呈候裁復。當經本部將擬章指駁四條，飭將前約商明作廢，另議妥章，咨部再行核辦，於三月初六日，函復在案。嗣後曾否另議，未准貴撫咨復到部。以商務總局逕與英商訂立合同，並載明不得另許他商，或别公司開辦礦務，核與本部前駁四條内，以全省礦産不應令一國商人包佔之意，顯有不符。此項合同如已簽押，未經本部核准，亦不能作據。相應咨行貴撫，切實查明聲復。並將所訂合同，一併咨送備核爲要。」

《礦務檔·安徽礦務》誠勳《皖紳公舉蒯光典爲皖礦總董》 光緒三十一年九月二十日，收安徽巡撫文稱：竊照本部院於光緒三十一年八月二十一日，會同署兩江總督部堂周，專差附奏，皖紳公舉江蘇候補道蒯光典主持全皖礦務，作爲總董一片，除俟奉到硃批，恭録另咨外，相應抄片咨明，爲此合咨貴部，請煩查照施行。

照録原摺。

再，前於光緒三十年間，據皖紳稟請設立礦務總局，以保利源，正在核辦間，適本省京官大學士孫家鼐等奏奉諭旨，派福建興泉永道袁大化辦理安徽全省礦務，准商部咨行前來，當經附片奏明，先行設局，俟大化到皖，總理其事。欽奉硃批：「該部知道。欽此。」欽遵在案。嗣因袁大化調補徐州道，飭赴新任，致稽開辦。茲據安徽衆紳呈稱，江蘇候補道蒯光典，鄉望素孚，廉正明達，若主持全皖礦務，必能措置裕如，公議舉爲總董。以繼袁大化之任。惟興辦之初，股分未易招集，擬於塩價、米捐、茶釐三項，酌加若干，並邀紳商設立彩票，分撥餘利，以資提倡。另議詳細章程，稟請由官核定，總以勸商樂輸，不事强迫爲宗旨。此外如有可籌之款，隨時續請籌撥，呈懇附奏等情。查該紳等所呈，係爲自保礦權，維持大局起見，所擬籌捐辦法，既稱係勸商樂輸，事原可行。惟皖省京官現已請加塩價米捐等項，以爲造路經費，業經另片具陳，若重疊加抽，商力恐有未逮，自應與鐵路公司酌量匀撥，由各該紳公同商定通籌辦理，庶期一舉兩得。除飭該紳等會議章程，另稟核奪，並分咨外部、商部外，謹會同署兩江督臣周附片陳明，伏乞聖鑒。謹奏。

又户部《安徽礦務籌疑辦法》 光緒三十一年十月十五日，收户部文稱：江南司案呈，内閣鈔出安徽巡撫誠奏安徽全省礦務籌捐辦法一片，光緒三十一年九月十七日，奉硃批：「該部知道。欽此。」欽遵到部。查原奏内稱，礦務興辦之初，股分未易招集，擬檢塩價、米捐、茶捐三項，酌加若干，並設立彩票，分撥餘利，以資提倡。惟皖省京官現亦請加塩價、米捐等項，爲造路經費，自應與鐵路公司酌量匀撥，由該紳公司商定通籌辦理等語。應令該撫將該紳等會議章程送部，並將塩價、米捐、茶捐各酌加若干，咨部立案，以憑考核。相應恭録硃批，咨呈貴部查照可也。

又外務部收安徽巡撫誠勳咨呈《諭蒯光典爲皖礦總董》 光緒三十一年十一月初四日，收安徽巡撫誠咨呈稱：竊照本部院於光緒三十一年八月二十一日，會奏皖紳公舉江蘇候補道蒯光典主持全皖礦務，作爲總董一片，當經抄片咨明在案，茲於十月初二日，差弁賫回原片，奉硃批：該部知道。欽此。除欽遵外，相應恭録咨呈，爲此咨呈貴部，謹請欽遵查照施行。

又誠勳《奏報皖省開設礦務總局日期》 光緒三十二年三月十二日，收軍機處交出誠勳抄片稱：再安徽全省礦務，前據衆紳公舉蒯光典爲總董，並擬酌加塩價、米捐、茶釐，開設彩票，與鐵路公司酌量匀撥，當經奴才會同督臣，附片奏

明。奉硃批：該部知道。欽此。欽遵在案。嗣由奴才行知該紳等，並飭將各項章程妥籌擬定去後，茲據稟稱，本省紳商一再計議，僉云皖礦議歸自辦，原爲挽回利權，特是辦法不善，實効難收，必須廣籌經費，明定章程，非實行開辦不能見功，非成効昭然不能取信。公同悉心商酌，妥籌辦法，擬設礦務總局於省城，即於光緒三十二年正月開局。應刊刻木質關防，以昭信守。而事體重大，非一人力所能及，擬選本省之留心時政，素共推許者，舉充協董、議董，期收聯合紳商，協力興辦之效。其稽查、税務，則請派大員監督，用昭慎重。公擬開辦詳細章程，呈請奏咨立案，其餘未盡事宜，容再隨時參酌損益，另行稟辦等情前來。奴才察核所擬章程，大致尚屬周妥，惟辦理必須合宜，庶不致有所紛擾。查光緒三十年，原奏聲明選派監督官一員，稽查、征税各務，今該紳等請派大員，係爲慎重起見。查藩司有理財之責，礦務係保全權利，自應即派藩司馮煦監督局務，以期互相維持，並飭該紳等與鐵路公司隨時會商辦理，俾收實效，除將詳細章程，及協議董各員銜名，分咨外務部、商部查照外，所有皖省開設礦務總局日期，謹會同署兩江總督臣周馥，附片具陳，伏乞聖鑒。謹奏。

光緒三十二年三月十二日奉硃批：「該部知道。欽此。」

又誠勳《皖省開設礦務總局並議訂開辦章程》 光緒三十二年三月二十三日，收安徽巡撫誠文稱：竊照本部院於光緒三十二年二月二十七日，會列署兩江總督部堂周，專差附奏，安徽省開辦全皖礦務總局日期一片，除俟奉到硃批，恭録另咨外，相應抄片，並照録開辦章程，彩票辦法，協議各董銜名，一併繕摺咨呈。爲此咨呈貴部，謹請查照施行。

照録抄片。

再，安徽全省礦務，前據衆紳公舉蒯光典爲總董，並擬酌加塩價、米捐、茶釐，開設彩票，與鐵路公司酌量匀撥，當經會同督臣，附片奏明。奉硃批：該部知道。欽此。欽遵在案。嗣由行知該紳等，並飭將各項章程妥籌擬訂去後，茲據稟稱，本省紳商一再集議，僉云皖礦議歸自辦，原爲挽回利權，特是辦法不善，實效難收，必須廣籌經費，明定章程，非實行開辦不能見功，非成效昭然不能取信。公同悉心商酌，妥籌辦法，擬設礦務總局於省城，即於光緒三十二年正月開局，應刊刻木質關防，以昭信守。而事體重大，非一人力所能及，擬選本省之留心時政，素共推許者，舉充協董、議董，期收聯合紳商，協力興辦之效。其稽查税務，則請派大員監督，用昭慎重。公擬開辦詳細章程，呈請奏咨立案，其餘未盡事宜，容再隨時參酌損益，另行稟辦等情前來。察核所擬章程，大致尚屬周妥，惟辦理必須合宜，庶不致有所紛擾。查光緒三十年，原奏曾聲明選派監督官一員，稽查征税各務，今該紳等請派大員，係爲慎重起見。查藩司有理財之責，礦務係保全權利，自應即派藩司監督局務，以期互相維持。並飭該紳等與鐵路公司隨時會商辦理，俾收實效。除將詳細章程，及協議董各員銜名，分咨外部商部查照外，所有皖省開設礦務總局日期，謹會同署兩江總督臣周，附片具陳，伏乞聖鑒。謹奏。

照録清摺。

謹擬安徽全省礦務總局開辦章程，計六款共三十二節，又附議二節，敬呈鈞鑒。

第一、辦法五節：

一、本總局係奉兩江督部堂、安徽撫部院奏准開辦，總理全省礦務，一切遵照商部定章三十八條，參酌本省情形辦理。

二、設礦務總局於省城，即於總局内附設安徽全省礦務總公司，凡招股等事，均歸總公司經理。

三、本總局係屬奏辦，應刊刻關防，以昭信守。今刊木質關防一顆，文曰奏辦安徽全省礦務關防，即於設局之日啟用。

四、設礦務分局於蕪湖，皖境礦產，皖南爲多，水道轉運亦便，即以蕪湖分局爲皖南各州縣礦務之總匯。

五、江寧應設安徽礦務招待所，皖省紳商寓寧者衆，即以此爲集議之地，凡外省皖籍官紳商民如有條議礦事者，或函寄皖省總局，或寄江寧招待所。

第二、分職五節：

一、通省礦務及本局用人行政一切事宜，皆由總董主持辦理。

二、舉協董四人，凡全省礦務事宜，得參酌可否，以臻妥善，駐局者酌給薪火，另舉議董十人，均有議事之權，其協董議董，均應稟由督部堂、撫部院咨部立案，並照會各董。

三、本總局既係官督紳辦，應請派安徽藩司爲監督，將來開辦各礦，其應納各項征税，俱由監督隨時稽查，以重税務而資維持。

四、本總局管理全省礦務，條理繁密，事務紛糅，將來用人不一，其常川駐局辦事者，應於協董以下暫派書記員一，會計員一，雜務員二，其餘礦師以及查

勘開辦需人多寡，均由總董隨時斟酌事之繁簡，會商舉派。

五、開辦礦務一事，自購地以至僱工，無時不與地方交接，擬按各州縣公舉紳富一二人爲分董，以資考察調護，與本地官民隨時會商事件，並分任隨地招股事宜。

第三、權限五節：

一、本總司奏辦安徽全省礦務，其全省礦産除由總公司集股籌辦外，或由商民稟請集股開辦之礦，皆須由本總局核議施行，其有遵照新章請領執照，開設公司，認礦開辦者，必須先行赴局報名入册，查明確無關礙地方情事，及違悖部章之處，方可照准。

二、查新章各省均應設調查局一所，今既設有兩江礦務調查局，即可與本局相爲表里，第本局有招股開辦之責，仍須切寔探查，自應另請礦師，購備極深鑽地機器，再行查勘確寔，以爲寔行開辦之地，藉補調查局之不及。

三、凡商民已經開辦及已經議定之礦，擬限於二個月內赴局呈明，以凴稽核。

四、所開之礦，或運道不便，須達造鐵路，或須與鐵路局所築幹路相接，以達水口者，應遵部定第二十二條礦章辦理。

五、商民集股開辦之礦，有運道不便，須自造鐵路者，均先報由本總局妥籌議定，再行達築，以期與部章不悖。

第四、礦地七節：

一、本總局未開辦以前，本省礦産有由各礦産商民、在本省商務局稟辦者，有由州縣稟報兩江調查礦務局勘驗者。茲據咨請商務局及兩江調查局，將全券抄單咨會，俾知所有礦産、礦苗若何，礦質若何，或爲官地，或爲私地，曾有人稟辦與否，一一詳註於册，以便酌分緩急，重復勘驗，先後量力開辦。

二、所勘辦之礦，如係官地，自應由本總局照會地方官，先行標識。無論何人，不得擅開。若係民地，查出後即由本總局給予執照一紙，以爲有此礦産之據，嗣後即不得私售與人。將來開辦此礦，即將執照繳銷，按礦地之大小酌給地價。或不願收售地價，即按地價作爲股本，俟開採後照股分利。設遇有墳墓所在，又係萬難繞越之區，則應遵部章辦理，不得執風水之説，任意居奇。

三、凡由商民自行集股呈辦之礦，須將該地方四至界限，坐落何處，廣濶若干，一一先呈明立案，以清界限。

四、凡稟請開礦者，其礦地應遵部章，不得逾三十方里，其地亦須彼此連屬，以示限制。

五、凡一礦地如已有人稟准開辦，即不准他人攙奪，如另有人朦稟插入在開辦之界限內，另開窿口，侵佔礦利，准原辦商人隨時稟請查禁。

六、凡自有礦地，無力開採，爲本總局未經勘出者，應准該地主自行稟報本總局勘辦，按畝給價，不願領價者，亦得照數入股。

七、凡商民已經開辦之礦，如資本不足，應由本總公司查勘明確，量予維持，期收成效。

第五、籌款五節：

一、皖省地方素瘠，開辦之始，籌款爲難，現已奏定擬於皖境米釐、塩釐、茶釐三項，酌量籌捐，路礦各半分用。其認捐礦款，均由各局解交本總局分別撥用。

二、除塩釐、米釐、茶釐外，業已奏明開辦彩票，第彩票各省均已風行，且係獘政，現公同集議，仿照日本積儲銀行之例辦理。又慮積儲風氣未開，擬先辦積儲彩票以導之，俟積儲風氣大開，彩票即行停止。並仿蘇粵浙江等省現行之例，兼辦副票，餘利除應用經費外，路礦各半分用。

三、除籌各項公款外，所招商股，擬以庫平二八銀十兩爲一股。股息按年五釐。

四、本省外省官紳商民，均可入股，但須查明來歷，不得朦混。違者查出，將股銀悉數充公，股票註銷作廢。

五、招股一事，端緒甚繁，定章不嚴，不能取信，茲擬將入股付息，分利存儲，一切辦法，詳晰訂立專章，以爲取信商民之地。

第六、均利五節：

一、凡總公司開出之礦，除遵部章輸納租税，及除去開辦本礦經費，並撥付股息外，其餘利作爲二十成，以一成報効國家，六成作爲公積，三成作爲在事人員酬勞，十成按股派分股東。

二、本局籌出公款，亦應彙入公司，作爲籌集公股，與商股同受利益，其公股應獲股息餘利，凡無股東收領者，另行按數提出，作爲將來開辦礦務學堂，並由本局酌撥地方，應辦事件之用。

三、凡稟呈認辦之礦，作爲本總局之分局，一經辦有成效，除遵章輸納租

稅，由本總局經理外，其所獲餘利，亦應按照第一節辦理，並另酌提二十成之一，爲本總局辦公經費。

四、分派餘利，須俟每年年終核計，將全年收付各數及餘利，逐款列榜，刊刻徵信録，以昭核實。

五、所開各礦，按季均須造具報銷清册，呈報總局，以爲查察稅項地步。

以上係開辦大略粗定章程，其一切未盡事宜，須按時參酌，隨時會議，稟請酌量增改。合併聲明。

附議二章：

一、擬另籌商股，畧仿積儲之意，設銀號一所，並存儲匯兑安徽礦務一切公款股款之用。

二、擬選派已習東文粗具普通知識者數名，送赴日本，專習礦學，學成回省，再就礦廠附設礦務學堂，以便實地驗習。

照録彩票辦法。

謹擬積儲彩票辦法七則，録呈鑒核。

計開：

一、此票以積儲爲宗旨，名曰江南安徽礦路積儲貲本彩票，與尋常彩票辦法不同。

一、此項彩票，按照所售之票售竣，勻派開彩。

一、擬設正副票，正票分十成，以五成開彩，一成開支，四成積儲，售竣開彩之後，再換積儲股票，副票仿照蘇鄂粵浙江各省現在通行之例辦理，按月開彩，與積儲票相輔而行。

一、積儲之款所生之利，仍作股本。

一、本利均不准提作局用開支。

一、開彩地方，或在上海，或在蕪湖。

一、以上海爲總發行所。

以上試辦有效。再定積儲專章，另稟立案登明。照録紳董銜名。

計抄單。

協董(四)(三)人。

江蘇候補道陳維彥。

江蘇候補道舒紹基。

議董十人。

翰林院編修李經畬。

江蘇徐州道袁大化。

山西河東道陳際唐。

江西候補道周學銘。

江蘇候補道李經邦。

江蘇候補道周家駒。

候選道陳樹涵。

江蘇候補道劉世珩。

江蘇候補道徐乃昌。

江蘇候補道孫多鑫。

又農工商部《抄送具奏安徽礦務總理擬請以鐵路總理暫行兼充摺暨硃批》

光緒三十四年十一月二十八日，收農工商部咨稱：光緒三十四年十一月二十四日，本部具奏，安徽礦務總理，擬請以鐵路總理暫行兼充一摺，本日奉旨：「依議。欽此。」相應恭録諭旨，附鈔原奏，咨呈貴部欽遵查照可也。須至咨者。

附欽件。

謹奏爲安徽礦務總理，擬請以鐵路總理暫行兼充，以維礦政，恭摺仰祈聖鑒事：竊查上年十月間，前安徽撫臣馮煦，以安徽礦務總理蒯光典奉派兼督西洋留學生，續派之李經義，堅辭不受，奏請飭下臣部轉飭安徽內外官紳，趕緊舉定總理接辦等因。奉硃批：「該部知道。欽此。」當由臣部欽遵知照該省同鄉京官遵照辦理去後。茲據安徽京官翰林院撰文李經畬等二十七人呈稱，安徽礦務總理一職，皖人再三集議推舉，一時尚未得人。查有新舉安徽鐵路總理前湖南補用道周學銘，才識優裕，辦事認真，擬請暫定兼管，一面趕緊另舉礦務總理，俟舉定後，再行呈明辦理，合詞呈請代奏前來。臣等查安徽鐵路礦務，經皖紳籌款興辦，向由該省公舉總理各一人，奏令承允。前據該省京官請以前廣西巡撫李經義，爲鐵路總理，兼礦務總理，經臣部會同郵傳部，奏奉俞允在案。嗣因李經義堅辭不受，遂致接替乏人，現據該紳等請以鐵路總理周學銘暫行兼充。查籌辦礦務，責任匪輕，如推舉不得其人，自宜暫行變通，爲並顧兼籌之計，免致要政久延。該員周學銘既經舉爲鐵路總理，由郵傳部奏准在案，是其才識優裕，鄉望素孚，已可概見。擬請照准辦理，以順輿情，而裨礦政。恭候命下，即由臣部行知

欽遵辦理。所有安徽礦務總理，以鐵路總理暫行兼允緣由，謹恭摺具陳，伏乞皇上聖鑒。謹奏。

《礦務檔·江西礦務·籌辦江西礦務》李興鋭文《咨送贛省路礦奏咨各件及表譜章程》 光緒二十七年七月二十三日，收江西巡撫李文稱：據總理江西善後總局司道會同布政使張紹華詳稱，案於光緒二十七年四月二十七日，奉行承准欽命全權大臣管理總理各國事務衙門事務和碩慶親王咨，京城自上年猝遭兵燹，所有鐵路礦務局檔案，全行遺失，遇有應辦事件。無從稽核，相應咨行將有關鐵路礦務來往奏咨文件，以及表譜合同，一律補送，以憑核辦。務於文到兩個月內，迅速咨送本衙門等因，咨行司局。奉此。本司職道等遵將有關鐵路、礦務來往奏咨文件，以及原刊表譜章程，一併分別檢齊抄録會文，詳請咨送欽命全權大臣管理總理各國事務衙門事務和碩慶親王查照等情，到本部院。據此。相應咨呈，爲此咨呈欽命全權大臣管理總理各國事務和碩慶親王。謹請查照施行。

計册一本。（釘原册）。

江西等處承宣布政使司、總理江西善後總局爲詳情咨送事，遵將有關鐵路礦務來往奏咨文件，及原刊表譜章程，分別檢齊抄録，呈送查核。

《礦務檔·江西礦務》附件一《總理衙門文》

一、光緒二十四年五月二十一日奉前撫憲德札開：光緒二十四年五月十四日佳兵部火票，遞到欽命總理各國事務衙門咨開，光緒二十四年四月十八日，本衙門會奏議覆中允黄思永所請通商口岸路礦事宜一摺，又附奏礦路關繫緊要應切寔保薦一年，本日同奉硃批：「依議。欽此。」相應恭録諭旨，刷印原奏，咨行貴撫欽遵可也。計粘抄等因，到本部院。准此。合就札行。爲此札仰該局即便會同藩司移行查照。一面由司局察看江西省地方形勢。何處可以開辦通商口岸。會同確核妥議。詳請咨復核辦。其鐵路礦務兩項。亦即通飭各屬確切查明有無當造之路，可開之礦，及能承任辦理官紳士民，刻日據寔禀由司局核明，詳情具奏。分別派委開辦，以拓利源。不得意圖苟安，以無須開路礦務有礙等詞，一禀了事，啓窺伺而失權利，是爲至要。並移饒九道知道，毋違。計粘抄單。並發火票一張，轉移臬司查明彙繳。

又附件二《議覆黄思永所奏通商口岸暨路礦事宜》 謹奏爲遵旨議奏事：光緒二十四年三月二十九日，准軍機處抄交本日左中允黄思永奏請均利保權一摺，軍機大臣面奉諭旨：「著該衙門議奏。欽此。」查原奏内稱，强隣逼處，貪得無厭，由口岸而鐵路，由鐵路而礦産，尋間抵隙，得步進步，直有拒之不能應之不給之勢。一國啓其端，各國踵其後，利不能均，貪必不止，權將盡失，患何忍言。勢迫計窮，莫此爲甚。若不早爲之所，江河日下，將若之何。擬請亟降明詔，迅飭内外大小臣工從長計議，凡在中國可爲通商口岸地方，不俟請立租界，先行照會各國，一律准其通商，有利均沾，有患共禦。照上海租界辦法，與各國明定條約，勿任一國專擅於其間等語。臣等查該中允所請中國可爲通商口岸地方先行開辦，係預杜外患起見。臣衙門已將湖南之岳州府、江蘇之吴淞口、直隸之秦皇島、福建之三都島，奏請開埠通商，亦已籌慮及此。其餘各省如有形勢扼要商賈輻輳之區，不妨廣開口岸，以均利益而免覬覦。應請飭下各省將軍督撫，察看地方情形，咨會臣衙門酌核辦理。又原奏内稱，由國家速設鐵路礦務兩大公司，所有中國之路礦兩項，統歸總公司籌款主持。無論華商洋商，皆准附股，勿專借一國之債，專附一國之股，亦不允一國有專之路，自指一處之礦。股本統由公司招集，轉發各省次第興辦，所得之利，亦皆匯歸公司，按照定章，均平分給，不以一處之路礦，計其盈虧，不以一事之興衰，定其作輟，而一切管轄之權，朝廷主之，公司任之，各國不得干預等語。查路礦兩項爲今日要務，該中允所擬辦法，語多切要，所請速設鐵路礦務兩大公司統轄中國路礦各節，現在東三省鐵路由工部侍郎許景澄總辦，盧漢及粵漢蘇滬鐵路由大理寺少卿盛宣懷督辦，津榆及京津鐵路由順天府府尹胡燏棻辦理，條理粗具，成效尚遲。至各省礦務，事權不一，辦法各殊，尤恐徒滋流弊。加以中國礦務之學，向無專門開採、鎔鍊之法，諸形隔膜，亟應切寔經理，以拓利源，而杜隱患。應如所奏，擬請敕下各省將軍督撫保薦大員，奏請簡派，分别總理，以專責成。所有臣等遵議通商口岸及鐵路礦務各緣由，理合恭摺具陳，伏乞皇上聖鑒。再，此摺係總理衙門主稿，會同户部具奏，合併陳明。謹奏。

一、光緒二十四年七月十八日奉前撫憲德札開，照得查明通商口岸路礦事宜，據寔復陳緣由，經本部院於光緒二十四年七月十八日恭摺具奏，除俟奉到硃批恭録另行外，合就抄摺札知，爲此札仰該局即便會同藩司移行一體查照，仍移知饒九道毋違。計粘抄摺。

又附件三江西巡撫《復陳通商口岸暨路礦事宜》 奏爲遵旨查明通商口岸路礦事宜，據寔復陳，恭摺仰祈聖鑒事：竊臣接准總理各國事務衙門咨，會奏議復中允黄思永所請通商口岸、路礦事宜一摺，又附奏礦路關繫緊要應切寔保薦

一片，光緒二十四年四月十八日奉硃批：「依議。欽此。」欽遵咨行到臣。伏查路礦兩項，爲今日要務，亟宜認真講求，趕緊開辦，以拓利源，而杜覬覦，未便置諸緩圖，坐失機宜。惟江西地處腹里，濱臨長江，與湖北粵東壤地相連，若由漢口建造鐵路，直達粵東，商賈販運便捷，公私獲利無涯。前經臣飭司委派候補知縣張曾詔等詳細履勘，其中山河重隔，應如何鑿石建橋，江西省現無熟悉此項工程之員，亦無承任集股建造之紳商，擬請稍緩，俟蘆漢幹路告成，再議舉辦支路，以通脉絡。至江西省礦産，歷經飭屬招商集款，廣爲開採，五金皆未得的苗，惟萍鄉、宜春、樂平等縣産煤之礦爲多。現經湖北鐵政局派員帶同洋礦師勘驗，會同地方官開辦採運，煤質尚屬佳旺，此外各州縣凡有可開之礦，一經紳商呈請試辦，無不立即批准。並飭地方官開導居民，毋惑於風水積習，阻撓生事，以期開闢利源，辦有成效，即行奏報，斷不敢意圖苟安，稍秒怠忽。現在礦務一切，已飭藩司翁曾桂會同善後局司道悉心經理，仍詳加考察，如確有通曉礦務之員，即由局詳候保奏，派令專司其事，以盡地利而一辦法。【略】

所有查明通商口岸路礦事宜緣由，謹恭摺具奏，伏乞皇上聖鑒訓示。謹奏。

一、光緒二十四年八月二十六日奉前護撫憲翁札開：照得查明通商口岸路礦事宜，據寔復陳緣由，經德前部院於光緒二十四年七月十八日恭摺具奏，當經抄録摺稿咨行在案。今於光緒二十四年八月二十一日遞回原摺，奉硃批：「該衙門知道。欽此。」合就恭録札知。爲此行局即便會同藩司移行一體欽遵查照，仍移知饒九道。此札。

一、光緒二十四年七月二十四日，奉前護撫憲翁案驗光緒二十四年七月二十二日承准兵部火票，遞到欽命統轄礦務鐵路總局咨開：光緒二十四年六月十五日奉上諭：著於京師專設礦務鐵路總局，派王文韶、張蔭桓專理其事，所有開礦築路一切公司事宜，俱歸統轄，以專責成等因。欽此。本大臣等遵於本年六月二十四日具奏設立礦路總局情形一摺，奉硃批：「知道了。欽此。」同日又附奏請鑄造關防一片，奉硃批：「依議。欽此。」相應恭録並抄奏咨行貴撫欽遵辦理。查各省礦務，累年以來，或業經開採，或開而復封，或已勘未開，或礦苗顯露，未經查勘，情形不一。今既奉設專局，自應綜其綱領，詳爲稽核，以免輕率從事，應請貴撫通飭所屬，將已開未開各礦，歷年籌辦情形，繪圖貼説，撰爲表譜，及一切詳細章程，務於文到三月内，彙齊咨送本總局備核。至圖表尺寸格式，俟本總局酌定體例，續行咨寄。嗣後關涉礦路文件，除咨報本總局外，仍分咨户部、總理衙門，以備查考。此文係借用總理衙門關防辦理，合併聲明，計粘單等因，到本護院。承准此。合就轉行。爲此行局即便會同藩司通飭所屬一體欽遵辦理，仍飭先行查明業已開礦各處，將辦理情形，繪圖貼説，禀局核明，詳候咨送，勿稍遲延。切切。計粘抄單一紙，並發火票一張，轉移臬司查收辦理。

抄單。

又附件四路礦總局《遵旨設立路礦總局情形》 謹奏爲遵旨設立礦務鐵路總局，謹將路礦大畧，開局日期，並派定司員，恭摺仰祈聖鑒事。本年六月十五日恭奉上諭：鐵路礦務爲時政最要關鍵。【略】

至各省礦務，漠河開平，成效已著，漠河歲解户部銀約二十萬兩，幾經駁查而得。而其礦山界址，採礦章程，與沙丁畫分四六成生金，猶是藏頭露尾。黑龍江將軍開礦，又尤而效之，無非以距京遥遠，驟難稽核，自非令和盤託出，不足以招商務，而垂久遠。又開平煤礦，初辦甚疲累，近年經理如法，出煤日多，時或運銷南洋，煤質之佳，遠勝日本，果能推行盡利，足爲國家生財。現在商款若干、官款若干，從前兼辦塞門德土，能否不致虧本，每日每年出煤數目，局廠幾處，各用華洋人幾名，應令據實具復，此礦務之大畧也。本年山西、河南礦務章程，經總理衙門核議具奏，其第六款礦質出井值百抽五，仍完出口税各節，於國帑不無裨益。他省煤鐵礦可援照辦理，至五金之礦，則值百抽五不足以盡之，自宜另訂抽收之法，以重公帑。現在遵旨設立京師總局，臣等先就户部、總理衙門調查檔案，分行各省各公司查取現辦章程，詳爲核訂，請旨遵行。未經奉旨設局以前，無論官商擬辦未確之事，均不得作爲定案。緣此數年間，謀辦路礦者，紛至沓來，大部欲得一准辦之據，以自爲謀，其於國計民生，無與也，於路礦成敗利鈍，無與也。其所臚舉，甚至松竹齋一紙舖，亦可擔認八十萬銀貲本。江浙鐵路竟有借銀行期票作保，驗訖發還，僅與該行訂認一次月息，空中樓閣，百出不窮，駁之則叢謗，准之則誤公。臣等仰維朝廷設局之意，惟當寔事求是，何敢委曲遷就。然此中情形，臣等既有見聞，不能不豫爲防範，以免魚珠淆混，貽笑外人。設局伊始，端緒甚繁，另覓公所，恐曠時日。現擬就總理衙門西院，權爲總局，選派提調管股章京，先將路礦檔案分别清釐，以憑核辦，即於七月初一日開局。一切應辦事宜，容臣等隨時商議具奏。所有遵旨設立礦務鐵路總局各緣由，謹繕摺具陳，伏乞皇上聖鑒訓示。謹奏。

又路礦總局《請飭鑄開防鈐用》 再，現在遵設礦務鐵路總局，一切文牘自

必繁多，應有關防，以專責成。相應請旨飭下禮部鑄銅關防一顆，其文曰欽命統轄礦務鐵路總局關防。鑄成後，咨送臣局，俾資鈐用。未經鑄造以前，所有應行文件，暫借總理衙門關防辦理。謹附片陳請，伏乞聖鑒訓示。謹奏。

一、光緒二十四年九月十三日，奉前護撫憲翁札開，光緒二十四年九月十一日，承准兵部火票遞到軍機大臣字寄各直省將軍、督撫。光緒二十四年八月二十四日奉上諭：現在中外交涉日繁，如礦務、鐵路借款等事，皆關係重大，不得不格外慎重。即如胡聘之現辦山西礦務，未能先事斟酌合宜，不免臨時棘手。嗣後各直省如有開礦、築路、借款及一切交涉事件，均須於事前將詳細辦法奏明，聽候朝廷酌奪，毋得擅立合同，致多窒礙。將此通諭各直省將軍、督撫知之。欽此。遵旨寄信前來，等因，到本護院。承准此。除行藩司外，合就札行，爲此行局即便欽遵辦理。此札。

一、光緒二十四年九月三十日，本藩司前護撫篆任内，案騐光緒二十四年九月二十七日，承准兵部火票遞到欽命統轄礦務鐵路總局咨，本總局前經奏准頒發關防，已由禮部鑄就，祗領到局，兹已於八月二十五日敬謹開用，相應咨行貴撫備案存查可也等因，到本護院。承准此。合就轉行，爲此行局，即便分别移行查照可也。計發火票一張，轉移臬司查收辦理。

一、光緒二十四年十一月十一日，奉前撫憲松案騐光緒二十四年十一月初四日准兵部火票，遞到欽命統轄礦務鐵路總局咨，本總局議復出使大臣伍奏條陳礦務事宜一摺，於光緒二十四年十月十六日具奏。本日奉硃批：「依議。欽此。」相應恭録并粘原奏，咨行欽遵辦理可也。計粘原奏等因，到本部院。准此。合就轉行。爲此案仰該局即便通行各屬一體欽遵，趕緊察訪境内産礦處所，詳細確勘，分别繪圖貼説，送局核明，依限彙案詳咨毋違。計粘抄原奏一紙，並發火票一張，轉移臬司查收彙繳。

抄原奏。

又附件六路礦總局《議覆伍廷芳奏陳路礦事宜》 謹奏。爲遵旨覆陳恭摺仰祈聖鑒事。光緒二十四年九月初十日，准軍機處抄交出使美日秘國大臣伍廷芳具奏開辦礦務條陳杜弊章程各摺片，本日奉硃批：「著王文等會同總理衙門議奏。片併發。欽此。」臣等查原奏内稱，中國地大物博，各國環伺，乘間要求，非第利其土疆，寔亦羡其礦産。我誠定計於先，廣爲籌辦，即可貽我民之樂利，即可杜他族之覬覦。從前礦務辦法，大約有三：曰官辦，曰商辦，曰官商合辦。但官辦則公款難籌，商辦則私財不給，官商合辦則商惟恐受制於官，亦難取信於民，瞻顧徘徊，事機坐失。是惟華商承辦，許附洋股，互相維制，此法誠良。若内地商民或因資本不足，或因礦師難延，或因機器難購，欲求速效，且資熟手，勢不能不轉任洋商。既任洋商，則必須善訂章程，始可有濟。杜弊之要，約有數端，條陳清地界，定年限，明抽分，占華股，公稽核，防後患，以備採擇等語。臣等查中國礦産富饒，甲於五洲，爲外人所覬覦，已非一日，特以華人資本不裕，向用土法開採，收效無多。近來風氣既開，華商亦多糾集公司，思效西法開採，每以資本不足，請借洋款，事當開辦伊始，利之所在，弊即隨之，自非善訂章程，誠不足以杜後患，該大臣條陳各節，洵屬杜漸防微之道。此次臣等議定章程，已將該大臣陳奏各條，酌爲採入。至原片文稱，西人遊歷來華，探測礦産殆徧，人皆洞澈，我反茫昧，應由總理衙門延僱上等礦師，並招致曾經出洋肄習礦務學生，隨同總局委員周歷各省，按址履勘，詳細記載，列册備查。並行知各疆臣檄下地方官，各就本轄境内博訪周諮，確查礦産所在，呈報總局，庶幾披圖按籍，一一可稽等語。臣等查局中擬設礦務學堂，延請礦師，曾經奏明在案，祗以經費難籌，一時尚未及舉辦。至肄習礦務學生，亦經奏明由南北洋大臣遴派聰穎子弟出洋，尚未據該大臣咨報。從前學生有選派出洋肄業者，並無專習礦務之人，現尚無從招致。惟二十一行省産礦地方，所在多有，與其由總局派員往勘，勢不能周，不若由各該地方官就地查明，較爲切寔。應如該大臣所請，由各省將軍督撫轉飭各該地方官，於所轄境内察訪産礦處所，無論已開未開及開而復閉者，詳細查明確勘，繪圖貼説，於六箇月内咨報總局，以憑核辦。如蒙俞允，即由臣等咨行各直省遵照辦理。所有議復各緣由，理合恭摺具陳，伏乞皇太后、皇上聖鑒訓示。再，此摺係礦路總局主稿，會同總理衙門辦理，合併聲明。謹奏。

又附件七路礦總局《奏請明定路礦章程通飭遵行》 謹奏。爲明定礦務鐵路章程，請旨通行飭遵，恭摺仰祈聖鑒事。本年六月二十四日遵旨開設礦務鐵路總局摺内，聲明應辦事宜，隨時具奏。九月初十日議復胡燏棻條陳礦路事宜摺内，聲明另行核定章程各在案。臣等查礦務、鐵路誠能辦理得宜，可以益國計，裕民生，然天下事，利與弊恒相因，況此事至爲繁重，設辦法稍有參差，將使奸商劣紳串通影射，壟斷把持，而公正妥寔之紳商，反退縮向隅，無以自効。且既辦以後，利益稍有端倪，不肖官吏又或從而覬覦，百端魚肉，利源未擴，弊竇叢生，斷無可以持久之理。今欲興利蠲弊，自非慎始圖於不可。如遴派公司，嚴核股

本，示洋股之限制，保華商之利權，及用人、購地、選匠、鳩工、徵收税課，稽查出入等事，亟應明定畫一章程，以資遵守而垂久遠。臣等博訪周諮，就華洋成式中斟酌採擇，謹擬礦務鐵路公共章程二十二條，恭候欽定。如蒙俞允，即由臣局通行飭遵。此後因時制宜，有應行增減之處，再由臣等體察情形，隨時奏明辦理。所有明定礦務鐵路章程緣由，理合恭摺具陳，伏乞皇太后、皇上聖鑒訓示。再，此摺係礦務鐵路總局主稿，會同總理各國事務衙門辦理，合併聲明。謹奏。

光緒二十四年十月初六日具奏，奉硃批：「依議。欽此。」

又附件一〇贛紳公呈《稟辦贛省礦務請由同鄉具結》 敬再肅者：敝省各州縣間有煤鐵各礦，向來民間開採，資本無多，爲利亦薄。或開掘未久，而礦苗已盡，旋即歇業，故服賈者過於各行省，而開礦者硃不數覯。近年風氣漸開，言興利者每以開礦爲詞，若使辦理得法，則利源日闢，民生漸裕，豈不甚願。無如守中法者，費數萬之金錢，往往得不償失。言西法者，僅襲皮毛，亦屬毫無把握。故日日言礦務，而成效闕如。甚至引盗入室，喧賓奪主，招之即來，麾之不去。或因此以及彼，或得寸而冀尺，不肖者甘爲爪牙，良懦者恣其魚肉。官有難稽之萑苻，地無可安之邱墓。利尚茫茫，而爲害已不可勝言矣。近聞有欲援他省之成式，辦敝省之礦務，鴻逵等念切梓桑，熟權利害，與其貽患於日後，不如致慎於事先。是以聯名呈請礦務鐵路總局立案，此後凡有呈請開辦敝省礦務者，人品是否公正，家道是否殷寔，及有無朦混招摇等弊，同鄉耳目最真，必能悉其底蘊，須由印結局出結，方請核辦，仰蒙照准。兹特抄呈冰案，伏惟大公祖身爲德曜，胸有智珠，兹事之關繫重大，必已燭照無遺，敬懇俯賜鑒察，大力維持。豈惟敝省之福，我國家寔利賴之。銘感之忱，期於永世。冒瀆威嚴，不勝惶悚。謹此。再請崇安。余九穀、伍兆鰲、趙惟熙、李鴻達、徐道焜、熊亦奇、謝希銓、聶濟時、朱益藩等謹再啟。

又附件一二《請申明增定礦務章程》 謹奏爲申明增定礦務章程，恭摺仰析聖鑒事。案查光緒二十四年十月初六日，臣等會同奏定礦務鐵路章程摺内，聲明此後因時制宜，有應行增改之處，隨時體察情形，奏明辦理。鐵路一事，於去年十一月初一日，會奏通籌分别緩急次第辦法，均經先後奉旨通行各在案。其礦務自准開辦以來，亦有應就前次定章申明增定者，竊維華洋各商會同集股設立公司，在國家一視同仁准其開辦之本意，原欲令各該商獲均沾之利，非欲令各該商據獨擅之利。今請辦礦務之華洋各商，因章程准各公司勘定産礦處所，動輒混指某省府分若干，縣分若干，並不確指某縣某處，計明段落里數，是徒使奸商串通影射，壟斷把持，故遷延，將徒有標佔之名，並無開辦之寔。今應明予定限，自批准之日起，統以十箇月爲期，無論有無事故，若逾期不辦，即將批准之案查銷，由地方官查明另招他商承辦，該商不得争論。餘仍照前次奏定章程辦理，其議開在先各礦，仍照舊核辦，以免紛擾。如蒙俞允，即由臣等通行遵照，所有申明增定礦務章程緣由，理合恭摺會陳，伏乞皇太后、皇上聖鑒訓示。再此摺係礦務鐵路總局主稿，會同總理各國事務衙門辦理，合併聲明。謹奏。

光緒二十五年六月二十三日，奉硃批：「依議。欽此。」

又柯逢時《江西礦務公司辦礦章程請查照立案》 〔光緒二十八年〕十月初一日，護理江西巡撫柯文稱，據江西礦務公司司道詳稱：「案奉李前撫院札開，奏明設立礦務公司，派委司道督辦，並咨准河南撫部院錫咨抄豫南公司章程八條，及禹州試辦煤窑章程四條，並奏咨成案。札發詳加查核，酌仿辦理各等因。奉此。本司等公同參酌，查豫南公司章程所開保護利權，不准匿報私挖，籌集股本，務期設法紹徠，以及延礦師、購機器，而先用土法試辦，核與本公司原擬章程，大致相同。至其開採入手，先從附近鐵路各礦，無非因勢利導之意。今江西鐵路未開，情形較異，而擬就樂平、清江、宜春各成礦，先行舉辦，用意正復相合。惟禹州章程内載奏明立案不准民間私售一條，係爲保利息争起見。遵查前奉行准外務部於本年二月初八日奏定礦務章程，第一條既准華洋各商赴部投稟，誠恐將來或有洋商欲承辦江西各礦，於公司利權不無妨礙，自不得不綢繆未雨，先行咨明立案，俾江西全省礦産，悉歸公司經理，以杜攬辦而息争端。又禹州奏咨成案，有酌借官本一節，查上年商務局詳定章程，凡商民需本過鉅驟難措辦者，本有准其邀保酌借貲本等語。今禹州煤窑，業經酌借有案，似可仿照施行。惟既係借款，不得誤認官商會辦，應令商人照算起息，並將本銀依限歸繳，不得稍有逾期，以重庫款。所有遵飭參酌會議礦務章程八條，理合詳請咨送外務部察核立案等情，到本護院，據此。除咨請盛大臣將奏准開辦萍鄉、宜春礦産章程，覆江查照外，相應呈請，爲此咨呈外務部，謹請查照立案見復施行。」

照録章程清摺。

謹將酌擬開辦江西礦務公司條款章程，開摺呈請鑒核。

一、申明礦權：江西五金之礦，所在皆有，民間開採，盛衰不常。現在設立公司，應由公司將全省所有礦山，通飭各州縣繪圖貼説，詳細列册呈送公司，再

由公司派員帶同礦師前往察勘，以便開採。惟遵查本年二月初八日奏定礦務新章，華英各商均准赴部投稟，誠恐將來或有洋人欲承辦江西礦務，則於公司利權，不無妨礙。擬請咨明立案，所有江西全省礦產，現歸公司一手經理，嗣後欲開礦者，無論華股洋款，須與公司商妥允准，方可開辦。

一、領給執照：凡擬開辦礦務者，必須指定礦地四至界址，遵照新章，由州縣詳請督院暨撫院專咨外務部以爲可行，即知照路礦總局發出准行執照，照章呈繳照費。其未領執照以前，由公司先發印照，蓋用關防，三聯騎縫，一給承辦之人，一轉詳咨部換照，一存公司備查。照内詳載姓名籍貫，不論華洋之款，均由華商具名，倘有轇轕，自行理直，與公司無涉。自給照之日起，遵章以十二個月爲限，逾限未經開辦者，即由公司詳請註銷。

一、先開成礦：樂平之煤，清江之鐵，宜礦質地均佳，曾經鄉民開採，祇以資本不充，又無機器，以致及水廢棄，殊爲可惜。擬由公司籌款派員，先行試辦，並購探鑽吸水起重各機器，以期開通風氣，廣濬利源。其民間用土法開採者，亦可照此辦理。惟無論獨開合開，皆須呈報公司，未經呈報之礦，概不准開。

一、延訂礦師：外洋礦師，一時寔難其選，兹准毛道慶蕃來函，有温秉仁，廣東人，在英國學堂習礦學有年，領有卒業頭等文憑，曾在開平、平江各礦辦事，忠寔不欺，擬即延訂來江，以資察勘。

一、籌集股本：開辦之始，由司挪墊款項，俟有端緒，再行招股，並移請毛道在滬經理招商集股事宜，一切起息分紅，均照各省通行章程。其商辦之礦，或有資本不敷者，准其稟請公司查明確寔，酌借官本，以示提倡。惟既係借款，不得誤認官商合辦，應令照算起息，本銀尤須依限呈繳。

一、按季呈報：無論官商各礦，所有員董職名，及每月所出礦産若干，與所用礦丁若干，均須逐詳晰按季呈報公司。至盛大臣奏准開辦萍鄉縣煤礦，奉新縣知縣蔣家駿購採宜春礦産，所有各該礦山地段，及辦理章程，出煤噸數，應請咨明查復，並飭各該縣查明界限，以備稽考。

一、保護礦産：凡開礦之地，如有鄉愚地棍，恃衆阻撓，應嚴飭地方官竭力保護。如必須募勇彈壓，准會同地方官稟請酌辦，經費自籌。惟公司祇任保護。倘有虧折成本。公司不認賠償。

一、設棧運售：煤有緑火、紅火之别，緑火供民間炊爨，紅火足備機器之需。近用土法煉焦，甚爲合用。前由商務局在省城及九江設立囤棧，凡商民運煤到棧者，一律平價收買。此項囤棧，應請歸入公司，聯絡一氣，至將來五金各礦，所出礦産，亦可由官收買，照此推行。

以上各條，不過粗舉大端，如有未盡事宜，俟開辦後，隨時稟陳憲鑒。合併聲明。

又外務部《江西礦務公司辦礦章程准予立案》〔光緒二十八年〕十月十一日，行江西巡撫文稱，光緒二十八年十月初一日，接准咨稱：「據江西礦務公司詳稱，案奉李前撫院劄開，奏明設立礦務公司，派委司道督辦。並咨准河南咨抄豫南公司章程八條，及禹州試辦煤窑章程四條，並奏咨成案。劄發詳加查核，酌仿辦理，本司等公同參酌。查豫南公司章程，核與本公司原擬章程，大致相同。所有遵飭參酌礦務章程八條，詳請咨送外務部察核立案等情。除咨盛大臣將奏准開辦萍鄉宜春礦産章程，復江查照外，爲此咨呈，謹請查照立案見復等因前來。本部查該省礦務既經奏准設立公司，派員督辦，原爲保全利權起見，所擬章程八條，係參照豫南章程辦理，尚屬可行，自應准予立案。相應咨行貴撫查照可也。」

又夏旹《開辦農工商礦總局暨遣派員紳督率學生赴日本肄習農商礦等學》光緒三十年六月二十日，收軍機處交出夏旹鈔片稱：再江西省原設農工商務局礦務公司，給前護撫臣柯逢時於上年正月歸併派辦政事處，列爲兩所，奏得在案。竊維朝廷振興百度，商部特設專官，舉凡農工商礦一切生利之圖，事體重要。臣上年奏留會辦之紳士翰林院編修黄大壎，禮部主事劉景熙，均於春間到省，正宜及時會商，認真籌辦。派辦政事處諸務殷繁，勢難兼顧，自應另設農工商礦總局，以專責成。即以藩司爲總辦，添派提調文案等員，於三月初三日開局，迭據會紳籌議。江西物産雖富，風氣未開，如造紙榨糖織布捲烟等事，本地皆足取材。而工藝實形窳敗，他如種植畜牧，皆爲興商之本。事資擇善，師貴從長。因商訂黄大壎前赴日本，將各項實業認真考察，冀有成法之循，俾獲改良之益。并隨帶學生十名前往，分送各學堂肄習農商礦專門之學，異日畢業回華，推行盡利，其成效必有可觀，現已遣派陸續起程。理合將另設專局派紳督率學生出洋緣由，附片具陳，伏乞聖鑒。謹奏。

光緒三十年六月二十日，奉硃批：「該部知道。欽此。」

《礦務檔·湖北礦務·籌辦湖北礦務》外務部收湖北巡撫端方文《好民私與德商訂立合辦龍角山礦務合同該山仍當照案封禁》光緒二十九年十一月二十

四日，收湖北巡撫端方文稱，據德國駐漢延領事照稱：「據禮和亨達利稟稱，該行現因湖北大冶、興國兩邑接壤之龍角山，產自銀鉛鑛質，華商天富公司經理人張德春、楊紀瑞、傅清順、蕭雲青，與該行訂立合同，合辦開採。該行先備洋例銀二十萬兩，出具匯票一紙，天富公司繳出山圖，及業户侯子裕等甘結各一紙，照請核辦等情。當經本兼署部堂卷查龍角山坐落大冶縣興國州交界地方，曾據該山主石星階、石瑞麟、石承先、石興賢等稟請封禁在案。兹興國州生童侯子裕等具結請予開採，核與前案不符，且結内並無石星階等名字，尤難保無影射誆騙情事。除將合同銀票發交江漢關道照送德領事給還外，札飭大冶縣興國州查訊稟復去後。嗣據大冶縣稟稱，遵傳從前具結之石星階等，及户族石安吉、石逢慶等到訊，據供稱伊等坐落冶境之龍角山，前因其間墳塚甚多，結請永遠封禁，此後並無私賣圖利情事，願具切結。又據興國州稟，據恩貢劉赤，附貢曹曙、即曹相南，廩貢曹香舟，教職熊奎斗、梁觀光、趙潤林，生員石清泉，監生吕尋春等稟稱，龍角山東南西俱坐落興國境内，環山居民不下十餘萬户，廬墓田園，鱗次櫛比，久經該生等在州稟請封禁。至天富公司所呈結内之侯子裕熊里三，久已身故，該生劉赤、曹相南、石清泉年俱八旬，從未赴漢，此外或不知其事，或竟無其人，不知被何人冒名出結，懇請查究等語，由縣傳詢無異各等情。據此。查大冶、興國交界之龍角山，雖産鑛質，惟該處廬墓甚多，久據各該業户稟請封禁有案。此次天富公司張德春等所呈結内之業户姓名，或久已物故，或不知其事，或並無其人，其爲張德春等冒捏撞騙。毫無疑義。所有龍角山鑛産，應仍照案封禁，以順輿情，而杜轇轕。除飭由江漢關道照會德領事轉飭洋商勿再輕信誆騙外，所有辦理情形，相應咨呈貴部，謹請察照立案施行。」

《礦務檔・湖南礦務・籌辦湖南礦務》俞廉三《湘省出口礦砂在岳關徵税請轉飭税司遵辦》〔光緒二十八年〕八月十九日，湖南巡撫俞文稱，據湖南礦務總局司道詳稱：「竊照本局於本年六月初二日，奉憲台批，岳常澧道、韓道慶雲稟，准岳關税司函稱，昌和輪船裝運錦砂，已與漢關税司會商征税情形，乞批局迅速核議飭遵由，奉批據稟已悉。湘省鑛砂，應由岳州關抽收出口税項，前經各局詳定，由本部院咨達總理衙門有案，仰礦務總局查照前案，體察現在情形，妥議詳覆，移遵辦理，此繳等因。奉此。並准韓道咨同前由到局，本局伏查光緒二十六年五月，會同農工商移總局，以湘省礦税，應先照值百抽五，酌完一出口正税，一歸岳關征抽，以符原奏。札飭鄧令紹禹、羅令葆祺赴岳關，會商監督税司，妥籌征税善法。當經酌擬辦法，詳請憲台咨明總理衙門，行知總税務司，轉飭各關税司遵照。並咨行督憲，暨湖北撫部院，轉飭江漢關監督税司及湖北牙釐局一體遵照在案，嗣因京津亂起，未及照辦。兹既經岳關韓税司會商江漢關税司，查案請在岳關征收礦砂出口正税，在漢關征進口半税，如係運往外洋，則應給半税存票，俟出洋時，照章發還，湘礦之貨，仍不過完一出口正税等語。本局查與原議尚屬相符，自應照辦，所有原定辦法，及礦局運單、岳關執照款式，理合鈔録，呈請鑒核，仍前咨明轉飭辦理，以免窒礙。查湘省運銷之礦，以生銻、銻砂、黑白鉛砂四項爲大宗，其錬成生銻一項，應照原箱出口完税，其餘另起運售之銻砂、黑白鉛砂，多係以毛砂運至漢口，由商人擇浄，再行裝箱轉運出洋，是經岳報運之數，與在漢轉運之數，必不相符，不得不酌籌變通。前次詳咨案内，業已聲明。韓税司函稱，前年所議湘省礦産各辦法，現亦不必再議等語，實未深悉情形，自應仍照原定辦法，以臻妥協。除咨商韓道照會岳關税司查照外，所有遵議湘礦仍在岳關征税緣由，相應具文詳請咨行外務部，暨督憲、湖北撫部院，一體轉飭遵照，實爲公便等情，到本部院。據此。除分咨外，相應咨明，爲此咨呈外務部，謹請查照行知總税務司，轉飭各關税司遵照施行。」

照録章程：

《岳關完税章程》

一、湘省各種鑛砂，經前撫憲陳會同督憲張，於光緒二十二年十月奏准免抽税釐，歷經咨行遵辦。光緒二十六年五月，詳定以生銻、銻砂、黑白鉛砂四項，照值百抽五完一出口正税，即在岳關完納，援照江南湖北織布等局，歸專案辦理。除完出口正税外，所經沿途關卡，祇准查驗，不得再征税釐。其餘行銷内地官辦之煤、鐵、硝磺等項，向不運銷外洋，仍應查照原奏，免抽收税釐。

一、湘省各種礦砂，裝運出口，由總局刊發運單，無論是否裝載輪船，抑鑛局自置自僱船隻，均持此單在岳關報驗，即由税司掛號登記，簽字蓋印，發還運漢。此單即名爲湖南鑛務局運單，單内載明鑛數若干，如有打包裝箱之件，仍註明箱數、件數，其式應爲三聯，以一聯存總局，以一聯報岳關，其空白一聯，仍由岳税司簽明鑛砂到漢分擇後，由轉運局填寫運出實數，呈請漢關加印簽字，寄回岳關查核。其岳關先經簽放毛砂運單一聯，應於漢關復驗後，交還轉運局，以便將出口實數，註明存案。

附運單式，以上備存根一聯。

湖南官礦局運單

奏辦湖南鑛務總局，　爲發給運單，以憑報關事。茲派本局　船裝載後開鑛産，赴岳州關呈報登記蓋印放行，並請先給收税執照，以便運往漢口，由轉運局發交承運商行，分擇運售，須至運單者。

計開：

生銻　件　擔　斤

銻砂　噸　擔　斤

黑鉛砂　噸　擔　斤

白鉛砂　噸　擔　斤

右運單給　收執。

光緒　年　月　日

此單到漢，即交轉運局。俟商行挑貨後，即由局呈漢關核對，仍交局備案，并具報總局查攷。

湖南官鑛局轉運單

字第　號

駐鄂湘鑛轉運局，發給轉運單，以憑報關核對事。茲據　報稱，已將砂揀出若干，相應赴關報運，本局應照章註明於後，即請貴關核對，轉寄岳州關查照辦理。仍請漢關換給免重徵憑單，以便换輪至滬，轉運出洋售銷，須至運單者。

計開

生銻　件　擔　斤

揀運銻砂　噸　擔　斤

退回廢砂　噸　擔　斤

揀運黑鉛砂　噸　擔　斤

退回廢砂　噸　擔　斤

揀運白鉛砂　噸　擔　斤

退回廢砂　噸　擔　斤

光緒　年　月　日轉運局呈。

一、湘礦到岳州呈驗運單，經税司於原單簽字蓋印後，仍由關另給運照，曰已完正税，運往別口，免重徵之執照，並洋文總單各一紙，交押運人收執，以爲到漢交由轉運局轉發承運商行呈報漢關之據。漢關既有運單執照可驗，即應换發免重徵之照，交該商收執，轉運赴滬，换輪出洋售銷。

附運照式。

以上備存根一聯。

湖南鑛砂已完正税運往別口執照

岳州關監督，發給執照事：茲據　稟報，後開湖南官局鑛砂，已在岳州關呈驗憑單，完清出口正税，准其將該鑛砂裝載　運船，運往漢口，當經查驗實係官局原貨，核與憑單相符，合行發給已完出口正税執照，准將後開貨物運至漢口，呈請漢關换給免重徵憑單，以便换輪至滬，轉運出洋售銷。

須至執照者。

計開：

黑鉛砂

生銻

湖南官礦　件　擔　斤

銻砂

白鉛砂

自至　字第　批起止本關記號。

右照給湖南官礦局押運人收執。

光緒　年　月　日給限至江漢關日呈　繳。

一、湘鑛應納税項，久經漢關分別估定，計生銻估本每石叁兩，銻砂每噸估本三十兩，黑鉛砂每噸估本二十兩，白鉛砂每噸估本十兩，按照抽收在案。今議由岳關收税，自應查照辦理，其每次應納税銀，以三個月爲一結，由轉運局將税銀寄繳湘鑛總局，轉交岳關核收。倘逾三個月不將應寄岳關之單繳到，即照登記之數，由岳核征。

《礦務檔・湖南礦務》俞廉三《湘省礦務擬先集股購地再妥籌開採暨防範奸商藉礦撞騙事請查照立案》〔光緒二十八年〕十二月初六日，收湖南巡撫俞文稱，據辦理湖南礦務總局司道詳稱：「竊照本局詳准設立阜湘、沅豐兩總公司承辦湘省各路礦山。業蒙奏奉諭旨，并札派紳董經理在案。茲據兩總公司紳董蔣紳德鈞、朱紳恩紱、王紳銘忠、翟紳衡璣、黃紳紳霖、黃紳忠浩、黃紳篤恭等呈稱，湘省各屬鑛産，自蒙憲台奏設阜湘、沅豐兩公司之後，又經紳董等體察情形，求有合於憲台奏稱商情歸一，商權歸一之指，呈請將兩公司合併爲一，以杜紛歧，

且期深相聯絡，以固基礎，業經詳奉批准在案。凡湘省未開各礦，應行照案概歸總公司承辦。查開採礦產，必先籌集資本，紳董等原擬先招華股，再借洋款，以冀自握利權，不至動虞外溢。乃更迭赴滬漢一帶，再四籌議招集華股，類皆觀望不前。借貸洋款，人慮抵押滋弊。專辦購地一事，需款不多，且較辦礦稍有把握，似尚易於招致。地權所在，亦復能操縱自如，爰擬畧仿華益公司辦法，先集華股，勘購礦地，以固自主之權，再議指地籌款，以資開採。紳董等詢謀僉同，似舍是亦別無良法。如蒙詳奉核准，應請咨明外務部礦路總局立案，以憑遵守。又查各處奸商，或藉逾限作廢之局帖，或造山主出售之假契，在於滬漢各埠，任意招搖，誠恐中外商人受其欺騙，并應詳請咨明。嗣後湘省礦產，概由總公司紳董經理，如有中外商人願意附股合辦者，均請飭令該商自與該公司紳董面議妥辦，庶昭慎重等情。據此。本局伏查先行購地，再議籌款各節，與四川華益公司章程，大致相同。現在集股維艱，借款必多窒礙，自非變通辦法，先以華股收回地權不可，擬請核准咨明立案。至奸商撞騙，詭計百端，近來此輩尤夥，甚至湘省各屬，時有蹤跡，若不設法嚴爲防範，其貽累中外商人，實非淺鮮。且串通勾合，頗有勢力，難免不有執持廢帖僞契，前赴外務部路礦總局輕相嘗試之事。應請咨明如部稟辦湘省礦産者，一律拒絕。其資本確實，人尚可靠者，仍飭自與湖南礦務總公司各紳董當面議辦，或可以藉杜流弊。是否有當，理合具文詳請察核，電咨外務部路礦總局查照立案。實爲公便等情，到本部院。據此。查此案業經本部院電致外務部路礦總局，謹請裁奪在案。據詳前指，相應咨呈，爲此咨呈外務部，謹請查照立案，仍祈見覆施行。」

又俞廉三《妥籌維持湘省礦權》〔光緒二十九年〕正月二十三日，軍機處交出湖南巡撫俞廉三抄摺稱：奏爲湖南礦務轇轕日多，亟應設法維持，以保利權，而杜藉口，恭摺仰祈聖鑒事：竊湘省礦産美富，爲中外所共知。近來東西各國礦師，來湘考驗，項背相望，挾有鉅貲，往往糾合公司，争思染指。內而奸民私立合同，擅售出契，紛紜勾串，防不勝防。及今不力籌抵制，非特利權盡失，且恐因此滋生釁端。臣前商明外務部，准本省紳商合貲招股，設立阜湘沅豐兩公司暨鍊礦總廠，均經奏明立案，原期通力合作，迅覩成功。惟全省礦地廣袤，衆擎仍非易舉，徒有承辦之名，而無抵制之實，日延一日，奸商勾結愈衆，廓清愈難。即如鄔世英與璞來克私辦湘礦一案，經臣將鄔世英等奏革嚴辦，璞來克旋即來湘，忿争不已。經洋務局委曲曉諭，始允將合同註銷。但華民串同洋商私立合同，恐不止鄔世英等一起，亟應力籌清理。臣已札委候補道蔡乃煌赴江寧，稟商南洋大臣，會同上海道商明各國領事設法禁止，以清其源。至一切招股借款事宜，必期脗合部章，且與本省情形毫無窒礙，始可見諸施行，自非文牘咨商，所能達其曲折。該道在湘最久，曾充礦務總辦，情形最爲熟悉，並飭詣外務部路礦總局切實稟商，如何而官爲之倡，如何而商集其成，因地制宜，規時定法，速訂程章，曉示中外，則一切覬覦争競，或能不杜自絶。商定後，立即電達湘省，剋日開辦，庶礦權不致旁落，地利不致坐棄。臣爲維持要務，力杜流弊起見，是否有當，理合恭摺具陳，伏乞皇太后、皇上聖鑒。謹奏。

光緒二十九年正月二十三日，奉硃批：「外務部知道。欽此。」

又蔡乃煌函《議廢奸民持湘礦廢帖私邀洋商入股辦法各領事已無異議》〔光緒二十九年〕二月十五日，湖南即補道蔡乃煌函稱：竊職道奉撫憲委赴漢滬，與各國領事妥商，請其告之商人，如有內地奸民持湘礦廢帖邀入礦股者，勿爲所惑。已入股者，商量作廢。一切辦法，統俟章程定後，再行知會等因。職道遵於正月二十五日起程到漢，晤各國領事，均已允諭曾入礦股各商遵照辦理。聞合股等事，以英商爲多，因與英領事法磊斯熟商，亦無異議。並作函交職道赴滬，與上海滿領事面商，飭商遵辦。該領事因辰事頗怪職道堅持，今如此順手，殊出意外。初二赴寧，謁督憲後，再行赴滬，大約二月下旬，能抵京面稟一切矣。專肅稟達，敬請鈞安。

又夏禮輔《補送湖南全省礦務章程》光緒三十年正月初六日，收德國參贊夏禮輔函稱：湖南全省礦務章程，年前未及隨穆大臣照會，一併送上，業將無暇鈔録之故，函達在案。今該章程現已繕齊，合行補送，即請檢收，并希閣下分神附於去年十二月二十九日所發照會之內，轉呈慶親王查照爲荷。此布。順頌日祺。

照録章程。

《湖南全省礦務總公司章程》

第一章，總綱。

第一條、本公司稟由湖南撫憲，奏奉國家敕准設立，總攬湖南全省各礦，以保利源，而專責成。

第二條、本公司初分爲阜湘沅豐兩公司，茲復奏定合辦，名曰奏辦湖南全

省礦務總公司，其阜湘、沅豐之名，即行銷去，以昭劃一。

第三條、本總公司除奏辦礦務局現在官辦之平江金礦、常寧鉛礦、新化銻礦外，所有湖南全省礦産，皆歸經理主持，凡從前批准商辦各礦，及以後承辦各路礦産者，均於總公司爲附屬，不得於總公司之外，另設總公司。所有總公司來往公文，以及隨時請示之件，皆可逕達撫憲，或由撫憲逕飭總公司，但須隨時知照礦務總局。

第四條、無論本省外省外埠各紳商，獨力或合股承辦之礦，均須各歸各路，編列號數，分别名之曰總公司第幾號，推至百十處，皆以數目字，次第編列，一切章程，必須遵守總公司條例而行。其現在商辦各礦，亦照此辦理。

第五條、本公司經管全省礦産，分爲三路：長沙府、岳州府、常德府，澧州爲中路，寶慶府、衡州府、永州府、郴州府、桂陽州爲南路，辰州府、沅州府、永順府、靖州，及乾州、鳳凰、永綏、晃州四廳爲西路。

第六條、本總公司蒙國家批准，有永遠專辦特别之利益，與各省華洋合辦之定以年限者不同。

第七條、本總公司總攬全省各礦，係包一切全類非金類各種礦産而言。

第八條、本總公司一切辦法，皆依商業規條而定，不參以官場習氣。

第九條、本總公司宗旨，在集衆益，溥公利，無論本省外省外埠，或入股之東，或承辦之商，皆一體照章優待。

第十條、阜湘公司原擬集股二百萬兩，沅豐公司原擬集股二十萬兩，兹既改定合辦，擬先合招初次資本銀三百萬兩，共分六萬股，無論本省或外省或外埠各紳商人等，皆可入股，但不准參入非本國之人。

第二章，辦法。

第十一條、本總公司延聘本國在外洋畢業礦師，或外國著名礦師，履勘全省礦産，派委員紳收買各府州縣礦地。

第十二條、本總公司設於長沙，中西南三路，各設辦公之所，並於岳州漢口上海，分設轉運局。

第十三條、本總公司鍊礦辦法，分西法、土法兩項，其法鍊廠即作爲南路總公司之鍊廠。其中西兩路，亦并擇地開設。此三廠者，皆可購鍊官辦礦務局及各分公司之礦砂。將來開設西法鍊廠，另擇三路適中轉運均便之地，合力興辦。所有已鍊礦質，亦應歸長沙總公司主持銷售，以免價值參差之弊。

第十四條、本總公司派總理三人，一任中路，一任南路，一任西路。各辦各路，以專責成，仍合辦總公司事務，以期聯絡。

第十五條、各路毗連之處，或此路之人，在彼路勘有礦産，亦可開采提煉，但須各用各款，并須先與彼路商定，然後可行。

第十六條、本總公司各路，各派副總理一人，由三路總理公舉，請撫憲札委。

第十七條、以後總理、副總理如有更易，應由衆股東公舉，如意見各殊，不能決定，即歸入臨時會議，仿投票之法，以得多數者，爲公同認可之據，稟請撫憲札委。

第十八條，本總公司請撫憲派監督官一員，以司稽查國家存放公款，以及税項股息一切財政各事宜，並可隨時派人稽查一切。

第十九條，本總公司稟請撫憲奏准，刊用關防，以滋信守，文曰奏辦湖南全省礦務總局兼理礦務銀行之關防。其駐紮三路者，則曰湖南礦務總公司中路總理兼理銀行支店之關防，南西兩路亦同。所有原刊阜湘、沅豐總公司兩關防，應即繳銷。至煉礦購地兩項，此後即用各路關防辦理，原刊關防，一併繳銷。

第二十條、本總公司自設礦務銀行，行用鈔票，流通於各分公司，以資周轉，其章程續議。

第二十一條、本總公司附設礦務學堂，其經費或另行籌集，或於初次股分内，提借若干，將來於紅利内，照數提還，俟會議再定。至總公司日後所得净利，仍可提出若干，擴充經費。

第二十二條、本總公司務期規畫宏遠，先招股本三萬兩開辦，而應辦之事尚多，待第二次擴充增集。

第三章，股分股票。

第二十三條、本總公司初次股分，共六萬股，每股長平足銀五十兩。

第二十四條、本總公司股票，分作一股一張，五股一張，十股一張，二十股一張，共計四種，即於收到股銀之日，填給股票，作爲起息日期。

第二十五條、股東入股後，不得任便抽回本銀，如須將股分讓與他人，應先儘次各股友，如股者無人接受，方許轉賣，一經賣定，即由總公司註册，换給新票，但須有殷寔紳商，出具保結，保其不得賣與非本國之人。

第二十六條、遇有股票遺失者，一面到總公司掛號，一面登明日報，一月之

後，准其邀同殷寔紳商，赴總公司出具保結，核對補發，所有失遺原票，作爲廢紙。

第二十七條、股東中如因事欲將股票改繕名號，或欲分合其股數，請與更换新票，亦須見取保結，方可照换。

第二十八條、股本定周年行息八釐，每届年終，各持息摺，或赴省城總公司，或就近赴三路總公司，領取息銀。其有宦游他省，或商別處者，即將息摺寄交總公司核數派付，或願在漢滬轉運局代付，悉聽其便。

第四章，股東議會。

第二十九條、本總公司仿照西例，凡入股各東，占總額三百分之一者，得有決議事之權。

第三十條、凡更改章程，增募股債，及一切重大創辦之事，有關於總公司之利害者，均須招集有決議權之股東，會議決辦。

第三十一條、會議分爲定期會議，臨時會議，凡常例出入收支賬目，預算決算，及利益配分等事，均定期於每年二月會議，至有關緊要之件，刻須施行者，則爲臨時會議。

第三十二條、凡開議會，應由總公司於未開之前月，發函告知各股東，將開會日期及事項開函内。

第三十三條、凡議會之日，各股東有因事不得到場者，可請他股東代理；其距省過遠者，如有所見於總公司之利害，亦可函告，提出交議。

第三十四條、各股東到場，須滿員數之半，方可決議頒行；未滿數者，則於所議事，先行暫定決議，將原由知會各股東，再於一月以内，開第二次會議，議定行之。

第三十五條、議會所議各項，視到場股東議決權之多寡，而可否之。若議論紛紜，而決權相均者，可由總公司禀知撫憲批定，或以礦務學堂之教習，及公正之律師，爲顧問而判決者。

第三十六條、議會各股東，得公設監查員紳，監視總理所施行之業務。果否合於章程及所決議之宗旨。

第三十七條、凡會議所議各事，載之議事録，由各股東簽押，存總公司備查。

第五章，購買礦地。

第三十八條、本總公司備文各府廳州縣，曉諭商民，凡有礦山者，均令赴總公司呈驗礦質，道遠者，就近至府縣或學署轉呈。

第三十九條、本總公司選派明達士紳，分赴各府州縣，探查礦産有無多寡，註明圖册，並移請地方官會同查照辦理。

第四十條、註册後，即由總公司知照各該管地方官，此後此礦不准售與非總公司之人。

第四十一條、所查之礦，除現在已歸總公司管業各礦山外，其餘俟總公司派礦師履勘後，即行定價售買。

第四十二條、所查得之礦，地主不願賣者，亦可以山作爲股本，歸總公司，俟開辦後，照股派息。

第四十三條、凡從前已開旋停之礦，業主無力續辦者。亦可歸之總公司，作爲股本，照股派息，其業主情願續辦，應照第七章辦理。

第四十四條、凡各路紳商租買礦山，必須有礦局勘准文件，或總公司文移地方官，方能照章印税。如無以上憑據，即用三聯契紙，填寫礦山字樣，朦混股税者，一經查出，由地方官立將契約塗銷，業經通行，並咨明外務部核准在案，現仍照辦。

第四十五條、所查之礦，山主既不願賣，又不願附股，則此種礦山，應請撫憲先行出示曉諭，凡有以上情形之礦，應令該山主將山契赴該本籍地方官，蓋印註册，以杜別有情僞，匿者議罰。以後除山主仍願赴總公司商辦外，不准私賣私辦。

第六章，現在商辦各礦。

第四十六條、凡從前批准商辦各礦，現未停辦者，均仍照舊辦理，但須編定號數，各歸各路，照第四條辦法，名曰總公司某路分公司第幾號。

第四十七條、其銀錢出入，工程辦法，以及所采礦産，或自行提煉，或售與總公司煉礦廠，仍由該商自主。如自運礦砂出境銷售，必須赴總公司呈驗合同，請領護照。

第四十八條、該商等如有不願列號爲分公司，或暗中售與非總公司之人，是爲不遵守總公司之條例，恐滋流弊，應由總公司禀請撫憲主持合辦，以防流弊。

第四十九條、現在商辦各礦，如另改章程，或另集股分，必須報明總公司，

由總公司派人稽查，倘有違背總公司所定章程，别滋流弊者，總公司可以隨時稟明撫憲，勒令停辦。

第五十條、此章爲商辦各礦之現在開採者而言，其現未開採，或已停辦，或俟將來續辦者，應照第五章、第七章辦理。

第五十一條、本省外省外埠各紳商，有願定一礦，或獨或合股，租公司之礦地，遵照章程採掘礦産者，可彼此訂立合同，各歸各路，編入分公司。

第七章，本省外省外埠各商承辦之礦。

第五十二條、該公司之名，照上第一章第四條。

第五十三條、總公司允租與該分公司之礦地，須按見砂多少，抽收地租。

第五十四條、本總公司可酌量派人爲該公司監督，主持抽收税項，彈壓地方等事，其費由分公司認之。

第五十五條、一切浮費應酬捐款等事，總公司可酌量代爲邀免。

第五十六條、公司應先呈驗資本，訂立合同後，逾一年不採掘者，合同作爲廢紙。

第五十七條、分公司股本，須確係華商，不准暗參以非本國之人，或爲出名有弊者，查出合同作廢。

第八章，會算。

第五十八條、本總公司所有附屬興辦事業，如煉礦廠，如銀行之類，其資本出自股銀者，所有贏餘，彙總核算。

第五十九條、本總公司每年自正月初一日起，至六月滿日止，爲前半期，自七月初一起，至十二月滿日止，爲後期。每届滿總結一次。

第六十條、總公司及分公司應繳國家之税項，各歸各礦，照章完納。

第六十一條、本總公司所入之項，除各項一切開銷外，先給股分周息八釐，餘剩之數，作爲净利，其應付净利之日，在第二年前半期内，分配如左：

一、每百分抽二十分，即二成，爲還本積項，俟積至股本總數，即以此二成報効國家。

一、撥一成爲公積，以便修理及不時之需。

一、撥一成爲花紅，分給各辦事人等。

一、其餘六成，按股匀分。

第六十二條、本總公司於前後每半期之末，彙結總册，分送各股東存查。

第六十三條、此次所定章程，如有遺漏窒礙之處，可隨時邀各股東會議修改。

光緒二十九年十一月　日　立

右章程

奏辦湖南全省礦務總公司章程　條約。

又外務部收湖南巡撫俞廉三文《咨送妥籌維持湘省礦權摺硃批》 光緒二十九年三月二十二日，湖南巡撫俞文稱，竊照本部院於光緒二十八年十二月十三日，恭摺具奏湖南鑛務轇轕日多。亟應設法維持，以保利權。而杜藉口一摺，除摺稿前已咨呈外，今於光緒二十九年二月十三日，接回原摺。奉硃批：「外務部知道。欽此。」相應恭録咨呈，爲此咨呈外務部，謹請欽遵查照施行。

又外務部《湖南礦務章程並無違約未便作廢》 光緒三十年正月初九日，行德國公使穆照會稱：光緒二十九年十二月二十九日，接准來照，以漢口領事申送湖南巡撫頒發全省礦務章程事，事與公定合議條約第十一款，並中英商約第九款，及中美商約第七款，所定各宗旨，均屬大相背謬。請速飭湖南巡撫，立即將此項違約章程作廢，並請示復等因前來。查中英中美商約第九、第七等款所載訂定礦章，現在尚未定妥，湖南省先已設立總公司，自行開辦本省礦産，所定試辦章程，業由湖南巡撫奏准，未便作廢。相應照復貴大臣查照可也。

又穆默《湖省礦章有違條約請速飭作廢》 光緒三十年正月二十三日，收德國公使穆照會稱：照得光緒二十九年十二月二十九日，本大臣照會貴親王，以湖南巡撫頒發湖南全省礦務章程，因係違約，請速作廢等語。嗣於光緒三十年正月初九日，接准復文内稱，中英、中美商約第九、第七等款所載訂定礦章，現在尚未定妥，湖南所定試辦章程，業由湖南巡撫奏准，未便作廢等因各在案。本大臣查中英、中美各商約所載訂定礦章，尚未定妥一節，係本大臣所深知，乃本大臣又明知責成謹歸貴國一面，何則？緣中英商約内，所定考究修改礦章之期，已於光緒二十九年七月十四日限滿，而貴國畧未舉辦。按照相待優之例，本大臣原有照理辯駁此項延宕之法，而究竟未出一詞者，足證本大臣格外顧念貴國之心意矣。乃貴國此事將一切應辦之事，置之不辦，更不能乘隙借端，以致各省另定與向有條約章程宗旨違背之專章。至湖南巡撫所頒湖南礦章，與向來所有議定各條約，寔有大相刺謬之處。緣照該新章，特故攔阻洋商，不准其在該省承辦礦務，或照業已所得之權辦理。本大臣特將該新章内第一、第三、第十、第二十

三至第二十八、第四十五、第四十八、第五十、第五十五、第五十六、第五十七等條，引出爲據。查普天下有一通行之例，意係無論何項例得之權，如後定律例章程等，不能受其妨礙，更不能作(爲)廢。乃照湖南全省礦章，寔不准洋商干預礦務，又將洋商已經例得各權，置之不論，則違背以上所提之通行總例，而無絲毫據理之根基。再者，亦與已定之條約，迥不符合，緣不但照中英、中美商約，中國允准洋商在中國可辦礦務，且照光緒二十八年二月所定，而因不足意各國未滿意之礦務章程，亦允洋商承辦此項事業，乃因照此章程，仍畧有礙難洋商辦理之處。故此貴國在新定之商約内，明允將前章妥爲考究改正，以便振興中國礦務。乃設若一面中國政府公然議定條約，明允考究礦章，使洋商得機在中國承辦礦業。一面於未照辦之先，各省暗中力定專章，阻撓洋商，不准其辦理此項情事，辦法將伊於胡底矣。似此辦法，寔恐難昭信守。本大臣應特聲明，不如禁止各省大吏，不其另定專章，與光緒二十七年定公約宗旨，及新議各商約之大意不符合者，再行請速飭湖南巡撫，立將所定章程作廢。否則如因此項違約之章，使德商照例已得之權，有受虧損，本大臣即無奈不能不向貴國全行索償也。爲此照會貴親王查照，並請速爲示復是荷。

又趙爾巽《湖省礦章德英領事照請作廢已分别辦廠》附致德英領事照會

光緒三十年二月十三日，收湖南巡撫趙文稱，光緒二十九年十二月二十日，准德國領事倫照稱：「照得本署領事閲看新聞紙，見有小信一則，隨後查明，知係礦務新章，經貴撫部院批准在湖南全省辦理。本署領事查如此辦法，頗深詫異，因爲貴撫部院未按常例，將此等專辦章程，照會本署領事知照。按之各國律例，自應一定通發照會，當時既未得照會，現在剛一知道此等新章程，本署領事即就該章程，不得不申明鄙意。本署領事論德商利益，決不承認該新章程，此等新章程，按之北京拳匪亂後一千九百零一年九月七號第十一條款開首所言，又按華英商務合同一千九百零二年九月五號第九條款所言，又按華美商務合同一千九百零三年十月八號第七條款所言，均不相符。詳查以上各條款，貴國家無論如何，應當扶助外洋富人，在中國開礦興利。無奈貴撫部院所批定之新章程，西國人斷不能在湖南開礦。即已經購買之礦山，亦斷不能開採。而且該新章程，總不關照一千九百零二年三月外務部所出章程。該章程五條内言明，華洋可以合辦，此章現尚通行。似此貴撫部院所批新章程第一、第三、第十，又自第二十三至二十八、第四十五、第四十八、第五十，又自第五十五至五十七各條内，竟將外務部前出章程，一概作廢。除此之外，貴撫部院批准新章程，竟不關照從前已有本國商人，在湖南省向華人業主，按照律例，毫無錯誤，立約買定列處礦山，以便開採礦質。及湖南礦務總局已在新章程未批准之前，與本國商人遵例立有合同，銷賣礦砂，此合同尚未限滿。以上兩節，本署領事自應保護本國商人應有之權利。並若有比條約不相合之專章，令本國商人受虧，應向貴國家一定索償賠款。本署領事特意推拒貴撫部院所批准之湖南礦務新章程，並切請貴撫部院，將各違背外務部一千九百零二年及隨後與外洋所立合同之新章程，酌量收回。因爲華德原立條款第四十條内載，如中國給予别國人利益，德國人亦一體均沾等語。是所訂條款，别國人得有好處，本國人亦當有好處。貴撫部院謂湖南礦務新章程，經北京外務部批准，何以外務部於一千九百零二年出有章程，及後與英美兩國訂有合同，先後各異若此。所以本署領事特將此事稟明本國駐京大臣，毅然用力保護本國商人在湖南開礦之權利，並甚盼望貴撫部院將批准湖南礦務新章程或作廢，或改良，迅速見復爲荷。相應照會，請煩查照辦理可也。復於十二月二十八日，准英國領事佩照稱：本署總領事近聞湖南省礦務總局，新定有礦務章程，内有不准西人干預等語。查照新約，與本國第九款、美約第八款，大有違背。本署總領事殊深詫異。但此項章程，未見照會，未審是否屬實。相應照詢，請煩查照，希即見復爲要各等因。准此。除照覆外，相應抄稿咨明，爲此咨呈貴部，謹請查照施行。」

照録粘單。

爲照覆事：光緒二十九年十二月二十日，接准貴領事照稱：照得本署領事閲看新聞紙，見有小信一則，隨後查明，知係礦務新章程，經貴撫部院批准在湖南全省辦理。本署領事查如此辦法，頗深詫異。因爲貴撫部院未按常例，將此等專辦章程，照會本署領事知照。按之各國律例，自應一定通發照會。當時既未得照會，現在剛一知道此等新章程，本署領事即就該章程不得不申明鄙意。本署領事論德商利益，決不承認該新章程。此等新章程，按之北京拳匪亂後一千九百零一年九月七號第十一條款開首所言，又按華英商務合同一千九百零二年九月五號第九條款所言，又按華美商務合同一千九百零三年十月八號第七條款所言，均不相符。詳查以上各條款，貴國家無論如何，應當扶助外洋富人，在中國開礦興利。無奈貴撫部院所批定之新章程，西國人斷不能在湖南開礦，即已經購買之礦山，亦斷不能開採。而且該新章程，總不關照一千九百零二年三

月外務部所出章程。該章程五條內言明，華洋可以合辦，此章現尚通行，似此貴撫部院所批新章程第一，第三，第十，又自第二十三至二十八，第四十五，四十八，第五十，又自第五十五至五十七各條內，竟將外務部前出章程，一概作廢。除此之外，貴撫部院批准新章程，竟不關照從前已有本國商人，在湖南省向華人業主，按照律例，毫無錯誤，立約買定列處礦山，以便開採礦質。及湖南礦務總局已在新章程未批准之前，與本國商人遵例立有合同，銷賣礦砂，此合同尚未限滿，以上兩節，本署領事自應保護本國商人應有之權利，並若有比條約不相合之專章，令本國商人受虧，應向貴國家一定索償賠款。本署領事特意推拒貴撫部院所批准之湖南礦務新章程，並切請貴撫部院，將各違背外務部一千九百零二年隨後與外洋所立合同之新章程，酌量收回。因爲華德原立條款第四十條內載，如中國給予別國人利益，德國人亦一體均沾等語。是所訂條款，別國人得有好處，本國人亦當有好處，貴撫部院謂湖南礦務新章程經北京外務部批准，何以外務部於一千九百零二年出有章程，及後與英美兩國訂有合同。先後各異若此，所以本署領事特將此事稟明本國駐京大臣，毅然用力保護本國商人在湖南開礦之權利。並甚盼望貴撫部院，將批准湖南礦務新章程或作廢，或改良，迅速覆去後，旋據詳稱，轉據湖南礦務總公司紳商人等稟稱，此項礦務新章程係由通省紳商公同議定，該紳商等以湘省礦山，係通省商民已産，是以議立公司，集款開採。向來華洋合股辦法，皆由華商貲本不足，願意招募洋商入股，始能合辦。如華商自揣所籌貲本，可以敷用，擬暫不招致外股，以免將來虧損外人貲財，此亦各國所能深諒者也。至外務部前發章程，嗣于光緒二十八年七月初九日，復奉上諭「飭令劉坤一、張之洞，會同商約大臣，將礦務章程會同妥議，奏明通行，以昭慎重等因，欽此。」迄今尚未奉到通行章程，即貴領事所指中英商約第九條、中美商約第七條，均載有俟新章頒行後，照新章辦理之語。現在新章亦尚未議定，況湘省紳商出資自開礦山，亦不與此相涉。近來各省華洋合辦礦務。其合同必須由各該省督撫批准，奏明立案，始可照辦。本月二十四日，復准外務部來文，本年十一月二十三日具奏奉旨，嗣後無論華洋商人，訂立合同，請辦礦產，務須遵照諭旨，先行咨明外部、商部，詳細覈議，奏明請旨遵行等因各在案。歷查各項條約，並無准令洋商隨便在於內地購買礦産開辦之文，湘省奸商，每有藉礦招搖，私立合同之事。前有潘玉超誆騙比商銀兩，又有鄔世英勾串奥商璞來克各案，均經前撫部院前奏明懲辦。

貴領事所稱德商買定礦山，是否被人朦騙。湖南全省礦産，均係總公司紳商經理，並無另有礦山，可以任聽私賣。至礦務總局與洋商立有合同，銷賣礦砂，尚未限滿。此自是買賣礦産，並非華洋合股辦礦，自應彼此遵守合同，免與交誼有礙。該商人儘可放心等情，礦務洋務各局會詳前來。查本部院覆查無異，相應照覆，爲此復請貴領事查照施行。須至照覆者。右照覆德國領事倫。

又趙爾巽《部訂礦章請力保自辦權利湘省礦務擬招南洋華股》 光緒三十年二月十五日，收湖南巡撫趙爾巽函稱：前因湘省礦務總公司章程，擬請將來商部定章，預留地步，肅函仰懇維持，當蒙俯鑒。頃奉外務部來咨，以德使照稱，禮和行在湘省訂有開礦合同等因，展誦之下，甚爲駭詫。當飭礦務局查覆，已據詳咨達，並肅公函，專呈外務部各堂憲公電，當已仰邀垂詧矣。查湘省礦利，覬覦者衆，庚子以後，如凱約翰、璞來克、細井岩彌等，或以遊歷爲名，或與地痞勾結，百出其技，以相嘗試。幸官紳一氣，隨宜因應，尚不致爲彼族所攫取。去歲總公司章程重行訂定，外人狃於和約，有華洋合辦之説，羣以此爲要索。現在部章未定，尚可抵制，若章程一出，則紛至沓來，應接不暇，實屬毫無把握。及今而籌補救之策，惟盼商部新章，力保權利，即不得已而出於招集洋股，亦須操縱由我，因地制宜，方不至十分棘手。其尤要者，本省礦産，既設總公司承辦，必須招集巨款，廣購礦地，以保主權。若僅僅以空言抵制，終恐無益有損，不敢不預先陳明。現擬派員至南洋一帶，招致華商股分，冀有起而應者，總期挽回一分，即得一分之利。素仰閎猷碩畫，八表經營，故敢據實奉聞，切求訓示，不勝禱企之至。肅上。敬請崇安。

又趙爾巽《駁覆英德領事照請廢止湘省礦章事請始終維持》 光緒三十年二月十五日，收湖南巡撫趙爾巽函稱：睽契光儀，莫名傾感。雲天在望，延企爲勞。歲華方新，福禄惟宜。熙載奮庸，允孚一德。翹詹仁字，無任頌私。巽忝領珂鄉，愧無寸効。三湘礦産，彼族垂涎。前已將礦務總公司新訂章程，附片奏明，並迭次電咨冰案，想蒙荃察。兹英德領事又復饒舌，特抄録一通，寄呈外部，仍求大力始終維持。現在各省礦路，幾無不在彼範圍之內，惟湘省一綫生計尚在，力圖自固，不得不全力拒之。知我公必所深許。函摺各件，並請代呈各堂鑒閱。如彼族前來致辯，總求設法嚴拒，並求指示機宜，不勝翹盼之至。恭請勛安。

又趙爾巽《湘省礦章已遵飭修改請詳晰指示》光緒三十年七月十七日，收湖南巡撫趙函稱：頃奉賜諭，以湘省礦務總公司章程，與新章商約未符，不如示以入股定章，俾知遵守等因。祇誦之下，仰見宏謨碩畫，燭照無遺。莫名欽佩。查湘省紳商，上年修改總公司章程，因其時礦務新章，尚未頒發，無從遵守，若遽許人入股，必至茫無限制。轉失大部權衡輕重之至意，故當時紳商公議，皆以堅拒外人爲宗旨。逆料各國領事，必相詰難，然與其通融過早，轉生枝節，不若堅持定見，静候新章，較爲無弊。故自去年十二月以後，駐漢各國領事照會迭至，每次飭局核議，並行總公司各紳商詳細研求，均謂新章未來，以據理力争爲上策。今讀大部頒行礦務新章，縝密精詳，力保利權，各紳商無不同聲歎服，已飭遵照迅將章程修改。爲條理繁密，必須與前後定章，各國商約，毫無違背，而於湖南地方情形、歷年辦法，亦不致大抉藩籬，方足以興遺利，而泯後患。樞衡在上，事事得以稟承，匪惟爾巽一人之私幸，實湖南全省之公益。已派朱紳思紱、黄紳篤恭、梁紳焕奎，攜修改新章，北上趨叩鈐轅，面求訓誨。務求詳晰指示，俾有遵循。不勝企叩屏營之至。專肅。虔請鈞安，伏乞霽鑒。

照録清册。

《湖南全省礦務總公司章程》光緒三十年四月修改。

第一章，總綱。

第一條、本公司稟由湖南撫憲，奏奉國家敕准設立，總攬湖南全省各礦，以保利源，而專責成。

第二條、本總公司係奉湖南撫憲奏定，名曰奏辦湖南全省礦務總公司。

第三條、本總公司除奏辦礦務總局、官辦總局、官辦各礦外，所有湖南全省礦産，皆歸經理主持。凡從前批准商辦各礦，及以後承辦各路礦産者，均於總公司爲附屬，不得於總公司之外，另設總公司。所有總公司來往公文，以及隨時請示之件，皆可逕達撫憲，或由撫憲逕飭總公司，但須隨時知照礦務總局。

第四條、無論本省外省外埠各紳商，獨力或合股承辦之礦，均須各歸各路，編列號數，分别名之曰，總公司某路分公司第幾號，推至百十處，皆以數目字次第編列。一切章程，必須遵守總公司條例而行，其總公司自辦之礦，及現在商辦各礦，亦照此辦理。

第五條、本總公司經營全省礦産，分爲三路：長沙府、岳州府、常德府。澧州爲中路，寶慶府、衡州府、永州府、彬州、桂陽州爲南路，辰州府、沅州府、永順府、靖州，及乾州、鳳凰、永綏、晃州四廳爲西路。

第六條、本總公司蒙國家批准，有永遠專辦之利益，惟指開一礦，照第六章第七章辦理者，不在此例。

第七條、本總公司總攬全省各礦，係包一切金類非金類各種礦産而言。

第八條、本總公司一切辦法，皆依商業規條而定，不得參以官場習氣。

第九條、本總公司宗旨，在集衆益，溥公利，無論本省外省外埠，或入股之東，或承辦之商，皆一體照章優待。

第十條、本總公司先招初次基本長平足紋銀三百萬兩，共分六萬股，無論本省或外省或外埠各紳商人等，皆可入股。

第十一條、光緒三十年二月。商部奏定礦務章程，本總公司一律遵守。

第二章，辦法。

第十二條、本總公司延聘本國在外洋畢業礦師，或外國著名礦師，履勘全省礦産，派委員紳，收買各府州縣礦地。

第十三條、本總公司設於長沙，中南西三路，各設辦公之所，並於岳州漢口上海，分設運轉局。

第十四條、本總公司鍊礦辦法，分西法土法兩項，其土法鍊廠，由各路隨時隨地自行設立，各路所設鍊廠，皆可購鍊礦務總局及各路分公司之礦砂，將來開設西法鍊爐，另擇三路適中轉運均便之地，合力興辦。所有已鍊礦質，概應歸總公司主持銷售，以免價值參差之弊。

第十五條、本總公司派總理三人，一任中路，一任南路，一任西路。各辦各路，以專責成，仍合辦總公司事務，以期聯絡。

第十六條、各路毗連之處，或此路之人在彼路勘有礦産，亦可開採提鍊，但須各用各款，并須先與彼路商定，然後可行。

第十七條、本總公司各路各派副總理一人，由三路總理公舉，請撫憲札委。

第十八條、以後總理、副總理，如有更易，應由衆股東公舉，如意見各殊，不能決定，即歸入臨時會議，仿投票之法，以得多數者，爲公同認可之據，稟請撫憲札委。

第十九條、本總公司請撫憲派監督官一員，以司稽察國家存放公款，以及税項股息一切財政各事宜，並可隨時派人稽查一切。

第二十條、本總公司請撫憲奏准，刊用關防，以昭信守。文曰奏辦湖南全省

礦務總公司兼理礦務銀行之關防。其駐紮三路者，則曰湖南礦務總公司某路總理兼理銀行支店之關防。各路分公司，可由總公司隨時呈明刊發鈐記，以昭憑信。

第二十一條、本總公司自設礦務銀行，行用鈔票，流通於各分公司，以資周轉，其章程續議。

第二十二條、本總公司附設礦務學堂，其經費，或另行籌集，或於初次股分內，提借若干，將來於紅利內，照數提還，俟會議再定。至總公司日後所得净利，仍可提出若干，擴充經費。

第二十三條、本總公司務期規畫宏遠，先集基本銀三百萬兩開辦，而應辦之事尚多，待第二次擴充增集。

第三章，股分股票。

第二十四條、本總公司股分，分作兩種，其一爲基本股分，初次集六萬股，每股長平足銀五十兩。一爲特别股分，係爲開採一礦而集者，亦照此章辦理，惟特别股分之股東，不能享第六條之權利。

第二十五條、本總公司股票，分作一股一張，五股一張，十股一張，二十股一張，計共四種，即於收到股銀之日，填給股票，作爲起息日期。

第二十六條、股東入股後，不得任便抽回本銀，如須將股分讓與他人，應先儘初次各股友，如股者無人接受，方許轉賣，一經賣定，即報由總公司查明確係某省某府某廳州縣之人，註册换給新票，但須有殷實紳商，出具保結，如私相授受，並未報明换票，查出作廢。

第二十七條、遇有股票遺失者，一面到總公司掛號，一面登明日報，一月之後，准其邀同殷實紳商，赴總公司出具保結，核對補發，所有遺失原票，作爲廢紙。

第二十八條、股東中，如因事欲將股票改繕名號。或欲分合其股數，請與更换新票，亦須覓取保結，方可照换。

第二十九條、股本定以周年八釐行息，每届年終，各持息摺，或赴省城總公司，或就近赴三路總公司，領取息銀。其有宦遊他省，或經商别處者，即將息銀寄交總公司核數派付，或願在漢滬轉運局代付，悉聽其便。

第四章，股東會議。

第三十條、本總公司仿照西例，凡入股各東，占總額三百分之一者，得有決議事之權。

第三十一條、凡更改章程，增募股債，及一切重大創辦之事，有於總公司之利害者，均須招集有決議權之股東，會議決辦。

第三十二條、會議分爲定期會議，臨時會議，凡常例出入收支賬目預算決算及利益配分等事，均定期於每年二月會議，至有關緊要之件，刻須施行者。則爲臨時會議。

第三十三條、凡開議會，應由總公司於未開之前月，發函告知各股東，將開會日期及事項，開於函内。

第三十四條、凡議會之日，各股東有因事不得到塲者，可請他股東代理，其距省過遠者，如有所見於總公司之利害，亦可函告，提出交議。

第三十五條、各股東到塲，須滿員數之半，方可決議頒行，未滿數者，則於所議事，先行暫定決議，將原由知會各股東，再於一月以内，開第二次會議，議定行之。

第三十六條、議會所議各項，視到塲股東議決權之多寡，而可否之。若議紛紜，而議決權相均者，可由總公司禀知撫憲批定，或以礦務學堂之教習，及公正之律師爲顧問，而判決之。

第三十七條、議會各股東，得公設監查員紳，監視總理所施行之業務。果否合於章程及所決議之宗旨。

第三十八條、凡議會所議各事，載之議事録，由各股東簽押，存總公司備查。

第五章，購買礦地。

第三十九條、本總公司備文各府廳州縣，曉諭商民，凡有礦山者，均令赴總公司呈驗礦質，報明註册，道遠者，就近至府縣或學署轉呈。

第四十條、本總公司選派明達士紳，分赴各府廳州縣，探查礦産有無多寡，註明圖册，並移請地方官會同查照辦理。

第四十一條、註册後，即由總公司知照各該管地方官，此後此礦山地，必須售與總公司之人。

第四十二條、所查之礦，除現在已歸總公司管業各礦山外，其餘俟總公司派礦師履勘後，即行定價售買。如總公司有必須租購之地，地主故意抬價居奇，即請派公正委員蒞山，秉公定價。

第四十三條、所查得之礦，地主不願賣者，亦可以山作爲股本，歸之總公司，俟開辦後，照股派息。

第四十四條、凡從前已開旋停之礦，業主無力續辦者，亦可歸之總公司，作爲股本，照股派息，其業主情願續辦，應照第七章辦理。

第四十五條、凡各路紳商租買礦山，必須有礦務總局勘准文件，或總公司文移，地方官方能照章印税。如無以上憑據，即用三聯契紙填寫礦山字樣，朦混投税者，一經查出，由地方官立將契約塗銷，業經通行，並咨明外務部核准立案，現仍照辦。

第四十六條、所查之礦，山主既不願賣，又不願附股，則此種礦山，仍應由該山主照第三十九條，先行報明註册，匿者議罰。以後除山主仍願赴總公司商辦外，不准私賣私辦，如有私賣私辦情弊，查出將契紙作廢，礦地充公，由地方官勘明扦定界址，填發官山執照，交總公司另行招股開辦。

第六章，現在商辦各礦。

第四十七條、凡從前批准商辦各礦，現未停辦者，均仍照舊辦理，但須編定號數，各歸各路，照第一章第四條辦法，名曰總公司某路分公司第幾號。

第四十八條、其銀錢出入，工程辦法，以及所採礦砂，或自行運砂出境銷售，或售與總公司鍊礦廠，仍由該商自主，如自運礦砂出境銷售，必須赴礦務總局呈驗合同，請領護照，及報關憑單。

第四十九條、該商等如有不願列號爲分公司，或暗中輾轉私售，是爲不遵守總公司之條例，應由總公司稟請撫憲主持核辦，以防流弊。

第五十條、現在商辦各礦，如另改章程，或另集股分，必須報明總公司，由總公司派人稽查，倘有違背總公司所定章程，别滋流弊者，總公司可以隨時稟明撫憲，勒令停辦。

第五十一條、此章爲商辦各礦之現在開採者而言，其現未開採，或已停辦，或俟將來續辦者，應照第五章第七章辦理。

第七章，本省外省外埠紳商承辦之礦。

第五十二條、本省外省外埠各紳商，有願指定一礦，或獨力，或合股，遵照章程採掘礦産者，應先將礦質山名運道，詳細開具手摺，交由總公司商辦，如總公司查明無礙，即可各歸各路，編入分公司興工試採，但試採以一年爲期，期滿總公司當代爲呈請執照。

第五十三條、該分公司之名，照上第一章第四條。

第五十四條、分公司租總公司之礦地開採，須彼此訂立合同，按見砂多少，抽收地租。

第五十五條、土法開採之礦，自窿口起算，縱横十方里之内，别人不得另開窿口，西法開採之礦，縱横三十方里之内，不得另開窿口，遇有切近廬墓之處，必須設法繞避。如實在無法繞越者，即行優給遷移之費，倘毫無妨礙，又非業主，藉口先年封禁，故肆刁難阻撓，即由總公司稟請撫憲，並移地方官懲究。

第五十六條、一切浮費應酬捐款等事，總公司可酌量代爲邀免，如有痞徒滋擾，公司可稟請撫憲移營彈壓。

第五十七條、分公司試採期内，應呈驗所集資本，如照第五十四條訂立合同後，逾一年不行採掘，及不呈驗資本者，合同作爲廢紙。

第五十八條、分公司股本，須確照定章者，總公司方能承認，如有他弊，查出作廢。

第八章，會計。

第五十九條、本總公司所集特别股分，各歸各礦算結，其自辦之礦，與入股之礦，以及附屬興辦事業，如鍊礦廠，如銀行之類，其資本出自股銀者，除分别算結外，所有贏虧，仍彙總核算。

第六十條、本總公司每年自正月初一日起，至六月滿日止，爲前半期，自七月初一日起，至十二月滿日止，爲後半期，每届半年，總結一次。

第六十一條、總公司及分公司，應繳國家之税項，各歸各礦，照章完納。

第六十二條、除第六章第七章所辦各礦，非由總公司之貲本開辦者，不入本總公司會計外，凡總公司所入之項，彙總核算，除去各項開銷，先給股分周息八釐，餘賸之數，作爲净利，其應付净利之日。在第二年前半期内。分配如左：

一、每百分撥二十分，即二成，爲還本積項，俟積至股本總數，即以此二成，報効國家。

一、撥一成爲公積，以便修理及不時之需。

一、撥一成爲花紅，分給各辦事人等。

一、其餘六成，按股勻分。

第六十三條、本總公司於前後每半期之末，彙結總册，刊送各股東存查。

第六十四條、此次所定章程，如有遺漏窒礙之處，可隨時邀各股東會議

修改。

照録清册。

奉撫憲扎轉移總公司知照由，爲移行事：案奉撫部院俞札開，光緒二十九年正月十二日，承准外務部咨開，光緒二十八年十二月初六日，接准咨稱，據辦理湖南礦務總局司道詳稱，本局設立阜湘、沅豐兩總公司，承辦湘省各路礦山，業蒙奏奉諭旨，並札派紳董經理在案。兹據兩總公司蔣德鈞等呈稱，湘省各屬礦産，自蒙奏設阜湘、沅豐兩公司之後，又經紳董等體察情形，求有合於奏稱商情歸一，商權歸一之旨，呈請將兩公司合併爲一，以杜分歧，業經批准在案。凡湘省未開各礦，應行照案概歸總公司承辦。查開採礦産，必先籌集貲本，迭赴滬漢一帶，招集華股，類皆觀望不前。因查閲四川華益公司章程，專集華股，購買礦山，再行別立公司，合股開採。專辦購地一事，需款不多，易於招致。爰擬畧仿華益公司辦法，先集華股，再議指地籌款，以資開採。應請咨明立案，以憑遵守。又查各處奸商，或藉逾限作廢之局帖，或造山主出售之假契，任意招摇，應詳咨明如有此等奸商赴部稟辦湘省礦産者。一律拒絶。其貲本確實，人尚可靠者，仍飭自與湖南礦務總公司各紳董，當面議辦等情。據此，謹請查照，仍祈見復等因前來。本部查湘省礦務，仿照川章，先集華股購地，再議籌款開採。事屬可行，自應准予立案。至奸商執持廢帖爲契撞騙各節，亟應設法防範，以免中外商人受累，如果到部嘗試，自當力爲拒絶，以杜流弊。相應咨行照查可也等因，到本部院。承准此。合就札行札到該局，即便移行查照等因。奉此。相應備文移知。爲此合移貴公司，請煩查照施行。須至移者。稟：

竊職紳等上年奉前憲分別檄委，辦理阜湘、沅豐礦務總公司，及鍊礦總廠事宜，業經酌擬大畧章程，次第開辦。

憲台莅湘以來，仰荷藎籌宏遠，所以維礦政保利權者，不遺餘力。查現在各路開辦之礦八十餘處，公司租買之礦，一百二十餘處，衡州設立鍊廠一所，開爐試鍊，均經先後稟陳在案。惟查上年稟請奏辦之時，設立全省鍊礦總公司，中南兩路，設立阜湘總公司，西路設立沅豐總公司。旋又稟經前憲，咨明外務部，設立購地總公司，名目紛繁。職紳等辦理經年，體察情形，悉心酌議，有應請歸簡易者，擬請設全省礦務總公司於省城，派委監督官一員，秉承憲謨，總持綱領。中南西三路，擬請各派總理一人，凡開礦購地鍊砂等事，各歸各路，以專責成，副總理隨時酌派。官商股分，存放生息，應於各路分設礦務銀行，以便度支。謹依章程繕具清摺，恭呈鑒核，如蒙俛允，仰祈奏咨立案，以爲經久之規。是否有當，爲此稟懇俯賜察核批示祗遵。實爲公便。

准總公司移送刊本章程到局，即便分移知照由，爲咨明事，案奉撫部院趙批，發湖南礦務總公司紳董稟擬章程呈請察核示遵，并懇奏咨立案由。奉批：稟悉。披閲章程，精詳周密，綱舉目張，良深嘉悦，候本部院分別奏咨立案，所有以前章程，即行作廢。昨已札委黄紳忠浩爲西路總理，蔣紳德鈞爲南路總理，黄紳篤恭爲中路總理，分別札行在案。該紳等務宜和衷共濟，通力合作，先將副總理三人，照稟公舉，稟候本部院札委。并將礦務銀行章程，詳細咨訪，迅速訂定，以定辦法，而保利權。仰礦務局即將章程發交該紳等，刊刻裝訂，移由該局，分咨布政使、按察使，暨各局所，各道府廳州縣一體遵照。此繳。原稟章程并發仍繳等因。奉此。當由敝局將章程發交該紳等刊刻裝訂，兹准總公司移送刻本章程到局，理合備文咨明。

奉撫憲札開，兩公司奏改爲全省礦務總公司摺片，移行總公司知照由。爲移知事：案奉撫憲趙札開，照得本部院於光緒二十九年九月十五日，附奏湘省前設阜湘沅豐兩公司，改爲湖南全省礦務總公司一片，除候奉到硃批，恭録咨行外，所有片稿，合行札發札到該局，即便移行遵照辦理等因。奉此。理合備文移會貴總公司查照施行。須至移者。計鈔撫憲片稿。

再，湘省紳商集股設立鍊礦總廠。並設阜湘總公司，承辦中路南路各屬礦産，設沅豐總公司，承辦西路各屬礦産，業經前撫臣俞廉三，於二十八年六月，專摺奏請立案。奉硃批：「外務部路礦總局知道。欽此。」欽遵在案。嗣又據總公司紳董稟定兩公司各併爲一，凡湘省未開各礦，概歸總公司承辦，並設購地總公司，先集華股，購買礦地，以保自主之權，亦經俞廉三電咨外務部路礦總局核准有案。惟查礦地綿亘，費鉅事繁，從前招股章程，間有應者，究以名稱不一，權限不定，未能十分踴躍。奴才迭飭總公司詳定章程，廣招股本，合力興辦，兹據總公司紳董呈稱，現已公同商定，仍照前案合併爲一，銷去阜湘沅豐之名，名曰湖南全省礦務總公司。初次先集股本銀三百萬兩，並力籌官股，以資補助。所有湖南全省礦産，除礦務總局現在試辦之新化銻礦、常寧鉛礦、平江金礦外，皆歸總公司經理。以後本省外省外埠各紳商，有願承辦湖南礦産者，祗准指定一礦，作爲總公司之分公司，不得另設總公司。一切章程，必須遵守。總公司辦公區域仍分三路，以長岳、常澧爲中路，衡、永、郴、桂寶爲南路，辰、沅、永、靖及

乾、鳳、永見四廳爲西路，各派總理一人，分任其事，以專責成，仍合辦總公司切事件，以期聯絡。又由奴才選派監督官一員，專司稽察國家税項，股本利息，及一切財政各事宜。並附設礦務銀行，以挽利權，而昭大信。其鍊礦購地各事宜，即由各路總理就近兼辦，亦無須另立名目，以歸畫一。並據礦務局司道詳請具奏前來，奴才覆查無異。除將章程分咨外務部商部查明立案外，謹附片具陳，伏乞聖鑒。謹奏。

又穆默《湘省礦章務必設法更改並禁他省倣尤》 光緒三十年八月十七日，收德國公使穆照會稱：本年五月二十二日，本大臣發去照會内，將前已聲明者，再爲細譯。並言設立總公司開采湖南省礦産一舉，與所有約章宗旨文義，均相違背。緣各洋商雖照前定各約章程，應在中國内地合辦礦務，而照湖南省之舉動，禁止合辦。在本年七月二十三日照會内，本大臣又將此事提起。後於七月二十六日，接准來文内稱，湖南礦章已知照該省大吏確查妥訂等因，乃從來絲毫未辦。此事頭緒，亦無起點，本大臣至今尚未接得確實復文。且不僅本大臣，即他國之駐京大臣，亦經照約力駁，而貴親王迄未瞻顧。想貴親王聰明睿智，必見及此事俾各約章大受背損，而仍置之不問，延緩甚久，致今本大臣須思貴親王應允公平再爲查訂一語，恐非出於寔情。果真欲保我兩國邦交，本大臣理應望貴親王照所允者，盡力實辦。此事曾經屢次備文照會，兹特再應切請貴親王，務賜一心信誠服不作空言無補之復文，並令不僅違約之湖南礦章，設法更改，且務保以免他省大吏倣法湖南照辦。而誤會自己便利，並約章本意，定此違約有礙邦交之章程爲要。特此照會貴親王查照。

又穆默《禮和洋行擬辦湘省礦務暨湘省擅訂礦章事請飭令遵約辦理》附德領事致湘撫照會 光緒三十一年四月二十六日，收德國公使穆默照會稱：德商禮和洋行在湘省擬辦礦務，並去年湘省違約定出礦章一事，本大臣與貴部，以及漢口本國領事與該省大吏，已屢經彼此往返勞動筆墨，近又經本國領事與湖南巡撫有照會往來，兹特鈔録附送察閲。本大臣查雖已屢次往來勞費文牘，惜此事迄今尚無端倪，本大臣業經叠向貴親王將因何可准照禮和洋行所願辦理之故，聲敘明晰，尚往往仍不免向本大臣以湖南省大吏不能應允之故爲辯駁，想貴親王現亦明知該省大吏之理屈詞窮，今届末次。貴親王應向湖南省用嚴厲之詞切責，以免該省將條約視爲兒戲，棄如敝屣，兹有應特爲聲明者。所引湖南礦務專章，本大臣理應辦駁，蓋此項章程，與條約顯背，亟應速行删除作廢。貴親王曾憶及，除本大臣外，尚有英、美兩國欽差，業經將此項章程嚴駁。今本大臣特再爲切駁，並請貴親王終竟設法，俾令遵約辦理，以免一省大吏敢於不照和平合辦之法，以逆貴親王敦睦之高誼，竟致違理背約，肆行拒絶，顯露一仇洋之舉也。特此照會。

照録鈔件。

爲照復事：光緒三十年十二月初三日，接准貴前撫部院陸照會内開，飭據礦務洋務各局，會同查復本領事照會據禮和洋行所稟湖南龍王山暨租訂衡、永、彬、桂各屬礦産一案，並貴前撫部院陸答復兩問各等因。准此，查原詳謂，中國與各國歷來所訂條約章程，從無准洋商在内地置買礦産之文。復稱，商約内雖有華洋合辦之條，而歷來章程，均載明須由地方官查明無礙。奏明允准，始作爲准行之據等語。貴前撫部院照會，所言如此，本領事不能承認。姑就現時情事言之，查湘省所定總公司章程，乃一省之私言，非大同之公議，是以去年各國欽差照請作廢。何得牽引歷訂條約，從無准洋商在内地置礦之文，殊不知北京外務部議定華洋合辦，或洋商獨辦等條，早已宣載。各國政府鐵案如山，萬牛難拔，何鰓鰓於歷訂之章程，而較有無乎？縱向章載有須由地方官查明無礙一語，此不過欲於租定礦山後，查明於地方有礙與否，斷非立言禁止洋商租訂礦産。且中國現與英美各國訂立商約，内亦以招攬外洋款項開礦爲言，則明知此事可以廣收利源，又於地方有益，故外務部已允別國商家在蜀、黔、滇、浙、齊、晉、皖等省，設立辦礦公司，未聞各該省疆吏，不遵和約，出而遏阻。豈湖南獨非中國轄土，而欲不遵和約，拒絶洋商辦礦耶！且和議内，並無提出湖南一省，不准華洋合辦一層，乃德商今欲於湖南辦礦，貴前撫部院一再不允。因思本國與貴國，從前睦誼較厚，兹竟如此深爲拒絶，則於邦交面子，毋乃太薄。至謂中國之礦，由中國興辦，利不外溢，豈不於國計民生，所益更大。查湖南全省，如法開礦，祇算全無，而人民窮苦，並未興利。兹又拒絶合營礦業，此於國計民生，果否有益乎？當知外務部宗旨，招徠華洋資本，興辦礦業，是欲運砂出口，輸銀入境，朝野均獲其益，所謂利不外溢，如此方爲萬全。又謂湖南礦痞藉名招摇，誆騙貲財，如其願意受騙，是其自取，於該局何尤，不能責令賠償也。查德商禮和，因遵信和議條約，故先已向湖南有山之業民，特出重貲，租訂礦山，訪係土著之户，實係該礦山業主，並非礦痞，方始延請礦師履勘，何得謂之受騙。且購機設廠，聘用礦師，所費不貲，自應取償於礦。如依貴前撫部院欲廢和議，行其拒阻之政策，

然則禮和無何能開採，洋商必致受虧，不向湖南索賠，而向誰索賠乎？第按和議條約，中國須採用英美各國開礦章程，因此條約之言，洋商先行租買礦山，然後報明立案，係照各國礦章辦理，未爲不合。又如貴前撫部院答復本領事之兩問内，有謂湖南礦務，祇能准合於約章之辦法，不能准不合於約章之辦法，洵爲扼要之論。又謂外務部奏定之約章，與本撫部院之意，本屬一樣，並無歧異。本領事深荷提斯，亦與本領事之意甚合。除將禮和在湖南租訂龍王山，暨衡、永、彬、桂各屬礦産，早經本領事轉報在案外，應即將全案文牘，録報駐北京德國欽差，逕向北京外務部立案，以符約章辦理。但以上局詳各節，貴前撫部院未之深思，據詳率行見復。謹據本領事所知，非僅德國欽差，即英美兩國欽差，亦均照會外務部，謂湘省礦章，與前年新訂各約不符，請速咨湘省，立將章程作廢。文内亦提及外務部原文。查光緒二十八年，本部奏定原有華洋合辦之條，即中英中美新訂商約，亦載有招徠華洋資本。興辦礦事。今湘省礦章聲明，非本國人不准買票入股，顯有未符等語在案。本領事想此事關係奏案，毫無疑惑。當時外部一定咨行湖南政府，問明此案應如何變通辦理，並咨令貴前撫部院妥酌見復。現在貴撫部院或因此應即查明貴衙門案卷，本領事意主和平，不爲已甚，湘省如照部文，應如何變通辦理，則飭令禮和變理，亦無不可。矧外部洞悉外情，故此願將各事和平辦理，以免轇轕。湘省不能不聽北京政府之言，常常違背約章，以拂衆意。稔知貴撫部院通練事，夙悉邦交，請在接管卷内，調查此案外務部各咨文。本領事知貴撫部院必能想一萬全之法，庶可保全彼此多年睦誼，均獲和平幸福，是所至要。相應照會。爲此照會貴撫部院，請煩查照施行，并祈見復爲荷。須至照會者。

又端方《長沙礦務公司在倫敦註册違背約章請照會英使飭令停辦》 光緒三十一年五月二十八日，收湖南巡撫端文稱：據湖南礦務總局司道詳稱，竊照本局查閲本年三月初七日上海太晤士英新聞報内載，長沙礦務公司是新公司，在倫敦商務局，業已註册，資本英金十萬磅。尋常股分有英金十萬磅，每股英金一磅。其中有六千特別優待股分，每股分一仙令，該公司擬開辦礦務、冶金、鐵路、工程、運貨車路等事云云。及譯閲倫敦新聞報，亦載有此事，惟股本係十萬零三百英金磅，尋常股分共十萬英金磅，每股係一金磅。另有特别優待股本，共六千股，每股係一先令。所稱亦大同小異。上海華字各報，亦有譯登此項新聞者。接閲之下，不勝駭異。伏查湘省礦務，久經紳商設有通省礦務總公司，招集巨資，奏明開採，從未招有洋商股本，即新訂中英中美各商約内載有華洋合辦礦務之文。而該條内，亦載明從前所定章程，尚須更定，應新章頒行後，方准華洋商人照辦等語。現在此項新章，尚未頒行。光緒三十年二月，曾奉商部訂立暫行章程，亦經載明，凡華洋合貲辦礦者，應由占股多數、殷實公正之華商，與地主商明允定，呈由地方官查明無礙，劃定地段，始能稟請商部，給發探礦執照。俟探明無誤，仍須遵照章程，稟請換給開礦執照，定章極爲明晰。現倫敦註册之長沙礦務有限公司，既未由華商稟明立案，又未經地方官查明無礙，復未經商部批准。種種辦法，全與章程違背，湘省斷斷不能承認。且難保非中國奸商欺詐洋商，爲誆騙資財起見，應請憲台迅即飭由長沙關監督，及洋務局，照會湘漢英領事查照。一面咨明商外務部，照會英國駐京欽使，速即轉達倫敦政府，告以此項公司，全不合條約章程，顯係欺騙股商貲本，飭予即行停辦。以免轇轕。本局爲保全洋商貲本起見，是否有當，理合詳請察核批示飭遵，實爲公便等情。到本部院。據此。除照會駐湘領事，暨咨明商部督院查照外，相應咨呈。爲此咨呈貴部，謹請查照轉照英國駐京欽使查照施行。

《礦務檔・湖南礦務・德奥商辦礦交涉》外務部《請查明禮和洋行訂立合同專辦湘江上游礦務事》 光緒二十九年十二月初九日，准德使照稱：「一年前，禮和行照例已立合同，得專權在湖南省湘江上游衡、永、郴、桂一帶，開採五金礦産，該公司本係官准，而有本公司印信，本大臣特爲備文達知，倘有他人再請開採各該處礦産，貴親王即可駁斥不准，以免攙越等因。查湘省礦務，業經奏歸本省總公司自行開採，並不准洋商合辦，上年鄔世英等，與英商私訂合同，本年唐乃安又復勾結生事，均經前撫及貴撫先後駁斥在案。今德使所稱禮和洋行訂立合同，在衡永郴桂一帶，開採五金礦産，難保無商人在外招摇，如鄔世英、唐乃安等類，藉以勾串牟利，相應咨行貴撫迅即查明聲復，以便駁復德使可也。」

《礦務檔・湖南礦務》湖南巡撫《駁拒奥商璞老克私訂合同來湘勘礦事咨送往返函牘等件》附璞老克致洋務局函暨洋務局復函等八件 光緒三十年三月十二日，收湖南巡撫文稱，光緒二十九年十月初四日，准奥國駐滬總領事許照稱：「照得奥商濮喇閣稟稱，擬即由滬前赴貴省，乞請照會保護前來，敝總領事查該商於十六年前來經理行家事務時，該行曾請敝國外部備文行知。並據該商聲稱，現仍代人經商，意欲兼辦礦務。此次前赴貴省，大約意在辦礦，理合據請貴

撫部院，遇事照約保護，並希隨時賜教。爲此備文照會，請煩查照等因。准此。當經覆以湖南全省礦務，業已奏明由本省紳商設立總公司承辦，請轉飭該商濮喇閣，即璞老克，由漢抵湘，與洋務局員接晤。據稱執有蔡道乃煌、葉紳德輝，與立開礦合同，是以帶同礦師，來湘勘礦。當經局員查明該合同係屬二十七年冬間，奸商鄔世英、唐乃安勾串該商來湘辦礦之時，案經前撫部院俞奏明懲辦。該商堅懇將唐乃安寬宥，免予重辦，是以與之私立合同。其中雖涉及礦事，而聲明俟湘省有華洋合辦章程，方能議及，且既未稟明立案，及未蓋用洋務局關防，自屬私情議訂，洋務局未便承認，亦未便令其勘礦，業由洋務局員切實辯覆去後。詎該商仍曉瀆不休，迭次來轅訴辯，亦經據理駁斥。現查該商稟内，有將此事呈達貴部辯議之語，應抄録原合同，並迭次往返函牘，咨明立案，以資查考。相應咨呈，爲此咨請貴部，謹請查照施行。」

照録抄摺。

璞老克致洋務局函。

敬啟者：璞於一千九百零三年十一月十號，曾有公文寄呈撫憲趙大人，今爲公文要事，璞已偕同英京總公司委來之礦師，安抵湘埠，故祈即約日期，以便來貴貴局商議。璞前所訂之合同，係於一千九百零三年正月十六號，由璞與前貴務局總辦蔡觀察簽字在案。此致長沙洋務局總辦台照。

英京總公司全權代表人璞老克頓首。

西曆一千九百零四年三月八號，洋務局復奥商璞老克函。

敬復者：昨奉來函，藉悉一一。礦務一節，敝國華洋合股章程，既未定議，湖南總局司奏定章程，亦無華洋合股辦法。且前總辦蔡觀察所立三條，聲明係朋友交情，事屬私交，并非公事。未便援以爲例據。是閣下及埃士君勘礦一説，本局不能承認。頃據面談。已將勘礦一層，作爲罷論。惟欲到省外遊歷，應請指定地處，以便酌核。是所至禱。

由洋務局交到璞老克初次致院稟。

憲台大人賜鑒：敬稟者：璞與英京公司之工程師，於二十二日抵長沙，二十四日，至洋務局拜會，面議清楚，璞等可往内地遊歷。但是晚接得洋務局總辦之函，有談及璞去歲與洋務局訂之條約，此約并由葉德輝紳士簽字爲證。然此條約待奉新部章之下，方可作算。是以懇祈大人，照璞向上海英領事處所領之護照，下令保護，以便遊歷是感。求此請鈞安。璞老克頓首拜。

并附湖南洋務總局之函。

初次飭洋務局函復札。

爲札飭事：案據洋務局轉呈奥商璞老克稟稱：敬稟者云云等因。據此。查洋務局并無稟明與該商訂立條約之事，如係自立私約，不足爲據。即便新章奉到，亦難作算。該商如果領有上海英領事遊歷護照，即由該局照約保護。合行札飭札到該局，即便抄札，函復該商查照。此札。札洋務局。

光緒三十年正月二十八日，由洋務局交到璞老克二次至院稟。

敬稟者：璞昨接洋務局來函，内抄録札文，照章保護璞等從内地遊歷，但來信聞璞於一千九百零三年正月十六號，蔡乃煌訂立合同，由本城葉德輝簽字爲証，未曾存案，故璞無法爲之，只知照駐京英領使，將此事達外務部辯議合同根由。今或可否容璞於大人前，申明一事。即此合同内，曾清白稱有本局字樣，即湖南洋務總局是也。再者，璞所代表之英國公司，其成本之現備，舉辦之全美，璞深知無錯失。并於此省内，只求一二礦山起辦，一切開辦規條，均遵將下之新部章。因此，璞以寔事求是舉辦，深信大人必肯將璞之事再思而决也。此呈撫憲趙大人，俯賜垂鑒，不勝待命之至。

英京公司受權代表人璞老克叩稟。

西曆一千九百零四年三月十六號，二次飭洋務局函復札。

爲札飭事：案據該局呈送奥商璞來克稟稱云云等情。據此。查該商所執合同，既未經洋務局稟明立案，又未蓋用洋務局關防，且該商兩次函稱，由本城紳士葉德輝簽字。葉德輝并非洋務局人員，又未予以簽字訂立合同之權，其爲私議訂立，已無疑義，自不能執爲憑據。至所請開礦一節，查湖南開産，業已奏明由湖南全省礦務總公司承辦全省礦務。該公司紳商等，現時并無招集洋商入股之議，雖一二處亦未便令其舉辦。合亟札飭札到該局，即便抄札函復該商查照。此札。

札洋務局。

光緒三十年二月初一日。

私立原合同。

一、由璞老克函致本局，由本局詳請撫憲，俟唐乃安解到之日，照會袁制台開恩，將唐乃安酌量發還，交璞老克。

二、將來華洋合股章程議定，當由本局通知來湘，面商辦理。倘無華洋合

股章程，及璞老克不依章程辦理，則作罷論。但必先通知，以盡朋友之情。

三、所有招摇各犯一切，璞老克不理。蔡、葉

光緒二十八年壬寅十二月十八日，西曆一千九百零三年正月十六日立。

由洋務局交到璞老克三次致院稟。

敬稟者：頃接洋務局第二次來函，知悉大人以奇異之意，置於公事文件之上，此公文即前撫憲俞大人命該時洋務局之總辦，訂立簽字。并時寔有多人，在場眼見，即於該局之繙譯郭月波，本處内地會之牧師郭英華。至於本城葉德輝簽字，寔係蔡乃煌道台之所請也。今按大人之尊意，如合同中之律理，可隨意不承認，則西人與貴國公局之辦理官員，訂立合同，全爲無用也。璞與英公司之工程師來長沙，非爲辯駁此合同之正律理。是以璞至恭且敬，知照大人，若於禮拜日午時，即本月二十號，無寔定之回信，璞必立刻舉動要步，將此事置於北京治理處議之。此呈撫憲趙大人垂鑒示復。

英京公司受全權代表人璞老克謹稟。西曆一千九百零四年三月十八號，三次飭洋務局函復札。

爲飭事：案據該局轉呈奥商璞老克稟稱云云等情。據此。查該商所執合同，既未稟明立案，又未經洋務局蓋用關防，自是私交議定，本部院暨洋務局。均屬無從承認，何以該商以爲奇異。現在本部院即以此爲寔定之回信，應由該局抄札函知，請其將此事置於北京治理處議之可也。合極札飭札到該局，即便遵照。此札。

札洋務局。

光緒三十年二月初三日。

又湖廣總督《奸民私與德商訂約合辦興國州龍角山礦務案辦理情形》 光緒三十年四月初三日，收湖廣總督文稱，查接管卷内，准德國倫署領事照稱：「禮和亨達利洋行在興國州龍角山，又在房縣保康南漳竹山各等處，與華商合辦礦務，上年十一月初一日，暨十二月初八日，兩次接准江漢關陳道照奉貴督部堂札飭等因，照復到本署領事。准此。」當經轉飭該洋行等知照去後，兹據稟稱，據興國州稟批，内有兩語，前後相反，一爲張德春等并無其人；一爲張德春等所呈結内，業户或故，或不知情，其爲張德春等冒名誆騙等語是也。至封禁該山之説，核之新訂華美條約第七款内，大意謂中國國家不得攔阻合用洋商資本，開辦礦務，并外洋富商按之通行章程，在外洋開礦，得有利益。中國國家不得待富商比外洋相待之處，稍有不及。至謂仍應封禁，以順輿情，而杜轇轕一節，本行應即指明，該山礦質開辦與否，自然祇有該山真實業主，可以有權説定，况該業主自己立出天富公司，該公司又與禮和亨達利當面在德領事衙門簽字，立定合同，以便會同開礦。此合同按照律例，亦無錯誤，本足作爲憑據。今本行又續取得該業主十足憑據，擬議開礦，情形實實在在，與礦務章程及新訂合商約條款，無不相符。華洋均有利益，惟是倘有阻撓開辦礦務，及公司所派華洋人工，核之礦務章程十一條款，中國國家應盡自然本分，認真維持。本行一定盼望湖廣督憲聰慧明鑒，此事華洋合立公司，不僅該公司有好處，即中國國家極有好處，本行甚願意隨時詳細稟報開礦情形。此意已經馬樂熙東家，前見端督憲當面陳明，並應允將來政府要如何辦理，本行亦可按力遵辦各等情前來。本署領事查該洋行所稟各節甚是，本署領事素常欽佩貴督部堂，最是明白民業政治，所以亦盼望貴督部堂察核此事，以後定有極大好處，給予湖北政府暨民人等，因爲本國厚有資本明白練達之商人禮和洋行，會同華商，願意開辦前項各等處礦務。貴督部堂細查該各地方官所稟礙難緣由，須知所稟並非實情，不過借故推除洋商合辦耳。本署領事一定想貴督部堂再加細查，或一直與該洋行商量開辦情形以後，定必應允，因爲此事公道，及貴督部堂將來常常察出，與國與民，均有實在好處，應請轉咨外務部批准，給予開辦憑據等情。前兼署部堂未及核辦，移交前來，本部堂查各國礦務，無論官地民地，均歸國家管理，民間不得私相授受。至腹地之礦産，尤非地面業主，所得自專其利，凡有産礦之地，非經國家查明批准，給予執照，即地面業主亦不得私與他人訂立合同。各國通例皆然，諒禮和亨達利洋商。皆所深悉。兹查興國州之龍角山，歷經各業户稟請封禁，有案可稽，足見該處正經業户，均屬不願。現在各處鑛山，雖不應封禁，然何處鑛山應先開採，何處鑛山暫緩開辦，各國國家，皆有主權，可以酌度情形，分别指定，斷不能聽無賴奸民串通朦混，不由國家作主，任意妄自指定也。况該華商天富公司，何年設立，作何貿易，開設何處，股東何人，資本若干，並未據向地方官衙門稟請立案，亦未遵照新章，呈請在商部註册，顯係奸民假立名目，希圖誆騙外人，情殊可惡。况龍角山界連兩縣，周圍八九十里，依山而居者，不下十萬户，其中業主不知凡幾，乃張德春等膽敢以稟官封禁之山，私與洋商擅定合同，節經前兼署部堂端飭據大冶縣、興國州查明，原請封禁各業户，並無向該公司出具情願開采字樣。其據内劉赤、曹香舟、曹相南、熊奎斗、石清泉等，均稱不知其事。甚至將業已身故之侯

子裕、熊里三等，亦列名其中，其爲盗揑造，毫無疑義，業經札行前署該關監督陳道，照復德領事，轉飭禮和亨達利洋行知照，免再受人愚弄。不意張錦堂、傅清順等，猶敢逞其狡獪伎倆，串通匪人，揑造公議憑單，欺矇洋商。試思周圍八九十里，居民萬户之地，而此區區百數十人，可將全境鑛山擅許該公司開採耶？此種毫無情理之事，一經説破，想倫署領事自必恍然大悟矣。應即飭令江漢關道迅即照復德領事，轉飭禮和亨達利洋行勿再甘受人愚，徒多耗費。一面飛札興國州、大冶縣，飭提張錦堂、傅清順等，查追大富公司案據，研訊盗名揑據情弊，稟候從嚴懲辦，以爲誆騙洋商者戒。除行江漢關道照復德領事，轉飭禮和亨達利洋行知照，並行興國州、大冶縣迅提張錦堂、傅清順等，查追天富公司案據，研訊盗名揑據情弊，稟候從嚴懲辦。暨行礦務總局轉飭外，相應咨呈，爲此咨呈貴部，謹請查照施行。

又湖南巡撫《駁復德領事照會禮和洋行按律立約購礦山多處事》 光緒三十二年四月二十日，收湖南巡撫文稱，據總辦湖南礦政調查局會同洋務局司道詳稱，竊照本局奉憲台札開，光緒三十二年二月十二日，准駐紮湖北夏口德國領事府樂照會内開，即貴撫部院所明悉，本國禮和洋行前在湖南衡州、永州、彬州、桂陽州各府州縣，按律立約購買礦山多處，並稟明發出開礦執照。現因盼望所訂礦章急速通行，所以此數月暫停商辦。惟本署領事目前閱上海新聞紙，得悉現有湖南湘潭某紳，會同唐乃安及洋商卜來克、羅斯畢士，稟經允准總攬湖南全省鐵路礦務，伊等應允每年繳納政府銀三百萬兩。又各新聞紙内載，此事在武昌、長沙政府認承酌商。本署領事究不識此各新聞報紙所説，是否符合，惟應指明禮和洋行在湖南久已按律立約，買得各礦山，業經本國駐京大臣照會外務部立案。若現在湖南政府將礦山租賣他人，廢棄以前合律買約，一定激出一絶大交涉。所以本署領事想係自己本分，應先照知，以免將來轇轕，並希貴撫部院維持公道，決不允准有害久得合例憑據之商人權利也。除稟明本國駐京大臣察核外，爲此照會貴撫部院，請煩查照爲荷等因。到院。准此。除行洋務局外，合就札行札到該局，即便會同洋務局查明詳復，以憑照復，毋違此札等因。奉此。遵查湘省自前撫憲陳，創始設立礦務總局，奏派司道管理，總持通省公私礦權，凡開採勘驗調查一切礦權，皆歸總理。又曾經前撫憲俞，奏設中西南三路總公司，派紳分理各路全境之公私礦務，均仍受成於礦政總局，以一事權。本省先後奏定章程，祇准華人在湘開礦，必須邀同切實保人，稟由總局札飭該處地方官，親詣勘明，毫無妨礙，再知照該路總公司復查，亦無違背定章情獘，方准編號開採，嚴禁湘民私相租賣礦山。從前初開辦時，曾有華商領過開礦執照，嗣因逾限已久，未經開辦，該執照已成廢紙，早經由局詳明，一概作廢，不再發照，奏准有案。此湘省歷來辦理礦政之定章也。近奉商部頒發礦政調查新章第七條内開，民間礦産，祇准賣與本地居户，須憑中證報官，查無頂冒諸弊，始准立契過割。倘有朦混私賣情事，惟該管地方官是問。該局如扶同徇隱，應由商部按照此次奏案，一並奏參懲處。又第八條内開，凡有偷挖礦産，私售礦地，或已領有礦照，擅自轉售他人，一經查出，應由該局迅速稟報商部。一面逕稟該省將軍督撫，轉飭地方官從嚴懲辦，毋稍寬貸各等因。可見湘省礦章不與洋商合辦開採，並不准民間私賣私典私租私開礦産，及早年偶爾發給華商執照，日久未據開辦，即經詳明一概作廢，以杜奸徒轉售誆騙情弊，皆與現在部頒新章相合。德商禮和洋行自光緒二十九年，與亨達利洋行合貿，僅止承售湘省黑鉛、白鉛礦砂，並無在湖南衡州、永州、郴州、桂陽州各府州縣，按律立約，購買礦山多處，并稟明發出開礦執照情事。查衡、永、郴、桂各府州縣全境公私礦産，概由南路總公司經理，或自行開採，或與華商合辦，或督華商自辦，或購定礦山，以待次第興辦。歷係遵章辦理，從未與洋商立約。前於光緒三十年正月，奉升撫憲趙札開，准外務部咨開，准德使照稱，禮和洋行照例已立合同，在衡、永、郴、桂一帶，開採五金礦産等因，業由本司道等會核，據理申辦，詳請咨復。嗣德領事迭次照稱，禮和前與鍾悦堂訂合同，欲在湘省龍王山開鑛，並租定衡、永、郴、桂礦産等因。復由本司道等會查龍王山係屬官産，開辦有年，非礦痞所能私賣，具餘各處礦産，禮和僅憑一二鄉民私相授受，並無地方官批准辦礦之據，亦均不能作准，詳請照復各在案。三十一年六月，奉升撫憲端札開，此案因德領事來湘，面向切商，已允將龍王山開礦一事，作爲罷論，具餘各處礦産，允俟新章議定頒行之後，再行酌商辦理等因。是德領事亦明知禮和之私租礦山，係不按條律，未合章程，不能作准，故姑待新章，再爲商酌。今已奉商部頒發新章，仍不准私行租賣礦産，民間如有私相授受者，從嚴懲辦。若該管地方官及本礦政局扶同徇隱，照案嚴參。是無論新舊，私賣私租之礦産，一概不能作准，自亦無可商辦矣。茲據所稱各節，都非湖南政府官局允准確據，又不合商部湘省新舊章程。遍查各署局並無准該洋商在湘立約購山開礦之案，想仍係舊日奸徒礦痞，肆行欺騙，朦混冒頂，私相授受。該洋商爲其所愚，實不能作爲合律約據，應仍照上年德領事所允，一概作爲

罷論，並由本司道等嚴飭營縣訪拏欺騙洋商之奸徒礦痞，從重懲辦，以戢奸宄而安遠商。至上海新聞紙内載，現在湖南湘潭某紳，會同唐乃安及洋商卜來克羅斯畢士，禀經允准總攬湖南全省鐵路礦務；又各新聞紙内載，此事在武昌、長沙政府認承酌商等語。查唐乃安於前數年，與僕老克勾串牟利，曾經前撫憲俞奏請懲辦有案。又於去年秋間，潛行來湘，復經本局禀明憲台禁阻。則卜來克羅斯畢士禀經允准，及每年繳納銀三百萬之説，全是不根之談。況湘省礦務允歸本礦政局總持全綱，復設中西南三路總公司，分理條目，是通省各府廳州縣境内所有公私礦山礦地，皆歸官紳合力經管，何能再容他人總攬。而新章處分綦嚴，官局絶不敢濫許取過，且民情夙極固結，公司亦不甘退讓失權，安有承認之理。該報紙所載，無非奸徒招摇煽惑之詞，實不足信總之，湖南全境公私礦産，統歸本省官紳遵照歷次奏定章程，合力辦理，非民間所能私相授受，尤非唐乃安一二奸徒所能覬覦。至禮和洋行無論有無被礦痞朦騙，冒頂私約廢照情事，既非律章所准行，即不能藉爲口寔。湖南政府礦局公司，歷來遵守定章，從未允該洋商立約買山開礦，亦未發給執照，即無所謂廢棄也。相應詳請憲台俯賜察核，照復德領事，轉飭該洋行勿再爲奸徒礦痞所騙。一面傳諭各洋商一體知照，實爲公便。查此次德領事來文，内有業經駐京大臣照會外務部立案等語，可否咨明商外務部查照之處，出自憲裁等情，到本部院。據此。除照復外，相應咨呈，爲此咨呈外務部，請煩查照施行。須至咨呈者。

又端方《禮和洋行承辦龍王山礦務事德領事面允作爲罷論其他各礦俟礦章頒行再照章酌商》 光緒三十一年七月初二日，收湖南巡撫端方文稱，光緒三十一年五月十九日，承准貴部咨開，光緒三十一年四月二十六日，准德國穆使稱：「德商禮和洋行在湘省擬辦礦務，並去年湘省違約定出礦章一事，本大臣與貴部，以及漢口本國領事與該省大吏，已屢經彼此往返動勞筆墨，近又經本國領事與湖南巡撫有照會往來，兹特鈔録附送詧閲。本大臣查雖已屢次往來勞費文牘，惜此事迄今，尚無端倪。本大臣業經疊向貴親王，將因何可准照禮和洋行所願辦理之故，聲叙明晰，尚往往仍不免向本大臣以湖南省大吏不能應允之故，爲之辯駁，想貴親王現亦明知該省大吏之理屈詞窮。今届末次，貴親王應向湖南省用嚴厲之詞切實，以免該省將條約視爲兒戲，棄如敝屣。兹有應特爲聲明者，所引湖南礦務專章，本大臣理應辯駁。蓋此項章程，與條約相背，亟應速行删除作廢。貴親王曾憶及，除本大臣外，尚有英美兩國欽差，業經將此項章程嚴駁，今本大臣特再爲切駁，並請貴親王設法，俾令遵約辦理，以免一省大吏，敢於不照和平合辦之法，以逆貴親王敦睦之高誼，竟致違理背約，肆行拒絶，顯露一仇洋之舉等因，並將德領照會抄送前來。查此案疊經内外堅持，嚴詞駁阻，迄未就範。兹德領復經照會，如何駁復，未准貴撫來文知照，相應抄録德使所送領事照會底稿，咨行貴撫查照。即希將照復底稿，抄咨本部，以憑酌復該使可也等因，到本部院。承准此。查此案前據德領事照會，當經督同湖南鑛務洋務等局，詳加核議，以龍王山係屬湘省礦務局官産，開採有年，時停時辦，公家産業，斷非民人所可私賣，大率中外所同。鍾悦堂冒賣官産，欺騙洋商，湘省豈能承認。至中英中美商約，固載有招徠華洋資本，興辦礦業之文。惟查該約内，均載明俟新章頒行後，始准照章辦理，當時湖南礦務總公司，議立辦事章程，不招外股。原因新章既未奉到，以湘人辦湘事，本以自守，不假人謀。現在此項新章尚未議定，礙難開議等情照覆。嗣德領事來湘，本部院復將此事面向切商，已經德領事面允，將龍王山開礦一事，作爲罷論，其餘各處礦産，允俟新章議定頒行之後，再行照章酌商辦理。又經分别行知，並備文照會德領事查照各在案。承准前因，相應抄録照會底稿咨呈。爲此咨呈貴部，謹請察照施行。」

又端方《周聲浚私借洋款擬嚴行懲辦》 光緒三十一年二月二十一日，收湖南巡撫端方文稱，查接管卷内，據湖南布政使劉春霖詳稱：「案奉憲台批據礦務局詳，接據鄂局電稱，禮和洋款交清，約已退出，仍飭委員押帶周聲浚回鄉，詳請究懲各緣由，奉批據詳已悉。周聲浚私借鉅款，冒稱礦砂作抵，譎張爲幻，行同詐騙，仰布政司核擬具詳，以憑咨參究辦。此繳。原詳抄發等因。奉此。查核奉發局詳内稱，周聲浚係善化廪貢生，捐職候選訓導，私向洋商借貸鉅款，冒稱礦砂抄押，希圖依附洋商，冀遂要挾影射之計。誠如憲批所云，譎張爲幻，行同詐騙。際此外人乘隙垂涎，礦痞百端嘗試，應如局詳嚴行懲辦，以儆傚尤，而免釀成交涉。擬請先將周聲浚所捐候選訓導，咨部斥革，一俟委員押帶回湘，即發交長沙府訊擬詳辦。是否有當，理合將遵批核擬緣由，具文詳請察核等情，移交到本部院。據此。相應咨呈，爲此咨呈貴部，謹請查照施行。」

又陸元鼎《德領事照會禮和洋行承辦礦務事已逐項駁覆》 光緒三十一年正月初三日，收署湖南巡撫陸文稱：光緒三十年十一月二十六日，接准駐漢德國領事官照稱：「光緒三十年八月十七日，案准貴撫部院照覆本領事據禮和洋行所禀湖南龍王山礦産一案，切寔駁拒，照請查辦。」除原文有案，不須贅叙外，

查湖南礦務局，衹有常寧縣水口山地方，曾奉奏明，由官開採，而龍王山並未隨摺聲叙，此即係此山確非官產之證。故禮和亨達利洋行遂向鍾悦堂訂定，是該商於官山民山之别，毫無含糊，礦局何得以曾經試採而久廢之礦，硬指爲官山耶？至礦局詳稱，禮和洋行曾在湖南礦局承買礦砂，並無本國政府或地方官批准可以辦礦之事等語，殊覺含糊牽强。查光緒二十八年二月間，外務部循照和約，奏定華洋合辦等章一十九條，當時湖南何不出而奏駁，乃於奏定逾年之後，忽有總公司之設立，是明與部章相反對，當經各大國公同致語，而英美德法四國欽差，向外務部伸駁尤力。可見公論難逃，詎湖南又將鍾悦堂拘辦，虐以酷刑，伸其極大壓力，無非恫嚇鄉民，以爲抵制外人之計。是則約章尚且毅然不顧，何有於官府之批乎？原詳又稱，遍查中國歷與各國所訂約章，從無洋商可在內地置買租訂礦山，則合辦獨辦，所指何事？且禮和亨達利固以華洋合辦爲宗旨，縱禮和而欲獨辦，亦是遵照部章，情通理順，何得謂禮和不合情理耶？至原詳所駁隨便置買礦產之文。試問定章內有華洋合辦，或洋商獨辦之條，設使不准洋商隨便二字，亦不可解。中國既未宣布外人置買礦產之禁，亦未宣布外人隨便置買礦產之禁，而商約內，則有外人准在中國開礦，與在其本國所可爲者無異。且今年中國所新頒之礦章，亦稱從前條約內所訂者，不爲更改，是何得以隨便二字挑剔之，至今日此事尚有糢糊及爲難之處，其咎寔全在中國。因中國政府並不准時頒布合理之礦章，而惟屢次另訂礦章，故意與約文相歧異，藉爲嘗試延捱之計。此節亦屢經各國駐北京欽使，責問翻駁，是中國寔有違約之咎矣。倘本國商家因而受虧，自應惟中國是問耳。如貴撫部院尚以部章爲不足據，則請查閲英國商約第九條，美國商約第七條，當必了然有悟矣。來文謂，禮和買地，不報明政府立案，在內地私買礦產等語。然禮和早將在湖南衡、永、郴、桂等屬，所訂置之礦山多處，呈報本領事，轉請本國駐北京欽使，照會外務部，並由外務部咨會貴撫部院矣。更可異者，禮和亨達利之訂置礦山，即屬遵章，其用各山主等人，又與部章華洋合辦多用華人之條符合，在湖南地方官，正應妥爲保護。乃近竟將山主等紛紛拏辦，豈其於約文部章，未一寓目耶。殊不可解，殆爲希圖見好上司起見耳。查湖南全省內，如法開礦之舉，只算全無，而地富民貧，生機日蹙，乃有洋商如禮和者，入華已六十餘年，設分行於各口岸，星羅棋布，久爲各省官紳商民所共信。精諳礦務，富有本貲，情願遵照約章，與湘人合營礦業，是於國課民生，均大有裨益。在禮和第欲爲人已兩有裨益之事，並非欲有所佔奪，在湖南亦何嫌何慮，而深閉固拒若斯耶？揆之貴國年來上諭，睠睠於財政民生，不亦相背乎？總之，洋人之准開華礦，係外務部循照約章奏定之案，久已頒布中外，因而邇來各國政府，及其駐北京欽使，均各鼓勵其本國僑寓中國各省之商家，早行籌開華礦，羣情所注，遏阻奚從。在本領事既不敢違衆以抹煞約章，而貴撫部院亦宜泯去一隅之見，免開衆怒之端。本領事於禮和亨達利所訂置之湖南龍王山，及衡、永、郴、桂等屬礦產，惟有認定約章辦理，不能一絲移易。除俟接准貴撫部院照覆，即將全案文牘，録報本國駐北京欽使核辦外，相應照請貴撫部院，即將下文兩問見覆：一、究竟准其華洋合辦與否實係禮和與華商會同設立礦務公司？一、貴撫部院之意，與外務部奏准之約章，應以何者爲准，均請決以一言，明白示覆，本領事無暇紬繹深文韜義也。禱切盼切，更有請者。現聞有天成、萬順、阜城各公司，派人往湖南郴永等屬，四出招買礦山，但郴永等屬，歷經禮和亨達利置買租訂各種礦山，早經妥協。又據禮和稟稱，永州之富家磜羊婆嶺一帶礦山，亦係早經該行妥訂者，現聞有華人希圖强佔，業在彼處試行開採，懇請照會查禁前來。爲此一併照請貴撫部院，煩爲查照飭令地方官，分别虛實先後，確查嚴禁，毋任謀佔，致生轇轕，並免致該行有索賠之舉，是爲至要等因。准此。當行礦務洋務各局會同查復去後。兹據詳稱，此案業由本局叠次據理駁拒，而禮和與礦局買賣礦砂有年，現尚彼此交易，詎竟不顧睦誼，輒欲藉一痞棍私冒私買之據，圖佔官局礦山，該局豈能忍受，請就來文所指各節，縷晰陳之。湖南礦務總局係政府設立之官局，凡所開之礦，皆屬官辦，皆屬官產，與商辦官商合辦之礦不同，不必一一奏明，始算官產。禮和洋行確無本國政府及地方官批准辦礦之據，絶不含糊牽强，中國與各國歷來所訂條約章程，從無准洋商在內地置買礦產之文。凡約章所不載者，即是禁止，無論隨便不隨便，均不能行。至商約內，雖有華洋合辦之條，而歷來章程均載明，須由地方官查明無礙，奏明交由外務部、商部奉國家允准，始作爲准行之據，斷無憑一二鄉民私相授受，可以作准之事。亦非可以由洋商稟由領事官，轉請駐京欽使，照會外務部，即可將中國礦產賣與洋商之事。至謂湖南地富民貧，生機日蹙，亟宜經營礦業，期於國計民生有益，自是確論。惟中國之礦，應由中國興辦，利不外溢，豈不與國計民生，所益更大。若聽令痞棍不問其是否已產，舉湖南所有之礦山，一一私行指賣於洋商，恐亦無益於湖南也。本局原不必見好於上司，而亦不能見好於外人，見好於禮和，見好於德國領事也。至謂禮和亨達利置有衡、永、郴、桂等屬礦產，現有

天成萬順阜城各公司招買礦山之事，本局均無所聞。湖南礦山，自有奏定暨外務部、商部頒行章程，禮和洋行固不能買，天成、萬順、阜成各公司，如係洋商，亦不能買。湖南礦痞藉名招摇，誆騙貲財之事，不一而足。如其願意受騙，則虧損是其自取，於本局何尤，不能責令賠償也等情前來。本部院查此案疊經該領事來文，業已歷據該局詳由本部院照復在案。現該領事文稱，無暇紬繹深文韜義，本部院深覺歉然。茲姑就該領事來文所載兩問答覆：一爲究竟准其華洋合辦與否是係禮和與華商會同設立礦務公司一節，本部院請答以湖南礦務，當恪遵國家頒行之約章，只能准合於約章之辦法，不能准不合於約章之辦法。今禮和洋行實無國家及地方官查明無礙批准辦礦之據，不能准其設立礦務公司。此所答之一問也。一爲本撫部院之意，與外務部奏准之約章，應以何者爲准一節，本部院請答以外務部奏准之約章，與本部院之意，本屬一樣，並無歧異。此又所答之一問也。即由該領事按照來文稱，將全案文牘，録報駐北京欽使核辦，亦無不可。除照復該領事外，相應咨呈，爲此咨請貴部，謹請查照施行。

又陸元鼎《開辦龍王山礦務案駁拒禮和洋行要索各項》 光緒三十年九月二十九日，收湖南巡撫陸文稱：光緒三十年八月初十日，接准駐漢德國領事倫照開，照得本國禮和洋行在湖南辦礦，本署領事指定上月二十一日照會再爲聲叙，據禮和稟稱，湖南礦務局派人從水口山至龍王山開挖礦砂等語。如此信的確，本署領事自應切實駁拒礦務局辦法。龍王山礦砂，不是在官地内，可是該地實係鍾悦堂産業，湖南礦務局大概八年前，在該山試辦開採，當時因無利益，即便停工。以後該礦地由鍾悦堂買得，執有按律無誤之地契。鍾悦堂後將該礦地賣與禮和洋行，亦是按律繕立憑據，所以禮和索要該礦地，實在合理，彼時報明湖南政府，及外務部存查。本年二三月間，禮和派人往勘龍王山，及經鍾姓賣出之地，總無官開民開採挖形跡，並無礦局官員設局開採之事。貴前護部院照會云云，殊與實在情形不符。若現在顯明不過裝點由湖南礦務局再爲採挖模樣，令人見爲官辦，以愚衆人，似此辦法，總不合理。實係有害禮和之利益。本署領事應即决意指駁，務令湖南政府擔任虧損，除已禀明本國駐京大臣，俟奉回批再行照會外，相應先此照會查明，如在禮和合理索要各處之礦地，有湖南礦務局或别有無理之人，再與採挖之事，應請貴撫部院一定飭令停止。如不然，應由貴撫部院承擔賠償禮和洋行各項喫虧，盼切施行等因。准此。當經札行礦務局查復去後，茲據該局司道詳稱，禮和洋行曾在湖南礦務局承買礦砂，並無本國政府或地方官批准可以辦礦之事。龍王山礦産，向屬官山官礦，時停時辦，本有自主之權，决非鍾悦堂可以私冒之産。該領事來文，亦認明湖南礦務局曾在該山試辦開採等語，既係礦務局曾經開採，則其爲官山官礦，已無疑義。既屬官山官礦，豈有轉賣與鍾悦堂之理，官中産業，民人不能私相買賣，大率中外所同。禮和洋行何以竟受其惑，至所稱鍾悦堂後將該礦地賣與洋行，亦是按律繕立憑據一節，遍查中國歷與各國所訂約章，從無洋商可以在於内地，隨便置買礦産之文，是禮和洋行索要該礦地，實不合理，且又於何時報明湖南政府，尤堪詫異。該礦地本係礦局官産，隨時可以開採，可以停歇，無所用其裝點模樣。此案礦局前以爲禮和洋行爲鍾悦堂所誆騙，是以從嚴懲辦，以免洋商虧損資本。若似此情形，直是禮和洋行違背約章，不合情理，私慫於内地置買官産。禮和洋行向在礦局承買礦砂，交易有年，彼此頗敦友誼。而竟明知爲礦局曾經開採之礦，尤復任聽痞徒鍾悦堂冒占，私向置買。揆之彼此交情，甚不相合。即有虧損，與湖南政府何涉，而顧責令擔任，礦局所不受也等情前來。本部院查湖南礦務總局，係屬官立之局，所開各礦，均係官款開辦。龍王山礦産，既據該領事來文，承認湖南礦務總局從前曾在該山開採，則龍王山之爲官礦，已有明徵，該局開辦官礦，是分内所應爲，本部院未便飭令停歇。至禮和洋行聽信鍾悦堂所騙，不按約章，又不報明政府立案，在於内地，隨便私買礦産，即有虧損，於人何尤。前撫部院懲辦鍾悦堂，即爲保全洋商資本起見，該洋行尚能責人賠償耶？本部院此次覆文，即爲不認賠償禮和洋行虧損之憑據，該領事如欲禀知駐京大臣辦理，本部院亦無如何也。除照覆該領事外，相應咨呈，爲此咨請貴部，謹請查照施行。

又張紹華《禮和洋行私訂合同辦常寧龍王山礦務事德領事請釋被拘華人》 光緒三十年七月十六日，收湖南巡撫張文稱：光緒三十年五月二十九日，接准駐漢德總領事倫照會内開，本年三月十七日，准貴前撫部院趙照據礦務洋務局會同詳稱，湖南礦務總公司章程，係全省商民承辦已國自有礦山而定等因。准此。本署領事壹是領悉，並轉飭禮和洋行知悉。茲據該洋行禀復各節，與本署領事之意，均屬相符。現在本署領事與該洋行商量妥協，並將通行章程條約，作爲根本。查貴國新訂礦務暫行章程第一條内載，除以前已辦各礦，及業經議定之處，仍照原定合同辦理外，其有援引前章，及前准各省辦礦成案請辦者，概不准行等語。查禮和洋行已於數年前，有已經議定之礦山數處，不能因後來札飭或章程，將前議作廢。又第三條内載，礦地無論係産何種礦質，必須國家官

地，方能發給執照，若係有主之地，則須與該地主商允地價，或願作股分，報明立案，方准稟請給照等語。查禮和洋行層層遵此辦理。該洋行與該業主，先已商允合同，以後將合同稟明駐漢德領事衙門，及駐京德欽差大臣，轉致貴國地方官，以後請發護照，給該洋行礦師，以便可往查勘礦質。所有以禮和洋行及該行華夥，十分按照章程辦理，總無有私立合同，違章程犯法律之事。可是湖南政府不准禮和洋行勘礦，且多方恐嚇該行華夥，並不與以上章程條款相符。又第四條內載，無論中國商民承辦，或華洋商合辦。又條內分款二，華洋商合股者應聲明等語。此等憑據，尚不足爲明明白白實在准華洋合辦之確據乎？如何貴撫部院還是常常辯駁此事。又第十八條內載，嗣後華商請辦礦務云云，按照十四條辦理，意在嚴爲懲罰，即此彰明較著言過。可見以前所立合同，總不能更動也。至於去年所立礦務總公司，未見有例索要礦山，在禮和洋行已經多久於該總公司未開之前，與該業主及業主代理人立合同合辦之地，自然該總公司亦無有格外之權，索要湖南已查知與尚未查知之各礦山。如湖南政府定要羈押廣見識很有心爲其本國遵律開風氣之人，此是政府未免錯想欲給本國好處，實在是給本國喫虧。以上所論之人，因其老成練達，所以深信外國商人公平，又深曉若無外國之工藝學問及資本，幫助多數年合開。中國礦務總難成功。禮和洋行華夥鍾悦堂一名，數禮拜前，被常寧縣拘押。該鍾姓人等，即係龍王山業主，有一年老鍾姓人逃來漢口，力懇禮和迅加幫救，因恐官拏鍾姓一族到案懲辦。本署領事查禮和洋行與鍾悦堂早已訂立合同，將來合開龍王山礦質。現閱中外日報，載有龍王山均係礦産著名處所，近已由礦務局派人前往開採等語。因爲該山主已經與禮和洋行訂立合同，不肯交給湖南礦局開辦也。若實在地方官加害鍾姓人等，不過以其與禮和洋行按通行章程，合作准行生意，本署領事自應切實駁回地方官之辦法，應請貴撫部院迅速將此事明晰見復。如鍾悦堂實在因與禮和洋行訂立合同，致被收押，並希飭速釋放爲要。除將貴前撫部院來文，暨本日照復文稿，稟明本國駐京大臣，請將此案告之北京政府，以便查明外，相應照復，爲此照會貴撫部院，請煩查照可也等因。准此。除照復外，相應抄稿咨呈。爲此咨請貴部，謹請查照施行。

又趙爾巽《駁拒禮和洋行私訂合同專辦湘江上游礦務請照會德使傳諭澤商勿爲奸徒所騙》 光緒三十年四月二十九日，收湖南巡撫趙文稱：據湖南礦務總局會同洋務總局司道等詳稱，竊照本局奉憲台札開，光緒三十年正月十七日，承准外務部咨開，光緒二十九年十二月初九日，准德使照稱，一年前，禮和行照例已立合同，得專權在湖南省湘江上游衡、永、郴、桂一帶，開採五金礦産。該公司本係官准，而有本公司印信，本大臣特爲備文達知。儻有他人再請開採各該處礦産，貴親王即可駁斥不准，以免攙越等因。查湘省礦務，業經奏歸本省公司自行開採，並不准洋商合辦。上年鄔世英等與英商私訂合同，本年唐乃妥又復勾結生事，均經前撫及貴撫先後駁斥在案。今德使所稱禮和洋行訂立合同，在衡、永、郴、桂一帶開採五金礦産，難保無商人在外招摇，如鄔世英唐乃安等類，藉以勾串牟利。相應咨行貴撫迅速查明聲復，以便駁復德使可也等因，到本部院。准此。除行洋務局外，合就札行札到該局，即便會同洋務局迅速分飭查明，刻日具詳，以憑咨復等因。奉此。本局遵查德商禮和洋行自上年與亨達利洋行合貿，僅止承售湘省礦砂，並未照例已立合同，得專權在湖南湘江上游衡永郴桂一帶，開採五金礦産情事。湘省礦務，經前撫憲俞奏定，歸總公司承辦之後，原係自行開採，並未招集洋商股資本。衡、永、郴、桂一帶礦産，由南路總公司經理，斷無別商可以得有專權。至礦務合同必須遵照叠次諭旨，由各省督撫批准，奏明立案，并須先行咨明外部、商部詳細核議，奏明請旨，方能作准，亦斷無隨意可以議立合同之事。茲據德使所稱各節，想必係姦商招摇欺騙，該洋商偶爲所愚。查前年鄔世英等，與英商私訂合同，經前憲俞奏請懲辦之後，因此種奸徒欺騙洋商，所在多有。即經電請南洋大臣，飭知滬道照會各國領事，傳諭各國商民，勿爲此等奸徒所騙。並由礦務局遵札移行滬、漢各關，分告各國領事出示曉諭在案，該洋商不得諉爲不知。此項禮和洋行不知與何人私訂之合同，不能作用。應請咨明外務部轉照德使，並望傳諭該洋商，勿再爲此等奸徒所騙。茲奉前因，理合遵飭會同具詳。爲此備文詳請憲台查核，咨復外務部查照轉復，實爲公使等情，到本部院。據此。相應咨呈。爲此咨呈外務部，謹請查照轉照施行。

又葛爾士《中國礦主售賣礦産無須禁止》 光緒三十二年閏四月二十二日，收德國署公使葛照會稱：光緒三十二年四月十四日，本署大臣以駁擱阻中國礦主按照合同賣與德國某礦産一節，照會貴親王，嗣於四月二十一日，接准復文內稱，按照光緒二十八年及三十年間礦章，湖南省地方官理應如此辦理等因各在案。查光緒二十八年及三十年礦章，各國均駁而未經承認，故不得執此礦章。以爲辦事之據。除此以外，恐貴親王復文內有錯誤之處，雖本署大臣認在中國

擬照天下各他國開礦之章，非國家允准不可，如不准，即不得開辦，而究無礦主必須請國家特准賣礦產必須專准之理。如准有開礦之權，而復禁止賣礦產，即如准其開井，而不准其取水。一也。查礦產係礦主堪以任便有主之物，與他項貨物無異，礦主堪以隨意售賣，外國人堪以照條約收買，裝載上船，無論價值若干，及載往何處，譬如中國政府於礦產已有成例，嗣後亦可將羊毛皮貨等物，亦須專准售賣。查賣礦在商約内，並無專定禁止章程，故按他項中國出產，隨意堪以買賣，如果中國政府生心攔阻貿易振興，則錯誤寔甚。貴國必須時時設法，使各項生意蒸蒸日上。倘在湖南省仍不准售賣礦產，則本署大臣更有最不解者，緣該省現值水災，傷損甚廣，人民難以生活，故必須妥設諸法，售賣地產，以便人民漸漸藉得豐富。相應照會貴親王查照。

《礦務檔·四川礦務·籌辦四川礦務》鹿傳霖《冕寧麻哈金礦請由官商合資開辦》 光緒二十二年六月初七日。四川總督部堂原奏甯屬冕甯麻哈礦廠官商合辦摺片稿。奏爲川省礦務，踏勘已有端倪，擬請官商合資，購運機器開辦，恭摺仰祈聖鑒事。竊川省礦務，臣前飭勘辦之天全州穆坪銅鉛各礦，開採畧有成效，已獲銅鉛數百觔，解省以後，源源采煉，或可漸旺，打箭爐銀鉛各礦，亦可經開導土司具結，委員試辦，獲銀無多。此外尚有數處，皆出商民集股，陸續呈請試辦。目前未盡見效，良由中國礦師認苗未精，開採亦不得法。一遇水深水梗，人力即不能施，輒多半途而廢，即偶得礦質，而鎔化又未能合法，得半棄半，更爲可惜，故言者紛紛。而終難實獲。臣忍中國礦師藝多未精，外洋礦師其願來中國者，又皆有名無實，自高聲價，妄費無益，因各處物色，始訪得廣東監生唐星球者，幼在美國生長，講求礦學，在美國屢試高等，以華人而習西學，甚爲相宜，即招之來川，查看人頗誠實可信，當派委調用禮部主事曹穗，試用知縣吕森，帶同馳赴雅州甯遠兩屬産礦地方，逐一踏勘，茲據回省禀稱，沿途探訪測看，山險壑深，迴非人逕，蛇行猱升，備極艱苦，尚未敢深入夷地，各處勘驗礦脉，五金錯雜，所在多有，而半爲土民發掘毀壞，施工甚難，未見有利，獨查有冕甯所屬之麻哈紫谷塢兩處，所産金礦尚旺，雖附近夷巢，而確係漢民之地，亦有挖損者，尚未傷其正脉，倘用機器開採，計可得利，第金銀兩礦。若概由商人集股承辦，官僅抽其一二成充課，則利悉歸商，無裨帑餉。因飭核實估計，擬請官商各籌股本銀拾伍萬兩，共成叁拾萬兩，以貳拾萬購運機器，以拾萬作工本，通力合作，計利均分，於帑項商務，兩有裨益。擬即委該礦師唐星球赴滬，招集華商股本，並購定機器，以資熟手，並嚴飭不集洋股，不用洋匠，俟運機器□機，光就該兩處開採，辦有成效。再將所得之利，逐漸擴充，得步進步，較有把握。惟當此開辦之初，礦務一切章程，必須斟酌盡善，始無流弊。聞漠河金礦業已著效，合無仰懇天恩，飭下户部查取漠河章程，咨行到川，俾得參酌地方情形，安定章程，以資遵守。惟由外洋購運機器到川，至速亦須十閲月之久，現擬即由署甯遠府思壽，會商主事曹穗，督同知縣吕森選覓鑪工，用中國開採之法，先行試辦，並酌派勇丁彈壓，俟機器運到，再行文舉興工。茲先籌款陸萬兩，交唐礦師赴滬集股購機，妥籌開辦。所有川省礦務，擬請官商合資運購機器開辦緣由，理合恭摺具陳，伏乞皇上聖鑒訓示。謹奏。

光緒二十二年六月初七日具奏，七月初八日遞回原摺，奉硃批：「户部知道。欽此。」

《礦務檔·四川礦務》鹿傳霖奏片《開辦冕寧麻哈金廠暨他處銀銅各礦情形》 光緒二十三年九月初三日，川督片奏稱：再川省礦務，上年經臣延聘籍於礦學之廣東人候選同知唐星球，委令前禮部主事捐升知府曹穗，試用知縣吕森，會同前往勘明冕甯縣屬麻哈等處金礦，可以開采。議定官商合辦，由成綿道土釐項下，湊撥銀拾伍萬，招商集資拾伍萬，共叁拾萬兩，購運機器來川開辦，前經奏明在案。現已於本年八月，運到機器，足供開辦之用。當飭唐星球前往開辦，派委試用道賴鶴年，候選知府徐麟光，充當礦務總辦。一俟試辦果否有效，再行詳細具奏。此外承辦各處銀銅各礦，均無成效，惟打箭爐銀礦，尚敷工本，若以後辦理得法，尚可稍有利益。又大穴山銀礦，據礦師查勘，若另設新法，改用機器，尚可開辦，惟機器轉運惟艱，尚未到齊。所有運到機器，開辦冕甯縣屬麻哈紫谷塢金廠，及試辦各礦廠緣由，謹附片具陳，伏乞聖鑒。謹奏。

光緒二十三年九月初三日片奏，十月十五日遞回原片，奉硃批：「該衙門知道。欽此。」

又外務省收軍機處交出恭壽摺《籌辦冕寧金礦暨勘察川省各礦事》〔光緒二十四年〕二月十六日，軍機處交出恭壽抄摺稱：再光緒二十四年正月初九日，承准軍機大臣字寄，光緒二十三年十二月十九日奉上諭：左都御史徐樹銘奏請特派大員督辦礦務一摺。開辦礦務爲當今要圖，全在地方大吏認真辦理，方有成效。即著恭壽遴派幹員，確切查勘，實力舉辦。裕禄到任後，該將軍仍著會同辦理。欽此。查礦質乃天地自然之寶，多藏於危峯峻嶺中。非善望山氣、精識

苗語者，採辦難期有成。前督臣鹿傳霖招致礦師唐星球來川，勘得冕寧縣屬紫各堝麻哈等處，金礦甚旺。曾經奏明官商集股合辦，各籌股本金十五萬兩，電購外洋機器，來川試辦。已購定機器三批，計銀十八萬兩。並於成綿道庫王貨釐金項下。先提銀六萬兩，交唐星球前往購辦，嗣據唐星球將所批機器運解到川，該礦師已經前往冕寧開辦，昨該礦師來省，奴才與之接談，其言娓娓，當足動聽，但不知寔踐如何，將來視其開採有無成効，再行詳細奏陳。該礦師唐星球，係留川試用道賴鶴年薦舉來川，前經鹿傳霖派員該道賴鶴年，及候選知府徐麟光，充當總辦。查該道精明幹練，向於西法亦極留心，所有冕寧縣屬之紫各堝麻哈四處金礦，即責成該道督同專辦，以資熟手。惟是川中地産五金，思欲開源裕用，非五金並錬，不足以廣充源流。奴才現已遴派明幹之員，帶同熟悉廠事之師，分赴各處查勘，並飭將前督臣任內，已經查勘處所，再行詳細復勘，無論金銀銅鐵，廣爲搜尋，俟查勘明確，彼時新任督臣裕禄，計已到任，或由紳商合辦，或商辦官督。奴才再與之熟商妥籌，惟不准招集洋匠，不動公款，是爲至要。再産礦之區，多在夷地，番民惑於風水。一聞開廠，勢必多方阻撓，無須妥爲開導，若與情稍有未協，難免不生事端。除冕寧二金廠，專責賴鶴年督辦外，其餘新勘各廠，擬俟裕禄到任後，會同慎選妥員經理。當此庫款支絀萬分，雖礦屬天産，旺否難以預料。奴才目覩時艱，敢不恪遵諭旨，認真辦理，期於有成，以仰副聖主阜財利用，力圖富强之至意。現在籌飭練兵，以及辦理昭信股票，興設製造廠局，均係奉旨飭辦之件，在在關繫重大。奴才知識庸愚，時恐思慮不周，致有遺誤。亟盼裕禄來川，約以和衷共濟，廣思集益，少分朝廷宵旰焦勞。奴才爲慎重要公起見，是否有當，理合附片具陳，伏乞聖鑒訓示。謹奏。

光緒二十四年二月十三日。奉硃批：「該衙門知道。欽此。」

又總署收道員啓紹稟《援案借用洋款辦理四川叙雅等處礦務》 光緒二十四年六月十五日，收道員啟紹稟：花翎二品銜候選道啟紹謹稟，爲呈請商借洋款開辦四川叙雅等處礦務，仰祈鈞鑒事。竊職道近日恭讀詔書，振興庶務，力求富强，惟富强之基，以礦産爲先，而礦産之利，以川省爲最，查叙州、雅州、寧遠三府所屬地方，礦苗之旺，甲於天下。若能即時興辦，自必成效可期，復查晉豫各省均有奏准商借洋款辦礦定章，職道謹擬援案借用洋款伍百萬兩，開辦四川叙、雅等處礦務。具有通藝公司保款票呈驗，商借商還，儻有虧折，與國家無涉。一切報効章程合同，悉仿晉豫各省成案辦理，伏乞王爺、中堂、大人恩准施行。爲此謹稟。

附呈保款票壹紙。

又總署收李稷勛等呈《籌集華洋資本辦理酉陽礦務》 光緒二十四年七月十七日，收李稷勳等呈，具呈翰林院庶吉士李稷勳，前貴州古州同知魯侯傅，侯選教諭譚焯，舉人吴慈讓、陳光煦、石昌熙、江倩、王大璋，拔貢生杜用選、王社松、陳藩垣，生員黄執中、陳駟光等，爲設局試辦四川酉陽礦務公懇核准事。竊川東酉陽州秀山縣一帶地方，山谷荒深，夙饒礦産，向因禁網綦嚴，兼之民智未開，鮮知興辦。邇來庶政維新，講求礦利，恭繹六月十五日諭旨，推廣各省礦務，京師設礦務總局，特派大臣專辦，仰見朝廷振興利權至意，莫名欽感。惟酉屬産礦地方，廣袤數百里，久爲外人垂涎，若不自行籌辦，勢必勾結本地奸徒，侵佔開採。萬一無知鄉民惡其異類。起而相爭。恐至釀成巨患。職等皆籍隸酉陽，情切桑梓，因公同酌議，擬籌集華洋股本，設立西秀礦務局，試辦各種礦利。查西人每欲干預中國礦務，輒以民不興辦爲詞，川省頃議設全省礦務公司，公舉侯選道李徵庸、雲南補用道韓銑總理其事，經同鄉京官聯名呈請代奏在案。職等深維大局，豫防隱患，謹合詞具呈，懇請據情奏明，容職等公設西秀礦務局，商同李徵庸等妥慎興辦，庶外人無所藉口，亦不至勾結本地一二無識之人，私立合同，率行開辦，致貽地方無窮之害。職等爲顧全地方保守利權起見，是否有當，理合具呈欽派總辦礦務總局大臣臺前，伏乞批示飭遵施行。

又總署收奎俊文《咨送奏派陳光弼會辦川省礦務商務片》附奏片 光緒二十五年十二月初八日，收四川總督文，爲恭録咨明事。竊照本督部堂於光緒二十五年八月十四日，專差附奏請以陳光弼會辦川省礦務商務一片，兹於本年十月十六日奉到硃批：「另有旨。欽此。」所有片稿，除分咨外，相應抄録咨呈。爲此咨呈貴衙門，謹請查照施行。須至咨呈者。十月三十日。

計抄片稿一紙：再，四川礦務總局設立保富公司，擬集華股二百萬兩，專備購地之用。無論華商洋商凡來川省辦礦者，皆歸該公司購地轉租開辦，業經奏明在案。惟是初立規模，而集股尚需時日，奴才所以仰懇天恩，請簡派李徵庸督辦全川礦務商務，正以該員爲衆望所歸，必能廣爲招徠也。兹據在籍候選道陳光弼稟稱：川礦富饒，亟應開採。當此經營伊始，需款甚鉅，而公帑則支絀難籌，集股非咄嗟可辦。現將自置産業，設法變價，得銀十萬兩，呈繳保富公司，作爲購地之資，不算入股，不言生息等情前來。奴才查該紳陳光弼，憂時念切，報

國心誠，每遇外省及本省偶有偏災，無不慨捐鉅貲，協助賑濟。奴才接見之下，亦以李徵庸督辦川省礦務商務，於華洋交涉，實有裨益。察其議論，悉出至性至情，此次所墊之款，既非好名，更不計利，洵屬力顧大局，識見過人。方今時事艱難，如該紳之好義急公，實不多覯，而保富公司得此十萬墊款，即可先行開辦，從此遠近華商聞風而至。再得李徵庸督率其間，二百萬股貲，當可速集。奴才擬請即以候選道陳光弼爲川省礦務商務會辦，總辦保富公司，定能聯絡商情，與李徵庸相助爲理，相得益彰，一俟股本充足，開辦獲利，或將墊款作爲股分，抑即如數提還，彼時再行酌定。至前次所派總辦保富公司候選知府徐麟光，應即改爲會辦，各專責成。奴才與升任山西撫臣藩司王之春熟商，意見相同。是否有當，理合附片具陳，伏乞聖鑒訓示。謹奏。

又總署收奎俊文《咨送奏派陳光弼會辦川省礦務商務片》 光緒二十五年十二月初八日，收四川總督文，爲恭録咨明事。竊照本督部堂於光緒二十五年八月十四日專差具奏請派大員督辦四川礦務商務一摺，茲於本年十月十六日奉到硃批：「另有旨。欽此。」所有摺稿，除分咨外，相應抄録咨呈。爲此咨呈貴衙門，謹請查照施行。須至咨呈者。十月三十日。

計抄摺稿一紙。

奏爲四川礦務商務，現值推廣振興，風氣日開，擬仿照雲南銅礦章程，請旨簡派大員督辦，以保利權，恭摺仰祈聖鑒事。竊維川省地大物博，五金並產，煤鐵各礦，屬境尤多，疊奉諭旨垂詢，及中外臣工論奏，至詳且盡。奴才履任後，查得前督臣鹿開辦冕寧金礦，委道員賴鶴年總司其事，日久無效，是否事事覈實，尚難盡信，經奴才奏委藩司王之春督辦，會同賴鶴年認真清查，一面督飭在工員役切實開採。已奉諭旨欽遵行知在案。狀查統轄鐵路礦務總局通行原議礦務章程，分三種辦法：曰官辦、商辦、官商合辦。而歸重於商辦。而道員李徵庸等上年所議條約，以今日時局既不能深閉固拒，不如及早分利平權，而歸重於華洋合辦，皆爲通權達變之確論。現在既有英商摩根合股倡導於前，設立華益公司，復有法國哈士接續步塵於後，仿照華益章程，設立保富公司，則自茲以往，外人之相率踵至者，正未有艾。而本省紳商一聞弛禁之令，亦多呈請開辦，華洋紛至，交涉事繁，必須才長心細熟悉洋務者，方足以總其成。奴才雖殫精竭慮，而於礦學素未研究，不敢師心自用，惟查有藩司王之春，曾經出使外洋，講求時政，前與法領事議訂各礦合同，及商辦一切教案，皆賴該司盡心經畫，悉合機宜。現設四川通省礦務總局，仍委該司兼督其事，將原設之局，改爲冕寧金礦局，以示區別。惟是藩司衙門，有用人理財之責，任重事繁，未能常用赴局躬親經理，雖名督辦，其勢祇能暫顧，且招商集股，更非徒以文告所能爲功。而王之春現已奉命補授山西巡撫，行將離川，接辦之人，欲求熟悉情形者，頗難其選。又川省商務局自翰林院檢討宋育仁奉旨毋庸辦理之後，經奴才暫飭道員賴鶴年、曹穗會同經理，而官與商素未聯絡，官辦不如紳辦，奴才愚以爲亟宜仿照雲南銅礦章程，專派川紳大員督辦，庶事權既專，則責無旁貸，官商不隔，則聲氣自通。然非平日聲望素孚才職俱優者，不克以勝斯任。伏讀光緒二十二年三月二十九日奉上諭：川省礦務，前經諭令鹿傳霖體察情形，官督商辦，惟官商素不相習，不若以紳董商可通上下之情，聯官商爲一氣。又二十四年七月二十五日奉上諭：四川産礦處所甚多，商務亦極繁盛，非大加興辦，不足以拓地利。著即派記名道李徵庸等妥籌辦理各等因。欽此。仰見聖明睿斷，燭照無遺。惟李徵庸自奉旨後，尚未到川。近閱邸鈔，得悉該員蒙恩賞三品卿銜，聖主知人，莫名欽佩。查李徵庸籍隸四川，素爲鄉人所推重，前曾服官粵東，政聲卓著，嗣在滬上年久，於洋務礦務，閱歷最深，確有心得，儻蒙天恩，俯念川省礦務商務，均關緊要，即派李徵庸以三品卿銜，專充督辦四川礦務商務大臣，准其專摺奏事，必能感激奮發，以竟全功。並聞其信行素著，知交最多，所有粵東出洋華商，莫不信服，此次勸辦湖北賑務，捐集鉅資，即其明效，誠使督辦川省礦務商務，行見西蜀殷商，海內富室，皆將鼓舞奮興，踴躍從事，集股既易，收效自連，且係本省正紳，民情皆順，更無扞格難行，於國課實有裨益。如蒙俞允，奴才身任地方，責無可諉，仍當會同李徵庸和衷商榷，竭力維持，以保利權而顧大局。奴才爲慎重礦務商務起見，與升任山西撫臣藩司王之春熟商，意見相同。是否有當，理合恭摺具奏，伏乞皇太后、皇上聖鑒訓示。謹奏。

又總署收李徵庸文附奏咨函呈等十七件《咨送四川礦務奏咨各件》〔光緒二十七年〕七月二十一日，督辦四川礦務李文稱：光緒二十七年五月初四日，准貴衙門咨開：京城自上年猝遭兵燹，所有鐵路礦務局檔案，全行遺失，遇有應辦事件，無從稽核，相應咨行將有關鐵路礦務來往奏咨文件，以及表譜合同，一律補送，以憑核辦，於文到兩箇月內，迅速咨送本衙門可也等由，到本大臣。承准此，查本大臣督辦四川礦務，因本年春間，遵旨馳赴南洋，督勸秦晉賑捐，業將礦務文件留存川局，經奏明由四川督部堂奎，督飭會辦各員辦理在案。准咨前來，

除電請四川督部堂奎飭局將往來奏咨各件，迅速抄録咨送外，合先將本大臣臨行擇要抄存各件，照録咨送。相應咨呈貴衙門，謹請察照施行。

照録清册：四川礦務商務大臣今將開辦四川礦務來往奏咨各案，及初定續定合同，造具清册，呈送察核備案施行。須至册者。

竊職道等仰蒙奏派辦理四川礦務兼辦商務等因。查商務已經翰林院檢討宋育仁辦有頭緒，自應於到川後，會同商辦。惟礦務現奉總局奏明，未經奉旨設立以前，無論官商擬辦未確之事，均不得作爲定案等因。自應遵奉現辦章程，斟酌損益，呈明核訂，請旨遵行。以憑頒發辦理四川礦務局兼辦商務局之關防，俟到川設局開辦，以專責成，而昭信守。謹將擬辦大概情形，條列於後：一、奉奏派到川，於商務局外，並設礦務局，原係招商辦礦，並非自己承商。川省礦産甚饒，五金皆備，應俟商人認辦何項，指定何處，再行呈報。現難預劃地段，只可畧陳大概。其設局當在重慶。職道銑籍隸彰明縣，即從彰明縣辦起，當就近開辦龍安、綿州、茂州各屬。職道徵庸籍隸鄰水縣，即從鄰水縣辦起，當就近開辦重慶、夔州、綏定、忠州各屬，而以翰林院庶吉士李稷勳，分任酉陽州一帶。其餘各府州縣，或腹地，或邊地，容俟逐漸推廣，利多害少，不至挑釁貽患，再行大辦。

一、籌款或借洋債，或集洋股，或華洋合理，只要於國計民生有益，足保我自有之權利，不至外人藉端進步後，另生枝節。亦可先行呈報，再訂合同，請示核定遵行，決無擅便。而以多招出洋華人股分，俾各睠懷鄉里，維繫人心，尤關大局。

一、凡用西法機器開礦採煤礦，費本大，出産多，行銷暢。無論華辦洋辦，自應遵奉礦章，出井值百抽五，仍完出口税，以昭公允。其用土法人力開採，而行銷難於出水者，貧民謀食，本少利微，請照塩務肩挑背負者免税，以示體卹。其能行銷出水者，自有税關查驗，仍完出口税，只免照井口值百抽五之例。而酌量各廠大小，頒發執照，按年繳餉，以便稽查而杜紛擾。

一、川省向多冶爐，用木炭鍊鑛成鐵，達部繳餉者甚少。按年繳送衙門規費，求免查禁。冶爐約有三等，上等按年繳銀三百兩，中等按年繳銀二百兩，下等按年繳銀一百兩，擬請由局發照，行知各州縣，即以前項規費，按年繳餉，化私爲公，亦不多加，免人畏避，尤不准吏役藉端需索，封禁貽累。

一、凡以前藉案封禁廠硐。准各原主原佃，或租或賣，或自開，到局領照，州縣出示，開辦繳餉。但無侵佔別人廬墓，即不犯禁。如有劣紳地棍，捏礙遠處風水，詭名呈控者，嚴斥；糾匪滋鬧者，重究，免至延訟縱擾貽累。其在寺業公産官山開礦，分別納租升科，議就餘利，酌提公用善舉經費，如建學堂之款，以息爭端。

一、開礦各就附近勸辦民團，保衛良善，稽查奸宄，即礦廠亦編保甲，免至匪徒混入，該經費即由礦廠籌辦，逐漸推廣，俟團練足資彈壓，或開至邊地金銀等礦，當有巨款報効，祈援照漠河金廠成案，將任事出力人員，開保獎勵，以廣招徠。

一、凡由局發照，先行試辦，只繳照費，造報總局，俟辦成查看廠硐大小，繳餉多寡，再行呈報立案。按年收解，及用西法機器開採煤鐵，於井口值百抽五。開金、銀各礦，收課報効各項。職道等自任責成，其出口税則，係關卡責成。以杜偷漏，而免推諉。

一、凡發照試辦，期限稍寬，成功乃大，及辦成按年繳餉，俟硐老山空，報明勘確，繳照開除，並試辦無成，而請繳銷執照者，應報明總局，或按季，或按年，均同時造報四川總督，及藩司存案。其平時咨移各道府州縣，則不必逐件通報，以省煩牘，惟大事禀商督司請示總局，急則電禀，緩則文呈，以分界限。

一、凡開礦質輕價貴，如金銀之類，不嫌運道險遠；其質重而輕賤者，如煤鐵之類，全資運道及便行銷。川省山路崎嶇，大幹鐵路難成，只查看出水遠近，如距水在數十里内者，擬集資購地，開辦小枝鐵路，以通運道。

一、凡開礦廠硐，陽面陰面，應分界限。外洋均有律例公法，中國未有條例，一遇淺水閉風争訟，各執官難定，多釀人命，不得已，以封禁了事。利源之塞，寔由於此。擬俟到川後，查看情形，定一公共遵守條規，呈報立案，出示曉諭，俾各遵守，永杜争端。以上十條，不過大概情形，其辦法精益求精，自應不拘成法，隨時請示，而扼要尤在地方官善於保護，乃能開風氣而振利源。緣川省僻處一隅，風氣未開，見開礦則謂有礙風水，見機器則謂有奪人力，見洋人則謂非我族類，若因尋釁滋鬧，遂爾延擱不辦，因噎廢食，貨棄於地，在任事者不辭獲咎，其如大局何？現擬辦法，先華商，後洋股，先内地，後邊要，先煤鐵，後金銀，不驟强以所難堪，而先引其所易爲，官不擾而民自樂，利所在則人自趨，此自然之理也。與其泛論辦公如營私，不如使人自營其私，於公乃有濟，與其空談報國不顧家，不如使人各自顧其家。於國更有益。天下未有子孫富，祖若父獨貧者，故開礦不急税餉，而先開風氣，轉相傳授，後來者更知取巧籌畫益精，成本輕而

行銷暢。自有官民之吏之時，税餉在其中矣。職道等謹就管見上陳，如蒙核定，行知川省保護得力，礦利自興，大局幸甚！職道韓銑、李徵庸謹呈。

花翎頭品頂戴記名簡放道李徵庸，爲呈報奉到關防開用日期事。光緒二十四年九月二十二日，職道在天津差次，奉到憲局九月十六日統轄礦務鐵路總局札行。案查光緒二十四年七月二十五日，奉總局具奏請派道員韓銑、李徵庸辦理四川礦務摺内聲明，令將集款開辦一切章程，先行報明核定，再行頒給關防，以專責成等因，札行該員等遵照在案。旋於八月初九日，據該道等將擬辦大概情形，逐條開列，呈請核定等因前來。查該道等所擬辦法十條，大致尚屬妥協。惟第三條土法開採，或全免出井出口税，或只完出井税兩層，未便即作定章，祇能暫准作爲現行試辦之章，仍俟本總局核定礦務税則後，再爲考定。至第四條按年應繳部餉，擬請由該局自行發照一節，查所收之餉銀，既須繳歸户部，此照亦應由户部發給該局，以照根繳部，方有考核。仍一面造册，呈報總局備案。其各條均可照行，自應照案發給關防，以資信守。兹特製就木質關防一顆，其文曰：辦理四川礦務局兼辦商務之關防，相應札交該道等領收，仍將開用日期呈報本總局備案可也。須至札者等因。奉此，併關防一顆奉到。查職道韓銑自奉奏派後，遵即回川，查看一切情形，現尚未抵川境。職道現在天津，奉到關防，即當前往上海、廣東等處，招商集股，設立公司，到川開辦。擬於奉户、大部頒到執照時，所有招商查勘試辦各種礦務，暫由川局發給執照，及應繳餉，自以部照爲憑。其餘應辦事宜，隨時請示飭遵，俾免隕越。除俟到川開局，再會同職道韓銑呈報外，合將現奉頒到關防開用日期，呈報憲局、統轄礦務鐵路總局備案，並呈報總理各國事務衙門、户部備查。爲此呈祈照驗施行。須至呈者。

光緒二十四年九月二十八日，記名簡放道李徵庸謹呈。

頭品頂戴記名簡放道李徵庸，爲呈繳核定事。職道於未奉奏派辦理四川礦務以前，未敢以一字條陳礦務。及奉派後，力小任重，深知其難，惟以大局所關，不敢不勉竭愚悃，妥慎籌辦。近奉奏定路礦章程二十二條，著重商辦，而於借洋債，集洋股，或華洋各半，或洋七華三，限制分明，思深慮遠。立法者，既已大段完好。行法者，再於小處彌縫，自無流弊。竊維時至今，既不能深閉固拒，及於早分利平權，勿待被迫挾而後子人，轉失我自主之權利，而猶有進者，一國專擅，不如利益均沾之可息争也。華商混辦，不如洋商包辦之少受騙也。商借商還，不無如借無還之免貽後累也。望收盈餘，不如坐收租税之較爲穩著也。請得而申言之：外洋垂涎中土礦産久矣，互攬啟争，若各國專割一隅，彼據爲私，我全失自主之權，是借開礦而利吾土地也。現擬於川省礦務局，招集華商，設一礦産總公司，併招股實洋商，專爲開礦來華，而非干預國事者，設一開礦總公司，華洋合辦，聽由各國附股。華公司認籌地價，購買礦山，清理交涉事。該地價專歸華款，不參洋股，必先購地妥協，乃交洋公司包辦，按礦收租，亦仿出口税值百抽五，只論出礦多少，不問開礦盈虧。洋公司認籌工本，購買機器，管理工程等事。該工本先用洋款，聽入華股，盈虧按股票計算。無所謂借，即無所謂還，不但國家概不擔保，即洋公司虧歇，該礦山仍歸華公司管守，並未抵按出賣。似此自立於不敗之地，較爲利多害少，彼徒以百中分之餘利二十五分，藉報効愚人者，若徒多集華股，取材外洋，礦師之庸劣不辨，機器之朽壞不知，未開利源，先後漏卮，華人財力幾何？各省開礦多虧，其效亦大畧可睹已。今華商購地，洋商包辦，購地收租更穩，不至擲工本於泥沙。洋商出本開礦者，獲利者而按礦收税更多，不至棄寶藏於山谷。且各國洋商附股，即視爲公共利藪，決不肯讓人獨霸，是藉開礦而消弭無窮隱患，曾審量利害輕重，似尚可行，於條約利益均沾之義亦合。現據川商華益公司，與英商摩賡公司，擬立草合同，查與憲局奏定章程，尚無大背。只比山西、河南礦務章程，添收值百抽五之租，且於洋債無借無還，似於國課民生，均有裨益。除將詳細辦法草合同所未備者，另擬正合同，呈請鑒核外，合將草合同，先呈請示核奪飭遵。再，職道韓銑已回川，故未會銜，合併聲明。須至呈者。附華益公司與摩賡公司執訂草合同，華洋合璧一扣。

右咨

欽命統轄礦務商務總局。

光緒二十四年十月十六日記名簡放道李徵庸謹呈。四川礦務局招集華益公司，與英商摩賡公司擬《華洋合辦四川礦務草合同》。

一、華益公司籌款，或購或租開礦地基，並清理交涉等事。摩賡公司籌工本，包辦礦務，管理工程等事，務期於國課民生有益。

一、草合同先定，俟正合同定後，摩賡遣礦師前往察勘，遇有應開之礦，除現有人開辦礦外，其地基由華益公司與地主商量，或買或租，交與摩賡公司如法開辦。

一、礦地或買或租，該款既由華益公司籌辦，以後所開各礦，自應於礦産出

户部會同總署，未定税則，不離乎值百抽五者近是。惟煤、鐵、煤油，係按礦質出井，值百抽五。而金、銀、銅、錫之類，凡在本地煉化者，必抽淨質百分之五，仍完出口税。或有疑其運質出洋煉化者，不知別礦可運，獨金礦不過千萬中之淨質一分，人誰肯運？且抽來何用？必在本地煉成毛金，始能運出提淨，我就其毛金估值抽之，亦無不可。此外銀、銅、錫之類，值愈貴者，化愈難，其成本在出井以前，不過十分之二，工夫全在出井以後，不比煤礦之外井即可售用也。若四川保富公司與福成公司訂開天全、懋功五金礦，一經出銅，即按照賣價，值百抽五，寔未及值百抽一，未審現已議覆否？總之，税則未定，無所適從，而五金礦但有淨質非淨質之分，如抽淨質，不離乎值百抽五者近是。若專論礦質出井，即此值百抽五加多，而不爲虐。且估值紛紜，膠擾或無已時，經收益覺爲難。凡人必使各自營其私，於公乃有濟，必使各家顧其家，於國乃有益。卹商家，即所以興商務，若令商家虧本，決難開辦。且華洋交涉，税則必與海關相仿彿，乃可通行。謹就管見畧陳大概，是否有當，伏候鈞裁。

統轄礦務鐵路總局、總理各國事務衙門、户部，會銜謹奏爲核定《四川礦務章程》，恭摺會呈，伏祈聖鑒事。案光緒二十四年七月二十五日。臣局奏請派員辦理四川礦務一摺，本日奉上諭：四川礦產處所甚多，商務亦極繁甚，非大加興辦，不足以拓地利。著即派雲南補用道韓銑，記名道李徵庸，會同妥籌辦理。所有開辦一切章程，即著韓銑等報明核定等因。欽此。當經臣局刊給關防，札飭該道等欽遵籌辦在案。嗣道員韓銑、四川集股道員李徵庸，呈送四川礦務華洋合辦正合同。經臣等以該合同所列章程，未周詳允協，迭經飭令妥爲議訂去後。兹據該道呈稱：遵傳華洋各商董在天津會晤，將第三條不准一國專利，現有英入股會辦，如有別國情願附股，成照合同之例，另立一公司，照此辦法，各開一礦，不相干涉，或府或分縣，隨時查逐條呈報，均照合同內章程辦理。其有洋股而無華股者不准。第四條，現無官紳開辦，及開辦無礙處所，該華益公司乃購地基交辦各情，鄭重聲明，該公商會同公司商董等均遵無異。又將第七條內，地方官山，無礙聽開，如僅升科，未免便宜。所有值百抽五地租，隨同值百抽五井口税，合爲值百抽十，應由華益公司抽收，全行報劾國家。惟地租准提一分，以作辦公經費。重鄭聲明。據華益公司商董情愿報劾，謹遵無異。現將合同畫押，呈請查核。再，所有各處礦產，如係官山，應以開工立案，認完税租爲定。如係民產，應以買授租妥，税契立約爲定。所謂分府分縣者，在此均准預先標貼。其井後，按百抽五，繳遣華益公司，作爲地租。

一、摩賡公司包辦礦務股票，華人及各國人均准購買。

一、凡開煤鐵煤油各礦，所有礦產出井，應按值百抽五，報效中國國家。至五金礦產，應繳報效

國家一款，應俟議定。

一、該省各礦應完國捝，應照別省各礦章程，一體完納。

一、摩賡公司籌辦各礦，不得過千萬兩，每年按本先歸週息六釐，再提公積一分，逐年歸本減息，此外餘利，按百分照派，以二十五分報效中國國家。此指煤鐵煤油而言，五金之礦俟定。其餘歸摩賡公司自行按股分給。

一、除開礦蓋廠需用地基外，如摩賡公司另需地蓋廠，製造開礦所用器具，及築路運產，其地仍由華益公司代爲購買，公平給價，給價由摩賡公司籌發。

一、此草合同定後，以七個月爲期，再定正合同，呈請礦務鐵路總局查核奏准爲據。如期滿未立正合同，則此草合同作爲廢紙無用，若擬展期，必需兩相情願，方得作准。

一、此草合同定後，七個月期內，華益公司不得將川省各礦，另與別人議辦。

一、摩賡公司礦務股份，係華洋合股同辦。

一、所開各礦，若有虧損，與中國國家，及華益礦地公司，一概無涉。

一、摩賡公司現與華益公司議訂草合同，先由四川礦務局呈送總理衙門總局存案。

一、所有奏定章程，摩賡公司及華益公司，務必遵守。

光緒二十四年十月十二日。

華益公司李戴清。

西曆一千八百九十八年十一月二十五日。

摩賡公司洋商總辦摩賡、華商總辦劉學詢竊礦務税則未定，承辦者每多觀望。查海關税則，無論何等貴貨物，均以值百抽五爲度，行之已久，中外相安。今礦務既有值百抽五井口税，仍完出口税，連值百抽五地租，不爲不重。而論者以惟煤、鐵、煤油可以照辦，其貴金税則尚有兼於此者，不知五金貴，成本先貴，而所估抽收之值亦貴。如金、銀即收本色，並無待於估值。漠河金廠名爲報劾四六成，而開銷糜費太多，及歸淨寔未到值百抽五。凡開礦必以歸淨爲准，現請

有在官山開工，停歇已逾半年，並未按年認完租税者，仍聽别人報案，另行開辦。認完租税，以杜壟斷，而免虛懸。至租買祖業開礦，應聽民便，不准土豪地棍藉端糾阻，亦不必委員查礦督開擾累，尤不容外來開礦者。稍有抑勒强估者，並懇核定奏明請旨，飭下地方官出示曉諭，實力保護等語。臣等查四川省地大物博，礦產之饒，甲於他省，今招商合股開辦，若不明定詳細章程，誠恐無以善後而持久。茲將該道所送合同内列章程二十五條，復加查核。公司係華商總辦，洋商會辦，利權不至旁落。華商購地，洋商辦工，界限亦復分明。其不許一國專利，及租税報効各條，均尚周妥。餘亦與臣局奏定章程，不相背戾，事屬可行。應請旨責成該道，所稱分府分縣，不准預先標貼，及土豪糾阻，員役擾累，外人抑勒各節，係爲杜弊起見，應請旨飭下四川總督，查照前次及此奏定章程，飭屬剴切出示曉諭，寔力保護，以免争端，而祛流弊。如有未盡事宜，仍由臣等隨時體察情形，奏明辦理。謹將道員李徵庸所呈合同章程二十五條，繕單恭呈御覽。所有核定四川礦務章程，理合恭摺會呈，伏乞皇太后、皇上聖鑒訓示。再，此摺係礦務總局主稿，會同總理衙門，户部辦理，合併聲明。謹奏。

光緒二十五年三月初五日具奏，奉硃批：「依議。欽此。」

《四川礦務局設立華益公司招商會同公司議開四川礦務華洋合辦章程》

計開：

一、四川礦務局設立華益公司，招商會同公司，扣立合同，華洋合辦，利益均沾，意在分利平權，杜争弭患，所有合同内事理，及總局奏定章程，兩公司均宜遵守。

二、華益公司籌備地價銀一百萬兩，專集華款，不參洋股，主購礦山，管理交涉等事。該地價貴賤，及股本用出存留，與會同公司無涉。但由華益公司購地妥協，得有礦務局准開憑據，乃交與會同公司承辦工程。該會同公司内有洋商，不得自向華人徑行租買礦產，免多交涉不清。

三、會同公司係由華商總辦，洋商會辦，籌備工本銀一千萬兩，先儘華股五成，聽入洋股五成，並准各國附股，在洋股五成之内，不准一國專利。現已有英商摩賡入股會辦，其各國續來附股者，均各按股給票，分利歸本，如有别國亦仿華洋合股，另立一公司，照此辦法，各開一礦，不相干涉，或分府，或分縣，隨時察看，逐案呈報，均照合同内章程辦理，以昭公允。其有洋股而無華股者不准。

四、會同公司遣礦師勘明，指出可開礦產，商由華益公司繪圖註説，呈明礦務局，係查現無官紳商民開辦，及開礦無礙處所，乃購地基。該地基以敷用開井蓋廠爲限，如係民產，應由華益公司向各業户議明，或租或賣，公平給價，抑或附入地價股内，酌量分租。如係寺廟公產，亦由管業人租賣附股聽便，該會同公司應候購妥，交地承辦，不得稍有抑勒强估。

五、華益公司購妥礦產，交與會同公司承辦。該會同公司應於所開各礦，如煤、鐵、煤油之類，聽由華益公司按礦質出井，值百抽五收租，不問開礦盈虧，惟視出礦多少。該礦價值貴賤，應查照會同公司賣出實價，計銀歸結，不得短估取巧。如金礦金沙，應俟淘成黄金淨金，乃按值百抽五收租，並不先抽礦砂。

六、會同公司所開各礦，如煤、鐵、煤油之類，應按礦質出井值百抽五，作爲落地税，報効中國國家，仍照章應完出口税。該出井税即由川省礦務局督飭華益公司稽查抽繳，按租比較，自無遺漏，不必委員糜費。其出口税應由税關抽繳。自完出口一税後，内地釐税，概不重征。至各種貴金税，則應俟户部議定，頒行遵照。

七、會同公司遣礦師勘明，指出可開礦產，商由華益公司呈請礦務局，查係内地官山，無礙聽開。如僅升科，未免便宜，所有應完值百抽五地租，隨同值百抽五井口税抽繳，聽由華益公司均報効中國國家。惟地租准提一分，以作礦務局及華益公司辦公經費。其會同公司應完出口税，仍照完納。

八、川省地方甚大，各種礦產俱全，華人各開己業，只遵章領照納餉，原無禁阻。惟各國洋商承辦各礦，應有限制，或隔道府，或分州縣，不能統佔全省。此次開辦，先内地，後邊境，俟會同公司遣礦師勘明何處何種礦產可開，如在土司夷地，應候查明利多利少，另議辦法，該會同公司不得强令華益公司急於購地交辦，免釀事端。

九、凡勘驗礦地，或應打鑽掘井，探視礦苗，先請華益公司與業户商明，或踏損田禾山糧，應由會同公司照市賠償。至開礦後，或因山岩井硐塌陷，損傷民命房屋，自應歸會同公司撫卹賠償。若開礦處遇有墳塋祠屋，原主不願得錢遷徙者，必須設法繞越，毋得毁掘。惟井硐内開採能到之處，陰面與陽面無礙。不准地棍藉礙風水阻抗，應請地方官實力保護，但會同公司亦不得以試辦無成，藉口阻礙，索賠貽累。

十、凡開礦各處，或需濬河造橋築路，及另蓋廠房，製造本廠開礦器具，需用地基。可由華益公司代購，應由會同公司發價。其有機器借用水力費大工程者，不許别人佔奪。如需開小枝鐵路，以通運道，應勘明繪圖註説，呈請礦務局

轉報四川大憲，及北京總局請示，核定飭遵，不得專擅。至各礦廠相應設電綫德律風之處，亦可呈局查核辦理。

十一、華益公司理交涉、收租税，會同公司辦礦務、管工程，各有專司，互相稽查。每廠應設華洋董事各一人，薪水均由會同公司籌發。此外各項司事人等，自宜多用華人，及礦丁全用土人，諸事從厚，另訂章程。倘日後華人中有精練諳習礦學工程者，應由礦務局督飭公司派充各項要職，與武洋匠一律看待，以開風氣。

十二、會同公司於各礦廠開辦之始，即就近設立鐵路礦務學堂，由礦務局及地方官紳，挑取穎悟學生二三十名，延請洋師教授，以備路礦工程選用。

十三、凡開礦各處，自應由礦務局照會地方官寔力保護，該礦廠亦應恪遵功令，編聯保甲，稽查奸宄。如需練集民團，保衛地方，亦應由會同公司樂捐襄辦，同資捍衛。

十四、礦務局承上發下，辦理華洋交涉保護事宜。公事繁，則公費亦鉅，該會同公司應於扣立正合同後三月開辦，即從開辦日起，每廠每月繳礦務局公費銀一百兩。此外別無加增勒派，如逾限六個月，延不開辦，則此正合同作廢，聽由華益公司另招別商開辦，與會同公司無涉。

十五、凡由會同公司開採各礦，遵照總局奏定章程，除應完出井、出口税，每年結帳盈餘，先按用本付官利六釐，再提公積一分，遂年歸本，仍隨本減息，俟用本歸清，即行停止。此外所餘净利，按利一百分提二十五分，報効中國國家，餘歸公司自行分給。

十六、凡由會同公司開辦各礦，不止一處，應將各礦出入，與所有盈餘，各歸各款清理。如或彼虧此盈，不得以此廠之盈，補彼廠之虧，致中國國家應得餘利，因之減色。

十七、會同公司每年終，或盈或虧，各分礦造具清册，應由華洋董事會算無訛，然後刊列報章，送至礦務局查核各礦盈虧，會造簡明總摺，呈報北京總局、户部，及川省大憲查核，並將報効中國國家銀兩，一同呈繳。此項册報，係將應行報効銀兩核定，以杜浮銷，如有虧折，仍不與中國國家及華益公司礦産相涉。

十八、凡會同公司所開各礦，從開辦日起，每廠以五十年爲限，一經限滿，不問盈虧，即以全廠機器料件，及房屋道路，凡在該廠成本項下置辦産業，全行報効中國國家，不求給價，届時由川省礦務局呈報北京總局，及川省大憲，派員驗收，其原由華公司租出地基，仍歸原主管守。

十九、會同公司股票，係華洋合辦，自應按時價漲落，互相買賣，均聽其便。如華益公司及此外華商紳富，於五十年限内，將會同公司股票收至四分之三，即將該礦廠先期收回，由礦務局查報，飭交該華商自行經理。

二十、凡華益公司購地，交與會同公司開礦，如因無利停開，礦租無著，應將該地聽由華益公司另行設法開採，或作別項生理，以免地價落空，與會同公司無涉。

二十一、凡會同公司遣礦師勘明，指出某處有佳礦，寔無把握，購地基難，而必欲得地開礦者，該地價應由會同公司出銀，交與華益公司代購交辦，以免地價落空。俟本廠見礦後，准就值百抽五地租内，扣回地價，本利清訖，仍繳華益公司值百抽五地租。如本廠無礦，華益公司無租，會同公司無從扣回地價本利，不准在别廠抵扣，兩無異説，届時另立憑據。

二十二、凡會同公司開礦所需料件機器等物，進口税照開平各礦現定章程，完納海關正半税項，内地釐税，概不重征。

二十三、該礦爲中國自主之産，將來中國如與别國有戰争之事，該公司應聽中國號令，不得接濟敵國。

二十四、凡總局奏定章程，此合同所未載者，華益公司與會同公司，均宜遵守。

二十五、現訂章程扣立合同，繕具華洋合璧共八份，華益公司總辦李戴清，會同公司華商總辦劉學詢、洋商會辦摩賡。同時畫押，蓋用四川礦務局關防，分呈統轄鐵路礦務總局，總理衙門、户部及四川總督、布政使司各衙門各一份備案，餘三份，川省礦務局存一份，華益公司與會同公司，各執一份爲憑。如翻譯或有錯誤，應以華文爲准。華益公司總辦李戴清押。大清光緒二十五年二月初二日。

會同公司華商總辦劉學詢押。

《四川保富公司現議兼辦華益公司訂立合同章程》

計開：

一、川省設立保富公司，招集中外商人，合辦礦務，曾經奏明，凡來川辦礦者，即歸該公司備本購地等語，自應遵照辦理，以符奏案。

二、華益公司原招英商會同公司，保富公司原招法商福安、成公司，現在華

益公司總辦李戴清，未能來川，督辦李未便兼攝。擬將華益公司，均由保富公司總辦陳光弼、徐麟光兼辦其事，以專責成，而免紛歧。惟保富公司原徐麟光所立，如陳弼光經手購地，開辦漸順，遇有他項公事，聽由辭退，自有徐麟光承辦。

三、會同公司華商總辦劉學詢，現亦未能到川，督辦於劉學詢有調換之權，今改定福安、成公司華商總辦李壽田兼總辦其事，並添唐星球爲華商會辦，摩賡現作洋商總辦，自應和衷共濟，如因事繁或有難辦之事，可由華總辦、華會辦，各自自舉人幫辦，或請代辦，或自請卸辦，均按華益公司與會同公司原定合同辦理。其會同公司各廠華洋董事，均由華洋總辦選派。

四、華益公司既歸陳光弼、徐麟光兼辦，所有承辦會同福安、成三公司購地事宜，自應公平辦理，除福安成公司原訂合同，指辦灌縣、犍爲、威遠、綦江、合州、巴縣六處煤、鐵，及大全、懋功、或懋功、之旁五金礦産，應先儘法公司擇礦一處開辦外，照章即同一州廳縣界内，而其另産之礦，統由陳光弼、徐麟光派人伴同英礦師，分别往勘，或租或買，均應俟購妥交地承辦，不得稍有争論。

五、華益公司既併歸保富公司兼辦，則購地交會同公司開辦，自惟保富公司是問。

六、華益公司既因總辦李戴清未到，改歸保富公司總辦陳光弼、徐麟光兼辦，惟公司之事，刱難因易，此時既經歸併，購地惟保富公司是問，將來無論盈虧，由兼辦之人承認，不與李戴清相涉。

七、保富、華益兩公司，應收值百抽五地租，各有專章，一切仍應查照原定合同辦理，所有統轄礦務鐵路總局先後奏定章程，亦應一律遵守。

八、現訂保富公司兼辦華益公司章程，繕具合同，華洋合璧共十份。保富公司總辦陳光弼、徐麟光會同公司華商總辦李壽田，華商會辦唐星球，洋商總辦摩賡，代理人甲開，同時畫押，蓋用四川總督、督辦礦務大臣關防，分呈總理衙門，統轄礦務鐵路總局，户部，及四川總督、布政使司、督辦四川礦務商務總局各一份備案，保富公司與華益公司總辦，會同公司華商總辦、華商會辦、洋商總辦，各執一份爲憑，繙譯如有錯誤，應以華文爲憑。

保富公司兼辦華益公司總辦陳光弼押。徐麟光押。

華商會辦唐星球押。

會同公司華商總辦李壽田押。

洋商總辦摩賡代理人甲開押。

光緒二十六年二月二十三日。《四川保富公司與法商福安公司申明增定合同章程》

計開：

一、原訂合同第一條，福安公司指辦灌縣、犍爲、威遠、綦江、合州、重慶等處煤鐵，經總理衙門、礦路總局議覆，以重慶係屬府名，改爲將來指辦煤鐵之地，除重慶之唐家沱，不准開挖外，約在灌縣、犍爲、威遠、綦江、合州、巴縣六處。臨開辦時，聽由保富公司擇定某山某礦交給。如該州縣界内，另有礦産，聽由華洋各商一律開採。

二、原訂合同第三條，所有煤鐵，應照井口税值百抽五，歸保富公司，以爲地租，下添叙若係官山，應將值百抽五地租，報効中國國家，仍准提一份，作爲四川礦務局，及保富公司辦公經費。

三、原訂合同，福安公司集股銀一千萬兩，華洋各半，現在開辦應用之股本，自當隨時酌量辦礦情形，核定集股多寡，以免虚耗股息。

四、原定合同，以六箇月爲限，嗣經總理衙門、礦路總局增定章程，改爲十箇月，現與福安公司續訂合同，所有限期，應以此次畫押之日起扣計。

五、福安公司原指以上六處煤鐵礦，自應遵照前訂合同，先儘該公司擇礦開辦，惟此六處之礦，將來或同時並開，或次第開辦，均應於此次續訂合同扣計十箇月限内開工。不得徒事標佔。

六、此次申明增定章程，與原訂華洋合辦之章，福安公司皆須遵守，彼福安公司華洋商總辦李壽田。俞德桑。同時畫押，蓋用督辦礦務商務大臣、四川礦務總局關防，分呈總理衙門、統轄礦務鐵路總局、户部，及四川總督、布政使司、督辦礦務商務大臣各一份備案。餘六份四川礦務總局存一份，保富公司各總辦與福安公司華洋商總辦，及巴黎法公司各一份爲憑，繙譯如有錯誤，應以華文爲准，保富公司總辦陳光弼押。徐麟光押。福安公司華商總辦李壽田押。福安公司洋商總辦俞德桑押。

又外務部收李徵庸《咨送川省礦務奏咨各移暨礦局公司來往函電》〔光緒二十七年〕十二月十七日，督辦四川礦務李文稱：光緒二十七年十一月十二日，准貴部號電開：准川督電稱，麻哈金廠係鹿前督奏定官商合辦，不集洋股，乃礦師唐星球妄稱李大臣予伊全權，與甲開私立華洋合辦合同，經俊駁斥，咨明李大臣作廢，此次唐由滬來川，代英索辦，並自認奉李大臣面諭等語，川省礦務，英法

均有成約。或中國自辦，或華洋合辦，自應各清界限，以免爭端，執事既不駐川，又不知會川督主持，該礦師等所立合同，雖經川督駁斥作廢，英使仍執此爲據，法使亦嘖有煩言，枝節横生，誰當任咎，希即赴川將此事妥爲清理，如難遽往，亦即據實詳晰電復，並電告川督酌辦等因，到本大臣。承准此，當將本大臣離川，係奉旨改派督辦南洋秦晉賑捐，所有川省礦務，先經咨明四川督部堂督同會辦記名道陳光弼等辦理，並寧雅礦務始末，及往返電商情形，先行據實電達貴部察核。除電請四川督部堂核辦外，惟恐電文錯訛，合行鈔録覆電原文，及奏咨各稿，川省礦局公司來往信函電文，裝釘成帙，一並咨送。爲此咨呈貴部，謹請察核施行。

又上諭《著沈翊清充任四川礦務大臣》〔光緒二十八年〕二月初五日，軍機處交出，光緒二十八年二月初五日，奉上諭：奎俊奏請派員督辦川省礦務商務等語。四川存記道沈翊清，著賞加四品卿銜，充會辦四川礦務商務大臣，准其專摺奏事。仍著奎俊督同辦理，務當認真經畫，以保利權。欽此。

又外務部收奎俊文《咨送奏派沈翊清爲礦務大臣片》〔光緒二十八年〕四月十八日，四川總督奎俊文稱：竊照本督部堂於光緒二十七年十二月二十六日，專差附奏請派沈翊清爲礦務大臣一片，除俟奉到硃批，另行恭録咨呈外，所有片稿，合先抄録咨呈。爲此咨呈貴衙門，謹請查照施行。

照録抄摺：

再，三品卿銜四川礦務商務大臣李徵庸，前赴南洋一帶，勸辦賑捐，聞已在粤病故，原差未便久懸。且川省礦務，現值英法議約，經奴才督同局員磋磨數月之久，雖將就緒，而此後各開辦購地集股，華洋交涉，尤極紛繁，必須有專辦大員，盡心經畫，方足以總其成，而合機宜。查有二品頂戴四川存記道沈翊清，係由船政出身，現經福州將軍奏留閩省，提調船廠事務，尚未回川。查該道明達開展，曉暢時務，上年曾赴日本閱操，洞悉中外政治。可否仰懇天恩，俯念川省礦務商務緊要，賞加沈翊清卿銜，派充督辦四川礦務商務大臣，准其專摺奏事，必能感激奮發，因應咸宜。如蒙俞允，奴才身任地方，責無可諉，仍當會同沈翊清，妥商辦理，竭力維持，以保利權，而顧大局。奴才爲慎重礦務商務起見，是否有當，理合附片具陳，伏乞聖鑒訓示。謹奏。

又外務部收岑春煊文《咨送請飭陳光弼迅速回川交出保富公司墊款片》〔光緒二十九年〕正月十三日，署四川總督岑春煊文稱：竊照本署督部堂於光緒二十八年十月二十八日，專差附奏請飭陳光弼迅速回川，如數交出保富公司墊款一片，除俟奉到硃批，另行恭録咨呈外，所有片稿，合先抄録咨呈。爲此咨呈貴部，謹請查照施行。

照録抄片：再，川省礦禁大開，前督臣奎俊因恐利權盡失，特設保富公司經理洋商購地開礦等事，奏明令已故督辦商務大臣李徵庸集股二百萬兩，作爲資本。時在籍候選道現官候補五品京堂陳光弼，以股本一時難集，情願變産墊銀十萬兩，開辦保富公司，呈請奎俊奏。奉諭旨：「候選道陳光弼籌墊鉅款，好義急公，著會辦川省礦務商務，兼總辦保富公司等因。欽此。」欽遵在案。伏查保富公司之設，所以慎交涉，即所以保利權，立法至善。現在英法礦務合同，或已簽押，或將定議，該公司亟須開辦。無如李徵庸所集之股，既無分釐，陳光弼所墊之銀，亦未交到。李徵庸業經身故，自可無庸置議，陳光弼現已入都候補，應請旨飭令迅速回川，將前項墊交之銀，如數交出，庶保富公司始可刻期開辦；據礦務總局詳請具奏前來。除分咨外，謹附片具陳，伏乞聖鑒訓示。謹奏。

《礦務檔·四川礦務·籌辦四川礦務》外務部收户部文《上諭鄭孝胥隨同辦理四川商務礦務》〔光緒二十九年〕正月二十七日，户部文稱，廣西司案呈，内閣抄出，光緒二十九年正月十九日，奉上諭：「岑春煊奏四川商務礦務，請派大員督辦一摺。四川商務關繫重要，仍著責成岑春煊督辦。江蘇候補道鄭孝胥，發往四川隨同辦理。欽此。」相應恭録諭旨，飛咨四川總督、兩江總督、江蘇巡撫欽遵辦理，並咨呈外務部轉行各該衙門可也。

又外務部收軍機處交出岑春煊摺《陳光弼繳清墊款請仍令總辦保富公司》光緒二十九年五月二十日，軍機處交出岑春煊抄摺稱：再，查前因五品京堂陳光弼，認墊保富公司銀十萬兩，遲延未交，經臣奏奉諭旨，飭令陳光弼四川交銀。茲據陳光弼將應交之款，除前已交過銀二千五百兩外，餘銀九萬七千五百兩，分期備票，先後一律交清，由礦務局具詳前來，當令將所交期票銀兩，發交藩司專款存庫，一俟日後保富公司應需款項，再行赴司具領應用。伏查川省礦産既多且佳，近來礦禁大開，外人之懷挾鉅資，來川謀開礦地者，不乏其人。前督臣奎俊因恐利權盡失，特設保富公司，經理洋商購地開礦等事。爾時陳光弼因股本一時難集，情願籌銀十萬兩，由奎俊奏，奉諭旨：「陳光弼著會辦川省礦務，兼總辦保富公司等因。欽此。」欽遵在案。刻下陳光弼已將應交墊款，一律交清，自應飭令多集股本，妥定章程，以應外人交涉，以圖自辦礦務。惟現據礦務

局據陳光弼聲稱，以事關交涉，不敢肩此鉅任，請即赴京候補等語。臣查交涉固不易辦，而處事最宜有恒，陳光弼前此慨認鉅資，奉旨辦事，已爲遠近所知。今鉅款實已交出，集股較有把握，苟能盡心圖維，當可漸資補救，自未便聽其辭退，更易生手。應請旨仍派陳光弼充四川保富公司總辦，兼會辦川省礦務。並將該公司改爲總公司。嗣後凡有關涉川省開礦之事，均由該總公司商明礦務局妥爲辦理，以一事權，而杜流弊。一面另刊關防一顆，文曰：「奏辦四川保富總公司之關防」，用資信守。至陳光弼以候補五品京堂，留川總辦公司，兼辦礦務。可否仰懇天恩，遇有應補缺出，敕部仍行開單，候旨簡用之處，出自逾格鴻施。除咨行查照外，謹附片具陳，伏乞聖鑒訓示。謹奏。」

《礦務檔·四川礦務·籌辦四川礦務》外務部收四川總督錫良文《咨送礦商總局會辦韓銑銷差片》 光緒二十九年十月初四日，收署四川總督錫文稱：竊照本署督部堂於光緒二十九年九月初二日，附奏礦商總局會辦韓道銑因病銷差一片，除俟奉到硃批，另行恭録咨呈外，所有片稿，合先抄録咨呈。爲此咨呈大部，謹請查照施行。

照録片稿：

再，雲南補用道韓銑於光緒二十四年，欽奉諭旨，辦理四川礦務商務，當經前督臣奎俊檄委會辦礦商事宜。該道遵奉到差，前據稟稱，便血舊疾復發，並加頭目暈眩等症，恐誤要公，懇請辭差回籍等情，經前護督臣陳璚批飭礦商總局查復。茲據該局詳稱：「該道實係因病辭差，並非藉詞推諉，亦無經手未完事件，應予銷差等情，詳請具奏前來。查川省礦商正值需材之際，惟既據查明患病屬實，並無經手未完事件，自應准其銷差。除分別咨照飭遵外，理合附片陳明，伏乞聖鑒。謹奏。」

又《韓銑辭銷礦務商務差使》 光緒二十九年十一月初七日，收川督錫文稱，光緒二十九年八月十二日，案據商礦總局成綿道沈秉堃、委用道林怡游、補用道嚴翽昌詳稱：「光緒二十九年七月初十日，奉護督部堂陳批，據會辦礦務商務雲南補用道韓銑稟：因病甚危，懇請賞准辭差，先行回籍調理批示一案。奉批該道因病辭差，情詞懇切，自未便强其所難。但商礦事務繁重，該道承辦數年，必已得其奥旨，正資熟手。該局總辦查明該道病勢，如果尚可力疾從公，即當切實慰留。倘精力萬難支持，即令先將經手事件，逐一移交清楚，再行稟候核示，此覆等因。」奉此，職局奉批之日，該道業已回籍，遵即録批致函去後。茲於本月初九日，接到韓道覆信，據稱回籍以後，服藥罔效，頭脹欲裂，心胸膨脹，精神短少，萬難支持，懇請稟覆銷差。並聲明入局以來，關防文件銀錢，各有專利，並無經手未完事件，無從移交；兼請停支薪水銀兩等情前來。職道等查光緒二十四年七月二十五日，奉上諭：「四川礦務商務，著即派雲南補用道韓銑、記名道李徵庸，會同翰林院檢討宋育仁，妥籌辦理等因。欽此。」韓道遵於光緒二十五年到省繳咨，是年四月，奉前督部堂奎札委會辦礦務商務事宜，月支薪水銀一百兩。二十六年二月，入局供差。到差以來，歷今五年，熟悉情形，留心公事。此次因病辭差，回籍調理，仍未痊減。查閲覆函，情形懇切，合無仰懇憲恩，念該道並無經手未完事件，准予銷去會辦礦務商務差使。惟該道係奉旨供差人員，並懇分別奏咨，該道實係因病辭差，無藉詞諉卸等情，實爲公便，理合具文，詳請察核批示祇遵等情。據此，本署督部堂覆核無異。除附片具奏，並分咨外，擬合呈明。爲此咨呈大部，謹請查照施行。

又《陳光弼銷去會辦礦務各差》 光緒二十九年十一月初七日，收川督錫文稱：於光緒二十九年九月三十日，附奏陳京堂光弼銷差，並報効保富公司本銀十萬兩一片，除俟奉到硃批，另行恭録咨呈外，所有片稿，擬合抄録咨呈。爲此咨呈貴部，請煩查照施行。

照録片稿：

再，據礦務總局會同司道詳稱，轉據會辦川省礦務總辦保富公司三品卿銜候補五品京堂陳光弼移稱：「保富公司原爲洋商購地開礦而設，今各洋商迄未來川開辦，局同虚設，不敢偷安閭里，懇請銷差送部引見。並聲明前署督臣岑所飭籌繳該公司墊款銀十萬兩，早經繳清，情願盡數報効，以備川省辦理商礦要政之需，不敢再援原奏撥出提還等情，詳請奏咨前來。奴才覆查該京堂需次卿曹，在川既無經手未完事件，自應即如所請，給咨送部。惟查該京堂自光緒二十五年，前督臣奎奏派是差，深資得力。二十六年以來，在籍勸飭勸賑，集款至二百餘萬，又復自行報効鉅款多次，仰蒙聖恩，迭予優奬。即如所繳保富公司銀十萬兩，當時原係暫認籌墊備用，仍候撥還之款。今該公司尚未開辦，一經催款，實係變賣家產，竭力繳清，並情願作爲報効。似此好義急公，毁家弗恤，實爲迄今所罕覯。且該京堂體大思精，才長心細，於商務礦務一切，考究有年，其平素辦事誠篤，義利嚴明，尤爲合省紳商所信服。川省現在振興庶務，正賴提倡綜覈之材，奴才方資臂助，深惜其去，而躊躇再，又未便事挽留，阻其登進。竊維朝廷特

立商部，策勵羣材，如該京堂之關懷時局，報効鉅款，不敢不以據實上陳。應如何破格録用，俾圖自効之處，伏候聖裁。除飭藩司將繳存銀兩另儲，專辦商礦要政，並飭礦務局暫將保富公司兼管外，所有候補京堂陳光弼銷差，請咨赴引緣由，理合附片具陳，伏乞聖鑒。謹奏。」

又《咨送附奏陳光弼銷差赴部引見並報效保富公司本銀十萬兩片》 光緒二十九年十一月初七日，收川署督錫文稱，光緒二十九年九月二十八日，據布政使陳璚等會詳，案據候補五品京堂陳光弼移開：「竊敝京堂前以在籍道員，於光緒二十五年七月，蒙前督部堂奎奏派會辦川省礦務商務，兼總辦保富公司。奉旨後，又經前督辦礦商大臣李，分別咨明京外各部院衙門，將華益公司歸併保富公司兼辦，合爲一局。皆指敝京堂所認十萬墊款，爲將來購地之資。到差三年，英法礦師先後回國，屢經展限不來。時值北方多事，敝京堂又於其間，迭奉四川、山、陝、順、直各省大府檄委，勸餉勸賑，情殷紓難，不惜毁家，竭力報効鉅萬多次，猥蒙屢案奏請積奬。今職伏念天恩優渥，不敢偷安閭里，以負生成。因於二十八年呈請辭差，經前督部堂奎分別奏咨，准予給咨赴京供職。途次上海，欽奉諭旨回川籌交墊款。遵於本年三月到川，分期如數繳到司庫存儲。復經前署督部堂岑奏奉俞允，總辦保富公司，兼會辦礦務。前後綜計，所有由前督部堂派充之各總辦，如與法商福安、福成兩公司畫押者，有李觀察壽田；與法商和成公司畫押者，有李觀察祐；與英商會同公司畫押者，有李觀察壽田、唐觀察星球；與英商普濟公司畫押者，有周觀察振瓊，暨原派保富兼華益購地公司之總辦徐觀察麟光，繼派之總辦劉觀察慶汾，嚴觀察翊昌，陳觀察興海，或因他省調用，或因另案參革，或因引見。或赴特科，皆先後辭差以去。惟敝京堂獨留，而洋商各公司亦至今未來開辦。此購地公司一局，幾同虚設。當此間暇，又值經費難籌之際，與其多局虚縻，不如附入礦務總局兼辦。與其虚員以待，不如臨時酌派專員。有敝京堂墊款，現存司庫，以購地之用，自能應給外人，似不必無事備員，阻敝京堂殷勤向闕之志。現在敝京堂私累既多，生計日絀，遍鬻田産，通省皆知。非及時辭差赴京，力圖自効，則無以養身家而安事畜，即無以竭駑鈍而報朝廷。幸逢今督憲莅蜀，振興庶務，覈實辦事，曲體人情，用特懇請貴局據情轉詳，准予奏銷各差，送部引見。開其升庸之路，予以增進之程。願將十萬墊款，盡數報効公家，以備要政隨時挹注之資。庶將來不必再援原奏，撥出提還，聊爲涓埃萬一之助。並不敢妄有希冀，亦不敢自外培成，俾免向隅，實沾無便。除移請布政使司、按察使司、通省塩茶道、成綿龍茂道外，所有擬請辭差各原由，理合備文，移請據情轉詳，望速施行等由。」准此，查該京卿歷辦各差，勤勞素著，當上年北方多事之秋，以在籍紳士，勸餉勸賑，力任其難。除自行變産報効多次外，並籌集鉅款，過二百餘萬，實有裨於時艱非淺。迭經前督憲奎、前山西撫部院岑、陝西撫部院升、直隸總督部堂袁，屢案奏保，欽奉諭旨，賞頭品頂戴、三品卿銜、候補五品京堂，一再傳旨嘉奬三次，交部從優議叙。該京卿受恩優渥，感激彌深。現在設商部，庶務方興，川省風氣初開，商情未洽，招商招股，倡導無由。正苦招徠乏術，今得該京卿以保富公司墊款十萬，請作報効，以備要政隨時挹注之資，藉以提商情，充足經費，忠愛之忱，溢於言表。當此時局艱難，需才孔亟，如該京卿之毁家弗恤，見義勇爲，體大心精，才堪濟變，似未便徒令其在籍辦事，致使人爲地限，莫展所長。應如何曲全其殷勤戀闕之忱，使得奮勉圖維，以觀其志。司道等深惜其才，援舉所知，會銜詳請憲台，准予奏銷候補京堂陳光弼所辦會辦礦務，暨總辦保富總公司各差，保送進京引見。其應如何陳請破格録用之處，出自憲恩，非司道等所敢擅擬。其保富總公司一差，現在洋商各公司尚未開辦，是否由礦務總局兼辦，抑或仍派專員，以司其事，理合詳請察核，批示祇遵等情到院。據此，當經本署督部堂批據詳已悉，候察核奏咨，另檄行知，仰先録批移會繳。除批印回並附奏暨分咨外，擬合咨呈。爲此咨呈貴部，請煩查照施行。

又《咨送奉委成綿道督辦商礦總局並代辦武備學堂片》 光緒二十九年十一月初七日，收川督錫文稱：本署督部堂於光緒二十九年八月初二日，專差附奏委令成綿道督辦商礦總局，並代辦武備學堂一片，除俟奉到硃批另行恭録咨呈外，所有片稿，合先抄録咨呈。爲此咨呈貴部，請煩查照施行。

照録片稿：

再，四川商務礦務，亟宜振興。前署督臣岑，又奏設勸工局，以興工藝，而化游惰，尤爲切要之圖。惟須經理得人，方免有名無實。查有成綿龍茂道沈秉堃，明體達用，素著勤能。此次差赴日本，於工商一切事宜，細心考究，具知要領。現經委令督辦商礦總局，暨勸工局，會同原辦員紳，切實講求，以期逐漸擴充，用收實效。再，總辦武備學堂候補道羅宗齡，現擬派赴日本看操，該學堂事務，並飭沈秉堃暫行代辦。除檄飭遵照外，理合附片陳明，伏乞聖鑒訓示。謹奏。

《礦務檔・四川礦務・籌辦四川礦務》外務部收軍機處交出錫良奏片《英法洋商私訂辦礦合同請申明礦章補救礦政》 光緒二十九年十一月二十四日，收

軍機處交出錫良抄片稱：再各省礦産原准華洋各商合股請辦，惟外務部暨前路礦總局先後奏定章程，大要總須先行呈明，俟查確批准爲主。核與定章不符者，雖立有草合同，亦不作據，至請辦礦地，不准兼至數處及混指全府全縣，所以杜漸防微，保利權而維大局者，至爲周密。川省前設礦務局，專以考核各商所請，是否合章，擬議准駁，詳由督臣咨請部屬核復，歷經照辦在案。近有英商立德樂，請獨辦江北廳屬各礦。又法商戴瑪德，不知如何與川省管解白蠟委員候補知縣劉鵬，在京私立合同，擬設公司，合辦夔州府屬巫山、大寧、雲陽、開、萬等縣銅煤各礦，指地多處。由英法領事准該商等照轉，或請准辦，或請立案，照會奴才前來，當將不合定章，礙難准行之處，分別照復該領事，一俟該商等到川呈明，再行查核辦理。惟查各有礦産雖富，若一任該商人任意指占，各領事代爲陳請，恐有限之産，難供無厭之求。且近今之所謂華洋合辦者。非華洋商人實已各具資本，勘定礦地也。大抵各處奸商劣紳，舉中國之地利，以歆動洋人，冀洋人之資本，以虛張華股，即借華洋合辦之名，慫恿洋人出面，以冀所求之必遂。暨未先行呈明本省，又不確指處所，競標公司之虛稱，廣占著名之美産，洋人受其愚弄，卒以開辦爲難，或則記詞集股，或稱待延礦師，一再展限，而公家自此大利盡失。地方亦徒滋紛擾，有損無益。似非申明呈候批准之章，嚴立擅訂合同之禁，開辦限期，不准推展，將流弊不可勝言。至候補人員不准在服官省分，經商置産。例有明文。乃敢私合洋股。擅指公地，此風尤不可長，應如何申定章程，添立專條。通行各省，以杜弊混，而資遵循。擬請飭下部臣查照核施行，奴才爲補救礦政起見，是否有當，理合附片密陳，伏乞聖鑒訓示。再川省礦産頗饒，官商屢議開採，迄無成事。奴才到任後，督飭商礦局竭力設法，招徠殷實紳商承辦各礦，一面委員前赴寧遠府，一〔面〕察看試辦。一俟辦理稍有端倪，再行詳晰具奏，並咨部立案，合併聲明。謹奏。

光緒二十九年十一月二十四日，奉硃批：「外務部、商部議奏。欽此。」

又外務部收錫良函《駁拒英商請辦江北廳各礦暨法商私訂合同辦理夔州府屬銅煤各礦案磋商情形》附節略　光緒二十九年十一月二十四日，收川督錫良函稱：據英商立德樂請獨辦江北全廳各礦，法商戴瑪德在京與川省管解白蠟委員知縣劉鵬，私立合同，辦夔州府屬巫山、大寧、雲陽、開、萬等縣屬地，共二十處銅煤各礦，於七月九月間，先後禀由各該領事照請核辦。查該商等一則意在獨擅，一則兼指數處，均未遵守中國定章，且先均未據該商等來局呈明有案。現時各該商又未到川，各以一禀轉照請准，核與奏定章程，諸多不合，亦不符川省向來辦礦成案，並於川省情事，窒礙甚多，迭經分別行局詳照覆令其照章辦理，再予核辦。在良之意，就英商一案論。混指全廳，欲享獨擅之利，且無論其違章。川礦雖多，而地則有限，若卒予准，彼各國皆挾其無厭之求，援案而至，我將何以應之。至法商一案，核之定章中，所謂若先行合夥，而後呈請者，概行駁斥等語，雖今具呈，且不能照准。況未據呈，即將合同訂定，亦更難於照行，所以不即照准者，以定章不能不守也。乃該領事明知理虚，强詞狡辯，勢必赴部申其前説，爾時難保不以一面之詞，上瀆鈞聽。謹將兩案往返商榷情形，開摺呈覽，祇請崇安。

照録節畧：

謹將法領事爲伊國商人戴瑪德，與川省解蠟委員劉鵬，在京訂立合同，請辦夔州府巫山等五縣屬地各礦一案，彼此照會辦論，開具節略，恭呈鈞覽。

計開：

本年九月初三日，准駐紮重慶法國領事安迪照會：並鈔粘泰川公司合同前來。緣四川夔屬地紳李荆三、高藴玉等公議，共同聘請四川候補知縣劉鵬，充當泰川公司之總辦，地紳等願當幫辦。現在與法商礦司戴瑪德訂立合同，合辦夔屬之巫山、大寧、雲陽、開、萬五縣池方銅煤礦務，業經戴商在京法公使署畫押立案，由該領事照請先行飭局立案懸牌，以杜後來他人再定。應如何辦法，俟戴商來川查明，再爲照知等請，並聲稱與約相符。係查照貴部前定礦章，不問華洋合辦自辦，均無不可之第五條等情。准此。因查閲照會合同，與奏定章程，多有不合，經飭礦務、洋務兩局司道，會同查議，咸以該商等所定合同，未遵中國定章，亦不合向來川省華洋合辦礦務成案。雖據該商戴瑪德在京禀知，該國使署有案，而川中署局先未據其呈明，無案可考。劉鵬暨係川省候補人員，輒乘解白蠟晉京之差，因李荆三、高藴玉協同聘請，遽與戴商私立合同，殊屬不合。該領事第據戴商一禀，何能盡悉底藴，率據照會懸牌立案，於將來恐多窒礙。應俟該商到川，呈局再議，應否核准。地屬中國，應由中國主政，此時斷難照行。當以所議據理照章，甚屬允當，隨即據情照覆。旋於九月二十三日，准該領事覆照，亦無他説。但就原詳中應先來局，及恐多窒礙等字樣，曲事挑剔。並謂戴、劉兩人，皆遠在京，何能遽來呈局。其先期照會，係遵定章等語，當因該領事有見疑拒之意，復飭由局議，經申前詳呈局之説以曉之，並以此項礦務。初非不准該

商人等合辦，但不能不確核定章，率爾立案懸牌，亦即覆核據，覆以爲該領事當無異説矣。乃於十月初六日，又來照會，仍執前辭，謂前之照會，係有該國公使譯頒中國奏定礦章爲憑，送來合同，即是立案與北京定章相符，當即電復該國公使在案。此時彼此往復，無非空文，此事究與某項章程不合，可否貴督咨明貴外務部，轉照該國公使查案詳核。該領事俟奉到該公使公牘，自然不敢復議。並稱此事係礦務局專責，洋務局無管理之權，不應會議，議亦非宜。來文列局過多，該商到川，究來何局呈明，該領事無所遵從等語，則竟詞强詰難，若不知其辦法之非，反謂轉行洋務局爲不應。又以電達該公使署，微示要挾之意，則實非所及料矣。竊查礦務章程第五條内載，遞稟開辦者，或華人自辦，或洋人承辦，或華洋合辦，均無不可。誠如該領事照會所引，惟續載有地係中國之地，舉辦係由中國准行，無論何人承辦，均應遵守中國定章，倘出有事端，應由中國按照自主之權自定等語。該司道不予立案牌，即係以此爲據。而該領事不引全文，但摘一二語，以爲與章相符，未爲合當。又查川省向來華洋合辦礦務定章，先由該商等將擬辦某處某礦，到局呈明，再由局體察地方，及該商等情形，然後商訂合同草約，呈由督署核准後，始與該商畫押，復由局詳請奏咨，俟奉批准，方予開辦，歷經遵辦在案。此川省成案，亦即礦章中所謂中國定章，暨由中國按照自主之權自定是也。該商戴瑪德，係前此承辦川省華洋合辦和成煤油公司之人。此項定章，彼悉知之。當日辦法，均即如此。今該商不按定章，第具稟呈由該領事照會，若遽予懸牌立案，利權所繫，萬一因此別生枝節，咎將誰歸？此該司道所以一再未允，固非不肯通融也。乃該領事不此之察，反見疑怪。至川省洋務局各司道，係以藩司、塩茶道及補用道林怡游承充，其礦務局則歸併保富公司以來，向由川紳江蘇補用道嚴翽昌主辦，而成綿道，與林怡游皆在會同辦事之列，事關交涉，自應兩局會商。而洋務局尤有不能不與議者，該商所辦銅煤礦務，係屬中國之地，藩司身任地方之責，自應與聞，此又礦章所謂中國定章，該商等分應遵守者，該領事何得非之？況該司道原詳中，一則曰先來礦局，再則曰礦局無案，明明告以呈明處所矣，又何有無所遵從之慮？是又該領事不加細察然也。從來外交之事，有可通融，固不容一意膠執。若定章成案，確有可據，在我既有詞以對，縱彼責難，亦不便虛與委蛇。至於此事，按之礦章，礦地應否准辦，自不能因彼一疑一詰，便爾違章，況並未不准開辦。不過開辦之法，當取據於該商來局稟呈，核以定章，以定分別可否，何遽能但憑該領事之照會。至往返商榷，並非空言，即使此事設予准辦，則由呈而議，而查，而詳；詳而畫押，而奏咨，而批准，層層應辦，均爲定章所不能少。即無論華商均應遵守，又不能以該領事一照一電，遽爲變計也。總之，此事無論准否，該司道礙難以未經據稟面商之件，遽請立案懸牌。即良亦執定此指，不爲稍動。但慮彼已電達該國使署，難保不以一面之詞，向貴部加厲爲難，或歸咎於良辦理之過執，故不得不先行陳明，以備或有詰難。除俟戴、劉兩人來川，再行酌核，能否准予辦理外，謹將該領事先後照會，及川局議詳照覆大概情形，陳請詧核。謹略。

謹將英總領事爲伊國商人立德樂請獨辦江北全廳各礦一案，彼此照會辦論，開具節略，恭呈鈞覽。

計開：

本年七月二十日，准駐紮重慶英總領事謝立山照會開，本月十三日，據重慶本國商人立德樂稟稱：竊有稟呈川督一件，請爲轉送等情。本總領事合亟譯文照會查照，查原稟以商人立德樂准在江北廳所屬，遵照礦務定章，行用西法，華英合開各礦。除惟本商經辦之外，不得再爲他國所得，初以六十年爲限，如華英原股願再合辦，仍許續以二十五年爲限。所准年限屆滿之後，其所用之機器傢伙，及運礦之鐵路，以不作價銀，一併報効中國政府。現時即遵照現定章程辦理，以後如有改定章程之處，當亦遵照隨時所改章程辦理。自批准之日起，以三年之内，爲本商採勘礦苗，並開辦之限。在此三年之内，不准他公司及他國商人，在該廳屬地採勘開辦各礦。惟本商購買礦地窑，議價一切，皆由本商與地主、窑主兩造自行議辦。只經川督所派之監礦委員允准後，則即定行等情前來。本總領事查各省近海之處，通商貿易，礦務繁興，凡洋商挾資願往者，蓋以貨物既無阻滯，而商務所以暢行，更以出口貨多，則商務愈有進步。似此致富於民，實亦有益地方。況川路艱險，商貨往來，本非易事，幸有洋商漸次流通，意在擴充商務，是不但爲外人之利，實爲全川之利也。據本國商人立德樂稱，在重慶經辦江北煤炭，已歷多年，且於江北廳龍王洞一帶各煤窑，本商現已有銀三萬兩在内。又據稱，曾於五月二十六日，在京親謁貴督，言及四川礦務事，經貴督面云，甚願洋商自挾資本來川。至立商在川開礦一事，定當竭力相助等語。足見貴署督通商保民之至意，甚可欽佩。今值抵川接印，理合備文照會，應請貴署督查查覈准，並咨外務部批准立案，以俾該商遵照辦理該廳屬礦務。如須以定立合同爲准，立商雖未到川，重慶該商行有人代行議辦，合併聲明。仍希先行照覆，是

爲至要等由。准此，當經札飭礦務、洋務兩局，查案覈明，妥議詳覆。旋據該兩局詳請飭下川東道查覆，再行酌定，緣該商擬請在江北廳屬開辦礦務，並稱在江北經辦煤炭，已歷多年；且於江北廳龍王洞一帶各煤窑，有銀三萬兩在内各等語。該局均無案可稽。至此次立商請照華英合辦章程，開辦該廳屬礦產，民情是否樂從，地方有無窒礙，該局更難遥揣，自係實在情形。因即批飭該局等轉移川東道確查妥議，移覆各該局會議具詳，以憑覈辦。復經札催該道迅速詳細查明，刻日議覆，毋再遲延。嗣經川東道賀道元彬稟復：徧查煤窑，並無立商購地契紙，無憑查考。並移覆各局，由局會詳，經覆覈無異。於九月二十日，據覆英總領事查照，以該商立德樂此次請辦煤礦一事，既未遵照中國定章，稟局詳辦，該礦務總局等無憑覈議，應俟該商立德樂到局具呈，能否照准，再由該總局確覈妥議，以憑覈辦施行。此往返札查、遵守定章，照覆英總領事之實在情形也。九月二十二日，又准英總領事照覆開，本月二十日，准貴督照覆，據洋務、礦務總局司道等會詳稱：竊照英商立德樂請辦江北廳屬煤礦一案，前經本司道等詳奉督部堂批，據詳已悉。仰該局迅即會同洋務局轉移川東道確查妥議，移覆各該局會議具詳，以憑覈辦等因。」奉此，遵經本司道等移會去後，兹准川東道賀道元彬覆稱：遍檢江北廳煤窑成案，並無立商購地契紙。該商所稱有銀三萬兩在内；更屬無憑查考等語。本司道等伏查礦務定章，凡商人呈請開礦，應先由局查照章程辦理。其購買礦地，亦應照歷年礦局與英法各公司訂立華洋各合同，歸保富公司購地，轉租開採。如普濟暨會蜀公司之地，即歸保富公司承辦。該兩公司係英商立德樂經理，該商具悉情形，必可照章辦理。既係該商有銀三萬兩在江北廳龍王洞煤窑之内，應請照會英總領事飭令該商立德樂，前來礦務局呈明原委，再行照章議辦等情到院。據此，本署督部堂覆覈無異，爲此照覆貴總領事查照。該商立德樂此次請辦煤礦一事，既未遵照中國定章，稟局詳辦，該總局無憑議覈，自係實在情形，應俟該商立德樂到局具呈。能否照准，再由該總局確覈妥議，以憑覈辦施行，合即照覆。須至照覆者等因。准此，本總領事查此照覆全文，與七月十九日照會貴署督之原文，事情語意大相反背。以英商立德樂請辦江北廳屬煤礦一案等語，乃原文係請准予獨辦江北廳所屬各礦，又以偏檢江北廳煤窑成案，並無立商購地契紙等語。乃原文並未説有購地契紙，又以該商所稱有銀三萬兩在内，更屬無憑查考等語。乃原文係説在龍王洞一帶各煤窑内有銀，而並未專指一窑之内。有銀三萬兩，且又並無追查此銀之説，但其所以提及此銀者，足可知該商既下銀本，如邀准行，不難即時開辦，此乃本總領事原文之意也。該商因五月二十六日在京親謁貴署督，言及四川礦務，曾經貴署督面云，甚願洋商自挾資本來川。至立商在川開礦一事，自當竭力相助等語。於是該商乃有稟請川督之件前來，請爲轉送，擬請准予獨辦江北廳所屬各礦，想貴署督必當未忘前言也。總而論之，前次照會文意，一則並未專指請辦煤礦，二則請辦各礦，與龍王洞之銀兩，實是兩事。正不料事經遲擱兩月，而所准覆文，並未説到原本事理。來文又以礦務定章，凡商人呈請開礦，應先稟局查照章程辦理。其購買礦地，亦應照歷年礦局與英法各公司訂立華洋各合同，歸保富公司購地，轉租開採等語。本總領事查光緒二十八年二月初八日，奏奉批准礦務章程内載，凡擬開辦礦務者，或集華股，或借洋款，均須先行稟明外務部。其稟或自行投到，或由該省州縣詳請督撫專咨到部等語。以本國商人立德樂擬請准予獨辦江北廳所屬各礦，因本人不在省内，故稟由本總領事轉送稟請於川督，並經聲明請咨外務部，此即遵照奏定之章程辦理也。又經聲明立商雖未到川，重慶商行有人代行議辦，以准行之後，有人代行經理也。查此事既經兩月之久，至辦法如何，不但不得其端倪，而來文似亦未足爲竣事，爲此備文照覆貴署督，查照前次本總領事譯送立商稟詞之照文事理爲何，以便覈准議辦可也。再，以後凡有交涉事件，如能彼此從速公正妥議辦理，則最妙，未便遲滯延擱，以致事無終始，是爲至要。所有立商稟請准予獨辦江北廳所屬各礦，仍希照覆等由。復准此，當又札飭洋務礦務總局司道覈議。旋據會議具詳，經再覆覈，於十月初四日，復照覆該領事。略謂：光緒二十九年九月二十二日，准貴總領事照開各等情，當經札飭洋務礦務總局司道議覆，兹據覆稱，案奉憲札開：「英總領事照覆立德樂請辦江北廳屬各礦等因，飭即議覆。謹將應覆事宜，逐條縷陳，如來文内所稱，照覆全文與七月十九日照會之原文相反背一節，查前次照會來文，所譯立德樂原稟，内有只經川督所派之監礦委員允准後，則即定行等語。」所稱監礦委員，自係即指礦務局而言。憲台照覆謂，俟立商到局具呈覈辦，是與原文之意，並無反背。又如所稱，原文係請准予獨辦江北廳所屬各礦一節，查奏定章程内開：華洋集股設立公司准其開辦之本意，原欲令各該商獲均沾之利，非欲令各該商據獨擅之利。嗣後請辦礦地，只准指定某縣之一處，不准兼指數處，及混指全府全縣等因，通行在案。此節即不合定章。況前據川東道查稱：江北廳屬鐵礦溪等處，已有華商在彼開採，自未便允認該商爲獨辦。又如所稱提及該商煤窑内有

銀兩，足可知該商既下銀本，如邀允准，不難即時開辦。請辦各礦與所下銀兩，實是兩事一節。查開礦之應准與否，在於覈明是否符合定章，與該商之曾否下銀，自是兩事。前次川東道因無憑查考，不得不隨禀聲明，其中並無他意。又如所稱覆文並未説到原本事理一節，查請准開礦，是來文之原本。今該商尚未到局，呈明所指開礦一定處所，及辦理章程，無憑覈奪，自無從詳請爲之轉咨外務部，事理顯然。覆文所説，實即原本之事理。又如所稱事經兩月之久，辦法如何，不但不得端倪，來文似未足爲竣事等因。查此事因行查川東道，往返需時，是以未能迅速。照覆内言明俟到局具呈，由局確覈妥議，以憑覈辦，即是此事辦法。本省既有奏定章程，應歸保富公司購地，轉租開採，從前英法各公司訂立華洋各合同，皆係如此辦法，自不得不豫先道明，原非以前次照覆爲竣事。以上各情，應請再行明晰照覆等情到院。據此，所詳各節，本署督覆覈無異。至立商在京來謁，曾經接見，彼時本署督部堂尚未到川，豈能懸揣情形，遽云竭助。惟兩國睦誼素敦，況開礦係本國興利惠商之要政，凡有挾資請辦者，無論華商洋商，凡能遵守定章，可以准辦，本署督部堂實所甚願。准辦後，有地方官應行爲力之處，亦自無不相助，本署督部堂現今仍是此意。爲此備文照會貴覆總領事，仍希查照前覆，按照中國定章，飭令立商到局呈明所指開礦一定處所，及開辦章程，以憑覆奪辦理。如該商一時不能親來，即由該商指定重慶商行何人，代爲到局具呈議辦，亦無不可。所有立商前請開礦緣由，合即照覆。此自本年七月二十日起，至十月初四日止，辦理英商立德樂擬請准予獨辦江北廳所屬各礦，始終未允之次第情形也。查川省雖饒礦産，然精華所聚，有礦州縣，亦不過一二處，或三四處。今英商立德樂所禀請，輒欲准予獨辦江北廳所屬各礦，設各國洋商紛紛援請，將何以應之？出於地者有限，求滿欲者無窮，此所以文牘紛馳，駁詰一再，斷難照准辦理也。惟該國公使在京，難保該領及該商不以一面之詞，先入惑聽。縷陳大畧，以備或有詰難，伏惟察覈。謹略。

又外務部奏稿《遵議川督錫良奏請申明礦章嚴禁華洋私訂礦約事》 光緒二十九年十二月九日，外務部奏稿稱，謹奏爲遵旨議覆，恭摺仰祈聖鑒事。光緒二十九年十一月二十四日，准軍機處鈔交調署四川總督錫良奏請申定礦章添立專條一片，奉硃批：「外務部、商部議奏。欽此。」原奏内稱，川省前設礦務局，專以考核各商所請是否合章，擬議准駁，詳由督臣咨部核覆，歷經照辦在案。近有英商立得樂，請獨辦江北廳屬各礦。又法商戴瑪德，不知如何與川省管解白蠟委員候補知縣劉鵬，在京私立合同，擬設公司合辦夔州府屬巫山、大寧、雲陽、開萬等縣銅煤各礦，指地多處，或請准辦，或請立案，照會前來，當將不合定章，礙難准行之處，分别照覆。惟查各省礦産雖富，若一任該商人任意指佔，恐有限之産，難供無厭之求，既未先行呈明本省，又不確指處所，競標公司之虚稱，廣佔著名之美産，洋人受其愚弄，卒亦開辦爲難，或則託詞集股，或稱待延礦師，一再展限，而公家自此大利盡失，地方亦徒滋紛擾，有損無益。似非申明呈候批准之章，嚴立擅訂合同之禁，開辦限期，不准推展，將流弊不可勝言。至候補人員不准在服官省分，經商立産，例有明文，乃敢私合洋股，擅指公地，此風尤不可長，應如何申定章程，添立專條，通行各省，以杜弊混，而資遵循，擬請飭下部臣查照核議施行等語。查本年十一月間，外務部具奏申明礦務定章摺内，曾聲明無論華洋商人，訂立合同，請辦礦産，務須遵照光緒二十四年八月二十四日諭旨，先行咨部詳核，俟將合同核定後，照案奏明請旨遵行，毋得擅立合同，致多窒礙等因，奉硃批：「依議。欽此。」當經通行各直省一體遵辦在案，即外務部上年奏定礦章，亦切實載明華洋商人承辦礦務，均須禀明地方官咨部核准後，方可爲准行之據。未核准以前，不得開辦，其餘開工限期，挖井地段，均已明示限制。各省辦礦，皆當遵守，自可無庸再立專條，至該署督所稱洋商指辦川礦，與候補人員私訂合同，擅指公地一節，此等情事，他省亦所不免，應由該署督察看情形，擬議章程，咨部核辦。所有遵旨議覆緣由，理合恭摺具陳，伏乞皇太后、皇上聖鑒訓示。再，此摺係外務部主稿，會同商部辦理，合併陳明。謹奏。

又外務部收署四川總督錫良文《振興川省農工商礦現辦情形摺》 光緒三十年六月初四日，收署四川總督錫良文稱：本署督部堂於光緒三十年四月初四日，專差具奏爲振興川省農工商礦諸務。將現辦情形一摺，除俟奉到硃批，另行恭録咨呈外，相應抄稿咨送。爲此咨呈貴部，謹請查照施行。

照録原稿：

奏爲振興川省農工商礦諸務，遵將現辦情形，恭摺具陳，仰祈聖鑒事。案查比年叠奉明諭，飭令各省振興農工商礦諸務，以爲富强根本。竊以川省地廣民舉，三農非不勤，百産非不饒，而常若公私交瘁者，撥解京外餉需，歲逾六百萬，故財力内竭，上下不周於用。歐日紡織製造之物，流布於窮僻，故貨權外授，雖女紅亦爲之廢奪，生齒甲於寰宇，農末皆不足以養之，故曠工少而游民多。奴才到川，深察所由。惄焉心憂。亟欲以農工商礦四者，稍圖補救。然不悉其土宜

民俗，與夫利鈍得失，則鹵莽未易言功也。數月以來，籌辦始有端緒。【略】如礦務則兼採金銅也。邊境礦産，礮引顯露，需財方亟，倘任其棄之於地，與授之於人，重可惜也。此際官商多辦一處，轉瞬失利即少一處，不能不日夜思之。前委降調道員趙鴻猷，知府鄧鴻儀，前赴甯遠，在於塩源縣設總局。爪別、麻哈各設分局，坿近金銅商辦官收，納課而外，酌中定價。蓋産金之窪里等處，地極險遠，僅二三駔儈挾資而往，假以倍稱之息，砂丁獲金，盤剥殆盡，官之收買，固所樂從。其銅則有向由甯遠府發例價者，今歸局收發，悉除加秤加平等弊。有由機器局發民價者，今由局煎提凈盡，再解省局，藉省脚費。此外確有可辦之礦廠，酌量招商貸本，速議開辦。又查彭縣之米家山等處産銅，已委知縣沈克剛往辦。天全蘆山之大穴山頭等處産銀，已委降調知府朱大鏞往辦。該兩處雖用官本，爲數尚少，必俟開鑿煎驗，果屬豐旺，再飭推擴。至於五屯之巴底等處多金礦，委員會同懋功、打箭鑪兩廳，開導土司。自不狃執故見，徐籌辦法。嘉陵江一帶沙金淘洗，日不爲多，冀可積微成巨，疊次委員查勘，由官收買，次第均已議行。大抵川礦情形互殊，因其勢則民不驚，總其成而權在上，不必强從畫一。不容先涉鋪張，鉅細靡遺，遐邇並舉。惟動費官本甚少，所操既約，不能所望遽奢。但爲得寸則寸之計，無後時之悔，亦免覆轍之虞，似又保利之要圖，開源之穩著也。以上四事，無各樹初基，未敢驟言底績。庶政非財不立，取之之途不隘，用之之道自舒。奴才惟當殫竭愚誠，本切實以騖恢閎。庶足仰副朝廷利用厚生之至意。除俟各項議辦均定，再行分別咨部。謹將現辦川省農工商礦大概情形，恭摺具陳，伏乞皇太后、皇上聖鑒訓示。謹奏。

又外務部發商部文《咨復華商請辦夔州府屬各礦事》 光緒三十二年二月初十日，發商部文稱：光緒三十二年二月初二日，接准咨稱，准四川總督文稱，據夔州府紳商潘樹嘉等禀請，設立夔屬官紳合立礦務公司，開辦全屬各種礦務，擬訂章程，禀請立案等因。查川省前有法商華利公司請辦巴萬煤油礦，未知已否核准，並如何訂立合同。現在該省紳商請開辦夔州府全屬礦産，自應查明有無轇轕，再行核辦。應請將法商請辦巴、萬兩縣礦務各項案據，抄送本部。並希查明夔屬礦務，此外有無關係交涉之案，一併詳查見復等因前來。查夔屬礦務，祇有法商承辦萬縣煤油。此外並無洋商請辦之案。相應將刷印巴萬煤油礦務合同一分，咨送貴部查照可也。

又外務部收趙爾豐奏摺《裁併川省保富公司事》 光緒三十三年四月初二日，收軍機處交抄護理四川總督趙爾豐奏摺稱：「爲四川省原設保富公司，今昔情形異宜，請予裁撤歸併。恭摺仰祈聖鑒事。」竊據總辦四川保富公司布政使許涵度、署按察使黄承暄詳稱：礦産開禁以來，洋商紛紛請辦内地之礦。前四川總督臣奎俊深恐别生轇轕。因於光緒二十五年，奏設保富公司，經理洋商租地開礦事務。所以慎交涉，即所以保利權，意至深，法至善也。惟近來各處礦務。既疊奉諭旨飭令籌款自辦。而三十一年十一月，商部奏訂各省礦章，亦令將一切礦務事件，無論官辦民辦，華洋合辦，悉歸礦政調查局整頓，藉圖劃一。川省保富公司，本止虚有其名，遇事仍係礦局核辦。蓋保富即在礦政之内，勢有難以强分者，兹本司道等悉心會商，竊以公司原爲籌集華股，購買洋商所指礦地而設，但可籌之股本有限，而可指之礦産無窮，奸徒囤買之地，往往即外人請開之地，不買則無詞以拒，買則明受其虧，就財力論，固已慾壑難填。爲大局計，兼恐争端紛起，與其懸一華洋合辦之虚的，反啟糾纏，曷若即遵商部改訂之新章，轉形便利，現在川省礦政調查，業已設有專局，舊設保富公司名目，似宜奏明裁撤。以後無論官民華洋辦礦，統歸礦政調查局遵照部定章程，一律辦理，以一事權，而免窒礙等情。據此，奴才伏查中國商民前時未知辦礦之利，洋商挾其化分測探之技，紛請租與開挖，前督臣奎俊因見外人注意川礦者多，慮其自與民間授受，於散漫無紀之中，籌握要以治之法，奏立保富公司，專管購地外租之事。當時情勢原屬不得不然，核與商部續訂礦章，禁由民間私自受賣之意，亦相符合。無如大利所在，狡謀伏焉，立一法以杜其欺，法即因久而敝，懲一患以嚴其禁，患即隨事而生。土民覩此宏規，謬相臆測，謂既有特設之公司，爲購礦之預備，即應有巨額之貲本，供售礦之取求。每見一尋常礦嵅，公司向彼購租，拳石丸泥，亦必價增十倍。雖章程有公家購地規則，愚氓頑抗，終未便概以官力加之，靳貲不給，人將疑爲推延，如數取償，我寔力難爲繼。甚且地方豪蠹鬧風居奇，先將産礦之區，蓄爲己有，然後出而兜攬外人，誘令向官租辦，在公司迫於大信，不能弗代購求，在若輩逞其貪心，輒敢妄爲苛索，如近今江北廳王静軒一案，即其明驗。從前命意所存，本以防私買私賣之患，今兹流弊所極，適足爲囤買囤賣之媒，即設身處地，爲彼投貲辦礦者謀，當亦不願有此公司，致礦價從而飛漲，況各屬産礦之區，惟礦政局調查爲悉，即遇有洋商援請辦礦之事，亦惟礦政局磋議爲宜，度理揆情，一事詎宜兩隸，該司等請予奏懇裁撤歸併。係爲通盤籌畫起見，詢屬因時制宜之一端。如蒙俞允，應再由奴才欽遵分飭妥爲辦理，用期仰副朝廷

慎重礦政因應邦交之至意。抑奴才更有陳者，礦産係民間之命脈，權利以國界而區分。吾國先時民智未開，或須合連中外之貲，以興寶藏。近日民間既諳礦利，地方之礦，自應留以資地方之民。東西各文明國，官商素明公理，如日本等國境内，從未嘗准以礦利授人。亦斷不至强争他人之利源，冀遂一己之私計。此後華人自辦之礦，日見其多，即華洋合辦之礦，日見其少，固未應閉關而拒，亦何至懸幟爲招。中國係自主名邦，内政立法事宜，本可隨時改訂，居今日而議裁撤保富，文明各友邦，當無所用其疑訝也，所有擬請撤去保富公司，併歸礦政局經理各緣由，是否有當，除分咨外務部農工商部查照外，理合恭摺具陳，伏乞皇太后、皇上聖鑒訓示。謹奏。

光緒三十三年四月初二日，奉硃批：「該衙門知道。」欽此。

《礦務檔·四川礦務·籌辦四川礦務》《四川官商合辦礦務章程》〔宣統元年〕 一、擬籌股本銀三十萬兩，官集十五萬兩，商集十五萬兩，先行試辦。俟有利益，擬酌提添設鎔化廠，以暢礦務而廣利源，其餘官商按股分佔。

一、官本十五萬兩，作一千五百股，商本十五萬兩，亦作一千五百股。每股收九七川平紋銀一百兩，股滿不復再收。

一、商股未集以前，由官先籌銀六萬兩，交總礦師購定機器，給付頭批價銀等用，其餘二三批俟商股集成，即由商交總辦按期給付，以省周折。

一、礦務總局設在成都，一面招集川中商股，再於上海設一分局，招集外省華商，惟奉制憲諭。不收洋商股本，蓋集股無多，不須借重外人，自失利權，如有私集洋股冒充華股者。查出勒令自行如數賠償，不得抽動已入之股，并另議重罰。

一、每股本銀一百兩，按年官息六兩，給股票一紙。息摺一扣，自交銀之日算起，在滬赴分局，在川赴總局，憑摺支取，無論本人來否，止認摺，不認人，倘股中有遺失票摺等事，須先報局存案，限兩個月查實，再行另給票摺，遺失者，作爲廢紙。

一、股中有佔本銀三萬兩以上者，准其派人到局查賬。惟往來夫馬，無論官商，均係自備，局中概不開支，辦公者不在此例。

一、自入股後，鑛務衰旺，不能預知，如在五年期内，各股不得抽本，倘因別故，止准招人接替，更换股票息摺，萬一虧折，官商均攤，如五年内獲有利益，即行稟請奏咨立案。定爲永遠官商合辦。

一、開辦之初，應自招股購機之日起，無論盈虧，所費工本，均係官商攤占，以昭平允。

一、將來獲有利益，除局中薪工費用外。留二成以爲推辦別鑛股本，其餘八成，作十份均分，以一份繳餉，一份作總礦師紅股，一份作局内辦事人花紅，此外七份，官商按股分派。

一、局内辦事，總宜人少費省，加意核實。擬由官委督辦一人，由商薦官委總辦一人，提調一人，以總鑛師充當，此外駐廠委員一人，司賬一人，司櫃一人，官商各派一人，總監工一人，鑛師自擇，倘有別項情弊，均惟薦委人是問，如不入局辦事，無論官商，不准虚領幹脩。

一、辦事各有專司，始能嚴責成而杜諉卸，局中一切公事，應由督辦總辦和衷稟由制憲核奪，督辦有他事，暫以總辦兼之，總辦有他事，亦暫以督辦兼之，每日均照常辦事，庶免悮公。至開礦、探苗、傾化、定界、僱匠、購機各事，則總鑛師主之，如鑛場窵遠，不及回局商辦，則先行徑稟制憲，隨申總局存案，收發銀錢，則司櫃主之，出入登記，則司賬主之。每月一小結，每年一大結，呈由總局查核，抄示股友，功則同賞，過則同罰，倘有知情自白者，從優獎勵。其餘司事歷用幾人，臨時酌派。

一、擬購挖洞、起重、提水、破石、鎔化硫黄鐵金各機器並爐，行行開辦甯遠、麻哈、紫谷塢各鑛，若辦有成效，或別處探出新鑛，應再隨時稟請照章推廣。

一、總局内購備中西各國之鑛學、地學、化學、算學一切有益鑛務諸書，及各國有名鑛質，與各項關涉鑛務檔案，均存局中，以爲參攷之助。

一、轉運必先修路，應如何辦法，俟踏勘後，再行稟奪興工。

一、擬修建電線，以通文報，自成都至甯遠，由官獨辦；自甯遠至廠，由局辦。

一、天下之鑛不同，苗線有旺有弱，有長有短，有闊有窄，成色有高有低，故開辦之工程，有難有易，本力亦有多有寡。如本局有辦不到之鑛，准土民集股稟由總局給示開辦，改爲某某商鑛局，以示區别。然必須總鑛師到該場勘過，劃清線路界限，妥定章程，不與總局違礙，始准開辦。若於界限外覇佔鑛地，或有礙本局所開之鑛，與礙附近土民先行開成之鑛，均應一律禁止。

一、總局願與商局合股與否，由總局隨時酌奪。倘經合股，則商局所得利益，按照各股一律均分，至應如何繳餉，由制憲定章抽收。

一、商局開採後，或三個月內所辦工程不及兩個月，或開見水石，人力不能施。以至停工，便顯係本力不足，應即禀由總局察看。如果鑛場尚有可採，即准退歸總局招股接辦，如無可採，即行封禁，不得久據零挖，藉口阻撓。

一、商局内官應派委員一人，在局稽查彈壓，薪費概由該局酌送。如有違礙爭論情弊，由委員理斷。倘委員剖決不公，或有苛派等事，准到總局自理。

一、有鑛地未經本局踏勘新尋苗線帶鑛來報者，本局覆勘後，化鍊果佳，來報之人，無論是否即係該山主土司，均由局酌給勞費，再由總鑛師勘定線界繪圖存局。如本局不及開辦，有商願請承辦者，所有本局踏勘挖採各費，由承辦之人繳還。如來報之人自願承辦，先請鑛師踏勘，則夫馬由原報之人供給。禀報不實，送官懲治。

一、議在鑛場適中之地，由本局添設機器鎔化廠一所，收買商局承辦五金之鑛。倘商不願賣鑛，許送苗到廠鎔化。每百觔收費若干，臨時酌定。商局不得私行設鑪，用土法鎔化，違者議罰。緣土法鎔化不精，諸多抛棄，民間又無力自辦機器，故官設總鎔化廠，所以便民而利用也。日後鑛務推行漸遠，或不及運苗到廠，本局應立分廠，就近收鎔。如一方相近之鑛，不足供分廠鎔化，當由本局別設小機，鍊成高色，再運總化廠加法提净。所用工費若干，概由該鑛抽回。至川外不屬之地送苗到局試鍊，應加倍抽費。

一、議設製鍊强水炸藥局一所，以供取用，不必專向外洋購運，多費物力。

一、總鑛師承辦，以五年爲期，期滿有效，去留自便，若決意辭去，許薦賢自代。所有修金若干，由局禀請制憲酌奪。惟所得之紅股　份，仍歸開辦之總鑛師名下。

一、本局事繁，應由總鑛師招熟手鑛務之員，幫同辦理，日後鑛務推廣，亦准添延鑛師襄助。

一、請援照漠河章程，局内出力人員，准照異常勞績三年從優保獎。緣川省鑛產皆在夷境，層巒叠巘，雨多晴少。各員工日夜從事於蠻烟瘴雨之鄉，實爲非常艱苦，若非豐薪優獎，殊不足以示鼓勵。

一、鑛丁勤惰不一，須勒以兵法，庶不致妄滋事端。擬十丁一長，十長一監。工丁之勤惰，責之長，長之勤惰，責之監工，而均以總監工轄之。果有加倍奮力之人，由總監工隨時禀請犒賞，惰則撻之，甚則送官懲之。

一、設立官醫局，購備藥料，如有意外失足傷斃等事，傷則由官醫調治，病亦如之；斃則給棺木外，酌恤錢若干。

一、鑛地偏遠，且利之所在，難保無意外之虞。請派勇丁駐紮鑛場，並配給軍火，以資保護。

一、此次所擬章程，不過僅陳大畧，倘有詳細未周之處，當由局隨時禀請變通辦理。

《礦務檔·四川礦務·英商辦礦交涉》外務部收英使薩道義照會《英商承辦麻哈金廠等礦合同請飭川督從速批准》〔光緒二十七年〕十一月初十日。英國公使薩照會稱：四川礦務一事，前於光緒二十五年春間，經英商摩賡定立合同。於是年三月十三日，由總署文致艾前署大臣稱，該合同本月初五日，奉旨批准在案。嗣於二十六年春間，摩賡按照合同，派礦師介克，前往川省察勘礦苗，指定開採之地。此時駐重慶代辦蜀江公司英商立德，業已定立合同，於數處開辦礦產。該公司曾派礦師威和博前往查勘。當時又有四川官商合辦公局，於寧遠府屬開辦麻哈金礦。此公局亦在寧遠府雅州兩境，指定數處。有開辦礦產利權。當介礦師前往川省時，貴國家派督辦礦務李徵庸，由京師赴彼襄助，旋由李大臣擬訂四川官商公局，與英國兩公司互相商議歸利益，以免争端。二十六年六月二十四日，立有合同十七條，經四川官商公局兩總辦徐麟光、唐景球及介、威兩礦師均行畫押。唐總辦係粤人，在美國學習礦務多年，英文亦甚通曉。彼時適值拳匪開釁，兩礦師逃出川省，是以合同未經批准。今英國公司代辦立德樂，現在成都辦理此事。咋據本國領事來電，謂因法國總領事從中梗阻，川督未有將此合同批准。本大臣查此合同，立有案據，皆照特派督辦大臣之意。並由華英公司互相商妥而行，不知法國總領事何能干涉，應請貴親王電咨川省。將該合同從速批准，毋再遲延，是爲切要，並希早日見復可也。

又外務部收四川官商合辦礦務章程《官商公局與會同蜀江兩公司合辦雅寧礦務合同》〔光緒二十七年〕十一月初十日，四川官商合辦礦務章程稱：原文失落。

照録合同：

四川官商合辦公局，與華洋合股會同蜀江兩公司合辦礦務，訂立合同章程。

謹按：光緒二十四年十月初六日，中國統轄鐵路礦務總局奏准，中國各省礦產，准華洋合股開辦，業經通行在案。兹有華洋合股會同蜀江兩公司，各集股本銀一千萬兩，所招股本，遵照統轄鐵路礦務總局所定章程，華洋各半，遂由四

川查勘礦地。查四川於光緒二十二年，先經前督憲鹿奏辦四川礦務，係官商合辦公局承辦。嗣因二十四年統轄鐵路礦務總局定立章程，川省官商合辦公局，遂專辦寧雅兩屬礦地，其餘則聽外人開辦。但寧雅兩屬礦產甚多，官商合辦公局，一時未能遍及，於是華洋合股會同蜀江兩公司，願合川省官商合辦公局，合股開辦寧雅兩屬礦地。所議章程，於中國國家及官商，均有利益，茲將所訂合辦章程，開列於後。

計開：

一、四川官商合辦，及華洋合股會同蜀江三公司，合辦四川寧雅兩屬礦務。官商合辦公局總辦徐麟光，會同公司總辦李壽田、摩賡。蜀江公司總辦唐景球、咸和博。三公司之所以合辦者，誠以同在一方辦理礦務，設有礦地接壤，引道相連，恐界線稍有未清，致多争執，有礙礦政，茲特訂立合辦。所以弭争端，而廣利源。

二、官商合辦公局開辦麻哈金廠。所用去之官款一十五萬兩，由商家先行墊還。其商家所已用去之商款，以及將來籌添推廣股本，共計若干，應每兩按照六釐行息。於每年年終結賬時，先將是項息銀提出，再於贏餘項下，將墊還之官款提回。如尚有贏，則按照原定章程第九條，以二成作推廣別礦本。所餘八成，又作十份均分，以一份繳餉，一份作總礦師紅股，一份作局内辦事人花紅。此外七份，官商按股分派。

三、所已用去之官款一十五萬兩，雖由商家墊還，其年終所得贏餘，仍照上第二條所引原定章程第九條所開，官商各半。惟遇有虧折之處，則不與官相涉。

四、現辦之麻哈金廠，一切章程，仍遵光緒二十三年前督憲鹿所定官商合辦礦務章程辦理。惟查原定章程第十條所開，由官派委各員等語，然此次訂約，均應概免，凡應用司事人等。概由商家揀派，官不預聞。蓋商家既墊還官款，又仿照分贏餘，則用人各事，官應予商以自主之權。惟廠中仍應由官派委稽查彈壓委員一人，稽核賬目司事一人，至所派員司，如有不合，應由商家，禀請更換。

五、官款既已墊還，應由原定商家籌添股本，推廣辦理麻哈金廠，以廣利源。設商家力有不到之處，應准原定商家，與華洋兩公司會同辦理。

六、麻哈金廠以外所餘礦地，在原定官商合辦界内，其中查勘工程廣大，且備歷辛苦在先，如係官地，或已由商家先行承買之地，應准華洋兩公司自備股本開辦。惟辦有成效，原辦官商，應與兩公司均沾利益。計凡兩公司開辦本條所已提明之礦地，仍照原定章程第九條，年終核計，共得進項若干，先除局中一切費用，再提股息六釐。如有贏餘，則作十成分派，以二成作推廣股本。所餘八成，按十份分，以一份繳餉，一份作總礦師紅股，一份作局中辦事人花紅。其餘七份，則又分作四份，官得一份，商得一分，會同、蜀江兩公司。各得一份。如所辦之礦，或係官地，應年終於官所得之贏餘項下，提取一成，與華益公司。蓋因會同公司與華益公司原訂如此，凡有官山所産礦地，應得一成作局費，是以照分，以歸一律。

七、華洋兩公司所備股本甚鉅，必須寬籌礦地，方資開辦。查寧雅兩屬所産各礦，既非官地，亦非官商合辦之商家購定之地，則須由華益公司現爲保富公司兼理，照章購買，但衹准由華洋兩公司承辦。至承辦章程，應照會同公司摩賡與華益公司所定辦理。

八、華洋兩公司與官商合辦公局，應遵官商合辦原定章程第二條所開，於礦場適中之地，設立鎔化機器總廠等語。此事有關礦政，三公司須努力同心，均出股本，成此舉。惟此鎔化廠既爲三公司創造，以後應照原定章程，别公司不能仿設。

九、所設鎔化機器總廠，凡有應用器物，自應齊備。至鎔鍊銅質機器，尤關緊要，更宜籌備齊全。當此銅觔缺少之時，以此輔助銅政，俾中國國家利源日闢。

十、鎔化機器總廠，所以設於適中之地者。一以便商民易於運苗到來鎔提。再則官派委員一人，駐於總廠，則附近之各小廠，應完税課，委員則可按所出之貨物抽收。是官以一人而坐收各處税課，從前之各項弊端，可以不禁自絶。

十一、鎔化廠所出五金，業已歸礦廠完繳落地税課，經鎔化廠提鎔之後，官不能重議。再蓋此廠成本既鉅，得利甚微，實因佐商民推廣礦政。又因土法不精，諸多抛棄，遂不惜鉅本，創設此廠。夫既同此礦苗，不過經廠融鍊成質，是以不能再完税課。惟由廠鍊成之五金，如出口，應照會同公司原定章程，在海關照章納税。

十二、鎔化廠每年所進之款，除各項費用及股息外，年終核計，或盈或絀。均應按股分派。

十三、鎔化廠既已設立，以佐礦政。三公司應各派礦師，凡有産銅之處。均須查勘。如見有可辦之礦，實有把握，三公司應備股本，或自行開採，或招商

借款，令其開辦，酌量取息。抑或竟令商人開辦，但須由礦師指引，庶免挖壞綫苗。三者之中，將來審時度宜，總擇其盡美者行之，務期於地方相安，三公司亦沾利益。

十四、設立鎔化總廠，原期銅政大興。凡川省有産銅之處，應准三公司盡力開辦。但初辦之始，作試辦三年。所出之銅，仍照章完納值百抽五落地税，以後或滿限，或未滿限，而礦産果然豐旺，三公司每年則認繳官銅七十五萬觔，以充税餉，不領官價，而亦不再完税課。惟三公司不惜鉅本，振興銅政，以維錢法。則川省銅礦，應准三公司承辦三十年，以昭公允。

十五、三公司既繳官銅七十五萬觔，以充税餉。其餘銅務税課，應准一律繳免。惟所産之銅，總先儘官發時價採買。如官採足，餘銅再售賣别人。

十六、本合同内會同、蜀江兩公司所訂招集股本，並以後應分利益，均由兩公司自行酌辦。官商合辦公局概不預聞。

十七、三公司現定章程，扣立合同，繕具華洋合璧，共十二份。蓋用四川礦務總局關防。分呈統轄鐵路礦務總局、總理衙門、户部、四川總督、布政使司、督辦四川礦務商務總局、四川全省礦務總局、保富兼華益公司、駐重慶英領事各一份備案。官商合辦公司、會同公司、蜀江公司，各執一份爲憑。

又外務部收英使薩道義照會《請批准華英合辦麻哈金廠合同或將寧遠等屬礦産專歸英商勘辦》 〔光緒二十七年〕十二月初二日，英國公使薩照會稱：接准十一月二十二日來文，以英商摩賡與蜀江公司在川省開礦一案，適值該公司總董哲美森在京，經本大臣飭知去後。兹據復稱：「如川督咨外務部所謂李大臣派唐星球伴送甲開勘礦，唐妄稱李大臣予以全權，竟將麻哈廠與甲開在冕寧私立合同，華洋合辦等語。」今將此案甲開與本公司所派威礦師詳報各節，陳明於左。查甲開至川時，由李大臣指明數處，謂爲可有五金礦産，乃一經甲礦師親身踏勘，均係毫無用處之區，遂回省與李大臣申辯，徒勞延候之寃，經李大臣轉行設法，准其前赴麻哈礦廠。謂如查勘妥協，即可專立合同，華洋合辦。即飭該廠唐礦師伴送甲開前往勘礦，並與其議立合同。以上各節，皆屬審慎酌度，非倉卒所爲。李大臣飭派唐礦師亦係光明正大，有証足憑，並非暮夜寅緣也。甲開率同會辦礦師三人，齊往該廠查勘礦苗，兼將礦石鎔煉，並試驗機器，凡用一月有餘。爾時即聞北方肇亂，又接李大臣來信，催令就地速立合同，是以照辦。甲開原擬回省，將此合同呈請大憲批准，乃因時局萬分爲難，不得不取捷由滇緬回國。唐星球回省，將合同由總辦徐麟光畫押，蓋用該廠印信。據此情節，則李大臣實有予唐全權之事。該廠已有華商開辦，照摩賡所立合同而言，本非應議合同之地，此層皆所習知。然若非特許專立合同，甲開豈肯躭延月餘之久，徒勞勘礦哉？雖照原立合同，不得將該廠指出，然彼此商明借用洋款，公分利益，擴充辦理，亦無不可。李大臣如此應允，不但有唐礦師之言可質，兼有他華人及甲、威兩礦師作証，更有李大臣催立合同之信爲憑。若現將該合同作廢，該兩公司派師至蜀之資，詎非虚擲。川省大憲獨予法國公司以無窮利益，而英商雖有摩賡合同，轉致向隅乎？合請或將原合同照准施行，如麻哈廠確難允准合辦。或請除麻哈廠已開各礦外，將寧遠雅州境内，及打箭爐毘連之處，專歸兩英公司創辦，限期六年，勘礦測地，不准他公司在境内勘採礦産。俟勘測就緒時，必須從中外所定採礦最優之合同，與本公司一律辦理。且將來該省大憲，如欲大憲借用洋款，允辦麻哈礦廠，自係廉者得承，然應先儘兩英公司，就其廉者詢定照辦各等情。據此，本大臣查甲礦師由唐姓伴送至麻哈廠，係李大臣所請，如無確實把握，何至同該廠礦師前往，何至勘查測煉，虚經月餘？蓋其所立合同，即爲確有把握之証也。此合同已於十一月十二日，由本館轉送查照矣。如貴親王親爲翻閱，即悉該合同除唐姓一人畫押外，尚有該省礦務總辦徐麟光畫押蓋印，合即照請貴親王重爲商酌，或咨川督該合同批准。如麻哈廠實無合辦之法，除該廠已開各礦外，或即將寧遠、雅州境内，及打箭爐毘連之處礦産，專歸兩英公司創辦，准其六年勘測，不准他公司在境内開採礦産，且將來該省欲借洋款允辦麻哈礦廠，先必儘向該公司商酌。至該省大憲已允給法公司無窮利益，而應均沾利益之英公司，耗費巨款，特立合同，反擬作爲廢紙，本大臣豈能應允，爲此照會。

又外務部給英使薩道義照會《麻哈金廠合辦合同暨請辦寧遠等屬礦産事已咨川督核復》 〔光緒二十七年〕十二月初七日，給英國公使薩照會稱，光緒二十七年十二月初三日，接准照稱：英商摩賡與蜀江公司在川省開礦一案，據該公司總董哲美森詳陳，公司與唐星球商訂合同各節，仍請轉咨批准。如麻哈廠實無合辦之法，除該廠已開各礦外，或即將寧遠、雅州境内，及打箭爐毘連之處礦産，專歸兩英公司創辦，准其六年勘測，不准他公司在境内勘採礦産。且將來該省欲借洋款，充辦麻哈礦廠，必先儘向該公司商酌等因前來。除由本部按照來照所稱各節，咨行川督核覆外，相應先行照復貴大臣查照可也。

又外務部收四川總督奎俊文《商訂華英合辦煤油煤炭銻砂合同事請電核示》（光緒二十七年）十二月初十日，四川總督奎俊文稱，據礦務總局補用道李壽田、曹穗、韓銑、嚴翩昌詳：竊職道等案查前奉札開，准統轄礦務鐵路總局咨寄奏定章程。准許華洋商人合夥開辦中十五金煤鐵各礦等因。伏查川省礦産豐厚，早爲外人注意。既有此章，其勢自難禁止，前經奏准招集英商摩賡合股開辦，以爲之先。並奏明不准一國專利，於是川省有請而來者，皆不能拒。此礦禁之必開，實國計民生之所由繫也。茲據英商立德樂到川省礦務總局稟稱，欲與華商集股合辦煤油、煤炭、銻砂三種礦産，名曰華英普濟公司，擬集股本銀一百萬鎊，約合中國銀七百五十萬兩，華英各半。當經職道等公同商酌，惟購地公司宜加慎重，案查光緒二十五年六月，前礦務局會詳川省礦務現准華洋合辦詳文内開，本司道先於詳咨總理衙門礦路總局文内，曾經聲明仿照華益公司章程，設立保富公司，承集中外合辦礦務。凡有來川開礦者，除華益會同自立公司外，其餘無論何國商人，皆歸保富公司備本購地，轉給承辦。庶事有專責，在我足操保地之權，在彼亦可杜争端之漸，坐收其利，而永無棄財於地，授柄於人之患，於礦政不無裨益等因。現在英商議定，仍照奏准之保富公司購地。另設華英普濟公司開礦。會商會辦礦務候補五品京堂陳光弼，意見亦合。茲據保富公司總辦嚴翩昌，會辦陳興海，華英普濟公司華商總辦周振瓊，洋商總辦立德樂，訂立合辦煤油煤炭銻砂三種礦産正合同，繕具華洋合璧，共八份。所有督辦四川礦務商務大臣李，現未在川，經會辦礦務候補五品京堂陳光弼代押。駐渝領事韋禮敦。與該公司總辦等。同時畫押，蓋用四川礦務總局關防。給予保富普濟兩公司，分執二份。並存司局各一份外，理合會核詳情，隨呈合同四份。仰祈察核具奏，分别咨送外務部衙門、户部、統轄礦務鐵路總局，暨存查備案等情。據此。查此次訂立合同，磋磨日久，其第十九條内註明，係先立草約，呈候奏咨覆准，方爲允辦之據字樣。如有不妥之處，務乞貴部删改。先賜電示，以憑更正具奏立案。除分咨外，相應咨呈。爲此咨呈貴部，謹請查核示覆。望切施行。

又外務部收四川總督奎俊函《華法合辦煤油煤炭銻砂暨合辦麻哈金廠合同請分别駁改》附《合辦煤油煤炭銻砂章程》（光緒二十七年）十二月十一日。四川總督函稱，李徵庸等於二十五年在京建議礦章，經總署與路礦總局會奏，准華洋合辦川礦。於是有請而來者，皆不能拒。本年秋閒，英領事韋禮敦索辦全川煤油，恃强恫喝，辯論三月，始減爲六廳州縣，以六年查勘爲期。又以煤油無把握，復索六縣煤炭、兩縣銻砂，屢經與局員駁以法商定約，只辦兩縣煤油。今要六屬，標佔太多，且不指定何縣，年限更過於久遠。即係一國專利，設有續來洋商，無地可勘。且恐法人藉口翻異前約，其勢必啟争端，實於全局有礙。應照法國一律，方合定章。理喻情遣，舌敝脣焦，而英領堅以通省地方，僅富順、巴縣、萬縣三處，知有煤油，而富順有礙塩井不辦。巴萬兩縣，已許法人，均經剔出。此外有無可採，實不敢必，減至六縣，已屬勉强。詞色之間，甚不滿意，動索全川，幾至決裂。李徵庸又不在蜀。苦無轉圜之人。乃與言明先立草約，於第十九條内註明，候奏咨覆准。方爲允辦之據字樣。蓋示以外間不能作主，須候鈞處核定之意。茲將合同備文咨呈，由内駁出，或可就範。應駁各條，另摺録呈，敬乞核奪議駁，先賜電覆，當可挽回也。好在前訂法約，曾經總署逐條删改，法已遵守，尚有成案可援，並非創舉。務求切屬承辦司員，格外慎密，千萬勿言外間請駁，倘一洩漏，則此後事事爲難，更加要挾矣。附呈請駁清摺一扣，統祈鑒核。肅請鈞安。

再，四川冕寧麻哈金廠。係前督鹿任内，奏定官商合辦，由賴鶴年薦知府徐麟光爲商股總辦，同知唐星球爲礦師。徐唐二人，係屬翁婿，始終誑騙。嗜利營利。故開辦數年，耗去官本近二十萬，並無成效，僅購機器，不值十萬。最可恨者，去年六月。唐星球捏稱李徵庸予伊全權，竟將麻哈廠，與英礦師甲開，在冕寧私立合同。名則改爲華洋合辦，暗則全送外人。經俊嚴加駁斥，咨明李徵庸，轉告甲開勿爲所騙。一面飭將麻哈廠暫停，再行設法整頓。今徐唐二人，均捐道員，自滬來川。暨上海英總辦哲美森函，請照甲開與唐星球所立合同，重申前議。現駐渝英領韋禮敦在省商辦，徐唐二人代英强索麻哈廠，並寧雅五金，全川銅礦。查麻哈廠係中國官商自辦章程，不應予人。且屬通省佳礦，許英則法必争。兩國垂涎，不能偏重，一經輕許，爲害不可勝言。故向英領駁拒，剔出不論，因此英領執意愈堅，至寧雅兩府所屬十二廳州縣，標佔太多，漫無限制。法領上年定約，僅辦天全、懋功兩處金礦。英法必須一律，方爲利益均沾。除去天全之外，只能於寧雅兩府屬中，允指五金兩處，免法人藉口。緣法領此番來川，已露争意，但視英得幾何耳。連日與英領磋磨，未敢稍涉遷就，英領總以應得全川礦務，不能遂其所欲，必頗不悦。謂川省既難就緒，即向鈞處另商，勢將執唐星球與甲開私約，爲强索之據。倘英使來言，即請照此堅持，内外一氣，或可少保利權。惟川礦聲名素著，早爲各國覬覦，交涉則日甚一日，辦理則日難一日。遇事

直見總督，並無轉圜之人，恐以後併教案，亦更棘手，是督辦大臣斷不可少，縱或辯論決裂，而總督尚可調停。聞李徵庸病勢沈重，回蜀無期。其勢萬難久待，能請簡派熟悉洋務大員，專辦其事。但求勝任。不必拘定川人也。附肅。再請勛安。照録清摺。

大清光緒二十七年十月十三日。

督辦礦務商務大臣李徵庸。

會辦礦務商務陳光弼。

大英駐渝領事韋禮敦。

《四川華英合辦煤油煤炭銻砂章程》計開：

一、四川礦務總局設立四川保富公司，招商華英普濟公司，議開四川煤油、煤炭、銻砂，扣立合同。華洋合辦，意在均利平權，杜争弭患，所有合同内事理，及礦務奏定章程，兩公司均宜遵守。

二、保富公司承集華英商人，爲普濟公司，集股一百萬磅，約合中國銀七百五十萬兩。華英合夥，承辦煤油煤炭銻砂，先儘華股五成，聽入英股五成。普濟公司設立華總辦一人，英總辦一人，華總辦專管地方交涉，英總辦專管工程。至於銀錢出産賬目，二人均有兼核之權。每廠亦應派華人一員，隨時稽查租税事務，各員薪水，均由普濟公司按月支送。現所派總辦會辦。如有不合，應由稟請更换。

三、議開煤油。除自流井及塩井有礙各地方，不得開取，並已有公司所定之巴縣萬縣，亦不得開取外，應准普濟公司與保富公司訂約之日起，限十二箇月内，由普濟公司揀派礦師，由礦務總局揀派委員伴同礦師，在四川省有煤油之地，由近及遠，分路查勘，以六年爲期，勘定六州廳縣内之地開採，他項公司於此六年期内，不得在此六廳州縣開採煤油。其他種礦産，聽其查勘開採。如其查勘煤油，准於普濟公司已查不用之地查勘，此六年期内，除六州廳縣應先儘普濟公司查勘後，方准他項公司查勘。其餘地段，以及他種礦務，不得援此項煤油爲例。

四、議開煤炭、銻砂，除官商士民現在開辦各處，並已准各公司查勘開採之處外，應准普濟公司擇六縣内之地，開採煤炭。兩縣内之地，開採銻砂。其查勘煤銻之期，限以一年。開採煤銻之期，仍以一年。當查勘之時，如有他項公司議辦煤銻者，不得在普濟公司所指州廳縣内，同時查勘。至於他項公司另辦他礦，不得以煤炭銻砂爲例。

五、保富公司擬集華股一百萬兩，以爲華英商人來川開辦購地之用。此次普濟公司所辦之煤油、煤炭、銻砂，無論地價多少，均由保富公司購妥，轉租與普濟公司，按照年限開辦，限滿退還保富公司。所有之煤油、煤炭、銻砂，均應照繳出井口税。一經出井，按照賣價，值百抽五，歸保富公司，以爲租地。惟所收地租，准提一分，以作礦務局及保富公司辦公經費。

六、普濟公司勘定煤油、煤炭、銻砂地段，應先知會保富公司辦理，得有礦務總局准開憑據，始行指交地段，與普濟公司承辦工程。至所交地段，只准足敷挖井蓋廠各用爲限，不得多佔地段，亦不得自向商民徑行租買，免多交涉不清。開採之地，如因無利停開，遂至租税無著，應將該地聽由保富公司另行設法開採，或作别項生理，以免地價落空，與普濟公司無涉。

七、保富公司將地價買就，租與普濟公司，理應照章給價。如普濟公司勘定之地，知會保富公司承買，不得借端推辭，普濟公司亦不得勉强索取。保富普濟兩公司，除會商事件外，各辦各事，不得干預，以免牽制。

八、普濟公司所開之地，按井口值百抽五收税，不問開採盈虧，惟視出産多少，按價值漲落。查照普濟公司賣出實價，計銀歸結，不得短估取巧。所用地段，須先言定租價，即或開取不出，亦應照數完給。不得以出産不旺，遂不付價。

九、煤油、煤炭、銻砂，應按出井值百抽五，作爲落地税。報効中國國家，仍應照章完出口税。其出井税，即由川省礦務總局督飭保富公司稽查抽繳，按租比較，自無遺漏。其出口税，應照章由税關抽繳，自完出口税後，以後釐金不重征。

十、開採之後，除應完地租，井口税、出口税外，每年所有盈餘，先儘提還股息七分，尚有盈餘，匀作十份，以一份派還股本，以三份報効中國國家，其餘六份歸普濟公司分派股友。惟煤油、煤炭、銻砂，開辦不止一處，如此州廳縣内虧折，不得以彼州縣盈餘補之。煤油虧折，不得以煤炭、銻砂盈餘補之。煤炭虧折，亦不得以銻砂盈餘補之。如同是一種。則分州分廳分縣，各計各算，列册清理，如或彼虧此盈，不得以此廠之盈，補彼廠之虧，致中國國家應得餘利，因之減色。凡遇年終，各州廳縣，應將盈虧清賬，繕寫成册，先經華英總辦閲後畫押，呈由總局轉詳總督部堂，咨達北京路礦總局、户部查核。倘普濟公司或有虧折，與中國國家及礦務總局、保富公司無涉。俟普濟公司股本提清後，每年所得盈餘，匀作

兩份。以一份報効中國國家，一份歸普濟公司。

十一、此次華英合辦煤油及煤炭、銻砂，議定派礦師查勘某州，或某廳某縣，何處可以開辦，皆先内地，後邊境，至巴縣、萬縣煤油，灌縣、犍爲、威遠、綦江、合州、巴縣六處煤鐵，天全、懋功兩處五金礦産，已與法商公司訂約，應照扣除。普濟公司勘採之地，如界在官商士民自有之産，抑或官商士民在界内開辦未經歇業者，准由保富公司向業主商議，或願出租，或願附股，各聽其便，以及土司夷地，如實有不能相讓之處，均應另行擇地開採，不得勉强抑勒，以順輿情，而免啟釁。

十二、普濟公司各廠，需用地面，布置房屋，開路造橋，其地價均由普濟公司開採之地，以及修路造橋所經之處，遇有田園墳墓廟宇房屋等項，該業主如肯讓與普濟公司，或遷或租，其價亦由普濟公司自備，該處士民不得以風水之説抗阻。其有不願遷讓者，開採之時，必須設法繞越，毋得毁掘，以符定章。至井硐内開採能到之處，陰面與陽面有礙。仍宜改道掘取，不得暗地侵佔，以致彼礦已辦成之商人失利。所有公司雇用工匠夫役各項人等，倘有損傷人命，由普濟公司自行撫卹。

十三、普濟公司開採之處，地方官例應保護。如有需兵力彈壓者，地方官代爲就近招募士兵。所開各礦，及公司一切産業物件司事人等，均歸該管地方官保護，公司可隨幫給該管地方官團練口食。

十四、普濟公司股票，既係華英合璧，應一律賣票。華商股票，均照隨時磅價賣票。其股息約合中國每兩周年計七分行息，並准華英各商執據，互相買賣，按月册報礦務總局備查，以昭大信。

十五、普濟公司所辦各廠，自宜多用華人。礦丁宜全用土人，其薪資工食諸事，從厚看待，以順民情，而開風氣。

十六、煤油、銻砂、煤炭，爲中國自主之産，將來中國如與他國有戰争之事，華英商人應聽中國號令，不得接濟敵國。

十七、凡開辦所需料件機器等物進口税，照章完納海關正半税項，内地釐税，概不重征。

十八、凡普濟公司所開各礦，從開辦之日起，每廠以五十年爲限。一經限滿，不問盈虧，所有礦地廠房機器料件一切，皆歸保富公司管理，届時詳報總局，報効國家，不求給價。

十九、北京路礦總局通行章程。及四川礦務總局所定華洋合辦各章程。普濟公司皆須遵守，不得異詞。彼此議明訂爲合同，繕具華洋合璧共八分，四川保富公司總會、辦嚴翩昌、陳興海，華英普濟公司華、英商總辦周振瓊、立德樂，同時畫押，蓋用四川礦務總局關防。分呈統轄鐵路礦務總局、外務部衙門、户部衙門、四川總督部堂、四川布政使司，各一份備案。餘三份，四川礦務總局存一份，四川保富公司與華英普濟公司，各執一份爲憑。自立此合同之後，覆准允辦之日起，如逾限十二箇月内，延不查勘煤油、煤炭、銻砂，則將正合同作爲廢紙。由礦務總局另招他商開辦，不得從旁阻撓，致礙礦務，先立草約，呈候總督部堂核定。分别奏咨覆准，方爲允辦之據。若有意外事故，不在此例。繙譯如有錯誤，應依華文爲准。

四川保富公司 總會辦 嚴翩昌 陳興海

華英普濟公司 華英商總辦 周振瓊 立德樂

又外務部收奎俊文《駁拒唐星球等私訂華英合辦麻哈金廠合同暨合辦寧雅兩屬礦務合同》附《覆議寧雅礦務合同》〔光緒二十七年〕十二月二十三日，四川總督奎文稱，光緒二十七年十一月十三日，奉貴部文電開，佳電計達。現准英使照稱：上年春間，英商摩賡並代辦蜀江公司立德，派礦師介克、威和博，赴川勘礦，指定開採之地。當時有四川官商合辦公司開辦麻哈金礦，於介礦師抵川時，即由李大臣擬定官商公局與英國兩公司商議歸併利益，以免事端。於六月二十四日，立有合同十七條，經總辦徐麟光、唐星球，及介威兩礦師，均行畫押。值拳匪開釁，未經批准。昨據領事來電，謂法領從中梗阻，川督未肯將合同批准。查此合同由華英公司互相商妥，法領何能干涉，請電川督從速批准等語。查麻哈金礦，上年既經川局唐徐兩總辦與英礦師訂立合同。何以前次來電，但云有礙自辦礦章，並未提及合同一節。英使所稱，必非無因，如果訂約在先，法使復從中梗阻，英亦豈能作罷，務希統籌辦法，以免枝節，一面將上年所訂合同，趕緊咨送核辦，先電復等語。查麻哈金廠在冕寧縣境内，光緒二十二年，由四川道員賴鶴年舉薦廣東監生唐星球，來川查勘。據稱麻哈廠以機器開採，必可得金獲利，經鹿前督奏明官商合辦，不集洋股，不用洋匠，即派賴道鶴年爲督辦，唐星球爲礦師。賴道又薦廣東人候選知府徐麟光爲商股總辦。後唐星球報捐候選同知，鹿前督復委兼充該廠提調，往購機器。自二十三年開辦以來，耗折官

本。二十五年本督部堂到任後，賴道請添官款，復經設法籌撥，而所得之金，不認官本，恐有不實。乃奏明改派前藩司王之春徹底清查，督同唐星球等辦理。唐景球等總以本官不多，機器不全，所以無效爲詞。此麻哈金廠開辦之始末情形也。二十六年八月，忽據唐星球稟稱，奉督辦礦務李大臣札委，與英商會同公司礦師甲開等，查勘礦地，瀕行面稟一切。蒙李大臣面諭，與該礦師等相機妥辦。於六月十五日行抵冕寧，查看礦苗寬厚，甲開等請於該處擇礦開辦，酌擬章程，繕具洋文合同，請譯繕華文，彼此畫押交執。並言欽差督辦大人面予責提調全權，不能推辭等語。甲開又急欲回國，刻不能待，萬不得已，從權答允，照録與訂合同原文清摺，呈請督核等情到院，閱之不勝詫異。當經詢據李大臣咨復，並無予唐星球全權之語。乃將所稟嚴行批駁，咨明李大臣將擅立私約，作爲廢紙。由礦局電知甲開，勿爲唐星球所愚在案。唐星球如此擅專，是以飭將麻哈廠暫停，再圖後舉。查去年私立合同，只唐星球一人具稟，未言徐麟光畫押，業已批銷年餘，故前電並未提及也。今徐麟光，唐星球，均捐分省道員，自滬來川，於本年十月覆議寧雅兩屬礦章，繕具清摺，會銜稟送前來。核與上年私立約，略有更易。而將麻哈金廠名雖專歸原定商家籌添股本，設力有不到，應准與華洋兩公司會同辦理，實則代英强索，含混其詞，以冀蒙准。查川省官民自辦之礦，不止麻哈一廠，今因强索而與之，牽動全局，關繫最鉅，實有萬不能許者三端。查二十五年，李大臣在京，與英商摩賡議辦川礦章程，經總理衙門、統轄路礦總局會核奏准。其第四條載明，會同公司指出礦産，查係現無官紳商民開辦，及開礦無礙處所，乃購地基，如係民産公産，由管業人租賣，附股聽便，不准稍有抑勒强佔等語。是紳民已開礦産，尚應聽便。豈官商合辦之礦，經營數年，乃可强佔乎？前電云有礙礦章，即係指此。稍一通融，則定章均不足據，嗣後遇事要求。無可抵制，此萬不能許者一也。向來議立合同，必在省城，由礦局道員會同領事及華商洋商當面畫押。由院呈候貴部核改覆准，方爲允辦之據。唐星球，華礦師也。甲開，英礦師也。冕寧地方，省外礦廠也。李大臣派唐星球引路，專爲查勘一事。既非應議合同之人，更非應議合同之地，乃以私相訂約早經批駁之案，即執爲强索之據。則中國奸人甚多，將來無論何地，皆可私予外人，爲害不堪設想，此萬不能許者二也。唐星球言麻哈爲四川第一佳礦，各國垂涎。現法領哈士見英强索，忽謂二十五年唐星球請伊向法借款，助辦麻哈礦之説，現在款已有著，應請分辦等語。無據之言，固不足信。而既有索佔之意，予英必啟争端，此萬不能許者三也。此外如索寧雅兩府金礦，及川省産銅之處，准三公司專辦三十兩條，均於大局有礙。查寧雅兩府所屬十二廳州縣，標佔太多，漫無限制。前次法公司定約，只辦天全、懋功兩處。應中國原定官商合辦礦界法公司已定之天全外，准英於該兩府中，指擇二處，方與定章相合。且免法商藉口，寧遠各屬，銅廠最多。姑無論雲南來川採辦京銅，即本省鼓鑄錢文，機器局製造軍火，無不胥賴於此。雖該公司有開辦三年後，報效銅觔之説，深慮此三年內，不但鼓鑄製造，動必掣肘，而億萬辦銅商民，一旦失業，從此無以爲生，勢必激之生變，關繫尤非淺鮮。且藉銅礦而統佔全川，即係一國專利，更屬窒礙難行，此皆就受害大者而言。其餘各條，尚多不合。明知今昔情形不同，必須度勢審時，向機因應。如果與大局無礙，亦當設法通融，無如後患無窮，萬不可勉從其請。故與英領反覆辯論，未敢稍涉遷就。而英領索辦甚堅，執意不允，故電英使向鈞處照商，奉電前因。謹照鈔唐星球上年私立合同，及本年徐麟光與唐星球覆議章程，一併呈候鈞核。究以如何辦理爲善，統乞察奪示遵。除先電覆外，相應遵電咨明。爲此咨呈貴部，謹請查核賜覆。以憑遵辦，望切施行。

照録清單。

【略】

謹將光緒二十七年十月，據分省補用道徐麟光、唐星球，覆議招商合辦寧雅礦章清摺。照録一份。呈候察核。

《四川官商合辦公司與會同蜀江兩公司合辦礦務訂定合同章程》計開：

一、四川官商合辦公局原辦寧雅兩屬礦務，今因會同蜀江兩公司，來川辦礦，訂議華洋合股。官商合辦公局擬改名曰寧遠公司，總辦徐麟光、唐星球，會同公司華總辦李壽田、英總辦摩賡、蜀江公司英總辦立德樂。三公司恐彼此接壤，線路相連，致多争執，有礙礦務，兹特訂立合同，以期弭患杜争，均佔利益。

二、官商合辦公局開辦麻哈金廠，所用去官款，自此次公司開辦之日，由寧遠公司分批墊還。以三年還清用去商款，以及將來籌添推廣股本，共計若干，應每百兩按年六釐行息，每年終結賬。除開銷費用外，先提股息，再於盈餘項下，提二成歸還墊款。如尚有盈，按照原定章程，以二成作推廣別礦股本。餘八成，又作十份均分，以一份繳餉，一份作公司辦事經費，一份原議作總礦師紅股。現因比較利益。公司本重利微，礦師紅股一份，作爲公積，提歸公司備用。此外七份。官商各半分派，倘有虧折，不與官相涉。

三、麻哈金廠原定礦界，東至三叉河，西至金河邊，南至加里，北至翁隆溝，縱横各二百里。現辦一切章程，仍遵光緒二十二年，前四川總督部堂鹿所定官商合辦章程辦理，以存舊制。惟查章程内開，由官派各員司等語。此次既併歸商辦，凡應用司事人等，概由公司自行揀派。惟廠中仍由官派稽查彈壓委員一人，稽核賬目司事一人，薪費由公司酌送。至所派員司，如有不合，應由公司稟請更换。

四、麻哈界外所餘礦地，在原定官商合辦界内，從前查勘辛苦，費用甚大。其礦地除麻哈金廠界外，東西各二百里，南北各三百里，應由寧遠會同蜀江三公司，備本開辦。如辦有成效，仍照原定章程，年終核計所得盈餘。除先提局費股息外。如尚有盈，按十成分派，以二成作推廣别礦股本。餘八成，又作十份，以一份繳餉，一份作公司辦事經費，一份作總礦師紅股，現因比較利益，礦師紅股一份，作爲報効。併歸官商總派。其餘七份，又作四份，官商共得一半，按官六商四，會同蜀江兩公司，共得一半。

五、寧雅兩屬礦地，除天全州有法公司訂定，應讓擇地先辦外。其餘各礦，即非官地，及原商先行勘定之地，應照章由華益公司購買，交給開辦。地基以開井蓋廠敷用爲限，如有田園墳墓，仍遵章設法繞越。所出礦産，按照賣價值百抽五。應抽落地税、地租兩項。其地租准提一份，以作礦務局及華益公司辦公經費，餘均照會同公司與華益公司原定合同章程辦理。

六、寧遠、會同、蜀江三公司，應遵官商合辦原定章程所開，於礦場適中之地，設立鎔化機器總廠等語。此爲土法鎔鍊未精，便民利用而設。三公司須各出股本，成此鉅舉。每年進款，除各項費用及股息外，年終核計，或盈或絀，均應按股分派。惟此鎔化廠既爲三公司創造，别公司不得在寧雅兩屬倣設。

七、鎔化機器總廠所以設於適中之地者，以便商民易於運苗來鍊。官派委員一人，駐於總廠，則附近之各小廠，應完值百抽五落地税，委員可按出貨抽收。所有鍊出五金，既經總廠委員照章收過落地税後，内地釐税，概不重徵。如出口。應照會同公司原定章程，在海關呈報納税。

八、設立鎔化等廠，原期銅政大興，凡川省有産銅豐旺之處，應准三公司先行試辦三年。所出之銅，仍照章納值百抽五落地税與地租。以後礦産果旺，不論年限已滿未滿，三公司每年應報効官銅七十五萬觔，抵作税課，不領官價。尚有餘銅，先儘官發時價採買。官買有餘，再行運銷，應繳出口外，内地釐税，一概邀免。惟三公司不惜鉅本，承繳官銅，則川省銅礦，應准三公司專辦三十年，以示限制。他項礦産。不得援此爲例。

九、寧遠、會同、蜀江三公司，共集股本英金一百五十萬磅。遵照定章，華洋各半。所有籌議一切合股辦法，應由三公司自訂詳細章程，彼此各宜遵守，不得異詞。

十、公家應收三公司税課，及盈餘利益。每廠由官所派之員，隨時稽查抽收。按季册報礦務總局經收轉解，以重公項。

十一、三公司所開礦場，地方官例應保護。如有廠近夷地，需兵力彈壓，地方官代爲就近招募土兵，由公司幫給團丁口食。各廠宜多用華人，礦丁全用土人，薪費工食，亦從厚酌給，以順民情，而開風氣。

十二、三公司所合辦之各礦地，以五十年爲限。限滿之後，所有礦地、廠房、機器一切，如非華益公司購地者，皆報明仍歸原訂官商合辦公局管理。

十三、三公司每至年終，或盈或虧，各分礦造具清册。先經該管華洋總辦閲後畫押，呈送總督部堂，咨達北京礦路總局暨外務部、户部，及川省礦務總局查核。倘有虧折，與中國國家無涉，或此盈彼虧，亦不得彼此相抵，以免公家收數減色。

十四、北京路礦總局通行章程，及四川礦務總局所定華洋合辦各章，寧遠、會同、蜀江公司，皆須遵守。彼此議明，訂爲合同，繕具華洋合璧共十份。寧遠公司總辦徐麟光、唐星球，會同公司華總辦李壽田、英總辦摩賡，蜀江公司兼理會同公司英總辦德立樂，同時畫押，蓋用四川礦務總局關防，分呈統轄鐵路礦務總局。

又外務部收英商哲美森函《川省煤油合同暨議辦麻哈金廠事請川督核准蓋印》〔光緒二十八年〕三月初三日，英商哲美森函稱，敬啟者：日前辱承賜教，俾將川省煤油合同情形，詳細述陳，欣慰無已。今將原合同内所議增改之處，均已按照日前所面陳者，一律更正，另繕白摺一扣呈上，敬乞察核。如蒙俯允，即乞咨明川督，請其核准蓋印，是爲至感。至會同、蜀江公司議辦麻哈等處金礦一節，亦屬議久未結，果能即與此合同同時核准，當尤深感激。此頌日祉。

又外務部收英商哲美森函《繕呈中英合辦川煤油煤炭銻砂章程酌改各條》附《華英合辦煤油煤炭銻砂章程酌改各條》〔光緒二十八年〕三月十八日，英商哲美森函稱：敬啟者：兹將華英合辦煤油煤炭銻沙章程，按照日前貴部所更改

者，逐細酌改數處，另繕予摺呈上，敬乞察核，示知爲感。此頌日祉。

照録《四川華英合辦煤油煤炭銻沙章程》謹按貴部日前所改各條，逐細復行酌定數處，兹將酌改各節，詳列於後，是否有當，尚祈察核。

第一條，仍舊。

第二條，「先儘華股五成，聽入英股五成」句，請改爲「華英商人，均任一體入股。」

第三條，「四年作爲鑽試各礦之期」，請改爲「五年」，「究有」句，請改爲「究有幾何爲出礦產之區。」

第四條，「如另指之處，查勘仍無礦產，不准再换，以示限制。」共十九字。請概删去。

第五條，「無論地價多少」六字，請删去。「均由保富公司」六字下，添入「按照時價」四字。

第六條，「至所交地段」五字，請改爲「至所應購轉租之地段。」

第七條，「應由保富公司向業主商議，各聽其便」，請改爲「應由普濟公司向業主商議，各聽其便。」

註：如此議必不可行，可仍由保富公司辦理。惟此項地租，應按出井礦產時價，值百抽五核算。

第八條，請概删去。

第九條，「自完出口稅以後，内地釐金」，概不重征。請改爲「所有内地釐金，概不重征。」

第十條，仍舊。

第十一條。「至井硐内開採能到之處，至以致被礦已辦成之商人失利」等語，請改爲「如井硐左近，有已經他商開採之礦。彼此應於陽面明定界限，而陰面即以陽面垂線爲界，以免彼此有侵佔之弊」等語。

第十二條，請用四川原合同第十三條。並請添入末尾「至幫給數目多寡，不得逾他項公司按照通行章程，所付之數」等語，共計二十四字。

第十三、十四、十五、十六、十七、十八各條，均仍舊。

又外務部致英使薩道義函《摩賡請辦川礦准與川省礦局議商在寧雅兩府境内開辦兩處》〔光緒二十八年〕三月二十八日，致英國公使薩道義函稱：逕復者：前准函稱，英商摩賡在川省開礦一事，上年十二月初七日，接准來文，以咨行川督核辦在案。現在尚未接到回音，是否如何，即希速復等語。當經本部電催川督去後，兹准電覆。英商請辦寧雅兩府及打箭爐毘連之處礦產，地段太廣，應令於寧雅兩府境内，指定五金礦兩處，由該公司與川局商議等因前來。查上年十二月間，貴大臣來電，以麻哈廠如無合辦之法，除該廠已開各礦外，或即將寧遠、雅州境内及打箭爐毘連之處礦產，專歸兩英公司創辦等情。麻哈金廠原係中國官商合辦之礦，現仍議歸自辦。至寧雅兩府礦產，應請貴大臣查照川督來電。轉飭該公司即在寧雅遠州兩府境内，指定兩處，向川省礦務局商辦可也。此佈。順頌日祉。

又外務部收英使薩道義照會《川省與法商新立合同有違普濟公司辦礦合同》〔光緒二十八年〕四月初二日，英國公使薩道義照會稱，據本國駐重慶韋署領事電稱：川省大憲與法國公司新立合同，其中有與本國普濟公司二十七年十月十三日所立合同相違之處。查普濟公司之合同，准該公司於四川全省内，除已經指明約給法公司各處外，以六年爲限，選擇若干州廳縣地方，專歸本國公司一律照辦。而韋署領事所電法公司新立合同内載，如巴萬兩縣經礦師履勘，礦苗不旺，即准另擇兩處云云，請爲核奪前來。本大臣查普濟公司於去年十月十三日，定立合同，准其選擇地方，尚未定辦以前，並六年限期未滿，該省大憲豈能如此妄立合同？以上兩合同雖尚未經批准，而普濟公司定立在前，以川省大憲而論，即爲已成之局，豈有在後立合同内，添入相悖條款之理。普濟公司總辦哲君，現正與貴部商議此合同，及麻哈廠前年西曆七月間所立之合同。此二合同均尚未定，本大臣必不能允與他公司後立合同内有相違之處。合行照請貴王大臣查照可也。

又外務部行奎俊文《普濟公司辦礦合同酌改各條暨填注勘礦州廳地名事》〔光緒二十八年〕四月初四日，行四川總督奎俊文稱：查華英合辦川礦一案，前准來咨，並將合同抄送前來。經本部詳加查核，適普濟公司總辦哲美森在京，迭催定議，業將合同内應行增損各條，開具節略，送交哲美森。並將商議大概情形，咨行貴督查照在案。嗣哲美森復來本部，迭次辦論，當以合同第三款所載，川省有煤油之地，由近及遠分路查勘數語，已寓隱佔全川之意。且於全省之中，勘定六州廳縣煤油礦產，以及第四條煤炭六縣、銻砂兩縣，統計有十四處之多，實屬漫無限制，非減定處所，指明地方，不能將合同議准。哲初堅不肯允，再四磋商，始允照法公司成案，改爲八處，先指地名。如原指之地，查勘實無礦產，應

准其換擇他處，惟先後統計仍以不得逾八縣爲率。是於通融之中，仍示限制，且與法公司新訂煤油合同，亦屬相符。其查勘之期，哲以礦地甚遠，川省道途險阻，機器轉運維艱，延聘礦師查勘各礦，決非二三年所能了結，因將原訂合同六年查勘之期，改爲五年。地租一項，商明按照購地價值一成核算，視原議照礦産值百抽五，較有定數。蓋開辦之後，無論礦産多寡，即應繳一成地租，再加以辦公經費，每礦津貼銀一百兩，尚無虧損。其保廠士兵口食，由公司給發，惟添載士兵人數，臨時由地方官酌度情形，與普濟公司酌定數語。哲因原訂合同，祇有幫給字樣，現既爲由公司給發，恐士兵人數過多，公司費用太鉅，不得不留此地步，以便臨時酌定。至原合同第八條，係指地租而言，現地租既變辦法，則此條自可删除。第七條「照章給價」之語，與地租恐有牽混，亦應一併删去。其餘各條酌改字句，大致無甚出入。經本部與哲美森當面商定，將改訂條款抄送去後。現據復稱，各條均當遵照辦理。至第三條註明各廳州縣一節，因全同係四川所擬，確係某州某縣，此地尚未明晰，須將合同寄至四川在彼填註，請即咨行川省核辦等語。除電達外，相應抄録合同，咨行貴督查照。並飭局知照該公司，將第三條内應列查勘某廳州縣地名，詳晰填註，仍由貴督奏明辦理可也。

《礦務檔・四川礦務・英商辦礦交涉》外務部收英使薩道義照會《請准英商專勘寧雅兩府礦産暨合辦麻哈金廠》〔光緒二十八年〕四月初八日，英國公使薩道義照會稱：英商摩賡定立合同，在川省開辦礦務一事，前准上月二十八日來函，以川督電寧雅兩府地段太廣，應令普濟公司於該兩府境内，指定兩處，與川局商議。至麻哈廠現擬仍歸商人自辦各等因，本大臣均已閱悉。查該兩公司按照英商摩賡奉旨允准原立合同所得之利益，本有派礦師前往川省無論何處擇地開礦之權，並未限定若干處所，俟礦師勘明後，方能指定擬開處所之數。乃該兩公司已派礦師，正當勘礦之時，適遭前歲之亂，越緬界逃回。否則此事久經告成，是以必須重復續勘，以便該公司得以定開何處。本大臣應請轉咨川督聲明，該兩公司由摩賡原約所得之利益，應行保全，將寧雅兩府地方，專歸該兩公司履勘，方可互相商訂究能開辦幾許處所也。至麻哈廠一節，查該廠已經兩載停工，既係仍歸華商自辦。如其能與該兩公司妥商辦法，會同開採，以期日有起色，則彼此均可獲享利益，是本大臣代爲深幸者也。

又外務部致哲美森函《駁復請辦富順油礦暨專勘寧雅兩府五金各礦合辦麻哈金礦等事》〔光緒二十八年〕五月十五日，致哲美森函稱：逕復者：接准來函，擬商辦富順油礦、寧雅五金礦，並哈麻廠借款合辦等情。【略】寧雅兩府五金礦，川督已允該公司於寧雅境内擇兩處，另訂章程。惟普濟公司合同，早經本部咨行川督，迄今尚未據該公司指出地名。應請閣下轉知立德樂，查照合同，填註八州縣地名，先行議結，然後再商金礦章程，以期次第就緒。至麻哈廠仍議歸官辦，自行籌款合辦各節，未便咨行川督覈辦。相應函復查照可也。順頌日祉。

又外務部收英商哲美森函《函送普濟公司請辦川省各礦節略請予核准》附節略〔光緒二十八年〕九月二十三日，英哲美森函稱：日前得接清談，慰甚快甚。川礦合同，迄今未定，其大概情形，業經前日面陳，茲敢呈上節署手摺一扣，敬乞查核辦理，不勝感激之至。專此敬懇，順頌日祉。

照録節略。

謹將辦理川省礦務合同情形，開呈鈞鑒。

一、麻哈金廠合同，原請承辦寧遠雅州兩府礦産，迄今三載，此約仍懸。

一、四川煤油合同。原訂履之期，以六年爲限。期滿擇定十四州縣，報明立案，以備開採煤油、煤、鐵三項礦産。嗣因貴部指駁，權將十四州縣改爲八州縣，其某州某縣，即於合同内指出。惟聲明嗣後所指州縣中，如有不合開採之處，准其另指他州縣。以相抵换，敝公司未經指定之先，他公司概不得在川省指選某州某縣，以妨侵奪利權，統經在部面議，當承允准在案，遵即按照以上辦法，擬立合同，寄交駐渝經理立德樂遵照辦理。並囑其於合同内，填明所指各州縣，呈請川督核准蓋印去後。越時傳聞法國公司亦與中國訂立川礦合同，其第二條云云，大與敝公司合同意旨相背，不得已據情禀告敝國公使，請其咨照貴部查核辦理。鄙意竊謂煤油合同，屢經詳議。此次既復更改，且已行知川省，自必查照辦理，斷無意外之虞。乃近據立德樂稱，法公司合同，業經奏准照辦。而敝公司之合同，迄今仍未告成。其故由於川省所派委員，故意於其所指之州縣，多方挑剔，意在務使英人甘受磽薄之地，而留其饒沃，以待法公司之需，聞之不勝詫異之至。竊思敝公司爲辦理川礦，經營四五載，通盤核算，所費不下三萬磅金，不圖今日已成之約，竟不得仰邀核准。而法人獨後來居上，且於英人已得之利益，復多所侵漁，是非紊亂，莫此爲甚。夫事有先後，理有曲直，敝公司之前日合同尚在，豈甘隱忍不言，再四思維，尤屬義無緩置，惟有仍乞貴部秉公核辦，俾得利益均沾，不致英人獨抱向隅之歎，則大局幸甚，敝公司幸甚。今謹附陳以下辦法，敬乞查照准行，以昭公允。

甲、請將煤油合同，按照此次更改條款，簽約照辦。其八州縣仍請改爲十四州縣，以符原案。

乙、請准承辦寧遠雅州兩府礦産，其詳細章程，概照雲南公司滇礦合同辦理。

以上辦法，如難照准，敝公司惟有稟請敝國公使咨照貴部，請將奏准之法國合同註銷，以符敝公司原訂合同。

又外務部署四川總督岑春煊文《英商會蜀普濟兩公司請辦川礦來往照會并議定合同》附照會函件合同等〔光緒二十九年〕二月十三日，署四川總督岑文稱，竊查前督部堂奎任內，疊准貴部光緒二十七年十二月十二日、二十八年四月初七日，暨四月十二日，先後咨開：英使以蜀江公司在川與唐星球商訂合同，屢有要求。咨行飭局與該公司再行議辦，以杜轇轕。准於寧雅兩府揀選兩處，開採五金礦産。並川省原議普濟合同，量加增損，與哲美森在都議定，抄録合同，咨行飭局簽訂，並由川省奏明辦理各等因在案。本署督部堂接管卷宗，正在考核。適有會同蜀江普濟三公司之經理人英商立德樂，賫到普濟合同稿本，呈請簽訂前來。而英國駐渝領事韋禮敦，亦由重慶踵至，率同商人立德樂，要求寧雅兩府暨打箭鑪等處五金礦務。本署督部堂查普濟合同指辦之礦，則有煤油、煤炭、錦砂三項。指開之地，則有樂山、犍爲、遠蓬溪、遂寧、酉陽、綿州、資州等八州縣。且不願分别某縣開某礦，直欲將前指州縣，所有前開三項礦産，悉數查開。又與貴部電咨限定兩處煤油之意，亦相違背。此外尚欲以會同可廢之合同，蜀江被駁之私約，要求寧雅兩府暨打箭鑪各處五金礦産，願望過奢，難滿所欲。川省幅幀雖廣，著名産礦之區，究屬無幾。倘許此國一二府，彼國三數縣，將來風氣一開。本國商民欲求自辦，必無礦地可擇，與其悔之於後，曷若慎之於先。是以本署督部堂不遺餘力，以理争論，總以多留礦地，爲中國留一線利源。一面飭局與韋禮敦、立德樂磋商；一面時時接見該領事磨議，並將所議情形，隨時飛電請示在案。詎意開議及三閲月之久，晤商至數十次之多，僅能將普濟改爲專辦射洪、樂山二縣煤油礦産，餘礦及他州縣悉數剔除。而會蜀公司則由兩處遞增，曾至四州縣之多，如西昌、冕寧、塩源、會理州，均係精華之處。除麻哈原定礦界暨一切官礦外，所有金類礦産，如無窒礙，准予查開。後因將來所指之地，若無佳礦，另行在川抽換四處，未免轇轕太多，遂允加出越嶲一廳，儼然一府矣。本署督部堂量單薄識見淺陋，不能保守利權，以爲中國生財之大道，撫躬自問，負疚已深。而該三公司僅無異言，簽訂草約而後去。惟允將前此争執之會同，蜀江合同，作爲了結完案，以免兩國固結之邦交，因而有損，似尚得失相抵。其現訂之兩合同，雖未能愜意，然較之别省已成之約，亦尚無十分出入。除會同作廢，已載在本合同外，其蜀江私約，本合同亦訂有專條，自爲不廢之廢，已經飭局先將草合同畫押。並另行照會韋領事，請其轉報英國公使，照會貴部聲明蜀江，合同一律完案。如無異議，則所訂之會蜀、普濟兩合同，方爲本署督部堂允准完全之據。理合呈請貴部察核辦理，如蒙允准，即懇代奏，以免周折。除將川局訂定之普濟會蜀兩草合同，暨抄録所有彼此來往照會公牘。呈請察核辦理外，相應咨呈。爲此咨呈貴部，謹請核辦施行。

照録粘單。

爲照復事：光緒二十八年十二月二十三日，准貴領事照稱，照得英商會同、蜀江兩公司經理人立德樂，與四川礦務局商議勘辦寧雅礦産一事，本年十二月十六日，准礦務局函送四川華洋合辦五金礦産章程二十三條。准在冕寧、西昌、塩源、會理四州縣，勘辦礦務。當將章程發交立德樂查看，擬改各條，開具清摺，轉送礦務局查照在案。惟查所擬章程，於華英合辦各事，多有窒礙，復令該商妥爲釐訂，現據擬改章程二十三條，並專條呈請查核前來。本領事查核無異，相應送請貴督部堂查核，轉飭礦務局查照，繕備合同畫押施行。竊本領事到省兩月有餘，展轉會商，已及歲暮，重慶公事積壓，亟須回署辦理，不克久待，此事或行或止，統煩貴督部堂決斷速覆，是所切禱等因。准此，並附章程一件，專約一件，當經本署督部堂飭令礦務局，會同貴領事和衷商議，將會蜀、普濟兩項合同，一律議結。其會蜀合同，除麻哈暨各官礦均留爲自辦外。允將冕寧、西昌、塩源、會理州四州縣，准與會蜀公司勘辦礦務，將已前争執之會同，蜀江合同，作爲了結完案。嗣因抽換地段，諸多轇轕，加越嶲一廳，成爲寧遠一府。將來無論有無礦産，均不抽換，當經彼此允願訂期簽訂合同在案。本署督部堂又查會同合同作廢之條，業已登載在本合同之内，固勿庸議。而不抽換地段一節，本合同内既無抽換專條，自足以爲將來不抽換之據，亦無庸聲叙外。至蜀江合同既係私約，又未批准，本合同内，又有麻哈留辦專條，原可不必另行備文聲明。惟爲慎重公事起見，故與貴領事面商及此。而貴領事則謂，蜀江之案。所有公文，係由本國使館與外務部往來商議，如須聲明此節，應由北京辦理爲妥等語，本署督部堂亦可不固執，應請貴領事將此情節聲報貴國駐京大臣，務將蜀江争執之案。照會

外務部聲明作爲完結。除會蜀合同已訂有專條外，不復再向川省別有要求。則此次所發普濟、會蜀二合同，方爲本署督部堂允准完全之據。除將所訂合同，並此次照會，一併咨呈外務部查核外，相應照會。爲此照請貴領事，請煩查照施行。

照抄韋領事照復稿。

照覆事：光緒二十九年正月十四日，接准貴督部堂以英商會同、蜀江兩公司經理人立德樂，與四川礦務局商議勘辦寧雅礦産一事，當經本署督部堂飭令礦務局，會同貴領事和衷商議。將會蜀、普濟兩項合同。一律議結。其會蜀合同。除麻哈暨各官礦均留爲自辦外，允將冕寧西昌塩源會理州四州縣，准與會蜀公司勘辦礦務，將已前争執之會同、蜀江合同，作爲了結完案。嗣由抽換地段，諸多轇轕，加越嶲一廳，成爲寧遠一府，將來無論有無礦産，均不抽換，當經彼此允願訂合同在案。本署督部堂又查會同作廢之條，已載在本合同之內，固勿庸議。而不抽换地段一節，本合同既無抽換專條，自足以爲將來不抽換之據，亦勿庸聲叙外。至蜀江合同。既係私約，又未批准，本合同內，又有麻哈留辦專條，原亦可不必另行備文聲明。惟爲慎重公事起見。故與貴領事面商及此，而貴領事則謂，蜀江之案，所有公文，係由本國欽差與外務部往來商議，如須聲明此節，應由北京辦妥等語。本署督部堂亦可不固執，應請貴領事將情節聲報貴國駐京大臣，務將蜀江争執之案，照會外務部聲明作爲完結。除會蜀合同已訂有專條外，不復再向川省別有要求，則此次所簽普濟、會蜀二合同，方爲本署督部堂允准完全之據，除將所訂合同，並此次照會，一併咨呈外務部查核外，相應照會。爲此照請貴領事，請煩查照施行等因。准此，除將洋文事理照抄寄呈木國，貴督部堂查照施行。須至照覆者。照録韋領事來函。

敬啟者：案查華英合辦普濟公司，前經定立合同，准在川省查勘八廳州縣地方，開辦煤油、煤炭、銻砂三礦。嗣經普濟公司總辦哲美森，與中國外務部改定合同，由經理立德樂持赴成都，呈請畫押前來。詎礦務局須再將合同删改，商議多次，立德樂擬通融辦法，以免爲難。謂四川礦務局如將寧雅官商合辦公局與會同、蜀江兩公司所定五金合同，照准辦理，則該公司願將普濟合同删除煤炭、銻砂二項。遵於八廳州縣內，讓出六廳州縣，只在射洪、樂山兩縣勘辦煤油。現礦務局已將會蜀公司合同立定畫押，准在寧遠府勘辦五金類各礦。是以立德樂允照退讓。同時經礦務局將普濟公司合同，立定畫押，准在射洪、樂山兩處，勘辦煤油礦務。本領事查會蜀五金類公司與普濟煤油公司兩合同，原係相提並論之事，不得准此駁彼。相應函請貴督部堂於咨呈外務部時，須聲明以上情形。務將兩公司合同，一律核准，勿得偏廢爲要。專此，順頌日祉。

照録合同。

大清光緒二十九年正月十四日，四川礦務總局林怡游、嚴翊昌，大英駐渝領事官韋禮敦。

計開：

《四川華英合辦金類礦産章程》

一、因光緒二十四年。英國紳商摹賡設立會同公司，與四川礦務局設立華益公司，議開四川礦務。華英合辦會同公司延請礦師來川，查勘五金、煤炭、煤油各種礦質，定立合同。經總理各國事務衙門奏准在案。現奉四川總督部堂諭准。四川礦務總局設立保富公司，招商華英合辦會蜀公司，議辦金類各種礦産，訂立合同，意在均平利權，杜争弭患。所有合同事理，暨礦局奏定章程，兩公司均應遵守，此約已經批准之後，前此彼此争執之會同，立行作廢。

二、保富公司允華英商人集股一千萬兩，名曰會蜀公司，承辦以下所載各處金類礦産。華英商人均可一體入股，所有礦務事宜，應派華英總辦各一人經理。華總辦由保富公司推舉，會蜀公司認承後，制台派充。洋總辦由會蜀公司揀派，如有不合，均可更换。華總辦專理地方交涉事宜，英總辦專理工程事務。至於銀錢出産賬目，二人均有並核之權。每廠亦各派華人一員，稽查租税事務。各員薪水，均由會蜀公司按月支送。

三、保富公司應行聚集足用股本，以爲購地指交會蜀公司開礦之用。保富公司應按照公道辦法，優給業主地價，轉租與會蜀公司開採礦産，按照年限開辦，該公司每年租費，應按出産值百抽五價值完納，繳交保富公司收領。地課則由保富公司認繳。如係官地，則所有年租，應由保富公司呈繳中國國家。惟試辦之時，保富公司當向地主商明，酌定試辦租價。如試採地段開辦不成，會蜀公司即應照約定之價，繳還保富公司。

四、寧遠府之冕寧、西昌、塩源、會理州、越嶲廳，共五廳州縣，除一切官礦已經勘辦之處，留爲中國自辦，並夷地各礦外人均不得往開外，其餘允作華英會蜀公司查勘金類之地。自合同批准之日起，由會蜀公司鑽試，以便查考有無金類礦産。他項華洋合辦公司，不得前往考查礦産。

五、會蜀公司應於三年期內，報明所指境內，究有何項金類礦產，在於何方，寬廣幾何，現時擬開何處，將來擬開何處，以便留與該公司開辦。除中國自辦外，別項華洋公司不准前往查開，倘逾此限，未能開辦，合同作廢。如限內已經開辦，嗣後於五廳州縣內，可以續勘礦地。惟該公司於每處開辦之先，應呈請礦務局查驗，果無窒礙，給予准開憑據，始由保富公司向業主租，轉租與該公司開採。惟每次奉准開辦之後，倘三年之內，未能興工，應將礦地交還中國，以便另行設法辦理。至土司礦產，有不能相讓之處，勿得强勉。

六、會蜀公司開出各種礦產，應按北京外務部酌定章程，抽收出爐出井各項稅課，作爲川省落地稅。此次所開金礦產，其落地稅課，自應照章分別輕重抽收完納。由駐廠委員隨時查記礦產出爐出井數目核對，每届三箇月，抽收一次。至出口稅則按關章辦理，其請三聯單照例納稅者，則內地釐金，概免重征。至開礦所用機器材料進口，亦照關章完納，其請有子口半稅者。內地各釐，亦概免征。所有進出之件，如有夾帶貨物及違禁之件，希圖偷漏者，察出應照關章罰辦。

七、會蜀公司勘定礦產後，繪圖貼説，指明地段，知會保富公司，照章呈報四川礦務總局查驗合式，得有允開憑據，始行指交地段，與會蜀公司承辦。其地只准足敷掘井蓋用各廠，不得多佔地段，亦不得自向商民逕行租買，免多交涉不清。至開採之地，如因無利停辦，或有利已取，即將無用之地，退歸保富公司，以作別用，均與會蜀公司無涉，不得索取已出之地價年租。業主本管地面，地中之產，如公司開礦可以不用地面之地，仍許原業主照常耕稼居住，不得逼令遷徙。其所應納之年租，照陰面所用寬廣之數科算，不得因此減少，以利居民。如必須遷徙，除年租外，所有因此損失之禾稼房屋，均照時價賠償。如業主不願遷徙，則會蜀公司必須設法繞越。

八、冕寧、塩源之麻哈、瓜別暨驢馬河各礦產，係在中國留爲自辦之列，應將礦界開列於後，以免争執。查原定咨部礦界，係由瓜別之金河沿起，至打箭鑪之金河止，共長四百里，河岸兩旁，各寬一百里，自應定爲礦界。所有五廳州縣之中，金類礦產如在所指界內者，會蜀公司即無庸前往查勘。如驢馬河之礦，未包在咨部界內，亦均留爲自辦，會蜀公司均應遵守原定界限，無論陰陽兩面之地，均不得明侵暗佔，如有此項情弊察出，從重議罰。至陰面界限，以陽面之垂綫爲憑。

九、查銅政爲中國鼓鑄要需。會理州商廠林立，商民藉爲世業者，實繁有徒。該處各種銅礦，應否與外洋合辦，及與商民生計，有無妨礙，此時尚無把握。會蜀公司於採銅一端。應俟中國察看三年之內，如可合辦，再行商議。倘可合辦，其民間自立之願否租賃會蜀公司照章開採，悉聽民便。其餘該州別種金類之礦，會蜀公司三年之內，可以查勘。至五廳州縣內之銅鉛暨一切礦產，中國官民均可隨時隨處任便查開。

十、此次華英合辦金類礦產，除官商合辦公局各礦，一切官礦扣除外，所有商礦暨民間試辦之礦，亦不得侵奪。惟業主或願出租，或願入股，均聽其自由，可由保富公司商議。惟此項年租，均應由業主收領。保富公司只抽年租二成，以資辦公，並爲應得之利益。

十一、開采之後，除繳地價年租，暨落地稅則費用，並利息八分之外，所有盈餘，即爲净利，准提一成，攤還股本，再提一成，以爲公積，預備要需，提足即行停止。倘有盈餘，即照下開之法分攤。其餘八成，應照下款所言分數，公平均沾。

十二、照上款所餘之八成净利。分作一百份，各股東得六十五份，川省得十份，中國國家得二十五份。四川大憲暨公司各派一員，查核各礦各賬，分領應得之款。惟不得以此廠之盈，抵彼廠之虧，以損中國利益。至會蜀公司如有虧累情事，與中國國家、川省大吏，暨保富公司無涉。

十三、會蜀公司自批定合同之日起，每廠以六十年爲限，限內均照現訂章程辦理。限外無論股本已否提清，所有礦地房廠機器一切，皆由保富公司管理，呈繳礦務局，報効中國國家。倘限滿後，礦務興旺，公司願意接辦，中國可允展限，所展至多不得過二十五年。

十四、麻哈礦產，中國留爲自辦。嗣後如願華洋合辦，或借洋款，均應先向會蜀公司公平商辦。

十五、開礦需用工役繁多，難保無口角鬥毆，暨不法情事，所有約束工匠夫役之權，均由華官主政，洋人不得與聞。如係細故，可以立時了結者，即由各廠委員分別辦理，或扣薪資，或罰錢款，或予剔退，扣資罰款，應充地方善舉，不得施用刑法。並由委員隨時報明華總辦，轉報保富公司，暨礦務總局查核。其有情弊重大者，則由委員呈請總辦，一面移送地方官查辦；一面移報礦務局知照。至應如何辦法，地方官自有權衡，洋人絲毫不得干預。至洋人無論何項事故，均

不得凌辱華人，毆打工役，如有似此情節，應如何究辦，仍移知本管領事，察照本國律法辦理。至工匠夫役，因工作或受傷，或成廢，或致命，會蜀公司應分别從優給卹。

十六、會蜀公司如欲在礦廠之外，脩築道路，應由保富公司轉請川省大吏查驗，實無窒礙，方能准行。所脩之路，無論是否官路改良，抑或會蜀公司自行購地建造另闢新路，一經脩築之後，即永遠作爲官路，由官管轄，會蜀公司不得視爲己業。至將來如有必須脩造小鐵路，以資轉運礦産，則照北京礦路總局所定運礦枝路章程辦理。惟該路不准攬載客貨，並不准經過夷地。

十七、會蜀公司所辦各礦，除礦師辦事各項，確係不可少之人外，均宜全用華人。礦丁全用本省之人，不足則取之隣省。其薪水工食，一切從厚，以順民情，而開風氣。

十八、會蜀公司股票，既係華英合璧，其所出股票，華英商人均可按照時價，一律買賣。每股約銀百兩，週年行息八分，其銷售買賣數目，按月册報礦務局存查，以昭大信。

十九、金類各礦産，既係中國土地所出，會蜀公司應聽中國號令，遇戰事不得接濟敵國。如有别國戰事，中國應守局外之例，該處所産，亦應守局外之例，不得私行接濟，致啟釁端。

二十、會蜀公司財産性命，地方官照例保護。如有不法之徒，煽惑事端，地方官即應嚴拿，照中國律例懲辦。倘地方官有縱容情弊，察出亦照例懲辦。如願招募土勇，保護彈壓，可由地方官招募，一切費用均由會蜀公司照給。倘因地方不靖，土勇不敷應用，則由川省大吏酌派官兵彈壓。中國國家既分公司餘利，則公司之礦務，關係國課，自應盡力保持，俾收實效。所有章程各款，皆應令地方官及保富公司切實遵行。

二十一、會蜀公司於查勘礦産時，必須先行知照保富公司，報明地方官，遣派員勇保護，一切薪工公費，均由該公司支發。如有不先知照，任意前往查勘，倘出意外事故，地方官不任其咎。

二十二、此次章程未能周備，嗣後北京外務部，既礦務總局所有續訂公共章程，爲各國所共守者，無論損益如何，彼此均應遵守更改。

二十三、此次定約之後，倘彼此有爭執之時，應按西洋調處商務章程辦理。其法係由礦務局、會蜀公司，各請公正人理斷，如所請之人，意見亦不合，即由此兩人再請第三人公斷，兩家不得異詞。

以上合同二十三條，彼此均應遵守。繕具華洋合璧共八份，四川礦務總局總辦韓銑、林怡游、嚴翽昌，保富公司總辦，華英會蜀公司華總辦，華英會蜀公司洋總辦立德樂，同時畫押，蓋用四川礦務總局關防，分呈外務部衙門，統轄路礦總局，户部衙門，四川總督部堂，四川布政司各一份。餘三份，四川礦務總局存一份，四川保富公司、華英會蜀公司各一份，分執爲據。華英文字，如有錯誤及爭執之處，惟以華文爲憑。兹先行訂立草約，呈候四川總督部堂核定，咨呈外務部核准後代奏，當俟奉到批准部文，始爲准辦之據。再，此次在川先將華文合同畫押。英文合同，因川省華員於英文繙譯不甚精通，應俟外務部英使館彼此核對後，再行畫押。理合登明。

保富公司總辦。

華商總辦。

會蜀公司總辦。

洋商總辦立德樂。

又外務部發英使熹訥理函《普濟會蜀兩公司辦礦合同俟蜀江合同結案方可允准》 光緒二十九年三月二十四日，發英國公使熹函稱，逕復者：接准函稱，川省礦務普濟公司合同一事，電據重慶領事覆稱：此事現已辦結，立有合同兩件，由川督咨呈外務部代奏等語。諒貴部已准川咨，未知是否已經奏請批准，即希示復等因。查英商請辦川礦，議訂合同兩件，一係普濟公司承辦油礦，一係會蜀公司承辦金礦，均經川督將合同咨送到部。惟據川督咨稱，此事迭與韋領事商議，彼此允願將以前爭執之會同蜀江兩合同，作爲了結完案。其會同合同作廢之條，已載在會蜀合同内。至蜀江一案。俟韋領事呈報駐京大臣，照會外務部聲明作爲完結。則此次所簽普濟會蜀兩合同，方可爲允准完全之據等語，並將往來照會抄送前來，現在韋領事諒已將此項情節，聲報貴署大臣，即希查照見復，以憑核辦可也。此復。順頌日祉。

又外務部收英使薩道義函《英商開辦川礦請地方官竭力保護》 光緒三十二年四月初一日，收英國公使薩道義函稱：本國華益公司紳商摩賡，與會同公司訂立合同，開辦川礦一事。前於光緒二十五年三月初五日，經總署奏准有案，旋經該商選派工程師等數人，前往四川。二十六年六月間，伊等正在川西辦礦，適因拳匪蠢動，勢甚危險，伊等即由旱路逃往緬甸。現據摩賡稟懇本國政府，擬

約會工程師等，復往川省。再行續開二十五年合同所准之礦產，惟此項花費不菲。請轉求中國政府先行聲明，該處地方官於該商等開辦川礦，竭力保護，不致阻滯。俾伊等財産性命，亦無險礙各等情前來。兹奉本國囑將該商所擬，轉爲奉達，敢請貴部以該商等在川辦礦，應由地方官竭力保護之處，先行相告爲盼。此頌鈞祺。

又外務部收朱邇典照會《摩賡請續辦川礦否則應取償款》 光緒三十二年八月十四日，收英朱使照會，爲照會事。本國紳商摩賡請派礦師前往四川一事，前准復函辯駁未允，當經薩前大臣轉行本國去後。兹准外部大臣咨，囑將摩君荅復各情，陳明於下：據云外務部謂會同公司合同第十四款内載，若逾限六個月延不開辦，則此正合同作廢。而該公司並未照辦云云。查草合同於光緒二十四年十月十二日畫押後，本商人所聘穆礦師由京赴滬，於二十五年正月初間抵川，該正合同已於二十四年十二月十九日畫定，該礦師旋於二十六年春間，經甲礦師接辦。甲礦師於是年正月抵川，至二十六年七月在彼辦礦。適因拳匪肇亂，不得已帶同隨人避難離川。此本商延聘礦師在川省接連從事年半之久，外務部所謂本公司未照第十四款辦理之語，未免大有誤會。至謂川省礦務久與會同公司無涉之語，竊查本公司遵照總理川省礦務李大臣所請，與蜀江公司合辦，兩公司代表人即在京師及川省歷久商酌通融辦法，以期相愜華官之意。其躭延時日之責，均應歸華官，蓋因華官惟欲將一千八百九十九年合同之利權，或改易或全消故也。乃中國政府現既不准續遣礦師赴川，據本商見，不過决意阻撓在蜀辦礦而已。果爾則本商惟有向索按照合同已耗之巨資，及廢約應補之償款等情。本大臣據此，合行照請貴親王查照所有該商懇請派礦師赴川，按照合同續辦二十五、六兩年之事，貴國政府是否决定不准之處，明晰示知，是爲切盼。須至照會者。

又外務部發英使朱邇典照會《駁拒摩續辦川礦暨索償之請》 光緒三十二年八月二十一日，發英朱使照會，爲照復事。接准照稱：本國紳商摩賡請派礦師前往四川一事，據摩君云，草合同於光緒二十四年十月十二日畫押後，本商人所聘穆礦師由京赴滬，於二十五年正月初間抵川，該合同已於二十四年十二月十九日畫定。該礦師旋於二十六年春間，經甲礦師接辦。甲礦師於是年正月抵川，至二十六年七月在彼辦礦，適因拳匪肇亂，不得已帶同隨人避難離川。外務部謂未照第十款辦理，未免大有誤會。至本公司與蜀江公司合辦，兩公司代表人即在京師及川省歷久商酌通融辦法，以期相愜華官之意。其躭延時日之責，均應歸華官。中國政府現既不准續遣礦師赴川，本商惟有向索按合同已耗之巨資，及廢約應補之償款等語。該商所請按照合同續辦之事，貴國政府是否决定不准之處，明晰示知等因前來。本部詳核該商摩賡所云，既明言該合同於二十四年十二月畫定，即應按照合同後三月開辦，乃遲一年之久，毫無動作。二十六年春間，甲礦師赴川，已早逾第十四款六個月之限，該合同即應作廢。該商明知會同公司已經逾限，復擬與蜀江公司合辦，不知兩公司合辦之案，並未經華官議准，華官豈能任躭延時日之責。至拳匪肇亂已在合同限滿之後，迄今又越七年，斷難准該公司再派礦師前往續辦。該商所請索償之處，尤爲不合情理。相應照復貴大臣查照轉達可也。須至照復者。

又外務部收甘伯樂面遞節略《摩賡辦礦確經依限開辦該商願携證人案卷來京面陳》 光緒三十四年正月二十七日，收英館參贊甘伯樂面遞節略：案查英商摩賡在川開礦一案，上年七月十五日接准來文，以據川省所報，因該商於西曆一千八百九十九年二月及一千九百年二月兩次所派礦師，僅在該處游歷，非特不按光緒二十四年十二月十九日川省開礦合同實行開工，亦并未詳細履勘等因，當經咨報本國外部轉行該商去後。兹據該商來京面稱：自奉文之後，即携帶証人及所有案卷來京，以便陳明所辦各情。蓋由穆礦師二十五年正月十九日行抵重慶之日起，距合同畫定時，未及一月。迨至二十六年七月十六日，甲礦師因亂象危迫，無柰離川，前後共十七個月之久，該礦師等不但詳細探採，且亦實行開工。因甲礦師在麻哈金礦碾取金質，係奉督辦川省礦務李大臣之命，此事爲成都將軍綽哈布及川督奎俊所知。該礦師等因拳亂迫令離川，自須停工，比及平定之後，經在京之哲美森及在川之立德樂等，與京師官員及川省大吏同時議商，旋於二十八年正月十四日，在成都又定合同。彼時即在上海、重慶、北京各處租賃公所，雇用西人十八名及華人多名，并聘定甲總礦師，三年爲限，言明每年工資三千鎊及盤費等項。後因光緒三十一年間，日俄失和，於華境再開礦務，實有大礙，是以立德樂於三十一年夏間回國。所有摩賡公司之事，直至三十一年杪均爲哲美森在京代理。本商所立公司專開川省礦務，尚在倫敦設立，現派督辦及總董携帶証人并案卷來京，以便面將此事原委，向中國政府陳明云云。查該商之意，願將以上各節，面爲陳述，諒貴政府一聞証人之言，兼查案卷，必以公允相待也。

又外務部收英使朱邇典信《摩賡辦礦案附送證人供詞節略》 光緒三十四年二月十七日，收英朱使信。逕啟者：英商摩賡在川開礦一事，曾於本月十五日面陳在案。茲據該商將証人所供節略呈送前來，合行轉致貴部，即希查核爲盼。此頌鈞祺。附英文節略。

朱邇典啟。戊申二月十七日。

英朱使送來英商摩賡供詞節略。楊書雯譯。

搶隊第五旗管帶副將皮阿羅，公司總董維色兒供稱。伊奉飭會同督辦摩賡與中國政府商議四川礦務合同，所有正草合同，暨四川總督與督辦川省礦務大臣又成都將軍給與翟克之告示，并翟克之照片，及其在麻哈州辦礦人員之照片，均可呈驗。倫敦地學會會員莫達供稱。伊于草合同簽押四天內，即去北京。又于正合同末次簽押二十八天內，携帶第一次辦事人行抵重慶，此辦事人內有歐洲人四名，中國繙譯暨其餘華人，辦事勿輟。并查考重慶附近各處礦地，記載各地所產地質并礦苗成色。伊在草約簽押以前，即爲摩根公司僱用，辦理中國礦事，與公司往返商辦一切事宜，候飭開辦。柏許供稱。第一次赴川，伊係幫辦，專司與上海總公司往來函件。所有第一次赴川辦事人員由上海動身，將所拍照片暨總公司房屋照片，伊均可呈驗。查該公司房屋租賃七年，每年英金一千鎊，并聲明准其續租七年，房屋陳設器具。花錢甚鉅，僱有經理一人及他辦事人駐紮。伊并可將北京公司房屋照片呈驗。翟克及其隨帶西洋工程司并中國辦事人抵重慶日期，伊能摺証翟克所著在川歷辦各事記載書，并其在麻哈州開礦奉川督諭開石化金報告，伊均可呈閱。伊因拳匪事起，不得已去川，持有川督告示，亦以爲護身符。伊于一千八百九十九年二月二十八日起，至九百年八月五號止。斯時經理礦務者，祇伊一人。從前已在摩賡公司辦事，曾幫同公司之他經理人，在山東查礦，遵李鴻章之諭也。伊寓居中國候飭開辦。摩賡供稱。伊經歷礦事，已二十年矣，回英國時經理奥大利亞礦務，直至一千八百八十四年。後在英國衛兒斯省查礦，開辦國家金礦數處，現仍產金，僱用礦工甚夥，一千八百八十八年伊升充議院議員。仍承辦奥大利亞及衛兒斯省兩處礦務。如籌辦礦款及開礦事宜，英國爵冠珊及大臣謙伯蘭有薦信一封致李鴻章，力保摩賡才學優爲，堪勝職任，于中國國家，不無裨益。李乃忻悅，隨于一千八百九十六年，在紐約派伊至英國等辦京漢鐵路事宜，伊即遵飭籌畫一切，花錢不少。一千八百九十八年十一月四川合同簽押以前，伊之光陰，全用于辦中國事上，以後亦替中國做了許多事情，前經陳明在案，伊與公司由起至今所辦各事，擬開具詳細供詞呈核。

又外務部收英館送來摩賡日記《旅華及承辦川礦情形》 光緒三十四年二月二十五日，收英館送來摩賡日記。于德濬譯。

李中堂飭辦各節。一千八百九十六年九月二號，李中堂飭摩根借款九百萬鎊，在紐約簽定公文，摩賡奉飭赴英商訂借款事宜。十月二十四號，電賀李中堂平安抵華。十月二十六號，李中堂電致摩賡，請探詢借款利息至少之數。十月二十七號，摩賡致李中堂電謂，路次柴勒斯與英國各銀行，非中國國家擔保。不肯出借款項。十月二十九號，摩賡接李中堂電，飭其帶同地質學專家並熟悉鑛務之人赴華。十一月十號，摩賡將抵華大概日期電告李中堂。十一月十三號，李中堂電致摩賡，俟抵上海時，可晤盛道台議商鐵路事宜。十二月七號，摩賡由萬扣瓦耳電致李中堂，禀報抵華日期。十二月二十八號，摩賡並隨從人等抵上海，並電禀李中堂已抵華，從此時常晤盛道台議商路鑛各事，直至次年三月始離滬。

一千八百九十七年三月六號，摩賡擬定路鑛辦法章程，由上海起程。三月十五號，摩根並隨從人等抵北京。三月十六號，摩賡謁見李中堂，嗣後每日見面。四月十九號，超克賴赴熱河查礦，李中堂致摩賡函論鑛務事，摩賡起程回英。四月十一號，李中堂電招摩賡由津回京。四月十三號，李中堂交摩賡公文，飭其辦理一千六百萬鎊借款，並飭其即赴倫敦，又函致摩賡速赴倫敦辦理借款事宜。六月二十二號，摩賡抵倫敦。六月二十八號，摩賡與英國政府議商借款事宜，自此接連屢次議商，一千八百九十八年正月七號，英國外部知照摩根，所擬辦法。度支部大臣不願照辦，三月，摩賡因李中堂之請，二次起程赴華。五月，摹德與海約翰此刻在華，摩賡得服役於二君之處。七月，海約翰與布時因李中堂之請，赴山東平度招遠地方查看鑛產，並經報告在案。摩賡此刻隨海約翰與布時二君住在山東。十一月十六號，王大人幕友告知駐京英國使館福勒佛君謂，摩賡自應李中堂之請來華，曠廢時日，化用錢財，中國政府已甚知之，將來必有事與之訂約辦理。見英國一千九百年藍皮書第一冊第四十四頁。此言從未爽失。十一月二十五號，四川鑛務草合同簽押，四川鑛務合同。

一千八百九十八年十一月二十五號，四川鑛務草合同簽押。十一月二十八號，李中堂來函致賀。十一月二十九號，摩賡與幕德由北京赴上海，海約翰留京

辦事。十二月七號，摹德與布時帶同隨從人等起程赴四川。摩賡在上海租定黄浦灘第十二號房，爲鑛務局辦事公所，此房每年租價一千鎊，定期七年，期滿亦准再行接租七年。摩賡隨即赴英聘請地質學專家及工師等人。

一千八百九十九年正月三十號，正合同簽押。二月二十八號，摹德與隨從人等抵四川重慶府。三月十二號，接到羅大臣豐祿賀函。五月八號，付英國外部八百鎊憑條一紙，以備將正合同電致英國之電費。七月三十一號，駐京英使電致英外部大臣沙侯云，摩賡鑛務合同奉旨批准，并將正合同原文電英，電費英金五百九十六鎊三先令二本士。十月十二號，表尼公司 Easten Pioneer Co. 開張。十月二十一號，摩根偕鑛師閘克(閘克即英礦師甲開，編者註)并隨從人等抵上海，閘克薪水每年三千鎊，一切用費在外，訂明三年爲期。十二月三十一號，閘克與隨從人等起程赴四川，并自行備帶路上一切應用之物。

一千九百年二月二十二號，閘克與隨從人等抵四川重慶府。三月五號，閘克與隨從人等起程赴成都。三月十七號，閘克與隨從人等抵成都。三月二十三號，因本省大吏提議，閘克與保富鑛務公司會商合辦。此時保富公司已得有鑛産地段，摩根奉派爲此會合公司洋總理。三月三十一號，四川總督成都將軍鑛務局總辦出示曉諭，謂閘克係奉旨辦理開鑛事務，由官保護云云。四月四號，閘克等由成都赴彭縣譯音銅鑛。四月十六號，回成都報告查鑛情形，並又赴安縣石泉縣龍安府松潘廳體治廳譯音等處。五月二十四號，閘克接到鑛務局總辦電報，囑回成都議商事件。六月二號，抵成都大開會議，此時楊子江公司代表衛耶在成都遵照總督之意，議定楊子江公司與表尼公司合辦，衛耶與閘克可同往寧遠雅州兩府查看鑛産，並亦可與四川官商合辦鑛務局股東會同辦理。六月十六號，由成都赴雅州，並順路查看麻哈鑛。七月十三號，行抵麻哈鑛詳細查驗，閘克先將查看情形，報告重慶表尼公司分局。七月十九號，接續查驗。七月二十號，表尼公司楊子江公司四川礦務局訂定草約，會同合辦，然必須奉旨批准，方爲定局，表尼公司與楊子江公司隨亦訂立合同，彼此合辦，以十年爲期。閘克與衛耶均留在麻哈鑛。考驗鑛質，並驗得實在出有金質，此時地方擾亂異常。八月十號，閘克與隨從等人因亂出境，駐重慶表尼公司分局，因亦歇閉，布時起程赴上海。十一月七號，閘克將麻哈鑛情形報告倫敦，表尼公司衛耶將麻哈鑛情形。報告倫敦楊子江公司，此等報告，十二月間在英接到。十二月，地方平靖之後，寨木森駐北京，立德(路)[樂]駐四川，爲公司經理人。復照舊辦事，中國擬將舊合同更改，重訂新合同，直至次年十一月迄未定議。

一千九百零一年十一月二十三號，華英川省油煤鑛務公司章程簽定，北京四川所商鑛務新約。仍未定議。

一千九百零二年正月九號，寨木森在北京呈遞英薩使説帖，論及四川大吏欲以麻哈鑛與寧遠雅州兩府之鑛，准立德(路)[樂]辦理，以代摩賡合同，薩大臣當即提議，未經議妥。北京四川兩經理人，仍舊議商未定。

一千九百零三年二月十一號。議商寧遠草約，此約宗旨擬將摩根合同作廢，將華義公司譯音停歇，將該府等處鑛權給與以代摩賡合同。俟奉旨批准後，即當實行。但至今未奉旨批准，並表尼公司與摩賡亦未允許如此更換，此約內載准在三年之内擇地開採，如此則直至一千九百零六年矣。可見中國於此事並不緊急，實願遲延之明證也。五月六號，寨木森由北京發電，謂二月十一號之約，必須表尼公司與摩賡允諾，方可爲准。

一千九百零四五年，日俄在中國境域内開戰，此刻不能辦理借英國或别國款項。

一千九百零五年六月，立德(路)[樂]在川省議商各事，但至今仍無成議。

一千九百零六年正月，寨木森在北京爲公司代表，接續議商鑛約事宜，但至今仍無成議。

一千九百零六年正月二號，摩賡禀請英國外部轉達中國政府，該公司擬赴四川接辦前項事宜，請保性命財産。自此至一千九百零七年十二月十八號，與英外部屢有公文來往。

一千九百零七年十二月二十四號，表尼公司主席總辦並帶同證見人等，由倫敦起程，赴中國北京。

一千九百零八年二月十一號，表尼公司主席人等抵北京。表尼公司總辦並其書記人等，向在倫敦維多利亞大街第一號門牌設局辦事，至今仍然照常，其所辦者，除川省鑛務，並無别項事業。摹德駐英，布時駐華，隨時預備接辦前事，現時二人均隨同公司主席在京。此數年之内，本公司總辦聞中國國家擬訂鑛務章程，故甚望此項章程訂定，以便遵照將川省鑛務華洋事權，辦理允協。因前者遵照總督之意議訂合同，頗有混雜之處。本公司總辦帶同證見人等，預備隨時證驗原合同宜遵照實行，此合同所訂，係與中國國家合辦之事。與平常讓與之約不同，其應辦之事，本公司均已照章辦理，故此項合同。未經兩造認可，不能

作廢。

又外務部發朱邇典函《摩賡辦礦合同確應作廢請轉飭該商知照》 光緒三十四年五月十二日，發英朱使函，逕復者：本年四月二十一日接准來函，以照繕摩賡在川開礦剖辯之文，函請查閲。又於二十九日由貴大臣面交該商信底各等因。茲本部就該商所剖辯者，再爲詳具節略，即煩貴大臣轉達該商可也。順頌時祉。附件。

節略：摩賡在川開礦應行作廢一事，本部本年三月十五日四月十二等日答復節略，業已聲敘明晰，無俟重複贅言。迺該商猶嘵辯不休，大半摭拾與本合同不相干涉之説，以爲無理之争論，實不能爲該商解也。該援引合同各節，謂事屬創辦，百廢待舉，穆力思、甲開行抵重慶，該商在上海租賃房屋，皆爲遵守合同第十四款之證據。不知合同内所云開辦者，明明指領執照購地基繳公費而言。該商不特未指出礦地，呈明礦務局代購，按月繳費，亦並未得有准開憑據，何得謂爲開工。未開工即是未開辦，未開辦業已逾限，即當作廢。按照合同第十四款另招别商開辦，與會同公司無涉，此緊要關鍵，載之正合同，分存於各衙門暨華益、會同兩公司。且聲明或有錯誤，以華文爲准。安得違背其説？任意牽扯。該商所引以爲證者，自爲有理矣，惜乎並未先在合同内註明，故不足置論。緣合同内並無有礦師到川或在上海租房，即可認爲開辦之説也。查正合同於光緒二十四年十二月十九日畫押，第十四款言明扣立正合同後三月開辦。該商自與議定之合同，豈不洞悉，乃竟不顧而旋回本國，一似合同内逾限作廢之説，直可不認也者，是何意耶！豈兩國辦事可認一已之意見爲行止耶？即就該商所言正合同不以畫押之日論，而以批准之日論，正合同係光緒二十五年三月初五日奉旨批准，扣至是年九月初五日以後，非逾限六箇月乎？試問九月初五日以前，該商曾在川開辦實行指地購産等事乎？此不待再言而決者。該商可謂批准之日非廢約之日，不得謂批准之後已逾六箇月仍非廢約之日也。本部歷次行查川省，該省總以逾限作廢不能再辦之説申復，本部查核無異，自不能强令川省再容該商於正當情節之外，添砌浮詞，不過多方遮飾，以爲未曾逾限地步。惟與正合同所定之辦法，無絲毫關繫，本部即不必逐節駁辯。又查該商致貴大臣函，所請轉達本部者，本部茲撮要答復，以冀該商有所醒悟，免再争執。一、該商謂本部不能指出何日廢約，誰爲廢約之人，當告以合同畫押之日算，則光緒二十五年六月十九日即廢約之日；照合同批准之日算，則光緒二十五年九月初五日即廢約之日。合同既明定廢約期限，凡存執該合同者，皆得爲廢約之人。二、該商謂川督發給甲開告示，即爲實行，當告以凡外國人赴各省游歷，該省大吏理應保護，不得以川督出示保護，即認該商實行開工；並不得以有川督之告示，即可稱該合同雖已逾限，不應作廢。至寧遠合同並未核准，當時也無効力，尤不足爲會同合同未廢之資料。查甲開等赴川游歷，或查勘礦産，尚非該商飾詞，可惜於合同所載領照購地等事，皆未於六箇月限内辦到，以致徒勞，雖毛舉多數佐證，無一者可爲開工之實據。該商即少有損失，當有追悔訂立正合同時，不應預認此逾六箇月作廢結實不可挪移之語，惟不能於中國政府有後言也。此事迭經貴大臣代爲申説，但有通融辦法，本部何必堅執。奈川省以合同鐵案爲據，而該商則毫無正當理由，本部愛莫能助，惟有始終駁復而已。

又外務部收四川總督文《駁拒摩賡礦約逾限擬索償款之請》 宣統二年二月初五日，收川督咨文，爲咨呈事：案查英商摩根會同公司並未開工，合同作廢一案，宣統元年十二月二十七日准大部來咨，並附鈔件，當即札飭勸業道迅即查案切實議詳，以憑核辦。茲據署勸業道周善培詳稱：遵查此案英商會同公司在川，並未開工，合同久應作廢，已經前礦政調查局屢次申明，復蒙大部一再詳駁，本可勿庸置議，而此次英使又以中國不允將此案互争要端，交人調處。若該公司將所受虧累，討取賠款，英政府自覺襄助之有理等語，來相要求。細查英使之意，亦知合同無可復議之價值，而不得不徇英商之情，欲以該商因他事所受之虧累，取償於四川，不知合同之應否作廢，固視六箇月限内確否開工爲憑。即該商虧累之是否正當，亦視是否即在六箇月限内確因開工所得之賠累爲斷。乃查該商既未遵照合同第二條，得有鑛務局准開憑據；又未遵照合同第四條，勘明指出可開鑛産，繪圖註説，呈明鑛務局爲購地基，交其承辦。且未照合同第九條，請華益公司商明業户，打鑽掘井，探視鑛苗。據伴送穆思力、甲開等勘鑛之委員徐令鴻基報告，則由省城到麻哈，該商並未工作一次。即據摩賡所呈日記，由省城至麻哈四箇月，亦並無實在開工之文據。以上種種未開工之証據，合同確應作廢，無復可容辯議。合同乃該商所簽字，明知逾限六箇月，延不開辦，合同即須作廢。既不在限内六箇月内趕緊設法開辦，則届限滿六箇月以後，即應將關於等辦川省鑛務所用一切，全行取銷，遣去用人，退去租屋，方爲合理。如不取銷，不惟自取賠累，不能向人索償，且是違約招摇，並當自認咎罰。再據英使交送摩賡供詞，有四川合同簽押以前，伊之光陰全用於辦中國事上等語。又據莫

達供詞，伊在草約簽押以前，即爲摩賡公司雇用辦理中國鑛事等語。度該商要求賠償之意，必以爲其賠累之款，係爲四川鑛務，特未思必合同成立，已經開工而後，該商始有關係於四川。今據各該供詞，一則謂爲公司辦事，在草約簽押以前；一則謂爲中國辦事，在合同簽押以前，皆顯然與四川無涉，則其賠累與否，豈四川所得而知？該商並無確因開工賠累之證據，即使果有賠累，亦商人貪求利益應用之母財，來之而力不能副，即有應得之失敗，豈能開口向人索賠？若謂鑛師來川勘鑛，即係爲川賠累，不知該鑛師等如係受四川官府之僱傭，訂有契約，自當由四川官府按照契約所定應給之費與之。今爲會同公司之利益，受會同公司僱傭而來，既未受四川官府之僱傭，又未定有特別酬報之契約，會同公司於合同所載逾限六箇月不辦合同作廢等語之下，當日又未載有如不開辦，鑛師來川及一切費用，當由川賠償之語，實不知該商何所據以索賠。細查英使來文用一若字，蓋恐該商之開口索賠，故先爲之地。可見該商尚未開口，其不能索賠之證據，如此其多，恐該商萬不能遽以索賠逕陳於英使。即使朦請，英使素持公理，亦必先予駁斥，就令英使厚於保商，代爲陳請。就川省論，固決無舍合同載明作廢不論，舍事實並未開工不論，而別爲通融體恤之理。就大局論，各省與外人已訂作廢之合同，必不止一處。對於此案，彼所持之理由，極不完全，我所持之證據，極爲堅確。若猶漫爲遷就，其他已廢之約，難保不借口接踵而起，大部將何以應付？該商現既舍廢約而言賠累，實已情見勢絀。英使不遽提出索賠，亦必知提出亦歸無效，故姑發其端。欲如龍王洞之由我向其提議，不知龍王洞乃已開之鑛，此則已廢之約。龍王洞曾經納税，又有房産機器材料煤炭實在值錢之物。此則並未施工，在川亦無一切動産。且龍王洞之收回，乃商與商之交涉，且係英商與華商協議收買，並非向中國官府要求賠償，會同公司萬不能援以爲例。即使商人不無背理無厭之求，仍望核咨大部，堅予駁斥。不惟四川之幸，實大局之幸也等情。據此，本督部堂詳加覆核，該道所議，理由甚爲滿足，自不能聽該商人任意要求，致啓無窮之患。相應據情咨呈大部，謹請查核駁覆施行。須至咨呈者。正月十五日。

外務部收駐英大臣劉玉麟函《函呈英倫報載摩賡辦理川礦訟案譯件》 宣統三年三月十八日，收駐英劉大臣致丞、參信稱：二十四日，寄英字第十四號函，計承察及須《泰晤士報》載有關於中國四川鑛務一則，謂西一千八百九十九年，英人摩賡曾在四川得有開鑛權，後以此權擾與他人，剏設一公司，名曰東方開墾有限公司。然事越數年，鑛務尚未開辦，意欲藉端向中國索償款。正在提議，忽有該公司辦事人擬另行籌立萬國聯合公司，於是東方公司代表麻度，控諸法庭，請禁止另立萬國聯合公司。迺被告狀師呈出祕密函件，稱該公司辦事人擬另立公司，寔有此權，請裁判官判斷。裁判官以此案須與中國提議，若率爾判斷，恐於將來有所妨礙云云。查此案上海各報紙早經登載，此間無案可稽，未得其詳。茲有所聞，特譯送冰案，祇請勛安。

又軍機大臣鹿傳霖收曹穗信《法英争辦川礦因應爲難英商煤油煤炭銻砂合同請由》〔宣統〕三年　月　日，收曹穗致軍機鹿大臣信稱，老伯大人鈞座，敬禀者：前因徐、唐到川議辦五金及麻哈事，曾上電禀，嗣奉福示。當即遵與變通核議，樂帥爲籌款計，甚望礦事速成。無如英領與徐、唐志在專利，索地太寬，滂無限制，英領用全力要挾，與樂帥言，則謂商訂合同請以一禮拜爲限。是知法領之將到成都也，徐、唐述英領意，則以全川礦務應歸其辦理，謂戊戌年黄思永奏准總署與之，今剔除法國所指定各地，已覺川省不應如此許法，法亦不應如此先占佳礦。此時英專辦甯雅銅務，勢必不能，由甯雅指辦兩處五金，如法之天全懋功，則更不願，幾經磋磨。竟未鬆口。至於麻哈金廠，立意合辦，且須與新議之事同一合同，喻以或分先後，或明分暗合，彼均不能允。姪詢其何以如此之決，則謂非全川不能集股，非合辦不能大舉。詢以如法領亦欲合辦，將何以對。則謂法之得川礦，無異英與之，此可無慮。議未粗具，而哈士到省，開口即言聞川已與他國新立合同，又議五金及麻哈官廠，我法與川議礦有年。無論如何總須均沾利益。姪兩難其間，託徐、唐與英領言，只須與法領當面叫破，謂我英既得全川礦務，法不應占川礦之語，則議可速成。徐、唐謂此英絶不肯爲，如局不照英議，英只向制台索耳，制台不照英議，英向外務部索耳。英何必與法作對耶！則從前所云與英可免他國饒舌，其誑騙一也。姪又謂麻哈金廠兩兄本原辦商人，王賴與法議事，兩兄亦在場，今既英法互争，請爲調停，以免口舌徒勞，而於事無濟。況比利時又將到，勢不能來者即合辦，如不合，即饒舌，何妨籌一善策，自主其利，如何情形，如何辦法，必爲上達。庶利不外溢，而原辦之人，皆告無過。徐唐謂此山金礦初辦得手時，每日真不止二十兩，愈開愈壞，引綫寬窄有無不定，且多雜鉛質，入鑪化之，金多飛去。所以出順水推舟之計，外人本足，賠數百萬尋到根據，自獲大利，此時即許百萬官本，亦不敢承辦，恐攤台也。則從前因本少不能辦，又其誑騙也。查唐星球去年隨甲開勘礦，只海棠驛地方小

再稟者，川省礦務日見其難，外人交争，得寸求尺。英領英商不遂所欲，拂意而行，煤油草約准駁尚無確耗。法領法商堅持李大臣字據，急催畫押，除夕奉外務部電，初三即定議，法商執約到京，自與英商哲美森斟酌，蓋輕視英領英商，以爲不足與談，又因此事飭使哈士皆有誤會，必到京始能説明。徐、唐此次來川，如居旅寓，與人談次，皆俟冕廠事交代清楚，即便啓行。昨樂帥交下外務部咨文，英使照會慶邸，索甯雅兩府礦，冕甯官廠，又添打箭爐一帶。麻哈事頗屬意於徐唐，謂唐與甲開到廠月餘，因李大臣催令速立合同，有信可憑，是實有與唐全權之事。查唐甲由省至冕，往返月餘，除却程途，在廠僅數日耳。局有唐稟，蓋言因北方事起，甲開急欲回國，催立合同，不肯候到省請示，並無奉李信之説，督轅札局，則據李大臣駁斥唐約請作廢紙之咨。此次徐唐到川，與之商酌，亦只言李大臣有面諭，未言有信。局議准英在甯雅擇兩處開辦五金，如法之天全懋功擇辦兩處。然麻哈另圖通融辦法，皆不能允，動謂非全得，不能集股，非開鐵路，不能辦礦，計甚叵測，曾將此意咨呈外務部。今復添索打箭鑪一帶，是重在鐵路通川，借礦索地，借路防俄也，兩府一廳，全爲所欲爲。則川西數千里，爲英所有。將來由滇由藏鐵路直接，後事何堪，且言川與法無窮之利，查法所訂草約，共十處，英定草約，共十四處，法已有争多競少之言，是以有擬請外務部駁英約宜與法同，以昭公允。若如此次咨文辦法，則法必從而傚尤，川省恐無寸土矣。樂帥頗爲鬱鬱，擬再電詳言利害，亦衹盡所當盡而已，命姪稟商老伯，晤外務部各堂，可否請其無論英法索礦，須遵章先定礦額指地段，或者於無可救藥之中，存萬一補救之法，若能於英法兩約定准後，令其辦成，再爲請增，則更妥善。諸希鈞裁。敬叩樞安。姪再稟。

謹將英議川省煤油煤炭銻砂合同，擬請外務部核駁各條，摘開清摺。送呈察核。

計開：

第三條，六州廳縣煤油，較法合同多至四處，未免不均，應照法公司設爲二處。先指明兩縣，再往查勘，至查勘之期，改爲六箇月，至多亦不得過一年，即行開採。

第四條，六縣煤炭，兩縣銻砂，較法合同煤鐵亦多二處，應改爲煤炭五處，銻砂一處。先指明某縣，再往查勘。至查勘之期，改爲六箇月，即行開採。

第十三條，募士兵保廠口食，應由公司給發。所擬駁條，與法國前定合同，

住一日，欲查銅苗，從此直到麻哈瓜別，流覽一周，即閉門訂約。是其意已決於機先，此番之來，並不挈姥，俱捐道員，一指直隸，一指江蘇，呈閲草約。一年内還清官本，證以順水推舟之説，是意在與外人定議官本有著。著輩即可遠颺耳。爲謀官本甚忠，商本不提，自謀亦巧，全分機器，甯雅十餘州縣礦産。專與英人。唐有李鐵船與全權之説，局有李鐵船斥唐擅專訂草約之據。而英與徐、唐決不與李氏父子理論，一意在川横估。其用心更可想，尤可恨者，尊意如何。

尊處致樂帥函，及與姪函電，無不詳告英領事。今因所議岨峿，時引爲惡索之據。幸而所索太多，久議不定，未中其計。不然法領來，更難措手矣。查近年辦礦，有索得即賣與他人，已即獲利而去，黔礦即是前車。外人如此，徐、唐可知。現在猶極意籠絡之，遇事請其出力，暗中設防，以冀或有轉圜。大槩麻哈廠先置諸不論，以免啓争端。揣法之意，從前所指定者，未嘗不足辦，惟視英得幾何，彼即照數争之。英之意即動索全川，多多益善，與法通同，不問川之能應與否，故意與川作難。至煤油、煤炭、銻砂合同，磋磨三月之久，幾至決裂，勉强成議。姪之抑氣磨牙，固不待言。立德樂稍不遂意，即嗾英領上院。若樂帥之苦衷，則更難以僂計。今特命姪録呈合同，並將欲駁各條簽出，另書一紙，求察閲後，向外務部詳言之。如能一一駁出，並議樂帥與承辦局員之不是，或可挽回一二。好在從前法約曾由總署駁改後始訂，此時並非創舉。不然，則羣起競争，其患不可勝言。即如法商杜瑪陀煤油印據，去年八月由李鐵船飭局與之，有准擇二處未詳巴萬二字。哈士因川與英立新約，有查勘年限不能在别處開采，遂謂法應得先擇二處之權。查前後與法所議，均此二處，即飭使照會外務部，亦明指巴萬，其有意矯謠如此。此事尚有李道壽田在場，刻充合州釐差，電促其回省，或者可以質證。冀有結束，函書未竟。樂帥交閲京鄂兩電，皆因一面之詞，而有責備之意，非不知兩國不能偏重，外間不能專訂合同，俟奏咨批准，始爲允辦之據，則必待外務部作主也。鄂電與法專利之説，則更不解從何而來。當此外人逼視之時，既不免虚聲恫喝，且不免設法估詐，只好相機因應，内外一氣，隨時密商，不稍透露，少喫一分虧。即算受一分益耳。李鐵船久病不愈，歸期杳然，川礦聲名太大，各國垂涎，能請簡派熟習交涉明幹大員，專任其事，或者可期有濟，正不必拘定川人也。覶縷陳言。伏候鈞裁。祇請崇安。諸乞垂鑒。世愚姪曹穗謹稟。

【略】

大致不差，請外務部即照駁出，轉告英領遵改。則議五金之時，亦只許指兩縣，如法之天全懋功。照如此持平辦法，英領即有異言，只好據理爭之，則內外一氣，英法相等，界限分明，違言可免也。

英法公司合辦川省礦務節略《英商會同蜀江、普濟、華英，法商福安、福成、和成等公司承辦川礦先後情形》附《英法公司合辦川省礦務節略》 光緒二十四年英商摩賡設立會同公司，訂立合同合辦川省礦務。合同內載明六箇月不辦，合同作廢。二十九年經前岑督與英領事改訂會蜀合同，載明俟會蜀合同一經批准之後。所有前此彼此爭執之會同合同，立行作廢。祇因牽涉蜀江公司一案，以致會蜀合同，至今未能核准。會蜀蜀江兩公司事詳後。三十二年四月間，英使復請准摩賡前往川省續辦，經本部電准錫督查復，該合同曾於會蜀合同內，註明作廢。且久經逾限，確應作廢。當據復電駁復英使。嗣英使屢次照稱，謂摩賡自合同畫定後，即派礦師前往查勘。迨二十六年拳匪作亂，始行停辦，並索賠償，復經本部一再照駁在案。本年五月間，英使復來照辦論，堅謂自訂立合同後，所派穆甲兩礦師抵川，蒙各大吏認明，並派兵役照料，寔工作一年有餘，因亂停止，復於六月初一日咨行川督查明寔在情形電復，現尚未准查復。

光緒二十七年十一月間，英使來照，以法領干預蜀江合同，請電川督從速批准。當經本部電准川督查復，光緒二十六年李大臣派同知唐星球伴送礦師甲開勘礦，唐星球妄稱李大臣予以全權，私與甲開訂定合同，設立蜀江公司，合辦麻哈金礦，業經查明批駁，咨明李大臣將私約作廢，復電准李大臣電復，並無予唐全權之事。私約雖經川督批駁，而英商以此約不妥，可以商改，不能作廢。現接川督電云，甯雅礦界寬長五六百里，可分讓與公司承辦，惟須仍用奏定舊約，當飭與英商將舊約酌量添改，並電准川局復稱，可聽英商到川議訂，經本部據電照會英使，証明合同業經作廢。

光緒二十九年正月，英商立德樂設立會蜀公司，訂立合同，合辦川省冕甯西昌塩源會理州越雋廳五廳州縣金類礦務。經川督與英領韋禮敦訂明，俟韋領呈報駐京大臣聲明蜀江一案作爲完結，則此次所簽合同，方可爲允准完全之據。二十九年英使曾函詢所訂合同是否已經奏准，當照川督與韋領商訂之言答復，並函詢該使，現韋領諒已呈報，希即見復，以憑核辦去後，迄未見復。

光緒二十九年，英商立德樂設立普濟公司，訂立合同，合辦川省樂山射洪兩縣煤油礦務，餘與會蜀公司事同。

光緒三十年，英商立德樂設立華英公司，訂立合同，合辦江北廳煤鐵礦産，合同內載明以十二個月爲限。三十一年十月，十二個月限滿，英使請展限一年，本部准展限半年。三十二年四月，錫督來電謂，展限至四月二十一日屆滿。忽於十九日英領函請開工，既未先行呈明礦地，稟局指購，迨展限將滿，含混聲稱開工，應將合同作廢。適英使屢次照稱，礦山遥遠，爲期太促，諸多爲難，應准該公司照約開工。經本部以該公司勘礦期限原訂本係三年，經本部改爲十二箇月，上年英使原請展限一年。本部僅允再展半年。當時該使即有仍行迫促之語，所稱礦山遥遠，亦係實在情形，該公司既於限内呈請開工，惟有飭其速指礦地，實行開辦，不得僅以呈報開工塞責，以免再延。至廢約一層，斷難辦到等情電復去後。嗣准錫督來電，以奸民王静軒潛串立商私行囤買礦地，有已税契者，有未税契者，立商蓄意訛索，與例章不合。復經本部以未税契之地，私相授受，不足爲據。其已税契之地，應澈底清查。仍一面責成保富公司將違背合同之處，與立商切實磋商電達在案。旋准電復，已將王静軒管押，英領要求釋放未准，嗣後如何辦理，未准川省咨報。

光緒二十五年，法商俞德樂設立福安公司，訂立合同，合辦川省灌縣、犍爲、威遠、綦江、合州、巴縣煤鐵礦，合同內載明以六箇月爲限，自二十八年十二月迭請展限。三十一年九月准錫前督電達本部，以合同久經逾限，已照會法領作廢。三十二年八月復准咨稱，該公司至三十年十月末次展限期滿未辦，亦未再請展限。二十九年十月外務部電開法使稱，礦師已由巴黎起程，未能限内到華，請再展限六箇月。次年果有礦員斯美德來川，迨三十一年九月，法領稱代辦和成公司礦務斯美德，不日來省。斯美德係原查福安公司礦地之人，此次來川，難保不藉口展限續辦，隨以斯美德來省，想係開辦和成公司事宜，至福安公司久經逾限，早應作廢，照會法領。嗣後斯美德迄未來川，而法領聲稱，前礦員斯美德來川勘辦，已算動工。經詳細駁復，該領復照稱此事已電公使，請咨外務部會商。該使赴部如何商辦，迄未據該領聲復。該公司久經逾限，應將合同作廢，咨請查核辦理。經本部以該公司係由保富公司招集，其合同亦係保富公司與該公司商訂，經本部核改奏准，現既逾限不辦，仍應由保富公司按照原訂合同與該公司商議，咨復在案。川省與該公司如何商議，未准咨報。

《礦務檔·福建礦務·邵武建寧汀州各礦》外務部收軍機處交出閩浙總督許應騤摺《邵武等屬礦務妥定章程招法商承辦》 〔光緒二十八年〕三月初二日，

軍機處交出閩浙總督許應騤抄摺稱：跪奏爲閩省礦務，擬由洋商承辦，現與妥定章程，酌定辦法，以闢利源，恭摺仰祈聖鑒事。竊維中國地大物博，礦產之富，甲於五洲。洋人來華遊歷，探測殆遍，僉以棄利於地，深爲可惜。近來風氣漸開，各省華商間有設立公司，自行開採，然或因資本不足，或因礦師難延，或因機器難購，旋作旋輟，毫無成效。僅直隸開平煤礦，經理如法，始獲厚利。然糜款至數百萬，經營幾二十年，亦可見收效之匪易矣。查礦務辦法大約有三：曰官辦，曰商辦，曰官督商辦。但官辦則公款難籌，商辦則私財不給，官督商辦則商恐受制於官，亦不能見信於人。瞻顧徘徊，事機坐失。光緒二十四年，京城礦務鐵路總局奏定章程，通行各省，於興利防弊之法，極爲周備。惟集款以多得華股，並須已集華股十分之三，方准招集洋股，自係爲獨操利權起見。無如中國富商於開礦之事，素未講求，斷不肯以鉅資輕於一擲，欲糾集公司，則辦理毫無把握，大都疑沮觀望。即使准招洋股，而洋人以承辦者此係屬華商，更不肯輕附股分。若必照此辦法，是中國永無開礦之日，徒託空言，於事何補。近年山西、河南、四川等省開礦章程，名爲華洋合股，實則仍係洋商承辦。洋人開礦，向有專門之學，其勘礦最精，其集資最厚，其辦事最信。此處不成，另開他處，心志堅寒，必求選獲佳礦而後已，非若華人之急功近利，一蹶遂不復振也。臣愚以爲與其歸華商承辦，招集洋股，而洋人決不願附，不如由洋商承辦，而華股轉可多招，即如美國之鐵路公司，英國之匯豐洋行，粵東紳商多購其股票，以爲世守之業。蓋以事歸商款，係公司與其國家無涉，斷無藉此攘奪之理。去年北方變亂，官辦鐵路，皆被佔據，獨開平礦局因係公司，總得保全爲明。【略】

照案辦理，既可廣開利源，亦隱收援助之力，實於大局有裨。區區愚忱，惟冀聖明洞察。謹附片密陳，伏乞聖鑒。謹奏。

又外務部收許應騤文《邵武等屬礦務擬由法商承辦》（光緒二十八年）三月初四日，閩浙總督文稱：竊照中國礦產，甲於五洲，果能及時開採，誠足裕國利民。前此各省官商每多設法試辦，然或貲本不繼，或經理未宜，作輟紛紜，迄無成效。光緒二十四年，經礦務鐵路總局奏定章程，通行各省，其間興利防弊之法，極爲周密。惟集款必須多得華股，或已集華股至十分之三，方准招附洋股，自係爲獨操利權起見。無如中國富商於礦學素未講求，誰肯以鉅貲輕於一擲，至欲糾集公司開辦，則不持華股未易多招，而洋人以承辦者，係屬華商，亦不肯輕附股分。用是遷延疑沮，坐失事機。近年山西、河南、四川等省開礦章程，名爲華洋合股，實則仍係洋商承辦，欲期推行盡利，自不得不設法變通。閩省崇山峻嶺，綿亘千里，礦產甚多。據福州法國領事高樂待屢次來署商議，以現有該國商人魏池，擬設華裕公司，請准予限三年，於邵武、建寗、汀州三府所屬擇礦開辦。參照四川章程，由官派員設局，經理勘苗購內地交涉各事。該商另與大東公司法商立約，籌集貲本，一切開採工程，歸大東公司承辦。仍係華洋合股，互相維制，以五十年爲限，限滿統歸中國收回，大東公司於開辦時，願將所售股分票，按每百張先抽五張，送與礦務官局暨華裕公司各得其半。並將紅利票按每百張先抽八張，以充閩省公用。又按每百張抽二十五張，報効公家，作爲租課。其出口海關稅照章完納。此項股票，可照時值售繳現銀，將來開礦盈虧，概與官局無涉，飭由藩司洋務局與該領事詳細商酌，擬定合同二十三條，先行簽字。約內聲明仍俟奏明奉旨允准後，方能開辦。倘奉議駁，此項合同應即作廢。本部堂覆加查核，所擬辦法，大致參仿四川等省章程，於主權利權，均無妨礙，尚可准行。除恭摺具奏，並咨請礦務鐵路總局核辦外，合就照抄合同底稿，咨呈貴部察照。

又外務部收許應騤文《逐款磋改法商辦礦合同》（光緒二十八年）六月十七日，閩浙總督文稱：光緒二十八年五月初八日，承准外務部來咨，因法商魏池請設華裕公司，承辦閩省邵汀建三屬礦務一案，原擬合同二十三條，奏明奉旨交部，由部詳加察核。先將應行增損之處，咨商妥協，再行復奏，分款鈔單行閩核復等因。承准此，當經轉行福藩司暨洋務局遵辦去後。茲據該司局按照指飭事理，約會法領事暨華裕商人逐款磋商，酌量刪改，開具清摺，詳請咨復前來，相應咨呈，爲此咨呈外務部，謹請察照可否照辦之處，迅賜核復，望切施行。

照録清摺。

福建等處承宣布政使司、福建全省洋務總局按察使、前署督糧道。謹將奉飭刪改礦務合同各款，與領事逐條商辦情形，開摺恭呈鈞鑒。

計開：

一、「三年限滿後，凡未經該公司指定者，准別項公司尋覓開採」等語，下應添「其已經該公司指定者，予限一年，如未開工，亦准他項公司接辦」。此條商經領事允飭照添。

二、「華裕公司現與大東開採公司，另訂合同」等語。查原奏係參照川章辦理，川章設立兩公司，一係專司購地，全用華股，以防主權外溢。今華裕、大東兩

公司，均係華洋合辦，均派監工勘礦，核與川章不符，應令分別辦理。又籌集開採一切貲本招商集股等，查各省辦礦成案，貲本數目，均載在合同，該兩公司究各集股本若干，應令酌定載明。

又「此項開採資本之股票，至少須讓華人購至十分之四」等語，應改作「此項股票，華人如有力量，可購至過半。至應享權利，華洋一律，不得畸輕畸重。」

此條商據領事聲稱，公司事權，自應分別以華裕購地，大東開採爲准。內地勘礦，華裕亦不另派監工，惟股分仍須華洋合辦。應需貲本，勘礦之初，先由華裕備款捌萬元，大東備款柒百肆拾萬元應用。必俟定地開採，再行逐廠估計數目，招集華洋股分，方有把握。此時未能預擬，至華人購買股票一節，悉允照擬添改。

三、照繕。

四、「如礦地民業或公産」句「礦地」下應添「係」字。

又「若係華商已開之礦，至即准先行管業」等語。查華商已開之礦，可否統歸華裕接辦，應由業主情願，業經商議不合，無論私業公業或官業。均可由官局派員勘估，酌給公道數目，業主不得居奇，官局亦不得抑勒。如果兩相允願，公司認繳此款，即准先行管業。

此條商據領事請將「如果兩相允願」六字删去，改爲「如公司與業主大致已經議合，僅餘價目高低未定，則公司認繳此款，即准先行管業」云云。餘悉照擬添改。

五、華裕公司坐得大東開採公司所得紅利項下，每百抽八股票，呈繳官局，作爲課税等語。查此項股票，原奏有「可照時值售繳現銀」之語，合同內並未聲明，仍應改爲「繳取現銀」。

此條商明領事，各種股票倘官局願收現銀，公司自當遵繳，惟合同內未便明載。至此項股票，原爲公司開礦後，官局逐年支取利息之憑，一經售繳現銀，嗣後永遠不能支取利息，於官局殊屬無益，當亦無此辦法，恐有誤會。

六、報效紅利。亦應收繳現銀。此條商明領事，亦照上條辦理。又「官局有稽核帳簿之權，以考完税數目，果否屬實」等語。「帳簿」二字應删。「以考完税數目是否屬實」十字，亦應删。此條商明領事，照擬删改。

七、「股票」應改作「現銀」，餘照繕。此條辦法，已於第五條內商定。

八、照繕。

九、照繕。

十、除公司事權須分別清楚外，餘照繕。此條分別事權辦法，已於第二條內商定。

十一、「華裕及大東公司，可以修濬江河至礦工所在」等語，應删。應改爲「公司可於礦井處所，修造小支鐵路，至最近水口，或疏通河道」云云。

又「稟請官局查明」下，應添「地方情形有無窒礙，分咨外務部路礦總局核定，如未核定，不得開工」貳拾柒字。

此條商據領事聲稱：「至最近水口」句下，應添「或與礦工有聯屬處所，惟約明所造僅係支路，不得造幹路」貳拾叁字。蓋礦質無一定運出水口之理，假如開採煤礦，無待外售，專就內地行銷，自應由礦井建一枝路，逕達售煤處所，藉省運費。若泥定水口，殊非所便。至「奉添」貳拾柒字，領事因恐分咨候覆，輾轉耽延，堅持不允。再三商酌，始議改爲「地方情形有無窒礙，由官局稟候閩浙督憲核定，未奉批准確據，不得開工」貳拾玖字。

十二、公司名目，只宜一項，餘照繕。此條商明領事遵照辦理。

十三、照繕。

十四、「所有北京礦務總局」，至「均應遵守」等語，已詳第貳拾貳條，此處應删。又海關課税下，應添「並出井課税」伍字。

此條商據領事聲稱：原約礦務紅利百抽貳拾伍，正所以代出井課税，倘再加收，實與立約本旨相背。所添五字，萬難遵辦。再三商酌，始允另添辦法，聲明所有公司承辦各礦，應完一切課税銀數，悉願遵照中國礦務總局奏定新章辦理，餘可照删。

十五、照繕。

十六、照繕。

十七、照繕。

十八、「限內」貳字，應改作「若干年後」。查各省成案，多以全限之半，爲此項之限，如全限伍拾年，此限即係貳拾伍年。此條商據領事聲稱：約內原載年限不改，則官局隨時均可收回，較爲便益。如果中國願改，法商自屬樂從，並無異議。

又「購回紅利股票，按末叁年勻分紅利，統併估算得中價值貳拾倍償還」等語。查各省成案，限內購回股票，皆係每百兩加貳兩伍錢，該項票價多至貳拾

倍，究係如何估算，應令切實核減。

此條收回紅利股票算法，詢據領事聲稱：西國債項起息，多以伍釐爲度。如本銀百元，每年應得息銀伍元。是本銀之數，常貳拾倍於子銀也。今紅利股票不載本銀數目，遇有彼此買賣，僅憑每年實分紅利銀數定價交易。原議購回辦法，係按尋常借款本銀貳拾倍子銀之例科計。譬如前項紅利股票，每張年分紅利伍元，是票本約應值銀百元，唯逐年所得紅利盈絀不同，今欲估本收回，殊難遽定准數。故必以末叁年經分紅利，統計勻算，較爲得中。如首年分得紅利陸元，次年叁元，叁年柒元，合叁年統計爲拾捌元，勻分之，則年實應得紅利陸元。即以此陸元爲末叁年紅利適中之准，用子求母銀之法，以貳拾乘之，即知紅利股票壹張估本應值銀壹百貳拾元，不重不輕，最爲公允。若所謂每百兩加貳兩伍錢，無論數不公平，且紅利票並無本銀，所稱百兩之數，亦不知從何科算，此條應照原約辦理。

十九、照繕。

二十、已備載新章，此條應刪。此條與領事商明照刪。

二十一、作爲二十照繕。

二十二、作爲二十一照繕。

二十三、作爲二十二照繕。

外務部奏摺《議覆法商承辦福建建寧邵武汀州等屬礦務事》附《閩省華洋合辦建寧等屬礦産改定合同》（光緒二十八年）九月二十一日，本部遞奏摺稱：

爲遵旨議奏，仰祈聖鑒事。光緒二十八年三月初二日，准軍機處鈔交閩浙總督許應騤奏，擬由法商承辦福建建寗、邵武、汀州三府屬礦務。現與妥議章程各摺片，本日奉硃批：「外務部議奏。片併發。欽此。」欽遵到部。查原奏内稱：閩省崇山峻嶺，礦産甚多，據法領事屢次來商，有法商魏池擬請准於建寗、邵武、汀州三府屬擇礦開採，設立公司。倣照四川章程，由官派員設局，分别辦理等因，並准該督將所訂合同咨送前來。臣等就原訂合同詳加查核，如華裕、大東兩公司均派監工勘礦，核與川章分立公司，一司購地，一司辦礦，其權限尚未分清。至未經指定之地，尋勘礦産，准以三年爲期。而勘定之後，並不予以開工年限，亦與定章不符。其接辦民間已開之礦，先未核定價目，輒行管業，尤難保無勉强抑勒情弊，凡此窒礙之處，固未便稍予通融。他若股本之多寡，税數之輕重，運道之遠近，在在均關緊要，合同内或漏未聲叙，或語涉含混。經臣等分别增損，電商該督飭局與法領事詳細磋商。數月以來，始免漸次就續，猶恐電文簡略，講解稍有歧異，即辦法不免參差，復將改定合同，咨行閩省逐條核對，俾臻周妥。現准該督電稱，合同全稿，法領事已允悉，華文辦理，請即核奏等語。謹照録改定合同二十二條。恭呈御覽，如蒙俞允，即由臣部咨行該督派員與公司畫押，以便照章開辦。所有臣等遵議閩省礦章緣由，理合恭摺具陳，伏乞皇太后、皇上聖鑒訓示。謹奏。

謹將《閩省華洋合辦建寗邵武汀州三府屬礦産改定合同》，照繕清單，恭呈御覽。

計開：

一、閩浙總督現要開採閩礦，設立礦務官局，派員督辦，官局務要籌議便宜之法。開採閩屬之建寗、邵武、汀州三府地方礦産，招致華裕、大東兩公司，各集華洋商股，統歸官局查核。華裕公司專司購地，歸華員經理，洋人附股，只得稽查股利，不得干預事權。大東公司專司開採，限三年内，准在以上所列三府屬内覓礦，無論覓得幾處，均准開採。三年限滿後，凡未經該公司指定者，准别項公司尋覓開採。其已經該公司指定者，予限一年，如未開工，亦准他項公司接辦。

二、華裕公司現與大東公司另訂合同，籌集一切貲本，招商集股。華裕先備款八萬元，爲購地之用，大東先備款七百四十萬元，爲開採之用，均係初備貲本。俟定地開採，再行逐廠估計數目，招集華洋股分，華人購買股票，如有力量，儘可購至過半，至應享權利，華洋一律，不得畸重畸輕。

三、大東公司准於批准之後，未開辦之先，派外國總監工或礦師前往尋覓試驗，惟須官局派員會同前往。

四、大東公司查勘試驗之後，要開何礦，須明白指出。繪圖註説，由華裕公司呈交官局詳奏准行。如礦地係民業，或公産如祠廟等類。或買或租，華裕公司須向業主商議舉辦。華商已開之礦，公司不得侵佔，該商如願出售，亦准華裕與該商妥議，歸伊接辦。如遇華裕與業主商議不合，無論公業私業，均可由官局派員勘估，酌給公道數目，業主不得居奇，官局亦不得抑勒。公司願按照業主所索價目，先行備款繳局，再由官局與之議定付給，業主如願入股，即將此款折給股票。

五、華裕公司坐得大東公司所送每百張抽五張股票，應印將半數轉送官局。又按大東公司所得紅利項下，每百張抽八之紅利，即每百張抽八張之紅利股

票，呈繳官局。

六、華裕公司將大東公司所得紅利項下，每百抽二十五之紅利，即每百張抽二十五張之紅利股票，以報効中國國家。官局有稽核之權，開礦所用物件，或礦務所屬工程應用物件，以及礦産所出之貨，均免完釐金及内地各税，至海關税則，仍應照章完納。

七、所有五、六兩條所載華裕公司轉送官局之每百張抽二張半之股票，及應繳官局每百張抽三十三張之紅利股票，均應於大東公司開售股票之時，首先照額抽送官局。

八、所開之礦，倘係官業，應由官局委員與華裕公司總辦，議定公司應完租税之額。

九、官局所委隨同礦師之員，及護送兵勇一切費用，均歸大東付給。所有載運機器事件，則歸官局委員巡視保護。

十、大東公司要打鑽掘井，及開辦勘驗各工程，須預先通知華裕公司，禀明官局，並與該管業主妥議。無庸全買礦外地段，如所辦工程有傷地主權利，則公司當與地主商定賠償款目。倘遇墳墓、屋宇可以遷移者，公司當與其家屬或該管地方官，商議妥協辦理。倘彼此不合，再由官局派員估價償還，如實在不願得價遷移，必須設法繞越，毋得毁掘損壞。官局亦極力設法方便開採工程，該管地方官或省中官府，須納明凡礦務辦事人員，以及礦工之器具物件，皆極力妥爲保護，勿使稍有驚擾。

十一、大東公司可於礦井處所，疏通河道，以便行運，並修造小支鐵路，至最近水口，或與礦工有聯屬之處，惟言明所造僅係支路，不得造幹路。此種港路，只能專作裝運礦産之用，如要裝載客商貨物，須妥議章程，另訂條約，並須先將所開港路，繪圖貼説，禀請官局查明地方情形有無窒礙，分咨外務局、路礦局核定，電行閩省照辦，如未核定，不得開工。如須購地，應仍由華裕公司查照奏定章程辦理。若爲通達礦廠運棧屯棧消息，須用電綫德律風，亦准禀明官局候示辦理。

十二、一切礦務工程，均歸大東公司管理，聽憑官局查核。每廠應設華洋董事各一人，薪水由公司籌給。所有執事人員，但華人所能勝任者，均派華人，並盡心教授，務使熟悉礦務工程。一切礦工丁役，極力多用土人，章程從優辦理。

十三、一切礦廠棧房，該管地方官須遵照官局意旨，實力保護。該礦廠棧房亦恪守禮法，並切實稽查，不容藏匿匪類。

十四、大東公司每年開礦所獲利息，除開銷各項費用外，提取三項：第一項，支付各股本息長年七釐，從付本日起算，未付之息，一併補還。第二項，從餘息中再提百分之十，陸續收回股票，其收票之價，按照原價加一償還。第三項，酌提一款爲公積本銀。限定數目，以備添换器具之用。除三項之外，所剩餘利，作爲實在紅利，即在此紅利上，先行提取應繳國家及閩省官課，海關課税不在此内。其餘均分應享紅利各股友，至所有公司承辦各礦，應完一切課税銀數，應聲明悉願遵照中國外務部及路礦局奏定新章辦理。

十五、各處礦廠分廠，各立出入賬簿，此廠盈餘，不得抵彼廠虧折。

十六、每逢年終，造具四柱清册，由華洋兩董事會算覆核，並會集股友核定之後，呈送官局再加核算，然後刊刻報章，申報政府，詳呈省憲。如有虧折，與中國國家官局無涉。

十七、公司承辦限期，從批准開辦日起算，以五十年爲限，限滿後，所有礦廠以及所屬之道路橋梁電綫鐵路各項，一概繳還官局。除所租礦地，由官局給還原主外，餘物並廠所房屋一切歸中國官局，勿庸給價。

十八、公司股票，本係華洋合股。倘華商於限内收買開採股票至四分之三，則官局即可收回各礦以及廠所房屋各等項。按照條款所載價值，償還所剩股票，並購回紅利股票，按照末三年匀分紅利統併估算得中價值二十倍償還。

十九、凡公司開採需用之機器物件，當照納關税，惟祗准免完内地釐金。

二十、所開各礦，係中國物産，倘有與別國戰争之事，開採公司須遵中國政令，不得資助敵國。

二十一、凡礦務總局現定章程條例，華裕大東兩公司均應遵守。

二十二、現訂之合同，共繕華文六分，應候奏請批准後，由閩浙總督派員與公司簽押，再行照辦。一分交法國領事。一分交大東公司。一分交華裕公司，一分主總督存案，二分由總督分咨外務部路礦總局存案，如有疑惑，以華文爲憑。

又外務部行賈斯納文《合辦建邵汀礦務合同業奏准》〔光緒二十八年〕九月二十二日，行法國賈署使文稱，所有閩督與華法公司議訂建、邵、汀礦務合同一事。本月初二日，准照稱，據法國駐紮福建領事官電稱，此項合同文字，均皆

妥善，請速爲批准等因，現本部已將改定合同，於本月二十一日具奏，奉硃批：「依議。欽此。」除咨行閩督欽遵辦理外，相應照會貴大臣遵照可也。

又外務部收商部文《咨送奏派孝察外埠商務大臣暨設立閩廣農工路礦總公司等摺片》 光緒三十年十月十三日，收商部文稱：光緒三十年九月十八日，本部具奏辦理商務從閩廣入手，請特派大臣督辦一摺。又於光緒三十年九月二十八日具奏請發給考察外埠商務大臣關防一摺。又於光緒三十年十月十二日泭奏張振動在廣東省城設立農工路礦總公司一片。均奉旨依議。欽此。先後由軍機處傳知前來。相應恭録諭旨，附抄原奏，咨行貴部查照備案可也。

照録抄奏：

謹奏爲辦理農工路礦要政，擬先從閩廣入手，並請旨簡派大臣督辦，以專責成，恭摺仰祈聖鑒事。竊臣部於光緒三十年九月十三日，接臣候補三品京堂張振動咨呈稱，竊振動奉召來京。於八月十九日，仰蒙皇太后、皇上殷殷垂詢，以招徠華商振興商務爲命，跪聆之下，欽佩莫名，嘗聞世之策商務者，莫不曰招徠外洋華商，振興農工路礦，不知不接其言論，不去其疑慮，則所謂招徠之術，終隔膜也。去年振動蒙恩召見，皇太后、皇上即以招徠華商爲訓。迨賞假南旋，所到各埠。當華商集議之時，竊有以窺其疑慮之所在，或謂中國地大物博，外人涎羨，自通商以來，或招洋股，或掛洋旗，捷足争先，莫可紀極。吾儕一旦歸有海外，主客之形，幾於倒置，縱絜巨資，無從著手。又或謂商之爲道，乘時趨利者也，中國官商久成隔閡，設爲奸商所騙，丑惡所欺，□之有司，節節羈留，層層鈐束，累月經年，尚不得直，費時曠日，所損實多。至於外埠僑居，已成立著，公司之設，則股本不可遽提。合同之立，則期限不能遽滿。今若舍舊謀新。恐非一朝一夕所可期許。他如天時之寒燠，土地之燥濕，起居飲食之異宜，猶其小焉者也。振動爰思外埠華商，籍隸閩廣者，十人而九，其擁原資善經紀者，指不勝屈，中國商智未開，商力甚微。而各國莫不集商戰以争利于中原，商利一端，在我已有不能自支之勢，居今日兩思補救，非招徠外埠華商，維持商務不可。振興商務尤非自閩廣入手不可。如由商部擇其聲望素孚之員，奏請特派考察外埠商務大目，督辦閩廣農工路礦事宜，予以保護華商之任，周歷各埠，切實開導，動之以祖宗廬墓之思，歆之以衣錦故鄉之樂，閩廣之距外埠，輪舶往還，一水可達，室家産業，並顧兼營，一人而給。況商部設立以來，綱舉目張，以保商爲己任，一切下情，即由替辦逕達商部。凡督辦所到之地，商部即在目前，地方官不致有掣肘之虞，官商一氣，内外一心，如是祛其疑慮，有不襁負而至者哉。且所謂招致華商者，非盡中人而羅致也，業必世業，財必己財，知其以農起家者，畀以開墾種植之任，以工起家者，畀以製造工藝之任，以路礦起家者，畀以開礦築路之任。先由督辦湊集華款，認真提倡，選擇要地，築路一段，開礦一區，墾種工藝，創辦一二事，以爲程式，二三年後，著有成效，昭示大信。再勸華商出其資財，承辦各項公司，極力經營，由南而北，逐漸擴充，開闢利源，講求物産，窮黎賴有生計，四境漸無游民，財公家無一錢之費，而中國增億兆之資。利權既挽。主權自尊，戰勝之機，固不盡在折衝閩矣。抑更有進者，廣西土匪已成蔓延，廣東一帶盜風，日熾一日，推原其故，皆由地多曠土，民無教養，今日治兩廣籌的款，練勁兵，以顧目前之急。不得不然。而振動以爲開墾種植者，默化未成之匪也，教習工藝者，隱散匪之餘黨也，故言商務於閩廣入手，不得僅爲善後之策也。振動屢蒙聖諭。既周且摯，謹就管見所及，縷悉上陳，如蒙轉奏請旨施行，商民幸甚等語。臣等使查農工路礦諸政，爲今日刻不容緩之要圖。自去年奉命設立商部，朝廷鋭意振興，風氣所開，商情漸奪，祇以用人不易，籌款維難，一時驟難著手。茲據該京堂呈稱前因，臣等詳加披閱，所陳不爲無見，至其謂外埠華商籍隸閩廣者，十人而九，振興商務，須從閩廣入手一節。竊維海外僑氓，涵濡聖澤，俱有不忘故土之思，祇因官商隔閡，相習成風，遂不免意存現望。誠能派員周歷各埠，切寔勸導，招徠鼓舞，自恢輿情，是整頓商務從閩廣入手，亦係切要辦法。該京堂張振動久居外洋，家道殷寔，聲望素孚，其惓愛國之忱，久邀聖明洞鑒。此次條陳各款，意在公家不煩等款，而要政可以次第舉行，其志願寔堪嘉尚，如果畀以事權，當能力圖根稱，合無仰懇天恩，准將侍郎銜候補三品京堂張振動，特派爲臣部考察外埠商務大臣，兼督辦招集華商經營閩廣農工路礦事宜，遇事咨呈臣部核奪辦理。先令專集華款，認真提倡，選擇要地，築路一段，開礦一釐，墾種工藝，一併趕速開辦，以爲程式，三年以後由臣部察核，果係事事切實，成效卓著，即行奏明酌予獎勵，並令接辦，由南而北，次第擴充。如日久無動，仍由臣部奏明，特差使撤銷，免致有名無寔。至於路礦二事，關係利權尤爲重要。該京堂允認專集華款，應令一切遵照臣部奏定章程辦理，由臣部隨時詳細稽查以昭慎重，如此官商一氣，内外一心，各省督撫地方官均有照料襄助之責。並由臣部隨時電咨核辦，以收通力合作之效，庶幾隔閡胥除，而富强可期漸致矣。臣部爲振興要政起見，是否有當，謹恭折具陳，伏乞皇太后、皇上聖鑒訓示。謹奏。

又外務部收商部文《華法合辦建邵汀礦務合同滿限應否照約作廢》 光緒三十一年十二月初九日，收商部文稱：案查本部頒發礦表，通行各省飭局將所屬礦産填註報部一案，茲於本年十一月初九日接准閩浙總督咨稱，據商政局詳稱，遵查華裕公司稟稱，閩省建邵汀部三屬礦務，係由前大憲奏設華裕公司名目後，招華商承辦，經洋商大東公司總辦開採礦師古阿西冶會同局委履勘邵屬礦産。然以照費執意不允，至今未能開辦，奉發礦務總表，多半莫可如式填註。除將原本暫存外，先道遵部指就現在情形造册具復，並抄合同章程暨股票式樣察辦等情，合具詳請咨商部察核批示等情，到本兼署部堂。據此，除批示外，相應咨覆查收辦理等因前來。查福建華裕礦務公司係於二十八年九月間，經前閩浙總督咨准貴部，奉奏硃批允准，本部無案可稽。惟檢閱此次所填表式，一切開礦事宜，尚未興辦。詳查該公司與洋商大東公司所訂合同内第十一條稱，倘三年限内，大東分公司未將願辦之礦務，及所屬之鐵路工程等類，繪圖註説，稟請官局及華裕公司，此項合約，即廢而無用等語。此案現在已滿三年，所辦礦務，尚屬毫無頭續，所有華裕興公司與法商大東公司所訂合同，應否照約作廢之處，相應咨呈貴部查核見復，以憑辦理可也。

又外務部收商部文《合辦建邵汀礦務所議減去一府事已否商定》 光緒三十二年二月初八日，收商部文稱：案查光緒三十一年十二月二十三日，接准咨稱，查大東、華裕兩公司承辦閩省建汀邵三府礦務，前因該公司以新章與所訂合同無涉，不肯呈繳照費，迭經本部嚴詞駁復，該使始允照章納費，請予展限二十四個月。經本部以該公司將從前誤會之處，概置不論，並允照章納費，准予展限，鈔録往來照會文函等件，咨行查照備案等因前來。除照復閩浙總督查照外，查貴部鈔録來往照會文函等件内開五月初十日致法呂使函稱：准閩浙總督電稱，福建邵武府礦務，魏前督前接高領事照會，請展限一年，當飭商政局總辦塩法鹿道與高領事面商。以法商所攬三府之礦，地段太廣，限内斷難一律妥辦，如能加酌展期，尚可商議。高領事答以減去一府，尚可商議。惟回國在即，故無成議。應請由部與法國駐京大臣商定電示，相應函達貴大臣飭知現在駐閩領事與商政局照前議商定，並希見復等因。又五月二十八日給閩督文内開，至來電所稱商政局與法高前領所議減去一府一節，本部業經函商法使，尚未得復。一俟復到，再行電達各等語。查此案自上年五月間，貴部函達法使後，迄今已逾半載。該使是否飭知駐閩領事與商政局商定，有無函復，相應咨呈貴部查照核辦，並希見復可也。

又外務部發農工商部函《法商承辦建邵汀礦務合同已照會法使作廢》 光緒三十三年十一月初十日，發農工商部函稱：光緒三十三年十一月初八日，接准咨稱，准閩浙總督咨稱，據福建農工商局詳稱，查閩省建汀邵三府礦産，經外務部與法使議定，應照光緒二十八年二月定章，按照合同，期限將滿，准予展限，如再逾限，將此合同作爲廢紙，不得再請展限。現計光緒二十八年十一月二十五日起，扣至三十一年十一月二十四日止，原約三年限滿。又自三十一年十一月二十五日起，扣至三十三年十月二十四日止，展限二十四個月届滿。迄今已歷四載，亦未請照開工，自應將大東華裕兩合同，一律作廢，不得再請展限等因，已由閩浙總督分咨貴部，希將如何辦理之處，咨復本部等因前來。查此案前准閩督來文，本部業於十月二十七日照會法國潘使，應將此項合同作廢，相應抄録原照，咨行貴部查照可也，須至咨者。附抄件。

又外務部收郵傳部尚書陳璧郭曾炘信《閩礦自辦推舉胡國廉爲總理》附福建紳士公稟 光緒三十四年四月二十三日，收郵傳部尚書陳、署禮部侍郎郭信，王爺爵前、中堂閣下、尚書閣下、侍郎閣下敬肅者：福建濱海多山，上下游各屬，五金礦隨在而有，徒以無人集資開採，遂至貨棄於地，貧弱交議。不特窒固有之利源，抑且啟外人之窺伺。查法人魏池前承辦建邵汀三府之約，逾期未辦，經松制軍咨大部向法使聲明作廢，收回利權。同鄉紳商懲前毖後，亟謀開辦。擬舉胡京卿國廉爲全省礦務總理。查京卿在外洋辦礦多年，家道殷實，以之總理閩礦，駕輕就熟，成效可期。詳細情形，除由林參議願深等僉呈大部並農工商部外，璧等誼關桑梓，知之至悉，謹以奉聞，伏望速賜核辦，無任盼禱之至。肅此，敬請鈞安，唯祈垂鑒。

陳璧、郭曾炘頓首。

具呈學部左參議林灝深，前内閣學士兼禮部侍郎銜陳寶琛，内閣中書曾毓驤、趙慶椿，軍機處章京鴻恩，掌河南道監察御史葉芾棠，掌新疆道監察御史江春霖，翰林院編修鄭錫光、林炳章、陳培錕、黄彦鴻、郭則澐、于君彦、林志烜，檢討林步隨，庶吉士鴻志，外務部郎中陳懋鼎、嚴璩，員外郎傅仰賢，主事黄葆奇，吏部員外郎黄允中，主事張壽祺、陳震、高稔、鄭兆璜，民政部主事王大亨，警官黄曾善、林襄、龔守仁、甘景煌，度支部郎中李毓芬、范紹森、龔銘義，員外郎黄曾

勗，主事鄭宣綸、陳淦孫、張國威、葉國英，七品京官王宗海，筆帖式鋭祉，禮部郎中林棟，主事劉翼經、林怡、陳棣前，簿正龔蔭樗，林開佑、陳琮，陸軍部郎中高暉游、蔡祖熙、張同，主事林子鰲、廖學潮、陳緎、鄭元楨、張燦斗、劉元任、林葆綸，【略】以挽利權而維大局事。竊閩地瀕海多山，上下游各屬五金礦産隨在而有，徒以無人集貲開採，貨棄於地，虚穴來風，遂啟他族垂涎之漸。查福建前有法人承辦建邵汀三府礦約，限滿一次。商請大部准予展限二年，彼時約明逾限不准再展，去冬復届滿未辦，業經閩浙總督松電咨大部請向法使聲明作廢在案。現在利權既已收回，自應及時興辦，夫辦礦一事，官辦不如商辦。農工商部定律，商任經營，官爲保護，固已頒行海内，樹以風聲。以閩省九府二州之大，厚集其力，儘足有爲，況各島僑商身擁鉅資，睠懷祖國，尚不乏人，若有人爲之昌率，登呼響應，不難逐漸呈功，深等查有三品卿銜商辦福建鐵路協理胡國廉，祖籍福建汀州，在南洋以礦業起家，於應興公益，極具熱心，農工商部亦曾采其資望，派辦安溪礦業，以之總理全省礦務，有駕輕就熟之功，無綆短汲深之慮，且礦路相維，尤能交收其益，範圍既定，即不至枝節横生。深等爲福建大局起見，除呈明農工商部據情代奏外，用敢僉懇大部俯念閩礦關係至重，鼎力主持，全閩幸甚！須至呈者。

光緒三十四年四月二十七日，復陳雨蒼尚書、郭春榆侍郎函。雨蒼尚書、春榆侍郎閣下，逕復者，接奉來函，暨林參議等公呈。藉悉貴省京外官紳擬公舉胡京卿國廉爲全省礦務總理，以期礦路相維，交受其益等因。查集資開礦，有係振興實業開擴利源之要務。閩省前與法人魏池訂立承辦建、邵、汀三府礦務合同，逾限未辦，應行作廢。業經本部於上年十月照會法使，並咨行農工商部在案，雖未准該使照復，諒不能再有異言。現擬按照定律，歸由商辦，該參議等既已分呈農工商部，應即候該部查照核辦。爲此泐復。順頌勛祺。

《礦務檔・福建礦務・安溪各礦》外務部收英參贊甘伯樂函《英商承辦安溪礦務請電閩省查核》〔光緒二十八年〕二月初三日，英國參贊甘伯樂函稱：閩省華民鄭立勳與英商法樂定立合同，在安溪縣尖峯、五閬、尾崙等山開辦礦務一事，前經本館梅副使將此案卷宗，並安溪縣准辦諭帖，面呈貴部陳、雷二君查閲，詢其辦法擬應如何，貴部是否有案。承告以此案尚未據閩浙大憲文告，即應電詢等語。當由本參贊飭知該商法樂去後，當據復稱，如蒙外務部電咨閩省查核聲復，將來赴閩商辦，自屬妥協，商人感激不盡。云云。本參贊查此事如貴部已咨閩憲，請將回電如何，即行示知。若尚未辦，請速即電詢，俟復到刻即示悉，以便轉飭可也。此布。順頌台祺。

又外務部致甘伯樂函《安溪礦案未據閩督電復》〔光緒二十八年〕二月初六日，致英國參贊甘函稱，逕復者：昨准函稱，閩省華民鄭立勳與英商法樂定立合同，在安溪縣開辦礦務一事。前經本館梅副使將此案卷，並安溪縣准辦諭帖，面呈查閲，詢其辦法擬應如何，是否有案。承告以此案尚未據閩浙大憲文告，即應電詢。當由本參贊飭知該商去後，當據復稱，如蒙外務部電咨閩省，將赴閩商辦，自屬妥協。本參贊查此事如已咨閩憲，請將回電如何，即行示知，若尚未辦，速即電詢，俟復到刻即示悉，以便轉飭等因前來，查此案本部已於正月二十九日電達閩督。今尚未接據電復。除俟復到即行達知外，相應先行函復貴參贊查照可也。

又外務部收薩道義函《閩督駁拒英商承辦安溪礦務》光緒三十年正月二十八日，收英國公使薩道義照會稱：光緒二十八年八月十六日，接准來函，以英商法樂在福建開礦一事，可照閩督咨文，准其在安溪縣尖峯山地方開採礦産，由本部繕就護照一紙，送交轉給等因。當將護照轉給，並以若欲在他處勘礦，先須向本省制軍議立合同等語，飭知法樂。迨法樂回閩後，與地方官議論妥善辦法，致延多日。初時地方官似有願辦之情，派有委員隨法樂查勘礦地，法樂亦聘請礦師，查看礦苗善否。據礦師云，該處之礦，約可獲利。惟礦師之語，乃法樂耗費多資方得者。不料此語一出，即有中國人設立公司，承辦該處之礦，經領事官向洋務局孫道會議，該道方謂將創辦中國公司之華人，與法樂相會，擬商合辦之局，雖經如此，而始終未果照辦。領事官等候月餘，至十月二十六日備文照會閩督。十一月二十一日，接到復文内開，所有安溪縣龍巖州礦産，自應照案由商政局趕緊勘明，自設公司開辦。英礦師法樂所請，可毋庸議等語。查八月十六日貴部送到之護照内，准閩浙總督咨稱：案據英商法樂承辦安溪縣屬之尖峯山礦務，與業主議妥承租，自可准令開辦云云。則與閩督所謂英礦師法樂所請，可毋庸議之語相左。諒高明必有同情，安溪尖峯山地方該商所得利益，閩督何能禁制。竊以爲貴親王亦必與本大臣同視閩憲相待法樂爲不公允。如此情形，嗣後外國人豈敢用其資本在華開辦礦務，且無論何事，法樂總願遵依華官之意辦理。今該商辦事雖公允和平，然地方官延宕年餘，始告以可毋庸議，連前此護照内所允之語，並作罷論，殊不可解。抑又思之，或係閩督照復領事時，因到任不久，詳

細情形有所未悉故也。合請貴親王再咨閩督，請爲飭行地方官暨商政局，務遵護照內所允各節辦理，並應與法樂商一妥善辦法，是爲至要。須至照會者。

《礦務檔・福建礦務・日德商請辦龍巖各礦案》外務部收日使內田康哉照會《籌辦龍巖礦務日人有最先權》 光緒二十九年八月二十七日，收日本國公使內田康哉照會稱：照得茲有本國人擬在福建省龍巖州一帶地方，與中國人合夥開礦，不日專派人員來京，稟明一切，請由本大臣批示辦理等語稟報前來。本大臣查此事自應俟該辦礦人抵京後，據稟陳各節，妥加酌覈，再行照請貴王大臣核准施行外，查該處開礦事宜，擬由本國人與中國人共同籌畫，務期興辦，已非一日，並早經派出妥實礦師查勘明確。爲此特請貴王大臣鑒酌該本國人等籌及最先之權，即或有他國人稟請在該處開辦礦務，勿庸即行允准，是爲至盼。爲此先行備文照會貴王大臣查照可也。

又外務部給日使內田康哉照會《勘辦龍巖礦務未便予日人最先權》 光緒二十九年九月初一日，給日本國公使內田康哉照會稱：光緒二十九年八月二十七日接准照稱，茲有本國人擬在福建省龍巖州一帶地方，與中國人合夥開礦，不日專派人員來京，稟明一切，請由本大臣批示辦理稟報前來，此事自應俟該辦礦人抵京後，稟陳各節，妥加酌覈，再行照請核准。查該處開礦事宜，擬由本國人與中國人共同籌畫，務期興辦，已非一日，並早經派出妥實礦師查勘明確，特請鑒酌該本國人等籌及最先之權，即或有他國人稟請在該處開辦礦務，勿庸即行允准等因前來。查華洋商人合辦礦務，雖爲礦章所准，惟必須具呈本部，俟核准後，方能作爲允辦之據。今貴國請開福建省龍巖州地方礦產之人，尚未到京，一切辦法，均未呈明，無憑核議。自未便予以最先之權，致涉標佔，相應照復貴大臣查照可也。

《礦務檔・福建礦務》外務部收日使內田康哉照會《口商請辦龍巖礦務》附日商稟暨《開辦龍巖礦產要端》 光緒二十九年十月初三日，收日本國公使內田康哉照會稱，前因有本國人擬在福建省龍巖州一帶地方，與貴國人合夥開鑛一節，於本年十月十七日，由本大臣備文照會貴王大臣查照。旋准照覆內稱，請開辦福建省龍巖州地方鑛產之人，尚未到京，一切辦法，均未呈明，無憑覈議，自未便予以最先之權等因在案。茲有請開辦龍巖州鑛產之本國商人受久澤直哉，暨中國人吳大容，遣理學士石井八萬次郎到京，代爲出名呈稟開鑛一切詳情，併請由本大臣代遞呈文等情前來，相應據情照請貴王大臣查照，務祈從速酌核俯准，是爲切盼。

照録清摺：

現寓厦門鼓浪嶼日本國鑛師石井八萬次郎。代福建省泉州府同安縣人氏職商吳大容，現寓厦門鼓浪嶼日本國商愛久澤直哉等，謹呈爲合立公司，開辦福建省龍巖州一帶地方鑛產，以圖裕課利民事。竊商等查得龍巖州一帶，向係産煤鐵各鑛之區，雖間有細民採挖煤斤，祇以力簿途梗，未足以盡地利而裕財源，商等爲推展利源起見，業經選派妥寔可靠鑛師，查勘詳切，籌有的款，合立公司，擬開辦該處鑛產，因開列應辦各項要端。呈請憲鑒，一俟奉有批准札諭，即當在該省就地妥議詳密辦法，務期與地方民庶，共享利益。爲此粘附鑛地界圖。呈懇憲台俯察批准施行，寔爲德便。商等謹此叩呈。

日本國礦師石井八萬次郎。明治三十六年十一月二十一日。

光緒二十九年十月初三日。

開列《開辦龍巖州鑛產要端》六款：

一、本公司開鑛地界，以福建省龍巖州爲適中之地，跨連州治寧洋縣、漳平縣，汀州府之連城縣、上杭縣、永定縣等界，即如地圖內所劃紅綫之內爲限。

一、所劃地界內應開各鑛，雖以煤鑛爲大宗，其餘銀、鉛、鐵等各鑛。亦請准本公司開採。

一、所有本公司開採各鑛，由蒙批准日起算，扣足九十年爲限。

一、本公司係屬日、華兩國商人合夥開辦。招足資本五拾萬銀元，由兩國商人各出其半，損益共認。嗣後擴充事業，應隨時添招股份。

一、所有按照成案，應辦各項事宜，應由本公司稟商地方官妥議訂定。

一、因開採鑛産所必需之木料，請准本公司就地砍伐取用，至載運鑛產至通商口岸，沿途應辦各項工程，以及在開鑛地界以外之地，蓋造堆存鑛產或精練鑛產等廠所，並蓋造從事鑛廠之各項人等隨時暫寓之房屋，暨製造鑛廠應用一切器械俱等件工廠，均請准本公司隨地擇宜辦理，以便載運銷售。

又外務部給日使內田康哉照會《請辦龍巖礦務事已咨閩督查復》 光緒二十九年十月十四日，給日本國公使內田康哉照會稱：光緒二十九年十月初三日准照稱，茲有請辦龍巖州礦產之本國商人愛久澤直哉，暨中國人吳大容，遣理學士石井八萬次郎到京，代爲出名呈稟一切詳情，請由本大臣代遞，應請從速核辦。並送原呈要端六款，暨礦地界圖等因。本部查日本商人愛久澤直哉等呈請

開辦龍巖州礦務呈内，所指礦地，包括太廣，所列要端六款，亦多與定章未合。惟據石井礦師偕同鄭繙譯來署面稱，所列六款。僅係大略，至詳細章程，自可續行妥議，請先將礦地咨查等語。除咨行閩督將該商所指礦地，查明於地方有無窒礙情形，俟咨覆到部，再行核奪知照外，相應先行照復貴大臣查照可也。

又外務部收閩浙總督李興鋭文《閩礦定由本省自辦日商所請應毋置議》

光緒二十九年十二月初七日，收閩浙總督李文稱：光緒二十九年十月二十八日，承准貴部咨，准日本内田使照稱，兹有請辦龍巖州礦産之本國商人愛久澤直哉，暨中國人吴大容，遣理學士石井八萬次郎到京，代爲出名呈稟一切詳情，請由本大臣代遞，應請從速核准，並送原呈要端六款，暨礦地界圖等因前來。本部查日本商愛久澤直哉等呈請開辦龍巖州礦務，呈内所指礦地，包括太廣。其所列要端六款，亦多與定章未合。惟據該礦師偕同繙譯來署面稱，所列六款之中，僅係大略，至詳細章程，自行續行妥議，請先將礦地咨查等語。相應照繪原圖，並抄原照會原呈，咨行貴督將該商所指礦地，切實查明於地方有無窒礙情形，咨復本部，以憑核奪爲要等因。承准此，查龍巖州轄煤、鐵各礦，久經民間開採，因辦理尚未得法，獲利無多。上年八月間，英國礦師法樂請勘安溪礦，曾奉貴部頒給執照，承領到閩。嗣因安溪創辦爲難，請准往勘龍巖礦山，先行舉辦，復經崇前署部堂行飭汀漳龍道派員會勘各在案。本署部堂月前到任，以中國現在振興商務，開礦爲最要之圖。閩省崇山峻嶺，綿亘千里，礦産甚多，此爲中國自有權利，似應自行設法籌辦，以期保我利權。當經設立商政局，飭將通省各州縣境内，詳細查明有礦若干，分別已辦未辦，呈報該局。一面督飭紳董糾合股富，先行議立礦務總公司，分廠承辦。或用土法，或用機器，以資本之多寡爲衡。嗣後無論何人，凡有在籍在京呈請開辦礦務，均應由商政局督飭商會詳加查核，分別准駁，未便紛輕許。現已附片奏陳，所有龍巖州境内鑛山，前據英礦師請辦，因擬歸本省總公司自行開採，未經允准，自不能再予日本商人。況所引要端六款，多與定章不合，所指地段，又不僅在龍巖州境内，尤爲漫無限制，應請毋庸置議。爲此咨呈貴部，謹請察核辦理，望切施行。

又外務部發日使内田康哉照會《日商請辦龍巖礦務未便准行》 光緒二十九年十二月十一日，發日本公使内田康哉照會稱：光緒二十九年十月初三日准照稱，本國商人愛久澤直哉等請辦龍巖州礦務等因，當經本部咨行閩浙總督，查明該商所指礦地，於地方有無窒礙去後，並先行照覆在案。兹准閩浙總督復稱，查龍岩州轄境煤、鐵各礦，久經民間開採，辦理尚未得法，獲利無多，現經本署部堂設立商政局，飭將通省各州縣境内，查明有礦若干，呈報該局。一面督飭紳董議立礦務總公司，分廠承辦，所有龍巖州境内礦山，業歸本省總公司自行開採，該商所請，未便准行等因，相應照會貴大臣查照可也。

又外務部收德使穆默照會《請准華德礦務公司勘探龍巖各礦》 光緒二十九年十二月十五日，收德國公使穆默照會稱：華德礦務製造公司業經派一礦務司員，前往福建省考查龍巖州一帶五金煤各礦情形，以定開採是否合算。今據查明該處礦苗大概堪以開採，惟須再爲詳細查核該處土地形質，以保確實，是以該公司稟請准其按照本年春間福建全省礦務總局所定章程，在以下所開之地界内，三年中予以勘礦專權。於勘礦期内，該公司向福建全省礦務總局聲明，擬於何處開礦，並照全省礦務總局分章第四款各節，稟請辦理。至所擬請准一帶回至如下，東邊界係北龍江，泝流而下，自漳平縣城至茶烘地方。南邊界係一直綫，自茶烘至永定縣城。西邊界係一直綫，自永定縣城至連城縣城。北邊界係一直綫，自連城縣城至漳平縣城。查按本大臣所略知者，在以上所指之地界内，尚無他商得有辦礦之權，故本大臣將華德礦務製造公司所稟各情，轉達貴親王鑒閲，並請轉飭該管各官，准該公司在該地三年内勘礦，並請示復爲荷。特此照會貴親王查照。

又外務部發德使穆默照會《龍巖各礦業由閩省自辦》 光緒二十九年十二月二十一日，發德國公使穆默照會稱：光緒二十九年十二月十五日准照稱，華德礦務製造公司派員前往福建查考龍巖州一帶五金煤礦，堪以開採，請准其按照福建礦章，在所指之地界内，予以勘礦專權等因前來。本部查龍巖州礦産，前有日本商人請辦，經本部咨據閩浙總督復稱，龍巖州轄境五金煤礦，久經民間開採，現復督飭紳董議立礦務公司，將龍巖州境内礦山，歸本省總公司自行開採等語。是龍巖州一帶礦産，既經閩省自設公司開辦，華德公司所請前往該處勘礦，未便照准，相應照復貴大臣查照可也。

又外務部行閩浙總督文《德日争辦龍巖礦務請切實妥籌自辦》 光緒三十年正月初四日，行閩浙總督文稱：案查日本商人愛久澤直哉請辦龍巖州礦務一事，前准來咨，以該州境内礦山，業歸本省總公司自行開採等情，當經本部照會日本内田使在案。上年十二月間，復准德使照稱，華德礦務公司派員查勘龍巖州一帶五金煤礦，請准其按照福建礦章，在所指之地界内，予以礦專權等語。經

本部以龍巖州一帶礦產，前有日本商人請辦，查據閩浙總督咨復，該處礦產已經閩省自設公司開辦等情，照復德使亦在案。旋據日本内田使來署面談，經本部反復駁論，復准該使開送節畧内稱，上年准法國承辦閩省建汀邵三屬礦產，獨至本國商人請與貴國商人合辦開礦一事，輒見駁斥，深爲可惜，望轉達李制台將此次本國商人呈請合辦龍巖州礦務，復行酌核辦理等因前來。查龍巖州礦產，日德兩國商人争請開採，自應飭令總公司切實自辦，以免争執。儻延擱不辦，該處礦利，恐將來難免爲洋商侵奪。相應抄録本部與德使來往照會，暨内田使所送節畧，咨行貴督酌核，并希迅速聲復，以憑核辦可也。

光緒三十年正月初四日，行閩浙總督文内附節畧稱，明治三十七年一月初八日，光緒二十九年十二月二十三日面談節略。明治三十七年一月二十七日，接准貴王大臣照會，内開，本國商人愛久澤直哉請辦龍巖州礦務一節，茲准閩浙總督復稱，查龍巖州轄境煤鐵各礦，久經民間開採，辦理尚未得法，獲利無多，現經本署部堂設立商政局，飭將通省各州縣境内，查明有礦若干，呈報該局。一面督飭紳董議立礦務總公司，分廠承辦，所有龍巖州境内礦山，業歸本省總公司自行開採，該商所請，未便准行等因。本大臣查本國商民與貴國商民合辦礦務一事，於明治三十一年四月二十二日，即光緒二十四年閏三月初二日，前任矢野大臣曾與總理衙門王大臣有所面訂，又於上年間，准法國人承辦該省建、汀、邵三屬礦產，而獨至本國商人請與貴國商人合辦開礦一事，輒見駁斥，本大臣深爲可惜。茲據代愛久澤來京呈請之石井八萬次郎聲稱，中國各省礦產，何處可准商人承辦開採，何處歸國家自行開採，向無區別。其遇有外國人自行開採，或華洋合辦之舉，隨時查明予准，均有例案可稽。且上年二月中國政府所頒布之礦務章程，内載遞禀開辦者，或華人自辦。或洋人承辦，或華洋人合辦，均無不可之條。於是該商人等勘明龍巖州鑛產，與地方殷實紳董商定集資合辦，其開採一切事宜，自當遵照定章辦理，乃及佈置已定，呈請開辦，即以中國自行開辦，居然批駁。然則按照鑛務章程。勘鑛集資首先報禀之商，其向所投各費，均屬虛擲等語。本大臣查該商所稱各節，均屬實在情形，並知該商等業已籌有資本五十萬元，專候批准，即擬開辦。而署閩浙總督輒以議立總公司，分廠承辦，遽行駁斥，其不能體卹商情，不亦太甚。抑查各國人之在中國各省承辦開鑛者，不一而足。獨於福建一省，偶有日本商人請與華商合資開辦，則推之自行開辦批駁，似非公允之道。何況該省前已准法國人開採建、汀、邵三屬鑛產之例有可援者乎。總之，當此兩國交誼日加敦篤，所有切于彼此利益之事，務須聯絡獎勸，施諸實際，方爲合宜。至日本國政府爲保維台灣，凡與福建省有所相涉之處，殊爲切緊，故於數年前，以不將福建省地土讓給别國爲約之時，業經將其所以然由駐京使臣向總理衙門王大臣備細陳明在案，諒於貴王大臣洞悉一切，而乃閩浙總督於福建省鑛務，既許之法人于前，却駁之敝國人于後者，未免視嚮之所約不足爲重，似于理不甚符合，推原其故，蓋因李制台于此中情節，未能了然，以致于此。因望貴王大臣將此示旨轉達李制台詳加體察，於此次本國商人呈請同辦龍巖州鑛務事宜，復行酌核辦理。於兩國交誼商務，均有裨益，即祈貴王大臣查酌核施，盼切禱切。

《礦務檔·廣東礦務·瓊州銅金錫礦》外務部收農工商部文《咨送籌議創興瓊崖地利事宜暨請派胡國廉督辦等摺片暨上諭》附奏摺片　光緒三十四年七月二十五日，收農工商部文稱：光緒三十四年七月二十三日，本部具奏籌議華商創興瓊崖地利事宜，酌擬辦法摺。又請以三品卿銜胡國廉督辦瓊崖墾礦事宜片。同日奉上諭。農工商部奏籌議華商創興瓊崖地利事宜，酌擬辦法一摺，著派三品卿銜胡國廉，總理瓊崖墾礦事宜。其有關涉地方他項商民利害事務，應會同地方官妥商辦理。餘依議。欽此。由内閣傳鈔到部，相應恭録諭旨，刷印原奏，咨呈貴部欽遵可也。附原奏。

《籌議華商創興瓊崖地利摺》：謹奏爲籌議華商創興瓊崖地利事宜，酌擬辦法次第，並預籌久遠，而杜流弊，恭摺復陳，仰祈聖鑒事。竊本年三月初八日，准軍機處片交，本日侍郎楊士琦奏，華商集資創興瓊崖地利辦法摺單一件，奉旨：農工商部議奏，欽此。傳知欽遵等因到部，查原奏内所列一綱十目，均係籌邊殖民要政，亟應統籌全局，次第設施。當經臣等電囑胡國廉來京，面商辦法。茲接胡國廉函稱，瓊崖事體艱鉅，非厚集商力，不足相與有成。擬先設總公司，爲開闢瓊崖之根本，一面招致僑商，分設各項小公司，廣興實業，資本不足，總公司佽助之，俟其獲利，則總公司酌提津貼，以示報酬，大小相維，厥效自著。現已招股一百萬元，設立僑興總公司，先辦墾鑛畜牧匯兑事宜。又招股一百萬元，設立僑豐公司，專辦監務。以候選道區昭仁專駐瓊崖，綜理一切，以道銜張維藩佐之，又有四品卿銜吴梓材，候選同知鄭璜，監運使銜胡夢青，分駐香港霹靂等處，同心規畫。此外南洋各埠同志顧多，現值銀價低落，籌款較難，一俟市面稍寬，尚當續招鉅股等語。業令代表人張維藩，來部面陳辦法，臣等竊維瓊崖全島，爲古

儋耳珠厓等郡，地多炎瘴，山海崎嶇，數千年來，未經墾闢。然其地內屏兩粤，外控南洋，與香港、小吕宋、西貢等埠，勢若連鷄，隱然爲海疆重鎮。而土脈膏腴，農礦饒衍，尤爲外人所艷稱，未雨綢繆，誠爲急務。胡國廉雅負物望，精擅商才，原單內所列各條，及此次函陳辦法，均屬胸有成竹，切實可行，惟是造端甚宏，創始不易，若諸務同時並舉，資力或恐未勝，臣等與該代表人往復推求，公同商榷，就所列一綱十目，參之以情勢，証之以事理，竊以爲有宜亟辦者五，有宜次第舉行者三，有宜暫行緩辦者二，而緦緦過慮，更有不能不爲公司籌久遠，爲國家杜流弊者。敬一一爲我皇太后、皇上縷晰陳之。查原單內開銀行一條。百業以資本爲根源，而資本以銀行爲樞紐，蓋有銀行，則散者可使之聚，滯者可使之通，西人經濟專家之言，至以銀行爲實業之母，故銀行勢力所及之地，實業即隨之而興，徵之列强，成效可覩。該公司擬在瓊州設勸業總銀行，俾商民尺帶寸金，皆得有所儲蓄，血汗所易，不至隨手耗失。而凡辦墾礦事宜者，亦皆有所告貸補助，以資週轉。雖目下地利未盡，不妨小試其端，而他時百廢俱興，即立圖擴充之計。經營瓊島，良爲要圖，此臣等所謂宜亟辦者，一也。又原單內興礦業一條，瓊崖礦産饒富，地不愛寶，而人棄之，至可惜也。今既力圖開闢，則開採礦産，亦其要矣，擬將瓊崖全島各礦，俱歸該公司勘採，或由該公司轉招他商承辦，惟不得暗入洋股，私售外人。限制既嚴，覬覦斯絶，利源既闢，風氣益開，成績所彰，殆可逆覩。惟是維持商業，首在體恤商艱，所稱礦章限制太嚴，租税徵收過重，擬誘通融辦理各節，自是實情。現在新定礦章，已經奏明重加釐訂，將來邊遠之地，有難一律遵行者，均可准予變通。胡國廉前請辦儋州那大等處錫礦，亦經臣部核准，量予變通有案。該公司勘採全島礦産，規畫尤屬爲難，欲求全體之振興，必予以特優之利益，所有該公司照費、年租、出井税等款，均可按之給照年限，一律豁免，以資鼓勵。至出口税關繫正款，仍飭令照章完納。庶幾商力不困，而常課無虧，利國利民，無如此者，此臣等所謂宜亟辦者，二也。又原單內清荒地一條。瓊崖十三州縣，井里寂寥，動憂工曠，振興農業，必始查荒。惟是清荒大事關地方，稍一不慎，易滋騷擾。應由兩廣總督嚴飭勸業瓊崖兩道，督同該管州縣，會商該公司，將全島荒地分段查勘。分別官荒民荒，妥籌辦法，總以釐正經界，毋擾居民爲主義。一俟查勘完竣，即由該公司承領開墾，並測繪詳圖，擬訂章程，具報臣部及兩廣總督，會商核奪，庶幾疆場可正，溝洫可治，阡陌可通，物宜可辦，而農利乃可言矣。此臣等所謂宜亟辦者，三也。又原單內廣種植請畜牧兩條。樹畜爲農政大端，若必俟全島清荒事竣，方能舉辦，則天時地利物力，均廢棄可惜，自宜取考查有得，著手較易者，爲最先之試辦，如棉花、蓖麻、甘蔗、蘿蔔、洋薯、樹膠、椰子、胡椒各品，於瓊崖土性適宜，擬先從瓊、澄、臨、儋、定安境內，先行種植。畜牧則先選購牛羊佳種，擇水草佳處爲畜牧場，並製造皮毛。化生爲熟，數年之後，以次陸續推廣，滋生蕃衍，博碩肥腯，必有可觀。或以供製造，或以資販買。細之足以裕小民之生計，大之可以增全島之利源，事有似微而實宏，似緩而實急者，此類是也。此臣等所謂宜亟辦者，四也。又原單內興鹽務一條。瓊島濱海，本係産塩之區，現由胡國廉設立僑豐公司，擬即廣闢鹽田，精求製法，與廣東鹽運司議訂章程，業經兩廣總督批准專辦三十年在案。事關鹽法，應由兩廣總督咨明度支部辦理，臣等竊聞近年法人在廣州灣製鹽，運銷南洋各島，歲數百萬，漏巵甚大，抵制誠不可緩，既可改良鹽法，又可特闢銷塲，獲利之優，實可預計。此臣等所謂宜亟辦者，五也。又原單內長森林一條。林業獲利最優，而收效較晚，瓊崖地方遼闊，嶂巒層疊，森林地位，本極相宜，惟旦旦斧斤，遂致難期長養，居民樵採已慣，一時禁令，必有所難周，體察情形，似不能克期並舉，應俟清荒之後，公司辦有頭緒，再行陸續興辦。此臣等所謂宜次第舉行者，一也。又原單內重漁業一條。漁業關係海權，至爲重要，所稱置備輪船，改良捕法，講求醃製，以廣銷路，辦法亦極允洽，惟創辦既多耗費，獲利亦未可預期，應俟該公司氣力稍充，勢能兼顧，再行廣集資本，切實講求。此臣等所謂宜次第舉行者，二也。又原單內築馬路一條。籌瓊以築路爲要著，原奏內亦曾聲明，明臣海瑞，前督臣大學士張之洞，先後均經籌辦，然披荆翦棘，其事絶艱，備料程工，需款尤巨，擬從農礦開辦之處，先行籌築，隨後逐段擴充。庶幾款不虛糜，路不虛談，歲修之費，亦有所資，至或由官辦，或由商辦，應飭該公司會商地方官，妥爲布置。此臣等所謂宜次第舉行者，三也。又原單內設輪船一條。瓊島孤懸海外，必須自開航路，以便交通，所稱創設輪船，爭瓊港往來之利，誠具卓識，惟實業未盛，運貨無多，公司慮有虧折，應俟以上各項漸次發達，然後相機措辦，屆時稟商郵傳部辦理。此臣等所謂宜暫行緩辦者，一也。又原單內開商埠一條。瓊州海口早已設關，客貨無多，收税未旺。該口沙磧，飄蕩靡常，潮退之時，難容巨舶。榆林港在崖州西南，人烟稀少，出産甚微，目前尚難建築。該公司擬別擇良港，自闢商埠，誠爲保守利權之計，應俟商務漸盛，再行體察情形，由臣部咨商外務部辦理。此臣等所謂宜暫行緩辦者，一也。夫以該公司負非常

之責任，抱無窮之希望，志業偉大，良足嘉尚，雖經臣等酌量緩急，定措施之次序。然工艱費鉅，任重事繁，投資本於蠻烟瘴雨之鄉，期成效於曠日持久之後，非予總公司以特別之利，不足以廣招徠，非予總公司以特別之權，不足以資提倡。重以漢黎雜處，主客異形。開辦之初，慮多阻擾，惟賴朝廷主持於上，地方官協助於下，寬稅則以紓商力，簡文法以順商情，將來百貨萬商，駢闐充溢。公司蒙其利，國家亦坐受其成，萬一權多旁掣，功廢半途，前者寒心，後者裹足，事機一誤，隱患方深。臣等公擬仰懇天恩，俯念瓊崖事體重要，明降諭旨，特派大員督辦瓊崖墾礦事宜，以重事權。并請敕下兩廣總督，飭勸業道及瓊崖道，實力保護，並由臣部隨時稽察，遇事維持，俾策全功，而收實效。臣等所謂爲公司籌久遠者，此也，抑臣等更有進者。此項墾礦章程，爲發舒商力，鼓舞僑情起見，且創辦各商，均熱心祖國，夙負重望，自不妨格外從寬，以盡地利，而將來流弊，亦不可不預爲之防，該總公司係完全商辦性質，任事各員，悉由股東公舉，他日輾轉易員，至十數年數十年以後，倘有攙合洋股，借用洋款等事，仍由臣部，及兩廣總督，暨兩廣諮議局，隨時稽查，一經覺察，所定章程作爲無效，並飭該公司將此條訂入專章，以期永守，臣等所謂爲國家杜流弊者，此也。至於未盡事宜，及各項詳細辦法，統俟該公司妥訂章程，呈由臣部核定辦理，所有籌議華商創興瓊崖地利，酌擬辦法次第，並預籌久遠，而杜流弊各緣由，理合恭摺覆陳，伏乞皇太后、皇上聖鑒訓示。再，此摺因與胡國廉函商辦法，是以覆奏稍遲，合併聲明。謹奏。

再，瓊崖墾鑛，事關鉅要，非蒙特派大員督辦，不足以崇聲望，而專責成，惟所派之員，必須深諳風土，洞悉商情，始可收提倡維持之效，查三品卿銜胡國廉。器識闊遠。籌略精深，才力足膺鉅艱，聲氣足資號召。且事由手創，則休戚相關，地已身經，則情形熟悉，合無仰懇天恩，俯准以三品卿銜胡國廉督辦瓊崖墾鑛事宜，俾得專心籌畫，迅速開辦，候選道區昭仁才識優長，夙精農鑛，與道銜張維藩，均籍隸廣東，以之駐瓊辦事，可使閩粵僑商，聯絡一氣，擬由臣部加札派委，將來辦有成效，再行酌予獎勵，以資鼓舞。謹附片具陳，伏乞聖鑒訓示。謹奏。

《礦務檔·廣東礦務·增城各礦》總署收兩廣總督陶模文《法商請辦增城礦務業經駁復》附《照復法領事稿》〔光緒二十七年〕六月初四日，兩廣總督陶文稱：光緒二十七年四月初六日，據廣州口法國領事照會，據法商李三稟稱，廣東廣州府增城縣屬許鄭李三姓村，有礦一區，經與山主許文炳、鄭仁山、許望陵、許炳敦、許文春、許幹、許毓麟等，按照中法所立和約章程辦理，定立合同，承領開辦，計稟并合同各一紙前來。據此，查所稟及合同，均與中法所立和約章程相符，本領事除將合同存於敝署案內，并將李三之稟，呈送本國駐京欽差大臣外，相應照會貴部堂查照。因此礦務本領事不但爲中國國家擴開利源，且於該處土人工作，亦大有利益起見。希即按照章程，務請准其承領，俾速開辦等由前來。除照復外，相應鈔稿咨呈，爲此咨呈貴衙門。謹請察核施行。

照録粘單。

照復法國領事稿：

爲照復事。接貴領事官(五)[四]月初六日照會，以據法商李三稟稱，廣東廣州府增城縣屬許鄭李三姓村，有礦一區，經與山主許文炳、鄭仁山、許望陵、許炳敦、許文春、許幹、許毓麟等，定立合同，承領開辦。查所稟及合同，均與中法所立和約章程相符，希即准其承領，俾速開辦等由。本部堂查北京鐵路礦務總局，於光緒二十四年奏定鐵路礦務章程，內載各省開辦礦路，無論官商華洋，均應按照總局章程辦理。又各省紳商有遞呈該省地方官，請辦礦路事宜者，該地方官先查其人，如果公正可靠，家貲殷實，其所請辦，無背定章程，即咨報總局覈奪辦理，不得率行批准。又集股以多得華股爲主，無論如何興辦，統估全工用款若干，必須先有已資，及已集股十分之三，以爲基礎，方准招集洋股，或借用洋款，如一無已資及華股，專集洋股與借洋款者，概不准行。又凡辦礦路，無論洋股洋款，其辦理一切權柄，總應操自華商。又有人興辦礦路，聲稱已集資本及股分若干者，應先將銀款呈明驗實，以杜冒混合等語，是各省開辦礦務，應由本省官員逐細查驗明確，詳報北京總局酌核批示，方能作定，不能逕向土人私自立定合同，承領開辦。至中法續議商務專條內載，議定中國將來在雲南廣西廣東開礦時，可先向法國廠商及礦師人員商辦，其開礦事宜，仍遵中國本土礦政章程辦理等語，係指中國自在該省開礦而言，如果將來有批准開辦之礦，自當先向貴國廠商礦師人員商辦。本案並未據土人報明地方官照章辦理，且尚不知是否民業，抑係官產，遽由法商與許文炳等私立合同，核與條約及奏定章程，均不相符，所請准令承領開辦之處，礙難照允。接文前由，除咨呈總理衙門察核外，相應照復貴領事官查照。順頌日祉。

又外務部行兩廣總督魏光燾文《增城礦務俟礦路章程定議再行商辦》〔光

緒二十七年〕六月十八日，行兩廣總督魏光燾文稱：接准文稱，廣州口法領事照會稱，據法商李三稟稱，廣州府增城屬許鄭李三姓村，有礦一區，經與山主許文炳等，按照中法所立和約章程，定立合同，承領開辦等語。經本部堂以此案未據土人報明地方官照章辦理，且不知是民業，抑係官產，遽由法商與許文炳等私定合同，核與續議商務專條，及礦路總局奏定章程，均不相符，礙難照允，備文照復，暨札海防善後局飭查稟復在案。又接法領事照稱，接貴部堂照復增城開礦一事，内開奏准礦務局章程，本領事並非不知，此章程二十二條，係本國欽差所未准者，現經查明，凡開礦應由承辦人與礦師開辦，無得以此二十二條攔阻，是以照請轉呈政府各等語，鈔稿咨請察核賜復施行等情前來。查法國領事照稱法商欲在增城開礦一節，現在和局雖成，一切礦路章程，是否仍前照行，抑須重加釐定，尚未議及，相應咨復貴督照會該領事，俟定議，再行商辦可也。

《礦務檔・廣東礦務・廉州欽州雷州各礦》外務部收法使巴思德照會《廉州欽州等屬礦務當用法商礦師辦理》 光緒三十三年正月初七日，收法巴使照稱：照得邇據獲得消息，有粵省或官或商，擬願開辦該省南方及廉州、欽州各屬礦山等情。查在廣東開辦礦務，曾有貴國政府向本國政府允明之事，如光緒十三年五月初六日，續議商務專條附章第五條，並光緒十三年五月十三日總署來照所載，在廣東、廣西、雲南、南邊三省界内礦務，中國國家開採之時，即延用法國礦師廠商商辦等語。又光緒二十五年十一月十二日，總署來文亦稱，所有高、廉、雷三屬地方，准由法商會同華商訂立合同等語各在案。本大臣查如此允明之事，既未向我國政府商准更議，仍當遵守，爲此相應備文，特向貴爵提憶，並望貴爵將貴國意見，與本大臣意見相符聲復可也。須至照會者。

又外務部收兩廣總督咨《高廉雷各屬礦務准由法商照章辦理》 光緒三十三年正月十三日，發兩廣總督咨稱：雖爲咨行事，光緒三十三年正月初七日，准法國巴使照稱，邇獲得消息，有粵省或官或商，擬願開辦該省南方及廉州、欽州各屬礦山等情。查廣東開辦礦務，曾有貴國政府向本國政府允明之事，如續議商務附章第五條，並光緒十三年五月總署來照所載，在廣東、廣西、雲南、南邊三省界内礦務，中國國家開採之時，即延用法國礦師廠商商辦等語。又光緒二十五年十一月十二日，總署來文亦稱，所有高、廉、雷三屬地方，准由法商會同華商訂立合同等語各在案。查如此允明之事，既未向我國政府商准更議，仍當遵守。爲此提議，並望聲復等因前來。查該使所引光緒二十五年十一月總署來文，係廣州灣法員被害一事，准法畢使迭次照會，逐節聲覆第四條内稱，高、廉、雷等處各礦，請照光緒二十三年專條辦理。查二十三年專條所載，廣東等省南邊界内礦務，應俟中國國家開採之時，方延用法國礦師廠商商辦。現本衙門格外從優，所有高廉雷三屬地方，准由法商會同華商，訂立合同，照礦務局章程辦理云云。兹該使以粵省官商有開辦廉欽礦山之意，來照提議，除照復外，相應咨行貴督查照備核可也。須至咨者。

又外務部發法使巴思德照會《廉州欽州各屬開礦事已咨粵督查核》 光緒三十三年正月十三日，發法巴使照稱：爲照復事，本月初七日接准來照，以獲得消息，有粵省或官或商，擬願開辦該省南方及廉州、欽州各屬礦山，引續議商務專條附章第五條，暨光緒二十五年十一月十二日總署照會，備文提憶等因。查粵省官商是否有開辦該省南方及廉、欽一帶礦山之意，未據該省咨報到部。兹准前因，除由本部咨行粵督查核外，相應照復貴大臣查照可也。須至照復者。

《礦務檔・廣西礦務・籌辦廣西礦務》總署收軍機處交出廣西巡撫史念祖摺《招商開辦廣西各礦》〔光緒二十三年〕二月十一日，軍機處交出史念祖抄摺稱：爲招商開礦，未動正款，並酌定抽税章程，仰祈聖鑒事。竊查廣西産礦處所甚多，歷年從未開辦，前經臣督飭司局派員查勘，出示招商，並於本年五月内，將大概情形奏報在案。兹據司局會詳，所有派員查出貴縣之大小天平山、三叉山、富川之荆洞村、臨桂之大墟、全州之仙人橋長街嶺，共銀礦六處。蒼梧之芋莢嶺，武緣之大名山，向武之祥村，共金礦三處。富川之油麻村，蒼梧之金星尾山，共銅礦二處。百色之下蘭緑江、臨桂之黄山口，共煤礦二處。其中以貴縣銀礦著名最久，需費亦稱最鉅，現當餉源支絀，官中未敢以鉅款嘗試。前經招商陳慶昌，譚日昌等，共集貲本四十萬圓，開辦貴縣之大小天平山、三叉山兩處銀礦，均經購運機器，僱募工匠，於十二月先後到廠，並在局呈具甘結。一切成本開銷，概不請動公帑。其如何開挖，官亦不爲遥制。惟俟設爐煎銀後，派員監爐抽課，得十税一，解交藩庫兑收，按時造報，以憑核對。此外各零礦辦法不一，有經商人周平珍等湊集資本，先後具結呈請開辦者。有由官先籌閑款試辦，隨後招商者。其抽課章程，均照貴縣一律等情詳請具奏前來。臣查礦務衰旺無定，要在勘驗得法，經理得人。此次該商陳慶昌等各集巨資踴躍承辦，似非全無把握。蓋商之樂得於官者，除繳課之外，別無科條，無論文武各署均不准有絲毫規費。官之樂得於商者，除監爐徵税外，一切經費開銷，不虞波累，核與户部開礦章程，

正相符合。至貴縣銀礦而外，率皆試辦之新礦。商本既微，爐匠尤少，同時並舉，耗費滋多，全在酌量盈虛，移緩就急。近據商禀，業將臨桂全州兩礦暫緩開採，移匠赴富川等處。此後相度權宜，臣優當隨時飭屬認真調護，以遂商情，俾易招徠推廣，以期仰副聖主籌裕利源之至意。所有招商開礦，未動正款，並酌定監鑪抽課章程各緣由，謹會同兩廣總督臣譚鍾麟恭摺具陳，伏乞皇上聖鑒訓示。謹奏。

光緒二十三年二月初七日，奉硃批：「户部知道。欽此。」

總署收施阿蘭照會《中法議定興築滇越鐵路粤桂滇三省礦務延用法廠法礦師開辦暨疏修雲南水陸運道事》 光緒二十三年五月十三日，法施使致總理衙門照會稱，照得我駐京使署會同貴署，商議互定法國國家中國國家按照和約條款，並以示和好情意，彼此一願將越南與中國睦誼鄰邦，通商來往便宜興盛，更明白詳細專訂法國與中國前定約章内載數條辦法，專以爲此本署與貴署互議字樣三節，開列如左：

一、按照光緒二十一年五月二十八日商務專條附章第五條，並二十二年四月二十四日費務林公司與同登至龍州鐵路官局訂立合同，及二十二年四月二十一五月十五等日，法國使署與貴衙門往返文牘，現即議定，一俟同登至龍州鐵路築竣，如果費務林公司辦理妥當，中國令該公司接造往南甯、百色。

二、按照光緒二十一年五月二十八日商務專條附章第五條，現即議定在廣東、廣西、雲南南邊三省界内礦務，中國國家開採之時，即延用法國礦師廠商商辦。

三、議定由中國於紅江上游水道礙難行船處所，修理疏通，並於河口至蠻耗、蒙自以達省城各旱路，平墊修妥，以利貿易。又議定允准自越南交界起，由百色河一帶，或紅江上游一帶，修造鐵路，以達省城，應由中國漸次察勘辦理。

以上各節，現在彼此互照備内載作據。駐京使署會同貴衙門將兩國國家相同之意恪遵。當即議明該節爲定。兩國前訂約章内載數條，並以兩國一律均霑。互相信任。彼此欲盡美意。用作俾屬成就可也。

西曆一千八百九十七年六月十二日。

又總署致法使施阿蘭照會《中法議定滇桂粤路礦事自當互信商辦》 光緒二十三年五月十七日，總理衙門致法施使照會稱：光緒二十三年五月十三日接准貴大臣照稱，大清國與大法國彼此商同援照條約，重敦睦誼，聯固邦交，以爲振興中國與越南商務。法使署同總署意見相洽，重訂明確條約三節，開列如左：

一、按照光緒二十一年五月二十八日商務專條附章第五條，並二十二年四月二十四日費務林公司與同登至龍州鐵路官局所訂合同，以及二十二年四月二十一、五月十五等日法國使署與總理衙門往返文牘，現即議定一俟同登至龍州鐵路築竣，如果費務林公司辦理妥當，中國令該公司接造往南甯、百色。

二、按照光緒二十一年五月二十八日商務專條附章第五條，現即議明在廣東、廣西、雲南南邊三省界内礦務，中國國家開採之時，即延用法國礦師廠商商辦。

【略】

以上各節，彼此互照備此作據，總理衙門與法國使署議明恪遵爲定等因。本爵大臣等查中法邦交日密，越南與中國尤爲鄰近，兩國所訂約章條款利益，惟期彼此均霑，互相信任。所議定三節，以後自應酌量情形，隨時和平商辦。須至照會者。

西曆一千八百九十七年六月十六日。

又外務部收英署使熹訥里照會《兩廣礦務先儘法國承辦斷難承認》 〔光緒二十九年〕二月十九日，英國署公使熹照會稱：上年十月間，據本國駐廣州總領事詳稱，粤督曾經照會法國領事官，承認兩廣境内，凡開礦産，中國政府務須儘先託法國礦師承辦等語。詳報前來，當經轉咨本國查照去後。茲奉訓條，以法國所討儘先利益，本國政府斷難首肯。查光緒二十四年三月初五日，賓前大臣面晤總署王大臣，承告以此次應許法國者，與托英國礦師承辦之處，毫無妨礙云云，應將此語向外務部再行申明等因。本署大臣奉此，合行備文照會，即希貴王大臣查照見復可也。

又外務部行兩廣總督文《兩廣礦務未允法國專利》 光緒二十九年五月二十七日，行兩廣總督文稱：光緒二十九年五月二十三日准咨稱，接廣州英總領事薩允格照會，以英國礦師赫位德僱在三岔山辦理礦事，經法領事以按中法條約，兩廣開礦應用法國礦師等情，請將條約札行各屬遵照，致三岔山礦商，以礙難仍用位德爲辭，當經詳報本國。茲奉本國政府核覆，以中法續議條約第五條内載，將來中國在雲南廣西廣東開礦時，可先向法國廠商及礦師人員商辦等語。當立約之時，曾經本國駐京大臣親向總理衙門言明該條不合之意，已蒙答稱，不

界法人以獨專權利在案。緣其與法國以獨專權利，則於最優待之理未合，是以斷不許可。除照會外務部，應轉達兩廣總督，即通飭各屬一體知照等由。查中法續議商務專條第五款，近年遇有兩廣開礦之事，法人往往援據專條，阻止別國承辦，而各國領事又以獨許法國專利，時有違言，欲將此款廢除，恐難做到，如能議改該三省礦務由國家辦理者，仍照前議，倘係商民承辦，凡集股本延礦師置機器等事，應聽自便，於光緒二十七年五月，咨請全權大臣察辦在案。該總領事稱，總理衙門咨稱，不畀法人以此等專利，有無其事，無從懸揣，惟細譯專條，僅云，開礦時可先向法國廠商及礦師人員商辦，並未聲明不許別國洋商承辦，及聘用別國礦師，是措詞似尚鬆活，請貴部迅賜酌核，與法使詳晰訂明，以免藉口，并祈賜復等因前來。本部查中法續議商務專條第五款內載，議定中國將來在雲南廣西廣東開礦時，可先向法國廠商及礦師人員商辦等語。查議約之時，法使原約法國廠商上，係則向二字，總理衙門以不能給法國獨專利，迭次争辯，法使改爲「先向」二字，復經再三磋磨，於「先向」加一「可」字，以參活筆。其於專利一節，早經籌及，來咨所稱，三省礦務由國家辦理，仍照前議先向法國商辦，其商民集股本延礦師置機器，應聽自便，約內雖未分晰，亦足以備辨論。本年二月間，英使曾經照會本部，申明二十四年三月會晤之語，已由本部以中法商章並無應允法國專利之辭照復矣。相應咨復貴督查照可也。

《礦務檔・廣西礦務・上思鉛礦》外務部收廣西巡撫文《注銷上思鉛礦華洋合辦章程》 光緒三十三年正月二十五日，收廣西巡撫文稱：案據署太平思順道莊蘊寬禀稱，竊署道前奉憲台電飭，查明上思廳屬馬尾嶺黑鉛礦一案，當經函札查詢，旋據該廳以遍查廳屬，並無此嶺等情禀覆。經再查照北洋洋務局所刊約章成案匯覽內，光緒二十八年廣西上思鉛礦華洋合辦章程，抄録一分，發交該廳詳細確查。又據該廳禀稱，上思廳屬查明並無馬尾嶺之名，章程內所稱華商天盛公司馬惟驥，洋商元亨公司沙多利，以及錢選青、高飛鵬、周斌等人，亦未在該廳禀明有案等語，並經該廳蔡署丞其銘電禀憲鑒在案，署道查所刊章程第一條，內有馬尾嶺黑鉛礦，原係華商天盛公司產業，前於光緒二十五年，即西曆一千八百九十九年禀准本省各大憲開辦在案一節。其洋商沙多利係何國人，華商馬惟驥係何處人，公司開設何處，在何衙門禀准開辦，均未詳細叙明，無從查考。邊防荒山甚多，然既有黑鉛礦產，必須聲明該嶺坐落何處，離城若干里，原訂章程，殊覺含混。現據該廳迭次禀復，並無案據，亦無馬尾嶺之名，是華商天盛公司馬惟驥等，並未禀明地方官，亦未禀奉院司衙門批准給照，難保無奸商捏造山名，藉端影射。但其章程第二十四條有或本合同未奉北京政府批准，則本合同不論已否畫押，均應一律塗銷，作爲廢紙字様，擬請憲台咨明外部商務部，先行立案，一面照會駐京法公使，查明法國洋商如有元亨公司沙多利之名，即飭令將所訂合辦章程，塗銷作廢，以昭覈寔，而斷葛藤。再北洋洋務局所刊前項合辦章程，即未奉政府批准，遽行列入約章成案，竊恐中國印行，各國即照本繙譯，將來各處洋商，有所藉口，此等事關交涉，不可不慎，應請憲台咨明北洋大臣直隸督部堂，轉飭洋務局員將所刊約章成案匯覽一書，覆加校勘，凡有似此未經批准各案，概予刪除，以免淆混，管窺之見，是否有當，伏候鈞裁。所有查明上思廳屬並無馬尾嶺黑鉛礦，請將北洋所刊約章成案內華洋合辦章程，分別咨明照會塗銷刪除緣由，理合縷禀憲台察核等情，到本署部堂。據此，當批來牘具悉，曩閲某報中國礦產調查表，載廣西上思馬尾嶺黑鉛，由華商送于法國商元亨公司開辦名，亦無黑鉛礦產，並未有華商天盛公司馬惟驥等，在道廳各署禀報有案等情，上思鉛礦華洋合辦章程。又經前部院分電該道廳飭查，據覆廳屬並無馬尾嶺地等語，當經檢查檔案，並無此卷，旋閲約章成案匯覽，亦刊有光緒二十八年廣西事，惟匯覽係屬官書，斷非無據而刊載，查原書例言第六條內開，是編章程成案，可知該章程所稱，前于光緒二十五年，禀准本省各大憲開辦在案之説，全無其均從外務部暨北洋檔案録出，舊者刪之，廢者棄之，凡歷年中外交涉要政，於斯略備，其私家著述，概不纂入，以符官書體制等因，採輯謹嚴，即此可想。復經前部院於九月初五日，電咨北洋袁大臣，內閣約章成案匯覽礦務門，載有廣西上思鉛礦華洋合辦章程，查桂省各署局，皆無此案。電查上思廳屬，亦無此地名礦產，然鈞處採輯，必有所據，請飭洋務局員查明此案從何處署鈔入，當時由何人禀呈，曾奉何衙門批准咨行否，乞詳細電教，至感等因去後，至今未准電覆。究竟該章程從何而來，有無隱謀秘計，均難懸揣，然而廣西全體官民，均不知有此項章程，則可斷言也，現牘擬請咨明外商兩部立案。並咨請北洋大臣飭洋務局將所刊匯覽覆核，凡有似此未經批准各禀案章程，概予刪除，足徵所見深遠，佩悦無既，希候如禀分咨辦理，並咨請兩廣督部堂察核立案，至擬請照會駐京法公使飭查註銷一節，查此項章程。縱令抄自內部。然未奉北京政府批准，照原章亦是作爲廢紙，與外人毫無干涉，不便由我向彼挑引，轉生枝節，應毋庸議，仍希録批嚴飭所屬漢土各官，隨時留心探察毗連上思各地方，是否有黑鉛礦產，或他

種礦産。現在及此後如有中外商民在所屬稟請開辦，或未經稟准，勘繪給照，遽先開辦，均應立即通稟，聽候核辦，毋得稍有遷就容隱，貽誤大局，致干重咎，切切。希洋務局會同礦政局移明知照，並移兩司派辦處查照。此致印發外，相應咨明。爲此咨呈貴部，謹請查照立案施行，須至咨呈者。

《礦務檔・雲南礦務・籌辦雲南礦務》總署收軍機處交出雲貴總督劉長佑抄片《密陳滇省洋務情形并請開礦練軍》〔光緒二年〕五月十七日，軍機處交出署雲貴總督劉長佑片稱：【略】蓋雲南雖稱疾苦，而五金並産，據有礦山之利，洋人覬覦，已非一時，雖無顯示之情，而碼加理等各案，牽延反覆，安知非故爲挑撥，以要求於我也。夫利在而置之無用，與取之無方，是自失其利也。自失之利，其能禁人之攘奪乎？聞洋人之識地質者，用以開礦，力不虚勞，而利可倍獲，苟得其地，而善取之，貧乏之患，恐不僅滇省一隅矣。欲爲先發制人之計，莫如覓洋人之能者，厚給工資，使爲我用，抑或於江蘇、福建機器局内，擇中國之諳習洋法者，就地製備器具，攜帶赴滇，如法開採，則利由自取，權不人操，内以裕軍餉之源，外以遏洋人之欲，自强之策，其在是乎。【略】臣爲通籌夷務，慎重邊防起見，是否有當，謹附片密陳，伏乞聖鑒訓示。謹奏。

光緒二年五月十六日，軍機大臣奉旨：「欽此。」

又總署收軍機處交出上諭《准滇省開礦練軍》〔光緒二年〕五月十七日，軍機處交出光緒二年五月十六日奉上諭：劉長佑奏，密陳滇省洋務情形等語。雲南五金並産，據有礦山之利，自宜設法開採，並簡練勁軍，擇要扼紮，亦有備無患之計，均着劉長佑隨時體察情形，奏明辦理，用副委任。欽此。

又總署收軍機處交出雲貴總督劉長佑抄片《縷陳預籌礦務辦法》〔光緒三年〕四月十三日，軍機處交出劉長佑片稱：再籌款開礦之議，自肅清以後，滇之官紳蓄意已久，惟博採輿論，慫恿者半，勸阻者亦半。先事不厭詳救，利害相權，不能不預爲籌及。康熙年間，前撫臣石琳奏稱：礦場非同田地，有耕有穫，錢糧易辦，此乃全憑造化，有無難必等語。今擬借款舉辦，若廠情豐旺，利賴固屬無窮。設礦硐艱難，借款日須生息，則彼此不足以相償，而消長之機，益無把握。此其可慮者一也。昔年辦場，惟以官本是賴，歲給例價之外，多所逋欠。緣發款之數既多，則領本之人亦衆，虧折逃絶，在所不免。雍正初年，撫臣奏陳銅廠利弊有云：二年之内，辦銅一百數十萬斤，廠欠銀一萬二千餘兩。乾隆年間，先後查出各廠積欠，統計約有九十餘萬兩，及百萬之多，分别追賠豁免。是有廠而即有欠，有利而即有虧，維時帑項從容，尚易通融籌計。今以洋本開辦，倘場民稍有拖欠，究由何處追賠，更屬無從豁免。此其可慮者二也。滇省開場，全恃人工，兵燹既久，地曠人稀，工價昂貴，今擬參用開山機器，數萬里購自外洋，是否合用，究不可知。近來湖北、福建等省，及滬津各局，亦曾不惜鉅款，購買挑河、開山各項機器，並仿照西法，自行創造。每有不合用處，輒爲廢棄。即洋人製辦器械，亦多以屢試而成。滇省艱窘情形，若一發不中，更換既需時日，彌補亦費周章。況山徑崎嶇，機器之重者，或數千斤，或數萬斤，搬運尤難施力，不知能否就廠製造，倘一件不全，則全廠停工以待。此其可慮者三也。廠廢既久，當年熟悉開採，認識礦苗者，至今已不獲其人。今擬雇用洋匠一二人，名曰礦師。該道盛宣懷，現與上海洋行地亞士約定，由日耳曼礦務學堂出身，並領有該國主考覆試頭等考單者，每月議給銀五百兩，僱令來滇試辦。其赴華川資，及預付一年薪水，兼購化學器具，需銀一萬兩，所籌似尚周妥。惟臣昔在江蘇軍營，初用炸砲火箭，延洋人爲教習，輒數易而不得一當，相習既久，中國靈巧之將弁，轉勝於洋員，至精於地學之人，中外尤不可多得。如在該國素稱得力，必將厚給薪資，豈復轉售來華，舍近求遠。若其技藝平常，匪特經費虚糜，礦務亦難期成就。此其可慮者四也。邊省情形，與中土不同，蠻夷雜處，俗尚囂陵，重利輕身，動生事故。即如上年騰越順雲，變起倉卒，而附近之寧台一廠，爐户砂丁，聞警逃散，爐房器具，遺棄無存。然工本較少，賠補尚易爲力。今則資本既重，保護尤難，設有疏虞，賠累匪淺。此其可慮者五也。夫救弊固貴乎興利，而創始尤難於圖終，臣等所以籌之數年而不敢輕於一試者，職是故耳。惟是一籌莫展，終無補於時艱，再四思維，别無良策。以上所慮各條，機器礦師，尚可設法調辦，稽核彈壓，亦可先事預防。祇廠情之衰旺靡常，究難全憑人事，所幸曩年辦有成效，猶冀天道好還，雖創辦之初，用人制器，需費較繁，但能廠旺銅多，不難取償於日後。惟有仰賴聖主洪福，百靈效順，山澤呈祥，俾萬里遐陬，菁華競出，此則微臣與全滇人民所日夜仰望，而禱切者也。謹附片縷晰具陳，伏乞聖鑒訓示。謹奏。

光緒三年四月十二日，軍機大臣奉旨：「覽。」欽此。

又總署收雲貴總督岑毓英函《函陳雲南礦務情形》 光緒十年六月十二日，雲貴總督岑毓英函稱，竊毓英於閏五月十六日，接奉鈞諭，蒙示雲南礦務宜妥籌辦法，及時開採，並鋪張揚厲，早爲覆奏，以杜外人覬覦，仰見藎籌深遠，訓示周詳，捧讀之餘，曷勝敬服。查雲南礦務自毓英與前任巡撫唐鄂生接辦以來，因工

本缺乏，奏明招商集股，來滇開辦，凡三江、兩湖、兩廣、四川，各省官紳，但有相識之人，無不致函招致，譬喻百端，多方引誘，該官紳等或願集資百萬，或願集資數十萬，頗爲踴躍。正籌畫間，而上海漢口各商號，紛紛倒閉，市面蕭條，股分遽難湊集，又因邊務喫緊，毓英奉命出關，唐鄂生獲咎被逮，經手諸人，恐更張受累，各存退志。中丞老成練達，辦事精明，惟到滇不久，情形未熟，李署藩司年逾七旬，精神不繼，是以各廠礦務，遽難辦有成效。然法人雖垂涎滇礦，而蒙自錫廠尤爲彼所羨慕，曩歲法人涂普義，爲提督馬如龍運軍裝，由越南來滇，曾買錫偷運出關，大獲利益，故從中播弄，致有此數年戰争。今欲伐其謀，必須自蒙自錫礦始，毓英已督飭知府全楙績、馬世麟，措資籌辦，頗有起色，由四川運出錫斤，數已不少。其餘東川等處銅廠，亦飭該守同候選知府卓維芳等，以機器試辦，並函商粤卿中丞，催調道員胡家楨，知府張家齊等，速招商股，前來合辦，但得工本寬裕，則礦務亦不難蒸蒸日上，其應覆奏之處，毓英已函商粤卿遵照辦理，至近日邊防情形，昨經毓英詳細奏報，鈔稿咨呈鈞署，敬求訓誨，俾有遵循，是所叩禱。肅此，恭請鈞安。

又總署收户部文《抄送唐炯奏請籌議礦務招商股延洋師折移暨硃批》（光緒十二年）五月十四日，户部文稱，雲南司案呈，軍機處交出督辦雲南礦務巡撫唐奏，籌議礦務，擬招商股，延聘洋師，以規久遠一摺。光緒十二年五月初七日，奉硃批：「覽奏均悉。已電諭徐承祖照辦，餘依議。欽此。」欽遵交出到部。相應抄録原奏，恭録諭旨，知照總理各國事務衙門，希將本部應行出使日本大臣公文一角，速爲轉遞可也。

照録原奏。巡撫銜督辦雲南礦務臣唐炯跪奏，爲微臣到滇籌議礦務，擬招集商股，延聘東洋礦師，以規久遠，恭摺仰祈聖鑒事：竊臣於三月二十六日，在貴州省城曾恭摺叩謝天恩，專丁賫進。因感受風寒，調理數日，即行赴滇，沿途接見紳耆，詢訪利病。閏四月初一日，到雲南省城，連日會商督臣岑毓英、署藩司史念祖，查詢招商局知府全楙績辦理情形，現已起運七起二批京餉五十萬。冬間能否再運八起頭批，尚未可定。伏查滇省舊有銅廠三十餘處，年出銅斤數千萬，軍興停辦，已數十年。如東川湯丹等廠，硐雖老而山不空。此外曲靖、昭通，及昆連四川會理等處，未開之廠，尚復不少，而(昭)〔招〕商局兩年僅能起運京餉三批，辦理艱難，拮據如此。推求其故，大約有二：一則庫帑支絀。商本不厚。從前開辦，皆係川湖江廣大商巨賈，每開一廠，率費銀十萬、二十萬兩不等。其時各延礦師，能識地脈之衰旺，引路之淺深，結堂之大小，礦質之佳劣。相度既定，然後施工，一經開成，歷數十年，取用不竭，又能煎練得法，分汁甚易，故獲利既厚，招徠愈多，即有折虧，亦不中止。自軍興後，此等礦師，死亡殆盡。現在招商局商股僅七萬餘兩，承領帑本止十二萬兩，勉顧京運，即無餘力開辦新山，不過就舊有老廠，洗滌淘荒，零星湊集。間或開辦子廠，又因山深炭遠，搬運維艱。甚或礦不分汁，剛柔不和。既無礦師調維，但只任憑運氣，絶少把握，難望有成。一則缺少砂丁，人力不足，開鑿背運，悉賴人工。從前大廠率七八萬人，小廠亦萬餘人，合計通省廠丁，無慮數百十萬，皆各省窮民，來廠謀食。今則停辦太久，廠利不豐，外省民無所圖，本省丁口零落，雖經招募，來者甚稀，凡此皆辦理艱難指據之實在情形也。竊以招商局設立三年，招股甚菲，固因近年股票倒騙，亦由前撫臣創設五金局，强欲官理民財，其勢不能相信，以是來源日絀，辦理尤難。督臣旋省後，商同司道，曾將五金局奏明裁撤。今臣又將招商各分局，或撤或留，酌加整頓。臣前在藩司任内，深知滇民瘠苦，除開廠，更無生路，曾條議開廠章程，以招集商股，購辦機器爲兩大端，蓋非商股不能輔官本之不足，非機器不能濟人力之窮。及任巡撫，會議礦務，仍持此議。今奉命來滇督辦，博訪周諮，體察情形，舍此别無久遠長策。現擬招股一事，現專委天順祥商號四品銜候選同知王熾等，分赴川廣、漢口、寧波、上海等處招股。其招集之法，則按照商規，以出股之多寡，管廠事之重輕，周年六釐行息，三年結算，再分紅利，皆於天順祥號憑摺支取，三年後即准提本。其願自攜巨本，來滇開辦，不入股分者，亦聽其便。至機器一事，查日本自變用西法以來，一切製造，皆用本國之人。其開廠之法，先望雲氣，次驗水土石，三項相符，然後相度，應用何等機器，次第施工，故能確有把握。現擬先聘東洋礦師，俟其到滇察看形勢，應用何等機器，即行購辦，庶免虚糜工本。仰懇敕下出使日本大臣，轉飭隨員候選知縣于德楙，代聘東洋上等礦師二人，議訂三年，即令于德楙伴送，由四川叙州府入滇。于德楙通曉東洋言語。於開廠鑄帑事宜，亦頗講求，以之伴送沿途，既便照料，到滇亦易任使。惟是機器須礦師議購，招股非旦夕可成，展轉需時，豈堪坐待。臣仍當一面督飭招商局知府全楙績，就現有資本，盡力開採，並廣諭紳民，覓廠試辦，以憑採買，斷不敢躭延，致誤京運。抑臣更有請者，自來久大之規，不能猝辦，况當此時勢力艱難，庫帑支絀，滇民凋敝，商信未孚，措手極爲不易。臣蒙聖主高厚再生之恩，棄瑕録用，何敢不盡心竭力，任勞任怨，尚求皇上假以歲

月，部臣寬臣以文法，但責其成功，不期以速效，庶臣得勉竭駑駘，仰答鴻慈於萬一。所有籌議礦務，擬招集商股，延聘東洋礦師，以規久遠緣由，會商督臣岑毓英，意見相同，理合遵旨，專摺由驛具奏，伏乞皇太后、皇上聖鑒訓示。謹奏。

總署收督辦雲南礦務唐炯文《請添聘日礦師》〔光緒十五年〕三月十六日，督辦雲南礦務唐炯文稱：本督辦前因開採雲南各廠，奏聘東洋礦師，當經奉旨允准在案。該礦師自到滇以來，周歷各廠，因地制宜，甚屬得力，現在陸續開辦，不下十餘廠。各廠相距或三四百里，或五六百里不等，該師二人，勢難兼顧，間或抱病，未克赴工，更恐躭延時日，亟宜再行添訂，以期無誤事機。據礦師籐野聿造禀稱：查有現在日本笹谷銅山辦事之籐原房一，辦公勤慎，凡看山開硐，以及測量等事，均甚熟習，延訂來滇，於礦務大有裨益等情。據此查滇廠正在需人，該礦師既舉所知，自應如禀添訂，俾得相助爲理。其薪水一切，除咨請出使日本大臣代爲延訂議給外，相應咨明。爲此咨呈貴衙門，謹請查照備案施行。

又總署收唐炯文《抄送請添聘日礦師並派員赴日購辦開礦機器片稿》〔光緒十五年〕四月十一日，督辦礦務唐炯文稱：光緒十五年三月十二日，在雲南省城由驛附奏，延訂東洋礦師，來滇開採礦廠一片，又附奏派員赴東洋購辦開廠機器一片，除俟奉到硃批，恭録另咨外，所有片稿，相應抄録咨送。爲此咨呈貴衙門，請煩查照施行。

照録片稿。

再，臣前以開廠當養活窮民爲主，不肯購買機器。近據公司迭次具禀，以石峽堅硬，盡用人工，急切不能奏效。又入山既深，輒多悶亮，而堂礦結處，往往多水，必須另開礌硐，通風洩水，始克施工。不獨多糜費用，仍復曠延時日，應請購買東洋開鑿通風洩水三種機器，以便開採。及至成功，仍於窮民有益。其價值、運脚，由公司自行籌備，不請動庫帑等情前來。臣復查無異，現已派巡檢高啟文前往東洋購辦。並知照出使日本大臣，查此項機器價值、運脚，既由公司自備。應仰懇天恩，敕下南洋大臣，轉飭各關，此項機器運到時，免納稅釐，以示體恤。理合附片陳明，伏乞聖鑒訓示。謹奏。

再，東洋礦師，詳見四月初六日軍機處抄片。

又外務部收丁振鐸致軍機處請代奏電《請仍留唐炯督辦滇礦》 光緒三十二年閏四月二十五日，收雲貴總督致軍機處請代奏電稱：頃閱電鈔，閏四月二十二日奉上諭：唐炯奏年衰病劇，懇恩開去礦務差使一摺。唐炯辦理雲南礦務多年，運解無誤，尚有微勞，著加恩賞還巡撫銜，准其開去差使。所有該省礦務，著責成丁振鐸督飭藩司，妥爲籌辦欽此等因。自應欽遵，曷敢冒瀆。惟滇省巡撫裁後，一切内政外交，責重事繁，非質已形竭蹶，更領銅務，不特兼顧未遑，且情形未悉，深恐有誤京運。唐炯辦理年久，熟悉情形，現雖年逾七十，精力尚可支持。伏懇聖恩，仍准留辦滇礦，容臣復加體察，將來再行接辦，實爲厚幸。丁振鐸謹奏，祈代奏。振鐸叩。有。

又外務部收雲貴總督李經羲電《請調雷元澍赴滇襄辦礦務》 宣統二年四月十六日，收雲貴總督致軍機處請代奏電稱：竊維滇省礦務可望速効，惟箇舊錫廠爲最，正擬擴充進步。從前創設官商公司，同知雷元澍之功爲多。經前督丁振鐸保升知府，嗣以丁憂回籍。查該員廉幹堅實，心細才長，經義於上年冬，電調回滇，汴撫復電允行。茲因該省創辦修武礦務，汴紳推舉任事，該員勢處兩難，惟將來起復，仍須回滇。修武一礦，似不如另舉賢紳，轉得始終其事。現值滇礦廹切需才，合無仰懇天恩，電飭河南撫臣轉飭丁憂雲南候補知府雷元澍，迅速由海道來滇，於滇省實業必多裨益。請代奏。李經羲叩。銑。

又總署收督辦雲南礦務唐炯文《撥匯日礦師薪資》〔光緒十四年〕八月十一日，督辦雲南礦務唐炯文稱：案准出使日本大臣咨開：光緒十三年九月初五日，據隨員于令德楙禀稱：竊卑職遵傳聘送礦師山田欽一、藤野聿造，並募定做圖板木工前田爲莊、礦夫長藤原房一，暨隨帶日僕二名。又奉雲南礦務大臣唐電諭，加募日人華語通事，兼東文繙譯官吉島俊民，及東法鍊銅匠血井松之助等日人，共十員名。其礦師二員，已於光緒十三年八月十五日，即西曆一千八百八十七年十月一號，前來神户，即於是日，起支薪水。查前次定約時，該二員已由卑職預付兩個月薪水，共計洋銀一千元，應扣至中曆十月十六日，即西曆十一月三十號爲止。其自十二月一號起，該二號每人按月薪俸洋銀二百五十元，除由雲南給發五十元外，前經該師等面禀，蒙准每於西曆月中，由憲轅代給每員薪水洋銀二百元，共計四百元，仍由雲南礦務大臣籌撥歸款。除申報督辦憲外，禀乞施行。除批准照電分咨外，咨請查照備案等因。准此，又准貴衙門咨行光緒十四年正月初一日，准出使日本大臣黎咨稱：准前任大臣徐咨，隨員于德楙在東延訂日本礦師山田欽一、藤野聿造二人。合同載明，每月薪資，按西曆月望，就近在東京使署各支洋銀二百元，禀請代付。並聲明由督辦雲南礦務唐，隨時撥還，業經分咨在案等語。請轉咨督辦雲南礦務唐，隨時撥還，以資歸墊等因前

來；相應據文咨行貴督辦查照辦理可也等因。承准此，查出使日本隨員于令德林，已於光緒十三年十一月廿一日，伴送該礦師等行抵雲南昭通府，並條呈該師長、通繙、工匠等人薪水工資數目，逐註起支，先後日期。除礦師二員稟劃留支外，餘均由雲南給領等情前來。本督辦業將該員預付礦師二人兩個月薪水洋銀，折合庫平七百三十三兩，又付整裝洋銀，折合庫平三百六十六兩五錢，籌款給還，如數領訖。另籌該礦師二員自西曆上年十二月一號起，以十個月計算，應按中曆自十三年十月十六日起，扣至十四年八月十九日止，劃留薪水洋數，折合庫平共銀二千九百三十二兩，發交天順祥商號匯寄，歸款約有盈餘，以備續支。嗣後仍按中曆自行文之日起，扣滿六個月，依約籌匯一次。所有該礦師劃留前項薪水，如數折合庫平紋銀發給，咨批諭飭天順祥商號承領，匯赴出日本國大臣行署交收，以資接濟而清界限。除咨出使日本國大臣外，相應咨明。爲此咨呈貴衙門，謹請查照備案施行。

《礦務檔・雲南礦務・英法隆興公司承辦滇礦》外務部收福滿禮呈《雲南公司辦礦合同待呈法政府核准》〔光緒二十七年〕十月二十三日，辦理雲南礦務福滿禮呈稱。照録譯呈。西一千九百零一年十二月初三日（十月二十三日），福滿禮禀總理外務部慶親王。王爺殿下：敬肅者：前以派充駐京雲南公司總理之職，曾於西三月初七日，將該公司章程節略，録呈法、英兩國公使，繼由法使館轉遞李中堂鴻章。蒙中堂電達雲南總督，協助勞什埃君，辦理一切在案。是時法總領事勞什埃君已舉爲該公司總辦，即赴雲南與總督商修北京所訂之約，刻抵省已經六月。勞君有辦理此事全權，已在該省將章程初意，改易數端，待呈帝國政府。滿禮現欲回巴黎小住，即復來京。起身之前，敬將此事情節，禀明王爺，俟勞君合同呈遞政府時，得如前承李中堂優待允留地步之厚意，一律仰邀允行爲幸。郭家驥譯。

又外務部收法使鮑渥照會《雲南公司辦礦合同待呈法政府核准》〔光緒二十七年〕十二月十一日，法國公使鮑照會稱：近在平羅及江西、廣東兩省所出重案，並北海廉州一帶匪勢不靖，我國國家聞之，殊深憤悼。況此等可慘之案，在我國家視爲似可致疑中國無情於我之跡，尤爲憤鬱矣。所有在我國家最爲注意了結之案，經本大臣遵奉訓諭，或面晤，或文牘向貴部達知，而本大臣接准轉達之復文，惟只延宕，甚不滿意之詞，現應將虛懸未了各案，復向貴王大臣，回憶如左：

一、滇省現有虛懸兩案，一係方領事與督撫所商建造鐵路之章程，一係彌樂石代雲南公司呈請批准承辦礦務之合同也。此二件雖經該督存有好意，而方領事亦自承認，無如李撫一味作難，致案尚懸，於彌樂石所呈合同爲甚，乃前數月已將合同和衷議妥，而目下將此合同全行再議。緣於本年八九月間，當方領事遵諭出爲公平商辦教堂賠款事務之際，業經議明，既方領事量加減少款數，則應一面將彌樂石合同批示准行，當經電達我國家，業已立案。兹據方領事呈報：知悉該撫不肯將合同批准，實難忍受。目下應請由貴爵切實聲明，所有援照光緒二十三年五月十三日議定各節，彌樂石立訂承辦滇省礦務合同，必應批准。【略】本大臣惟望中國國家自必意願向我國政府確切聲明，則係明顯。

呈遞國書大典，用表兩國睦誼之本旨可也。

又外務部收軍機處交出雲貴總督魏光燾抄摺《法員承辦滇礦並與議訂章程》〔光緒二十八年〕二月初六日，軍機處交出魏光燾抄摺稱，謹奏：爲法員來滇開辦礦務，現與議明章程。請旨辦理，恭摺仰祈聖鑒事。案查法員彌樂石，於光緒二十七年三月，到滇議辦礦務，經臣唐炯將初議大概情形奏奉硃批，政務處速議具奏。旋經政務處覆議，奏奉諭旨，飭由臣等悉心妥議，鈔摺咨行到滇，欽遵辦理。隨准法員彌樂石，將所擬《中西合辦礦務章程》照送前來。臣等伏查滇省風氣未開，遇有交涉事件，羣情輒滋疑懼，謡喙繁興，猝難喻解。此次開議礦章，猶幸彌樂石在滇年久，熟悉地方情形，臣等推布公誠，與之和衷商榷，往返斟酌，務期詳晰。誠以此時多一番研求，即日後少一番轇轕，實爲交益之道。歷時七月有奇，定章二十四款，大旨不外均中外之利便，弭閭里之猜嫌，明地主之義分，彌樂石尚能通悉曲諒。臣等察知與該公司實有窒礙者，亦不强以所難，業經會議妥竣，准彌樂石將議定各款，親繕法文照會，送到校核無訛，隨備中文照會互換，聲明具奏請旨辦理。所有會議章程，理合繕具清單，恭呈御覽。可否請旨飭下外務部，先將會議章程詳加覆加，一俟該公司查勘滇礦完竣，繪圖開單，交由臣等分別核明。另行具奏到日，一併飭部覈議，奏奉諭旨，照會英法使臣，訂立合同，咨行到滇，欽遵辦理之處，伏候聖裁。除照繕會議章程，分咨政務處外務部查核外，謹合詞恭摺具陳，伏乞皇太后、皇上聖鑒，訓示遵行。謹奏。

光緒二十八年二月初五日。奉硃批：「外務部議奏，單一件，片一件，併發。欽此。」

照録奏片。再，雲南爲最瘠之省，而礦産夙饒，救貧之策，莫先辦礦。臣等

到滇後，即於此銳志圖維，逆知坐守窒山，終爲外人攘奪，惟有自辦一法，庶是預保利權。無如民間以土法開採，往往得不償失，事廢半塗，財力匱乏，即不能廣集公司，風氣固陋，又不肯研求西法，欲由官中提倡，苦難籌撥巨資。而精於採礦之員，尤不易得，外省富商大賈，屢經設法招徠，仍皆裹足不前。良由購運機器，延聘礦師，萬里崎嶇，無一不形鑿枘。溯英、法攘我緬、越，其游歷入滇各員，首先注意開礦，明知造端較難，究因類多利溥，謀構益堅，雖經歷任各疆臣權辭婉謝，亦不過暫時推展。本年英法合集公司，以法員彌樂石主持其事，由法使商准外務部，遣派來滇，並由京寄到礦務草章，就滇商訂。嗣經礦務大臣唐炯奏奉諭旨，交軍機處議覆，請旨交議，欽遵知照到滇。臣等伏念滇省興辦路礦，均有成議，去年各國新立和約，復將開通商務，推廣路礦各事，訂入專條。現在法人議辦滇越鐵路，刻不容緩，礦務實與鐵路相需爲用，深恐英人從中角逐，致失先著，因而合集公司，乘機並議，已隱挾一不容堅卻之情，壟斷獨登之勢。自辦力固不及，推拒易啟責言，計惟有因其圖謀最急，不欲失歡之際，先允所請，以慰其隱，婉示必爭，以抑其貪。此時能多就一分範圍，日後即輕減一分顧慮，磋商大端，應以防患、保權、均利三事爲要義。防患則永禁洋兵彈壓，戰時私濟敵人，平日夾帶禁物，妨礙田廬墳墓各節居先；保權則公司不購買尺土寸地，不侵佔官民已開利益，除允辦各礦外，不任意含混妄指，中國自設公司，諸聽照常辦理各節居先，均利則各礦分立賬目。支費科利，均不得牽混，計算礦稅，派滇員稽收，准查核出產數目。銅斤除供京運外，應先儘各省購用。出口礦產，入口料件，概照海關稅則完納各節居先。凡此多爲外人所不願，實皆滇省所必爭。其餘另就送到草章，逐款磋議，或據理駁正，或援義引伸，或專條增訂。彌樂石在滇最久，洞悉情事，初到滇時，外則甘言柔論以誘成，內則狡謀刻意以饜欲，繼見臣等察知隱曲，於是反覆變計，時而閃鑠嘗試，時而嚇詐推求。及至大概已定，又復於華洋詞義間，多所遁飾，得步進步，其以停議請英法另派專員，相挾制者屢矣。臣等因其術以爲應，剛柔互用，曲折相持，卒之情理所在，彌樂石亦無以易。歷時七閱月，辯論數十次，幸而竣議。即如初章分利一節，以百分中二十五分報効國家，以十分津貼滇省，指爲至優極渥。而於較有把握之礦稅，則語涉含糊，力求減免。實則所謂百分者，係提去最厚股利，一切無定費用，暨十成公積，始行分派，非公司獲無量力益，殊無餘潤可均。又探悉滇省錫、鉛各廠，辦有成效，若顯奪滇民生計，恐爲公道不容，遂欲以影射出之，預留日後爭攬地步。其極費唇舌，久而始定者，約有四端：（一）、禁制中國公司延聘礦師，貸用洋款。藉口別國洋人駕名華商，妨礙彼之事業，實則欲盡奪權利，以爲華人貧拙，非借資財力工巧，勢將不絕而自困。臣等責以於理不順，於情不恕，再三磋磨，始以不入別國洋股，專用英法礦師定議。（一）、運礦自修鐵路，接通滇越幹路。滇省風習未開，議辦一滇越鐵路，已至棘手。今復橫添枝節，實屬窒礙難行。彌樂石則謂陸運艱阻，非准接通幹路，礦務無功，堅請議則先定，事則緩行。繼見固執不許，復請於章程內聲明，將來議章准辦。臣等恐語涉沾滯。即啟日後要挾，設法調停，訂明俟幹路成時，商議專章，然必須章程妥洽，奏奉國家核准，方能開辦。並禁止售票，搭載客貨，預存限制。（一）、公司自買山地。萃兩國財賦，餌瘠省愚民，苟聽其自爲購置，一舉手而寶藏已盡，在彼根蒂益固，在滇地主無權，異日即有興復之機，尚復從何探討。且民自行交易，其中糾葛尤多，既聽購爲私產，則章程中所謂必經核准，始能交辦，皆屬虛詞。臣等堅執不可許，按民間租價，代爲公平租賃，地由滇官指交，價由公司照給，逾限三年不辦，原地歸還業主。彌樂石謂各省辦礦公司，悉准購地，若俟滇官租交，按年核繳租值，彼此煩瑣，均甚不便。臣等答以甘任其難，非此則力難保安，固争始定。（一）、按照價本值百抽五，完納礦稅。公司所謂價本者，譬如以一千金資本辦礦，無論採得礦質，值市價數千金、數萬金不等，其完稅仍按一千金資本，值百抽五。較之核計礦質，以市價抽稅，厚薄相去大淵。臣等始則援會典所載，以十分抽二抵稅，繼則照市價值百抽五定議。彌樂石均力拒不允，並稱海關係按照價本抽稅，山西福公司礦章亦然，礙難改紊。臣等詰以礦質係中國土產，焉能比例洋貨，福公司儘辦山西二府礦務，此則攬辦全省，若照價本收稅，實與值百抽五字義不符，争論至必不得已，始議定按出井爐礦值百抽五抵納。稅課抽法，雖尚平允，究須自行變價，多費周折。彼於稅章既不得逞，又欲蒙混取巧，議由公司三月繳稅一次。臣等力争，派員分礦監收，查核礦質出數，比對該廠賬目。彌樂石深以爲苛，强而後允，電知法使，照會外務部，斥滇一味作難。殊不知臣等以事當創辦，深恐邊民頑梗，致有他虞，所兢兢措意者，尤在於保權防患、分利納稅兩事。雖亦在所必争，而隱爲時勢所屈，已無不曲意牽就。至英法公司獨專利益一節，臣等初亦擬據理折之，嗣經反覆籌計，同一見奪於人，緬越接壤於我，彼豈甘居人後。設致羣雄競趨，控馭並難，勢必重爲滇累，不如姑以市德，預戢紛紜。列邦即有違言，彼專利者，自當善解。惟臣等智識短淺，雖竭勉思慮所能及，曲就情勢以熟商，

而未來事機，難以逆覩。一切抵制之策，仍慮未盡合宜，因與彌樂石訂明，在章程會議妥竣，彼此鈐印互換，均不簽字署押，應俟奏奉諭旨批准，遵立合同。並於會議章程，另立專條，聲明該公司願辦各礦，須俟礦師勘繪界址，呈送臣等詳細查核，均無窒礙，然後載入合同，指交開採。原恐一經訂立合同，該公司恃有成約，任意指索，致滋流弊。現在礦章甫經議竣，該公司派出查勘各礦師，均未回省，彌樂石即已兼程入京，難保不聳其駐京公使向外務部催請先訂合同。以目下時勢而論，似宜俟臣等核定該公司可辦礦廠若干處，開具清單，另行奏明立案，方與訂立合同辦法，較爲周妥，亦與現議相符。應否飭下外務部，於核議礦務章程未經復奏請旨以前，先與英法駐京使臣訂明此節，以免臨時周折之虞，伏候聖裁。所有遵議礦章，一切詳細緣由，臣光臣經謹合詞附片密陳，伏乞聖鑒訓示。謹奏。

再，據礦務公司總辦紳者王熾稟稱：法員彌樂石照會，欲與公司合辦廠務，曾蒙奏奉旨准，公司尚未與立合同。九月十七日，該法員面稱：外洋來電，欲給公司三十萬兩，將全廠交代。竊思此乃民間商規，所謂接頂，並非合辦，公司所辦之廠，三池都有，若如所議，竊恐將來橫生枝節，地隨廠去，公司何敢蹈此罪戾，業已回覆各辦各廠，懇請奏明立案等情。臣等覆查該法員既變初議，自應聽公司分辦，以免別生枝節，理合附片陳明，伏乞聖鑒。謹奏。

照録清單。謹將會議《雲南隆興礦務公司章程》，繕具清單，恭呈御覽。查滇省開礦之法，不精不全，未能推廣。現雲南公司擬糾集資本，采用善法，藉工程師、機器，及一應專家從事開採，俾裕國計而利民生。因此雲貴總督、雲南巡撫，及礦務大臣，與雲南公司所派之總辦法國總領事官彌樂石，議訂辦礦章程如下：

第一款，雲貴總督、雲南巡撫，會同督辦雲南礦務大臣，允奏國家，准雲南公司尋採滇省各項礦産如下：一、公家現在荒廢之銅礦，並嗣後公司尋出之銅礦。一、曾經開採現在荒廢之金、銀、鐵、煤礦。一、嗣後公司尋出之金、銀、鐵、煤礦，及火油，寶石、硃砂礦，雲南大吏允奏請國家，給該公司以專辦之利益，尋採上開各礦，嗣後別國公司概不准來滇辦礦。惟中國官民在雲南省增開各項新礦，應聽照舊辦理，隨處可以開採。再，中國自立公司，籌集中國股本，呈請開礦，而但聘用英法國礦師襄助，且比較雲南公司分別完税章程，不再輕減者，應仍准予採辦。

第二款，除開採官礦外，見民間未開及荒廢各礦，如公司願開，可呈報雲南大吏飭查，果無窒礙，地方官應向業主商議租山租地，其租價由公司認給，惟公司不得授向民間租賃，亦不得購買山地，永爲業主。無論山地何時起租，均不得逾此章二十一款所定年限，凡礦山奏准開辦後，倘三年之内，公司未能開工，應將礦山及租劵交滇官歸還業主。

第三款，雲南土地廣濶，礦山散布，其利於開採第一款指明各礦，必須公司詳爲查勘，方有端倪，應俟工程師將可開之礦，彙開清單，註明界址，繪圖呈報大吏飭查，果無窒礙，奏准國家，將清單列入合同，然後將地租妥，撥交公司開辦。

第四款，雲南公司可在礦廠附近荒地，酌修必須之鐵路，並開水路各道，以便工人來往，及轉運器具礦質等用。此項道路佔用民地，應呈請大吏查無窒礙，飭知地方官向業主公平議租，其租價由公司認給。至於修築鐵路，以接幹路，係爲運銷礦質，及轉運器具，人工益臻利便起見，應俟幹路告成，商議專章，奏奉中國國家核准，然後開辦，惟公司永不得攬載客貨。

第五款，開礦需用工人，公司應在雲南省内覓雇，不敷則由鄰省招補。凡招用工人，視其勤能，無分民教。如工人爲工作受傷，殘廢殞命，公司可公平償卹，廠地詞訟，命盗爭毆等案，均查照約章，分別辦理。

第六款，公司開辦銅礦，倘有起色，應歲繳京銅一百五十萬斤，以表感忱如下：開辦銅礦，三年期滿，即按年繳交京銅一百萬斤。再二年期滿，按年加繳京銅五十萬斤。以後即以歲繳銅一百五十萬斤爲定額。公司應交之銅，含浄質八成半，每百斤給價庫平銀二十兩。每歲所出之銅，除按照以上年限交足京銅外，公司可以餘銅，照市價先售與滇省官用，並中國各省採買，再有餘銅，轉運出口。京銅免完税課，其餘售與雲南及各省，並轉運出口之銅，應按本質每百抽五，完納落地税。

第七款，公司勘指礦山道路，凡有礙房屋田地墳墓風俗，及中國國家商民現仍開辦原有利益各礦産，公司概不開辦侵佔，永杜驚擾。

第八款，公司願創學堂一所或數所，教授華人，以造就開礦及百工之材。嗣後公司需用之工程師及專門各工頭等，應先儘學成諸生中酌量選用。

第九款，查礦地廣濶，轉運艱難，中國國家爲推廣礦務，溥開利源起見，准雲南公司分設開礦公司，將所得之權利，交託承辦，或讓與自辦。惟各該公司無論代辦自辦，務須遵守現訂之章程，中國國家既不擔任虧折，則每礦應分立賬目，

不得以此礦之盈餘，抵彼礦之短耗，年終按股分利，應各歸各礦核算。公司將來發售各礦股票時，應竭力設法廣招華股，凡官紳工商，均可與公司合夥生理，與外國股東一律看待，出售股票。應在歐洲及中國各大埠同時舉行。

第十款，雲南公司開礦之股本，不過關平銀五千萬兩，將來倘需加增，可商允雲南大吏，酌添股本。

第十一款，公司進款，除去下開各項，即爲净利。一、各項費用，及應完税課，租地價值。一、按股本銀數提付八釐利息。一、按所購器件原價，並修造學堂棧房等原價，提還一成，提足停止。一、按所餘之款提出一成，作爲公積，以備公司要需。此項公積，日後提分，應照第十二款所定股分，公平均沾。

第十二款，除去上開各項，所餘之款，即爲净利，應攤分如下：一、中國國家得百之二十五。一、雲南省得百之十。一、公司各股東得百之六十五，每届年終，雲南大吏及公司各派一員，查核每礦各賬，分領應得之款。

第十三款，公司事業虧累，自行擔任，與中國國家及雲南省毫不干涉。

第十四款，公司開辦諸礦，所出各項礦産，分別出爐出井，均按本色每百抽五，繳交雲南省，作爲落地税，由駐廠委員隨時查記礦産出爐出井賬目，核對廠内出數帳簿，每届三個月，計數抽收。公司辦運進口之開礦器具，及出口之礦質，均照海關税則，分别完税。公司進口之辦礦器具，及出口之礦質，祇完關税，而概免内地常税釐金。惟公司應遵守中國定章，不得違背條約，夾帶應完税釐常貨，及私運禁物。

第十五款，倘此章程講解有异，及照辦時或有争執，應由中國國家、雲南大吏，法國公使，英國公使，各派一員，會議判斷，一俟斷定，即用明文分别知照遵行。

第十六款，中國國家及雲南省，既分公司餘利，則公司之礦務，關係國課，自應盡力保持，俾收實效。所有章程各款，皆應令地方官切實遵行。

第十七款，公司可體中國國家及雲南大吏付託之重，應竭盡心力，與地方官敦好修睦，誠信相孚，如執事人等有失敬傷誼情事，經地方官指告後，查明屬實，即行撤退，二年之内，不得録用，倘公司此後仍需此人，亦永不令在原廠辦事。

第十八款，開礦處所，人類甚雜，公司可在附近地方招募士勇，遴選中西武官各一員，會同管帶，駐紥廠地，保護彈壓，俾中西執事人等均得安居，免滋事端。倘遇事故，士勇不敷彈壓，則雲南大吏酌派官兵，公司永遠不得藉故招調洋兵入境。

第十九款，公司之礦師人等，來滇查勘礦苗，或從事開礦，或由廠行往各處，先期知照地方官，派員保護，倘未預知而生意外之事，則雲南官員不任其咎。

第二十款，滇省派員赴廠，動支薪水火食，及礦師人等尋勘礦地，派兵隨護，以及保護礦廠，在在需費，應籌給津貼。現公司允自開辦工日起，按年繳交雲南大吏庫平銀二萬兩。

第二十一款，此章程從畫押日起，以八十五年爲期限，期限届滿，所有已開之礦，無論新舊，及成效如何，均連同公司名下之田地房屋、器具、鐵路，並水陸各道等，概由公司經理人移交雲南大吏，無庸給價。

第二十二款，雲南爲中國行省，如中國與歐美亞諸國有開戰情事，酌定合理之章程，以防私濟敵人，公司自應遵守。

第二十三款，雲南公司係爲開採雲南各礦起見，取名隆興礦務公司。

第二十四款，此章程繕備華文法文各三分，如講解有异，以法文爲正。

又外務部收法國總領事彌樂石節略《删改隆興公司辦礦合同》 光緒二十八年三月二十日，收法彌樂石洋文節畧。【略】

第一款，前經雲貴總督、雲南巡撫，會同礦務大臣，奏定允給隆興公司專權，開採雲南府、澂江府、臨安府、開化府、楚雄府、元江直隸州、永北廳等處礦産，其章程如下：一、開國家荒廢之銅礦，及公司將來自覓之銅礦。二、現在已開荒廢之金銀銅煤等礦。三、煤油、錫呢開拉、白金、寶石等礦，亦在開採之列。如在以上所載各地内，該公司尋覓不得有利之礦，則在他地另指之礦，中國政府亦准其開採。又前載各地内之礦産，全行開挖時，該公司與省中大吏，及政府公同商定，即可在他處産礦之地開採。

第二款，除開官礦外，如該公司願開民礦，即可向業主和平購買，其費由公司付給，報知省中官吏，以託其爲公同商定之事，惟或買或租，永不准逾合同年限，如議定開挖某礦，而三年尚未開工，其礦並劵仍應由官交還業主。

第三款，以上所載各地，均應有一界限云云。餘無更改。

第四、第五款未改。

第六款，公司開採之礦，如出産果盛，每年供給中國政府銅五十萬觔，約銅三百噸，照下列開期限交納，開挖三年後，交銅三十萬觔，二年後再交二十萬觔，或總計之，五年共交銅五十萬觔。銅含净質八成半者，每百觔付公司價銀廣平

二十兩，每年將此項官銅交畢，公司可按市價售，其餘銅或運往出口，均聽其便。今因該公司以低價售銅五十萬之意，中國亦於其銷賣本地，或運載出口之銅内，免收五十萬觔之落地税，其運往北京官銅。統不納税，運往出口者，納海關出口税。

第七、第八、第九、第十、第十一、第十二、第十三各款未改。

第十四款，凡公司所出各項礦産，應付落地税，均按值百抽五之數。或以礦産，或按賣價交納。所出物産，由駐廠委員隨時登記，俟與廠中帳簿核對後，每三月收取落地税一次，公司運進口之傢具，及出口之礦産，均納海關税，其釐金及他項内地貨物税，概行免付。

第十五、第十六、第十七、第十八、第十九各款未改。

第二十款删去。

第二十一、第二十二、第二十三、第二十四各款未改。

彌樂石押，一千九百二年四月廿五號。

又外務部奏摺附隆興公司承辦雲南礦務改訂章程《遵議滇省礦務章程》

光緒二十八年五月初十日，覆奏稱：謹奏，爲遵議滇省礦務章程，恭摺覆陳，仰祈聖鑒事，光緒二十八年二月初五日，准軍機處抄交雲貴總督魏光燾等會奏，法員來滇辦礦，現與議定章程一摺，奉硃批：「外務部議奏，單一件，片一件，並發，欽此。」當經臣等查照該督等原奏，先將辦礦章程悉心查核，仍俟該省勘定礦廠，奏報到日，再行一併議復等因，於本年二月二十六日，附片奏明。奉硃批：知道了。欽此。欽遵各在案。臣等伏查滇省原訂章程，經魏光燾等與法員彌樂石磋商數月，始克定議，如原奏内縷陳商議情形，兢兢然以防患保權均利三事，爲滇省所必争，洵爲扼要之論，惟以全滇礦産，允給英法公司專辦，恐他國有所藉口，勢必相率傚尤。臣等詳核章程，正欲咨商駁改，適法員彌樂石由滇入京，向臣部催訂合同，當告以礦地未定，未便先議章程，應俟礦師在滇勘明礦廠，由滇省開單奏咨到日，再行核辦。彌樂石則謂全滇礦地，非一二年所能勘徧，未經定章以前，該公司豈肯輕擲鉅資，聘請礦師往勘。臣等堅持初議，不准攬辦全省，迭次磋商，彌樂石始允指澂江、臨安、開化、雲南、楚雄等府，及元江州、永北廳，凡七處載入章程第一款内。將原議嗣後別國公司概不准來滇辦礦，改爲嗣後別國公司概不准在該公司所指之地勘採，以清界限。彌樂石又恐所指地段，未必均有礦産，如無礦可辦，仍請另擇一處互抵，並將來辦有成效，應請逐漸推廣。臣等核其所擬辦法，尚屬可行，故於第一款内叙明，准其互抵，惟先後統計，仍以不得逾七處爲率，除此之外，俟各礦開辦有效，税數報効，並無短絀，方可推廣辦理，蓋既破其專利之計，自不得不量予擴充。彌樂石又以原議包辦全省，礦利較豐，故願歲繳京銅一百五十萬觔，並津貼員弁、兵勇、護廠銀二萬兩，現既改爲七處，應請減去京銅三分之二，並免繳津貼銀兩。臣等以京銅係解部要需，保護礦廠，亦在在需費，未便遽議減除。再四磋商，彌樂石仍以體恤商情爲請，始與議定歲繳京銅一百萬觔，護廠費用，由公司給發，不拘定二萬兩之數。電商滇督等，均無異議，第六款第二十款，照此改定。又於十八款内，添改弁勇費用，由公司給發，惟該款原議公司可在附近地方招募土勇，遴選中西武官各一員，會同管帶，現改爲公司可稟請地方官，在附近地方招募土勇，遴選武官一員管帶，以杜争競干預之弊。其餘均已逐款推敲，以期妥洽，謹照録章程，恭呈御覽，如蒙俞允，即由臣等派員與彌樂石畫押，並咨行雲貴總督等遵照辦理。所有臣等核議滇省礦務章程緣由，理合恭摺覆陳，伏乞皇太后、皇上聖鑒訓示。謹奏。光緒二十八年五月初十日具奏，奉硃批：依議。欽此。

謹將隆興公司承辦雲南礦務章程，恭呈御覽。查滇省開礦之法，不精不全，未能推廣，現法英兩國設立隆興公司，擬糾集貲本，秉用善法，藉工程司機器，及一應專家從事開採，由雲南總督、雲南巡撫，及礦務大臣，與隆興公司所派之總辦法國總領事官彌樂石，議訂辦礦章程如下：

第一款，雲貴總督，雲南巡撫，會同督辦雲南礦務大臣，允奏請國家，准隆興公司尋採各項礦産如下：一、公家現在荒廢之銅礦，並公司尋出之銅礦。一、曾經開採現在荒廢之金、銀、煤、鐵等礦。一、公司尋出之金、銀、煤、鐵、白金、白銅、錫，及火油、寶石、硃砂，如雲南府、澂江府、臨安府、開化府、楚雄府、元江直隸州、永北廳七處礦産，雲南大吏允奏請國家，給該公司承辦。嗣後別國公司，概不准在隆興公司所指之地勘採，惟中國官民增開各項新礦，應聽照舊辦理，隨處可以開採。再，中國自立公司，籌集中國股本，呈請開礦，若比較隆興公司分別完税章程，不再輕減，應仍准與採辦。設或以上所列各府州縣境内無礦可辦，則應由中國國家以隆興公司另指他州縣，相爲互抵，惟先後統計，仍不得逾七處爲率。除此之外，俟在上開各府州縣境内尋獲各礦，均已開辦有效，税數報効，並無短絀，彼時隆興公司如欲推廣，須再向雲南大吏商訂後，方可推廣辦理。

第二款，除開採官礦外，凡民開未開及荒廢各礦，在公司所指之地内，如公

司願開，可呈報雲南大吏飭查，果無窒礙，地方官應向業主商議租山租地，其租價由公司認給，惟公司不得逕向民間租賃，亦不得購買山地，永爲業主。無論山地何時起租，均不得逾此章二十一款所定年限。凡礦山奉准開辦後，倘三年之内，公司未能開工，應將礦山及租券交滇官歸還業主。

第三款，公司在指定地段内，查有可開之礦，註明界址，繪圖呈報大吏飭查，果無窒礙，然後將地租定，撥交公司開辦。

第四款，隆興公司可在礦廠附近荒地，酌修必需之鐵路，並開水陸各道，以便工人往來，及轉運器具礦質等用。如此項道路佔用民地，應呈請大吏查無窒礙，飭知地方官向業主公平議租，其租價由公司認給。至於修築鐵路以接幹路，係爲運銷礦質，及轉運器具工人益臻利便起見，應俟幹路告成。商議專章，奏奉中國國家核准，然後開辦，惟公司永不得攬載客貨。

第五款，開礦需用工人，公司應在雲南省内覓僱，不敷則由鄰省招補，凡招用工人，視其勤能，無分民教。如工人爲工作受傷，殘廢殞命，公司可公平償卹。廠地詞訟，命盜爭毆等案，均查照約章，分別辦理。

第六款，公司開辦銅礦，倘有起色，應歲繳京銅一百萬觔，以表感忱如下：開辦銅礦，三年期滿，即按年繳交京銅六十萬觔；再二年期滿，按年加繳京銅四十萬斤；以後即以歲繳銅一百萬斤爲定額。公司應交之銅，含净質八成半，每百斤給價庫年限二十兩。每歲所出之銅，除按照以上年限交足京銅外，公司可以餘銅，照市價先售與滇省官用，並中國各省採買，再有餘銅，轉運出口。京銅免完稅課，其餘售與雲南及各省，並轉運出口之銅，應按本質每百抽五，完落地稅。

第七款，公司勘指礦山道路，凡有礙房屋田地墳墓風俗，及中國國家商民現仍開辦原有利益各礦産，公司概不開辦侵佔，永杜驚擾。

第八款，公司原創學堂一所或數所，教授華人，以造就開礦及百工之材。嗣後公司需用之工程師及專門各工頭等，應先儘學成諸生中，酌量選用。

第九款，查礦地廣濶，轉運艱難，中國國家爲推廣礦務，溥開利源起見，准隆興公司在所指境内，分設開礦公司，將所得之權利，交託承辦，或讓與自辦。惟各該公司無論代辦自辦，務須遵守現行之章程，中國國家既不擔任虧折，則每礦應分立賬目，不得以此礦之盈餘，抵彼礦之短耗，年終按股分利，應各歸各礦核算。公司將來發售各礦股票時，應竭力設法廣招華股，凡官紳工商，均可與公司合夥生理，與外國股東一律看待，出售股票，應在歐州及中國各大埠同時舉行。

第十款，隆興公司開礦之股本，不過關平銀五千萬兩，將來倘需加增，可商允雲南大吏，酌添股本。

第十一款，公司進款，除去下開各項，即爲净利。一、各項費用，及應完稅課，租地價值。一、按股本銀數提付八釐利息。一、按所購器件原價，並修造學堂棧房等原價，提還一成，提足停止。一、按所餘之款提出一成，作爲公積，以備公司要需，此項公積，日後提分，應照第十二款所定股分，公平均沾。

第十二款，除去上開各項，所餘之款，即爲净利，應攤分如下：一、中國國家得百之三十五，内有之十雲南省留用。一、公司各股東得百之六十五。每屆年終，雲南大吏及公司各派一員，查核每礦各賬，分領應得之款。

第十三款，公司事業虧累，自行擔任，與中國國家雲南大吏毫不干涉。

第十四款，公司開辦諸礦，所出各項礦産，分別出爐出井，均按本色每百抽五，繳交雲南省，作爲落地稅，由駐廠委員隨時查記礦産出爐出井賬目，核對廠内出數賬簿，每届三個月，計數抽收。公司辦運進口之開礦器具，及出口之礦質，均照海關稅則，分別完稅。公司進口之辦礦器具，及出口之礦質，抵完關稅，而概免内地常稅釐金。惟公司應遵守中國定章，不得違背條約，夾帶應完稅釐常貨，及私運禁物。

第十五款，倘此章程講解有異，及照辦時或有爭執，應由中國國家、雲南大吏、法國公使、英國公使各一員，會議剖斷，一俟斷定，即用明文分別知照遵行。

第十六款，中國國家既分公司餘利，則公司之礦務，關係國課，自應盡力保持，俾收實效，所有章程各款，皆應令地方官切實遵行。

第十七款，公司應與地方官敦好修睦，誠信相孚，如執事人等有失敬傷誼情事，經地方官指告後，查明屬實，即行撤退，二年之内，不得録用，倘公司此後仍需此人，亦永不令在原廠辦事。

第十八款，開礦處所，人類甚雜，公司可稟請地方官，在附近地方招募土勇，遴選武官一員管帶，駐紮廠地，保護彈壓，俾中西執事人等均得安居，免滋事端。其弁勇費用，由公司給發。倘遇事故，土勇不敷彈壓，則雲南大吏酌派官兵，公司永遠不得藉故招調洋兵入境。

第十九款，公司之礦師人等，來滇查勘礦苗，或從事開礦，或由廠行往各處，應先期知照地方官，派兵保護，倘未預知而生意外之事，則雲南官員不任其咎。

第二十款，滇省派員赴廠，動支薪水火食，由該公司給發。至礦師人等尋勘礦地，滇省派兵隨護，公司可酌給賞貲。

第二十一款，此章程從畫押日起，以六十年爲期限，期限届滿，所有已開之礦，無論新舊，及成效如何，均連同公司名下之田地、房屋、器具、鐵路，並水陸各道等，概由公司經理人移交雲南大吏，無庸給價。倘限滿後礦務興旺，公司願意接辦，中國可允准展限，所展至多不得過二十五年。

第二十二款，雲南爲中國行省，如中國與歐美亞諸國有開戰情事，該公司應聽中國號令，不得接濟敵人。

第二十三款，此章程由外務部奏請國家批准畫押後，作爲允辦之據。

第二十四款，此章程繕備華文法文各三分，如講解有異，以法文爲正。

又外務部收雲貴總督魏光燾文《請删改雲南礦務章程》 光緒二十八年七月二十三日，收雲貴總督文稱，爲咨呈事：光緒二十八年六月十八日，承准貴部咨開：光緒二十八年五月初十日，本部復奏雲南礦務章程一摺，本日奉硃批，依議。欽此。抄録原奏，並將畫押漢洋文章程一分，咨行到滇，本部堂當即咨會督辦雲南礦務大臣，並督同司道，暨洋務局員詳加校對，除各款與原章無甚出入，應即遵照辦理外，惟查第一款内載，一公司尋出之金、銀、煤、鐵、白金、白銅、錫、及火油、寶石、硃砂鑛，如雲南府、澂江府、臨安府、開化府、楚雄府、元江直隸州、永北廳七處礦産，雲南大吏允奏請國家，給該公司承辦等語。查礦類白金、白銅、錫三項，爲原章所無，彌樂石在滇即早覬覦三項，而尤注重於錫，因錫礦一宗，華民已辦有成效，聚集砂丁極衆，華商經辦猶時不免各啟争端，一旦許與外人開辦，此風一播，即將物議沸騰而後釁，且有不可思議者，彌樂石在滇年久，非不深知其情，而利厚生心，輒復涎伺，曲予剖析，彼亦無辭。故允删去錫礦一宗，繼又慮其以白金、白銅影射，故併三項全删，彼已就範。是以四月元電聲明，金、銀、鐵、煤、火油、寶石、硃砂之外，不可聽其含混。旋發篠電，又以臨安錫廠已有成效，關係華民生計，外人不得開辦，復贅聲明，切懇照辦在案。廼彌樂石反覆無常，以滇中屢次磋磨議定之章，在京含混增入，滇中萬難遵辦，應請查照滇中前定原章，及曾經議删情節，切實照會英法公使，轉飭彌樂石，仍將三項删除，以安滇民而毖後患。應否奏明辦理之處，並希裁奪，相應據實咨呈。爲此咨呈貴部，謹請查照辦理，見復施行。須至咨呈者。

又外務部收雲貴總督魏光燾函《請删改雲南礦務章程》 光緒二十八年七月二十三日，收雲貴總督呈王爺、中堂、大人信稱，王爺、中堂、大人鈞鑒，敬肅者：雲南隆興公司礦務章程，辯駁十餘次，始行訂妥，到京後奉駁令指定七處，允裁津貼減京銅各款，酌改字句，大致無甚出入，欽佩盡籌，當具電覆遵辦。昨奉咨寄礦章，第一款内，將白金、白銅、錫三項增入，查滇中諸礦，歷以土法開採，辦無成效。惟臨安府屬蒙自縣之箇舊錫礦廠，已有明效大驗，砂丁集至數萬之衆，實爲滇民養命之源，利之所在，人各争趨。該處民情强悍，即他處華商覬覦，猶且深閉固拒。其斷不容外人插辦。非可理諭勢禁也。彌樂石在滇屢議及此。委曲開諭，亦即釋然，故礦類獨不及錫，並慮白金、白銅或有影射，一併删除。四月元、篠二電，一再聲明，蓋稍一通融，不惟大拂民情，將來奸商勾串，挾外逼中，禍變殆不可測，雖第七款有現開各礦概不侵佔之語，而民情不願，則錫礦又當别論，夫至鹵莽決裂，厲階爲梗，地方官即任其咎，該公司亦豈能推行盡利，與其彼此交病，後悔莫追，曷若得失兼權，及時更正，用特不揣冒瀆，仰懇大力斡旋，切商英法公使，將此三項概予删除，如仍堅執，或留白金、白銅，爲轉圜之地，專删錫礦，以弭釁端。諸荷曲成，滇民幸甚，臨潁不勝急切待命之至。除另備公牘外，肅此，恭叩崇安。

又外務部收職商劉垚堯興等稟《華英商稟請合辦雲南東昭礦務》 光緒二十九年七月二十一日，收職商劉垚興等稟稱：具稟職商劉垚興、傅毓璋、陳海春、戴坤元、張志杰、艾澂、江恩溥、趙廷樑、廖義生合同全名等，英商立德樂謹稟。王爺、中堂、大人爵前，爲合辦雲南東昭礦産，呈驗合同立案飭遵事。緣職等合籌股本，曾在雲南於光緒二十五、六年，先後稟奉承辦東川府屬金、銀各礦廠，漸著成效。二十七年礦硐陰水難治，稟明暫行停工，有案可查。除歲夏秋邀集股夥，依舊擬辦，伙讀光緒二十七年十二月二十五日，大部新定礦章，内開華洋各商，均可照章合辦等因。始准英商立德樂與共議華洋商合辦，稟奉雲南總督大憲魏，暨鑛務總局批諭飭遵在案。兹於本年二月，始議合同，擬立牌名華昌公司。查照新定礦章，擬定華英商合辦雲南東川、昭通兩府屬地各礦産章程二十二條，並原奉印諭呈請驗明核示立案。相應會同英商立德樂，謹遵定章，自行投到，照案陳明，並請設華昌公司，懇准飭遵。一面咨查原案，商等即應轉赴雲南，擬辦妥議，稟明地方官查核，據實通詳，咨復核辦。是否有當，伏乞恩鑒施行。計呈合同一紙，惟印諭一件，懇祈查驗後發下。華、英商劉垚興、立德樂等謹稟：爲合辦雲南東昭礦産，呈驗合同立案，驗明印諭發還，伏乞核示飭遵由。

《雲南東昭兩府屬地華洋商合辦各礦産合同》：華、英商等爲立合同事。緣光緒二十七年十二月二十五日，外務部奏定《礦務新章》十九款，商等遵章於光緒二十八年十月，親赴雲南總督衙門，暨礦務衙門禀請華洋商合辦東川府、昭通府屬地各礦産，與法國彌樂石議定法英合辦隆興公司所指七處，不在其内，相距十餘站，寫遠無礙。經英國駐雲南省領事官烈敦會商總督部堂魏，批由藩憲礦務總局諭飭遵辦在案。兹特議立牌名華昌公司，謹遵定章，擬定華英商合辦雲南東、昭兩府屬地礦産章程二十二條列後：

計開：一、訂立華、英商合辦礦産合同章程。遵章自行投到外務部，呈請查驗。由奉准日起，以三年爲期，滿限不能開辦，此合同作廢。惟現在英商立德樂擬定華、英合辦四川甯遠府屬礦務，滇川連界鄰省，將來雲南東昭屬地開辦出産，一切款項，各有省分界址，不得侵越。

一、華、英商等集股一百萬兩，名曰華昌公司，承辦所指之處，華英商人，均可一體入股。如開辦後倘須加增股本若干，應續呈報雲南各大憲存查。惟租購地段，需用各款，應由華商等籌集，概作公司股本。至礦務事宜，禀由地方官轉請大憲派員稽察兼理。再，由夥内公舉公正廉明華、英商董各一人，如有不合，均可更换。華商董專理地方交涉工程一切事務，英商董專管公司銀錢、機器事宜。至於銀錢出産賬目，華、英商董，均有並覈之權。所有委員並華、英商董，及各辦事華、英商人等薪水，概由公司臨事妥議，按月支送。

一、公司每縣屬擬辦之處，由地方官酌派紳商一二人，於城鎮設一購地公所，經理租購地段年租，兼查記礦賬税課諸務，隨時禀報地方官備查。一切經費，華商自備。公所應按照公道辦法，優給業主地價，禀請立案。轉租指交與華昌公司，按照年限開採，公司每年租費，按出産值百抽五價值完納，交公所照收。地課則由公所認繳，如係官地，則所有年租，應歸公所呈繳中國國家。惟試辦之時，公所當向地主商明，酌定試辦租價。如試採地段，開辦不成，華昌公司即應照酌定之價並地交還公所。

一、公司所指境内，除一切官礦已經勘辦，民間曾經開採原有利益之各礦産，仍照舊辦理。華昌公司應由官民廠地二十里外遠近，方能勘開，各辦各廠，不得争奪侵佔，免致轇轕外，再有官民增開各項新礦，隨時隨處，任便開採。至前開今閉，或水淹停歇，現在荒廢之各礦，公司在於所指境内尋出願辦者，由公所向地主及前經費過工資之廠主，公平議價，禀請立案，轉租指交與公司開辦。

一、華昌公司於三年期内，所指境内究有何項礦産，在於何方，寬廣幾何，現時將來擬開何處，或嗣後境内續勘礦地，公司於每處指定，先後報明地方官，轉報礦務總局查驗，請給准開憑據，始由公所向業主租賃，禀明立案，轉租與公司開採。惟每奉准後三年期内，未能興工，公司應將礦地交還中國，以便另行設法辦理。至夷地民地，俱應和衷商辦，勿得强勉。

一、公司開出各種礦産，應按外務部定章第六款，分别輕重，完納各項税課，由委員隨時查記出井出爐數目覈對，每届三箇月，抽收一次，作爲雲南省落地税。至出口税，則按海關章程辦理。其請三聯票照例納税者，則内地釐金概免重徵。至開礦機器材料，購自外洋，進口税亦照關章完納。其請有子口半税者，内地各釐亦概免徵。所有進出之件，如有夾帶貨物，及違禁等件，希圖偷漏者，查出應照海關章程罰辦。

一、華昌公司勘定礦産，繪圖貼説，指明地段，呈報地方官，轉報礦務局，查驗合式，得有允開憑據，始行交與公司承辦。其地以足敷掘井蓋廠爲限，不得多佔。公司不得自向商民逕行租買，永爲業主，免多交涉不清。至開採之地，如因無利停辦，或有利已取，即將無用之地退歸公所照收，均與公司無涉，不得索取已出之地價年租。業主本管地面，地中之産，如公司開礦，可以不用地面之地，仍許原業主照常耕稼居住，不得逼令遷徙。其所應納之年租，照陰面所用寬廣之數科算，不得因此減少，以利居民。如必須遷徙，除年租外，所有因此損失之禾稼房屋，均照時價賠償，如業主不願遷徙，則公司必須設法繞越。

一、華昌公司辦出之銅，合净質八成半，繳交雲南礦務衙門驗收，每百觔按照銅政定章，領價庫平銀貳拾兩，以爲轉繳京銅之需。公司永遠不得私賣觔兩銅礦。

一、此次華、英商合辦礦産，除一切官民各礦照第四條辦理外，其業主或願出租或願入股者，均聽其便，可由公所妥議，按照時價給予股票。惟此項年租，均應由業主收領，公所只抽年租二成，以資津貼。

一、公司開採之後，除繳地價年租暨落地税，則費用並利息長年八釐之外，所有盈餘，即爲净利，准提一成，攤還股本；再提一成，以爲公積，預備要需，提足即行停止；倘有盈餘，即照下開之法公攤。其餘八成，應照下款所言分數，公平均沾。

一、照上所餘之八成净利，分作一百份，各股東得六十五份，雲南省得十

份，中國國家得二十五份。每屆年終，雲南大憲派員及公司查覈各礦各賬，分領應得之款，惟不得以此廠之盈，抵彼廠之虧，以損中國利益。至華昌公司，如有虧累情事，與中國國家、雲南各大憲暨礦務局，及地方官紳毫無干涉。再，原議公司銀錢，均歸英商管理，華商須有並覈之權，並不經手。如有虧折，亦與華商及在事人等無涉。至華商購買地段，若因短折，亦與英商無涉。

一、華昌公司自批定合同之日起，每廠以六十年爲限，限内均照現訂章程辦理，限外無論股本已否提清，所有礦地、房廠、機器、鐵路一切草木等，皆由地方官管理，呈繳礦務局，報効中國國家。倘限滿後礦務興旺，公司願意接辦，再稟雲南大憲，可否允准展限，所展至多不得過二十五年。

一、開礦需用工役繁多，難保無口角鬥毆暨不法情事，所有約束工匠夫役，及命盜詞訟之權，均稟請地方官主辦。如係細政，華商自有規條，實貼廠前，俾之遵守。至洋人無論何項事故，均不得凌辱華人，毆打工役，如有似此情節，應如何究辦，仍移知本管領事官，查照本國法律辦理。所有工匠夫役因工作或受傷，或成廢，或致命，華昌公司應分別優卹。

一、華昌公司如欲在礦廠之外修築道路，應稟由地方官轉請雲南大憲查無窒礙，方能准行。所修之路，無論是否改良，抑或公司自行租地建造，另闢新路，一經修竣之後，即永爲官路，由官管轄，公司不得視爲己業。至將來必須修造小鐵路，以資轉運礦產，則照北京礦務總局所定運礦枝路章程辦理，惟路不得攬載客貨，以杜弊端。

一、華昌公司所辦各礦，除礦師辦事確不可少之人外，均宜全用華人，其薪水工食，一切從厚，以順民情而開風氣。

一、華昌公司股票，既係華、英合璧，其所出股票，華、英商人均可按照時價，一律買賣。每股約銀百兩，週年行息八釐。其銷售買賣數目，按月冊報礦務總局存查，以昭大信。

一、各礦產既係中國之土地所出，華昌公司應聽中國號令，遇戰事不得接濟敵國。如有別國戰爭，中國應守局外之例，該處所產，亦應守局外之例，不得私行接濟，致啟争端。

一、華昌公司礦地，議設巡兵護廠，興工時稟請地方官招募，專用華人。其教練口糧，一切經費，公司自行籌備。

一、華昌公司雇用礦師，前往所指境内尋勘礦苗，應先呈報外務部。暨雲南各大憲存案，即行稟請地方官遣派兵差保護。一切公費工食，均由公司支發。如未豫報，任意前往查勘，倘出意外事故，與地方官無涉。

一、華昌公司擬設礦務學堂一所，招集十五歲以上子弟。開辦之始，以十二名爲限，延請中外礦師各一人教習，著有成效。或設學堂數所，多招子弟，再行陸續推廣，以備儲材之地。一切薪水經費，均由公司自備。如有華人向在外洋礦務學堂卒業學生，勘礦確有見地，願回華充當礦師者，先行呈明外務部備存，由公司從優延聘。

一、此次章程内有未能周備，嗣後外務部暨礦務總局續訂公共章程，爲各國所共守者，無論損益如何，均應遵照更換。

一、此次訂立合同章程，日後若因繙譯錯誤，致有争執之處，應以華文爲憑。如或不決，即照西法調處，其法華、英商各請公正人理斷，總以公允妥協爲止。

華商劉垚興、傅毓璋、陳海春、雷逢春、涂西藩、周應侯、潘崇德、曾子渾、鮑子山、蕭信孚、劉兆舞，英商立德樂。

光緒二十九年二月十三日，華、英商公立。

又外務收署雲貴總督函《查復隆興公司採礦地圖暨開工處所》 光緒三十年五月十五日，收署雲貴總督文稱，光緒三十年三月十五日，准貴部咨：案查隆興公司總辦法員彌樂石訂立合同，辦理雲南府等處礦産，經本部於光緒二十八年五月間，奏奉諭旨允准，並咨行在案。查該合同第三款内載，公司在指定地段内，查有可開之礦，註明界址，繪圖呈報大吏飭查，果無窒礙，然後將地租定，撥交公司開辦等語。此項合同自奉准之日，迄今業已年餘，該公司曾否指定地段，有無繪圖呈報飭查，暨開工處所，相應咨行貴督，迅即查明聲復本部可也等因，到本署部堂。准此，查隆興礦務公司總辦彌樂石，於光緒二十九年正月間，派代辦總監工倪果到滇，前赴昆明、河陽、路南等處，查勘煤、銀、銅産，又於閏五月間，前往阿迷、蒙自老街一帶。查勘礦産，均經行飭各地方官保護查勘，未據繪圖呈報，亦無開工處所。嗣於十月接倪果由蒙自來函，據稱該監工因精神虧損回國，所有礦務事宜，均交總監工竇沙代理等因，而代理之總監工竇沙，至今並未到滇。准咨前因，除俟該公司代理之竇沙到滇勘定，繪圖呈送至日，再行咨報外，相應咨復。爲此咨呈貴部，謹請查照施行。須至咨呈者。

又外務部收署雲貴總督等文《拒駁英領等議辦滇省東昭等處礦務》 光緒

三十年九月初九日，收署滇督等文稱：竊查本年五月間，英總領事務謹順帶同英商立德樂來見，聲稱華商劉垚興等，邀同合股開辦雲南東川、昭通兩府礦廠，隨即函送合同章程一紙，且稱此案曾經前督部堂魏批准，堅請議定開辦等因。本部堂院當即卷查此事，前於光緒二十八年十月，據川商劉垚興等十餘人聯名禀稱：該商等於二十五年，自籌資本，在東川巧家會澤開辦金銀各廠，旋因資本不濟。暫行停止，今邀同英商立德樂合股，請批准咨部給照開辦等情，當經前督部堂魏逐層指駁，批令礦務局諭查，詳候核辦，並無逕允該商等開辦之據。且東、昭兩府，多係銅、鉛官廠，京運攸關，不但銅、鉛等廠，不能許外人攙辦，即金、銀礦務，亦未便予外人以開辦之權，致滋轇轕。況華洋合股，關繫尤重，是以於該洋商初議之時，令其先赴昭通，除中國現辦各廠外，其餘如有可辦之廠，聽其查勘，遵照商部新定礦章辦理。乃該洋商注意東川礦產，以部章未經英使認可，執意開辦，當以東、昭兩府礦務，前既未允英法隆興公司在該處攙辦，今自未便又允該商辦理，切實照復，並迭函辯論，送還所擬合同章程。嗣該領事又以緬越皆滇鄰，不應歧視，中國既將七府廳之權讓與法人彌樂石，則東、昭兩府礦務，必許該商立德樂開辦等詞申辯，復經本部堂院以前與彌樂石議立隆興公司，訂爲英法合辦者，即爲英國預留利益均沾地步，並引二十八年續訂中英條約第九款，凡請開礦，須中國有益無損，又須無礙主權等因，詳晰照復。詎該領事復函，竟指索廣南、曲靖、麗江、大理、順寧、永昌、普洱七府礦產，當仍援續約，及隆興公司礦章九款，在所指境內，分設開礦公司之語，委婉函復，並將大概情形，先後電請核示，均奉覆電，飭令婉言堅拒，切實駁阻各在案。昨法領事羅圖閣面稱，隆興公司實係英法兩公使公議合辦，是無論東、昭兩府，不能聽他族攙越，礙我主權，即廣南等屬，亦不能漫無限制，再聽英人標佔，致法又傚尤，將全省一網打盡，中外無此政體。茲復准該領事照會謂，雲南政府屢次推諉，已將各事始末緣由，禀報該國駐京英使核辦，勢必向大部饒舌。查各省雖與洋商訂定合同，仍由部中核定准駁，除咨商部核辦外，所有迭次來往照會信函，及二十八年劉垚興原禀批詞，相應一併鈔録咨呈。爲此咨呈貴部，謹請查核，如英使來商，務懇堅持峻拒，是所切禱。須至咨呈者。

計咨呈鈔件十紙，共二十件。

照鈔原禀：光緒二十八年十月初四日到，具禀華、英商劉垚興，立德樂，職員雷逢春、徐琳、徐紹培、蕭信孚、黃三春、潘崇德、廖義生、鮑子山、蘇明衡、都司。趙廷樑、貢生。涂西潘、周應侯、監生。曾綳祖、黃文安、商民。劉兆舞、劉先達等謹禀。大帥閣前，爲華、洋合夥懇准試辦礦務事。緣職等世居川省，二十五年，自籌資本，在於巧家廳屬金江河邊沙金廠，會澤縣屬小銀廠承辦，曾經禀奉批准在案。嗣因廠硐陰水難除，兼資本不濟，是以禀明該廳縣地方官，暫行停工。回川措資，今於本年六月，邀集股本，依舊來滇議辦。竊查光緒二十七年十二月二十五日，政務處奏定礦務章程，於第五條内載，遞禀開辦者，或華人自辦，或洋人承辦，或華洋人合辦，均無不可。惟地係中國之地，舉辦係由中國准行，無論何人承辦，均應遵守中國定章，倘出有事端，應由中國按照自主之權自定等因。以故英商立德樂願與職等，合夥試辦東、昭兩府東屬之雙龍、綿花、菜子地廠，昭屬之龍頭山、長發、天錫鎌銀廠，所辦新舊各廠，均在彌樂石所指七處開辦之外，業已議定成局。又查開礦定章，必須禀請督、撫大憲咨部核准後，發出准行執照，仍應呈請地方官申詳備案，方可開辦。其廠中需用一切工人，俱擬華人承辦，日後動工，均一一遵照定章，不敢稍有違悖。合無仰懇憲恩，俯賜批准，并給職等示諭，懇求咨部，俟奉到部復執照之日，遵即禀報舉辦。是否有當，伏候衡核批示祗遵，爲此具禀。須至禀者。照鈔雲貴督部堂魏批。批查華、洋合股開礦，關係甚重，必須利害兼權，方無後累，與華人之自行開辦者迥殊。該民劉垚興等，與英商立德樂合股開辦東、昭兩府屬金銀各廠，所指各廠地，是否官地，抑係民地，與否禀報地方官，議定購買，或由租典，未據聲明。且華、英如何合股，是否各湊股本一半，共湊獲若干，如何商辦，如何議章？有無合同章程？未辦之先，應按股本籌交照費若干；已辦之礦，應否照章完納落地税；辦有成效後，是否照章報効？其本銀果否核實，現存何處，能否查驗，均未據逐層詳晰禀明。合同章程，亦未送核，虛實均無從查考，事關中外合股，未便率准。仰雲南金銀礦務局，會同布政司轉飭該商等，查照指駁緣由，據實禀由該局查核詳復，再行核辦，并移洋務局知照，禀發即繳。

照抄礦務大臣唐批。查東、昭地方，多係銅、鉛官廠，是以前議立英法公司，均未允給開辦金銀礦務，特恐轇轕紛擾，有礙京運。且立德樂既係英商，自應夥入英法公司股本，在所指之處，合力開辦，方不致滋窒礙，希金銀礦務局查核飭遵可也。禀摺併發，辦畢仍繳。

照抄劉垚興續呈清摺。謹將華、洋合辦東、昭兩府金銀各廠遵示指駁緣由，繕具清摺，呈請查核。

一、華、洋合辦東、昭兩府金銀各廠，所指廠地，俱係民地，如蒙允准，懇請先行札知地方官，商等自應親往查勘，向該山主議價，或租或典，稟報地方官，決不敢冒昧妄舉。

一、華、洋合股，必須各湊一半，商等現與英商立德樂，各湊股本銀五萬兩，其銀現存重慶華洋各商號。如蒙允准，自當稟請查驗。

一、如何商辦，如何議章，有無合同，此事前議立合同，倘若不能開辦，徒勞無益，反致洋商有所藉口，俟奉批諭後，自應立即回川，會商妥議，立定合同，限定年內，一並呈核查驗。

一、股銀集定，未辦之先，應按股本籌交照費，自應遵照外務部奏定章程，完納呈繳，已辦之礦，應照章完納落地稅課。

一、辦有成効後，遵照定章，按鴻股之數，報効國家，設有虧折成本，華洋商等自行承認，中國國家一概不與。

一、開辦礦務，遵照奏定新章，除管理機器，經理賬目，及礦師必須聘用二三洋人，其餘一切執事工作人等，概用華人，總管廠務。一切事由商等公舉公正廉明之人，妥爲佈置。

照抄務總領事致洋務局函。光緒三十年五月初三日到。逕啟者：昨日率同本國商人立德樂晉謁台階，備聆清談，兹特將四川江北廳煤鐵公司所立合同，照抄送上，即祈鑒閲，倘有於滇省不甚合宜之處，尤望籤出賜教，以期盡美盡善。惟江北一廳，並無官辦之礦，而東昭二府，則與此迴不相同，故酌度情形，擬添二則呈政，至於貴觀察昨日所云，應先指定處所起工，即係此章程第一條内，於該處所屬地方，指定開採等語。而該公司現在所請，亦不過欲照第五條，自批准之日起，三年内除中國自辦外，別項洋公司及華洋合辦各公司，不准前往查開也。專泐，敬候日祉。

附抄擬增章程二條，一、現在滇省官辦各礦廠，仍係照舊歸官辦理，該公司概不過問，惟民廠之欲價賣，及不論公私，昔日曾經開採，而目下業已廢置者，該公司皆可與勘之廠，一律開辦。但一經勘定後，官處不得見有可欲，又復藉口自行辦理。二、嗣後無論各處礦廠，凡有欲聘用外國勘礦工師，及購辦開礦機器者，必須與該公司先爲商明，復務總領事函稿。光緒三十年五月初九日發。敬復者：昨接貴總領事來函，并鈔合同稿，當呈兩院憲與礦務憲公同閲商，以東川一府所有銅鉛各廠，均係有關京運，及本省鑄錢，是以由礦務憲設立公司專辦，從前英法公司曾經商請，欲在東川府地方擇地開辦，均未允許，蓋以中國京運最爲緊要，故奉派欽差督辦，無論何項公司，均不能復在其地攙雜開廠，以免紛擾貽誤。今貴國商人立德樂所請，欲在東川府地方開礦，兩院、礦務憲均未便允准。至昭通府屬各廠，除現在已開辦各廠，仍應照舊聽官民自行開辦外，此外如有可辦之金銀廠，准令該公司指定地方，按照中國商部奏定礦務章程，先行報由該管地方官勘明，稟由督、撫憲轉咨商部核准後，該公司方可開辦，惟滇省情形與四川不同，所鈔合同，又係指定專辦煤、鐵兩項，將來該公司如在昭通指定地方，開辦何項礦產，自應另訂專章，方爲妥協。所有送來合同稿，相應附還貴總領事查照。順頌日祉。

照抄復務領事函：光緒三十年六月初四日發。逕復者：昨接貴總領事函商立德樂，擬與華商合股，會辦雲南東、昭兩府金銀礦務一事，查此事前於五月二十一日，與貴總領事在洋務局晤談，並准面交所擬章程一件，本部堂院當將章程發給司道，並飭藩司興道往謁督辦雲南礦務欽差大臣唐，會同商酌，經唐欽差檢核舊卷，内載中曆二十八年十月，據川商劉垚興等稟稱，二十五年内，自籌資本，在東川巧家會澤開辦金銀礦務，旋因資本不濟停歇，今邀同貴國商董立德樂合股，請咨部給照開辦等情，當經唐欽差查以東、昭多係銅鉛官廠，法總領事彌樂石前議立英法隆興公司，均未允給攙辦東、昭金銀礦務，以免轇轕紛擾，有礙京運，批飭不准在案。今貴總領事代該商等復申前説，唐欽差以東、昭兩府廠地，早經自立公司專辦，不但銅廠不能再令他人攙越，即銀廠亦係銀、鉛并産，均關京運，前年既未允法國彌總領事在該處攙辦各項礦産，今自未便又允貴國商人辦理等語。本部堂、院復再三籌度，唐欽差督辦京運，責任重大，恐攙越紛擾，致滋貽誤，係屬實情。即爲貴國商董立德樂設想，如與川商劉垚興等合股開辦東、昭礦務，不惟無利益可圖，且恐受累何也。查川商劉垚興等所稱，曾在東川巧家各處開辦金銀礦務，並未據各地方官稟報，即有其事，前既因資本不濟停歇，其非殷實富商可知。其與立德樂合股，是全用洋股，巧託華、洋合辦，既顯違中國礦章，立德樂必被誆騙資本一也。又查東、昭地方，除礦務公司現辦銅、鉛、銀各廠外，雖尚有别項礦産數處，留備將來擴充。若該商等欲圖往辦江外蠻地礦務，巴蠻生性兇悍，不服王化，川、滇兩省，沿江置營防範，尚被過江燒搶，若往辦廠，難免不滋生事端，保護爲難二也。以上兩端，利弊昭然。不但唐欽差以有礙京運，不便允許，即本部堂、院亦斷不敢允，彼此邦交誼厚，貴總領事到滇未久，情形未

熟，本部堂、院不能不將此中利弊，爲貴總領事剴切言之。貴總領事明理達情，當以爲然，仍希婉勸立德樂，勿再輕聽川商劉垚興等聳惑，是爲至要。前准交章程一件，仍奉還。泐此，順頌日祉。

照抄務領事送來合同。雲南洋務局礦務局，招英商立德樂，議設華英公司，擬在雲南東川昭通兩府屬開辦各礦產，雲南洋務局礦務局，與英商立德樂議定合同十三條，彼此願允照此合同内章程辦理，嗣後俟外務部核准，方能辦理，所有合同章程，開列於後。

一、此次華、英合辦公司，以此合同章程在於東川、昭通兩府屬地開採各礦產，指定開採一處，果有成效，照章完課後，再陸續推廣開採。

二、雲南礦務局允英商立德樂，集股銀一百萬兩，其股銀以一百兩爲一股，週年每兩以八分行息，設立雲南華英開礦公司，華英商人，均可以一體入股。至公司内，應派華英總辦各一人經理，華總辦由雲南礦務局詳請制台派充，英總辦由華英開礦公司揀派。華英總辦薪水，均歸華英開礦公司自備。至於銀錢帳目，均有稽核之權。華英開礦公司工程事務，則由英總辦專理，交涉及經收租稅等事，則由華總辦經理。

三、雲南華英開礦公司租購地段，應由華總辦照公道價錢給與地主，亦由地方官應允，或雲南礦務局派員議好，方可開採。

四、此合同章程，自批准之日起，由華英開礦公司延請礦師鑽試，以便考查有無礦產。在東川、昭通兩府屬地，如遇田園廬墓，均須設法繞越，如不能繞越，由華總辦妥議給價，轉交公司亦可。如他項洋公司，及華洋合辦各公司，皆不得前往東川、昭通兩府考查，及開辦各礦產。

五、雲南華英開礦公司，自批准之日起，以三年爲限，限滿不辦，合同作廢。此三年期内，由華英開礦公司查勘指定礦地之每一處，縱横均以十里爲限，未指之先，除中國自辦外，別項洋公司及華洋合辦各公司，不准前往東川、昭通兩府屬地開辦。如限内已經開辦，公司仍可在境内續勘開辦，該公司應於未開之先，呈請駐派該礦處委員，查明所指之地，實係未經開辦之礦，或早已停止，且無別故，電稟批准後，始能給與該公司憑據開辦，由華總辦或礦務局所派委員，向業主購定，轉交公司。雲南東川、昭通兩府屬地各礦廠，不論公私，曾經開採，而目下業已廢置者，該公司皆可以新勘之廠，一律開辦。但　經勘定之後，官民不得見有可取，又復藉口自行辦理。如現有華商開辦，該公司不必重指，如現開之華商，自願轉租，或願附股，亦須經委員查勘，商議允協，稟請礦務局批准後，該公司方可開辦。至該公司所指礦地，雲南大憲應飭知地方官查明屬實，該公司方能舉行。

六、華英開礦公司，應以右邊各項完課。

煤炭、銻砂、鐵、礬，每百斤抽課五斤。石油、銅、錫、鉛、鎳、硫磺、硃砂，每百斤抽課七斤半。

金、金砂、銀、水銀，每百斤抽課十斤。

金鋼石、水晶、寶石，每百斤抽課二十斤。

此項出井稅，由華總辦派駐該廠委員經收，轉解雲南礦務總局照收。中國政府現正擬定新章，一俟訂妥之後，再經中英大臣分飭通行後，該公司與礦務局，均應遵照新訂章程辦理。

七、該公司自批定合同之日起，所准在雲南東川、昭通兩府屬地開採各礦年限，以六十年爲限。其他洋公司及華洋合辦各公司，不得在該公司所指境内查開，限内均照現定合同章程辦理，限外所有礦地廠窑機器，一切皆由雲南礦務總局報效中國國家，儻限滿後礦務興旺，公司願意接辦，中國可允展限，所展至多不得過二十五年。

八、因爲東川銅礦向有欽派礦務大臣督辦，所以現在雲南華英公司不得在東川屬地開辦銅礦，俟該公司開辦別項礦廠成效後，儻後來彼此商籌，願意議定章程，其銅礦可否給該公司開辦，再行商量。或每年認繳京銅，或礦務大臣用該公司礦師機器開採，如何相宜，再爲擬定礦務大臣，如或擬用洋款機器，均須先向華英公司商酌。

九、所有約束華人工匠夫役之權，均由華官主政，洋人不得與聞，如係細故可立時了結者，即由該礦處委員分別辦理，或扣薪資，或罰錢款，或予剔退，不得施用刑法。如情罪重大者，仍由地方官照例辦理。至工匠夫役因工受傷成廢，或致殞命，該公司應分別從優給卹。

十、如果該公司於廠外修築道路，應由雲南大憲查核，方能准行，所修之路，一經修竣，即永遠作爲官路，由官管轄。如後來要修運礦鐵路，以便最近鐵路爲斷，所用之快路若干長，會圖貼説，由該公司呈報礦務總局，咨報外務部核准後，電知雲南照辦。

十一、中國與別國如有戰事，該公司不得接濟敵國。

十二、雲南華英公司礦務，關係國課，中國國家自應盡力保護。俾收實效，所有該公司財産，及監理工役人等，地方官照例保護，如有滋鬧事端，地方官應照中國律例懲辦。

十三、此合同章程各款，應以華文爲准，如有争執之處，惟須將華、英文字詳細核對，如仍有文意辦法不合，以致争執者，應由礦務局該公司各請公正人斷理，如所請之人意見不合，即由此兩人再請第三人公斷，兩家不得異詞。

照鈔務總領事來照會，光緒三十年六月初八日到。爲照會事。卷查光緒二十八年十月間，英商立德樂、華商劉坴興，同奉會辦雲南金銀礦務總局，轉奉前雲貴督部堂魏批復，與該商所請合辦東、昭兩府金銀各廠，應即遵照，稟由東、昭兩府會同妥議，通稟核辦在案。本年五月二十一日，本總領事率領該商立德樂前至洋務局，與貴部堂、院面爲商定，當將該商與華商會擬章程，遞請逐條批答，乃直延至昨日，始准復函，并送還該商原遞章程一紙。展閲之下，不惟於章程之内未著點墨，足見未經寓目，且函中語意極形推諉。查全滇銅廠，概歸督辦礦務大臣管理，不僅東川一府，而貴政府既已將七府州之礦權允許法人，則緬甸、越南，均係滇鄰，自不容於歧視，何法人承辦七府州之礦務則可，而英商於前奉批准許辦之東、昭兩府各廠，轉獨不然，似此顯分厚薄，本國政府諒亦難於隱忍。若謂華商劉坴興資本不厚，異日恐被虧累，則他華商在股之殷富者，實不乏人。況東、昭蠻夷聚處之鄉，何非内地疆土，安得諉以官權不能彈壓治理，欺哄遠人，兹持將該商立德樂與華商會擬章程，照請按照商定辦法，逐條允駁速復，以憑本總領事稟請本國欽差衡核辦理。爲此備文照會貴部堂、院，請煩查照見復，望切施行。須至照會者。計送立德樂原日所遞章程一紙。

右照會

大清欽命雲貴總督部堂丁、南巡撫部院林。

中曆光緒三十年六月初七日，照鈔覆務總領事照會。光緒三十年六月十二日。

爲照復事。案准貴總領事照會，英商立德樂與華商劉坴興等，會擬合辦東昭兩府礦務章程，照請商定等因，准此，查此事本部堂、院疊與督辦礦務唐欽差會商，其不便允許該商等攙辦者，實有窒礙數端，特再爲貴總領事詳切言之。查前年議立隆興公司，中國即以緬越均爲滇比鄰，訂爲英法合辦，彼時貴國無一員來商，而滇省已預留利益均沾地步，且英法彼此欲合辦礦務，貴總領事二月間來函，亦表明此情，是滇省此舉於貴國有益，待貴國尤厚，不能謂之歧視。至唐欽差督辦全省各項礦産，特以東、昭兩府有關京運，自立公司，留爲官辦，前既未允英法公司攙越，現自難許華英商人攙辦，實以不便獨厚華商，致損官辦權利。中曆二十八年，續訂中英條約第九款内，曾經載明，凡請開礦，須中國有益無損，又須無礙中國主權。今東、昭蠻夷地界之礦，蠻夷頑悍，中國尚恐被損害，不敢自辦，故婉請貴總領事勸阻該商，原以彼此交誼最厚，格外慎重，不得謂非好意，設將來滋事，不特僅於中國有損故也。至前經送閲之商部奏定礦章，現奉京電，仍囑遵照辦理，所以將該商等擬訂東昭礦務合同退還者，實因有礙主權，且與現行礦章不合，自屬無從商訂，本部堂、院前次昭談，即欽佩貴總領事精通交涉，深明情理，況中英邦交，較他國尤爲親密，貴總領事當能見諒，不致再以滇省未允隆興公司，且礙主權之事，而欲强本部堂、院以必許該商等攙辦也，不勝欣感之至。所有送來立德樂原擬章程，仍以奉還，爲此備文照復貴總領事，請煩查照。須至照會者。

計還立德樂原擬章程一紙。

右照會大英欽命總領事官務。

又外務部收法署使潘蓀納照會《臨安公司係隆興公司分設並遵原定合同辦理礦務》 光緒三十三年七月初四日，收法潘署使照會稱：滇隆礦隆興公司，已將開辦臨安府屬礦山之權，讓與臨安礦務公司一事，六月二十九日，接准復文，詢明臨安公司是否隆興公司分設，抑係讓與何人接辦等因前來。本署大臣查臨安礦務公司，係屬隆興公司分設，究爲遵照奏定合同所載。查礦地廣濶，轉運艱難，中國國家爲推廣礦務，溥開利源起見，准隆興公司在所指境内，分設開礦公司，將所得之權，交託承辦，或讓與自辦。惟各該公司無論代辦、自辦，務須遵守現定之章程云云辦理。是分設臨安公司，仍應恪遵隆興公司合同各條辦理，相應照復貴爵查照可也。須至照復者。

又外務部收法使巴思德照會《臨安公司採礦受阻請飭查辦》 光緒三十三年十二月二十七日，收法巴使照會稱：案查設立開辦臨安礦務公司一事，已於光緒三十三年七月初二日，照會貴爵，旋於七月初九日，接准覆文内稱：該公司即係遵照原合同第九款所設，當可立案各在案。是即該公司足可倚恃，滇省自必贊助，利便興辦，而詎料地方官阻難，以致迄今公司無從舉辦。兹聞閔立松父子二人，因擬將其本産賣與公司，被人控告，經蒙自關魏道飭拿拘禁，並出示曉諭，無論何種礦地，不准轉與外人等語。查此項告示，殊與約章違背，自應作爲

廢棄。惟諒此次告示，係因多舉所出，應請貴爵札飭該道，再行出示明言，凡華民願與隆興、臨安等公司會商商務，在中國政府無不准行。並遇有禁阻不准華民與該公司訂立合同，致礙開興本省財源等情事，自必懲處云云。一面札飭該道，速將閔立松父子開釋。況查魏道舉動不善，誠恐延日，未免與我兩國在滇鄰邦情誼，有所隔膜。爲此照請貴爵查照本月二十一日照會，速將該道員撤任，以敦邦交爲荷可也。須至照會者。

又外務部發雲貴總督錫良電《希查復滇吏阻止臨安公司採礦實情》 光緒三十四年正月初三日，發滇督電稱：上年七月，法使照稱：臨安礦務公司，係隆興公司分設，恪遵合同辦理，經本部照復允准，並咨行貴督在案。上月抄該使來照謂：閔立松父子，擬將本産賣與公司，蒙自道飭拏拘禁，並出示禁售礦地與外人，殊背約章，應請轉飭再行出示弛禁，速將閔父子開釋。該道舉動不善，請速撤任等語，希飭查確情電復。初三日。

又外務部收錫良電《查復蒙自道禁阻臨安公司私買礦地案》 光緒三十四年正月初八日，收雲貴總督電稱：隆興公司原日與滇省訂立開礦合同，第二、第三款均載，凡在公司所指地，仍查有可開之礦，均須呈報滇省大吏飭查，不得徑向民間租賃，亦不得購買山地，永爲業主等語。界限極爲分明，此次該公司向閔立松私買蒙自縣屬古山礦廠，並未報明關道行查，且係閔姓公業，實非立松本産。經閔族到道公呈，聲明該地內有祖塋三十餘塚，萬難開採，懇請嚴禁等情。該道以公司既不按合同辦理，且於部章有背，若不禁止，恐民間不服，更生枝節，始飭蒙自縣將閔立松父子，傳案管押，不准私賣。一面援引部章合同，出示曉諭紳民，免其再蹈前轍。當准駐蒙法領照會，請將閔立松父子開釋，即由該道據理辯明，照復在案。並總録各情，呈報到本部堂。迭奉電查，相應將該道告示録呈如後。爲出示曉諭嚴禁事。照得大陸地産，分別地面地腹，地面之産，爲人民所分有，其地腹礦産之類，屬在國家，此五洲通例。中國雖未嘗明定限制，而允開採礦質，必須呈明官家，亦與五洲通例相符。一自各國通商以來，爭礦之案迭出，歷經各省疆臣奏奉諭旨，不准民間私行售賣。近日復經大部訂行通章，凡有欲承採各礦者，無論主爲華人、洋人、租户公司，未辦之先，須請勘礦執照；將辦之際，亦請開礦執照；既辦之後，又有各種條例限制遵守。況滇省舊與英法訂辦隆興公司合同第二款曾經載明，凡民間未開及荒廢各礦，在公司所指之地內，各公司願開，可呈報雲南大吏飭查，果無窒礙，地方官應向業主商議租山租地，其租價由公司認給，惟公司不得徑向民間租賃，亦不得購買山地，永爲業主各等因。其所以爲吾民蓄地利，保主權，杜爭端，防流害者，至密極嚴，至周且鉅。凡我紳商士庶，宜如何仰體此意，共保生存。乃聞有不肖之徒，竟有勾串外人，私圖售賣礦地情事。昨據蒙自縣閔氏親身控告其堂弟閔立松，盜賣祖遺山廠一案，似此忘公利私，違背國家條款法律，深堪痛恨。除行縣提究外，合行出示曉諭嚴禁。爲此示仰所屬漢夷軍民人等，一體遵照前開諭旨章程約案，嗣後無論何處地方，何種礦産，不准私賣他國人民。即欲獨力或合夥勘辦開採，亦須先行報明地方官長，聽候核飭，倘敢故違，定予從嚴究罰，議懲不貸云云。以上關道示語，謹請查核斟酌，照復法使，俾知關道禁阻，原因公司不遵合同，私向民間買地。閔立松盜賣公産，妨礙合族墳塋，加以種種違背部章，該道身任地方之責，不得不援案諭禁，以期中外人民兩保安全，實於該公司大有裨益，勿再滋異議，滇局幸甚！錫良謹叩。魚。

又外務部發法使巴思德照會《禁止滇民私售礦地並非違約》 光緒三十四年正月十三日，發法巴使照會稱：上年十二月二十七日，接准來照，以雲南地方官阻止臨安礦務公司舉辦，將閔立松父子拘禁，並出示禁止礦地轉與外人，請飭查辦等因。當經本部電致滇督，詳查確情去後，茲准該督復電稱：隆興公司原與滇省訂立開礦合同，第二、第三等款均載明，凡在公司所指之地，查有可開之礦，均須註明界址，繪圖呈報滇省大吏飭查，不得徑向民間租賃，亦不得購買山地，永爲業主等語。界限極爲分明。此次該公司向閔立松私買蒙自縣屬古山礦廠，並未報明關道行查，且係閔姓公業，實非立松本産，經閔族到道公呈，聲明該地內有祖塋三十餘家，萬難開採，懇請嚴禁。該道以公司既不按照合同辦理，若不禁止，恐民間不服，更生枝節，始飭蒙自縣將閔立松父子傳案管押，不准私賣。一面援引部章合同，出示曉諭紳民，免其再蹈前轍。並電録告示原文，請照復等因前來。查臨安礦務公司，係屬隆興公司分設，原由前潘署大臣於上年七月間，來照聲明，仍遵照隆興公司合同辦理。迺該公司並不按照該合同第二、第三等款所載，將所指可開之礦，先行呈報大吏飭查，輒向民間私買礦地。閔立松父子盜賣公産，妨礙合族墳塋，尤爲不合。該關道出示曉諭居民，不准私賣礦地，今其先行報明地方官長，聽候核飭，係按照原定合同辦理，以期彼此相安，於該公司實有裨益，並非違背約章，致有不善之舉動。相應照復貴大臣查照，轉飭該公司遵照可也。須至照會者。

交涉，素稱和平，惟於主權所在，暨人命攸關，每據理援約，力與爭辯。駐蒙雷領事積不相能，遂藉端電京聳聽，至駐滇省阿總領，則曾於洋務局司道面言，不滿於雷領之年少氣盛。月前阿總領因丁憂回國，臨行允於路過蒙自河口時，向雷領及駐河口之杜領，調停解釋，彼此化除成見。頃接河口副督辦王令鎮邦電稟：阿總領道過，情極浹洽，面稱均願棄嫌歸好，前争小坡頭猺屋，自當於工竣拆屋還地等語。似此情形，前於魏升道齟齬，實祇雷領，非但阿總領並無意見，竊法使亦係僅據雷領一面之詞，未必深悉此處實情也。除仍飭調署蒙自關道增道，遇有交涉，妥慎辦理，並將閔姓礦案辦結外，知關廑注，謹此密聞，伏乞察鑒。錫良。初八日。

又外務部收錫良文《臨安公司購買礦地原案》附三件來往照會　光緒三十四年三月二十三日，收雲貴總督文稱，據雲南洋務局司道呈稱：光緒三十四年正月初八日，准蒙自關道魏道咨開：惟照敝道前經訪聞蒙自縣奸民閔立松，勾串外人，私賣古山礦地一案，前將辦理情形録案咨明貴總局查照立案，呈報在案。兹准雷領事照開：該閔立松不過帶引查勘礦地，將來或者有意售租，並無罪犯，其拏禁及所出示，與隆興公司有所損害各等因前來。除駁覆並分咨礦政調查局，及行蒙自縣訊擬詳辦外，相應鈔録來往照會，備文咨明貴總局，請煩查照，並請轉報院憲衡核施行。計鈔咨來往照會一件等因。准此，查此案昨准該道來咨，當經照鈔各件，呈報憲台衡核立案在案。兹准前因，理合鈔録來往照會，具文轉報，請祈憲台俯賜衡核，咨明外務部核辦，實爲公便。計鈔呈來往照會一件等情，到本部堂。據此，相應鈔録全案，備文咨呈。爲此咨呈貴部，謹請查照核辦施行。須至咨呈者。

照鈔法領事來文。爲照會事。頃據雲南隆興礦務公司會臨安礦務公司代表人魯泰嗣面稱：本月十五日，派礦師高林士到古山，同地主閔立松一行。因該地主願請查勘該地，可否開辦礦務，查該礦師爲法公司人員，前次往箇舊各地方查看，貴道早經知之。此次高林士偕同閔立松及其子姪二人，前到該地後，閔立松當即同伊侄回蒙，留其子幫同高礦師查看一切。於二十日早，閔立松之子正同礦司查看之時，忽被縣差拘拿往蒙。是日晚，閔立松亦被拘拿，同伊子監禁一處。該公司聲稱：該二人被拿，係專因與公司看地之事，並無别故，否則何以用如此嚴刑加於無辜之人。所以特請本領事向貴道照會，俾得即時省釋，蓋因閔立松年近七旬，時值冬寒，在監恐致意外等語。據此相應備文照會。爲此照

又外務部收法使巴思德照會《臨安公司私買礦地並非違約》　光緒三十四年正月二十日，收法巴使照會稱：滇省古山礦地一事，本月十三日。接准照抄滇督電復各情前來，備悉之次，核與臨安公司所稟各節不符。如該督所稱：公司逕向閔立松私買古山礦地一節，其實只有公司遣派礦師葛林司，前赴該處測估之事，且既經蒙自縣派兵護送，不得謂爲私往，亦不得責以公司有違合同。蓋合同第三條内載，凡在公司所指之地，查有可開之礦，均須註明界址，繪圖呈報滇省大吏飭查，果無窒礙，然後將地租定，撥交公司開辦云云。以理而論，必須先飭勘地質，始知有否可采之礦，未經勘明可開與否，曷能呈請租承，是公司有測探之權，其理甚明。此次公司遣礦師赴勘，究非他意，即屬權内所准，而滇省阻難，豈非欲將厥權奪取銷革，致違約章合同耶！又稱閔立松父子盗賣祖塋所在之闔族公産一節，亦非實情。閔立松不過認允礦師勘估，並無賣地情事，且此事必有牽渾之處，緣閔姓果有内置祖塋族産公地一段。惟此一段應與公司所指毫無塋冢一段，辨别分明，其兩段有小路相隔，況立松早將此地租與華民多年，同族並無異詞。總之，本大臣查法商在滇開礦之權，載在約章，閔立松此次被押，非因違犯華律，盗賣本産，實因與外人營商所致。若將甘願以其礦地轉租法商之華民，株連懲辦，究屬廢置約章，與與國人民對敵，而本國素篤交誼，邇來因粤亂復表誠心和順之證足恃，貴國理必以情相答。較能酬報，以敦邦交，以致中國此次舉動，實出本國意料之外。爲此相應照會貴爵查照，轉行滇省，臨安公司既願恪遵合同辦理，則在該省一面務當協力贊助，以利開辦爲要可也。須至照會者。

又外務部發錫良電《請速結臨安公司購買礦地案》　光緒三十四年正月二十三日，發滇督電稱，古山礦案，業准魚電，照駁法使，該使復照稱：公司必先勘地質，是否可采，方能請租派礦師往估，經蒙自縣派兵護送，並非私往，亦非有違合同。閔父子祗認允礦師勘估，並無賣地情事，且所指地段，與祖塋公地有小路相隔。此地租與華民多年，同族並無异詞。此次以閔將礦地轉租法商，株連懲辦，究屬廢置約章，與與國人民對敵，請轉行滇督，務協助該公司開辦等語。查法使謂，公司恪遵合同，有權赴勘，詞意堅執，仍希飭屬妥速了結，免成交涉。並電復外務部。漾。

又外務部收錫良電《已飭蒙自道辦結古山礦業案》　光緒三十四年二月初九日，收滇督電稱：法使詰責魏升道各節，業經先後電復在案。查魏升道辦理

會貴道，希即查照辦理施行。須至照會者。

右照會關道魏。

照抄覆文：爲照覆事，頃准貴領事照稱：隆興礦務公司分會臨安礦務公司礦師高林士。應地主閔立松之請，同其子侄前往查看古山，可否開辦礦務，被蒙自縣差拘拿監禁，請予省釋等因到道。准此，查此案於數日前，訪聞蒙自縣奸民閔立松有私圖盜賣礦地情事，正飭查究間，即接閔家松、閔林松、閔樹松、閔寬元、閔永元、閔栢元、閔寶元、閔叔元等闔族，以私賣公產，有礙地方，同具控呈稱：生等高祖置買大屯古山廠一處，下田幾畝遺傳四支子孫，公同管理，歷葬四支祖塋三十餘塚在內，乃不法堂弟閔立松，膽敢私勾洋人，欲圖暗賣，日内竟領洋人前往踏勘栽記。不惟各寨驚恐，衆怒難犯，抑且關係闔族墳墓生產。萬分無奈，迫懇嚴禁提究等情前來。當以各省礦地早經奏奉諭旨，不准民間私行售賣，近更新奉大部頒行通章，無論何處地方，何種礦產，未辦之先，須請勘礦執照；將辦之際，亦請開礦執照，均須分別呈明地方官長，報請礦政總局，轉詳督、撫憲。咨部發給祇領，以昭慎重。即滇省舊與英、貴國會訂隆興公司章程，亦載明凡民間未開及荒廢各礦，在公司所指之地内，如公司願開，可呈報雲南大吏飭查，果無窒礙，地方官應向業主商議租山租地，其價由公司認給，不得逕向民間租賃，亦不得購買山地，永爲業主。乃閔立松敢於貪利狥私，暗圖售價，即無閔家松等聯名呈控，已屬違犯本國法律，不可姑容。又況古山廠係其祖遺産業，纍葬墳塋，爲閔氏闔族之公共地方，窒礙諸多，斷難任其盜賣，致滋争鬧。案經據呈，批縣提究，應由蒙自縣訊明詳辦。所稱飭令省釋之處，政體攸關，實屬礙難允許。至前准貴領事函結高林士前往箇舊執照一張，本道以其在省係稱遊歷全省，在蒙亦稱遊歷箇舊，並無勘礦字樣，是以填發。然猶聲明箇舊屬廠甚多，人極龐雜，請飭毋庸前往各廠，以免鄉愚滋事云云。凡所以盡保護之心，而免驚擾之事。尤望貴領事查照前函，轉諭該高林士，嗣後毋再馳往挨近箇廠一帶，實所深盼。准照前因，相應備文照覆。爲此照會貴領事，請煩查照施行。須至照會。

右照會法領事官雷。

右照會關道。

光緒三十三年十二月初十日，抄復法領文：爲照復事，頃准貴領事照稱，閔立松不過帶領查勘礦地，將來或者有意售租，並無罪犯，其拏禁及所出告示，與隆興等公司所有損害各等因。查閔立松私圖售賣，本道及蒙自縣均有訪聞，正擬提究，即據閔氏闔族以私賣公廠，有礙地方，聯名呈控到案。是其並非專爲查勘之事，確已信而可徵。辦礦本有專章，盜賣原干定例，閔立松以公共墳墓生產之地，僅查勘租賃，亦豈得暗瞞族衆，擅自行爲，已則圖享其成，人則同受其害，其居心已不堪道。矧明明説價議賣，人所共知，何能謂爲無罪耶？第法律之範圍甚寬，違犯之大小有別，閔立松盜而未成，尚無重罪，本道已迭飭蒙自縣迅速訊擬詳辦。但使原情可恕，自可從寬發落，惟應有特爲聲明者，此次閔立松被控提案，原係法律上應行之事，所張告示，亦只表白通行條款，與隆興等公司毫不相涉。矧該公司雖由貴國計辦，而凡中華官紳士庶，均應入股合夥生理，辦有成效，又須報效國家，及解銅税等項，種種利益，彼此實共沾之，初無歧視。來照所稱：實使華人以下云云，不惟有失嚮日竭力維持、認真保護之用意，且以辦一華人，張一出示，而謂爲非約章所有，本道殊難索解，亦不認受。至該公司如欲查勘礦地，自有光緒二十八年，即西曆一千九百零二年之定章十九條在，應請轉達該公司，即行先期知照，以便飭令地方官派兵保護同往。倘欲從事開辦，亦可呈報飭查可也。准照前因，除分别咨行外，相應備文照復。爲此照會貴領事，請煩查照施行。須至照會者。右照會法領事官雷。

又外務部發法使巴思德照會《蒙自道懲辦閔立松並非違約》 光緒三十四年四月二十五日，發法巴使照會稱：【略】本部查古山礦地。係閔氏公共墓産，閔立松不告族衆，私允租賃勘估，即非盜賣，已屬不合，況蒙自道縣訪聞該地實有説價議賣情事。且據閔族聯名呈控，該道不得不將閔立松傳案，訊究虛實，藉平閔族衆怒，以冀彼此相安，實係華律所應爲，亦保護維持之義務。其非廢置約章，對敵與國人民，已可概見。該公司既願恪遵合同，請嗣後勿再輕率，凡有查勘及開辦各事，先期知照地方官，按照合同妥爲辦理。正照復間，昨又准照同前因，相應一併照復貴大臣，查照飭遵可也。須至照會者。

又外務部收錫良電《閔立松已被釋放》 光緒三十四年十月初五日，收滇督電稱：申密。三十日電敬悉。查據蒙關增道電復稱：閔立松業於本年二月間釋放，現在管押者爲伊子閔孝元。當時原係父子均獲，因閔之松立即遵斷，遂准保釋。閔學元則因闔族公禀，抗違官斷被押，與臨安公司無涉等情。查此案閔立松早經釋放，閔學元既違民斷，又背父命，情有難原，應俟其醒悟遵斷後，再予開辦釋。合先電聞。錫良叩。豪。

又外務部收錫良電《請預防臨安公司議辦箇舊礦產》 光緒三十四年十月

初五日，收滇督來電稱：申密。臨安公司垂涎箇舊礦産，已非朝夕，閔立松案即其端倪。昨復據增道電稱：英領照稱：隆興公司派員前往箇舊，采買礦砂，礦商均十分情願，惟限於官勢，不敢出售，堅請照准，業經敝舌焦唇駁拒未允等情。當以法人始圖侵佔，未償其願，兹復欲以間接之法，破壞廠務，用心至險。若准購運礦砂，以西法煎煉，自比土法爲優，則鉅萬爐户生計勢必盡絶，難保不生事端，自應竭力維持。已一面飭交涉司電復增道，以滇礦章程第七款爲根據，藉資辯駁，並言滇省之與該公司訂定合辦，原欲藉重西法，將荒廢及未獲之礦，設法開採，以興利源。箇舊開辦有年，礦丁爐户，久已相安，倚爲性命。今若准該公司買砂，在礦丁所益甚微，於爐户所損實大，永杜驚擾之謂何？且向例只准在廳城設爐提煉，即在廳城完納稅課，請繳各商放借礦丁本銀。即就地方章程而論，亦不准賣砂云云，惟恐彼遽以三連單購辦土貨之條，到部要求，用特陳明，以備堅拒。查該廠爲滇省絶大利源，若復因循不思改良變計，終難免他族覬覦。現已揀派員匠，前赴檳郎嶼錫礦考察，并籌購機器，惟是滇省商力單簿，庫款支拙，深爲焦灼，尚望指示機宜爲感。錫良叩。豪。

又外務部收法署使潘蓀納節略《請飭滇吏勿再讎視雲南礦務公司》附《閔立松案判詞》　宣統元年三月二十四日，收法署使面交節略稱：雲南礦務公司，有在滇省七處查勘開採礦地之權。此項權限，在原定合同之内，業已詳細載明。所指七處，在原合同列明。該合同於光緒二十八年五月初十日，即西曆一千九百零二年六月十五日。欽奉諭旨，批准有案。然該省有司對待公司，視如仇讎，至今阻止公司實其行權。其對該公司太甚之態度，可提一案，以爲確証。一千九百零七年十二月間，該礦師高林蘇（高林蘇即高林士，編者註）與古山礦地地主閔立松聯絡，前往查勘該地，不料有司以閔立松不得將本族公産租與外人爲詞，將其父子並行拘禁。旋因閔立松龍鍾衰邁，業經放歸，然其子雖際逢登極赦典，仍在囹圄，未蒙開釋。曾據駐滇法領事查明，該地並非閔族公産，亦無該族墳墓，實係閔立松本人私産。於一千九百零八年二月二十一日，本館業將此情照會貴部在案，兹復援引前照，並將此案不公之判詞，隨呈閲查。閔立松之子繫獄，迨及年半，其原因無他，係因伊父與英法公司交際而已，以致如今居民人等深恐連累，不敢與公司代表聯絡矣。又於一千九百零八年十二月間，高林蘇得與唐姓族長定立合同，開辦白興廠譯音礦地，於開工之始，不期該處道憲以一千九百零八年三月間，業已允准中國源利公司開辦，立有合同在先爲詞，阻止該礦師開工。據該礦師查明，該華公司合同，似係倒填年月，特將簽押之期改變推前，以爲抵制傾軋高林蘇合同之地步。

又在溪板地方，譯音。有停開已久之錦礦法文曰安的墨尼。一處，該礦師躬往查勘，而地方有司當時簡派委員，署署動工，出此伎倆，以爲該礦尚未棄絶之據。似此之案，不止一端，視此足見該省地方官毫無協力相助公司，而反時常設法爲難之証。然公司開礦之舉，原可發達滇省商務工業，是以本館甚望貴部費神轉飭滇省大吏，不再以讎視態度對待公司，自當使在滇法人從事便易。若現在情形不爲改移，則與我兩國相睦相信之情誼，實有影響矣。

附録《堂判》

此案迭訊，閔立松只認誤同洋人往勘，並未議租議賣，且未將公山墳地勘量在内。查此地自菊花山腰，以至山脚墳地。均係閔家松、閔樹松、閔立松、閔伯元等四支公業，惟山下平原有閔立松分受私産一叚。閔立松所供，未將公地勘量在内。現查原釘樁木，已被拔去，無從勘証。惟族衆指控明確，自非無因，亟應設法防維，免生後釁。判令閔立松將已面私地，併入閔家松四支公業之内，交閔家松等三支公同收管，仍舊租給華民洗硔栽種，永不得私向外人議租議賣。以後按年租息，分給閔立松六成，所餘四成，仍歸三支分用。閔立松地契一張，當堂追出，發交閔家松等收管，並由閔家松等出具永遠分租字據，交閔立松收執。自此次判斷之後，古山廠内所有山場田地，閔立松永不得再行干預，倘有隱瞞未繳契據，均作爲廢紙，以杜後患。閔立松父子私引外人勘量廠地，本屬不法，姑念議賣租議賣，尚未明定價值，從寬交租衆具保開釋，不得再滋事端。

又外務部收李經羲電《請開滇礦以弭滇亂》　宣統二年六月二十日，收滇督電稱：申。十六日電敬悉。滇人固閉，難遽開通，亟恨外人侵奪鑛路，夙心同切。邇來民間生計益困，外工輟業流蕩，裁撤緑營弁兵，盈千累萬。此輩窮極無聊，輒思借端生事。經羲去歲蒞滇，正值越路車通，民情異常惶恐，多方鎮撫，勉就安貼。近爲廢約拒款風潮所激蕩，一因隆興公司代表高林士執約來滇，勘辦鑛産，旬日内外，實有傳單開會，揭帖聚衆，斷指立誓等事。經羲剴切告諭，以復歸正道，申明會律，禁傳單帖，責詰首人爲要領，現已漸次解散，尚不致遽有暴動。惟謡風廣播，深慮邊遠匪徒，從而生心，欲求消弭抵制，惟有切實提倡辦礦一法，第滇人無力，官中又苦無款無人，經羲借款之奏，業已屢上。謂員之請，熟籌待發。能不極於部議，邊禍冀有挽回。務求邸座密切面奏，早定大計。

爲叩。

又外務部收雲貴總督李經羲文《抄送禁止滇民反對隆興公司辦礦告示》附《告示》 宣統二年八月十五日，收雲貴總督文稱：爲鈔稿咨呈事，竊照英法隆興公司承辦雲南、澂江、臨安、開化、楚雄、元江、永北七屬礦産章程，早經畫押，奏准在案。查原章限制甚嚴，該公司得開礦産，係指官民已開而荒廢，及未開而毫無窒礙者，並須由各地方官查勘議租，不能私與民間直接租賃，並永遠不准借故招調洋兵入境，均經載明。其訂約已近十年矣。乃近因隆興公司派代表高林士來滇議辦，愚民無知，遂紛紛造謡，騰播遠近。血氣用事者，輒復集會嚚議，甚或割臂斷指，要求廢約。一唱百和，徒自驚擾。本部堂以開會集議，應受範圍，飭所在官吏，加意檢查，不准擅發傳單揭貼。又以原章條款，初未頒布，故得以杯蛇之誤，作布虎之訛，特撰擬告示，刷印多張，分發滇省各府廳州縣，徧貼曉諭。近日民疑漸祛，民氣稍静，但從事於研究調查之方面，不致别生枝節。所有示稿，相應抄録咨呈。爲此咨呈貴部，謹請查核備案。須至咨呈者。

附録《告示稿》。雲貴總督部堂李，爲剴切曉諭事。照得光緒二十八年，外務部奏准英法隆興公司，可在雲南、臨安、澂江、開化、楚雄、元江、永北等處，照章勘辦礦産。其章程内載：一、公家現在荒廢之銅礦，並公司尋出之銅礦。一、曾經開採現在荒廢之金、銀、煤、鐵等礦。一、公司尋出之金、銀、煤、白金、白銅，錫，及火油、寶石、硃砂礦，給與公司承辦。惟中國官民增開各項新礦，隨地。凡有礙房屋田地墳墓風俗，及中國國家商民現仍開辦各礦公司，概不開辦窒礙，由地方官向業主商議租山租地，公司不得逕向民間租賃，亦不得購買山處可以開採。民間未開，及荒廢各礦，如公司願開，可呈報雲南大吏飭查，果無侵佔。開礦處所，可禀請地方招募士勇，遴選武官管帶，保護彈壓，公司永遠不得借故招調洋兵入境等語。當經外務部奏請朝廷批准，派員會同畫押在案。乃近聞滇省愚民，紛紛謡傳，竟謂七屬礦産，將全割與外人。並謂八月初一，即有洋兵來滇，索取礦地。種種謬説，不一而足。激烈之士，往往集會嚚議，甚或割臂斷指，要求廢約。迭據巡警道商埠局暨諮議局呈報，大略相同。抑知隆興公司於雲澂七屬，固可照章辦礦，然該公司所得開採者，皆吾官民已開而荒廢，未開而毫無窒礙之礦，不特中國官民現辦已辦之礦廠，隆興不能侵奪。即民間未開之地，經隆興聞知有礦，亦須查勘請官查勘，不能直向民間私勘私租。設有礙於田廬墳墓風俗，出於民人不願，更不能强租强佔。若中國官對於雲、澂七屬之礦，已開者自能接續推廣，未開者亦可隨處勘採，我滇省因仍有土地自主之金權，該公司亦斷無違章攘勒之事理，何至七屬礦地權利，悉掾外人？巷議街談，荒謬可見。查《隆興辦礦章程》奏准已歷多年，該公司之意，惟在通商公利，豈不知以輯睦人民爲主。本督部堂查勘目下情形，該公司尚無違章之舉，自未便無故議廢。至永遠不調洋兵，原章早經訂明，不特今日照章勘礦，無所用其兵力，即將來有租地開採之事，亦決不能調兵保廠。本督部堂夙知吾滇士民，愛國愛鄉，人人有捍衛疆土，自保權利之心，此出於公德輿情，固非法律所當禁制，尤非外人所能干涉。惟恐熱忱誤用，輕信謡言，蛇影杯弓，徒自驚擾。甚或無端聚衆，跡近暴動。傳單揭帖，但圖激忿，以致匪徒生風，宵人乘釁，既妨全域之治安，復礙交鄰之睦誼。本督部堂責任封疆，斷不能姑息釀害，與其追悔於日後，極應申儆於事先。用特出示曉諭，爲此示仰全省人民，一體知悉。方今鴉片禁絶，民生困苦，非振興礦業，不足啟天然之利，救目前之窮。本督部堂涖任以來，勞心焦慮，屢請命於朝廷，乞撥的款，經營滇礦，並擬捐廉提倡，力助其成。吾滇紳民，有能勉著先鞭，籌集現資興辦礦廠者，一經章程議妥，禀呈到院，立予核明批准，並飭各地方官妥爲保護。果能辦有成效，並當酌予奬勵。其有集會結社，專爲研究礦事者，本屬人民應盡義務，惟須謹遵國家法律，明白呈報，静候查核。其以個人意見投書於業經呈報之礦務調查總會，開發礦務義理，均聽其便。除軍人、教習、學生、警員各有執務，律戒紛營。曾犯監禁以上之罪者，不合資格，律重削奪，均應遵律分别停止入會。禁阻入會外，其餘果能恪守法律，准由巡警道暨各地方官監護維持。倘敢秘密結會，以及造謡聚衆，藉端滋事，非法煽動，妄布文告，應即嚴切禁止，並責成該管官吏，隨時訪查。如仍有心違犯，查有實據，即行拘提首要，按律懲辦，示出法隨，決不姑宥。凡我滇人，當此時艱，務諒本督部堂籌維審慎之苦衷，各奮切實自求之毅力，父詔其子，兄勉其弟，早集資本，自闢利源，勿令寶藏棄地，長此憂貧。勿爲無益嚚張，徒貽口實，並不可輕聽謡傳，冒昧生事，自取咎戾。苦口墢墢，各宜遵懔。特示。

右仰通知。

又外務部收李經羲電《請飭法商回滇商辦路礦》 宣統三年六月初八日，收滇督電稱：内閣總協理大臣鈞鑒，並請抄送外務部、度支部、郵傳部均鑒。申。隆興借路款銷礦約，磋議大綱，已迭電陳明，以四國公借、不押路、不侵權爲宗旨，皆經隆興認允。嗣彼謂其重息九五扣，係屬通例。瀝陳十年耗費，要求補

償，初索六百萬兩，減至二百萬。義以隆興所虧，只能就辦事往來寔用爲斷。詢彼寔數，荅稱八萬磅。義即允照數籌給，私心仍欲以十萬磅結局。隆興雖仍於借款外，求加利益，亦漸縮至百六十萬兩。僅此一節待商，滿以爲不難磋定，忽該代表高林士，突於粵漢合同畫押宣布後，來函毀諾，謂滇款已經部中向四國銀行提議當停，當飭藩交兩司。荅以此議由滇協商，有取銷礦約在內，部即另議，必與滇謀，決無此事。又要以電部覆詢，高仍堅拒，直設他款可借。桂蜀兩路借款，中多礙難，窮詰理由，無可解説。但云路事不敢議，可專議贖礦，至少需回百萬兩等語。從表面窺之，似因粵漢畫押所獲較滇議爲優，然高始終無一語援引粵漢合同。較量厚薄，則其隱可知。滇鄰緬、越，英法久視爲勢力範圍，隆興此次借款，允我添入德、美，且惕於東三省新款，日俄失算，愈欲破壞此四國公例，另營機轂，圖遂把持。細審情形，似由英法領事陰爲主謀，廹高毀議。現法領竟挺身插議，力主搶路贖約，免詞恫喝，勒借英法款六七百萬，辦滇寔業，並加贖費。詰以礦路會議，本由隆興發端，滇以能了一事成一事，故不惜另加酬費。今忽無因悔諾，失信紳民，其曲在彼，感情加惡，豈能遽銷前文，另起新議。滇人只請廢約，未允贖約，借款銷約，乃滇官顧全兩面，竭力擔承美意。如隆興昧棄心理，別逞狡謀，終無轉圜，惟有仍舊履行合同一法。合同中官無强勒民租條件，民不願租，官難激變，强以罪官，官亦無法。高知另議爲難，留函誘諸領事，昨已赴京，意在將路礦分離，路或由英法承借，或公司包修。查賬、工師、購料等項，轉而向部要翻異則，必縷舉所辦無効，歸咎官紳之過，目的則注重贖約。論隆興勢力，可依埒四國銀行成事難，另組一四國公司，該代表毅然輕允，非滇强迫使然。滇爲幹路，收歸國有，勢在必辦。若款歸回國承借，能賡續滇議甚善，惟不宣露，英法得占優勝，致滋後慮。至合同條件，如何商决核定，前電本聲請由內主持。若單提出礦約問題，仍索重費而保滇，曾許八萬磅爲藉口，隆興於鑛，並未寔行著手，一紙空約，利益從何估計？八萬磅乃償花費，兼作借款酬勞，非贖約也。義亦即履行鑛約，十分困難，際此風潮，難必倍昔。然既知廢約理由，又無贖約籌措，除竭力支應，亦別無善解。隆興如赴部饒舌，儘可囑令回滇商辦，以杜狡謀。除將司議借款節略並咨外，謹撮要電陳，敬祈核示。再，盛大臣麂電奉悉。固隆興翻議，存核緩復。並聞。經義。冬。

又外務部收李經義致高藩司電《籌議贖礦辦法》 宣統三年閏六月十八日，收滇督致高藩司電稱：諫電計達，隆興案不聽悔議一層，恐難辦到。然此時即與議贖數，彼必謂滇易與多方要挾，故特就原議駁論，兼慮贖議不決，事已証寔。高若回滇，無可間執，法委曾露贖數爲百七十五萬兩，又有言意在百五之數。然滇祇能出百萬，不得已酌加若干，加至百二十萬，無可再議。高性鄙善磨，不宜輕許。此二十萬操縱，一聽諸公，高自謂花費八萬鎊，約計六十餘萬兩，已是虛數，今再加利盈若干，公平已極。鄙意議數宜與高掣，勿牽法使，惟議必在京都任調停。滇以紳民任其主決，如任返滇，無非以原議抵制，否則惟有履行原約。至款所自出，滇固不能不負責，然驟責交鉅款，可謀作抵者，僅滇蜀路塩股一項，即使部辦滇路早定，紳意必仍游移，且須積年運有成數，非乞助中央先爲墊借不可。擬請中央撥借滇省兼寔業費三百萬兩，贖款即先取墊於此，餘交滇存行生息，漸興寔業，藉資生發，統由滇分年歸本，以十五年爲限，利息應請邀免。故鄙意以部款爲宜，若欲出利，只可年息三釐。此三百萬先撥給一宗，賠款母金減少。而滇繳塩股，紳意改爲實業費，尚煩於此內以息款撥還。有此果折，既責還本，又責他息，重重擔負，均取給十五年中，力若不勝，終失部信。義謀事寔，不肯專顧眼前，蹈各省故智。望向度支部切寔言之，誠知各省贖礦，均由地方自擔，然素受厲，且勢取危迫，情形不同。果如鄙擬中央不願居破例之名，滇寔受興革之福。且滇承還本金，中央所耗，僅此子利。此次借款，或撥銀行存帑，或出外債，事歸部辦，滇擔還本，較之撥費無歸，已屬有著。總之，必幹路明定，贖鑛抵款，方可騰挪，亦實業有資，原途始能周轉。處茲萬窘，居中幹旋，非公盡力，義難負責。請先以此意呈懇閣部，或奏或咨，候裁而決，否則議贖雖成，徒使便過爲壅遏，除將隆興章程解釋批復外，合併電陳，經義。

又外務部收張鍇等呈《請廢隆興公司礦約》 宣統三年七月初二日，收雲南同鄉京官張鍇等呈稱：具呈雲南同鄉京官內閣叙官局副局長張鍇，候補四五品京堂王鴻圖，裁缺內閣典籍朱崇蔭，中書楊覲東、陳時銓，王楨。翰林院編修李坤，顧視高，外務部郎中陳本仁，裁缺吏部郎中舒良弼，主事李學仁、呂嘉寶，民政部員外郎呂鑄、朱綸、畢有年，主事倪惟俊，度支部主事周傳性、解永年，學部主事金在鎔，小京官張輝曾，前禮部郎中李潤均，主事李洪鈞、舒嘉烈，小京官趙因培，司務高承惠，陸軍部小京官甘德輝，海軍部參事趙鶴齡，科員繆欽臣，録事韋乃樾，法部郎中胡裕培，王堯圖，員外郎趙廷璜，主事龔發舉、楊學禮、劉潤疇，農工商部主事李鵬元，郵傳部小京官錢良驥，録事白士藝，大理院録事楊粹仁，議員段宇清、張之霖、李增，中央教育會會員周鍾嶽等，爲興隆公司違反章程，機

會難得，懇請鈞部據理駁詰，力争廢約，以挽利權而救危亡事。竊以雲南僻處西南，兩强虎視，昔日則病貧，今日則垂亡。將欲救亡，必先救貧，將欲救貧，必先開礦。雲南五金礦産，蓋藏尤豐，如果集有厚資，認真興辦，不難化石田爲金穴，開實業之先河。臨安、個舊之錫，東川之銅，近爲本省入款大宗，彰彰甚著也。英法人涎滇礦利久矣，光緒二十八年，法員彌樂石乘機下手，密與我政府訂立《隆興公司章程》，遂將雲南、澂江、臨安、開化、楚雄、元江、永北産礦最富之七處，明載章程，允准開採。且云設或以上所列各府州縣内，無礦可採，隆興公司另指他府州縣，相爲互抵等語。是名雖七處，實則全省礦産，彼皆有採掘權矣。該公司以五千萬之雄資，不難徧吸精華，豈尚有容我開採之餘地？然則此章程成立之日，即雲南富源絶望之日，亦即雲南禍根深固亡無可藥之日。今欲救滇亡而弭烈禍，非乘時廢此章程不爲功。大該公司七府礦産章程，據歐美文明各國法律言之，係由我政府贈與一商團之利益，並英、法兩國人人共有之利益也。名爲契約，實一種特權耳。就特權言，所定條規，若不遵守，贈者即可以收回之。以契約言，則兩造合定之條款，若此造不遵守，彼造即可廢約。且此造故意干犯，則彼造不惟可以廢約，並可責其賠償損失。查隆興公司章程第九款，大書特書，載明發售各礦股票時，應竭力設法廣招華股，凡官紳工商，均可與公司合夥生理，與外國股東一律看待，出售股票，應在歐洲及中國各大埠同時舉行。按該公司章程，訂自光緒二十八年五月十六日，即西曆一千九百二年六月二十一日，迄今八年有餘。一切辦法，秘而不宣，我國官紳工商，至今全屬茫然，欲買票集股，亦苦無由。如曰該公司尚未賣票集股也，何以總理已經確定有人，而股本股票則尚未賣集乎？是明明專在歐洲招集洋股，拒絶華股，欲以秘密手段壟斷大利也。與章程所謂廣招華股，合夥生理，一律看待，同時舉行等語，全行背馳。此不遵守章程，即可作廢之理由一也。第八款大書特書，謂公司願創學堂一所或數所，教授華人，以造就開礦，及百工之材，嗣後公司需用之工程師，及專門各工頭等，應先儘學成諸生中，酌量選用。夫章程明文，既有嗣後、應先等字樣，則學堂必應早爲辦理，方與章程符合。乃自訂約迄今八年之久，該公司總辦已確定有人，提議開採，而造就華人開礦，及百工之材之學堂，不聞一設，是明明揮華人於此權利之外，彼獨合力網取之。此不遵守章程，即可作廢之理由二也。據此二大理由，無論彼如何抗辯，我皆可力駁而使之辭窮，況不遵守章程之行爲，發之自彼，則議廢章程之論據，操之自我。時不可失，機不可再。雲南存亡之關，間不容髮。失此不争，將悔噬臍。今聞該公司總辦高林士到京，與鈞部交涉此事，是以合詞籲懇鈞部，竭力主持，無論與彼如何籌商，如何駁詰，必達廢約之目的。如鴻籌碩畫，更有最爲完善之對付，不傷財累民，俾此約妥議而即廢，是再造雲南之大惠，感且不朽。現在雲南鴉片禁絶，無利可圖，熱心資本家，皆注意開礦，以保利權。而其尚瞻顧不前者，因該公司章程籐葛未斷，未便舉辦耳。即今廢之，則集股開採者，必異常踴躍。由此提倡實業，可救滇貧者，即可救滇亡。雲南有生存之機，上游無潰決之患，挽利權而保富源，弭外患而靖内憂，雲南幸甚！大局幸甚！爲此上陳，伏乞鈞部裁酌施行。須至呈者。

又外務部收英使朱邇典照會《允准中國收回滇礦》 宣統三年七月初十日，收英朱使照會稱，爲照復事，接准本月初八日來文内開：光緒二十年，與隆興公司所立辦理雲南府等七處礦務合同，今擬收回一事，業由雲南省憲與該公司代表議商有日，近經本部會同法國代理大臣，與貴大臣商定，由中國以一百五十萬兩付與公司，取銷原定合同。其款分作六期歸還，每期付庫平銀二十五萬兩。頭一期一月内歸款，其餘五期，每六箇月交一次，由英、法國駐京大臣先期一箇月，知照本部，以便預備。所有該公司並臨安分公司一切産業物件，均交還中國，永與隆興公司無涉。此事既經彼此商定，自應就此議結，互換照會，以資遵守，相應照會貴大臣查照存案，并見復等因。本大臣均已閲悉。查該公司既願按照所擬之法辦理，本大臣自應允照來文所叙各節，備文照復貴親王查照存案可也。須至照會者。

又外務部奏摺《會奏取銷隆興公司原訂合同》 宣統三年七月十四日，會度支部、農工商部具奏稱，爲議結滇省隆興公司礦案，取銷原訂合同，恭摺會陳，仰祈聖鑒事。竊光緒二十八年五月初十日，臣部具奏遵議滇省礦務章程一摺，奉硃批：「依議。欽此。」遵由臣部派員，與法員彌樂石將議定雲南府等七處礦務章程二十四款，於是年五月十六日，在臣部畫押，並照會法、英兩國使臣在案。該章程内載，法英兩國設立隆興公司，糾集資本，開採雲南、澂江、臨安、開化、楚雄、元江、永北七處礦産，雲南大吏允奏請國家，給該公司承辦，以六十年爲期限。開礦之股本，不過關平銀五千萬兩。公司事業虧累，自行擔任，與中國國家、雲南大吏毫不干涉。倘照辦時，或有争執，應由雲南大吏、法國公使、英國公使各派一員，會議剖斷各等語。嗣該公司履勘礦産，時啟争端，滇省紳民數次集會，建議呈請廢約。經雲貴總督李經羲與該公司商議，承辦大宗借款，興修滇

路，即將前項礦約作廢，意在籌邊弭患，兩益交資。惟雖經該省商辦多次，迄無成説，該公司代表高林士，忽置借款修路於不議，專就贖約一層，要求酬款四百萬兩，滇省僅允給一百萬兩，遂致所議中輟。高林士旋即來京，經法、英兩國使臣出而爭論，堅請速定礦案辦法，即行議結。臣等公同商酌，借款關繫重大，斷非可輕易成事，此時若仍將路款並提，彼必不肯續議，不如就礦約一節，先與解決，藉省轇轕。經臣部電商雲貴總督，亦以路礦分辦爲然，當由新任雲南布政使高而謙，秉承臣部、度支部籌擬應付方法，與該使臣等晤商多次，竭力磋磨，議定由中國以庫平銀一百五十萬兩，給與隆興公司，取銷原訂合同。其款分作六期歸付，每期付銀二十五萬兩，第一期一月內歸款，餘五期每六個月交一次。所有該公司暨分公司一切産業物件，均交還中國，永與該公司無涉。款項由度支部墊給，滇省分十年陸續歸還。業經臣部照會法英兩國使臣，聲明作據。該使臣等均先後照復，允認備案。伏維滇省幅員寥濶，礦産之饒，久所著聞，近日該省屢議集款開採，衹以隆興成約在先，一有設施，動多牽掣。而該省紳民，亦時以原定合同範圍太廣，引爲隱憂。現經該布政使相機因應，得將原約議廢，庶可消除宿案，永斷葛籐，嗣後仍應由雲貴總督，隨時鼓勵該省紳商，將一切礦産，實力籌辦，務期成效昭著，款不虚糜，以闢利源而興實業。除電該督就近確查，該公司如有物産，即派員妥爲收回外，所有臣等議結滇省礦案緣由，理合恭摺會陳，伏乞皇上聖鑒。再，此摺係外務部主稿，會同度支部、農工商部辦理，合併聲明。謹奏。宣統三年七月十四日。奉硃批：「依議。欽此。」

又外務部收度支部文《墊付隆興公司第一期款項希派員赴部請領》 宣統三年七月十七日，收度支部文稱，爲支領事。制用司案呈：准外務部咨，隆興公司承辦雲南鑛務一事，現經高藩司面與法使商定，並經英使照允，由中國以一百五十萬兩付與該公司，取銷原訂合同。其款分作六期歸還，每期付庫平銀二十五萬兩，頭一期一月內歸款，其餘五期，每六個月交一次。業經本部照會法英兩使，聲明在案。所有此項款目，請由部墊給，滇省分十年陸續歸還。其第一期應交庫平銀二十五萬兩，須於本月內付給。相應抄録來往照會，並發雲貴總督電文，咨部查照。即希如數措齊，咨送過部，以便照交等因前來。相應劄付金銀庫司員，即將本部墊付前項第一期庫平銀二十五萬兩，驗明印領憑單，由庫存項下照數發給。咨行外務部，即行出具印領，派員赴部請領可也。須至咨者。

《礦務檔・貴州礦務》總署收户部文《咨送黔撫奏議開采貴州銅鉛各礦章程折》附潘霨奏摺 〔光緒十二年〕五月初九日，户部文稱，貴州司案呈：光緒十二年三月二十五日，准廣西司付稱：署貴州巡撫潘奏籌議開採銅鉛煤鐵硝磺各礦章程一摺。光緒十二年二月初九日，軍機大臣奉旨：「著照所請。該衙門知道。欽此。」欽遵。該省開採銅、鉛各礦，業經咨行辦理。其原奏内稱開採硝磺、硃砂、雄黄、煤、鐵各礦，應抄録原奏，付知辦理等因前來。相應抄録原奏章程，移咨南洋通商大臣等處，詳查各省每項各能認銷若干，定價若干，速即聲覆，以便轉飭遵辦。再，查前署理貴州巡撫林，於光緒五年四月間，奏請開辦馬鞍山等處砂礦。以濬利源，嗣以辦無成效，即經停止，今該署撫酌議開採煤鐵各礦章程，尚屬詳盡，惟開廠設局，所費不貲，必須通盤籌畫，除開銷各項經費外，確有盈餘，始可舉辦。應抄録原奏章程，移咨總理衙門查照可也。

照録粘單。署貴州巡撫臣潘霨跪奏，爲遵旨籌議開採銅鉛煤鐵硝磺各礦章程，恭摺條陳，仰祈聖鑒事：竊臣於光緒十一年十一月初一日，附奏黔省礦産甚多，煤鐵尤盛，可否體察開辦一片，欽奉諭旨：知道了。即著該署撫詳細體察，認真開辦，毋得徒託空言。欽此。仰見聖主軫念邊疆，厚生利用之至意。遵查五行百産之精華，取之不盡，必須加意講求，庶幾愈用愈出，現當創立海軍之始，需用尤殷，所謂地不愛寶，正其時也。況黔省尤係瘠區，每歲度支，全賴各省協濟，本省田少山多，出穀無幾，惟水深土厚，向産五金，自雍正乾隆年間，歷有開礦成案，部册可稽，軍興以來，無力興辦。如果經理得宜，以天地自然之利，藉補餉項之窮，雖未敢侈説富强，而民間多一生計，即公家多一利源，以之撥供鄰省海防之需，亦屬彼此兩利。臣欽遵諭旨，督同司道酌議簡明章程六條，大要糾集股分，廠由商辦，而官爲督銷彈壓稽查，代籌出路，而坐抽税課，以裕度支，較爲簡便。敬爲皇太后、皇上縷析陳之：

一、鏮鉛各礦宜規復舊制也。黔省方言。黑鉛曰鏮，煉之可以得銀，較白鉛之利尤厚，從前辦解京局，歲額白、黑鉛共四百七十餘萬觔，兼供各省採辦，所出甚多，由於所産甚旺。查威寧州屬榨子黑鉛銀廠，係雍正五年開採，嗣復開出清平縣屬凱里永興寨黑鉛各子廠。又威寧州屬蓮花媽姑白鉛廠，係雍正十三年開採。嗣復開出馬街、猓納、黑泥、三家灣、羊角、新發、白巖等處子廠。又水城廳屬福集白鉛廠，係乾隆十一年開採；大定府屬水洞帕興發白鉛廠，係乾隆四十二年開採，均歸貴西道督理。百餘年中，利益頗大。自近歲軍興，廠務遂廢，

然舊峝雖空，亦必有未開之礦，寶藏所蘊，當更有新長之苗。現如遵義之泮水，桐梓之銅鼓㘭，仁懷之桑木埡，七灣架丁山壩，普安廳屬之南星、仙冲，燈盞窩等處，或銅或鉛，均據報有礦苗。其燈盞窩之銅礦，現經督臣岑毓英委員試辦，礦苗甚旺，銅質亦佳。又普安廳屬之糞箕灣、梭白沙、緑塘三處，近且報有銀苗，應仍責成貴西道勘明開採，或就舊廠，或覓新礦，實力招辦，以期漸復舊規。此外如威寧州屬陳家溝之銅廠，青谿縣屬南屯一帶之鐵廠，册亨州同所屬坡㘭之硃砂廠，板堵之雄黄廠，興義府屬之迴龍灣，八寨廳屬之羊五加河，修文縣屬之紅白巖水銀各廠，均自雍乾間次第開採，至今早已荒廢。其近年奏辦之羅斛廳屬寶豐廠，試辦之銅仁府屬萬山廠，均産硃砂，而作輟無常，半由工本不繼。應飭各該屬一律勘明整飭，以盡地利。

一、煤、鐵等項宜擴充開採也。查各省機器局及大小輪船，每歲所用煤、鐵，以億萬計，現又創立海軍，製造鐵船鐵路，在在需用，更屬不貲，自應廣爲籌備。黔省跬步皆山，處處産煤産鐵，特以物太粗重，山路難於致遠，開採者但供炊爨農具而止，貨棄於地，殊可惜也。查鎮遠、思州兩府，據沅江之上流，銅仁府通麻陽之舟楫，都勻、黎平與清江相首尾，遵義思南距川江亦不甚遠，設法挽運，均可下達長江。應飭各該府查明煤鐵最旺之處，竭力招徠，商辦官銷，以濟要需。

一、開辦之法宜先集股分也。銅、鉛、煤、鐵、硝、磺各項，採辦俱需工本，黔庫支絀，萬難籌款，惟有集股之一法。本地股實無多，又須濟以遠道招商之法，擬照滇省礦務章程，遴員赴滬集股，以百金爲一股，外國洋人不令附股，惟勘辦礦苗，准其酌雇洋人，以資臂助。先就股分最多者，推爲總辦，其餘一人能集百股者，作爲幫辦。俟股分集成，即於省城設立礦務招商局，總理諸務，按收股本日期，給週年一分官息，外獲有餘利，除開銷局廠薪工外，按股分派，設遇虧折，亦如之。年終刊布帳單，使附股者一律徵信，庶聞風者接踵而來。

一、股分既集，宜豫籌銷路也。銅、鉛爲物較貴，銷售舊有成規，惟煤、鐵質重而價輕，硝磺又關例禁，應請飭下總理海軍衙門、南北洋大臣，暨兩湖、兩廣、川滇各督撫臣，每省能認銷每項若干，定價若干，先行咨復，以便分投運銷，此爲商辦官銷之法。但使銷路能暢，則商賈自必争趨，而天地自然之利，亦不致終閟矣。

一、銷路既通，宜明定課票也。查威寧榨子鉛廠，原定四六抽課，其餘各廠，定例抽課二成。現值招辦之初，應請無論何項，每百斤祇抽課二十斤，以示體恤，各照市價折銀交納，以歸簡便。其經過各省關卡，未便再予重徵，應請援照滇例。飭下各省關局，暫免釐税，以廣招徠。又各項出境，未可漫無稽考，擬照滇局刊刷四連串票，一商局存根，一藩司總核，一截繳出關驗票，一通商各省呈蓋院司印信。每一百斤截票一張，聽其運赴各省銷售，沿途關卡加蓋驗戳放行，所謂化私爲官也。如此庶在官有可稽查，在商益得暢行，黔省藉有起色矣。

以上六條，祇就現在開辦情形，提綱挈領。斟酌議行，其餘一切廠規税則，及未盡事宜，應俟股分集成，總局設就，隨時酌核，以求事在必成。是否有當，伏乞皇太后、皇上聖鑒訓示。謹奏。

《礦務檔·奉天礦務·籌辦奉天礦務》總署收盛京將軍依克唐阿文附原奏《咨送籌辦奉天礦務情形折》

〔光緒二十二年〕五月十三日，盛京將軍依克唐阿文稱：案照本軍督部堂於光緒二十二年四月十六日，具奏爲遵旨查明奉天礦務現籌辦法，據實覆陳等因一摺，除俟奉到硃批，再行恭録咨呈外，相應鈔奏咨呈。爲此合咨貴處，請煩查照施行，照録鈔摺稿。奉爲遵旨查明奉天礦務，並現籌辦法，據實覆陳，恭摺仰祈聖鑒事。竊本年四月初三日，承准軍機大臣字寄，光緒二十二年三月二十五日，奉上諭："督辦軍務王大臣奏，副都統榮和請率所部各營。試辦奉天礦務，據情代奏一摺。據稱奉天開原等處，礦産素多，該副都統所部各營，均係吉省獵户，深悉淘金之法，如由奉省墊款二三萬兩，即當前往試辦等語。榮和世居東省，習知該處情形，所陳不爲無見。著依克唐阿確切查明，勘酌辦理，如無窒礙之處，即由該省墊款二萬兩，發交榮和統率所部獵户，分段開採，劃清界限。其一切章程，並著依克唐阿督飭該副都統，詳細覈定具奏，請旨遵行。督辦處摺一件，榮和原禀一件，均著鈔給閲看，將此諭令知之。欽此。"遵旨寄信前來。跪聆之下，仰見聖主慎重礦務，博採周諮之至意。伏查奉天屬境金、銀各礦，所在多有，固不僅榮和所禀之牧養正、柴河溝、弟兄山等處。前因疊奉諭旨，飭辦礦務，當敵愾軍遣撤之初，亦思以礦屯兵，藉金充餉。惟念兵之需餉，須臾難停，礦之出金，多寡無定，指不可必之金，充不容緩之餉，一旦不足，譁潰堪虞。是以遵奉前旨，將敵愾軍一律遣散，不敢作留兵開礦之想，今蒙朝廷弛禁，商民踴躍呈請自備資本，分段試辦，是用兵力則多費開銷，因民力則不致虧累。近因帑藏支絀，奉天甫經兵燹，款項更屬艱難，急思遵旨開礦，以裕餉需。日夜籌維，創辦無資，萬不得已，擬一不動官款招商開採，由官抽收課金之法，似乎官督商辦，兩有裨益。已經派員分馳産金各該地方，監視彈壓，妥善辦理。曾

於四月初一日，將辦理大概情形，電達督辦軍務處、總理各國事務衙門、户部在案。並經派辦礦務之副都統壽長，記名副都統德英阿，補用護軍參領烏勒興阿等，督飭商人奎明等十數起，領執礦票與《試辦礦務簡明章程》，分頭開辦去訖。擬俟辦有頭緒，呈報到日，再行分別奏咨立案，現在欽奉諭旨，已與副都統榮和面商妥協。查該副都統原指之牧養正、柴河溝二處，有礙風水。其弟兄山係鳳凰界，即將鳳凰、安東、遼陽等處礦務，委該副都統前往監視彈壓，同前派各員一體招商試辦，惟款項難籌，暫由塩釐項下墊給該副都統銀五千兩，以資開辦。所有遵旨確切查明斟酌辦理緣由，理合恭摺覆陳。伏乞皇上聖鑒訓示遵行。再，該副都統所部各營，業於營口遣散完竣，合併聲明。謹奏。

又總署收盛京將軍依克唐阿文《旨准續辦奉天金礦并逐漸推廣煤鐵各礦》〔光緒二十二年〕十一月初五日，盛京將軍依克唐阿文稱：案照本軍督部堂於光緒二十二年九月十六日具奏，爲奉天金礦試辦期滿，未見暢旺，現已分別停留，以節虛糜等因一摺，當經抄奏咨呈在案。兹於十月十三日奉到硃批：「另有旨。欽此。」復准軍機大臣字寄，光緒二十二年九月二十九日，奉上諭：「依克唐阿奏奉天金礦試辦期滿，未見暢旺，現已分別停留一摺，覽奏均悉。奉省礦務，該將軍抵任之初，即奏明金礦耗省利厚，擬延礦師購機器，以速功效，萬不至以籌措艱難，置爲罷論。兹據奏稱開礦之難，或限於地利，或限於資本，並及開採用人之難。此次採金數十處，賠銀數千兩，業將金州岫嚴、海城蓋平等處金礦，先行停止等語。何從前任事之勇，而後來措手之難如是耶！所有金州等處金礦，姑准暫行停止，此外鳳凰、安東、遼陽三處，暨通化、寬甸、懷仁、鐵嶺、開原、海龍城六處產金之區，仍著督飭承辦，各省招集股商，多籌經費，另定妥善辦法，務期成效克臻，將金、銀、煤、鐵各礦，逐漸推廣，不得畏難苟安，一奏塞責，置前言於不顧。目下帑項支絀，非講求礦產，無以廣興利源，該將軍尤當體念時艱，力圖報稱，於辦礦一事，在奉天能開風氣之先，方爲不負委任。將此諭令知之。欽此。」遵旨寄信前來。除欽遵分行外，相應恭録咨呈。爲此咨呈貴衙門，請煩欽遵查照施行。

又總署收軍機處交出盛京將軍依克唐阿抄折《請准調員招商開辦奉天東邊銀鉛礦務》附《礦務章程》〔光緒二十三年〕二月十六日，軍機處交出抄摺稱：奴才依克唐阿跪奏，爲調員招商開辦奉天東邊銀鉛礦務緣由，恭摺仰祈聖鑒事。竊據翰林院編修貴鐸，散館分部呈改知縣繆潤紱會銜稟稱：竊維利國首在富强，而富强以開採爲急務。奉天礦產饒裕甲天下，如岫岩、寬甸、懷仁、通化一州三縣，礦山林立，五金並產，貴鐸等祖居奉天，曾眼同礦師詳勘得邊外寬甸縣屬之小荒溝、小湯石、北弔幌子一帶，山勢蟬聯十數餘里，鉛苗透露，膚面皆是。又勘得懷仁縣屬之涼水泉子、老營溝、礦洞子等處，深林陡澗中，銀砂顯露，苗質頗佳。夾道子、大東溝二處，現有鉛綫，亦頗暢旺。又勘得通化縣屬之大小廟兒溝，至大小羅圈溝，其間數十餘里，金、銀、鉛、鐵各礦，苗質頗旺。又勘得邊里岫岩州屬之黑島，斜長二十餘里，横亘十餘里，鉛綫銅苗，漫山偏地。木耳山南光頭一帶，砟鐵並生。統計各地勢，均與禁山相距遥遠，或三四百里，至八九百里不等，實與永陵龍脈無關，且係僻壤荒山，與民間廬墓田園，全無妨礙。若得及時興辦，不惟有裨奉天一省，而軍餉之供，度支之裕，可以計日而待。貴鐸等前曾將銀、鉛礦砂，逐細鎔鍊，每鉛砂百觔，出浄鉛十餘觔，銀砂十觔，傾出足色紋銀十五兩，是功効既不難求，而需款尚非甚鉅。今擬自寬懷所屬之小湯石等八處爲始，先辦銀、鉛兩項，暫依土法開採。其餘勘定未開各礦廠，應俟試辦得手，逐漸擴充。惟通盤核算，將來買山置廠，建屋修路，砌蓋爐座，購備柴炭，延請礦師，僱覓夫匠，以及薪工膏火各項費用，約估本銀須二十萬兩，方可集事。貴鐸等現已招集商本兩千股，每股銀百兩，共計銀二十萬兩，此款業經寄存殷實舖户，以備臨時提用。請自開工之日起，予限半年，試辦有效，隨時報聞等情。並詳擬章程，繪具圖説，稟請具奏前來。奴才伏查奉天礦務，自弛禁開採以來，商股零星散布，並無提綱挈領之人，以致辦理半年，迄無成效。又以銀、鉛各礦工本太鉅，集資非易，置爲緩圖。奴才曾於上年九月間，奏報試辦金礦期滿，未能暢旺情形，欽奉諭旨：仍著督飭承辦各員，招集股商，多籌經費，另定妥善辦法，務期成效克臻，將金、銀、煤、鐵各礦，逐漸推廣，不得畏難苟安等因。當經欽遵行知承辦各員，妥議章程，至今無進一善策者，想見辦礦不獨集資爲難，即得人亦難。今貴鐸等集資二十萬金，稟請試辦銀、鉛各礦，俟得手後，漸事擴充，是亦先難後易之意。所議章程各條，尚覺切寔，不事鋪張，但能經理有人，或不至於虛縻工本。查貴鐸才長心細，堅定有爲，前年軍興，奉旨發交奴才軍營差遣，曾派充幫辦全營翼長，代籌布置，頗合機宜，以之督理礦務，斷不至一無展布，有初鮮終。合無仰懇天恩，准調翰林院編修貴鐸來奉，督辦東邊銀鉛礦務，以廣利源。惟事關奏調京員，且覈閲所議辦法，尚未詳盡，謹將遞到章程二十二條，繕具清單，恭呈御覽。仍請旨飭總理各國事務王大臣核議，以昭鄭重。除咨呈總理衙

門督辦軍務處查核，並咨户部查照外，所有調員招商集資開辦奉天東邊銀鉛礦務緣由，理合恭摺具奏，伏乞皇上聖鑒訓示。謹奏。

光緒二十三年二月十五日奉硃批：該衙門議奏。單併發。欽此。

照録清單。謹將貴鐸等酌擬開辦奉天東邊銀鉛礦務章程二十二條，敬繕清單，恭呈御覽。

計開：

一、奉天東邊，自光緒元二年間，始分疆畫界，地脈休養日久，礦產暢旺，現經履勘得岫巖、寬甸、通化、懷仁一州三縣，產五金之礦者，約十餘處，均與啟運山風脈無關。但若同時舉辦，資本較鉅，頭緒亦繁。今擬先從寬懷屬境之小荒溝、小湯石、北弔幌子、凉水泉子、老營溝、礦洞子、夾道子、大東溝等處，試辦銀、鉛兩項，庶幾費省效速，其餘自不難循序漸進。

一、寬懷屬境銀、鉛礦產，曾依土法鎔鍊，每鉛砂百斤，出净鉛十餘斤，銀砂千斤，出足色紋銀十五兩餘，均眼同礦師試驗，係確有把握。除報課及開鎔工本，一切費用外，約計尚可獲有贏餘。

一、開採設局，現特招商本二十萬兩，分作二千股，每股京市平松江銀百兩。仿照各礦務局成章，填掣股單息摺，給商收執，以憑支付官利贏餘。其經發銀錢，責任至重，應由總辦商董協同股商，公舉其人，必須家道殷寔，素行公正，設有虧短之處，責令賠繳。

一、集股二十萬，自合如數收足，惟現擬先辦寬懷屬銀鉛兩項，只依土法開鎔，先收四成之一辦理，較爲妥實。如礦產過旺，相度情形，或須添購洋爐，需本甚鉅，即行登報通知，預定收足日期，另换收足股單。倘逐漸推廣，尚須添本，先儘舊股加增，如舊股不願加時，另招新股補數。

一、寬、通、懷、岫四屬，礦山甚多，現只就寬懷屬境之小荒溝等八處入手，俟有成效，其餘即行次第開辦。但人情趨利，恐有黠徒，或稱自備資本，或另集商股，前來分採，則創辦者爲其難，繼起者享其成。應請先行立案，所有寬、通、懷、岫屬境礦山，凡與啟運山風脈無關者，統歸一手經理，庶免掣肘而息争端。

一、招集商股，先須發給股單息摺。至局中諸事宜，有應移會地方者，有須隨時稟報者，應請刊發奉天東邊礦務總局木質關防一顆，以資信守而昭慎重。

一、招商開採，與官廠不同，一切局中事宜，統照商情辦理，凡邀請商董及司事友人，原係候補候選人員，概不得立作委員名目，以歸畫一。

一、承辦礦務，首貴得人。查各礦局章程，凡商股資本在一萬兩至五千兩以上者，准酌薦一友，入局任事。儻所薦非人，致有貽誤侵欺各等弊，一面由總辦撤退，一面知照原人，另薦妥人，前來接辦。如有虧短挪移，責令原人賠補。

一、入股之人，務將姓名籍貫，詳細開列，或非中國籍貫，託名附入，及暗將股票轉售外國人者，一經查出，立將股本銀繳送入官，另招新股，並由局移行地方官，請提售股之人，追還洋商本銀，以免轇轕，别生枝節。

一、開礦夫匠人等，專用本地有家業之人，俾附近貧民藉得自食其力，且免易聚難散之虞，並取具連環的保，方准入廠工作。工食從厚，而約束從嚴，免其滋事，仍請地方文武營汛隨時彈壓照料。如有因開山鑿石挖洞取砂等事，致遭危險，或至殞命者，各安天命，除由局酌給卹賞，報官驗明立案外，其親族不得藉端訛索。

一、股本銀收齊後，擇交殷寔錢莊票號，分存生息，開辦礦務，一切應行需用之處，隨時提用。

一、股本銀係開採要需，在股者不得移作别用，或因有事故，只准將股票轉售，不得抽回，其轉售之先，須持票赴局挂號，以杜影射而重礦本。

一、開辦之始，必須廣爲招徠，現擬總局之外，於京師、奉天、上海立分局三處，曰京局、瀋局、滬局，以期呼應靈通。至交銀售票以及支付官利贏餘等事，均可就近辦理。

一、設局開辦，務求節省。所有局中公用，及辦事司事書算等，自不能不開支辛俸，至總辦薪水，則議俟開廠後，諸事就緒，再行開支，以重公本。

一、集股開採，自應依照各礦局章程，盈虧一聽諸商，其税則釐金，應查照奏咨專章，援案辦理，以重帑項。

一、出入銀錢，最關緊要。每日立有流水簿，每月立有月結簿，每年立有總結簿，由總辦商董協同司事，公同核算，年清年款，登載申報，俾大衆咸知。平時賬簿，凡附股之人，均得入局查閲，以示大公。

一、各商股本官利，各礦局章程有以交銀日按年一分起息者，有以見紅後按月一分起息者，二者均未得其平，今仿照磁州礦局新章，擬以交銀之日起，年終核算莊利共得若干，登明申報，於次年正月，按股分支，俟一切辦理裕如，常年一分起息，不計閏按年支付，以昭平允。

一、各商股單息摺，如有遺失，須邀公正殷寔之人作保，報明單號商名，由

局查核外，仍由該商將因何被失，及單摺名號登載各新報，作爲廢紙，俾人人皆知，兩月後無人過問，方准補給，此後倘有葛藤，俱惟該保人是問，與本局無涉。

一、商董執事各友薪資，應由總辦酌核定數，登明册簿，按月開支，分文不准預支挪移，除局中房租飯食油燭筆墨紙章各項開銷公賬外，其餘概不得濫行支取。

一、結賬分紅，應先明定章程。茲擬按年清結一次，以十二月爲期，除應完稅課及局中公費薪水月息外，所有盈餘，以十成核算，八成作爲股商溢利，按股均分；其餘二成，作爲紅股，論功分派，以示鼓舞。

一、開辦基始，同人備極艱辛，辦成之後。或因他故，或年老不再入局，除薪水開除外，所有酬勞，應酌給十五年，以昭奬勵。

一、到山開採，應購地設棧，及雇覓人夫，暨收放運銷運解各事宜，統俟開辦後，酌核情形，再當續議刊刻，俾供衆覽。

光緒二十三年二月十五日奉硃批：「覽。欽此。」

又總署奏摺《議奏調員招商開辦奉天東邊銀鉛礦務》〔光緒二十三年〕三月三十日，本衙門奏摺稱：爲遵旨議奏事，光緒二十三年二月十五日，軍機處抄交盛京將軍依克唐阿奏調員招商開辦奉天東邊鉛礦務一摺，奉硃批：該衙門議奏。單併發。欽此。臣等就原奏所陳，詳爲覈度，東邊道所屬州縣，山深林密，物產蕃滋，鴨緑江環抱西流。其東岸韓境諸山礦產，爲西人所稱羨。北岸氣通壤接，五金之脈，足資開採。編修貴鐸等生長東邊，邀請礦師勘驗，所稱與啟運山風脈無關，又有裨奉天軍餉。據稱：既經招集商本兩千股，共銀二十萬兩，如果確有把握，自應如所請，准令先將寬甸、懷仁二縣境内金、銀、煤、鐵各礦，次第開辦，以闢利源。所擬章程二十二條，係兼采各省礦局辦法，亦尚周詳謹慎。惟第十五條所稱稅則釐金，查照奏咨專章，援案辦理。第二十條所稱結帳分紅各節，係將來核計盈虧之本，文猶簡略，應令於續議時，熟籌詳列，分咨部署，以備稽查。編修貴鐸係翰林院衙門人員，應否准令前往，理合請旨遵辦。如准其奏調，所請刊發礦務總局關防，應即查照漠河金廠舊章，由該將軍刊發，以歸畫一。所有遵議緣由，恭摺覆陳，伏乞聖鑒訓示遵行。再，此摺係由總理衙門主稿，會同户部具奏，合併聲明。謹奏。

光緒二十三年三月三十日奉硃批：「依議。欽此。」

又總署收翰林院編修貴鐸禀《擬招商股開辦奉天礦務》〔光緒二十四年〕六月初六日，翰林院編修貴鐸禀稱，敬禀者：竊職前蒙憲恩，奏准辦理奉天礦務，當將抵奉日期，及奉到關防，設立總局，並偕同洋礦師踏勘礦山一切情形，疊經禀明在案。伏查職前招股款僅二十萬兩，不過暫依土法先行試辦，原未敢遽期獲效。近自開採以來，詳細察看情形，該處礦產寔係美不勝收，自非稍事擴充，恐礦務終無起色。目下購買機器，設立局所，僱用工役，需款已復不貲，但事鉅用繁，勢難中止。若再聘訂外洋著名礦師，採買全分合用機器，即將前集之款，儘數支銷，亦恐未足以資周轉。而奉省民貧地瘠，素鮮蓋藏，近年以來，商情愈形凋敝，就近招款，殊非易易。刻下京滬兩局，尚未給資設立，即或趕緊創辦，然零星湊集，亦寔緩不濟急，功廢半途，未免可惜。職躊躇再四，祇得變通辦理，禀請將軍依，令各商先行領票，自行開辦，並訂章程，以期有利無弊。一面親赴京津一帶，廣爲勸募。今春三月間抵京，適與前任江西巡撫花翎二品封職德馨謀面，談及奉省礦產甚佳，惜款項不足，故至今未能擴充，倘獲代爲招募，裨益良多。渠意頗殷摯，允爲代招巨款，日後不敷，尚可設法接濟。職查前任德撫，歷任有年，甚孚衆望，於辦理礦務事宜，洞悉源委，紳商之肯於入股者，該撫寔足以倡之。現當林下置閒之日，猶復體念時艱，爲國興利，職擬邀請入局，藉資表率，庶於礦務必大有功效。惟係曾任實缺大員，被議回旗，可否准令前往，理合禀懇酌奪。如蒙核准，即請奏明立案，抑或咨行奉天軍督部堂酌核辦理之處，伏乞鈞裁。職爲振興礦務起見，就近禀請，以期迅速而洽商情，有當與否，謹據寔上陳。肅禀。恭敏崇安。

又外務部收奉天將軍趙爾巽《抄送奏請奉省設立商務總局並調查礦產片稿暨硃批》附原奏片　光緒三十一年十一月二十八日，收奉天將軍趙文稱：案照本軍督部堂於光緒三十一年十月二十二日附奏，爲奉省設立商務局，并調查全省礦產，派員試辦，以期振興商業等因一片，茲於十一月初十日，奉硃批：「商部知道。欽此。」除欽遵并分行外，相應抄奏，恭録硃批，咨呈貴部，謹請欽遵鑒核施行。

照録奏片。再，奉省襟山帶海，地脉膏腴，徒以商政不修，未收富强之效。自日、美商約指定開埠以後，頗有振興之望，中更戰事，商業燼焉。現在和議甫成，復奉明詔，整頓商務，闢東數千里，實歐亞綰轂之區，必先聯絡商情，奬勵實業，方足以規久遠。已飭瀋陽城關地方試辦商會，即於省城創設商務總局，委奏調廣西補用道彭穀孫總辦其事，以專責成。並飭將全省礦產及各項商業，切實

調查，以資試辦。所需經費，暫由各省籌解開辦經費項下，撙節動用，一俟籌有的款，再行奏咨立案。所有奉省創設商務總局，並調查礦産各緣由，除分咨查照，理合附片奏陳，伏乞聖鑒。謹奏。

又外務部收東三省總督署黑龍江巡撫文《抄送辦理礦政調查局情形片稿》

光緒三十四年五月初十日，收東三省總督署黑龍江巡撫文稱：案照本省於光緒三十四年四月十二日附奏，爲辦理礦政調查局情形等因一片，除俟奉到硃批，再行恭録咨行外，相應抄奏咨呈。爲此咨呈大部，請煩查照施行，計抄原奏。

再查上年九月間，准農工商部咨開：本部會同外務部奏定礦務章程，定於明年二月十三日，作爲施行日期，至此次礦章應派令各省礦政調查局礦務議員，遵照辦理等因前來。當即札派花翎協領純德，爲礦政調查局總辦，候補同知馬六舟爲會辦，令其籌備一切事宜，並撥給開辦費一千五百兩，以資預備。現據該員等將辦理情形，呈請分别奏咨立案前來。除將所擬試辦簡章，並先行表册咨部查照外，理合附片陳明，伏乞聖鑒。謹奏。

又總署收華俄銀行副代辦寶至德稟《請准華俄銀行開辦錦州五金礦産》

光緒二十五年七月十二日，收東省鐵路公司副代辦寶至德稟稱：爲請開金礦事。竊查滿洲地方，錦州府所屬各處，皆有五金礦産，其苗甚旺，儻准本行派人開採，必能大獲其利。或立公司招集華俄商股，或借專款由本行承辦，餘利按總局章程，分成繳官，統俟批准後，再爲詳擬辦法，繕呈鈞閲。可否之處，伏乞王爺、大人批示遵行，實爲公便。

又總署發寶至德劄《錦州礦産未便准辦》 光緒二十五年七月十七日，發華俄銀行副代辦寶至德劄稱：光緒二十五年七月十二日，接准稟稱：查滿洲地方，錦州府所屬各處，皆有五金礦産，其苗甚旺，倘准本行派人開採，必能大獲其利。或立公司，招集華俄商股；或借專款，由本行承辦，餘利按總局章程，分成繳官。統俟批准後，再爲詳擬辦法等因前來。本衙門查錦州所屬礦産，前於本年四月間，華商程建勳稟請開辦，本衙門查有窒礙情形，業經批駁在案。今據該代辦稟稱前因，既係華商稟請未准之案，礙難准令洋商辦理。相應札行副代辦查照可也。

又總署收行在總署文《俄員欲仿吉林辦法在奉天開礦》附《吉林礦務草約十四條》 光緒二十七年六月十九日，行在總署文稱，光緒二十七年六月初四日，准軍機處片稱：本日奉有寄信諭旨一道，抄摺單各一件，希即知照京署等因，相應鈔録咨送本衙門查照可也。須至咨者。附諭旨一通，抄摺單各一件。

上諭：「增祺等奏，俄員照會，欲仿吉林辦法，在奉天開礦一摺，著俟東三省大局定後，再由奕劻、李鴻章，會同總理各國事務衙門、户部、礦務大臣，將所送約章，詳細酌核，妥議具奏。原摺單均著抄給閲看。將此各諭令知之。欽此。」遵旨寄信前來。

奴才增祺、玉恒跪奏：爲現據俄員照會，欲仿吉林辦法，在奉天開採各礦情形，恭摺奏聞，仰祈聖鑒事。竊於本年四月十七日，准俄武廓米薩爾照會内稱：兹奉御前大臣水師提督阿，將吉林將軍與辦理交涉俄員劉巴，爲開採各礦所定章程，抄寄前來。並飭本廓米薩爾，轉請貴軍督部堂，仿照吉林辦法，在奉省一律照辦。並請照吉林章程定立條款，以資事同一律，請速見覆等因。奴才等詳查所送吉林草約内載，如第一條，集股以華俄爲定，不准外國入股一層，於時局甚關緊要，當經飭令交涉局，往見該俄員，告以現在一切事件，均應聽候北京妥議遵行，未敢擅自擬辦。且奉天三陵所在，開礦一事，亦與吉林情形不同。該俄員堅請照允，一意催促，奴才等覆加籌商，當此局勢尚未大定之時，只好婉言，以緩其事。隨以開礦事宜，北京礦務局另有奏定章程，如奉省欲照吉林辦法，自須咨請全權大臣，並北京礦務總局核奪見覆，再爲知照等詞照覆去後。雖該俄員屢將照會駁回，仍請照准，終以候覆答之，未敢稍涉遷就。惟彼既有此請，不得不據實奏聞，謹將該俄員送來吉林草約，照繕恭呈御覽。應請旨飭下核議示覆，以便遵循。除分咨全權大臣、礦務總局、總理各國事務衙門查照外，謹恭摺具陳，伏乞皇太后、皇上聖鑒訓示。謹奏。

光緒二十七年六月初四日。謹將俄員送來《吉林礦務草約十四條》，照繕恭呈御覽：

計開：

第一條，集股以華俄爲定，不准他國入股，如道勝銀行，係華俄合開，可以入股。

第二條，礦務所出金、銀各礦，無論多寡，悉按所出之數，每百兩抽十五兩，作爲中國税課。

第三條，先准派人採礦，一年後如未尋得，方准他人採辦，給予執照，遇有廬墓，不准開採。

第四條，承辦之員，須由中國派員主辦。

第五條，無論華俄，入股至十萬兩以上者，准其派人，入局辦事。

第六條，各處礦務，如已經開辦集有舊股者，須另行詳議。

第七條，新採礦苗，須指明地方段落，約定界限，再行開辦。

第八條，應商之件尚多，俟查明開單再議。

第九條，礦務須用物料，如由中國販買之貨物，仍照章納稅。若由俄國運來貨物，專爲礦務用者，則可免稅。

第十條，嚴禁中外兩國人民，私自偷挖金礦與煤礦，違者重懲。

第十一條，所定章程，分爲洋文、漢文兩分，漢文呈閱吉林將軍擬定後，咨送京都礦務總局核辦；洋文即由劉大臣呈與駐京俄國欽使查核辦理。惟此時應先准俄人至各處查看尋找，以免稽延時日。

第十二條，設有人應承開採礦務，已領有允准明文，應於一年内報明開採，若逾一年仍未開辦，即准他人報明承辦。

第十三條，所有採辦礦務各事宜，俄人情願承領者，務須先行呈報本國辦理交涉事務大臣劉，然後再由劉大臣轉行吉林將軍，或交涉總局，查核辦理。

第十四條，以上所議章程，係吉林將軍長與劉大臣面議草約，須俟奏明奉旨，及咨礦務總局照准，接到回文，再行開辦。

大清國鎮守吉林等處地方將軍長。

大俄國欽差辦理吉江兩省交涉事務大臣劉。

大清國光緒二十七年正月二十五日。

大俄國一千九百零一年三月初二日。

又外務部奏摺《請飭盛京將軍改訂奉天礦約》 光緒二十八年七月初八日，本部遞奏摺稱：爲遵旨覈覆，恭摺仰祈聖鑒事，竊臣部於光緒二十七年六月二十三日，准軍機大臣字寄，奉上諭：「增祺等奏，俄員照會，欲仿吉林辦法，在奉天開礦一摺，著俟東三省大局定後，再將所送約章，詳細酌覈，妥議具奏等因。欽此。」並將原摺單抄交到部。臣等查原奏内稱：准俄武郭米薩爾照會，將吉林將軍與俄員劉巴所定開礦章程，鈔寄前來，請奉省一律照辦，當告以現在一切事件，均應聽候北京妥議。該俄員堅請照允，不得不據實奏聞，謹照繕草約，請旨飭下覈議示復等因。查此項草約，前經吉林將軍以俄員商請合辦礦務，議定約款，奏交臣部覈覆，當以該約十四條語意簡略，尚有應行聲明之處：如第七條載，新採礦苗，須指明地方段落，約定界限，再行開辦等語。既云約定界限，自應聲明指出礦地若干處所，除所指地段外，如華人自辦，或願與他國人合辦，均聽其便，似此畫清界限。則第一條不准他國入股一語，係專指此次所定礦地界内而言，俾將來不至有所牽混，而外人亦不至疑其專利。又第八條載，應商之件，尚須俟查明，開單再議。第十四條載，以上所議章程，須俟奏明奉旨，及咨礦務總局照准，接到回文，再行開辦各等語。是此項草約，不能作爲開辦之據，應令再與俄員磋商，將原約第七條，添敘明晰，並令指定礦地，妥議詳章等情。於本年四月初三日奏奉諭旨：「依議。欽此。」欽遵在案。奉省礦務草約，係倣照吉林議訂，現在吉省原約，既經臣部覈覆，議令妥商改定。奉省事同一律，應請飭下該將軍咨商吉林將軍，按照部議改訂辦法，再與俄員切實商改，以期詳妥，而免兩歧。伏候命下，即由臣部咨行盛京將軍遵照辦理。所有臣等覈覆緣由，理合恭摺具陳，伏乞皇太后、皇上聖鑒。謹奏。本日奉硃批：「依議。欽此。」

又外務部行路礦總局文《抄送請飭盛京將軍改訂奉天礦約等摺暨硃批》

光緒二十八年七月十三日，行路礦總局文稱：光緒二十八年七月初八日，本部具奏：盛京將軍倣照吉林議訂礦約，應令按照部議改訂辦法，再與俄員商改一摺，本日奉硃批：依議。欽此。又同日具奏：黑龍江將軍奏，俄員覬覦漠河及雅魯河等處金礦，密陳因應情形一摺，奉硃批：「依議。欽此。」又同日具奏：議復黑龍江將軍奏，俄員催辦礦務，勉訂採苗草約一摺，奉硃批：「依議。欽此。」相應恭録諭旨，鈔録原奏，咨行貴局查照可也。

又外務部收增祺等文《梁顯誠請辦遼陽等處礦産》〔光緒二十八年〕八月二十五日，盛京將軍增祺等文稱：案據商人梁顯誠、梁芳雄稟稱：竊以地不愛寶，而取材要在乎人，道貴因時，惟變通乃可盡利。奉省礦産林立，本爲天地自然之利，乃或委諸荒烟蔓草，過問無人，或聽其累月經年私挖巧盜。即近年以來，不乏開辦之人，而勘採未得其法，資本復不充足，淺嘗輒止，成效罕聞。甚或有集股之名，爲招摇之計，致虧折爭競，枝節横生。種種情形，徒滋紛擾，坐使貨棄於地，美利不興，誠可惜也。方今大難初平，百姓待舉，一切度支，需用浩繁，我大帥痌瘝在抱，凡籌辦善後各事，絲毫不取於民，輿論翕然，人咸景仰，然歲入有限，而支用無窮，此誠不可不早爲之計也。夫生財有道，礦務似亦一端。比來泰西各國，講求礦政，不遺餘力，以此而致富，以致富而進於强者，屢有明徵。前經欽奉上諭，飭令各省興辦礦務，並派大臣專司其事，復經外務部訂定新章，力圖整頓。聞西南各省，已經官商次第開辦，奉省各礦富於他省，倘因勢利導，開

採得法，不惟歲增鉅款，挹注裕如，且礦務一興，並可安插無限游民，土匪逃兵，更可以工代撫，消盜患於無形，誠一舉而數善備焉。但事體煩重，非預籌多資，不克創始，非事權歸一，不足整理。理由商等集得南省殷實富商股本銀二十萬兩，復集入奉天華俄道勝銀行股本銀十五萬兩，即以此款作爲試辦各礦之用，並擬請撥給官款銀若干兩，以爲之倡。亦知現在帑項支絀，撥款爲難，但必撥有官款，始昭鄭重。且官在股東之列，將來一切盈虧，亦可悉其梗概，應納課款，並可藉以稽查。泰西各國，每用此法，以互相維持，即近年招商局及各處官銀行，率皆如此辦理。此商等所以有撥給官款之請也。款既集定，擬即在瀋先立一礦務總公司，名曰義勝鑫礦務總公司，所有勘採支發各項事宜，均由公司經理，官祇督查保護，稽征課款。茲採得遼陽州界屬金礦雞爪山、商家台、石河寨、阿金溝、樣子嶺，弓長嶺，銀礦石湖溝，銅礦上下萬兩河，煤礦韓盤嶺、柳樹泊；鳳凰廳界屬金礦利花峪、葦沙河、弟兄山、四棵楊樹、套岫峪、白水寺，鉛礦青城子；安東縣界屬金礦姑娘城、古平川；岫巖州界屬金礦老金廠、大孤山、香爐溝、龍王廟；寬甸縣界屬金礦太平溝、南北股河、萬寶蓋綫、四平街；興京界屬金礦灣甸子、肥牛、西大林子、金家窩棚、花鹿皮溝、榆樹溝；撫順界屬煤礦石門山，金玉礦上下年馬州；海城縣界屬金礦什司縣、金山嶺；復州界屬金礦化銅溝、雙頂子，銅礦礦洞子；廣寧縣界屬金礦珠寶山、廣寧山；蓋平縣界屬金銀礦神樹山，金礦湯河、禿老婆甸，共計礦區四十五處。以上各礦，應請查照新章，由大帥先行咨請外務部核議，俟奉准之後，即當次第興辦，此外採有佳礦，亦由公司隨時稟報，聽候咨核。至一切辦理及納課章程，悉遵奏定新章，決不敢稍有違礙。將來部章如有更定，仍隨時遵照勿違。入股各款均按股發給股票，所有股票，均限定不准售與外人，惟現在股友可以承買。公司之中，除現在華俄款項外，並未攙入他款，即將來尚須擴充添款，亦祇准現在各股友添入，僅出具甘結二紙，請分別咨行存案，以免將來轇轕。至於一切詳細章程辦法，請俟奉准後，再由公司分晰繕單，呈候鈞定，並應繳股本抽款，亦俟核准，即行呈繳，肅具寸稟，恭請批示遵行等情。據此，除批示外，相應抄批並單，併將甘結備文咨呈貴部，謹請查核賜復施行。

照錄粘抄，遼陽州界屬：鷄爪山金礦、商家台金礦、石河寨金礦、阿金溝金礦、樣子嶺金礦、弓長嶺金礦、石湖溝銀礦、上下萬兩河銅礦、韓盤嶺煤礦、柳樹泊煤礦。

鳳凰廳界屬：梨花峪金礦、葦沙河金礦、弟兄山金礦、四棵楊樹金礦、套岫峪金礦、白水寺金礦、青城子鉛礦。

安東縣界屬：娘娘城金礦、古平川金礦。

岫巖州界屬：老金廠金礦、大孤山金礦、香爐溝金礦、龍王廟金礦。

寬甸縣界屬：太平溝金礦、南北股河金礦、萬寶蓋綫金礦、四平街金礦。

興京界屬：灣甸子金礦、肥牛金礦、西大林子金礦、金家窩棚金礦、花鹿皮溝金礦、榆樹溝金礦。

撫順界屬：石門山煤礦、上下年馬州金玉礦。

海城縣界屬：什司縣金礦、金山嶺金礦。

復州界屬：化銅溝金礦、雙頂子金礦、礦洞子銅礦。

廣寧縣界屬：珠寶山金礦、廣寧山金礦。

蓋平縣界屬：神樹山金銀礦、湯河金礦、禿老婆甸金礦。

批據稟該商等招集股本銀二十萬兩，並集入道勝銀行股本銀十五萬兩，在瀋先設立公司，請開採雞爪山等四十五處礦產各等情。查核所稟，自係爲開拓利源起見，准其先行在瀋設立公司，以資興辦。惟礦務新章，凡開採各礦，均須咨行外務部，聽候核議，俟復准，始准開辦。據稟前情，候即咨行，一俟部覆到日，再行飭遵。其單開之各礦區，查遼陽之樣子嶺、上下萬兩河、柳樹泊，及鳳凰廳屬之葦沙河、四棵楊樹等處，前經委員招商開辦，自應開除，以免重複，而生枝節。至所謂發給官款，並俟部議准行，再行酌奪發給。至開辦納課一切章程，既據稱悉照奏定新章辦理，奉准之後，尤應恪遵，不得稍有違礙。切切。繳。結存發。

照錄附結：

商人梁顯誠、梁芳雄，奉天華俄道勝分銀行今於與甘結事。現在商人、銀行等，承辦奉天義勝鑫官商合股礦務公司，蒙軍督部堂增咨行外務部核議，飭遵辦理。並奉示諭，飭先取具甘結，所有本公司礦務股票，不得售與外人等因。奉此，自應遵照出具切結甘結，除原有華俄股友之外，其公司股票，並不私相出售外人，嗣有欲將股票出售，須由本公司股友承買，該股票亦不得向外抵押銀項。如有此等情事，一經查出，甘願認咎。所出是實。須至甘結者。

又外務部行盛京將軍增祺文《梁顯誠請辦遼陽等處礦產礙難照准》 光緒二十八年八月三十日，行盛京將軍增祺文稱：【略】本部查該商梁顯誠等，稟請開辦遼陽州等處各項礦產，集有華俄銀行股本，業已攙入洋款。其所稱股票不

准售與外人，惟現在股友可以承買一節，恐將來華商股本，全歸華俄銀行承買，華人既失利權，外人亦必滋口實。至華洋合股辦礦，自應先定章程，聲明權限，以杜轇轕。該商所稟，並未擬定合股辦法，無憑核准。其單開十一廳州縣所屬礦地四十五處，包佔太多，亦難照准。相應咨行貴將軍查照飭遵可也。

又外務部收增祺文《梁顯誠等稟請華俄合辦遼陽等處礦産》〔光緒二十八年〕十一月初一日，盛京將軍增祺等文稱，據商人梁顯誠、梁芳雄稟稱：竊商等前招集股本銀三十五萬兩，並擬請官款銀若干兩，請在瀋先立公司，開採雞爪山等四十五處礦産，業蒙憲恩咨行外務部查核在案。兹於九月十四日接奉鈞札，准外務部咨，以商等合股辦礦，並未擬定辦法，而單開十一廳州縣所屬礦地四十五處，包佔太多，轉行遵照等因。奉此，遵查商等前次稟請核咨時，曾經聲明一切詳細章程辦法，俟奉准後，再由公司分晰繕單，呈候鈞核。至所請礦地四十五處，合而觀之，似覺稍多，分而言之，亦尚有限。何則商等寄居瀋陽，歷有年所，方輿地落，遊歷殆遍，固能深悉情形，謹爲大帥縷晰陳之。查奉省各礦，富於他省，刻下著名可採之礦基，不下四百數十餘處，其餘未經勘踏，弗及週知者，尚復不少。如商等指請四十餘處，僅十分之一耳。置天地自然之利，棄而弗取，舍公私兩益之事，擯而不爲，商等愚昧，誠爲可惜。況地不愛寶，事在人爲，如果開採得法，資本充足，即可取之無竭，生之彌窮。且奉天地方，氣脈葱鬱，礦産多而且饒，商等多開一處礦基，即爲公家多進一分課税，我則不取，豈無他人，而覬覦巧盜之弊，又不待知者而後知也。此種情形，固早在我大帥洞鑒之中，無煩瑣述。然既奉外務部以多駁飭，自應遵飭核減，兹於四十五處礦基内，減無可減之中，酌留十二處，先行試辦。一俟辦有成效，再行勘踏礦區，續行呈請。一面添集股本，以爲擴充大辦地步。至現在合辦章程，謹遵擬十條，如有未盡事宜，再隨時斟酌損益，稟候核辦。除另行開摺，連同請礦地清摺，謹呈鈞核外，所有遵駁核删礦地，並妥擬章程緣由，謹肅寸稟，敬請鑒核，批示施行等情。據此，除批示外，相應抄單并批，咨呈大部，謹請鑒核議覆施行。

又外務部收俄署使柏照會《請准義勝鑫公司辦礦》 光緒二十八年十一月二十一日，俄國署公使柏照會稱：本年夏間，道勝銀行盛京分局中國代辦梁顯誠稟請盛京將軍，准俄華會商義勝鑫開辦山産，在盛京省四十餘處，當經將軍視以爲善，並據呈咨行貴部，而貴部以開辦四十餘處之多，未經允准。既因如上所駁，旋經義勝鑫再請將軍，於九月間咨行貴部核准開辦山産，在該省僅十二處在案，迄今並未見覆。本署大臣傳聞貴國政府擬與華人某約集開辦，其山産處所，均在盛京省各處，此中亦有義勝鑫所請者，本署大臣查此事可指者如下：第一，盛京將軍前於夏間會商義勝鑫開辦山産之時，並無他人呈請開辦，此事現在若有華人開辦之意，則義勝鑫會商在先。第二，會辦義勝鑫所請，前經貴部駁示，已均遵照貴部之意改請。第三，在盛京省山産四百餘處之多，而義勝鑫開辦僅十二處，即此而論，該商並無壟斷之意。查此案並無窒礙之處，可不必駁。義勝鑫之所請，而貴部以不符本年二月初八日籌辦礦務章程見駁。查籌辦礦務章程，本屬鼓勵凡爲中外開辦礦務及山産各事者，本署大臣因以上各節，深望貴王大臣據理照辦，以昭公允。並希作速見覆爲要。

又外務部收增祺、尹玉恒文《抄送梁顯誠請辦各礦事原稟等件請核復》 光緒二十八年十二月二十一日，收盛京將軍增祺、奉天府府尹玉恒文稱：【略】准此，查此案事關華洋合辦礦務，自應詳細查明，方昭慎重。當即分飭各地方官，於所報十二處内，確切查勘，究竟於地方情形有無窒礙，一面札飭該職商，遵照大部所指各節，詳細稟覆，以憑核辦。兹據該職商稟稱：請辦各區，於地方情形實無窒礙，倘將來查有窒礙，仍當遵飭封禁。并限定在股華股票不得售與俄人，在股俄股票華人可以承買。除招中俄道勝銀行股本銀十五萬兩外，其餘均係各省殷實商人，委無洋股影射等情。出具甘結，稟覆前來。查該職商梁顯誠、梁芳雄，均係廣東人，在東三省各處經商多年，殷實可靠。此次稟覆各節，查與定章尚無違礙。現擬酌撥官款五萬兩，入於該公司股本之内，以爲稽查地步，已派驛巡道提驗該職商等股本，取具存款憑據，附卷以昭核實。除批示暨俟各該地方官稟覆，如有與地方窒礙者，即行封禁外，相應抄粘原稟并批，同送到甘結，一併備文咨呈大部，謹請鑒核議覆施行。

又外務部收盛京將軍增祺等文《金桂葆等請辦黑瞎子溝錫鉛銀礦》〔光緒二十八年〕十月初三日，盛京將軍增祺等文稱，案據候選府經歷金桂葆、驍騎校時尚範、錫綬等稟稱：竊職等本係生長瀋陽蓋州各處，亦曾涉獵礦學，久知距蓋州城南六十里黑瞎子溝一帶，原出錫鉛銀礦，蓄精既久，精氣自深，奈未經開辦，常爲民間挖竊，時見争端。近因各處礦務振興，實爲國家興利濟時之舉，豈可棄兹美産，任使偷挖。職等因即延師查勘，其礦苗暢旺，尚堪採取，乃招集商股，備足開採經費，並無洋股參雜，將來辦有成效，不獨利不外分，亦爲利國利民之一道。職等理合瀝情叩懇伏候恩准，並請咨行外務部核議備案，一俟部准到日，即

行開辦。至於一切辦理章程，謹遵照外務部奏定新章辦理，不敢稍有抗違。是否之處，伏乞裁奪示遵等情。據此，除批示外，相應抄批咨呈大部，謹請鑒核賜覆施行。

照録批稟。批稟悉。蓋界黑瞎子溝錫鉛銀礦，現查尚無人承領，應准照該商等所請，仰候咨呈外務部核覆到日，再行飭遵。繳。

又外務部行盛京將軍增祺文《准金桂葆等開辦黑瞎子溝錫鉛銀礦并飭令呈驗資本銀兩》〔光緒二十八年〕十月十一日，行盛京將軍增祺文稱，光緒二十八年十月初三日，接准咨稱：據候選府經歷金桂葆等稟稱，蓋州城南六十里黑瞎子溝一帶，原出錫鉛銀各礦，未經開採，常爲民間挖竊，時見争端，職等因即延師查勘，礦苗暢旺，尚堪採取，乃招集商股，備足開採經費，並無洋股參雜，稟懇咨行外務部核議，一俟部准到日，即行開辦，謹遵奏定新章辦理等情。除批示外，咨請核覆等因前來。查該職商等請辦蓋界黑瞎子溝錫鉛銀各礦，暨據查明批示，並無窒礙情形，自應照准，惟所集商股若干，未據明晰聲敘，應由貴將軍飭令呈驗貲本，咨部備案。相應咨行查照辦理可也。

又外務部收盛京將軍增祺、奉天府尹玉恒文《阮毓昌請准華洋合辦通懷礦務》附阮毓昌稟章程等六件 光緒二十八年十月十四日，收盛京將軍增祺、奉天府尹玉恒文稱，案據辦理通懷礦務候選知府阮毓昌稟稱：竊讀《漢書·地理志》，州郡有銅官、鐵官者數十處，迄於唐、宋及明，未嘗不採取五金，知古聖人經緯天下，所以爲斯民利用厚生者，籌之益詳。方今時事孔艱，力求强富，各直省產礦之區，曾經迭奉諭旨，認真興辦。奉天山川鍾毓之靈，其間天地英菁之氣，鬱而未發者，實又加於寰海。卑府在東有年，游歷幾遍，每於深林大澤之中，莫不極力研考。是以前於通懷兩屬之廟兒溝、帽兒山、大江沿、二道溝、報馬川等處，據情稟請開採，仰蒙前軍督部堂依批准在案。奉委以後，力求實濟，一年期滿，稍著微效，當即報効銀一萬兩。復蒙依憲奏獎，以阮毓昌識力堅卓，習苦耐勞，若將奉天各處礦務，飭令承辦，無人從而掣肘，將來利源必當大有進境。今擬先將通、懷兩縣歸其專辦，俟該員力量充足，再將他屬悉歸經理等語。蒙此，伏念卑府一介庸愚，既荷依憲特達之知，敢不竭盡鄙誠，力圖報効。乃不謂愈求無愧於己，更難見諒於人，竊以私心，妄加腹誹。斯時局中存項無多，已難措手，員司又無獎勵，半屬灰心，進退維艱，幾至大局摇動，幸蒙憲節莅止，洞察隱微，力持調護，俾卑府從容集股，得以籌辦機器，意在大加振興。而時不逢辰，拳匪起事，於是各廠歇業，今又二載。目下時局已定，回思曩事，在卑府既惜半途之廢棄，在股友又念有利之可圖，今春邀集同人，復申前議。除墊過勘採等費，公議作成本二十萬兩外，新招華洋各商，合股集成資本銀三十萬兩，共合新舊資本五十萬兩，妥訂合同，言明官商各專責成，不得稍有牽制，以一事權。並公訂全利公司名目，一切礦税報効等事，均遵照外務部新章辦理。第恐所採通懷礦綫，每有跟踪毗連近屬各處，如有畛域之分，即多中止之慮。可否俯賜批准，如果通懷礦綫有毘連近地者，准其跟踪採取，庶不致功虧一簣。兹將仍照前案，設局開辦通懷各礦，並另訂華洋合辦章程清摺，呈請憲鑒，批示飭遵。如蒙俯允，伏乞分别奏咨立案，實爲公便。所有卑府歷年經勘通懷界内各礦區所，已經呈報在案外，理合再將仍照舊案開辦各礦，招集華洋股本數目各緣由，肅稟陳明等情。據此，除批示外，相應抄粘各件並批，備文咨呈貴部，謹請鑒核賜覆，以便飭遵施行。

照録粘單，附稟二件、擬辦各礦章程一件、華洋合辦合同一件、條規一件、抄批一件。

敬再稟者：查通懷兩屬，現在分設臨江、柳河、輯安等縣。查該各屬内，如臨江之林子頭、寶渡泉、帽兒山、頭二道溝，至七八道溝一帶，金、銅、煤、鐵等礦，柳河之香爐碗子、大小灘平一帶，金、煤等礦，輯安之大江沿一帶，金、鉛、煤硨、石綿等礦，均經卑局設局分廠，呈報各在案。卑府招商，主在信實，故與華洋各商董前訂合同，凡有前經呈報之處，一併開列合同之内，以昭核實。現在卑局廠雖未開辦，均經稟派員弁，駐廠看管；並令修理局廠房間，呈報亦在案。且卑府既經招商回局，所有新舊員司書弁，亟應分飭勘查，及時整頓，以重礦政，免致坐食糜費，懇乞憲恩札飭各縣，一體知照。並請換發總辦奉天通懷臨柳輯等處礦務字樣木質關防，以憑開用出示，隨時曉諭，不勝感戴之至。

敬再稟者：卑府此次招商，華洋合辦，俟奉准後，帶同礦師赴東，令將前踏各礦苗線，勘踏一二處，實有把握，飭即繪圖貼説，核定報効銀兩，再行呈請核辦。至添招全利公司股銀三十萬兩，現存營口遠來洋行，合併附陳。

謹將卑局與全利公司華洋合辦局廠章程十三條，繕呈鈞鑒。

計開：一、通懷各礦，向蒙前奉天軍督部堂依奏准開辦在案。庚子之亂，各廠報停，功敗垂成，殊爲可惜。正擬重整局廠，今又迭奉諭旨，飭令各直省產礦之區，認真興辦。是以復聚同人，添集貲本，仍照舊案設局開採，惟事關國課，

不得不另行稟請奏咨立案，以昭慎重。

一、請換發關防。查通懷界內，現在添設臨江、柳河、輯安等縣，均有卑局局廠，並歷年晒准各礦苗線，呈報在案。此次與華洋兩商訂立合同，業經開明區所，列在合同之内，應請換給總辦奉天通懷臨柳輯等處礦務字樣關防，用昭信守。至通、懷、臨、柳、輯等處界內，業已添集股本，華洋合辦。上關朝廷課税，下關華洋股款，既有卑局，無論何礦，不得再立他局，以杜争兢而免攙越。

一、新集貲本内，有洋商銀三十萬兩，訂明華洋合辦，因名其廠曰全利公司。

一、全利公司，既係華洋合辦，所有事權，自應先行妥訂，以免牽制，載之合同。除礦師、廠工歸洋商經理外，其他購地用人，以及一切交涉事宜，均照舊章由卑府總理其成，彼此不得稍有干預，致啟猜嫌而悮大局。

一、全利公司今擬開採通懷各礦，查該處礦綫，苗色雖旺，而有田皆石，無地不山，欲善其事，是非機器不爲功。經華洋商董公議，除前華商墊用勘採，並一切經費，作銀二十萬兩外，更新招集股分銀三十萬兩，共合成本銀五十萬兩之數，購辦機器，添置廠房，均由此項動用。總期款不虚糜，藉得以事半功倍。

一、廠中現已改用機器，有治法不得不有治人。兹據該商等以洋商魏尼士，熟悉機器，公舉爲廠中總董。華商張壽亭，諳練測繪，公舉爲廠中副總董。位事惟能，庶得功歸實用。

一、全利公司新舊股本，共合銀五十萬兩，本爲開辦通懷礦務經費。所有股分，自應俟開辦後，積有盈餘，方能按股提還，華洋各商，不得隨時提取。款項用之者舒，則財恒足矣。

一、全利公司，既係官督商辦，除製器傭工等項，應由商董魏尼士、張壽亭核發外，其局用開銷，以及員司書弁薪水工食各款，自開辦日起，亦由各商董照章籌發。

一、公司所派員司人等，必須能耐辛勞者。方能勝任。誠以通懷居千山萬嶺之中，而礦苗尤在高崖絶壁之地，既非舟車所至，實屬步履維艱，因地擇人，不可不慎。

一、員司人等，既著微勞，擬請擇尤保獎。查奉省税務委員，果能收數較旺，按例准其酌保。今礦同裕國課，而其勞逸更覺顯然，若不一律核奬，其何以鼓勵人心。應請援照黑龍江漠河等處章程，先行奏咨立案，届期再由卑府擇尤，分別請奬，以昭激勸。

一、公司開辦以後，所有礦税報効各項，均遵照外務部新訂章程，核實報解。惟通懷距省較遠，應解各款，擬請分爲春、秋二季，彙案造册詳解，以免疏虞而省周折。

一、通懷地處邊隅，時多土匪出没，不得不招募護勇，以資防守。舊章曾招局勇二百五十名，分爲五隊，每隊派隊官一員，均由卑府統帶，分布各廠，以及要隘各處，按月由卑局發給口糧，歷辦在案。今當兵燹之後，伏莽尤多，現擬仍照前案，先行招募如數，一俟礦務辦有成效，或更添廠座，能否足敷分布，再由卑府隨時稟請立案，以重防護而安商賈。

一、以上各條，均以現時開辦事宜，妥籌商訂，應請憲台分別奏咨，以備存查。其有未盡事宜，隨時再由卑府稟請批示。

謹將通懷礦務局與全利公司華洋合辦合同，並訂定條規十三條，繕呈鈞鑒。

計開：

合同一分。

立合同。通懷礦務總辦、全利公司商董。今因本總辦自光緒二十四年九月間，奉前軍督部堂依奏派總辦通懷兩縣礦務，招集商股，設立總分各局廠，次第勘採五金等礦，四年之内，尋苗採線，費盡經營，業經墊過資本銀二十萬兩。至二十六年春，正與全利公司華洋兩商董魏尼士、張壽亭議定添集商股，廣爲開採，適因軍務停止。現在和議已成。朝廷振興礦政，凡有礦産，自應接續前案辦理，一律廣開，力圖報効，藉開風氣之先。惟通懷界內，五礦繁多，必期厚集股本，通力合作，方能開拓利源，有裨税課。今擬華洋合辦，仍舊官督商開，遵奉新章，重申舊議，由本總辦與全利公司華洋兩商董，憑中金遺、張豊隆、張紹卿、潘光煒秉公會議，再籌貲本營平銀三十萬兩，連前本局華商墊用銀二十萬兩，共合貲本銀五十萬兩。本總辦先將招商覆勘試採緣由，呈請奏咨立案，准與全利公司華洋兩商董，公同延請礦師，覆勘各礦。自訂立合同之日起，以六箇月爲限，届期將勘准礦山繪圖貼説，報明本總辦查核屬實，再行呈報開辦，照章抽税報効，爲此訂立合同。自立合同後，所有通懷界内曾經本總辦勘定之礦，統准全利公司延請礦師，會同覆勘，就便試採，以測苗線之厚薄寬窄，俾可核定機器，資其利用。今將公議合辦條規開列於後，用昭信守。此係兩願，各無翻悔，立此合同是實。

條規：

一、遵新章商定華洋合辦，仍歸官督商開。所有稽查商税、練勇護廠、用人僱工，以及地方交涉一切事宜，歸官總理。其延請礦師，並經理機器等事，悉歸華洋兩商董承辦，各無侵越，以定事權。

一、通懷五礦産所，原經本總辦勘定新舊二十八處，今既接續辦理，自應於二十八處界内，准由全利公司華洋兩商董，公同聘請礦師，勘擇上等礦産，繪圖貼説，報明本局，由本局呈報開辦。其經本總辦開採之二道溝、報馬川河線兩金礦，如全利公司願於此處入手，亦無不可。

一、公同添設礦廠，須先期報明本局，由本總辦就該廠在近設立分局，撥派員弁人等，駐局監查彈壓，以昭慎重。

一、遵奏定章程所載第六條，如應納礦税，並報効等項，全利公司應俟礦産出井，按季照數納税，並日後得有餘利，遵照新章，按年報効，一併由全利公司遵章呈交本局，由本總辦按期彙案報繳，以重課税。

一、每處礦地，或一方里，或半方里不等。其已開各處，業由本局價買，入官及未開各處，亦大半官荒，今與全利公司協同開採。凡在官荒，只須照納荒價，如遇民地，應先報知本局，由本總辦移知地方官，傳集該處鄉保，率同業户會同本局員弁，並全利公司執事人，眼同丈量，指明地段，釘樁立界，齊赴本局，按照原買價值，遵章從優給付。地主不准抬價居奇，全利公司亦不得抑勒折扣，以示體恤而順衆心。至該處鄉保紙筆工資等費，由全利公司從公酌給可也。再，開礦設廠，遇有田舍墳墓，如實在不能繞越，全利公司當遵照奏定章程，除應給價值外，優償遷費，以符定章而昭公允。

一、礦山廠地，無論官荒民産，俟苗線做盡，停工收廠後，應將山地交還本局，由本總辦撥歸地方官管理承辦；礦商不得藉端久佔，留爲别用，以重朝廷土地。

一、原案奏定護勇二百五十名，分作五隊，每隊設一隊官，以嚴約束而資防禦。況軍務後伏莽未靖，尤宜多設卡倫，以護局廠。應由本總辦派員招募足額，所有需用什勇口糧，及隊官按月薪水等項，均由全利公司照章優給。惟事關軍政，凡有調遣防查等事，均應遵照中國定章，歸本總辦節制，隨時審地，安設調遣，全利公司不得自行分撥，致違憲章。如護廠什勇不守營規，疏懈玩忽者，准全利公司呈報本局，從嚴懲辦，以儆刁頑而安礦廠。

一、全利公司此次合辦通懷礦務，雖屬接辦之初，實有成效之礦，既有成效，又無官款。華洋各商董甘願利益均沾，仍照原案概免行息。訂明開辦之後，除完納礦税，並局廠常年一切經費薪餉外，所得浄利若干，即作百分攤派，以二十五分遵章報効，以二十分提還成本，以五分留作各局廠辦事人等花紅，其餘五十分即按股分成。總期公私兩有裨益，以憑隨時報繳奉天軍督轅，查核備案。

一、全利公司礦師，如勘各處礦産，總要先報本局，由本總辦揀派弁勇，協同前往，以免商民猜疑，致生事端。其弁勇沿途尖宿川資等費，必須全利公司從優津貼，以酬勞苦而符定章。

一、全利公司承辦之後，如遇轉招他商，必須報知本總辦核准，邀齊華洋兩商董，方可憑同原中，公同面議，全利公司不得私相授受。至從前所入零星小股，俟接辦後，再行酌議。

一、本總辦議准全利公司於二十八處界内，勘妥礦苗，遵照新章所限月日，即須開辦，但未開以前，應將開辦日期，先行報明本總辦，方准動工。

一、全利公司與本總辦訂立合同接辦之日起，議明以五十年爲限。如期限滿日，可以公同商議，重定年限，由總辦呈請核准，再行接續辦理。如不願續開，即將一切礦産交還本局查收。廠内賬目，由華洋各商董自行清給。

一、本總辦現與全利公司華洋兩商董魏尼士、張壽亭，訂立華洋合辦華文條規三分，各持一紙，嗣後應辦各事，須照辦理。如本總辦因公離奉，必當舉出一人，承接本總辦應辦事宜，先行照會全利公司，俾可協同商辦。倘全利公司兩商董有事他往，亦須指明代理何人，先行報知本總辦，免悮要公。

批禀及另禀均悉。查現准外務部奏定礦務新章，凡開辦礦務者，必須先行咨明外務部，俟奉批准後，方可爲准行之據各等語。據禀各情，該員請辦通懷兩屬廟兒溝等處礦産，前經奏明有案。第現既奉有外務部奏定新章，仰候將所擬合同條規，一併照録，咨請部議核覆，再行飭遵。繳。

又外務部發增祺文《通懷礦務改爲華洋合辦事應由盛京將軍奏辦》 光緒二十九年正月十一日，發盛京將軍增祺文稱，前准咨稱，據辦理通懷礦務候選知府阮毓昌禀稱：前於通懷兩屬之廟兒溝、帽兒山、大江沿、二道溝、報馬川等處，禀請開採各礦，蒙前軍督部堂依批准在案。【略】查該員阮毓昌承辦通化、懷仁所屬廟兒溝等處礦務，經前任依將軍批准札委，並以該礦開辦經年，稍有起色，擬將通化全境及懷仁大江沿一帶礦務，統歸該員承辦，釐定章程，奏准咨明有

案。嗣因拳匪中輟，商本受虧。現復經該員添招華英各商股本，設立全利公司，接續興辦。其所訂合同章程，核與奏咨前案及部定新章均屬相符，自可准行。惟該員集股承辦通懷礦務，原係奏准之案，現在改爲華洋合辦，應仍由貴將軍奏明辦理，以符原案，未經奏准以前，不得作爲允辦之據。至奉省新設之臨江、柳河、輯安等縣，舊隸通化、懷仁界内，既據該員禀稱，該處礦地均經踹准苗綫，設局分廠，呈報各在案，亦應飭屬查明，准其照案，一併開採，仍於奏案内明晰聲敘。相應咨行貴將軍查照辦理可也。

又外務部收阮毓昌禀《瀝陳通懷等處礦務情形》 光緒二十九年正月十八日，收候選知府阮毓昌禀稱，敬禀者：竊卑府自開辦奉天通化、懷仁兩屬五金礦務，迄今已閲六年，其中辦事之艱苦，人事之變遷，以及款項湊集之不易，經費開支之繁多，不得不爲我憲台詳細陳之。溯自光緒二十二年，奉前軍督憲依札委，幫同德英阿辦理通化、懷仁、寬甸三縣礦務，至年終因款無所出，德英阿請假辭退，遂委卑府獨辦，辭不獲命，乃祇領關防，籌借貲本五千兩，前赴通懷，招集礦丁，暫行試採五閲月之久。除去廠中薪工，實繳課金七十五兩。是年冬間，在二道溝小岔踹出沙金新苗，禀明開採。忽有編修貴鐸隨帶洋礦師，暨差弁兵丁七八十人，聲言查廠，意欲攘奪，經卑府據理直争，貴鐸始悻悻而去。卑府深慮其造言生事，唆使洋人，出面争礦，遂亦晉省面禀一切，遷延二十餘天，始克回廠，而苗線已被金匪偷挖十分之八。適值天寒，借凍封停，又繳課金六十兩。二十四年正月，卑府復又晉省，添招商股，二月底旋廠時，則金匪聞該處金苗暢旺，蝟集三萬餘人，僉思持衆争開。加以巨盗李隆飛率黨竄擾通化各處，人心惶惶，如果從嚴驅逐，定必激成事端。卑府親赴各溝，推誠布公，曉以利害，委宛開導，如是者三月，金匪漸次遣散，不特局廠均各保全，而在卑廠五十里以内，並無搶刦案件，初非卑府意料所及。此卑局初次開辦，即有人掣肘之實在情形也。自是厥後，於五月間，報開官廠。添派員司書弁，招募護勇二百五十名，湊集股銀二萬三千五百兩，開洒六十餘天，共得金沙八百數十兩，提出課金三百餘兩。至是而小岔之金線已盡，復在報馬川採一線金，寬約二尺餘，色亦極佳。正擬一併開採，忽聞前江西巡撫德馨，有督辦奉天全省礦務之命，遂即回省報繳課金，計銀一萬兩，蒙前軍督憲依奏明，通懷兩屬歸卑府專辦。是年九月二十四日，奉旨允准在案。遂添招商股銀二萬二千二百兩，運至通化，開辦報馬川線金。正將局廠房屋碾炕器具，一律修葺齊備，而德中丞馨已到通化，傳言查礦，以致各廠工作復停。嗣即查明，卑府均係實收實報，並無虚冒，且亦無騷擾商民情事，面加温獎。率屬旋節，卑府亦隨護送晉省，即將細情禀明依軍憲。直至十二月中旬，始克旋廠，乃將報馬川線金重加整頓，以俟來春興辦。孰意二十五年正月，依軍憲因病出缺，編修貴鐸乘間争奪，造言煽惑。卑府局廠，礙難承辦，回省詳細禀陳，久未就緒。直至四月間，軍憲增莅任，始克分晰清楚，續籌商股，并借商舖銀共五萬三千兩，先後統共合成銀九萬八千七百兩，禀蒙批准，仍遵奏案，歸卑府一手經理。五月底，乃復抵通化，添置房廠，並各項器具。此開辦稍有成效，即被阻擾之實在情形也。地方雖歸專辦，而前後所集股本，已糜費殆盡，加以人心摇惑，工作無常，以致所入不敷所出，悉賴舖商借墊開銷。卑府承兹鉅任，深懼無以對人，乃於八月間，親率礦師，周歷帽兒山、大江沿各溝，鑿險縋幽，披荆斬棘，踹得金、銅、煤、鐵各礦，然非厚集貲本，購辦機器，不能盡地之利。遂又赴省縷陳大辦情形，禀蒙軍督憲增備案。遵即派員赴營口滬津招集洋股，并定購各項汽機。二十六年四月，辦有端倪，正欲訂立合同，設法運往各廠，而拳匪忽起，肆行搶奪，致總分各廠案卷帳目，房間、器具、衣物等項，一概全遭焚刦。此正在整頓，因亂停止之實在情形也。二十七年九月，舊日各商，因事敗垂成，棄之可惜，復邀卑府重申前約，訂明華洋合辦。以前此所集，作爲股本二十萬兩，新商再添三十萬兩，共成五十萬兩，訂立合同條規，擬定章程，仍由卑府主持利權。其華洋兩商，但管銀錢、機器、勘採等事，於上年八月十七日，呈請軍尹憲咨行外務部備案。卑府俟咨文批回，遵即帶同礦師，覆勘各礦苗線，以五箇月爲期，勘准若干處，再行廣添資本，由卑府呈請開工。此現在擬辦之實在情形也。伏查卑府仰蒙依軍憲知遇，奏辦通懷等縣礦務，際此時事孔艱，帑餉奇絀，敢不謹始慎終，力圖報効，以上副朝廷振興礦政之至意。惟是開礦招商，重在先清地界，無人攬擾侵争，始能取信於商，專心遵辦，大觀厥成。所有卑局次第開辦前後掣肘緣由，理合肅禀瀝陳，仰祈王爺、中堂、大人俯賜鑒核。不勝惶悚激切待命之至，恭請鈞安，伏乞垂鑒。

又外務部收軍機處交出增祺抄折《華洋合辦通懷礦務請准立案》附抄片

光緒二十九年六月十九日，收軍機處交出增祺鈔摺稱：爲華洋合辦礦務，遵照部議，奏明辦理，恭摺仰祈聖鑒事。竊於光緒二十八年八月，據前辦理通懷礦務委員候選知府阮毓昌，禀請將前辦各礦，添招華英各商新舊資本五十萬兩，設立全利公司，接續興辦，奉天通、懷、臨、柳、輯等處礦務木質關防各等情，當經咨請

外務部核示。旋准外務部復稱，該員阮毓昌承辦通化懷仁所屬廟兒溝等處礦務，經前任將軍批准札委，並以該礦開辦經年，稍有起色，擬將通化全境及懷仁大江沿一帶礦務，統歸該員承辦，釐定章程，奏准咨明有案，嗣因拳亂中輟，商本受虧，現復經該員添招華英各商股本，設立全利公司，接續興辦，其所訂合同章程，核與奏咨前案及部定新章，均屬相符，自可准行，惟該員集股承辦通懷礦務，原係奏准之案，現在改爲華洋合辦，仍應奏明辦理，以符原案，未經奏准以前，不得作爲允辦之據。至奉天新設之臨江柳河輯安等縣，舊隸於通化懷仁界內，既據該員稟稱，該處礦地，均經灑准苗線，設局分廠，呈報各在案。亦應飭屬查明，准其照案，一併開採，仍於奏案內明晰聲敘等因，咨行前來。奴才等查該員阮毓昌承辦通化全境及懷仁大江沿一帶礦務，係經前任將軍依克唐阿奏准有案，現在添招華英各股，呈請合辦，並舊隸於通懷界內之臨江、輯安、柳河等處，一併開採，所有章程合同，既經外務部核准，咨令奏明辦理，自應詳核具陳。查新設之臨江、輯安兩縣，係舊隸於通懷界內，惟柳河一縣，界址尚有與海龍犬牙相錯者，業已飭屬詳查，將來查明，仍照通懷舊界開辦，其屬海龍界者，不在此內，以示限制而免牽混，除飭奉錦山海關道就近向遠來洋行查驗股本，並分咨查照外，謹將所呈合同章程，照繕清單，恭呈御覽。可否飭部立案之處，伏候聖裁，謹此恭摺具陳，伏乞皇太后、皇上聖鑒。謹奏。

光緒二十九年六月十九日，奉硃批：「外務部議奏。片一件，單三件併發。欽此。」

照録鈔片：

再密陳者，上年駐奉俄交涉委員廓羅潤洛夫照稱：請踊辦奉省東北一帶礦產，或指定處所，或以全省全境籠統求索，更番迭請，十有餘次，曾以開辦有人，及與定章不符等詞却之，照復各在案。茲阮毓昌呈請華洋合辦通懷礦務，本年正月內，仍有連及通懷等處寶藏之請。嗣俄員馬大力多夫於包租鴨緑江木植案承准外務部議復，自應隨時核辦。因有以上各情，且屆二次撤兵期限不遠，原擬於撤兵後，再行核奏，以免藉口掣動大局。乃昨有日本人庵谷些太，聲稱前往通化、懷仁、寬甸、遼陽、鳳凰、安東各廳州縣遊歷。茲據隨同保護差官旋稱，該日人察勘所及，遇有礦山，不避艱險，躬親探採，於鴨緑江 帶，尤所注意。頃俄武廓米薩爾照會，亦稱派出木植公司辦事人員紀幕襲也，帶領一起二十人，赴鴨緑江沿岸滿洲地方，查勘礦產，懇飭各地方官相助該起辦事，無所阻礙各等情。是鴨緑江一帶礦產，俄日均有覬覦，而阮毓昌所請，既經部議准其接續開辦，自應查照奏明立案，未便再爲候延。抑奴才等更有請者，向來呈報各礦，須指明一定處所，似不能以某府某州某縣牽混報領。查外務部所定新章第十二條內載，各礦所用地段，足敷挖井蓋廠各用爲限，不得多佔等語。原以示限制也，茲阮毓昌所請，係由前任將軍依克唐阿於光緒二十四年九月奏准，彼時由官開辦，因與現在呈請開辦者不同，自不妨稍事從寬。而當此時局，覈之奉省目前情形，援清流弊，亦宜慎防。應如何酌示限制，併請飭下外務部核議，以後來此。附片密陳，伏乞聖鑒。謹奏。

光緒二十九年六月十九日，奉硃批：「覽。欽此。」

又外務部收阮毓昌呈《請准開辦通懷礦務》 光緒三十二年閏四月三十日，收奉天試用知府阮毓昌呈稱，竊查卑府於光緒二十八年四月間，添集股銀，與全利公司華洋合辦奉天通懷各屬礦務，即年十月間，稟請前軍督府尹憲增玉，咨蒙憲部核准，復於二十九年六月間，蒙前軍督府尹憲增玉會奏，奉旨交外務部議覆各在案。旋因日俄宣戰停阻，現在時局已定，華洋各商，以原存股本久懸在外，兼之比年以來，各礦廠留守丁役等項，動費浩繁，虧耗甚鉅，再三催問，應懇迅賜議准，俾便遵章開採，以裕國課而重商本，不得已瀝情具稟，伏乞憲部察核施行。

又外務部盛京將軍發趙爾巽函《請查復通懷礦務情形》 光緒三十二年五月十五日，發盛京將軍函稱，密啓者：前於二十八年冬間，准增將軍咨，阮毓昌前辦通化懷仁礦務，因拳亂歇業，目下招集華洋股本，續請開辦，經本部查核所訂合同章程，與奏咨前案及部章均屬相符，咨復奏明辦理，旋經該將軍於二十九年六月間奏交部議，因日俄事起，尚未覆奏，現據阮毓昌呈稱，華洋各商，以原存股本久懸在外，兼之各礦留守丁股等費浩繁，虧耗甚鉅，再三催問，應懇迅賜議准等語。現在時局已定，此案自應詳核議覆，惟該處礦務，刻下情形若何，本部無從懸定，應請台端轉飭查明核復，以便覆奏。

又外務部收趙爾巽密信《密陳阮毓昌承辦通懷礦務案》 光緒三十二年五月二十九日，收盛京將軍密信稱，敬密覆者：接奉鈞函內開，阮守毓昌招集華洋商股，承辦通懷礦務一案，屬即查明核復等因。奉此，仰見台端循名責實，公聽並觀，慮藻周密，感佩莫名。惟阮守辦礦一案，原因甚爲複雜，請得縷晰陳之。查阮守始以通判經依堯帥委辦通懷礦務，曾納課金三百兩，當經奏明報効銀一萬兩，而納課未提，此二十二、三、四年事，阮守官辦之原委也。迨增瑞帥履任之

後，阮守忽稱辦礦賠累，用去成本銀二十萬兩，招集全利公司，即遠來洋行英商股銀三十萬兩，呈請批准鈐印。增帥以其未先行呈明，率爾招集洋商，殊與依帥奏案不符，拒而不許。阮守再三稟請，始爲出咨，經鈞部指明與奏案不符，咨令核明具奏，并聲明未經奏准以前，不得作爲允辦之據。增帥據此出奏，而附一密片，陳明各節，奉旨交議，迄未奉到部覆。此又阮守商辦之原委也。爾巽履奉後，接准商部咨行奏案，設立礦務調查局，經委江蘇補用道奭良充當總辦，出具考語，咨送履歷去後，旋准商部咨覆，派充礦務議員。隨將阮守原領委辦通懷礦務關防調銷，責成礦務調查局總辦議員遴選妥員，分投調查通省礦産，招商承辦，甫有頭緒，亟待經營。至阮毓昌先以官辦變爲商辦，所稱用去成本銀二十萬兩，殊難憑信；所稱招集英股銀三十萬兩，事逾多年，更無華商在內。其所指通懷兩縣礦産二十八處，尤與商部迭次奏定礦章迥然不符，似難照准。茲荷垂詢，謹此縷覆，仍希裁答，以便遵循。

又外務部收趙爾巽密信《密陳外人覬覦奉省礦産情形》 光緒三十二年五月二十九日，收盛京將軍密信稱，敬再密肅者：奉省礦産，素稱豐富，久爲外人所垂涎。曩昔開採之家，間有因畏阻撓，藉口外族，以挾制者，其害不可勝言。爾巽自去歲到任，首以調查礦産爲急務。近據報告調查之礦，往往地險嵩深，脈綫隱伏，必需寬籌資本，始可議及開採。而外人虎視眈眈，蓄意攫奪，又未敢輕於發端。況日人於東省經營，尤爲注意。前於日報所登南滿洲鐵路公司章程，有謂鐵路一帶礦産，爲該公司之資本等語。其措語之謬妄，居心之叵測，概可想見。若准集歐美股銀，則日人更有所藉口，而奉省之礦産，益難固守。現在惟有概予謝絶，亟圖開辦，能抵制一日是一日，將來究應如何辦理，仍當隨時函商鈞部。用特密陳，伏希鑒察。

又外務部收阮毓昌稟《請議奏通懷礦務案》 光緒三十二年七月初一日，收奉天試用知府阮毓昌稟稱，敬稟者：竊卑府於上月三十日稟與全利公司華洋合辦通懷礦務，乞恩議奏一案，本應静候，曷敢多瀆，惟華洋各商，因光緒二十九年六月間，蒙前軍督府尹憲增玉查驗股款，至今相隔四年之久，股本懸宕，勘採無期，大衆深懷疑慮，頻向卑府詰問，亦幾無辭可對。查卑府自二十三年春，遵辦通懷礦務，首開風氣，集股用人，身先履勘，備嘗艱險，始將金、銅、鉛、鐵、煤砟、石棉各礦苗線，次第採准，著有成效，蒙前軍督憲依奏歸專辦。正擬添股擴充，而拳亂阻停，局廠多燬於兵燹，遂復遵照憲部定章，續添洋股，稟請前軍督府尹憲增玉咨蒙憲部核准時，該各商以爲合辦有資，凡緊要機器及延聘礦師，莫不預先籌備。詎料鄰戰又興，虚糜款項，故不但該商等遷延年久，受累已深，盼望愈切，而卑府亦非早日興工，不能答衆商而清積逋。萬不得已，祇有瀝陳下悃，懇乞憲恩俯准議奏，俾昭大信而重礦政，出自逾格栽培，不勝悚惶迫切待命之至。再，卑府承辦通懷等處各礦，局廠自庚子兵燹後，至今停工，並未開辦，合併聲明。

又外務部發趙爾巽信《通懷礦案請查復華洋股本暨礦廠等事》 光緒三十二年七月十一日，發盛京將軍信稱，密啟者：阮守敏昌承辦通懷礦務一案，前准復函，具悉一是。此案前經本部核准，咨由增將軍援案具奏，奉旨交議，因日俄事起，尚未覆奏。現該守屢以股本懸宕，商情疑慮等詞，具呈到部。核其所稟各節，似屬實情，究應如何辦法，仍請台端酌奪。至華洋股本，實係若干，礦廠處所，應令減少，該守服官奉省，即由尊處飭令切實稟覆，達知本部，以憑核辦。統希迅即見復爲要。

又外務部收朱邇典信《遠來英行與華商合辦通懷礦務是否屬實》 光緒三十二年九月二十八日，收英朱使信稱，逕啟者：據牛莊遠來英行稟稱：四年前本行夥友萬以色譯音。迭與欽命通化、懷仁二縣礦務大臣袁由章譯音。商議，至光緒二十八年四月二十八日，定立合同，會合華商，開辦該處境内礦産。所立公司，華名曰權利譯音。公司。又謂袁大臣雖尚未奉有准行之諭旨，而外務部於此合同情由無不熟悉等情前來。本大臣據此，合即函詢貴部，以該行所稟各情，是否屬實，請爲示復。是爲切盼。

又外務部發朱邇典函《華洋合辦通懷礦務尚未覆准》 光緒三十二年十月初五日，發英朱使函稱，逕復者：【略】查通化、懷仁兩縣礦務，前經奉天將軍奏派阮毓昌辦理，來函所稱袁由章，自是譯音之誤。至阮毓昌與遠來英行訂立合同一節，未經本部覆准。相應函復貴大臣查照可也。

又外務部收阮毓昌稟《請准華洋合辦通懷礦務》 光緒三十二年十二月初十日，收奉天試用知府阮毓昌稟稱：爲添募華英各商股本，接續開辦通懷兩縣礦務，瀝陳原委，懇恩鑒核示行，以重礦政，而恤商艱事。竊卑府【略】於二十九年正月間，蒙大部核覆，現經卑府添招華英各商股本，設立全利公司，接續興辦，其所訂合同章程，核與奏咨前案及部定新章均屬相符，自可准行，惟應奏明辦理，以符原案等因。於是年六月間，復蒙前軍督憲增，專摺具奏，十九日奉旨：

交外務部議奏。欽此。時值東省交涉未清，塵氛未清，因此延擱。迨三十一年夏間，衆股商集議催辦，經卑府在署軍督憲轅前呈請，蒙前署軍督憲廷批示內開：稟悉。查此案業經前軍督憲增會同前撫尹憲玉，於光緒二十九年六月初七日具奏，六月二十七日奉到硃批：外務部議奏。欽此。迄今未經部覆，俟接到覆文，再行扎飭遵照等批，今年五月間，又經衆股商函催。卑府伏查新舊衆股商踴躍出資，原爲開闢利源起見，皆欲早日觀成，守候愈久，虧累愈深，其意可嘉，其情可憫，卑府有總理之責，義不容辭，是以不揣冒昧。今夏秋間，兩肅稟請，本應靜候，曷敢多瀆？惟現在衆股商以開辦仍無日期，催促尤甚，不得已瀝陳苦衷，謹將通懷兩縣礦務並添招華英各商股本，接續興辦原委各情由，詳晰稟明，伏乞王爺爵、中堂閣、大人台前格外鴻施鑒核，藉重礦政而恤商艱。如蒙迅賜示行，實爲德便，不勝悚惶待命之至。

又外務部收徐世昌文《詳陳辦理通懷礦務情形并抄送節略清單等件》 光緒三十三年七月十七日，收東三省總督文稱：案據道員用花翎試用知府阮毓昌稟稱：敬稟者：竊卑府前以奉委勘開通懷礦務，遵章先後招集華洋商股，苦心孤詣，煞費經營，越深林絶壑，人跡罕到之區，踹線尋苗，及諸凡建廠置器，畜志圖成，備嘗艱險，幸辦理頗著成效，均經報明奏咨有案。詎未幾即遭拳亂，復以兩鄰構釁，致事中輟，損折立形，從此衆累所歸，責在一人，擬置身事外，而於一切費用，出入賬項，各商股本，均未清結，欲罷不能。上年時局既定，該股商等以事有合同，案經咨准，攸關血本，急迫萬分，咸來詰問，卑府遂於秋冬兩次陳請續稟，竟未奉批，茲特抄粘原稟，恭呈憲鑒，伏查卑府承辦斯礦，首以維持信實爲主義，故於集股用人，出納款項，一秉至公，毫無假借，各商民無勿曉然，設非中間阻隔，早爲開通奉天風氣之先聲，非特於公家商股均沾利益已也，且卑府所辦通懷各處，係自行踹獲苗線，辦有成效，在前均蒙奏咨核准，因事暫停，有案可稽，尤非初請開辦可比。現幸憲台蒞奉，百度維新，礦政實爲商務重要之圖，而華洋股商，資本久懸，翹盼殊甚。近更催迫頻仍，不得不仰乞憲恩，迅賜查案，咨明大部，俾得接續開辦，以昭公信，而拓礦利，無任感戴待命之至。所有華洋各商迫請咨催緣由，理合肅稟瀝陳，伏乞鑒核，批示遵行，須至稟者等情，據此，查此案舊卷及此次該守稟呈節略，並前承辦通懷礦務各局廠出入款項清單等件，逐細核勘，頗多背謬，誠如貴部二十九年正月咨稱，未經奏准以前，不得作爲允辦之據，固已燭照其隱矣。茲細揭其背謬之處，如原奏清單該公司合辦章程第五條內云，除華商墊用勘採，並一切經費二十萬兩外，更新招集股分銀三十萬兩，合成本五十萬兩之數，購辦機器等，均由此項動用。今節略內稱，訂明華洋合辦時，以前局中股本借款等項，作爲資本二十萬兩，由該洋商墊辦，並新備資本銀三十萬兩，作爲復行採勘試辦工本等語。此層墊辦之説，不特爲原奏合同清單各件所未載明，即卷存該守于三十一年所呈節略，亦未聲叙，茲忽以此添入節略之內，不知是何居心，極其流弊，豈堪設想！又如此次附呈該守以前承辦通懷礦務各廠局出入款項清單內，有呈明光緒二十八年夏，與英商全利公司訂立草合同，合辦通懷礦務，係將以前用過款項，共作十萬成數，以符原奏。又借勘採等費，添入十萬兩，統合銀二十萬兩，以爲華商四成股本等語。據此而論，則華股二十萬兩內，其一半原係添入虛數，爲華股預佔四成地步，其一半係以前用過款項，共作十萬兩，似可作實。然細核單開入項，自光緒二十三年春間起，至二十六年夏止，前後招集商股銀四萬五千七百兩，又共借墊銀一萬六千七百兩，合計六萬二千四百兩。則前用過款項十萬兩，只此六萬二千四百兩之數，可作爲真正商股，餘屬金沙餘利，非股本也。語意甚明，萬難相混。而核與節略內稱二十四年奉飭奏准，專歸承辦時，遵即續集商股，前後共銀十萬兩，又與單開入項前後招集商股銀四萬五千七百兩之説，兩不相符。且核卷存節略原文，亦只是四萬五千七百兩，並無十萬之數，似此任意添改，希圖朦混，顯非可靠之人。不意前將軍增當時並不究其實在華股若干，竟照所呈墊過二十萬兩，以之具奏，殊不可解。迨二十一年十二月，賈宗榮呈控該守指礦斂財，請追交股本等情，當經前任將軍趙，將賈姓副呈，交該守自行稟覆。內有稱洋商自訂合同之後，專候部覆，至今迄未開辦，故未敢提取股銀之説。是則洋股三十萬兩，未曾動用分釐，確鑿可據。又上年三月，該守復條陳礦務管見四則，亦經交礦政調查局議駁。並附呈該守辦礦始末，其揭破該守行爲之譸張，及前後招股不實之情形，詞頗明切。由是前任將軍趙始知該守辦事不實，當飭該守將前於依將軍任內所領辦理通懷等處礦務關防，即行繳銷。又上年七月，該守遵將前訂合同內載各礦計二十八處，已磋減少，僅留十二處，呈請咨催。及是月接准貴部函詢華洋股本實係若干等因兩件，均存卷未辦。然此案既經前將軍增奏咨有案，斷難終置不理，否則該守必始終藉口有案，呈請咨催，不能斬斷葛藤。而通懷二十八處礦產，無論官商有款，均不得前往開採，貨棄於地，誠爲非計。甚且該守因久未奉部議覆，已是默許，勢必勾串洋商，逕行開採，地方官一爲攔阻，洋商即出而干預，交涉滋

多，將來詰責收回，似更棘手。曷若趁此尚未舉辦之先，指出瑕疵，將所有舊案議駁撤銷，以杜該守藉口之據，然後飭令該守先將遠來洋行所存未提之洋股三十萬兩，速行退還，其用過華股及借墊銀共六萬二千四百兩，仍歸該守自行清理，以斷葛藤，而昭公信。至通懷各礦，再飭礦政調查局妥籌善後辦法，遵章辦理，即使案銷後洋商起而交涉，則貴部前咨業已聲明，未經奏准以前，不得作爲允辦之據，亦可據理相争，不患無折服之具。除嚴批申斥，並令聽候部覆飭遵外，相應將該守此次呈到節署清單，暨舊卷之有關係者，抄録成帙，咨呈貴部，謹請查照，酌核辦理，並祈從速見覆施行。

附抄阮毓昌《通懷礦務節畧》

奏辦通懷等處礦務花翎道員用試用知府阮毓昌，謹將遵辦通懷等處礦務情形節畧，繕呈鈞鑒。竊查光緒二十二年春間，前軍督憲依奏開礦禁，當派副都統壽榮侍衛貴權編修貴鐸佐領德英阿等，分勘各礦，迄無成效，前後稟請奏停。二十三年夏間，欽奉上諭催辦，乃蒙札委卑府試辦通懷寬三縣礦務，頒發關防，力辭不獲。遵先籌借舖商銀五千兩，酌帶書弁，前赴通懷招募礦丁，試開商廠。至十月初十日，在二道溝小岔蹓出沙金新苗，一時四遠匪丁蝟集，勢難封禁，遂即稟請開洒。至十七日，勘明金苗尚厚，滿擬稟開官廠，以保課餉，詎有督辦東邊銀礦之貴編修鐸，聞風踵至，隨帶洋礦師弁勇，煽惑工丁，攪擾礦廠，幾乎激成事端。當經卑府據情分稟軍尹憲，一面借凍封禁。前後經收課金，除去開支司弁兵丁薪工局用外，儘數核實報繳課金共一百三十餘兩。二十四年開印後，卑府晉省派員添招商股，至二月底回廠，則見金匪商丁忽又聚至三萬餘人，盤踞喧嚷，到處閧動。時值巨盜李瀶飛一黨闖擾通化各處，人心惶惶，卑府一面出示，剖陳利害，且親歷各溝，推誠布公，婉轉開導，閱三月之久，均皆陸續遣散，凡局廠數十里内，始終各安生業。嗣乃稟募弁勇二百名，嚴定廠規，於五月十六日報開官廠，開洒六十餘天，共得金沙八百數十兩，遵章内提四成金課，金沙三百餘兩，酌分股利金沙二百兩，隨時分別呈報軍督憲備案。至七月底，而小岔沙金已盡，適報馬川採出綫金，爰即帶課晉省，報繳課金，核計銀一萬兩，蒙前軍憲依因著有成效，專摺加考，以阮毓昌識力堅卓，習苦耐勞，實爲礦務中不可多得之員，奏明將通懷兩屬，劃歸專辦。於九月二十四日，奉旨著照所請，該衙門知道。單併發。欽此。奉飭後，感戴知遇，矢志效誠。遵即續集商股，前後共計銀十萬兩，運至通化。正在布置報馬川綫全局廠，修置房棚碾炕器具牲口，甫經齊備，忽有督辦全省礦務德中丞馨節臨報馬川，查辦局廠，賴明訪暗查，卒知卑府實收實報，到處通商便民，於是面加温諭，率屬回省，然猶蜚語横生。至十二月中旬，奉前軍憲依派雙道綸徹底查覆，幸無錯誤，當因辦有成效，稟蒙前軍憲依批准擇尤保奬，以資激勸在案。詎光緒二十五年正月二十九日，前軍憲依因病出缺，洎前軍憲增到任，面稟一切情形，五月底回局，督率員司，極力整頓，詎貴編修鐸仍復派員，四出攙越各礦。是年九月間，適欽差大臣李因查辦營務來奉，以該編修藉礦招摇，騷擾全省，奏請撤差，卑府方能專心布置。然歷年變故多端，工作靡定，遂致坐耗，而形虧累。卑府欲寬重負，無奈爲積通所困，礙難脱身，祇得勉奮駑駘，籠絡大局。秋間仍親帶把頭礦丁，前往帽兒山一帶，周歷各溝，披荆斬棘，踹出金銅煤鐵各礦。至十月底回局，復派員弁，各處修造局房，兼赴營口、滬、津續招商股，並購各項機器，尋晉省面陳大辦情形，冀興礦政，而充國課。至二十六年四月底，始將洋商股款，以及機器等事，辦有頭緒，而軍務復興，因即稟請前敵効力，停止廠工。此卑府自承辦起，至兵燹時之大畧情形也。二十七年九月間，舊商重申前約，訂明華洋合辦，以前局中股本及借款等項，作爲資本二十萬兩，由該洋商墊辦，並新備資本銀三十萬兩，共成五十萬兩，作爲復行採勘試辦工本，訂立合同條規，添擬通懷臨輯柳新舊五屬開礦章程，呈請前軍憲增、尹憲玉咨行外務部核准。二十九年六月初七日，復蒙前軍憲增、尹憲玉具奏，十九日奉上諭：外務部議奏。欽此。卑府擬俟奉飭後，帶同礦師，覆勘各礦苗線，勘准若干處，應續備資本若干萬，繪圖貼説，呈請開工。此當年擬辦之實在情形也。伏查卑府自遵飭開辦通懷等縣礦務專局以來，迄未開支薪水，良由時事孔艱，帑餉奇絀，故盟心淡泊，並不計厚實榮名，總期謹始慎終，力圖報稱，庶得仰副朝廷振興礦政，與列憲慎重課税之至意。惟是辦礦招商，重在劃清地界，無人侵擾，始能取信於商，專心遵辦，卑府毓昌謹畧。

附抄通懷礦廠款目清單。謹將通懷等處各礦局廠處所，並開支員司書弁丁夫、各隊弁勇薪項工食局用等項，暨所集股本墊款，及開洒河線兩金各數目，開列於後。

計開：

一、通懷礦務總局一處，設立通化縣城，分局四處，二道溝、報馬川、帽兒山、大江沿。以上各局，均有房間器具，多寡不等。

河線兩金礦廠三處，二道溝河金、報馬川線金已開，帽兒山二三溝線金

初開。

鐵礦廠一處，大荔枝溝初開。

銅礦廠一處，六道溝初開。

煤礦廠一處，四五道溝已開。

煤礦廠一處，大江沿上漏河已開。

石棉礦廠一處。大雅河初開。

以上各廠，均有房棚器具等項，多寡不等。

查自光緒二十四年五月分開辦官廠之日，開支總分各局員司書弁丁夫各隊弁勇丁役薪餉工食并局用等項，分別列後：

一、總辦一員，不開薪水，月支車價銀五十兩。

總分各局廠委員十一員，每月開支薪水銀三十兩二十兩十六兩不等。

司事十二名，每月每名開支薪水銀十二兩。

書識十四名，每月每名開支薪水銀七兩。

差弁十六名，每月每名開支薪水銀十二兩。

巡丁三十名，每月每名開支薪工銀六兩。

夫四十八名，每月每名開支薪工銀四兩。

總局每月局用銀一百五十兩，伙食銀一百五十兩，分局每月各局用銀五十兩，伙食銀五十兩。

以上員司書弁丁夫，每月統共開支薪工，並局用瀋平銀一千七百餘兩。由四二成課金項下開支，課金不足，由股本借款墊發，津貼由金沙平餘等項開支。

一、護局護勇五隊，統領一員，總辦兼不開薪水。隊官五員，每月每員開支薪水銀二十兩。什勇二百五十名。什長每名每月餉銀五兩，護勇每名每月餉銀四兩。

以上統共每月開支薪餉瀋平銀一千二百四十餘兩，由四二成課金項下開支，課金不足，由服本借款項下墊發。

旗幟號衣鑼鼓軍械等件，一概由局發給，歸平餘項下開支。

一、入股本，光緒二十三年春間起，至二十六年夏止，前後招集商股銀四萬五千七百兩。

一、入金沙。光緒二十三年起，至二十五年十二月止，統共開洒河金金沙一千五百數十兩，內准提四成歸官金沙六百六十餘兩，每兩二十五換，作價合瀋平銀一萬六千五百餘兩。

一、入金沙。光緒二十四年十二月分起，至十五年十月止，統共開洒線金金沙二千三百五十餘兩，內准二成歸官金砂四百七十餘兩，每兩以十八換，作價合瀋平銀八千四百餘兩。

一、入借墊。光緒二十三年春間起，至二十六年四月止，統共借墊瀋平銀一萬六千七百兩。均有細賬，前經報明在案。

以上總共入瀋平銀八萬七千三百餘兩。

一、出光緒二十四年八月分報效課金銀一萬兩。

一、出總分各局開支，自光緒二十四年五月起，至二十六年六月止，每月瀋平銀一千七百六十餘兩，統共瀋平銀四萬五千八百餘兩。

一、出護勇五隊開支。自光緒二十四年五月分起，至十二月止，每月瀋平銀一千二百四十餘兩，統共瀋平銀九千九百餘兩。

一、出護勇四隊開支。自光緒二十五年正月分起，至十二月止，每月瀋平銀九百九十餘兩，統共瀋平銀一萬一千九百五十餘兩。

一、出護勇三隊開支。自光緒二十六年正月分起，至六月止，每月瀋平銀七百四十餘兩，統共瀋平銀四千四百八十餘兩。

一、出馬隊十名開支。自光緒二十四年五月分起，至二十六年六月分止，每月每名餉乾銀十兩，統共瀋平銀三千六百兩。

一、出自光緒二十三年春間接辦起，至二十四年四月底止，總分各局廠員司書弁護勇丁役每月薪餉津貼，以及伙食川資雜款等項，統共開支約用銀六千餘兩，原賬被燬，無從細核，前經報明在案。以上總共出瀋平銀八萬八九千兩。查光緒二十八年夏，與英商全利公司訂立草合同，合辦通懷各礦，係將以前用過款項，共作十萬成數，以符原奏，又借勘採等費，添入十萬兩，統合銀二十萬兩，以爲華商四成股本，理合陳明。

附抄阮毓昌稟節略，賈宗榮呈共三件。

花翎試用知府阮毓昌，敬稟者：竊卑府於初七日下午，奉憲轅收發處轉發賈宗榮副呈一件，捧讀之下，惶悚莫名。竊念卑府向辦通懷等處礦務，力圖報効，督飭員司，遵章示信，事事認真，前後六年，幸無貽悮，現受憲台知遇，尤以整躬率屬自勵。伏查宗榮係卑府舊屬賈炳堃之不肖子，素性荒謬。炳堃在卑府礦務局差遣時，曾經購買股票一張，於光緒二十四年秋，稟請前憲依奏准專辦，報

効課銀一萬兩。其時開採已有把握，酌提金沙二百兩，合銀五千兩，分與首先入股各商，每股得利銀一百兩，呈報在案。賈宗榮之父所領股票，亦在其内。自庚子後，礦事停辦，至二十八年夏，招集洋商股分，訂立合同，名爲華洋合辦，呈請前憲增奏咨在案。其合同章程内，本有俟開辦時提出洋商款項，即將前辦各商小股，另行酌議一條，有案可查。此卑府承辦礦務之大畧情形也。至於二十七年冬間，洋商到東勘礦，所用川資各項，均係洋商與卑府自行料理，與礦務局公司無干。此即賈宗榮捏稱挪借洋商款項之情形也。且洋商自訂立合同之後，專候部覆，至今迄未開辦，故卑府未敢提取股銀。事關洋股，交涉匪輕。況礦務股票，得利均分，失利均賠，豈能與昭信股票作同日語。如賈宗榮所稟各情，寔屬大悖。卑府向念世交，上年秋曾爲薦入籌濟局當差，即不安分，今春復再再懇求，卑府以爲能自悔追，又薦入平糶局充當司事。不意荒謬尤甚，於前招摇滋事，幸張姓委員覺察尚早，賠累八十餘元，其事始了。比復屢次求差，月初突然來函，出言顛倒，稱謂不倫。卑府見其實在不堪造就，乃於原信上批以稱呼荒謬，並無此友。詎伊竟敢捏控憲轅，實出意外。此項股本，當時不下數百分，將來開辦，自有清理之章，以招大信。此時寔難獨還，反啟衆商之惑。所有細情，另節大畧附呈，伏乞鈞鑒。須至稟者。

附呈礦務節畧一分。賈宗榮原呈一分。

具呈商人賈宗榮，年三十三歲，係四川成都府華陽縣人，爲知府大員指礦斂財，堅不情理，懇恩作主，賞飭追交股本，以肅官箴，而安商業事。竊於光緒二十四年間，有留奉知府阮大人領辦通懷等處礦務，因資本不足，無力開採，當招商聚股，每股票一張，作股銀一百兩，經商父賈雨亭二百兩，領票二張。溯自開採以來，本利至今未見，阮大人竟將此項股銀，捐納知府。現聞通懷五縣之礦龍票，又經阮大人指票轉押營口英商遠來洋行銀四萬餘金，現該處開採之人，均係遠來洋行招人辦理，並不與阮大人相涉。似此入股者，置於何地。商聞知當即往見，無如阮大人不令見面。商復以各情致信追詢，致觸阮大人之怒，原信執回。於信後面批寫：并無此友，稱呼荒悖。商捧讀之下，殊深詫異。況商緣於阮大人曩年同在一營充差，因此相識，始爲入股。今商一經提及股銀，竟爲不知，豈能即爲了結。其種種情形，明係身爲知府，任意欺凌，致使股銀無着，實屬令人難忍。伏查國家招信股票，准其獎勵官階，而奉省華盛官帖，仰蒙轅下設法通融，均能以昭大信，不使商民苦累耶！然此項之股本，原爲取信而設，豈能令其傾陷，化爲烏有。爲此被迫，萬出無路，私難理較，只得據實來轅呈請，伏乞督憲將軍轅前，恩施格外俯准，賞飭追交股本，以安商業，俾免久累，寔爲德便。光緒三十一年十二月。原告人賈宗榮，被告人阮毓昌。

批：通懷礦務，叠經變故，該商父即寔有股銀在内，想亦虧賠殆盡，將來如奉准部覆，再行核辦。舊股亦必有辦法，該商應俟届時自向商辦可也。勿瀆。

附抄《奉天礦政調查局稟》

奉天礦政調查局，爲稟覆事。竊蒙憲台發下阮守毓昌稟一件，條陳一摺，飭局核議，是否可行等因。蒙此，遵查阮守條陳凡四：一昭信實、一慎查勘、一專責成、一清界址。其昭信實條内有曰：凡已開各礦，有案在前者，仍准照舊開辦，此乃阮守自占地步有爲言之也。不知有案二字，實有難言者。從前商部未立，礦章未頒，礦局未設，本無一定憲法可循，而依帥志在招徠，多可少否。增帥稍事持重，即敢勾結外人，肆侮欺陵。朱榮欽、梁掌卿所爲，至今污人齒頰，其間批准之案，内容殆不可問即如。奚國安、吴慶第呈辦寧遠鐵開之案，曾在憲轅投呈，一經逐層批斥，而其人蹤跡即已渺然。然即使其續有瀆呈，以一商而擅踞一州兩縣，實與商部新章不得逾三十方里之限制大相違背，斷無邀准之理，豈其以據理論斷？即謂之無信實也，而況阮守開礦始未尚遜吴胥一籌者乎？至於前商報領之處，後商不得捏報攘奪，商部早已勒爲定章，迭經申明知照，職局謹當遵依辦理，斷不容奸商逞其伎倆。要必核實於前，乃能昭信於後，可勿須阮守之鰓鰓過慮也。其慎查勘條内有云。奉省五金之礦四五百處，大率道聽塗説，其較有把握者，不過二三十處云云，然則阮守指稱通懷二十八處，殆將奉礦一網打盡矣。又清界址條内云，一境之内，不得再有他人局廠錯處。其間所謂一境者，必一州一縣之謂也。然則開礦必如吴慶第、阮毓昌，而後可奉省新舊州縣不過三十餘城，但有落落數巨商，儘可四分五裂，此在吴阮輩自爲計則得矣，其如有違部章何？查職局以調查爲名，商部又極重調查之舉，續頒新章，且令議員延聘礦師，遍歷通省，許其動用煤税正項，年終報銷，用意極爲鄭重迫切，安有畏其多費而即因噎廢食。且苟不親履調查，憑何列表繪圖，又憑何以開採，誠乃慎之無可慎，亦清之非其清也。蓋阮守列此兩條，充數而已。本不注意者，一在昭信實，尤在專責成。查自去冬特設礦局以來，憲台派有總辦、會辦、幫辦，商部加委議員責成，若此不爲不專，阮守寧不知之？而其條議一則曰總辦不得其人；再則曰必妥選總辦；三則曰地廣礦繁，非一人所能兼顧，莫如多揀派總辦數員。是

非條議，乃抨彈也，明斥職道不足爲總辦，而堪爲總辦，又莫阮毓昌若也。用舍之權，操之自上，况逢我憲台清明在躬，志氣如神。此等讕言，諒尚不足爲祟，可怪者彼果何恃不恐，而敢爲此嘗試也。此條本無可議，在職道尤不應與議，唯有籲請主持裁斷，庶幾惡言不入，憲政施行。所有遵議緣由，是否允協，理合禀請憲台察核示遵。肅此具禀。須至禀者。光緒三十二年四月十七日。

附抄《奉天礦政調查局附禀》

敬再禀者：阮守之挾持浮説，非得已也。蓋其辦礦十年於兹矣，得失斷續之交，不得不出奇以徼萬一，斯其始末，不可不爲憲台一言之也。夫其最足動人觀聽者，謂奏咨有案也，謂兩經奏明也，謂報効過萬金也，謂其自費採礦成本二十萬也，謂招集洋股三十萬也。羣相歎詫，以爲鐵案，而通懷一帶商民，罔不知有阮總辦者。及自奉發原卷，夷考其實，乃竟有大謬不然者。惟其近似亂真之處，若不一一爲之勘破點明，則此輩之譸張爲幻，終無已時。查阮守之辦礦也，在二十三年，而依帥之出奏也，在二十四年。其時通化二道溝産金甚旺，幾於俯拾。即是據阮守報稱，應納課金三百餘兩，合銀萬兩，乃猶是萬兩也。始以之納課，而繼以之報効，且以之入告矣。一似未經開採，而已輸納巨資者，然試問課金如何，則置不複道，皮在當日，公事則然。即阮守之牽扯朦混，亦其小焉者也。河金既罄，戎事頻興，阮守因而生心，易通判爲知府，易兩縣爲五縣，浸假而成本二十萬之説出矣，浸假而招集洋股三十萬兩之説出矣。請换關防，請咨外部，不知依帥原奏，乃是官辦，乃是委員官辦，何必自捐成本，委員何能擅招洋股，增帥卻之，不得勉爲出咨。幸將前官後商之要點，爲之聲明，外務部覆令具奏。以符原案。且特申之：未經奏准以前，不得作爲允辦之據，斯亦深切著明者矣。阮守知之否耶？增帥照咨出奏，附一密片，畧及其把持勾串之迹，奉旨交議，部中迄不置覆，以至於今。而阮守自報効後，將近十年，終未納課分文，亦無過問者，此阮守辦礦之始末也。其中可笑者，自稱探礦之費，費至二十萬金，此語曾不可以欺五尺之童，而於增帥前累牘不休。增帥亦曾厲聲斥責，此二十八年事也。乃去年伊又有禀陳訴，僅只借舖商銀五千兩，前後懸殊，抑何甚耶！其云招集洋股三十萬兩，大抵亦猶是耳。匪然者，洋人性躁，豈有拖延六七年，而尚耐心静候者，其事之不實可知。惟賈宗榮控伊私將股票押之洋行，私得數萬金，或是實耳。要之，論借貸多寡，總應阮守自爲清釐，毋須官爲過問。惟伊曾在依帥任内領有通懷礦務關防，應請飭令繳銷，以清案牘，即所以專責成。職道管見所及，是否允協，理合附禀，伏乞憲台察核示遵。須至附禀者。

附抄減留各礦産清單：

謹將與全利公司擬請華洋合辦減留通懷等屬各礦十二處礦産，開列於後。

計開：

通化縣屬：小廟兒溝銀礦，在縣治南十八里，此礦未開。報馬川線金礦，在縣治西南一百二十里，此礦已開，現隸安縣界。南崗山二道溝河金礦，在縣治西南一百一十里，此礦已開。四五道江煤鐵礦，在縣治東七十里，此礦已開。帽兒山二三道溝線金礦，在縣治東三百四十里，此礦已開，現隸臨江縣界。帽兒山四道溝煤礦，在縣治東三百八十里，此礦已開，現隸臨江縣界。帽兒山大荔子溝鐵礦，在縣治東三百五十里。此礦已開，現隸臨江縣界。帽兒山六道溝銅礦，在縣治東六百五十里。此礦已開，現隸臨江縣界。

懷仁縣屬：大江沿古馬嶺金礦，在縣江東南一百八十里，此礦未開。涼水泉子鉛礦，在縣治東南二百里，此礦未開。老鷹溝鉛礦，在縣治西南八十里，此礦已開。大小雅河石棉礦。在縣治三十五里，此礦已開。

附抄《原辦通懷各屬礦産清單》。

謹將與全利公司擬訂華洋合辦原呈通懷等處各礦，開列於後。

計開：

通化縣屬：大廟兒溝河金礦，在縣治南，距縣城十五里，此礦已開。小廟兒溝銀礦，在縣治南，距縣城十八里，此礦未開。葦沙河金礦，在縣治南，距縣城六十里，此礦已開。報馬川線金礦，在縣治西南，距縣城一百二十里，此礦已開，現隸輯安縣界。霸王槽鉛礦，在縣治西南，距縣城一百四十里，此礦已開。南崗山二道溝河金礦，在縣治西南，距縣城一百一十里，此礦已開。三道溝河金礦，在縣治西南，距縣城一百里，此礦已開。南崗山嶺鉛礦，在縣治西，距縣城一百二十里，此礦未開。南崗山嶺茶晶礦，在縣治西，距縣城一百一十里，此礦未開。山合頂子金礦，在縣治北，距縣城二百八十里，此礦未開。大灘平金礦，在縣治東北，距縣城二百四十里，此礦未開。小灘平鉛礦，在縣治東北，距縣城二百五十里，此礦未開。半截河煤礦，在縣治東北，距縣城二百二十里，此礦已開。四道江煤礦，在縣治東，距縣城六十里，此礦已開。五道江煤鐵礦，在縣治東，距縣城七十里，此礦已開。林子頭金礦，在縣治東，距縣城一百六十里，此礦已開。寶渡泉金礦，在縣治東，距縣城一百七十里，此礦已開。帽兒山頭道溝河金礦，在縣治東，距縣城三百一十里，此礦已開，現隸臨江縣界。帽兒山二三道溝線金礦，在縣治東，距縣城三百四十

里，此礦已開，現隸臨江縣界。帽兒山四道溝煤礦，在縣治東，距縣城三百八十里，此礦已開，現隸臨江縣界。帽兒山大荔子溝鐵礦，在縣治東，距縣城三百五十里，此礦已開，現隸臨江縣界。帽兒山六道溝銅礦，在縣治東，距縣城六百五十里，此礦已開，現隸臨江縣界。香爐碗子金礦。在縣治北，距縣城三百里，此礦未開，現隸柳河縣界。

懷仁縣屬：大江沿老黑山金礦，在縣治東南，距縣城一百七十里，此礦未開。大江沿古馬嶺金礦，在縣治東南，距縣城一百八十里，此礦未開。大小雅河石棉礦，在縣治西南，距縣城三十五里，此礦已開。老鷹溝鉛礦，在縣治西南，距縣城八十里，此礦已開。凉水泉子鉛礦，在縣治東南，距縣城二百里，此礦未開。

又外務部發徐世昌唐紹儀咨《通懷礦案希就近辦結》 光緒三十三年七月二十六日，發東督、奉撫咨稱：案查知府阮毓昌承辦通懷礦務一事，本年七月十七日，接准來咨，以該守稟呈節署，並各局廠出入款項清單等件，逐細核勘，頗多背謬。擬趁此尚未舉辦之先，指出瑕疵，將所有舊案議駁撤銷，飭令該守先將遠來洋行所存未提之洋股三十萬兩，速行退還。其用過華股，及借墊銀共六萬二千四百兩，仍歸該守自行清理。至通懷各礦，再飭礦政調查局妥籌善後辦法，遵章辦理等因。并將該守呈到節署清單舊卷，抄送前來。查通懷礦務，阮毓昌續招洋股接辦，其中不無轇轕，本部前經咨稱，未奏准以前，不得作爲允辦之據，原欲防其流弊。現經貴督、撫查明背謬情形，逐層議駁，擬將舊案撤銷，其所存洋股及用過華股等款，均歸該守自行分別清理，辦法極爲妥當。相應咨行貴督、撫就近批示該守遵照，以斷葛藤，並咨復本部可也。

又外務部收阮毓昌密稟《日人覬覦通懷各礦仍懇堅持成案速准華英合辦》 光緒三十三年九月二十日，收奉天試用知府阮毓昌密稟稱，再密稟者：奉省東北一帶礦產，前此俄日迭次要索，曾經前將軍增以承辦有人，及與定章不符，峻詞却之。並光緒二十九年六月，遵議覆奏通懷各礦華英合辦一案，另片將俄日覬覦情形密陳在案。是當時早已慮及，故藉此以爲抵制之地。現在日人於東省權利，得步進步，更非昔比，如千山台煤礦，至今抗不交還，可見一斑。而於通懷各礦，尤爲注意，幸係英商合辦，有所牽制，彼亦知成約難廢，不敢公然攘奪。然其百計營謀，始則運動礦政調查局，故事詰駁，繼則投奔英商，聳其棄此就彼，而終未達其目的。現則於北京順天各報，時將此案發揮議論，以爲聲東擊西之計。其處心積慮，於此益見，若不先發以制之，不知其將來又用如何手段也。夫果背英許日，英豈甘休，勢必大動交涉，因而歸罪卑府區區，固無足惜，如大局何？即使因英而亦許日，委曲求全，必變爲日英合辦之局，而華商數十萬之血本，點滴無歸，如各股東何？卑府愚見，爲今之計，欲杜日之覬覦，惟有堅持成案，迅速開辦，一則可以抵制日人，再則可以保全華股，而於我國家主權利權所在，尚不至盡失。且華洋合辦，商部訂有新章，自應遵照辦理，將來得利歸公，於奉省財政大有裨益，省無窮之交涉，開莫大之利源，大局幸甚！卑府幸甚！不揣冒昧，合再密陳，伏乞鑒核。

又外務部收徐世昌唐紹儀信《請速將通懷礦案奏明撤銷》 光緒三十三年十月二十三日，收東三省總督、奉天巡撫信稱，敬肅者：頃奉鈞函，以阮毓昌稟稱，礦案久懸，華洋股東，衆口交訌，且日人注意通懷各礦，欲圖覬覦。惟有堅持成案，迅速開辦等情，抄録稟詞，飭即按照各節，查明核覆。查此案前於七月間，據阮毓昌稟請咨明開辦，當以檢閱該守前後稟呈節署清單，頗多背謬，經逐層指駁，摘抄卷宗，咨呈大部奏明，將原案撤銷，並批令静候部示在案。今該守又赴大部瀆呈，查核稟詞，仍以案經奏咨及已報効銀兩爲藉口，復以洋股久懸，廢約恐啟交涉，及日人覬覦已久，不若早辦，以圖抵制兩層，爲危詞聳聽之計。不知此案雖經奏咨，然二十九年正月間，大部來咨，有未經奏准以前，不得作爲允辦之據一語。可見准駁之權，仍操於上，既該守辦理情形，種種有背礦章。則奏明撤銷，決不得謂有失大信。其報效銀壹萬兩，係應納通化二道溝金沙課金，該守影射朦報。去年礦政調查局稟覆中，駁之甚晰，尤不足爲藉口。至於洋股久懸，廢約恐啟交涉，查該守所招英商股本銀三十萬兩，現存遠來洋行，原案既以違章撤銷，則退還未動分釐之股本，取銷未經奏准之合同，有何可啟交涉？若其密稟所陳援千山台煤礦之例，謂日人將干預通懷礦務，非力持舊案，不足抵制等語，尤覺言僞而辯。查千山台煤礦，早已開辦，又在東清鐵路綫內，故日以路權經營。然會議録既載有彼此會商明文，將來必當另議辦法，通懷非鐵路所經，日人豈能干預。且金、銀、寶石等礦，前與日領聲明，即在路綫所經，亦不能華洋合辦。該守指採之礦二十八處，內中金礦爲多，尤可無庸過慮。總之，該守以一勘礦委員，忽思易官而商，且以洋商之貲本，而欲開辦兩縣地方二十八處之礦，其希圖包佔漁利之意，實已昭然。若揭因大部有未經奏准，不得作爲允辦一言，故百方陳請，思邀奏准。若一經許可，勢必股本全歸洋商，而該守取百一之利，將來利權盡屬外人，流弊伊於胡底。自非趁此尚未允辦之時，議駁銷案，不足以絶根株而杜藉口，相應函請大部查核原案，奏明撤銷。該守譸張爲幻，緩則生變，

尤望迅賜施行爲盼。

又外務省收日使林權助照會《日英投資通懷礦務請奏准開辦》 光緒三十四年二月初四日，收日本照會稱：照得盛京省通化懷仁地方之鑛山，曾於光緒二十三年，經奉天將軍奏准候補知府阮毓昌承辦，由該員招集資本，從事經營，旋因資本告乏，阮毓昌建議添招洋股資本，經政府允准，與營口英商遠來洋行訂約，改爲華洋合辦，取名全利公司在案。去年以來，敝國殷實商人，亦出資與該英商繼續合辦其事。惟查華洋合辦，論其事序，應請頒發上諭，以昭遵守，故該鑛至今，尚未開採。竊維開鑛事業，有益於開發貴國之利源者不尠，況本件乃就已成之局，接續推廣，尤宜妥爲籌畫，俾可從速接辦。爲此特行照會貴部，務請善爲體察，如貴部以爲仍須奏准立案，即請知照該管官憲，奏請批准可也。

又外務部發日使林權助照會《通懷礦案已奏明撤銷礙難准辦》 光緒三十四年二月初十日，復日本照會稱：光緒三十四年二月初四日，接准來照，以奉天通化、懷仁地方礦務，曾經奉天將軍奏派候補知府阮毓昌承辦，因資本告乏，添招洋商資本，經政府允准與營口英商遠來洋行訂約，改爲華洋合辦，取名全利公司。去年以來，敝國殷實商人，亦出資與該英商繼續合辦其事。惟查華洋合辦，論其事序，應請頒發上諭，以昭遵守，故該礦至今尚未開採。本件乃係已成之局，接續推廣，尤宜妥爲籌畫，俾可從速接辦，特請知照該管官憲，奏請批准等因前來。查通化、懷仁礦產，前經奉天將軍奏派阮毓昌招集華股開辦，於二十六年因亂停止。嗣據阮毓昌稟擬添招股本，續行開採，經奉天將軍東三省總督先後查明阮毓昌前辦礦務，毫無成效，未便再令接續開辦，經本部奏明撤銷前案，其通懷礦產，歸該省礦政調查局辦理在案。中國政府並無允准該員與英商遠來洋行訂約，改爲華洋合辦之事，所有該員經手事件，應由該員自行清理，現在案經撤銷。來照所請知照奏請批准，本部礙難照辦。相應照復貴大臣查照可也。

又外務部收日代使阿部守太郎照會《華洋合辦通懷礦務事請速奏准續辦》 光緒三十四年五月十二日，收日本阿部代使照會稱：關華洋合辦通化懷仁等處礦務一事，【略】本署大臣均已閲悉。查華洋合辦通懷等處礦務一事，早由前任奉天將軍增轉咨貴部，給予批准，祇未經奏明耳。增將軍奏摺內，亦所敘述，並營口道台曾查合資者即英商遠來洋行，已否准備資本，可知於事實上合辦基礎已成。所以本國人認爲中國政府批准確實之事業，即行出資，加入合同，業經於三十八號公文內，詳細叙明，貴國政府應鑒於原意，速行具奏允辦，似爲當然之義務，並所以昭示國信。乃閲此次來文，以阮委員之人品之行爲之故，不止不肯奏明合辦，且飭東三省總督將原案撤銷，本署大臣實難解意。查阮委員之行爲及人品如何，與洋商不相干，並此事既係中國官憲允准合辦，轉由貴部承認者，洋商深信中國政府訂約合辦，其未經奏明，不過欠形式上辦法耳，於實質則可謂合辦已成，情理極爲明晰。乃貴國政府不顧其來歷，並洋商之虧損，迄以未經奏明，並阮委員之行爲之人品爲詞，擅自聲明將合辦合同撤銷作廢，未知貴國政府以之爲昭示國信之道乎？本署大臣深以爲憾。矧此事爲開發東省富源之舉，應受中國官憲之節制，妥爲辦理，享其益者奚翅華洋出資者，祇望貴國虛衷坦懷，特念友誼，速行奏明，允准續辦。是爲切盼。

又外務部發日代使阿部守太郎照會《通懷礦務華洋不得合辦》 光緒三十四年五月二十日，復日本阿部代使照會稱：【略】查阮毓昌承辦通懷等處礦產，經本部據趙將軍徐制軍先後查復奏准撤銷，所有華洋資本，均應由該員自行清結。本年三月初七日，本部所復林大臣照會，確係至當不易之辦法，緣增將軍此案咨行本部時，本部即復以未經奏准以前，不得作爲允辦之據。是阮毓昌添招華洋股本，能否照允，不以增將軍之來咨爲斷，而以本部之奏准爲斷。本部以未經奏准，不得爲據，是本部確未批准也。若如來照所云，增將軍咨行本部，已成事實上合辦之基礎，是增將軍已有權允准合辦，又何爲咨請本部覈示耶？凡事總有正義，顧可以影響之基礎，視爲實質，而於切要不可少之關健，轉輕之爲形式耶？本部以阮毓昌朦混不實，具奏撤銷，並令該商自行清理一切，辦法最爲允協。良以中國之礦産，中國商民能否承辦，應由中國政府主持，此即是中國政府當然之義務。該洋商與阮毓昌如何訂約，非本部所知，阮毓昌既不能承辦，該洋商即不能合辦。其來歷在阮毓昌，不在本部，更説不到國信上。來照竟有中國政府不顧來歷，擅自聲明，未知昭示國信等語，此保説耶？豈貴代理大臣，祇知爲該洋商辦論，於此案事實尚未能明晰耶！爲此照復貴代理大臣查照。

又外務部發英使朱邇典節略《通懷礦務案卷未便存案》 宣統元年十月二十七日，發英朱使節畧稱：接准節畧內稱：光緒三十二年九月二十八日，本大臣曾以牛莊英商遠來洋行，與礦務委員阮毓昌訂立合同，開辦通化、懷仁地方礦務，函致貴部在案。此合同簽字後，即設立英國公司，由該行自籌股本，並代各股東備集股本，及遣工程師前赴礦場，共費不貲。且該公司已將光緒二十八年四月二十九日所定合同，及貴部光緒二十九年正月十七日咨奉天將軍文件，並

原奏清單該公司合辦章程第五條内云：除華商墊用採勘，並一切經費，作用銀二十萬兩外，更新招集股份三十萬兩，共合銀五十萬兩。而節署内稱訂明華洋合辦時，以前局中股本借款等項，作爲資本銀二十萬兩，由該洋商墊辦，並新備資本銀三十萬兩，作爲復行採探試辦工本等語。此層墊辦之説，不特爲原奏合同清單各件所未載，即卷存三十一年所呈節署，亦未聲叙。茲忽以此添入節署之内，不知是何居心，極其流弊，豈堪設想。又如阮守所呈前辦各廠局出入款項清單内，聲明與英商訂立合同，係將以前用過款項，共作十萬兩成數，以符原案。又借勘採等費，添入十萬兩，統作二十萬兩，以爲華商四成股本等語。據此而論，則華股二十萬兩内，其一半原係添入虛數，爲華股預佔四成地步，其一半係以前用過款項，共作十萬兩，似可作實。然細核單開入項，自光緒二十三年春間起，至二十六年夏止，前後招集商股銀四萬五千七百兩，又共借墊銀一萬六千七百兩，合計六萬二千四百兩，則前用過款項十萬兩整，此六萬餘兩，可作直正商股，餘屬金砂餘利，並非股本。而節署内稱二十四年奉飭奉准專歸承辦時，遵即續集商股，前後共十萬兩，核與單開入項前後共招集商股之數不符。且核卷存節署原文，亦是四萬五千七百兩，並無十萬之數，似此任意添改，冀圖朦混，顯非可靠之人，隨即據情咨請外務部，將舊案撤銷。外務部當以阮守承辦通化、懷仁鑛務，始以課金爲報效，繼復以官辦之鑛，率行招集洋股，改爲合辦，其所呈節署清單，聲叙股本各節，又復任意添改，希圖朦混，自未便再准該守接續興辦，由部專摺具奏，請旨飭下東三省總督奉天巡撫，將阮守前辦通懷礦務原案撤銷。所有與全利公司所訂合辦合同章程條規等件，應毋庸置議。其所招華洋股本，暨從前墊借各款，既由阮守自行清理。至通懷各礦産，應由東三省總督、奉天巡撫飭令礦政調查局，妥籌辦法，實力經營，以免廢棄。於光緒三十三年十一月初一日奉硃批：「依議。欽此。」由部恭録，並抄原奏，咨經前督、撫憲徐、唐轉飭前鑛政調查局，遵照辦理，並札行通懷等縣一體知照各在卷。本司、職道伏以此案既經奏明撤銷，其阮守所訂華洋合辦合同章程條規，我國政府未經允許，全歸無效。即所稱續招遠來洋行股銀三十萬兩一節，亦屬阮守箇人假控空言無據，業經飭令阮守自行清理，毫無轇轕。惟恐華洋商人或有藉此招摇情事，自宜格外慎審，爰於本年九月間，由本司申明原案，照會駐奉英總領事知照，以免日後生出枝節。乃現准英總領事照復，并抄送宣統元年十月十八日駐京英使致外務部節署内云：光緒三十二年九月二十八日，本大臣曾以牛莊英商遠來洋行，與鑛他案卷，抄送本國政府矣。茲叙述前因，以便存案等因。查阮毓昌前辦通懷礦務，擬請添招華洋股本，本部當以此事未經奏准以前，不得作爲允辦之據，於光緒二十九年咨復奉天將軍文内，即已聲叙明晰。迨光緒三十二年九月間，貴大臣函詢該員與遠來英行訂立合同一節，是否屬實，本部當以此節未經覆准，函復貴大臣在案。至阮毓昌辦礦無效，種種朦混，本部迭准奉天將軍東三省總督先後查明，業經光緒三十三年十一月間，奏請將原案撤銷。所有與全利公司所訂合辦合同章程條規等件，均無庸置議，所招華洋股本，由該員自行清理等情，奉旨允准在案。是此案始終未經中國政府允准，自未便再行存案。特此開具節畧，請貴大臣查照。

又外務部收錫良文《華洋合辦通懷礦務事曾如何答復英使》 宣統二年十月二十七日，收東督文稱：案據交涉司、勸業道會呈，案查花翎試用知府阮守毓昌於光緒二十三年，由前軍憲依委辦通化、懷仁等處鑛務，曾納課金三百兩，當時奏案作爲報効銀一萬兩，並未提及納課之事。迨前軍憲增履任之後，阮守忽稱辦鑛賠累，用去成本銀二十萬兩，業已招集全利公司，即遠來洋行英商股本銀三十萬兩，呈請批准等情。增軍憲因其並未先行呈明，率爾招集洋股，殊與奏案不符，拒而未許。阮守再三禀請，方爲出咨，又經外務部指明與原奏不符，咨令核明具奏，並聲明未經奏准之前，不得作爲允辦之據等因。增軍憲遂照録阮守與該洋行所訂合辦章程合同等件，奏請飭部立案，並另片密陳，此礦從前係由官辦，與現在請辦者情形不同，所指地段，不妨稍事從寬。而當此時局，核之奉省情形，其援請流弊，亦宜慎防，應如何酌示限制，請飭一併核議。光緒二十九年六月十九日，奉硃批：外務部議奏。片一件，單三件並發。欽此。外務部以事關官辦鑛産，改爲華洋合辦，自應詳細查明，方能核議，彼時適因奉省有日俄戰事，未及行查。嗣於光緒三十二年五月間，始准外務部函經前軍憲趙查覆前情，並聲明奉省現准商部咨行奏准，設立鑛政調查局，派員調查通省鑛産，招商承辦，已將阮守原領委辦通懷礦務闢防調銷。至阮守先以官辦後變爲商辦，所稱用去成本銀二十萬兩，殊難憑信。其所指通懷兩縣鑛産二十八處，尤與部章不合等語。旋准部函，以阮守所招華洋股本，實係若干，鑛廠處所，應令減少，令即切實禀覆，達部核辦，趙軍憲尚未答覆。光緒三十三年七月，阮守又開具節畧，具禀前督撫憲徐唐懇請咨明，將通懷等處鑛産，由伊接續開辦，當蒙調檢舊卷，與阮守現具節畧，暨以前承辦各局廠出入款項清單等件，逐細核勘，頗多背謬。如

務委員阮守毓昌訂立合同，開辦盛京通化、懷仁地方鑛務，函致貴部在案。此合同簽字後，即設立英國公司，由該行自籌股本，並代各股東備集股本，及遣工程師前赴礦場，共費不貲。且該公司已將光緒二十八年四月二十九日所訂合同，及貴部光緒二十九年正月十七日咨奉天將軍文件，並他案卷，抄送本國政府矣。茲本大臣叙述前因，奉達貴部，以便存案等語。實與外務部奏准將原案撤銷，其阮守與全利公司所訂合辦合同章程條規等件，應毋庸置議，所招華洋股本，暨從前墊借各款，由阮守自行清理。通懷各鑛産，即由鑛政調查局妥籌辦法，實力經營各節，迥不相符。究竟英總領事抄送駐京英使致外務部節畧，果否實有其事，當日部中如何答覆，事關鑛政，牽有交涉，未便稍有含糊，理合會銜具文呈請憲台察核，俯賜咨詢外務部查案咨覆，札行祗遵，實爲公便，須至呈者等情前來。除批示外，相應咨請貴部，迅將當日如何答覆英使情形，查案見覆。望切施行。十月二十四日。

《礦務檔·奉天礦務·撫順等礦與日俄交涉》外務部收盛京將軍文《抄送日商在本溪等縣私立合同開採礦産各案並請與日使理論》 光緒三十三年三月二十九日，收盛京將軍文稱，案據奉天交涉總局呈稱：竊照奉省礦産之富，五金俱備，利源所在，久爲外人所覬覦。自日軍在境任意佔採，其大者如撫順本溪等礦，或由憲台咨明外務部，或由日領事電達政府，迄今交涉尚未妥結。而日商勾結奸徒，迫脅鄉長，私立合同，勘地擬採者，層見疊出。如去年鳳凰廳之賽馬集，本年本溪縣之牛心台，安東縣之接梨樹，皆經職局先後分別照會日軍政官，及總領事禁阻，大率延不照覆，即覆亦以已立合同爲藉口之資。其已立合同，未經發見者，聞尚不一而足，若不預籌抵制，恐將來輾轉影射，流弊滋多。查《奏定礦務章程》第四條：如欲請領探礦執照，或開礦執照者，應稟由該省地方督撫聽候確查，於地方情形有無窒礙。又第四條第三節：稟内須將所指礦地四至，遠近大小，若干方里，合計若干畝，繪圖貼説，以備查核。又第十八條：嗣後華商請辦礦務，如未經稟明本部，逕與洋商議訂合同，或開辦後將該礦工密售他國人民，經地方督撫及本部查寔，照第十四條，將原稟領照人從嚴懲罰，礦照撤銷，礦工入官各等語。礦産本係國有物，非箇人私産可比，故非稟請允准，即業主亦不能擅採，安得私立合同？此理中外皆然。無如日人以狡獪手段，故意延宕，遂使職局雖有可争之理，而無收效之期，事關全省利權，未敢安於緘默。擬請憲台咨明外務部，聲明礦章，照會駐京日使，將此項私立合同，無論已未發覺，一律作廢。將來即有中日商人共同經營礦産，亦須稟請咨給執照，方准試採。如此辦法，該領事庶不致藉詞遷延，有所希冀。除將歷次私立合同，彙抄成册，一併呈鑒外，職局爲保全利權，預防轇轕起見，是否有當，理合呈請憲台鑒核施行等情。據此，除批示外，查礦産關繫我國利權，未便任令日商迫脅鄉長，私立合同，擅行開採，無如照會日軍政官及總領事禁阻，或延閣不復，或藉口狡執，自應咨請徑與駐京日使理論。合將原册備文咨呈貴部，謹請鑒核，查照辦理施行。須至咨呈者。計送清册。

附鈔日商在各處開採礦産已立合同各案。

一、本溪湖屬牛心台保正王士魁等，與日商庵谷忱私立合同，開採煤礦一案。

光緒三十二年正月初三日，遼陽州屬牛心台，現改隸本溪縣。保正王士魁、汪雙福、高玉昌三人，與日商庵谷忱私立合同，開採煤礦。四月間該商來屯開採，經鄉鎮巡警局提調鮮令呈報，當於三十二年四月二十一日，由職局函致日軍政官禁阻，並呈請軍憲札飭遼陽州，嚴提該保正等懲辦在案。今年三月間，日領事忽以庵谷忱已受關東都督府許可，在牛心台開礦，被本溪縣脅令停止，請懲罰賠償等情照會軍憲，札令職局照覆。旋據本溪縣呈報，當經駁覆禁阻，並呈請軍憲飭下本溪縣，嚴提該保正等三人懲辦。

遼陽州鈔呈合同一紙：

大清國盛京省遼陽州管界老觀拉子王官溝地主代理保正汪雙福，牛心台大南溝小南溝地主代理保正王士魁，紅臉溝地主代理保正高玉昌，與大日本國人庵谷忱茲同意合同，開鑿煤礦之事條件於左，開列各條。清國人爲甲者，日本人爲乙者，稱叫於逐條。

第一條，清國盛京省遼陽州管界老觀拉子、王官溝、紅臉溝、小南溝、大南溝、上牛心台、下牛心台地方所有出煤處，均歸乙者採煤，地皮地主甲者，無異議答應。

第二條，乙者採煤，因爲甲者第一條無異議答應，採煤得利十分之一，頒給甲者。

第三條，乙者於開礦地修蓋房屋等要借用地時，該給甲者公道賠銀，租借地。

第四條，係採煤購買機器傭工等所要本錢，總爲乙者出錢，甲者無相關也。

第五條，甲者文來第一條之地方，與別人無合同關開鑿煤礦事，而且將來無執報乙者，係採煤地與外國人或別人並不敢買賣貸借。此誓之。

第六條，乙者准此合同，如若日後要甲者署名蓋印等，特無論何時，甲者可以應乙者求不拒。

第七條，採煤要上税，須准據日清兩國條約，并大清國所定法規，乙者爲上税。

第八條，此合同有效期，乙者廢止採煤時可以限。

第九條，乙者用開採煤礦租借地，廢止採煤，同時交還甲者。

右合同章程，係彼此合議所定，向後無返悔異變。恐日後無憑據，因茲作兩本，各自署名，甲乙各領有一本也。

明治三十九年一月二十七日立。

光緒三十二年正月初三日立。

一、本溪縣屬賽馬集鄉約賈有發，被日商友枝英三郎等，逼立合同，開採煤礦一案。光緒三十一年十二月十二日，據鳳凰廳呈報：據賽馬集現改隸本溪縣鄉約賈有發、方長劉萬福報稱：有日員友枝英三郎、江良文暉，探得集街北山下小地名石灰窑子，傳喚身等，逼立開煤合同等情。當經職局於三十二年正月十二日，照會駐奉軍政官小山，請其派員，同礦政調查局幫辦李守丙吉，往勘查辦。旋據小山軍政官面稱：日商擬開之礦，共有六處，現已一律禁止等語。當由職局於三月二十六日，彙案照會日軍政官在案，未接覆文。

鳳凰廳鈔呈合同一紙：

立合同人鳳凰城北賽馬集牌民人等，今有小地名石灰窑子山地一區，現來日本人友枝英三郎、江良文暉。在該處開鑿煤礦。四至情形，兩下丈量，有定椿爲憑。招同本牌練長鄉保人等，言明由日本人自購機器，自募人夫開辦，不與地主相干。出煤獲利，均按十分攤派，日本人友枝英三郎、江良文暉，獲九，清國人地主獲一。此係永遠生涯，並無租價，亦無年限，以煤出盡爲度。倘與地主山地相連，或有耕種熟地，如有看煤線，須開鑿者，均應用尺丈量若干，故按照清國租地時價，秉公給銀，方准開用。此係兩下情願，各無返悔等情。並附擬章程六條，開列於後，恐後無憑。立此日本、清國文字，各執一張，以爲存証。

計開四至：南河沿，東温峒界，北至山岡，西至四方拉子界，四至分明。

均起定椿，南清國五里，東清國二里，北至東清國二里，西至清國一里。

第一條，一、煤炸等税。仍按照清國舊章完納。以示公平。

第二條，一、或煤出盡之後，或租户有不用者，該山暨地仍歸還原主承領，並不索取分毫，或已立合同之處，地主亦不准改换地，亦不准藉口他事，稍有阻攔。

第三條，一、凡有煤之處，或山嵐熟地，均准日本人友枝英三郎、江良文暉開鑿。如未立合同，尚未開用者，准此章程，不准租與他國，及轉賣别人情形。

第四條，一、凡出煤之處，如有墳墓埋葬棺柩者，應否遷移，須與地主商酌辦理。

第五條，一、凡出煤之地，如有煤線暢旺，倘有房間致礙開鑿者，應與房主商酌，秉公優給價值拆毁。

第六條，一、以上所定章程，兩下如有返悔不遵情事，均准禀請日本官、清國官商配判斷，以昭公允。

明治三十八年十二月八日，日本人友枝英三郎、江良文暉。

光緒三十一年十一月十二日，清國人鄉約賈有發、方長劉萬福。

一、鳳凰廳屬小駱駝嶺民許際發，被日商矢代潔等，逼立合同，擬開金礦一案。

光緒三十二年三月十九日，據鳳凰廳呈報：小駱駝嶺民人許際發呈稱：日商矢代潔等二人，將伊山場房地，均擬開挖金礦，逼立合同等情，當經職局於三月二十六日，照會日軍政官禁阻，未接覆文。此案未據鳳凰廳鈔呈合同。

一、鳳凰廳屬腰溝花户樊德永等，被日商矢代潔逼立合同，擬開煤礦一案。

光緒三十二年三月十九日，據鳳凰廳呈報：腰溝鄉約馮霖昇報稱：日商矢代潔，立逼花户樊德永、頭項艾永珍，寫立合同，擬於該處開挖煤礦等情，當經職局於三月二十六日，照會日軍政官禁阻，未接覆文。此案未據鳳凰廳鈔呈合同。

一、鳳凰廳陶南溝地主齊文經，被日商矢代潔逼立合同，擬開金、鐵等礦一案。

光緒三十二年三月十九日，據鳳凰廳呈報。鷹咀拉子鄉約郭英報稱。日商矢代潔。在該處陶南溝、陶家堡子、東山李家堡子等處地方，踋看金、鐵等礦，立逼地主齊文經，山主陶文泮、李樹正，並該約等私立合同，逼令畫押等情，當經職

局於三月二十六日，照會日軍政官禁阻，未接覆文。此案未據鳳凰廳鈔呈合同。

一、鳳凰廳屬地藏菴會首李文舉，被日商森峰一郎寫立合同，逼令畫押，開採煤礦一案。光緒三十二年三月十九日，據鳳凰廳呈報：城北地藏菴會首李文舉等報稱：日商森峰一郎，於該處山場插立標記，擬開煤礦，寫立合同，逼令畫押等情，當經職局於三月二十六日，彙案照會日軍政官禁阻。嗣因該日商仍在該處開挖，又於六月初三日，照會日總領事萩原，於六月十六日接准照覆，森峯一郎已由軍政官定正當之辦法，必須開採等語。當由職局呈請軍憲咨明北洋大臣外務部，照會駐京日使商辦，奉此在案。此案未據鳳凰廳鈔呈合同。

一、本溪湖屬日商石原正太郎，逼令賽馬集鄉約等，出立合同，開採煤礦一案。

光緒三十二年十二月十一日，准礦政調查局移據分局委員梁震呈報：本月初，有日人近藤正敬等三人，突來賽馬集居住，張貼石原洋行錦隆公司炭礦事務所字樣，將該處一帶土人所開之硐，任意佔採，並强運煤炸五十餘車，當向索閱証據，據稱：已與賽馬集一帶鄉保練長等，訂立開辦全集煤礦合同，而詢諸各鄉保練長，則均云並無訂立合同情事，係日人强逼將姓名録去等語。當經職局於十二月十五日，照會日總領事禁止；又於本年正月二十一日照催，並札令本溪縣按約驅逐。嗣據該縣以該礦係石原正太郎所開，現已暫停等情呈覆。又准日領事照覆：以石原正太郎已與中國人立有正當之契約，乃中日兩國共同開辦事業之基礎，請予照准，並附送合同前來，經職局於二月二十四日駁覆在案，未接覆文。

日總領事抄送合同，開列於後：

甲、鳳凰廳屬鳳凰城干溝子山主滕玉琨等，與友枝英三郎等所立合同，此案僅於三十一年十二月十二日，鳳凰廳呈報賈有發等寫立合同案内提及，未據呈報開採，亦未鈔呈合同。

立合同人鳳凰城北干溝子牌民人等，今小地名長山子頭、干溝子山山地貳區，現來日本人友枝英三郎、江長文暉。在該處開鑿煤礦，四至情形，兩下丈量，定椿爲憑。招同本牌練長鄉保人等，言明由日本自購機器，自募人夫開辦，不與地主相干。出煤獲利，均按十分攤派。日本人友枝英三郎、江良文暉獲九，清國地主獲一。此係永遠生涯，並無租價，亦無年限，以煤出盡爲度。倘與地主山地相連，或有耕種熟地，如看有煤線須開鑿者，均應用尺丈量若干畝，按照清國租地時價，秉公給銀，方准開用。此係兩下情願，各無返悔等情。並附擬章程六條，開列於後，恐後無憑，立此日本、清國文字，各執一張，以爲存証。

計開四至：南至河南釣魚台，東至車家嶺子，北至北石砬子，西至三道嶺子。四至分明，均起定椿：南至清國五里，東至清國十里，北至清國五里，西至清國十里。

第一條，一、煤炸等税，仍按照清國舊章完納，以示公平。

第二條，一、或煤出盡之後，或租户有不用者，該山暨地仍歸還原主承領，並不索取分毫。或已立合同之處，地主亦不准改换他地，亦不准藉口他事，稍有阻攔。

第三條，一、凡有煤之處，或山嵐熟地，均准日本人友枝英三郎、江良文暉開鑿。如未立合同，尚未開用者，准此章程，不准租與他國，及轉賣别人等情。

第四條，一、凡出煤之處，如有墳墓埋葬棺柩者，應否遷移，須與地主商酌辦理。

第五條，一、凡山煤之地，如有煤線暢旺，倘有房間致礙開鑿者，應與房主商酌，秉公優給價值拆毁。

第六條，一、以上所定章程，兩下如有返悔不遵情事，均准禀請日本官、清國官商配判斷，以昭公允。

日本人友枝英三郎㊞、江良文暉㊞。

立合同清國人：

山主滕玉琨　拇，鄉約李發，方長張繼倫㊞，練長劉來貴。

明治三十八年十二月八日，光緒三十一年十一月十二日。

乙、鳳凰廳屬鳳凰城四方砬子鄉約孫永生等，與友枝英三郎等所立合同。此案僅於三十一年十二月十二日，鳳凰廳呈報賈有發等寫立合同案内提及，未據呈報開採，亦未鈔呈合同。

立合同人鳳凰城地四方砬子民人等，今有小地名喜雀溝、紅石砬子、梨樹溝、荒地山地四區，現來日本人友枝英三郎、江良文暉，在該處開鑿煤礦。四至情形，兩下丈量，有定椿爲憑。招同本牌練長鄉保人等，言明由日本人自購機器，自募人夫開辦，不與地主相干。出煤獲利，均按十分攤派，日本人友枝英三郎、江良文暉，獲九，清國人地主獲一。此係永遠生涯，並無租價，亦無年限，以煤出盡爲度。倘

與地主山地相連，或有耕種熟地，如看有煤線須開鑿者，均應用尺丈量若干畝，按照清國租地時價，秉公給銀，方准開用。此係兩下情願，各無返悔等情。並附擬章程六條，開列於後，恐後無憑，立此日本、清國文字，各執一張，以爲存證。

計開四至：南至銅鄉鐵底溝，東至石灰窑子，北至喜雀嶺。西至四座窑子。

四至分明，均起定樁：南至清國二十里，東至清國二十里，北至清國十里，西至清國二十里。

庚、興京廳城廠十牌總辦杜炳文，與友枝英三郎等所立合同。此案未據該廳呈報。

立出具憑據文約人城廠十牌總辦杜炳文，今有大日本友枝英三郎、江良文暉、森峯一郎三人，至城廠，將十牌內西北一帶金、銀、銅、煤炸、鐵五礦，全行封號，不許外人開挖。至於有礙龍脈者，不許清人借詞阻止，俟明年再來，聽其開作。如再有外國人來採，自當將執照呈閱，恐口無憑，特立合同一紙爲據。特書合同，各執一紙爲據。

光緒三十一年十二月初五日。

立憑據合同杜炳文印。

一、安東縣接梨樹練長姜文德，被日商大久保豐彦逼立合同，開採銅、鉛各礦一案。

光緒三十三年三月初八日，奉軍憲札，據安東縣呈：縣境梨樹地方，前於三十一年十二月，有日人大久保豐彦，至該處查看銅、鉛礦苗，逼令會首出立合同，當經高前縣禁阻。本年二月初五日，該日人又來該處開挖礦苗等情，札令照飭嚴禁。當經職局於三月十二日，照會日總領事，轉致安東副領事飭停，未接覆文。

礦政局鈔送合同一紙。

立出憑據文約人接梨樹練長姜文德，今有大日本大久保豐彦，至接梨樹迤帶所有金、銀、銅、鐵、黑鉛等礦，全行封號，不許別人開挖，俟後日再來，聽其開作。如再有別人來採，自當將執照呈閱，恐口無憑，立合同一紙爲証。

光緒三十一年臘月十五日，代字人尚星垣。

立憑據合同姜文德。

《礦務檔・吉林礦務・籌辦吉林礦務》總署收軍機處支出署吉林將軍延茂抄摺《通籌吉林礦務辦法》〔光緒二十三年〕九月二十三日，軍機處交出延茂抄摺稱，爲通籌吉省礦務全局，擬先分設公司，以期集股興工，保持利權，恭摺仰祈

聖鑒事：竊查接管卷內，光緒二十二年正月三十日，欽奉上諭：「自上年與日本訂約以來，內外臣工，條陳時務，多以廣開礦産，爲方今濟急要圖。當諭各直省將軍督撫，體察各省情形，酌度辦法具奏。昨據總理各國事務衙門户部會奏，議准御史王鵬運請開辦礦務一摺，已依議行矣。著各直省將軍、都統、督撫，俟部文到日，歸入前次該部議准漕運總督松椿摺內，一併詳議切實章程，即行覆奏。現在庫儲告竭，借款甚多，其各振刷精神，實力奉行，毋得畏難苟安，仍蹈從前錮習。將此由四百里各諭令知之等因。欽此。」欽遵。伏維時艱帑絀，用款日繁，我朝成憲，從不爲加賦累民之舉，而権貨抽釐，又已早成弩末。目前興利之圖，實不外墾荒、開礦兩端，是以奴才於上年奉署理將軍之命，謹於叩謝天恩摺內謂，宜先清訟盜之源，徐收墾礦之利，蓋愚誠自矢實以此二者爲汲汲也。當即抵任後，酌度情形，奏設墾礦總局，專司其事。除勘放荒田，業經次第舉辦，隨時奏報在案。所有礦務，比年以來，叠經派員四出採勘。現在凡有産礦之區，已據各委員陸續查明禀覆。並間據民間呈報，均經奴才派員重復履勘，試行淘挖。統計吉林全省之內，可以開採之礦，隨在多有。除三姓一處，業經北洋奏派道員宋春鰲開採不計外，如琿春、寧古塔、吉林府各屬境內，每或數處，或十餘處不等。其礦苗現露，則或金或煤不一。雖未必一律稱作，若先擇其苗綫之最旺者，設法開採，逐漸推廣。似不至一無成效之可覩。惟創辦之初，需款實鉅，仍宜招集股本，官督商辦，爲較有把握。而地勢散漫，均不毘連，既須通力合作。尤必劃分界址，以期各有統屬，俾若網之在綱。奴才悉心籌畫，擬設公司三處，酌派妥幹之員經理。凡在琿春境內者，以琿屬公司統之。在寧古塔境內者，以塔屬公司統之。在吉林府境內者，以吉屬公司統之。由奴才刊給關防，用昭信守。並資取信於人，一面妥定章程，徧行曉諭，廣爲招徠，庶幾登高一呼，衆山響應，股本不難速集。至開採之法，琿塔兩屬，宜由金礦辦起。吉林一屬，宜由煤礦辦起。蓋各以砂綫之最確且旺者開其先，自當施功易而成效速。於此則吉林之礦，俱歸吉林採辦。或者貨不棄地，利無旁溢之虞。如蒙俞允，應請飭下總理各國事務衙門並户部先行立案。所有擬辦章程，容俟另行具奏。奴才爲通籌吉林全局，保持利權起見。是否有當，謹恭摺由驛馳陳，伏乞皇上聖鑒訓示，謹奏請旨。

光緒二十三年九月二十日奉硃批：「該衙門知道。欽此。」

又總署收軍機處交出署吉林將軍延茂抄片《擬次第興辦吉林礦務》〔光緒

二十三年〕九月二十三日，軍機處交出延茂抄片稱：再密陳者。自中俄興辦鐵路以來，不第俄國礦師絡繹來吉，日於深山窮谷中，到處搜尋，專以採覓礦綫爲事。他如英德各國託名游歷而來者，亦均係留心礦産，陰蓄詭謀。若不將本省所有可採之礦，預行占定，將來一經彼族採勘明確，勢必立議開辦。届時如不設法嚴報，則利權盡爲侵辱，而第空言駁阻，又恐徒嘵口舌，易生枝節。是以奴才通籌全局，擬即分設公司舉辦。蓋公法最重商務，使知所有各礦，已歸中國公司開採，庶可以絶去覬覦之萌，杜其侵漁之漸。至此事辦法，一俟商股集成，自應察其能有把握者，擇要興工，漸圖擴充，期收得尺得寸之效。萬不敢徒事鋪張，致蹈好大喜功之弊。此奴才此次擬辦礦務實在情形，謹附片陳明，是否有當，伏乞聖鑒訓示。謹奏。

光緒二十三年九月二十日奉硃批：「知道了。欽此。」

又總署收署吉林將軍延茂《抄送通籌吉林礦務暨木植摺片稿》〔光緒二十三年〕十二月初七日，署吉林將軍延茂文稱：案照本署將軍於光緒二十三年九月十一日具奏，爲通籌吉省礦務，擬先分設公司集股，並設木植公司各摺片，兹於九月二十九日，奉到硃批：「該衙門知道。欽此。」除分別行知外，相應鈔粘原奏咨行，爲此合咨貴衙門，請煩查照欽遵可也。

照録粆單。

奏爲通籌吉省礦務全局，擬先分設公司，以期集股興工，保持利權，恭摺仰祈聖鑒事：竊查接管卷内，光緒二十二年正月三十日，欽奉上諭：自上年與日本訂約以來，内外臣工，條陳時務，多以廣開礦産，爲方今濟急要圖，當通諭各直省將軍督撫，體察各省情形，酌度辦法具奏。昨據總理各國事務衙門户部會奏，議准御史王鵬運請開辦礦務一摺，已依議行矣。著各直省將軍都統督撫，俟部文到日，歸入前次該部議准漕運總督松椿摺内，一併詳議切實章程，即行復奏。現在庫儲告竭，借款甚多，其各振刷精神，實力奉行，毋得畏難苟安，仍蹈從前錮習。將此由四百里各諭令知之等因。欽此。欽遵。伏維時艱帑絀，用款日繁，我朝成憲，從不爲加賦累民之舉，而榷貨抽釐，又已早成弩末，目前興利之圖，實不外墾荒開礦兩端，是以於上年奉署理將軍之命，謹於叩謝天恩摺内謂，宜先清訟盜之源，徐收墾礦之利。蓋愚誠自矢實以此二者爲汲汲也，當於抵任後，酌度情形，奏設墾礦總局，專司其事，除勘放荒田，業經次第舉辦，隨時奏報在案。所有礦務，比年以來，叠經派員四出採勘，現在凡有産礦之區，已據各委員陸續查明禀覆，並間據民間呈報，均經派員重復履勘，試行淘挖，統計吉林全省之内，可以開採之礦，隨在多有。除三姓一處，業經北洋奏派道員宋春鰲開辦不計外，如琿春寧古塔吉林府各屬境内，每或數處，或十餘處不等。其礦苗現露，則或金或煤不一。雖未必一律稱倣，若先擇其苗綫之最旺者，設法開採，逐漸推廣，似不至一無成效之可覩。惟創辦之初，需款實鉅，仍以招集股本，官督商辦，爲較有把握。而地勢散漫，均不毘連，既須通力合作，尤必劃分界址，以期各有統屬。俾若網之在綱，悉心籌畫，擬設公司三處，酌派妥幹之員經理。凡在琿春境内者，以琿屬公司統之，在寧古塔境内者，以塔屬公司統之。在吉林境内者，以吉屬公司統之。由奴才刊給關防，用昭信守，並資取信於人。一面妥定章程，徧行曉示，廣爲招徠，庶幾登高一呼，衆山響應，股本不難速集。至開採之法，琿、塔兩屬，宜由金礦辦起，吉林一屬，宜由煤礦辦起。蓋各以砂綫之最確且旺者開其先，自當施功易而成效速，如此則吉林之礦，俱歸吉林採辦，或者貨不棄地，利無旁溢之虞。如蒙俞允，應請飭下總理各國事務衙門並户部先行立案，所有擬辦章程，容俟另行具奏。爲籌吉林全局，保持利權起見，是否有當，謹恭摺由驛馳陳，伏乞皇上聖鑒訓示。謹奏。

《礦務檔·吉林礦務》總署收署吉林將軍延茂文附奏摺奏片《抄送通籌吉林礦務暨木植摺片稿》　光緒二十三年奏請旨：再，俄人此次修造鐵路，所須預爲籌備者，以煤爲大宗。是以屢有礦師來吉，到處搜覓。至目前應用材料，則又以木植爲急需。稔知吉林南山一帶，木産繁富。現在叠據該監工員司爾擬欲爲沿山刊木之舉。

查此事爲合同所無，業經峻詞拒阻。如彼族將來按照市價購買，則合同内載，固有所需料件，免納各項税釐之條。吉林木税，關係俸餉正款，倘有奸商勾結影射，易滋流弊，似不可不預籌抵制。現擬亦照礦務辦法，酌設公司，凡彼族購買木料，飭由公司代爲辦理，盡力相助，以期便於稽察防範，維持本省釐務，於睦誼亦無窒礙。至如何辦理，詳細章程，尚當隨時相機酌度。所有擬辦情形，理合附片陳明，伏乞聖鑒。謹奏。

《礦務檔·吉林礦務·吉林中俄礦務交涉》總署收軍機處交出吉林將軍長順等抄摺附中俄議定礦務草約《擬與俄員劉巴合辦吉林礦務並已議定約章》〔光緒二十七年〕三月初五日，軍機處交出長順等抄摺稱，爲俄員商請會辦吉林礦務，議定約章，請旨辦理，恭摺密陳，仰祈聖鑒事：竊查吉林號稱産礦之區，外

人覬覦已久。究之真正苗綫，實不易得，兼以需款浩繁，集股非易，無力延聘外洋上等礦師，辦理未能得法。是以開採十餘處，僅止三姓金廠近年漸有起色，其餘迄無成效。光緒二十五年，奏請以總辦三姓金廠記名海關道宋春鰲始辦吉林全省礦務。原以擬極力振興，以保利權，正在派員四出採勘。旋值軍興，一律停止。近來俄派辦理吉林交涉事務大臣劉巴到吉，首先注意於此，屢來商請。經奴才等以緩辦阻之，近復敦促再四，似有恐稍稽時日，或被他國闌入之意，並以中俄合辦共維利權爲詞。奴才等維中外交涉，向事羈縻，當此舊好重修，倘因邊地礦務一事，輒與齟齬。轉恐全局不無凝關，擬審時度勢，似當稍事權變。當經委派交涉局總理候補知府文韞，花翎協領慶禄存記道正任長春府知府謝汝欽會同商辦，反復辯駁。復經奴才等力與磋磨，議有章程十四條，暫立草約，彼此畫押，言定仍俟奏明請旨遵行。伏思開採金礦，本爲興利大端，第值此商疲財匱，專恃華股，終難集事。是以前經京師礦路總局奏定章程，亦有准集洋股之條。此次奴才等與俄員劉巴所議中俄集股會辦，仍由中國派員主辦二條，與總局定章尚屬相符，而利權亦仍操之在我，未致顯爲侵奪。至抽分數目，係按實在出金百兩以十五兩抽收，作爲中國正課，覆與定章盈餘歸公之款，按十成之二五繳部一節無甚虧損。惟其中有無別項窒礙，可否即與定議開辦，相應請旨飭下議和全權王大臣，及礦路總局速議覈覆，俾有循遵。所有開辦詳細章程，俟覈定後，再當隨時擬議奏明辦理。謹先將現議草約繕具清單，恭呈御覽。除咨明全權王大臣及礦路總局查明外，理合恭摺密陳，伏乞皇太后、皇上聖鑒訓示。謹奏。

光緒二十七年三月初五日奉硃批：「著照所請，該衙門知道。單併發。欽此。」照録清單。

謹將中俄議定礦務草約十四條，繕具清單，恭呈御覽。

計開：

第一條、集股以華俄爲定，不准他國入股，如道勝銀行，係華俄合開，可以入股。

第二條、礦務所出金銀各礦，無論多寡，悉按所出之數，每百兩抽收十五兩，作爲中國正課。

第三條、先准派人採礦一年，如未尋得，方准他人採辦，給予執照，遇有廬墓，不准開採。

第四條、承辦之員，須由中國派員主辦。

第五條、無論華俄，入股至十萬兩以上者，准其派人，入局辦事。

第六條、各處礦務，如已經開辦集有舊股者，須另行詳議。

第七條、新採礦苗，須指明地方段落，約定界限，再行開辦。

第八條、應商之件，尚須俟查明，開單再議。

第九條、礦務須用物料，如由中國販買之貨物，仍照章納税，若由俄國運來貨物，專爲礦務用者，則可免税。

第十條、嚴禁中外兩國人民，私自偷挖金礦與煤礦，違者重懲。

第十一條、所定章程，分爲洋文、漢文兩分，漢文呈閲吉林將軍擬定後，咨送京都礦務總局覈辦，洋文即由劉大臣呈與駐京俄國欽使查覈辦理。惟此時應先准俄人至各處查看尋找，以免稽延時日。

第十二條、設有人應承開採礦務，已領有允准明文，應於一年內報明開採，若逾一年仍未開辦，即准他人報明承辦。

第十三條、所有採辦礦務各事宜，俄人情願承辦者，務須先行呈報本國辦理交涉事務大臣劉，然後再由劉大臣轉行吉林將軍，或交涉總局，查核辦理。

第十四條、以上所議章程，係吉林將軍長與俄員劉大臣面議草約，須俟奏明奉旨，及咨礦務總局照准，接到回文，再行開辦。光緒二十七年三月初五日奉硃批：「覽。欽此。」

又外務部收吉林將軍長順等文附礦務章程《抄呈與俄員劉巴議定開辦吉林礦務章程》 光緒二十八年二月二十七日，吉林將軍長順等文稱：竊照本將軍上年正月與駐吉外部大臣劉巴所定礦務草約十四條，曾經奏請奉旨允准，並咨呈全權大臣暨礦路總局鑒核各在案。查草約第六條内載，各處礦務如已經開辦集有舊股者，另行詳議等語。復於上年十二月間，經本將軍飭派交涉總局總理協領慶禄，吉林分巡道文韞等力與磋商，議定章程六條，分繕洋漢文各二分，彼此畫押存留備案。相應粘抄章程，備文咨呈。爲此咨呈貴外務部，謹請鑒核施行。

照録粘單：

案照本年正月二十五日。

吉林將軍長順與駐吉外部大臣劉巴所定礦務草約，曾奉旨允准在案。查草約第六條所載，各處礦務如已經開辦集有舊股者，另行詳議等語。今吉林將軍長俄國駐吉外部大臣劉巴會同議定章程列後。

計開：

第一條、吉省已經開辦之礦集有舊股者，與現時新採之礦不同，仍專歸華人自行集股採辦。

第二條、吉省舊礦如華人情願與俄合辦，或交俄國人專辦，均須先立合同爲憑，呈吉林將軍並外部大臣閱定允准後，方准開辦。

第三條、舊礦如華俄合辦，或歸俄專辦，所出金等各礦，無論多寡，悉按所出之數，每百兩抽收十五兩，作爲中國税課。

第四條、舊礦係華人專辦，仍照中國章程，如係華俄合辦，或願交俄國人專辦，華人須禀明吉林將軍，俄國人須禀明駐吉外部大臣。

第五條、如辦礦滋生事端，吉林將軍與外部大臣會同查辦，其並無俄人入股之舊礦，應由中國官長清理。

第六條、所定章程，分爲漢文俄文兩分，吉林將軍與駐吉外部大臣畫押鈐印。

大清國欽命鎮守吉林等處地方將軍長。

大俄國欽命駐吉外部大臣劉。

大清光緒二十七年十二月　　日。

大俄一千九百二年正月二十二日。

又外務部奏摺《請飭吉林將軍與俄員商添中俄礦約》 光緒二十八年四月初三日，本部遞奏摺稱，奏爲遵旨覈覆，恭摺仰祈聖鑒事：竊查吉林將軍長順等前奏俄員商請合辦吉林礦務。議定草約。摺内聲明請旨飭下議和全權玉大臣及礦路總局速議覈覆等因。光緒二十七年三月初五日奉硃批：「著照所請，該衙門知道。單併發。欽此。」維時因東三省大局未定，未暇議及，現在事機就緒，自應照章覈議。臣等伏查吉省礦産富厚，亟宜開濬利源，第華商貲本不敷，舉辦尚無成效，誠如該將軍原奏所云，專恃華股，終難集事。惟草約十四條語意簡略，尚有應行聲明之處。如第七條載，新採礦苗，須指明地方段落，約定界限，再行開辦等語。既云約定界限，自應聲明指出礦地若干處所，除所指地段外，如華人自辦，或願與他國人合辦，均聽其便。似此劃清界限，則第一條不准他國入股一語，係專指此次所定礦地界内而言，俾將來不至有所牽混，而外人亦不至疑其專利。至原奏内稱，所有開辦詳細章程，俟覈定後，再當隨時擬議奏明辦理。又約内第八條載，應商之件，尚須俟查明，開單再議。第十四條載，以上所議章程，須俟奏明奉旨，及咨礦務總局照准，接到回文，再行開辦各等語。是此項草約，尚不能作爲開辦之據，相應請旨飭下長順等，與俄員切實磋商，將原約第七條添敘明晰，並令指定礦地，再與妥議詳細章程，奏明辦理，以期詳慎。所有臣等覈覆緣由，理合恭摺具陳，伏乞皇太后、皇上聖鑒。謹奏。本日奉硃批：「依議。欽此。」

又外務部收英使薩道義照會《中國不得將吉林礦利專讓俄國》 光緒二十八年四月二十二日，收英國公使薩道義照會稱：案查光緒二十六年因擬議東三省之事，本大臣曾按本國訓條，以凡關係地土及銀款等事，致與別國有所方礙者，中國政府不得獨與一國議定專款等語。於是年十二月二十八日，向原任李中堂諫勸有案。乃本國政府現悉二十七年正月二十五日，吉林將軍長與俄國所謂駐劄吉林黑龍江節度大臣劉巴畫定專款。據其第一條所定，該省礦利，除俄國人外，不得讓與他國商民。並聞此節已經奏奉諭旨允行矣。本國政府一聞中國將東三省内通一省之礦利專讓一國，深爲詫異。蓋如將條約所定均霑之理置諸不論，關係必非淺鮮。此語不止本國，凡與中國素敦睦誼者，皆曾屢經相告。此次中國既經將此條款允行，即爲中國明知故犯之據。兹奉本國訓條，指明貴親王，本國政府礙難以中國照此條款施行爲然。並聲明凡於設法，即向中國索抵，以便固守津約第五十四款應得利益，本國政府自可酌度施行也。相應備文照請貴親王即行入告可也。

又外務部收日使内田康哉照會《中國不得將吉林礦利專讓某一國》 光緒二十八年四月二十二日，收日本公使内田康哉照會稱：照得曾於上年二月十六日，即華曆光緒二十六年十二月二十八日，由前任欽差全權大臣小村所致函内開，因此次變亂，中國如與一國訂定約條，特行讓給關乎土地或財政之便益，則無論其在中國何處，日本國政府即以爲是於保全中國疆域之局殊覺危險云云。因請貴王爺、大臣將以上所開情節，轉行電奏西安行在爲盼等因在案。邇來本大臣曾經屢次申明此意，並承貴王爺聲稱，並不允讓此等便益利權。現在本國政府確聞中國不顧别國應獲權利必須均平，將開辦吉林全省各礦專權，曾經約允讓給某一國之事，不得不爲之詫訝。溯查上年二月以來，日本暨諸他國屢次向中國婉言勸戒謂，中國如果違背同機需益之本，則因而自招巨禍大難，在所不免等語。而中國既已訂定此項約章，則因此所生事局，中國自必有所預料，亦知不得卸責而然也。緣有以上情節，本大臣兹奉本國政府訓條，預先聲明阻止該

約見諸實行。且以該約而一旦見諸實行，則勢必攫及均平之權，日本國政府自應向中國有所擇要索求。或如何設措，以圖維持均衡之處，兹特公然聲明，以留日後地步。爲此備文照請貴王爺鑒詧可也。

又外務部發日使内田康哉照會《吉林中俄礦務草約核議未准》 光緒二十八年四月二十八日，發日本公使内田康哉照會稱：【略】本部查吉林礦務，前經吉林將軍與俄員訂立草約，奏請飭交全權王大臣核議，本國國家照該將軍所請，將草約交下核議，當經本部以該約語意簡略，尚有應行聲明之處。如原約所載指明礦地段落，約定界限，方准開辦之語，應令聲明指出礦地若干處所，除所指地段外，如華人自辦，或願與他國人合辦，均聽其便。似此劃清界限，不至牽連全省，業於本年四月間，奏請飭下該將軍與俄員切實妥商，並令指定礦地，再與議訂詳細章程等因。欽奉諭旨，飭令該將軍遵照辦理在案。查草約内本聲明須接到北京照准回文，再行開辦，此項草約，本部並未照准辦給回文，吉省自不能作爲開辦之據。至將來指定地段，既非包辦全省，即非給以專利，與各國在别省辦礦，於所指地段内不准他國開採，事同一律。屢承貴國前任駐京大臣暨貴大臣婉曲指示，殊深紉佩。特將吉省礦務情形，詳晰照復，即希轉達貴國政府查照。

又外務部收吉林將軍長順等又附中俄議定礦務草約《請核覆吉林中俄礦務草約》〔光緒二十八年〕八月初三日，准俄文事大臣劉巴照會内開，現在中俄兩國鄰邦二百餘年，聯絡莫逆之交，因此將來日復一日，理應更加盡力相近。貴國商人自昔以來，在本國安於貿易，現在因爲本國人在滿洲地方衆多，伊等均願買取本國貨物。故此本國商人自然亦願來在東三省貿易，本大臣尤切盼望貴將軍明敏亦知本地方情形也。曾顯然其和好之意，不只不禁止，而返幫護，此爲兩下有益之事。況且本國久於想念，是俄國人深知滿洲地方出有五金礦務，伊等均願求挖此金。以備此事辦妥，必要聘請能辦妥當之殷實富户，並不惜財帛之人，不致中俄辦礦之人有虧。現因本國春天未到，預先將各樣礦務情形，詳細斟酌明白，如何聘請俄國人來滿洲地方辦理五金，並將金廠方圓里數及段落租銀若干，定立章程。爲此照會貴將軍等查照，本大臣專候覆示作速爲感等因。准此，當以大局未定，姑從緩議等詞函復去後，嗣准俄大臣劉巴前來謁見。據稱中俄既敦舊好，鐵路業已照舊興修。凡係有益交涉之事，中國政府無不竭力相助。吉林産金之區最多，他國不無垂涎之人，甚愿中俄合辦，以免利權旁溢等語。本將軍查俄大臣劉巴，秉性和平，熟悉邊務，上年來吉辦理邊界交涉，深明大體，頗得事理之平。此次商辦礦務，立論尤爲近理，當與擬定草約十四條，畫押備案。惟其中有無别項窒礙，可否定議開辦，本將軍等未敢擅便，除奏明請旨外，相應粘抄草約十四條，備文咨報。爲此合咨貴總局，請煩查照核覆施行。

照録粘單：

謹將中俄議定礦務草約十四條，繕具清單。恭呈鑒核。

第一條，集股以華俄爲定，不准他國入股，如道勝銀行，係華俄合開，可以入股。

第二條，礦務所出金銀各礦，無論多寡，悉按所出之數，每百兩抽收十五兩，作爲中國正課。

第三條，先准派人採礦，一年後如未尋得，方准他人採辦，給予執照。遇有廬墓，不准開採。

第四條，承辦之員，須由中國派人主辦。

第五條，無論華俄，入股至十萬兩以上者，准其派人，入局辦事。

第六條，各處礦務，如已經開辦集有舊股者，須另行詳議。

第七條，新採礦苗，須指明地方段落，約定界限，再行開辦。

第八條，應商之件尚多，俟查明開單再議。

第九條，礦務需用物料，如由中國販買之貨物，仍照章納税，若由俄國運來貨物，專爲礦務用者，則可免税。

第十條，嚴禁中外兩國人民，私自偷挖金礦與煤礦，違者重徵。

第十一條，所定章程，分爲洋文漢文兩分，漢文呈閲吉林將軍擬定後，咨送京都礦務總局核辦，洋文即由劉大臣呈與駐京俄國欽使查核辦理。惟此時應先准俄人至各處查看尋找，以免稽延時日。

第十二條，設有人應承開採礦務，已領有允准明文，應於一年内報明開採，若逾一年仍未開辦，即准他人報明承辦。

第十三條，所有採辦礦務各事宜，俄人情願承辦者，務須先行呈報本國辦理交涉事務大臣劉，然後再由劉大臣轉行吉林將軍，或交涉總局，查核辦理。

第十四條，以上所議章程，係吉林將軍長與劉大臣面議草約。須俟奏明奉旨，及咨礦務總局照准，接到回文，再行開辦。

又外務部收吉林將軍長順等文附續擬中俄礦約《抄送續擬吉林中俄礦約》

光緒二十九年四月二十日，收吉林將軍長順等文稱：案准大部咨開，以俄員商請合辦礦務，原議草約十四條，語意簡略，尚有應行聲明之處。飭與俄員切實磋商，分晰添叙，並於開議詳細章程時，示以限制，勿任含混等因。當即遵照指示各節，參以吉省情形，將原議草約十四條，斟酌損益，並將前次所議草約内思慮未及者，增擬六條，共二十條，以期周密。隨與駐吉俄外部大臣劉巴磋商辦理。乃該俄員始則以已經電請本國外務部聽候指示爲辭，繼則以不能擅改俄國鈐印章程，應由吉省自報大部達知俄公使爲請。揆其用意，無非以續擬草約不能饜足私心，因而設詞推宕，屢商屢梗。查吉省各處礦務，原係中國利源，若俄人以合同未定，聽候勘辦，在我計亦良得，無如彼族別有深心，陽爲聽候合同，陰實採勘礦線。若不早爲酌定，誠恐俄人私行開辦，未免外溢利源。既據照會以自報大部轉達俄使爲詞，自應迎機嚮導，咨請大部就近轉商俄使，俾早定議合同，以杜私行採辦之弊，實與礦務税課均有裨益，理合抄粘續擬草約二十條，備文咨呈大部，謹請鑒核酌辦施行。

照録草約：

第一條，華俄合辦礦務，須先指明地方段落，約定界限，集股自應以華俄爲定，不准他國入股，如道勝銀行，係中俄合開，可以入股。至如所指地界之外，如華人自辦，或華人與他國人合辦，均聽其便。

第二條，礦務所出金銀各礦，無論多寡，係按所出之數，每百兩抽收十五兩，作爲中國正課。

第三條，先准給照派人採礦，一年後如未尋得，即准他人採辦，惟無論何人，如已尋得礦苗實堪開辦，須照礦路總局奏定章程，先由吉林將軍咨由外務部轉咨礦路總局核准，發到准辦執照給領後，方准定日開辦。

第四條，承辦之員，須由中國派員主辦。

第五條，無論華俄，入股至十萬兩以上者，准其派人，入局辦事。

第六條，各處礦務，如已經開辦集有舊股者，按照第二十七年十二月二十六日，吉林將軍長與俄國外部大臣劉改定草約辦理。

第七條，已經採妥之礦苗，須按此次第一條所擬章程辦理，但遇有廬墓，附近五里内不准開辦。

第八條，領到外務部發到准辦執照後，即可前往開辦，一切應商之件，臨事詳細議辦。

第九條，礦務需用物料，如由中國販買之貨物，仍照章納税。若由俄國運來貨物，專爲礦務用者，則可免税。

第十條，嚴禁中外兩國人民，私自偷挖金礦與煤礦，違者重懲。

第十一條，所定章程，分爲洋文漢文兩分。漢文呈閲吉林將軍擬定後，咨送京都礦務總局核辦，洋文即由劉大臣呈與駐京俄國欽使查核辦理。惟此時應先准俄人至各處查看尋找，以免稽延時日。

第十二條，設有人應承開採礦務，已領有允准明文，應於一年内報明開採，若逾一年仍未開辦，即准他人報明承辦。

第十三條，所有採辦礦務各事宜，俄人情願承辦者，務須先行呈報本國辦理交涉事務大臣劉，然後再由劉大臣轉行吉林將軍，或交涉總局查核辦理。其他國之人及華人，則由吉林將軍奏咨辦理。

第十四條，以上所議章程，係吉林將軍長與劉大臣面議草約，須俟奏明奉旨，及咨礦務總局照准，接到回文，再行開辦。

第十五條，如係中俄合辦礦務，中國人入股若干，須由吉林將軍查明實據，照知劉大臣。俄國人入股若干，須由劉大臣查明實據，照知吉林將軍，彼此可均有憑，以照核實。

第十六條，礦廠須有華兵彈壓。其兵之數目，視礦廠之大小堪以敷用爲准。所需餉項，各由各廠籌辦，不得於出井每金百兩抽收十五兩内支用。

第十七條，各廠出金既旺，難免鬍匪窺視，倘將來廠金無論多少被匪搶去，即責成看廠華官兵實力緝拏。如能將賊緝獲將金追出，仍須送還原廠。如賊實遠颺及不能得回原金，即將該華官兵由將軍量爲懲辦，不能責令包賠所失之金。

第十八條，所採各處金廠，如係民間之地，須先由中俄各官會同業主，指定段落四至里數年限，與業主酌定給納租價，如業主不欲收租。願入股本，亦聽自便，臨時妥商，務要持平。

第十九條，各廠所收課税之金，按四季分繳吉林省城交涉局。華三月三十日，爲第一季；六月三十日，爲第二季；九月三十日，爲第三季；十二月三十日，爲第四季。

第二十條，各廠每日收出井之金若干，均詳註華俄賬目，由吉林將軍所派之員，隨時稽查。如查有隱匿及以多報少情弊，除追繳外，另行議罰。其辦理礦務

委員所需薪水車價，應由礦廠酌中開付。

又外務部收吉林將軍長順函附致俄員劉巴文函六件《録送中俄續擬礦約後雙方往來案牘》 光緒二十九年閏五月初十日，收吉林將軍長順函稱，吉林中俄合辦礦務一案，前奉大部指飭第七條載，新採礦苗，約定界限，自應聲明指出礦地若干處所，除所指地段外，如華人自辦，或與他國人合辦，均聽其便，似此劃清界限。則第一條不准他國入股一語，係專指此次所定礦地界内而言，俾將來不致有所牽混，而外人不致疑其專利一節，兹於五月十七日，與俄駐吉外部大臣劉巴晤談。據云，俄使雷薩爾上月至哈爾濱時，伊曾與之商及此層。雷薩爾之意，允爲幫助。雷使諒早回京，劉巴並問及此事，日内吉省曾否接到大部之信，如何辦理，爲此飛速佈達。如已商就緒甚妙，倘雷使尚未商議及此，即乞大部從速函致雷使一商，訂定後伏望從速示覆，俾可遵辦，不勝盼禱之至。肅此謹陳，恭請鈞安，伏乞垂鑒。

致肅者：吉省與俄駐吉外部大臣劉巴原議《中俄合辦礦務草約》十四條，於光緒二十七年正月二十四日具奏，三月初五日奉硃批。着照所請，該衙門知道，單併發。欽此。於五月三十日吉省奉到。至二十八年四月二十二日，奉到大部於四月初六日發行咨文内開，維時因東三省大局未定，未暇議及，現在事機就緒，自應照章核議，並蒙指飭以原議草約十四條，語意簡略，應行聲明切實磋商添敘等因。當即遵照指示各節，斟酌損益，將原議十四條内思慮未及者，增擬六條，共二十條，以期周密，隨與駐吉俄外部大臣劉巴磋商辦理。始則以電請本國外務部聽候指示爲詞，繼則以不能擅改兩國家鈐印章程，應由吉省自報大部達知俄使爲請。屢商屢梗各情。曾於本年四月初七日，備文鈔録續擬草約二十條，咨呈大部，就近轉商俄使酌辦，諒邀藻鑒。其不准他國入股一節，究竟如何定議，未奉覆文。誠恐途中遲滯遺失，兹復將自續改合同後，彼此往來案牘，照録清摺，呈送鑒核備查。肅此，再請崇安。

照録清摺：

致劉巴函。

貴大臣閣下：逕啟者：前在交涉總局會商吉林礦務，承囑將外務部酌擬吉林礦務來咨抄給閱看。當經飭繕清楚。並遵照外務部指示事理。續擬章程六條，一併函覆執事去訖，迄今十餘日。將軍以此事關係緊要，外務部急待核辦，屢經詢問。敝局亦甚願將此事早有定章，俾中俄兩國均有裨益，應希貴大臣將前送之續定礦務章程如何斟酌定立，迅速擲還，以便呈請將軍轉達外務部核示爲盼。泐此候覆，即頌時祺。五月二十五日發。

劉巴復函。

貴總理大人閣下：逕啟者：兹接到貴總理來函，係爲礦務之事，本大臣與貴將軍意見相同。皆爲此事緊要，是以本大臣已經竟電請本國外務部指示，俟接到飭知，再行遵議。現在本大臣不能擅自開議，亦似貴將軍奉到貴國外務部飭知是也。泐此。即頌時祺。

名另具。五月二十八日接到。

爲照會事：案查上年外務部酌擬吉林中俄合辦礦務續擬章程，曾由交涉總局酌議六條，送請核定擲還。當經貴大臣函覆該局，以此項續擬章程業經電請貴國外務部指示，俟接到飭知，再行遵議等情。迄今數月，此項章程已否核定，未准照知。現接我國外務部來咨，以俄礦師沙巴林採妥之琿塔兩城礦務，應須將續擬章程定妥到部後，再行給發執照等因。相應備文照會貴大臣，請煩查照，迅速見覆爲盼。須至照會者。

右照會：

大俄國欽命駐吉林部大臣劉。

大清光緒二十九年二月初七日發。

大俄國欽命駐吉外部大臣劉，爲照覆事。於本年二月初七日，接據照會内開。中俄合辦礦務續擬章程，係俄人在吉林省開採金礦等因，上年曾與貴將軍照會，並本大臣面與文道台韞及交涉各官相談，因自無權，亦不能將二十七年正月二十五日定立並俄國家鈐印之章程擅改，因此呈報在案，至今尚未接到回文。本大臣從新呈報署理欽差大臣，俟接到覆文時，本大臣能否將貴將軍及各官打算之事變通辦理等語，若能速辦，事屬有益。貴將軍自報貴國外務部，即祈達知敝國署理欽差大臣，爲此兩國和好照覆。

右照會。

大清國欽命鎮守吉林等處地方將軍恩特赫恩巴圖魯長。吉林副都統賞戴花翎成。

俄曆一千九百零三年三月初七日。

光緒二十九年二月二十二日。

爲咨呈事。案准大部咨開。以俄員商請合辦礦務，原議草約十四條語意簡

略，尚有應行聲明之處，飭與俄員切實磋商，分晰添敘，并於開議詳細章程時，示以限制，勿任含混等因。當即遵照指示各節，參以吉省情形，將原議草約十四條，斟酌損益。並將前次所議草約内思慮未及者，增擬六條，共二十條，以期周密，隨與駐吉俄外部大臣劉巴磋商辦理。乃該俄員始則以已經電請本國外務部聽候指示爲辭，繼則以不能擅改俄國鈐印章程，應由吉省自報大部達知俄公使爲請。揆其用意，無非以續擬草約不能饜足私心，因而設詞推宕，屢商屢梗。查吉省各處礦務，原係中國利源，若俄人以合同未定聽候勘辦，在我計亦良得。無如彼族別有深心，陽爲聽候合同，陰實採勘礦線，若不早爲酌定，誠恐俄人私行開辦，未免外溢利源。既據照會以自報大部轉達俄公使爲詞，自應迎機嚮導，咨請大部就近轉商俄使，俾早定議合同，以杜私行採辦之弊，實與礦務税課均有裨益。理合抄粘續擬草約二十條，備文咨呈大部，謹請鑒核酌辦施行。須至咨呈者。

右咨呈外務部。

光緒二十九年四月初七日發。

【略】

《礦務檔·吉林礦務·三姓金礦》總署行北洋大臣王文韶文《三姓開礦事奉旨著宋春鰲一手經理》〔光緒二十二年〕正月二十日，行北洋大臣王文韶文稱：光緒二十二年正月十五日，接准咨稱，同知董夢蘭自卄關防，與道員宋春鰲爭辦礦務，請核明飭遵，仍希見復等因。本衙門查此事於正月十七日，欽奉電旨：「長順片奏悉，三姓開礦事宜，著責成宋春鰲一手經理，董夢蘭著撤去開礦差使。欽此。」除欽遵電達吉林將軍外，相應咨復貴大臣遵照辦理可也。

又外務部收商部文附職商嚴信厚等禀津海關道禀等九件《吉林三姓金礦爲俄久踞請索歸華商自辦》 光緒三十二年閏四月十八日，收商部文稱：案據職商嚴信厚等禀稱，竊職商等於光緒二十一年冬，奉前北洋大臣王奏准開辦吉林三姓等處礦務，招集華商股本庫平銀十萬兩，發交宋道春鰲赴吉開辦，並設立公司，議訂章程，禀請奏咨在案。光緒二十四年分，曾經報効吉林軍餉銀二萬兩，嗣奉吉林將軍長奏准將吉林通省礦務，歸併辦理。迨庚子俄兵侵境，蹂躪殆盡，計前後所集新舊股份十三萬兩，均係華商血本，若再任其棄置，實足以灰阻華商之氣，但俄人佔踞，已經數年之久，迄未收回，刻正開議俄約之際，聯名籲懇咨明外務部，歸入俄約議款之内，聲明三姓金礦，實係華商集股承辦在前，責令將礦地悉數歸商，俾可遵照前案，接續開採，並抄録原辦續辦案據，懇予轉咨等情，查吉林三姓金礦公司，既經該職商等組織多年，業已辦有端緒，並曾於吉林軍餉報効鉅款，自與尋常礦産未經開採者，不無區別。若能索回，仍責成該職商等續辦，似於裕課保商，兩有裨益。可否歸入現議俄約，索還自辦之處，相應抄録原禀原件，咨呈貴部，請煩查照核辦見覆可也。

照録抄件，照録職商嚴信厚等禀。

貝子爺、大人、大人閣下：敬禀者：竊職商等於光緒二十一年冬，奉前北洋大臣王奏准開辦吉林三姓等處礦務，招集華商股本庫平銀十萬兩，發交記名海關道宋春鰲，前赴吉林，分頭開辦。並設立三姓金礦公司，議訂章程十六條，禀請奏咨在案。光緒二十四年分，曾經報効吉林軍餉銀二萬兩，嗣因礦務漸著成效，於光緒二十五年十一月十八日，奉吉林將軍長奏請將吉林通省礦務，歸併辦理，以資擴充。是年十二月十八日，奉到硃批：「著准其歸併宋春鰲辦理。如果辦有實在成效，再行奏明請旨。欽此。」其時尚在大部未經奏定礦務章程以前，並係欽遵諭旨併辦，是以未經領照繳費。光緒二十六年夏間，拳匪啟釁，俄兵入境，所有礦本，盡行燬失，礦夫四散。光緒二十七年十二月，經吉林將軍長順奏明，重整礦務，並飭令宋道春鰲來滬，重集股本，藉圖恢復。旋於二十八年三月，經宋道春鰲禀陳前商務大臣盛，批准續招商股，先儘舊有股東湊集，以固基礎而保利源等因，伏查吉林三姓等處礦務，自光緒二十二年春間開辦以來，屢遭馬賊之變，疊受披猖。幸自募練馬步勇丁，護衛該礦，未曾全失。所有迨庚子拳亂俄兵侵境，蹂躪殆盡，費數年之經營，敗於一旦。計前後所集新舊股分十三萬兩，均係華商血本，雖新股在宋道處存儲，未經動用，然舊股已挽救無從。若再任其棄置，則商人資本一無所着，寔足以灰阻華商之氣，而於裕課寔邊之計，關繫尤鉅。但俄人跕踞，已經數年之久，迄未收回自辦。刻正開議俄約之際，用敢聯名籲懇大部，咨明外務部，歸入俄約議款之内。聲明三姓金礦，寔係華商集股承辦在前，責令將礦地悉數歸商，俾可遵照前案，按續開採。至該礦界址起訖，宋道春鰲原禀章程第三條，於地名里數，苗綫起伏，早經詳明備載。嗣後如何推廣，是何地名，職商遠在東南，無從周悉。適原辦該礦提調吉林分巡道方朗，奉調在京，隨議俄約，除由職商等切實函致該道，並宋道春鰲分别繪具礦界圖説，就近呈請彙案磋議外，務求大部體恤商民，准予咨請爭還。大局幸甚，商界幸甚。除禀北洋大臣外，肅具公禀，並抄原辦續辦案據，恭呈鑒核訓示，虔敬鈞安，

伏乞垂鑒。職商信厚等謹稟。

計附呈清摺兩扣。

光緒十六年六月。承准軍機大臣字寄北洋大臣直隸總督李，吉林將軍長，光緒十六年六月初九日，奉上諭：「户部等衙門奏，遵議三姓開礦，請飭遴員履勘，妥議章程一摺，開辦礦務，總以擇定地方，委用得人爲要。三姓試開金礦，事屬創始，長順建議，興辦宜如何妥慎圖維，以期有利無弊。乃該將軍並未將礦苗何處最旺，及道里遠近，詳細勘明，亦未酌定章程，揀派妥員經理，僅以把頭爲營領，任其招人開採。此等游手之徒，易聚難散，誠恐漫無約束，未收開礦之益，轉致滋生事端，於邊境大有關係。著李鴻章會同長順，遴委幹練之員，前往三姓，切實履勘，繪圖貼説，並妥議商民開辦章程，詳晰覆奏，請旨遵行。該將軍身任地方，務當審慎從事，勿得仍前草率，貽誤干咎。原摺均著鈔給閲看，將此各諭令知之。欽此。」遵旨寄信前來等因。承准此，光緒二十一年九月，津海關道盛、記名海關道宋會稟，

敬稟者：竊職道等奉憲台面諭，以接管卷内，光緒十六年，吉林將軍奏請開辦礦務，欽奉上諭：「遴委幹練之員，前往三姓，切實履勘，繪圖貼説，並妥議商民開辦章程，詳晰復奏，請旨遵行等因。欽此。」經前北洋大臣李派委中書科中書職銜黎玉堂，前往會同吉林委員查勘，因所擬籌辦情形，意見不合，事遂中止。現在邊防緊要，餉需孔亟，該處金礦，既有把握，自應遵旨迅速妥議商民開辦章程，以便復奏開辦等因。蒙此，職道春鰲久役吉林，稔知吉林之東南東北，横亘一二千里，産金甚富，足資開採。如果援照黑龍江漠河等處，招集華商股分，官督商辦，洵爲實邊裕餉之要務。職道宣懷遵即會同妥籌，悉照黑龍江漠河等處礦務核定開辦章程，因時因地，參酌章程十六條，並繪圖貼説，恭呈憲覽，伏乞憲台俯賜鑒核，奏咨施行。再，職道春鰲俟奉批後，即日就道前赴吉林，稟商吉林軍憲，核辦一切，再行分晰稟陳，合併聲明。肅此會稟，敬請勛安，伏乞垂鑒。職道宣懷、春鰲謹稟。

計呈清摺一扣，地圖一紙，稟送遵諭籌議招股開辦吉林金礦章程並圖説。請奏咨由，十月初四日，奉北洋大臣直隸總督部堂王批，已恭摺具奏，另檄行知，仰即遵照辦理。繳。圖摺存。初四日。

光緒二十一年十月，准軍機大臣字寄北洋大臣直隸總督王，光緒二十一年十月初二日，奉上諭：「王文韶奏，擬派員查勘吉林三姓金礦，妥議開辦章程一摺。吉林三姓一帶金礦，久經籌議，迄未舉辦，現據王文韶歷陳實邊裕餉之利，且關係通商邊防大局，該處礦務，實爲今日切要之圖，亟應及時開辦，以濬利源。即著飭派道員宋春鰲，前往詳細查勘，妥爲辦理。並令津海關道盛宣懷協同籌畫，一切章程，即仿照漠河辦礦成案，俟三年後，著有成效，准其擇尤請奬，總期於興利實邊，兩有裨益。將此諭令知之。欽此。」遵旨寄信前來，本大臣承准此，謹將擬辦吉林三姓等處金礦，援照黑龍江奏定章程，酌擬十六條，恭呈憲鑒。

又外務部收商務大臣盛宣懷文《抄送開辦吉林礦務案件》〔光緒二十八年〕十一月二十九日，商務大臣盛宣懷文稱：據總辦吉林全省礦務公司記名海關道宋道春鰲呈稱，職道於光緒二十一年冬，奉前北洋大臣王，奏派辦理吉林三姓等處礦務。遵即會同貴督辦，招集華商股分庫平銀十萬兩，前赴吉林，分頭開辦。光緒二十四年分，曾經報效吉林軍餉銀二萬兩。嗣因礦務辦有成效，於光緒二十五年十一月十八日，奉吉林將軍長順奏請將吉林通省公司礦務，歸併辦理，以資擴充。是年十二月十八日，奉到硃批：著准其歸併宋春鰲辦理。如果辦有實在成效，再行奏明請旨。欽此。二十六年四月初三日，曾將欽遵辦理吉、琿、寧三屬礦務情形，咨呈在案。是年陡遭拳匪之亂，礦本銀兩，盡行被燬。現在俄約將次訂期，所有前經開採各礦，應得收回自辦，以固商本，藉濬利源，於國計民生，兩有裨益。爲此呈報憲台，請煩轉咨外務部查照立案等情。正在核辦間，復據該道呈稱，二十八年七月初四日，奉吉林將軍長札開，交涉總局案呈，遵奉憲交，准礦務鐵路總局咨開，案照本總局迭奉諭旨，飭令認真籌辦礦路事宜，自應檢查成案，因時制宜，博訪各處礦路情形，以期擴充辦理。惟從前礦路總局，設在總理衙門，一切案卷，兵燹半多散失，無從查考。且各省礦路，已辦未辦，有無窒礙，亦無憑稽核。惟有通咨各省，凡將從前已經開辦之礦路各卷，及已訂之合同，無論現在辦理與否，希即飭抄各案全卷，及繪圖貼説。咨送本局。並希通行各屬，查報某地有何礦産，苗綫何如，或未經開辦，或已辦復停，或現在試辦，通省計有礦産若干處，逐一查明咨復，俾資考核，以副朝廷開拓利源之至意。相應備文咨請貴將軍查照，速賜施行等因，發交到局。除礦路案卷，及各項合同，飭派員司趕緊鈔録外，理合呈請通行等情，到本將軍副都統。據此，除分行查報外，合亟札飭。札到該員，即便遵照部示事理，速即查明聲復切切等因。奉此，竊查職局自光緒二十一年，開辦三姓礦務，嗣經具有成效。於二十五年，蒙吉林將軍長奏派辦理吉林全省礦務，奉硃批允准，欽遵在案。查三姓已開各

礦，曾經繪圖貼説，呈報憲台。嗣復查得三姓之楸皮溝、寧古塔之五虎嶺、綏芬河之萬鹿溝、琿春之三道溝、柳樹河、天寶山、吉林之夾皮溝、輝發河等處，各有礦産。當即派員分頭開辦，並經禀報各在案。忽於是年五月，拳匪搆亂，大局震摇，牽連東省，吉林各處，匪風四起，鄰邦失和，寧姓琿相繼失陷，三姓礦局所有案卷，毁失無存，實屬無從查考。除申復外，理合具文呈核各等情前來。查吉林礦務，於光緒二十六年十二月，經俄大臣劉巴與吉林將軍長，訂定中俄合辦草約十四條，内第六條載，礦務已經開辦，集有舊股者，另行詳議。又經俄大臣科續訂六款，内第四款載，寧琿等處地方，如先有中國人開採金礦多年，領有憑據，照章納税，即令該業主照舊開廠，不邀俄人入股等語。此議如果屬實，自應預先聲明立案。宋道經營吉林礦務，已歷七年，招集商股，報効軍餉，著有成效。曾經吉林將軍長奏准奉旨，飭令該道辦理。在官存有案牘，在商執有股票，此即爲該道應行承辦礦務之憑據。所有該道已開各礦，均經隨時呈報吉林將軍暨本大臣有案。現正飭令推廣股分，重圖振興，以期保全固有之地權，稍收外溢之公利。除將續招商股，分立公司，公舉商董等事宜，咨請吉林將軍立案外，相應抄摺四件，咨呈貴部，謹請查照辦理。

照録清摺。

北洋大臣王奏派員查勘吉林三姓金礦疏。

又 奏爲擬請派員查勘吉林三姓金礦，並援案妥議開辦章程，以期裕餉實邊，恭摺密陳，仰祈聖鑒事：竊查接管卷内，光緒十六年，吉林將軍長順奏，三姓地方産金，擬派員試行開採一摺，經户部會同海軍衙門核議具奏，欽奉上諭：「開辦礦務，總以擇定地方，委用得人爲要。著李鴻章會同長順，遴委幹練之員，前往三姓，切實履勘，繪圖貼説，並妥議商民開辦章程，詳晰覆奏，請旨遵行等因。欽此。」當經李鴻章委中書科中書職銜黎玉堂，前往會同吉林委員查勘，因所擬籌辦情形，彼此意見不合，事遂中止。伏查五金礦産，本天地自然之利，爲强兵富國之原。三姓地處邊陲，與俄接壤，其間産金各處，向爲匪徒偷挖，俄人尤所垂涎。黑龍江漠河金礦，官督商辦，年來已著有成效。值此時艱帑絀，多開一分利源，即多濟一分餉需。前據臣衙門繙譯候選知縣李家鏊禀稱，該員遊歷俄邦有年，深知吉林金礦，爲俄所艷羨。如萬鹿溝、太平溝、夾皮溝、黑背溝、楸皮溝、楊木岡、窪尖嘴溝、南淺毛、老淺毛、樺皮溝，皆係著名寶藏，載在俄人礦務之書。是該處礦務，誠爲今日之要圖。查吉林之東南東北，産金之區，横亘數百里。倘劃界而守，招集礦丁，逐漸進挖，不啻添設無數卡倫，增無數壯丁，以固邊防，而不費公家絲毫餉力，此實邊之利也。漠河定章，售金餘利，十成内以三成充公，去年繳助軍餉銀十萬兩。現擬勸股商，餘利改作十二成分派，内以五成充公。如能漸圖推廣，於本省軍餉，不無裨助，而一切開採之本，勿庸官爲代籌，此裕餉之利也。且自通商以來，各國皆用金錢，惟中日以銀爲市。近年金價日貴，約金一兩可易銀三十兩左右，爲從來所未有。以人力興地利，以土産易洋銀，此則關係通商大局者也。況東三省練兵既不能多，屯墾豈能再緩。三姓寧古塔、琿春一帶，沃野千里，地廣人稀，如能就開金礦，以廣招勸，逐漸挖金，即逐漸墾田，十年生聚，化莠爲良，由庶而富，此尤關係邊防大局者也。惟開辦伊始，誠如聖諭，以擇定地方，委用得人爲要。而擇地尚非難事，所當用得其人。臣詳加遴選，查有存記海關道宋春鰲，向在吉林總辦機器局，十有餘年，於該處礦産地勢，民情物力，均能熟諳。臣面與考訂，條理精密，非尋常好事者可比，堪以派往勘辦。所有集股購器建廠招夫，一切事宜，即仿漠河章程，並令津海關道盛宣懷，妥爲籌畫。現據該道等擬定章程十六條，逐加查核，尚屬妥善。未盡事宜，仍由宋春鰲隨時禀商吉林將軍核辦。總期於興利實邊，兩有裨益。並將擇定地方，繪圖貼説，呈送咨部。至漠河承辦員司，奏准三年請獎一次，分别異常尋常勞績，從優列保。今開辦三姓金礦，情事相同，合無仰懇天恩，俯准援案。俟三年後，著有成效，擇尤酌量請獎，以示鼓勵。出自鴻慈逾格，除章程分咨軍機處户部總理衙門查照外，是否有當，謹恭摺具陳，伏乞皇上聖鑒訓示。謹奏。

光緒二十一年十月初二日，奉上諭：「王文韶奏，擬派員查勘吉林三姓金礦，妥議開辦章程一摺。吉林三姓一帶金礦，久經籌議，迄未舉辦。現據王文韶歷陳實邊裕餉之利，且關係通商邊防大局，該處礦務，實爲今日切要之圖，亟應及時開辦，以濬利源。即著飭派道員宋春鰲，前往詳細查勘，妥爲辦理，並令津海關道盛宣懷協同籌畫。一切章程，即仿照漠河辦礦成案，俟三年後，著有成效，准其擇尤請獎。總期於興利實邊，兩有裨益。將此諭令知之。欽此。」

吉林將軍長順奏：爲吉林開採金礦，三姓業著成效，擬請將通省公司礦務歸併辦理，以資擴充，恭摺仰祈聖鑒事：竊查近年疊奉諭旨，責成各將軍督撫廣開礦産，認真辦理，務臻成效。即内外臣工條奏，亦多以開礦爲要圖，誠以時艱帑絀，非多開礦産，無以濬利源，亦非速收成效，無以濟急用。凡屬疆吏，所宜汲汲講求也。吉林自光緒二十一年冬，經前北洋大臣王文韶奏派花翎二品銜記名

海關道宋春鰲，辦理三姓等處礦務。該員招齊商股，於二十二春間，先就三姓開採，夏間派員分往琿春、寧古塔及吉林府屬等處，推廣試辦。是年冬前將軍延茂，將吉、寧、琿各處金煤等礦，奏明另行派員前往勘辦。嗣復經延茂分設琿屬、寧屬、吉屬各公司共三處，琿春、寧古塔兩屬，先由金礦辦起。吉林一屬，先由煤礦辦起。於光緒二十三年九月間，具摺奏明，一面派員集股試辦在案。本年八月，奴才接任後，調閱各處公司開礦案據，除煤礦賠款無多，業經歸商承辦外，其金礦一項，有甫經開採而賠款甚鉅者，有開採年餘而所獲無幾者。如琿屬公司開採二道溝等十餘處，共繳到金沙二百數十兩；吉屬公司及阿勒楚喀十餘處，共交金沙五兩零；塔屬公司，旋開旋閉。現在吉屬、塔屬各公司，均已報停，僅止琿屬，暫留數處試辦。惟三姓自開局以來，光緒二十二三兩年，收數未見暢旺。二十四年稍獲盈餘，報充軍餉銀二萬兩。較之三公司所收，奚啻十倍其數，辦理已著成效。奴才維開礦事難，而開礦於邊陲尤難，必得守潔才優，實心任事之人，始克勝艱鉅，而收美利。該道員宋春鰲，器識宏遠，堅定有爲，平日辦事認真，力圖報稱，絕無自私自利之見。前在吉林創設機器局，不用洋師，獨出機杼，製造各項軍火，頗稱精利。遼南一役，僉謂吉林所造軍火，爲最適用。此次集股辦理三姓金礦，始被水災，繼遭匪患，股本虧折幾盡，局勢艱危萬狀，該員持以定力，矢以血誠，卒能立定始基，克收成效。此時開辦未久，限於地利，所獲無多。若將吉林通省礦務，悉歸該員承辦，斷不致有初無終，徒勞鮮獲。且吉、琿、寧等處產金之區，衰旺雖有不同，而夙所著名如三姓者，亦有數處，若必日久封停，誠恐貨棄於地，致啟外人覬覦之心。奴才體察情形，統籌時局，相應請旨，將吉林通省礦務，仍歸宋春鰲一手經理，俾資擴充。惟是邊才難得，以一道員，而辦通省礦務，掣肘亦多，倘蒙天恩予以破格獎勵，假以事權，俾該員益圖奮勉，實於興利實邊，兩有裨益。奴才爲通省礦務經理得人起見，是否有當，理合恭摺具奏，伏乞皇太后、皇上聖鑒訓示。謹奏。

光緒二十五年十二月十八日，奉硃批：「著准其歸併宋春鰲辦理。如果辦有實在成效，再行奏明請旨。欽此。」

吉林將軍長，吉林副都統成。

【略】《華俄二國新訂吉林省夾皮溝寧古塔琿春開辦金礦條約》

大清國鎮守吉林等處地方將軍長。

大俄國交涉大臣科洛特科夫。

今將擬在夾皮溝、寧古塔、琿春三處境内，探勘金苗，開辦金礦，商同預定條約列後。

計開：

第一款，擬明必須俄國專辦金礦之人阿斯他碩夫，或係替伊代辦之人，方准在夾皮溝、寧古塔、琿春三處所屬地方，探看出金處所。此外不准他人探勘。

第二款，俟吉林將軍奏明，奉到大清國大皇帝諭旨，允准俄國人在吉林開辦金礦公文之後，方准設立股分會，無論股分若干，總以八成歸阿斯他碩夫，二成歸華人。至需股若干，並以若干兩爲一股，俟將來再行商定。

第三款，查夾皮溝金廠，早年有人私行採挖，現在出金，恐不能旺。此次所設華俄金礦會，應准在松花江並江分山一帶，採看苗綫，仍須俟奉中國朝廷允准之旨，即准該會在該處開礦。

第四款，寧古塔琿春所屬地方，如已先有中國人開採金礦多年，領有憑據，照章納稅。即今該業主照舊開此金廠，不邀俄國人入股。如或自願邀俄國人幫助，爲速著有成效起見，則應由華金礦會令俄國人出股分多半，仍須與該金廠業主妥定章程，俟辦時再行商議，先由中國官將出金地名，開送清單。

第五款，現在暫准阿斯他碩夫，派人往夾皮溝、寧古塔、琿春三處所屬地方，探看金苗。每起探看之人，均須將軍委員會同前往。如看准苗綫，當指明段落里數，以示界限，不得將該三處全境，統行包套在内。

第六款，此條款續補吉林將軍與俄國交涉大臣劉巴商定草約之條款。該條款商定，因爲中國大皇帝諭旨允准俄國人在吉省開辦五金等礦之公文。即行作速開辦。

大清國欽命頭品頂戴總理各國事務大臣鎮守吉林等處地方將軍恩特赫恩巴圖魯長。

大俄國欽命吉江兩省交涉總理辦事大臣科。

《礦務檔・吉林礦務・三姓金礦》外務部收北洋大臣袁世凱文《吉林三姓金礦爲俄久踞請索歸華商自辦》 光緒二十一年十月，准軍機大臣字寄北洋大臣直隸總督王，光緒二十一年十月初二日，奉上諭：「王文韶奏，擬派員查勘吉林三姓金礦，妥議開辦章程一摺。吉林三姓一帶金礦，久經籌議，迄未舉辦。現據王文韶歷陳實邊裕餉之利，且關係通商邊防大局，該處礦務，實爲今日切要之圖，亟應及時開辦，以濬利源。即著飭派道員宋春鰲，前往詳細查勘，妥爲辦理。

並令津海關道盛宣懷協同籌畫，一切章程，即仿照漠河辦礦成案，俟三年後，著有成效，准其擇優請獎，總期於興利實邊，兩有裨益。將此諭令知之。欽此。」遵旨寄信前來，本大臣承准此，謹將擬辦吉林三姓等處金礦，援照黑龍江奏定章程，酌擬十六條，恭呈憲鑒。

計開：一、設局宜統籌也。開廠辦礦，須僱礦師，購機器，蓋房屋，置車輛，買牲口，設碼頭，接電綫，招流民，募勇丁，事多用繁，非籌定資本，無從入手。擬招華商股本二十萬兩，作爲礦局資本，惟當此物力維艱，恐一時難以招齊，仰懇北洋大臣王，飭令津海關道盛道，保借商人成本銀十萬兩，先行開辦，此款或俟招齊股本時繳還，或給以股票，悉聽借主自願。

一、股本宜招集也。今擬開辦吉林三姓等處金沙礦廠，本輕利厚，非石礦可比，況有漠河觀音山獲利之明證，辦理自有把握，所擬集本二十萬兩，應分作二千股，每股收庫平足銀一百兩，如交上海規元，每股收一百零九兩六錢，填發股票一張，息摺一扣，認票不認人，一股至百股，均可附搭，即由津海關盛道督同上海天津分局收集股銀，填發股票。自收銀之日起，長年給官利一分，定於次年端節，憑摺支付。屆期應先匯銀至各分局，就近支付，其餘利每年歸總局照章核出每股應給之數，亦由各分局登報，就近支付，以免輾轉遠寄，即將來得金，亦運往各分局銷售。

一、開辦宜定地也。勘得吉林通省，以三姓礦苗爲最旺，金色爲最佳，所屬東南一隅，距城約三百里，溝名有南淺毛、老淺毛、樺皮溝、太平溝之分，周及二百里，地勢如上字形，南淺毛溝長十五六里，已挖有二十餘條水道。老淺毛溝長約十里，在南淺毛之北，與長四五里之樺皮溝相接，均有五六條水道。此三溝之東，越老爺嶺，下爲太平溝，南北長百餘里，計挖有水道五六十條。各水道或深二三尺，及五六尺不等，樺皮一溝，有極大方坎，各溝已挖之處，密如蜂房，幾無隙地。蓋金匪之忽聚忽散，恣行偷挖者，數十年矣。金色以南淺毛、樺皮兩溝爲最，産金之處，多在山陰。凡山之陽雖有金綫，亦甚稀少，如楸皮溝、楊木岡、黑背溝等處，亦皆著名旺苗者。再，琿春之西南二三里內，有柳樹河、陰陽河、瓦岡寨，五道溝等處，金苗亦極暢盛，成色亦佳，綫脈甚長，引苗盡露。其省南之木其河一帶，及寧古塔所屬之萬鹿溝等處，亦有金匪在彼開挖，苗旺脈長，均係大可開採者也。

一、礦師宜妥延也。既用西法，即不能無礦師，説者以爲僱用把頭，較礦師爲廉，然把頭僅熟地段，不識金脈，非老於礦學者，未易推測。今三姓等處，金廠甚夥，擬一面開辦，一面四出探苗，相度形勢，而把頭仍須僱用。惟泰西礦師自高，居處飲食，惟喜侈糜。本公司事事核實，必宜擇用西國礦師，專門金礦名家，必有切實公正薦保，仍須妥訂合同，聲明到廠後，如無明效，不拘年限，即行辭換，以免虛糜。

一、機器宜購置也。産金之處，地氣嚴寒，夏秋之間，積雪始化，掘地四五尺，堅冰如鐵，金生於沙，沙凝於冰，須先融冰，而後得沙，淘沙而後得金，工作非易。若全賴民夫，則費力多而見功難，佐以機器，則吸水淘金，事半功倍。且人夫少用，則良莠易辨，不使無業游民聚而成黨。其利一。人夫少用，則稽查易周，不致有藏匿影射偷漏等弊。其利二。人夫少用，木炭則工價可省。且該處少煤而有礦或用木柴或燒，皆極便易，惟此項機器，必須購自外洋。幸本公司專挖沙金，與石礦不同，所用機器，亦不甚鉅。定購之時，宜先派熟悉礦務及機器化學之員，前赴黑龍江北岸俄國有名礦廠游歷，詳考一切辦理章程，與夫鎔鍊之法，機器之式，俾知何法爲最善，何器爲最良，庶免鹵莽滅裂之弊。

一、汞法宜兼用也。流水淘金，原係泰西舊法，現在各國淘金，精益求精，皆用水銀吸取，蓋因流水淘金，其細碎金粒，往往隨砂漂去，所失甚大，故礦書中載有以汞吸取，較之以水淘取，有多至八十倍者。雖未必盡如此相懸，然水銀能吸取細金，實一定不易之理。汞法勝於水法，不待智者可辨。宜乎外洋新法，皆用汞吸也。且三姓爲四通八達之區，走漏尤易，若用汞吸，金沙出於機器之中，而不出於礦丁之手，防弊自易，故能用汞法吸取，以期礦無遺利，涓滴歸公。

一、事權宜歸一也。開創之事難，邊疆而兼開創尤難。大約開辦金廠之地，距吉林省城必遠，應仍照漠河章程，遇有小事，即由總辦相機酌量妥辦，其重大事件，仍稟商北洋大臣、核奪。凡與旗務交涉者，應就近與副都統衙門會商辦理，所有總辦一員，應援案由北洋大臣、吉林將軍奏明札委，並刊發總辦吉林等處礦務關防一顆，以專責成。

一、流民宜招安也。古人喻民於水，可以載舟，可以覆舟。該處聚衆私挖，苟或駕馭不善，則聽之莫延，驅之鋌走，宜善駕馭，化私爲官，仍令開採，得金分成，不給工價。每一把頭，至多准帶散丁二三百名，先儘現在所有之人，不准外招，以免漠河礦丁圖近而來，致凝彼局。分成之數，亦當較漠河量爲裁抑，大約五成繳局，五成歸丁。惟既歸公開採，則三姓地方，即不許復有他局，以免礦丁

争釀事端，及外來金匪，愈聚愈多，莫可究詰之弊。

一、礦丁宜部落也。整齊嚴肅，御衆之要，宜點名造册，給以腰牌。散丁以把頭保，把頭以地方殷户保，各分地段，違者罪之。復於扼要之處，廣設卡倫，以稽出入。該礦丁出入，必當領籤，無籤者拿究，有籤而不由應走之途者亦拿究。無腰牌者，禁其出入。如有夾帶金沙者，一經搜出，全數充賞，仍繳局照時給價，以杜影射。

一、護勇宜自募也。該處既無要隘可守，而礦丁麕聚，馬賊又不時出没，内而彈壓稽查，外而巡邏守禦，非有實數兵兩三營，不敷分駐。惟當開創之初，經費支絀，擬先募精勇數哨，以資調遣，其餘暫向就近防營撥借，如果得力，由局酌給津貼，俟大局定妥，再行調還防營，自募足數，由總辦爲統領，用西法西械，訓練爲勁旅，無事藉以護局，有事用以防邊，庶與礦務邊，兩有裨益。

一、司帳宜公舉也。錢財出入，爲金廠之根本，况屬公司，尤宜公辦，主廠者不當兼理錢財，致涉嫌疑。今擬將收支事務，由股本最大者，公舉保薦平素誠實有望之人，然後延訂。將來如有虧空舞弊等情，一經查出，惟原薦主理直認賠，即在股本内扣還。凡經理銀錢，非任勞任怨者，不能稱職，倘有人商借移挪，自當破除情面，一概回絶。即如總辦員司等，除每月初二日給領薪水外，亦不得透支分文，以重公款。

一、股友宜助理也。凡入股之友，皆與廠中有維繫之勢，今擬除緊要事件需才經理者，由總辦酌委外，其餘事件，以有百股者用一人，及未滿百股，或三四千金股友，二三人公舉一人入局，聽候總辦量才器，使其薪水按任事之輕重，酌定多寡，既不失之於刻，亦不失之於寬。即因邊地苦寒，非重禄不足以勸士，然少用一人，則費自省矣。至局中飯食、油燭、芯紅、筆墨紙張雜用一切等項，必須實用實銷，不得浮開浪費，致使公本虚糜。如各員司因公他往，無論遠近，車馬等費，由局動支。至因一己私事出外，由本人自備，事事皆歸實際。凡收支各帳，周年彙齊，刊刻清册，分送各股友閱核，以憑徵信，並呈報北洋大臣、吉林將軍查覈。

一、收支宜徵信也。凡開創及常年經費，均應由總辦會同鉅股商董酌議，如有意外所需，均必詢謀僉同，雖總辦亦不能率爾開支。其逐日收進金沙，尤應榜示局門，一切收支，一日一小結，一月一大結，一年一總結。不論成本大小，但有股分者，均准憑帳稽查，並於年終分送傳觀。又每月定一議事之期，凡在局者，均得各抒所見，鉅本股商，如有見解，有益廠務，亦可隨時函電告知總辦商酌，庶幾兼聽並觀，免逞私臆，以相維於不敝。

一、餘利宜分派也。查漠河章程，金廠開辦後，每日所得金沙，由監工稽查，同送至收金所，經主廠者眼同兑收，登册蓋戳，聚總鎔鍊成條，運售津滬各處，按月一小結，週年一總結。共得金沙，合銀若干兩，除將借款陸續提還，並將官利及員司礦師薪水局費，夫役護勇工食，一切開支外，若有盈餘，作二十成分派，以六成充軍餉，十成商股，四成花紅。此次擬改作二十四成分派，以十成呈交吉林將軍衙門，報充軍餉，並酌提吉林三姓等處地方公費，以十成按照商股分派，如股分有先入者應多派，後入者應少派，以昭平允。其餘四成，爲本廠員友司事花紅，察看勞勛，分别等差，所有收支款目，按年造報北洋大臣、吉林將軍查核，送部備查，請免造細册報銷，以省繁牘。

一、用人宜鼓勵也。創辦金廠，貴在襄助得人，應援照漠河定章，俟三年後，如果實效昭彰，應准擇其尤爲出力者，照異常勞績，從優酌保數員。其出力較次之員，照尋常勞績保奬，不得概從優保，以示區别。仍應查照定章，將各該員到廠日期，及經管何項事務，先行咨部立案，仍察看成效之大小，以定人數之多寡。

一、盈虧宜預計也。開辦一年後，出金果旺，獲利果多，自可照章分派餘利。如無盈餘，亦未折耗，在股者一時不准提本，只准招人接替，更易姓名，調换股票息摺，萬一股本有虧折之處，由總辦稟知北洋大臣、吉林將軍，並函商股分最大者，定奪辦理，不參私意，當取公評，以定行止。

光緒二十八年三月，記名海關道宋稟。

敬稟者：竊職道於光緒二十一年冬，奉前北洋大臣王奏派辦理吉林三姓等處礦務，遵即會同貴督辦，招集華商股分庫平銀十萬兩，前赴吉林分頭開辦。光緒二十四年分，曾經報効吉林軍餉銀二萬兩，嗣因礦務辦有成效，於光緒二十五年十一月十八日，奉吉林將軍長奏請將吉林通省公司礦務，歸併辦理，以資擴充，是年十二月十八日，奉到硃批：著准其歸併宋春鰲辦理。如果辦有實在成效，再行奏明請旨。欽此。二十六年四月初三日，曾將欽遵辦理吉、琿、寧三屬礦務情形，咨呈在案。是年夏拳匪肇禍，俄兵入境，所有礦本，盡行被燬，礦夫亦已四散。二十七年十二月，經吉林將軍長奏明，重整礦務，並飭令職道趕速赴吉辦理等因。奉此，伏查三姓礦務，自光緒二十二年春間開辦以來，叠著成效，曾

經發過三屆息銀，每股分給銀三十兩，又花紅餘利銀二十兩，報効吉省軍餉銀二萬兩，現在派員查攷，尚存礦局地畝房屋以及軍裝鎗械，約值銀二萬兩左右。既奉吉軍憲奏飭重整，非續籌資本無從入手。查原辦章程，本須集股二十萬兩，嗣專辦三姓一處，僅招股十萬兩，況現在歸辦全省，地廣用繁，必須續招股本，湊足三十萬兩，庶足以資展布。又爲恢復張本，惟當此物力維艱，招股頗爲不易，若遽令舊股復加添新股，恐股東星散各省，一時殊難齊集。或令華商出重資，而挽救舊股，又恐難以踴躍。籌維至再，祇有每股先收庫平銀五十兩，實填銀一百兩，日後產金果旺，按照百兩分息。至舊股息銀，仍照向章給派。如此變通辦理，於新股多沾利益，招徠較易，而舊股亦不致抱向隅之歎。商本保而地利興，洵爲裕課實邊之要務，除稟吉林將軍外，伏乞憲台批示施行。肅此寸稟，恭請鈞安，伏乞垂鑒。職道春蓁謹稟。

《礦務檔·黑龍江礦務·俄人請辦黑龍江各礦》總署行黑龍江將軍文緒文《請豫防俄人在粗魯海圖卡内租地開礦》〔光緒十二年〕正月二十二日，行黑龍江將軍文緒文稱：光緒十二年正月十四日，准出使英俄曾大臣咨開，據署駐俄參贊聯芳稟稱，俄人薩比湯，欲在中國黑龍江之粗魯海圖卡内，約租地段，設立公司，開採金石各礦，具有圖記。請行文黑龍江將軍詳查，妥籌防禦之策，以杜覬覦等因前來。查金石各礦，洋人覬覦已久。漠河偷挖金砂，聚集多人，經中國會同俄官，派兵驅逐，斷絶糧道，至今尚未根株盡絶。此次薩比湯，欲在粗魯海圖卡内，租地設立公司，開採各礦，亟應豫爲防範，毋令常試，致生事端。相應鈔録來文，及稟復圖税各件，咨行貴將軍查照，轉飭所屬，及早設法禁阻，並隨時咨報本衙門，以憑核辦可也。辦與否，應由北洋大臣奏請定奪，黑龍江省不能主政。至都魯河金廠，雖係江省奏請試辦，然未及三年，去秋陡因兵燹，將該廠備抵各款。焚刦無存。現擬奏陳如何再行籌款辦理之處，應候旨遵行，目下不敢遽定。至貴照會内詢租銀若干，應請指明何處金廠，約方圓里數若干，可出租銀若干，未便懸揣，且中國朝廷亦無出租之諭。以上三節内，所有各情，均請貴大臣一一示覆，以便再議。須至照復者。

又外務部收盛京將軍增祺等文附李席珍發給杜永勝等護照《俄員恃廢照圖佔黑省各礦》〔光緒二十八年〕三月初六日，盛京將軍增祺等文稱：案准黑龍江將軍薩咨開，竊照本署將軍於光緒二十七年十一月初十日，專摺具奏，爲俄國參將魯賓諾夫，恃寬河金廠委員李席珍護照，圖佔通省各色礦產，並窮民資生淘土，亦圖謀佔等因一摺，除俟奉到硃批，再行恭録咨報外，合先抄摺咨行查照等因，計抄原奏一紙。准此。當經飭據該員李席珍稟稱，奉札之下，惶悚莫名。竊查先有華商潘立、張子青等，承辦阿林別拉溝煤礦，經原任黑龍江將軍恩奏准附入俄國休致參將盧賓諾夫股分。嗣該華商潘立、張子青等，承辦寬河金礦，亦按華六洋四定章，將寬河股票於一千股内，售給該俄參將四百股。卑府於事後奉委稽查礦產，抽收税課，因係商辦，如何集股，與股本贏絀，向不與聞。嗣經查知附有洋股，當經馳赴省城，稟請軍署核奏，未及辦而原任黑龍江將軍恩因病出缺。迨署將軍壽到任，即經稟請核奏，又未及辦而軍事復起，此寬河洋股迄未奏明之實在情形也。護照之發，蓋其時有晒苗把頭，呈驗黑龍江城下游百餘里地方產有紫色石子，狀若寶石，而質稍鬆脆。該處又有狀似石，味塩而色白，頗與石膏鹻塊相似，見者均不能定爲何物。盧賓諾夫向於地學閲歷甚久，隨經稟明原任署將軍壽，飭派差弁杜永勝，帶領盧賓諾夫前往履勘，以資考覈。因恐中道阻滯，故給予護照。書明該差弁收執，並非發給盧賓諾夫之手。因所查非止一事，故括之曰諸色。挖石必須鑿地，故繫之曰淘土。然此行不過考覈所產之石係屬何物，與東西各洋派其地學會中人士來華游歷博考物產者無異。即使此礦可做，亦必俟回廠集議另籌股本，專案稟請奏明奉文允准，方能開辦，並非踊得之後，即爲所有，聽令圖佔通省礦產。亦非查礦之外，另有淘土，將通省窮民生計，而盡予之也。且此項護照，爲發給本局差官杜永勝之物。當時又經稟明軍署，縱亂後無案可稽，而知此事者甚多。惟發照係在光緒二十六年五月初一日，發出未久，即值軍興，該差官避亂南歸。致將此照落入外人之手。然原照既在，不難覆按。無問係屬何礦，而僅派踊勘，未令開辦。況照限四個月繳銷，迄今逾限已久，早應作廢無用。在彼雖藉端混争，在我自有所措詞。其章程不符一節，查寬河章程，經原任將軍恩核奏，其中條款，奉礦務總局間有議改，盧賓諾夫所抄者，係江省原奏之章程，非礦務總局議覆之章程，故中間稍有不同。此護照原委暨其章程不符之實在情形也。至謂該俄參將面稱，伊與卑府等訂有合同，離漠河一百里外，所有礦產，均歸勘辦等語，當時盧賓諾夫既將章程呈閲，似可執章程而詰此事之有無。即謂伊與卑府另有合同，亦可索合同而察所言之虚實。況護照亦經俄員抄送，此照是否爲發給盧賓諾夫之照，是否爲允辦通省礦產之據，更當一一指出，詳細究問。非冀爲卑府辯，蓋所謂竭力抵拒者應如是也。緣奉前因，理合抄同前發差弁杜永勝護照，稟請核咨等情。正在核辦間，又准黑龍

江將軍薩咨開，茲於光緒二十七年十二月二十五日，接到回摺，奉硃批：「外務部議奏。欽此。」相應恭録，咨請欽遵施行等因前來。本軍督部、撫尹堂查俄商覬覦三省礦務，其情滋切，往往節外生枝，希圖佔辦。此案現據該員李席珍明白禀覆，俄員盧賓諸夫係屬藉端混争，未便任其狡展，以維利權。除咨覆黑龍江將軍外，相應據情抄同護照，咨呈外務部，謹請察照施行。

照録護照。

奏派總辦黑龍江寬河等處金煤礦務四川候補分府李［席珍］爲發給護照事：案奉將軍衙門奏准永鼎兩號，同俄商盧賓諸夫等，開辦煤礦，以裕利源，現派差弁杜永勝，率同俄商盧賓諸夫，隨帶礦師丁役，暨一切食用器具等件，前赴各處踩勘諸色礦苗，及石膏塩鹼淘土寶石等類。誠恐經過地方，盤查躭延，致誤事機，合亟發護照。爲此照仰沿途卡倫，及鄂倫人等，一體驗照放行，毋得留難阻滯，有礙公要。倘該差弁等，或因山路不熟，有迷向往，並仰鄂倫春妥爲護送，該差弁自應酌給口食，亦不得藉生事端，致干咎戾，切切勿違。須至護照者。

右仰差弁准此。

光緒二十六年五月初一日，發給，限四月繳銷。

又外務部奏摺《俄員圖佔黑省礦産應令切實駁阻》〔光緒二十八年〕三月二十四日，本部遞奏摺稱：謹奏，爲遵旨覆陳，恭摺仰祈聖鑒事：光緒二十七年十二月初四日，准軍機處鈔交署黑龍江將軍薩保奏，俄國參將盧賓諸夫。恃寬河金廠委員李席珍護照，圖佔通省各色礦産一摺，奉硃批：「外務部議奏。欽此。」欽遵到部。臣等查黑龍江省寬河金廠，前據委員李席珍禀報，由華商潘立、張志清集股承辦，所擬章程，經路礦總局會同總理衙門，於光緒二十五年六月間，議覆前黑龍江將軍恩澤摺内，分別准駁，奏奉諭旨允准在案。今據該署將軍原奏，以俄國參將盧賓諸夫，捏稱與該金廠訂立合同，在江開辦，賣出股票四百張。收到委員李席珍手交總理衙門批准副章程一本，求請蓋印，並求照寬河章程，准開別處金礦。又稱與李席珍等訂有合同，離漠河一百里外，所有礦産，一律歸其勘辦，并鈔送李席珍所給護照，内有採勘各處諸色礦苗，及石膏鹽鹼淘土之語。經該署將軍核與奏案礦章均不相符，迭次駁覆。並聞李席珍充當奉天交涉總辦，已咨明盛京將軍增祺、奉天府尹玉恒，轉飭李席珍據實聲覆等因。臣部正在核議間，於本年三月初六日，據增祺等咨稱，查據該員李席珍禀覆，寬河金廠本無洋股在内，嗣經華商潘立等，擬照阿林別拉溝煤礦章程，定爲華六洋四，將股票一千張，售給該俄參將四百張。適員奉委抽税，查知附股情形，禀請將軍核奏，值軍事猝起，未及辦理。至盧賓諸夫呈送章程，係江省原奏之章，未經路礦總局駁改，故中間稍有不同。此外並無另訂合同，將漠河一百里外，所有礦産，一律歸其勘辦之事。其所執護照，係黑龍江城下游百餘里地方，産有紫色石子，又有狀似石，味塩而色白，與石膏鹻塊相類，因盧賓諸夫於地學閲歷甚久，遂禀明原任署將軍壽山，飭派差弁杜永勝，帶領前往履勘，以資考覈，恐中道阻滯，發給護照。軍興後，該差弁避亂南歸，致將此照落入盧賓諸夫之手，惟原照書明給該差弁收執，并限四月繳銷，迄今逾限已久，早應作廢等語。臣等竊維黑龍江礦産富厚，久爲俄人所垂涎，此次盧賓諸夫捏稱與李席珍訂立合同，希圖攬辦礦産，其爲借端影射，不問可知。既據該署將軍照章駁阻，復經增祺等覆查確鑿，自可無庸置議，惟俄人蓄意覬覦，難保不復謀争佔，相應請旨飭下黑龍江將軍，與駐江俄員切實聲明，將執照提銷。倘盧賓諸夫仍前狡執，應將李席珍調回，面與理論，庶足以折服其心，以免再生枝節。至寬河金廠，原議並無洋股，如擬援照阿林別拉溝煤礦辦法，將股票分售俄人，應照華洋合辦章程，由該將軍另行奏明辦理。所有臣等遵議緣由，理合恭摺覆陳，伏乞皇太后、皇上聖鑒。謹奏。

光緒二十八年三月二十四日具奏，奉硃批：「依議。欽此。」

又外務部奏摺《遵旨議覆俄監工仿照吉林合同在黑龍江議立踩煤章程》

光緒二十八年五月初六日，本部奏稱，遵旨議覆，恭摺仰祈聖鑒事：竊臣部准軍機處鈔交黑龍江將軍薩保奏，鐵路公司，需煤孔亟，查照吉林原訂合同，議立踩煤章程一摺，光緒二十八年三月十九日，奉硃批：「外務部路礦大臣核議具奏，片併發。欽此。」嗣於四月二十五日，准黑龍江將軍將合同咨送到部。查原奏内稱，中俄會訂東三省建造鐵路合同，本允其辦理路旁礦務，兵燹後又屢以爲請。上年夏間，准吉林將軍函送新訂鐵路辦礦章程十二條。旋准總監工茹格維志來函，亦將章程鈔送，並派其代辦達聶爾，携帶所擬礦務合同，前來催促商辦。因飭交涉局總辦周冕與達聶爾會議，疊經辯駁，不肯刪改。達聶爾謂，勘挖煤礦，實因鐵路需用起見，非爲與華人争利。現江省火車汽機，以木代煤，砍伐林木，於旗民圍獵生計有礙，從此取煤於地，弗再求木於山，似亦該公司和平辦法。與之辯論多日，始行援照吉林，從權定議，請飭下全權王大臣外務部暨路礦總局，將章程詳加覆核，再行奏明辦理等語。臣等伏查東省鐵路公司議辦煤礦，前經

盛京將軍以俄監工催定合同，援照吉林訂立，奏交臣部核覆。臣等當以該合同第二條鐵路附近三十里之煤礦，漫無限制，請將該合同無庸置議。應令與俄員另議辦法。并聲明三十里外煤礦，無論何人開採，該公司不得與聞。業於四月十二日議覆，請旨飭遵。並於同日附奏，吉林原訂合同，應遵照議覆盛京將軍摺內辦法等因，均經奉旨依議。欽此。欽遵各在案。查江省合同，亦係援照吉林訂立，現既經臣部將吉林煤礦合同，議令妥商改訂。江省事同一律，應請飭下該將軍咨商吉林將軍，查照部議改訂辦法，另與俄監工續行商改，以免兩歧。伏候命下，即由臣部咨行黑龍江將軍遵照辦理。所有臣等遵議緣由，理合恭摺覆陳，伏乞皇太后、皇上聖鑒。再，此摺係外務部主稿，會同路礦總局辦理，合併聲明。謹奏。

又外務部收北洋大臣文《俄商採勘黑省礦産執照已聲明逾限作廢》 光緒三十三年正月二十四日，收北洋大臣文稱：前准貴部咨開，黑龍江漠河等處礦廠一事，前經本部駁復俄璞使，並咨達貴大臣在案。現准俄使照稱，本年十一月十六日，接准以俄金商前於黑、吉兩省數處新礦廠，由該將軍處領准採勘執照之利益一節，來照内稱，即不能視爲允准開辦之據，已成作廢等因。本大臣當經據前因，達知本國政府查照。兹據復示訓條，應行聲明本國政府以貴國政府所稱各節，萬不能視爲切當。查前中國地方官，發給俄金商採勘執照，自以發給此照，意在准其在採勘境内，即可嗣行開辦礦廠。若有躭誤限期，或不遵照某章，必應於每案詳細查明此項躭誤，或妨背章程各緣由，再行公允協訂。是以本國政府仍留商請貴國政府，保護黑、吉兩省俄金商利益之地步。並望貴國政府遇每案件注意於該各金商可以享其利益之確據，且不得泥守章程之拘執，仍須依照本國永與鄰邦所有睦誼之情辦理爲要等因前來，相應咨行查照核復，以憑轉復該使可也等因，到本大臣，准此。查黑龍江等處礦産，該省前發俄金商採勘執照，係屬暫行採勘，本不能視爲允准開辦之據。且從前所有商訂各章程，凡未經本國政府核准之件，此時自難允認。前准貴部來咨，業已聲明逾限作廢，自應由黑龍江將軍查明原案，與俄員磋議，至嗣後華俄商人遵照本國頒行礦章，請辦該省礦務。如經本國政府核准給照開辦，自應由本國政府飭地方官妥爲保護。相應咨覆貴部，謹請查核，酌復俄使。須至咨呈者。

《礦務檔・黑龍江礦務・中俄合辦愛琿煤金各礦》總署收黑龍江將軍恩澤文附原奏《周冕辦理愛琿礦務未遵新章》 〔光緒二十三年〕正月十四日，黑龍江將軍恩澤等文稱：户司案呈，本衙門於光緒二十二年十二月十五日，附片具奏，爲在愛琿境内，勘得煤金各礦，暨周冕接辦礦務以來，並未遵照新章辦理等因一片，除俟奉到硃批，再行恭録咨呈外，合請先行抄片咨呈等情。據此，相應咨呈，爲此咨呈總署鑒核施行。

照録抄片。

再奴才等自奉上諭廣勘礦産，當咨札各城廳，並各局處委員人等，派人踩勘去後，間有禀報不能稱做者爲多。惟於十月内，據候補巡檢李席珍禀稱，現於愛琿城西數十里阿林別拉地方，踩勘得煤礦一處，又於大英河、小東溝，踩得金礦二處。其煤礦之煤質尚好，刻已挖出多多，惟車輛不便，難以運省，人夫用多，食糧昂貴，擬請交商承辦，官中但就廠抽利，以省糜費，奴才等業經批准，飭其詳議章程，以便奏明辦理。惟至今尚未接據該員禀到，無從核辦。至於大英河、小東溝金廠，據該員李席珍十月内來禀，業已到彼招集人夫，先爲就山伐木，搭蓋窩棚，以及購買油糧等事。先在省預支銀八百兩，意俟諸事就緒，便祭山試挖。現在是否可以開辦，亦尚未據禀報到來。是時周冕來省，奴才等即將此情告知，謂俟其採見金苗，果可開辦，擬即交與周冕辦理。蓋此廠原在愛琿境内、漠河觀音山之間，原是順易之事，省得另起爐竈，非若知州曹廷杰所踩呼蘭屬境礦務地界，各別不能兼顧也。周冕早領之，此外別無呈報礦産之人。而王文韶奏稱，惟無業游民，常冒充省委，越界私挖，不服盤查，誠恐匪徒混跡，復生事端等語。查此説周冕亦曾向奴才等面禀，當飭其於各廠左近派人嚴拏，一經獲住，即解省審辦，當早斂跡。特周冕所恃電報通靈，以先入奏爲得法。殊不知凡事皆有至理，不容蒙混。奴才等近在黑龍江一省礦産，已開未開之處，早經派人查照，兼聽並觀，似較遥聞爲准。查周冕自接辦礦務總理以來，一概未照延茂與奴才等會同奏定新章辦理，即登復部中查詢各節，亦多不合。經奴才等飭令逐條另爲禀復，並已當面斥其辦事不誠。今忽作此説，是將爲卸過地步耶！抑將牽扯他人，坐以攪亂舊廠不能多出金砂耶！白日昭昭，衆目共覩。該道接辦金廠總理，業已經年。如果後日報效軍餉之數，去二十二十一兩年新定章程，太相懸遠，奴才等尚當據實糾參，斷不敢以其剿辦鬍匪保舉在先，少事迴護，自取咎戾。謹此附片具陳，伏乞聖鑒訓示。謹奏。

又總署發俄使格爾思照會《中俄商人所訂黑省煤礦合同須詳商議》 光緒二十四年十一月十八日，發俄國公使格爾思照會稱：光緒二十四年十一月初四

日，接准照稱，據伯里總督據阿穆爾省巡撫咨稱，今春有伯里城商人紀豐泰同休致參將魯畢諾福，與愛琿永和公鼎盛昌各號，共立公司，在黑龍江省開採煤鑛。該省李委員眼同訂立合同，嗣後將軍於施行此合同，有所作難，旋由該將軍咨請准該參將等，同入煤礦公司。現時貿易將有起色，而中國地方官百方禁阻，實於兩鄰邦睦誼往來，有所阻滯，請電黑龍江將軍，於伯里城商人紀豐泰休致參將魯畢諾福等所立煤礦公司合同，不得阻止等因，當經本衙門電查黑龍江將軍。茲據電復，愛琿煤礦，原係江省舖商永和公鼎盛昌兩家承辦，官中派員抽税，今春忽聞該舖商等，與俄商紀豐泰陸斌那扶私立合同，並未報明，當即派員查辦。現該商情願改立合同，專辦愛琿一城煤礦，俟詳商議妥，再行咨明等語。相應照復貴大臣可也。

又總署收黑龍江將軍恩澤等文附煤礦合同四件《黑省煤商與俄人改立合同》 光緒二十五年二月二十一日，收黑龍江將軍恩澤等文稱：礦務省局交涉處會案呈，案查愛琿煤礦，向由江省永和公、鼎盛昌兩商號承辦，官中派員抽税，前曾奏明有案。昨於光緒二十四年十一月初七日，准總署來電内開，俄使稱，俄商紀豐泰與愛琿永和公、鼎盛昌，共立公司，在江省開採煤礦，經將軍委員李眼同訂立合同，嗣後將軍有所作難，於友邦貿易有礙等語，此事究竟如何，希飭查電復等因。接奉之下，當以今春聞該舖商等，與俄商紀豐泰、陸斌那扶有私立合同之説，當即派員查辦，嚴飭退燬，而紀、陸兩人託故他去，迄無成議。追詢何以擅定之故，則謂煤礦銷路在俄，非與紀陸合夥不能有成。迨調核其原訂合同，有洋文而無華文，所議條款利權，半歸俄人，且係通省煤礦，更非愛琿一處。蓋永鼎兩商不知事體，不解洋文，任聽紀、陸作弄，所以大受欺騙也。正核辦間，該商亦自知受騙，情願改立合同。現飭去其太甚，聲明只辦愛琿一城，他處不得援照，合同以華文爲主，將來無論贏虧，中國國家概不擔保。此刻下所擬辦法，除俟交該商議妥，再行奏明請旨外，當經電復在案。茲據李委員席珍禀稱，竊卑職於前月回愛後，遵即飭知煤商李文展、張志清，隨同馳往黑河，會商陸賓諾夫等，皆願改立合同，以華文爲主，謹繕清換妥，附禀遞呈。惟此次所換合同，於第七條並十一條，及十三條内字樣，經紀盧畧有增減，其餘各條，概遵原訂。第七條内，僅去副都統三字。據紀盧云，開辦煤礦，非同小可，延僱礦師，購辦機器，一切用度，核計需款非四五十萬不可。若限定止在副都統轄境内採辦，設煤質不佳不旺，則我等鉅款勢必盡付子虛，承辦者又將何以了局。應用黑龍江轄境字樣，則將來始可推廣辦理，以免事後之悔。如果辦有成效，一則得以毋負憲台公忠體國，整理礦務，籌裕軍餉之至意，一則俾承辦煤礦諸商，自此可以專意操持，不致有瞻前恐後之慮。第十一條内，增續以後倘盧紀無力操持，准轉兑別人接辦，必須商妥有可信服之人方准等詞。據盧賓云，條内此外不准再續俄股，計議固好，然我等合辦，來日方長，後事不可逆料。倘一旦資財不給，無力經營，勢不得不轉兑他人接辦。況此事不過預防未然，亦與官處無所窒礙。第十三條原訂永遠以華文爲証，據紀盧云，合辦既有俄股，如僅以華文爲證，則我等如許鉅款，毫無著落，又將何以爲憑，似此未免過於偏我過外，我應增入附粘俄文四字，不過俾我等稍有把握，實仍以華文爲據也。卑職查盧紀所稱各節，似均在情理之中，實非故爲挑駁。因思渠等既已合辦，並藉用其力，疏通銷路，爲此些小無礙之處，若不稍爲順從，非不能平服其心，抑且費盡心力，事際垂成，誠恐因此或有阻滯。故而曲徇其請，即照辦妥。茲將新訂合同，共繕五分，除由各該煤商等，均同赴中國邊界廳遵約畫押外，謹一併由四百里賫呈憲台鑒核，並乞俯賜鈐印發回，以憑更換施行。再，舊訂合同，容俟新立合同發下，由卑職分交各該煤商，換出售合同，卑職准於明正親自帶省面呈燬銷，以副鈞命。附呈新訂合同五分等情。查愛琿阿林溝赫爾沁煤礦，自經永和公、鼎盛昌舖商開採以來，存儲之煤斤，業已不少。祗因銷路在俄，勢不能不與俄商合股，以期開通銷路。若遽因此中止，不惟地利棄之可惜，而俄人垂涎已久，誠恐其多方設法，壟斷獨登，則利權之失，更爲非計。茲據李委員飭令該舖商等，改訂合同，禀遞前來，核與原訂合同已去其太甚，惟後附俄文兩紙，現經飭令重譯，雖與改訂之華文，無甚出入，然語意之間，亦似間有不符。江省無深通象譯之人，其中利弊所在，究與地方有無關礙，未便逆臆。應請將先後合同，分別抄附咨呈總署，暨京師礦務鐵路總局，詳核酌定，可否准行，即希示復，以便轉飭遵照辦理等情。據此，除將先後合同，分別抄附咨行外，相應咨呈。爲此咨呈貴衙門，謹請詳核酌定，並希見復施行。【略】

計附該舖商原訂俄文合同，由省照譯之華文稿一件。

又由省飭改之華文合同稿一件。又該舖商等遵照酌改後，新訂呈省之華俄合璧合同一分。計華文三頁，俄文兩頁。

又由省飭照新訂俄文合同重譯之華文稿一件。

鈔録原文。

立字人華屬愛琿城内，永和公號商人田吉臣，鼎盛昌號齊哈爾商人李文

卿，與俄屬伯里卡合成立號頭等商人紀豐泰，休致參將魯畢諾夫，公同商議，訂定合同，詳列於後：

一、在阿穆爾河右岸，依格那其耶夫屯上游三俄里之谿洛津相近愛琿之阿利克地方，暨齊齊哈爾黑龍江省各處煤礦，均准由吉臣、李文卿、紀豐泰等三人開採。亦准魯畢諾夫。事同一律。

二、現因開採所指各處煤礦，我等設立公司，作爲四股，或作四分，各爲一股，此公司名曰中俄煤礦公司。

三、公舉魯畢諾夫，作爲公司理事人。准其在所指各地方，開採煤礦，建造房屋，製辦機器，僱用人夫，擇地安碼頭，設棧房，並轉運等事，以及售煤與各公司，或作廠，或他項人等，定立合同，所有一切事宜，均由自主。

四、一切安置，應需各款，必須各出資本，按照公議，預擬各項估價，各股均攤，倘不敷用，則准理事人魯畢諾夫外借。此外借者，均爲公司之債，至各種字樣，亦准魯畢諾夫一人畫押。其事爲定，股友遵行。總局事宜，歸魯畢諾夫掌管。凡事皆在次年正月間，方予各股友知會。

五、售煤款項，歸魯畢諾夫承收，或歸永和公並鼎盛昌兩號承收，全憑公議，總以捷便爲是。至各項使費，係屬公司之事，其應納中國稅課，照收項計，每一盧布，捐錢五戈比，一切錢財，均存於海蘭泡一銀號內，作爲理事人魯畢諾夫寄存之款。

六、魯畢諾夫保護公司一切利權，凡遇無論何項事件，於中俄官憲前，或大小衙署各政府，以及御前，均能呈遞各種稟文，聲明是非，平和了事。其永和公、鼎盛昌二號，在中國界內，凡遇公司利益之事，應在本上司前暨各衙署政府，加意用心保護公司利益爲妥。

七、永和公、鼎盛昌，並紀豐泰等，均能在產煤地方，各派親信人監理售煤，並親自有分准其查驗理事人魯畢諾夫暨各項人等所辦之事。凡遇事件，各股友務必協力同心，不得各存私見，總以保全公司利益爲是。

八、魯畢諾夫將來倘不在事，或有他故，准其授全權於他人，以代己責，或通盤交付，或專委數事，然各項事宜，仍須派親信人料理。永和公、鼎盛昌二號現在出首之辦事人，將來如不在事，亦可授全權於他人，以代己責。此節當與各股友知悉。

九、自開公司起，憑公商議，酌給理事人魯畢諾夫薪水。其餘各股友，如辦公司之事，能各盡其責者，則於年底酬勞。俟於年底，應分給各股餘利時，如有功於公司者，或能籌款以備資本者，則給予獎賞。遇有另議事件，則另立專條，單書一紙，公同畫押，以便援照此約，權同一律。

十、我等之中，無論某人，將來倘有死亡事故，均准遺印子孫接辦。

十一、立此合同，我等並我等子孫，均當永遵無替。原稿存於魯畢諾夫手，股友均各録存一分。合同估價四千盧布。休致參將魯畢諾夫，伯里頭等商人紀豐泰。有華文押二，經海蘭泡州署之繙譯湼克留得，將此二押以華譯俄，一係鼎盛昌號辦事人李文卿，一係永和公號辦事人張子卿。於俄曆一千八百九十八年三月初七日訂。

休致參將魯畢諾夫，現住海蘭泡之伯里頭等商人紀豐泰，前來海蘭泡大街往索闊羅夫房之律師庫什連斯克之評訟局，呈驗此約，並請將此約照律立案。中國鋪號鼎盛昌永和公之田吉臣李文卿等，親保立案爲証。並有寄居海蘭泡之華民李玉昌劉波昌二人，結保該商等。實係上等鋪號。是以本律師誠信此約係魯畢諾夫並紀豐泰，親筆畫以俄文花押，田吉臣李文卿，係親筆畫以華文花押。當經海蘭泡州署繙譯湼克留得，譯出俄文。案立第一百三十七款，魯畢諾夫願將此案填註册檔，以資恒產。此案係一千八百九十八年，第二十六號，是年三月初七日，發交魯畢諾大。按照行文，係一千七百零六號，城中使費二十盧布。此約係經律師按照魯畢諾夫前來本局呈驗之原稿鈔録者。除原稿內恐有訛誤塗改之處，此鈔録者均與原稿校對無異。一千八百九十八年三月初七日。第一千七百零七號。

此約裝訂連皮共四頁。

律師庫什連斯克押。

中國光緒二十四年　月　日

俄國一千八百九十九年　月　日

四家商人，同立疏通煤礦合同。今有愛城張志清，字號永和公，省城李文展，字號鼎盛昌，伯力紀豐泰，字號和成利，黑河屯雅果夫肖得力威旗盧賓諾夫，公立合同十四條列後：

一條，前次張志清、李文展二人，承辦黑龍江城副都統所轄赫爾沁河林溝煤礦公司二處，因欲疏通銷路，特有紀鳳台、盧賓諾夫二人，願爲幫同疏銷，因之合爲四股，夥同辦理，此係商家之事，並不與該國國家相涉。

二條，既因疏通銷路，作爲四股合辦，允宜同心協力，不得少有異言，當議定中國黑龍江城煤礦公司字樣，以取信中外，凡售煤票章，照此爲憑。

三條，如俄界各輪船，以及機器各廠，凡有購用煤片，應責成盧賓諸夫經手發賣。至於廠中有所需作煤機器，及佈置銷路之碼頭，並修造棧房各事，亦責成盧賓諸夫料理，然必預先同衆商妥，始可照辦。

四條，廠中花費各項之款，務須大衆公議妥後再辦，不准私自擅動。凡花用之款，四股均攤，或款項不敷之處，可由盧賓諸夫向銀行挪借，務先與四家商妥，再爲照辦。至於銀行往來賬目，除公司録賬外，仍歸盧賓諸夫經管。每年終核算大賬，在股者均齊集公司結照，各給清單一分。

五條，售煤若干，得價銀若干，先交公司收賬，再由永和公、鼎盛昌、盧賓諸夫三人經手，隨時送交銀行生息，不准私自動用。惟税課擬定每吊按五箇各別抽納，隨時歸繳税局查收，以重官款，不准延欠。

六條，俄界倘有公事，交盧賓諸夫承辦；中國地面如有公事，歸永和公、鼎盛昌承辦。彼此商妥，互相辦理，以俾礦務有益。

七條，黑龍江副都統轄境内，如另晒出煤礦，均由張志清、李文展等，商同推廣開辦，倘有料理不妥之處，可邀盧賓諸夫加意整頓，或張李等人請假回家，或往他處有事，必須揀派董事之人替管。總期同心勤儉辦理，如錢財誰號舛錯，應歸誰號包補。

八條，盧賓諸夫管理俄界事務，如有别的私事，三災八難，准伊另行替手，用人幾名，自己開銷工食，與公司無干。公中錢財如有舛錯，盧賓諸夫照數包補，替換新手，必先領到公司，見面認識，以便辦事。

九條，煤礦公司既因疏通銷路，今以四家承辦，以及各廠執事人，於到廠之日起，大衆公議撥給薪水公費，大小不等，能者多給。再算賬准以厚積餘款，另存一處，以備雜費鼓勵之用。惟盧賓諸夫薪水，俟銷路疏通後，再公議撥給。請事畫押，以華文爲據。

十條，黑龍江副都統轄境阿林溝煤礦公司，係由永和公、鼎盛昌兩號商人出名承辦，已經將軍衙門奏明有案，所有應官事務，自應由永鼎兩號商人出頭承管，别人不得干與。

十一條，煤礦公司續入俄商紀鳳台、盧賓諸夫兩股友，原爲疏通俄界銷路而入，自應永遠同心合夥辦理。此外再不准續入俄人股分，以免股友衆多，意見分歧之弊。

十二條，礦務之股分，如果紀、盧二人，百年後准伊後嗣接續；惟永、鼎兩號執事人。准其該號輪流調派，均照舊章辦理。

十三條，本公司自立此疏通銷路合同後，並無返悔，永遠以華文爲証，後人照此行事，不得更改，恐口無憑，立此合同爲據。原根存煤礦公司，照此字樣，四家各執一分。

十四條，此合同議定後，將來須在中國地方官衙門，畫押蓋印，方足爲憑。

中國光緒二十四年十二月二十二日。

俄國一千八百九十九年正月二十一日。

《礦務檔・黑龍江礦務中俄合辦愛琿煤金各礦》總署收軍機處交出黑龍江將軍恩澤等抄摺附煤礦合同《華俄合股開辦愛琿煤礦・中俄合辦愛琿煤金各礦》 光緒二十五年五月十八日，軍機處交出恩澤等抄摺稱：爲愛琿商號所辦煤礦，現因疏通銷路，改爲華俄合股，恭摺仰祈聖鑒事：竊愛琿阿林别拉溝地方煤礦，係由該城鋪商永和公、鼎盛昌兩號承辦，官中派員抽税，前於光緒二十三年三月二十八日，具奏在案。上年春間，忽聞永和公經理人張志清，鼎盛昌經理人李文展，與俄商紀豐台、盧賓諸夫，有私立合同，合股開採之説，當即派員查辦，覆飭退燬，詎紀盧兩人託故他去，迄無成議。追究此約何以擅訂，該商何樂而爲，則謂煤礦銷路在俄，非與紀、盧合夥，不能有成。迨調核其原訂合同，有俄文而無華文，所議條款利權，半非已有，且係通省煤礦，更非愛琿一處。蓋永、鼎兩商不明事體，不解洋文，任聽紀、盧作弄，所以大受欺騙也。正核辦間，該商亦自知受騙，情願與俄另立合同，因令去其太甚，聲明只辦愛琿一城，他處不得援照，合同以華文爲主，將來無論盈虧，中國國家概不擔保等情。飭改去後，復據委員李席珍禀稱，奉飭改訂合同，均已遵照。惟第七條、第十一條、第十三條，經紀、盧兩人，略有增減。其第七條係減去「副都統」三字，據紀、盧云，開辦煤礦，非同小貿，延雇礦師，購辦機器，一切用度，核計需款非四五十萬不可，若限定止在副都統轄境内採辦，設煤不佳不旺，如許鉅款，勢必盡付子虛，承辦者將何以了局，應用黑龍江轄境字樣，期可推廣，以免事後之悔。其第十一條，增入「倘紀鳳台、盧賓諸夫以後無力操持，准轉兑别人接理，必須商妥有可信服之人方准」等語，據紀、盧云，彼此合辦，來日方長，後事不可逆料，倘一旦資財不給，無力經營，勢不得不轉兑他人接辦，應於不准續入俄股之下，添此數語，不過預防未然，

與官處亦無窒礙。其第十三條，增入「附黏俄文」四字，據盧、紀云，合辦既有俄股，如僅以華文爲証，所入鉅款，毫無著落，殊非平允，應於永遠以華文爲証之下，添此四字，俾得稍有把握，其實仍以華文爲據也。委員竊思紀、盧所稱各節，尚在情理之内，渠等既已合辦，並藉用其力，以疏通銷路，似玆細微之處，若不稍予通融，非惟不能平服其心，抑且費盡氣力，事際垂成。又恐因此或有阻滯，故而曲徇所請。即照辦妥，共繕五分，除由各該煤商等，同赴中國邊界廳遵約畫押外，一併呈請核奪，乞賜鈐印發回，由委員分交各該煤商，以便將舊合同換出，帶省銷燬等情，並呈到新訂之華俄合璧合同五分。奴才等逐條披閱，核與原訂合同，實已去其太甚，惟後附俄文兩紙，由省飭令重譯，雖與改訂之華文無甚出入，然語意之間，亦似間有不符。江省無深通象譯之人，其中利弊所在，究與地方有無關礙，無從逆臆，當於本年正月二十八日，咨呈總理各國事務衙門，暨礦務鐵路總局詳核酌定。旋於二月二十三日，接准電示，合同第七條黑龍江轄境一語，所包太廣，宜令酌改。奴才等比又電商，擬將此條開首一語，仍用黑龍江城轄境字樣，蓋黑龍江城即愛琿也。而於推廣開辦一語之下聲明，此外黑龍江通省地方，如有煤礦，准其指請開辦一二處，不准再多，以示限制。嗣於三月初三日，續准電復：所改第七條可核准，其第二條，「黑龍江下，照鋪商原稿，漏「城」字，應添入。第三、第六、第十三各條，應照該商遵改新訂合同，華文繕定各等因。除俟原呈合同由總理各國事務衙門、礦務鐵路總局核定答復後，奴才等再將一切指明應改應增字樣，即於該合同華俄各文之旁，添註塗改，鈐印飭遵外，惟以永鼎兩商承辦之礦，改爲華俄合股，事關中外交涉，非奴才等所敢擅便，謹將該商遵照改訂合同原稿，敬繕清單，恭呈御覽，伏乞聖裁，飭下總理各國事務衙門、礦務鐵路總局核議施行。所有愛琿商號承辦煤礦，現因疏通銷路，改爲華俄合股緣由，理合恭摺具奏，伏乞皇太后、皇上聖鑒訓示。再，查改訂合同，並無論盈虧，中國國家概不擔保之語，將來亦應添入。合併陳明。謹奏。

光緒二十五年五月十八日。奉硃批：「著總理各國事務衙門，會同礦務鐵路總局，妥議具奏。單併發。欽此。」【略】

照録清單。謹將該煤商遵照酌改後新訂呈省之華俄合璧合同稿，敬謹照繕，恭呈御覽。

計照録遵改新訂合同。中國光緒二十四年十二月二十二日。

俄曆一千八百九十九年正月二十一日。

四家商人，同立疏通煤礦合同，今有愛城張志清，字號永和公，省城李文展，字號鼎盛昌，伯力俄商紀鳳台，字號和成利，黑河屯雅果夫肖得力威旗盧賓諾夫，公立合同十四條列後：

一條，前次張志清、李文展二人，承辦黑龍江副都統所轄赫爾沁阿林溝煤礦公司二處，因欲疏通銷路，時有紀鳳台、盧賓諾夫二人，願爲幫同疏銷，因之合爲四股，夥同辦理，此係商家之事，並不與該國國家相涉。

二條，既疏通銷路，作爲四股合辦，允宜同心協力，不得少有異言，當議定中國黑龍江城煤礦公司字樣，以取信於中外，凡售煤票章，照此爲憑。

三條，俄界各輪船以及機器各廠，華俄鐵道，凡有購用煤片，至於廠中僱募礦師，作煤規法，有所需機器，及布置銷路碼頭，修造棧房各事，均責成盧賓諾夫爲總張羅人，妥實料理，然必預先同衆商妥，始可照辦。凡事公司，須訂立合同。

四條，廠中花費各項之款，四股按期均攤。或款項不敷之處，可由盧賓諾夫向銀行富商挪借，務先與四家商妥，再爲照辦。至於一切往來帳目，各廠事宜，除盧賓諾夫録帳外，仍歸公司經管結總。每年終核算大帳，在股者均齊集公司結總，各給清單一分。

五條，售煤若干，得價若干，先交公司收帳，再由永和公、鼎盛昌、盧賓諾夫三人經手，各録帳外，隨時送交銀行生息，不准私自動用。惟税課擬定每吊按五箇各别抽納，隨時歸繳税局查收，以重官款，不准延欠。

六條，俄界倘有公事，交盧賓諾夫承辦；中國地方如有公事，歸永和公、鼎盛昌承辦。彼此商妥，互相辦理，以俾礦務有益。

七條，黑龍江轄境内，如另踃出煤礦，均由張志清、李文展等，商同推廣開辦，倘有爲難之處，可邀盧賓諾夫親往指點，以便設法辦理。或派礦師及熟悉礦務之人亦可。若張、李等人請假回家，亦或往他處有事，必須揀派董事之人替管。總期同心勤儉辦理，如錢財誰號舛錯，應歸誰號包補。

八條，盧賓諾夫管理事務，如有别的私事，三災八難，准其另請替手，用人幾名，自己開銷工食，與公司無干。公中錢財如有舛錯，歸盧賓諾夫照數包補，替換新手，必先領到公司，見面認識，以便辦事。

九條，煤礦公司四家股友，至年終分别勤勞，酌給辛力銀兩。各廠執事人。大衆公議到廠之日撥給。惟盧賓諾夫薪水，候開辦之日起，再公議撥給。如僱礦師及機器匠等人工食銀，由盧賓諾夫酌給。其餘各廠工人，由大衆公撥。至

年終算帳，准以厚積餘款，另存銀行，以備緊要雜費鼓勵之用，一體遵照現訂合同辦事。

十條，黑龍江副都統轄境内阿林溝煤礦公司，係由永和公、鼎盛昌兩號商人出名承辦，已經將軍衙門奏明有案，所有應官事務，自應由永鼎兩號商人出頭承辦，别人不得干預。

十一條，煤礦公司續入俄商紀鳳台、盧賓諾夫兩股友，原爲疏通俄界銷路而入，自應永遠同心合夥辦理。此外再不准續入俄股，以免股友衆多，意見分歧之弊。倘紀鳳台盧賓諾夫以後無力操持，准轉兑别人接理。必須商妥有可信服之人方准。

十二條，礦務之股分，如果紀盧二人，百年後准以後嗣接續；惟永、鼎兩號執事人，准其該號輪流調派，均照舊章辦理。

十三條，本公司自立此疏通銷路合同後，並無反悔，永遠以華文爲証，附黏俄文，後人照此行事，恐口無憑，立此合同爲據。原根存煤礦公司，照此字樣，四家各執一分。

十四條，此合同議定後，將來須在中國地方官衙門，畫押蓋印，方足爲憑。

煤商

鼎盛昌李文展。

永和公張志清。

和成利紀鳳台。

盧賓諾夫。

光緒二十五年五月十八日奉硃批：「覽。欽此。」

又外務部《議復中俄合辦黑省礦務草約》 光緒二十八年七月初八日，本部遞奏摺稱，爲遵旨議覆，恭摺仰祈聖鑒事：光緒二十七年九月二十九日，署黑龍江將軍薩保奏，俄員催辦江省礦務採苗草約一摺，奉硃批：外務部議奏，單併發，欽此。由軍機處鈔交到部，維時因東三省大局未定，未便議及，現在事機就緒，自應分别核議，臣部業於議覆吉林將軍議訂中俄合辦礦務草約摺内聲明在案。查薩保原奏内稱，俄國辦理吉、江兩省交涉官劉巴，及科洛特科福，先後送到吉林辦礦正續章程，未幾科洛特科福來此，又以吉林已奉旨俞允，另擬江省章程，屢催照辦，當經力與磋磨，權議草約，由該俄員於照會内，首先聲明，此約不過令礦師採勘，辦礦章程，應俟國家允准俄人在江開辦，方能議訂。至草約十二條，除與吉林所議不甚懸遠各條外，如第四條不能保護一説，因江省現尚兵械兩窮，不如從直聲明，免生枝節。第六條地價一節，議令將來提餘利百分之五，作賃地之資。該俄員允先列公平給價一語，俟奉准開辦再議。第八條報効之數，與寬河定章尚屬相符。第十條所指准給採苗執照各處，係在省城以北，與東路松花江下游一帶，因已辦之金礦，如漠河、奇乾河、觀音山、都魯河、寬河，以及雅魯河、綽爾河等處，或係已成之局，或屬粗有眉目，均未便遽讓外人，而俄員注意漠河、觀音山等處，當以該各礦屬在愛琿界内，照案應由北洋大臣主持，未敢越權擅議，是以有另議各該礦條呈，咨送礦務總局核奪之説。相應請旨飭下議和全權王大臣，及礦務總局核覆，嗣後如有漠河等礦條呈送到，當再奏請諭旨遵行等語。臣等竊維黑龍江省，土脈雄厚，礦産富饒，久爲俄人所歆羨，值前此變亂之際，彼輒以兵力挾制，冀遂其圖利之私。該將軍與俄員竭力磋商，勉訂採礦草約，給發執照，指定地段，准其前往勘採，仍聲明俟國家允准開辦，再與議訂章程，原以目前因應之方，留日後補救之地，臣等查該約第四條載，採勘金鐵煤各礦苗之人，凡遇地方一切危險之事，中國地方官現在不能保護，伊等須自行防備抵禦等語。在當日俄兵暫駐，尚無撤退之期，該省兵械俱窮，勢難保護，誠如原奏所謂，不如從直聲明，免生枝節。現在俄約已定，撤兵有期，應於此條下添載「俟俄兵撤退後，仍由中國地方官自行派兵保護」等語，以杜干預侵越之弊。至第六條地價一層，既據聲明俟開辦再議，届時自應酌定數目，妥立章程，以期公允。第八條出金百兩，報効中國國家十五兩，核與寬河金廠章程相符，自可照准。第十條指定自齊齊哈爾往上，及呼蘭河口以下，與都魯河口以上等處，各分起止，尚非包攬全省，其餘各款，與吉林所議不甚懸殊。至礦内多用華工，及商農生業，均歸華人營榦各節，另備照會聲明，較爲切實。惟該約祇准採勘礦苗，並非開辦章程，故不無簡畧之處，相應請旨飭下黑龍江將軍，將此次所訂草約，添入中國派兵保護一層。併與俄員預爲聲明，嗣後議訂開辦章程，均須遵照中國定章，俾就範圍而維權利。所有臣等遵議黑龍江將軍奏俄員催辦礦務緣由，理合恭摺覆陳，伏乞皇太后、皇上聖鑒。謹奏。本日奉硃批：依議。欽此。

又外務部收署黑龍江將軍薩保文附與俄員往來信函暨照會草約等十件《與俄員議訂暫採黑省礦苗草約》 光緒二十七年九月二十日，收署黑龍江將軍薩保文稱：竊據俄國辦理黑龍江省交涉官員科落特科福，屢催辦礦務，所有該俄員照會，及與本署將軍議訂暫行採苗草約十二條，除專摺請旨飭議外，相應抄録

各前件，并往來信函四次，照録各來信洋文，備文咨呈。爲此呈請貴外務部俯賜核奪示覆，以便遵循。

照録鈔件。

謹將與俄外部委員科落特科福，計議採勘礦苗，四次往來信函，一併録呈鈞鑒。

計開：

第一次來信。

尊將軍今覆去知會事，因十二條我不能領。查閣下與俄來往不睦，並滿洲仇敵我俄不睦，查應呈稟北京，並俄都必精布爾克。查本處爲生金，大概即起首雜亂，那時即歸閣下考承，我已接得信息，在漠河觀音山，並有别處，有俄人千名挖金，已有機器，查閣下迷與我俄國忿恨，並無關係緊要草約，不欲畫押，並不助我可以閣下能辦到如何好處，觀閣下欲學壽妄矣。多少省地人民受耐苦處遭此罪，仇敵我俄。今奉回去閣下草約，並望將我草約轉送回來。原係朱譯華文。

第一次覆信。

科大人鑒：華五月三十日，接來信具悉。今按信内所云，請分六節，爲閣下言之：

一、來信云敝處十二條，閣下不能照行一節，查敝處所開，内中亦有照尊意列入者，且此舉是彼此和平商量之事。如閣下不以爲然，不妨將逐條有何妨礙處，詳細指出，苟能擔承，必當盡力。

二、來信云敝處與俄來往不睦，并滿洲仇敵俄人，應呈寄北京，並俄都彼得堡一節，查俄人來往齊齊哈爾一帶，不知凡幾，自本署將軍以次從無前項情事，此固共見共聞者。至呈稟北京云云，已承告三次矣。一、閣下在吉時，因敝處回覆稍遲，以此言相詰，其實敝處先已覆過，故畧遲，前已詳告，兹不贅。二、閣下到後，初見面談礦務，敝處當許必盡力，乃閣下亦以前言相告。三、即令來信所云是也，倘果北京來查，敝處只好據實聲覆，蓋敝處無不以禮待俄人者也。

三、來信云爲挖生金雜亂，那時即歸敝處考承，并漠河、觀音山，及别處有俄人千名，機器挖金一節，查此事敝處亦有所聞，業已具奏。

四、來信云敝處與俄國忿恨，并無關係緊要草約，不肯畫押，并不相助閣下辦到好處一節，查本署將軍權力有限，凡所不能專主者，理應請示再定，不然後來奉駁，豈不彼此爲難，公事本應商量會議，無庸忿恨爲也。

五、來信云敝處欲學壽仇敵俄人一節，查此乃彼此商辦之事，何可與壽時并論。

六、來信云送還敝處草約，望將閣下草約返回一節，查閣下既來要還草約，敝處只好送還。總之，如閣下必欲照尊意而行，敝處只好請示辦理，無權擅定。閣下如能想法湊合，敝處必仍和平商議。又敝處草約稿欲以華文爲主者，因閣下識華文，敝處不識俄文起見，并此奉告。

第二次來信。

貴將軍鈞覽：本官員已將貴處照會詳閲。貴將軍祇許俄人在嫩江及松花江左岸採勘礦苗，而阿穆爾及阿勒肱一帶，尚有許多地方未屬與人，可以採勘礦苗。但該處一帶，前經辦過各礦，無論官私，均不准採勘，已註明此次草約内。如果貴將軍祇許在嫩江、松花江一帶，採勘礦苗，則數千俄人仍將阿穆爾一帶官礦，開挖金子。惟俄國國家不忍金匪數千，佔踞滿洲沿邊地方，搶殺爲事，且對江即屬俄屯乎。倘貴將軍不肯允准俄人採勘江省全境礦苗，本官員祇好自行設法保守舊礦金子。究竟阿穆爾江邊之亂，本官員亦祇好報明兵部，應將各官礦令俄營佔守。此事將來中國國家，定有許多糜費也。再。求貴將軍覆敝處照會時，萬勿提及股分一節，蓋我已説過，俟奉到北京覆准之信，再議辦礦詳細章程。貴將軍謂，辦事總求公道，請即審量貴將軍所要争俄人應讓華人入股一節，是否公道。我俄國辦礦人，將來採勘礦苗，冒險前往，備極辛苦，并用重價聘請礦師，購辦值錢機器。每出金一百兩，尚須報効中國國家十五兩。貴將軍又以須讓華人分得利益作難，將來他們毫不費力，徒獲利益，此種情形，請問公道否耶？除中國外，從無一國國内，能聽得這樣難事。凡歐洲各國，如有外人入境辦礦，情願招集本地人合夥與否，聽其自便，斷不能勉强而行。况且股分之説，貴將軍尚未盡知，緣股分係由買賣場及銀行中出售，人人可以向彼購買。設使華人向俄商購買股分，我亦決無攔阻。我所能應許者，俱在此矣。本官員未到之前，貴將軍與武官辦事，凡有所請，如或推却，伊等勢必要挾制而行。現由欽差派一文官，來齊齊哈爾，遇事與貴將軍和平商辦，并願幫忙。且以俄國友誼襄助。豈知貴將軍信不及此，遇事一味拖延，貴將軍和好之意，究在何處耶？貴將軍如欲地方安静，我求貴將軍，即准俄人在江省全境採勘新礦，并不提股分事宜。書已盡言，後不再贅。

第二次覆信。

科大人鑒：華六月初七日，接貴處不列日期來信，藉悉一切。今按來信，分節列覆於後：

一、來信以敝處何故怕俄人在阿穆爾及阿勒肱一帶，採勘礦苗，前經辦過各礦，無論官私，均不准採勘，已註明此次草約内，如祇許在嫩江及松花江一帶，採勘礦苗，則數千俄人仍將阿穆爾一帶，開挖金子，貴國家不忍金匪數千，占踞滿洲沿邊地方，搶殺爲事一節，查江省礦務，係漠河、觀音山、阿勒肱一帶金礦，開辦最早，當北洋大臣派員招商時，奉旨係督理黑龍江等處礦務，所以股票亦係黑龍江礦務公司出名，以漠河爲公司總匯，後因各處爭開，該公司願加重稅餉，按出金統作十一成分，除礦丁六成外，其餘五成，提三成半報効國家，礦内祇得一成半。凡海拉爾即呼倫貝爾一城地界及大小各河之匯入黑龍江者，統至源頭爲止，其中所有礦務，均歸該公司採辦，如獲金廠，仍按十一成内，提三成半報効章程辦理，統歸北洋大臣主政。如有人呈報礦苗，該公司不願承受，再給他人另辦，均經先後奉旨准行在案。如此重重案據，倘貴處無本署將軍易地以處，亦不敢違訓越權，率另定議，此本署將軍怕許貴處在阿爾穆阿勒肱等處採辦礦務，而仍聽貴處另擬條呈請示之由來也。至謂有金匪數千，佔踞沿邊，未悉此項金匪，是俄人抑華人，并孰多孰少，係在沿邊何處，幸祈告知。

二、來信云倘敝處不肯允准俄人採勘江省全境礦苗，貴處只好設法自行保守舊礦金子，阿穆爾江邊之亂，貴處亦祇好報明兵部，派令俄營佔守，將來中國國家定多糜費一節，無論凡經奉旨准入採辦在先地方，非本署將軍所能擅專。即論擬給執照地方，倘貴處視爲無金地方，則不特先前頗有爭開之人，即今年尚有爭此者若干人。倘爲地少不足勘，則自齊齊哈爾往上，兩岸河流約有七十餘處；呼蘭河口以下，至都魯河以上，屬江省之松花江沿大小河流三四十處，其中無數大小分岔尚不在内，貴處亦知内有源流與別處大小相彷彿乎。今敝處於採礦執照内，不照吉林一年爲期，而填明兩年者，原爲地方過於寬大，期礦師從容細勘，多得金礦耳。至貴處欲設法保守舊礦金子，并因阿穆爾江邊之亂，欲報兵部，將各礦令俄兵佔守辦法。查江省現時情形，即華匪滋擾腹裡地方，尚多蒙貴國官兵代爲剿補，以及分兵駐紮，況是交界地方有金匪乎。雖然敝處先已出奏，曾在回覆貴處。於華五月三十日來信内提及矣，嗣又咨報北洋大臣查照矣。

三、來信云請敝處照會，萬弗提及股分，除中國外，從無一國國内，能聽這樣難事一節，查前承照會，附來在吉所訂草約十四條，與第一條云，集股以華俄爲定，貴處到此，出示續約六條内，均有華人入股之說。今敝處但擬云，華人如何入股，聽北京礦務總局定奪。而閣下又以爲難事，不能勉强而行。既如此可依貴處在吉所訂草約十四條内第一條，與續約第二條，照寫約内何如？

四、來信云貴處未到以前，敝處與武官辦事，凡有所請，如或推却，伊等勢必要挾制而行，與欽差派來文官辦事，一味拖延，和好何在一節，查貴處所指武官，係爲何處，幸望指教。總之，貴處之不滿意於敝處者，無非爲採勘地方，與華人入股兩事。不知一則不敢越權擅辦，一則係彷尊意立論，乃竟不蒙原諒，殊爲可惜。用特詳細奉覆，幸弗見怪。又同日另接來信謂，吉林已奉到我大皇帝旨意，准俄人在吉辦礦，不禁同深欣賀，未知原奏如何說法。貴處如有底稿，望借閲爲盼。

第三次來信。

貴將軍昨天下晚捎來補續一事，當即退回，我不能領收。因爲以先説好緣故，願意畫押，以後所有加補，請祈速回我回信。又捎回來我一分約，預先願意畫押，以便蓋印。想將軍係已明白四外窮民，你不明白固執，未有力量不理會，自己太弱，抗拒我國朝廷意見，難民苦楚流淚，你將來可能包賠他們姓命。若是你不願意畫押，交涉事情，此後將來停住，指望你要可憐民人，其事你不願意這樣辦法。

第三次覆信。

科大人鑒：頃接到不列日期惠函，并退回敝處續約，殊爲可惜。至謂貴處送來之約，先已説好緣故，願意畫押一節，并無其事。查前項草約送來之日，即敝處回覆貴處法文來信，將約内添列各節聲明緣故之日，當因閣下又將草約書就送來，只好彷照吉林，另立續約擬稿奉上。今既不能領收，敝處只好請示礦務總局，與北洋大臣核奪。

王與之《周禮訂義》卷二四　其他自山虞以至澤虞，自卝人以至掌炭，又有上項征税如此，其未至市肆者。在川則有川禁；澤則有澤禁；金、玉、鉛、錫則有禁，齒革、羽毛則有禁，絺綌、薪炭則有禁，所以取民者無一不備與。夫司門犯禁之財，司關舉貨之罰，巾車之車折則入齎，馬質之馬死則物更，先王所以不與民争利者，全不見於此書。所以王莽用周禮，遂有五均六斡，列肆里區無不征之。

孫詒讓《周禮政要》卷下《礦政》　謹案：卝即古礦字，此職專掌治礦。曰

「金錫」，則晐乎三品五金。曰「玉石」，則凡寶石及石炭之煤亦晐於其中，此古今礦政之權輿也。既設有專官，其礦所出之地又咸有圖，則九州之內，凡有出金玉錫石者，無不載於圖。官民之取之者，此官咸案圖以授之，而又有厲禁，以防其弊，則成周之初，礦政固已極其精詳矣。《漢書・地理志》：郡縣置銅官、鐵官者數十處，唐宋亦有坑冶，皆即古礦官之職。惟明季奄宦用事，礦稅之擾，流毒海內，後世遂以開礦爲弊政，姦民私開，往往滋事，地方有司遂請封閉礦硐，垂爲厲禁，此因噎廢食不察之論也。中國五金及煤礦之富甲於五洲，徒以封禁錮塞，坐失大利，而製礮鑄錢轉仰給洋鐵洋鋼，不亦慎乎？比年西國礦師考察所得，如四川、西藏之金礦、銅礦，江西、河南之銅礦、金礦、煤礦，雲南、廣西之五金各礦，奉天、吉林及新疆和闐之金礦，山東、山西、河南、貴州之煤、銀礦皆極富，而山西煤礦之品最佳，廣東及福建古田等處之鐵礦質尤勝，皆遠過於西洋。綜而論之，通國煤産十倍於英，以中土之礦産，西人皆精考而質言之，而吾國士大夫咸懵然不解，使能如周時有物地司礦之專官，有考礦之地圖，必不至茫昧如是。古法不脩，其弊固有所必至也。國初以來，惟雲南有銅礦、銀礦，户部、工部專恃滇銅以資鼓鑄，而他省則民間私行淘採，不足比數。近年間有奏請開辦者，如漠河之金礦，開平萍鄉之煤礦，平泉之銅礦，大冶之鐵礦，奉天東邊之銀鉛礦，他如山東、河南、四川咸有奏開五金煤礦之舉。雖略有端倪，而規摹不廣，資本亦微，以較美之舊金山、英之新金山歲得金值六千餘萬者，不逮百分之一二，則其棄於地者仍不少矣。考之西人之論，咸謂華人採法不精，遺棄甚多，祇是采其礦面之煤、鐵，礦穴深處從未試取，且開礦機器類多粗重，起動不靈，鐵路未廣開，運載尤艱，則費用鉅而得利少。官吏既不能保護士民，又多相阻撓，往往以數十萬之股本虧失無存，既開者以虧折而中輟，未開者多觀望而不前。夫礦在地内有層次脈理，恒與地勢有關涉，而礦内各質非化合化分不能悉其純雜，故西國礦學既有專門傳授，又兼研地學、化學以究其精，又采以機器，運以輪舟鐵路，故其察礦精而得利厚，與中人之鹵莽從事蓋遠不同。今宜放西法廣開礦學學堂，各省設礦務局，俾士民咸許籌集資本，考察礦苗，由局給以文憑，准其開採，官吏之不保護士民之阻撓者罪之不貸。又今各省勇營星羅棋佈，坐食徒糜糧饟，遣散又恐爲盜賊，計莫如調就有礦之處，令之開採，所得半以歸公，半以充賞，則彼自樂從，二者並行，則公私交利。再，廣開鐵路以便運載，廣鑄機器以資利用，則大利日興。地不愛寶，上可强國，下可富民，足以雄視五洲，不此之圖，以中國自有之富棄之不取，而日憂羅掘之窮，爲計已左。而慢藏誨盜，又以啟彼族之覬覦，以致俄奪東三省之礦利，德奪山東之礦利，英於揚子江上游，法於雲南邊界，皆首要索開礦之權。十年以後，中國礦利盡歸西人，噬臍之悔，不復可及，不可不深思而長慮也。

《漢書》卷二四下《食貨志第四下》 工商能采金、銀、銅連錫登龜取貝者，皆自占司市錢府，順時氣而取之。師古曰：「各以其所采取之物自隱實於司市錢府也。占音之漸反。其下並同。」

沈炳震《唐書合鈔》卷五七《志三三・地理二》 ［萊州東萊郡］昌陽。上。貞觀元年省盧鄉縣入焉，舊治於古昌陽城。永徽元年，移治縣西北二十三里，有銀，有鐵。東百四十里有黄銀坑，貞觀初得之。

樊綽著、向達校《蠻書校注》卷七《雲南管内物産》 銀，會同川銀山出。錫瑟瑟，山中出。禁戢甚嚴。

閻鎮珩《六典通考》卷九五《布政考・山證》 論曰：「漢晉以前言鑛利者尚少，至《唐書・食貨志》始著其目。然貞觀盛時，嘗黜權萬紀之言不用，而宋之開寶，明之洪武，亦不欲盡發山澤之藏以害民。當時有以此進告者，未嘗不力拒，而顯罪之，蓋天下之利不在於官，則在於民，衣食之所從出，人人竭蹶而趨之，固其宜也。若乃降天子之尊，下而與林野匹夫争採伐開鑿之利，所損多而所益少，非獨有傷政體，其於理財之方，經國之道，亦未可謂得之也。自唐宋中葉，迄於有明末造，用開鑛之衆，嘯聚山谷，剽掠爲奸，釀亂滋變，所在多有，而靖康、崇禎之禍，則自政宣萬曆時已兆其端，此可爲前事之殷鑒矣。世衰道微，邪説横行，上既無秉道之主，下又無明義之臣，一二乘勢冒進者，妄生異端，營惑當路，飾申商之死言，踵唐宋之末弊，使利盡於私家，而怨歸於公上，故府庫未見絲毫之贏，鄉閭早受無窮之擾。蔡京、周言之徒，何世不有，要其卒皆歸於亂亡而已，若夫師夷狄之貧，長淫侈之俗，廣任群邪，虚糜公廩，舉國號呼，而詬詈之，猶懵然不知止，斯所謂人頭畜鳴者耳，烏足道哉，烏足道哉。」

羅願［淳熙］《新安志》卷五《績溪》 大鄣山在縣東六十里，高五百五十仞，周百五十里。《祥符經》云：「即三天子鄣山。」按：郭璞云：「三天子鄣山在新安歙縣東，今謂之王山，浙江出其邊，此幾是乎，舊出銀、鉛。唐天寶四年嘗采，八年罷，今無復有。」

龍啓瑞《經德堂文集》卷一内集《論二十七首・論理財》 宋神宗時，以國用

不足，放青苗錢，至於有明，未造患貧，因發内使開各省銀、鉛、銅礦。歷稽其時，廟堂非無願治之君，朝廷不乏曉事之臣，乃不知變計，而必出於此者，特以天下固別無可生之財，而他術或不能濟其急。

王象之《輿地紀勝》卷二一《信州》 鉛山縣。中。在州南八十里。《上饒志》云：「本建、撫二州之地，山産銅、鉛，舊置銅場，以籠其利。後唐管析上饒、弋陽五鄉以爲場。保大二年，升爲縣，屬信州。國朝《會要》云：開寶八年，平江南，直隸京師，後來隸有汭口鎮。【略】

又卷二一《信州·風俗形勝》 山髻珍奇。《鄱陽記》云：「界内之山出銅及鉛鐵者，有玉山及懷玉石，梁載言《十道志》所謂山髻珍奇，蓋此類也。」

又卷二一《信州·景物上》 鉛山。《寰宇記》云：「在縣西北七里。又名桂陽山。」按：《舊經》云：「山出鉛，先置信州之時，百姓採鉛，什而税一。建中時，封禁。正元年置永平監，其山又出銅及青緑，又有寶山相連，出銅。」

史能之〔咸淳〕《重修毗陵志》卷一五《山水·山》 錫山在〔無錫〕縣西五里。唐陸羽云：「慧山之東峰，當周秦間，嘗産鉛錫，漢興，遂乏，因以名縣。」詳見序縣。

又卷二一《詞翰》陸羽《慧山寺記》 慧山，古華山也，顧歡《吴地記》云：「華山在吴城西比一百里，釋寶唱名，僧傳云沙門僧顯，宋元徽中，過江住京師彌陀寺，後入吴憩華山精舍。華山上有方池，池中生千葉蓮華，服之羽化。老子《枕中記》所謂吴西神山是也。山東峰當周秦間，大産鉛錫，至漢興，錫方殫，故創無錫縣，屬會稽。」

佚名《群書會元截江網》卷一一《錢帛·名臣奏議》 大定、永興等場，銀、鉛並産，興盛日見。

《宋史》卷八八《地理志四·江南西路贛州》【略】〔元至正六年〕贛，望。有蛤湖銀場。虔化，望。紹興二十三年，改寧都。有寶積鉛場。興國，望。太平興國中，析贛縣之七鄉置。信豐，望。雩都，望。會昌，望。太平興國中，析雩都六鄉於九州鎮置。有錫場。瑞金，望。有九龍銀場。【略】

柯維騏《宋史新編》卷二三《志九·地理下》 興國軍，同下州，本永興軍。縣三：永興，望。大冶，緊。有富民錢監及銅場，磁湖鐵務。通山。中。貢紵。

衡州。貢麩金。

邵武軍，同下州，太平興國，以建州邵武縣建軍。縣四：邵武，望。銅場一，鐵場三，鹽場三。光澤，望。銀場、鐵場各一。泰寧，望。金場、銀場各一。建寧。望。銀場三。貢紵。

潼川府，銅山。中。有銅冶。

汀州，縣五：長汀，鹽，錫場。上杭。上有金場。

韶州，中。始興郡軍事。縣五：曲江，望。銀場三，銅場一。翁源。望。有銀、鉛場。樂昌，中。銀場二，鉛場一。仁化。中。有鐵，鉛場。建福南渡後廢。【略】

廣州，新會。錫廠一，鹽場六。【略】

連州，下。連山郡軍事。縣三：桂陽，望。有銀場。陽山。中。有銅坑、錫場。

英德府，下。本英州軍事，宣和名真陽郡，慶元以寧宗潛邸升府。縣二：真陽，望。有銀、銅場。浛光。上。銀場三。

邵遠平《元史類編》卷二《天王二》 〔至元九年五月〕癸亥，遣拔都軍於怯鹿難之地，開渠耕田，罷西番禿魯干諸處金銀礦户爲民。

《續文獻通考》卷二三《征榷考·坑冶》 〔元至元〕九年五月，罷西番多羅千等處金銀礦户爲民。

愍帝崇禎元年四月，濟陽衛指揮卓銘疏請開採。命奪其俸。

帝以國家經費本有定額，偶當時絀，劑量亦自有權，卓銘欲借變通之名，興開採之役，生事釀害，殊乾法紀，命奪俸五月，並禁以後瑣屑言利者。至八年三月，宣大總督楊嗣昌請開金、銀、銅、鐵、錫、鉛諸礦，以誘流賊解散。時論非之。

臣等謹案：《愍帝紀》「九年十月，命開銀、鐵、銅、鉛諸礦，殆從嗣昌請也。

〔明愍帝崇禎〕十二年十一月，巡撫湖廣陳睿謨請免臨武藍山開礦，報聞。

睿謨言：「臨藍係江粤接壤，四方亡命駢集。頃者劉新宇等一方倡亂，四省震驚。究其禍源，實因上下百里礦洞二十餘處，狂徒數百，倏忽千萬，七寶山黨集而桂陽圍，黄岡、温塘羣聚而常寧破，金竹、麻江積寇而高紫空，此皆已然之驗，一一可指者。除患消萌，懲前毖後，宜嚴禁開礦爲要務。」

臣等謹按：睿謨疏特欲嚴禁開礦，以杜盜源，而是時流賊之勢已熾，亦無暇計及礦徒矣。

佚名《洪武無錫縣志》卷一《邑里第一·古今郡縣表一之一》 陸羽《惠山寺記》云：「惠山，當秦時大産鉛錫。至漢興，錫方殫，故栩無錫縣，是無錫爲縣。自前漢始王莽世，錫復出，改曰有錫縣。漢中興，錫止，仍復舊名。」

顧炎武《肇域志》卷四九 福寧州，元福寧州，本朝洪武二年改爲縣，隸福州府。成化十九年，《福州志》作九年，本志同。陞直隸布政司，左控甌括，右連省會，

瀕海多魚鹽之利，民富而尠知禮。城周一千五百五十八丈。《通志》：四里有銀場，銀、銅、鐵坑。

又卷五〇　福安縣在宸山下，州西北二百里，編户四十五里。衝疲城周八百五十丈有奇。白石巡簡司舊在七都白石，弘治十八年徙於三十四都。三十四都，縣東南一百二十里。黄崎鎮在縣東北一百五十里。海在縣東南。有銀場、銅鐵坑。【略】

寧德縣在白鶴洋州西二百二十里，編户三十五里。衝。城周五百九十二丈，海在縣東南，有銀場、銅鐵坑。

雷禮《明大政紀》卷七　〔永樂十年〕丁亥，賜哈密忠義王孛羅帖木兒使臣阿都火者宴。廣西河池縣民言縣有銀礦大發；長沙民言其鄉産銅，採煉可厚利，上皆斥之。上曰：「獻利以圖僥倖者，小人也。國所愛在民安，不在於利。」

胡廣《性理大全書》卷一《太極圖》　陰陽二氣，更無停息。如金、木、水、火、土是五行分了，又三屬陽，二屬陰，然而各又有一陰一陽。如甲便是木之陽，乙便是木之陰；丙便是火之陽，丁便是火之陰。只是這箇陰陽，更無休息。形質屬陰，其氣屬陽。金銀坑有金礦、銀礦，便是陰，其光氣爲陽。

《明英宗睿皇帝實録廢帝附》一五二　〔正統十二年夏四月〕辛亥，上特宥之，監察御史柳華奏，浙江處州，山多田少，民無以爲生，往往於福建、江西諸銀鐵鉛場盜採。

鄭慶雲《〔嘉靖〕延平府志》卷二《地理志·山一百五十有二》　南平三金，溪砂淘之，有金，因以名砂，又以名其里。白，溪砂淘之，有銀，故名，上二砂在金砂里，小在崇福里，已上三沙，俱郡城南。

楊珮《〔嘉靖〕衡州府志》卷三《土産·金帛類》　麸金、銀、桂陽州出，舊有九坑。鐵，桂陽並衡陽、耒陽、常寧縣出。錫，耒陽、常寧、臨武三縣出，舊有坑。石緑。衡陽、常寧二縣出，舊有坑，今廢。

朱吾弼《明留臺奏議·參楚璫播惡疏》萬曆二十八年九月　夫皇上孝篤於祖宗，尤加意於陵寢，仁洽於士民，每動念於無辜，乃顯陵正皇祖發祥之重地，陳奉何敢於斷脈以洩其靈，而承天爲獻皇湯沐之遺黎，杜茂何敢於黨惡以致之罪乎？南都接壤楚地，臣等耳目極真，誼不容默除奉之淫縱貪殘種種惡跡，見於諸臣已臚列，請者不敢贅述，姑舉襄陽府棗陽縣青山開礦一節，繪圖指陳顯陵龍脈，暨被逮生員沈希孟等無辜爲杜茂羅織緣由列單進覽，並爲皇上述其槩焉。夫顯陵近脈非發自洪山太子坡迤邐而來乎？由洪山轉盼連絡，青山並無水隔，計程僅百餘里耳。前後峙應，晴朗登對在指顧間，正顯陵真脈一脈相承，有目者所共覩。故杜茂常言此礦關係陵脈，未肯承認，奉獨何心不會同茂及該省撫按詳察可否，遽遣委官韋夢麟、戴燁、李茂春等私募河南地方礦徒數千開煎無忌。説者謂其祖墳近陵，陰謀不軌，欲傷陵脈以益其墳，此猶莫須有之疑。至於擁兵操練，所過地方舳艫數里，旌旗蔽江，砲鼓連天，亡命罪棍悉爲爪牙，鄉官士民悉遭魚肉，衣大紅蟒袍謁顯陵，而杜茂不敢問。行牌提鍾祥縣官，而撫按不敢問。用夾杖加生員，且辱生員妻女，而提學官不敢問。幾於無主無官無士無民，則臣等所未解，聞之咋舌縮首不能不相顧錯愕者。顯陵之际神烈天壽，發祥爲最近，禍福於皇上爲最切，臣等恐言之無稽而繪圖以進，所當亟宜覽省，停青山之開鑿，正陳奉欺君之罪，以慰獻皇在天之靈，以培祖宗億萬年之命脈，蓋不可旦夕少緩。此臣等所謂顯陵可虞者。

畢自嚴《石隱園藏稿》卷八《書·答饒黄山》　大疏自是憂時體國，一段竑議，所爲敝部佐軍興，以匡不肖之不逮者，良非淺鮮。第此中有利，亦有害政，欲仰俟指南，而臺教適及，極仞虚衷之雅。招商買銅多被騙去，開採似屬便計。第銅鑛藏在地下，則銅、錫、金、銀皆在開採之内，誰爲限制？萬一聚衆釀亂，奈何？廣鑛自佳，先年敝部曾通行省直開鑄而取其息，以充新餉。

費元禄《甲秀園集》卷二九《文部·邑·山川志》　鉛山距信州八十里，本撫、建二州地，後益以弋陽、上饒五鄉置場。保大中始置縣。宋信州，元陞爲州，國朝復置縣，控於興安，東西二百六十里，南北百六十里。以其鉛之利多，天下故稱鉛山。

又東過馬塢邑西七里，東過薛尊邑西五里，二山元豐、皇祐間産銅，今廢。

《明史》卷八二《食貨志六》　神宗初，内承運庫太監崔敏請買金珠。張居正封還敏疏，事遂寢。久之，帝日黷貨，開採之議大興，費以鉅萬計，珠寶價增舊二十倍。户部尚書陳渠言庫藏已竭，宜加撙節。中旨切責。而順天府尹以大珠鴉青購買不如旨，鐫級。至於末年，内使雜出，採造益繁。内府告匱，至移濟邊銀以供之。熹宗一聽中官，採造尤夥。莊烈帝立，始務釐剔節省，而庫藏已耗竭矣。

李清《南渡録》卷四　太僕寺少卿宋劼請開採銅陵縣銅、鉛，以資國用。命自行督理。疏言銅、鉛之産，與金、銀不同，採金、銀則利重而效速，人所必爭。

銅、鉛利薄而效遲，可免躭遂。且開採之地，必用兵防護，今即以營兵輪護，兵不更置，糧不別增，於計甚便。從之。

顧炎武《天下郡國利病書・山東上》 福山縣。化石銀礦洞一處，在縣西北四十里；孫夼洞鉛礦洞一處，在縣西北四十里。以上礦洞二處，俱封塞完固，各有下班快壯，每月輪撥五名，巾前所軍每月輪撥五名，巡檢司弓兵每月輪撥六名，各跟隨本縣及中前所各巡捕官，並孫夼鎮巡檢、常川巡邏，仍令該管地方保甲人等，巡邏看守。

顧祖禹《讀史方輿紀要》卷二八《江南一〇》〔績溪縣〕大鄣山，縣東六十里，高五百五十仞，周百五十里，一名三王山。《祥符圖經》云：即三天子鄣山。《山海經》：浙江出三天子，都水經因之，蓋謂鄣爲都，秦置，鄣郡以此山名也。郭璞云：「三天子鄣山在新安歙縣東，今謂之玉山，浙水出其旁。唐天寶中，産銀、鉛，今絶。」

又卷六七《四川二・綿州》 安昌水。【略】潺水，在州東五里。源出劍州梓潼縣界之潺山，流逕州東三十里，有石盤灘渡。又西南入於涪水，《寰宇記》：潺水源有金銀鐵，民得採以爲業。

又卷一〇七《廣西二》〔賀縣〕橘山。縣東北二十五里。上有七十二峯，攢奇競秀，其中多橘，故名。《唐志》：山有銅冶，又嘗産銀。宋置太平銀場，今皆廢。

又卷七六《湖廣二》〔通城縣〕幕阜山。縣東南五十里，周迴五百餘里，東跨江西寧州，南跨平江縣界，有水四出，東南入湘，西入洞庭，北入嵩吴。太史慈爲建昌都尉，拒劉表從子磐，於此置營幕，因名。錫山在縣南七里，舊産銀，曰銀山。又産錫。《志》云：「唐初，置錫山鎮，後改爲通城云。」

又卷七六《湖廣二》〔武昌縣〕樊山。在縣西三里，一名西山，一名樊岡，下爲樊口，舊名袁山，《水經注》吴孫權徙鄂於袁山東是也。又名來山，吴孫皓都武昌，出登來山是也。又名壽昌山，産銀銅鐵及紫石英。

又卷八四《江西二》〔上蔡廢縣〕蒙山。縣南三十五里。周一百四十里，峭壁横險，喬木千尋，常有烟霧蒙蔽其上。山有多寶峯及上下兩洞。《志》云：「宋慶元間，常産銀鉛，故峯名多寶，並置蒙山務於上下。」

又卷九二《浙江四》〔會稽縣〕又稷山在府東五十里，《越絶書》：勾踐濟戎臺也。又有錫山，舊産錫，銀山産銀沙。《志》云：「皆在府東五十里。」

又卷九三《浙江五》〔衢州府爛柯山〕宋時山出銅錫鉛，明朝産礦，徽、處二郡民，羣聚取礦於此。嘉靖中，官兵蕩平之，因設兵戍守。

又卷九八《福建四》〔泰寧縣〕梅口寨在縣西梅口保。宋紹定五年，統領劉純分忠武軍於此，以鎮羅源筋竹之寇，後廢。又朱口寨，在縣東三十里。宋紹定由設，元改爲巡司，尋廢。又石門隘，在縣西五十里。又縣北四十里，有澹子隘。五十里有茶花隘，以茶花嶺名。舊俱爲戍守處。《宋志》：縣有螺漈金場、江源銀場。

吴士玉《駢字類編》卷五五《山水門》二〇《潭》 潭流。《明一統志》：潭流嶺在衡州府桂陽州北一百三十里，出銀鉛砂礦，今廢。

又卷七一《珍寶門六・金》 金場。《宋史・地理志》：肇慶府四會縣有金場、銀場。《玉海》：至道元年三月廢邵武金場。

陳祥裔《蜀都碎事》卷三 《華陽國志》云：「廣漢涪水有金、銀之礦，今建昌有之人多盜開，有司每禁之而終不能禁，如一碗水、獅子場之類名亦不一。」

謝旻《〔康熙〕江西通志》卷一一 軍陽山在弋陽縣南三十里。《方輿志》云：「昔有將兵，屯於山陽者，故名。」唐貞元中出銀、鐵，宋乾符後不復産。

藍鼎元《鹿洲初集》卷一四《潮州風俗考》 賭博之餘，流爲盜賊，攘雞盜牛，穿窬胠篋，謂卑，卑未足比數也。截途剽刦，取其貨而劃其膚，足底龜紋，曰防追捕。或則操舟溪河，禦人於郊關之内；結隊出海，擄客於重洋之外。又或入山招匪，盜挖礦砂，金、銀、銅、鐵、鉛、錫，擅爲私家之故物。逞强相奪，霸踞壟口，流毒地方，爲害靡有涯焉。

《清朝文獻通考》卷三〇《征榷考五・坑冶》 乾隆二十六年，准甘省暫開騷狐泉磺礦。大學士公傅恒等議覆：陝甘總督楊應琚奏請開採硫磺，以資儲用。查礦觔爲營伍所必需，遇有缺乏，例得給批，赴産磺地方購買備用。若以本地開採之磺，供支各營操防之用，較之購自遠處，實多節省。兹訪得騷狐泉磺礦自封閉後，礦砂旺盛，請照前例，責成蘭州府招商開採，自屬籌備營伍之要。應如所請辦理。至稱口外不産硫磺處所，應需火藥，現今行文咨調一節。查現今回部庫車等處俱有磺礦，從用兵時，曾經採取，配用充裕。即伊犁及烏魯木齊一帶，當日准噶爾亦用鎗炮，又從何處購辦？可見口外原自不乏磺觔，應請交與各該處辦事大臣，留心體訪向來産磺處所，一體查明採購。或附近地方産有磺觔，亦可採取配藥運往，並可省内地辦運之煩，更爲便益。其現議騷狐泉開採事宜，應請交與該督委員妥辦，毋令滋事。從之。

《清高宗純皇帝實録》卷二一一 〔乾隆九年，甲子，二月，甲戌〕户部議覆：「雲南總督兼管巡撫張允隨疏稱，昭通、東川二府新闢夷疆産穀無多，上年雨水稍多，收成歉薄，兼因地産銀、銅，商民輻輳，民食殊艱，請於銅息項下動銀二萬兩，至川東採買米穀，轉運平糶，應如所請。」得旨：「依議速行。」

《清高宗純皇帝實録》卷五三一 〔乾隆二十二年,丁丑,正月,壬戌〕署廣東巡撫周人驥奏:「粵東省城官辦點錫鉛錫,向貯大南門外地方,止通判衙門撥役值宿,並無專人巡查,今查寶廣錢局坐落城内,仍留無用空房,儘可改爲存貯鉛錫之所,並即責管理錢局之廣通判兼管。又該倅衙門有額貯倉穀八萬二千餘石,廒座不敷存貯,請即以原貯鉛錫房屋變價,添建倉廒三座。」報聞。

許容《〔乾隆〕甘肅通志》卷五 〔寧遠縣〕銀觀峪,在縣南三十里。舊有銀礦、鐵冶、酒井、鹽池。靖遠縣。寶積山,在縣東北一百一十里。下有泉水,出石炭,産鐵。後有大小石溝,産金。東北接蒯團山。

又卷一〇 華亭縣。華亭縣有黄石河一鎮,又有鐵冶、銅場、鹽場、茶場。

楊浣雨《〔乾隆〕寧夏府志》卷四《物産》 《舊志》:賀蘭山出鉛、礬。麥垛山出鐵,今皆不開採。九麻碧瑱馬牙𪊲紅花,今無藍靛鏒鐵器物。

鄂爾泰《〔乾隆〕貴州通志》卷五《地理·山川》 〔思州府〕龍塘山。在城東六十里。舊産鉛、鐵。

洪亮吉《〔乾隆〕府廳州縣圖志》卷五《江寧府》 又薰塘山在〔溧水〕縣東南二十三里梁大同二年嘗采銅錫於此銅山在〔溧水〕縣西南四十里亦産銅。

阮元《〔道光〕廣東通志》卷一〇七《山川畧八·肇慶府》 〔陽春縣〕鉛坑岡在縣北一百二十里,接新興縣界,《大清一統志》:出鉛銀砂礦。

又卷一〇六《山川畧七·潮州府》 〔豐順縣〕大寶山在縣西少南五十里,相傳産鉛銀,又下湯社有仲坑山,亦然。《大清一統志》。

又卷二一六《古蹟畧一·韶州府》 建福廢縣,在縣東南。《宋史·地理志》韶州始興郡建福縣,宣和三年,以岑水場析曲江翁源地置,按:《輿地紀勝》:岑水場出産銀、銅。

王培荀《聽雨樓隨筆》卷六 自里塘以西,山有出金、銀礦者,夜現火光如星,晝有白雲圍山腰,喇嘛僧以爲彼教風水所係,約束土司以死守之,有採取者抉雙目,或斷腕。唐人詩云:「不貪夜識金銀氣」,此間寶氣有目共覩,而獨置諸外夷,華人不敢覬覦,造物之意未易測也。

魏源《古微堂集》外集卷八《軍儲篇一》 《方外紀言》:南墨利加州各國多産金銀,而孛露國、金加西臘國所産尤甲天下,其場有四坑,深皆二百丈,役夫常三萬人,國王什税其一,每七日約得課銀三萬兩。百物俱貴,惟銀至賤。貿易銀錢五等,金錢四等。歐羅巴歲歲交易所獲金銀甚多,而中國銀礦開采,則唐以前史書從無其事。唐憲宗二年,且詔言有銀之山必有銅,銅有資於鼓鑄,銀無益於生人,其自五嶺以來見采銀坑並宜禁斷,欲以閉銀而廣銅。洪武、永樂中行鈔,禁民間不得以金銀爲貨交易,違者治罪,有告發者就以其物給之,欲以輕銀而重鈔。《通典》載唐度支歲入之數,粟布錢帛而外,未嘗有銀,惟兩廣諸州土貢,每州貢銀三十兩或二十兩,以爲貢不爲幣。蘇轍《元祐會計録》及《元史·成宗紀》歲入之數,銀但五六萬兩。《洪武實録》:歲入之數,銀但二萬四千餘兩,是則自明以前重銅輕銀如比,其采銀貢銀之少如此。而近數百年間錢糧改銀以後,白金充布天下,謂非閩粵番舶之來,何自得之?是則中國自古開場,采銅多而采銀少。今則雲貴之銅礦多竭,而銀礦正旺,銀之出於開采者十之三四,而來自番舶者十之六七,中國銀礦已經開采者十之三四,其未開采者十之六七矣。地之氣一息一消,一汐一潮,銀來番舶數千年,今復爲番舶收之而去,則中國寶氣之祕在山川者數千年亦必今日而當開,中國争用西洋之銀錢昂於内地之銀值,則中國銀幣行之數百年亦必因時而當變。故曰開源之利。

吴其濬《滇南礦廠圖畧》卷一《祭第一六》 有益於民則祀之,鑛龍之祠列於祀典,畺吏春秋奉牲幣焉。地不愛寶,非神胡靈報賽以虔,人心肅而地示應矣。瘴癘時作,遊魂無依,招魂從俗,亦曰歸厚,故記祭。

曰山。即鑛神也,爲壇而祭,以二、八月視帛、太牢。凡各頭人及硐鑛、管事皆頒胙。

曰西嶽。有廟。

曰金火娘娘。有廟,祭皆與山同。

曰中元會。建醮放燄口。

曰財神。每月初二十六日牙祭,用三牲。

曰會館。直省不同,各祀其土神。

李鴻章《李文忠公奏稿》卷二四《籌議海防摺同治十三年十一月初二日》 各省諸山多産五金及丹砂、水銀、煤之處,中國數千年未嘗大開,偶開之又不得其器與法,而常憂國用匱竭,此何異家有寶庫封錮不啟,而坐愁飢寒。

李鴻章《李文忠公朋僚函稿》卷十九《十二月八日復陳俊臣廉訪》 礦務之興利,勝於勸捐抽釐一語破的,近人泥古不化,有礙風水,則士民迂見易聚難散,則官場套語實皆不思不學而已。式帥過津時席間略與談及,似尚格格不入。蓋閱歷中外世故過深,隨聲附和不樂爲驚俗創獲之舉,執事既深求利害灼然不疑

新方。伯余、紫垣在黔，欲興礦而未能者，將來必可同心合力，左右贊襄，以冀山左數千年未發之地寶，一旦捷足先得，免致外人覬覦。濰縣煤産甚佳，以疏通運道爲要策，辦一處須興一處，異議自息，推廣較易。吾宗去臘密陳之件，殊太唐突，究亦因之中傷公論，在人幸勿退阻。

又卷二四　再奉另示以船事股股稱謝，愧悚莫名。聞鄂局諸道初頗作梗，嗣經敝處批咨，亦遂遵辦。頃接唐廷樞電復，呈覽西洋鐵礦師三年辛俸、來回水脚須二萬金，若由尊處專用，即令發電往邀，否則僅察勘可否大辦，似不值先糜巨款，或届時令開平礦師往勘。乞酌示。

金武祥《粟香二筆》　越南多事之秋，粤西邊防勢難遽撤，非辦屯田不足以持久，亦不足以善後。粤西餉項所恃錢糧釐金不敷支發，竊以屯田之外，又以開礦、招商二者爲急務。粤西山多，各礦俱有，不獨材木不可勝用，有待採運也。聞賀縣煤礦周圍百餘里，行銷廣州、香港，色質俱佳，特官中未能爲之倡率大興開採之工耳。此外錫礦、銀礦及水晶、瑪瑙各坑各府縣多有之。貨惡其棄於地，因地之利亦生財之大道，誠得紳商集貲，官爲董理，寶藏興則可轉貧爲富。泰西各國皆以礦務爲致富之基，中國近年開平煤礦亦著有成效，仿而行之，則招商開礦二者實相因也。

平步青《霞外攟屑》卷二《開礦》　《香祖筆記》卷六：「户部覆江西護巡撫印南贛道徐某覆商民蕭宗章等開採鉛錫疏略云：南源山係附近名山之總名。庚、崇二縣接壤，雖山間石土産有結錫，然地處荒僻，民居寥落，兼之米價騰貴，有無生事，地方難必其無云云。奉旨開礦事情甚無益於地方，嗣後有請開採者，俱不處行。大哉！王言洞見萬里矣。《望谿先生集外文》卷六《安谿相國逸事》：癸巳夏四月，余出獄供奉南書房，是日公晨入，上問礦事。對曰：今議開礦以甦民困，請著令止土著貧民無職業職事者，許人持一銚，而越境者有誅，則奸民不致聚徒山澤以生事端矣。議遂定。一時大豪𦦨金謀首事者，皆罄指自悔。庸按文簡所記當在文貞面奏前，惜而贛道徐不知何名。其時巡撫出缺，何以藩臬糧鹽不護，印面徐任之？安谿之議，亦懼聚徒生事，與部議同，今日皆不足格議者之口。第康熙中，海宇殷富，故大豪𦦨金謀爲首事，今則一無賴子或不肖監司上陳通商大臣，咸以自强富國爲言，不屑摭甦足困之陳説。其費則股票集腋，銖積寸累，多則數十萬，少亦數萬。一奉俞旨，開局招股，購買機器，曾不數月，半爲首事者在滬作纏頭之費，甚或侵蝕私囊。礦未開而局敗，其效可睹而踵起未艾也。」

葛士濬《清經世文續編》卷一三〇《洋務三·劉錫鴻〈縷陳中西情形種種不同火車鐵路勢不可行疏〉》光緒七年正月　我朝《會典》所載，廣西、雲南、貴州産黄金，白金、赤金、錫、鉛、鐵、水銀、丹砂、雄黄，山西、四川、廣東産赤、金、錫、鉛，湖廣産赤金、錫、鉛、鐵、水銀、丹砂、雄黄，皆召商試採，礦旺則開，竭則閉，貨不棄地。

王韜《弢園文録外編》卷五《亞洲已屬歐人》　其所開金銀煤鐵各礦，亦幾竭其菁華，窮其蘊蓄，彼在歐羅巴一洲殆已斲削盡矣，而因是及之於境外。彼於地球諸洲足跡殆已遍及，選勝搜奇，無乎不至，燠若炎洲，寒如冰海，皆思一窮其奥。凡爲其所唾棄者，皆不能以人力經營者也。而地球中精美之所存，英華之所蘊，則莫若中國而間所爲西國之長技者，則一切無有焉。西人雖日出其技以相誇耀，而中國之人熟視若無覩焉。至於地寶之富，一皆蘊藏未出，此西人所從旁覬覦而垂涎者也。今就地球大勢觀之，而知東南之不及西北也，西北之人久至東南，而東南之人不能一至西北。試觀盈地球中皆歐洲人也，地球中靈秀沃腴之壤不過數處，而以中國爲巨擘，地球之人無不欣羡焉。獨惜中國邇來安於自域也，因循苟且，粉飾誇張，蒙蔽拘墟，剛愎傲狠，於歐洲之形勢茫乎且未之知也。然則亞洲之局不甚可危哉！

朱壽朋《（光緒朝）東華續録》光緒五十六　岑毓英奏：臣等於光緒九年八月初一日接准軍機大臣字寄，光緒九年七月初十日奉上諭：「雲南素産五金，乃天地自然之利，該省銅政久經廢弛，本應整頓規復，以資鼓鑄而利民用。此外金、銀、鉛、鐵各礦，亦復不少，自宜早籌開採，以廣中土之利源，實爲裕國籌邊至計。惟經費較鉅，籌款維艱。近來各處開採煤礦，皆係招商集股，舉辦較易。若仿照辦理，廣招各省股實商民，按股出資，與官本相輔而行，則衆擎易舉，事乃克成。前據岑毓英奏整頓銅務章程五條，業經户部議復准行。昨據署左副都御史張佩綸奏稱，招集商股，開採滇礦，爲富强本計，不爲無見。岑毓英、唐炯身膺疆寄，於滇礦務，必能留意講求，實心經畫。著即詳細會商，妥速籌辦。新任藩司龔易圖到後，並著飭令將籌款招商等事，妥爲經理。總期事在必行，毋得視爲不急之務。日久辦無成效，坐失事機。至各處礦苗，應如何先行相度，或仍應購買外洋機器，以利開採，均著豫爲籌議。一俟款項集有成數，即可剋期興辦，不致遲誤。張佩綸原片著鈔給閱看。將此由四百里各諭令知之。欽此。」臣等跪誦

再三，仰見聖主裕國足民，利用厚生之至意。伏查雲南銅政廢弛已久，籌畫規復實目前萬不可緩之務。臣前在藩司任內，博訪周諮，詳求利弊，酌議章程五條，詳由臣等奏，蒙勅部議覆准行在案。惟是開辦礦務，誠如聖諭，經費甚鉅，籌款維艱，現值庫帑支絀之際，恐不能辦理裕如，是以前議章程，即請仿照公司廣招商民，湊集股分。復因招徠，尚需時日，京運未便，暫停不得不先由官辦於東川、永北等處，遴委官紳分投開採銀銅各礦，究之兩權其利官辦則廠員扣平加秤，爐户積欠走私，種種弊竇防不勝防。商辦則採苗開廠，置器措爐，悉由各商出資，自爲經理，官不過隨時保護體恤，採獲銅斤，除供京運外，餘銅止收稅釐，聽其售賣，至於銀鉛錫鐵，亦止照例納課，既免虧欠之弊，復省稽察之勞，以簡馭繁，有利無害，此商辦便於官辦之實在情形也。從前滇省採礦，概用土工，承平時，民繁財富，每廠砂丁動至數萬，人力强盛，不藉機器，亦可開採千百萬斤，今則本省户口凋殘，招集不易，丁力既薄，而一切洩水通風等事，亦實非人力所能施者，若不參用西法，恐難收事半功倍之效。臣等前請動撥庫款，置買機器，經户部以搬運不易，且虞損壞無用議駁。在部臣爲慎重庫款起見，自屬遠慮深謀，惟國帑不可虛糜，而成法亦難過執。臣等再四思維，現既辦理招商，一切置買機器及應如何僱募匠人施用修理之處，即由商局自行籌畫，官不過問，商情嗜利，遇有奇巧，省工之器，自必多方購求，既不輕用庫儲，復能有裨廠務，募砂丁以待流亡之集，備機器以補工力之窮，實屬並行不悖，此土法宜參用西法之實在情形也。臣等忝膺疆寄，值此時事多艱，凡可以利國利民之舉，自當實力講求，況礦廠爲滇省當務之急，責無旁貸，往復商酌，意見相同，查富商大賈多在閩粵上海一帶地方，而上海尤爲總匯之區，須於彼處設法招徠，始克迅速集事，至現在本省商民，零星湊集者，亦許附入股份，以期眾擎易舉，應請於雲南省設一礦務招商局，綜理開採各務，並於上海設一駐滬辦理，雲南礦務招商局專司招集轉運各務，除前委廣西補用知府張家齊、候選通判關桐青承辦招商外，擬添派候選知府卓維芳、前江蘇候補道胡家楨等分別辦理。由臣等刊刻木質關防，給予札委，飭令迅速妥辦，庶群策群力，較易圖功。此外，如尚需添設子局及往來奔走之員，仍隨時察酌情形，遴委官紳經理，藉收臂指。惟事屬創始，頭緒繁多，應俟三四月後，辦有規模，再行詳擬章程，具奏立案，用紓宸廑。得旨，據奏雲南礦務擬設局招商開辦即著該督撫妥爲經理，詳擬章程具奏。

丁日昌《海防要覽》卷上　五金、煤、鐵各礦，西班牙、布魯士、英、俄、新老金山等處，歲入何止千萬？中國地大物博，爲五大洲第一繁盛之區，此等金寶之氣，豈能終秘而不宣？西人之精於化學者，凡見石面上有青黑花形，及平地隱隱有一復凸煤如山，或有一條凹下如澗，或其地草木獨異，則其下掘至三四丈深，必有五金之礦。又其下小石之與大石相附麗，而自成一色者，西人謂之果唔。若能分別其脈絡，而以水銀灌之，則果唔中皆有金可取。聞倣造自來火之草木質、金石質者，雲南與印度接壤之處最多，似可令諳化學之人分别前往采覓。四川鹽井之有煤油者，若用機器挖通，亦可挹注不竭。磁州、平陸、大同、太原、米脂等處皆煤多而佳。傳聞濰縣、萊蕪等處皆有煤，而塊亦大。鎮江之東南山，煤、鐵、五金似皆可采。浙江之金華，福建之永定，則有煤井。至於鐵，則各省産者尤多，而且産煤之處皆多産鐵。廣東之芝麻鐵尤有韌力，而炭質亦少。臺灣北路一帶田地最饒，自崇文山後與莒烏毗連之處，高山曠野，縱横千里，生番野性醒則如人，而醉則如獸，本萬難就馴。然趁此恩威並用，隨時招撫，以生化熟，或亦是一機會。臺地每年出鳥龍茶千數萬箱，皆此間附近所産，而良材大木爲尤多。五金、煤炭之礦定亦不少，若設一大機器廠，及大船廠於此，當可取不盡，而用不竭。閩粵人之傭於彼路者，無一生還，若招以屯田開礦，利竇曰開，生聚自可日盛，數十年後，意可另設一省於此，以固夷夏之防，以收自然之利。且木料、五金、煤、鐵等項，非特利源所繫，亦軍事勝敗所關。法國戰船十倍於布，而平時未及多儲煤炭，戰事開而始購用，各國遵照公法之例，不准售買法國，以此竟爲布人所敗。故開礦一層，尤爲目前軍事、餉事之第一要務矣。

《清朝續文獻通考》卷四三《征榷考一五·坑冶》　臣謹案《周禮·夏官·卝人》：掌金玉錫石之地，爲之厲禁以守之。若以時取之，則物其地圖而授之。巡其禁令，迺知三代以前，未嘗不修礦政也。不然，則荆、揚州之金三品，梁州之璆、鐵、銀、鏤，雍州之球琳、琅玕，奚繇入貢我朝。懲明季礦税之弊，旋開旋禁。今則國債層疊，民力凋攰，似非開礦不能捄一時之急，是在任事者興利而能防弊耳。光緒二十四年後參觀實業考工務。

又卷四五《征榷考一五》　〔光緒二十一年〕又張之洞電奏：臺灣孤危，擬向英借鉅款，以臺作押，冀英保臺。若仍不允，或更許以在臺開礦一二十年。得旨：「臺灣作押借款，藉資保護，有無確實辦法，著詳細電覆。」

又卷二八七　又商部户部覆奏：「兩江總督周馥等奏三省查礦事宜，略稱振興礦政，自以首先設局調查爲權輿。商部准覆：兩江督臣來咨，擬合江皖贛

三省之財力，派員查礦，並設三省查礦公所。當於本年奏請通飭各將軍督撫，迅設礦政調查局，選員作爲礦務議員。如著成效，准由商部擇尤獎勵。該督等前設查礦公司即改爲礦政調查局，並將該省派往查礦之員，開具履歷咨，由商部加札，以符奏案。所請特簡大員，督查之處，應毋庸議。原奏又稱，三年内陸續試辦，無論官股、商股，概照公司章程辦理，自屬可行。仍應查照商部奏定礦務章程，隨時咨報，以憑查核。原奏又稱，議提銅元餘利，早開銅礦一節，誠屬扼要之論，惟各局所認練兵經費，及部撥各款均關緊要，務先照數解足，所餘餘利應由該省酌量提用，以充股本。」

又卷三六二《郵傳考三・路政》 宋初，金冶十有一，銀冶八十有四。明代陝西、浙江、福建、湖廣、雲貴，皆有鑪冶礦場。我朝《會典》所載，廣西、雲南、貴州産黄金、白金、赤金、錫、鉛、鐵、水銀、丹砂、雄黄，山西、四川、廣東産赤金、錫、鉛，湖廣産赤金、錫、鉛、鐵、水銀、丹砂、雄黄，皆召商試採，礦旺則開，竭則閉，貨不棄地，今古同然。

又卷三七八 會同地方官妥商辦理。餘依議。

臣謹案：天地之性鬱久必洩，山川之氣塞久必通，顧不得人焉，而理之恐終不免長此榛狉。漢得珠崖旋即棄置，賈捐之之議，當時韙之，豈可概諸今日哉？夫瓊崖猺黎雜處，貨棄於地罔知開闢，不爲之招徠輔翼，而貿然虐用，此化外之所由不服近。雖漢甿麕聚，編成土著，然而孤懸島嶼，交通多梗，歷代治瓊之未扼要領者，不外水與陸兩失其用。蓋必舟車暢達，而後鉅商雲合，適彼樂郊。舉凡墾礦、樹藝、畜牧、魚鹽諸大綱厚集，雄貲次第畢舉，統全局而權其緩急，立埠開港，築路行輪，其可忽乎哉？

又卷三八七《實業考一〇》 〔光緒〕三十年，商部奏：「目前風氣漸開，各商紛紛請辦礦務，若無定章，准駁難期畫一。況事關華洋，交涉尤宜審慎周詳，藉資遵守。路礦總局曾經奏定礦務鐵路公共章程二十二條，外務部又奏定礦務章程十九條，覈諸見在情形，均有應行修改增補之處。臣等公商，擬礦務暫行章程三十八條，如蒙俞允，即通行各省遵照，並咨外部照會各國駐京大臣備案。」

鄭觀應《盛世危言新編》卷一〇《强兵三・邊防三》 今英人設埠通商，漁其貨財，利其土地，蓋藏地偏産五金。綽思甲土司地連俄境，與蜀之打箭爐諸處金沙銀礦，隨在皆有。英之游歷者，處處搜采泥石，攜之而去，垂涎之意，行道皆知，苟非刻刻隄防，安不忘危，整頓邊防，開採各礦，西藏不保，蜀境豈能久安。

章炳麟《訄書》第四二《定版籍》 凡諸坑冶，非鉛能開浚哲采者，其多寡闊陿，得恣有之，不以露田園池爲比。

陳澹然《權制》卷五《軍餉述・鑛幣》 天下之利在因其自然，不必强爲閼塞，而弊之所積，則在推行，盡利於其間。國家之大，山澤之鑛無窮，因前明鑛害而禁之，自然之利遂絶。今畿輔、滇南雖開鑛政，其事皆攝於官，則名多實寡。前明鑛害在中使鑛丁聚散，視鑛苗消長以爲差，鑛丁皆可爲兵，何憂爲亂？傅鼐嘗用鑛丁爲戰，雲南鑛廠亦助官軍。方今流民轉徙，游勇縱横，非假此以濟其窮，不足以消隱患。宜令直省邊疆鑛地悉爲開採，按場徵税，則利民利國，且可以杜外夷覬覦之萌，此利之不可勝用者。而其始必以礦學爲之基，則利害明而事易舉。

宋賡平《礦學心要新編》卷中《蜀都礦務學堂公啓並附録稟准條約十五則》 嘗讀《管子・乘馬篇》曰：「山上有赭者，其下有鐵；上有鉛者，其下有銀；上有丹砂者，其下有鉒金；上有磁石者，其下有銅及金。」此礦學之權輿也。自周官卝人失職，貨棄於地，所在多有。洎明季礦務大興，中使四出，毒遍天下，至今拘墟之士猶執是以爲藉口，不知天地菁華，鬱久必發，前此之弊乃用人者之罪，非卝之不可開也。近日泰西諸國講求礦學，至詳且盡，國勢富强，多基於此。我國家鋭意維新，産礦之區，官商岔集，開平成效在人耳目，此誠不竭之利源，自强之根本也。吾蜀宋君賡平才負不羈，志謀遠大，考古參今，於土化格致之學，尤爲精深。加以廿年中外遊歷，虚心訪証，足迹幾遍五洲，著有新書進呈，已蒙恩交軍機存記，即此可知其學實矣。今應他聘，紳等以楚材晉用爲恥，謀設礦務學堂。竊謂西人之新法，即中國之古法，著於史册，散見諸子，斑斑可考，而迷昧者，未嘗學問，往往揚外抑中，遂謂中國不能分化，棄自然之利而不悟，抑何心哉？要知西法所在，中人非不能用，無如苗礦，未得端倪，機器先需鉅款，即使有力者，同心購置，而處處仰鼻息於人，其弊何堪指數？故不如初辦之時，我行我法，費省而工易程也。木堂延請宋君，專授認苗辨礦、探窟分化之學，收各種卝質，分爐設冶，别鋌化砂，俾學者目覩身親，庶能得心應手，不至紙上空談。行見利器成於益都，神妙厥功，金砂湧自井源，實收其效，或亦挽回利權之一端也。惟是堂經創始，事多未宜，尤望同志諸公，進而教之。謹啓：

一、創設學堂係遵總理衙門、華益公司與洋益公司合同。開辦四川礦務章程之第十二條，如有熟習礦務之人，洋益公司應以厚俸聘請，充當要職與西人相

同。四川礦務局應督率洋益公司遵照此條辦理，以便振興西學於中國。又第十三條：應於開礦附近地方設立礦務學堂，教授生徒，以備後用。其地方官紳及四川礦務局宜選穎敏子弟二三十人送入學堂肄業。又督憲通飭胡京卿原奏准行第五條，凡承辦礦務者俱須設立學堂爲儲材之地，業以奏明通行，一律照辦，無非爲開風氣，講求實學，上裕國課，下育人材起見。故紳等之創設斯堂，委係查據原案遵章辦理，並經縣府道欽憲批准存案。

一、設堂講藝不分中外，各有所長，如華礦師精於地學者，則以所長講明指授，或精土法工程之學，亦以收實效之工程，不吝傳人。蓋一廠食指衆多，扣工計食非得法之繩之，必致耗費故也。如金銀廠，中西法須精土法，未嘗不盡善。試思西法未興以前，金銀從何出現，況金銀之化鍊又簡於各礦，惟馬牙金礦稍有更易，只得一除石之美法，便可合西法，況西法之器件談何易易，故不如仍求諸己之爲便也。

一、自行束修贄敬，不拘多寡。其繳用火食，自備立書字據，學成後謝師。即是補開堂津費，至來堂參師者亦照章舉行，不能兩岐，統歸一律。

一、揀選聰穎子弟來堂，須有引進結實保人，實保得學生藝成，三年出師，不能叛師背道。如未滿師，藝必無成，不得自行招商辦廠。設出此等荒謬之徒辦廠無成，反受其累。本堂惟以保人是問，廠主不得問本堂。

一、學生藝成，能獨當一面頂辦廠務，均以教習出據包單，由堂送廠，辦理一切大小事件。如有辦理不善之處，以學堂是問。

一、堂規以嚴肅謹守爲要，不准貪營外務。藝之精由閱歷之熟，古法能會通，便悟出無窮新樣，患在人不專耳。思之思之，造化可通，宜專心以圖之也。西人之妙在於堅忍，總以一藝成方罷手，其天資聰明實不及華人，前輩有見及之者，吾儕能不奮勉。

一、堂中同事人等不得於大庭廣衆與人説項，致令受託者爲情面所處，不得不勉强應允，違者議罰。

一、各所均有緊要内外公事，如外客來會，司閽者通知門房引入大客廳，問明會某某，方出會客邊，不得任意亂入。如係至親密友，不得不入房内言事者，亦不得盤旋久住，令人不耐，致誤公事。

一、堂中諸生及大小執事人等各有專司，不得參越，亦不得在外藉事招摇，賭錢酗酒，俠妓狎娼等事，如犯此規，執事者立即開除，學生初犯登册記過，再犯驅逐，堂董不得徇情包庇。

一、書籍輿圖所收藏稽古全書、總理衙門頒行《金石識别》全書、《寶藏興焉》全書、《礦學須知》、《礦學集成》、《礦學心要新書》上中下卷録、《礦務機器説》、《礦學大成》全書、《礦學五種》全書、《驗礦砂要書》、《脈絡礦山輿圖》、《亞洲東部礦山圖》、《礦石圖説》、《式樣礦山輿圖》、《錦州夾山圖》、《川江行程摺本礦山圖》、《奉旨鐵嶺礦山圖》、《行程草繪巴底礦山圖》、《寧雅天蘆交界之大穴頭山圖》、《寧遠麻哈馬頭山圖》，一面虚心查訪海内名作抄本，以便續刻行世。

一、測繪所遵中西線尺以人迹計算爲准，凡中西各算法無不融會貫通。

一、礦樣所專司金、銀、銅、鐵、錫、鉛及硝、磺、煤各樣並硃砂。但接礦樣後，查勘此山採苗步脈，測量籌畫一切事宜，估定工程要何等辦法，或土法，或需何等機器，即可補土法之不足並濟土法之窒礙一一註明，人人俱曉。此爲勘山辦礦之第一要事。再用初試之法，考此礦樣，一考便明。如礦果旺，自礦師親勘後，即用爐煅煉，真僞多寡立見。其樣永遠收存。

一、機器。所遵辦開山次等鍋爐機器、開礦大櫃頭等鍋爐機器，有華法礦務公司租賃全堂各種機器寓滬。

一、收驗投遞所，即内外司事之房，但凡來堂報礦者呈驗各種，務由該所問明。來人實係本山之礦，或取之淺者，或採之深者，確切不移，方能請礦師到廠親勘。

一、堂東總辦所，係堂董專管。凡有樂捐報効學堂，捐貲捐産，或捐山租賃，實心培植人材者，均以自押約據存堂註號登册，稟明地方官存案備查，以杜後患。並酌其捐之多寡，逕稟專政大臣出奏藉資獎勸旌揚，用以垂諸不朽。

渝城本堂同人用訂

光緒貳拾陸年歲次庚子春三月穀旦

盛宣懷《愚齋存稿》卷九七《補遺七四·寄雲南魏制軍光燾李中丞經羲》〔光緒二十九年〕四月三十日〕　鐵路須藉電線通靈消息，既已造路而不准其設立附路之線，恐亦萬做不到。惟鐵路設線，不得與他處電線接通，所發電報，亦衹爲鐵路公事之需，不准帶收官商各報。盧漢、淞滬鐵路，係中國自辦，尚且如是。如滇省由法人建造鐵路，請設電線，應請尊處照復法領事，飭經辦洋人先將鐵路所設之線不與他處電線接通，並不帶收官商各報等情，令其具結存案。至礦廠，如無鐵路之處，諒亦無需設線，儻須設立，與我電局線路相隔不遠，將來可得養線之

費，即由電局自行接線，免失權利。除咨外務部立案外，乞酌奪。

又卷六八《電報四五・張筱帥來電（光緒三十一年）四月二十五日》 地價委許令與志道商辦，仍賴公爲主持，楊令辦事甚妥，是否仍令幫辦福公司，事前准咨到合同奏稿，當以該公司專辦字樣，有一網打盡之意。原議民人先經開採不得侵佔，今合同並無此語，必須聲明，中國商民自開各礦，無論土法機器不得禁止，免蹈膠濟禁民開礦之弊。曾電商外商兩部，奉復俟晉商局，與訂詳細合同，切實聲明，然非我公先爲之地，恐生異議，此事關係至重。現合同簽押如不便添，可否另具公牘聲明此意，祈酌示合辦煤礦。雷參議問答語中稱，商議不妥，自然合不起來。是合辦尚屬空言，必能辦到各開各礦，方能保守權利，承示商明，慰帥派董道崇仁偕鄺礦師到平定勘礦，熱心毅力同深，敬佩潘守在平自可隨到隨勘。惟該工程司亦在平，恐難秘密晉省。公款頗難挹注商富，又無遠見，極力慫恿，迄無應者。上年鳳臺礦地，祇擇要購定數處平澤，均有紳商自立礦產公會，不准私售。雖空言不足抵制，然可勸其以地入股，承公與慰帥撥款資助，當可相與有成布機，絳州所存查有清單。新鄉等處，存有鍋爐笨重之件，刻已委員往查。又聞有榨油機器，尚存上海華盛西廠，請公查示爲幸程軍門函稱，所購礦地願來開辦晉商會，亦樂從也。

又卷七〇《電報四七・端午帥來電（光緒三十二年）十月二十九日》 現由敝處分電湘贛兩省，其詞曰，萍鄉礦廠，德國、日本因有借款均來問信，倘我防守不嚴，彼將以保護爲名，派兵前來更多棘手，應請堯帥、仲帥加派營隊，赴萍駐防，以免疏失。議者謂前敵喫緊，調營防守礦廠，未免置之閒地。不知萍礦甚關緊要，萬一匪黨探得該處空虛，乘隙焚掠，我豈能不回救，兵貴致人而不致於人，想藎籌亦早已計及矣。特聞。

又《南昌吴仲帥來電十月三十日並致江督湘撫》 寧勘電悉，安源情形已詳，豔電贛省調兵遲難，迭經電達，並詳本日電奏防軍，前營本係駐防萍鄉，今夏始准杏翁咨商移紮安源。此次匪起倉卒，憙相去較遠，未克先知，臨時征調，諸難應手，遲滯之咎，限於地勢使然，而並顧兼籌實，未敢稍遺餘力。前以兵少即力主迎剿之議，以免蔓延，裹脅匪勢愈張，轉使若輩生心，斷無坐以待匪，專顧堂奥而自撤藩籬之理。兵既不敷防守，則利於速戰。彼時赴前敵兵僅二百餘人，自二十五擊敗栗市，匪股沿邊搜剿，遂無大股，並堅請林道鎮静照常工作，人心斷不至涣散。若稍涉張皇，何堪設想。迨二十八承堯帥撥礮隊百五十名到萍保礦，張令與林道等商籌，以城礦尚安，電懇堯帥飭令礮隊會同防軍往醴進攻，亦足見保礦誠不如攻匪也。頃據林道豔電，礮隊九十名已到安源，想係接奉堯帥復電，仍飭令赴安保礦，若分撥得開，能多兵防守，更臻穩慎。是以憙前此一再電懇堯帥，請就近撥兵分防即是此意。蓋自揣省兵未能迅達，亦深恐有誤也。杏公肩兹重任自無怪其焦憂，憙職司守土，安源有失，亦豈能辭咎。特局外不知當事之難，責言滋起，惟乞諒之。

又卷七一《電報四八・寄鄂張宮保湘岑中丞（光緒三十二年）十一月十二日》 疊蒙電示奏稿，雄師到日重顧萍礦，昨已在萍將其頭目拿獲矣，具仰藎籌制勝，不徒私感。林道青電奉堯帥密電，安源尚有頭目三人，礦工衆多，來去無常，但頭目既溷跡該處，其匪黨難保無藏匿礦工之内，暗圖句結。宣所以一聞萍醴起事星夜籲求派兵鎮壓，正慮此也。胡應龍一營雖已回駐安源，平時彈壓，則有餘，捕拏匪黨，則不足，擬求香帥暫留一營駐萍，不僅顧礦，兼可綏靖地方，以過亂萌，其餘營隊分赴湘境助勦，庶不致顧此失彼。宣一面密飭林道等乘此兵威，將礦工認真嚴剔，以期持久無弊，乞鈞裁。

張之洞《張文襄公全集》卷二二〇《書札七・與錫清弼》 昨夜熟加商度，此公司仍以專招華股爲妥。一、此路宜言自漢口起，抵成都省城，至四川邊境。二、其有緊要枝路隨宜審度興修以資輔助。三、並言連日詢訪蜀中，正紳，僉云，目前二百餘萬尚易湊集。擬即分段興辦，先就繁盛之區修起，以後陸續勸募接修。四、沿路煤鑛及五金各鑛即歸此公司開采，以供鐵路之用，及養路經費。

端方《清光緒新法令・清新法令第十類・農工商部等會奏核議鑛務章程摺附片並清單》 光緒三十三年五月二十八日，准軍機處鈔交湖廣總督張之洞奏請早定鑛務章程一摺，奉旨：「該部議奏。欽此。」又於六月十六日准軍機處鈔交張之洞附奏補録英國商約第九款，請敕部核辦一片，奉硃批：「該部知道，欽此。」臣等伏查該前督前於光緒三十一年十二月間，具奏遵擬鑛務章程一摺，奉硃批：外務部、商部議奏，書併發。欽此。」由軍機處鈔交到部。據原奏内開，光緒二十八年欽奉上諭：「鑛務爲今之要政，昨經劉坤一、張之洞電奏，采取各國鑛章，詳加參酌妥議章程等語，所見甚是。即著該督等將各國辦理鑛務情形，悉心採擇，會同妥議章程，奏明請旨，務期通行無弊，以保利權而昭慎重。欽此。」嗣劉坤一因病出缺，經臣遴委華洋各員，購取英美德法奥比利時西班牙等國鑛章，

詳加譯録，咨送外務部，交侍郎伍廷芳參酌編輯。該侍郎擬定稿本，郵寄來鄂，復經臣重加增訂，書成後又派多員並採取日本鑛章，細心參校，臣復加酌核，謹纂成中國鑛務正章七十四款、附章七十三條，繕册恭呈御覽等語。臣等查興辦鑛務爲大利所在，而措施失當亦貽害靡窮，故纂訂章程於寬嚴操縱之處，條款繁簡之中，必須體察情形，斟酌盡善，始能通行無阻，而有事關華洋交涉者，尤宜審慎周詳。該前督原擬章程所有區别，地面地腹釐定鑛界，鑛税分晰，地股銀股暨於華洋商辦鑛，一切限制防閑之法條理至爲周密，而尤注意於中國主權，華民生計，地方治理，據稱係采取各國鑛章，遴派多員參校編輯審定，良具苦心。惟此項鑛章，關係重要，既經訂定，必期實行，當以農工商部前奏鑛務暫行章程，數年來，各省遵行，尚無流弊。一面仍遵守舊章辦理，一面即將新訂章程，逐細研求，務期益臻妥協，所有原章内關係交涉各條，應由外務部核議，其餘概歸農工商部查核。據原奏内稱，上年商部奏定鑛務，暫行章程摺内聲明，俟臣處輯有專書，歸併辦理，以免歧異，自應參互考訂，歸於畫一等語。臣等當將新舊章程，詳細比較，查核所有前訂章程，立法較嚴之處，各省遵行已久，自應查酌增改，免致紛歧。又臣部有綜核鑛務之責，凡辦鑛應行報部核奪，各事宜亦應參酌前章劃清辦事權限，俾内外互相維持，藉收統一事權之效。再查臣部，前經奏令各省設立鑛政調查局，遴派鑛務議員，經理全省鑛務，並擬訂章程，奏准遵行在案。現在新訂官制尚未通行，應即派令鑛務議員，遵照此項鑛章，並原訂鑛政調查局章程辦理全省鑛務，以專責成，至原章内關係交涉諸條，暨該前督附奏英國商約第九款各節，外務部查該前督片奏内聲稱，改定鑛章一事，曾於英國商約内詳切聲明，一則曰擇他國章程與中國相宜者，再則曰期於中國主權無礙，於中國利權無損。此次所擬鑛章，較之各國通行章程，但有加寬，並無加嚴，議准之，原約具在，似不必過於遷就等語。臣等詳加查核，此次原章内關係交涉各條，既經該前督參酌商約訂定，自可按照所擬辦理，現已將原擬正附章程，由臣等會同核明，謹繕具清册恭呈御覽，伏候欽定。至此項章程宣布施行日期，應俟奉旨允准後，由農工商部酌定咨行各省查照辦理。謹奏。光緒三十三年八月十三日，奉旨：「依議。欽此。」

再，本年八月十三日，臣部會同外務部具奏核議，鑛務章程一摺，奉旨依議，欽此。欽遵在案。原奏内稱，此項章程宣布施行日期，應俟奉旨允准後，由農工商部酌定，咨行各省查照辦理等語。現已將奏定章程刊印成書，頒發各省遵照。惟展轉佈告周知，頗需時日，且按照新章，各省應行預備事宜，均須在定期施行之前，次第布置周妥，届時方能一體遵行。臣等體查情形，擬請自本年八月十三奉旨之日起，限定六箇月，算至明年二月十三日，作爲宣布施行日期，届期一切遵照新章辦理。如蒙俞允，即由臣部通行各省，欽遵查照，並將應行籌備各事宜，遵章妥速辦理，務於奏定施行日期之前，先行報部查核，以重鑛政，謹奏。光緒三十三年九月十四日，奉旨依議，欽此。謹將鑛務正章七十四款、附章七十三條，開具目次清單，恭呈御覽。

袁大化等《〔宣統〕新疆圖志》卷六〇《山脈二》　《訊鮮録》：硇砂山在城北百餘里，山皆培塿多石洞，硇砂産洞中，形如鍾乳。

謹案：額什克，回語謂小山羊也，巴什謂頭，言山形似羊頭也。阿羯山蓋取此義。新疆圖説云：和色爾河其源出拜城東北四百五十里之大達巴尼嶺，【略】其山在庫車之北、拜城東北，爲兩地公共之山。硇砂今産山之培塿多石硐處，質最佳。春夏秋，山硐中皆火，望之如萬點星光，人不可近。冬日，極寒時，大雪火熄，土人往取砂，赤身而後入。砂結硐中如鍾乳，每次所獲不多，故難得也。

又卷六一《山脈三》　《辛卯侍行記》：乾隆四十七年，築嘉德城。【略】同治中，陷於亂回。光緒三年春，大軍由北路進攻，以炸礮轟破雉堞，皆平。案：嘉德城四面皆山，有險可扼，惟地氣極寒。東北百餘里三角山有銅鑛，用纏回三百人淘挖。每銅一斤，合銀二錢六分，仍不敷經費。城西南四十里有鐵鑛。新疆仍用俄鐵，價廉質精，華人所冶工本鉅，銷路滯，苦於賠累，不敢開採。

謹案：齊克達坂即七箇達坂，西距喀喇巴爾噶遜三十餘里，蓋一山也。

馬炳乾《〔宣統〕高要縣志》卷一一《食貨篇二·物産》　鉛、銻。漾源地近德慶，土名苦竹尾，有鉛銻礦。礦苗極旺，前經譚姓開採。又雙保頂亦發見礦苗，黎粱兩姓相繼開採，卒以貲竭中輟。《採訪册》

黎崱《安南志略》卷一五《黄白金》　富良、廣源等州雖産金銀，而採金户苦其役，納不足則買諸他州輸之。

佚名《書疏移文》卷一一　成化二十年，安南國移咨雲南都布按三司曰：「成化十九年十二月初十日，准本國安西府官阮德俊等備啓，准本府所轄黄等州緣邊土人馳報，有車里境上土人傳言，謂本國興起兵衆，人馬不知其數，前來夾近車里地方安營下寨。聲言有一百六萬兵衆，分行四道，將來攻討車里等處，及先遺頭目數人，統領數十兵徒，扛擡大石，一塊前來。與車里人話説，奉國王命

傳報車里，云今有一百六萬人馬到來，你可懼怕，若要安全無患，急將金子擡來秤平此石，並進貢犀、象、帷帳等物，務要多多，並助攻八百老撾等國。若不聽命，即將前項兵馬殺害車里。因此車里官目已備由投告雲南，乞奏天朝皇帝調集大軍急來救護。並移報老撾起集兵馬，併同車里人衆捨死先路攻討安南等詞。阮德俊等聞此傳言，不無駭異。【略】造此浮詞，扇惑衆聽者，或是本國犯罪逋逃之人，或是車里陰聽老撾之計，搆此嫌釁，扇惑朝廷，將以陷害一方，快其憤。若此情節，全是構誣，況金、銀、犀象、帷幔等物皆本國所産，不足爲貴。」

李文鳳《越嶠書》卷二《計事十八件》 永樂四年九月初六日，記事一件，安南金場、銀場，遥聞原是占城之地，兩界相争已久，亦未可信。平定之後，只以見得地界爲准，縱然占城有請，亦不可撥還。

徐光啓《新法算書》卷七《緣起七》 惟於修政曆法之餘，同修曆遠臣湯若望等，遵旨料理，旁通諸務，以圖報稱。簡有西庠《坤輿格致》一書，窺其大旨，亦屬度數之學。於凡大地孕毓之精英，無不洞悉本源，闡發奥義，即礦脈有無利益，亦且探厥玄微。果能開採得宜，煎煉合法，則凡金、銀、銅、錫、鉛、鐵等類，可以取充國用，亦或生財措餉之一端乎？第開採一事，向者費鉅而利微，且建議者别有肺腸，以致明主所厭聞。乃言利者事不典雅，又爲士人所羞道，使此書而爲一人之臆説，或空言而無據，臣曷敢冒昧以熒聖聽耶！誠聞西國歷年開採，皆有實效，而爲圖爲説，刻有成書，故遠臣攜之數萬里而來，非臆説也。且書中所載，皆窺山察脈，試驗五金，與夫採煅有藥物，冶器有圖式，亦各井井有條，而爲向來所未聞，亦是或一道矣。

李世熊《錢神志》卷一 《職方外紀》云：「亞勒瑪尼亞之屬國曰博厄美亞者，地生金，掘井恒得金塊，有重十餘斤者。河底常有金如豆粒。又南亞墨利加之西曰孛露，地出金鏞，取時，金土互溷，别之，金多於土，故金銀最多。國王宫殿皆以黄金爲板飾之，獨不産鐵，鐵至貴，兵器皆用燒木銛石，餘器物皆用金、銀、銅三種爲之。又南亞墨利加之東境有大國名伯西爾，其南有銀河，水味甘美，常湧溢平地，水退，布地皆銀沙銀粒矣。北曰金加西蠟，其地出金銀，天下稱首。其鑛有四坑，深者皆二百丈。土人以牛皮軟梯下之，役者常三萬人。其所得金、銀，國王什取其一，七日約得課銀二萬兩。其山麓有城名曰金城，百物皆貴，獨銀至賤，貿易用銀錢五等，大者八錢，小至五分。金錢四等，大者十兩，小者一兩。」

佚名《越史略》卷二 嘉慶四年，嘉林郡進六眸三足。秋九月，使人採金於武健洞，採銀於下連縣。

王大海《海島逸志》闕名《他士文尼亞島考略》 南太平洋有島焉，名曰他士文尼亞，坐落澳斯的利亞，即新金山之南，與新金山遥遥相對。島之廣共英路二萬六千二百十五方里，居民十餘萬人，原有土生野人，族類不繁，今則無遺類矣。溯一千六百四十二年，英人他士文航海至島，見無居人，遂紀其地而歸。一千八百三年，英兵總色雲奉命由雪黎埠護押犯人至，擇地立埠，名之曰荷弼，草創經營，漸有客商，至止數十年後，居然成一通商口岸。原名尹低文，屬新金山之島，愁威省嗣經開闢，始易今名，不復歸該省統管。水土佳美，氣候平和，炎夏之間，寒暑表不過一百度，嚴冬之間，寒暑表不下二十九度。新金山當暑之際，時有火風，酷可畏。此間與金山雖近，火風少到，中多山，層巒聳翠，怪石巖巉，樹林森茂，草木蔭翳，野果甚繁，皆供鳥雀之食。五金開採獲利深厚，煤斤尤爲豐旺，牲口甚夥，綿羊尤多，羊毛銷流極廣，地肥美，合種植，五穀多熟，故其販運出口年多一年。

何秋濤《朔方備乘》卷四〇記二《俄羅斯叢記敘・綏林、那威二國與俄國交涉事略》 〔綏林〕奉波羅特士頓教，貌似俄羅斯，好文學，俗醇無盗，作事忍耐，專心技藝，推求金石草木質性，歐羅巴洲各國皆不及焉。産金、銅、銀、鐵、黑鉛、細呢、白礬、硫磺、材木。綏林國四部，東界俄羅斯，南界洲中海，西北界那威。幅員二十九萬七千方里，户二百七十七萬千二百五十二口。曰綏林勃羅巴部，東界海，南界曷蘭，西北界那威，領小部三。産細呢、硫磺、白礬。押沙爾每年産銀二三千碼，鉛一萬六七千斤，鐵礦尤旺。化倫每年舊産銅四千萬斤，近年只五百六十萬斤，金五十碼，銀五十碼，鐵無定數。那蘭部【略】每年舊産金三四十碼，近年所産僅十之一。

崔國因《出使美日秘國日記》卷一 〔光緒十五年九月〕二十一日，晴。各國産金以美國爲最多，按年計之。聞美國歲出六百八十七萬磅，新金山五百六十九萬磅，俄國四百一十八萬磅，中國七十萬磅，印度六十七萬磅，德國三十一萬磅，日本七萬磅，義大利二萬磅。【略】

二十五日，晴。美國地利向謂北多礦産，南宜植物。近日查考，則南境亦有礦，且有一礦，而煤鐵分列左右，於製造最爲便利者，南礦之開又漸多矣。因謹按：美國之礦甲於地球而習礦學者多，開礦者亦多，殆所謂有土有人，有人有財

乎？中國之礦，泰西各國均以爲極廣，而鄙言洋務者乃創言爲天地留不盡之藏，置目前之急務而不興，是説也，因竊疑之。

又卷二　〔光緒十六年正月〕初八日，晴。英國教師某因中國重慶通商之事已定，報知其國曰，川地産煤鐵極多，若用機器開採復求載運之便，其利幾非人所能料。各江中金亦饒，自西十一月至西四月水少之時，華人淘金者趨之如鶩，每日人可得金二錢，其人皆爲人所傭，而月得其值。此外鹽井之多，亦國家大利所在，惟採取之法勞力費時，不若用抽水機器由鐵管抽出之爲便。其水道流通自宜昌而上三千英里之長，毫無阻滯，直可右達甘肅，左通滇黔，但以淺水輪往來其間，則四川二千五百萬人民無不獲通商之利云。因觀於此，而知中國可興之利固甚多也。土爲萬物之母，生於土者，固採之不盡也。英美爲地球至富之國，不過礦産多耳，中國則創爲天地留不盡之藏，而任其棄於地焉。開平之煤已有成效矣，所望風氣日開，庶利源日濬焉。

十五日，晴。赴禮拜堂送外部大臣之女葬暹羅。近准西人開礦，義人所開金礦已成一公司，名暹羅金礦有限公司。金礦之外，又多寶石礦，紅碧均備。其地在暹羅之西南、曼谷之東南二百四十英里，約一百見方英里。歡林礦爲義人所開，邏楞礦與邏辣脱礦一爲入英籍之華人所開，一爲英人所開。寶石産在地下黄沙層之中，其沙層深自數尺至二丈不等，更有金礦一爲英人所開，二爲新加坡暹羅領事入英籍之華人所開，來平省之金礦亦英人所開。更有准法人所開者，皆納租於暹羅焉。

二十五日，大雨，申刻見日。嘗聞美國之富，由於礦産之饒，茲將美國一千八百八十九年，即中國光緒十五年此一年中各省所出煤、鐵、金、銀、銅、錫各項若干，計值若干詳細譯出，分類録備考據：米施根省有鐵礦七十三處，共出鐵五百八十五萬六千一百六十九頓，值銀一千五百八十萬零五百二十一圓。紐約省有鐵礦三十五處，共出鐵一百二十四萬七千五百三十七頓，值銀三百一十萬零二百十六圓。邊西梵尼亞省有鐵礦一百八十九處，共出鐵一百五十六萬零二百三十四頓，值銀三百零六萬三千五百三十四圓。民尼穌打省有鐵礦四處，共出鐵八十六萬四千五百零八頓，值銀二百四十七萬八千零四十一圓。威司根先省有鐵礦十六處，共出鐵八十三萬七千三百九十九頓，值銀一百八十四萬零九百零八圓。阿拉巴麻省有鐵礦四十五處，共出鐵一百五十七萬零三百十九頓，值銀一百五十一萬一千六百十一圓。紐遮施省有鐵礦二十四處，共出鐵四十一萬五千五百十頓，值銀一百三十四萬一千五百四十三圓。華前尼亞省有鐵礦三十八處，共出鐵五十一萬一千二百五十五頓，值銀九十三萬五千二百九十圓。田尼西省有鐵礦十六處，共出鐵四十七萬三千二百九十四頓，值銀六十萬六千四百七十六圓。美穌利省有鐵礦八處，共出鐵二十六萬五千七百十八頓，值銀五十六萬一千零四十一圓。阿埃阿省有鐵礦七十處，共出鐵二十五萬四千二百九十四頓，值銀五十三萬二千七百二十五圓。哥拉黎都省有鐵礦十八處，共出鐵十萬九千一百三十六頓，值銀四十八萬七千四百三十三圓。佐治亞北加羅黎拏省共有鐵礦十七處，共出鐵二十五萬八千一百四十五頓，值銀三十三萬四千零二十五圓。幹匿地葛馬撒朱昔省共有鐵礦七處，共出鐵八萬八千二百五十一頓，值銀二十六萬五千九百零一圓。埃打賀滿天拏省有鐵礦七處，共出鐵二萬四千零七十二頓，值銀十五萬八千九百七十四圓。堅得基省有鐵礦四處，共出鐵七萬七千四百八十七頓，值銀十三萬五千五百五十九圓。紐墨西哥屬邦友打屬邦共有鐵礦兩處，共出鐵三萬六千零五十頓，值銀七萬九千五百五十六圓。地拉威馬理蘭省共有鐵礦十四處，共出鐵二萬九千三百八十頓，值銀六萬八千二百四十圓。柯利根華盛頓省有鐵礦三處，共出鐵二萬六千二百八十三頓，值銀三萬九千二百三十四圓。的沙士省有鐵礦兩處，共出鐵一萬三千頓，值銀一萬九千七百五十圓。哥拉黎都省共出七萬零七百八十八頓，值銀二百一十萬一千零十四圓三角一分。美穌利省共出錫九萬三千一百三十一頓，值銀二百零二萬四千零五十七圓一角四分。共出四萬四千四百八十二頓，值銀一百五十七萬一千一百六十一圓零四分。埃打賀省共出二萬三千一百七十二頓，值銀一百零四萬二千六百二十九圓三角一分。友打屬邦共出一萬六千六百七十五頓，值銀七十六萬三千三百二十九圓零九分。威司根先省共出錫二萬四千八百三十二頓，值銀四十萬零五百六十七圓零八角六分；共出一千六百七十八頓，值銀六萬四千零六十二圓五角三分。滿天拏省共出一萬零一百八十三頓，值銀四十五萬六千九百七十五圓四角。埃阿亞省共出錫四百五十頓，值銀三千六百圓。諫沙司省共出錫三萬九千五百七十五頓，值銀二十九萬九千一百九十二圓零五分；共出三千六百十七頓，值銀十萬三千二百三十六圓四角六分。邊西梵尼亞、紐遽施省共出錫六萬三千三百三十九頓，值銀十七萬五千零五十二圓零二角。紐墨西哥屬邦共出錫一百四十頓，值銀二千五百二十圓；共出四千七百六十四頓，值銀十七萬零七百五十四圓零五角九分。華前尼亞田尼西省共出錫一萬二千九

百零六頓，值銀十四萬一千五百六十圓；共出鉛二百六十八頓，值銀一萬零七百二十圓。阿林宣拏屬邦共出三千一百五十八頓，值銀九萬八千七百四十七圓八角四分。尼華打省共出一千九百九十四頓，值銀七萬二千六百五十三圓零六角四分。伊連內司省共出一百七十三頓，值銀四千八百圓。南的哥打省共出一百一十六頓，值銀四千六百五十三圓四角四分。阿諫沙士省共出錫一百三十頓，值銀三千二百五十圓；共出二十頓，值銀四百圓。嘉里寬尼亞省共出鉛五十三頓，值銀一千九百九十九圓六角五分。滿天拏省出銅九千七百八十六萬八千零六十四磅，米施根省出銅八千七百四十五萬五千六百七十五磅，每頓計二千磅。阿林宣拏屬邦出銅三千一百三十六萬二千六百八十五磅，紐墨西哥屬邦出銅三百八十八萬三千零十四磅，鎔鑄廠共出銅三百三十四萬五千四百四十二磅，哥拉黎都省出銅一百十七萬零五十三磅，埃打賀省出銅十五萬六千四百九十磅，嘉里寬尼亞省出銅十五萬一千五百零五磅，歪阿明省出銅十萬磅，華孟省出銅七萬二千磅，友打屬邦出銅六萬五千四百六十七磅，尼華打省出銅二萬六千四百二十磅，華前尼亞田尼亞省出銅一萬八千一百四十四磅。哥拉黎都省出金值銀三百八十八萬三千八百五十九圓，出銀二千三百七十五萬七千七百五十一圓。滿天拏省出金值銀三百一十三萬九千三百二十七圓，出銀一千七百四十六萬八千九百六十圓。嘉里寬尼亞省出金值銀一千二百五十八萬六千七百二十二圓，出銀一百三十七萬三千八百零七圓。尼華打省出金值銀三百五十萬六千二百九十五圓，出銀六百零七萬二千二百四十一圓。阿林宣拏屬邦出金值銀九十一萬零一百七十四圓，出銀二百三十四萬三千九百七十七圓。的哥打省出金值銀三百零九萬一千一百三十七圓。埃打賀省出金值銀一百九十八萬四千一百五十九圓，出銀四百零五萬六千四百八十二圓。柯利根省出金值銀九十六萬四千三百零九圓，出銀二萬三千三百八十二圓。阿拉司加屬邦出金值銀九十萬四千六百五十圓，出銀一萬一千九百十八圓。紐墨西哥屬邦出金值銀八十一萬五千六百五十五圓，出銀一百六十一萬七千五百七十八圓。友打屬邦出金值銀四十八萬七千六百六十六圓，出銀九百零五萬七千零十四圓。的沙士省出金值銀六千八百二十八圓，出銀四十一萬八千一百七十三圓。華盛頓省出金值銀一十八萬六千一百五十圓，出銀三萬六千八百零一圓。北加羅連拏省出金值銀十四萬六千七百九十五圓，出銀三千八百七十九圓。佐治阿省出金值銀一十萬零七千六百零五圓，又出銀四百六十四圓。米施根省出金值銀八萬七千零四十圓，出銀一萬八千八百八十五圓。南加羅連拏省出金值銀四萬六千八百五十三圓，出銀二百三十二圓。歪阿明省出金值銀一萬四千五百十二圓。馬理蘭省出金值銀一萬零三百六十九圓。華前尼亞省出金值銀四千一百圓，出銀十三圓。阿拉巴麻省出金值銀二千五百三十九圓，出銀一百圓。因查美國所出之煤共九千九百六十九萬餘頓，值銀一萬三千一百五十五萬餘圓。鐵一千四百五十一萬餘頓，值銀四千五百四十二萬餘圓。錫四十一萬餘頓，值銀九百五十一萬餘圓。黃金值銀三千二百八十七萬餘圓，銀值銀錢六千六百二十六萬餘圓。合而計之，共值銀二萬八千六百零三萬餘圓，銅價尚未計焉。分而較之，煤之所值爲最鉅，次則銀，次則鐵，又次則金，金之所值不及煤價之半，證以因前所聞，開礦之利以煤爲最，重信不誣也。中國之金產於北，今則臺灣、越南、山東皆有之。鐵產於湖南，今則湖北皆有之。鉛、錫與銅產於雲貴，而銅尤旺。惟歐洲礦學家皆謂中國之煤爲最多，且云一省之煤可以敵英、法、德、比各國之煤，然則中國之寶藏蘊於地者，固極天下之至富也。擅天下至富之權有創之者，仿美國而開採之，何患財用之不足哉？但必興鐵路，則遠水之礦方能運出耳。【略】

二十七日，晴。礦務委員徐麟光來見，爲至美購開礦機器，並訪查開礦之法。因謹按：歐、墨兩洲均以開礦爲重，謂爲天地自然之利，即《禮》所云「貨惡其棄於地」之意。又謂煤、鐵二者乃富强之至寶，蓋以槍礮、兵輪、火車均非煤、鐵不能成，而機器各局所以製造槍礮、輪船、鐵路、火車者，亦均恃乎煤鐵。推之鐵甲、礮臺、起重機器，均煤、鐵是賴，則以煤、鐵爲富强之本，信乎然也。

二月初一日，晴，夜大雨。聞新加坡埃白金礦出金甚旺，曾以礦石三百五十頓鍊之，得金八百七十兩云。因以每頓二千六百斤乘之，爲五十六萬斤，再以八百七十兩析之，爲礦石六百四十斤零得金一兩，尚不如奉天之金礦，臺灣之金沙也。

十九日，晴，天氣暖。又照會(客)〔容〕閎查詢前所留銀一萬餘圓。美國南方鐵廠鍊鐵爲鋼，他處所鍊之鋼無其美者，謂足與英鋼相埒云。因嘗聞美國議紳之言曰，人知美國之多金礦，而不知美國鐵礦亦多也。金礦以致富，鐵礦以致强，槍礮鐵艦非鐵不能成焉，且鐵礦尚有勝於金礦者，何也？金礦有私藏偷漏之弊，鐵礦無之，此物此志也。

二十一日，小雨，天氣尤暖，不能著棉。阿非利加之南有一山曰薩枯羅，其中多金，英人現正採取。因謹按：中國東三省、朝鮮產金由來久矣，自礦學興而

山東、臺灣、越南均産金，日本亦産金，印度西比利亞亦産金，亞洲産金之地誠多矣。阿洲古以爲沙漠之地、煙瘴之區，而亦産金焉。惜乎土人闇之，而他人有之也。

（三月）十八日，晴。英報云，亞洲各礦西人不能盡知，然中國、日本之多礦産，則固人人知之。中國泥於風水者論及開礦則羣非之，今稍去故見。中國果以西法開採煤鐵，則足以行銷天下，並奪西國市利。其各礦偏於國中，僅以蒙古地方而言，已有一百八十處矣，磁石大礦五處。美國所有著名之磁石各礦不及，其大煤礦亦多，八十英里之中皆是也。汽機所用之煤亦與鐵相間而生，有一二英里之廣，即就蒙古之礦而開之，所獲已不可勝計矣。熱河則多銀礦，向爲土人開採，所出之銀曾值英洋二百萬圓，皆用土法鎔煉者也。今有華人在彼開採，已向美國定購機器。黑龍江南岸亦有華人在彼開採金礦，彼處産金，本多所用機器，亦向英德兩國購用。試考中日兩國礦産之數，日本之煤有三萬至四萬見方英里，然較中國，則渺乎小矣。中國有煤層四十萬方英里，較歐洲全洲之煤爲多，開採數百年可無煤乏之憂。臺灣有一萬方英里之煤，煤層極厚，計有英尺百尺，足供天下數年之用。中國誠地大物博哉。

又卷六　光緒十七年（三月）二十一日，晴。英屬新金山礦産極旺，考據家謂，自咸豐元年起至今三十六年，計出金三百二十九兆磅，以每磅值銀四兩計之，合銀十三萬一千六百萬兩；銀三兆磅，鐵值銀十八兆磅，煤值銀二十四兆磅，煉蠟石值銀一兆磅，可謂多矣。因謹按：新金山者，英之一外府也，英之本國只倫敦、蘇格蘭、阿爾蘭三島，抵中國一大省之地耳。本國無可開拓，故以海舶通至各洲，覓無主之地以興利而移民，英之屬地歐墨阿三洲蓋無所不有矣。而並得新金山一島於南洋，又在三洲之外，其地礦産極饒，故稱金山。其稱新金山者，别乎美國之金山而言也。其實美之金山，美人名爲三夫闌昔司科。英之新金山，英人名爲澳大利亞也。英以島爲國，屬地畸零，徧於各洲，故恃兵以筦攝之，否則聲氣不能通，威棱不能及，已創其利而他人享其成矣。然則英之水師，甲於地球，亦勢不得已也。律師科司達來會，言布萊爾於光緒十四年以前尚不惡華人，自美總統與外部行苛例之時而後改轍，以趨時政府所言，壬午年已詆辱華工，誤也。

又卷七　十八日，晴，中夜大雨。午刻，英國赴祕辦理開礦之公司來見，年約三十餘歲，言倫敦總公司自與祕立約後，今湊集金磅二千萬，特派伊赴祕魯辦理開礦事務，將來需用華人，特來相商。因答曰，祕魯綱紀不立，不能保護華人，前此智、祕搆兵，及土人妒忌華人之被殺者約五千人，其餘各寮之虐斃者不下萬人，中國鑒於前事，已立約禁招工矣。該公司云，祕國無政已所深知，惟此次開礦係英公司，英廷必爲保護，斷不如前之虐待。因答曰，新金山、新加坡、美國毗連之域多利卡拿大皆英屬地也，華人之入境者須納重稅，新金山至納每人百圓，而域多利卡拿大之例華人入口納身稅五十圓者，但經出口即不許來，來則仍須納稅，何其苛也！我中國人數甲於地球，但准招工，則來者麕至，必不能容，又將設苛例矣，故不敢允。該公司固請且云，祕魯開礦已於祕訂定五十年，本公司斷不如此之苛待。因答曰，寓祕華人尚有四五萬名，中國之人不可招，現在寓祕華人，貴公司以善待之意招徠當亦敷用，何必捨近圖遠。該公司頷之遂辭去。因謹按：同一華工也，美禁之而英招之，皆爲利起見耳。美之禁之也，工黨之欲專其利也；英之招之也，公司之欲助其利也。至於英屬之卡拿大則有身稅，即許入境，一似招之也，如無身稅不准入境，又似禁之也，無非爲利起見也。

又卷七　十九日，雨。爲英公司赴祕開礦欲招華人，即函致駐祕參贊吴濬，領事張曾詔並立　章程，屬其防該公司創招工之議，且乘此該公司需用華人之時，易就範圍先與妥商，以免華人受虐。接駐英法大臣薛福咨文，以因前所言，厄瓜多、智利兩國華人由英公使領事保護，請其照會英外部道謝，並求以後仍爲保護等因，經已照會、外部矣。此事因以厄瓜多、智利兩國，中朝未與立約，無可措手。而華人又實可憐，再四思維，輾轉設法爲之咨託英廷，此後兩國華人當不至大受淩虐矣。日本所開之官礦失杜礦中值日銀四十二萬，其中十三萬爲所得之利；意格奴礦中值日銀十八萬零六百，得利銀六萬。因謹按：開礦之舉，利不待言，歐洲各大國無不以開礦致富强也，中國之不盡得利者，一由於礦學之未精，一由於辦理之非人也。

又　（九月）二十五日，晴。中國山東鑛務局在美國鉢崙埠購置開鑛機器一副，計銀十四萬，運回中國。【略】

（十一月）二十日，陰。俄都來信，俄廷新定則例，自明年正月一號起，國中田地不准質賣與猶太人。猶太商人前受俄廷優待，准置田地，以後不准。另分畫一地令猶太人居之，他處均不許居。聞猶太人見此苛例，多思離俄云。查各國所開銅、鐵之礦，按年計價，美國值銀四萬二千二百四十萬兩，英國二萬二千二百萬兩，德國八千四百萬兩，巴西四千八百萬兩，法國四千萬兩，比國二千八

百萬兩，奧國一千六百萬兩，義國八百萬兩。

〔十一月〕二十五日，晴。考地球各國所産銅，按年計之，美國七萬頓，大呂宋四萬頓，南花旗各國三萬頓，德國三萬頓，日本一萬頓，新金山七千頓，阿非利加七千頓，俄國四千頓，那威二千頓，英國一千頓。考各國所産鐵數，按年計之，英國一千三百萬頓，美國六百四十萬頓，德國四百二十萬頓，吕宋四百萬頓，法國二百三十萬頓，俄國一百萬頓，奧國七十九萬頓，意國二十萬頓，比國十八萬頓。考各國商，英國七百二十萬頓，那威國一百五十萬頓，德國一百二十四萬頓，法國九十七萬頓，意國八十九萬頓，俄國四十九萬頓，奧國二十九萬頓，和國二十五萬頓，比國八萬六千頓。因按：《曲禮》云：「貨惡其棄於地也，力惡其不出於身也」，左氏云「因地之利」，地球各國所講求而興之者實合此義，其所興之數較多者，其國亦較强，治國者可知所先務矣。赴美内部大臣及博物院茶會，亥刻而返。

又卷十一　光緒十八年〔六月〕二十六日，晴。酉刻，大雨。卯初，盥漱，因率使館各員黎明行三跪九叩禮。辰刻，設麪。申正，設醮。美國之挨達浩省五金礦上年所採金、銀、銅，值銀一千萬圓，黄金居十分之三。現年冬春多雨雪，淘洗礦沙較便，開出之金較上年多二成云。因查北墨洲多五金礦，墨西哥與美接壤，美富而墨窮，豈開礦不得法歟？抑其人不足恃也。美國傳言中國京北之礦有英人承辦，開採已見之於報矣。

又卷十六　光緒十九年〔七月〕二十五日，晴。午正，至希卡果換車，於亥初開車。十四日，俄國彼得堡來電言，俄國近日於開採金鑛一事詳加考究，故所採金數年有加增。一千八百八十五年所採之金值銀一萬四千羅卜，至今未及十年，現在所採之金每年值銀三千六百六十餘萬圓云。因按：中國鑒於有明之季世，視開鑛爲畏途，遂至棄地寶而不取，而爲高論者或以爲謦天地之藏，其立言誠大矣。然當今之世羣雄角力，我如能閉關自守，拒使不來，若桃源之自爲，世界豈非盡善而無如不能也。陸防之外又有海防，製船製械製礮，軍需所費，不止百倍，將何以籌畫哉？外洋開礦之舉未可盡非也。

又卷二《光緒十七年辛卯八月十七日日記》　南洋羣島中有白蠟者，一名卑力國，又譯作霹靂。近接檳榔嶼，由嶼對岸陸路可通，緜亙數百里，層巒疊嶂，向爲巫來由一作穆拉油。人所居。荒初闢，近屬於英。同治間，華傭始來采錫，苗旺産多，英人設關徵税，歲得數十萬金。通島分大白蠟、小白蠟二境，以一河爲界。草創之初民多茅舍，今始有灰泥版築者。土産檳榔、椰山竹、榴連、婆羅諸果。此島産錫最多，惟彭亨兼産金、白蠟，亦偶産翡翠、玉石。土番無部落，不相統屬，間有强酋，亦自君其地，不能兼轄他境。其地無官無兵，故其酋與民無所區别，性悍戾好鬭，亦常劫殺過客。英人得白蠟後，雖有輪 往來，不能駛入内河，近擬造車路以便行旅。

又《光緒十八年壬辰〔十一月〕十八日日記》　瑞典多鐵、銅、鉛諸礦。其鐵質美，鍊精甲於天下。每年出鐵九百萬噸，每噸合中權一千六百八十斤。山多樹木，材料堅良。每年運木值洋銀三百萬圓。法銀一千二百萬佛郎。海産鐃魚，銷售廣遠，工藝能鍊純鋼，織棉布，以木爲紙，能造自來。

又卷十《〔光緒二十年二月〕十八日日記》　英廷於雍正六年特派巡撫一員管理紐芳蘭。【略】道光年間，土産衹大麥、青草，邇來五穀、蔬果、番薯、蘿蔔等日增月盛，並多礦地。銅礦最佳，礦苗取諸蛇皮石内，此蛇皮石嶺積面有五千英方里，光緒五年出口礦産值四兆六十二萬圓。

陳澹然《權制》卷三《軍情述夷隙・泰西小國》　輿地家之論小國者，率以法蘭西之摩那哥國，意大利之森馬林國，日爾曼之光石國，界於西班牙與法蘭西之安道耳國爲□實。【略】而不知歐洲最小之國固不在是，其國之極小者曰摩爾奈，幅員□小獨出冠，時計其方里約得一九之數，析其縱横各得三里，東鄰日爾曼，西連比利時，地産錫礦一所，苗旺而利宏。爰有農人百餘家，結茅屋數十椽，聚族而居，務農之餘兼事開礦，以杜荒逸，而廣利源。比至西曆一千八百十五年，歐洲戎事方平，普魯士與荷蘭、比利時諸國重整疆域，以弭争端，各使勘界大臣巡行邊陲，秉公從事。初固各無争心，及勘至摩爾奈地，見土壤沃腴，錫礦苗旺，加以風俗醇厚，居民馴良，於是各思佔據，乃歷久而議莫能成。其時普國度支未足，兵力未强，既不克獨霸一方，又不肯出銀貼補，卒乃各舍所求，聽其自立成國。且與各國議定，莫得私行侵擾，而摩爾奈遂勵精圖治，整飭紀綱，駸駸乎居然成國矣。【略】每年公費税項，小民每口當捐六個佛郎克，若以別款捐項及錫礦所出併計之，每年可得公費利銀一萬八千佛郎克，將此撥爲人員俸餼，及修橋補路，設學校，開錫礦諸公費，皆綽綽有餘，無憂匱乏。

安德孫撰，傅蘭雅、潘松譯《求礦指南》卷一《論查地面形勢求礦》　所見之鐵鏽，平常因鐵硫礦化分而成，所以地面有鐵鏽，則疑深邃之處，必有鐵硫。但查礦之人，得蜂窠形之石英，其塊亦距礦脈甚遠，則其面愈平，而其角愈鈍。或

遇常産礦之石，就山邊查其根源，爲地面所露出之石，則查礦之人，在地挖槽，與礦脈成正角之方向，如此能查考其性，得知其脈之大小，並包脈之石爲何類。又可查其上下面爲何種石，及産於何處再核其脈排列之方向，然後開井，較槽底更深數尺。查其脈之正方向，因近於地面之處，其脈常有變形，易於貽誤。但查得礦脈之方向，將來宜在他處開井，或上山，或下山，或在谷之對面，以此法定其脈通到何處爲止。如各處所開之井，遇見其脈，並近於地面，所開得之礦試驗之時，果係金類，則日後可從本處，多備工貲，以便開礦。

凡開礦之處，不可謂開愈深，即礦愈多，因此事難測。間有數處開鉛，或開銅，其脈愈深則愈佳。又開金礦之處，如舊金山所謂草面谷，已經開深一千尺，而所得之礦，與地面畧同。但平常之礦，開愈深，則其礦愈賤。又無論在何處，見金類礦，不可遽加珍貴，宜先詳查周圍各地方，始能知其脈之大小，與通若干遠，故今之礦師，多知各礦脈，依其所通過土石層，而改變其性情，及成色。

又卷一《論查地面形勢求礦》 凡以開礦爲業者，不可偏信一處之皆好，亦不可偏信一處之盡惡，因常有顯出礦最佳且多之憑據，迨開礦之時，則反缺焉。或在硬石之中，其脈收小，而質甚薄，開之亦不合算。或遇見脈之端，有礦一大塊，而後來全無所獲。或開若干礦，俱爲上等者，嗣後脈忽變爲最賤，或歸無用。所以礦師查得地面有礦脈，詳細化分之，知其所含金類之數，能合算與否。如先動資本，以開礦洞，其礦雖多，而成色不佳，鍊之不能得利，則悔之已晚。常有開礦家，驟然得利，則其膽愈大，猝在新地方開礦，以爲能再獲大利，稍不謹慎，則所擇之方位，其礦有限，從前所得之利，都歸烏有。具畀開礦家，必先有若干利益可定，即日後經營，亦不至大有損耗。

杞廬主人《時務通考》卷一三《礦務二・備器・煤》 鑿孔察煤。 鑿土石器具，必以堅鋼作鑿，略准土石所宜，酌製形式。先於鋼鏨之上，作陰螺絲，上節鐵桿之下，作陽螺絲，如此節節相接，而長無定制，其相接之處，必圓白如一。鐵桿須擇徑寸上等鐵條，每條長六尺至十八尺爲度，鑿孔之時，或於地面立一木架，或先作數尺寬廣之井，二法妙用，可使數節鐵桿，舉而上升，便於節節分拆取上也。拔桿使上之法，有用三足立木起重架者，有用雙木起重架者，至令鐵桿緩緩下鑿，亦有二法，一用有韌力長木桿，彎斜下垂，繫鐵桿於木端，距鐵桿數尺。縛繩於木桿彎斜處，以人力自下牽之，使鐵桿下鑿不用力時，則彎桿自舉鐵桿而上。如是牽舉，上下不已，則鐵桿自緩緩鑿下。若至極深之處，用力加大，必備起重器具，以轆轤繞繩數匝，一人牽之，又一人轉轆轤，使鐵桿上升，牽繩脱手，則鐵桿自降而下鑿，鐵桿又有鐵柄相連。伺將欲下鑿之時，撥鐵柄使桿略旋轉而下，每下鑿多時，即將全桿取上。再以長六尺之合孔鐵筒，底有舌門，以繩懸之，墜入孔內。下築多次，則孔底土石自入筒口，舉而上升，舌自閉而土隨上矣，細察各層土石。即知曾否有煤，並可知每層之煤相厚若干。

鑿孔新法。鑿孔徑約三寸至五寸，過深則土易合，必以鐵管節節護於孔內。法蘭西客路素地方，有鑿孔察煤，至三千零一十七尺者，可謂奇矣。運來有以汽機輪器鑿孔者，用鐵絲繩繫鏨，法更善焉。

法國鑿孔器。法蘭西福非力地方，鑿孔易而且速，法用空心鐵桿，於鐵桿下鑿時，恒激水入桿，使孔內泥土浸水柔滑，由桿周激之上升。凡鑿孔不須過深者，此法最妙。

鑿井略法。鑿煤井時，先用重大尖利鋤頭，或用錘劈，或轟以火藥，井下所積碎屑土石，井口置滑車，以人力挽上，稍深日用馬力轉盤運上，再深則用起重汽機。

護井要法。初鑿煤井時，若遇土石甚輭，用同井徑之木環護之，環周約厚四五寸，略如作輪周之法。每弧斜角線由中分，每弧交接剖半相合，取其肉好圓而固抱也。雖土石內擁力大，亦不致損，每向下約相距三尺，即置一木環，其相距空處，以木條上下承接，並用長木板層層以釘固之。如虞木環隨長板齊墜，預於井口置橫木，牢繫繩索，又於木環外周護木板，長可六尺。如非輭土之處，木板可任意疏密，不必連排無隙。凡遇井下有堅石層，可爲基址，即將石上周圍之土，略爲開寬。再用鐵環或木環，加於石上，俾內徑與井口同，即於環上累磚至井口，上段工竣。復自石層下作井，須較石層上所置環周外徑略小，則上層堅石基址，方有著立，再遇下層堅石基址，亦與上同法，故上下仍成直線。設遇井周有多水輭泥，累磚時隨即脱落，法於井口上另作磚圍，以粗大鐵條作幹，俟繫至輭泥相墊處。漸去周圍泥土，俾磚圍落至石層所置大環上，若遇多水積砂，磚圍之法，亦不能用。法當於井周積砂略遠處排下多樁，樁長十二尺至十四尺，樁首各加尖鐵，俾遇堅硬易下。下樁之後，即節節取去樁圍中積砂，隨下木環，制樁內欹，再於樁內周圍護以木板，復以磚自板內層累而上，視磚圍外稍有空隙之處，必盡築實，以期穩固。

空氣壓力鑿井法。今法蘭西有名得利該者，新立一法，令井內空氣壓力極

濃極厚，克與水力相敵，水不能入。始使作工，法於井口内置大鐵圍，先將外周築實，復於内徑中段作蓋二層，俾勿洩氣，另有小管通入蓋下，以機器推氣入内。計所加空氣，較平時空氣濃厚約多三倍半。曾以此法作八十二尺深井，頗爲利便，但鐵圍内既作蓋一層，則上下不通。作工應用物件從何運下是必於圍内相距不遠，作蓋二層，上層蓋旁，另有小門，可任啓閉。運物至上層下，則閉上層小門，隨啓下層小門，則運物而下矣。若自下運上，其理亦同。如此啓閉運物，洩氣無多，不但水不得入，人之在内作工者，亦無煩悶之苦。所有鐵圍下口不平處，補成完密，必以啓蓋時水不得入爲度，二蓋旁又有小管自下通上。當汽機推氣入内時，其下積水，並工人吸進生氣，呼出炭氣，皆由此小管噴上矣。

環板護井善法。今法蘭西與卑里經各開煤處，以最堅木作環板，皆不用鐵釘。先於立基址處，置大木環，於環弧接榫塞緊後，再於木環外圍，以大小木劈次第塞之，必以木劈不能容入爲止。至環内各板湊合，須鏍平勻，俾無絲毫漏縫，並於相接處，多加大小木劈。若多邊形井内，木板層層相接，上下俱直。惟周圍層接，必犬牙相錯，及至無水極高之處，又作大木環覆壓其上。計其能力，每方寸可勝二百磅至三百磅水之壓力而不能壞。如法蘭西木啥力富家陵地方，有煤井深九百尺者，用此法作圍。除土石堅固者無須用圍，其餘有圍之處，計五百二十四尺。

鐵板護井新法。新法用方塊鐵板，厚七分五至一寸半，高一尺至三尺，視外周土石擁力大小，爲鐵板厚薄准率。先於井下立基址處置鐵環，或一或二三不等，鐵環各弧相接處，用木劈緊塞，須安置鐵環平正爲本，然後以鐵板層層布置於上。凡鐵板相接處，必加松木一條，每條厚三分七五至半寸爲度，鐵板層層相累，必參差交錯，略與累磚牆同法。鐵板内面，如瓦合而體平，外面多凸斡，四邊作折角，弧線皆由中分，安置畢必以錘敲擊四周，聽其聲而知鐵板曾否完固。凡上下直邊相連之處，必先用木條緊塞，惟横接處，須俟上層大環穩固。已有重壓之力，然後於相接處，加以木塞，自無隙漏。又每塊鐵板中心，皆預留一小孔，緣井内周布滿鐵板，四周積水與空氣，可由各孔漏出，否則受極大漲力，或擁裂鐵板，或全塊推出。故用木條補孔時，亦不可同時盡塞，必陸續補之，爲要。如恐補塞各孔以後，仍有漲損之虞，則於鐵板外周，置鉛管通上，即中層遇水，皆可如法通至井口而上洩。

英國鐵環板護井工價。如英國西兒呵克司地方，有新鑿雙煤井，深一千五百四十五尺。始遇第一層煤，井口徑十二尺，共用鐵圍十一層，計五百十尺，重六百噸。計其能力，每方寸勝水壓力一百七十六磅，每尺鐵周四十二石，計每石價值一圓六角八分。安置鐵板，計每尺工價四圓八角。各處應加木劈，計每尺工價四圓八角。安置大鐵環，計每尺工價十六圓。

鉛管出水。煤井鐵板外周，有鉛管引水上升，以所出之水計之。知作工時每分時候，井内積水，約二噸零四分之一。

防鐵圍之弊。生鐵作圍有二弊，一、由外周積水，時時銹蝕。一、由井内常升各等氣，皆易剥落鐵質。惟累磚於鐵圍内層以障隔之，然有漏水處，又難尋覓，究不若用油爲佳。

鐵圍護井簡易法。卑里經國，有名受德倫者，其法用大鏨鑿成深井，以鐵圍層層加入。及遇下有堅石，可爲鐵圍基址者，令工人下至石層，依鐵圍周徑鑿平石面，再以油蔴辮鋪勻。及鐵圍下口壓緊，則四周泉源，自不能由下浸入。曾在卑里經必路雷地方，依法用鐵圍二百零三尺，較別法工價，約省四分之三。

美國汽機省工。美國新製汽機，法用車架一具，上有汽筩，前有鋼钁，外展横鑿，狀同手運得煤多而且速。每分時候，可運動六十次，無少停歇，一器可兼十餘人作工。

鑿煤鋼钁。鑿煤器有兩頭扁鋒鋼钁，柄長二十七寸至三十三寸，鋼钁長十八寸至二十寸，取便於上下左右用者爲定式。有自中至兩扁鋒微圓而曲者，有自中至兩扁鋒向内微垂，而其式直削者，有自安柄處，僅一邊曲至扁鋒者，有自長柄作管順上稍曲而不下垂者。

運煤車。運煤四輪小車，於煤路鋪平行兩木板，各有凹槽爲車軌。嗣又改車輪爲凸式，車軌爲曲角，以軌之曲，受輪之凸。有兩旁車軌以限兩輪，此用人力推行者，又以車軌用木易敝，改鑄爲鐵用大車以馬力運行矣。前者常用之車，另置煤籃於小車平面之上。由鑿煤處運至大路，併入大煤車，再運至井底，大車之制，亦係平面，其上另加盛煤器具，或荆籃，或木箱，鐵箱，箱籃之緣有鐶鉤，便於繫鐵索由下提上。英國屬地色麻色時阿地方，並卑里經國，於煤井下先置一大鐵桶，約容煤一噸，俟各車運足容滿即爲提上近時大煤井内，專用四輪方箱車，即以此車，自鑿煤處運至井下，並煤車提出井口，由平地鐵路運至儲煤之所。

車輪僅八寸至十五寸。

矮煤車工價。厚煤層可用高大車馬以運煤，至煤層厚一尺至二尺有半，取

煤最難。又制極矮煤車，匍行推之，由鑿煤處運至大路。雖相距甚近，每噸工價，必自一角六分至四角二分。

消車行阻力法。或作輪之凸處使窄，或鐵條上面毋寬，或輪徑預爲加大，可稍消兩面相切之阻力也。輪中以鑿容軸，欲其密合而利轉，軸必堅鋼，膏必細油，可稍消軸鑿相磨之阻力也。以輪中之鑿，恰容圓軸，無物制之，輪必外脱而欹側，故於軸端凹周，合加鐵制扣緊自不左右欹側。又鐵路取諸易直，兩旁無礙輪面，或鑄工字式鐵條以作鐵路，輪周側面最下，恒切空虚，左右自不相磨，可稍消輪周側面之阻力也。

煤車宜矮小。凡煤層薄者，所用煤車，固必矮小。即煤層厚者，煤車亦不宜過高大，一遇阻滯，必需多人助力，始能就道。英國北陲煤井内，常用之車體，重三百磅至四百五十磅，載煤重一千二百磅至一千三百五十磅。又英國南陲所用鐵煤車較大，每車載煤一噸，設一離鐵路，欲使入轍，必多費人力。

車制。凡常用之車，必擇積理堅木爲之，底以載重箱以束物，板厚八分至一寸爲度，四面箱角各以薄鐵包之。底托鐵板，前邊齒鉤，後置圓環。若箱制方必中矩，於箱下兩旁作曲角，或四寸，或六寸，以容輪半徑。若箱制上廣下歛，輪徑十有五寸至十有八寸，兩輪半徑，左右輔箱而行。輪軸之制，有兩輪固於軸，軸轉而輪隨轉者，有兩輪轉於軸，軸不轉而輪自轉者。

斜煤層轆轤車。如有甚斜煤層，自下向上，循煤作路，自上順下，運煤至井，不特無面阻力，亦不需長加力，重車自能下行。法於鑿煤近處，置大轆轤一具，其架須可移徙。如逐日取煤前追，則移大轆轤隨之，左右有兩鐵路，可並行兩煤車。又有索邊貫多車，繞轆轤而斜垂左右。如右退數重車下行，則左連數空車自起而上行，及先下重車，逐一卸空，則已上空車，又各載滿足，左右互相上下，各以重起輕，絶不稍假人力。

斜煤層汽機引重。斜煤層用汽機引重上行法，利莫大焉。但井下不便置火爐，必以汽管自井上通入井下汽機以引重或用壓緊空氣亦可。蓋向下斜路，以二十八尺而低一尺，則空車下行，力足轉轆轤所繞之索隨下。若多於二十八尺而低一尺，則空車下行，力不足轉轆轤所繞之索隨下，又必另有索由小滑車牽之下行。

平路汽機引重。煤井内平路用汽機引重，立小汽機一具，勿令移動。每次引相連煤車五十乘至一百乘，約一小時，可行九英里。至空車迴轉，又必於鑿煤處，另有索由小滑車引之，半用人力居多。

用水力起煤法。維力士地方，有用水力别法，井上立轆轤一架，有機制之。無使速轉，自上懸索至井底，索兩端各有鐵箱，箱制兩層，上以盛煤，下以盛水。此下層之水，重於彼上層之煤，故下墜。下則去水而上載以煤，此上層之煤，輕於彼下層之水，故上升。上則去煤而下載以水。

英國各煤井起重汽機。蒙古維爾毛特地方，用竪置汽箭，箭徑六十五寸，挺桿進退各七尺，井深一千七百十六尺，用扁圓形鐵絲索引重。每次起煤四車，各重一千零八磅，約七十五秒而起一次。丟今非而得地方，用凝水機，竪置汽箭，箭徑六十寸，挺桿進退各七尺，鐵絲索如前。每次起煤四車，各重八百九十六磅。又丟今非而得地方，用大抵力機，亦竪置汽箭，箭徑四十八寸挺桿進退各六尺，井深二千零三十四尺，約七十秒至九十秒而起一次。那轉西登地方，汽箭竪置，箭徑六十寸，挺桿進退各七尺，井深七百四十四尺，鐵絲索如前。每次起煤四車，共載煤五千六百磅載煤車之架，重二千八百磅，約三十五秒而起一次。新連徙利地方，汽箭竪置，箭徑三十二寸，挺桿進退各五尺，井深七百五十尺，用扁圓蔴索，惟最上統轆轤處，仍用鐵絲索，每次起重三百四十四磅，約四十秒而起一次。格國里四哈利地方，用雙汽箭竪置，各箭徑二十四寸，挺桿進退各五尺，用鋼絲圓索，轆轤周中徑大，旁兩徑小，井深一千零三十五尺，煤車之架二層，每層載二車，共重二千六百八十八磅，約四千秒而起一次。西登低拉法利地方，用雙汽箭平置，各箭徑二十六寸，挺桿進退各六尺，井深六百七十二尺，用寬五寸，扁圓鐵絲索。每次起煤四車，各重一千二百三十二磅，鐵架並架上鐵環索，共重六千七百二十磅，約三十秒而起一次。拿非蓋勝必得煤井，用雙摇汽箭，各箭徑四十三寸，挺桿進各六十二寸，井深一千零九十五尺，用徑二寸鐵絲圓索，轆轤同前。每次起二大車，車體共重一千七百零四磅，合載煤五千二百六十四磅，並煤車之架計之，總重九噸，約四十六秒而起一次。

鋼條車架。載一煤車之架，重約五百六十磅，至六百七十磅。若載二煤車之架，或疊層，或平列，重約一千零八磅，至一千一百二十磅。近以鋼條爲之，較細而堅，較以鐵作架者，重可減半。

鋼鐵索重輕。鐵絲索，每六尺約重二十五磅，至三十磅。近又改以鋼絲作索，每六尺約重十三磅，至十六磅所起之煤，重二千一百三十六磅。

樱類索耐久。昔卑里經國，用樱類扁索，每一百兩内加□油十五兩，每尺重

三磅車至五磅車，此物雖重，而最經久。

工人活梯。工人上下活梯，法以鐵條作二直幹，自井上直至井下，每層相距，或八尺至十四尺。自梯之各層中分爲二，如兩車梯相合，每半層有斜撐如三角形，兩車梯時時互相上下。凡上下一次，每左第一層半梯，恒與右第二層半梯相平。如以左足躡左車梯最下第一層，隨舉而上升，與右半梯第二層相平，即以右足躡右半梯第二層。按此法每一小時，可上下工人五百名。

激水新器。激水恒升新法，不用提水盤，而用兩層蓄水盤。從兩層蓄水盤之間，旁出一筒，筒內制極光滑爾哈孔圓柱，密切無罅。圓柱提上，則下層蓄水盤二舌門開，而水已上；圓柱推下，則下層蓄水盤二舌門開，其上層蓄水盤二舌門開，則已上之水，即入上層蓄水盤，而上升矣。

英國兼取煤水汽機。英國北陲千不阿地方，大煤井處所用大汽機，汽筩徑六十五寸，挺桿進退各七寸，共有大槓桿二，小槓桿一。中置熟鐵大槓桿，右端下接汽筩，上轉轆轤，以備運煤。左端下有搖桿，接連生鐵大槓桿右端，此兩槓桿長短大小同，以左端接下提水桿，其小槓桿爲激水以進鍋爐者，此汽機專爲取煤而設。當未取煤時，即可專取井中之水。

汽機能力。近以各汽機合算，用煤九十四磅，計其常得能力，約九千一百六十七萬二千二百一十磅，而高一尺，計用煤一噸，所得能力，等於瓦特時汽機用煤五噸所得能力。嗣較得用煤一噸汽機能力，可起水一千六百三十八噸，而高六百尺。如平日煤價，每噸值三圓六角，計起水一噸，工價頗儉。

防火燈七種。兑飛防火燈，用鐵絲布一圍，下有筒圈，內有螺絲，可轉合下層燈座，上小半用雙層鐵絲布。凡煙燄上升，雖遇外氣極多之處，亦不燃火。每燈價值一圓五角六分，至一圓八角而止。固蘭泥防火燈，下半以厚玻璃作罩，上半以鐵絲布作籠，空氣僅由上半鐵絲布通入，既不足發明火光，又兼玻璃極厚，重已加倍。土波羅防火燈，利用與兑飛同。惟鐵絲籠下螺絲圈，有機通入燈心，如欲旋螺絲開籠，則燈心自下縮而火熄。司提分孫防火燈，較兑飛燈徑稍大，鐵絲籠內有玻璃罩，上口有多孔銅，蓋玻璃罩下銅座周圍多小孔，外氣由下透入，令火生明，不特不畏風氣擁火出籠外。即玻璃碎裂不遇大風，火亦不致外燃。設遇易燃之氣入籠內，將欲燃，而火仍爲外氣壓熄。波提防火燈，下半有玻璃罩，上仍用鐵絲布，玻璃罩下銅圈，周多小孔，以進空氣，故發光甚明。木西類防火燈，下半亦有玻璃罩，上仍用鐵絲布，又離火稍高，懸一銅管，下徑大於上徑。令火氣衝入，吸煙上升，下進冷氣自速。即玻璃罩亦不致遇熱，縱有大風能撲熄兑飛所裂之燈，而此燈獨能靜謐。且遇外燃之氣過濃，而火即壓熄。衣路接泥防火燈，下半亦有玻璃罩，上下倍厚，中□薄而凹，發光甚明，幹上又有射光鏡，可任意上下，以接火光。

安色利煤氣表。有西人安色利刱製煤氣表，面有指針，視針所指，即知空氣內有煤氣若干分。嗣又有巧制，一至煤氣能燃之時，其內銅鐘自鳴。凡空氣每百分中有一分半煤氣，則針即指明易見。如兑飛所製防火燈，須空氣每百分中有三分煤氣，見火光始可辨色而知。

英國引空氣火爐。英國赫登大煤井處，新製火爐，長二十六尺，或前或後，分半添煤。即可更番熄火，以去煤燼，或金爐添煤。又於爐後鐵柵上下多開進風氣之門，隨時啓閉，視欲得火力若干爲度，依此法作爐，可進新氣無數。

英國吸敗氣器。英國阿波得耶地方，新製一吸氣之器，以鐵板作長方鞲鞴。每鞲鞴長三十尺，寬二十二尺，面積六百六十平方尺，鞲鞴下有小輪兩層，各輪皆有鐵路，鞲鞴進退七尺，鉸鏈門共六百七十二，每門寬十六寸，長二十四寸。每分時刻，進退九次，每分時刻，應吸敗氣十六萬六千立方尺。

英國用熱水汽法。英國新刱一法，用最熱水汽，或自井上，或自井下，煮水至極熱之度。其汽自井下由數十小管放出，管徑自八分寸之一，至十六分寸之一。遇煤井內燃氣極多處，水汽之法，又爲最穩。

英國量氣表。英國新製量氣表，有六寸十寸徑者，有十二寸徑者，法於表外作多扇風輪，以軸進表內大小各齒輪，視每分時刻指針行若干分，即可核算氣行之速率，而所進多寡之數，亦可由此推算。

煤礦燃藥電箱。哥羅法發電氣箱，有漏筒三十二箇，鋅板三十二片，白金板三十二片，硬像皮管三十二箇，裝紅木箱。另有水銀與極點，又可容硝强水二斗半，硫强水半斗。

煤礦鐵鏡代燭。裝火藥時，不敢點燭，用光亮之馬口鐵釘於木架上，受外面之光，照入分路與火藥膛內，此法初爲武弁羅微司所設立。

又卷一三《礦務三・開採・煤》 各國得煤噸數。查各國每年得煤之數，英國約一萬萬噸，美國約一千八百萬噸，波羅斯爲二千萬噸，法蘭西約一千二百萬噸。

煤一層分數種。英國漢蘇華德地方，有煤一層，厚五十五寸者，分爲數等。

最上二寸，係蓋面之煤。下二寸爲黑嫩端石，又下五寸亦如石，折之色略如銅。以上九寸，皆棄置無用。再下四寸之煤，西名粗光，便民炊爨。再下四寸之煤，西名上等光，可煅作輭枯煤。再下十三寸煤性稍硬可以鍊鋼。再下六寸又如前粗光煤。再下三寸爲輭光煤，亦可煅作輭枯煤。再下十二寸爲土。最下四寸，又得極輭之煤，燒之賸灰極多。

真產煤層。產煤層即各種土石上中下三大層之下層內一分層也，西名此分層，爲真產煤層。如以大利國，只有櫻色煤，又亨格列至邦，亦有數等櫻色煤。凡無真產煤層之國，僅得下等煤，亦足珍重。蓋各層所生土石次第恒有定，然亦有時按各層土石次第中尋之，却少一二層。惟本在某層上下者，必無上層下層互易之理，如卑里經國與法蘭西北界，產煤層正在白石粉層之下，此上已少數層土石。如英國司他福時阿煤層下，亦少數層土石。如法蘭西南界山以地俺地方，上下各層俱無土石，而煤層即連花岡石上。

極厚煤層。尋常所遇煤層，自十八寸至八尺爲率。英國南界色麻色時阿，有一層僅厚十一寸，亦曾有人開取。又徽得哈分與富林特時阿，有十尺至十二尺厚者。司他福時阿，有三十尺至三十六尺厚者。北亞美利加奴法司哥時亞地方，有一層厚三十六尺者。惟美國波地司非利地方，有一層厚至四十尺者。此特異之煤，不可多得。

煤層形勢。煤層形勢，自上斜而向下，復由下斜而向上，曰仰月槽形。又自下斜而向上，復由上斜而向下，曰凸橋形。有自四圍向下至中接成一片，曰碗形。有層疊而上，紋如衣褶，曰摺扇形。其餘各種異形，不可枚舉。

中國產煤。京師西山素稱產煤富有之地，西人前往攷察，並寄至泰西各國，互相衡較，僉曰甚佳。惟取煤各法未造精妙，恒費工多而得煤少。盛京錦州府至雞鳴山一帶，有多處開煤，價亦甚廉。山、陝兩省產煤最多，且有煤層露於道旁者，如太原、大同、太平、米脂暨直隸、井陘各郡邑，煤多而佳。此數處之煤約分兩種，一暗黑色，燃火多煙，一先黑色，燃火無煙而少灰，其質輕如枯煤。煤井有直下二百尺者，井周布石亦甚完固。每百斤煤價值不過五十至七十錢文。山東開煤處約分三大段，其餘未經開取者尚多。一、如長山孝婦河爲適中之地，其南則淄川、博山等處，各山麓所鑿煤洞甚多，惟博山多煅作枯煤。一、沂州府南陲地甚平坦，多循煤井法，大約煤有三種。無論何地鑿井求之，皆可得煤。一、距濰縣南陲二十里，煤多而佳。餘如新泰、章邱、萊蕪等處，煤層亦必甚厚。緣見所取之煤，多數尺大塊，可爲煤層甚厚之據也。又登州府距海近地有舊煤井，係嘉慶十一年六月十一日封禁者。金陵產煤層土石最多，如鎮江東南一山，分南北兩條，一由北而至金陵北關止，一由西南至金陵城東十五里，其產煤層俱在二山分行之間，山之最高者約二十尺。其山間各土石分爲上下二大層，上層可得佳煤，下層之煤，應較遜於上層。有數處煤層形迹露於地面，十餘年前，已有人於此處開取。今據地面所見產煤層各土石，知此數處產煤必多。浙江金華府有數煤井，深三百尺至五百尺者，非直向上下，或四十尺，或五十尺。作一磴折轉而下，層層由滑車運煤上升，煤色光而煙少。又江山縣附近青湖地方，已有作煤井取煤者。井口徑三尺半，深約三百尺，每日得煤不過千斤。又聞鳳林地方前亦多有取煤者。福建開煤處尚少，且未得上等煤，如距永定六十里地方，已作數煤井以取煤。臺灣現有數處開煤，每年多運售於上海等處。

泰西各國產煤。英國以產煤之地計之，合得一萬二千平方英里，其中如英吉利邦各產煤處，分爲十六段，每段約有數十煤井，至百餘煤井。北如牛加士利地方，產煤最佳。又北如蘇格蘭邦，有開煤數大段，所作煤井共四百九十七區，計所取之煤，每年約得一千二百四十萬噸。又西如愛而蘭邦，所開之煤極少，每年約得十二萬五千噸，賴有積溼輭陷未成煤之料，可代煤用。近時合計英國各處之煤，每年約得九千餘萬噸。法蘭西國產煤富有，但土厚民稠，用煤甚廣。就本國產煤大小各處言之，約共五十區，分爲中北南三方，惟北方煤少而難取，猶能逐細推求，每年亦得煤三百萬噸，合計三方，共得煤一千一百一十萬噸。卑里經國，疆域不廣，產煤極多，故開煤各法最精，煤井較各國最深者，三千四百十一尺。其各層煤甚亂，又拏摩而地方。煤井人工多費，價值較高。查開煤各處，分爲五段，每年計得煤一千零三十萬噸。波羅斯國於元大德五年間，即興開煤，計開煤處，分爲四大段。每年得煤二千一百十九萬七千二百十四噸。本國取煤最多者。惟偉司得非力耶地方，因便於運售外方也。塞渴司安尼邦，區邑小而煤多。前每年得煤一萬三千噸，嗣後每年得煤一百九十萬二千四百六十七噸，計煤井八十八區。開煤工人約一萬二千名。有煤層內產煤九層，除土石外，净得各層煤共厚九十六尺，又得櫻色煤三十二萬八十六百十六噸。阿司得利耶國，近時每年得煤約四百萬噸。大約半係櫻色煤，亦不多遜於真煤。有數處煤層甚厚，自五十尺至七十尺，竟有厚至一百二十尺者。吕宋國有三處煤層厚而且深，因無鐵軌運行之路，僅以驢力運載，故出售遠方，大非易易。土耳其國，不多用

煤，常於沿海見煤層甚斜，又有直向上下者。紐不倫司維克，與那法司苟西耶爲英國兩屬邑，煤層約厚一萬至一萬四千尺，除土石相間外，共得煤七十層，故各層煤甚薄。惟比克豆地方，有煤一層厚三十七尺半者。美國産煤，各等俱備約分爲五大段，一、阿巴類是喠煤田，多半係第一類煤。西名安特拉思脱。各層煤有十尺至四十尺厚者。二、乙里怒呵與因地安拏兩邦，有煤層厚三千四百二十九尺，兼土石而言。得煤十七層。可開取者，合計各層煤厚約四十尺至五十尺。三、依而哇密蘇里阿根所數邦，各層煤大約鋪廣而薄，故得煤恒少。四、得克薩司産煤處，約計三千平方英里。五、密其干産煤處，尚未細察。然觀地南形勢，應有多煤。似昔時爲流水等，故磨蕩而去者。美國今所用者多，係邊司至非你耶邦所開之煤，每年計得煤一千二百六十九萬八千四百十二噸。統計一國每年共得煤一千八百萬噸。又西界恒多得椶色煤，新金山地方，亦多産煤處。近查得煤層內有煤十一層，常等者厚四尺至六尺，內有二層九尺厚者，一層三十尺厚者。計所開之煤，不獨足供本地所用，且運售於中國並印度及舊金山等處。印度國有數大段地方，曾經細察，産煤亦多。英國東陲額三地方，有數層煤較勝於印度。如南亞美利加洲雖産煤甚多，而開煤稀少。波尼由地方，已多開煤，以備輪船需用。又日本國多開煤處，亦間有佳者。紐西倫地方，所得多上等木煤。南亞美利加之南陲福克蘭島，近來亦得上等煤。

英國鑿孔工價。英國牛加士利地方，所定之價，依平時銀洋爲准。自地面第一尺至三十尺，每尺工價三角。三十尺至六十尺，每尺工價六角。六十尺至一百二十尺，每尺工價九角。以下若干深，如數遞加。凡下層所遇輭土堅石，省費工程，俱不增減工價。惟深十尺至二千尺，則費工力更大矣。

波羅斯鑿煤井法。波羅斯國，維司得非力耶地方，曾用極大鋼鏨鑿煤井，徑可三尺至十五尺。雖費貲甚大，而省運土石之工。若有滲漏處，須用鐵皮或木板或磚石，壁其周圍，方無崩陷進水之虞。

泰西煤井形式。英國煤井之式，率多圓形。維力士地方，前作橢圓形，並有四邊形者。歐羅巴各國，亦多四邊形。卑里經國常有多邊形者，或十邊或十二邊或十六邊等形，井內皆以鐵皮等項護之。西國初鑿煤井時，口徑約四尺至四尺半，至今遺蹟尚存。邇來所鑿煤井，有徑八尺至十尺，或十六尺至二十尺者。

英國煤井下運路。産煤處多作數井運煤，較爲省工。惟極深之井，工程浩大。復興開鑿，亦大不易，必設法運取本井下四周之煤。更使空氣入內，並作運煤坦路。如英國北陲，有數處距井下數里取煤者。即至海底，亦偶有之。

數井善法。若鑿煤井深一千五百尺至一千八百尺，工費約需銀洋二十五萬圓。又有難鑿之處，工費約至四十萬圓。故一井運煤，冀可省費。近時英國哈得利開煤處，僅作一大井。遇變故殞命數百，後鑒此害。凡煤井作成後，即度量某處再鑿一井。兩井下有路相通，如遇危險，尚有生路。故多産煤處，恒鑿數井，一備取水、一備進氣、一備運煤。

開煤棘手。煤層內常有土石，或多水輭泥，又有數處，煤層內遇浸水溼砂，最易鬆陷。雖精於開煤者，亦甚棘手。

井底煤柱。凡煤井已成，法當於井下四周有煤之層，循煤直前。先開數窄洞，或爲運煤，或爲通風，或爲引水，餘煤暫留作柱。

斜煤層開法。大凡煤層斜勢者多，應自下斜之處逆取之。如煤井以東，有自下斜而向上者，業已取盡。而煤井以西，必有自上斜而向下者。若再鑿一更深煤井，與此斜下之煤層相遇，亦與前煤井取法相同。但鑿井工費浩大，當於前煤井直下若干。約與自上斜下之煤層平直，自井下向西横開平直運煤之路，及遇此層向下之煤，逆取而上即由横平之路，運至井下。否則仍自煤井以西，自上向下取之，以起重汽機，引煤車至井下，再轉運而上亦可。

井底瀦水。煤井或有滲漏矣妨取煤，必於井底預先鑿深少許，爲瀦水之區，時時汲取而上，不令水滿。至横洞內低下之處，亦必多鑿數井以瀦水。

井底開路。凡取煤處，相距二十尺，或三十尺，並開平行兩路。又於兩路相距多開遇路，俾得氣息流通，作工者姑無煩悶之苦。

煤路梁柱。煤洞有兩旁並上面壓力甚大，且有養氣入土內，易於柔輭溝陷。故運煤之路，不久即壞，必設法以治之。用木梁作架，於梁之兩端，立柱擎之，相距三四尺不等。即作木梁一架，梁木貴取堅硬者，厚四寸至十寸爲度，要視壓力大小爲率。若遇上面土石，並兩旁之煤，碎而且輭，則於架梁相距之土，托以木板。

磚石環橋路。産煤極多之處，遇此不堅之路，或兩旁以平正磚石積累作柱，再以劈式磚石，湊合蓋面，狀如環橋。設基趾土輭，兩旁磚石不能穩立。則削下面輭土作凹式，以劈式磚石，略如上作環橋之法。而圓面向下，上面壓力雖大，亦能穩固。

運路不宜極平。運路以自上微斜而向下者爲便。若極平之路，不特無所取

巧，並難引水至井下，大約運路每長一百三十尺而路高一尺。則重車下行，空車上行，兩力各得其平。若開煤路欲多得煤，每長二百尺而路高一尺者亦有之。

取煤鑿法。開厚層煤下之空取煤工人，須側卧緩鑿陸續將碎煤取出，再由漸鑿深數尺。有煤不堅結，未得敲擊，而即隨落者，必預施短柱，以防危險。

輭脆煤層鑿取難易。煤性或遇輭，或遇脆，必以器具碎鑿，逐塊取之。如法蘭西南陲有數處煤層，輭而難取。又如英國阿波低耳地方，有一煤層厚四尺，其性甚脆極易鑿取。

取煤柱之煤。取煤柱之煤，必自煤田盡界，次第退取，故煤盡而土石墜下，已無關涉。至深煤層，所留煤柱，有長七十尺至九十尺，寬五十尺至七十尺者。又極大煤層，有長一百二十尺，寬九十尺者。

隔空氣法。各煤柱四面皆通空氣，能蝕煤内煤性。煤柱存留日久，煤即不佳。煤層内縱横各洞相通，欲隔絶空氣，法亦甚難。或致土性柔輭溝陷擄塞煤洞，或致引火燋發煤氣。凡煤洞相通之處，無不立時轟裂。近有煤工思得一法於極大煤層内，先開數直洞，分爲數大段，其各大段相隔之處或一百尺，或二百尺不等。各段路已竣工。則於每段四周可截之路，作門隔塞，使不皆通。

英國逐段鑿取法。英開蘭加時阿之煤層，勢斜而土輭，有煤層厚三尺至六尺者，不能如前分數里煤層爲各大段之法。故煤洞内所留兩旁煤柱，須隨煤層斜勢，上面土石直力下壓，煤柱上托，始能得力。若煤井下所開平路以東有煤層斜而向上，則從旁縱開數洞，長約三十尺，再於兩縱洞相距或六十尺，或一百尺，横開一洞相通，遂逐段如法向前取之。平路以西，若有煤層斜而向下者，縱開數洞同前。

煤路相距遠近。凡各段煤路，大率長七十二尺，至一百五十尺。故左右相距最遠三十六尺，至七十五尺，即至運煤總路。

作牆勝作煤柱。作牆之法，較勝以煤作柱者，凡煤層薄者，多用此法。近有煤層厚者，亦以此法爲最利便。

均空重車兩力。凡煤井内，重車與空車往返之長加力不均。若欲齊其兩力，必開尚上少斜之路。則重車下行，空車上行，可兩力相消。設車體重三百三十六磅，載煤一千三百四十二磅，其面阻力較總重爲八十分之一。路長一百三十三尺，而高一尺，始以平速行論。若較總重爲六十分之一，路長一百六十尺，而高一尺，亦以平速行論。

引重馬力。近有於地面平路駕一馬引重六噸零三分之二，計一日行二十里。英尺以五千二百八十尺爲一里。若一日行一里，計當引重一百三十三噸，爲一馬一日當程之功也。

火藥轟煤非善法。煤下鑿空之後，再以長鐵劈打入煤之兩旁，則煤即爆裂自墜。又有用長鑿打入煤内，使成一孔内實以火藥，外固封其口，燋以藥線，煤即轟裂，故取煤者樂用此法。但煤洞各處，常有煤氣，最易燃火，轟烈時防引火致受危險。

擇梁木宜慎。凡距井下相近之處，爲工人來往要途，最宜立基堅實。並須寬闊，以便煤車迭更迴轉。蓋作寬闊之路，必用長木作梁。每梁居中復立一柱。擇取梁木，須視上面某處著力最大，如有木理不積之處，不可使之適當重力。又横梁兩端立柱之處，常以受壓力過重，或因柱頂削小，或因梁端窄狹，彼此皆易劈裂。若煤層甚斜，具上面壓力恒順斜勢下壓，故置擎柱，宜順斜勢直立擎之。不隨地平面爲立柱垂線，方無偏壓柱欹之患。

煤柱利弊。英國北陲，多半循煤柱法，或煤層甚厚，或甚輭，或近河海之底，其上面土石鬆浮，去煤過寬皆易墜陷故留煤作柱之法爲最穩便。且當知煤柱有二弊，一、因煤層下之土石甚硬，煤柱過小，莫陸續坍圮，並大塊脱落，及存煤柱極小之時，又受壓力過大，則柱必全碎，而上面土石，即趁勢陷下。一、因煤層下之土石甚輭，取煤空處過大，煤柱又少，則上面重力，必漸將煤柱壓入下層土石，而下層土石自上擁阻塞煤路，無法修治。

煤柱加大。英國北陲牛加士利地方，始留煤柱甚小，後深究得失。因漸留寬大，蓋煤層益深，上面壓力愈重，煤柱應更加大，約計煤層内縱横所開之路，得煤不過四五分之一，所存煤柱之煤誠富有也。

煤柱宜慎。有開煤洞寬十五尺，煤柱僅方六尺至十二尺者。又有煤洞兩旁所留煤柱，長窄如牆者。一、煤不能取盡，折耗甚多。一、煤氣最易燃火，皆非善法。

厚煤層防壓鑿取法。司他福時阿南陲，有一層煤厚二十五尺至三十六尺者，任從小横路縱開一洞，約長二十尺，或二十五尺。再左右横開一洞，共長一百五十尺，或二百尺。復縱開數洞，成方形，或長方形。所留大小煤柱每面或二十五尺，或三十尺。此煤既厚數十尺，或先自下鑿取漸高則作架取之。當自下作工時，微聞爆裂聲。即作速趨避，或免覆壓傷人。欲免此危險，惟先自上半層

鑿深數尺，再鑿取下半層，較爲穩恰。

夾牆防土石阻塞。留煤作柱，厥後取土石作牆，煤洞兩旁夾牆爲路鑿煤前進，立牆隨之煤盡而土石陷下。有牆爲界，則不能阻塞運煤之路。

縱横木條防壓。鑿煤處，上面土石宜預防覆壓。法以木柱二三條，每行順排於鑿煤處前面，及煤取去數尺，即將木柱移退於後。柱顛横置木板，長一尺，或一尺有半，亦有用鐵柱者，較更堅固。若蓋面土石過輭，則立柱宜密。設又疑某處上面壓力最大，則用木條長二尺有半，或長三尺，横排二條，復縱排二條加於横排二條之上，成四方形。如此層層相加，至上面土石而止。以此作柱雖上有莫大重力，亦無虞焉，且拆卸甚易，祇抽去一二條，則各條俱散矣。

土石覆壓最險。各處煤層，蓋面之土石不同。若土石堅硬常於煤取盡之後，上面浮存甚廣，偶及下墜，必致廣大之面，突然全落，疾擁空氣外出，勢力甚猛，或撲滅燈火，或推敗氣入工作之路。若土石鬆輭常於煤取盡之時即陸續下墜，並有從立柱空旁陷下者。

起重防墜。凡起重上升之時，轆轤每轉起重上升六十尺，至七十尺，司機者稍涉疎略，則所起之重，必撞擊滑車，而致索斷。故宜立架稍高，宜有號鐘以節止汽機，宜隔絶汽路能速。又有另設一機，俾起重將至盡處，自能漸停汽機。又起重上升之時，忽然索斷，所起之重必突然下墜，宜於架之上層，安設制機，使架僅能上升。設遇索斷，亦不能下墜，名曰穩架。

穩架防墜。穩架上層置二鐵制，如八字形，中有活鍵，下套螺絲簧多匝，當起重上升，螺絲簧因上提逼緊，而八字鐵制内斂。設索偶斷，螺絲簧凸力。自將八字鐵制擘開，著力於兩旁直扶，所起之重自不能下墜。

英國熟鐵槓桿。英國哈得利地方，煤井處用極大槓桿，忽斷墜傷人，因改以熟鐵制槓桿。如可類可羅司地方，所用汽機、汽筩徑八十四寸，槓桿用同式熟鐵板二塊長三十六尺，中徑寬七尺，厚二寸，兩端殺三分之二。

煤洞以油燭試毒氣。英國煤洞内，昔常用小油燭，每磅二十至三十條，見燭光形色，即知洞内有無毒氣。每逢疑處，以燭探入試之。

煤洞發氣。英國華力先得地方，開煤之時，遇一孔發氣，每分時刻發出煤氣一百二十立方尺，此可用銅管收納，攜至別處燃火，極能光明。凡煤洞内發氣多寡，由於空氣壓力輕重。故視風雨表指針下降之時即知，發氣愈多，凡管理進空氣者，必時以風雨表較驗氣之輕重，方無錯誤。

煤洞所需空氣。大約每人每分時刻，有空氣一百立方尺，始能呼吸調勻，精神清爽。若百人作工，每分時刻，須用空氣一萬立方尺。又如煤洞内每分時刻常發出煤氣二百立方尺，每尺必須進空氣三十立方尺，以調和之，始無害於人，合計煤氣二百立方尺，應需空氣六千立方尺。

火鑪引空氣法。近時小煤井處，於升内懸一火鑪，□頗利用。若需進空氣極多之處，必令出氣升内，自下至上全熱方可。一、宜井内累磚齊整。一、宜防水浸入，則井内易於常熱。按此法每分時刻煤洞内可進空氣數千立方尺。

分路進氣法。前百年間，有司碑叮者，於各煤路分數大段，各段俾不通，或多添進氣井，或於進氣大井。自井下劈分數路，令氣分行，依此法，縱有一段内受燃氣之害，亦不致延及他段。有如極廣開煤之處，各井徑十二尺，井下谷氣路，高五尺，寬四尺，平方面積二十尺。各井平方面積一百十三尺，此井不獨足進一二路之氣，並可進五路之氣。如分各煤洞爲五段，其各路所連之氣，自周繞五路仍會合一並而出。

開煤礦爆藥。淡養各里司里尼，爲開山礫石有火力之爆藥，歐羅巴各國，與美國皆用之。此質爲意大里耶國人蘇比魯所考知，瑞顛國人奴比里初用之。地那每德，將淡養各里司里尼七十五分，磨砂之粉二十五分相合而成，此亦爲奴比里所設之藥料，能開山礫石且無危險。

取煤礦各法。開地取礦，其國用蘇繩動鑿，日耳曼用一寸方鐵桿，十尺至十二尺爲一節，用螺絲連之。西人嗄發門，剏用鐵帶起落鑿，亦可用蘇繩，或鐵絲繩代之。

煤礦鑿火藥孔。凡開硬石，必用火藥開裂。若以手工鑿開置火藥之孔，必甚費事。西人羅設立一器，鑿孔甚速，此器用壓緊之空氣動之。

鑿孔難易。鑿孔功夫凡遇軟端石，打五十次至一百次得深一寸。如遇砂石，打五百次，至一千次，得深一寸。如遇故來挖克石，或奈斯石，打一萬次至二萬次，得深一寸。極硬故來挖克石，打三萬次至四萬次，得深一寸。

又卷一七《商務十一・工匠》 招開瑞産。往年上海開鑛大興，股票飛漲，皆緣無名家之鑛師，諳練之總辦，遂致一蹶不振。至今視爲厲階，殊不知外洋開鑛，利本極薄，富者藏鏹無用，姑出其有餘，以經營之。不通爲貧民添衣食之生涯，故股票始終不集低昂。乃中國則以金穴視之，宜其敗也。或謂凡事不可讓西人以利權，惟開鑛則可許西人導其先路，不論何處有鑛，准西人糾集公司，招

工開辦。祇須遵我律法，服或章程，實亦利多弊少，一切贏絀，我皆不問，祇須提鑛利十分之一，以充軍餉，而限以一定年期，期滿則將全股收回。凡機器物料，房屋器具，皆歸中國所得，而不償一錢。彼其貲本，則出自洋人也。器料則購諸外國也，與我無集損益。惟食物則必參用華産，工匠則必添僱華人，不數年其中曲折利弊，不難閲歷而知，教或我無數開鑛之熟手，是人與法西人俱授之我矣。雖其所出練産，仍必易或金錢，但無洋船裝載之水脚，無出入口之關税，則價必較外洋來貨尤廉。若不售諸中國，則彼勢不能載以回國，是貴賤之權，我操之矣。此亦堵塞進口貨之一法也。

嚴復《原富》丁下第七《論外屬亦釋殖民地》 而當時之人不知重新地之動植，其無足稱如此，然則科侖波欲得以塞責者，其惟求之丱産中乎？方其初至也，見土人往往以金爲衣飾，叩所由來，則曰得諸谿澗顛厓之間，於是知其地之有腴礦，乃以是還報，自贊此行之不虛，若爲西班牙開無限利源也者。其返國也，朝謁王若后於喀斯提律，引唱臚行，若奏凱捷，所得新地物産第進傳觀，旅爲庭實，然録録無足言者獨金飾數品及吉貝數苞，此爲可貴而已，其他若大藤、麗鳥、鱷甲、魚鬚之屬，皆得之不足爲富者。凡此以六七土人舁而先之，黧皮哆口，狀若鬼物，而科侖波之所以還報者盡矣。

西班牙聞新地之衆野弱無能爲，則定計掠有之，陽謂欲宣基督正教，開其蠻野，而陰則垂涎其地之金礦，於是科侖波倡議以其采取之半歸國王，而議院允行之。顧其始之得金銀也，非破山鑿洞而求之也，大抵奪土民所已有者載之以歸，既無所費，則所謂以半歸公者自無難耳，無如盜賊之行有時而窮。六七年間，諸島見金皆罄，繼續求之，非掘地破石不可，費而後有，則雖欲守前約，常供半賦，勢不能也，責之過嚴，則相率棄之而已。法固有，其不能不變，於是半者減而參之，浸假而伍之，猶不能，則什一焉，二十而一焉。其賦於金者如是，其銀税則五而一之，至於本稘始爲什一。蓋其民之來者必得金而後饜其意，至於其銀不以爲利也。

自科侖波導其先路，後之浮海采金者如雲而往。若烏亦達之於達利晏，若歌爾特之赴墨西哥，若麻古禄之至智利，若畢查魯之開秘魯，皆見紀述者。渴金之夫至一新地，先問有金、銀不，其去留之計大抵以黄白之難易多寡定決之。

然而往往失利，民破家負債，起於事金、銀二礦者尤多。此猶拈鬮求賜空者至多，實者絶少。而每鬮之價，必盡巨富之家，金礦之事非若他者常業，復其本而加以贏率也，不幸而失則母子兼亡。是故智者爲國主計，未嘗以礦勸民，而常聽民之自擇。設以法驅之，國財常病，人情計禍不及，慮福過之，心所樂則望之過，心所惡則思之不及，此采金破家者之所以衆也。

案：斯密氏每及二礦之業，未嘗不反復於其事之少利而多殃也，蓋其指迷之意切矣。此其論，豈獨信於當時已哉？即今礦學日精，機器日巧，而其利害相權之分則未改也。不佞嘗遇一礦師交游累月，至瀕別，贈言曰：吾以礦爲業者也，然與子好，則贈言無他，戒勿買新礦股票而已。美澳新舊二金山，天下名出金處也，然其有益於世至寡，其所以富歐美之民不在其金，在乎其地之播植，而所出生貨之日多。光緒初年間，澳洲所出羊毛以噸計者百餘萬不止，即此其利於英國，夫豈區區出金之數所得比倫哉？至於今日倍蓰前數矣。

其理甚明如此，自人心之中於利慾雖明弗從，是故其考物性事鍛鍊也，則求所謂點金石者焉。其浮海求新地也，則求所謂金、銀山者焉。顧不謂金、銀之所以見珍於世者，邃古以來以其物之甚少故也。而其物之所以少者，以其伏於地者之有限，而雜他質難取故也。而渴利者必欲其物之賤而易取，若鉛、銅、錫、鐵然，果如是二品者，雖多亦奚以爲？吾英魯拉禮者可謂通人矣，而著海外金城之書，大説夢者，以此知雖通有道之士，至於逐利未嘗不昏也。後百餘年，而耶穌會教士古美刺，揚魯拉禮之餘波而摭實其説，吾又以此知，雖脩身事天之家，號割絶世好者，至於求富未必不喪其所守也。

至於今彼西班牙人所得於聖多明戈諸島，肩肩無足道者，意其先所傳未必不過實也。而當時之人信之者多，凡航海者皆欲一至金城而甘心焉。今夫逐利之事，若求神仙，雖所遇甚遠於所期，輒稍獲其近似者而後求者乃不絶，故繼科侖波之後三四十年，而有墨西哥、秘魯之拓地，二國皆富於礦産，雖以當金城之名，殆庶幾焉。

案：後此金、銀之出，以前事驗之，金當終難於銀，他日者設以過多而失其易中之用，則銀必先金。今各國皆用金准，而中國用銀，銀之至中國者若水之趨壑，恐數十年以往，銀之降賤，又不若今，而易中本位歷久，則其變愈難，此中國最可慮之一事也。不幸吾國知計者鮮莫能爲之預圖，則亦聽其自至而已。夫金、銀相受之率，視出世者二物之多寡，以今日黄白之數，欲銀之差貴而不相懸難矣。所幸者，近世金之出礦者亦以歲多，則其勢或不至於甚貴未可知也。己亥十月十三日天津報紙云，美國查戊戌各國産金總值二百九十兆鎊，於前年爲多五十三兆。而

各國中産數最鉅者，若南非洲之特蘭斯哇七十九兆，新金山六十八兆，北美六十五兆，俄羅斯二十五兆，剛那達十四兆，墨西哥十兆，印度八兆，支那六兆。而本年之數當多於戊戌，果如是，則金不至甚少明矣。

金武祥《粟香隨筆·粟香二筆》卷四　越南多事之秋，粵西邊防勢難遽撤，非辦屯田不足以持久，亦不足以善後。粵西餉項所恃錢糧、釐金不敷支發。竊以屯田之外，又以開礦、招商二者爲急務。粵西山多，各礦俱有，不獨材木不可勝用，有待採運也。聞賀縣煤礦，周圍百餘里，行銷廣州、香港，色質俱佳，特官中未能爲之倡，率大興開採之工耳。此外錫礦、銀礦及水晶、瑪瑙各坑，各府縣多有之。貨惡其棄於地，因地之利亦生財之大道。誠得紳商集貲，官爲董理，寶藏興則可轉貧爲富。泰西各國皆以礦務爲致富之基，中國近年開平煤礦亦著有成效，仿而行之，則招商、開礦二者，實相因也。

袁大化等《〔宣統〕新疆圖志》卷六四《山脈六》　額爾齊斯河由齋桑諾爾泆出，北流其西來會之布昆河爲塔爾巴哈臺舊設卡倫之地，俄人於彼採金。其東來會之布克圖爾瑪河，發源於沁達垓圖舊卡，沿河爲科布多設卡舊地，及其北烏利巴河俱産銀鉛各鑛。俄人甲船載至斜米等處鎔鍊，每歲秋夏運鑛之船幾四十號。其由山後各處運出之木料、皮張、松子、蜂蜜等物爲數亦巨，是我阿勒臺山後之利，悉已爲其所奪，而俄人議論措置其注意尤在山前。

嚴復《原富》甲下第一一《釋租》　今試即石炭一事而明之。石炭，礦産也。礦必有主人，而發掘開采之後，或有租或無租，恒視二事焉：一曰礦藏之腴瘠，一曰所居之便左。夫較礦藏之腴瘠者功同，而所出有多寡耳。假使礦藏過瘠而治者不酬其勞費，則雖置其礦於五都之會，采之無所利也。無所利則莫之開，莫之開則其地坐廢，稍進而礦藏差腴，開而采之其入市而收利也，僅能償其勞費，酬勞力之力庸，復役財者之本息，夫如是則其礦可開矣，然而不能有租。故其礦多地主自具母財而爲之，所獲者祇通行之贏率，而租所不計，舉以與人爲之，則甚少矣。如是之煤礦，吾蘇格蘭多有之，地主自采賫租，則他人莫承更進，而礦藏彌腴開之勞費，與他礦同而所出甚富，如是而不開者，則又以其所居之僻，在繞礦之居民鮮少，所出者供過夫求，又無通行大道，與夫可漕之渠，則雖腴仍瘠耳，故其礦亦廢也。

以煤爲薪，或云有毒，故人用之也少於芻蕘。設其地薪煤並有，則煤價劣薪無疑。斯密氏生於乾嘉間，其時英民於石炭如是，此又徵其國世變之一端矣。無論薪價高低，煤之出售終不能過薪而更貴。今使聞一國之中其焚煤之費與燒薪相等，則不問而知其煤價之已極。英國内地如鄂斯福，其居民皆取木煤二物，拉雜燒之，此可驗二薪之價不相遠矣。

煤礦之美惡，不獨論其出煤之多少難易也，即銷場之遠近，廣狹開采之得利與否恒視之，獨諸金之礦産則不然。其品彌貴，則彌不計所居之便左，蓋其爲物易於挾持，盈握之微，爲值甚鉅，雖以之梯山航海，運費加於本植甚微，故銷場所被不僅毗連之境，謂之流通宇内可也。如銅出日本，而登歐市，鐵出西班牙，而流於秘魯、智利，而秘魯之銀則由美而入歐，由歐而轉亞。

礦産麤而地相絶，則各具銷場，而其價不相牽涉，如頁洛卜沙與紐喀所南北二境之煤，雖同在不列顛島，而各自爲價，其與法國黎央奴亞之所出愈不相涉矣。至於貴重諸金之礦，則大不然。五洲之礦互相繫牽，設有一腴，群瘠佹廢，此如日本之銅、秘魯之銀，其出土之多少，支那歐羅巴二金貴賤視之，所共見也。蓋肥礦出産既多，其價緣之陡跌，跌則瘠礦所收勞不償費，雖欲無廢，不可得也。近事波拓實銀礦，開古巴聖多明戈與秘魯諸老礦，皆儳然有不終日之慮，可以驗吾説矣。

案：斯密所云尚是當日情景，後化學之事日精，取銀者多由格利那鉛丱名號擘提生術，由是出銀愈多，而舊礦往往衰廢。

是故群金之礦，其利視宇内所開最腴者爲轉移。凡礦利取償勞費之餘所長，蓋薄鮮能給重租群金之價，其中所以爲庸息者多，所以爲租者少，觕者已然，謂鉛鐵屬。珍者尤甚。謂金銀屬寶。刺士牧師著《戈安倭勒風土記》，載其地礦産甚詳，謂最腴錫礦，名租不過六分全利之一，下者並此不能，吾聞蘇格蘭山中鉛礦，其名租腴者亦不過此率也。又西班牙人佛勒芝暨烏羅阿曾爲海軍官，赴南美洲創鍊廠，歸著書，論秘魯礦事甚詳。皆以秘魯礦爲天下上腴，然人有至彼開采者，其地主祇與立約束，凡所收丱須付地主所立磨器礦之，償其值與外磨等，不更索租也。礦有租有税，租者以給地主，税則國家抑封於其地者之所收，二者實同物，特名殊耳。往者西班牙徵銀礦税五分全利而取一，至一千七百三十六年始革，是五分一者，即秘魯銀礦租率矣。設無此税，地主將取之以爲租，其不復徵租者，税重，礦之坐廢者已多故也。戈安倭勒錫礦，其地獨克立值百抽五之税，此亦無異於租，使無税則租將增而歸地主。前言錫礦租六分取一矣，租税合，將見戈錫秘銀，二租相於，猶十三之於十二。秘礦租徵如此，然且不支。故至一千七

百三十六年減爲什一，錫稅則二十而一，而偷漏者錫少而銀多，此不僅多寡數殊也，亦以銀珍易狹之故。故西班牙王之銀稅多漏卮，而戈安倭勒獨克之錫稅差覈實，由此，亦知錫價之内函稅多，而銀價之中名租少。又知金品下則租稅易徵，金品彌珍則所以供租稅者將彌薄也。

夫礦地之徵租，其爲薄既如此，而即斥母望贏之家，其收利亦曷嘗厚乎？故烏羅阿言，秘魯俗，視具財治礦之家爲妄人敗子。人而爲礦，通國望而避之，由此知彼視礦業與英正同，其事少盈而多虛，得者什之一二，而失之蓋什八九。世俗有見於得，無見於失，遂爭具財展力而趨之，不知緣礦破家者，前後踵相躡也。

銀礦開則國賦仰於是者重，故秘魯之法所以勸趨其民，使開礦者莫不至也。其令曰：凡得新礦者，既報墾升科矣，則不必問何人產業，得循礦脈畫地，延二百四十六尺袤半之，惟所欲爲，無異已業。戈安倭勒錫礦，其獨克與民立約，與此略同。凡欲治新礦除民間耕牧已圍地，覞得任意畫取，延袤若干丈尺，號曰界礦。已界其地或自采，或租人采蔑不可，其舊主人不得撓也。吾聞民生財產之重次身家，有國有衆者所不可不致謹，且地從主人者，天下之公義也，今爲此，是覬不可必得之虛利，而隳民恒產，奪其自主之權，導之以取非其有，爲相侵牟之事，可謂倒置者矣。

秘魯銀礦而外，則有金礦，其招徠開采之政與銀略同，而國稅反不過二十而一，初亦嘗定五一、什一之稅矣，顧事反所期，欲過二十而一，勢必不可。佛勒芝暨烏羅阿言：其地以采金發跡者，方之采銀爲尤尠。智利、秘魯二國金礦稅無逾二十而一者，其漏卮亦甚於銀稅，此不徒因黃金珍貴易挾已也，亦以金苗與銀苗鍊法絕異之故。銀苗出礦寡，自然不雜者，欲去其沙石，則必致之官廠，如法披鍊而後可，如此，則其事煩而廉察易。至於金大者如拳，小者如拇，既多自然不雜者矣。就令細瑣猥雜，其分解之亦易耳，或以清泉，或資鉛汞，私家密室辦此無難，而廉察乃至不易，故礦雖富，以多盜而貧，夫銀稅之徵既已苛碎而儉薄矣。至於金又加甚焉，由是知黃金入市，其價值之中所函之租微矣。

金、銀入市，其行銷之理與百貨同。雖其最賤之時，其所易者必及其經價，否而求其出地必不能也，即使有之，亦可暫而不可恒。持金銀者，所以爲幣，故其價若隱而難明。然若干之金，其所易之粟布他物，固時有高下多少之差，其交易之率固可得而驗也。故金銀之值雖至賤，必有以使采者、轉者償其冶鍊輸將之勞費，而又益之以通行之常息，此之謂經價，至於騰躍之頃，則其價不繫於他物，而獨以金銀在市之多寡爲歸。譬如言石炭之貴賤，其騰跌之際不僅視石炭也，薪柴多寡亦制之，薪柴賤則石炭不能獨貴也。至於黃金則不然，少則騰，多則跌，其易權之高下，獨於本物焉取之，蓋黃金有獨具之德，以爲利用，非他物與他品之金所得與故耳。

黃金之所以寶貴者三：曰利用，曰榮華，曰希有。使獨以利用言之，則群金莫若鐵，而次鐵者莫若黃金。其爲物也，不鏽不澀而恒晶瑩，以爲梧棬盤盂則不腥不蝕，故以鉛爲鬻，不若以錫，錫不若銀，銀不若金，所共喻矣。其采色又群金所不逮也，以爲容飾，嫛婗之稚皆悦其華。丹漆之施不若金塗釦器之耀也，其利用而榮華如此，既已可貴矣。而黃金乃又益之以希有，希有之所以貴奈何，民既富矣，則欲有以觀其富。觀其富者必示人無而我有，夫如是，必取其希有而難得者，蓋其物勞民曠日而後出，挾此者惟富爲能，不啻其豐有繁多之標幟矣。夫物徒希有不必貴也，徒利用徒榮華亦不必貴也，三者奄焉，此黃金易權之所以大也。且是三德，故上幣以之。有三德可貴而後爲上幣，非爲上幣而後利用榮華希有也。雖然，既爲幣矣，則求之者日彌多，希有而求之者多，而黃金遂由此而益貴。【略】

璆琳、琅玕之爲物易挾而值多，而其貴賤之情與黃白二金相似，大抵視宇内所開最腴之礦之價以爲差。是故金玉二地之名租不自由，而必視宇内已開者肥瘠之何若，相方爲比例而後能得之，雖肥租不必多，則雖瘠亦不必少矣。今銀礦最肥者莫若波拓實，然使新覞之礦其肥過波拓實，猶舊波拓實之過於歐礦，則此礦之開可使銀日趨賤，雖波拓實之所收利不足償勞。方西班牙之未通西印也，歐洲之礦其收利給租，固不亞於今之波拓實也。蓋舊礦之出銀雖少，而今礦之出銀雖多，以易權言，則古今無以異。其地主之徵租也以銀論，則多寡殊，以易物較，則多寡均也，然則雖多金，不足以爲富矣。

案：國雖多金不必爲富，此理至明，常人囿於所習，自不察耳。蓋易中爲物猶博進之籌，籌少者代多，籌多者代少，在乎所名，而非籌之實貴實賤也。國家食貨不增，而徒務金銀珠玉之爲積，此何異博者？見今日一籌所值者多，他日更博則多，具此籌以爲富，不悟籌之既多，其所當者必以少矣。夫博者之貧富，非籌之所能爲，猶國之貧富非金銀之所能爲也。不達此理，故言通商則徒爭進出之相抵，得銀則爲有餘，得貨則若不足。與言礦事，聞有黃白之礦則生歆羨，言及煤鐵之礦，則鄙夷之。此惑不解，而云理財，無異不知經首之會，而從旁論割

癰，其不殺人者寡矣。

是故金、銀、玉石之礦雖至美極腴，日出百千，而世未嘗以之加富，彼之所以貴者在希有。今既以日出而多，則其所以爲貴者喪矣，由貴而賤有必然者。然則金玉日多果無益歟？曰：有昔者梧棬盤盂與夫珮飾釵彄之事，得以金寶爲之，甚不易也。今者既日出而多矣，則不待有力而後樂此，前以土木，今以金玉，此其適用，華美則有間矣，其有益於世如是而已，過是以往，所不知也。

【略】

設都會近郊有白石坑一區，僅是而無他所，則是坑之興廢必視城中道塗之荒闢，與其户口之盛衰爲斷。又設千餘里中祇有一銀礦，而是礦之興廢不以近邑之蓄耗爲轉移，蓋石坑銷場不逾百里，供求相待，舍此無他。至於銀礦，其爲物周流寰宇，而不滯於一隅，故其利之盈虚，動以一世間爲量，區區近邑所以牽繫之者微矣。顧使世治日蒸，民之需銀日廣，而宇内新開之礦，其出銀之數供過乎求，則銀價將亦日跌，而舊礦之利以衰。今夫銀所以爲價者也，曰銀價跌者，由其易權漸微而百貨日見貴耳，凡論銀價之騰跌，考之於穀麥之價者，其粗迹也，精言之，則極於馭力命功之量，所操之銀重同，而所御之功力日以見少，則銀之日賤較然可知矣。總之宇内以銀爲幣，其需銀日多者，交通國多而工商之業奮也。其事可分三際：一、假其商務日恢而産銀之事不與之接武連衡而並還銀將日以見少，而與穀食相待之率亦以日加，銀數等而所易之穀見多乎前，則曰穀廉，非穀之廉，銀之貴也。二、又使衆礦雲興，腴者日出，而通商之事如故，則銀之出地溢於所需，其與穀相待之率將日以少，銀數等而所易穀減，則曰穀貴，非穀之貴，銀之賤也。三、又使宇内之通商日廣矣，而銀之出地與之相副，如是銀穀相待之率將歷久而不減不增。考銀穀盛耗之間，此其大較矣。

銀者易中，而穀者百産之程准，故求商業之盛衰，校民力之蓄耗，莫便乎於此求之。溯我生之初四百年以往，其中銀穀相待之高下始也，穀日降廉，繼也穀日趨貴，至於今則稍稍平矣，其見於英法二邦者如此，則其見於歐羅巴全洲者可知。不佞於詳論租理之餘，將旁及乎銀值，循而考之，求能明乎其所以然之故，其諸學計言食貨者有取於是歟。

大抵金銀之礦新開而腴，厥利最鉅，蓋新礦入市得以舊價易物，即稍遜亦不相遠，此美洲秘、智諸礦，其初年獲利之所以多，至於源源繼至，則常索高價不能，而易權日損，損之又損，經價乃形。經價者償其勞費之外，而益以通行之贏率也。秘魯礦税什一而租在其中，此什一者非遽爾也，其始嘗征其半矣，浸假而參之，浸假而伍之，終則定什一以爲常，相沿至今，此可驗其利之始鉅而終微，至於今僅有以維持勿廢而已。嘗考西班牙之取秘魯礦税也，其減爲五分取一者，在一千五百四年弘治十七年，後四十一年而波拓賓之新礦出，自此至一千六百三十六年，經九十年之久，而銀多之。效，遂大著於歐洲，其價亦賤極而不復更減，此之爲勢不獨在銀一物爲然。無問何産，但非壟斷專利之爲，則歷兹百年其勢必趨於經價，使降而更劣於經價，則其産不復出矣。

歐市之銀值何爲而不復減，西班牙之銀税何爲而不同，金税由什一而降爲二十一，其所開諸礦何爲利之既纖而不大半停罷，則一言蔽之，礦尚獲利故耳。其産之多如是，其采之久又如是，何由而尚獲利？曰：用銀之事與之俱多。用銀之事何以俱多？曰：自美洲開通以來，天下交易之場日以廣遠，其勢不獨有以持今之銀值，使不復賤也，且即今之值以與前稘中葉相衡，若尚覺其微進者，此其所由來遠，吾將分其事爲三支而言之：

【略】三曰泰東之商業日恢也。美礦産銀，其流入泰東者有二道焉，一徑一紆。徑者由南美往東印之阿喀璧勒古公司，此自礦開至今，其勢固已日大。紆者由歐達亞，此其進境，尤不可以尋常比例計矣。十六稘歐羅巴所與泰東互市者，僅波陀噶爾一邦獨享厚實，非餘國所敢望，至其末載，荷蘭踵而分之於印度立步頭數處，迨十七稘，波荷二國若中分五，印度之商利者後來居上，波陀噶爾則日退矣，由是而英法繼起，入本稘而大盛。英、法而外，則瑞典、丹麥歲月間往此，皆以海通焉者也。【略】

西班牙口曰克諦支，波陀噶爾口曰力斯彭，計此二口每年所入金銀，無分征漏，約六百萬鎊之數，麥庚斯於此事最詳審。其言云，自一千七百四十八年至五十三年，通六年而取其中數，計兩口所入，無分征漏，銀重一百十萬一千一百七磅，金重四萬九千九百四十磅，銀每磅值六先令，爲價三百四十一萬三千四百三十一鎊十先令，金每磅值四十四幾尼有半，爲價二百三十三萬三千四百四十六鎊十四先令，合計爲值五百七十四萬六千八百七十八鎊四先令也。麥庚斯所覈如此。又《兩印通商録》云：西班牙金、銀歲進通十一年，而取其中數，得歲三百八十二萬五千鎊，波陀噶爾二百二十五萬鎊，合兩國之入則六百七萬五千鎊也，其數微浮於前，今以六兆鎊爲中數，歲增歲減，相去當不遠矣。

美礦歲出之金、銀固不盡入於二國，有由阿喀璧勒古公司而輸之亞洲南洋

各島者，有觸禁私售他國者，有留於本洲不出口者，入二國其大數耳。且天下金、銀之礦采者，固不獨美，而美爲獨腴，餘礦視之若不足道。吾英蒲明罕所銷金銀已抵美産，入於二國者百二十分之一，約計天下所歲銷，與諸礦所歲出者略相抵，即有不及，所差蓋微，其供者或不及求，故近歲銀價稍稍騰也。

銅、鐵歲出之多，過金、銀遠，然不得以其出之無藝，遂謂銅、鐵之價將日微也。此銅、鐵所與金、銀異者，蓋銅、鐵爲麤金，其用之也亦麤，而不甚惜，以不甚惜而滋耗。顧諸金之價，其騰跌之情，皆以漸不以頓，品愈貴則其價之騰跌愈漸也。物惟金石最壽，以其值之不驟遷，故其材中爲幣，若嘉穀則一歲所收大抵濟一歲而盡，銅、鐵今茲所用，出地數百年者有之，金、銀出地數千年者有之，是故積大地每歲所收之田穀，其量必與一歲之民食相均，銅、鐵出土歲異，歲銷之數不必從之。至於金、銀愈相絶矣，故諸金之産，其歲收之異，比之田穀爲多，而其價之相殊，比之田穀則爲寡。

【略】執市人而問之，莫不云銀賤金貴矣，吾乃今將曰金賤而銀貴，聞者將斥以爲狂。雖然，有説較物産之貴賤者，有二術焉，自其求者言之，則差其市價之低昂，自其供者言之，則程其贏得之厚薄，前可以貴賤言，後亦可以貴賤言也。物産之登最賤必如其經價，下此則其物不來。經價云何？償勞力者之庸酬，發貯者之息，而地主之租之有無抑其次矣。西班牙之礦税於銀什一，於金乃二十一，而金税之覈又不若銀，采金之利方之采銀爲更薄，然則産金者之贏得劣於産銀者矣。劣則其市價去經近，去經近故其物廉於銀也。故曰金賤銀貴也。苟用此説而推之，將天下至賤之物，莫金剛石若。夫亦以采者之勞費，而市價之去經微也。

西班牙銀税可以減乎？曰：難言也。以税道言之，則金、銀有税，税之最宜，税取饒而不取需。金、銀饒也，況銀税爲西班牙歲入之大宗，減之則立乏，故難言也。雖然税之有無厚薄，非名税者之所得爲也，彼前者既由五一而爲什一矣，則何不可以再降？且金礦之徵既已二十而一矣，則見於金者何不可見於銀？且凡礦之爲事，始易而終難，鑿硐日以益深，積水日以益大，外與天氣相絶，扇之入礦彌難，此固言丱學者所共知者也。采礦金多浮出，銀多沈入，故銀礦之事積久彌艱。及是，雖有腴礦與瘠者同，開采既艱，三效遂著：一曰銀值日昂，二曰銀税罷減，三曰銀税雖罷減而銀值仍昂，蓋難而猶采，其費必有所出故也。且三效之中，其最後者爲尤似。往者金税減矣，而歐市之金價方騰，則後此銀税雖蠲，其本值亦未必不大也，特蠲税之效終有所見耳。何則？礦之不任税者將以無税，而猶開則入市者其數終多於未減，故一千七百三十六年，因西班牙減征礦税，歐市銀價賤者什一可以證矣

嚴復譯，孟德斯鳩《法意》卷二一《論商務法律與其變易世家之效》第一一章　古有言斯巴尼亞之富厚者，其事多怪。雅里斯多德言腓尼西亞人曾至塔迭穌，見銀之多，以舟載之不盡。其地人雖雜，器皿皆以銀。又氏阿多魯言，加達支人於卑利牛山獲金、銀無數，歸時船錨皆以金、銀爲之，其雄夸如此。雖然雅里氏亦傳其所聞而已，至於事實尚待考也。

斯托拉保引波里彪言，羅馬有銀鑛在比狄斯河上流，開採用四萬人，每日供國課二萬五十都拉馬，積而計之，是歲出五百萬磅也。羅馬人即呼其山爲銀山，蓋無異後世之波拓什云。今世銀鑛稱日耳曼之韓諾華，其鑛工所用不及萬，然而所出過之。吾聞羅馬時所開銅鑛不多，而銀鑛亦有限，至於希臘人所識者，僅阿狄數鑛，且其産甚瘠，則無怪聞斯巴尼亞之鑛而驚其豐富也。

當斯巴尼亞爭襲之戰，有羅約翰侯爵者，以鑛業破家而以旅寓復業，獻策於法蘭西王言，卑利牛山多鑛，可開採，書中引泰理、加達支、羅馬三朝事爲證，王縱使之，久之無驗也，又試之，又無驗。

加達支轉運金、銀矣，然不棄鉛、錫，其取道由高盧南口，以達地中海，加達支欲獨握利權，則遺希美歌於噶什特利遲島開殖民地。噶什特利遲者即今之昔司里也。

宋賡平《礦學心要新編》卷之中《中西參互用中説》　語曰：長袖善舞，多財善賈，誠不刊之論也。然亦有財多而其事日廢，財寡而其事日興者，則存乎其人，又不得以一律論矣。夫英之初，亦貧國也，因開紅海之礦，而國勢以昌。其先無所謂礦書，烏有所謂礦學，及大利既獲，而即其閲歷者以爲言，而礦學始出。於是吾蜀之言礦者，手執一編，如《礦石圖説》、《礦學須知》、《金石識别》、《寶藏興焉》、《礦學五種》、《礦學大成》等書。皆自命爲礦師矣。開門見山功夫，動以强水愚人，穆坪大川均以强水辦礦，見《白馬記》上篇。其廠浪費數萬金，初時當道何能信之。以其當面考試，用强水將礦石頃刻化成銅斤。上以爲礦師若大本領，藉此冕寧之廠，遠來之詃師仍用此術，亦惑當道。考試既奇，加以機器，信任更專，以致竟虧折數十萬，成效毫無。因當事無識，不知强水衹能考試礦質而已，決不能到山辦礦煉廿。礦多，非用大爐煽化，萬不能成銅斤。溯其進步，初謁當事，層折胎累，此誠所謂

歷試無驗者，不知礦之在山，每觔值錢二三十文，强水每觔值銀六七錢。一倍數十倍，安能用强水作火爐，豈不自行荒謬耶！安知西人礦書，原本地質化學，非精思熟玩，兼通各門，不知其奥，而驗苗開礦諸事，又秘而不傳，西人另有工程學，專用機器，非深知汽學家，亦不能行。至步脈驗苗，究未道及。無惑乎讀其書，而終茫然其事也。愚於庚子冬至滬上，遇英士威和布、法士戴瑪德，二人皆精於礦務多歷年所。問以礦書門徑，皆云滄海茫茫，難言實用。又詰以圖志，則云此礦皆具此形，何必假此。愚轉思之時，深淺不同，用貴適宜，今驟以深者語人，安能强不知使知也。故愚之礦學，酌其中而已，論勘山則言脈絡，論驗苗則尋引綫，論探穴則計工程；得礦則定貲分，化驗則明火候，西人炭酸、灰酸、礦强、硝强、礦强各水，皆以考化礦質，愚則易以煙薰露氣以爲簡便。不爲幽遠之説，使人由淺入深，或亦礦學入門之一助也。乃近人好異厭常喜新，謂辦礦必遵西法，及屢試不效，於是歸咎於貲本之不足，豈真不足哉？亦故爲求深虚耗貲本之過也。夫礦之生於地，非有愛於西人而即出，亦非有惡於華人而不出也。使必精西法而後可辦礦，則未有西法之先，何以五金之用不絶於世？既用西法之後，何以虧折之鉅，時有所聞？則事之成敗，恒用乎其人，亦大可知矣。自朝野風行言礦者衆，往往一知半解，自稱識礦，干求當道，一信其言，無不鉅貲浪擲，往事可鑒，不一而足。迷途不返，爲之奈何。遂使隨和之寶，皆爲魚目所混，壞當今之局，塞後起之路，識者所爲歎息也。詩曰：誰生厲階，至今爲梗，必有不得，辭其咎者矣。安得有人焉，明中西礦學之情實，一起而廓清之，酌以中道，使可遵循，是亦有心時局者之責也夫。

金屬冶煉總部

《金屬冶煉總部》提要

我國金屬冶煉的歷史可以追溯到原始社會末期。春秋戰國時期，青銅器和鐵器的冶煉獲得較大發展，煉鋼和淬火工藝也有一定程度的進展。漢代開始使用煤作冶煉燃料。南北朝時期，出現灌鋼法。北宋有了以煤作燃料的史料記載。清朝時出現了冶煉技術。我國古代關於金屬礦藏方面的史料比較分散，本總部主要收録金屬礦藏冶煉的記載。

本總部包括十個部，即《金冶煉總部》《銀冶煉總部》《鐵冶煉總部》《鉛冶煉總部》《汞(水銀)冶煉總部》《銅冶煉總部》《錫冶煉部》《鋅冶煉部》《其他金屬冶煉總部》和《綜合金屬冶煉總部》。在每个部或分部下，視情況設置題解、論説、綜述、傳記、紀事、著録、藝文、雜録等緯目。題解收録對金屬礦藏冶煉概念、特點等作總體介紹的資料；論説收録金屬礦藏冶煉部中有關理論陳述的資料；綜述收録對金屬礦藏冶煉的性狀、規模、生産及發展過程作系統記載的資料；傳記收録金屬礦藏冶煉中有關人物的傳記資料，包括負責金屬礦藏冶煉管理部門及其官吏、從事金屬礦藏冶煉的勞動者(包括礦盜)工作生活的資料；紀事收録在金屬礦藏冶煉中有關具體活動和事例的資料，活動或事例必須有具體的記載時間；著録收録金屬礦藏冶煉方面的有關著作及其成書過程、版本源流等的資料；藝文收録記載金屬礦藏冶煉的散文、韻文資料；雜録收録上述緯目内未收的其他有價值的材料。

各部的綜述緯目下視情況收録五方面内容：第一，規模設置，收録記載金屬礦藏廠所坑冶設置、冶煉規模、淘洗過程及産量的資料；第二，技術，收録金屬礦藏冶煉技術資料；第三，助催劑與燃料，收録金屬礦藏冶煉中助催劑、燃料使用的資料；第四，選礦，收録有關金屬礦藏選礦技術、使用工具和選礦過程的資料；第五，工具設備與安全，收録有關金屬礦藏冶煉時工具設備的使用以及安全防護的資料。

各部雜録緯目下視情況收録九方面内容：第一，詔令與制度，收録有關金屬礦藏冶煉的詔令與相關制度條例(包括買賣)的資料；第二，冶廠與官員管理，收録有關金屬礦藏冶煉管理及其官員的任命、提拔及獎懲的資料；第三，經費，收録金屬礦藏冶煉的經費及股本的設置分配資料；第四，貢賦及冶金税管理，收録有關金屬礦藏冶煉的冶金税繳納與減免的資

料；第五，擾民與奏疏，收録有關金屬礦藏冶煉時擾民及官吏、庶民請求金屬礦藏冶煉或者反對冶煉的資料（即奏章）；第六，採辦與運輸，收録金屬的採辦運輸的資料；第七，國外資料；收録中國古籍中記載國外金屬冶煉的資料，及翻譯國外的有關金屬冶煉的資料；第八，礦務檔，收録《礦務檔》一書中有關金屬冶煉的資料；第九，其他資料，收録其他金屬冶煉有價值的資料。

目録

金冶煉部……一四三七
沙金冶煉分部……一四三七
題解……一四三七
綜述……一四三七
紀事……一四三九
藝文……一四四〇
雜録……一四四〇
礦金冶煉分部……一四七九
題解……一四七九
論説……一四七九
綜述……一四八〇
傳記……一四八七
紀事……一四八九
藝文……一四九一
雜録……一四九七
銀冶煉部……一五六九
題解……一五六九
論説……一五六九
綜述……一五七〇
傳記……一五八七
紀事……一五九四
著録……一五九四
藝文……一五九五
雜録……一五九七
銅冶煉部……一六五三
火銅冶煉分部……一六五三
題解……一六五三
論説……一六五三
綜述……一六五七
傳記……一六八九
紀事……一六九八
著録……一七〇〇
藝文……一七〇一
雜録……一七〇八
膽銅冶煉分部……一九二三
題解……一九二三
綜述……一九二三
紀事……一九二八
雜録……一九二八
鐵冶煉部……一九三一
鋼冶煉分部……一九三一
題解……一九三一
論説……一九三一
綜述……一九三二
傳記……一九三五
藝文……一九三五

雜録……一九三五
鐵冶煉分部……一九五五
題解……一九五五
論説……一九五五
綜述……一九五八
傳記……一九七九
紀事……一九八三
藝文……一九八五
雜録……一九八六
鉛冶煉部……二〇六一
綜述……二〇六一
藝文……二〇六三
雜録……二〇六三
汞（水銀）冶煉部……二〇七七
題解……二〇七七
論説……二〇七七
綜述……二〇七七
傳記……二〇七九
雜録……二〇七九
錫冶煉部……二〇八五
題解……二〇八五
論説……二〇八五
綜述……二〇八五
傳記……二〇八八
雜録……二〇八九
鋅冶煉部……二〇九七
論説……二〇九七
綜述……二〇九七
雜録……二〇九九
其他金屬冶煉部……二一〇九
綜述……二一〇九
鎳……二一〇九
錳……二一一〇
雜録……二一一〇
鉑……二一一〇
銻……二一一一
鋁……二一一四
鉍……二一一四
銈……二一一五
鎘……二一一五
�……二一一五
釘……二一一五
鉥……二一一五
鈀……二一一五
綜合金屬冶煉部……二一一七
題解……二一一七
論説……二一二〇
綜述……二一二九
傳記……二一七七

紀事……二一八一
著録……二一八三
藝文……二一八四
雜録……二二〇五

金冶煉部

沙金冶煉分部

題解

朱輔《溪蠻叢笑·絲金》 沙中揀金又出於石，碎石而取者，色視沙金爲勝。金有苗路，夫匠識之，名絲金。

陸楫《古今説海》卷一一《説選一一·志金石》 生金：出西南州峒，生山谷田野沙土中，不由礦出也。峒民以淘沙爲生，坯土出之，自然融結成顆。大者如麥粒，小者如麩片，便可鍛作服用，但色差淡耳。欲令精好，則重鍊取足色，耗去什二三，既鍊，則是熟金。丹竈所須生金，故録其所出。

綜述

《通典》卷九《食貨九·錢幣下》 又漢中今郡地舊有金户千餘家，常於漢水沙淘金。

卞寶第等《〔光緒〕湖南通志》卷五八《食貨志四·礦廠·金礦》 常德府武陵、桃源、龍陽皆出金，今無。霞山在府城南一百里，有淘金場。寶慶府武岡州淘金場凡十處，明永樂間開五處淘之，今俱無。辰州府沅陵、辰溪、溆浦三縣，沅州黔陽縣皆出麩金。靖州州縣皆出金。寶溪山在州城東北，山下有溪，大抵洞中諸溪多産金，故以寶名。《明統志》。

明永樂間，遣官湖廣、貴州采辦金銀課，復遣中官、御史往覈之。成化中開湖廣金場，武陵等十二縣凡二十一場，歲役民夫五十五萬，死者無算，得金僅五十三兩，於是復閉。《明史·食貨志》。

又卷六〇《食貨志六·物産一·總記》 元至元十九年，以蒙古人孛羅領辰沅等州淘金事。《元史·世祖紀》。

宋紹興三十二年，湖南等處金冶二百六十七，廢者一百四十二。《宋史·食貨志》。

至元二十年，撥常德澧辰沅靖民萬户，付金場轉運司淘焉。

《明憲宗純皇帝實録》卷一三六 〔成化十年，十二月，己丑〕罷湖廣寶慶等府縣淘金。時内費日侈，帑金漸乏，乃命湖廣寶慶等府、武陵等縣開原額金場，淘煎以進。巡撫等官命所屬十二縣開二十一場，歲役民夫五十五萬有奇，而武陵之民傷於蛇虎，死於大水者無算，僅得金三十五兩而已。巡撫等官乃奏：「工多金少，徒害生民，請仍閉金場。第令有司取贓罰，及設法以銀易金一千兩應用。」從之。

康敷鎔《青海志》卷二《礦産》 金：海南貢爾勒蓋大河、壩河、卡佛山溝至瑪沁雪山皆金廠也，産沙金，亦有塊金。黄河一帶沙金隨在皆是。台吉乃爾迤西，則阿爾泰山脈金苗暢旺。木勒郡王所屬即大通金廠。

朱一新《佩弦齋文存》卷首《東三省就地籌餉片》 再，東三省防費九十餘萬，皆仰給度支，現當庫款支絀之時，必須就地籌餉，乃可經久。【略】然屯糧之收效甚緩，目前軍食猶無所資也。則莫如令戍卒淘金以自贍，而官收其贏以贍軍。吉林如綏芬河、希剔爾河、那爾混河、費納和河其旁皆有金礦，爲舊時金匪出没之地，近雖嚴行封禁，而利之所在，人所争趨。他時禁令稍寬，必將復循覆轍。況貨棄於地，適啓强鄰之覬覦。俄人探得黑龍江金礦二十八區，去歲已淘金四萬餘兩矣。積薪厝火，安禁其不窺伺？計不如官爲開採，可以弭隱患而裕軍儲。吉地苦寒，初夏冰泮，仲秋已凍，計可淘金之時，歲不過三四月，仍無礙於訓練也。若准軍民共採，將舍農畝而盡趨金礦，又非徒民本意，故不如軍採爲宜。可否飭下奉、吉兩將軍酌度情形，查明辦理。謹附片具陳，伏乞聖鑒。謹奏。

薛福成《出使日記續刻》卷一《〔光緒十七年六月〕十一日記》 基隆龍潭諸出産金沙，當軸設局抽釐，招民淘洗，近經礦師察閲，金苗甚旺，穿山踰嶺，其勢蜿蜒，自基隆迄臺北，綿亘六七十里，幾於無地蔑有。現擬節節推廣，委員開辦，又飭紳董雇募淘夫六十名，在錫口下游擇地試辦，俟有端倪，再行招徠民人，由近及遠，逐漸擴充。

又卷三《〔光緒十八年一月〕二十九日記》 臺北暖暖地方新得金礦礦沙，四

五十里無不出金，淘沙者日三千餘人，晨往夜返。有人購金沙數十兩，黑沙數兩，化分考驗，大約純金得十之八，一分半爲純銀，硫質炭質五六釐耳。黑沙則純金可得十之三四，惟化煉稍難。

馬建忠《適可齋記言記行》卷四《記言・上李伯相論漠河開礦事宜稟丁亥春》 漠河各處金廠偪近俄疆，出産旺盛，久爲外人覬覦，自應迅圖舉辦。原奏所稱招募商人醵股，約帶礦化各工，携帶機器前往承辦等語。籌辦之法與中外各礦局相同，唯該金廠地距江省二千數百餘里，在愛琿上流又數百里，輪舟所不能達。開礦機器多粗笨重大，搬運維艱，費用尤巨。比年滬市蕭條，股實之商半遭折閲，且惕於數年前股分之虧，語以招股醵資，百無一應。就令展轉勸諭，以利歆之，亦恐徒曠歲時，難以湊成巨款。憲諭所謂集貲非易，得人尤難，洵扼要之論也。唯漠河各處金廠乃邊防最爲喫緊之區，亦江省亟應籌辦之務。嘗博考輿圖，參以聞見，竊謂宜仿古屯田之法試辦。謹以所見言之。案：漢以黃金爲幣，上下通行，而開採之法，書缺有間。近數十年，宇下五大洲所用既廣，所産益旺，俄國烏拉山東悉畢爾部之採金，始於嘉慶十八年。美國嘉邦舊金山之採金始於道光二十八年。英國南洋屬地新金山之採金始於咸豐元年。以上三處初採時，一處所獲之金，有歲值銀六千餘萬者，近已少絀。而五洲各國，現在各處歲入猶統值銀一萬四千數百萬，俄美英所産實居三分之二。採取之法以淘金爲宜，舊金山之沙長千三百餘里，寬一百餘里，金之在山凝於沙石，分支交互，都成脈理。山水衝激，挾之下趨，石塊重而沈下，中壅爲沙，上浮爲泥，層層有金。唯最下者結最厚。人持鏟一斧一畚一，鏟以取之，斧以碎之，畚以淘之。豆金漉以水，屑金甚微，則滲以汞，合而蒸之，汞化而金凝已。淘採之初，人日所得值銀百兩，故聞者麕集。始年萬五千人，其明年增至十萬人。後人愈衆，金沙亦瘠。每沙一噸淘出之金少猶值銀二錢，一人終日之獲可扯銀一兩。其有竭津而淘者，獲金雖饒，而置機戽水非擁厚貲、集衆力不辦。沙既瘠而淘者稀，遂議從沙傍高山探脈開硐，鳩公司以採之。凡開山探礦，鑿石搏沙，磨礲淘洗，合汞烹煉，用機器數十座，用工役數百名，費殊不貲。又礦石每噸約可得金值銀六七兩，方不虧工本，迥不如淘金者，日獲雖微，猶可自給。故舊金山開山之七十九公司，少贏多絀。英之新金山、俄之悉畢爾採山者鮮，淘水者衆，蓋鑒乎此也。至其辦法，舊金山居者稀少，至自他國者皆聽往淘採，不爲限制，既流寓日衆，始人限十五丈，不得占人現採之地。採畢往他處，亦如之。每處停採不得過五日。若開山礦，人限三百丈，始得礦者，倍之。集公司者各以應得之數予之。每處停採不得過一月，有逾限，聽他人接採之。所得之金，官不收買，聽入市自爲交易。立法簡略，人人樂趨。又地氣温和，種植蕃蕪，流水不冰，淘金者終歲不輟。且耕且牧，招集日衆。英之新金山其法仝，其地氣又仝。兩處併收耕牧之利，今且十倍於淘金焉。至於俄之烏拉山東，地居極北，冰雪沍寒，五穀不生，金沙雖旺，而無水可淘，往者蓋少。遂以罪人往役，人限數十丈，每日所獲不准私相貿易，由官給半值而留其半以充經費。近以鐵路接通，始有集貲開山，畜水礦中，備冬日之淘洗者，由是所得滋豐。自咸豐十年與我重定東界，以什勒喀與額爾古納爲限。康熙時索還之疋克薩、尼布楚二城，復入於俄，地雖極邊苦寒，顧饒金銀，乃并發減死罪一等者往採如律，比遂商賈麕集，屯牧駢羅，尼布楚城已爲重鎮。今據成副都統所稱，漠河阿爾罕奇乾之金廠在黑龍江南岸，計對北岸疋克薩城。又查劉大臣所稱，粗魯海圖係由俄語轉譯，當即蘇克特，在額爾古納河西岸，正對我東岸額爾德尼陀羅蓋之卡倫。黑龍江北岸與額爾古納河西岸既入於俄，其間尼布楚爲五金最旺之處，適在額爾古納河西岸，名之曰新蘇克特，正對我東岸巴圖爾和朔之卡倫，與呼倫貝爾城相距約數百里。嘗詳考中外輿圖，以求産金之沙，自阿爾罕奇乾河迤西至黑龍江與額爾古納河交會界碑之處，循而南下，至蘇克特地有千餘里。在內興安大嶺之麓，與舊金山高山之麓所有撒拉們、約亞金兩河形勢相似。興安嶺亦係沙石凝結，又與舊金山之石相似，金沙之富當不少讓於美。況額爾古納河西岸俄人採金已著成效，東岸更近鑛山真脈，能得多金，似可操券，唯揆其辦法約有數難。該處地苦荒寒，民尠殷實，四月解凍，九月結冰，淘採有時，樹藝無術。由官辦則籌備巨款，度支維艱。招集流亡，安插不易。自夏徂秋，半載淘金，或使之自食其力，若天寒冰沍，游手安資，非若新舊金山地方温煖，可牧可耕，不致聚處滋擾。其難一也。由商辦則醵股遠來，商情攜貳，糜費甚大，衆口嗸嗸。開山則效有難期，淘沙則散而無紀。且購機器、僱工匠，往返多稽時日，非若新舊金山負山濱海，可無轉運之艱。其難二也。由官督民採，則貧民瘠户，工本不敷，荒壤窮邊，控制難遍，況淘沙合汞，豈能稽察入微，非工役私肥，即吏胥中飽。不能如俄之峻法嚴刑，勒令工作，收其半值，以充公費。其難三也。伏讀《皇朝文獻通考》，黑龍江四徼凡設卡倫六十有四，各設兵守之，重扃保障，金湯萬禩。今國家慎固封圻，特簡大臣督辦東三省屯防操練事宜，邊務鑛務均關緊要，自雅克薩、尼布楚二城復經俄人經營布置，戍以重兵，以俯瞰

我邊陲，我黑龍江省西北斗入於俄，相距一水，擊柝聲聞。彼方開礦治兵，眈眈虎視，既不比内外蒙古有肯忒、亞爾泰二山爲屏，南北八城有北天山及巴達克爲閫，又其壤地相錯，僅止一面尚可恃崇山峻嶺爲之鄂博，以視兹地險易迥殊。故西自喀什噶爾，東至琿春，毗連俄界約近二萬里，而江省西北一隅與俄最爲偪近，尤不可無名將重兵以戍守之。擬請由東三省大憲相度舊設卡倫之所，察勘金坑最旺之區，遴委幹弁，選募近邊耐寒之兵勇，先撥三四營駐劄其間，督令淘金。其有偷挖金坑者，亦招入伍，以兵法部署之，人各予地數十丈，不准私占互爭。淘得之金聽其自市，官若收買，毋任抑折。若慮金沙難於物色，第於英美各國僱諳練鑛頭三四名，歲費不過五六千金，或由山東平度州礦局李道挑取工頭數名，咨送赴營留充教習，令其周覽指示，導之淘洗。試行數月，得金果饒，然後再增數營，專員督率，冰泮之日，即飭淘金以當口糧，寒沍之時，仍發坐餉以資操練。如是，歲可得金少亦數十萬，且歲省兵餉六十餘萬，其利便可約舉焉。臨邊設戍，建威銷萌，以屯以淘，役不再舉，便一也。醵股招商，曠日持久，移屯卒爲礦丁，則朝令夕行，立可舉辦，不致展轉延誤事機，便二也。機器開礦，成虧難知，若淘金則一鏟一畚，隨處可備，無待籌費，即可開工，便三也。各直省浚河治道，多役防營，今令駐劄該處之兵，專事淘金，不與他役，夏秋就地淘採，春冬仍歸伍防，屯政礦工，並行不悖，便四也。礦久禁閉，偷挖必多，强敵覬覦，匪徒句結，肇釁貽患，在在堪虞。今招入伍以佐屯軍，既杜禍萌，且資衆力，便五也。分地赴功，人争自奮，以舊金山爲率，人日得金一兩，則淘採所入較坐餉爲優，平居既已飽騰，臨事必能敵愾，便六也。計名授地，悉準營制，每日赴工六成爲率，營弁哨長各任一分，餘夫羨卒遞相替代，召募之衆法亦如之。使伍符尺籍，按册可稽，既杜虚冒之弊，且泯苑枯之迹，便七也。半年淘金，省餉無算，萬夫萃處，貿易必繁，部庫不勞於挽輸，閭里且資其生聚。無採金之名，而節養兵之費，收實邊之利，而靡遷民之勞，便八也。礦産既富，趨集愈衆，更於其間，平治道塗，南至呼倫貝爾，再東至齊齊哈爾，使通達于腹地，聯絡乎三省，便九也。總而論之，不勞役不費財，可固防，可制敵，内以戢匪徒之出入，外以杜强鄰之窺伺，不數年間邊備益修，軍儲益裕，當務之急莫要於此。況自通商以來，金銀之流出者衆，以彼各國皆用金錢，我則上下皆以銀爲市，已失子母相權之道，久受制於外人。若我中國産金既饒，則金價必賤，而貸款之出入，華商之貿易，所裨益匪淺尠矣！是否有當，伏候訓示。

汪森《粤西叢載》卷一九《金》　生金，諸蠻峒皆有之。金出沙土中，淘而取之如麩，煉之即成。《百粤風土記》。

五嶺内富州、賓州、澄州、涪縣江溪河皆産金。居人多養鵝鴨，取屎以淘金片，日得一兩或半兩，有終日不獲一星者。其金夜明。《嶺表録》。

鄭光祖《一斑録》雜述卷五《淘金》　川中各江之濱多從沙内淘取黄金。法用木作淘牀，長五尺五六寸，寬二尺七八寸，四周邊高三寸許。邊内前鑲木板一塊，長六七寸，後鑲木板一塊，長二尺許。板前安横木一根，較牀長數寸，横木下安柱二根，高三尺許。木柱立定，則淘牀前低後高。横木之上鑿圓孔二，另安二尺餘十字木架，架下二小柱插入横木孔内，使其活動。架縛圓竹筐高三四寸，徑一尺六七寸。將沙倒入筐内，牀後把住木架一頭不住掀簸，用水頻澆，則沙隨水流，金性沉，沉在筐底細縫中，透下木牀。其木牀除兩頭鑲板，中空三尺許。另安木板一塊，厚三寸，其上横刻木槽百十道，寬二三分，深寸餘，筐底透出金沙順水沉入槽内。另用木匣一個，空一面，如簸箕式，然後將槽内金沙掃入木匣，就水中漾擺，沙土擺盡，但存金屑。再用水銀同金屑入銷銀罐燒煉，水銀成灰，金成小粒，如黄豆大。每牀一人掀簸木架，一人挑水，三人挑沙，共須五人。用力合作，每日得金，多則五六分，少僅一二分，敷一日之食而已。金每兩可易錢十五六千文。嘉陵江、烏龍江、金沙江等處均有淘者，貧民賴以生活焉。

紀事

屈大均《廣東新語》卷一五《貨語·金》　土人淘其沙，日得麩金分許，不能多，或有得一金龜，則其地數日無金矣。崖州黎田，其水瀠洄清徹，浮光躍金，有商人以百金貿而淘之。陽江木葋白石山澗中及廣寧溪峒亦有金坑，而生金甚微，色亦低劣，民竭一日之力，僅足糊口。英德之金山逕溪東西田脚，亦有金。高明河源之藍田瀨，蒸煮其沙，日得生銀錢許，若得三四錢，則三日不能復得。礦脈亦微，萬曆間中使募民認税開采，尋以無利而寢。大抵晉康以掘鐵爲生，開建河源以淘金銀爲業。一鐵爐可養千人，一金潭銀瀨可活數百室，皆天之所以惠貧民也。許渾詩云：「洞丁多斲石，蠻女半淘金。」若上官開采，則所得不足以償所失，未有不因而生亂者也。蓋嶺南雖有金而無金，其金皆自吴門買歸。

□□者以銀易之，以便致遠。故賈人以金爲貨，利常數倍，民謡有云：「黄金自吴來，精者十三倒。□□争買時，白銀不言好。」

藝文

顔幼明、何承天注，陳師凱、劉伯温解《靈棋經》卷下　詩曰：「前程有路莫嫌遲，沙里淘金得幾時。淘盡沙泥金始出，兩重名利兩相宜。」

范成大《石湖詩集》卷三《金沙》　沙中麩金燦然，人或煉取多不成。莊嚴福地守靈仙，不爲人間計子錢。一掬斕斒光照眼，路傍饞隸枉流涎。

陳金之《蓬窗日録》卷七《詩談》一　《淘金行》元蔡明詩云：「淘金大江側，水深沙淺淘不得。夜聞呼叫來打門，官司追課如追魂。呼童挑燈取金看，囊中祇有分毫積。課多金少輸不及，里胥怒嗔徐見執。賣金買寬限，金盡限轉急。歸來坐窓下，妻子相對泣。泣亦徒爾爲，輸官不在遲。南莊有田仍可賣，莫遣過限遭鞭笞。獨不見西家賣金仍賣屋，户户逋金猶不足。」

柏葰《薜箖吟館鈔存》卷七《探礦行》　礦字或作鑛，又作丱。《周禮·地官》有丱人。山砂止煎洗，一變即成金。山金之砂，以火炒乾，再以水淘，即可煉成。

雜録

李燾《續資治通鑑長編》卷三一二　寨民性頑獷，幸名安居，已曉諭，赴所屬寄納刀弩，欲官爲買之。并溪江所産麩金，欲募人淘采中賣，以業游手之民。

《明史》卷一八《世宗紀二》　〔嘉靖二十七年〕十一月乙未，詔撫按官採生沙金。

顧炎武《肇域志》卷一八《山東五·登州府·棲霞縣·山川》　翠屏山在縣南半里。岠嵎山在縣東北二十里。《宋史》：慶曆六年，登州地震，岠嵎山摧。《金史·僕散安貞傳》：楊安兒與汲政等乘舟入海，欲赴岠嵎山。即此山也，亦名金山。《齊乘》云以産金得名。即《地記》萊陽縣之黄銀坑也。《隋書·辛公義傳》：爲牟州刺史，山出黄銀，獲之以獻。詔水部郎婁崱就公義禱焉，乃聞室中金石絲竹之響。《宋史·食貨志》：天聖中，登、萊採金歲益數千兩，仁宗命奬勸官吏。宰相王曾曰：「採金多則背本趨末者衆，不宜誘之。」景祐中，登、萊饑，詔弛金禁，聽民採取，俟歲豐復故。《地理志》：登州有金冶。又：隋開皇十八年，牟州刺史辛公義於此山冶鑄，得黄銀獻之。山寺有隋碑，淘金者所祖。然隋唐以來，皆守土官採以充貢，爲數不多，未見其害。今則編户置官，歲定金額，有增無減，三時沙汰，僅得分毫，名曰淘金，實則買金，鑄納户漸逃，上官復侵剥，大約金户一家之賦當他户三倍之多，而民不勝其苦。《元史》：世祖至元五年，令登州棲霞縣每户輸金，歲四錢。

《文獻通考》卷一八《征榷考五·坑冶》　又漢中舊有金户千餘家，常於漢水沙金，年終輸之。後臨淮王彧爲梁州刺史，奏罷之。

《元史》卷一六《世祖一三》　〔至元二十八年春正月〕丁巳，遣貴由赤四百人北征。辛酉，罷江淮漕運司，併於海船萬户府，由海道漕運。併浙西金玉人匠提舉司入浙西道金玉人匠總管府。【略】罷淘金提舉司。

又卷一八《成宗紀一》　〔元貞元年九月〕（乙）〔己〕卯，罷四川淘金户四千，還其元籍，罪初獻言者。

徐松《西域水道記》卷二　安濟哈雅河西百一十里爲奎屯河。維語奎屯謂冷，猶言冷水河。冷水河源出額林哈畢爾噶山，山産金，乾隆三十六年置廠。其年土爾扈特歸順，置東路二旗千二百二十户於奎屯河西岸。明年，伊犁將軍舒公赫德以土爾扈特郡王巴木巴爾游牧與淘洗金沙之河相距三十餘里，罷兵丁之洗金者。四十七年，都統明亮仍置廠，金夫二百一十人，納課如羅克倫河例。

其水故由北匯庫爾喀喇烏蘇河，今北流經城西二十餘里，又稍西北流而止，故稱乾河，蒙古謂之敦都爾沙喇河，譯言半黄也。庫爾喀喇烏蘇河，西北流七十餘里，濟爾噶朗河入之。濟爾噶朗河三源，發南山，名古爾班恰克圖水，山中産金，置濟爾噶朗廠，金夫二百九名，納課如奎屯廠。

《清文宗顯皇帝實録》卷一六九　〔咸豐五年，乙卯，六月，丁酉〕盛京將軍英隆等奏：「鐵嶺屬界木牙正金廠久經封禁，近復聚集奸匪，意欲淘金，當即派委官兵捕獲首從各犯，餘匪驅逐净盡。」得旨：「此等匪犯必應嚴懲，著英隆親提各犯訊明，分別正法，擬罪具奏。」

《清德宗景皇帝實録》卷四一四　〔光緒二十四年，戊戌，春正月，戊戌〕諭軍機大臣等：「户部奏，黑龍江漠河金廠光緒二十二年收獲金沙二萬七千一百餘

兩，提充軍餉銀二十五萬二千八百餘兩，覈計該年金沙收數暨提充軍餉銀數，較之二十一年分所短甚鉅，難保無以多報少之弊，請飭覆查等語。漠河金廠經延茂查辦後，方冀日有起色，豈容稍滋弊混。著王文韶迅速查明，據實具奏。該委員如有以多報少情事，即著從嚴參□。原片著鈔給閱看，將此諭令知之。」

《清德宗皇帝實録》卷四三一（光緒二十四年，戊戌，冬十月，辛巳朔）又諭：「裕祿奏查明漠河金廠道員周冕參款請旨辦理一摺。據稱金礦出金多寡，原無定數，該道員實無捏報情事，惟兩年以來金沙悉數變價，而應提軍餉及應分股利並未覈報清解，屢催罔應。按所得金沙覈計，應提軍餉約銀數十萬兩，現在虧短甚鉅，難保無挪移情弊，亟應從嚴追繳。周冕著暫行革職，勒限三箇月，將應提軍餉等銀如數報解，儻限滿仍前延玩，即著將該員解交刑部監追，以重餉項。將此諭令知之。」

《新唐書》卷四〇《地理志四》〔山南道〕萬州南浦郡，下。本南浦州，武德二年析信州置。八年州廢，以南浦、梁山隸夔州，武寧隸臨州。九年復置，曰浦州。貞觀八年更名。土貢：麩金、藥子。【略】

〔山南道〕巴州清化郡，中。土貢：麩金、綿、紬、貲布、花油、橙、石蜜。【略】

〔隴右道〕廓州寧塞郡，下。本澆河郡，天寶元年更名。土貢：麩金、酥、大黄、戎鹽、麝香。【略】

〔隴右道〕宕州懷道郡，下。本宕昌郡，天寶元年更名。土貢：麩金、散金、麝香。【略】

肅州酒泉郡，下。武德二年析甘州之福祿、瓜州之玉門置。土貢：麩金、野馬革、蓯蓉、柏脈根。【略】酒泉，中下。本福祿，唐初更名。西十五里有興聖皇帝陵，出金。有崑崙山。

又卷四一《地理志五》〔江南道〕施州清化郡，下。本清江郡，天寶元年更名。土貢：麩金、犀角、黄連、蠟、藥實。【略】

敘州潭陽郡，下。本巫州，貞觀八年以辰州之龍標縣置，天授二年曰沅州，開元十三年以「沅」「原」聲相近，復爲巫州，大曆五年更名。土貢：麩金、犀角。【略】

獎州龍溪郡，下。本舞州，長安四年以沅州之夜郎、渭溪二縣置，開元十三年以「舞」「武」聲相近，更名鶴州，二十年曰業州，大曆五年又更名。土貢：麩金、犀角、蠟。

又卷四二《地理志六》〔劍南道〕嘉州犍爲郡，中。本眉山郡，天寶元年更名。土貢：麩金、紫葛、麝香。【略】龍遊，緊。平羌，中下。有鐵。有關。峨眉，上。有金，有鐵。夾江，上。有鐵。【略】

眉州通義郡，上。武德二年析嘉州置。土貢：麩金、柑、石蜜、葛粉。【略】

〔劍南道〕姚州雲南郡，下。武德四年以漢雲南縣地置。土貢：麩金、麝香。【略】

〔劍南道〕當州江源郡，下。貞觀二十一年，以羌首領董和那蓬固守松州功，析松州之通軌縣置，以地産當歸名。土貢：麩金、酥、麝香、當歸、羌活。【略】

〔劍南道〕嶲州越嶲郡，中都督府。本治越嶲，至德二載没吐蕃，貞元十三年收復。大和五年爲蠻寇所破，六年徙治臺登。土貢：蜀馬、絲布、花布、麩金、麝香、刀靶。【略】

〔劍南道〕雅州盧山郡，下都督府。本臨邛郡，天寶元年更名。土貢：麩金、茶、石菖蒲、落鴈木。

簡朝亮《尚書集注述疏》卷三《唐志》：蒙州貢麩金，賀州貢銀。《通典》云：資州貢麩金。今資州也。蜀他州貢麩金者亦多矣。

彭元瑞《五代史記注》卷六〇下《職方考第三・龍州》《太平寰宇記》：土産麩金，舊貢。《輿地廣記》：唐龍州江油郡蜀王氏，孟氏因之。

《宋史》卷八九《地理志五》〔成都府路〕嘉定府，上，本嘉州，犍爲郡，軍事。乾德四年，廢綏山、羅目、玉津三縣。慶元二年，以寧宗潛邸，升府。開禧元年，升嘉慶軍節度。崇寧户七萬一千六百五十二，口二十一萬四百七十二。貢麩金。縣五：龍遊，上。宣和元年，改曰嘉祥，後復故。熙寧五年，省平羌縣入焉。洪雅，上。淳化四年，自眉州來隸。夾江，中。峨眉，中。犍爲。下。大中祥符四年，移治懲非鎮。監一：豐遠。鑄鐵錢。【略】

簡州，下，陽安郡，軍事。崇寧户四萬一千八百八十八，口九萬五千六百一十九。貢綿紬、麩金。縣二：陽安，上。平泉。中。【略】

雅州，上，盧山郡，軍事。崇寧户二萬七千四百六十四，口六萬二千三百七十八。貢麩金。【略】

〔利州路〕政州，下，江油郡，軍事。本龍州。【略】貢麩金、羚羊角、天雄。

又卷一七九《食貨志下一》自崇寧以來，言利之臣殆析秋毫，沿汴州縣創增鎮柵以牟税利。官賣石炭增二十餘場，而天下市易務，炭皆官自賣。名品瑣

碎，則有四脚鋪牀、榨磨、水磨、廟圖、淘沙金等錢，不得而盡記也。宣和以後，王黼專主應奉，掊剥橫賦，以羨爲功。嶺南、川蜀農民陂罰錢，罷學制學事司贍學錢，皆歸應奉司。所入雖多，國用日匱。

王存《元豐九域志》卷一《京西路》 金州安康郡昭化軍節度　土貢：麩金、麝香各二兩。

又卷六《江南東路》 上饒州鄱陽郡軍事　土貢：麩金一十兩，簟一十領。

【略】

上衡州衡陽郡軍事　土貢：麩金三兩，犀角一株。

又卷七《成都府路》 上眉州通義郡防禦　土貢：麩金五兩，巴豆一升。

【略】

蜀州詹安郡軍事　鄞江出麩金。【略】

嘉州犍爲郡軍事　土貢：麩金六兩。【略】

雅州廬山郡軍事　土貢：麩金五兩。【略】

簡州陽安郡軍事　土貢：綿紬二十疋，麩金五兩。

又卷七《梓州府路》 資州資陽郡軍事　土貢：麩金五兩。【略】

昌州昌元郡軍事　土貢：絹一十疋，麩金三兩。

又卷八《利州路》 政州江油郡軍事　土貢：麩金三兩，羚羊角五對，天維一斤。

魏源《元史新編》卷八八《志八中·食貨中·歲課》 金課之興，自世祖始。其在益都者，至元中以漏籍民户四千，於登州棲霞縣淘焉。又以淘金户二千僉軍者，付益都、淄萊等路淘金總管府，而輸其課於太府監。在遼陽者，至元中，聽民於龍山縣胡碧峪淘采，每歲納課金三兩。又於遼東雙城及和州等處采焉。在江浙者，至元中，設建康等處淘金夫七千三百六十五户，立提舉司領之，所轄金場凡七十餘所，未幾以建康無金，罷之。其徽、饒、池、信之課，皆歸之有司。在江西者，至元中，撫州樂安縣民歲辦金百兩。在湖廣者，至元中，撥常德、澧、辰、沅、靖民萬户，付金場轉運司淘焉。在四川者，元貞初，以其病民，罷之。在雲南者，至元中，諸路總納金百有五錠。此金課之興革可考者。

唐順之《荆川稗編》卷一一一《户九·元歲課》 初，金課之興，自世祖始。其在益都者，至元五年，命于從剛、高興宗以漏籍民户四千於登州棲霞縣淘焉。十五年，又以淘金户二千僉軍者，付益都、淄萊等路淘金總管府依舊淘金，其課於太府監輸納。在遼陽者，至元十年，聽李德仁於龍山縣胡碧峪淘採，每歲納課金三兩。十三年，又於遼東雙城及和州等處採焉。在江浙者，至元二十四年立提舉司，以建康等處淘金，夫凡七千三百六十五户隸之，所轄金場凡七十餘所。未幾，以建康無金，革提舉司，罷淘金户，其徽、饒、池、信之課皆歸之有司。在江西者，至元二十三年，撫州樂安縣小曹周歲辦金一百兩。在湖廣者，至元二十年，撥常德、澧、辰、沅、(静)〔靖〕民萬户，付金場轉運司淘焉。在四川者，元貞元年以來病民，罷之。在雲南者，至元十四年，諸路總納金一百五錠。此金課之興革可考者然也。

《元典章·户部》卷八《典章二二·課程·洞冶》 民户淘辦金課：至元二年二月，御史臺准行臺咨，據監察御史呈，察知建康路淘金總管府，元認淘金辦課，驗撥到人户，品荅高低，出給花名由帖，科配百姓包納。卑職照得所辦金課，有中書省移咨行省，從長定奪辦納，别不曾定立課額，許令掯配百姓包納。每金一錢折納價錢一十五兩，以至一十八兩，兼江南新附，百姓因科包納金課，至甚擾動不安。若將淘金總管府革去，併入各路總管府，從實淘辦，似爲官民兩便。具呈照詳事：都省照得，於去年十二月十七日，聞奏過立著的淘金總管府罷了，只就本路宣慰司里，在先做同知道奴名字的人阿合馬委付了，來將那個罷了，交這忙速兒道奴替頭里做同知，則交他淘金的勾當里提調呵，怎生奏呵。奉聖旨：「那般者。欽此。」已經照會行省督勤合屬，令民户從實淘採辦納，毋得於人户處科配鈔數外，仰照驗有違都省元行，常加糾察施行。

汪舜民《(弘治)徽州府志》卷三《食貨二》 金課：至元十八年，本路有宣課提舉司，於婺源縣募人淘金，每户歲金一錢，凡二百四十户，共金二十四兩。徽州課金自此始。至元十九年，建康路置淘金總管府，差撥徽州金夫六百二十五户，每户金不等，共二錠二十五兩七錢二分。至元二十年，罷總管府，併屬本路。至元二十四年，更立建康等處淘金提舉司，增金三錠四十九兩二錢八分。至元二十五年，淘金提舉别都魯丁等踏視金場。二十六年，省府行下，於苗米五石之下、三石之上户内簽撥金户一千五百，辦金一十二錠。至元二十七年，運使馬合謀等增每户金一錢五分，凡增七錠四兩七錢五分。至元二十八年，罷提舉司，仍圞本路。至元二十九年，建康路金户逃移，乃於本路補撥户五百，每户以苗米五石爲則，歲金五錢五分，共五錠二十五兩。此已上名曰原簽金户，夏秋二稅並免徵。元貞二年二月，置江浙金銀銅冶轉運司，增撥户一千六百五十，每户以苗米

四石爲則，歲金五錢五分，共一十八錠七兩五錢，謂之續簽金户，免秋糧，不免夏税。自前至後五縣一州，通撥訖金户四千五百一十五，歲課金四十九錠三十二兩二錢五分。大德二年五月，罷轉運司，仍圜本路。延祐經理之後，金隨歲辦，不復以户數拘。以《宋朝會要》考之，出金之州十，於歙無與。又按《十道圖》，貢金之州四，貢麩金之州十有一，歙亦初不與焉。鑿井取沙，箕運山積，以金斗□，以金□，赤體沾濡，手足皸□，罷其日力，幸而有得，不過星粟之微。或並溪連鑿數井，且不見金。或閉氣從潭底求之，腰石而入，畚沙以出，往往腦鼻流血，得不償勞。蓋其難且險如此，人户率於他州買納。輸納之際，又有弊焉。歙縣，歲額金一十六錠二十七兩五錢四分八。休寧縣，歲額金一十一錠三十七兩九錢五分。婺源州，歲額金一十二錠二十兩五錢。祁門縣，歲額金四錠三十五兩九錢五分。黟縣，歲額金二十七兩五錢。績溪縣。歲額金三錠三十二兩八錢二。

談遷《棗林雜俎》中集《貢金》 楊井菴《滇略》曰：「語云金生麗水，今麗江其地也。其江曰金沙源，出吐蕃，經鐵橋、寶山、永寧、北勝以達東川，江滸沙泛，金麩雜之，貧民淘而鍛焉，日僅分文，售蜀賈轉諸四方。其税屬之土府，漢不得有也。朝廷歲貢滇賦金五千，其直可四分緡，皆蜀賈有力者，先期受直於官，而走四遠哀入之，間有逃且死者，累及姻族，桁楊纍纍，至於黔巫瘴癘，十死一生，又不具論也。」

徐應秋《玉芝堂談薈》卷三四《白鼠獻金錢》【略】《唐書》：「蘭州土貢麩金、麝香。」

雲南銀礦共六十有三，置場委官，歲約二萬緡，然脈有盛衰，課隨盈縮。

胡渭《禹貢錐指》卷七 《通典》：衡、巫二州貢麩金。

張燧《讀史舉正》卷七《舊唐書》 雅州但有州名，無屬縣，亦無實土。案：《新書》：領嚴道、盧山、名山、百丈、榮經五縣，土貢有麩金、茶、石菖蒲、落鴈木。

洪亮吉《〔乾隆〕府廳州縣圖志》卷二四《蘭州》 土貢：麩金、青稞麥、氈、樺皮、氂牛、橐駝、羊、鼠、麝香、冬果、梨、藥、硇砂。

又卷二五《西寧府》 土貢：麩金、褐、犏牛、牸犀角、馬、雞、野馬、牛、羊、麝香、大黃。

又卷三八《眉州》 土貢：麩金、鹽、硝、獠麻布、甘子、寒水石。

鄭光祖《一斑録》雜述卷六《中甸風土》 中甸，維西本西藏地，乾隆中，土地日闢，遂以兩地並屬於滇麗江府。中甸去府五站，同知駐焉。武職有都司、千總。當地有土守備二，土千總八，聽夷人詞訟，爲同知所屬。其地多寒少暑，五月尚飄雪霰，六月尚衣綿裘。冬雪未厚，有緊急公務，土官差人開路，尚可藉當地毛牛力；若雪厚路封，行人斷絶矣。風俗信佛教，重喇嘛，凡寺廟俱喇嘛居焉。有金廠一，每年額課黄金十二兩，每日收沙金六七錢，合計一歲可得沙金二百餘兩，每沙金二兩銷成浄金一兩。

劉坤一等《〔光緒〕江西通志》卷四九《輿地略五・土貢》 鄱陽貢麩金十兩。【略】信州貢金。

卞寶第等修，曾國荃等纂《〔光緒〕湖南通志》卷五八《食貨志四・礦廠・金礦》 長沙益陽縣資水南十里有井數百口，或云古人采金處。《水經注》。潭州長沙有金。衡、敘、錦、獎四州土貢麩金。《唐書・地理志》。

衡陽郡貢麩金十四兩。《通典》。

岳州平江縣有土竈一金場。衡州土貢麩金三兩。《九域志》。

又卷六〇《食貨志六・物産一・衡州府》 衡州土貢麩金。《唐書・地理志》。衡陽郡土貢麩金十四兩。《通典》。衡陽郡土貢麩金三兩。《九域志》。

又卷六一《食貨志七・物産二・沅州府》 溆錦二州土貢麩金。《土唐書・地理志》。湖廣産金之處有沅州。宋元二史《食貨志》。黔陽縣出麩金。《明統志》。

于欽《齊乘》卷一《山川》 金山，亦名岠嵎山，棲霞縣東北二十里，以産金得名，即《地記》萊陽縣之黄銀坑也。隋開皇十八年，牟州刺史辛公義於此坑冶，鑄得黄銀獻之。山寺有隋碑，淘金者所祖。然隋唐以來，皆守土官采以充貢，爲數不多，未見其害。今則編户置官，歲定金額，有增無減，三時沙汰，僅得分毫，名曰淘金，實則買金，鑄納户漸逃亡，官復侵剥，大約金户一家之賦，當他户三倍之多，而户不勝其苦矣。又指以金苗鑿地，人家居宅墳壠，皆所不免，而民不勝擾矣。

《元史》卷一〇一《兵志四》 〔至元三十一年〕五月，給淘金運司鋪馬聖旨起馬五匹，大司農司起馬二十匹。

《礦務檔・黑龍江礦務・漠河金礦》總署收黑龍江將軍恭鏜文附李鴻章咨等五件《馬建忠李宗岱籌議漠河金廠章程》 〔光緒十三年四月初七日〕遵旨寄信前來等因，到本閣爵大臣。承准此。查黑龍江之粗魯海圖金礦，出産甚旺，中外馳名。往年華商潛往收買金沙，間頗獲利。若不及早籌辦，久必讓人佔踞。惟距江省尚二千餘里，地處極邊，非易集貲，得人尤難。應飭正任津海關道周，

署運司署津海關劉道，江海關龔道，東海關盛道，招商總局馬道，山東平度州礦局李道，迅速會商籌議。或各抒所見，保薦結實可靠，熟悉礦務幹員，殷實商董，妥議試辦章程具覆，再行酌核派往。李守金鏞，據稱將赴琿春黑頂子，辦理屯墾，不及兼顧，未知能否前往會辦。除分行外，合行恭録密飭，札到該道，即便遵照辦理等因。奉此。仰見我中堂博訪周諮，殷殷下問之至意。查漠河各處金廠，偪近俄疆，出産旺盛，久爲外人覬覦，自應迅圖舉辦。原奏所稱招募商人醵股，約帶礦化各工，攜帶機器，前往承辦等語，籌辦之法，與中外各礦局相同。惟該金廠地距江省二千數百餘里，在愛琿城上流又數百里，輪舟所不能達，開礦機器類多粗笨重大，般運維艱，費用尤巨。比年滬市蕭條，殷實之商，半遭折閲，且惕於數年前股分之虧，語以招股醵貲，百無一應。就令展轉勸諭，以利歆之，亦恐徒曠歲時，難以湊成鉅款。誠如憲諭所謂，集貲非易，得人尤難，洵扼要之論也。惟漠河各處金廠，乃邊防最爲喫緊之區，亦江省亟應籌辦之務，職道博考輿圖，參以聞見，仿古近屯墾之法，少變通之，請以屯防之兵，試辦採金之役，謹撮其大畧，開具清摺，粘稟復陳，伏候中堂訓示，財擇施行，實爲公便等情，到本閣爵大臣。據此，除批據稟漠河各處金廠，乃邊防最爲喫緊之區，亦江省應辦之務。第地處極邊，集貲運器非易，得人尤難。該道擬撥該省屯兵，試辦淘金，並呈節畧，甚爲有見，考據亦甚詳明。候咨黑龍江將軍恭鏜核酌等因印發外，相應咨會貴將軍，請煩查照。核酌施行。

計粘抄單。

謹擬籌辦漠河各處金廠，擬撥屯兵，試辦淘金情形，開呈憲鑒。【略】

又〔光緒十三年〕案：漢以黄金爲幣，上下通行，而開採之法，書缺有間。近數十年，宇下五大洲，所用既廣，所産益旺。俄國烏拉山東悉畢爾(郭)〔部〕之採金，始於嘉慶十八年；美國嘉邦舊金山之採金，始於道光二十八年；英國南洋屬地新金山之採金，始於咸豐元年。初採時，一處所獲之金，有歲值銀六千餘萬者，近已少絀，而各處歲入，猶統值銀一萬四千數百萬。俄美英所産，實居三分之二。採取之法，以淘金爲宜。舊金山之沙，長千三百餘里，寬一百餘里，金之在山，凝於沙石，分支交互，都成脈理，山水衝激，挾之下趨，石塊重而沈下，中蘊爲沙，上浮爲泥，層層有金。惟最下者，結最厚，人持鑵一、斧一、畚一，鏟以取之，斧以碎之，畚以淘之。豆金漉以水，屑金甚微，則滲以汞，合而蒸之，汞化而金凝已。淘採之初，人日所得，值銀百兩，故聞者麕集。始年萬五千人，其明年增至十萬人。人愈衆，金沙亦愈瘠，每沙一噸淘出之金，少猶值銀二錢，一人終日之獲，可扯銀一兩。其有竭澤而淘者，獲金雖饒，而置機戽水，非擁厚貲集衆力不辦。沙既瘠而淘者稀，遂議從沙傍高山探脈開硐，鳩公司以採之。凡開山、探礦、鑿石、搏沙、磨礱、淘洗、合汞、烹煉。用機器數十座，用工役數百名，費殊不貲。又礦石每噸約可得金值銀六七兩，方不虧工本，迥不如淘金者，日獲雖微，猶可自給。故開山之七十九公司，少嬴多絀。是以英之新金山，俄之悉畢爾，採山者鮮，淘水者衆，蓋鑒乎此也。至其辦法，美之舊金山，居民稀少，至自他國者，皆聽往採，不爲限制，既流寓日衆，始人限十五丈，不得占人現採之地，採畢往他處亦如之。每處停採不得過五日。山礦之開，人限三百丈，始得鑛者倍之，集公司者，各以應得之數予之。每處停採不得過一月，有逾限，聽他人接採之。所得之金，官不收買，聽入市自爲交易。立法簡畧，人人樂趨。又地氣温和，種殖蕃蕪，流水不冰。淘金者終歲不輟，且耕且牧，招集日衆。英之新金山，其法同，其地又同，兩處併收耕牧之利，今且十倍於淘金。俄之烏拉山東，地居極北，冰雪寒冱，五穀不生。金沙雖旺，而無水可淘，往者蓋少，遂以罪人往役。人限數十丈，每日之獲，不准私相貿易，由官給半值，而留其半，以充經費。近以鐵路接通，始有集貲開山，蓄水鏇中，備冬日淘洗者，由是所得滋豐。自咸豐十年與我重定東界，以什勒喀與額爾古納爲限，康熙時索還之雅克薩、尼布楚二城復入於俄。地雖極邊苦寒，頗饒金銀，乃並發減死罪一等者，往採如律，比遂商賈麕集，屯牧駢羅，尼布楚城已爲重鎮。今據成副都統所稱，漠河阿爾罕奇乾之金廠，在黑龍江南岸，計對北岸雅克薩城。又查劉大臣所稱，粗魯海圖，係由俄語轉譯，當即蘇克特，在額爾古納河西岸，正對我東岸額德尼陀羅蓋之卡倫，黑龍江北岸與額爾古納河西岸既入於俄，其間尼布楚爲五金最旺之區，所發罪犯採金之處，適在額爾古納河西岸，名之曰新蘇克特，正對我東岸巴圖爾和朔之卡倫，與呼倫貝爾城相距約數百里。職道詳考中外輿圖，以求産金之沙。自阿爾罕奇乾河迤西，至黑龍江與額爾古納河交會界牌之處，循而南下至蘇克特，地有千餘里，在内興安大嶺之麓與舊金山高山之麓所有撒拉門約亞金兩河，形勢相似，興安嶺亦係沙石凝結，又與舊金山之石相似。金沙之富，當不少讓於美，況額爾古納河西岸，俄人採金，已著成效。東岸更近鑛山真派，能得多金，似可操券。惟地苦荒寒，民鮮殷實，四月解凍，九月結冰，淘採有時，技藝無術。由官辦，則籌備巨款，安插不易，半年淘金，或使之自食其力。

若天寒冰沍，游手安資。非若新舊金山，地方温暖，可牧可耕，不致聚處滋擾，其難一也。由商辦，則醵股遠來，商情攜貳，糜費甚大，衆口呰嗸，開山則效有難期，淘沙則散而無紀，且購機器，僱工匠，往返多稽時日。非若新舊金山，皆負山濱海，可無陸運之勞，其難二也。由官督民採，則貧民瘠户，工本不敷，荒壤窮邊，控制難遍，況淘沙合汞，豈能稽察入微，非工役私肥，即吏胥中飽。非若俄之峻法嚴刑，勒令工作，收其半值，以充公費，其難三也。伏讀《皇朝文獻通考》，黑龍江四徼，凡設卡倫六十有四，各設兵守之，重扃保障，金湯萬禩。今國家慎固封圻。

《礦務檔·黑龍江礦務·漠河金礦》總署收北洋大臣李鴻章文《抄送擬定漠河金廠官督商辦章程摺暨單》〔光緒十三年〕十二月初八日，北洋大臣李鴻章文稱，爲照本閣爵大臣，於本年十二月初五日，會同署黑龍江將軍恭，在保定省城由驛具奏，黑龍江漠河金廠，擬定官督商辦詳細章程，以開利源而杜邊患一摺，相應抄摺並單，密咨貴衙門，請煩查照。

又總署行吏部文《請會議漠河金廠奏稿並請開送堂銜》〔光緒十三年〕十二月二十五日，行吏部片文稱，本年十二月初八日，准軍機處抄交大學士直隸總督北洋大臣李奏，黑龍江漠河金廠，擬定官督商辦詳細章程一摺，奉硃批：「該衙門議奏，單併發，欽此。」現本衙門業已議定奏稿，茲將奏稿一件，及摘抄原奏單，片送貴部會議，議畢後一併送回，並將堂銜開送，以便定期具奏爲要。

同日行户部片文同上。

又總署收户部片《送還會議漠河金廠奏稿並開列堂銜》〔光緒十三年〕十二月三十日，户部片稱，准總理各國事務衙門將會議覆奏北洋大臣李奏漠河開辦金廠章程詳核覆陳一稿，送議前來。本部現經議結，惟會稿內四成作爲局用一句，擬照原奏內本廠員友司事花紅四成之意，酌改四成作爲該局花紅，除原稿內簽商外，是否應改之處，仍希酌核。茲將原稿一件，並開列滿漢堂銜，一併片呈貴衙門查照。俟定有具奏日期，先行知照過部，以便會奏可也。

照録粘單，計開：

大學士管理户部事務閻敬銘，假。經筵講官協辦大學士户部尚書宗室福錕，户部尚書翁同龢，户部左侍郎嵩申，户部左侍郎孫詒經，户部右侍郎熙敬，户部右侍郎侯曾紀澤。

又總署收黑龍江將軍恭鏜文附李鴻章咨等五件《馬建忠李宗岱籌議漠河金廠章程》〔光緒十三年〕特簡大臣督辦東三省屯防操練事宜，邊務鑛務，均關緊要，自雅克薩、尼布楚二城復經俄人經營布置，戍以重兵，以俯瞰我邊陲，我黑龍江省西北斗入於俄，相距一水，擊柝聲聞，彼方開鑛治兵，眈眈虎視，既不比內外蒙古有肯忒、亞爾泰二山爲屏，南北八城有北天山及巴達克爲(國)〔闥〕又其壤地相錯，僅止一面尚可恃崇山峻嶺爲之鄂博，以視茲地，險易迴殊，故西自喀什噶爾，東至琿春，毘連俄界約近二萬里，而江省西北一隅，與俄最爲偪近，尤不可無名將重兵以戍守之。擬請東三省大憲相度舊設卡倫之所，察勘金坑最旺之區，遴委幹弁，選募近邊耐寒之兵勇，先撥三四營駐紮其間，督令淘金。其有偷挖金坑者，亦招入伍，以兵法部署之，人各予地數十丈，不准私占互爭。淘得之金，聽其自市，官若收買，毋任抑折。若慮金沙難以物色，第於英美各國僱諳練鑛頭三四名，歲費不過五六千金，或由山東平度州礦局李道挑取工頭數名，咨送赴營，留充教習，令其周覽指示，導之淘洗。試行數月，得金果饒，然後再增數營，專員督率。冰泮之日，即飭淘金，以當口糧。寒冱之時，仍發坐餉，以資操練。如是歲可得金沙亦數十萬，且歲省兵餉亦十餘萬，其利便可約舉焉。臨邊設戍，建威銷萌，以屯以淘，役不再舉，便一也。醵股招商，曠日持久，移屯卒爲鑛丁，則朝令夕行，立可舉辦，不致展轉延誤事機，便二也。機器開礦，成虧難知，若淘金，則一鍬一畚，隨處可備，無待籌費，即可開工，便三也。各直省浚河治道，多役防營，駐紮該處之兵，專事淘金，不與他役，夏秋則就地淘採，春冬仍歸伍操防，屯政礦務，並行不悖，便四也。礦久禁閉，偷挖必多，强敵覬覦，匪徒勾結，肇釁貽患，在在堪虞。今招入伍，以佐屯軍，既杜禍萌，且資衆力，便五也。平居既已飽騰，臨事必能敵愾，便六也。計名授地，悉准營制，每日赴工，六成爲率，營弁哨長，各任一分，餘夫羨卒，遞相替代，招募之衆，法亦如之，使伍符尺籍，按册可稽，既杜虛冒之弊，且泯菀枯之迹，便七也。半年淘金，省餉無算，萬夫萃處，貿易必繁，部庫不勞於輓輸，閭里徐資其生聚，無採金之名，節養兵之費，操禦敵之原，便八也。礦産既富，趨集愈衆，更於其間，平治道途，南至呼倫貝爾，再東至齊齊哈爾，使通達於腹地，聯絡乎三省，便九也。不勞役，不費財，可固防，可制敵，內以戢匪徒之出入，外以杜强隣之窺伺，不數年間，邊備益修，軍儲益裕，職道之愚，以爲此正今日之急務。況自通商以來，金銀之流出者衆，以彼各國皆用金錢，我則上下皆以銀爲市，已失子母相權之道，久受制於外人。若我中國産金既饒，則金價必賤，而貸款之出入，華商之貿易，所裨益匪淺尠矣。

職道迂謬之見是否有當，謹撮舉其厓畧，伏候憲台財擇，俯賜訓示遵行。謹議。

照録欽差大臣直隸總督李咨會事。據委辦山東礦務前濟東泰武臨道李宗岱禀稱，竊職道於光緒十三年正月初九日奉憲台札開，爲恭録密飭事，十二年十二月二十九日，准兵部火票遞到

又總署收黑龍江將軍依克唐阿文附漢乾兩廠自光緒十四年十二月至十五年九月收支金數清摺《咨呈漢乾兩金廠收光緒十五年十月份支金數清摺》〔光緒十六年〕正月十七日，黑龍江將軍依克唐阿文稱：據齊齊哈爾礦務局案呈，據督理黑龍江等處礦務吉林候補道李道金鏞禀稱，竊職廠收支各帳，因各分局散於四處，帳目一時難以彙齊。故前擬章程内，陳明周年彙齊，刊刻清册，分送各股友閲核，以憑徵信，並呈報憲轅，以及北洋大臣查覈，早經禀請附奏議准在案。惟每日收支金數，極應一月一報，祇因開辦事多，以致遲遲。兹將漢廠自光緒十四年十二月十三日，乾廠自光緒十五年正月十二日次第開工後，截止光緒十五年九月底止，除禀明每月朔望停工，並因風雹雨雪不能工作外，所有逐日收支暨積存若干金數，並繕四柱清摺，恭呈鑒核。此後謹當將每月收支金數，按月摺報，合併聲明等情到本將軍。據此，除批據禀呈送漢乾兩廠自去年十二月開工起，至本年九月止，收支金數清摺，各情已悉，除仰礦務局照録禀摺，分咨户部、總署、北洋大臣察核外，原摺存核。此繳印發外，合請將原送清摺，照録咨呈等情。據此，相應咨呈，爲此咨呈總理各國事務衙門鑒核施行。

照録鈔單：

奏派督理黑龍江等處礦務節制漠河防營三品銜吉林候補道，謹將光緒十四年十二月開廠起，截至十五年九月底止，所有職局收支金沙數目，繕具四柱清摺，呈送鑒核施行。須至摺者。

計開：

舊管：

無。

新收：

十二月分：

無。

正月分：

一、收初六日，漢廠毛沙二兩八錢。

一、收初七日，漢廠毛沙一兩六錢三分。

一、收初八日，漢廠毛沙一兩二錢九分。

一、收初九日，漢廠毛沙一兩九錢二分。

一、收初十日，漢廠毛沙二兩二錢一分。

一、收十一日，漢廠毛沙二兩五錢。

一、收十二日，漢廠毛沙三兩一錢一分。

一、收十三日，漢廠毛沙三兩七錢五分。

一、收十四日，漢廠毛沙四兩二錢八分七釐。

一、收十六日，漢廠毛沙三兩三分。

一、收十七日，漢廠毛沙四兩六錢四分。

一、收十八日，漢廠毛沙四兩七錢七分。

一、收十九日，漢廠毛沙五兩一錢七分。

一、收二十日，漢廠毛沙五兩一錢三分。

一、收二十一日，漢廠毛沙五兩一錢七分。

一、收二十二日，漢廠毛沙四兩八錢五分。

一、收二十三日，漢廠毛沙五兩三錢四分。

一、收二十四日，漢廠毛沙七兩二錢二分。

一、收二十五日，漢廠毛沙五兩八錢四分。

一、收二十六日，漢廠毛沙九兩二錢。

一、收二十七日，漢廠毛沙八兩六錢四分。

一、收二十八日，漢廠毛沙十一兩七錢二分。

一、收二十九日，漢廠毛沙八兩九錢九分。

一、收三十日，漢廠毛沙十一兩六錢一分。

一、收十四日，乾廠原沙二錢五釐。

一、收十五日，乾廠原沙二錢四分。

一、收十六日，乾廠原沙二兩三錢二分五釐。

一、收十七日，乾廠原沙三兩九錢五分五釐。

一、收十八日，乾廠原沙四兩三錢一分五釐。

一、收十九日，乾廠原沙五兩三錢三分五釐。

一、收二十日，乾廠原沙六兩四錢七分五釐。

一、收二十一日，乾廠原沙六兩七錢二分。
一、收二十二日，乾廠原沙五兩九錢四分。
一、收二十三日，乾廠原沙七兩八錢。
一、收二十四日，乾廠原沙八兩九分。
一、收二十五日，乾廠原沙八兩二錢四分。
一、收二十六日，乾廠原沙八兩二錢七分五釐。
一、收二十七日，乾廠原沙九兩九錢五分。
一、收二十八日，乾廠原沙十兩六錢九分。
一、收二十九日，乾廠原沙九兩一錢八分。
一、收三十日，乾廠原沙十兩九錢三分。

以上正月分，除歇工外，共收漢廠毛沙一百二十四兩八錢一分七釐，除毛二兩七錢四分七釐。
乾廠原沙一百九兩四錢七分五釐。

查正月所出金沙，均屬無多，故當日過平，即逐户封存，謂之毛沙。至月底眼同該把頭歸併，將沙土礦沙吹浄後平準，謂之原沙，照數給價，合併聲明。

二月分：初一日，漢廠停工。
一、收初二日，漢廠毛沙十二兩八分。
一、收初三日，漢廠毛沙八兩七錢五分。
一、收初四日，漢廠毛沙十兩六錢二分。
一、收初五日，漢廠毛沙十二兩二錢二分。
一、收初六日，漢廠毛沙十一兩二錢二分。
一、收初七日，漢廠毛沙九兩四錢。
一、收初八日，漢廠毛沙十兩八錢二分。
一、收初九日，漢廠毛沙十四兩八錢八分。
一、收初十日，漢廠毛沙十二兩。
一、收十一日，漢廠毛沙十一兩九錢九分。
一、收十二日，漢廠毛沙十四兩一錢九分。
一、收十三日，漢廠毛沙十五兩四錢。
一、收十四日，漢廠毛沙十五兩五錢七分。
一、收十六日，漢廠毛沙十三兩七錢六分。
一、收十七日，漢廠毛沙二十一兩一錢。
一、收十八日，漢廠毛沙二十一兩九錢一分。
一、收十九日，漢廠毛沙二十兩二分。
一、收二十日，漢廠毛沙二十二兩八錢一分。
一、收二十一日，漢廠毛沙十八兩九錢二分。
一、收二十二日，漢廠毛沙十八兩二錢一分。
一、收二十三日，漢廠毛沙十八兩八錢三分。
一、收二十四日，漢廠毛沙二十四兩八錢。
一、收二十五日，漢廠毛沙二十五兩六錢五分。
一、收二十六日，漢廠毛沙二十八兩九錢四分。
一、收二十七日，漢廠毛沙二十三兩四錢五分。
一、收二十八日，漢廠毛沙二十二兩六錢七分。
一、收二十九日，漢廠毛沙二十二兩四錢。
一、收採金苗原沙二兩三錢六分。十五日，乾廠停工。
一、收初一日，乾廠原沙八兩六錢六分五釐。
一、收初二日，乾廠原沙四兩七錢八分五釐。
一、收初三日，乾廠原沙十二兩七分五釐。
一、收初四日，乾廠原沙十四兩四錢五分。
一、收初五日，乾廠原沙十三兩七錢五分。
一、收初六日，乾廠原沙十五兩一分。
一、收初七日，乾廠原沙十二兩八錢六分。
一、收初八日，乾廠原沙十四兩九錢一分。
一、收初九日，乾廠原沙十三兩一分。
一、收初十日，乾廠原沙十二兩八錢四分。
一、收十一日，乾廠原沙十一兩七錢一分。
一、收十二日，乾廠原沙十四兩六錢五分五釐。
一、收十三日，乾廠原沙十三兩四錢三分。
一、收十四日，乾廠原沙十三兩三錢八分。
一、收十六日，乾廠原沙十五兩五分。

一、收十七日，乾廠原沙十三兩二分。
一、收十八日，乾廠原沙十三兩四錢九分。
一、收十九日，乾廠原沙十四兩八錢五分。
一、收二十日，乾廠原沙十六兩三錢七分。
一、收二十一日，乾廠原沙十五兩二分。
一、收二十二日，乾廠原沙十四兩八錢七分。
一、收二十三日，乾廠原沙十四兩一錢。
一、收二十四日，乾廠原沙十六兩九錢五分五釐。
一、收二十五日，乾廠原沙十八兩四錢六分。
一、收二十六日，乾廠原沙十八兩五錢七分五釐。
一、收二十七日，乾廠原沙十七兩六錢六分五釐。
一、收二十八日，乾廠原沙十九兩一錢三分五釐。
一、收二十九日，乾廠原沙二十兩七分五釐。
一、收採金苗原沙。查此項金沙，係十三年採苗所得，除送各署看樣外剩存之沙。合併聲明。

以上二月分，除歇工外，共收漢廠乾廠毛沙四百六十二兩六錢一分，除毛十兩一錢六分，金苗原沙二兩三錢六分。原沙四百三兩一錢六分五釐。

三月分：初一日，漢廠停工。
一、收初二日，漢廠原沙十七兩七錢五分。
一、收初三日，漢廠原沙二十三兩九錢九分。
一、收初四日，漢廠原沙二十六兩九錢五分。
一、收初五日，漢廠原沙二十八兩三分。
一、收初六日，漢廠原沙二十五兩四錢八分。
一、收初七日，漢廠原沙二十九兩五錢九分。
一、收初八日，漢廠原沙三十四兩八錢六分。
一、收初九日，漢廠原沙三十二兩七錢二分。
一、收初十日，漢廠原沙三十三兩六錢五分。
一、收十一日，漢廠原沙二十四兩。
一、收十二日，漢廠原沙二十九兩四錢一分。
一、收十三日，漢廠原沙三十一兩一錢一分。
一、收十四日，漢廠原沙三十二兩一錢三分。
一、收十五日，漢廠原沙三十二兩一錢三分。
一、收十六日，漢廠原沙四兩五錢三分。
一、收十七日，漢廠原沙十一兩八錢二分。
一、收十八日，漢廠原沙二十一兩四錢八分。
一、收十九日，漢廠原沙二十兩一錢八分。
一、收二十日，漢廠原沙二十四兩四分。
一、收二十一日，漢廠原沙二十八兩六錢八分。
一、收二十二日，漢廠原沙二十六兩九錢五分。
一、收二十三日，漢廠原沙二十五兩一錢六分。
一、收二十四日，漢廠原沙二十五兩二錢七分。
一、收二十五日，漢廠原沙三十六兩七錢二分。
一、收二十六日，漢廠原沙三十兩五錢七分。
一、收二十七日，漢廠原沙十六兩四錢七分。
一、收二十八日，漢廠原沙四十一兩五錢五分。
一、收二十九日，漢廠原沙四十兩六錢。
一、收三十日，漢廠原沙三十九兩二錢五分。
十五日，乾廠停。
一、收初一日，乾廠原沙十六兩九錢八分五釐。
一、收初二日，乾廠原沙十八兩六錢七分五釐。
一、收初三日，乾廠原沙二十兩七錢一分五釐。
一、收初四日，乾廠原沙二十四兩四錢九分五釐。
一、收初五日，乾廠原沙十九兩八錢五分。
一、收初六日，乾廠原沙二十一兩八錢八分五釐。
一、收初七日，乾廠原沙二十一兩八錢五分。
一、收初八日，乾廠原沙二十兩五錢九分。
一、收初九日，乾廠原沙二十兩四錢四分。

一、收初十日，乾廠原沙二十兩五錢八分。
一、收十一日，乾廠原沙二十兩五錢四分。
一、收十二日，乾廠原沙二十四兩九錢。
一、收十三日，乾廠原沙二十一兩九錢八分。
一、收十四日，乾廠原沙二十三兩一錢五分五釐。
一、收十六日，乾廠原沙一錢三分。
一、收十七日，乾廠原沙八兩二錢六分五釐。
一、收十八日，乾廠原沙十一兩四錢一分。
一、收十九日，乾廠原沙十二兩八錢九分五釐。
一、收二十日，乾廠原沙十四兩六錢五釐。
一、收二十一日，乾廠原沙十七兩二錢五釐。
一、收二十二日，乾廠原沙十六兩六錢。
一、收二十三日，乾廠原沙十五兩五分。
一、收二十四日，乾廠原沙十四兩三錢二分五釐。
一、收二十五日，乾廠原沙十五兩六錢九分。
一、收二十六日，乾廠原沙七兩三錢九分。
一、收二十七日，乾廠原沙十七兩五錢一分五釐。
一、收二十八日，乾廠原沙十六兩五錢一分五釐。
一、收二十九日，乾廠原沙十七兩二錢九分。
一、收三十日，乾廠原沙十七兩六錢二分五釐。

以上三月分，除歇工外，共收漢廠原沙七百八十七兩二錢三分。
乾廠原沙四百九十九兩一錢五分。

四月分：初一日，漢廠停工，十五漢乾廠停工。

一、收初二日，漢廠原沙三十二兩九錢六分。
一、收初三日，漢廠原沙二十六兩六分。
一、收初四日，漢廠原沙十七兩三錢五分。
一、收初五日，漢廠原沙八兩二分。
一、收初六日，漢廠原沙十兩七錢五分。
一、收初七日，漢廠原沙八兩四錢九分。
一、收初八日，漢廠原沙八兩五錢一分。
一、收初九日，漢廠原沙八兩八錢四分。
一、收初十日，漢廠原沙十七兩。
一、收十一日，漢廠原沙十四兩七分。
一、收十二日，漢廠原沙十四兩五錢四分。
一、收十三日，漢廠原沙十三兩四錢。
一、收十四日，漢廠原沙十四兩二錢八分。
一、收十六日，漢廠原沙十五兩四錢三分。
一、收十七日，漢廠原沙十三兩四錢四分。
一、收十八日，漢廠原沙十二兩九錢二分。
一、收十九日，漢廠原沙十二兩一錢。
一、收二十日，漢廠原沙十七兩七錢八分。
一、收二十一日，漢廠原沙十八兩七錢九分。
一、收二十二日，漢廠原沙二十一兩八錢。
一、收二十三日，漢廠原沙二十二兩八錢三分。
一、收二十四日，漢廠原沙二十二兩五分。
一、收二十五日，漢廠原沙二十二兩二錢三分。
一、收二十六日，漢廠原沙二十五兩二錢六分。
一、收二十七日，漢廠原沙二兩五錢一分。
一、收二十八日，漢廠原沙十兩八錢六分。
一、收二十九日，漢廠原沙十八兩九錢五分。
一、收三十日，漢廠原沙二十兩九錢一分。
一、收初一日，乾廠原沙二兩三錢五分五釐。
一、收初二日，乾廠原沙十九兩一分五釐。
一、收初三日，乾廠原沙十九兩九錢四分五釐。
一、收初四日，乾廠原沙十八兩三錢一分五釐。
一、收初五日，乾廠原沙十四兩四錢一分。
一、收初六日，乾廠原沙十三兩九錢五分五釐。
一、收初七日，乾廠原沙十五兩八錢九分五釐。
一、收初九日，乾廠原沙十五兩六錢六分五釐。

一、收初十日，乾廠原沙十四兩八錢七分。
一、收十一日，乾廠原沙十八兩七錢二分。
一、收十二日，乾廠原沙十九兩七錢六分五釐。
一、收十三日，乾廠原沙二十三兩九錢八分五釐。
一、收十四日，乾廠原沙二十四兩九錢六分。
一、收十六日，乾廠原沙二十兩一錢五釐。
一、收十七日，乾廠原沙二十兩六錢五分五釐。
一、收十八日，乾廠原沙十九兩四錢六分五釐。
一、收十九日，乾廠原沙二十兩八錢七分。
一、收二十日，乾廠原沙二十兩八錢五分五釐。
一、收二十一日，乾廠原沙十六兩五錢四分。
一、收二十二日，乾廠原沙十七兩三錢二分。
一、收二十三日，乾廠原沙十九兩五錢二分。
一、收二十四日，乾廠原沙十七兩七錢三分五釐。
一、收二十五日，乾廠原沙十八兩三錢五分五釐。
一、收二十六日，乾廠原沙十三兩四錢八分五釐。
一、收二十七日，乾廠原沙十兩一錢五釐。
一、收二十八日，乾廠原沙十六兩一錢六分五釐。
一、收二十九日，乾廠原沙十九兩七錢一分。
一、收三十日，乾廠原沙十八兩四錢五釐。

以上四月分，除歇工外，共收漢廠原沙四百五十二兩一錢三分。乾廠原沙五百四兩一錢七分五釐。

五月分：初五日，漢乾廠停工。

十五日，漢乾廠停工。

一、收初一日，漢廠原沙二十兩四錢四分。
一、收初二日，漢廠原沙二十兩七錢七分。
一、收初三日，漢廠原沙十八兩三分。
一、收初四日，漢廠原沙二十二兩一錢五分。
一、收初六日，漢廠原沙十四兩八錢五分。
一、收初七日，漢廠原沙七兩二錢二分。
一、收初八日，漢廠原沙七兩二錢二分。
一、收初九日，漢廠原沙十八兩八錢七分。
一、收初十日，漢廠原沙十六兩五錢一分。
一、收十一日，漢廠原沙十七兩一錢八分。
一、收十二日，漢廠原沙十九兩三錢。
一、收十三日，漢廠原沙二十兩五錢八分。
一、收十四日，漢廠原沙二十兩五錢五分。
一、收十六日，漢廠原沙十七兩八錢四分。
一、收十七日，漢廠原沙二十兩三錢四分。
一、收十八日，漢廠原沙二十三兩一分。
一、收十九日，漢廠原沙十九兩六錢九分。
一、收二十日，漢廠原沙二十六兩五分。
一、收二十一日，漢廠原沙二十二兩六錢七分。
一、收二十二日，漢廠原沙二十六兩五錢五分。
一、收二十三日，漢廠原沙二十五兩三錢三分。
一、收二十四日，漢廠原沙二十三兩一錢七分。
一、收二十五日，漢廠原沙二十一兩二錢八分。
一、收二十六日，漢廠原沙十八兩九錢八分。
一、收二十七日，漢廠原沙二十二兩七錢二分。
一、收二十八日，漢廠原沙二十五兩四錢九分。
一、收二十九日，漢廠原沙二十九兩九錢九分。
一、收初一日，乾廠原沙十五兩四錢八分。
一、收初二日，乾廠原沙十八兩七錢一分五釐。
一、收初三日，乾廠原沙十七兩二錢九分五釐。
一、收初四日，乾廠原沙十七兩一錢四分五釐。
一、收初六日，乾廠原沙十兩七分。
一、收初七日，乾廠原沙十六兩六錢一分。
一、收初八日，乾廠原沙十六兩六錢一分五釐。

一、收初九日，乾廠原沙二十兩九錢二分五釐。
一、收初十日，乾廠原沙十五兩八錢一分。
一、收十一日，乾廠原沙十六兩九錢七分。
一、收十二日，乾廠原沙十六兩八錢八分五釐。
一、收十三日，乾廠原沙十三兩八錢七分五釐。
一、收十四日，乾廠原沙十四兩二錢四分。
一、收十六日，乾廠原沙十七兩七錢五釐。
一、收十七日，乾廠原沙十七兩三錢五分五釐。
一、收十八日，乾廠原沙十八兩五釐。
一、收十九日，乾廠原沙十五兩四錢三分。
一、收二十日，乾廠原沙十九兩二錢三分。
一、收二十一日，乾廠原沙十九兩一錢四分五釐。
一、收二十二日，乾廠原沙二十三兩四錢。
一、收二十三日，乾廠原沙十九兩九錢七分五釐。
一、收二十四日，乾廠原沙二十兩九錢二分。
一、收二十五日，乾廠原沙十八兩。
一、收二十六日，乾廠原沙十八兩二錢七分。
一、收二十七日，乾廠原沙十七兩九錢五分五釐。
一、收二十八日，乾廠原沙十七兩一錢二分五釐。
一、收二十九日，乾廠原沙二十兩七錢二分五釐。
以上五月分，除歇工外，共收漢乾廠原沙五百六十二兩九分，四百七十三兩二錢四分五釐。
六月分：初一日，漢乾廠停工，十五日，漢乾廠停工。
一、收初二日，漢廠原沙二十二兩八錢六分。
一、收初三日，漢廠原沙二十七兩七錢四分。
一、收初四日，漢廠原沙三十一兩八錢三分。
一、收初五日，漢廠原沙三十四兩四錢七分。
一、收初六日，漢廠原沙二十五兩九錢九分。
一、收初七日，漢廠原沙三十兩四錢四分。
一、收初八日，漢廠原沙三十兩五錢一分。
一、收初九日，漢廠原沙二十一兩七分。
一、收初十日，漢廠原沙九兩二錢五分。
一、收十一日，漢廠原沙十六兩六錢五分。
一、收十二日，漢廠原沙十六兩九錢一分。
一、收十三日，漢廠原沙十五兩一錢九分。
一、收十四日，漢廠原沙四十二兩二錢二分。
一、收十六日，漢廠原沙三十三兩四錢七分。
一、收十七日，漢廠原沙三十二兩一錢九分。
一、收十八日，漢廠原沙四十一兩四錢五分。
一、收十九日，漢廠原沙四十四兩七錢四分。
一、收二十日，漢廠原沙六十五兩一錢二分。
一、收二十一日，漢廠原沙五十六兩五錢五分。
一、收二十二日，漢廠原沙六十三兩三錢七分。
一、收二十三日，漢廠原沙五十四兩五錢四分。
一、收二十四日，漢廠原沙七十五兩一錢四分。
一、收二十五日，漢廠原沙七十五兩七錢八分。
一、收二十六日，漢廠原沙七十九兩二錢七分。
一、收二十七日，漢廠原沙七十一兩五分。
一、收二十八日，漢廠原沙七十二兩五錢四分。
一、收二十九日，漢廠原沙七十九兩四錢三分。
一、收三十日，漢廠原沙八十兩九錢七分。
一、收摇簸箕原沙三分五釐。
一、收搜出俄工匠金五錢四分。
一、收初二日，乾廠原沙十六兩。
一、收初三日，乾廠原沙十七兩七分。
一、收初四日，乾廠原沙十六兩二錢五釐。
一、收初五日，乾廠原沙十六兩二錢九分。
一、收初六日，乾廠原沙十五兩五錢七分五釐。

一、收初七日，乾廠原沙十五兩八錢三分。
一、收初八日，乾廠原沙十兩六錢。
一、收初九日，乾廠原沙十四兩三分五釐。
一、收初十日，乾廠原沙十三兩一錢四分五釐。
一、收十一日，乾廠原沙十三兩四錢四分五釐。
一、收十二日，乾廠原沙十七兩五釐。
一、收十三日，乾廠原沙十六兩四錢八分五釐。
一、收十四日，乾廠原沙十九兩七錢四分。
一、收十六日，乾廠原沙十七兩一錢三分。
一、收十七日，乾廠原沙二十兩三錢九分。
一、收十八日，乾廠原沙二十四兩七錢五分五釐。
一、收十九日，乾廠原沙二十二兩一錢一分。
一、收二十日，乾廠原沙二十兩。
一、收二十一日，乾廠原沙二十兩四錢六分。
一、收二十二日，乾廠原沙二十四兩二錢九分五釐。
一、收二十三日，乾廠原沙二十二兩八錢一分五釐。
一、收二十四日，乾廠原沙三十一兩一錢二分。
一、收二十五日，乾廠原沙二十六兩五錢一分五釐。
一、收二十六日，乾廠原沙二十四兩九錢七分五釐。
一、收二十七日，乾廠原沙二十一兩六錢一分五釐。
一、收二十八日，乾廠原沙二十四兩一錢七分五釐。
一、收二十九日，乾廠原沙二十二兩九錢九分五釐。
一、收三十日，乾廠原沙二十六兩二錢六分五釐。

以上六月分，除歇工外，共收漢廠原沙一千二百五十一兩七錢七分五釐，
乾廠原沙五百五十一兩；匿金五錢四分；四分。

七月分：初一、十五、二十四漢廠停工。
十五日、初一、三、二十三、四乾廠停工。

一、收初二日，漢廠原沙八十二兩四分。
一、收初三日，漢廠原沙二十九兩二錢三分。
一、收初四日，漢廠原沙八十三兩三錢四分。
一、收初五日，漢廠原沙九十七兩九分。
一、收初六日，漢廠原沙九十三兩七錢五分。
一、收初七日，漢廠原沙九十二兩七錢六分。
一、收初八日，漢廠原沙一百二兩二分。
一、收初九日，漢廠原沙一百八兩九錢五分。
一、收初十日，漢廠原沙一百十一兩六錢七分。
一、收十一日，漢廠原沙一百二十兩一錢二分。
一、收十二日，漢廠原沙一百十三兩一錢三分。
一、收十三日，漢廠原沙九十四兩八錢一分。
一、收十四日，漢廠原沙一百十五兩三錢六分。
一、收十六日，漢廠原沙九十二兩二錢。
一、收十七日，漢廠原沙九十六兩九錢。
一、收十八日，漢廠原沙一百二十一兩五錢四分。
一、收十九日，漢廠原沙一百十七兩四分。
一、收二十日，漢廠原沙八十七兩一錢九分。
一、收二十一日，漢廠原沙八十兩六錢。
一、收二十二日，漢廠原沙一百三兩六錢三分。
一、收二十三日，漢廠原沙十三兩九錢八分。
一、收二十五日，漢廠原沙五兩五錢五分。
一、收二十六日，漢廠原沙三十七兩九錢九分。
一、收二十七日，漢廠原沙五十三兩四分。
一、收二十八日，漢廠原沙五十八兩七錢六分。
一、收二十九日，漢廠原沙八十三兩七錢。
一、收初二日，乾廠原沙十七兩四錢三分五釐。
一、收初四日，乾廠原沙十四兩四錢五分五釐。
一、收初五日，乾廠原沙二十三兩一錢九分五釐。
一、收初六日，乾廠原沙二十兩九錢八分。

一、收初七日，乾廠原沙十七兩六錢三分。
一、收初八日，乾廠原沙二十兩七錢九分五釐。
一、收初九日，乾廠原沙二十三兩八錢五分。
一、收初十日，乾廠原沙二十兩九錢四分五釐。
一、收十一日，乾廠原沙二十六兩七錢二分五釐。
一、收十二日，乾廠原沙二十二兩八錢八分。
一、收十三日，乾廠原沙二十二兩七錢五釐。
一、收十四日，乾廠原沙二十五兩五錢八分。
一、收十六日，乾廠原沙二十二兩二錢八分五釐。
一、收十七日，乾廠原沙二十二兩九錢六分五釐。
一、收十八日，乾廠原沙二十一兩五錢三分五釐。
一、收十九日，乾廠原沙二十三兩七錢七分。
一、收二十日，乾廠原沙二十一兩三錢七分。
一、收二十一日，乾廠原沙十五兩九錢三分五釐。
一、收二十二日，乾廠原沙二十三兩三錢二分。
一、收二十五日，乾廠原沙三兩二錢八分五釐。
一、收二十六日，乾廠原沙九兩七錢五分。
一、收二十七日，乾廠原沙十六兩二錢四分。
一、收二十八日，乾廠原沙二十一兩三分。
一、收二十九日，乾廠原沙二十一兩六錢八分五釐。

以上七月分，除大雨歇工外，共收漢廠原沙二千一百九十六兩三錢九分。
乾廠原沙四百八十兩三錢四分五釐。

八月分：初一日，乾廠停工。十五日，漢乾廠停工。

一、收初一日，漢廠原沙八十四兩六錢九分。
一、收初二日，漢廠原沙八十八兩三分。
一、收初三日，漢廠原沙九十八兩六錢五分。
一、收初四日，漢廠原沙九十四兩三錢七分。
一、收初五日，漢廠原沙一百兩三錢四分。
一、收初六日，漢廠原沙一百七兩四錢四分。

一、收初七日，漢廠原沙一百十七兩二錢三分。
一、收初八日，漢廠原沙九十二兩八分。
一、收初九日，漢廠原沙九十兩一錢七分。
一、收初十日，漢廠原沙九十七兩二錢六分。
一、收十一日，漢廠原沙一百兩六錢。
一、收十二日，漢廠原沙一百四兩八錢三分。
一、收十三日，漢廠原沙一百二十二兩六錢二分。
一、收十四日，漢廠原沙一百十一兩七錢四分。
一、收十六日，漢廠原沙五十七兩五錢五分。
一、收十七日，漢廠原沙七十九兩七錢。
一、收十八日，漢廠原沙八十七兩七錢九分。
一、收十九日，漢廠原沙九十二兩四錢七分。
一、收二十日，漢廠原沙八十六兩二錢五分。
一、收二十一日，漢廠原沙九十六兩八錢五分。
一、收二十二日，漢廠原沙八十四兩八錢六分。
一、收二十三日，漢廠原沙九十三兩四錢三分。
一、收二十四日，漢廠原沙八十六兩五錢。
一、收二十五日，漢廠原沙九兩三錢二分。
一、收二十六日，漢廠原沙七十兩一錢三分。
一、收二十七日，漢廠原沙六十四兩一錢四分。
一、收二十八日，漢廠原沙六十六兩九錢六分。
一、收二十九日，漢廠原沙六十四兩七錢。
一、收三十日，漢廠原沙二十八兩五錢五分。
一、收初二日，乾廠原沙十一兩三錢一分。
一、收初三日，乾廠原沙十六兩九錢八分。
一、收初四日，乾廠原沙十五兩五錢五釐。
一、收初五日，乾廠原沙十四兩一錢二分。
一、收初六日，乾廠原沙十八兩五錢六分五釐。
一、收初七日，乾廠原沙十五兩八錢四分五釐。
一、收初八日，乾廠原沙九兩七錢三分五釐。

一、收初九日，乾廠原沙二兩八錢四分五釐。
一、收初十日，乾廠原沙十六兩四錢三分五釐。
一、收十一日，乾廠原沙十七兩二錢一分五釐。
一、收十二日，乾廠原沙二十一兩七分。
一、收十三日，乾廠原沙二十兩七錢三分。
一、收十四日，乾廠原沙二十五兩九錢五釐。
一、收十六日，乾廠原沙十六兩四錢五分五釐。
一、收十七日，乾廠原沙二十六兩一錢四分。
一、收十八日，乾廠原沙二十三兩四錢一分。
一、收十九日，乾廠原沙二十四兩二錢八分五釐。
一、收二十日，乾廠原沙十八兩。
一、收二十一日，乾廠原沙二十六兩二錢八分五釐。
一、收二十二日，乾廠原沙二十六兩四錢四分。
一、收二十三日，乾廠原沙二十七兩六錢七分五釐。
一、收二十四日，乾廠原沙二十四兩五錢二分五釐。
一、收二十五日，乾廠原沙十五兩六錢八分。
一、收二十六日，乾廠原沙二十三兩四錢四分。
一、收二十七日，乾廠原沙二十四兩八錢九分五釐。
一、收二十八日，乾廠原沙二十一兩四錢五分。
一、收二十九日，乾廠原沙二十三兩六錢六分。
一、收三十日，乾廠原沙二十兩六錢五分五釐。

以上八月分，除歇工外，共收漢廠原沙二千四百七十九兩二錢八分、乾廠原沙五百四十九兩二錢五分五釐。

九月分：初一日，漢乾廠停工。十五日，乾廠停工。

一、收初二日，漢廠原沙三兩四錢七分。
一、收初三日，漢廠原沙十四兩三錢二分。
一、收初四日，漢廠原沙二十五兩一錢六分。
一、收初五日，漢廠原沙三十二兩一錢二分。
一、收初六日，漢廠原沙四十二兩四錢五分。
一、收初七日，漢廠原沙四十四兩二錢。
一、收初八日，漢廠原沙四十一兩一錢四分。
一、收初九日，漢廠原沙三十七兩五錢七分。
一、收初十日，漢廠原沙三十九兩四錢。
一、收十一日，漢廠原沙四十二兩八錢。
一、收十二日，漢廠原沙四十九兩三錢八分。
一、收十三日，漢廠原沙五十一兩一錢三分。
一、收十四日，漢廠原沙四十八兩五錢三分。
一、收十五日，漢廠原沙三十兩九錢九分。
一、收十六日，漢廠原沙五十九兩五錢三分。
一、收十七日，漢廠原沙六十六兩七錢二分。
一、收十八日，漢廠原沙六十兩六錢一分。
一、收十九日，漢廠原沙六十一兩三錢三分。
一、收二十日，漢廠原沙六十五兩七錢三分。
一、收二十一日，漢廠原沙五十九兩五錢三分。
一、收二十二日，漢廠原沙五十二兩五錢五分。
一、收二十三日，漢廠原沙五十五兩九錢三分。
一、收二十四日，漢廠原沙六十九兩三錢九分。
一、收二十五日，漢廠原沙五十九兩八錢。
一、收二十六日，漢廠原沙五十一兩七錢九分。
一、收二十七日，漢廠原沙五十五兩九錢九分。
一、收二十八日，漢廠原沙五十五兩五錢九分。
一、收二十九日，漢廠原沙五十八兩一分。
一、收搜出礦丁匿金一分八釐。
一、收初二日，乾廠原沙十兩九錢六分五釐。
一、收初三日，乾廠原沙十六兩三錢。
一、收初四日，乾廠原沙十五兩四錢四分。
一、收初五日，乾廠原沙十九兩四錢四分。
一、收初六日，乾廠原沙十四兩九錢七分。
一、收初七日，乾廠原沙十九兩一錢三分。

一、收初八日，乾廠原沙十六兩八錢。
一、收初九日，乾廠原沙十九兩五錢六分。
一、收初十日，乾廠原沙十六兩五分。
一、收十一日，乾廠原沙十六兩一錢七分五釐。
一、收十二日，乾廠原沙十四兩四錢四分五釐。
一、收十三日，乾廠原沙十四兩五錢四分。
一、收十四日，乾廠原沙十三兩八錢三分五釐。
一、收十六日，乾廠原沙十一兩四分。
一、收十七日，乾廠原沙十一兩八錢九分。
一、收十八日，乾廠原沙十三兩二錢八分五釐。
一、收十九日，乾廠原沙十五兩七錢九分五釐。
一、收二十日，乾廠原沙十四兩。
一、收二十一日，乾廠原沙四兩三錢三分五釐。
一、收二十二日，乾廠原沙十六兩九分五釐。
一、收二十三日，乾廠原沙十五兩六錢六分五釐。
一、收二十四日，乾廠原沙十七兩五錢五分五釐。
一、收二十五日，乾廠原沙十五兩九錢一分五釐。
一、收二十六日，乾廠原沙十四兩六錢八分。
一、收二十七日，乾廠原沙十四兩五錢三分。
一、收二十八日，乾廠原沙十四兩六錢一分。
一、收二十九日，乾廠原沙十五兩五錢三分五釐。

以上九月分，除歇工外，共收漢
乾廠原沙匿金一分八釐，一千三百三十五兩一錢六分，
四百二兩五錢八分。

總共收漢廠原沙九千六百三十七兩五錢七分五釐，
金苗匿金二兩九錢一分八釐。

按原定章程，提四成歸公，計原沙三千八百五十五兩三分；各礦丁應得六成，計原沙五千七百八十二兩五錢四分五釐。除照數隨市給價外，職局應得四成，並金苗匿金原沙三千八百五十七兩九錢四分八釐，總計加一申愛平原沙九百六十四兩四分九釐三毫，兩共得愛平原沙四千八百二十一兩九錢九分七釐三毫。

總共收乾廠原沙三千九百七十二兩四錢三分。

按原定章程，提四成歸公，計原沙一千五百八十八兩九錢七分二釐；各礦丁應得六成，計原沙二千三百八十三兩四錢五分八釐。除照數隨市給價外，職局應得四成原沙一千五百八十八兩九錢七分二釐，總計加一申愛平原沙三百九十七兩二錢四分三釐，兩共得愛平原沙一千九百八十六兩二錢一分五釐。

開除：

一、支二月二十九日，運赴上海分局漢
乾廠原沙計愛平十
十兩。寄滬化煉成色。
一、支二月二十九日，售居敬堂漢廠原沙計愛平一百十兩。
一、支二月二十九日，運赴愛琿分局乾廠原沙計愛平一百兩。
一、支二月二十九日，運赴天津分局小條四十條。漢廠條金計愛平四百兩七錢二分。
一、支二月二十九日，運赴天津分局乾廠原沙計愛平三百兩。
一、支二月二十九日，煉條小條四十條。火耗漢廠原沙計愛平十二兩四錢三分。
一、支三月十五日，運赴愛琿分局漢廠原沙計愛平二百兩。
一、支三月十五日，運赴愛琿分局乾廠原沙計愛平七十兩。
一、支三月十九日，售居敬堂乾廠原沙計愛平一百十兩。
一、支四月初十日，售居敬堂漢廠原沙計愛平二百二十兩。
一、支四月十四日，現售漢廠原沙計愛平一分。玻里商人買去看樣。
一、支四月二十八日，運赴愛琿分局乾廠原沙計愛平五百兩。
一、支四月二十九日，運赴愛琿分局大條十條。漢廠條金計愛平二百兩四分。
一、支四月二十九日，運赴愛琿分局漢廠原沙計愛平五百五十兩。
一、支四月二十九日，煉條大條拾條。火耗漢廠原沙計愛平三兩一錢九分五釐。
一、支五月二十七日，運赴愛琿。分局乾廠原沙計愛平四百九十七兩四分。
一、支六月初六日，煉條大條四十八。條火耗漢廠原沙計愛平十五兩七錢三分五釐。

一、支六月十九日，煉條大條十八條。火耗漢廠原沙計愛平六兩七錢三分。

一、支六月三十日，運赴愛琿分局大條六十二條。漢廠條金計愛平一千二百三十八兩六錢一分。

一、支六月三十日，現售乾廠原沙計愛平一百一兩三錢四分五釐。購俄商貨物。

一、支六月三十日，運赴愛琿分局乾廠原沙計愛平四百四十八兩九錢三分五釐。

一、支七月初四日，現售漢廠小條一條。條金計愛平十一兩二錢六分。購俄商貨物。

一、支七月初四日，運赴愛琿分局大條二十五條。漢廠條金計愛平四百九十九兩三錢一分。

一、支七月初四日，煉條大條三十一條、小條一條。火耗漢廠原沙計愛平十一兩一錢四分。

一、支七月初四日，現售小條十條。乾廠條金計愛平一百十二兩一錢五分五釐。

一、支七月初四日，煉條小條十條。火耗乾廠原沙計愛平二兩三錢二分五釐。

一、支八月初二日，現售乾廠原沙計愛平二十二兩六錢二分五釐。購俄商貨物。

一、支八月初二日，現售漢廠原沙計愛平七分。木廠委員買去看樣。

一、支八月十二日，運赴愛琿分局大條七十五條。漢廠條金計愛平一千四百九十七兩九錢三分。

一、支八月十二日，運赴上海分局大條一百二十五條。漢廠條金計愛平二千四百九十八兩六錢一分。

一、支八月十二日，運赴上海分局大條四十五條、小條一條。乾廠條金計愛平九百三兩七錢一分。

一、支八月十二日，煉條大條一百九十條、小條一條。火耗乾廠原沙計愛平二十兩五錢八分五釐。

一、支八月十三日，售居敬堂漢廠原沙計愛平一百十兩。

一、支八月二十五日，現售乾廠原沙計愛平一百三十五兩四錢九分。購俄商羌帖。

一、支八月二十七日，煉條大條六十條。火耗漢廠原沙計愛平二十兩二錢。

一、支八月二十八日，現售大條二條、小條一條。乾廠條金計愛平五十六兩一錢二分。

一、支八月二十八日，煉條大條十條、小條四條。火耗乾廠原沙計愛平五兩七錢八分。

一、支九月初四日，運赴愛琿分局大條五十五條。漢廠條金計愛平一千九十八兩九錢。

一、支九月初四日，運赴愛琿分局漢廠原沙計愛平七錢四分。

一、支九月十四日，運赴愛琿分局大條三十條。漢廠條金計愛平五百九十九兩一錢五分。

一、支九月十四日，煉條大條二十五條、小條一條。火耗漢廠原沙計愛平八兩九錢一分。

一、支九月二十日，現售換銀小條三條。漢廠條金計愛平二十九兩七錢七分。

一、支九月二十日，煉條小條二條。火耗漢廠原沙計愛平四錢四分。

一、支九月二十日，運赴愛琿分局大條二十二條、小條二條。乾廠條金計愛平五百十五兩九錢六分。

一、支九月二十日，現售大條一條、小條二條。乾廠條金計愛平四十四兩七錢二分。購俄商羌帖。

一、支九月二十日，煉條大條十五條、小條一條。火耗乾廠原沙計愛平七兩四錢六分。

一、支九月二十八日，運赴恰克圖大條二十二條、小條一條。漢廠條金計愛平五百四兩六錢二分。購羌帖。

一、支九月二十八日，煉條大條二十二條、小條一條。火耗漢廠原沙計愛平八兩二錢。

以上共支漢廠條沙計愛平九千九百三十二兩一錢九分，
乾廠條沙計愛平三千九百六十四兩二錢五分。

實在：

一、存漢廠原沙計愛平六百六十二兩四錢五分二釐三毫。

一、存漢廠條金計愛平九兩九錢。
一、存乾廠原沙計愛平四百五兩四錢二分三釐。
以上共實存愛平條沙一千七十七兩七錢七分五釐三毫。

又總署收黑龍江將軍依克唐阿文附漢乾兩廠光緒十五年十月分收支金數清摺《咨呈漢乾兩金廠光緒十五年十月分收支金數清摺》〔光緒十六年〕正月十七日，黑龍江將軍依克唐阿文稱：據齊齊哈爾礦務局案呈，據督理黑龍江等處礦務吉林候補道李道金鏞稟稱，竊職道謹將九月以前漢乾兩廠收支金數並積存若干，業經摺報在案。茲查十月内，除停工外，漢廠得金一千零八十一兩四錢八分，加一申愛平一千一百八十九兩六錢二分八釐。乾廠得金三百六十兩零九錢二分五釐，加一申愛平三百九十七兩零一分七釐五毫。兩廠共一千五百八十六兩六錢四分五釐五毫。所有逐日收金並運出變價及前後積存各細數，理合造具四柱清摺，附稟呈報，伏祈鑒核備查施行，實爲公便等情，到本將軍。除批稟印發外，合請將原送清摺照録咨呈等情。據此，相應咨呈，爲此咨呈總理各國事務衙門鑒核施行。

照録清摺。

奏派督理黑龍江等處礦務節制漢河防營三品銜吉林候補道，謹將光緒十五年十月分收支金數，繕具四柱清摺，呈送鑒核施行。須至摺者。

計開：

舊管：
一、存漢廠原沙計愛平六百六十二兩四錢五分二釐三毫。
一、存漢廠條金計愛平九兩九錢。
一、存乾廠原沙計愛平四百五兩四錢二分三釐。

新收：
十月分，漢廠收數。
初一日，停工。
初二日，收原沙四十六兩二分。
初三日，收原沙五十兩九錢三分。
初四日，收原沙三十九兩一錢七分。
初五日，收原沙二十六兩二錢。
初六日，收原沙二十兩九錢五分。
初七日，收原沙十六兩一錢八分。
初八日，收原沙二十兩七錢。
初九日，收原沙三十八兩一錢九分。
初十日，收原沙四十三兩三錢九分。
十一日，收原沙四十五兩。
十二日，收原沙五十八兩三錢四分。
十三日，收原沙六十七兩六錢六分。
十四日，收原沙六十七兩八分。
十五日，收原沙五十四兩三錢六分。
十六日，收原沙四十九兩八錢三分。
十七日，收原沙三十二兩七錢。
十八日，收原沙二十兩七錢一分。
十九日，收原沙二十六兩九錢二分。
二十日，收原沙二十三兩六錢八分。
二十一日，收原沙二十八兩八錢七分。
二十二日，收原沙二十九兩四錢七分。
二十三日，收原沙二十八兩三錢一分。
二十四日，收原沙三十三兩六錢七分。
二十五日，收原沙三十五兩一錢。
二十六日，收原沙三十七兩五錢。
二十七日，收原沙三十八兩三錢九分。
二十八日，收原沙三十三兩四錢五分。
二十九日，收原沙三十三兩三錢二分。
三十日，收原沙三十五兩三錢九分。

新收：
十月分，乾廠收數。
初一日，停工。
初二日，收原沙十三兩五錢四分。
初三日，收原沙十四兩九分五釐。

初四日，收原沙十一兩六錢九分五釐。
初五日，收原沙十一兩九分五釐。
初六日，收原沙二十兩九錢五分。
初七日，收原沙八兩九錢二分。
初八日，收原沙十兩八錢六分五釐。
初九日，收原沙十兩六錢三分五釐。
初十日，收原沙十二兩七錢四分。
十一日，收原沙十三兩四錢四分五釐。
十二日，收原沙十四兩三錢。
十三日，收原沙十四兩四錢七分。
十四日，收原沙十六兩七錢九分五釐。
十五日，停工。
十六日，收原沙十三兩六錢五釐。
十七日，收原沙十二兩三錢四分。
十八日，收原沙十二兩二錢二分五釐。
十九日，收原沙十三兩九錢八分五釐。
二十日，收原沙十二兩八錢九分。
二十一日，收原沙十四兩七分五釐。
二十二日，收原沙十二兩七錢二分。
二十三日，收原沙十一兩八錢四分五釐。
二十五日，收原沙十三兩三錢。
二十六日，收原沙十三兩八錢四分五釐。
二十七日，收原沙十五兩三錢七分。
二十八日，收原沙十五兩一錢。
二十九日，收原沙十三兩七錢二分。
三十日，收原沙十三兩九錢八分五釐。

以上本月分，除停工外，共收漠廠原沙一千八十一兩四錢八分，按原定章程，提四成歸公，計原沙四百三十二兩五錢九分二釐，各礦丁應得六成，計原沙六百四十八兩八錢八分八釐。除照數隨市給價外，職局應得之沙，總計加一申愛平原沙一百八兩一錢四分八釐，兩共得愛平原沙五百四十兩七錢四分。

以上本月分，除停工外，共收乾廠原沙三百六十兩九錢二分五釐，按原定章程，提四成歸公，計原沙一百四十四兩三錢七分；各礦丁應得六成，計原沙二百十六兩五錢五分五釐。除照數隨市給價外，職局應得之沙，總計加一申愛平原沙三十八兩九分二釐五毫，兩共得愛平原沙一百八十兩四錢六分二釐五毫。

開除：

一、支十月二十一日，運赴格力別此乾廠原沙計愛平四百兩。換羌帖。

一、支十月二十四日，現售俄人乾廠條金小條一條。計愛平十一兩二錢二分。換羌帖，付俄人貨款。

一、支十月二十四日，現售俄人乾廠條金大條三條、小條一條半。計愛平八十四兩一錢七分。換羌帖，付俄人貨款。

一、支十月二十四日，煉條大條八條、小條八條。火耗乾廠原沙計愛平五兩七錢六分。

一、支十月三十日，運赴愛琿分局漠廠條金大條四十五條。計愛平一千八兩八分。

一、支十月三十日，運赴吉林分局漠廠條金大條十條。計愛平二百兩二分。

一、支十月三十日，煉條大條七十條、小條七條。火耗漠廠原沙計愛平二十七兩四錢九分。

以上共支漠乾廠條沙一千二百三十五兩五錢九分，五百一兩一錢五分。

實在：

一、存漠廠原沙計愛平二百一兩五錢三分三毫。
一、存漠廠條金計愛平四百二十四兩八錢六分。
一、存乾廠原沙計愛平一百二十六兩九錢九分五毫。
一、存乾廠條金計愛平一百七十四兩三錢。

以上共實存條、沙九百二十七兩六錢八分八毫。

又總署收户部文《知照漠河礦務委員參領綽哈布等薪水開支暨各廠收金數目》〔光緒十七年〕二月初十日，户部文稱：山東司案呈，准黑龍江將軍咨稱，前因督理黑龍江等處礦務道員李金鏞在廠病故，所有局務地方，同關緊要，暫行札委參領綽哈布，前赴漠河，會同候選知縣袁大化，料理礦務一切，已於

八月十六日乘輪前往。惟查該委員參領綽哈布，僱用俄輪脚價並路費在所必需，該委員綽哈布每月酌給薪水銀八十兩，隨帶筆帖式二員，每員月給薪水銀十二兩，貼書領催六名，每名月給薪水銀七兩，計月需銀一百四十六兩，應即作正開銷，合請咨部立案等情，相應咨部，請煩查核施行等因前來。查光緒十三年十二月，總理衙門會同本部議奏開辦黑龍江漠河金礦條款内開，所有辦有成效之後，除將借墊陸續提還，並將官利及員司礦師薪水、局費、勇糧一切開支外，酌定所有盈餘，作爲二十成計算，以六成提充軍餉，四成作爲局用，其餘十成，歸商股匀分，俾得均沾利益等因。今據該將軍咨，督理礦務道員李金鏞在廠病故，暫委參領綽哈布前往料理，每月酌給薪水等項，共銀一百四十六兩，請作正開銷等語。查本部會議奏定章程，所有酌給該員等薪水銀兩，即在本廠收款項下開支，兹准咨請前因，應准其由本廠收款項下開支，不得動用練餉，以符定章。再查上年閏二月間，該將軍咨報，各廠自開工之日起，截至十五年九月止，收金數目案内，曾經本部逐層指查，尚未遵咨聲覆。其十五年九月以後，計今一載有餘，究竟所收金沙若干，亦未按月報部。相應飛咨黑龍江將軍，轉飭該委員等，迅將漠、乾兩廠十五年九月以後共收金沙各若干，按月逐日詳開確數報部，以憑考核。以及上案指查各節，應令一併查明聲覆，毋任遲延，暨咨呈總理各國事務衙門可也。

又依克唐阿《漠河金廠歸還庫銀》附原奏 〔光緒十七年〕十二月初八日，黑龍江將軍依文稱：礦務局案呈，本衙門於光緒十七年十一月二十四日附片具奏，爲漠河礦廠歸還前由官兵俸餉内借提辦礦銀三萬兩，如數入庫歸款，以濟餉糈一片，除俟奉到硃批，另行恭録知照外，合請分咨等情。據此，相應抄片咨報，爲此咨呈總理各國事務衙門備核施行。

照録粘單：

再查光緒十四年十月間，漠河礦廠開辦之始，凡購器、蓋屋、造船，及延僱礦師、添設防勇等項需用經費，先須籌定，非招集商股，無以濟事。惟恐一時難齊，稟經前將軍恭鏜，首先倡導，奏明由庫存官兵俸餉項下，借提銀三萬兩，交前督理礦務道員李金鏞具領，以濟礦用等因在案。兹據續派督理礦務候選知府袁大化稟，由礦廠收獲金沙，運滬售賣銀款内，先行提出三萬兩，委員前後解繳省庫前來。奴才伏查此項繳還銀兩，原係官兵俸餉，應仍歸入庫存，以清款目而濟餉糈。理合附片陳明，伏乞聖鑒。謹奏。

又總署收户部片《請查復漠河金廠自光緒十五年十月後收金數目暨折合銀兩》 〔光緒十八年〕十月十七日，户部片文稱：軍機處交出直隸總督李鴻章等奏，黑龍江漠河金廠，創辦三年期滿，著有成效，謹將出力文武員弁，遵照奏定章程，分别酌請獎敍，繕單呈覽等因一摺。光緒十八年十月初三奉硃批：「袁大化著照所請獎勵，餘著該部議奏。欽此。」欽遵交出到部。查此件應由吏部主稿，會同本部及兵部辦理。惟原奏内稱，漠河先後出金砂六萬二千兩。查該廠自十四年十二月起，至十五年九月止，金砂數目，曾經咨報本部。其自十五年十月以後，所出金數，未據報部有案。至每金砂一兩出金若干，每金一兩折合銀若干兩，迭經行查，亦未報部。應並片呈總理各國事務衙門，希即查明聲覆過部，以憑核辦可也。

又總署收户部文《漠河金廠自光緒十五年十月後收金數目暨折合銀兩應飭北洋大臣等開單補報》 光緒十八年十一月九日，惟原奏内稱：漠河先後出金砂六萬二千兩。查該廠自十四年十二月起，至十五年十月止，金砂數目，曾經咨部。其自十五年十月以後，所出金數，未據報部有案。至每金砂一兩出金若干，每金一兩折合銀若干，迭經行查，亦未報部，應片呈總理衙門查明聲覆等因。查此件既據户部片稱，該廠自十五年十月以後，所出金數，未據報部有案。本部應將此案保獎文員，先行具奏，停其覈議，毋庸會同辦理。俟該廠將所出金數，咨報到部後，再由户部知照本部，照章覈辦獎案，會同覆奏。至兵部此次應否辦理會奏之處，應由户部酌覈等因。並據總理衙門片稱，該廠出金數目，並無呈報本衙門案據，片覆前來。查光緒十三年十二月，總理衙門會議章程内開，均派餘利一條，按二十成計算，以六成提充軍餉，以四成作爲局用，下餘十成，歸商股匀分等因，奏准在案。復經本部屢次咨查，令將該處乾、漠兩廠按月出金數目，及按何時市價易銀，並提充軍餉若干，行令查明，開單報部等因亦在案。兹據北洋大臣奏稱，自光緒十二年十二月開工，扣至十七年十二月止，先後共出金六萬二千餘兩，除歸還借款，分給商股官利外，所有勇夫餉械，各局經費，均由該廠籌給，並提存餘利，解充黑龍江軍餉等語。查該廠出金數目，前據黑龍江將軍轉據道員李金鏞，將漠廠自光緒十四年十二月十三日，乾廠自光緒十五年正月十二日，次第開工，所有逐日收金，並運出變價，及前後積存數目，兩次開具四柱清摺，報至十五年十月底止，共計金砂一萬五千零五十二兩四錢一分。並據聲明，此後謹當將每月收支金數，按月摺報。是李金鏞辦理礦務之日，於金砂數目，開報尚

稱明晰。乃自十五年十月以後，閱時兩年有餘，迄今並未呈報。本年五月僅據北洋大臣咨報，由收獲金砂内易銀九千兩，解交黑龍江充餉。今原奏内稱，先後得金六萬二千餘兩，究竟按照奏定成數，應提出充餉若干，每金砂一兩出金若干，每金一兩易銀若干，原奏均未聲叙。其自十五年十月以後，所獲金砂數目，並未報部。片查總理衙門，亦無呈報案據。本部無憑查覈，相應飛咨北洋大臣、黑龍江將軍，查照本部指查各節，迅速即專案聲覆，並將十五年十月以後，漢乾兩廠所出金砂數目，按年開單補報，以憑覈辦，毋稍遲延，並咨呈總理各國事務衙門查照可也。

又依克唐阿《咨報漢河金廠派員解送提充軍餉銀兩日期》〔光緒十八年〕十二月十六日，黑龍江將軍依文稱：户司案呈，案查前據辦理黑龍江等處礦務候選知府袁大化禀，將前十五年報銷册内，除礦丁分金，及各廠局營一切開支外，净結餘愛平銀三萬七千七百餘兩，提七千七百餘兩，作爲公積，尚餘銀三萬兩，照奏定章程，作爲二十成分派，江省軍餉六成，應分愛平銀九千兩，飭委六品頂戴于振恒，已於本年八月初五日報解到省，當經札庫眼同該差弁照數彈兑收庫，備放本省十七年分官兵俸餉使用。俟明年請領甲午年秋撥册内，再行聲明列抵歸入十七年俸餉新收項下，報部核銷。合將接收提充軍餉銀兩日期，呈請分行查照等情。據此，除分行外，相應咨呈，爲此合呈總理各國事務衙門，謹請鑒核施行。

又總署收北洋大臣李鴻章文《漢河金廠提繳光緒十六年黑省倉餉糧》〔光緒十九年〕正月十八日，北洋大臣李鴻章文稱：據辦理黑龍江漢河等處礦務道員袁大化禀稱，竊職局前於籌提十五年分江省軍餉，禀蒙憲批内開，以後仍逐年照章勉力籌解，略申報効之誠，是爲至要等因。奉此，兹復於愛琿售金價内提出愛平銀九千兩，商由黑龍江城副都統衙門匯解卜奎，並求將軍飭司兑收存案。所有照章解繳十六年應提黑龍江軍餉愛平銀九千兩緣由，理合禀陳鑒察等情。到本閣爵大臣。據此，除分咨外，相應咨明貴衙門。請煩查照。

又總署收北洋大臣李鴻章文《咨送漢乾洛三廠光緒十五年至十七年收金清册》〔光緒十九年〕正月二十九日，北洋大臣李鴻章文稱：前准户部行查十五年十月以後，漢、乾兩廠所出金數，並易銀市價等因，當經轉飭開單補報。兹據總理漢河礦局候選道袁大化禀稱，竊奉憲札，以准户部咨，前據黑龍江將軍轉，道員李金鏞，將漢廠自光緒十四年十二月十三日，乾廠自光緒十五年正月十二日，次第開工，所有逐日收金，並運出變價，及前後積存數目，兩次開具四柱清摺，報至十五年十月底止，共計金沙一萬五千零五十二兩四錢一分。並據聲明，此後當將每月收支金數，按月摺報。乃自十五年十月以後，閱時兩年有餘，迄今並未呈報。本年五月，僅據北洋大臣咨報，由收獲金沙内易銀九千兩，解交黑龍江充餉。今原奏内稱，先後得金六萬二千餘兩，究竟按照奏定成數，應提出充餉若干，每金沙一兩出金若干，每金一兩易銀若干，原奏均未聲叙。其自十五年十月以後，所獲金沙數目，並未報部，無憑查核。相應飛咨查照本部指查各節，專案聲覆。並將十五年十月以後，漢、乾兩廠所出金沙數目，按年開單補報，以憑核辦，飭即迅速遵照，開具清單送咨等因。兹謹將自光緒十五年十一月初一日起，至十七年十二月底止，漢、乾、洛三廠逐日收金，並舊管實存各數，開具四柱清摺，暨將收金總數，及每次售金價值，另開清單，禀送鑒核轉咨。再查十五年報効黑龍江省軍餉銀九千兩，已奉奏明，上年冬間，續又籌提銀九千兩，匯解卜奎軍庫，作爲十六年報効軍餉，亦經禀請轉咨在案。至十七年應行報効之款，本應一併籌解，惟各局廠人數甚衆，需款浩繁，李道金鏞病故時，礦丁欠錢至四五萬串之多，雖經逐漸扣收，而死病逃亡，款歸無著者，不可勝數。礦丁人等，募自遠方，必須長支擠借，舊欠未了，新欠又增，一時難期清結。漢、乾各廠，處荒寒邊遠之地，一切食用各物，無從購辦，不能不多儲糧貨，非但佔用成本，而日久朽爛霉壞，所耗不貲。加以地接俄邊，必須募勇防緝。礦丁本係游手，非有兵勇鎮懾，易滋事端，故勇營尤不能不設。總計各礦廠費用，如員司之薪水，勇役之口糧，礦丁之工食，皆須隨時散放，而購辦糧貨之資本，尤須先事豫籌。近來所出金沙，不見甚旺，而用款過鉅，餘利亦因之見少。奏定章程内，員司人等，應得花紅銀兩，均尚未分給。僅將黑龍江、天津官商借款，擇要提還，廠中周轉騰挪，已覺萬分拮据。所有十七年應提軍餉銀兩，俟届時將餘利劃算明晰，即應籌提匯解，以伸報効。再，金沙煉條，均有傷耗，其金條又均含有紋銀在内，是以售價較賤。合併聲明等情，到本閣爵大臣。據此，查漢河金礦，光緒十五六七三年，得金六萬二千餘兩，計已兩次解過提充軍餉銀共一萬八千兩。並據聲稱，十七年應提軍餉銀兩，俟届時籌提匯解，洵屬成效昭著。據禀前情，除咨户部外，相應將送到清單、清摺各一分，咨送貴衙門，請煩查覈施行。

又總署行户部片《漢廠變通分金章程並無報案》〔光緒十九年〕十一月二十一日，行户部片文稱：本月十四日，接准片稱，漢河金廠開辦章程，所得金沙，

原定以六成分給礦丁，嗣因漠、乾兩廠得金漸少，礦丁不甚踴躍。於十六年十月初一日起，至明年正月底止，四箇月改爲三七分金，二月至九月，仍照四六扣算。於開辦章程，略爲變通。該省有無咨送案據，希即查明聲復等因。本衙門查該廠變通分金章程，並無咨報案據，相應片復貴部查照可也。

又總署收户部文《請轉飭袁大化查復漠廠分金成數與奏案不符各節》〔光緒十九年〕十二月十三日，户部文稱：准北洋大臣咨覆，准部咨開，漠河礦廠，自光緒十五年十一月初一日起，至十七年十二月底止，漠、乾、洛三廠收金數目單開，光緒十六年以前，分給礦丁金沙六成。十七年以後，分給礦丁七成。此項礦丁分金，何時議准有案，應由該大臣轉飭查明聲覆。當經轉行遵辦去後，茲據督理黑龍江漠河等處礦務道員袁大化稟稱，案查漠礦分金章程，自光緒十四年十二月十九日，經李故道金鏞稟呈開辦章程十條，內有所得金沙宜四六股分一條，當蒙憲臺暨前黑龍江將軍恭鏜批准，咨送總理衙門查照，並經李故道按照分金定章，每月摺報在案。户部咨開兩次開具四柱清册，報至十五年十月底止，共計金沙一萬五千餘兩，分金皆此章程。嗣因漠、乾兩廠得金漸少，礦丁不甚踴躍，羣思逃散，復經李故道於十六年七月二十九日，具稟陳明，擬於是年十月初一日起，至明年正月底止，四個月分金改爲三七，冀以籠絡人心。至八月初四日，李故道病故，職道代理局務。接奉憲臺批開，漠、乾、洛三廠礦丁，潛逃甚多，屢據李道設法羈縻，尚難禁絕，茲據十冬臘正四個月，改爲三七分金；二月至九月，仍照四六扣算。於向辦章程，略爲變通。此係按原章第五條內所載核減辦法，期以固結人心，維持礦務，自可照辦亦在案。至十七年九月，漠、乾兩廠礦丁，紛紛來局，面求十冬臘正四個月，仍照三七分金。職道面加開導，許給糧貨減值，利益均沾，分金仍照四六舊章，始各安心工作。是十七年以後，金沙並未分給礦丁七成也。事皆隨時摺報有案等情，相應咨覆查核。並據黑龍江將軍咨同前因前來。查本年五月，據北洋大臣咨，漠河礦廠，自光緒十五年十一月起，至十七年十二月底止，漠、乾、洛三廠收金數目，開單報部，當經本部以單開光緒十六年以前，分給礦丁金沙六成；十七年以後，分給礦丁七成。此項礦丁分金，何時議准有案，應由該大臣轉飭查明聲覆行知在案。今據北洋大臣咨覆，漠河礦廠分金章程，自光緒十四年十二月十九日，經李故道金鏞稟呈開辦章程十條，內有所得金沙宜四六股分一條，當蒙憲臺暨前黑龍江將軍恭批准，咨送總理衙門查照在案。嗣因漠、乾兩廠得金漸少，礦丁不甚踴躍，羣思逃散，復經李故道具稟陳明，擬於十六年十月初一日起，至明年正月底止，四個月分金，改爲三七分金；二月至九月，仍照四六扣算。於向辦章程，略爲變通辦理亦在案。至十七年以後，金沙並未分給礦丁七成，隨時摺報有案等語。查此案不相符合者有二：前據該道袁大化將光緒十五、十六、十七等三年，漠、乾、洛三廠金數，開單報部，其收支銀數清單內開，分給礦丁金沙六成、七成不等。而收金數目總單內，共易愛平銀九十三萬三千七百四十餘兩，只稱礦丁六成分金在內，並無礦丁七成分金字樣。此總、散二單聲敘不符者一也。光緒十四年正月，總理各國事務衙門及本部會奏漠河金廠章程，均派餘利一條內稱，原奏均派餘利，擬照所請，除將借款陸續提還，並將官利及員司礦師薪水、局費、勇糧開支外，酌定所有盈餘，作爲二十成計算，以六成提充軍餉，四成作爲局用，其餘十成歸商股勻分，並將收支款目，按年送部備查等語。是此項章程，本係該省原奏所擬，經總理各國事務衙門，及本部議覆，奉旨允准。該廠自應遵照原奏辦理開報，乃該道但將原奏未經指明之礦丁六成、七成分金，列入單開，究竟提還借款，及開支局費、勇糧各若干，下賸餘利共若干，餘利內六成軍餉，四成局用，十成歸商各若干，並不遵照原奏，逐一開報。其所報礦丁六成、七成分金，因何當時原奏並未議及，所稱歸公之四成、三成，因何與原奏六成軍餉，四成局用等款目不合。此次所覆，均未聲明。此與奏案不符者二也。應令轉飭該道，即將所開單內收金數目，與礦丁分金成數聲敘不符之處，查明聲覆。並將原文所稱，光緒十四年，李故道金鏞稟呈開辦章程十條內，所得金沙宜四六股分一條，經北洋大臣及黑龍江將軍批准，咨送總理衙門案據，及變通四個月三七分金據録送部。其與原奏不符各節，應令速即按照原章程款目，逐一開單報部，以憑核辦，相應咨呈總理衙門可也。

又李鴻章（附清册四本）《咨送漠河等處金廠光緒十三年至十八年結餘各款清册》〔光緒十九年〕十二月二十七日，北洋大臣李鴻章文稱：案查創辦黑龍江漠河等處礦務，自光緒十三年勘路起，所得金價貨利，以及開支礦丁分金、商股、官利、廠局薪水、營餉一切公費，並結餘等款，先後飭據督辦礦務道員袁大化，造具簡明清册，呈請查核存轉前來。除清册分別存送外，相應咨送貴衙門，請煩查核。照録清册四本。訂原册。

奏派辦理黑龍江等處礦務兼提調同知銜候選知縣，謹將光緒十三年勘路之日起，截至十五年十二月底止，所有卑局收支銀錢並第一屆結餘數目，繕具簡明四柱清册，隨文恭呈憲鑒，查核施行，須至清册者。

計開：

舊管：

無。

新收：

一、收借佳水公記湘平銀拾萬兩，計折愛平銀玖萬玖千陸百肆拾兩正。

一、收黑龍江省將軍衙門公款，卜平銀叁萬兩正，與愛平同。

一、收現售股票二百九十三張，計愛平銀貳萬玖千叁百兩正。

一、收存備付各股友息利，計愛平銀壹千貳百拾玖兩伍錢肆分玖釐。

一、收存備付佳水公記十五年息利，湘平銀肆千玖百兩，計折愛平銀肆千捌百捌拾兩肆錢。

查當初收拾萬兩，係照九九六四，十四年兑付息利，照九九六，以後均可仿此。合併聲明。

一、收存備還北洋軍裝價，庫平銀叁千伍百貳拾壹兩貳錢伍分伍釐陸毫貳絲，□伸愛平銀叁千伍百玖拾壹兩陸錢捌分柒毫叁絲貳忽肆微。

以上六注。共收愛平銀拾陸萬捌千陸百叁拾壹兩陸錢貳分玖釐柒毫叁絲貳忽肆微。

一、收愛局售金價，漢沙柒百伍拾兩，漢條柒千貳百叁拾柒兩肆錢肆分伍釐，乾條伍百拾伍兩玖錢陸分，乾沙壹千陸百拾伍兩玖錢柒分伍釐。 計愛平銀拾陸萬貳千捌百玖拾壹兩柒錢玖分叁釐貳毫。

查津平卜奎市平，均與愛平相符，即統作愛平出入。理合聲明。

一、收津局售金價，漢條肆百兩柒錢貳分，乾沙叁百兩。 計愛平銀壹萬壹千玖百肆拾陸兩叁錢伍分叁釐叁毫貳絲。

一、收運赴恰克圖售金價，漢條伍百肆兩陸錢貳分，計愛平銀捌千肆百叁拾柒兩貳錢肆分陸釐肆毫。

一、收零售金價，漢條肆拾壹兩叁分，漢沙肆百肆拾兩捌分，乾條叁百叁拾陸兩貳錢伍釐，乾沙壹千拾伍兩柒錢捌分伍釐。 計愛平銀貳萬柒千叁白玖拾伍兩肆錢肆分陸釐柒毫貳絲。

一、收滬局售金價，漢沙拾兩，漢條貳千肆百玖拾捌兩陸錢壹分，乾沙拾兩，乾條玖百叁兩柒錢壹分。 計愛平銀陸萬壹千叁百柒拾捌兩壹錢肆毫叁絲貳微。

一、收運赴各局未經售出，漢條貳百捌拾捌兩伍錢伍釐，沙壹千柒拾伍兩□□肆分；乾條玖拾兩叁錢，沙柒百伍拾兩；洛沙肆拾兩。照乾沙拾叁兩、漢沙拾陸兩、洛沙拾伍兩柒錢作價，計愛平銀叁萬叁千叁百柒拾玖兩捌錢貳分。

一、收十五年終金沙實存項下，洛沙捌兩肆錢貳分貳釐，漢沙肆兩肆錢柒分柒釐叁毫，乾條伍拾陸兩壹錢捌分，乾沙陸拾柒兩壹錢肆分伍釐。 照乾沙拾叁兩、漢沙拾陸兩、洛沙拾伍兩柒錢作價，計愛平銀壹千捌百柒兩捌分柒釐貳毫。

以上七注，除煉金火耗貳百叁拾伍兩壹錢伍分不計外，净運赴各局並實存條、沙，共壹萬捌千玖百陸拾兩玖錢玖釐叁毫，計價愛平銀叁拾萬柒千貳百叁拾伍兩捌錢肆分柒釐貳毫柒絲貳微。

一、收貨櫃繳回愛平銀拾肆萬捌千貳百肆拾玖兩肆錢捌分陸釐玖毫陸絲陸忽。

一、收存漢、廠實存貨價本，計愛平銀肆萬玖百玖兩玖錢陸分伍釐捌毫玖絲玖忽。

一、收存上海第三批貨價，愛平銀壹萬貳千肆百拾貳兩貳錢伍分捌釐貳毫。

一、收存乾廠實存貨價，愛平銀壹萬叁拾玖兩陸錢叁釐柒毫玖絲柒忽。

一、收存洛廠實存貨價，愛平銀玖千捌百貳拾伍兩肆錢柒分壹釐陸毫。

以上五注，共收貨櫃愛平銀貳拾壹萬伍千肆百叁拾陸兩柒錢捌分陸釐肆毫陸絲貳忽。

查前項貨價，原擬公平取值，概不加利，伏思跋山涉水，轉運萬里，海洋有波濤之險，陸路有意外之虞，並損壞遺失，亦在所不免。若不稍作盈餘，以防折耗，公款有虧，無所彌補，非敢與小民争利也。理合聲明。

一、收存軍械槍礮，原價愛平銀叁千肆百伍拾玖兩陸錢壹分柒毫三絲貳忽四微。

一、收存建造各局房，原價愛平銀壹萬貳千肆百叁拾叁兩柒錢玖分柒釐。

一、收存漢、乾兩廠馬蹬磨，原價愛平銀壹千叁百柒拾壹兩陸錢伍分陸釐陸毫。

一、收存淘金各機器費，原價愛平銀肆千玖百肆拾肆兩柒錢陸分貳釐陸毫貳絲陸忽。

一、收存長龍船、舢板船，原價愛平銀壹千叁百貳拾肆兩捌分貳釐伍毫。

一、收存大小艤舫二十隻，原價愛平銀肆百叁拾玖兩貳錢捌分。

一、收存騾馬牛隻，除倒斃及變價不計外，净存騾貳拾匹，馬壹百拾肆匹。牛拾肆匹。原價均扯價拾叁兩捌錢陸分壹釐貳毫。

共計愛平銀貳千伍拾壹兩肆錢伍分柒釐陸毫。

以上七注，共原價銀貳萬陸千貳拾肆兩陸錢肆分柒釐伍絲捌忽肆微，應存八折實銀，計愛平貳萬捌百拾玖兩柒錢壹分柒釐陸毫肆絲陸忽柒微。

查此項房屋、機器、軍械、船隻、騾馬牛頭，每年減二成，匀五年攤銷，至第六年，分文不算。理合聲明。

一、收李督理家眷伙食，上肆百，下叁百。除小建不計外，共中錢伍百陸拾吊，□合愛平銀壹百捌拾陸兩陸錢陸分陸釐陸毫。

一、收浮借黑龍江省公款，中錢伍萬吊，計愛平銀壹萬貳千伍百兩。查此款照呼蘭銀行，每兩肆吊。理合聲明。

一、收標次馬四十三匹，變價計愛平肆百玖拾捌兩。

一、收强委員惠源家眷伙食，冬臘兩月，中錢肆拾捌吊，計愛平銀拾陸兩正。

一、收李委員湛恩家眷伙食，冬臘兩月，共中錢肆拾捌吊，計愛平銀拾陸兩正。

以上五注，共收愛平銀壹萬叁千貳百拾陸兩陸錢陸分陸釐陸毫。

以上統共收愛平銀柒拾貳萬伍千叁百肆拾兩陸錢肆分柒釐柒毫壹絲壹忽叁微。

開除：

一、支漠廠收買各把頭六成金沙，計柒千叁百叁拾壹兩伍錢玖分伍釐，價計愛平銀拾壹萬柒千叁拾伍兩肆錢柒分壹釐肆毫。查金價係正月至十月，每兩拾陸兩，十一十二兩月，因市價跌落，每兩作拾伍兩柒錢。合併聲明。

一、支乾廠收買各把頭六成金沙，計叁千壹百壹拾兩捌錢貳分，價計愛平銀肆萬貳千壹百叁拾叁兩壹錢陸釐柒毫。查金價係正月至五月，每兩拾肆兩，六月至十月，每兩拾叁兩伍錢，十一十二兩月，均拾貳兩陸錢。合併聲明。

一、支洛廠收買各把頭六成金沙，計貳拾陸兩肆錢壹分貳釐，計愛平銀肆百玖兩叁錢捌分陸釐。查金價係照每兩作十伍兩伍錢。合併聲明。

以上三注，共支金價愛平銀拾伍萬玖千伍百柒拾柒兩玖錢陸分肆釐壹毫。

一、支付貨櫃購辦米麪、衣物費，計愛平銀拾陸萬壹千捌百貳拾陸兩叁錢柒分伍毫柒絲壹忽。

一、支付貨櫃米麪、衣物、水陸運費及扒犁費。計愛平銀叁萬玖千伍百柒拾叁兩捌錢肆分伍釐貳毫。

以上三注，共付貨櫃愛平銀貳拾萬壹千肆百兩貳錢壹分伍釐柒毫柒絲壹忽。

一、支建造漠、乾兩廠及漠口、墨口、額口，並兩廠盤查局局房。工料費，計愛平銀壹萬貳千肆百叁拾叁兩柒錢玖分柒釐。

一、支淘金吸水機器二分，鑽地小機器一分，鑽床、軋床、絞床、達眼鏍絲床並配全各件費。計愛平銀肆千玖百肆拾肆兩柒錢陸分貳釐陸毫貳絲陸忽。

一、支漠、乾兩廠僱洋匠排做馬蹬磨各一分，鐵木石各工匠工食，及銅篩底。工料費，計愛平銀壹千叁百柒拾壹兩陸錢伍分陸釐陸毫。

一、支造舢板船三號，長龍船一號，划船一號，鐵錨、繩索、風雨各篷、旗幟、紅白油等工料，及鐵木各工匠。工食費，計愛平銀壹千叁百貳拾肆兩捌分貳釐伍毫。

一、支買大小羌觥二十只，費計愛平銀肆百叁拾玖兩貳錢捌分。

一、支購騾三十三匹、馬一百九十七匹、牛十八隻。計愛平銀叁千肆百叁拾柒兩伍錢柒分柒釐陸毫。

一、支北洋軍裝槍礮價，庫平銀叁千壹百玖兩貳錢伍分伍釐陸毫貳絲，□申愛平銀叁千壹百柒拾壹兩肆錢肆分柒毫叁絲貳忽肆微。查槍礮等項，擬作五年帶銷，其槍子銅帽價，均另行開除。理合聲明。

一、支軍械刀叉矛頭、籐帽、大小洋槍、雲者士得快槍價，愛平銀貳百捌拾捌兩壹錢柒分。

以上八注，共支愛平銀貳萬柒千肆百拾兩柒錢陸分柒釐伍絲捌忽肆微。

一、支佳水公記，十四年三月初七日至十五年三月，息利十二箇月。共湘平銀陸千兩，折愛平銀伍千玖百柒拾陸兩正。

一、支佳水公記，十五年三月初七日至十二月底，息利計十箇月。共湘平銀肆千玖百兩，折愛平銀肆千捌百捌拾兩肆錢。

一、支提還黑龍江將軍衙門借款，中錢伍萬吊，照呼蘭銀價□，計愛平銀壹萬貳千伍百兩正。

一、支各股友十四五年分息利。計愛平銀貳千貳百叁拾壹兩陸錢叁分貳釐。內壹千貳百拾玖兩伍錢肆分玖釐雖一總提出，尚未經領去。理應暫行收回，以備各股友支取。理合聲明。

一、支滬局浮借錢莊銀款納息，計愛平銀肆百柒拾肆兩柒錢貳分伍釐貳毫。

一、支化金器具、鏹水等費，計愛平銀貳百捌拾貳兩壹錢陸分玖釐肆毫捌絲玖忽肆微。

一、支軍械局槍子銅帽價，庫平銀肆百拾貳兩，□申愛平銀肆百貳拾兩貳錢肆分。

一、支洋火藥及大小槍子費，計愛平銀壹百叁拾玖兩肆錢壹分陸釐。

一、支俄礦師淹蜜里烟諾夫，二月至八月十五日，計六箇半月。薪水，羌錢陸百伍拾吊，□作愛平銀貳百捌拾陸兩正。

一、支送俄礦師程儀羌錢陸拾吊，計愛平銀貳拾陸兩肆錢。

一、支礦師帶領俄丁八名，探採礦苗費，每月每名羌錢肆拾伍吊，計六箇半月工食。羌錢貳千叁百肆拾吊，計愛平銀壹千貳拾玖兩陸錢。礦師、礦丁，均係自備食糧，公司不管。理合聲明。

一、支十三年勘路員弁把頭通事薪水津貼、官兵口糧，開路挖硝各鐵器、造房木匠米麪辛工、官兵回墨川資、吉林代買鐵器、借用吉林機器局鑽地機器來漠水陸往返運費、押運員弁夫役薪水工食路費、省城造局房一所，及賠倒斃站馬價，並賞出力兵工人等。費，計愛平銀肆千玖百壹拾陸兩伍錢貳分。前曾呈報黑龍江將軍在案。理合聲明。

一、支醫院藥費，計愛平銀玖百捌拾玖兩捌分柒釐陸毫。

一、支員弁因公往返水陸路費運脚並十四年津滬各處水陸路費，及機器軍裝水陸運脚、冰道扒犁等費，計愛平銀叁千伍百肆拾玖兩玖錢伍分伍釐肆毫壹絲叁忽。

一、支解送金銀赴愛吉瀋津滬各局，往返水陸路費水脚，並鏢馬費。計愛平銀貳千壹百叁拾陸兩貳錢貳分玖釐捌毫玖絲。

一、支赴恰克圖售金路費扒犁費，羌錢肆百伍拾柒吊捌百貳拾文，□作愛平銀貳百壹兩肆錢肆分捌毫。

一、支購大車十輛，計愛平銀壹百玖拾陸兩正。

一、支各局局費心紅，計愛平壹萬叁千壹百玖拾玖兩陸錢貳分肆釐捌毫柒絲。

一、支漠乾洛三廠，由開工之日起，至十二月底止，發給礦丁淘金鐵器費。計愛平銀肆千捌百柒拾伍兩壹錢陸分陸釐肆毫。

一、支各局公用器具費，計愛平銀壹千玖百捌兩柒錢壹分玖釐伍毫玖絲。

一、支愛黑錫吉滬各局房租，計愛平銀柒百叁兩陸錢。

一、支漠乾洛並漠墨兩口局馬號秧草馬料費，計愛平銀陸千陸拾貳兩貳錢叁分捌釐肆毫貳絲。

一、支呼蘭局員司赴各處辦糧，津貼車馬費，共銀叁百兩正。

一、支委員卹款，並給告假員司程儀，計愛平銀壹千壹百柒拾貳兩正。

一、支因公病故礦丁及工匠等卹賞，愛平銀捌拾兩正。

一、支各局電報費，計愛平銀叁百陸拾貳兩柒錢叁分肆釐伍毫。

一、支各把頭名下病故礦丁虧累，公司代任一半，共結領中錢伍千玖百叁拾肆吊壹百陸拾捌文，□合銀壹千玖百柒拾捌兩伍分陸釐。細帳另册詳明。

一、支漠乾兩廠犒賞，開築山路礦丁，及出力兵役人等費。計愛平銀壹千陸百叁拾貳兩叁錢貳分貳釐叁毫。

一、支漠廠犒賞，防營兵丁拉運木植運糧工作，並水師營來漠水脚。計愛平銀柒百陸拾貳兩貳錢貳分玖釐。

一、支稟調黑龍江水師兵十名來漠充差津貼，什長一名肆兩正，兵九名每名貳兩伍錢，計四個月計愛平銀壹百陸兩正。

一、支李督理，十五年正月至十五年十二月，計十二個月。每月薪水銀壹百兩，公費銀壹百兩，計愛平銀貳千肆百兩正。

一、支李督理十三十四兩年分，薪水公費銀肆千捌百兩。前曾稟蒙批准在案。理合聲明。

一、支各員司薪水，十四年起十五年止，計愛平銀壹萬柒千玖百陸拾柒兩陸錢。

一、支解金差弁及各局通事薪水，愛平銀壹千肆百貳兩正。

一、支機器匠提金匠各一名薪水，愛平銀伍百肆拾叁兩正。

一、支漠乾兩廠各工匠辛工，計愛平銀壹千柒百柒拾貳兩正。

一、支漠乾兩廠並兩口局起貨運糧運木造房砍柴燒炭拉水諸雜役小工，十四年四月起至十五年十二月止。辛工，計愛平銀叁千陸百貳拾捌兩正。

一、支津貼江省愛琿、黑河各署局辦公費，計愛平銀貳千壹百叁拾壹兩正。

一、支營棚二十架，號衣五百十件，戰裙一百十條，五色紡綢旗幟十九面，計愛平銀玖百捌拾壹兩壹錢柒分柒釐肆毫。

一、支招募馬步隊兩哨小口糧，由卜至漠計六十二天，愛平銀捌百柒拾捌兩陸錢陸分陸釐陸毫叁絲。

一、營官一員缺。因未成營，故未派人。

一、支步隊一哨十四年十二月至十五年十二月。扣建，計十二個月二十四天餉銀，湘平陸千柒百壹拾陸兩壹錢陸分，折愛平銀陸千陸百捌拾玖兩貳錢玖分伍釐叁毫陸絲。

一、支馬隊一哨十四年十二月起十五年十二月止。扣建，計十二箇月二十四天餉銀馬乾，湘平銀伍千柒百陸兩貳錢肆分，折愛平銀伍千陸百捌拾叁兩肆錢壹分伍釐。

一、支津貼步隊米麪，愛平銀貳千陸百兩玖錢陸分。查此項津貼兵丁米麪與營制稍有不同，第念漠河地處極邊，寒苦異常，物價昂貴，又有礦丁每日得金之多，優劣相形，若不優予津貼，以鼓士氣，恐均捨兵而充礦丁，不但難資彈壓，而且不足差遣。

一、支津貼馬隊米麪，愛平銀壹千肆百叁拾叁兩陸錢。

一、支助山東賑捐，愛平銀肆百陸拾陸兩正。

一、支呼蘭被盜劫銀壹千陸百叁拾壹兩陸分，除追還獲贜銀壹百陸拾壹兩肆錢捌分不計外。净劫去愛平銀壹千肆百陸拾玖兩伍錢捌分。

一、支吉林恒興店倒閉存款，中錢壹萬吊，□計愛平銀貳千叁百捌拾兩玖錢伍分貳釐叁毫捌絲。查此項該店倒閉時，屢曾稟蒙吉林將軍監追在案。一俟追到若干，再行入帳。理合聲明。

以上共支愛平銀拾叁萬陸百伍兩柒錢伍分肆釐貳毫肆絲貳忽肆微。

以上統共支愛平銀伍拾壹萬捌千玖百玖拾肆兩柒錢壹釐壹毫柒絲壹忽捌微。

實在：

一、存第一届結餘銀叁萬兩正。

一、存提出公積，愛平銀柒千柒百拾肆兩叁錢壹分陸釐捌毫柒忽壹微。十五年分，各把頭逃跑，礦丁無著□累尚未出帳。理合聲明。

一、存股本及官商借款並備還各款，愛平銀拾陸萬捌千陸百叁拾壹兩陸錢貳分玖釐柒毫叁絲貳忽肆微。

以上共存實在愛平銀貳拾萬陸千叁百肆拾伍兩玖錢肆分陸釐伍毫叁絲玖忽伍微。

光緒十七年正月二十三日袁大化呈。

奏派辦理黑龍江等處礦務候選知府，謹將光緒十六年正月至十二月底止，所有卑局收支銀錢並第二届結餘數目，繕具簡明四柱清册，隨文恭呈憲鑒，轉咨施行。須至清册者。

計開：

舊管：

一、存股本愛平銀貳萬玖千叁百兩正。

一、存佳水公記愛平銀玖萬玖千陸百肆拾兩正。

一、存黑龍江將軍衙門公款，愛平銀叁萬兩正。

一、存第一届結餘，愛平銀叁萬兩正。

一、存保險公積，愛平銀柒千柒百拾肆兩叁錢壹分陸釐捌毫柒忽壹微。

一、存預提備還納息，並軍裝價，愛平銀玖千陸百玖拾壹兩陸錢貳分玖釐柒毫叁絲貳忽肆微。

以上共存愛平銀貳拾萬陸千叁百肆拾伍兩玖錢肆分陸釐伍毫叁絲玖忽伍微。

新收：

一、收愛局售三廠條沙，共壹萬貳百肆拾兩玖錢柒分柒毫，價愛平銀拾肆萬玖千柒百叁拾肆兩肆錢陸釐陸毫陸絲。

一、收津局售三廠條沙，共貳千陸百兩，價愛平銀肆萬貳千壹百陸拾捌兩柒錢壹分玖釐貳毫捌絲。

一、收滬局售三廠條沙，共伍千伍百拾玖兩叁錢叁分，價愛平銀捌萬捌千貳百伍拾陸兩肆錢貳釐柒毫捌絲玖微。

一、收零售三廠條沙，共壹千肆百伍拾叁兩伍錢玖分伍釐，價愛平銀貳萬貳千貳百伍拾陸兩伍錢玖釐叁毫。

一、收各局售十五年未售金沙及實存金沙，價餘銀計愛平貳千捌百柒拾陸兩伍分肆釐玖毫陸絲。

一、收十六年年終實存漠沙伍百壹兩壹錢肆分叁毫，按照每兩十五兩作價。計愛平銀柒千伍百拾柒兩壹錢肆釐伍毫。

一、收十六年年終實存乾沙貳拾柒兩伍錢玖分陸釐伍毫，按照每兩十二兩作價。計愛平銀叁百叁拾壹兩壹錢伍分捌釐。

一、收十六年年終實存乾北沙貳千柒百肆拾陸兩壹錢壹分壹釐伍毫，按照每兩拾壹兩伍錢作價。計愛平銀叁萬壹千伍百捌拾兩貳錢捌分貳釐貳毫伍絲。

一、收十六年年終實存洛沙拾陸兩肆錢壹分捌釐伍毫，按照每兩十五兩作價。計愛平銀貳百肆拾陸兩貳錢柒分柒釐伍毫。

以上除火耗貳百叁拾叁兩壹錢捌分。不計外，共收條沙貳萬叁千壹百伍兩壹錢陸分貳釐伍毫，價愛平銀叁拾肆萬肆千玖百陸拾陸兩玖錢壹分伍釐貳毫叁絲玖微。

一、收貨櫃繳回愛平銀拾陸萬捌千伍百拾叁兩柒錢伍分捌釐壹毫陸絲伍忽貳微。

一、收存各廠實存貨價八摺本銀，計愛平拾肆萬捌千陸百陸拾伍兩陸錢貳分伍釐貳毫叁微。

以上共收貨櫃愛平銀叁拾壹萬柒千壹百柒拾玖兩叁錢捌分叁釐叁毫陸絲伍忽伍微。

一、收建造漢口總局房，蓋乾、西北溝、洛廠局房。原價愛平銀陸千玖百伍拾柒兩叁錢伍分伍釐柒毫貳絲。

一、收馬匹原價愛平銀柒百拾貳兩陸錢捌分陸釐陸毫。

一、收存淘金機器工料，原價愛平銀壹千伍百叁拾貳兩壹錢陸釐。

一、收存黑河屯造義渡工料費，原價愛平銀貳百伍拾捌兩肆錢壹分壹釐柒毫。

一、收存黑河屯造義渡船房一所，原價愛平銀貳百玖拾兩陸錢壹分肆釐。

一、收存電綫料，原價愛平銀壹千陸百肆拾柒兩伍錢捌釐伍毫柒絲叁忽玖微。

以上共收局房、馬匹、機器、船隻、電綫料。原價壹萬壹千叁百玖拾捌兩陸錢捌分貳釐伍毫玖絲叁忽玖微。淨收八折實銀，計愛平玖千壹百拾捌兩玖錢肆分陸釐柒絲伍忽壹微。

一、收售股票五張，計愛平銀伍百兩正。

一、收浮借黑龍江將軍衙門公款，愛平銀壹萬貳千兩正。

一、收李督理家眷住局貼火食，中錢柒百捌拾壹吊，□計愛平銀貳百陸拾兩叁錢叁分叁釐。

一、收乾局委員強惠源家眷住局貼火食，中錢貳百陸拾肆吊，□計愛平銀捌拾捌兩正。

一、收乾局委員李湛恩家眷住局貼火食，中錢貳百捌拾捌吊，□計愛平銀玖拾陸兩正。

一、收漢口局賃房租價，十月至十二月，每月八十吊。中錢貳百肆拾吊，□計愛平銀捌拾兩正。

一、收售馬三匹，騾三匹。價愛平銀壹百玖拾壹兩壹錢陸分。

一、收錢莊存銀息利，計愛平銀肆百陸兩陸錢陸分柒釐貳毫肆絲玖忽。

一、收銀洋中美兑換餘銀，計愛平肆千伍百柒拾玖兩叁錢陸分伍釐叁毫壹絲叁忽叁微。

以上九注，共收愛平銀壹萬捌千貳百壹兩伍錢貳分伍釐伍毫陸絲貳忽叁微。

以上統共收愛平銀捌拾玖萬伍千捌百拾貳兩柒錢壹分陸釐柒毫柒絲叁忽叁微。

開除：

一、支漢廠六成金價，計金捌千陸百貳拾肆兩捌錢陸分捌釐，計價愛平銀拾貳萬玖千玖百伍拾伍兩陸分伍釐伍毫。

一、支乾廠及西北溝六成金價，計金叁千柒百叁兩貳錢壹分捌釐，計價愛平銀肆萬陸千壹百捌拾貳兩叁錢叁分玖毫。

一、支洛廠六成金價，計金肆百壹兩柒錢玖分玖釐，計價愛平銀陸千拾陸兩伍錢玖分叁釐伍毫。

以上三注，共支三廠六成金價，愛平銀拾捌萬貳千壹百伍拾叁兩玖錢捌分玖釐玖毫。

一、支付貨櫃十五年原本銀，計愛平陸萬柒千壹百捌拾柒兩貳錢玖分玖釐肆毫玖絲陸忽。

一、支貨櫃貨價，愛平銀拾柒萬壹千伍百拾兩貳錢叁分玖釐捌毫叁絲陸微。

一、支運脚愛平銀陸萬捌千陸百拾玖兩陸錢壹分叁釐玖毫貳絲捌忽。

以上共支付貨櫃，愛平銀叁拾萬柒千叁百拾柒兩壹錢伍分叁釐貳毫伍絲肆忽陸微。

一、支建造漢口總局房一所，蓋養病院、買賣衙房共四十九間。費愛平銀叁千玖百肆拾捌兩陸錢。

一、支建造洛廠局房二十七間，費愛平銀壹千叁百陸拾壹兩肆錢玖分肆釐。

一、支建造乾西北溝局房二十九間，費愛平銀壹千陸百肆拾柒兩貳錢陸分壹釐柒毫貳絲。

一、支淘金機器工匠辛工，十六年四月至十二月。並大漏桶鐵四花鐵軸等費。愛平銀壹千伍百叁拾貳兩臺錢陸釐。

一、支購馬四十九匹，價愛平銀柒百拾貳兩陸錢捌分陸釐陸毫。

一、支造黑河屯義渡船房一所，計三間、門樓一間，費愛平銀貳百玖拾兩陸錢壹分肆釐。

一、支購黑河屯義渡馬蹬船一隻，並鋪板粘捻等工料。愛平銀貳百伍拾捌兩肆錢壹分壹釐柒毫。

一、支電綫材料，愛平銀壹千陸百肆拾柒兩伍錢捌釐伍毫柒絲參忽玖微。

以上共支局房、淘金機器、馬匹、船隻、電綫材料，愛平銀壹萬壹千叁百玖拾捌兩陸錢捌分貳釐伍毫玖絲叁忽玖微。

一、支十五年局房、軍械、馬蹬磨、機器、船隻、馬匹、牛頭，第二屆二成價，愛平銀伍千貳百肆兩玖錢貳分玖釐肆毫壹絲壹忽柒微。

一、支佳水公記十六年分息利，湘平銀陸千兩，□折愛平銀伍千玖百柒拾陸兩正。

一、支各股友十六年分二百九十八股息利，愛平銀貳千玖拾陸兩壹錢壹分。

一、支還黑龍江將軍衙門浮借款，愛平銀壹萬貳千兩正。

一、支各局局費芯紅，愛平銀壹萬叁千柒百貳拾兩肆錢捌分叁釐肆毫叁絲捌忽。

一、支各局器具，愛平銀壹千陸百捌拾玖兩壹錢肆分玖釐陸毫陸絲。

一、支各廠馬料秧草，愛平銀壹萬貳千伍百捌拾柒兩伍錢叁分壹釐伍毫陸絲叁忽。查此項馬料秧草費，較舊年加倍，實因十五年夏秋割草無多，餵至冬底，既已乏絶，復添買羌人之草，其價昂貴，每蒲桶計二十八斤，合羌錢伍百。連馬料每日每馬需羌錢壹吊，計銀四錢四分。三廠並陸續添買之馬，共計一百六十餘匹，每月計需銀貳千壹百餘兩。迨四月初間，青草長起，始可放青，稍減費用。理合聲明。

一、支愛黑吉滬錫聶各局房租，愛平銀柒百叁拾貳兩捌錢陸分陸釐。

一、支漠乾洛三廠養病院米麪費，愛平銀壹千叁百玖拾叁兩捌錢柒分柒釐陸毫貳絲。

一、支各處賑捐，愛平銀壹千肆百伍拾捌兩正。

一、支舊藍布夾帳棚二十架，並手鎗一隻，長矛二十五桿。愛平銀貳百陸拾柒兩玖錢壹分。

一、支提赤金内搿入紋銀，每百兩搿入紋銀壹兩伍錢。計愛平銀伍拾陸兩貳分叁釐。

一、支北洋軍裝，補平計愛平銀伍拾壹兩肆錢壹分。查此項十五年造報係庫平銀，每百兩照愛平加二兩，及兑付時係照每百兩加三兩四錢六分，除已經報銷不計外，所短伸平之數，理應補□。合并聲明。

一、支解金銀鑣馬路費，愛平銀肆千捌百捌拾兩陸錢柒分叁釐伍毫。

一、支員司因公往來路費，愛平銀貳千肆百柒拾伍兩玖錢伍釐陸毫。

一、支各處採金苗費，愛平銀叁千叁百肆拾肆兩叁錢玖分捌釐叁毫。

一、支津局提二批三批赤金，手工藥水費，愛平銀叁百肆拾捌兩貳錢壹分伍釐。

一、支漠廠提金匠任德茂十六年分辛工，每月十二兩。愛平銀壹百伍拾陸兩正。

一、支各局電報費，愛平銀捌百貳拾貳兩叁錢柒分玖釐陸毫。

一、支漠乾洛三廠犒賞出力兵工人等，愛平銀壹千伍百肆拾柒兩貳錢柒分壹釐玖毫。

一、支員司告假程儀，愛平銀柒百貳拾叁兩正。

一、支酬應俄酋、商，愛平銀貳百貳拾兩玖錢玖分玖釐。

一、支前督理及病故員司卹典，愛平銀肆千伍百陸拾兩正。

一、支礦丁因公左手殘廢，並病故一名，卹給川資，愛平銀叁拾兩正。

一、支李督理，正月至八月。薪水，愛平銀壹千捌百兩正。

一、支代理袁，九月至十二月。薪水，愛平銀捌百兩正。

一、支會辦綽，八月至十一月。薪水，愛平銀叁百貳拾兩正。

一、支各員司，十六年分薪水，愛平銀貳萬柒百肆拾陸兩肆錢。

一、支解金差弁並各局通事，十六年分薪水，愛平銀壹千捌百捌拾兩正。

一、支江省愛城黑河各署局津貼，愛平銀貳十肆百拾捌兩正。

一、支電報生及工頭等，十六年分薪水，愛平銀柒百肆拾捌兩捌錢。

一、支馬隊一哨，十六年分馬乾餉銀，湘平折愛平銀伍千陸百捌拾叁兩肆錢壹分伍釐肆絲。

一、支步隊三哨，十六年正月至十二月一哨，後又陸續添招二哨。共計餉銀湘平折愛平銀壹萬叁千柒百柒拾捌兩壹錢陸分陸釐。

一、支馬隊一哨，津貼米麪，愛平銀壹千肆百叁拾叁兩陸錢。

一、支步隊三哨，津貼米麪，愛平銀伍千叁百伍拾捌兩叁錢玖分玖釐陸毫。

一、支黄哨官海雲，招勇五十五名，小口糧愛平銀貳百貳拾肆兩壹錢玖分玖釐。

一、支張哨官鶴鳴，招勇一百六十三名，小口糧愛平銀壹千壹百叁拾伍兩叁錢玖分玖釐玖毫。

一、支漠乾洛三廠並兩口局，鐵匠、錫匠、刻字匠、水車水桶木匠、粘匠。辛工，愛平銀貳千柒百貳拾伍兩正。

一、支漠乾洛三廠並兩口局小工辛工，愛平銀叁千叁百貳拾柒兩正。

一、支黑河屯義渡水手餉銀，四月至九月扣建。計愛平銀貳百伍拾壹兩壹錢玖分。

一、支病丁回愛船脚路費，愛平銀捌百陸拾肆兩陸錢陸分壹釐。

一、支義昌洋行尾找，係鐵匠所用傢俱等件。愛平銀叁百肆拾柒兩肆錢伍分柒釐叁絲叁忽。

一、支蘭局辦糧車馬費，愛平銀叁百叁拾陸兩正。

一、支借錢莊銀納息，愛平銀貳千肆百玖拾肆兩貳錢陸分貳釐伍毫叁絲柒忽。

一、支醫院施給藥費，愛平銀伍百貳拾捌兩伍錢柒釐伍毫陸絲貳忽。

一、支礦師煙密里奄諾夫，正月至二月，每月一百吊。薪水羌錢貳百吊，□計愛平銀捌拾捌兩正。

一、支漠乾洛三廠發給礦丁淘金鐵器，愛平銀伍十壹百貳拾玖兩陸錢陸分陸釐陸毫。

一、支十六年各幫亡丁虧累，公司代任一半，愛平銀玖百陸拾陸兩柒錢叁分陸釐。

一、支提還十五年分佳水公記息利，愛平銀肆千捌百捌拾兩肆錢。

一、支提還各股友十五年分官利，愛平銀壹千貳百拾玖兩伍錢肆分玖釐。

一、支提還北洋軍裝價，愛平銀叁千伍百玖拾壹兩陸錢捌分柒毫叁絲貳忽肆微。查以上三項十五年造報，已經開除，因未付去，復又收回，今届理應再作收付以符帳情。

一、支由公積項下，付各把頭逃丁欠款，愛平銀伍千拾捌兩叁錢叁分捌釐。前曾稟蒙批准在案。

以上統共支愛平銀陸拾陸萬貳百捌拾玖兩肆錢肆分玖釐叁毫肆絲伍忽陸微，由公積項下開除逃丁虧欠愛平銀伍千拾捌兩叁錢叁分捌釐。

實在：

一、存股本愛平銀貳萬玖千捌百兩正。

一、存官商借款，愛平銀拾貳萬玖千陸百肆拾兩正。

一、存第一届結餘，愛平銀叁萬兩正。

一、存第一届保險公積，愛平銀貳千陸百玖拾伍兩玖錢柒分捌釐捌毫柒忽壹微。

一、存第二届結餘，愛平銀叁萬兩正。

一、存第二届保險公積，愛平銀捌千叁百陸拾捌兩玖錢伍分陸毫貳絲陸微。

以上共存實在愛平銀貳拾叁萬伍百肆兩玖錢貳分玖釐肆毫貳絲柒忽柒微。後核均屬相符，惟詳細清册内舒銘古薪水多算銀拾貳兩，查毓淇薪水少算銀拾兩，兩抵仍訛銀貳兩，以故與此册總數不相吻合。

光緒十八年三月二十七日袁大化呈。

奏派辦理黑龍江等處礦務兼統漠河護礦營花翎候選知府，謹將光緒十七年正月起至十二月底止，所有卑局收支銀錢並第三届結餘數目，繕具簡明四柱清册，隨文恭呈憲鑒，轉咨施行。須至清册者。

計開：

舊管：

一、存股本愛平銀貳萬玖千捌百兩正。

一、存佳水公記愛平銀玖萬玖千陸百肆拾兩正。

一、存黑龍江省借款，愛平銀叁萬兩正。

一、存第一届結餘花紅，愛平銀叁萬兩正。

一、存第一届保險公積，愛平銀貳千陸百玖拾伍兩玖錢柒分捌釐捌毫柒忽壹微。

一、存第二届結餘花紅，愛平銀叁萬兩。

一、存第二届保險公積，愛平銀捌千叁百陸拾捌兩玖錢伍分陸毫貳絲陸微。

共存愛平銀貳拾叁萬伍百肆兩玖錢貳分玖釐肆毫貳絲柒忽柒微。

新收：

一、收愛、瀋局售漠乾條金柒千柒百伍拾伍兩叁錢整，價愛平銀拾萬陸千肆百貳兩叁錢玖分陸釐。

一、收滬局售漠乾條金伍千柒百捌拾柒兩伍錢捌分，價愛平銀捌萬肆千壹百捌拾玖兩伍錢陸分肆釐壹毫肆絲。

一、收零售漠乾條沙叁百叁拾玖兩玖錢肆分伍釐，價愛平銀伍千壹百捌拾陸兩貳錢伍分伍毫。

一、收各局售十六年未售金沙及實存金沙，作價餘銀計愛平肆千捌百肆拾貳兩伍錢捌分柒毫伍絲。

一、收十七年運赴各局未售漠條金壹千肆拾貳兩八錢八分，按照每兩拾陸兩肆錢作價，計愛平銀壹萬柒千壹百叁兩貳錢叁分貳釐。

一、收十七年運赴各局未售乾條金肆千叁百捌拾壹兩陸錢陸分，按照每兩拾貳兩作價，計愛平銀伍萬貳千伍百柒拾玖兩玖錢貳分。

一、收十七年終實存漠沙玖拾叁兩玖錢肆分叁釐伍毫，按照每兩拾陸兩肆錢作價，計愛平銀壹千伍百肆拾兩陸錢柒分叁釐肆毫。

一、收十七年終實存乾沙捌百壹拾捌兩肆錢肆分叁毫，按照每兩拾貳兩作價，計愛平銀玖千捌百貳拾壹兩貳錢捌分叁釐陸毫。

八注除各局售條、沙火耗外，共收售條、沙貳萬貳百拾玖兩柒錢肆分捌釐捌毫，價計愛平銀貳拾捌萬壹千陸百陸拾伍兩玖錢叁毫玖絲。

一、收貨櫃繳回愛平銀拾玖萬貳千伍百玖拾兩陸分玖釐壹毫玖絲捌微。

一、收貨櫃應繳回八折本，愛平銀玖萬伍千柒百捌拾伍兩柒分捌釐壹毫陸絲叁微。

二注共收貨櫃愛平銀貳拾捌萬捌千叁百柒拾伍兩壹錢肆分柒釐叁毫伍絲壹忽壹微。

一、收造機器一座工料費，原價愛平銀叁千柒拾陸兩叁錢伍分貳釐伍毫。

一、收造拉沙車一百輛工料費，原價愛平銀壹千伍拾叁兩伍錢柒分壹釐肆毫。

一、收購羌馬套一百副，原價愛平銀陸百伍拾肆兩捌錢伍分陸釐。

一、收購馬匹，原價愛平銀玖百柒拾叁兩正。

柒兩柒錢柒分玖釐玖毫。淨收八折實銀。計愛平肆千陸百陸兩貳錢貳分叁釐玖毫貳絲。

【略】

以上統共收愛平銀捌拾玖萬貳千玖百捌拾叁兩壹錢叁分柒釐貳絲壹忽壹微。

開除：

【略】

四十三注共支愛平銀貳拾捌萬捌千伍百伍拾貳兩陸錢叁分伍毫陸忽壹微。

統共支愛平銀陸拾肆萬肆千陸百玖拾貳兩叁錢叁分捌釐玖毫貳絲捌忽肆微。由公積項下付各把頭逃丁欠款。愛平銀壹萬壹千陸拾肆兩玖錢貳分玖釐肆毫貳絲柒忽□□。

實在：

【略】

共存愛平銀貳拾叁萬柒千貳百貳拾伍兩捌錢陸分捌釐陸毫陸絲伍忽。

以上統共收愛平銀捌拾玖萬貳千玖百捌拾叁兩壹錢叁分柒釐貳絲壹忽壹微。

支愛平銀陸拾伍萬伍千柒百伍拾柒兩貳錢陸分捌釐叁毫伍絲陸忽壹微。

除支實存愛平銀貳拾叁萬柒千貳百貳拾伍兩捌錢陸分捌釐陸毫陸絲伍忽。

合併聲明。

光緒十八年九月初十日袁大化呈。

【略】

又總署收李家鏊函附清摺《臚陳漠河觀音山金礦利弊情形》〔光緒二十一年〕十二月十八日，李家鏊函稱：前者在都日親雅教，逾格關垂，又復渥飫華筵，感情飽德，念釋難忘，恭維勛福並隆，懷柔聿贊，引詹吉曜，曷罄頌私。家鏊叩別旋津，仍供譯職。前蒙堂憲函商夔帥一節，上台深以爲然。惟事有不及料者，聞觀音山一礦，延星使擬奏歸黑龍江辦理，果爾則於保商一道，大相逕庭。況此礦與漠河相輔而行，開辦兩年，已著成效，若加意整頓，利益不可勝言。倘歸黑龍江，又須另開局面，不但糜費較多，竊恐漠河孤懸邊隅，難以自立，未免可惜。謹

將漢河觀音山利弊情形，另擬説帖，呈請誨政。執事回堂時能否婉轉上陳，果藉大力斡旋，大局幸甚，此非家鏊一人私意也。諒邀洞鑒，敬以縷陳，專肅鳴謝，恭敂勛安，諸維愛照不備。

附清摺一扣。

照録清摺。

謹將漢河觀音山金礦分辦利弊情形，

臚陳鈞鑒。

竊查漢河金廠開辦以來，未見暢旺，祇賴奇乾河一廠支持，而乾廠金色最低，祇有六七成，故前年幾難支持。幸去夏開辦觀音山分廠，得以扶持，大獲轉機。蓋上届出金二萬八千三百七十餘兩，百之三十三出於觀廠，成色甚佳，竟有八九成；百之六十七出於漢乾洛窪各廠，金色不等，通扯約祇七成。就所售金價而論，觀廠僅係上年六月開辦，至年底止，所得金價，約居一半。若以本年而論，正月至七月分，連閏八個月，出金三萬五千二百八十餘兩，百之五十七出於觀廠。成色既高，估價自昂，觀廠可得金價百之七十，漢乾洛窪六廠祇得三十耳。相提並論，顯判低昂。況漢河出金少而廠所多，開銷亦隨之而費。去年局用十萬二千一百餘兩，觀廠僅支十之一，即護礦營兵餉四萬三千餘兩，觀廠亦祇十之二而已，足見漢河之賴觀廠而立，不待智者而始知。設或分去觀廠，必損漢河者一也。漢河水土惡劣，人皆裹足，創辦以來，員司丁弁病故者不數百人，礦丁往往過江，就俄傭用。近來分廠因之日漸停止，幸我待丁稍寬，不致盡歸人用。設使分去觀廠，礦丁必舍此就彼，不爲我用，必損漢河者二也。礦務之出金，多寡難必，如漢河十八年出一萬五千兩，十九年一萬兩，二十年夏間開辦觀廠，始得二萬八千餘兩。倘盡如十九年艱窘局面，即使刻意樽節，尚難勉强支持。此礦爲李故道金鏞創辦，立法周詳，悉仿商市章程，每年分派餘利時，提出公積一項，以備不虞。今聞袁道大化已將歷年代丁購貨餘款，及公積銀兩十萬兩，捐助餉需。窺袁道之意，無非恃觀廠之出金佳旺，故不惜巨款，以報効公中。設或分去觀廠，漢廠苗衰，坐以待斃，必損漢河者三也。竊查漢河開辦之初，招股極難。賴北洋大臣李，保借商款十萬兩，以爲局本。加以李故道辦事清真，商股漸旺，始能歸還借款，擴充局面，因之股利亦年厚一年。然總不如開辦觀廠之後，驟獲厚利也。倘觀廠改爲官辦，漢河股利陡減，股票必落，微特駭人聽聞，且絶後來別招他股之路，何也？今秋北洋大臣王，奏請開辦三姓金礦，奉旨不一月，而得股二十萬兩，實由上届漢河股利之厚，争先購票。使一旦漢河股利減少，彼有股各商，或且疑經理之不善，以股票爲不可靠也。試問我中國能從此不招商股乎？苟欲招股，先重保商。今平度封禁，漢觀分辦，實於保商一道，大相逕庭。況與俄毗連各邊，金礦鱗接，正宜取信商人，廣爲開挖。倘覓有旺苗處所，另招股本，亦自不難，故漢觀兩廠合辦之益，不僅爲現在股商勸，且爲日後股商勸。嘗聞泰西各國，凡有招股創立公司，獲利後，股票有驟漲至數倍十倍，未聞國家瓜分商利者。蓋股利厚，國税亦厚，國税既厚，保商自易，因之商股漸興，國愈富强。如英美各國之稱雄於五大洲，實賴商富，非獨恃兵强耳。況外洋大小數十國，大半以金錢爲市，俄國雖亦久用金錢，而半以鈔票搭用，十餘年來，悉畢利礦務大興，年出黄金九十六萬餘兩，鈔票亦因之大漲。如光緒十二年，卑職出洋時，每百德國馬克值俄鈔六十七八羅布，十五年祇值三十七八羅布。此皆産金日旺，商務日興之明效也。現在金價日漲，漏巵日甚，我中國地大物博，亟宜仿而行之，設法擴充。延星憲今擬奏請分辦觀廠一節，僅爲一處計，實未統籌大局。惟願我憲臺以興商務利國帑爲己任，不分畛域，力挽大局，商股幸甚，大局幸甚。卑職管見所及，冒昧上陳，伏乞採擇。

《礦務檔・黑龍江礦務・都魯河金礦》總署收户部文《抄送黑龍江將軍恩澤等奏文》附件三、章程曹廷杰擬《開辦呼蘭屬境都魯河金廠章程十一條》

謹將曹廷杰所擬開辦呼蘭屬境都魯河金廠章程十一條，繕具清單，恭呈御覽：

一、定成數以重報効也。金廠把頭，率領礦夫，淘得金沙，每一兩作十成，以六成歸礦丁，以四成歸廠局，名曰四六分金。除礦丁六成不計外，其廠局所得之四成金價，漢河舊章，併入貨利雜餘中，先提各項局用，再提保險公積，然後乃將餘款，畫爲餘利二十成，商股分十成，員司花紅分四成，下餘六成，報充軍餉。新章改定，除貨利雜餘另行開支外，其十成金價，先行開銷礦丁金價六成，下餘四成，並機器所得金價，統作十成，先提六成，報充軍餉，下餘四成，作爲股利局用。本廠自當遵照辦理。惟開辦之初，尚未購定機器，止有抽取礦丁之四成金價，以四成作十，照新章先提六成充餉，是廠中每得金砂一兩，變價後軍餉分得二錢四分金價，礦夫分得六錢金價，廠局分得一錢六分金價也。今擬照此變通，於廠局所得之一錢六分内，再提二分，歸入軍餉；每售得一兩金價，以二錢六分價，報充軍餉。以一錢四分價，作爲股利局用，以六錢價歸礦丁。嗣後購得機器，所得金價，另款照章分作十成，以六成充餉，四成作爲股利局用。似此

則於軍餉更有裨益。惟礦丁所得六成金價，行之已久。且查歷代礦務抽税，未有如此之多者，緣礦廠多在極邊，役食器具，比内地價昂不啻倍蓰，礦丁多係流民，若無餘利，則聚散無常，易生事端，故礦丁金價，不能再議核減。合併聲明。

一、頒關防以昭信守也。創辦之初，經費浩繁，蒙批准由户司籌撥銀二萬兩，再准招集商股銀三萬兩，所有領款集股，及開局一切應辦事宜，必須蓋用關防，方可辦理。擬請頒發奏派辦理呼蘭都魯河等處礦務公司關防一顆，以昭信守。

一、定股利以昭公允也。招商集股，西洋名爲公司，固屬衆擎易舉，亦以保持利權。公法最重商務，不准擅行攬擾也。今擬以卜魁省平銀每百兩爲一股，户司籌撥之二萬兩，作爲二百股，具領存案。其招股三萬兩，作爲三百股，每股填發本廠公司股票一張，細摺一扣，合户司籌撥銀二萬兩，共五百股，長年官利七釐，按年交付。其應分之餘利，將售金全價，除付礦丁沙價六成，並報充軍餉金價二成六分外，所餘金價，除開支局費官利，無論再餘若干，并入貨利裸餘，統作餘利。照新章第四條，十三年至十五年所集各股，每年從優准給股利銀一百兩。其十六、十七兩年各股，每年酌中准給股利銀五十兩。十八年、十九年、二十年三年所入之股，每年從減准給股利銀二十兩。若應分之利，不及限定之數，仍以銀數多寡，照前所定之等次，仍按成數分給，以昭公允各等語，酌定股利等第。本廠約計光緒二十三年四月以前方可開辦，招集股分無多，擬以二十三年四月以前入股者爲上等，八月以前入股者爲中等，十二月以前入股者爲次等，按等分利，以昭公允。惟户司籌撥之二萬兩，應作上等股。但恐久分上等股利，則商股有所藉口，且苗之衰旺，不能預定。擬請於開辦售得金價之日，作爲股利起利之日。此官本二萬兩，定分頭股利一年，即行將本歸還。不分股利，仍將正利按年呈繳將軍衙門，聽撥公用。如此則商情踴躍。縱苗線或衰，承辦者亦無虧累官本之虞。或以此廠辦有成効後，將此官本推廣湯旺河、梧桐河、大碯子有苗等處，逐漸照此辦理。均俟得還上等股利一年後，抵還成本，永分官利，不分股利。其推廣之廠，應照新章第十一條，觀廠得利，另册報銷。凡所得之金，除開支礦丁六成不計外，下餘之銀，仍作十成，以八成報充軍餉，以二成作爲該廠局用。但此係指專用官本，不用商本而言。若官本二萬，不敷經費，須湊商本，則報充軍餉。派分餘利，仍應如此。

一、定貨利以判公私也。漠河舊章，以貨利裸餘一項，專備賠補礦丁虧空，及修理一切用度後，將此款併入金價款内，一併公分。新章將此項貨裸各利，統行改爲商款，不必再事充公，專令作爲員司花紅，及保險公積之用。惟員司花紅，不得過商股餘利十成之二，以示限制。此外所餘之款，概令歸入保險公積項下，以厚局本各等語。廷杰詳譯此條，係因該廠由貨櫃逐年營運而得之款，將利作本，不用商股成本，故可專作員司花紅，及保險公積之用。今本廠擬於五萬兩金内，提款設立貨櫃，所得餘利，必須併入本廠應得金價内，通盤核算，作股利局用，方昭公允。惟概行併入，則員司花紅及保險公積，兩無所出，似亦不宜。擬以貨利裸餘，另款核算，每年所得之利，統作十成，以七成併入本廠應得金價，歸股利局用，以三成作爲員司花紅保險公積，花紅仍不得過商股餘利十成之二。若有餘款，仍歸保險公積項下，以厚局本。若不敷分用，即將三成平分，一作員司花紅，一作保險公積，庶有限制，可以經久。惟此項貨利裸餘，係遵新章，在報充軍餉之外。合併聲明。

一、招募砲勇以資保護也。查金廠多近邊地，凡防邊緝賊，應請由鎮邊軍分撥駐紮，藉以保護金廠。惟廠内分班看溜守棚支更，及押運砂條售賣轉運各事，必須有馬步砲勇，方足以資差遣。第不别籍貫，則逃勇匪民均得應募，實於廠務大不相宜。擬請在呼蘭旗界，按檔挑選旗下，年十八以上，二十五以下，其身未補披甲領催，並有室家者，百五十名。以百名編作步隊，爲一哨。以五十名編作馬隊，爲一哨。另選哨官、哨長、管帶，不設營官，歸總辦統領。其餉乾仍仿鎮邊軍營制，由本廠按月發給，歸入局用報銷。但邊遠糧貴，若不津貼，恐不足以維繫其心。擬照漠河章程，護礦營無論官兵，每名每日給白麵一斤、小米十二兩，以資鼓勵。由總辦督飭，認真訓練，隨時操演。有不率教者，照營規辦理。擬請咨行呼蘭副都統衙門，由各旗佐送檔挑選，取具連環保結備案，並請頒發鎮邊軍營制營規各一分，以便遵守。

一、慎員司以一事權也。漠河開辦之初，總辦以下，設有提調文案委員司事，帳房委員司事，支應所委員司事，稽察處兼管礦丁册籍委員，辦理交涉處委員司事，監修工程司事，收金所司事，貨櫃總管司事，各處分局委員司事，醫生司事，押運委員差弁，採買委員司事，俄文繙譯生，俄語通事，化學生，礦師各名目。今擬查照撙節辦理，均由本廠股商保薦，因材録用。若不足額，由總辦結保，統由本廠札委諭派，開明履歷，隨保結造册呈送將軍衙門備案。倘員司有舞弊情事，由總辦稟請隨時退換，甚者惟保人是問。若廠内有弊，稽察處或不先行稟明，惟稽察是問。若稽察處稟明，總辦不稟請更換，惟總辦是問。若總辦有弊，

各員司均得舉發。如此上下牽制，自然事權歸真，員司皆知奮勉，無濫竽虛糜，依勢挾制之弊，而廠中亦弊絶風清矣。擬照漠河原設員司，任缺勿濫，並請禁止薦支乾修，以杜浮冒。

一、定平砝以免贏絀也。各處平砝，大小不一，若不指用何平，則收售贏絀，不可勝算。漠河金廠，以愛琿平爲出入之準，今擬以卜魁省平爲準，與愛平同。若售賣各處，平砝不一，均折歸卜魁省平，核算報銷。但收金時，向用加一串平，以備金砂内攙和石砂礦質，及鎔條火耗傷折之用。此外盈餘若干，仍應於售得金價内，聲明加一串平，除傷折外，實餘若干，併入金價，造册呈報。查各處金砂，皆襍石子、砂質、銀質、硫礦鐵，惟銀質不提不出，其硫礦鐵、石子、砂質，皆於鎔煉時，隨火迸出，隨煙飛去，石砂質多，則硫礦鐵少，硫礦鐵多，則石砂質少。又凡大塊金，名曰金疙疸，多含石砂，化鍊時必先去石砂之質，再行化鍊。每千分得浄金八百七十餘分，銀七十餘分，硫礦鐵五十餘分，尤有比此不等者，浄金減至五百八十餘分，增至八百九十餘分，是以鎔條傷折，數目不能一律。合併陳明。

一、用串票以防隱匿也。新章程改把頭金摺，爲連三串票，每用把頭一名，即予串票一分，其票一張，分爲三段，首段爲票首，次段爲票身，三段爲票尾。三段騎縫之處，均填註字號，並鈐用黑龍江將軍印信，以昭信守。用時以票首票身付之公司，爲逐日交金記數所憑。均須按日登記，按月總結之後，仍將各處廠把頭，逐一聲明，每幫是月共得金砂若干，應分四六成金砂若干，每兩金價合銀若干，詳細分註。三票一律，以憑核對。並令于各票註完時，將票身一張，留局存案，票首票尾兩張，送省備查。防弊之意，至周且密。本廠自當遵辦。惟廠内把頭，時運不齊，所領金幫人數，多寡不等，亦各時運不齊。其把頭運旺者，或原領一二幫，逐漸添至十數幫，二三十幫不等。其把頭運衰者，或原領二三十幫，逐漸減至十數幫，一二幫，或全行逃走不等。其金幫内之礦丁，避衰就旺，亦復如是。故把頭金幫，一月内變換無定，若先將把頭實在數目，造册報明，再由省局照數備票，設立號簿，按張編號，稟請鈐用將軍印信，每把頭給予票照一分，則把頭金幫人數，隨時變換，往返換票，動稽時日，似有不便。擬請將連三串票，由本廠刷印，編列字號，呈請將軍衙門，用印發回備用。於每日把頭交金時，填寫收數，按日登記，按月總結，於呈送月報時，將票首尾送省備查，庶於新章不背，而把頭金幫之隨時變換者，亦可按日稽票，可免煩牘往返。廠中應照新章，添設管票委員一員，以重收發。

一、報運售以免私銷也。新章漠觀兩廠售金，必須有分局處，方准解往，隨地挂號，以杜偷漏。今本廠試辦之初，擬於三姓、吉林、瀋陽、天津、上海，漸次設立分局，或就近在本廠零售，必須隨時呈報將軍衙門查考。無論運售零售，若不呈報，查出照監守自盜例，將總辦及經手各員一律治罪。若運售必由之路，應令該解官一併順路赴局，報明挂號，各該局亦當照章查驗註册立案，方准放行。

一、請保奬以勵人才也。新章金廠保奬，但論報充軍餉之數，不必記其年分，如能報充軍餉銀數在二十五萬兩，核計金砂足抵一萬兩以上者，准保一次。其所保人數，無論異常尋常，均不得逾六十員之數，以昭核實。今擬遵照，屆時稟請將軍衙門核定奏奬。若推廣别廠，仍令各記各金請奬，不得牽混併算，以清界限。

奉硃批：「覽。欽此。」

《礦務檔·庫倫礦務》外務部收庫倫辦事大臣延祉文附與外務部柯樂德來往文電暨札柯樂德文《試辦庫倫金礦事鈔送與外務部柯樂德來往文電》〔光緒〕二十五年四月二十三日，奉將軍連札開：所得礦利，除一切經費暨股本每月按一分行息先行開銷外，所得餘利應分十成，以三成報効中國國家，以二成津貼蒙古王公，以五成分歸股友等語。查所集股本，合銀二百萬兩，是礦利逾二十四萬兩方交國税。又光緒二十九年續議章程，與前章略同。惟内有云俟有成效，得利提繳，未免遲延歲月，無濟急需。擬自奉旨開辦之日起，第一年報効國家銀三萬兩，撥給蒙古王公銀二萬兩，第二年報効國家銀六萬兩，撥給蒙古銀四萬兩，以後無論出金多寡，是否賠累，至少不得減於此數等語。此次議章，按出金若干報効一成五外，不能加增，衹可准其暫行試辦等語。察其衹可之情，如有國税太凝，仍須加增之意。竊思即以今年而論，共得沙金庫市平五千四百兩有奇，其沙成色係七八五，約合易銀十四萬兩之數，除一切經費外，浄剩銀三萬五千兩之數。再除報効一成五官税銀一千兩，股友始得銀一萬四千兩之數。若能推廣開採，至淘金二萬七千兩之數，以今年經費官税數目推算，其一成五官税，合銀十萬五千兩之數，比較續議章程，有盈無絀。且推廣多處，經費可以較減，股友之利，亦可增多。此即一成五外，礙難加增之實在情形也。倘續開金苗極旺之處，則有餘利，一成五官税外，仍照前章分交餘利。如無不可，一爲礦地也。

又〔光緒三十二年〕十月三十日柯來文。

爲申覆事：本年十月二十八日奉到鈞札：本年十月二十四日，本大臣與該總辦商訂試辦東西兩廠，自本年三月開工起，連閏扣足一年，共出金若干，核

與數目，由內提出一成五釐報效國家，共應提若干。再將此一成五釐分作十成，以一成撥給蒙古官員，再由該廠項下按此一成之數，另行照提一成，呈由本大臣一併撥給蒙古官員，以符現議蒙古一成之數。至商訂由本大臣派員分赴兩廠監查金櫃一節，由該廠項下，按照該處執事中等薪水，每員每月動支俄鈔一百五十元作爲薪水，遇閏加增。所商各數是否相符，合亟札知。札到該總辦，迅速申覆。又於本月二十九日奉到鈞札：現擬先行具奏，候旨遵行。特將商訂試辦章程六條，先行鈔録札知。是否相符，迅速申覆各等因。奉此，遵查章程內第二、三、四條，均與面商各章相符。惟第一、第五、第六等條內，柯樂德稍有不甚明悉之處，敬乞重申示明。竊思預定年限，是限期內按照定章辦理，原爲保固股本起見，無論預定期與否，如無成效，或有違背章程，以多報少等弊，自可停辦。惟廠中股友如果如安分守業，上能報效國家，下能廠中得利，則以金盡爲止，不拘年限，更爲妥洽。又查庫倫本地原無金廠，所示庫倫金廠，諒即憲臺所屬之治地也。又淘金股本皆係柯樂德經手集成，將來庫倫淘金工竣，或不得法，如有賠累，廠中股友若辦有成效，不違定章，柯樂德設有不虞，或委他員仍照前章辦理，以免股本虧折。又暫時試辦章程，如辦有成效，敬乞試章作爲定章。以上各節，呈請鑒核，理合備文申覆。須至申覆者。

十一月初九日札。

爲札知事：光緒三十二年十月三十日，案據該總辦申稱：遵查章程內第二、三、四條，均與面商各章相符。惟第一、第五、第六等條內，稍有不甚明悉之處，乞重申示明等情。據此，查第一條所擬，如無成效，即行停辦，亦不必拘定二十五年一節，原指辦無成效而言。今來文謂廠中股友果如安分守業，上能報効國家，下能廠中得利，則以金盡爲止，不拘年限，更爲妥洽等語，自係指辦有成效而言。以尚可行，應添入第一條，仍俟奉旨後遵行。又查第五條所謂淘金股本，皆係柯樂德經手集成，將來庫倫淘金工竣，無論有無賠累，由柯樂德自行清理，與公家無干一節。查此條係因昨日來文內稱股本有二百萬之語。查此項股本，前大臣未經留有案據。今來文大小生理，未有不驗股本而遽行合夥開辦者，前大臣未經議及，或因該總辦妥實可靠，並有總税務司薦舉，諒無舛錯起見。今本大臣與該總辦重新議擬，事同創始。如必驗本，尚須奏明飭部揀派諳習礦務之人，前來勘估，以昭公允。如此則遲延時日，勢所必然，所以擬請仍歸柯總辦一手清理，藉省周折。今來文謂將來庫倫淘金工竣，或不得法，如有賠累，廠中股友自應認賠，與公家無干。惟廠中股友成效不違定章，該總辦或有不虞，或另委他員，仍照前章辦理，以免股本虧折等語。查辦理果有成效，此次章程奏准後，自不必拘定年限，均以金盡爲止。有無虧折，更何能預期。至設有不虞，或另委他員二語，查此礦該總辦果能辦有成效，中國自不改委他人。如該總辦自欲遷移，仍須自爲清理，豈宜預留卸肩地步，先事周章？至不虞一説，人所共有。該總辦年方强仕，尚慮及此。本大臣年已垂暮，更何敢遽認無可稽考之股本，致將來貽誤公家。總之，該總辦既肯集股分勢，又當總辦差使，廠中一切事務，均應專其責成，又不僅股本一事也。如願預爲勘估，以免將來抵賴。作速聲覆，以憑奏明辦理。則凡試辦章程概緩入告，原有兩廠亦應暫封。又來文所謂庫倫金廠，諒即憲臺所屬治地一説。查庫倫屬境，即係圖車兩盟，不説兩盟金廠者，地方遼闊，恐駭人聽聞也。惟來文所謂仍照前章辦理一語，所謂前章，是否指此次擬辦章程而言，抑係另有所指，仰即一併聲覆，以憑核奪。又查第六條所謂現擬章程，原係暫時試辦，以後如有部議新章，仍遵新章辦理。試辦章程即行作廢一節，係因部電祇可暫准字樣，且前大臣續議章程，未奉罷議明文，故此次擬定新章，始有此説。今來文謂如辦有成效，試章作爲定章一説，自爲簡易起見，應照擬入，仍俟奉旨遵行。今將改定各節，另繕清單粘後，核定後速覆。濡筆以待，幸勿遲至。昨據文稱，倘續開金苗極旺之處，得有餘利，一成五官税外，仍照前章分交餘利，以無不可等語。查此項分交三成餘利之議，係該總辦極思效忠，尤屬可嘉，應即照准添入。再，該總辦現經本大臣附片餘奏派爲庫倫試辦金礦總辦委員矣，合併札知。札到該總辦，即便遵照。特札。

十一月初二日來文。

申覆事：竊於本年十月三十日申呈，以所定章程六條內，柯樂德有不甚明悉之處，乞重申示明等情。旋於十一月初一日，蒙鈞札將條內各節縷晰示知。另有更改數條，飭迅速申覆。又蒙保奏派柯樂德爲試辦庫倫金礦總辦委員。捧讀之下，感激莫名，自愧庸才，實不敢當。伏查鈞札云所謂前章，是否指此次擬辦章程而言，抑係另有所指，柯樂德所言前章者，即係指此次試辦章程也。又鈞札云股本一事，如願預爲勘估一節。查公家之利，若出餘利項下，勢必驗股。此次試辦章程，不論股本，亦不論有無餘利，皆以掏金若干，交納官税，自無庸驗本勘估。所謂餘利者，乃除一切經費，暨照一定股本定息外，另有利益，即爲餘利也。譬如股本二百萬兩，每月按一分行息，一年共息銀二十四萬兩。除一切經

費，並除息銀二十四萬兩之外，另有利益，乃即餘利也。查鈞札第六條既有分交餘利三成一節，敬乞添入除一切經費暨股息銀二十四萬兩外，得有餘利，分交三成，方爲明悉。又鈞札云豈宜預留卸肩地步，先事周張一節。查不虞一語，非有他意，果能益壽，國家不棄委任，是柯樂德求所不得也。所慮者，或有中途更章而已。此礦乃係官督商辦，廠中股本，始終爲國家辦事，柯樂德遇有事故，無論派委中外官員接辦，不違定章，果有成效，仍准其遵守此次定章辦理，庶於國家商務，兩無妨礙。是否有當，呈請鑒核。理合備文申覆，須至申覆者。

十一月初三日札文。

札覆事：十一月初二日，該總辦申稱云云。據此，查此次所擬章程六條，如奉旨允准，自當一日不停工，一日應遵守。如該總辦自欲遷徙，則凡廠務股本，仍應自行清理交代，與公家無干。至餘利三成一節，本應攤出一成五暨各項本利外，再有盈餘，始謂餘利，此義人所共知，章程内自〔無〕庸添入。況二百萬兩當初未立案據，此時息銀二十四萬兩，從何説起？（據）〔遽〕行添入，轉覺唐突。且此時既有一成五一説，有無餘利，原不必定，將來果有餘利，按成分交，自係該總辦効忠。如果無餘利，自有一成五在，於公家亦無所損。倘欲將股本二百萬兩藉此立案，無論是否官督商辦，自應先將現集何人股若干，已用若干，未用若干，已用者何項，使用若干，待用者何項，尚需若干，除未試辦以前不計外，將來試辦應按何成數，作利若干，歸本若干，詳細造册聽候勘驗，如此方是正辦。如一時不能造册，所有股本仍應該總辦擔承，將來一年截算時，再行擬議，亦無不可。是否照辦，合亟札知。札到該總辦作速申覆，以憑核辦。此札。

十一月初三日來文。

申覆事：本年十一月初三日奉到鈞札，以此次所擬章程六條，如奉旨准允，自當一日不停工，一日應遵守。如該總辦自欲遷徙，則凡廠務股本，仍應自行清理交代，與公家無干。至餘利三成一節，本係攤出一成五暨各項本利外，再有盈餘，始謂餘利，此義人所共知，章程内自無庸添入。況二百萬兩當初未立案據，此時息銀二十四萬兩，從何説起，遽行添入，轉覺唐突。且此時既有一成五一説，有無餘利，原不必定，將來果有餘利，按成分交，自係該總辦効忠。如果無餘利，自有一成五在，於公家亦無所損。倘欲將股本二百萬兩藉此立案，無論是否官督商辦，自應先將現集何人股本若干，已用若干，未用若干，已用何項，使用若干，待用者何項，當需若干，歸本若干，詳細造册，聽候勘驗，如此方是正辦。如一時不能造册，所有股本，仍應該總辦擔承。將來一年截算時，再行擬議，亦無不可。是否照辦，合亟申覆等因。奉此，德於十一月初二日申請將股息銀二十四萬兩添入試辦章程第六條内，緣十一月初一日鈞札第六條内添有分交餘利三成一節，並非欲將股本二百萬兩藉此立案。惟試辦章程内並未載股息銀數，而餘利三成，從何説起。深恐將來有所糾葛，礙難照辦。仍請照十月二十九日鈞札内所定之試辦章程第六條辦理爲愈也，理合備文申覆。須至申覆者。

十一月初四日札文。

札覆事：十一月初三日據該總辦申稱云云。據此，查此餘利三成，十月二十八日原札内開商擬試辦章程六條内，本無此説，因來文議及，故爾添入。今既恐爲將來糾葛，不如十月二十九日札開所擬試辦章程第六條辦理爲愈。查初次札送擬辦章程底稿，係中國十月二十八日行文，今來文自係指此。應即照依改回，仍將原擬試辦章程六條，再行鈔録札知。札到該總辦，即便細爲勘酌。如尚有應改之處，不妨據實聲明。如均無可改之處，亦即作速申覆。再查十一月初一日札送試辦章程底稿内，照依來申添有如辦有成效，即准其長年接辦等語，現在第六條既請改回暫行試辦原議，此語仍否存留，應即一併查照具覆。事關入奏，切毋遲疑。此札。

十一月初五日來文。

申覆事：本年十一月初四日奉到鈞札，以將原擬試辦章程六條，全行鈔録札知。札到該總辦，即便細爲斟酌。如有尚有應改之處，不妨據實聲明。如均無可改之處，亦即作速申覆。再查十一月初一日札送試辦章程底稿内，照依來申添有如辦有成效，即准其長年接辦等語。現在第六條既請改回暫行試辦原議，此語仍否存留，應即一併查照具覆，一併等因。奉此，竊查前經申明柯樂德所重者，無論柯樂德經理其事，抑或令派他員接辦。廠中股友如能辦有成效，即將此次試辦章程，再不改更，作爲長年定章。此條未便添入，亦無庸再議，即仍照十月二十八日鈞札内所定之試辦章程六條辦理。再鈞札内云，如辦有成效，即准其長年接辦，此語仍否存留一節。查此時所定章程，既係暫時試辦，其長年之語，即不必存留。理合備文申覆，須至申覆者。

十一月初九日札文。

札知事：本年十一月初五日，據該總辦申稱云云等因。據此，當經本大臣等將庫倫原辦金廠，與該總辦商訂暫行試辦章程，於光緒三十二年十一月初九

日具奏在案。除俟奉到硃批，再行恭録札遵外，合先粘鈔原摺原片並單札知，札到該總辦，即便遵照可也。特札。

廠監辦官鈐記，查並何盟何旗，應由監辦官造册呈報督辦大臣，轉咨理藩部，以備考核。如蒙俞允，俟命下之日，即由外務部咨行督辦礦務庫倫辦事大臣延祉，轉飭務將應行改定各節，與柯樂德會商訂定，並取具柯樂德遵辦甘結，咨部存查。所有遵議緣由，理合恭摺具陳，伏乞皇太后、皇上聖鑒。再，此摺係外務部主稿，會同度支部、農工商部、理藩部辦理，合併聲明。謹奏。

光緒三十三年七月初六日具奏，奉硃批：「依議。欽此。」

又外務部收庫倫辦事大臣延祉電《請示辦理金砂折銀事宜》 光緒三十三年九月十四日，收庫倫辦事大臣延祉電稱：庫倫金砂，現已截算，計自本年四月開辦起，至八月底止，兩廠共得金砂庫倫市平七千五百九十一兩六錢零二釐七毫，應提一成五庫倫市平一千一百三十八兩七錢四分四釐。現傳庫倫各商，除户部銀行因無對牌不議價外，其餘收金各商，驗砂封號。東廠不過二十過二十四換，西廠不過二十三五，惟柯樂德所持道勝銀行價單，按庫倫市平金砂一兩作俄鈔三千九百文，按今日行情，庫倫市平每兩金砂約折銀二十六換餘，較之各商所定價值，計多二換餘，第鈔價漲落無定。應如何辦理，乞速示遵。祉。寒。

又外務部收農工商部文《金砂折銀以附覆庫倫辦事大臣電估價最多者爲定》 光緒三十三年九月二十二日，收農工商部文稱：接准咨稱，本月十四日准庫倫辦事大臣來電，以庫倫金砂現已截算，兩廠共得市平七千五百九十一兩零，收金各商，驗砂封號，東廠西廠不過二十四五換，惟柯樂德所持道勝價單，按庫倫市平金砂一兩作俄鈔三千九百文，按今日行情，每兩約折銀二十六換餘，第鈔價漲落無定，應如何辦理，乞速示等語。查此事業由該大臣分電貴部，應如何辦理，請查酌核復，并希知照本部備案等因前來。查此事業經本部電復庫倫辦事大臣，相應鈔録原電，咨呈貴部備案可也。

照録原電。

寒電悉。金砂折價，既由各商封號，無論華洋商人，應以估價最多者爲定。惟該價時有漲落，每次議價時，仍請派員會同各商封號，不得以此次所估，作爲定價，以重課款。農工商部。篠。

光緒三十三年十一月初二日，收庫倫辦事大臣電稱：外務部、農工商部鈞鑒：新頒礦章正附二本，當發柯樂德查核有無窒礙。嗣據呈覆，能遵者不過二十七條，皆係零星之件。其餘礙難遵辦。並請仍照試辦章程辦理等語。當經駁斥，並查照地方情形，參以柯樂德所議，核擬八條，札令遵照，以便咨請大部查核。兹准呈請給假兩個月回國，與股友商定等因前來。查庫倫開辦金礦，明爲禁止私採，隱爲自顧邊疆。部調柯樂德重來，名謂收回利權，實係劃開交涉。與專言礦利者不同。柯樂德現在請假，應否給假，抑應如何辦理，乞示遵。

祉。蕭。

外務部收軍機處交出庫倫辦事大臣延祉抄摺《庫倫金礦應解官款易銀解部》 光緒三十四年正月十一日，收軍機處交出庫倫辦事大官延祉抄摺稱：跪奏爲庫倫金礦應提官款，派員按市價易銀解部，恭摺仰祈聖鑒事：竊奴才等前經據情奏請將庫倫原辦之特勒基河、珠爾琥珠兩金廠，擬暫試辦，並每年按出金數目，統算報效一成五，作爲十成，由内先提一成，再由該廠照此一成數目，加提一成，合計二成，發給該旗，以資津貼。並擬定於光緒三十三年四月初一日開辦起，至八月底截算清楚，先行報解，至九月初一日以後，大溜停工，其零收之數，歸於下年八月底一併核算等因，奏奉諭旨允准，欽遵在案。當經行知該委員柯樂德遵照現在奏定試辦章程辦理，並遴派委員即選知縣閻學沂，蒙古六品官車林多爾濟，分往各該廠監收金砂數目，按目造册呈報，亦經奴才等奏明在案。兹據該委員柯樂德呈報，特勒基河珠爾琥珠兩金廠，自光緒三十三年四月初一日試辦起，至八月底止，計五箇月，共收金砂七千五百九十一兩六錢二分。遵照奏定章程，由内應提一成五官款金砂一千一百三十八兩七錢四分，並由廠加提蒙古津貼一成五之一釐，共計一成六釐五，金砂一千二百五十二兩六錢一分四釐如數呈繳前來。奴才等督同監委員詳細核算，與該委員等按月所報數目相符。除提蒙古二成津貼外，實應存正款庫倫市平金砂一千零二十四兩八錢六分六釐，每兩俄錢三千九百文，共合俄鈔錢三百九十九萬六千九百七十七文，每百文按市價折合市平銀七錢一分五釐，共合京市平銀二萬八千五百七十八兩三錢八分八釐四毫。此項俄鈔錢，由庫倫户部分行易銀匯兑。又查光緒三十二年間，柯樂德旋回庫倫，既據聲稱凝難停工，所有原辦兩廠所出金砂，應遵此次試辦章程，一例報效，當飭委員閻學沂與之商定，復據柯樂德將光緒三十二年四月起，至本年三月底，一年内兩廠共得金砂，數月通盤合算，共金砂五千九百六十七兩一錢四分七釐，惟砂已隨時出售。按照是日行情，每兩折合俄鈔三千九百四十二文二釐五毫。共合俄鈔錢二千三百五十二萬三千九百八十五文。由内按一

成六釐五提出，共應提鈔錢三百八十八萬一千四百五十六文。除撥給該旗蒙古津貼外，實應存正款俄鈔錢三百一十七萬五千七百三十五文。每百文按是日市價折合京市平銀七錢四分六釐，共合京市平銀二萬三千六百九十兩零九錢八分三釐一毫。此項鈔錢，由大升玉號商易銀匯兑。以上兩款，共應解正款京市平銀五萬二千二百六十九兩三錢七分一釐五毫，折合應交庫平足銀五萬零零九十四兩九錢六分五釐六毫，現派委員花翎升用同知即選知縣閻學沂領解赴部交納。除造册咨報度支部免收外，所有光緒三十三年並三十二年分庫倫金礦應提官款，變價易銀，掃數解部緣由，謹恭摺具陳，伏乞皇太后、皇上聖鑒。再，蒙古辦事大臣綳楚克車林現在進京，未經列銜，合併聲明。謹奏。

光緒三十四年正月十一日，奉硃批：「該部知道。欽此。」

又外務部收庫倫辦事大臣延祉等文《咨送奏明撥給蒙古札薩克等金礦津貼銀兩摺暨硃批》 光緒三十四年四月二十七日，收庫倫辦事大臣延等文稱：本年二月二十一日，本處具奏札薩克等由金礦項下承領二成津貼銀兩，恭摺代奏叩謝天恩，仰祈聖鑒事：竊查光緒三十三年四月起，至八月底止，又三十二年由鴉緑格河朱爾呼朱固歐特勒拉濟河兩金礦挖出金沙，除應提取公税，派員解送外，遵照奏定章程，撥給有金産圖什業圖汗部落公銜札薩克那木薩賴旗二成津貼銀九千五百三十二兩六錢八分五毫，撥給原任車臣汗部落那旺希祜爾旗二成津貼銀一千七百九十二兩三錢四分九釐四毫二忽。由奴才飭交該部落盟長轉交該旗，出具領咨承領去後，兹據管旗章京三丕拉端都布等來庫，各出具領咨，照數敬領。該札薩克等均經感戴。相稱我等蒙古，世代受恩甚重，今又蒙恩賞給津貼款項，寔逾格之殊恩。該札薩克那木薩賴等望闕叩謝天恩，懇請代奏前來，理合恭摺代奏，伏乞皇太后、皇上聖鑒。再，蒙古辦事大臣綳楚克車林赴京，未經列銜，合併聲明。謹奏。本年三月二十四日接奉原摺，奉硃批：知道了。欽此。欽遵除分咨度支部、理藩部、農工商部外，相應咨報外務部可也。

司金鑛各摺片，應准如所請辦理，仍由該大臣取其柯樂德遵辦甘結等因一摺，奉硃批：「依議。欽此。」欽遵咨行前來。當經奴才等轉行柯樂德遵照，並取具該員遵辦甘結在案。除分咨各部備查外，理合附片陳明，伏乞聖鑒。謹奏。

又外務部收庫倫辦事大臣文《刊發試辦克勒司金礦監辦官鈐記事》 光緒三十四年六月十五日，收庫倫辦事大臣文稱：光緒三十三年十二月初八日，本處附片具奏烏依拉格克勒司地方，産有金苗等因一片，奉硃批：「覽。欽此。」旋於四月初四日，承准外務部咨開，本部會奏議覆庫倫辦事大臣附奏開辦克勒司金礦，應准如所請辦理一摺，奉硃批：「依議。欽此。」欽遵鈔録原奏，恭録諭旨，咨行前來。查十年開辦珠爾琥珠暨特勒基河兩金廠成案，曾經部咨由庫倫刊刻木質鈐記。此次克勒司金廠，既經奏准開辦，與前開兩廠，事同一律，自應遵照成案，轉飭印務處發交官匠刊刻木質鈐記一顆，文曰「試辦克勒司金礦監辦官鈐記」，札發暫派之該廠監辦官咨留理藩部領催榮泉承領，以資信守。兹據該員呈報，遵將發到木質鈐記一顆，於五月初一日開用等因前來，相應咨呈貴部，請煩查照。

楊侃輯《兩漢博聞》卷一〇《金沙光珠西南夷傳七六》 注云：《華陽國志》曰：「蘭滄水有金沙，洗取融爲金，有光珠穴。」《博物志》曰：「光珠，即江珠也。」

卷四六《地理志七》 〔貴州〕提溪長官司府西。元提溪等處軍民長官司，屬思州安撫司。洪武初，改名，屬思南宣慰司。永樂十二年三月來屬。東有印江。西有提溪，産砂金。

徐應秋《玉芝堂談薈》卷二六《透骨金》 《拾遺記》：魏明帝時，昆明國貢嗽金鳥，常吐金如粟。宫人以金飾釵，謂之避寒金。《西京賦》：含利颬颬，化爲仙車。注云：含利，獸名，性吐金。《夷堅志》：南城童夢弼其祖因浴於水濱，忽見一物如蛾，從空而下，試引手撲獲，形狀似鴨不能動。歸而燭之，乃黄金所爲，大如拇指，而羽翮悉備，遂寶藏之。三日取視，其尻有金屑，蓋遺糞也。自是數日一掃，貨於市，皆紫磨上色，家資賴以日盛。《嶺南異物志》：廣州洊涯縣金池王家有養鵝鴨池，嘗於鴨糞中見麩金，遂多淘之，日得一兩，緣此致富。《僉載》：嶺南陳懷卿養鴨百頭，糞中有光爚然，汰之得金十兩，乃覘所食處土中有麩金，銷之得數千斤。薛瓊性至孝而家甚貧，常求薪，遇一老父，以一物與之曰：「此銀實也，用壁土種之銅盆中。」瓊歸如言種之，旬日後發苗，又旬日後生花，花有銀色，若細螺，及結實，皆銀也。李少君有透骨之金，大如彈丸，凡物近之便成金色。嘗試以檀香屑共置一處，詰朝視之化爲金屑矣。《説海》：朝奉郎劉均用言，侍其父吏部公罷成都，行李中水銀數匣，偶過溪渡，一匣遽脱其底，即攬取渡旁叢草塞之，至都，破匣視之，悉成黄金矣。國初征潞澤時，軍士於澤中鎌取馬草，晚歸，鎌刃透成金色，或以草燃，釜底亦成黄金焉。《春渚記聞》：臨安僧言，有歛客於潛山中見一蛇腹脹甚，蜿蜒草中，遇一草齧破，以腹摩之，脹立消。念此草必消腫毒，取置篋中，宿旅邸，有客呻吟牀第間，爲腹脹所苦，取湯煎飲，至

晚寂然。惟聞隣房滴水聲，視之，則其人肉血化爲水矣，急挈裝而逃。追明，主人了不知其何謂，及潔釜炊飯，則釜遍體成金矣。又嶺南人謂生金於毒蛇糞中採得。《物類相感志》：鵁鳥糞石則變爲生金及雄黄。安南土産有玉龍膏，用之能化銀液。漢建信侯婁敬晚居好時明月山北，得道，能種金，地曰種金坪。夫昆明鳥能嗽金，含利獸能吐金，蛇、鵁鳥與鴨能糞金，草可成金，薛瓊能種銀，婁敬能種金，玉龍膏可化銀，透骨金可化金，則丹砂可爲黄金，又何怪乎？若王鯨遞老姥買蕨蒸之，皆成金釵，洛陽客遇羽衣寄書遺以粟米，視之悉爲金粟，衡州賣薑翁含薑於口成金，雩都人遺唾於盤成金，此又神化怳忽，不可思議矣。

謝啓昆《（嘉慶）廣西通志》卷九二《輿地一三・物産》 生金出西南州峒山谷田野沙土中，不由礦出也。峒民以淘沙爲生，抔土出之，自然融結成顆，大者如麥粒，小者如麩片，便可鍛作服用，但色差淡耳。欲令精好，則重鍊取足色耗去什二三，既鍊，則是熟全丹竈所須生金，故録其所出。《虞衡志》。廣西所在産生金，融宜昭藤江濱與夫山谷皆有之。邕州溪峒及安南境皆有金坑，其所産多於諸郡。邕管永安州與交阯一水之隔爾，鵞鴨之屬至交阯水濱遊食，而歸者遺糞，類得金，在吾境水濱則無矣。凡金不自礦出，自然融結於沙土之中，小者如麥麩，大者如豆，更大者如指面，皆謂之生金。昔江南遺趙韓王瓜子金，即此物也。亦有大如鷄子者，謂之金母，得是者，富固可知。《嶺外代答》。《唐書・地理志》邕州有金坑。《九域志》有慎乃金場，在邕州西北四百里。《一統志》。

張燮《東西洋考》卷四《西洋列國考・彭亨》 彭亨者，東南島中之國也。《星槎勝覽》名彭坑。《續文獻通考》曰暹羅迤西國。【略】

形勝名蹟：金山。其上出金，有大酋守之，日遣百餘人採取，月進王二十金。【略】

物産：沙金。即金山所採者，排沙揀金，金末在鎔，雖黄光閃鑠，視亦復類沙，既煎乃始成塊。

又卷四《西洋列國考・文郎馬神》 物産：沙金。是金山出者，夷人持貨往易，每虚往實歸。

陳侃撰《使琉球録》 琉球國山形抱合而生，一曰翠麗，一曰大崎，一曰斧頭，一曰重曼。高聳叢林，田沃穀盛，氣候常熱。酋長遵理，不科民下。釀甘蔗爲酒，煮海爲塩。能習讀中國書，好古畫、銅器，作詩効唐體。地産沙金、黄蠟。

王大海《海島逸志》 把實，在馬辰之東，風土略同馬辰，而富裕不及。坐地之番，什籍無來由，自有國主，不屬和蘭管轄，每年只納貢税而已。土産燕窩、長藤、沙金，諸島稱爲富國。

似瓜亞，産沙金、長藤、鹿肉，其類皆以抽藤、打鹿、淘沙金爲事。

馬辰之國甚富，數處産金。又産鉎石，其性最堅，磨之光耀如鏡可鑒毫髮，閃豔奪目，如月日之精華，入火不滅，磨之光彩依舊。大者無價，小者用米粒兑之。以米十六粒爲一葛力，每葛力價二三十金。和蘭不貴珠玉，以鉎石爲至寶，鈕扣領袖皆用以爲飾。或云重至十葛力以上者，佩之可辟凶邪。鉎石即金剛鑽。

萬瀾，在巴國極東南之地，與蘇洛宿務相近。相傳，從此回厦，較之巴國爲近，但未有行之者。土産海參、玳瑁、沙金、珍珠等。

代那撰，瑪高温譯，華蘅芳筆述《金石識别》卷八《黄金》 花旗金山之礦，在山半，其山有泉，凡澗水有石當其流者，其處往往得金。其金大約薄片及小粒，間有成塊者。其大塊有十五磅至二十磅者，與科子連。亦有結成在石中，如毛如花者。

有結成之式如圖：

凡砂中之金，大抵皆從石中來，因其石久經雨淋冰凍而泐爲砂。金比砂重七倍，故其砂隨水流出，近處金多，遠處金少。

普天下大塊之金，無過於花旗金礦中所得之塊，其塊重一百三十四磅，計得純金一百〇九磅十一兩，賣得銀二萬六千元。

又新荷蘭金山，得一塊計重二十七磅半，長十一寸，最闊處五寸，其式如圖：

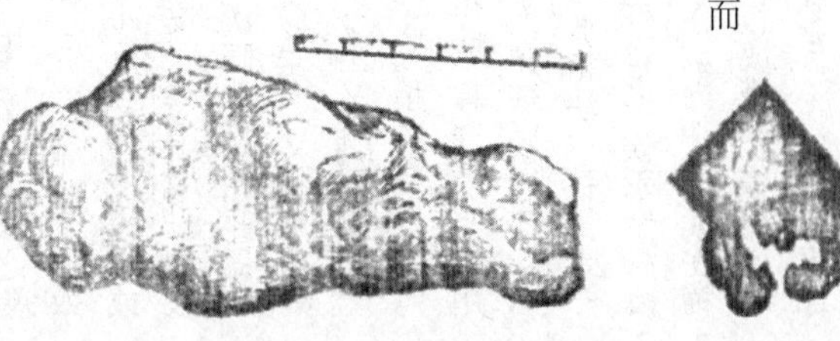

金礦大約遍地球各國都有之，惟所得皆不多，約計之一年中遍地球共得金一百九十五噸。

俄羅斯、美里哥南、新金山、花旗金山，此四處每年約出一百七十五噸。

金之最多者，俄羅斯産金之處，計四千磅沙泥中，可得六十五粒金，至多得一百二十一粒金，其沙泥中，鐵多者金亦多。

俄羅斯金礦，其山石是半變壞之合拉尼脱，其石名比里雖脱，其中有科子

脈，金在科子中。其比里雖脱與台而客客羅愛脱相近。其洞直深二十五丈，再開横路至遇科子脈，每年約得金五十至七十五磅。

普魯斯於一萬萬粒砂中，得金五十六粒，即金再少一半，尚有人取之。

新金山每年得礦二十五萬磅。

花旗金山每年得礦二百萬磅。

杞廬主人《時務通攷》卷一三《礦務四・鎔煉・金》 淘金：無論雜砂雜土之質，並金點或大或小，俱堪合用。又如極細之土質，不離鋁養並鈣養者，更爲合用。惟其金爲極細之點，此法不甚相宜，因其細點易被水所衝去。若爲含硫之礦，此法更不宜用，淘汰所得之金，並非全數。因其極細之點，不免爲水帶去，且有少許留於或砂或土之内，所淘得者，兼含重雜質，如無名異等，故必用提淨之配料，如鉀養炭養，或硼砂或硝。所有淘汰之要事，須將礦粒與異質之粒，略分爲等體者。此事甚難，雖用精器，淘汰時費金尚多，每百分約費三十分至五十分，礦内之金彌多，其耗靡亦彌多。若用碾軋之法，其粒略能等體，而細粒之斜面又長，靡金可較少。又有噴氣之法，即揚去其砂土，而分出其金，此係須麻爾所剏。

金砂分金。金砂，亞美里加新金山之南邊，中國、俄國、日耳曼國用此礦。或以手工，或機器淘汰之，又如亨軋里脱蘭司發尼亞拔捺得俄魯斯、葡萄牙、普拉齊、西藏，其金砂先淘汰而後用汞引。細皮里阿則用衝天爐鎔之，而取其生鐵，再將生鐵用强水化分之。烏拉勒河之金砂，每年產多合。其含金之中數，每一萬萬分有五分。然一萬萬分祇一分，尚可用以得利。日耳曼來納河之金砂，其含金之中數，每十萬萬分有三分二。此處最好之金砂，比諸細皮里亞之金砂，其金少五倍，比諸智里國者少十倍，即如來納河者每十萬萬分有金一分二，亦可取之而得利。然細皮里亞之金砂，每一萬萬分含金一分，而該處之人，猶以爲不能鎔鍊得利。有人鎔鍊細皮里亞之金砂五噸，得金三錢八分至一兩五錢。又用舊金山之金砂五噸，得金二兩半。聞格太云，自步合與替路勒之金礦，五十噸含金略值金錢四十七圓，此礦係含金之石英與鐵硫。曼得路煞地方之金礦，五十噸(合)〔含〕金約值金錢八十圓至三千四百圓。幼拉勒山之金砂，五十頓含金約值金錢三千圓。新金山之金砂，五十頓含金約值金錢三萬至三萬九千圓。各處所産金砂，淘汰後而鎔成之質，所含純金數不等。細皮里亞者，每百分含金八十四分至九十四分。布尼亞者，每百分含金八十二分九至九十三分七。舊金山者，八十九分二至八十九分七。日耳曼國之來納河者，每百分有金九十三分四，銀六分五三一，鉑六釐九。阿勒對山者，每百分含純金八十六分七三，銀十二分六九。納輕司克者，每百分含純金九十三分二五，銀三分三七。普拉齊國之更故煞古者，每百分含純金八十四分，銀四分五，鉑三分一，鉢二分六，鋏少許。奴發司哥西阿者，有金九十八分一三，銀一分七六，銅五釐，鐵少許。淘汰金砂，或用手器。其形與瓢略同，或用木盆，或用木槽，或用馬牛等皮。其毛向上，數張相連，置砂在其上，而噴以水，則其金在皮之毛間停止，第二次同法爲之，此爲普拉齊國之法。用水槽者，其底作若干横凹，此爲曬弟尼阿國之法。又有用布鋪於槽面者。新舊二金山，俱用摇床之法。又有長槽之法，舊金山又有噴水之法，乃在崖岸峭立之處噴水洗下其質。隨流至池内，金即自沉於底，積多而後取出。又有數處洗金砂之質，再用别法取其别金類。淘汰金砂之粗法，耗靡甚多，專用淘汰者，如普拉齊國、新舊二金山、中國、俄國、日耳曼國，有人在細皮里亞地方，試驗淘汰之。工先用粗法，後用細法，始知細法所得者，多於粗法一百三十一倍。汞引之法，以石器或鐵器，將砂一分和以汞二分，用木杵舂之，俟汞金相合而止；分出其合質，而用布袋或皮袋，壓去其汞；所得之質在爐内加熱，或在鐘形之器加熱，或在甑内加熱。又有分汞之簡器，作多孔之泥板或鐵板，置於盛水之圓口器中，將汞金之質置於板面，用鍋罩於其上，兩口封密。在鍋外生火加熱，汞即散出，而過板孔，沉於水内。將留存之金，在多孔鐵板上，加以大熱，後用筆鉛罐添入硼砂而鎔之，或云鈉養硫養更佳。合汞之後，所餘之金砂，尚含金少許，可以第二次再用汞引者。現有客來末奴與哇格拉奪尼，特設此法之汞引器，俄國人用配料和於西皮里亞之金砂，在鎔鐵爐内鎔之，得含金之生鐵。用硫强水分出其金，所得之數，比常法淘汰金砂者，多至二十八倍。若用鎔銅礦之爐鎔金砂，所得之數，比常法淘汰金砂者，多至八十七倍。伍勒里格云：含金之石英，與含鐵之石英，可同鎔之，而得含金之鐵。

礦金冶煉分部

題解

釋慧琳《一切經音義》卷一二《大寶積經音義之二》 鑄金。章樹反。顧野王曰：「煬銅爲器曰鑄。」《説文》：消金也。從金壽。

論説

王充《論衡》卷二三《調時篇》 且歲月審食，猶人口腹之饑必食也；且爲巳酉地有厭勝之故，畏一金刃，懼一死炭，豈閉口不敢食哉？如實畏懼，宜如其數；五行相勝，物氣鈞適。如泰山失火，沃以一杯之水；河決千里，塞以一掊之土，能勝之乎？非失五行之道；小大多少，不能相當也。天地之性，人物之力，少不勝多，小不厭大。使三軍持木杖，匹夫持一刃，伸力角氣，匹夫必死。金性勝木；然而木勝金負者，木多而金寡也。積金如山，燃一炭火以燔爍之，金必不消。非失五行之道；金多火少，少多小大不鈞也。五尺童子，與孟賁争，童子不勝。非童子怯；力少之故也。狼衆食人，人衆食狼。敵力角氣，能以小勝大者希；争彊量功，能以寡勝衆者鮮。天道人物，不能以小勝大者，少不能服多。以一刃之金，一炭之火，厭除凶咎，却歲之殃，如何也？

寇宗奭《本草衍義》卷五 金屑不曰金，而更加屑字者，是已經磨屑可用之義，如玉漿之義同。二經不解屑爲末盡，蓋須烹鍊鍛屑爲薄方可研屑入藥。陶隱居云：凡用銀屑，以水銀和成泥。若非鍛屑成薄，焉能以水銀和成泥也。獨不言金屑，亦其闕也。生金有毒，至於殺人，仍爲難解。有中其毒者，惟鷓鴣肉可解。若不經鍛屑，則不可用。顆塊金，即穴山或至百十尺見伴金石，其石褐色，一頭如火燒黑之狀，此定見金也，其金色深赤黃。麩金即在江沙水中淘汰而得，其色淺黃。此等皆是生金也，得之皆當銷鍊。麩金耗折少，塊金耗折多，入藥當用塊金，色既深則金氣足。餘更防罨製成及點化者如此，焉得更有造化之氣也。若本朝張永德，字抱一，并州人，五代爲潞帥。淳化二年，改并州，初寓睢陽，有書生鄰居卧病，永德療之獲愈。生一日就永德求汞伍兩，即置鼎中煮成中金。永德懇求藥法，生曰：「君當貴，吾不吝此，慮損君福。」鍛工畢升言：祥符年嘗在禁中爲方士王捷鍛金，以鐵爲金，凡百餘兩爲一餅，輻解爲八段，謂之鴉觜金。初自冶中出，色尚黑。由是言之，如此之類乃是水銀及鐵用藥製成，非造化所成，功治焉得不差殊。如惠民局合紫雪用金，蓋假其自然金氣爾。【略】又東南方金色深，西南方金色淡，亦土地所宜也。

田藝蘅《留青日札》卷之二三《金》 五金：黄金、白銀、赤銅、青鉛、黑鐵。《書》：金作贖刑。傳曰：「黄金也。」《吕刑》：其罰百鍰。傳曰：「黄鐵也。」漢賜有言黄金者，其不言黄而賜金者，凡一斤與萬錢。古六兩曰鍰，二鍰四兩曰斤，是十六兩也。二十四銖曰兩，二十四兩曰鎰。《説文》一兩曰一金，周制一斤曰一金，秦制一鎰曰一金，漢制一斤曰一金。若一斤爲萬錢，則萬錢止今之十兩也。董彦遠曰：漢一斤金，四兩直二千五百文。又漢一貫，千錢也。王莽末年，省中尚有黄金六十餘萬斤。後世絶少，由所耗之途廣也。金一爲箔，無復再還元矣。《唐六典》有十四種：銷金、拍金、鍍金、織金、砑金、披金、泥金、鏤金、撚金、戧金、圈金、貼金、嵌金、裹金。古又有細金。大中祥符元年詔：「金箔、金銀線、貼金、銷金、間金、蹙金線，裝貼什器土木、玩弄之物，並行禁斷。非命婦不得以爲首飾，飾許人糾告，並以違制論。寺觀飾塑像者，齎金、銀并工價就文思院换易。」四年又詔：「宫院苑囿等止用丹白裝飾，不得用五彩。皇親士庶之家亦不得用。春幡勝除宣賜外許用綾，不得用羅。諸般花用通草不得用縑。」又八年詔：「自中宫以下，衣服並不得以金爲飾。應銷金、貼金、縷金、間金、戧金、圈金、解金、剔金、撚金、陷金、明金、泥金、榜金、背金、影金、闌金、盤金、織金、金線皆不許造。」慶曆二年，申嚴其禁。上自宫掖悉皆屏，臣庶之家犯者，必置于法。仁宗明道二年詔：「册寶、法物，凡用金者並改用銀，以金塗之。」洪武元年有司奏造乘輿服御諸物應用金者，命皆以銅爲之。有司言費小不足靳，上曰：「朕富有天下，豈吝于此。然所謂儉約者，非身先之，何以率下？小用不節，大費必至，開奢汰之源，啓華靡之漸，未必不由小而至大也。」二年詔禁庶民之家，不得用金繡、錦綺、紵絲、綾羅，止許用紬、絹。其首飾、釧鐲，並不許用金、玉、珠翠，止用銀花。

綜述

徐松《宋會要輯稿・食貨三三・坑冶上》 金。登州，天聖二年置場，官自收買，禁人私取。至明道二年廢，許民取便采淘貨賣。商州，坑冶務舊置。饒州，鄱陽縣利陽錫場，舊置；德興縣場，慶(歷)〔曆〕二年置；浮梁縣大邊、源□尚、木陪，慶(歷)〔曆〕六年陳獻金寶，至和三年罷。信州，貴溪縣黄金場，熙寧四年置，八年罷監官。南安軍南康縣連塘場，舊置，康定中罷。福州，古田縣寶興場，天禧二年置，嘉(祐)〔祐〕五年罷。汀州，安豐場，舊置；上杭縣鍾寮場，慶(歷)〔曆〕元年置。邵武軍，歸化縣礫礤場，端拱元年置。南恩州，陽江縣磨洞場，天聖四年置，熙寧十年罷。邕州。填乃場，熙寧六年置。

卞寶第等修，曾國荃等纂《(光緒)湖南通志》卷五八《食貨志四・礦廠・金礦》 (來)〔宋〕仁宗時，朱壽昌使湖寧。或言邵州可置冶采金，有詔興作。壽昌言：「州近蠻，金冶若大發，蠻必爭。自此邊境恐多事，且廢良田數百頃。」詔亟罷之。《宋史・朱壽昌傳》。

紹聖二年，江淮荆湖等坑冶司言：「新發坑冶，漕司慮給本錢，往往停閉不置。請令本司同遣官詳度。」從之。湖南漕司言：「潭州、益陽縣近發金苗以碎礦商金賦榷入官，請修立私出禁地之制。」從之。崇寧四年，湖北置旺溪在靖州會同縣。金場監官，以其歲收金千兩，鈐轄司請置官故也。《文獻通考》。

政和元年，張商英言：「湖廣産金非止辰、沅、靖溪峒，其峽州夷陵宜都縣、荆南府枝江、江陵縣、赤湖城至鼎州皆商人淘采之地。」紹興三十二年，湖南、廣東、江東西金冶二百六十七，廢者一百四十二。《宋史・食貨志》。

《續文獻通考》卷二三《征榷考・坑冶》 〔元至元〕二十一年二月，放檀州淘金五百人還家。

至二十五年九月，又罷檀州淘金户。順帝至正元年十二月，詔革王巴延徹爾等所獻檀、景等處産金地土。

又卷二三《征榷考・坑冶》 又《國語解》曰：「山金司以陰山産金，置冶採鍊，故以名司，後改爲統軍司。」

《明太宗文皇帝實録》卷五五 〔永樂六年，春正月〕戊辰，設交阯太原、嘉興、廣威、天関、望江、臨安、新寧七鎮金場局，各置大使一員，副使四員。又選授知州、知縣二十一員，每鎮三員，提督開辦。又以知府二員總督，令禮部鑄印給之。

又卷六六 〔永樂七年，九月〕乙酉，設交阯諒山、北江、建平三府及歸化、南策二州，并雞陵、董澗、黎平、武寧、保禄、平陸七縣，醫學塩課提舉司之支俄、長羅、丹夾三場塩課司，歸化州税課局，右廣関巡檢司。以交阯太原鎮金場局隸太原府，嘉興鎮金場局隸嘉興州，廣威鎮金場局隸廣威州。初設太原等七鎮金場局，未定管屬，至是布政司言天関等四鎮蠻人寇亂，道梗不通，太原等三鎮金場局已行開設，宜各有所隸，故有是命。

李世熊《錢神志》卷一《靈産》 方中通曰：「太陽所照之地皆生金，煖故也。通衢人足所磨，更煖，故生金較多。」揭暄曰：「黄本日精，白本月華，故近赤道之地多金、銀。」

《南海古蹟記》云：「赤石崗在番禺西南，山色赤如火燃。唐有扶南人請以黄金萬鎰市山發寶藏。刺史韋明曰：『南州鎮山也，弗許。』」

《廣州記》云：「生金出大食國。彼方出金最多，凡貿易竝使金錢，文爲象形。」

《桂海金石志》云：「桂林西南州峒産生金，生山谷、田野、沙土中，不由礦出也。峒民以淘沙爲生。壞土出之，自然融結成顆，大者如麥粒，小者如麩片，便可鍛作服用，但色差淡耳。欲令精，則重鍊，取足耳，什耗二三，既鍊則是熟金。丹竈所須必生金也。」

《宋史》云：「慶曆四年，金谿縣得生金山，重三百四十兩。或云金谿有金窟山，連接銀山，中有石竇，云是前代金窟，生金山云即得之此山。」

蔡絛《叢談》云：「政和間，長沙益陽縣山溪流出生金，重十餘觔。又出一塊重四十九觔。」

李誠《萬山綱目》卷一一 北條大幹自長嶺南走佟佳江山三流河東南，至旅順渡海起爲山東登萊大姑河以東諸山。【略】

折西南行爲積金山，又西南爲黑石嶺，又西南爲龍山，又西南爲岠嵎山，又西南爲松山，西南爲公山，西連大幹。

岠嵎山，在棲霞縣東北二十里，亦名金山，以産金得名。【略】

一支東南行爲福阜山，又東南爲林寺山，又東南爲七子山，又東南爲小龍山，又東南爲招虎山。

福阜山，在萊陽縣東七十里海陽縣西北，宋元時置金場於此。

林寺山，在萊陽縣東八十里海陽縣北，元時置金場。

穆彰阿《〔嘉慶〕大清一統志》卷三一二《饒州府》 金場，在德興縣南二十里，宋時冶金處。

《清宣宗成皇帝實録》卷三四二 〔道光二十年，庚子，十二月，庚午〕以甘肅安西州屬馬蓮井金廠課絀，減額夫五百名爲三百名。從署總督瑚松額請也。

《清朝續文獻通考》卷四三《征榷考一五·坑冶》 又奏准甘省扎馬圖金廠，請增夫五十名。

又卷三八八《實業一一·礦産·吴佩孚調查臨江、長白等處各礦説帖》 第四條 金礦。查臨長間之金礦各道溝俱有，或云係一條綫脈，通化地方亦有舊金廠數處。玆述其概況如左：第一項：通臨長金礦之地點。一、通化大都陵河金礦，在通化西南方大都陵河附近。高力營子之二道溝係舊沙金廠，其綫金頭緒未見，久已停工。一、通化大廟溝金礦，在通化西方大廟溝，係舊沙金廠，其綫金未見，久已停工。一、通化豹馬川金礦，在通化南方豹馬川，見歸輯安縣界內，係綫金廠，已經開辦。日人曾於該廠購取八十斤重之大石，運送奉天考核其金之成數。一、通化大哈泥河金礦，在通化東方大哈泥河上游，係沙金礦，新近發見，尚未開採。一、通化甕圈金礦，在通化東方紅土崖附近之甕圈，係舊沙金廠，其綫金未見頭緒，久已停工。一、臨江林子頭金礦，在臨江西北界林子頭附近之大石栅溝內，係舊沙金廠，其綫金未見頭緒，久已停工。一、臨江錯草溝金礦，在臨江西南界錯草溝內水泡子附近，沙金、綫金俱全。一、臨江石灰溝金礦，在臨江西方石灰溝之關門砬子以內，係沙金廠，其綫金未見頭緒。一、臨江頭道溝金礦，在臨江頭道溝內之三道陽岔、五道陽岔及報德泉等地點，係舊砂金廠，惟五道陽岔之綫金頭緒發見於北嶺。一、臨江二道溝金礦，在臨江二道溝口，係舊沙金廠，當年沙金甚旺，其綫金頭緒發見於西嶺，與頭道溝五道陽岔之綫金係一條綫脈。一、臨江三道溝金礦，在臨江三道溝內之黑熊子溝，沙金、綫金俱全。一、臨江六道溝金礦，在臨江六道溝東方之夾皮溝，係舊沙金廠，其綫金未見頭緒。一、臨江七道溝金礦，在臨江七道溝內之二道陽岔，係舊沙金廠，其綫金已有頭緒。一、臨江八道溝金礦，在臨長之八道溝沙金全溝溝之上套，後山有最優之綫金頭緒。一、長白九道溝金礦，在長白九道溝內，沙金最旺，綫金之頭緒亦極優。一、長白十一道溝金礦，在長白十一道溝東方之金廠，見有韓人持興京礦務局之執據牌照，在金礦淘取沙金，被十二道溝巡長苗永貴禁止。一、長白十四道溝金礦，在長白十四道溝西方之雞冠砬子，沙金、綫金均旺。一、長白十五道溝金礦，在長白十五道溝東方之東乾溝子，其靠鴨緑江岸係黄金沙，向内有極旺之烏金沙，見在十二道溝巡長苗永貴派人淘取烏金沙，視其成色如何，再行報告。一、長白十六道溝金礦，在長白小十六道溝內，及大十六道溝東方之半截溝，俱係沙金，其綫金未見頭緒。一、長白十七道溝東方之東西砬縫，係沙金，其綫金未見頭緒。一、長白萬寶岡金礦，在長白府西方萬寶岡南端之兩江口，見有韓人在該地淘取沙金，其綫金未見頭緒。一、長白府金礦，在長白大梨樹溝，係沙金，其綫金未見頭緒。一、長白十九道溝金礦，在長白東方十九道溝，係沙金，其綫金未見頭緒。第二項：預定臨長間金礦之小辦法。查臨長間之金礦，民人私採沙金者甚多，嗣因官抽税釐中止，今擬統由官辦。沙金則漏卮頗多，綫金則須備碾石機器、洩水機器，費工頗鉅，費款亦多，且非派久辦金礦人員經理，難收成效。不辦尤恐外人干涉，惟有仍准民人隨意採取沙金，免去税釐，由該地方行政官發給淘沙金憑照，由官銀錢所按四分之三作價收買，以取利益；由各巡局就近查察，不准商民私相授受，民人如有獲巨金者，由官作價，付以匯兑銀票；如有綫金頭緒發見，須報官查驗，以備計畫良法。如此則漏卮雖多，尚可爲國防上多添人口。

又卷三九〇《實業一三·礦産》 金之産量。東三省之北部爲我國最大産金區，最盛時爲一〇八·〇〇〇兩。甘肅西部每年約産金一〇·〇〇〇兩。新疆之金多輸往印度，惟全省每年産量無數可據。外蒙亦産金要地，宣統二年，俄人柯樂德所辦各金廠之總産量爲五〇·九二二兩，逮柯氏離蒙後，出産亦大爲減少。

吉林金礦。砂金以三姓爲主要産地，次琿春、土們子，又次松花江上流。又凡夾皮溝、色勒河、古洞河等處，均屬松花江上流區域，東西約四百里，南北二百里，曩禁人民窺採，後因採人蓡發見砂金産量富豐，因之採金蝟集，最盛竟達數萬名。光緒二十八年，俄人藉口《喀西尼條約》，要求將夾皮溝金礦開採，議甫定而日俄戰起，嗣後日本以二十一條件要挾歸中日合辦。三姓金礦官有局分二處，一東溝，一黑溝，向有人私採。光緒十六年，將軍乃設局任民採淘，採得金抽取三成歸公，開支外盈餘解庫，盛年産量爲一三二五五兩。

袁大化等《〔宣統〕新疆圖志》卷六〇《山脈二》 《西域水道記》：回語謂涌

出爲羅克倫，言其地有瀑泉上涌也。其河二源出孟克圖嶺之麓。乾隆四十七年，於其地置金廠。河流逕雅瑪拉克山西而會出山口，諺曰天河，北流分渠逕羅克倫軍臺東，軍臺距昌吉縣城十里。

謹案：昌吉縣城西南北即紅札金廠也，金廠南距焉耆府城四百里。據圖克霞東出之水尚有，而布阿羅果勒水入吐魯番境，西出之水有烏拉蘇台水，與哈布齊垓水會。

又卷六二《山脈四》 曰卡巴山，産金。

《于闐鄉土志》：在縣城東南一千二百餘里，枚勒卡恰克勒山西北，即小金廠。

謹案：洪圖作闊帕或作卡拔。

曰阿格山，阿格塔克水出焉，是生金。

《于闐鄉土志》：阿克塔克在縣城東南二千五百餘里，烏魯克蘇山東南。

謹案：在于闐縣境東南，纏回謂後爲阿格，謂山爲塔克，猶華言後山也。其地産金，積雪不消，瘴癘亦甚，採金者惟夏月可入。水出山中，西北流與烏魯克蘇合入阿里雅拉克河。

又卷六四《山脈六》 曰齊爾山，其北蘇爾圖之水出焉，東流入於納木河，其東達爾達木圖之水出焉，東南流伏於戈壁。

《新疆圖説》：此山在塔爾巴哈台城東南四百二十里，山北之水曰蘇爾圖河，東北流五十餘里，經鐵廠北又東流一百七十餘里，經西二工金廠山北，與納木河會。山東之水曰達爾達木圖河，東南流經金廠，南又東流一百里伏於戈壁。

《塔爾巴哈台鄉土志》：此山距城三百餘里。略攷齊爾山亦名載里山，自塔城東南金廠往西至巴爾魯克一帶，蜿蜒五百餘里，一脈聯貫。近日分爲兩大山，自南路軍臺以東爲齋爾山，以西爲巴爾魯克山、哈布圖山、多蘭圖山，皆齋爾山支峯也。

曰喀圖山，其木多樺楊，其鑛多金，其獸多彪虎、黄熊，善搏人。有鳥焉，小而善鳴，土人呼之爲幾回醉酒。良戛爾圖之水出焉，南流伏於戈壁。

《塔爾巴哈台鄉土志》：此山即哈布圖山，亦名達爾達木圖山，在城東南五百餘里。塔城鐵廠、煤窑均在齋爾山之陰，金廠則在哈圖山之陽。山南縱横百里，舊金廠十處。

謹案：《新疆圖説》：哈布水、合佳爾太水均出哈布圖山，南流伏於戈壁。合佳爾太即良戛爾圖之異譯，蘇爾圖水則出齋爾山，與今鄉土志異，蓋齋爾喀圖皆相連之山也。塔城東北諸山皆有金山之名，菁華早露者，惟哈圖山爲最，縱横百餘里，碁布星羅，苗綫皆自西而東，或伏或顯，或聚或分，寬狹淺深，俱無一定。有亂如髮絲縱横交插者有蜿蜒盤曲忽上忽下者有細而漸大大而漸無者有鑽透成沙積各石層下者。以上層而言，皆銜結青色堅硬石層之中，故名石鑛，與沙鑛不同其原則。一鑛學家謂石鑛本沙鑛之母，自透露地而經數千年熱漲寒縮，風斤雨帚，夾沙下流，或積於河底，或埋於沙下。其可淘洗而得者是謂沙金。沙金者，工省而易。若石鑛則凝結於堅頑，包孕於密邃，採之者非攻去其石，莫由而獲。鑛非一層，水非一道，縋幽鑿險，工費繁鉅，往往資少器笨，半途輒廢。因此下層諸鑛均未宣洩，此非有大力者不能任之也。哈圖山金鑛自新疆拓闢以來，内地商民聚此開挖者幾數萬人。舊有十廠，曰蘭州灣，曰新蘭州灣，曰東新興工，曰西新興工，曰老南工，曰老東工，曰察罕阿騰，曰馬拉水，曰車路溝，曰札工。各處頹垣敗井，斷瓦破窑，目其遺址，勢若大鎮。追詢十廠始末，無知之者，惟札工開辦最後。咸豐初年有關内商民劉光和、卞極明等五大股聚此開鑿，公舉劉光和爲首號金頭，跟苗追鑿五年而小效，又四年而大贏。嗣鑿至旺地，適值甲子回亂，塔城戒嚴，劉光和等率鑛夫往援，而哈民乘機剽掠，因棄鑛遠逃。年久洞水積九十餘丈，繼往作者去水無方，坐是以廢。光緒二十三年，俄商涎之，請於撫臣饒公應祺，撫臣不欲外人專其利，疏請華俄合辦，公置機碾，於二十五年興工，新開之井一無所得，惟運碾舊年棄鑛，五年之久，虧折二十四萬餘金，其工遂輟。二十九年，撫臣潘效蘇念廠舍機碾之廢壞也，復立寶新公司，招集股本，改爲官督商辦，委縣丞施再萌董其役，仍運碾先年棄鑛，三年復折二萬餘金，而其役遂又中輟。時三十三年事也。然前此所採皆屬上巖，其下巖菁英固未嘗一洩也，而取之較上巖爲尤難。夫深山寶藏，原以待生民之取用，彼造物者豈嘗有所吝惜矜秘，而故示人以難哉？然從來珍奇所在，莫不藴匿於寂邃窮崖、冰天雪窟之中，而工重役苦，瘴癘毒惡，人當之而病，畜觸之而瘏。又復路險途長，糗糧難繼，無泰西鐵軌汽車之利，而一切浣火、紙布、擦膠、機件、油銲、煉金、鏴水、炸藥之細，無一非以重直購自外人，而司其事者又不免於侵冒，此所以求者千百，而獲者僅一二也。

葛洪《抱朴子·内外篇》卷一六《黄白》 小兒作黄金法：作大鐵筩，成，中一尺二寸，高一尺一寸。作小鐵筩，成，中六寸，瑩磨之。赤石脂一斤，消石一斤，雲母一斤，代赭一斤，流黄半斤，空青四兩，凝水石一斤，皆合擣細篩，以醯

和，塗之小筩中，厚二分。汞一斤，丹砂半斤，良非半斤。取良非法：用鉛十斤內鐵釜中，居爐上，露灼之。鉛銷，內汞三兩，早出者以鐵匙抄取之，名曰良非也。攪令相得，以汞不見爲候，置小筩中，雲母覆其上，鐵蓋鎮之。取大筩居爐上，銷鉛注大筩中，没小筩中，去上半寸，取銷鉛爲候，猛火炊之，三日三夜成，名曰紫粉。取鉛十斤於鐵器中銷之，二十日上下，更內銅器中，須鉛銷，內紫粉方寸匕，攪之，即成黄金也。

慧琳《一切經音義》卷一三《贍部捺陀金》　《菩薩地持經》：真金得迦私藥，着於火中轉增浮。《大寶積經》：贍部捺陀金，置凡金中，令彼凡金，猶如墨聚，失於明炤。又《華嚴經》：以一兩阿羅娑藥變千兩銅以爲真金，藥分無減。晏陀蠻國有一井，歲中再溢，其泉逕流入海，所經砂石浸成黄金。

李昉等《太平御覽》卷八一一《珍寶部一〇·金下》　《茅君内傳》又曰：「取鉛十斤着鐵器，猛火燒之，三沸，投九轉之華一銖於中，攪之，須臾立成黄金九斤。」

佚名《庚道集》卷八《青霞子十六轉大丹》　第十轉雄黄點鐵成金法：右將雄黄入鼎内，用黄礬末一兩蓋封固，火候如前，養百日，取出一粒，可點鐵一兩成金。

谷泰《博物要覽》卷七《紀金》　論黄金産地

一、産益州。即四川。

一、産梁州、寧州，生水砂作屑，謂之生金。

一、産建平、晉安，福建。生石中，乃金砂矣，燒煉鼓鑄爲碣，雖被火亦未熟，須更煉。

一、産嶺南獠洞、生獠蠻洞，純赤，成塊最佳。

一、産雲南，各屬。生水中及砂石中，作片作屑不等。

一、産鄱陽、樂安，生土石中，成塊或作屑，土人淘漉得之。

一、産黔南，四川。生紅砂中，須淘汰沙滓，鼓鑄方成。

一、産富州、賓州、涪州，四川。生水中，或土石中，成片成塊不等。

紀良金十種　第一，馬蹄金，産林邑國，名紫磨金，又名陽邁金，出林邑國山峒中。國人鑿石取之，狀如馬蹄，每得必雙，每二蹄重一觔，足十二成，赤紫色，至難得，又名馬蹄，乃生金也。

第二，橄欖金，産嶺南，乃荆南山土中得者。顆形大如橄欖，兩首俱鋭，紅紫色，足十二成，不煩淘煉，自然顆粒，乃生金也。

第三，瓜子金，産江五溪江中，大如瓜子，足赤十一成色，不須淘煉，自然顆粒，亦生金。

第四，顆塊金，産雲南麗江諸處，或土砂中，顆塊如山石狀，有重至十餘觔或觔許、兩許者不等，足赤十一成色，不須淘煉，自然顆塊，亦生金也。

第五，胯子金，産湖廣湖南諸郡砂土中，象腨茶腰帶胯子，足赤色十成，不須淘煉，自然顆塊，亦生金也。

第六，麸片金，産高麗國砂土中，淘漉而出，如麥麸之片，足赤色十成，國人鑄煉成小餅，每十七餅重一觔，乃熟金也。

第七，豆瓣金，一産梁州土中，掘土十餘丈，方見形質圓匾如豆瓣狀，足赤十成，土人鑄煉成錠，每錠重一兩六七錢不等，亦熟金也。一名蒜條金。

第八，麥顆金，産梁州各屬土石中，形尖，顆如蕎麥，足赤十成，土人鼓鑄成小錠，重三四錢，亦熟金也。

第九，沙子金，産湖廣各屬砂水土中，土人畜鴨使啑砂水，留其糞穢，淘漉鼓鑄成小瓶大小，足赤十成。一名鴨屎金，乃熟金也。

第十，葉子金，産雲南省城，爲道地各店鋪户將足赤金箔抬造葉子，有八色、九色至九五色，止無足赤者，亦熟金也。諸金中惟葉金爲下。

紀御府内帑金十五種

第一，鎮庫金錠，足赤十二成，每錠重五十兩零七錢三分，有滴珠，面印宸字。每歲户部進五十三錠，入奉宸庫藏貯。

第二，鎮庫金餅，足赤十二成，每餅大者重五兩七錢一分，小者重二兩零六分，面印宸字。每歲工部鑄進大餅三百六十二枚，小餅六百八十四枚，入奉宸庫藏貯。

第三，鎮庫金錢，足赤十二成，每文重一兩二錢。每歲寶源局鑄進奉宸庫五十千零六十二文。

第四，鎮庫金鋌，足赤十二成，每鋌重六兩四錢三分七釐五毫二絲，方長如笏形，一面印江山之紋，一面印宸字。每歲户部鑄進三十六鋌，進奉宸庫藏貯。

第五，鎮庫金磚，足赤十成，每塊輕重大小不等，大者重十二觔，小者六觔。户部每五年一進奉宸庫，大小共三十六塊，面印龍鳳花紋。

第六，户部節省金，足赤十成，鎔傾成錠，每錠重三兩二錢三分。歲進内藏庫三百錠，面有豫字印。

第七，工部節省金，足赤十歲，鎔傾成錠，每錠重三兩二錢。每歲進内藏庫三百錠，面有豫字印。

第八，光禄節省金，足赤十成，鎔傾成錠，每錠重二兩四錢一分。歲進內藏庫二百二十錠，面有豫字印。

第九，尚衣監節省金，足赤十成，鎔傾成錠，每錠重一兩二錢四分。歲進內女官庫一百二十錠，面有豐字印。

第十，司禮監節省金，足赤十成，鎔傾成錠，每錠重一兩二錢。每歲進內女官庫一百二十錠，面有豐字印。

第十一，奉宸庫金米，足赤十成，每顆重一錢或五六分不等。工部每五歲造進內奉宸庫一萬零百顆。

第十二，奉宸庫金豆，足赤十成，每顆重三錢二分。工部每五歲造進內奉宸庫三千六百六十枚。

第十三，女官庫葉子金，足赤十成，每葉方三寸二分，每葉重五錢三分五釐。工部歲進內女官庫三百四十片。

第十四，女官庫金線，足赤十成，粗細不等，以一丈二尺五寸爲率。每歲工部造進內女官庫三百六十二條。

第十五，女官庫金箔，足赤十成。又有名浄黄者，係足八五色，因分濃淡二色。工部每歲造進內女官庫一萬八千張，每張方三寸五分，比年奉旨減免三千張。

已上内帑金十五種，因國初至隆慶猶未征也，至萬曆末遼左用兵，户工二部有節省之進，遂及鎮帑之金并後餘項。今奉勅一概停免，而公私天恩皆有甦色矣。因附誌焉。

紀外國真金五種

紫磨金，産波斯國，色如紫鑛，性柔如綿韋，可以手指屈伸，真奇寶也。

緑金，産西洋古里國，色緑，雲南所産緬虫，金彩奇麗，不可名狀，實奇珍也。

青金，産東丹國，色如青黛，光彩非常，況性堅可以刻玉，世不常有，珍物也。

赤金，産林邑國，色如鷄冠，光能奪目，相傳帶之可辟鬼魅，惟内帑有之。

烏金，産占城國，色光黑如髹漆，性能解諸毒藥，世有得者多煅作飲食器皿焉。

紀假金十五種

水銀金、丹砂金、雄黄金、雌黄金、硫黄金、曾青金、石緑金、石膽金、母砂金、白錫金、黑鉛金、銅點金、生鐵金、熟鐵金、鍮石金。

已上諸金俱用藥物鍊點，至有火鎔不變者，但鎔銷一度，則每兩輕折錢許，以此可辨。而出火之後，顔色昏滯，嗅之微銅鐵雄硫臭爲辨別耳。

辨黄金真假法

黄金真者剪開有茶口，寶光射目，脚如新開菜花，新黄鮮艷。若茶口閃色渾濁，脚帶紅色者，内有紅銅器子；脚帶青色者，内有銀器。以此辨別，萬無一失矣。

論黄金真假

如看成錠黄金，須于密室預備純鋼細長鑽一枝，將錠底密密一鑽，以水銀灌入，放定，久之鑽孔金色變白者爲真。如錠中有銅鐵色胎，則水銀不入，隨即流出。

凡看金物，須于堅實木桌，從高以手投金物桌上，金物連轉方止者，真也。一轉即止者，内有鐵胎及銅器。若内有銀胎，一拋直躍向前了不連轉。以此辨之，百無一失。

一法：用鹽泥固濟，用猛火煅之，真者顔色鮮黄或潔白，假者則色黑或青緑，色可辨。

一法：金物入手性重而震，入口咀之味甜而帶酸，微有古香，假者味酸或苦腥氣觸鼻，真僞立辨矣。

凡看金器如瓶、壺、爐、鼎、盃、斝之類，瓶、壺防夾底，爐、鼎防脚、耳中有灌鉛錫、鐵砂、石屑之類。都下及新安匠人最善此技，每造成時，以瀝青及漆膏和鉛鐵砂石之物調稠，得所填滿空處，用捍藥捍好不露邊際。試之法：以試金擊其底足一二處，摇撼聽之，如中有夾假，則擊處成窩，且内中作聲瑟瑟矣。金器中惟釧鐲、扁方之類多有包裹銅鐵者，須細辨之。

宋應星《天工開物》卷下《五金·黄金》 凡黄金爲五金之長，鎔化成形之後，住世永無變更。白銀入洪爐雖無折耗，但火候足時，鼓鞲而金花閃爍，一現即没，再鼓則沉而不現。惟黄金則竭力鼓鞲，一扇一花，愈烈愈現，其質所以貴也。凡中國産金之區，大約百餘處，難以枚舉。山石中所出，大者名馬蹄金，中有名橄欖金、帶胯金，小者名瓜子金。水沙中所出，大者名狗頭金，小者名麩麥金、糠金。平地堀井得者，名麫沙金，大者名豆粒金。皆待先淘洗後冶煉而成顆塊。金多出西南，取者穴山至十餘丈見伴金石，即可見金。其石褐色，一頭如火燒黑狀。水金多者出雲南金沙江，古名麗水。此水源出吐蕃，繞流麗江府，至于北勝州，迴環五百餘里，出金者有數截。又川北、潼川等州邑與湖廣沅陵、溆浦等，皆于江沙水中淘沃取金。千百中間有獲狗頭金一塊者，名曰金母，其餘皆麩麥形。入冶煎煉，初出色淺黄，再鍊而後轉赤也。儋、崖有金田，金雜沙土之中，不必深求而得。取太頻則不復産。經年淘煉，若有則限。然嶺南夷獠洞穴中

金，初出如黑鐵落，深穵數丈得之黑焦石下。初得時咬之柔軟，夫匠有吞竊腹中者，亦不傷人。河南蔡、鞏等州邑，江西樂平、新建等邑，皆平地掘深井取細沙淘煉成，但酬答人功所獲亦無幾耳。大抵赤縣之内隔千里而一生。《嶺表録》云：「居民有從鵞鴨屎中淘出片屑者，或日得一兩，或空無所獲。」此恐妄記也。凡金質至重，每銅方寸重一兩者，銀照依其則，寸增重三錢。銀方寸重一兩者，金照依其則，寸增重二錢。凡金性又柔，可屈折如枝柳。其高下色分七青、八黄、九紫、十赤。登試金石上，此石廣信郡河中甚多，大者如斗，小者如拳，入鵝湯中一煮，光黑如漆。立見分明。凡足色金參和僞售者，唯銀可入，餘物無望焉。欲去銀存金，則將其金打成薄片剪碎，每塊以土泥裹塗，入坩鍋中，硼砂鎔化，其銀即吸入土内，讓金流出以成足色。然後入鉛少許，另入坩鍋内，勾出土内銀，亦毫釐具在也。凡色至于金，爲人間華美貴重，故人工成箔而後施之。凡金箔，每金七釐，造方寸金一千片，粘鋪物面，可蓋縱横三尺。凡造金箔，既成薄片後，包入烏金紙内，竭力揮椎打成。打金椎，短柄，約重捌觔。凡烏金紙由蘇、杭造成，其紙用東海巨竹膜爲質。用豆油點燈，閉塞周圍，止留針孔通氣，薰染烟光而成此紙。每紙一張打金箔五十度，然後棄去，爲藥鋪包朱用，尚未破損，蓋入巧造成異物也。凡紙内打成箔後，先用硝熟猫皮绷急爲小方板，又鋪線香灰撒墁皮上，取出烏金紙内箔覆于其上，鈍刀界畫成方寸。口中屏息，手執輕杖，唾濕而挑起，夾于小紙之中。以之華物，先以熟漆布地，然後粘貼。貼字者多用楮樹漿。秦中造皮金者，硝擴羊皮使最薄，貼金其上，以便剪裁服飾用，皆煌煌至色存焉。凡金箔粘物，他日敝棄之時，刮削火化，其金仍藏灰内。滴清油數點，伴落聚底，淘洗入爐，毫釐無恙。凡假借金色者，杭扇以銀箔爲質，紅花子油刷蓋，向火薰成。廣南貨物以蟬蜕殼調水描畫，向火一微炙而就，非真金色也。其金成器物，呈分淺淡者，以黄礬塗染，炭火炸炙，即成赤寶色。然風塵逐漸淡去，見火又即還原耳。黄礬詳《燔石》卷。

嵇曾筠《〔雍正〕浙江通志》卷一七〇《物産》 《龍泉縣志》：黄銀即淡金，其採煉之法，與白銀略不同。此礦脈淺，無穿巖破洞之險，每得礦不限多少，俱舂碓成粗粉，然後以水浸入，磨成細粉，仍貯以木桶，浸之用楊梅樹皮，漬攪數次，石粉浮而金粉沉，乃用金盆如洗銀法洗之，即加鉛烹和，再過灰鍋，煎乾成銀矣。每黄銀一錢，直白銀四錢。近得一法，將黄銀或淡金，用土釜銷化，入石硫黄些小三四次，出火，鎚去青黑鬆皮，中心遂成赤色黄金，若色猶未赤，再銷如前，其青黑鬆皮加鉛鎔化入灰鍋，煎乾乃汞銀也。原淡金一兩，得黄金七錢，必得白銀三錢。前法：以淡金打成薄片，用黄泥包，文武火燒一晝夜，遂成金。其白銀滲入泥中，無復出脱期矣。然近時匠人甚巧，每於人家出色金首飾，其洗落藥水紙貯鎔鉛過灰窠成金首飾，一兩折一錢。

迮朗《繪事瑣言》卷四《泥金》 嘗聞打金之法：首鎔金，次鑿碎如米，捶匾成片，夾以烏金紙，取其滑而不滯也；護以爐中炭灰，取其燥而不潤也。百層爲一束，束以繩，捶以木椎，勿太重，亦勿太輕，輕重不均，則厚薄不稱。捶至寸許大，謂之開荒。停一日，俟其冷也，層層揭開，易烏金紙，添爐灰，仍以繩縛，捶至四寸餘寬則成矣。捶初停，中熱如火，不可立解，解即化爲珠，須一二日冷定，乃可開也。開時見風，則金皆飛去。必密室中，四壁紙黏，一人以木尺許竪于下，方板五六寸，横于上，塗板以粉，上鋪狗皮，炭火一盆，時熏其板，防溼氣黏金，雖六月不廢也，皮上置金薄，竹刀切方爲八塊或四，大者三寸三分，小者一寸一分，夾以白紙，十張爲一帖，千帖爲一箱，是名金薄，俗呼爲飛金，凡漆飾繪畫多用之。畫家亦有用飛金者。刀甲之類，先以膠水或构樹汁描于圈内，以金薄從水面上拖過，半乾而後貼之，乃能齊整。外此則皆用泥金矣。金有二種：赤金、色赤足者打成。田赤金，色淡黄，以淡金打成。此皆真金也。真金三寸三分，試取十張，以鍼刺四角，自上至下，齊截無缺者爲足色。有不到者，金色不足也。泥金法：金一箱，用大磁盤一箇，先滴濃膠於碟底，後掃入金薄，食指泥之，左轉則始終皆左，右轉則始終皆右，不可顛倒錯亂，致損金光，泥至膠乾，再蘸清膠，用力細泥，臂已酸，日已暮，冲入開水，烘手爐上，俟金澄定，撇出膠水烘乾。明日加膠再泥，泥三四次，用温水化開，撇出上面細者，另作一碟，出膠待用。留其粗脚，加膠再泥，愈泥愈細，愈細愈明。有泥細之後，用之書畫，色如黄土，毫無光彩者，泥不得法故也。打金匠竹刀切方所餘邊角，名曰回殘，泥之與方金無異。又有一種回殘金丸，如豆或散碎，云是裝金佛像重塑者，匠人括去舊金，以换新金，其刮下之金，可供書畫，帶漆連膠，故不光耀，此説非也。佛像舊金，必鎔以火，乃去膠漆，斷不能泥粉成丸。乃繇市肆謀利之徒，假此名，以惑文人，半是熏金，銅薄，蜜陀僧，嶺南、閩中，銀銅冶處，皆有之。是銀鉛脚，其小餅實鉛丹鍛成者。大塊尚有餅形，乃取造黄丹者，脚滓煉成，謂之爐底是也。黄土之類，分作大小碟，黏成大小丸，鬻于市者，大率如此。不如自泥之爲真且細也。

李昉《太平御覽》卷九八八《藥部五》　雄黃

吴氏《本草》曰：「雄黃，神農苦山陰有丹，雄黃生山之陽，故曰雄，是丹之雄，所以名雄黃也。」

雄黃

《吴越春秋》曰：「太官舍，春申君所造殿，後殿名逃夏宫，春申子假君宫也。數失火，因塗雌黃，故曰黃堂，臨海水。」

《土物志》曰：「丹山草木，赫然盡彰。雄黃雌黃，所産煒煌。內含奇寶，外發英光。昔隸交部，今則南康。」

《典術》曰：「天地之寶藏於中極，命曰雌黃。雌黃千年化爲雄黃，雄黃千年化爲黃金。」

《本草經》曰：「雌黃，石金，味辛平，生山谷，治身癢諸毒。」

唐慎微《證類本草》卷四《玉石部中品總八十七種金銀鐵鹽土等附》　雄黃，味苦，甘平，寒，大温，有毒。

雄黃：【略】鍊食之，輕身，神仙。餌服之，皆飛入人腦中，勝鬼神。延年益壽，保中不飢。得銅可作金，一名黃食石。生武都山谷、燉煌山之陽，採無時。陶隱居云：「鍊服之法皆在仙經中，以銅爲金亦出黃白術中。晉末已來，氐中紛擾，此物絶，不復通人間，時有三五兩，其價如金。合丸皆用石門、始興石黃之好者爾。始以齊初涼州互市，微有所得，將至都下，余最先見於使人陳典籤處，撿獲見十餘片，伊輩不識此是何等，見有挾雌黃，或謂是丹砂示吾，吾乃示諸并又屬覓，於是漸漸而來，好者作雞冠色，不臭而堅實。若黯黑及虚軟者，不好也。武都氐是爲仇池，宕昌亦有，與仇池正同而小劣。燉煌在涼州西數千里，所出者，未嘗得來江東，不知當復云何，此藥最要，無所不入。《唐本注》云：「出石門名石黃者，亦是雄黃，而通名石黃食石。而石門者最爲劣爾，宕昌、武都者爲佳，塊方數寸，明澈如雞冠，或以爲枕，服之辟惡。其青黑堅者，不入藥用。若火飛之而療瘡亦無嫌。」又云：「惡者名熏音訓。黃，用熏瘡疥，故名之，無別熏黃也。貞觀年中，以宕州新出有得方數尺者，但重脆不可全致之爾。」臣禹錫等謹按吴氏云：「雄黃，神農：苦。山陰有丹，雄黃生山之陽，故曰雄，是丹之雄，所以名雄黃也。」《水經》云：「黃水出零陽縣西北連巫山，溪出雄黃，頗有神異。採常以冬月，祭祀鑿石深數丈方得，故溪水取名焉。」《抱朴子》云：「雄黃當得武都山所出者，純而無雜，其赤如雞冠，光明曄曄者，乃可用耳，其但純黃似雌黃色無光者，不任作仙藥，可以合理病藥耳。」《藥性論》云：「雄黃，金苗也。殺百毒。又名黃石。味辛，有大毒，能治尸疰，辟百邪鬼魅，殺蠱毒。人佩之，鬼神不能近；入山林，虎狼伏；涉川濟，毒物不敢傷。」【略】

《圖經》曰：「雄黃生武都山谷、燉煌山之陽，今階州山中有之。形塊如丹砂，明澈不挾石，其色如雞冠者爲真。有青黑色而堅者，名熏音訓。黃。有形、色似真而氣臭者，名臭黃，並不入服食藥，只可療瘡疥耳。其臭以醋洗之足以斷氣，足以亂真，用之尤宜細辨。又階州接西戎界，出一種水窟雄黃，生於山岩中有水泉流處，其石名青煙石、白鮮石，雄黃出其中，其塊大者如胡桃，小者如粟豆，上有孔竅，其色深紅而微紫，體極輕虚，而功用勝於常雄黃。丹竈家所貴重。或云：雄黃，金之苗。故南方近金坑冶處時或有之，但不及西來者真好耳。」

【略】

雌黃：【略】生武都山谷，與雄黃同山，生其陰，山有金，金精熏則生雌黃，採無時。陶隱居云：「今雌黃出武都仇池者，謂爲武都仇池黃，色小赤。扶南林邑者，謂崑崙黃，色如金而似雲母甲錯，畫家所重。」依此言，既有雌雄之名，又同山之陰陽，於合藥便當以武都爲勝。用之既稀，又賤於崑崙者。《仙經》無單服法，雌以合丹砂、雄黃共飛鍊爲丹爾。金精是雌黃，銅精是空青，而服空青反勝於雌黃，其義難了。

《圖經》曰：「雌黃生武都山谷，與雄黃同山，其陰，山有金，金精熏則生雌黃。今出階州，以其色如金又似雲母甲錯可析者爲佳。其夾石及黑如鐵色者，不可用。或云一塊重四兩者，析之可得千重，此奇好也，採無時。」

李時珍《本草綱目》卷九《石部・雄黃》　釋名：黃金石《本經》。石黃、《唐本》。熏黃。普曰：「雄黃生山之陽，是丹之雄，所以名雄黃也。」恭曰：「出石門者名石黃，亦是雄黃，而通名黃金石，石門者爲劣爾。惡者名熏黃，止用熏瘡疥，故名之。」藏器曰：「今人敲取石黃中精明者爲雄黃，外黑者爲熏黃。雄黃燒之不臭，熏黃燒之則臭，以此分別。」權曰：「雄黃，金之苗也。故南方近金坑冶處時有之，但不及西來者真好爾。」宗奭曰：「非金苗也。有金窟處無雄黃。」時珍曰：「雄黃入點化黃金用，故名黃金石，非金苗也。」

集解：《別録》曰：「雄黃生武都山谷、敦煌山之陽，采無時。」弘景曰：「武都，氐羌也，是爲仇池。宕昌亦有之，小劣。敦煌在涼州西數千里，近來紛擾，皆用石門、始興石黃之好者耳。涼州黃好者作鷄冠色，不臭而堅實。其黯黑及虚軟者，不好也。」恭曰：「宕昌、武都者爲佳，塊方數寸，明澈如鷄冠，或以爲枕，服之辟惡。其青黑堅者，不入藥用。貞觀年中，以宕州新出有得方數尺者，但重脆不可全致之耳。」禹錫曰：「《水經注》云：「黃水出零陵縣，西北連巫山，溪出雄黃，頗有神异。常以冬月祭祀，鑿石深數丈，方采得之，故溪水取名焉。」又《抱朴子》云：「雄黃當得武都山中出者，純而無雜，其赤如鷄冠，光明曄曄者，乃可用。其但純黃似雌黃色無光者，不任作仙藥，可合理病藥耳。」」頌曰：「今階州即古武都山中有之。形塊如丹砂，明澈不夾石，其色如鷄冠者真。有青黑色而堅者名熏黃，有形色似真而氣臭者名臭黃，并不入服食，只可療瘡疥。其臭以醋洗之便去，足以亂真，尤宜辨。又階州接西戎界，出一種水窟雄黃，生於山岩中有水流處。其石名青烟石、白鮮石。雄黃出其中，其塊大者如胡桃，小者如粟豆，上有孔竅，其色深紅而微紫，體極輕虚而功用更勝，丹竈家尤貴重之。」時珍曰：「武都水窟雄黃，北人以充丹砂，但研細色帶黃耳。《丹房鏡源》云：「雄黃千年化爲黃金。武都

者上，西番次之。鐵色者上，鷄冠次之。以沉水銀脚鐵末上拭了，旋有黄衣生者爲真。」一云：「驗之可以熔蟲死者爲真，細嚼口中含湯不臭辣者次之。」斅曰：「凡使勿用臭黄，氣臭；黑鷄黄，色如烏鷄頭；夾膩黄，一重黄，一重石，并不堪用。真雄黄，似鷓鴣鳥肝色者爲上。」《衍義》曰：「雄黄非金苗，今有金窟處無雄黄。金條中言金之所生，處處皆有，雄黄豈處處皆得也？」

滕弘《神農本經會通》卷六《玉石部》 《藥性論》云：「雄黄，金苗也。」

雌黄：與雄黄同山，生其陰。山有金，金精熏則生雌黄。其色如金，又似雲母，甲錯可析者爲佳，其夾石及黑如鐵色者不可用，畫家所重。君也，不入湯服。局云：研細，水飛過，灰紙滲乾。伏火成汁，點銀成金，點銅成銀，亦可乾汞。階州。生武都山谷，今出階州。

劉嶽雲《格物中法》卷四《中土部・砒石》 雄黄、雌黄出階州。雄黄好者如雞冠色，透明可愛。雌黄佳者成葉子，如金色。入乳盋內研，頃刻成粉，色極鮮麗。與韶粉相忌。繪事不可用，二物稍相親，則色淪胥而黑。向在蜀曾令畫工用之。卷藏數月，已而展翫，其色果然，工亦不曉。《遊宦紀聞》。雄黄變鐵，雌黄變錫。《本草綱目》。**【略】**

其內有劫鐵石，又號赴矢黄，能劫於鐵，並不入藥用。《炮炙論》。

餌服之法，或以蒸煮，或以酒餌，或先以消石化爲水，乃凝之，或以玄胴腸裹蒸之於赤土下，或以松脂和之，或以三物煉之如布，白如水。可點銅成金，變銀成金。《抱朴子》。

嶽雲謹案：雄黄，西人所謂鉀硫也。玄胴腸，《本草綱目》引作猪脂。

【略】雌黄一塊重四兩，拆開得千重，軟如爛金者佳，其夾石及黑如鐵色者不可用。《炮炙論》。

造化黄金，非此不成。亦能柔五金，乾汞轉硫黄，伏粉霜。《丹房鑑源》。

雌黄見鉛及胡粉則黑。《土宿本草》。

嶽雲謹案：雌黄，西人所謂鉀硫也。

傳記

《漢書》卷三六《劉向》 向字子政，本名更生。年十二，以父德任爲輦郎。既冠，以行修飭擢爲諫大夫。是時，宣帝循武帝故事，招選名儒俊材置左右。更生以通達能屬文辭，與王褒、張子僑等並進對，獻賦頌凡數十篇。上復興神僊方術之事，而淮南有枕中《鴻寶》、《苑祕書》。書言神僊使鬼物爲金之術，及鄒衍重道延命方，世人莫見，而更生父德武帝時治淮南獄得其書。更生幼而讀誦，以爲奇，獻之，言黄金可成。上令典尚方鑄作事，費甚多，方不驗。上乃下更生吏，吏劾更生鑄僞黄金，繫當死。更生兄陽城侯安民上書，入國户半，贖更生罪。上亦奇其材，得踰冬減死論。

應劭《風俗通義》第二卷《王陽能鑄黄金》

《漢書》説：王陽雖儒生自寒賤，然好車馬衣服，極爲鮮好，而無金銀文繡之物。及遷徙去處，所載不過囊衣，不蓄積餘財。去位家居，亦布衣疏食。天下服其廉而怪其奢，故俗傳王陽能作黄金。

阮閱《詩話總龜》後集卷三九《神仙門》 予兄子瞻，嘗從事扶風。開元寺多古畫，而子瞻少好畫，往往匹馬入寺，循壁終日。有一老僧出，揖之曰：「小院在近，能一相訪否？」子瞻欣然從之。僧曰：「貧道平生好藥術，有一方，能以朱砂化淡金爲精金。老當傳人，而患無可傳者；知公可傳，故欲一見。」子瞻曰：「吾不好此術，雖得之，將不能爲。」僧曰：「此方知而不可爲，公若不爲，正當傳矣。」是時，陳希亮少卿守扶風，而平生溺於黄白，嘗於此僧求方而僧不與。子瞻曰：「陳卿求而不與，吾不求而得，何也？」僧曰：「貧道非不悦陳卿，畏其得方不能不爲耳。貧道昔嘗以方授人矣，有爲之即死者，有遭喪者，有失官者，故不敢輕以授人。」即出一卷書，曰：「此中皆名方，其一則化金方也。公必不肯輕作，但勿輕以授人，如陳卿，謹勿傳也。」子瞻許諾。歸視其方，每淡金一兩，視其分數，不足一分，輒以丹砂一錢益之，雜諸藥入甘鍋中煅之，鎔即傾出，金砂俱不耗，但其色深淺斑斑相雜，當再烹之，色匀乃止。後偶見陳卿，語及此僧，遽應之曰：「近得其方矣。」陳卿驚曰：「君何由得之？」子瞻具道僧不欲輕傳人之意，不以方示之。陳固請不已，不得已與之，陳試之良驗。子瞻悔曰：「某不惜此方，惜負此僧耳，公謹爲之。」陳姑應曰：「諾！」未幾，坐受隣郡公使酒，以贓敗去。子瞻疑其以金，故深自悔恨。後謫居黄州，陳公子慥在黄，子瞻問曰：「少卿昔竟嘗爲此法否？」慥曰：「吾父既失官，至洛陽，無以買宅，遂大作此，然竟病指癰而没。」乃知僧言誠不妄也。後十年，余謫居筠州。有蜀僧儀介者，師文事禪師，文之所至，輒爲修造，所費不貲，而莫知錢所從來。介祕其術，問之不以

告人。介以聰禪師善，密爲聰言，其方大類扶風開元寺僧所傳者。然介未嘗以一錢私自利，故能保其術而無患。《苕溪漁隱》曰：「《洞微志》載葉生者與前事相類。其以得乾銀術妄費而受禍。故回仙謂沈東老云：『聞公自能黃白之術未嘗妄用。』蓋嘉之也。此真可爲貪者之戒。」《龍川略志》。

何薳《春渚紀聞》卷一〇《記丹藥·點銅成庚》 法空，首座無相師，霅川人，與余爲姻家，待制公沈純誠之季也。一舉不第，遂祝髮以求出世法。間亦留心煅事，嘗於焦山與僧法全語及點化，而全云：「我術止是點茆耳。」空曰：「出家兒豈當更學此，若一有彰敗，則所喪多矣。」全曰：「我法異此，止以一藥點銅爲金，而所患制銅無法，於骨董袋中攜行，或爲人所窺爾。」因出一紙裹視空，質溪沙也，而加重且抄數錢匕，令空烹之。通夕不能成汁。呼全訊之，全笑曰：「人得此視之，溪砂也，豈知實銅耶？」復取白藥少許投之，砂始融化。出火視之，真金也。空拜禮稱贊云：「目所未見也。」復日加延款，且請其術。全曰：「我不惜術，但我有前誓，且恐起貪人妄費之心，反致奇禍，實無益於人也。」請爲師言其自也。我年二十無家，爲道人。同侶三人，共學丹竈，歷年無成。因紹聖元年七月十五日，相語曰：『我輩所學，游訪未遠。今當各散行，以十年爲期，却以此月此日會于此地。道人無累，是日不至，即道死矣。』遂舉酒爲約。三人者散往川陝、京洛間，我即留二浙。轉首之間，忽復至期，出豐欒橋，三人者次第俱集，相待歡甚，劇飲數日，各出所得方訣參較之。內一茆法差似簡易，即試爲之，而銅色不盡。一人曰：『我於成都藥市遇一至人，得去暈藥，彼云奇甚，而我未試也。』因取同烹，而色益黃。意謂藥少未至，增藥再烹，及出坯中。則真金矣。更相驚喜，袖市肆中，云良金也。衆復相與謀曰：『常聞京師(鑾)[欒]家金肆爲天下第一，若往彼市之無疑，則真仙秘術也。』複被而行，至都，以十兩就市。欒氏取其家金較之，則體柔而加紫焰，即得高直以歸。時共寓相國寺東客邸中，復相慶曰：『我輩窮訪半生，今幸遇此，可以安心養道矣。萬一未能免俗，則飲酒食肉，可畢此生。今當共作百兩，分以爲別。』即市半邊宮醞，大嚼酣飲，而烹銅不虞，銅汁濺發，火延于屋，風勢暴烈，不可救撲，火馬四至。三人者醉甚，而我獨微醒，徑破烟焰，從稠人中脫命而出。懼有捕者，素善泅，即投汴水，順流而下。度過國門下鎖，始敢登岸。方在水中，即悔過祈天，且誓爲僧及不復再作。或遇幹大緣事，不能成就，當啓天爲之，不敢毫髮爲己用也。況敢傳人乎？若首座有未了緣事，可與衆集福者，我當分藥點治，雖百兩不靳也。」空既聆其說，亦不敢深逼之。一日不告而去，後不知所在。其徒三人，二人醉甚不支，焚死；一人就捕受杖，亦數日而卒。

又《記丹藥·藥瓦成金》 李樞公慎，副車李瑋之曾孫，云其季公雄帥，祕藏王先生手化金瓦，遇好事常出而示之。且言初長主召捷至，爲設酒，謂之曰：「聞先生能化金，可得一見否？」捷曰：「此亦戲劇耳。」時坐爐側，捷令取新瓦一片手段之。取所酌酒盃置湯鼎上，投瓦其中，抄少藥糝上，復注湯滿盃。酒散，湯已耗半。取瓦視之，則兩角浸湯處皆成紫磨金，而一角元是新瓦也。又餘杭陳祖德云：嘗見呂吉甫家藏妻敬所化藥金，重三十兩。元是片瓦，而布紋仍在也。

葉廷桂《海録碎事》卷一五《商賈貨財部·金門》 仲理金，《神仙傳》：仲理居無終山中，自合神丹，作黃金五十斤，救百民。

王簡《疑仙傳》卷下 姚基者，魏人也。性奢逸不拘，少好道。因游洞庭，逢一道人，謂之曰：「爾奢逸不自檢束，又好神仙之道，何也？」基拜而言曰：「我好奢逸者身，好道者心。我終求奢逸之事以樂我身，亦求神仙之道以副我心。」道人曰：「我今俱授之與爾，爾當俱勿授人。」基再拜之。道人因袖中取一小玉匣，內有書一卷，以授基曰：「讀此盡得之也。」基因跪受以讀，見九轉神丹之法，復有燒金之術。基問道人曰：「神丹服之得道，信有之；變銅鐵爲金，有之邪？」道人曰：「銅鐵皆可爲金者，亦猶人之賢與不肖皆可爲仙。況銅鐵，純一之物也。君但鍊藥服餌以燒金焉。」基因復魏以居，鍊藥燒金，數年間家大富。

黃暐《蓬窗類紀》卷四《果報紀》 胡錦，金臺人，多技能，尤善黃白術，試輒驗。每試以成藥如芥，或銅或錫或鉛一錢，畀試者手自封固，置紅爐中，出則赤金也。檇李富人曹某慕其術，延歸。胡以藥畀曹自爲之，須臾，出，謝曰：「驗矣。」然不賣所鎔金，胡亦不問。各就寢，比二鼓，曹扣胡館，率妻子羅拜牀下，曰：「初訝君鬼般法，雖出謝，實未嘗鎔，候君寢，熾炭鎔之，果得金矣。」翌日，設盛筵，列珍玩數重，求授術，胡但頷之而去杭。有于嗶，少保公謙之子，延胡歸閟于密室，三日不與食，峻刑迫之，胡曰：「此某僧藥也，吾嘗迫僧授術，僧不授，殺而取藥。今君殺我，(迫)[追]僧報也，吾弗恨。」于盡取其藥，釋胡去。予于虞允中家見其術云。

董斯張《廣博物志》卷二三《閨壼一 賢母、賢婦、節婦、才婦、孝女》 宣城郡青陽縣有梅根冶。孝女李娥，娥父吳人，文帝時爲鐵官冶，以鑄軍器，一夕煉金，竭爐

而金不出。時吳方草創，法令至嚴，諸耗折官物十萬即坐斬，仍又没入其家，而娥父所損折數過千萬。娥年十五，痛傷之，因火烈，遂自投於鑪中，赫然屬天。於是金液沸湧，溢於鑪口，娥所躡二履浮出於鑪，身則化矣。其金汁塞鑪而下，遂成溝渠，泉注二十里入於江水，其所收金凡億萬斤。溝渠中鐵至今仍存。故吳俗每冶銅鐵，必先爲娥立祠，享而祈福。《紀聞》。

張萱《西園聞見録》卷一〇六 胡宿少與一僧善，僧有祕術，能化瓦石爲黄金。且死，將以授宿，使葬之。宿曰：「後事當盡力，他非所冀。」僧曰：「子之志未可量也。」楊楷爲漢州軍事判官，道遇術士，曰：「君知有化瓦石爲黄金者乎？」就楷試之，皆驗，欲授以方。楷曰：「吾從吏禄，安事化金哉？」術士曰：「子志若此，非吾所及也。」竇舜卿監平鄉縣酒税，有僧欲授以化汞爲白金術。謝曰：「吾禄足養親，不願學也。」是三人者，皆能不爲此。

李世熊《錢神志》卷六《厚禮過客》 福州龍平人陳思膺，本名聿修。開元中遇一客，厚待之。客將去，語之曰：「此州上里地形貴不可言。」乃指一處曰：「用此可一世爲都督。」數載喪親，遂葬其地。他日，拜墓，忽見地生金笋甚衆，遂採而歸。其後數往，金笋又生。及服闋，所獲多矣，因携金入京。值宗人思膺者，以前任誥牒與之，因易名，賂執政。久之，遂除桂州都督。《桂林風土記》。

阮元《〔道光〕廣東通志》卷三三一《雜録一》 庾翼令郭璞筮其後嗣，卦成曰：「諸子並當貴盛，然有白龍者，凶徵至矣。若墓碑有生金，庾氏之大忌也。」後冰子藴爲廣州刺史，妾房内忽有一新生白狗子，莫知所由來，其妾秘愛之，不令藴知。狗轉長大，藴入見，狗眉目分明，又身至長而獨異於常狗。藴甚怪之，將出共視，在衆人前忽失所在。藴慨然曰：「殆白龍乎？庾氏禍至矣！」又墓碑生金，俄而爲桓温所滅。《晉書·郭璞傳》。

《物理》曰：「生金有毒，中毒者鷓鴣肉解之。」葛洪言：「用豕負革肪苦酒鍊金百遍即柔。或牡荆酒慈石消之爲水，其實驢馬脂皆能柔金。」《本草》：「久服長生，安也。塞竅留尸與灌汞同。」《抱朴子》曰：「吴景帝戍將於廣陵掘一大冢，棺中人面如生，兩耳及鼻孔中皆有黄金如棗大許，此假物不朽之效也。」

徐潤《徐愚齋自敘年譜》 光緒二十一年乙未，五十八歲。

□月留髯。

春間，在金廠溝梁金礦總局，覆鄉間諸鄉台長信。

在建平金礦寄故鄉父老信。光緒二十一年，乙未，春。 海洲仁丈，秩立老兄，啓立老弟，諸鄉台大人閣下：潤於庚寅冬，奉李傅相札調北來，睽隔芝顔瞬已五載。關河間阻，音問鮮通，遥企光儀，時縈夢轂。茲際官梅綻緑，人柳舒青，敬維福比春濃，祉隨日茂，載欣載頌。潤自違故里，鄉間諸事，全仗諸鄉台暨雨生弟維持，心感不盡，惟自愧毫無報稱，滋歉於衷。潤於辛卯春，奉李傅相札委，復會辦開平局林西煤礦，並管輪船四艘，兼理承平三山銀礦，繼又剏辦建平金礦。然事皆唐景翁主持，所有一切布置，早已預籌，潤等不過相助爲理，自問於各礦毫無建白，亦惟坐享其成，厠名於内，實深抱愧。刻下祇有勉力從公，無負上委，以副諸鄉台期望之心云爾。茲將潤歷年經辦之事，及身歷各處情形，爲諸鄉台詳陳之。【略】

建平金礦亦承德府屬，總局設建昌縣，地名金廠溝梁，分局六所，其地皆朝廷分封蒙古王公、貝子、貝勒之采邑。光緒十七年冬，口外忽有金丹道匪名曰「學好」，又有一種名曰「在禮」，勸人不嗜烟酒，其實惑人邪教，同時創亂，殘殺蒙古民人，幾無噍類。事平後，大憲以口外建平、朝、赤各州縣慘遭兵燹，又以連年歉收，地素産金，直隸閣爵督憲李暨熱河都憲奎，因派潤等設局採金，以工代賑，現計總、分各局約有四千餘人，藉此養生。前年採見金二千餘兩，至去年，統計出金七千二百餘兩，每兩金進本十二三兩，金色七四五，照現價稍長，每兩可售銀二十四五兩，除去開銷，無甚大好，惟工爐泵機器可以餘出。出數暢旺時，去年九、十月間，每日三、五、七十兩，至多一日見過一百零五兩，其餘每日十兩、二十兩不等。潤出省以來四十四年矣，歷事已不爲少，最難莫如辦礦，微末之事，色色須求於人，主其事者，稍或猶豫膽怯，不能苦心忍耐，即難辦礦。生平所到之處，莫如此地，真所謂「耳無聞，目無見」。初到時，居民祇十餘家，自設局後，始漸成村落，現有土室三百餘間，其地無山不産金，亦無溝不有金，但不甚旺。工人之苦，終日身蹈危險，井下工作，一如食陽間飯，辦陰間事，每工能得工資制錢一百文，欣幸已極。人性顢頇而懈惰，手中或有制錢數千，即坐食不復事事，直至用盡，然後再作他圖。終身所食，惟高粱、小米，至大米則從未見過。【略】

紀事

李昉等《太平御覽》卷八〇九《珍寶部八·金上》 〔《漢書》〕又曰：「武帝即位，欒大曰：『臣之師曰黄金可成，而河決可塞。』」

又曰：「劉向字子政，本名更生。宣帝時更生言黃金可成，上令典尚方鑄作事，費甚多，方不驗。」

又卷八一〇《珍寶部九·金中》 張璠《漢記》曰：「永昌太守鑄黃金之虵，獻之梁冀。益州刺史种暠發其事。」

《後漢書》曰：「中興初有應嫗者生四子而寡，見神光照社，試探之，乃得黃金。自是諸子官學，並有才名，至瑒七代通顯。」

《魏志》曰：「繁昌縣授禪，石碑中生金，表送上，羣臣盡賀。」

王隱《晉書》曰：「永嘉初，陳國項縣賈逵石碑中生金，人盜鑿取賣，賣已復生。此江東之瑞也。」

又曰：「咸寧三年起居注載：燉煌郡上釜銅生金中，百陶不消，可以切玉。」

《齊書》又曰：「梁武帝於襄陽起兵，蕭穎胄以荆州應焉。時長沙寺僧鑄黃金爲龍，數千兩埋土中，歷相傳付，稱爲下方黃鐵。穎胄因取此龍以充軍實。」

【略】

《唐書》曰：「太宗謂侍臣曰：『水旱不調，皆爲人君失德。朕德不修，天當責朕，百姓何罪，而尚多窮困。聞有鬻男女者，朕甚愍焉。』於是遣御史大夫杜淹巡關內諸州，出御府金寶贖還父母。」

又曰：「開元中，杜暹爲監察御史，往西覆屯，蕃人賫金以遺暹，因辭不受。左右以不可失蕃人之情，暹受而埋於幕下。既出境，乃移牒令收取之。【略】

《晏子》曰：「景公爲履，黃金之綦，僅能舉之。」

《列子》曰：「齊人有鬻金者，清旦衣冠之市，適鬻金者之所，因攫其金而去。吏捕得之，問曰：『人皆在焉，子攫人之金何故？』對曰：『取金之時，不見人，徒見金。』」

《莊子》曰：「今大冶鑄金，金踴躍曰：『我且必爲鏌鋣！』大冶必以爲不祥之金。」

又卷八一一《珍寶部一〇·金下》 《論衡》曰：「盧江民小男曰陳爵、陳挺，相與浴於湖。崖有酒樽，色正黃，没水中。爵以爲銅，涉水取之，重不能舉。挺往助之，樽更爲沉，盤動入深淵中。挺、爵留顧，見如錢等正黃數百千枚，即共掇槐，各得滿手歸示其家，乃黃金也。」

何薳《春渚紀聞》卷一〇《記丹藥·鳳翔僧煅朱鎔金》 東坡先生初官鳳翔，日遇一老僧，謂之曰：「我有煅法，欲以相授，幸少憩我廬也。」坡語僧曰：「聞之太守陳公嘗求而不與，我固無欲，乃以見授何也？」僧曰：「我自度老死無日，而法當傳人，然爲之者多因致禍，非公無可授者，但勿妄傳貪人耳。」後陳公知坡得之，懇求甚力，度不可不與。陳得而爲之，不久，果敗官而歸。其法：以一藥煅朱，取金之不足色者，隨其數，每一分入煅朱一錢，與金俱鎔，既出坯，則朱不耗折，而金色十分耳。穎濱遺老亦詳記之《龍川録》云。

又《記丹藥·變鐵器爲金》 閤門宣事陳安正云：其姻家劉朝請者，在鎮江常延顧一道人，臨行借取案間鐵銚，云欲道中煖酒用。既與之，數日，其子相遇泗上，道人以紙數重封銚還劉，囑曰：「慎勿遺墜！」至家呈其尊，因大笑曰：「銚不直百錢，何用見還，又封護如此其勤也？」即置之間處。一日取銚作糊，既滌濯之，視銚柄有五指痕，反轉握處皆成紫金色。驚歎累日，傳玩親友，無不歎賞者。蓋是其真氣所化也。

吴曾《能改齋漫録》卷一八《化金之木》 韓待制子蒼言：青城山一道士，俾小師持鐵湯瓶出觀買酒，以待檀越。小師中道奏厠於林下，以瓶掛樹端。瓶重木弱，爲風所摇，木葉揩磨，所著處皆成金色。徐以木葉再揩未至處，則表里黃赤。既煅以火，卦市貨之，得上金之價。自是識化金之木，因走四方，未始乏絶。年逾六十，不能去，寓滑州天慶觀，以老病不出幾十年，龍鍾爲甚。同觀道士，平日固以物色疑之。其人欲傳其術，而未有可付者。陰視觀前一老人，以賣米爲業，不問歲之荒歉，一斗求息一文。意其爲行有常，或可以傳。一日，招至酒肆，密告以欲傳之意。老人曰：「某能是久矣。」其人曰：「未必然也，明日可過我共試之。」詰旦，老者至，因扃户。而同觀道士居鄰房者，似有所聞，穴壁視之，見二人破一釜，各以火煅，次下藥物。少間，傾注于地，則赤金爛然。遽相把翫稱歎，以爲世不可謂無人也。同觀道士數人，駭其所爲，推壁而入。二人倉皇，收拾不及。因之喧呶爭奪，卒壓死二人，衆道竟因是坐獄。蓋天地寶貨鬼神所祕，而二人輒私用之，宜於不免也。

《清朝續文獻通考》卷三八八《實業一一·礦産》 紀漠河金礦及諸務。漠河在愛琿城之西北額爾古訥河會入黑龍江口合流處，東距齊哈爾千數百里，背嶺面江，號稱金穴。中國礦學向未發達，以致絶大利源無人過問，一任外來金匪、隔岸俄人千百成羣，句通盤踞，盜利權之柄，潰中外之防。光緒十二年，俄國官紳集股採取粗魯海圖金礦，將軍恭鏜奏准開辦漠河金礦。其辦法：資本集自商家，督之於官，礦隸江省，而金廠内用人行政及一切章程款項，則由北洋大臣

主持。所轄金廠曰漠河、曰觀音山、曰奇乾河、曰烏瑪河，統曰漠河金廠者，從總局所在名之也。開辦以來，歲獲利以鉅萬計。庚子之變，各廠停工，金夫星散。俄人挾其兵力，索我礦權，採勘愛琿、呼倫貝爾屬地金苗，遂侵占漠河、觀音山各廠。三十二年，始由江省就近索還，仍由北洋派員接管。大亂之後，不惟兩廠房舍蕩焉無存，即各溝水道亦均殘毁，名爲接收，無異始創。加以司其事者辦理未盡得宜，故閲時一年，糜款三十萬兩之多，卒不獲收絲毫利益。世昌調察邊情，通籌全局，商之江撫周樹模，奏設漠河直隸廳同知一員，以爲防邊殖民之計。適北洋大臣楊士驤馳書商榷，擬將金廠歸直東合辦，以收同力合作之功。蓋昔之規畫漠河者，僅一礦務，今之規畫漠河者，礦務而外，若招民，若開墾，若辦理交涉，整頓税釐，皆係當務之急。則添設民官，誠漠河必行之政策。而直東合辦金廠以爲將來設治張本，又今日不易之方針。所慮者，墨爾根以北窮厓絶壑，豐草長林，率皆終古未開之道，交通不利，農工商賈未免裹足。誠能多購輪船，泝黑龍江上游，經愛琿城以達於漠河金廠；一面修築由新城至愛琿之鐵道，俾與輪船相輔而行，則水陸交通商民咸集，然後慎選有司，勞來安集，庶幾無曠土，無游民，謀邊省長治久安之策。即以杜外人覬覦窺伺之萌，亦籌邊者所當加意也。

袁大化等《新疆圖志·實業志二·礦》 〔光緒〕二十八年，喀什噶爾道袁鴻佑請仿照《漠河金礦章程》，官商合資，設立保利、保大、保源、保興四廠。袁鴻佑議請設立公司，官督商辦，擬由公家認籌股銀二萬兩，招集商股一萬兩。長年七釐行息，擇金苗旺盛之處，先行開辦：一、保利總局，即蘇拉瓦克廠；二、保大分局，即卡也廠；三、保興分局，即辛列克廠；四、保源分局，即阿克塔克廠。各廠採獲金砂，鎔鍊成條，運往北京、上海等處銷售。除局用開支外，獲有贏餘按十成分派，以三成充餉，三成爲股本餘利，二成爲員司花紅，餘二成提存公積儲備，擴充别開新礦之用。其招募金夫不給工食，但令交金作價，以抵工資。交金一兩，定價銀二十九兩。因砂金尚須提煉，按七成折發銀十九兩三錢有奇，隱寓三七分金之意。自頒定新章之後，畫一砝碼，從前浮收剋扣之弊，至是剔釐殆盡，故民皆踴躍樂從，礦利大興。開辦之始，頗獲贏羨，乃成效未著，旋即停止。光緒二十九年四月開局，三十年冬月停辦，計煉成條金四千七百七十餘兩，共獲贏利四萬餘金。時鎊價大跌，深慮不敷成本，遽行停止。復歸于闐縣官，仍前定價收買之法，以至於今。每歲公家所採不過千金而已。據三十三年冬于闐縣報解金數，蘇拉瓦克、辛列克兩廠歲收砂金一千八百餘兩，卡巴一廠約七百兩，阿克塔克廠約六百兩。除開支火耗各費外，實解一千四百兩。今沿爲例。其次爲塔城喀圖山金礦，承平之時，列廠千區，礦丁數萬，嘉、道年間，内地商民聚此挖金者幾數萬人，立有舊廠十區：曰蘭州灣、曰新蘭州灣、曰東新興工、曰西新興工、曰老南工、曰老東工、曰察罕阿騰、曰馬拉木、曰車路溝、曰札工。依山憑谷，蟻屯蠭聚，其間有因財窮力殫、中道廢止者不知凡幾。咸豐初年，商人劉光和等尋獲札工新硐，跟苗追鑿，五年而小效，又四年而大贏，造運金磚，獲利無算，當時有金駄子之稱。同治甲子，塔城回亂，哈薩克乘機摽掠，礦夫四散，年久積水漂没，廠基遂廢。光緒二十三年，俄商墨斯克温涎其厚利，請租借喀圖山地，設廠開採，巡撫饒應祺拒之不可，議由中俄合辦，各輸資本之半，購置機碾，咸用西法。然礦師操術不精，新開礦硐二十餘所，深至二三百丈，竟無所得，僅運碾舊日棄礦，以取微利。五年之間，虧折二十四萬餘金，兩國始議停辦，廠屋機器售還中國。初，俄國礦師狄多福勘得喀圖山金脈多在蘇爾圖達、拉木圖兩河間，縱橫百餘里，處處見苗。尤以札工、新興工兩廠爲最旺，其地舊硐林立。俄礦師以爲中國舊法全資人力，不能深入下層，若於正中開井數丈，必得正苗，乃所言不驗。又續開至十六丈深，與舊硐相穿過，仍無所得。復横開平面八九丈，雖見礦苗，不意舊硐通過處，泉水噴湧，爲所淹没，工力難施，全工坐廢。其新興工一帶礦坯早經前人挖取，運碾所遺棄礦，出金無多，不敷工本。且俄人用度奢靡，礦夫工資較中國加昂數倍，至是俄商墨斯克温始知成效難期，自願停辦。二十九年，巡撫潘效蘇復立寶新公司，再發官本二萬餘金，檄縣丞施再萌董其役，然財力孱薄，尤不足圖大舉，仍運碾舊時棄礦，歷三歲而資本耗喪，工又中輟。寶新公司自光緒二十九年接辦，三十二年停閉，三年之中，並未開鑿新峒，僅碾鍊棄礦砂石，成條金五百兩，計虧官本一萬八千餘金。三十三年，塔城廳同知袁運鴻請移交本地紳商范禮等集股承辦，不領公款，所遺廠基及一切機器、牲畜等，月繳銀八十兩作爲租賃之費，然亦無效，旋即停止。

藝文

《毛詩正義》卷一《國風·卷耳》 我姑酌彼金罍，維以不永懷。姑，且也。人君黄金罍。永，長也。箋云：我，我君也。臣出使功成而反，君且當設饗燕之禮，與之，飲酒以勞之，我則以是不復長憂思也。言且者，君賞功臣或多於此。

又卷一六《大雅·棫樸》 追琢其章，金玉其相。追，雕也。金曰雕，玉曰琢。相，質也。

郭慶藩《莊子集釋》卷三上《大宗師第六》 子來曰：「父母於子，東西南北，唯命之從。陰陽於人，不翅於父母。彼近吾死而我不聽，我則悍矣，彼何罪焉！

夫大塊載我以形，勞我以生，佚我以老，息我以死。故善吾生者，乃所以善吾死也。今(之)大冶鑄金，金踴躍曰：『我且必爲鏌鋣！』大冶必以爲不祥之金。今一犯人之形，而曰：『人耳！人耳！』夫造化者必以爲不祥之人。今一以天地爲大鑪，以造化爲大冶，惡乎往而不可哉！」成然寐，蘧然覺。

《後漢書》卷四〇上《班彪傳上》 乃上《兩都賦》，盛稱洛邑制度之美，以折西賓淫侈之論。其辭曰：「【略】其宮室也，體象乎天地，經緯乎陰陽，據坤靈之正位，放(泰)〔太〕、紫之圓方。樹中天之華闕，豐冠山之朱堂，因瓌材而究奇，抗應龍之虹梁，列棼橑以布翼，荷棟桴而高驤。雕玉瑱以居楹，裁金璧以飾璫，發五色之渥采，光爓朗以景彰。於是左(瑊)〔墄〕右平，重軒三階，閨房周通，門闥洞開，列鍾虡於中庭，立金人於端闈，仍增崖而衡閾，臨峻路而啓扉。徇以離殿別寢，承以崇臺閒館，煥若列星，紫宮是環。清涼宣溫，神仙長年，金華玉堂，白虎麒麟，區宇若茲，不可殫論。增槃業峨，登降炤爛，殊形詭制，每各異觀，乘茵步輦，唯所息宴。後宮則有掖庭椒房，后妃之室，合歡增成，安處常寧，茝若椒風，披香發越，蘭林蕙草，鴛鸞飛翔之列。昭陽特盛，隆乎孝成，屋不呈材，牆不露形，裛以藻繡，絡以綸連，隨侯明月，錯落其間，金釭銜璧，是爲列錢，翡翠火齊，流燿含英，懸黎垂棘，夜光在焉。於是玄墀釦切，玉階彤庭，碝磩采緻，琳珉青熒，珊瑚碧樹，周阿而生。紅羅颯纚，綺組繽紛，精曜華燭，俯仰如神。」

《宋書》卷二一《樂志三》《上謁》《董桃行》 古詞五解

吾欲上謁從高山，山頭危嶮大難。遥望五嶽端，黄金爲闕，班璘。但見芝草，葉落紛紛。一解。百鳥集，來如煙。山獸紛綸，麟辟邪其端。鵾雞聲鳴，但見山獸援戲相拘攀。二解。小復前行玉堂，未心懷流還。傳教出門來，門外人何求？所言欲從聖道求一得命延。三解。教敕凡吏受言，采取神藥若木端。白兔長跪擣藥蝦蟆丸。奉上陛下一玉柈，服此藥可得即仙。四解。服爾神藥，莫不歡喜。陛下長生老壽，四面肅肅稽首。天神擁護左右，陛下長與天相保守。五解。

【略】

《雞鳴高樹顛》《雞鳴》 古詞

雞鳴高樹顛，狗吠深宮中。蕩子何所之，天下方太平。刑法非有貸，柔協正亂名。黄金爲君門，璧玉爲軒堂。上有雙尊酒，作使邯鄲倡。劉玉碧青甓，後出郭門王。舍後有方池，池中雙鴛鴦。鴛鴦七十二，羅列自成行。鳴聲何啾啾，聞我殿東箱。兄弟四五人，皆爲侍中郎。五日一時來，觀者滿道傍。黄金絡馬頭，熲熲何煌煌！桃生露井上，李樹生桃傍。蟲來嚙桃根，李樹代桃僵。樹木身相代，兄弟還相忘！

徐堅《初學記》卷二七《金第一・詩》 晉棗據詩。金玉有本質，焉能不堅剛。惟在遠爐炭，幽居永潛藏。

江淹《江文通集》卷二《傷友人賦》 金雖重而見鑄。莊子曰：「大冶鑄金。金踴躍曰：『我且必爲莫邪！』大冶必以爲不祥之金。」

汪霦《佩文齋咏物詩選》卷一五三《金類》唐白行簡《賦得金在鎔》 巨橐方鎔物，洪爐欲範金。紫光看漸發，赤氣望逾深。焱熱晴雲變，煙浮晝景陰。堅剛由我性，鼓鑄任君心。踴躍徒標異，沈潛自可欽。何當得成器，待叩向知音。

陳元龍《歷代賦彙》卷九七《玉帛》唐闕名《金賦》 夫五氣降於五行，五星均於五德。助天地而爲政，體陰陽之有則。犧圖八卦之文，所以化成；禹錫九疇之道，由其平直。分宗別序，正位辨方。春青夏赤，羽黑宫黄。育龜麟之體貌，煥鸞鳳之文章。物庶幾而盡善，然後從革而能剛。若夫寅亮陰德，發輝秋令。帝少昊而爲主，神蓐收而在正。生水尅木，非無父母之儀；承土伏火，亦有謙卑之性。爾其於乾道，則使候入青女，光垂白陸。寒陰作而霜露濃，殺氣横而風雨肅。此金之節也。爾其於坤道，則使麥苗含秀，二粒同稃。既收成於萬物，復揺落於千株。此又金之功也。爾其於王事，則使出軍行師，擁旄仗鉞，所以征叛逆而敷明伐。此又金之威也。爾其於人事，則使農夫業就，商旅懋遷，儲蓄邦家之重，錢刀布泉之先。此又金之利也。彼觀其山川含育之秘，採掇工取之程。鎔鑄陶鈞之術，雕鐫磨礪之形。非一途而共貫，實萬象而殊名。用之爲鼎，天下之至寶；用之爲劒，天下之至精。用之爲量，天下之至信；用之爲鏡，天下之至明。亦有金河、金瀨、金潭、金穴、金谷、金陵、金城、金埒。紫山重夷吾之對，光石訝胡人之别。渤澥水之仙宫，西北荒之神闕。魚龍雀鳥之玩，鐘鼓樓臺之列。皆具美於明圖，豈能窮於縷説？余復何爲，長貧若斯。揚雄之産非廣，季布之諾無移。嫌衆口之銷鑠，嘉同心之見知。命舛時泰，將通復否。徒效拙於淩霄，實勞工於畫水。無體物之奇策，失緣情之妙旨。太冲「三都」，分從陸雲之笑；孟堅「兩京」，甘受張衡之鄙。

又唐韋岫《金賦以至寶堅剛無所争也爲韻》 山育良金，世名重寶。當用事於素節，實稟靈於玄造。由是司歲之士，敘秋之道。其神曰蓐收，其帝曰少昊。相與搜瑰異，發鏗鏘。取我於麗水，淬我以輕霜。用爾之寒，可以革溽暑之候；用

爾之勁，可以摧烈火之剛。遂重其珍，遂宣其利。披沙之狀咸出，從革之形悉至。含宇宙則範之以景名，壓寰區則鑄之以神器。其難得也，黍累不棄，分銖是爭。約人以懸市，遺子以滿籯。國用築臺之禮，賦揚擲地之聲。或三緘而永保，或一諾而必行。斷以同心，斯爲盡善。鑠於衆口，喻彼相傾。是以王者之時令修，彝倫序。泥封是用，職貢有所。垂衣守滿堂之誡，命相與作礪之語。則金爲世出，兩示天與。乃懷貪以恣攫，重諾而不捐。鑽出碧石，斷樸攻堅。大有鎔範，小有雕鐫。玩物既奢其器用，窮兵又縱於戈鋋。則地將愛矣，君胡得焉？又尅木之意深，輔火之功寡。傷水之閱世，疾土之處下。以勁挺司一方，以滅裂視四者。曰吾常卓爾，子不知也。況有百鍊之秀，三品之殊。藏之則潤屋可恃，鍛之則切玉如無。子豈能馳善價，入巨冶，隨我躍於洪鑪。

又唐周渭《金精百鍊賦以良冶所求在於精鍊爲韻》 有攻金之工兮，求百鍊之精鋼。涉越水之表，登楚山之陽。目眇眇而有待，心摇摇而不遑。工曰磺斯得，鍊斯力，夫何器之不良。乃召風胡，邀歐冶。計日淹速，商功衆寡。我心天縱，我力神假。鼓焱橐以喧豗，轟雲鎚而上下。金火惟序，載離寒暑。光融融而餤餤，疑雷擊以星流；聲有往而有還，若唱予而和汝。始於一而終於百，鍊既存而鍛乃舉。成利器兮爲國珍，自私家兮獻公所。於是礪以越砥，淬於江流。燦黿文於夐絶，射龍藻於清浮。將四海而是震，豈千金而可求？當赤帝之所提，常聞逐鹿；爲庖丁之所得，未見全牛。金從鍊兮白受采，知成形之所在。金中選兮史亦書，念逢時之不居。故鍊金者非鎚鑪而勿用，選士者非考覈而何於。且金生土，土效禎。鍊於代，代作程。豈上決則凛然霜鍔，下麾而炯若水精。爲邦如之何？莫大於通變，爲金如之何，必資於鍛鍊。雖蹈刃以垂範，諒申威而去戰。俟袁宏之片言，符薛燭之一見。

又唐李程《披沙揀金賦以求寶之道同乎選才爲韻》 物有感者，其沙之同流。韜至精之未吐，俟明鑒以來求。披隤沲，歷汀洲。期往而有覿，必專而是謀。若不克見，何遠不討。大無間於洪流，細寧忽於潢潦。必因目擊，信夫川則效珍；不假鏡臨，所謂地不藏寶。於戲！未分美惡，必在妍媸。當有期於慎簡，幸無見於忽遺。經營乎永昌之日，徘徊乎麗水之湄。初若決浮雲，摇星光之的的；又似剖羣蚌，貫珠彩之纍纍。充一鎰而有待，貫三品而方期。出輕漣而沈潛自照，別麗景而光炅生姿。洎乎沙之汰之，既堅既好。斷之則同心斯得，用之則從革是寶。必資作礪，自同選衆以求仁；曾是滿籯，未若觀學而知道。伊昔識真者寡，罕遇良工。遺我於一撮之内，混我於衆流之中。純固空知夫自守，精英不得而外融。與砂磧而雜居，則如雲積；處礦璞而自異，詎可雷同。寶既有矣，況於人乎！夫辨之掌握，尚辱在泥塗。則將排碧沙，涉清淺，雖有懷於揀金，庶不遺於片善。今則藻鑒既朗，庸將自謀。與公雅符於通論，士衡猶患於多才。不然者則懷寶而退矣，曷爲體物而來哉！

又唐柳宗元《披沙揀金賦以求寶之道同乎選才爲韻》 沙之爲物兮，視污若浮；金之爲物兮，恥居下流。沈其質兮，五材或闕；耀其德兮，六府孔修。然則抱成器之珍，必將有待；當慎擇之日，則又何求。配珪璋而取貴，豈泥滓而有儔。披而擇之，斯焉見寶。盪浸淫而顧盼，指炫炅而探討。動而愈出，將去幽以即明；涅而不緇，實既堅而且好。潛雖伏矣，獲則取之。翻渾渾之濁質，見熠熠之殊姿。久暗未彰，亦冀將君是望；先迷後得，孰謂棄余如遺。其隱也，則雜昏昏，淪浩浩，晦英精兮自寶。和光同塵兮，合於至道。其遇也，則散奕奕，動融融，焕美質乎其中。明道若昧兮，契彼玄同。儻或俯而不棄，諒致美於無窮。欲蓋而彰，故炯爾而見素；不索何獲，遂昭然而發蒙。觀其振彼汙塗，積以錙銖。研清暉而競出，耀真質而將殊。錐處囊而纖光乍比，劍拭土而異彩相符。用之則行，斯爲美矣；求而必得，不亦悦乎？豈徒媚旭日以晶熒，帶長川之清淺。皎如珠吐，類剖蚌而乍分；粲兮星繁，似流雲之初卷。是以周詩作比，而祈招即詠；陸文可侔，而昭明是選。若然者，可以議披沙之所託，明揀金之所裁。良工何遠，善價員來。拂以增光，寧謝滿籯之學；汰之逾朗，詎慙擲地之才。客有希採掇於求寶之際，庶斯文之在哉。

又唐席夔《披沙揀金賦以求寶之道同乎選才爲韻》 寶之至者，金實難儔。何混質於微細，每隨沙以沈浮。不耀其光，誠觀而莫辨；退藏於密，故披而可求。玄鑒在人，至誠斯保。察晶熒於磧礫，視隱映於潭島。澹以冥搜，静而窮討。翻混濁，酌澄浩。得之爲利，雖云貨以藩身；揀必於精，終是不貪爲寶。道以之至，行無越思。研精既辨，取舍奚疑。浩浩同流，詎謂衆難分矣；專專匪惑，盡可汰而出之。信多雜而不混，何在小而見遺。故得方以選才，比諸振藻。符至人和光之德，明君子知微之道。豈止匪固於窮，思濫於中。懷至寶，竊玄功，披隤沲而不厭，積貨産以未豐。則情惟盜比，而業與商同也。徒觀夫敷彩汙塗，涅而不渝，外濁如汨，中明自殊。養正以蒙，潛雖伏矣；從人之欲，道豈遠乎？彼荆山採玉，河上求珠，刖雙足而未偶，冒萬死而争趨。匪曰能智，是爲至愚。曷

若隱而自彰，微而可辨，常保質於堅重，匪淪精而展轉。以是爲德，則和而不同；以是爲賢，則舉不失選。況今至珍必見，朗鑒恒開。細無不察，大無不該。在沈潛而未耀，求揀鍊而斯來。亦何必披鄱陽之沙方見爲寶；覽士衡之賦然後稱才。

又唐張仲方《披沙揀金賦以求寶之道同乎選才爲韻》 披流沙之至寶，惟良金而可求。諒稟質以相混，信韜光而莫儔。處其汙而含潔，潛其剛以産柔。將陶甄以入用，在晶熒而必收。爾乃發彼衆彩，瑩然祕寶。砂礫之下，自守其堅剛；茫昧之中，我得其精好。遠邇必取，纖微罔遺。泛隤淹以吐色，洗蒙垢以成姿。匪塵泥之足亂，豈玉石以生疑。既乍明而乍滅，在沙之而汰之。同至人受污以不吝，等君子藏光以俟時。且流形厚地，晦質玄造。厥旨取戒於不貪，旁求必歸於有道。然後百寶惟斥，三品惟崇。美價初炫，微明内融。晦沈潛而不雜，秉熠爚以潛通。將耀質而有異，豈藏山之與同。鑒裁無疲，期必分於醜好；拂拭相借，固不假於磨礱。俾精鍊以作範，庶從革以成功。亦何異夫才爲物表，道出常途，標百行以卓爾，擒繁文而焕乎。每和光而不昧，居衆流而有殊。善惡由兹必分，真僞於焉可辨。雖知己而見録，本良工而妙選。將永隔於下流，且不遺於片善。故明因特達，道靡邅迴。乍披之而可玩，亦求之而乃來。同無脛而斯感，豈衆口以爲猜。令振藻以作賦，而愧乎擲地之無才。

又唐李程《金受礪賦以聖無全功必資輔佐爲韻》 惟礪也有克剛之美；惟金也有利用之功。利久斯尅，猶或失其銛鋭；剛固不鄰，是用假於磨礱。不然，何以興喻殷鑒，譬后之聖。金將有缺，必假石以磨穎耀芒；后若有遺，必資賢而礪節砥行。使藐鋒無白圭之玷，令德有黄軒之盛。取譬於攻金之工，方期於政罔不正。且夫利器久翳，銛鋒不全。參差冰缺，掩冉苔聮。價減千金之直，文滅七星之躔。非夫堅石之鍛乃礪乃，巧匠之藏焉修焉。又安得而昭宣。若乃君上初臨，德聲未溥。令不盡一，名不咸五。筮微子牙之兆，衮闕仲山之補。非夫忠臣之扶危持顛，英俊之左弼右輔。又安得而稽古。乃知君與臣兮相符，金與礪兮相須。離之而道斯遠，全之而德不孤。故爲金也，光乎九牧；爲君也，配彼三無。是以工必利其器，君先擇其佐。佐明則有融，器鋭則不挫。光芒乎擬之必斷，恬澹乎立於無過。亦何必俾鈍質不可礪，俟昏德以將衰，如銛刀罔能斂其鍔，如朽索無或紐其維。然後乃知利重乎磨，損之又損爲貴；君宜乎諫，善人不善之資。況今聖上欽明，英髦迭出。恭默思道，曷高宗之可侔？輔弼納忠，豈傅巖之攸匹。宜乎哉！超羲而越夔曷而自必。

傅恒《通鑒輯覽》卷六九《五季·楚作九龍殿》 楚王希範，奢欲無厭，務窮侈靡，作九龍殿，刻沉香爲八龍，飾以金寶抱柱相向，希範居中，自言身一龍也。先是，楚地多産金銀，茶利尤厚，故財貨豐殖。及是，用度不足，重爲賦斂，民多逃亡，各失其業。

吴淑《事類賦》卷九《寶貨部·金賦》 夫西南之美者，有華山之金石焉。出《爾雅》。斯蓋西方之行，百陶不輕。《説文》曰：「五金黄爲長，久埋不生衣，百陶不輊，從革不違，西方之行也。」性惟從革，《書》曰：「金曰從革。」注曰：金可以改更。才堪贖刑。《書》曰：「金作贖刑。」責冶築皀桃之業，《周禮》曰：「攻金之工，築氏執下齊，冶氏執上齊，皀氏爲聲，㮚氏爲量，段氏鏄器，桃氏爲仞。金有六齊：六分其金而錫居一，謂之鍾鼎之齊；五分其金而錫居一，謂之斧斤之齊；四分其金而錫居一，謂之戈戟之齊；三分其金而錫居一，謂之大刃之齊；五分其金而錫居二，謂之削殺之齊；金錫半謂之鑒燧之齊。」注曰：多錫爲下齊，少錫爲上齊。鑒，鏡也。金多錫，則刃白且明。問銑盪鏐鈑之精。《爾雅》曰：「黄金謂之盪，其美者謂之鏐。鉼金謂之鈑，絶澤謂之銑。」注云：絶澤爲美金，最有光澤。王陽則或聞能作，《漢書》曰：「王陽好車馬衣服，及遷徙，所載不過囊衣，俗傳王陽能作黄金。」欒大則妄言可成。《漢書》曰：「武帝即位，欒大曰：『臣之師曰黄金可成，而河決可塞。』」鄱陽投沙而乍得，王隱《晉書》曰：「鄱陽樂安出黄金，鑿土十餘丈，披沙所得，大如豆，小如粱米。」清河隱粟以方驚。《晉書》曰：「清河王覃初爲清河王世子，所佩金鈴欻生隱起，狀如麻粟者。祖母陳大妃以爲不祥，毁而賣之。占者以爲金是晉行大興之祥，覃爲皇裔，是其瑞也。毁而賣之，則覃見廢不終之象也。」若夫陽邁奇光，《宋書》曰：「南海扶南王陽邁初在孕，其母夢生兒，有人以金席藉之，其色光麗。夷人謂金之精者爲陽邁，若中國云紫磨者，因以爲名。」狼䑚夜市，《博物志》曰：「狼䑚民與漢人交關，常夜市，以鼻齅金，知其好惡。」噬之得乾肉之象，《易·噬嗑卦》曰：「六五噬乾，由得黄金。」斷之有同心之利。《易》曰：「二人同心，其利斷金。」躍大冶者知其不祥，《莊子》曰：「今大冶鑄金，金踴躍曰：『我且必爲鏌鋣！』大冶必以爲不祥之金。」雨櫟陽者稱其爲瑞。《史記》曰：「秦獻公十八年，雨金櫟陽。自以得金瑞，故作鄜畤於櫟陽，祀白帝。」至於巴丘牛躍，《幽明録》曰：「巴丘縣百金岡上有黄金潭，潭上有瀨，亦名黄金瀨。古有釣魚此潭，獲一金鎖，引之遂滿一船。而有金牛出，聲貌甚壯，釣人駭懼，牛因奮躍還潭。」林邑螢飛。《梁書》曰：「林邑國有山，赤色，其中生金。夜則出飛，狀如螢火。」美陳翼之無取，《廬江七賢傳》曰：「陳翼，字子初，到覽鄉，見馬傍有一人病，呼曰：『我長安魏少公，聞卿廬江樂，來遊，今病不能前。』翼迎歸養之。有金十餅，素二十疋。既死，翼賣素，買棺衾，以金置棺下，騎馬出入。後其兄長公

見馬告之，吏捕翼，翼其言棺下得金，長公叩頭謝，以金十餅投其門，翼送長安還之。」重王忳之不欺。《益部耆舊傳》曰：「王忳字少林，詣京師，於客舍見一生病甚，因謂忳曰：『腰下有金十斤，願以相與，乞收葬骸骨。』未問姓名，因絶。忳賣金一斤以給棺絮，九斤置生腰。」既稱汝敦之婦，《列女傳》曰：「廣漢汝婦者，汝敦妻也。敦以所受田地奴婢三百餘萬，悉讓兄嫂，裁留園地數十畝，起舍耕作，土中得金一器。敦以示妻，妻曰：『本言讓先祖所有，此獨非其有邪？』敦曰：『固吾意也！』俱擔金送與兄嫂。」復歎樂羊之妻。《列女傳》曰：「樂羊子出學，其妻貞義截髮供其費。後羊子得遺金一餅，以與貞義，貞義曰：『君子不以利汙行。』羊子慙而棄之。」不疑豈盗於同舍，《漢書》曰：「直不疑爲郎，其同舍郎有告歸，誤持同舍郎金去。意不疑，不疑買金償之。而告歸者來歸金，亡者大慙。」楊震自明於四知。《續漢書》曰：「楊震爲東萊太守，道經昌邑。初，震舉王密茂才。密時爲令，夜謁見震，懷金十斤遺震。震曰：『故人知君，君不知故人，何也？』密曰：『暮夜無知者。』震曰：『天知，神知，子知，我知，已是四知，何謂不知？』密慙而出。」或以寵疏廣之告老，《漢書》曰：「太子太傅疏廣及兄子少傅，受乞骸骨，皆許之，賜黄金二十斤，皇太子賜以五十斤。」或以獎叔孫之制儀。《漢書》曰：「叔孫通草創朝儀，拜太常，賜金五百斤。」爾其登郭隗之臺，《新序》曰：「燕昭王置千金於臺上，以延天下之士，謂之黄金臺，先禮郭隗。於是樂毅自魏往，鄒衍自齊往，劇辛自趙往。」散竇嬰之廡。《史記》曰：「吴楚反，孝景以竇嬰爲大將軍，賜金千金。嬰陳之廊廡下，軍吏過，輒令自裁取，無入家者。」《書》著三品，《書》曰：「淮海惟揚州，厥貢惟金三品。」注曰：金銀，銅也。《詩》稱大賂。《詩》曰：「憬彼淮夷，來獻其琛。元龜象齒，大賂南金。」韋賢匪重於滿籯，《漢書》曰：「韋賢少子玄成，復以明經歷任至丞相，故鄒魯諺曰：『遺子黄金滿籯，不如一經。』淳曰：『籯，竹器，受三斤。』」陳平每聞於間楚。《史記》曰：「漢王與陳平金四萬斤，以間疎楚君臣，不問其出入。」利稱鼎耳，《易·鼎卦》曰：「六五：鼎黄耳金鉉，利貞。」巧聞瓦注。《莊子》曰：「以瓦注者巧，以鉤注者憚，以黄金注者昬。」注曰：重則心矜。或服之而成仙，《神仙傳》曰：「容成公服三黄得仙。謂雄黄、雌黄、黄金。」或遺之而得土。《蜀王本記》曰：「秦王以金一笥遺蜀王，蜀以禮物荅而盡化爲土。秦王怒，羣臣拜賀曰：『土者地也，秦當得蜀矣。』」獲蘇秦之舊宅，《郡國志》曰：「蘇秦宅在洛陽利仁里，後魏高顯業每夜見赤光，於光處掘得金百斤。銘曰：『蘇家金業，爲之造寺。』」得董卓之遺塢。《英雄記》曰：「董卓塢有金二三萬斤。」陳爵則波底求樽，《論衡》曰：「廬江民小男曰陳爵、陳挺，相與浴湖。崖有酒樽，色正黄，没水中。爵以爲銅，步水取之，重不能舉。挺往助之，樽更沉，盤動入深淵中。挺、爵留顧，見如錢等正黄數百千枚，即共掇摭，各得滿手。歸示其家，乃黄金也。」郭巨則地中得釜。宋躬《孝子傳》曰：「郭巨，河内温人也。妻生男，謀養子則不得營業，妨於供養，當殺而埋焉。鍤入地，有黄金一釜，上有鐵券曰：『黄金一釜，賜孝子郭巨。』」嘉邴原之見還，《邴原别傳》：「原字根矩，以喪亂方熾，遂往遼東。時同郡劉舉亦在遼，圖奪太守公孫度。度掩捕其家，而舉得免，窘迫歸原。東萊太守太史子義素有義，原以舉付之。舉臨去，以其手所仗劍、金三餅與原。原受金，辭劍，還謂度曰：『將軍平日與舉無隙而欲殺之，但恐其爲蜂蠆爾！今舉已去，若必拘閉其家，毒螫必滋甚矣！』度即出舉家，原以金還之。」慕管寧之靡顧。《世説》：「管寧、華歆其園中鋤菜，見地有片金，管揮鋤，與瓦石不異。華捉而擲之。」則有應嫗探社，《後漢書》曰：「中興初，有應嫗者生四子而寡，見神光照社，試探之，乃得黄金。自是諸子宦學，並有才名，至瑒七代通顯。」張氏得鉤。《幽明録》曰：「長安有張氏者，晝獨處室，有鳩自入，止於對牀。張惡之，披懷祝曰：『鳩，爾來爲我禍耶，止承塵！爲我福耶，入我懷！』鳩飛入懷，以手探之，不知所在，而得金帶鉤焉，遂寶之，自是子孫盛昌。」齊王之遺孟子，《孟子》曰：「齊王以兼金一百遺孟子。」注：兼金，好金也。楚襄之聘莊周。《韓詩外傳》曰：「楚襄王遣使者持金千斤、白璧百雙聘莊子，欲以爲相，莊子固辭。」及夫葬驪山而鳫成，《史記》曰：「秦始皇葬驪山，以黄金爲鳧鳫。」懸咸陽而書就。《史記》曰：「不韋乃使其客人人著所聞，號《吕氏春秋》。書成，布咸陽市門，懸千金其上，有能增損一字者予千金。」遺雷義以知廉，謝承《後漢書》曰：「雷義，字仲公，常濟人死罪者。後以金二斤謝之，義不受，金主候義不在，默投於承塵上。後葺治屋得金，主已死，義乃以付縣曹。」贈袁叔而爲壽。《漢書》曰：「董偃見寵館陶公主，安陵袁叔謂偃曰：『顧成廟遠無宿宫，何不白主獻長門園於上。』董君入白主，獻之，上大悦，更名爲長門宫。主大喜，使董君以黄金百斤爲袁叔壽。」或舉袖而不逆，《魏畧》曰：「田豫爲并州，有胡密懷金三十斤，曰：『以此上公。』豫張袖受之，荅其厚意。胡去之後，皆悉付外，具狀以聞。於是詔褒之曰：『昔魏絳開懷以納戎，今卿舉袖以受狄，朕甚嘉焉。』」或投園而靡受。謝承《後漢書》曰：「張載，字仲宗，爲廣陵太守，舉吴奉爲孝廉。載罷郡，奉齎金爲禮，載不受。奉以囊盛投載園中而逝，載齎金至廣陵還奉。」攫之豈憚於市人，《列子》曰：「齊人有欲金者，清旦衣冠之市，適鬻金者之所，因攫其金而去。吏捕得之，問曰：『人皆在焉，子攫人之金，何故？』對曰：『取之時不見人，徒見金。』」鑠之每聞於衆口。《論衡》曰：「衆口鑠金者，在五行二曰火，五事二曰言。言與火宜，故云鑠金。」亦聞埋於幕下，《唐書》曰：「開元中，杜暹爲監察御史，往西覆屯，蕃人賫金以遺暹，暹固辭不受。左右以不可失蕃人之情，暹受而埋於幕下。既出境，乃移牒令取之。」生自碑中。《魏志》曰：「繁昌縣授禪石碑中生金，表送上，羣臣盡賀。」又王隱《晉書》曰：「永嘉初，陳國項縣賈逵石碑中生金，人盜鑿取賣，賣已復生，此江東之瑞也。晉金德，元帝中興於江東，故云江東之瑞。」入夜方驚於白鼠，《白澤圖》曰：「白鼠以昬時見於丘陵之間，視所出入中有金。」積年或化於黄龍。《淮南子》曰：「玦

五百歲生黄澒，又五百歲生黄金，又千歲爲黄龍。」注：玦，美石。當暑有衣裘之節，《韓詩外傳》曰：「延陵季子遊於齊，見遺金於路，呼牧者取之。牧者曰：『何子居之高而視之下也，類君子而言野也。有君不臣，有友不友，當暑衣裘，吾豈取金者乎？』季子知其賢，請問姓名。牧者曰：『子皮相之士，何足語姓字哉？』」下聊見高士之風。《春秋後語》曰：「秦圍趙邯鄲，魏使將軍新垣衍入邯鄲，令趙尊秦爲帝，魯仲連説罷之。邯鄲既存，平原君欲封仲連，仲連三辭不受。平原君乃置酒，以千金爲仲連壽。仲連笑曰：『所貴於天下之士者，爲人排患釋難解紛而無取也，則有取者乃商賈之人，仲連不忍爲。』遂辭去。」別有積之巨萬，《隋書》曰：「楊素嘗射爲第一，帝以外國所獻金精盤，價直巨萬以賜之。」又《漢書》：「梁孝王金以巨萬計。」賜之千鎰。《漢書》曰：「文帝立，以陳平爲丞相，賜金千鎰，封三千户。」數王莽之既敗，《漢書》曰：「王莽敗，省中黄金萬斤爲一匱者，尚六十匱。」料梁王之已卒。《漢書》曰：「梁孝王死，藏府餘黄金尚三十餘萬斤。」井邊之黄鳥初飛，《異苑》曰：「永康王曠井上有一洗浣石，時見赤氣。後有胡人寄宿，忽求買之。未及度錢，子婦孫氏覩二黄鳥鬭於石上，疾往掩取，變成黄金。胡人不知，索市愈急，既得，撞破，石内正空一鳥處。」壁下之高冠乍出。《搜神記》曰：「魏郡張巨賣宅與程應，應舉家疾，賣與何文。文獨持大刀，暮入北堂宿。一更中，有人丈餘，高冠赤幘，呼細腰曰：『何以有人氣？』答曰：『無！』文問細腰者曰：『高冠者誰？』答曰：『金也，在西屋壁下。』文掘得金三百斤。」亦云逐韓嫣之彈，《西京雜記》曰：「韓嫣好彈，常以金爲丸，一日所失者十餘，長安爲之語曰：『苦飢寒，逐彈丸。』京師兒童每聞嫣出彈，輒隨往，望丸所落而拾之。」獻梁冀之蛇，張璠《漢記》曰：「永昌太守鑄黄金爲蛇，獻梁冀。益州刺史种暠發其事。」投烈女之瀨，《吴越春秋》曰：「伍子胥伐楚，還溧陽瀨水上，欲報自殺婦人百金，不知其家，投金瀨水中而去。須臾一姥哭而來，自言是女母，取金而去。」雨仲孺之家。《述異記》曰：「翁仲孺家貧力作，居渭川。一旦，天雨金十斛於其家，由是與王侯爭富。今秦中有雨金翁氏，世世富。」季布之諾誠重，《漢書》曰：「季布任俠有名。楚人諺曰：『黄金百不如季布諾。』」郭況之穴難加。《東觀漢記》曰：「京師號郭況家爲金穴，言其富貴。」復聞置在韉中，《後魏書》曰：「叚暉自慕容瓚歸魏太武，人告暉欲南奔，云置金於馬韉中。帝密遣視之，果如告者，斬之於市。」唾之盤里。《述異記》曰：「南康雩都縣西松江有石室，名夢口穴。嘗有船人遇一人，通身黄衣，擔兩籠黄紙求寄載。過至崖下，此人唾盤上，徑下崖，直入石中。船主初甚忿之，見其入石，始知神異。視盤上唾，悉是黄金。」或戒貪而藏山，《淮南子》曰：「舜藏千金於嶄巖之山，所以塞貪鄙之心也。」或施仁而贖子，《管子》曰：「湯以歷山之金，舜以莊山之金，贖民之賣子者。」或覩於北荒高闕，東方朔《神異經》曰：「北荒中有二金闕，高百丈。」或取於荆南麗水。《韓子》曰：「荆南麗水之中生金。」入懷詎見於張奂，《續漢書》曰：「張奂遷安定屬國都尉，羌豪感奂恩德，上馬二十匹，先零酋長上金渠八枚。奂受之，而召主簿於諸羌前，以酒酹地，曰：『使馬如羊不以入厩，金如粟不以入懷。』悉以還之。」投海但聞於甘始。陳思王《辯道論》曰：「甘陵、甘始語余曰：『本師姓韓，字世雅。始常與師於南流作金，前後數日，投數萬斤金於海。』」漢皇之重阿嬌，《漢武故事》曰：「帝年數歲，長公主遍指侍者，『與作婦好不？』皆不肯。後指陳后，帝曰：『若得阿嬌作婦，當以金屋貯之。』」勾踐之思范蠡。《國語》曰：「范蠡乘輕舟以浮於五湖，莫知其所終。越王令工以良金寫范蠡之狀，而朝禮之。」斯生土之精剛，誠汝漢之至美。《管子》曰：「玉起於禺氏山，金起於漢汝，珠起於赤野。此寶相去各七千里。上有丹砂，下有黄金；上有慈石，下有銅、金。葛盧山發而出金，蚩尤取以爲劍、鎧；雍狐山發而出金，蚩尤取以爲戟。」

吴曾《能改齋漫録》卷九《地理·蜀石牛》 蜀石牛。《禹貢》：華陽黑水惟梁州，岷嶓既藝，沱潛既道，蔡蒙旅平，和夷厎績。則蜀道與中國通久矣。《蜀主本紀》載：「秦惠王謀伐蜀，刻五石牛，置金其後，紿蜀人云能糞金。蜀主信之，發卒千人，使五丁力士開道，致牛於成都，秦因遣張儀等隨石牛以入，遂奪蜀焉。」此事尤近誣。蜀人吴師孟醇翁《題金牛驛》辨之以詩云：「唱奇騰怪可删修，争奈常情信繆悠。《禹貢》已書開蜀道，秦人安得糞金牛？萬重山勢隨坤順，一勺天波到海流。自哂據經違世俗，庶幾同志未相尤。」醇翁以通議大夫致仕，享年九十。

王道《古文龍虎經注疏》卷下《金德尚白章第二六》 金德尚白，鍊鉛以求黄色焉。感化生中宫，黄金銷不飛，灼土煙雲起。註曰：「金德尚白，鍊鉛以求黄色焉」者：鍊鉛爲白金，白金爲神室，神室中有金水，金水既爲火所化，而色變黄，名曰黄轝。《參同契》曰：「下有太陽炁伏蒸，須臾間，先液而後凝，號曰黄轝焉是也。」「感化生中宫，黄金銷不飛，灼土煙雲起」者：金液將生，隨水火凝於器中，本從金生化而成液，感結中宫，則黄金之液自然不飛走矣。火灼金華，渾氣清徹，或爲輕煙薄霧，在鼎室之内變化無常；或鍾乳倒懸；或犬牙參錯；或變化日月之象，而魂魄皆現；或化龍虎之形，而金木相交，神精萬狀不可名言。若以五金八石，諸雜物作之者，安能臻此神化哉？

疏曰：「世間萬物不能壞者，唯黄金耳。自開闢以來，惟金體不虧損，故黄金之母，曰真鉛。真鉛者，先天之一物，混沌未判，鉛炁在其中，及天地分形，鉛體亦現。天地萬物若無鉛炁，則不能成其妙用，故真鉛之炁，靡所不在也。且黑金生白金，白金生黄金，黄金爲至藥，若人服之，則壽齊天地，與道同體，故金德

之精爲衆靈之主，萬物之宗也。」

張仲深《子淵詩集》卷四《七言律詩・至正新銅錢》　金工采得首山銅，範合全憑橐籥功。輪廓迴環函太極，圓方相亞啓鴻濛。五銖榆莢非今制，陰繦陽文在昔同。母子權行歸至正，慳囊已免一錢空。

姚文騆《元明事類鈔》卷二六《珍寶門・金》　箔金。宋濂《義俠歌》：「取袍當户著，袍縫爛然赬。箔金滿中貯，碎若剪鳳翎。」

吴壽昌《虚白齋存稿》卷一四《館課賦・金在鎔賦以精金在鎔良冶所爲爲韻》

質由天授，功以人成。果英華之獨擅，尤克治之宜精。木美從繩，未聞豫章以散材取貴；玉嚴不琢，未聞璠璵以完璞稱貞。況夫修六府而居要，運五德而獨行。必有用於有生，不盡恃雙南之價；妙相成於相制，當無忘百鍊之名。皆知其寶，厥貢惟金。滋莊山之雲液，耀麗水之煙潯。並輸誠於束矢，同獻瑞於來琛。其類不容淆，始之以披沙之揀；其光不可掩，重之以望氣之尋。區真僞而微分別裁，非無特誠；合精粗而效用陶冶，具見深心。爾其曰琢先以曰追，礪乃終以鍛乃。爲爐而天地非遥，得炭而陰陽斯在。無下觀之太乙，而變化隨時；非司韝之飛廉，而消融可待。紅光則千鋌浮煙，紫氣則滿籯焕彩。如雪之就點，傳薪盡於無窮；如液之從傾，繼膏焚而不怠。如乍交之水乳，自貫元精；如欲化之雲英，難窺真宰。豈不以剛無不克，革有可從？在鑛之性雖堅，宜辭土蝕；利用之材既美，詎受塵封。經別具之鑪錘，氣上騰而象千星斗；遵一成之模範，光四溢而豔發芙蓉。儼比迹於鴻鈞，胥歸鼓鑄；幾分功於大造，倍切陶鎔。蓋其禀精西顥，應節白藏。紀歲華則乘離以兑，協律管則次徵以商。符妙運於自然，特闢匠巧；布成規於應手，端藉工良。願作鼎鍾，銘處永河山之誓；肯侔劍戟，銷時成日月之光。固則爲千里之城，以設險而衆資保障；明則作千秋之鑒，以覽古而長著堂皇。至若簪毫則坡上鳴鑾，待詔則門前倚馬。周廟之口會緘，越相之容欲寫。謝揮鋤之管寧，來歸橐之陸賈。同心利斷，方思焜耀於考工；繞指稱柔，孰聽張皇於躍冶。使齊價於如土，豈曰能之？以爲寶其不貪，居然識者。故未鎔則金惟畏火，不異民之從君；而既鎔則火實范金，遂同上之化下也。今試由董子之緒言，證學人之自處。與玉相齊，其質外鑠奚從；與彩錯合，其文中輝可貯。增季布一諾之重，遇衆難而能排；感楊公四知之嚴，投深宵而必拒。然且挹冲抱於懷鉛，勵勤心於刻楮。中鉤中矩，程功詳裁制之方；大成小成，從善急觀摩之所。我皇上大樂育而無外，周曲成而不遺。禮讓之風行，氓庶既回心而嚮道；文明之治浹，儒林尤奮迹以乘時。振逢鼓於周雝，作人有化；揮薰絃於舜座，恭己無爲。凡在範圍之内者，莫不學古而有獲，主善以爲師。庶幾肖自化工，不負因材之篤；而成爲國器，無慚席聘之儀。

沈學淵《桂留山房詩集》卷六《甘露寺書所見》　硾金以爲葉，碾葉以爲屑。聚屑以爲泥，黄金賤如鐵。一佛金一斤，丈六昂藏身。一寺數百佛，佛佛黄金漆。南朝多少寺，四百有八十。佛自西方來，金自南方出。佛來日以多，金出日以少。嗟彼愚婦人，不敢愛其寶。安得恒河沙，生金如生瓜。安得恒星明，雨金如雨星。

雜録

《漢書》卷三六《楚元王傳》　〔劉〕德寬厚，好施生，每行京兆尹事，多所平反罪人。家産過百萬，則以振昆弟賓客食飲，曰：「富，民之怨也。」立十一年，子向坐鑄僞黄金，當伏法，如淳曰：「律，鑄僞黄金棄市也。」德上書訟罪。

《宋史》卷一七四《食貨志上二》　太平興國二年，江西轉運使言：「本路蠶桑數少，而金價頗低。今折征，絹估少而傷民，金估多而傷官。金上等舊估兩十千，今請估八千；絹上等舊估匹一千，今請估一千三百，餘以次增損。」從之。

又卷一七九《食貨志下一》　故事，上尊號、謚號，隨册寶物並用黄金。帝曰：「先帝、太后用黄金，若朕所御，止用塗金。」

徐松《宋會要輯稿・食貨三四・坑冶雜録》　〔天聖〕六年，三司使范雍言：「恩州陽江縣出産金貨，慮不切盡公收買，已牒本路轉運司，選差職官往彼監當。」詔令三司鈐轄，不得搔擾。廣南東路轉運司言：「恩州磨銅等處産金，自天聖五年十月至今年二月，共買四百八十餘兩，支價錢四千二百八十餘貫。」既而客旅在京入便錢往。三司言：「商客便錢入恩州，皆於淘金人户處偷買金貨興販，侵奪官中課利。請令在京都榷貨務及荆湖、江淮南路諸州軍，自今後不許客人入便錢往恩州。」從之。

佚名《宋朝大詔令集》卷一九八《政事五一・禁約・上・禁僞黄金詔開寶四年十月己巳》　昔漢法，作僞黄金者棄市，所以防民之奸弊也。如聞京城之内，兢習其術，轉相誑耀。此而不止，爲盜之萌。自今應西京及諸道州府，禁民無得詐

僞黄金，違者捕繫，按檢得實，並寘於極典。

又卷一九九《政事五二・禁約・下・禁銷金詔大中祥符八年五月壬午》 惟彼兼金，是名至寶。邦家所尚，本以備乎威儀。民俗相因，由是成于奢僭。銷鎔浸廣，耗蠹實多。向者繼下制書，禁兹侈服，申嚴未一，抵冒尚繁。今將表正蒼黔，共還朴素。冀群情之率俾，在眇質之躬行。自非大禮之采章，並命攸司而簡省。上從中禁，下暨庶邦，靡限等差，同其條約。必行之令，存率土以咸周。可復之言，示至公而斯在。其乘輿法物除大禮各有舊制外，内庭自中宫以下，並不依銷金、貼金、鏤金、間金、戧金、圈金、解金、剔金、陷金、明金、泥金、楞金、背金、影金、欄金、盤金、織撚金線等，但係裝著衣服，並不得以金爲飾。其外庭臣庶之家，悉皆禁斷。三京諸路臣民，舊有者限一月許回易爲尊像前供養物。應寺觀自今裝功得所用金箔，須具殿位尊像顯合增修刱造數，經官司陳狀勘會詣實聞奏，方得給公憑，詣三司收買。其明金裝假果花版樂身之類，應用金爲裝彩物，降詔前已有者，更不毀壞，自餘悉皆禁止。如敢有違，本犯人及工匠干連人，並當重斷。皇族諸親大臣等，固宜奉詔，率乃輿民，苟或有踰，必行嚴憲。仍令御史臺、皇城左右街司常切覺察。如不切糾舉，致别處彰露，並寘其罪。其論告人，賞錢百貫，以犯事人家財充，不足者以係省錢支給。仍令諸路轉運司遍牒管内，揭榜告示。

又《政事五二・禁約・下・禁鏤金詔景祐二年五月庚寅》 幣品之興，金鎰爲重。制財藝貢，邦用賴焉。洪惟先朝，深鑒治本，將嚴（淦）〔塗〕鑠之禁，以杜奢僭之萌。而宵人末工，放利矜巧。如聞比□潛冒，禁防靡壞。至珍崇華首服，浸相貿鬻，陰長奇（袤）〔衺〕。官司因循，曾未呵糾。宜申布於前令，俾大革其非心。尚或弗悛，罔有攸赦。敦風遠罪，當稱朕懷。應市肆造作縷金爲婦人首飾等物，並嚴行禁絶。

《金史》卷六《世宗紀上》 〔大定八年〕五月甲子，北望淀大震、風、雨雹，廣十里，長六十里。詔户、工兩部，自今宫中之飾，並勿用黄金。

《元史》卷五《世祖紀二》 〔至元元年秋七月〕己亥，定用御寶制：凡宣命，一品、二品用玉，三品至五品用金，其文曰「皇帝行寶」者，即位時所鑄，惟用之詔誥。别鑄宣命金寶行之。

又卷二四《仁宗紀一》 〔至大四年三月〕庚寅，即皇帝位於大明殿，受諸王百官朝賀。詔曰：「【略】諸衙門及近侍人等，毋隔越中書奏事。諸上書陳言者，量加旌擢。其僥倖獻地土并山場、窑冶及中寶之人並禁止之。諸王、駙馬經過州郡，不得非理需索，應和顧、和買，隨即給價，毋困吾民。」

辛卯，禁民間製金箔、銷金、織金。

張溶《明穆宗莊皇帝實録》卷一 〔嘉靖四十五年，十二月，壬子〕遺詔：「悉停止其原建齋醮之所，今應作何處，置禮部逐一查議題請。工部料價并竹木等，兩京内府各衙門段疋、器皿、香蠟、柴炭、匠役等，光禄寺品物酒飰等，但有因齋醮工作加派者，該部通行查奏停革。一、織造、採買等項，陝西織絨，河南、廣東織葛，廣東採珠、買黄白蠟、降真香，及與福建買龍涎香，雲南採買寶石、採礦金，江西燒造磁器并各處採芝，遵奉遺詔，悉皆停止。」

又卷一九 〔隆慶二年，四月，壬午〕先是，上令内承運庫太監崔敏，以部户銀六萬兩買金一萬兩進用。户部尚書馬森等言：「皇上知太倉之積不足以供邊餉，故出内庫銀買金，甚盛心也。第黄金産自雲南，所出有限，歲額不過二十，尚多逋者；至於商人，尤難買辦。先帝時曾買金二千，日積月累，僅能足數，不能足色。尋詔停止，以此金暫貯太倉。今欲於數日之内，即滿一萬之數，臣等知其不能，請先見貯太倉者，督雲南布政司亟進年例，以供上用。【略】」

《李文忠公奏稿》卷六一《漠河金廠章程摺光緒十三年十二月初五日》 奏爲黑龍江漠河金廠擬定官督商辦詳細章程，以開利源而杜邊患，恭摺密陳，仰祈聖鑒事。竊臣前准軍機大臣密寄，光緒十二年十二月二十八日奉上諭：恭鏜等奏漠河金廠亟宜舉辦一摺，黑龍江漠河山地方，上年曾有中俄匪徒過江偷挖金礦，自應及時開采，以杜外人覬覦。着李鴻章遴派熟習礦務幹員迅往黑龍江，隨同恭鏜認真勘辦。如津滬股實各商有情願承辦之人，並著飭令同往。俾可圖成。另片奏吉林候補知府李金鏞熟悉礦務，請飭派往會辦等語。即著希元轉飭赴黑龍江會辦等因。欽此。仰見聖明思患豫防籌邊興利之至意。臣查漠河金礦出産頗旺，往年俄人越境開采，華商間往收買金沙。自光緒十一年秋間派兵驅逐，孽芽未净，疊接出使大臣劉瑞芬函稱，俄國官商仍思集股采取，若不及早籌辦，久必爲人佔據，貽患匪輕。惟地處極邊，集資不易，得人尤難，當經恭鏜奏派道員用候補知府李金鏞前往查勘。所有勘礦及籌辦大略情形，恭鏜已於本年九月奏明，飭李金鏞來臣處稟商一切，擬定詳細章程，由臣先行具奏在案。該員於十一月杪來保定面稟，據呈章程十六條。臣逐一覆核，皆該處開礦應辦之事，其中自備輪船、開通陸路、募勇保護、招回流民四條，於邊防尤有關係，現擬仿照西國公

司之法，招集股本二十萬兩，先行試辦。惟近日商情困敝，股分驟難集成，據該員聲稱，年内外趕緊勸集約不過六七萬金，合之恭鏜籌借庫款三萬兩，僅得其半。北洋庫儲支絀，無可騰挪。適有天津商人情願出借，當即由臣代借十萬兩，以足二十萬之數。一俟股分招齊，將借款陸續繳還，將來開辦後所獲餘利除開支局用官利外，當以十成之三呈交黑龍江將軍衙門，報充軍餉。應用礦師，詢據山東平度州礦局道員李宗岱電稟，該局礦師美國人阿魯士威，明年四月内可往漠河察勘，面購置機器，建造廠屋，以備剋期開工。前奉諭旨，敕臣遴派幹員迅往勘辦。臣查李金鏞血性忠勇，不避艱險，向本隨臣辦事，經前吉林將軍銘安奏，辦理春墾務，兼理中俄交涉事件，先後將及十年，邊情最爲熟悉。此次勘礦之便，恭鏜派赴精奇里江南岸，與俄酋釐定四十八旗屯地界，尤能力持正議，動合機宜。現與恭鏜往返函商，擬即飭令該員總辦礦務。該廠地處極邊，驛程稽滯，除重大事件應稟商黑龍江將軍酌奪，其餘一切准由該員相機妥辦，以專責成。竊惟金礦之興，數十年來，競推美之舊金山、英之新金山及俄之悉畢爾部，皆係荒地開采，以後日臻繁殖，遂成都會。新舊兩金山近年出金漸少，而耕牧之利代興，惟俄猶擅此爲國大利。查漠河一帶山脈正接俄境悉畢爾諸山，據稱金苗長及五百里，李金鏞所呈金樣成色尚佳，中外謂爲金穴，似非無據。從來疆埸之間，常以虛實爲强弱。俄自嘉慶季年創開金礦，逐漸締造，至道光、咸豐之際，尼布楚遂爲雄城，已有駸駸東偪之勢。其時中原多故，未暇兼營，遂至以彼之實乘我之虛，侵我邊陲，如涉庭户。今之新界三面斗入，僅隔一江。彼方治兵招礦，並議自阿穆斯克至烏蘇里，海參崴一帶興築鐵路，綿亘黑龍江、吉林東北，伺隙蹈瑕，意殊叵測，漠河、奇乾河之間尤所注意。漠河距將軍都統所駐均極爲遠，而齊齊哈爾、墨爾根兩城且隔在内興安嶺之南，若不及早經營，誠爲可慮。夫實邊之計在人，聚人之計在財。該處林木富饒，地氣本旺，特以極邊寒苦，千餘里荒僻，絶無人煙。若金礦一開，人皆趨利，商賈駢集，屯牧並興，可與黑龍江北岸俄城聲勢對抗。外以折强鄰窺伺之漸，内以植百年根本之謀。且因此自行輪船，則江面不令獨佔；開通山路則軍府不至遠懸，此皆防患未萌，而不容稍緩者也！現在開通運道，工程尤爲緊要，必須借資兵力。應請敕下黑龍江將軍會商練兵大臣，派兵一二千名，隨往調遣。至經辦各員涉歷險遠，創造艱難，將來著有成效，應將出力人員懇恩准予從優保獎，以昭激勸。謹將李金鏞籌議章程十六條照繕清單，恭呈御覽。除咨總理各國事務衙門查核外，所有議辦漠河金礦緣由，理合會同署黑龍江將軍臣恭鏜恭摺，由驛密奏。伏乞皇太后、皇上聖鑒，訓示遵行。謹奏。

《三國志》卷一一《魏志・王脩傳》 乃禮闢爲司空掾，行司金中郎將，遷魏郡太守。《魏略》曰：脩爲司金中郎將，陳黄白异議。【略】太祖甚然之，乃與脩書曰：「【略】察觀先賢之論，多以鹽鐵之利，足贍軍國之用。昔孤初立司金之官，念非屈君，餘無可者。故與君教曰：『昔遏父陶正，民賴其器用，及子媯滿，建侯于陳；近桑弘羊，位至三公。此君元龜之兆先告者也』，是孤用君之本言也，或恐衆人未曉此意。自是以來，在朝之士，每得一顯選，常舉君爲首，及聞袁軍師衆賢之議，以爲不宜越君。然孤執心將有所厎，以軍師之職，閒於司金，至於建功，重於軍師。孤之精誠，足以達君；君之察孤，足以不疑。但恐傍人淺見，以蠡測海，爲蛇畫足，將言前後百選，輒不用之，而使此君沉滯冶官。張甲李乙，尚猶先之，此主人意待之不優之效也。孤懼有此空聲冒實，淫鼃亂耳。假有斯事，亦庶鍾期不失聽也；若其無也，過備何害！昔宣帝察少府蕭望之才任宰相，故復出之，令爲馮翊。從正卿往，似於左遷。上使侍中宣意曰：『君守平原日淺，故復試君三輔，非有所閒也。』孤揆先主中宗之意，誠備此事。既君崇勳業以副孤意。公叔文子與君俱升，獨何人哉！」後無幾而遷魏郡太守。

《宋會要輯稿・食貨三四・坑冶雜録》 〔天聖〕七年，上封者言：「登州生金，置官收市。今聞萊州萊陽縣亦産金。詔委轉運使覆按詣實，「詔」字前疑脱「乞」字。乃請各置官收市，及設巡邏，勿聽私相貿易。」從之。

丘濬《大學衍義補》卷二九《治國平天下之要・制國用・山澤之利下》 宋太祖開寶三年詔曰：「古者不貴難得之貨，後代賦及山澤，上加侵削，下益刓敝。每念兹事，深疚於懷。未能捐金於山，豈忍奪人之利？自今桂陽監歲輸課銀，宜減三分。」【略】

太宗問秘閣校理杜鎬曰：「西漢賜與，悉用黄金，而近代爲難得之貨，何也？」鎬對曰：「當是時，佛事未興，故金價甚賤。」

真宗語大臣曰：「京師士庶衣服、器玩，多鎔金爲飾，迺詔申明舊制，募告者賞之，自今乘輿服御，塗金繡金之類，亦不須用。」

富弼曰：「國之去奢自上者始，則天下無不從化，況法禁嚴明。真宗朝禁銷金服甚謹，然累下制令而犯者不絶，故内詔宫中以下，外自大臣之家，悉不得以金飾衣服。復申嚴憲布於天下，自此更無犯者。」

臣按：金有五，而黄金最爲貴重之物，地之所産最少，而人之所用最多。五金之中，而黄之價最貴；五色之中，而金之色最炫。世之人非但用之器皿、首飾，迺至鎔而銷之，或以縷而爲服，或以嵌而爲器，上而冠幘，下而靴履，與夫食

用戲具，無不用焉。其尤費之多者，宮室之飾，土木之偶，甚至一佛寺之興，一神像之設，靡費迺至千百兩焉。杜鎬答太宗，謂漢時佛事未興，故金多，誠非虛語也。真宗禁銷金，雖乘輿服御亦不須用，所謂立法自上始者歟！宜乎當時禁之，更無犯者也。不然，上爲之而禁下，欲其不爲，豈所謂以身教哉？

《慶元條法事類》卷二九《榷禁門二》 諸造金箔者，以金箔裝飾神像圖供畫具之類同及工匠，各徒三年，並許人告。諸以銷金爲服飾及賣或興販若爲人造者，各徒一年，並許人告令。

《金史》卷四五《刑志》 〔大定〕七年，左藏庫夜有盜殺都監郭良臣盜金珠，求盜不得。命點檢司治之，執其可疑者八人鞫之，掠三人死，五人誣伏。上疑之，命同知大興府事移剌道雜治。既而親軍百夫長阿思鉢鬻金於市，事覺，伏誅。

《元史》卷一一《世祖紀八》 〔至元十七年夏四月〕丁亥，立杭州路金玉總管府。

又卷一二《世祖紀九》 〔至元十九年九月〕丁亥，遣使括雲南所産金，以孛羅爲打金洞達魯花赤。

又卷一五《世祖紀一二》 〔至元二十五年春正月〕辛亥，省器盒局入諸路金玉人匠總管府。

《清高宗純皇帝實録》卷一一九七 〔乾隆四十九年，甲辰，正月，乙巳〕烏嚕木齊都統海禄奏：「古城迤北瑚圖斯地方，拏獲私開金廠各犯治罪。」得旨：「此案著該部覈擬速奏。至古城迤北瑚圖斯地方，逼近土爾扈特遊牧，與腹里不同，豈容聚集多人在彼私開金廠？海禄能留心訪察，委員前往該處，將該犯等按名拏獲，辦理認真，實屬可嘉。海禄著交部議叙。」

《清仁宗睿皇帝實録》卷一九六 〔嘉慶十三年，戊辰，閏五月，庚辰〕封閉甘肅迪化州南山金廠，以礦老山空故也。

《清朝續文獻通考》卷四三《征榷考一五・坑冶》 〔光緒〕八年，封閉南省冷水箐、金龍箐二金廠。

又卷四四《征榷考一六・坑冶》 〔光緒十二年〕又諭：「恭鏜等奏漠河金廠亟應舉辦一摺，黑龍江漠河山地方，上年曾有中俄匪徒過江偷挖金礦，自應及時開採，以杜外人覬覦。著李鴻章遴派熟習礦務幹員迅往黑龍江，隨同恭鏜認真勘辦。如津滬殷實各商有情願承辦之人，並著飭令同往，俾可圖成。另片奏吉林候補知府李金鏞熟悉礦務，請飭派往會辦等語。即著希元轉飭，赴黑龍江會辦。」

又卷三八九《實業一二・礦産》 〔宣統元年〕又直隸總督陳夔龍奏請直隸前辦漠、觀兩礦，改由江省接辦。略稱漠河、觀音山等處均屬黑龍江境地，前因邊務緊要，經前督臣李鴻章籌集鉅資，開辦兩處金礦，歷年所得盈餘，提撥一百十餘萬兩，充黑龍江軍餉。時因初經建省，規模粗具，不得不由直隸代籌。總共贖廠及歷年布置經費，由直隸陸續撥銀二十餘萬兩，合之舊商股款十餘萬兩，成本甚鉅。而省廠開採日久，溝老沙淺，不能稱作。疊據委員稟報，非另覓新苗，難資補救。前經踹得距漠不遠之瑚瑪爾河，礦苗頗旺，且在漠廠開採界内，甫擬採辦。江省議自開採，經前督臣楊士驤疊次委員赴漠查勘，迄無成説。而漠、觀兩廠幾將停廢。臣復函商亦無定議。竊以漠、觀等廠均在江省境内，且附近踹得之瑚瑪爾河，已由江省自辦，而漠、觀兩廠又非與瑚瑪爾河合併辦理，難望起色。惟有將兩廠並歸江省管理，俾與瑚瑪爾廠銜結。至直隸從前所有股票，若令江省照數籌還，誠恐財力不給，或即作爲礦廠股本，或俟江省接辦後陸續分還，再由臣隨時咨商辦理。

《清德宗景皇帝實録》卷二八六 〔光緒十六年，庚寅，六月，丁未〕諭軍機大臣等：「户部等衙門奏，遵議三姓開礦，請飭遴員履勘妥議章程一摺。開辦礦務，總以擇定地方，委用得人爲要。三姓試辦金礦，事屬創始，長順建議興辦，宜如何妥慎圖維，以期有利無弊。乃該將軍並未將礦苗何處最旺及道里遠近詳細勘明，亦未酌定章程揀派妥員經理，僅以把頭爲管領，任其招人開採，此等游手之徒易聚難散，誠恐漫無約束，未收開礦之益，轉致滋生事端，於邊境大有關繫。著李鴻章會同長順，遴委幹練之員，前往三姓，切實履勘，繪圖貼説；並妥議商民開辦章程，詳晰覆奏，請旨遵行。該將軍身任地方，務當審慎從事，勿得仍前草率，貽誤干咎。原摺均著鈔給閲看。將此各諭令知之。」

《李文忠公奏稿》卷六二《派郭長雲赴漠河片光緒十四年三月十一日》 再黑龍江漠河一帶開辦金礦，前經臣會同將軍恭鏜覆奏，並經總理各國事務衙門議覆，准派吉林道員用候補知府李金鏞督辦在案。查漠河等處邊遠荒僻，經營伊始，諸形艱瘁，必須得人襄助。查有湖北候補副將郭長雲，久在吉林琿春帶隊出力，究心金礦，熟悉邊情，茲已交卸營務南旋。臣稔知其明練耐勞，於東邊交涉機宜頗有閲歷，堪以飭赴黑龍江礦局，交李金鏞酌量委用，俾資得力。除檄飭遵照並

咨黑龍江將軍知照外，理合附片陳明，伏乞聖鑒。謹奏。

《李文忠公奏稿》卷七五《漠河金廠請奬摺光緒十八年九月二十九日》 奏爲黑龍江漠河金廠創辦三年期滿，著有成效，謹將出力文武員弁，遵照奏定章程，分別酌請奬敍繕單，恭摺仰祈聖鑒事。竊照光緒十二年十二月間，前署黑龍江將軍恭鏜等密陳，漠河金礦亟應及時開采，以杜外人覬覦，欽奉寄諭，飭臣籌辦。當經議定章程十六條，遴派道員李金鏞總辦礦務，奏蒙飭下總理衙門會同吏部、户部議准覆奏内開用人一條，以漠河爲邊遠苦寒之地，人皆視爲畏途，金廠襄辦需人，非尋常局務可比，若非破格優奬，不足以示鼓勵。在廠經辦各員，俟三年後如果實效昭彰，准擇其尤爲出力者，照異常勞績從優酌保，其出力較次之員，照尋常勞績保奬，以示區别等因。奉旨：依議。欽此。欽遵在案。計自光緒十四年十二月開工日起，扣至十七年十二月止，三年期滿，據現辦局務候選知府袁大化查明，在事出力文武各員，開單稟請奏奬前來。臣查漠河地方，三面斗入俄界，距俄國新設之博克諾付克屯及阿勒巴金城僅一江之隔。該處金苗頗旺，久爲外人所垂涎。往年中俄匪徒私自開挖，雖經派兵驅逐，孽芽未净。光緒十三年春間，李金鏞帶同員司由墨爾根入山勘道，度地興工，締造經營，時歷二載，規模始具。開廠後招回流民數千，募練護礦防勇一營。並於漠河口各處建造房屋，廣集商販，沿江平曠之地，設法墾種，屯牧並興，以絶域窮荒人迹罕到之地，兵民輻輳，商賈繁興，屹然爲邊陲重鎮。十六年秋間，李金鏞病故後，奏派袁大化接辦，力持危局，規畫井然。三年以來，先後出金砂六萬二千餘兩，除陸續歸還借款，分給股商官利外，所有勇夫、餉械、糧運及各局經費，均由該廠籌給，不費公家之款，並提存餘利，解充黑龍江軍餉，以伸報效，實屬辦理得法，成效昭彰。自來謀國遠圖，不外興利實邊，當該廠未經開辦以前，俄人越界私采，出入自由，伺隙抵瑕，意殊叵測。該處距將軍都統所駐均極寫遠，防範難周，時虞侵佔。今自開礦以來，上至奇乾河，下至愛琿沿江二千餘里，員弁丁夫來往不絶，所募護礦營勇訓練精强，沿邊卡倫聲勢聯絡，與黑龍江北岸俄城隱然對抗，外以折强鄰窺伺之漸，内以立百年富庶之基，其有益於國計民生，殊非淺鮮。在事文武員弁及司事人等遠役遐荒，備嘗艱苦。漠河向無人煙，建置之難則平地赤立，購運之遠則千里孤懸，往來轉解必須取道俄境，彼族多方掣肘，口舌百端。礦丁驕悍性成，駕馭招徠，殫盡心力。兼以地居邊徼，瘴癘毒惡凝寒，中人易生疾疫。取金之硐，夏則積水，冬則層冰，鑿險縋幽，艱難萬狀。前此道員李金鏞、同知姚嶽崧、知州劉域林等，均以積受寒溼，病歿差次。歷年司事兵役，相繼物故者更多，衆皆視爲畏途。各該員弁始終奮勉，罔顧身命，勞苦勝於内地十倍。今當三年期滿，礦務日有起色，局勢逐漸開拓，自應遵照奏定章程，破格優奬，以期鼓舞人心，藉收羣策羣力之效。查該廠總、分各局十餘處，在事員司不下數百人，茲謹核實删減，擇其尤爲出力者，酌照異常勞績奬敍。凡出力較次之員，仍按尋常勞績請保，未敢一概從優。理合彙繕清單，恭呈御覽，仰懇天恩，俯念漠河金廠事屬創辦，關係緊要邊防，迥非尋常局務可比，准照所請奬敍，出自逾格慈施。總辦委員候選知府袁大化先充該廠提調，辦事認真，力任勞怨，接辦局務，堅苦卓絶，支拄艱危，洵屬懋著勳勤，有裨時局，應請旨將該員免選本班，以道員不論雙單月遇缺儘先即選，並加二品銜，以示鼓勵。除應給千把等項照章咨部註册，並飭取各員詳細履歷分咨外，理合會同黑龍江將軍臣依克唐阿，恭摺合詞具陳，伏乞皇上聖鑒訓示。謹奏。

又卷七六《覆陳漠河金廠奬案片光緒十九年二月十九日》 再，黑龍江漠河金廠創辦已滿三年，著有成效。前經臣將在事出力文武員弁，擇尤請奬。嗣准吏部、兵部先後咨覆，以光緒十五年十月以後所出金砂數目並未報部，成效無憑核計，保奬人數亦令删減，再行核辦各等因知照前來。臣查漠河金廠自光緒十四年十二月開辦起，截至十五年十月止，所出金砂數目曾經報部。其自十五年十一月起，截至十七年十二月止，收金總數及每次售金價值，現據總辦礦務道員袁大化開單補報，業經分咨查照在案。至所保各員，臣覆加查核，均係在事出力，久著勤勞，毫無冒濫。所擬奬敍免補免選者僅三十餘員，餘皆請保虚銜升階，並不優於常格。前議保奬章程，以成效之大小，酌人數之多寡，本未限定奬額。漠河地居極邊，瘴癘寒毒，易致疾疫，艱苦勝内地十倍。人皆視爲畏途。若非優加奬敍，詎肯不惜身命，遠役遐荒。該廠三年以來所出金砂至六萬三千餘兩，外杜强鄰之窺伺，内開邊境之利源，其有益於國計民生，良非淺鮮，實屬辦理得法，成效昭彰。且總分各局十餘處，在事員司數百人，已未能一概列保。若令再加删減，辦事得力者恐多向隅，必致聞風解體，有礙全局。合無仰懇天恩，俯念漠河金廠事屬創辦，關繫緊要邊防，迥非尋常局務可比，准敕部仍照原保給奬，毋庸删減人數。出自逾格慈施。謹附片具陳，伏乞聖鑒訓示。謹奏。

劉坤一等《（光緒）江西通志》卷四九《輿地略五・物産・建昌府》 金：臨川縣出。宋置場，在縣西四十里，即廢。

又《南康府》 金：鄱陽縣有地名黄金采。《漢書》注謂采，取金之處。宋時德興置金場一，今不可得。宋洪邁《減貢金劄子》：「紹興間來，每年遇聖節，饒州有貢金一千兩，而數金十兩之額，與他例同，此不與焉。本州先期敷科，吏緣爲姦，豪商操權，私價轉增，遂致一方久罹其害，人莫敢言，罔知所起。或云藝祖初年，江南郡庫適有金，取以獻長春節，遂爲例；或云發運司持錢收買；或云政和以來，轉運司撥所部内散收。三説得之傳聞，無所考信。第民困官憂，已非一日。後郡守唐文若奏乞蠲減，詔付兩省，時户部郎魏安行持示左藏，以他州攀例爲辭，遂不得免。所謂諸路祇貢聖節，只繫銀絹，饒固有之，且已兼任泉臬兩司之數。乃若貢金千兩，獨此郡任焉，與他不等，蓋失於敷陳也。陛下恭儉愛民，雖和糴百萬，一劄盡免，苟知此患，必垂矜恤。夫千金在朝廷爲甚少，在一州爲甚多，況民力極敝，甚不堪支，朝家蓄金，除交鄰錫賚外，所用不多，可與減除。昔仁宗采張方平之對，直降手詔罷河北榷鹽，父老懽迎。澶淵且刻之石，臣之州民豈不知此，臣不敢以鄉井自嫌，隱默不言，倘蒙聖慈不以臣言爲過，願勿下有司，徑以御筆蠲減，令本州酌量措買，不得仍前科斂，民困稍蘇，此患漸息。仰請恩旨，特賜宣示。干犯宸嚴，無任惶懼。」

又《輿地略五・物産・寧都州》 金：瑞金縣以此名，南唐有監，今無。

袁大化修王樹枏等纂《〔宣統〕新疆圖志》卷六〇《山脈二》 又東曰恰克圖之嶺，濟爾噶朗水出焉，北流注於布勒哈齊淖爾。又東曰古爾班之嶺，亦濟爾噶朗河之發源也。

《西域水道記》：「濟爾噶朗河三源發南山，名古爾班恰克圖水。山中産金，置濟爾噶朗金廠。廠西南有山曰額布圖。」

《清朝續文獻通考》卷四五《征榷考一七・坑冶》 光緒二十一年，直隸總督王文韶奏，略稱：「據督理黑龍江等處礦務、候選道袁大化稟稱：漠河金廠孤懸絶塞，四無居民，礦丁所需糧貨，遠購於數千里外，盤撥積壓，每多折耗。故於年終核報糧貨底本，均按八九成折扣，以備霉爛虧缺，歷經册報在案。兹查歷年積存銀兩，除彌補折耗，及提作股票銀一萬六千兩外，餘銀七萬二千六百餘兩。又護礦勇一營，自十四年開廠招募，至十七年成營，該勇每因不服水土，疾病逃亡。又復派員回關募補，故截曠一項，積少成多，除每節提賞弁勇外，餘銀一萬六千四百餘兩。又前因各廠死事員弁歸櫬，例給恤銀，並假歸各員川資，均有不足。將糧貨餘款提銀一萬六千兩，填給股票，按屆收息分注，作爲常年贍資以補卹賞、川資兩項之不足，此款計亦餘銀一萬二千三百餘兩。以上三項，共餘庫平銀十萬一千四百餘兩。該道等藉伸報效，擬將銀一千四百餘兩留存礦局，以備不虞。其餘十萬兩，悉數報充軍餉。稟請具奏，如蒙命允，將來修復礮臺，購買洋礮，所需正鉅，可否留於北洋，歸入海防經費動用。」如所請行。【略】

二十成，六成報充軍餉，四成分給員司花紅，十成派給股商利息。嗣於光緒二十二年，經查辦大臣延茂改定新章，漠河金廠餘利，先提六成作軍餉，餘四成作局用股利；觀音山金廠餘利，先提八成軍餉，餘二成作局用，奏明在案。兹據督辦礦務道員徐傑稟稱：「漠河孤懸絶塞，百物騰貴，初開辦時，每年用款十三四萬兩，嗣因續開觀音山廠，增至十五六萬兩，二十一、二、三等年，漸增至三十餘萬兩。見經竭力裁汰，統計一切局用，每年實約需銀十七八萬兩，若再加裁減，不惟無以安任事者之心，而食用各項亦恐僨焉難繼。至入款全賴金沙，金苗之旺衰無常，即入款之盈絀難定。查二十一年以前，每年均能結有餘利者，實因舊章先除各項開銷，然後將餘利作二十成分派。彼時糧貨價值尚平，故能不形支絀，無如已開各廠漸次消乏，急切難得新苗，加以年來各處歉收，食物昂貴，侵尋虧耗，拮据萬分。推原其故，當奏改新章時，但見二十一年出金之旺，餘利之多，以爲必不至虧殊，不知淘沙取金，多寡無定。況漠礦之開兼爲防邊，非盡言利，前人幾費經營，幸著成效，自改新章，得餉稍多，亦僅一時，而非久遠。此後局用愈窘，措手尤難，既不能枵腹從公，力竭智窮，勢必停辦。礦務停則軍餉無出，邊防亦覺空虚。漠廠本係招集商股，而辦礦尤資人力，必有股利花紅，始足振興驅策。新章專以漠廠糧貨餘利作爲股利花紅，無論貨利未必可靠，即使有利，而局用尚難彌補，更何股利、花紅之有？無股利則股商觖望，無花紅則人心解體，實於礦務大有關係。擬請將新章酌量變通，每年餘利，除開銷局用外，再按十成計算。觀音山仍以八成充餉，漠河仍以六成充餉，下餘觀廠二成，漠廠四成，作爲股商餘利、員司花紅。似此辦法較之見行新章，軍餉少得有限，而視舊章仍不啻加倍等情。臣等查漠河金礦爲中國礦務發軔之初，興利實邊閲十餘年，經營匪易，見以提餉過多，入不敷出，難乎爲繼，自應竭力維持，以期經久。請旨准如所擬辦理，以保國課而恤商艱。」

《清德宗景皇帝實録》卷四四三 〔光緒二十五年，己亥，四月，丙申〕新授烏里雅蘇臺將軍連順奏：「籌辦蒙古庫倫等處金礦，擬將車臣圖、什業圖兩盟同時舉辦，並分派華洋人員招集股本，以便招工開採。」報聞。

又卷四九〇 〔光緒二十七年，辛丑，十一月，丁亥〕甘肅新疆巡撫饒應祺

奏：「上年與俄商夥辦塔城金礦，已見成效，謹將撥發經費暨應攤廠費加購機器，並開辦尼格徠地方新礦各費籌交庫爾喀喇烏蘇廳存儲，由該廠取用。」下部知之。

《史記》卷二〇《建元已來侯者年表》 〔元鼎〕五年，〔龍頟〕侯説坐酎金，國絶。二歲復侯。

〔元鼎〕五年，〔陰安〕侯不疑坐酎金，國除。

〔元鼎〕五年，〔發干〕侯登坐酎金，國除。

又卷三〇《平準書》 齊相卜式上書曰：「臣聞主憂臣辱。南越反，臣願父子與齊習船者往死之。」天子下詔曰：「卜式雖躬耕牧，不以爲利，有餘輒助縣官之用。今天下不幸有急，而式奮願父子死之。雖未戰，可謂義形於内。賜爵關内侯，金六十斤，田十頃。」布告天下，天下莫應。列侯以百數，《索隱》：劉氏言其多以百而數，故坐酎金失侯者一百六人。皆莫求從軍擊羌、越。至酎，少府省金，《集解》：如淳曰：省視諸侯金有輕有重也。或曰，至嘗酎飲宗廟時，少府視其金多少也。而列侯坐酎金失侯者百餘人。乃拜式爲御史大夫。

《漢書》卷六《武帝紀第六》 九月，列侯坐獻黄金酎祭宗廟不如法奪爵者百六人，丞相趙周下獄死。服虔曰：「因八月獻酎祭宗廟時，使諸侯各獻金來助祭也。」如淳曰：「《漢儀注》：諸侯王歲以户口酎黄金於漢廟，皇帝臨受獻金，金少不如斤兩，色惡，王削縣，侯免國。」臣瓚曰：「《食貨志》南越反時，卜式上書願死之。天子下詔褒揚，布告天下，天下莫應。列侯以百數，莫求從軍。至酎飲酒，少府省金，而列侯坐酎金失侯者百餘人。而表云趙周坐爲丞相知列侯酎金輕下獄自殺。然則知其輕而不糾擿之也。」師古曰：「酎，三重釀醇酒也，音丈救反。」

王充《論衡》卷一三《超奇篇》 白雉貢於越，暢草獻於宛，雍州出玉，荊揚生金，珍物産於四遠，幽遼之地，未可言無奇人也。

《後漢書》卷二《明帝紀》 〔永平十一年〕是歲，漅湖出黄金，廬江太守以獻。時麒麟、白雉、醴泉、嘉禾所在出焉。

《魏書》卷一〇二《西域傳·康國》 康國者，康居之後也。【略】氣候温，宜五穀，勤修園蔬，樹木滋茂。出馬、駝、驢、犎牛、黄金、硇沙、𤙡香、阿薛那香、瑟瑟、麞皮、氍毹、錦、疊。多蒲萄酒，富家或致千石，連年不敗。太延中，始遣使貢方物，後遂絶焉。

《南史》卷六《梁武帝紀》 〔天監十年〕是歲，初作宮城門三重樓及開二道。宕昌國遣使朝貢，婆利國貢金席。

《新唐書》卷四三上《地理志七上》 〔嶺南道〕愛州九真郡，下。土貢：紗、絁、孔雀尾。户萬四千七百。縣六。九真，下。武德五年置松源、楊山、安預三縣。貞觀元年省楊山、安預，九年省松源。有金，有石磬。【略】

驩州日南郡，下都督府。本南德州，武德八年曰德州，貞觀元年又更名。土貢：金、金薄、黄屑、象齒、犀角、沈香、班竹。【略】

長州文楊郡，下。唐置。土貢：金。

彭元瑞《五代史記注》卷六〇下《職方考第三》 萬州《太平寰宇記》：【略】土産：金，貢。苦藥子，貢。【略】

昌州《太平寰宇記》：「【略】土産金，貢。【略】」

融州《太平寰宇記》：【略】土産金，貢。《輿地廣記》：融州五代爲南漢所有。

沈青峰《〔雍正〕陝西通志》卷九四《藝文一〇》 皇祐中，中書備對礦冶之數，商州額貢金三十九兩。至神宗熙寧元年，詔天下寶貨坑冶不發而負歲課者，蠲之四年。以商州所産微薄，詔罷貢金。【略】商州地近三輔，産礦之名易著。自昔歲額之貢，率至逋負，所産微細，少則必争，争則羣起而爲盜，故開則未見其利，而爲害滋甚，至厪九重，專官以禁治之，而害猶未已也。商州等五州縣産金之地，其盜在鎮安者，易發易捕，蓋有藩臯以統御之也。在洛南者，易發難捕，如松朵山王家庵，離縣北不下百五十餘里，去州又一百里，遠難以制近，寡難以制衆。嵩盧竊礦之徒，反密邇其界，一呼而衆一二百人，及商州察知齊緝兵夫剿之，抗敵拒捕，則已爲時十數日矣。彼處官民分隔兩省，民方幸其得利，官任之不禁，主客之形異，而利害頓殊，吾商牽牛之厄，方罹詰捕之擾也。正德以來，三次攻破州縣，起於嵩盧。嵩盧若在統制之下，月有稽，歲有考，斥堠有驚，職任有歸，則礦竊之禍，吾知免夫。

《宋會要輯稿補編·金》 金坑冶祖額總計七千五百九十七兩，元豐元年收總計一萬七百一十兩。以上《續國朝會要》。《四朝會要》：坑冶場務興廢不定，逐年所入多寡不同。今以虞部所具紹興三十二年内諸路州軍坑冶興廢之數，并乾道二年七月内鑄錢司比較祖額之數，以次參附云。金坑：湖南路，興廢一百一十四處，停閉一百三十七處。廣東路，停閉一處。江東路，興廢一處。江西路。停閉一處。以上《中興會要》。

《續會要》：淳熙四年三月十九日，詔：停閉藤州平羅古社金坑。以諸司

言，歲收浄利一十一兩四錢，所入微細故也。十年六月十二日，詔：廢罷昭州管下金坑五處。以廣西運司言，歲納金一十四兩，錢五十餘貫，所入不多故也。

《續會要》：登州，元額三千九兩，元豐元年收四千七百一兩。又土貢一十兩。金州，土貢麩金八十兩。饒州，土貢麩金一十兩。眉州，土貢麩金五兩。嘉州，土貢麩金六兩。雅州，土貢麩金五兩。簡州，土貢麩金五兩。資州，土貢麩金五兩。昌州，土貢麩金五兩。利州，土貢麩金五兩。龍州，土貢麩金三兩。萬州，土貢三兩。象州，土貢三兩。融州，土貢三兩。【略】

凡山澤之入：金一千四十八兩。京東東路五百一十一兩。京西南路四百七十九兩。永興軍等路四兩。福建路五十三兩。凡歲總收之數：金三萬七千九百八十五兩。在京一千五百一十四兩。諸路一萬八千二百四十三兩。京東東路一萬三千五百七十九兩。京西南路一千一百六十兩，北路三十一兩。永興軍路二十八兩。秦鳳路一十五兩。河北東路二十二兩，西路三十四兩。河東路一百三十兩。淮南東路一十四兩，西路一十七兩。兩浙路二十二兩。江南東路一百八十三兩，西路一兩。荆湖北路二百一十六兩，南路一千二百四十六兩。福建路二百六兩。廣南東路三百二十一兩，西路一兩。成都府路一十三兩。梓州路七十四兩。利州路六十七兩。夔州路八百五十四兩。凡諸路上供之數：金一萬七千四兩。京東東路九千九百六十一兩，西路六兩。京西南路四百四十六兩，北路二十三兩。河西路一兩。河東路四十一兩。淮南東路八兩，西路三十二兩。兩浙路一十九兩。江南東路三千三百一十一兩，西路二千六百八十兩。荆湖北路一兩，南路三十五兩。福建路一百四十二兩。廣南東路二百六十二兩。梓州路三十六兩。凡賦入之數：金一萬七千九十七兩。諸路茶税九兩。買撲七兩。市舶一十兩。入中博糴買賣一萬七千七十一兩。

以上《宋會要》。

《宋會要》：「天聖八年，詔：『彭州九隴縣産金貨，命差官採淘。』」

王存《元豐九域志》卷八《利州路・利州益州郡寧武軍節度》 土貢：金五兩。

又《夔州路・方州南浦郡軍事》 土貢：金三兩，木藥子一石。

又卷九《廣南西路・象州郡防禦》 土貢：金三兩，藤器一十事，槵子數珠一十串。

又《融州融水郡軍事》 土貢：金三兩，桂心二十斤。

李燾《續資治通鑑長編》卷二五六《神宗》〔熙寧七年九月丙辰〕清海軍節度推官、監邕州填乃金坑鄧闢爲著作佐郎，以歲課得金爲錢十萬緡故也。後五年，又得金爲錢十五萬緡，遷太常博士。於是，廣南西路經略安撫司言：「此坑産金至多，乞從本司舉使臣二人爲監押，巡檢兼監坑，並先轉一資。任滿課額不虧，依横山寨使臣例。又增防守兵三百人。」從之。

《宋史》卷九〇《地理志六》〔廣南西路〕融州，融水郡，清遠軍節度。本軍事州，大觀二年，升爲帥府。三年，罷帥府，賜軍額，又升爲下都督府。崇寧元年，置武陽砦、羅城堡。二年，置樂善砦，廢羅城堡。四年，即融水縣王口砦置平州。政和元年，廢平州，仍爲王口砦，與融江、文村、潯江、臨溪四堡砦來隸，尋復故。紹興四年，復廢平州爲王口砦，觀州爲高峯砦。元豐户五千六百五十八。貢金，桂心。

《宋會要輯稿・食貨三四・坑冶雜録》 政和三年，權提轄措置陝西路坑冶催促鑄錢等司蔣彝奏：「陝州閿鄉縣自紹聖三年，金課每年以七百兩爲額，近歲所納止百餘兩。知縣聶敏修，政和三年正月到任，措置收趁比之政和元年、二年，各增五〔陪〕〔倍〕，已及祖額。」詔敏修轉一官，如所收金數大段增廣，令鑄錢司具數保明聞奏，别加賞典。【略】

〔乾道〕二年，以饒州貢金千兩，民力不支，遂減十分之七，以蘇一郡之民。

《金史》卷一二〇《徒單恭傳》 徒單恭本名斜也。天眷二年，爲奉國上將軍。以告吴十反事，超授龍虎衛上將軍。爲户部侍郎，出爲濟南尹，遷會寧牧，封譚國公。復出爲太原尹。斜也貪鄙，使工繪一佛像，自稱嘗見佛，其像如此，當以金鑄之。遂賦屬縣金，而未嘗鑄佛，盡入其家，百姓號爲「金總管」。秉德廉訪官吏，斜也以贓免。

《元史》卷二一《成宗紀四》〔大德九年夏四月〕己丑，東川路蠻官阿葵以馬二百五十四、金二百五十兩及方物來獻。

卞寶第修曾國荃等纂《〔光緒〕湖南通志》卷六〇《食貨志六・物産一・總記》 天曆元年，歲課湖南省金八十錠二十兩一錢。《元史・食貨志》。

魏源《元史新編》卷八八《志八中・食貨中・歲課》 金課。腹里四十錠四十七兩三錢，江浙省百八十錠十五兩一錢，江西省二錠四十兩五錢，湖廣省八十錠二十兩一錢，河南省三十八兩六錢，四川省麩金七兩二錢，雲南省百八十四錠一兩九錢。

蘇天爵《滋溪文稿》卷二八《跋金溪葛孝女贊》 古者山澤之利，蓋所以潤國而養民，後世聚斂之徒出，民始不勝其困矣。禹任土作貢，荆揚二州惟金三品，他州則無是焉。夫人臣嗜利，以掊克小人妄有所獻陳，皆足厲世以害民，當國者

可不熟慮乎？向聞江南之民，有鑿山披沙以取金充貢者，不足又市他所，人孰恤其難也。

《明世宗肅皇帝實録》卷五四一〔嘉靖四十三年，十二月〕丁丑，上以户部所進金色不純，疑傾銷鋪户及裝匣者有姦，下詔窮治。尚書高燿惶恐謝罪，因請更進足色千兩以贖前誤，上意乃解。仍令自今加意關防姦弊，不得復爾。

《明經世文編》卷三六三張學顔《張心齋奏議・題免雲南加增金兩疏雲南加金》 題爲懇乞聖明俯免增金，以昭儉德，以蘇遠方民困事：本年十一月二十一日，該本部將雲南布政司差官管解足色金一千兩、九成五色金五百兩、八成色金五百兩，共二千兩，送内承運庫交收，奉聖旨：「這金進的遲，還着彼處尋買九成五色金五百兩，八成色一千兩，通共四千兩，限八月初旬進爲例。欽此。」臣等查得萬曆二年以前，雲南每年二次進金二千兩。三年九月十七日進一千兩，十二月十二日又進一千兩。四年十二月初十日并進二千兩。五年十二月十五日進二千兩。六年十二月初四日進二千兩。七年十二月二十一日進二千兩。八年十二月二十日解到金二千兩，本月二十五日進訖。臣等因解到甚遲，恐悮年終恭進，催行撫按將今年金二千兩，于十一月初旬差官領解到部。視之近年若爲早，視之數年猶爲遲。撫按官及臣等委有遲緩之罪，荷蒙皇上不加譴責，定限每年八月解進，臣等不勝感激。即當欽遵明旨行文彼中，照數尋買。但查得雲南地方，夷民雜處，土多不毛。我太祖初定中原，各省直俱派起運内庫錢糧，獨雲南悉與免派。後有獻鏤金床者，又命亟毁之。此皆恬冒萬里之深仁，昭垂萬世之聖德。誠聖子神孫，所當恪遵而不可忘者。列聖相承，惟郊廟祭器，恭上徽號，及册封中宫親王，例該用金，數亦不多。故四海常賦，十庫正供，備查舊案，並未有歲派解金者。至嘉靖初年，始進金一千兩，十三年以後，加成色金一千兩。後奉嘉靖四十五年及隆慶六年詔書，又將雲南採取金兩停止。是進金原非一定之例也。今奉旨于二千兩之外，復加二千，考之祖制，既非正供，又著爲例，尤出額外。據撫按奏内，金雖解于雲南，原不産于雲南。因本部行之布政司，該司責之府州縣，偏將居民僉編金户，每數家幇貼一名，每一名派金數兩。非買于土夷，則買于鄰省，奔走數千里之外，尋問數百家之中，積釐成分，積分成錢，經年累月，湊足一兩。因内多散碎低假，必外加數兩，鎔煎數番，方敢交官。及司府試驗成色不足，復令倍加，再行傾銷，務求足色。計一金之所費，蓋不止于數金也。價銀派于税糧差發等項，每金一兩，給銀六兩，五兩，鋪户私自包賠，多至二倍、三倍，故一金報完，而金户中人一家之産已傾矣。至于等候防護之費，沿途遞送之費，又必銀數十兩，方致金一兩。及委官解到部，恭進御前，交付該庫，雖止有此數。若前項收買之難，包賠之苦，陛下深居九重，豈盡知之乎？節年所進，庫中有無存積，臣等雖不及知，但未聞不敷支用，而驟加一倍，若以爲預備郊廟祭器，則節年神庫所貯，一一見存；若用備非旹賞賜，則每年進金花銀一百萬兩外，加買辦銀二十萬兩，已爲有餘。惟宫闈增造首飾，歲所必用。若量一年之所入，自足爲一年之用，似不必倍取而後足用也。昔高皇后聞輸元府庫金寶至京，奏太祖曰：「貨財非可寶，帝王自有寶，每見人家産業厚，則驕侈生。國家不同，其理無二。誠恐驕縱生于奢侈，危亡起于忽微，故伎巧爲喪國斧斤，金玉爲蕩心鴆毒。」詳味斯言，誠萬世母儀，婦道之懿範也。今增造首飾，耗之甚易，不過侈一旹之美觀，買金遠方，括之甚難，皆係百姓之膏脂，且分外加派，又無停期，年復一年，有司追收急迫，小民出辦不前，弱者轉徙，黠者生變，土夷乘機搆釁，有如往歲調兵防守，於旹倍煩朝廷處置。聞雲南數遭旱災，年荒穀貴，一金止易粟一石，因道里隔遠，撫按未敢奏聞，臣等欲議加賑恤，以彼中庫藏空虚，亦未敢瀆請。今復增派金至二千兩，仍前四千兩，計之每年該派價銀四五萬兩。前皇上軫念蘇松災傷，特發帑銀七萬以活飢民，奈何加數萬之銀于災傷之地，而忍視萬里呼天之赤子乎？且事必干係國家之典章，與生民之休戚，一旹議定，世守不刊，始謂之例。今取金非惟正之供，加派非惠民之政，著以爲例，後世何觀。況内庫供用之數，節年漸踰于舊例者，不可勝紀，今又增買前金以爲年例，臣等若阿順不言，致虧皇上節用愛人之德，是上負國恩，不忠之甚者，臣等寔所不敢，亦所不忍也。伏望皇上念雲南民困可憂，思後來年例難繼，將今定金數俯賜停買，容臣等行撫按官將舊進金兩，每歲于八月中解進，俾南服蒼生，詠歌聖德，遥祝聖壽。且令萬世之下，仰皇上恭儉之德，與太祖先後繼美，實臣等區區一念之朴忠也。

《明史》卷二三六《湯兆京傳》 湯兆京，字伯閎，宜興人。萬曆二十年進士。除豐城知縣。治最，徵授御史。連劾禮部侍郎朱國祚、薊遼總督萬世德，帝不問。巡視西城，貴妃宫閹豎塗辱禮部侍郎敖文禎，兆京彈劾，杖配南京。時礦税繁興，奸人競言利。有謂開海外機易山，歲可獲金四十萬者，有請徵徽、寧諸府契税，鬻高淳諸縣草場者，帝意俱嚮之。兆京偕同官金忠士、史學遷、温如璋交章力諫，不報。出按宣府、大同，請罷税使張曄，礦使王虎、王忠，亦不納。

《明神宗顯皇帝實録》卷四六〇 〔萬曆三十七年，七月，辛巳〕雲南撫臣之請暫免滇中貢金也。按臣鄧渼復言：「滇中所産，止銅錫礦砂，金非自有之賦。二千兩之派，始自嘉靖十三年，非祖宗之制也。五千兩之加，始自萬曆二十年，非肅宗皇帝之舊也。今民窮財盡，即不敢望全蠲，乞以嘉靖年間爲例。」不報。

趙志皋《内閣奏題稿》卷一《請減雲南例金》 七月二十四日謹題：初九日，該文書官發下户部進雲南年例金一本，奉旨：「這金兩着進收，你部里傳示。與各成色金内，每加進五百兩，九成的一千兩，八成一千兩，共五千。着爲例。」二十日，該文書官發下户部一本，奉旨：「前歲因彼有事，固爾暫停此金，尚又皆是本地所産，況且嘉靖年間，亦有額取礦金之例。這所加進不多。覽奏知道了。着遵前旨行。」

明旨一下，在廷諸臣亦謂加增之數，反過原額，而咎臣等不能救止。臣等反覆思之，皇上履萬乘之尊，擅四海之富，敢爲一省惜五千金之費？然臣嘗訪之，人言雲南之金，出于永昌一府，採之山石之間，其有無多寡，不能取必。即年例二千，往往兑于四川、陝西二省，以足其數，甚至有以十兩之銀，易一兩之金者，其害逾甚。今以宫中缺用，暫加五千，雖竭民脂以供之，亦子民之常分，但著之爲例，而歲歲取盈，恐遠方之民不堪於奔命也。臣等伏願皇上俯念雲南萬里，數年以來，疲於災旱之頻仍，困於緬賊之侵擾。舊征者永爲定額；新增者，暫行一年，則内廷之供用既克，而歷年之舊額又在。遐方之民誕被聖澤者，寧有窮哉？伏惟皇上少垂鑒焉，臣等無任恐懼待命之至。奉聖旨：「覽卿等所奏，具見忠懇恤民之意，但皇祖時，曾有額取礦金、礦銀之數。朕豈不恤民艱？卿等既這等説，着減去八五成色金一千兩，着歲進金四千兩。每年不許過七月十五到京，不許違限。該部科并彼撫按，亦不必再有奏擾，如再有奏擾的，仍加至五千兩。」

《明史》卷二一四《劉體乾傳》 帝以財用絀，詔廷臣集議，多請追宿逋，增賦額。體乾獨上奏曰：「蘇軾有言：『豐財之道，惟在去其害財者』。【略】又聞：光禄庫金，自嘉靖改元至十五年積至八十萬。自二十一年以後，供億日增，餘藏頓盡。進御果蔬，初無定額，止眎内監片紙，如數供御，乾没狼籍，輒轉鬻市人，其他諸曹，侵盗尤多。宜著爲令典，歲終使科道臣會計之，以清冗費。二冗既革，國計自裕。舍是而督逋增賦，是揚湯止沸也。」於是部議請汰各監局人匠。從之。

卷二一八《王錫爵傳》 錫爵在閣時，嘗請罷江南織造，停江西陶器，減雲南貢金，出内帑振河南饑。

卷二三六《王元翰傳》 武定賊阿克作亂。元翰上言：「克本小醜，亂易平也。至雲南大害，莫甚貢金、榷税二事。民不堪命，至殺税使，而征榷如故。貢金請減，反增益之。衆心憤怒，使亂賊假以爲名。賊首縱撲滅，虐政不除，滇之爲滇，猶未可保也。」俄言：「礦税之設，本爲大工。若捐内帑數百萬金，工可立竣，毋徒苦四方萬姓。」疏皆不報。尋兩疏劾貴州巡撫郭子章等凡四人，言：「子章曲庇安疆臣，堅意割地，貽西南大憂。且嘗著《婦寺論》，言人主當隔絶廷臣，專與宦官宫妾處，乃相安無患。子章罪當斬。」不納。

談遷《棗林雜俎》中集《貢金》 楊升菴《滇略》曰：語云金生麗水，今麗江其地也。其江曰金沙，源出吐蕃，經鐵橋，寶山、永寧、北勝，以達東川。江滸沙泥，金麩雜之，貧民淘而鍛焉，日僅分文，售蜀賈轉諸四方。其税屬之土府，漢不得有也。朝廷歲貢，滇賦金五千，其直可四分緡，皆蜀賈有力者，先期受直於官而走四遠哀入之。間有逃且死者，累及姻族，桁楊纍纍。至於黔巫瘴癘，十死一生，又不具論也。

《清通志》卷九〇《食貨畧・雜税附》 〔乾隆〕八年，覆准貴州天柱縣相公塘、東海洞等處金礦，【略】每金一兩，收課三錢。

《清高宗純皇帝實録》卷七三五 〔乾隆三十年，乙酉，四月〕壬申，户部議覆：「雲南巡撫常鈞疏稱，開化府屬麻姑金廠，新舊塘共十五口，定爲十五牀，每牀酌定十五人，月納課金一錢三分。年久塘空金盡，請照錫板金廠之例，自乾隆二十九年正月始，將張百福等原領之八牀開除，其餘七牀，仍按月徵收。應如所請，準其開除。」從之。

洪亮吉《乾隆府廳州縣圖志》卷三二《荆州府》 土貢：金。【略】

又卷三七《雅州府》 土貢：金。【略】

又卷三八《達州》 土貢：金。【略】

又卷四一《廣東布政使司・肇慶府》 土貢： 金。

《清朝續文獻通考》卷四三《征榷考一五・坑冶》 道光元年，封閉甘肅大通縣屬札馬圖金廠，停交正撤課金二十八兩零。

又卷四四《征榷考一六・坑冶》 〔光緒〕十一年，奏准甘肅大通縣舊有金廠取金，以牀亂後廢弛。光緒八年，委員招商試辦五十牀。九年，裁撤委員改總商包課，所繳金色極低，且欠課甚多，追比亦未足額，嗣另招商試辦三十牀。十年，

課金六十兩，如數徵足。此後金苗若旺，漸推漸廣，牀多則課增。地方官但令稽查牀數，隨時報明。西寧道課金由商徑繳道署，不假胥吏之手，庶無流弊。

又卷四五《征榷考一七・坑冶》 又，文興晋昌奏：「前將軍依克唐阿開辦奉天礦務，近惟金礦微有起色。自光緒二十二年至二十四年，所設鳳遼、安東、海城、鐵嶺、通化、海龍、綿縣各礦局，共解到庫金，鎔成九邁至五四各色金條，三十二條半，計重市平三百二十四兩零五分。又解到庫金，金沙及條，重市平三十五兩七錢八分三釐二毫。又通化礦局解庫金易銀市平銀七千兩，查此款原奏一萬兩。該局以所交課金，作抵市平銀三千兩，實解到市平銀七千兩，另款存儲，又副都統榮和開辦鳳遼、安東礦局。遵照奏案，由鹽釐項下籌墊經費市平銀二千零二兩五錢五分三釐。以該局所交課金，照市價抵算，雖無贏餘，尚未虧折。應於二十五年分鹽釐款内列銷。」

阮元修《（道光）廣東通志》卷九四《輿地畧一二・物産一・金類》 金，桂陽郡有金官。《漢書・地理志》。康州、新州、勤州、恩州、崖州、瓊州、振州、儋州、萬安州、欽州，土貢金。《新唐書・地理志》。廣州合涯縣有金池，居人養鵝鴨，嘗於屎中見麩金，淘之得金三兩或半兩。《嶺表録異》。生金，生嶺南夷獠峒穴中，如赤黑豆，碎石、生銀屎之類，南人云毒蛇齒落在石中，又云蛇屎着石上及鴆鳥屎着石上，皆碎取毒處爲生金，有大毒殺人。《陳藏器本草》。舊崖州出金華，金有花彩者貢。《太平寰宇記》。

鄭光祖《一斑録》雜述六《中甸風土》 中甸、維西，本西藏地。乾隆中，土地日闢，遂以兩地並屬於滇麗江府。中甸去府五站，同知駐焉。武職有都司、千總。當地有土守備二，土千總八，聽夷人詞訟，爲同知所屬。其地多寒少暑，五月尚飄雪霰，六月尚衣綿裘。冬雪未厚，有緊急公務，土官差人開路，尚可藉當地毛牛力。若雪厚路封，行人斷絶矣。風俗信佛教，重喇嘛，凡寺廟俱喇嘛居焉。

有金廠一，每年額課黄金十二兩。每日收沙金六七錢，合計一歲可得沙金二百餘兩。每沙金二兩，銷成净金一兩。

袁大化等《新疆圖志・實業志二・礦》 夫新疆金礦最著者，莫若于闐，兵燹之後，金業凋零，課額不足。按：《西域水道記・方畧》載：「乾隆年間，參贊舒赫德奏定和闐六城採金三百户，歲納課金六十兩。」又案：《户部則例》載：「和闐開採金砂六處，歲納課金二百兩，續獲之噶爾等處歲納課金三百兩，共計五百兩。道光以後，著爲定例。」巡撫劉錦棠檄嚴金清往設金課局，擇富纏民立爲廠頭，各派金夫隸之。派充廠頭者四十九名，每廠頭一人，各領金夫五十名，自備資糧督率開採。金夫一人又派幫夫二人，通力合作，每三夫月納課金三分，凡採金之户，悉免徭役。曩日派買官金之弊，咸予蠲除。然派充金户者多有業，農民舍其田廬家室，而驅迫入山。逃亡隱匿，金課無出，勢不能不攤派以取盈。始則催呼止於金户，繼則追比徧及幫夫。自有幫夫之名，於是一鄉之内，無一人非金户，無一户不納金。益以頭人苛斂，倍征逾額，人民愁悯，不遑安處。光緒十二年，前和闐州牧潘效蘇詳陳金課局情形，畧言：「自入于闐境，百姓扶老攜幼，跪泣道旁，訴陳金課擾累之苦。始猶疑之，及細察情形，乃知金廠距離城鄉近或數百里，遠或千餘里，皆在深山窮壤中。纏民乘農隙之暇，始獲往採，得者不過二三，失者常居七八。所謂挖金一日，即够數月之用者，乃廠頭貢諛之詞。蓋按户派金，而累在百姓。當初設局本意，派定金夫之後，不問其挖金與否，必責令納課者，祗欲迫之入山採金耳。無如願執勞役者，僅四分之一，其餘皆買金完課。於是廠頭遂得恣意侵漁，代完課金三分，需索天罡十八枚至二十枚不等，計天罡一枚，值銀五分，是課金一兩，幾合銀三十兩；其實公家金價祗十四兩五錢耳。小民脂膏有限，何堪受此剥削！其最甚者，家無壯丁，僅遺老穉，而廠頭亦每月斂天罡四枚，謂之幫費。如此而于闐之民能幸免於納課者，蓋尠矣！昔年之課，按畝帶征，而民病；今日之課，按户攤派，而民愈病。惟有裁撤課局，聽民自採，由地方官平價收買，庶歸簡易而無擾累。」布政司魏光燾議言：「覆查于闐金課局原辦情形，據稱：招夫皆民自願，其説以克里雅三十七莊採金之户皆有業糧，向來有糧之户，無不採金。即無不派差徭，派買官金一切規費，名目攤取於民者甚多，而買金發價則七八折不等，約計上户每年需費銀十餘兩，中户七八兩，下户四五兩。茲則免其差徭，金夫歲納課金三錢六分，僅合銀五兩有奇，加以幫夫二名，三户合納祗當下户歲費三分之一，故金夫咸欣然樂從，方以免派徭役，免派買金爲幸。而策勒三普喇各村亦聞風興起，以距努拉村金廠較近，皆願採金納課，以避差徭，是不但無累，而且於民有益矣。茲據潘牧詳禀各情，則於原辦大相逕庭。總之，纏民言語文字不通，凡事無不由頭人傳諭，假公濟私，已成牢不可破之勢，其中情僞實難究詰。查于闐金廠甚多，利之所在，民必争趨。承平時課額五百，每夫歲繳若干，無從查悉。以現時歲繳三錢六分計之，挖金之夫當不止數百人。何以昔盛而今衰，昔多而今少，昔以種地、挖金並爲一課，今則分之？種地者納糧，挖金者納課，亦猶農而兼賈，不能免税；賈而兼農，不能蠲賦也。地糧、金課是一非二，新疆既改行省，自不得仍援舊例，以征糧折抵金額。但收課之法必須斟酌盡善，庶爲平允。應將課局停辦，傳集廠頭、金夫，詢明願挖者留，不願者聽其自去。其應繳課金，惟每年分上下兩忙完納，仍責成于闐縣經理，以重課務而恤民艱。」光緒十三年，乃裁金課局，改由民自採，經縣官發價收買。其貧户之借貸資糧者，則令納金以爲償。定章交金一兩，給銀十四兩五錢。寓征課於平價之中，上益而下不損。然而胥役之浮收，鄉約之掊克，久之而弊又滋焉。自改革以後，内

地磅價騰貴，從前十四兩五錢之價，非民所堪，逐漸增爲二十五兩。然金價雖高，而浮收更甚，每於上下忙開徵之時，吏胥鄉約，扶同舞弊，率以包穀作爲砝碼，任意高下，漫無定準，有一倍而收至二三倍者。富民先賄鄉約，完金較多，其砝碼尚小；若零星小户，完金愈少，則砝碼愈大。以故産金雖旺，而金户多隱匿私售，不肯全數繳官。統計于闐每年採獲金砂不下五六千兩，其報解公家者至多一千二三百兩而已。

傅維鱗《明書》卷八二志二〇《鑛採》 成化四年，以福建副使何喬新奏免三之一。十年，以内費乏金，乃命開寶應等府、武陵等縣金場二十一所，淘煎以進。於是役，民夫五十五萬有奇，而民之傷於蛇、虎，死於大水者無算，僅得金三十五兩。撫按奏止，命以贓罰銀易金，以充上供。十一年，詔閉宜陽等衛礦洞。十八年，詔閉建昌礦洞。弘治中，凡礦脈微細者詔閉之，民困稍蘇。

《清文宗顯皇帝實録》卷一六七 〔咸豐五年，乙卯，五月，甲戌〕封閉達拉圖噶順二處金廠。從烏里雅蘇臺將軍奕興請也。

《清德宗景皇帝實録》卷一〇一 〔光緒五年，己卯，冬十月〕辛亥，陝甘總督左宗棠奏：「安西州馬蓮井金廠以陝回搶掠，敦煌縣沙州南山金廠以礦老山空，均多年停辦，懸欠課項，無從報解，請飭部查照立案。」下部知之。

《清德宗景皇帝實録》卷四四五 〔光緒二十五年，己亥，五月，甲子，黑龍江將軍恩澤〕又奏：「愛琿所屬寬河金礦請交商開辦，什一抽税，酌擬商人集股及税官保護章程各十六條，下所司議。」尋奏：「愛琿商辦金礦章程，擬暫行酌抽十成之一五，俟户部議定金礦税章，再行照辦。該廠專辦寬河礦地，他處不應攬入，若將來力能推廣，另行覈辦。其廠員酌奬應視抽課多寡明定員數。」從之。

《清朝續文獻通考》卷四四《征榷考一六》 〔光緒〕十二年，奏准黑龍江漠河地方開設金廠，官督商辦。

又卷四五《征榷考一七》 〔光緒二十一年〕又奏略稱：「黑龍江漠河金礦年來出金漸多，該處觀音山分廠係上年續行設立。據袁大化稟報：山在黑龍江邊，對岸地近俄界。祇有金匪竊挖磧眼，並無禽獸牧場，亦無參山、珠河，奉旨封禁之區，與布特哈、興安城官弁兵衆游牧生計毫無窒礙。當經前督臣李鴻章咨准，選派委員，酌招礦丁，於該處老溝先行試辦，以保漠廠之利源，並免各處土匪偷挖等因。年餘以來，該處出金甚旺，成效昭然，一切應辦事宜，因係分廠，悉照漠河定章辦理，似無須另議章程。惟查漠廠餘利按十成分派，以三成提充軍餉。當此庫款奇絀，應令設法多提，藉濟餉需。臣飭勸諭衆商，照見請開辦三姓金礦章程，將礦利分作十二成，以五成充餉。該商等具有天良，當無不竭誠報效。」下户部知之。

又卷三八八《實業一一》 〔宣統元年〕又庫倫辦事大臣延祉等奏：「克勒司金廠仍暫開辦。」

《礦務檔》附録《大事件表》 〔光緒十三年丁亥〕十二月初五日（一八八八、一、一七），北洋大臣李鴻章奏呈官督商辦黑龍江漠河金廠詳細章程。

光緒十四年，戊子，正月初七日（一八八八、二、一八），命吉林候補道李金鏞，督辦黑龍江漠河等處礦務。

〔光緒二十三年丁酉〕八月十三日（九、九），曹廷杰抵達都魯河金廠。八月十七日（九、一三），黑龍江都魯河金廠開工試辦。

〔光緒二十六年庚子〕六月二十四日（七、二〇），四川礦務局徐麟光、唐星球與英礦師介克、威和博私訂合辦麻哈金廠合同（川督拒予承認）。

〔光緒二十六年庚子〕七月初一日（七、二六），黑龍江漠河、奇乾河暨觀音山等處金廠，均被俄兵佔踞。

〔光緒二十七年辛丑〕十一月初十日（一二、二〇），英使薩道義請批准合辦麻哈金廠暨寧雅兩府礦務合同（外務部拒之）。

〔光緒二十八年壬寅〕正月十一日（二、一八），外務部咨四川總督，麻哈金廠當籌集華股續辦。

〔光緒三十年甲辰〕六月初四日（七、一六），俄領事照會庫倫大臣德麟，如拒三蓋禄接辦金廠，即索償款。

〔光緒三十二年丙午〕十月二十四日（一二、九），庫倫大臣延祉與柯樂德議定自本年三月起，試辦金廠，華官監視委員月支俄鈔一百五十元。

〔光緒三十三年丁未〕九月二十日（一〇、二六），延祉奏提金廠報效一成補助辦公。

〔光緒三十四年戊申〕二月二十一日（三、二三），庫倫大臣延祉奏，庫倫金廠撥給圖什業圖汗札薩克那木薩賴産金津貼銀九千五百三十二兩六錢八分五毫，車臣汗那班希祜爾旗銀一千七百九十二兩三錢四分九釐四毫二忽。

《礦務檔・黑龍江礦務・（一）俄人請辦黑龍江各礦》外務部收東三省總督署黑龍江巡撫文《劉焌稟覆吉拉林金廠情形》 光緒三十三年九月二十六日，收

東三省總督、署黑龍江巡撫文稱：本年九月初一日，據督理漠河等處礦務劉道焌稟稱，竊職道案奉憲臺札開，據吉拉林金廠總董龔太山呈請賞借銀兩，購買抽水機器，或另行派員接辦等情，蒙憲批候飭職道酌核，再行飭遵等因。奉此，祇遵之下，本應立即束裝，馳赴該廠，詳細踏勘。時值職道接收漠廠，勢難分身，又未敢懸擬具覆，擬俟廠務略爲就緒，起程赴觀音山之便，繞道該廠，親履詳勘，以期仰副憲台委任之意。詎料漠廠情同創辦，頭緒紛繁，稽延時日，上勞憲廑。職道於委派職廠差遣委員張令仲麟，清查俄人越境私墾地畝之便，飭令就近親赴吉拉林廠，詳細查明，據寔詳覆，以憑轉稟。正在稟報間，復奉憲檄催，職道謹將擬辦情形，先行稟覆，荷蒙憲臺批准在案。茲據張令仲麟稟稱，卑職奉札束裝起程，於三月十三日，馳抵吉拉林金廠。時值該廠總董龔太山晉省請款未回，當查該廠自三十二年四月間開辦，曾經招募礦丁百數十名，在廠工作。迨後出金不旺，礦丁皆陸續逃逸，現存十餘人而已。每日出金不過錢餘，閲其收金之底賬，自開辦以來，共收金不過百兩，窺其內容，有岌岌不可支之勢。不但廠中諸人薪工無着，即口食膏伙亦甚維艱。而該廠如此疲憊，廠金之不稱作，可想而知也。卑職於十四日親赴各溝察看，一切溝之形勢頗好，水道亦皆修齊。水道兩旁之毛砂，深約丈餘，有金之砂，三四尺至四五尺不等。卑職當將硝眼中之砂，摇試數簸，每簸得金不過四五釐、五六釐之譜，間或有空簸之時。金之成色，可占七八，尚不致於太低。竊查該廠折本至二萬數千金之多，皆因未得正苗，經理或未得力之故。若能將廠面縮小，另行採探新苗，或可不致賠累。若據本地之俄人、廠中之把頭等所稱，此溝尚有好頭，未能覓得等語。然亦不過空口談論，並無寔據可稽。理合將奉查吉拉林金廠情形，稟覆查核等情。據此，職道詳加覆核，該員所稟各節，與職道平日訪聞無異。該總董自開辦吉拉林廠一年以來，雖無成效，揆厥初心，未有不期廠務興旺之理。但開挖未到正線，款項已難支持，出金又復淡薄，該總董爲難苦衷，已可概見。該廠形勢，據稱尚佳。水道亦稱整齊，倘能廣採新苗，似可估獲利益。蓋金礦首重採苗，其金線蔓延起伏，或可約計，至苗之遠近淺深，所難逆料，倘資本無多，便覺難乎爲繼。該廠虧累情形，亦未必盡係該總董辦理不善之咎。茲據張令稟覆前來，職道重加研究，用敢據寔稟陳。惟職道自接收漠觀等廠以來，開辦未久，用款浩繁，兼之稟調各員，未能悉數來廠，兩廠員司，尚覺不敷分佈，寔有萬難兼顧之勢。至吉拉林金廠事宜，惟有仰乞憲台裁奪，或仍令該總董經理，以資熟手，抑遴委賢能，前往接辦，出自鴻施，寔爲公便。所有職道奉飭委查吉拉林金廠核覆緣由，理合據情稟請欽帥大人俯賜鑒核，批飭祇遵。再該員因查越界私墾事宜，展轉需時，以致稟報稍延。合併聲明等情。據此，除批來牘閲悉，所查情形，頗稱詳細。現在該處礦務，已派卞令調元，前往查勘。應俟該令覆到，再行核辦，候飭卞令及善後局交涉局知照。此覆等因印發外，相應備文咨呈，爲此合咨大部，謹請鑒核施行。須至咨呈者。

《礦務檔・黑龍江礦務・(三)漠河金礦》總署發俄使庫滿照會《漠河金廠鍋爐被扣請飭放行》〔光緒十四年〕八月二十七日，給俄國公使庫滿照會稱：光緒十四年八月二十五日，准北洋大臣電稱，李守金鏞購運鍋爐等件，由黑龍江往漠河金廠應用，頃據電稱，二批所運鍋爐，伯力俄官扣留四十二件。查中國官員自運鍋爐機器，不應禁阻，業經電請黑龍江將軍，照會海蘭泡城俄官放行，惟已扣留月餘，時將冰凍，恐致誤公。乞請駐京大臣，電致伯力將軍驗放等因。相應照會貴大臣，迅速轉電伯力俄官，將扣留鍋爐等件，即爲放行，並此後過往物件，勿再阻止，是爲至要，爲此照會。

又總署收俄使庫滿照會《漠河金礦鍋爐被扣事尚未查明》〔光緒十四年〕九月初二日，俄國公使庫滿照會稱：本年八月二十七日，准貴署照會內，將由黑龍江運往漠河金廠應用鍋爐等件內扣留若干一事，達知前來。本大臣前准阿穆爾總督電報，得知該總督按照例奉之權從事，當將其事咨行內部請示等語。因所准電報所列各情不甚明白，業經本大臣電知，咨請總督詳細見復，惟迄今尚未見詳細覆到，若再電詢，恐無濟於事。原因以上各節，此事既經詳請核奪，不能立刻改其目下情形，是以本大臣雖願如請辦理，而勢不能爲。相應照復，須至照復者。

又《請准俄國商船在松花江駛行》〔光緒十四年〕十月十四日，俄國公使庫滿照會稱：茲據阿穆爾總督續咨，該總督因奉有於所屬各省設立行走內河內江章程之權，近已飭屬於黑龍江下游兩岸本屬俄國，凡係機器，均不准由此販運，其漠河山金廠應用機器，自亦應一律遵照。更因敝署雖有疊請貴國，准俄民按照愛琿和約所准，行走貴國境內松花江，而迄今未奉允行。然此案既經該總督詳呈本國政府，諒能照兩國友睦持平辦理。惟視此事情勢，可見貴國亦有器物偶應由黑龍江下游行運。是以貴國若肯准俄國商船走貴國松花江，本有益於兩國者，則本大臣情願詳請本國政府，亦准中國商船由黑龍江下游行走可也。

又總署收俄使庫滿函《漠河金廠鍋爐機器准予放行》〔光緒十五年〕正月

三十日，俄國公使庫滿函稱：黑龍江扣留機器一事，因貴署迭請李中堂特請放行，經本大臣隨時電致該處，將扣留黑龍江所運漠河金廠需用機器鍋爐，雖有禁止販運各項機器之令，惟此次通融釋放，以表睦隣之意等語去後。茲准阿穆爾總督電覆，因本大臣所請奉准，專將此次所運機器放行，惟此後不得援以爲例等語前來，欣爲將此奉達貴署可也。此啓，順頌日祉。

又總署發俄使庫滿函《致謝漠廠機器鍋爐放行》〔光緒十五年〕二月初十日，給俄國公使庫滿函稱：正月三十日，接准函稱，黑龍江所運漠河金廠機器鍋爐一事，茲准阿穆爾總督電復，將此次所運機器放行等因。此事經貴大臣隨時電致該處，現既放行，本爵大臣深爲欣慰，專此布謝。

又總署收黑龍江將軍恭鏜文附漠河總局及各處分局在差員司書識銜名清册《咨送漠河金廠總局及各處分局在差員司書識銜名清册》〔光緒十五年〕五月初四日，黑龍江將軍恭鏜文稱：齊齊哈爾省城礦務局案呈，據督理黑龍江等處礦務吉林候補道李金鏞稟稱，竊職道於光緒十四年正月十六日，奉北洋大臣李札准總理衙門咨開，議覆奏准漠河開辦金廠章程內，慎選用人一條，議俟三年後，如果實效昭彰，准擇尤爲出力者，照異常勞績，從優酌保，出力較次者，照尋常勞績保獎，仍應查照定章，將各該員到廠日期，及經管何項事務，先行咨部立案等因。奉此，職道到廠後，曾將開工日期，及一切開辦情形，疊經稟報在案。惟念礦務綦重，而地又邊荒遼遠，首尾難顧，指臂須資，不得不調用多人，分飭辦理，但流品不一，而選擇須精，總當任用賢能，因材器使，以期於事有濟而已。惟是開工在十四年冬間，而探路勘苗，監工造屋，則在十三年夏秋，購辦糧食，裝運輪船，則在十四年春，由津滬解運鎗砲軍火，購辦機器，招徠股分，置買一切物件，及海道轉運，則在十四年夏秋。是開工以前，事務之經營布置，將届兩年，員司之奔走馳驅，亦非一日，惟任事有難易之别，到差有前後不同。亦先分晰聲明，以昭核實。今如總局文案支應監工稽查收金，並奇乾河分廠各差，事極煩劇，雖名則於開工後始派職司，而實則在開工前亦多辦事。至愛琿、營口、奉天、吉林、齊齊哈爾，以及俄之聶格來斯、布里各分局，或採辦或招商，各有專責，皆當以到差之日，爲到廠之期，庶不没其前勞，而昭允洽。除俟日後礦師探明另有苗脈暢旺之處，加設分局，再行酌派員司外，所有現在各員司銜名職司，及到差日期，應即謹照總理衙門議奏之條，並遵定章造具清册，稟請咨達立案，俟得實效，再行稟請分别辦理等情前來。除批稟印發外，合請照造清册，分别咨報備案等情。據此，相應造册咨呈總理衙門，鑒核備案施行。

照録清册：

欽命鎮守黑龍江等處地方將軍新調杭州將軍頭品頂戴隨帶軍功加一級紀録三次恭，爲造册咨送事，茲將督理黑龍江等處礦務三品銜吉林候補道李金鏞呈送漠河總局及各處分局在差員司書識銜名清册，照録咨送總理各國事務衙門立案施行，須至册者。

計開：

漠河總局：

奏派督理黑龍江等處礦務三品銜吉林候補道李金鏞。

提調湖北候補副將郭長雲。光緒十四年三月奏調，五月到差，監造砲船。

委員五品藍翎候選州同屠瑞春。光緒十三年九月隨從辦事，現派總辦文案兼交涉處事件。

委員理問職銜閃廣綸。光緒十四年十二月到差，派會辦文案兼交涉處事件。

司事附生宋小濂。光緒十四年十二月到廠，派文案兼交涉處事件。

司事文童秦世銓。光緒十四年十二月到廠，派隨辦文案交涉處事件。

司事五品頂戴候選從九品劉虞卿。光緒十四年六月到廠，現派繪圖測量，兼文案交涉處事件。

委員縣丞職銜唐允中。光緒十四年六月派轉運差，現派總辦支應所。

司事文童孫宗培。光緒十四年十二月派幫辦支應所。

委員候選從九品華文煥。光緒十四年三月派支應差，現派收金所。

委員知府用候選同知李沛恩。光緒十四年三月派吉林招股採辦，現派上海至俄國聶格來斯轉運。

司事監生郭之培。光緒十五年二月派至上海、聶格來斯幫同轉運。

司事五品頂戴縣丞職銜張壽華。光緒十四年四月到廠，監造局房，現派䃀硐監工。

司事花翎游擊馬標。光緒十四年十二月到廠，派䃀硐監工。

司事已革汀州營守備宋齊儀。光緒十四年十二月到廠，派䃀硐監工。

司事六品頂戴傅平颺。光緒十四年十二月到廠，派䃀硐監工。

司事縣丞職銜屠兆紳。光緒十四年六月派轉運差，現派鎔金事。

司事五品頂戴張應春。光緒十四年六月派管機器房事。

官醫生文童劉廷墉。光緒十四年十二月到廠。

司事文童唐芳榮。光緒十四年十二月派管藥局。
司事五品頂戴張殿摸。光緒十四年十二月派管雜貨房。
司事文童楊世鸞。光緒十四年十二月派管雜貨房。
司事五品頂戴王龍德。光緒十四年六月派管糧房。
司事七品頂戴鮑俾章。光緒十四年六月派管糧房。
司事候選從九品馮馥昌。光緒十三年四月隨從探路，五月派監造局房，現派管理鐵木材料所。
委員儘先都司何安祥。光緒十三年四月隨從探路。
委員六品頂戴候選縣丞何培基。光緒十三年四月隨從探路。
委員興安城鄂倫春佐領烈欽泰。光緒十三年四月隨從探路。
司事五品頂戴王箴。光緒十三年四月隨從探路，十四年九月派解餉銀，現派運解金沙。
司事六品頂戴崔峰。光緒十三年四月隨從探路，十四年九月派解餉銀，現派運解金沙。
俄礦師奄密利訥福。光緒十五年二月訂派探勘金苗。
司事鹽大使職銜李湛恩。光緒十四年三月派轉運，現派幫同探勘金苗。
司事監生梁掌卿。光緒十五年二月派總局繙譯俄文。
統領漠河防營巴彦蘇蘇協領聶車布。光緒十四年十二月派兼礦務總查。
布特哈正黃旗世襲佐領委參領薩斌圖。光緒十五年正月派修路總監工。
已革候補副將周炳琳。光緒十四年五月派轉運及廠所監工，現派修路監工。
已革筆帖式廷憲。光緒十四年五月派轉運及廠所監工，現派修路監工。
司事六品頂戴桑滋桂。光緒十四年八月派鐵木廠監(生)〔工〕。
委員縣丞職銜費殿賡。光緒十四年十一月派呼蘭辦糧。
委員六品頂戴候選從九品秦世鈺。光緒十四年十一月派呼蘭辦糧。
委員儘先候選縣丞禄崧。光緒十四年十一月派巴彦蘇蘇辦糧。
委員藍翎候選巡檢余慎。光緒十四年五月派伯都訥辦糧，現派總局盤查。
委員湖北候補縣丞郭之萬。光緒十四年三月派轉運軍裝，現派總局稽查出入。
司事七品頂戴方昌振。光緒十四年十一月派採辦，現派錫爾沽裝船。
司事五品頂戴翁心來。光緒十四年三月派幫運軍裝，現派批解金沙。
記名遇缺簡放提督達勇巴圖魯向文燕。光緒十四年六月派海道轉運，現管帶馬步兩隊。
藍翎千總黃海雲。光緒十四年十月派步隊哨官。
司事五品藍翎拔補把總張榮高。光緒十四年八月派船廠監工。
司事五品頂戴胡秉彝。光緒十四年八月派船廠監工。
司事七品頂戴郭玉柱。光緒十四年十二月派充總局俄語通事。

間房盤查局：

委員山東試用縣丞鍾元懋。光緒十四年六月派海道押運，現派盤查局。
書識筆帖式毓秀。光緒十四年十二月到局。

漠河口局：

委員候選巡檢華金鰲。光緒十四年十二月到差。
司事鹽大使職銜俞璜。光緒十四年六月派收發處。
司事五品頂戴戈建勛。光緒十四年六月派收發處。
書識文童高文閣。光緒十四年十二月到局。
書識五品頂戴宋玉楨。光緒十四年十二月到局。

奇乾河分局：

委員五品頂戴候選縣丞强惠源。光緒十四年正月派愛琿採辦，現派分局。
司事監生胡溶。光緒十四年十二月派辦公牘。
司事府經歷職銜屠汝昌。光緒十四年十二月派礶硐監工。
委員直隸試用縣丞王慶長。光緒十三年四月隨從探路，現派稽查出入。
司事都司銜儘先守備郭順祥。光緒十四年十二月派礶硐監工。
司事候選巡檢吴丙照。光緒十四年十二月派礶硐監工。
司事六品頂戴候選從九品徐容光。光緒十四年七月派海道押運，現派支應，兼收金所。
司事增貢生丁丹桂。光緒十四年十二月派收金所。
司事五品頂戴郭鳳飛。光緒十四年十二月派管貨房。
司事五品頂戴强本源。光緒十四年六月派漠河監造局房，現派管貨房。
司事六品頂戴吴振興。光緒十四年十二月派管糧房。
委員衛守備職銜秋應潮。光緒十四年十二月派阿爾罕河口盤查局。
司事藍翎守備萬光興。光緒十四年十二月到廠，派由乾至漠批解金沙。
司事儘先把總劉開泰。光緒十四年十二月到廠，派由乾至漠批解金沙。

哨官已革游擊周文先。光緒十四年十二月派管帶步隊。

墨河口局：

司事五品頂戴候選從九品謝良弼。光緒十四年十二月派收發事件。

司事五品頂戴馬祚長。光緒十四年十二月派收發事件。

委員六品頂戴候選巡檢郝恩溥。光緒十四年十二月派盤查局。

愛琿轉運總局：

委員五品頂戴候選縣丞顧慶祥。光緒十四年三月到差。

司事五品頂戴候選從九品史鑄悠。光緒十四年十二月派管銀錢事件。

書識文童孫福基。光緒十四年十二月到局。

司事監生郭福存。光緒十四年十二月到局。

司事委筆帖式瑞昌。光緒十四年四月派輪船押運。

通事六品頂戴沙存有。光緒十四年四月派輪船通事。

司事記名倉屯站官夷務筆帖式豐紳額。光緒十五年二月派輪船押運。

水師營四品官邊界理事廳慶祺。光緒十四年四月派兼黑河屯輪船及交涉事件。

俄文繙譯官員外郎銜候補主事賡善。光緒十四年四月派兼俄文繙譯。

黑河屯電報局委員候選通判紀堪第。光緒十四年十二月派兼礦務文報。

委員候選七品小京官廖祥。光緒十四年十二月派招募礦丁差。

錫爾沽轉運分局：

委員候選通判張維賢。光緒十四年七月派轉運差，現派分局。

司事筆帖式西拉布。光緒十四年十二月到局。

司事領催景福。光緒十五年三月到差。

齊齊哈爾省局：

協領哲爾精阿。光緒十四年三月派辦招股事件，總理文案。

主事英壽。光緒十四年三月派辦招股事件，總核文案。

候選從九品孟文彬。光緒十四年三月派經管文報，兼招股事件。

站官喜德。光緒十四年三月派經管文報，兼招股事件。

筆帖式全順。光緒十四年三月派經管文報，兼招股事件。

書識佛勒春。光緒十四年三月派辦轉運各事件，繕寫文件。

書識忠志。光緒十四年三月派辦轉運各事件，繕寫文件。

書識明山。光緒十四年三月派辦轉運各事件，繕寫文件。

齊齊哈爾電報局委員難廕儘先知縣劉兆棟。光緒十四年十二月派礦務局駐省採辦。

吉林分局：

委員五品藍翎候選縣丞陳世敬。光緒十四年六月派辦招股事件。

吉林電報局委員五品頂戴候選主簿廖嘉綬。光緒十四年六月派差。

鹽大使職銜汪士仁。光緒十四年六月派差。

奉天分局：

奉天電報局委員知縣用分發試用縣丞馬籀圖。光緒十四年七月委派招股事件。

營口轉運分局：

營口電報局委員候選知縣朱福春。光緒十四年四月派轉運事件。

營口轉運局委員北河候補縣丞查富璣。光緒十四年四月派轉運事件。

天津分局：

委員候選州同詹思聖。光緒十四年三月派招股及售金事件。

委員五品銜直隸州用直隸候補知縣胡良駒。光緒十四年三月派招股及售金事件。

委員四品銜知州用直隸候補通判惲秀孫。光緒十四年三月派招股及售金事件。

上海分局：

委員光禄寺署正職銜程彬。光緒十四年三月派招股採辦，裝僱輪船轉運及售金事件。

委員江蘇候補理問樊棻。光緒十四年三月派招股採辦，裝僱輪船轉運及售金事件。

司事布經歷職銜盛兆楨。光緒十四年三月派上海分局。

司事理問銜候選縣丞宋齊奎。光緒十四年三月派上海分局。

俄國聶格來司轉運：

委員五品銜河南候補知縣楊廷杲。光緒十四年五月派俄國聶格來司轉運。

俄國布里接運：

委員候選通判莊達璋。光緒十四年五月派俄國布里接運。

司事五品頂戴候選縣丞丁兆淦。光緒十四年五月派俄國布里接運。

右册呈總理衙門。光緒十五年四月二十二日。

又總署收户部文《咨送漠河金廠總局及各處分局在差員司書識銜名清册》

〔光緒十五年〕九月初二日，户部文稱：山東司案呈，准黑龍江將軍咨稱，

據督理黑龍江等處礦務吉林候補道李金鏞稟稱，竊奉劄准總理各國事務衙門咨開，議覆奏准漠河開辦金廠章程内，慎選用人一條，議俟三年後，如果實效昭彰，准擇尤爲出力者，照異常勞績，從優酌保，出力較次者，照尋常勞績保奬，仍應查照定章，將各該員到廠日期，及經管何項事務，先行咨部立案等因。奉此，職道到廠後，曾將開工日期，及一切開辦情形，叠經稟報在案。惟念礦務綦重，而地又邊荒遼遠，首尾難顧，指臂須資，不得不調用多人，分飭辦理，但流品不一，而選擇須精，總當任用賢能，因才器使，以期於事有濟而已。惟是開工在十四年冬間，而探路勘苗，監工造屋，則在十三年夏秋，購辦糧食，裝運輪船，則在十四年春，由津滬解運鎗礮軍火，購辦機器，招徠股份，置買一切物件，及海道轉運，則在十四年夏秋。是開工以前，事務之經營布置，將屆兩年，員司之奔走馳驅，亦非一日，惟任事有難易之别，到差有前後不同，宜先分晰聲明，以昭核實。今如總局文案支應監工稽查收金，並奇乾河分廠各差，事極煩劇，雖名則於開工後始派職司，而實則在開工前亦多辦事。至愛琿、營口、奉天、吉林、齊齊哈爾，以及俄之聶格來斯、布里各分局，或採辦，或轉運，或招商，各有專責，皆當以到差之日，爲到廠之期，庶不没其前勞，而昭允洽。除俟日後礦師探明另有苗脈暢旺之處，加設分局，再行酌派員司外，所有現在各員司銜名職司，及到差日期，應即謹遵定章，造具清册，稟請咨達立案等情，相應造册咨部查核備案等因前來。除將送到漠河開辦金廠總局，及各處分局在差員司書職銜名，及到廠日期清册備案外，相應咨行黑龍江將軍查照，並咨呈總理各國事務衙門可也。

又總署收漠河金廠委員李金鏞稟《漠河金廠急需籌款》〔光緒十六年二月十一日〕

漠河金廠委員李金鏞稟稱：竊金鏞自籌辦邊礦，今年五月間，始得開濬引河，改挖明礑。七八兩月，頗稱順手。甫交九月，山中六出紛飛，堅冰旋至，挖洗較難，得數就減。交十月，即奇冷異常，礦丁手凍指裂，畏縮不前，雖經各員司督率踐雪鑿冰，勉强工作，又不得不稍事體恤，是以得金不及夏秋十之二三。經營兩載，開辦一年，任重材輇，事鉅費絀。春夏得金，就愛琿變價，一月即可周流，尚覺流通。秋間俄金争售，市疲價賤，我金不能與敵，不得不運往津滬銷售。往返一萬數千里，款隔三四月之久，以致現屆冬季，急需儲糧之時，拮据萬狀，周轉爲難。而窮邊極塞，終歲只四五六七八五箇月，尚稱和煖，便於工作，餘皆在冰天雪窖中矣。俄金廠例應停工，本廠雖係公司，兼有邊防，未便歇手。金鏞於課工之暇，亦嘗統籌全局，若開路造輪招民開墾各節，日往來於胸中，以冀化邊疆爲廛市，乃力有未逮，焦灼徒深。適奉傅相賜諭，並附鈔示憲署函稿，謂開通陸路，先因無兵可撥，事遂中止，現在能否復申前議，但程途至一千數百里之遥，恐亦未必能成。至自造輪船，亦難猝辦，能否就地伐木造船，連檣轉運，或尚易成。又或擇地屯墾，與金廠相輔而行，可無待遠道接濟各等因。伏讀之餘，良深欽佩。惟是金廠孤懸絶塞，不但粒粟寸絲悉仰俄輪，即片紙隻字亦仗俄站，若不急謀開通陸路，則本廠無異燕巢幕上，棲止不安。雖目下俄官商與金鏞往來尚屬恭順，而事屬權宜。金鏞以爲正宜及時急策自强，以圖久遠，外人叵測，早在鑒中也。況陸路不開，則屯墾無從措手。雖奉傅相函諭，謂金鏞曩日隨同依軍憲在琿春時，招墾著有明效，成案可循。而漠河至愛琿千五百里之中，雖多可墾之地，其間深林絶壑，人迹罕通，與琿春情形迥異，墾務難易，不啻霄壤之分。前奉依軍憲函諭，謂擬招民勇數營，先行開路，原係章程内之急務。然欲金鏞於廠中籌辦餉項，區區公司，借款十三萬之外，股份祇入數萬，且未開辦以前，備置一切器具等項布置，已去數萬。而廠中糧食衣具等等，至少須預籌一年之儲蓄，計占擱成本更鉅。礦丁應得六成金價，一月兩結，不但無存，且多虧欠。雖經金鏞東挪西借，支持此局，已屬萬分爲難，故原議募勇一營，迄未招足，何來餘力他顧。至漠河防兵四百名，金鏞忝膺節制之名，並不能遵調遣，誠以旗兵之驕惰性成，不耐勞苦，下馬徒步，一無所能，經前將軍練兵星使會同奏明在案。且去年有毆辱統領德陞一案，未加懲創，接統者呼應不靈。金鏞分屬客官，更難用命，到廠一年，目擊該防兵等之輕視該統領，殆即施於前統領之故態。防兵輕視統領，即貽笑於他族，邊要計關係何如，其不能驅之以供役，則猶其小焉者也，故金鏞曾有稟懇依軍憲開去節制名目之請。去秋金鏞道經奉天，面奉定星使諭言，開礦以開路爲先，旗兵不能習勞，如撤去黑龍江練軍二千名，即以原餉補募民勇四營，可任開道之役。果能照此轉移，則一舉兩得，雖工大路遠，但賴朝廷乾斷，不難剋日觀成。今日之因地屯墾，即古昔之寓兵於農也。墾荒之内，隱寓屯田，曠土游民，兩無所廢，而將來虚糜之餉，節省者更屬不貲。興自然之利，致自强之策，與金廠相輔而行，不僅聊以固吾圉也。至自造輪船一節，明年不得不首先籌辦，蓋機器購自外洋，轉運須由營口陸路至愛，急急操持，非三載不能竣工。凡事權之在彼者，終不可以持久。即令俄人一無梗阻，任我假輪，而此項水脚流入彼國，亦是大宗，且非給該國盧布不可，其中折耗更多。前擬設法購買俄輪，奈彼國禁令綦嚴，迄無成議，非自行釘造，終不免受其挾制，尚可再事因循乎。

若就近伐木造船，此在憲署明見。東省廣産材木，誠屬因地制宜。不知黑龍江水勢高下懸殊，直同高屋建瓴，其流甚急，深淺亦甚不一。民船上行，即得順風，日不過四五十里。廠中本造有長龍舢板，並大小艑艫數艘，亦祇能往來於奇乾河分局，駁運糧貨，以濟輪運之不及，並梭巡江面，及赴各處探苗等用。而逆水行舟，急流奔激，既難期於迅速，更恐有悞要公，究不如速造輪船之爲得計也。目下公司經費極形支絀，應辦各事，需款甚鉅，雖經金鏞多方挪借，冬季儲糧，已屬萬分爲難，而明春開江，用款更鉅，不得不預爲籌備。然又別無法想，惟有仰仗傅相，設法代爲籌借，方可周轉。昨已禀懇，知關廑念，謹以附陳。夫辦天下事者，不患在艱難，而患在因循，尤患在徒託空言，而無補時局。金鏞有辦事之心，無辦事之才，以致時形竭蹶，而未遽能措手有爲，清夜自思，良深負疚。夙承垂睞，用特將急不待緩，熟籌於衷者，縷陳清聽，尚乞訓言時錫，俾有遵守，是所叩禱。專肅禀濆，恭叩鈞安。

又總署收黑龍江將軍依克阿唐文《齊齊哈爾礦務局擬移漢口並安設漢洛乾三廠電線》〔光緒十六年〕四月初八日，黑龍江將軍依克唐阿文稱：據齊齊哈爾礦務局案呈，據奏派督理黑龍江等處礦務吉林候補道李金鏞禀稱，竊職道前擬章程第十一條內，議請撥兵開通陸路後，即可安設電綫。嗣因撥兵之舉不行，陸路未開，電綫亦無從安設，總局設於山中，種種不便。現擬遷移漢口，以便兼顧輪船往來。及各分局事務，惟無電綫，則三廠均處萬山之中，消息仍不能靈捷。計自漢廠至口七十里，由漢河口至洛古河口一百三十里，進洛廠十五里，由洛古河口至墨河口一百里，由墨河口至乾廠九十里，設有要事，由漢廠至乾廠，專人送信，春冬行冰道，計四百餘里，須行三四日；夏秋駕小船上駛，非七八日不達。如遇封江開江之際，雖事極緊要，亦須守待月餘，方能來往。非設法將三廠聯爲一氣，則緩急不能相顧。現擬由漠廠過洛廠至乾廠一帶，安設電綫，雖經費支絀，不得不勉力籌辦，庶幾呼吸靈通，無虞梗阻。約由陸路勘通，取直設綫，較繞江道迂折可近百里。查黑河屯電報局領班生駱春榮，曾於展設吉江電綫，身親其役，可稱熟手，似無須另聘洋匠。已移請盛道宣懷，飭調該領班生。並另先派打報學生兩名，速令前來，薪水均由職廠開支，所有需用打報機器鈎碗綫料等物，亦由職廠備款派員採辦。至木桿徧山皆是，無待外求。一俟人到料齊，即行舉辦。應否歸併盛道經理，以一事權之處，届時再行禀請核奪。所有職局擬移漠口，並三廠安設電綫，派員辦科，移請調撥學生各緣由，理合具禀呈報，應否請咨總署備案之處，伏祈鑒核施行，實爲公便等情。據此，除批據禀請聯絡三局，籌款添設電綫，以期各局呼吸靈通等情，俱係爲公起見，自應准照所請。除咨報總署備案外，仍候北洋批示繳印發外，相應咨呈，爲此咨呈總理各國事務衙門鑒核施行。

又總署收北洋大臣李鴻章文附俄公司輪船裝運漠廠糧貨約單續議章程《咨呈李金鏞所訂俄輪裝運漠廠糧貨約單暨續議漠廠章程》〔光緒十六年〕五月初六日，北洋大臣李鴻章文稱：據督理黑龍江漠河等處礦務道員李金鏞禀稱，竊於光緒十四年十二月，到漠開工之始，即擬有章程十條，旋於十五年六月，因礦眼大受水患，改開明礦，又擬章程八條。均經禀奉鈞批照准，並懸示在案。竊維事屬創舉，當開辦之初，雖經明定章程，而事非經過，其未及籌慮者尚多。自經辦年餘以來，鉅細躬親，隨事察度，而知若何則不便於公司，且不便於礦丁，若何則便於礦丁，亦即便於公司者，亟須參酌權宜，以期有裨全局，特另續擬章八條，有就向章稍加損益者，有因向章不便而全行更改者，亦有向章所無而添列專條者。嚴明約束之中，曲予通融之意，庶幾礦丁等趨事赴功，相要持久。事無成例，須因時以制宜；法貴變通，必經歷而始悉。既不敢狃於拘守，亦不敢好事更張，祇當隨時體察情形，斟酌籌辦，以期有濟於公而已。所有續擬章程八條，理合繕請鑒定，俾得榜挂局門，使各周知遵照，務乞批示祗遵，實爲公便，計呈章程清摺一扣。又據另單禀稱：竊職道於月之初四日，接奉鈞函，並批示各件，謹悉種切。承示俄公司輪船攬載一節，須俟該公司禀明該玻里總督，核奪辦理等因。具徵洞悉夷情，慎重交涉之至意。惟輪船運送糧貨，爲金廠最要之端，必須及早訂定。旋悉該公司股份，係俄親王大臣爲最，經總辦電致俄京，雖因畢爾那託爾公司輪船准否攬裝我載，彼此以閙衆商暨公司中人，均嘖有煩言，始答以廓總督業已來電准裝等情。職道即與該公司訂立約單，其有須商於廓爾孚事件，已於約單第八條叙明，昨已來電允行。此係各俄商暨該公司仰慕威望所至，不勝欣幸。茲將所訂約單，繕呈鈞鑒。查此次公司與商輪互相爭攬，是以運價極賤，詢之各商，咸謂自有輪船以來，未有如此者。職道以爲即使其價甚賤，終非自有之爲可恃，是以自造之舉，未嘗一日去懷也。至本年公司所備糧貨，除公司輪船裝七萬蒲桶外，各商輪攬裝八萬蒲桶之數，亦各另訂約單矣。知關厘注，縷晰陳之，計清摺一扣各等情，到本爵大臣。據此，除批禀單清摺閲悉。該道前兩次擬送礦務章程，事屬創辦，未經慮及者尚多，今已閲歷有得，損益因革，續訂章程八

條，因時因地，各制其宜，所籌甚是，仰即榜示周知。仍隨時體察情形，斟酌稟辦，期於局務有濟。俄輪運送糧貨，實爲金廠急務，該公司既以攬載我貨爲榮，並因各巨商向我甚堅互相爭攬，議定運價極廉，我實暗受其利，殊爲可喜。所訂約單，亦甚妥協，候一併咨明總理衙門查照繳等因印發，並清摺抄存外，合將原摺咨送貴衙門，請煩查照。

照録清摺。

謹將訂定俄公司輪船裝運糧貨約單，繕呈鈞鑒。

計開：

一、本公司總理佘世綿測甫，攬載李道臺大人金廠貨物，自光緒十六年，即西曆一千八百九十年開江時起，至封江前止。本公司奉到大黑河邊界官慶知照，命至何處裝載，即速開輪前往，決無稍誤。至所裝貨物，以聶格來司、錫爾沽二處合計，共運七萬浦桶。其水脚聶格來司每浦桶七十六格別，錫爾沽每蒲桶五十二格別。以上均是由各處運至漠河之價，本公司以小火輪或本輪駁運奇乾河貨物，惟應視水之能否駛船爲定。如有貨物由黑河分裝至阿拉巴金，水脚每浦桶計二十九格別，由漠河轉運至奇乾河口，每浦桶加十二格別；由漠河轉運至博克諾，付加三格別。聶格來司裝船起駁上棧小工力錢，係本公司自給，李道臺分文不管。此外各處上下貨小工力錢，係中國金廠發給，本公司亦分文不管。應納稅之貨，稅錢金廠自付。貨物上船，本公司格外小心照應，如遇水小不能上去，至斯他列里喀卸載者，不另加錢。至所裝貨物，除火藥鉛丸火槍軍械不裝，其餘糧食油酒煙麻茶葉，與夫各種雜貨鐵器，均爲裝載，不能推諉。如輪船每次裝五千至一萬浦桶以內者，押載官員通事人等，准十人不給水脚；一萬至一萬五千蒲桶者，准十五人不給水脚。每人准帶行李五浦桶，亦不另加錢。官員通事坐官艙，粗人兵丁等在外面。如押糧人數照定額多出者，每人船價上下，由聶格來司至漠河羌帖十張，由錫爾沽至漠河羌帖五張，由愛琿至漠河羌帖二張半。中國人上船，該船主妥爲照料，茶水方便，另備煮飯地方一處，不得稍有欺侵。

二、中國金廠應給裝貨水脚，議明由大黑河邊界官慶、分局委員余付給，訂立約單後，先付定錢羌帖五千張，由伯力中國商人紀鳳台處付給。其餘水脚應俟運完三萬五千浦桶時，付給三萬五千浦桶脚錢，再運完三萬五千浦桶時，再將脚價付清。收脚價時，寫給收據一紙。所有七萬浦桶水脚，均係發給羌帖。如金廠有銀寄與紀鳳台處，亦交本公司輪船帶交，不加帶費。

三、所訂兩處裝貨，須裝足七萬浦桶之數，即再多若干，本公司亦全數裝運，不致誤事，脚價仍照原約所定之數付給。如金廠貨物不足七萬浦桶，議明每浦桶照五十格別貼賠水脚。如公司輪船少裝誤事，亦願照每浦桶五十格別賠罰。

四、每次裝卸，載在五六千浦桶者，均不得過兩天；如一萬浦桶至一萬五千浦桶者，不得過三天。如無故多延一天，包羌帖七十五張；多延半天，包羌帖三十七張五十格別。輪船到時，如在七八點鐘，作一天；十二點鐘，作半天；二三點鐘到不算，即自次晨起算。或下雨及天氣不好，難以裝卸，不能包錢。無論錫爾沽、愛琿、黑河、聶格來司裝貨畢，及往來經過以上各處，本輪船願待四點鐘工夫，無事即啓輪，皆不包錢。再貨物裝卸時，如各局小工人少，倘煩船上人幫同裝卸，每浦桶給兩格別。

五、除天災不計外，如輪船設有疏失，均本公司包賠。油酒另裝一處，如在船損漏，本船代爲收拾。倘放處不妥，致擠壓滲漏者，本公司認賠。如裝放穩妥，有損漏而已，代爲收拾，仍不能好，亦不認賠。

六、除天災燒毁、水小、刀兵等故外，倘自一千八百九十年開江起，運載不滿七萬浦桶之數，及失事，係由本公司之過，本公司照第三條五十格別一浦桶賠償。如遇途中水淺，輪船往返被阻，或就地卸去半載運來，然後前去再裝，或用小輪船駁運，不致誤金廠食用；設遇封江時，船行半路凍住不能上駛，所有貨物，應擇善地代爲安置，其貨於住凍時，非由輪船致損者，不能包賠。俟明年開江，補運到漠，其水脚以外之費，金廠一概不管。

又總署收軍機處交出李鴻章抄片《漠河金廠委員李金鏞病故派袁大化暫行接辦廠務》〔光緒十六年〕十一月十九日，軍機處交出李鴻章抄片稱：「再，漠河礦務，關繫重要，李金鏞在差病故，自應遴選大員，前往接辦。惟極邊寒苦之地，强鄰密邇，諸務掣肘，人皆視爲畏途，一時寔無得力可信之人，堪以派往。候選知縣袁大化，前隨吴大澂在吉林琿春一帶，籌辦墾荒練兵事宜，耐苦耐勞，結寔可靠。上年經李金鏞稟調赴工，稱其膽識俱優，足任艱鉅，到工後派充該局提調，襄助一切，極爲得力。李金鏞以病請假，即派該員代理局務，迄今數月，迭次接閱稟牘，規畫井然。現值隆冬封凍，工作較簡，出金漸稀，該員方在力裁繁費，支拄艱危，且熟悉該處中外情形，竟無出其右者。昨接依克唐阿電稱，地方静謐，諸臻就緒，可令該員一手經理。當由臣劄飭袁大化，暫行接辦漠河礦務，以

專責成。將來擇有才地相宜，堪以派往之員，再隨時奏明辦理。理合會同黑龍江將軍臣依克唐阿，附片具陳，伏乞聖鑒。謹奏。」

光緒十六年十一月十九日奉硃批：「知道了。欽此。」

十一月二十一日，北洋大臣李鴻章文稱：爲照本閣爵大臣，於光緒十六年十一月十六日，會同黑龍江將軍依，在天津行館差弁具奏，辦理漠河邊礦道員，積勞病故，懇恩優卹一摺。又附奏漠河金廠派袁令大化代理，俟擇有人員，再隨時奏明辦理一片，相應鈔録摺片，咨會貴衙門，請煩查照。

又總署收北洋大臣李鴻章文《（一）漠廠籌提黑省軍餉銀兩，（二）購船事暫作罷論》〔光緒十八年〕五月二十日，北洋大臣李鴻章文稱：五月十一日，據辦理黑龍江礦務候選知府袁大化稟稱，竊於本年二月二十八日，接奉憲臺札行户部咨開各節，除還黑龍江庫餉銀三萬兩外，查及光緒十三年十二月間，總理各國事務衙門會議章程内開，此項礦務收穫盈餘，作爲二十成計算，以六成提充軍餉，四成作爲局用，下餘十成，歸商股均分等因，奏准在案。查卑府前於核造十五年報銷總册時，屢經具牘聲明，原議章程，招股二十萬，開辦此項礦務。嗣經李故道新舊數年，止招股本銀二萬九千餘兩，券借佳水公款銀十萬兩、江省庫款銀三萬兩，絲毫未能繳還。現款異常拮据，招股又不踴躍。當蒙仁明洞照，將應提軍餉，及員司花紅，批飭暫從緩議；其股友應分餘利，先行照數提分，以示懸的爲招，冀可多集成本，徐圖扣抵借項。現經陸續添招銀一萬二千餘兩，連前共湊股本銀四萬餘兩。江省庫款三萬兩，雖已如數呈繳，其佳水公款十萬兩，祇繳三萬，下餘七萬兩，終須如數歸還，未便虧短絲毫。刻值出金減少，各廠礦丁積欠纍纍，未能遽償，本無餘款提充軍餉。惟自十四年十二月開辦漠礦以來，截至十七年十二月，已屆三年。試辦期滿，員司辛苦異常，希冀得邀一獎，商股均沾餘潤。軍餉未提分毫，雖招商練勇，興利寔邊，顯著成效。而現款未能籌助分釐，究於報効國家之意，仍有未盡。現擬將員司花紅，仍遵前批，暫從緩議，先儘數酌提軍餉銀九千兩，無論局款若何艱難，即行設法籌措，解繳黑龍江省軍庫，稍申報効之誠。至部文令將歷年收金數目，及係按照何時市價易銀，迅即按款查明，確切聲復報部等因。本非奏定章程，事關商人集腋，處處覈實經理，毫無弊混，未便以文牘苛求，前蒙憲批有案，自無庸頓易舊章，致涉煩瑣。所有遵札籌提江省軍餉銀九千兩各緣由，合先肅稟具陳，仍候批示遵行。【略】

又《漠廠報效軍餉暨礦款艱窘情形》〔光緒十九年〕二月二十五日，北洋大臣李鴻章文稱：據督理黑龍江漠河等處礦務道員袁大化稟稱，竊職廠前造呈光緒十五、六、七三年報銷清册，内計十五、十六兩年結算餘利，除提公積，皆祇餘銀三萬兩，照二十成均分，年各應提六成軍餉銀九千兩，業經先後解繳，並蒙黑龍江將軍依飭司兑收在案。至十七年分結算餘利，除提公積，共祇餘銀五萬兩，照二十成均分，應提六成軍餉銀一萬五千兩。目下經費奇絀，本難即行抽收，故前稟聲明從緩議繳。惟係報效軍餉之款，似又未便日久宕延，應於無可設法之中，勉爲設法措繳。兹於愛局售金價内，將別項暫從緩議，先儘軍餉籌足愛平銀一萬五千兩，准於今正開印日如數繳清。已飭愛局委員袁經歷杲，將籌備現銀届日送交黑龍江副都統衙門，就近匯交黑龍江軍庫兑收，以清三年應提軍餉銀三萬三千兩，兹已如數繳訖。並稟請黑龍江將軍依，附片奏明，以重軍餉而伸報效。伏查職廠自將前借津郡公款銀十萬兩、江省庫款銀三萬兩，陸續籌繳清訖後，所存成本，已經無多。加之乾廠積虧甚巨，尤須籌款彌補，困苦艱難，莫可言狀。今又將黑龍江三年軍餉，全行提清，則礦款益形支絀。蓋歷年所售股票，不過四萬兩，加以十六、七兩年股友餘利，全以未售股票填抵，統計不過八萬餘兩。實存成本，祇有此數，而又大半爲糧貨積壓，礦丁拖欠。此間局面墊辦開銷，每年皆須十餘萬兩，其中艱苦情形，固可不言而喻。近來各廠出金，又不暢旺，周轉更覺爲難。職道惟有裁人減費，處處格外撙節，設法支撑，力疾從公，冀不致有損大局，用以奉慰廑懷。所有繳清三年應提六成軍餉銀兩，並附陳礦款艱窘情形各緣由，理合具稟，鑒察核咨等情，到本閣爵大臣。據此，除批據稟已悉。該道於愛局售金價内，籌備現銀一萬五千兩，轉解黑龍江軍庫兑收，以清三年應提六成軍餉銀三萬三千兩，稟由依將軍附片奏明，辦理甚爲妥協。候咨總理衙門、户部查照，並咨黑龍江將軍核辦。該廠出金不旺，周轉不無艱窘，應隨時裁汰員司，酌減薪費，格外撙節，設法措拄，是爲切要等因印發外，相應咨明貴衙門，請煩查照。

又總署收署北洋大臣王文韶文附清册《光緒十九年分漠河等金廠收支各款清册》〔光緒二十一年〕二月初九日，署北洋大臣王文韶文稱：據督理黑龍江漠河等處礦務道員袁大化稟，光緒十九年分，該廠所得金價貨利，以及開支礦丁分金、商股官利、廠局薪水營餉一切公費，並結餘等款，造具清册，呈請查核存轉前來。除清册分別存送外，相應咨送貴衙門，請煩查核。

照録清册。

奏派督理黑龍江等處礦務，兼統漠河護礦營花翎二品銜儘先選用道，謹將光緒十九年正月初一日起，至十二月底止，所有職局第五屆收支銀錢各款，繕具簡明四柱清册，恭呈憲鑒，轉咨施行。須至清册者。

計開：

舊管：

一、存股本愛平銀五萬九千兩正。

一、存第一屆結餘愛平銀六千二十八兩正。

一、存第二屆結餘愛平銀六千一百兩正。

一、存第三屆結餘愛平銀五萬兩正。

一、存第四屆結餘愛平銀四萬兩正。

一、存第三、四屆保險公積愛平銀二萬四千四百四十五兩六錢五分三釐二毫一絲八忽三微。

以上共存愛平銀十八萬五千五百七十三兩六錢五分三釐二毫一絲八忽三微。

新收：

一、收愛局售金價愛平銀三萬八千六百九十五兩八錢二分五釐。

一、收滬局售金價愛平銀十三萬二千九百七十六兩二分九釐五毫二絲三忽八微。

一、收恰克圖售金價愛平銀八千三百十一兩三錢二釐七毫二絲。

一、收運赴津局條金未售作價愛平銀三萬五千四百七十二兩四錢八分。

一、收年終實存各廠金沙作價愛平銀一萬一千八百九十九兩三錢三分五毫。

一、收滬局售十八年終實存條沙餘價愛平銀四千八百五十九兩二錢六分六釐九毫。

一、收運恰克圖售十八年終實存洛沙餘價愛平銀一百三十八兩五錢九分五釐二毫五絲。

一、收津局鎔金提出紋銀，計愛平銀二百五十九兩一錢二分七釐。

共收各局售金價愛平銀二十三萬二千六百十一兩九錢二分九釐八毫九絲三忽八微。

一、收售股票四百張愛平銀四萬兩正。

一、收代礦丁墊辦糧貨餘利愛平銀二萬六千二百五十四兩一分一釐二毫六絲二忽。

一、收督理家眷住局貼火食愛平銀一百八十九兩六錢四分二釐八毫五絲。

一、收滬局存錢莊銀納息愛平銀七百七十兩七錢七分七釐一毫四絲。

一、收漠口市房租價愛平銀六十四兩九錢二分八釐五毫七絲。

一、收銀洋中美兑換餘款愛平銀四百六十一兩六錢六分七釐七毫二絲四忽三微。

共收愛平銀六萬七千七百四十一兩二分七釐五毫四絲六忽三微。

以上統共收愛平銀四十八萬五千九百二十六兩六錢一分六毫五絲八忽四微。

開除：

一、支漠廠各把頭六成金價愛平銀五萬六千二百五十五兩五分四釐。

一、支乾西北廠各把頭六成金價愛平銀一千三百四十四兩九錢四分六釐五毫。

一、支乾新廠各把頭六成金價愛平銀三千三百八十七兩二錢四分五釐五毫。

一、支乾老廠各把頭六成金價愛平銀二百四十九兩二錢一分六釐七毫。

一、支洛西廠各把頭六成金價愛平銀一千八十五兩二分九釐三毫。

一、支窪希利溝各把頭六成金價愛平銀三百七十七兩二錢七分八毫。

一、支窪希利西南溝各把頭六成金價愛平銀二千六百十六兩七錢一分六釐二毫。

一、支試辦觀音山廠各把頭六成金價愛平銀三千八百五十六兩六錢八分。

共支各廠六成金價愛平銀六萬九千一百七十二兩一錢五分九釐。

一、支十九年分各股友官利愛平銀六千一百八十三兩二錢九分六釐。

一、支十五年分軍械、局房、機器、騾馬、船隻。第五屆二成價愛平銀五千二百四兩九錢二分九釐四毫一絲一忽六微。

一、支十六年分電線、局房、義渡、船隻、機器、馬匹。第四屆二成價愛平銀二千二百七十九兩七錢三分六釐五毫一絲八忽七微。

一、支十七年分機器、車輛、馬匹等項。第三屆二成價愛平銀一千一百五十一兩五錢五分五釐九毫八絲。

一、支各廠局局費愛平銀一萬四百九十九兩五錢二分七釐八毫八絲。
一、支各廠局器具愛平銀四百三十兩九分三釐九毫。
一、支愛黑滬三局房租愛平銀五百四十七兩二錢正。
一、支各廠局犒賞出力兵、工人等愛平銀六百三十一兩一錢八分四釐二毫七絲。
一、支各廠局馬牛料愛平銀八千五百九十二兩八錢六分四釐六毫九絲。
一、支各廠發給礦丁淘金鐵器愛平銀二千五十二兩七錢八分二釐五毫。
一、支各局電報費愛平銀六百三十四兩八分七釐二毫。
一、支解金、銀鏢馬匯路費愛平銀五千七百二十三兩七錢五分四釐七毫。
一、支各員司因公往來路費愛平銀五百十八兩三錢七分四釐一毫。
一、支各處採苗費愛平銀一千七百十二兩一錢二分八釐。
一、支漠廠機器，僱工辛工、火食。愛平銀一萬七千三百八十三兩四錢五分八釐九毫。
一、支漠北溝機器，僱工辛工、火食。愛平銀五千九百七兩九錢二分五釐六毫八絲。
一、支養病院米麵、葯料愛平銀四百二十兩三錢一分八釐。
一、支漠乾兩廠工匠辛工愛平銀七百三十五兩正。
一、支漠乾兩廠開墾等項小工辛工愛平銀九百四兩五錢正。
一、支馬價愛平銀五十八兩二錢一分四釐。
一、支提赤金內摒入愛平銀二十兩五錢六分五釐。
一、支提赤金手工，葯水費愛平銀一百二十二兩三錢五分六釐。
一、支督理十九年分薪水公費愛平銀二千四百兩正。
一、支各員司十九年分薪水愛平銀一萬一千一百四十兩六錢正。
一、支解金差弁並各局通事薪水愛平銀九百十七兩正。
一、支江省愛城、黑河各署局津貼愛平銀二千一百二十四兩正。
一、支各員司川資並各項酬應愛平銀六百十兩五錢七分八釐五毫。
一、支病故員司卹典愛平銀二百四十兩正。
一、支護礦營馬步隊五哨餉銀、馬乾。湘平折愛平銀二萬九千七百四兩五錢六分八釐五毫四絲四忽。
一、支津貼護礦營馬步隊五哨米麵。愛平銀一萬七百七十六兩六錢八分五釐七毫二絲。
一、支十八年各幫亡丁虧累公司代認一半。愛平銀五百二十六兩五分三毫五絲。
一、支由吉林解銀來愛、漠傷平愛平銀九百六十八兩七錢正。
一、支由第一屆結餘項下付各員司花紅愛平銀六千兩正。
一、支由第二屆結餘項下付各員司花紅愛平銀六千兩正。
一、支由第三屆結餘項下付各員司花紅愛平銀一萬兩正。
一、支由第三屆結餘項下付各股友餘利愛平銀二萬四千七百五十兩正。
一、支由第三屆結餘項下付黑龍江軍餉愛平銀一萬五千兩正。
一、支由第四屆結餘項下付黑龍江軍餉愛平銀一萬二千兩正。
一、支由公積項下開除各把頭逃丁虧款愛平銀二萬三千二十二兩二錢七分七釐五毫。
共支愛平銀一十二萬七千八百九十四兩三錢一分三釐三毫四絲四忽三微。
以上共支愛平銀二十九萬七千六十六兩四錢七分二釐三毫四絲四忽三微。
實在：
一、存股本愛平銀九萬九千兩正。
一、存第一屆結餘原存銀六千二十八兩，除付各員司花紅銀六千兩外，淨存愛平銀二十八兩正。
一、存第二屆結餘原存銀六千一百兩，除付各員司花紅銀六千兩外，淨存愛平銀一百兩正。
一、存第三屆結餘原存銀五萬兩，除付黑龍江軍餉銀一萬五千兩，各股友餘利銀二萬四千七百五十兩，各員司花紅銀一萬兩外，淨存愛平銀二百五十兩正。
一、存第四屆結餘原存銀四萬兩，除付黑龍江軍餉銀一萬二千兩外，淨存愛平銀二萬八千兩正。
一、存第三、四屆保險公積原存銀二萬四千四百四十五兩六錢五分三釐二毫一絲八忽三微，除付各把頭逃丁欠款銀二萬三千二十二兩二錢七分七釐五毫外，淨存愛平銀一千四百二十三兩三錢七分五釐七毫一絲八忽三微。
一、存第五屆結餘愛平銀五萬兩正。
一、存第五屆提出保險公積愛平銀一萬五十八兩七錢六分二釐五毫九絲

五忽八微。

共存愛平銀十八萬八千八百六十兩一錢三分八釐三毫一絲四忽一微。

以上共收愛平銀四十八萬五千九百二十六兩六錢一分六毫五絲八忽四微。

共支愛平銀二十九萬七千六十六兩四錢七分二釐三毫四絲四忽三微。

除支浄存愛平銀十八萬八千八百六十兩一錢三分八釐三毫一絲四忽一微。

又總署收署黑龍江將軍增祺文《袁大化稟報觀音山金廠解金執照事》〔光緒二十一年〕四月二十四日，署黑龍江將軍增〔祺〕文稱：辦理交涉處案呈，據督理漠河金廠礦務道袁大化稟稱，竊職道光緒二十年十一月初六日，接准俄東悉畢爾總督杜賀孚斯凱函開，茲奉到貴大人光緒二十年八月二十日惠函，茲藉悉一是。並前承賜寄玉照，已拜領訖，不勝感謝。至貴大人所懇解金一事，敝督已函囑阿穆爾省固畢爾那托爾，逕由貴處自行發給妥當執照，凡由觀音山解金順阿穆爾江行走，自無阻滯。又二十三日，接准俄阿穆爾省固畢爾那托爾照會内開，照得本固畢爾那托爾，茲奉到東悉畢爾總督本年十月二十一日第六百零一號公文内開，據貴大人懇請，嗣後由貴國觀音山金廠解金順阿穆爾江行走，須用中國持械馬兵數名護送，准由貴大人處逕發妥當執照，以免沿途阻滯等因。咨到敝固畢爾，合應據情照會貴大人，即請嗣後於執照内註明所解金數若干，由某處起解，並解往何處爲要各等因。准此，理合具稟呈報，伏乞俯賜鑒察存案施行，實爲公便等因，稟報前來，合亟呈請咨呈等情。據此，相應備文，爲此咨呈貴衙門鑒核，備案施行。

又總署收署北洋大臣王文韶文《漠廠第五屆提繳江省軍餉銀》〔光緒二十一年〕五月十四日，署北洋大臣王文韶文稱：據督理黑龍江漠河等處礦務道員袁大化稟稱，竊職廠前繳歷屆應提充黑龍江六成軍餉銀兩，均稟由黑龍江將軍附片奏明，並稟蒙北洋大臣李〔鴻章〕分咨總署、户部各在案。茲查十九年分第五屆餘利銀六萬五十八兩零，提存一萬五十八兩零，作爲保險公積之款，餘銀五萬兩，照章按二十成派分，業經稟奉憲臺暨護理黑龍江將軍批准照辦。除商股十成餘利銀二萬五千兩，已飭各分局按股照發。員司四成花紅銀一萬兩另案稟報外，所有黑龍江六成軍餉銀一萬五千兩，業於去年十一月間，因江省需餉孔急，函飭愛局委員就近由售金項下，如數解交黑龍江副都統衙門兑收匯省。除另具解批稟請護理黑龍江將軍增〔祺〕飭司驗收，並分别奏咨備案外，理合稟報核咨總理衙門，户部存查，實爲公便等情，到本署大臣。據此，除分咨外，相應咨呈貴衙門，請煩查照。

又總署收北洋大臣王文韶文附清册《漠河等處金廠第六届收支各款清册》〔光緒二十一年〕七月初九日，北洋大臣王文韶文稱：據督理黑龍江漠河等處礦務道員袁大化稟，光緒二十年分，該廠所得金價貨利，及開支礦丁分金、商股官利、廠局薪水餉一切公費，並結餘等款，造具清册，呈請查核存轉前來。除清册分别存送外，相應咨呈貴衙門，謹請查核可也。

照録清册。

奏派督理黑龍江等處礦務，兼統漠河護礦營花翎二品銜遇缺儘先選用道，謹將光緒二十年正月初一日起，至十二月底止，所有職局第六屆收支銀錢各款，繕具簡明四柱清册，恭呈憲鑒，轉咨施行。須至清册者。

計開：

舊管：

一、存股本愛平銀玖萬玖千兩正。

一、存第一二三届結餘尾存愛平銀叁百柒拾捌兩正。

一、存第四届結餘愛平銀貳萬捌千兩正。

一、存第三四兩届保險公積愛平銀壹千肆百貳拾叁兩叁錢柒分伍釐柒毫壹絲捌忽叁微。

一、存第五届結餘愛平銀伍萬兩正。

一、存第五届保險公積愛平銀壹萬伍拾捌兩柒錢陸分貳釐伍毫玖絲伍忽捌微。

共存愛平銀拾捌萬捌千捌百陸拾兩壹錢叁分捌釐叁毫壹絲肆忽壹微。

新收：

一、收愛局售金價愛平銀玖萬貳千壹百捌兩壹錢陸分。

一、收滬局售金價愛平銀肆拾伍萬壹千拾壹兩陸錢玖分叁毫捌絲。

一、收現售金價愛平銀陸百叁拾叁兩叁錢陸分。

一、收運赴津局條金未售作價愛平銀拾伍萬壹百捌拾伍兩柒錢叁分玖釐貳毫。

一、收年終實存金沙作價愛平銀陸萬壹千柒百玖拾柒兩柒錢伍分貳釐貳毫。

一、收愛滬局售十九年終實存條沙餘價愛平銀玖千叁百叁拾玖兩壹錢伍

分陸釐叁絲柒忽。

一、收津局鎔金提出紋銀，計愛平〔銀〕壹千肆百陸拾柒兩伍錢捌分玖釐。

共收各局售金價愛平銀柒拾陸萬陸千伍百肆拾叁兩肆錢肆分陸釐捌毫壹絲柒忽。

一、收股票叁拾貳張愛平銀叁千貳百兩正。

一、收代礦丁墊辦糧貨餘利愛平銀肆萬叁百貳拾叁兩柒錢叁分捌釐叁毫。

一、收督理家眷住局貼火食愛平銀壹百柒拾柒兩正。

一、收滬局存錢莊銀納息愛平銀捌百陸拾陸兩壹錢肆分肆釐叁毫叁絲肆忽。

一、收漢口市房租價愛平銀陸拾陸兩叁錢叁分叁釐。

一、收銀洋中兊換餘款愛平銀壹千柒百陸拾貳兩肆錢捌分捌毫叁絲叁忽捌微。

共收愛平銀肆萬陸千叁百玖拾伍兩陸錢玖分陸釐肆毫陸絲柒忽捌微。

以上統共收愛平銀壹百萬壹千柒百玖拾玖兩貳錢捌分壹釐伍毫玖絲捌忽玖微。

開除：

一、支漠廠各把頭陸成金價愛平銀拾伍萬玖千肆拾伍兩肆錢柒分壹釐。

一、支乾西北廠各把頭陸成金價愛平銀叁千叁百陸拾玖兩陸錢貳釐。

一、支乾老廠各把頭陸成金價愛平銀肆千壹百貳拾捌兩伍錢伍分貳釐。

一、支洛西廠各把頭陸成金價愛平銀貳百拾柒兩陸錢肆分玖釐。

一、支觀音山廠各把頭陸成金價愛平銀叁萬伍百柒拾壹兩壹錢貳分伍毫。

一、支觀東溝各把頭陸成金價愛平銀柒萬伍千柒百玖拾肆兩肆錢柒分貳釐。

一、支窪希利西南溝各把頭陸成金價愛平銀壹千伍百玖兩貳錢柒分壹釐捌毫。

共支各廠陸成金價愛平銀貳拾柒萬肆千陸百叁拾陸兩壹錢叁分捌釐叁毫。

一、支各股友官利愛平銀柒千叁拾陸兩柒錢伍分。

一、支十六年分電線、局房、義渡、船隻、機器、馬匹。第伍届貳成價愛平銀貳千貳百柒拾玖兩柒錢叁分陸釐伍毫壹絲玖忽壹微。

一、支十七年分機器、車輛、馬匹等項。第四届貳成價愛平銀壹千壹百伍拾壹兩伍錢伍分伍釐玖毫捌絲。

一、支造馬札蘭木機器壹座，工料愛平銀捌百肆拾陸兩叁錢肆分。

一、支乾廠造木機器壹座，工料愛平銀陸百叁拾陸兩陸錢壹分。

一、支馬價愛平銀玖百柒拾兩柒錢壹分叁釐。

一、支各廠局局費愛平銀壹萬壹千壹百叁拾貳兩貳錢叁分肆釐捌毫貳絲。

一、支各廠局器具愛平銀伍百叁拾陸兩肆錢肆分叁釐叁毫。

一、支愛黑滬三局房租愛平銀伍百伍拾叁兩伍錢正。

一、支各廠局犒賞出力兵、工人等愛平銀玖百捌拾玖兩叁錢叁分柒釐叁毫叁絲。

一、支各廠局馬牛草料愛平銀壹萬貳百陸拾叁兩玖釐陸絲。

一、支各廠發給礦丁淘金鐵器愛平銀叁千肆百柒拾壹兩叁分貳釐叁毫。

一、支各局電報費愛平銀伍百伍拾肆兩玖分肆釐。

一、支解金、銀鏢馬匯路費愛平銀柒百捌拾柒兩陸錢貳分肆釐玖毫叁絲叁忽。

一、支各員司因公往來路費愛平銀肆百貳拾兩玖錢壹分玖釐陸毫。

一、支各處採苗費愛平銀貳千柒百柒拾壹兩伍錢叁分陸釐陸毫。

一、支漠廠機器、僱工辛工、火食。愛平銀壹萬柒千壹百陸拾陸兩玖錢陸分。

一、支北溝機器、僱工辛工、火食。愛平銀伍千捌百陸拾伍兩玖錢伍分陸釐陸絲陸忽。

一、支馬扎蘭機器、僱工辛工、火食。愛平銀伍千伍百拾壹兩壹分陸毫。

一、支養病院米麵、藥料費愛平銀陸百伍拾叁兩捌錢叁分陸釐柒毫柒絲肆忽。

一、支漠乾觀三廠工匠辛工愛平銀壹千壹百叁拾貳兩正。

一、支漠乾兩廠開墾等項小工辛工愛平銀玖百肆拾捌兩正。

一、支提赤金內撕入愛平銀壹百叁拾叁兩柒錢叁分伍釐。

一、支提赤金手工、藥水費愛平銀柒百捌拾叁兩肆錢叁分。

一、支督理薪水公費愛平銀貳千肆百兩正。

一、支各員司薪水愛平銀壹萬壹千肆兩肆錢正。

一、支解金差弁並各局通事薪水愛平銀捌百柒拾捌兩正。

一、支江省愛城、黑河各署局津貼愛平銀壹千伍百捌拾叁兩正。

一、支各員司川資並各項酬應愛平銀陸百叁拾玖兩叁分玖釐陸毫陸絲。
一、支病故員司卹典愛平銀肆百捌拾兩正。
一、支護礦營馬步隊五哨餉銀、馬乾。湘平折愛平銀叁萬貳千壹百拾伍兩陸錢捌分伍釐叁毫肆絲肆忽。
一、支津貼護礦營馬步隊五哨米麵。愛平銀壹萬玖百拾貳兩陸錢肆分。
一、支各幫亡丁虧累公司代認一半。愛平銀肆百伍拾兩玖錢捌分肆釐陸毫陸絲。
一、支由吉林解銀來愛、漢傷平愛平銀壹千玖拾伍兩捌錢伍分。
一、支由公積項下開除各把頭逃丁款虧愛平銀壹萬壹千肆百捌拾貳兩壹錢叁分捌釐叁毫壹絲肆忽壹微。
一、支由第四届結餘項下付各股友餘利愛平銀壹萬玖千柒百捌拾兩正。
一、支由第四届結餘項下付各員司花紅愛平銀捌千兩正。
一、支由第五届結餘項下付黑龍江軍餉愛平銀壹萬伍千兩正。
共支愛平銀肆拾柒萬肆千伍拾肆兩貳錢肆分貳釐壹毫陸絲貳微。

實在：

一、存股本愛平銀拾萬貳千貳百兩正。
一、存第一二三四四届結餘尾存愛平銀伍百玖拾捌兩正。
一、存第五届結餘愛平銀叁萬伍千兩正。
一、存第六届結餘愛平銀叁拾陸萬兩正。
一、存第六届保險公積愛平銀貳萬玖千玖百肆拾柒兩叁分玖釐肆毫叁絲捌忽柒微。
共存愛平銀伍拾貳萬柒千柒百肆拾伍兩叁分玖釐肆毫叁絲捌忽柒微。
以上統共收愛平銀壹百萬壹千柒百玖拾玖兩貳錢捌分壹釐伍毫玖絲捌忽玖微。
共支愛平銀肆拾柒萬肆千伍拾肆兩貳錢肆分貳釐壹毫陸絲貳微。
除支淨存愛平銀伍拾貳萬柒千柒百肆拾伍兩叁分玖釐肆毫叁絲捌忽柒微。

又總署收北洋大臣王文韶文《漢廠第六届提撥江省軍餉銀》〔光緒二十一年〕十一月二十一日，北洋大臣王文韶文稱：據督理黑龍江漠河等處礦務道員袁大化稟稱，竊職廠前繳光緒十九年第五届應提充黑龍江六成軍餉銀兩，曾稟蒙憲臺存查，暨護理黑龍江將軍增附片奏明在案。茲查二十年分第六届餘利愛平銀三十八萬九千九百四十七兩零，提存二萬九千九百四十七兩零作爲保險公積之款，餘銀三十六萬兩，照章按二十成派分，業經稟蒙憲臺暨護理黑龍江將軍增批准照辦。除商股十成餘利銀十八萬兩，已飭各分局按股照發，員司四成花紅銀七萬二千兩，另案稟報外，所有黑龍江六成軍餉銀十萬八千兩，已於售金項下，派弁由天津起解現銀，如數呈繳黑龍江軍庫，以期早日兑收，藉伸報効之忱。理合稟報，伏乞俯賜察核，分咨總署、户部備查，實爲公便等情，到本大臣。據此，除分咨外，相應咨呈總理各國事務衙門，謹請查照。

又總署收北洋大臣王文韶電《漢觀兩廠假道俄境運金請商俄使保護》 光緒二十二年四月二十二日，收北洋大臣王文韶電稱：漠河金廠周守冕電稟稱，此間鏢局曾有被劫情事，至途中遇險，常常有之，而東三省馬賊之多而且横，尤以夏季爲甚。細想中國鏢局，不如外國保險之切實可靠，且費用亦較鏢運省多。現在卑局廠積金近萬兩，急思由俄界保險運走，可否轉商俄使，凡漠、觀兩廠之金寶、金條，准由海參威運滬，或由恰克圖運津，飭伯利俄督轉飭經過地方固畢爾那托爾，飭屬一律保護弗阻。每批解一次，必先期知會，並不運金沙，以便稽查各等因。查該守所請，自係爲慎重運務起見，應請俯賜照辦，候電復飭遵。文韶。箇。

又總署收北洋大臣王文韶文《呈報漢廠運金赴滬》〔光緒二十二年〕十二月二十三日，北洋大臣王文韶文稱：據督理黑龍江漠河等處礦務知府周冕稟稱，竊卑府於六月二十日，案奉憲臺札開，五月二十三日，准總理衙門咨開，所有漠河金廠假道俄境運金一事，經本衙門照會俄使後，俄使允電伯力總督，贊成其事。業於本年五月初三日，電達在案。茲於五月初七日，復准俄使照稱，准伯力總督電稱，念由東三省道路發送金條，難而無可靠，又欲相助貴國所有漠河金廠運住海參崴之金幫，已經劄行所屬，放行無阻。並設所宜各法，以保遄行無虞，即請達知北洋大臣，轉飭漠河金廠總辦，與阿穆爾巡撫會商發幫日期等因前來。除由本衙門照復俄使，轉電伯力俄督致謝外，相應鈔録俄使兩次來文，並本衙門復文，咨行貴大臣，轉飭漠河金廠照辦，仍將商辦情形，咨復本衙門備案可也等因，到本大臣。准此，札守即便遵照辦理，具覆核咨等因。奉此，當於六月底，發由俄國海蘭泡博騎圖保險運送金寶金條等，共一萬三千一百零三兩六錢九分，至海參崴航海赴滬，當取具該博騎圖收單存案。派委員弁張慶龍顯訓等，隨同解往在案，理合稟復等情，到本大臣。據此，相應咨呈貴衙門，謹請查照。

又總署收黑龍江將軍恩澤等文附抄片《請照漠河金廠新章酌加報效軍餉》 〔光緒二十三年〕正月十四日，黑龍江將軍恩澤等文稱：户司案呈，本衙門於光緒二十二年十二月十五日，附片具奏：爲照漠河金廠新章，酌加報效軍餉等因一片，除俟奉到硃批，再行恭録咨呈外，合請先行抄片咨呈等情。據此，相應咨呈，爲此咨呈總署鑒核施行。

照録抄片。

再，此次曹廷杰所擬章程第一條，報充軍餉。查照漠河新章，於廠局應得之一錢六分金價内，再提二分，歸入軍餉。每售得金砂一兩，以六錢價歸礦丁，以一錢四分價作爲股利局用，以二錢六分價報充軍餉，較漠河加增二分。係由奴才等以該員所領股本止五萬兩，如出金果旺，應分股利無多，飭令體念時艱，酌加報效。該員核實估計，加此二分，尚可辦理，毅然允從。每得金砂萬兩，即可爲朝廷多增二百兩金價，合銀五六千兩之譜。得金愈多，報效之銀亦愈多，實於軍餉不無少補。但此係因該廠股利無多，竭誠報效起見。若漠河金廠股本加此數倍，應分股利亦加數倍，不得責其照此辦理，致令股東減利，收還股本，有礙成局。理合附片具陳明，請旨飭下王大臣，會同核議照准，庶於軍餉、廠務兩有裨益，伏乞聖鑒。謹奏。

又總署收黑龍江將軍等電《漠觀兩廠沙金價值》 光緒二十三年正月十五日，收黑龍江將軍增祺等電稱：文電敬悉。頃飭據周冕電稱，遵查漠、觀砂金在愛出售，每兩值愛平銀二十五兩内外。滬市係足赤價，按成色折扣净金，用漕平價銀，按規平較愛琿可長售銀二兩左右。除去傷平水陸運匯保險約一兩開外，大約愛琿比上海每兩短售銀數錢。然積少成多，且愛市銷路不甚廣，故運滬較多，非急不在愛售等語。據此，敬覆。恩澤、增祺。删。

又總署收北洋大臣王文韶文附清册《咨送漠河等處金廠第七届收支款目清册》 〔光緒二十三年〕三月二十日，北洋大臣王文韶文稱：據前督理黑龍江漠河等處礦務已革道員袁大化禀，光緒二十一年分，該廠所得金價貨利等項銀兩收支數目，造具簡明清册，呈請查核存轉前來。除清册分別存送外，相應咨呈貴衙門，謹請查核。

照録清册。

卸辦漠河等處礦務花翎二品銜革職選用道，謹將光緒二十一年正月初一日起至十二月底止，所有職局第七届收支銀錢各細數，逐款繕具簡明四柱清册，恭呈憲鑒，轉咨施行。須至清册者。

計開：

舊管：

一、存股本愛平銀十萬五千兩。

一、存第一二三四四届股利平銀五百九十八兩。

一、存第五届結餘銀五萬兩，除附黑龍江軍餉一萬五千兩，净存愛平銀三萬五千兩。

一、存第六届結餘愛平銀三十六萬兩。

一、存第六届保險公積愛平銀二萬九千九百四十七兩三分九釐四毫三絲八忽七微。

共存愛平銀五十二萬七千七百四十五兩三分九釐四毫三絲八忽七微。

新收：

一、收津局售觀廠金價愛平銀五萬六千二百二十一兩九錢五分，漠乾金價愛平銀二十一萬七千五百三十五兩一錢三分。

一、收移交觀廠金價愛平銀八萬三千三百五十九兩七錢九分，漠乾金價愛平銀二萬二千一百八十八兩五錢七分。

一、收滬局售觀廠金價愛平銀三十五萬五千七百十八兩九錢五分六釐六毫，漠乾金價愛平銀四十七萬四千二百六十九兩九錢八分二釐七絲。

一、收愛局售觀廠金價，愛平銀二萬六千一百五十兩四錢六分。

一、收現售漠乾金價，愛平銀一萬九千五百八十九兩一錢三分三釐。

一、收滬局售二十年金價餘款，愛平銀四百八十九兩六錢四分九釐六毫。

一、收津局鎔金提出紋銀，計愛平銀五千七百十四兩四錢二分四釐。

共收各局售金價一百二十六萬一千二百三十八兩四分五釐二毫七絲。

查二十一年，共收漠、乾、窪三廠並機器金沙連加一申愛平計二萬九千四百七十八兩八錢六分一釐五毫，觀廠金沙連加一申愛平計二萬一千二百六十二兩九錢五分六釐，二共收愛平金沙五萬七百四十一兩八錢一分七釐五毫。除煉條傷火耗一千五十二兩五錢二分四釐二毫，净金條、沙四萬九千六百八十九兩二錢九分三釐三毫。理合聲明。

一、收代礦丁墊辦糧貨餘利，愛平銀九萬九千八百十九兩八錢三分一釐三

毫三絲。
一、收督理家眷住局貼火食愛平銀一百二十九兩。
一、收滬局在錢莊銀納息愛平銀八千六百七十四兩八錢五分四釐七毫。
一、收漠口市房租價，愛平銀一百四十兩三錢三分三釐。
一、收銀洋中差兑換，愛平銀二千八百五十八兩四錢一分九釐五毫九絲三忽八微。
共收愛平銀十一萬一千六百二十二兩四錢三分八釐六毫二絲三忽八微。
以上舊管、新收，統共愛平銀一百九十萬六百五兩五錢二分三釐三毫三絲二忽五微。
開除：
一、支漠廠礦丁六成金價，愛平銀二十五萬一千七百十二兩七錢一分六釐。
一、支乾西北廠礦丁六成金價，愛平銀一萬三千四百九十七兩三錢三分三釐。
一、支乾老廠礦丁六成金價，愛平銀一萬二百七十三兩六錢一分八釐。
一、支觀音山廠礦丁六成金價，愛平銀三百六十八兩三錢三分三釐。
一、支窪西南溝礦丁六成金價，愛平銀三百六十八兩三錢三分四釐。
一、支窪西利溝礦丁六成金價，愛平銀三百八十四兩八錢八分五釐。
共支各廠金價，愛平銀四十九萬八千七百四十三兩七錢九分九釐。
一、支各股友官利，愛平銀七千一百七十二兩七錢。
一、支十七年分機器、車輛、馬匹等項。第五屆二成價，愛平銀一千一百五十一兩五錢五分五釐九毫八絲。
一、支購軍械子藥費，愛平銀一千八百九十四兩五錢五分八釐。
一、支漠廠機器、僱工辛工、火食。並雜用，愛平銀一萬三千六百八十二兩三錢七分五釐五毫三絲。
一、支北溝機器、僱工辛工、火食。並雜用，愛平銀四千五百十八兩二錢六分六釐。
一、支馬扎蘭機器、僱工辛工、火食。並雜用，愛平銀四千七百三十六兩八錢二分一釐八毫。
一、支愛黑滬三局房租，愛平銀七百八十二兩七錢。
一、支各廠局犒賞出力兵、工人等，愛平銀二千九百八十三兩六錢五分二釐三毫三絲。
一、支各廠局馬(中)〔牛〕草料，愛平銀一萬一千九百九十八兩六錢六分一釐六毫。
一、支各廠發給礦丁淘金鐵器，愛平銀三千九百六十五兩一錢七分九釐。
一、支各局電報費，愛平銀九百九十三兩四錢四分三釐三毫。
一、支各廠局局費，愛平銀一萬五千五百四十三兩九錢五分九釐二毫。
一、支各廠局器具，愛平銀五百七十九兩三錢五分九釐九毫。
一、支解金、銀保險鏢馬匯路費，愛平銀三萬二千二百六十四兩六錢九分九釐六毫。
一、支各員司因公往來路費，愛平銀一千一百九十五兩四錢三分七毫。
一、支各處採苗費，愛平銀二千四百八十一兩七錢九分五釐三毫三絲。
一、支養病院米麪、藥料費，愛平銀一千二百三十一兩二分六釐九毫四絲。
一、支漠、乾、觀三廠工匠辛工，愛平銀一千一百四十七兩五錢。
一、支漠、乾兩廠小工辛工，愛平銀一千九十九兩八錢八分。
一、支提赤金內摒入愛平銀六百十一兩一錢四分四釐。
一、支提赤金手工、藥水費，愛平銀三千六百三十四兩一錢一分九釐。
一、支督理薪水公費，愛平銀二千六百兩。
一、支各員司薪水，愛平銀一萬五千七百六十兩六錢。
一、支解金差弁、各局通事薪水，愛平銀三千四十兩六錢六分。
一、支津貼江省愛城黑河各署局辦公費，愛平銀一千七百七十六兩。
一、支各員司川資并各項酬應，愛平銀一千六百二十三兩八錢四分五釐三毫三絲。
一、支病故員司卹典，愛平銀三百六十兩。
一、支各幫亡丁虧累，公司代認一半。愛平銀一千六百四十兩六錢四分三釐三毫。
一、支護礦營，馬步隊五哨餉銀、馬乾。湘平折愛平銀三萬四千七百四十六兩六錢三分三釐二毫八絲八忽。
一、支津貼護礦營馬步隊五哨米麪。愛平銀一萬一千八百六兩六錢一分三釐三毫二絲。

一、支馬價愛平銀二百六十八兩八錢七分四釐。
一、支津局繳軍餉十萬兩，行平申庫平。計加愛平銀四千三百二十八兩。
一、支預提解路造報等費愛平銀五千兩。
一、支由公積項下開除各把頭逃丁虧款愛平銀二萬九千九百四十七兩三分九釐四毫三絲八忽七微。
一、支由第五屆結餘項下付各股友餘利愛平銀二萬四千七百五十兩。
一、支由第五屆結餘項下付各員司花紅愛平銀一萬兩。
一、支由第六屆結餘項下付黑龍江軍餉愛平銀十萬八千兩。
一、支由第六屆結餘項下付各股友餘利愛平銀十七萬九千八百七十二兩。
一、支由第六屆結餘項下付各員司花紅愛平銀七萬二千兩。
以上統共支愛平銀一百十一萬九千七百五十三兩五錢三分五釐三毫四絲六忽七微。

實在：
一、存股本愛平銀十萬二千二百兩。
一、存第一二三四五六六屆股利，結餘尾存，愛平銀九百七十六兩。
一、存黑龍江軍餉，愛平銀三十九兩六千三百兩。
一、存股友餘利，愛平銀四萬七千八百四十兩。
一、存員司花紅，愛平銀九千五百七十八兩。
查此三項，係二十二年五月間，經周守稟請欽差延奏明照辦。理合聲明。
共存愛平銀五十五萬六千八百九十四兩。
一、存黑龍江四成賑款，愛平銀八萬九千五百八十三兩一錢九分五釐一毫九絲四忽三微。
一、存北洋三成賑款，愛平銀六萬七千一百八十七兩三錢九分六釐三毫九絲五忽七微。
一、存上海半成賑款，愛平銀一萬一千一百九十七兩八錢九分九釐三毫九絲九忽三微。
一、存本金廠半成公費，愛平銀一萬一千一百九十七兩八錢九分九釐三毫九絲九忽三微。
一、存員司二成花紅，愛平銀四萬四千七百九十一兩五錢九分七釐五毫九絲七忽二微。扣抵三萬六千兩在內。

共存愛平銀二十二萬三千九百五十七兩九錢八分七釐九毫八絲五忽八微。
查此款，係二十一年新收金價貨利雜餘，除支礦丁分金、本局開銷，共結餘銀六十七萬七千六百七十五兩九錢八分七釐九毫八絲五忽八微。再除提軍餉、股利、花紅三項銀四十五萬三千七百十八兩，净餘銀二十二萬三千九百五十七兩九錢八分七釐九毫八絲五忽八微。去冬經周守擬作十成派分，稟請黑龍江將軍、北洋大臣核議奏明。黑龍江賑款四成，北洋賑款三成，上海賑款半成，本金廠公費半成，員司花紅二成，共符前數。理合聲明。
以上統共收愛平銀一百九十萬六百五兩五錢二分三釐三毫三絲二忽五微。
共支愛平銀一百十一萬九千七百五十三兩五錢三分五釐三毫四絲六忽七微。
除支净存愛平銀七十八萬八百五十一兩九錢八分七釐九毫八絲五忽八微，如數移交周守接收清楚。理合聲明。

又總署收吏部片《請查復漠廠員弁保奬辦法》〔光緒二十三年〕六月初四日，吏部片稱：內閣鈔出直隸總督王奏稱，漠河金廠自十八年至二十一年，報効軍餉甚鉅，請將出力文武員弁，照章請奬一摺。原奏內稱，二十二年，欽差查辦事件大臣延茂等奏請，嗣後金廠保奬，但論報充軍餉之數，不必計以年分，如能報充軍餉在二十五萬兩以上，准保一次。自十八年以後，該廠出金日旺，截至二十一年，報充黑龍江北洋軍餉賑需，又追繳袁大化二十一年花紅，歸入江省充公等項，共銀八十二萬餘兩。在事出力員弁，照總理衙門原奏，已逾三年，固應保奬。即照延茂等所定新章，亦應給予奬勵，並延茂等所奏報効銀二十五萬餘兩，准保一次。以六十員爲率，計應保一百八十餘員，今僅保八十九員，不及定章之半。謹分異常尋常勞績，繕單仰懇天恩，准照所請給奬等因。光緒二十三年五月二十日，奉硃批：「該部議奏，單併發。欽此。」欽遵抄出到部。查光緒十四年正月，會議漠河金廠章程，在廠經辦各員，俟三年後如果實效昭彰，准照異常勞績，從優酌保數員；其出力稍次之員，照尋常勞績保奬。至保奬員數，按成效之大小，定人數之多寡等因。又本年四月，會奏議覆黑龍江將軍恩澤等奏呼蘭所屬覓有礦苗議章開辦一摺，原奏內開保奬一節，但論報充軍餉之數，不必計其年分，如能報充軍餉在二十五萬兩以上者，准保一次，異常勞績不得過十員，尋常勞績不得過六十員，共計不得逾七十員之數。應將各員到廠日期，及經管何項事務，先行咨部立案。於本年四月初四日具奏，奉硃批：「依議。欽此。」欽遵

各在案。今據直隸總督奏稱，漠河金廠自十八年以後，截至二十一年，共報充軍餉等項銀八十二萬餘兩，分别異常、尋常勞績，酌保文武員弁八十九員，除武職二十二員應由兵部辦理外，文職六十七員内異常勞績二十餘員、尋常勞績四十餘員，其所請核與例章不符者，應即照章核辦。至保奬員數，相應片行貴衙門查明，是否仍照光緒十四年定章，以三年爲限，照異常勞績酌保數員，其出力稍次者照尋常勞績保奬。抑或按照本年奏定新章，不必計其年分，以報充軍餉在二十五萬兩以上，酌保異常勞績十員，尋常勞績六十員。希即聲覆過部，以憑辦理，幸勿遲誤可也。

又總署收北洋大臣裕禄文附原奏《查復漠河金廠道員周冕被參各節》〔光緒二十四年〕十月初九日，北洋大臣裕禄文稱：本大臣於光緒二十四年九月二十八日，在天津行館專弁具奏：遵查黑龍江漠河金廠道員周冕被參各節，據實覆陳一摺，相應鈔摺咨呈貴衙門，謹請查照。

照録抄摺。

奏爲遵查黑龍江漠河金廠道員周冕被參各節，據實覆陳，恭摺仰祈聖鑒事：竊查接管卷内，前北洋大臣王文韶承准軍機大臣字寄，光緒二十三年十二月十五日，奉上諭：「有人奏，漠河金廠總辦向駐漠河，自湖南候補道周冕接辦，移總局於愛琿，諸務悉置不問，匯鉅款於上海，另開買賣，以致金廠日壞。又以鬍匪爲山賊，朦禀調兵，並冤殺流民多名，意在開支兵費等語。著王文韶按照所參各節，確切查明，據實具奏，毋稍徇隱。原片著抄給閲看，將此諭令知之。欽此。」又承准軍機大臣字寄，光緒二十四年正月十四日，奉上諭：「户部奏黑龍江漠河金廠，光緒二十二年收獲金沙二萬七千餘兩，提充軍餉銀二十五萬二千八百餘兩。核計該年金沙收數暨提充軍餉銀數，較之二十一年分所短甚鉅，難保無以多報少之弊情，飭查覆等語。漠河金廠經延茂查辦後，方冀日有起色，豈容稍滋弊混！著王文韶迅速查明，據寔具奏。該委員如有以多報少情事，即著從嚴參辦。原片著抄給閲看，將此諭令知之。欽此。」欽遵，當經前北洋大臣王文韶將周冕行撤差，飭委直隸候補道徐傑，前往接辦，按照所參各節，確切查明，據實禀復。兹據徐傑禀稱，該道於三月十九日由津起程，先赴上海，查核分局賬目，並密訪周冕有無開設買賣情事。復乘輪船，由海參崴一帶前進，按照原參各節，沿途詳細訪查。四月二十六日，行抵黑河，距愛琿總局七十里，調齊各項卷宗，及收售金沙賬簿，逐加查核。如原參漠河礦務道員李金鏞、袁大化先總辦皆身駐漠河，居中控制，出金暢旺，光緒二十一年增至五萬兩以外。自周冕接辦，移總局於愛琿，距漠河二千里，距觀音山廠亦千餘里，金廠中用人理財督工諸要務，悉置不問，故二十二年出金不及三萬兩，近來又少一節。遵查廠初開時，總局原設漠河，二十一年，周冕奉委接辦，到廠兩月，即行進省。旋值觀音山鬍匪滋擾，禀請帶隊往剿，至九月間竣事。二十三年正月，始行回漠。周冕以漠河地處極邊，往返不易，消息難通，惟愛琿即黑龍江舊城，北距漠河二千里，南距觀音山一千八百里，最爲適中，各廠金沙，由此彙解内地，津滬運來餉銀，及各廠糧貨等物，亦皆由此分途轉運，實爲礦務咽喉。原設有轉運分局，禀請改爲總局，身駐其間，係居中調度之意。每年春初，乘水簰赴漠；四月開江，乘輪赴觀音山；五六月回愛琿總局；入秋後再赴漠河；年終回愛度歲。往來督察，其於金廠中用人理財督工諸務，尚非悉置不問。查金廠自開辦以來，惟二十一年出金最多，其餘祇萬餘兩，及二萬餘兩不等。周冕接辦後，二十二年，得金二萬七千餘兩；二十三年，得金三萬四千餘兩。比較二十一年，數雖不足，而比較以前各年，猶有過之，並非遞年短絀。又原參總局虧短商款甚鉅，寔由該道挪匯數十萬兩，於上海另開買賣，以致金廠日壞等情一節。查愛琿城内各鋪商，周冕並無欠款，該道奉委由津起程時，先赴上海，將駐滬分局賬目，徹底清查。金銀出入往來，以及售價漲落各數，核與總局案據相符，亦無挪匯費事。至此外有無另開買賣，查無實據。又原奏稱，觀音山左近，向有鬍匪，廠員隨時查拏，從未聚衆滋擾。該道欲因此邀功，即以山賊朦禀，乃防營甫調，零匪遠颺，該道遂借運兵爲名，僱俄輪船三號，起俄之布里，接其由滬搭船赴漠之眷口，費銀二萬餘兩。又在烏蘇里江一帶，拏流民數十名，謂之積匪，帶回愛琿。將軍等知周冕不肯與聞此案，該道意在開支兵費，保舉道員。獨自酷刑逼供，人人呼冤，於是半夜出斬，冤殺至十八名一節。調查剿匪原卷，二十二年正月，周冕到差後，旋奉查辦事件大臣延茂飭傳進省。五月二十六日工竣，正在起程回局，忽接觀廠警報，鬍匪圖劫金廠，勢甚可危。周冕馳回愛琿，續奉黑龍江將軍電諭，觀廠金匪搶掠，已飭馬隊防剿，〔今〕〔令〕即酌帶礦勇，會同進剿。旋又奉總理各國事務衙門電稱，觀音山股匪，急宜剿捕，已照會俄使，轉飭俄官，相助堵剿，並將僱輪速與妥商各等因。周冕當即會同馬隊營官提督吴經魁等，酌帶馬步隊，僱覓俄輪三艘，前往觀音山及下游沿江一帶追剿，一面照會俄官，分〔投〕〔頭〕堵截。直追至俄界布里相近之烏蘇里江撓力溝地方，始將此股鬍匪剿捕殆盡。除陣前斬殺不計外，生擒四

十二名，押回愛琿，會同黑龍江副都統，審訊明確，分别情節輕重，擬議罪名，由副都統咨准黑龍江將軍核覆，飭將情罪重大之匪劉洸得等十八名，又石秉信等二名，照章就地正法。其餘二十二名，情節較輕，或發交金廠，罰作苦工，或取保遞籍管束。該道由海參崴一帶赴局，沿途訪問，華民僉稱，鬍匪寔爲大害，自經周冕剿辦，商民藉得安業，委無冤殺及妄拏無辜情事。所僱俄輪並一切用款，據報共用銀二萬九千餘兩，係爲剿匪之用，並非接眷所需。又原參周冕駐布里時，厚賂俄提督，電致俄使臣在總署保其可以重用一節。查周冕因金廠出入，皆須行走俄境，剿匪亦賴其兵力相助，隨時往來，以期聯絡，事誠有之。至有無賄托俄員，電致總署，無從查悉。伏查漠河金廠創辦之始，並無起色，至光緒二十年，收數稍多。二十一年，獲利益鉅。從前原定章程，除開支局用外，下餘若干，分成報効軍餉，股商獲利最厚。迨前委袁大化被參，查辦大臣延茂以商人利息過優，提餉之數太少，奏改新章，不計局用，漠河金沙，以六成報効軍餉；觀音山金沙，以八成報効軍餉。遂將二十一年所獲餘利，概行提充軍餉。嗣黑龍江將軍，又以歷年積存糧貨祼項，餘銀二十二萬餘兩，分撥直隸、黑龍江兩省助賑。於是廠存各款，悉數歸公，股利從此大減。至二十一年，得金獨多，因彼時存款充足，招丁開採，一切較易，兼值關外用兵，流民窮無所歸，相率投廠工作，人數既多，收效自倍。迨二十二年，兵事告蕆，流民陸續回里，周冕接手後，礦丁驟減，又自去年以來，俄人開辦東三省鐵路，重價僱工，紛紛前往，應募益形短少，現在每廠礦丁，祇五六百人。周冕屢次派員，赴奉、直兩省僱募，行至中途，大半逃散，此得金不如二十一年之實在情形也。查漠河礦向來辦法，礦丁收金，概交把頭，由把頭眼同監工差弁呈交委員，當面平兑登賬，本日所收若干，次日懸牌諭，新章並有填給串票，層層箝制。在廠之員，斷難絲毫隱匿。該道明查暗訪，礦丁或間有偷漏，各員司則實無以多報少之事。夫金藏於地，多寡原無一定，譬之農家樹藝五穀，人工籽種，權自我操，猶有富歲凶年之别，況求金於不可必得之地，豈能預定成數？西人講求礦學，亦僅能察苗線之衰旺，不能保其必得若干。原奏責令以後照二十一年之數，比較盈絀，定其功過，予以勸懲，體察情形，實屬礙難照辦。稟請核奏等情，前大臣榮未及核辦，移交前來，覆加查核。道員周冕被參各節，雖均查無實據，惟該道經手光緒二十三年，暨二十四年正月至四月止，所得金沙，查已悉數變價。而應提軍餉及應分股利，並未核報清解。徐傑接辦廠務，僅據移交現銀一萬兩，計成本銀十萬二千二百兩，雖有糧貨作抵，不敷尚多。迭經前大臣榮電檄飭催，迄未具覆，殊難保無虧挪情事。按照所得金沙核計，應提軍餉約銀數十萬，爲數甚鉅，屢催罔應，未便姑容。相應請旨將湖南候補道周冕暫行革職，勒限三個月，飭將應提軍餉如數報解，應分股利設法清釐，再行奏請開復。倘限滿仍前玩延，即當提案嚴追，以重軍需。除分咨總理各國事務衙門、户部、黑龍江將軍查照外，所有查明道員周冕被參各節擬議緣由，謹恭摺據實覆陳，伏乞皇太后、皇上聖鑒訓示。謹訾照爲荷，耑此奉復，敬請鈞安。

又總署收黑龍江將軍恩澤等文《革員周冕解繳虧欠軍餉銀兩》〔光緒二十五年〕七月二十四日，黑龍江將軍恩〔澤〕等文稱：户交司礦務省局、涉處木植官局會案呈，奉發木植公司總董前督理漠河等處金礦暫革湖南候補道周冕呈稱，六月十二日，奉到憲臺札開，户司礦務省局案呈，案查前奉吏部咨催，已革道員周冕，欠交軍餉限滿，有無報解，專案報部，再行核辦。並准北洋大臣電催，周道冕欠交軍餉，敝處前爲奏准，展限三箇月，已屬格外體恤，現計展至五月初十日，又屆限滿，其應交軍餉，已否完交，並未據該革道稟報，應請台端就近飭查。若該革員仍延宕未交，即請遵旨派員押解赴部監追，以重軍餉各等因。當於五月十二二十等日，迭經札催該革道，即將應繳軍餉銀兩，立即掃數報解清楚，以憑咨部等因各在案。計今二十日之久，迄未報解，事關軍餉，奉旨嚴交追繳案件，未便任其久延，應即再行札催已革道周冕，速將應繳軍餉銀兩，趕緊掃數解繳清楚，以憑咨部，不得藉詞拖欠，致滋不便等情。據此，合行札飭。爲此札仰前督理黑龍江等處礦務已革道周冕，遵照速即歸繳，切切特札等因。蒙此，遵查前項欠款，除解繳糧餉處庫平銀八萬兩外，嗣又於金廠交代案內，會同監盤委員李道樹棠，三面核算明確，除抵解一切外，尚餘存在廠江平銀九萬餘兩，議由徐道傑代爲解繳，當經聯銜分稟鈞鑒，飭提在案。計先後已共交銀十七萬餘兩，下短銀兩，自應照數接續批解，以期早完一日，即早清一日之累。惟此項欠款，本在墊辦木植之中，並非漫無著落。猶幸本年雨水充足，江河通暢，現已嚴飭各廠，趕辦運放，無分晝夜，併力催趲，如無阻礙，轉眴木植運送到地，即當向鐵路收取價值，及早完解餉項，斷不敢無故拖延，自取咎戾。緣奉前因，擬合具文呈報等情。查金廠交代一案，該革道存廠之江平銀九萬餘兩，刻尚未據徐道代繳到省，當經電詢徐道，旋據稟復，職道應代周道繳軍餉銀九萬餘兩，早已派弁赴津，計出月必可解到等情，是此項已有著落。至木植一事，現在江流正暢，該道所稱，亦皆係實情，合請分咨北洋大臣、總理各國事務衙門、礦務鐵路總局查照等情。據

此，相應咨呈，爲此咨請貴衙門鑒核施行。

又外務部收督理黑龍江礦務道員錢鑅稟《擬請領回俄員所扣乾廠金沙羅布》 光緒二十八年二月二十二日，收督理黑龍江礦務道員錢鑅稟稱：竊職道前辦漠河礦務，到差月餘，適遇戰事，當將停辦及清理交代情形，開摺稟明北洋大臣在案。茲據奇乾河分廠委員、候選知縣姚蘭稟稱，光緒二十六年七月初三日起，解金沙一百五十九兩六分，羅布八百，專派差弁閻德山、什長于謹林，趁坐貨船，送赴漠河。初四日，行至俄境四大了克南岸河口，遇見俄國巡船，内有哨官，帶兵上船，查見人餉，一併扣留，遂同船行至博格羅夫上岸。所扣金沙羅布，又交岸上帶兵官携去，有該處阿達鑾及電報局中之密格來眼見爲證。後將閻德山押往黑河看管，數日始行釋放。託人查詢，知前項金沙羅布，已由切清斯克解至吉林領事衙門，轉解哈爾濱俄官庫中存儲等情。據此，查前年中俄交戰，事起倉卒，漠河各廠，悉被焚燬，所有未完事件，尚須逐件清釐。

《礦務檔·新疆礦務·（二）于闐金礦》路礦總局收新疆巡撫饒應祺文《咨送解呈于闐金礦課收以供御用摺硃批》（光緒二十七年）十月二十七日，新疆巡撫饒文稱：爲照本部院於光緒二十六年九月初二日，在新疆省城專弁具奏，于闐金礦民採官買，減價抵課，試辦收有成數，謹先解呈，以供御用一摺，前已鈔稿咨明在案。茲於本年八月初九日，差弁賫回原摺，奉硃批：「著賞收，户部知道。欽此。」除欽遵咨行外，相應恭録咨明，爲此合咨貴總局，請煩欽遵查照施行。

《礦務檔·新疆礦務·（四）塔城金礦油礦》路礦總局收新疆巡撫饒應祺文附奏稿《奏陳中俄夥辦塔城金礦先後撥發經費開辦情形摺》（光緒二十六年）十二月二十六日，新疆巡撫饒文稱：爲照本部院於光緒二十六年十月二十七日，在新疆省城由驛具奏，夥辦塔城金礦，已見成效，謹將先後撥發經費，並來年應攤廠費，加購機器，開辦東新興工礦務情形一摺，除俟奉到硃批，恭録另咨外，相應鈔録摺稿咨明，爲此合咨貴總局，請煩查照施行。

照録鈔稿。

奏爲夥辦塔城金礦，已見成效，謹將先後撥發經費，並來年應攤廠費加購機器，開辦東新興工礦務情形，恭摺具陳，仰祈聖鑒事：竊臣上年議與俄商墨斯克温夥辦塔城金礦，各先出成本銀三萬兩，業經奏明允准在案。當委候補知府桂榮與俄商帶同工匠人等，至喀圖山内新興工設廠，修屋開路採礦挖煤購糧運機安槽，至年底始具規模，粗有頭緒，而用費已不貲矣。至本年正月下旬，甫行開機試輾。每日輾舊挖砂石一千或數百蒲篅，計重二三萬斤，得淨金一二三四兩不等。據署布政使潘效蘇，署鎮迪道兼按察使銜李滋森申，據俄商請加發銀二萬兩，核與原議初二兩年各攤五萬兩數目相符，准其照數撥解。嗣據金廠委員桂榮申稱，購買新機添蓋房屋，俄商已多出銀四萬餘兩，懇請補發二萬餘兩。臣因礦務漸見興旺，核與原議第十五條加發成本之約相符，亦飭司妥議撥發，催令加功輾洗。據廠員按月申報，自正月二十六日起，至閏八月底止，共洗得淨金五百數十兩，業經臣附奏在案。旋因大輾槽先未安設堅穩，漸輾漸塌，乃停機拆發重安，刮去金盤積金十二兩。安妥後，於十月初一日開機輾洗，晝夜未許稍停，仍飭按旬申報，俟年底結算，再行據實陳報。茲據桂榮申稱，俄商墨斯克温函稱，估攤二十七年礦費，並擬添設輾槽，加購各項機器，應攤六萬六千一百三十八兩。又稱現廠之東新興工尼格徠地方，礦汛暢旺，爲喀圖山各礦之最，擬令礦師督率匠夫，先就該處上面礦坯採取，即在底廠試行輾洗。現止輾槽二具，合計一應花費，尚屬無利有虧，必須多添輾槽，可望獲利。在原採礦汛之俄五里内，添三輾大槽二具，明春在該處掘井，如果暢旺，即在該處安設四槽，否則底廠四里内加設輾槽二分。估計運脚修房等費，各應攤銀四萬二千八百二十四兩。如此辦理，方有利益等情，轉請核示前來。臣查該商所議共應攤銀十萬八千九百餘兩，爲數過鉅，批飭布政使文光，兼按察使銜李滋森妥議去後。茲據該司等詳稱，開辦金廠，現經兩年，已有端緒。雖所獲之金，未能驟償成本，而事屬創始，尚冀收效將來。若不准所請，則俄商從前虧累，勢必藉口求償於新，不如即如所請，將光緒二十七年應攤礦費，及開辦尼格徠新礦應攤各費銀兩，一併照數籌解，交庫爾喀喇烏蘇廳存儲，由該廠取用具報等情詳覆前來。臣維金礦爲利源所在，試辦既有成效，若因攤費甚鉅，因而中止，則新疆自有之地利，此後無由開辦，而兩年已費之功程，廢棄亦殊可惜。查外洋開利之事，每不惜千數百萬金，世攻其業，即漠河金廠亦創費數十萬，始收其利。茲費纔數萬，已收效十分之一。無論將來利益，正未有窮，即就目前而論，新疆金礦爲各國所艷稱，外人尚不惜重資，以圖後效，若不圖自强，半途而輟，徒爲有識竊笑。且慮彼欲獨專其利，更難拒其所求，計惟有堅忍圖功，勉盡人事，以冀天不愛道，地不愛寶，開窮荒未興之民利，以裕邊陲自有之餉源，已飭該司等仍由軍需項下騰挪支撥解用，並飭廠員會同俄商妥爲辦理。所有先後撥發塔城金礦經費，及明年應攤各費，並擬開尼格徠礦務攤費各緣由，是否有當，謹據實陳奏，伏乞皇太后、皇上聖鑒

訓示。謹奏。

又路礦總局收新疆巡撫饒應祺文附粘單《新省與俄商夥辦塔城金礦用款宜歸入常年善後經費》〔光緒二十六年〕十二月二十六日，新疆巡撫饒文稱：案據新疆糧臺詳稱，竊照本臺卷查新疆現與俄商墨斯克温夥辦塔爾巴哈臺哈圖金礦，業經奏明派委候補知府桂榮充當總辦，另委候補縣丞施再萌、布經歷王鴻業、從九品段子麟，幫辦採運監工稽查文案帳房等事，於工所設局辦理。又哈圖係蒙民部落，距塔城庫爾喀喇烏蘇治所甚遠，不便驛道，一切文報，非另行添設夫馬轉遞，難期便捷。所需經費，原議廠中用款兩股勻攤。除本分利，局中用款，由新自認。理合查明細數，開具清單，備文詳請鑒核，俯賜分咨立案，歸入常年善後經費冊内彙案報銷等情，到本部院。據此，相應咨明，爲此合咨貴總局，請煩查照施行。

照録粘單。

計開：

一、塔城哈圖金礦局。自二十五年三月初一日起支。總辦局務，委知府一員。桂榮，每月支薪水銀五十兩。不扣建。

幫辦局務，委佐職一員。縣丞施再萌，每月支薪水銀二十五兩。不扣建。

辦理文案册籍，委佐職一員。布經歷王鴻業，每月支薪水銀二十五兩。不扣建。

辦理收支，委佐職一員。從九品段子麟，每月支薪水銀二十五兩。不扣建。

油燭筆墨紙張，每月支銀一十二兩。不扣建。

貼書二名，每名日支銀一錢六分，粟米八合三勺，折給價銀一分。扣建。

哈薩蒙古通事二名，每名日支銀一錢。扣建。

護勇什長一名，每日支銀一錢三分。扣建。

護勇九名，每名日支銀一錢一分。扣建。

火夫一名，每日支銀一錢。扣建。

以上哈圖金礦局，每大建月共支銀一百八十九兩八錢，每小建月共支銀一百八十八兩四分。

一、塔城哈圖金礦局。自二十五年九月初一日起，添設四處夫馬，轉遞文報。

哈圖、什納札、博果圖、泥溝口。

以上四處，每處設馬夫二名，每名月支工食銀三兩；馬二匹，每匹月支草乾銀二兩四錢。均扣建。

油燭紙張銀二兩。不扣建。計每大建月共支銀五十五兩二錢，每小建月共支銀五十三兩七錢六分。

一、哈圖金礦局安設四處夫馬，共購馬八匹，每匹價銀八兩，共支價銀六十四兩。

《礦務檔・庫倫礦務》外務部發庫倫辦事大臣電《庫礦准否試辦希即酌定》光緒三十二年六月二十日，發庫倫辦事大臣電稱：十八電悉。金礦報効，查原章、續章，均係以三成繳部，并無一成五之説。惟章程係於餘利項下提繳，現柯所請，但就出金之數計算，比較章程尚屬有盈無絀。續章既未議定，可否准其試辦，希即酌奪電復。外。二十。

又外務部收庫倫辦事大臣延祉文附與外務部柯樂德來往文電等《鈔送與外務部柯樂德來往文電》光緒三十二年十二月初六日，收庫倫辦事大臣延文稱：本年五月間，因前承辦理庫倫金礦總辦柯樂德來見，酌商庫倫章程，將往來各電各文件，前已咨呈在案。兹於八月十九日起，至十一月初九日，除將是日具奏各摺片，並章程八條鈔録咨呈外，所有續行往來各電，並與柯樂德來往文件，相應鈔録咨呈貴部，請煩查照備案施行。

照録鈔件。

照鈔往來各電並與柯樂德來往文件。

八月十九日去電。

外務部商部鈞鑒，宙密。頃據柯稱：請假兩個月回國，可否准行，乞示遵。

八月二十二日去電。

再前因核議礦務試辦情形，七月朔曾電呈在案，未奉示覆，故未定局。合併陳。效。

外務部商部鈞鑒，宙密。頃據柯稱：已於今日起程，囑奉部示即電去。祉。養。

八月二十三日來電。

庫倫大臣鑒，養電悉。柯試辦二處，既據稱按出金若干報效一成五外，不能加增，祇可准其暫行試辦，並轉飭柯假滿即行回庫，妥爲料理。

同日札柯樂德。

爲札知事：光緒三十二年八月二十三日，承准外務部電咨内開柯試辦二

處，既據稱按出金若干報效一成五外，不能加增，衹可准其暫行試辦，並轉飭柯假滿即行回庫，妥爲料理等因。承准此，除電達該總辦遵照外，合亟札飭札到該總辦，即便遵照假滿回庫，妥爲料理可也。特札。

十月二十五日去電。

外務部商部鈞鑒，祉密。柯已回庫，前議無改。惟試辦辦法，多與前案不符，自應奏明辦理。是否由大部具奏，抑由庫倫具摺，乞示遵。

十月二十六日柯樂德。

爲札知事：本年十月二十四日，本大臣與該總辦商訂試辦東西兩金廠，自本年三月開工起，連閏扣足一年。其出金若干，核清數目，由内提出一成五釐，報効國家，共應提若干。再將此一成五釐分作十成，以一成撥給蒙古官員，；再由該廠項下，按此一成之數，另行照提一成，呈由本大臣一併發給蒙古官員，以符現議蒙古二成之數。至商訂由本大臣派員分赴兩廠監金櫃一節，由該廠項下按照該處執事中等薪紅，每員每月動支俄鈔一百五十元，以爲薪水，遇閏加增。所各數是否相符，合亟札知札到，該總辦迅速聲覆，以憑核奏。特札。

十月二十七日柯來文。

爲申覆事：本年九月十八日，奉到鈞札，承准外務部電咨内開：柯試辦二處，既據稱按出金若干報効一成五外，不能加增，衹可准其暫行試辦。合亟札飭到該總辦，即便遵照等因。奉此，柯樂德承辦股本未敢自專，隨即請假回國，與股友商酌。茲將其中爲難情形，爲憲台縷晰陳之，一爲官税也。【略】

光緒二十五年暨二十九年定章均有圖車兩盟字樣，茲於光緒三十二年七月初一日奉鈞札，此案原卷僅有辦理鄂爾河等五處金礦，並無圖車兩盟字樣。又奉面諭，圖車兩盟題目過大，礙難允行等語。柯樂德原求開採之處，不過庫倫迤北所有礦地，畫有圖樣。且此地多有游牧平川，不能開採，即深山之中，不是皆出礦苗之地，所佔亦不寬廣，亦非同時開辦，不過預籌接替，而杜他商謀奪股友重者以依流鄂楞赤漬等沙並所入此三河之枝河地方。此數處時有俄人越界私挖，若非公家開辦，私挖之弊，難以杜絶。此礦地限制之情形也。一爲利權也。光緒二十五年之章，有派柯樂德招股設立總廠，所有圖車兩盟礦産，自開辦之日起，至二十五年爲限，由該總辦一手經理字樣。又二十九年之章，有派柯樂德爲圖車兩盟總辦委員，定限二十五年，廠内一切，悉歸一手經理字樣。查股友之意，辦礦集有鉅款，柯樂德設有不虞，深恐利權旁落，股本即無著落，無論再委何人辦理礦務，利權仍歸股友，方爲妥洽。此乃利權情形也。一爲工人也。光緒二十五年之章，廠中執事人等，除礦師及管理機器等事，聘用洋人，其餘淘沙工人，不得雇覓俄人。又二十九年之章，所有工匠人等，皆雇覓蒙古及内地民人，必蒙古民人實不得力，方准添用洋人各等語。查不許雇覓俄人，乃爲保護蒙古貧民生計起見。查照中俄條約，俄人持票入(累)〔界〕謀生，例所不禁，無法攔阻。總之雇用蒙古民人爲先，如實不足用，或有俄人持票在礦地做工，之畢即令回國，不許逗遛，以免生事。此禁止俄人做工爲難情形也。以上各節，乃爲緊要，是股友求柯樂德代爲詳細陳之。如何盡善之處，殊與官税、股友兩無妨礙，理合備文申請憲臺察核施行，須至申呈者。

十月二十八日來電。

庫倫辦事大臣鑒：念五日電悉。柯請試辦，其辦法既與前案不符，自應由尊處奏明辦理。外務部印。

又札。

爲札知事：茲據該總辦申請將原開庫倫所屬東西兩金廠，先行試辦各等因，當經本大臣與該總辦往返磋商，業經訂明，並迭經電咨外務部、商部在案。現擬先行具奏，候旨遵行。特將商訂試辦章程六條，先行鈔録札知。是否相符，迅速申覆，以憑奏咨辦理。合亟札知札到，該總辦即便遵照。特札。

計粘抄商定章程一紙。

又札。

爲札覆事：茲據該總辦申稱股友祈代呈各節已悉。惟現在該總辦既請試辦，所有現議試辦章程，應即具奏，候旨遵行。所有原定、續定一切章程，既未奉准部覆，現在均毋庸牽涉。俟外、商兩部將前大臣續章議覆行知後，再行照章開採。現時仍應按照試辦章程，先就原挖兩廠開辦。至所稱推廣開辦一節，俟試辦此兩廠果有成效，利益公平，隨時酌奪情形，奏明辦理。合亟札飭。札到，該總辦即便遵照可也。特札。

一、廠所擬由官派委員一員，監視金櫃，每月由委員具報一次。其薪水由該廠項下，仿照司事薪工各支銀一百兩，於報效一成五之數無干。

一、淘金股本，皆係柯樂德經手集成，將來庫倫淘金工竣，無論有無賠累，仍由柯樂德自行清理，與公家無干。

一、現擬章程，原係暫時試辦，以後如有部議新章，仍遵新章辦理，試辦章

程即行作廢。

以上擬辦章程六條，皆就現在情形核擬。合併聲明。

《礦務檔・庫倫礦務》外務部收軍機處交出延祉鈔片《請派大員專辦庫倫礦務》 光緒三十二年十二月初三日，軍機處交出延祉鈔片稱：再此核擬試辦庫倫金礦章程，原係暫時辦法，藉收利權，倘蒙俞允，將來長年開採。若於部章未頒之日，仍令接續試辦，恐此次擬請辦法，未能賅括無遺。良因奴才延祉於礦務素欠講求，奴才綳楚克車林生長邊疆，於礦務亦無所聞見。所有現擬辦法，僅就管見所及者，與柯樂德往復籌商，疏略情形，勢所必有。思維再四，惶悚實深。合無仰懇天恩，飭部仍照前將軍連順等原議章程，就近奏派諳習礦務大員，前赴庫倫專辦礦務，庶易集事而免疏虞。奴才等亦得專心地方，以期無誤。是否有當，謹附片具陳，伏乞聖鑒。謹奏。

光緒三十二年十一月二十四日，奉硃批：「覽。欽此。」

又《請派柯樂德爲試辦庫倫金礦總辦》 光緒三十二年十二月初三日，軍機處交出延祉鈔片稱：再查前大臣豐升阿等會議庫倫金礦原奏內開，柯樂德在中國稅務司當差有年，平昔練達謹慎。合無仰懇天恩俯准，飭派二品頂戴前稅務司柯樂德爲圖車兩盟金礦提辦委員，定限二十五年。廠內一切，悉歸該員一手經理等語。奴才等接見柯樂德數次，見其人尚明白。惟峴請試辦，自無須拘定二十五年，亦無須用總辦圖車兩盟字樣。此次奴才等與柯樂德商議試辦章程，如蒙允准，擬請俯准飭派柯樂德爲試辦庫倫金礦總辦委員，俾得盡心經理。是否有當，謹附片陳明，伏乞聖鑒飭部覈覆施行。謹奏。

光緒三十二年十一月二十四日，奉硃批：「覽。欽此。」

又外務部收軍機處交出延祉鈔片《請發庫倫金礦總辦官監辦官鈐記》 光緒三十三年四月初三日，收軍機處交出延祉鈔片稱：再、查試辦金廠各委員，隨時皆有申報。奴才衙門公文，若僅隨便包封，殊不足昭慎重，可否發給柯樂德試辦庫倫金礦總辦官之鈐記，發給監視委員試辦某處金廠監辦官之鈐記之處，奴才未敢擅便，謹附片具陳，伏乞聖鑒，飭部覈覆施行。謹奏。

光緒三十三年四月初三日奉硃批：「該衙門知道。欽此。」

又《派員監視金廠事》 光緒三十三年四月初三日，收軍機處交出延祉鈔片稱：再、查現就奏准之車盟原任札薩克那旺昔庫爾旗之特勒基河，暨圖盟公銜札薩克那木薩賴旗之依流河珠爾琥珠地方，原有二廠試辦，應即派員前往監視。茲揀選得蒙古六品官車林多爾濟、花翎同知銜升用同知即選知縣閻學沂，人尚安詳，留心時務，合先派往分廠監視。如有應行向商之件，再當隨時派員往替，庶免貽誤，而專責成。除分咨外，理合附片具陳，伏乞聖鑒。謹奏。

光緒三十三年四月初三日奉硃批：「該衙門知道。欽此。」

又外務部收農工商部文附覆庫倫辦事大臣電《金廠報效應估價折銀》 光緒三十三年四月十四日，收農工商部文稱：光緒三十三年三月二十六日准咨稱，據庫倫辦事大臣來電，據柯樂德稱，該廠砂金，係送該國行作價折銀，此次所定壹成伍報効，是否留砂呈部，抑係歸行折銀，請示等因。希由貴部酌定辦法，電復該大臣，並將原稿鈔送備案等因到部。查此事本部業經電復，相應鈔録原電，咨呈貴部查照可也。

照録粘單。

覆庫倫辦事大臣電。

前據電詢柯樂德所辦金廠一成五報効，是否留砂，抑係折銀等因。查留砂諸多窒礙，自以折銀爲便。惟該價時有漲落，不得徑聽該行主持，應請貴大臣遴派妥員，就地與庫商公估咨報，以重課款。希電復。農工商部文。

又外務部奏摺《議覆庫倫大臣奏陳金廠章程等事》 光緒三十三年七月初六日，本部奏摺稱：謹奏爲遵旨議覆，恭摺仰祈聖鑒事：竊臣部准軍機處抄交庫倫辦事大臣延祉奏遵旨督辦金礦，取具委員甘結，並擬定權限章程，暨開辦日期一摺，光緒三十三年四月初三日，奉硃批：「該衙門議奏，單併發。欽此。」查原奏內稱，准外務部咨開，所有議覆庫倫辦事大臣所擬試辦金礦章程一摺，業經會同具奏，於光緒三十三年二月十一日奉硃批：「依議。欽此。」欽遵咨行前來，當經轉行柯樂德遵照辦理。現據柯樂德申覆出具甘結，查與部議辦法相符。復經督飭印務處會同柯樂德商定權限章程十四條，繕具清單，恭呈御覽。並據該委員柯樂德面稱，時值春融，水已成溜，擬於四月初一日開辦等語。並據該大臣將所具甘結咨送前來，外務部查前臣部會同度支等部於議覆庫倫金礦試辦章程摺內聲明，仍須查照原案，取具柯樂德甘結，聲明該委員係庫倫辦事大臣奏派試辦庫倫金礦委員，與俄國國家無干，及明定辦事權限，並責成該員阻止俄人越界偷挖等事在案。現經督辦金礦庫倫辦事大臣延祉督飭印務處與柯樂德商定權限章程，並取具委員柯樂德聲明與俄國國家無干甘結，核與奏案辦法，均屬相符。其權限章程十四條，臣等逐條查核，如第八條所載招募彈壓金廠兵丁一事，

原定隨時酌核，就地招僱，應改爲由監辦官隨時酌核，就地招僱蒙古人及內地人民充當。又載應需餉項若干，由該總辦自行籌撥的款，每月移交監辦官會同發放，應改爲應需餉項若干，由廠內開支，該總辦每月移交監辦官會同發放。又載倘有革退者，追銷腰牌，由監辦官另行募補，應改爲倘有革退者，追銷腰牌仍由監辦官另行招募蒙古人及內地人民補足。又第十二條內載該廠如用外國人，應由監辦官驗明進口執照，發給入廠照票，應改爲所有該廠工人，自應先儘蒙古人及內地人民僱用，倘外國人持照入界謀生，該廠實係需用，應由監辦官驗明進口執照，發給入廠照票。其第三、四等條所載應領試辦執照，暨探採別廠期限各節，農工商部查臣部奏定礦務章程，凡商人稟請辦礦，應候查明並無違礙，發給執照，方准開採。庫倫金礦事同一律，自應遵章辦理。該金礦章程第三條擬改爲柯樂德承辦庫倫金礦，應先將所指礦界，繪具詳細圖表，呈報督辦大臣查明並無違礙，轉咨農工商部核發探礦執照，並咨外務等部查核，所有採探期限，礦界方里，及一切辦礦事宜，均應遵照奏定礦務章程辦理。第四條擬改爲柯樂德如擬探採別廠，仍應呈報督辦大臣查明咨部，另請探礦執照後，方准踏勘，期限界限，均須遵照礦務章程辦理，限滿即將探礦執照繳銷。若探勘他處，仍應請換執照，不得越限私探，倘限內查有礦苗最旺處所，應呈明督辦大臣查與地方實無窒礙，咨部請換開礦執照，方准開採。其未經領照探勘之處，不得藉詞阻止中國商人稟辦。至該大臣另片奏請發給柯樂德試辦庫倫金礦總辦鈐記，發給監視委員試辦某處金廠監辦官鈐記，查該礦既係奏辦，公文往來，須用鈐記，擬請由該大臣按照所擬字樣，刊刻鈐記，分別發給，以資信守。理藩部查督辦金礦庫倫事大臣所擬權限章程第八、第十二等條，招募彈壓金廠兵丁，既改爲就地招僱蒙古人及內地人民充當，該廠工人先儘蒙古人及內地人民僱用，其招募僱用及革退另募之蒙古人名數。

又外務部收農工商部文附覆庫倫辦事大臣電《庫倫金廠暫依試辦章程辦理》 光緒三十三年十一月初十日，收農工商部文稱：接准咨稱，庫倫金礦一事，現准庫倫辦事大臣電稱，歌電敬悉。部章極爲周密，惟各處情形不同，是以遵照部章第八請示，奉外部電已飭柯遵照。但部章係奏定之件，且限有開辦日期，蕭電迄未奉農工商部示覆，應否由庫倫奏明情形，以免將來遲誤之處，祈代籌示遵等語。查此事原係試辦，本部歌電已令仍照前章辦理，茲准前因，可否電知該大臣毋庸具奏，咨行核覆，以便轉覆該大臣等因前來。查本部前准庫倫辦事大臣蕭電，正在核辦間，適准貴部來咨，已電覆仍照前章辦理，鈔録電文咨送本部備案。本部當即查照電覆庫倫辦事大臣去後，茲准咨稱前因，查此事既由該大臣電請貴部示遵，應如何辦理之處，即請貴部酌核見復，以期接洽。相應鈔録本部電覆庫倫辦事大臣原文，咨呈貴部，查照備案可也。照録粘抄。

覆庫倫辦事大臣電。

麻電悉。庫倫金礦已由外部覆准，暫照前章辦理。惟該礦將來銷去試辦字樣之時，仍應遵照新章，以歸一律。農工商部。

又外務部收庫倫大臣延祉文附奏摺《咨送金廠報效請提成補助辦公摺暨硃批》 光緒三十三年十一月十二日，收庫倫辦事大臣延〔祉〕文稱：於光緒三十三年九月二十日，具奏爲庫倫辦公支絀，現屆金廠截算，擬請仿照統捐章程，每次扣出一成，作爲辦公等因一摺，於十月十七日，奉硃批：「度支部議奏。欽此。」相應鈔録原奏，恭録硃批，咨呈貴部，請煩查照施行。

照録奏底。

奏爲庫倫辦公支絀，現屆金廠截算，擬請仿照統捐章程，每次扣出一成，作爲辦公，恭摺仰祈聖鑒事：竊查庫倫地方，向稱事簡，近來爲南北要路，舉凡巡閲邊界，稽查墾荒，修理道路，緝捕盜賊，皆爲當務之急，現均次第舉行。故不得不添用委員，加募夫役，所有薪工賞項，公所房間，亦不得不因而加增。而庫倫有著進款，每年僅有一萬六千兩有零，實屬不敷周轉。幸近年分到三分之一之款，稍藉補苴。無如商銷壅滯，本年恰克圖應解之化私爲公一項，解到者不過二千兩有零，似此情形，不但明年三分之一未必有著，即本年應交之八千五百兩，恐亦不能足數，現在地方正在整頓，而幾成無米之炊。再四思維，惟有作就地搜羅之計，查庫倫金廠現已遵章截算，可否援照庫倫辦理統捐成案，每次提出一成，留作地方常年辦公，藉資補助。如蒙恩准，將來報解金價所需加平火耗匯費，並請仍照統捐章程，由正項開支，不在此次請留一成之內。是否有當，謹恭摺具陳，伏乞皇太后、皇上聖鑒，飭部核議施行。謹奏。

又外務部收庫倫辦事大臣延祉電《庫倫金廠試辦章程柯樂德請定年限》 光緒三十三年十二月初八日，收庫倫辦事大臣延祉電稱：外務部鈞鑒，頃據柯領奉札開農工商部電復，庫倫金鑛將來銷去試辦字樣之時，仍應遵照新章辦理。查銷去試辦字樣，原未定限，將來仍恐轇轕。擬請具奏，即照試辦章程，限二十五年爲滿。倘柯樂德或有事故，接辦之人，仍照此章此限辦理。如或新章即行

停止，亦無須二十五年。查其情詞迫切，神色倉惶，問其因何必定年限，則云此案屢經作輟，現在甫經札辦，若再更張，益加賠累，股工均向柯樂德索欠，是以爲難。查此事幾經柯請，均經駁斥，今復呈請，不信之意顯然。且查所請年限，亦與新章相合。若不據情陳請，恐再另生枝節，轉難收拾。惟祉忝膺疆寄，豈應牽就外人，而身任地方，不得不兼籌並顧。除具摺外，謹電呈。祉。十二月初八日。

又外務部收庫倫辦事大臣延祉等文《庫倫金礦暫依試辦章程辦理已飭柯樂德遵照》 光緒三十三年十二月十五日，收庫倫辦事大臣延〔祉〕等文稱：本年九月二十五日，准農工商部來咨，並正附章程二本。查正章之第八款内開，凡現在開礦之鑛商，與已經請領鑛地之人，若以新章之某一款，與其已得之權利有所損礙者，准自新章頒行之日起，儘六個月内，將其損礙之情形，具禀本省總局，詳請督撫轉咨農工商部察核定奪。其關係洋商者，並咨外務部會核等語。當遵部章轉飭柯樂德詳細查核有無窒礙情形，禀候核奪等因去後。嗣據柯樂德申稱，竊委員遵即將正附章程，逐條詳閲，除正附二章共二十七條款，均能遵照辦理外，其餘一百二十餘款内，有與庫地情形不相宜者，並查明部定新章及廠内窒礙情形，請將試辦庫倫金鑛章程，改爲定辦章程辦理等因。據此，當經駁令仍遵部定章程辦理，所請仍照試辦章程，應毋庸議等因去後。惟查柯樂德申覆奏定正附章程各條款内，能遵者僅二十七條，且係零星小節。其餘如請領照費，應繳界租，及遵鑛界等要件，均稱與庫鑛情形，諸多窒礙等語。當經酌奪地方情形，變通擇要另擬八款，札飭柯樂德是否能遵，呈候核奪。旋據申稱，頃奉札開八款，是否能遵。未敢擅專。請賞假兩個月，先行回國，與股友商訂後，再行禀復等語。於十一月初二日，電達貴部應否給假，乞示遵。嗣於十一月初六日，准貴部電開，庫倫大臣蕭電悉。庫倫金鑛本係試辦，自應仍照前章辦理，該處鑛產甫經開辦，正賴柯經理，未便給假，即希轉飭遵照。外，歌等因。准此，當即鈔録原電，札飭柯樂德遵照在案。於初六日，復電請農工商部前柯樂德遵章查明窒礙情形，並請仍照試辦章程辦理。當駁斥。嗣據呈請給假回國，與股友商定，於十一月初二日電請貴部示遵在案。

又外務部收理藩部文《覆奏庫倫大臣延祉奏請獎敘試辦金礦出力各員等摺片應由何部主稿》 宣統元年正月十四日，收理藩部文稱：由内閣抄出庫倫辦事大臣延等奏，於光緒三十四年十月十五日，具奏庫倫試辦金礦，所有開辦時出力各員，懇請奏准獎叙一摺，於十一月十六日由驛遞回原摺，奉旨：「准其擇尤酌保數員，毋許冒濫。欽此。」奴才等恭讀之下，欽感莫名。伏查光緒三十二年柯樂德旋回庫倫，仍請接辦庫倫金礦，經奴才等督飭委員花翎即選同知閻學沂、蒙古六品官車林多爾濟，與柯樂德妥爲商辦。舉凡查勘地勢，商定章程，安輯蒙民，劃開交涉，均能悉心籌議，勞怨不辭。嗣經派委閻學沂爲特勒濟河監辦官，派車林多爾濟爲珠爾琥珠監辦官。該員等尤能和洽中外，潔己奉公，洵屬異常出力。合無仰懇天恩，俯准將花翎不論雙單月儘先即選同知閻學沂，免選本班，以知府不論雙單月遇缺儘先即選，藍翎四品頂戴蒙古六品官車林多爾濟，賞換花翎，並加三品銜等因一摺，於宣統元年正月初八日，奉旨：「該部議奏。欽此。」又片奏總辦官柯樂德，前於光緒二十四年承辦庫倫金礦，屢經作輟，迄無成效。迨至三十二年，柯樂德復來庫倫。理據稱前集股本，賠累過重，不能停工，仍請接辦前來。當經奴才等曉以大義，限以章程，一面電達外務部、農工商部，往返咨商，始定試辦之議。隨經奏奉諭旨允准，並奏派柯樂德爲庫倫金礦總辦官在案。該總辦官柯樂德自任事以來，舉凡踏勘金苗，報効税款，以及蒙民往來貿易，均能恪守定章，毫無越犯，且於深山大澤之中，冰雪嚴寒之候，稽查各廠，勞瘁不辭。每年所得金砂，上於國課無虧，下於蒙民有濟。該總辦官柯樂德辦理礦務，實屬認真，不無微勞足録。合無仰懇天恩，准將二品頂戴庫倫總辦金礦總辦柯樂德，賞換頭品頂戴等因一片，同日奉旨：「覽。欽此。」欽遵各等因，鈔出到部。查此案礦務隸於農工商部，所保之柯樂德隸於外務部，閻學沂隸於吏部，車林多爾濟隸於本部。所有議奏各該員保獎，應由何部主稿，相應咨呈貴部，希即見覆，以便會奏可也。

又外務部收吏部文《覆奏延祉請獎摺片應由吏部主稿》 宣統元年正月二十六日，收吏部文稱：内閣抄出庫倫辦事大臣延等奏，於光緒三十四年十月十五日，具奏庫倫試辦金礦，所有開辦時出力各員，懇請奏准獎叙一摺，於十一月十六日由驛遞回原摺，奉旨：「准其擇尤酌保數員，毋許冒濫。欽此。」奴才等恭讀之下，欽感莫名。伏查光緒三十二年，柯樂德旋回庫倫，仍請接辦庫倫金礦，經奴才等督飭委員花翎即選同知閻學沂、蒙古六品官車林多爾濟，與柯樂德妥爲商辦。舉凡查勘地勢，商定章程，安輯蒙民，劃開交涉，均能悉心籌議，勞怨不辭。嗣經派委閻學沂爲特勒濟河監辦官，派車林多爾濟爲珠爾琥珠監辦官，該員等尤能和洽中外，潔己奉公，洵屬異常出力。合無仰懇天恩，俯准將花翎不論雙單月儘先即選同知閻學沂，免選本班，以知府不論雙單月遇缺儘先即選，藍

翎四品頂戴蒙古六品官車林多爾濟，賞換花翎，並加三品銜等因一摺，於宣統元年正月初八日奉旨：「該部議奏。欽此。」又片奏總辦官柯樂德，前於光緒二十四年承辦庫倫金礦，屢經作輟，迄無成效。迨至三十二年，柯樂德復來庫倫。據稱前集股本，賠累過重，不能停工，仍請接辦前來。當經奴才等曉以大義，限以章程，一面電達外務部、農工商部，往返咨商，始定試辦之議。隨經奏奉諭旨允准，並奏派柯樂德爲庫倫金礦總辦官在案。該總辦官柯樂德自任事以來，舉凡踏勘金苗，報効稅款，以及蒙民往來貿易，均能恪守定章，毫無越犯。且於深山大澤之中，冰雪嚴寒之候，稽查各廠，勞瘁不辭。每年所得金砂，上於國課無虧，下於蒙民有濟。該總辦官柯樂德辦理礦務，寔屬認真，不無微勞足録。合無仰懇天恩，准將二品頂戴庫倫總辦金礦總辦柯樂德賞換頭品頂戴等因一片，同日奉旨：「覽。欽此。」欽遵抄出到部。查此件應由吏部主稿，會同貴部辦理，相應知照可也。

又外務部收庫倫大臣文附奏片《咨送奏委庫倫金廠監辦官等片》 宣統三年三月三十日，收庫倫大臣文，爲咨呈事：本處於本年三月十三日，附奏印房章京瑞森差滿，仍留庫倫專充金廠監辦官。又哈爾格囊圖金廠監辦官筆帖式崇志，期滿回部當差，遺缺以蒙古候補六品官車德布蘇倫接充。又雅勒弼克金苗暢旺，以候選府經歷梁鶴年委充該廠監辦官，並刊給木質鈐記，以昭信守等因一片，相應粘鈔原片，咨呈鈞部，請煩查照。須至咨呈者。

計粘鈔原片。

宣統三年三月十二日。

再，印房章京理藩部員外郎瑞森，現已期滿，所遺員缺，由理藩部照章將記名人員帶領引見，奉硃筆圈出員外郎玉成。欽此。欽遵知照前來，自應俟玉成到庫後，飭令瑞森交缺，仍回原衙門行走。惟該員歷充金礦克勒司金廠監辦官，熟悉情形，且庫地人少事繁，不敷差委，擬懇天恩准將瑞森仍留庫倫專充克勒司金廠監辦官，俾資熟手。又哈爾格囊圖金廠監辦官印房筆帖式崇志，期滿回部。經臣等另抉具奏，所遺該廠監辦官一差，查有印房繙譯蒙古候補六品官車德布蘇倫，差使勤謹，堪以接充。又雅勒弼克金廠，前據總辦俄員柯樂德遵章領照前往踏勘，覆後該處金苗暢旺，足資開採，業已批飭准其照章設廠辦理。應需監辦官查有印房委員候選府經歷梁鶴年，事理明白，堪以委允。並由臣等刊給木質鈐記一顆，文曰雅勒弼克金廠監辦官鈐記，以昭信守。除分咨查照外，謹附片具陳，伏乞聖鑒訓示。謹奏。

《春秋左傳·僖公十八年》 鄭伯始朝於楚。楚子賜之金，既而悔之，與之盟曰：「無以鑄兵！」故以鑄三鍾。

高士奇《左傳紀事本末》卷三一《晉卿族廢興》〔昭公二十年秋〕獻子曰：「今何故無之？」對曰：「夫物，物有其官，官脩其方，朝夕思之，一日失職，則死及之，失官不食。官宿其業，其物乃至。若泯棄之，物乃坻伏，鬱湮不育。故有五行之官，是謂五官，實列受氏姓，封爲上公，祀爲貴神。社稷五祀，是尊是奉。木正曰句芒，火正曰祝融，金正曰蓐收，水正曰玄冥，土正曰后土。龍，水物也。水官棄矣，故龍不生得。不然，《周易》有之，在《乾》䷀之《姤》䷫，曰『潛龍勿用』，其《同人》䷌曰『見龍在田』，其《大有》䷍曰『飛龍在天』，其《夬》䷪曰『亢龍有悔』，其《坤》䷁曰『見羣龍無首吉』，《坤》之《剥》䷖曰『龍戰於野』。若不朝夕見，誰能物之？」獻子曰：「社稷五祀，誰氏之五官也？」對曰：「少皞氏有四叔，曰重，曰該，曰脩，曰熙，實能金、木及水。使重爲句芒，該爲蓐收，脩及熙爲玄冥，世不失職，遂濟窮桑，此其三祀也。」

高士奇《左傳紀事本末》卷五一《句踐滅吴·補遺》〔《吴越春秋》〕王命工以良金寫范蠡之狀而朝禮之，浹日而令大夫朝之，環會稽三百里以爲范蠡地，曰：「後世子孫有敢侵蠡之地者，使無終没於越國，皇天后土，四鄉地主正之。」

董增齡《國語正義》卷二一《越語下》 使者辭反。解：反報吴也。范蠡不報於王，擊鼓興師以隨使者，至於姑蘇之宫，不傷越民，遂滅吴。解：事將易冀是也。反至五湖，范蠡辭於王曰：「君王勉之，臣不復入於越國矣。」解：勉王以德，欲隱遁也。王曰：「不穀疑子之所謂者何也」？范蠡對曰：「臣聞之，爲人臣者，君憂臣勞，君辱臣死。昔者君王辱於會稽，臣所以不死者，爲此故也。今人事已濟矣，蠡請從會稽之罰。」王曰：「所不掩子之惡，揚子之美者，使其身無終没於越國。子聽吾言，與子分國；不聽吾言，身死妻子爲戮。」范蠡對曰：「臣聞命矣。君行制，臣行意。」【略】遂乘輕舟，以浮於五湖，莫知其所終極。【略】王命工以良金寫范蠡之狀，而朝禮之。解：以善金鑄其形狀，而自朝禮之。浹日而令大夫朝之。

《管子》卷一《權脩第三》 野與市争民，家與府争貨，金與粟争貴，鄉與朝争治。

又《立政第四》 寢兵之説勝，則險阻不守。【略】兼愛之説勝，則士卒不戰。【略】全生之説勝，則廉恥不立。【略】私議自貴之説勝，則上令不行。羣徒比周

之説勝，則賢不肖不分。金玉貨財之説勝，則爵服下流。觀樂玩好之説勝，則姦民在上位。

又《乘馬第五》 黄金者，用之量也。辨於黄金之理，則知侈儉，知侈儉，則百用節矣。故儉則傷事，侈則傷貨。儉則金賤，金賤則事不成，故傷事。侈則金貴，金貴則貨賤，故傷貨。貨盡而後知不足，是不知量也。事已而後知貨之有餘，是不知節也。不知量，不知節，不可謂之有道。【略】

黄金一鎰，百乘一宿之盡也。無金則用其絹，季絹三十三，【略】制當一鎰。無絹則用其布，經暴布百兩當一鎰。一鎰之金，食百乘之一宿。則所市之地六步一斞，一本作一升。命之曰中。歲有市，無市則民不乏矣。方六里，名之曰社。有邑焉，名之曰央，亦關市之賦。【略】黄金百鎰爲一篋，其貨一穀籠爲十篋，其商苟在市者三十人，其正月、十二月黄金一鎰。命之曰正分。

又卷三《幼官第八》 通之以道，畜之以惠，親之以仁，養之以義，報之以德，結之以信，接之以禮，和之以樂，期之以事，攻之以官，攻，治。發之以力，威之以誠。一舉而上下得終，謂初會諸侯，上下得終其禮，自此至九舉，説九合諸侯之所致。再舉而民無不從，三舉而地辟散成，成，謂諸侯自盟要，不事於齊。至三會，則諸侯散其成而朝齊。四舉而農佚粟十，四會之後，傜役減省，故農人佚樂，而粟得十全。五舉而務輕金九。五會之後，兵戰既息，事務轉輕而金得九分一以供官也。【略】

又卷二二《國蓄第七三》 玉起於禺音虞。氏，金起於汝漢，珠起於赤野。東西南北距周七千八百里。水絶壤斷，舟車不能通。先王爲其途之遠，其至之難，故託用於其重，以珠玉爲上幣，以黄金爲中幣，以刀布爲下幣。三幣，握之則非有補於煖也，食之則非有補於飽也，先王以守財物，以御民事，而平天下也。今人君籍求於民，令曰十日而具，則財物之賈什去一。令曰八日而具，則財物之賈什去二。令曰五日而具，則財物之賈什去半。朝令而夕具，則財物之賈什去九。先王知其然，故不求於萬民，而籍於號令也。

又《山權數第七五》 桓公問管子曰：「請問權數。」管子對曰：「天以時爲權，地以財爲權，人以力爲權，君以令爲權。失天之權，則人地之權亡。」桓公曰：「何爲失天之權則人地之權亡？」管子對曰：「湯七年旱，禹五年水，民之無䊪賣子者。湯以莊山之金鑄幣，而贖民之無䊪賣子者；禹以歷山之金鑄幣，而贖民之無䊪賣子者。故天權失，人地之權皆失也。故王者歲守十分之叁，三年與少半成歲，三十一年而藏十一年與少半藏叁之，一不足以傷民，而農夫敬事力作。故天毁埊，古地字。凶旱水洪，民無入於溝壑乞請者也。此守時以待天權之道也。」桓公曰：「善。」【略】

桓公問於管子曰：「請問教數。」管子對曰：「民之能明於農事者，置之黄金一斤，直食八石；民之能蕃育六畜者，置之黄金一斤，直食八石；民之能樹藝者，置之黄金一斤，直食八石；民之能樹瓜瓠、葷菜、百果使蕃衮者，置之黄金一斤，直食八石；民之能已民疾病者，置之黄金一斤，直食八石，民之知時：曰『歲且阨』，曰『某穀不登』，曰『某穀豐』者，置之黄金一斤，直食八石。民之通於蠶桑，使蠶不疾病者，皆置之黄金一斤，直食八石。謹聽其言而藏之官，使師旅之事無所與，此國筴之者也。」

又卷二三《輕重甲第八〇》 桓公召管子而問曰：「安用金而可？」管子對曰：「請以令使賀獻、出正籍者必以金，金坐長而百倍。運金之重以衡萬物，盡歸於君。故此所謂用若挹於河海，若輸之給馬。此陰王之業。」【略】

桓公問於管子曰：「今傳戟十萬，薪菜之靡，日虚十里之衍；頓戟一譟，而靡幣之用，日去千金之積。久之，且何以待之？」管子對曰：「粟賈平四十，則金賈四千。粟賈釜四十，則鍾四百也，十鍾四千也，二十鍾者爲八千也。金賈四千，則二金中八千也。【略】故粟重黄金輕，黄金重而粟輕，兩者不衡立。故善者重粟之賈，釜四百，則是鍾四千也，十鍾四萬，二十鍾者八萬。金賈四千，則是十金四萬也，二十金者爲八萬。故發號出令，曰一農之事有二十金之筴。然則地非有廣狹，國非有貧富也，通於發號出令，審於輕重之數然。」

又卷二四《輕重乙第八一》 武王問於癸度曰：「賀獻不重，身不親於君；左右不足，友不善於羣臣。故不欲收穡户籍而給左右之用，爲之有道乎？」癸度對曰：「吾國者，衢處之國也。遠秸之所通，游客蓄商之所道，財物之所遵。故苟入吾國之粟，因吾國之幣，然後載黄金而出。故謹毋失其度，未與民可治。」武王曰：「行事奈何？」癸度曰：「金出於汝、漢之右衢，珠出於赤野之末光，玉出於禺氏之旁山，此皆距周七千八百餘里。其涂遠，其至阨，故先王度用於其重，因以珠玉爲上幣，黄金爲中幣，刀布爲下幣。故先王善高下中幣，制下上之用，而天下足矣。」

《列子》卷八《説符篇》 昔齊人有欲金者，清旦衣冠而之市，適鬻金者之所，因攫其金而去。吏捕得之，問曰：「人皆在焉，子攫人之金何？」對曰：「取金之時，不見人，徒見金。」

《墨子》卷一一　夏后開使蜚廉折金於山川，而陶鑄之於昆吾。

孫希旦《禮記集解》卷一四《王制第五之三》　有圭璧、金璋不粥於市；命服、命車不粥於市；宗廟之器不粥於市；犧牲不粥於市；戎器不粥於市；　孔氏曰：此皆尊貴之物，非民所宜有，防民之僭僞也。金璋，即《考工記》金飾璋也。皇氏以爲用金爲印章。按定本「璋」字從玉，圭璧之類。且周時稱印曰璽，未有稱章，皇氏之義非也。愚謂金飾璋者，《考工記》大璋、中璋、邊璋之屬，皆「黄金勺，青金外」是也。戎器，矛戟之屬。《周禮・縣師》「若將有軍旅、會同、田役之戒，則受法於司馬，以作其衆庶及馬牛車輦，會其車人之卒伍，使皆備旗鼓兵器，以帥而至」，則兵車、戎器乃民間所有，此云「戎器不粥於市」，又云「兵車不中度，不粥於市」，則是兵車民間所具，《司馬法》所謂「甸出長轂一乘」，而兵器則由官給而藏之民與？

《史記》卷八《高祖本紀》　漢王軍滎陽南，築甬道屬之河，以取敖倉。與項羽相距歲餘。項羽數侵奪漢甬道，漢軍乏食，遂圍漢王。漢王請和，割滎陽以西者爲漢。項王不聽。漢王患之，乃用陳平之計，予陳平金四萬斤，以間疏楚君臣。於是項羽乃疑亞父。亞父是時勸項羽遂下滎陽，及其見疑，乃怒，辭老，願賜骸骨歸卒伍，未至彭城而死。**【略】**

六年，高祖五日一朝太公，如家人父子禮。太公家令説太公曰：「天無二日，土無二王。今高祖雖子，人主也；太公雖父，人臣也。奈何令人主拜人臣！如此，則威重不行。」後高祖朝，太公擁篲，迎門卻行。高祖大驚，下扶太公。太公曰：「帝，人主也，奈何以我亂天下法！」於是高祖乃尊太公爲太上皇。心善家令言，賜金五百斤。**【略】**

高祖擊布時，爲流矢所中，行道病。病甚，呂后迎良醫，醫入見，高祖問醫，醫曰：「病可治。」於是高祖嫚罵之曰：「吾以布衣提三尺劍取天下，此非天命乎？命乃在天，雖扁鵲何益！」遂不使治病，賜金五十斤罷之。

又卷九《呂太后本紀》　高后崩，遺詔賜諸侯王各千金，將相列侯郎吏皆以秩賜金。大赦天下。以呂王産爲相國，以呂禄女爲帝后。

又卷一〇《孝文本紀》　壬子，遣車騎將軍薄昭迎皇太后於代。皇帝曰：「呂産自置爲相國，呂禄爲上將軍，擅矯遣灌將軍嬰將兵擊齊，欲代劉氏，嬰留滎陽弗擊，與諸侯合謀以誅呂氏。呂産欲爲不善，丞相陳平與太尉周勃謀奪呂産等軍。朱虚侯劉章首先捕呂産等。太尉身率襄平侯通持節承詔入北軍。典客劉揭身奪趙王呂禄印。益封太尉勃萬户，賜金五千斤。丞相陳平、灌將軍嬰邑各三千户，金二千斤。朱虚侯劉章、襄平侯通、東牟侯劉興居邑各二千户，金千斤。封典客揭爲陽信侯，賜金千斤。」

又卷一二《孝武本紀》　少君言於上曰：「祠竈則致物，致物而丹沙可化爲黄金，黄金成以爲飲食器則益壽，益壽而海中蓬萊僊者可見，見之以封禪則不死，黄帝是也。臣嘗游海上，見安期生，[索隱]服虔曰：「古之真人。」案：《列仙傳》云：「安期生，琅邪人，賣藥東海邊，時人皆言千歲也。」[正義]《列仙傳》云：「安期生，琅邪阜鄉亭人也。賣藥海邊。秦始皇請語三夜，賜金數千萬，出，於阜鄉亭，皆置去，留書，以赤玉舄一量爲報，曰『後千歲求我於蓬萊山下』。」食臣棗，大如瓜。安期生僊者，通蓬萊中，合則見人，不合則隱。」於是天子始親祠竈，而遣方士入海求蓬萊安期生之屬，而事化丹沙諸藥齊爲黄金矣。

居久之，李少君病死。天子以爲化去不死也，而使黄錘史寬舒受其方。求蓬萊安期生莫能得，而海上燕齊怪迂之方士多相效，更言神事矣。

其春，樂成侯上書言欒大。欒大，膠東宫人，故嘗與文成將軍同師，已而爲膠東王尚方。而樂成侯姊爲康王后，毋子。康王死，他姬子立爲王。而康后有淫行，與王不相中(得)，相危以法。康后聞文成已死，而欲自媚於上，乃遣欒大因樂成侯求見言方。天子既誅文成，後悔恨其早死，惜其方不盡，及見欒大，大悦。大爲人長美，言多方略，而敢爲大言，處之不疑。大言曰：「臣嘗往來海中，見安期、羨門之屬。顧以爲臣賤，不信臣。又以爲康王諸侯耳，不足予方。臣數言康王，康王又不用臣。臣之師曰：『黄金可成，而河決可塞，不死之藥可得，僊人可致也。』臣恐效文成，則方士皆掩口，惡敢言方哉！」上曰：「文成食馬肝死耳。子誠能脩其方，我何愛乎！」大曰：「臣師非有求人，人者求之。陛下必欲致之，則貴其使者，令有親屬，以客禮待之，勿卑，使各佩其信印，乃可使通言於神人。神人尚肯邪不邪。致尊其使，然后可致也。」於是上使先驗小方，鬥旗，旗自相觸擊。

是時上方憂河決，而黄金不就，乃拜大爲五利將軍。居月餘，得四金印，佩天士將軍、地士將軍、大通將軍、天道將軍印。

又卷三〇《平準書》　漢興，接秦之弊，丈夫從軍旅，老弱轉糧饟，作業劇而財匱，自天子不能具鈞駟，而將相或乘牛車，齊民無藏蓋。於是爲秦錢重難用，更令民鑄錢，一黄金一斤，約法省禁。而不軌逐利之民，蓄積餘業以稽市物，物

踊騰糶，米至石萬錢，馬一匹則百金。

其後四年，而漢遣大將將六將軍，軍十餘萬，擊右賢王，獲者虜萬五千級。明年，大將軍將六將軍仍再出擊胡，得首虜萬九千級。捕斬首虜之士受賜黃金二十餘萬斤，虜數萬人皆得厚賞，衣食仰給縣官；而漢軍之士馬死者十餘萬，兵甲之財轉漕之費不與焉。

又卷三四《燕召公世家》 燕噲既立，齊人殺蘇秦。蘇秦之在燕，與其相子之爲婚，而蘇代與子之交。及蘇秦死，而齊宣王復用蘇代。燕噲三年，與楚、三晉攻秦，不勝而還。子之相燕，貴重，主斷。蘇代爲齊使於燕，燕王問曰：「齊王奚如？」對曰：「必不霸。」燕王曰：「何也？」對曰：「不信其臣。」蘇代欲以激燕王以尊子之也。於是燕王大信子之。子之因遺蘇代百金，而聽其所使。

又卷四一《越王句踐世家》 范蠡浮海出齊，變姓名，自謂鴟夷子皮，耕於海畔，苦身戮力，父子治產。居無幾何，致產數十萬。齊人聞其賢，以爲相。范蠡喟然嘆曰：「居家則致千金，居官則至卿相，此布衣之極也。久受尊名，不祥。」乃歸相印，盡散其財，以分與知友、鄉黨，而懷其重寶，間行以去，止於陶，以爲此天下之中，交易有無之路通，爲生可以致富矣。於是自謂陶朱公。

又卷四三《趙世家》 四年，王夢衣偏裻之衣，乘飛龍上天，不至而墜，見金玉之積如山。明日，王召筮史敢占之，曰：「夢衣偏裻之衣者，殘也。乘飛龍上天不至而墜者，有氣而無實也。見金玉之積如山者，憂也。」

又卷六九《老子韓非列傳》 趙王曰：「寡人年少，立國日淺，未嘗得聞社稷之長計也。今上客有意存天下，安諸侯，寡人敬以國從。」乃飾車百乘，黃金千溢，索隱《戰國策》作「萬溢」。一溢爲一金，則二十兩曰一溢，爲米二升。鄭玄以一溢爲二十四分之一，其説異也。白璧百雙，錦繡千純，以約諸侯。

又卷七〇《張儀列傳》 「臣聞之，積羽沈舟，羣輕折軸，衆口鑠金，積毀銷骨，故願大王審定計議，且賜骸骨辟魏。」

又卷八七《李斯列傳》 李斯恐懼，重爵禄，不知所出，乃阿二世意，欲求容，以書對。【略】故韓子曰「慈母有敗子而嚴家無格虜」者，何也？則能罰之加焉必也。故商君之法，刑棄灰於道者。夫棄灰，薄罪也，而被刑，重罰也。彼唯明主爲能深督輕罪。夫罪輕且督深，而況有重罪乎？故民不敢犯也。是故韓子曰「布帛尋常，庸人不釋，鑠金百溢，盜跖不搏」者，非庸人之心重，尋常之利深，而盜跖之欲淺也；又不以盜跖之行，爲輕百鎰之重也。搏必隨手刑，則盜跖不搏百鎰。而罰不必行也，則庸人不釋尋常。

又卷一〇三《萬石張叔列傳》 塞侯直不疑者，南陽人也。爲郎，事文帝。其同舍有告歸，誤持同舍郎金去，已而金主覺，妄意不疑，不疑謝有之，買金償。而告歸者來而歸金，而前郎亡金者大慙，以此稱爲長者。

又卷一〇六《吴王濞列傳》 今諸王苟能存亡繼絶，振弱伐暴，以安劉氏，社稷之所願也。敝國雖貧，寡人節衣食之用，積金錢，脩兵革，聚穀食，夜以繼日，三十餘年矣。凡爲此，願諸王勉用之。能斬捕大將者，賜金五千斤，封萬户；列將，三千斤，封五千户；裨將，二千斤，封二千户；二千石，千斤，封千户；千石，五百斤，封五百户：皆爲列侯。其以軍若城邑降者，卒萬人，邑萬户，如得大將；人户五千，如得列將；人户三千，如得裨將；人户千，如得二千石；其小吏皆以差次受爵金。佗封賜皆倍軍法。其有故爵邑者，更益勿因。願諸王明以令士大夫，弗敢欺也。寡人金錢在天下者往往而有，非必取於吴，諸王日夜用之弗能盡。有當賜者告寡人，寡人且往遺之。敬以聞。

又卷一一〇《匈奴列傳》 其明年春，漢使驃騎將軍去病將萬騎出隴西，過焉支山千餘里，擊匈奴，得胡首虜（騎）萬八千餘級，破得休屠王祭天金人。

又卷一一一《衛將軍驃騎列傳》 執渾邪王子及相國、都尉，首虜八千餘級，收休屠祭天金人，益封去病二千户。

又卷一一二《平津侯主父偃列傳》 主父始爲布衣時，嘗游燕、趙，及其貴，發燕事。趙王恐其爲國患，欲上書言其陰事，爲偃居中，不敢發。及爲齊相，出關，即使人上書，告言主父偃受諸侯金，以故諸侯子弟多以得封者。及齊王自殺，上聞大怒，以爲主父劫其王令自殺，乃徵下吏治。主父服受諸侯金，實不劫王令自殺。上欲勿誅，是時公孫弘爲御史大夫，乃言曰：「齊王自殺無後，國除爲郡，入漢，主父偃本首惡，陛下不誅主父偃，無以謝天下。」乃遂族主父偃。

《史記》卷一下《高帝紀第一下》 田肯賀上曰：「甚善，陛下得韓信，又治秦中。秦，形勝之國也，帶河阻山，縣隔千里，持戟百萬，秦得百二焉。地勢便利，其以下兵於諸侯，譬猶居高屋之上建瓴水也。夫齊，東有琅邪、即墨之饒，南有泰山之固，西有濁河之限，北有勃海之利，地方二千里，持戟百萬，縣隔千里之外，齊得十二焉，此東西秦也。非親子弟，莫可使王齊者。」上曰：「善。」賜金五百斤。【略】

上歸櫟陽，五日一朝太公。太公家令説太公曰：「天亡二日，土亡二王。皇帝雖子，人主也；太公雖父，人臣也。奈何令人主拜人臣！如此，則威重不行。」後上朝，太公擁彗，迎門卻行。上大驚，下扶太公。太公曰：「帝，人主，奈何以我亂天下法！」於是上心善家令言，賜黄金五百斤。【略】

上擊布時，爲流矢所中，行道疾。疾甚，吕后迎良醫。醫入見，上問醫。曰：「疾可治（不醫曰可治）。」於是上嫚駡之，曰：「吾以布衣提三尺取天下，此非天命乎？命乃在天，雖扁鵲何益！」遂不使治疾，賜黄金五十斤，罷之。

《漢書》卷一上《高帝紀第一上》 以問張良，良發八難。漢王輟飯吐哺，曰：「豎儒幾敗乃公事！」令趨銷印，又問陳平，乃從其計。與平黄金四萬斤，以間疏楚君臣。

又卷四《文帝紀第四》 其益封太尉勃邑萬户，賜金五千斤。丞相平、將軍嬰邑各三千户，金二千斤。朱虚侯章、襄平侯通邑各二千户，金千斤。封典客揭爲陽信侯，賜金千斤。【略】

贊曰：孝文皇帝即位二十三年，宫室苑囿車騎服御無所增益。有不便，輒弛以利民。嘗欲作露臺，召匠計之，直百金。上曰：「百金，中人十家之産也。吾奉先帝宫室，常恐羞之，何以臺爲！」身衣弋綈，所幸慎夫人衣不曳地，帷帳無文繡，以示敦朴，爲天下先。治霸陵，皆瓦器，不得以金銀銅錫爲飾，因其山，不起墳。

又卷六《武帝紀第六》 〔太初元年〕三月，行幸河東，祠后土。詔曰：「朕禮首山，昆田出珍物，化或爲黄金。應劭曰：「昆田，首山之下田也。武帝祠首山，故神爲出珍物，化爲黄金。」祭后土，神光三燭。其赦汾陰殊死以下，賜天下貧民布帛，人一匹。」

又卷八《宣帝紀第八》 〔地節三年〕夏四月戊申，立皇太子，大赦天下。賜御史大夫爵關内侯，中二千石爵右庶長，天下當爲父後者爵一級。賜廣陵王黄金千斤，諸侯王十五人黄金各百斤，列侯在國者八十七人黄金各二十斤。【略】

〔元康四年〕秋八月，賜故右扶風尹翁歸子黄金百斤，以奉其祭祀。又賜功臣適後黄金，人二十斤。【略】

〔神爵四年〕夏四月，潁川太守黄霸以治行尤異秩中二千石，賜爵關内侯，黄金百斤。及潁川吏民有行義者爵，人二級，力田一級，貞婦順女帛。【略】

匈奴呼韓邪單于稽侯狦來朝，贊謁稱藩臣而不名。賜以璽綬、冠帶、衣裳、安車、駟馬、黄金、錦繡、繒絮。

又卷九《元帝紀第九》 初元元年春正月辛丑，孝宣皇帝葬杜陵。賜諸侯王、公主、列侯黄金，吏二千石以下錢帛，各有差。大赦天下。

又卷一〇《成帝紀第一〇》 〔建始元年二月〕賜諸侯王、丞相、將軍、列侯、王太后、公主、王主、吏二千石黄金，宗室諸官吏千石以下至二百石及宗室子有屬籍者、三老、孝弟力田、鰥寡孤獨錢帛，各有差，吏民五十户牛酒。【略】

〔鴻嘉四年〕冬，廣漢鄭躬等黨與寖廣，犯歷四縣，衆且萬人。拜河東都尉趙護爲廣漢太守，發郡中及蜀郡合三萬人擊之。或相捕斬，除罪。旬月平，遷護爲執金吾，賜黄金百斤。

又卷二四上《食貨志第四上》 《洪範》八政，一曰食，二曰貨。食謂農殖嘉穀可食之物，貨謂布帛可衣，及金刀龜貝，所以分財布利通有無者也。二者，生民之本，興自神農之世。

又卷二四下《食貨志第四下》 凡貨，金錢布帛之用，夏殷以前，其詳靡記云。太公爲周立九府圜法：黄金方寸，而重一斤；錢圜函方，輕重以銖；師古曰：「言黄金以斤爲名，錢則以銖爲重也。」布帛廣二尺二寸爲幅，長四丈爲匹。故貨寶於金，利於刀，流於泉，布於布，束於帛。

太公退，又行之於齊。至管仲相桓公，通輕重之權，曰：「歲有凶穰，故穀有貴賤；令有緩急，故物有輕重。人君不理，則畜賈游於市，乘民之不給，百倍其本矣。故萬乘之國必有萬金之賈，千乘之國必有千金之賈者，利有所并也。計本量委則足矣，然而民有飢餓者，穀有所臧也。民有餘則輕之，故人君斂之以輕；民不足則重之，故人君散之以重。凡輕重斂散之以時，則準平。〔守準平〕使萬室之邑必有萬鍾之臧，臧繦千萬；千室之邑必有千鍾之臧，臧繦百萬。春以奉耕，夏以奉耘，耒耜器械，種饟糧食，必取澹焉。故大賈畜家不得豪奪吾民矣。」桓公遂用區區之齊合諸侯，顯伯名。【略】

此後四年，衛青比歲十餘萬衆擊胡，斬捕首虜之士受賜黄金二十餘萬斤。【略】

數歲，貸與産業，使者分部護，冠蓋相望，費以億計，縣官大空。而富商賈或墆財役貧，轉轂百數，廢居居邑，封君皆氐首仰給焉。冶鑄鬻鹽，財或累萬金，而不佐公家之急，黎民重困。

又卷二五上《郊祀志第五上》 賜〔欒大〕列侯甲第，童千人。乘輿斥車馬帷

帳器物以充其家。又以衛長公主妻之，齎金十萬斤，更名其邑曰當利公主。

又卷二五下《郊祀志第五下》 成帝末年頗好鬼神，亦以無繼嗣故，多上書言祭祀方術者，皆得待詔，祠祭上林苑中長安城旁，費用甚多，然無大貴盛者。谷永説上曰：「臣聞明於天地之性，不可或以神怪；知萬物之情，不可罔以非類。諸背仁義之正道，不遵《五經》之法言，而盛稱奇怪鬼神，廣崇祭祀之方，求報無福之祠，及言世有僊人，服食不終之藥，遙興輕舉，登遐倒景，覽觀縣圃，浮游蓬萊，耕耘五德，朝種暮穫，與山石無極，黄冶變化，堅冰淖溺，化色五倉之術者，皆姦人惑衆，挾左道，懷詐僞，以欺罔世主。聽其言，洋洋滿耳，若將可遇；求之，盪盪如係風捕景，終不可得。是以明王距而不聽，聖人絶而不語。昔周史萇弘欲以鬼神之術輔尊靈王會朝諸侯，而周室愈微，諸侯愈叛。楚懷王隆祭祀，事鬼神，欲以獲福助，卻秦師，而兵挫地削，身辱國危。秦始皇初并天下，甘心於神僊之道，遣徐福、韓終之屬多齎童男童女入海求神采藥，因逃不還，天下怨恨。漢興，新垣平、齊人少翁、公孫卿、欒大等，皆以僊人、黄冶、祭祠、事鬼使物、入海求神采藥貴幸，賞賜累千金。大尤尊盛，至妻公主，爵位重參，震動海内。」

又卷二八下《地理志第八下》 楚有江漢川澤山林之饒；江南地廣，或火耕水耨。民食魚稻，以漁獵山伐爲業，果蓏蠃蛤，食物常足。故呰窳偷生，而亡積聚，飲食還給，不憂凍餓，亦亡千金之家。信巫鬼，重淫祀。而漢中淫失枝柱，與巴蜀同俗。汝南之别，皆急疾有氣勢。江陵，故郢都，西通巫、巴，東有雲夢之饒，亦一都會也。

又卷三七《季布傳》 曹丘至，則揖布曰：「楚人諺曰『得黄金百，不如得季布諾』，足下何以得此聲梁楚之間哉？且僕與足下俱楚人，使僕游揚足下名於天下，顧不美乎？何足下距僕之深也！」

又卷四〇《陳平傳》 平曰：「項王爲人，恭敬愛人，士之廉節好禮者多歸之。至於行功賞爵邑，重之，士亦以此不附。今大王嫚而少禮，士之廉節者不來；然大王能饒人以爵邑，士之頑頓耆利無恥者亦多歸漢。誠各去兩短，集兩長，天下指麾即定矣。然大王資侮人，不能得廉節之士。顧楚有可亂者，彼項王骨鯁之臣亞父、鍾離昧、龍且、周殷之屬，不過數人耳。大王能出捐數萬斤金，行反間，間其君臣，以疑其心，項王爲人意忌信讒，必内相誅。漢因舉兵而攻之，破楚必矣。」漢王以爲然，乃出黄金四萬斤予平，恣所爲，不問出入。

又卷四六《直不疑傳》 直不疑，南陽人也。爲郎，事文帝。其同舍有告歸，誤持其同舍郎金去。已而同舍郎覺，亡意不疑，不疑謝有之，買金償。後告歸者至而歸金，亡金郎大慙，以此稱爲長者。

又卷四七《代孝王劉參傳》 孝王未死時，財以鉅萬計，不可勝數。及死，藏府餘黄金尚四十餘萬斤，他財物稱是。

又卷四九《爰盎傳》 上從霸陵上，欲西馳下峻阪，盎攬轡。上曰：「將軍怯邪？」盎言曰：「臣聞千金之子不垂堂，百金之子不騎衡，聖主不乘危，不徼幸。今陛下騁六飛，馳不測山，有如馬驚車敗，陛下縱自輕，奈高廟、太后何？」上乃止。

又卷六八《霍光傳》 昔霍叔封於晉，晉即河東，光豈其苗裔乎？金日磾夷狄亡國，羈虜漢庭，而以篤敬寤主，忠信自著，勒功上將，傳國後嗣，世名忠孝，七世内侍，何其盛也！本以休屠作金人爲祭天主，故因賜姓金氏云。

又卷七二《王吉傳》 自吉至崇，世名清廉，然材器名稱稍不能及父，而禄位彌隆。皆好車馬衣服，其自奉養極爲鮮明，而亡金銀錦繡之物。及遷徙去處，所載不過囊衣，不畜積餘財。去位家居，亦布衣疏食。天下服其廉而怪其奢，故俗傳「王陽能作黄金」。

又卷七三《韋賢傳》 賢四子：長子方山爲高寢令，早終；次子弘，至東海太守；次子舜，留魯守墳墓；少子玄成，復以明經歷位至丞相。故鄒魯諺曰：「遺子黄金滿籯，不如一經。」

又卷七六《張敞傳》 久之，勃海、膠東盜賊並起，敞上書自請治之，曰：「臣聞忠孝之道，退家則盡心於親，進宦則竭力於君。夫小國中君猶有奮不顧身之臣，況於明天子乎！今陛下遊意於太平，勞精於政事，亹亹不舍晝夜。羣臣有司宜各竭力致身。山陽郡户九萬三千，口五十萬以上，訖計盜賊未得者七十七人，它課諸事亦略如此。臣敞愚駑，既無以佐思慮，久處閒郡，身逸樂而忘國事，非忠孝之節也。伏聞膠東、勃海左右郡歲數不登，盜賊並起，至攻官寺，篡囚徒，搜市朝，劫列侯。吏失綱紀，姦軌不禁。臣敞不敢愛身避死，唯明詔之所處，願盡力摧挫其暴虐，存撫其孤弱。事即有業，所至郡條奏其所由廢及所以興之狀。」書奏，天子徵敞，拜膠東相，賜黄金三十斤。敞辭之官，自請治劇郡非賞罰無以勸善懲惡，吏追捕有功效者，願得壹切比三輔尤異。天子許之。

又卷八九《循吏傳》 文翁，廬江舒人也。少好學，通《春秋》，以郡縣吏察

舉。景帝末，爲蜀郡守，仁愛好教化。見蜀地辟陋有蠻夷風，文翁欲誘進之，乃選郡縣小吏開敏有材者張叔等十餘人親自飭厲，遣詣京師，受業博士，或學律令。減省少府用度，買刀布蜀物，齎計吏以遺博士。如淳曰：「金馬書刀，今賜計吏是也。作馬形於刀環内，以金鏤之。」晋灼曰：「刀，書刀；布，布刀也。舊時蜀郡工官作金馬書刀者，似佩刀形，金錯其拊。布刀，謂婦人割裂財布刀也。」師古曰：「少府，郡掌財物之府，以供太守者也。刀，凡蜀刀有環者也。布，蜀布細密(環)也。二者蜀人作之皆善，故齎以爲貨，無限於書刀布刀也。如、晋二説皆煩而不當也。」數歲，蜀生皆成就還歸，文翁以爲右職，用次察舉，官有至郡守刺史者。

又卷九〇《酷吏傳》 郅都，河東大陽人也。以郎事文帝。景帝時爲中郎將，敢直諫，面折大臣於朝。嘗從入上林，賈姬在厠，野彘入厠，上目都，都不行。上欲自持兵救賈姬，都伏上前曰：「亡一姬復一姬進，天下所少寧姬等邪？陛下縱自輕，奈宗廟太后何？」上還，彘亦不傷賈姬。太后聞之，賜都金百斤，上亦賜金百斤，由此重都。

又卷九四上《匈奴傳上》 明年春，漢使驃騎將軍去病將萬騎出隴西，過焉耆山千餘里，得胡首虜八千餘級，得休屠王祭天金人。

又卷九九下《王莽傳下》 莽拜將軍九人，皆以虎爲號，號曰「九虎」，將北軍精兵數萬人東，内其妻子宫中以爲質。時省中黄金萬斤者爲一匱，尚有六十匱，黄門、鈎盾、臧府、中尚方處處各有數匱。長樂御府、中御府及都内、平準帑藏錢帛珠玉財物甚衆，莽愈愛之，賜九虎士人四千錢。

曹學佺《蜀中廣記》卷六七《方物記第九·五金》 漢宣帝遣王襃持節祀蜀碧鷄、金馬。顔師古注曰：「金形似馬，碧形似鷄也。」

《鹽鐵論》卷一《本議第一》 文學曰：「國有沃野之饒而民不足於食者，工商盛而本業荒也；有山海之貨而民不足於財者，不務民用而淫巧衆也。故川源不能實漏巵，山海不能贍溪壑。是以盤庚萃居，舜藏黄金，高帝禁商賈不得仕宦，所以遏貪鄙之俗，而醇至誠之風也。排困市井，防塞利門，而民猶爲非也，況上之爲利乎？《傳》曰：『諸侯好利則大夫鄙，大夫鄙則士貪，士貪則庶人盜。』是開利孔爲民罪梯也。」

劉歆《西京雜記》卷一 彄環：戚姬以百煉金爲彄環，照見指骨。上惡之，以賜侍兒鳴玉、耀光等各四枚。

揚雄《揚子法言》卷第一 或問：「世言鑄金，金可鑄歟？」曰：「吾聞覿君子者，問鑄人不問鑄金。」或曰：「人可鑄與？」曰：「孔子鑄顔淵矣。」

王充《論衡》卷三《物勢篇》 或曰：「五行之氣，天生萬物，以萬物含五行之氣，五行之氣，更相賊害。」

或曰：「欲爲之用，故令相賊害，賊害相成也。故天用五行之氣生萬物，人用萬物作萬事。不能相制，不能相使，不相賊害，不成爲用。金不賊木，木不成用。火不爍金，金不成器。故諸物相賊相利，含血之蟲相勝服、相齧噬、相啖食者，皆五行〔之〕氣使之然也。」

《後漢書》卷一上《漢光武帝紀上》 〔建武二年〕是歲，蓋延等大破劉永於沛西。初，王莽末，天下旱蝗，黄金一斤易粟一斛；至是野穀旅生，麻尗尤盛，野蠶成繭，被於山阜，人收其利焉。

又卷七《桓帝紀》 〔建和〕二年春正月甲子，皇帝加元服。庚午，大赦天下。賜河間、勃海二王黄金各百斤，彭城諸國王各五十斤；公主、大將軍、三公、特進、侯、中二千石、二千石、將、大夫、郎吏、從官、四姓及梁、鄧小侯、諸夫人以下帛，各有差。年八十以上賜米、酒、肉，九十以上加帛二匹，綿三斤。【略】

〔延熹九年春正月辛卯〕沛國戴異得黄金印，無文字，遂與廣陵人龍尚等共祭井，作符書，稱「太上皇」，伏誅。

又卷一〇上《皇后紀上·光武郭皇后》 〔建武〕二十年，中山王輔復徙封沛王，后爲沛太后。況遷大鴻臚。帝數幸其第，會公卿諸侯親家飲燕，賞賜金錢縑帛，豐盛莫比，京師號況家爲金穴。二十六年，后母郭主薨，帝親臨喪送葬，百官大會，遣使者迎昌喪柩，與主合葬，追贈昌陽安侯印綬，謚曰思侯。二十八年，后薨，葬於北芒。

又《皇后紀上·明德馬皇后》 及帝崩，肅宗即位，尊后曰皇太后。諸貴人當徙居南宫，太后感析别之懷，各賜王赤綬，加安車駟馬，白越三千端，雜帛二千匹，黄金十斤。自撰《顯宗起居注》，削去兄防參醫藥事。帝請曰：「黄門舅旦夕供養且一年，既無襃異，又不録勤勞，無乃過乎！」太后曰：「吾不欲令後世聞先帝數親後宫之家，故不著也。」

又《皇后紀上·明帝賈貴人》 賈貴人，南陽人。建武末選入太子宫，中元二年生肅宗，而顯宗以爲貴人。帝既爲太后所養，專以馬氏爲外家，故貴人不登極位，賈氏親族無受寵榮者。及太后崩，乃策書加貴人王赤綬，安車一駟，永巷宫人二百，御府雜帛二萬匹，大司農黄金千斤，錢二千萬。諸史並闕後事，故不

知所終。

又《皇后紀上・和熹鄧皇后》 和帝葬後，宮人並歸園，太后賜周、馮貴人策曰：「朕與貴人託配後庭，共歡等列，十有餘年。不獲福祐，先帝早棄天下，孤心煢煢，靡所瞻仰，夙夜永懷，感愴發中。今當以舊典分歸外園，慘結增歎，燕燕之詩，曷能喻焉？其賜貴人王青蓋車，采飾輅，驂馬各一駟，黄金三十斤，雜帛三千匹，白越四千端。」又賜馮貴人王赤綬，以未有頭上步摇、環珮，加賜各一具。

又卷一〇下《皇后紀下・桓帝懿獻梁皇后》 桓帝懿獻梁皇后諱女瑩，順烈皇后之女弟也。帝初爲蠡吾侯，梁太后徵，欲與后爲婚，未及嘉禮，會質帝崩，因以立帝。明年，有司奏太后曰：「《春秋》迎王后於紀，在塗則稱后。今大將軍冀女弟，膺紹聖善。結婚之際，有命既集，宜備禮章，時進征幣。請下三公、太常案禮儀。」奏可。於是悉依孝惠皇帝納后故事，聘黄金二萬斤，納采鴈、璧、乘馬、束帛，一如舊典。建和元年六月始入掖庭，八月立爲皇后。

又卷一七《馮異傳》 時百姓飢餓，人相食，黄金一斤易豆五升。道路斷隔，委輸不至，軍士悉以果實爲糧。

又卷二二《朱祐傳》 進擊黄郵，降之，賜祐黄金三十斤。

又卷二三《竇融傳》 及漢兵起，融復從王邑敗於昆陽下，歸〔長安。漢兵〕長驅入關，王邑薦融，拜爲波水將軍，賜黄金千斤，引兵至新豐。莽敗，融以軍降更始大司馬趙萌，萌以爲校尉，甚重之，薦融爲鉅鹿太守。【略】

先是，帝聞河西完富，地接隴、蜀，常欲招之以逼囂、述，亦發使遺融書，遇鈞於道，即與俱還。帝見鈞歡甚，禮饗畢，乃遣令還，賜融璽書曰：「制詔行河西五郡大將軍事、屬國都尉：勞鎮守邊五郡，兵馬精彊，倉庫有蓄，民庶殷富，外則折挫羌胡，内則百姓蒙福。威德流聞，虚心相望，道路隔塞，邑邑何已！長史所奉書獻馬悉至，深知厚意。今益州有公孫子陽，天水有隗將軍，方蜀漢相攻，權在將軍，舉足左右，便有輕重。以此言之，欲相厚豈有量哉！諸事具長史所見，將軍所知。王者迭興，千載一會。欲遂立桓、文，輔微國，當勉卒功業；欲三分鼎足，連衡合從，亦宜以時定。天下未并，吾與爾絶域，非相吞之國。今之議者，必有任囂效尉佗制七郡之計。王者有分土，無分民，自適已事而已。今以黄金二百斤賜將軍，便宜輒言。」因授融爲涼州牧。

又卷二四《馬援傳》 又前雲陽令同郡朱勃詣闕上書曰：「【略】夫明主醲於用賞，約於用刑。高祖嘗與陳平金四萬斤以間楚軍，不問出入所爲，豈復疑以錢穀間哉？」

又卷二七《王丹傳》 王丹字仲回，京兆下邽人也。哀、平時，仕州郡。王莽時，連徵不至。家累千金，隱居養志，好施周急。

又卷三四《梁統傳》 扶風人士孫奮，居富而性吝，冀因以馬乘遺之，從貸錢五千萬，奮以三千萬與之。冀大怒，乃告郡縣，認奮母爲其守臧婢，云盜白珠十斛、紫金千斤以叛，遂收考奮兄弟，死於獄中，悉没貲財億七千餘萬。

又卷四六《陳寵傳》 於是乃收斂其家律令書文，皆壁藏之。咸性仁恕，常戒子孫曰：「爲人議法，當依於輕，雖有百金之利，慎無與人重比。」

又卷四七《班超傳》 初，月氏嘗助漢擊車師有功，是歲貢奉珍寶、符拔、師子，因求漢公主。超拒還其使，由是怨恨。永元二年，月氏遣其副王謝將兵七萬攻超。超衆少，皆大恐。超譬軍士曰：「月氏兵雖多，然數千里踰葱領來，非有運輸，何足憂邪？但當收穀堅守，彼飢窮自降，不過數十日決矣。」謝遂前攻超，不下，又鈔掠無所得。超度其糧將盡，必從龜茲求救，乃遣兵數百於東界要之。謝果遣騎齎金銀珠玉以賂龜茲。超伏兵遮擊，盡殺之，持其使首以示謝。謝大驚，即遣使請罪，願得生歸。超縱遣之。月氏由是大震，歲奉貢獻。

又卷四八《應奉傳》 中興初，有應嫗者，生四子而寡。見神光照社，試探之，乃得黄金。自是諸子宦學，並有才名，至瑒七世通顯。

又卷四九《王符傳》 《實貢篇》曰：「夫明君之詔也若聲，忠臣之和也如響。長短大小，清濁疾徐，必相應也。且攻玉以石，洗金以鹽，《詩小雅》曰：「它山之石，可以攻玉。」今之金工發金色者，皆淬之於鹽水焉。濯錦以魚，浣布以灰。夫物固有以賤理貴，以醜化好者矣。」

又卷五四《楊震傳》 大將軍鄧騭聞其賢而辟之，舉茂才，四遷荆州刺史、東萊太守。當之郡，道經昌邑，故所舉荆州茂才王密爲昌邑令，謁見，至夜懷金十斤以遺震。震曰：「故人知君，君不知故人，何也？」密曰：「暮夜無知者。」震曰：「天知，神知，我知，子知。何謂無知！」密愧而出。

又卷六一《黄瓊傳》 又黄門協邪，羣輩相黨，自冀興盛，腹背相親，朝夕圖謀，共搆姦軌。臨冀當誅，無可設巧，復記其惡，以要爵賞。陛下不加清澂，審別真僞，復與忠臣並時顯封，使朱紫共色，粉墨雜蹂，所謂抵金玉於沙礫，碎珪璧於泥塗。四方聞之，莫不憤歎。

又卷六五《張奐傳》 羌豪帥感奐恩德，上馬二十匹，先零酋長又遺金鐻八

枚，奂並受之，而召主簿於諸羌前，以酒酹地曰：「使馬如羊，不以入廄；使金如粟，不以入懷。」悉以金馬還之。羌性貪而貴吏清，前有八都尉率好財貨，爲所患苦，及奂正身潔己，威化大行。

又卷七三《陶謙傳》 初，同郡人笮融，聚衆數百，往依於謙，謙使督廣陵、下邳、彭城運糧。遂斷三郡委輸，大起浮屠寺。上累金盤，下爲重樓，又堂閣周回，可容三千許人，作黄金塗像，衣以錦彩。

又卷七四上《袁紹傳》 故太尉楊彪，歷典二司，元綱極位。操因睚眦，被以非罪，榜楚并兼，五毒俱至，觸情放慝，不顧憲章。又議郎趙彦，忠諫直言，議有可納，故聖朝含聽，改容加錫。操欲迷奪時明，杜絶言路，擅收立殺，不俟報聞。又梁孝王先帝母弟，墳陵尊顯，松栢桑梓，猶宜恭肅。操率將吏士，親臨發掘，破棺裸尸，掠取金寶，至令聖朝流涕，士民傷懷。又署發丘中郎將、摸金校尉，所過毁突，無骸不露。身處三公之官，而行桀虜之態，汙國虐民，毒施人鬼。加其細政苛慘，科防互設，罾繳充蹊，阬穽塞路，舉手挂網羅，動足蹈機陷，是以兗、豫有無聊之人，帝都有呼嗟之怨。

又卷八一《獨行傳・王忳》 王忳字少林，廣漢新都人也。忳嘗詣京師，於空舍中見一書生疾困，愍而視之。書生謂忳曰：「我當到洛陽，而被病，命在須臾，腰下有金十斤，願以相贈，死後乞藏骸骨。」未及問姓名而絶。忳即鬻金一斤，營其殯葬，餘金悉置棺下，人無知者。後歸數年，縣署忳大度亭長。初到之日，有馬馳入亭中而止。其日，大風飄一繡被，復墮忳前，即言之於縣，縣以歸忳。忳後乘馬到雒縣，馬遂奔走，牽忳入它舍。主人見之喜曰：「今禽盗矣。」問忳所由得馬，忳具説其狀，并及繡被。主人悵然良久，乃曰：「被隨旋風與馬俱亡，卿何陰德而致此二物？」忳自念有葬書生事，因説之，并道書生形貌及埋金處。主人大驚號曰：「是我子也。姓金名彦。前往京師，不知所在，何意卿乃葬之。大恩久不報，天以此章卿德耳。」

又《獨行傳・雷義》 雷義字仲公，豫章鄱陽人也。初爲郡功曹，（皆）〔嘗〕擢舉善人，不伐其功。義嘗濟人死罪，罪者後以金二斤謝之，義不受。金主伺義不在，默投金於承塵上。後葺理屋宇，乃得之。金主已死，無所復還，義乃以付縣曹。

又卷八二下《方術傳・公沙穆》 有富人王仲，致産千金。謂穆曰：「方今之世，以貨自通，吾奉百萬與子爲資，何如？」對曰：「來意厚矣。夫富貴在天，得之有命，以貨求位，吾不忍也。」

又卷八三《逸民傳・周黨》 周黨字伯況，太原廣武人也。家産千金。少孤，爲宗人所養，而遇之不以理，及長，又不還其財。黨詣鄉縣訟，主乃歸之。既而散與宗族，悉免遣奴婢，遂至長安遊學。

又卷八九《南匈奴傳》 〔建武〕二十六年，遣中郎將段郴、副校尉王郁使南單于，立其庭，去五原西部塞八十里。【略】秋，南單于遣子入侍，奉奏詣闕。詔賜單于冠帶、衣裳、黄金璽、盭緺綬，安車羽蓋，華藻駕駟，寶劍弓箭，黑節三，駙馬二，黄金、錦繡，繒布萬匹，絮萬斤，樂器鼓車，棨戟甲兵，飲食什器。

又志第一三《五行志一・訛言》 桓帝之初，京都童謡曰：「城上烏，尾畢逋。【略】河間姹女工數錢，以錢爲室金爲堂。石上慊慊舂黄粱。梁下有懸鼓，我欲擊之丞卿怒。」【略】河間姹女工數錢，以錢爲室金爲堂者，靈帝既立，其母永樂太后好聚金以爲堂也。石上慊慊舂黄粱者，言永樂雖積金錢，慊慊常苦不足，使人舂黄粱而食之也。

《三國志》卷六《魏志・董卓傳》 〔牛〕輔等逆與肅戰，肅敗走弘農，布誅肅。《魏書》曰：「輔恇怯失守，不能自安。常把辟兵符，以鈇鑕致其旁，欲以自彊。見客，先使相者相之，知有反氣與不，又筮知吉凶，然後乃見之。中郎將董越來就輔，輔使筮之。得兑下離上，筮者曰：『火勝金，外謀内之卦也。』即時殺越。」其後輔營兵有夜叛出者，營中驚，輔以爲皆叛，乃取金寶，獨與素所厚（友）〔攴〕胡赤兒等五六人相隨，踰城北渡河，赤兒等利其金寶，斬首送長安。

又卷二一《魏志・衛覬傳》 覬上疏曰：「【略】當今之務，宜君臣上下，並用籌策，計校府庫，量入爲出。深思句踐滋民之術，由恐不及，而尚方所造金銀之物，漸更增廣，工役不輟，侈靡日崇，帑藏日竭。昔漢武信求神仙之道，謂當得雲表之露以餐玉屑，故立仙掌以承高露。陛下通明，每所非笑。漢武有求於露，而由尚見非，陛下無求於露而空設之，不益於好而糜費功夫，誠皆聖慮所宜裁制也。」

又卷二九《方伎傳・華佗》注 東阿王作《辯道論》曰：「世有方士，吾王悉所招致，甘陵有甘始，廬江有左慈，陽城有郤儉。【略】甘始者，老而有少容，自諸術士咸共歸之。然始辭繁寡實，頗有怪言。余常辟左右，獨與之談，問其所行，温顔以誘之，美辭以導之，始語余：『吾本師姓韓字世雄，嘗與師於南海作金，前後數四，投數萬斤金於海。』」

又卷五〇《吳志・妃嬪傳・孫和姬何氏》 故民謡言「皓久死，立者何氏子」云。《江表傳》曰：「皓以張布女爲美人，有寵，皓問曰：『汝父所在？』答曰：『賊以殺之。』皓大怒，棒殺之。後思其顔色，使巧工刻木作美人形象，恒置座側。問左右：『布復有女否？』答曰：『布大女適故衛尉馮朝子純。』即奪純妻入宫，大有寵，拜爲左夫人，晝夜與夫人房宴，不聽朝政，使尚方以金作華燧、步摇、假髻以千數。令宫人著以相撲，朝成夕敗，輒出更作，工匠因緣偷盜，府藏爲空。會夫人死，皓哀愍思念，葬於苑中，大作冢，使工匠刻柏作木人，内冢中以爲兵衛，以金銀珍玩之物送葬，不可稱計。已葬之後，皓治喪於内，半年不出。國人見葬太奢麗，皆謂皓已死，所葬者是也。皓舅子何都顔狀似皓，云都代立。臨海太守奚熙信謡言，舉兵欲還誅都，都叔父植時爲備海督，擊殺熙，夷三族，謡言乃息，而人心猶疑。」

《宋書》卷一七《禮志四》 步兵校尉習隆、中書侍郎向充等言於禪曰：「昔周人懷邵伯之美，甘棠爲之不伐；越王思范蠡之功，鑄金以存其象。自漢興已來，小善小德，而圖形立廟者多矣；況亮德範遐邇，勳蓋季世，興王室之不壞，實斯人是賴。而烝嘗止於私門，廟象闕而莫立，百姓巷祭，戎夷野祀，非所以存德念功，述追在昔也。今若盡從人心，則瀆而無典；建之京師，又逼宗廟。此聖懷所以惟疑也。【略】」

又卷一八《禮志五》 乘輿六璽，秦制也。《漢舊儀》曰：「皇帝行璽，皇帝之璽，皇帝信璽，天子行璽，天子之璽，天子信璽。」此則漢遵秦也。初高祖入關，得秦始皇藍田玉璽，螭虎紐，文曰「受天之命，皇帝壽昌」。高祖佩之，後代名曰傳國璽。與斬白蛇劍俱爲乘輿所寶。傳國璽，魏、晉至今不廢；斬白蛇劍，晉惠帝武庫火燒之，今亡。晉懷帝没胡，傳國璽没於劉聰，後又屬石勒。及石勒弟石虎死，胡亂，晉穆帝代，乃還天府。虞喜《志林》曰：「傳國璽，自在六璽之外，天子凡七璽也。」《漢注》曰：「璽，印也。自秦以前，臣下皆以金玉爲印，龍虎紐，唯所好。秦以來，以璽爲稱，又獨以玉，臣下莫得用。」漢制，皇帝黄赤綬，四采，黄、赤、縹、紺。皇后金璽，綬亦如之。於禮，士綬之色如此，後代變古也。吳無刻玉工，以金爲璽。孫皓造金璽六枚是也。又有麟鳳龜龍璽，駞馬鴨頭雜印，今代則闕也。

《魏書》卷一一〇《食貨志》 自太祖定中原，世祖平方難，收獲珍寶，府藏盈積。和平二年秋，詔中尚方作黄金合盤十二具，徑二尺二寸，鏤以白銀，鈿以玫瑰，其銘曰：「九州致貢，殊域來賓，乃作兹器，錯用具珍。鍜以紫金，鏤以白銀，範圍擬載，吐燿含真。纖文麗質，若化若神，皇王御之，百福惟新。」

《北史》卷一三《后妃傳上・魏道武皇后慕容氏》 道武皇后慕容氏，寶之季女也。中山平，入充掖庭，得幸。左丞相、衛王儀等奏請立皇后，帝從儀，令后鑄金人成，乃立之。封后母孟爲漂陽君。後崩。

又卷一四《后妃傳下・隋宣華夫人陳氏》 宣華夫人陳氏，陳宣帝女也。性聰慧，姿貌無雙。及陳滅，配掖庭，後選入宫爲嬪，時獨孤皇后性妬，後宫罕得進御，唯陳氏有寵。煬帝之在藩也，陰有奪宗之計，規爲内助，每致禮焉。進金蛇、金駝等物，以取媚於陳氏。皇太子廢立之際，頗有力焉。及文獻皇后崩，進位爲貴人，專房擅寵，主斷内事，六宫莫與爲比。及帝大漸，遺詔拜爲宣華夫人。

又卷四一《楊敷傳》 上賜王公已下射，素箭爲第一，上手以外國所獻金精盤價直巨萬以賜之。四年，從幸仁壽宫，宴賜重疊。

又卷九五《赤土傳》 尋遣那邪迦隨貢方物，并獻金芙蓉冠、龍腦香，以鑄金爲多羅葉，隱起成文以爲表，金函封之，令婆羅門以香花奏蠡鼓而送之。

《南史》卷五《齊本紀下》 明帝時多聚金寶，至是金以爲泥，不足周用，令富室賣金，不問多少，限以賤價，又不還值。

又卷九《陳武帝紀》 〔太平元年〕九月辛丑，梁帝進帝位相國，總百揆，封十郡爲陳公，備九錫之禮，加璽紱，遠游冠，緑綟綬，位在諸侯王上。策曰：「大哉乾元，資日月以貞觀，至哉坤元，憑山川以載物。故惟天爲大，陟配者欽明，惟王建國，翼輔者齊聖。是以文、武之佐，皤谿蕴其玉璜，堯、舜之臣，滎河鏤其金板！況乎體得一之鴻姿，寧陽九之危厄，拯横流於碣石，撲燎火於崑岡，驅馭於韋、彭，跨躡於齊、晉，神功行而靡用，聖道運而無名者乎。今將授公典策，其敬聽朕命。【略】」

又卷三九《劉悛傳》 悛仍代始興王鑑爲益州刺史、監益寧二州諸軍事。悛既藉舊恩，尤能承迎權貴，賓客閨房，供費奢廣。罷廣、司二州，傾資貢獻，家無留儲。在蜀作金浴盆，餘金物稱是。

又卷四一《齊南豐伯赤斧傳》 東昏聞山陽死，發詔討荆、雍。穎胄有器局，既唱大事，衆情歸之。長沙寺僧鑄黄金爲龍數千兩埋土中，歷相傳付，稱爲下方黄鐵，穎胄因取此龍，以充軍實。乃歎曰：「往年江祏斥我，至今始知禍福之無門也。」十二月，移檄建鄴。

又卷五三《梁廬陵威王續傳》 續多聚馬仗，蓄養趫雄，耽色愛財，極意收斂，倉儲庫藏盈溢。臨終有啓，遣中録事參軍謝宣融送所上金銀器千餘件，武帝

始知其富。以爲財多德寡，因問宣融曰：「王金盡於此乎？」宣融曰：「此之謂多，安可加也。夫王之過如日月之蝕，欲令陛下知之，故終而不隱。」帝意乃解。世子憑以罪前誅死，次子應嗣。應不慧，王薨，至内庫閲珍物，見金鋌，問左右曰：「此可食不？」答曰：「不可。」應曰：「既不可食，並特乞汝。」他皆此類。

又《梁武陵王紀傳》 既東下，黄金一斤爲餅，百餅爲篋，至有百篋；銀五倍之，其他錦罽繒采稱是。每戰則懸金帛以示將士，終不賞賜。

又卷五九《江淹傳》 廣陵令郭彦文得罪，辭連淹，言受金，淹被繫獄，自獄中上書曰：【略】下官聞積毁銷金，積讒摩骨，遠則直生取疑於盜金，近則伯魚被名於不義。

徐堅《初學記》卷二七《金第一·事對》 紫光、赤氣。《晉永和起居注》曰：「盧江太守路永表言『於穀城北，見水岸邊紫赤光，得金一枚，狀如印齒。』」《地鏡圖》曰：「黄金之氣赤黄，千萬斤以上，光大若鏡盤，金氣發大，上赤下青也。」鳴山、耀室。王子年《拾遺記》曰：「少昊時，金鳴於山，銀涌於地。或如龜蛇之類，乍似人鬼之形。」崔鴻《後燕録》曰：「董統上言於慕容垂曰：『臣聞陛下之奇有六焉，厥初之奇，金光耀室。』」賜郭、聘莊。宗躬《孝子傳》曰：「郭巨，河内温人也。妻生男。謀曰：『養子則不得營業，妨於供養，當殺而埋焉。』鍤入地，有黄金一釜，上有鐵券曰：『黄金一釜，賜孝子郭巨。』」《韓詩外傳》曰：「楚襄王遣使，持金千斤聘莊子，欲以爲相。莊子固辭不許。」照魅、抵竈。王子年《拾遺記》曰：「方丈山有池，泥色金而味辛，以泥爲器，可作丹矣。百鍊可爲金，金色青，照鬼魅，猶如照面不得藏形也。」《燕丹子》曰：「太子與荆軻之東宮，臨池而觀。軻拾瓦投竈，太子奉金丸，軻用抵竈。復進，軻曰：『非爲太子愛金也，但臂痛耳。』」緘書、封璽。《尚書》曰：「武王疾，周公作《金縢》。孔安國注云：爲請命之書，藏之於匱，緘之以金，不欲人開之也。」《春秋運斗樞》曰：「舜爲天子，東巡。臨觀，黄龍五采，負圖出置舜前。圖以黄玉爲柙，黄金爲繩，封兩端。章曰金，黄帝符璽也。」探鳩、化鵲。劉義慶《幽明録》曰：「長安有張氏者，書獨處室。有鳩自入，止於對牀。張惡之，披懷祝曰：『鳩，爾來爲我禍耶，止承塵；爲我福耶，入我懷。』鳩翻飛入懷。以手探之，不知所在，而得一金帶鉤焉，遂寶焉。自是之後，子孫昌盛。」又曰：「常山張顥爲梁相，天新雨後，有鳥如山鵲，飛翔稍，下墮地。人爭取，即化爲一圓石。顥椎破之，得一金印，文曰忠孝侯印。」蓬萊觀、崑崙臺。《列子》曰：「夏革謂殷湯曰：『渤海之東，不知幾億萬里，有大壑，中有山。一曰岱輿，二曰方壺，三曰員嶠，四曰瀛洲，五曰蓬萊，其上高觀皆金闕。』」《關令内傳》曰：「老子與尹喜，登崑崙上。金臺玉樓，七寶宫殿，晝夜光明，乃天帝四王之所游處。有珠玉七寶之牀。」

佚名《黄帝九鼎神丹經訣》卷九《明用金銀善惡服鍊方法柔前所出上金法》 消鑠上金，淬於荆酒中十，上下因潰。釀其荆酒中一日，即柔潤。若以作金液者，先應柔之爲上矣。

又《明用金銀善惡服鍊方法鍊金法》 取未經用者甘堝，消投好清酒中三百過，即不沸，握之堪指間出，名曰鍊金。但能精心鍊餌者，亦昇太清，鍊銀亦同。以此柔質打爲薄，作金液用彌良。

李昉等《太平御覽》卷八〇九《珍寶部八·金上》 《史記》又曰：「項羽以陳平爲信武君，擊殷而還，拜平爲都尉，賜金三十鎰。居無何，漢攻下殷，項王怒，將誅定殷者。平懼，迺封其金與印，使歸，間行杖劍亡，渡河。」

又曰：「漢王與陳平金四萬斤，以間疏楚君臣，不問其出入也。」

又曰：「吴楚反，孝景以竇嬰爲大將軍，賜金千斤。嬰陳之廊廡下，軍吏過，輒令財取爲用，金無入家者。」

《漢書》曰：「文帝初立，以陳平爲丞相，位第二，賜平金千鎰，封三千户。」

又曰：「梁孝王未死時，金以巨萬計，不可勝數。及死，藏府餘黄金尚三十餘萬斤。」

又曰：「季布爲任俠，有名，楚人諺曰：『得黄金百，不如得季布諾。』」

又曰：「董偃見寵館陶長公主，安陵袁叔謂偃曰：『顧成廟遠無宿宫，何不白主獻長門園於上？』董君入白主，主獻之。上大悦，更名爲長門宫。主大喜，董君以黄金百斤爲袁叔壽。」

又曰：「尹翁歸卒，家無餘財。天子賢之，賜翁歸子黄金百斤，以奉其祭祠。」

又曰：「疏廣徙爲太傅，兄子受爲少傅，父子並爲師傅，俱乞骸骨。皆許之，加賜黄金二十斤，皇太子賜以五十斤。」

又曰：「秦幣黄金方寸而重一斤，以溢爲名。孟康(子)〔曰〕：「二十兩爲溢。」臣瓚曰：「秦以一溢爲一斤，漢以一斤爲一金。」金爲貨，夏殷無聞，周黄金方寸而重一斤，故貨寶於金。武帝時衛青擊匈奴斬捕首虜，賜黄金二十餘斤。」

又曰：「王莽敗，省中黄金萬斤者一匱，尚六十匱。」

《續漢書》曰：「扶風人士孫奮居富而性恡，梁冀認奮母爲其守藏婢，云盜紫金千斤。」

又曰：「楊震爲東萊太守，道經昌邑。初，震爲茂才，王密時爲昌邑令，謁見，至夜懷金十斤以遺震。震曰：『故人知君，君不知故人，何也？』密曰：『暮夜無知者。』震曰：『天知，神知，子知，我知，何謂不知？』密愧而出。」

又曰：「張奐遷安定屬國都尉，羌豪帥感奐恩德，上馬二十疋，先零酋長遺金鐻八枚。奐受之，而召主簿於諸羌前，以酒酹地曰：『使馬如羊，不以入廄。使金如粟，不以入懷。』悉以金、馬還之。」

《東觀漢記》曰：「郭況遷爲大鴻臚，上數幸其第，賞賜金、帛，京師號況家爲金穴，言其富貴。」

謝承《後漢書》曰：「豫章張載字仲宗，爲廣陵太守，舉孝子吴奉爲孝廉。奉賫金爲禮，載閉門不受。奉以囊盛投載園中而逝。載追不及，賫金至廣陵還奉。」

又曰：「雷義字仲公，常濟人死，罪者後以金二斤謝之，義不受。金主候義不在，嘿投金於承塵上。後葺治屋得金，主已死，義乃以付縣曹。」

《魏略》曰：「田豫爲并州，胡密懷金三十斤，曰：『以此上公。』張袖受之，荅其厚意。胡去之後，皆悉付外，具狀聞。於是詔褒之曰：『昔魏絳開懷以納戎，今卿舉袖以受狄金，朕甚嘉焉。』」

《晉後略》曰：「載賈后以鹿車，詣金墉城，飡金屑而死。」

《晉書》曰：「清河王覃初爲清河世子，所佩金鈴欻生隱起如麻粟者，祖母本陳太妃，以爲不祥，毁而賣之。占者以金是晉行大興之祥，覃爲皇胤，是其瑞也。毁而賣之，象覃見廢不終之驗也。」

《晉永和起居注》曰：「廬江太守路永表言於穀城北見水岸邊紫赤光，得金一枚，文如印齒。」

《宋書》曰：「褚彦回爲吏部尚書，有人求官，密袖中將一餅金，因求請間，出金示之曰：『人無知者。』彦回曰：『卿自應得官無假，此物若必見與，不得不相啓。』此人大懼，收金而去。彦回叙其事，而不言其名，時人莫之知也。」

《南史》曰：「南海扶南國王諸農死，子陽邁立。陽邁初在孕，其母夢生兒，有人以金蓆籍之，其色光麗。夷人謂金之精者爲陽邁，中國云紫磨者，因以爲名。宋永初二年，遣使貢獻，以陽邁爲林邑王。」

《宋書》曰：「齊武帝常至劉悛宅，晝卧覺，悛自捧金澡灌受四升以沃盥，因以與帝。」

《梁書》曰：「武陵王紀鎮蜀，既東下，黄金一斤爲一餅，百餅爲篋，至百篋；銀五倍之，其他錦罽稱是。每戰則懸金以示將士，終不賞賜。」

又曰：「廬陵王續之子應不惠，王薨，至庫内閲珍物，見金鋌。問左右曰：『此可食不？』荅曰：『不可。』應曰：『既不可食，並總乞汝。』」

〔《南史》〕又曰：「甄法崇之孫彬有行業，鄉黨稱善。嘗以一束（竽）〔竽〕就州長沙寺庫質錢，後贖（竽）〔竽〕還，於（竽）〔竽〕束中得五兩金，以手巾裹之，彬得，送還寺庫。道人大驚云：『近有人以此金質錢，時有事不得舉而失。檀越乃能見還，輒以金半仰酬。』往復十餘，彬堅然不受，（誅）〔謂〕曰：『五月披羊裘而負薪，豈拾遺金者耶？』卒還金。梁武帝布衣而聞之，及踐祚，以西昌侯藻爲益州刺史，乃以彬爲府録事參軍，帶郫縣令。將行，同列五人，帝誡以廉慎。至彬獨曰：『卿昔有還金之美，故不復以此言相屬。』由此名德益彰。」

《陳書》曰：「歐陽頠在嶺南，交州刺史袁曇（綬）〔緩〕密以金五百兩寄頠，令以百兩還合浦太守龔爲，四百兩付兒智矩，餘人弗之知。頠尋爲蕭敦所破，貲財並盡，唯所寄金獨存。曇緩亦尋卒，至是，頠並依信還之，時人莫不歎伏之。」

崔鴻《十六國春秋・後趙録》曰：「建武元年十一月，不雨雪。至二年八月，穀價湧貴，金一斤，直米二升。」

又《前燕録》曰：「氾昭字嗣先，燉煌人，辟州主簿，志在理枉申滯。人有於夜中報昭黄金者，昭責而遣之。」

《後魏書》曰：「趙柔字元順，嘗在路得人所遺金珠一貫，價直百縑，柔呼主還之。」

又曰：「叚暉自慕容瓚歸魏。太武至長安，人告暉欲南奔，云置金於馬韉中。帝密遣視之，果如告者，斬之於市。」

又曰：「副貨國城周匝七十里，國王有黄金殿，殿下有馳七頭，高三尺。」

又卷八一〇《珍寶部九・金中》 《墨子》曰：「昔夏使飛廉折金于山，鑄昆吾，鼎成而方，不炊自烹，不舉自藏，不遷自行，以祭昆吾之墟。其兆繇曰：蓬蓬白雲，一南一北，一東一西，九鼎使成，遷於三國，夏失殷受，殷失周受。」

《孟子》曰：「齊王以兼金一百遺孟子。兼金，好金也。」

又卷八一一《珍寶部一〇・金下》 《穆天子傳》曰：「觀天子之寶、黄金之膏。金膏亦猶玉膏，皆其精液也。」

《周易參同契》曰：「黄土，金之父；流水，珠之母。」

《英雄記》曰：「董卓塢有金二三萬斤。」

《漢武内傳》曰：「帝受西王母《真形經》，盛以黄金之几。」

又曰：「西王母有丸丹，金液金漿。」

陸賈《新語》曰：「舜藏金於嶄岩之山，捐珠玉於五湖之淵，杜淫邪，絶覬媚之情也。」

《論衡》曰：「衆口鑠金者。五行二曰火，五事二曰言，言與火宜，故云鑠金。」

《風俗通》曰：「衆口鑠金。俗説：有美金此，衆人咸共詆訿，言其不純。賣金者欲其售，因取鍛燒以見真。此爲衆口鑠金。」

又曰：「《漢書》説：『王陽好車馬衣服，及遷徙所載，不過囊衣。』俗傳王陽能作黄金。語曰：『金不可作，世不可度。』王陽居官食禄，雖爲潔白，車馬衣服，亦能幾何，何足推之，乃傳俗語。」

《白虎通》曰：「金在西方，西方者，陰始起，萬物禁止。金之爲言禁也。」

〔王子年《拾遺記》〕又曰：「方丈山有池，泥色金而味辛。以泥爲器，可作丹矣，百鍊可爲金矣。金色青，照鬼魅猶如照面，不得藏形也。」

《曹操别傳》曰：「操引兵入峴，發梁孝王冢，破棺收金寶數萬斤。天子聞之，立泣。」

孔融《聖人優劣論》曰：「金之優者名曰紫磨，猶人之有聖也。」

陳思王《辯道論》曰：「甘陵始其語余曰：『本師姓韓，字世雄，始常與師於南流作金，前後數四，投數萬斤金於海。』」

《舊唐書》卷八九《姚璹傳》　又九鼎初成，制令黄金千兩塗之。璹進諫曰：「夫鼎者神器，貴在質朴自然，無假别爲浮飾。臣觀其狀，先有五彩輝煥，錯雜其間，豈待金色，方爲炫燿？」則天又從之。

又卷一七四《李德裕傳》　德裕因中使還，獻疏曰：「臣又聞前代帝王，雖好方士，未有服其藥者。故《漢書》稱黄金可成，以爲飲食器則益壽。又高宗朝劉道合、玄宗朝孫甑生，皆成黄金，二祖竟不敢服，豈不以宗廟社稷之重，不可輕易。此事炳然載於國史。以臣微見，倘陛下睿慮精求，必致真隱，唯問保和之術，不求餌藥之功，縱使必成黄金，止可充於玩好。則九廟靈鑒，必當慰悦，寰海兆庶，誰不歡心？臣思竭愚衷，以裨玄化，無任兢憂之至。」

釋贊寧《東坡先生物類相感志》卷一八《金玉部》　金精：梁簡文論云：「見夜如棗核飛散者，金精也。」金漿汧：《真誥》云：「大方諸之東，小方諸山上多奇靈寶物，有白玉酒金漿汧。」

丹金：一名赤金，以塗刀劍，鬭兵萬里，此爲盤碗，飲食其中，令人長生。以承日月，得神杓如方諸之得水也，飲之令人長生。

金漿汧：青君所居，上人多飲此酒漿，身作金玉色。

金剛：《唐書》云：「狀若紫石英，百鍊不消，□□□□山頂，□□□亦陷石而入水。」

又金泥：方丈山有池，方百里，水淺可染，泥色金而味辛。以泥爲器，可作丹矣。百鍊可爲金。金色青，照見鬼神及羣魅。如照石鏡，魑魅不能藏其形。

白金氣：《地境》曰：「銀之氣正，流散在地，撥之隨手散合。」

《金史》卷五《海陵紀》　海陵在位十餘年，每飾情貌以御臣下。【略】常置黄金裀褥間，有喜之者，令自取之。而淫嬖不擇骨肉，刑殺不問有罪。至營南京宫殿，運一木之費至二千萬，牽一車之力至五百人。宫殿之飾，徧傅黄金而後間以五采，金屑飛空如落雪。一殿之費以億萬計，成而復毁，務極華麗。

又卷七八《劉筈傳》　宋人驚服其有識，欲厚賄説之，奉金珠三十餘萬，而筈不之顧，皆嘆曰：「大國有人焉。」

又卷九〇《楊邦基傳》　太原尹徒單恭貪汙不法，託名鑄金佛，命屬縣輸金，邦基獨不與，徒單恭怒，召至府，將以手持鐵拄杖撞邦基面，邦基不動。

又卷一二〇《世戚傳・徒單四喜》　又取宫中寶物，馬蹄金四百枚、大珠如栗黄者七千枚、生金山一、龍腦板二及信瑞御璽，仍許賜忠孝軍以兩宫隨行物之半。

又卷三一《禮志四》　本朝所製。國初就用遼寶，皇統五年始鑄金「御前之寶」一、「書詔之寶」一。大定十八年，得美玉，詔作「大金受命萬世之寶」，其制徑四寸八分，厚寸四分，盤龍紐高厚各四寸六分。二十三年，又鑄「宣命之寶」，其徑四寸二釐，厚一寸四分，紐高一寸九分，字深二分。勅有司議所當用，奏「今所收八寶及皇統五年造『御前之寶』，賜宋國書及常例奏目則用之，『書詔之寶』，賜高麗、夏國詔并頒詔則用之。大定十八年造『大金受命萬世之寶』，奉勅再議。今所鑄金寶宜以進呈爲始，一品及王公妃用玉寶，二品以下用金『宣命之寶』」。又有「禮信之寶」，用銅，歲賜三國禮物緘封用之，明昌間更以銀。又有太皇太后、皇太后、皇后、皇太妃寶，又有皇太子及守國寶，皆用金。大定二十四年，皇太子寶，金鑄龜紐，有司定其文曰「監國」，上命以「守」易「監」，比親王印廣長各加一分。

吴曾《能改齋漫録》卷九《地理・黄金瀨》　《藝文類聚》載《幽明録》曰：「巴

丘縣自金岡以上二十里名黃金潭，莫測其深，上有瀨，亦名黃金瀨。古有釣於此潭，獲一金鎖，引之，遂滿一船。有金牛出身奔船，釣人被駭，牛因奮勇，躍而還潭。鎖將盡，釣人以刀斫得數尺。潭瀨因此取名。」予按，巴丘縣以巴山得名，縣有巴山故也。巴丘，晉廬陵郡，改置巴山郡。隋以來稱崇仁，以鄉得名，今撫州崇仁縣是也。予世家巴丘。考黃金瀨在邑之東二十里，其名迄今尚存。其上有陂，亦謂之黃金陂。然鄉人皆莫知得名之始。第金岡止謂之岡頭。

又卷一三《紀事·金像》 天聖中，爲玉皇像，用金三千兩。至和初，爲真宗像，用金五千兩。時又欲爲温成像，臺諫上言，乃止。

《慶元條法事類》外集卷六一《財貨門·金》 金之所生處處皆有。梁、益、寧三州出水沙中，作屑，謂之生金。石中。建平、晉安有金沙出水中，燒鎔鼓鑄爲鍋，雖被火猶須更煉。又陳藏器云：「常見人取金，掘地深丈餘，有粉子石，石皆一頭黑焦，下有金。大者如指，小猶麻豆，色如桑黃，咬時極軟，即是真金。夫匠多竊而吞之。又饒、信、南劍、汀州出金處採得金，亦多品，或有若山石狀者，或有若米豆者，若此類未經火，皆可爲生金。」《並本草》。極多品。諸州出金沙水中。蔡州出瓜子金。雲南出顆塊金，在山石間採之。黔南遂府吉州水中並產麩金。《山海經》。二十件。凡金有二十件：雄黃金、雌黃金、曾青金、硫黃金、土中金、生鐵金、〔熟鐵金、〕生銅金、（偷）〔鍮〕石金、砂子金、土碌砂子金、金母砂子金、白錫金、黑鉛金、朱砂金，已上十五件。惟衹有還丹金、水中金、瓜子金、青麩金、草砂金等五件是真金，餘皆是假。《丹房鏡源》。色深赤。顆塊金，即穴山或至百十尺見作金石，其色褐，一頭如火燒黑之狀，此定見金也。其金色深赤黃。色淺黃。麩金，即在江沙水中淘汰而得，其色淺黃。此等皆生金，得之皆當銷鍊，麩金耗折少，塊金銷折多。毒蛇屎。嶺南人云生金是毒蛇屎中採之。鵝鴨屎。廣州洽崖縣有金池，彼中居人忽有養鵝鴨，常於屎中見麩金片，遂多養收屎，淘之日得一兩或半兩，因至富。《嶺表録》。高麗金。扶南及西域外國金已成器，皆煉熟可服。《本草》。大食金。大食國出金最多，凡是貨易並出。金錢性多寒，生者有毒。《廣州記》。揚州貢。揚州厥貢，惟金三品。《書》。麗水生。荊南麗水之中生金。《韓子》。山有薤。山上有薤，下有金。《酉陽雜俎》。水多麩。麗水多金麩。《唐·南蠻傳》。華山生。李林甫謂李適之曰：「華山生金。」《孔氏帖》。長川產。長川諸山往往產金，或披砂得之。《唐·南蠻傳》。踴躍不祥。大冶鑄金，金踴躍曰：「我且必爲鏌鋣，大冶必以爲不祥之金。」《莊子·大宗師》。（治）〔冶〕鍛爲器。金在鑛，善鑄金而爲器。《唐·魏徵傳》。琢石取金。西域晉河出金精，琢石取金。《孔氏帖》。披沙揀金。披沙揀金，往往見寶。《白氏帖》。金有三等。金有三等，黃金爲上。又造金錫爲白金。《史記·平準書》。金有六齊。金有六齊注，目和金之品數。《周禮·冬官》。金浮於水。麗水，水名，在益州永昌郡，中有金如糠，浮出於其中，言此金勝於他金也。金鳴於山。少昊時，金鳴於山。《拾遺記》。藏金嶄巖。舜藏金於嶄巖之山，以塞淫邪之路。《新語》。貢金九牧。昔夏之方有德也，貢金九牧，鑄鼎象物。《左傳》。方寸而斤。周黃金方寸而重一斤。《漢書·食貨志》。改制以鎰。秦幣黃金一寸重一斤，以鎰爲名。注：「二十兩爲鎰，改周之制，更以鎰。」復周之制。漢興，黃金一斤。注：「復周之制，以斤名金。」並《食貨志》。改周之制見前。虹飲吐金。晉陵薛願有虹飲其釜，翕響便竭，乃吐金滿釜。《異苑》。虹化爲金。孔子修《春秋》，製《孝經》，既成，孔子齋戒，向北斗星辰而拜，告備於天，乃有赤虹見，自上而下，化爲黃金，有刻文。孔子受而跪讀之。《搜神記》。兼金不受。齊王餽孟子兼金一百而不受。於宋，餽七十鎰而受。《孟子》。千金不受。楚襄王遣使持千金聘莊子，不受。《韓詩》。櫟陽雨金。秦獻公十八年，公自以爲金瑞。太山見金。漢武帝詔曰：「往者太山見金，又有白麟神馬之瑞，以黃金鑄麟趾褭蹄，以協瑞焉。《本紀》。物化爲金。昆田珍物化爲黃金，武帝祠首山。《本紀》。札變爲金。宣帝河東立廟告祠，有一人騎馬，持一尺札賜將作丞曰：「汝績克成，賜金一斤。」忽不見。札變爲金。《漢武故事》。破石得金。張顥得飛石，破之得金印。毀屋得金。後漢陳重，字仲翁，常濟人死罪。人密投金於承塵以報重恩，重不知。後毀屋得金，訪金主已死，乃將金送縣。如粟不懷。後漢張奐爲安定屬國人，遺金，以酒酹曰：「使金如粟，不以入懷。」《本傳》。與土同價。齊高祖曰：「使我臨天下十年，當使黃金與土同價。」《本紀》。牛能便金。秦惠王欲伐蜀，乃刻五石牛，置金其後，蜀人見之，以爲牛能便金。詳見《牛門》。鳥常吐金。魏明帝時，昆明國貢金鳥，常吐金屑如粟。宫人以金飾釵，謂之闢寒金。詳見《水精》注。贖苧得金。梁甄彬嘗以一束苧就長沙寺庫質錢，後贖苧還，於苧束中得金五兩，彬送還寺庫，僧驚，以金半酬之，彬堅不受。曰：「五月披羊裘而負薪，豈拾遺金者耶？」鋤菜擲金。管寧、華歆鋤菜，見金，管揮鋤，與瓦石不異。華捉而擲去之。賢夫藏金。晉隗紹善《易》，臨終，謂其妻曰：「後大荒，勿賣宅。□有詔使姓龔負吾金，賚此書板往取之」云云。（賢夫藏金）其妻掘之果得金。詳見前集《占卜門》。埋兒得金。郭巨妻產男，巨念：

「與兒，妨事親一也，老人得食，喜分男孫，減饌二也。」乃於野鑿地，欲埋兒。得石蓋，下有金一釜。中有丹書鐵券曰：「孝子郭巨，黄金一釜，用以錫。」請罷官采。元帝時，貢禹言：「宜罷采珠玉、金、銀、鑄錢之官，毋以爲幣。」議者不可。《食貨志》。詔任人採。唐德宗詔曰：「朕聞王者不寶遠物，所寶惟賢。邕州所奏金坑誠爲潤國，誘人於利，非朕素懷。方以不貪爲寶，惟德其物，豈尚玆難得之貨，生其可欲之心。」爲劉君壽。唐劉乂，韓愈弟子，因持愈金數斤去。云：「此諛墓中人所得耳，不若與劉君爲壽。」愈不能止。啓墓出金。李勉少貧，俠客梁宋，與諸生共逆旅。諸生疾且死，出白金曰：「左右無知者，幸君以此爲葬，餘則君自取之。」勉許之。既葬，密置餘金棺下。後其家謁勉，共啓墓，出金付之。贈金一車。唐尉遲敬德，隱太子以書招之，贈金皿一車。辭曰：「其敢當賜？」王曰：「公之心如山岳，雖積金至斗，豈能移之？」埋金九里。雲陽段氏值豐年，則盡取金錢埋之，九里皆滿。曰：「有得意日遂無用金。」《豐年録》。買蕨化金。王鯨逢賣蕨嫗，黄衣破結，有饑色，憫之，乃以千文買蕨，謝而去。及歸，蒸於烏豆，盡化成黄金。塗紙成金。陳允升好道，危全諷有姻禮，市黄金郡中，少不足用，呵責其下。允升曰：「無怒！金能爲之。」取厚紙以藥塗之，投火中皆成金，因以足用。《孔氏帖》。黄衣不見。陳尚書言，某昔在鄉里好爲詩，里人謂之陳舍人，比樂天也。性疏簡，喜賓客，嘗有二道士，一黄衣，一白衣詣其家求宿，舍之廳事。夜聞二客床上鏗然有聲，久之，若無人。秉燭視之，見白衣下乃銀人也，黄衣不復見，家遂富。《稽神録》。赤幘是誰。魏郡張本富，買宅與陳應，應舉家疾病，賣於何文。文先獨持大刀，暮入北堂梁上。一更中，有一人長丈餘，高冠赤幘，呼曰：「細腰！細腰！」應諾：「何以有人氣？」荅：「無！」便去。文因呼細腰問：「向赤衣冠是誰？」荅曰：「金也，在西壁下。」問：「君是誰？」荅云：「我，杵也，今在竈下。」文掘得金三百斤，燒去杵，由此大富，宅遂清寧。黄石皆化。侯遹斂門外見黄石大如斗，收之皆化爲金，遹貨錢百萬，市美妾十餘人，大第、良田甚多。忽一老翁負笈曰：「吾來求君償債，將我金去，不記憶乎？」盡取遹妓妾投於笈，亦不覺窄。須臾，已失所在。後數年，見老翁携妓游行。問之，皆笑不言。逼之，又失所在。《幽怪録》。此物必佳。本朝太祖因出，忽幸趙普第，時吴越王俶方遣使遺趙普書及海物十瓶，列廡下。會車駕卒至，普亟出迎，弗及屏也。上顧見，問何物，普以實對。上曰：「此海物必佳。」即命啓之，皆滿貯瓜子金也。普惶恐，頓首謝曰：「臣未發書，實不知此。若知此，當奏聞而却之。」上笑曰：「但受之，無害，彼謂國家事皆由汝書生耳。」因命普謝而受之。《長編・開寶四年》。近代難得。太宗問杜鎬：「西漢賜予悉用黄金，近代爲難得之貨也。」對曰：「多由是時佛事未興，金價甚賤也。」《三朝聖政録》。可貴惟金。太宗曰：「玉不離石，犀不離角，可貴者惟金。」創爲金銙以賜羣臣。詳見《腰帶門》。置場發賣。金銀坑冶者，湖廣、閩浙皆有之。湖南、廣東、江東西金坑，湖南、廣東西、江東西、浙東、福建銀坑，祖宗時除砂石中所産黄金外，歲貢銀額至一千八百六十餘兩。渡江，停閉金坑一百四十二，銀坑八十四。紹興七年詔：「江浙金銀坑冶並依熙豐法，召百姓採取，自備物料烹煉，十分爲率，官收二分。」然民間得不償本，州縣多責取於民，以備上供。三十年，用提點官李植言，更不立額。饒州舊貢黄金千兩，孝宗詔損三之一。今諸道止供銀，皆置場發賣。蜀中銀每法秤一兩，用本錢六引，而行在左藏庫折交纔直三千三百，然民間之直又不滿三千。高宗嘗諭輔臣，以非劉晏懋遷之術，欲更革之，户部以鐵錢折半爲詞而止。其實吴蜀錢幣不能相通，捨銀帛無以致遠，故莫如之何。《朝野雜記》。

又《財貨門・藥金》 言神仙術。淮南王安，武帝時招致方術士，有《中篇》言神仙黄白之術。典鑄作事。劉向父德，武帝時治淮南獄，得其書，向讀以爲奇，宣帝時獻之，言黄金可成。上令典尚方鑄作事，費甚多，方不驗，下吏。本傳。劉禕試驗。孟詵遷鳳閣舍人，它日至劉禕之家，見賜金，曰：「此藥金也。燒之火，有五色。」試之驗。全諷足用。陳允升事，見前「塗紙成金」注。求汞成金。本朝張永德，字抱一，并州人。五代爲潞帥，淳化二年改并州。初寓睢陽，有書生鄰居，卧病，永德療之，獲愈。生一日就永德求汞五兩，即置鼎中，煮成中金。永德懇求藥法，生曰：「君當貴，吾不吝此，慮損君福。」鍛鐵成金。銀工畢升，祥符中嘗在禁中爲方士王捷鍛金，以鐵爲金。凡百餘兩爲一餅，輻解爲八段，謂之鴉觜金。初自冶中出，色尚黑。由是言之，如此之類，乃是水銀及鐵用藥製成，非造化所成功治焉，烏得不差殊？晉郭璞《金銀贊》：「惟金三品，揚越作貢。五材之珍，是謂國用。」唐柳宗元《披沙揀金賦》：「沙之爲物兮，視汙若浮；金之爲寶兮，恥居下流。沈其質兮，五才或闕；耀其光兮，六府以修。然則抱成器之珍，必將有待，當慎擇之日，則又何求？配珪璋而取貴，豈滓泥而爲儔！披而擇之，斯焉見寶。盪浸淫而顧盼，指炫煥而探討。動以愈出，幽以即明。涅而不緇，既堅且好。潛雖伏矣，獲則取之。翻混混之濁質，見熠熠之殊姿。久暗未彰，固以將君是望；先迷後得，孰謂棄予如遺！其隱也，則雜昏昏，淪浩浩，晦英

姿兮自保。和光同塵兮合於至道。其遇也，則散奕奕，動融融。煥美質乎其中。明道若昧兮契彼玄同。儻俯拾而不棄，諒致美於無窮。欲蓋而彰，將炯然而見素；不索何獲，遂昭然而發蒙。觀其振拔汙塗，積以錙銖。碎清光而競出，耀真質而特殊。錐處囊而纖光乍比，劍拭土而異彩相符。用之則行，斯爲美矣；求而必得，不亦悦乎！豈獨媚旭日以晶熒，帶長川之清淺。皎如珠吐，疑剖蚌之乍分；粲若星繁，似流雲之初卷。是以周德思比，而岐昌即詠；陸文可侔，而昭明是選。若然者，可以議披沙之所託，明揀金之所裁。良工何遠，善價爰來。拂以增光，寧謝滿籝之學；汰之愈朗，詎慚擲地之才。客有希採擷於求寶之際，庶斯文之在哉！」

《元史》卷六《世祖紀三》 〔至元三年五月〕辛丑，以黄金飾渾天儀。

又卷一二《世祖紀九》 〔至元十九年九月〕定雲南稅賦用金爲則，以貝子折納，每金一錢直貝子二十索。【略】丁亥，遣使括雲南所産金，以孛羅爲打金洞達魯花赤。

又卷一六《世祖紀一三》 〔至元二十八年二月〕戊子，籍要束木家貲，金凡四千兩。

又卷三二《文宗紀一》 〔致和元年九月戊辰〕造金符八十。

王禮撰《麟原文集・後集》卷一〇《羅瀘州子父志節狀》 年六十二，以文林郎、重慶路同知致其事，作金土地詩以自嘆。【略】雲南地産金，土人以金鑄土地之神而祀之，數爲貪夫所戕。既悟，則曰：「累土地之神者，以其爲金也，後易以木，至今無恙。以爲平生爲才所累，使爲土木偶，則無嫉之者矣。」

《明史》卷一二三《陳友諒傳》 友諒豪侈，嘗造鏤金牀甚工，宫中器物類是。既亡，江西行省以牀進。太祖歎曰：「此與孟昶七寶溺器何異！」命有司毀之。友諒僭號凡四年。

又卷一三七《蕭執傳》 覲以訓導入覲，試《王猛捫蝨論》，立擢陝西參政。尋召還侍左右，應制作《鍾山賦》，賜金幣。在陝以廉謹稱。或問陝産金何狀。覲大驚曰：「吾備位藩寮，何金之問。」

曹昭撰王佐增《新增格古要論》卷六《珍寶論・金》 南蕃瓜子金、麩皮金，皆生金也。

雲南葉子金，西蕃回回金，此熟金也。其性柔而重，色赤。足色者，面有椒花、鳳尾及紫霞色。如和銀者性柔，石試則色青，火燒色不黑。【略】金性軟，插銅則硬，打則有路痕。

佐在京，見蘇人唐宗仁將青金鎔成足色赤金，中有一大點紫色，謂之紫衣。凡買金者不見紫衣，不肯信爲足色。

南京又有人將金打箔，亦作葉子金。其中多有沙屑，成交方肯鎔錠子與買主，恐沙不能出也。宜仔細用水洗驗，切不可輕易，須燒三出，以醋於瓦器或木盆内淬之，真則黄，有銅則黑。

又《珍寶論・紫金》 紫金，古云半兩錢即紫金。今人用赤銅和黄金爲之，然世人未嘗見真紫金也。

又《珍寶論・金㮺藥後增》 用啖硝、緑礬、鹽，留窑器，入乾净水調和，火上煎，色變即止。然後刷上金器物上，烘乾，留火内略燒焦色，急入净水刷洗，如不黄，再上，然俱在外也。

佐：有人傳云，用好青緑鎔成，要泡鵝油淬之，和銀則軟。

李文鳳《越嶠書》卷六 〔宣德〕九年甲寅夏五月，龍遣其僞宣撫使阮宗胄、黄門侍郎蔡實來祈封。秋九月，遣其僞門下右司侍郎阮傳、右刑郎中阮時中來貢金，并獻代身金人。

胡謐《〔成化〕山西通志》卷六 金，繁峙縣舊有治。

田藝蘅《留青日札》卷二三《金》 五金：黄金、白銀、赤銅、青鉛、黑鐵。《書》「金作贖刑。」傳曰：「黄金也。」《呂刑》「其罰百鍰。」傳曰：「黄鐵也。」漢賜有言黄金者，其不言黄而賜金者，凡一斤與萬錢。古六兩曰鍰，二鍰四兩曰斤，是十六兩也。二十四銖曰兩，二十四兩曰鎰。《説文》：「一兩曰一金。」周制：一斤曰一金。秦制：一鎰曰一金。漢制：一斤曰一金。若一斤爲萬錢，則萬錢止今之十兩也。董彦遠曰：「漢一斤金四兩，直二千五百文。」又，漢一貫，千錢也。王莽末年，省中尚有黄金六十餘萬斤，後世絶少，由所耗之途廣也。金一爲箔，無復再還元矣。《唐六典》有十四種：銷金、拍金、鍍金、織金、研金、披金、泥金、鏤金、撚金、戧金、圈金、貼金、嵌金、裹金。古又有鈿金。大中祥符元年，詔金箔、金銀綫、貼金、銷金、間金、蹙金綫裝貼什器土木玩弄之物，並行禁斷。非命婦不得以金爲首飾。飾許人糾告，並以違制論。

又《金膏》 金膏：《穆天子傳》：「示汝黄金之膏。」束晳曰：「金膏可以續骨。」今有名接骨銅者，疑即此種。

王守仁《王文成公全書》卷一《語録一》 希淵問：「聖人可學而至。然伯

夷、伊尹於孔子才力終不同，其同謂之聖者安在？」先生曰：「聖人之以爲聖，只是其心純乎天理，而無人欲之雜。猶精金之以爲精，但以其成色足而無銅、鉛之雜也。人到純乎天理方是聖，金到足色方是精。然聖人之才力亦有大小不同，猶金之分兩有輕重。堯、舜猶萬鎰，文王、孔子有九千鎰，禹、湯、武王猶七八千鎰，伯夷、伊尹猶四五千鎰。才力不同而純乎天理則同，皆可謂之聖人。猶分兩雖不同，而足色則同，皆可謂之精金。以五千鎰者而入於萬鎰之中，其足色同也；以夷、尹而厠之堯、孔之間，其純乎天理同也。蓋以爲精金者在足色，而不在分兩；以爲聖者，在純乎天理而不在才力也。故雖凡人而肯爲學，使此心純乎天理，則亦可爲聖人，猶一兩之金比之萬鎰，分兩雖懸絶，而其到足色處，可以無愧。故曰『人皆可以爲堯舜』者，以此。學者學聖人，不過是去人欲而存天理耳，猶鍊金而求其足色。金之成色所争不多，則煅鍊之工省而功易成，成色愈下則煅鍊愈難。」

林希元《林次崖文集》卷五《書·與舒國裳脩撰同年書二》 朱陸之辯，近日紛紛，皆所謂矮人看場者。來教謂恐未實着力是也。譬之金，朱子如百煉之金，陸子煅煉之功或未至。要之，皆真金也。今人則以銅而包金者耳，何以論金哉！

鄭若庸《類雋》卷二三《珍寶類·金》 鏐餅。《爾雅》云：「黄金謂之璗，其美者謂之鏐，餅謂之鈑，絶澤謂之銑，西南之美者，有華山之金石焉。」南金。《詩》云：「大路南金。」從革。《尚書·洪範》云：「金曰從革，從革作辛。」緘縢。《尚書》云：「武王疾，周公作金縢。」注云：爲請命之書，藏之於匱，緘之以金，不欲人開也。作礪。《書·説命》云：「若金，用汝作礪。」贖刑。《書》云：「金作贖刑。」三品。又云：「揚州厥貢，惟金三品。」注曰：金、銀，銅也。乘金。《禮斗威儀》云：「君乘金而王其政平，則黄金見深山。」性和。《禮嚚》云：「金示和也。」注：金從革性和。鼎耳。《易·鼎卦》云：「鼎耳金鉉利貞。」利斷。《易》云：「二人同心，其利斷金。」乾爲。《周易》云：「乾爲金。」土父。《周易參同契》云：「黄土，金之父，流珠，水之母。在爐。」《管子·任法》舜云：「堯治天下也，猶金之在鑪，恣冶者之所鑄。」不藏。《孫氏瑞應圖》云：「王者不藏金玉。」丹精。《孝經援神契》云：「石潤苞玉，丹精生金。」虹化。《搜神記》云：「孔子修《春秋》，製《孝經》成，齋戒，向北斗星辰而拜，告備於天，乃有赤虹見。虹化黄金，有刻文，孔子受而跪讀之。」鑄人。楊學行云：「或問，世言鑄金可鑄歟？」曰：「吾問君子，問鑄人，不問鑄金。」或曰：「人可鑄歟？」曰：「孔子鑄顔淵矣。」性沉。《齊俗訓》云：「金之性沉，託之於舟則浮。」生巳。《天文訓》云：「金生於巳，壯於酉，死於丑。」夜市。《異物志》云：「狼䀢民與漢人交關常夜市，以鼻齅金，知其好。」滿籯。《漢書》云：「韋賢少子玄成以明經歷任至丞相，故鄒魯諺曰：『遺黄金一籯，不若教子一經。』」【略】化鵲。《幽明録》云：「常山張顥爲梁相，有鳥如山鵲，墮地，人争取即化爲圓石。顥椎破之，得一金印，文曰『忠孝侯印』。」少陰。《白虎通》云：「金者少陰，有中和之性。」止物。又云：「金之爲言禁也，言秋時萬物陰氣厲禁止物也。」

陳耀文《天中記》卷五〇《金》 金起汝漢。玉起於禹氏山，金起於汝漢，珠起於赤野，此寶相去之七千里。湯以杜山之金以贖民之賣子者，禹以歷山之金贖賣子者。江陽之珠，天下至美。上有丹沙，下有黄金；上有慈石，下有銅、金；上有陵石，下有鉛、錫；上有赭，下有鐵。葛盧山發而出金，蚩尤取以爲鎧。雍孤山發而出金，蚩尤取以爲戟。楚有汝漢之黄金。《管子》。

鳴山。少昊主西方，一號金天氏，亦曰金窮氏。時金鳴於山，銀涌於地，或如龜蛇之類，乍似人鬼之形。《拾遺記》。

封璽。舜爲天子，東巡臨觀，黄龍五采負圖出，置舜前。圖以黄玉爲柙，黄金繩封兩端，章曰「黄帝符璽」也。《春秋運斗樞》。

鑄鼎。夏之方有德也，遠方圖物，貢金九牧，鑄鼎象物，百物而爲之備，使民知神姦。《左傳·宣公三年》。

金明。夏革殷，謂湯曰：「渤海之東不知幾億萬里，有大壑，中有山：一曰岱輿，二曰方壺，三曰員嶠，四曰瀛洲，五曰蓬萊，其上高觀，皆金闕。」《列子》。

崑崙金臺。老子與伊喜登崑崙，上金臺玉樓七寶宮殿，晝夜光明，乃大帝四王之所遊處，有珠玉七寶之床。《關令内傳》。

金綦。景公爲履，黄金之綦，僅能舉之。《晏子》。

取不見人。齊人有欲金者，清旦衣冠之市鬻金者之所，因攫其金而去。吏捕得之，問曰：「人皆在焉，子攫人之金，何故？」對曰：「取金之時，不見人，徒見金。」《列子》。

晏子金齊。晏子娶吴王女，築城於吴興安吉州西北二十里。後耕者每得黄金，狀如四角菱，中有齊字，名晏子金。故其地曰晏子城，鄉名晏子鄉。

虹化爲金。孔子修《春秋》，製《孝經》既成。孔子齋戒，向北斗星辰而拜，告備

於天，乃有赤虹見，自上而下，虹化黃金，有刻文，孔子受而跪讀之。《搜神記》。

徙木予金。衛鞅入秦，孝公以鞅爲左庶長。鞅定變法令，及立三丈之木於國都市南門，募民有能徙置北門者予五十金。有一人徙之，輒予五十金，以明不欺。《史記》。

抵鼃。太子與荆軻之東宮，臨池而觀。軻拾瓦投池，太子（秦）〔奉〕金丸，軻用抵鼃，復進。軻曰：「非爲太子愛金也，但臂痛也。」《燕丹子》。

千金不取。秦圍趙邯鄲，魏使將軍新垣衍入邯鄲，令趙尊秦爲帝，魯連子説罷之。秦軍退，平原君以千金爲先生壽。笑曰：「若即有取商賈之事，連不忍爲也。」《魯連子》。

懸金。呂不韋乃使其客人人著所聞，號《呂氏春秋》，布咸陽市門，懸千金其上，有能增減一字者，予千金。《史記》。

賜金封印。項羽以陳平爲信武君，擊殷而還，拜平爲都尉，賜金三十鎰。居無何，漢攻下殷，項王怒，將誅定殷者。平懼，迺封其金與印，使歸，間行杖劍，亡渡河。《史記》。

與金以間。漢王與陳平金四萬斤，以間疏楚君臣，不問其出入也。《史記》。

賜金陳廊。吴楚反，孝景以竇嬰爲大將軍，賜金千斤。嬰陳之廊廡下，軍吏輒令財取爲用，金無入己者。《史記》。

賜金千鎰。文帝初立，以陳平爲丞相，位第二，賜金千鎰，封三千户。《漢書》。

（日）〔百〕金一諾。季布爲任俠，有名。楚人諺曰：「得黃金百斤，不如季布一諾。」《漢書》。

金巨萬計。梁孝王未死時，金以巨萬計，不可勝數。及死，藏府餘黃金尚三十餘萬斤。《漢書》。

獻長門園。董偃見寵館陶長公主，安陵袁叔謂偃曰：「顧成廟遠無宿宮，何不白主獻長門園於上？」董君入白主，主獻之。上大悦，更名爲長門宮。主大喜，使董君以黃金百斤爲袁叔壽。《漢書》。

黃金可成。武帝即位，欒大曰：「臣之師曰，黃金可成，而河可塞。」《漢書》。

鑄金不驗。劉向字子政，本名更生。宣帝時，更生言黃金可成。令典尚方鑄作事，費甚多，方不驗。《漢書》。

黃金滿籯。韋賢少子玄成復以明經歷任至丞相，故鄒魯諺曰：「遺子黃金滿籯，不如教子一經。」《漢書》。

賜金奉祭。尹翁歸卒，家無餘財，天子賢之，賜翁歸子黃金百斤，以奉其祭祀。《漢書》。

乞骨賜金。疏廣徙爲太傅，兄子受爲少傅，父子並爲師傅，俱乞骸骨，皆許之，加賜黃金二十斤。皇太子賜以五十斤金。《漢書》。

守藏盗金。扶風人士孫奮居富而性悋，梁冀認奮母爲其守藏婢，云：「盗紫金千斤。」《續漢書》。

懷金夜遺。楊震爲東萊太守，道經昌邑。初震爲茂才王密時爲昌邑令，謁見，至夜懷金十斤以遺，震曰：「故人知君，君不知故人，何也？」密曰：「暮夜無知者。」震曰：「天知，神知，子知，我知，何謂無知？」密愧而出。《續漢書》。

金如粟。張奂遷安定屬國都尉，羌豪帥感奂恩德，上馬二十疋，先零酋長遺金鐻八枚。奂受之而召主簿於諸羌前，以酒酹地曰：「使馬如羊，不以入廐。使金如粟，不以入懷。」悉以金馬還之。《續漢書》。

金穴。郭況遷爲大鴻臚，上數幸其第，賞賜金帛，京師號況家爲「金穴」，言其富貴。《東觀漢記》。

賫金不收。豫章張載字仲宗，爲廣陵太守，舉孝子吴奉爲孝廉，奉賫金至廣陵，還奉。謝承《後漢書》。

鑄黃金蛇。永昌太守鑄黃金之蛇，獻之梁冀，益州刺史种暠發其事。張璠《漢記》。

神光照社。中興初，有應嫗者，生四子而寡，見神光照社，試探之，乃得黃金。自是諸子宦學，並有才名，至瑒七代通顯。《後漢書》。

舉袖受金。田豫爲并州，胡密懷金三十斤，曰：「以此上公。」張袖受之，荅其厚意。胡去之後，皆悉付外，具狀聞。於是詔褒之曰：「昔魏絳開懷以納戎，今卿舉袖以受狄金，朕甚嘉焉。」《魏畧》。

石碑生金。繁昌縣授禪石碑中生金，表送上，羣臣盡賀。《魏志》。

碑金復生。永嘉初，陳國項縣賈逵石碑中生金，人盗鑿取賣，賣已復生。此江東之瑞也。王隱《晉書》。

銅生金中。《咸寧三年起居注》載：「燉煌郡上言銅生金中，百陶不消，可以切玉。」王隱《晉書》。

金鈴生。清河王覃初爲清河世子，所佩金鈴欻生，隱起如麻粟者，祖母陳大

妃以爲不祥，毀而賣之。古者以金是晉，行太興之祥。覃爲皇胤，是其瑞也。毀而賣之，象覃見廢不終之驗也。《晉書》。

紫赤光。廬江太守路永表言於穀城北見水岸邊紫赤光，得金一枚，文如印齒。《晉永和起居注》。【略】

爍金。諺曰：「衆口爍金。」口者，火也。五行二曰火，五事二曰言，言與火直，故云爍金。《論衡》。衆口爍金。俗説有美金在此，衆人咸共詆訿，言其不純，賣金者欲其售，因取鍛燒，以見真，此謂衆口鑠金。《風俗通》。

《續文獻通考》卷二三《征榷考·坑冶》 神宗萬曆四年六月，承運庫内監請採買金、珠、寶石。從之。

焦周《焦氏説楛》卷二 招仙閣有浮金輕玉之磬。浮金，金浮水上。今海濱亦有浮石，余親見之。金石皆堅重，此謂何？

又卷四 黄金，漢時最多。陳平四萬斤間楚；梁孝王死，藏府餘四十餘萬金；武帝時，衛青比歲擊胡，斬捕首虜之士，受賜二十餘萬金。漢故事，聘皇后二萬斤。王莽徵杜陵史氏女爲后，聘三萬金。又莽敗時，省中黄金萬斤者爲一匱，尚六十匱，黄門、鈎盾、藏府、尚方處處各數匱。文帝賜絳侯勃五千斤，丞相平，將軍嬰各二千斤，朱虚侯章、襄平侯通、典客揭各千斤。昭帝賜廣陵王二千斤。昌邑王賜侍中君卿千斤。昭帝賜霍光前後七千斤，廣陵王前後五千斤。王莽賜孝單千咸千斤，咸子助五百斤。高帝賜太公家公，叔孫通各五百斤。昭帝賜蔡義，元帝賜孔霸，成帝賜許嘉皆二百斤。成帝賜王根，哀帝賜王莽皆五百斤。他賜百斤、數十斤者不能悉舉。糜竺助先主至一億斤。自西教盛行，棄之土木者既不勝計，而衣物日趨於靡。有金線、金箔、泥金、銷金、貼金、縷金、間金、戧金、圈金、戧金、解金、剔金、摺金、陷金、明金、楞金、背金、影金、闌金、盤金、織金、蹙金、蒙金、鍍金、鎏金、滲金、減金、描金、煮金、灑金、皮金、遍地金，名號至夥，耗費若斯，焉得如昔之多？

《明名臣經濟録》卷九《户部二》丘濬《山澤之利》 臣按：金有五，而黄金最爲貴重之物，地之所生最少，而人之所用最多。【略】世之人非但用之器皿、首飾，迺至鎔而銷之，或以縷而爲衣，或以嵌而爲器，上而冠帽，下而靴履，與夫食用戲具，無不用焉。其尤費之多者，宫室之飾，土木之偶，甚至一佛寺之興，一神像之設，靡費迺至千百兩焉。

方以智《物理小識》卷一《四行五行説》 問：「中國言五行，泰西言四行，將何決耶？」愚者曰：「豈惟異域，邵子嘗言水火土石而略金木矣，地藏水火，分柔土剛土爲土石也。」朱隱老曰：「四爲體，五爲用。金石同體，言金而石隱矣。周子尊水火在上，次表中土，下乃列金木焉。金木者，從土中生出者也。今所據者，地之五材也。金爲土骨，木爲土皮是也。水爲潤氣，火爲燥氣，木爲生氣，金爲殺氣，以其爲堅氣也。土爲冲和之氣。是曰五行。」

宋張詠在蜀日，有術士上謁，自言能煅汞爲白金。張曰：「若能一火煅百兩乎？」曰：「能。」即市汞百兩，俾鍛，一火而成，不耗銖兩。張歎曰：「若術至矣，然此物不可用於私家。」立命工鑄爲一香爐，鑿其腹，曰充大慈殿上用，尋送寺中，以酒榼遺術者，而謝絶之。

劉仲達《劉氏鴻書》卷七八《珍寶部一·金》 雩都縣西沿江有石室名夢口穴，嘗有舟子遇一人通身黄衣，擔兩籠黄紙，載過崖下。此人遺唾船上，徑下崖直入石中。舟子初甚忿之，見其入石，始知神異，視船上唾，悉是黄金。《述異記》。

秦淮牛渚津，水極深，洞人見一金牛，形甚瑰壯，以金爲鏁絆。又曰巴丘縣自金岡以上二十里名黄金潭，莫測其深，上有瀨亦名黄金瀨，古有釣於此潭獲一金鏁，引之遂滿一船，有金牛出身奔走，釣人被駭，牛因奮身躍而還潭，鏁乃將盡，釣人以刀斧斫得數尺，潭瀨以此取名。《括異志》。

唐開成初，宫中有黄色蛇，夜自寶庫出遊階庭間，光彩照灼，不可擒捕。宫人擲珊瑚玦擊之，遂并玦亡去。掌庫者以聞，上令徧搜庫内，乃得黄金蛇，而珊瑚玦貫其首。上熟視之曰：「昔隋煬帝爲晉王時，以黄金蛇贈陳夫人，實不知得自何處。」因覩頷下有阿麼字，上蹶然曰：「果不失朕所疑耳，阿麼，煬帝小字也。」遂命取玻瓈連環繫於玉匼之前足。其後更不復見焉，以匼能陷蛇也。《杜陽雜編》。

京師兵士闞喜以年老，解軍籍爲販夫，賣果實自給。其妻湯氏舊給事掖庭，晚乃嫁喜。宣和二年六月，喜賣瓜於東水門外汴堤叢柳間，所坐處去人居百計步，柳陰尤茂。午暑方盛，行人不至。若聞木杪呼小兒，繼有應者。呼者：「物在否」？應者曰：「在。」如是再三。仰頭周視，無所覩，懼不自安，欲歸，而妻饋食適至，具以語之。妻曰：「老人腹虚耳鳴，妄聞耳。」明日，復如前，又以語妻。妻曰：「然則翼日我坐此代汝，汝當爲我饋食。」妻，慧人也。伺其時至，應荅聲畢。遽曰：「既在，何不出示？」即於樹間擲金數十顆，銀十餘錠，黄白爛然。妻四顧無人，亟拾置瓜籃中。未畢而喜至，驚笑曰：「吾不暇食矣。」喜見黄物形製

甚異，疑不曉。妻曰：「此馬蹄金。」以所坐敗簟覆蓋瓜籃，共舁而歸。僅行百步，重不能勝，暫寄張家茶肆，出募擔脚挈取。張氏訝其倉皇如許，發籃見物，悉以瓦礫易之。喜夫婦不復閲視，及家始覺。妻曰：「姑忍勿言，明當復用前策，尚可得也。」泊坐樹下，過時無所聞。乃效其呼小兒，復應曰：「喏。」妻曰：「再以昨日之物來。」曰：「亡矣。」問何故，曰：「已煩賣瓜人送與張氏去矣。」喜將訟於官，妻曰：「鬼神不與我，雖訴何益？不若謀諸張氏。」張曰：「物已歸我，爾夫婦皆老而無子，多貲亦何爲？幸館於吾門，畢此一世可也。」喜乃止，張氏益富由此。《逸史搜奇》。

明永樂文皇帝崇信二教，使修武當山，徵張三丰，命道士建羅天大醮，道心尤篤。上一日宴坐文樓，見雲際一物冉冉下逝，則羽衣黄冠士也。鶴駕翩翩，駐欄楯外。上問何人，荅曰：「臣上帝侍臣，以明年春建白玉殿，遣臣爲陛下索紫金梁一枝，其長二丈，某月某日來取。」言訖，杳然西方而逝。上召羣臣問之，衆言此必真人，安有人而鶴游空駐者。侍(即)〔郎〕夏原吉獨不信，曰：「此幻術也。天之蒼蒼，積氣所爲，寧有白玉爲殿，而金其梁之理？即使有之，上帝當示人以儉，不應以侈。」至是，上狐疑未決。居數日，又見此羽士乘鶴而降曰：「梁不爲鑄，以臣爲誑乎？上帝震怒，將遣雷神下擊，薄示小警。」上深謝。未遑，又翻然而没，已而雷擊謹身殿，上大懼，亟命工範金爲梁。而内庫黄金不足，乃令天下里甲各出金五錢，凡半年金集，使鼓鑄成梁。而夏公終不以爲然。上聞之，笑曰：「卿儒者，泥常之見耳。兩度鶴降，豈皆誣罔？」原吉不敢言。已而梁告成，奏表天曹，復見道人乘鶴至，上曰：「梁當與女，何以攜去？」荅曰：「不難。」叱二鶴銜之而去。原吉又以爲妄，乃密使人察之。原吉戒以天下金殆盡，至金賤處則其所窟穴。抵陜西華山下，果有人售黄金者，其值甚賤，乃隨之至山。其人躍升三峰，如履平地，使者不能及。乃令道士賫狗血攀緪以升，見六七方士方共斲金，見人即起，沃之以血，不中，皆飛身而去，但持半梁還。上始悔悟，而嘆原吉之有識。《廣艷異編》。

王夫之《讀通鑑論》卷二七《〔唐〕昭宗》　劉巨容能燒藥爲黄金，田令孜求方不與而見殺，非巨容之吝於與也，其術甚陋不可以告人也。術之甚陋者，蓋即今市井小人以汞與銅爲贋金銀，欺不識者以讎其姦而已矣。天下豈有能燒藥爲金者哉？土之可爲甓也，木之可爲炭也，米之可釀爲酒，鉛之可煉爲粉也，天下別無甓、炭、酒、粉，而待人以成之。若夫金則既有之矣。生於礦中者自有其質；煉於火、汰於沙者，自有其方；成乎形質者，自有其物。煮桔梗以甘香之味，似蔓而固非蔓；煉硝石爲輕白之狀，似硇而固非硇。市井小人之術欲以欺人，則必秘之而不告人以方；告人以方則姦窮不讎，而有識者且唾其面矣。是以方士秘之，以死護之，繇其秘可以知其姦，可以知其陋矣。夫其姦以藏陋者，爲術甚易，而理固無難辨也。自漢武帝惑於方士，而天下惑之，劉子政以儒者而淫焉。施及後世，天子以服食喪身，匹夫以燒丹破産，畏死而得夭，貪富而得貧，則何如市井小人，公然爲僞，雖伏罪而不至於死亡哉！且夫金、銀之貴，非固然之貴也。求其實則與銅、鉛、鐵、錫也無以異；以爲器而利用則均而尤劣也。故古者統謂之五金。後世以其約而易齎也，遂以與百物爲子母，而持以求償，流俗尚之，王者因之成一時之利用；惡知千百世而下，無代之以流通，而夷於塊石者乎？本不足貴，而豈有神異之術，化他物以成之者。然則銅、鉛、鐵、錫逮於塊石，抑將有藥術焉可化而成哉？甚矣！貪而愚者之不可瘳也。劉巨容可自致於高位，而能奮勇以破黄巢，然且身死而族滅，蓋爲僞金以欺天下，鬼神之所弗赦也。要其術，則市井小人爲鍛工者之陋技而已矣。

談遷《棗林雜俎》中集《窖金》　薊州獨樂寺額，相傳李太白書。萬曆間重修，得窖金，上覆以錢，石刻，唐安禄山物，並入官。

顧祖禹《讀史方輿紀要》卷八五《江西三》　〔德興縣〕白沙鎮。在縣之樂平鄉十二都，有巡司。又縣境榮禄鄉有石港城，元末邑人王溥築以自固。金場，在縣南二十里，宋時冶金處也。

姚之駰《元明事類鈔》卷二六《珍寶門・金》　得金手中。《元史》：蘇格使金不屈，金主壯之，取金巵飲之。飲畢，即懷以出。復命，備以虛實告，且出所懷金巵以獻，太宗喜曰：「我得金於汝手中矣。」

淘金。《元食貨志》：豐城舊有淘金户三百，地不産金，而歲課轉增，民死徙且盡。揭徯斯言之，朝蠲其課。

不登藏金。《元史》：杜瑛所居，術者言其下有藏金，家人欲發視，輒止之。後來居者果得黄金百斤，其不苟取如此。

大如棗。《西使記》：密實勒國地産金，人夜視有光處誌之，明日發之，有大如棗者。

藏金尺。元《富珠哩翀集》：「江西吏，善舞文，或誣熊氏子買藏金尺，訊則無之。訊益酷，乃貨簪珥作新尺，符其妄。尚公至，率清脱，民始寧。」

槖不能容。《元史》：博囉歡未至雲南，布固丹密以金六籯迎餽，歡以其握兵，拒之恐致變。陽諾曰：「吾槖不能容，可且持歸，待我取之。」至，則竟其獄。

賜葉金。袁桷詩：「入院聽宣席未温，賜金已向案頭存。」自注：故事，入院傳旨畢，賜葉金十兩，始草制。

不買詩名。元好問《黄金行》：人間不買詩名用，一片青山衡霍重。

盤龍金。明《高帝實録》：上一日手黄金一錠示羣臣曰：「此乃表箋袱盤龍金，命宫中洗濯銷鎔所成者。」

一挺酬詩。《王世貞集》：元末吴中饒介之以醉樵歌試諸名士，獨張夢簡第一，得黄金一挺；高季迪次之，得白金三斤；餘各次之。後承平久，張洪修撰爲人作一文，得五百錢。

胎金。《宋濂集》：宣慰伯以婆律香贄余闕，闕覺重，却之，香中果胎黄金也。

泚筆金。《野獲編》：世廟齋醮，每一舉，即赤金亦數十兩。蓋扁對皆以金泥爲書，握管中書，預備大管，泚筆令滿，故爲不堪波磔狀則袖之。凡訖一對，或易數十管，則袖中金亦不下數十銖矣。

不識金礦。《明史稿》：陳觀洪武時爲陝西參政，以廉稱。或問陝産金礦何狀，觀大驚曰：「吾備位藩寮，何金之問？」

金壺遺家。《萬曆注畧》：上方十歲，以英明聞。穆廟恭妃以金壺遺其家，爲門者所執。上笞内使三十，而以百金遺妃曰：「妃家貧，以此給賜，先帝賜器不可出也。」

紫石成金。《筆塵》：嘉靖中，海豐漁子爲風飄一絶島，見人皆椎結袒裼，所食惟蜜浸黄精薯芋之類，其流水處皆五色石。漁子各收數升置舟中，一日飈返故岸，取所挈文石，則皆鞣鞨，瑟瑟諸寶也。中有紫者，以五銖入火間，以白金成黄金一兩，不鎔，則柔甚可屈折云。

伯温窖金。《李日華集》：老竹嶺溪中多礁石，相傳劉伯温窖金在下。誠意伯每數十年一遣人來取，土人妄鑿之，終不得。

金甲。《明紀事本末》：劉瑾籍没，得金二十四萬錠又五萬七千八百兩，元寶五百萬錠又一百五十八萬三千六百兩，寶石二斗，金甲二，金鉤三千，金温盒五百。

【略】

錮金。《明史稿》：張獻忠破蜀，用法移錦江，涸而闕之深數丈，埋金寶億萬計，然後決隄放流，名錮金，曰無爲後人有也。

陳元龍《格致鏡原》卷三四《珍寶類三・金・總論》 《奇事記》：黄金生於山石，其始也，是山石之精，而千年爲水銀。水銀受太陰之氣，固流蕩而不凝定。微遇純陽之氣，合則化黄金於倏忽也。今若以水銀欲化成黄金，必須在山即化，不在山即不化。但遇純陰之石氣，合即化也。」《搜神記》：「夫金之性一也，以五月丙午日中鑄爲陽燧。以十一月壬子夜半鑄爲陰燧。《玄覽》：金得伯勞之血則昏。《考工記》：凡鑄金之狀，金與錫：黑濁之氣竭，黄白次之；黄白之氣竭，青白次之；青白之氣竭，青氣次之，然後可鑄也。《漢書・食貨志》：周黄金方寸而重一斤。《南史・武陵王紀》：以黄金一斤爲餅，百餅爲簉，至有百簉。銀五倍之。《孔氏雜説・孝惠紀》注引《食貨志》：黄金一斤直萬錢，乃知漢金之賤也。今金兩有直萬者，則漢金一斤如今一兩價矣。高祖善家令之言，賜金五百斤；罷醫不使之治疾，賜金五千斤；使陳平爲反間，捐金四萬斤；使其價不賤，安得如是之多哉！唐時金必貴，太宗以于志寧、孔穎達能諫太子，各賜金一斤，帛五百疋。沈存中云：「古之一斤，今四兩餘也，然則一兩之直，亦二千五百也。」胡侍：「珍珠、黄金，漢時寂多。自西教盛行，棄之於土木者既不勝計，而衣物之飾又日趨於華靡。有金線、金箔、泥金、銷金、貼金、鏤金、間金、戧金、圈金、戧金、解金、剔金、撚金、陷金、明金、楞金、背金、影金、闌金、盤金、織金、蹙金、蒙金、搯金、鍍金、流金、滲金、減金、描金、煮金、灑金、皮金、遍地金。其名號至夥，耗費若斯，焉得如昔之多。」《燕翼詒謀録》：大中祥符元年二月，詔：金箔、金銀線、貼金、銷金、間金、蹙金線，裝貼什器土木玩之物，並行禁斷。非命婦不得以金爲首飾，許人糾告，並以違制論。《丹鉛總録》：張懷瓘《書録》：往在翰林，見古鐘二枚，高二尺許，有古文三百餘字，紀夏禹功績，皆紫金鈿，似大篆，神彩驚人。」蓋三代鈿金爲篆其精類如此。又李伯時得雕戈，蟲鳥書，黄金文銘六字，曰：「主用父作雕戈。」鈿金法今亦不傳。《唐六典》：有十四種金。曰銷金、曰拍金、曰鍍金、曰織金、曰砑金、曰披金、曰泥金、曰鏤金、曰撚金、曰戧金、曰圈金、曰貼金、曰嵌金、曰裹金。而鈿金不在其中，今并其名亦不知矣。《博物要覽》：明御府内帑有鎮庫金錠、金餅、金錢、金鋌，方長如笏，形徑三寸二分，一面印江山之紋，一面印宸字。金磚，兩面印龍鳳花紋。奉宸庫金米、金豆，女官庫金線、金箔。金箔有名浄黄者，因分濃淡二色。《史記》：秦獻公十八年，天雨金櫟陽。《述異

記》：翁仲孺家貧力作，居渭川，一旦，天雨金十斛於其家，由是與王侯争富。《異苑》：晉陵薛願有虹飲其釜，翕響便竭，乃吐金滿釜。《廣博物志》：漢建信侯婁敬晚得道，居好時明月山北，能種金，其地曰種金坪。《晉永和起居注》：廬江太守路永表言，於穀城北見水岸邊紫赤光，得金一枚，狀如印齒。《魏志》：繁昌縣授禪石碑中生金，表送上，羣臣盡賀。王隱《晉書》：永嘉初，陳國項縣賈逵石碑中生金，人盜鑿取賣，賣已復生。《朝野僉載》：陳懷卿，嶺南人也，養鴨百餘頭。後於鴨闌中除糞，糞中有光爚然。試以盆水沙汰之，得金十兩。乃覘所食處，於舍後山足下土中有麩金，銷得數千斤，遂巨富。《嶺南異物志》：廣州浛洭縣金池王家有養鵞鴨池，嘗於鴨糞中見麩金，遂多收掬之，日得一兩，緣此而致富貴。《丹鉛總録》：《穆天子傳》：示汝黄金之膏。束晳曰：金膏可以續骨。崔寔《政論》：呼吸吐納非續骨之膏。

又《名類》 《丹房鏡源》：凡金有二十件：雄黄金、雌黄金、曾青金、硫黄金、土中金、生鐵金、〔熟鐵金、〕生銅金、鍮石金、沙子金、土碌砂子金、金母砂子金、白錫金、黑鉛金、硃砂金，已上十五件，惟祇有還丹金、水中金、瓜子金、青麩金、草砂金等五件是真金。餘皆是假。《博物要覽》：熟金至良者，有丹穴之還丹金焉。金出丹穴中，體含丹砂，色尤鮮赤，合丹服之，希世之寶也。《格古論》：南蕃瓜子金、麩皮金皆生金也。雲南葉子金、西番回回金皆熟金也。其性柔而重，其色七青八黄九紫十赤，以赤爲足色也。足色者面有椒花鳳尾及紫霞色。《庶物異名疏》：趾腹、紫膽皆金之形也。《酉陽雜俎》云：金中螻頂金最上，六兩爲一垛，有卧螻蛄穴及水皐形，當中陷處，名曰趾腹。又鋌上凹處有紫色，名紫膽。《孔六帖》：西域鉢露種多紫金。《格古要論》：古云半兩錢即紫金，今人用赤銅和黄金爲之，然世人未嘗見真紫金也。《唐書》：扶南出剛金，狀若紫石英，生水底石上，人没水取之，可以刻玉。《格古要論》：在京見蘇人唐宗仁將青金熔成足色赤金，中有一大點紫色，謂之紫衣。凡買金者不見紫衣，不肯信爲足色。南京又有人將金打箔亦作葉子金，其中多有沙屑，成交方肯熔錠子與買主，恐沙不能出也，宜仔細用水洗驗，切不可輕易，須燒三出，以醋於瓦器或木盆内淬之，真則黄，有銅則黑。《博物要覽》：西洋國産緑金。《合璧事類》：「顆塊金，即穴山或至百十尺見作金石，其色褐，一頭如火燒黑之狀，此定是金也。其金色深赤黄。《韓子》：荆南麗水之中生金。《南蠻傳》：麗水多金麩。《博物要覽》：金産雲南麗江，浮水面如沙糖，土人以鐵杓取之，鑄煉方成。《合璧事類》：麩金即在江沙水中，淘汰而得，其色淺黄，此等皆生金。得之皆當銷煉，麩金耗折少，塊金銷折多。《博物要覽》：胯子金産湖廣、湖南北諸郡沙土中。像臘茶，腰帶胯子。豆瓣金産梁州土中，掘土十餘丈方見，形員扁如豆瓣，土人鑄鍊成鋌。麥顆金産梁州屬縣山石砂土中，形尖如麥。葉子金産雲南省城者爲道地，各鋪户將雜色足赤金拍造葉子，有八色九色至九五色，止無十成者，諸金中惟葉子金爲最下。《廣州記》：大食國出金最多，凡是貨易並出金錢，性多寒，生者有毒。《本草》：陳藏器云：「嘗見人取金，掘地深丈餘，有粉子石，石皆一頭黑焦，下有金，大者如指，小猶麻豆，色如桑黄，咬時極軟，即是真金。夫匠多竊而吞之。又饒、信、南劍、汀州出金處，採得金亦多品，或有若山石狀者，或有若米豆者。若此類未經火皆可爲生金。《稗史類編》：生金出西南州峒，生山谷田野沙土中，不由礦出。民間以淘沙爲生，淋土出之，自有融結成顆，大者如麥粒，小者如麩片，便可煅金作服用，色差淡耳。欲令精好則重煉取足色，耗去十二三，既煉則是熟金。丹砂所須生金，故録其所出。《函史》：金出水沙者，鵞鴨啖沙，從膍胵内淘之有金屑，皆謂生金。生者殺人，煉熟用。《嶺表録》：嶺南人云：「生金是毒蛇屎中採之。」《本草》：高麗扶南及西域外國金已成器，皆煉熟可服。《梁書》：扶南有山出金，金露生於石上，無所限也。《山海經》：荆山之陽多赤金。王隱《晉書》：鄱陽樂安出黄金，鑿土十餘丈，披沙所得，大如豆，小如粱米。《梁書》：林邑國有山，赤色，其中生金，夜則出飛，狀如螢火。《博物要覽》：馬蹄金産林邑國，鑿石取之，狀如馬蹄，每得必雙，每二蹄成一斤，足十二成，至難得，即紫磨金。《溪蠻叢笑》：沙中鍊金又出於石，碎石而取者，視沙色爲金。有夫匠識之，名士絲金。《事物紺珠》：橄欖金出荆湖、嶺南。《博物要覽》：橄欖金形大如橄欖，兩頭皆尖，紅、紫色。《庶物異名疏》：南海扶南王陽邁初在孕，其母夢生兒，有人以金席藉之，其色光麗，夷人因謂金之精者爲陽邁，若中國紫磨者。紫磨，華之上金也。漢武帝詔：「往者泰山見黄金，有白麟神馬之瑞。以其金鑄麟趾裹蹄，以叶瑞焉。」《拾遺記》：漢武帝有透骨金，大如彈丸。凡物近之，便成金色。帝戲以檀香屑共裹一處，置李夫人枕旁，詰旦視之，香皆化爲金屑。《拾遺記》：昆明國貢金鳥，常吐金屑如粟，鑄之可以爲器。宫人争以金用飾珮，謂之辟寒金。故宫人相嘲曰：「不服辟寒金，那得帝王心。」於是媚惑者争此寶金爲身飾，及行卧皆懷挾以要寵幸也。《吴地志》：晏子娶吴王女，築城於此，至今耕者得黄金，狀如菱角，中有齊字名晏子金。《郡國志》：

蘇秦宅在洛陽利仁里，後魏高顯業每夜見赤光，於光處掘得金百斤，銘曰「蘇家金」，業爲之造寺。《法苑珠林》：俱名國有商人驅八牛，牧於澤中，時有離車，捕得一龍，云將食之。商人以八牛易致，取放別池中。龍忽人語，邀入宮中，有龍女與八餅金，云：「此是龍金，截已更生，足汝父母養屬，終身用之不盡。」《拾遺記》：浮忻國貢蘭金之泥，此金出湯泉，狀混混若泥，如紫磨之色，百鑄，其金變白。有光如銀，即銀燭是也。常以此泥封諸函匣及諸宮門，鬼魅不敢干。當漢世，上將出征及使絶國，多以此泥塗爲璽。《拾遺記》：方丈山有池，方百里，水淺可涉，泥色如金，而味辛。以泥爲器可作丹矣，百鍊可爲金，色青照鬼魅，猶如石鏡，魑魅不能藏形矣。《廣異記》：隋末有道者，居太白山煉丹砂，得道。有成弼者給侍之，持白刃殺道者，得其丹，多化赤銅爲黃金。唐太宗召弼造金凡數萬斤，所謂「大唐金」也。百煉益精，至今外國傳成弼金，以爲寶貨。《席上腐談》：壽州八公山側土中及溪澗間，往往得小金餅，世傳淮南王藥金。有印子篆文，謂「印子金」也。襄陽之間春陵白水地發土多得金。麟趾褭蹄金如乾柿，謂之「柿子金」。小説謂麟趾褭蹄乃婁敬所爲藥金也。方家謂婁金和藥寂良。《漢書》注亦云：異於他金。《席上腐談》：王捷，汀洲沙人，得燒金術，上召見與語，悦之，特授許州參軍，改名中正，留京師，前後貢金累巨萬。其金以鐵爲之，百餘兩爲一餅，每餅輻解鑿爲八片，謂「鵶觜金」是也。上令尚方鑄爲金龜、金牌各數百。天慶觀金寶牌即其金所鑄也。每用蛇崗製煉雄黃，所殺蛇蓋不少矣。後因治第掘土，見一巨蛇，首大如栲栳，驚悸得疾卒。孟熙《霏雪録》：欲試藥金，燒火其上，當有五色氣起。《財貨源流》：藥金乃是水銀及銅鐵用藥煮成。水銀乃是採山石中麤次朱砂，作爐，置砂於中，下承以水，上覆以盎，器外加以火，煅養則飛煙於上，水銀留於下，皆非造化自然也。韓文衛《造微曰：「我聞南方多水銀丹砂，雜佗奇藥，爊爲黃金，可餌以不死。」《抱朴子》：取金液及水銀，以黃土堀盛，置之猛火上，皆化爲丹。以此丹金爲盤盌，食其中，令人長生。《席上腐談》：予嘗閲《華嚴經》云，有藥汁名訶宅迦，人或得之，以其一兩變十兩，銅番成真金。予嘗以膽礬少許，擦刀頭皆金也。意者訶宅迦其膽礬之謂乎？至大辛亥鑄錢時，予在饒州曾見一膽水化鐵成銅。但饒州之膽銅坑所出，故成銅。蒲州之膽出金坑，必能化銅鐵成金。《華嚴》所謂訶宅迦，今人不識之耳。佛語必不妄也。《格古要論》：金詐藥用焰硝，緑礬鹽留窑器，入乾净水調和，火上煎，色變即止。然後刷上金器物上，烘乾，留火內罯燒焦色，急入净水刷洗。如不黃，再上，然俱在外也。《張衡傳》注：兼金價倍於惡者，故曰兼金。《廣博物志》：金曾在丘塚及爲釵、釧溲器，陶隱居謂之辱金，不可合煉。

又《金器物》

《齊書》：金車，王者至孝則出。金人，王者有盛德，則游於後池。林邑有金山，汁流於浦。《稽神録》：天復中，豫章有人治舍，掘地得一木櫃，發之，得金人十二頭，各長數寸，皆古衣冠，首戴十二辰屬，數款精麗，殆非人功。其家寶祠之，因以致福。時兵革未定，遂爲戍將刦取之，後不知所終。《北史》：魏故事，將立皇后必令手鑄金人，以成者爲吉，不則不得立也。《宋書》：金勝，國平盜賊，四夷賓服，則出。《玉海》：晉永和九年春，民得金勝一，長五寸，狀如織勝。《庶物異名疏》：金勝，仁寶也。不斲自成，光若明月。晉孝武時，陽穀氏得金勝一枝，長五寸，家遂大富。今人日遺勝肇於此。《南齊書》：齊時長沙寺僧業富沃，鑄黃金爲龍，數千兩，埋土中，歷相傳付，稱爲下方黃鐵，莫有見者。蕭穎胄收取此龍，以充軍實。張璠《漢記》：永昌太守鑄黃金爲蛇，獻梁冀，益州刺史种暠發其事。《白六帖》：唐文宗宮中有黃金蛇出階，光灼，宮人以珊瑚玦擲之，并玦帶去。上尋庫得真金蛇貫玦上，曰：「此隋煬帝爲晉王，賜陳夫人。」熟視，下有「阿麽」字。《南史》：劉敬躬田間得白蛆，化爲金龜，將銷之。龜生光照室，敬躬以爲神，而禱之。《史記》：秦始皇葬於驪山，以黃金爲鳧雁。《膠葛》：除夕，梅妃與宮人戲鎔黃金，散瀉水中，視巧拙，以卜來年否泰。梅妃一瀉得金鳳一隻，首尾翅足，無不悉備。《稗史類編》：南城童夢弼宗教授説，自其上祖因浴於水濱，忽見一物如飛蛾，從厓而下，試引手撲之而獲，形狀全似鴨，不能動。時已近暮，歸而燭之，黃金所爲也。大如人拇指，而羽翮纖悉畢備，混然天成，略無雕刻人功。亟緘於笥寶藏之。越三日啓視，其尻乃有金屑，蓋遺糞也。自是數日輒一掃取，積之益久，持貨於肆，皆紫金上色，得價多於常品。家貲賴以衍盛，至錢流地上。傳之累代，及子孫分析，一位拈得之。偶子婦半夜生男，感疾。醫者急欲生金煎湯下藥，姑喜於得孫，謂釵釧金不潔不可用，於是煮金鴨，挹其湯。既一經煮，不復有糞。其家亦浸以衰削。今飲湯之兒猶在，貧無立錐矣。鴨亦失所在。孫氏《瑞應圖》：金牛，瑞器也。王者土地闢，則金牛至。劉道真《錢塘記》：明聖湖在縣南，父老相傳，湖中有金牛，古嘗有見。其映寶雲泉，照耀流精，神化莫測，遂以明聖爲名。劉義慶《幽明録》：巴丘縣有黃金潭，莫測其深，上有瀨，亦名黃金瀨。古有釣於此潭，獲一金鏁，引之遂滿一

船。有金牛出奔，釣人駭懼，牛因奮踴躍而還潭，鏁將盡，釣人以刀斫得數尺，潭、瀨因此取名。《北史》：魏元庫汗爲羽林中郎將，從北巡，有兔起乘輿前，命庫汗射之，應弦而斃。太武大悅，賜一金兔，以旌其能。

又《金異》 《搜神記》：孔子脩《春秋》製《孝經》成，齋戒，向北斗星辰而拜，告備於天，乃有赤虹見，虹化黄金，有刻文。孔子受而跪讀之。《武帝故事》：先帝河東立廟告祠，有一人騎馬持一尺札，賜將作丞曰：「汝績已成，賜金一斤。」忽不見，札變爲金。《異怪録》：隋開皇初，廣都孝廉侯逌入蜀，至劍門外，忽見四黄石，皆大如斗，逌愛之，收藏於書籠，負之以驢。因歇鞍，取看，皆化爲金。《酉陽雜俎》：太宗時，汾州言青龍白虎吐物在空中，有光如火，墜地隱入二尺，掘之得金，廣尺餘，高七尺。《述異記》：南康雩都縣西沿江有石室，名夢口穴，嘗有船人遇一人，通身黄衣，擔兩籠黄紙求寄，載過至崖下，此人唾盤上，徑下崖，直入石中。船主初甚忿之，見其入石，始知神異。視盤上唾，悉是黄金。《宣室志》：韋思求錬金之術，一日有居士辛銳來謁，病癰，潰血且甚。韋方會食，居士溺於筵上，客怒皆起，銳亦告去。忽不見，因視其溺，乃紫金液，光彩粲然。客有解者，曰：「居士，金精也。」驗其名氏，信矣。《清異録》：王鯨遇賣蕨嫗，黄衣破結，有饑色。憫之，乃以千文買蕨，謝而去。及歸，蒸於烏豆甑，盡成黄金。《後山談叢》：夏英公宴客，酒半，取瓦礫蘸藥水爲黄金，以娛客。

王棠《燕在閣知新録》卷二一《金》 漢時不重金，故賜臣下黄金多至數百斤。王莽末年，省中尚有六十餘萬觔。《貨殖傳》不言黄金，故金多而用之如泥沙也。後代重金，故金少。宋太宗問杜鎬曰：「西漢賜予悉用黄金，而後代爲難得之貨，何也？」鎬對曰：「當是時佛事未興，故金價甚賤。」棠考此語，誠爲不謬。《草木子》云：「金一爲箔，無復再還元。」於是方知金貴之由。

厲荃《事物異名録》卷二五《布帛部·珍寶部·金》 鎏鏐。《爾雅》：黄金謂之鎏，其美者謂之鏐。注：鏐即紫磨金也。

麟趾裹蹏。《漢書·武帝紀》：朕郊見上帝，西登隴首，獲白麟以饋宗廟。渥洼水出天馬，泰山見黄金，宜改故名。今更黄金爲麟趾、馬蹏，以協瑞焉。

陽邁。《宋書》：南海扶南王陽邁初在孕，其母夢生兒，有人以金席藉之，夷人因此謂金之精者爲陽邁。

亥日婦人。《抱朴子》：亥日稱婦人者，金也。

庚。《雲笈七籤》：上好庚一十兩，汞五十兩，貯於罐内，用常火煖。按：庚，謂金也。

第一黄。《清異録》：僞唐臧臣褚仁規竊禄泰州，有爲隱語詩曰：「多求囊白昧蒼蒼，兼取人間第一黄。」白、黄隱金銀字。

太真。《庶物異名疏》：陶隱居曰：「仙方名金爲太真。」

空措泥。《日本寄語》：金曰空措泥。

蘇伐羅。《正字通》：梵書名金爲蘇伐羅。

黄牙。《本草綱目》：金一名黄牙。

雙南。范仲淹《金在鎔賦》：英華既發，雙南之價彌高。按：雙南，金也。

鄭澐《〔乾隆〕杭州府志》卷五三《物産》 金箔。民間服飾器用、文軸榱題多用塗畫。《西湖遊覽志餘》。杭産用貨，又有金條、瓦金。《萬曆舊志》。

迮朗《繪事瑣言》卷四《泥金》 金之爲泥也，由來尚矣。《論語讖》仲尼云：「吾聞堯與舜，遊首山觀渚，有五老遊，河龍銜玉苞，金泥玉檢封盛書，此金泥所由昉乎？余嘗觀張僧繇及趙子昂山水，有用泥金勾者，宫室衣服不待言矣。然金有真假之别，又有粗細之分，不可不博考而詳辯也。《説文》云：「五色金，黄爲之長，久薶不生衣，百錬不輕，從革不違，西方之行，生於土，從土，左右。」注，象金在土中形。《爾雅》云：「黄金謂之鎏，美者謂之鏐。鉼金謂之鈑，絶澤謂之銑。」獨孤滔云：「天生牙謂之黄牙，梵書謂之蘇伐羅，仙家謂之太真。金之所生，處處皆有。」《寶藏論》云：「金有二十種，又外國五種。還丹金出丹穴中，體含丹砂，色尤赤也。麩金出五溪、漢江，大者如瓜子，小者如麩。山金出交廣、南韶諸山，銜石而生。馬蹄金乃最精者，二蹄一斤。毒金即生金，出交廣山石内。此五種，皆真金也。水銀金、丹砂金、雄黄金、雌黄金、硫黄金、曾青金、石緑金、石膽金、母砂金、白錫金、黑鉛金，並藥制成者。銅金、生鐵金、熟鐵金、鍮石金并藥點成者。已上十五種，皆假金也。外國五種，乃波斯紫磨金、東夷青金、林邑赤金、西戎金、占城金也。」《格古要論》曰：「金出西番、高麗等處沙中。南番瓜子金、麩皮金，皆生金也。雲南葉子金、西番回回金，此熟金也。其性柔而重，色赤足色者，面有椒花鳳尾及紫霞。如和銀者，性柔，石試色青，火燒不黑。和氣子者，石試有聲而落屑。色赤而性硬，火燒黑色。古云：金怕石，銀怕火。其色七青、八黄、九紫、十赤，以赤色爲足金也。攻金之工，詳於《考工》，而打金與泥金無聞焉。」《唐六典》曰：「金十四種：曰銷金，曰拍金，曰鍍金，曰織金，曰研金，曰披金，曰泥金，曰鏤金，曰撚金，曰戧金，曰圈金，曰貼金，曰嵌金，曰裹金。」

是泥金固治金之一也。《元史・吴澄傳》：先是，有旨，集善書者，粉黄金爲泥，寫浮屠藏經，帝詔澄作序。《宣和書譜》：景審於内景經，必粉金而寫之，蓋亦非率爾而作也。是泥金又謂之粉金矣。夫採金於山，處處有之。乳金成粉，人人能造。惟泥金必用金薄，金薄必出金工所打。晉《子夜歌》：「打金側瑇瑁，外豔里懷薄。」是也。

《清經世文編》卷五二《户政二七・金・錢幣上・顧炎武〈日知録〉》

宋太宗問學士杜鎬曰：「兩漢賜予，多用黄金，而後代遂爲難得之貨，何也？」對曰：「當時佛事未興，故金價甚賤。」今以目所睹記，及《會典》所載國初金價推之，亦大略可考。《會典・鈔法》卷内云：「洪武八年，造大明寶鈔。每鈔一貫，折銀一兩。每鈔四貫，易赤金一兩。」當銀四兩。《征收》卷内云：「洪武十八年，令凡折收税糧，金每兩准米十石，銀每兩准米二石。」是金一兩當銀五兩也。三十年，上曰：「折收逋賦，欲以蘇民困也。金如此其重，將愈困民。」更令金每兩准米二十石，銀每兩准米四石。然亦是金一兩當銀五兩也。永樂十一年，令金每兩准米三十石，則當銀七兩五錢矣。又令交阯召商中鹽，金一兩給鹽三十引，則當銀十兩矣。豈非承平以後，日事侈靡，上自宫掖，下逮勳貴，用過乎物之故與！遼張孝傑爲北府宰相，貪貨無厭，嘗曰：「無百萬兩黄金，不足爲宰相家。」幼時見萬曆中赤金止七八换。崇禎中十换，天啓中，權奄用事，百官獻媚者皆進金卮，金價漸貴。江左至十三换矣。投珠抵璧之風，將何時而見與？

古來用金之費，如《吴志・劉繇傳》：笮融大起浮圖祠，以銅爲人，黄金塗身，衣以錦采，垂銅盤九重。《何姬傳》注引《江表傳》：孫皓使尚方以金作華燧、步摇，假髻以千數，令宫人著以相撲，朝成夕敗，輒出更作。《魏書・釋老志》：興光元年，敕有司於五緞大寺内，爲太祖已下五帝鑄釋迦立像五，各長一丈六尺，都用赤金二萬五千斤。天安中，天宫寺造釋迦立像，高四十三尺，用赤金十萬斤。黄金六百斤。《齊書・東昏侯本紀》：後宫服御極選珍奇，府庫舊物，不復周用，貴市民間金銀寶物，價皆數倍。京邑酒租皆折使輸金以爲金塗，猶不能足。《唐書・敬宗紀》：詔度支進銅三千斤，金薄即「箔」字。十萬翻，修清思院新殿及昇陽殿圖障。《五代史・閩世家》：王昶起三清臺三層，以黄金數千斤鑄寶皇及元始天尊、太上老君像。宋真宗作玉清昭應宫，甍栱欒楹，全以金飾，所費鉅億萬，雖用金之數，亦不能全計。《金史・海陵本紀》：宫殿之飾，徧傅黄金，而後間以五采，金屑飛空如落雪。《元史・世祖本紀》：建大聖壽萬安寺，佛像及窗壁皆金飾之，凡費金五百四十兩有奇，水銀二百四十斤。又言：「繕寫金字藏經，凡縻金二千二百四十四兩。」《吴澄傳》言：「粉黄金爲泥，寫浮屠藏經。」《泰定帝紀》：泰定二年，以國用不足，罷書金字藏經。時於雲南立造賣金箔規措所。此皆耗金之繇也。杜鎬之言，頗爲不妄。《草木子》云：「金一爲箔，無復再還元矣。」故《南齊書・武帝紀》：禁不得以金銀爲箔。《宋史・真宗紀》：太中祥符元年，申明不許以金銀爲箔之制。《仁宗紀》：康定元年，禁以金箔飾佛像。《哲宗紀》：元祐二年，禁私造金箔。《劉庠傳》：仁宗外家李珣犯銷金法，庠奏言：「法行當自貴近始。」從之。《金史・世宗紀》：大定七年，禁服用金絲，其織賣者皆抵罪。《元史・仁宗紀》：至大四年，禁民間製金箔、銷金、織金。而《太祖實録》言：「上出黄金一錠，示近臣曰：『此表箋袱盤龍金也。令宫人洗滌銷鎔得之。』嗚呼，儉德之風遠矣！

程岱葊《野語》卷三《古金》 郡城師。古橋某甲織緺爲業，道光丁亥春，其甥將設機於舅家。凡花緺機必掘坑安脚。是日雇匠作坑，甲忽與甥若匠争角不息，繼之以鬥，隣人排闥入勸，見地上纍纍者凡四十有七，重而紫黑色，言係坑内掘得，三人俱欲得之，各不相讓。鄰人視之，非玉非銅，上有文字，洗出之，乃宋嘉定年號，每枚重十二兩有奇。鄰人曰：「是物是金不可知，何争爲？」乃付爐鎔之，則粲然白金，三人復争不已。一鋌偶墜，碎而爲二，再鎔再試，皆然。三人因不適於用，隨意分散。余曩客壽州，有耕者於八公山畔掘得紫金，每方數十兩，縱横紋理如井田，上有古篆，人莫之識。土人曰：「此淮南王劉安故物，前人常有得者，修煉家所謂外丹是也。鎔之色紫赤，常金莫與比，入藥可已疾。」此金自漢迄今二千餘年，未聞碎裂，宋時白金纔數百年，何致質敗乃爾，非爐匠用硝太過，即故攙藥物以規利耳。聞乾隆間郡人嘗於弁山採銀鑛，鎔造成錠，舉手輒碎，目爲生銀，因而輟採。鄙意取他銀十七八配此等銀十二三，和而鎔之，當不復裂，請語之得者。

趙翼《廿二史劄記》卷三《漢多黄金》 古時不以白金爲幣，專用黄金，而黄金甚多。尉繚説秦王，賂諸侯豪臣，不過三十萬金，而諸侯可盡。漢高祖以四萬斤與陳平，使爲楚反間，不問其出入。婁敬説帝都關中，田肯説帝當以親子弟封齊，即各賜五百斤。叔孫通定朝儀，亦賜五百斤。吕后崩，遺詔賜諸侯王各千斤。陳平交歡周勃，用五百斤。文帝即位，以大臣誅諸吕功，賜周勃五千斤，陳平、灌嬰各二千斤，劉章、劉揭各千斤。吴王濞反，募能斬漢大將者賜五千斤，列將三千斤，裨將二千斤，二千石一千斤。梁孝王薨，有四十萬斤。武帝賜平陽公

主千斤，賜卜式四百斤。衛青擊匈奴，斬首虜萬九千級，軍受賜二十餘萬斤。昌邑王賜故臣君卿千斤。宣帝既立，賜霍光七千斤，廣陵王五千斤，諸王十五人各百斤，賜孔霸二百斤，賜黄霸百斤。元帝賜段會宗、甘延壽、陳湯各百斤。成帝賜王根五百斤。王莽聘史氏女爲后，用三萬斤，賜孝單于千斤，順單于五百斤。莽末年，省中黄金，萬斤者爲一匱，尚有六十匱，黄門、鉤盾、尚方處，處各有數匱。以上見本紀及各本傳。可見古時黄金之多也。後世黄金日少，金價亦日貴。蓋由中土産金之地已發掘淨盡，而自佛教入中國後，塑像塗金，大而通都大邑，小而窮鄉僻壤，無不有佛寺，即無不用金塗。以天下計之，無慮幾千萬萬，此最爲耗金之蠹。加以風俗侈靡，泥金寫經，貼金作榜，積少成多，日消月耗。故老言，黄金作器，雖變壞而金自在，一至泥金、塗金，則不復還本，此所以日少一日也。

王初桐《奩史》卷八九《珠寶門二·金銀》 女華者，桀之愛妾也，湯事之以千金。《管子》。

田子爲相，三年歸休，以金百鎰奉其母。母曰：「不義之物不入於館。」子慙愧走出，自歸於王，還金，請退就獄。王赦田子罪，以金賜其母。《韓詩外傳》。

樂羊子嘗行路，得遺金一餅，還以與妻，妻曰：「君子不以利污行。」羊子慙而棄之。《語林》。

陳皇后退居長門宫，愁悶悲思，聞司馬相如工文章，奉黄金百斤，爲解愁之辭。相如爲作《長門賦》，帝見而傷之，復得親幸。《樂府解題》。

林慮公主子昭平君尚武帝女夷安公主，林慮困病，以金千斤、錢千萬爲昭平君贖死罪。《漢書》。

霍光妻遺淳于衍黄金百兩。《西京雜記》。

應嫗見神光照社，試探之，乃得黄金。《後漢書》。

永康王子婦孫氏見二黄鳥鬥於洗浣石上，疾往掩取，變成黄金，及石破，内空二鳥處。《異苑》。

韓翃以練囊盛麩金寄柳姬。《章臺柳傳》。

李杲夜坐，見一女子從地中出，甚美。杲曰：「汝何神何鬼耶？」女取筆書几上曰：「許身愧比雙南。」遂復入地中。果知爲金也，掘之得金一笥。《嘉運燕語》。

劉寧夫人安氏方櫛髮，有以瓜盛銀餽者，安氏被髮，呼僕送還。《明語林》。

有餽金於鄭曉夫人者，上覆以茗，夫人撥茗見金，即歸之。《邇言》。

王修微急人之困，揮數千金不惜。許玉斧《修微道人生壙銘》。

楊嫗少寡，鞠一孤，年三十不能娶，嫗百計營聘，尚少數金。嫗許富家爲賃舂，乞其直，得娶婦。婦入門索其姑，不見，終不肯成禮。夫語之故，婦泣曰：「妾橐中金足相當。」立趣贖姑。夫夜馳往，蒼猝未持金。已而來索，婦曰：「金適已付汝矣！」夫大詫愕。蓋貧家壁皆編葦，鄰人竊聞其語，詭作其夫，取金去也。婦羞見紿，又無餘金，痛姑不得贖，遂縊死。質明，雷擊盜金者死户外，金故在手，而孝婦氣絶復甦。《學餘堂文集》。

西王母有金液玉漿。《漢武内傳》。

賈后飡金屑而死。《晉後略》。

楊維禎母李氏夢金鉤自月墮於懷。《鐵崖傳》。

開元宫中有黄色蛇，常夜自寶庫中出，光彩照灼，不可擒捕。宫人擲珊瑚玦擊之，遂并玦而去。掌庫者以告，上令徧搜庫内，乃得黄金蛇，珊瑚玦著其首。上曰：「昔隋煬帝以黄金蛇贈陳夫人，不知是否？」左右因覩頷下有字，蓋煬帝小字阿㦉也。《杜陽雜録》。

梅妃除夕與宫人戲鎔黄金瀉入水中，視巧拙，以卜來年否泰。梅妃一瀉得金鳳一隻，首尾足翅，無不悉備。《謬葛》。

咸陽公子眷一妓，訂盟婚娶，臨別贈黄金鴛鴦。《瑣窗閒話》。

有一貧女遊行，得一金珠，見七賢塔中佛像面上金色缺壞，欲補之爾。時迦葉作鍛金師，女即倩令修造。金師歡喜，用補像面，因共立願，願我二人常爲夫婦。後托生婆羅門，至年十五，欲聘妻，惟有一女端正殊好，即是往日施金女也。《法藏經》。

同昌公主以金銀爲井欄、甕鐺之屬。《杜陽雜編》。

忠懿王繼妃俞氏，宋太祖時進金銀十餘萬。《吳越備史》。

宫中有娠，賜物有金二十四兩八錢七分二釐，銀四千四百四十兩，金銀果子五百個。《武林舊事》。

宋賡平《礦學心要新編》卷上上第七章《論黄金一種何以獨貴》 上古之世，幣分三等，黄金爲上，白金爲中，即銀也。黑金爲下，即鐵也。用制泉刀。漢唐以來，改鑄制錢，皆爲圜式，義取流通，兼用白鉛，金幣遂廢。因其産數太稀，價甚昂貴，民間少用，廢之亦不爲病。及至元代，始於産金之處而雲南之金砂江。收課

壹佰捌拾錠。明時以銀捌千兩折價黃金壹千兩，名曰例金。其後增耗，金減價，銀又加貢，壹千兩未行，復加貢叁千兩。我朝初課金柒拾兩，遞減至貳拾捌兩。嘉慶二十五年，定額課金貳拾捌兩捌錢捌分伍釐肆毫，閏月加貳兩肆錢陸分貳釐玖毫，附次年顔料貢帶解赴户部納繳。又查雍正年間，每金床一張，月納課金壹錢貳分，臘底新正減半抽收，額課金拾兩壹錢，閏月加玖錢壹分。又查金砂江金廠，康熙二十四年，每金床一張月課金壹錢，額課金柒（而）〔兩〕貳錢陸分，閏月不加。則金之歸商辨由來舊矣。但當其盛時，國富財豐，無事多取，今則五洲互市，概用金（磅）〔鎊〕，以貴制賤，勢自不敵。若再不設法取金鑄鎊，則川流海溢，伊於胡底。說者謂我華産不如外洋，是不明於情勢，而僅以貧富論也。何也？外洋之金已開，我華之金未開也。使其産金果多，何以中國之金每歲由上海出口者，或數拾萬以至百萬之衆，中國商人自謂獲利則更大矣。何則？彼所買金必皆拾足，鑄成金鎊，至高不過八成，又以金鎊放我國債，照釐扣算，利已逾三。我華不悟，不思反求，安得不窮且困乎？爲今之計，莫若於産金之地招商承辨，各省設局收買，自鑄金幣，其成色無妨稍高，以金鎊還國債，以銀元通商賈，上下流通，富强有基矣。即以産金之地論之，英之脱蘭濠、大利洲、西巴兒苦倫他伊古，美之舊金山，在加里福尼亞洲。合而計之，不過此數處。華則新疆伊犂、熱河、黑龍江、鐵嶺、遼陽、瀋陽、錦州並産赤金，雲貴川廣産金之地不可枚舉，且多産金，不但披砂可煉而已，若果實力開採，豈僅泰西之比哉？即以顆粒之大小論之，西人謂普天下之大塊金無如花旗金礦所得塊金，重壹佰叁拾肆（鎊）〔磅〕，新荷蘭金山得一塊，重貳拾柒磅。其餘砂中淘洗，石中鍊取，半皆茸金。於砂中用水銀團裹，名曰兔兒粉，火煉成色。若我華金，其最大者名之曰鐸，或大數圍及十餘圍不等。光緒十四年，建南之馬頭山獲鐸一根，大十圍，横梗山中，其長不知若許，廠中咸相慶賀，争相伐取。遠近之人聞之，齊來分紅，任其飽取。傳聞既遠，風聲漸大，地方官恐其滋事，即行封禁。其掘出之馬牙金，堆集若山，及今完好如故。此等金礦固不常見，其小塊者則曰虎歇子，廠中謂指爲虎歇子，言其大如指也，其塊子長寸許，厚五六分，重五六兩不等。再小則爲胡豆米，即豆□子金也。又小者曰瓜子金，謂如西瓜子也。又小者爲顆子金，謂如蒼蠅頭也。再小者爲海椒米或粟米，至微至纖者則爲沙中茸金。謂（兔）兒粉是也。以視泰西之金，其大小當有別矣。廠中口號呼壹毛即是壹分，壹分即是壹錢，壹錢即是壹兩。故廠砂丁往往謂得幾毛，（辨）〔辦〕廠者不可爲其所欺。中國所少者爲鐐金一門，《爾雅》白金謂之銀，其美者謂之鐐。又名渾金。其價高黃金□拾餘倍。西人用之以作格致器具及電燈之管。□煉各强水之鍋及輪舟之風桿，最爲堅韌不□□。其實上古已有，近人不知煉法，故多棄置。前臺灣金廠往往得此，□不能化煉，棄之海峯，西人□取用極重之□□□之，然後錘成大錠，遂爲上品。我棄人取，最爲可惜。産白金之處，惟俄最旺。亦在砂中淘煉。西人恒於金銀中提取，每拾兩能得二三分，皆爲大利。其餘泰西所産之金，尚多不及中國者。英國之金多帶緑色，日本之金多帶青色。認金之法爲七青、八白、九紫、拾紅、十一赤、十二黑。言其如火之逼紅而兼黑也。惟巴底之貓兒土山土人呼爲墨爾神山，遍地産金。有門坎金，亦鐸之類。乃有此色，以外未聞有此等者。惟胯（了）〔子〕金足有十成，以外皆不能及。考金成色，於風中稱之。又於金之一頭置之水中，原碼再秤，毫不減輕者爲十成。若十一成，則必加一碼。若減一成，則必減一碼。以此試驗，毫不可欺，有妙法之也。雖俄國之馬蹄金一名陽邁金。亦不能及，可謂稀世之珍矣。交廣之金有毒而能殺人，産砒石之中，須十餘次化煉乃已。丹穴之金含丹而能益壽，産丹砂之内，所謂金液還丹者是也。同此一金而性質迥別，其爲世之所貴則一也。夫世之所以貴金者，非徒重其美觀，而其適用，則遠勝他金也。引之能長，纖如毫髮，錘之能輭，薄於蟬翼。金一寸方能錘成佛金寬大一畝，飾物最佳美。其品有四十餘種，他人常見者，則有十餘種而已。外有烏金，産雲南。與渾金價值相等。又有黃金，其多正黃而深，産西藏。世謂之風磨銅，置之風中，其色愈久愈亮，與金中之各色皆異。如赤色、青色、緑色、草白色、菜子黃色，均各不同。此蓋金中之至寶，其價又在白金、烏金之上，藏内惟塔頂用之，餘皆不得輕用，此豈天下所易有者哉？外洋取金，惟河金用馬口鐵床淘鍊，白金及金鋼石皆砂中鍊得者。石中之金則用火吹或用酸化。說見《試礦篇》中。中國砂金則用木床，說見《鑪罩篇》中。其餘則爲粒金及馬牙兩種。馬牙金含石内，舂爲細末，然後淘洗，皆不能多得金。鹽源之夷地産狗頭金，黃泥之中亦能産金，取法與砂金各異。而最旺者則莫若巴底巴旺、綽斯甲、孔玉、三道橋、燈盞窩、母雞溝、木里、光光山、項松朗札什土司等處。其山之金隨雨水沙泥漂入谿溝，其谿溝之泥沙，每一斗可得金數斛，但夷人既不自取，亦禁人取，非得其心，斷不可開。得之之法不外推誠，頭目既服，夷民皆爲我用矣。若挾以兵威官勢，必至挺而走險，釀成禍端，蓋彼別有性情，不通世故，悍鷔喜鬥，桀鷔難馴，謂茲礦山乃歷代相傳，世世永保，若爲外人採取，必與彼族不利。此輩拾得金塊，不敢隱藏，必擲之原地，歸還本山，其爲固執可知也。夫五金爲天地寶藏，所以利民用、通有無者也，休養既久，鬱而必發，亦自然之理，特不知運會所鍾，究在何時。說者謂農工商賈以貨賄藝力轉易百

財，消長盈虛，祇有此數，不見其絀，不見其贏，故聖人藏金於山，捐珠於淵，以天地自然之利周流天下而已。豈知自泰西通商以來，中國每歲浮出之銀，多至貳千萬兩，日計月累，計算難終，公私交困，不於此取財，何以蘇民生而裕國帑乎？予自上年入山，經歷礦務，屢見五金之光上沖霄漢，又見西南一帶樹木枯絶，皆爲五金所尅，山中耆老有木盡金出之語。近年産金諸山，地氣更旺，常常作聲，響震崖谷。俗傳金銀火發笑，夜間月出之時，山中有光，若人持炬，忽近忽遠，忽分忽合，久而後隱。或者寶藏之興，其在斯時乎？地雖在夷，未嘗無術以縻之也。西南諸夷有紅黄白黑四教，皆奉浮圖。國初，黑白二種先來入貢，黄教次之。掌教謂之喇嘛，能撻木刻扠索卦，以利刃斫堅木，驗其紋理縱横，如古人灼龜以卜、索茅以筳之意，以此占禍福休咎，百無一失。其占此山發笑之由，謂金銀當出之時也。夫金本無處不生，而世獨以爲貴者，則以取之不易也。夫夷地之金非爲不多，而自古未嘗一取，則有如不有也。關東之金已開採矣，而奉行不力，兼之馬賊蹤迹，土人謂紅鬍子，專門搶劫爲事。出没不常，能取而得盡取，遂使至富之地而受奇窮。鐵嶺農民於近山之處得金礦一窖，秘而不宣，數月之後，始能運畢，舉家移徙，形迹宛然，皆疑其有百萬之數。其餘河金、馬牙可以取矣，而又不能多取。終日淘鍊，只得分釐。馬牙則又須成粉之後方能淘鍊，既需水銀，又費人工，所得之數只敷本。至於底板之金，其引線則穿江透河，天篷若漏，百無一存，則又險之至矣。黄金之貴不其宜哉！蜀中雖廣産崖金，而無一處開過，所出之金，概是赤貧之人沿江淘洗，暢旺者謂之紅灘，不旺者謂之黑灘。商人即用銀或錢以市價正平收之。終年勞勞，祇堪糊口。土人謂之養身，礦子官亦不問。若其太旺，則必又將封禁矣。昔齊高帝嘗謂：治天下十年，當使黄金賤如糞土。議者謂爲不然。竊民所需者衣食，其他則視上之好尚以爲向背。衣食誠足而山澤不禁，則人皆有餘，不賤而賤，有必然者。西人曾測得海水含金，合計可得肆伯萬鎊，欲制機器取之，夫至於欲取之於水！則泰西之産金，其不如華也益明。達觀者當於此省覽焉。

鄭光祖《醒世一斑録雜述》卷六《金價》 珠玉金銀禹時有貢，其寶貴由來久矣，然不鬻於市。知古時日中交易，祇布帛、菽粟、牲禽、魚鹽與一切器用耳。自後有刀布錢文通用，凡物自必視以定價。歷秦漢以迄唐、宋，究未以金銀主物價也，及明初則漸以白銀通用矣。洪武八年，造大明寶鈔，每鈔一貫易銀一兩，四貫易黄金一兩。十八年後，黄金一兩當銀五兩。永樂十一年，黄金一兩當銀七兩五錢。萬曆中，黄金亦不過以銀七八换，崇禎中已至十换。本朝初，金價亦祇以銀十换，至乾隆時日漸加貴，余於五十五年至滇省時，黄金一兩换白銀十五兩，數年無甚更改。時江南亦略相等。又聞西洋各國時黄金一兩换白銀十六兩。嘉慶初，其價有時上下。今白銀日益貴，金價隨之，約亦十六换。洋錢二十二圓兑一兩。

明代以前金價雖無考，而宋欽宗括民間金銀饋女真，得黄金三十萬兩、白銀六百萬兩。旋又嚴爲搜括，再得黄金七萬兩，白銀一百四十萬兩，皆二十倍之差也，金價或亦若是。

《清朝續文獻通考》卷二四《錢幣考六》 臣謹案：周立九府圜法，黄金方寸重一斤。秦并天下，黄金以鎰名，爲上幣。漢復以斤名金，用金多以千萬斤計，蓋其時産金最旺。魏晉而降，金日少而昂，其間金銀比價約略可迹。漢爲金一銀四，三國後金一銀十二，元則金一銀十，明初落至金一銀四五，後漸復至十三四。我朝二百年間，不出十餘换，迄光緒初，二十换矣，近乃騰至五十餘换。於斯欲爲金本位之預備，非開得絶大金礦，或戰勝一國得償金，惟有借外債耳。今有獻策者曰，精琦之説精矣，而於吸集地金之法未備也。其法維何？在速定銀行制，立中央銀行，隸度支部，於紐約、桑佛蘭西斯哥、檀香山、雪梨各設分行，是四者用金之地，而吾華僑萃聚之區也。昔黄遵憲語人，美國華僑匯歸之金，歲約九千萬，今雖略減，而加拿大人數大增，合澳洲、檀香山計之，歲必在一萬萬之外。南非之波亞，亦金礦産處，凡三十餘埠，華工集焉，亦可設一分行。每年匯款向託外國銀行者，今激以大義，賤其匯水，使悉數入於分行，而以中央銀行之紙幣給其家屬，一反手間，年得萬萬餘元之見金。即託美國鑄成新幣，依精琦法儲諸代理機關，而内地則開金礦，兼吸民間之地金以輔之，五年之間，可實行金本位矣。此策自謂妙銀行之用以虛往而實歸，足補精琦之漏而收奇效。然乎？否乎？姑存一説焉耳。

《宋書》卷五《文帝紀》 〔元嘉二十四年〕秋七月乙卯，以林邑所獲金銀寶物，班賚各有差。

又卷九七《夷蠻傳・林邑國》 〔元嘉二十三年二月〕景憲破其外救，盡鋭攻城，五月，剋之，斬扶龍大首，獲金銀雜物不可勝計。【略】

世祖孝建二年，林邑又遣長史范龍跋奉使貢獻，除龍跋揚武將軍。大明二年，林邑王范神成又遣長史范流奉表獻金銀器及香、布諸物。太宗泰豫元年，又遣使獻方物。

《南史》卷七二《文學傳・阮卓》 交阯通日南、象郡，多金翠珠貝珍怪之産，前後使者皆致之，唯卓挺身而還，時論咸伏其廉。

又卷七八《夷貊傳上・林邑國》 〔元嘉〕二十三年，使交州刺史檀和之、振武將軍宗慤伐之。和之遣司馬蕭景憲爲前鋒，陽邁聞之懼，欲輸金一萬斤、銀十萬斤、銅三十萬斤，還所略日南户。其大臣毒僧達諫止之。乃遣大帥范扶龍戍其北界區粟城。景憲攻城剋之，乘勝即剋林邑，陽邁父子並挺身逃奔。獲其珍異，皆是未名之寶。又銷其金人，得黄金數十萬斤。【略】

孝武孝建二年，林邑又遣長史范龍跋奉使貢獻，除龍跋揚武將軍。大明二年，林邑王范神成又遣長史范流奉表獻金銀器、香、布諸物。明帝泰豫元年，又遣使獻方物。齊永明中，范文贊累遣使貢獻。梁天監九年，文贊子天凱奉獻白猴，詔加持節、督緣海諸軍事、威南將軍、林邑王。死，子弼毳跋摩立，奉表貢獻。普通七年，王高戍勝鎧遣使獻方物，詔以爲持節、督緣海諸軍事、綏南將軍、林邑王。

《北史》卷九五《林邑傳》 隋文帝既平陳，乃遣使獻方物，後朝貢遂絶。時天下無事，羣臣言林邑多奇寶者。仁壽末，上遣大將軍劉方爲驩州道行軍總管，率欽州刺史寧長真、驩州刺史李暈、開府秦雄步騎萬餘，及犯罪者數千人擊之。其王梵志乘巨象而戰，方軍不利。方乃多掘小坑，草覆其上，因以兵挑之。方與戰僞北，梵志逐之，其象陷，軍遂亂，方大破之，遂棄城走。入其都，獲其廟主十八枚，皆鑄金爲之，蓋其國有十八世。方班師，梵志復其故地，遣使謝罪，於是朝貢不絶。

又卷九七《西域傳・副貨國》 副貨國，去代一萬七千里。東至阿富使且國，西至没誰國，中間相去一千里；南有連山，不知名，北至奇沙國，相去一千五百里。國中有副貨城，周匝七十里。宜五穀、蒲桃，唯有馬、駝、騾。國王有黄金殿，殿下有金駝七頭，各高三尺。其王遣使朝貢。

《新唐書》卷四三《地理志七》 湯州湯泉郡，下。唐以故秦象郡地置。土貢：金。【略】

演州龍池郡，下。本忠義郡，又曰演水郡。貞觀中廢，廣德二年析驩州復置。土貢：金。【略】

武安州武曲郡，下。土貢：金、朝霞布。【略】臨江。下。

開元中安南所領有龐州，土貢：孔雀尾、紫鉚。

李昉等《太平御覽》卷八一一《珍寶部一〇・金下》 〔《茅君内傳》〕吴時《外國傳》曰：「斯調國作金牀。」

《元史》卷一二《世祖紀九》 〔至元十九年十一月戊寅〕馬八兒國遣使以金葉書及土物來貢。罷都功德使脱烈，其修設佛事妄費官物，皆征還之。

又卷一六《世祖紀一三》 〔至元二十八年冬十月〕癸未，羅斛國王遣使上表，以金書字，仍貢黄金、象齒、丹頂鶴、五色鸚鵡、翠毛、犀角、篤耨、龍腦等物。

《明史》卷二《太祖紀》 是年，占城、爪哇、暹羅、日本、安南、高麗入貢。高麗貢黄金百斤、白金萬兩，以不如約，却之。

谷泰《博物要覽》卷三《志金・外域真金五種》 波斯國紫磨金、東丹國青金、林邑國赤金、西洋國緑金、占城國黄金。

〔美〕代那撰瑪高温口譯華蘅芳筆述《金石識別》卷六 得礦而分鍊之，以得純金，其法有三：

一、除其呆呫。二、除其連合之物。三、除其連合之金。呆呫之大塊者開取時，可揀擇而去之，其細者打碎而淘汰之。

易鎔鍊之金，其金如生成自然，未與他物化合者，則以其礦研碎入爐燒之，其金即能流出。如別斯末斯是也，又灰安的摩尼亦然。

黄金恒爲撒星形，則以其礦研碎淘汰之，取其重者以水銀灌之，則黄金從呆呫中出，與水銀相連，如水化鹽，熱之升去水銀，即得純金。

又卷八《黄金》 欲知石中有金銀與否，碎其石爲細粉，重羅篩過，置馬口鐵箕中，入水淘汰之，揚去其輕者，其重者沈於箕角。傾出置水銀中，調攪之，使水銀與金相連，名曰阿馬兒合姆。水洗去其泥沙，水銀多則用紙絞出之，其阿馬兒合姆如銀泥，置礶中升去水銀，即得金。有時淘汰之，即可得金，有不必用水銀者。

如金與銀銅和合者，欲分去其銅，用礶鍊；欲分去其銀，用硝酸。

礶以骨灰爲之，其式如圖。或於骨灰上作一坎，坎中置礦粉亦同。爐中置一磁籠，籠式如圖，其孔取其透風。礶安於籠中。

凡金礦内有銅者，則加鉛鍊之，使鉛得養氣成養鉛，能助銅易得養氣成養銅。其養銅養鉛，能走入礶之骨灰中，而金與銀成流質

在罐內。鍊至其面光明，候冷取出，得一塊金銀，打之爲薄片，入濃硝酸沸之，又換濃硝酸沸之。如是兩三次，則銀消化於硝酸，而金得純。

試淘淨礦砂中之金，用量水表量準二十至二十一分重之硝酸四兩又四分兩之一，以五合拉鉛包半合拉礦砂，入其內沸之。二十分時，又換重硝酸二兩，沸十分時，又換硝酸又沸之如前。如是數次，濾出洗淨，即得金，可吹鎔而打之。

安德孫撰傅蘭雅烏程潘松譯《求礦指南》卷九《用溼法試驗各礦》 試驗黄金礦。將礦半兩，磨成細粉，鹽强水四分，硝强水一分，共二兩，倒入化盆等器內，消化之後，倒出清水，而熬乾之。當熬之時，屢次添鹽强水稍些，再將鐵養硫養水添入。前金水兩種，水必先加熱，而後相合，則黄金成椶色之粉。令其水濾清，即將其定質烘乾而稱之。

以上之法，不及乾法之簡便穩當。

杞廬主人《時務通考》卷一三《礦務一·辨質·金》 鎔金料。英國鑄錢局共有七鎔金爐，各爐内方十二寸，高二十二寸，自爐柵至上面而止。罐以筆鉛合於火泥兩之。其火泥名斯妥勃立制火泥，因産於英國屬地斯妥勃立制地方故也。其罐高九寸四分寸之一，口之内徑七寸，在爐中置於座子。其座子靠中間兩爐柵之上，其座子之意，要令罐底不過進爐之冷氣。其罐已經熱至通紅，則添入淨金與攙金。其攙金平常用漏斗承之，俟鎔化則以筆鉛和火泥做成之條掉之。再待若干時，至鎔料得一定熱度，始傾入模子內。其所需之熱度爲老手銀爐匠所知，如熱度過大過小，則鑄成之錠有蜂窩等弊。其管理之人看熱度已合，則將鐵條扒出爐內燒料，再將罐之蓋與罐上之套取去，用起重架從爐中提出其罐，用套鉗夾之，移到模架之上。另有一人，將罐以鏈條弔起。此鏈條懸於天花板，而鏈條之端有鐵圈，其鐵圈在套鉗之下端鈎子上，則鏈條能弔起其罐。其鏈條上有繩，令其管起落，以便於傾汁入模內。但金料入罐之時，先將木炭若干塊置於罐底，令攙金所含之養氣，爲此木炭所收。迨金料鎔化而掉動時，則其炭質浮於金汁之面，收其所有之銅養，遮護鎔化金汁之面上，令不遇空中之養氣。但其鎔化之料，傾入模子時，必用法阻其木炭，令不隨金汁落入模內。其法在罐邊用木條遮住，則炭質浮到木條而止。管理之人，但聽(銀)[金]汁入模之聲音，即知模內之料已足傾成一錠而止。每罐所鎔之金料，足以傾成四錠。其模以鐵爲之，從上而觀，則每塊如丁字形。共以三塊合成兩模，而各模用横桿令其存在應置之方位，其横桿配縱樑之凹，而縱樑上有兩螺絲。如旋轉其螺絲，則壓緊其各模毫不能移動。安置空罐之法，令其常爲乾濕備用。其各模在架上傾滿之時，則拆開其架，即放鬆螺絲而去横條，則各模中之金錠落出。

收金屑。模內所成之金錠，浸入冷水內，俟冷取出。將其模外合縫處之餘□，用特設之器具謹慎刮下。凡金屑等極微之點質無不收之，以免靡費。如上等造錢廠，其地均鋪生鐵板，面有縐紋。每鐵板之邊，鉋得最平。故兩板之縫，相切最密。其縐紋所成之槽，存積日用所餘金屑等料，其横端另有漏槽，內有生鐵盒子，每日掃槽中所積之各料歸入盒內收之。

又《礦務四·鎔煉·金》 用汞引金。取金者名米起辣與倍可來賴，剏造更精之器。又有倭伯司設法，合汞之時，用壓水櫃加以壓力令易合。又有化學家韋夸弗云，將礦磨成極細之粉，每二分用汞一分，置於水內，加熱令沸，更易相合。含硫之礦內，有化合之金，必先煅之，或令久遇空氣漸爛，或一逕加以汞並化學之料。礦內有化合之金並純金者，先用金引出其純金，後用別法分出其化合之金，將此種礦先淘汰而後汞引。又有替路勒地方，磨爲極細之粉，而後淘汰。金礦含銀無論純者或與別質化合者，祇可用化學之料分取之，然兼含金銀之礦，間有用汞先引美金，所餘金銀之質再依美國用汞之法分取之。又有克路克司設法，令鈉與金化合，此法大有益處。

鎔金。凡含銀之礦，並含金與硫之礦，分取其金與銀，常和以鉛而鎔之，則金銀盡收於鉛內，將此質用噴氣之法，去其鉛而得含金之銀，再用强水之法，取其金。間有將礦軋碎而用汞引其純金者，如雜土與鐵之金礦，不宜鎔化而取含金之鐵，如用此法，亦須用强水分金。含金與銀之鉛礦，可和以鋅，而在倒熖爐內鎔之，即得金銀鋅相和之質，鉛則隨餘質而流出。鉛和於金礦鎔之，無論其礦含純金或雜金，俱能收出其金，惟鉛之鎔化甚早，其金不能收盡，而渣滓內必有留存少許，故用鉛之法，必在一礦之內，連用數次，其鉛不免耗散，更有燒料與人工之大費。凡礦含化合之金，每礦萬分含金二十四分，若和以鉛而鎔取其金，必致虧本。所有開礦起礦，並揀去砂土石質等費，尚須外加，所以每萬分而含金一二十分者，必先和以鐵硫礦鎔之，令其金質相聚。但此法之渣內必帶多金，亦是耗靡，其質難鎔者，耗靡更多。且其金因本重而沈下，和於鎔質而不化合，不若銀之常能與鎔質化合也。其鎔質內之金，似乎與銀硫及銀銻化合，若用煅法，即能放出。每礦百萬分含金五分，此種之渣含金多於淘汰取金之數種礦，亦多於汞引取金之數種礦。如阿皮西尼亞之金砂，每百萬分含金四分三四，用淘汰法，

雖有耗靡，然所得之金礦含金雖極少，然另含貴金類如銀銅等，其數已足爲鍊取之費，則可取得其銀或銅，而再從其內分取其金。如阿勒對山所產之礦，每一擔含銀三分兩之二，此銀含金少許，亦可得利。又如故里末尼仔之礦，原含金，每百萬分有五分，煅鍊之後，每百萬分含十五分，從此分取其金，每百萬分得七分八一，儘可得利。又如那弟亞軋地方之礦，每百萬分含金八分八至四十八分，下哈次山之礦，每六百五十七萬三千二百分含金一分，勉能分取而得利。鉛礦含金甚少者，置於倒焰爐鎔之，則初出之鉛所含之金常多於後出者，故將初出之鉛分取其金已得利。

鹽水消化。同時分取金與銀和鉛最爲合宜，前人不知何法，可以同時消化金銀，故必用甚繁之法。先從礦內分出其金與銀相合之質，後將金與銀分開，化學家拜替賴考得妙法，用極濃之食鹽水，噴以綠氣飽足，令遇金銀，無論在礦內或爲平常之料內，俱能消化。此法爲近時所得者。又有陸司那設法，先用極濃之沸鹽水，即能消化銀綠之大半，後用綠氣飽足之冷鹽水，收出其金與銀，再將熱鹽水、冷鹽水迭更用之，以至取盡。

卡物得取金法。石英內取金，爲卡物得之法。令本礦自放綠氣，而初生之綠氣，更易消化其金，又能同時分銀與銅，而其害工人之弊少於別法。將石英磨成細粉，每百分加錳養粉一分，盛於器內蓋之，器底作多孔，底上置叢密之小樹枝一層，再加稻草一層，隨添鹽强水，令所放之綠氣與礦粉相遇，約歷十二小時，再添以水補滿其器，真底假底間之空處屢次令水行過，其礦即可放出。而和以鐵質，令銅結成，加熱令其餘綠氣放散，其金用鐵養硫養結成。礦若含銀，則將食鹽與錳養與硫强水相和，令放綠氣，每礦一分，用食鹽六分，錳養粉三分。所得之銀綠用沸濃鹽水消化之，用銅結成其銀，用鐵結成其銅，用鐵養硫養結成其金。

布賴脱那取金法。布賴脱那云：「凡含金與銀之質，和以食鹽而煅之，即成銀綠與金綠。其金綠受熱至百度表二百度，即放綠氣二分劑而變金綠，再熱至二百四十度，則化分爲綠氣與金。」惟金綠易以化分，故銀礦用汞引之法，或食鹽之法，而得金少，俱爲此理。遮尼若別司云：「如先將其礦煅足，而煅時噴以水氣，再用小熱度煅之，而同時令收綠氣，則收進更易。」陸士那云：「煅時合綠所成之質，係金養鈉養上鈉綠，此質在鹽水內難消化，又不能爲汞所化分，所以不能用哇合司丁之法，又不能用汞引之法。但此鹽類質與銀綠俱能在鉛養鹽類質之水消化，又稍能在鹽水合綠氣水消化。如用此法，其銀與金亦可並取。」近時有馬格司與里勒二人，考知季色之法無錯，即煅時成金綠，而和以鈉養、硫養或鈣養。硫養即變成雙鹽類質，如金養硫養、鈉養硫養，然福佗司其里司之說，爲金養硫養上三鈉養硫養，惟煅時令金綠不化分，而金不耗，則煅工將畢。熱度不可過大，必有餘綠氣，即食鹽並易化分之。金合硫養之鹽類質，令其放出餘綠氣，金綠始不化分，但所煅之質，用硫養之先，應以水洗之，因金綠過熱水則化分，而變爲金綠與金，冷水不能消化，若在暗處易爲冷水消化。

拜替賴與陸士那取金法。拜替賴與陸士那之法，先煅之而同時合以綠氣，再用鹽水令收綠氣飽足，則得數可以較多。有人依此法試鍊阿辣尼以弟克地方之銀礦，每礦內之銀百分，得純銀九十八分九四，又取盡其銅，又取盡其金，而其餘質內不過有銀十釐至二十五釐。試得此法之各事，則鍊礦五頓，其費比汞引之法減省洋錢三十七圓半。

拔低辣取金法。拔低辣之法，用鹽令銀收綠氣飽足，用冷鹽水和其礦，則同時令銀與金收綠氣而消化，或先和以鹽而煅之亦可。陸士那之法，將礦和鹽而煅之，又用哇古斯丁之法，以沸濃鹽水乘其煅熱時，收其銀之大半，將其餘質迭更用冷鹽水，令銀收綠氣飽足，再用沸濃鹽水收其金與餘銀。又用銅在熱水內，令銀與金結成，將所得之銀，用噴氣之法收之，再從銀內以常法分出美金。

土性礦分金。土性礦，麥西哥、新金山、普拉齊、脱蘭司發尼亞，將含金之石英，用軋輪或舂臼，令成細粉而淘汰之，再用汞引。脱蘭司發尼亞之巨爾地方，將礦和以鐵硫礦，而鎔得含金之質，再和以鉛鎔之，而分取其金。含金之石英等礦，其金數不過少者，先舂碎而後用篩洗之，依何格特之説，其耗靡每百分有四十分至五十分。將含金之石英礦，或在一器內軋碎，而和汞，如阿拉司脱拉之法，並倍而滕之器，或二事各器爲之，如淘汰之後而和汞。或用磨器，或用轉桶，但桶不甚便。間有將石英先燒煅而後軋碎者，此法微有金化散，且其餘質尚含多金，因軋碎石英，能令其金變爲極細鱗形，易爲水所漂去。又因和汞過速，而不能引盡其金。又因石英與金之比例極相遠。有此各故，往往分取多含金之礦，得數反少於含金不多之礦。若用密戚里之法，能免其弊之大半。含金石英，依數處分取之法論之，麥西哥之礦，用阿拉司脱拉之磨器，即與磨銀礦和汞之法相同，每若干時，添汞與水，每若干時，放出汞合金之質而熇之。但此工甚慢，而費用亦大。智里國用立碾輪，但其礦所含之金，每百分只得三十三分，而靡汞亦甚多。曬弟尼亞國，用平石磨。新金山並舊金山常用舂臼。或先洗之而後在磨

内和汞，或先和汞而後洗之。若有油質少許在内，汞即難與金相合。礦之大塊，每頓含金不過五錢，合法取之，亦能得利。因礦一頓，分取其金之工料，祗須四開十二枚。布拉西國，將含金之石英磨成細粉而和以水，令過銅絲布之篩，再過有毛之牛皮，每二小時淘汰一次，將所得之質略半頓，和以水與汞，而盛於木桶内，轉動十二小時至三十小時。其桶每一分時十八轉，再添水更多，轉動更慢，使散開之汞能相合。此法雖慢，而所得之金甚多。如礦内原有金百分，能取出六十分至七十分。脱蘭司發尼亞，所産金礦之含銀少者，或不含銀者，可用舂臼作細粉，以篩洗之，再置於手摇之槽淘汰，再在乳鉢内和汞。凡金礦或銀礦，能用軋碎或和汞之法，取美金之若干分，則先舂成細粉，後用布襯底之槽，令其行過，或令其行過和汞之磨，收出其金之若干分，而再淘汰之，而後鎔之。替若勒數處兼用淘汰之法，後改用和汞之磨，每礦一頓，含金二兩半至四兩，則用此磨，能多得金半兩。但礦五十頓，其汞之耗折一磅半。此數大半藉礦之數，小半藉礦之優劣，故其礦含金不過少者，用此磨器能得利，若其金數過多，則金遇汞不足，須用木槽淘汰，得金更多。槽若加長，更爲合宜。若用磨器磨多金之礦，則所通之水，先過三具磨器，而後行過長槽。含金與銀不多之土礦，和以鐵硫而鎔之，再和以鉛而鎔之。脱蘭司發尼亞之哇分斑尼亞地方，所有含銀與金不多之礦，先用磨器分出其金若干，後和以鐵硫礦而鎔之，將所得之質煅之，再和以别礦而鎔之，再煅之而和以更好之金礦而鎔之，乘其鎔時，添以含鉛甚少之鉛礦而鎔之，其餘鉛先煅，而再和以多含銅硫之礦，即以鎔銅取金之法取之。矖拉脱那地方，有弟爾礦，内含貴金類與鐵硫並土質，其鎔鍊之法，與哇分斑尼亞地方之礦同。所有含鉛與金之礦和以鉛而鎔化之，以取含金之鉛，並鎔化之别金類。如哇分斑尼亞，其鎔化之質，合於鉛而後分出其金與銀，所有上等金礦所配之鉛數，準其貴金類適足與鉛相合。郎美特設法，分取石内所含之金，將礦石舂碎而篩之。此篩之孔，每方尺有四百三十二孔，將篩下之小塊，和以煅過之鐵硫並鐵養並灰石並鈣弗礦而磨匀，用倒焰爐鎔之，則金之大半沉下，而有若干合於滓内，取出滓内之金，將鐵板置於熱滓内，金即結於鐵面，隨將鐵板乘其紅熱之時，置於鎔化之鉛内，金又爲鉛所收。

含硫礦分金。含硫礦，買買妥地方，將含金之鐵硫礦，久遇空氣而鬆爛，再淘汰之。替路勒與沙司白合，與司肯尼次將礦淘汰而用汞引。亨軋里與下哈仔，與脱蘭司發尼亞，並侖特用含金之銅或銀或鉛各礦，和以鉛而鎔之。來根斯吞與司肯尼次，將礦依普拉得那之法，用强水消化而令結成。阿拉尼與以弟格，將礦依扣司或拜替賴或陸司那之法。富來罷格與赤須與夸路賴陀，皆用硫强水浸其礦。含金之硫礦，大半爲鐵硫，或鉮硫，或銅銻鋅與鉛各質。所有硫礦分金，必依含金之數，並其金或純或雜，或純雜參半者，而定其法。此礦原以和鉛取金爲便，因無論純金或雜金，俱可分取，且同時又可分銀。若用汞引，則能分出純金。而其雜金，或先煅其鐵硫，或令久遇空氣而礦爛。司妥辣與會波里二人，用格司得那弗所設之法，將鐵硫等礦磨成細粉，在爐内加熱，而噴以熱空氣與水氣，令礦粉在爐内飛騰，則與養氣化合，而落至水内，變成之含硫養者消化，將其餘者和以汞。又有别種濕法，或先得金爲純者，或合於緑氣者，故必先煅之，而令與養氣化合，即布拉得那之法。或煅之而令與緑氣化合，即紀司並陸士那並攞得那三人之法。惟緑氣之法，其金銀可以同時分出。含金之礦，或硫礦鉮硫等，煅之則其金存於其煅質之内，而爲極細之粉。布拉得那試此各種礦，用大小各熱度煅之，又以時之長短而煅之，始知煅工愈□，則金之耗靡愈多。又知統金或合養之金，不因加熱而化散，惟因他質化散，而金之微點隨之而散。愛特路云：「燒煅鎔化，金類質不能自散。」沮可辣云：「所有金之耗靡，在小試燒煅含金之礦知之，每百分約耗三分半至四分。」蔡費昆云：「凡燒煅含金與銀之鎔化質，無論成堆而煅之，或在倒焰爐煅之，其金耗至百分之三十二分至百分，其銀耗至百分之二分半至二十八分。奥司那將金一塊，置於有釉之瓷面，而在燒瓷之窑内受大熱，則瓷面見黄色之小粒，以顯微鏡窺之，知爲金點，因知金能自□。」那比牙云：「金受極大之熱，即能化散，以鐺鎔之，亦能自散。稍含銅者，化散更易。所以鎔化之時，用骨灰蓋之，其骨灰必變紫色，即化散之金。此質不能以顯微鏡察其粒點之形，所以金之化散者，或爲純金之微點，或爲雜金之微點。」□勿拉云：「鎔化含金之鉑，必有金化散，如收其化散之霧，即凝結而得金。」步西岳得與倍可路云：「淘汰鐵硫礦，必靡金三分之二至四分之三，礦若不磨爲細粉，耗靡更多。如普拉齊國買度地方之鐵硫礦，每一萬分含金二分。其分取之法，先磨細而淘汰，令其碎爛而再淘一次，每碎爛而淘一次，能得金若干。將礦之生者淘汰，而和以汞，分出其純金，又謂之磨金。所得之金與銀，和以鉛而鎔之，再分取之，間有數種礦，先淘次煅次和汞。曾有人在司客末尼斯地方歷試各法，得金最多，或用汞引，或用磨細，而與鉛鎔化比較試得之據，遂知磨細與汞引爲好。和汞之磨，其制各處不同。替如辣之磨，每一分時十八轉至二十轉，其

磨内之汞，每月換一次，每次用五十磅。其過磨之水甚足，換出之汞即可分金砂。自白合之磨，將淘過之質磨之，每分時八十轉至九十轉。初起用汞三磅至四磅，汞不可多添，因磨轉甚速，必至散出。每若干時添汞若干，至磨内存十磅至十二磅。鐵硫或鉀硫礦，不含別種貴金者，分取之金，不敷和鉛鎔取之費。若有別種貴金，則所得者，能補其費。此種礦用和鉛之法，乃欲取其銀與銅，或銅雜於別質者。含鉛之銅礦，若另含金與銀而不便用哇格司丁之法，與齊阿甫哇格之法，則可鎔取其銅質，將所得者煆之，再用淡硫强水分出其銅養，其餘質合銀與金，可和以鉛而鎔之。如富未白合與可路賴度二處之礦，皆用此法取之。又如下哈仔地方用此法鍊黑銅礦，所有金銀之外，亦幾能取盡其鉛與銅，而所得之金，比從銅礦内用汞取得者更純。溼法取金同於布拉得那之法，從含金之鐵硫礦取金。其理因緑氣能令金變爲金緑，即易消化之質，金緑在水消化，而遇鐵養硫養或鉀緑或鐵或銅，俱能令金結成。又如遇輕硫氣，能得金合硫之質，此質乾之煆之，可和以鉛，而用噴氣之法得金。或用鹽强水洗之，而和硼砂與硝鎔之，含金之石英，或含金之砂，俱可用此法。其國之斯温須地方，維維恩鍊釧廠亦用此法，分出銅内之金。礦内含銀者，難用此法分金，蓋銀合緑氣，即成不能消化之質。布拉得那、並闌芝、並立克太、並祝其、並瞿格路斯，各人考驗此法，須藉要事七條，無論何事有誤，即有靡金之弊。一、金質必爲純者，若雜硫或鉀，必先煆之。煆時之熱必漸大，又不可吹大風，恐金飛散，又其質不可結成餅。含鉛或鉍者，易有此事，必將其餅塊敲碎而連煆之，取其少許溼之，和以鐵養硫養，久遇空氣而不變化爲度。如尚含金緑，則鐵養硫養、或鉀養、或銻緑，俱能化分之。二、不可含金類合硫或合鉀之質，故必合法煆之。若含此質，則用緑氣令其變爲金緑，所用之緑氣甚費。其含緑氣之質，消化之後，則幾分爲輕硫所結成。又能成硫緑，此質遇水即變爲輕緑與硫養，此二質俱能消化金類合養之質。用煆法者，其鐵必變爲鐵養。又不可有能消化之金鹽類質，有則所消化之金，必爲鐵所結成。又如含鐵則其鐵與緑化合，而其能消化之金鹽類質，能令其金有雜質。三、所用之緑氣，不可雜輕緑，故必以水洗之，蓋輕緑能消化金類合養之質。所以結成之時，其金類質必與所結之金相雜。又如含金類合硫之質，則遇輕緑而發輕硫。如依法煆之，其流質應金散出，此輕硫氣，能令消化之金再與硫相合。又含緑氣之水，令其煖而溼之，礦變化難於用乾緑氣者。」干物得云：「緑氣初生之時，比存久者更猛。」又因有錳遇輕緑，則其初生之緑氣尤猛。四、礦内若含鈣養，則用緑氣之數更多，所得之金數不定。五、所用之器，不可以木或金類爲之，最好用瓦瓶，其底須收小，必留一孔，而孔上鋪石英碎塊一層。六、所有餘質，仍收多水在内，以致消化之金，難以取盡，故必洗得極淨。照基設法用吸器，略同於造糖所用之器。七、工匠常受緑氣之害，故必合法安置其器，而多通風。陸士那云：「緑氣必用至有餘，方能得力，最爲繁難，宜用冷鹽水，合於緑氣水，此合水易消化其金。」取金之器内，雖有別質，不能雜於金内。又可將銅置於金水之内，令金結成。阿闌云：「鐵硫銅硫等礦，每萬分含金一分，能以緑氣之法取之，但必先煆之，而用硫强水收出其鐵銅鋅之大半。」

乾法分金。銻與硫，俱與金有愛力，而銻之愛力更大。將含金五十分以上之羼質百分鎔化，而傾入水内成小粒，以炭粉鋪於罐内作襯里，每一分配以灰色銻礦二分而鎔之，將生鐵模之内面加油一層，而以鎔質傾入，則金合銻沉於底，而銀合銻浮於上。又有金銻相合之輕質，名爲普拉合買。金合銻之質，置於有罩之爐内加熱，或在噴風之爐内加熱，銻即化散，將其餘質，每四分和以硼砂二分，硝一分，玻璃屑一分，鎔之而得純金。普拉合買數次鎔之，俟分盡其金銻相合之質而止，用密佗僧或鐵，分出其銀。羼金八分，和以硫一分而鎔之，即成銀硫，其金沉在罐底。鎔化之時，每銀硫一磅，將密佗僧粉一兩至一兩半撒在其面，即成鉛硫。其銀沉在罐底，而與金相和。如將含金之銀，屢次用硫與密佗僧鎔之，得質爲銀居三，而金居一，可用硝强水分之。如含鉛之羼質，必先提淨而後用此法。普拉合買尚有含金者，則屢次用密佗僧之法，收盡其金，而用鐵收硫，略爲百分之二十五分，必加更大之熱，而其餘含銀之鉛則用吹風之法。羼質軋成薄皮，敷以罨粉，加熱十二小時至十八小時，熱度稍小於鎔金之界。其罨粉之方，用食鹽一分，白礬一分，烘透之皂礬一分，細瓦灰三分，此料與金皮間層相疊，皂礬與白礬受熱，則其硫養放出而化分，鹽内之緑氣遂與銀合成銀緑。其瓦灰之用，乃增大各料之體積，而令其發鬆，待冷之時取出罨粉，而將金皮在水加熱令沸。其銀緑存於罨粉之内，或與鈉緑化金成雙鹽類質。因此加熱之時，其金皮之面甚光亮而能常與緑氣相遇。

溼法分金。伯頓康之法，金一分，和銀一分又四分之三，亦能分取。惟其强水之濃淡，與加熱之時候俱必合法。銀之數愈多，則所分之金愈多，而不消化之銀亦多。不能用濃硝强水，亦不能用久沸之法分取之。奈端之法，金内含銀不多，而欲用硝强水，必和以多銀而鎔之，不如用鈉養淡養三合於硫養二與食鹽，將

其羼質在内消化之，用鐵養硫養三令金結成，所餘之質即銀綠。將此銀綠添以硫强水與鋅，則銀綠變爲純銀。耑生之法，將普拉齊國所産含鈀之金，每一分和以銀二分半鎔之，令成小粒，以硝强水消化其銀與鈀，即有金結成。俄國人於西曆一千八百零二年，以鉑作器，用濃硫强水沸之，令銀消化，而金不消。此法甚簡便於硝强水。又無論金中含銀若干，俱能消化。惟作此事者，必手工極熟而極準，否則金銀並器具材料人工必有大靡。俄國京都製錢局，金一分，配銀二分半，最合宜於硫强水之法，更好於一與三之比。若每百分含金不過一至二，即一百兩有一二錢可以得利。然甫來白合地方用此法，其銀每百兩祇有金四分至八分，尚能得利。每銀一磅分取含之費，不過英銅錢六文又四分之一。奧國造錢局，其銀含金每百兩有九分亦能得利。法國之舊銀錢，每百兩含金二錢，分取更好。羼金含銅愈少，則愈易消化，而强水愈可省。若含鉛則消化較難，然每百分含銅七五，含鉛二五，爲最多之數，則不阻其消化。若過此數者，必先提净。其提法有數種：一、鎔化而添以硝，則鉛與銅能變成滓，惟羼質含金多者，滓内必有金帶出。已試得最合式之羼質，每有銅一百分，須配硝四十八分，所得之金，每一千分有九七三至九七九。鎔化羼金之法，用瓷罐置於筆鉛罐内，其滓或用漏杓取出，或鑄成錠時，乘其未硬而去之。若將其滓三分，和以鉀養一分而鎔之，仍能得銀。俄國京都製錢局，用倒焰爐鎔銀，令收養氣，亦以硝添入。二、將多合銅之羼質鎔化，而淬入硫强水内成小粒，再入倒焰爐内加熱，令面上之銅合養氣，隨用鉛器盛淡硫强水，將前小粒在内加熱令沸，則銅養消化。此事連做數次，俟所得之成色能合法，可以大省硫强水。因消化銅質所需之硫强水，甚多於消化銅養，同時又有銀與養氣化合。此則銅養未消化之前，其銀養不能消化。三、含鉛之銀，循常用倒焰爐先鎔之，令收養氣。俄京都製錢局，倒焰爐之底鋪以木灰三分，骨灰一分。四、依馬司卡西尼之法提淨，可用陸司打之器，令其羼質成細粒，再用汞養硫養三和水，而在瓦器用汽加熱，將其細粒置於内，則銅銻錫等能消化。將其餘質屢次洗之，而稍加熱，和以硼砂與硝鎔之，此比噴氣之法更簡，而化散之銀亦少。硫强水分金之工有二級，其一將羼質或舂碎，或傾於水内成小粒，因小粒易被强水消化，傾成小粒，或用筆鉛罐，或用熟鐵罐鎔之，或在倒焰爐鎔之。惟生鐵罐不久而漏，必致耗銀。其鎔化之銀，傾於紅銅盆。此盆盛水，而底爲二層，其上層有多孔，用帚掉其水，則小粒過孔而落至下層。奈端之法，將含銀之金和鋅重二三倍，而令成小粒，用淡硫强水消化，則其含銀之金爲極細之粒。其二將其小粒用濃硫强水加熱消化，其器以鉑爲之，或用金爲之，又可用生鐵器，或瓷器。羼質内若含鉛，而用淡硫水，則有鉛養三硫養二結成，而侵蝕鉑器。英國製錢局，將含鐵之金，和以硫與鉀養炭養二，或鈉養炭養二而鎔之，或和以硼砂與納養與硝而鎔之，能分其錫銻鉀。又法將金十分，和以銅養一分，再和以硼砂少許鎔化，而連加熱半小時，能分出錫與銻。若含鉛者，可和以硝與砂而鎔之，或和以硝與硼砂而鎔之。另將汞綠少許，用薄紙作小包，而屢次添入鎔質内。取金一小粒打之，得本性之軟爲度。如金每百兩含鉛二分，其質已脆。金含鉢鉱者，其鉢鉱之重率較大，故鎔時必沉至底。舊金山之金，每千分含鉢一分，美國京都製錢局，故和以銀二三倍而減小其羼質之重率，變爲一二至一三，而鉢之重率爲一九，鎔化而久掉之，鉢即沉下。隨將罐内之質用杓取起，留存約深一寸，將此屢和以銀而鎔之掉之，鉢又漸濃。如此四五次，用銀六十磅，待數分時，以杓分出，仍約六十磅。將罐底之質，和以硫强水消化其銀，取其餘金質洗之，則洗出之質爲金，其餘質爲鉢。此含鉢之金，而不分出其鉢，則印金錢之模，必致受傷。若作金餙，其面亦難光平，然分出其鉢，費亦較大，故含鉢之金，其價稍廉。俄國製錢局，鎔鍊含銀之金礦，用大筆鉛罐，而以杓舀出，其留於罐底者一寸或一寸半，數次相并，略得五磅，則盛於窄底之小筆鉛罐，鎔而待冷，截去其近底之質，此質含鉢並金少許，以合强水消化其金，而分出其鉢。新金山並舊金山之礦，所得之餘質，内含金銀與鉢，和以密佗僧合成之配料而鎔之，則成生鉛。此質用噴氣之法去其鉛，然後分出其銀，其餘質爲金與鉢。暮尼知製錢局，昔用鉑鍋高九寸又四分寸之三，有冒高五寸，徑九寸半。其鍋置於鐵架，將含金之銀八十二磅半，内含金約有十五磅半，分裝三鍋，添以濃硫强水一百七十三磅，先用木料加熱，後用未變成之煤加熱。其羼金内有銅一分，須配以濃硫强水二分半。鍋冒通以鐵管，此管幾分凝水在内，若有硫養二氣，亦凝於此管之内。又有硫養氣，則用鉛管引至烟通，歷三小時而消化已盡，可將蒲密浮量五十五分之硫强水添入，令金點沉下。待稍冷，而將銀養硫養三之大半，傾於別器，其金即存在鍋底。俄國京都製錢局，用鉑鍋分金，其羼質含銀每三分配硫强水四分，每熬一次，歷六小時至十小時，所得之金粉，再在硫强水内加熱令沸，洗之乾之，而鎔得成色九九六六六，其銀之成色爲九九一五。現在已廢鉑鍋而用生鐵器。濃硫强水不能消化生鐵，因鐵有中立性，即有負電性。但不可有空氣通至鐵器内，其强水亦不可淡，淡則鐵質消化而成鐵養硫養三。此質能令其消

化之銀結成，而變爲不能消化之鹽類質。或云鐵遇濃硫强水與銀與銅相切，則變爲負電質，故其銀與銅能消化，而鐵不消化。有人設法先用生鐵大器，消化至若干分後，換入小金器或小鉑器内，惟生鐵器之質，必極細密，而有顆粒之形，並無小泡蜂窩等病質，内含炭愈多，則消化愈少。曾有人試含燐之鐵亦得益處，或用鍍瓷釉之生鐵器亦佳。維阿那地方製錢局，用前法分取二種羼金，一種含多銅，先成九磅至十磅重之錠，置於倒焰爐底加熱，再成小粒，用蒲表十八分至二十分之硫强水，在鉛鍋内加熱至沸，將小粒二百五十磅添入，如有消化不盡之餘質用篩濾出，以水洗之，再添入硫强水而加熱，俟其銀質積多爲度。用此法，則倒焰爐内二十四小時，能將其羼質六百磅加熱，又三日夜，能將六百磅和以硫强水而消化。將所得之質三百磅至五百磅，置於生鐵器内，此器之徑三尺，用鉛作蓋，添以濃硫强水重二倍，俟消化盡而止。所發之硫養二氣，先引至凝房，再引至鉛房。其餘金類内含羼質甚多，和以鉀養而鎔之，每一磅需用鉀養三兩半，所餘之質，可和於別種羼金而分取其金。法用生鐵器，盛多含金之質二百五十磅至三百磅，添以硫强水重二倍至二倍半，約六小時至八小時消化。再將蒲表十二分之淡硫强水，十二磅至十三磅添入其内，俟水透明，即用鐵杓舀出其銀養硫養三，將其餘金先在本器内和以二十分之硫强水，加熱令沸二三小時，再以冷水洗之而換入金器，和以濃硫强水，加熱令沸二三小時，其强水必爲金重五六倍。再加冷水，後加熱水，將其金以瓦盆洗之，須掉撥不止。後用筆鉛罐和以硼砂二分、硝一分而鎔之，如其金含鉛，必屢次添以硼砂與硝與汞綠。所有洗水必先濾之，而添於其結成之盆内，其銀水先加淡水，令其爲蒲表十五分至二十五分，始結成而洗之乾之鎔之。甫闌克福得與苦里末尼仔，皆用生鐵器分金。法國京師樸煞得廠内所有少含金而多含銅之質，用生鐵器消化。多含金者，用鉑器消化。哇克司白軋地方用含金之銀鉛分出其金，俱用生鐵器。又俄國京都製錢局，亦用生鐵器。凡銀含金不多者，用汞引並硝强水俱屬不便，宜用合强水之法，此理因金能在此水消化，而銀合綠氣者難在此水消化。將羼金和以合强水重三四倍，用隔砂加熱。此水之方，用一二八之硝强水一分，一一七八之鹽强水四分。已消化之後，則收其流質，將銀綠和以合强水洗之，再以蒸水洗之。所有之金，從其流質内結成，惟金點之外面，常包銀皮一層，故其料必常掉之，或噴汽在内。鐵養硫養三内，含水七分劑，鐵綠内，含水四分劑，二質俱可用。將金水加熱至百分表七十度，而以鐵養硫養水漸添入，俟不再結(或)[成]，即取出流質，而洗净其金。此結成之金，爲極細之立方顆粒。鐵養硫養三之性，雖其水有十萬分，而金只二分，尚能結成。或有銀綠消化而合於金，且亦能令銀結成。此法爲奈端所用者，而美國數處錢局亦用之。

銅内分金各法。一、和以鉛而鎔之，後再加熱，令其鉛銅盡數流出。或用吹風之法，遝添以鉛，含金之銅一分，和以鉛十六分。用噴氣之法，則銅與養化合，而和入變成之密佗僧内，金則和於鉛内，後又和於銀内。此法雖簡，然惟銅内多含金者方合宜。常法用噴氣分鉛，每鉛百分，配以含金之銅六分，如銅内含金不多，此法不能得利，因有鉛與銅之耗靡。鎔化鉛與銅而留金銀之法，亦宜於多含金之銅，因不但有鉛與銅之耗靡，尚有金隨鉛銅而散出，其銅内仍存金若干。二、硫强水之法，近來每多用於含金與銀之銅，因所得之金銀，比别法更多，其銅或在濃硫强水沸而消化，或在淡硝强水稍加熱消化。多含金與銀之銅，而不含異質者，以濃硫强水消化，成純金與純銀，其銅變爲銅養硫養。不盡之黑銅質，所含金銀甚少，而雜銻鉛鉮甚多，可用淡硫强水加熱消化，則成銅養硫養，其金銀存於異質内，可用常法取出。三、用綠氣之法，如英國維維恩廠内，將俄國之銅錢分金，鎔化其錢，則金在罐底相聚，將底質打碎(或)[成]小粒，用綠氣取出其金。

又卷二四《化學九》 金箔。打造金箔，先鑄金板，用鋼軸軋薄，縱横剪爲小方塊，與薄腸皮層層相間，以大椎打之，再分再打，至適用而後已。凡極純之金，其價十五倍於銀。

又卷二五《電學一二》 電氣鍍金。金色更美於銀，鍍之尤屬可觀，故爲電鍍之要事。其理雖與鍍銀相同，而所用之器與法，大有不同。所用之藥水，恒爲金衰鉀衰，須温者或熱者。所鍍之厚不必如銀，入藥水内數分或數秒，時已足矣。有數種賤值佩飾，暫入金水濕之，刷以銅絲刷，再洗之置於熱黄楊木屑内，以手或毛鬃篩去其木屑，則可出賣。如欲專鍍器之内面，如乳盅或酒杯等器，法將金水傾入其器内，再將負電路連於器把，金板連於正路，掛於其金水内，與器内面不切，歷五分至十分時，鍍金之厚已爲合宜。則去其進路之金板，而傾出器内金水，再以温水洗之，用合式之銅絲刷擦光，而後研之。**【略】**

鍍金七法：一、用一種金質與一種流質；二、用兩種金質與一種流質；三、用一種金質與兩種流質；四、用兩種金質、兩種流質；五、用第二三四各法相合，並另用一種流質；六、用別法與一種流質；七、將上各法相合。

銀冶煉部

題解

韓道昭《五音集韻》卷三《真第一諄通用臻》　《周禮》：荆州其利銀。《爾雅》曰：「白金謂之銀。鍾山之寶有銀燭，謂有精光如燭，銀重八兩爲一流也。」

熊忠《古今韻會舉要》卷四《平聲上·一一》　銀。疑巾切，角次濁音，舊音魚巾切。《説文》：白金也，从金艮聲。《周禮》：荆州其利銀。一曰銀重八兩爲一流。

王謨《江西考古録》卷七《物産·銀》　軒轅述《寶藏論》曰：「銀十七種，入火紫白，如草根者次之，生樂平、鄱陽産鉛山，一名龍牙，一名龍鬚，是爲真銀。」

釋法雲《翻譯名義集》集三《七寶篇三五》　阿路巴，或惹多，此云銀。《大論》云：「銀出燒石中。」

謝肇淛《滇略》卷三《産略》　《博物志補》云：「銀一也，産於梁王山者，白瑩而有茶花黄點，撲之有聲琤琤然；産於細花明光諸場者，微有鉛色，撲之其聲黯。」

吴其濬《滇南礦廠圖略》卷一《礦第四》　曰銀礦凡數十種，墨碌爲上，鹽沙次之，有一兩至七八兩，胚子；蓧麥黄火藥酥又次之，皆炸礦也。

論説

寇宗奭《本草衍義》卷五《銀屑》　金條中已解屑義。銀本出於礦，須煎鍊而成，故名熟銀。所以於後别立生銀條也。其用與熟銀大同。世有術士，能以朱砂而成者，有鉛汞而成者，有焦銅而成者，於復更有造化之氣，豈可更入藥？既有此類，不可不區别。其生銀即是不自礦中出，而特然自生者。【略】然銀屑《經》言有毒，生銀《經》言無毒。【略】蓋生銀已生發於外，無藴鬱之氣，故無毒。礦銀尚藴蓄於石中，鬱結之氣全未敷暢，故言有毒。

鄭光祖《一斑録》卷三《物理·金石》　白銀自廠洞掘出，非土非石，廠上名之曰硔，音貢。廠上，俗字即礦也。入爐煉成銀餅。煉時爐煙至毒，人觸之或至死。蜜陀僧名金爐底，即銀之脚。石青即硔之最下者，邊徼五金皆有廠，彼此興廢無一定，而前後衰旺亦無一定也。

熊太谷《冀越集記》前卷《銀》　銀之色出爐，各有青、紅、白、黑不同，所産場分異也。黄銀，世間絶少，道家以爲鬼神畏之也。玉之色有青圭、赤璋、白琥、玄璜，惟黄琮之玉難得。若銀與玉，皆以黄爲貴也。

王佐《新增格古要論》卷六《珍寶論》

銀，出閩、浙、兩廣、雲南、貴州、交阯等處山中。足色成錠者，面有金花；次者緑花，又次者黑花，故謂之花銀。蜂窩中有倒滴而光澤，火燒色不改者，又次之。松紋假金花，以密陀僧爲之。

若面有黑斑而不光澤者，必有黑鉛在内，有八成色，謂之狗蚤斑；九成色者，火燒後死。白邊灰色，謂之吹松紋，雪白者有九六成色。

佐按：金花銀是足色，直砍到底，兩頭有絲者，曰粗絲，亦好；有八五成色，臉欠白。一頭有絲，明白而無鍋者，又次之；有八成色四五條線絲者。但七八成者，砍得二三分即斷。又有印絲者，只五六成色，最低，擦得甘草黄。但寫錠子，只要有絲，面平而無鍋者好。好者出爐白，次者灰色，又次者出爐便黑。和鉛多者，一砍即碎，俗曰濕。有五六成色，擦則不紅；和銅多者，砍則難斷，一燒即紅；至低者燒紅，打得粉碎。

古諺云：「燒得黑，尤使得；燒得紅，是塊銅。」

僞銀有鼎銀，一燒則煙起，去了水銀，卻有六分好銀。其餘僞銀，宜仔細辨驗。好銀性軟，插銅則硬，擦之則紅。

凡假銀，只用磨擦一燒即見。又有做得好者，燒四出火。

銀子名色

金花銀第一；細花松紋第二；九七八。粗絲松紋第三；兩頭絲曰粗絲第四；俱八五。細絲松紋臉白光第五。九七。

戴冠《濯纓亭筆記》卷八　銀貯器中，經火，或輭如泥，手可搓搦，使之方圓長短。銀工用火重鍛，乃堅好如故。吾鄉蕩東范氏曾有此事。或云水銀入其中故也。用火鍛則水銀去，而銀復其性矣。又鎔銀成液，以乾荷葉入其中攪之，則如炭燼，人莫辨其爲銀也。

谷泰《博物要覽》卷八《紀花銀十一種》　第一，金漆花銀。真正出礦生銀鎔

梁州貢銀。《周禮》：荆州其利銀。其重以八兩爲一流。又《寶藏論》曰：「銀有十七種，天生牙出銀坑内石縫中，狀如亂絲，色紅者上，入火紫白如艸根者次之，生樂平、鄱陽產鉛山，一名龍牙，一名龍鬚。母砂銀，生五溪丹砂穴中，色理赤光。黑鉛銀，得子母之氣。此四種爲真銀。有銀艸、砂銀、曾青銀、不緑銀、雄黄銀、雌黄銀、硫黄銀、膽礬銀、靈艸銀，藥制成者；丹陽銀、銅銀、鐵銀、白錫銀，藥點化者。皆假銀也。」

郝懿行《爾雅義疏》卷中之二《釋器第六》　銀者。《説文》云：「白金也。」《北山經》云：「少陽之山多赤銀。是銀有赤者，要以白爲多，故稱白耳。」鐐者。《説文》云：「白金也。」《釋文》引《字林》云：「美金也。」《漢書・食貨志》云：「朱提銀重八兩爲一流，直一千五百八十，它銀一流直千。然則梁州所貢當即朱提銀，此鐐是也。」《詩》「瞻彼洛矣」傳：諸侯璗琫而璆珌，大夫鐐琫而鏐珌。按：《説文》引上句作禮文，蓋禮家舊説也。

迮朗《繪事瑣言》卷四《泥銀》　《尒疋》：白金謂之銀，其美者曰鐐。《説文》云：「鋈，白金也。銀在鉚中，與銅相雜，土人采得，以鉛再三煎鍊方成，故爲熟銀。生銀則出銀鉚中，狀如硬錫。其金坑中所得，乃在土石滲漏成條，若絲髮狀。土人謂之老翁鬚，極難得。」《寶藏論》云：「銀有十七種，又外國四種。天生牙，生銀坑内石縫中，狀如亂絲，色紅者上，入火紫白如艸根者次之，銜黑石者最奇，生樂平、鄱陽產鉛之山，一名龍牙，一名龍鬚。（是正）生銀生石鉚中，成片塊，大小不定，狀如硬錫。母砂銀，生五溪丹砂穴中，色理紅光。黑鉛銀，得子母之氣。此四種爲真銀。有水銀銀、艸砂銀、曾青銀、石緑銀、雄黄銀、雌黄銀、硫黄銀、膽礬銀、靈艸銀，皆是以藥制成者；丹陽銀、銅銀、鐵銀、白錫銀，皆以藥點化者。十三種皆假銀也。外國四種：新羅銀、波斯銀、林邑銀、雲南銀，並精好。」今雲南已屬内地，出銀最多，閩廣浙荆湖饒信貴州交趾，處處有之，亦打成薄，用膠泥之，即爲泥銀。凡畫大刀諸刃，宜用銀薄貼之，如貼金薄，然後用水墨及澱水染之，其餘皆用泥銀，其泥之之法，與用泥銀法皆與金同。

鄭若庸《類雋》卷二三《珍寶類・銀》　朱提。《漢書》云：「朱提銀重八兩爲一流，直一千五百八十，他銀一流直一千，是爲銀貨。」朱提，縣名，屬犍爲。山溢。《史記・封禪書》云：「殷得金德，銀自山溢。」

桂馥《説文解字義證》卷四五　銀，白金也，從金，艮聲，語巾切。《漢書・地理志》犍爲郡朱提下云：「山出銀。」《食貨志》：「朱提銀重八兩

傾成錁，一百分足。

第二，濃稠花銀。真正出礦生銀未經鉛點者，九十九分九釐。

第三，茶花銀。真正出礦生銀署經鉛點者，九十九分八釐。

第四，大胡花銀。真正出礦生銀二經鉛點者，九十九分七釐。

第五，薄花銀。真正出礦生銀三經鉛點者，九十九分六釐。

第六，薄花細滲。真正出礦生銀四經鉛點者，九十九分五釐。

第七，紙灰花銀。熟銀下銅鉛點定者，九十九分四釐。

第八，細滲銀。熟銀再加銅鉛點定者，(大)[九]十九分三釐。

第九，粗滲銀。熟銀三加銅點，九十九分二釐。

第十，斷滲銀。熟銀四加銅鉛點定者，九十九分一釐。

第十一無，滲銀。熟銀五加銅鉛點定者，九十七分五釐。

熟銀成錠，面有金花爲上，緑花者爲次，黑花者爲下，故謂之花銀。

又《紀真銀六種》　第一，波斯銀。產波斯國石中。天生藥銀柔軟，可作試藥指環，且能辟諸毒藥。諸銀中惟此種爲最貴。

第二，老翁鬚銀。生銀產樂平坑中銀鉚内，狀如硬錫。其金坑中所得，乃在石土中滲漏成條，若絲髮然，土人謂之老翁鬚，極難得。方書中用生銀者，得此爲最勝。

第三，杯鉛銀。銀產積年燒珠甕下，精液流結成銀，名杯鉛銀。光軟甚好，與波斯銀功力相當，只是難得。今時煉丹家用一斤生鉛，必得此銀一二兩點之，方能成母，故得之者稱爲至寶。

第四，生牙銀。銀產外國銀坑内石縫中。狀如亂絲，色紅者爲上。入火紫白色，如草根者爲次。銜黑石者最奇。

第五，母砂銀。銀產五溪丹砂穴中。色理微紅，光采發耀，亦佳種也。

第六，黑鉛銀。產鉛穴中。色黑微青，性柔軟，可以屈伸。鉛爲銀母，得母子之氣，故能成銀而美。

綜述

張自烈《正字通》卷一一《金部》　銀：魚勤切，音寅，白金。《書・禹貢》：

爲一流，直一千五百八十。」《元和郡縣志》：朱提，山名，出善銀。《南越志》：遂成縣任山，銀沙自出。《廣州記》：任山有銀穴，有銀沙。《異物志》：金隣國去扶南二千餘里，土地出銀。《後魏書》：銀出始興陽山縣，又出桂陽安縣驪山。有銀礦，二石得銀七兩。白登山亦有銀礦，八石得銀七兩。《元和志》：郴州平陽縣銀坑在縣南三十里，所出銀至精好，俗謂之偶子銀，別處莫及。亦出銀鑛，供桂陽監鼓鑄。饒州樂平縣銀山每歲出銀十餘萬兩。《本草》：生銀出饒州樂平諸坑銀礦中，狀如硬錫，文理粗錯，自然者真。《圖經》云：今坑中所得，乃在土石中滲溜成條，若絲髮狀，土人謂之老翁鬚，似此者極難得。《寶藏論》：銀有十七種。天生牙，生銀坑内石縫中，狀如亂絲，色紅者上，入火紫白如草根者次之，銜黑石者最奇，生樂平、鄱陽産鉛之山，一名龍牙，一名龍鬚。生銀生石鉚中，成片塊，大小不定，狀如硬錫。母砂銀，生五溪丹砂穴中，色理紅光。黑鉛銀，得子母之氣。此四種爲真銀。《地鏡圖》：銀之氣，夜正白，流散在地，撥之隨手散復合，此是也。山有蔥，下有銀，光隱隱正白。

彭大翼《山堂肆考》卷一八四《珍寶·銀·白登七兩》 《後魏書》：銀出始興陽山縣，又出桂陽安縣驪山。有銀礦，二石得銀七兩。白登山亦有銀礦，八石得銀七兩。

顧起元《說略》卷二六《珍格》 《水經注》言犍爲朱提縣山水險奇，數百言而不及朱提銀事，亦一漏也。朱提銀比之他銀極貴，價可益十之五。見《食貨志》。武帝時以銀爲幣，其文龍直三千，其文馬直五百，其文龜直三百。至平帝而始有朱提銀耳。周穆王時有燭銀，其光可鑒，曰天子之寶，蓋不以爲幣也。

嚴長明《（乾隆）西安府志》卷一六《食貨志中·鹽錢》 北魏《食貨志》：延昌三年春，有司奏長安驪山有銀鑛，二石得銀七兩。

《魏書》卷一一〇《志第一五·食貨六》 世宗延昌三年春，有司奏長安驪山有銀鑛，二石得銀七兩。其年秋，恒州又上言，白登山有銀鑛，八石得銀七兩，錫三百餘斤，其色潔白，有踰上品。詔並置銀官，常令採鑄。

王欽若《册府元龜》卷四九三《邦計部·蠲復第四》 〔魏宣武帝〕延昌三年，有司奏長安驪山有銀鑛，二石得銀七兩。鎮州上言曰：「劉山有銀鑛，八石得銀七兩，錫二百餘斤，其色潔白，有踰上品。詔並置銀官，常令採鑄。」

《通典》卷九《食貨九·錢幣下》 〔魏宣武帝〕延昌三年，有司奏，長安驪山今昭應縣是。有銀鑛，二石得銀七兩。其秋，恒州時恒州，今代郡安邊，馬邑又上言，白登山今馬邑郡界。有銀鑛，八石得銀七兩，錫三百餘斤，其色潔白，有踰上品。詔並置銀官，常令采鑄。

張玉書《佩文韻府》卷五三之四《上聲二三·梗韻》 銀礦。《魏書·食貨志》：延昌三年，有司奏長安驪山有銀礦，二石得銀七兩。其年秋，桓州又上言，白登山有銀礦，八石得銀七兩，錫三百餘斤，其色潔白，有踰上品。《宋史·食貨志》：有司言定州諸山多銀礦，而鳳州山銅礦復出，採鍊大獲，而皆良焉，請置官署掌其事。太宗不許。《元史·文宗紀》：全寧民王脱歡獻銀礦，詔設銀場提舉司。

汪士鐸《南北史補志》卷八《地理志第四》 安邑。開皇十六年置虞州，大業初州廢。有鹽池、銀冶。

李吉甫《元和郡縣志》卷二九《江南道五·潭州》 平陽縣，上。東至州九十九里。本漢郴縣地，東晉陶侃於今理南置，屬平陽郡。至陳俱廢。隋末蕭銑分置，武德因而不改。七年省，八年復置。銀坑，在縣南三十里。所出銀，至精好，俗謂之「碣子銀」，別處莫及。

《新唐書》卷四一《地理志》 諸暨，望。有銀冶。東二里有湖塘。天寶中，令郭密之築，溉田二十餘頃。

阮元《（道光）廣東通志》卷一〇〇《山川略一·廣州府》 〔東莞縣〕寶山在縣東北五十五里。《元和志》。舊以山有寶，置場煎銀，名石甕場。今山中銀滓猶存。《輿地紀勝》。

又卷一〇七《山川略八·肇慶府》。 〔陽江縣〕又銀坑山在南津山側，有十八井，相傳宋南恩州知州余久大鼓冶於此。《大清一統志》。

張之洞《（光緒）順天府志》卷二〇《地理志二·山川》 又十里曰銀冶山，山亦呼嶺。按：《畿輔通志》云：「山在縣南十五里，舊出銀鑛。」《畿輔輿圖》云：「銀冶山，縣東南十五里。」《密雲丁志》云：「銀冶嶺，縣東南十五里。然則當以東南爲是。」

樂史《太平寰宇記》卷一一〇《江南西道八·撫州》 金谿場，東南一百二十里。二鄉，本臨川縣上莫鎮。其山岡出銀礦，唐嘗爲銀〔監〕，基址猶存。至周顯德五年，析臨川近鎮一鄉，并取饒州餘干白馬一鄉，立金谿場名，俱置鑪，以烹銀鑛。

嵇曾筠《（雍正）浙江通志》卷二一《山川》 烏礨山。《栝蒼彙紀》：舊出

銀冶，今塞。蟾湖山。《〔崇禎〕處州府志》：高四千仞，正統間，鄉人築寨於此。

曾國荃《〔光緒〕湖南通志》卷二八《地理志二八・山川一六》 〔桂陽州〕大湊山在州西半里。《一統志》。平陽縣有大湊山。《九域志》。山在城西。舊經云：「出銀鑛，其盛時鑪煙蓊然，上接雲漢，烹丁紛錯，商旅輻輳，因名。」《輿地紀勝》。山周二十里，四面相似，一名寶山。《州志》。

又卷五八《食貨四・礦廠・銀礦》 紹興三十二年，湖南、廣東、福建、浙東、廣西、江東西銀冶一百七十四，廢者八十四。《宋史・食貨志》。

王存《元豐九域志》卷九 將樂州西二百四十里三鄉石牌、安福二銀場。

吴士玉《駢字類編》卷七四《珍寶門九・銀》 銀冶。《宋史・王濟傳》：汀州以銀冶搆訟，十年不決，濟鞫之纔七日，情得。又《謝枋得傳》：魏天佑欲薦枋得，枋得罵曰：天佑仕閩，無毫髮推廣德意，反起銀冶病民，顧以我輩飾好耶。

萬斯同《明史》卷八一《志五五・地理三》 兩當，後魏置，有黄花驛，西南有開寶廢縣，宋置銀冶於此，南有嘉陵江。

《宋會要輯稿・食貨三三・坑冶上》 銀：虢州，冶務，舊置。商州，豐陽縣砂銀冶，太平興國元年置。上洛縣龍滿場，熙寧七年置。洛南縣麻地稜冶場，八年置。鎮北冶場，九年置。秦州，太平興國三年升大買務爲太平監。隴州，冶務，舊置。源縣古道場，治平元年置。鳳州，開寶監，舊置。越州，諸暨縣冶務，咸平中置，治平四年監官。婺州，東陽縣場，治平元年置。處州，遂昌縣永豐場，熙寧三年置。梭溪場，五年置，六年併入永豐。松陽縣竹溪場，六年置，八年罷。高亭場，十年置。衢州，西安縣南北一場，開化縣金水場，蓋舊置。饒州，德興縣市院，太平興國元年置。信州，寶豐場，舊置。錢溪場，嘉祐四年置。丁溪場，熙寧七年置，十年罷。虔州，寶稜場，義豐監，舊置。雩都縣場，景祐四年置。瑞金縣九龍場，熙寧五年置。贛縣蛤湖場，十年置。南安軍，大庾縣穩下務，太平興國中置，熙寧十年罷。建昌軍，馬茨湖場，至道二年置。□都太平場，景祐二年置。蒙池場，治平三年置。潭州，蕉溪場，慶曆六年置。衡山縣黄簳場，治平元年置，熙寧九年罷。瀏陽縣永興場，熙寧七年置。衡州，常寧縣□□場，明道二年置。上下槽場，太平興國八年置。永州，魯家源場，慶曆八年置，熙寧九年罷。郴州，新塘場，天聖四年置。桂陽縣延壽坑，康定元年置。流江坑，慶曆三年置。浦溪坑，嘉祐七年置。雷溪坑，熙寧八年置。桂陽監，天湊山、大板源、龍岡、毛壽、九鼎五坑，并大中祥符已前置。歷錫、平太嵒、小白竹、禾頭、石笋、大富六坑并景祐已前置。興元府，冶務舊置。福州，寶興場，舊置。保德場，慶曆三年置。永泰縣黄洋場，嘉祐七年置。長溪縣玉秫場，熙寧七年置。建州，龍焙監，舊置。建安縣永興場，太平興國七年置。□隸天受場，至道元年置。大同山，大中祥符六年置。浦城縣通德場，天聖三年置。潘家山，慶曆六年置，熙寧八年併入通德。餘桑場，嘉祐元年置。餘生坑，二年置，併入通德。焦溪坑，六年置。監庫，七年置。觔竹坑，七年置。石舍坑，熙寧元年置。丁池坑，三年六月置。建陽縣武仙場，十一月置。黄柏洋場，四年置。瞿嶺場，五年置。泉州，清溪縣龍崇場，熙寧三年置。南劍州，順昌縣新發、王豊、贍國、青銅、招化、豊嵒、新葦薩場，舊置。安福場，舊置。熙寧七年，石人認、額劇頭、永樂鼓坑、永吉、將樂、萬足、黄金、寶興、永豐，凡九場，今并停廢。梅營場，太平興國中置，熙寧九年罷。龍逢場，太平興國六年置，熙寧九年罷。尤溪縣寶應場，淳化三年置。杜唐場，至道三年置。安仁場，咸平元年置。小安仁場，三年置。新豐場，景德元年置。葉洋場，天聖中置。樂縣石牌場，四年置。龍門場，慶曆六年置。劍浦縣大演場，皇祐四年置。添坑場，熙寧七年置。汀州。龍門場，乾德三年置。歸禾務，太平興國七年置。龍門新場，雍熙三年置。税口務，天禧三年置。

又《食貨三四・坑冶》 湖南、廣東、福建、浙東、廣西、江東西銀冶一百七十四，廢者八十四。

李慎儒《遼史地理志考》卷二《東京道》 灤河縣，本漢徐無縣地。漢徐無縣屬右北平郡，今直隸遵化直隸州之西有漢徐無故城，遼澤州灤河縣當在此。或又云此縣在今直隸永平府遷安縣西北，即陷河銀冶處，未知是否。

施宿《〔嘉泰〕會稽志》卷一二《八縣》 〔蕭山縣〕倉場務。冶附。銀冶在縣南六十里，今廢。

阿桂《滿洲源流考》卷一一《疆域・銀州》 《遼史》：銀州，富國軍，下，刺史。本渤海富州，詳前渤海條，太祖以銀冶更名。隸宏義宮，兵事屬北女真兵馬司。統縣三：延津縣，有延津故城。新興縣、永平縣，舊有永平寨。

于敏中《日下舊聞考》卷一三八《京畿順義縣》 原順州北有銀冶山。《方輿勝覽》。

臣等謹按：據《大清一統志》，山今在密雲縣南十五里。

《金史》卷二六《地理下》 太原府，上，武勇軍。宋太原郡河東軍節度，國初依舊爲次府，復名并州太原郡河東軍總管府，置轉運司。有造墨場、煉銀洞。

祝穆《方輿勝覽》卷二六《桂陽軍》 大湊山。在城西。舊經云：「出銀鑛，當其盛時，爐煙蓊然，上接雲漢，烹丁紛錯，商旅輻輳，因名。」

虞集《道園學古録》卷三〇《孝女贊有序》 金谿縣，因金谿場之名也。唐時

有銀鑛，發其地作場以冶之，曰金谿。

《元史》卷九四《志第四三・食貨二・歲課》 産銀之所在，腹里曰大都、真定、保定、雲州、般陽、晉寧、懷孟、濟南、寧海，遼陽省曰大寧，江浙省曰處州、建寧、延平，江西省曰撫、瑞、韶，湖廣省曰興國、郴州，河南省曰汴梁、安豐、汝寧，陝西省曰商州，雲南省曰威楚、大理、金齒、臨安、元江。

唐順之《荆川稗編》卷一一《户九・元歲課・元志》 産銀之所，在腹里曰大都、真定、保定、雲州、般陽、晉寧、懷孟、濟南、寧海，遼陽省曰大寧，江浙省曰處州、建寧、延平，江西省曰撫、瑞、韶，湖廣省曰興國、郴州，河南省曰汴梁、安豐、汝寧，陝西省曰商州，雲南省曰威楚、大理、金齒、臨安、元江。

汪輝祖《元史本證》卷八《證誤八・地理志一》 中統三年八月，有宣德州銀冶。

《續文獻通考》卷二三《征榷考六・坑冶》 《遼史・地理志》曰：「銀州本渤海富州，太祖以銀冶更名，所屬新興縣即渤海置銀冶地。【略】澤州本漢土垠縣地，太祖俘蔚州民，立寨居之，採鍊陷河銀冶。」【略】

銀在大都者，中統四年八月，從博爾歡等請，以宣德州、德興府等處銀冶付匠户，歲取銀及石緑、丹粉輸官。至元十一年，聽王庭璧於檀州奉先等洞採之。十五年，令關世顯等於薊州豐山採之。泰定帝泰定二年閏正月，罷永興銀場，聽民採鍊，以十分之一輸官。文宗至順二年四月，全寧民王脱歡獻銀礦。詔設全寧銀場提舉司。

在雲州者，至元二十七年，撥民户於望雲煽鍊，設官掌之。二十八年，又開聚陽山銀場。十一月，置望雲銀冶。二十九年，立雲州等處銀場提舉司。成宗元貞元年二月，立雲州銀場都提舉司。武宗至大中，巴圖魯斯言，雲州朝河等處産銀，令往試之，得銀六百五十兩。三年六月，詔立上都、中都等處銀冶提舉司，以巴圖魯斯爲達嚕噶齊。十一月，中書省言：「巴圖魯斯去歲輸銀四千二百五十兩，今歲復輸二千五百兩，且言復得新礦銀，當增辦，乞加授嘉議大夫。」從之。四年六月，復雲州銀場提舉司。英宗至治三年正月，罷上都、雲州、興和、宣德、蔚州、奉聖州及雞鳴山、房山、黄蘆、三叉沽金銀冶，聽民採鍊，以十分之一輸官。

在遼陽者，至元二十九年十月，命趙德澤、吴榮領逃奴無主者二百四十户，於廣寧潘州耕田并淘銀。仁宗延祐二年四月，諭：「晉王伊蘇特穆爾以先朝所賜惠州銀礦洞歸還有司。」至七月復賜之。四年，於惠州銀洞三十六眼，立提舉司辦課。

在江浙者，至元二十一年，建寧、南劍等處立銀場提舉司煽鍊。二十九年正月，從江西行省左丞高興請，罷福建銀鐵提舉司。八月，以福建行省參政魏天祐獻計，發民一萬鑿山鍊銀，歲得萬五千兩。而天祐賦民鈔市銀輸官，私其一百七十錠。臺臣請追其贓，而罷福建銀冶。從之。十二月，中書省又言：「寧國路六百户鑿山冶銀，歲額二千四百兩，皆市銀以輸官，未嘗採之山，乞罷之。」詔：「可。」成宗元貞元年三月，罷福建銀場提舉司，以有司領其歲額。閏四月，罷徽州路銀場。在湖廣者，至元十九年十二月，罷湖廣行省金銀鐵冶提舉司，以其事隸各路總管府。二十三年，韶州路曲江縣銀場聽民煽鍊，每歲輸銀三千兩。

在河南者，延祐三年，李允直包羅山縣銀場，課銀三錠。四年，李珪等包霍邱縣豹子崖銀洞，課銀三十錠，其所得礦大抵以十分之三輸官。【略】

〔元至元三十一年〕江西行省言：「銀場歲辦萬一千錠，而未嘗及數，民不堪命。命自今從實辦之，不爲額。」【略】

〔明英宗正統〕九年閏七月，命户部侍郎王質往浙江、福建重開銀場。洪武間，福建各場歲課銀二千六百七十餘兩，浙江歲課二千八百餘兩。永樂間，福建增至三萬二千八百餘兩，浙江增至八萬二千七十餘兩。宣德間，福建又增至四萬二百七十餘兩，浙江又增至九萬四千四十餘兩。自是，地方竭而民不堪矣。帝初即位，下詔封坑冶，民大蘇息。至是，有盜礦脈相鬥殺者，御史孫毓、福建參政宋彰、浙江參政俞士悦各言，復開銀場，則利歸於上，而盜無所容。事下二三司議。浙江按察司軒輗等奏：「復開銀場，雖一時之利，然凡百器具皆出民間，恐有司横加科斂，人心摇動，其患甚深。爲今之計，莫若擇官典守，嚴加禁捕，則盜息矣。」朝廷是輗言。已而，給事中陳傳復請開場，中官與言利之臣相與附和，及命質往經理。合福建歲課銀二萬一千一百二十餘兩，浙江四萬一千七百餘兩，雖較宣德時減半，而較洪武時已增十倍矣。至内外官屬供億費殆過公税，厥後民困，而盜益衆。至十三年八月，遂有鄧茂七之亂。

李賢等《明一統志》卷一五《寧國府》 銀山，在寧國縣東六十里。《寰宇記》：舊有銀冶。《十道志》亦載：「屬宣州，冶久廢。」

又卷六四《衡州府》 大湊山，在桂陽州西。舊經云：「出銀鑛，當其盛時，

爐煙蓊然，上接雲漢，烹丁紛錯，商旅往來輻湊，因以爲名。」今鑛絶。

《明太宗文皇帝實録》卷一四 〔洪武三十五年十一月己丑〕陝西商縣言：「本縣鳳凰山舊有銀坑八所，乞令所司核實定額開煎。」從之。

談遷《國榷》卷二一 〔庚戌宣德五年十一月〕癸亥，浙江左布政使黄澤奏：「温、處銀冶，永樂間歲辦八萬七千八百金，或礦脈盡絶，累民賠課。」上命覈實，罷之。

胡謐《〔成化〕山西通志》卷六 銀，代州舊有洞，繁峙縣舊有冶，俱摧塌。盂、平陸縣，俱間有礦。

唐順之《武編》前集卷六《礦》 金華府義烏縣八寶山，每百斤〔礦〕，低的出銀二十兩，好的出銀六七百兩，日可出千石，江南第二礦也。三十八年，處礦徒私開五次，被義烏兵殺敗。衢州府西安縣桐山源鐵，煎每百斤，銀七八兩至二十兩，止。日可出銀千餘兩。處徒三四千人。五年以來，日日私開。開化縣大尖塢鐵鉛煎，每百斤銀三兩至八兩止，日可出三百兩。十八年，王太監開一次。三十七年，胡軍門委宋照磨、陳百户官開，納税三百兩。後李知縣申文禁開。江家堘每百斤銀三兩；鉛四五十斤，日可出一二百兩。苦竹坑泥礦，每百斤出銀一兩，日可得銀千兩。二處同前。嚴州府淳安、遂安界梓樹塢，每百斤三兩起至二十兩止。老山每百斤出銀二兩，日可出二百兩，私開五六年。杭州於潛天目山，每百斤銀三兩。湖州府孝豐縣，每百斤銀三兩至二十兩止。三十八年，胡軍門開四日，地方强不肯與開。江西廣信府常山、玉山界，每百斤出銀三十兩，日可得三百石。永楊坑礦色如沂州礦，而礦味香甜，每百斤出銀三十兩至七八百兩止，江南第一礦也。三十五年私開，大獲利，因進本求官開，今未行。

楊珮《〔嘉靖〕衢州府志》卷二《山川名勝》 大湊山，在州〔桂陽州〕疆。舊經云：「出銀鑛，當其盛時，爐煙蓊然，上接雲漢，淘者紛錯，商旅往來輻輳，因名之，今鑛絶。」

先謙《條陳洋務事宜疏》 嘉靖三十五年，開礦一歲巾，費三萬餘金，而得銀二萬八千五百，不足以償失。

張萱《西園聞見録》卷九二《坑冶·往行·温處地方議》 温、處二府，嚴水、青田、瑞安、平陽等縣，鯤村、浮雲、沐溪、羅洋等處，僻在萬山，産有銀鑛，頑民自置兵器，偷鑛爭坑，慣習私鬥，動輒殺傷。因福建鄧茂七及此等偷鑛之徒，乘時蜂起，當事奉勅提兵，且撫捕渠魁殆盡，脅從多擒，餘黨投誠，願皆復業。此幾處賊起，雖十分不能盡絶，亦已見其漸次平安。但温、處二府，瑞安、慶元等縣與福建松溪、政和、福寧、福安等處地方連界，有寄住流民，兩處糧里互相隱蔽，彼此交通，向不報籍，未能約束。合仰各府縣委官嚴督，里老各照疆界，應有寄住人民從實取勘。原籍鄉貫，見在丁口，明白有産業者，隨處安插生理，移關行勘，別無違礙，一體撫恤，候造黄册，附籍當差。其銀場，處州府、麗水等縣，温州府平陽等縣各報坑。洪武年間，歲辦銀二千八百七十餘兩，取課太輕。永樂年間，歲增至七萬七千五十餘兩。宣德年間，增至八萬七千五百餘兩。各坑閙辦，實有二萬五千七百九十餘兩。倍納六萬一千七百八十餘兩，取課太重。正統年間，減數三萬八千九百三十餘兩。緣坑内昨歲鑛少，今歲鑛多，或昨日採有，今日採無；是歲課額難定，若增太重，賠貱民難。宜勅該部計議，候添設縣治停當，照依宣德年間採辦，實有銀數二萬五千七百九十餘兩，約量各縣坑場出銀多寡定派，委官嚴加提督，各該坑首、油銀甲匠、匠丁、夫役人等，按季採辦銀課進納，庶得坑場各有管理，其偷採之徒應募在官，庶免後患。又往時偷鑛之徒，置有皮甲、篔筅、鉤刀、叉撑及反寇烏合，置造者衆，節次進兵殺敗奪得並差人撫化，追出皮甲等項兵器一萬（人）〔八〕百三十一件。擬於班師時已給榜，着編排門夫甲互相挨究，但有器械，着令送官。誠恐奸詐，仍有私藏，合行府縣委官逐處挨查，不致私藏兵器。結報之後，若有敗露，全家問發充軍。其私造前項兵器者，本身匠作并俱論死罪，家下人丁，并兩隣知情不首者，俱發充軍。

《明經世文編》卷一三〇《駁議差官採礦疏開復礦場》 續爲欽奉聖諭事，該巡撫順天都御史黨以平，題稱採打前後，共得礦石六十斤，眼同兵部差來千户王榮，責令做手撿分三等，封收在官，用櫃裝盛。隨將礦洞照舊封閉外，將原採礦石，裝封完固，具本開坐進呈等因。題奉聖旨：「該本部議擬前項礦石，先該文武重臣會本題知，傳示兵部差官，先取少許進呈，以驗成色，方好各處開取。」今該巡撫都御史黨以平，委官於産礦處所，採取少許，仍以原來木櫃裝封完固，差官解送前來，相應轉送等因。題奉聖旨：「還着工部煎銷成色來説。」

又爲前事，該工部尚書林庭棉等題稱，行據南城兵馬指揮司，選取諳曉煎礦銀匠陳瓚等，眼同司務朱子恭，將原來礦石，逐一稱兑。各除正數外，上等稱多十兩，中等多七兩，下等多三斤十兩，封收在官，以備稽考。將正數督匠煎銷，上等二十斤，煎足色銀九兩八錢一分，計每斤實煎出銀四錢九分五毫。中等一十

斤，煎足色銀一兩八錢一分三釐，計每斤實煎出銀一錢八分一釐三毫。三等三十斤，煎足色銀三兩六錢二分，計每斤實銷出銀一錢二釐六毫六系六忽六微，共銷出銀一十五兩二錢四分三釐。其銷礦合用物料，買過蜜陀僧一百斤，用銀三兩五錢。白炭三十一包，用銀二兩四錢八分。頂罐兩箇，用銀七分。自十五日起，至十八日止，共四日。銀匠二十一工，用過工食銀一兩零五分。三項共用過銀七兩一錢。

屈大均《廣東新語》卷一五《貨語・銀》 粵之山舊有銀穴銀沙。《始興記》云：「小首山崩，崩處有光耀，悉是銀礫，鑄之得銀。」而英德、清遠其山傳有銀礦者，輒有白氣上升，草木沾之皆白，或山石盛熱時有銀汗，白而味辛。其礦或紅如亂絲，或白如草根，或銜黑石，或有脈，謂之龍口。循龍口挖之，淺者一二丈，深者四五丈，有焦路如竈土然，斯礦苗也。又挖則礦見矣，由微而盛，盛而復微，或如串珠，或如瓜蔓，微則漸絶，絶復尋焦，焦復見礦，若焦已絶，則又盤荒也。凡礦以有銀星大點而柔者爲上，小點而堅者次之，謂之明礦。次則夾石礦，以色緑者爲上，紅黑黄白者次之，又次則砂土礦，淘去浮者，留其沉重者煎之，以成瓜者爲上，如瓜蔓者次之，然往往盤荒時，見有人騎白馬望空而去，此銀氣也。氣去則其銀亦去，故往往不得銀云。東莞東南百餘里有寶山，其穴有銀磚數百片，相傳郭將軍所鍊，取之輒昏迷不得出。旁一深洞在水中，土人嘗祭以白鷄，入水鑿之，其剛者石也，柔則爲鉛，鉛一石或得銀數兩，然每爲神咎擊，鑄不及成。雹白東有紗帽山，山有石大小數萬，非石，皆銀塊也，取之亦輒昏瞀，曳以巨藤，藤盡斷，有爲齋醮以禱者，費三百金，第如其數以償，餘不能動。潮州西豐水有一穴，中有銀餅數千枚，亦不可取。始興林水源有斜潭，潭底有銀數十甕，以青石蓋之，可開觀而不可取。羅浮一洞，有大銀版無數，有取其二者，夜夢山神訶責，復納還之，雷即震擊此洞，塞以巨石，至今遂不復識。夫非其有而取之者爲盗，盗於人，然且不可，况盗於天乎！大凡山谷之所藏，精靈之所秘，神物有歸，必非貪者所得而覬覦也。然惟人愛之，天乃吝惜而不與，人苟不愛，天亦以之同於砂礫矣，然而銀者多藏亦必厚亡。歲庚子，廣州有白鏹數萬錠，飛於空中，自南而北；有方將軍者焚香拜之，飛下近簷；兒童羣笑之，竟復飛去，有爲之賦飛鏹行者。且銀積久，蟲蟻亦食之，或化而爲水，或從土中徙他所。其開礦者，利贏則商，縮則寇，終於不得其死。噫嘻！銀之爲祟，亦何所益於人也哉！

夫用銀何始乎？顧炎武云：「唐宋以前，上下通行之貨，一皆以錢而已，未嘗用銀。」《漢志》言：「秦幣二等，而珠、玉、龜、貝、銀、錫之屬，爲器飾寶臧，不爲幣。孝武始造白金三品，尋廢不行。」《舊唐書》：憲宗元和三年六月，詔曰：天下有銀之山，必有銅鑛，銅者可資於鼓鑄，銀者無益於生人。其天下自五嶺以北，見採銀坑，並宜禁斷。《通典》：梁初唯京師及三吴、荆、郢、江、湘、梁、益用錢，其餘州郡，則雜以穀帛交易；交廣之域，則全以金銀爲貨。而韓愈奏狀亦言：「五嶺買賣一以銀。」元稹奏狀言：「自嶺已南，以金銀爲貨幣，自嶺已外，以鹽帛爲交易；黔巫溪峽，用水銀、朱砂、繒、彩、巾、帽以相市。」《宋史》：仁宗景祐二年，詔諸路歲輸緡錢，福建、二廣易以銀，江東以帛。《金史・食貨志》：舊例銀每錠五十兩，其直百貫。《舊唐書・哀帝紀》：内庫出方圓銀二千一百七十二兩，充見任文武常參官救接。是知前代銀皆是鑄成。民間或有截鑿之者，其價亦隨低昂。遂改鑄銀，名承安寶貨，一兩至十兩分五等，每兩折錢二貫，公私同見錢用。又云：「更造興定寶泉，每貫當通寶五十。又以綾印製元光珍貨，同銀鈔及餘鈔行之。行之未久，銀價日貴，寶泉日賤，民但以銀論價。至元光二年，寶泉幾於不用。哀宗正大間，民間但以銀市易，而不用錢。至於今日，上下通行用銀，皆忘其所以然矣。」考之《元史》，歲課之數，爲銀至少。然則國賦之用銀，蓋不過三四百年耳。故今之言賦者，猶必曰錢糧。夫錢，錢也；糧，糧也。亦惡有所謂銀哉。嗟夫！用銀之爲害始於金。今有國者，不以唐宋以前爲法，上下通行之貨悉以錢，而獨仍金人之弊，其欲財用之充足也，不其難乎哉！夫二廣歲輸制以銀，以其地不産銅耳。如天下皆不用銀，則二廣亦不能獨用。二廣不能獨用，而二廣之民於是乎而不窮矣。嗟夫！古之爲富者，菽粟而已。爲其交易也，不得已而以錢權之。三代之賦，粟也，非錢也。漢唐之賦，粟也，錢也，帛也，非銀也。用銀始於閩、粵，以其地坑冶多而海舶利耳。然今二者皆不如昔，使能與天下十五省直悉廢銀不用，皆以錢以糧以布帛及諸土物易之，上之人以節儉倡率，禁瑰貨，絶淫巧，賤賈而貴農，將使黄金與土同價。復見今日，斯言必非荒謬也。

閩、粵銀多從番舶而來。番有吕宋者，在閩海南，産銀，其行銀如中國行錢。西洋諸番，銀多轉輸其中，以通商故。閩、粵人多賈吕宋銀至廣州，攬頭者就舶取之，分散於百工之肆，百工各爲服食器物償其值。承平時，商賈所得銀，皆以易貨。度梅嶺者，不以銀捆載而北也，故東粵之銀，出梅嶺十而三四。今也關税

繁多，諸貨之至吳、楚、京都者，往往利微折資本，商賈多運銀而出，所留於東粵者，銀無幾也。故諺曰：「物賤銀貴，無錢可替。」大抵小民貿易喜用錢，上之人苟能以錢易銀，盡棄銀而勿用之，而銀於是乎同於瓦礫矣。

粵東銀，其在野者，多用大口鍋，形如盌，圓而高邊，及雙吹；　在城者，多用砒傾硬錠，漳州錠、方槽。日趨於僞。其紋者若潮州餅、井欄酥與二洋之大小銀錢，有九五六色。最高者交趾銀條、銀舌，若山銀，則丹房所謂銀筍，色至足矣。市井小人，爭以巧僞爲事，或鎏錫於邊，或鑽鉚於腹，或灑鐵沙於面，或釣銅於四角，或以白銅，藥煮之爲猺銀，最易惑人。

吳甡《柴菴疏集》卷一五《撫晉·備查開採情形俯瀝愚忠疏》　今者，監臣閆思印差官入夏縣山中採礦砂五十觔，僅煉得銀五分二釐。

顧炎武《天下郡國利病書·廣東下》　五金之礦生於山川，重復高峯峻嶺之間。其發之初，唯於頑石中隱見礦脈，微如毫髮。有識礦者得之，鑿取烹試。其礦色樣不同，精麤亦異。礦中得銀多少不定，或一籮重二十五斤，得銀多至三二兩，少或三四錢。

顧炎武《肇域志》卷一三　景寧銀冶：曰下場坑，在縣西十里；曰渤海坑，在縣北四十里；曰石演坑，在縣南六十里；曰大洋坑，在縣西七十里；曰大平坑，曰張坑，俱在縣西八十里。

謝旻《〔康熙〕江西通志》卷一一《山川》　樂平山在樂平縣西南二十里，有石似墨，舊呼石墨山。亦唐代所更名也。又縣南四十里有利石山，唐永徽中取其石，以供銀冶。

顧祖禹《讀史方輿紀要》卷二一《江南三》　〔鳳陽府定遠縣〕横澗山在縣西北七十里，上有石累城及澗泉，兵火時嘗屯禦於此。明太祖初起義兵，取横澗山，遂入滁陽。又縣境有豁鼻山、妙山、洪山，皆元末鄉里豪傑聚衆結砦處。槎牙山亦在縣西七十里，以山勢巑岏而名。又縣東四十里，有銀嶺，舊有銀冶。

又卷二八《江南一〇》　〔寧國府寧國縣〕闞口山，【略】東山在縣東南五十里，山南谿峒逼隘，至此獨豁然開朗，下有渡曰石口。即東溪所經也。《寰宇記》：縣東六十里有銀山，舊有銀冶，久廢。

又卷八五《江西三》　〔饒州府德興縣〕銀城廢縣，縣東百二十里。《志》云：「陳置縣，屬鄱陽郡。」《隋志》云：「鄱陽縣有煉銀城，陳縣也。開皇中廢，入鄱陽，即此。」

又卷九四《浙江六》　〔處州府景寧縣〕青草隘，縣南百十里，接福建壽寧縣界。又縣南百二十里有分水隘。又黄亥隘，在縣西百五十里，與慶元縣接界。又西二十里爲青草梧桐隘，石徑險仄，僅容置足，雖地屬慶元，而實本縣之要口也。《志》云：「縣西至慶元二百五十里，道皆阻隘。下場坑銀冶，在縣西十里。」《志》云：「縣境銀冶凡六處。」

又卷一〇一《廣東二》　〔廣州府東莞縣〕神山，在縣東三十里。其陽爲鼓鎮峽，下有龍潭，即龍江所經也，舊有浮橋。又石涌山，在縣東五十里，水中石如湧出，因名。居民多種香木於上。又東十里爲寶山，昔嘗置場煎銀於此，名石甕場，久廢。

又卷一一五《雲南三》　〔寧州府納樓茶甸長官司〕通曲山，司西南八里。山下有泉兩派，一流入禄豐縣，一流入司東北五十里之仙人洞，亦謂之石洞。又松子山，在司南一里，山多產松子而名。羚羊洞，在司北，中產礦煉銀。其高聳處有羚羊，飛石層積，人不可到。又司東二十里有風洞，司東南六十里有魚洞。《志》云：「司舊有礦場三：曰中場，曰鵝黄，曰摩柯，今皆封閉。」

鄂爾泰《〔雍正〕雲南通志》卷一一《課程》　〔雲南省〕產銀之所，曰威楚、大理、金齒、臨安、元江。

又卷二九之四慕毓榮《籌滇第四疏議理財》　尋甸之歪冲，建水之黄毛嶺、判山，廣通之廣運，南安之戈孟、石羊，趙州之觀音山，雲南之梁王山，鶴慶之玉絲，順寧之遮賴，俱有銀廠。

沈青峰《〔雍正〕陝西通志》卷四三《物產一》　南山川麓立爐場，以煉銀砂。《華州志》。

陳淡然《權制》卷五《軍餉述·鑛幣鑛務礦學錢法銀錢玉幣銀行》　故雍正間，騰越邊外桂家銀廠，抗拒緬夷；永昌邊外茂隆銀廠，爲猓夷所憚，威遠廳同知傅鼐則嘗結銀廠以禦猓夷。故礦務之衰，微特國用日虧，亦邊徼干城之患也。

洪亮吉《乾隆府廳州縣圖志》卷八　〔寧國縣〕銀山在縣東六十里，舊有銀冶，久廢。

又卷一三　〔繁峙縣〕寶興軍在縣東南，五代北漢置，宋後廢。《五代史》：五臺僧繼顒于柏谷置銀冶，鑿山取鑛，烹銀以輸，劉氏仰以足用，即其冶置寶

興軍。

又卷二六 〔秦安縣〕又〔大陽山〕亦在縣東北，欒史云：「有銀冶務。」〔清水縣〕太平監在縣西。王存云：「開寶初，于清水縣置銀冶。太平興國三年升爲太平監。」又開寶監在兩當縣東，宋建隆三年置銀冶，開寶五年升爲監。

又卷二七 洪武中，復爲諸暨縣。句乘山在縣南五十里。《國語》：句踐之地，南至于句無。韋昭注：諸暨有句無亭。《括地志》謂：即句乘山。銀冶山在縣北三十里。《新唐書》：諸暨縣有銀冶。

又卷二九 〔德興縣〕樂安故城，在縣東百里樂平鄉。陳銀城廢縣，在縣東一百二十里，今名銀冶堡。

〔德興縣〕【略】又銀場在縣東六十里，唐冶銀處。

又卷三二 〔恩施〕〔銀礦山〕在縣南十七里，舊傳出銀，西有鐵冶。

又卷四一 〔新安縣〕寶山在縣東北，舊以山有寶，置場烹銀，名石甕場，今山中銀滓猶存。

鄭光祖《一斑録》雜述二《銀廠》 乾隆末，永善縣離城三十里有金沙廠，商賈輻湊，縣設官房征税。山頂一峯曰老君冠子，其内開挖已久，空等蜂房，衆方慮必有覆壓之禍，不知後竟何如。近聞廠已大衰，人烟冷落，所有青龍廠洞，深已四十里，殆將歇絶矣。曩時魯甸廳烙馬廠，已經衰絶，再在前十年，廠經大旺，得硔必如一室之大，既盡搜剔，旁苗有歧可入，挖至數丈，必又得如一室之大，與金沙廠相距三百里，同屬昭通一府，而銀苗各異。

李誠《萬山綱目》卷一八《大幹自五福山分走瀾滄江以東禮社江以西諸山》

表羅山，在南安州西八十里，舊有銀廠，今山空洞廢。

石羊山，在南安州西南二百四十里，山有銀廠。

銀礦山，一名寶山，在元江州南十里。

又卷一九《南龍大幹自五福山東南走金沙江以南禮社江以東普渡河以西至椒山止諸山》 碧藏山，在楚雄縣西南一百二十里，産銀礦，名永盛廠。

穆彰阿《〔嘉慶〕清一統志》卷一一五《寧國府》 銀山在寧國縣東六十里，舊有□冶，久廢。

又卷一二五《鳳陽府》 銀嶺在定遠縣東五十里，舊有銀冶。今無。

又卷一五一《代州》 寶興軍在繁峙縣東南。五代北漢置，宋因之，後廢。《五代史·北漢世家》：五臺山僧繼顒於柏谷置銀冶，鑿山取鑛，烹銀以輸，劉氏仰以足用，即其冶建寶興軍。《寰宇記》：寶興軍者，今代州烹鍊之冶務。劉繼元割據之時，建爲寶興軍，地屬五臺山寺，宋平河東，因之不改。

又卷二九四《紹興府》 銀冶山在諸暨縣北三十里。《唐書·地理志》：諸暨縣有銀冶。

又卷三一二《饒州府》 銀場在〔德興〕縣東六十里，唐冶銀處。

又卷三七五《桂陽直隸州》 大湊山在州西半里。《九域志》：平陽縣有大湊山。《輿地紀勝》：山在城西。舊志云：「出銀鑛，其盛時，鑪烟蓊然，上接雲漢，烹丁紛錯，商旅輻輳，因名。」《州志》：山周二十里，四面相似，一名寶山。

又卷四四一《廣州府》 寶山在新安縣東北。《元和志》：在東莞縣東北五十里。《輿地紀勝》：舊以山有寶，置場烹銀，名石甕場。今山中銀潭猶存。舊志：在縣東北八十餘里。

又卷四四七《肇慶府》 北津山，在陽江縣南三十里，屹立海門，爲縣之障，對峙者爲南津山，二山之間有獨石，高十餘丈，周四十餘里，出海口二里許，其下深淵不測。又銀坑山在南津山側，有十八井，相傳宋南恩州知州余久大鼓冶於此。

又卷四四八《肇慶府》 太平場。《輿地紀勝》：在四會縣東三十里，宋元豐五年嘗置銀冶，元祐七年廢。

《清經世文編》卷二六《户政一》蔡敏榮《籌滇理財疏》 尋甸之歪沖，建水之黄毛嶺、判山，廣通之廣運，南安之戈孟、石羊，趙州之觀音山，雲南之梁王山，鶴慶之玉絲，順寧之遮賴，俱有銀廠。

江藩《〔道光〕肇慶府志》卷二《輿地三》 〔陽江縣〕南津山在城南二十里，與北津對峙。其南海環叠沙爲堤，長十餘里，直達津門關，夾港口旁爲銀坑山。有十八井，相傳宋南恩州知州余久大鼓冶于此。《大清一統志》。《縣志》。

何紹基《〔光緒〕重修安徽通志》卷二六《山川》 銀山，寧國縣東六十里，舊有銀冶，久廢。

又卷三〇《山川》 銀嶺，定遠縣東五十里，舊有銀冶，今無。

徐潤《徐愚齋自叙年譜》 光緒十四年戊子，五十一歲。【略】

《游熱河孤山子日記》

光緒十四年四月初三日，余與黃紫珊兄遊熱河之孤山子。【略】十二日，到孤山子住兩日。是日十點鐘，晤各友張星舟、徐仲三、陳達三、羅岳生、李倉生、謝雲明、袁倒眼，詳談一切。一點半鐘，晤爵治即哲爾者與其大人、美醫生打倫敦、德架司、阿弟、賴安、畢德格，號子明。同往驗化銀爐廠各處。十三日晨，勘磨沙各廠。十點鐘，偕哲爾者落壠口，約深四百尺，往西落四百六十尺，驗得砂線厚約兩尺。復往各横壠驗看，轉回大井，直落五百尺。各段均取小辦石堅水少苗質各有厚薄，知下土槽常出粉頭、銀線、銀粒，惜乎不多。着李把頭立取少許。是晚，即託張君星舟抄列各項開銷，與各工帳略，又託羅、謝兩君抄列配鎔化各料。十四日，驗羅岳生兄小鎔化十種配料，另録。再到各處一勘，回拜畢、哲各西友，均談論良久。夜間，與仲三、達三諸君詳論歷年本山大旨。鎔爐目下配料以千磅計：

上銀砂二十五磅，二號銀砂八十磅，三號銀砂八十磅，磨沙房幼砂五十磅，提銀皮之鉛渣二十五磅，烟筒大傘。砂球二十五磅，塘塊鐵砌。底砂二十五磅，塘塊鐵砌四邊三百磅，本山灰石一百二十五磅，老君廟鐵石四十磅，本山鐵石一百二十五磅，頭溝鐵石二十五磅，以上十二種九百二十五磅，另焦炭一百五十磅，柴炭十磅，共一百六十磅。取出井內銀石、粉頭、鉛條，生烊銀土、槽子錠，各種灰石、鐵石各小樣。

該礦開辦僱西人十五位：正礦師連副鎔化師哲爾者，年需元一萬二三千兩。副礦師克力架，每月三百兩傾鎔清銀。司達連頓，每月五百元，飯食二十五元。看鎔爐司德架士，每日五元，每月飯食二十五元。礦井司阿弟，每日五元，每月飯食二十五元。副礦井司賴安，每日五元，每月飯食二十五元。醫生津發。以上各西人來往飯食、住房各費均歸局給。各機房洋匠格司克，每月二百七十五元。丹林，每月一百六十五元。下井各司魏瑟，每天四元。馬克律，每天四元。德爾根，每月一百五十元。快樂，每月一百五十元。正鎔化司郝立，手法不妙，每年三千九百元。以上七位，月給飯食各二十五元。

十二日，哲爾者驗粵東天華礦石，挑五種小鎔化，一號井之半邊灰色砂江石各半，土人不要。未批價值。三號井之初見好苗石，色白藏灰色苗烏點。未批價值。三號深下一百五十尺方小塊鐵磚，作第三號貨。批每斤二三元。三號井深一百五十尺，烏水兩塊，作第二號貨。批每斤一二元。以上哲爾者自化。

十三日，羅岳兄化十種列後，以一噸作二千磅。

一、畢公新取苗；二、大石霸鉛苗；三、大嶼山鉛苗，傾出十二斤五兩；四、潭州三號中貨硃砂苗六百三十六斤九兩；批一二元。五、高壠口少甫手取一號壠。雜砂石九兩；六、鐵面方小塊三號新。鐵面苗四千五百十斤；批二三元。七、三號新開。烏水苗三千零四十六斤二兩；批二三元。八、三號大苗取出。鐵色苗四百元九十九斤；九、三號初見後得大苗。白石烏點十九斤二兩；十、一號井半邊。灰紅石十五斤二兩。土人不要。【略】

十七日，入宫。【略】

附近：烟筒山，銀礦。孤山子，銀。三道溝，銀。瑶溝，銀。熱水，銀。長皋兒，金。駱駝巴，銀。頭溝。鐵。【略】

《與必達臣赴烟筒山日記》光緒十七年辛卯，七月二十二日，走灤河上水，出潘家口。唐山車站，與景翁諸君話別。六點，至古冶，晤鏡河、芝堂諸友，平車去林西局，驗工廠並各段工程。是晚宿局。【略】

初十日下井，由水井巴落至四百尺五百尺。下水道頗不易行。十一日下大井，到一百尺、二百尺，探舊放掌。十二日，大倫打復來談，余囑以四個月摘録一次。初晤云每月約六七千，後云八千，三日後云近萬，又擬加爐。余答慢慢核出逐項細帳，查對再談。黃、鄭、陳、何、黃諸君統札大帳。

屠壽山兄咸豐十七年十二月。到山，寄來東山茶棚、東樑、西坡、東坡二十六户見砂，十一户羅圈溝，遍山綫砂樣及各把頭來見。又報西山之掌以東樑最深，約百一二丈，如説對直，少在五百尺，東西山砂子性質大有不同。來砂均交述三兄復化。

遍山綫：歷年各商承辦大譜照銀數，咸豐十一年、同治十三年、光緒萬萬年。咸豐三年起至七年十二月止，計辦五年，戚大祥、宋友梅、戴起運三人合辦，聞退手時，銀亦不多，戚七八萬，宋、戴各二三萬，五年之中，以咸豐五六年放大槽砂子多，銀水高。

開銷：聞每年不下十萬兩，山廠每月六七千兩，每工人月給津錢三吊，採得砂子每賞彩錢二十二文，每把頭准六名得彩七文，兵丁百名每月給工食銀一百五十兩，櫃上司事二百上下，另熱河總局月繳二三千兩，只准把頭領山六人。

國課：砂子每斤例抽銀五分五釐，以四分之一入官，三分歸商廠，公事極頂

真。砂子逐日報熱河。後因另立新名目，水道□砂擬提工本三字於公事差遠，遍山綫照五年分所出之砂鍊銀，過千餘萬兩，至七年十二月，三商更换，國課每年約五六萬之譜。咸豐五年份，三商意見不合，擬挨班分辦，每辦三個月一轉，以後未妥。咸豐八年正月初一日，歸趙福醇、孫昭明兩商承辦，至同治四年止。在山始設銀爐自化。松江其時公事又差，計辦八年，又放大掌，在是年八月起，至咸豐十一年，砂子多，每月鍊銀四萬上下。

同治五年至十二年二月止，趙商一人承辦，五六兩年砂子大差，每月只有萬兩上下。同治七年至十年，計辦四年，砂子又好，每月鍊銀二三萬兩。十一、二年又差，每月不過萬餘兩。趙商病故於熱河，時在十一年十二月，十二年二月退辦，歸孫商一人，同治十二年三月復接辦，至光緒五年止，計辦七年，每月不到萬兩，又作退辦。光緒六年，官辦廠員經理，志和，旗人。其時屠已離山，此年每月三五千兩，更不敷開銷。光緒七年，商人倪中興接辦，至八年八月退手，砂子每月三四千更不敷。光緒八年九月，南商李蒼橋文耀。接辦，至光緒十一年，計辦三年多，砂子把頭不多，統共五六萬，更又不敷。東西兩山大小工把二百餘户，本局領山把頭頭目王泰六十三歲，咸豐七年到山，戚商起。帶領能事舊把頭稟見，吴殿元、林長福、張立茂、李振東、張發才、李發才、程得志、王若、于德全、黨俊芳、謝連登、張發德、李廷夢、常聚五等把頭。在山充工，少則十二年，多則四十七年。是晚，屠壽山帶同兩山驗綫砂院舊工各老把頭，酌摘前商戚、宋、戴起至南商李蒼橋止，按歷年採出銀數開列於後：

咸豐三年至七年，計辦五年，約出銀一千餘萬兩。

咸豐八年至十一年，計辦四年，約出銀二百萬兩。

同治元年至四年，計辦四年，約出銀一百餘萬兩。

同治五年至六年，計一年，約出銀二十四五萬兩。

同治七年至十年，計辦四年，約出銀一百餘萬兩。

同治十一年至十二年二月，計辦十四個月，約出銀十四五萬兩。

同治十二年至光緒五年，計辦六年九個月，約出銀六十萬兩。

光緒六年官辦，志和，約出銀五萬兩。

光緒七年至八年七月止，計辦二十個月，約出銀八萬兩。

光緒八年至十一年，計辦三年四個月，約出銀五六萬兩。

咸豐九年、同治十三年、光緒十一年，共三十三年，統共約出銀一千五六百萬兩。

查録：光緒十四年秋，創熱河承平銀礦，總會辦朱其詔、翼甫。畢德格子明。擬招股二十六萬兩，每股行平百兩，是有美國著名大礦師哲爾者經理，乃美國前總統嘉蘭保薦，式式均照外國辦法，今將稟中之稟照譯於後：

中堂鈞鑒：敬稟者爾者，上年奉諭察看孤山子、烟筒山兩處礦産，當經稟請購買機器詳慎試辦，並經聲明，該兩處所出礦砂，每噸可鍊出紋銀二十兩在案。旋奉中堂批准，購買機器試辦。現在試辦已有規模，請爲中堂一詳陳之。計有五條：一、礦中所出礦脈，實可得利。二、六個月之後，此礦每日可出礦砂十五噸，屆時磨砂機計適到工，六個月係屬從寬扣算，如工程順手，四個月已可開採此數矣。三、每日開採十五噸砂所得銀兩，已可支應孤山子、烟筒山兩處經費。四、九個月之後，每日可採礦砂二十噸至二十五噸。五、孤山子、烟筒山兩處，合計每日各出礦砂四十噸，孤山子設一鍛鍊所，每月可得淨利一萬兩。查開採銀礦，清水亦屬要件，蓋礦砂必用水漂方能提出淨銀也。惜此地所出淨水不多，孤山子每日可漂二十五噸，烟筒山十五噸。辦理一年之後，兩處均皆推拓，每日合計可漂砂五六十噸，如但論出砂，按孤山子一處而言，每日實可出二十五噸至三十噸，至烟筒山情形，現在抽水機器尚未運到，是以未能深悉。惟礦脈尤旺，辦理得法，每日可出砂六十噸，所有清水足敷每日漂砂十五噸至二十噸之間，三年後即可合倍此數。據爾者所見，仍勸中堂飭辦兩處礦，所用經費不鉅而得利甚大，工程辦竣之後，一礦出産已可抵所用經費也。肅此奉稟，並叩崇祺。哲爾者謹稟。

想當時有此好礦，哲爾者稟報之妙，中堂之助，所招不過二十六萬，何得不成？莫非數也。或因平泉銅礦化得宼之過也。

【略】

余到山聞總辦狠不以親家爲然，累我子孫。聞之詫異，轉想不能不道破，答：「所該之款得能還乃第一體面，如不能也嘸赊，老哥哥經力少之故。」想偏一邊，後云：「一語覺醒夢中人，今夜可以睡着。」呵呵一笑，並告上院謁中堂，稟辭來此，諭：「爾去好好整頓，還我借款，發財可助開平。」即答：「有中堂之力，哲爾者之能，或許辦出頭緒。中國人學辦礦，把握兩字，能否望僥倖，值中堂之福，湊巧遇着。如咸豐三四年出一二百萬即大妙。」中堂云：「爾見何以知之？」即回：「上年到山查過一切，故知三年至七年挖出銀千餘萬，商人咸大祥此係據在

山各老把頭所云。唐道商酌到山，只求對付，持久碰機會辦去，無力再墊。查實月中需繳若干，研究西法、土法，比較得益如何，回頭再決。」又諭：「好好整頓，爾今年幾歲？」答：「五十四歲。」

崔國因《出使美日秘國日記》卷二 〔光緒十六年三月十八日〕熱河則多銀礦，向爲土人開採，所出之銀，曾值英洋二百萬圓，皆用土法鎔煉者也。今有華人在彼開採，已向美國定購機器。

張玉書《佩文韻府》卷一一之五《上平聲一一·真韻五》 鍊銀。《參同契》：「白者，銀也；黑者，鉛也。知白守黑，謂鍊銀於鉛也。」

凝鉛爲銀。《神仙傳》：煎泥成金，凝鉛爲銀。水鍊八石，飛騰流珠。又司空圖《詩品》：猶鑛出金，如鉛出銀。煮銅爲銀。《酉陽雜俎》：赤白檉，出涼州，大者爲炭，入以灰汁，可以凝鉛爲銀。

又卷二三之一《下平聲八·庚韻一》 三日庚。《參同契》：三日庚，生兑户，開黑銀，煉出白銀來矣。

慎懋官《華夷花木鳥獸珍玩考·花木》卷一《檉》 《説文》：河柳，一曰赤莖柳，葉細如絲，似栢而香，《詩》其檉其椐，注疏云：「河旁赤莖小楊。」陸璣云：「一名雨師。」《爾雅翼》云：「天將雨，檉先起氣應之，故名雨師，而字以聖。」《前西域傳》：鄯善國出檉柳。段成式云：「赤白檉出涼州，大者無炭，人以灰汁煮銅，可以爲銀。」

葛洪《抱朴子》内篇卷一《金丹第四》 以金液爲威喜巨勝之法，取金液及水銀一味合煮之，三十日，出，以黄土甌盛，以六一泥封，置猛火炊之，六十時，皆化爲丹，服如小豆大便仙，以此丹一刀圭粉，水銀一斤，即成銀。又取此丹一斤置火上扇之，化爲赤金而流，名曰丹金。以塗刀劍，闢兵萬里。以此丹金爲盤椀，飲食其中，令人長生。以承日月得液，如方諸之得水也，飲之不死。以金液和黄土，内六一泥甌中，猛火炊之，盡成黄金，中用也，復以火炊之，皆化爲丹，服之如小豆，可以入名山大川爲地仙。以此丹一刀圭粉水銀立成銀，以銀一兩和鉛一斤，皆成銀。

又内篇卷三《黄白第一六》 成都内史吴大文，博諳多知，亦自説昔事道士李根，見根煎鉛錫，以少許藥如大豆者投鼎中，以鐵匙攪之，冷即成銀。大文得其秘方，但欲自作，百日齋便爲之，而留連在官，竟不能得。恒歎息，言人間不足處也。【略】欲作白銀者，取汞置鐵器中，内紫粉三寸已上，火令相得，注水中即成銀也。

葛洪《神仙傳》卷九《壺公》 孝子説其孤苦，公度愴然曰：「君能得數斤鉛否？」孝子曰：「可得耳。」乃具鉛數十斤。公度將入山中小屋，下鑪火中銷鉛，以神藥如棗大，投沸鉛中，攪之皆成銀。

徐堅《初學記》卷二七《銀第二》 〔叙事〕《爾雅》曰：「白金謂之銀，其美者謂之鐐。」鐐《説文》曰：「銀，白金也。」《漢書》曰：「朱提銀重八兩爲一流，直一千五百八十。他銀一流直一千，是爲銀貨。」朱提，縣名，屬犍爲。《後魏書》曰：「銀出始興陽山縣，又出桂陽陽安縣。驢山有銀礦，二石得銀七兩。白登山亦有銀礦，八石得銀七兩。」宣武帝詔並置銀官，每令採鑄。《後魏書》曰：「後魏孝明皇帝開恒州銀山之禁，與人共之。」《魏志》曰：「濊國男女繫銀廣數寸，以爲飾。」《廣州記》曰：「廣州市司用銀米，遂成縣，任山有銀穴，有銀沙。」《瑞應圖》曰：「王者宴不及醉，刑罰中，人不爲非，則銀甕出。」

歐陽修撰彭元瑞注《五代史記注》卷六二上之下《南唐世家第二》 《江淮異人録》：耿先生者，江表將校耿謙之女也。少而明慧，頗有姿色，知書，稍爲詩句，往往有嘉旨。而明於道術，能拘制鬼魅，通於黄白之術，變怪之事，奇偉恍惚，莫知其從何得也。保大中，江淮富盛，上好文，雅悦異奇之事，召之入宫，欲觀其術，不以貫魚之列待之，處之别院，號曰先生。先生常被碧霞帔，見上多持簡，精彩卓逸，言詞朗暢。手如鳥爪，不便於用，飲食皆仰於人。復不喜行，宫中常使人抱持之。每爲詞句，題於牆壁，自稱比邱先生，亦莫知其旨也。先生之術，不常的然發揚於外，遇事則應，默然而彰。上益以此重之也。始入宫，問以黄白之事，試之皆驗。復廣爲之，而簡易不煩。上嘗因暇豫謂先生曰：「此皆因火成之，苟不煩火，其能就乎？」先生曰：「試爲之，殆亦可耳。」上乃取水銀，以硾紙重複裹之，封題甚密。先生納於懷中，良久，忽若裂帛聲。先生笑曰：「陛下嘗不信下妾之術，今日面觀，可復不信耶？」持以與上，上週視題處如舊，發之已爲銀矣。又嘗大雪，上戲之曰：「先生能以雪爲銀乎？」先生曰：「亦可。」乃取雪實之，削爲銀鋌狀，先生自投於熾炭中，炭埃坌起，徐以炭周覆之。過食頃，曰：「可矣。」赫然洞赤，置之於地。及冷，爛然爲銀鋌，而刀迹具在。反視其下，若垂酥滴乳之狀，蓋爲火之所融釋也。因是先生所作雪銀甚多。上誕日，每作器用，獻以爲壽。又多巧思，所作必出於人。

何薳《春渚紀聞》卷一〇《記丹藥·丹陽化銅》 薛駝，蘭陵人，嘗受異人煅

砒粉法，是名「丹陽者」。余嘗從惟湛師訪之，因請其藥。取藥帖抄二錢匕，相語曰：「此我一月養道食料也，此可化銅二兩爲爛銀。若就市貨之，煅工皆知我銀，可再入銅二錢，比常直每兩必加二百付我也。」其藥正白而加光璨，取棗肉爲圓，俟溶銅汁成，即投藥甘鍋中，須臾，銅汁惡類如鐵屎者膠着鍋面，以消石攪之，傾槽中，真是爛銀，雖經百火，柔軟不變也。此余所躬親試而不誣者，後亦許傳法，而賊亂不知所在矣。

曾慥《道樞》卷二六《日月玄樞篇》 彼謂銀從鉛生，以鉛精合於汞，則自然爲龍虎焉，而不知黃芽出於鉛而非鉛也。

又卷三一《七返篇》 以丹砂煉冶而得，伏火鼓成白銀，是一返也。

王道《古文龍虎經注疏》卷下《煉銀於鉛章第二八》 煉銀於鉛，神物自生。銀有金精，鉛包北靈。水者道樞，陰陽之始，故懷銀精。鉛化黃丹，寄位五金。爲鉛外黑，色稟北方，內懷銀精。被褐懷玉，外似狂夫。

注曰：「鍊銀於鉛，神物自生者：白金未現其形，隱於北方玄水之中，若知白金黑鉛之內，取之爲大藥之基，運動法象，則神物自然生矣。」《參同契》曰：「知白守黑，神明自來是也。」銀有金精，鉛包北靈者：金精迺白金也，玄水之基乃真鉛也，常包北方真水銀也。《參同契》曰：「白者金精，黑者水基是也。」水者道樞，陰陽之始，故懷銀精者：白金自水而產，用爲神器，水體不絕，金水兩情爲之樞紐，陰陽之本，故爲銀精，銀精則藥也。《參同契》曰：「水者道樞，其數名一，陰陽之始是也。」鉛化黃丹，寄位五金者：鉛亦名玄，位居坎方，水火金木之炁隱於鉛內，爲五金八石之主，流珠遇之而爲根本，皆水火之炁結成也。《參同契》曰：「鉛含黃芽，五金之主，北方河車是也。」爲鉛外黑，色稟北方，內懷銀精者：鉛外貌黑惡而內有金華，常居北方壬癸之位也。《參同契》曰：「故鉛外黑內懷金華是也。」被褐懷玉，外似狂夫是此意也。

陸容《菽園雜記》卷一四 礦石不拘多少，采入碓坊，舂碓極細，是謂礦末。次以大桶盛水，投礦末於中，攪數百次，謂之攪粘。凡桶中之粘分三等，浮於面者謂之細粘，桶中者謂之梅沙，沉於底者謂之麄礦肉。若細粘與梅沙，用尖底淘盆，浮于淘池中，且淘且汰，泛颺去麄，留取其精英者。其麄礦肉，則用一木盆如小舟然，淘汰亦如前法。大率欲淘去石末，存其真礦。以桶盛貯，璀璨星星可觀，是謂礦肉。次用米糊搜拌，圓如拳大，排於炭上，更以炭一尺許覆之。自旦發火至申時住火，候冷，名窖團。次用坪銀爐熾炭，投鉛於爐中，候化，即投窖團入爐，用鞴鼓扇不停手。蓋鉛性能收銀盡歸爐底，獨有滓浮於面。凡數次，爐爬出熾火，掠出爐面滓，烹鍊既熟，良久以水滅火，則銀鉛爲一，是謂鉛駝。次就地用上等爐灰，視鉛駝大小，作一淺灰窠，置鉛駝於灰窠內，用炭團疊側，扇火不住手。初鉛銀混，泓然於灰窠之內。望泓面有烟雲之氣，飛走不定，久之稍散，則雪花騰涌；雪花既盡，湛然澄澈。又少頃，其色自一邊先變渾色，是謂窠翻，乃銀熟之名。烟雲雪花，乃鉛氣未盡之狀。鉛性畏灰，故用灰以捕鉛。鉛既入灰，惟銀獨存，自辰至午，方見盡銀。鉛入於灰坯，乃生藥中蜜陀僧也。

李時珍《本草綱目》卷八《金石部》 銀。《別録》中品。校正。併入《開寶》生銀。

釋名：白金。《綱目》。鋈。時珍曰：「《爾雅》：『白金謂之銀，其美者曰鐐。』《說文》云：『鋈，白金也。』」《梵書》謂之阿路巴。

集解。《別録》曰：「銀屑生永昌，采無時。」弘景曰：「銀之所出處，亦與金同，俱是生土中也。鍊餌法亦似金。永昌屬益州，今屬寧州。」恭曰：「銀與金生不同處，所在皆有，而以虢州者爲勝，此外多鉛穢爲劣。高麗作帖者，云非銀礦所出，然色青不如虢州者。」志曰：「生銀出饒州樂平諸坑銀礦中，狀如硬錫，文理粗錯自然者真。」頌曰：「銀在礦中與銅相雜，土人采得，以鉛再三煎鍊方成，故爲熟銀。生銀則生銀礦中，狀如硬錫。其金坑中所得，乃在土石中滲漏成條，若絲髮狀，土人謂之老翁鬚，極難得。方書用生銀，必得此乃真。」珣曰：「按《南越志》：波斯國有天生藥銀，用爲試藥指環。又燒朱粉甕下，多年沉積有銀，號盃鉛銀，光軟甚好，與波斯銀功力相似，秖是難得。今時燒鍊家，每一斤生鉛，只得一二銖。」《山海經》云：「東北樂平郡堂少山出銀甚多。黔中生銀體頂，不堪入藥。」宗奭曰：「銀出於礦，須煎鍊成，故名熟銀。其生銀即不自礦中出而特然生者，又謂之老翁鬚，其入用大同。世之術士，以硃砂而成，以鉛汞而成，以焦銅而成者，既無造化之氣，豈可入藥，不可不別。」時珍曰：「閩、浙、荊、湖、饒、信、廣、滇、貴州交趾諸處，山中皆產銀，有礦中鍊出者，有沙土中鍊出者。其生銀，俗稱銀笋、銀牙者也，亦曰出山銀。」獨孤滔《丹房鏡源》所謂鉛坑中出褐色石，形如笋，打破即白，名曰自然牙，曰自然鉛，亦曰生鉛，此有變化之道，不堪服食者是也。《管子》云：「上有鉛，下有銀。」《地鏡圖》云：「山有葱，下有銀。」銀之氣，入夜正白，流散在地，其精變爲白雄雞。」《寶藏論》云：「銀有十七種。又外國四種。天生牙生銀坑內石縫中，狀如亂絲，色紅者上。入火紫白如草根者

次之，銜黑石者最奇，生樂平、鄱陽產鉛之山，一名龍牙，一名龍鬚，是正生銀無毒，爲至藥根本也。生銀生石礦中，成片塊，大小不定，狀如硬錫。母砂銀，生五溪丹砂穴中，色理紅光。黑鉛銀，得子母之氣。此四種爲真銀。有水銀銀、草砂銀、曾青銀、石緑銀、雄黃銀、雌黃銀、膽礬銀、靈草銀，皆是以藥制成者；丹陽銀、銅銀、鐵銀、白錫銀，皆以藥點化者，十三種皆假銀也。外國四種：新羅銀、波斯銀、林邑銀、雲南銀，並精妍。」

烏銀。《藏器》曰：「今人用硫黃熏銀，再宿瀉之，則色黑矣。工人用爲器養生者，以器煮藥，兼於一二丈處，夜承露醴飲之，長年闢惡。」

宋應星《天工開物》卷下《五金·銀》 凡銀中國所出，浙江、福建舊有坑場，國初或採或閉。江西饒、信、瑞三郡有坑從未開。湖廣則出辰州，貴州則出銅仁，河南則宜陽趙保山、永寧秋樹坡、盧氏高觜兒、嵩縣馬槽山，與四川會川密勒山，甘肅大黃山等，皆稱美礦。其他難以枚舉。然生氣有限，每逢開採，數不足則括派以賠償。法不嚴則竊争而釀亂，故禁戒不得不苛。燕、齊諸道，則地氣寒而石骨薄，不產金、銀。然合八省所生，不敵雲南之半，故開礦煎銀，唯滇中可永行也。凡雲南銀礦，楚雄、永昌、大理爲最盛，曲靖、姚安次之，鎮沅又次之。凡石山硐中有鉀砂，其上現磊然小石，微帶褐色者，分丫成徑路。採者穴土十丈或二十丈，工程不可日月計。尋見土内銀苗，然後得礁砂所在。凡礁砂藏深土，如枝分派別，各人隨苗分徑橫迄而尋之。上稽橫板架頂，以防崩壓。採工篝燈逐徑施钁，得礦方止。凡土内銀苗，或有黃色碎石，或土隙石縫有亂絲形狀，此即去礦不遠矣。凡成銀者曰礁，至碎者曰砂，其面分丫若枝形者曰鉀，其外包環石塊曰礦。礦石大者如斗，小者如拳，爲棄置無用物。其礁砂形如煤炭，底襯石而不甚黑，其高下有數等。商民鑿穴得砂，先呈官府驗辨，然後定稅。出土以斗量，付與冶工，高者六七兩一斗，中者三四兩，最下一二兩。其礁砂放光甚者，精華洩漏，得銀偶少。凡礁砂入爐，先行揀淨淘洗。其爐土築巨墩，高五尺許，底鋪瓷屑、炭灰，每爐受礁砂二石。用栗木炭二百斤，周遭叢架。靠爐砌磚墻一朵，高闊皆丈餘。風箱安置墻背，合兩三人力，帶拽透管通風。用牆以抵炎熱，鼓鞴之人方克安身。炭盡之時，以長鐵叉添入。風火力到，礁砂鎔化成團。此時銀隱鉛中，尚未出脫，計礁砂二石鎔出團約重百觔。冷定取出，另入分金爐一名蝦蟆爐內，用松木炭匝圍，透一門以辨火色。其爐或施風箱，或使交箑。火熱功到，鉛沉下爲底子。其底已成陀僧樣，別入爐煉，又成扁擔鉛。頻以柳枝從門隙入內燃照，鉛氣淨盡，則世寶凝然成象矣。此初出銀，亦名生銀。傾定無絲紋，即再經一火，當中止現一點圓星，滇人名曰「茶經」。逮後入銅少許，重以鉛力鎔化，然後入槽成絲。絲必傾槽而現，以四圍匡住，寶氣不橫溢走散。其楚雄所出又異，彼硐砂鉛氣甚少，向諸郡購鉛佐煉。每礁百斤，先坐鉛二百斤於爐內，然後煽煉成團。其再入蝦蟇爐沉鉛結銀，則同法也。此世寶所生，更無別出。方書、本草，無端妄想妄註，可厭之甚！大抵坤元精氣，出金之所三百里無銀，出銀之所三百里無金，造物之情亦大可見。其賤役掃刷泥塵，入水漂淘而煎者，名曰淘釐錙。一日功勞輕者所獲三分，重者倍之。其銀俱日用剪，斧口中委餘，或襞底粘帶布於衢市，或院宇掃屑棄於河沿，其中必有焉，非淺浮土面能生此物也。凡銀爲世用，惟紅銅與鉛兩物可雜入成僞。然當其合瑣碎而成鈑錠，去疵僞而造精純，高爐火中，坩鍋足煉。撒硝少許，而銅、鉛盡滯鍋底，名曰銀銹。其灰池中敲落者，名曰爐底。將銹與底同入分金爐內，填火土甑之中，其鉛先化，就低溢流，而銅與粘帶餘銀，用鐵條逼就分撥，井然不紊。人工、天工亦見一斑云。爐式併具於左。

開採銀礦圖

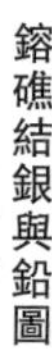
鎔礁結銀與鉛圖

沉鉛結銀圖

分金爐清銹底

李世熊《錢神志》卷一《靈産第一》 方氏曰：「凡鉚砂山見磊砢小褐石，自有脈路，穴土十丈，或倍之。支洞尋苗，或黃碎石，或石縫亂絲，則礁砂近矣。形如煤炭，下疊石不甚黑，出土以斗量，高者六七兩一斗，下者一二兩，其礁砂放光，甚者精華洩漏，得銀偏少。爐築五尺，砂光淘洗，每礁砂二石，用栗木炭二百斤，墻背鼓鞴，火力既合，礁鎔成團，然銀猶隱鉛中。砂二石，鎔團約百斤，冷定，入分金蝦蟆爐，鉛沉下者已類陀僧，柳枝燃照，鉛氣凈盡，則生銀也。傾無絲紋，或見圓星，滇號茶經。入銅少許，乃入槽成絲耳。」

《神仙傳》曰：「尹軌，字公度。有遭母喪而窮者，公度省之，愴然曰：『卿假求數十斤鉛得否？』孝子言：『猶可得耳。』乃具一百斤。公度將入前山中，架小屋下，於爐中鉛，銷以管中藥，投沸鉛中，攪之，皆成好銀，以與之，告曰：『念卿貧困，故以相與，慎勿多言。』」

黃尊師於茅山側修起天尊殿，講説教化，日數十人。時講筵初合，忽有一人排闥叫呼，貌麤言陋，腰插騾鞭，如隨商客騾仗者。罵道士不向深山學道，聚衆作何物？黃尊師不測，下筵遜詞。良久，詞色稍和曰：「修一殿卻用幾錢。」曰：「五千貫。」曰：「盡搬破釜及雜鐵來。」約八九百斤，掘地爲爐，以火銷之。探懷取胡蘆，瀉出兩丸藥，以物攪之。少頃去火，已成上銀。曰：「此合得萬餘貫，修觀計用有餘。」黃生與其徒皆謝，問其所欲，笑出門去，不知所之。後十餘年，黃生奉詔到京，忽於長街西見插騾鞭者，肩一幞子，隨一騎驢老人行，全無茅山氣色。黃生欲趨揖，乃摇手指乘驢者，復連叩頭，黃生但磕禮而已。惜此老人逸其名，黃生不物色，而交臂失之，真俗道士耳，枉此奇遇也。

胡應麟曰：「鄔佐卿曾如甘露寺，遇一蜀僧，深於禪理，因數數往返，佐卿適有所負，迫窘無以應，憂見於色。僧問曰：『君須幾何，而形困若此。』鄔曰：『此方以内煎熬地獄，非十金不能免此。』僧持几上煮茶銅銚視之，曰：『此踰十金矣。』便命索炭。鄔異之，即爲燃炭，僧出包中藥匕許，擦銚周遍，藥盡，著火中燒，令通赤，急索酒淬之，尋以水洗，則成銀矣，鄔遂得緩子錢之急。明日往謝，僧已行矣。」

李時珍《本草綱目》卷八《金石部・密陀僧唐本草》 釋名：没多僧、《唐本》。爐底。恭曰：「密陀，没多，并胡言也。」

集解：恭曰：「出波斯國，形似黃龍齒而堅重，亦有白色者，作理石文。」頌曰：「今嶺南、閩中銀銅冶處亦有之，是銀鉛脚。其初采礦時，銀銅相雜，先以鉛同煎煉，銀隨鉛出。又采山木葉燒灰，開地作爐，填灰其中，謂之灰池。置銀鉛於灰上，更加火煅，鉛滲灰下，銀住灰上，罷火候冷，出銀。其灰池感鉛銀氣，積久成此物，未必自胡中來也。」承曰：「今市中所貨，是小瓶實鉛丹鍛成者，大塊尚有瓶形。銀冶所出最良，而罕有貨者。外國者未嘗見之。」時珍曰：「密陀僧原取銀冶者，今既難得，乃取煎銷銀鋪爐底用之。造黃丹者，以脚滓煉成密陀僧，其似瓶形者是也。」

唐順之《武編》前集卷六《礦》 擇礦法：上等紫色者或黑色者，嚼之如蠟，其味如蜜。每一兩煎得銀五錢者謂之金水平分，此爲絶好。其中或煎銀五錢以上者亦好。次一等，乃雞糞礦，其形如麥芽碎碎塊，黑白相兼。每一兩煎銀八錢上下者。又次一等，乃黃沙礦，其形黃色，碎如米粒。每一兩煎得銀六七錢者。外有常號，每一兩煎得銀二三錢以上。四種該用之物，不拘數目，取來多多益善。大約以二十斤爲率，可多不可少。凡取得礦石，就用本洞之土，本地之水，調和拌勻，入磁缾内好生封固，毋令泄氣爲妙。外有真出山一兂鉛，取五六十斤。每斤内有銀三五錢者，取來作用。出礦地方杭州府桐廬富陽縣界五寶山，每百斤用生鐵五斤煎得銀七八兩，銅三十斤。（嘉靖）三十七年私開兩日。紹興府會稽縣銀山壩礦面，沙泥每百斤，銀二兩五。礦未開目，今盜泥日可得銀三四百兩。進本官開，鄉官不肯。寧波府觀海的山，每百斤，銀七八兩。同前項。金華府義

烏縣八寶山，每百斤，低的出銀二十兩，極好的出銀六七百兩，日可出千石，江南第二礦也。三十八年，處礦徒私開五次，被義烏兵殺敗。

方以智《物理小識》卷七《金石類》　分金爐。重者在下，浮土在上，以次分焉。入鉛煮洗，所以分之也。其傾銷之罐，取旋窩細泥煎熬。大罐則兼鋼砂瓦屑萬杵成之，雖紅不裂。爐底與罐積而末之，加鉛洗下，然後分之，必有所得，不虛也。暄曰：分之有紅銅、蜜陀僧，其精者爲銀。【略】

金中出銀法。金入銀者，甘鍋鑠化。每一兩投倭硫三錢，觸之，俟冷，破甘鍋，金在底；銀則黑浮於面，入灰池煎。【略】

潛老夫曰：凡鉛銅中皆有銀，從雲貴來赤銅有光，乃未取煉者也，石直十六兩；赤銅從舶來廣者，石不過九兩，以取出也。赤銅一石可取白銀四兩，鉛每斤可取銀須五分，有此二物，其鉛乃可取霜，若爲人取去此物者，則取霜不出，負版鐵鉛亦取不出。

顧炎武《天下郡國利病書·浙江下》　而處州人善煉礦，以强悍聞，乃潛以銀沙和入土礦。

又《天下郡國利病書·廣東下》　凡桶中之粘分三等：浮於面者謂之細粘，桶中者謂之梅沙，沉於底者謂之鸁礦肉。若細粘與梅沙，用尖底淘盆浮於淘池中，且淘且汰，泛颺去鸁，留取其精英者。其鸁礦肉，則用一木盤如小舟，然淘汰亦如前法。大率欲淘去石末，存其真礦，以桶盛貯，璀瓈星星可觀，是謂礦肉。次用米糊搜拌，圓如拳大，排於炭上，更以炭一尺許覆之，自旦發火，至申時住火，候冷，名窖團。次用坪銀爐熾炭，投鉛於爐中，候化，即投窖團入爐，用鞴鼓扇不停手，蓋鉛性能收銀，盡歸爐底，獨有滓浮於面。凡數次，爐出熾火，掠出爐面滓，烹煉既熟，良久，以水滅火，則銀鉛爲一，是謂鉛駞。次就地用上等爐灰，視鉛駞大小作一淺灰窠，置鉛駞於灰窠內，用炭圍疊側，扇火不住手。初銀鉛混泓然於炭窠之內，望泓面有煙雲之氣，飛久不定；久之稍散，則雪花騰湧，雪花既盡，湛然澄澈；又少頃，其色自一邊先變渾色，是謂窠翻，乃銀熟之名；煙雲雪花，乃鉛氣未散之狀。鉛性畏灰，故用灰以捕鉛，鉛既入灰，唯銀獨存。自辰至午，方見盡銀，鉛入於灰坯，乃生藥中藥密陀僧也。

程岱葊《野語》卷三《古金》　聞乾隆間郡人嘗於弁山採銀鑛，鎔造成錠，舉手輒碎，目爲生銀，因而輟採。鄙意取他銀十七八，配此等銀十二三，和而鎔之，當不復裂，請語之得者。

嵇曾筠《（雍正）浙江通志》卷一〇七《物産》　《龍泉縣志》：【略】又白銀烹煉法：按五金之礦生於山川重峰峻嶺之間，其發之初，惟於頑石中隱見礦脈，微如毫髮。有識礦者得之，鑿取烹試，礦色不同，精粗亦異。礦籮重三十斤，呼一箉，得銀多至二十兩，少或三、四錢。礦脈深淺不可測，有地面方發而遽絶者，有深入數丈而絶者，有其微久而方闊者。有礦脈中絶而鑿取不已，復見興盛者，此名爲過壁。有方採於此，忽然不見，而復發於尋丈之間者，謂之蝦蟇跳。大率坑匠採礦如蟲蠹木，或深數丈，或數十丈，或數百丈，隨其淺深，斷絶方止。取礦則携尖鐵及鐵鎚，竭力擊之，凡數十下僅得一片。又有不用鎚尖，唯燒爆而得礦石。既採則入碓房，舂碓極細，是謂礦末。次以大桶盛水，投礦末於中，攪數百次，謂之攪拈。凡桶中之拈，有等浮於面者，謂之細拈，桶中者謂之梅砂，沉於底者謂之粗礦。（内）〔肉〕若細拈與梅沙用尖底淘盆，浮於淘池中，且淘且汰，泛颺去粗，留取其精英者。其粗礦（内）〔肉〕則用一木盆，如小舟然，淘汰亦如前法。大率欲淘去石末，存其真礦。以桶盛貯，璀瓈星星可觀，是謂礦肉。次用米糊溲拌，團如拳大，排於炭上，更以炭尺許覆之。自旦發火，至申時住火候冷，名曰窖團。次用坪銀爐熾炭，投鉛於爐中，候化即投窖團入爐，用鞴鼓扇不停手。蓋鉛性能收銀盡歸爐底，獨有滓垢浮於面。凡數破爐爬出熾火，掠去爐面滓垢。烹煉既熟，良久，以水滅火，則銀、鉛爲一，是爲鉛駞。就地用上等爐灰，視鉛駞大小作一淺灰鍋，置鉛駞於灰窠內，用炭圍叠側，扇火不住手。初鉛、銀混鎔，泓然於灰窠之內，望泓面有煙雲之氣，飛走不定。久之稍散，則雪花騰涌。雪花既盡，湛然澄徹。又少頃，其色自一邊先變渾色，是謂窠翻。窠翻乃銀、鉛之名，烟雲、雪花乃鉛氣未盡之狀。鉛性畏灰，故用灰以銿鉛，鉛既入灰，惟銀獨存。自辰至午，方見净銀。鉛入於灰，名爲灰坯，乃生藥中蜜陀僧也。《處州府志》：萬曆中，開採黄巖坑，先用葦水役徒數百人，增車至一百三十五輛，動糜帑千餘，迨涸烹砂，不足以償工食、熾炭之費。又慶元坑場舊有十處，或巖閉洞塞，或水積淵深，俱經往時採壞。即有一、二處出鑛，所得不足以償所費。且地界閩、浙，鑛徒嘯聚，輒爲地方害。

宋賡平《礦學心要新編》卷上編上《第四章論察考形色》　天下有形色之物，皆可識別者也。但以不識者，而强之識，亦終茫無所見耳。亦經有識者視之，觀其形即可以知其爲何物，辨其色即可以定其爲何質，真僞虛實，無不洞悉，識之既真，取之自易，天下安有難爲之事哉。夫認礦之貴有識，誰不知之，而不識者

多，自以爲能識者，人或以爲不識，此辨礦之所以難也。余於試驗諸法，言之幾詳，如第二章所言皆是。第恐專靠試驗，則藥物各品所費良多，故更即其形色以爲識別之法，眼洗雲水，物無遁情，亦辨礦者之一助也。金礦除馬牙之外，多是純質，無煩贅論。銀礦多雜他質，最不易辨，無論其或生山中或生石内，皆以純白爲上，不宜帶青，青則有鉛。生銀之礦，狀如硬錫，若生金線礦中，及在土上，又或石内，滲漏成條，若絲髮狀，土人謂之老翁鬚，極爲難得。餘則皆非純質，必經煆煉，方成熟銀，難易之分，各從其類。惟千層礦，其質最難分出，多用黛石以配煉之，此石汁稠，多産銀廠側近之處，或加鉛以誘本質，或用清海石、硝鹽硼砂等物，皆能出銀味也。又有柳條礦，能透出石峽，除石峽外，便是净銀，石中起白銀細絲即是。

又有一種銀礦，名蒼蠅翅，其色白亮，光華外露，色氣極好，究爲下品，所謂浮而不實，如人之外清内濁。此礦見火即飛，取汁最難，凡礦之氣皮，五金之苗萵，大率類此，開廠如遇此礦，切不可辦，費盡功夫徒勞無益。又有一種銀礦，其色金黄沉重，初看似有金銀，乃硫磺蛋子石也。如要考究此礦，用火筩吹之，有硫磺臭即知其爲僞也。

又有一種，其色紅，其質堅，非用巨火煆煉，外加硝鹽硼砂配製，令其轉色，不能鎔化成汁，名曰硃砂銀礦。無論本山對面，皆要尋着胍頭掛烟開進，方爲不虛。

吴其濬《滇南礦廠圖略》卷一《礦第四》　蓋銀黑礦，起鹽沙，或發亮，皆有銀，先入大爐煎出，似鐵非鐵。次之入推爐，即分金爐，推去鎌臊，末入小爐，揭成銅鎌，下罩出銀。

又《罩第七》　煉銀曰罩，出銀謂之一池。尺罩要需爲老灰也，故記罩。

小曰蝦蟇罩，形似之。下爲土臺，長三四尺，横尺條，四周土墻高尺許，頂如魚背，面上有口以透火，下有口不封以看火條。鋪炭於底，置鐵其中。炭在沙條上，煉約對時許，銀浮於罩口内，用鐵器水浸蓋之，即凝成片渣沉灰底，即底母也。出銀後即拆毁另打。

大曰七星罩，形如墓，又曰墓門罩。下亦土臺，長五六尺，横二尺，四周土墻，頂圓，有七孔以透火，因曰七星罩。前高二尺，上口添炭，下口爲金門，上板封之，後以次而殺。鋪灰於底，置鑛於上，攙以鎌炭在沙條之上。約二時，開金門，用鐵條趕臊一次仍封之。或一對時，或兩對時，銀亦出於罩口内。出銀後，添入鑛鎌，隨出銀，隨添鑛，可經累月，須俟損裂，再行打造，故又曰萬年罩。

柏葰《薛箖吟館鈔存》卷七《探礦行礦字或作鑛，又作丱，《周禮·地官》有丱人》

兹銀功則倍，爆爐兑爐分。五火至熬包，灰底鉛乃沈。銀砂經五火，鉛始沈入灰中。翻花如煉汞，凝結爲高銀。

薛福成《出使日記續刻》卷五《(光緒十八年八月)十八日記》　凡取銀於礦有兩法：一用汞引法，一和鉛鍊法。汞引法又謂之溼法。取銀先磨礦爲細粉如食鹽，十分加熱，令變爲銀緑；再加水銀及鐵硫或鐵沙，使汞與銀和合。汞須六倍或八倍於銀，時調攪之，使易與銀合。汞與銀合成膏形，冲水洗去其泥，並濾出多餘之汞；再將銀汞膏置罐内，升去其汞，即得净銀。比和鉛法更有益，因能省燒料也。和鉛法謂之乾法。將含銀之礦，和以鉛而鎔之，得其含銀之鉛；此鉛或徑用吹風法取銀，或用别法提鍊而得純銀。此爲最舊之法，凡銀硫礦、銀鉮礦、銀緑礦等俱可用之；然工繁料費，故今不多用。

劉嶽雲《格物中法》卷五上《金部·銀》　鉛中有銀，銀體差黑，未經坯銷，名出山銀。《溪蠻叢笑》。【略】

今時燒煉家，每一斤生鉛只得一二銖銀。《海藥本草》。

嶽雲謹案：此銀鉛相雜之礦，其含銀多者，即爲銀礦。

白鉛之礦中亦含銀質，宜煎以土鍋。《鄙事綴紀》。

白鉛用瓦罐煉成，聞其中亦有銀。交阯人知取之之法，而内地不能也。《滇南礦廠圖略》。

嶽雲謹案：此銀與白鉛相雜之礦，今會理州有之，取銀而棄其白鉛。

采得礦，入碓坊舂碓極細爲礦末，次以大桶盛水，投礦於中，攪數百次，謂之攪黏。凡桶中之黏分三等：浮於面者謂之細黏，桶中者謂之梅沙，沈於底者謂之麤礦肉。若細黏與梅沙，同用尖底淘盆浮於淘池中，且淘且汰，泛颺去麤，留取其精英者，其麤礦肉則用一木杵如小舟，然淘汰亦如前法。大率用淘去石末，存其真礦，以桶盛貯，璀璨星星可觀，是謂礦肉。次用米糊搜拌，圓如拳大，排於炭上，更以炭一尺許覆之，自旦發火至申時住火，候冷名窖團。次用煆銀爐熾炭，投鉛於爐中，候化即投窖團於爐，用鞲鼓扇不停手。蓋鉛性皆能收銀盡歸爐底，獨有滓浮於面。凡數次甑出熾火，掠去爐面滓，烹煉既熟良久，以水滅火，則銀鉛爲一，是爲鉛駝。次就地用上等爐灰，視鉛駝大小，作一淺灰窩，置鉛駝於灰窠内，用炭爲疊，則扇火不住手。初銀鉛混，泓然於灰窩之内，望泓内有煙雲

之氣，飛久乃定，久之稍散，則雪花騰擁，雪花既散，湛然澄澈。又少頃，其色白，一邊先變混色，是謂窩翻，乃銀之苔煙云。雪花乃鉛氣未散之狀。鉛性畏灰，故用灰以捕鉛，鉛既入灰，惟銀獨存，自辰至午，方見淨銀。鉛入於灰底，乃生藥中密陀僧也。《南越志》。

初采礦時，銀銅相雜，先以鉛同煎煉，銀隨鉛出。又采山木葉燒灰，開地作爐，填灰其中，謂之灰池，置銀鉛於灰上，更加火煆，鉛滲灰下，銀住灰上，罷火候冷，出銀。其灰池感鉛銀氣，積久成密陀僧。《蘇頌本草》。

銀礦歷火，則銀浮於面，參之以底母，則銀判，再以銀鉛合質提之，乃得淨銀。《天工開物》。

凡礁砂入爐，先行揀淨淘洗。其爐土築巨堆，高五尺許，底鋪瓷屑、炭灰，每爐受礁砂二石。用栗木炭二百斤，周遭叢架。靠爐砌磚牆一垛，高闊皆丈餘。風箱安置牆背，合兩三人力帶拽，透管通風。用牆以抵炎熱，鼓鞲之人方可安身。炭盡之時，以長鐵叉添入。風火力到，礁砂鎔化成團。此時銀隱鉛中，尚未出脱，計礁砂二石鎔出團約重百斤。冷定取出，另入分金爐一名蝦蟆爐，內用松木炭匝圍，透一門以辨火色。其爐或施風箱，或施交箑。火熱功到，鉛沈下爲底子，頻以柳枝從門隙入內燃照，鉛氣淨盡，則世寶凝然成象矣。《天工開物》。

楚雄所出銅砂，鉛氣甚少。向諸郡購鉛佐煉，每礁百斤，先坐鉛二百斤於爐內，然後扇煉成團。其再入蝦蟆爐，沈鉛結銀，則同法也。《天工開物》。

銅掣銀係大花明礦，中帶緑色，或緑中帶黑墨者，俱有銀。蓋明礦即鎌母，故知其夾銀也。銀掣銅乃銀礦未能純淨，夾帶銅氣，扯火入爐，浮在面上者即冰銅二種，俱藉底母攙和，另用扯爐分開，其銅歸爐可揭蟹殼，其鎌加罩，即出淨銀。《銅政全書》。

東洋銅有托體銀礦內者，入爐煉時，銀結於面，銅沈於下，商舶漂入中國，名曰日本銅。其形爲方長板條。漳郡人得之，有以爐再煉，取出零銀，然後瀉成薄餅，如川銅一樣貨賣者。《天工開物》。

嶽雲謹案：此皆中國自來通行之法。

銀礦舂磨爲粉後，與鹽相拌，入火煆，令微紅，放去硫黄氣，俟盡入水，淘去泥土，再以多鹽化分與之參和，俟無變化而止，乃以銅鐵片入之，經一晝夜，取水中澄下之質，入爐鎔煉，即得純銀。亦有以爐火煆，令銀與鹽變化訖，另用爐分之。會理州楊生言。

嶽雲謹案：此亦中國之法，與《丹房密語》同。

凡銀爲世用，惟紅銅與鉛兩物可雜入成僞。然當其合瑣碎而成鈑錠，去疵僞而造精純，高爐火中，坩鍋足煉。撒硝少許，而銅鉛盡滯鍋底，名曰銀黝。其灰池中敲落者，名曰爐底。將黝與底同入分金爐內，填火土甑之中，其鉛先化，就底溢流，而銅與黏帶餘銀，用鐵條逼就分撥，井然不紊。《天工開物》。

此初出銀，亦名生銀。傾錠無絲紋，即再經一火，當中止現一點圓星，滇人名曰「茶經」。逮後入銅少許，重以鉛力融化，然後入槽成絲。絲必傾槽而現，以四圍匝住，寶氣不横溢走散。《天工開物》。

生銀初煎出如縵埋，乃其天真，故無毒。鎔者投以少銅，則成絲文金花，銅多則反敗銀，去銅則復還銀，而初入少銅，終不能出。《本草綱目》。

凡造低僞銀者，惟本色紅銅可入。一受倭鉛、砒等氣，則永不和合。然銅入銀內，使白質頓成紅色，洪爐再鼓，則清濁浮沈立分，至於淨盡云。《天工開物》。

配銀提黝法。銀鎔時，先下銅，後下鉛，挑沙入之，黝浮起如泡，用鐵箸攪之，急入冷水，則黝成塊，中仍含銀，更用骨灰爐提之，黝即硫黄質銀，遇硫能自相牽合，而變黑。配鉛有一簡法，於銀熔後，灑鉛花入之，急攪勻，令冷，極難看出。江浦尹姓言。

提銀去銅法。用多鉛與銀同鎔，傾出急冷成板，再置火爐之斜面，加熱至鉛熔化，自能帶銀滚下，銅則留而不動。江浦尹姓言。

提銀去鉛法。火爐之底有淺盆，將含銀之鉛置其內，加熱至紅，吹風氣過之即熔，而自盆底漏去，所留者爲純銀，尚不能淨純。

凡銀舍鉛後，其圓似珠，閃爍發光，即純銀之徵，須由爐內將盆取出，緩緩待冷，速則銀必外躍而傷耗。盆內襯以骨灰，襯式爲長方。若鉛未盡去，再熔一次即得。此爐俗名分金爐。江浦尹姓言。

嶽雲謹案：銀傾爲鈑錠後，或加入銅鉛，或提去銅鉛，各適其用而已。

礦銀屑爲齏末，與鹽參拌，以火微煆之，俟煙氣盡，入鹽水內盛於大鐵盤中。數日後，傾去其水，則得淨銀粉。《丹房密語》。

嶽雲謹案：此丹家治銀之法，如銀含鉛，則法不可用，此等銀粉，火鎔爲錠，乃純銀也。

杏核丹用銀硃三分、水銀一錢、砒一分、樟腦五釐炒，將杏核鑽一孔去仁，入

藥鹽泥封口煉，用末香一升燒盡爲度，取出放在傾過銀子罐内，用火扇二把扇之，傾成小錠。《古秘苑》。

用銀杏核磨洞去實，入以水銀、紫鶴花，塞洞，炭火中煨成銀。《古秘苑》。

嶽雲謹案：此即煉丹家死汞之法，世謂之角銀。西人所謂水銀結冰也。丹銀雖有多種，以余所見，大抵皆角銀也。凡製法皆小小爲之，無多製者。

赤白樫出涼州，大者爲炭，復入灰汁，可以煮銅爲銀。《酉陽雜俎》。

舊銀器以白礬水煮令浄，若先以吹火噴黑，再置礬水中更佳。《鄙事綴紀》。

嶽雲謹案：此銀器令潔白之法，亦煉冶之餘事。

李桂林《〔光緒〕吉林通志》卷四一《經制志六》 初鑿之砂，每千斤煉銀質二十餘斤，提銀十二兩有奇。迨鑿深十九丈，每千斤煉銀質七十餘斤，提銀三十一、二兩。以目下月出砂數覈計，提銀約可出銀四千五、六百兩。現在存砂七十餘萬斤。擬趁此春融，廣備灰炭，先設燒生砂大爐八十座，每座燒生砂三千斤，用木炭燒煅三次，每月出熟砂二十四萬斤。又加煉銀質大爐四十八座，每天輪流煉熟砂八千斤，可出銀質五、六百斤，提銀三百餘兩，覈計一箇月可出銀一萬兩。近時礦丁、爐匠及雜丁夫已用一百七十餘名，若再設爐煉砂，尚須添用一百數十名，共三百餘名。月需工食銀一千七、八百兩，月需油鐵等項五、六百兩，連局用薪水每月共需經費銀二千數百兩。如每月煉提銀一萬兩，尚可贏餘七千餘兩。第煉提賴乎人工，本屬可遲可速，而鑿取限乎地利，不能予取予求，且夏秋陰雨時候，地氣鬱蒸，硐丁在硐，未能久作，勢所必至。祇期此後各硐一律開及正脈，足供多人採取。苗綫日增，提銀自鉅。應如何酌提歸公以裕餉源、覈計獎叙以資激勵之處，續俟擬定章程，呈請覈辦等情，並將銀兩銀質生熟各砂呈驗前來。臣查程光第勘辦銀礦，既經覓有苗幾二枝，開硐九處，據稱雖只一硐開及正脈，而每月出砂可提銀四千五、六百兩，加爐燒煉，月可出銀萬兩；是剏辦之始，無虞虧賠。將來各硐皆得正脈，苗綫日漸增多，則其利之充盈，尤可想見；裕餉固邊，計誠莫善於此。第煉砂提銀，僅恃土法，恐銀質未浄、多所委棄，現已派員馳赴天津購辦洋爐。並恐程光第一人難以周顧，添派候選縣丞禄崧前往會同辦理。一面仍飭該員等作速妥擬詳細章程，再行酌覈，奏請聖裁。除將送到寶銀一錠，銀質一塊，生熟各砂數包，咨呈海軍衙門考覈外，所有派員試採琿春天寶山銀礦緣由，理合恭摺密陳。奉硃批：「該衙門議奏，欽此。」《官册》。

傳記

曾國荃《〔光緒〕湖南通志》卷九五《名宦志四・宋三》 羅克開，永豐人，知郴州，廢銀冶，立常平，郴民德之。《楚紀》。

汪綱，黟人，桂陽軍平陽令。縣連溪洞，蠻蜑與居，綱一遇以恩信。科罰之害既三十年，綱首白諸臺，罷之。桂陽歲貢銀二萬九千餘兩，平陽當三分之二。綱謂向者銀礦坌發，故可勉應，今地寶已竭，力請蠲損。歲饑，旁邑有曹伍者，聚惡少强貸發廪，衆至千餘，挾界頭、牛橋二砦兵爲援，盤踞萬山間，前令未嘗一涉其境。綱至，相率出迎。綱已宿具酒食，曰：「汝何敢亂，順者得食，亂者就誅。」杖其首惡者八人，發粟振糶，民賴以安。《宋史》本傳。

又卷二一一《人物志五二・技術》 大湊山匄者，不知何所人。桂陽州俗采鉛燒銀，皆傍山設場。有何蘭玉者，家貲鉅萬，好拳棒技擊，場中工徒盡習角觝，蹶張雄於時。一日，蘭玉獨飲，有壯士高肩巨顙睨蘭玉，不言亦不去。蘭玉呵之曰：「少年不能自食，而自令落薄如此。」匄者笑曰：「無所用力耳。」燒銀者爐鞲，扇火最强力，試之，兼數人，乃留長一鑪。居數日，八月十五，工徒畢休夜飲，酒酣，各起校藝。匄者率然曰：「公等頗欲佳梨否？」遂探懷出梨。蘭玉驚視之，已笥中藏也。又嘗取竹筐擔水，滿傾竹筵中浴，衆大駭，争環問，壯士何所最善。壯士曰：「少習擊刺，然諸公不足擊。」一揮手，衆人當者自顛仆。又曰：「不如使我居中而環擊我。」衆持刀劍將下，失所在，視之自門入。益錯遌，疑其隱形。壯士笑曰：「吾適自壁上步出，不信者請復之。」衆皆注視，一騰躍，果出於是。蘭玉更置酒，請爲弟子。壯士曰：「明旦，吾師之妻當來，不亟走，被禽矣。」因論劍術拳勇，諸人屏息。至旦，壯士起，燃香門前，戒曰：「有婦人來問，示之香，言去久矣。」移時，有三十許婦人來問匄者安在。蘭玉指香告以方去，婦人頓足曰：「踰二千里，不可追也。」亦去不顧。《州志》。

李昉《太平廣記》卷四五《神仙四五・梅真君》 汝陰人崔景唐，家甚富。嘗有道士，自言姓梅，來訪崔，崔客之數月。景唐市得玉鞍，將之壽春，以獻節度使高審思。謂梅曰：「先生但居此，吾將詣壽春，旬月而還，使兒姪輩奉事，無所憂

也。」梅曰：「吾乃壽春人也，將此訪一親知，比將還矣。君其先往也。久居於此，思有以奉報。君家有水銀乎？」曰：「有。」即以十兩奉之。梅乃置鼎中，以水銀煉之，少久即成白銀矣。

又卷五九《女仙四・程偉妻》 漢期門郎程偉妻，得道者也，能通神變化，偉不甚異之。偉當從駕出行，而服飾不備，甚以爲憂。妻曰：「止闕衣耳，何愁之甚耶？」即致兩匹縑，忽然自至。偉亦好黄白之術，煉時即不成。妻乃出囊中藥少許，以器盛水銀，投藥而煎之，須臾成銀矣。偉欲從之受方，終不能得，云：「偉骨相不應得。」逼之不已，妻遂蹷然而死，屍解而去。出《集仙録》

又卷七二《道術二・騾鞭客》 茅山黄尊師，法籙甚高，於茅山側，修起天尊殿，講説教化，日有數千人。時講筵初合，忽有一人排闥叫呼。相貌麤黑，言辭鄙陋，腰插騾鞭，如隨商客騾仗者，罵曰：「道士，汝正熟睡邪，聚衆作何物？不向深山學修道，還敢謾語邪！」黄尊師不測，下講筵遜詞，衆人悉懼，不敢抵牾。良久，詞色稍和，曰：「豈不是修一殿，卻用幾錢？」曰：「要五千貫。」曰：「盡搬破甑釜及雜鐵來。」約八九百斤，掘地爲爐，以火銷之。探懷中取葫蘆，瀉出兩丸藥，以物攪之。少頃，去火，已成上銀。曰：「此合得萬餘貫，修觀計用有餘。攪則所獲無多，但罷之。」

歐陽修撰彭元瑞注《五代史記注》卷六二上之下《東漢世家一〇》 劉旻，漢高祖母弟也，初名崇。

自旻世，凡舉事必稟契丹，而承鈞之立多略。契丹遣使者責承鈞改元、援李筠、殺段常不以告，承鈞惶恐謝罪。使者至契丹輒見留，承鈞奉之愈謹，而契丹待承鈞益薄。承鈞自李筠敗而失契丹之援，無復南侵之意。地狹産薄，以歲輸契丹，故國用日削，乃拜五臺山僧繼顒爲鴻臚卿。繼顒，故燕王劉守光之子。守光之死，以孽子得不殺，削髮爲浮圖，後居五臺山。爲人多智，善商財利，自旻世頗已賴之。繼顒能講《華嚴經》，四方供施多積畜，以佐國用。五臺，當契丹界上，繼顒常得其馬以獻，號添都馬，歲率數百匹。又于柏谷置銀冶，募民鑿山取鑛，烹銀以輸，劉氏仰以足用。即其冶建寶興軍，繼顒後累官至太師中書令，以老病卒，追封定王。

趙道一《歷世真仙體道通鑒・後集》卷五《程偉妻》 漢期門郎程偉妻，得道者也，能神通變化，偉不甚異之。偉當從駕出行而服飾未備，甚以爲憂。妻曰：「止闕衣耳，何愁之甚邪？」即爲致兩匹縑，忽然而至。偉好黄白術，連時不成，妻乃出其囊中藥少許，以器盛水銀，投藥而煎之，須臾成銀。偉欲從求方，終不可得。云偉骨未應得之，逼不得已，妻遂蹷然而化，屍解而去。

佚名《黄帝九鼎神丹經訣》卷一一二同卷《明水銀長生及調鍊去毒之術》

按：昔漢黄門侍郎程偉好黄白術，娶妻，妻乃知方之妙也。偉方扇炭燒火，筩中有水銀，偉按《枕中鴻寶》作金，不成。妻曰：「吾欲試作之一兩。」乃出其囊中藥，少少投之，食頃，發之成銀。

王松年《仙苑編珠》卷下《仲都耐熱程妻致繒》 程偉妻者，能通神變化。偉當從駕，無時衣，甚憂，妻乃置繒兩匹，從空而至偉前。偉好作黄白，經年不成，妻乃出囊中藥少許投之，食頃，汞乃成銀。

陸佃撰，牛衷增《增修埤雅廣要》卷三一《什物門・異珍類》 又漢期門郎程偉妻，通神變化，能煎水銀成銀。偉從受方，妻謂骨相不應得之，逼之不已，妻乃尸解去。《真誥》：耿先生者，亦明道術，保大中召入宫，自稱北大先生，以雪削如銀定，投熾火中燒之，即爲銀矣。

李昉《太平御覽》卷八一二《珍寶部一一・銀》 桓譚《新語》曰：「期門郎程偉好黄白事，娶婦得怪女。偉無衣焉，婦致兩疋繒。後見夫方扇炭欲燒筒中水銀，婦乃出其中藥以投之，立成銀。偉就求道不授，發狂而死。」

又《珍寶部一一・鉛》 《神仙傳》曰：「尹軌字公度，有一人遭父喪，當葬而貧窮。及公度過省之，孝子説甚辛苦。公度愴然曰：「卿假求數十斤鉛得否？」孝子言：「猶可得耳」。乃具一百斤，公度將入前山中，架小屋下於爐火中銷鉛，以其所帶管中藥如棗大投沸鉛中，攪之，皆成好銀，以與之。告曰：「念卿貧困，故以相與，慎勿多言。」

竇子偁《敬由編》卷三《胥》 王濟郎中，初爲漳州龍溪主簿時，汀州以銀冶事起訟，踰十年不決，連逮數百人。轉運使命濟鞫之，濟曰：「事有始末，罪有首從，多辭連引，獄之所以久不決也。」才七日，盡得其情，從坐者數人而已。歷刑部郎中，知洪州。

《新唐書》卷一〇〇《列傳第二五・權萬紀》 帝寤，從萬紀散騎常侍，而免仁發。數年，復召萬紀爲持書御史，即奏言：「宣、饒部中可鑿山冶銀，歲取數百萬。」帝讓曰：「天子所乏嘉謀善政有益於下者，公不推賢進善，乃以利規我，欲方我漢桓、靈邪！」斥使還第。

李燾《續資治通鑑長編》卷四《太祖》 世祖頗倚賴之，繼顒能講《華嚴經》，

四方供施多積畜，以佐國用。五臺當契丹界上，繼顒常刷其馬以獻，號「添都馬」，歲率數百疋。又於栢谷置銀冶，募民鑿山，取鑛烹銀。

李有棠《遼史紀事本末》卷一七《劉漢之立》〔遼穆宗應曆〕十二年夏四月戊申。攷異：畢沅《續通鑑》云：北漢攻麟州，防禦使楊重勳擊走之。路振《九國志》云：北漢主以僧繼邕知國政，繼邕游華嚴，見地有寶氣，於團柏谷置銀場，募民開採，號寶興軍。吴任臣《十國春秋》云：天會六年二月，漢兵侵晉潞二州，爲宋將所敗。四月，太原民潛逃降宋者四百七十人。七月，捉生指揮使路貴等十一人降宋，並補内殿直。又繼邕作繼顒，鴻臚卿。李燾《長編》云：重勳即承訓也。避周恭帝諱改焉。繼顒係劉守光子，削髮爲浮圖，居五臺山，多智計，能講《華嚴經》，四方供施多積蓄，以佐國用。五臺當契丹界，繼顒常刷其馬以獻，號添都馬，歲率數百匹；置銀冶，主取其銀，貢契丹歲千斤。

畢沅《續資治通鑑》卷三《宋紀三》〔乾德元年，遼應曆十三年十二月〕乃拜五臺僧繼容爲鴻臚卿，繼容故燕王劉守光之孽子，爲浮屠，居五臺山，能講《華嚴經》，四方供施多積蓄，以佐國用。五臺近遼界，常得其馬以獻，號添都馬，歲率數百匹。又於柏谷置銀冶，募民鑿山，取礦烹銀，北漢取其銀以輸遼，歲千斤，因即其治，建寶興軍。

彭百川《太平治迹統類》卷二《太祖太宗親征北漢》 王，劉守光之子，守光死，居五臺山，爲人多智能，好講《華嚴經》。四方供施多積蓄，故繼顒常得其馬以獻，又於栢谷置銀冶，募民鑿山，取礦烹銀，每歲輸千斤，因即其冶，建寶興軍。

楊仲良《宋通鑑長編紀事本末》卷五《太祖皇帝・親征河東太宗朝附》 燕王劉守光之子，爲人多智，善商財利，世祖頗倚賴之。繼容能講《華嚴經》，四方供施多蓄積，以佐國用。五臺當契丹界上，繼容常得其馬以獻，號添都馬，歲率數百匹。又於栢谷置銀冶，募民鑿山，取鑛烹銀，北漢主取其銀，以輸契丹，歲千金，因即其冶，建寶興軍。

邵經邦《弘簡録》卷一六一《庶官・宋六之六》〔索湘，字巨川，滄州鹽山人。〕真宗即位，入爲右諫議大夫，復充河北轉運使，奏罷郡民歲釀，并静戎、威武二軍鬻茶，及北砦山麓銀冶。德州舊賦民馬給驛，又役民爲步遞，湘至，悉代以官馬兵卒，人皆便之。

又卷一八七《文翰・宋一〇之六》〔沈遘，字文通，錢塘人。〕擢知制誥，兼通進銀臺司，爲河北西路察訪使，奏罷轉運銀冶之利，近畿括馬之害，言朝廷歲遺契丹銀，以非其地所有，故重之。今銀城縣坊皆没於彼，使彼知鑿山之利，何賴歲餉。

《宋史》卷三〇四《王濟傳》 汀州以銀冶搆訟，十年不決，逮繫數百人，轉運使使濟鞫之，纔七日情得，止坐數人。

鄭克《折獄龜鑑》卷三《鞫情胡質王靖附》 按：王濟郎中，初爲漳州龍溪主簿時，汀州以銀冶事起訟，踰十年不決，連逮數百人。轉運使命濟鞫之，裁七日，盡得其情，從坐者數人而已。見本傳。濟大中祥符四年終於刑部郎中，知洪州。

又卷八《嚴明》 張式，劍州將樂縣主簿。有銀冶，坐歲課不足，繫者常數十百人。式籍其人，使貧富財力相兼，課遂有羨，人無繫者。見王安石丞相所撰墓誌。

按：式知銀冶，歲課所以不足，蓋緣冶户或有財而無力，或有力而無財。於是籍其人，使富貧財力相兼，則富者不患力乏，貧者不患財窘，課遂有羨，理宜然也。昔之繫者常數十百人，今則人無繫者矣。嚴明之政，不當如是乎？

鄭岳《莆陽文獻列傳・張許郭許陳黄洪朱陳傳第二〇》 張式，字景則，僊遊縣人。天聖五年，登進士第，調將樂縣簿。縣有銀冶，坐歲課不足，繫者常數百人。式籍其人，使貧富財力相兼，亡者釋之，課更以羨。吕許公夷簡罷相，以許州觀察推官辟之。尋擇河北吏，當道者舉式知洺州，又以選知虔州。三司市紬絹十餘萬疋，非經數。式拒而弗市。復知濠壽二州。

又《莆陽文獻列傳・陳俊卿傳第二三》〔乾道元年〕十一月，當郊而雷，上内出手詔，戒飭大臣，葉顒、魏杞坐罷。俊卿參知政事，時四明獻銀鑛，將召冶工，即禁中鍛之。俊卿奏：「不務帝王之大，而屑屑有司之細，恐爲有謀所窺。」從官梁克家、莫濟俱求補外，俊卿奏：「二人皆賢，其去可惜。」於是劾奏洪邁姦險讒佞，不宜在左右，罷之。

趙與泌《〔寶祐〕僊溪志》卷四《宋人物》 張式，字景則。天聖五年，登進士第，調南劍將樂簿。有銀冶，坐歲課不足，繫者數百人。公籍其人，使貧富財力相兼，亡者釋之，課更以羨。知福州古田縣，遷太常博士，知開封府咸平縣。吕許公罷相，以許州觀察推官闢，从之。御史中丞舉公知洺州，以選知虔州。三司市紬絹十餘萬，非經數，拒而弗市。復知濠、壽二州。

何紹基《〔光緒〕重修安徽通志》卷一八二《列女》 汪綱，字仲舉，黟縣人，義和之子也。以蔭入官，調桂陽軍平陽令，桂陽歲貢銀二萬九千餘兩，而平陽當其三之二，歲久銀鑛已竭，力請蠲減。歲饑，傍邑惡少入境爲患，親往諭之，杖其首

惡八人，發粟賑糴，民賴以安。

又《宦績》 潘積，字景徵，廬州人，天順庚辰進士。由監察御史擢福建按察副使，明慎果斷，獄無冤滯。福寧産銀礦，先是，輸課者加耗息至千，因發其奸，而以補他課之逋，擢四川按察使。《福建通志》新增。

施德操《北窗炙輠録》卷下 平江有富人，謂之姜八郎。後家事大落，索逋者雁行立門外，勢大窘，謂其妻曰：「無他策，惟有逃耳。」顧難相挈以行，乃僞作一休書遣之，曰：「吾今往投故人某於信州，汝無戚心事，幸諧即返爾。」將逃，乃心念曰：「委債而逃，吾負人多矣。使吾事事倘諧，他日還鄉，即負錢千緡，當償二千緡，多寡倍受。」遂行信州。道中有逆旅，嫗夜夢有羣羊，甚富，有人欲驅之。有一人呵之曰：「此姜八郎羊也，毋得驅逐。」恍然而覺。明日，姜適至其所問津，嫗問其姓，曰：「姜。」問其第幾，曰：「八。」嫗大驚，延入其家，所以館遇之甚厚。久之，乃謂姜曰：「嫗有兒，不幸早死。有婦憐嫗老，義不嫁，留以侍嫗。嫗甚憐之，欲擇一贅壻，久之未獲。覩子狀貌非終寒薄者，顧欲以婦奉箕箒，可乎？」姜辭以自有妻，不可。嫗請之堅，姜亦以道途大困，不得已從之。其妻一日出擷菜，顧有白兔逐不可得，欲返，兔即止。又逐之，又不可得。欲返，兔又止。如是者屢，遂追之一山上。兔乃入一石穴中，妻探其穴，失兔所在，乃得一石，爛然照人，持歸以語夫。姜視之，曰：「此殆銀鑛也。」冶之，果得銀。姜遂携其銀往尋其故人，竟無得而歸。因思曰：「吾聞信州多銀坑，向之穴，非銀坑乎？」遂與其妻往攻之，果銀坑也。其後竟以坑冶致大富。姜於是携其妻與嫗復歸平江，迎其故妻以歸。召昔所負錢者，皆倍利償之。此亦怪矣。余思其後妻，憐其姑之老，義不嫁，此天下高節。而姜臨逃，亦有倍償所負之誓，亦足以見其人也。因緣會合，夫婦相際，天其以是報善人乎。

吴澄《吴文正集》卷三七《瑞州路正德書院記》 陳君〔以忠〕瑞之高安人，寬易倜儻，重義輕財。嘗冶銀於興國，所獲贏餘，悉以施與。客遊天京，爲貴近所喜，受中旨來涖是官。先是課不辨，民力重困，又取木炭於瑞州、龍興，不勝其擾。爲言於當路，凡場所輸殺四之一，官自買炭，擾不及於二郡。律己公廉，而辦課優敏，公私便之。覩其所職於己者，若是其實，則其所期於人者，從可知也。

揭傒斯《揭文安公文粹》卷二《大元勑賜正奉大夫江南湖北道肅政廉訪使董公神道碑》 宋以馮文簡公故宅爲貢士院，在洪山寺傍。及宋亡，寺燬屋僕碑而有其地，公復取以爲貢院。江西歲給蒙山銀冶糧四萬餘石，輸銀三萬五千兩。興國龍閣諸山亦多産銀，有請包辦蒙山銀者，公曰：「此姦利之民也。」斥之。

袁桷《〔延祐〕四明志》卷一六《釋道攷·僧正覺》 正覺，隰州人。年十四受戒，具學於丹霞淳。向了諲漕淮南，器重之，主泗州普照。建炎間，主天童。金人犯明，諸寺俱燬，獨覺危坐不去，掠騎至塔嶺乃還。寺僧舊不滿二百人，覺納衆千二百人，主事者憂之。覺笑曰：「非汝所憂。」翌日，嘉禾錢氏致粟千斛。歲大饑，爲食食貧民，鑿萬工池。一夕，有蜀僧叩覺門，密謂曰：「師集工繁廣，弟子有乾汞術，願以進。」遂以建器實水銀，和少藥，覆之，貯湯缶上，須臾有聲，出果銀也。覺曰：「吾亦能之。」遂以汞納口，端坐逾時，出之亦銀也。

李存《俟庵集》卷一三《金谿縣烈女廟記》 撫州金谿危素以書來言曰：金谿烈女廟者，祀葛氏二女也。初，金谿産銀，有司歲采有場。相傳唐寶曆間，葛祐爲場曹，適礦盡，輸不數，搒掠箠楚殊死，祐二女痛無以贖其父，躍入冶中自燒死，頃之，各化爲銀，由是祐得免。監場黄康以聞於朝，特爲罷金谿銀場。

余之禎《〔萬曆〕吉安府志》卷一七《賢侯傳·藺芳》 藺公芳，山西絳州人，永樂中，知吉安府。吉水民詣闕言，縣産銀，宜置冶。公奏其妄言，事遂寢。公事母甚孝，母亦賢而能教，凡公日所行事，夕則命陳於前，有未善必讓之。吉安自朱公仲智後，惟公能繼之，郡民稱賢，必曰朱藺云。

又《賢侯傳·羅克開》 羅克開，字達父，龍泉人。乾道壬辰進士，宰廣昌，甚有惠愛。憲使鄭汝諧行部，邑民遮道借留，鄭問知縣何長，民雜對曰：「不愛錢，不苦百姓，此其所長也。」遷爲大理正，時有巨室競沙田，歲入以萬計，同列欲奪以奉權貴韓侂胄，克開力持不可，由是出知柳州。至州，首廢永豐銀冶，還社倉於民。移守萊州，時朝議發州縣常平餉邊，克開上言，郡無藏粟，何以爲水旱備，乃得獨留。嘗之官姑蘇，舟纔勝二十斛，青衫手版外，有《橘隱集》三卷。

又卷一九《列傳二·周魯》 周魯，字淳夫，吉水人，弘治癸丑進士，授監察御史。歲秋當審録，舊例官防甚嚴，絶饋食，或重刑，因多瘐死，魯悉除煩苛，出諸囚庭諭之，因皆感泣待罪。嘗抽分蘆溝橋木，雖外戚貴寵者，不少假借。京師夏雷大震，魯疏去冗職，罷銀礦，便軍餉，通路引數□。時有以司馬遷冢宰者，十三道以爲不可，欲言之無當先者，魯咲曰：「言官畏言耶？」首署名以進。嘗與戴都憲珊論差法不合，引疾乞休。魯者尚□□察居僻處鄉村，布蓋徒步，不履公府。當道以行誼薦，竟不起，卒於家。

穆彰阿《〔嘉慶〕清一統志》卷三二八《吉安府》 藺芳，夏縣人。永樂中，知

吉安府，寬厚廉潔。吉水民詣闕言，縣産銀，請置冶。芳力奏其妄，事得寢。民甚德之。

又卷四二六《福州府》 黄澤，字敷仲，閩縣人。永樂進士，官河南左參政，拊循南陽，流民無失所者。宣德初，上疏陳十事，其言遠嬖倖，尤切時弊。擢浙江布政使，請罷銀冶諸坑，語甚切摯。

又卷四三五《汀州府》 江璘，淳熙間知汀州。先是，州有銀冶，歲代建昌、臨川輸銀六千兩，二郡歲償棉絹。後經兵火，棉絹不至，銀坑亦閉，所輸仍取於民。璘疏陳其害，獲旨蠲免。

又卷四七一《南寧府》 任穀，横州人。成化進士，授南京户部主事，歷福建參議。奏罷銀礦之役，爲同官所忌，調廣東，屢著聲績。

嵇曾筠《(雍正)浙江通志》卷一四七《名宦》 黄澤，《閩書》：字敷仲，閩人。永樂進士。宣德初，浙江左布政使，奏罷無征米六十萬石，停止温、處二府，平陽、麗水等七縣銀冶歲額銀九萬兩。在任九年，劾罷不職郡縣吏五十七人。

又卷一四八《名宦》 賈恪，《祥符文獻志》：字惟恭，祥符人，正統進士，以御史理浙江銀課。時處州寇發，嚴設備禦，民賴以安。【略】

張敷華，《名山藏》：字公實，安福人，天順進士。成化中，浙江右參議，監温處二府銀課。時景寧礦盗起，鎮巡議勦，敷華榜示招撫，從數十人曉諭之，皆聽命。陞參政，遷右布政使，皆在浙凡十餘年，不求赫赫聲而境内大治，仕至左都御史。謚簡肅。【略】

暢亨，湯斌《暢亨傳》：字文通，河津人，成化進士。御史按浙，奏罷上供綾紗等物，考察官吏，奏免一百餘人。弘治元年二月，景寧縣屏風山異獸萬餘，大如羊，色白，銜尾浮空去。亨請罷温、處銀課，而寘鎮守中官張慶於法。章下所司，銀課得減，責慶陳狀。慶因訐亨，亨又劾僉事鄒滂，滂亦訐亨，慶搆之，謫涇陽知縣。

徐象梅《兩浙名賢録》卷二八《吏治・瀘州判馮傑孟英》 馮傑，字孟英，金華人，永樂中貢入太學。時方營建，考選管工，授瀘州判官，佐政廉平，民夷從化。召拜監察御史，巡按福建，奏減銀課；巡兩淮，奏寬塩課；繡斧所臨，民感被德。景泰初，廣東盜起，州縣騷動，朝論以傑歷練老成，陞授廣東按察司使，隨方撫討，未幾，盜平，致仕歸。

田汝成《西湖遊覽志餘》卷一九《術技名家》 應本中甫，錢唐人，篤志好道，得劉千金和尚降僊之術，甚驗。每在萬松嶺上同志家爲之，欲備牲醴祭仙，而苦無錢，漫以借錢叩仙，允之。降筆云：「適有賈壑翁平章在此，可立約借汝。」遂書約，拜楮錢甲馬焚爐中，復書云：「汝二人可往葛嶺相府故居，大銀杏樹下稍西，有草一莖，長而秀者，就下掘之，可得。」二人隨往，不覩其草，乃拾半瓦，祝曰：「大仙若果有錢，當引領去。」祝畢，其瓦自動，中甫以手扶瓦隨行，至樹西，果有長草在焉。掘深二尺，唯麄石數塊，再祝曰：「恐即是此。」其瓦卓地如應狀，遂持而歸。復叩仙曰：「此石當何爲之？」仙書曰：「爐鎔成汁。」二人鎔之，聞爐中如淬水聲，溜下皆白銀也。持往三橋鋪，貨得鈔三十兩，買牲設祭。數月後，因别事降書曰：「應生所借之錢，免汝還矣，可於爐中取原約。」如言而往，果得約，已燒去上下空紙，其原書俱存。中甫儒者，外貌矍鑠，有膂力，能手搏，無與敵者。其所得術，每欲教人，第恨不得忠孝士，卒無傳焉。殁在至正己丑，時年七十有八。

過庭訓《本朝分省人物考》卷九《郭忠》 會計允當，遷員外。督儲臨清，職務畢舉，進郎中。有宗室訟民田，久不決，勅忠勘實，歸奏稱旨。及擢守處州，嚴關防，判訟獄，忠信明決，人不敢欺焉。處有銀冶，士人競利，恒據險爲患，忠痛懲其不悛者，復設法禁之，其患始息。

又卷八四《劉謙》 宣德初，授陝西醴泉縣知縣，以廉惠稱。丁未，父殁守制還，服闋，擢行在山西道御史。時浙東平陽銀冶，往往爲人竊發，互相讐殺，封域弗靖。謙奉命往按，撫窮民，禁奸宄，其患遂息。其地與金鄉、磐石等三衛鄰，居民素被陵轢，莫敢誰何，一以法繩之不少貸，境内肅然。

又卷九五《王晟》 王晟，字景昭，鄆城人。舉正統丙辰進士，初授刑部主事，陞員外郎。英敏剛直，鞫獄平恕，秩滿，陞浙江僉事，專理山場銀課。時麗水青田諸縣山賊陳鑑湖等哨聚劫掠，晟召募勇敢，殺賊數百人，已而賊勢復張，官兵不能支，晟遂被執，駡賊而死。事聞，遣官諭祭，贈江西參議，官一子。

李濂《嵩渚文集》卷八〇《温州府知府劉公傳》 〔宣德六年〕辛亥，服闋，被薦擢行在山西道監察御史，兩以其績考於銓部，都臺俱上最。時浙東平陽銀冶，往往爲人竊發，互相讐殺，封域弗靖，朝議推風力御史按蒞之。公被薦往，至則撫窮民，禁奸宄，其患遂息。且其地與金鄉、盤石等三衛隣，居民素被陵轢，莫敢誰何。公以法繩之不少貸，境內肅然。

萬斯同《明史》卷二一〇《列傳六一・黄澤》 宣德三年，擢浙江布政使，復

上言：「陛下屢降德音，軫恤黎庶，而民之疾苦，猶未上聞。竊見平陽、麗水等七縣銀冶，自永樂時遣宦煎辦，歲額銀八萬七千餘兩，地力有限，今所産有不足課額者，有礦脈盡絶者，小民賠累終無已時。富者貧困，貧者流亡，一方如此，推之他處，其害亦然。乞施曠蕩之仁，盡罷諸坑冶，民間幸甚。」帝覽其章，歎息曰：「民困若此，朕何由知？」其遣官同所在有司驗視，應減應罷，酌議以聞。

又卷二二七《列傳七八・林聰》 初，正統中，福建銀場額重，民不能堪。〔林〕聰恐生變，請輕之。時弗能用，已而果大亂，及是復極言銀場之害，竟得減免。

又卷二四四《列傳九五・徐鏞》 〔徐鏞，字用和，興國人。〕福州、建寧二府歲征礦銀萬三千餘兩，民力絀，不能辦，乞停罷。【略】銀課，汰十之三，餘從其請。

又卷二四六《列傳九七・暢亨》 〔暢亨，字文通，河津人。〕弘治元年二月，處州景寧縣屏風山有異物萬計，狀類馬，色白，大如羊，首尾相銜，浮空而去，自午至申，乃滅。居民驚懼，言正統間曾遘此災，府境大亂。亨因上弭災事宜，謂溫、處二府銀課歲額二萬二千有奇，小民率鬻子賣産以輸，官司逼迫，有因而自經，散爲賊盜者，宜急停免，增設監司、府縣佐司銀場者，亦宜召還。鎮守中官張慶，以進貢爲名，廣行征斂，金玉珍寶奇禽異卉充滿第中。又擅作盛福，濫受民詞，公私咸被其害，請寘之法，籍其貲佐經費。章下所司，銀課得減損，慶但責陳狀而已。

王鏊《〔正德〕姑蘇志》卷五二《人物十・名臣》 沈訥，字文敏，崑山人。正統間以進士授大理評事，尋陞寺副。景泰間，出爲福建按察僉事，督松溪銀冶，正額外不求羨餘。時慶元盜起，遽入松溪，訥以計擒之，得不滋蔓。

王崇炳《金華徵獻略》卷一七《來宦傳・劉實》 劉實，字嘉秀，安福人。正統初爲金華通判，因旱，奏請寬貸，使貧民得贖其子女。又奏免遞運船十隻，及八寶山採辦銀課。實於民一介不取，而自甘清苦。見《名宦録》。

尹守衡《明史竊》卷四八《何喬新列傳第二十六》 〔何喬新，字廷秀，廣昌人也。〕福安、寧德二邑，銀鑛久絶，而歲課猶供，喬新爲奏減三之二。

又卷五三《朱英列傳第三十一》 朱英，字時傑，桂陽人也。正統十年進士，授御史。是時，閩浙東南間，賊多起於銀冶，州縣不能制，勑遣御史十三人分守要地坐鎮之，英得處州，英至則誘致其渠魁周明松者，戮之市，撫散其餘黨。

又卷九九《守令列傳・循吏第七十七》 〔藺芳，夏縣人也。〕吉水有無賴民詣闕言：「縣故有銀冶，可烹煉。」上遣官覆視，父老羣訴於芳曰：「即用無賴者言，吾屬父子兄弟不能保，而邑有無窮之患。」芳曰：「銀冶誠有之乎？」曰：「無之。但聞故老云，宋季時邑有姦民，妄言銀冶於朝者，後坐誣罔之罪。今茫茫山谷，上者樹松栢，下者秫禾稼，豈嘗見有所謂銀冶？太守如疑我言，詣闕告者在此，請指説銀冶之處，我等甘罪。」芳惻然，顧告者而問之，噤不能對，父老趣之對，卒無對。父者因指此無賴人，平日所爲罪惡累累，皆應坐死，其人在旁聞之惴慄。芳曰：「毋恐，罪皆赦前，今獨問銀冶有無耳。」告者即叩頭吐實，自言：「愚昧不甘鄉人華衣美食，揚揚焉，未嘗齒我。故妄意以禍之，乃至於此。」芳乃爲草奏，大意謂：告者嘗聞故老言，宋時説銀冶事而未及詳，輒率意上陳。今詢邑人老長，皆云素未嘗有銀冶，即不實，甘受鈇質。言人人同，謹以實聞。

徐咸《明名臣言行録・後集》卷四《何喬新文肅公》 公孤介嚴冷，法執是確不可移，積忤袁錦衣，伺之無其隙。在閩奏減銀礦課額，蠲半租以無病於民。

儲大文《存硯樓文集》卷一三《中丞潘公傳》 蓋山澤之産，至宋紹興而已大竭，明左都御史軒公輗清操號軒耿，提刑浙江，請停溫、處銀場額課，中外胥撓之，遂召鄧茂七之亂。

《明史》卷一七二《列傳第六〇・孫原貞》 福州、建寧二府舊有銀冶，因寇亂罷。朝議復開，原貞執不可。乃寢。

又卷一七七《列傳第六五・林聰》 〔林聰，字季聰，寧德人。〕初，正統中，福建銀場額重，民不堪。聰恐生變，請輕之。時弗能用，已果大亂。及是復極言其害，竟得減免。

又卷一八〇《列傳第六八・暢亨》 〔暢亨，字文通，河津人。〕弘治元年二月，景寧縣屏風山異獸萬餘，大如羊，白色，銜尾浮空去。亨請罷溫、處銀課，而置鎮守中官張慶於法。章下所司，銀課得減，責慶陳狀，慶因訐亨考察不公，停亨俸三月。

又卷三〇五《列傳第一九三・宦官二》 陳增，神宗朝礦稅太監也。【略】〔萬曆〕十六年，中使祠五臺山還，言紫荆關外廣昌靈丘有礦砂，可作銀冶。帝聞之喜，以大學士申時行等言而止。

盧文弨《抱經堂文集》卷二六《楊文定公家傳》 滇地多産銀，官收其課，久之礦衰，而課如故，司事者以缺額罷官究追，多視爲畏途。公以礦有王有衰，請

以道員一人，總理各廠，使盈詘得以相補。若武定之獅子廠、楚雄之廣運廠，及臨安新開之華祝箐廠，皆費多利少，請封閉。

彭紹升《二林居集》卷一七《事狀六・故資政大夫禮部尚書楊文定公事狀》 滇故多銀礦，官收其課，久之礦衰，課如故，司事者坐缺額，多罷官追征。公謂礦有衰，即有旺，請以道員一人，總理諸廠，使盈詘得相裒益，其費多而利少者，閉之。

張大復《崑山人物傳》卷三《明崑山人物傳・沈訥》 景泰元年，陞福建按察僉事，專督松溪銀冶。時沙尤盜起，往來翕忽，而松溪利權所在，冶户洶洶。公潔己率人，務清正供，嚴絶侵漁，户民帖然趨役。踰年盜起慶元，入松溪縣界亂，匿黄熊、望浙、湛盧諸山中，公統兵擒之，得不滋蔓。

馮桂芬《〔同治〕蘇州府志》卷九二《人物一九》 景泰元年，出爲福建僉事，督松溪銀冶，正額外不求羨餘。盜起慶元，入松溪界，〔沈〕訥以計擒之，得不滋蔓。

又卷九八《人物二五》 陸潤，字昌澤，成化丙戌進士。知閩縣，俗好訟，潤執一二寘於法，風少止；番使入貢者，往時多濫給廩餼，潤爲裁省。內艱歸，服除，補知清平縣，遷太僕寺丞，擢温州知府。温有銀冶，盜時竊發，豪猾代輸公賦，潤皆嚴禁之。

王鏊《震澤集》卷三〇《嘉議大夫南京工部右侍郎沈公墓誌銘》 患福建銀鑛所司有額外之賦，公案之落職，御史欲翻案出之，公執不可，御史卒從之。

謝旻《〔康熙〕江西通志》卷六八《人物》 胡涇，字源潔，豐城人。天順進士，授監察御史，按南畿。捕宣城大猾汪深，置之法。有道會匿民婦居夾壁間，已踰年。婦家誣其夫殺而沈諸江，妄指他尸實之，已伏罪。涇廉得更其獄，列郡以爲神。復按雲南，上疏減銀冶歲課銀十有二萬，滇人頌之。陞雲南按察副使，改陝西，卒於官。

李賢等《明一統志》卷五五《臨江府》 何純，新淦人，成化丙戌進士，授庶吉士，拜監察御史。時大臣不厭輿論，純歷數其過，疏至三上。按廣東、四川，端平詳慎，大協人望。陞雲南兵備副使，發倉賑饑民，免相食；擒阿彌州賊首，奏設守禦千户所，邊患以息；奏減銀課，民生以全。卒於官。

錢澧《錢南園遺集》卷首袁文揆《錢南園先生別傳》

錢南園先生諱澧，字東注。先世江寧人，遠祖鑄，明成化間幕遊昆明，遂家焉。會太監錢能使滇，以同姓故欲引使附己，鑄逃居迤西。能去，始還。父世俊，家貧，以冶銀爲業。先生少有大志，舉止岸然。少長，從塾師遊，聞古賢人傑士，輒慨然欣慕。

陸粲《庚巳編》卷一《空同山人》 蜀人盧川，弘治初，領鄉薦，卒業太學，質美而貧，與吾鄉程貢士遵相友善。有道士不知何許人，自云姓達，號空同山人，與川同邸，交尤稔密。其人身頎然長，形狀秀偉而落魄善飲。日行歌於市，暮歸携錢滿袖，盡以與川，川賴以給。周旋歲餘，一旦欲辭還山，川來語程，共治具送之。川時患瘡徧體，久不瘥，求道士治。曰：「易耳。」出藥少許，和酒與服，燒炕極熱，令卧其上，重被覆之，取所佩小葫蘆鎮其角。川如爲所壓，不能興，出汗淋漓，被盡霑濕。道士徐揭被，呼之起，則瘡盡脱去，膚瑩如玉矣。顧川曰：「乍別，客中真大寂寞，且憂子貧，無以贍。予有丹，能點銅爲白銀，今相分與，他日聊試之，或能充數月費耳。」傾瓢中藥一匕授川，酒盡別去。無何，川值乏資，程請出其丹試之，覓銅杓重四兩，熾火鎔之，投丹其中。少頃，五色焰起，鏗然有聲，已成雪白銀，而錙銖無所耗。於是相顧驚嘆。程乞其少許，至今藏之。

阮元《〔道光〕廣東通志》卷三〇五《列傳三八・明》 張元珠，興寧人，正德中，任沙縣丞。邑舊有銀冶，巨璫鎮閩，欲啓之，元珠堅持不可，乃止。《福建通志》。

瞿九思《萬曆武功録》卷一《兩京北直隸・白蓮教喬濟時、曹崙列傳》 喬濟時，楚隨州人也。聞桐柏有銀冶，當買田宅於其間，已爲巡徼老人，給事縣庭中，因盜竊礦沙，以爲務。

熊賜履《學統》卷三《翼統・薛敬軒先生》 尋差監湖廣銀場，同列以爲賀，先生舉古詩云，此鄉多寶玉，慎莫厭清貧。至則黜貪墨、正風俗。手録《性理大全》一書，潛心讀誦。冬夜雪飄盈几，誦聲不輟。思有所得，即秉燭書之，或通宵不寐，有不知手舞而足蹈者。察沅州銀課不足，苦累地方，抗疏罷之。湖北之民永利焉。

徐鼒《小腆紀年附考》卷三 〔劉〕澤清，白面朱唇，甚美。將略無所長，惟聲色貨利之是好。初以總兵鎮山東，率五千人渡河救汴。壁壘未成，賊來争，相持三日，互有殺傷。忽拔營去，惶遽奔迸，士卒争舟多溺死。癸未七月，請於青登諸山開礦煎銀。攷曰：《北略》載：二十五日甲申，總兵劉澤清請於青登諸山開礦煎銀。著巡撫設法。按時事不應有此，《南略》以爲癸未七月事，近是，故附辨於此。

李元度《國朝先正事略》卷一二《楊文定公事略》

雍正元年，疏言：「雲南一切規禮，臣一無所收。其鹽規五萬二千兩，留爲恤竈修井用外，尚餘四萬六千兩。累年供應駐藏官兵，軍需賞賚及公私所用，皆取諸此。又銀廠缺課每年約二三萬兩，廠員視爲畏途，臣將鹽規撥補銀廠缺課，並捐賠前任督撫運糧倒斃牛馬等項。」得旨：「督撫羨餘，豈可限以科則？取所當取，用所當用，固不可朘削以病民，亦不必矯激以沽譽。在揆情度理行之，可無煩章奏也。」【略】滇故多銀礦，官收其課。久之，礦衰，課如故，司事者並坐缺額獲譴。公謂：「礦有衰即有旺，請以道員總理諸廠，使盈絀得相衰益，其費多利少者閉之。」官民稱便。

紀事

王韶之《始興記》　元嘉元年夏，霖雨，小首山崩，自巔及麓，崩處有光耀，居人往觀，皆是銀礫，鑄之成銀。

趙彥衛《雲麓漫鈔》卷二　建寧府松溪縣瑞應場，去郡二百四十餘里，在深山中。紹興間，鄉民識其有銀脈，取之得其利。隆興初，巡轄馬遞鋪朱姓者言於府，府俾措置，大有所得，事不可掩，聞於朝，賜名「瑞應場」，置監官。朱死於場中，一子與人鬭，亦死場中，祀爲神，號七寶大王。初，場之左右皆大林木，不二十年，去場四十里皆童山。場之四畔圍以大山，雖盛夏亦袷衣，日正中方見日光。乾道中，人入穴鑿山，忽山合夾死五十餘人，血自石縫中流出。取銀之法，每石壁上有黑路乃銀脈，隨脈鑿穴而入，甫容人身，深至十數丈，燭火自照，所取銀鑛皆碎石，用臼搗碎，再上磨，以絹羅細，然後以水淘，黄者即石，棄去；黑者乃銀，用麵糊團入鉛，以火煅爲大片，即入官庫。俟三兩日再煎成碎銀，每五十三兩爲一包，與坑户三七分之，官收三分，坑户得七分。鉛從官賣，又納税錢，不啻半取矣。它日又鍊，每五十兩爲一鋌，三兩作火耗。坑户爲油燭所熏，不類人形；大抵六次過手，坑户謂之過池，曰過水池、鉛池、灰池之類是也。

虞集《道園學古録》卷三〇《孝女贊有序》　曰金谿場。寶曆乙巳，銀絶而冶廢，宋開寶初始置縣云。冶廢時，土不産銀久矣。有司不敢失其貢，迫諸民而取之。有葛祐者，官强之涖冶事。銀既無所從出，傾其家不足充數。吏驅祐家，取土石雜烹之，本無所得，縛祐搒掠，不勝其苦。祐無子，獨有二女，且長，不忍見其父，皆自投冶中焚死。監吏黄慷上其事，撫州刺史奏除之。里人哀二女，又感其去患害也，神而祠之。皇元至元中，郡守張國紀用獻利者言，起金銀冶屬縣，至今民病之。獨金谿以二女事聞得不作。大德庚子，縣丞吴瑾作新祠於沙阜之地，延祐戊午，縣尹李有又新作之。民間歲時祠之，有詔祠在祀典者，則縣長吏行事焉。元統甲戌四月朔，邑士危素，請太史虞集贊之。贊曰：「寶藏之興，豈爲厲階。叔世盡利，民生罹乖。煢煢二女，哀其所天。力不能捄，投身毒煙。身盡義著，苛政亦熄。民以永寧，無愧血食。」

蘇天爵《滋溪文稿》卷二八《跋金溪葛孝女贊》　孝女始因有司彊其父徵求銀冶，不忍見其搒掠之苦，遂投冶中而死。刺史奏除其貢，至今邑人賴之。嗚呼！夫以女子之行若此，矧仁人君子之用世，惠澤及民者何如哉？然則孝女之祠於鄉宜矣，危君又能表其文辭，俾好功獻利者，聞之庶有警焉。

徐弘祖《徐霞客遊記》第七册上《滇遊日記六》　〔崇禎己卯〕於是循南山行溪之南，二里，有村在溪北山下，曰百户營，又西五里，有村在溪北懸岡上，曰千户營。營之西，有山西自大山分支東南下，突於塢中，塢遂中分。當山之西南者，其塢迴盤，其水小，爲西山坳，新廠在其東南，而路出其西北。當山之東北者，其塢遥達，其水大，爲中所屯。南北二衙又在其西北，而路則由山之西南逾坳以入，於是從千户營西南轉入南塢，一里餘，至新廠。皆淘沙煎銀者。【略】

石城旁通無極，而此則一水中涵，若其光瑩之異，又非他水可及也。久之，仍上洞口，始登前樓，則前楹後軒，位置俱備，而僧人他出，扃鑰不施。仍一里餘，下至南衙，問松檜道，俱云行不能及。乃竭蹶而趨，由南衙後傍西山而北二里，是爲北衙。有神廟當北衙之南，門東向，其後大脊之上，駢崖矗夾，有小水出其中，廟之北有公館，市舍夾道，甚盛。折而東，共半里，而市舍始盡，蓋與南衙迥隔矣。二衙俱銀礦之廠，獨以衙稱者，想其地爲盛也。東與南來大道合，復北行一里餘，市舍復夾道，蓋烹煉開爐之處也。

著録

吴其濬《滇南礦廠圖略》卷二《銀廠第二》　通都闤闠有銀卝乎，則白晝而攫

矣。族居大姓有銀卝乎，則苑山而據矣。瘴癘蛇虺之窟，人跡不至，造物之所庫也。千百年一發，其藏蓋有數焉，鶩者足繭萬山，或遇或不遇，而流人冒死而不返者，以寶藏爲桓司馬之槨耳。不著其地，鳥知其險阻艱難，故記銀廠。

藝文

趙時春《浚谷集・文集》卷六《處州銀冶志序》 唐治書侍御史權萬紀，請採宣饒銀以富國，太宗文皇帝數之曰：「汝御史職，朕耳目，無嘉言賢才以助朕利民，顧請採銀，視朕爲何如主也！」遂黜萬紀。按：太宗本開業致治之君，蒞阼之初，良臣張蘊古獻《大寶箴》，皆修德養人之精要，無不當帝心者。後爲萬紀所讒死，此帝所以有嘉言賢才之思也與？銀不可以衣食生民，獨其質有常，難耗渝，可以權百物而通之。凡天下之物堅久而少得者，皆可以爲權。周有九府圜法，不專以銀爲權也。權少則貴重，而物裕不以多爲尚，政亂物匱，民趨末作，銀雖多而權益輕，採雖廣而費亦侈，隳農業而縻衣食，銀日以多，衣食日以竭，故太宗不爲，而思嘉言賢才。夫嘉言者，可以致諸用者也；賢者才，足以致用者也。非其君堯舜不敢舉，非其民唐虞不敢布，非禹稷咼咎之業莫敢行。禹憂民不得耕，故奠其居；稷憂民不盡禹之利，故相之食；咼憂民不安稷之養，故教之順；咎繇慮民不皆若咼之教，故示之刑，無事於銀也。太宗德雖慚堯舜，然君臣各有志，修明政刑，言利如萬紀者必黜，而嘉言賢才必用。使不忠如裴矩、裴蘊者，亦能以嘉言賢才自勵。清明之氣上接天和，而后土重厚之體淳固不虧，蓄爲豐年，民知農桑之利萬倍於銀，則爭趨南畝，卒之斗米三錢，絹匹數十，外户不閉，行旅不齎糧，威加四荒而無轉餉之憂，遂無以銀爲言者。治雖不及於唐虞，三代之後有能及之者乎。

我太祖高皇帝，除胡復華，功並唐虞，致治之美，有光太宗。然建元之初，兵革未息，費用尚廣，已能屢蠲租稅，至十三年遂盡予天下租。凡所收租，皆其地所有，不强民以銀，而民遂不以銀爲急。雖有奸貪，無所取銀，欲竊物以行，則形迹易露，而法顧重，是以官吏清而民安樂，幾致刑措，豈非所謂栽培之者哉。夫唯貪殘奸佞之臣，專事乎銀，任土之貢，盡易以銀，百貨出入，以銀爲估，可以低昂輕重，以施詭秘。竊上剥下，以濟其私。交通關節，以崇其寵。齎輕而迹難露，俗敝而上不知。百吏四民，棄其本業，而唯銀之是務。

銀日以登，物日以耗，奸宄得志，賢智退藏，用乃益匱。於是乎始鑿山穴地，竭澤礪火以求之。昏瘀之氣，上干天變，坤靈疏洩，生物枯槁。民不務農，農用不登，災害並至，干戈迺作，此所謂傾者覆之也。夫君人者孰不惡傾覆而樂栽培，然常陷於傾覆而不知者。惡聞賢者之嘉言，而樂小人之便私。便私之味甘，而嘉言常苦口。余同年遂昌應子子才，於是乎有大憂，即其鄉郡銀冶興廢利害之故，起爭致亂之詳，輯約爲志，藏諸永久。嗚乎！唐、虞、太宗、高皇之事，余不得而見矣。望斯世於唐、虞、太宗之盛，以纘高皇帝之休烈，則是志也。將以喻貪夫而回諸道，使不挾銀冶以亂吾治，此余所以序志之意也。此作志者，欲保治之意也。嗚乎！

偶桓《乾坤清氣集》卷九《古樂府・金溪孝女歌》 唐敬宗時，撫之金溪有金銀塲，銀户葛佑者輸銀不足，監官黄慷榜佑垂死，佑二女投銀冶中，化銀二錠，事聞，遂罷銀塲，金溪與二女立廟，至今血食。危太樸有卷求余詩，爲賦《孝女歌》云：金溪石，石生銀。鑿石石有盡，銀令無時磷。昨夜銀官下，山頭點銀户。葛家父，無丁惟二女。葛家父苦楚，苦楚與死鄰。二女痛父關一身，駢首跳冶烈焰闉。烈焰焚二女，不焚二女心。天慘慘，神森森，化作雙白金。雙白金，盛龍錦，願作萬壽巵，以奉天子飲。一飲銀鬼泣，再飲銀令寢。

蘇軾撰施元之注《施注蘇詩》卷三九《詩五十一首・和猶子遲贈孫志舉》

軒裳大爐鞲，陶冶一世人。從横落模範，誰復甘饑貧。可憐方回癡，初不疑嘉賓。頗念懷祖黠，瞋兒與兵姻。失身墮浩渺，投老無涯垠。回看十年舊，誰似數子真。孫郎表獨立，霜戟交重闉。深居不汝覿，豈問親與鄰。連枝皆秀傑，英氣推伯仁。我從海外歸，喜及崆峒春。新年得異書，西郭有逸民。公自注：陽行先以登真隱訣見借。小孫又過我，歡若平生親。清詩五百言，句句皆絶倫。養火雖未伏，要是丹砂銀。我家六男子，朴學非時新。詩詞各璀璨，老語徒周諄。願言敦宿好，永與竹林均。六子豈可忘，從我屢厄陳。《莊子・大宗師》：今一以天地爲大鑪，以造化爲大冶。《揚子》：師者令模範也，以木曰模，以竹曰範。【略】《抱朴子》：丹砂燒之成水銀，積變又還成丹砂，故能令人長生。《大洞鍊真寶經》：將丹砂修煉，伏火後鼓成白銀，名之爲一返也；將白銀化出，砂令伏火鼓之，乃成黄銀，名之爲二返也。

又《詩五十一首・崔文學甲携文見過，蕭然有出塵之姿，問之，則孫介夫之甥也，故復用前韻賦一篇示志舉》 象服盛簪珥，豈是邢夫人。敝衣破冠履，可

憐范叔貧。君看崔員外，晚就觀國賓。當年頗赫赫，翁嫗爭爲姻。公自注：見退之贈崔員外詩。蹭蹬阻風水，横斜挂邊垠。青衫映白髮，今似梅子真。道存百無害，甘守吴市闤。自言總角歲，慈母爲擇鄰。邦人驚似舅，嬌矯惡不仁。詩文非他師，家法乃富春。豈非空同秀，爲國産儁民。挺然齊魯生，近出姬姜親。爲文不在多，一頌了伯倫。清詩要鍛一作淘。煉，乃得鉛中銀。自我遷嶺外，七見槐火新。著書已絶筆，一嘿含千諄。黄桴和葦籥，天節非人均。時時自娱嬉，豈爲俗子陳。邢夫人事見第十四卷《芙蓉城詩》注。【略】《管子》：上有鉛下有銀。蘇頌《本草圖經》：銀在鉚中，與銅相雜，土人采得，以鉛再三煎鍊方成。又鉛銀最難得，今時燒煉家每一斤鉛止得一二銖。

又卷四二《追和陶淵明詩六十首・讀山海經》 金丹不可成，安期渺雲海。誰謂黄門妻，至道逌近在。屍解竟不傳，化去空餘悔。丹成亦安用，御氣本無待。《真誥》：葛洪《内篇》，漢期門郎程偉妻，能通神變化，煎水銀成銀。偉從受方，妻謂偉骨相不應得之，逼之不已，妻乃屍解去。《抱朴子》云「黄門郎」。《莊子・逍遥遊》：「乘天地之正，而御六氣之辨，以遊無窮者，彼且惡乎待哉。」

蘇軾撰王十朋集注《東坡詩集注》卷一四《崔文學甲携文見過，蕭然有出塵之姿，問之，則孫介夫之甥也。故復用前韻，賦一篇示志舉》 清詩要淘煉，乃得鉛中銀。天祐《寶藏論》云：銀有一十七件，惟有至藥銀、山澤銀、草砂銀、母砂銀、黑鉛銀是，餘皆非。

韓愈撰廖瑩中注《東雅堂昌黎集注》卷五《古詩・寄崔二十六立之》 我有雙飲醆，其銀得朱提。朱提，漢縣名，屬犍爲郡，縣有朱提山，出銀綱。漢朱提銀八兩爲一流，直一千五百八十，他銀一流，直一千，是爲銀貨二品。

曹學佺《蜀中廣記》卷六七《方物記第九》 韓愈詩：「我有雙飲醆，其銀得朱提。」是也。

曾國荃《（光緒）湖南通志》卷末一四《雜志一四・摭談四》 宋仁宗慶曆中，桂陽監判章侁作《烹丁歌》上之朝，詔免烹户爲平民。歌云：「我生幸遇聖明君，何爲獨作桂陽民；宫中逐月催科税，不征穀粟只征銀。不問田園多少地，供給之數惟計人。盡將古來什一税，移在貧兒六尺身。自從天福征銀後，田籍毁除不復存。迄今已及百餘載，其間興替何紛紜。五年升降由鑪首，欺蔽官司焉得聞。某生不幸居北鄉，南去寶山七十里。兒孫盡是賣炭夫，從小不諳烹採事。本户大小係七丁，只是賣銀供納税。更值今年正月來，雨多人少坑鑪在。四城炭入無人收，炭價轉低銀價貴。三兩三錢零九分，火耗秤餘猶未係。幾回奔走入城來，了納身丁一月計。夜來犬吠鑪首過，舉家驚悸心膽破。手把歷頭一卷來，頂載三枷挽被鎖。自道新年科税嚴，身有杖創行路跛。」此歌辭語里質，然猶有古法。

翟灝《通俗編》卷二一《藝術》 銀工。〔《宋史・李邦彦傳》〕父溥，銀工也。〔薛昭緯《謝銀工》詩〕早知文字多辛苦，悔不當初學冶銀。

傅存吾《元風雅後集》卷三《查廣居・二銀女祠》 銀冶二女祠，撫州之金溪。其家姓葛氏，無字年未笄。羞顔不出户，宛孌守禮儀。在唐寶曆歲，其父爲胥吏。官家起銀場，日夜遭箠楚。勤紅問父苦，玉頰啼朱雨。父命斯苟活，誓以死相許。禽獸尚知義，報父寧死心。投身入銀冶，遂化成白金。郡縣驚且嘆，奏名上朝端。下詔罷爐冶，雞犬皆平安。已經五百歲，歷歷人猶傳。荒祠俯流水，像設還儼然。世間盡兒女，此事誰能前？緹縈曹娥去，未有堪倫比。可比惟皇英，雙魂抱煩冤。至今湘江竹，出土含淚痕。

程敏政《新安文獻志》卷五一下《古詩五言・葛孝女廟詩》 葛孝女廟詩原序云：撫州金谿縣民葛祐，唐寶歷間開銀冶，鉛絶，賦不給，官責其額，遂破家又不給。祐無子，惟二女，不忍其父受搒掠之苦，俱躍入冶中焚死，化爲銀。事聞，詔罷金谿銀賦，邑人哀而德之，祠之佛舍。國初以獻利者，言復興諸冶，而金谿以二女事得不興，乃爲作新廟。邑士危太樸徵予詩，賦此。程文：天地不生寶，鍾英二女人。投身烈火中，化爲雙白銀。白銀獻天子，天子驚未已。下詔罷銀征，父亦脱於理。人言葛家禍，葛女非禎祥。不見金谿祠，歲時鼓嚨嚨。遂令千載下，感嘆千載上。噫彼規利人，乃是丈夫相。雖然丈夫相，曾不如女兒。珠玉徒自焚，金谿有常祠。

黄學海《筠齋漫録》卷一 時帝頗事聲色，奢侈，嘗以銀豆、金錢等物撒地，令宫人及宦侍爭拾爲閧笑，編脩楊守陳賦《銀豆謠》，未及上，京師傳之。尚方承詔出九重，冶銀爲豆驅良工。顆顆勻圓奪天巧，朱函進入蓬萊宫。御手親將十餘把，琅琅亂灑金堦下。萬顆珠璣走玉盤，一天雨雹敲鴛瓦。中官跪拾多盈袖，金璫半墮羅裳縐。贏得天顔一笑懽，拜賜歸來坐清晝。聞知昨日六宫中，翠娥紅袖承春風。黄金作豆兢拾得，羊車不至愁煙空。別有銀壺薄如葉，并刀剪碎盈丹匣。也隨銀豆灑金堦，滿地春風飛玉蝶。君不見民飡木皮和

草根，夢想豆食如八珍。官倉有米無銀糴，摻瓢盡作溝中瘠。明主由來愛一嚬，安邦只在恤窮民，願將銀豆三千斛，活取枯骸十萬人。

李攀龍《滄溟集》卷五《齊俠行》 簡書八道發明光，詔徙羣豪赴朔方。神武臨軒眈虎視，將軍秉鉞鬱鷹揚。山東十二諸侯國，海濱五百義士鄉。厭亂齊臣思定伯，殷憂漢使出勤王。敵驕擬縱田單火，客憤能飛騶衍霜。彀騎人人白羽箭，民兵處處緑沈槍。九河寒色旌旗動，岱嶽秋陰鼓角長。各倚少年輕燕頷，曾經遣戍守漁陽。一匡九合豈受賜，排難解紛不可當。往歲潢池先陷陣，三時大戰銀冶場。功名未致有莊賈，肝膽欲傾無孟嘗。天子只今顧西北，男兒俠骨埋邊疆。

陳梓《删後詩存》卷一《敲炭兒有序》 吾鄉子弟十歲外，率馳四方，傭銀冶敲炭，長乃司爐，或起家數萬金，歸置田宅，貧者艷之，以是遂成風俗，因作詩哀之。

敲炭兒，手如漆。臉不洗，頭不櫛。鶉鴿青，烏江栗。敲兩簍，限雙日。念爹娘，夢家室。三千里，雲密密。人有言，富可必。鬚長頷，金萬鎰。簿與尉，從此出。曰歸來，整蓬蓽。車軒軒，馬駜駜。時未通，力胡佚。垂爾頭，屈爾膝。丁復當，吾事畢。

張應昌《詩鐸》卷二五潘耒《閉礦行》 潮郡綿萬山，客程傍山行。路逢采樵者，略説諸山名。指點最深處，云中有銀坑。盜採昔無禁，羸糧走疲氓。尋苗斸巖腹，排砂出精英。鎔冶爛成餅，朱提遜光晶。貧兒可暴富，利源起紛争；攘奪或相殺，盜賊滋縱橫。小利乃大害，官長豈不明。處脂有餘潤，欲禁焉得成。賢哉今太守張拘齋，清廉莫與京，始至啖以利，峻拒如堅城。決策遣封閉，塞争銷姦萌。居民始安堵，桴鼓寂不鳴。我聞重太息，斯人信邦楨。遠宦在天末，雅操能冰清。或言山澤藏，天地之奇贏。方今急治財，百計謀金生。何不條便宜，官采輸額征。嗚呼此厲階，毒蠆不可嬰。地産有時盡，國課恒取盈。前朝礦稅禍，糜爛如沸羹。丁男化亡命，去弄潢池兵。富國在本計，錐刀非所營。端人恥言利，弘羊竟當烹。此語合洗耳，勿令賢守驚。

柏葰《薜箖吟館鈔存》卷七《探礦行礦字或作鑛，又作丱，《周禮·地官》有丱人**》** 兹銀功則倍，爆爐兒爐分。五火至熬包，灰底鉛乃沈。銀砂經五火，鉛始沈入灰中。翻花如煉汞，凝結爲高銀。更聞其人説，線皆朝崑崙。東北自艮起，西北乾上尋。北口外礦苗自艮向坤，伊犁一帶即自乾向巽，皆朝崑崙，是乃正脈，否則枝葉而已，或有條無。我觀六七處，其線果向坤。有蓋兼有幫，石勢立嶙峋。如天造地設，實貨何其神。媿我讀書少，此論殊未聞。乃知格物者，不廢芻蕘言。

雜録

丘濬《大學衍義補》卷二九《制國用山澤之利下》 宋太祖開寶三年，詔曰：「古者不貴難得之貨，後代賦及山澤，上加侵削，下益刓敝，每念兹事，深疚於懷。未能捐金於山，豈忍奪人之利，自今桂陽監歲輸課銀，宜減三分。」

《續文獻通考》卷二三《征榷考·坑冶》 《刑法志》曰：「諸燒造僞銀者，徒；造賣僞銀，買主不知情，價錢給主，僞銀内銷，提真銀没官，依本犯科罪。」【略】

英宗正統三年，定私煎銀礦罪。

凡福建、浙江等處軍民，私煎銀礦者，處以極刑，家口遷化外。其遁逃不服追問者，調官軍勦捕。至五年，又定聚衆偷挖者，發雲南邊衛充軍。成化元年九月，從巡撫陝西御史項忠言：「勅陝西、河南及有礦處，凡竊取者依律治罪，仍枷號示衆。若三犯，則奏請裁處。其傷人，或聚衆不散者，處死。」六年，又令：「偷掘銀礦，初犯照例枷示，仍充發遼東。其有資給衣、糧、器具，及走報事情者，照初犯例。」

余繼登《典故紀聞》卷一一 正統三年十二月，英宗諭都察院臣曰：「比聞閘辦銀課擾民，已皆停罷，封閉各處坑穴，禁人煎採。近聞浙江、福建等處，有等頑猾軍民，不遵法度，往往聚衆偷開坑穴，私煎銀鑛，以致互相争奪，殺傷人命。爾都察院即揭榜禁約，今後犯者，即令該管官司拏問具奏，將犯人處以極刑，家遷化外。」

佚名《明詔令》卷一四《英宗睿皇帝下·誅曹吉祥詔天順五年七月十日》 一、雲南、福建、浙江雜辦銀課，止許於本坑採鑛煎辦，若鑛脈微細，煎辦不及課額者，具實奏聞區處，不許科斂賠補，擾害小民，違者聽巡按御史舉奏拏問。

又卷一六《憲宗純皇帝下·地震修省勅成化二十年正月初四日》 一、閘辦銀課，地方艱難，民力不堪之處，户部查出，量爲減免。

又《星變寬恤詔成化二十一年正月七日》 一、浙江、福建、雲南、四川煎辦銀課，成化二十年以前未完者，每年俱減三分。

《明英宗睿皇帝實録廢帝附》卷三一三 〔天順四年三月，辛卯〕詔雲南三司審見問囚人雜犯死并徒流罪，有力者納米，無力者解發各場煎銀，死罪五年，流罪四年，徒罪各依所犯年限，滿日疏放，著爲令，從雲南按察司奏請也。

又卷三一四 〔天順四年夏四月〕己未，勑諭鎮守浙江都督同知李信及按察使曾蒙、簡都指揮同知王政、左參政黄譽、巡按監察御史閻鼐曰：「今得爾等奏，云處州府所屬縣分，先經賊首陶得二等殘耗地方，人民艱苦，至今未甦，欲得閘辦銀課辦事官七員取回，一應事宜，悉聽太監盧永督理。今計此賊剿平已十餘年矣，豈得猶稱百姓未甦，若果未甦，是爾等不能用心撫恤之過，若已甦而假此以冀朝廷之信，則是自陷於虚妄不實矣。况辦事官閘辦銀課，永樂中故事，非新增者，但其生事擾人，宜奏罪之，如何輒欲裁省？然既是會議，必有創始立意者，勑至，即從實輸情以聞，毋得托辭，得罪反重，故諭。」

《林文忠公政書》甲集《江蘇奏稿》卷五《蘇省並無洋銀出洋摺》 奏爲江蘇省行用洋銀不至運往外洋，遵旨體察情形酌覈覆奏，仰祈聖鑒事：竊臣等接准户部咨，欽奉上諭：「前據御史黄爵滋奏，紋銀洋銀應並禁出洋，杜絶仿鑄，從重科罪一摺，當交刑部妥議具奏。兹據刑部將仿鑄洋錢明定治罪科條具奏，著照所議辦理。其禁止洋銀出洋，於海洋交易事宜是否可行，著沿海各督撫體察情形，妥議章程，酌核具奏。餘依議。欽此。」仰見我皇上於防微杜漸之中寓因地制宜之意，當經恭録欽遵，轉行司道府州，將各海口情形備細體察籌議去後。

《清文宗顯皇帝實録》卷四三 〔咸豐元年辛亥九月〕庚申，諭内閣：吴文鎔、張亮基奏甄劾知府同知知縣，請分别休致改教一摺。雲南署楚雄府、麗江府知府許文諼，不能約束子姪，官聲平常，著以原品休致。署永北廳直隸同知、臨安府雙水塘分防同知嚴良裘，前因欠解銀廠税課，降旨摘去頂帶，兹據奏稱，業經解完，惟該員疏懶因循，難期振作，著開復頂帶，以原品休致。

鄭若庸《類雋》卷二三《珍寶類・銀》 採鑄。《後魏書》云：銀出始興陽山縣，又出桂陽安縣。驪山有銀礦，二石得銀七兩；白登山亦有銀礦，八石得銀七兩，宣武帝詔並置銀官，每令採鑄。

開禁。〔《後魏書》〕又云：後魏孝明皇帝開恒州銀山之禁，與人共之。【略】

規利。唐本傳云：「權萬紀爲侍御史，即奏言宣饒部可鑿山冶銀，歲取數百萬。」帝責曰：「公不推賢進善，乃規我以利」。斥使還第。

楊守敬《隋書地理志考證》卷五 銀冶。《元和志》：雷首山有銀谷，在安邑縣西南三十五里，隋置銀冶監。《寰宇記》：銀谷在安邑縣西南三十五里中條山下，隋開皇九年於此置鹽冶。

魏源《聖武記・附録》卷一四《武事餘記・軍儲篇二》 然唐初置陝、宣、潤、饒、衢、信諸州銀冶五十八。而憲宗元和中，特申重銅輕銀封閉坑穴之令，於是天下銀冶廢者數十，歲采銀僅萬二千兩。宣宗增銀冶二，亦止歲采銀二萬五千兩，則其事尚微，不足比數。

史澄《〔光緒〕廣州府志》卷一一《輿地畧三・山川二》 〔東莞縣〕寶山在縣東北五十五里，《元和志》、《東莞志》作東南百餘里，舊以山有寶，置場煎銀，名石甕。今山中銀滓猶存。

謹案：阮通云：各志俱將寶山載入新安，今據《新安新志》註明，此山不在境内，自應從廣東輿圖，歸入東莞。

《宋會要輯稿・方域五》 開寶監，建隆三年，於鳳州兩當縣七房鎮置銀冶。太平監，秦州清水縣地。開寶五年，於秦州清水縣置銀冶。太平興國三年，陞爲監，隸秦州。

歐陽修撰彭元瑞注《五代史記注》卷六〇中《職方考第三》 《太平寰宇記》：〔撫州〕宜黄縣。乾德六年，李煜割崇仁之仙桂、崇賢、待賢三鄉復立宜黄縣。金谿場，本臨川縣上莫鎮，其山崗出銀礦，唐朝尚爲銀礦，基址猶存。周顯德五年，析臨川近鎮一鄉，併取饒州餘干白馬一鄉，立金谿場，置鑪以烹銀礦。

謝旻《〔康熙〕江西通志》卷二《沿革・金谿縣》 本臨川縣上幕鎮。其山崗出銀礦，唐朝常爲銀監。至周顯德五年，析臨川近鎮一鄉并取饒州餘干白馬一鄉，立金谿場，復置爐以烹銀礦。《太平寰宇記》。開寶五年，陞金谿場爲縣。《宋史志》。金谿縣因金谿場名也。唐時有銀礦，發其地作場以冶之，曰金谿場。寶曆乙巳，銀絶而冶廢，宋開寶初始置縣。元虞集《道園集》。

許容《〔乾隆〕甘肅通志》卷一一《關梁》 〔秦州清水縣〕太平監在縣西三十里小泉硤内。唐開寶初置銀冶。宋太平興國三年升爲太平監。

又卷二三《古蹟》 開寶廢監在〔秦州兩當縣〕縣東，宋建隆三年置銀冶，開寶五年升爲監，治平元年罷監官，以監隸兩當縣，元豐六年廢。

王存《元豐九域志》卷三《陝西路・秦州》 監一。開寶初於清水縣置銀冶，太平興國二年升爲監，隸州。

又《陝西路・鳳州》 縣三。建隆三年於兩當縣置銀冶，開寶五年升爲監。

治平元年罷，置官以監，隸兩當縣。

《太宗皇帝實録》卷七九 〔至道二年〕丙申，詔廢衢州銀冶，建三泉縣爲大安軍，以西縣隸焉。

李世熊《錢神志》卷一《靈産第一》 天聖四年十二月，虔州石城産銀，置義豐場。

《宋史》卷一八五《食貨志下七》 至治平中，或增冶或復故者六十有八，而諸州阬冶總二百七十一。【略】登、虢、秦、鳳、商、隴、越、衢、饒、信、虔、郴、衡、漳、汀、泉、建、福、南劍、英、韶、連、春二十三州，南安、建昌、邵武三軍，桂陽監，銀之冶八十四。【略】南渡，阬冶廢興不常，歲入多寡不同。【略】湖南、廣東、福建、浙東、廣西、江東西銀冶一百七十四，廢者八十四。

又卷四九五《列傳二五四・蠻夷三・撫水州》 觀州初爲富仁監，時有銀冶二，官取其利有常額。熙寧元降條例具在，宜先下經略司，責公晟等依熙寧條例施行，況公晟實公佞弟，理宜掌州事，近雖逃歸，未爲蠻族信服，察其情勢，不得不倚重中國。

魏驥《南齋先生魏文靖公摘稿》卷七《鄭僉事傳》 時值閩浙之交民盜銀礦致争，至有與官軍拒者，上命處州專設通判一員以莅其事，公膺推擇以任。其任焉，既至，於民諭以禍福，且首爲平其力役，民遂以寧，銀課亦不勞而辦。

顧祖禹《讀史方輿紀要》卷六《歷代州域形勢六・唐下五代》 《宋志》：平北漢，得州十，軍一，則無麟、蔚二州而有隩州。又有寶興軍。蓋劉繼元於團柏谷銀場置。谷在祁縣，即石晉敗唐兵處。

又《歷代州域形勢七・宋上遼夏附》 開寶監本鳳州之兩當縣。建隆二年置銀冶。開寶五年，升爲監。元豐中，廢。今縣屬陝西徽州。

又卷一二《直隸三》 〔唐縣〕神和山，縣西北三十五里。舊名石河山，居民避兵於此得免，因改今名，其相接者曰父子山。白合山，柏巖山參差列峙，爲縣之險。葛洪山在縣西北七十里，山宫觀環列，巖壑頗勝。徐廣曰：「鴻上水出葛洪山，山與恒山相接，下有楊家峪。」《志》云：「縣西北高尖峪，空閑窑諸處，舊嘗産銀，謂之銀洞。明初，嘗採鑛鍊銀，力多利少，閉不復採。」

又卷三七《山東八》 新興城今衛治，本渤海富壽縣，爲富州治，境有延津，遼更名延津縣，銀州治焉。金皇統三年州廢，更置新興縣，屬咸平府。金末廢，元因之。明洪武二十一年，在今衛治東南五百里故鐵嶺城置鐵嶺衛，與高麗接境。二十六年，徙治於此，因故城修築，周五里有奇，又有故新興城在今衛東。《遼志》云：故越喜國地，渤海置銀冶於此，因置銀州。遼故富州爲銀州，以故銀州置新興縣屬焉。是也。

又卷四一《山西三》 〔安邑縣〕中條山，縣南三十里。有石槽，泉出其中，曰青石泉，流經縣東，引以溉田，下流注於涑水。又有銀谷在山中。《隋志》：縣有銀冶。唐大曆中亦嘗置冶於此。

又卷八六《江西四》 〔金谿縣〕周顯德二年，南唐析臨川近鎮一鄉及餘干縣白馬鄉，立金谿場，復設爐以烹銀鑛。

夏良勝《〔正德〕建昌府志》卷二《山川》 〔建昌府南豐縣〕察銀嶺。在縣南三十里，昔宋使體訪銀冶，過此不得而罷。

汪森《粤西叢載》卷一六《慶遠諸坑》 宜山縣，在宋時有寶積監，在坡西二百五十里，乃河池州西境，設監官一員，管坑户。穴地深五七丈或至十餘丈取礦砂，入爐煉一晝夜，始成鉛汁。又入小爐再煉之，始成銀以充貢。時已未歲，其坑崩陷，坑丁皆壓死，遂罷不敢採，而廢其監。今地皆屬土官。又有玉田塲在城西南一百五十里，爲河池州東北境，其設官管坑丁採礦以貢，皆如寶積監，其廢亦同。

王安石撰沈欽韓注《王荆公文注》卷五《檢校太尉贈侍中正惠馬公神道碑》 小泉銀坑久不發。《九域志》：太平監，開寶初於清水縣置銀冶，太平興國二年升爲監，隸秦州。

李慎儒《遼史地理志考》卷二《東京道》 銀州，富國軍，下，刺史。本渤海富州。太祖以銀冶更名。銀州故城，即今盛京奉天府鐵嶺縣治。新興縣，本越喜國故地，渤海置銀冶，嘗置銀州。新興故城在鐵嶺縣治東。

阿桂《滿洲源流考》卷一〇《疆域・富州》 《遼史》：東京銀州，富國軍，本渤海富州，太祖以銀冶更名。統縣三：延津縣，本渤海富壽縣境，有延津故城，更名。新興縣，本越喜國地，渤海置銀冶，嘗置銀州。永平縣，本渤海優富縣地。

《遼史》卷三八《志八・地理志二》 銀州，富國軍，下，刺史。本渤海富州。太祖以銀冶更名。【略】新興縣，本故越喜國地，渤海置銀冶，嘗置銀州。

又卷三九《志九・地理志三》 澤州，廣濟軍，下，刺史。本漢土垠縣地。太祖俘蔚州民，立寨居之，採煉陷河銀冶，隸中京留守司。開泰中置澤州，有松亭、關神山、九宫嶺、石子嶺、灤河、撒河，屬中京。統縣二。

又卷一一六《國語解四六》（萬役）陷河冶，地名。本漢土垠縣，有銀礦。太祖募民立寨，以專採煉，故名陷河冶。

曾國荃《（光緒）湖南通志》卷六〇《食貨志六・物産一》 紹興三十二年，湖南等處銀冶一百七十四，廢者八十四。《宋史・食貨志》。

《續文獻通考》卷二三《征榷考・坑冶》 遼太祖於渤海富州地置銀冶，改名曰銀州。【略】金世宗大定五年，聽人射買寶山縣銀冶。【略】章宗明昌三年，以提刑司言，封諸處銀冶，禁民採煉。【略】（元至元）二十八年七月，罷江南諸省買銀提舉司。【略】文宗至順二年，全寧民王脱歡獻銀鑛，詔設銀場提舉司，隸中政院。

《金史》卷五〇《食貨五・榷場和糴常平倉水田區田入粟鬻度牒》 世宗大定五年，聽人射買寶山縣銀冶。

張時徹《芝園集・定集》卷五一《史論四・元世祖一》 元世祖以夷併華，混一天下，雖由天命，蓋亦有人事焉。如定官制，徵隱逸，修孔廟，立國學，用兵嚴不殺之令，放俘掠户口爲民，罷鬻江南學田，罷征福建銀冶。

張養浩《歸田類稿》卷一二《碑二・真定栢鄉董氏先塋碑銘》 至元二十一年，雲州置銀場官，發民數百爲工，命公衛送，比無一工軼者。會銀場罷，朝廷以見民歸，皇后俾歲輸綿宫中，仍以公領之。歲餘即辭歸，課諸子致力問學，暇則教以穡事，且耕且誦，敦本實而桝厥華靡。里或有訟，率不白縣決平其言，以恚至者，以懌歸，以負至者，以償歸，甚則有望其門而返中途者。嘗語人：「吾蚤屬時多虞，爲勩百至，既長，始克休息，然平生未嘗食言於人，失行於己，慚德於天，吾子孫或有奮他日者。」享年七十有五。

《元史》卷一六《本紀一六・世祖一三》（至元二十七年）戊午，移江西行省於吉州，以便捕盗。尚書省遣人行視雲南銀洞，獲銀四千四十八兩。奏立銀場官，秩從七品。

辛酉，升宣德龍門鎮爲望雲縣，割隸雲州，置望雲銀冶。

畢沅《續資治通鑑》卷一八九《元紀七》（至元二十七年五月，）尚書省遣人行視雲南銀洞，獲銀四千四十八兩，奏立銀場官。

邵遠平《元史類編》卷三《天王一》（至元二十七年五月）己巳，立雲南行御史臺及銀場官。

（至元二十八年十一月）辛酉，徵太子贊善劉因，不起，增置望雲銀冶。

（至元二十九年十二月）癸巳，罷福建及寧國路銀冶。

又卷四《天王二》（元貞元年三月）戊午，罷福建徽州銀場提舉司，以東作方殷，停儲不急營造。

李文田《元史地名考》 至元二十八年，升宣德龍門鎮爲望雲縣，割隸雲州，置望雲銀冶。

談遷《國榷》卷一三（癸未永樂元年二月）丁丑，定捕盗賞格，金五十，幣四，鈔二千貫，分遣監察御史、中官覈各處銀冶。

（乙酉永樂三年十一月）丙辰，開雲南大理銀冶。

又卷一四（丁亥永樂五年九月）丁巳，開浦城縣銀冶。

（戊子永樂六年十二月）是歲，罷浙江温、處銀鉛坑冶。

又卷二四（戊午正統三年十二月）乙丑，閉浙江、福建銀冶。

又卷二六（甲子正統九年閏七月乙巳）停雲南銀冶，總兵官左都督沐昂等言，課不償費也。

又卷三一（丙子景泰七年四月）丙辰，開麗水縣巖泉山銀冶，鎮守左監丞阮隨等請之。

又卷四〇（丁未成化二十三年四月）復開浦城縣銀冶。

又卷四一（己酉弘治二年十月）乙巳，復罷浦城縣銀冶。

又卷四五（乙丑弘治十八年二月）甲申，禁密雲銀冶。

《明太宗文皇帝實録》卷三九（永樂三年十月丙辰）建雲南大理銀冶，命所司定額督辦。

查繼佐《罪惟録・帝紀》卷三《太宗文皇帝》（永樂三年）十一月，周、齊二王以戒諭悔過，謝罪。開雲南銀冶。兵部尚書茹常以不送趙王罪逮獄，削爲民。庶吉士章朴家藏方孝孺文集，序班楊善借觀，密以聞，伏朴法。

又《罪惟録・志》卷一〇《貢賦志》 洪武中，【略】又衛軍丁成請開陝州銀礦，上曰：「言利之人，皆戕民之賊。朕聞故元誤聽，開豐城之礦，取辨□久，地産既竭，虚額猶存，逃亡劫奪，所害不淺，其□絶之。」成化中，科臣郭鏜請開河南諸礦，旋閉之。又户書楊昇請開，□閉之。按：礦氣特盛青兖之間，上礦九煎，次五煎、三煎，多寡不等。

傅維鱗《明書》卷五《本紀三・太宗文皇帝本紀》（永樂三年乙酉）十二月，開雲南銀冶。

又卷一一《本紀九・孝宗敬皇帝本紀》〔弘治二年乙酉〕冬十月，罷浦城銀冶。【略】

〔弘治五年壬子〕三月戊寅，立皇長子厚照爲皇太子，詔赦兩廣會兵討古田獞賊，禁永平銀礦。【略】冬十一月，停納鹽事例，封温、處銀礦。【略】

〔弘治十八年乙丑〕二月，禁密雲銀冶。

又卷八二《志二〇・食貨志二》 永樂十年，河池縣民言，縣有銀礦，宜大發民採鍊。上曰：「獻利以圖僥倖者，小人也。國家所重在民，而不在於利。」

萬斯同《明史》卷九《本紀九・宣宗》〔宣德三年〕閏四月庚子，禱雨，除館陶逋賦，罷番禺銀冶。

〔宣德六年九月〕丙戌，罷白泥溝銀冶。

又卷一四《本紀一四・孝宗》〔弘治二年〕冬十月乙巳，罷浦城銀冶。

《明英宗睿皇帝實録廢帝附》卷八一〔正統六年八月戊午，〕設浙江處州府青田縣盧山巡檢司，置巡檢一員，以其地當慶元、龍泉、麗水、瑞安、平陽及福建政和諸縣銀冶之冲故也。

又卷三三〇〔天順五年秋七月〕庚戌，雲南、福建、浙江閘辦銀課，止許於本處採礦煎辦，若礦脈微細，煎辦不及課額者，具實奏聞區處，不許科斂賠補，擾害小民，違者聽巡按御史舉奏拏問。

丘濬《大學衍義補》卷二七《制國用銅楮之幣下》 蓋自國初以來，有銀禁，恐其或閡錢鈔也，而錢之用不出於閩、廣。

黄光昇《昭代典則》卷二二《憲宗純皇帝》〔王恕〕又言雲南、福建、浙江等處雖有出産銀冶府分，其間或有頑梗之徒嘯聚爲非，地方人民因而不安者，況中間鎮守太監或有於每年冬月親去前項府分煎銷銀課，往來供應頭目人等甚是勞擾。合無今後止令專管銀場，布、按二司官員每年督完銀課解至總司，會同太監煎銷，實爲民便。

《明孝宗敬皇帝實録》卷一六〔弘治元年七月戊辰〕以異物見景寧山中，命減浙江銀課，汰坑冶官，責鎮守官罪狀。先是，二月二十六日，浙江景寧縣屏風山有異物成羣，其狀如馬，大如羊，其色白，數以萬計，首尾相銜，從西南石牛山浮空而去，自午至申乃滅，居民老幼男女無弗見者。耆老梁秉高言：「正統間亦有此異，地方不寧，本縣頻年旱灾，民力耗竭。復見此異，莫不震懼。」巡按浙江御史暢亨言弭灾三事：「一曰減税利。謂温處二府銀坑，歲額課銀二萬二千二百四十餘兩，近來礦脈衰耗，比之初年，什不及一，而太監張慶歲取耗銀又三千兩，皆百姓賣子鬻女以充其數。官司逼迫，有因而自盡及散爲盗賊者，乞量爲裁損，止因所得多寡征之。二曰裁冗員。謂浙江布、按二司，温、處二府，松楊等縣，俱有添設專管銀場參議、僉事、通判、縣丞等官。近來礦脈既微，額課減舊，而各官具在，請量加裁減。三曰除奸弊。謂太監張慶以進貢爲名斂百姓財物，歲計數萬，而所貢之物仍出民間，賣鈔鬻鹽，歲時饋獻，商税之利，錙銖不遺，金玉珍玩、奇禽異卉充滿第宅，土木人工無時休暇，而又擅作威福，濫受詞訟，私立行事，驚疑人心。官吏受其辱挫，軍民被其荼毒，乞下慶於理，籍其所積以助經費。」奏下禮部議，令所司行之。於是，吏、户二部請以銀課及坑冶官行巡視浙江，侍郎彭韶并續差御史同三司官公議裁省，都察院以慶嘗遇赦，請徵還京師以釋民怨。詔銀課冗員如奏勘處，張慶姑自陳罪狀以憑處治，仍行浙江，大小官員各加修省，以消天變，有不加意者罪之。

何喬遠《名山藏》卷一八《典謨記・孝宗敬皇帝》〔弘治二年〕八月，奉憲宗主太廟。罷浦城縣銀冶。

夏燮《明通鑑》卷三六《紀三六》〔弘治二年冬十月〕乙巳，罷浦城銀冶。

張廷玉《通鑑綱目三編》卷一七〔孝宗弘治十七年〕冬十一月，罷雲南銀場。

彭孫貽《平寇志》卷八〔崇禎〕甲申，命兵部尚書張縉彦兼翰林院學士、總兵劉澤清請於青山諸山，開礦煎銀。

畢自嚴《度支奏議》卷一五《新餉司・題覆參究浙江傾解潮銀官匠疏》 題爲欽奉上傳事：專理新餉山東清吏司案呈，案查崇禎二年十二月十七日，該本部題前事內開，浙江解官周儒所解遼餉七萬七千餘兩，以一萬發參佐御史金聲，一萬發協理侍郎劉之綸，各充兵餉。仍令本解將原鞘運到彼處自交，遵兑支之成法也。今據金聲奏稱：一萬之内兑少四十兩，蓋係原鞘短少之數，例應解官自行照數補足，今已同掛欠協理劉之綸銀兩一一補明，無容□議。惟是銀色低潮，似有不容置而不問者。臣初聞之，定以爲解官作弊。及查驗原錠州，縣鐫刻分明，錠底印封具在，似與解官無干。復據臣部司官馬禎吾持整錠銀與鏨碎銀并齎呈驗，銀面瑩白光浄，非下火鏨折，亦無從窺其作僞之處，豈獨本解不及知，即藩司縣令亦無從知也。率皆傾銷銀匠藐視國法，朦朧作奸，以至於此。第目下軍餉正亟，未便提質。再，查周儒所解之銀，除發過五萬七千餘外，尚存一萬

九千餘兩，合應行令新委管庫主事陳觀陽傳喚銀匠，面同解官認記州縣，逐錠鑿鑿，驗其色之足者留用，低者傾銷。計其虧折之數，即行該布政司行原解州縣，照數補解，方准掣批。其原傾銀匠相應計贓問罪，盡法究處，以警將來等因。題奉聖旨：「是。欽此。」欽遵咨行浙江巡撫，并都察院轉行巡按御史，提究各該銀匠計贓論罪，星速回覆，以憑奏緒去後。今准浙撫陸完學咨稱，准户□□前事隨即案行該司，即將周儒所解遼餉存□一萬九千餘兩，内改傾低銀一萬八百兩，速□省城積歇銀匠各犯，提解杭州府理刑推官逐一研審，計贓問罪，招詳到院爲查。解官周儒□解遼餉七萬七千餘兩，於内揀出低銀一萬八百兩。據稱傾折四百二十四兩零，已經稱貸賠補掣批。訖今據推官研究，該司覆審，將周儒齎慶元縣原解低銀一錠當堂傾好，只折銀六錢，以奉化、分水、浦江、慶元四縣解過銀數錠數計筭，共該追銀八十七兩給還周儒。據稱，每錠折三兩二兩。今面傾一錠只折六錢，足爲的據。銀匠袁理等傾鎔官鏹，侵尅至八十七兩，律以監守自盜，各當厥辜。内一匠傅曾已故，名下贓銀應着家屬追給。查征解各官，奉化縣係陞任知縣劉道生、分水縣知縣石顯玉、浦江縣陞任知縣蘇國翰、慶元縣丁憂知縣王士烺，各匠作奸而各官不能防奸，不能無過，或議或免，統候部裁。據經該司招詳前來，相應咨覆等因。招開□守掌在官財物，若有侵欺者計贓，以監守自盜論。四十貫，律遇例減等，徒四年，納穀贖罪。犯人奉化縣銀匠袁理、浦江縣銀匠鄭四、分水縣鐵匠周元入官，罪穀二百四十石，給主銀八十□兩發還，換回奉化縣元寶一錠，招詳到部送司，相應議覆案呈到部。該臣等看得，遼餉乃三軍命脈，百姓脂膏，誠不容分毫侵尅者也。故解京錢糧必使傾成元寶，鑿記字樣者，正以隄防□僞耳，詎意浙江所屬奉化、浦江、慶元、分水四縣銀匠袁理等罔顧法紀，交逞奸譎，各於傾銷遼餉時鑽鉛餙僞，巧尅肥己，蠹國殃軍，莫此爲甚！若謂神鬼莫測，豈知耳目難掩？一經爐冶，面目既露，又安所逃罪乎？招擬以監守自盜罪，坐以雜犯贖徒，尚有餘辜者也。至於解官周儒身承押解，即有典守之責，不繩以罪幸矣。追出奸匠八十七兩之贓，即係在官之銀，恐周儒不得而有也，所當與贖穀罪銀一併解充新餉無疑矣。其經管縣令奉化縣陞任知縣劉道生、分水縣知縣石顯玉、浦江縣陞任知縣蘇國翰、慶元縣丁憂知縣王士烺，不能釐弊□奸，均應量行罰俸三月，以示薄懲。庶奸徒畏懼，有司警惕，而遼餉鮮耗蠹之虞矣。既經咨覆，□來相應覆請，恭候命下臣部，移文該省撫按，遵奉施行。崇禎三年十一月十三日具題；本月十七日奉聖旨：「遼餉銀兩豈容侵尅低假，有司官不能覺察，治行可知，劉道生等姑罰俸半年示懲；袁理等配贖未足蔽辜，著行另擬；追出贓銀，并解充餉。該衙門知道。欽此。」

東村八十一老人《明季甲乙彙編》卷一 總兵劉澤清請於青、登諸山，開礦煎銀，着巡按設法。

顧炎武《肇域志》卷四〇 〔秦州清水縣〕銀冶監在縣西三十里小泉硤内。宋開寶初，置銀冶於清水。太平興國六年，陞爲監，隸秦州。

又卷四八 〔廣州府〕東莞縣東十里曰寶山，舊志山有寶，置場煎銀，名石甕場，久廢，山中銀滓猶存。山巔有潭山，下有二石甕，湍流石壁，下注二甕，奔響如雷，歲旱禱於潭即雨，居人引以灌田，歲仰利焉。元大德間，邑民鄭文德陳銀山可煉，令諸司路邑勘驗，扇煉不堪罷止。

顧炎武《天下郡國利病書·福建》 今制禁銀冶，凡言鑿山得鑛者，多謬妄不足信。

《清會典則例》卷四九《户部·雜賦上》 順治元年，定山東巡撫開採臨朐、招遠等處銀礦，並令毋滋姦弊。八年，覆准禁止臨朐、招遠等處開採。【略】

〔康熙〕二十二年，停止山東、山西、陝西等省開採。四十三年諭：「聞開採之事，甚無益於地方，嗣後有請開採者，悉不准行。欽此。」五十一年，奏准開採雲南大姚縣惠隆銀廠。

〔康熙〕五十二年，【略】又覆准雲南霑益州、貴州威寧府接壤地方，出產銀礦。令候補知府、知州各一人協理廠務，三年内果有成效，照調補煙瘴例，升補。並准開廠人衆先發米糧豫備，以平米價，如遇歲歉，暫時停止。

雍正元年，奏准開採雲南馬臘底銀廠。又覆准停止貴州觀音山等廠。三年，覆准開採雲南古學銀廠。

〔雍正〕五年，奏准開採雲南黄泥坡銀廠。又覆准貴州威寧府屬白蠟、柞子二廠，準其開採。

〔乾隆〕三年，題準廣西賀縣之螞蚓山銀礦，礲深砂薄，準其封閉。五年，覆準貴州威寧府屬白蠟廠銀礦開採年久，洞老山空。又廣西蒼梧縣金盤嶺金礦砂薄，不敷商本。均準封閉。

又題準封閉雲南大姚縣惠隆銀廠。又題準封閉雲南金龍銀廠。十一年，題準開採貴州水城所屬法都銀礦。

又題準封閉雲南阿發銀廠。

《清朝通志》卷九〇《食貨畧・雜税附茶法坑冶税契行帖雜征》 〔順治〕十五年，遣官監視山西應州邊耀山煎煉礦銀。

〔康熙〕六十年，停採雲南華祝箐廠。雍正元年，開採雲南馬腊底銀廠，停採貴州觀音山等廠。

〔雍正〕三年，開採雲南古學銀廠。五年，開採雲南黄泥坡並貴州威寧府屬白蠟、柞子二廠。

〔雍正〕十年，開採雲南阿發銀廠，又以貴州大定府格得爲正廠，八地爲子廠。

《清高宗純皇帝實録》卷七九九 〔乾隆三十二年丁亥十一月〕丁未，諭軍機大臣等：昨召見河南布政使佛德因，伊曾任永昌府知府，問及該處情形，據稱木邦南境有茂隆銀廠，爲邊外土司葫蘆酋長所屬，向設廠委二人，凡有行廠事件，例由鎮康土知州轉送木邦給與該廠，其廠委申稟文書，亦由木邦土司呈遞，該廠丁夫甚衆，葫蘆酋長向來歸順，亦非木邦所屬等語。是茂隆銀廠，毗連木邦，向來一切文移，資其遞送，今木邦尚未克復，葫蘆酋長現在何屬，此一年之内往來文報，又從何處轉行，且檢閲明瑞呈繪地圖，廠地雖在木邦東南，中間尚隔一滚弄江，原與内屬土司相近，或别有水路可通，非木邦所能梗阻，亦未可定。又念該廠聚集多人，自必夷民雜處，今用兵之地，與彼處相距不遠，此等烏合之衆，是否不致爲賊匪誘脅附從，再此輩既在彼傭工覓食，於緬匪風土情形，必素所熟悉，即就近調廠丁以供驅策，自屬便宜，但於公事是否有益，難於懸揣。著鄂寧詳悉查明，或可與明瑞商辦，遇有奏事之便，隨摺附聞。

又卷八四九 〔乾隆三十四年己丑十二月〕丁卯，諭軍機大臣等：滇省現已撤兵，一切善後事宜，自應及此時熟籌妥辦，所有裁汰總兵一節，昨已諭令傅恒等，會同彰寶即行查辦。因思滇省不特營鎮應議裁併，即知府一項額缺，亦多冗設，有一府不過一兩屬者，甚有竟無屬邑者，覈其所治，尚不及腹内一劇縣之大，而寄以知府專城，殊非體要。蓋由從前鄂爾泰辦理雲南邊務時，意在張大其事，而未加覈實，於地方事務，毫無裨益，自當就各府情形，量爲改併裁減，以重官制而專職守。至與緬夷貿易一事，前已有旨，如果該酋奉表稱臣，誠心歸順，尚可俯從所請，但商民貨販出入諸事，亦當豫定章程。前此邊務廢弛，聽民往來自便，致多流弊，今若準其交易，自應酌定會集之時，並於新街等處指定地面，至期選派文職同知、武職守備各一員，酌帶兵役數十名前往稽察彈壓，事畢督令商民，即回内地，毋許逗遛滋事，其非交易之時，各邊隘仍嚴禁奸民偷越，方爲兩得。再如永昌邊外茂隆廠銀礦，向有内地民人赴彼開挖之事，其地距關口窵遠，稽察有所難周，伊等恃無檢制，與夷等雜處牟利，奸弊潛生，緬地漢奸，大率不過奸商及礦丁兩種，自當設法嚴禁，以清其源，此等諒皆遊手無賴之徒，羈棲異域，止圖自贍其身，罔顧利害，甚且漏洩内地事情，實爲沿邊蠹病。設邊内良善貧民，亦有資此爲生計之處，似又未便一例禁防。但滇省自用兵以來，邊禁既嚴，編氓自不能輕出，伊等連年日用之需，又何所賴，務須查明實在情形。如果滇民有必資贍給之處，則當另籌妥辦，否則，竟宜永遠禁止，庶净葛藤。至普洱邊外，十三版納向俱歸附，自經莽匪滋擾，竟有爲彼侵佔者，伊等現在是否仍隸内地，能否無誤耕作，照常納課否。

又卷八六四 〔乾隆三十五年庚寅秋七月〕甲寅，封閉雲南建水州黄泥坡銀廠，從巡撫明德請也。

洪亮吉《乾隆府廳州縣圖志》卷二六《秦州》 太平監在〔清水縣〕縣西。王存云：開寶初，于清水縣置銀冶。太平興國三年升爲太平監。又開寶監在兩當縣東，宋建隆三年置銀冶，開寶五年升爲監。

《清朝續文獻通考》卷一九《錢幣考》 〔嘉慶〕十九年，諭：「蘇楞額奏嚴禁海洋私運一摺，據稱近年以來夷商賄通洋行商人，藉護回夷兵盤費爲名，每名將内地銀兩偷運出洋，至百數十萬之多。該夷商已將内地足色銀兩私運出洋，復將低潮洋錢運進，任意欺矇商賈，以致内地銀兩漸形短絀，請旨飭禁等語。夷商交易原令彼此以貨物相準，俾中外通易有無，以便民用。若將内地銀兩每年偷運出洋百數十萬，歲積月累，於國計民生均有關繫。著蔣攸銛、祥紹查明每歲夷商等偷運足色銀兩出洋實有若干，應如何酌定章程，嚴密禁止，會同妥議具奏。」

又卷四三《征榷考一五・坑冶》 又奏準，開採雲南三嘉銀廠。【略】

《林文忠公政書・雲貴奏稿》卷九《查勘礦廠情形試行開採摺》 迨嘉慶十九年，白沙一廠衰竭封閉。

又奏，雲南三嘉銀廠，准其封閉。

《張文襄公全集》卷二一六《致蔣燕齋》 鑛政局何時可移？洋務處宜速設。前兩月發去貴廠天平山銀礦，河池州錫。何以至今未煉試？具復。

徐潤《徐愚齋自叙年譜》 查録：光緒十四年秋，創熱河承平銀礦，總會辦朱其詔〔翼甫〕、畢德格〔子明〕，擬招股二十六萬兩，每股行平百兩，是有美國著

名大礦師哲爾者經理，乃美國前總統嘉蘭保薦，式式均照外國辦法，今將稟中之稟照譯於後：

中堂鈞鑒：敬稟者爾者，上年奉諭察看孤山子、烟筒山兩處礦産，當經稟請購買機器詳慎試辦，並經聲明，該兩處所出礦砂，每噸可練出紋銀二十兩在案。旋奉中堂批准，購買機器試辦。現在試辦已有規模，請爲中堂一詳陳之。計有五條：一、礦中所出礦脈，實可得利。二、六個月之後，此礦每日可出礦砂十五噸，屆時磨砂機計適到工，六個月係屬從寬扣算，如工程順手，四個月已可開採此數矣。三、每日開採十五噸砂所得銀兩，已可支應孤山子、烟筒山兩處經費。四、九個月之後，每日可採礦砂二十噸至二十五噸。五、孤山子、烟筒山兩處，合計，每日各出礦砂四十噸，孤山子設一鍛鍊所，每月可得淨利一萬兩。查開採銀礦，清水亦屬要件，蓋礦砂必用水漂方能提出淨銀也。惜此地所出淨水不多，孤山子每日可漂二十五噸，烟筒山十五噸。辦理一年之後，兩處均皆推拓，每日合計可漂砂五六十噸，如但論出砂，按孤山子一處而言，每日實可出二十五噸至三十噸，至烟筒山情形，現在抽水機器尚未運到，是以未能深悉。惟礦脈尤旺，辦理得法，每日可出砂六十噸，所有清水足敷每日漂砂十五噸至二十噸之間，三年後即可合倍此數。據爾者所見，仍勸中堂飭辦兩處礦，所用經費不鉅而得利甚大，工程辦竣之後，一礦出産已可抵所用經費也。肅此奉稟，並叩崇祺。哲爾者謹稟。【略】

〔光緒十七年，辛卯，五十四歲〕開銷：聞每年不下一萬兩，山廠每月六七千兩，每工人月給津錢三吊，採得砂子每賞彩錢三十二文，每把頭准六名，得彩七文；兵丁百名，每月給工食銀一百五十兩，櫃上司事二百上下；另熱河總局月繳二三千兩，只准把頭領山六人。

鄭若庸《類雋》卷二三《珍寶類·銀》　梁貢。《書》云：《禹貢》梁州厥貢銀。荆利。《周禮》云：荆州其利銀。【略】出露。《白帖》云：銀出，常出素露。

王三聘《事物考》卷三《國用·銀課》　《周官·卝人》：「掌金玉錫石之地，而爲厲禁以守之，若以時取之，則物其地圖授之。」唐開元十五年，税伊陽五重山銀錫。《大明會典》：永樂以後令浙江、福建、湖廣、四川、雲南、貴州等處銀礦坑場，煎辦銀課，差御史内官或本處三司提督。

陳櫟《尚書集傳纂疏》卷二《朱子訂定蔡氏集傳·禹貢纂疏》　《纂疏》鄒氏近仁曰：「《漢志》犍爲郡，朱提縣有朱提山，出銀。每八兩爲一流，直加他銀幾十之六。犍爲梁州境，銀獨美，故以貢。」

朱鶴齡《禹貢長箋》卷八　鄒氏近仁曰：《漢志》犍爲郡朱提縣，今嘉定州犍爲縣，有朱提山，出銀。《南中志》：朱提舊有銀窟數處。每銀八兩爲一流，直一千五百八十，他銀一流但值千，是梁州之銀獨美於他州，故以爲貢也。

胡渭《禹貢錐指》卷九　《漢志》：犍爲郡朱提縣山出銀，每銀八兩爲一流，直一千五百八十，他銀一流，但直一千。犍爲正梁州之境，其銀獨美於他州，故以爲貢。

徐文靖《禹貢會箋》卷八　《地理志》：朱提縣山出銀，句町縣山出銀，賁古縣西羊山出銀，故貢銀也。

梁章鉅《浪跡叢談》卷五《開礦議》　（東）〔北〕漢劉承鈞國用日削，五臺山僧繼容募民鑿山取礦，烹銀以輸，劉氏賴以足用。

商輅《通鑑綱目續編》卷一　北漢以僧繼顒爲太師兼中書令。

繼顒本劉氏孽子，以宗姓授鴻臚卿。嘗遊華嚴，見地有寶氣，乃於團柏谷置銀場，募民鑿山，官收十之四，繼顒自督所獲，即倍於民。時北漢主多内寵，繼顒獻首飾數百副。北漢主大喜，遂有是命。

李吉甫《元和郡縣志》卷二九《江南道四·饒州》　樂平縣。上。西至州一百四十里。本漢餘汗縣地，後漢靈帝於此置樂平縣。南臨樂安江，北接平林，因曰樂平。

銀山，在縣東一百四十里。每歲出銀十餘萬兩，收税山銀七千兩。

魏源《古微堂外集》卷八《軍儲篇一》　《通典》載：唐度支歲入之數，粟布錢帛而外，未嘗有銀。惟兩廣諸州土貢，每州貢銀三十兩或二十兩，以爲貢不爲幣。蘇轍《元祐會計録》及《元史成宗紀》：歲入之數銀但五六萬兩。《洪武實録》：歲入之數銀但二萬四千餘兩。是則自明以前，重銅輕銀如比，其采銀貢銀之少如此。而近數百年間，錢糧改銀以後，白金充布天下，謂非閩粤番舶之來何自得之，是則中國自古開場采銅多而采銀少。今則雲貴之銅礦多竭，而銀礦正旺。銀之出於開采者十之三四，而來自番舶者十之六七。中國銀礦已經開采者十之三四，其未開采者十之六七。

《新唐書》卷四三上《地理七上》　廣州南海郡，中都督府。土貢：銀、藤簟、竹席、荔支、鼉皮、鼈甲、蚺蛇膽、石斛、沈香、甲香、詹糖香。户四萬二千二百三十五，口二十二萬一千五百。【略】

春州南陵郡，下。本陽春郡，武德四年以高涼郡之陽春置，天寶元年更郡名。土貢：銀、鍾乳、石斛。户萬一千二百一十八。【略】

藤州感義郡，下。本永平郡，天寶元年更名。土貢：銀。户三千九百八十。

穆彰阿《（嘉慶）清一統志》卷三一三《饒州府》 《元和志》：樂平縣銀山每歲税銀七千兩，總章初置場。

又卷三三七《武昌府》 銀。《唐書·地理志》：鄂州江夏郡貢銀。武昌有銀。《元和志》：鄂州開元貢銀。元和貢銀五十兩。《宋史·地理志》：鄂州貢銀。《明一統志》：興國州西黄姑山出，舊有銀場，今廢。

又卷三七五《桂陽直隸州》 汪綱，黟人。紹熙中，調桂陽軍平陽縣，縣連溪峒，蠻蜑與居，綱一遇以恩信。科罰爲害三十年，綱首白諸臺罷之。桂陽歲貢銀二萬九千餘兩，而平陽當三分之二，綱以銀礦已竭，力請蠲損之。

又卷四四九《高州府》 監山在茂名縣東北。《輿地紀勝》：在寶山之北，舊有銀坑。

銀。《唐書·地理志》：高州、潘州、竇州、辯州、羅州皆貢銀。《明一統志》：化州、電白、信宜、石城縣出銀。

史澄《（光緒）廣州府志》卷三《輿地志·物産》 貨之屬：有棉花、棉布、葛布、黄麻布、土絹、葛麻、苧麻、蜜糖、蔞藤、薯、粱、降香。金出蒼梧金盤嶺之芋莢山，今無銀。《唐書·地理志》：梧州土貢銀。又《通考》：唐感義郡貢銀二十兩，連城郡貢銀三十兩。又《舊志》：銀出懷集鐵屎坪、將軍山，今俱無鉛。

又卷七〇《經政略一·榷税》 國朝廣東廣州等處銀礦，香山縣桑枝林、大灣、二灣船礦内，銀屑每銀一兩，均抽正課銀四錢五分，公費銀一錢。據阮《通志》修。

《韻府拾遺》卷一一《上平聲一一·真韻》 烹銀。《五代史·（東）〔北〕漢世家》：「五臺僧繼顒於柏谷置銀冶，募民鑿山取礦，烹銀以輸，劉氏仰以足用。」

歐陽修撰彭元瑞注《五代史記注》卷六〇下《職方考第三》 《太平寰宇記》：州境東西五百里，南北缺。東北至東京四千八百里，東北至西京五千七百里；北至長安取梧桂路五千九百六十里，取象州路四千四百三十五里； 東至龔州一百二十里，至廣州水路九百二十五里，西至邕州七百二十里，南至容州四百二十五里，北至象州二百一十里，東北至龔州大同縣界二百二十里，西南泝流至貴州二百二十五里，西北至象州陸路二百一十里，東南至廢繡州八十里，又至所屬阿林縣一百二十里。土産：銀。貢。

柯維騏《宋史新編》卷二三《志九·地理》 新州，下。新興郡，軍事。縣一：【略】新興，中。貢銀。

《宋會要輯稿·食貨一七·商税四》 烏門溪銀場一百五十貫、石阮銀場八貫五百、文樂口銀場五百九十貫六百五十文、强豐濟銀場三百二十二文。

又《食貨三四·坑冶雜録》 高宗建炎三年，詔福建廣南自崇寧以來，歲買上供銀數浩大，民爲不堪，歲減三分之一。

《宋會要輯稿補編·銀》 《宋會要》 凡山澤之入銀一十二萬九千四百六十兩。京東東路二千六百三兩，永興軍路一萬四千二百四十兩，秦鳳路四百八十三兩，兩浙路五百一十二兩，江南東路八萬六千六百九十三兩，西路一千五百七十一兩，荆湖南路三千四百二十七兩，福建路一萬八百八十七兩，廣南東路九千四十四兩。凡歲總收之數銀二百九十萬九千八十六兩。在京七萬二千三百六十一兩，府界二兩，諸路一百四十一萬八千三百七十九兩，京東東路三千五百七十八兩，西路八百一十三兩，京西南路三千八百三十五兩，北路六百九十七兩，永興軍路二萬八千三百七十五兩，秦鳳路九千一百五十一兩，河北東路一萬四百八十八兩，西路一萬八千二百八兩，河東路八百三十二兩，淮南東路八百五十九兩，西路一千四百四十三兩，兩浙路三萬八百六十七兩，江南東路四十萬一千八百五十九兩，西路四萬三千四百四兩，荆湖北路二萬一千五百四十五兩，南路一十四萬九千六百九十八兩，福建路三十八萬四千五百八十五兩，廣南東路一十七萬八千九百六十一兩，西路一萬三千八百六十七兩，成都府路一萬八千九十三兩，梓州路三萬二千六十九兩，利州路二萬七千一百三十四兩，夔州路三萬七千九百八十三兩。凡諸路上供之數銀一百一十四萬六千七百八十四兩。京東東路七百九十一兩，西路一百三十二兩，京西南路二千五百五十四兩，北路九百七十兩，秦鳳路二百兩，河北東路三十五兩，西路二十三兩，河東路九十兩，淮南東路二十萬四千三百四十二兩，西路一千六百三十五兩，兩浙路二萬九千五百七十七兩，江南東路二十四萬二千八百二十一兩，西路二十萬一千五百四十七兩，荆湖北路四萬九千五百八兩，南路三萬八千一百六十八兩，福建路二十三萬二千二百七兩，廣南東路一十二萬一千三百五十七兩，西路一萬六千四百七十三兩，成都府路三百四十三兩，梓州路四千一十兩。凡賦入之數銀一百二

十三萬一千二百七十七兩。

李燾《續資治通鑑長編》卷二六七《神宗》 元氏銀冶，發轉運司置官收其利，括以爲不可，曰：「耕墾利於近，商賈利於遠。今開銀冶於極塞，容聚之民，一旦成市，仰哺邊粟，日耗軍食。近寶則國貧，其勢必然。」

曾國荃《〔光緒〕湖南通志》卷五八《食貨四・礦廠・銀礦》 桂陽監土貢銀五十兩，邵州土貢銀十兩。《九域志》。

銀場五十一，有道州之黄富，銀冶八十四，有郴衡桂陽監。宋開寶三年，減桂陽歲貢白金額。詔曰：「古者不貴難得之貨，後代賦及山澤，上加侵削，下益抗敝，每念兹事，深疚於懷，未能捐金於山，豈忍奪人之利，自今桂陽監歲輸課銀宜減三分之一。」

元豐間，聖節荆湖南路進奉銀九千三百兩，南郊荆湖南路進奉銀一千三百兩。《文獻通考》。

真宗時，烹丁愈困，監判章佚代民作《烹丁歌》，上聞惻然，遂罷鑪鑄。《明統志》。

湻熙中，桂陽歲貢銀二萬九千餘兩，而平陽當三分之二。汪綱爲平陽令，力請蠲損之。

産銀之所郴州，元天曆元年歲課，湖廣省銀二百三十六錠九兩。《元史・食貨志》。

〔廣南東路〕賀州，下，臨賀郡，軍事。開寶四年，廢蕩山、封陽、馮乘三縣。本屬東路，大觀二年五月，割屬西路。户四萬二百五。貢銀。縣三：臨賀，緊。有太平銀場。富川，上。桂嶺。中。南渡後，屬廣西路。【略】

《宋史》卷九〇《地理志六》 〔廣南東路〕封州，望，臨封郡，軍事。本下郡，大觀元年，升爲望郡。紹興七年，省州，以二縣隸德慶府。十年，復舊。元豐户二千七百七十九。貢銀。縣二：封川，下。開建。下。開寶五年，廢入封川。六年，復置。【略】

〔廣南西路〕静江府。本桂州，始安郡，静江軍節度。大觀元年，爲大都督府，又升爲帥府。舊領廣南西路兵馬鈐轄，兼本路經略、安撫使。紹興三年，以高宗潛邸，升府。寶祐六年，改廣西制置大使，後四年廢，復爲廣西路經略、安撫使。元豐户四萬六千三百四十三。貢銀、桂心。【略】

〔廣南西路〕象州，下，象郡，景德四年，升防禦。景定三年，徙治來賓縣之蓬萊。元豐户八千七百一十七。貢金、藤器、穗子。【略】昭州，下，平樂郡，軍事。開寶五年，廢永平縣。元豐户一萬五千八百八十。貢銀。

王象之《輿地紀勝》卷二三《江南東路・饒州》 德興縣緊。在州東一百四十里。《寰宇記》云：「本饒州樂平之地，有銀山，出銀及銅。總章二年，邑人鄧遠上列取銀之利。上元二年，因置場監，令百姓任便採取，官司什二税之。至僞唐升爲德興縣。」又按《元和郡縣志》樂平縣下載，銀山在縣東一百四十里，每歲出銀十萬兩，收税七千兩，至今《德興志》尚曰：《銀峯志》則唐之銀山，即今之德興也。又程迥《重建廳事記》謂：縣舊爲樂平縣之銀峯山。唐太宗（正現）〔貞觀〕中權（方）〔萬〕紀上言：宣饒銀大發。帝斥之。即此地也。至武后總章二年，用鄧遠公議置場榷銀，號鄧公場。晉天福三年，南唐割據始置縣，謂之德興縣。

楊仲良《宋通鑑長編紀事本末》卷五《太祖皇帝・親征河東太宗朝附》 繼顒，故燕王劉守光之子，爲人多智，善商財利，世祖頗倚賴之。繼顒能講《華嚴經》，四方供施，多畜積以佐國用。五臺當契丹界上，繼顒常得其馬以獻，號添都馬，歲率數百匹。又於栢谷置銀冶，募民鑿山，取鑛烹銀。北漢主取其銀，以輸契丹，歲千斤，因即其冶建寶興軍。

《宋朝大詔令集》卷一八三《財利・減桂陽監税白金》 古者不貴難得之貨，後代賦及山澤。上加侵削，下益凋弊。朕每念兹事，常深疚懷，未能捐金於山，豈忍奪人之利。自今桂陽監税入白金，宜三分減一。

顧炎武《肇域志》卷一六 〔沂州〕寶山在州西南九十里，元天曆間設提舉司取鑛煉銀，例以官收其三民得其七。成化十八年，遣御用監太監梁芳採取。嘉靖十五年，遣山東巡撫蔡經採。郈城，在州東三十六里。春秋定公十年，叔孫州仇帥師圍郈。隋開皇十六年，於此置臨沂縣。

李有棠《金史紀事本末》卷三〇《世宗致治》 〔世宗大定〕十二年，詔金銀坑冶，聽民開採，毋收税。二十七年，聽民於農隙採銀，承納官課。時定襄退吏誣縣民匿銅者十八村，節度張大節廉得其實，抵吏罪，民立石頌之。又部中銀冶，衆議官榷，大節曰：「山澤之利當與民共。貧而無業者，雖嚴刑能禁其竊取乎？宜明諭民，授地輸課。」從之。

劉岳申《申齋集》卷七《碑・江西和卓平章遺愛碑》 始見議準，戍廣者，一歲終更，而士馬得完；始減蒙山銀課三百錠，改屬興國，而一路地産民力得寬；

褫富民蒙山提舉之爵，征贓五十餘萬緡，而民悅；斷廣東、潮陽遥蠱之獄，流廣憲官吏以賄成者，雪潮陽官民以冤死者，而民服。此其利澤之大者也。

《明史》卷一八《本紀第一八・成宗一》　江西行省臣言：「銀場歲辦萬一千兩，而未嘗及數，民不能堪。」命自今從實辦之，不爲額。【略】

〔元貞元年閏四月〕丁巳，太陰掩房。己未，罷打捕鷹房總管府，及司籍、周用、薄斂等庫，及徽州路銀場，各處鹽使司鹽場，改設司令、司丞。仍免大都今歲田租，弛甘州酒禁。

《元史》卷一七《本紀第一七・世祖一四》　詔設陳蒙、爛土軍民安撫司。江西行省伯顏、阿老瓦丁言：「蒙山歲課銀二萬五千兩。初制，鍊銀一兩免役夫田租五斗，今民力日困，每兩擬免一石。」帝曰：「重困吾民，民何以生。」從之。【略】

〔至元二十九年八月〕戊午，福建行省參政魏天祐獻計，發民一萬鑿山鍊銀，歲得萬五千兩。天祐賦民鈔市銀輸官，而私其一百七十錠。臺臣請追其贓，而罷鍊銀事，從之。【略】

〔十二月〕癸巳，中書省臣言：「寧國路民六百户鑿山冶銀，歲額二千四百兩，皆市銀以輸官，未嘗採之山，乞罷之。」制曰「可」。

《元史》卷二八《本紀第二八・泰定帝二》　衡州衡陽縣民饑，瑞州蒙山銀場丁饑，賑粟。

又卷九四《志第四三・食貨二・歲課》　在湖廣者，至元二十三年，韶州路曲江縣銀場聽民煽煉，每年輸銀三千兩。在河南者，延祐三年，李允直包羅山縣銀場，課銀三錠。四年，李珪等包霍丘縣豹子崖銀洞，課銀三十錠，其所得礦，大抵以十分之三輸官。此銀課之興革可考者然也。【略】

天曆元年，歲課之數：【略】

銀課，腹裏一錠二十五兩，江浙省一百一十五錠三十九兩二錢，江西省四百六十二錠三兩五錢，湖廣省二百三十六錠九兩，雲南省七百三十五錠三十四兩三錢。

又卷一四六《列傳三三・耶律楚材子鑄附》　自庚寅定課税格，至甲午平河南，歲有增羨，至戊戌，課銀增至一百一十萬兩。譯史安天合者，諂事鎮海，首引奥都剌合蠻，撲買課税，又增至二百二十萬兩。楚材極力辨諫，至聲色俱厲，言與涕俱。帝曰：「爾欲博鬥耶？」又曰：「爾欲爲百姓哭耶？」姑令試行之。楚材力不能止，乃歎息曰：「民之困窮，將自此始矣。」

唐順之《荊川稗編》卷一一一《户九・元歲課・元志》　在江浙者，至元二十一年，建寧、南劍等處立銀場提舉司煽煉。在湖廣者，至元二十三年，韶州路曲江縣銀場聽民煽煉，每年輸銀三千兩。

阮元《〔道光〕廣東通志》卷一六七《經政略一〇・肇慶府》　〔元〕至元二十三年，韶州路曲江縣銀場聽民煽煉，每年輸銀三千兩。

商輅《通鑑綱目續編》卷二三　〔至元壬辰二十九年〕秋八月，帝還大都，罷福建銀冶。

初，福建參知政事魏天祐獻計，發民一萬鑿山煉銀，歲可得萬五千兩。天祐乃賦民斂市銀輸官，而私其百七十錠。至是臺臣以聞，請追其賦而罷銀冶。從之。時寧國路銀冶課額二千四百兩，民皆市易以輸，未嘗採之於山，省臣以爲言，亦詔罷之。【略】

〔至元甲午三十一年冬十月〕弛江西銀冶課額。

江西省臣言：「銀冶歲輸萬一千兩而未嘗及數，民不能堪命，自今從實辨之，不爲額。」

陳道黄仲昭《〔弘治〕八閩通志》卷八五《拾遺》　〔至元〕二十九年八月，福建行省參政魏天祐獻計，發民一萬，鑿山鍊銀，歲得萬五千兩，天祐賦民鈔，市銀輸官，而私其一百七十錠。臺臣請追其贓而罷鍊銀事。從之。

《續文獻通考》卷二《田賦考・元》　〔至元〕二十九年，江西行省言蒙山歲課銀二萬五千兩。初制，鍊銀一兩，免役夫田租五斗，今民力日困，每兩擬免一石。帝曰：「重困吾民，民何以堪。」從之。

又卷二三《征榷考・坑冶》　〔元至元〕三十一年十月，時成宗已即位。弛江西銀冶課額。【略】

〔元〕英宗至治二年十二月，免回回人户屯戍河西者銀税。泰定帝泰定二年十月，罷蒙山銀冶提舉司。

先是，至元二十九年正月，江西行省已延阿喇卜丹言：「蒙山歲課銀二萬五千兩。初制：鍊銀一兩，免役夫田租五斗。今民力日困，每兩擬免一石。」世祖曰：「重困吾民，民何以生？」從之。至是罷提舉司，命瑞州路領之。【略】

〔明太祖洪武〕二十年，增福建銀屏山銀課額。

延平府尤溪縣銀屏山，嘗設場局煎鍊銀礦，置鑪冶四十二座，歲辦銀二千一百兩。至是增其額。時又有請開陝西銀礦者，帝曰：「土地所産有時而窮，歲課

成額征銀無已，言利之官皆戕民之賊也。」不許。至永樂間，有河池民言採礦，亦斥之。【略】

〔明成祖永樂〕十九年，遣御史及監生等榷辦浙江、福建銀課。自後，各省提督銀課及巡察開採，布政司則參議主之，按察司則僉事主之，廢置不一。其御史、中官亦時遣焉。【略】

〔明英宗正統〕十年，令各銀場額課不敷，不許派民包納。凡額數不敷，皆許於別坑有礦處煎補。又不敷者，具奏處置。其提督官吏及諸坑首匠作稱課不及額，掊斂民財，侵盜官銀者，依律治罪。【略】

〔明英宗天順〕四年，命雲南雜犯，死罪以下無力者，俱發新興等場充礦夫，採辦銀課。

七年，復詔封閉各處坑場，停止煎辦銀課，取回內外官員。

又卷二八《土貢考》 福建路每年常貢

福州：荔支、乾荔支、煎生荔支，紹興初貢，二十四年罷。紅蕉、花布，大中祥符、天聖、元祐間俱貢，紹興初罷。乾薑、沙魚，建炎三年罷。鹿角菜、紫菜，俱宣和七年罷。蕉乾，建炎初罷。上供銀六萬八千七百四十一兩四錢，大禮銀。每遇郊祀年別進奉九千兩。【略】

建寧府：上供細色茶五綱，粗色茶七綱，練布，又年額上供銀九千七百五十四兩，大禮助賞銀三千七百五十六兩，聖節銀、大禮進奉銀各一千七百兩，提點司進奉銀三十七兩五錢。以上俱建安、甌寧、嘉禾、松溪、政和五縣所貢。

泉州：【略】上供銀九千六百四十二兩三錢。【略】

汀州：蠟燭二百條，上供銀七千九百四十五兩八錢三分五釐，聖節進奉銀、大禮銀各二千兩，上供錢九千七百七十貫九百一文。

南劍州：土茴香、茶，又銀六千三百七十兩。此順昌一縣所供。

邵武軍上供銀一千四百四十一兩四錢，乾會聖節銀二百五十兩，大禮銀四百兩。

興化軍：縣一百兩，葛布一十四，上供錢七千五百四十貫文，節旦上供銀共一千八百三十三兩三錢三分四釐。

畢沅《續資治通鑑》卷一九〇《元紀八》 〔至元二十九年春正月〕又福建鹽課酒稅銀鐵，各立提舉司，實爲冗濫請罷去。詔皆從之。【略】蒙山課歲銀二萬五千兩，初制，鍊銀一兩，免役夫田科五斗，今民力日困，每兩擬免一石。帝曰：「重困吾民，民何以生。」從之。

〔至元二十九年八月〕戊午，福建行省參政魏天祐獻計，發民一萬鑿山鍊銀，歲得萬五千兩，天祐賦民鈔市銀輸官，而私其一百七十錠。臺臣請追其贓而罷鍊銀事。從之。

〔至元二十九年十二月〕癸巳，中書省言：「寧國路民六百户鑿山冶銀，歲額二千四百兩，皆市銀以輸官，未嘗采之山，請罷之。」從之。

又卷一九一《元紀九》 〔至元三十一年冬十月〕江西行省言，銀場歲辦萬一千兩，而未嘗及數，民不能堪。詔自今從實辦之，不爲額。朱清、張瑄從海道歲運糧百萬石。

又卷二〇二《元紀二〇》 〔泰定二年正月閏月〕壬申，罷永興銀場，聽民采鍊，以十分之三輸官。

又卷二〇七《元紀二五》 〔至元三年春正月〕辛亥，升祔伊勒哲伯皇帝於太廟，謚曰「沖聖嗣孝」，廟號「寧宗」。豫王喇特納實里買池州、銅陵産銀地一所，請用私財煅煉，輸納官課。從之。

王宗沐《宋元資治通鑑》卷五五《元紀三・世祖聖德神功文武皇帝下》 〔元世祖二十九年〕八月丁未，亦黑迷失乞與高興同征爪哇。帝曰：「亦黑迷失惟熟海道，海中事當付之，其兵事則付之史弼可也。」以史弼爲福建等處行中書省平章政事，統領出征軍馬。初福建參知政事魏天祐獻計，發民一萬鑿山煉銀，歲可得萬五千兩。天祐乃賦民鈔市銀兩輸官，而私其百七十錠。戊午，臺官以聞，請追其贓而罷銀冶，從之。時寧國路銀冶課額二千四百兩，民皆市易以輸，未嘗採之於山，省臣以爲言，亦詔罷之。【略】

江西行省伯顔阿老瓦丁言：「蒙山歲課銀二萬五千兩，初制：鍊銀一兩，免役夫田租五斗。今民力日困，每兩擬免一石。」帝曰：「重困吾民，民何以生。」從之。

傅恒《通鑑輯覽》卷九六《元》 〔至元甲午三十一年冬十月〕弛江西銀冶課額。

江西省臣言：「銀冶歲輸萬一千兩，而未嘗及數，民不能堪命，自今從實辦之，不爲額。」

許有壬《至正集》卷七五《蒙山銀》 竊謂生財有大道，豈小智之所能；餘利不在民，非爲國之先務。況有利輕害重，人所共知；法弊事隳，下不堪命者，若

不悉陳，其責有在。蒙山銀場提舉司歲辦課銀七百定，辦納不前，將提舉陳以忠斷罪。體究得本處銀場在亡宋時，官差監場十分抽二。歸附後，至元廿一年，撥糧一萬二千五百石，辦銀五百定，後節次添撥糧至四萬石。至大元年，撥屬徽政院。每歲辦納不前，往往於民間收買回爐銷煉解納。蓋緣歸附以來近五十年，本處地面却能幾何，所用礦料必取於坑洞，薪炭必取於山林。銖兩而求，尺寸而伐，以有限之出，應無窮之求，其地産不已竭乎。加以言利小人如陳以忠，先爲連年虧額，自願每糧一石減鈔十兩，折收輕賫三十兩，承認額辦，因此致令徽政院易於準言，濫受此職。不數年間，却又陳言欲行添及元數，公然欺罔。雖曰不過爲身；所行之法，惟務害衆。爲是本處坑谷已空，薪炭已竭，人力凋弊已甚，準，而前後數年每糧一石，巧立名色收至六十兩。稍或不從，則以輸納遲慢監鎖箠楚，山野之民畏之如虎，斬木伐屋，典賣妻子者，比比皆是。本人所畫之計，不侵漁已極，逃移者衆。連年虧兑，蹤迹顯露，計無所施，勉强支撐，中實憂悔，既任其責，欲罷不能。是以又將興國地面銀場協濟煽辦，移江西之害及湖廣之民。及言寧州等處可以煽銀，請於所屬改撥户糧。造此妄言，苟延殘喘，鄙夫患失，無所不至，間之居民，欲食其肉。欽惟聖朝，富有四海，視此微利，何啻毫末；奈何容一介小夫之奸欺，爲數郡細民之荼毒？使其害及閭閻，得利十倍，邦本所係，猶不可爲，而況所得不敷所費者哉！先以行省所委體勘官瑞州總管史朝列等計料，所費每銀一兩，該鈔一定一十三兩，虧官損民，不便。今銀一兩，雖曰止該官本十四兩，然因礦炭盡絶，燒煉不前，俱係爐户用錢收買輸納，已是添答鈔兩。至於納官之時，官吏庫子人等，百色所需，并帶納折毫，諸班唆剥。及官吏多答鈔數，收受輕賫，轉行買納，其弊百端。由是較之，則每銀一兩本官十四兩外，爐户又加一倍之費方能了辦。民之所費皆其脂膏，若謂此非官帑所出，視如不費，則父母之於赤子，果有間乎？近年以來，坑洞日以深遠，每入取礦，則必篝火懸繩，横穿斜入，竇穴暗小，至行十餘里。巉石之壓塞，水泉之湧溺，其爲險惡，蓋無可比。加以山嵐毒氣，旦夕攻侵，枉死之人，不可勝數。興言及此，誠可流涕！耳目所及，敢不力陳？若以爲國有常額，難議除豁，朝廷所用，必不可無，莫若革罷提舉司衙門，將所撥糧四萬石，折收銀七百定，依江東諸郡金課例，每年立限，從有司徵收解納。則是每糧一石，折收銀八錢七分五釐，每銀一兩，該免糧一石一斗四升二合八勺。官不失額，民不被害，回視剥其脂膏，流無窮之害，陷於坎谷殺無筭之人，而所得不償所費者，其爲利豈不百倍哉！方今政令一新，次第拯治於斯之時，若謂設立已久，恢辦有常，憚於更張，因仍循習，則蒙山民瘼日甚一日，未有涯涘也。窮苦之極，其害且有出於經理田糧之外者，卑職親究其事，義不容默，如蒙早爲講究施行，疲民幸甚。

邵遠平《元史類編》卷四《天王二》 〔元貞元年冬十月〕甲寅，勅自今監察御史、廉訪使有所按覈，州縣官與本路同鞫，路官與宣慰使同鞫，宣慰司官與行省同鞫。辛酉，辰星犯房，壬戌，犯鍵閉。《通考》云：「江西省臣言，銀冶歲課萬一千兩，而未嘗及數，民不堪命，自今從實辦之，不爲額。」

《新集至治條例・户部・銀課》 蒙山銀場多科工本：延祐七年十二月日，江西廉訪司奉臺劄，近抛來申蒙山銀場多科工本，移準御史臺咨呈，奉中書省劄，付送户部議得。御史臺呈江南行臺咨，江西道廉訪司申，蒙山銀場提舉陳以忠始言，蒙山銀場煉銀工本納糧不使，每歲認撥户糧四萬石，每石減鈔一十兩，只收輕賫三十兩，做煉銀修坑取礦買炭工本，辦銀七百定。如有虧兑，願將家産折挫還官。自禮任之後，連年巧立名色，每糧一石科要五十六兩五錢至於六十兩。計之自延祐四年至延祐六年三月之間，多取訖糧户工本錢鈔三萬餘定，擾民之甚。若依陳提元定糧價，每石中統鈔三十兩，令所在州縣征收類解，提司收納辦課，龍瑞二路生民幸甚。以此參詳，陳以忠白身授以提舉職名，本欲課增民便，令本人故違元行，恣意多取，反爲民害，誠非所宜，合準御史臺所言，依元定糧價，許令□該官司征收揔解，提司收管，實爲良便。如蒙準呈，照會相應都省，除已移咨江西行省劄付徽政院依上施行外，仰照驗施行。

煉銀户計差役：延祐七年十月日，江西行省準中書省咨，來咨徽政院咨蒙山銀場提舉司，申煉銀户計應當里正主首，雜役耽悮辦銀，申乞照詳得此。照得延祐六年四月初九日，啓奉皇太后懿旨：「這辦銀是大勾當，有再教他重併當里正主首，雜泛差役呵，咱每的勾當不悮了，那甚麽休交當者，麽道敬此，咨請照詳準此，送抛户部呈。」延祐七年五月十八日，欽奉聖旨：「體例除上都，其間自備首思站赤邊遠出征軍人外，諸王公主駙馬各枝兒，不以是何諸色户計，及權豪勢要人等，合着和雇和買，雜泛差役，塩折草檢，闊昏鈔交與民一體均當者，在前奏了，不教當和雇和買，雜泛與來的，執把聖旨、懿旨，令旨住罷者，這般宣諭了呵，別了的人每有罪過者，監察御史每常川用心體察者。欽此。」除欽依外，今奉前因，本部議得和雇和買，雜泛差役，已有奏準通例，參詳宜從。都省移咨江西行省，欽依施行，得此都省，請欽依施行。

顧炎武《日知録》卷一一《銀》　國初，所收天下田賦，未嘗用銀。惟坑冶之課有銀，《實録》於每年之終記所入之數，而洪武二十四年，但有銀二萬四千七百四十兩，至宣德五年，則三十二萬二百九十七兩，歲辦視此爲率。

按：宋蘇轍《元祐會計録》：歲入銀止五萬七千兩。《元史・成宗紀》：右丞相完澤言，歲入銀止六萬兩。而宣德五年奏，温、處二府，平陽、麗水等五縣銀額至八萬七千八百兩。蓋所開坑冶漸多。

當日國家固不恃銀以爲用也。至正統三年，以採辦擾民，始罷銀課，封閉坑穴，而歲入之數不過五千有餘。九年閏七月戊寅朔，復開福建、浙江銀場，是年採納已六萬七千一百八十兩，乃倉米折輸變賣，無不以銀，後遂以爲常貨。蓋市舶之來多矣。

余繼登《典故紀聞》卷一一　初，洪武間，福建各場歲課銀二千六百七十餘兩，浙江歲課二千八百七十餘兩。永樂間，福建增至三萬二千八百餘兩，浙江增至八萬二千七十餘兩。宣德間，福建又增至四萬二百七十餘兩，浙江又增至九萬四千四十餘兩，自是地方竭而民不堪矣。英宗初即位，下詔封坑冶，民大蘇息。

又卷一二　景泰間，御史左鼎等陳言時政，内一款言：「停銀課以杜民患。正統年間，閩浙俱採辦銀課，豪猾貪利，互相殺奪，遂使鄧茂七、葉宗留之徒乘勢作亂，致勞大軍征剿芟除，而銀課之令遂止不行。近者皆仍前舉行，臣等謂閩浙瘡痍之民，甫能安業，誠恐求利未得而害已隨之。乞暫免採辦，庶無意外之憂。」景泰四年，禮部奏：「邇因濟寧、徐州饑，敕巡撫官權宜拯濟，而臨清縣儒學增廣生員王銘等四人各願輸米五百石入國子監讀書，雖云權宜，實壞士習。請弛其令，庶使生徒以學行相勵。」從之。嗚呼！納粟賑荒，且猶不可，濫觴至今，恃爲理財要策矣，是可歎也。

又卷一六　弘治元年二月，浙江景寧縣屏風山有異物成羣，狀如馬，大如羊，其色白，數以萬計，首尾相銜，徙西南石牛山浮空而去，自午至申。事聞，朝廷爲減銀課，汰坑冶官。

湯斌《擬明史稿》卷一八《王質列傳》　初洪武時，各銀場歲課福建二千六百餘兩，浙江二千八百餘兩。永樂以後，歲有增益。宣德間，福建至四萬二千餘兩，浙江至九萬四千餘兩。自是地力殫而民不堪命矣。帝初即位，詔閉礦罷冶，勿言場課。民大蘇，至是有盜礦脈，相殺傷者。御史孫毓等遂言，復開銀場，則利權在上，盜無所容。事下兩省三司集議。惟浙江按察使軒輗奏言，戢小盜有司事耳，開場雖一時之利，而費出民間，官吏驛騷，人心搖動，其患甚大。朝廷是其言，寢之。已而給事中陳傅阿中貴意，復請開場，諸言利者附和之，天子因以爲然，以質廉謹，使典其事。質既卒，朝廷以閉礦久，今初開，損大臣不祥，乃議二省場課視宣德時各征其半，然猶數倍國初，而内外使者冠蓋相望，閭閻供億，過於公税，於是民困盜起。至正统末，以王師討之，乃定。

《明太祖高皇帝實録》卷二〇六　〔洪武二十三年十二月〕先是，福建延平府尤溪縣銀屏山嘗設場局煉銀礦，置爐冶四十有二座，置爐首二人。歲辦銀二千一百兩。洪武二十年增其額，并閏月銀一百八十五兩；二十一年、二十二年，又增額銀一十兩，至是，所收銀課凡二千二百九十五兩。

閻鎮珩《六典通考》卷九五《市政考・山征》　然福建尤溪縣銀屏山銀場局爐冶四十二座，始於洪武末年。浙江温、處、麗水、平陽等七縣，亦有場局，歲課皆二千餘兩。永樂間，開陜州商縣鳳皇山銀坑八所。遣官湖廣、貴州採辦金銀課，復遣中官、御史往覈之。又開福建浦城縣馬鞍等坑三所，設貴州太平溪、交阯宣光鎮金場局、葛溪銀場局、雲南大理銀冶。其不產金銀者，亦屢有革罷。而福建歲額增至三萬餘兩，浙江增至八萬餘。宣宗初，頗減福建課，其後增至四萬餘，而浙江亦增至九萬餘。英宗詔封坑穴，撤閘辦官，民大蘇息，而歲額未除。閘辦者，永、宣所新增也。既而禁革永煎。姦民私開坑穴相殺傷，嚴禁不能止。言者請開銀場，則利歸於上，而盜無所容。乃命侍郎王質往經理，定歲課，福建銀二萬餘，浙江倍之。又分遣御史曹祥、馮傑提督，供億過公税，民困而盜愈衆。鄧茂七、葉宗留之徒流毒浙閩，久之始定。景帝嘗封閉，旋以盜礦者多，開浙閩銀場，命中官戴細保提督之。天順四年，命中官羅永之浙江、羅珪之雲南，馮讓之福建，何能之四川。課額十八萬三千有奇。成化中，開湖廣金場，武陵等十二縣二十一場，歲役民夫五十五萬，死者無算，得金僅五十三兩，而浙江銀礦以缺額量減，雲南屢開屢停。弘治元年，減雲南二萬兩，温處萬兩餘，罷浦城廢坑銀冶。雲南巡撫李士貫言：「雲南九銀場，四場礦脈久絶，乞免其課。」報可。四川、山東礦穴亦先後封閉。武宗開浙閩銀礦。浙江守臣言礦脈已絶，乃令歲進銀二萬兩，劉瑾誅乃止。世宗初，閉大理礦場。其後薊、豫、齊、晉、川、滇所在進礦砂金銀，復議開採，以助大工。户部尚書方鈍等請令四川、山東、河南撫按嚴督所屬搜訪，以通天地降祥之意。於是公私交騖礦利，而浙江、江西盜礦者且劫

徽、寧，天下漸多事矣。隆慶初，罷薊鎮開採。南中諸礦山，亦勒石禁止。萬曆十二年，姦民屢以礦利中上心，諸臣力陳其弊，帝雖從之，意怏怏。二十四年，張位秉政，前衛千户仲春請開礦，位不能止。開採之端啓，廢弁白望獻礦峒者日至，於是無地不開。

萬斯同《明史》卷九《本紀九・宣宗》〔成祖二十二年十二月〕戊子，免尤溪銀場閘辦增額。〔宣德二年〕六月壬戌，罷雲南銀場礦夫。〔宣德五年十一月〕癸亥，減麗水諸銀冶課額。

又卷一〇《本紀一〇・英宗前紀》〔正統〕十四年春正月乙巳，免浙江、福建銀課。

又卷一二《本紀一二・英宗後紀》〔四年夏四月〕己酉，分遣中官，督浙江、雲南、福建、四川銀課。

又卷一三《本紀一三・憲宗》〔九年三月〕壬寅，減雲南銀課之半。

又卷一四《本紀一四・孝宗》〔弘治元年八月〕丙辰，減雲南銀課。〔二年夏四月〕丁巳，減浙江銀課。〔十三年〕十一月壬戌，免雲南判山等四場銀課。

又卷一〇四《志七八・食貨一〇》當是時，民困而盜愈衆，鄧茂七、葉宗留之徒，流毒浙閩，至十四年始戡定。天順四年，命太監羅永之浙江，羅珪之雲南，少監馮讓之福建，內使何能之四川各銀場閘辦銀課。浙江三萬八千九百二十兩，雲南十萬二千三百八十兩，福建二萬八千二百五十兩，四川一萬三千五百一十七兩，總一十八萬三千有奇。既户部奏福建古田、福寧銀場採礦煎銀數少，欲從民便，驗糧辦納，古田一千二十五兩，福寧一千五十兩。帝命減半。成化中，浙江、福建各差內官，四川、雲南令鎮守內官提督採辦。先以福安縣銀坑礦盡，派課於民，至是新開上平坑以足之。

《明會要》卷五七《食貨五・坑冶》〔永樂〕十九年，差御史監生人等開辦福建、浙江銀課。

英宗即位，令罷浙江、福建等處銀課。

及礦盜葉宗留、陳鑑等肆行劫掠，給事中陳傅復請開礦，乃命侍郎王質往經理定歲課，福建銀二萬一千餘兩，浙江銀四萬一千餘兩。雖比宣德時減半，已十倍洪武時，自是供億紛繁，民困而盜益衆。《三編》。

成化七年，令浙江、福建、四川、雲南采辦銀課。

〔弘治〕十三年，雲南巡撫李士實言：「雲南九銀場，四場礦脈久絶，乞免其課。」報可。

《明宣宗章皇帝實録》卷一二〔洪熙元年十二月〕戊子，福建尤溪縣銀屏山銀場副使劉英奏：「初，本場每季納銀五百七十兩。永樂中遣官閘辦，數倍其數，每季二千七百兩。山深民貧，採礦艱難，逃亡者多，歲辦不充，乞仍舊額。」

上諭行在户部臣曰：「遣官閘辦，正欲察其奸弊，不令虐民，乃反倍增其課，虐民甚矣。其即遣人審實，仍其舊額。」

又卷七二〔宣德五年十一月〕癸亥，浙江左布政使黄澤言：「民者國之本，財者民之心。理財固在於有道，而爲國莫切於愛民。皇上屢降勅書，愛恤生民，惟恐一人不得其所，而民之利病，猶恐未盡上聞。竊見浙江所屬温處二府平陽、麗水等七縣銀冶，自永樂間至今，遣官閘辦，七縣歲額銀共八萬七千八百兩，以十年計之，通八十七萬八千兩，而各場所産礦石，有僅足課額者，有不足者，有礦盡絶者。閘辦之官，督令坑首、冶夫陪納，不敢稍失歲額，陪課之民，富者至於貧困，貧者至於逃于他處坑冶，其害亦然。乞皇上廣愛民之仁，暫停坑冶之役，則民得以遂其生生。」上覽其言，命行在户部曰：「此弊朕何由知，其遣官同往三司及巡按御史辨銀課官，審實其弊，或減額，或罷役，不可重困百姓。」

《明太宗文皇帝實録》卷四八〔永樂三年十一月〕丙辰，建雲南大理銀冶，命所司定額督辦。

傅維鱗《明書》卷八《本紀六・英宗睿皇帝本紀》〔正統二年戊寅〕夏四月，差中官辦浙、閩、雲南銀課。【略】〔四年庚辰〕夏四月，遣內官閘辦各省銀課。

又卷一〇《本紀八・憲宗純皇帝本紀》〔成化九月癸巳〕三月，減雲南銀課十之五。【略】

〔成化十九年癸卯〕五月，減浙江銀課三分之一。

又卷一一《本紀九・孝宗敬皇帝本紀》〔弘治元年戊申〕八月，停各處採辦貢獻。詔考正孔廟從祀名位，給守祖陵庶人銀幣。敵數犯宣府、甘肅，獨石等處，守將禦走之。減雲南銀課。【略】〔二年己酉夏四月〕減浙江銀課。【略】〔五年壬子冬十一月〕免應天歲辦三之二。〔八年乙卯〕冬十月，修舉社學，取前寘相光寺番僧入居慈恩寺，給事中柴昇疏諫，上讀疏曰：「左右果欺朕也。」即敕止之。免雲南積逋礦銀。

《明會典》卷三七《户部二四・金銀諸課》正統三年，令罷閘辦銀課，封閉各處坑穴，其福建、浙江等處軍民私煎銀礦者，正犯處以極刑，家口遷化外，如有

逃遁不服追問者，量調附近官軍剿捕。【略】

景泰元年，令罷採辦浙江、福建等處銀課，取回閘辦官，令都布按三司巡礦官提調各該府縣護守坑場。天順二年，仍令開雲南、福建、浙江銀礦，各差内使一員，辦事官一員，照舊煎辦，令各鎮守太監提督。

焦竑《國朝獻徵録》卷八三林俊《南直隸・廬州府知府孟公玘墓志銘》〔正統〕己巳六月，神機之兵扼順昌，俘茂七以獻，沙寇平。上杭銀冶，疲人釁盜，歲輸率不當歲費，公言當塞，竟塞。

談遷《國榷》卷二六　〔甲子正統九年〕閏七月戊寅朔，户部右侍郎王質重開福建、浙江銀場。國初，閩課歲二千六百七十餘金，浙課歲二千八百七十餘金。永樂間，閩至三萬二千八百餘金，浙至八萬二千七十餘金。宣德間，閩歲四萬二百七十餘金，浙歲九萬四千四十餘金。民困甚，上初閉冶獲蘇，至是多盜鑛。御史孫毓，福建參政宋彰、浙江參政俞士悅，謂開則利自上。浙江按察使軒輗，謂開之患尤深，上是之。而刑科給事中陳傅復以爲請，中貴附和，故有是命。閩額二萬一千一百二十餘金，浙額四萬一千七百餘金，供億之費，殆過公稅，盜又不絶，至己巳勤兵，民始安。

〔乙丑正統十年三月〕浙江松溪縣礦脈竭，除其銀課。

〔丁卯正統十二年〕四月壬辰朔，福建銀場進去年萬二千四百金，虧户部侍郎焦宏之半，命各場補辦。

又卷二七　〔戊辰正統十三年二月丙子〕巡視銀場監察御史王珉言，福建先侍郎焦宏定歲課二萬八千二百五十金，後御史馮傑按止萬三千四百金，今礦微民匱，乞如傑擬。不聽。【略】

〔十二月己巳〕減處州今冬春銀課之半。

〔己巳正統十四年正月〕乙巳，暫停浙江、福建銀課。

〔五月〕癸卯，建陽人林惠言三事：曰鹽糧鄉民納米、市民征鈔，乞概折。曰丈量嘉禾，里均賦。曰武仙山銀坑，歲課千二百餘金，乞減半。上從之。

又卷三一　〔癸酉景泰四年四月〕吏科都給事中林聰言，銀場礦微，乞罷福建歲課。章下撫按。

監察御史左鼎等言七事，求實才以任民牧，停銀課以杜民患，務踐言以信斯民，減工匠以省虚費，禁游惰以敦本業，專委任以謹邊防，選大臣以清治本。下廷議。

〔甲戌景泰五年十二月〕壬辰，鎮守處州都指揮同知王英言，銀場洪武中原額不及三千金，曰歲辦。永樂、宣德間增額，曰閘辦，如青田縣歲辦不千金，今閘辦至萬四千三百餘金，民深被其害，乞如洪武中例。户部謂原額太輕，下布按二司議。

又卷三二　〔戊寅天順二年四月〕壬戌，命中官於浙江、福建、雲南閘辦銀課。

又卷三三　〔庚辰天順四年四月〕己酉，太監羅永、羅珪，少監馮讓，内使何能，開辦浙江、雲南、福建、四川銀課。

〔十二月〕丁亥，山東道監察御史閻鼎謫廣西平南縣主簿，鼎巡按浙江，言閘辦銀課，内外等官擾害軍民狀。忤旨，下獄謫之。

〔壬午天順六年九月〕丁未，户部定古田縣銀課千二十五金，福寧千五十金。上各減其半。

又卷三六　〔壬辰成化八年六月〕詔雲南銀課止視舊煎辦。

〔癸巳成化九年三月〕壬寅，減雲南銀課十之五。

又卷三九　〔辛丑成化十七年五月〕庚辰，減浙江泰順縣銀課。

〔壬寅成化十八年六月辛酉〕巡撫雲南右副都御史吴誠奏，雲南楚雄等七衛銀課，自永樂三年開，至宣德十年止，天順三年復開，額五萬二千三百金。明年增至十一萬二千三百八十金，延至六年方足，七年又停。成化三年又復天順之額，年久礦微，比奉旨定二萬六千一百餘金，邇又如天順六年，該十萬二千三百餘金，地瘠何堪，乞仍舊額。不聽。

〔癸卯成化十九年五月〕丁未，減浙江銀課三分之一，如成化三年例，二萬一千二百五十金。

〔七月〕甲辰，增四川布政司參議提督銀課。初，會川衛密勒山銀課萬三千五百餘金，礦夫六百餘人，止而復開，兼開沙卧山，而會川距成都二千餘里，太監蔡用請分司提督。

又卷四〇　〔甲辰成化二十年正月〕減雲南歲辦銀課三萬金、四川五千金。

又卷四一　〔戊申弘治元年七月戊辰〕減浙江銀課，汰冗員。巡按御史河津暢亨以景寧災異言，温、處銀課二萬二千二百四十餘金，太監張慶加耗三千金厲民，又添設銀場參議、僉事、縣丞等官。詔銀課如舊，裁其冗。慶亦誣亨他事，謫黄梅知縣，卒。

額，難以準減。上曰：「事有病於民者，當爲民除之，豈可膠於定額而慢不加意耶！坑場銀課即令布按二司勘實奏聞區畫，餘從所議。」

又卷二九〇 〔天順二年夏四月〕壬戌，命中官於浙江、福建、雲南三布政司閘辦銀課，浙江歲辦銀二萬一千二百五十兩，福建一萬五千一百二十兩，雲南五萬二千三百八十兩，從太監福安奏也。

又卷三一四 〔天順四年夏四月〕己酉，命太監盧永、羅珪，少監馮讓，内使何能閘辦銀課，永閘辦浙江各銀場銀三萬八千九百三十兩，珪閘辦雲南各銀場銀十萬二千三百八十兩，讓閘辦福建各銀場銀二萬八千二百五十兩，能閘辦四川行都司會川衛蜜勒山銀場銀一萬三千五百一十七兩，通計四處銀十八萬三千七十七兩。

張廷玉《通鑑綱目三編》卷一〇 〔英宗正統十四年八月〕減浙江、福建銀場課。

帝以浙閩銀場歲課重爲民困，乃詔減其額，尋命封閉之。

《明史》卷一〇《本紀一〇·英宗前紀》 〔正統十四年春正月〕乙巳，免浙江、福建銀課。【略】〔夏四月〕乙丑，遣御史十三人，同中官督福建、浙江銀課。

傅恒《通鑑輯覽》卷一〇四《明》 〔正統己巳十四年九月〕減浙江、福建銀場課。

夏燮《明通鑑》卷二八《紀二八》 〔天順四年〕夏四月己酉，分遣内臣盧永等督浙江、雲南、福建、四川銀課，浙、閩課額大畧如舊，雲南十萬兩有奇，四川萬三千有奇，總新舊額十八萬三千有奇。

又卷三六《紀三六》 〔弘治元年〕秋七月戊辰，減浙江温、處等銀課萬餘兩，汰管理銀場官。

〔弘治元年八月〕丙辰，減雲南銀課二萬兩。〔考異〕浙江、雲南銀課減數見《明史·食貨志》。《明史稿》漏却浙江，《明史》漏却雲南，今分系之七八兩月。

〔弘治二年夏四月〕丁巳，復減浙江銀課。

又卷四三《紀四三》 〔正德五年〕八月乙酉，免福建銀課一年。時礦脈微細，得不償費。守臣復以地方旱灾爲請，故有是命。

何喬遠《名山藏》卷一六《典謨記·憲宗純皇帝》 〔成化九年〕其後三月，始遣監察御史巡鹽河東，陞福寧縣爲州，減雲南銀課十分之五。

又卷一七《典謨記·憲宗純皇帝》 〔成化十九年〕七月，大同總兵官許寧等

〔八月丙辰〕減雲南銀課二萬金。【略】

〔己酉弘治二年四月〕丁未，免福安縣銀課一年。

丁巳，定處州銀課萬二百三十七金，泰順縣六百四金，裁松陽、宣平、雲和管場縣丞。

又卷四四 〔庚申弘治十三年十一月〕壬戌，免雲南判山、窩村、廣運、寶泉四場銀課。

《明英宗睿皇帝實録廢帝附》卷一四二 〔正統十一年六月〕己亥，巡按福建監察御史馮傑等奏：「建陽、福安等九縣，原定每歲銀課二萬一千一百二十餘兩，緣各縣銀坑采取年遠，礦脈微細，得銀數少，奏下户部議，今年不拘額數，從實煎辦銀課類解，以後年分，仍將增出銀課其數，奏請定奪，庶幾上下不虧。」從之。

又卷一五二 〔正統十二年夏四月壬辰朔〕福建銀場進去年課銀一萬三千四百兩。先是，福建銀課二萬一千一百二十餘兩，後遣户部侍郎焦宏踏勘回奏云，可約辦二萬八千二百五十兩。至是，上以所進之數不及宏約之半，仍命各場補辦。

又卷一五八 〔正統十二年九月，癸卯〕巡按福建監察御史李俊奏：「福州、建寧二府銀場，採煎年遠，礦脈斷絶，去年煎銀課一萬三千餘兩，比原額少一萬四千餘兩，若欲補足額數，未免分派於民，恐逼迫流移，貽患反重，乞量爲減免。」上命户部計議以聞。

又卷一六三 〔正統十三年二月，戊寅〕監察御史王珉奏：「奉勑巡視銀場，據福州等府、寧德等縣民五千餘人訴，先因侍郎焦宏定歲課銀二萬八千二百五十兩，後御史馮傑會同本處司府縣官從公勘實，準令儘力煎辦，止得銀一萬三千四百兩，已行解官。今復追補宏所定數，緣各坑礦脈微細，各民家道艱難，無從賠納，乞賜分豁，如虛各甘籍没家産。臣以爲民窘如此，若復追併，恐逃竄爲非，乞依御史馮傑所定數煎辦。」上曰：「銀課數已定，民何得復妄訴，若復不完，并珉執罪之。」

又卷一七八 〔正統十四年五月，癸卯〕福建建陽縣耆民林惠言三事：一、本縣武仙山銀坑，年遠湮塞，比因本縣里老虛報額辦課銀一千三百餘兩，俱是煎銀夫甲陪納，乞於原額減除什五，以甦民困。下户部議，以塩糧不分鄉市之民，俱令米鈔兼納田糧，宜移文福建布按二司，委廉幹官丈量覈實，銀課已有定

奏，分守左參將劉寧、左監丞石巖自宣府移守至陽和之三日，虜入境殺掠，當論罪。下兵部覆上，上曰：「二日爾號令未行，威愛未立，部下勇怯，地利險易未究知也。其令勉圖自贖，增置四川布政司參議一員，提督銀課。」前此會川衛密勒山銀場歲課一萬三千五百兩有奇，礦夫六百餘名，後皆停止。至是復開，兼開沙卧山銀場，礦夫視舊增十之一，而會川離四川三司又二千餘里，太監蔡用言必得參議一員，領勑提督，庶銀課無虧。户部覆奏，從之。

〔成化二十年正月〕免修理沙河行殿橋梁工役官軍五千人，停各處燒造磚料，減雲南歲辦銀課三萬兩、四川五千兩。

查繼佐《罪惟録・帝紀》卷九《憲宗純皇帝》 〔成化九年〕三月，減雲南銀課十之五。塞外野燒逼山陵，發官軍萬人遏之，反風延出西北。

又《罪惟録・志》卷一〇《貢賦志》 〔弘治二年〕各鑛銀課歲辦一十五萬一千餘兩。

《明憲宗純皇帝實録》卷二二八 〔成化十八年六月〕巡按雲南右副都御史吴誠奏：「雲南楚雄等七衛銀課，自永樂三年開至宣德十年止，天順三年復開，辦銀五萬二千三百餘兩，次年增至十一萬二千三百八十兩，因采不足，延至六年方足，七年奉例停止。成化三年又復天順三年之數，第年久礦微，額恒不足，官司摘撥軍餘以爲礦夫，月追人銀一兩二錢，通計一年，該銀十有四兩四錢，不足則又扣賣軍糧以益其數，比因得請損爲二萬六千一百餘兩，困苦方得少紓，乃者仍有天順六年之征，歲該辦銀十萬二千三百兩。夫雲南去京萬里，地方磽瘠，五穀不備，雖有銀礦，采取已盡，則雖二萬六千之數，尚爾告急，今又加倍征納，人何以堪？況麗江前歲山移，大理、鶴慶比年地震，而交賊又萌窺覘之謀，人心頗摇，若非安内，何以攘外？伏乞仍依上年額數，以蘇人困。」事下户部，以爲銀課取足，固國計所急，而疆土失寧，尤安危所擊，吴誠之言，誠爲切當，伏望俯念邊方多事，暫損爲二萬之數。上曰：「銀課乃國家重務，無容停止，歲辦之數，止如天順六年。」

又卷二四二 〔成化十九年秋七月〕甲辰，增置四川布政司參議一員，提督銀課。前此會川衛密勒山銀場，歲課一萬三千五百兩有奇，礦夫六百餘名，後皆停止。至是復開，兼開沙卧山銀場，礦夫視舊增十之一，而會川離四川三司又二千餘里，太監蔡用言必得參議一員，領勑提督。庶銀課無虧。户部覆奏，從之。

《明孝宗敬皇帝實録》卷三一 〔弘治二年十月〕命以户部所收江南糧草折色銀及太倉銀十萬兩分送大同、宣府二邊，准弘治五年歲例，從巡撫都御史許進等請也。乙巳，復罷福建浦城縣陳伯廢坑銀冶，其歲辦銀課，准以丁糧補納，從鎮守太監陳道請也。

又卷二二八 〔弘治十八年十一月〕戊子，巡撫雲南都御史陳金奏，雲南舊有銀場，礦脈微絶，近減銀課，歲征銀三萬一千九百餘兩，然皆出於礦夫，及軍餘賠納，礦場所取者，僅足供加耗扛解之費，其原設僉事一員，乞革去爲便。從之。

王世貞《弇州史料》前集卷一三《中官考三・弘治一朝・正德朝首年》 巡按御史暢亨言弭災二事：一曰減税利，謂温、處二府銀坑，歲額課銀二萬二千二百四十餘兩，近來礦脈衰耗，比之初年，什不及一，而太監張慶歲取耗銀又三千兩，皆百姓賣子鬻産以充其數，官司逼迫有因，而自盡及散爲盜賊者，乞量爲裁損，止因所得多寡征之。

萬表《明經濟文録》卷三〇《處置邊務事》 軍民憔悴，日不聊生，盜賊生發，動輒劫掠殺人，東備西出，殆無寧日；加之以廣西、廣南、元江、羅雄等處，土官連年讐殺，不聽撫化；再加之以閘辦銀課，索取進貢等項，地方搔擾，人心失寧。況臨安雖委指揮一員在彼守備，名位不重，難以節制衛所，金齒雖有副總兵都督同知沐瓚在彼，止可鎮守，金齒、騰衝二處，控制外夷地方，亦不能兼制。

陸釴《病逸漫記》 雲南各處礦銀，各閘辦銀，歲進若干，各入女官庫。其各處折糧銀，有一項入太倉以備邊用，歲送西北諸處三十餘萬兩。

唐順之《武編・前集》卷六《礦》 一、開法以地方大户主收煎，以油糧户主採取，假如礦一百斤值銀十兩，油糧户只作五兩，賣與大户，使二人均利入己，均税納官，官以廉能者董其役，監取三日三夜通融計之，什分取一，取大户并油糧户甘結造清册入官，數日一納國税。如有利，則開者必不自止，如無利，則開者自息矣。

鄭慶雲《〔嘉靖〕延平府志・地理志》卷二《山一百五十有二》 〔尤溪〕銀瓶，在三十一都，其狀如瓶，舊於此閘辦銀課。「瓶」或作「屏」字，悮。上四山俱縣西。

《明世宗肅皇帝實録》卷三三九 〔嘉靖二十七年八月〕庚午，上諭工部，令以節慎庫所貯礦銀進用。尚書文明奏，礦銀六萬三千餘兩，已送大工支用，存者無幾。上謂此銀原備内用，何得擅支，令以別項銀補還。既而復諭户部：「朕昨問内庫，查取礦銀，該部止入三之一，其餘如常支用。天子不問有無，司財自

有司事，固是，但今實藏止數萬金。祖宗時，至有數十萬者。不給於用，內侍亦不敢言，雖已奏下部臣處置，尚未報納，乃敢輒留欽取礦銀，此仍示其擅者，其令進用。」又金母生沙金於所産地採獻，户部言：「開礦取金，乃工部事，惟各省解運内庫銀，則責在户部，第今無解至者，請以太倉二十萬兩先進。」上曰：「内藏乏用，其催取各到銀兩進庫四十萬，傳取者乃御前别用，候諭行。」於是，工部先進礦銀三千九百兩且引罪，有旨宥之。

又卷四三六 〔嘉靖三十五年六月〕庚寅，造帝真殿，遣工科給事中陳耀文督工。户部主事張芹進山東寶山諸山礦砂二百一十七兩、礦銀二百一十二兩有奇。上以爲少，命從實開取，及嚴禁官民匿侵盜者，其未取之所，仍開採取之。

又卷四三七 〔嘉靖三十五年七月〕戊辰，禮部奏，萬壽節在邇，至期請二王入宮拜賀。詔候旨行。制勅房辦事左通政王槐進玉旺峪礦銀三千兩，并中上下礦砂各五斤。庚午，補給易州鎮客兵銀三千一百六十七兩有奇。

又卷四三八 〔嘉靖三十五年八月〕丁亥朔，祭先師孔子，命大學士李本行禮。制勅房辦事左通政王槐進玉旺峪礦銀三千兩。

〔嘉靖三十五年八月〕錦衣衛千户仝天爵，復進礦銀三千五百兩。

又卷四四〇 〔嘉靖三十五年十月〕辛亥，以水災免福建汀州、福州、延平府屬税糧有差。錦衣衛衣前所正千户仝天爵，復進玉旺峪礦銀二千兩，因奏天寒，工力不及，請暫免催辦。得旨，俟來春二十五日取煎，不許欺怠。

又卷四四一 〔嘉靖三十五年十一月〕户部主事沈應乾、錦衣衛千户李鉉，進河南嵩縣等洞礦銀二千兩，并礦石、礦砂各二罐。

又卷五一〇 〔嘉靖四十一年〕六月丁巳，順天巡撫都御史徐紳，進煉金山礦銀一千兩。

焦竑《國朝獻徵録》卷八七丘濬《江西二·知縣贈光禄寺少卿鄧公顒墓志銘》 又覈處州坑冶，免銀課者若干兩，其人皆報以重貲，公皆固拒不受，其所爲卓卓如此類者甚多。

顧炎武《天下郡國利病書·江西》 嘉靖三十四年，南昌人某同方士陶仲文奏請重建許旌陽鐵柱宮。因言工費動以萬計，今帑藏空虛，實不能給，請以廣信封禁外山所蓄樹木採取庀工；不足，則以平洋坑所産礦銀助之。

《明會典》卷三七《户部二四·金銀諸課》 令差辦事官於四川會川衛密勒山銀場閘辦銀課。〔萬曆〕二年更代。五年，令雲南、福建、浙江閘辦銀課，止於本坑採礦煎辦，若礦脈微細，煎辦不及額數者，具實奏聞區處，不許科補。七年，詔封閉各處坑場，停止煎辦銀課，取回内外官員。

唐鶴徵《明輔世編》卷三《馬文升》 四川、山西、浙江建昌災異洊作，文升上書言之，語甚危，且請行賑施，蠲採辦銀課與額外征税。自後水旱變異無歲無之，文升未嘗不隨事盡忠，力言匡捄也。

馮琦《經濟類編》卷三六《財賦類二·理財》 魏天祐獻計，發民一萬鑿山煉銀，歲可得萬五千兩。天祐乃賦民錢市銀輸官，而私其百七十錠，至是臺臣以聞，請追其贓而罷銀冶，從之。時寧國路銀冶課額二千四百兩，民皆市易以輸，未嘗採之於山，省臣以爲言，亦詔罷之。

《明神宗顯皇帝實録》卷三〇四 〔萬曆二十四年十一月〕庚子，禮部題請，論給榆林賞功銀兩，上以内庫缺乏，着太僕寺給與。户部郎中戴紹科恭進樣砂銀成錠一百五十兩，餅銀二十兩，砂二百斤驗進。自是進樣砂、樣銀，亦復踵相接矣。

《萬曆疏鈔》卷二九馬鳴鑾《礦税類·開礦事在必行敬陳愚慮以備採擇疏萬曆二十四年八月》 臣觀滇南銀場，大抵視砂之衰旺，每百觔可煎銀若干，委官量抽四分之一，或三分之一，定爲則例，而洞長輸焉，有司第以官法治之，禁其犇争，而坐收其餘利耳。故民樂於採而無觖望、躑躅之心。今使百姓自採是矣，而一洞所産得礦幾何，三七分之得銀幾何，彼文節者，額征税糧，不以給公上而一旦自捐工本，歲輸内帑數百萬金，不待智者而知其詐矣。且礦徒聚處，飲食若流，非塊腦所能獨辦也，其勢必接濟於遠近之居民，居民啗其厚利，亦不惜罄所有以供之，接濟窮而米糧絶，雖有金錢，無從糴買，饑餓日迫，非劫奪胡以爲資，如近歲裕葉間事可覩矣，此臣愚慮之而未有良策者二也。

祁承爜《牧津》卷四〇《治賦》卷三五《執持·何文淵》 公以税銀例禁，請自今銀課亦皆收鈔。朝廷從之。是後無輸銀之苦。今鈔法竟不行矣，百年之政迴已不同，何況前古。

李世熊《錢神志》卷一《靈産第一》 《饒州志》云：德興有銀山，一名鄧公山，唐總章初，竇儼奏立銀冶場。讖云：「白鳩出，銀冶畢。」至宋紹聖二年，白鳩雙出，山穴傾摧，自後取無所得，貢課未除，范仲淹守郡，始請罷之。

《清朝通志》卷九〇《食貨畧·雜税附茶法坑冶税契行帖雜征》 〔順治〕二十一年，定雲南銀礦，官收四分，給民六分例。【略】

〔康熙〕開採雲南金龍銀廠，又定貴州威寧府屬猴子廠銀礦，二八收課例，六年停止。五十八年，令雲南建水縣屬華祝箐廠、雲南縣屬水木支山金龍廠，照惠隆廠例收税。

〔雍正〕十一年，定廣西賀縣螞蚜山銀礦，每兩收課三錢例。

《欽定清會典則例》卷四九《户部・雜賦上》 〔康熙〕十九年，【略】又定差官往陝西臨潼等處試採銀礦。二十年，定差官往山東萊陽縣試採銀礦。二十一年，定雲南省屬銀礦招民開採，官收四分，給民六分。

〔康熙〕五十二年，【略】又奏準開採雲南金龍銀廠，又覆準開採貴州威寧府屬猴子廠銀礦，二八收課。

〔康熙〕五十二年，題準湖南郴州黑鉛礦産有銀母，除商人工本外，收税一半。五十三年，題準雲南惠隆廠照郴州例收税。五十七年，題準雲南楚雄府石羊等廠，臨安府箇舊等廠，征收不足，照地丁雜項銀例題參。【略】

〔雍正〕四年，題準開採貴州新開水城等銀礦，二八收課。【略】

〔雍正五年〕又題準開採雲南永昌府屬募迺銀廠。又題準封閉貴州威寧府屬猴子廠銀礦。【略】又覆準封閉貴州新開水城等銀礦。【略】十年，題準開採雲南阿發銀廠。十一年，題準開採廣西賀縣螞蚜山銀礦，每兩收課三錢。

雲南開化府屬馬臘底銀礦，額課銀七百六兩八錢六分，遇閏不加。中甸屬古學銀廠，額課銀五百六十八兩五錢三分六釐三毫，遇閏不加。建水州屬黄泥坡銀廠，額課銀六百六十一兩一錢一分，遇閏不加。雲南屬興隆銀廠，額課銀三千一百三十二兩六錢五釐有奇，遇閏不加。永昌府屬募廼銀廠，額課銀三百兩，遇閏不加。南安州屬石羊銀廠，額課銀二萬二千三百九十兩三錢二分，遇閏加銀二十九兩。又馬龍銀廠，額課銀六百九十八兩五錢一分有奇；又土革喇銀廠，額課銀六十兩八錢四分有奇，均遇閏不加。楚雄縣屬永盛銀廠，額課銀三千三百七十五兩九錢六分，遇閏不加。鶴慶府屬蒲草塘銀廠，額課銀四百二十一兩八錢一分七釐有奇，遇閏加銀二十四兩三錢。鄧川州屬沙澗銀廠額課銀一千三百二兩六錢七分，遇閏加銀百有六兩三錢三分四釐。臨安府屬箇舊銀廠額課銀三萬三千六百十有三兩七錢八分，遇閏加銀三十八兩。新平縣屬方丈銀廠，額課銀六十八兩八分，遇閏加銀四兩七分四釐。永昌府屬茂隆銀廠，收課多寡無定額。

《明詔制》卷四 一、雲南、福建、浙江開辦銀課，止許於本坑採礦煎辦，若礦脈微細，煎辦不及課額者，具實奏聞區處，不許科斂輳補，擾害小民，違者聽巡按御史舉奏拏問。

一、各處銀場煎辦銀課者，俱且停止，已煎成者，照例解京，其差去内外官員，詔書到日，即便回京，原開坑場盡行封閉，該管有司官員時常巡視，不許諸人偷採，違者重罪不饒，廠房器具等項，令人看守收貯。

嵇曾筠《〔雍正〕浙江通志》卷一〇六《物産》 《常山縣志》：礦出銅山礦坑，蓋跨西遂德常四縣之境，先年開礦者，礦百觔煎銀三十兩或二十兩，後止四五兩，脈且盡矣。其煎取之法，有明爐而又有罐爐，作用亦自不同。【略】大抵利之所在，民争趨之，散而復合，理之必然。若非防維芟薙處置得宜，鮮不至於蔓延，滋害流毒地方，司民牧者其尚加之意云。邑令陳鵬年《銅山辨》：按此山即今所謂銀坑是也。銅山則别有一源，本名桐山，亦非銅也，其音地之所以訛者，意由初開礦日，淘沙挖礦之徒，恐干禁網，假此名以欺飾觀聽耳。明時自世宗至神宗，礦廠幾遍天下，銀坑盜起，蹂躪數邑，而西安被害尤甚。相傳戚大將軍親率兵定之，因於衢州設兵備道，置守戍兵千人，衢之有兵自礦盜始。自萬曆三十二年，詔停採礦，大吏檄行於銀坑四路皆立碑永禁，設防禦甚嚴。今諸碑具在。夫開採之害，其起自公家者則中貴人主之，爐頭僉役嘬之，因以恣睢暴虐，延害生民固已，若乃不隸公家而私自採取，則主之者必地方之巨奸，附之者皆異鄉之匪類，其爲禍更有不可勝言者。何則？所謂奸民匪類者，率皆窮困不能自振之徒，竭其智巧機詐，無所得財，徒欲僥倖於此而甘心焉。其心固已不可測矣，而父老皆言此礦年久，隧道阻塞，礦脈細微，尚不足以充税額，一旦舉事而工費不繼，心力不一，有所得則必争，無所得則必散。此輩皆一時烏合無能統領而控馭之者，争則非刑法之所能平，散則非芟薙之所能盡，以致蔓延潰決，釀爲大患，若僅作奸以蹈法，負税以纍官，又直其害之微焉者也。

鄂爾泰《〔雍正〕雲南通志》卷一一《課程》 石羊銀廠，坐落南安州地方。康熙二十四年，總督蔡毓榮於謹陳籌滇第四疏，爲亟議理財以佐邊餉事，年抽課銀二十七兩四錢四分，遇閏加銀二兩二錢八分六釐六毫六絲六忽六微六纖六塵六渺七漠。

南北衙銀廠坐落鶴慶府地方，即蒲草塘廠，本名北衙。康熙二十四年，總督蔡毓榮於謹陳籌滇第四疏，爲亟議理財以佐邊餉事，年抽課銀二十兩一錢六分，遇閏加銀一兩六錢八分。【略】

銀錫并硃砂白銅廠，年共該課銀七萬七百八十三兩七錢七釐六毫八絲二

忽，遇閏加銀三百五十三兩四錢五分七釐七毫四絲五忽。【略】

石羊銀廠坐落見前，康熙四十四年，總督貝和諾爲題明事，每銀一兩抽課二錢、撒散二分，年該課銀二萬二千三百九十三兩三錢二分，遇閏加銀二十九兩。按撒散，係廠民出爐時，鑿分交課，其鑿落細碎，官收之以作廠委官及課書巡役之費，因給有養廉工食，遂將此項歸公。【略】

永盛銀廠，坐落楚雄縣地方。康熙四十六年，總督貝和諾爲題明事，每礦三桶抽課一桶，定價多寡不等。年該課銀三千三百七十五兩九錢六分，遇閏不加。

土革喇銀廠，坐落南安州地方。康熙四十六年，總督貝和諾爲題明事，每銀一兩抽課一錢五分，年該課銀六十兩八錢四分五釐，遇閏不加。

馬龍銀廠，坐落劍川州地方。康熙四十六年，總督貝和諾爲題明事，每礦一石抽礦二斗二升，定價多寡不等。年該課銀六百九十八兩五錢二分三毫，遇閏不加。

蒲草塘銀廠，坐落鶴慶府地方。康熙四十六年，總督貝和諾爲題明事，每銀一兩抽課一錢五分、撒散三分，年該課銀四百二十一兩八錢一分七釐三毫，遇閏加銀二十四兩三錢。

沙澗銀廠，坐落鄧川州地方。康熙四十六年，總督貝和諾爲題明事，每銀一兩抽課一錢五分、撒散三分，年該課銀一千三百二兩六錢七分，遇閏加銀一百六兩三錢三分四釐。

黄龍銀廠，坐落開化府地方。康熙四十六年，總督貝和諾爲題明事，每銀八兩抽課一兩，年該課銀二百八十七兩二錢，遇閏加銀二十二兩六錢六分六釐。

浉革銀廠，坐落河西縣地方。康熙四十六年，總督貝和諾爲題明事，每銀一兩抽課二錢，年該課銀九十兩八錢八分七釐，遇閏加銀五兩三錢九分三釐六毫。

方丈銀廠，坐落新平縣地方。康熙四十六年，總督貝和諾爲題明事，每銀一兩抽課一錢五分，年該課銀六十八兩八分，遇閏加銀四兩七分四釐。

惠隆銀廠，坐落大姚縣地方。康熙五十一年，總督郭瑮、巡撫吴存禮爲詳請循例題明開採礦廠事，每銀一兩抽課一錢五分、撒散三分，年該課銀一千二十五兩五錢七分四釐九毫，遇閏加銀七十兩。

金龍銀廠，坐落雲南縣地方。康熙五十七年，總督蔣陳錫、巡撫甘國壁詳題爲開採礦廠事，每銀一兩抽課一錢五分、撒散三分，年該課銀九百九十五兩二錢五分五釐，遇閏加銀四十兩一錢三分八釐。

馬腊底銀廠，坐落開化府地方。康熙六十年，巡撫楊名時爲題明事，每銀一兩抽課一錢五分、撒散三分，年該課銀七百六兩八錢六分，遇閏不加。

古學銀廠，坐落中甸地方。雍正三年，巡撫楊名時爲備陳中甸善後事宜等事，每銀一兩抽課一錢五分、撒散三分，年該課銀五百六十八兩五錢三分六釐一毫，遇閏不加。

黄泥坡銀廠，坐落建水州地方。雍正五年，總督管巡撫事楊名時爲廠地獲效等事，每銀一兩抽課一錢五分、撒散三分，年該課銀六百六十二兩一錢一分，遇閏不加。

募迺銀廠，坐落永昌府轄孟連地方。原係孟連(上)〔土〕司刀派鼎自行抽收。雍正七年，該土司自認納課銀六百兩。總督鄂爾泰爲聖化遠敷等事題報，奉旨以(木)〔本〕年爲始減半收解，昭示柔遠，年該課銀三百兩。【略】

北衙銀廠坐落見前，年該溢額歸公銀二十一兩九分八釐。

南衙銀廠，坐落鄧川州地方，即沙澗廠，年該溢額歸公銀五十二兩七錢四分三釐。

白龍、金釵、銅礦箐等廠銀課。各銅廠撤出之鉛，微有銀氣煎出，銀課多寡不一，廠委每兩約抽收銀六分一錢不等，以資廠費。雍正二年，查奏銅觔利弊事，案内准於廠費開銷，此項歸公，緣各廠衰旺不一，原無定額。

金鉷《〔雍正〕廣西通志》卷二八《榷税》 宜山縣有寶積監，在城西二百五十里，乃河池州西境，設監官一員管坑户。穴地深五七丈或至十餘丈，取礦砂入爐，煉一晝夜，始成鉛汁。又入小爐再煉之，始成銀，以充貢。時，已未歲，其坑崩陷，坑丁皆壓死，遂罷，不敢採，監廢。今地皆屬土官。

《清高宗純皇帝實録》卷二五九 〔乾隆十一年丙寅二月〕户部議覆，四川巡撫紀山疏稱，覆查沙溝、紫古哵二銅廠礦内夾産銀星，採煉維艱，與全出金銀者不同。已委員試驗，詳計實虧商本，難以照會典四六之例抽課，請照前議，以二八抽收，用紓商力，應如所請。從之。

洪亮吉《乾隆府廳州縣圖志》卷二九《江西布政使司・饒州府》 〔德興縣〕鄧公山在縣東三里，舊名銀山。李吉甫云：「每歲出銀十餘萬兩，收税山銀七千兩。」又縣治有鄧公場。唐總章二年，邑人鄧遠上列取銀之利。上元二年，因置場監，令百姓任便采取，官司什二税之，其場即以鄧公爲名。

又卷四一《廣東布政使司・廣州府》 東寶山在〔龍巖州〕州東五里，三峯並

列，東寶居其右，山麓舊產銀砂。王存云：「龍巖有天濟、寶興二銀場。」

〔韶州府〕土貢：銀。

〔肇慶府〕土貢：【略】銀。【略】又王存云：「高要有沙利一銀場。」

又卷四三《廣西布政使司・桂林府》 〔潯州府〕土貢：【略】銀。

《清朝續文獻通考》卷四三《征榷考一五・坑冶》 〔嘉慶〕五年，諭：雲南永昌府之茂隆銀廠，近年以來並無分釐報解，自係開採年久硐老山空，礦砂無出。若仍照舊採辦，不特虛費工力，課項終歸無着，而聚集丁夫亦恐滋生事端。所有永昌府屬茂隆銀廠，著即封閉。其四年分應交課銀七百五兩零，亦加恩豁免。

又《征榷考一六・坑冶》 又熱河都統謙禧奏略稱：熱河土槽子、遍山綫兩處銀礦，自咸豐三年暨十一年，先後奏準開採。土槽子定章由都統派員督征課銀，按月存儲；遍山綫定章由熱河道派員征收課銀，解交道庫存儲。均係俟部撥用。近年各礦銀苗不旺，征課亦減。前因商人李文耀賠累，私自回籍，措資不返，經保充之直隸候補道朱其詔稟請勒追。嗣因限滿未回，經直隸督臣李鴻章雇來外洋礦師，即飭該道帶往各礦查勘。尋稟各礦鉛多銀少，土法不能取鉛，因而賠累。所出青鉛，可令製造鎗礮彈子及配鑄制錢之用，惟須參西法，另購鎔鑪，方能鉛銀並取。舊礦積水，深至百尺，非起乾不能細察。擬就近將平泉礦中起水鍋鑪機器運往起水，一面仍用土法擇淺處沙綫逐日開採，以顧國課。一俟水乾，勘明估定成本，再行妥議章程奏辦。李文耀既限滿未回，應由該道朱其詔兼辦，畫清界限，所有兩礦課銀，自光緒十三年四月起，歸該道朱其詔按月呈繳，應請飭部立案，如有拖欠，即向該道追賠，以免推諉。

鄭光祖《一斑録・雜述二・中甸風土》 中甸維西，本西藏地。乾隆中，土地日闢，遂以兩地並屬於滇麗江府，中甸去府五站，同知駐焉，武職有都司、千總。

有銀廠三，每歲額課紋銀八百兩。

《林文忠公政書・雲貴奏稿》卷九《查勘礦廠情形試行開採摺》 案查嘉慶十六年間，戶部議覆：雲南銀廠十六處抽收課稅，以二萬六千五百五十兩零爲每年總額。准以此廠之有餘，補彼廠之不足，不必分廠核算，務期總額無虧。如收不足數，著落分賠，遇有盈餘，儘數報解。迨嘉慶十九年，白沙一廠衰竭封閉，奉旨開除。此後定有課額者，共止十五廠，年應抽解課銀二萬四千一百一十四兩零，載在戶部則例。其奏准儘收儘解之廠，則例所載，衹有角麟、太和、悉宜、白羊四處。嗣又據續報，永北廳之東昇廠、東川府之碌山廠、新平縣之白達母廠，此內惟東昇一廠，歷年出產較多，所抽課銀尚可以補各廠之缺。【略】

民間採得十萬兩之銀，納課者僅一萬五千兩，可謂歛從其薄，於民誠有大益。將此明白開導，似民間皆已踴躍倍常。

《清經世文編》卷五二《戶政二七・檀萃廠記》 故著明銀廠之開，可以實內地，廠民之保廠，足以防邊，始嘗爲論，以告於上官，因無見省者，乃書於此，以爲後之守邊者取法焉。募迺廠孟連土司之東土司，刁氏世擅其地，雍正八年，刁派夷獻此廠，願歲輸廠課銀六百兩，總督鄂爾泰以聞，上嘉之，爲減其半。

吳其濬《滇南礦廠圖略》卷二《銀廠第二》 通都闤闠有銀丱乎？則白晝而攫矣；族居大姓有銀丱乎則苑山而據矣。瘴癘蛇虺之窟，人跡不至，造物之所庫也。千百年一發其藏，蓋有數焉，驚者足繭萬山，或遇或不遇，而流人冒死而不返者，以寶藏爲桓司馬之槨耳。不著其地，烏知其險阻艱難，故記銀廠。

臨安府屬　摸黑廠在建水猛梭寨，建水縣知縣理之。乾隆七年開，每銀一兩抽課銀一錢五分，撒散三分，額課銀五十一兩餘。

個舊廠在蒙自南，近越南界，蒙自縣知縣理之。康熙四十六年開，每銀一兩抽課銀一錢五分，撒散三分，額課銀二千三百六兩餘。子廠龍樹廠，底息銀七十餘兩，無定額。

東川府屬　棉華地廠在巧家西北金沙江外，接四川界，東川府知府理之。乾隆五十九年開，每銀一兩抽課銀一錢五分，撒散三分，額課銀五千一百六兩餘。

金牛廠在會澤西南，會澤縣知縣理之。乾隆六十年開，每銀一兩抽課銀一錢五分，撒散三分，額課銀二百八十九兩餘。

昭通府屬　樂馬廠在魯甸南八十里龍頭山，西近牛欄江，魯甸廳通判理之。乾隆七年開，每銀一兩抽課銀一錢五分，撒散三分，額課銀六千三百五十三兩餘。銀罩冰臊出銅，見上。

金沙廠在永善西南，近金沙江，永善縣知縣理之，南即樂馬廠。乾隆七年開，每銀一兩抽課銀一錢五分，撒散三分，額課銀一千一百九十九兩餘。

銀廠坡廠在鎮雄西三百餘里牛街西南，介長發坡老彝良銅鉛廠之中，鎮雄州知州理之。乾隆五十九年開，每銀一兩抽課銀一錢五分，撒散三分，額課銀一千一百一十九兩餘。

麗江府屬　迴龍廠在麗江西，近滄浪江，又外即怒江，麗江府知府理之。乾隆四十一年開，每銀一兩抽課銀一錢五分，撒散三分，額課銀三千八百九十四兩餘。

安南廠即古學舊廠，在中甸東南，中甸廳同知理之。乾隆十六年開，每銀一兩抽課銀一錢五分，撒散三分，額課銀二千五百二十二兩餘。

永昌府屬　三道溝廠在永平境，永平縣知縣理之。乾隆七年開，每硃砂百觔抽課十觔，照市變價，額課四十兩。

順寧府屬　湧金廠即立思基舊廠，在順寧西南，順寧縣知縣理之。乾隆四十六年開，每銀一兩抽課銀一錢五分，撒散三分，額課銀五百六十兩。

楚雄府屬　永盛廠在楚雄九臺山南，楚雄府知府理之。康熙四十六年開，每鑛三桶抽課一桶，煎煉睈色，定值變價起解，額課銀二百一十七兩餘。子廠新隆廠，每銀一兩抽課銀一錢八分，抵補缺額。

土革喇廠在碍嘉州判東，南安州知州理之。康熙四十四年開，每銀一兩抽課銀一錢八分，額課銀二十兩餘。

石羊廠在碍嘉州判西，南安州知州理之。康熙二十四年開，每銀一兩抽正課二錢，又鈾渣煎煉，每銀一兩抽課一錢，額課銀五兩餘。

馬龍廠在南安西南竹園塘，楚雄府知府理之。康熙四十六年開，每鑛一石抽課二斗二升，鑛土十箕抽課二箕二合，煎驗睈分定值變價起解，額課銀五百一十六兩餘。

以上十五廠，嘉慶十六年定年額課銀二萬四千一百一十四兩三錢。

大理府屬　白羊廠在雲龍境，雲龍州知州理之。乾隆三十八年開，每銀一兩抽課銀一錢五分，撒散三分。

元江州屬　太和廠在新平西南，新平縣知縣理之。嘉慶十七年開，每銀一兩抽課銀一錢五分，撒散三分。

東川府屬　用鱗廠在會澤東，近威寧州界，會澤縣知縣理之。乾隆六十年開，每銀一兩抽課銀一錢五分，撒散三分。

以上三廠年解課銀計五六百兩，無定額。

順寧府屬土司銀廠　悉宜廠在耿馬境，耿馬土司理之。乾隆四十八年開，歲課銀八百兩，閏加六十六兩餘。

子廠　永北廳東昇廠在浪蕖土舍地方，永北廳同知理之。道光十一年開，每銀一兩抽課銀一錢三分五釐，以銅銀兼出，十五年咨部歸入，得寶坪銅廠。

東川府鑛山廠在會澤東者，海鉛廠北，其西即用鱗廠，東川府知府理之。嘉慶二十四年開，每錢一千文抽課錢一百八十文，易銀起解，道光十五年咨部撥補棉華地缺額。

元江白達母廠在新平地方，新平縣知縣理之。道光十二年開，每銀一兩抽課銀一錢五分，撒散三分，道光十五年咨部歸入太和廠。

興隆廠在鎮沅境，鎮沅廳同知理之。道光十七年試開，每銀一兩抽課一錢三分五釐。

白馬廠在鶴慶境，鶴慶州知州理之。嘉慶二十年試開，每銀一兩抽課一錢四分四釐。

興裕廠在文山境，文山縣知縣理之。道光二十一年試開，每銀一兩抽課銀一錢。

鴻興廠在南安境，委員理之。道光二十四年試開，每銀一兩抽課銀一錢五分，撒散三分。

以上七廠儘收儘解，抵補各廠缺額。

魏源《古微堂集·外集》卷八《軍儲篇二》　難者曰：「貨源之爲急標，開礦之爲濬源，則聞命矣；若夫聚衆則難散，邊夷則易釁，税課將滋弊，則若之何？工鉅而無款可籌，費重而無礦可驗，則若之何？」曰：「亦知雲、貴無歲不開銀礦，國家無歲不征礦税乎。」《大清會典》：正供歲入之數，雲南銀場，歲課六萬七千三百兩有奇。【略】山西、湖南、四川、兩廣無定額。豈滇、黔之礦不聚衆，不征税，而他省獨患衆患税乎。豈滇礦不邊外夷，黔礦不邊苗疆，而他省獨患其邊夷乎。【略】

廣東瓊州之銀礦，挖砂百斤，煎銀六十兩，其工費僅六兩。此外，四川馬湖建昌番地之礦，浙江温、處之礦，所在皆是。但官不禁民之采，則荷鍤雲趨，裹糧鶩赴。官特置局，税其什之一二，而不立定額，將見銀之出不可思議，税之入不可勝用，沛乎若泉源，浩乎如江河，何必官爲開采，致防得不當失，財不足用乎。

朱壽朋《（光緒）東華續録》卷八八　〔光緒十四年二月〕謙禧奏熱河土槽子、遍山綫兩處銀礦，自咸豐三年八月暨十一年正月，經前任都統毓書春佑先後奏準開採。土槽子定章由都統派員督征課銀，按月呈交都統衙門存儲；遍山綫定章由熱河道派員征收課銀，按月解交熱河道庫存儲，均係候部撥用。歷年遵照

辦理。近年各礦銀苗不旺，征課亦減。前因商人李文耀賠累，私自回籍，措資不返，經保充之直隸候補道朱其詔稟，請，勒限催追，由奴才於十二年十二月附片奏明。嗣因限滿未回，經直隸督臣李鴻章僱來外洋礦師，即飭該道朱其詔帶往各礦查勘。當經咨會據該道朱其詔具稟，各礦鉛多銀少，土法不能取鉛，因而賠累，所出青鉛，可令製造鎗礮彈子，及配鑄制錢之用，惟須參用西法，另購鎔鉛鑪，方能鉛銀並取。舊礦積水深至百尺，非起乾不能細視，現擬就近將平泉礦中起水鍋鑪機器運往起水，一面仍用土法擇淺處之沙綫，逐日開採，以顧國課，一俟水乾，由該礦師勘明，估定成本，再行妥議章程，奏明辦理。商人李文耀既限滿未回，應由該道朱其詔兼辦，畫清界限，自光緒十三年四月初一日起，兩礦工作及按月應完國課，並委員薪水，由朱其詔籌辦，其是年三月底以前，公私欠款，歸李文耀承認。所有兩山之督辦征收委員，悉由該道朱其詔會商熱河道暨理刑司揀員札派等情咨會。嗣因該道朱其詔久不到礦，國課懸虛，即次咨催冀得确實，以憑奏報。茲於本年二月初十日，據該道朱其詔來見面稟情詞，與咨文相符，並將兩礦課銀，自光緒十三年四月起至十二月止，按月補解前來。奴才查礦務爲當務之急，課銀亦國帑攸關，既準直隸督臣咨明礦師，查勘各礦鉛銀，並有即飭該道朱其詔，起水詳驗，仍用土法取辦，兼顧國課，兩有所裨。奴才近在熱河自應會督辦理，所有兩礦課銀，自光緒十三年四月起，歸該道朱其詔按月呈繳之處，應請旨飭部立案，如有拖欠，即向該道追賠，以免推諉。至該道朱其詔承辦兩山礦務，究竟能否成效，統俟水乾，勘估沙綫厚淺，能否敷本，稟明另行，會同直隸督臣商核奏辦，下部知之。

馬炳乾《高要縣志》卷二《食貨二・物産》 銀。端州土貢銀。《新唐書・地理志》。 高要小湘田螺村有銀，塔石山富銀礦。《採訪册》。

陳耀文《天中記》卷五〇《銀》 賦詩賜鍾。太宗引杜淹爲天策府兵曹參軍、文學館學士，常侍宴賦詩，時有八人同時，淹爲稱首，賜以銀鍾。《唐書》。

吊伐報耻。貞觀中，鴻臚奏高麗莫（支唯）〔離支〕貢白金。黄門侍郎褚遂良進曰：「莫（支難）〔離支〕虐殺其主，九夷所不容，陛下以之興兵，將事吊伐，爲遼山之人報主辱之耻。若受其貢，何所致伐。」太宗納焉。《唐書》。

蘇轍《欒城集・欒城後集》卷一一《唐玄宗憲宗第三七》 侍書御史權萬紀嘗言：「宣饒部中鑿山冶銀，歲可取數百萬緡以佐國用。」帝怒罵曰：「吾所乏忠言嘉謨，有益於民者耳！汝爲御史，不能進賢退不肖，而詠吾以利，豈謂我漢桓、靈耶？」斥去不用。於是士莫敢以利言者。

畢沅《續資治通鑑》卷二〇《宋紀二〇》 〔宋真宗咸平二年，遼統和十七年〕又威虜静戎軍，歲燒邊草地以虞南牧。言事者請於北寨山麓中興置銀冶，湘以爲召寇，亦奏罷之。

又卷一七九《宋紀一七九》 〔咸淳八年，元至元九年六月〕乙巳，以家鉉翁兼權知紹興府、浙東安撫提舉司事，以唐震爲浙西提點刑獄。鉉翁，眉州人。震，餘姚人也。辛亥，臺臣言江西推排田結局已久，舊設都官團長等虚名，尚在占恡常役，爲害無窮。又言廣東運司銀場病民。詔俱罷之。

畢沅《山左金石志》卷二三《靈岩寺執照碑》 延祐二年九月，立正書篆額碑，高七尺四寸，廣二尺九寸，在長清縣靈岩寺。右碑額題「宣賜靈岩聖旨之碑」二行，字徑三寸五分；文二十六行，字徑八分；年月一行，字徑一寸五分；上有鈐印一，蒙古篆文，方徑一寸八分。此碑因朝廷開煉長清銀洞，侵及靈岩寺山場，請官給照勒石，以垂永久也。

祁承㸁《牧津》卷三五《執持・藺芳》 吉水有無賴民詣闕言，縣故有銀冶，烹煉可獲厚利。朝廷遣官以其人覆視。既至，父老羣訴於芳曰：「即用無賴者言，吾屬父子兄弟不能保，而邑有無窮之患。」芳曰：「銀冶誠有之乎？」曰：「無之。但聞故老云，宋季時，邑有奸民妄言銀冶於朝者，後坐誣罔誅。今茫茫山谷，上者樹松栢，下者藝禾稼，豈嘗見有所謂銀冶。太守如疑某言，詣闕告者在此，請指説銀冶之處，某等甘罪。」芳惻然，顧告者而問之，噤不能對，父老趣之對，卒無言。父老因指此無賴人平日所爲，罪惡累累，皆應坐死，其人在旁聞之惴慄。芳曰：「毋恐，罪皆赦前，今獨問銀冶有無耳。」告者即叩頭吐實，自言：「愚昧不甘，鄉人華衣美食揚揚焉，未嘗齒我。故妄意以禍之，乃至於此。」芳乃爲草奏，大意謂：告者嘗聞故老言，宋時説銀冶事而未及詳，輒率意上陳。今詢邑人老長，皆云素未嘗有銀冶，即不實，甘受鈇質。言人人同，謹以實聞。同官或不肯署，曰：「朝廷治銀冶，吾輩敢方命耶？奏入如不信，胥受罪矣。」芳曰：「吾輩奉命守此土，非以爲民乎？今聖天子仁明在上，如日在天，諸公乃不以直道效臣節耶？有罪，芳請獨任！」即自署奏，同官不得已亦强署焉。上得奏，曰：「吾固意愚民之妄也。」遂罷其事。銀冶誠虚，自當核實以奏，但難在以一身獨任耳。

焦竑《國朝獻徵録》卷一〇三林俊《貴州左布政使黄公璉墓志銘》 又職言

天下事，公持大體，不掇拾人小過。汪直擅柄，王越相倚爲姦利，公率科道極言，憲宗逐二人，連其黨以盡。其爲浙藩參議提督温、處銀冶，礦故竭，率輸自民，以糧爲差；新礦間一出，盗盤據之，民重驚擾。公曰：「礦地利也，不輸諸地輸諸民，天下皆冶也。獨温、處然哉？且新礦徒餌盗，奚功於國與民？」遂擒其魁，散其徒，疏言罷課塞礦，民永永便。上曰：「可。」公遂改雲南，雲南糧屯出者十五六，武流侵盗漫不可爲疏理，公嚴限之，歲輸告完。

《續文獻通考》卷二三《征榷考·坑冶》〔明宣宗宣德〕五年十一月，命審浙江温、處二府銀冶實弊。

布政司王澤言：「平陽、麗水等七縣銀冶，自永樂間遣官閘辦，共歲額八萬七千八百兩。至今十年，各場所産有僅足額者，有不足者，有礦盡絶者。閘辦官督令坑首冶夫納課，不敢稍失歲額。賠累之民，富者困敝，貧者逃亡。他處坑冶，其害亦然。乞暫停其役。」因命户部遣官審其實弊，或減額，或罷役，不可重困吾民。

《明宣宗章皇帝實録》卷二八〔宣德二年六月〕壬戌，雲南都司奏，新興等場，煎辦銀課，其礦夫初以大理等衛軍士充之，後多取征交趾，又於各衛撥補，緣極邊之地屯守爲急，命罷之。

又六〇〔宣德四年十二月〕丙子，廣東南海縣民葉發言：「番禺縣徑地口有銀礦，民多竊取烹煉，宜開冶置官。」上曰：「今各處歲辦銀課者，往往害民，方革其弊，豈可再開銀冶。」不聽。

徐咸《明名臣言行録·前集》卷一〇《李賢文達公》公疏十事：一、清淹禁罪人；二、止銀場煎辦；三、停歲造紙劄；四、蠲被災糧税；五、弛芻粟之征；六、罷虧損馬疋；七、飭邊臣撫恤兵民；八、命有司存恤流移；九、戒御史糾察貪吏；十、禁外官因事科斂。又請罷江南所造段疋及燒磁器，清錦衣衛所監罪人，止各邊守臣進貢，停内外買辦採辦，上不從。公執之數四，上取前十條行之。左右見公力争，皆爲公懼。公曰：「古之大臣知無不言，今雖不能盡然，至於利害係國家安危者，豈可默默以保禄位？」然上聖明，亦不以爲忤也。

《端肅奏議》卷三《思患豫防事》臣等訪得建昌原有銀場，别無有司，止是本處衛所軍餘煎辦，歲辦銀課數多，十分困苦，揭借月糧，典賣男女，不彀賠補，因而逃亡數多。嗟怨之積，已非一年，災變之示，或由於此，況本處不通舟楫，尤艱於食。

《明英宗睿皇帝實録廢帝附》卷六二〔正統四年十二月，辛丑〕雲南大理府雲南縣奏，縣治臨水坑洞，每歲多雨，墻垣沖頽，雖即修築，輒復損壞。永樂間，曾開銀冶，因置銀庫於縣城内，今冶罷而庫空，乞易爲縣治。從之。

又卷九二〔正統七年五月〕庚午，福建政和縣民誘處州賊盗銀礦，因肆掠鄉村。巡按御史鄭顒言：「銀冶利之所在，人所必趨，況愚民見利忘害，不預處之，銷其覬覦之心，恐黨類日蕃，重爲民患。宜設官增户主之，或命武臣率兵戍之，按察司官歲以一人巡督。」都察院議，銀場處分已有成令，如顒言，恐防範不嚴愈生患。上曰：「然。」

又卷二二八《廢帝四六》〔景泰四年夏四月，庚子〕十三道監察御史左鼎等言【略】停銀課，以杜民患。正統年間，閩浙俱採辦銀課，豪猾貪利，互相殺奪，遂使鄧茂、葉宗留之徒，乘勢作亂，致勞大軍征剿芟除，而銀課之令，遂止不行。近者皆仍前舉行，臣等謂閩浙瘡痍之民，甫能安業，誠恐求利未得，而害已隨之，乞暫免採辦，庶無意外之憂。

《名臣經濟録》卷一三程敏政《李賢行狀録》〔明天順七年〕二月晦夜，公聞空中有聲。明日密疏曰：「《傳》言，無形有聲謂之鼓妖，上不恤民則有此異。惟陛下憫念黎元，凡一切不便於民者悉皆停罷，則天變可彌。」上覽之，即召公曰：「此事正須先生言，先生不言，誰復言者？其具寬恤事條密封以來。」公遂疏十事：一、清淹禁罪人；二、止銀場煎辦；三、停歲造紙劄；四、蠲被災糧税；五、弛芻粟之征；六、罷虧損馬疋；七、飭邊臣撫恤兵民；八、命有司存恤流移；九、戒御史糾察貪吏；十、禁外官因事科斂。上曰：「朕諦觀之，皆實惠也，宜即詔天下。」公又請罷江南所造段疋及燒磁器，清錦衣衛所監罪人，止各邊守臣進貢，已下番所遣使臣，停内外買辦采辦，上不從。公執之數四，止取前十條行之。左右見公力諍皆寒心，同列亦爲公懼。

《王端毅公奏議》卷三《巡撫雲南處置邊務奏狀》節該欽奉勑諭：命臣巡撫雲南地方，仍禁約接連交阯等處地界官吏、軍民，不許私通商旅往來交易。除欽遵通行外，近訪得交阯着頭目換易服飾，裝作客商，潛入臨安等處地面聽探消息。又訪得三五年前，有一江西人王姓者曾到雲南，要冒籍報名科舉，所司不容，隨後其人奔往交阯，受彼僞御史職事，爲之運籌畫策，提兵巡邊。且彼不特此一人而已，亦有僞總兵等官往來巡守。又聞交人以蓮花灘爲市，專一收買雲南販去生銅，鑄造短鎗。曩者，跟隨太監錢能、京衛指揮郭景，齎勑道由雲南而

往，遂使交人有假道赴京之舉。然此雖由郭景誘致，實乃彼之欲爲。今又聞交阯走回軍人説稱：在前交阯吞了占城之時，就要乘勢來犯天朝雲南地方。觀此數事，則交人奸謀詭計不言可知。明者睹未萌，況已著耶！今臨安府密邇交阯，本處雖設一衛，實在官軍除屯種、守哨等項差撥外，見操止有二百餘人。通計雲南二十五衛所，不及一萬三千人，每處見操官軍多者不過七八百人。其他諸夷雜處，該征稅糧數少，且又不通舟楫，官軍糧餉止靠屯田供給，别無來處。見今所在，食糧不敷一年支用。況兼頻年以來災荒不收，今歲尤甚。軍民憔悴，日不聊生。盜賊在在生發，動輒劫掠殺人，東備西出，殆無寧日。

又卷六《同南京吏部等衙門應詔陳言奏狀》　一、雲南、福建、浙江等處，雖有出産銀冶府分，其間或屢有頑梗之徒，嘯聚爲非，地方人民因而不安者，況中間鎮守太監，或有於每年冬月親去前項府分煎銷銀課，往來供應，頭目人等，甚是勞擾。合無今後止令專管銀場，布、按二司官員，每年督完銀課，解至總司，會同太監煎銷，實爲民便。

《明英宗睿皇帝實録》卷九八　〔正統七年十一月〕壬戌，巡按福建監察御史張淑，劾奏福建巡視銀冶按察司僉事李實，不嚴督兵備，致盜五百餘人竊銀礦，因而劫殺居民甚衆，請寘於法。從之。

《明憲宗純皇帝實録》卷五三　〔成化四年夏四月丁巳，刑科給事中虞瑶〕又言：浙江處州府處於萬山之中，地險民悍，易於生變，往年陳鑑胡、葉宗流之徒，實爲明鑑，近數年間，帖然無事，正以銀塲不開，有司無擾故也。近者太監盧永承命，往閘銀課，由是有司不恤民艱，乘時射利，剥削無已，寇盜復具，或争銚而殺人，或出境而行劫，意外之事，不能保其必無也。織造已有常數，税課亦有定額，若陛下量入爲出，節而不費，豈有不足之患哉？伏望念天下之多事，憫小民之艱難，體《大易》制節之理，以萬方惟正之供，段匹銀課，暫且停止。

又卷一四〇　〔成化十一年夏四月〕己丑，四川按察使滕佐，以收貯官庫銀那移貸用，爲吏所發，下都察院擬以合罪者律，佐奏辯坐誣，詔贖罪降二級調用。辛卯，卯刻，日色變赤，至酉刻色如赭。户部奏：直隸、遷安縣僧思住持礦石並銀，首告於通政司。本部移文下所司勘實，言思住偶於所居掘地，得礦煉而成銀，爲指揮齊貴所知，率衆掘地取礦，先後煎銀一百五十餘兩。今地成溝渠，礦石盡絶，别無遺利，且其地切近邊塞，不可輕啓利源。請令鎮守巡撫等官，嚴加究治，有犯者律外加罪。從之。

又卷二二九　〔成化十八年秋七月〕直隸泰州民李文昌上疏，自稱曾遇異人，授以鉛水煉銀之術。

又卷二六三　〔成化二十一年三月〕雲南、福建、浙江等處銀冶盜多民擾，況鎮守太監每於冬月自往各府監督煎銀，尤爲勞費。宜止令專理銀場，專委布按二司官，歲督銀課爲便。〔陳〕俊等既陳事宜，復言災異迭見，皆臣等不職所致，乞罷歸田里，別任賢能，以回天意。

徐昌治《昭代芳摹》卷二一《憲宗純皇帝》　〔成化乙巳二十一年二月，王恕〕又言，雲南、福建、浙江等處雖有出産銀冶府分，其間或有頑梗之徒，嘯聚爲非，合無今後止令專管銀場布按二司官員，每年督完銀課，解至總司，會同太監煎銷，寔爲民便。

查繼佐《罪惟録・志》卷三一上《外志》　雲南奏新興等場煎辦銀課，其礦夫初令大理衛軍士充之，繼取征交阯，又於各衛撥補。詔以屯守爲急，罷之。

余繼登《淡然軒集》卷二《止礦税疏》　爲播酋猖獗益甚，蜀地殘破可虞，懇乞聖明，慰民心，寛民力，以佐兵食，以保方隅事。臣等昨接邸報，見四川巡按御史趙標報稱：〔疏上於萬曆朝，此處缺年號。〕六月二十一日，楊應龍提兵八萬攻陷綦江縣城，遊擊等官盡皆殺死等因，臣等不勝驚駭。應龍蕞爾小醜，即數年肆虐，未敢遠離巢穴，乃一旦親率苗蠻，深入内地，至於攻屠邑城，殺戮將士，此必有川中小民爲之嚮導，爲之内應者，故敢仗羽翼而狂逞無忌耳。維此小民，皆陛下之赤子也，不爲朝廷用以討逆賊，而反爲賊用。此豈樂於從逆哉，蓋蜀之民若極矣，採木則有砍伐之苦、拽運之苦，採礦則有供給之苦、賠累之苦，榷税則有搜括之苦、攘奪之苦。皇上以爲不忍加派於民，而姑取之於地也。不知人固愛財，地亦愛寶，礦砂不足，不得不求足於民，故歲進之礦銀，什七皆小民之脂膏，而差官之私橐不與焉。此勢之必至者也。皇上以爲不忍加派於民，而姑取之商賈也。不知商賈不通，則財貨不流，物價沸騰，則百姓困敝，京師且然，何況遐方，此又勢之必至者也。愚民何知？既已喪其樂生之心，計無所之，遂謂不若從賊，或可延旦夕之命耳。楊酋性本强悍，而又益以無聊之民，則其勢日盛。蜀民久已怨恨，而況附彼方張之寇，則其毒日深。今陛下聞綦江之殘破，重慶之危急，必不肯坐視而不救，夫救急非可以虚聲恐喝也，勢必須兵，兵行必須餉，今何處征兵乎。欲調之貴州，而貴州已敗傷矣；欲調之陝西，而强敵積怨日不忘報，秋高馬肥，防禦爲急，顧此失彼，恐非完計；欲調之廣西、雲南、湖廣諸省，而兵

政廢弛之久，所在無兵，若驅烏合之兵，以救燃眉之急，未有能濟者也。欲侯東征之兵，則劉綎所將半多楊姓，恐皆逆族，且綎不能禁其沿途之生事，而乃欲仗之以成事，即綎亦自知其不可，其以病告，非得已也。又何處得餉乎，欲發之官帑而買辦之需萬千無措，年例之發什九未給；欲取之本省而府庫空虛，閭里蕭條，公私無遺，上下俱困；欲取之隣省，則處處開礦，處處抽税，民生處處憔悴，民心處處悲愁，思亂之民而復加以重征之擾，是爲楊酋敺民也。故我皇上即日責樞臣以發兵，日責計臣以轉餉，日假督撫之臣以便宜，然無米而炊難望療饑，徒手而搏難以赴鬬，此亦聖明之所洞見也。夫兵非天降，餉非神輸，皆民力之所爲也。爲今之計，莫若收拾我之人心，解散賊之黨與，停止四川之礦税，取回原遣之官民，使開山鑿石之輩，盡爲稱干比戈之徒，賠礦給税之餘，悉佐秣馬厲兵之費。寬我無知之衆，赦其脅從之誅，則羣情慰悦，士氣歡騰，既喜轉禍，又幸更生，將人自爲戰，家與爲敵，或可少須時日，以俟大兵之集乎。不然，恐目前之禍不止綦江而已。且古之禦寇者嘗不足而示之以有餘，故虞詡增竈，道濟量沙，今敵人不惜金帛以約結中國之人，其絡繹道途、潛伏都城者，不知其幾。而我今日以匱乏而開礦，明日以匱乏而抽税，彼敵人聞之，將謂中國果空乏如是，豈不益生輕侮之心，益肆憑陵之志哉。且皇上方將捐數十百萬之餉，以救此方之倒懸，而何愛於數萬之礦税？況皇上曾念貴州方用兵，免其榷税，今四川屠戮之慘、危亡之狀，豈但貴州？知聖慈必爲之動念也。臣等書生，不知兵事，主憂臣辱，故敢獻其愚慮如此。伏冀俯賜留神，地方幸甚，臣民幸甚。

《明經世文編》卷一〇三《駁議差官採礦疏開復礦場》 詢訪得各處礦場，每歲冬後春前，山泉消涸，礦脈盛旺，可以採取。今非其時，是以礦脈微細，煎銷數少。又恐採礦各官，不識礦脈，止憑地方人匠，隨意採取。或未暇於揀擇，似難以此一處槩論其餘。今據前因，理合隨本進呈。仍勅户部查照勳輔重臣會題事理，逕自復奏等因，該本部議擬，題奉聖旨：「還照原議舉行。」經通行欽遵去後，又查得永樂、宣德、正統、天順年間，即差内官、給事中、御史、辦事官、監生，往來公同煎辦。今該前因，通查案呈到部，看得武定侯郭勛所奏，開設礦課，以資國用一節，無非富國安民之意。但先該廷臣會議，請勅各該撫按官，欽遵行事。今方數月，尚未奏報前來。若遽選差司禮監内臣、錦衣衛千户，領勅前去，會同參將守備官煎辦銀課，方行忽改，事欠責成。所據以熟識礦脈之人，充採取礦夫之役，即以所取之財，用爲工料之費，事省民安，相應議處。欲候命下本部移咨，各遵照先奉勅諭，並令武定侯所奏景時文，開報事宜，再加體審斟酌舉行。惟取利於成功，不必拘泥舊案。限三箇月以裏，但有成效，星馳差人先行奏報，不許朦朧隱匿，致悮供用。伏乞聖明裁處。

又卷四二八《安邊二十四議疏安遼議》 故今禁礦而以竊礦犯罪者，蓋時有之，法愈嚴民愈犯，而爭端愈熾，釀禍無已，是所謂以養人者害人也。開之則可以利國，而塞之則至於病民，公之則可以濟邊，而禁之則至於滋盜，且該鎮殘破已極，民窮已甚，即法外撫綏尤宜加意，奈何天地自然之利，有其利無其害者，顧棄之於無用之地，而令窮邊之民囂然，喪其趨利樂生之心也。但地産礦砂高下不等，煎銷分兩多寡不同，有砂一斤煎銀一二三錢者，有五六錢至八九錢者，有一兩至二兩者，如青臺谷等處産爲上等，岫巖等處産爲中等，歸州等處産爲下等。往歲開礦之時，奸民故將最下低礦試燒，以欺官府，而私取其上者以爲利，其委官又貪穢不檢，夤緣爲奸，是以利歸奸豪，而上無大利也。今當選擇廉能將官以董其事，而又親驗以防其欺，覺察以稽其弊，編甲以萃其涣，設法以考其成，務令上下兼資，公私兩利，則可以惠貧民，可以弭盜賊，可以積粟備荒，而亦可以助兵餉之不足矣。

唐順之《武編》前集卷六《礦》 池州銅陵縣鐵石坦礦未詳。一、私開。出地方人主意，勾處州人出名。府縣巡捕官至吏書門皂兵快，俱有常例打發。上司覺察，必是委巡捕領兵快起鄉夫追逐。逐者將發而礦徒已去，逐者纔返而礦徒復來。蓋開礦必有爭，有爭必聚衆，衆聚必資糧食。糧食出於地方，是私開之弊，皆地方豪户陰主之也。

一、官開。原未立法，秖應私求，上司不自任其事而委之府縣。府縣之廉者以啓釁爲詞而絶開礦之路，其貪者以納賄爲計而操開閉之權。未開時先索常例若干，既開時又索月銀若干。礦徒與貪官同利，而國課虧矣。

一、開法。以地方大户主煎，以油糧户主採取。假如礦一百斤值銀十兩，油糧户只作五兩賣與大户，使二人均利。入已均税納官，官以廉能者董其役，監取三日三夜，通融計之，什分取一。取大户併油糧户甘結造清册入官，數日一納國税。如有利則開者必不自止，如無利則開者自息矣。

萬斯同《明史》卷二四四《列傳九五·林元甫》 〔林元甫，莆田人，初名普長，後以字行，更字秉仁。〕奏罷温、處二府銀冶。

陳鶴《明紀》卷四二《神宗紀四起萬曆十五年丁亥訖萬曆十九年辛卯，凡五年》 〔十

六年〕冬十一月辛酉，禁章奏浮冗。中使祠五臺山，還言紫荆關外，廣昌靈丘有礦砂，可作銀冶。帝聞之喜，以申時行等言而止。

徐鼒《小腆紀傳》卷六四《列傳第五七・劉澤清》〔劉澤清，字鶴洲，曹縣人，崇禎〕十六年七月，請於青登諸山開礦煎銀。

鄂爾泰《〔雍正〕雲南通志》卷一一《課程》〔康熙〕五十一年，總督郭瑮、巡撫吳存禮奏開惠隆銀廠。五十七年，總督蔣陳錫、巡撫甘國璧奏開金龍銀廠。六十一年，巡撫楊名時奏開馬腊底銀廠。

雍正三年，開古學銀廠。五年，開黄泥坡銀廠。六年，總督鄂爾泰題報，各廠溢額銀歸公。

《清奏議》卷四一彭肇洙《請卻卡瓦貢納銀廠疏乾隆十年》協理山東道事、河南道監察御史臣彭肇洙謹奏：爲請崇國體，以靖遐荒事。臣於本年三月二十日閲邸抄，見雲南督臣張允隨奏稱，雲南永順東南徼外有蠻名卡瓦，其長名蚌筑，自號葫蘆國王，不知其所自始，從古不通中國。久慕天朝德化，因無方物可貢，將境内茂隆山銀廠作爲貢獻，及現開廠民吳尚賢等所抽課三千七百兩零，同耿馬宣撫司之叔罕世屏、廠民吳尚賢等解送輸誠，呈到面。稟前來。且稱茂隆山銀廠，自前明開採至今，興旺不一等情。臣愚以爲聖德覃敷，荒裔内附，只取歸化之誠，不在貢物之有無。卡瓦之國，自古無聞，方輿不載。忽然向風慕義，款塞輸將，此意誠不可卻。惟是銀廠作貢，臣愚不能無疑，竊以爲未便。據督臣張允隨奏稱，其地距永昌一十八程，計程而論，去中國尚未二千里，何以不知彼國所自始。又稱銀廠自前明開採，興旺不一，既云從古未通中國，前明開採之說，畢竟何據。且内地商民吳尚賢何以得知彼國，徑入開礦，卡瓦即無方物可貢，何以竟將不能隨賫之銀廠越界輸誠。此中恐有奸商愚弄，外夷陽借納獻爲名，陰欲居奇射利，所不可知。天下事多一利即增一害，若許其獻納銀廠，照例抽税，利境一開，無論商賈游民，奔趨若鶩。凡内地作奸犯科，扞法觸網之徒，先得潛竄其中，積聚日多，爭奪必起，即成將來邊釁，不可不深長慮也。且計每年所抽税課不及中土一縣錢糧，廠地時旺時衰，未定年年可恃。我皇上議賑議蠲，動以百萬，本年現免天下正供，何至抽此戔戔之税於窮徼絶域中乎。如督臣張允隨議，殊失大體。臣愚以爲卡瓦既願歸誠，惟有嘉獎賞賜，不拂其心，所獻銀廠宜卻而勿受，現呈税課亦令自爲携回，明示聖朝包荒柔遠之度，不在貢獻之有無，並勅下雲南督臣急將商民吳尚賢等掣回。飭令可通卡瓦一帶邊方，嚴行禁止，不許内地民人擅至彼國開採，違者立拿重究。如此，則處治當，國體昭，邊境安，遠人服矣。

《清德宗景皇帝實録》卷四九〔光緒三年丁丑三月〕甲申，熱河都統延煦奏：帶印公出，查勘圍場情形，報聞硃批摺奏。又奏窑溝銀礦砂綫短縮，擬請仿照遍山紅章程，酌減課額銀水，以紓商力。從之。

《清經世文續編》卷二六《户政三》謝光綺《請開粤西礦利條陳光緒十一年》惟廣西礦地頗多，尚未奏明開辦。取自然之利，事屬堪爲，藏未發之奸，患尤可慮。查廣西礦地，五金胥備，不減雲南，就中以潯州府貴縣平天寨之銀礦爲最著，滋事爲最久。平天寨山勢斗絶，其上寬平，道光年間，該處土民山麓私採草皮浮礦，百斤之砂可出銀數兩、鉛十二三斤。至髮逆起事，礦徒悉被勾結，竄在江南爲亂。

咸豐年間，土匪黄三煽其餘燄，嘯聚無賴，復行開挖，築寨山頂。蓋以山頂之礦出銀較厚。黄三等盤踞日久，凶勢愈張，官軍圍攻累年，負嵎不下。同治初年，前任廣西藩司劉坤一督兵剿辦，誘誅黄三，始毁其巢。厥後潛聚私挖者仍不乏人。礦利既多，趨之若鶩，爭占尖口，往往戕斃數十命，亦不報案。地方官意在省事，名爲封禁，實乃空言。

同治十年，署貴縣知縣張家齊密勘山頂，共開有礌口一百零三處，每礌聚有十餘人取鍊，礦質洵屬精良。惟係礦徒零星開挖，未能遽獲大礦，烹鍊之爐既小，取汁之法又粗。若使逐礌併力深挖，改用大爐烹鍊，成效自必不同於是。稟請開採，事不果行。

時潯州府知府魏篤仍遵舊議，派勇搜捕礦徒，疊被拒斃多人，束手相望。後經右江道王達材順道履勘，甫入其境，亦被礦徒開砲轟出，旋即回省。至是，當事始屬意開採，經派文武員弁前往試辦，一時未易得人，辦理亦難無弊，疊經撤換，事乏端倪，費用不貲，遂爾中止。現仍爲礦徒私挖，且復有土豪包庇，坐失利源，未免可惜。

此廣西潯州府貴縣平天寨銀礦，議禁議開，迄未辦成之原委也。

夫封禁既託空言，開採又無良法，然則聽此礦徒群聚於深山大澤，而不相過問乎。前此之議禁者，懲於黄三耳，抑知黄三之禍由於私挖，非由於官辦。設當日官爲經理，何致踞爲匪巢。且平天寨山路綿亘，内達龍山大墟及武、宣、桂、平、賓州各境界，外距鬱江四十里，對岸即横州等處，毗連廣東之霍山、北海，荒

遐邃闊。前所勘礶口已有一百零三處，今又十餘年，尚不知應增幾許，每礦以十餘人計之，已不下二三千人。近聞游勇散練，亦復相率入山，若不早爲之所，不但爭奪仇殺，易釀事端，尤恐各屬凶盜，萃爲逋逃。設有黠桀如黄三者，煽誘起事，縱横數百里間，焚村市，阻餉道，斷電路，截軍火，則其害有甚於當年者矣。

況南寧、上思、太平等處，漸近越地紅河，教黨日多，或有奸宄誘彼無厭，聽之則利權遂失，拒之則釁隙旋生。爲今之計，惟有急議開採，以資固結而杜覬覦，勿任觀望遲疑，養成他患。第開辦非難，難於除弊，而尤難於得人，不揣愚妄，竊擬爲官商合辦之法。擇一總商，出本招股，力或不足，更以官本益之。延請諳練礦師，參用西法、機器。酌調防營兵勇彈壓，遴派坐鎮潔己委員，率商設廠開辦，督同地方府縣，聯絡公正紳、耆，募礦徒爲廠丁，攬土豪爲董事。給以工貲，則礦徒不致失業而爲匪，沾以礦利，則土豪不致掣肘而霸抽。正款歸公，徑充餉項，災黎待拯，兼助賑需。如果山靈效順，旺礦連開，則部庫有需，亦可通籌匯解。

《宋會要輯稿・食貨三四・坑冶雜録》 各路産物買銀價：萬斤原書天頭注云：「上原缺。」，内四十萬斤變轉見錢買銀。

熙寧十年，買到銀八千三百二十八兩四錢五分。江南東路：絹四十七萬三千三百八十疋，紬一千三萬二千九百二十三疋，額錢五萬貫，買紬、絹、銀、綿、紙池州大抄連紙，宣州大抄、三抄連紙，南康大抄、三抄、小抄，江西大抄、小抄，歙州詔紙降樣、常樣，大抄、三抄連紙。三百二十五萬五千四百張。江南西路：紙興軍國大抄、三抄、小抄，洪州表紙大抄、三抄、小抄，筠州表紙大抄、三抄、小抄。一百二十七萬四千張，絹三十四萬疋，紬六萬二千疋，額錢五萬貫，買銀。荆湖南路：額錢一十萬貫，買銀。

陳致虚《金丹大要》卷五《藥物妙用章》 黄帝曰：「人，萬物之盜。」又曰：「日月有度，大小有數，聖功生焉，神明出焉。」《金碧經》曰：「鍊銀於鉛，神物自生。」《參同契》曰：「同類易施功，非類難爲巧。」

佚名《黄帝九鼎神丹經訣》卷九《蒸鍊食銀灰坯中灰法》 其出銀灰，必須蒸淋去滑汗，錘打使令甚熟，得銀倍多；灰錫不熟，得銀倍少。中道裂破，錫還倒土，漫却銀也。會須精打甚熟，燒桑灰之好炭灰亦得。

又《作銀鑛藥法》 生雄黄、白石英、硇砂、戎鹽、石膽、白礬，已上各一兩。青礬。十兩。訣曰：出銀藥特云用生雄黄，若依出金鑛中所有雄黄，即同鍊丹砂法鍊之。明知雄黄即無定性，生用發銀色也，熟用發金色也。凡此七種藥，各末取水銀四兩，錫二兩小鐺中，以醋沃水銀，鐺下猛火。別鐵器中，鎔錫瀉水銀中相合煮，二斗醋盡，罷矣，出著瓷器中，取前七種藥一時合研，令相得。看灰坯中錫不動文團起，即以此藥如棗等散著中錫，須臾動文團不起，得錫甚疾。

又《作出銀色藥法》 取蜀地白梅子、烏梅子擣之使熟，銅器中以水一斗、梅二升，醋一升，鹽末一升，一時煮，使極熟。取銀先打薄者，著炭火燒赤，以木杖壓著梅漿中，承赤入漿也。更煮之，更燒，更入，可半日，莫問好銀，表裏盡白矣，火燒不異。復有一種出色法，直爾取浄者，用硇砂和水燒銀著中，銀即白色矣。

阮閲《詩話總龜》後集卷二一《詠物門下》 老杜：「復見諸山得銀甕。」注引《禮記》「山出器車」注：蓋《瑞應圖》曰：「王者宴不及醉，刑罰中人，不爲非，則銀甕出。」昌黎「我有雙飲醆，其銀得朱提。」見《漢志》「朱提銀八兩爲一流」注：朱提，屬揵爲，乃邑名也。

《史記》卷一二《孝武本紀第一二》 以發瑞應，造白金焉。《正義》：白金三品，武帝所鑄也。如淳曰：「雜鑄銀錫爲白金也。」《平準書》云：「造銀錫爲白金，以爲天用莫如龍，地用莫如馬，人用莫如龜。故曰白金三品。其一曰重八兩，圓之，其文龍，名曰白選，直三千；二曰重差小，方之，其文馬，直五百；三曰復小，撱之，其文龜，直三百。」《錢譜》云：「白金第一，其形圓如錢，肉好圓，文爲一龍；白銀第二，其形方小長，肉好亦小長，好上下文爲二馬；白銀第三，其形似龜，肉好小，是文爲龜甲也。」

又卷二八《封禪書》 其明年，郊雍，獲一角獸，若麃然。有司曰：「陛下肅祗郊祀，上帝報享，錫一角獸，蓋麟云。」於是以薦五時，時加一牛以燎。錫諸侯白金，風符應合于天也。

張維屏《國朝詩人徵略二編》卷三三《趙翼》 漢，犍爲朱提山出銀，益州町羊山皆出銀。《漢書・地理志》。

後魏，延昌三年有司奏長安驪山有銀鑛。《文獻通考》。恒州又言白登山有銀鑛。

唐，凡天下有銀者三十六縣。詳見《唐書・地理志》。

貞觀初，侍御權萬紀奏宣、饒二州銀大發，采之，歲可得數百萬。《唐書》。

憲宗元和三年，詔天下有銀之山即有銅，銅可資於鼓鑄，銀無益於生人，現采銀宜禁。

五代，東漢劉承鈞，國用日削，五臺山僧繼顒募民鑿山，取鑛烹銀，以輸劉

氏，賴以足用。

宋，有銀之州四十一。詳見《會要》。

有銀七十四州。詳見《續會要》。

産銀有五十一場。詳見《文獻通考》。

謝肇淛《滇略》卷三《産略》 《博物志補》云：銀則穴地數十丈，取鑛石鍊之，其所産最甚者，莫如磨乃。

鄭若庸《類雋》卷二三《珍寶類·銀》 〔銀氣〕《地鏡圖》云：銀之氣，夜正白，流散在地，撥之，隨手散復合，此是也。又云白銀見有雄鷄。〔可餌〕《抱朴子》云：銀但不及金玉餌，可以地仙。

陳耀文《天中記》卷五〇《銀》 蛇糞成銀。弘農楊子聞土中作聲，掘得玉。後三年，有蛇去梁上，落糞皆成碎銀，作器賣於市，得者尋以破滅。《異苑》。好黄白事。期門郎程偉好黄白事，娶妻得恠女。偉無衣，偉婦致兩疋繒。後見夫方扇炭，欲燒筩中水銀，乃出其中藥，以投之，立成銀。偉就求道，不授，發狂而死。桓譚《新語》。

李昉等《太平御覽》卷八一二《珍寶部一一·銀》 又曰：貞觀中，治書侍御史權萬紀上言：「宣、饒二州諸山大有銀坑，採之極是利益，每歲可得錢百萬貫。」上謂曰：「朕貴爲天子，是事無所少乏，唯須嘉言善事有益於百姓者，且國家賸得數百萬貫錢，何如得一有才行人？不見卿推賢進善之事，又不能按舉不法，震肅權豪，唯只言税鬻銀坑，以利多爲美。昔堯抵璧於山，投珠於谷，由是崇名美號，見稱千載。後漢桓、靈二帝，好利賤士，爲近代庸暗之主。卿遂欲將我比桓、靈耶？」是日放令還第。

又曰：「太宗引杜淹爲天策府兵曹參軍、文學館學士，常侍宴賦詩。時有八人同作，淹爲稱首，賜以銀鍾。」

又曰：「貞觀中，鴻臚奏高麗莫支離貢白金，黄門侍郎褚遂良進曰：『莫支離虐殺其主，九夷所不容，陛下以之興兵將，事弔伐，爲遼山之人報主辱之恥。若受其貢，何所致伐？』太宗納焉。」

又曰：「元和十四年，涇原節度使王潛進銀三千兩，孰線綾三千疋。涇州密邇戎境，其土無百姓，其軍皆仰給度支舊矣。至若無名上獻，雖吴、蜀沃富，猶謂取諸人以干媚，不免於譏責。今則盜削軍實，以充貢獻，而求恩澤，蓋以時急於財勢使然也。」

又曰：「太和中，尚書左丞王起進亡兄播銀、胡瓶二百枚、玉及通犀帶、刀、劍、器杖等。」【略】

《列異記》曰：故司隸校尉、上黨鮑子都，少時上計掾，於道中遇一書生獨行無伴，卒得心痛。子都下車，爲按摩，奄忽亡。不知姓名，有書一卷，銀十餅。即賣一餅以殯斂，其銀以枕之，素書着腹上。哭之謂曰：「若子魂靈有知，當令子家知子在此。」今奉使命，不獲久留。遂辭而去。【略】

《異苑》曰：弘農楊子聞土中作聲，掘得玉。後三年有虵去梁上，落糞皆成碎銀，作器賣於市，得者尋以破滅。

《地鏡圖》曰：銀氣夜正白，流散在地，撥之隨手合。

又曰：銀精變白雄雞。

酈元注《水經》曰：潺水出潺山，水源有金銀礦，洗取火合之，以成金銀。

【略】

任預《益州記》曰：陶保至益州，人飢，米二合直銀一兩。

王韶之《始興記》曰：「冷君西北有小首山，宋元嘉元年夏，霖雨，山崩，自顛及麓，崩處有光耀，有若星辰焉。居人往觀，皆是銀鑠，鑄得銀也。」

又曰：「秋水源山盤石上羅列十甕，皆蓋以青盆，其中悉是銀餅。人有遇之者，但得開觀之，不可取，取輒迷悶。晉太元初，林駈家傑竊三餅，有大虵傷而死。其夜，林駈夢神語曰，君奴不良，盜銀三餅，已受顯戮，願以銀相備。駈覺，奴死，銀在其傍。有倧道者，自謂能致。乃集祭酒，盛奏章書，擊鼓吹入山。須臾，雷震雨石，倒樹折木，道遂懼走。」

謝維新《事類備要》外集卷六一《財貨門金附》 雪冷爲銀。耿先生有姿色，明道術，拘制鬼魅。保大中召入宮，常被碧霞帔，手如鳥爪，自稱北大先生，能以雪爲銀。取雪實之，削如銀鋌，投熾炭中，及冷爛然爲鋌銀。先生後有孕，一日謂上曰：「此夕當産。」中夜風雷，明旦腹已消。曰：「昨夜生子，已爲神物持去。」後以疾終。《里人録》。

邵經邦《弘簡録》卷一四一《臺諫·宋五之二》 運使王嗣宗檄問汀州銀冶，訟逮繫數百，得其情，止坐數人。

李世熊《錢神志》卷一《靈産第一》 王韶之《始興記》云：宋元嘉元年夏，霖雨，小首山崩，自巔及麓崩處，有光耀，居人往觀，皆是銀礫，鑄之成銀。

《續文獻通考》卷二三《征榷考・坑冶》 《宋史・陳俊卿傳》曰：「孝宗朝，俊卿參知政事，時四明獻銀礦，將召冶工即禁中鍛之。俊卿奏，不務帝王之大，而屑屑有司之細，恐爲有識所窺。」罷之。【略】

〔金世宗大定〕五年，聽人射買寶山縣銀冶。

沈遼《雲巢編》卷九《東安縣尉王君墓銘》 久之，調湘鄉主簿，太守印其材，檄攝瀏陽令。地有銀冶，聚四方不逞，難治而易謗。

《宋史》卷四二五《謝枋得傳》 福建行省參政魏天祐見時方以求材爲急，欲薦枋得爲功，使其友趙孟迎來言，枋得罵曰：「天祐仕閩，無毫髮推廣德意，反起銀冶病民，顧以我輩飾好邪？」及見天祐，又傲岸不爲禮，與之言，坐而不對。天祐怒，强之而北。枋得即日食菜果。

周密《齊東野語》卷一三《西林道人》 端平間，周文璞、趙師秀數詩人，春日薄遊湖山，極飲西林橋酒壚，皆大醉熟睡。忽有髽髻道人過而睨之，哂曰：「詩仙醉邪？」顧酒家：「善看客，我當代償酒錢。」索水小盂，以瓢中藥少投之，入口略漱，噀之地上，則皆精銀也。

盛如梓《庶齋老學叢談》卷下 《春渚紀聞》第十卷皆説此事，凡十餘條，無非勸戒。近代雲間儲君泳著《祛疑説》尤詳備，謂學之者多致敗家，皆仁人之用心也。余謂彼有此術，自能致富，惟恐人知，豈肯向人説，故能者不説，説者不能。《神仙傳》授必擇可付之人，不待其求，不要其謝。自眩其能乃是騙術，欲學之者，已懷欺詐，此鬼神之所不容，可謂學道之士乎？《黄竹外文集》載陳珪左道，今江湖間此輩甚多，謂之爇客。近觀中州爲政九要，謂人自取貧者有十：一要貧，學燒銀。其言簡而切，因書之，以爲規利學僞者之戒。

《元史》卷二八《本紀二八・泰定帝一》 衡州衡陽縣民饑，瑞州蒙山銀場丁饑，賑粟。

《明太宗文皇帝實録》卷一〇八 〔永樂十五年十一月，辛未〕先是，金華朱仲智爲吉安知府，寬厚廉潔，剗革吏弊，禮賢愛民，民甚戴之。會被召改重慶知府，民思慕之而難其繼者。已而，〔藺〕芳至，芳寬厚持大體而明習吏事，庭無滯牘。民有告訐者，數語立決，吏無所容其奸。芳以愛民爲心，而處事曲當，民更大喜。吉水有無賴民詣闕言，縣故有銀冶，烹煉可獲厚利。朝廷遣官以其人覆視。既至，父老群訴於芳曰：「即用無賴者言，吾屬父子兄弟不能保，而邑有無窮之患。」芳曰：「銀冶誠有之乎？」曰：「無之，但聞故老云，宋季時，邑有奸民妄言銀冶於朝者，後坐誣罔之罪。今芒芒山谷，上者樹松栢，下者藝禾稼，豈嘗見有所謂銀冶？太守如疑我言，詣闕告者在此，請指説銀冶之處，我等甘罪。」芳惻然，顧告者而問之，噤不能對，父老趣之對，卒無對。父老又言，此無賴人，平日所爲，罪惡累累，皆應坐死。其人在傍，聞之惴慄。芳曰：「毋恐，罪皆赦前。今獨問銀冶有無耳。」告者即叩頭吐實言：「我愚昧人，而居鄉素貧。誠不甘鄉之人皆華衣美食揚揚焉，未嘗齒我也，則妄禍之，以至於此。死罪死罪，惟太守吾父母，何以生之？」芳爲草奏，大意謂：告者嘗聞故老言，宋時説銀冶事而未及詳，輒率意上陳。今詢邑人老長，皆云素未嘗有銀冶，即不實，甘受鈇鑕。言人人同，謹以實聞。同官或不肯署，曰：「朝廷治銀冶，吾輩敢方命耶？奏入如不信，胥受罪矣。」芳曰：「吾輩奉命守此土，非以爲民乎？今聖天子仁明在上如天日，諸公乃不以直道效臣節耶？有罪芳請獨任。」即自署奏，同官不得已亦强署焉。上得奏曰：「吾固意愚民之妄也。」遂罷其事。然以告者出於率意也，亦不之罪。

賀欽《醫閭集》卷七《存稿・漫記》 余曰：譬之一定銀，十兩雜以二三兩銅，是假銀矣。若能提出其銅，雖止七兩，一定是真銀矣。聽者不之信，漫記之於此，俟後日天道報復云。

李東陽《懷麓堂集》卷五〇《文稿》三〇《明故中憲大夫浙江處州府知府郭君廷臣墓誌銘》 及知處州，守久闕，倅貳更署，吏緣爲姦。君至嚴防禁，籍記條教，事無留案，尤精判決，人不敢欺。處有銀冶，民乘利據險爲恒患。君榜示禍福，弗悛者輒捕除之。

唐順之《右編》卷二六《夷三》王曾《行程録》 過温餘河，大夏城坡，坡西北即凉淀避暑之地，五十里至順州。東北過白嶼河，望銀冶山，又有黄羅螺盤、牛闌山，七十里至檀州。

談遷《國榷》卷二五 〔壬戌正統七年十二月〕辛亥，麗水盜陳善恭，青田盜葉宗留合二千人盜福建寶峯場銀冶，命浙江、福建捕之。

徐咸《明名臣言行録・後集》卷一《朱英恭簡公》 正統己巳，閩浙亂起銀冶間，公與諸御史承敕分守州縣，比至，大軍尚駐金華，公徑赴處州，聞土木之難，乃取道慶元，揭榜諭賊，招老弱被擄者，又計獲巨賊若干人。有中使報黑面大王者，統衆三萬，欲劫所捕賊，議欲偕走。公不可，徐使人覘之，而令所司屍賊於市，竟無它變。景泰改元，公還朝，論處中便益五事，下諸司施行。李文正

公撰傳。

查繼佐《罪惟録·列傳》卷一一上《朱英》 〔朱英，字時傑，□□郴陽人〕正統十四年，處州銀冶賊葉宗留反，會閩冠亦發，詔遣英與中官扼其要，使兩寇不得合。時大軍尚駐金華，英促詣處，計生致葉黨周明松等數人，而諭降脅從者甚衆。賊平，詔還京。

戴冠《濯纓亭筆記》卷六 江湖間脩真鍊藥之徒，秘書口訣千蹊百徑，皆有理足以動人，雖高明之士猶爲所惑。假使修鍊有此理，則此輩亦神仙之流，必能遠處山林，逍遥物外，豈苟就富貴之人而求利覓食哉？吾鄉馬主事愈嘗遇方士，勸其燒銀，愈戲贈以詩曰：「破布衣衫破布裙，逢人更説會燒銀。君何不自燒銀用，擔水河頭賣與人。」方士慚噱而去。然此詩本出徐氏《涉世録》。又俞琰《席上腐談》亦記之。愈但易其後兩句耳。

《腐談》云：伊川先生遊僧寺，得丹書於佛腹中，後如其法鍊之，既成而未即服。劉孟熙《霏雪録》則以爲明道先生事皆妄言也。觀康節欲以數學相授，二先生尚不肯學，况丹書乎？是特幻妄之徒藉口以自重其術爾。

李濂《嵩渚文集》卷八〇《湖州府知府趙公傳》 時浙東平陽銀冶，往往爲人竊發，互相讐殺，封域弗靖，朝議推風力御史按蒞之。公被薦往，至則撫窮民，禁奸宄，其患遂息。且其地與金鄉盤石等三衞隣，居民素被陵轢，莫敢誰何。公以法繩之不少貸，境内肅然。

陳全之《蓬窗日録》卷一《寰宇一》 青州府礦徒特猛，能以一當百。天下礦氣特盛於青、兗之間：上礦九煎，其最上全化爲銀；五煎、三煎乃其次下，環産郡山中，惡少盤據，人莫能敵。其無志於四方，山淺路窮，左海右曠，無險可憑耳，驅調則可爲用。

朱孟震《河上楮談》卷一二 今人銀槩謂之朱提。按《漢書·地理注》：朱提出銀。《食貨志》：朱提銀八兩爲一流，直一千五百八十，它銀一流直一千。則朱提地名既不可名銀，而朱提之銀又非凡銀比也。漢銀八兩直錢一千，可見當時銀賤而錢貴，今時銀一兩即值千錢矣。朱，音殊。提，音匙。

茅元儀《野航史話》卷四 南唐耿先生者，父雲軍大較。耿少爲女道士，玉貌鳥爪，常着碧霞帔，自稱比丘先生。始因宋齊丘進，常見宫婢持糞埽，謂元宗曰：「此物可惜。勿令棄之。」取置鐺中烹鍊良久，皆成白金。嘗遇雪，擁鑪索金盆貯雪，令宫人握雪成錠，投火中，徐舉出之，皆成白金，指痕猶在。

李時珍《本草綱目》卷八《金石部·朱砂銀》 集解：時珍曰：「此乃方士用諸藥合朱砂煉制而成者。」《鶴頂新書》云：「丹砂受青陽之氣，始生礦石，二百年成丹砂而青女孕，三百年而成鉛，又二百年而成銀，又二百年復得太和之氣，化而爲金。」又曰：「金公以丹砂爲子，是陰中之陽，陽死陰凝，乃成至寶。」

谷泰《博物要覽》卷八《紀十三省銀錠》 第一，北京順天府屬所銀錠用銀成色：順天、保定、河間三府各屬所用銀足九五色，至低至八五色止。其大名及各府州縣俱用九三色，至低至八色，錠式扁方，名蝦蟇錠。又有束腰小元寶式者。(琢)〔涿〕州銀錠圓而高邊，名酒杯錠。京中有一種僞銀，元絲白面，細孔平底，可看九五色，其實只有一成，銀用藥煮成。稍或失眼，得者大負矣。

第二，南京應天府各屬所用銀色及銀錠：應天府及太平、安慶、池州、寧國、滁州、和州諸屬所用銀俱用九色起，至八色止。又有用足紋及九七色者，例九折。惟徽州、廬州、鳳陽用足九七色，至低八色止。其淮、揚、蘇、常、鎮用銀最低九色爲上，至低至三色者。至於吴下更有高手奸匠，將白銅藥煮剪碎，可看九七，其錠式圓長，仿佛上江銀錠，多高邊而長。下江銀錠，惟瓜州者無邊，而改心足紋爲異。

第三，浙江各屬所用銀色及銀錠：杭州及嘉興、湖州三府用銀當以九五色至七三色足紋者，惟九九色名杭州包，其寧、紹二府最多低潮之銀。蓋天下鎔傾銀鏍奸匠多寧、紹人，故所鎔之銀底面極佳，而中成色最低，□爲可惡。如温、台、衢、處各屬所用俱各九色至八五，止浙省銀錠多圓而高邊，名馬蹄錠。自大及小成套，如套杯狀，亦有長方如書帕銀者。

第四，福建各屬所用銀色及銀錠：福州及延平、建寧、泉州四府銀色仿佛俱用九三色至八三色止。汀、漳各屬及沿海等處用銀頗高，有九七者，至九色止。更有番舶携來銀鏍作方餅，色黑，面有番字金花，足紋十一成。又有番國銀錢，足紋至九色止，以人物爲上，花鳥爲下。

第五，廣東各屬所用銀色及銀錠：廣州及肇慶、雷州三府各屬用銀九七色至九色止，惟潮州諸府用銀稍低，九色至六色止，錠式尖長而凸心。亦有書帕銀，茶脚甚紅如江南七色銀，其實成色甚高，有足九五色，名廣水絲銀。亦有番銀、番錢，與福建同。

第六，廣西各屬所用銀色及銀錠：桂林及潯州二府用銀最高，至九七色，至

低至九色止。其餘各屬府州用銀多九五至八三色止。桂林有一種出礦生銀，狀如硬錫，成錠而有清油元絲，如江南九三色，其寔足紋也。錠式圓扁，凹心，如鏊盤。亦有番銀，多安南、交趾來者，作元餅，面有番字，每□重九錢六分。

第七，江西各屬所用銀色及銀錠：南昌及臨江、吉安、袁州四府用銀九三色至八色一，其外各屬府州所用俱相同。惟瑞州府屬用色獨高，足紋至九五色止，銀錠式圓扁，底平，名蝦蟇錠。

第八，湖廣各屬所用銀色及銀錠：武昌及黄州、常德、鄂州四府用銀獨高，九五色至八五色止。如衡州、荆州、安陸諸府屬用銀俱九三色至七色，而武昌有圓絲一種，如九七者，實有九一、二色，錠式高邊，有頭尾，名大小海船錁子。

第九，河南各屬所用銀色及銀錠：開封及歸德、彰德、南陽、汝寧五府屬用銀俱九三色至九色止，無低潮。不堪者錠式扁方，束腰，類元寶，名書帕銀。每錠重至廿四兩者、十二兩者，小者亦至三兩止。其餘各府屬用銀色俱相同。

第十，山東各屬所用銀色及銀錠：濟南及兖州、青州、登州、(來)〔萊〕州五府用銀俱九五色至九色止。又有一種八五色，茶脚粗紅，如江南所用七色者，名煤炭銀。其餘各府屬用銀俱相同。銀錠圓長、高邊、凹心，有如海船錁子，雖是紋面，多黑油，以煤炭傾鎔故也。

第十一，山西各屬所用銀色及銀錠：潞安及各府屬所用銀色最高，九七起至九三止，無低潮者，錠式如河南書帕錠。而有生銀，成餅，面有竹葉花青者，極細之銀足色十一成，但餅底有鐵砂，須細看爲妙。

第十二，陝西各屬所用銀色及銀錠：西安及鳳翔、延安三府用銀最高，九七起，至九色止。其漢中諸府屬俱用九三色，無低潮者。又有煎餅銀，九五色，面有皺紗紋者爲上。麻角紋只可九色，爲下，人極賤此種，惟僅牲口及買木植與調停訟事，與衙役人方用之。錠式圓方而長，如書帕者。

第十三，四川各屬所用銀色及銀錠：成都及西寧、重慶、夔州、龍安五府屬用銀俱足紋，至九五色止，無低潮者。其外如秦、鳳、階州等府屬所用，俱九七色至九色止。亦生銀作錁子者，色青黑如鑌鐵狀，因未去鉛浄故耳，其寔足紋也。錠式同元寶，而束腰處特疲爲異。

第十四，雲南各府屬所用銀色及銀錠：雲南及大理諸府屬所用銀色俱足色，至九三色止，無低潮者。又有西洋來銀錁子，如海螺樣，甚奇，俱足紋，十一成，面嵌金字番書爲異。錠式同元寶，而不束腰，有飛邊。

第十五，貴州各府屬所用銀色及銀錠：貴陽及黔西諸府屬用銀俱足紋，至九五色止，無低潮者。錠式圓而無邊，心凸甚高，式最奇特。

已上兩京十三省共十五省銀色及錠。其遼東九邊、沿海郡縣不暇細考，姑録其品焉。

又《論各種假銀》 假銀之名，品流不一。有用紅銅、黄銅鑄成錠質，用銀箔及硼砂、針砂藥煮者，面有圓絲，底有烽窠，但面絲不活而近放，底孔用利錐細鑿銀箔裹貼，再用水銀薰擦，然後用梅礬水煎湯煮之。

又有名天蓋地者，本質原係足紋銀錁。奸匠每以絶利銅小鋸子鋸去銀面，將下半截用利刀剜去銀屑，惟存空殼。將鋸下錠面用捍藥捍好，留下小孔，熔熱灌滿，再將銀屑填孔，入火捍成，不露邊際。雖積年善別銀色者，亦多遭其毒手。而灌鉛之銀入戥之時，錠即呆定，不至旋轉，且捍口微露青紋及鉛珠爲証。有此等銀，以銀剪夾開即見。

又有不插香者，將銀錠底用細鑽鑽深蜂窠，熔熱鉛灌入内，亦不多。又有包銅夾錫者。又有將白銅鑿成碎塊，重兩許及數錢、錢許、分許者，銀箔裹滿入藥水中煮成。上石試驗，可作九七，夾開茶口，晃白不變，但隔一宿，即變紅淡色，昏滯無寶光矣。

又有名鼎銀者，(及)〔乃〕丹士以水銀藥物入爐火煉成，有絲紋，底孔夾開，可看九三色，若傾銷入爐，則嘖嘖作聲，化烟飛去矣。

方以智《浮山集》文集前編卷六《曼寓草下》 《用幣説》古不許民散用銀，必成幣而後令用之，是秦之幣二等，不及銀者，固有以也，銀即在金鎰中矣。世代既殊，稱謂移易，遷，固文字古簡，自魏、晉、唐諸人，即以臆揣作注。臣瓚曰：秦以一鎰爲一斤，漢以一斤爲一金，此説爲近，猶可旁考縣斷耳。徐鍇曰：《書》「金作贖刑」，古贖皆用銅，漢始用黄金，少其斤兩。後魏以金難得，合金一兩收絹一疋。《禹貢》「金三品」，康成曰：銅三色。則或者曰，金幣是銅鋈金者乎？《晉志》引漢「金布律」有罰贖入責以呈黄金爲價，科有平庸。此自鈞金之遺，朕金有高低，況漢制金爲幣，或有倣半兩而實重四銖者乎？故須呈價也。

褚人穫《堅瓠集》廣集卷六《玉龍膏》 一老人曰：「是術第可行之此中，若移至中國，必有奇禍。」有人不信，竟移玉龍膏歸，煎水銀成白銀，使用不年餘，果以族人謀逆事發，亦被逮誅。

蔣鳴玉《政餘筆録》卷四 識礦以苗，苗不任鍊，鍊銀則是，鍊苗則非；以

苗爲銀之精藴則是，以苗爲銀則非。見性人如礦師，必無以銀苗爲銀之理。飛蛾之于燈火，以爲日也；渴鹿之于陽焰，以爲波也。波亦不逐，日亦不依，自然不爲燈焰所悮。

鄧志謨《古事苑定本》卷九《珍寶》 耿道士有仙術，冬月間，以雪削如銀錠，落爐火中不消。

屈大均《廣東新語》卷一五《貨語・銀》 粤之山舊有銀穴、銀沙。《始興記》云：小首山崩，崩處有光耀，悉是銀礫，鑄之得銀。而英德、清遠其山傳有銀礦者，輒有白氣上升，草木沾之皆白，或山石盛熱時有銀汗，白而味辛。其礦或紅如亂絲，或白如草根，或銜黑石，或有脈，謂之龍口。循龍口挖之，淺者一二丈，深者四五丈，有焦路如竈土然，斯礦苗也。又挖則礦見矣，由微而盛，盛而復微，或如串珠，或如瓜蔓，微則漸絶，絶復尋焦，焦復見礦，若焦已絶，則又盤荒也。

曾國荃（光緒）《湖南通志》卷末一四《雜志一四・摭談四》 茭源場，蓋漢唐銀場也。以茭源巖得名，今謂之焦源巖，在州北七十里，因謂鍾水口爲焦源口，入湘之口也。唐肅宗時，增阬冶十餘所，其利甚盛，故改郴州治平陽。元次山，大曆丁未爲道州刺史，以軍事詣都使還州，逢春水舟行不進，作《欸乃曲》五首，其二云：「湘江二月春水平，滿月和風宜夜行。唱橈欲過平陽戍，守吏相呼問姓名。」嘗疑平陽戍所在，今履此路，知平陽戍即茭源口。因置銀場，改州府故設戍於此，疑當時津邏亦榷税，如今釐税矣。自釐税興，而東南江路，公私煩擾。次山廉吏清節，出守方面，唱橈過舟，猶遭吏問。柳子厚所云：「春風無限瀟湘意，欲採蘋花不自由」者。其亦感亂離之從官乎？（桂陽州志）。

《清經世文編》卷五二《户政二七・錢幣上》顧炎武《銀（日知録）》 唐宋以前，上下通行之貨，一皆以錢而已，未嘗用銀。《漢書・食貨志》言：「秦併天下，幣爲二等。而珠、玉、龜、貝、銀、錫之屬爲器飾寶藏，不爲幣。」孝武始造白金三品，尋廢不行。謝肇淛曰：「漢銀八兩，直錢一千。當時銀賤而錢貴，今銀一兩即直千錢矣。」《舊唐書》：憲宗元和三年詔曰：「天下有銀之山，必有銅鑛。銅者可資於鼓鑄，銀者無益於生人。其天下自五嶺以北，見採銀坑，並宜禁斷。」李德裕爲浙西觀察使，奏云：「去二月中，奉宣令進盝子，計用銀九千四百餘兩。其時貯備，都無二三百兩。」然考之《通典》，謂：「梁初，惟京師及三吴、荆、郢、江、湘、梁、益用錢，其餘州郡，則雜以穀帛交易。交、廣之域，則全以金銀爲貨。」而唐韓愈奏狀亦言：「五嶺買賣一以銀。」元稹奏狀言：「自嶺已南，以金銀爲貨幣。自巴已外，以鹽帛爲交易。黔巫溪峽用水銀、朱砂、繒彩、巾帽以相市。」杜氏《通典》載唐度支歲計之數，「粟則二千五百餘萬石，布絹綿則二千七百餘萬端、屯、疋，錢則二百餘萬貫」，未嘗有銀。其土貢則貴州貢銀百兩，鄂、新、黨三州各貢銀五十兩，賀州貢銀三十兩，邵、端、昭、潘、辨、高、龔、潯、嚴、封、春、羅、牢、賓、横、象、瀧、藤、平、琴、廉、義、柳、勤、康、恩、崖、萬安二十七州，各貢銀二十兩。是唐人以銀爲貢，而不以爲賦也。《宋史・仁宗紀》：景祐二年，「詔諸路歲輸緡錢。福建、二廣易以銀，江東以帛。」於是有以銀當緡錢者矣。《金史・食貨志》：「舊例，銀每鋌五十兩，其直百貫。《舊唐書・哀帝紀》：「内庫出方圓銀二千一百七十二兩，充見任文武常參官救接。」是知前代銀皆是鑄成者也。民間或有截鑿之者，其價亦隨低昂。遂改鑄銀，名『承安寶貨』，一兩至十兩，分五等，每兩折錢二貫，公私同見錢用。」又云：「更造『興定寶泉』，「每貫當『通寶』五十。又以綾印製『元光珍貨』，同銀鈔及餘鈔行之。行之未久，銀價日貴，寶泉日賤，民但以銀論價。至元光二年，寶泉幾於不用」。「哀宗正大間，民間但以銀市易。」此今日上下用銀之始。今民間輸官之物皆用銀，而猶謂之『錢糧』，蓋承宋代之名，當時上下皆用錢也。然明初所收天下田賦，未嘗用銀，惟坑冶之課有銀。實録於每年之終，記所入之數。而洪武二十四年，但有銀二萬四千七百四十兩。至宣德五年，則三十二萬二百九十七兩。歲辦視此爲率。按宋蘇轍《元祐會計録》，歲入銀止五萬七千兩。《元史・成宗紀》：右丞相完澤言：「歲入銀止六萬兩。」而宣德五年奏：「温、處二府，平陽、麗水等五縣，銀額至八萬七千八百兩。」蓋所開坑冶漸多。當日國家固不恃銀以爲用也。至正統三年，以採辦擾民，始罷銀課，封閉坑穴，而歲入之數不過五千有餘。九年，復開福建、浙江銀場。是年採納已六萬七千一百八十兩。乃倉糧折輸變賣，無不以銀。後遂以爲常貨，蓋市舶之來多矣。

《太祖實録》：洪武八年，「禁民間不得以金銀爲貨交易，違者治其罪。有告發者，就以其物給之」。其立法若是之嚴也。九年，「許民以銀鈔錢絹代輸今年租税」。十九年，「詔歲解税課錢鈔，有道里險遠難致者，許易金銀以進」。五月，「詔户部，以今年秋糧及在倉所儲，通會其數，除存留外，悉折收金銀、布絹、鈔定，輸京師」。自是交易之禁少弛。正統元年，命江南租税折收金帛。先是，副都御史周銓奏：「行在各衛官員俸糧，在南京者差官支給，本爲便利。但差來者，將各官俸米貿易物貨，貴買賤酬，十不及一。朝廷虚費廪禄，各官不得實惠。請令該部會議，歲禄之數，於浙江、江西、湖廣、南直隸不通舟楫之處，各隨土産折收布絹、白金，赴京充俸。」巡撫江西侍郎趙新亦言：「江西屬縣，有僻居深山、

不通舟楫者，歲齎金帛，於通津之處易米，上納南京。設遇米貴，其費不貲。今行在官員俸禄於南京支給，往返勞費，不得實用。請令江西屬縣量收布絹或白金，類銷成錠，運赴京師，以准官員俸禄。」户部尚書黄福亦有是請。至是，行在户部復申前議。上曰：「祖宗嘗行之否？」尚書胡濙等對曰：「太祖皇帝嘗行於陝西，每鈔二貫五百文，折米一石；黄金一兩，折二十石；白金一兩，折四石；絹一匹，折一石二斗；布一匹，折一石。各隨所産，民以爲便。後又行於浙江，民亦便之。」上遂從所請，每米麥一石折銀二錢五分。遠近稱便。然自是倉廩之積少矣。二年，命「兩廣、福建當輸南京税糧，悉納白金，有願納布絹者聽」。於是巡撫南直隸、行在工部侍郎周忱奏：「官倉儲積有餘，遣行在通政司右通政李畛，往蘇、松、常三府，將存留倉糧七十二萬九千三百石有奇，賣銀准折官軍俸糧。」三年，命「糴廣西、雲南、四川、浙江陳積倉糧」。遂令軍民無輓運之勞，而囷庾免陳紅之患，皆一時之便計耳。

自折銀之後，不二三年，頻有水旱之災。而設法勸借至千石以上以賑凶荒者，謂之「義民」，詔復其家。至景泰間，納粟之例紛紛四出，相傳至今，而國家所收之銀，不復知其爲米矣。《唐書》言：天寶中，「海内豐熾，州縣粟帛舉巨萬。楊國忠判度支，因言：『古者二十七年耕，餘九年食。今天下太平，請在所出滯積，變輕齎，内富京師。又悉天下義倉及丁租地課，易布帛以充天子禁藏。』」當日諸臣之議有類於此，踵事而行，不免太過，相沿日久，内實外虚。至崇禎十三年，郡國大祲，倉無見粟，民思從亂，遂以亡國。豈非百世之鑒歟？正統十一年，巡撫直隸、工部左侍郎周忱言：「各處被災，恐預備倉儲賑濟不敷，請以折銀糧税悉征本色，於各倉收貯。俟青黄不接之際，出糶於民，以所得銀上納京庫，則官既不損，民亦得濟。」從之。此文襄權宜變通之法，所以爲一代能臣也。

王棠《燕在閣知新録》卷二二《銀紀》 古之財，各物主之，銀在所緩也。今之財，銀主之，各物在所緩也。古者布帛、菽粟、錢刀等物，皆謂之財。舜《南風之歌》云：「南風之時兮，可以阜吾民之財兮。」南風長養萬物，所指非一，不謂銀也。《周官・太宰》：以九賦斂財賄。注云：財，泉、穀也。亦不言銀也。唐虞之時，金爲幣。戰國分争，逮夫秦漢之際，言金者紛紛矣，而皆未及于銀。《禹貢》：荆、揚皆貢金三品，謂金也，銀也，銅也。雖言銀而獨及于荆、揚，則不爲幣可知。《漢書》云：「黄金一斤值錢萬，銀八(錢)〔兩〕爲一流，值錢千。」大抵飾觀之物，非若錢爲民間流通者。《漢書》又言：秦併天下，幣爲二等，珠玉、銀錫之屬爲器飾寶藏，不爲幣。武帝時，大興兵伐匈奴。山東水旱，貧民流徙，皆仰給于縣官，縣官空虚，于是言利之臣請造銀錫爲白金及五銖錢。銀爲民用，始于此。以爲天用莫如龍，地用莫如馬，人用莫如龜，故曰白金三品。重八兩者圜之，其文龍，值三千；差小而方者，其文馬，值五百；又小而撱之，其文龜，值三百。當是時，銀八兩值一千文，以龍值三千，民趨利如流水，坐奸鑄金與錢，罰法百餘萬人。京師更鑄赤側錢，一當五。白金，民不寶用，終廢不行。維時安息國在月氏西，以銀爲錢，錢如其王面，王死輒更錢焉。又云得漢黄、白金，輒以爲器，不爲幣。王莽時造六幣：有金幣、銀幣、龜幣、貝幣、布幣、帛幣，然銀幣亦創見，旋即廢，惟泉布流通古今不改，魏時始改用絹。晋索輔曰：古者以金、貝爲貨，蓋息穀、帛量度之耗也。制錢則通易不滯。大始中，河西荒廢，不用錢，裂疋以爲段數。(傔)〔縑〕布既壞，市易又難，徒壞女工，不任衣用，于是復用錢。唐時有租庸調之説，租出穀，庸出絹，調出繒，不以銀爲正供也。蓋古人菽粟、布帛大較以有易無，百貨流通，四人交利，此非謂金銀在所不重也。金、銀不常有，故民不適用。若當時專以銀爲重，則唐憲宗之詔，胡爲乎來哉？《唐書》云：「憲宗元和年詔曰：天下有銀之山必有銅鑛。銅者可資于鼓鑄，銀者無益于生人。其天下採銀坑竝宜禁斷。」而《通典》則謂交廣之域以金銀爲貨。張籍詩云：「海國戰騎象，蠻州市用銀。」蓋記異也。可知唐之用銀者，獨蠻州耳。前代相沿，皆以爲無益生人之物而棄之。宋仁宗時，諸路輸緡錢，福建、二廣許易以銀，江東仍帛也。《金史・食貨志》云：「銀舊例每鋌五十兩，民間或有截鑿之者，其價亦隨時低昂。」夫《食貨志》言截鑿，則先未截鑿可知也。言隨時低昂，則不流通可知也。元光二年，寶泉日賤，銀價日(貨)〔貴〕。至哀宗正大間，民于是只知用銀市易，盡如福建、二廣矣。嗚呼！孰知至今日相仍不變乎？曾考明太祖八年，見金銀之爲市易也，古所未見，禁民間不得以金銀爲貨交易，違者治其罪，有告發者以物給之。大哉王言！一變元人惡習，惜乎立法未嚴，諸臣不能恪遵聖意，使民不得任土作貢，以致財匱民散，底于淪亡。此亦前明之弊，同元一轍，有識者所當發慨也。按銀之爲幣，起于漢武，再見于新莽。安息國有銀錢，後流通于下者，獨交廣相沿于福建，而金元則濫觴矣。漢鼂錯曰：珠玉、金銀衆貴之者，以上用之也。爲物輕微易藏，在于把握，可以周海内而無饑寒之患。此令臣輕背其主，而民易去其鄉，盜賊有所勸，亡逃者得輕資也。是故明君貴五穀而賤金玉。此誠探原之論。然當時珠玉、金銀用之于上，致奸民有奇貨之居，非若今日

用于天下，使銀爲朝野之嗜。使今日用金、用珠、用玉，皆如用錢，人未有不以爲奇且異也，何獨至于銀而恬然安之？且今之財既不同于古之財矣，抑知受銀之害有更異乎古之民？菽粟、布帛即謂之財，養生以此，國賦亦以此，或有指銀而謂之曰，此財也。不知也。亦猶今日以玉以珠示農夫曰：此財也。不知也。彼非不知玉也、珠也，以爲飾觀之物，非財也，知之無益也。其視銀亦猶是也。當是時民得肆力于畎畝之中，凡在位者，克稱其職，即欲以賄自恣，小民無金玉，賄于何有？故稍足自立，必不至瑣屑于升斗丈尺之間，以自炫其貪横之習。何也？桑地不生銅，私家不鼓鑄。金、銀，民所不事。所有者，布帛、菽粟耳。是以爲吏者能醇良，而民亦克修其業。今也不然。農家俯仰所給，非銀錢不能市，南畝未克有秋，往往指田爲質。及登場收穫之日，算子母而償逋滯，已踵相接也。未及官賦，爨煙已不起矣。而在位者晏然不覺，徒以催科爲賢。橐私金銀之藏，不露貪横之跡，上下相蒙，不可收拾，其害必至于臣背其主，民去其鄉，逃亡而爲盜賊者，不可數勝。抑知由于不以布帛、菽粟爲財，而以銀爲財之所致乎？嗚呼！銀之爲害，流毒才四百餘年，有心復古者，能使今之財如古之財，則斯民也，豈有異于古之民乎？吾不知阜財之風，何日再見于天壤也！

馮琢珩《新刊辨銀譜·三十一樣查》 一銀二查者，言其元寶乾也。木炭傾銀，此查口也。至於石焦炭銷銀，低看一成色也。冰淩查官銀，膠泥查十成，粹白查九九，靈白查九八，猪踪查九七，青踪查九六，豇豆查九五，馬牙查九四，粉紅查九三，粗紅查九二，老紅查九成，黄紅查八九，緑荳查八八，五花查八七，立紫查八六，粉黄查八五，桃花查八四，硃砂查八三，菊花查八二，土心查八成，瓦灰查七七，青灰查七五，細灰查七三，黑灰查七成，紫灰查六五，蒲灰查六成，灰紅查五五，黑紫查五成，黑紅查四成，細紅查三成，膩紅查一成。外有八查，乾查硫銅，縮查元銅，黑查熟鐵，青查流錫，白查銀元，粉查雄汞，土查元汞，紫查銅汞。

《清朝文獻通考》卷一五《錢幣考三》 〔雍正〕考古者金銀皆有定式，必鑄成幣而後用之。顔師古注《漢書》謂：舊金雖以觔爲名，而官有常形制，亦猶今時吉字金挺之類。武帝欲表祥瑞，故改鑄爲麟趾褭蹏之形，以易舊制。然則麟趾褭蹏即當時金幣式也。漢之白選與銀貨亦即銀幣之式。《舊唐書》載：内庫出方圓銀二千一百七十二兩，是唐時錢亦皆係鑄成。《金史·食貨志》載：舊例銀每錠五十兩，改鑄銀名「承安寶貨」。一兩至十兩分五等。此今日以重五十兩者爲元寶，重十兩或五兩、三兩者爲中錠，所由始也。元至元三年，以銀五十兩鑄爲錠，文以元寶。嗣後或鑄重四十九兩，或鑄重四十八兩。又有揚州元寶、遼陽元寶等名色。此元寶命名之始。蓋古者多以元寶之名鑄於錢面，自元以後，銀始蒙錢文元寶之稱，於是錢面始專鑄通寶字矣。其稱銀爲錠者，考錠字，《説文》：鐙也。《廣韻》：豆有足曰錠，無足曰鐙。又《博古圖》有虹燭錠，當時皆以爲器物之名。其在古之稱銀，多稱爲鉼。《三國志》：魏嘉平五年，賜郭修子銀千鉼。《水經注》：嶺南林水石室有銀，有奴竊其三鉼歸是也。亦有稱爲鈑及笏及版者，猶之稱鉼之意。所謂鉼者，以其傾銀似餅，則與今所稱錠者，其式原自不同。蓋今之稱錠者，即古之稱鋌。《南史》：梁廬陵威王續子應至内庫，見金鋌。《唐書》：太宗賜薛收黄金四十鋌。《舊唐書》作挺。《南唐書》：耿先生握雪爲鋌，爇之成金。《五代史》：賈緯言：「桑維翰身後有銀八千鋌。」自宋以後遂轉稱銀爲錠云。

《清朝續文獻通考》卷二〇《錢幣二》 馮桂芬《用錢不廢銀議》：今天下非小弱也，開墾之地日益廣，山澤之利日益出，布帛、菽粟，凡民生日用之需有加而無減也。生齒雖曰日繁，然而二三十年來，水旱兵革歲不絶聞，傷人無算，恐户口之籍未必較乾嘉盛時遂相懸絶也。是天地之所出，自足給生人之食用，而患貧之勢日甚一日者，何也？曰：銀少也。銀何以少？曰：偷漏出洋也。或謂銀貴不盡由於出洋，援明季國初以爲證。不知彼時府第有私積，富室有厚儲，故銀驟貴，厥後窖藏盡出，加以礦苗大旺，銀又自貴而之賤。今有是事乎？或謂由錢多所致。不知錢未嘗多也。

洪亮吉《乾隆府廳州縣圖志》卷一三《代州》 寶興軍在〔繁峙〕縣東南，五代北漢置，宋後廢。《五代史》：「五臺僧繼顒于柏谷置銀冶，鑿山取鑛，烹銀以輸，劉氏仰以足用。即其冶置寶興軍。」

趙宏恩《〔乾隆〕江南通志》卷一四二《人物志·宦績》 蔡戡，字定夫，晉陵人，登乾道間甲科。持節五年，所部十四郡，歲以礦銀爲病。戡出羡代輸，民甚德之。擢河南憲使，折李昂霄之亂於方萌。寧宗朝爲京尹，歲澇糴艱，戡請發倉粟。

又卷一四五《人物志·宦績》 錢録，字宗政，通州人，以例貢授松陽縣丞。縣故有銀冶，盜竊發，因剽掠爲患。録曰：「此禍穴也。」錮之，火其旁廬舍，以杜覬覦。督兵捕閩寇，生得其渠魁，境内以寧。

蔡新《緝齋文集》卷四《答方望溪先生議禁南洋商販書》 今天下各省，不聞有産金銀以資民用者，而東南之銀，歲輸西北者，且數百萬。

黄均宰《金壺七墨・金壺浪墨》卷三《銀價》 國初，銀一兩值錢千，是爲平價，其後屢貴屢賤，自七百至千有二百不等。江南日用交易，以分兩計數，每分七文，錢七十，兩七百，猶是當日銀賤之徵。近年銀價驟昂，每兩至二千以外，則海疆大吏，潰防決藩，鴉片内行，白金外漏故也。先是西番鑄銀爲錢，大小不等，文爲西洋，年月及犬馬之形，幕爲夷女面，閩粤江楚通行。最重者七錢三分，攙銅至六七分，而洋錢價較之足銀，轉貴數十文，取攜便而無事稱量也。湖南魏默深刺史，謂中國銀幣短絀，仿而行之，可收巨利。感澤曰：「不然，夷人攙銅有定數，故能取信於民。内地仿鑄必設局，設局必多費，官監之，吏持之，匠製之，剥蝕參融，不至於九銅一銀不止。上居其名，下享其利，而事仍窒礙不可行。百事得人爲難，利之所在，欲得一奉公廉慎、絶不染指之人，則亘古所尤難也。」

葉名澧《橋西雜記・錠》 《金史・食貨志》舊例：銀每鋌五十兩。施氏國祁《金源劄記》引《宣和録》：靖康元年，金人需犒軍金百萬鋌，銀千萬鋌，每鋌各五十兩。《齊東野語》：紹興歲幣，歲前三日先齎銀百鋌。字皆作鋌。是稱銀曰鋌之始，至元時乃改用錠字。《元史・禮志》：末銀三錠。《鄭陽傳》：銀一錠。字皆作錠。考字書中無訓錠爲銀者，其字初用作定。《唐書》：吕用之紿楊行密曰：「用之有銀五萬定，克城之日，用備麾下一醉之資。」然字亦不古，不如鋌字之義，尚可通也。《説文》：鋌，銅鐵樸也。此鋌字本義。遼僧行均《龍龕手鑑》：鋌，金銀屬。則後世訓解，而錠字下亦不訓爲銀。 錢氏大昕《養新録》：元時行鈔法，以一貫爲定，後移其名於銀，又加金旁。説似可信，不知《唐書》中已有書作定者矣。

《爾雅・釋器》：斪劚謂之定。郭注：鋤屬。陸德明《釋文》定本作錠。二字唐時已通用，然其義與銀無涉。

奕賡《寄楮備談》 湖北銀庫曰廣備，河南銀庫曰巨盈，江蘇銀庫曰永盈，山西銀庫曰豐贍，山東鹽院銀庫曰益昌，直隸銀庫曰恒裕，

東陵銀庫曰永濟。

程岱葊《野語》卷三 武宣洞 武陵倪壽山，夙遊粤西，道經潯州之武宣縣，舟行山溪，見山半有一洞，土人稱爲仙人洞，其中有寶，乃維舟循途而入。洞門廣丈許，窈而深，中平如砥，其旁門户非一，嵌空巉巖，不可方物，深處上有微隙露天光。其寶高下散堆，色正黑，形製非一，悉類各省元寶，其多不可數計，舉之重與銀等。土人云，此皆銀也，在洞從人把玩，百計取之不能出。嘗有縣令齋禱數晝夜，乞假於仙，禱畢，令親携兩寶出，至洞口仍失其一，以其一携歸鎔之，得銀五十兩，乃築墻封洞。計齋禱築墻費，適如其數。未幾墻復敗，洞敞如故，有黠者携犬入，以袋盛寶縛犬身逐之，犬終不出，去其縛，即疾去矣。壽山意未必是銀，欲試其異以解惑，負二寶欲行，輒兩目如漆，捫搎四面，悉皆石壁，棄寶即豁然開朗，隨行者共試皆同。嘉(廣)〔慶〕庚辰歲，余與壽山同客宿松，爲余言。

古金 郡城師古橋某甲，織緺爲業。道光丁亥春，其甥將設機於舅家，凡花緺機，必掘坑安脚踏。是日雇匠作坑，甲忽與甥若匠争角不息，繼之以鬥。隣人排闥入勸，見地上纍纍者，凡四十有七重，而紫黑色。言係坑内掘得，三人俱欲得之，各不相讓。鄰人視之，非玉非銅，上有文字，洗出之，乃宋嘉定年號，每枚重十二兩有奇。鄰人曰：「是物是金不可知，何争爲？」乃付爐鎔之，則粲然白金。三人復争不已，一鋌偶墜，碎而爲二，再鎔再試，皆然。三人因不適於用，隨意分散。余曩客壽州，有耕者於八公山畔掘得紫金，每方數十兩，縱横紋理如井田，上有古篆，人莫之識。土人曰：「此淮南王劉安故物，前人常有得者，修煉家所謂外丹是也。」鎔之色紫赤，常金莫與比，入藥可已疾。此金自漢迄今二千餘年，未聞碎裂，宋時白金纔數百年，何致質敗乃爾，非爐匠用硝太過，即故攙藥物以規利耳。聞乾隆間郡人，嘗於弁山採銀鑛，鎔造成錠，舉手輒碎，目爲生銀，因而輟採。鄙意取他銀十七八，配此等銀十二三，和而鎔之，當不復裂，請語之得者。

粤鏹 陸平山先生，歸自嶺南，有銀一錠，底面多孔，若蟲嚙者。問之，曰：「粤藩庫銀，封貯年久，遇盤查，銀皆有孔，平之缺數百金。」方伯疑庫役鑽取侵肥，將置獄。一老吏進曰：「形似蟲蝕，請掘地驗之。」如其言，果於地下得白蟻數石，投爐煎煉，得銀幾符缺數。此錠亦蟻蝕之一耳。又言：「順治庚子歲，廣州城白鏹晝飛，高低疎密，如蝗如鳥，率三錠相聯，作一身兩翼，自東北投西南，照耀如雪。有擊以石、鈎以竿者，雖中之輒引去。一武弁以爲神物，不可强致，率家人拜禱求之。一錠翩然且下，離地祇數尺，急以手承之，復飛去。通城貴賤，騰踴愕眙累日，終莫有得者，亦不究其所歸云。」時余方稺，漫聽之，今讀《矩齋雜説》，始信。

醻面 昔有村農鋤地，見白金一甕，密掩之，歸而謀諸婦，以藏物必禱於神乃可得，遂以婦釵質錢市牲牢，夜持以往。禱畢發甕，則清水滿中，農恚甚，乃就

清水靧面。歸覺面有異，婦取火視之，則銀衣裏之。

徐壽基《續廣博物志・五行》 奸人託燒煉之術，有能以少許藥投於鉛錫中，立成白銀者，其實皆縮銀方也。向見秘書言鈎銀縮銀之法云，以硇砂、水銀、附子並猴骨和銀並化，即縮而成粉，見者以爲藥，而不知其銀之精也，投之鉛錫以還其原。按《本草》：猴骨能消堅，尤能縮物，並硇砂等藥用之，故能縮銀。

薛福成《出使英法義比四國日記》卷四《光緒十六年庚寅八月十一日記》〔光緒十六年庚寅九月十七日記〕又波竜山者產銀，華人出邊商販，及屯聚開礦者，常數萬。迤東有茂隆廠，亦產銀。乾隆十年，葫蘆酋長以獻，遂屬內地。

薛福成《出使日記續刻》卷四《初九日記》〔光緒十八年壬辰三月初九〕卡瓦葫蘆國在雲南永昌府東南徼外，距永昌十八程。卡瓦者，蠻種之稱。葫蘆則其國名，自古不通中國。乾隆初有石屏州民吳尚賢，與其酋長大山王蚌筑開茂隆銀廠，出銀甚旺，聚衆至數十萬。

褚人穫《堅瓠集》廣集卷六《玉龍膏》 《西溪叢語》：昔有人奉使外國，見夷人以水銀煎作白銀用，海洋船來中國貿易多用此銀，其藥物必需彼處所產玉龍膏，中國所無。

《續文獻通考》卷二三《征榷考・坑冶》〔元至元〕二十六年四月，高麗置銀冶。

以高麗國多產銀，遣工即其地發旁近民冶以輸官。二十七年五月，尚書省遣人行視雲南銀洞，獲銀四千四十八兩，奏立銀場官。

代那撰瑪高温譯華蘅芳筆述《金石識別》卷八《銀》 凡得銀於礦有二法，一用水銀引之，一用鉛同鍊之，因水銀及鉛最喜與銀相連故也。

用水銀引者，先磨礦爲細粉，加食鹽十分，或火助之，令熱。若於熱地，則不必加熱，待其自發熱，數日後變爲緑氣銀。加水銀及硫磺鐵或鐵砂，使水銀與銀相連爲阿馬兒合姆。水銀須六倍或八倍於銀，時調攪之，使易與銀合。調攪之法，普魯斯置圓筩中轉摇之，數點鐘即化。墨息哥用牛馬踐踏之，須十餘日方化。其水銀與銀，相連如污泥，使流水過之，洗去其泥，又濾去其水銀之多者，得銀泥，置礶中升出其水銀，即得銀。此法水銀耗費甚多。

硫磺銀、砒銀、緑氣銀等礦，先打碎揀之，分爲上中卜三等，以下等者先同一弗拉克斯鍊之。又烘之，使硫、砒去，再加入中等者鍊之。又烘之，再加入上等者鍊之。又烘之，再以鉛鎔而加入調之，使十分和合，則銀與鉛成汁，而渣滓爲料油。

如杲里那中有銀者，則用倒焰爐鍊之，其鍊法與取鉛之法相同。

倒焰爐之式如圖：甲爲爐柵，火至戊出於煙通，丁爲爐底凹如盆。乙爲限，丙爲頂，火自甲至丁彎而倒，故謂之倒焰爐。天空氣從爐柵内隨火入爐中，其火與吹筩之外火無異，故其礦能得養氣。尋常猛風爐及弗拉克斯爐，除進風吹火之外，更無天空氣走入，所以其火似吹筩之内火，可移去養氣。此倒焰爐，若令其所進之風，僅足生火，則亦可移去礦中養氣。此圖不過解其理耳，若欲知其詳細，別書另有專圖。其甲之上有門，可進煤薪。爐頂或旁面，亦有門以進礦。其爐旁近底處亦有門，可用桿入内調攪，及取去渣滓。底之下有塞門，可開而放出其汁。爐旁又有管，可使升出之物通出於別處而降。其爐底不過使汁聚於一處耳，有深而平者，有淺而窪者，有一邊高一邊低而斜傾者，各視其用之所宜。數爐可共一煙通。

分銀鉛之法，用倒焰爐，爐底先以木炭灰和泥塗之。置礦於爐中燒之。風從爐柵之邊入，而過鉛汁之面，鉛得養氣變爲立雖而其，即養氣鉛。時時取去之，至無渣滓而光明，即爲浄銀。其養鉛内，仍有微銀，再可入倒焰消化於水，以銅降之得銀。此法須礦中硫磺多者方能，若少不甚便。若銅鐵倍來底斯中有銀者，用此法最佳。

銅銀攙雜者消化於硝酸，用食鹽降之得緑氣銀，每緑氣銀百分内有純銀七五・三三。

奥斯吞著舒高第鄭昌棪譯《鍊金新語》第九章《鍊金類各成法》 銀。提法如下：一、粗烘提，一、細磨，一、細烘提銀硫養三，一、濕提法。如明礬末澄水令土質沈下是也。提清後，鎔成浄銀。提料先磨細篩過，篩用每方寸六孔者。烘提二十四小時，所含之硫，大半逐出，而結成銅養，其中尚有硫幾許，可作以後烘提銀硫養三之用。涼後用滚輪磨細，篩用每方寸六十孔者，乃復細烘提或令銀硫化爲銀硫養三。若然循照嵇福犽爾法，初層熱度低延一小時有半，爐内銅硫含養，次層熱度略高，亦一小時半之久，料即鬆漲有細孔，成銅硫養三。第三層再加熱度一小時之久，或俟其中銀盡變爲銀硫養三。如此層有銅養，則濕提時將銀硫養三剔減成浄銀，乃用力掉令翻旋，即爲第四層，令其中所有之銅盡變銅

養。若含有鉀銻鉍，與此數層工夫，極有關係，以其質與銀相併而不能分離也。濕提法，在水桶淘漂，只用沸水傾下，將銀硫養三消化於水，任其流過銅版，便將銀分清。含銀之水，入第一號水箱，迨流出第二號水箱，水中只有銅而無銀，嗣後水流至廢鐵，而銅乃分出。澄定之銀尚有銅或銅養，則沸水内加硫强水，久煮時有空氣隨水氣噴射，沸水内用清水將銅硫養三沖淡流去，則所澄下皆銀沙矣。然後鎔成銀條，成色得千分之九百九十九。提銀後所餘之料，每噸内尚有銀四十兩、金十兩，銅養百分居六十五，更有鉛硫養三、鉍硫養三，及鐵養。再將含金之銅硫二、鐵硫二礦質，多硫少銀之銅硫二、鐵硫二礦質並含矽之金礦質攙和加入，鎔成澄定料，每噸可得百分之六十五銅，十兩至十五兩之金，八十兩之銀。其渣滓與初提礦質爐渣同，可棄之。

亞倫撰傅蘭雅應祖錫譯《銀礦指南》第二章《論試驗銀礦以何法爲便》第一四節《論煅礦之法》 各種銀礦，以前法試之，大半已能分出其銀。如有出銀多者，可用余所言大做之法，亦有用覇鎮之法者，或有用尋常簡法於鍋内分銀者。倘此數法尚不能分出其銀，則當另設一法，先取其礦煅之。現阿美里加鍊銀處，無論何種礦料，務先煅過，若能做照行之，將來自然獲利。

若第小做，則用煅法恐不甚可恃，蓋小做原不必先煅，用煅法必大做，方能獲利，至須鎔化之礦，則更不必先煅矣。

又第三章《論礦中分銀新法》第一五節《論余所用之法》 余法與前章所言試驗者畧同，此法爲余於一千八百六十七年所查得者。余前慣用伯提阿法，每試鍊時，必細觀各種變化，而從其變化中漸漸想出此法，業已行之多年。其中迭加更改，至今始信可用。初試時止用極小磁杯，内置礦約重一釐，所需紅銅料，每以釘皮帶之小銅帽釘代用，繼則用礦五磅，於磁裏之鐵罐内試之。其後又用礦一頓，於大木桶内試之，漸推漸廣，所鍊礦不下數萬頓。分出之銀價，約合洋一百萬元。此法行之不久，即知與墨西哥國所用番墩法大畧相同。但墨西哥人狃於成法，不能推陳出新，故行之無甚益處，而於美國現在行之，亦大不相宜，以其用水銀太費故也。凡礦含銀緑質，或銀溴質，或銀碘質者，皆不必用青礬，可於紅銅罐或鐵罐内鍊之，止用鹽與水銀，而不用青礬，則能節其糜費。余新法中所用水銀之費，僅與用木桶或鐵鍋合水銀之法相等，或能更省。且余法中所用化學及手工，皆與墨西哥番墩之老法迥別。

第一六節《續論余所用之法》 將礦或用乾法，或用溼法，軋成細粉，以能透過每寸四十孔金類絲之篩爲度，置於特設木桶内，添入紅銅若干，鹽五十磅至百磅，再加水足成濃漿。又添銅緑若干，而關閉其桶，須令旋轉。蓋此桶旁有二耳，中空能通重熱汽也。待其漿熱至沸時，用磁裏小鐵杓從桶内舀漿若干，用刀刃照前法試其含銷化之銅與否，如不含銷化之銅，可再添銅緑若干，令其木桶更旋轉片時，仍以前法試之。

第一七節《續論余所用之法》 若刀刃上現出銅衣之形，而不現黑色，如第十一節所言者，則知其料必更添水銀。而添入水銀後，必令木桶旋轉六點鐘至十二點鐘，此時可不必再進汽。如司事者疑其料已成，可令桶停止，用鐵杓於桶内取出少許，沖以沸水令薄。再加鹽少許，杓外加熱令常沸，乃以紅銅皮條入杓内如前法試之。若銅條不現出銀之痕迹，可將桶内料另倒分銀器内，再以新料照前法入試之。

第一八節《論用重熱汽法》 鍊生銀礦，而用溼法軋成細粉，置桶内進汽加熱，則桶内汽必凝而爲水，水多則漿必致過薄。若用重熱汽，不但不致過薄，且能使薄者加濃。如用乾法軋礦，可另存礦粉若干，遇有木桶等器内之料已熱，而尚嫌其薄者，即將所存料加入令濃，至於過濃，則以水沖之易易耳。

又第二一節《論用含銅養炭養之礦》 凡銀礦内含銅養炭養者，不必照前法備銅緑，只須用皁礬即鐵養硫養代之。若以皁礬徑置木桶内，與銀礦並鹽調和之，自能使礦内之銅養炭養變爲銅緑與銅緑。但用皁礬，其費較大，蓋其能成銅緑者，全賴皁礬内所含之硫養，然其硫養亦必變爲硫養。若徑用硫養，不但其價較廉，且別有許多益處。如硫黄一磅，燒成硫養氣，能抵皁礬十磅之用。造硫養氣之法，可將硫黄燒起，而壓其氣，使透入漿内，或先引其氣入水，則水能受之成爲硫養水，乃以此水成礦漿。以上之法，皆余創造，已曾奏報國家，準歸一人獨用云。

又第二三節《論用藥料之數》 無論何種銀礦，其分銀所需藥料並鐵等之數，甚屬易知。若將礦粉入木桶内，照前法分銀兩次，其各料應配多寡之數，便有把握，不必逐次求之也。如奔墩地方鍊銀之廠每礦一頓，所配皁礬以二十二磅爲中數。

第二四節《論鈣養炭養即灰石》 鈣養炭養與鉛養炭養其數過多，則藥料必費，而其價亦甚昂。若求節省之法，必用硫養，蓋以此質鍊含銅之礦，比用鐵養硫養更有利益。

第二五節《論用余法相宜之礦》 用余新法，其益有二：一、無論其礦爲何

等劣質，若合法鍊之，必得浄銀料。二、因其分出之水銀極浄，不必再提。用此法最相宜之礦，即如巴仔哀得，與斯底底非勒台得，與光色銀礦，與銀養炭養礦，與紅銀礦等皆是也。又有耗費稍大之礦，如鉛硫礦、鋅硫礦、銅硫礦之類，此種礦如内含銀，則其銀必多耗費。

又第二八節《論霸鎮法》 余前所用之法，每以伯提阿之法爲母，番墩之法爲姊，霸鎮之法爲妹。而霸鎮法亦經奏報國家，準其一人獨用，故書中不復詳言，第節其畧以備參考。法將磨粉之礦，合以銅緑，不用水銀，置銅裏之器内，用噴汽法加熱後，復置鐵盆内，合以水銀。勿爾吉尼阿邦人最喜用此法，因此邦之銀礦廠皆有現成鐵盆也。然用余法，其分出銀數，亦能與霸鎮法相等，而二者又不能通用。以此觀之，似霸鎮之法較難，且所得之銀亦不浄，因從鐵盆分出之銀，尚有銅、鉛混其内也。

又第四章《論鍊已煆之礦並煆礦法》第二九節《論鍊已煆之礦》 已煆之礦可置旋轉木桶内，合以零鐵塊或紅銅球，令其旋轉。間有於鐵盆内鍊之者，惟礦内多含紅銅及鉛等金類者，則用鐵盆法不能得足色之銀。如將礦煆過，置木桶内，和以淡强水，先銷化其所存之鹽，並劣金類，含緑氣所成之質，以其中有數種質不能在淡水内銷化，必如此方能得足色之銀。又或於旋轉木桶内，加以零鐵塊，則此種礦所得銀之成色，比用鐵盆法當更佳。但無論何種礦，如合法煆過，於旋轉木桶内合以紅銅球法，皆能得足色之銀，或用下節所言之機器，亦無不可。惟用此種機器，及旋轉木桶，務將礦粉篩過，因在爐中煆時，其粉每有結而成塊者，欲去此塊，必於盆内磨細，或用别法碎之。以故鍊銀者，每喜用鐵盆法。然用鐵盆亦不能無弊，若礦含劣金類者其弊尤盛。余嘗用旋轉木桶法而不篩其煆過之礦，每含銀百分止能得九十分，或因煆礦時，其所用之鹽已全化分或化散，故桶内之漿能加鹽少許，大爲有益。以其能銷化銀緑，而令銀緑易分出銀也。如將下等銀礦煆後，用鐵盆法，而盆内加以石灰或木灰若干，則所得之銀成色必更足，但不可多用耳。

又第三二節《論煆礦法》 欲求煆礦合法，則必逐時練習，此下所載之法，不過畧見一斑，仍須閲者自抒識見，方能洞達底蘊。其專以礦務爲業者不但欲知其事之所當然，且必求其理之所以然，若尋常開礦之人，所求者不過取礦分銀，銀愈多即心愈愜，至其所以然之理，則無暇多求矣。

又第三三節《論煆礦要務》 凡煆礦令受緑氣，其所必需者有四：曰熱，曰空氣，曰硫黄，曰鹽。得熱之法在用火。得空氣之法在爐栅，或在爐邊之孔進風。得鹽之法，在鍊礦者自加。得硫黄之法，或本礦原含有硫黄，或用法添入，惟礦内含灰石者，其所需硫黄當比有石英者較多。

又第三四節《論學煆礦最合宜之時》 考究煆礦之事，於夜中行之最爲合宜。因夜中能見其礦所受之熱，或爲暗紅，或爲明紅，或爲白熱也。若於日間看爐，最好在光少處，此下所言熱之顔色，俱以夜中所見及火不發焰之時爲準。

又第三五節《論煆礦各套工夫》 將煆礦爐先加熱至暗紅，乃進礦於爐底鋪平，每若干時用鋤或耙調撥之，每爐進礦百分，配鹽五分至十分爲初試之數。若漸知此數尚可稍減，不妨減若干試之，逐次遞減，以能知其所用最少之數爲止。調礦時，如見硫黄燒成藍色之火焰，則可減其火，頻頻調之至硫黄不燒成藍焰爲度。間有最難煆之礦，必過數點鐘，其火幾熄時，方能見硫黄不成藍焰之狀，此後漸漸加熱至櫻桃紅色，仍須連調不止。可用鐵杓從爐中取礦若干，若毫不聞硫黄臭則可漸漸加熱至明紅，幾近白色之熱，又必小心令其礦不鎔化成餅形，此時礦必發鬆，如海絨，如羊毛，如雞毛，而多作膨脹之形。又初時，礦每流走如水，待少帶粘性，而不甚流走之時，則調礦不妨稍緩，可趁此從爐脚耙出所餘之礦料，加於爐底中間成堆，繼則漸漸鋪上，待礦全數受熱，四脚不見黑暗之處，則可稍稍減熱，將礦從爐壩上耙出，令其不受過熱而致鎔化。其爐内減熱後，可令礦於爐中作堆，以便取出，再進新礦。

又第三六節《論爐中調礦法》 將已煆之礦少許，置茶墊盤内，以水漂之，則不應有生鐵緑等礦現出，但其礦不免有大小塊，其塊内不可有鎔化成餅之料。即偶有礦與爐内輒相切，致稍有鎔化者，亦當刮去。倘已煆礦内，偶遇此種鎔化之料，亦事之無可如何也。至爐内調礦之法，不可將所用之鋤或耙，一直沖入爐内，致礦推向爐邊。其鋤距爐邊輒一尺許，必先按下其柄令鋤擡起，乃於礦上跨過，然後再將鋤放下，於對面調動之，照此可免其礦與爐邊輒相切，亦省事之一法也。

又第三七節《論加熱法》 煆礦最險者，是加熱過度，致壞礦料，如含硫黄少許之礦，其所加之熱可比含硫黄多者較速。有數種礦内含鈣養等料者，煆之能放出硫黄約百分之九十分，而不多發硫黄臭及緑氣臭。其所煆礦料之顔色，亦各不同，必視其原質並所受之熱並或在爐内，或取出後，所遇空氣之法，皆與顔色相關係。凡料理煆爐之人，必先胸有成竹，酌定爐中之礦何時可以取出，此在

老手者，自能知之不誤也。如欲考究其理，則必深明化學工夫，詳細分化其礦一塊，方能知其煅成與否。但此法臨時恐不及用，不若照前節所言，將紅熱之礦少許，於茶墊盤內漂之，便可知其礦煅成若干分。此外另有一法，將紅熱之礦少許，浸入盤中冷水內，其水内必現出白雲形。如尚未煅成者，則所成之形必帶黄色，若黄色愈深，則其礦亦愈生。

又第三八節《論硫黄不足之弊》 如礦含硫黄過少，而致不能煅成者，則每礦百分，當添鐵硫二分至三分，或鐵養硫養，或磨成粉之硫黄俱可。

又第五章《論銷化各法》第三九節《論銷化法分類》 銷化礦中所含之金類，其法約有數種，或有將金銀銅逐樣銷化者，或有用二樣合銷者，亦有用三樣合銷者，分銷合銷，皆無不可。用此法者，必先煅其礦，或合以鹽，或不合以鹽不等。煅過，將礦置大桶內，而以銷化之流質淋之，則其金類必爲流質所銷化。再於流質內加以别料，令其金類凝結下沈，即爲浄金類粉。其或爲不能銷化之質者，必再用法分出其浄金類。此各法皆極靈巧，間有比用水銀法更覺便宜者，各法中所不便之處惟用銷化金類之水淋礦，往往嫌於過遲。余曾創造機器兩種，皆能免此病弊，下節中有言之者。

又第四〇節《論鎔化法》 前言有數種礦在數處地方見之，皆可用鎔化法分出其銀，然余尚未用過此法。如欲縷晰言之，必從他書中抄出，不若待講求此法之人，自取各家所著之書觀之，此種書中議論雖多，恐閱後仍嫌淺率，必再加考究，方能洞悉也。

又第四一節《論墨西哥國之便法》 凡墨西哥人見有含銀頗多之礦，又能於就近處覓得鉛硫礦，則用石灰或泥築成小爐，取鉛礦與銀礦一併鎔化，將所得含銀之鉛料，於另備小爐内提浄出售，可得現錢以便購辦日用之物。此法最爲簡便，竊怪獨於墨西哥國行之，而美國開銀礦者，竟不能仿照此法，殊屬可惜。美國人查得銀礦必遲遲籌措資本，創立大廠，方能鍊銀圖利，苟資本不足，必又半途中止，盡棄前功。若能效墨西哥人小做之法，則隨鍊隨售，工本既輕，獲利又速，礦務便可振興矣。

又第八章《論甑》第七一節《論便用之甑》 將水銀瓶削去其頸，再用一瓶截取其上半段，爲前瓶之蓋。蓋上連以四尺長之鐵管，其管插入蓋處作彎形，庶用甑時，其管能斜向下垂。其蓋必於鐵砧上打過，令其邊稍稍放寬，能套甑外。其套縫外約以鐵箍，箍外用灰合水成膏塗之，令不洩汽。又將此膏塗甑裏面，成一薄層，然後將前法所得之水銀膏入甑内，用粗麻布包其鐵管。管之上設一水桶，令桶内水滴滴落包管之麻布上。管之端不可通入受水銀器之水内，因此水易爲管所吸，若吸入其甑必暴裂也。甑内所能裝之細膏，約滿三分之二，粗膏則滿一半爲度。若能於管内用粗鐵絲一條通入甑内，則其管閉塞時，可即以鐵絲通之。諸事皆備，乃先於甑上熾火，令漸漸熱透甑之全身，其水銀大半蒸出之後，可加熱至暗紅，直至不見水銀爲止。此後甑内所成之銀，極鬆如絨，可徑送鑄錢廠中，不必先鑄成銀條與銀錠也。凡用甑而有坼裂之弊者，必其人過於疏忽，毫不加察，以致誤事。若疑其鐵管已塞，必因其膏發脹，或甑内裝膏過多，至所用生鐵甑已經見有裂縫，並有水銀溢出，更當立刻撤去其火，否則司事者不能遠避，必致受害矣。

水銀膏用二百磅以内者，可用生鐵鍋形之甑，若過二百磅，又當用半圓柱形之甑，於竈上蒸之，又必於鐵管外加一套殼，以便通水令管不熱。

又第七二節《論煅礦爐並爐中所用之器見第十四圖》 爐中調礦之鋤，長畧十六尺。爐之門口有鐵輥輪，其輪軸之枕靠爐牆之磚上。此輥輪比爐底之平面稍高，其鋤柄用平常通煤氣之鐵管爲之。惟近鋤處畧五尺長，當作實心，其鋤鐵或生或熟不拘。但須多備數把，以便添用。且此器隨用隨熱，易致燙手，不得不隨時更換也。又須備一調火之鐵鈎，亦有用長柄鐵叉者，能將爐中礦彼此翻掉，令其受熱停勻。平常工匠祇於初學時用叉，做慣後亦能用鋤。又有廠中用生鐵頭之耙者，因此耙能通過礦料，比鋤更易。然即用耙，亦須與鋤並用。且平常廠中，往往用鋤不用耙。

爐之添料門，在煅礦時大半開通，如欲關閉則有鍋爐鐵板一塊，可當門用。板上有二小孔，相距畧四寸，能容鐵叉之兩股通入調礦。其門靠鐵彎擔如子，鑲入門口而成節。又有火門並後門，亦以鍋爐鐵板爲之。但此兩門，俱靠鐵樞鑲入磚内。其灰膛在火門之對面，令熱格外停勻，塵膛愈大愈妙。或將火路通過前面，烘礦房之底下，作一塵膛，則能用爐之餘熱烘乾已軋之礦，此法更佳。其爐所進之風不可過大，只要恰好，能令礦霧不出。所開之門又必備一風門，專司所進空氣。此門有裝於煙通内者，其造法不過用鐵皮塊於當中上下作樞，則能啓閉，與平常煙通内所備之風門，或扇門同。

又第七三節《論造爐法》 爐之大段，皆以石和土爲之，惟爐底與牆弓，必須用磚。底磚下襯砂一層，爲爐之基址。造弓法：先用溼砂作弓形，然後用磚就

砂面砌成弓，而後去砂，令乾時其弓自能恃本重而極堅固。初造時署爲鋭形，去砂後自能成鈍，且縱彎中必稍帶横彎。其造牆之磚當横竪相間，又用鐵牽條插入地內，其上端以鐵桿連繫，而於爐頂上横貫之，如此，則其爐方能堅固。爐之兩端爲弓托，尤須十分堅固，照本圖式則不必另用縱牽條。如以灰合土成磚，亦可當火泥磚用，但不及火泥磚之耐久耳。其爐中之橋，時受爐火酷熱，又爲各器磨擊，易致毀壞，務須用耐火石一塊，或二塊爲之，或可用造火磚料，趁溼時打入模內，如式製用。即用平常之磚亦無不可也。

又第七四節《論造小爐法》 築小爐法。以小石合泥爲牆，而以灰合泥之料爲弓。其造弓法，先用溼砂作弓形，蓋以紙，將料鋪紙上成弓，若慮其乾時破裂，可先鋪一層，厚二寸許，用鋪灰刀劃成方塊形。待其未全乾時再鋪一層，以同法爲之，如此增至弓所應需之厚，乃去其砂，其弓自能竪立。

前數節所論造爐之法，最爲省便。凡小本之人初開礦時，斷不能購用貴價之大爐，必於礦內業經獲利，乃能添備資本，購用旋轉之桶。至小廠中合用之桶，則以葡魯克那所言者爲最。

又第九章《論鍊銀瑣事》第七五節《論余所用銷化器之一》 第十五圖甲爲銷化銀礦之桶：乙爲木料所造之真空膛；丙丁爲管，或以木或以象皮爲之，管內有塞門；戊爲結成盆；己爲佛蘭絨袋；庚爲進汽管，與鍋爐相連。法將礦先置甲桶內，合以銷化藥水，關丙塞門，而於乙膛進汽。繼又開丙塞門，放出空氣而關丁塞門，以斷其汽，則乙膛內之汽凝而爲水，乃成真空。此後甲桶內之流質面，受空氣壓力，必行過礦料，通入乙膛。乃關丙塞門，而開丁塞門，令汽再通入乙膛，則其流質受汽壓力，自能通入戊盆，於此盆內遇藥水結成後，可放出其明水，令歸甲桶內，然必令行過佛蘭絨袋己，方可分出其定質。至戊盆內所存結成之質，亦可取出，照法爲之。

又第七六節《論余所用銷化器之二》 上節之器已屬簡便，言銷化處，亦已瞭然。茲另有一器如第十六圖，尤爲靈巧。圖中甲爲真空膛，一二三四號爲銷化礦之盆，第一號裝礦料加以銷化藥水；第二號亦裝礦，將第一號藥水吸入真空膛，通過第二號盆內。其第一號再用前次結成盆所存之藥水，添入一服。此結成盆因在甲上，故本圖不見。又以同法，令第二號之水過真空膛，通至第三號。由第一號通第二號，由第三號通第四號，皆可類推。其第四號之藥水，必通至結成盆內，如此各號所裝之礦，已漸漸銷化。其第一號已進過藥水四次，所有銀質必已全行銷化，則可取出舊料，換裝新料，使第四號之水直通到第一號，而從第一號通入結成盆，是第一號可作第四號，第二號可作第一號，各號亦可類推。惟換裝新料之盆，往往在第四號，其水亦即由第四號通到結成盆。凡此法所通到結成盆之藥水，含金類最濃。若將銷化之水從此盆通至彼盆，時常更換，則銷化必速，即礦內所留之藥水亦易分出。

又第七七節《論銷化法大做之器》 照前法用立隔板將真空膛隔分爲四，其隔板不通至頂上，則四礦盆內之藥水，自能同時分出。蓋其水時常流動，故銀等金類銷化極速。譬如以糖或鹽入水內，不動則銷化甚遲，若能以法調動之，其銷化自速。又如將糖鹽置濾紙上，連澆浄水，必能頃刻銷化，從此推之，則礦粉在第一號盆內，常有新藥水行過，其銷化必速。惟行過數次後，其水已淡，須令淡水行過別號盆內，使其漸漸變濃。及行至末一盆，其內爲新礦，則水自然濃厚，故其成質必多。有數種礦必屢次用藥水銷化，或銷化以前，先用浄水洗之。凡立一廠，至少必用銷化盆二三副，造鐵路，以便用車運動此器。又必造真空膛二三處，能多更妙。必如此大做，方能大獲利益。其銷化盆內，銷化已成，可用車載盆至堆廢料之藥水，自能由此管內行過象皮管癸，通入第二機器。如法行過，或通到左近之盆，或仍回到本機器，再於礦上行過之。至圖內之寅爲圓錐形木塊，可以鋪器具內之空處，令藥水不至耗費。若運動此器之法，又有立軸，軸上有圓錐形之皮帶輪已。

又第八〇節《論换料法》 以上器具內所裝之礦，有藥水經過數次，金銀等料已全行銷化，其水既因離心力，與礦相離而出，則機器務須停止。又必揭去蓋丁，再令其盆旋轉，而用活動鏟，使能鏟出盆中之料。此鏟不見本圖，至其盆旋轉遲速之數，可用圓錐形之皮帶輪，隨意配之。

又第八一節《論成礦粉之小機器》 第十八圖，係成礦粉機器，小巧靈便，用之最能獲利，每日能成上等銀礦粉二百磅至三百磅。其大輪或用水輪，或用踏脚輪。圖內甲爲成粉木桶，乙爲合水銀木桶，此兩桶可用舊麥酒桶，或葡萄酒桶爲之。己爲洗衣或浴身之大盆，亦可作分水銀器用。其成粉桶之底有篩丙，能受桶内倒出之紅銅球及石塊。而篩下礦粉，即落入槽丁內。其合水銀桶之下，有槽戊，能引所成漿通入分水銀器內，其合水銀桶有皮帶連甲桶上，能隨甲桶運動。而分水銀器亦有皮帶輪與半紐皮帶，連乙桶軸上運動之。本圖內惟不列鍋爐，若大廠中可用一小研盆，代甲成粉木桶。

倘所用工力，不能多備，可將各套工夫，分時爲之。先軋礦數日，而後專合水銀，按日經營，方不致左支右絀。即所用機器，每日内亦須多備礦料，若礦料不足，可將機器暫停。如一日止用礦二三頓者，必照此法，方能得烘礦器之益處。

有數處開礦家，僱二中國小工，輪班工作，一日能成礦一百磅至三百磅。或用馬二匹，每日能成四百磅至五百磅。或又用流水六十寸，每分時一百立方尺，而運以三十尺徑之上水輪。又用杵臼一小副，或一研盆，則二十四點鐘内能成礦二頓至三頓。

又第八二節《論試驗餘料》 初立一銀礦廠，其工人尚未熟悉礦務，一見所用水銀甚多，而所得水銀膏甚少，必茫然莫解其所以糜費之故。殊不知其各器内，俱積有水銀甚多，故連做數日，或數十日後，必修理各器一次，將盆底豎起，並取出木桶裏子，則所積水銀皆可取回，便知所得之銀，究竟合算與否。又廢礦内亦必含有水銀，試驗之，自能知其多寡。且化分時亦有糜費，往往有成顆粒之形者，此種料極難澄清，若於所存廢料内見有白色或棕色之粉，亦必詳細查驗，究其實在糜費之數。若取廢料加詳化分，將所得銀數與本礦含銀之數相比，則易知礦内分銀之工，合法與否。另有一簡便法，從各器内出料時，各取漿少許，合於一處，内取若干作中料，置盆水内而令水銀膏流入茶墊盤，待澄清後，去水留土烘乾，詳細化分之，便能知其成數。惟此中所含銀數不甚過多，因其漿尚未過分水銀器，若過分水銀器後，其含銀當更多也。然所查即有錯誤，其錯處亦在穩當一邊。蓋管廠人初查之數已覺合算，若鍊成後更能加多，亦屬幸事，又何至咎前此之誤耶？

又第八三節《論澄清池》 余曾製一以水舂礦之機器，其澄水池用此新法可免兩次搬礦，蓋舊法必先於池内搬移，而後將礦入盆内也。此新法能留所有之漿，與灰，與漿内之沙等質，即鍊礦人亦易能明曉此中益處。又可於此器中預備礦料，用藥水化出其銀。

第十九圖，甲爲池，内有調礦輪乙，又有假底丙，可作濾器用。其臼内放出之漿，必由丁槽通入甲池，因其乙輪轉動，池水即不能澄清也。又有水從丙底淋過，通入管戊，此管下端通入含水盆庚，若開己塞門，則其内因水之重，必有也。此因配料未能合法，則試驗亦不甚見效。而用法者遂謂其法不善。余前在驛舒地方，用此法大獲利益，而他人每言此法不靈，殊不知其咎固不在法也，亦在人之未能細心耳。

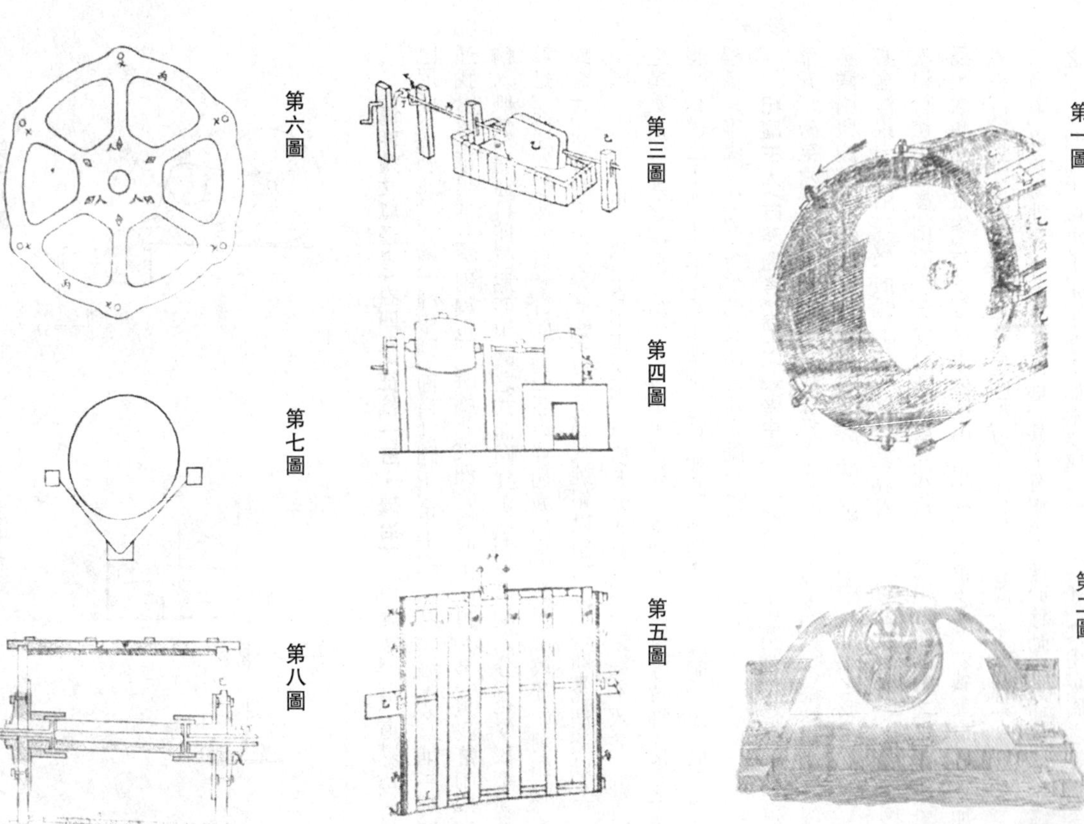
第一圖　第二圖　第三圖　第四圖　第五圖　第六圖　第七圖　第八圖

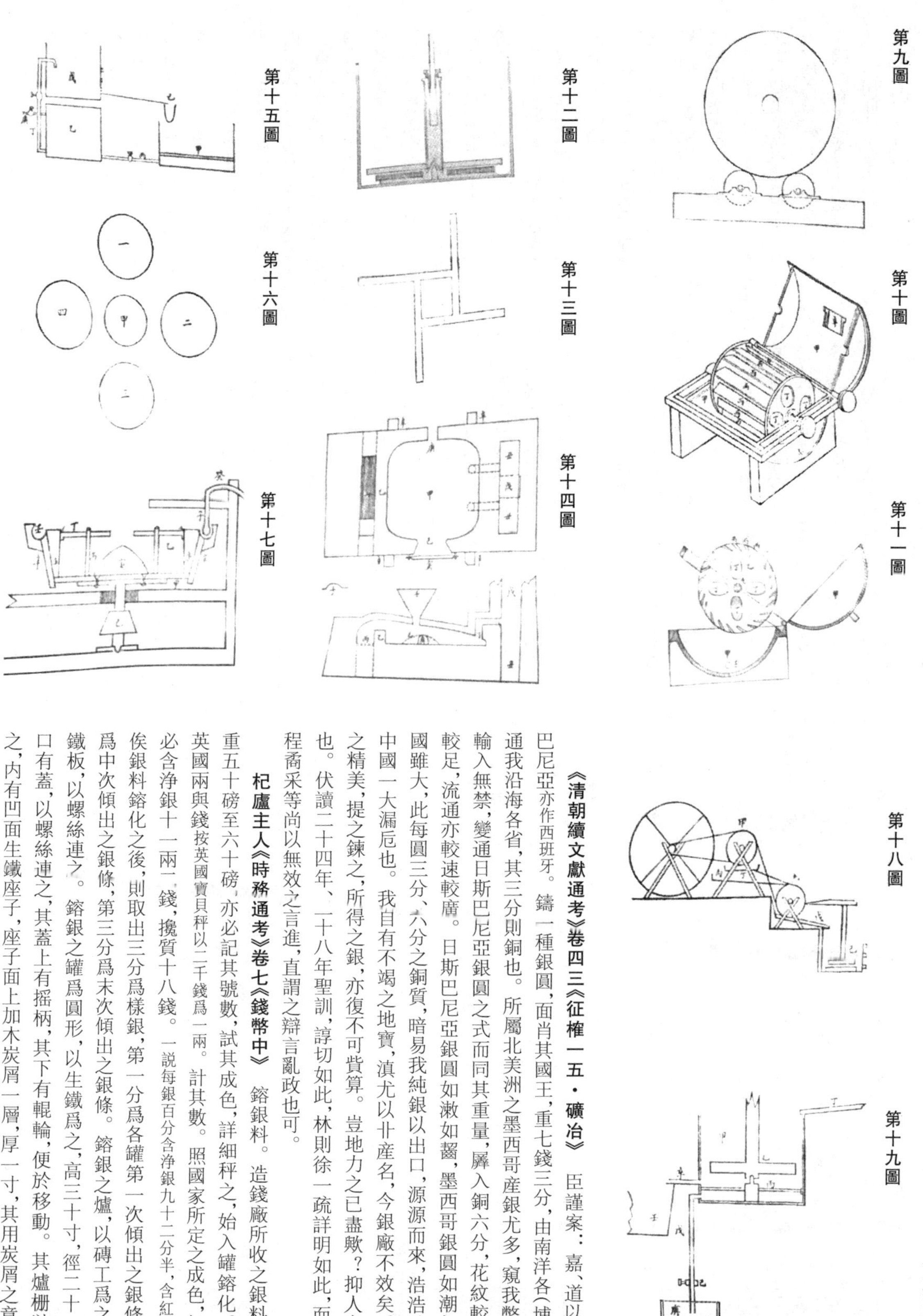

第九圖　第十圖　第十一圖　第十二圖　第十三圖　第十四圖　第十五圖　第十六圖　第十七圖　第十八圖　第十九圖

《清朝續文獻通考》卷四三《征榷一五・礦冶》　臣謹案：嘉、道以還，日斯巴尼亞亦作西班牙。鑄一種銀圓，面肖其國王，重七錢三分，由南洋各(埔)[埠]流通我沿海各省，其三分則銅也。所屬北美洲之墨西哥産銀尤多，窺我幣制未定，輸入無禁，變通日斯巴尼亞銀圓之式而同其重量，羼入銅六分，花紋較細，聲光較足，流通亦較速較廣。日斯巴尼亞銀圓如漱如齧，墨西哥銀圓如潮如風。中國雖大，此每圓三分、六分之銅質，暗易我純銀以出口，源源而來，浩浩以去。蓋中國一大漏卮也。我自有不竭之地寶，滇尤以卝産名，今銀廠不效矣。以滇銅之精美，提之鍊之，所得之銀，亦復不可貲算。豈地力之已盡歟？抑人事之未盡也。伏讀二十四年、二十八年聖訓，諄切如此，林則徐一疏詳明如此，而王東槐、程矞采等尚以無效之言進，直謂之辯言亂政也可。

杞廬主人《時務通考》卷七《錢幣中》　鎔銀料。造錢廠所收之銀料，其銀錠重五十磅至六十磅，亦必記其號數，試其成色，詳細秤之，始入罐鎔化。凡銀以英國兩與錢按英國寶貝秤以二千錢爲一兩。計其數。照國家所定之成色，每十二兩必含淨銀十一兩一錢，攙質十八錢。一説每銀百分含淨銀九十二分半，含紅銅七分半。俟銀料鎔化之後，則取出三分爲樣銀，第一分爲各罐第一次傾出之銀條，第二分爲中次傾出之銀條，第三分爲末次傾出之銀條。鎔銀之爐，以磚工爲之，外加生鐵板，以螺絲連之。鎔銀之罐爲圓形，以生鐵爲之，高三十寸，徑二十一寸。其口有蓋，以螺絲連之，其蓋上有摇柄，其下有輥輪，便於移動。其爐栅以生鐵爲之，內有凹面生鐵座子，座子面上加木炭屑一層，厚一寸，其用炭屑之意，欲令其

罐能平穩，又能令其不受過大之熱。其罐能鎔化銀料四百磅至四百五十磅，其罐口有生鐵套或圈，能加助其罐之高。而套上有生鐵板蓋之，令其燒料等質不致落入罐內，又令其熱氣不致入罐而壞其銀質。所用燒料爲枯煤，而有風門，在各爐子之火路，能配準其風力。其爐門有小孔，以生鐵塞子塞之。如要看爐內各罐之火候，則可開一塞子而看之。略二點鐘，其罐熱至光紅色，則必查驗其罐，恐有破裂縫。其試法將冷鐵之器置於罐中，如有裂縫，立刻顯明，如無裂縫，則將極細之木炭屑少許合於銀料入罐。其加木炭屑之意，要令其銀汁不黏連於罐邊，其銀將鎔化，則加木炭粉一層於罐面，厚略半寸，令銀面不遇空氣。如不遮此木炭屑，則銀內攙質易爲空氣所化分。再用鐵條掉之，令其質勻。掉銀已畢，將銀罐用起重架抱箱起出，到所需之高，將起重桿旋轉若干，至罐正落模架之上。此模架有軸，而有接罐之床。此床有節，能開能合，而床之大桿，承以弧形之齒桿。其齒桿有相切之小齒輪，能令其罐任意起落，并斜若干度，所以其銀汁能在罐口任意倒出多少。其模架軸以絞車與齒輪轉動之，而此模架下有空處，能容小齒輪車，車上置銀錠模若干。其模以生鐵兩塊，合成一模，其模之上口稍多，以便傾銀入模，不致流溢在外。其各模臨用時，先在鐵櫃內加熱，模內面抹以胡麻油，再將各模排列成一行，置於車上，用兩螺絲旋緊之，令不能摇動。其模下有鐵板，兩端各有螺絲，能令其起落。如此，則模隨板而動。其車之四輪，均有摺邊，與地板之鐵路相配。其車底板有齒桿，其齒桿與大齒輪相切，其大齒輪與小齒輪相切，而以摇桿旋動之。凡轉摇桿，其車子必行動，如此能令不論何模可移到罐口之下。再旋架上之摇桿，令罐欹側若干度，傾出銀汁，足以澆成一錠而止。

又卷一三《礦務二・備器・銀》 鎔銀衝天爐。衝天爐有凹形底，或用一个進風管，或用二个進風管，凝房或用或不用。惟所進之風力須大，故用凝房爲宜。甫來白軋試驗此事，用二个進風管之爐，無論有無隔牆，比一个進風管之爐得銀頗多，而人工與燒料頗省。爐內鎔化之工，或不用鼻或用短者。其爐之高依其料鎔化之難易，並礦內含鋅之多少，並燒料之形性等。爐內之形，與取鉛所言武軋辣之爐相似。其鎔生料之爐，宜短而窄數寸，間有此種鑪，作腹形之處與鍊鐵爐同，使能增其熱度。另有數廠，其爐之內邊作直立，此種爐之鑪底須放大，則得銀可多，而熱度可大。若用熱風之法，可省燒料，而鎔料較多，又能連鎔多時不息。

鎔銀倒焰爐。倒焰爐，甫來白軋用此爐大得益，於衝天爐鎔礦多至三倍，燒料與工夫俱省。又能多用含鉛硫之礦，又能鎔極難鎔之礦，又可免加鐵硫之事，因此礦所用之硫，比衝天爐可少，已有人比較衝天爐之費用，此爐能省百分之十五分。

定底活底提銀倒焰爐。定底爐，如甫來白軋，與曼司非勒特，與布里西步拉末各廠，將其提純之銀舀出。若用移動之爐底，則在爐內待冷，如英國與太奴維次等處；或放出，如布老渾等處；或將爐底傾側，如亢司白軋。又有數處爐內用二个爐底，一在上，一在下，其上者先將銀加熱，其下(老)〔者〕爲提純之用，此爲布老渾之法。活底爐，或靠鐵樑，如英國法。或安在鐵車上移至爐內，用螺絲連牢，如太奴維次廠。或靠二耳，如礮耳之形，可俯仰，如亢司白軋廠，燒料用炭與木，如哇次阿必勒廠。其爐底以骨粉，或含鈣養之泥，或鎔黑銅所得之滓爲之，如亢司白軋之法。

下亨軋里各地方提銀爐。下亨軋里之舍末尼次，與苦來莫尼次，與扭所勒，與矖奴未次地方所用之爐，有二个進風管，其剖面爲不等邊形，爐高二十二尺，背闊六十寸，前闊三十六寸，深五十寸，進風管高於爐底石二十六寸至二十八寸。二進風管之相距十四寸，上斜二度，下斜一度，其管通入爐內六寸，凹深二十八寸，進風管徑二寸半，風抵力爲汞柱高十六分。每七日夜能鎔礦與礦屑，共二十七頓十擔至三十五頓，每五頓燒鬆木炭略九百立方尺。

上哈次山各廠提銀爐。上哈次山克老司太辣鍊鉛廠所用之爐，同於哇卡地方者，其爐底以漂淨之木炭，與鈣養爲之。有大小二種，小者裝銀二十八磅至三十磅，大者裝銀三十五磅至四十五磅，上哈次之各廠俱用此式。

下哈次山哇卡廠提銀爐。下哈次山哇卡廠爐底之徑一尺一寸，深二寸一五，以含鈣養之泥爲之，以骨屑蓋之，置於燒殼之內。此殼置於小衝天爐之內，此爐爲大彎形，其前面開通，而下端有門，與外空氣相通。進風之多少，開(開)〔關〕此門而消息之。每一次裝銀四十磅至四十五磅，燒殼之進氣孔關閉，而前面之進氣孔以磚蓋之，只有一孔與燒殼之口相通，爐內裝煤爇火，俟銀鎔後，取去燒殼口之煤，而屢掉其銀。迭更開闢其爐門，俱依所需之熱度，以至鉛養全成，而銀面發光如鏡而止，即傾水令(連)〔速〕冷。

曼司非勒特提銀爐。曼司非勒特所用提純銀爐，其爐底之質，用洗過之木炭，每百分配鈣養十二分，爐底歷十二小時，烘乾之後，再用煤七立方尺，加熱六

小時，成氣之爐內，以木柴加熱。俟其熱度能令所成之炭養氣，藉其未熱而燒。若不慎此事，則凝房內恐有礫裂其器具之弊，以後方裝木炭。

甫來白軋廠提銀爐。甫來白軋廠所用提純銀爐，其底長四尺，闊三尺，爐柵面十二平方尺，煙通高七十尺，徑二十(十)〔寸〕。即爐柵面四分之一，火壩之兩面，各有進風管，而管口之徑半寸。爐底之造法，將含鈣養之舊泥三分，新者五分合成。此下鋪舊磚一層，下有堅固之鐵板托之。

布里西布〔辣〕末廠提銀爐。布里西布辣末廠提純銀爐有鐵板托住爐底子，爐底高八寸，用泥與磚塊所成。每塊爲立方一寸半至立方二寸，爐底子之上有爐底面，係含鈣養之新泥二分，與含鈣養之舊泥一分，相合而成。又在當中厚三寸，此爐底最深之處，在添料門之下邊。再低八寸，有通路，能通至火路，再通至煙通。

亢司白軋提銀爐。亢司白軋提純銀爐與太奴維次者相似，惟其造法與安置之法不同。造爐底之質，係鎔黑銅所成之滓，此滓有數種益處，因爐底餘質最便用，而可免耗靡。爐底之鐵圈兩旁，各有堅實之鐵耳二个，此耳與鐵車之四叉相配，其車靠鐵路運至爐下之孔連牢。此爐底之法，能在前面落下，而後面之耳，仍靠鐵叉。故能將提純之銀，傾入模內。

布拉渾提銀爐。布拉渾地方提銀爐，有爐底二个。將銀先在上底加熱，以便鎔化。其爐底以石灰與泥爲之，加熱至紅，略歷四小時，則添以發亮之銀四十磅至四十二磅，在二小時半至三小時，提純之燒木料，略一頓。其提純之銀放出，有二模受之，將模置於孔內，一模滿而換二模，所得銀之成色爲九九七。

太奴維次提銀爐。太奴維次提純銀爐，有添進燒料之孔，有爐柵，有爐門，有通至煙通之火門。其煙通高五十尺。其爐底，從前安在鐵樑，現在安在車上，烘乾而裝發亮之銀。此車有鐵路，可移至爐內，有起重架，可起至所需之高。其爐底之邊，與爐牆之隙，以骨灰彌縫之。後將所鎔之銀掉之，令遇空氣，俟其面上之形顯出純雜之據而止。

提銀吹風爐。中號之爐，須用平常之磚二千塊，火磚二千塊，火泥一頓半。其火膛闊二十二寸，長二十四寸，火壩闊十四寸至十八寸，煙通高四十尺。爐底之鐵架，爲堅固之熟鐵圈，似乎橢圓，長四尺，闊二尺半至三尺，中有鐵條作柵形。此鐵條闊三寸又四分之三，厚半寸至一寸，下邊相距四寸半。爐底之質，中厚一寸。此爐每一小時，能化分鉛五擔，含銀多之鉛，每頓燒煤四擔。凡將含銀多之鉛一頓，用吹風法化分之，其費用爲銀錢十，銅錢十。此鉛一頓，含銀四百兩。

哇司阿必勒提銀吹風爐。哇司阿必勒地方，用日耳曼吹風爐。此爐有定蓋，爐底徑十尺，其爐底配料之法用泥一分，灰石二分，另加舊爐底質三分之一。

愛末士提銀吹風爐。愛末士地方舊廠，所用提銀吹風爐。徑十二尺，有進風管二个。其爐底之質，係鈣養三分和以泥一分。

維阿拉提銀吹風爐。維阿拉地方提銀吹風爐，爐底用含鈣養之泥，新與舊者等分。其爐蓋爲鐵圈，內裝滿以火磚與灰，以鐵鏈八條挂之，可以起落，用進風管一个，而爐外有凝房。

白天生鎔鉛取銀鍋爐。各鍋大小，依所欲鎔鉛之數，平常之徑五尺至五尺九寸，深二尺半至二尺九寸，厚一寸半至二寸，以生鐵爲之。英國所製者，□處□□，別國則口薄而底厚，其口厚一寸半至二寸，底厚二寸至三寸，漸漸從口加厚至底。如以九鍋爲一副，而每鍋能盛鉛六頓，須用平常之磚一萬五千塊，用火泥之磚一萬塊，方石板或方磚一百六十平方尺，火泥塊八十塊，火泥五頓。此爐之用，將其鍋內所成之浮滓，分出其鉛養，倒熖爐分其浮滓，比衡天爐更好。因鉛養分出鉛之熱度，不可過大，而須停勻。衡天爐難有此益處，又所分出之異質，亦比衡天爐更多。惟其分鉛之浮滓不多，則倒熖爐之費用較大。

浮次鍊銀合汞立桶。礦師名浮次，作不轉之立桶合汞。其中有立軸，有鐵或木之板，在內轉動，桶底作多孔以進汽。此桶所占之地不多，轉動之力亦小。一桶能抵六个平置轉桶之工，每一平置之桶，雖裝料十擔，亦能勝之。

甫來白軋鍊銀合汞膏機器。甫來白軋，合汞礦粉之機器，此廠爲歐洲合汞之最精到者。合汞之桶，內長二尺十寸，內徑二尺八寸，桶體厚三寸半，外用鐵箍，有軸通桶中，有齒輪令其轉動。其塞爲兩層相套，而用鐵鍵以螺絲轉緊。裝料之法，在樓上之漏斗，礦粉流入漏斗管，而有布或皮之管，一逕通至桶內，有箱盛水，可隨其管通至桶子。有管通至盛汞之箱，轉動已定，則將其桶轉至塞向下。又有管達於其桶之孔，而引所成之汞膏流入槽，桶內之餘各質，傾入其槽，用輪轉其桶。

福來勃葛進煅銀礦木桶。美國納發達邦巴拉美陀地方，每用福來勃葛木桶，進已煅銀礦。桶之樞鑽孔，或鑄成空心，桶內以木塊爲裏子，可進未煅礦。令與水銀相合，桶之容積，畧配容礦一頓，其裏子不在數內。

又《礦務三・備器》 地球産銀數。統地球各國，每年約出銀五千萬元。英吉利出七萬磅，法蘭西出五千磅，奥地里出九萬零五百磅，瑞典、拿威出二萬磅，西班牙出十三萬磅，普魯斯出十二萬磅，以大里、瑞西、俄羅斯出五萬八千磅，比里些出四百四十磅，共約出五十萬磅。

又《礦務四・鎔鍊・銀》 乾法取銀。含銀之鉛硫礦，地毬上所得之銀，大半藉此礦，鉛鍊法爲最舊而最簡，若用汞引法代之，最難得利。設有燒料甚少之處，如尼卡拉古阿等，則可用汞引法，合於多土之銀礦。如其銀大半爲純者，則和以鉛而在罐内鎔之，即亢司白軋之舊法；或和以鉛養，而一逕提浄之，即亢司白軋之新法。又如合於别種礦，而每百分含銀五十分至九十分，則最好在吹風時，一逕添入生鉛，即安特里斯白軋之法。如合土石質而含多銀之礦，則和以鉛礦，或和以含鉛之質而鍊之，即安特里斯白軋與甫來白軋之法。此種礦用拍的拉之濕法，每礦一擔，含銀〇磅四起，至最大之數止，俱用此法，即查根斯妥辣是也。含銀少之土石類礦，此礦一擔含銀〇兩一二，至〇兩二五，先和以鐵硫礦，而鎔得生鎔質，此質内之銀略變濃。將此鎔質再和以鉛而鎔之，或和以含鉛之質而鎔之，俱可取銀。其鎔得之質，含銅愈少，則取銀愈盡。舍末尼次地方，常用西阿蒲哥勒之法分取其銀，又用汞引法分取其銀。又有數種合土石之銀礦，每一種含銀二兩至八兩，另含鐵硫少許，亦逕用此法。含鐵硫之合土石銀礦，凡銀礦散在鐵硫内，而含銀多者，則烘之而和以鉛；若含銀少者，則和以金銀少之合土石銀礦，在生鎔化之工内鎔之。或先烘之，而用生鎔化之法鎔之，所得之生鎔質，再和以鉛而鎔之。此種礦含銀略多，故最合宜於乘引法。若雜其質甚多，而有□者，如鉮與銻之雜質，並鋅硫礦與銻硫礦等則不可用此法。含銀多之銅礦，鎔之或烘之，或不烘，隨宜為之。和以鉛硫礦並含鉛之質，即成生鉛與銅鎔質。此銅鎔質成生者，或烘逕者，必屢次和以鉛而鎔之，方能分出其銀。含銀少之銅礦，此礦鎔之而成鎔質。如其鎔質含銀多者，則屢次和以鉛而鎔之，或在生銅内鎔之，而令其銀更濃，從用熱度分法取其銀。含銀之鋅硫與鉮硫礦，此種礦不常以此法鎔鍊，設用此法，宜先烘之，而後鎔之，再和以鉛□鎔之，但其烘時，常有銀之耗靡甚多。若烘鋅硫耗靡更多，巴在英國用濕法分取鋅硫礦内之銀，其所得之利少於布里西布拉所得者。含銀之生成鉮礦，此種礦先須慎烘之，令其鉮變為鉮養而散出，後和以鉛而鎔之，即安特里斯白軋之法。含□之鎳與鈷礦，此種礦或逕和以鉛而鎔之，即甫來白軋已試用之法，或先鎔之而成司員斯質，即含鎳之料。此質再用汞引法，亦能得利。如含銀甚多者，可用拍的拉之法，則其鎳與鈷能與銀同分出，此在查更司他勒地方，用之得益。

濕法取銀。汞引之法：先用汞消融其礦内所含之銀，後加熱散出其汞，此在西曆一千五百(在)[五]十年前，麥西哥國用之，以後歐洲亦用之。略在一千七百八十年，有已而奈者，傳至亨軋里用之，同時又在甫來白軋用之。比和鉛法，能多數種益處，如燒料價貴，而汞價廉，則含銀少之合土石銀礦，與不含鉛之銅礦，並相類之含銅鎔料，如銅之生鎔質，與生銅等，皆宜此法。若含銀少之土石銀礦，則可先和以鐵硫而鎔之，令其銀增濃，惟真銀礦方可用汞引法。若含銀之銅礦，最好在銅之鎔質，或生銅内增濃其銀，將其增濃之質，再用汞引法。若銅礦用汞引更屬便宜，又能令銀分出更盡，又所得之銅，比用和鉛法更浄。然此浄銅，每擔亦含銀四分兩之一。若其礦含銀多者，則金之耗靡甚大，所以含金之生銅，不宜用汞引法。鈉合汞之法。時鈉若干，和於汞而分取其金與銀，比諸獨用汞者速而且盡。其加鈉之外，另加别金類，俱依各事之宜。漂淘之法，將含銀之礦，在水内沉聚而取其銀，此比熱度分法與汞引法更簡，取銀更速而更盡，工人之受害亦少。又比和鉛法更省燒料與時候，而耗靡亦少。又比熱度分法之費時費燒料亦少，又能令其銅與銀分開更盡，又能成上等之銅。哇軋司丁之法，將礦或含銀之質和以鈉緑而烘之，則其銀變爲銀緑。將此銀緑在濃鈉緑水内沸之而消化，用銅令其銀結成。西阿蒲哥勒之法，先和以别料而慎烘其礦等質，令其礦内之銀變爲銀養硫養三，隨添以熱水消化，後用銅結成其銀。拍的拉之法，最宜於含銀礦之另含鎳與鈷者，將礦先噴以水氣，而和以鈉緑烘之，所成之銀緑，用鈉養硫養三水消化，而再添以鈉合多分劑硫之質，令其變成銀硫而結成，所有之餘水，可分出其鎳與鈷。淡硫强水之法，將提過之生銅，或烘過之增濃銅鎔質，分出其銀，所有變成之質爲銅養硫養三與含銀之質，此各質可和以鉛而鎔之。近有數處，將此法代熱度分法，所有分出之金，比熱度分法與汞引法更多。又可將提浄而成顆粒之銅，在倒焰爐内，和以含鹽而煅之，將所得含養之質，用淡硫强水消化之，但此法比前者甚繁。

克魯克司提銀鈉汞膏。英國博物會中人，名克魯克司剏法，用鈉汞膏分取金銀。甲號鈉汞膏，用鈉三分，汞九十七分相和。製法：用堅固之鐵瓶，其頸宜小，埋於盛砂之鍋内，幾及瓶口。其砂之熱常有三百度。將汞與鈉稱準，先置汞於瓶内，而添以鈉，其塊略如豆大。每添一塊，待其變化將畢，而再添一塊。此

須用鉗放進，人手應用布包。每添鈉一次，稍有爆聲，而瓶口有光亮之焰。後則汞含鈉愈多，爆力愈小，俟鈉添畢之數，將其鈉汞膏汞流動之時，傾於淺盆待冷，打碎而盛於瓶内塞密，不必如那普塔存鈉之法。此鈉汞膏爲長針形顆粒，合成之塊，而有光亮。其顆粒上下四面相交如網，而黏(速)〔連〕之力甚小。乙號鈉汞膏，用汞七十七分，鈉三分，鋅二十分，將汞之半照前法與鈉相合，隨鎔其鋅，而將鎔鋅之鍋離火。俟將結之時，即將餘汞傾入其内，用鐵條掉之不息，將製成之鈉汞膏添入，加熱至二物相合而止，隨傾入模内成錠。丙號鈉汞膏，用汞七十七分，鈉三分，鋅十分，錫十分，各工同於乙號，惟錫須先與鋅相合。凡鈉與含鈉之各種膏必存在器内封密，不可遇濕。合汞取銀，所有耗靡之故有三：其一、汞成粉形，因磨勻等工，俗名成麵粉。其二、汞因在礦内，遇數種有害之金類質，即失其流動之性，俗名生病。其三、汞變成汞綠與汞綠，即銀綠分出綠氣而成。克氏之法已禀明準其專用，即汞合鈉之膏，能免以上各病。

化學家論克氏提銀鈉汞膏。鈉汞膏之價值不甚貴，倫敦之鈉價，每磅銀錢六枚，每汞百分，用鈉一分，或不至一分，即能顯其功力，所以大能省費。德國柏林化學家霍甫門，即前爲英國化學館教習者，曾言克氏之法，以鈉汞膏助汞分取金銀，比前各法有大益。英國倫敦書院内，有化學家名密蠟，論此法云，此法最簡，而其理最确，不必另設機器，大能免金銀之耗又能省需用之汞。倫敦礦學院教習名甫蘭可蘭，已將此法小試之，而知其大有益。倫敦巴托魯碁醫院化學教習倭特林云，考驗鈉汞膏，而知克氏之法，即大能省汞。

墨西哥布里非阿合汞取銀之工。礦在磨内和水成極細之粉，即流入淺池，而爲日光所曬，俟其水大半化□，遂成濃稠之泥漿形，(汞)〔秉〕此而和以汞，間有待其乾透，而在倒熖爐内加小熱十二小時，將稠質鋪在合汞之場。所有大小各塊，用人或騾踏平在場面。其大塊徑四十尺至五十尺，厚略一尺，間有用礦六十頓至七十頓。此場甚大，故可同時多處做合汞之工。又有在場鋪木板而□縫令無遺漏，同待鋪礦之稠質十塊，每塊之徑略五十尺，重略六十頓。又有廠用礦之稠質作十八塊，每塊七十頓至七十五頓，又有場能容二十四塊，每塊六十頓。又福里地方之奴惠物廠，場面更大，長闊俱六百三十尺，能容礦之稠質六十四塊，每塊七十頓。其膏必爲稠質，而不可稀至流動。每百分加以鹽一分半至五分，俱依其礦所含之銀數，將鹽散鋪在質之面上，後用騾踐踏，而令鹽與其質相合。此後待一日夜，而加以銅養硫養料。此料之製法，將平常之銅硫或鐵硫或銅硫磨粉，和以鹽而煅之，即變爲銅養硫養合鐵養硫養。其上等者，每百分含前二質各二十分，則每礦料百分，加此料一分至二分，用騾再踏(敦)〔數〕小時，而各質起首變化。其鹽與其銅養硫養料，與金類合硫之質，彼此化分，而成各種新質。將汞散在礦質之面，此用皮袋或布袋壓之，令滲出成細粒而勻散。每礦含銀一分，須加汞六分，汞已勻散在面上，用騾再踏至極和。此踏工每間一日，做十次至十二次，司事者細驗極和而止。司事者須知，其料化分全成之時，蓋此事有一定之據，所得之銀數，所費之工料，所歷之時日，俱藉司事辨驗其工夫優劣。此將其料少許先試準，而照試得之據，以定所加之料。其法在小碗内洗之，而察其汞與膏之形性，能知應多加銅養硫養，或應多加汞，又能知銅養硫養已過多。設如銅綠過多，必加以鈣養，或加以灰，而化分其過多之質。但無論用□法，如所成之汞膏甚少，必因所成之汞綠甚多，能包汞之微點，而令與銀不相過。所以全藉此法，配準其各料。司事者細察再不收汞，則其工已成，將其料預備洗之，或加以鈣養，令不再變化，再添以汞更多，此汞合於汞膏，而令其與別質在洗工内易分開。此工所歷之時，須十日至三十日，但有數處更久者，俱依氣候之冷煖，與礦之形性。此後將其汞膏從別料分開之，如里阿勒特滿弟地方分開之法，將其料在方盤内洗之，盤内用多人踹之，有水流逕不息，則料内之泥等輕質爲水衝去。其引出泥水之槽，有凹處如盆，所有帶去之汞膏，在此沈下而可取之。古阿那始阿妥之洗工比前者更細，用圓桶三个，而礦置於桶内，有横桿連於立軸之上，有長木齒逕在横桿上。或用簡法，以騾牽轉。汞膏所成之漿，必依次第而行逕其三桶，然提汞出，故其汞膏之耗散者甚少。煞克的克之法，與此相似，而祇用一桶，汞膏從桶内取出之後，即用厚布底之袋濾之，汞即流出。而所留者略一分爲銀，六分爲汞，將此質以模壓成(甹)〔甓〕形，每塊重三十磅。可備用熖法，其甑或爲鐘形，成另用法。將爐柵安在水池之面，而將汞膏之(甹)〔甓〕形塊疊作堆，以鐵鐘蓋之，鐘口用泥灰封密，圍住其鐘。用石作墻，在墻中之圓空處，燒以木炭成大熱，或歷八小時，或十小時，以至二十四小時，俱依所用膏塊數之多少，並用器具之大小。待冷而其池内存所用之汞銀，乃如海絨形，幾爲純質，可在骨灰爐底上鎔之，而鑄成錠。此法之銀耗，每百分有三十分或更多。竇林另添銅綠，與銅、與鐵、與鋅等膏，因此能令合汞較易，而得銀較多。司密得之法，將金多銀少之礦，在生鐵盆内加熱研之，添以硫養與鉀養等質，俱能化分其礦，而分出其金類。

南阿美利加熱法合汞提銀。南阿美利加用合汞之熱法。其礦含生成之銀多者，或爲銀溴、銀綠、銀碘等。將礦磨成細粉，而和以多水，在銅鍋内加熱，每礦百分，添鹽十分至十五分。俟鍋内之料熱至沸，鹽已消化，即添以汞若干，汞即一逕與銀相合，而其溴綠碘各鹽類爲銅所化分，銅則在食鹽水内成銅綠與銀，此銀遂與汞相合，所有銀硫鐵碲銀鉀，不過稍能化分，銅内所得之質，爲泥形之質，並汞合銀之質。其泥質内亦稍含銀，可添於礦料堆内，令再合汞。此法之歷時，比冷法合汞可少，即五小時至六小時，汞耗亦少，但須用燒料與貴價之器。

黑銅合汞取銀。含銀黑銅，作極細之粉，和以鹽有餘而加熱，即成銀綠與銅綠。此銅綠令其銀變爲銀綠，而自變爲銅綠。黑銅合汞之工甚佳，因能令銀速分出，而成含銀少之餘質，不必再用此法取其銀。哇軋司丁之法，所得之餘質，含銀之少略同，惟結成之銀料，分出其銀，比合汞之法更難。

西班牙墨西哥鍊銀合汞大廠。歐洲用合汞法，最大之廠在西班牙國。此廠所用之礦係亨特魯西那礦硐内所採，此硐在卦大拉幼拉省。將礦質在轉動之器内洗之，再在桶内合汞。所用之桶，共有六十。歐洲合汞之法，又在墨西哥國阿里發格地方用之。將含銀之銅礦，每百分含銀二十五分至三十分，銅十五分至七十分，和以食鹽而烘之，並添以鈣養三分至五分，因欲令其不成銅綠，遂置於桶内轉動，先和以水與銅，而後和以汞。每銀一磅，耗汞七兩至八兩。烘工内之銀耗，間有百分之十五者。墨西哥合汞取銀之廠甚多，其最大者，在福來西尼路，與煞克的克、與古而那書阿妥、與里阿勒得曼弟，惟福來西尼路廠，乃專用汞之最大者。

煏鍊銀汞膏。甫來白軋相近處之阿司布路格廠，煏膏所用之器有木屜與生鐵盆，裝滿以水，而水須常换。此在水箱邊有通水管，令其鐵盆常在水下不熱。木屜合法安好之後，而架上之鐵板，裝以汞膏小團，共重略三擔，將生鐵罩落至水内如地。而在蠟臺形架之下端，火膛之底，安圓形鐵板，當中有孔，以便鐘形罩通下。在此鐵板之下，用木柴燃火。有門内面加泥一層，關上而封密，再將燒料，置於鐘形罩上端之空處，熱須自小漸大。先用未變成之煤，後用木炭，俟鐘體燒紅，汞即化散，而在鐵盆之底凝成小球形，待八小時，而不聞有汞落水之聲，即滅其火。鐘體冷後，而弔起其熱銀板，並蠟臺架與木屜等。

壓鍊銀汞膏。將膏用水先在合宜之器内洗之，後在濕布袋内洗之，則其未融合之汞自布孔流出，將其袋口紮緊而壓之，此爲甫來白軋之舊法。又可將其膏置於小木管内，高八尺，則其未合之汞沉下至管底，膏質因輕而浮在上。阿拉尼以第格廠内，所用之器爲圓柱形之木器，另有多孔之鐵板作桶，而配在木器内，將膏盛於厚布袋，而用螺絲壓入桶中，令其汞流出。布拉渾將膏置於鐵桶，而用壓木櫃壓之。鐵桶之底，以樺木爲之，汞即從木質之微孔竄出。如將含鉛之銀汞膏加熱百度表八十度至一百度而壓之，則其鉛膏與汞一并滲出，而銀膏存在袋内。若將含鉛之汞冷時壓之，則鉛膏留在内，而汞滲出。甫來白軋廠，每桶二十具能得定質膏三擔至三擔半。此質内之銀膏，每百分含銀七十五分至八十一分，含汞六分，並含異金類，如銅、鉛、金、銻、鈷、鎳、鉍、鋅、鉀、鐵。【略】

浮次立桶合鍊銀汞膏。礦師浮次合汞立桶，先裝鐵塊一擔，每塊略方一寸半，厚八分寸之三，或作毬形者更好，添水略三擔，阿拉尼以第克地方，將水加熱二十度，而添以篩過之礦粉十擔至十四擔，即其桶滿至三分之二，轉動二小時，每分十轉至十二轉。俟其粉與水合成停勻之膏，隨用第二級之工，每桶用汞三擔至五擔，封密而以齒輪令其轉動，每分時二十轉至二十二轉，歷十八小時至二十小時不息，開視其桶二次，驗膏之稀稠合法否，太稠則汞之小點與礦粉不易化合，太稀則汞沉至桶底，太稠須添水，太稀添礦粉。如其分散之汞色灰黑，必添以鐵，如其汞有白色之粉，必增其桶之轉速。其鐵與汞與銀礦彼此所成之變化，能增其熱度，故冬令亦能有一百〇四度之熱者。桶内各變化之次第，先有烘過礦内之金類合綠之質，爲鐵所化分，因此而得鐵綠。其銅綠幾分變爲銅綠，幾分變爲銅，此銅即令銀結成，而汞消融其銀與銅與鉛與銻等質，而成繁膏質。如其鐵數不足，或其鐵在添汞之先不足，令其銅綠變爲銅綠，則必有汞若干變爲汞綠，因此而耗靡。如有錳綠、鋅綠、鎳綠、鈷綠，則不變化，後可用鈣養，從其水内結成礦内所含之金，此法亦能得其半。如因烘時之熱度太小，而礦所含合綠之其質頗多者，可添以鈣養化分之。如其礦含銅甚多，則不加鐵而加銅，因鐵能令所成之膏含銅過多，此爲墨西哥之法。礦與汞相合已畢，桶内須滿以水，而轉動甚慢，即每分時六轉至八轉。一小時或一小時半内，汞膏之大半在桶底相聚，即在大塞中之小塞内，裝一管與塞門，放出其膏與水。管理者細看塞門内流出之質，如其膏已流盡，而有含礦之棕色泥形質欲流出，須速關其塞門，後將其大塞取出，而盡流出其餘質於洗桶内，惟鐵塊仍存在桶内，而不取出。所餘之礦粉含銀甚少，每擔祇有〇兩一五至〇兩一七，每十四日内，能將礦一百六十頓與汞相合。每礦質五頓，須配燒料十四磅半，每得銀一磅，須耗汞三兩。曾試得礦粉在

鐵桶內與汞相合時，桶外加熱一百五十度至一百六十度，則所得之銀更多，而其汞耗亦更多，所有多得之銀不能相抵。

鹽汞分銀。礦師名魯司那云，含金或含銀之礦，其金能成雙鹽類，即金綠、銅綠、上納綠，此質稍能在食鹽水內消化。如含鐵綠，更能消化。如其水內有爲本之鐵綠，則不消化，又不能爲汞所化分。礦師渾克辣將含金之銀礦，用合汞法，得含金之銀，每百分有金〇分〇五。又將此礦和鉛鎔之，所得之銀，每百分含金〇分一四。礦師□□可非次云，將含金之銀礦，和以食鹽而烘之，即成金綠，加熱至百度表二百度，即成金綠，再加熱至二百四十度即成金，合汞之法無論礦或鎔質，或司貝司質，或黑銅，俱能合用。

歐美汞引銀法。汞引法將礦內之銀先變爲銀綠，歐洲將礦和以食鹽而烘之，美國將含綠之質和入礦內而不加熱，其銀綠在歐法內用鐵化分之，在美法一逕用汞化分之。所分出之銀，即被汞所收而成膏，將此加熱得銀而再提純之。歐法用汞之法，比美法更好，因得銀更速更全，而汞之耗靡少十倍。然間有美國數處尚用舊法，即汞價甚廉，燒料甚貴，食鹽亦貴，而機器不能運至其處。如南阿美利加之氣候，俱爲有益於此法。有人考驗烘礦之時，銀之耗散甚多，故將歐美二法合用之，即變銀綠之工爲平熱度，而合汞之工用木桶。

巴多羅買栁汞引銀法。銀能與汞相合成膏，此膏遇熱即化分，而存留其銀。初在墨西哥用之，其人名巴多羅買。因此處之燒料甚少，不能以常法鎔化，故將其礦成堆，而用汞澆在其上，加以大熱，名爲阿美利加成堆用汞法。一千七百八十四年，澳大利礦師名布渾，將此法初在歐洲用之。其合汞之工，在生鐵鍋內爲之。又有用木桶者，後有用木桶而轉動者，謂之歐洲木桶合汞法。又有令其合汞之工速而且易，即加以大熱度。

德英吹風分銀法。吹風法從鉛內分銀，一爲德國法，一爲英國法。德國之爐底，以含灰之泥或同類之質爲之，其爐底不動而尺寸大，生鉛常一齊添入。英國之爐底活動，而有活動之鐵架，其料用骨灰，而尺寸小，變成鉛養甚速，生鉛漸漸添入，依其收養氣之遲速爲準。

路希鉛廠吹風法提純銀。歲更地方路希鉛廠，用吹風法，即待銀發亮之後，斷其所進之風，連加熱令收養氣，再俟發光如鏡，所得之銀成色九九六至九九七。如欲其銀更純，則耗靡之數更多。

進風法提純銀。進風法提純，宜於不純之銀，而令其異質易與養氣化合。其爐底以合鈣養之泥爲之，闊九寸至十一寸，深三寸，置於煙通之下，而近於能耐火之牆，此牆內有進風管。爐底上先裝銀二十磅至三十磅，將紅熱之木炭置於進風管之前，又將鐵皮圈圍住其爐底，令其炭不散開。漸增其炭而進風，每一分時，略進風十八立方尺。其銀已鎔之後，即去其鐵圈，並銀面紅熱之炭。每若干時，將紅熱之炭與木塊置於爐底與進風管之中間，故其風但吹其火焰而行過銀面，其銀須屢搏之，俟鉛養全成，而銀面發光如鏡而止，即將水灑於銀面令變冷。此工略一小時至一小時半而畢，燒木炭二立方尺二，並木柴一立方尺一。

提銀吹風爐用木燒料。上哈次山各廠用木爲燒料，所用吹風爐，闊十尺，裝生鉛八頓半爲一次。其吹風爐有活動之鐵蓋，所燒矮樹柴共七百二十捆，各捆長四十二寸，徑三十寸，重八磅至十二磅。其費用共金錢四，銀錢十四，銅錢二。下哈次山各廠所用吹風爐，有不動之蓋，每一次裝不淨之生鉛九頓，燒短樹柴四百八十捆。甫水白軋各廠內之上爐底，以含鈣養之泥爲之。爐內所放之煙質，引入凝路之內。第一次裝生鉛五頓至六頓半，鉛上用木柴蓋之，而吹風鎔之。初次成滓甚少，而再無後成之滓，此因其鉛已提淨，而含其質極微。初成鉛養時，所有之鉛灰，可撒以木灰與煤灰而掠去之。其吹風用氣箭法，而不用活門，一逕通入爐內。此工須七十五小時至八十小時，共燒木料略一百六十二立方尺。可來末尼次地方，其爐底徑十尺至十二尺，用含鈣養之泥爲之，或爲天成者，或爲人造者，爐內先裝含銀多之鉛六頓，後再添四五頓。一次之工，略四十八小時至五十四小時，其鉛之耗靡百分之六至百分之八。又含金之銀之耗，百分之半分至一分。每上等鉛五頓，須燒鬆木料一百九十立方尺。其發亮之銀之成色，係九九六。愛末士地方鉛廠提銀吹風爐，每生鉛五頓，所燒之短樹柴，共約八百擔。

提銀吹風爐用煤燒料。西真地方路希廠內，從前用木料一千三百立方尺，鎔煉鉛三十頓。用吹風法，現在用煤三百五十五立方尺，木料一百〇八立方尺。其木料爲末工二十四小時所燒者，省費金二銀五。維阿拉地方之吹風爐，裝生鉛十頓至十五頓，每擔含銀七兩九，每十頓須六十六小時之工，每十五頓須七十至七十二小時之工。凡鎔生鉛五頓，共燒煤十九頓至二十頓。每生鉛一頓吹風之各費用，係金一銀二銅五。太奴綿次廠吹風爐底之料，因含鈣養之泥二分至二分半，和以火泥半分。爐底之形，含銀多者宜深，含銀少者宜淺。其銀易以增濃，而銀所成之根亦少。含銀多之鉛，用吹風法，係生鉛六頓又四分之一，每百

分含銀一分三五二。在二十四小時至二十八小時内，裝爐吹風，燒煤略五十三立方尺。發亮之銀百分，其成色爲九三七五。每生鉛五頓，燒煤略四十立方尺，費用共金一銀三銅四。

銀礦生鎔工料。如其合料爲合法者，則其爲本之泥質，如鈣養鎂養鋁養等，並其難放養氣之質，如鐵養錳養鋅養等，俱與矽養鎔化而成滓。其未化分之含硫質，成硫養。鹽類内所分出者，如鐵、錳、銅、鋅、銻、鉀等質，俱收其銀而成鎔質，如金類合養質之易以分金類者，則和於其有餘之硫，而鋅硫幾分合於其鎔質，又幾分化分而合於其滓，即爲鋅養，又同時有變成之金類鹽類質内，亦含鋅。其鎔化之工，用衝天爐或倒焰爐爲之。如欲合法配各料，必先化分其礦與配料，而試其含銀若干數。又鐵硫等質所成生鎔質之數，亦必化分其生鎔質而求之。此將其礦一分，蓋於火泥罐之底，用玻璃形之硼砂二三分蓋之，再用不含鉛之玻璃一二分，並食鹽一二分蓋之。又用木炭一塊安在其上，在風爐内加熱二刻至三刻。如含金類合養之質，或金類合硫養之質，則每礦一百分加以煤屑或松香○分○四至○分一。若其礦難鎔者，須加鈣養，或鈣弗礦若干。其滓平常爲玻璃形而有緑色，因含數種金類合養之質，而鎔時必全成流質，此與脆性金類質易分開。將其金類質稱後，即打碎而察其形，即能知所含之質，有礙於成生鎔質之工否。所成之生金類質，如能爲净銀硫，則其色黄，不久爾光色失去，質脆而能自碎，此因含鈉硫少許。此鈉硫化分成鈉養硫養與輕硫。如其鎔質爲灰色，而略有半金類之光，其質成層或成輪輻形之紋，而不自碎，或在空氣内稍能自碎，則知含鋅硫。如其滓合於鋅硫，而所得之生金類質太少而成角形，或不分出生金類質，則可知其鋅硫數甚多。近來設法，可免用鋅硫過多之病，即加以硼砂多許，而加大熱。又其烘過之礦每百分，加以銅絲或銅屑○分○○五至○分○一，生礦則加○分○二。如鎔質内含鉛硫，則其質有淡緑色，而其斷處有層形。若用烘過之礦，而有鉛分出，則將其生金類質稱之而舂碎，分出其鉛而減其數，並減所添之銅數。如爲銅硫，則成黄銅之色，而其打碎之塊失其光亮。如爲銅硫，則其質爲藍灰色，其粒細而質脆。如其鎔質含鉀與硫，或其含硫之質爲最多，則其鎔質如司貝司之形。如其含硫之質最少，則有司貝司形之質與鎔質分出者。

英國白天生鍊鉛取銀法。牛卡斯地方之白天生剙法，將含銀甚少之鉛，即每百分有○分○○九者，能增濃之。將此增濃之生鉛，分取其銀，變爲含銀極微之鉛而出售。此爲五十年來鍊鉛取銀之第一要法。因分開此二種金類之費甚省，所以英國鉛與銀之生業大盛，每年能多得銀二十萬兩。從前此銀一切雜在鉛内而無用，以後此法廣傳，故其費用比諸舊法者不過三分之一。如鉛每頓含銀三兩，亦可取銀而得利。以前常售之鉛，有銀五倍在内，將含銀之鉛在生鐵鍋内鎔之，待其漸漸停匀變冷，即有小顆粒許多結成。此顆粒内之含銀，比原鉛甚少，而顆粒外之流質含銀較多，其粒爲八面形，而在一邊相連，顆粒愈小，則含銀愈多，所成之塊愈少，而愈難從其流質取出。鉛漸變純，則其顆粒漸有灰色，如顆粒變大而鬆，則其色愈不亮。又因在面上變成者，則沈下愈速，各種異質增濃之鍋内，亦有此事。

鎔銀能收養氣。凡提純之銀，在空氣内鎔化，而令速冷，得一奇形，因其外面變硬而縮，内質尚熱而未縮，故先結之薄皮坼裂，而四面發出花紋，似乎青苔或背陰草之形。銀匠以此爲足色之據，但此又因銀所收之養氣放散而成。化學家考得鎔化之銀，每一體積能收空氣之養氣二十體積，爲最少之數。又云銀受大熱，即收養氣，而鎔時又變銀養許多，與銅相同。惟減其熱度之時，則不能存其銀養，而必化分，所以忽然放出氣質。又云銀之面上，加硝一層而鎔之，即收養氣，後減熱而放出，若加食鹽或鉀養一層而鎔之，則無此事。又云忽然放氣，必有銀之微點噴散，即是耗靡。若令銀漸冷，可無此病，或在速冷之前，用煤屑蓋在銀面，則在放出之養氣内能速燒，銀内雜銅與鉛，則阻其收養氣，雜金則否，鎔銀之面，光亮如鏡，已可爲提純之據。

含銀之鉛用鋅分銀。派批司云，含銀多之鉛，和鋅鎔之，分出其銀。將此各金類掉和，而静待若干時，則其鋅浮至面上，而銀大半在其内，即將此含銀之鋅掠出，或待其冷而成皮，即可取皮分出其銀而得純者。鋅與銀分開之法，或蒸之，或以鹽强水，或硫强水消化之。其含銀之餘質，可用吹風法分出之。英國之尼維勒廠用此法，將鉛略六頓，每頓含銀略十四兩，盛於鐵鍋内，鎔後而每百分添鋅一分，用工人四名，連掉一二小時，即減熱而待片時，面上漸生浮滓。取此之杓底，作多孔如篩，視上面再不生皮，即放出其鉛。而置於倒焰爐中之淺盆内加熱，令其鋅或化散，或與養氣化合，歷時甚久，將鉛傾入鐵鍋，以生木桿掉之，令其再與養氣化合，後傾入模内。鍋内取出之滓，置於斜置之鐵甑内加熱，即能去其鉛若干分。此鋅所流出之鉛，每頓含銀一千兩。而預備用吹風法，其甑内之餘各質換入泥罐内，而蒸出其鋅，其餘質爲銀合於銻、鉛、銅、鉀、鎳等質，此質和以鉛鎔之，而用吹風法分出其銀。亨軋里太奴維次廠，試驗此法。所試之生

鉛，每擔含銀一兩至二兩，每百分須添鋅一分半，方能取盡其銀。其餘鉛每擔含銀〇兩〇〇八，其鋅分出之銀，用燒殼。以此法鎔生鉛五頓，共費金錢二，若用吹風法須費金錢六。

燒殼提純銀。燒殼内提純，費燒料甚多，而耗銀亦多，然工作甚易，工未齊整，故合宜於發亮含鉛之銀。惟其銀不可含多鉛，並別種異質，軟煤比硬煤更合用。發亮之銀五十磅，能成純銀四十七磅半爲中數，五小時内即能成功，燒煤七立方尺半。或用筆鉛罐，或用火泥罐，平常須添以鐵，而令銀硫化分。如其礦内不含鉛者，須添鉛若干。若含土質則用密佗僧，比鉛更好。如用密佗僧，應另添以鉀養、炭養與玻璃。所成含鉛之銀，必提純之，此擇鎔質，再和以鐵一次，而分出其銀。

鉛罐提純銀。本奇部廠，自一千三百四十九年以來，將發亮之銀，在筆鉛罐内鎔之。罐高〇枚三口，徑〇枚一八，底徑〇枚〇九，鎔時添以硝與石英粉。火膛之徑〇枚五，深〇枚六，此從爐栅至口之數。煙通高五枚，其横剖面長〇枚五，闊〇枚一五。罐以燒熱之煤與枯煤圍之，漸添以銀三十八磅至四十磅，再添硝一磅，並石英粉一磅，歷一小時而鎔化，一小時半成功。初生之浮滓取出，而再添硝與石英粉，如浮滓已盡，即將其銀傾入模内，其成色爲九九七。維阿拉地方，將發亮之銀，在吸風爐内提至略純，此法之銀耗較多，後來和以石英而鎔之，則更便宜。上亨軋里阿拉尼以弟格地方，用和汞之法，所得之銀置於生鐵罐内鎔之。罐高二十四寸，徑二十八寸，有泥蓋，添以鈉養炭養，與硝與鈉養硫養。錬鉛内所言之礦，即含銻硫或鉮硫，或鈣克司巴耳，或石異，或鋇養司巴耳，或養氣等。含銀之鉛礦，可將其生者，或烘過者，用此法爲之。所和之鉛質，或爲純鉛，或爲生鉛礦，或烘過之鉛礦，或銀工内變成之含鉛質，俱可在此工内用之。

加鉛銅提純銀法。銀内所雜異質，全爲鉛者，提純之工極易。若雜銅、鉮、銻略多，而雜鉛少者，最難提純，因須久遇空氣，方能去盡其各質。故發亮之銀，雜鉛愈少，則鎔時所需之熱度愈大，間有將鉛添入其發亮之銀，而令其收養氣，以便去其各種賤金。凡雜賤金類一分，須配以鉛十八分，方足提純之。若提純雜鎳與鈷之發亮之銀，因吹風之工難，而其質有速冷之性，則加銅少許爲有益，因能令其鎔質之熱度增大。

罷克門硫養分銀。含銀銅鎔質，或黑銅含鐵最少者，添以淡硫强水而加熱，則所成之銅養硫養消化，而其銀存在餘質内，將此餘質和以鉛礦，或含鉛之質而鎔之，即可分出其銀。其銅養硫養，或熬而出售，或和入銅鎔質而分取其銅。罷克門云，銅硫應在甑内加熱，而分出其硫養之一分，將其餘質在衝天爐内鎔之。此法之益處，大半在含鉛、銻、鉮各若干之質，分銀之用。比哇氏法更好，因其費用減省，而分銀更易，所得之銀與金更多。至於分金，則此法比其餘各法，無論乾者濕者，俱爲更有益。

潑西化克硫養食鹽分銀。用硫養分取其銀，已設數法，如潑西與化克將礦質與鎔質，和以食鹽而烘之，令銀變爲銀緑，後用鈉養硫養分出之。又有白替賴試此法，因其理而稍有改變之處。

齊阿甫軋勒温水分銀。分銀各法，最簡而最省者，爲齊氏所設。其理因礦質内之銀，變爲銀養硫養，此質滃以含硫養之熱水，而用銅令銀結成，其烘工内變成銀養硫養之法。因有別種含硫之質，與銀硫相合，先合養氣而成硫養鹽類質，則煆時放出硫養氣，而與銀相合。

哇軋司丁黑銅分銀。一千八百五十九年至一千八百六十年之間，此廠能得黑銅内之銀七十九分六九，係一逕所得者。又在再鎔化而得利之質，得十五分三五，其耗爲百分之四分九六。取得銀一磅之費，須銀錢二十六枚。又黑銅一擔内含銅七十七磅二二，含銀〇磅三三九，其取銀等費，共銀錢八枚。

哇軋司丁司貝司質分銀。司貝司質分銀之工甚難，乃因雜銻與鉮之故，然亦有得利者，如亨軋里之司替分所德等處是也。此廠内有人名非林節，能將其銀全分出，又能每百分得銅八十七分。滃銀所用之熱濃鹽水内，加鐵緑若干，而其餘質每百分含銅四分，但此種司貝司質，用汞引法取銀，則銀之耗略爲百分之四。

哇軋司丁銅鎔質分銀。銅鎔質每百分，含銅六十分至七十分，但須不雜相合之純銅粒，並鉛或銻或鋅或鉮者，可用哇氏法分銀，而無銀之耗靡，所含之銅有益於成含銀少之餘質。若含鉛者，則不能令全與緑氣化合，因成鉛養與鉛養硫養，而銅外生皮一層，阻止其合緑氣之性，故應先將銅鎔質，在倒焰爐鎔之而增濃後，方用此法。

哇軋司丁鹽水分銀。銀緑在鹽水内能消化，久已知之。近有德人哇軋司丁，初用此法，以代舊用汞引法，化分銅鎔質，甚能省費而無汞之耗。將含銀之礦，或製成之含銀質，和以食鹽而煆之，即成銀緑，能在食鹽水内消化成雙鹽類，即鈉緑合銀緑，因此能從其水内，用銅結成其銀，而銅亦能爲鐵所結成。其餘水

内如去其鐵與鈉養硫養等質，尚可用以再消化成銀緑若干。

提銀百磅所需燒料。提純發亮之銀一百磅，倒焰爐內燒木炭所成之氣，需本炭七十磅；罐內燒木炭所成之氣，需木炭七十六磅；倒焰爐內燒料，需煤八十八磅四，木炭六磅；進風法燒料，需木炭八十八磅，木柴六十六磅；燒殼法燒料，需木炭一百五十磅。

霸鎮錬銀法。霸鎮法奏報國家，準其一人獨用。其法將磨粉之礦合以銅緑，不用水銀，置銅裏之器內，用噴汽法加熱後，復置鐵盆內，合以水銀。勿爾吉尼阿邦人最喜用此法，因此邦之銀礦廠，皆有現成鐵盆也。

煆礦必需者有四。凡煆礦令受緑氣，其所必需者有四，曰熱，曰空氣，曰硫黄，曰鹽。得熱之法在用火。得空氣之法在爐柵，或在爐邊之孔進風。得鹽之法，在錬礦者自加。得硫黄之法，或本礦原含有硫黄，或用法添入，惟礦內含灰石者，其所需硫黄當比有石英者較多。

銀礦煆去劣金。人皆言煆礦之意，欲煆去劣金類，其説背謬，而化學家與礦師，亦有佩服其言者。故人常謂無論何種礦，若能先煆，其所得銀之成色必佳，然其所以用銀礦合鹽煆之之故，實欲使各種銀質之難化者，皆變爲一種易化之質，此質即銀緑是也。若能於此時使劣金類不變化，便能得上等成色之銀，因其劣金類，不能於鐵盆內分出故也。但煆礦時，不特令銀之雜者變爲銀緑，尤必令其劣金類之質，亦與緑氣化合。其所成之質，在煆時不必即能飛散，若能改變其法，使劣金類之與緑氣化合者，更不能與水銀化合，其法乃穩。特恐此改變工夫，縻費既多，用度又大，未必皆能得法耳。且鐵盆內所有變化，初則令劣金類與緑氣化合，續復令所成之質再化分，則必仍與水銀相遇而化合矣，即或於鐵盆内加以鉀養或鈣養，亦不能全免此弊。

墨西哥錬銀簡便法。凡墨西哥人見有含銀頗多之礦，又能於就近處覓得鉛硫礦，則用石灰或泥築成小爐，取鉛礦與銀礦，一併鎔化，將所得含銀之鉛料，於另備小爐內提浄出售，可得現錢，以便購辦日用之物。此法最爲簡便，竊怪獨於墨西哥國行之，而美國開銀礦者，竟不能仿照此法。美國人查得錬礦，必遲遲籌措資本，創立大廠，方能錬銀圖利，苟資本不足，必又半途中止，盡棄前功。若能效墨西哥人小做之法，則隨錬隨售，工本既輕，獲利又速，礦務便可振興矣。將礦磨成細粉，合以青礬等料，於研盆中研至若干時後，再加水銀若干研勻，至銀質全與水銀化合爲止，如礦內含銀緑或銀碘者，則不能用此法。凡緑氣之質，亦不可配入料內。研礦必用石研盆，斷不可用鐵。其所配青礬等料，亦不可過限，否則大有害於所成之水銀膏。造青礬料之法，將銅養合於硫養各等分和勻，則所成之料爲銅養硫養與紅銅極細之點。此法係舊金山試驗礦學家名司各得者言之，惜其料價值極貴。

寶羅鐵桶造礦粉法。寶羅所言成礦粉之鐵桶，其法甚巧，而其益處人尚未能深知。如礦先用杵臼舂碎，已能過每寸三十孔之篩者，再用寶羅成粉桶，其利益甚大，且無論已煆未煆之礦，皆可於此桶內試用水銀之法。蓋此桶內以礦磨礦，其所銷磨之鐵料，比别種鐵器較少。故所用之法，若靠含銅之水者，則不銷磨其鐵料，大爲有益。如礦內本含銅者，則銷磨其鐵桶，少得鐵質，於礦內亦有益處。此桶內能裝已過三十孔篩之礦料十頓，用四馬力於二十四點鐘內，即可成能過二百二十孔篩之細粉。此種大工，此桶已能磨粉不誤，若用稍粗之篩，自然成粉更速，但寶羅每桶成極細之粉，因以此法磨金礦，愈細則金質愈多。若銀礦固不必成此細粉，必預爲試驗，知其磨至何等粗細，能多得銀質，然後再定其粉。

提銀造銅緑法。法以青礬二十二磅，鹽十磅，於水内消化之，傾於木桶内，或别樣桶內，另加鐵屑五磅，乃令其桶旋轉進汽，待若干時後，其鐵與銅當鎔化而爲淡色粉，此粉即銅緑也。又法將青礬十一磅，鹽五磅，合以零塊紅銅若干，加水令沸，至水不現緑色爲度。其所成銅緑之數，當與前法所得者相等。倘其鹽不浄，當更加若干，即過以上所用鹽數，亦無妨礙。其所餘之水，不可輕棄，其中尚含銅若干，故其水與所積成之銅緑，皆可留爲後用。至所得銅緑，不可使遇空氣，如多遇空氣，必致變壞也。

又卷二四《化學九・銀》 銀與養氣之質。銀與養氣化合之質有三：一爲銀養$_{二}$，一爲銀養，一爲銀養$_{二}$。三者之內，惟銀養能與配化合，而成不自改變之質。取法將銀養淡養，或别種銀雜質之水，加以鉀養，盛鈉養，結成深棕色，或黑色之粉，即銀養也。此粉能在淡輕水消化，清水亦微能消化。銀養加熱至將紅，即化分，見日光亦化分。凡電氣鍍銀，用銀養消化於鉀養水內。

論銀養。以硝强銀和鈦養，或鏈養製錬而成，□銀養清水，略化少許，輕淡水則能化盡。鈦淡炭能鎔養氣銀，故□以之化鍍各器。銀養一物，入爐煆未至紅，乃即與養氣迸分，日曬亦能略壞。

銀養淡養。即各息的。銀雜質此爲最要。取法：將銀入硝强水消化，加熱

至半乾，待冷結成無色透明之片粒，即銀養淡養也。若未净可再加水煎之，冷亦結成片粒，易消化於清水，加熱則可鎔而鑄成條，即醫生所用各息的之圓條也。此物能損毁生物，然非銀質有此力，乃所含之淡養，著動物而與銀化分也。其最純者，雖見日光，豪不變色，若遇生物而見日，立變黑色，任洗不去，所以染鬚髮爲黑色，寫字於衣服作識，皆以此爲主。又如象牙紋石等物，浸於銀養淡養水，取出置於日中，亦變黑色不能再滅。其理或以爲極細之銀質，或以爲銀養。若人手或白布沾之，急用極濃之鉀碘水，或鉀衰水洗之。又可爲服食之藥品。但久食之銀質走入皮中，皮能透進日光，袒露之處皆變爲藍色，因有外膚相隔，永洗不去。如羊癇病，醫生以銀養淡養治之，服食既多，病雖愈而人則變爲黑棂色。燐置於銀養淡養水，燐面生銀花。汞置於銀養淡養水，結成銀花沈下。銅置於銀養淡養水，銅與淡養化合，銀即化分而沈下。

論銀淡養。銀淡養，各銀鹽中以此爲最要之物。取法：以淡養酸，化銀入鐺，煎使去水，則結珠，色白而過光，此等珠水所能鎔，煎使去水，入小筒中，範成條子，即醫家所用之銀丹也。此物能食肉，非硝强銀能食肉也。第是物入肉則二質相分，分後硝强食肉而已。純硝强銀在光處無變，若置生物或植物中，則能令物變黑，故烏鬚藥用之，白衣物記號亦藉是書之，經□不脱。象牙雲石等物，以硝强銀水浸之，其始不變色也，迨經日曬，則成黑色而不能脱。儻誤染指上或衣物，以鋏碘或藍種鋏，即能脱去。

論銀養淡養。或雜鉀養淡養，或雜銅與鉛加以鹽强水，至有餘，濾出其質，將其水一滴，在鉑片加熱，不留餘迹爲純。蓋所有之銀，盡結成定質。若有留者必雜别物，如雜銅則加淡輕水，至有餘，而變青色也。其用大半試綠氣與含綠氣之質，又試燐養等配質，作水用定質一分，以清水二十分消化。

銀綠。銀雜質水，傾入輕綠水，或加以含綠氣之質，如食鹽，則所結之白物如豆腐屑之狀，即銀綠也。無論何種流質，疑其有銀，用此法試之爲最妙，雖水内有銀千萬分之一，亦必使水稍變乳色，殆有銀綠之意也。銀綠加大熱化散而不化分，在暗處加熱至五百度，鎔爲棂色流質，冷則結爲定質，面如明角。若以鹽强水溼其面，再以鋅切之，銀綠盡變爲銀，乃電氣之力也。照相之銀養淡養水，日久須换，不必棄去，可加食鹽，至不再結成，將其質洗净稍加硫强水搗勻，以鋅入其内二三日，則銀綠變爲銀，取出其鋅，將銀洗净，可再用也。銀綠入淡輕水，最易消化。使見日光，忽變茄花色。海水内微有銀與綠氣化合者，近人攷驗海水立方一里，有銀十磅又四分磅之三。銀綠見日光，初變茄花色，後變黑色，即綠氣之半化分而變銀綠也。若用銀消化於鐵綠水，亦得銀綠。或將銀箔置綠氣内，亦成銀綠，而此見光不變色。法以水能開化之銀鹽，加生鹽水，或鹽强水於中，則水内蘊成白綿，此白物即水不能鎔之銀綠也。以此等法，攷驗水中函有銀否，确當之甚，雖水内函銀百萬分之一，亦可知也。銀綠遇輕淡水則能化，既鎔化若露光不久，即變紅色。或云鹹水本函有銀綠。第爲輕淡或别蛤利所鎔，故不能現。經法國化學家細覈，測得每十里立方之鹹水，恒有銀七十餘兩云。

銀碘。此物有地産者。銀遇輕碘即與碘化合成銀碘，而放出輕氣，更易於輕綠能在熱輕碘水内消化，冷則仍結。入銀養淡養加鉀、碘結成黄色之質，即銀碘也，不能在淡輕水消化，而入沸銀養淡養水，始能消化，冷則結爲銀碘銀養淡養之質，見光變色，更易於銀碘，故用之照相。入於水内，又可分出銀碘。

銀硫。銀硫爲最要之銀礦，光亮而有正方形，或方橄欖形。顆粒有紅色者，因含鉀硫或銻硫也。凡輕硫氣過銀雜質水，結成之質亦是銀硫。若將銀與硫同置泥罐，蓋密加熱，亦成銀硫。凡銀含硫百分之一，即甚脆。

論銀内所含之質。凡銀遇磺能自相牽合，天氣中若函有磺養或磺輕氣，銀即牽吸而面呈黑色。煤氣中收□□有磺氣，故銀遇煤氣則漸變而黑。此黑色非銀鏽也，實磺銀而已。化銀之力，以淡養爲最，故以銀投硝强中即立化鎔。儻厥銀若函有黄金，則硝酸能化銀而不能化黄金，該金自成黑散而墜底，可濾隔取出。硝强食洋銀，色呈藍綠，緣其内函銅故也。若爲純銀，硝酸食之，仍爲白色。鹽强止略化銀些須，熱磺强尚能食銀，冷則否也。

又《化學一三・雜録》 論銀之用。銀質柔輭，故工藝内不能獨用。如作錢幣，成銀器，須以銅配合，合銅之意能使堅而不改變，但銀幣所合之銅，國法有一定之數。英國之制，每十一分合銅一分。美國則九分合銅一分。至於器具，英國、法國合銅之數有定例，美國則否。銀可合於賤金之面，其法多端。如將銀片置於銅片之上，加熱至銀將鎔，打使粘連，再於雙軸間軋薄。又如銅器浸於硝强水内使净，後用鉀養二果酸一百分，銀綠十分，汞綠一分，調勻塗於銅器之面，揩擦使光。又如銀銅相合所作之器，可使面有綯紋，將已成之器，置於鉀養二硫養水，消去其銅，則所留者獨爲銀。又如硫璃器，或鏡、或球、或花瓶、或酒杯，俱可鍍銀，其色光亮美觀。用淡輕水三十釐，銀養淡養六十釐，醇九十釐，水九十釐

和勻，待消化而濾清。另將葡萄糖十五釐，桂皮油、丁香油亦可。水一兩半，醇一兩半，和勻加入前水，將玻璃器浸其内二三日，則銀結於玻璃之面，如加熱則更速。

銀之根源。銀有自然獨成者，而常見之礦，多含硫，或鉛硫，或銻硫，或銅硫，或鐵硫。墨西哥國及秘魯國所産爲最多，别國亦有産者，海水之内亦微有之。取法：銀礦之含鉛者，與取鉛同。無鉛者，先以礦磨爲粉，與食鹽拌勻，置火内，煅以將紅之熱，其銀漸收食鹽内之緑氣而放出硫黄。煅後所得之物，有銀緑，有銅養，有鐵養，有土質，即盛於大木桶中，有軸令之平轉，再添水與鐵屑於桶内，轉之久久，鐵必與緑氣化合爲鐵緑，而銀成原質。再添水銀若干而再轉，則水銀收銀與銅，如有金，亦並收之。因水銀甚重，再添多水洗之，水銀沈下，易與别物分離。盛於羊毛布之袋，壓出未與金類相合之水銀，然後將袋内之定質鎔之，則相合於金類之水銀化散而出，銀内止有銅或金矣，傾於模内成錠，再分之而得純銀。又法：使礦變成銀緑之後，再入甚多之食鹽水内，俟銀緑消化，而以銅浸入，銀乃獨自結成沈下矣。銀爲貴重之質，出於美國、墨西哥、秘魯爲最多。其所以貴於用者，以在空氣内不與養氣相合，故久遠色白不變。惟與硫黄相雜，則發黑爲銀硫。自古珍貴，以爲國寶，便民利用。其國通寶内，特爲參少許銅質令其略硬。令與試之，以昔格斯本士約一兩二分之數。一圓，切作小塊，置於玻璃試管，加硝强水數滴，不多時見有濃重紅霧發出。用火燒之，令熱銀即鎔化成爲銀養淡養。用銀以顯鈉緑，即食鹽。其沈下之白粉，即銀緑。此銀養淡養，與鈉緑均化於水，合併一處，銀與緑相合爲銀緑，又鈉與硝强水化合爲鈉淡養，除銀緑白粉外，其流質即鈉淡養，以濾紙漏過，有緑藍色。此緑藍色，即銅質也。試以一光潔鐵刀置於緑藍色流質内，刀上即包裹紅銅，此其明證。銀質堅韌，其色爲金類中最白者，可作器皿及錢鈔等用。遇養氣不生鏽，惟見硫臭易變黑色，成銀硫。銀入硝强水，能消化而成銀養淡養，爲透明無色之片粒。銀之雜質，此爲最要，醫家多用之爲藥品，又可爲照像與鍍銀之用。銀之雜質，消化於水，遇鹽强水，或食鹽，則結白物，如豆腐屑之狀，即成銀緑。凡水内疑含銀者，均可以此法試之。

銀之形性。銀之色，於金類中爲最白，可抽爲絲，可打爲箔，其堅在金銅之間，加熱至一千八百七十三度而鎔，冷至臨結之時，漲大甚多。空氣或溼或燥，任何熱度，養氣俱不侵蝕，惟鎔時能收養氣極多。冷至結時，則又放出。故使錠之上面生紋如苔，與硫黄之愛力甚大。空氣内微含硫養氣，或輕硫氣，則面生黑鏽，而成銀硫。如大城都會，燒煤即多，常有硫黄之氣，銀必生鏽也。極易爲硝强水消化。若銀内和金，金則不能消化，留下爲黑粉。用西國銀幣消化於硝强水内，水變爲緑色，因有銅也。鹽强水與硫强水，不加以熱，幾不能消化。

驗銀。含銀之質，如銀緑與鈉養炭養同置於炭凹，吹火加熱，則成白色定質，即銀也。再入吹火内層之夫，遂變光亮圓粒，雖入吹夾外層，亦不與養氣化合。取出壓之，能爲扁形。炭之外層，並無銀養之皮，止見燒炭之灰，或微見鈉緑。

鉛内分銀。堅炭一塊，面作大凹，滿盛骨灰粉，即鈣養燐養。用杵築實，置含銀之鉛於其上，以吹火外層之尖鎔之，其鉛變成鉛養。而骨灰收之不得見銀，則獨留於外爲小團粒，雖入吹火外層，不與養氣化合而生鏽。若重易鈣養燐養，再入吹火外層，亦不改變矣。

又卷二五《電學一二・電鍍上》 電氣鍍銀。銀爲白亮之金，鍍於賤金器面，光色甚美。所用藥水，或爲銀衰鉀衰，需消化之板，即進電路者，爲銀板，作爲鍍銀藥水箱。欲鍍銀之器，先以細浮石粉和水刷之，再用净水洗之，以銅絲挂於箱上横銅條。此各横條，連於電筩正電原之鋅板，成爲正電路。各銀板即進電路，連於電筩負電原之銅板。常法將欲鍍之器，入鍍水八小時至二十四小時，爲用常電筩所需之時，如用力成電機器鍍之，畧此時之三分之一足矣。所鍍之銀，至所需之厚，則由鍍水内取出，净水洗之。其銀色暗如白霜，易製光之，法先以細銅絲刷刷之，則有幾分光彩，刷爲極細黄銅絲紮成，以數個連於車床之木輪，使輪轉動，將鍍件置於輪邊刷之，後用磨光或研光之法，能得最光亮之色。磨法用爛石粉，與油搽於粗細皮輪磨之，後再用鐵鏽即鐵養細粉擦光。或用研光法，用□或瑪瑙或血點石之研器，研面以磨極光，其形必與欲研之體相配。英國倫敦與伯明罕與刷非特等處鍍銀家最多，爲工藝之大宗，常用工匠數萬人。他國所有鍍銀大廠亦不少。